Syntax

HSK 9.1

Handbücher zur Sprach- und Kommunikationswissenschaft

Handbooks of Linguistics
and Communication Science

Manuels de linguistique et
des sciences de communication

Mitbegründet von
Gerold Ungeheuer

Herausgegeben von / Edited by / Edités par
Hugo Steger
Herbert Ernst Wiegand

Band 9.1

Walter de Gruyter · Berlin · New York
1993

Syntax

Ein internationales Handbuch
zeitgenössischer Forschung
An International Handbook
of Contemporary Research

Herausgegeben von / Edited by
Joachim Jacobs · Arnim von Stechow
Wolfgang Sternefeld · Theo Vennemann

1. Halbband / Volume 1

Walter de Gruyter · Berlin · New York
1993

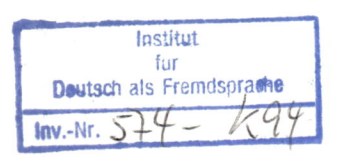

∞ Gedruckt auf säurefreiem Papier, das die
US-ANSI-Norm über Haltbarkeit erfüllt.

Die Deutsche Bibliothek — CIP-Einheitsaufnahme

Handbücher zur Sprach- und Kommunikationswissenschaft /
mitbegr. von Gerold Ungeheuer. Hrsg. von Hugo Steger ;
Herbert Ernst Wiegand. — Berlin ; New York : de Gruyter.
   Teilw. mit Parallelt.: Handbooks of linguistics and communication
   science. — Teilw. mit Nebent.: HSK. — Früher hrsg. von Gerold
   Ungeheuer und Herbert Ernst Wiegand
NE: Ungeheuer, Gerold [Begr.]; Steger, Hugo [Hrsg.]; PT; NT
   Bd. 9. Syntax : ein internationales Handbuch zeitgenössischer
      Forschung / hrsg. von Joachim Jacobs ...
      Halbbd. 1. — (1993)
      ISBN 3-11-009586-6
NE: Jacobs, Joachim [Hrsg.]

© Copyright 1993 by Walter de Gruyter & Co., D-10785 Berlin.
Dieses Werk einschließlich aller seiner Teile ist urheberrechtlich geschützt. Jede Verwertung außerhalb der
engen Grenzen des Urheberrechtsgesetzes ist ohne Zustimmung des Verlages unzulässig und strafbar. Das
gilt insbesondere für Vervielfältigungen, Übersetzungen, Mikroverfilmungen und die Einspeicherung und
Verarbeitung in elektronischen Systemen.
Printed in Germany
Satz und Druck: Arthur Collignon GmbH, Berlin
Buchbinderische Verarbeitung: Lüderitz & Bauer, Berlin

Vorwort

Die Syntax als die Disziplin der Linguistik, die den Satzbau zum Gegenstand hat, ist heute trotz ihres hohen Alters — ihre Entwicklung läßt sich bis in die Antike zurückverfolgen — mehr als andere sprachwissenschaftliche Disziplinen in eine Vielzahl einzelner Schulen zerfallen, die sich oft radikal in ihren Zielen und Methoden unterscheiden. Diese Schulenvielfalt kann man z. T. darauf zurückführen, daß traditionelle Ansätze sowie solche des Strukturalismus und der Dependenzgrammatik den in den sechziger Jahren einsetzenden Siegeszug der Generativen Grammatik überlebt haben, unter anderem, weil sie sich bei der Beschreibung größerer Datenmengen (etwa zur Erstellung einzelsprachlicher Grammatiken) und unter didaktischen Gesichtspunkten als handlicher erwiesen. Aber auch die interne Entwicklung der Generativen Grammatik trug zur Schulenvermehrung bei, insbesondere die schon früh beginnende Propagierung von Modellen, die sich mehr oder weniger weit von dem an den Arbeiten Noam Chomskys orientierten Standard-Modell (das heute Prinzipien-und-Parameter-Theorie heißt) entfernten, wie die Generative Semantik, die Lexikalisch-Funktionale Grammatik oder die verschiedenen Versionen der Phrasenstrukturgrammatik. Hinzu kamen nicht (oder wenig) an der Generativen Grammatik orientierte neue Schulen, die sich durch Methoden und Ergebnisse der Logik, der Pragmatik oder der Universalienforschung inspirieren ließen und dabei z. T. auch die Ergebnisse prä-generativer Ansätze wieder aufgriffen, z. B. neue Versionen der Kategorialgrammatik oder Simon Diks Funktionale Grammatik. Diesen Modellen ist gemeinsam, daß sie dem generativen Ideal einer autonomen Syntax die — schon in der traditionellen Grammatik vorherrschende — Vorstellung einer inhaltlich-funktionalen Fundierung der Syntax entgegensetzen.

Was kann man in dieser Situation von einem umfassenden Handbuch der Syntax, wie es hiermit vorgelegt wird, erwarten? Sicher sollte es die Schulenvielfalt nicht herunterspielen oder gar verschleiern. Wir haben vielmehr versucht, die verschiedenen Auffassungen darüber, was die Syntax zu tun hat und wie sie es zu tun hat, möglichst vollständig zu dokumentieren. So können die nach unserer Meinung recht zahlreichen Konvergenzen sichtbar werden, und so kann das Handbuch vielleicht etwas zur Beantwortung der Frage beitragen, ob und wo die oben skizzierte Entwicklung nicht nur mit einer Schulendiversifikation, sondern auch mit wissenschaftlichen Fortschritten verbunden war. — Dabei haben wir allerdings die Aufgabe einer umfassenden Dokumentation der verschiedenen Richtungen syntaktischer Theoriebildung nicht so interpretiert, daß alle Richtungen in gleichem Umfang vertreten sein sollen. Vielmehr hielten wir es für unumgänglich, bestimmte Gewichtungen vorzunehmen. So haben wir der Generativen Grammatik in ihren verschiedenen Spielarten besondere Aufmerksamkeit gewidmet, da von ihr zweifellos die meisten Impulse ausgingen und weiter ausgehen.

Neben der Dokumentation der syntaktischen Schulen sahen wir es als Hauptaufgabe des Handbuchs an, dem Leser Materialien über die variierenden Ausprägungen syntaktischer Phänomene in den Sprachen der Welt sowie über Tendenzen der sprachhistorischen Veränderung des Satzbaus natürlicher Sprachen an die Hand zu geben. Daß die Aufbereitung dieser Materialien vom theoretischen Ansatz des jeweiligen Artikelautors abhängt und damit auch in diesem Bereich das Problem der Schulenvielfalt virulent wird, ist unvermeidlich. Man kann die einschlägigen Artikel deshalb oft auch als Illustrationen der deskriptiven und explanativen Möglichkeiten (und Grenzen) einzelner syntaktischer Theorieentwürfe lesen. (Besonders ausgeprägt — und durchaus beabsichtigt — ist das bei den syntaktischen Skizzen im zweiten Halbband.)

Dennoch haben sich die meisten Autoren bemüht, eine Form der Darstellung zu finden, die ihre Beiträge auch für nicht in das jeweilige theoretische Modell eingearbeitete Leser verständlich und instruktiv macht. Allgemeine linguistische Vorkenntnisse werden allerdings durchweg vorausgesetzt, zumeist jedoch nur in dem Umfang, in dem man sie sich auch als Nicht-Sprachwissenschaftler durch die Lektüre einer guten Einführung in die Linguistik erwerben kann. Mit dieser Einschränkung spricht das Handbuch außer Sprachwissenschaftlern auch andere Berufsgruppen an, die in ihrer wissenschaftlichen oder praktischen Tätigkeit mit syntaktischen Fragen in Berührung kommen, etwa Psychologen, Lehrer, EDV-Fachleute, Übersetzer, Lektoren usw.

Entsprechend der internationalen Ausrichtung der HSK-Reihe hatten die Autoren die Wahl, ihre Artikel in Deutsch oder in Englisch zu publizieren. Für eine eventuelle Übersetzung in die Publikationssprache waren die Autoren selbst verantwortlich.

Das Handbuch gliedert sich in zwei Halbbände mit insgesamt 23 Kapiteln und 87 Artikeln. Das Kapitel I im ersten Halbband gibt einen Überblick über sprach- und grammatiktheoretische Grundlagen der Syntax. Dabei klingt schon im ersten Artikel, der die Aufgaben der Syntax (in Abgrenzung zu grammatischen Nachbardisziplinen wie Phonologie und Morphologie) zum Gegenstand hat, ein Leitmotiv des gesamten Handbuchs an, nämlich die starke Abhängigkeit der Antwort auf syntaktische Fragen vom jeweils gewählten theoretischen Rahmen. — Im Kapitel II wird die Geschichte der Syntaxforschung von den Anfängen bis zum Beginn der Schulen dargestellt, die das gegenwärtige Bild der Disziplin prägen, wobei einer ausführlichen problemorientierten Betrachtung der abendländischen Entwicklung Überblicke über die indische und die arabische Tradition zur Seite gestellt werden. — Die erwähnten Schulen werden dann in den Kapiteln III–IX sowohl in ihrer Geschichte als auch systematisch ausführlich dargestellt. Dabei ist die gewählte Grobgliederung in sieben Schulen (traditionelle Syntax, strukturalistische Syntax, Dependenzsyntax, funktionale Syntax, semantisch motivierte formale Syntax, integrative Syntax, generative Syntax) natürlich nicht ohne Probleme: Sie ordnet teilweise Ansätze ein und demselben Paradigma zu, die nach ihrem Selbstverständnis wenig miteinander zu tun haben. Außerdem lassen sich nicht alle einflußreichen theoretischen Modelle zwanglos einer der sieben Gruppen zuordnen. Denkbare feinere Kapitelgliederung hätte jedoch zu einer Verringerung der Übersichtlichkeit oder zu einer weiteren Erhöhung der ohnehin schon beträchtlichen Zahl von Beiträgen geführt. Das wollten wir vermeiden. (Entsprechendes gilt auch für andere Teile des Handbuchs.) Im übrigen werden die Beziehungen zwischen den einzelnen Modellen bis ins Detail in den einzelnen Artikeln geklärt. — Es folgt das Kapitel X über Theorien syntaktischer Präferenzen, die die in der Forschung bisher eher stiefmütterlich behandelte Unterscheidung zwischen 'normalen' und 'unnormalen' Zügen des Satzbaus natürlicher Sprachen zu klären versuchen. Dieses Kapitel nimmt eine Zwischenposition zwischen dem schulenorientierten Teil und dem phänomenorientierten Teil des ersten Halbbands ein. — Dieser phänomenorientierte Teil beginnt mit den Kapiteln XI–XIII, die die Ausprägungen wichtiger syntaktischer Erscheinungen in den

Sprachen der Welt zum Gegenstand haben. Wieder ist die vorgenommene Kapitelgliederung (Kategorien und Relationen, Konstruktionstypen, Wortstellung) kaum mehr als ein grobes Raster, das nicht mit dem Anspruch einer sachlich völlig adäquaten Sortierung verbunden ist. Es läßt auch zahlreiche Querverbindungen und Überschneidungen zu, etwa zwischen dem Artikel über syntaktische Relationen im Kapitel XI und dem über Diathesen im Kapitel XII. — Die Kapitel XIV und XV nehmen bei Beibehaltung der phänomenbezogenen sprachübergreifenden Perspektive einen funktionalen Standpunkt ein, indem sie darstellen, wie sich zentrale semantische bzw. pragmatische Bezüge syntaktisch manifestieren. Dabei folgt die Abgrenzung der semantischen von den pragmatischen Inhaltsaspekten üblichen groben Einordnungen und ist wiederum nicht mit dem Anspruch auf große Genauigkeit verbunden. Sie ignoriert vor allem, daß viele der betrachteten Phänomene (etwa Negation oder Definitheit) sowohl eine semantische als auch eine pragmatische Seite haben.

Die den zweiten Halbband einleitenden Kapitel XVI—XVII sind der syntaktischen Typologie gewidmet, wobei sie systematische Fragen, die Entwicklung und den gegenwärtigen Stand dieses speziellen Bereichs der Syntaxforschung diskutieren, der in vielfältigen und z. T. noch klärungsbedürftigen Beziehungen zur syntaktischen Theorie im engeren Sinne steht. Entsprechend klingen hier viele Themen des ersten Halbbandes wieder an, aber eben unter der speziellen Perspektive des Versuchs, eine theoretisch fruchtbare Typisierung natürlicher Sprachen nach Merkmalen ihres Satzbaus zu erstellen. — Die folgenden drei Kapitel dokumentieren ausführlich die Geschichte und den gegenwärtigen Stand der Erforschung des Syntaxwandels. An allgemeine und wissenschaftshistorische bzw. bestimmte Schulen vorstellende Beiträge in den Kapiteln XVIII—XIX schließt sich im Kapitel XX eine Reihe von Artikeln an, in denen die sprachhistorische Entwicklung je eines syntaktischen Phänomens dargestellt wird, wobei wir bei der Auswahl der Phänomene nicht zuletzt auf ihre relative Wohl-Dokumentiertheit geachtet haben. — Wohl-Dokumentiertheit mußte auch eines der Auswahlkriterien für die Sprachen sein, deren Satzbau im folgenden Kapitel XXI skizziert wird. Darüber hinaus haben wir versucht, die Themen für diese syntaktischen Skizzen so auszuwählen, a) daß einige der bekannteren Sprachen, darunter auch die Publikationssprachen des Handbuchs, repräsentiert sind, b) daß einige wichtige syntaxtypologische Kategorien an konkreten Beispielen und im Detail exemplifiziert (und möglicherweise problematisiert) werden, z. B. die Unterscheidung zwischen Sprachen mit fester und solchen mit freier Wortstellung (wie Englisch bzw. Warlpiri) und c) daß einigen der im ersten Halbband vorgestellten theoretischen Modellen Gelegenheit zur Darstellung ihrer deskriptiven und explanativen Möglichkeiten gegeben wird. So ist der Artikel über das Deutsche aus der Sicht der Prinzipien-und-Parameter-Theorie verfaßt, dem über das Japanische liegen Modelle der Phrasenstrukturgrammatik zugrunde. — Das folgende Kapitel XXII führt aus dem engeren Bereich der Syntax heraus und stellt Bezüge zu verschiedenen anderen Wissenschaften her, die mit syntaktischen Fragen in Berührung kommen oder externen Einfluß auf die Formulierung syntaktischer Theorien haben können (wie Philosophie oder Psychologie). Wie überall im Handbuch werden auch hier kontroverse Standpunkte deutlich, die wir nicht durch harmonisierende Eingriffe zu verdecken versucht haben. — Das Kapitel XXIII rundet das Handbuch ab, indem es die syntaxrelevanten Teile der Theorie der formalen Sprachen darstellt, eine wichtige Ergänzung vorangehender Artikel und eine mögliche Hilfe bei ihrer Lektüre.

Jeder Artikel enthält eine Auswahlbibliographie. Ein nach Personen, Sachen und Sprachen gegliedertes Register findet sich am Ende des zweiten Halbbands.

Die Herausgeber bedanken sich bei den Autoren für ihren Einsatz und ihre Geduld. Viele von ihnen haben umfangreiche und schwierige Forschungsarbeit in ihre Handbuchbeiträge investiert, und nicht wenige von ihnen mußten recht lange warten, bis andere Autoren (zumeist solche, die erst später mit der Arbeit beginnen konnten, da sie plötzlich entstandene Lücken füllen mußten) ihren Beitrag fertig hatten. Leider erwies sich die anfängliche Hoffnung der Herausgeber, ein gleichzeitig umfassendes und den neuesten Stand wiedergebendes Handbuch vorlegen zu können, als nicht ganz realistisch. Die sehr breite Abdeckung des Gegenstands Syntax in allen wichtigen Bezügen mußte mit z. T. beträchtlichen Verspätungen und Verzögerungen bei der Herstellung erkauft werden, die dazu führten, daß die Beiträge in der Regel etwa dem Forschungsstand des Jahres 1991 entsprechen. (Bedauerlicherweise mußten wir, wegen nicht genereller Durchführbarkeit, auf die Nennung des Datums der Abgabe des Manuskripts der einzelnen Beiträge verzichten.)

Des weiteren bedanken wir uns bei vielen Kolleginnen und Kollegen — zu vielen, als daß sie hier einzeln namentlich aufgeführt werden könnten — für Hinweise zur inhaltlichen und formalen Gestaltung des Handbuchs. Nicht selten waren diese Hinweise entscheidend für die Bewältigung schwieriger Probleme (etwa bei der Autorensuche).

Zu danken haben wir auch Mitarbeiterinnen und Mitarbeitern der Herausgeber, die über die Jahre hinweg die Arbeit am Handbuch unterstützt haben: Wolfgang Kreitmair, der in der Konzeptionsphase hilfreich war, Andrea Kowalski, die uns die redaktionelle Arbeit an den Artikelmanuskripten sehr erleichtert hat, sowie Gabriele Hollmann, Ingeborg Schael und Christel Schulz, die Sekretariatsunterstützung gaben. Dank gilt auch Christiane Bowinkelmann, Angelika Hermann und — last but not least — Susanne Rade, die die Arbeit am Handbuch verlagsseitig vorangetrieben und dabei aufs beste mit den Herausgebern kooperiert haben.

Schließlich wollen wir es nicht versäumen, dem zuständigen Reihenherausgeber, Herbert Ernst Wiegand, und dem bis vor kurzem für die HSK-Reihe verantwortlichen de Gruyter-Fachbereichsleiter, Heinz Wenzel, zu danken. Sie haben uns ermutigt, ein Projekt zu übernehmen, das uns zuerst fast undurchführbar erschien, und sie haben uns in schwierigen Phasen durch Zuspruch und sanften Druck davor bewahrt, zu resignieren.

Im September 1993

Joachim Jacobs
Arnim von Stechow
Wolfgang Sternefeld
Theo Vennemann

Preface

The development of syntax, the discipline of linguistics dealing with sentence structure, can be traced all the way back to antiquity. Despite its old age, however, it has — much more than has occurred with other linguistic disciplines — disintegrated into a number of individual schools that often differ radically in their goals and methods. This diversity of schools is partly due to the fact that traditional approaches, as well as structuralism and dependency grammar, survived the success of generative grammar in the 1960s, to some extent because they proved to be easier to handle, both in describing large amounts of data (for example, when setting up grammars for individual languages) and from a didactic perspective.

Internal developments of generative grammar also contributed to the diversification of theoretical schools, however, particularly through the propagation of models which broke to greater or lesser degrees with the standard model (which changed radically itself and is now referred to as the theory of principles and parameters), based on the works of Noam Chomsky. These models included generative semantics, lexical-functional grammar and the various versions of phrase-structure grammar. Newer schools also developed that were not at all (or at most remotely) related to generative grammar, such as new versions of categorial grammar or Simon Dik's functional grammar. These were inspired by the methods and findings of logics, pragmatics and the research into language universals, to some extent rediscovering the findings of pre-generative approaches. In contrast to the generative ideal of an autonomous syntax, these models have in common the fact that they incorporate the concept of a functional foundation of syntax, which had also been a dominant aspect of traditonal grammar.

Faced with this situation, what can one expect from a comprehensive syntax handbook such as this one? Certainly, the goal could not be to hide, nor even play down the diversity of the various schools. Rather, we have attempted to document the different interpretations of the tasks and methods of syntax as completely as possible. In this way, the handbook can serve to reveal what we believe to be numerous convergences, thereby helping to answer the question, whether and how the development described above not only led to a diversification of schools, but to scientific advances as well. In doing this, we did not feel that a comprehensive documentation of the various syntactic theories necessarily has to present each of them to the same extent. In fact, we found it impossible to avoid weighting the presentations in a certain way. Generative grammar in its various forms has therefore been given particular attention, since without a doubt it has been and continues to be the greatest impetus for further developments.

In addition to documenting the various schools of syntax theory, we felt it a primary task of the handbook to provide the reader with material on the varying expressions of syntactic phenomena in the languages of the world, as well as to give her/him information on trends in the historical development of the sentence structure of natural languages. It is inevitable that an individual author's theoretical approach affects his or her processing of this material, so that problems arising from the diversity of the various schools also exist in this area. Individual articles can therefore often be seen as illustrations of the descriptive and explanative possibilities (and limitations) of the respective syntactic theories. (This is especially apparent — and by all means intentional — with respect to the syntactic sketches in the second volume.)

Most of the authors have made an effort to find a way of presenting their material so that it is comprehensible and instructive even for readers unfamiliar with the respective model. Although general linguistic knowledge is assumed in all cases, the extent of such prerequisite knowledge rarely exceeds that which can be attained by non-linguists through a good introduction to linguistics. With this single reservation, the handbook is appropriate for use not only by linguists, but also by anyone concerned with questions of syntax in both research and practice, including psychologists, teachers, computer specialists, translators, etc.

Corresponding to the international orientation of the HSK Series, authors were given the choice of having their articles published either in German or in English. They were responsible for having their articles translated into the language of publication, if that was necessary.

The handbook is divided into two volumes comprising a total of 23 chapters and 87 articles. Chapter one in the first volume provides an overview of theoretical foundations of syntax. A leitmotif of the entire handbook is already apparent in the first article, on the tasks of syntax (in contrast to related disciplines of grammar, such as phonology and morphology), namely, the strong dependence of any answers to questions of syntax on the respective theoretical framework chosen. In Chapter II, the history of research on syntax from the beginnings to the emergence of the schools influencing today's understanding of the discipline will be presented. This includes a detailed problem-oriented account of western development, supported by overviews of the Indian and Arabic traditions. The schools mentioned will be discussed in detail, both systematically and in terms of their histories, in Chapters III—IX. Of course, the rough division into seven schools (traditional syntax, structuralistic syntax, dependency syntax, functional syntax, semantically motivated formal syntax, integrational syntax, generative syntax) is somewhat problematic. Approaches which have little in common with each other are sometimes related to one and the same paradigm. Also, not all significant theoretical models can easily be assigned to one of the seven groups. If chapter divisions had been more detailed, however, it would have impaired the clarity of the work as a whole and would have required a further increase in the already appreciable total number of articles. We wanted to avoid that. (This also applies to other parts of the handbook.) In any case, relationships between specific models are explained in detail in the individual articles. Chapter X covers theories of syntactic preferences, which attempt to shed light on the distinction between socalled 'normal' and 'abnormal' characteristics of sentence structure of natural languages, a subject which has been somewhat neglected by research up to now. This chapter assumes an intermediate position between the school-oriented and the phenomenon-oriented sections of the first volume. The phenomenon-oriented section begins with Chapters XI—XIII. Once again, the chapter divisions (categories and relations, construction types, word order) denote little more than rough criteria, by no means representing an entirely adequate classification of the material. Numerous links and overlappings exist, for example, between the article on syntactic relations in Chapter XI and the one on valency changing in Chapter XII. Chapters XIV and XV take on a functional standpoint by maintaining the universal, phenomenon-related perspective, illustrating how central semantic or pragmatic relations are manifested syntactically. In doing this, the distinction between semantic and pragmatic aspects follows a common rough classification and is not presumed to represent a very exact division. Above all it does not take into consideration the fact that many of the phenomena observed (such as negation or definiteness) have both semantic and pragmatic aspects.

Chapters XVI-XVII introduce the second volume. They deal with syntactic typology, discussing systematic questions and the development and present state of this specific area of syntax research. The diverse relationships between this field and syntax theory in a more narrow sense still require additional clarification. Many topics from the first volume are repeated here, though from the particular perspective of an attempt to create a theoretically effective typology of natural languages on the basis of features of sentence structure. The next three chapters go into detail on the history and the latest developments in research into syntactic change. Chapters XVIII and XIX present articles on general aspects and on the scientific history, as well as articles introducing particular schools. Chapter XX then follows with a series of articles, each of which discussing the diachronic development of one particular syntactic phenomenon. The syntactic phenomena analyzed were selected to some extent on the basis of how well-documented they were. Quality of documentation also had to be a selection criterium for the languages whose sentence structures is outlined in Chapter XXI. In addition, we attempted to choose topics for these syntactic sketches such that: (a) some of the more well-known languages, including the publication languages of the handbook, are represented; (b) several important syntax-typological categories are illustrated (and if possible, critically analyzed) by concrete examples — e. g., the distinction between languages with fixed and those with free word order (such as English and Warlpiri); and (c) the descriptive and explanative possibilities of some of the theoretical models presented in the first volume are demonstrated. Thus the article about German is written from the perspective of the principles and parameters theory, and the article on Japanese is based on models of phrase structure grammar. Chapter XXII then moves beyond the narrow field of syntax, creating relationships to various other sciences that touch syntax issues or which could have an external influence on the formulation of syntactic theories (such as philosophy and psychology). As is the case throughout the handbook, controversial points of view become apparent here which we have not attempted to conceal through any efforts to render them accordant. Chapter XXIII rounds off the handbook, presenting the syntax-relevant aspects of the theory of formal languages. This article represents an important supplement to preceeding chapters, possibly assisting the reader in the comprehension of other articles.

Each article includes a selected bibliography. An index of persons, subjects and languages is located at the end of the second volume.

The editors would like to express their thanks to the authors for their cooperation and their patience. Many of them invested comprehensive and arduous research into their contributions for the handbook, and many also had to wait quite a long time until others (primarily those who began preparing their articles considerably later to fill gaps which arose unexpectedly) completed their contributions. Unfortunately, the initial hopes of the editors that the handbook could be at the same time comprehensive and reflecting the latest developments proved to be somewhat unrealistic. Considerable production delays were sometimes the cost which had to be paid for the comprehensive coverage of a broad spectrum of syntactic topics. This led to the fact that the articles generally reflect the state of research of 1991. (Regrettably, we had to refrain from printing the submission date of the individual articles since this was not feasible in all cases.)

We would also like to thank many colleagues — so numerous that we cannot list them all here by name — for advice regarding the content or the formal layout of the handbook. This was very often decisive in overcoming major difficulties (such as in the search for contributors).

Our thanks are also due the members of the editorial staff who supported the work on the handbook over many years: Wolfgang Kreitmair, who provided important assistance during the conception phase; Andrea Kowalski, who helped us considerably with the editing of the article manucripts; and Gabriele Hollmann, Ingeborg Schael and Christel Schulz for their support in terms of secretarial tasks. We would also like to thank Christiane Bowinkelmann, Angelika Hermann and last but certainly not least, Susanne Rade, for pressing forward progress on the handbook from the publisher's side, cooperating very well all the way with the editors.

Finally, we do not want to neglect to thank Herbert Ernst Wiegand, the series editor, and Heinz Wenzel, who until recently was the de Gruyter department chair responsible for the HSK Series. They encouraged us to take on a project which seemed at the time to be virtually impossible, and through constant words of support and gentle pressure, they kept us from giving up.

September 1993

Joachim Jacobs
Arnim von Stechow
Wolfgang Sternefeld
Theo Vennemann

Inhalt/Contents

1. Halbband/Volume 1

Vorwort		V
Preface		IX

I. Grundlagen / Foundations

1. Arnim von Stechow, Die Aufgaben der Syntax *(The Objectives of Syntax)* ... 1
2. Peter Matthews, Central Concepts of Syntax *(Zentrale Begriffe der Syntax)* ... 89
3. Hans-Heinrich Lieb, Syntax and Linguistic Variation: Orientation *(Syntax und sprachliche Variation: Orientierung)* ... 118

II. Geschichte der Syntaxforschung / The History of Syntactic Research

4. Wolf Thümmel, Westliche Entwicklungen *(Western Developments)* ... 130
5. Peter Raster, Die indische Grammatiktradition *(The Indian Grammatical Tradition)* ... 199
6. Jonathan Owens, Arabic Syntactic Theory *(Arabische Syntaxforschung)* ... 208

III. Ansätze syntaktischer Theoriebildung I: Traditionelle Syntax / Approaches to a Theory of Syntax I: Traditional Syntax

7. Franz Hundsnurscher, Grundideen *(Basic Ideas)* ... 216
8. Wladimir Admoni, Funktionale Grammatik *(Functional Grammar)* ... 232
9. Jürgen Dittmann, Inhaltbezogene Grammatik *("Inhaltbezogene Grammatik")* ... 242

IV. Ansätze syntaktischer Theoriebildung II: Strukturalistische Syntax / Approaches to a Theory of Syntax II: Syntax in Structuralism

10. Wolf Thümmel, Der europäische Strukturalismus *(European Structuralism)* ... 257
11. Wolf Thümmel, Der amerikanische Strukturalismus *(American Structuralism)* ... 280

V. Ansätze syntaktischer Theoriebildung III: Dependenzsyntax
Approaches to a Theory of Syntax III: Dependency Syntax

12. Hans Jürgen Heringer, Basic Ideas and the Classical Model *(Grundideen und das klassische Modell)* 298
13. Hans Jürgen Heringer, Formalized Models *(Formale Modelle)* 316
14. Richard A. Hudson, Recent Developments in Dependency Theory *(Neuere Entwicklungen der Dependenztheorie)* 329

VI. Ansätze syntaktischer Theoriebildung IV: Funktionale Syntax
Approaches to a Theory of Syntax IV: Functional Syntax

15. A. Machtelt Bolkestein, General Ideas of Functionalism in Syntax *(Grundgedanken der funktionalen Syntax)* 339
16. Petr Sgall, The Czech Tradition *(Die tschechische Tradition)* 349
17. Simon C. Dik, Functional Grammar *(Funktionale Grammatik)* ... 368

VII. Ansätze syntaktischer Theoriebildung V: Semantisch motivierte formale Syntax
Approaches to a Theory of Syntax V: Semantically Motivated Formal Syntax

18. Mark Steedman, Categorial Grammar *(Kategorialgrammatik)* 395
19. Helmut Frosch, Montague-Grammatik *(Montague Grammar)* 413

VIII. Ansätze syntaktischer Theoriebildung VI: Syntax in der Integrativen Sprachwissenschaft
Approaches to a Theory of Syntax VI: Syntax in Integrational Linguistics

20. Hans-Heinrich Lieb, Integrational Linguistics *(Integrative Sprachwissenschaft)* 430

IX. Ansätze syntaktischer Theoriebildung VII: Syntax in der Generativen Grammatik
Approaches to a Theory of Syntax VII: Syntax in Generative Grammar

21. Gisbert Fanselow, Die frühe Entwicklung bis zu den „Aspekten" *(Early Developments up to "Aspects")* 469
22. Frederick J. Newmeyer, Diverging Tendencies *(Divergente Entwicklungen)* 486
23. James McCloskey, Constraints on Syntactic Processes *(Beschränkungen für syntaktische Prozesse)* 496
24. Noam Chomsky/Howard Lasnik, The Theory of Principles and Parameters *(Die Theorie der Prinzipien und Parameter)* 506

25.	Robert D. Borsley, Phrase Structure Grammar *(Phrasenstrukturgrammatik)*	570
26.	Tibor Kiss, Lexical-Functional Grammar *(Lexikalisch-funktionale Grammatik)*	581
27.	Wilhelm Oppenrieder, Relationale Grammatik *(Relational Grammar)*	601

X. Syntaktische Präferenztheorie
Theories of Syntactic Preferences

28.	Willi Mayerthaler/Günther Fliedl, Natürlichkeitstheoretische Syntax *(Syntactic Naturalness)*	610
29.	Hubert Haider, „Markiertheit" in der Generativen Grammatik *("Markedness" in Generative Grammar)*	635

XI. Syntaktische Phänomene in den Sprachen der Welt I: Kategorien und Relationen
Syntactic Phenomena in the World's Languages I: Categories and Relations

30.	Hans-Jürgen Sasse, Syntactic Categories and Subcategories *(Syntaktische Kategorien und Subkategorien)*	646
31.	Beatrice Primus, Syntactic Relations *(Syntaktische Relationen)* . . .	686
32.	Edith A. Moravcsik, Government *(Rektion)*	705
33.	Christian Lehmann, Kongruenz *(Agreement)*	722

XII. Syntaktische Phänomene in den Sprachen der Welt II: Konstruktionstypen
Syntactic Phenomena in the World's Languages II: Types of Construction

34.	Dieter Wunderlich, Diathesen *(Valency Changing)*	730
35.	Robert R. van Oirsouw, Coordination *(Koordination)*	748
36.	Wolfgang Klein, Ellipse *(Ellipsis)*	763
37.	Rose-Marie Déchaine, Serial Verb Constructions *(Serialverb-Konstruktionen)*	799

XIII. Syntaktische Phänomene in den Sprachen der Welt III: Wortstellung
Syntactic Phenomena in the World's Languages III: Word Order

38.	Anna Siewierska, On the Interplay of Factors in the Determination of Word Order *(Das Zusammenwirken von Wortstellungsfaktoren)* . . .	826
39.	Brigitta Haftka, Topologische Felder und Versetzungsphänomene *(Topological Fields and Dislocation)*	846
40.	Jürgen Pafel, Scope and Word Order *(Skopus und Wortstellung)* . . .	867

41.	Beatrice Primus, Word Order and Information Structure: A Performance Based Account of Topic Positions and Focus Positions *(Wortstellung und Informationsstruktur: Eine performanzbezogene Erklärung von Topik- und Fokus-Positionen)*	880
42.	John Haiman, Iconicity *(Ikonizität)*	896

XIV. Syntaktische Manifestationen semantischer Bezüge
Syntactic Encoding of Semantic Aspects of Meaning

43.	Bernard Comrie, Argument Structure *(Argumentstruktur)*	905
44.	Östen Dahl, Negation *(Negation)*	914
45.	John Haiman, Conditionals *(Konditionalsätze)*	923
46.	Kjell Johan Sæbø, Causality and Finality *(Kausalität und Finalität)*	930
47.	Wolfgang Sternefeld, Anaphoric Reference *(Anaphorische Referenz)*	940
48.	Claudia Gerstner/Manfred Krifka, Genericity *(Generizität)*	966
49.	Ekkehard König, Focus Particles *(Fokus-Partikeln)*	978

XV. Syntaktische Manifestationen pragmatischer Bezüge
Syntactic Encoding of Pragmatic Aspects of Meaning

50.	Christa Hauenschild, Definitheit *(Definiteness)*	988
51.	Josef Taglicht, Focus and Background *(Fokus und Hintergrund)*	998
52.	Hans Altmann, Satzmodus *(Sentence Mood)*	1006

2. Halbband (Überblick über den vorgesehenen Inhalt)
Volume 2 (Preview of Contents)

XVI. Syntaktische Typologie I: Allgemeines
Syntactic Typology I: General

53.	Theo Vennemann, Objectives of Syntactic Typology *(Ziele der syntaktischen Typologie)*
54.	Gustav Ineichen, Geschichte der syntaktischen Typologie *(History of Syntactic Typology)*

XVII. Syntaktische Typologie II: Ansätze und Übersichtsdarstellungen
Syntactic Typology II: Approaches and Surveys

55.	Matthew S. Dryer, Word Order Typology *(Wortstellungstypologie)*
56.	Hans-Jürgen Sasse, Prominence Typology *(Prominenztypologie)*
57.	Beatrice Primus, Relational Typology *(Relationstypologie)*
58.	Dietmar Zaefferer, Comparative Surveys in Syntactic Typology *(Sprachvergleichende syntaxtypologische Übersichtsdarstellungen)*

XVIII. Die Erforschung des Syntaxwandels I: Allgemeines
Research into Syntactic Change I: General

59. Winfred P. Lehmann, Objectives of a Theory of Syntactic Change *(Ziele einer Theorie des Syntaxwandels)*
60. Theo Vennemann, The Relationship of a Theory of Language Change to a Theory of Language States *(Die Beziehung zwischen einer Sprachwandel-Theorie und einer Sprachzustands-Theorie)*

XIX. Die Erforschung des Syntaxwandels II: Ansätze
Research into Syntactic Change II: Approaches

61. Lyle Campbell, History of the Study of Historical Syntax *(Geschichte der Erforschung der historischen Syntax)*
62. Jürgen Lenerz, Transformationsgrammatische Ansätze *(TG Approaches)*
63. John A. Hawkins, Typology-Based Research into Syntactic Change *(Typologisch fundierte Erforschung des Syntaxwandels)*

XX. Die Erforschung des Syntaxwandels III: Phänomene
Research into Syntactic Change III: Phenomena

64. Frans Plank, Ergativity *(Ergativität)*
65. Christian Lehmann, Relativsätze *(Relative Clauses)*
66. Martin Harris, Word Order Change *(Wortstellungswandel)*
67. Susan Steele, Clisis *(Klitisierung)*
68. Greville G. Corbett, Agreement *(Kongruenz)*
69. Bernard Comrie, Tense and Aspect *(Tempus und Aspekt)*
70. Christian Lehmann, The Origins of Synsemantica *(Die Entstehung von Synsemantika)*
71. Jürgen Lenerz, Klammerkonstruktionen *(Bracketing Constructions)*
72. Ariane von Seefranz-Montag, Impersonalien *(Impersonal Constructions)*

XXI. Syntaktische Skizzen
Syntactic Sketches

73. Günther Grewendorf, German *(Deutsch)*
74. James D. McCawley, English *(Englisch)*
75. Giuliana Giusti, Italian *(Italienisch)*
76. Takao Gunji, Japanese *(Japanisch)*
77. Alice C. Harris, Georgian *(Georgisch)*
78. Manfred Krifka, Swahili *(Swahili)*
79. Paul Schachter, Tagalog *(Tagalog)*
80. Kenneth L. Hale/Mary Laughgren/Jane Simpson, Warlpiri *(Warlpiri)*
81. Derek Bickerton, Creole Languages *(Kreolsprachen)*

XXII. Syntax und Nachbardisziplinen
Syntax and Neighbouring Disciplines

82. Julius M. Moravcsik, Syntax and Philosophy *(Syntax und Philosophie)*
83. Josef Bayer, Syntax and Psychology *(Syntax und Psychologie)*
84. Richard A. Hudson, Syntax and Sociolinguistics *(Syntax und Soziolinguistik)*
85. Hans-Werner Eroms, Syntax und Stilistik *(Syntax and Stilistics)*
86. Wolfgang Sucharowski, Syntax und Sprachunterricht *(Syntax and Language Teaching)*

XXIII. Service-Artikel
Service Article

87. Ursula Klenk, Formale Sprachen *(Formal Languages)*

XXIV. Register
Indexes

I. Grundlagen
Foundations

1. Die Aufgaben der Syntax

1. Die klassische Formulierung
2. Syntaktische Struktur
3. Phrasenstruktur
4. Morphologie
5. Morphologie und Phrasenstruktur
6. Kernsyntax
7. Syntax und Phonologie
8. Syntax und Semantik
9. Schlußbemerkung
10. Literatur

1. Die klassische Formulierung

In klassischer Form sind die Aufgaben der Syntax im ersten Absatz der Einleitung zu Chomskys (1957) *Syntactic Structures* formuliert:

> „Syntax is the study of the principles and processes by which sentences are constructed in particular languages. Syntactic investigation of a given language has as its goal the construction of a grammar that can be viewed as a device of some sort for producing the sentences of the language under analysis. More generally, linguists must be concerned with the problem of determining the fundamental underlying properties of successful grammars. The ultimate outcome of these investigations should be a theory of linguistic structure in which the descriptive devices utilized in particular grammars are presented and studied abstractly, with no specific reference to particular languages. One function of this theory is to provide a general method for selecting a grammar for each language, given a corpus of sentences of this language."

Der erste Satz schränkt den Gegenstand der Syntax auf Sätze ein: Struktur von Texten fällt nicht unter ihre eigentliche Domäne. Der zweite Satz weist auf den generativen Aspekt des Unternehmens hin: Zu einer Sprache gehören unendlich viele Sätze. Die Syntax muß also eine Methode beinhalten, diese Unendlichkeit zu erfassen. Dann schreitet Chomsky zum universellen Aspekt der Theorie: Es geht nicht darum, eine Sprache lediglich deskriptiv adäquat zu beschreiben (**Beobachtungsadäquatheit**), in dem Sinne, daß die Konstruktionen alle erzeugt werden. Ziel ist vielmehr, die Prinzipien zu erfassen, mit deren Hilfe wir die Zeichen in unseren Köpfen aufbauen (**Beschreibungsadäquatheit**). Die Idee ist, daß wir über ein angeborenes Rüstzeug, eben die Universalgrammatik, verfügen, die das sprachliche Material in feste Formen gießt. Diese Fähigkeit gehört zur kognitiven Ausstattung und kann daher grundsätzlich (aber nicht in der Praxis) unabhängig von konkreten Einzelsprachen studiert werden. Da die Sprachfähigkeit ein kognitives Netz ist, welches das Kind über die sprachlichen Daten wirft, um aus diesen eine Grammatik herauszuziehen, stellt das Sprachvermögen letztlich auch ein Lernverfahren dar (**Erklärungsadäquatheit**).

Ein universalgrammatisches Programm dieser Art hat seit dem Erscheinen der *Syntactic Structures* die Gemüter bewegt und in verschiedene Lager gespalten. In diesem Artikel wird man zu diesen Fragen kaum etwas finden. Ich verweise auf die umfangreiche methodologische Literatur, die z. B. im ersten Band von Fanselow/Felix' (1987) *Sprachtheorie* ausführlich referiert wird, ferner auf die programmatischen Reflexionen in Artikel 24 von Noam Chomsky und Howard Lasnik. Das Ziel dieses Artikels ist viel bescheidener. Es wird versucht, exemplarisch auf die vielfältigen Aspekte der syntaktischen Struktur hinzuweisen. Daraus ergeben sich ganz konkret die Aufgaben der Syntax. Dieses Vorgehen scheint mir fruchtbarer als eine metatheoretische Diskussion. Es zeigt sich nämlich, daß die meisten Postulate der modernen Theoriebildung sich in natürlicher Weise aus der Sache selbst ergeben. Ich persönlich glaube zudem nicht, daß sich die Unterscheidung in die drei Adäquatheitsebenen bei näherer kritischer Prüfung halten läßt, da es meines Erachtens lediglich um die Frage geht, was man an empirischer Evidenz für die Theoriebildung zuläßt.

Im Zuge der Ausführungen wird deutlich werden, daß man überall auf Probleme stößt, sobald man in die Einzelheiten geht. Jeder Abschnitt bricht gerade dort ab, wo man sich weitere Details wünscht. Der Bruch verweist auf Aufgaben, die beileibe nicht immer gelöst sind.

Es ist meiner Meinung nach nicht möglich, gänzlich theorieneutral zu sagen, was Syntax ist, welches ihre Aufgaben sind. Die folgenden Überlegungen fassen die Syntax fast ausschließlich repräsentationell auf, etwa nach dem Vorbild der Kettentheorie in Chomskys (1981) GB-Theorie.

Speziell wird es um die allgemeinen Wohlgeformtheitsbedingungen für Phrasenstrukturen, morphologische Strukturen, phonologische Strukturen und logische Strukturen gehen. Ferner geht es um die Interaktion der verschiedenen Strukturebenen. Die Ausführungen zu den eigentlichen syntaktischen Prozessen (z. B. W-Bewegung, NP-Bewegung, Scrambling) sind knapp, weil diese in Artikel 24 abgehandelt sind. Etwas mehr wird man zur Aufgabe der semantischen Interpretation der Morphologie und Syntax finden. Es ist meine Überzeugung, daß in der Syntax viel mehr von der Morphologie und der Semantik her argumentiert werden sollte, als dies in der generativen Grammatik weithin üblich ist. Dasselbe gilt vermutlich auch für das Verhältnis von Syntax/Morphologie und Phonologie. Die Mehrzahl der heutigen Phonologen stellen sich die Schnittstelle nicht mehr genau so vor, wie sie in Chomsky/Halle (1968) entworfen wurde, obwohl mir keine vergleichbar detailliert ausgearbeitete Theorie der Beziehung zwischen beiden Theoriekomponenten bekannt ist, die den heutigen Forschungsstand wiedergibt. Ich habe mich bemüht, die einschlägige Problematik zumindest anzudeuten.

Die Perspektive der Darstellung wird weiter dadurch eingeengt, daß als mögliche Strukturen fast ausschließlich sogenannte Bäume betrachtet werden. Andere Strukturen, wie Graphen mit Schleifen, werden nicht ernsthaft thematisiert. Dieses Vorgehen folgt einer weitgehend verbreiteten Praxis unter Syntaktikern. Außer Betracht bleibt ferner der gesamte kalkül-theoretische Ansatz, der die Syntax als ein Regelsystem auffaßt, das zur Herleitung von phonologischen und logischen Strukturen dient.

Es wird hier nicht versucht, verschiedenen Forschungsrichtungen gerecht zu werden. Es geht vielmehr um eine erste Motivation der komplexen Begrifflichkeit, die man in den einzelnen Artikeln des Handbuchs finden wird. Sämtliche hier eingeführten Unterscheidungen wird man in irgendeiner Form in jeder syntaktischen Theorie benötigen, das ist meine Überzeugung. Insofern sind sie real.

Der Artikel ist weitgehend „self-contained" geschrieben. Sämtliche strukturellen Begriffe werden explizit eingeführt. Für den Kenner sind die ersten Abschnitte, in denen die Grundbegriffe der syntaktischen Struktur entwickelt werden, sicher etwas langwierig. Ich bin aber lange bei den Grundlagen geblieben, um ein Gefühl für die Schwierigkeiten zu vermitteln, die bei deren Etablierung nach wie vor bestehen. Das X-bar-Schema, auf dem sämtliche strukturellen Begriffe aufbauen, steht nach meiner Meinung erstaunlicherweise auf tönernen Füßen. Es mag sein, daß man zu ganz anderen Strukturbegriffen kommt, wenn man die Fundamente anders legt. Der Gesamtbau rechtfertigt sich sozusagen von oben her. In den folgenden Abschnitten wird dann das Tempo beschleunigt. Insbesondere verlangt das abschließende Semantikkapitel Grundkenntnisse in der Quantoren- und Typenlogik. Der syntaktisch vorgebildete Leser sollte die Lektüre mit Abschnitt 5. beginnen.

Ich habe nicht versucht, den theoretischen Konzeptionen verschiedener Schulen gerecht zu werden. Es ging mir vielmehr darum, ein Bild zu entwerfen, das nach meiner eigenen Meinung das Phänomen Syntax einigermaßen korrekt darstellt. Eingehen auf Alternativen hätte zu weiteren Ausuferungen des ohnehin überdimensionierten Umfangs geführt.

Schließlich sei erwähnt, daß diese Darstellung nicht einmal einen Bruchteil der mir bekannten Literatur berührt. Die Literaturliste enthält lediglich zitierte Literatur, steht also in keiner Weise für einen relevanten Querschnitt durch den Stand der Disziplin — trotz ihrer beträchtlichen Länge.

2. Syntaktische Struktur

2.1. Übersicht

In diesem Abschnitt stellen wir die Frage, was syntaktische Struktur ist. Wir zeigen zunächst, daß auch traditionelle Beschreibungen stillschweigend einen Strukturbegriff zugrundelegen, wobei geheimnisvoll bleibt, wie dieser genau zu verstehen ist. Wir gehen dann zu einem mathematischen Beispiel über und zeigen, wie der Strukturbegriff mithilfe des Regelbegriffs präzisiert werden kann. Dies führt zu einigen naheliegenden Unterscheidungen wie Klammerbildung, syntaktische Mehrdeutigkeit und syntaktische Kompetenz als Regelwissen. Diese Vorstellungen haben die Theoriebildung in den fünfziger und sechziger Jahren geleitet. Es hat sich dann gezeigt, daß die genannten Begriffe noch zu unspezifisch sind. Syntaktische Struktur wird wesentlich über die Projektion von Merkmalen aufgebaut. Dies wird zum X-bar-Schema führen, das den Kern der folgenden Abschnitte darstellt. Das X-bar-Schema wird auch in der Morphologie eine wichtige Rolle spielen.

2.2. Die Realität der Struktur

Die Syntax wird traditionell als die Lehre vom Satzbau definiert. Das naheliegende Bild ist das folgende: Das Lexikon der Sprache stellt Wörter zur Verfügung, und die syntaktischen Regeln sagen, wie diese zu wohlgeformten Sätzen kombiniert werden können. Versucht man, dieses Programm durchzuführen, so stellt sich rasch heraus, daß seine Realisierung auf große Schwierigkeiten stößt. Es zeigt sich nämlich, daß die Kombinationsregeln nur formulierbar sind, wenn man syntaktische Struktur annimmt. Die Struktur selbst ist aber nicht so leicht empirisch beobachtbar wie z. B. die Laute einer Sprache, die sich in der akustischen Substanz manifestieren. Moderne Syntaxtheorien nehmen außerordentlich komplizierte Strukturen an und arbeiten dazu noch mit mehreren Repräsentationsebenen.

In dieser Einleitung wollen wir motivieren, daß die Annahme einer hochgradig abstrakten syntaktischen Struktur sich aus der Sache selbst ergibt. Ihre genaue Form ist allerdings umstritten, da sie bei dem gegenwärtigen Stand der Forschung durch die Empirie unterdeterminiert ist.

Wir beginnen mit einem einfachen deutschen Hauptsatz.

(1) Die Mutter hat das so gewollt

Eine gewisse Tradition in der deutschen Grammatikforschung beschreibt den Bauplan, nach dem dieser Satz gebildet ist, folgendermaßen. Der Satz beginnt mit dem **Vorfeld**, in dem irgendein **Satzglied** stehen darf, aber nicht muß. Dann folgt das **Finitum** (ein Verb mit Personalendung), welches mit dem infiniten Verb, welches es regiert (sofern es eins gibt) die **Satzklammer** bildet. Der Teil in der Satzklammer ist das **Mittelfeld**. Wir erhalten also das folgende Schema:

Vorfeld	linke Satzklammer	Mittelfeld	rechte Satzklammer
die Mutter	hat	das so	gewollt

Nehmen wir einmal an, *die Mutter, das* und *so* seien Satzglieder. Eine weitere, weithin verbreitete Annahme ist, daß das Deutsche eine Sprache mit freier Wortstellung ist, daß also die Satzglieder innerhalb des gerade skizzierten Satzbauplans beliebig permutiert werden können. Damit wären dann die folgenden Wortfolgen Sätze.

(2) a. ?Die Mutter hat so das gewollt
 b. Das hat die Mutter so gewollt
 c. Das hat so die Mutter gewollt
 d. So hat die Mutter das gewollt
 e. So hat das die Mutter gewollt
 f. Hat die Mutter das so gewollt?
 g. ?Hat die Mutter so das gewollt?
 usw.

Wir ignorieren, daß die Beispiele (a) und (g) für Sprecher des Deutschen nicht akzeptabel sind, also durch eine feinere Analyse ausgeschlossen werden müßten. Interessanter ist, daß die Beschreibung mit dem Begriff des Satzglieds gearbeitet hat. Die Regel der Vorfeldbesetzung hat darauf Bezug genommen. Wir erhalten nämlich sofort einen Nichtsatz, wenn wir erlauben, daß das Vorfeld einfach mit einem Wort aus dem Mittelfeld besetzt werden kann:

(3) *Die hat Mutter das so gewollt

Diese Wortfolge ist kein Satz. Wir müssen also sicherstellen, daß hier etwas schief gelaufen ist. Wir können nicht sagen, daß *die* und *Mutter* niemals Satzglieder sein können, denn die folgenden Wortfolgen sind gute Sätze:

(4) Die hat das so gewollt
(5) Mutter hat das so gewollt

Aber in der Konstruktion (3) können *die* und *Mutter* jedenfalls keine Satzglieder sein. Die übliche Erklärung ist, daß das Verb *wollen* eine **Valenz** hat: Es verlangt ein Subjekt und ein Objekt. Falls nun in (3) *die* das Subjekt ist, können wir *Mutter* nicht mehr unterbringen. Falls dagegen *Mutter* das Subjekt ist, können wir *die* nicht mehr unterbringen. In beiden Fällen erhalten wir also eine Valenzverletzung. Der Begriff der Valenz muß also neben dem Begriff des Satzglieds ein weiterer wichtiger Strukturbaustein sein.

Wir komplizieren nun das Beispiel ein wenig, indem wir für das Objekt *das* einen Gliedsatz (d. h. einen abhängigen Satz) einsetzen:

(6) Die Mutter hat gewollt, daß die Tochter einen anderen nehmen sollte

Was zunächst auffällt ist, daß der Objektsatz hinter der rechten Satzklammer steht. In der deutschen Grammatik nennt man diese Position das **Nachfeld**. Man braucht also bestimmte Regeln, die sagen, welche Satzglieder in das Nachfeld gerückt werden können. In vielen Varianten des Deutschen kann nun ohne weiteres auch ein Satzglied aus dem Objektsatz im Vorfeld erscheinen:

(7) *Einen anderen* hat die Mutter gewollt, daß die Tochter — nehmen sollte.

Wir haben die Lücke, welche die „ursprüngliche" Position von *einen anderen* angibt, durch einen Gedankenstrich gekennzeichnet. Man kann also im Prinzip auch aus dem Inneren eines Satzglieds heraus in das Vorfeld „bewegen". Für diese Bewegung gibt es aber Restriktionen, wie der folgende Kontrast zeigt:

(8) Die Mutter hat den Wunsch geäußert, daß die Tochter einen anderen nehmen sollte.
(9) **Die Tochter* hat die Mutter den Wunsch geäußert, daß — einen anderen nehmen sollte.

Hier haben wir „zu weit" bewegt.

Auch das folgende Beispiel kann man als eine unerlaubte Bewegung ansehen. Es ist nämlich offenbar nicht möglich, den Artikel aus einem nominalen Satzglied herauszuziehen:

(10) *Die hat [— Mutter] das so gewollt

Die Beispiele zeigen, daß die sogenannten Satzglieder von unsichtbaren Klammern umgeben sind, die zweierlei leisten: Erstens charakterisieren sie die syntaktische Zusammengehörigkeit der Teile, die das Satzglied ausmachen. Zweitens bestimmen sie in irgendeiner Weise die möglichen Grenzen für Bewegung aus dem Inneren.

2.3. Rekursivität und strukturelle Mehrdeutigkeit

In diesem Abschnitt machen wir den folgenden Punkt: Ein rekursives System, welches unendlich viele Ausdrücke erzeugt, hat zwei natürliche Eigenschaften: Erstens strukturiert es die Ausdrücke über die Ableitungsgeschichte, zweitens kommt es fast zwangsläufig zu strukturellen Mehrdeutigkeiten, ohne daß diesen auf der Bedeutungsseite eine Ambiguität entsprechen würde. Diese Einsicht wird wichtig, wenn es um die Bestimmung des Begriffs der syntaktischen Kompetenz geht.

An den meisten Tagen seines Lebens hört und produziert der Sprecher einer Sprache Äußerungen, die in dieser Form noch nicht vorgekommen sind. (Dieser Satz gehört allerdings wohl nicht dazu.) Man hat in diesem Zusammenhang von der „Kreativität der Sprache" geredet. Die syntaktische Fähigkeit eines Sprechers versetzt ihn also in die Lage, eine im Prinzip unbegrenzte Anzahl von Ausdrücken zu bilden oder zu verstehen. Man spricht in diesem Zusammenhang von **Rekursivität**. Der Sprachgebrauch kommt von der Mathematik her, wo es seit vielleicht knapp hundert Jahren üblich ist, unendliche Ausdrucksmengen rekursiv zu erzeugen.

Die bekannteste rekursive Definition ist die der natürlichen Zahlen nach Peano. Anhand dieses Beispiels zeigen wir zweierlei. Erstens induzieren die Regeln der Definition in natürlicher Weise Struktur. Zweitens kann man die Zahlen so definieren, daß es zu strukturellen Mehrdeutigkeiten kommt, ohne daß diesen etwas auf der Bedeutungsseite entsprechen würde. Damit stellt sich sofort die Frage nach dem theoretischen Status von struktureller Mehrdeutigkeit.

Die beiden grundlegenden Peanoaxiome kann man wie folgt formulieren:

(P 1) a. 0 ist eine natürliche Zahl. b. Wenn n eine natürliche Zahl ist, dann ist auch ihr Nachfolger n′ eine natürliche Zahl.

Die Bedingung (a) ist die **Rekursionsbasis**, während (b) der eigentliche **Rekursionsschritt** ist. Es ist leicht einzusehen, daß diese Definition eine Grammatik für unendlich viele Ausdrücke ist. Zum Beispiel kann man die Zahl 3 als den Ausdruck 0‴ ansehen, der in vier Schritten hergeleitet werden kann. (Anwendung von (a), dann dreimaliges Anwenden von (b) auf das jeweilige Ergebnis.)

Die beiden Regeln sind natürlich nicht die einzig möglichen. Es gibt unendlich viele andere Grammatiken für natürliche Zahlen, schon allein deshalb, weil man als Basis für den Aufbau der Zahlen beliebige Ziffernsysteme wählen kann, also binäre Systeme, ternäre, ..., dezimale usw. Dieser Aspekt interessiert hier aber nicht weiter.

1. Die Aufgaben der Syntax

Als weitere Grammatik für die Zahlen möge eine spiegelbildliche Version der Peanoaxiome herhalten:

(P 2) a. 0 ist eine natürliche Zahl. b. Wenn n eine natürliche Zahl ist, dann ist auch ′n eine natürliche Zahl.

Diesmal können wir die Drei als den Ausdruck ‴0 ansehen.

Man kann jede dieser Grammatiken hernehmen, um eine Klammerstruktur für die Zahlen zu definieren. Dazu legt man fest, daß ein im Rekursionsschritt hinzugekommenes Symbol an den bereits erzeugten Teil geklammert wird. Jede Klammer kann gelesen werden als „der Nachfolger von". Die erste Peanogrammatik versieht die Zahlen mit einer **rechtsverzweigenden** Struktur, die zweite mit einer **linksverzweigenden**. In der ersten Grammatik hat die 3 die Struktur (((0′)′)′), in der zweiten hat sie die Form (′(′(′0))). Die Klammerstruktur kodiert also die Ableitungsgeschichte.

Die bisherigen Grammatiken strukturieren die Zahlen in eindeutiger Weise. Durch Kombination der beiden Peanogrammatiken erhalten wir eine Grammatik, die zu **strukturellen Mehrdeutigkeiten** führt.

(P 3) a. 0 ist eine natürliche Zahl. b. Wenn n eine natürliche Zahl ist, dann ist auch ′n eine natürliche Zahl. c. Wenn n eine natürliche Zahl ist, dann ist auch n′ eine natürliche Zahl.

Diesmal können wir die Drei auf recht verschiedene Weisen aufbauen. Sie wird nämlich durch eine 0 mit drei Strichen symbolisiert, gleichgültig, ob diese rechts, links oder auf beiden Seiten vorkommen. Betrachten wir den Ausdruck ′0″. Wir können diesen in dreierlei Weise aufbauen:

((('0)′)′), (a) + (b) + (c) + (c)
(('(0′))′), (a) + (c) + (b) + (c)
('((0′)′)), (a) + (c) + (c) + (b)

(Die Einträge neben den Zahlen beziehen sich auf die zur Herleitung benutzten Regeln.)

Welche dieser Grammatiken ist die richtige? Wenn wir sowohl n′ als auch ′n als den Nachfolger von n interpretieren, sind alle drei Grammatiken semantisch korrekt.

Nehmen wir nun an, wir hätten in unseren Köpfen ein „Zahlenmodul", das es zu beschreiben gilt. Dort werden die Zahlen durch irgendwelche Verknüpfungen von Neuronen dargestellt. Wir müssen also die Zahl 3 auf eine geeignete Neuronenkonfiguration abbilden. Führt dies dazu, eine von den drei Grammatiken als die richtige auszusondern? Das ist a priori überhaupt nicht zu beantworten. Es ist nicht einmal klar, ob sich diese Frage prinzipiell beantworten läßt, selbst wenn man alle physiologischen Details kennen würde.

Immerhin könnte man ja postulieren, daß eine Syntax nur dann strukturell mehrdeutig sein darf, wenn eine semantische Mehrdeutigkeit vorliegt. So etwas ist in der generativen Methodologie in den sechziger Jahren in der Tat gefordert worden. Schauen wir uns eine kleine generative Grammatik in Hinblick auf dieses Postulat an.

Frühe generativen Grammatiken sind genau nach diesem Schema geschaffen worden (etwa Chomskys (1957) *Syntactic Structures*). Man ging von einer endlichen **Phrasenstrukturgrammatik** aus, welche die **Basis** der Rekursion darstellte. Dann gab es sogenannte **generalisierte Transformationen**, die daraus neue Ausdrücke machten, also den **Rekursionsschritt** bzw. die Rekursionsschritte darstellten. Den Aufbau kann man sich folgendermaßen veranschaulichen:

Basis
a. S → NP VP
b. NP → Art N
c. VP → NP V
d. VP → VP V
e. NP → es
f. Art → die
g. N → Mutter, Tochter
h. V → hat, gewollt, gesagt

Rekursiver Teil
(Generalisierte Transformationen)

T1. S,S ⇒ S
              /\
          S und S

T2. S,S ⇒ S
              /\
          S oder S

Mit diesem System kann man zum Beispiel den deutschen Nebensatz *die Mutter es gewollt hat oder die Tochter es gewollt hat* herleiten. Das sieht folgendermaßen aus:

S
NP VP (a)
Art N VP (b)
Art N VP V (d)
Art N NP V V (c)
die N NP V V (f)
die Mutter NP V V (g)

die Mutter es V V (e)
die Mutter es gewollt V (h)
die Mutter es gewollt hat (i)

Man kann die Ableitungsschritte freilich auch in anderer Form durchführen. In jedem Fall führt eine Ableitung dieser Art zu der folgenden Struktur, wie anschaulich klar sein dürfte.

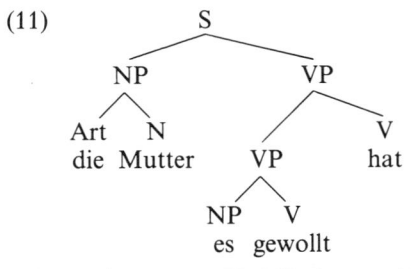

(11)
```
              S
           /     \
         NP       VP
        /  \     /  \
      Art   N   VP   V
      die Mutter / \ hat
               NP  V
               es gewollt
```

Bemerkung zum Verhältnis von Ableitung und Struktur: Wenn ein Symbol in der Ableitung ersetzt wird, verbindet man es mit den Symbolen, die es ersetzen, durch eine Linie. Man erhält so einen Baum, dessen Verzweigungen als indizierte Klammern angesehen werden können. Z. B. kann man die Verzweigung

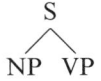

```
    S
   / \
  NP  VP
```

auch schreiben als [$_S$ NP VP]. Ebenso entspricht der Verzweigung

```
  N
  |
Mutter
```

die Klammerstruktur [$_N$ Mutter].

Ganz analog leitet man die Struktur

(12) [$_S$[$_{NP}$[$_{Art}$ *die*] [$_N$ *Tochter*]] [$_{VP}$[$_{VP}$[$_{NP}$ *es*] [$_V$ *gewollt*]] [$_V$ *hat*]]]

her. Die Transformation T2 erzeugt aus diesen beiden Strukturen die komplexe Struktur

(13) [$_S$[$_S$[$_{NP}$ [$_{Art}$ *die*] [$_N$ *Mutter*]] [$_{VP}$[$_{VP}$[$_{NP}$ *es*] [$_V$ *gewollt*]] [$_V$ *hat*]]]
oder
[$_S$[$_{NP}$ [$_{Art}$ *die*] [$_N$ *Tochter*]] [$_{VP}$[$_{VP}$[$_{NP}$ *es*] [$_V$ *gewollt*]] [$_V$ *hat*]]]].

Unsere Syntax erzeugt freilich auch Wortfolgen, die nicht als Ausdrücke des Deutschen angesehen werden können, z. B. *die Mutter es gewollt gesagt*. Man kann das System leicht so verfeinern, daß so etwas nicht vorkommt. Damit wollen wir uns aber nicht beschäftigen.

Interessanter ist der folgende Punkt. Bereits dieses einfache System erzeugt strukturelle Mehrdeutigkeiten. Zum Beispiel klammert die Syntax einen beliebigen Satz der Form „S und S oder S" als (a) und (b):

(14) a. [$_S$ [$_S$ S und S] oder S]
     b. [$_S$ S und [$_S$ S oder S]]

Unter naheliegenden semantischen Annahmen — man interpretiert die Sätze, bevor man sie durch *und* bzw. *oder* verknüpft — entspricht diesem unterschiedlichen syntaktischen Aufbau im allgemeinen eine verschiedene Bedeutung: In (a) liegt eine Disjunktion zweier Sätze vor, in (b) eine Konjunktion, und dies bedeutet in der Regel etwas anderes. Man sieht bereits an dieser Stelle, daß die Syntax einen Einfluß auf die semantische Interpretation hat.

Dieselbe strukturelle Mehrdeutigkeit liegt nun aber auch für einen Satz der Form „S *und* S *und* S" vor. Beide Strukturen führen auf der Ebene der Wahrheitsbedingungen zu genau derselben Bedeutung. Das liegt an der Semantik von *und*. Da die Bedeutungsverschiedenheit für das zuvor genannte Beispiel gerade an der Verschiedenheit des syntaktischen Aufbaus festgemacht wurde, wäre es absurd, zu verlangen, daß für den letztgenannten Satz nur ein syntaktischer Aufbau zulässig ist. Das Fazit ist, daß syntaktische Mehrdeutigkeit eine zwangsläufige Folge bestimmter Regelsysteme ist. Die Korrelation zwischen syntaktischer und semantischer Mehrdeutigkeit kann also allenfalls in eine Richtung gehen: Semantische Mehrdeutigkeit (die nicht auf lexikalischer Ambiguität beruht) ist vermutlich durch syntaktische Mehrdeutigkeit bedingt, während aus syntaktischer Mehrdeutigkeit noch keine semantische Mehrdeutigkeit folgen muß.

2.4. Syntaktische Kompetenz

Das bisher geschilderte Bild führt in natürlicher Weise zu gewissen methodologischen Annahmen für die Syntaxtheorie, die seit Chomskys *Syntactic Structures* in der einen oder anderen Version zum Allgemeingut der Theoretiker geworden sind. Die wichtigste Annahme ist diese:

Der Sprecher einer Sprache verfügt über ein Regelsystem, das ihn in die Lage versetzt, beliebig viele Ausdrücke seiner Sprache zu erzeugen und zu analysieren. Diese Fähigkeit wird **syntaktische Kompetenz** genannt.

Diese Fähigkeit wird von der **Performanz** unterschieden: Beim tatsächlichen Sprachgebrauch treten zahlreiche Störfaktoren auf, z. B. mangelnde Konzentration, Gedächtnisschwäche, Aufgeregtheit usw., die zu Fehlern führen. Eine Theorie der Kompetenz wird von diesen Faktoren absehen, wird die Fehlerquellen also ignorieren.

Eine Folge der Kompetenz/Performanzunterscheidung ist, daß spontane Äußerungen nicht ungeprüft als Daten für die Kompetenz hergenommen werden können, da sie in der Regel durch die genannten Störfaktoren affiziert sind. Diese Konsequenz hat in der Geschichte der generativen Grammatik zu heftiger Kritik Anlaß gegeben, die meines Erachtens aber unberechtigt ist. Die Situation ist prinzipiell nicht anders als in einer Naturwissenschaft wie der Chemie, wo die theoretisch vorhergesagten Massenverhältnisse zweier Verbindungen auch nur unter sorgfältigen Laborbedingungen beobachtet werden können.

Stellt man sich ein Regelsystem in der oben skizzierten Weise vor, so ergibt sich als weitere natürliche Konsequenz, daß mit syntaktischen Mehrdeutigkeiten zu rechnen ist. In der Regel wird postuliert, daß ein Sprecher im Innern um diese „weiß", obwohl er sich dieses Wissens nicht bewußt ist. Dies ist mit dem viel geschmähten Begriff des **sprachlichen Wissens** gemeint. Hier stellt sich allerdings die Frage, wie diese Fähigkeit im einzelnen empirisch zu testen ist. Dazu sagt die allgemeine generative Methodologie nichts. Die Realität des Phänomens ist zumindest plausibel, denn wie sonst soll man die semantische Mehrdeutigkeit von Sätzen erklären, die aus semantisch eindeutigen Wörtern aufgebaut sind? Zwei weitere Beispiele mögen als Illustration dienen:

(15) a. Junge Männer und Frauen promenierten auf der Seestraße
b. Fritz dachte an den Pfarrer im Gefängnis.

In (a) sind einmal nur die Männer jung, das andere Mal die Männer und Frauen. In (b) ist einmal der Pfarrer im Gefängnis, das andere Mal Fritz. (a) kann man durch eine unterschiedliche Klammerung des Adjektivs erklären: Es modifiziert *Männer* bzw. *Männer und Frauen*. Die syntaktischen Strukturen für (b) sind dagegen nicht so naheliegend.

Eine weitere natürliche Konsequenz des Zugangs ist der sogenannte **Mentalismus**. Die Regelsysteme sind in den Köpfen der Sprecher. Sie sind der eigentliche Gegenstand der Syntaxtheorie. Die sprachlichen Äußerungen entstehen durch Anwendung eines Regelsystems. Die Sprache als Menge der tatsächlichen und möglichen Äußerungen eines Sprechers ist ein Epiphänomen. Das gilt erst recht für eine Kultursprache wie z. B. das Deutsche, die die tatsächlichen und möglichen Äußerungen der deutschen Sprache enthält. Es liegt auf der Hand, daß diese kein wohldefinierter Gegenstand sein kann. Wenn man mit einem gewissen Recht von *dem* Deutschen redet, dann deshalb, weil sich die Kompetenzen der Einzelsprecher in hinreichendem Maße überlappen, um eine gewisse Einheitlichkeit zu gewährleisten; außerdem gibt es ja etablierte Normen wie die Schulgrammatik, den Duden usw. Für die Syntaxtheorie ist Sprache in diesem Sinne aber kaum ein kohärenter Gegenstand.

Diese Position mag zunächst verwunderlich erscheinen, da die sprachlichen Äußerungen ja das sind, was der Erfahrung primär zugänglich ist. Auch hier ist die Analogie mit den Naturwissenschaften wieder hilfreich: Die empirische Basis für die Mendelschen Gesetze bilden Anzahlen von roten und weißen Erbsenblüten. Die Theorie aber redet über die Gene, Gegenstände, die nicht direkt beobachtbar sind, die aber hinter der Farbverteilung stehen. Die Farben sind also Epiphänomene der Gene.

Chomsky unterscheidet in neueren Arbeiten zwischen der **E-** und der **I-Sprache** (vgl. z. B. Chomsky 1986 b), „E" erinnert an „extern", „epiphänomenal", „extensional" im Sinne von „Begriffsumfang", „I" dagegen erinnert an „intern", „individuell" und „intensional" in der Bedeutung „Begriffsinhalt". Die I-Sprache ist der eigentliche Gegenstand, das, was in den Köpfen ist. Die Terminologie ist nicht hundertprozentig glücklich, weil mit „I-Sprache" eigentlich das interne Regelsystem gemeint ist, also das, was die Menge der möglichen Äußerungen für einen Sprecher definiert.

3. Phrasenstruktur

3.1. Vorbemerkung

Die Phrasenstruktur ist die wichtigste Grundlage für sämtliche syntaktischen Begriffsbildungen. Über keinen Bereich ist so viel gearbeitet worden. So ist es einigermaßen verblüffend (und kennzeichnend für den Stand der Kunst), wieviel hier noch offen ist. Die Gründe dafür leuchten ein, sobald man über die Grundlagen der Theorie der Phrasenstruktur nachdenkt: Die wenigen Prinzipien, die allgemein akzeptiert sind, sind zu allgemein, als daß viel aus ihnen folgen würde.

Hier besteht meines Erachtens immer noch die Aufgabe, nach strukturdeterminierenden Prinzipien zu suchen. Diese Aufgabe ist vermutlich nur dann mit Erfolg anzugehen, wenn intensiv über die Interaktion zwischen Morphologie und Syntax einerseits und den Zusammenhang zwischen Syntax und logischer Form andererseits geforscht wird. Zu beiden Aufgaben wird es im folgenden Ausführungen geben.

3.2. Das Kopfprinzip

Phrase ist der in der generativen Grammatik etablierte Terminus für Satzglied. Dazu der folgende Satz.

(1) Über dem Kamin hing eine schäbige Küchenuhr aus den fünfziger Jahren.

Betrachten wir zunächst die Nominalphrase *eine schäbige Küchenuhr aus den fünfziger Jahren*. Deren Grobstruktur sieht etwa folgendermaßen aus:

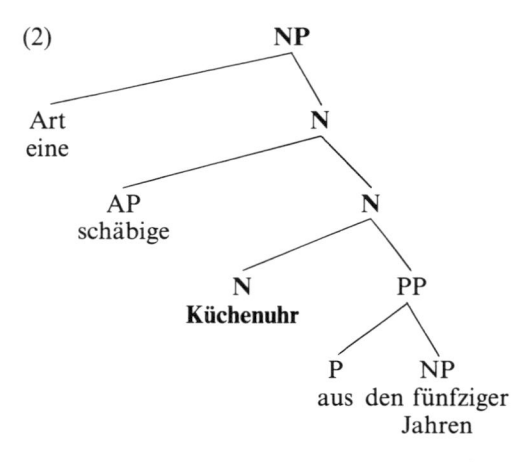

(2)
```
                    NP
                   /  \
                  /    \
                Art     N
                eine   / \
                      /   \
                    AP     N
                 schäbige / \
                         /   \
                        N     PP
                   Küchenuhr / \
                            /   \
                           P    NP
                         aus den fünfziger
                             Jahren
```

Das fettgedruckte Wort *Küchenuhr* ist der **Kopf** der Phrase. Die **morphosyntaktischen Merkmale** des Kopfes vererben sich entlang der **Kopflinie** — hier ebenfalls durch Fettdruck gekennzeichnet — an die Phrase selbst.

Dieses Vererbungsprinzip heißt **Kopfprinzip**. (Vgl. z. B. von Stechow/Sternefeld 1988, 110.) Für unser Beispiel handelt es sich um das lexikalische Merkmal Nominalität (N) sowie um die grammatischen Merkmale Maskulinum (Genus), Singular (Numerus) und Nominativ (Kasus).

Vollständige Phrasen werden konventionell mit dem Endbuchstaben „P" gekennzeichnet. NP steht für Nominalphrase, AP für Adjektivphrase, PP für Präpositionalphrase.

In unserem Beispiel ist der Kopf durch zwei Attribute ergänzt, die pränominale AP *schäbige* und die postnominale PP *aus den fünfziger Jahren*. In der generativen Literatur werden Attribute dieser Art **Adjunkte** genannt. Ein Adjunkt steht stets in der Konfiguration [$_X$ Adjunkt X] oder [$_X$ X Adjunkt]. Der Adjunktbegriff wird in Abschnitt 3.3. präzise eingeführt.

Unsere Nominalphrase wird durch einen Artikel abgeschlossen. Bei dem Artikel handelt es sich um ein spezielles Adjektiv. Es hat sich eingebürgert, dafür den Terminus Det (= Determinator) zu verwenden. Vollständige Phrasen nennt man in der Literatur **maximale Projektionen**. Es handelt sich also um Projektionen von morphosyntaktischen Merkmalen, die eine maximale Komplexität erreicht haben.

Offensichtlich **kongruieren** im Deutschen die pränominalen Adjunkte und der Artikel mit dem Kopf in bezug auf ihre Merkmale Numerus, Genus und Kasus.

An der Stelle des Determinators muß nicht unbedingt ein Artikel stehen:

(3) a. *Ottos* Oma
    b. *dem Vater sein* neues Fahrrad

Man nennt die Phrasen, deren Hinzufügung zur Maximalität führt, **Spezifikatoren**. In unseren Beispielen sind *eine, Ottos* und *dem Vater sein* sämtlich **N-Spezifikatoren** (SpecN).

In der generativen Literatur wird Kongruenz in den morpho-syntaktischen Merkmalen zwischen SpecN und N angenommen. Das ist zumindest für das Beispiel (3a) problematisch, da hier der Spezifikator eine Art genitivischer NP ist.

Wir gehen nun kurz auf die weiteren Phrasen ein. Präpositionalphrasen scheinen zunächst unproblematisch zu sein. Der Kopf ist eine Präposition, und sie bestimmt in der Regel den Kasus der regierten Nominalphrase. Im Deutschen gibt es daneben auch Postpositionen:

(4) [$_{PP}$ [$_{NP}$ den Fluß] entlang]
(5) [$_{PP}$ [$_{NP}$ des Geldes] wegen]

Beide Beziehungswörter können auch als Präpositionen benutzt werden. Problematischer ist der strukturelle Beitrag von „umschließenden" Beziehungswörtern: „um des schnöden Mammons *willen*". Auch ist nicht ohne weiteres klar, wie Modifikationen von Präpositionen untergebracht werden sollen: „*direkt neben* dem Fenster". Wir wollen auf diese Probleme hier nicht eingehen.

Betrachten wir nun eine Adjektivphrase. In dem Beispiel

(6) ein [AP äußerst betrüblicher] Vorfall

ist klar, daß *betrüblicher* der Kopf sein muß, denn die AP kongruiert in bezug auf die Merkmale Genus, Numerus und Kasus mit diesem Wort. *äußerst* scheint auf den ersten Blick ein Adjunkt zu sein. Damit hätte die AP die Struktur [AP *äußerst* [A *betrüblicher*]]. Es sieht zunächst so aus, als wäre *äußerst* der Spezifikator des Adjektivs, aber das kann kaum sein, denn weitere Modifikationen sind möglich: *ein* [AP *leider äußerst betrüblicher*] *Vorfall*. Auch wäre etwas zur relativen Reihenfolge der Adjektivadjunkte zu sagen: Man kann die Reihenfolge von *leider* und *äußerst* nicht vertauschen.

Man betrachte schließlich die folgende Konstruktion:

(7) ein *schwierigeres* Problem *als man zunächst denkt*

Es sollte intuitiv klar sein, daß der *als*-Satz direkt etwas mit der Komparativform des Adjektivs zu tun hat. Wir werden später sehen, daß es vernünftig ist, diese Konstruktion auf eine Struktur

(8) ein [AP als wir dachten [A schwierigeres]] Problem

oder sogar noch etwas Komplizierteres zurückzuführen, obwohl die Konstellation in der vorliegenden Form ungrammatisch ist.

Werfen wir schließlich noch einen Blick auf die Verbalphrase (VP). Der Einfachheit halber bringen wir unser Beispiel (1) in Nebensatzform. Viele Grammatiker haben angenommen, daß der Satz selbst eine Verbalphrase ist. Eine mögliche Strukturierung wäre die folgende:

(9) [VP [PP über dem Kamin] [V [NP eine schäbige Küchenuhr] [V hing]]]

Hier ist angenommen worden, daß das Subjekt die Verbalphrase abschließt, also SpecV ist.

Betrachten wir nun noch einen Satz mit direktem Objekt wie *weil Wladimir heute den Garten umgräbt*. In erster Approximation könnte die Struktur folgendermaßen aussehen:

(10) [VP [NP Wladimir] [V [AdvP heute] [V [NP den Garten] [V umgräbt]]]]

Wie aber könnte der Hauptsatz

(11) Heute gräbt Wladimir den Garten um

zu strukturieren sein? Das liegt nicht auf der Hand. Das Problem wird den LeserInnen deutlich, wenn sie einmal selbst versuchen, dafür eine Struktur zu konstruieren. Da hier nicht der Ort für eine detaillierte Reflexion der involvierten Schwierigkeiten ist, sei das Ergebnis vorweggenommen. Seit Bierwisch (1963) nehmen die meisten Syntaktiker an, daß die Struktur mindestens so kompliziert sein muß wie das folgende Gebilde:

(12) [VP [AdvP heute] [V [V gräbt] [VP [NP Wladimir] [V [NP den Garten] [V um —]]]]]

Der finite Teil des Verbs ist also an die sogenannte Verb-Zweit-Position „bewegt" worden. Die zum Finitum gehörende Präposition bleibt an der „ursprünglichen" Stelle und bildet zusammen mit dem bewegten Teil die Satzklammer. Im Vorfeld steht das Adverb *heute*. Die Struktur des Hauptsatzes wäre also

(13) [VP Vorfeld [V Finitum [VP Mittelfeld [V rechte Satzklammer]]]]

Formal gesehen ist das Vorfeld SpecV, da es den Hauptsatz abschließt. Man muß sicherstellen, daß diese Position mit irgendeinem Glied aus dem Mittelfeld besetzt werden kann, während SpecV der inneren VP nur durch das Subjekt besetzt werden darf. Die beiden Spezifikatorpositionen verhalten sich also unterschiedlich. Dies ist einer der Gründe, weshalb viele Theoretiker heute annehmen, daß der Satz keine VP ist, sondern eine andere Kategorie hat. Darauf werden wir im folgenden noch zu sprechen kommen.

Nun noch ein Wort zu koordinierten Strukturen:

(14) junge [N [N Männer] und [N Frauen]]
(15) [NP [NP junge Männer] und [NP Frauen]]

Es ist klar, daß die Koordinationen nicht nur einen Kopf haben können. Sie sind doppelköpfig. Koordinationen haben also eine Sonderrolle. Die Klammerung ist übrigens keinesfalls immer so naheliegend, wie das folgende althochdeutsche Beispiel zeigt.

(16) So chumit der jagere unde fahit ez (De Unicorno)
    Dann kommt der Jäger und fängt es

Die LeserInnen mögen sich einmal daran versuchen (vgl. dazu Höhle 1990).

3.3. Das X-bar-Schema

In diesem Abschnitt präzisieren wir das Kopfprinzip und gelangen zum X-bar-Schema. Dieses bildet den Kern der syntaktischen Strukturbildung für die Mehrzahl der neueren theoretischen Arbeiten. Reflektiert man die begrifflichen Grundlagen des Schemas, kann man sich eines gewissen Unbehagens nicht erwehren. Der Unterschied zwischen den einzelnen sogenannten Bar-Ebenen (z. B. N, N', NP) läßt sich meines Erachtens mit den bekannten strukturellen Methoden nicht sauber definieren, sondern wird lediglich stipuliert. Hier besteht nach wie vor ein wichtiges Aufgabenfeld für begriffliche Klärungen und Verfeinerung.

Das Kopfprinzip besagt ja, daß sich die morphosyntaktischen Merkmale des Kopfes an die Phrase vererben. Um dies rekursiv zu definieren, müssen wir zunächst für jedes Wort die einschlägigen Merkmale im Lexikon auflisten. Zum Beispiel sieht ein Eintrag für *Mutter* folgendermaßen aus:

(17) *Mutter*, N, f(emininum), s(ingular), n(ominativ)

Daß diese Merkmale für die Vererbung relevant sind, können wir durch eine kontextfreie Regel ausdrücken:

Nfsn → *Mutter*

Allgemein haben lexikalische Einträge also die Form

X → Lexem,

wobei X die relevanten morphosyntaktischen Merkmale des Lexems sind. Wir wollen einen Ausdruck mit den Merkmalen X eine *X-Projektion* nennen. Regeln der zuletzt genannten Form bilden die Basis für die induktive Definition des Merkmalvererbungsprozesses. Der Induktionsschritt muß folglich so aussehen:

Wenn α ein Ausdruck ist, dessen Kopf eine X-Projektion ist, dann ist auch α eine X-Projektion.

Diese Definition setzt voraus, daß wir den Kopf von α identifizieren können.

Wir haben bereits darauf hingewiesen, daß das Kopfprinzip nicht in dem allgemeinen Formalismus angelegt ist, den wir in Abschnitt 2.3. skizziert haben. Von Koordinationen einmal abgesehen, bereitet dies für die bisher betrachteten Beispiele keine Schwierigkeiten. Man betrachte aber etwa die folgenden Konstruktionen:

(18) a. weil ein Bundeskanzler regieren können muß
     b. weil sie das nicht hat wissen können

Wir wollen, daß für beide Verbalkomplexe das Finitum der Kopf ist. Da das Finitum im ersten Fall das rechte, im zweiten Fall dagegen das linke Verb des Komplexes ist, sieht es so aus, als müßten wir jeweils festlegen, wo der Kopf steht. Eine ad hoc-Methode ist, explizit in den Regeln festzulegen, woher die Merkmale kommen.

Induktionsbeginn
a. V, 1. Status → *regieren, können, wissen*
b. V, 3. person, sing. → *muß, hat*
Induktionsschritt
c. V, n.-Status → V, m.-Status + V, n.-Status
d. V, k.-Person, m-Numerus
   → V, n.-Status + V, k.-Person, m-Numerus
e. V, k.-Person, m-Numerus
   → V, k.-Person, m-Numerus + V, n.-Status

Zur Terminologie: Der erste Status ist das Merkmal für 0-Infinitive, der 2. Status das für *zu*-Infinitive und der dritte das für Perfektpartizipien (vgl. Bech 1955/57). Die Regeln kodieren noch nicht, daß der Status regiert wird, d. h. vom jeweils übergeordneten Verb selegiert wird.

Man wird sich mit dieser Beschreibung kaum zufrieden geben wollen. Zum Beispiel kann es kaum ein Zufall sein, daß das Finitum unabhängig von seiner Stellung stets beim Merkmalsvererbungskampf obsiegt. Der Formalismus läßt ohne weiteres zu, daß das nicht-finite Verb siegen könnte. Man hat also eine wichtige Generalisierung nicht formal rekonstruiert. Immerhin wird aber der Vererbungsprozeß korrekt beschrieben. Zum Beispiel hat der Verbalkomplex in (b) die folgende Struktur.

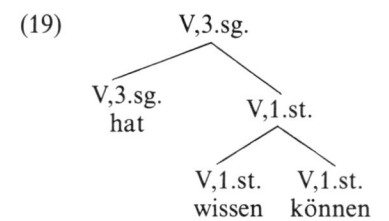

(19)
```
              V,3.sg.
             /       \
        V,3.sg.     V,1.st.
         hat       /      \
              V,1.st.   V,1.st.
              wissen    können
```

Unbefriedigend an dieser Struktur bleibt, daß man dem Teilbaum [$_V$[$_V$ *wissen*] [$_V$ *können*]] nicht ansieht, daß *können* sein Kopf ist. Die Verben *wissen* und *können* scheinen ja dieselben morphosyntaktischen Merkmale zu haben. Hier mag die bisher unterschlagene Statusrektion helfen: *können* selegiert ja den ersten Status, während *wissen* keinen Status selegiert. Ebenso selegiert z. B. *hat* den 3. Status bzw. in dieser Konstruktion den 1. Status als sogenannten Ersatzinfinitiv. Man könnte deshalb daran denken, die Kopfeigenschaft an der Statusrektion festzumachen, indem man sagt, daß von zwei Verben das jeweils statusregierende der Kopf ist. Die kategorialgrammatische Definition des Kopfes, die in Abschnitt 4.4. vorgestellt wird, geht in der Tat von der Vorstellung aus, daß die Selektionseigenschaften eine zentrale Rolle für die Festlegung des Begriffs spielen.

Die meisten generativen Grammatiker sind mit Chomsky (1970) einen anderen Weg gegangen. Sie haben den Kopf strukturell definiert: Der Kopf von zusammenzuklammernden Ausdrücken ist die einzige nichtmaximale Projektion unter diesen.

Um das Gemeinte zu verdeutlichen, nehmen wir mit Muysken (1982) die Merkmale [±max(imal)] an. Wir nehmen an, daß Projektionen maximal sind, wenn sie „gesättigt" sind, wenn also alle ihre notwendigen Ergänzungen bei ihnen stehen.

Diese Umschreibung ist nur eine Eselsbrücke. Die Sättigung betrifft nur Argumente von Prädikaten. Zum Verb gehören seine Objekte, nicht aber notwendigerweise sein Subjekt, um Sättigung zu erreichen. Zum Nomen gehören seine Objekte und ein Artikel, zur Präposition ein Objekt. Zum Adjektiv gehört u. U. ein Objekt, niemals aber ein Subjekt. Adverbien gelten als maximal, obwohl sie, semantisch gesehen, ungesättigt sind. Das Merkmal [+max] ist also nicht in naheliegender Weise semantisch definierbar, sondern letztlich ein Grundbegriff der Theorie. Für den abstrakten Ansatz, der in Abschnitt 6.2. vorgestellt werden wird, stimmt noch nicht einmal diese Charakterisierung. Es sieht also so aus, als wäre der Komplexitätsmechanismus nicht mehr als eine bloße Notation.

Damit könnte ein verfeinerter Lexikoneintrag für *können* wie folgt lauten:

(20) [V, −max] 1. Status, [1. Status_] → *können*

[1. Status_] ist ein **Selektions-** oder **Subkategorisierungsmerkmal**, welches besagt, daß das Verb mit einer V-Projektion im ersten Status kombiniert werden muß. Dann verschwindet dieses Merkmal, denn die Ergänzung ist vorhanden. Die entscheidende, von Stowell (1981) vorgeschlagene, bei Chomsky (1970) bereits angelegte Restriktion für den Aufbau von Phrasen ist nun diese: In einer (ungesättigten) Phrase gibt es genau eine nicht-maximale Projektion.

Damit ist es möglich, das folgende allgemeine Format für Phrasenstrukturregeln anzugeben:

Das X-bar-Schema (enge Version)
[X, α-max] → ... [X, −max] ...,
wobei die Punkte für maximale Projektionen stehen.

α ist +, falls die in den Punkten verborgenen Ergänzungen die X-Projektion sättigen. Wenn das nicht der Fall ist, bleibt α = − bis zur Sättigung. Durch das Merkmal [−max] wird der Kopf eindeutig identifizierbar, denn die übrigen Ergänzungen der Zusammenfassung sind per definitionem alle [+max]. Zum Terminus „X-bar" werden wir uns noch äußern. Vorerst bemerken wir, daß man für [X, +max] in der Literatur in der Regel XP schreibt. So ist z. B. PP dasselbe wie [P, +max].

Offensichtlich genügen die für den deutschen Verbkomplex angenommenen Strukturen dem X-bar-Schema nicht. Um eine systemkonforme Analyse zu erreichen, müssen wir lediglich verlangen, daß anstelle der Punkte in der Regel überhaupt nichts zu stehen braucht. Gesättigte Wörter können dann nach dem Schema zu maximalen Projektionen werden. Der Verbalkomplex in (18) könnte etwa so aussehen:

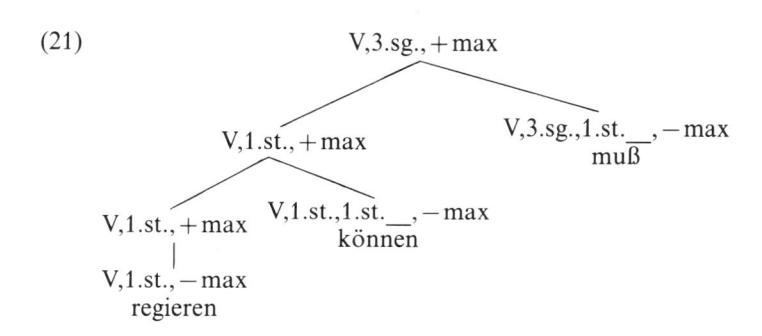

(21)
```
                    V,3.sg.,+max
                   /            \
          V,1.st.,+max         V,3.sg.,1.st._,−max
         /          \                muß
V,1.st.,+max   V,1.st.,1.st._,−max
    |              können
V,1.st.,−max
  regieren
```

Von dieser Struktur kann man eindeutig ablesen, daß *können* der Kopf des linken Verbalkomplexes ist. Ferner ist *muß* der Kopf der gesamten Verbalprojektion.

Die Struktur für den zweiten Verbalkomplex ist komplizierter. Das X-bar-Schema zwingt uns, eine Leerstelle für das herausbewegte Objekt anzunehmen, welche die Maximalität auslöst. Wir erhalten dann das folgende Gebilde:

(22)

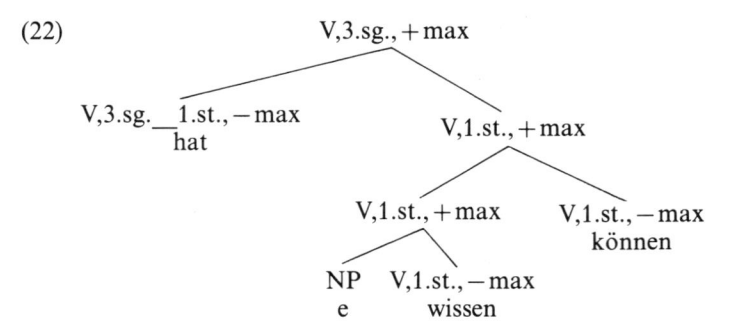

```
                    V,3.sg.,+max
                   /            \
         V,3.sg.  1.st.,−max     V,1.st.,+max
           hat                  /            \
                       V,1.st.,+max      V,1.st.,−max
                       /        \           können
                     NP      V,1.st.,−max
                      e         wissen
```

Das Symbol „e" (wie engl. „empty") steht hier für eine syntaktische Leerstelle. Auch diesmal ist sofort abzulesen, daß *hat* der Kopf der obersten V-Projektion ist, daß *können* der Kopf der eingebetteten V-Projektion ist und daß schließlich *wissen* der Kopf der am tiefsten eingebetteten V-Projektion ist.

Betrachten wir nun kurz Adjunktionsstrukturen. Die Beifügung von Attributen ist kein Problem: Sie modifizieren nicht-maximale Projektionen und haben keinen Einfluß auf Maximalität. Unser oben gewähltes Beispiel (1) hat die Struktur:

(23) eine [$_{N, -max}$ [$_{N, -max}$ [$_{A, +max}$ schäbige] [$_{N, -max}$ [$_{N, -max}$ Küchenuhr] [$_{P, max}$ aus den fünfziger Jahren]]]]

Bestimmte Adjunkte modifizieren nun allerdings maximale Projektionen. Z. B. hat das Beispiel (7) vermutlich die Struktur

(24) [$_{N, +max}$ [$_{N, +max}$ ein schwierigeres Problem] [$_{P, +max}$ als wir dachten]]].

Wir haben also die PP an die NP adjungiert. Das ist nach der obigen Version des X-bar-Schemas nicht möglich, falls wir [+max] als „kann nicht mehr erweitert werden" interpretieren. Diese Interpretation ist also wohl zu eng. Ebenso kann man zum Beispiel Relativsätze an NP adjungieren.

Wir lassen also die Adjunktion an maximale Projektionen zu und interpretieren [+max] lediglich als „semantisch gesättigt",

ein Begriff, mit dem wir uns noch beschäftigen müssen.

In der Literatur hat es sich eingebürgert, neben maximalen und nicht maximalen Projektionen noch einen dritten Typ zu unterscheiden. Die Idee ist, daß Projektionen, die erweitert, aber noch nicht maximal sind, einen Zwischenstatus haben. Um dies auszudrücken, benötigen wir ein weiteres Merkmal, welches die Information kodiert „ist erweitert".

Muysken (1982) schlägt dafür das Merkmal [±proj(ection)] vor. [+proj] heißt also: „ist erweitert", [−proj] heißt: „ist nicht erweitert".

Demnach hat zum Beispiel das Nominal *ein schwierigeres Problem als wir dachten* die Struktur: [(25) s. nächste Seite]

e ist die Lücke für die „extraponierte" Komparativergänzung. Wie man an der Kategorie für den Artikel *ein* sieht, kommt das Merkmal [+max] nicht notwendigerweise durch eine Anklammerung in der Syntax zustande. Da der Artikel nicht mehr modifiziert werden kann, ist er bereits qua lexikalischem Eintrag maximal.

In der Literatur findet man die folgenden Konventionen für die Notationen von Projektionen. Für [X, −max, −proj] schreiben wir X oder X^0, für [X, −max, +proj] schreiben wir X′ oder X^1 und für [X, +max] schließlich XP. Demnach steht NP, VP, AP, PP für [N, +max], [V, +max], [A, +max] und [P, +max] respektive.

Maximale Projektionen heißen **Phrasen**. Wir haben gesagt, daß man sich unter X irgendeine Konfiguration von morphosyntaktischen Merkmalen vorstellen kann. Üblicherweise hat man aber mit X nur eines der „lexikalischen" Merkmale N(omen), V(erb), A(djektiv) und P(räposition) bzw. P(ostposition) im Auge, und so wollen wir es auch künftig halten. Die „grammatischen" Merkmale Numerus, Kasus, Genus und Person werden bei Bedarf separat aufgelistet. Sie wer-

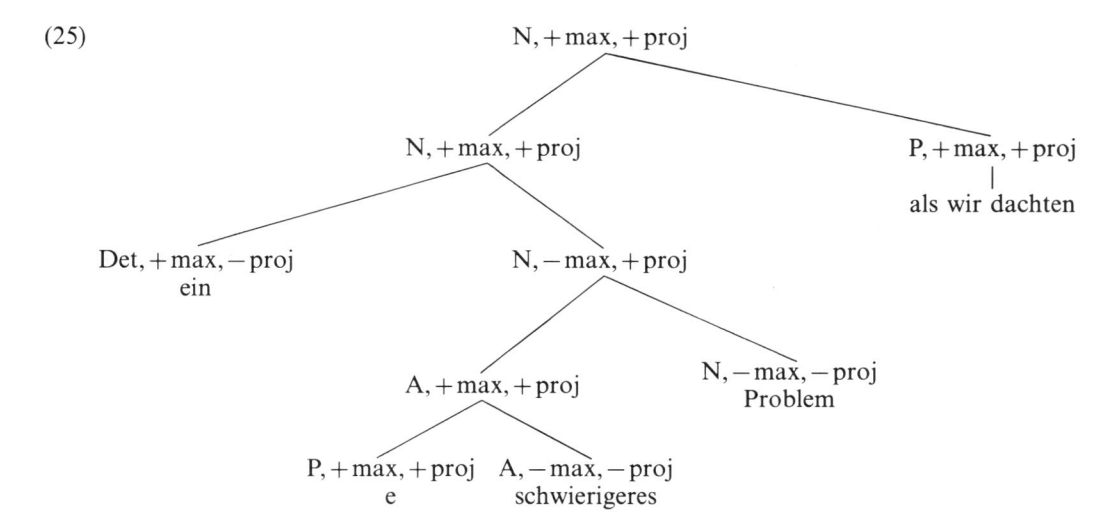

(25)
```
                    N, +max, +proj
                   /              \
         N, +max, +proj        P, +max, +proj
        /            \               |
Det, +max, -proj   N, -max, +proj   als wir dachten
      ein         /            \
           A, +max, +proj   N, -max, -proj
           /          \        Problem
    P, +max, +proj  A, -max, -proj
         e           schwierigeres
```

den bei den Projektionen automatisch mitberücksichtigt, d. h., mitprojiziert.

Eine der ursprünglichen Motivationen für die Einführung von Zwischenprojektionen war, daß das direkte Objekt angeblich die erste Erweiterung auslöste. Direkte Objekte sollten demnach in allen Sprachen in der folgenden Konfiguration erzeugt werden:

(26) [X, −max, −proj] → [X, −max, +proj] + direktes Objekt

oder

(27) [X, −max, −proj] → direktes Objekt + [X, −max, +proj]

Die erste Konfiguration betrifft rechtsverzweigende Sprachen wie das Englische oder Französische, die zweite linksverzweigende wie Deutsch oder Koreanisch.

Neben dem genannten Wunsch, zwischen Wörtern und erweiterten Syntagmen kategorial unterscheiden zu können, ist die Konfiguration für direkte Objekte nach meiner Kenntnis die einzige allgemein akzeptierte Motivation für Zwischenprojektionen.

Die genannte Konfiguration impliziert, daß zwischen einem Verb und seinem direkten Objekt kein anderes Syntagma stehen kann. Für das Englische ist diese strukturelle Annahme recht plausibel, kaum aber für das Deutsche. Es gibt eine Reihe von verbnahen Ergänzungen, die immer zwischen dem direkten Objekt und dem Verb stehen. Man betrachte etwa den folgenden Kontrast:

(28) weil Wladimir den Mantel in die Ecke schmiß

(29) *weil Wladimir in die Ecke den Mantel schmiß

Die Beispiele sprechen dafür, daß im Deutschen die Klammerung wie folgt aussieht:

(30) [$_{V'}$ seinen Mantel [$_{V'}$ in die Ecke [$_V$ schmiß]]]

Insgesamt läßt sich aber wohl sagen, daß die Merkmale [±proj] und die damit zusammenhängenden Zwischenprojektionen empirisch kaum oder nur schwach begründet sind. Wir werden aber, um im Einklang mit der etablierten Praxis zu bleiben, die Zwischenprojektionen im folgenden beibehalten.

Faßt man die diskutierten Strukturprinzipien zusammen, so gelangt man zu der folgenden allgemeinen Gestalt für das X-bar-Schema (vgl. von Stechow/Sternefeld 1988, 139):

Das X-bar-Schema (erweiterte Form)
[X, α-max, β-proj] → ... [X, α′-max, β′-proj] ...,

wobei die Punkte für maximale Projektionen stehen und die Ersetzung von − durch + verboten ist.

Es ist also nicht erlaubt, daß links vom Pfeil [−max] und rechts [+max] steht oder daß links [−proj] und rechts [+proj] steht. Alle anderen Merkmalsveränderungen sind erlaubt. Den Kopfbegriff definieren wir entsprechend als:

Kopf einer Projektion
In der Verzweigung
[$_{X, α-max, β-proj}$ ... [X, α′-max, β′-proj] ...]
ist [X, α′-max, β′-proj] der Kopf (des Syn-

tagmas), falls α' oder β' gleich — ist (und [X, α'-max, β'-proj] in ... nicht vorkommt).

Die Punkte stehen natürlich wieder für maximale Projektionen. Falls die eingeklammerte Bedingung erfüllt ist, ist der Kopfbegriff nicht definiert. Wir kommen auf diesen Punkt gleich zu sprechen.

Wir betrachten in diesem Zusammenhang noch einmal die Struktur (24). Der Leser überzeuge sich, daß *Problem* der Kopf von *schwierigeres Problem* ist. Der letztgenannte Ausdruck ist der Kopf von *ein schwierigeres Problem*. Dagegen ist der Kopfbegriff für die Struktur [NP *ein schwierigeres Problem* [XP *als wir dachten*]] nicht definiert, wobei wir voraussetzen, daß XP eine maximale Projektion ist, nämlich die Kategorie des *als*-Satzes.

Für Adjunktionsstrukturen ist der Kopfbegriff prinzipiell nicht X-bar-theoretisch definierbar, jedenfalls nicht im Rahmen der hier getroffenen Festlegungen. Man muß für diese Fälle also explizit die Position des Kopfes durch Stipulation festlegen. Für das Deutsche wäre etwa anzunehmen:

Kopf von Adjunktionsstrukturen
In der Verzweigung [XP YP]
ist der Kopf = XP, falls X = N, A = YP,
falls X ≠ N oder A.

Man betrachte nun noch die folgende Koordinationsstruktur:

(31) [N, +max [N, +max junge Männer] und [N, +max Frauen]]

Unter der Voraussetzung, daß *und* maximal ist, sagt das X-bar-Schema hier ebenfalls nicht, welcher Teil der Kopf ist. Man kann explizit festlegen, daß hier beide Konjunkte der Kopf sind.

Das X-bar-Schema hat offensichtliche Schwierigkeiten, mit Adjunktionsstrukturen fertig zu werden. Man mag darin eine Schwäche des Ansatzes sehen. Wir gehen in Abschnitt 4.4. auf die Frage ein, ob andere Theorien mit den geschilderten Problemen besser fertig werden.

Das Fazit dieser Diskussion ist einigermaßen unbefriedigend. Das Merkmal Projektion besagt letztlich nur, daß syntaktisch verzweigt worden ist. Damit ist es redundant, denn diese Information ist vom Baum ablesbar. Die Merkmale [±max] beinhalten letztlich eine semantische Information (±gesättigt), haben also mit der Struktur auch nicht direkt etwas zu tun. Die allgemein etablierte X-bar-theoretische Notation legt nahe, daß

man es hier mit einer ausgearbeiteten Theorie zu tun hat. Mir scheint dagegen, daß in diesem Bereich noch einiges an begrifflicher Klärung zu leisten ist.

Wir beschließen den Abschnitt mit einer Bemerkung zum deutschen Verbalkomplex. Seit Evers (1975) nehmen die meisten deutschen Syntaktiker an, daß der deutsche Verbalkomplex *hat wissen können* auf einer Ebene der Repräsentation tatsächlich die Struktur (19) hat, also [V *hat* [V[V *wissen*] *können*]]. Nach dem Gesagten folgt, daß diese Struktur nicht nach dem X-bar-Schema gebildet ist. Wenn diese Struktur angenommen wird, muß sie nach anderen Prinzipien gebildet sein. In unseren Ausführungen zur Morphologie werden wir darauf noch eingehen.

3.4. Graphentheoretische Präzisierungen: Dominanz und Projektion

Bei der Diskussion der X-bar-Schemata haben wir stillschweigend von zwei verschiedenen Begrifflichkeiten Gebrauch gemacht, die nunmehr genauer unterschieden werden sollen. Deswegen ist die Definition des X-bar-Schemas noch unvollständig. Man betrachte eine Verzweigung der Form

(32) VP
    / \
   Adv VP

In diesem Graphen gibt es zwei Knoten mit der Kategorie VP, aber nur eine Kategorie VP. Man muß also zwischen einem Knoten und seiner Kategorie unterscheiden. Zu diesem Zweck führen wir einige graphentheoretische Begriffe ein.

Wir arbeiten nur mit endlichen gerichteten linear geordneten Graphen ohne Überschneidungen und ohne Schleifen. Wir können die Knoten eines solchen Graphen mit Zahlenfolgen identifizieren: Der Spitzenknoten ist die leere Folge ∅. Die aus einem Knoten herausführenden Kanten werden von links nach rechts von 1 bis n durchnumeriert. Beispiel:

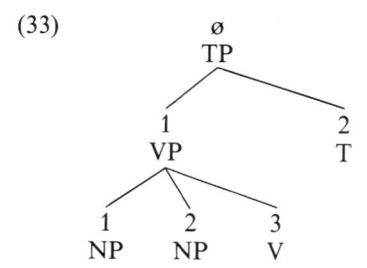

(33)   ∅
             TP
            / \
           1   2
           VP   T
          /|\
         1 2 3
        NP NP V

Wir benutzen die Abkürzung KAT(α) für „die Kategorie des Knoten α". Dann gilt zum Beispiel:

KAT(∅) = TP, KAT(1) = VP, KAT(1, 1) = NP = KAT(1, 2)

Dominanz: Wir sagen, daß der Knoten α den Knoten β dominiert, wenn α ein echtes Anfangsstück von β ist.

In unserem Beispiel dominiert also beispielsweise der VP-Knoten den V-Knoten, denn ersterer ist die Folge (1) und letzterer ist die Folge (1, 3), und (1) ist ein echtes Anfangsstück von (1, 3). Dagegen dominiert weder der VP-Knoten den T-Knoten noch umgekehrt, denn weder ist (1, 3) ein echtes Anfangsstück von (2) noch umgekehrt.

Unmittelbare Dominanz: Ein Knoten α dominiert einen Knoten β unmittelbar, wenn α β dominiert und es keinen Knoten γ gibt, so daß α γ dominiert und γ β dominiert.

Zum Beispiel dominiert der TP-Knoten den VP-Knoten und den T-Knoten unmittelbar.

Man sagt, daß zwei Knoten **Schwesterknoten** sind, wenn sie von demselben Knoten unmittelbar dominiert werden.

Der Knoten α ist **links** vom Knoten β falls α die Gestalt (A, m, B) und β die Form (A, n, C) mit m < n hat. Es sollte klar sein, wie dieser Begriff zu „unmittelbar links" verschärft werden kann.

Projektion (eines Knotens): Wir sagen, daß der Knoten α eine Projektion des Knotens β ist, falls gilt: (a) α dominiert β. (b) Die Kategorie von α ist eine Projektion der Kategorie von β im Sinne des X-bar-Schemas. (c) Auf dem Weg von α nach β liegen nur Knoten, deren Kategorien Projektionen der Kategorie von β sind.

Den Begriff der maximalen Projektion eines Knotens erhält man durch eine naheliegende Verallgemeinerung:

Maximale Projektion (eines Knotens): Entsprechend ist α eine maximale Projektion von β, wenn α eine Projektion von β ist und die Kategorie von α das Merkmal [+max] hat.

Eine präzise Version des X-bar-Schemas würde also die relevante Konfiguration für das X-bar-Schema beschreiben als:

[α ... β ...]

wobei 1. der Knoten α den Knoten β unmittelbar dominiert, und 2. α eine Projektion von β ist, ...

Anstandshalber notieren wir auch die Präzisierung des Adjunktbegriffes:

Adjunkt: Ferner ist der Knoten α ein Adjunkt an den Knoten β, falls es einen Knoten γ gibt, so daß 1. γ α und β direkt dominiert und 2. γ eine Projektion von β ist, deren Kategorie dieselbe Spezifizierung für das Merkmal [±max] wie β hat.

Die genaue Unterscheidung zwischen Knoten und ihren Kategorien ist für die Praxis in der Regel lästig. Wir behalten deswegen im allgemeinen den etablierten etwas saloppen Sprachgebrauch bei und führen nur gelegentlich pedantische Distinktionen ein.

4. Morphologie

4.1. Vorbemerkungen

Die folgenden Fragen gilt es zu beantworten, und jede von ihnen ist kontrovers:

1. Wie sieht die morphologische Struktur aus?
2. Wie funktioniert die Interaktion zwischen morphologischer und syntaktischer Struktur?

Diese Fragen sollten in letzter Instanz „universell" beantwortet werden, d. h. durch Aussagen über das menschliche Sprachvermögen. Der Sache nach geht es um den morphologischen Wortbegriff. Im Zuge der Überlegungen wird Selkirks X-bar-Schema für die Morphologie eingeführt, das sich als noch weniger aussagekräftig erweist, als das syntaktische X-bar-Schema. Wir diskutieren eine kategorialgrammatische Alternative, die auch nicht ohne Schwächen ist. Schließlich wird anhand von semitischen Beispielen auf nicht-konkatenative Begriffsbildungen in der Morphologie eingegangen. Die Interaktion zwischen Syntax und Morphologie wird anschließend ausgiebig diskutiert.

4.2. Morphologische Struktur

Wir beginnen mit Derivationen. Es gibt eine breite Literatur, wie Derivations- von Flexionsmorphemen zu trennen sein könnten (vgl. z. B. Anderson 1982). Wir wollen auf die Problematik hier nicht eingehen. Für den Hausgebrauch genügt der folgende Grundsatz: **Flexive** spielen für die syntaktischen Relationen der Kongruenz und Rektion eine

Rolle, **Derivationsmorpheme** dagegen nicht. Letztere legen lexikalische Kategorien (N, A, P, V) fest oder sind Modifikatoren mit oder ohne Kategorie.

Beispiele für Derivationsmorpheme sind: *-keit, -lich, -bar, -er*. Beispiele für Modifikationsmorpheme sind: *ent-, un-, be-, er-, wieder-*. Beispiele für Flexive sind: Personalendungen, temporale Suffixe, Modussuffixe, Kasus-, Numerus-, Genusmorpheme bzw. die Fusion derselben und das Komparativsuffix *-er*.

Wir betrachten nun die morphologische Struktur von *Unwägbarkeiten*. Eine mögliche Analyse ist diese:

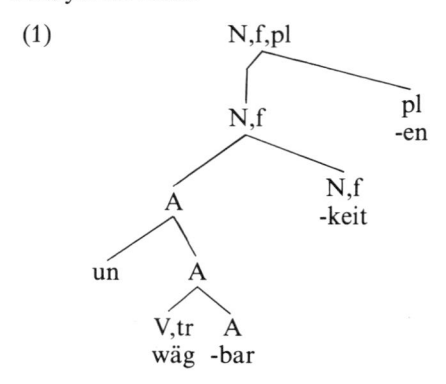

(1)
```
              N,f,pl
             /      \
          N,f        pl
         /   \       -en
        A    N,f
       / \   -keit
      un   A
          / \
       V,tr  A
       wäg  -bar
```

(Das Kasusmerkmal ist in diesem Beispiel ignoriert.) Für die beteiligten Morpheme nehmen wir die folgenden Einträge an:

- *-en*   Plural
         Selegiert N
- *-keit* N
         Selegiert A
- *un-*   Selegiert rechts A oder N
- *wäg-* V, transitiv
- *-bar* Selegiert ein transitives Verb

Wir nehmen an, daß in der Morphologie das selegierte Element immer links vom selegierenden Element steht, wenn nichts anderes festgelegt ist. Deswegen muß in den meisten Fällen nicht über die Selektionsrichtung geredet werden. Wir etablieren die folgende Terminologie. Morpheme, die eine lexikalische Kategorie haben, aber keine Kategorie selegieren, heißen **Wurzeln**. Die Wurzel der vorgeführten Derivation ist also [_V_ *wäg*]. Erweiterte Morpheme heißen **Stämme**. So ist z. B. [_A_[_V_ *wäg*] [_A_ *bar*]] ein Stamm.

Derivationsmorpheme haben, wie gesagt, eine lexikalische Kategorie und selegieren ebenfalls eine lexikalische Kategorie. Das selegierende Morphem ist der Kopf der Zusammenklammerung. Diese Analyse von Derivationsmorphemen geht auf Höhle (1982) und Williams (1981) zurück.

Für die Merkmalsvererbung in der Morphologie nehmen wir die folgenden Prinzipien an, die sich in der einen oder anderen Version in der Literatur finden (vgl. z. B. Selkirk 1982 oder Lieber 1980).

Merkmalsvererbung in der Morphologie
1. Die (kategorialen und grammatischen) Merkmale des Kopfes vererben sich.
2. Die (grammatischen) Merkmale von kategorienlosen Morphemen vererben sich.

Die beiden Prinzipien sagen die Merkmalsvererbung für das obige Beispiel korrekt voraus. Allerdings haben wir nun zugelassen, daß die Merkmale nicht ausschließlich von einem Kopf herkommen müssen. Falls man jedes Morphem, welches Merkmale projiziert, als einen Kopf ansehen möchte, muß man für das obige Beispiel zwei Köpfe annehmen, das Derivativ *-keit* für das kategoriale Merkmal N, das Flexiv *-en* für das Merkmal [pl]. Dies führt zu einem **relativierten Kopfbegriff** in der Morphologie: Anstatt von dem Kopf einer Zusammenklammerung zu sprechen, spricht man von dem α-Kopf der Zusammenfassung, wobei α eine lexikalische Kategorie oder ein Bündel, bestehend aus einem oder mehreren grammatischen Merkmalen, ist (vgl. Di Sciullo/Williams 1987). Für unser Beispiel würden wir also sagen, daß *-keit* der N-Kopf des Wortes ist, *-en* dagegen der Plural-Kopf.

Wir halten hier an dem absoluten Kopfbegriff fest. Dies bedeutet, daß Flexive nicht als Köpfe angesehen werden. Wir weisen aber darauf hin, daß es ziemlich gleichgültig zu sein scheint, welche der beiden Begrifflichkeiten gewählt wird. Von der Sache her ergibt sich kein Unterschied.

Man betrachte nun noch ein Wort mit zwei Flexiven: *Kind-er-n*. Das Genus steckt im Nomen selbst, der Plural ist in *-er-* kodiert und der Dativ ist in *-n* untergebracht. Alle diese Merkmale müssen vererbt werden. Als Strukturen kommen die folgenden beiden Bäume in Frage:

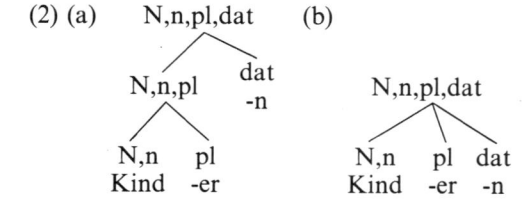

(2) (a)
```
        N,n,pl,dat
       /          \
    N,n,pl        dat
    /    \        -n
  N,n     pl
  Kind   -er
```
(b)
```
         N,n,pl,dat
        /    |     \
      N,n   pl     dat
      Kind  -er    -n
```

1. Die Aufgaben der Syntax

Es gibt keine naheliegenden Gründe, die eine Variante gegenüber der anderen vorzuziehen. Für beide Varianten ist der Eintrag für das Pluralmorphem dieser:

-er [plural]
   Selegiert [N einer bestimmten Klasse ohne Pluralmerkmal]

Wählt man nun die Struktur (a), muß der Eintrag für das Dativmorphem wie unter (a) lauten. Wählt man dagegen die flache Struktur (b), so sieht der Eintrag wie unter (b) aus.

(3) *n* Dativ
   (a) Selegiert [N einer bestimmten Klasse, plural]
   (b) Selegiert [plural] einer bestimmten Klasse

Wir gehen nun auf die **Komposition** ein. Betrachte *Rotsteinpaßüberschreitungen*. Die Struktur ist (ohne Berücksichtigung der Flexive):

(4) [$_N$[$_N$ [$_N$[$_A$ Rot] [$_N$ stein]] [$_N$ paß]] [$_N$[$_V$[$_P$ über] [$_V$ schreit]] [$_N$ ung]]]

Kompositionen bestehen also aus Zusammenklammerungen von zwei lexikalischen Kategorien. Der Teil [$_N$[$_A$ Rot] [$_N$ stein]] zeigt, daß der Kopf der Komposition die rechte Verzweigung ist. Und dieses Prinzip gilt für die Morphologie im Deutschen, von einigen Ausnahmen abgesehen, ganz allgemein. Wir definieren also den Kopfbegriff folgendermaßen:

Kopf in der Morphologie: Falls X und Y lexikalische Kategorien sind, so ist der Kopf einer morphologischen Verzweigung der Form X + Y gleich Y, falls nichts anderes festgelegt ist. D. h., wir haben die Struktur [$_Y$ X Y] vorliegen.

4.3. Ein X-bar-Schema für die Morphologie

Es gibt gewisse Parallelen zwischen der morphologischen und der syntaktischen Struktur. Zum Beispiel haben — von der Sonderrolle der Flexion einmal abgesehen — alle kategorialen Verzweigungen die Form

$$X \rightarrow ... X ...$$

Mit anderen Worten, dieselbe Kategorie erscheint auf der linken und auf der rechten Seite der Verzweigung. Damit stellt sich die Frage, ob es ein X-bar-Schema für die Morphologie gibt. Dies ist von Selkirk (1982) in der Tat vorgeschlagen worden. Offensichtlich kann das X-bar-Schema nicht identisch mit dem für Phrasen sein. Erstens bilden wir Wörter und keine Phrasen. Deswegen können wir mit den Merkmalen [±max] nicht arbeiten, denn diese bedeuten ja „± gesättigte *Phrase*". Wir müssen diese Merkmale also für Wörter bzw. Phrasen parametrisieren. Wir legen dazu fest, daß sich die Merkmale [±max*] auf die Morphologie beziehen. [+max*] bedeutet also „maximale Kategorie in bezug auf die Morphologie". Nach wie vor können wir aber mit den Merkmalen [±proj] arbeiten. Demnach hätte etwa *leibhaftig* die Struktur:

```
                    A,+max*,+proj
                   /             \
           A,+max*,+proj      A,−max*,−proj
           /         \              ig
  N,+max*,−proj  A,−max*,−proj
       leib          haft
```

Wir könnten analog zu den in Abschnitt 3.2. eingeführten Abkürzungen festlegen, daß X^0 für [X, +max*], X^{-1} für [X, −max*, +proj] und X^{-2} für [X, −max*, −proj] steht. Negative Exponenten sind deshalb geboten, weil eine maximale morphologische X-Projektion den Exponenten 0 haben soll.

Diese Struktur rekonstruiert korrekt, daß die Derivative stets die Köpfe sind. Kompositionen verhalten sich analog zu Adjunktionsstrukturen auf der Phrasenebene. Wir haben gesehen, daß sich der Kopfbegriff für diese Konstellationen nicht X-bar-theoretisch definieren läßt, können in der Morphologie also auch nichts anderes erwarten. Man betrachte dazu die Struktur von *Rathaus*:

(5)
```
            N,+max*,+proj,n
           /              \
  N,+max*,−proj,m   N,+max*,−proj,n
        Rat                haus
```

Selkirk (1982) weist nun darauf hin, daß wir im Englischen zweierlei Arten von Suffixen unterscheiden müssen, um gewisse Reihenfolgebeschränkungen erklären zu können:

(6) activ + ity + less vs. *fear + less + ity
non + de + ceptive vs.
*de + non + ceptive

Sie erklärt dies so, daß +*ity* und *de*+ eine „Wurzel" subkategorisieren, +*less* und *non*+ dagegen ein „Wort". Grewendorf et al. (1989, 280) bemerken, daß der Selkirksche Gebrauch des Terminus „Wurzel" nicht in Einklang mit der überlieferten Terminologie ist und besser durch „Stamm" übersetzt wird, was wir im folgenden auch tun werden. Selkirk schlägt vor, daß das X-bar-Schema für die Morphologie die folgenden Wortbildungsregeln zur Verfügung stellt.

(7) Wort → Affix Wort
Wort → Wort Affix
Stamm → Affix Stamm
Stamm → Stamm Affix
Wort → Stamm

Es ist klar, daß wir den Begriff „Wort" X-bar-theoretisch als [X, +max*] rekonstruieren. Überträgt man Selkirks Regeln in die Merkmalsnotation, so erhalten wir folgendes

Morphologisches X-bar-Schema:
[X, α-max*, β-proj] → ... [X, α'-max*, β'-proj] ...,
wobei die Punkte für Projektionen mit dem Merkmal α'-max* stehen und die Ersetzung von − durch + verboten ist.

Dabei kann man die Kombination [−max*, −proj] als Stamm lesen, während das Merkmal [+max*] immer ein Wort in Selkirks Sinn ist. Notiert man die erstgenannte Kombination durch den Exponenten −1 und die zweitgenannte durch 0, so kann man *activityless* analysieren als:

(8)
```
            A⁰
           /  \
         N⁰    A⁰
         |     less
        N⁻¹
        /  \
      A⁻¹   N⁻¹
      / \   ity
    V⁻¹ A⁻¹
    act  iv
```

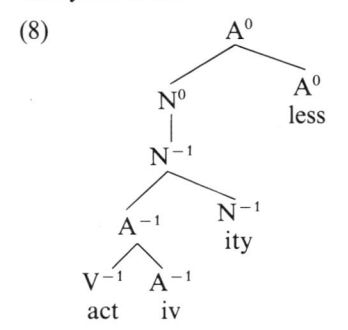

fear + *less* + *ity* läßt sich nicht erzeugen, weil *fear* + *less* ein N⁰ ist, *-ity* aber ein N⁻¹ selegiert.

Da X⁻¹-Stämme das Merkmal [−max*] haben, ist eine wesentliche Parallelität mit dem phrasalen X-bar-Schema abhanden gekommen, denn dort haben die Nicht-Köpfe stets das Merkmal [+max]. In dem Beispiel ist aber sowohl ein Verbstamm als auch ein Adjektivstamm ein Nicht-Kopf. Eine weitere Merkwürdigkeit ist, daß maximale Kategorien in der Morphologie selegieren können, was in der Phrasenstruktur nicht möglich ist.

Es folgt zwar nach wie vor, daß der Kopf von X⁰-einbettenden nicht-maximalen Affixen das Affix selbst ist, aber diese Konsequenz ist ziemlich marginal. Für Adjunktionsstrukturen, d. h. für Strukturen, in denen alle Tochterknoten in bezug auf das Merkmal Maximalität gleich spezifiziert sind, müssen wir stipulieren, daß der Kopf rechts ist:

Kopf in der Morphologie
In morphologischen Adjunktionsstrukturen ist der Kopf rechts.

4.4. Eine kategorialgrammatische Definition des Kopfes

Die dürftige Aussagekraft des morphologischen X-bar-Schemas könnte Anlaß zu der Vermutung geben, daß der X-bar-theoretische Ansatz in der Morphologie (und auch in der Syntax) ein Irrweg sei. Man kann sich in diesem Zusammenhang mit Bach (1984) fragen, ob man mit kategorialgrammatischen Methoden hier nicht besser fährt. In der Kategorialgrammatik wird die kategorienverändernde Kraft eines „Funktors" direkt in dem syntaktischen Formalismus kodiert. Funktoren haben die Form X/Y (Ajdukiewicz 1935) oder Y\X (Bar-Hillel 1953). Kategorien dieser Form können gelesen werden als: „Selegiert rechts bzw. links die Kategorie Y und macht daraus die Kategorie X." Als Spezialfall dürfen X und Y dieselbe Kategorie sein. Eine kanonische Zusammenklammerung hat demnach die Form (9 a) oder (9 b):

(9) a. X → X/Y Y
b. X → Y Y\X

Man könnte den Kopf nun folgendermaßen definieren:

Kopfkategorie (vgl. Bach 1984): Ein Funktor ist genau dann der Kopf, wenn er die Kategorie verändert. Sonst ist er der Nicht-Kopf.

Diese Definition funktioniert zunächst recht gut, wie wir uns am Stamm *de* + *cept* + *ive* klarmachen wollen:

(10)
```
         A
        / \
       V   A\V
      / \   ive
   V/V   V
    de  cept
```

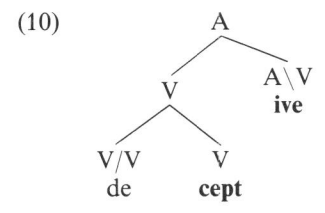

Wir haben den jeweiligen Kopf durch Fettdruck kenntlich gemacht. Der Ansatz enthält aber noch keine Unterscheidung zwischen Stamm und Wort, die wir zur Behandlung der im vorigen Abschnitt genannten Reihenfolgebeschränkung benötigen. Man kann freilich die Kategorien mit den Merkmalen [±max*] versehen, wobei [−max*] als Stamm aufgefaßt wird. Dann kann man die nötigen Unterscheidungen wieder ausdrücken. In diesem Detail hier steckt aber wieder die X-bar-Theorie, die man also nicht losgeworden ist.

Ein unschöner Zug dieses Ansatzes ist meines Erachtens, daß man für Adjunktionsstrukturen den linken Zweig stets als X/X kategorisieren muß. Nominalkomposita wie *Rücktritts + erklärung* und *Haus + kauf* hätten demnach die Struktur [_N N/N + N]. Diese Strukturierung ist aber willkürlich. Von der Semantik her ist eher die Struktur [_N N + N\N] motiviert, weil das Erstglied ein Argument des Zweitglieds ist. Dann müßte aber das Erstglied der Kopf sein. Ferner folgt aus dem Formalismus, daß der Kopf in morphologischen Adjunktionsstrukturen ausnahmslos rechts ist. Dies ist in dieser Theorie ein reiner Zufall. Das X-bar-Schema fährt hier insofern besser, als es den Kopf gerade in diesen Konstellationen nicht definieren kann. Man *muß* also den Kopf in solchen Fällen per Stipulation festlegen, und die Sprache tut dies auf uniforme Weise.

Ein weiteres Problem für den kategorialgrammatischen Ansatz ist die Flexion, die ja oft die Kategorie nicht verändert. Flexive können also keine Köpfe sein, und man benötigt auch hier eine Zusatzstipulation, die sicherstellt, daß sie trotzdem ihre Merkmale vererben.

4.5. Autosegmentale Morphologie

In diesem Abschnitt gehen wir auf nicht-konkatenative Ansätze zur Morphologie ein. Diese sind insofern wichtig, als unter dieser Sehweise das morphologische Wort etwas ganz anderes sein muß, als durch das X-bar-Schema nahegelegt wird. Es muß sich um ein mehrdimensionales Gebilde handeln. Sollte diese Konzeption richtig sein, so müßte man sie eventuell auf die Sprache als Ganzes verlängern. Wie dies möglich sein könnte, davon habe ich keine Vorstellung, auch sind mir keine Vorschläge dazu bekannt. Es scheint mir allerdings so zu sein, daß nicht-konkatenative Phänomene sehr lokal sind. Der wirklich rekursive Teil der Sprache scheint stets agglutinierend, d. h. verkettend zu sein.

Die berühmteste nicht-agglutinierende Erscheinung ist die Wurzelflexion der semitischen Sprachen. Man betrachte dazu die folgenden Stämme der arabischen Wurzel *ktb* „töten":

(11) katab   Perfekt Aktiv
     kutib   Perfekt Passiv
     aktub   Imperfekt Aktiv
     uktab   Imperfektiv Passiv

Die traditionelle Grammatik analysiert diese Stämme z. B. als IaIIaIII, IuIIiIII, aI + IIuIII bzw. uI + IIaIII. Dabei stehen die römischen Ziffern für den ersten bis dritten Radikalkonsonanten.

Angeregt durch die Methoden der autosegmentalen Phonologie hat McCarthy (1982) eine Theorie für diese Art von morphologischer Organisation entwickelt, die er **autosegmentale Morphologie** nennt.

In diesem Ansatz wird ein Wort in mehreren Schichten aufgebaut. Der Träger des ganzen ist ein sogenanntes **CV-Skelett** (oder: eine **prosodische Schablone**). Dann gibt es eine **Konsonanten-** und eine **Vokalmelodie**. (In vielen Sprachen gibt es darüber hinaus noch eine **Tonmelodie**.)

Die für den Aufbau der obigen Wörter ist:

(12) Konsonanten- Vokalmelodie   CV-
     melodie   Skelett
  (a) *ktb* „töten" *a* Perf. Akt.   CVCVC
  (b) *ktb* „töten" *ui* Perf. Pass. CVCVC
  (c) *ktb* „töten" *au* Imperf. Akt. CVCCV
  (d) *ktb* „töten" *ua* Imperf. Pass. CVCCV

Die drei Informationen werden durch eine allgemeine **Theorie der Assoziation** von Melodieelementen mit dem CV-Skelett in Verbindung gebracht, die auf Goldsmith (1976) zurückgeht. Das wichtigste Prinzip ist die folgende

Wohlgeformtheitsbedingung: 1. Jede Position des CV-Skeletts muß mit mindestens einem (passenden) Melodieelement assoziiert sein, und jedes Melodieelement muß mit mindestens einer Position des CV-Skeletts assoziiert sein. 2. Assoziationslinien dürfen sich nicht überschneiden.

Demnach sehen die Wörter (a) und (c) wie folgt aus:

(13)   [μ a]   [μ a   u]
     [μ C V C V C]   [μ C V C V C]
        [μ k t b]   [μ k t b]

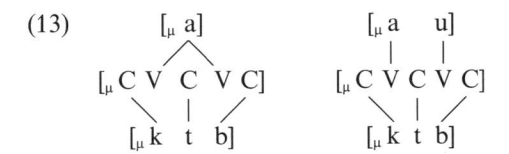

Jedes dieser beiden Wörter hat 3 Morpheme, nämlich das CV-Skelett, die Vokal- und die Konsonantenmelodie. Die Morphemklammerungen sind mit dem griechischen Buchstaben μ indiziert. Jedes dieser Morpheme ist auf einer anderen Ebene (in einer anderen Dimension, die im Englischen **tier** genannt wird). Das CV-Skelett hat eine zentrale Rolle, es ist sozusagen die Schnittstelle aller Morpheme, die hier linearisiert werden. Die Morpheme können nicht auf derselben Ebene liegen, denn sonst würden sich die von den μ-Konstituenten zu ihrem μ-Knoten laufenden Linien mit den Konstituentenlinien anderer μ-Knoten überschneiden. Das sieht man sofort, wenn man die Vokale und die Konsonanten jeweils mit ihrem μ verbindet und dann z. B. den unteren Baum um die CV-Achse hochklappt.

Wir fragen nun nach der Reichweite der autosegmentalen Organisationsprinzipien. Oben wurde gesagt, daß jedes Morphem eines Wortes auf einer eigenen Ebene liegt. Aber diese Hypothese ist vermutlich zu wenig restriktiv. Selbst in Sprachen, für die man autosegmentale Organisationsprinzipien annehmen kann, scheint sogar innerhalb des Wortes der Übergang zur Verkettungsmorphologie das Übliche zu sein. Man betrachte dazu z. B. einige der im wesentlichen wie das Arabische gebauten Perfektformen des Hebräischen.

(14) katab   3. Sing. Mask.
     kat(ə)ba   3. Sing. Fem.
     katabta   2. Sing.
     katabti   1. Sing.

Die naheliegende Analyse wird die Wurzelflexion autosegmental behandeln, die Endungen *-a, -ta, -ti* aber agglutinativ.

Ebenso wird man wohl bei der Analyse der Reste der Wurzelflexion im Deutschen vorgehen, z. B. für Formen, die nur durch **Ablaut** unterschieden sind: *singst* vs. *sangst*. Die nicht-agglutinierenden Aspekte in der Morphologie des Deutschen und der ihm verwandten Sprachen sind aber lokal und irregulär. Darin ist vielleicht der Grund zu sehen, weshalb sie von den Theoretikern lange vernachlässigt worden sind. Wir folgen dieser Praxis in der Darstellung.

5. Morphologie und Phrasenstruktur

5.1. Vorbemerkungen

Nun geht es uns um die Schnittstelle Morphologie/Syntax. Wir werden argumentieren, daß es von Vorteil ist, wenn Morpheme, die in ein Wort integriert sind, grundsätzlich syntaktische Struktur aufbauen können, die mitten durch das Wort zu laufen scheint. Die Überlegungen werden uns auf geradem Weg zu Bakers (1988) Inkorporationstheorie führen, dem nach meiner Meinung interessantesten Ansatz zum Verhältnis von Morphologie und Phrasenstruktur. Die Theorie ist bis heute umstritten und gibt in der Tat zu vielen offenen Fragen Anlaß.

5.2. Flexivphrasen

Das bisherige Bild der Phrasenstruktur war dieses: Wörter bauen syntaktische Projektionen auf. Dieses Bauprinzip wird in Selkirk (1982, 70) „Word Structure Autonomy Condition" genannt und in Di Sciullo/Williams (1987) zu einer **Atomizitätsthese** verschärft. Die These besagt: *Nur morphologisch vollständige Wörter können syntaktische Projektionen induzieren:* Wörter sind syntaktische Atome. Daraus folgt, daß Phrasengrenzen nicht mitten durch ein morphologisches Wort verlaufen können. Die in Abschnitt 3.2. skizzierten Strukturen deutscher Sätze sind im Einklang mit der Atomizitätsthese gebaut.

Es spricht nun einiges dafür, daß diese Sicht zu einfach ist. Zur Illustration möge das Koreanische herhalten:

(1) Cholsuu-ka Yongi-ka ku chaek-ul ilk-oss-ki-lul pala-oss-ta
    Cholsuu-Nom[Yongi-Nom dies Buch-Akk les-Prät-NOM]-Akk hoff-Prät-Dek
    „Cholsuu hoffte, daß Yongi dies Buch gelesen hat"

Im Koreanischen — einer agglutinierenden Sprache — werden Kasus als Postpositionen ausgedrückt. *-ka* ist der Nominativ, und *-(l)ul* ist der Akkusativ. Genau wie im Deutschen regiert das transitive Verb den Akkusativ, während das Subjekt des finiten Verbs im Nominativ steht. Im Koreanischen ist das Finitum ein Verbstamm mit Tempus, hier also Verbstamm + *oss*. Personalendungen gibt es nicht. Nomina regieren dagegen genau wie im Deutschen den Genitiv.

Das Koreanische hat nun ein Nominalisierungssuffix *-ki*, welches aus einem finiten Verbal einen Nominalsatz macht, also eine NP. An diese kann wieder ein Kasus gehängt werden, hier der Akkusativ. Trägt man die ein-

1. Die Aufgaben der Syntax

schlägigen Strukturklammern ein, so liegt offenbar folgendes vor:

(2) Cholsuu-ka [Yongi-ka ku chaek-ul ilk-oss-]-ki-lul pala-oss-ta

Betrachten wir den untergeordneten Nominalsatz, so sehen wir, daß eine Phrasenstrukturgrenze quer durch das Wort *ilk-oss-ki-lul* verläuft. Das Finitum baut zuerst eine Projektion auf, innerhalb derer der Nominativ zugewiesen wird. Dann erst wird nominalisiert.

Diese Analyse ist mit der Atomizitätsthese unverträglich. Um sie zu retten, müßte man sagen, daß deverbale, finite Nomina den Nominativ und auch den Akkusativ regieren können, nicht-deverbale Nomina dagegen nicht. Oder man müßte bestreiten, daß *ilk-oss-ki-lul* überhaupt ein Wort ist. Beide Positionen scheinen auf Anhieb nicht sonderlich attraktiv zu sein.

Hat man sich einmal damit abgefunden, daß Strukturgrenzen durch das Wort verlaufen können, bietet sich eine noch abstraktere Analyse an: Es ist plausibel anzunehmen, daß der Akkusativ innerhalb der VP zugewiesen wird, während der Nominativ von der finiten Morphologie regiert wird. Der koreanische Nominalsatz hätte somit die folgende allgemeine Struktur.

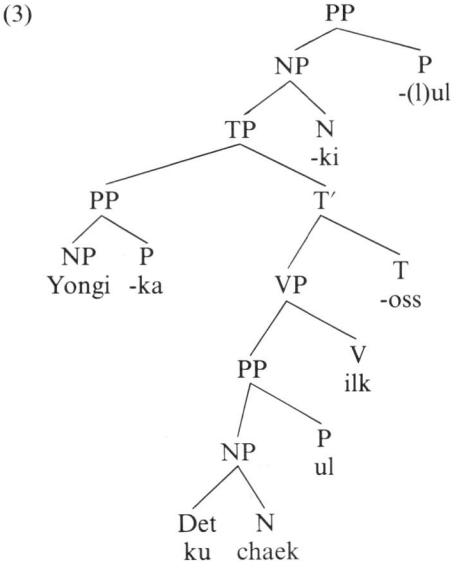

(3)
```
                    PP
                   /  \
                 NP    P
                /  \   -(l)ul
              TP    N
             /  \   -ki
           PP    T'
          /  \   /  \
        NP    P VP   T
     Yongi  -ka |    -oss
               /  \
             PP    V
            /  \   ilk
          NP    P
         /  \   ul
       Det   N
       ku   chaek
```

Die Kasusregeln sind in dieser Konfiguration optimal einfach zu formulieren, denn wir können z. B. sagen, daß die erste von V regierte PP im Akkusativ steht und daß der Spezifikator der Tempusphrase im Nominativ steht.

Allerdings ist dieser Struktur nicht mehr abzulesen, daß *chaek + ul* und *ilk-oss-ki-lul* Wörter sind. Es muß also eine andere Ebene der Repräsentation geben, in der diese Morpheme zusammengeklammert sind. Davon wird bald zu reden sein.

Gibt man für das Koreanische zu, daß Phrasengrenzen durch ein Wort verlaufen können, dann stellt sich die Frage, ob so etwas nicht auch in einer flektierenden Sprache wie dem Deutschen möglich ist. In der Tat nehmen viele Theoretiker so etwas an. So schlägt etwa Stowell (1981) für den englischen Satz *John left his wife* die folgende Struktur vor:

(4) [IP John [I' Infl [VP leave his wife]]]

Hier steht *Infl* für die Flexionsendung des finiten Verbs im Präteritum. Für das Englische läuft dies auf eine relativ abstrakte Analyse heraus, z. B. auf *leave + PAST + 3.sg*, wobei die Person in den Vergangenheitsformen bei den Vollverben überhaupt nie morphologisch realisiert ist. Den Kopf des Satzes bildet hier ebenfalls eine Verbalendung, also etwas, was vom Kopf der Verbalphrase durch eine Phrasengrenze getrennt ist.

Durch bloße Betrachtung der beobachtbaren Wortstellung wird man niemals auf diese fernliegende Analyse kommen. Hier stimmt ja noch nicht einmal die Reihenfolge Stamm + Flexiv mit der Empirie überein. Um diese Abfolge zu erhalten, muß man entweder den Verbalstamm zur Endung bewegen oder umgekehrt die Endung zum Stamm.

In den beiden betrachteten Beispielen haben also Flexive syntaktische Struktur aufgebaut. Entsprechend haben wir die Überschrift dieses Abschnitts „Flexivphrasen" genannt.

5.3. D-Struktur und S-Struktur

Analysiert man den deutschen Verb-End-Satz *Charlotte ihr Kind wickelte* im Stil des Koreanischen, so liegt die folgende Struktur nahe:

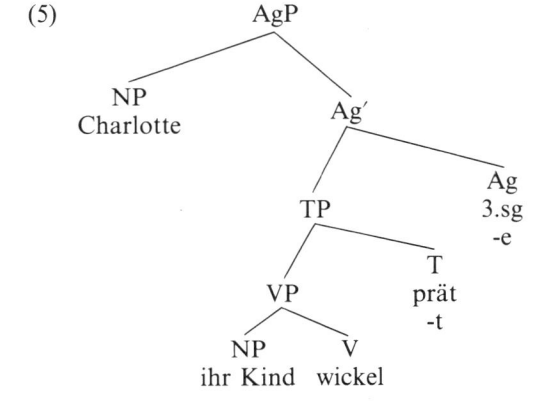

(5)
```
              AgP
             /   \
           NP     Ag'
        Charlotte /  \
                 /    Ag
                TP    3.sg
               /  \   -e
             VP    T
            /  \   prät
          NP    V  -t
       ihr Kind wickel
```

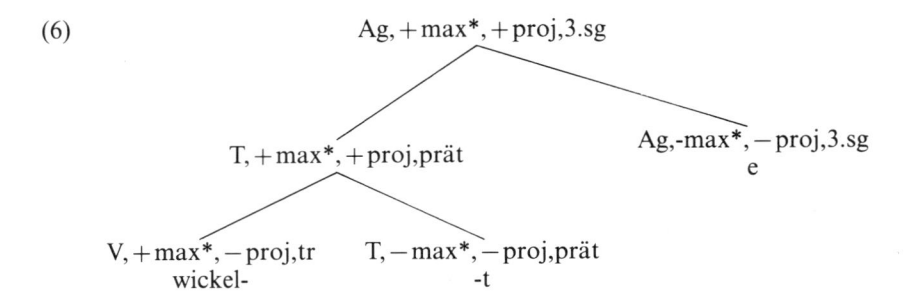

(6)
```
                    Ag,+max*,+proj,3.sg
                   /                  \
        T,+max*,+proj,prät      Ag,-max*,-proj,3.sg
         /          \                   e
V,+max*,-proj,tr   T,-max*,-proj,prät
   wickel-              -t
```

Das Finitum *wickelte* besteht aus einem Verbstamm *wickel-* (V), einer Temporalendung *-t* (T) und einer Personalendung *-e* (Ag, nach dem Englischen „agreement", d. h. Kongruenz). Wieder verlaufen also die Phrasengrenzen mitten durch ein Wort.

Man beachte, daß die hier vorgeschlagenen Strukturen sämtlich nach dem X-bar-Schema gebaut sind. Aber man sieht noch nicht, wie sie mit den morphologischen Strukturen, also den Wortstrukturen, zusammengebracht werden können. Bevor wir eine Theorie dazu skizzieren, gehen wir kurz auf den Aufbau des Wortes ein.

Das morphologische X-bar-Schema gibt uns prinzipiell die Möglichkeit, Flexive als Köpfe aufzufassen. Wir müssen ihnen lediglich eine eigene Kategorie geben, die wir im Gegensatz zu den lexikalischen Kategorien **funktionale Kategorie** nennen wollen. Das Wort *wickelte* hätte demnach die folgende Struktur: [(6) siehe oben]

Ungewohnt an diesem Baum ist, daß das Gesamtwort kein transitives Verb ist und auch kein Tempusmerkmal hat. Das Wort hat lediglich die Merkmale des Spitzenknotens. Diese Konsequenz hat aber keine nachteiligen Folgen, denn in der syntaktischen Struktur (5) gibt es sowohl für V als auch für T eine eigene Projektion, und dort kommt die Information, die in diesen Köpfen steckt, zur Wirkung.

Vergleichen wir die Wortstruktur (6) mit der syntaktischen Struktur (5), so stehen wir vor einem **Klammerparadox**: Die syntaktische Struktur verlangt eine andere Klammerung als die morphologische.

Eine Methode, dieser Situation zu begegnen, besteht darin, zwei verschiedene Repräsentationsebenen anzunehmen, die **D-Struktur** (nach dem englischen „deep structure") und die **S-Struktur** (nach „surface structure").

Die D-Struktur für unseren Satz ist der oben vorgestellte Baum (5). Die S-Struktur entsteht aus der D-Struktur, indem man zunächst den Verbstamm *wickel-* an das Tempusmorphem *-t* adjungiert und den so geschaffenen Komplex weiter zur Personalendung *-e* bewegt. Stellt man sich diesen Prozeß dynamisch vor, so erhalten wir die folgende Ableitung für das Finitum:

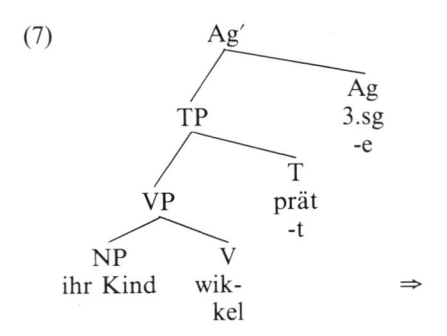

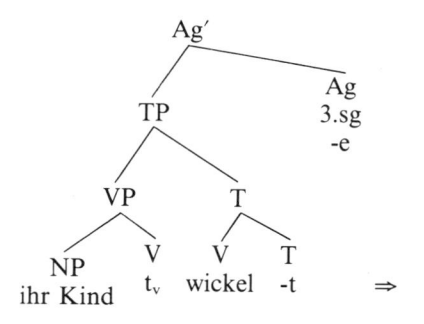

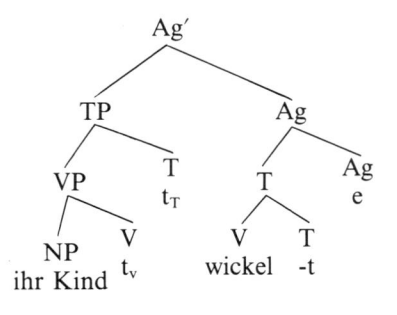

(7)
```
            Ag'
           /   \
         TP     Ag
        /       3.sg
       /         -e
      VP    T
     /  \   prät
   NP    V   -t
ihr Kind wik-
         kel         ⇒

            Ag'
           /   \
         TP     Ag
        /       3.sg
       /         -e
      VP      T
     /  \    / \
   NP    V  V   T
ihr Kind t_v wickel -t   ⇒

            Ag'
           /   \
         TP     Ag
        /  \    / \
       /    \  T   Ag
      VP    t_T / \  e
     /  \      V   T
   NP    V    wickel -t
ihr Kind t_v
```

Dieser Bewegungsprozeß wird **Kopfbewegung** oder **Inkorporation** genannt (vgl. Baker 1988). Wie jeder Bewegungsprozeß hinterläßt auch die Inkorporation Spuren. Spuren werden als Übereinstimmung in bezug auf die morphosyntaktischen Merkmale interpretiert. So steht etwa t_v für die Merkmale [V, transitiv].

Wie man sieht, ist in der S-Struktur − dem Endresultat der Ableitung − das morphologische Wort gebildet worden.

Wir formulieren nun die Prinzipien, welche (unter anderen) für die Konstituierung der beiden Repräsentationsebenen konstitutiv sind.

Wir betrachten zunächst den V-Stamm *wickel-*. Das Merkmal [transitiv] besagt, daß das Verb ein Objekt selegiert. Im Gegensatz zu etwa *denken an* ist das Objekt eine Nominalphrase. Man spricht in diesem Zusammenhang von kategorialer Selektion, kurz **C-Selektion** genannt (vgl. Chomsky 1986 b). Für die beiden genannten Verben sieht die C-Selektion also folgendermaßen aus:

wickel- c-selegiert NP
denk- c-selegiert [$_{PP}$ *an*]

(Die selegierte PP enthält natürlich ein NP-Komplement. Das folgt aus dem X-bar-Schema.) Es wird nun angenommen, daß auch funktionale Köpfe c-selegieren. Die entsprechenden Einträge für Tempus und Ag sehen folgendermaßen aus:

Ag c-selegiert TP
T c-selegiert VP

Die Überprüfung der C-Selektion verlangt eine bestimmte syntaktische Konfiguration. Für unsere Zwecke genügt die folgende Annahme:

Konfiguration für die C-Selektion
Die c-selegierte Phrase wird von einer Projektion des c-selegierenden Kopfes direkt dominiert.

Man sieht, daß in der D-Struktur die für die Überprüfung der C-Selektion relevante Konfiguration vorliegt. Wir können also den folgenden Merksatz festhalten:

Überprüfung der C-Selektion
C-Selektion wird auf der D-Struktur überprüft.

Die morphologischen Subkategorisierungseigenschaften von Köpfen werden dagegen als **M-Selektion** bezeichnet. Für T und Ag gilt:

T m-selegiert V
Ag m-selegiert T

Die M-Selektion ist nur „innerhalb des Wortes" überprüfbar, mit anderen Worten, wir verlangen:

Konfiguration für die M-Selektion
Ein von einem [−max*]-Kopf α m-selegiertes Morphem β wird von einer [±max*]-Projektion von α unmittelbar dominiert.

Dieses Überprüfungsprinzip wird nach Lasnik (1981) auch **Stray-Affix-Filter** genannt. Man sieht, daß die M-Selektion von T und Ag erst auf der S-Struktur möglich ist, denn auf der D-Struktur wird z. B. das [V, +max*] gar nicht von [T, ±max*] dominiert, sondern von [T, +max]. Dies ist eine phrasale, keine morphologische (subphrasale) Projektion. Außerdem ist diese Dominanzbeziehung nicht direkt, denn es gibt den Zwischenknoten VP = [V, +max, +proj].

Als weiteren Merksatz halten wir fest:

Überprüfung der M-Selektion:
M-Selektion wird auf der S-Struktur überprüft.

Es ist also gerade die Spannung zwischen C-Selektion und M-Selektion, welche die beiden Repräsentationsebenen rechtfertigt. Und die Kopfbewegung ist durch die Notwendigkeit, eine Struktur aufzubauen, in der die M-Selektion überprüft werden kann, motiviert.

Sind damit die beiden Repräsentationsebenen zureichend begründet? Nein. Bei näherem Hinsehen zeigt es sich nämlich, daß man die D-Struktur nicht benötigt. Die C-Selektion kann auch auf der S-Struktur überprüft werden. Spuren haben wir ja als Übereinstimmung in den Merkmalen interpretiert. Damit kann die C-Selektion eines Kopfes auch von seiner Spur überprüft werden. Wenn es also gelingt, die S-Struktur ohne Rekurs auf die D-Struktur aufzubauen, haben wir alles an Information zur Verfügung, was wir zur Überprüfung von M- und C-Selektion benötigen. Im nächsten Abschnitt werden wir skizzieren, wie man sich ein solches „monostratales" System vorstellen kann.

5.4. Das Lexikon

In diesem Abschnitt erläutern wir zwei Thesen. Erstens ist das sogenannte Lexikon eine für die grammatische Theorie irrelevante Komponente, was freilich nicht bedeutet, daß die Frage, wie die gespeicherte sprachliche Information aussieht, unwichtig wäre. Das Gegenteil ist der Fall.

Zweitens zeigen wir, daß sich die Unterscheidung von D- versus S-Struktur, die historisch mit der Idee, daß es das Lexikon als Theoriekomponente gibt, zusammenhängt, aufheben läßt. Man kommt mit der S-Struktur aus. Allerdings enthält diese S-Struktur in der Regel Leerstellen, welche die D-Positionen kodieren. Wir reden also keinem einfachen Monostratalismus das Wort.

Wir haben bisher eine dynamische Redeweise benutzt: Aus der D-Struktur ist durch Inkorporation eine S-Struktur aufgebaut worden. Dies legt nahe, daß die D-Struktur in einem gewissen Sinne primär ist. In frühen Konzeptionen der Transformationsgrammatik war in der Tat angenommen worden, daß die „lexikalische Einsetzung" in der D-Struktur stattfindet (vgl. z. B. Chomskys *Aspects*), daß also die Endknoten der Bäume der D-Struktur aus Material bestehen, welches man dem Lexikon entnimmt.

Diese Sicht scheint zunächst kaum mit dem geschilderten Verhältnis zwischen Morphologie und Syntax verträglich zu sein. Man betrachte dazu etwa den Nebensatz *Charlotte ihr Kind wusch*. Das unregelmäßige Finitum *wusch* läßt sich nicht in eine Folge von Morphemen V + T + Ag zerlegen, deren Verkettung diese Form ausmacht. Nehmen wir deshalb an, daß das „Lexikon" auf irgendeine Weise die Zuordnung

/wusch/ ⇒ [$_{AG}$[$_T$[$_{V, tr}$ WASCH] [$_T$ PRÄT]] [$_{Ag}$ 3.Sg.]]

stiftet. Die unregelmäßige Form kann gewissermaßen als Adresse für ein abstraktes Wort angesehen werden. (Abstrakte Morpheme stellen wir durch große Buchstaben dar.) Wie erhält man aus dieser Information die D-Struktur, die ja etwas wie die folgende Struktur sein muß?

(8) [$_{AgP}$ Charlotte [$_{Ag'}$[$_{TP}$[$_{VP}$ ihr Kind WASCH] PRÄT] 3.sg.]]

Vergleicht man die morphologische und die syntaktische Struktur, so sieht man, daß ihre Konstituenten völlig parallel gebaut sind. Der syntaktische Baum unterscheidet sich vom morphologischen lediglich durch andere X-bar-Ebenen und die zusätzlichen Ergänzungen Subjekt und Objekt. Man erhält den zweiten Baum aus dem ersten, indem man die einzelnen Morpheme als Köpfe von Phrasen auffaßt und die Ergänzungen dort unterbringt. Das folgende zweidimensionale Bild veranschaulicht die Konstruktion.

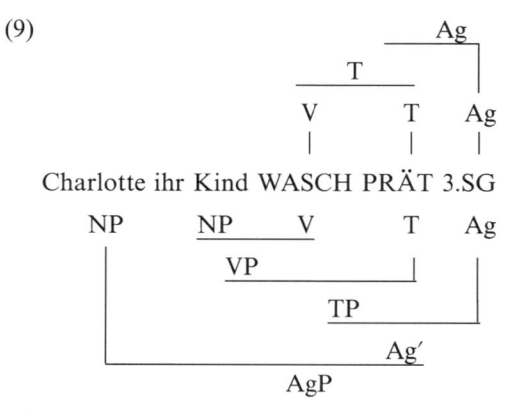

(9)
```
                              Ag
                      T       |
              V       T       Ag
              |       |       |
Charlotte ihr Kind  WASCH   PRÄT  3.SG
    NP       NP     V        T     Ag
             VP_____|
                    TP_____|
                             Ag'____|
             AgP
```

Die untere Struktur verlängert den morphologischen Baum gewissermaßen zu einem syntaktischen Baum. Aus diesem läßt sich dann die Oberflächenstruktur mittels Kopfbewegung in der geschilderten Weise aufbauen. Die Parallelität von morphologischer und syntaktischer Struktur ist von Baker (1985) „Spiegelprinzip" genannt worden.

Zurück zur lexikalischen Einsetzung. Wenn man der Ansicht ist, daß die abstrakte Repräsentation von *wusch* in die D-Struktur eingesetzt wird, so sieht man, daß sie in drei Bestandteile zerlegt werden muß, die an drei Endknoten der D-Struktur eingesetzt werden müssen.

Fragen wir uns nun, ob die lexikalische Einsetzung nicht direkt auf der S-Struktur stattfinden kann. Wir versuchen also, für unseren Satz die S-Struktur ohne den Umweg über die D-Struktur aufzubauen. Bis zur folgenden Gliederung ist die Analyse unproblematisch:

(10) [$_{NP}$ Charlotte] [$_{NP}$ ihr Kind] [$_{Ag}$[$_T$[$_V$ WASCH] PRÄT] 3.SG.]

Wir wissen, daß Ag einen Spezifikator hat. Der Spezifikator ist die Nominativ-NP *Charlotte*. Damit sind die folgenden weiteren Details der Struktur festgelegt:

(11) [**$_{AgP}$**[$_{NP}$ Charlotte] [$_{Ag'}$[$_{NP}$ ihr Kind] [$_{Ag}$[$_T$[$_V$ WASCH] PRÄT] 3.Sg.]]]

(Die jeweils erschlossenen Strukturdetails sind durch Fettdruck gekennzeichnet.) Da Ag die Kategorie TP c-selegiert, muß das Objekt *ihr Kind* in der c-selegierten TP liegen. Damit erhalten wir:

(12) [$_{AgP}$[$_{NP}$ Charlotte] [$_{Ag'}$[**$_{TP}$**[$_{NP}$ ihr Kind]] [$_{Ag}$[$_T$[$_V$ WASCH] PRÄT] 3.SG.]]]

Aus dem X-bar-Schema folgt, daß die TP einen T-Kopf haben muß. Dieser ist freilich phonetisch leer. Wir erschließen somit das weitere Strukturdetail:

(13) [$_{AgP}$[$_{NP}$ Charlotte] [$_{Ag'}$[$_{TP}$[$_{NP}$ ihr Kind] e$_T$] [$_{Ag}$[$_T$[$_V$ WASCH] PRÄT] 3.SG.]]]

Jeder T-Kopf c-selegiert eine VP. Also liegt die NP *ihr Kind* innerhalb von VP. Die VP muß ebenfalls einen Kopf haben, der wieder nur leer sein kann. Damit erhalten wir die Struktur:

(14) [$_{AgP}$[$_{NP}$ Charlotte] [$_{Ag'}$[$_{TP}$[$_{VP}$[$_{NP}$ ihr Kind] e$_V$] e$_T$] [$_{Ag}$[$_T$[$_V$ WASCH] PRÄT] 3.SG.]]]

Leere Köpfe müssen syntaktisch lizensiert sein. Wir brauchen also eine Theoriekomponente, die sicherstellt, daß e$_V$ die Spur des Verbs WASCH und e$_T$ die Spur des T-Morphems PRÄT ist. Die Spurentheorie (vgl. Abschnitt 6.4.4.) muß dies leisten. Damit haben wir die S-Struktur direkt konstruiert.

Diese Überlegung zeigt, daß wir auf die Tiefenstruktur prinzipiell verzichten können. Eine ausführliche Begründung findet sich in Sternefeld (1991a). Die S-Struktur enthält die gesamte relevante Information: Wir können ja die Tiefenstruktur aufbauen, indem wir die Köpfe an ihre basisgenerierten Spuren bewegen. Die Alternative, ohne D-Struktur auszukommen, wurde in Chomsky (1981) ausführlich exploriert. Allerdings ging es dort nicht um Kopfbewegung, sondern um die sogenannte NP-Bewegung, auf die wir noch zu sprechen kommen. Kopfbewegung ist erst das große Thema von Baker (1988). Für die Zwecke unserer Darstellung werden wir aber an der Redeweise von der D-Struktur festhalten.

An dieser Stelle ist eine allgemeine Bemerkung zum **Lexikon** angebracht. Wir schließen uns der Auffassung von Di Sciullo/Williams (1987) an, daß das Lexikon ein psychologischer Begriff ist, der nicht zur eigentlichen grammatischen Theorie gehört. Da die Syntax in irgendeiner Weise ein rekursives System ist, braucht man einen Bodensatz für die Rekursion, so viel ist klar. Dieser Bodensatz muß in unserem Kopf gespeichert sein. Viel mehr kann man aber a priori nicht sagen. Insbesondere kann man aus grammatiktheoretischen Überlegungen heraus nicht auf die Form von lexikalischen Einträgen schließen. Es gibt in der menschlichen Grammatik also keine vergleichbare Definition wie die der „lexikalischen Regel" der kontextfreien Grammatik (vgl. Abschnitt 2.3.). Gespeichert sind völlig heterogene Einheiten: Morpheme, flektierte Wörter, Komposita, ganze Syntagmen.

Letzteres ist völlig evident für Idiome wie *die Kurve kratzen* und Funktionsgefüge wie *davon Abstand nehmen*. Diese Ausdrücke haben eine klare Syntax, aber ihre Bedeutung ist nur teilweise kompositional aus den Bedeutungen der Teile bestimmbar. Sie müssen also als ganze gelernt und weggelegt werden.

Der Begriff des Lexikons spielt dementsprechend in unserer Darstellung keine Rolle. Ebenso vermeiden wir gängige Redeweisen wie: „Die Derivation findet im Lexikon statt." Sie haben unter der Perspektive dieser Darstellung keinen Sinn, was freilich über ihren Wert unter einer anderen Konzeption nichts besagt.

5.5. Der Verbzweitsatz

Da wir uns an die Bewegung von Köpfen gewöhnt haben, tragen wir nun noch kurz die Struktur des deutschen „Hauptsatzes" nach. Betrachte:

(15) (a) daß die Kinder einmal auf dem Anger vor dem Schreiberhäuschen waren
    (b) Waren die Kinder einmal auf dem Anger vor dem Schreiberhäuschen?
    (c) Die Kinder waren einmal auf dem Anger vor dem Schreiberhäuschen
    (d) Einmal waren die Kinder auf dem Anger vor dem Schreiberhäuschen

Dieses Paradigma wird heute für gewöhnlich folgendermaßen erklärt: Das Finitum steht im Verbzweitsatz genau an der Stelle, die im Nebensatz vom „Komplementierer" (C) *daß*, *weil* etc. eingenommen wird. Es wird in eine leere C-Position bewegt. In die Spezifikatorposition von CP kann irgendein Satzglied aus dem „Mittelfeld" bewegt werden. Die Strukturen dieser Beispiele sind demnach die folgenden:

(16) (a) [$_{CP}$[$_C$ daß] [$_{AgP}$ die Kinder einmal auf dem Anger waren]]
    (b) [$_{CP}$[$_C$[$_{Ag}$ Waren]] [$_{AgP}$ die Kinder einmal auf dem Anger t$_{Ag}$]]
    (c) [$_{CP}$ Die Kinder$_1$ [$_{C'}$[$_C$[$_{Ag}$ waren]] [$_{AgP}$ t$_1$ einmal auf dem Anger t$_{Ag}$]]]
    (d) [$_{CP}$ Einmal$_1$ [$_{C'}$[$_C$[$_{Ag}$ waren]] [$_{AgP}$ die Kinder t$_1$ auf dem Anger t$_{Ag}$]]]

Grundlage dieser Analyse ist Chomskys (1986a) Idee, daß C eine eigene maximale Projektion aufbaut, die eine eventuell leere Spezifikatorposition hat. Vollständige Verbzweitsätze haben demnach die Struktur:

(17) [$_{CP}$ SpecC [$_{C'}$ C AgP]]

In der Regel wird die Kongruenzphrase IP („inflection phrase", d. h. Flexivphrase) genannt. Man spricht deswegen auch vom **CP-IP-System**. Für eine Analyse dieser Art spricht z. B. auch, daß in vielen deutschen Dialekten SpecC auch im Nebensatz gefüllt sein kann, etwa nach dem Muster des Zürichdeutschen:

(18) Er hät mich gfrööget ob das sii chunt
    Er hat mich gefragt ob daß sie kommt.

Die Idee, deutsche Verbzweitsätze nach dieser Methode zu analysieren, geht schon auf Oberlehrer Nordmeyer (1883) zurück. Sie findet sich in expliziter Form in Bierwisch (1963).

5.6. Infinitumphrasen

Projiziert die Infinitivmorphologie ebenfalls syntaktische Struktur? Für die to-Infinitive des Englischen wird dies in der generativen Literatur seit langem angenommen. Zum Beispiel wird der Satz *Wladimir tries to work* analysiert als:

(19) Wladimir tries [$_{CP}$[$_{IP}$ PRO [$_{I'}$ to [$_{VP}$ work]]]]

Wir wollen I hier als „infinit" lesen. I ist also der Kopf des Infinitivsatzes. PRO ist das leere Subjekt, über das noch zu reden sein wird. In der an Chomsky (1986a) anschließenden Literatur bezeichnet IP sowohl den finiten wie den nicht-finiten Satz.

Im Deutschen wird das *zu* eines *zu*-Infinitivs traditionellerweise zur Morphologie des Infinitums gerechnet. Es bezeichnet den „2. Status des Supinums", während die Endung *-en* und das Circumfix *ge-t* als 1. bzw. 3. Status bezeichnet werden (vgl. Bech 1955/57). Man betrachte dazu den satzwertigen Infinitiv in der folgenden Konstruktion:

(20) weil er versuchte, sie anzurufen

Eine Möglichkeit der abstrakten Analyse ist dem folgenden Baum abzulesen:

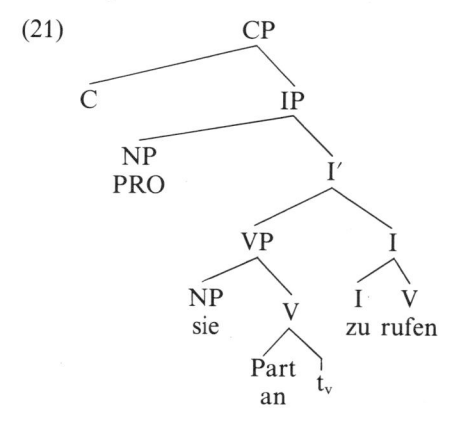

(21)
```
           CP
          /  \
         C    IP
             /  \
           NP    I'
           PRO  / \
              VP   I
             / \  / \
            NP  V I  V
            sie/ \ zu rufen
            Part t_v
             an
```

Man kann die Inkorporation des V-Kopfes in *zu* durch die folgenden Selektionseigenschaften für *zu* erzwingen:

(22) [$_I$ zu] C-selegiert VP
    M-selegiert V rechts

Die Kopfbewegungstheorie hat freilich sicherzustellen, daß Exkorporation möglich ist (vgl. Abschnitt 6.4.5.). Normalerweise haben C- und M-Selektion dieselbe Richtung. Hier haben wir aber eine Divergenz zwischen C- und M-Selektion vorliegen, was zu der eigentümlichen Morphemverschränkung führt, die wir im Deutschen vorfinden.

Die Frage, die sich in diesem Zusammenhang stellt, ist, ob nicht auch die den ersten bzw. den dritten Status kodierenden Infinitivendungen eine Phrase projizieren können. Die traditionelle Analyse der lateinischen A.c.I.-Konstruktion legt eine solche Auffassung nahe. Zum Beispiel ist in dem folgenden Satz *te* Subjekt des abhängigen AcI-Satzes:

(23) Te laborare opportet
    Dich arbeiten notwendig-ist

Um eine Subjektsposition zu schaffen, bietet es sich an, daß die Infinitivendung eine Projektion aufmacht, deren Spezifikator das Subjekt ist, also z. B.:

(24) [$_{IP}$ te [$_{I'}$[$_{TP}$[$_{VP}$ labora] -r] -e]]

-r wäre hier das Präsensmorphem, *-e* der 1. Status. In der S-Struktur sind diese Köpfe auf die bekannte Weise zusammenzubringen.

Ein nicht zu unterschätzender Vorteil dieser Analyse ist, daß sie einem in Klein (1991) beobachteten Klammerparadox mühelos Rechnung zu tragen vermag:

(25) Caesar dicit heri laboravisse
    „Cäsar gibt an, gestern gearbeitet zu haben"

Dies besagt nicht, daß Caesar angibt, gestern im Nachzustand eines Arbeitens zu sein. Vielmehr bedeutet der Satz, daß Caesar angibt, im Nachzustand eines gestrigen Arbeitens zu sein. Wir erreichen die intendierte Lesart, indem wir die folgende D-Struktur annehmen:

(26) Caesar dicit [$_{IP}$ pro [$_{I'}$[$_{TP}$[$_{VP}$ heri [$_{VP}$ labora-]] [$_T$ -viss]] [$_I$ -e]]]

pro steht hier für ein phonetisch unsichtbares Pronominal. Wir kommen auf derartige leere Kategorien in Abschnitt 6.4.3. noch zu sprechen. Die Oberflächenstruktur wird daraus wieder durch Inkorporation hergeleitet. Das Wichtige an dieser Struktur ist, daß *heri* „gestern" im „Skopus" des Perfektmorphems -*viss* ist, während es auf der Oberfläche so aussieht, als müßte das Perfekt im Skopus von *heri* sein. Auf den Begriff des Skopus werden wir in dem Abschnitt über logische Form eingehen.

Klein (1991) hat einen deutsch/englischen Kontrast beobachtet, der sich elegant lösen läßt, wenn man auch für den ersten (und den dritten) Status eine Projektion errichten läßt:

(27) (a) Angelika hat eine Ente zweimal gefangen
 (b) Angelika has caught a duck twice

In der unmarkierten Lesart bedeutet (27 b) dasselbe wie (27 a), nämlich daß Angelika dieselbe Ente zweimal gefangen hat. Man erhält die Lesart, indem man sowohl für das Deutsche als auch das Englische die funktionalen Kategorien für den dritten Status annimmt, allerdings mit dem Unterschied, daß die C-Selektion von VP im Deutschen nach links, im Englischen aber nach rechts geht. Die subordinierten IPs hätten dann im Deutschen und im Englischen die Strukturen (a) bzw. (b):

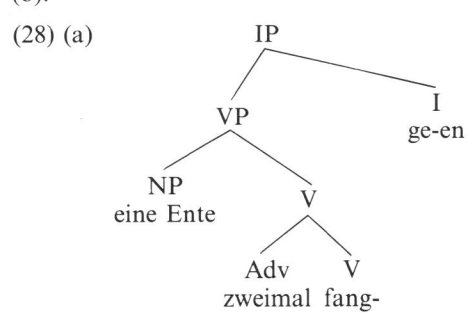

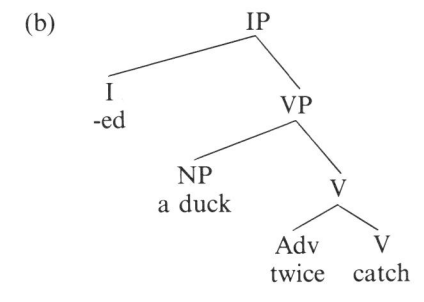

(28) (a)
```
        IP
       /  \
      VP    I
     /  \   ge-en
    NP   V
 eine Ente /\
          Adv V
       zweimal fang-
```

(b)
```
        IP
       /  \
      I    VP
     -ed  /  \
         NP   V
       a duck /\
             Adv V
           twice catch
```

Diese Lösung hätte den Vorteil, daß sehr viele Wortstellungsunterschiede zwischen dem Deutschen und dem Englischen auf die folgende unterschiedliche Setzung eines syntaktischen Parameters zurückgeführt werden könnten:

Funktionale Kategorien: Die funktionalen Kategorien, welche die Verbflexion beinhalten (Ag, T, I) C-selegieren nach rechts im Englischen, nach links im Deutschen.

Auch die Direktionale wären nun in beiden Sprachen in der D-Struktur gleich verbnah:

(29) Wladimir [VP seinen Mantel in die Ecke warf] T Ag
 Wladimir Ag T [VP his coat into the corner throw]

Ein ähnlicher Vorschlag für die Analyse der VP ist in Koster (1988) gemacht worden. Ob diese Analyse letztlich haltbar ist, das bleibe hier dahingestellt. Nur die einleuchtende Behandlung vieler Erscheinungen kann sie rechtfertigen.

5.7. Bakers Theorie der Inkorporation

Baker (1988) hat eine Theorie entwickelt, derzufolge die Interaktion zwischen Morphologie und Syntax — zumindest in einigen Sprachen — noch viel weitreichender ist, als bisher skizziert. Es handelt sich um seine Theorie der Inkorporation. Die Idee ist, daß der Kopf einer Phrase in einen c-kommandierenden Kopf inkorporiert werden kann, falls Rektion gegeben ist. Von den verschiedenen C-Kommando-Begriffen, die vorgeschlagen worden sind, kann man dabei zunächst an die folgende Variante denken (vgl. Reinhart 1983):

C-Kommando (i. e. S.): Der Knoten α c-kommandiert den Knoten β (im engeren Sinne), falls weder α β dominiert noch β α dominiert und β von dem nächsten verzweigenden Knoten dominiert wird, der α dominiert.

Wir betrachten zunächst einige Fälle von **N-Inkorporation**. Ein gängiges Muster ist die Inkorporation eines direkten Objekts:

(30) a. *Seuan*-ide ti-muu-ban (Tiwa)
 Mann-SUF 1.sg./AgO-seh-Prät
 Ich sah den Mann
 b. Ti-seuan-muu-ban
 1.sg.AgO-Mann-seh-Prät

Bakers Analyse sieht etwa so aus:

(31) Ich [VP[NP t_N] [V mann$_N$-seh]]-Prät

Diese Konstruktion ist in vielen Sprachen gängig. Gegen die Auffassung, daß es sich bei diesen Konstruktionen lediglich um eine Erscheinung der Wortbildung handelt, spricht, daß das inkorporierte Nomen durch ein definites Pronomen aufgenommen werden kann, was für echte Wortbestandteile sonst nicht gilt. Man kann in Inkorporationssprachen also z. B. sagen:

(32) Ich mann-sah. Er war groß.

Dagegen ist der Text

(33) Franz ist ein Hausbesitzer. Es ist teuer.

abweichend.

Ein etwas komplexerer Fall ist die sogenannte **Possessoranhebung**: Der Spezifikator des direkten Objekts wird nach Inkorporation des Kopfes das direkte Objekt des komplexen Verbs. Dazu ein Beispiel aus dem Oneida (einer nordamerikanischen Irokesensprache):

(34) Wa-hi-nuhs-ahni:nu John
 AOR-1.sg.S/3MASC-Haus-kauf John
 Ich kaufte Johns Haus (wrtl.: Ich hauskaufte den John)

Die Struktur, die Baker im Sinn hat, ist diese:

(35) Ich [$_{VP}$[haus$_N$ kauf] [$_{NP}$ den John [$_{N'}$ t$_N$]]]

Nach Inkorporation des Nomens *haus* ist der N-Knoten und seine Projektion für die Rektionsbeziehung unsichtbar geworden. Er kann keinen Genitiv mehr regieren. Der Spezifikator erhält als Ersatz den Akkusativ vom Verb zugewiesen.

Der Terminus „Possessoranhebung" stammt aus der Relationalen Grammatik, die grammatische Funktionen (GFs) wie Subjekt, direktes Objekt, Possessor, Obliquus und so weiter als Grundbegriffe ansieht und sie hierarchisch ordnet. Entsprechend kann man das Passiv als einen GF-verändernden Prozeß ansehen, der ein direktes Objekt zum Subjekt im Sinne der Hierarchie „anhebt" und das Subjekt zum Obliquus degradiert oder gar arbeitslos (zum Chômeur) macht. Bakers Theorie sowie viele neuere Entwicklungen — z. B. die sogenannte Ergativität im Sinne Burzios — leben in vielerlei Hinsicht von der in dieser Theorie geleisteten Pionierarbeit. In diesem Beitrag wird die Relationale Grammatik wie so vieles andere völlig übergangen. Zur ersten Orientierung in diese Forschungsrichtung dient Perlmutter (1980) und Perlmutter/Rosen (1984).

Di Sciullo/Williams (1987) lehnen den ganzen Inkorporationsansatz ab. Sie würden N-Inkorporation als Beschränkung der Referenz des direkten Objekts analysieren. Bei ihnen hätte der erstgenannte Satz die Struktur *Franz haus-kauft pro*, wobei *pro* ein unsichtbares Pronomen ist, das sich auf ein Haus beziehen muß. Für diese Analyse spricht in der Tat, daß man in den Inkorporationssprachen so etwas sagen kann wie *Kjell fisch-fing einen Dorsch*. Baker müßte *einen Dorsch* als Apposition zu der durch Inkorporation entleerten NP auffassen. Es ist mir allerdings nicht klar, wie Di Sciullo/Williams die Possessoranhebung analysieren würden.

Inkorporation liegt nach Meinung Bakers auch bei Prozessen zugrunde, welche die Valenz des Verbes verändern, also bei den traditionellen **Diathesen** oder **voces verbi**. Wir betrachten zunächst das sogenannte **Antipassiv**, das durch das folgende hypothetische Beispielpaar illustriert wird:

(36) Die Oma hütet die Kinder
 Die Oma ANTI-hütet [OBL die Kinder]

Zu dieser Illustration ein reales Beispiel aus dem Chukchi (einer sibirischen Sprache):

(37) Gəm t-ine-tejk-ərkən orw-et
 Ich-ABS 1.S-ANTI-mache-ASP Schlitten-Dat

Wenn das Verb mit dem Antipassiv ANTI affigiert ist, wird das direkte Objekt zu einem „Obliquus" herabgestuft: Es erscheint im Dativ oder wird durch irgendeine Präposition markiert. Baker erklärt die Erscheinung durch die folgende Analyse, wobei wir uns den Obliquus als Dativ realisiert vorstellen:

(38) die Oma [$_{VP}$[$_{NP}$ den Kindern] [$_{NP}$ t$_N$] [$_V$ ANTI$_N$-hüt]]

Mit anderen Worten, das Antipassivmorphem ist ein N, welches soviel wie „jemand" oder „etwas" bedeutet. Wer dieser Jemand ist, wird durch die Dativ-NP (oder ein entsprechendes Adjunkt) expliziert. Hier handelt es sich um die Kinder. Diese NP hat also niemals die Rolle des direkten Objekts innegehabt. Diese wird vielmehr durch das Affix ANTI wahrgenommen. Wie üblich schluckt oder absorbiert das direkte Objekt den Akkusativ.

Die syntaktische Struktur muß freilich durch die lexikalischen Eigenschaften des Antipassivs determiniert sein. Man kann sich seinen lexikalischen Eintrag folgendermaßen vorstellen:

Das Antipassivmorphem:
 (i) ANTI ist ein N, welches „jemand/etwas" bedeutet.
 (ii) ANTI m-selegiert V.

Referentielle Nomina bauen eine eigene NP auf. Dies gilt auch für das Antipassivmorphem. Allerdings ist dieses Nomen zugleich ein Verbaffix. Um seine morphologischen Selektionseigenschaften zu erfüllen, muß es deswegen zu einem Verb bewegt werden. Die Theorie der Bewegung sichert, daß das Resultat nur etwas wie die obige Struktur sein kann.

Wenn Affixe als Objekt fungieren können, so liegt es nahe, daß sie auch die Funktion des Subjekts übernehmen können. Genau dies ist nach Baker der Fall für das **Passiv**. Die Passivmorphologie stellt sich Baker durch die Supinumendung realisiert vor. Genau wie beim Antipassiv wird das Passivmorphem als „Jemand/etwas" gedeutet, das durch ein Adjunkt gegebenenfalls expliziert werden kann. So würde z. B. der Satz *Ede is admired* analysiert als:

(39) e AGR be + PASS [$_{VP}$ admire-Ede]

PASS muß hier als ein N aufgefaßt werden, welches V m-selegiert. Diese Struktur wird gedeutet als „Jemand (= PASS) bewundert Ede". Die Oberfläche wird daraus gewonnen, indem man entweder *be* zu AGR und *admire-* zu PASS bewegt oder im Stil der *Syntactic Structures* AGR zu *be* senkt, nachdem man zuvor PASS zu *admire-* gesenkt hat („Affix hopping"). Baker stipuliert, daß der von *admire-* regierte Akkusativ dem degenerierten Nomen PASS zugewiesen wird. Deswegen muß das direkte Objekt an die Subjektposition angehoben werden, wo es Nominativ erhält. Diese Analyse wirkt freilich zunächst recht barock, und wir wollen problematische Einzelheiten hier nicht weiter diskutieren.

Wesentlich unproblematischer ist Bakers Analyse der **Applikativierung** als Inkorporation einer Präposition. Die folgenden Beispiele des Chicheŵa, einer in Malaŵi gesprochenen Bantusprache, illustrieren den Prozeß:

(40) Mbidzi zi-na-perek-a msampha kwa nkhandwe
Zebras SUBJ-PRÄT-reichen-ASP Falle an Fuchs
„Die Zebras überreichen dem Fuchs die Falle"
Mbidzi zi-na-perek-er-a nkhandwe msampha
Zebras SUBJ-PRÄT-reichen-APPL-ASP Fuchs Falle

Man kann sich die Applikativierung anhand der folgenden Beispiele des Deutschen veranschaulichen:

(41) (a) Ede Soße über die Kartoffeln gießt
(b) Ede die Kartoffeln mit Soße übergießt
(c) Ede den Kartoffeln Soße übergießt
(42) (a) die Mutter für das Kind sorgt
(b) die Mutter das Kind versorgt

Gäbe es im Deutschen eine produktive Applikativierung, könnte man das erstgenannte Beispiel mit Baker etwa so analysieren:

(43) Ede [$_{VP}$[$_{PP}$ mit Soße] [$_{PP}$ t$_P$ die Kartoffeln] [$_V$ über$_P$ gießt]]

Nachdem *über* inkorporiert worden ist, kann die Präposition den Kasus von *die Kartoffeln* nicht mehr regieren. Da der PP-Knoten unsichtbar geworden ist, kann der Akkusativ vom Verb kommen. Das alte Akkusativobjekt muß nun anders sichtbar gemacht werden, nämlich durch einen Obliquus, d. h. durch die Präposition *mit* oder den Dativ.

Eine interessante Aufgabe, die nach meiner Kenntnis noch nicht gelöst ist, ist die Herleitung eines Wortstellungseffektes: Das durch Applikativierung entstandene direkte Objekt steht näher am Verb als das „tiefenstrukturelle" direkte Objekt. Dies spricht für eine abstraktere D-Struktur, als von Baker vorgesehen. Für das Deutsche könnte das folgendermaßen aussehen:

(41) (a) Ede [$_{VP}$ *Soße* [$_{V'}$ t$_{DO}$ [$_{V'}$ über die Kartoffeln gießt]]] (D-Struktur)
(b) Ede [$_{VP}$ *die Kartoffeln* [$_{V'}$ mit Soße [$_{V'}$ [t$_P$ t$_{NP}$] über$_P$ -gießt]]]
(c) Ede [$_{VP}$ *den Kartoffeln* [$_{VP}$ Soße$_{DO}$ [$_{V'}$ t$_{DO}$ [$_{V'}$ [t$_P$ t$_{NP}$] über$_P$ -gießt]]]]

Mit anderen Worten, die Struktur der VP wäre die folgende:

[$_{VP}$ DATIV [$_{VP}$ AKK [$_{V'}$ DO [$_{V'}$ Direktional Verb]]]]

Die Ergänzungen des Verbs würden an Nicht-Kasuspositionen erzeugt. Es gibt zwei strukturelle Kasuspositionen: Der Akkusativ wird in SpecV realisiert, der Dativ in einer Adjunktionsposition. Im Fall (a) wird das direkte Objekt in die Akkusativposition bewegt. Im Fall (b) wird die Präposition *über* in das Verb inkorporiert und das direktionale Objekt wird in die Akkusativposition gebracht. Im Fall (c) wird das direkte Objekt in die Akkusativposition gebracht, *über* wird inkorporiert, und das direktionale Objekt wird in die Dativposition geschoben. Eine derartige Analyse bedarf freilich der ausführlichen Rechtfertigung. Vorschläge für einen Aufbau der VP nach diesen Gesichtspunkten finden sich in Sternefeld (1991a). Für das folgende werden wir annehmen, daß die Struktur des

Deutschen tatsächlich von dieser Art ist. Eine Übernahme dieser abstrakten Auffassung löst vermutlich die meisten Reihenfolgeprobleme des Bakerschen Ansatzes.

Der klassische Fall für **V-Inkorporation** ist die **Kausativierung**. Es gibt zwei große Typen, die sich durch die folgenden beiden Sätze veranschaulichen lassen:

(44) Sie läßt das Kind einen Apfel essen
(45) Elle fait manger une pomme à l'enfant (frz.)

Der erste Satz ist eine AcI-Konstruktion: Das Subjekt des abhängigen Satzes (der **Causatus**) erscheint im Akkusativ. Der abhängige Satz hat ein weiteres Akkusativobjekt. In den Sprachen, welche durch Inkorporation ein komplexes Verb wie *essen-lassen* bilden, ist der Causatus das Objekt des Matrixsatzes, was man z. B. bei Passivierung sieht. In diesen Sprachen würden wir die Passivkonstruktion *das Kind wurde einen Apfel essen gelassen* vorfinden. Man nennt Kausativierungen, die nach diesem Muster gebildet sind, **biklausale Kausativkonstruktionen**.

Im zweiten Fall ist der Causatus zum Obliquus „herabgestuft". Die gesamte Konstruktion hat nur ein Akkusativobjekt, nämlich das Objekt von *manger*. In Sprachen, die durch Kausativierung ein komplexes Verb wie *faire-manger* bilden, würde bei Passivierung *une pomme* das Subjekt werden. Diese Konstruktionen heißen **monoklausale Kausativkonstruktionen**.

Hier folgen reale Beispiele. Das Chi-Mwi:ni, eine Bantusprache, illustriert zunächst den ersten Typ von Kausativierung.

(46) Mwa:limu wa-án.dik-ish-ize wa:na xa.ti.
Lehrer OBJ-schreiben-CAUSE-T/A
Kinder Brief
Der Lehrer machte die Kinder einen Brief schreiben

Der zweite Typ kommt im Malayalam (einer südindischen Sprache) vor:

(47) Kuṭṭi annaye nuḷḷi
Kind-NOM Elefant-ACC schlug
Amma kuṭṭiyekkoṇṭsə annaye nuḷḷiččʉ
Mutter-NOM Kind-INST Elefant-ACC schlag-CAUSE-PRÄT.

Die Herleitung des biklausalen Typs sieht bei Baker ungefähr folgendermaßen aus:

(48) Der Lehrer [$_{VP}$[$_V$ schreiben$_V$-CAUSE] [$_{IP}$ die Kinder [$_{VP}$ t$_V$ Briefe]]]

Mit anderen Worten, das subordinierte Verb wird zu dem es m-selegierenden Kausativmorphem bewegt (bei Baker sogar noch über ein leeres COMP, das hier unterschlagen ist). Das Subjekt von IP wird zum direkten Objekt und erhält Akkusativ zugewiesen. Das D-Objekt von *schreiben* erhält den zweiten strukturellen Kasus der Sprache zugewiesen.

Die monoklausale Konstruktion wird bei Baker so erzeugt, daß die eingebettete VP an die Spezifikatorposition des eingebetteten Satzes bewegt wird. Erst dann wird das subordinierte Verb in das Kausativaffix inkorporiert:

(49) Die Mutter schlag$_V$-CAUSE [$_{CP}$[$_{VP}$ t$_V$ den Elefanten] [$_{C'}$[$_{IP}$ durch das Kind t$_{VP}$]]]

Die Theorie der Rektion muß sicherstellen, daß der Causatus in dieser Konstruktion nicht vom komplexen Verb regiert ist und deshalb durch einen „Obliquus" sichtbar gemacht werden soll.

Ein wesentlicher Unterschied zwischen den beiden Strukturen ist dieser: In der monoklausalen Konstruktion steht das direkte Objekt von *schlagen* „höher" als in der biklausalen Konstruktion. Insbesondere steht es „höher" als der Causatus. Wenn das direkte Objekt ein Reflexivpronomen ist, kann es sich im Fall der monoklausalen Konstruktion nicht mehr auf den Causatus beziehen, in einer biklausalen Konstruktion dagegen wohl, denn Reflexive verlangen ein „höheres" Antezedens (vgl. dazu den Abschnitt über Bindung). Genau diese Verhältnisse finden wir in den entsprechenden Sprachen vor.

Wie schon erwähnt, lehnen Di Sciullo/Williams (1987) den Bakerschen Ansatz grundsätzlich ab. Sie formulieren die genannten GF-verändernden Prozesse als Operationen, welche die Argumentstruktur des Verbs verändern. Bis auf die Possessoranhebung funktioniert das recht gut. Im nächsten Abschnitt werden wir noch einige Beispiele kennenlernen, die gegen Baker angeführt worden sind, die aber meiner Meinung nach seine Theorie eher stützen.

5.8. Autolexikalische Syntax

Da wir in der Morphologie autosegmentale Organisationsprinzipien zumindest partiell zu benötigen scheinen, liegt es nahe, diese auch für das Zusammenspiel von Syntax und Morphologie nutzbar zu machen. Dies ist in den letzten Jahren von verschiedenen Syntaktikern vorgeschlagen worden. Z. B. haben Haegeman/Riemsdijk (1986) den schweizerdeut-

1. Die Aufgaben der Syntax

schen Verbalkomplex autosegmental analysiert. Di Sciullo/Williams (1987) haben autosegmentale Methoden auf eine Reihe von Erscheinungen angewandt, z. B. Kausativkonstruktionen im Französischen und die Bildung von Nominalsätzen im Quechua. Das nach meiner Kenntnis am besten ausgearbeitete System verdanken wir Sadock (1985). Es wird hier ansatzweise vorgetragen. Von ihm stammt auch der in der Überschrift genannte Name.

Wir betrachten zunächst den Satz *Charlotte ihr Kind wusch*, der in Abschnitt 5.4. diskutiert wurde und welcher zu der recht komplizierten Struktur mit Leerstellen geführt hatte. Man kann das dort diskutierte Klammerparadox in einem zweidimensionalen Ansatz direkt lösen: Dazu faßt man die „Formative" WASCH, PRÄT und AGR einmal als morphologische Einheiten auf (Morpheme), das andere Mal als syntaktische Einheiten (Wörter). Morpheme werden auf der morphologischen Ebene zu Wörtern kombiniert, Wörter bauen auf der syntaktischen Ebene Phrasen auf. Das folgende Bild veranschaulicht den Gedanken:

(50) Morphologische Ebene

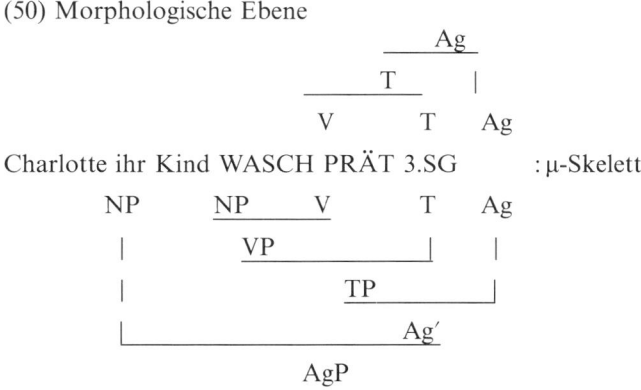

```
                              Ag
                     _____  |
                    T        |
              V     T     Ag
Charlotte ihr Kind WASCH PRÄT 3.SG      : μ-Skelett
    NP       NP    V     T    Ag
    |        |_____VP_____|    |
    |        |_____TP_____|
    |_____Ag'_____|
                   AgP
```

Phrasale Ebene

„Hans hat einen Schlitten" bzw. „Hans ist mit Kufen ausgestattet"

Die einschlägigen syntaktischen Regeln des Eskimo sind ganz analog zum Deutschen.

(i) Die finite Morphologie des Verbs, also Ag regiert den Nominativ.

(ii) Das Verb *qar* „ausgestattet sein mit" weist seinem direkten Objekt den Instrumental zu.

(iii) Das pronominale Attribut kongruiert in den relevanten Merkmalen mit dem Kopf. Modifikatoren stehen im Eskimo allerdings rechts vom Bezugsnomen.

Die Schwierigkeit, die es im Zusammenhang mit dem Beispiel zu lösen gilt, ist, daß der Kopf *qamut*, mit dem der Modifikator *ataseq* in Kasus und Numerus kongruiert, in das Verb inkorporiert ist. Da Attribute nachgestellt sind, können wir nicht „adjazent" umklammern, also für die Syntax einfach die Gliederung [[ataaseq-nik qamut]-qar-] annehmen. In der Syntax haben wir vielmehr die Reihenfolge [[qamut ataaseq-nik]-qar-]. Sadocks Lösung dazu ist die folgende: [(52) s. nächste Seite]

Als Schnittstelle zwischen den beiden Ebenen hätten wir ein Morphem-Skelett. Das von Sadock vorgeschlagene System funktioniert allerdings nicht auf diese naheliegende Weise. Bei ihm werden nur die Morpheme auf die Skelett-Ebene projiziert, welche Träger der lexikalischen Kategorien (z. B. N, V, A, P) sind. Wir erläutern die Theorie an einem Beispiel aus dem westgrönländischen Eskimo:

(51) Hansi   ataatsinik   qamuteqarpoq
     Hansi-ø   ataaseq-nik   qamut-qar-poq
     Hans-   indef.-   Schlitten(P1)-
     ABS   INST/Pl.   haben-INDIK/3.S

In Analogie zur autosegmentalen Morphologie würden wir nun denken, daß Endknoten der beiden Strukturen auf ein μ-Skelett abgebildet werden. Das geschieht aber nicht, sondern die X^0-Elemente der beiden Strukturen werden einander direkt zugeordnet, wobei es zu Überschneidungen kommen kann. Diese sollen im Prinzip vermieden werden, und von zwei Strukturen ist die besser, welche weniger Überschneidungen hat.

Auf der syntaktischen Struktur operiert z. B. die Kasustheorie. Das Verb *qar* regiert den Instrumental, welchen der Modifikator

(52)

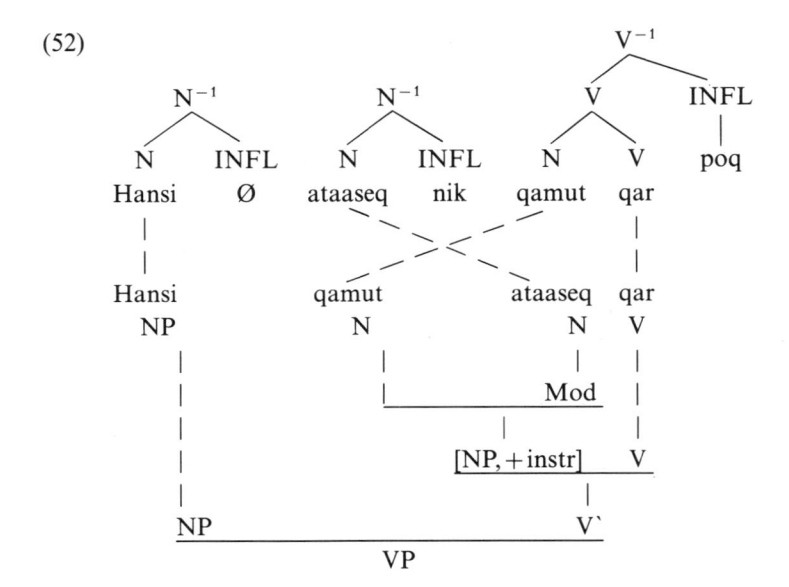

[Baumdiagramm:
- V^{-1} dominiert V und INFL (poq)
- N^{-1} dominiert N (Hansi) und INFL (Ø)
- N^{-1} dominiert N (ataaseq) und INFL (nik)
- V dominiert N (qamut) und V (qar)
- Morphologische Ebene verbunden mit syntaktischer Ebene: Hansi – NP; qamut – N; ataaseq – N (Mod); qar – V
- [NP, +instr] unter Mod
- NP und V' unter VP]

ataaseq über Kongruenz erbt. Die morphologische Ebene dient dazu, den Kasus sichtbar zu machen. Man kann sich das so vorstellen, daß ein mit [+INST] markiertes V zu einem V^{-1} expandiert werden muß, welches durch ein Kasussuffix gesättigt ist. Die Segmente, die nicht von einem X^0-Element direkt dominiert sind, werden bei der Zuordnung nicht berücksichtigt. (Die negativen Zahlen beziehen sich auf morphologische Projektionen. Die Schnittpunkte der beiden Ebenen sind gerade die X^0-Elemente.)

Wir haben hier eine ganz ähnliche Motivation wie in Bakers Ansatz vorliegen: Es gibt eine Spannung zwischen morphologischen und syntaktischen Strukturerfordernissen, welche durch die Einführung von verschiedenen Repräsentationsebenen gelöst wird. Tatsächlich gibt es ein ganz ähnliches Prinzip wie die Kopfbewegungsbeschränkung (Sadock 1985, 423):

„Wenn sich ein Lexem L syntaktisch mit einem X (oder X' oder XP) verbindet, kann es sich morphologisch mit einem entsprechenden Stamm Y verbinden, vorausgesetzt, daß das syntaktische Äquivalent von Y der Kopf seiner Phrase (d. h. der Kopf von XP) ist und daß L XP regiert." (Übers. A. v. S.)

Für das diskutierte Beispiel ist L = *qar*, X = *qamut ataaseq*, Y = *qamut*, und die morphologische Verbindung von L und Y ist *qamut + qar*.

Offen bleibt bei Sadocks Ansatz allerdings die genaue Ausbuchstabierung der Assoziationsprinzipien. Es kann sich kaum um einen orthodoxen autosegmentalen Ansatz handeln, weil gegen die zentrale Wohlgeformtheitsbedingung Goldsmiths verstoßen wird: In dem obigen Baum überkreuzen sich Assoziationslinien. Das ist kein sonderlich attraktiver Zug der Theorie. In diesem Zusammenhang stellt sich die Frage, ob die Phänomene des Eskimo einen solchen Ansatz wirklich erzwingen. Im vorliegenden Fall wohl kaum, denn eine Analyse im Stil von Baker liegt auf der Hand. Man geht von der folgenden D-Struktur aus:

(53) [$_{AgP}$ Hansi-ø [$_{Ag'}$[$_{VP}$[$_{NP}$[$_{N'}$[$_{N}$ qamut] [$_{Mod}$ ataaseq-nik]]] [$_{V}$ qar]] [$_{Ag}$ poq]]]

Die S-Struktur wird daraus erzeugt, indem man den Kopf des direkten Objekts, also *qamut*, zuerst in das Verb *qar* inkorporiert und das Resultat dann weiter zu dem Ag-Kopf *poq* bewegt. Dies ergibt genau die gewünschte Oberfläche. Wir haben hier also Kopfbewegung mit „Modifikatorstranden" vorliegen.

Spencer (1991, 440 f) meint nun, daß das folgende, ebenfalls von Sadock behandelte Phänomen des Sorbischen der Oberlausitz entschieden für Sadocks Ansätze spräche, da ihm mit Bakers Methoden nicht beizukommen sei: [(54) s. nächste Seite]

Die Derivative *-in* und *-ow* leiten zunächst ein Adjektiv aus einer weiblichen bzw. männ-

1. Die Aufgaben der Syntax

(54) (a) stareje   žonina   drasta
         alt-gen,f,sg   frau-ADJ-nom,f,sg   Kleid nom,f,sg
         alter   fraugehöriges   Kleid
         „Kleid einer alten Frau"
    (b) mojeho   bratrowe   dźěći
         mein-gen,m,sg   bruder-ADJ-nom,m,pl Kind,pl
         meines   brudergehörige   Kinder
         „Kinder meines Bruders"
    (c) mojeho   mužowa   sotra
         mein-gen,m,sg   mann-ADJ-f,sg   Schwester,nom,f,sg
         meiner   manngehörige   Schwester

lichen nominalen Basis ab. Die Bedeutung der Derivative ist eine Possessorrelation. Die Adjektive kongruieren mit dem Bezugsnomen in Kasus, Numerus und Genus. Die vorangehenden Adjektive stehen dagegen im Genitiv und kongruieren mit der nominalen Basis des zweiten Adjektivs in bezug auf Genus (und vielleicht auch Numerus). Die von Sadock vorgeschlagene Analyse würde für das Beispiel (c) folgendermaßen aussehen:

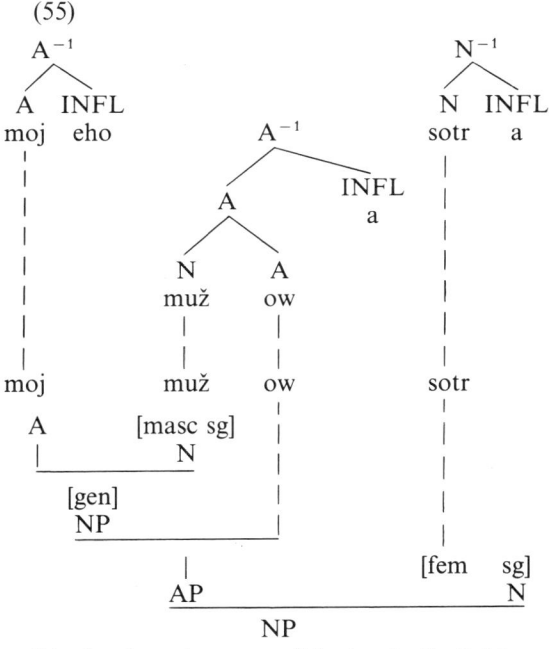

(55)

[Baumdiagramm mit A^{-1} und N^{-1} als Hauptknoten; A^{-1} verzweigt zu A (moj/eho) und A^{-1}, welches weiter zu A (verzweigt zu N muž und A ow) und INFL (a) verzweigt; N^{-1} verzweigt zu N (sotr) und INFL (a); mit Indizes [masc sg], [gen] NP, AP unter A-Seite und [fem sg] N, NP unter der ganzen Struktur]

Die Struktur ist wesentlich durch die Selektionseigenschaften des Derivativs -ow bestimmt, die wir in unserer Terminologie folgendermaßen ausdrücken können:

(i) -ow ist ein A.
(ii) -ow m-selegiert [N, masc].
(iii) -ow c-selegiert [NP, +genitiv].

Im Eintrag (iii) steckt zugleich die Kasusrektion durch den Possessor. Der Genitiv des Possessivpronomens ist eine Kongruenzerscheinung. Der zweite Eintrag ist besonders interessant unter dem Gesichtspunkt, daß ein Stamm mit Genus m-selegiert wird, denn -in m-selegiert einen femininen N-Stamm. Wenn man der Ansicht ist, daß Flexive nicht innerhalb von Derivativen vorkommen können, hätte dies zur Konsequenz, daß das Genus nicht durch ein abstraktes Morphem realisiert werden darf, sondern dem Stamm inhärent sein muß.

Stellt diese Struktur nun wirklich ein Problem für Bakers Ansatz dar? Das vermag ich nicht zu sehen. Ich denke vielmehr, eine Inkorporationsanalyse liegt auf der Hand, wenn man von Sadocks syntaktischer Struktur ausgeht: Man bewegt den N-Stamm muž zum Derivativ -ow und erfüllt so dessen M-Selektionseigenschaften. -ow regiert zwar in der Syntax den Genitiv, aber inkorporierte Nomina haben im Sorbischen keinen Kasus. Attributive Adjektive kongruieren mit dem Bezugsnomen. Also steht das Derivat im Nominativ, Singular, Femininum. Der N-Modifikator mojeho kongruiert mit dem Genitiv seines leeren Kopfes. Die so hergeleitete S-Struktur ist also diese: [(56) s. nächste Seite]

Diese Struktur zeigt, daß gewisse Derivative syntaktische Projektionen induzieren. Sonst wäre der Genitiv des Possessors kaum zu erklären. Die vorliegende Struktur erlaubt eine durchsichtige syntaktische Kasuszuweisung. Entweder, man nimmt Genitivrektion durch den A-Kopf an, oder man sagt, daß der Spezifikator von A eine strukturelle Kasusposition ist.

Versuchen wir, die Summe aus diesem Abschnitt zu ziehen. Die hier diskutierten Daten haben m. E. keinen entscheidenden Vorteil des autolexikalistischen Ansatzes gezeigt. Der Ansatz ist dann suggestiv, wenn es sich um Umklammerungen bei Adjazenz handelt. Er ist von Di Sciullo/Williams (1987) auch ausdrücklich für solche Fälle reserviert. Schwie-

(56)

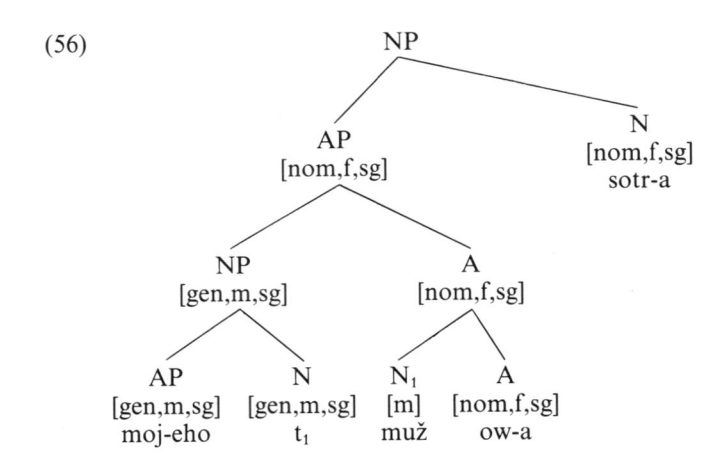

```
              NP
         ╱         ╲
       AP           N
    [nom,f,sg]   [nom,f,sg]
                  sotr-a
     ╱    ╲
    NP      A
  [gen,m,sg] [nom,f,sg]
   ╱   ╲     ╱   ╲
  AP    N   N₁    A
[gen,m,sg][gen,m,sg][m][nom,f,sg]
 moj-eho   t₁    muž   ow-a
```

rigkeiten entstehen, sobald so etwas wie Bewegung vorzuliegen scheint, wie das im Eskimo der Fall war. Dennoch zeigt die autolexikalistische Betrachtungsweise viele Erscheinungen in einem neuen Licht. Sie sollte weiter entwickelt werden und die formalen Beziehungen zur Inkorporationstheorie, deren Berechtigung aus der Diskussion deutlich geworden sein dürfte, sollten untersucht werden.

6. Kernsyntax

6.1. Vorbemerkung

In den folgenden Abschnitten wird der eigentliche Kern der Syntax skizziert, also Kasustheorie, Bindungstheorie und Theorie der Bewegung. Die Ausführungen sind relativ knapp, weil diese Themen in Artikel 24 detailliert abgehandelt werden. Hier geht es lediglich darum, einen Eindruck von der Komplexität der benötigten strukturellen Begriffe zu vermitteln. Außerdem soll das letztlich rein axiomatische Vorgehen der Theoretiker illustriert werden: Man versucht, möglichst viele Gesetzmäßigkeiten aus möglichst wenigen unabhängigen Prinzipien herzuleiten. Dieser Ansatz, der in jeder ernsthaften Theorie vorliegt, heißt aus irgendwelchen Gründen in der Linguistik **modular**. Die Axiome werden zu größeren Paketen zusammengeschnürt, die Module heißen. (Für diese Interpretation wird allerdings keine Gewähr übernommen.) Gleichzeitig werden auf den folgenden Seiten die vielen offenen Fragen der modernen Theoriebildung offenbar.

6.2. Kasustheorie

Wir beschäftigen uns zunächst mit dem Phänomen der Kasusrektion. Man betrachte dazu den Satz

(1) Wladimir schenkte seiner Frau einen Blumenstrauß zum Hochzeitstag.

Traditionell sagt man, daß das Finitum *schenkt* die Kasus Dativ und Akkusativ regiert. Der Nominativ wird dagegen nach neuerer (?) Auffassung von der finiten Morphologie regiert, weil ein infinites Verb keinen Nominativ regiert. Guillaume de Conques hat zur Zeit der bewaffneten Wallfahrten nach Jerusalem festgestellt, daß auch Präpositionen Kasus regieren. Ferner hat er dabei auch den Begriff Rektion eingeführt. Im vorliegenden Fall regiert *zu* den Dativ. (*Zum* kommt zustande durch Klitisierung von *'m* an *zu*. Daraus folgt natürlich nicht, daß *zum* gleichbedeutend mit *zu + dem* wäre (vgl. Hinrichs 1986). Zur Klitisierung, siehe Abschnitt 7.2.

Die einfachste und naheliegendste Analyse ist folgende: Man sagt, daß unter der ersten V-Projektion ein eventuelles Präpositionalobjekt oder eine lokative Ergänzung steht, die zweite Projektion das Akkusativobjekt dominiert und die dritte Projektion den Dativ dominiert. Kurzum, die relevante VP-Konfiguration wäre diese:

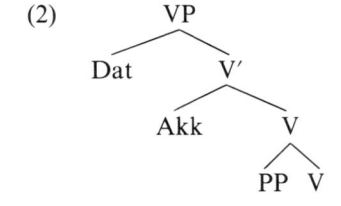

(2)
```
        VP
       ╱  ╲
     Dat    V'
           ╱  ╲
         Akk    V
               ╱ ╲
              PP  V
```

1. Die Aufgaben der Syntax

Man kann die Kasuspositionen rein strukturell definieren, indem man festlegt, daß den mit *Dat* und *Akk* bezeichneten Positionen der Dativ bzw. Akkusativ zugewiesen wird. Man kann ferner verlangen, daß die Kasuszuweisung unter Rektion geschieht. Dazu formuliert man den Rektionsbegriff so, daß jede NP, die von einer V-Projektion direkt dominiert wird, von V regiert wird. Ferner muß man noch sicherstellen, daß nicht in maximale Projektionen „hineinregiert" werden kann, daß also maximale Projektionen eine Phrase in ihnen vor Rektion von außen schützen.

Von gewissen Feinheiten abgesehen, wird dies so in der GB-Theorie gemacht, wobei allerdings die verbnahe PP nicht vorgesehen ist und über den Dativ ebenfalls nicht geredet wird.

Wir haben nun allerdings in Abschnitt 5.7. eine ganz andere Struktur für das Deutsche motiviert, nämlich

(3) [$_{VP}$ Dativ [$_{VP}$ Akkusativ [$_{V'}$ DO Verb]]].

Da die DO-Position kasuslos sein soll, ist mit Rektion nichts zu machen, denn bei jeder plausiblen Definition des Rektionsbegriffs ist diese Position regiert und sollte den Akkusativ unter Rektion erhalten können.

Aus semantischen Gründen, die erst im letzten Unterkapitel klar werden, wollen wir darüber hinaus alle Verbargumente innerhalb der V'-Rekursion einführen, d. h. V' sieht für den allgemeinen Fall folgendermaßen aus:

(4) [$_{V'}$ SU [$_{V'}$ DO [$_{V'}$ IO [$_{V'}$ Obliquus Verb]]]].

Diese Positionen sollen alle kasuslos sein. Um die Dativposition von einer Adjunktionsposition unterscheiden zu können (vgl. Müller 1992a) arbeiten wir nicht genau mit der zuerst genannten Struktur, sondern legen mit Larson (1988) eine sogenannte **VP-Hülle** — das ist eine VP mit leerem Kopf — über die unterste VP und erhalten die folgende Struktur für den deutschen Nebensatz:

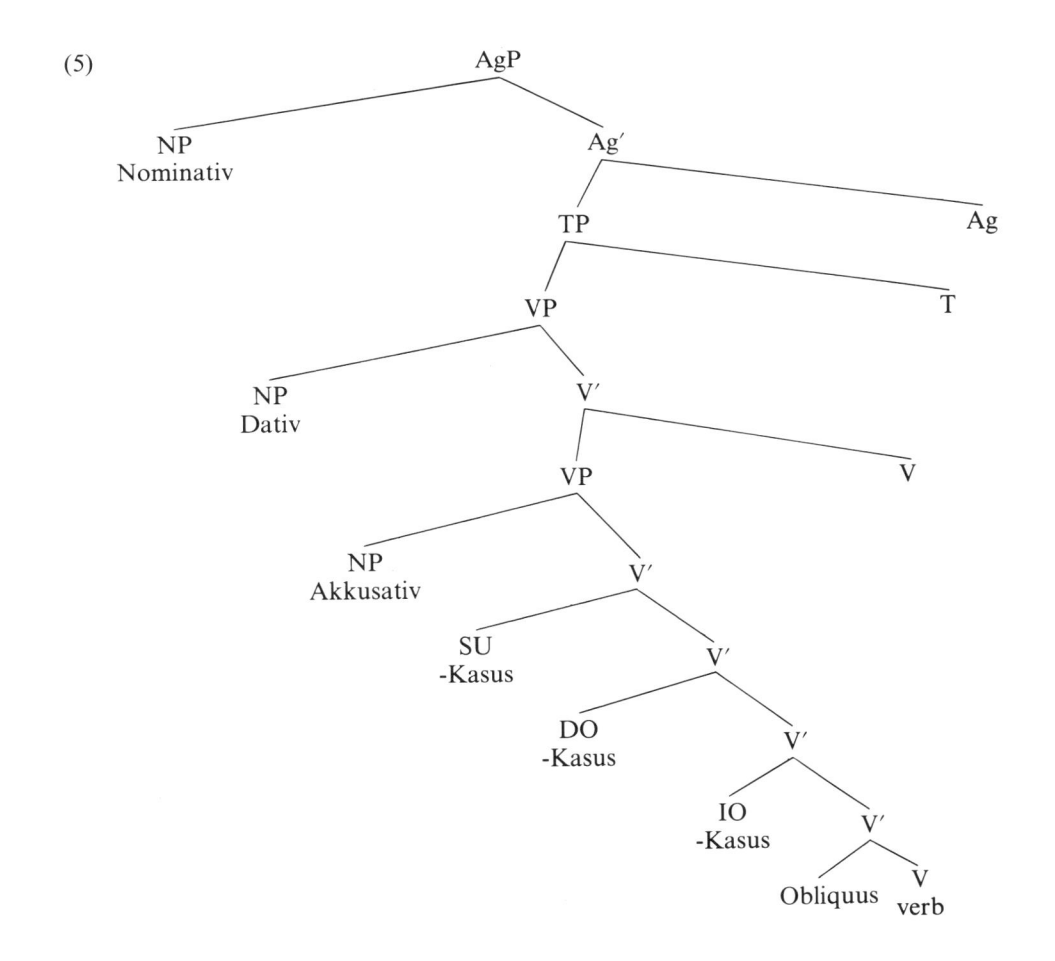

(5)
```
                    AgP
                   /    \
                  NP     Ag'
              Nominativ  /  \
                        TP   Ag
                       /  \
                      VP   T
                     /  \
                    NP   V'
                  Dativ /  \
                       VP   V
                      /  \
                     NP   V'
                 Akkusativ /  \
                          SU   V'
                        -Kasus /  \
                              DO   V'
                            -Kasus /  \
                                  IO   V'
                                -Kasus /  \
                                   Obliquus V
                                          verb
```

Obliquus steht hier für Direktionale, Präpositionalobjekte usw. Das Verb hat, genau genommen, noch mehr Argumente: Zeit, Welt, Ort, Ereignis, die ebenfalls in der V'-Rekursion projiziert werden, die aber hier ignoriert sind. Wir kommen auf diese im Semantikteil zu sprechen.

Für die Kasusüberprüfung wird das folgende Prinzip angenommen:

Spezifikator-Kopf-Kongruenz: Spezifikator und Kopf kongruieren in den grammatischen Merkmalen.

prüfung verbraucht wird. Auf seiner weiteren Reise zum leeren V-Knoten hat das Verb nur noch das Merkmal Dativ. Wie eben findet in der höheren VP Kongruenz zwischen SpecV und dem Kopf statt, und der Dativ des dorthin bewegten indirekten Objekts ist lizensiert. Ag hat inhärent das Merkmal Nominativ, so daß dieses mit dem Subjekt kongruieren kann, wie auch die Merkmale Person und Numerus. Die gerade durchgeführten Überlegungen führen zu der folgenden S-Struktur für das anfangs genannte Beispiel, wobei der Tempusknoten unterschlagen ist:

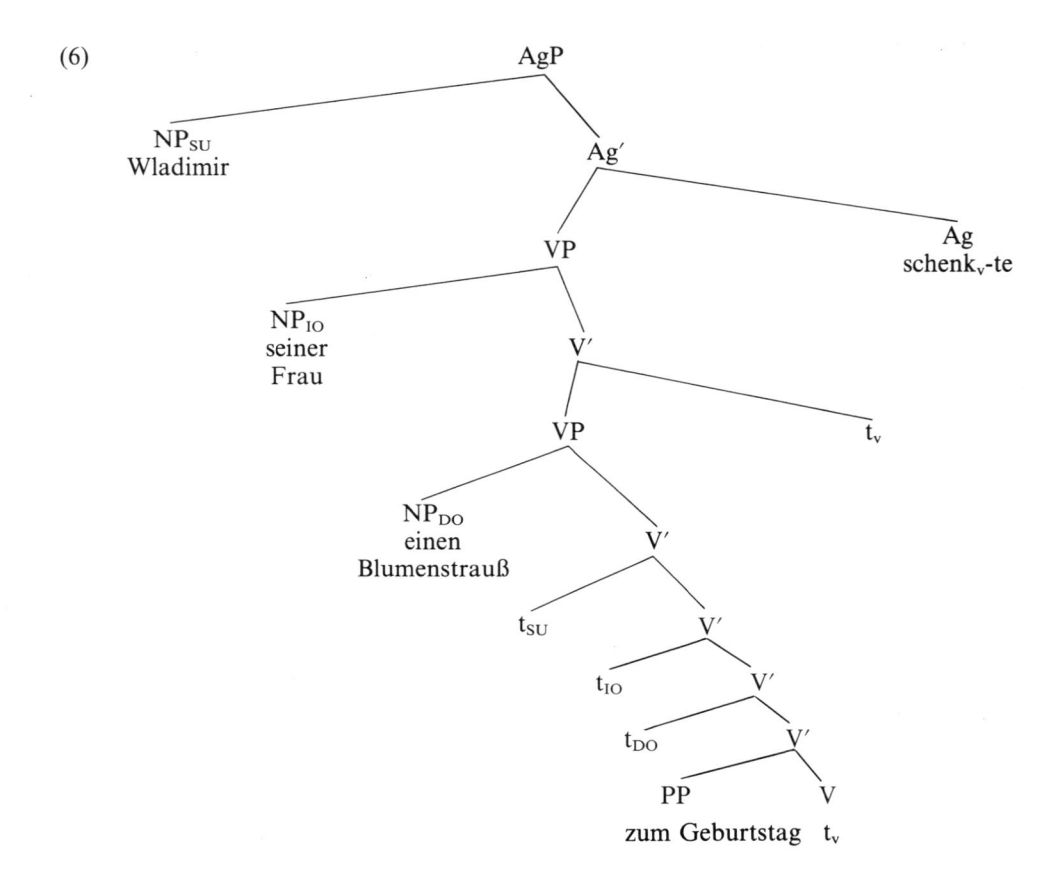

(6)
```
                    AgP
                   /   \
               NP_SU   Ag'
            Wladimir  /   \
                    VP     Ag
                   /  \   schenk_v-te
              NP_IO   V'
            seiner   /  \
             Frau   VP   t_v
                   /  \
              NP_DO   V'
            einen   /  \
         Blumenstrauß t_SU V'
                       /  \
                    t_IO   V'
                         /  \
                      t_DO   V'
                           /  \
                          PP   V
                  zum Geburtstag t_v
```

Damit dieses Prinzip für die Kasuskongruenz brauchbar ist, müssen wir folgendes annehmen: Die Kasusmerkmale eines Verbs sind geordnet, d. h., ditransitive Verben haben die Merkmalsfolge (Akkusativ, Dativ), die von links nach rechts abgearbeitet wird. Zunächst ist also das Akkusativ-Merkmal aktiv und vererbt sich an V'. Dort kann es mit SpecV kongruieren. Das direkte Objekt (DO) muß also in diese Position bewegt werden, damit sein Kasus strukturell lizensiert ist. Man muß verlangen, daß das Merkmal bei dieser Über-

Ein offensichtliches Problem für diesen Ansatz ist, wie wir die Korrespondenzen Nominativ-Subjekt, Dativ-Indirektes Objekt und Akkusativ-Direktes Objekt erzwingen.

Die platteste Lösung besteht darin, zu verlangen, daß an den entsprechenden D-Positionen Nominale mit den entsprechenden Kasus stehen müssen, daß sie dort aber nicht überprüft werden können. Daraus folgt die geschilderte Bewegung. Dies bedeutet aber, daß die Kasus an die entsprechenden Positionen bereits in der D-Struktur zugewiesen wer-

1. Die Aufgaben der Syntax

den, und zwar unter Rektion. Damit fragt sich, warum die entsprechenden Nominale nicht gleich dort bleiben.

Chomsky (1992) gibt eine komplizierte Deduktion an, weshalb sich das Objekt an die Akkusativposition bewegen muß. Seine Struktur ist allerdings ein wenig anders: Statt des leeren V-Knotens der VP-Hülle nimmt er nämlich eine AgO-Phrase an mit einem Kopf „Objektkongruenz". Strukturell läuft das auf dasselbe hinaus. Allerdings setzt die Analyse einen derivationellen Ansatz voraus.

Ein weiteres Problem ist der Objektkasus von Präpositionen. Die plausibelste Analyse ist, daß dieser unter Rektion zugewiesen wird, es sei denn, man greift zu abstrakteren Strukturen wie den folgenden:

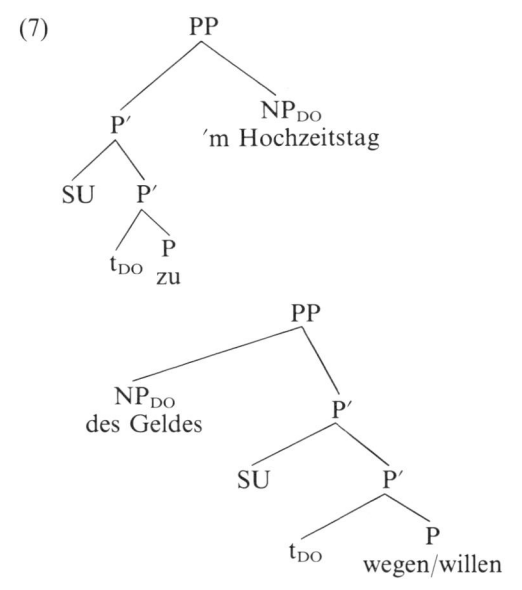

(7)

```
         PP
        /  \
       P'   NP_DO
      / \   'm Hochzeitstag
    SU   P'
        / \
     t_DO  P
           zu
```

```
         PP
        /  \
    NP_DO   P'
  des Geldes / \
           SU  P'
              / \
           t_DO  P
                wegen/willen
```

Eine sonderlich plausible strukturelle Kasustheorie für diese Strukturen liegt allerdings auch nicht auf der Hand.

Eine weitere konzeptuelle Schwierigkeit ist die Dehnung des Terminus Kongruenz. Wir haben gesehen, daß das Kasusmerkmal bei der Überprüfung der Kongruenz „verbraucht" wird. Dies ist bei normalen Kongruenzerscheinungen nicht der Fall. Meines Erachtens ist dieses Verhalten ein typisches Indiz dafür, daß es sich um ein Rektionsmerkmal handelt, das man sich in Analogie zu Funktionen vorstellt, die gesättigt werden.

Erwähnt sei schließlich noch, daß sich die klassischen AcI-Analysen der GB-Tradition in diesen Ansatz nicht ohne weiteres übertragen lassen. Man betrachte etwa die folgende GB-Analyse:

(8) We expect [$_S$ Gereon to win]

Die GB-Analyse setzt voraus, daß S für Rektion durchlässig ist und das AcI-Subjekt so seinen Kasus vom übergeordneten Verb unter Rektion zugewiesen erhalten kann. In der revidierten Theorie muß man das Subjekt in die Akkusativposition der übergeordneten VP bewegen, erhält also die folgende Struktur:

(9) We$_{SU}$ Ag [$_{VP}$ John$_{AcI}$ [$_{V'}$ t$_{SU}$ [$_S$ t$_{AcI}$ to win] expect]]

Das Verb bewegt sich freilich noch nach Ag. Die Theorie der Bewegung hat dafür zu sorgen, daß diese Konstellation zulässig ist.

Entlang solchen Bahnen gehen also neuere Überlegungen. Ein Kuriosum der Entwicklung ist, daß der Begriff der Rektion, der in Chomsky (1981) wesentlich durch Überlegungen zur Kasustheorie motiviert war, hier keine Rolle mehr spielt, wenn man einmal von dem genannten Problem der „doppelten Kasuszuweisung" absieht, das darin besteht, daß Kasus an D-Positionen gekoppelt werden.

Wir setzen für das Folgende Strukturen der genannten Art voraus, wobei wir uns auf keine der möglichen Varianten genau festlegen, sondern nach Bedarf auch mit einfacheren Strukturen arbeiten werden.

6.3. Bindungstheorie

Es kann hier nicht darum gehen, eine Übersicht über die verwickelten Daten, die in der Bindungstheorie abgehandelt werden, zu geben (vgl. dazu etwa Chomsky 1981, von Stechow/Sternefeld 1988). Uns interessieren die strukturellen Beziehungen, von denen diese Theoriekomponente lebt. Der Phänomenbereich wird durch die folgenden Sätze exemplifiziert:

(10) (a) Der Förster$_1$ rasiert sich$_1$
     (b) *Sich$_1$ rasiert den Förster$_1$
     (c) *Der Förster$_1$ sagte Ede, er solle sich$_1$ rasieren
(11) (a) *Der Förster$_1$ rasiert ihn$_1$
     (b) Der Förster$_1$ sagte Ede, er solle ihn$_1$ rasieren
(12) (a) *Er$_1$ rasiert den Förster$_1$
     (b) *Er$_1$ sagte Ede, er solle den Förster$_1$ rasieren

Der Kontrast von (10a)/(10c) zeigt, daß ein Reflexivpronomen ein Antezedens innerhalb eines gewissen Bereiches α haben muß, und zwar muß das Antezedens das Reflexiv c-kommandieren, wie (10b) zeigt.

Die naheliegende Erklärung, daß *sich* nur den Akkusativ oder den Dativ hat, greift zu kurz. Beispiele wie *Jetzt wird sich rasiert* zeigen, daß *sich* überhaupt keinen Kasus hat. In Sprachen wie dem Koreanischen, in denen das Reflexiv Kasus hat, ist die Variante (10 b) ebenfalls schlecht. Vgl. Müller (1992 a).

Die Beispiele (11) zeigen, daß Personalpronomina eine komplementäre Verteilung zu den Reflexiven haben. (Das stimmt zwar nicht im vollen Umfang, wird für die Diskussion aber vernachlässigt.)

Die Beispiele (12) zeigen, daß Namen kein c-kommandierendes Antezedens haben können. Das gleiche gilt für Kennzeichnungen.

Der Begriff des Antezedens wird durch die Bindungsbeziehung präzisiert:

Bindung: Der Knoten α bindet den Knoten β genau dann, wenn α β c-kommandiert und α und β koindiziert sind.

Man unterteilt die Positionen, in denen die Knoten stehen, nach A- und A-quer-Positionen. **A-Positionen** sind die D-Positionen, d. h., die Argumentpositionen innerhalb von V′, und alle Kasuspositionen, ferner die Subjektposition von infiniten Sätzen. **A-quer-Positionen** sind SpecC und die Adjunktionspositionen. Wenn der Binder (also das Antezedens einer Bindungsbeziehung) in einer A-Position steht, spricht man von **A-Bindung**, sonst liegt **A-quer-Bindung** vor. Falls keine A- bzw. A-quer-Bindung vorliegt, spricht man von **A-Freiheit**.

Reflexiva werden zusammen mit dem Reziprokpronomen *einander* unter den Begriff der **Anapher** subsumiert. Personalpronomina werden als **Pronominale** bezeichnet. Namen, Kennzeichnungen und Quantorenphrasen sind **R-Ausdrücke** („referentielle Ausdrücke").

Chomskys (1981) Bindungstheorie wird nun wie folgt formuliert.

Bindungsprinzipien:
  (A) Anaphern sind im Bereich BK A-gebunden.
  (B) Pronominale sind im Bereich BK A-frei.
  (C) R-Ausdrücke sind überall A-frei.

Zu bestimmen ist nun lediglich noch der Bereich BK, die sogenannte **Bindende Kategorie**. Für unsere Zwecke genügt es, den nächsten finiten Satz zu nehmen, falls kein Subjekt interveniert. Im letztgenannten Fall — es handelt sich um AcI-Konstruktionen — nimmt man den Bereich, der durch das intervenierende Subjekt abgesteckt ist, also den Satzknoten, der das AcI-Subjekt direkt dominiert.

Ein wenig Überlegung zeigt, daß damit die genannten Daten erfaßt sind.

Die Antezedensbeziehung muß freilich semantisch interpretiert werden, denn man verbindet mit der Koindizierung eine bestimmte Lesart, in diesen Beispielen Koreferenz. Wenn das Antezedens allerdings ein Quantor ist, hat es keinen Sinn, von Koreferenz zu sprechen. Dann liegt Variablenbindung im semantischen Sinn vor, worauf wir im Semantikkapitel zu sprechen kommen. Man muß sich die Bindungsprinzipien als eine Art Oberflächenfilter vorstellen. Es wird nämlich angenommen, daß sie auf der S-Struktur überprüft werden.

Konzeptuell ist interessant, daß mit den Begriffen der Koindizierung und der Relation des C-Kommandos gearbeitet wird. C-Kommando scheint also ein kognitiv tief verankerter Begriff zu sein. Dies ist wichtig für den Aufbau der Phrasenstruktur: Die Bindungsdaten sagen etwas über die relative „Höhe" der Knoten eines Baumes zueinander. Dieser Gesichtspunkt spielt z. B. in Reinhart (1983) bei Überlegungen zur Phrasenstruktur eine zentrale Rolle. Koindizierung kann man sich, wie an früherer Stelle bereits erwähnt, als Kongruenz in den grammatischen Merkmalen vorstellen (vgl. Fanselow 1991).

Die Bindungstheorie macht nach Chomskys Intentionen nicht nur Aussagen über sichtbare Elemente, sondern auch über Spuren von Bewegungen. Darüber werden wir in den folgenden Abschnitten reden.

6.4. Bewegung

6.4.1. Typologie der Bewegung

Wir unterscheiden für das folgende drei Arten von Bewegung, je nachdem, in welche Position bewegt wurde. **Kopfbewegung** haben wir bereits an vielen Beispielen kennengelernt. Bewegung in eine A-Position heißt **A-Bewegung**. Bewegung in eine A-quer-Position heißt **A-quer-Bewegung**. Die Aufgabe der Syntax ist es, diese Bewegungsrelationen genau zu charakterisieren. Das Hauptproblem ist das der Übergenerierung: Man darf nicht zu weit bewegen. Diese Fragen gehören zu den schwierigsten der gesamten Syntaxforschung und werden hier nur oberflächlich gestreift. Wieder wird auf Artikel 24 verwiesen.

6.4.2. Bewegung und Bindungstheorie

Betrachte den folgenden Kontrast:

(13) a. Wolfgang$_1$ scheint [$_S$ t$_1$ verreist zu sein]
b. *Wolfgang$_1$ scheint [$_{CP}$ daß t$_1$ verreist ist]

Unter der Voraussetzung, daß man die Spur als Anapher definieren kann, liegt in (13 b) eine Verletzung des Bindungsprinzips A vor, weil die Bindende Kategorie von t_1 der eingebettete Satz ist.

In Chomsky (1981), hinfort GB genannt, wird die folgende kontextuelle Definition von Spuren exploriert: Eine leere NP ist eine Anapher, wenn sie lokal A-gebunden ist, ein R-Ausdruck — Variable genannt —, falls sie lokal A-quer-gebunden ist. Lokale Bindung bedeutet, daß man den nächsten Binder betrachtet.

Aus dieser Definition folgt der obige Kontrast. Ebenso ist die Struktur

(14) *Wolfgang$_1$ scheint [$_{CP}$ t'$_1$ daß [$_S$ t$_1$ verreist ist]]

ausgeschlossen, weil t_1 nun eine Variable ist, die A-gebunden ist, was zu einer Verletzung von Prinzip C führt.

Leider funktioniert die kontextuelle Definition nicht für sogenannte Starke-Überkreuzung-Konstellationen (**strong crossover**):

(15) *[$_{CP}$ Wen$_1$ [er$_1$ rasiert t$_1$]].

Interpretiert man diese Konstellation, so erhält man die Lesart „Wer rasiert sich", die nicht vorhanden ist. Nach der Definition der Anapher ist aber alles in Ordnung: t_1 ist eine Anapher und in ihrer Bindenden Kategorie A-gebunden.

In GB wird noch eine andere Möglichkeit der Definition der Variablen erwogen, nämlich, daß Variablen die leeren NPs in einer Kasusposition sind. Kasuslose leere NPs wären komplementär als Anaphern zu definieren. Daraus folgt, daß die eben betrachtete Konstellation eine Verletzung von Prinzip C ist, denn die Variable t_1 ist A-gebunden.

Allerdings muß man nun den anfangs genannten „Super-Raising-Fall" anders analysieren. In (13 b) liegt eine Verletzung von Prinzip C vor, weil die Spur eine Variable ist, die A-gebunden ist.

Die Revision wird auch mit dem folgenden, auf Lasnik (1985) zurückgehenden Beispiel fertig, weil die Variable t_1 bereits durch *he* A-gebunden ist, also eine Verletzung von Prinzip C vorliegt:

(16) *John$_1$ seems (t'$_1$) that he$_1$ likes t$_1$

Eine härtere Nuß ist das folgende (mir von Gereon Müller genannte) Beispiel:

(17) *John$_1$ seems (t'$_1$) that he$_1$ is likely t$_1$ to win

t_1 ist eine Anapher und ordnungsgemäß in ihrer Bindenden Kategorie A-gebunden. (Die Konstruktion wird übrigens durch ein unabhängiges grammatisches Prinzip, nämlich das sogenannte Thetakriterium (vgl. 6.4.6), ausgeschlossen. Dies bleibt bei der Diskussion zunächst unberücksichtigt.)

Wenn man ein Prinzip hätte, was die Bewegung von *John* über SpecC erzwingt, weil sie sonst zu lang ist, wäre die Zwischenspur eine Variable, die A-gebunden ist; es läge also eine C-Verletzung vor.

6.4.3. Leere Kategorien

In einem konfigurationellen Ansatz, wie wir ihn hier verfolgen, ist die Rede von Bewegung eine Metapher. Es geht um eine rein strukturelle Beziehung zwischen Knoten. In einer derivationellen Theorie hat der Begriff dagegen einen strikteren Sinn: Wenn sich zwei Ableitungsschritte dadurch unterscheiden, daß ein Element bei den verschiedenen Schritten in einer unterschiedlichen Position vorkommt, dann kann man das Bewegung nennen.

Die in der GB-Theorie entwickelte Lehre von den leeren Kategorien schafft nun einen Zusammenhang zwischen der derivationellen und der konfigurationellen Auffassung: Wenn im Zuge der Ableitung eine Kategorie aus einer Position heraus in eine andere bewegt worden ist, dann wird eine Spur hinterlassen, eine leere koindizierte Kategorie. Wenn in Ableitungen nichts anderes als Bewegung einer Kategorie von einer Position in eine andere zugelassen ist, dann kodieren Spuren die Ableitungsgeschichte — vorausgesetzt, man formuliert die Theorie restriktiv genug. An der sichtbaren Oberfläche sieht man Spuren nicht direkt. Die Theorie der leeren Kategorien ist also unter anderem eine Theorie der Spuren. Die Sache wäre relativ einfach, wenn es nur einen Typ von Spuren gäbe. Die vorhergehende Diskussion hat aber gezeigt, daß wir mindestens zwischen zwei Arten unterscheiden müssen, nämlich zwischen Anaphern und Variablen. Für die Zwecke unserer Diskussion legen wir die folgende Definition zugrunde (die keineswegs allgemein akzeptiert ist):

Spuren: **Anaphern** sind NP-Spuren in A-Position ohne Kasus, **Variablen** sind alle anderen Spuren.

Den in der Definition vorausgesetzten Begriff der Spur definieren wir folgendermaßen:

Spuren sind leere Kategorien ohne das Merkmal [+pronomen].

Die Definition führt uns in natürlicher Weise zu leeren Kategorien, die das Merkmal [+pronomen] haben, die sogenannten **Pronominale**.

(18) *e sono contento di [e' vederti]*
   e bin froh zu [e' sehen-dich]

In dem italienischen Beispiel ist die erste leere NP ein phonetisch unsichtbares Personalpronomen, welches *pro* genannt wird. *e'* ist dagegen das implizite Subjekt des Infinitivsatzes. Die Definition von *pro* ist unproblematisch:

pro: Hierbei handelt es sich um eine leere [+pronomen]-Kategorie mit Kasus.

Ungebundene Personalpronomina werden deiktisch gebraucht und haben Referenz. Gebundene Personalpronomina fungieren als im logischen Sinne gebundene Variablen (ein Begriff, der nichts mit dem Chomskyschen Begriff der Variablen zu tun hat). Das Personalpronomen *pro* macht da keine Ausnahme. In einigen Sprachen kann aber *pro* auch als nichtreferentielles **Expletivpronomen** benutzt werden, z. B. im Deutschen:

(19) weil pro getanzt wurde

Expletives *pro* liegt immer dann vor, wenn die Subjektstelle keine Spur in einer Argumentposition innerhalb von V' bindet.

Wir kommen nun zum impliziten Subjekt von Infinitivsätzen. Dieses wird in der Literatur als PRO bezeichnet. In der GB-Theorie wird PRO als pronominale Anapher definiert, woraus sich die widersprüchlichen Anforderungen ergeben, daß PRO sowohl dem Bindungsprinzip A als auch B unterliegt. Man formuliert die Bindungstheorie dort so, daß ihr nur regierte leere Kategorien unterliegen und schließt dann, daß PRO nicht regiert ist und folglich von der Bindungstheorie ausgenommen ist (PRO-Theorem). Wir können diese Definition nicht übernehmen, weil Anaphern bei uns per definitionem Spuren sind, PRO aber gerade nicht. Die Definition als Pronomen ohne Kasus funktioniert auch nicht, weil PRO manchmal auch in Positionen verboten ist, die grundsätzlich keinen Kasus haben können (vgl. die Beispiele (139) in Artikel 24):

(20) *Es scheint [PRO intelligent zu sein]
   „Es scheint, daß man intelligent ist"

Es scheint nicht viel anderes übrig zu bleiben, als zu stipulieren:

PRO: Ein leeres Pronominal in unregierter Position ist PRO.

Diese Definition ist innerhalb des vorliegenden Entwurfs insofern sehr häßlich, als der Begriff der Rektion sonst nirgendwo eine Rolle spielt. Um sich darunter etwas vorstellen zu können, sagen wir, daß ein Kopf eine NP regiert, wenn der Kopf die NP c-kommandiert und zwischen der NP und dem Kopf keine Barriere ist. Der komplizierte Begriff der Barriere wird erst im folgenden Abschnitt eingeführt.

6.4.4. Antezedentien von Spuren

Wir entwickeln nun die eigentliche Theorie der Bewegung, indem wir sicherstellen, daß die leeren Kategorien, die Spuren genannt wurden, stets ein Antezedens haben, also einen Knoten, der sie bindet. In dynamischer Redeweise kann man sich das Verhältnis von Spur und Antezedens als Bewegung aus der Position der Spur in die Position des Antezedens vorstellen. Man muß sich aber vor Augen halten, daß der Ansatz rein strukturell ist. Es geht nur um die Relation zwischen Knoten in einem Baum, die man miteinander in Beziehung setzt.

Ein Vorteil eines konfigurationellen Ansatzes ist, daß er wesentliche Teile eines Erkennungsverfahrens („parsing") liefert. Wenn Leerstellen die Ableitungsgeschichte kodieren, so ermöglicht eine Theorie, die es gestattet, sie zu lokalisieren und zu klassifizieren, gerade, die Ableitung zu rekonstruieren.

Wir nehmen nun das Problem auf, wie wir in der in Abschnitt 6.4.2. diskutierten Struktur

(21) *John$_1$ seems (t'$_1$) that he$_1$ is likely t$_1$ to win

die Bewegung von *John* über SpecC erzwingen können, eine Notwendigkeit, um die Ungrammatikalität herzuleiten. Unter den vielen Ansätzen, die es dazu gibt, halten wir uns im wesentlichen an eine von W. Sternefeld und G. Müller entwickelte Variante, die in Sternefeld (1991, Kap. X) dargestellt ist. Es kann hier nicht darum gehen, diesen Ansatz gegenüber anderen Vorschlägen zu rechtfertigen.

Uns interessieren nur die strukturellen Begriffe, die man für die Formulierung der Theorie braucht. Ferner wird deutlich, wie schwierig das ganze Unterfangen ist. Wie jede andere Theorie klemmt auch diese an verschiedenen Stellen und benötigt Zusatzannahmen.

Eine der Grundideen aller derartigen Ansätze ist, daß Spuren nicht zu weit voneinander entfernt sein dürfen, um miteinander in Beziehung gebracht werden zu können.

Wir werden die folgenden Wohlgeformtheitsbedingungen für S-Strukturen präzisieren.

Lokalitätsbeschränkung für Spuren (S-Struktur):
(i) Eine in SpecAg lokalisierte Spur (**echtes Subjekt**) und ein Kopf sind von ihrem Antezedens durch keine syntaktische Grenze getrennt (**ECP**).
(ii) Alle anderen Spuren sind von ihrem Antezedens höchstens durch eine Grenze getrennt (**Subjazenz**).

Der Begriff der syntaktischen Grenze wird in der Literatur Barriere genannt. Die folgende Definition ist eine Mischung von Bakers (1988) und Sternefelds (1991, 174) Barrierendefinition:

Barriere: XP ist eine Barriere zwischen α und β gdw. wenn gilt: (a) β ist in XP inkludiert, (b) β ist keine Fluchtposition von XP, und (c) der Kopf der Phrase, welche XP unmittelbar dominiert, ist distinkt von X.

Wir weisen an dieser Stelle darauf hin, daß ein Kopf eine Barriere für sich selbst errichtet, was in Bakers (1988) Theorie nicht so ist. Die Definition benutzt eine Reihe von Hilfsbegriffen, die jetzt nachgetragen werden. Die Begriffe Inklusion/Exklusion gehen auf Chomsky (1986a) zurück, wobei im Original dafür der Begriff Dominanz verwendet wird, eine Praxis, der wir nicht folgen, weil sie zu einer Mehrdeutigkeit des Dominanzbegriffs führt.

Inklusion/Exklusion: Der Knoten α inkludiert den Knoten β, falls jedes Segment von α β dominiert. Entsprechend exkludiert α β, wenn β von keinem Segment von α dominiert wird. Dabei ist β ein **Segment** von α, falls $\beta = \alpha$, oder β ist eine Projektion von α, deren Kategorie dieselbe Spezifizierung für das Merkmal [± max] wie α hat.

Die **Fluchtposition** ist der Spezifikator einer funktionalen Kategorie.

Zum Beispiel ist SpecC eine Fluchtposition. Die lexikalischen Kategorien NP, VP, AP und PP haben dagegen keine Fluchtposition. Den Begriff der Distinktheit schließlich verdanken wir Baker (1988). Die Idee ist, daß Kopfbewegung eine Barriere öffnen kann. Ferner kann diese Kopfbewegung abstrakt sein, d. h. unsichtbar. In diesem Fall koindiziert man einfach zwei Köpfe via Stipulation als lexikalischer oder sprachspezifischer Parameter. In beiden Fällen werden die Köpfe identifiziert, d. h. sie werden nicht-distinkt. Dies führt zu der folgenden Definition:

Distinktheit: X ist distinkt von Y genau dann, wenn X kein Antezedens von Y ist und auch kein Antezedens von Y dominiert.

Der Begriff des Antezedens wird nun für die Spurentheorie ganz allgemein eingeführt. Wir reden von einer strikten Antezedensbeziehung, wenn keine Barriere zwischen den beiden Korrelaten der Relation ist. Wenn eine Grenze dazwischen liegt, reden wir von 1-Antezedens, bei zwei Grenzen von 2-Antezedens usw. Falls der Knoten α ein 1-Antezedens von β ist, dann sagt man auch, daß zwischen beiden die **Subjazenzbeziehung** besteht.

Striktes Antezedens: Der Knoten α ist ein **striktes Antezedens** des Knotens β genau dann, wenn gilt: (a) α bindet β und (b) es gibt keine Barriere zwischen α und β.

In der Literatur sagt man auch, daß α β **antezedens-regiert**, wenn α ein striktes Antezedens von β ist. Der Begriff der Bindung ist bisher nur für Phrasen gemacht. Damit auch inkorporierte Köpfe ihre Spuren binden können, verallgemeinern wir den Bindungsbegriff mithilfe des auf Koopman/Sportiche (1986) zurückgehenden Begriffs des M-Kommandos:

Bindung (verallgemeinert): α bindet β genau dann, wenn gilt: (a) α und β sind koindiziert, und (b) α m-kommandiert β.

Der Begriff des M-Kommandos stellt sicher, daß ein Adjunktionsknoten alles im C-Kommandobereich des Knotens m-kommandiert, an den er adjungiert worden ist. Ebenso kann ein bewegtes Adjunkt seine Spur binden, selbst, wenn es unter einem weiteren Adjunkt positioniert ist.

M-Kommando: Der Knoten α m-kommandiert den Knoten β genau dann, wenn (a) kein Segment von α β dominiert und kein Segment von β α dominiert und (b) jede maximale Projektion, die α inkludiert, auch β inkludiert.

Die beiden anfangs genannten Lokalitätsbeschränkungen für die Antezedentien von Spuren lassen sich nun wie folgt präzisieren:

(i) Spuren in SpecA und in X^0-Position haben ein striktes Antezedens (**ECP**).
(ii) Die anderen Spuren haben ein 1-Antezedens.

Normalerweise wird das ECP (**Empty-Category-Principle**) erst auf der Ebene der logischen Form überprüft. Man benötigt das Prinzip auf der S-Struktur jedoch, um den sogenannten *that*-trace-Effekt herzuleiten, auf den wir bald zu sprechen kommen. Es wird sich zeigen, daß das Antezedens für die Adjunktspuren durch diese Theorie noch nicht hinreichend beschränkt ist. In fast allen Fällen unterliegen diese bereits auf der S-Struktur dem ECP. Man hätte sie also per definitionem unter dieses Prinzip subsumieren können. Dies führt aber zu Schwierigkeiten. Wir werden für die korrekte Behandlung zu Hilfshypothesen greifen müssen.

Die Theorie erzwingt also die Bindung von Spuren. Aus der Theorie der leeren Elemente folgte das noch nicht. Wir betrachten nun wieder das Beispiel

(22) *John$_1$) seems (t'_1 that he$_1$ is likely t_1 to win

welches die komplizierten Überlegungen ausgelöst hat. Wir überlegen uns zunächst, daß wir *he* aus seiner D-Position an die Stelle bewegen dürfen, wo es in der S-Struktur steht:

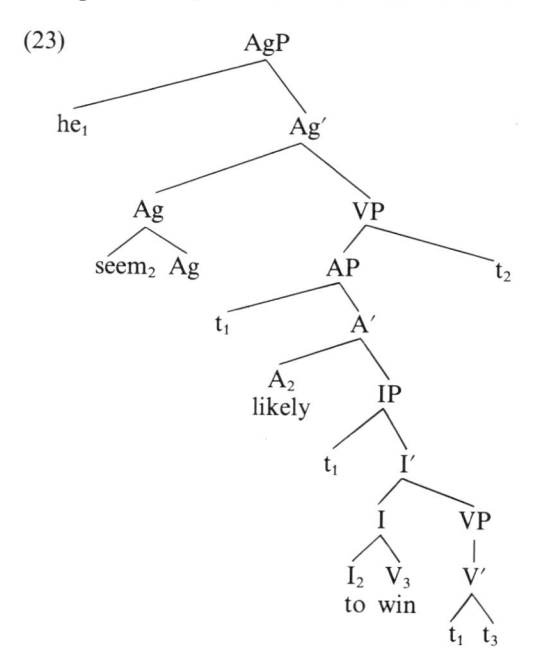

(23)

```
         AgP
        /   \
     he₁    Ag'
           /   \
         Ag     VP
        /  \   /  \
    seem₂ Ag  AP   t₂
             /  \
           t₁   A'
               /  \
             A₂    IP
           likely /  \
                t₁   I'
                    /  \
                   I    VP
                  / \    |
                 I₂ V₃   V'
                 to win  / \
                       t₁  t₃
```

Anhebungsverben und -adjektive sind per lexikalischer Stipulation mit den Köpfen der eingebetteten Kategorien koindiziert. Deswegen wird die AP- und die IP-Barriere geöffnet.

Sternefeld (1991) spricht in diesem Zusammenhang von einem „Münchhauseneffekt": Zwar errichtet der Kopf zunächst für sich selbst eine Barriere, die Bewegung öffnet sie aber, weil dann der Kopf vom nächsthöheren Kopf nicht-distinkt wird. Der Kopf zieht sich also an seinen eigenen Haaren über die Barriere. Das paradoxe Flair entsteht nur, wenn man sich Bewegung dynamisch vorstellt. Als strukturelle Relation gedacht, gibt es keine Probleme.

Zurück zum Beispiel. Die VP-Barrieren fallen durch Bewegung der Verben in die höheren Köpfe weg. Der eingebettete Satz ist also spurentheoretisch wohlgeformt. Mit der Bindungstheorie gibt es auch keinen Ärger. Die von *he* c-kommandierten Spuren sind sämtlich Anaphern und erfüllen Prinzip A.

Man sieht an dieser detaillierten Analyse übrigens, daß wir eine Reihe von Zwischenspuren benötigen, die in der verkürzten Darstellung des Satzes unterschlagen sind.

Ebenso kann man sich nun überlegen, daß die Bewegung aus der SpecC-Position zur Position des Matrixsubjekts den Lokalitätsbeschränkungen genügt, aber wir erhalten eine Verletzung von Prinzip C: Die Spur in SpecC ist eine Variable und A-gebunden.

Ebenso können wir den folgenden Kontrast herleiten:

(24) a. *John* seems [t to leave]
     b. *John* seems (that) t left

Im Fall (24a) steht die Subjektspur in einer Fluchtposition von IP, kann also die IP in jedem Fall verlassen. Die höhere VP-Barriere wird durch Kopfbewegung geöffnet. Prinzip A der Bindungstheorie ist erfüllt. Für den Fall (24b) gibt es zwei Möglichkeiten. Wenn wir direkt von Subjekt zu Subjekt bewegen, überschreiten wir eine CP-Barriere. Damit ist *John* kein striktes Antezedens der Spur und eine ECP-Verletzung liegt vor. Ferner ist Prinzip C verletzt, denn t ist eine Variable.

Oder wir bewegen erst nach SpecC, was erlaubt ist, und dann an die höhere Subjektsposition. Das führt zu einer C-Verletzung, denn beide Spuren sind Variablen, die nicht A-gebunden sein dürfen.

Aus der bisherigen Theorie folgt, daß man von einer A-quer-Position niemals in eine A-Position bewegen kann. Eine solche Bewegung wäre nämlich eine C-Verletzung, weil

1. Die Aufgaben der Syntax

die Spur in A-quer-Position eine Variable ist, die nicht A-gebunden sein darf.

Das Paradebeispiel für das ECP ist der sogenannte *that*-trace-Effekt:

(25) a. *Who* do you think [$_{CP}$ t′ [$_{AgP}$ t loves Mary]]
    b. **Who do you think [$_{CP}$ t′ that [$_{AgP}$ t loves Mary]]

Müller (1989) hat vorgeschlagen, daß ein leerer Kopf mit dem Kopf der unmittelbar dominierten Kategorie koindiziert ist. Deswegen wird im ersten Fall die AgP-Barriere geöffnet. Man kann also nach SpecC bewegen, ohne eine Barriere zu überschreiten. Bei der Bewegung von *who* in die SpecC-Position des Matrixsatzes wird (vermutlich) eine VP-Barriere überschritten, aber das ist erlaubt. Die AgP-Barriere der Matrix wird durch die Bewegung von *do* nach C geöffnet.

Im Fall (25b) bleibt die untere AgP-Barriere geschlossen, weil das mit *that* gefüllte C und Ag nicht identifiziert werden. Deshalb kommt es bei der ersten Bewegung zu einer ECP-Verletzung.

Im Deutschen gibt es in den Varianten, die eine Bewegung aus *daß*-Sätzen zulassen, keine ECP-Effekte. Dies wird nach Müller (1989) so erklärt, daß in unserer Sprache ein mit *daß* gefülltes C mit Ag koindiziert, d. h. identifiziert wird.

Diese Annahme erklärt zwar das Ausbleiben von *that*-trace-Effekten für das Deutsche korrekt, aber es kommt zu Problemen in sogenannten Ross-Konstellationen (vgl. Ross 1967), die besagen, daß man aus dem Komplement oder Adjunkt einer NP in aller Regel nicht herausbewegen kann. Man betrachte das folgende Beispiel:

(26) *Was$_i$ hat Dr. Duse [$_{NP}$ den Beweis [$_{CP}$ t′$_i$ daß [$_{IP}$ er t$_i$ reparieren kann]]] erbracht

NP ist die einzige Barriere, die bei der W-Bewegung überschritten wurde. Der Satz ist aber ungrammatisch und sollte als Subjazenzverletzung erklärt werden können.

Müller (1989) schlägt vor, daß Komplementsätze unter eine NP-Hülle eingebettet werden, die durch Koindizierung geöffnet werden kann, vorausgesetzt, der Kopf der VP, welche die Hülle direkt dominiert, hat einen lexikalischen Eintrag, der diese Koindizierung verlangt. (Letzteres ist bei sogenannten Brückenverben der Fall, welche die Extraktion aus eingebetteten CP-Komplementen zulassen). Damit liegt für das Komplement die folgende Struktur vor:

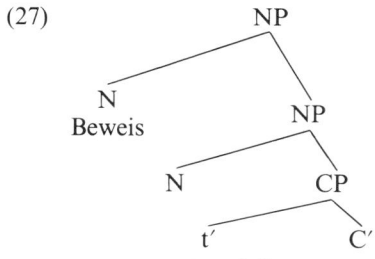

(27)
```
        NP
       /  \
      N    NP
   Beweis /  \
         N    CP
         |   /  \
         t′     C′
```
        daß er t reparieren kann

Der leere N-Kopf und der C-Kopf werden identifiziert. Man könnte also in den Spezifikator von NP bewegen und würde wieder nur eine NP-Barriere überschreiten. Wir erinnern uns aber daran, daß nur funktionale Kategorien Fluchtpositionen haben. Damit ist die untere NP auf jeden Fall eine Barriere und wir haben die zusätzliche syntaktische Grenze gefunden.

Bevor wir auf weitere Schwierigkeiten für den Ansatz eingehen, wollen wir noch kurz auf die Theorie der Kopfbewegung eingehen.

6.4.5. Kopfbewegung

Der zentrale Grundsatz für die Inkorporation ist, daß stets nur in den unmittelbar c-kommandierenden Kopf bewegt werden kann, d. h. intervenierende Köpfe müssen eine Art von Barriere für Kopfbewegung bilden, die in der Literatur **Minimalitätsbarriere** genannt wird. Die genannte Beschränkung für die Kopfbewegung wird nach Travis (1984) **Kopf-Bewegungs-Beschränkung** genannt. Diese Beschränkung wollen wir aus unseren bisherigen Annahmen herleiten.

Ein Beispiel von unerlaubter Kopfbewegung ist das folgende:

(28) *When [$_{C'}$ stop$_i$ [$_{IP}$ you [$_{I'}$ will [$_{VP}$ t$_i$]]]]

Die für unsere Zwecke genügende Konfiguration ist diese:

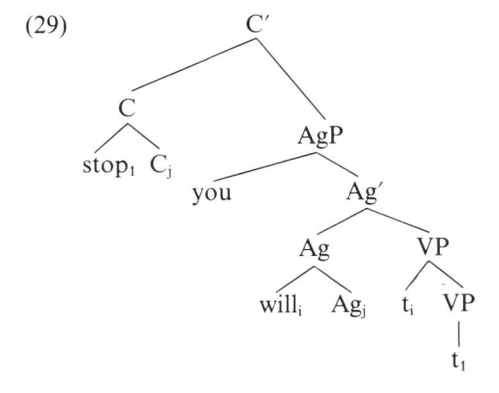

(29)
```
              C′
             /  \
            C    AgP
           / \   /  \
       stop$_i$ C$_j$ you  Ag′
                     /  \
                    Ag   VP
                   / \    |
              will$_i$ Ag$_j$ t$_i$  VP
                              |
                              t$_1$
```

Zunächst sind C und Ag koindiziert, weil C leer ist. Wir haben zwei Möglichkeiten zu betrachten. Zuerst nehmen wir an, daß $i \neq 1$ ist. Durch Inkorporation von *will* nach Ag wird die obere VP-Barriere geöffnet. Die untere VP bleibt aber eine Barriere für die Spur t_1. Zusätzlich ist auch noch AgP eine Barriere zwischen $stop_1$ und t_1. Damit haben wir auf jeden Fall zu weit bewegt.

Betrachten wir also den interessanteren Fall, daß $i = 1$ ist. Diese Alternative ist alleine deshalb plausibler, weil die Verben des Bechschen (1955/57) Kohärenzfeldes niemals Barrieren errichten können und deshalb koindiziert sein müssen. In diesem Fall gibt es keine Barrieren zwischen *stop* und seiner Spur: Die unterste VP-Barriere wird durch Koindizierung geöffnet, die VP-Barriere darüber wird durch offene Kopfbewegung geknackt, und die AgP-Barriere verschwindet durch Koindizierung von C mit Ag. Damit wäre also die Struktur durch unsere Theorie nicht ausgeschlossen.

Der entscheidende Punkt ist nun, daß über die Zwischenspur t_i hinweg bewegt worden ist. Dies muß verboten werden, und zwar aus guten Gründen. Abstrakte Koindizierung ist nach Baker (1988) „Kopfbewegung ohne Kopfbewegung": Die untere Barriere wird aufgehoben, so als hätte man den Kopf in den nächsthöheren hineinbewegt. Gleichzeitig ist die offene Bewegung aber verboten. In von Stechow (1990) ist dies so formuliert worden, daß der Kopf tatsächlich inkorporiert worden ist, aber eine Kopie an Stelle der Spur zurückläßt, welche gerade die Spur ist. Schreibt man den unsichtbar inkorporierten Kopf mit großen Buchstaben und indiziert die Spur der abstrakten Inkorporation durch das Verb selbst, so liegt bei der Koindizierung von *will* mit *stop* auf der S-Struktur die folgende Situation vor:

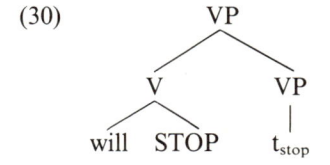

(30)
```
        VP
       /  \
      V    VP
      |     |
    will  STOP  t_stop
```

Es ist klar, daß man nun *stop* nicht mehr nach C bewegen kann, denn es ist abstrakt in *will* inkorporiert worden. Phonetisch wird *stop* natürlich an der Stelle von t_{stop} realisiert.

Exkorporation ist dagegen im Prinzip möglich. Man betrachte etwa:

(31) Ede *rief* Irene *an*

Hier wird der V-Kopf aus dem trennbaren Verb *an* + *rief* herausbewegt.

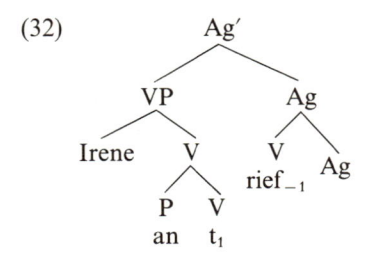

(32)
```
         Ag'
        /   \
       VP    Ag
      /  \   / \
   Irene  V  V  Ag
         /\ rief_-1
        P  V
       an  t_1
```

Es ist dagegen nicht möglich, einen Nicht-Kopf zu inkorporieren. Im vorliegenden Fall ist das bereits durch die M-Selektion von Ag ausgeschlossen, aber selbst wenn der Nicht-Kopf ein Verb wäre, so wäre sein Index nicht der des VP-Kopfes, und wir können die VP-Barriere nicht öffnen. Der Baum entspricht natürlich nicht der komplizierten VP-Struktur, die wir im Kasuskapitel eingeführt haben. Das ist für diese Überlegungen aber nicht von Belang.

Die Kopf-Bewegungs-Beschränkung folgt also aus der Theorie.

6.4.6. Beschränkungen für Bewegung

Wir illustrieren in diesem Abschnitt eine Reihe von weiteren Beschränkungen für Bewegung, die in der Literatur vorgeschlagen worden sind. Sofern die Beschränkungen haltbar sind, müssen sie Theoreme der Bewegungstheorie sein, also entweder Axiome der Theorie oder Folgerungen aus anderen Axiomen. Dies ist die Aufgabe für das anfangs angesprochene axiomatische Programm. Wie bei jeder axiomatischen Theorie stellt sich hier das Problem der Unabhängigkeit der Axiome mit allen damit verbundenen Schwierigkeiten. Beim gegenwärtigen Stand der Forschung ist es kaum möglich zu sagen, welche Prinzipien sich letztlich als Axiome etablieren werden.

Wir haben bereits ausgeführt, daß aus unseren Annahmen die folgende Beschränkung folgt:

(B1) Man darf nicht aus einer A'-Position in eine A-Position bewegen.

Dies ergab sich daraus, daß eine Spur in einer A'-Position eine Variable ist, die A-frei sein muß.

Empirisch folgt aus dieser Annahme, daß man von SpecC nicht in eine Argumentposition bewegen darf. Es ist aber noch nicht verboten, von SpecC in eine Adjunktionsposition zu bewegen. Genau dieses wird in

1. Die Aufgaben der Syntax

Chomskys *Barriers* zur Umgehung der VP-Barriere über CP gemacht, wobei allerdings mit einem anderen Barrierenbegriff gearbeitet wird.

Müller/Sternefeld (1992) formulieren eine recht allgemeine Beschränkung, welche sie **Prinzip der eindeutigen Bindung** nennen. Das Prinzip besagt, daß eine Variable nicht gleichzeitig Binder in α- und β-Position mit α ≠ β haben darf. Dabei stehen die griechischen Buchstaben α und β für bestimmte Positionen, z. B. A-Position, Adjunktionsposition, Spezifikatorposition. Wir erläutern einige Konsequenzen des Prinzips. Z. B. folgt:

(B 2) Man darf nicht aus einer Spezifikatorposition in eine Adjunktionsposition bewegen.

Da man in den Spezifikator hineingekommen sein muß, kommt es zu einer PUB-Verletzung, wenn man an eine Adjunktionsposition bewegt.

Die Formulierung (B 2) legt die Frage nahe, ob man von einer Adjunktionsposition in eine Spezifikatorposition bewegen darf. Im allgemeinen Fall ist das sicher möglich, denn es gibt ja W-Adverbien in SpecC. Man kann aber aus SpecC keine Zwischenspur in einer Adjunktionsposition binden, denn das würde sofort zu einer PUB-Verletzung führen:

(B 3) Man darf von einer Adjunktionsposition als Landeplatz nicht weiter in eine Spezifikatorposition bewegen.

Das PUB wäre also ein Axiom, welches die beiden genannten Beschränkungen als Theoreme liefert.

Die Konjunktion der genannten drei Beschränkungen impliziert, daß man aus einer Adjunktionsposition nur in eine Adjunktionsposition bewegen darf. Damit wird es möglich, das sogenannte **Scrambling** für verschiedene Sprachen geeignet zu beschränken. Müller (1992 b) schlägt die folgende Parametrisierung vor:

Scrambling: Die folgenden Adjunktionsknoten sind zulässig für:
Englisch: Null
Holländisch: VP
Deutsch: VP, AgP
Koreanisch: VP, AgP
Russisch: VP, AgP, CP, NP

Die folgenden Beispiele illustrieren die Beschränkungen:

(33) a. weil Peter glaubt, daß *ihn* jeder *t* bemitleidet

b. *weil Peter *ihn* glaubt, daß *t'* jeder *t* bemitleidet

In (33 a) ist an AgP adjungiert worden. Bewegt man von dort weiter, wird eine CP-Barriere überschritten.

Unsere bisherige Theorie schließt die Konstruktion noch nicht als ungrammatisch aus, denn Adjunktspuren sind Variablen und müssen daher nur subjazent gebunden sein. Wir müssen also noch das folgende Theorem herleiten:

(B 4) Scramblingspuren sind antezedens-regiert

Zur Herleitung werden wir die Ebene der logischen Form benötigen. Bei Voraussetzung von (B 4) wird (33 b) als nicht-wohlgeformt klassifiziert. Allerdings bleibt noch zu erklären, warum man aus kohärenten Infinitiven scrambeln kann:

(34) weil *sich* der Förster nicht *t* zu rasieren wünschte

Sternefeld (1990) schlägt in Anlehnung an einen Vorschlag von Baker (1988) vor, daß zunächst die VP *sich zu rasieren* nach SpecC des eingebetteten Infinitivsatzes bewegt wird. Die VP-Barriere wird durch Inkorporation von *zu rasieren* in das Matrixverb geöffnet. Damit kann *sich* an die Matrix-VP gescrambelt werden, ohne eine Grenze zu überschreiten.

Wir kehren zu den Scrambling-Parametern zurück. Wir wollen hier auf das Holländische und Koreanische nicht eingehen, sondern das Russische betrachten, welches langes Scrambling erlaubt. Die folgenden, nach Müller (1992 b) zitierten Daten, belegen die Möglichkeit der Adjunktion an NP beziehungsweise CP:

(35) a. [$_{NP}$ [moej sestry]$_i$ [$_{NP}$ (ètot) dom t_i]]
    meiner Schwester dieses Haus
b. Ja byl [$_{CP}$ [$_{NP}$ novuju školu]$_i$ [$_{CP}$ gde strojat t_i]]
    Ich war neue Schule wo sie bauen

Das Russische zeigt darüber hinaus, daß langes Scrambling SpecC nicht als Zwischenlandeplatz benutzen darf. Es gibt nämlich einen *that*-trace-Effekt für nominativische W-Phrasen, nicht aber für lang gescrambelte nominativische Argumente (Müller 1992, 42):

(36) a. [Kakaja kniga]$_i$ ty dumaeš' [$_{CP}$ čto t_i nravilas' Petru]
    Welches Buch du glaubst daß gefiel dem Peter

b. *Kto$_i$ ty dumaeš' [$_{CP}$ čto t$_i$ ljubit Mašu]
Wer du glaubst daß liebt Mascha

c. Ty znaeš' [$_{CP}$ Petr$_i$ Ivanyč$_i$ [$_{CP}$ čto t$_i$ uže priexal]]
Du weißt Peter Ivanitsch daß schon gekommen ist

Die ersten beiden Beispiele illustrieren den genannten ECP-Effekt. Scrambling zeigt ihn aber gerade nicht, wie durch die Theorie vorhergesagt. Insgesamt ergibt sich also die vollständige Dissoziierung von Scrambling und W-Bewegung. Als Korollar aus den obengenannten Prinzipien halten wir also als weitere Bewegungsbeschränkung fest:

(B 5) Aus einer Adjunktionsposition kann nur in eine Adjunktionsposition bewegt werden.

Aus Symmetriegründen wird der Geist zu der Frage gedrängt, ob sich eine ähnliche Beschränkung nicht auch für W-Bewegung finden läßt. Wir sind immer noch frei, eine W-Phrase in eine beliebige Spezifikatorposition zu bewegen. Die Spezifikatorposition der VP kommt nicht in Frage, denn dort steht ein Argument des Verbs. SpecNP, SpecPP und SpecA sind aus semantischen Gründen ausgeschlossen. Es wird sich nämlich in Abschnitt 8.8. zeigen, daß W-Phrasen Existenzquantoren sind, die unmittelbar vor einen Interrogativator bewegt werden müssen, der in C angesiedelt ist. W-Phrasen können folglich diese Spezifikatorpositionen allenfalls als Zwischenlandeplätze benutzen. Dies ist wahrscheinlich aber ebenfalls aus semantischen Gründen ausgeschlossen. Möglicherweise steht an der Spezifikatorposition von lexikalischen Kategorien stets ein leerer Lambda-Operator, der das implizite Subjekt der Phrase abbindet. Eine nähere Lektüre des Abschnitts 8.5.2. über Attribute macht diese Annahme recht plausibel. W-Phrasen müssen also immer direkt nach SpecC bewegt werden oder an C' adjungiert werden. Wer sich auf den Standpunkt stellt, daß Phrasen nur an phrasale Positionen bewegt oder adjungiert werden dürfen, muß in den Sprachen, die mehrfache W-Bewegung an der Oberfläche zulassen wie z. B. das Tschechische (vgl. Toman 1981), an SpecC adjungieren:

(37) Reknete nam, kdy co kdo komu dal
sagt uns wann was wer wem gab

Die Möglichkeit der Adjunktion von W-Phrasen an C' sollte man aber nicht ohne zwingende Gründe ausschließen, denn für den Satz

(38) Welcher Autor hat welches von seinen Büchern vorgestellt

ist die plausibelste transparente LF die folgende, wie sich aus Abschnitt 8.8. ergeben wird.

(39) [$_{CP}$ Welcher Autor$_i$ [$_{C'}$ [welches von seinen$_i$ Büchern]$_j$ [$_{C'}$?[$_S$ t$_i$t$_j$ vorgestellt hat]]]]

Wenn wir die Unterscheidung von SpecC und C' für die Zwecke der Bewegung einmal offen lassen, dann ergibt sich aus den Erörterungen die weitere Beschränkung:

(B 6) Aus SpecC darf nur nach SpecC bewegt werden.

Zur Systematik gehört nun noch das entsprechende Prinzip für Kopfbewegung. Hier nehmen wir in Einklang mit der Literatur die folgende Beschränkung an:

(B 7) Aus einer Kopfposition darf nur in eine Kopfposition bewegt werden.

Nach wie vor ist es möglich, eine Phrase an einen Kopf zu adjungieren. Diese Möglichkeit wollen wir bewußt offenhalten, weil zum Beispiel in unserer Behandlung der Negation (Abschnitt 8.7.) davon Gebrauch gemacht wird.

Zu einer weiteren potentiellen Bewegungsbeschränkung gibt das Phänomen des Deutschen Anlaß, daß man aus dem Spezifikator eines deutschen Verbzweitsatzes nicht in den Spezifikator eines Verbendsatzes bewegen darf:

(40) a. Welche Leute t' glaubst du [t haben recht]
b. Welche Leute glaubst du t' daß [t recht haben]
c. *Das sind die Leute, *die* du glaubst [t' haben t recht]
d. *Ich weiß welche Leute du glaubst [t' haben t recht]

Sternefeld (1991) schlägt zur Lösung dieses Problems vor, daß es neben SpecC noch eine zusätzliche Spezifikator-Position TopP gibt, die unter C eingebettet ist. Eine Komplikation der Theorie besteht darin, daß von beiden Positionen jeweils nur eine besetzt sein darf und daß sie für die Barrierentheorie identifiziert werden müssen. Derartige Details interessieren hier nicht. Das gerade aufgelistete Grammatikalitätsmuster läßt sich erklären, wenn man die folgende Beschränkung annimmt:

(B 8) Aus SpecTop darf nicht nach SpecC bewegt werden.

(Es dürfte deutlich sein, daß man auch verlangen wird, daß man von SpecTop *nur* nach SpecTop gehen darf, worauf aber hier nicht weiter eingegangen wird.) Die in diesem Abschnitt entwickelten Beschränkungen haben also zu einer völligen Separierung der verschiedenen Bewegungsarten geführt (A-Bewegung, Scrambling, W-Bewegung, Kopfbewegung und Topikalisierung). Die in der GB-Theorie global Bewege-α genannte Bewegungsbeziehung ist in disjunkte Klassen zerlegt worden.

Die Aufgabe für eine deduktive Theoriebildung ist damit klar. Man wird sich bemühen, ein redundanzfreies System von Prinzipien zu entwickeln, aus denen diese Aussagen folgen. Die Theorien werden sich voneinander darin unterscheiden, welche Prinzipien als Axiome angenommen werden, welche als Folgerungen aus den Axiomen. Zum Beispiel arbeitet Rizzis (1990) Relativierte Minimalitätstheorie mit Annahmen, die einigen der hier genannten Prinzipien (Kopf zu Kopf, SpecC zu SpecC) sehr ähnlich sind. Sternefeld (1990) kritisiert diese Theorie als deskriptiv. Derartige Bewertungen setzen stets eine alternative Theorie voraus, aus denen die sogenannten Deskriptionen folgen. Nimmt man die Deskriptionen als Axiome, sieht die Sache anders aus. Was als Axiom zu gelten hat, was als Folgerung, das ist eine heikle Angelegenheit, die a priori nicht zu entscheiden ist. Ob sie empirisch zu entscheiden ist, das bleibe hier dahingestellt.

In der Literatur ist eine Fülle von Beschränkungen für Bewegung vorgeschlagen worden, von denen hier zum Abschluß lediglich eine einzige, weil sehr einflußreiche, genannt werde. Es handelt sich um das sogenannte **Theta-Kriterium**. In der GB-Theorie wird diese global für Bewegungsketten definiert. Man geht von einer Spur aus und sammelt deren sämtliche Antezedentien auf, bis man schließlich beim A-Binder landet. Die Folge dieser Positionen ist eine Kette. Man fordert dann, daß es pro Kette genau ein Argument (das bewegte sprachliche Material, d. h. der höchste A-Binder) und genau eine thematische Position gibt.

Es ist technisch ziemlich aufwendig, das Kriterium präzis zu formulieren. In der Tat handelt es sich ja um eines der Glanzstücke von Chomskys (1981) GB-Theorie. Die **thematischen Positionen** sind alle Argumentpositionen in der untersten V'-Rekursion. Sämtliche anderen Positionen sind **nicht-thematisch**. Die thematische Markierung selbst ist in Abschnitt 8.2. abgehandelt.

Man betrachte den folgenden, bereits mehrfach diskutierten Satz im Licht des Kriteriums:

(41) *John$_1$ seems (t'$_1$) that he$_1$ is likely t$_1$ to win

Es ist offensichtlich, daß *John* nicht in einer Kette mit einer thematischen Position untergebracht werden kann. Selbst wenn wir die Kette (*John$_1$, t$_1$*) bilden könnten, hätten wir immer noch das Problem, *he$_1$* in einer thematisch wohlgeformten Kette unterzubringen. Der Satz ist also durch das Theta-Kriterium ausgeschlossen.

Da wir die Konstruktion bereits mithilfe der Bindungstheorie blockieren konnten, enthält ein System, was neben den genannten Prinzipien auch noch dieses enthält, offensichtliche Redundanzen, eine Herausforderung für den Axiomatiker.

6.5. Logische Form in der Syntax

Wir greifen nun das Problem auf, daß Adjunktionsspuren dem ECP unterworfen werden müssen. Für die bisher diskutierten Beispiele ließe sich das auf der S-Struktur bewerkstelligen, aber es gibt Erscheinungen, die sich einem derartigen Vorgehen entziehen. Der folgende englische Satz ist nämlich akzeptabel:

(42) *Why* do you think [t'' that Bill said [t' that John will win the race t]]

Bei jeder Bewegung des Adjunkts *why* ist eine AgP-Barriere überschritten worden. Diese ist nicht geöffnet, weil *that* die Identifizierung von C und Ag verhindert. Die Idee ist, daß auf der Ebene der Logischen Form (LF) ein mit *that* gefülltes C und Ag identifiziert werden, etwa, indem man *that* als semantisch leeres Element tilgt. Auf der anderen Seite dürfen wir ein mit den Interrogativmerkmalen gefülltes C nicht mit Ag identifizieren, weil wir dann die sogenannte **Superioritätsbeschränkung** nicht mehr herleiten könnten, der zufolge von zwei W-Phasen die strukturell höhere bewegt werden muß:

(43) a. *Who t bought what?*
b. **What* did who buy t?*

Aus bereits angesprochenen semantischen Gründen müssen die W-Phrasen in der LF nach SpecC bewegt werden. Auf der S-Struktur hat die Bewegung von *did* nach C den Komplementierer mit Ag identifiziert. Wäre diese Barriere in der LF noch offen, könnte man *why* nach SpecC bewegen, und die Ungrammatikalität von (43 b) wäre nicht herleitbar. Wir werden im Semantikkapitel ohnehin annehmen, daß alle Kopfbewegungen in LF rekonstruiert werden. Nach einem Vorschlag von Müller (1992 b) verhindert der von C dominierte „Interrogativator" in LF die Identifizierung von Ag und C. Deswegen wird auf LF die AgP zur Barriere.

Weitere Komplikationen entstehen dadurch, daß LF-Bewegung eines W-Adjunkts zwar ungrammatisch ist, offene Bewegung dagegen zulässig ist:

(44) a.*What did you say *t* why?
      b. *Why* did you say that *t*?

Der Interrogativator kann also keine Barriere für Adjunkte errichten, die offen bewegt worden sind.

Die durch diese Daten geschaffene Situation kann folgendermaßen beschrieben werden. *that* errichtet auf der S-Struktur eine Barriere für echte Subjekte, nicht dagegen für W-Adjunkte. Ein Interrogativator in C errichtet erst auf LF eine Barriere. Dies kann folgendermaßen beschrieben werden:

(i) *that* wird auf LF getilgt, so daß es zur Koindizierung von C und Ag kommt und die AgP-Barriere fortfällt.

(ii) Kopfbewegung wird in LF rekonstruiert. Die entleerten Köpfe werden mit den Köpfen, welche sie C-kommandieren, auf LF identifiziert, es sei denn, sie haben semantischen Gehalt. Durch M-Selektion und abstrakte Inkorporation geöffnete Barrieren bleiben jedoch offen.

(iii) Ein in C lokalisierter Interrogativator hat semantischen Gehalt (vgl. 8.8.).

(iv) Auf der S-Struktur lizensierte Spuren werden in LF nicht mehr überprüft.

(v) Die Spuren in A'-Position unterliegen in LF dem ECP, müssen also antezedens-regiert sein. Die Spur eines echten Subjekts muß ebenfalls strikt regiert sein.

Diese Bedingungen gehen auf Sternefeld (1991) und Müller (1992 b) zurück, die ihrerseits an Lasnik/Saito (1984) anknüpfen. Technisch kann man diese Bedingungen in der Art von Lasnik/Saito (1984) implementieren, indem man mit einem Merkmal arbeitet. In dem vorliegenden Ansatz muß man mit dem Merkmal [antezedens-regiert] arbeiten, das allen leeren Kategorien zugewiesen werden muß, die auf einer der beiden Ebenen, S-Struktur oder LF, dem ECP unterworfen sind. Für Subjektspuren geschieht die Zuweisung obligatorisch auf der S-Struktur, für Adjunktionsspuren kann das Merkmal auch auf LF zugewiesen werden. Spuren, die das Merkmal haben, sind antezedens-regiert.

Wir betrachten die Beispiele unter diesen Annahmen. In (42) ist die W-Bewegung des Adjunkts auf der S-Struktur lizensiert. Deswegen gibt es keine Probleme. In (43 a) ist die W-Phrase ein Objekt. Dieses unterliegt nicht dem ECP und kann in LF eine Barriere überschreiten. Der kritische Fall ist (43 b). Hier macht nach Kopfrekonstruktion der in C lokalisierte Interrogativator AgP zur Barriere. Deswegen können wir *who* nicht nach SpecC bewegen. Ebenso argumentiert man für die Beispiele (44).

Im Deutschen gibt es die diskutierten ECP-Effekte nicht. Dies folgt aus der Stipulation, daß abstrakte Inkorporation nicht rückgängig gemacht werden kann.

Man müßte diese Theorie nun anhand der unzähligen Beispiele, die im Anschluß an Huang (1981) und Lasnik/Saito (1984) diskutiert worden sind, testen. Dabei würde sich zeigen, daß man weitere Hilfsannahmen braucht und einige Phänomene nicht erklären kann.

Der Sinn dieses Abschnitts war, zu demonstrieren, daß es sprachliche Erscheinungen gibt, denen man beim heutigen Stand der Theoriebildung nicht beikommt, ohne die LF als weitere syntaktische Repräsentationsebene einzuführen, um das scheinbar widersprüchliche Verhalten der Daten erklären zu können.

Es wäre schön, wenn diese Ebene gerade die wäre, welche die Interpretation eindeutig festlegen würde. Im Semantikkapitel werden wir jedoch sehen, daß die Verhältnisse nicht so einfach liegen. Für den Aufbau der sogenannten transparenten LF benötigen wir Prinzipien, die keine direkte Entsprechung in den aus der Syntax bekannten Bewegungsprozessen haben. Mit den dort entwickelten Methoden an die hier diskutierten Erscheinungen heranzugehen, wurde in diesem Artikel nicht versucht.

7. Syntax und Phonologie

7.1. Vorbemerkungen

Die intonatorischen bzw. prosodischen Einheiten von Äußerungen decken sich im allgemeinen nicht mit syntaktischen Konstituenten. Dennoch gibt es Beziehungen zwischen syntaktischer und prosodischer Struktur. Dies ist das Thema der folgenden Abschnitte.

Wir motivieren zunächst die Annahme der **prosodischen Konstituenten**: Silbe, Fuß, phonologisches Wort, phonologische Phrase und Intonationsphrase. Manche Autoren nehmen noch weitere Konstituenten an, z. B. die klitische Gruppe (vgl. Nespor/Vogel 1986). Dazu geben wir einige phonologische bzw. prosodische Prozesse an, die auf den genannten Strukturen operieren.

Aus den genannten Konstituenten werden **prosodische Strukturen** aufgebaut. Dabei besteht ein Hierarchieverhältnis im Sinne der Aufzählung: Füße werden aus Silben gebaut, Wörter aus Füßen usw. Die Einzelheiten der Hierarchie sind aber durchaus strittig: Z. B. sehen Nespor/Vogel (1986) die genannte Hierarchie als strikt an („strict layer hypothesis") in dem Sinne, daß phonologische Wörter nur Füße direkt dominieren dürfen, klitische Gruppen nur Wörter usw. Bei anderen Autoren (z. B. Hays/Lahiri 1991) können Zwischenknoten übersprungen werden. Wir kommen darauf zu sprechen.

Das Problem, welches uns im folgenden vor allem interessiert, ist dieses: Der Bodensatz der prosodischen Struktur, die Silbe, deckt sich in vielen Sprachen nicht mit dem Bodensatz der syntaktisch-morphologischen Struktur, dem Morphem. Damit fragt sich, wie die beiden Strukturen vermittelt sind. Beim gegenwärtigen Forschungsstand ist dies in den Einzelheiten keineswegs immer klar, aber folgendes Bild zeichnet sich ab: Die Silbenbildung und die Fußkonstruktion verläuft weitgehend nach phonologischen Prinzipien, wird aber durch die Morphologie beschränkt. Größere Einheiten werden mithilfe von syntaktischer Information (Konstituentenstruktur) definiert. Obwohl prosodische Einheiten nicht mit syntaktischen zusammenfallen, sind sie dennoch durch diese beschränkt. Viele Einzelheiten sind aber beim gegenwärtigen Wissensstand noch offen. Die Erforschung der Interaktion zwischen beiden Strukturebenen ist sicher eine der faszinierendsten Gemeinschaftsaufgaben für Morphologen, Syntaktiker und Phonologen, da hier die Begriffsbildungen der verschiedenen linguistischen Disziplinen zusammenfließen.

Eine Bemerkung zur Literatur. Die früheste formale Theorie, die eine prosodische Struktur aus der syntaktischen Struktur aufbaut, ist nach meiner Kenntnis Bierwisch (1966). Im angelsächsischen Raum ist entscheidende Pionierarbeit für unsere Fragestellung vor allem von E. Selkirk geleistet worden (vgl. Selkirk 1980, 1984 und 1986).

7.2. Prosodische Struktur

Für die Zwecke dieser Darstellung fassen wir die **Silbe** als kleinste prosodische Konstituente auf.

(1) σ   σ   σ   σ
     | | | |
    stra ßen bah nen

    straß en bahn en
     | | | |
     μ   μ   μ   μ

Wir haben die Buchstaben σ und μ zur Bezeichnung von Silben bzw. Morphemen benutzt. (In der phonologischen Literatur wird μ meistens zur Darstellung der More verwendet.)

Silben können mit Morphemen nicht allzuviel zu tun haben, das zeigt die unterschiedliche Segmentierung deutlich: Es besteht kein hierarchisches Verhältnis. Diese Art von Strukturierung läßt sich also nicht aus der Morphologie herleiten in dem Sinn, daß man Morpheme in Silben zerlegt.

Die Frage ist allerdings, ob man den Begriff der Silbe braucht. Dies ist vor Chomsky/Halle (1968) stets als selbstverständlich angenommen worden. Zum Beispiel machen viele Lautgesetze vom Begriff der offenen Silbe Gebrauch. So wird etwa vulgärlateinisches betontes offenes *e/o* im Italienischen *in offener Silbe* zu *ie/uo*:

(2) vlt. pé.de > it. piede „Fuß"
(3) vlt. ró.ta > it. ruota „Rad"

Regeln, in denen die Silbe eine Rolle spielt, sind in der historischen Grammatik Legion.

Ein Beispiel für einen synchronen automatischen Prozeß, für dessen Lokalisierung die Silbe wichtig ist, bietet die Aspirierung von stimmlosen Obstruenten im Englischen, die *am Silbenanfang* stattfindet (vgl. Kahn 1980):

(4)   σ   σ
                               \ /
    BE: la.ter [tʰ]   vs.   AE: la t er

Im britischen Englisch (BE) gehört /t/ zum Vorlauf (**Onset**) der zweiten Silbe und wird folglich behaucht. Im amerikanischen Englisch ist /t/ dagegen ambisilbisch, d. h. der Laut gehört sowohl zur Koda der vorhergehenden als auch zum Onset der nachfolgenden Silbe und wird deshalb nicht aspiriert, sondern als stimmhafter Schlaglaut (flap) ausgesprochen. Ebenso verhalten sich:

(5) BE: ha.ppy [pʰ] AE: happy, [p]

Ohne weitere Argumentation nehmen wir nun die Silbe als existierende prosodische Einheit hin. Die nächstgrößere prosodische Konstituente, die darauf aufbaut, ist ein alter Bekannter aus der Verslehre, nämlich der **Fuß**. Er ist vor allem für die Akzentregeln wichtig. Wir betrachten das Lateinische, welches nach trochäischen Füßen organisiert ist:

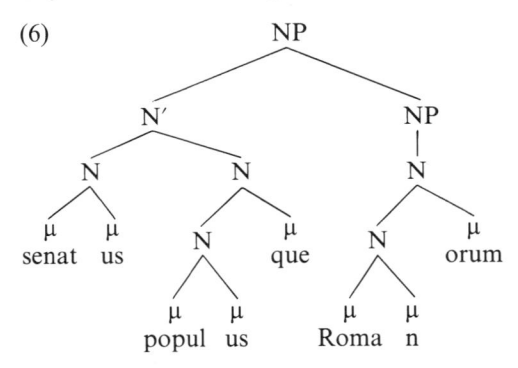

(6)
```
                    NP
              /           \
            N'              NP
          /    \             |
         N      N            N
        / \    / \          / \
       μ   μ  N   μ        N   μ
     senat us  \  que     / \  orum
              μ  μ      μ    μ
             popul us  Roma  n
```

Der Praxis vieler Phonologen folgend sind die Füße mit Σ bezeichnet. Die relative Prominenz der Silben in einem Fuß ist durch s (= stark) und w (= sch*w*ach) bezeichnet. Die Füße werden benötigt, um die beobachtbare rhythmische Alternation formulieren zu können. Allerdings können wir auf dieser prosodischen Ebene noch nicht den Wortakzent charakterisieren. Wir kommen darauf gleich zu sprechen.

Im Deutschen gibt es eine Glottalisierungsregel, die wohl am besten unter Rückgriff auf den Fuß beschrieben wird: Vokale werden *im Fußanlaut* glottalisiert (vgl. Féry 1989):

(7) Be[Σʔamte]   vs.   [ΣTheo]

Sowohl /a/ als auch /o/ kommen im Silbenanlaut vor, aber nur /a/ wird glottalisiert, d. h. mit einem Knacklaut ausgesprochen. Dies zeigt, daß die Silbe als relevanter prosodischer Bereich für das Wirksamwerden des Prozesses nicht genügt. Wir benötigen eine weitere prosodische Grenze. Die Wortgrenze kommt nicht in Frage, weil /a/ nicht wortinitial ist. Der Fuß ist ein plausibler Kandidat.

Aus Füßen werden **phonologische Wörter** aufgebaut, die hier durch ω bezeichnet werden. Für das lateinische Beispiel sieht die Wortstruktur wie folgt aus:

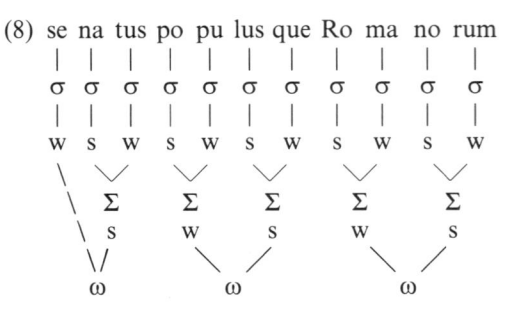

(8)
```
se na tus po pu lus que Ro ma no rum
 |  |  |  |  |  |  |  |  |  |  |
 σ  σ  σ  σ  σ  σ  σ  σ  σ  σ  σ
 |  |  |  |  |  |  |  |  |  |  |
 w  s  w  s  w  s  w  s  w  s  w
  \/    \/    \/    \/    \/
   Σ     Σ     Σ     Σ     Σ
   s     w     s     w     s
    \   /       \   /       \
     \ /         \ /         \
      ω           ω           ω
```

Wie man sieht, haben sich die Prominenzverhältnisse auf der Ebene des phonologischen Wortes genau umgekehrt: Während die Silben trochäisch gewichtet werden, werden die Füße jambisch gewichtet. Damit ist alle Information vorhanden, die man benötigt, um den Wortakzent zu bestimmen. Man muß lediglich festlegen, daß eine mit dem Merkmal [s] versehene Konstituente einen stärkeren Akzent erhält als eine mit [w] versehene. Die eleganteste Methode besteht darin, die Struktur (**metrischer Baum** genannt) in ein **metrisches Gitter** überzuführen, wobei die genannten Prominenzverhältnisse gewahrt werden. Algorithmen finden sich in Liberman/Prince (1977) und Prince (1983). Ein dem letzten phonologischen Wort entsprechendes Gitter wäre etwa:

(9)
```
           ×
    ×      ×
    ×  ×   ×   ×
    Ro ma  no  rum
```

Die Silbe *no* ist von den meisten [s] dominiert und erhält die meisten Schläge, *Ro* erhält die zweitmeisten.

Manchmal ist die Entscheidung schwierig, über welchen Bereichen ein phonologischer Prozeß genau operiert. Ein Paradebeispiel ist die **deutsche Auslautverhärtung**, die wir folgendermaßen charakterisieren könnten:

Im Auslaut des Bereiches α wird eine Folge von Obstruenten entstimmt.

Welche prosodische Kategorie ist α? Vennemann (1972) vertritt die Ansicht, daß es sich um die Silbe handelt. Dagegen scheinen Beispiele wie

(10) Hand.lung, Rad.ler
     [d]   [d]

zu sprechen. Vennemann (1972, 13) erklärt dies damit, daß /d/ hier zum Onset der Folgesilbe geschlagen wird. Die Schwierigkeit dieser Theorie besteht darin, daß /dl/ im ab-

1. Die Aufgaben der Syntax

soluten Silbenanlaut im Deutschen sonst nicht zulässig ist. Eine ähnliche Analyse schlägt Wurzel (1988, 954) vor.

Féry (1991) nimmt an, daß α der Fuß ist. Die beiden Wörter wären demnach einfüßig. Allerdings muß dann sichergestellt werden, daß

(11) kind.lich
     [t]

aus zwei Füßen besteht. Eine dritte Theorie würde sagen, daß α das phonologische Wort ist. Diese Analyse hätte den Vorteil, daß man qua lexikalischer Stipulation gewisse Affixe mit dem Merkmal [+phonologisches Wort] versehen könnte, wenn sich die Erscheinung nicht phonologisch charakterisieren läßt. Genau dies ist von van der Hulst (1984, 66 ff) vorgeschlagen worden. Diese Lösung scheint auf etwas Ähnliches herauszulaufen wie die Unterscheidung zwischen der Formativgrenze „+" und der Wortgrenze „#", die in Chomsky/Halle (1968) vorgenommen wurde. Vermutlich muß eine derartige Distinktion auf jeden Fall getroffen werden. Arbeitet man mit Férys Vorschlag, so braucht man die lexikalische Stipulation, daß -lich ein Fuß ist.

Prozesse, die ganz klar mithilfe von Wortgrenzen formuliert werden müssen, sind bestimmte Assimilationen im Niederländischen: Obstruenten assimilieren in bezug auf Stimmhaftigkeit regressiv zwischen phonologischen Wörtern, nicht aber innerhalb eines Wortes (*regressive Assimilation*). Innerhalb eines phonologischen Wortes findet dagegen *progressive Assimilation* statt. Die folgenden Daten illustrieren den ersten Prozeß (vgl. Trommelen/Zonneveld 1982, 101 ff):

(12) (a) [ω boek] [ω binder] „Buchbinder"
         [gb]
     (b) [ω zak] [ω doek] „Taschentuch"
         [gd]
     (c) [ω bloed] [ω koraal] „Blut", „Blut-
         [tk]
     koralle"

Zwischen den Gliedern eines Kompositums ist eine Wortgrenze, deshalb wirkt hier die regressive Assimilation. Auf die progressive Assimilation kommen wir im Zusammenhang mit den folgenden Daten zu sprechen, die Lahiri et al. (1990) entnommen sind.

Wir führen in diesem Zusammenhang die **phonologische Phrase** φ ein und stellen fest, daß sie die regressive Assimilation blockiert:

(13) ik kies Daan „ich wähle Daan"
     [φ [ω kies]] [φ [ω Daan]]
     [sd]
     [φ [ω kies] [ω Daan]]
     [zd]

Im Niederländischen gibt es ein enklitisches Pronomen *dər*, welches eine Variante von *haar* ist, ein Analogon zum englischen *her*. Wir beobachten die folgenden Verhältnisse:

(14) ik kies dər „ich wähl'[zə]"
     (a)   [ω kies dər]
            [st]
     (b)   [φ [ω kies] dər]
            [zd]
     (c)   *[sd]

Das enklitische Pronomen sucht sich eine Stütze (engl. „host") links. Nach Lahiri et al. (1990) wird es im Fall (14a) in das phonologische Wort inkorporiert. Dann kommt die progressive Assimilation zum Zug, und wir bilden den Nexus [st]. Das Klitikon kann nach dem Vorschlag der Autoren aber auch an das Wort adjungiert werden. Dann gibt es eine Wortgrenze, die gewissermaßen durch die regressive Assimilation sichtbar gemacht wird. Das ist der Fall in (14b). Das Klitikon kann aber keine eigenständige phonologische Phrase bilden, weshalb der Nexus [sd] nicht möglich ist (Fall 14c).

Der relevante lexikalische Eintrag für *dər* muß also etwas wie das Folgende sein:

(i) *dər* wird in ein links adjazentes phonologisches Wort inkorporiert oder direkt an die phonologische Phrase „gehängt", welche dieses Wort unmittelbar dominiert.
(ii) *dər* selbst ist kein phonologisches Wort.

Es ist gar nicht ohne weiteres klar, wie man diese Eigenschaften des Klitikons strukturell sauber formulieren kann. Lahiri et al. nehmen unter Berufung auf Inkelas (1989) die folgenden Subkategorisierungsrahmen für *dər* an:

(15) (a) [ω [ω] dər]
     (b) [ω [ω]] dər

Der Eintrag (15a) besagt, daß *dər* in das Wort inkorporiert ist und daß die Worteigenschaft vom Träger kommt. Der Eintrag (15b) soll besagen, daß keine Inkorporation vorliegt. Es ist deutlich, daß wir hier eine Sonderkonvention für einen Wortknoten brauchen, der nur sich selbst dominiert. Die Konvention sollte dann eine Struktur liefern, die der obigen Struktur (b) entspricht. Wie auch immer die technischen Einzelheiten aussehen mögen: Es scheint klar, daß Daten wie die obigen subtile Unterscheidungen in der prosodischen Struktur verlangen.

Ein durch die phonologische Phrase begrenzter Prozeß ist die /r/-*Assimilation im Bengalischen* (vgl. für das folgende Hayes/Lahiri 1991):

/r/ assimiliert optional vollständig an einen folgenden koronalen Konsonanten über ω-Grenzen hinweg, aber nicht über φ-Grenzen.

Die phonologischen Phrasen, die hier interessieren, haben das folgende Tonmuster: Das phonologische Wort an der linken Kante trägt einen Tiefton, während der rechten Kante der Phrase ein Hochton zugewiesen wird. Ein interessanter semantischer Nebeneffekt dieser Gliederung ist, daß Desambiguierung geleistet wird. Die folgenden Beispiele illustrieren das Gesagte:

(16) 　　　　L*　　　　H$_\phi$
　　　　　　 |　　　　　 |
aj ami [$_\phi$ rája-r čʰobi-r] jonno ṭaka anlam
　　　　　　[ččʰ]　[r] [j]
heute ich Königs Bilder für Geld brachte
„Heute brachte ich Geld für die Bilder des Königs"

Diese Intonationsstruktur entspricht der syntaktischen Gliederung

(17) [$_{NP}$ [$_{PP}$ [$_{NP:F}$ rája-r [$_{N'}$ čʰobi-r]] jonno] [$_{N'}$ ṭaka]]
　　　　　　 Königs　Bilder　für
　　　　　　 Geld

Die PP „für des Königs Bilder" ist ein Attribut von „Geld", und innerhalb der PP ist „des Königs Bilder" fokussiert, hier durch das syntaktische Fokusmerkmal „F" gekennzeichnet.

Einige wenige Worte der Erläuterung zur vorliegenden Intonationsanalyse. Die **Tonmelodie** (eng. **tune**) der bengalischen Fokuskonstituente ist L*H$_\phi$. Sie wird autosegmental mit bestimmten Konstituenten der prosodischen Struktur assoziiert, gemäß der bereits erwähnten Methode Goldsmiths (1976).

Seit Pierrehumbert (1980) haben sich in der Intonationsanalyse die folgenden Konventionen etabliert: L steht für „tief" und H für „hoch". Jeder Ton mit einem Stern heißt **Tonakzent** (engl. **pitch-accent**). Der Ankerplatz eines Sterntons ist per Konvention stets die am stärksten akzentuierte Silbe des phonologischen Wortes, also die Silbe mit den meisten Schlägen. Im Bengalischen ist das die erste Silbe eines Wortes. H$_\phi$ besagt, daß der Hochton ein **Grenzton** einer phonologischen Phrase ist. Nach Beckman/Pierrehumbert (1986) werden Grenztöne den „Ecken" einer phonologischen Phrase zugewiesen. Für die bengalische Fokusphrase gilt also:

(18)　]$_\phi$
　　　 |
　　　H$_\phi$

Dabei bedeutet]$_\phi$ „rechte φ-Grenze/Ecke". Es fragt sich freilich, wie diese Notation strukturell zu interpretieren ist. Knoten haben als solche weder eine rechte noch eine linke Grenze. Sie sind Positionen in einem Baum. Möglicherweise gibt es in der Literatur Präzisierungen zu dieser Notation, aber sie sind mir nicht bekannt. Hier besteht also unter Umständen noch eine Aufgabe für die künftige Theoriebildung.

Man überlege sich zunächst, daß die Verankerung von H$_\phi$ im φ-Knoten nicht genügt, denn damit ist noch nicht gesagt, ob der Ton am Ende oder am Beginn von φ lokalisiert ist. Die Zuweisung an den φ direkt dominierenden höheren Knoten leistet das Gewünschte ebenfalls nicht, denn Töne sind auf einer anderen Ebene als prosodische Konstituenten. Durch diese Zuordnung ist also noch keine relative Ordnung des Grenztons bezüglich φ festgelegt. Diese Kritik betrifft z. B. die Darstellung in Pierrehumbert/Beckman (1988, 128), denn dort werden Grenztöne direkt mit Phrasenknoten assoziiert. Die einzige Möglichkeit, die ich prima facie sehe, ist, für den Grenzton eine abstrakte prosodische Kategorie # „Grenze" zu schaffen, die direkt von einer prosodischen Kategorie dominiert wird. Damit kämen zwei Konfigurationen für die Verankerung in Frage:

[$_\phi$ ... #] oder　　[$_I$ ... [$_\phi$ ...] # ...]
　　|　　　　　　　　　　　　　　 |
　　L$_\phi$　　　　　　　　　　　 L$_\phi$

I steht für die nächsthöhere prosodische Konstituente, die intonatorische Phrase, die noch eingeführt wird. In dieser Darstellung ist die intendierte lineare Position des Grenztons korrekt repräsentiert.

Wie dem auch sei: Für das Bengalische gilt, daß eine Fokuskonstituente durch die beiden Töne der Fokusmelodie genau markiert wird: Sie beginnt mit der L* tragenden Silbe und endet an der Grenze, die durch H_ϕ sichtbar gemacht wird. Die beiden Töne kann man sich als phonologische Exponenten eines der fokussierten syntaktischen Konstituente zugewiesenen Fokusmerkmals F vorstellen, welches semantisch relevant ist (vgl. Rooth 1985). Dies Merkmal kann in verschiedenen Sprachen verschieden phonologisch ausbuchstabiert werden.

Wir kommen nun zu einer zweiten prosodischen Struktur des bengalischen Beispiels:

(19) $\quad\quad\quad\quad$ L* $\quad\quad$ H$_\phi$
$\quad\quad\quad\quad\quad$ | $\quad\quad\quad$ |
aj ami rája-r [$_\phi$ č^{h}obi-r jonno] ṭaka anlam
$\quad\quad\quad\quad\quad$ [r] [č^h] $\quad$ [jj]
heute ich Königs Bilder für Geld brachte
„Heute brachte ich das Geld des Königs für die Bilder"

Aufgrund unserer Erläuterungen sollte klar sein, daß diese prosodische Struktur der syntaktischen Struktur

(20) [$_{NP}$ rája-r [$_{PP:F}$ [$_{NP}$ [$_{N'}$ č^h obi-r]] jonno]
$\quad\quad$ Königs $\quad\quad\quad$ bilder $\quad$ für
$\quad\quad$ [$_{N'}$ ṭaka]]
$\quad\quad\quad$ Geld

entspricht. Wie man sieht, ist die durchgeführte /r/-Assimilation in einem gewissen Sinne komplementär zum ersten Beispiel. Durch die Theorie wird dies genau vorhergesagt.

Zuletzt beschäftigen wir uns mit der nächsthöheren prosodischen Konstituente, der **Intonationsphrase** I. Man benötigt sie vor allem, um den Intonationsverlauf am Ende einer Äußerung zu beschreiben. Eine Intonationsphrase besteht also aus einer oder mehreren phonologischen Phrasen. Wir nennen die letzte phonologische Phrase einer Intonationsphrase **Nukleus**. Im Bengalischen unterscheidet sich der fokussierte Nukleus vom neutralen Nukleus einer Ja-Nein-Frage nur dadurch, daß der H-Ton im zweiten Fall der rechten Grenze von I zugewiesen wird. Es liegt also das folgende Minimalpaar vor (vgl. Hayes/Lahiri 1991, 72):

L*H$_\phi$L$_I$ $\quad$ fokussierter Nukleus im Deklarativsatz
L*H$_I$L$_I$ $\quad$ Nukleus in der Ja-Nein-Frage

So hat z. B. die bengalische Version des Satzes *dieser Junge ist groß* die folgenden beiden prosodischen Strukturen, je nachdem, ob er als Aussage oder als Frage benutzt wird (vgl. Hayes/Lahiri, 64):

(21) $\quad\quad\quad\quad$ L* $\quad$ H$_\phi$ $\quad$ L$_I$
$\quad\quad\quad\quad\quad$ | $\quad\quad$ | $\quad\quad$ |
[$_I$ oi čele-ṭi [$_\phi$ lɔmba]$_\phi$]$_I$ fokussierter
$\quad\quad\quad\quad\quad\quad\quad\quad\quad\quad\quad\quad$ Nukleus im
$\quad\quad\quad\quad\quad\quad\quad\quad\quad\quad\quad\quad$ Deklarativ-
$\quad\quad\quad\quad\quad\quad\quad\quad\quad\quad\quad\quad$ satz)
dieser Junge-def. groß
„Dieser Junge ist *groß*"

(22) $\quad\quad\quad\quad$ L* $\quad$ H$_I$ $\quad$ L$_I$
$\quad\quad\quad\quad\quad$ | $\quad\quad$ \/
[$_I$ oi čele-ṭi [$_\phi$ lɔmba]$_\phi$]$_I$ Nukleus in der
$\quad\quad\quad\quad\quad\quad\quad\quad\quad\quad\quad\quad$ Ja-Nein-Frage
dieser Junge-def. groß
„Ist dieser Junge groß?"

Die beiden Strukturen werden intonatorisch verschieden realisiert. In der Frage ist der finale Anstieg wesentlich steiler und höher und wird von einem abrupten Abfall gefolgt. Die entsprechenden Intonationskonturen der Äußerungen finden sich in Hayes/Lahiri (1991, 64).

In den beiden Beispielen decken sich die phonologischen Phrasen mit syntaktischen Phrasen. Bei schnellem Sprechtempo kann man im Bengalischen mehrere phonologische Phrasen aber zu einer einzigen zusammenziehen, und zwar so, daß die Zusammenziehung keine syntaktische Phrase mehr bildet. Z. B. kann man ein indirektes Objekt und ein direktes in einer phonologischen Phrase unterbringen. Beispiele finden sich in (Hayes/Lahiri 1991, 84ff). Wir können hier nicht weiter darauf eingehen.

7.3. Das Verhältnis von syntaktischer und prosodischer Struktur

Wir konstruieren nun die prosodische Struktur „von unten nach oben" und fragen uns dabei nach der Vermittlung dieser Strukturebene mit der S-Struktur.

Wir interessieren uns hier nicht dafür, wie die Syllabisierungsregeln für eine Sprache wie das Deutsche genau aussehen (vgl. z. B. Vennemann 1972 oder Féry 1989). Wichtig ist die folgende Feststellung: Die **Silbenbildung** ist nicht über gewisse Typ-2-Affixe oder Bestandteile eines Kompositums hinweg möglich. Flexive und Typ-1-Affixe induzieren dagegen keine Grenze.

(23) Morphemgrenzen: Bäck+er+ei (Typ-1-Affix)
Silbengrenzen: Bäc.ke.rei
Berg+e → Ber.ge (Flexiv)
Berg+ulme → *Ber.gul.me (Kompositumsglieder)

Nespor/Vogel (1986, 62) formulieren die Beschränkung für die Silbenbildung so, daß sie sagen, das morphologische Wort sei die Grenze für den Prozeß. Auf dem Hintergrund des Selkirkschen morphologischen X-bar-Schemas läßt sich das aber nicht so einfach sagen, da ja z. B. Flexive an ein X^0 treten können, ohne daß der Prozeß blockiert wird. Eine vorsichtige Formulierung kann lauten: Der Prozeß kann nicht über zwei benachbarte X^0-Grenzen hinweg wirken.

Die **Fußbildung** ist ebenfalls nicht über zwei X^0-Grenzen hinweg möglich. Ein seit Bloomfield (1930) viel zitiertes Minimalpaar ist das folgende Beispiel:

(24) Kuchen vs. Kuhchen.
    [x]   [ç]

Beide Wörter sind zweisilbig. Das erste ist monomorphemisch und besteht aus einem (trochäischen) Fuß. Das zweite besteht aus zwei X^0-Morphemen, nämlich der nominalen Wurzel und dem Typ-2-Affix -chen. Die Fußgrenze blockiert nach Féry die *Velarisierungsregel* des Deutschen, welche die Distribution der Alternation [x] ~ [ç] bestimmt ([x] nach hinteren, [ç] nach vorderen Vokalen).

Wir kommen nun zur Konstruktion des **phonologischen Wortes**. Die von Nespor/Vogel (1986, 141) aufgestellten Regeln sind recht kompliziert. Im großen und ganzen wird eine rekursive Definition vorgeschlagen, die von einer X^0-Basis ausgeht. Die Wörter können dann durch Integration von Präfixen und Suffixen erweitert werden.

Bei Nespor/Vogel findet dieser Prozeß unterhalb der X^0-Ebene statt, so daß phonologische Wörter niemals größer als ein vollständiges morphologisches Wort sein können. Demnach könnten Klitika kein phonologisches Wort mit ihrem Träger bilden, und die genannten Autoren führen daher die klitische Gruppe ein. Die Diskussion des Bengalischen im vorausgegangenen Abschnitt hat explizit angenommen, daß Klitika in ein phonologisches Wort integriert werden können. Die hier vorausgesetzten Regeln für die Bildung von phonologischen Wörtern müssen also auch diese Möglichkeit vorsehen. Auf eine genauere Ausbuchstabierung verzichten wir hier.

Wir kommen nun zu den Regeln für die Bildung von **phonologischen Phrasen**. Ebenso wie bei den kleineren Konstituenten, ist hier mit einzelsprachlichen Variationen zu rechnen. Wir illustrieren die Art der Prozesse anhand der von Hayes/Lahiri (1991, 92) vorgeschlagenen Regeln für das Bengalische:

a. Jedes phonologische Wort kann eine phonologische Phrase sein.
b. Für zwei aufeinanderfolgende Konstituenten X, Y gilt: Wenn
  i. X eine phonologische Phrase sein kann,
  ii. Y ein Kopf ist, der X c-kommandiert und Y ≠ V ist,

dann kann [XY] eine phonologische Phrase sein.

Die Bedingung, daß Y kein Verb sein darf, ist eine Idiosynkrasie des Bengalischen, die nach Hayes und Lahiri funktionale Gründe hat, die hier nicht interessieren. Ferner können im Bengalischen zwei adjazente phonologische Phrasen unter bestimmten Bedingungen zu einer einzigen verschmolzen werden, worauf zu Ende des vorhergehenden Abschnitts hingewiesen wurde. Genaueres findet man in Hayes & Lahiri (1991, 92).

Die Konstruktion von **Intonationsphrasen** ist nicht so interessant. Es ist klar, daß eine Intonationsphrase aus mehreren phonologischen Phrasen eines Satzes besteht. Details findet man in Nespor/Vogel (1986, 189).

Wir versuchen nun, ein Fazit aus den Konstruktionsregeln für die prosodischen Einheiten für das Verhältnis von prosodischer und syntaktischer Struktur zu ziehen.

Auf der submorphematischen Ebene läuft die Konstituentenbildung relativ autonom nach phonologischen Gesichtspunkten. Aber sowohl Silben- als auch Fußbildung respektieren syntaktische Grenzen, nämlich die X^0-Grenze. Bei der Bildung von phonologischen Wörtern wird es unordentlicher. Sofern die Klitisierung dazu gehört, kommt es zu harten Diskrepanzen von Syntax und Prosodie. Um sich dies dramatisch klar zu machen, betrachte man den deutschen Satz *die Mutter hat's gewollt*. *hats* ist ein phonologisches Wort. Dies bedeutet, daß wir die folgenden Klammerungen annehmen müssen:

(25) die Mutter [$_{C'}$ hat [$_{AgP}$'s [$_{AgP}$ t$_{Subjekt}$
         [$_\omega$ hats]

Mit andern Worten, die Wortbildung ignoriert die AgP-Grenze.

Man kann natürlich sagen, daß die AgP-Grenze ein Artefakt der modernen Theorie ist. Die deutsche Klitisierung ist aber nur ein harmloser Fall des Phänomens. Im Serbokroatischen können klitische Elemente in Nominale „hineinbewegt" werden:

[Taj pesnik] mi je napisao knjigu
dieser Dichter mir ist geschrieben Buch

„Dieser Dichter schrieb mir ein Buch"
[Taj mi je pesnik] je napisao knjigu
Vgl. dazu Spencer (1991, 355). Es ist sehr schwer vorstellbar, daß die Klitika *mi + je* in der Syntax in das Nominal hineinbewegt werden. Klavans (1982) und (1985) entwickelt eine Theorie, gemäß der die Klitika erst in der phonologischen Komponente in eine Phrase inkorporiert werden.

Phonologische Phrasen werden zunächst ordentlicher gebildet, da ihre Grenzen mit den Grenzen syntaktischer Konstituenten zusammenfallen. Wir haben aber gesagt, daß man mit Verschmelzungsprozessen rechnen muß, die z. B. zwei phonologische Phrasen zusammenfallen lassen. Dann kommt es wieder zu Inkongruenzen zwischen Syntax und Prosodie.

Insgesamt zeigt sich aber folgendes: Im Bereich unterhalb des morphologischen Wortes verläuft die prosodische Strukturbildung nach phonologischen Gesetzmäßigkeiten. Oberhalb des morphologischen Wortes werden prosodische Einheiten dagegen mithilfe von syntaktischer Information gebildet. Die Phrasierungsprozesse sind dabei von Sprache zu Sprache verschieden. Es kommt zu gewissen Störungen durch Klitisierung und durch Verschmelzung von adjazenten Phrasen. Auf jeden Fall spielen aber syntaktische Grenzen für die Konstruktion der phonologischen Struktur eine wesentliche Rolle. Die genaue Erforschung der Mechanismen, die diese Art von Strukturierung steuern, ist eine der faszinierendsten Aufgaben für die kommenden Jahre.

8. Syntax und Semantik

8.1. Vorbemerkungen

Die folgenden Abschnitte handeln von den Aufgaben der logischen Form (LF). Wir verstehen *hier* unter den logischen Formen eines Satzes die Repräsentationen, die seine Lesarten eindeutig festlegen, d. h. ein n-deutiger Satz soll n logische Formen haben. Man kann eine solche Theorie **Theorie der transparenten logischen Formen** (den Terminus verdanke ich nach meiner Erinnerung Irene Heim) nennen.

Diese Repräsentationsebene muß nach meiner Meinung Realität haben. Wenn ein Satz n Bedeutungen hat, obwohl eine unrestriktive semantische Analyse mehr Lesarten zulassen würde, so muß es dafür syntaktische Gründe geben. Eine plausible Annahme ist es, daß die Ebene der transparenten LF für diesen Fall genau n Strukturen zuläßt, die diese Bedeutungen jeweils eindeutig kodieren. Aus dieser Konzeption folgt, daß wir Mehrdeutigkeiten in der transparenten LF ablehnen. Unsere Überlegungen sind also nicht immer mit May (1985) verträglich, der ambige LFs zuläßt, weil die transparente LF einer syntaktischen Beschränkung zuwider laufen würde (z. B. dem ECP).

Wir interessieren uns ferner nicht für irgendwelche unsichtbaren syntaktischen Bewegungen, die nur den Sinn haben, bestimmte Sätze als ungrammatisch zu blockieren, die sich aber semantisch nicht interpretieren lassen, die Standardmethoden aus der Semantik vorausgesetzt (Beispiel: Hornstein/Weinbergs (1990) Theorie der Quantorenanhebung).

Wir argumentieren also von der Semantik her. Die logischen Formen, zu denen wir gelangen, sind mit den in der Kernsyntax entwickelten Prinzipien nur teilweise erzeugbar. Man benötigt zusätzliche Mechanismen, ebenso, wie in der phonologischen Komponente nicht alleine nach dem Muster der Syntax gearbeitet wird. Eine allgemein akzeptierte Theorie der transparenten LF fehlt bisher, aber die folgenden Darlegungen zeigen, was diese Theorie zu leisten hat. Ein guter Überblick über den Stand der syntaktischen LF-Theorie findet sich in Berman/Hestvik (1991).

8.2. Thematische Markierung

Eine der entscheidenden Schnittstellen zwischen Syntax und Semantik ist die sogenannte thematische Markierung. Leider ist gerade diese Komponente der Theorie so gut wie gar nicht ausgearbeitet, wie Dowty (1982) und (1991) zurecht bemängelt.

Die Idee ist die folgende. Ein Prädikat vergibt, entsprechend seiner **Valenz**, bestimmte **thematische Rollen**, ein Terminus, der auf Gruber 1965 zurückgeht. Die gängigsten Rollen sind *Agens, Experiencer, Patiens, Thema, Instrument, Quelle, Ziel, Benefizient*. Daneben gibt es noch viele andere, wobei die Bezeichnungen bei verschiedenen Autoren variieren.

Lexikalische Einträge haben ein sogenanntes **thematisches Raster**, und die Theorie der thematischen Markierung sagt dann, welchen Positionen im Baum die Rollen „zugewiesen" werden. In der Regel nimmt man eine **thematische Hierarchie** an, also z. B.:

(1) Agens/Experiencer > Patiens/Thema > Ziel/Benefizient > Instrument.

Desgleichen gibt es eine Hierarchie für die **grammatischen Funktionen** (GFs), die etwa so aussehen könnte:

(2) Subjekt > direktes Objekt > indirektes Objekt > Adjunkt.

In der generativen Grammatik Chomskyscher Prägung faßt man grammatische Funktionen als Positionen im Baum auf. Zum Beispiel war in der GB-Theorie das Subjekt eines Satzes die direkt von S dominierte NP und das direkte Objekt die von V' direkt dominierte Schwester von V.

> Diese Explikation ist konzeptuell befriedigend, weil der notorisch unklare Begriff der grammatischen Funktion dadurch vollständig präzisiert wird. Materialiter ist die Theorie allerdings nicht so erfolgreich. Lediglich der Subjektsbegriff hat sich seit Chomskys *Aspects* durchgehalten. Das direkte Objekt ist in neueren Arbeiten meistens eine Spezifikatorposition, z. B. SpecV oder SpecAg. Vgl. dazu Artikel Nr. 24.

Eine in vielen Varianten vorgeschlagene Idee ist nun, daß die thematische Markierung im Einklang zwischen den beiden Hierarchien geschieht, also folgende Beziehung gilt: Wenn die Rolle θ_1 hierarchisch höher als θ_2 ist, dann ist auch die grammatische Funktion GF-θ_1, an die θ_1 zugewiesen wird, höher als die Funktion GF-θ_2, der θ_2 zugewiesen ist.

Nehmen wir also an, das Verb *kill* habe das thematische Raster (Agens, Patiens). Dann wird in Bloomfields Satz (3) Agens dem Subjekt, Patiens dem Objekt zugewiesen.

(3) The farmer killed the duckling
    SUBJ   DO
    Ag ←⎯⎯⎯⎯⎯⎯⎯⎯→ Pat

Die Frage ist nun, wie man diese Art von Zuweisung semantisch zu interpretieren hat. Chomsky (1981, 61) beruft sich in diesem Zusammenhang auf Davidson (1967). Demnach wäre der Satz etwa zu interpretieren als: „Es gab ein Ereignis, welches ein Töten ist mit dem Farmer als Agens und dem Entchen als Patiens". Als Formel ausgedrückt wäre dies:

(4) $\exists e$ [**töten** (e) & AG (e, **f**) & PAT (e, **d**)]

Diese Art der Formalisierung liegt z. B. in Krifka (1989) und Parsons (1991) vor. Dowty (1991) weist darauf hin, daß Davidson diese Formalisierung explizit ablehnt. Ferner erinnert Dowty an einige schwerwiegende Probleme dieses Ansatzes. So haben etwa die folgenden beiden Sätze die gleichen Wahrheitsbedingungen:

(5) a. Ede kauft ein Haus von Otto
    b. Otto verkauft ein Haus an Ede

Jedes Kaufen ist ein Verkaufen und umgekehrt. Wie aber soll hier die Rollenzuweisung funktionieren? Nehmen wir einmal an, (a) werde wie folgt formalisiert:

(6) $\exists e \exists x$ [**Kaufen** (e) & AG (e, **Ede**) & TH (e, x) & **Haus** (x) & QUELLE (e, **Otto**)]

Das erste, was man bemerkt, ist, daß man sich mit der Zuweisung der Rollen schwertut. Wie dem auch sei: AG wird dem Subjekt und TH dem direkten Objekt zugewiesen, während QUELLE als Adjunkt realisiert wird. Da, wie gesagt, jedes Kaufen gleichzeitig ein Verkaufen ist, gibt diese Formel auch den Inhalt von (b) wieder. Dann ist aber zu erklären, warum in (b) die Rollen AG und QUELLE syntaktisch anders realisiert sind als in (a). Insbesondere kann man den naheliegenden Zusammenhang zwischen thematischer und grammatischer Hierarchie dann nicht mehr aufrecht erhalten.

Man kann natürlich sagen, daß in einigen Fällen die Zuordnung auf dem Weg lexikalischer Stipulation geschaffen werden muß. Das Beunruhigende an diesem Beispiel ist aber, daß dies nicht allein mithilfe von thematischen Rollen möglich ist. Man muß ja sagen, daß *kaufen* sein AGENS als Subjekt realisiert, *verkaufen* sein AGENS dagegen als QUELLE. Dabei können nicht die Bedeutungen von *kaufen* bzw. *verkaufen* gemeint sein, denn diese sind ja dieselbe Klasse von Ereignissen. Es kann also nur um die Form gehen. Ich schließe mich deshalb Dowtys (1991) Ansicht an, daß dieser Ansatz mit konversen Relationen nicht fertig wird.

> Parsons (1990) meint das Problem durch die Annahme lösen zu können, daß es zu jedem Kaufen ein Verkaufen gibt, das genau unter denselben Umständen geschieht und trotzdem verschieden von ihm ist. Dies ist der Weg der reinen Stipulation, der hier nicht weiter verfolgt werden soll.

Kein Problem hat man dagegen, wenn man zu Davidsons Originalansatz greift und *kaufen* als vierstellige Relation analysiert:

(7) **kaufen** (e, x, y, z)

Dies wird gedeutet als „e ist ein Kaufen von y durch x von z". Der semantische Zusammenhang zwischen *kaufen* und *verkaufen* ist nun ganz einfach zu formulieren als

(8) **verkaufen** (e, x, y, z) gdw. **kaufen** (e, y, x, z)

Man kann also *ver-* als einen Operator auffassen, der die Subjektvariable y mit der Obliquusvariablen z vertauscht. Die Formalisierung der Sätze (a) und (b) sieht in diesem Ansatz wie folgt aus:

(9) a. ∃e∃x [**kaufen** (e, **Ede**, x, **Otto**) & **Haus** (x)]
 b. ∃e∃x [**verkaufen** (e, **Otto**, x, **Ede**) & **Haus** (x)]

Allerdings ist jetzt die Rolle für die Rollenfunktionen Agens/Experiencer, Thema/Patiens usw. völlig verloren gegangen. Wir könnten zwar x Agens nennen und y Thema, aber diese Bezeichnungen wären reiner Obskurantismus. Sie haben in einem relationalen Ansatz nichts zu suchen. Darauf weist Dowty in den genannten Arbeiten zu Recht hin.

Wer also die in der Linguistik übliche Redeweise von den thematischen Rollen ernsthaft vertreten will, hat die Aufgabe, hierfür eine vernünftige konzeptuelle Grundlage zu schaffen. Diese fehlt bisher größtenteils. Außerdem wäre in einer solchen Theorie die Vorstellung aufzugeben, daß die Leerstellen des Verbs durch Funktionalapplikation im Fregeschen Sinn „gesättigt" werden. In einer neo-davidsonschen Semantik müssen die sogenannten „Argumente" selbständige Aussagen sein, die mit der durch das Verb ausgedrückten Aussage konjunktiv verbunden werden. Anschließend wird die Ereignisvariable abgebunden:

(10)
    Wladimir   Cornev   kaufte
∃e [AG$_e$ (Wladimir) & TH$_e$ (Cornev) & kaufte$_e$]
    SU   DO   PRÄD

Wer diesen Ansatz wählt, sollte also konsequenterweise die von Frege herkommende Terminologie vom „funktionalen Komplex", die in der generativen Grammatik üblich ist, ganz eliminieren. Funktionalkomposition und dergleichen hätten in der Linguistik auch nichts zu suchen.

Wählt man dagegen einen Geordneten-Argument-Ansatz, was wir für das Folgende tun werden, so kann man sich die „thematische Markierung" als funktionale Applikation vorstellen. Der kategorialgrammatische Ansatz nimmt an, daß *kaufen* einen **bestimmten logischen Typ** hat, nämlich ⟨e*, ⟨e, ⟨e, ⟨e, t⟩⟩⟩⟩. Dies ist ein Typ von vierstelligen Prädikaten, der so kodiert ist, daß nach Anwendung auf das erste Argument (das ein Ereignis sein muß, was durch den Stern angedeutet ist) eine dreistellige Funktion entsteht, nach Anwendung auf das zweite eine zweistellige, nach Anwendung auf das dritte eine einstellige und nach Anwendung auf das vierte eine Satzbedeutung (z. B. ein Wahrheitswert oder eine Proposition) entsteht. Diesen Ansatz kann man Fregesch nennen, weil er von der Vorstellung ausgeht, daß das Verb eine Funktion ausdrückt, die gesättigt werden muß. Die Art der Kodierung geht auf Schönfinkel (1924) zurück und ist heute unter Semantikern allgemein gängig. Vgl. z. B. Dowty/Wall/Peters (1981). Der logische Typ entspricht vermutlich der sogenannten **S-Selektion** (semantische Selektion) der generativen Grammatik (vgl. Artikel 24). Ein ernsthafter Vergleich mit generativen Ansätzen ist allerdings nicht möglich, da dieser Zweig der Theorie nach meiner Kenntnis in der Generativen Grammatik nie ausgearbeitet worden ist.

> Logische Typen werden in der Literatur rekursiv so aufgebaut, daß man endlich viele Grundtypen g$_1$, ..., g$_n$ einführt und dann z. B. sagt: Wenn t$_1$, ..., t$_n$ und t Typen sind, dann ist auch ⟨t$_1$, ..., t$_n$, t⟩ ein Typ. Der Typ der transitiven Verben wäre dann z. B. ⟨e, e, t⟩, wobei e der Typ der Individuen und t der Typ der Wahrheitswerte oder Propositionen wäre. In der semantischen Literatur findet man meistens geschönfinkelte Kodierungen, d. h. der gerade genannte Typ wird kodiert als ⟨e, ⟨e, t⟩⟩. In der Kategorialgrammatik werden die Typen direkt als syntaktische Kategorien aufgefaßt, in Montagues Schriften werden den syntaktischen Kategorien Typen zugewiesen. Der Terminus selbst kommt von Russells Typentheorie her.

Wählt man dieses Format, so liegt es nahe, von einer D-strukturellen Konfiguration auszugehen, in der die Argumente des Verbs im Sinne des logischen Typs angeordnet sind. Z. B. könnte der Eintrag für *kaufen* der folgende sein:

> **kaufen**(e)(x)(y)(z) ist wahr genau dann, wenn e eine Handlung ist, mittels derer z y von x kauft.

Legt man diesen Ansatz zugrunde, so sähe die logische Form für unseren Satz ungefähr folgendermaßen aus:

(11) ∃e [$_S$ Wladimir [$_{VP}$ Cornev [$_{V'}$ (von) Mario [$_V$ kaufte (e)]]]]

Dies ist so zu verstehen, daß die Argumente sukzessiv abgesättigt werden. Die Ereignisvariable wird schlußendlich existentiell abquantifiziert, d. h. die Bedeutung von (11) wird durch die Formel (12) wiedergegeben:

(12) ∃e [**kaufen**(e) (**Mario**) (**Cornev**) (**Wladimir**)]

Die thematische Markierung ist hier also voll durch den Begriff der Funktionalapplikation ersetzt worden.

Geschönfinkelte Formeln sind lästig zu lesen. Wir werden im folgenden deshalb eine an die Prädikatenlogik anknüpfende Schreibweise benutzen, die als Abkürzung für das typentheoretische Original gelten soll. Wir schreiben statt (12):

(13) ∃e [**kaufen**$_e$ (**Wladimir, Cornev, Mario**)]

Die Ereignisvariable nennen wir **implizites Argument**, weil sie in der Syntax nicht sichtbar realisiert wird. Implizite Argumente notieren wir als Indizes am Prädikat. Das erleichtert die Lesbarkeit.

Wir vereinbaren den folgenden Bodensatz für unsere LF:

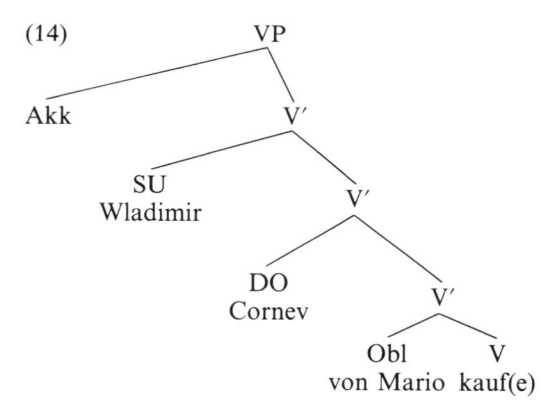

(14)
```
              VP
             /  \
           Akk   V'
               /    \
              SU     V'
           Wladimir /  \
                   DO   V'
                 Cornev / \
                      Obl  V
                   von Mario kauf(e)
```

Mit anderen Worten, die impliziten Argumente (neben Ereignis auch noch Welt, Zeit und eventuell Ort) werden an das Verb in Klammern geschrieben. Die expliziten Argumente werden in der untersten VP projiziert, und zwar in der Reihenfolge, die durch den logischen Typ festgelegt ist (die beliebig kodiert sein kann). Sämtliche Verbkomplemente sind in der untersten VP kasuslos. Sie müssen also in die strukturelle Kasusposition bewegt werden. Bevor wir QR-en, rekonstruieren wir, d. h. wir machen die strukturell getriebene Bewegung rückgängig. Dies ist zwar nicht unbedingt notwendig, wird aber transparenter. Allerdings verfahren wir nicht immer konsequent. Manchmal benutzen wir LFs, die mehr an der Oberfläche orientiert sind, wie in der Literatur üblich.

8.3. Implizite Argumente

Die Interpretation der LF hängt ganz wesentlich von Argumenten des Verbs und von Prädikaten allgemein ab, die in der Syntax nicht offen realisiert werden. Wir wollen sie **implizite Argumente** nennen. In der Standardliteratur spielen diese Parameter in der Regel eine Schattenrolle. Es wird fast immer nur über QR und verwandte Regeln geredet. Die Manipulation der impliziten Argumente ist aber mindestens ebenso wichtig. Hier liegt meines Erachtens eine der zentralen Aufgaben künftiger Forschung.

Ein implizites Argument haben wir bereits kennengelernt, nämlich den Ereignisparameter. Wir ignorieren dieses für die folgende Diskussion wieder und betrachten das Zeit- und das Weltargument, welche wir für die Behandlung von Tempus und Modalität benötigen.

8.3.1. Tempus

Wir überlegen uns hier, daß das Tempus im allgemeinen keine semantische Einheit mit dem Stamm bilden kann. Dies spricht für eine sehr abstrakte logische Form im Sinne des skizzierten Ansatzes. Man betrachte dazu die folgenden beiden Sätze:

(15) (a) Heute lächelte Charlotte immer
     (b) Heute lächelte Charlotte einmal

Der erste Satz bedeutet „Für jede Zeit in Heute, die vor der Äußerungszeit liegt, gilt: Charlotte lächelt zu dieser Zeit". Der zweite Satz besagt: „Es gibt eine Zeit in Heute, die vor der Äußerungszeit liegt, zu der Charlotte lächelt". An diesen Formulierungen sieht man, daß das Tempus zum restriktiven Teil des Quantifikationsverbs *immer/einmal* gehört, während das Verb zum Nuklearbereich des Quantors gehört.

> Die Terminologie geht vermutlich auf Heim (1982) zurück. Ein Quantor hat in der LF immer die Form
> Quantor + Restriktion + Nukleus.
> Der Quantor bzw. ein Lambda-Operator bindet die freien Variablen im restriktiven und im nuklearen Teil. Die Gliederung selbst ist in Lewis (1975) explizit thematisiert worden. Die letztgenannte Arbeit ist

1. Die Aufgaben der Syntax

ein Meilenstein für die gesamte Semantik und LF der Quantifikation.

Wählt man eine Formalisierung der Art, wie sie in von Stechow (1991) vorgeschlagen wird, so kann man die Bedeutungen der Sätze durch die folgenden Formeln wiedergeben, wobei der Ereignisparameter zunächst ignoriert ist.

(16) (a) $\forall t\, [t \subseteq \textbf{heute}\,(t_0)\, \&\, t < t_0 \rightarrow \textbf{lächeln}_t\,(\textbf{Charlotte})]$
 (b) $\exists t\, [t \subseteq \textbf{heute}\,(t_0)\, \&\, t < t_0\, \&\, \textbf{lächeln}_t\,(\textbf{Charlotte})]$

heute (t_0) ist der Tag, in dem die Äußerungszeit t_0 liegt. Würde die durch das Präteritum ausgedrückte temporale Relation „t ist vor t_0" beim Verb lokalisiert sein, d. h. falls *lächelte* bedeuten würde „lächelte zu einer Zeit vor jetzt", dann wäre es unmöglich, diese Information kompositionell zur Restriktion des Quantifikationsadverbs zu schlagen. Eine abstrakte Syntax des hier entwickelten Typs hat mit der kompositionalen Interpretation dagegen keine Probleme, wie der folgende Baum veranschaulicht.

tischen Wert des oberen TP-Knotens auf den semantischen Wert des Namens **heute** (t_0) anwenden müssen. Die Auswertung führt zu der Formel:

(18) $\lambda p \lambda p \forall t^* [t^* \subseteq t\, \&\, p(t^*) \rightarrow q(t^*)]\, (\lambda t\, [t < t_0]\, (\lambda t.\, \textbf{lächeln}_t\,(\textbf{Charlotte}))$
 $= \forall t^*\, [t^* \subseteq t\, \&\, t^* < t_0 \rightarrow \textbf{lächeln}_t\,(\textbf{Charlotte})]$

Man sieht an dieser Auswertung, daß mit Argumenten gearbeitet wird, die an der Oberfläche unsichtbar sind und die deshalb durch einschlägige logische Operationen manipuliert werden müssen.

Für die Theorie der LF ist ferner wichtig, daß *immer* durch mehr als eine Bedingung beschränkt werden kann:

(19) a. Charlotte lächelte immer, wenn Eduard vorlas
 b. Charlotte wird immer lächeln, wenn Eduard vorliest/vorlesen wird
 c. Charlotte lächelte immer, als Eduard vorlas

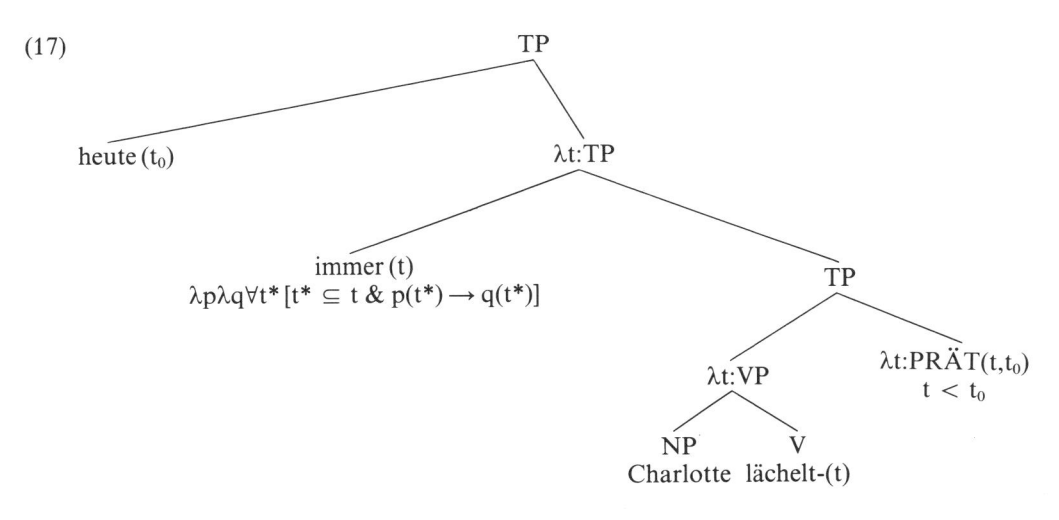

(17)
```
                              TP
                  /                      \
          heute (t₀)                    λt:TP
                              /                    \
                    immer (t)                      TP
          λpλq∀t*[t* ⊆ t & p(t*)→q(t*)]       /        \
                                         λt:VP         λt:PRÄT(t,t₀)
                                         /   \            t < t₀
                                        NP    V
                                    Charlotte lächelt-(t)
```

Wir haben die Kongruenzprojektion AgP weggelassen, weil sie für die Interpretation nicht benötigt wird. Ferner haben wir das Subjekt in die VP zurückgeschoben, weil es dort systematisch hingehört. Wenn die Deutung der mit logischen Hilfszeichen versehenen Knoten nicht selbstevident ist, haben wir die logische Übersetzung darunter geschrieben.

Man muß den Baum „typengetrieben" auswerten, d. h. so applizieren, wie es der logische Typ verlangt (vgl. Rooth/Partee 1982). In diesem Fall bedeutet dies, daß wir den seman-

Die beiden ersten Sätze werden gedeutet als (20 a) respektive (20 b):

(20) a. $\forall t\, [t < t_0\, \&\, \textbf{vorlesen}_t\,(\textbf{Eduard}) \rightarrow \textbf{lächeln}_t\,(\textbf{Charlotte})]$
 b. $\forall t\, [t > t_0\, \&\, \textbf{vorlesen}_t\,(\textbf{Eduard}) \rightarrow \textbf{lächeln}_t\,(\textbf{Charlotte})]$

In diesen Fällen beschränkt der *wenn*-Satz das temporale Quantifikationsadverb. Das Tempus im Nebensatz (oder das des Hauptsatzes?) kann als redundant angesehen werden. Für die Syntax ergibt sich, daß der *wenn*-Satz eng zum Quantifikationsadverb gehören muß.

Für die Interpretation brauchen wir also die folgende Klammerung:

(21) [$_{QA}$ immer, PRÄT, wenn Eduard vorlas] [Charlotte lächel]

Der uns zur Verfügung stehende Baum aber hat vermutlich die Form

(22) [[$_{QA}$ immer, wenn Eduard vorlas] [[Charlotte lächel] PRÄT]],

wobei vorausgesetzt ist, daß der in der S-Struktur extraponierte wenn-Satz in die Adjunktsposition des Quantifikationsadverbs rekonstruiert wird.

Um diese LF interpretieren zu können, müssen wir *immer* als dreistelligen Quantor analysieren, dessen erste beide Argumente Restriktionen sind und dessen drittes Argument der Nukleus ist. Mit anderen Worten, die benötigte Deutung ist

(23) $\lambda p \lambda q \lambda r \forall t^* [t^* \subseteq t \, \& \, p(t^*) \, \& \, q(t^*) \rightarrow r(t^*)]$.

Das Beispiel zeigt also, daß man *immer* nicht einheitlich übersetzen kann. Wir müssen vielmehr eine systematische Vielfalt von logischen Typen annehmen (**Polymorphismus**). Der Quantor arbeitet den Baum sukzessive von oben nach unten ab: Er nimmt erst den wenn-Satz, dann das Präteritum und schließlich die VP als Nukleus.

An dieser Stelle zeigt sich, daß Knoten, die durch Adjunktion geschaffen sind, nicht unbedingt eine einzige Bedeutung haben. Durch Adjunktion kann man sich vielmehr mehrere Bedeutungen merken, bis ein Funktor diese verknüpft.

Diese Auffassung widerspricht einer von der Kategorialgrammatik herkommenden Praxis, die jeden Knoten interpretiert. Dies läßt sich nicht machen. Ebenso ist Skepsis gegenüber Diesings (1990) Vorschlag angebracht, wonach es einen „Baumspaltungs-Algorithmus" gibt, der für jeden Quantor in der LF das Lewis/Heimsche Format herstellt. Die syntaktischen Transformationen, die das leisten könnten, sind nicht ausgearbeitet, und ich sehe auch nicht, wie sich das plausibel machen lassen könnte. Der hier skizzierte Vorschlag benötigt dergleichen nicht.

Die Lesart des Satzes (c) wird durch die folgende Formel dargestellt:

(24) $\forall t^* (t^* \subseteq \iota t [t < t_0 \, \& \, \textbf{vorlesen}_t(\textbf{Eduard})] \, \& \, t^* < t_0 \rightarrow \textbf{lächeln}_t(\textbf{Charlotte}))$

Die *als*-Phrase fungiert hier wie ein temporales Rahmenadverb. Die durch sie ausgedrückte temporale Kennzeichnung ist auf vergangene Zeiten beschränkt, weshalb das Tempus des Hauptsatzes semantisch redundant ist.

Die wenigen Beispiele geben zu einer Fülle von Fragen Anlaß. Wo sind die impliziten Argumente genau angesiedelt? Wie werden sie semantisch manipuliert? Welche logischen Operationen und Kompositionalitätsprinzipien braucht man? Wie interagieren sie? Innerhalb der eigentlichen GB-Literatur gibt es dazu nach meiner Kenntnis keine ernsthaften Vorschläge. Man ist fast zur Gänze auf die Arbeiten angewiesen, die aus der Montague-Tradition stammen. Die große zu lösende Aufgabe besteht darin, den Schatz der dort gesammelten semantischen Einsichten mit dem syntaktischen Wissen der GB-Tradition zu kombinieren. Zur Temporalsemantik verweise ich auf Bäuerle (1979), Dowty (1979), Fabricius-Hansen (1986), Klein (1991), Ogihara (1989), Stump (1985).

8.3.2. Modalität

Modale verhalten sich in allen wesentlichen Punkten parallel zum Tempus. Der Abschnitt ist daher sehr knapp gehalten.

Eine „buletische" Lesart des Satzes

(25) Eduard muß vorlesen

könnte sein: „In jeder Welt w, in der zu t_0 der Fall ist, was sich Charlotte in der wirklichen Welt w_0 zur Zeit t_0 wünscht, gilt: Eduard liest in w zu t_0 vor." Dies kann man durch die folgende Formel ausdrücken:

(26) $\forall w \, [w_0 R_{t_0} w \rightarrow \textbf{vorlesen}_{(w, t_0)}(\textbf{Ede})]$

$w_0 R_{t_0} w$ ist zu lesen als „in w ist zu t_0 der Fall, was sich Charlotte zur Zeit t_0 in der Welt w_0 wünscht". Es handelt sich hier um eine aus der Modallogik bekannte **Zugänglichkeitsrelation** (vgl. z. B. Hughes/Cresswell 1968 oder Kratzer 1978). Die relevante LF, aus der sich diese Formel bestimmen läßt, muß etwas wie der folgende Baum sein: [(27) siehe nächste Seite]

Dieser Baum wird in die Formel

(28) $\exists t \, (t = t_0 \, \& \, \lambda p \forall w \, [w_0 R_{t_0} w \rightarrow p(w)]$
$(\lambda w. \, \textbf{vorlesen}_{(w, t)}(\textbf{Ede})))$
$= \exists t \, (t = t_0 \, \&$
$\forall w \, [w_0 R_{t_0} w \rightarrow \textbf{vorlesen}_{(w, t)}(\textbf{Ede})])$

übersetzt, die äquivalent mit der obigen gewünschten Lesart ist.

1. Die Aufgaben der Syntax

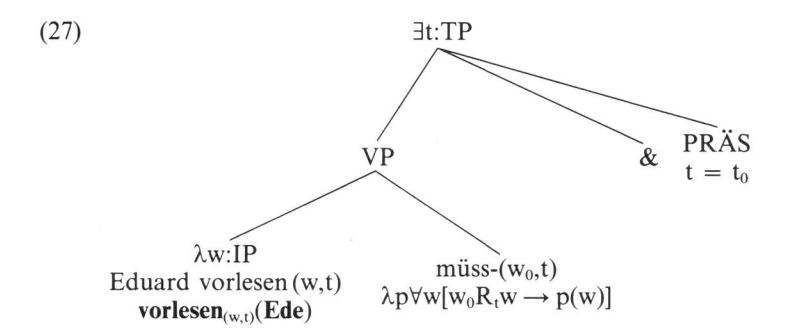

(27)
```
                    ∃t:TP
                   /    \
                  /      \
                VP        & PRÄS
               /  \          t = t₀
              /    \
         λw:IP      müss-(w₀,t)
    Eduard vorlesen(w,t)   λp∀w[w₀R_tw → p(w)]
    vorlesen_(w,t)(Ede)
```

Beschränkung von Modalität durch einen *wenn*-Satz wird ganz analog zu der Beschränkung von Temporaladverbien analysiert, nur daß diesmal das Modalverb die Rolle des Quantors spielt. Ein Satz wie *Wenn Eduard vorliest muß Charlotte lachen* hat also etwa die folgende relevante LF:

(29)
```
                              VP
                            /    \
                           /      \
                         IP        V
                        /  \       muß-(w₀,t₀)
                       /    \      λpλq∀w[w₀R̄_{t₀}w & p(w) → q(w)]
                  λw:CP      λw:IP
           wenn Eduard vorliest(w,t)  Charlotte lachen (w,t)
           vorlesen_(w,t₀) (Ede)      lachen_(w,t₀) (Charlotte)
```

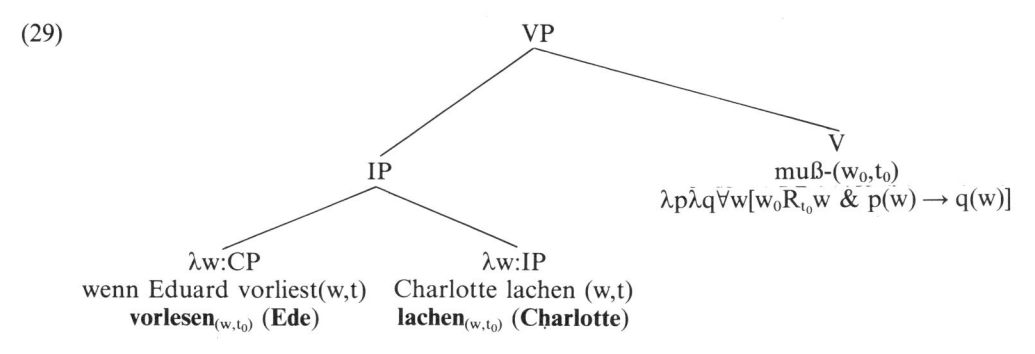

Wie man sieht, ist dieses *muß* nicht als einstelliges Prädikat von Propositionen gedeutet, sondern als zweistelliges. Das erste Argument davon ist das IP-Adjunkt, das zweite die IP selbst. Die Einbeziehung des Tempus geschieht analog zu der vorigen LF. Der Baum führt zu der Formel:

(30) $\lambda p \lambda q \forall w\ [w_0 R_{t_0} w\ \&\ p(w) \rightarrow q(w)]$
    $(\lambda w.\ \mathbf{vorlesen}_{(w,\,t_0)}\ (\mathbf{Ede}))$
    $(\mathbf{lachen}_{(w,\,t_0)}\ (\mathbf{Charlotte}))$
    $= \forall w\ [w_0 R_{t_0} w\ \&$
    $\mathbf{vorlesen}_{(w,\,t_0)}\ (\mathbf{Ede})$
    $\rightarrow \mathbf{lachen}_{(w,\,t_0)}\ (\mathbf{Charlotte})]$

Die Zugänglichkeitsrelation $w_0 R_{t_0} w$ kann für dieses Beispiel gelesen werden als „In jeder Welt w, in der Charlotte zu t_0 die Eigenschaften hat, die durch ihre Dispositionen in w_0 zu t_0 festgelegt sind, gilt ...".

Obwohl also Modale und Temporale Quantoren sind, werden sie in LF nicht bewegt. Dies liegt an ihrer syntaktischen Kodierung als Köpfe. Mir ist kein Fall von einem Kopf bekannt, der in der transparenten LF bewegt werden müßte. Ein Gleiches scheint übrigens für Adverbiale zu gelten. Im Gegensatz zu Pollock (1988) nehme ich allerdings an, daß Adverbiale an verschiedenen Positionen basisgeneriert werden können. Vgl. dazu von Stechow (1991). Wer im übrigen mit Chomsky (1989) LF-Bewegungen für Köpfe annehmen möchte, der kann dies getrost tun: Man kann sich über Lambda-Abstraktion die D-Position eines Kopfes grundsätzlich merken. Semantisch läuft dies stets auf Rekonstruktion heraus. Ich habe diese Möglichkeit hier nicht verfolgt, weil sie die Darstellung nur kompliziert hätte.

8.4. Quantifikation

8.4.1. Quantorenanhebung (QR)

Das bekannteste Prinzip für den Aufbau der logischen Form ist Montagues (1970b) Regel des **Hineinquantifizierens** („Quantifying in"), eine Regel, die von May (1977 und 1985) unter dem Namen **QR** („Quantifier Raising") in die generative Grammatik eingeführt worden ist. Die Regel findet sich als „Quantifier Lowering" bereits in der sogenannten generativen Semantik (Lakoff 1971, McCawley 1971).

Quantorenphrasen werden in der Sprache zum Beispiel durch NPs ausgedrückt. Sie haben den logischen Typ $\langle\langle e, t\rangle, t\rangle$, d. h. sie sind Mengen von Mengen. Anders ausgedrückt, sie **s-selegieren** Mengen von Individuen. („s" steht für „semantisch".) Da alle NPs in der D-Struktur als Argumente eines Prädikats erzeugt werden und diese Argumente in der Regel vom Typ e sind, kann man die Quantorenphrase nicht an Ort und Stelle („in situ") interpretieren. Man muß die Phrase als Operator herausbewegen und eine Variable hinterlassen, über die abstrahiert wird. Auf das Abstrakt kann man dann die Quantorenphrase anwenden. In einem solchen Fall ist QR also eine durch den logischen Typ bzw. die S-Selektion getriebene Bewegung. Wenn wir ein Nominal mittels QR aus einem Bereich herausbewegen, wollen wir im folgenden sagen, daß es **skopiert** wird, weil das Abstrakt gerade der Skopus des Nominals ist. Man betrachte dazu die Sätze:

(31) a. weil in Sizilien ein Polizist vor jeder Bank steht
b. weil in diesem Viertel ein Polizist bereits in jeder Bank abkassiert hat

Ignoriert man das rahmensetzende Lokaladverb, so läßt sich die pragmatisch plausible Lesart für den ersten Satz paraphrasieren als: „Für jede Bank gibt es einen Polizisten, der an einem Ort vor ihr steht".

Der zweite Satz hat eine analoge Lesart, aber auch eine, die sich wie folgt wiedergeben läßt: „Es gibt einen Polizisten, der in jeder Bank abkassiert hat."

Die Standardmethode für die Analyse der beiden Lesarten besteht darin, eine relative Skopusambiguität der im Satz vorhandenen beiden Nominale anzunehmen. Die beiden genannten Lesarten lassen sich wie folgt symbolisieren:

(32) $\forall y$ (**Bank** (y) → $\exists x$ [**Polizist** (x) & $\exists l$ (**vor**$_l$ (y) & **stehen**$_l$ (x))])
(33) $\exists x$ [**Polizist** (x) & $\forall y$ (**Bank** (y) → $\exists e$ **abkassieren-in**$_e$ (x, y))]

Die LFs, die diese Formeln repräsentieren, sind die folgenden Strukturen, wobei von Feinheiten abgesehen wird:

(32*) [$_S$ jede Bank λy [$_S$ ein Polizist λx [$_S$ $\exists l$ [$_{VP}$ vor (y, l) & stehen (x, l)]]]]
(33*) [$_S$ ein Polizist λx [$_S$ eine Bank λy [$_S$ $\exists e$ [$_{VP}$ abkassieren-in (e, x, y)]]]]

Hier sind die beiden Nominalien durch die Regel QR an S (oder die VP) adjungiert worden und haben eine Spur hinterlassen. Die Spur wird als Variable gedeutet, und der Bewegungsindex kann als Lambda-Operator interpretiert werden, der die Variable bindet.

Im folgenden schreiben wir statt der Leerstellen gleich Variablen in die LF, und statt der Koindizierung schreiben wir direkt den Lambda-Operator (vgl. dazu Heim 1989). Dies führt zu der korrekten Interpretation, wenn man die beiden Nominalien wie von Montague vorgeschlagen als generalisierte Quantoren deutet, nämlich *jede Bank* als die Menge der Eigenschaften, die jede Bank hat und *ein Polizist* als die Menge der Eigenschaften, die ein Polizist hat:

(34) *jede Bank* bedeutet: $\lambda P \forall y$ [**Bank** (y) → P(y)]
(35) *ein Polizist* bedeutet: $\lambda P \exists x$ [**Polizist** (x) & P(x)]

Es sollte deutlich sein, daß sich (33*) direkt in die folgende Formel übersetzen läßt.

(36) $\lambda P \exists x$ [**Polizist** (x) & P(x)] ($\lambda x.\lambda P \forall y$ [**Bank** (y) → P(y)] ($\lambda y.$ $\exists e$ **abkassieren-in**$_e$ (x, y))) = $\exists x$ [**Polizist** (x) & $\forall y$ [**Bank** (y) → $\exists e$ **abkassieren-in**$_e$ (x, y)]]

Die Äquivalenz ergibt sich durch viermalige Lambda-Konversion, wie die Leserin auf ihrem PC nachrechnen möge.

Zur Abbindung der Ereignisvariable in der VP bemühen wir das von Diesing (1990) vorgeschlagene Prinzip, demzufolge alle freien Variablen in der VP unselektiv existentiell abquantifiziert werden.

Für die obigen Beispiele ist QR zur Ausbuchstabierung von Skopusmehrdeutigkeit benutzt worden. Die Regel hat aber einen anderen, mindestens ebenso wichtigen Effekt: Sie kann als **Abstraktionsregel** aufgefaßt werden, und Abstraktion braucht man zur Variablenbindung.

(38) Niemand soll glauben, daß er alle diese Probleme lösen kann.

Die Lesart, in der *er* durch *niemand* gebunden wird, hat ungefähr folgende LF:

(39) Niemand λx [$_S$ x soll glauben, daß er$_x$ alle diese Probleme lösen kann]

Diese Repräsentation kodiert die intendierte Bedeutung korrekt. Ganz offensichtlich muß sie mithilfe von QR hergestellt werden. Ich sehe keine plausible Alternative zu dieser Analyse.

Man kann Variablenbindung prinzipiell durch Kombinatoren nachspielen. Für meinen Geschmack werden die Analysen dann oft recht abwegig. Um die letztgenannte Lesart zu erhalten, muß man *er* als Operator auffassen, der aus *soll glauben daß* die „Konstituente" *soll glauben daß er macht*, welche die Bedeutung

λPλQ.Q (λx.x soll glauben daß P(x))

hat, wobei Q vom NP-Typ ist. Wendet man diese Funktion auf „kann alle diese Probleme lösen" und „niemand" in dieser Reihenfolge an, erhält man genau die korrekte Bedeutung. Derartige Analysen sind z. B. von Anna Szabolsci in einer Reihe von Schriften vorgeschlagen worden. Ich habe das Vorgehen in von Stechow (1989) ausführlich kritisiert und gehe darauf hier nicht weiter ein.

Im weiteren Text verwenden wir die folgenden Konventionen. Wir unterscheiden lexikalisch zwischen **Variablenpronomina** $er_{x'}$, $sie_{y'}$, ..., $sich_{z'}$ ... und **deiktischen Pronomina** er_1, sie_2 ... usw. Die ersteren werden als Variablen interpretiert, die zweiten sind kontextabhängige Konstanten.

Da QR eine durch die semantische Selektion getriebene Bewegung ist, ergibt sich, daß wir nicht QR-en müssen, wenn der logische Typ dies nicht verlangt. In Montagues (1970 b) *Universal Grammar* ist das der Fall für das Verb *suchen*. Nach Montague wird *Edwin sucht eine Frau* im wesentlichen formalisiert als:

(40) **suchen**$_w$ (**Edwin**, λwλP∃x[**Frau**$_w$(x) & P(x)])

P ist hier vom Typ ⟨e, t⟩, d. h. des Typs der Mengen von Individuen. **Frau** ist eine Funktion von Welten in Mengen von Individuen, usw. Dies kann gelesen werden als „In jeder Welt w*, in der Edwin findet, wonach er in der wirklichen Welt w sucht, trifft λwλP∃x [**Frau**$_w$(x) & P(x)] auf die Eigenschaft „von Edwin gefunden zu werden" zu, d. h. in jeder Finden-Welt gibt es eine Frau, welche Edwin dort findet.

Die LF, welche diese Lesart darstellt, sieht etwa so aus:

(41) [$_S$ Edwin [$_{VP}$ λw.eine Frau$_w$ [sucht$_w$]]]

Aus dieser Information kann man die eben genannte Lesart offensichtlich gewinnen. Will man nun die Lesart ausdrücken, daß Edwin eine bestimmte Frau sucht, sagen wir Anna, verkompliziert sich die Analyse erheblich. Wir müssen nämlich den Quantor *eine Frau* skopieren und brauchen trotzdem noch eine NP-Intension an der ursprünglichen Stelle. Montagues Analyse dazu wird durch die folgende Formel wiedergegeben:

(42) λP∃x [**Frau**$_w$(x) & P(x)] (λx.**suchen**$_w$ (**Edwin**, λwλPP$_w$(x)))
= ∃x [**Frau**$_w$(x) & **suchen**$_w$ (**Edwin**, λwλPP$_w$(x))]

Diese Formel wird durch die LF

(43) [$_S$ eine Frau(w) λx [$_S$ Edwin [$_{VP}$ λwλPP$_w$(x) [sucht(w)]]]]

ausgedrückt.

Das Beispiel zeigt, daß QR-Spuren in der Regel nicht platt als Individuenvariablen gedeutet werden können. Im vorliegenden Fall ist die Spur vielmehr von erheblicher Komplexität: Sie muß als λwλPP$_w$(x) interpretiert werden. Allerdings ist lediglich die Variable x der eigentliche Bewegungsindex. Die Umgebung darum ist durch den logischen Typ des Verbs erzwungen. Es ist klar, daß man sich eine allgemeine Theorie für die Interpretation solcher Spuren wünscht. Für die GB-Literatur besteht hier meines Erachtens eine echte Aufgabe. Die in der Standardliteratur diskutierten Fälle von QR ignorieren dieses Problem. Wir werden sehen, daß es eine Reihe von Erscheinungen gibt, die wie Quantifikation aussehen, die aber mit der Regel QR nicht behandelt werden können.

> Zimmermann (1992) führt gute Gründe dafür an, daß Montagues Analyse nicht ganz stimmt. Man erhält bessere Resultate und kann auch eine vernünftigere Bedeutungsregel formulieren, wenn man *ein Einhorn* nicht als Quantor, sondern im Sinn von Heim (1982) als Eigenschaft auffaßt. *Suchen* bettet also keine Quantorenintensionen ein, sondern einstellige Eigenschaften von Individuen. Am Grundsätzlichen ändert diese Verbesserung aber nichts.
> May (1985) sagt, daß das Objekt von *suchen* genau wie andere Objekte analysiert wird und deshalb ebenfalls skopiert wird. Man quantifiziert dann angeblich über nicht-existierende oder fiktionale Dinge im Sinne von Parsons (1980). Es gibt keinerlei Hinweis, wie das gemeint sein könnte. Ich glaube nicht, daß man Mays Behauptung befriedigend rekonstruieren kann.

8.4.2. Zur Reichweite von QR

In der Regel wird gesagt, daß die Reichweite von QR durch den finiten Satz begrenzt ist, wie immer man diese Beschränkung herleiten mag (z. B. mit den Techniken, mit denen man im Deutschen Scrambling auf den finiten Satz einschränken muß). So kann etwa der Satz *Otto hat den Professor kennengelernt, den je-*

der Student bewundert nicht bedeuten: „Für jeden Studenten gilt: Otto hat den Professor kennengelernt, den dieser bewundert". Es scheint nun Ausnahmen für diese Beschränkung zu geben:

(43) Jemand von uns glaubt, daß ein Priester in Lourdes ihn heilen kann.

Hier gibt es einen bestimmten Priester, der jemand von uns in allen seinen Glaubenswelten heilt. Da *glauben* eine versteckte universelle Quantifikation über Welten beinhaltet, sieht es so aus, als müßte man die NP *ein Priester in Lourdes* aus dem finiten Satz hinaus skopieren. Andererseits kann der Satz

(44) Jemand von uns glaubt, daß jeder Priester in Lourdes ihn heilen kann.

keine Lesart haben, in der *jeder Priester in Lourdes* weiten Skopus bezüglich *jemand* hat, obwohl dies in dem Satz

(45) Jemand kennt jeden Priester aus Lourdes.

möglich ist. Damit wird es ziemlich fragwürdig, ob der universale Term weiten Skopus bezüglich „glauben" haben kann. Man müßte zwischen verschiedenen Termen bezüglich der Möglichkeit von langem QR unterscheiden. Indefinite Terme verhalten sich anders als „starke Quantoren" wie *jeder*. So etwas wird in der Literatur seit einiger Zeit versucht (vgl. Pafel 1991).

Derartige Parametrisierungen des relativen Quantorenskopus sind aber zunächst rein deskriptiv, und man würde sich wünschen, diese Eigenschaften aus der Semantik der Terme herzuleiten. Die Spekulation liegt nahe, daß indefinite Terme wie der genannte als Namen fungieren können, für deren Kennzeichnung der Sprecher zuständig ist, während auf der Inhaltsebene nur das bezeichnete Individuum relevant ist. Dann läge kein QR vor und es wäre klar, daß diese Verwendung von Indefinita immer mit weitestem Skopus einhergeht, denn Namen sind skopuslos (vgl. dazu Fodor/Sag 1982). Bevor man also zu komplizierten strukturellen Theorien der LF wie May (1985) greift, die nicht befriedigend funktionieren (vgl. Berman/Hestvik 1991), sollte man näher über die Semantik der entsprechenden Indefinita nachdenken.

Ohne dieses Problem hier weiter verfolgen zu wollen, verweise ich auf klassische Fälle von temporalen und modalen Kontexten, die ähnlich aussehen, bei denen aber mit QR nichts zu machen ist.

(46) Eines Tages wird jeder Lebende tot sein.

Das Beispiel stammt von van Benthem. Die intendierte Lesart ist

(47) $\exists t \, [\textbf{Tag}(t) \, \& \, t > t_0 \, \& \, \forall x \, (\textbf{leben}_{t_0}(x) \rightarrow \textbf{tot}_t(x))]$

Mithilfe von QR kann man diese Bedeutung nicht erlangen. Würde man nämlich das Nominal *jeder Lebende* mithilfe von QR über *eines Tages* und das Futur hinausziehen, erhielte man die Bedeutung

(48) $\forall x \, [\textbf{leben}_{t_0}(x) \rightarrow \exists t \, (\textbf{Tag}(t) \, \& \, t > t_0 \, \& \, \textbf{tot}_t(x))]$

Dies ist aber nicht gemeint: Wir haben einen einzigen künftigen Tag im Sinn, an dem alle jetzt Lebenden endlich tot sind.

Denselben Punkt kann man mit modalen Kontexten machen. In Cresswell (1991) werden Sätze der folgenden Art diskutiert, die völlig parallel zu van Benthems Beispiel gebaut sind:

(49) Es könnte der Fall eintreten, daß alle Reichen arm würden.

Wenn wir die temporale Komponente vernachlässigen, kann man die intendierte Bedeutung etwa wie folgt ausdrücken:

(49*) $\exists w \, [w_0 R w \, \& \, \forall x \, (\textbf{reich}_{w_0}(x) \rightarrow \textbf{arm}_w(x))]$

Genau wie eben ist mit QR nichts zu machen.

In unserer Semantiksprache käme man freilich überhaupt nicht auf die Idee, daß in diesen Beispielen skopiert werden muß. Das liegt daran, daß diese Sprache extensional ist. In einem intensionalen Rahmen, wie er in der Semantik seit Montagues Schriften üblich ist, sind die impliziten Argumente aber nicht direkt der Quantifikation zugänglich. Es gibt dort nur eine Welt- und eine Zeitvariable, und sobald ein Term eingebettet wird, werden diese Variablen durch den Intensor (den Lambda-Operator für die impliziten Variablen) abgebunden. Dann können sie sich nicht mehr auf die wirkliche Welt oder die aktuelle Zeit beziehen. Damit dies nicht eintritt, muß man skopieren. Genau dies ist aber nicht möglich.

Das Problem des langen QRs kann seinen Ursprung also einmal in einem zu restriktiven semantischen Werkzeug haben, zum anderen darin, daß die Semantik indefiniter Terme und auch anderer Quantoren noch nicht beherrscht wird. Hier ist noch ein weites Feld für die Forschung offen. Das Problem der

Repräsentation und Manipulation des Welt- und des Zeitarguments wird auch in Heim (1991) angesprochen.

8.4.3. QR und Ellipsen

Nach May (1985) zeigen gewisse elliptische Konstruktionen erstens, daß es QR geben muß, zweitens, daß Namen nicht skopiert werden dürfen. Da wir die Existenz von QR ohnehin nicht bezweifeln, gehen wir nur auf den zweiten Punkt ein.

(50) (a) Dulles suspected everyone who Angleton did
(b) *Dulles suspected Philby who Angleton did

Die LF für (a) ist die folgende:

(51) everyone who$_x$ Angleton did [$_{VP}$ *suspect x*] λx (Dulles AGR [$_{VP}$ suspect x])

Zuerst wird skopiert, dann wird die entleerte VP durch eine Kopierregel in die Lücke hinter *did* eingesetzt. Das kopierte Material ist durch Kursivsatz gekennzeichnet. Der wichtige Punkt für die Motivation von QR ist natürlich, daß man die VP vor der Anwendung von QR nicht kopieren kann, weil es sonst zu einem unendlichen Regreß käme: Könnte man *Philby who Angleton did* skopieren, so müßte auch (b) gut sein. Also kann man Namen nicht skopieren. So läuft das Argument.

Hier liegt ein Problem vor, das vielleicht mit dem Status von nichtrestriktiven Relativsätzen zu tun hat. Wie dem auch sei, konzeptuell und empirisch ist es von Nachteil, QR derart einzuschränken. Z. B. ist es dann nicht möglich, Reflexiva einheitlich als Variablenpronomina zu behandeln. Einige Vorkommen von Reflexiva müssen aber Variablenpronomina sein, z. B. das Reflexiv in *Niemand hat sich vorbereitet*. Legt man also auf Einheitlichkeit Wert, so muß man das Antezedens eines Reflexivs skopieren, denn nur durch Abstraktion kann eine Variable gebunden werden, und QR ist die einzige einschlägige Abstraktionsregel für diesen Fall: *Otto rasiert sich* muß dann die LF [*Otto* λx [x *rasiert sich*$_x$]] haben.

Sag (1975) schlägt eine Analyse von gewissen Bloße-Rest-Ellipsen (**Bare-Remnant-Ellipsis**) vor, die wesentlich Gebrauch davon macht, daß Namen skopiert werden können:

(52) (a) Mom$_F$ wants her to choose me$_F$, and Dad Sue (= Dad wants her to choose Sue).
(b) Mom$_F$ wants her$_F$ to choose me, and Dad Sue (= Dad wants Sue to choose me).

Sag nimmt an, daß fokussierte NPs obligatorisch skopiert werden. Die LF für (52a) ist die folgende:

(53) Mom λx [me λy] [x wants her to chose y]], and Dad λx [Sue λy [*x wants her to chose y*]]

Die Idee ist, daß nun der entleerte Satz, hier durch Kursivsatz markiert, getilgt werden kann, weil er eindeutig rekonstruierbar ist. Die beiden „Reste" *Dad* und *Sue* haben keine parallelen Antezedentien und bleiben so erhalten. Die LF für (52b) konstruiert man in analoger Weise und erhält das korrekte Resultat. (Die beste Methode, um zu der LF (53) zu gelangen, ist vermutlich, die S-Struktur „[$_S$ Mom$_F$ wants her to choose me$_F$] and [$_S$ Dad Sue [$_S$ e]]" anzunehmen. Anschließend wird das Antecedens für die Ellipse durch Skopieren aufgebaut. Dann wird es in [$_S$ e] hineinkopiert.)

Es ist klar, daß Sags Analyse davon lebt, daß sich Namen skopieren lassen. Man kann freilich einwenden, daß fokussierte Namen keine Namen mehr sind, sondern eine andere Bedeutung erhalten, die sie zu Quantoren macht. Abgesehen davon, daß dies begründet werden müßte, zeigt Rooth (1992), daß Sags Fokusanalyse den Kern der Sache zwar nicht trifft, daß aber die LF-Konstellation mit skopierten Namen die korrekte ist. Leider kann ich darauf hier nicht eingehen, da die Fokussemantik einige zusätzliche Seiten erfordern würde. Wir nehmen also an, daß QR eine völlig allgemeine Regel ist. Jede NP kann skopiert werden.

8.5. Abstraktion

8.5.1. Vorbemerkung

Variablenbindung verlangt in unserem Ansatz immer Abstraktion. Schaut man sich die bisherigen Fälle von Quantifikation im Hinblick auf ihre allgemeine Form an, so liegt eine Art von Modularisierung nahe. Es liegt stets eines der beiden folgenden Muster vor:

Funktor (λx [... x ...])
Argument (λx [... x ...])

Wir haben gesehen, daß diese Konstellationen gerade durch QR erzeugt werden. Letztlich hat die Abstraktion als solche aber gar nichts mit QR zu tun. Man erwartet also auch Abstraktbildung ohne sichtbare Bewegung. Attribute und Koordinationen gehören zu solchen Erscheinungen. Andere Erscheinungen, bei denen man in der Literatur nicht von QR redet, involvieren dagegen diese Regel bei näherer Betrachtung. Wir führen nun einige derartige Phänomene vor.

8.5.2. Attribute

Attribution ist ein Phänomen, das zuweilen Abstraktion ohne QR verlangt. Betrachte *eine liebe Frau* und *ein angeblicher Graf*. Die Bedeutungen sind

(54) (a) $\lambda P \exists x$ [**lieb**$_w$(x) & **Frau**$_w$(x) & P(x)]
    (b) $\lambda P \exists x$ [**angeblich**$_w$ (λw [**Graf**$_w$(x)]) & P(x)]

Man sieht an dieser Stelle, daß die Komposition völlig verschieden funktioniert, obwohl die Konstruktionen syntaktisch gleich gebaut sind. **angeblich** ist ein Modaloperator („in jeder Welt, in der der Fall ist, was in der wirklichen Welt angeblich der Fall ist") und verlangt eine Proposition als Argument. **lieb** und **Frau** bezeichnen dagegen Mengen, die bei einer solchen Adjunktion zum Schnitt gebracht werden (was soll man sonst damit tun?). Die Komposition ergibt sich einfach von der Sache her. Die Montaguesche Analyse, die beide Adjektive als Funktoren interpretiert, die aus einer Eigenschaft vom Typ $\langle s, \langle e, t \rangle \rangle$ wieder eine machen, verschleiert diesen Sachverhalt. Die unterschiedliche Komposition muß letztlich in den lexikalischen Regeln wieder zum Vorschein kommen.

Das Fazit ist, daß Adjunkte verschieden behandelt werden müssen, je nachdem, was sinnvoll für die Komposition ist. Hier nach einer einheitlichen Behandlung zu suchen, bedeutet, Einhörner zu suchen (Klaus Brockhaus, p. M.).

Ein weiterer interessanter Punkt ist, daß sämtliche Argumente der Konstruktion implizit sind. Wenn wir die jeweilige Subjektsvariable nicht in den Index geschrieben haben, dann nur deshalb, weil es so der logische Brauch ist.

Die LFs für die beiden Konstruktionen sollten aufgrund dieser Bemerkung klar sein. Zur Sicherheit für die Leserin geben wir den Baum für die Konstruktion (54b) an:

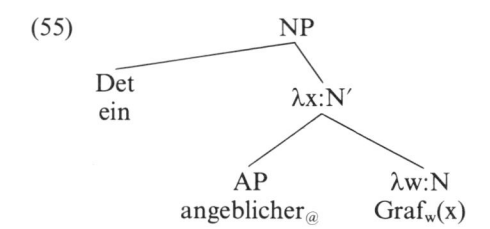

(55)
```
            NP
           /  \
         Det   λx:N′
         ein   /    \
              AP    λw:N
         angeblicher_@  Graf_w(x)
```

Der Klammeraffe steht hier für die Welt, welche der relative Ausgangspunkt der Zugänglichkeit ist.

8.5.3. Koordination

Koordinationen sind ein Paradefall für Abstraktionen ohne offene Bewegung. Betrachte:

(56) (a) [Franz liebt Olga oder Franz liebt Pepi]
    (b) [daß Franz Olga liebt oder daß Franz Pepi liebt]
    (c) Franz liebt [Olga oder Pepi]
    (d) Franz [liebt Olga oder wird von ihr geliebt]

Hier sind Konstituenten koordiniert. Semantisch gesehen verknüpft *oder* zwei Wahrheitswerte, deswegen müssen in der transparenten logischen Form sämtliche Koordinate Wahrheitswerte ausdrücken. Dies führt zu den folgenden Bäumen, deren Interpretation jeweils angegeben ist.

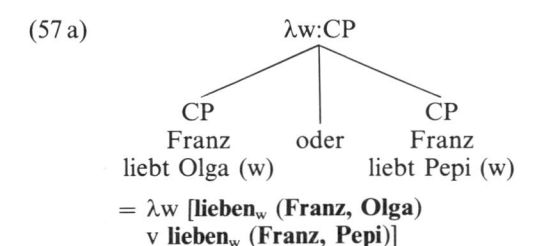

(57a)
```
              λw:CP
             /      \
            CP       CP
         Franz     Franz
      liebt Olga (w)  liebt Pepi (w)
```
= λw [**lieben**$_w$ (**Franz, Olga**) v **lieben**$_w$ (**Franz, Pepi**)]

Hier sind zwei Wahrheitswerte durch *oder* verknüpft, und anschließend ist durch Abstraktion die Proposition gewonnen worden.

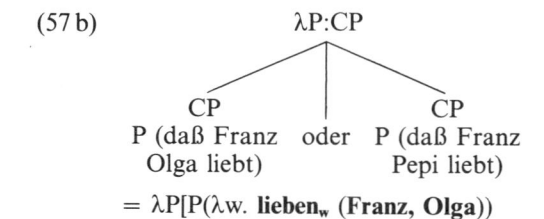

(57b)
```
              λP:CP
             /      \
            CP       CP
      P (daß Franz   P (daß Franz
       Olga liebt)    Pepi liebt)
```
= λP[P(λw. **lieben**$_w$ (**Franz, Olga**)) v P(λw **lieben**$_w$ (**Franz, Pepi**))]

Für diesen Baum ist mit Frege und Montague angenommen, daß *daß*-Sätze immer Propositionen ausdrücken. Bevor man sie mit *oder* verknüpfen kann, muß man sie extensionalisieren. Dies geschieht durch Anwendung einer

1. Die Aufgaben der Syntax

Prädikatenvariable P auf die jeweilige Proposition. P ist hier eine Variable für Mengen von Propositionen. Wir werden in Abschnitt 8.8. zur Interrogativität sehen, daß die beiden Interpretationsstrategien real sind. Die erste Formalisierung wird für die Behandlung von Entscheidungsfragen benötigt, die zweite für die Analyse von Alternativfragen.

(57 c)

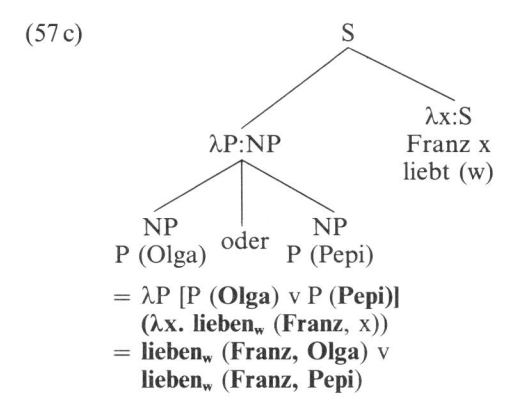

```
                    S
                   / \
              λP:NP   λx:S
              /|\     Franz x
            NP oder NP   liebt (w)
         P(Olga)  P(Pepi)
```

= λP [P (**Olga**) v P (**Pepi**)]
  (λx. **lieben**$_w$ (**Franz**, x))
= **lieben**$_w$ (**Franz, Olga**) v
  lieben$_w$ (**Franz, Pepi**)

Im Baum (57 c) bedeutet der Term *Olga oder Pepi* einen Existenzquantor („Es gibt ein x, x ist Olga oder x ist Pepi ..."), der natürlich skopiert werden muß. Diese Analyse ist bereits in Montagues PTQ vorgeschlagen.

Der letzte Baum (siehe unten) zeigt, wie ich mir die Interpretation des Passivs vorstelle. Die *von*-Phrase wird wie Montagues Kopula als Identität gedeutet. Fehlt sie, wird die Subjektvariable existentiell abquantifiziert, ohne daß eine neue Argumentstelle für die „Reaktivierung" der „Subjektrolle" bereitgestellt wird. „von niemandem geliebt werden" ist also die Eigenschaft λx[**Niemand** (λz ∃y [**Person**(y) & y = z & **lieben**$_w$ (y, x)])]. Den Existenzquantor kann man sich durch die Passivmorphologie realisiert vorstellen. Das paßt gut zur Bakerschen Passivsyntax.

Sämtliche typentheoretischen Verallgemeinerungen der Koordination, die in der Literatur vorgeschlagen worden sind, sind nach diesem Schema aufgebaut. Für die recht umfangreiche Literatur sei stellvertretend Rooth/Partee (1982) genannt.

Die Methode erlaubt eine naheliegende Verallgemeinerung auf die Koordination von Nicht-Konstituenten:

(58) [jeder alte und kein neuer] Gedanke

(57 d)

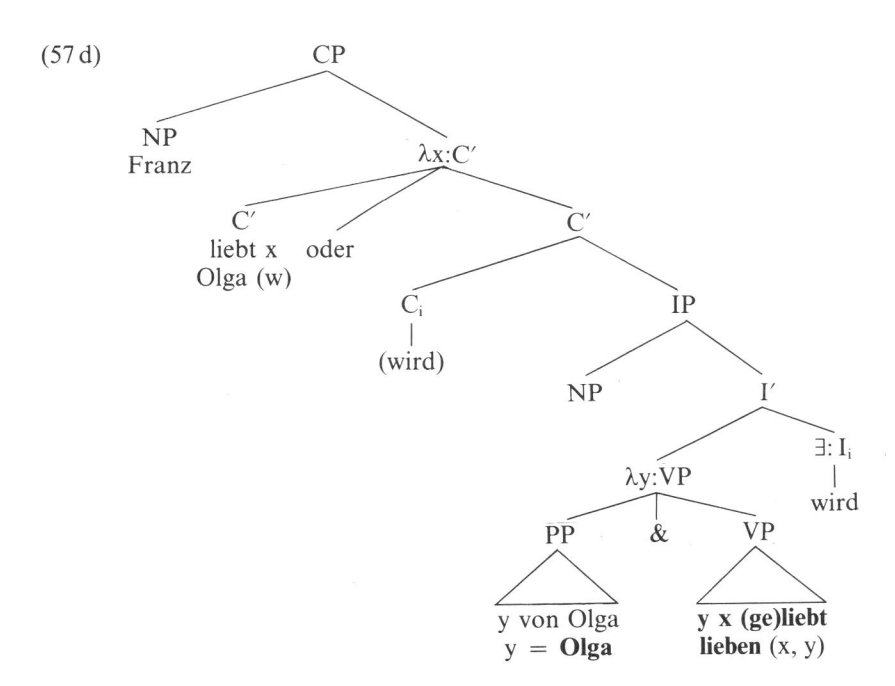

```
                        CP
                       /  \
                      NP   λx:C'
                     Franz / \
                         C'   C'
                       liebt x oder / \
                       Olga (w)    C_i  IP
                                    |   / \
                                  (wird) NP  I'
                                        /\   \
                                      λy:VP  ∃:I_i
                                      / | \   |
                                    PP & VP  wird
                                    /\    /\
                                   y von Olga  y x (ge)liebt
                                   y = Olga    lieben (x, y)
```

λx (**lieben**$_w$ (x, **Olga**) v
  ∃y [y = **Olga** & **lieben**$_w$ (y,x)]) (**Franz**)
= **lieben**$_w$ (**Franz, Olga**) v
  ∃y [y = **Olga** & **lieben**$_w$ (y, **Franz**)])
  = **lieben**$_w$ (**Franz, Olga**)
     v **lieben**$_w$ (**Olga, Franz**)

(59) [Franz liebt und Otto haßt] Pepi

Die Interpretation ist völlig klar. Der erste Ausdruck wird in die folgenden Formeln übersetzt, die mit naheliegenden Abkürzungen arbeiten:

(60) $\lambda VP(\lambda N$ [**jeder alte$_w$** N VP & **kein neuer$_w$** N VP] (**Gedanke$_w$**)) = λVP [**jeder alte$_w$ Gedanke$_w$** VP & **kein neuer$_w$ Gedanke$_w$** VP]

Für die Variablen haben wir hier mnemotechnische Zeichen verwendet, die klar machen, was für sie eingesetzt werden muß.

Analog verfährt man bei der Interpretation für den zweiten Ausdruck. Das einzige Problem ist, wie die Syntax aussehen soll. Hält man an dem verbreiteten Dogma fest, daß nur Konstituenten koordiniert werden können, muß man den ausgeklammerten Ausdruck in der Syntax adjungieren, was in der Literatur **Right-Node-Raising** genannt wird. Die LF für den gerade diskutierten Ausdruck sieht dann wie folgt aus:

Form: Es werden zwei entfernte strukturelle Positionen identifiziert. Die Bäume zeigen noch etwas anderes: Es gibt keine eindeutige Korrespondenz zwischen den syntaktischen Knoten und der semantischen Wertart. Z. B. bezeichnet CP mal einen Wahrheitswert, mal eine Proposition, mal eine Menge von Propositionen. Welche Entität gerade benötigt wird, das ergibt sich aus den einschlägigen Interpretationsstrategien, die hier exemplarisch vorgeführt werden, deren Erfassung und Beschränkung durch eine allgemeine Theorie eine der großen offenen Aufgaben ist.

Die konzeptuelle Einfachheit dieser Analyse lebt wesentlich davon, daß mit Variablen gearbeitet wird. Zum Beispiel hat der unterste N-Knoten keine konstante Bedeutung. Er besagt „x ist ein y". Versteift man sich darauf, daß dieses in der natürlichen Sprache nicht zugelassen ist, muß man hier bereits lokal abbinden, also ein Abstrakt der Form $\lambda x \lambda y(y(x))$ bilden. Dann wird alles recht unübersichtlich und man landet bei der verallgemeinerten Kategorialgrammatik, die darauf

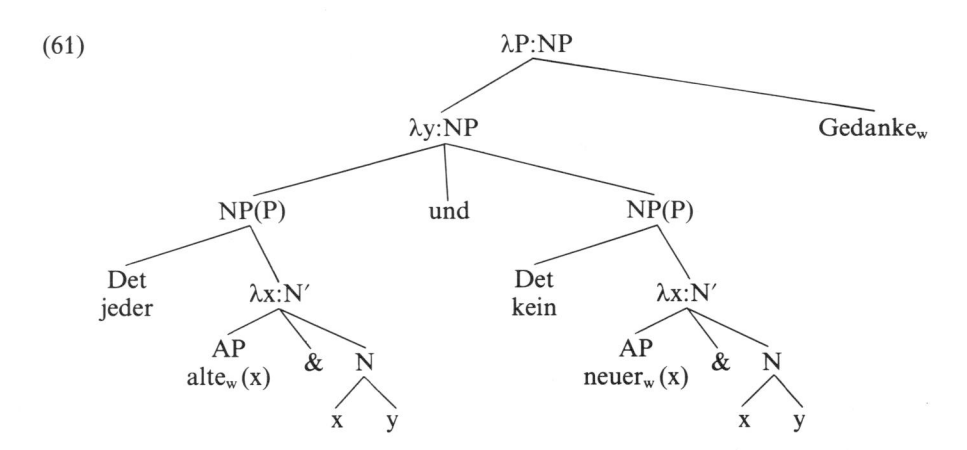

(61)
```
                            λP:NP
                   ┌──────────┴──────────┐
                λy:NP                  Gedanke_w
        ┌─────────┼─────────┐
      NP(P)      und      NP(P)
      ┌──┴──┐            ┌──┴──┐
     Det  λx:N'          Det  λx:N'
     jeder ┌─┴─┐         kein  ┌─┴─┐
          AP    N              AP    N
       alte_w(x) & ┌─┴─┐    neuer_w(x) & ┌─┴─┐
                   x   y                  x   y
```

Die Operation & ist hier interpoliert worden, weil man sie für die semantische Komposition benötigt. y ist eine Variable vom Typ $\langle e, t \rangle$. Man sieht an dieser Stelle, daß die Subjektvariable x des Nomens am besten in der Syntax projiziert wird, denn sie wird bei der Bewegung zurückgelassen. Das implizite Weltargument kann man mitnehmen, man könnte es aber auch zurücklassen und müßte es dann ebenfalls projizieren.

Die Bäume zeigen, daß in der LF bewegt worden ist, und zwar wurde in gewisser Weise „simultan skopiert". Mit Sicherheit ist Variablenbindung involviert und zwar in starker

besteht, daß bereits *jeder alte und kein neuer* und *Franz liebt und Otto haßt* syntaktische Konstituenten sind. Diese Strategie ist nach meiner Meinung nicht günstig, weil damit ein durch das X-bar-Schema determinierter Konstituentenbegriff aufgegeben wird, der sich syntaktisch recht gut bewährt hat. Ich habe dies in von Stechow (1989) ausführlich diskutiert. Von der Semantik her besteht meines Erachtens keine Notwendigkeit zu dieser syntaktischen Konsequenz, das sollten die Erörterungen klargestellt haben.

Auf das Problem der Nicht-Konstituenten-Koordination wurde erstmals von Geach

(1970) hingewiesen. Geach schlägt bereits vor, den Konstituentenbegriff so zu verallgemeinern, daß alle Koordinate Konstituenten sind. Gazdar (1980 und 1981) übernimmt letztlich Geachs Vorschläge, die er etwas lesbarer notiert. Dies führt dann zur sogenannten Verallgemeinerten Phrasenstruktur-Grammatik. In der Verallgemeinerten Kategorialgrammatik sind diese Ideen aufgenommen worden (vgl. Dowty 1988). Beide Ansätze sind konzeptuell sehr ähnlich.

8.5.4. Kontrolle

Kontrolle ist semantisch die Identifizierung zweier Argumente. Da dies mittels Abstraktion geschehen muß, gehört Kontrolle eigentlich unter den Abschnitt QR, obwohl bei der Diskussion der Regel in der Literatur darüber meistens nicht geredet wird. Die folgenden Beispiele verdeutlichen den Punkt.

(62) Sie$_1$ versprach jedermann [PRO$_1$ sich für ihn einzusetzen]

(63) Sie bat viele$_1$ [PRO$_1$ sich für sie einzusetzen]

Wenn ein mögliches Antezedens für PRO vorhanden ist, dann wird dies als Variablenpronomen gedeutet, d. h., es muß gebunden werden. Da Bindung durch ein Argument QR voraussetzt, muß also der jeweilige Kontrolleur skopiert werden. Im ersten Beispiel liegt „Subjektkontrolle" vor, im zweiten Fall „Objektkontrolle". Wir skopieren somit das Subjekt bzw. das Objekt und ersetzen die koindizierten Positionen durch Variablen. Sieht man von weiteren Details ab, führt dies zu den folgenden beiden LFs:

(64) sie λx_1 [x_1 versprach jedermann [x_1 sich für ihn einzusetzen]]

(65) viele λx_1 [sie bat x_1 [x_1 sich für sie einzusetzen]]

Interpretiert man die Pronomina *ihn* bzw. *sie* auch noch als Variablenpronomina, so kommen als Antezedentien dafür offenbar *jedermann* beziehungsweise *sie* in Frage. Diese müssen folglich ebenfalls skopiert werden, und man erhält die folgenden beiden LFs:

(66) [jedermann λy [sie λx_1 [x_1 versprach y [x_1 sich für y einzusetzen]]]]

(67) [sie λy [viele λx_1 [y bat x_1 [x_1 sich für y einzusetzen]]]]

Semantisch gesehen ist also Kontrolle und Bindung von Pronomina ein und derselbe Prozeß.

Eine Frage, welche die Gemüter viel bewegt hat ist, wie die Kontrolleigenschaften von Verben wie *versprechen* und *bitten* zustandekommen bzw. notiert werden. Bech (1955/57), der diese Phänomene als erster auf hohem theoretischen Niveau diskutiert hat, nimmt dafür lexikalische Einträge an. Er würde z. B. sagen, daß *versprechen* ein Verb einbettet, dessen logisches Subjekt (bei ihm „logischer Nominativ") sich nach dem Subjekt des einbettenden Verbs „orientiert". Zur Formulierung dieser Eigenschaften gibt es einen präzisen Formalismus. Die GB-Literatur stellt sich das offenbar ganz ähnlich vor, wenn sie von obligatorischer Kontrolle spricht.

Es spricht allerdings einiges dafür, daß diese Sichtweise zu mechanistisch ist. Wichtig ist lediglich, daß PRO in diesen Konstellationen eine Variable ist, die so gebunden wird, wie es semantisch am sinnvollsten ist. Zum Beispiel muß das PRO unter *versprechen* sich nicht partout auf das Matrixsubjekt beziehen. In *Der Hauptmann versprach dem Leutnant, PRO demnächst befördert zu werden* ist „Kontrolle" von PRO durch *dem Leutnant* sinnvoll. Eine Übersicht über die sogenannte Kontrolltheorie findet sich z. B. in von Stechow/Sternefeld (1988).

Eine rein lexikalische Analyse der Kontrolle ist schon alleine wegen des Phänomens der „gespaltenen Kontrolle" nicht möglich:

(68) Ulli$_1$ schlug Susanne$_2$ vor, [PRO$_{1,2}$ auszugehen]

Die LF für diesen Satz muß etwa sein wie

(69) Ulli λx [x Susanne λy [x schlug y vor [(x + y) auszugehen]]]

Hierbei steht (x + y) für die Gruppe, die aus x und y besteht. Man sieht, daß das Prädikat des Infinitivsatzes von der Gruppe (x + y) ausgesagt wird. Diese wird durch PRO bezeichnet, während keine andere Stelle in der Syntax als Träger dieser Information in Frage kommt. Eine Theorie, die PRO nicht in der Syntax vorsieht, muß diese Information also wieder in der logischen Form einbauen. Wie immer man also zur syntaktischen Rechtfertigung der leeren Kategorie PRO stehen mag, in der Semantik braucht man sie.

Kontrolle kann auch in sogenannten **Small Clauses** vorliegen (auf deutsch Koprädikative). Man betrachte z. B. den Satz *Neneng aß den Reis ungewaschen*. Der Satz hat die Lesarten „Neneng aß den ungewaschenen Reis" und „Der ungewaschene Neneng aß den

Reis". Die S-Struktur für die Nebensatzversion ist vielleicht das folgende Gebilde (vgl. von Stechow 1991):

(70) Neneng [$_{VP}$ den Reis$_1$ [$_{V'}$ [$_{AP}$ PRO$_1$ ungewaschen] [$_{V'}$ t$_{nom}$ [$_{V'}$ t$_{akk}$ ess-]]]] T Ag
(71) Neneng$_1$ [$_{VP}$ den Reis [$_{V'}$ [$_{AP}$ PRO$_1$ ungewaschen] [$_{V'}$ t$_{nom}$ [$_{V'}$ t$_{akk}$ ess-]]]] T Ag

Auf der Ebene der S-Struktur werden also das Subjekt und das direkte Objekt in die Nominativ- bzw. die Akkusativposition bewegt und kommen so vor die an VP adjungierte Small Clause zu stehen. Ein Korollar dieser Analyse ist, daß *ungewaschen* nicht in das Verb *ess-* eingebettet werden kann und so der Intuition Rechnung getragen wird, daß *ungewaschen essen* kein komplexes Verb ist (vgl. Stowell 1991). Wir werden sehen, daß dies für resultative Small Clauses gerade anders ist.

PRO ist nicht durch das Verb regiert. Auf LF muß der Kontrolleur von PRO dieses Variablenpronomen binden, d. h. nach Zurückbewegung des Subjekts und Anwendung von QR auf den Kontrolleur erhalten wir die folgenden Konstellationen:

(72) [$_{VP}$ den Reis λx [$_{V'}$ [$_{AP}$ PRO$_x$ ungewaschen] & [$_{V'}$ Neneng [$_{V'}$ x ess-]]]]
(73) [$_{VP}$ Neneng λx [$_{V'}$ [$_{AP}$ PRO$_x$ ungewaschen] & [$_{V'}$ x [$_{V'}$ den Reis ess-]]]]

In diesen Strukturen ist das Tempus ignoriert und das für die Einbeziehung des Adjunkts benötigte '&' interpoliert. Die LFs lassen sich direkt in die folgenden beiden Formeln übersetzen, die intuitiv korrekt sind:

(74) **der Reis** (λx [**ungewaschen** (x) & **essen** (**Neneng**, x)])
(75) **Neneng** (λx [**ungewaschen** (x) & **essen** (x, **der Reis**)])

Small Clauses sind auch unter dem Gesichtspunkt interessant, als sie zeigen, daß Kontrolle im allgemeinen nicht rein lexikalisch geregelt werden kann. Woran das PRO-Subjekt in diesen Beispielen gebunden wird, hängt einzig und allein von pragmatischen Gesichtspunkten ab, d. h. die Interpretation muß sinnvoll sein.

Es gibt zu diesen Phänomenen eine Unmasse von Literatur, die meist um syntaktische Fragen kreisen, wie, ob diese Art von Koprädikativen ein PRO-Subjekt haben, ob sie innerhalb oder außerhalb von VP stehen usw. Nach meiner Kenntnis zeichnet sich in dieser Debatte keine Einigkeit ab. Mir scheint, daß die Deutung auf jeden Fall etwas von der hier vorgeführten Art sein muß. Dann aber benötigt man für das kontrollierte Subjekt auf jeden Fall auf einer Repräsentationsebene eine Variable, ob diese nun ein PRO ist oder nicht.

Eine immer noch weitgehend ungeklärte Frage ist, ob es einen Bereich gibt, in dem PRO gebunden werden muß. Von Manzini (1983) ist eine strukturelle Kontrolltheorie vorgeschlagen worden, die im großen und ganzen so wie die Bindungstheorie für Anaphern funktioniert, nur daß man noch eine relevante Kategorie „höher" gehen muß. Die Einzelheiten solcher Ansätze sind aber noch ungeklärt und bleiben als Aufgabe bestehen.

8.5.5. Resultative Small Clauses

Der Systematik halber tragen wir hier kurz einige Bemerkungen zu resultativen Small Clauses nach:

(76) (a) Er schlug die Stühl' und Vögel tot
     (b) Er lachte sich krank
     (c) Olga betete ihren Sohn gesund

Es wird allgemein angenommen, daß in diesen Konstruktionen *totschlagen, sich krank lachen, gesundbeten* etc. komplexe Verben bilden (vgl. z. B. Stowell 1991). Also muß der Kopf der resultativen small clause in das Verb inkorporiert werden. (c) zeigt deutlich, daß das Subjekt der small clause kein Argument des Verbs sein kann, obwohl dieses den Kasus zuweist. Es handelt sich also um eine Art AcI-Konstruktion. Für die VP liegt in unserem Ansatz somit die folgende D-Struktur nahe:

(77) [$_{VP}$ Akk [$_{V'}$ Olga [$_{V'}$ [$_{AP}$ ihren Sohn gesund] [$_V$ bet-]]]]

Die Oberfläche erhält man, indem man die nominativische NP *Olga* in die strukturelle Nominativposition SpecAg bewegt, die akkusativische NP *ihren Sohn* in SpecV schiebt, *gesund* in das Verb inkorporiert, das dann seine Reise über das Tempus zur Personalendung fortsetzt.

Als Deutung wünschen wir uns eine Formel der folgenden Art:

(78) λx [CAUSE$_w$ [λw.**beten**$_{wt}$ (x),λw∃t* [**gesund**$_{wt*}$ (x's **Sohn**)]] (**Olga**)

Das CAUSE-Prädikat wird dabei nach der Methode von Lewis (1973) gedeutet („p verursacht q in w gdw. p und q in w wahr sind und in w gilt: Wenn p nicht wahr wäre, dann wäre auch q nicht wahr"). Interessant ist, daß die Relation CAUSE sowie die Information, daß die Gesundheit zu einer anderen Zeit

1. Die Aufgaben der Syntax

(natürlicherweise einer späteren) eintritt, nicht explizit ausgedrückt wird. Für eine Konstellation dieser Art hat sich diese Deutung einfach eingespielt. Man muß diese Information also interpolieren. Die LF muß also etwas sein wie:

(79) $[_{V'}$ Olga $\lambda x \ [_{V'} \ \lambda w \ [_{AP}$ ihren$_x$ Sohn gesund$_x$ (w)]
$\lambda p \ [_V \ \lambda w.$bet- (w, x) CAUSE$_@$ p]]]

Noch etwas komplizierter ist die Analyse von (76a), weil das Objekt die Subjektvariable der Small Clause binden muß, ohne daß völlig klar ist, wie diese obligatorische Bindung erzwungen werden kann:

(80) $[_{V'}$ er $\lambda x \ [_{V'}$ die Vögel $\lambda y \ [_{V'} \ \lambda w \ [_{AP}$ y tot (w)]
$\lambda p \ [_V \ \lambda w.$schlag- (w, x, y) CAUSE$_@$ p]]]]

Dies läßt sich sofort in die Formel

(81) $[\lambda x \ [\lambda y \ [\lambda p$ CAUSE$_@$ $(\lambda w.$**schlagen**$_w$ $(x, y), p) \ \lambda w.$**tot**$_w$ $(y)]$ **die Vögel**] **er**]
= CAUSE$_@$ $(\lambda w.$**schlagen**$_w$ (**er, die Vögel**), $\lambda w.$**tot**$_w$ (**die Vögel**))

übersetzen, welche die Bedeutung korrekt wiedergibt, wobei allerdings der Zeitbezug unterschlagen ist.

Die Einzelheiten der Analyse sind offen, und eine korrekte Analyse ist beim heutigen Stand der Kunst kontrovers. Die hier vorgeschlagene Analyse ist in Zusammenarbeit mit Claudia Nohl entwickelt worden.

8.5.6. Synthetische Komposita

Fabricius-Hansen (1991) weist darauf hin, daß man Kontrolle auch bei sogenannten Zusammenbildungen in der Komposition findet. In der englischsprachigen Literatur spricht man heute von synthetischer Komposition (vgl. Spencer 1991). Die LF für *Barschels Rücktrittserklärung* muß etwas wie der folgende Baum sein:

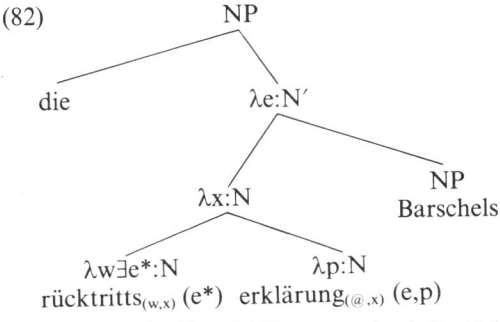

(82)
```
            NP
           /  \
         die   λe:N'
               /    \
            λx:N    NP
            /  \    Barschels
    λw∃e*:N   λp:N
  rücktritts(w,x) (e*)  erklärung(@,x)(e,p)
```

= **die** $(\lambda e \ \lambda x([\lambda p.$**Erklärung**$_{@,x}$ $(e,p) \ (\lambda w \exists e^*$ [**Rücktritt**$_{w,x}$ $(e^*)]) \ ($**Barschel**$))$
= **die** $(\lambda e \ [$**Erklärung**$_{@,\text{Barschel}}$ $(e, \lambda w \exists e^* \ [$**Rücktritt**$_{w,\text{Barschel}}$ $(e^*)])])$

@ steht hier für die wirkliche Welt. Die Interpretation verläuft also letztlich ganz genau so wie bei dem Satz *Barschel erklärt, zurückzutreten zu wollen*. Es scheint ziemlich abwegig, in solchen Fällen irgendwo ein eingebettetes PRO lokalisieren zu wollen, welches kontrolliert wird. „Kontrolle" ist also ein wesentlich allgemeineres Phänomen als die Kontrolle von PRO.

Dies sollte man vor Augen haben, wenn es um die Reichweite von Bakers Prinzip der Uniformität der Thetazuweisung (UTAH) geht, welches besagt, daß thematische Paraphrasen auf dieselbe Tiefenstruktur zurückzuführen sind. Wenn man dieses Prinzip ernst nimmt, müßte man Nominalisierungen viel abstrakter aufziehen, zum Beispiel, indem man *-ung* die Kategorie N gibt, die eine VP C-selegiert, aber einen V-Stamm inkorporiert. Die VP würde dann die Argumente projizieren usw. Derartige abstrakte Analysen müssen aber irgendwo empirisch gerechtfertigt werden. Ich selber bin, was das Deutsche betrifft, in dieser Hinsicht skeptisch und verfolge diesen Gedankengang an dieser Stelle nicht weiter.

Es ist also keineswegs so, daß alle Arten von Komposita semantisch idiosynkratisch gedeutet werden und als solche gelernt werden müssen. Synthetische Komposita verhalten sich transparent. Dies hat viele Forscher beunruhigt, weil sie den produktiven semantischen Apparat in der Syntax, nicht aber im Lexikon lokalisiert haben wollten. Da das Lexikon in unserer Konzeption ohnehin keine theoretische Rolle spielt, sehen wir keinen Anlaß zu dieser Art von Sorge. Die Aufgabe ist vielmehr, die in der Morphologie zulässigen Interpretationsprinzipien einzuschränken.

8.6. Komparativ

Ähnlich wie die Temporalität und die Modalität stützen Komparative den hier entwickelten Ansatz, der in die D-Position rekonstruiert, bevor skopiert wird. Auf Russell (1905) geht das folgende Beispiel zurück:

(83) I thought your yacht was longer than it is

Die intendierte Interpretation läßt sich durch die folgende Formel ausdrücken:

(84) $\iota d \ [$**denke**$_@$ (**Ich**, $\lambda w.$**lang**$_w$ (**deine Yacht**, d))$] > \iota d \ [$**lang**$_@$ (**deine Yacht**, d)]

Dies legt nahe, daß die LF dafür mindestens so komplex wie das folgende Gebilde sein muß: [(85) s. nächste Seite]

(85)

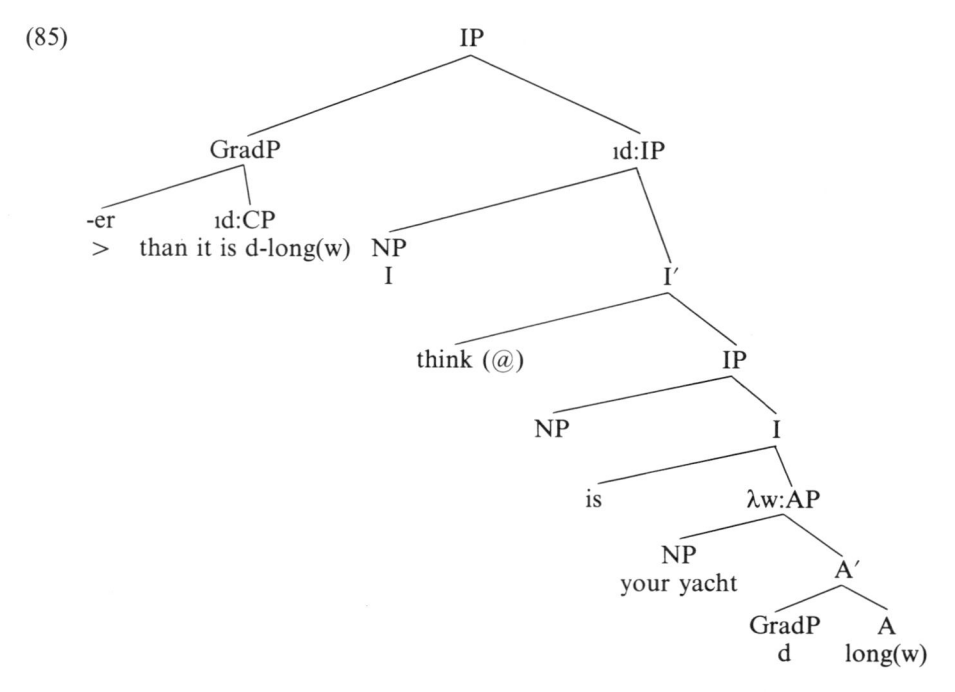

```
                    IP
           ┌────────┴────────┐
        GradP              ɪd:IP
       ┌──┴──┐           ┌───┴───┐
      -er  ɪd:CP         NP      I′
       >   than it is d-long(w)  ┌───┴───┐
                              think (@)  IP
                                      ┌──┴──┐
                                      NP    I
                                           ┌─┴─┐
                                          is  λw:AP
                                              ┌─┴─┐
                                              NP   A′
                                          your yacht ┌─┴─┐
                                                  GradP  A
                                                    d  long(w)
```

Aus diesem Baum läßt sich die Formel direkt aufbauen. Man beachte, daß die Skopierung der Gradphrase (GradP) mittels QR nicht dadurch motiviert ist, daß sich der Grad des Komparativkomplementes auf die wirkliche Welt @ beziehen muß. Diese Information könnte auch durch die Wahl des Weltindex @ geleistet werden. Es geht vielmehr darum, daß die Vergleichsrelation „mehr als" nicht zum Inhalt des Gedachten gehört.

Eine S-Struktur für den Satz, die im Stil von Bresnan (1973) aufgebaut ist, könnte etwa so aussehen:

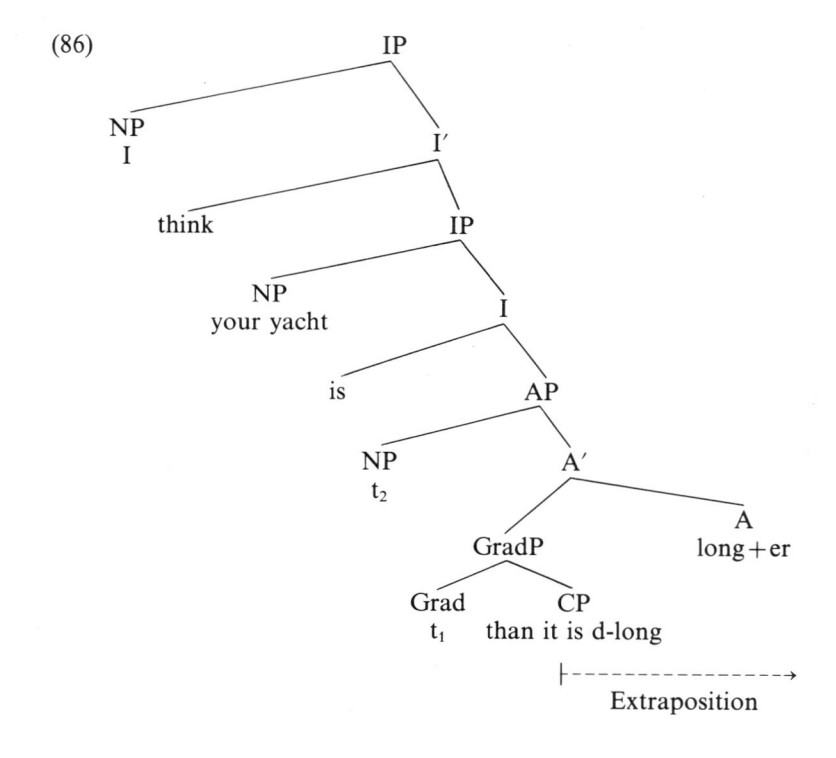

(86)

```
                 IP
         ┌───────┴───────┐
         NP              I′
         I          ┌────┴────┐
                  think       IP
                          ┌────┴────┐
                          NP         I
                       your yacht  ┌─┴─┐
                                  is  AP
                                   ┌──┴──┐
                                   NP    A′
                                   t₂  ┌─┴────┐
                                     GradP     A
                                    ┌──┴──┐  long+er
                                   Grad   CP
                                    t₁   than it is d-long
                                          ├─────────────→
                                                Extraposition
```

Vergleicht man die beiden Bäume, so sieht man, daß der inkorporierte Grad-Kopf wieder an seine D-Position zurückbewegt werden muß, ebenso muß der komparativische Komplementsatz rekonstruiert werden. Erst dann kann skopiert werden.

Dies Beispiel zeigt m. E. eindrucksvoll, daß man die S-Struktur nicht direkt interpretieren kann, zumindest nicht, ohne genau die hier vorgeführte Konstellation nachzuspielen (durch Abstraktion, die die Bewegung rekonstruiert). Bevor man skopiert, müssen vielmehr alle Köpfe rekonstruiert werden.

8.7. Negation und Kohäsion

Der folgende Satz zeigt, daß man mit einer recht abstrakten logischen Form rechnen muß:

(87) Aureliano braucht kein Pianola zu haben.

An dem Beispiel ist mehrerlei bemerkenswert:
Brauchen ist ein **Negative Polarity Item** (NPI), das im unmittelbaren Skopus einer Negation stehen muß: **Aureliano braucht ein Pianola zu haben* (vgl. Linebarger 1981). Das einzige negative Element in diesem Satz ist *kein Pianola*. Würde man dieses Nominal in LF mittels QR skopieren, so daß es weiten Skopus bezüglich des Modals *brauchen* hätte, so hätte man zwar eine Konstellation, die das NPI zumindest auf der Ebene der logischen Form lizensieren könnte, aber man würde nicht die gewünschte Lesart erhalten. Man erhielte nämlich die Formel

(88) $\neg \exists x \, [\textbf{Pianola}_@(x)$
$\& \, \forall w \, (@Rw \rightarrow \textbf{haben}_w \, (\textbf{Aureliano}, x))]$

Dies bedeutet aber „Es gibt kein Pianola, welches Aureliano haben muß". Dies besagt der Satz in seiner naheliegenden Lesart aber nicht. Er bedeutet vielmehr: „Es muß nicht so sein, daß es ein Pianola gibt, welches Aureliano hat". Diese Bedeutung wird durch die folgende Formel ausgedrückt:

(89) $\neg \forall w \, (@Rw \rightarrow \exists x \, [\textbf{Pianola}_w(x) \,\&$
$\textbf{haben}_w \, (\textbf{Aureliano}, x)])$

Man sieht, daß hier die Negation vom indefiniten Term abgetrennt ist.

Bech (1955/57), der das Phänomen entdeckt hat, hat negative Indefinita wie diese **Kohäsionen** genannt und *kein* als *nicht + ein* analysiert. Seine Idee war offensichtlich, daß man das negative Element einer Kohäsion für die Interpretation woanders lokalisieren kann als den indefiniten Teil. Man könnte also das *nicht* in LF an eine Negationsposition bewegen. Ein solcher Ansatz wäre aber nicht allgemein genug, weil in vielen deutschen Dialekten die Negation an mehreren Stellen gleichzeitig markiert ist. Das folgende bairische Beispiel ist Bayer (1990) entnommen:

(90) Ich bin froh, daß ich keine Rede nicht halden brauch

Semantisch liegt nur eine einzige Negation vor. Das Beispiel legt eine D-Struktur wie die folgende nahe:

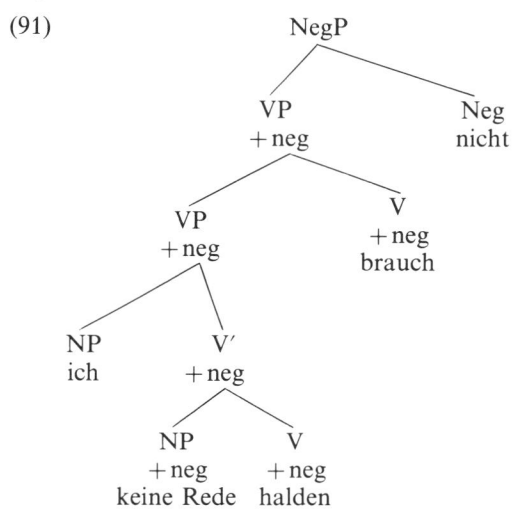

(91)
```
                NegP
               /    \
             VP      Neg
            +neg    nicht
           /    \
         VP      V
        +neg   +neg
       /    \  brauch
      NP    V'
      ich  +neg
          /    \
         NP     V
        +neg   +neg
     keine Rede halden
```

Aus diesem Baum wird die S-Struktur gewonnen, indem man *halden* zunächst links an *brauch* adjungiert und das Resultat dann rechts an *nicht* adjungiert. Dazu muß man verlangen, daß Verben stets links inkorporieren, die Negation als Adverb dagegen rechts. Gleichzeitig wird stipuliert, daß die Negation ihrem VP-Komplement das Merkmal [+neg] zuweist, das der Kopflinie entlang perkoliert und wieder an die Komplemente (nicht aber an den Spezifikator) weitergegeben wird. In allen [+neg]-Positionen kann ein NPI stehen.

Für die Deutung ist wesentlich, daß nur der Neg-Knoten die Negation beinhaltet. *Keine Rede* wird hier als „eine Rede" interpretiert. Wir setzen dabei voraus, daß indefinite Terme als offene Propositionen (im Sinne von Kamp (1981) und Heim (1982)) interpretiert werden. Außerdem nehmen wir mit Diesing (1990) an, daß freie Variablen in der VP, in der sie vorkommen, unselektiv existentiell abgebunden werden können. Die LF, welche die korrekte Interpretation liefert, ist die folgende:

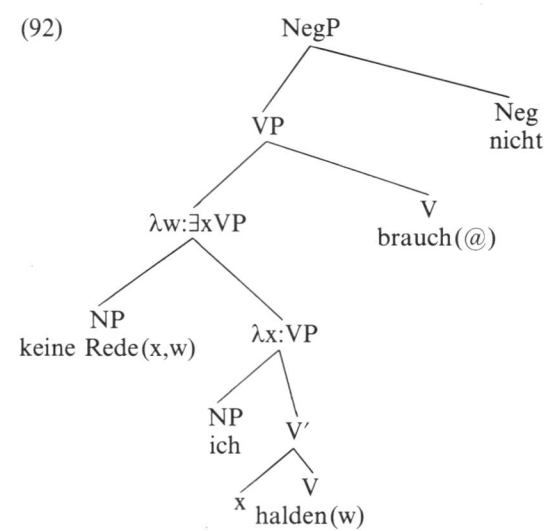

(92)
```
              NegP
            /      \
          VP        Neg
         /  \       nicht
    λw:∃xVP   V
       /  \   brauch(@)
      NP   λx:VP
  keine Rede(x,w)  / \
                  NP  V'
                  ich / \
                     x   V
                         halden(w)
```

Wenn wir voraussetzen, daß „keine Rede (x, w)" als λP [**Rede**$_w$(x) & P(x)] interpretiert wird, läßt sich der Baum direkt in die Formel

(93) ¬λp [∀w (@Rw → p(w)]
(λw∃x **Rede**$_w$(x) & **halten**$_w$ (ich, x)])
= ¬∀w (@Rw →
∃x [**Rede**$_w$(x) & **halten**$_w$ (ich, x)])

übersetzen.

Für das heutige Deutsche muß die Analyse noch abstrakter sein: In kohäsiven Konstruktionen darf der Neg-Knoten nicht offen realisiert sein. Ferner kann es nur eine kohäsive NP in der VP geben, die eine möglichst verbnahe Ergänzung sein muß.

Die Einzelheiten der Analyse sind freilich durchaus offen. Z. B. muß man bei der hier angenommenen Verbbewegung gewisse Verb-Modifikatoren mitnehmen: *Ich geh auf keine Rehdutt nicht mehr.* Hier steht *mehr* hinter *nicht*.

Wie dem auch sei, eine abstrakte Analyse der vorgeführten Art ist aus den genannten Gründen unumgänglich. Dies ist in voller Tragweite erstmalig von Jacobs (1981) erkannt worden. Zugleich zeigen semantische Erwägungen, daß z. B. Haegemans (1991) Vorschlag, die negativen NPs in LF in den Spezifikator der Neg-Phrase zu bewegen, nicht richtig sein kann. Dort stehen sie zu hoch. Daraus ergibt sich als Fazit, daß man zumindest für die transparente LF keine Analysen vorschlagen sollte, deren Interpretierbarkeit nicht gewährleistet ist.

8.8. Interrogativität

Wir diskutieren drei Arten von Fragesätzen:

(94) (a) Wer lächelt (Kategoriale Frage)
(b) ob es regnet (Entscheidungsfrage)
(c) ob es schneit oder regnet (Alternativfrage)

Der Unterschied zwischen Entscheidungsfragen (ja/nein) und Alternativfragen ist kein absoluter, denn die zweite Frage kann auch aufgefaßt werden als „ob es regnet oder nicht regnet" und die dritte kann auch durch ja oder nein beantwortet werden. Hier liegt also eine Mehrdeutigkeit vor, die bei einer guten Analyse zwanglos herauskommen sollte.

Die kategoriale Frage *wer lächelt?* wird von Karttunen (1977) (und letztlich auch Hamblin 1976) wie folgt analysiert:

(95) λp [∃x (**Person**$_@$ (x)
& p = λw **lächeln**$_w$ (x)]

Wenn das Universum in der wirklichen Welt @ z. B. nur die Personen Ede, Caroline und Sepp enthält, dann besteht die durch diese Frage bezeichnete Menge von Alternativen aus den Propositionen λw.**lächeln**$_w$(Ede), λw.**lächeln**$_w$(Caroline) und λw.**lächeln**$_w$ (Sepp).

Bei Karttunen werden aus dieser Menge die in @ wahren Propositionen ausgewählt. Von diesem Unterschied abstrahieren wir bei der folgenden Diskussion.

Die LF für eine W-Frage sieht in Karttunens System etwa so aus (wobei Karttunens Notation unseren Konventionen angepaßt ist):

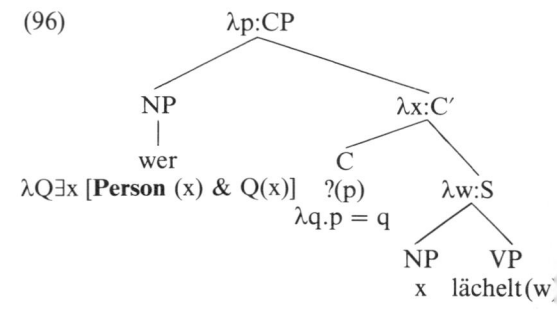

(96)
```
              λp:CP
            /       \
          NP         λx:C'
          |         /    \
         wer       C      λw:S
  λQ∃x [Person(x) & Q(x)]  ?(p)   / \
                          λq.p=q NP  VP
                                 x  lächelt(w)
```

Dieser Baum läßt sich direkt in die folgende Formel übersetzen, welche der obigen äquivalent ist, wie man durch mehrfache Lambdakonversion feststellt:

(97) λpλQ∃x [**Person**(x) & Q(x)] (λx [λq.p = q (λw.**lächeln**$_w$ (x))])

Ein wichtiger Punkt in Karttunens Analyse ist, daß Fragepronomina dieselbe Information beinhalten wie andere „assertive" Indefinitpronomina. In der Tat werden in vielen Sprachen auch beide Arten von Pronomina weitgehend gleich lexikalisiert. Zum Beispiel heißt im Koreanischen *nuku-* sowohl „jemand" als auch „wer". Entsprechend ist an

1. Die Aufgaben der Syntax

der Deutung der eigentlichen Regel der W-Bewegung auch nichts Geheimnisvolles. Alles ist genau wie bei der Regel QR. Allerdings haben wir eben den **Interrogativator** „?", der in der heutigen Literatur meistens durch das Merkmal [+WH] dargestellt wird. Dieser enthält die relativ triviale Information „p =",

ordnet. Dann wäre die Interpretation für den obigen Satz die Formel

(101) $\lambda p \exists f\ (\forall x.\textbf{Note}\ (f(x))$
$\&\ p = \lambda w \forall x\ [\textbf{Student}_w\ (x)$
$\rightarrow \textbf{kriegt}_w\ (x,\ f\ (x))])$.

Sie läßt sich aus der folgenden LF gewinnen:

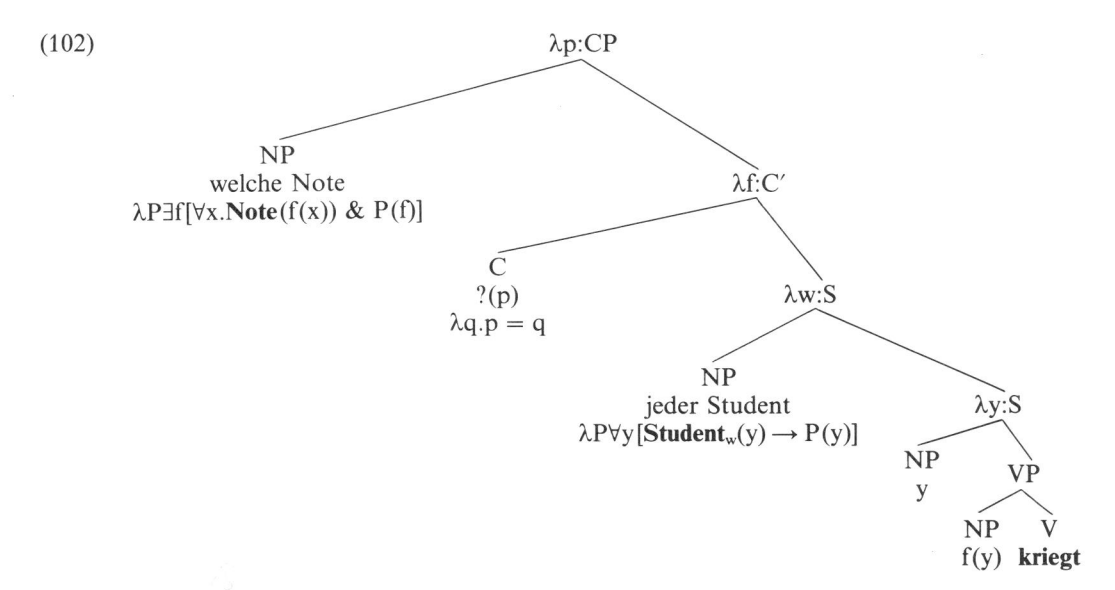

(102)

```
                    λp:CP
                   /     \
                  NP      λf:C′
              welche Note  /    \
    λP∃f[∀x.Note(f(x)) & P(f)]  C     λw:S
                             ?(p)    /    \
                          λq.p = q  NP     λy:S
                                 jeder Student  / \
                         λP∀y[Student_w(y) → P(y)] NP  VP
                                                   y   / \
                                                     NP   V
                                                    f(y) kriegt
```

die man benötigt, um den Existenzquantor „hineinquantifizieren" zu können. Die Propositionsvariable wird anschließend wieder abgebunden. Die Theorie ist also letztlich bestechend einfach.

Eine Schwierigkeit für Karttunens Analyse stellen distributive Fragen dar:

(98) Welche Note hat jeder Student gekriegt?

Karttunen (1977) drückt die intendierte Lesart durch eine performative Analyse aus, die ungefähr so wiedergegeben werden kann:

(99) Für jeden Studenten x frage ich: Welche Note hat x gekriegt?

Engdahl (1986) weist (unter Berufung auf Belnap) darauf hin, daß diese Analyse im allgemeinen nicht funktioniert:

(100) Die Durchschnittsnote hängt davon ab, welche Note jeder Student gekriegt hat.

Jeder Student über das Matrixverb zu ziehen ist offensichtlich sinnlos.

Die von Engdahl vorgeschlagene Lösung für das Problem besteht darin, daß über Skolemfunktionen quantifiziert wird. Zum Beispiel kann man *Note* als eine Funktion auffassen, die jedem Individuum eine Note zu-

Eine andere LF wird in May (1985) vorgeschlagen. May geht von dem folgenden Datenkontrast aus:

(103) (a) What did everyone buy for Max (mehrdeutig)
(b) Who bought everything for Max (eindeutig)

(103 a) läßt sich sowohl als Einzelfrage wie auch als distributive Frage interpretieren, (103 b) kann dagegen nur die definite Lesart haben. Zur Erklärung setzt May die folgenden beiden LFs an:

(104) (a) [$_{CP}$ what$_1$ [$_{C'}$ did [$_S$ everyone$_2$ [$_S$ e$_2$ [$_{VP}$ buy e$_1$ for Max]]]]]
(b) [$_{CP}$ who$_1$ [$_{C'}$ [$_S$ e$_1$ [$_{VP}$ everything$_2$ [$_{VP}$ bought e$_2$ for Max]]]]]

May sagt, daß durch QR geschaffene Adjunkte Skopus über die nächste Projektion haben können. Deswegen kann *everyone*$_2$ in der LF (104 a) weiten Skopus bezüglich CP haben. Dagegen kann der Skopus von *everything*$_2$ in (104 b) höchstens bis einschließlich S gehen, ist also enger als der von *who*$_1$. Die Analyse

(104) b′. [$_{CP}$ who$_1$ [$_{C'}$ [$_S$ everything$_2$ [$_S$ e$_1$ [$_{VP}$ bought e$_2$ for Max]]]]]

ist nicht möglich, weil eine ECP-Verletzung vorliegt: e_1 ist nicht antezedensregiert, weil es zu einer Pfadüberkreuzung im Sinne Pesetskys (1981) kommt. Die Analyse setzt Skopieren an VP voraus, was kein schwieriges Problem ist. Die Deutung für

(105) [$_{VP}$ everything$_2$ [$_{VP}$ bought e$_2$ for Max]]

ist λx.**everything** (λy [**buy-for** (x, y, **Max**)]).

Gegen diese Lösung liegen die folgenden Einwände auf der Hand:

Erstens verlangt der Ansatz eine performative Analyse, falls man Karttunens Fragetheorie akzeptiert.

Zweitens muß man unter Voraussetzung von Karttunens Fragetheorie in der deutbaren, transparenten LF, *everyone* trotzdem über *what* hinausbewegen, so daß es auf dieser Ebene wieder zur Pfadüberkreuzung kommt. Das Problem ist also nur herausgeschoben.

Karttunen/Peters (1980) haben versucht, eine Regel für das Hineinquantifizieren in Fragen zu entwickeln, deren Semantik etwa so aussieht:

λp.¬Quantor (λx [¬Fragebedeutung (p)])

Engdahl (1986, 166) weist darauf hin, daß diese Interpretation nur für universale Quantoren funktioniert, nicht hingegen für den Satz *Welches Datum sollte kein Ehemann vergessen? — Den Geburtstag seiner Frau*. Abgesehen davon wäre eine performative Analyse dieses Satzes eine Aufforderung zum Schweigen, wie Bernhard Schwarz (persönliche Mitteilung) korrekt bemerkt. Die Uminterpretation von *kein* in *alle + nicht* liefert auch nicht das Richtige.

Drittens erhebt Engdahl (1985) empirische Einwände der folgenden Art:

(106) (a) I wonder which man repaired each TV set
(b) Which man repaired each TV set?

Beide Fragen können distributiv verstanden werden. Schließlich kann man Belnaps Satz nach Mays Methode ohnehin nicht lösen, während klar ist, daß man aus der Information „das f, welches jedem Studenten seine Note zuordnet" die Durchschnittsnote herausholen kann. Allerdings muß man zu diesem Zweck die Fragebedeutung wohl dahingehend ändern, daß nach einer bestimmten Skolemfunktion gefragt wird. Hier ist nach meiner Kenntnis noch einiges offen.

Auch für Engdahls Theorie bleibt allerdings die Frage zu beantworten, warum Mays Satz (104 b) die distributive Lesart nicht haben kann. Wir können auf diesen Aspekt hier nicht eingehen.

Ein interessantes Problem ist die Interpretation von W-Bewegung mit Pied-Piping. In der Literatur besteht Konsens, daß man das gepied-pipte Material in solchen Fällen rekonstruieren muß. Tatsächlich kann man zeigen, daß man sonst die falsche Lesart erhält. Das folgende Beispiel ist Lecture Notes von Irene Heim entnommen:

(107) Wessen Mutter lächelt?

Eine Deutung ohne Rekonstruktion könnte folgendermaßen aussehen:

(108) Wes-λx [$_{CP}$ x-sen Mutter λy [? [$_S$ y lächelt]]
λp [∃x (**Person** (x) & ∃y [y = x's **Mutter** & p = λw.**lächelt**$_w$ (y)]
„Welche Mutter lächelt?"

Diese Lesart ist intuitiv nicht vorhanden, da die Bedeutung die Antwort „Olga lächelt" zulassen würde. Nach Rekonstruktion erhält man dagegen das gewünschte Resultat:

(109) [$_{CP}$ Wes-λx [? [$_S$ x-sen Mutter lächelt]]
λp∃x [**Person** (x) & p = λw.**lächelt**$_w$ (x's **Mutter**)]

Die Notwendigkeit der Rekonstruktion gibt Anlaß zu einem Kommentar zu Nishigauchis (1991) Behauptung, daß im Japanischen in LF Pied-Piping bei W-Bewegung anzunehmen sei, um unerlaubt lange W-Bewegung zu vermeiden. Die von ihm für (110 a) vorgeschlagene LF ist (110 b), und die intendierte Lesart ist durch (110 c) wiedergegeben.

(110) (a) Kimi-wa [$_{NP}$ [$_{CP}$ dare-ga kai-ta]
you   who   wrote
hon-o] yomi-masi-ta ka
book   read   Q
(b) [$_{CP}$ [$_{NP}$ [$_{CP}$ dare-ga kai-ta] hon-o]$_i$
[$_{C'}$ Kimi-wa t$_i$ yomi-masi-ta [$_C$ ka]]]
[+WH]
(c) For which x, y, x a book, y a person that wrote x, did you read x?

Nishigauchi faßt die Fragepartikel *-ka* als einen unselektiven Binder im Sinne von Heim (1982) auf. Übersetzt man seine Paraphrase in Karttunens Fragesemantik, so erhält man die folgende Formel:

(111) λp (∃xy (**Buch**$_w$ (x) & **Person**$_w$ (y) & **schreiben**$_w$ (y, x) & p = λw.**lesen**$_w$ (**du**, x))]

1. Die Aufgaben der Syntax

Diese Interpretation ist aber nicht korrekt, was man sofort sieht, wenn man die Frage einbettet, d. h. wenn man das japanische Äquivalent des Satzes *Toru berichtet, welches Buch, das wer geschrieben hat, du gelesen hast* betrachtet. Angenommen, du hast „Die Kinder der Finsternis" und „Der blaue Kammerherr", beide von Wolf von Niebelschütz, gelesen. Nach Nishigauchis Semantik müßte der Satz dann den Sachverhalt „Toru berichtet, daß du die Kinder der Finsternis und der blaue Kammerherr gelesen hast" ausdrücken. Das ist aber nicht richtig. Der Satz drückt vielmehr den Sachverhalt „Toru berichtet, daß du Bücher von Wolf von Niebelschütz gelesen hast" aus. Mit anderen Worten, es wird nicht nach Büchern gefragt, sondern nach Autoren, obwohl die direkten Antworten auf die Frage alle das Format „Bücher die x geschrieben hat" haben. Die korrekte Formel ist deshalb die folgende:

(112) $\lambda p\ [\exists x\ (\textbf{Person}_w\ (x)\ \&$
$\&\ p = \lambda w.\forall y\ [\textbf{Buch}_w\ (y)\ \&\ \textbf{schreiben}_w\ (x, y) \rightarrow \textbf{lesen}_w\ (du, y)])]$

Man sieht an dieser Formel, daß die Information „Buch, welches x geschrieben hat" rekonstruiert worden ist. Die transparente LF verlangt also auch hier Rekonstruktion und die lange Bewegung scheint unvermeidlich. Welchen Wert auch immer also Nishigauchis LF haben mag, z. B. den, den Rahmen für die kategorialen Antworten festzulegen, es kann sich nicht um die transparente LF handeln, welche die Interpretation festlegt.

Wir kommen nun zu den Entscheidungsfragen und den Alternativfragen. Diese werden bei Karttunen (und vielen anderen) nicht einheitlich analysiert. Sieht man von gewissen notationellen Feinheiten ab, sind die LFs für die beiden obengenannten Fragen die folgenden:

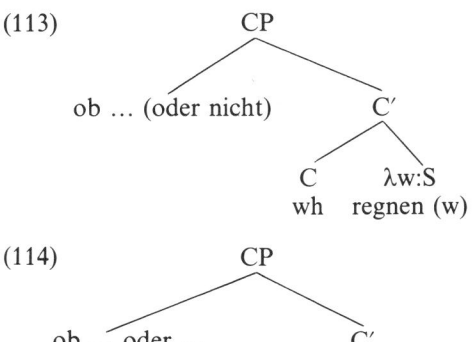

(113)
```
            CP
           /  \
ob ... (oder nicht)   C'
                     /  \
                    C   λw:S
                   wh  regnen (w)
```

(114)
```
            CP
           /  \
   ob ... oder ...   C'
                    / | \
                   C λw:S λw:S
                  wh regnen (w) schneien (w)
```

Der C-Kopf ist semantisch leer, und die beiden Funktoren in SpecC werden wie folgt interpretiert:

(115) ob ... (oder nicht) = $\lambda p \lambda q\ [q = p\ v\ q = \lambda w\ (\neg p(w))]$

(116) ob ... oder ... = $\lambda p_1 ... \lambda p_n \lambda q\ [q = p_1\ v\ ...\ v\ q = p_n]$

Wertet man die Bäume aus, so erhält man die korrekten Resultate:

(117) $\lambda p \lambda q\ [q = p\ v\ q = \lambda w(\neg p(w))]$ (**regnen**) =
$\lambda q\ [q = \textbf{regnen}\ v\ q = \lambda w(\neg \textbf{regnen}(w))]$

beziehungsweise

(118) $\lambda p_1 \lambda p_2 \lambda q\ [q = p_1\ v\ q = p_2]$ (**regnen, schneien**) =
$\lambda q\ [q = \textbf{regnen}\ v\ q = \textbf{schneien}]$

Unbefriedigend an dieser Analyse sind die folgenden Punkte.

Erstens spielt die Konjunktion *oder* für die Komposition keine Rolle. Sie ist in den beiden Frageoperatoren verborgen. Es gibt also zwei verschiedene *ob*'s, was intuitiv als unberechtigt erscheint. Die Folge ist, daß die Auswertung von Alternativfragen merkwürdig ist: Der eingebettete Satz ist rekursiv mithilfe von *oder* aufgebaut, was semantisch aber ignoriert werden muß.

Zweitens gibt es empirische Probleme. Karttunen vermag zwar (119 a), nicht aber (119 b) zu erfassen:

(119) (a) ob Franz Olga liebt oder Pepi geküßt hat
(b) ob Franz Frieda oder Pepi geküßt hat

In Karttunen (1978) erwägt dieser deshalb eine transformationelle Analyse für das Beispiel (119 b). Tatsächlich gibt es eine ganz einfache Analyse im zuerst skizzierten Ansatz (vgl. Heim 1989 b):

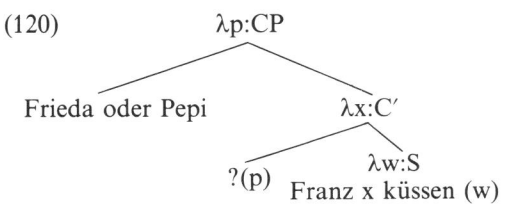

(120)
```
              λp:CP
             /    \
      Frieda oder Pepi   λx:C'
                        /    \
                      ?(p)   λw:S
                           Franz x küssen (w)
```

Frieda oder Pepi = $\lambda P\ [P(Frieda)\ v\ P(Pepi)]$

Die Bedeutung der NP-Koordination ist im Abschnitt über Koordination motiviert worden. Die Deutung der LF ist diese:

(121) λp [λP [P(**Frieda**) v P(**Pepi**)] (λx{p = λw[**küssen**$_w$ (**Franz**, x)]})]
 = λp [p = λw [**küssen**$_w$ (**Franz**, **Frieda**)] v p = λw [**küssen**$_w$ (**Franz**, **Pepi**)]]

Läßt man zu, daß *oder*-Phrasen an den Spezifikator eines Fragesatzes bewegt werden können, so kann man auch disjunktive Satzfragen nach derselben Methode behandeln und erhält eine zwanglose Erklärung für deren Mehrdeutigkeit zwischen der Alternativ- und der Entscheidungslesart. Die LFs für die Alternativlesart von *ob es regnet oder schneit* ist:

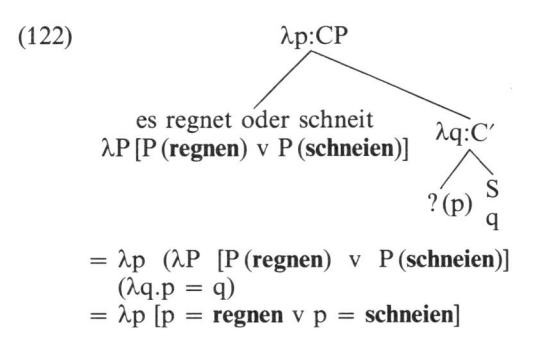

(122)
```
              λp:CP
             /      \
   es regnet oder schneit   λq:C'
   λP [P(regnen) v P(schneien)] /  \
                              ?(p)  S
                                    q
```

 = λp (λP [P(**regnen**) v P(**schneien**)]
    (λq.p = q)
 = λp [p = **regnen** v p = **schneien**]

Die Entscheidungslesart wird dagegen durch den folgenden Baum repräsentiert:

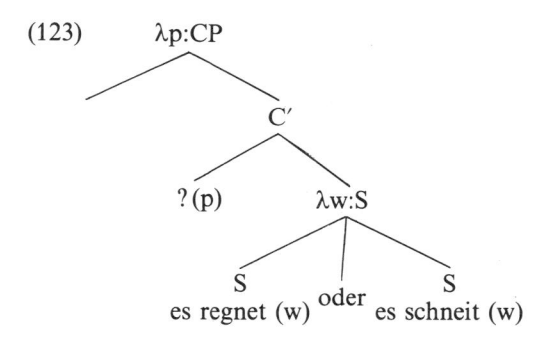

(123)
```
        λp:CP
          |
          C'
         / \
       ?(p) λw:S
             / | \
            S oder S
       es regnet(w)  es schneit(w)
```

 = λp(p = λw [**regnen**(w) v **schneien**(w)])

Die Mehrdeutigkeit der Frage ist also auf eine Skopusmehrdeutigkeit zurückgeführt: Bei Entscheidungsfragen ist *oder* im Skopus des Interrogativators, bei Alternativfragen hat *oder* weiten Skopus bezüglich desselben. Darüber hinaus ist das System vollständig kompositional. Die verschiedene logische Behandlung der disjunktiven Terme ist zudem in keiner Weise willkürlich, die Semantik von *ob* läßt die beiden Möglichkeiten einfach gleichwertig zu. Dies wurde im Abschnitt über Koordination motiviert.

Für die Syntax könnte man folgendes annehmen: *ob* verlangt eine *oder*-Phrase. Falls *ob* in C steht, selegiert es diese, falls *ob* in SpecC steht (vgl. das Zürichdeutsche *ob daß sie chunt*) wird *ob* in LF durch die *oder*-Phrase überschrieben. Daß *oder*-Phrasen an die SpecC-Position von Fragesätzen bewegt werden, ist semantisch völlig natürlich, denn sie sind ebenso Existenzquantoren wie W-Phrasen.

Nicht ganz in den stromlinienförmigen Plot paßt die einfache Entscheidungsfrage *ob es regnet*. Die naheliegende Methode ist, sie einfach als *ob es regnet oder nicht regnet* zu analysieren, also die negative Alternative als Default-Fall anzunehmen. Man erhält dann wieder eine Mehrdeutigkeit zwischen einer Entscheidungslesart und einer Alternativlesart, was intuitiv akzeptabel erscheint.

Man könnte allerdings auch den Trivialfall einer Frage zulassen, die nur eine einzige Alternative setzt, d. h. man könnte die LF *λp ?(p)(regnen)* ansetzen, welche die Einermenge {**regnen**} liefern würde. Dies wäre nur dann von Schaden, wenn man wie Karttunen als Fragedenotation stets die wahren Antworten aus der Alternativenmenge annehmen würde.

Es gibt aber gute Gründe, daß dies nicht zureichend ist. Higginbotham/May (1981), Groenendijk/Stokhof (1984) und Lahiri (1991) haben argumentiert, daß man zur Charakterisierung der partiellen Antwort sämtliche Booleschen Normalformen braucht, die sich aus den Alternativen bilden lassen. Wenn zum Beispiel die Fragebedeutung *Wer lächelt?* zunächst die Alternativen

(124) {**lächeln** (**Pepi**), **lächeln** (**Frieda**)}

liefert, dann ist die der Booleschen Alternativen Normalform entsprechende Menge die folgende Menge von Alternativen:

(125) {**lächeln** (**Pepi**) & **lächeln** (**Frieda**),
 lächeln (**Pepi**) & ¬**lächeln** (**Frieda**),
 ¬**lächeln** (**Pepi**) & **lächeln** (**Frieda**),
 ¬**lächeln** (**Pepi**) & ¬**lächeln** (**Frieda**)}

Im Gegensatz zur ersten Alternativenmenge sind diesmal die Propositionen untereinander unverträglich. Sie zerlegen also die Menge der Welten vollständig in disjunkte Teilmengen. Eine **vollständige Antwort** ist mit nur genau einer Alternative verträglich, eine **partielle**

1. Die Aufgaben der Syntax

Antwort ist mit mindestens einer Alternative unverträglich. Zum Beispiel wäre *Frieda lächelt nicht* eine partielle Antwort. *Nur Frieda lächelt* wäre dagegen eine vollständige Antwort. Man kann den Interrogativator so definieren, daß dies herauskommt. Man kann die Fragebedeutung auch so lassen wie bisher und eine pragmatische Operation annehmen, die das leistet. Die oben diskutierte Operation läßt sich allgemein definieren als

BOOLE(Q) =
$\{\cap X \mid (\forall q \in X)\ (q \in Q \vee \textbf{non}\ q \in Q)$
$\&\ (\forall q \in Q)\ (q \in X \leftrightarrow \textbf{non}\ q \notin X)\}$

wobei Q die Fragebedeutung ist und **non** $q = \lambda w \neg q(w)$.

8.9. Zu Relativsätzen

Im Anschluß an die Fragesätze ist eine kurze Bemerkung zur LF von Relativsätzen angebracht. In der generativen Grammatik wird ständig davon geredet, daß sowohl bei Relativsätzen als auch bei Fragesätzen eine W-Phrase aus Skopusgründen in eine „Operatorenposition" bewegt wird. Die Analogie ist aber begrenzt. Wenn die hier skizzierte Fragetheorie korrekt ist, haben Fragen eine ziemlich andere LF als Relativsätze. Bei letzteren steht nämlich an der Stelle der Relativphrase in LF nichts weiter als ein Lambdaoperator. Man vergleiche die beiden einschlägigen LFs für den Satz *welche lächelt*:

(126) $\lambda p[_{CP}$ welche $\lambda x[_{C'}?(p)[_S x$ lächelt$]]]$ Frage
(127) λwelche$_x[_{C'}[_S x$ lächelt$]]$ Relativsatz

Wir haben das Relativpronomen direkt als Lambdaoperator aufgefaßt. Sein pronominaler Bestandteil kongruiert mit seinem Bezugsnomen. In diesem Fall von Operatorenbewegung zu reden, ist also semantisch sinnvoll.

W-Bewegung ist aber etwas anderes, nämlich semantisch identisch mit QR. In diesem Fall wird also kein Operator bewegt, sondern ein Existenzquantor, womit freilich Abstraktion einhergeht, womit immerhin eine gewisse Parallele gegeben ist. Tatsächlich werden aber beide Satztypen zuweilen in der Oberflächensyntax verschieden kodiert. Schaut man sich das japanische Beispiel vom vorherigen Abschnitt näher an, sieht man, daß im Relativsatz Operatorenbewegung in der S-Struktur vorliegen muß, denn das relativierte Akkusativobjekt fehlt. Die plausible S-Struktur des japanischen Relativsatzes ist also diese:

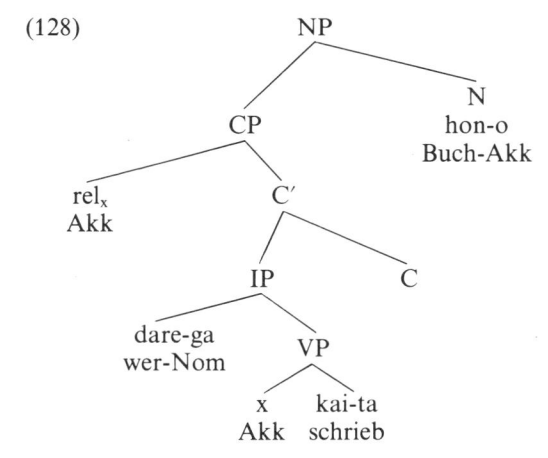

(128)
```
              NP
             /  \
            /    N
           CP    hon-o
          /  \   Buch-Akk
       rel_x  C'
       Akk   /  \
            IP   C
           /  \
      dare-ga  VP
      wer-Nom  / \
              x   kai-ta
             Akk  schrieb
```

Das unsichtbare Relativpronomen rel_x ist natürlich wieder der Lambdaoperator. Syntaktisch gehen Relativbewegung und W-Bewegung also nicht zusammen und semantisch auch nicht.

8.10. Zusätzliche Mechanismen zur Quantifikation

8.10.1. Eselssätze

Wir diskutieren nun Quantifikationsphänomene, zu deren Behandlung QR alleine nicht genügt. Temporale Quantifikationsadverbien und Modalität waren bereits solche Beispiele. Besonders bekannt geworden ist die Analyse der sogenannten Eselssätze durch Kamp (1981) und Heim (1982), die ebenfalls nicht mit QR arbeitet.

(129) (a) Jeder Bauer, der einen Esel hat, schlägt ihn
      (b) Wenn ein Bauer einen Esel hat, dann schlägt er ihn

In der Literatur wird *ihn* **Eselspronomen** genannt. Für beide Formeln ist die Lesart

(130) $\forall xy\ [\textbf{Bauer}\ (x)\ \&\ \textbf{Esel}\ (y)\ \&\ \textbf{haben}\ (x, y) \rightarrow \textbf{schlagen}\ (x, y)]$

erwünscht. Man sieht an dieser Notation sofort, daß *einen Esel* nicht als Existenzquantor interpretiert werden kann. Heim (1982) deutet dieses Nominal deshalb als **Esel** (y). Kamps (1981) Analyse liefert äquivalente Resultate. Sie wird hier nicht diskutiert, weil sie einen anderen Rahmen, nämlich die sogenannte DRT, voraussetzt, deren Einführung zusätzlichen Aufwand erfordern würde. Die Quantifikation wird bei Heim (1982) im Fall von (129 a) durch *jeder* übernommen, das in Anlehnung an Lewis (1973) als **unselektiver Binder** gedeutet wird. Für den Satz (129 b) wird ein unsichtbarer unselektiver Allquantor eingesetzt. Die LFs für die beiden Sätze kann man sich folgendermaßen vorstellen:

(131) (a) jeder$_{xy}$ [$_{NP}$ Bauer (x) der einen (y) Esel hat] [$_S$ x ihn$_y$ schlägt]
(b) $\forall_{xy}$ [$_{NP}$ Bauer (x) der einen (y) Esel hat] [$_S$ x ihn$_y$ schlägt]

Beide Repräsentationen lassen sich offensichtlich sofort in die obige Formel übersetzen. Hier stellt sich natürlich die Aufgabe, wie die Prinzipien, die diese logischen Formen aufbauen, genau aussehen. Man sieht z. B. leicht ein, daß man mit QR in der skizzierten Version nicht arbeiten kann. Würde man z. B. erst das Nominal [$_{NP}$ Bauer (x) der einen (y) Esel hat] kopieren und dann den Quantor *jeder* herausziehen, könnte man den restriktiven Teil des Quantors nicht mehr ausmachen, denn die diesem Aufbau entsprechende Formel

(132) *$\forall_{xy}$ λP [**Bauer** (x) & **Esel** (y) & **haben** (x, y) & P (x)] (λx. **schlagen** (x, y))

bedeutet „Für jedes Paar (x, y) gilt: x ist ein Bauer und y ist ein Esel und x hat y und x schlägt y". Das herausbewegte Subjekt darf also seine Spur nicht binden. Falls man also der Ansicht ist, daß auch für diesen Bewegungsprozeß QR zuständig ist, muß die Spur anders gedeutet werden als bisher.

Bäuerle/Egli (1985) weisen darauf hin, daß die Heim/Kampsche Analyse nicht immer das Richtige liefert:

(133) Die meisten Bauern, die einen Esel haben, schlagen ihn

Wenn es 10 Bauern gibt, von denen einer 100 Esel hat, die er alle schlägt, die anderen 9 dagegen nur einen haben und diesen nicht schlagen, ist der Satz intuitiv falsch, während ein unselektiver Bindungsansatz hier das Wahre als Wert voraussagt. In der Literatur wird dieses Phänomen **Proportionsproblem** genannt. Heim (1990) erwägt, in solchen Fällen Skolemfunktionen zu benützen. Die einschlägige LF für den Satz wäre etwas wie:

(134) die meisten Bauern, die einen Esel haben (λx [x schlagen f(x)])

Hier wird *die meisten Bauern, die einen Esel haben* als die Menge der Eigenschaften, die mehr als die Hälfte der Bauern haben, interpretiert. Dieses Nominal wird wieder skopiert. Dabei wird allerdings nicht über die Variable für die Skolemfunktion abstrahiert, sondern über deren Argument. Der Wert von f wird durch ein syntaktisches Verfahren bestimmt: Im vorliegenden Fall wird die Funktion durch den Relativsatz beschrieben, es handelt sich um das f, welches jedem Individuum die Esel, welche es hat, zuordnet. Das Verfahren ist in Artikel 54, Abschnitt 5. näher beschrieben. Eselspronomina, die auf diese Weise gedeutet werden, heißen nach Evans (1977), auf den die Methode letztlich zurückgeht, **E-Typ-Pronomen**.

Es scheint nun allerdings so zu sein, daß man für die Analyse der Eselssätze nicht mit einem einheitlichen Verfahren durchkommt. Zum Beispiel scheint der Satz *Wenn jemand eine Salbeipflanze kauft, kauft er 7 mit ihr zusammen* die Kamp/Heimsche Methode zu erfordern. Kratzer (1988) plädiert deshalb dafür, beide skizzierte Verfahren zu benutzen.

Als Aufgabe für die Syntax ergibt sich hier wieder einmal, daß wir eine allgemeine Theorie benötigen, welche geschichtete Spuren aufbaut, die als Skolemfunktionen gedeutet werden.

8.10.2. Bach-Peters-Sätze

Den Satz

(135) [The boy who deserved it$_1$]$_2$ got [the price he$_2$ he wanted]$_1$

kann man nicht mittels QR analysieren, denn das Pronomen im Nominal mit dem weiteren Skopus muß frei bleiben (vgl. Bach 1970). Karttunen (1969) schlägt zur Lösung dieses sogenannten **Bach-Peters-Paradoxes** vor, das Pronomen *it$_1$* als Abkürzung für den Term [*the price he$_2$ he wanted*]$_1$ aufzufassen. Mit anderen Worten, wir gehen von einer D-Struktur der folgenden Art aus:

(136) [The boy who$_2$ deserved [the price he$_2$ he wanted]]$_2$ got [the price he$_2$ wanted]

Jetzt können wir das Subjekt skopieren und alle Pronomina korrekt binden. Die resultierende LF mitsamt Interpretation kann man sich wie folgt vorstellen.

(137) (a) [The boy who$_2$ deserved [the price he$_2$ he wanted]] λx [x got [the price he$_x$ wanted]]
(b) ιx [**Junge** (x) & **verdienen** (x, ιy [**Preis** (y) & **wünschen** (x, y)])] (λx [**wünschen** (x, ιy [**Preis** (y) & **wünschen** (x, y)])])

Diese Methode ist konzeptuell sehr einfach, arbeitet aber mit einer Art syntaktischer Kopierungsregel. Da man solche Regeln für die Lösung des Proportionsproblems aber offenbar ohnehin benötigt, entstehen hier keine zusätzliche Kosten. Man betrachte dazu eine etwas kompliziertere Variante von Bach-Peters-Sätzen:

(138) [Every pilot who shot at it$_1$]$_2$ hit [some mig that chased him$_2$]$_1$

Hier müssen wir [*some mig that chased him$_2$*]$_1$ für *it$_1$* einsetzen und gleichzeitig den Objektterm definit machen. Anschließend wird skopiert. Das Resultat liefert die korrekte Lesart:

(139) (a) [Every pilot who$_2$ shot at [some Mig that chased him$_2$]$_1$]$_2$ hit [the Mig that chased him$_2$]
 (b) [Every pilot who$_2$ [some Mig that chased him$_2$] λx [e$_2$ shot at x]]$_2$ λy [y hit [the Mig that chased him$_y$]
 (c) λP∀x [**Pilot** (x) & λQ∃z [**Mig** (z) & **jagen** (z, x) & Q(z)] (λx.**schießen-auf** (x, z))] → P(x)] (λy [**treffen** (y, δz (**Mig** (z) & **jagen** (z, y)))])
 (d) ∀x [**Pilot** (x) & ∃z [**Mig** (z) & **jagen** (z, x) & **schießen-auf** (x, z)] → **treffen** (x, δz (**Mig** (z) & **jagen** (z, x)))]

Hier ist δz (**Mig** (z) & **jagen** (z, x)) ist zu lesen als „die Migs, die z gejagt hat", wobei es sich im Grenzfall um eine einzige handeln kann (vgl. Neale 1988). Der Einwand gegen eine solche Analyse könnte lauten, daß man hier bei einem wilden Transformationalismus gelandet ist. Dem kann man nur begegnen, wenn man die einschlägigen Restriktionen für die involvierten Kopierungs- und Umschreibungsprozesse angibt, eine Aufgabe für die logische Syntax. Bevor man solche Verfahren a priori verwirft, sollte man sich jedoch Rechenschaft darüber ablegen, was rein semantische Verfahren kosten, die dasselbe leisten. Higginbotham/May (1981) schlagen für den genannten Satz die LF vor, die auf (140 a) hinausläuft und die als (140 b) interpretiert wird:

(140) (a) [$_{NP}$ [$_{Det}$ every, some]
 λxλy [$_{N'}$ pilot who shot it$_y$ (x) & Mig that chased him$_x$ (y)]]
 λxλy [$_S$ x hit y]
 (b) ∀^{2} [λx∃y [**Pilot** (x) & **schießen-auf** (x, y) & **Mig** (y) & **jagen** (y, x)],
 λx.∃^{2} (λy [**Pilot** (x) & **schießen-auf** (x, y) & **Mig** (y) & **jagen** (y, x)],
 λy [**treffen** (x, y)])]

Dabei steht ∀^{2} für die Teilmengenbeziehung und ∃^{2} für den nicht-leeren Durchschnitt. Rechnet man die Formel (140 b) aus, so erhält man die Aussage:

(141) ∀x(∃y [**Pilot** (x) & **schießen-auf** (x, y) & **Mig** (y) & **jagen** (y, x)] → ∃y [**Pilot** (x) & **schießen-auf** (x, y) & **Mig** (y) & **jagen** (y, x) & **treffen** (x, y)])

Die Formel hat eine etwas schwächere Bedeutung als die vorhergehende, denn diese besagte, daß jeder Pilot jede Mig, die ihn gejagt hat, getroffen hat, was intuitiv korrekter ist. Bei der zweiten Interpretation hat er eventuell nur eine von den fraglichen Migs abgeschossen.

Von diesen inhaltlichen Erwägungen einmal abgesehen, bleibt festzustellen, daß auch dieses Verfahren einen beträchtlichen Aufwand erfordert. Man benötigt einen recht komplizierten Apparat, um das komplexe Nominal aufzubauen. May (1985) redet von Quantorenabsorption. Eine genauere Analyse der Semantik zeigt zudem, daß in die Interpretation wieder eine Asymmetrie der Quantoren eingebaut ist. In unserem Beispiel hat der Allquantor weiten Skopus über den Existenzquantor, obwohl in der LF zunächst alles parallel aussieht. Auf diesem Hintergrund will es mir scheinen, daß die zuerst genannten Analysen sowohl konzeptuell als auch inhaltlich vorzuziehen sind. Wenn diese Vermutung richtig ist, muß die logische Syntax erheblich mehr mit syntaktischen Akkomodationen arbeiten, als es dem semantischen Puristen recht ist. Hier ist also ein weites Aufgabenfeld offen.

8.10.3. Plural

Scha (1981) gibt ein Beispiel, das ebenfalls nicht alleine mit QR zu bewältigen ist:

(142) 500 holländische Firmen haben 2000 amerikanische Computer gekauft

Die Lesart, die uns hier interessiert, läßt sich folgendermaßen paraphrasieren:

(143) Für jede von 500 holländischen Firmen gibt es einen amerikanischen Computer, den sie gekauft hat,
und
für jeden von 2000 amerikanischen Computern gibt es eine holländische Firma, die ihn gekauft hat.

Die Crux ist offensichtlich. Die Paraphrase zeigt, daß wir vier Quantoren brauchen. Würden wir z. B. *500 holländische Firmen* als „jede von 500 holländischen Firmen" interpretieren und *2000 amerikanische Computer* als „einen amerikanischen Computer" könnten wir nur das erste Konjunkt erzeugen, nicht aber das zweite. Mit QR alleine ist hier nichts zu machen. Ähnliche Beispiele sind bereits in Jackendoff (1972) diskutiert worden.

Zur Lösung dieses Problems ist vorgeschlagen worden, die Quantifikation in das Verb zu stecken. Für unsere Zwecke besteht die einfachste Methode darin, einen Operator * zu definieren, der aus einem singularen Verb ein plurales macht, welches Gruppen als Argumente nimmt, und das gerade die Eigenschaften hat, die man der Paraphrase für Schas Formel ablesen kann:

Ein Pluraloperator*:

$P^*(X, Y)$ gdw. $\forall x \, [x \in X \rightarrow \exists y \, (y \in Y \, \& \, P(x, y))]$
& $\forall y \, [y \in Y \rightarrow \exists x \, (x \in X \, \& \, P(x, y))]$

Hierbei stehen X, Y für Mengen oder Gruppen. Damit läßt sich Schas Satz formalisieren als

(144) $\exists X$ [**holländische Firmen** (X) & $|X| = $ **500**
& $\exists Y$ (**amerikanische Computer** (Y) & $|Y| = $ **2000** & **kaufen*** (X, Y))]

holländische Firmen (X) ist zu lesen als „X ist eine Menge/Gruppe von holländischen Firmen" und $|X|$ steht für die Kardinalität der Menge/Gruppe X. Rechnet man die Formel aus, so erhält man die korrekten Wahrheitsbedingungen:

(145) $\exists X$ [**holländische Firmen** (X) & $|X| = $ **500**
& $\exists Y$ (**amerikanische Computer** (Y) & $|Y| = $ **2000**
& $\forall x \, [x \in X \rightarrow \exists y \, (y \in Y \, \& \, $ **kaufen** $(x, y))]$
& $\forall y \, [y \in Y \rightarrow \exists x \, (x \in X \, \& \, $ **kaufen** $(x, y))])]$

Die LF, welche diese Lesart determiniert, können wir in der Tat wieder mit QR gewinnen: Die beiden indefiniten Nomina werden skopiert. Z. B. wird **500 holländische Firmen** interpretiert als $\lambda P \exists X$ [**holländische Firmen** (X) & $|X| = $ **500** & P(X)]. Unterschlagen ist hier freilich, wie wir das einstellige Pluralprädikat **holländische Firmen** aus dem singulären Prädikat **holländische Firma** bilden. Man erwartet hier einen Zusammenhang mit dem Pluraloperator, den wir ad hoc für zweistellige Prädikate eingeführt haben. In der Tat gibt es einen solchen Zusammenhang, der bei Krifka unter den Begriffen Kumulativität und Summativität abgehandelt wird. Der Sternoperator ist für mehrstellige Prädikate geeignet zu verallgemeinern, außerdem muß eine Mischung von singulären und pluralen Argumenten vorgesehen werden. Davon werden wir stillschweigend ausgehen.

8.10.4. Reziproke

Wir zeigen hier, daß Reziproke nur auf der Grundlage einer adäquaten Pluraltheorie abgehandelt werden können. Heim/Lasnik/May (1991) nehmen die folgenden LFs für den Satz *John und Mary think they like each other* an:

(146) (a) [[John and Mary]$_1$ each$_2$]$_2$ think they$_2$ like [e$_2$ other]$_3$
„Hans glaubt, daß er Marie liebt und Marie glaubt, daß sie Hans liebt"

(b) [[John and Mary]$_1$ D$_4$]$_4$ think [they$_1$ each$_2$]$_2$ like [e$_2$ other]$_3$
„Sowohl Hans als auch Marie glauben: Hans liebt Marie und Marie liebt Hans"

In LF wird *each* zu seinem Antezedens bewegt und hat dort die Funktion eines **Distributors** „jeder von". Wie das Beispiel (146 b) zeigt, kann für plurale NPs auch ein unsichtbarer Distributor D angenommen werden, der dieselbe Bedeutung hat. Die Interpretation ist naheliegend. Z. B. wird (146 a) ungefähr gedeutet als: „Jeder aus der Gruppe Hans + Marie ist ein x, so daß x glaubt, daß x einen anderen aus der Gruppe Hans + Marie liebt".

Die genauen Details der LFs (146), z. B. der Index 3 am letzten Term, interessieren hier nicht. Von Irene Heim selbst (mündliche Mitteilung) stammt nun ein Satz, der dieser Theorie Schwierigkeiten bereitet:

(147) Hier sind die Briefe, die sie einander geschrieben haben.

Es geht um die Deutung des Objekts. Das Antezedens von *einander* ist *sie*. Damit erhalten wir für den Relativsatz etwa die folgende Eigenschaft von Gruppen:

(148) $\lambda X \forall y \, [y \in $ **sie** $\rightarrow \exists z \, (z \neq y \, \& \, $ **schreiben** $(y, X, z))]$

Dies würde aber bedeuten, daß jeder von ihnen die gesamte Menge X (von Briefen) einem anderen geschrieben hat, was offensichtlich nicht intendiert ist.

An Sternefeld (1992) orientiert sich der folgende Vorschlag zur Lösung dieser Schwierigkeit: Man sieht Reziprozität als einen Prädikatfunktor REZ an, der vor dem Pluraloperator angewandt wird. Für ein dreistelliges Prädikat hat der Operator REZ (1, 3) den

Effekt, daß er sämtliche „1-3-reflexiven" Paare (x, y, x) aus der Relation herausnimmt.
Ein Reziprozitätsfunktor:

$$\text{REZ}(1, 3)(P) = P \setminus \{\langle x, y, x\rangle | P(x, y, x)\}$$

Dies hat zur Folge, daß das Prädikat [REZ (1, 3) (**schreiben**)] auf (x, y, z) nur dann zutrifft, falls $x \neq z$ ist. Wendet man auf dieses Prädikat einen geeigneten Pluraloperator * an, so ergibt sich:

(149) [REZ (1, 3) (**schreiben**)]* (X, Y, Z) gdw.
$\forall x [x \in X \to \exists y \exists z (y \in Y \& z \in Z$
$\& x \neq z \& \textbf{schreiben}(x, y, z))] \&$
$\forall y [y \in Y \to \exists x \exists z (x \in X \& z \in Z$
$\& x \neq z \& \textbf{schreiben}(x, y, z))] \&$
$\forall z [z \in Z \to \exists x \exists y (x \in X \& y \in Y$
$\& x \neq z \& \textbf{schreiben}(x, y, z))]$

Wir können unseren Relativsatz nun sehr einfach analysieren als:

(150) λY [REZ (1, 3) (**schreiben**)]* (**sie**$_1$, Y, **sie**$_1$)

(Genau genommen, muß die Identifizierung der beiden **sie**$_1$ durch QR geleistet werden.) Das Nominal *die Briefe, die sie einander geschrieben haben*, wird dann so gedeutet, daß man diese Eigenschaft mit *Briefe* schneidet und den pluralen bestimmten Artikel deutet als „die größte Gruppe so daß". Es sei an dieser Stelle darauf hingewiesen, daß sich eine ähnliche Idee für die Analyse der Reziproka in Moltmann (1991) findet.

Falls diese Analyse richtig ist, ist der Vorschlag von Heim/Lasnik/May nicht haltbar. Reziprozität ist dann vielmehr eine Eigenschaft des Verbs, und in der Tat gibt es in vielen Sprachen, z. B. den semitischen, Reziprozitätsstämme, während sich bei den Nomina kein Reflex dieser Eigenschaft findet. Dies legt nahe, daß *each* überhaupt nicht bewegt wird. Falls man in LF *each* zum Antezedens bewegt, würde daraus folgen, daß man diese Bewegung jedenfalls nicht als Distributor interpretieren darf. Es könnte allenfalls angezeigt werden, welche Argumente durch die Operation betroffen sind. Beispiele wie *They showed each other pictures of each other* lassen Skepsis an einer lokalen Deutung von *each* aufkommen. Vermutlich markiert das erste *each* eine durch die Reziprozisierung betroffene Stelle, während dem zweiten *each* semantisch eher ein Reflexivpronomen zu entsprechen scheint. Denkbar wäre auch eine Bewegung von *each* zum Verb, denn da gehört es aufgrund dieser Ausführungen hin. Man könnte sich bei dieser Gelegenheit über den Bewegungsindex das Argument merken, welches reziprozisiert wird, den Bewegungsindex als entsprechenden Index des REZ-Operators interpretieren.

Auf jeden Fall sollte man sich Gedanken über die Deutung einer allfälligen *each*-Bewegung machen. Diese Aufgabe zu formulieren, war der Sinn dieses Abschnitts.

8.11. Transparente Logische Form als Aufgabe

Rekapituliert man die verschiedenen Mechanismen, welche zum Aufbau der transparenten logischen Form benutzt worden sind, so ergeben sich zahlreiche Aufgaben für den Theoretiker.

Die zentrale Frage, die sich stellt, ist, ob die benutzten Konstruktionsprinzipien grundsätzlich von derselben Art sind, wie die aus der Kernsyntax bekannten. In der Literatur zur LF wird in aller Regel davon ausgegangen. Diese Annahme ist aber keineswegs eine Selbstverständlichkeit und sollte hinterfragt werden.

Ein wesentlicher Unterschied aller LF-Bewegungen gegenüber den klassischen syntaktischen Bewegungen ist ihre Unsichtbarkeit. Die Theorie der s-strukturellen Bewegung ist wesentlich dadurch motiviert, daß bestimmte Elemente nicht an den Stellen vorfindlich sind, an die sie in gewisser Weise hingehören. Man sucht also nach einer Theorie, die sie mit ihrer D-Position verbindet. Wäre die D-Struktur semantisch direkt interpretierbar, wäre damit alles geleistet. Leider ist dem nicht so. Der logische Typ der bewegten Elemente sagt, daß sie an ihrer D-Position in der Regel gleichfalls nicht interpretiert werden können. Man muß also unsichtbar skopieren und noch viele andere kleine Operationen durchführen, die wir exemplarisch kennengelernt haben, für die aber eine Gesamttheorie fehlt.

Ganz allgemein sind **Rekonstruktion** und **Abstraktion** die zentralen Prinzipien für den Aufbau der transparenten LF. Rekonstruktion ist durch die Spurentheorie nicht erfaßbar, weil eine Bewegung „nach unten" (unter den getroffenen Voraussetzungen) nicht möglich ist. Man kann sich technisch stets aus der Schlinge ziehen, indem man über einen höheren Typ abstrahiert, der die Bewegung semantisch rückgängig macht. Man müßte dann Variablen höheren Typs in der LF nach den Grundsätzen der syntaktisch zulässigen Bewegung skopieren, das sichtbare Element würde dagegen seine S-Position nicht verlassen.

Mir erschiene ein solches Vorgehen freilich als ein technischer Trick, der die tatsächlichen Verhältnisse verschleiern würde. Die semantischen Erfordernisse sind eben von anderer Art als die syntaktischen, obwohl man sich eine restriktive und zugleich universale Theorie wünscht, welche die beiden Strukturebenen transparente LF und S-Struktur miteinander in Beziehung setzt, ähnlich, wie das für die Syntax-Phonologie Schnittstelle verlangt wird.

Das zentrale Prinzip für den Aufbau der LF scheint die letztlich auf Frege zurückgehende Abstraktion zu sein. Es wäre sicher wünschenswert, die syntaktische Form der Abstraktion auf einen Typ von Bewegung zurückzuführen, was aufgrund der vorhergehenden Erörterungen nicht unplausibel ist.

Unklar ist auch, ob man den Aufbau der LF konfigurationell ausbuchstabieren soll, in dem Sinn, der im Abschnitt „Kernsyntax" diskutiert wurde. Rekonstruktion, Kopieren und partielles Umdeuten einer Phrase sind Prozesse, die plausiblerweise derivationell beschrieben werden. Damit wäre die LF eher die Domäne eines derivationell arbeitenden Mechanismus. Z. B. könnte die Koindizierung einer durch QR bewegten NP mit ihrer Spur eine Sache der Konvention sein, wäre also nicht einer konfigurationellen Bestimmung unterworfen. Alle diese Fragen sind weitgehend ungeklärt und können erst beantwortet werden, wenn noch mehr zur Interpretation der natürlichen Sprache bekannt ist. Rein syntaktische, alleine von der S-Syntax her motivierte Überlegungen, helfen hier meines Erachtens nicht weiter.

9. Schlußbemerkung

In der Syntaxtheorie wird seit Chomskys *Syntactic Structures* der universale Aspekt dieser Forschungsrichtung betont. Dafür sind immer wieder empirische Gründe angeführt worden, die mich persönlich nie so überzeugt haben wie die folgende einfache Überlegung: Wenn irgendetwas von der in diesem Artikel entworfenen Art auch nur im entferntesten richtig ist, wenn Prinzipien wie die skizzierten in einem gewissen Sinn real sind, dann ist es völlig unplausibel, daß diese gelernt werden können. Der einzige sinnvolle Schluß schien mir stets, daß dann solche Prinzipien im menschlichen Sprachvermögen verankert sein müßten.

Von dieser Plausibilitätsüberlegung bis zur Ausarbeitung einer haltbaren, an den Fakten bewährten Theorie, ist freilich noch ein weiter Weg zu gehen. Letztlich halte ich es für müßig, sich darüber zu streiten, ob die Chomskysche Konzeption der Universalgrammatik haltbar ist oder nicht. Es kommt auf die Ausarbeitung des Programms an, nach der Devise: „Was fruchtbar ist, allein ist wahr". Wenn dies die Elle ist, nach der gemessen wird, steht der Entwurf nicht schlecht da, denn die Theoriebildung ist, wie ich glaube, in den letzten Jahrzehnten ein gutes Stück vorangekommen.

Ich möchte abschließend meinen FreundInnen danken, die mir beim Verfassen dieses Artikels geholfen haben, die aber in keiner Weise für Konzeption, Fehler und übermäßige Länge verantwortlich sind: Birgit Kaiser, Cathrine Fabricius-Hansen, Caroline Féry, Irene Heim, Manfred Kupffer, Aditi Lahiri, Gereon Müller und Wolfgang Sternefeld.

10. Literatur

Ajdukiewicz, Kazimierz. 1935. Die syntaktische Konnexität. Studia Philosophica 1. 1—27.

Anderson, Stephen R. 1982. Where is Morphology? Linguistic Inquiry 13. 571—612.

Aronoff, Mark. 1988. Review: Di Sciullo and Williams (1987). Language 64. 766—70.

Bach, Emmon. 1970. Pronominalization. Linguistic Inquiry 1. 121—22.

—. 1983. On the Relationship between Word—Grammar and Phrase—Grammar. Natural Language and Linguistic Theory 1.1. 65—90.

—. 1984. Some Generalizations of Categorial Grammars. Varieties of Formal Semantics, hrsg. von Fred Landman & Frank Veltman, 1—24. Dordrecht.

Bach, Emmon, Richard T. Oehrle und Deirdre Wheeler (Hg.) 1987. Categorial Grammars and Natural Language Structures. Dordrecht, Boston.

Baker, Mark. 1985. The Mirror Principle and Morphosyntactic Explanation. Linguistic Inquiry 16. 371—416.

—. 1988 a. Incorporation. A Theory of Grammatical Function Changing. Chicago.

—. 1988 b. Review: Di Sciullo and Williams (1987). Yearbook of Morphology 1. 259—84.

Bar-Hillel, Yehoshua. 1953. A Quasi-arithmetical Notation of Syntactic Description. Language 19. 47—84.

Bäuerle, Rainer. 1979. Temporale Deixis — Temporale Frage. Tübingen.

— und *Urs Egli*. 1985. Anapher, Nominalphrase und Eselssätze. Arbeitspapier 105 des SFB 99. Universität Konstanz.

Bayer, Josef. 1990. What Bavarian Negative Concord Reveals about the Syntactic Structure of German. Grammar in Progress, hrsg. von J. Mascaró & M. Nespor. Dordrecht.

Bech, Gunnar. 1955. Das deutsche verbum infinitum. Kopenhagen. (Bd. 2, 1957; Neudruck Tübingen 1983).

Beckman, Mary und Janet Pierrehumbert. 1988. Japanese Tone Structure. Cambridge/MA.

Berman, Steve & Hestvik, Arild. 1991. LF: A Critical Survey. Arbeitspapiere des Sonderforschungsbereichs 340, Bericht Nr. 14.

Bierwisch, Manfred. 1963. Grammatik des deutschen Verbs. Studia Grammatica II (8. Auflage 1973). Berlin.

—. 1966. Regeln für die Intonation deutscher Sätze. Untersuchungen über Akzent und Intonation im Deutschen. Studia Grammatica VII. 99—199. Berlin.

Bloomfield, Leonard. 1933. Language. New York.

Bresnan, Joan. 1973. Syntax of the Comparative Clause in English. Linguistic Inquiry 4. 275—343.

Chomsky, Noam. 1957. Syntactic Structures. Den Haag.

—. 1970. Remarks on Nominalization. Readings in English Transformational Grammar, hrsg. von R. Jacobs & P. Rosenbaum, 184—221. Waltham/MA.

—. 1981. Lectures on Government and Binding. Dordrecht.

—. 1986 a. Barriers. Linguistic Inquiry Monograph 13. Cambridge/MA.

—. 1986 b. Knowledge of Language: Its Nature, Origins and Use. New York, Westport, London.

—. 1989. Some Notes on Economy of Derivation and Representation. Functional Heads and Clause Structure, hrsg. von I. Laka & A. Mahajan, 43—74. MIT Working Papers in Linguistics 10.

Chomsky, Noam und Morris Halle. 1968. The Sound Pattern of English. New York.

— *und Howard Lasnik*: Beitrag dieses Bandes.

Cresswell, Max J. 1973. Logics and Languages. London.

—. 1990. Entities and Indices. Dordrecht.

Di Sciullo, Anna M. und Edwin Williams. 1987. On the Definition of Word. Cambridge/MA.

Diesing, M. 1990. The Syntactic Roots of Semantic Partition. Ph. D. Dissertation. Amherst/Mass.

Dowty, David R. 1979. Word Meaning and Montague Grammar. Dordrecht.

—. 1982. Grammatical Relations and Montague Grammar. The Nature of Syntactic Representation, hrsg. von Pauline Jacobson & Geoffrey Pullum, 79—130. Dordrecht.

—. 1988. Type Raising, Functional Composition, and Non-Constituent Conjunction. Categorial Grammar and Language Structures, hrsg. von Emmon Bach, Richard T. Oehrle & Deirdre Wheeler. Dordrecht, Boston.

—. 1991. Thematic Proto-Roles and Argument Selection. Language 67. 547—619.

—, *Robert E. Wall und Stanley Peters.* 1981. Introduction to Montague Semantics. Dordrecht.

Engdahl, Elisabet. 1986. Constituent Question. Dordrecht.

Evans, Garett. 1977. Pronouns, Quantifiers, and Relative Clauses. Canadian Journal of Philosophy 7. 467—536.

Evers, Arnold. 1975. The Transformational Cycle in Dutch and German. Dissertation. Universität Utrecht.

Fabricius-Hansen, Cathrine. 1986. Tempus fugit. Über die Interpretation temporaler Strukturen im Deutschen. Düsseldorf.

—. 1991. Nominalphrasen mit Kompositum als Kern. Erscheint in Beiträge zur deutschen Sprache und Literatur.

— *und Arnim von Stechow.* 1989. Explikative und implikative Nominalerweiterungen im Deutschen. Zeitschrift für Sprachwissenschaft 8. 173—205.

Fanselow, Gisbert. 1991. Minimale Syntax. Groninger Arbeiten zur Germanistischen Linguistik 32.

— *und Sascha W. Felix.* 1987. Sprachtheorie. Band 1: Grundlagen und Zielsetzungen. Uni-Taschenbücher 1441. Tübingen.

Féry, Caroline. 1989. Prosodic and Tonal Structure of Standard German. Dissertation. Universität Konstanz.

Fodor, Jerrold A. und Sag, Ivan. 1982. Referential and Quantificational Indefinites. Linguistics and Philosophy 8. 355—398.

Gazdar, Gerald. 1980. A Cross-Categorial Semantics for Conjunction. Linguistics and Philosophy 3. 407—09.

—. 1981. Unbounded Dependencies and Coordinate Structure. Linguistic Inquiry 12. 155—84.

Geach, Peter T. 1970. A Program for Syntax. Synthese 22. 483—97.

Goldsmith, John. 1979. Autosegmental Phonology. New York.

Grewendorf, Günther, Fritz Hamm und Wolfgang Sternefeld. 1987. Sprachliches Wissen. Eine Einführung in moderne Theorien der grammatischen Beschreibung. Frankfurt/Main.

Groenendijk, Jeroen und Martin Stokhof. 1984. On the semantics of questions and the pragmatics of answers. Studies on the Semantics of Questions and the Pragmatics of Answers. 209—250.

Gruber, J. S. 1965. Studies in Lexical Relations. Ph. D. Dissertation. MIT.

Haegeman, Liliane. 1991. Negation in West Flemish. Unveröffentlichtes Manuskript. Universität Genf.

— und Henk van Riemsdijk. 1986. Verb Projection Raising, Scope and the Typology of Verb Movement Rules. Linguistic Inquiry 17.3. 417—66.

Halle, Morris und G. N. Clements. 1983. Problem Book in Phonology. Cambridge, MA.

Hamblin, C. L. 1976. Questions in Montague English. Montague Grammar, hrsg. v. Barbara H. Partee. New York, San Francisco, London.

Hayes, Bruce und Aditi Lahiri. 1991. Bengali Intonational Phonology. Natural Language and Linguistic Theory 9. 47—96.

Heim, Irene. 1982. The semantics of definite and indefinite noun phrases. Ph. D. Dissertation. Amherst/MA: University of Massachusetts.

—. 1989 a. Survey of Formal Semantics. Vorlesungsskript. MIT.

—. 1989 b. Handzettel zu 23.956 Linguistics IV: Grammar-Semantics. MIT.

—. 1990. E-Type Pronouns and Donkey Anaphora. Linguistics and Philosophy 13. 137—77.

—, Lasnik, Howard und Robert May. 1991. Reciprocity and Plurality. Linguistic Inquiry 22.

Higginbotham, James und Robert May. 1981. Questions, Quantifiers, and Crossing. The Linguistic Review 1. 41—80.

Hinrichs, Erhard. 1986. Verschmelzungsformen in German: a GPSG analysis. Linguistics 24—5. 939—56.

Hockett, Charles. 1958. Two models of grammatical description. Readings in Linguistics (2. Aufl.), hrsg. von M. Joos. Chicago.

Höhle, Tilman N. 1982. Über Komposition und Derivation: zur Konstituentenstruktur von Wortbildungsprodukten im Deutschen. Zeitschrift für Sprachwissenschaft 1. 76—112.

—. 1990. Assumptions about asymmetric coordination. Grammar in Progress: GLOW Essays for Henk van Riemsdijk, hrsg. von J. Mascaro und M. Nespor. Dordrecht.

Holst F. 1978. Morphologie. Einführungspapier mit Arbeitsaufgaben. KLAGE (Kölner Linguistische Arbeiten Germanistik) 2, verteilt durch L.A.U.T. (Linguistic Agency University of Trier).

Hornstein, Norbert und Amy Weinberg. 1990. The Necessity of LF. The Linguistic Review 7. 129—67.

Huang, C.-T. 1981. Move WH in a Language without WH Movement. The Linguistic Review 1, 369—416.

Hulst, Harry van der. 1984. Syllable Structure and Stress in Dutch. Dordrecht.

Hughes, George E. und Max J. Cresswell. 1968. An Introduction to Modal Logic. London.

Inkelas, Sharon. 1989. Prosodic Constituency in the Lexicon. Ph. D. Dissertation. Stanford University.

Jackendoff, Ray. 1972. Semantic Interpretation in Generative Grammar. Cambridge/MA.

—. 1977. X-bar Syntax: A Study of Phrase Structure. Linguistic Inquiry Monograph 2. Cambridge/MA.

Jacobs, Joachim. 1980. Lexical decomposition in Montague Grammar. Theoretical Linguistics 7. 121—36.

—. 1982. Syntax und Semantik der Negation im Deutschen. München.

Kahn, D. 1980. Syllable-based Generalizations in English Phonology. Ph. D. Dissertation, MIT, 1976, New York.

Kamp, Hans. 1981. A Theory of Truth and Semantic Representations. Formal Methods in the Study of Language, hrsg. v. Jeroen Groenendijk, Theo Jansen & Martin Stokhof. Universität Amsterdam.

Karttunen, Lauri. 1969. Pronouns and Variables. Papers from the 5th Regional Meeting of the Chicago Linguistic Society. 108—16.

—. 1977. Syntax and Semantics of Questions. Linguistics and Philosophy 1. 3—44.

—. 1978. Questions revisited. Unveröffentlichtes Manuskript. Universität von Texas in Austin.

— und Stanley Peters. 1980. Interrogative Quantifiers. Time, Tense, and Quantifiers. Tübingen.

Klavans, J. 1982. Some Problems in a Theory of Clitics. Indiana University Linguistic Club. Bloomington.

—. 1985. The Independence of Syntax and Phonology in Cliticization. Language 62. 95—120.

Klein, Wolfgang. 1991. Time in Language. Manuskript. Max-Planck-Institut für Psycholinguistik. Nijmegen.

Kim, Ch. M. 1991. Bindung und Inkorporation. Syntax der Affigierung im Verbalsyntagma des Koreanischen. Dissertation, Universität Konstanz.

Klima, Edward S. 1964. Negation in English. The structure of Language, hrsg. von J. A. Fodor & J. J. Katz, 246—323. New Jersey.

Koopman, Hilda und Dominique Sportiche. 1986. A Note on Long Extraction in Vata and the ECP. Natural Language and Linguistic Theory 4, 357—74.

Koster, Jan. 1988. The Residual SOV Structure of English. Manuskript. Universität Groningen.

Kratzer, Angelika. 1978. Die Semantik der Rede: Kontexttheorie — Modale — Konditionale. Königstein.

—. 1988. Stage-level and individual-level predicates.

Krifka, Manfred. 1989. Nominalreferenz und Zeitkonstitution. Zur Semantik von Massentermen, Pluraltermen und Aspektklassen. München.

Kuno, Susumo. 1973. The Structure of the Japanese Language. MIT Press.

Lahiri, Utpal. 1991. Embedded Interrogatives and Predicates that Embed Them. Ph.D. Dissertation, MIT.

Lahiri, Aditi, Allard Jongman und Joan Sereno. 1990. The pronominal clitic [dǝr] in Dutch: A theoretical and experimental approach. Yearbook of Morphology. 115—27.

Lakoff, George. 1971. On Generative Semantics. Semantics. An Interdisciplinary Reader in Philosophy, Linguistics and Psychology, hrsg. von D. Steinberg und G. Harman. Cambridge. 232—296.

Lasnik, Howard. 1981. Restricting the Theory of Transformations: A Case Study. Explanation in Linguistics: The Logical Problem of Language Acquisition, hrsg. v. Norbert Hornstein & David Lightfoot. London.

— *und M. Saito.* 1984. On the Nature of Proper Government. Linguistic Inquiry 15, 235—89.

Lessen Kloeke, Wus van. 1982. Deutsche Phonologie und Morphologie. Tübingen.

Lewis, David K. 1973. Causation. Journal of Philosophy 70. 556—76.

—. 1975. Adverbs of quantification. Formal Semantics of Natural Language, hrsg. v. Edward L. Keenan, 3—15. Cambridge.

—. 1979. Attitudes De Dicto and De Se. The Philosophical Review 88. 13—43.

Liberman, M. und *A. Prince.* 1977. On Stress and Linguistic Rhythm. Linguistic Inquiry 8. 249—336.

Lieber, Rochelle. 1980. On the Organisation of the Lexicon. Ph. D. Dissertation. Indiana 1981.

Linebarger, Maria C. 1981. The Grammar of Negative Polarity. Bloomington.

Manzini, Maria R. 1983. On Control and Control Theory. Linguistic Inquiry 14.3. 421—46.

McCarthy, John. 1982. Prosodic templates, morphemic templates, and morphemic tiers. The Structure of Phonological Representation. 2 Bände, hrsg. v. H. van der Hulst & N. Smith. Dordrecht.

McCawley, James D. 1971. Where Do Noun Phrases Come From? Semantics. An Interdisciplinary Reader in Philosophy, Linguistics and Psychology, hrsg. von D. Steinberg und G. Harman. Cambridge. 217—231.

Montague, Richard. 1970 a. English as a Formal Language. Linguaggi nella Società e nella Tecnica, hrsg. von Bruno Visentini et al., 189—224. Milano.

—. 1970 b. Universal Grammar. Theoria 36. 373—98.

—. 1973. The proper treatment of quantification in ordinary English (PTQ). Approaches to natural language, hrsg. von J. K. Hintikka, J. Moravcsik & P. Suppes. Dordrecht.

Muysken, Pieter. 1982. Parametrizing the notion 'head'. Journal of Linguistic Research 2. 57—75.

Müller, Gereon. 1989. Barrieren und Inkorporation. Magisterarbeit, Universität Konstanz.

—. 1992 a. In Support of Dative Movement. Erscheint in: Proceedings of the 3. Leiden Conference for Junior Linguists, herausgegeben von S. Barbiers, M. den Dikken & C. Levelt.

—. 1992 b. IP als LF-Barriere. Linguistische Berichte 141, 307—349.

Müller, Gereon und Wolfgang Sternefeld. 1992. The Principle of Unambiguous Binding. Erscheint in Linguistic Inquiry.

Nespor, Marina und Irene Vogel. 1986. Prosodic Phonology. Dordrecht.

Neale, S. 1988. Descriptions. Ph. D. Dissertation. Stanford University. Stanford.

Nishigauchi, Taisuke. 1990. Quantification in the Theory of Grammar. Dordrecht, Boston, London.

Nordmeyer, E. 1883. Die grammatischen Gesetze der deutschen Wortstellung. 14. Programm der Guericke Schule (Ober-Realschule) zu Magdeburg. Magdeburg: Progr. Nr. 242.

Ogihara, Toshiro. 1989. Temporal Reference in English and Japanese. Ph. D. Dissertation. Austin, Texas.

Olsen, Susan. 1986. Wortbildung im Deutschen. Eine Einführung in die Theorie der Wortstruktur. Stuttgart.

Pafel, Jürgen. 1991. Zum relativen Quantorenskopus im Deutschen. Arbeitspapiere des Sonderforschungsbereiches 340 „Sprachtheoretische Grundlagen für die Computerlinguistik", Nr. 5. Universität Tübingen.

Parsons, Terence. 1980. Nonexistent Objects. New Haven, London.

—. 1990. Events in the Semantics of English. A Study in Subatomic Semantics. Cambridge/MA.

Perlmutter, David (Hg.) 1980. Studies in Relational Grammar 1. Chicago.

— *und Carol G. Rosen* (Hg.) 1984. Studies in Relational Grammar 2. Chicago.

Pesetsky, David M. 1985. Morphology and Logical Form. Linguistic Inquiry 16, 193—246.

Pierrehumbert, Janet. 1980. The Phonetics and Phonology of English Intonation. Massachusetts Institute of Technology dissertation.

Pollock, Jean-Yves. 1988. Verb Movement, Universal Grammar and the Structure of IP. Linguistic Inquiry 20. 365—424.

Prince, A. 1983. Relating to the Grid. Linguistic Inquiry 14. 19—100.

Reinhart, Tanya. 1983. Anaphora and Semantic Interpretation. London.

Rizzi, Luigi. 1990. Relativized Minimality. Cambridge/MA.

Rochemont, Michael S. und Peter Culicover. 1990. English Focus Constructions and the Theory of Grammar. Cambridge.

Rooth, Mats. 1985. Association with Focus. Ph. D. Dissertation, University of Massachusetts, Amherst.

—. 1992. A Theory of Focus Interpretation. Natural Language Semantics 1. 75–116.

— und *Barbara Partee*. 1983. Conjunction, Type Ambiguity, and Wide Scopus of *Or*. Proceedings of the 1982 West Coast Conference on Formal Linguistics, hrsg. von Daniel P. Flickinger et al. Stanford University: Department of Linguistics.

Ross, John Robert. Constraints on Variables in Syntax. Massachusetts Institute of Technology Ph. D. Dissertation. Veröffentlicht als: Infinite Syntax. Norwood/N.J. 1986.

Russell, Bertram A. W. 1905. On Denoting. Mind 14. 479–93.

Sadock, Jerrold. 1985. Autolexical Syntax: a proposal for the treatment of noun incorporation and similar phenomena. Natural Language and Linguistic Theory 3. 379–439.

Sag, Ivan. 1975. Deletion and Logical Form. Massachusetts Institute of Technology Ph. D. Dissertation.

Scha, Remko J. H. 1981. Distributive, Collective and Cumulative Quantification. Formal Methods in the Study of Language, hrsg. v. J. Groenendijk et al., 483–512. Amsterdam.

Schönfinkel, M. 1924. Über die Bausteine der mathematischen Logik. Mathematische Annalen 92. 305–16.

Selkirk, Elisabeth. 1980. The Role of Prosodic Categories in English Word Stress. Linguistic Inquiry 11. 563–606.

—. 1982 a. The Syllable. The Structure of Phonological Representations (Part II), hrsg. von H. van der Hulst & N. Smith, 337–83. Dordrecht.

—. 1982 b. The Syntax of Words. Cambridge/MA.

—. 1984. Phonology and Syntax: The Relation between Sound and Structure. Cambridge/MA.

—. 1986. On derived domains in sentence phonology. Phonology Yearbook 3. 371–405.

Spencer, Andrew. 1988. Lexical rules and lexical representation. Linguistics 26. 619–40.

—. 1991. Morphological Theory. Morphological Theory. Cambridge: Basil Blackwell.

Stechow, Arnim von. 1989. Review Article: Categorial Grammar and Linguistic Theory. Reflections on Oehrle, R. T., Bach, E. & Wheeler, D. (Hrsg.). Studies in Linguistics and Philosophy 32.

—. 1990. Kompositionsprinzipien und grammatische Struktur. Arbeitspapiere der Fachgruppe Sprachwissenschaft der Universität Konstanz, Nr. 18. Universität Konstanz.

—. 1991. Lexical Decomposition in Syntax. Arbeitspapiere der Fachgruppe Sprachwissenschaft der Universität Konstanz, Nr. 44. Universität Konstanz.

— und *Susanne Uhmann*. 1986. Some remarks on focus projection. Topic, focus and configurationality, hrsg. von W. Abraham & S. de Meij. Amsterdam.

— und *Wolfgang Sternefeld*. 1988. Bausteine syntaktischen Wissens. Ein Lehrbuch der generativen Grammatik. Opladen.

Sternefeld, Wolfgang. 1991 a. Chain formation, Reanalysis, and the Economy of Levels. Representation and Derivation in the Theory of Grammar, hrsg. v. H. Haider & K. Netter, 71–138. Dordrecht.

—. 1991 b. Syntaktische Grenzen. Opladen.

—. 1992. Fregeprinzip und Pluralsemantik. Manuskript. Erscheint in Linguistische Berichte.

Stowell, Timothy. 1981. Origins of Phrase Structure. Massachusetts Institute of Technology Ph. D. Dissertation. Cambridge/MA.

—. 1991. Small Clause Restructuring. Principles and Parameters in Comparative Grammar, hrsg. von Robert Freidin, 182–218. MIT Press.

Travis, Lisa. 1984. Parameters and Effect on Word Order Variation. Massachusetts Institute of Technology Ph. D. Dissertation.

Trommelen, N. und W. Zonneveld. 1982. Inleiding in der generatieve fonologie. Second Printing. Muiderberg.

Toman, Jindrich. 1981. Aspect of multiple wh-movement in Polish and Czech. Levels of Syntactic Representation, hrsg. v. Robert May & Jan Koster. Dordrecht.

Uhmann, Susanne. 1987. Fokussierung und Intonation. Dissertation. Universität Konstanz.

Vennemann, Theo. 1972. On the Theory of Syllabic Phonology. Linguistische Berichte 18. 1–19.

—. 1986. Neuere Entwicklungen in der Phonologie. Berlin, New York, Amsterdam.

Williams, Edwin. 1981 a. On the notion 'lexically related' and 'head of a word'. Linguistic Inquiry 12. 245–74.

—. 1981 b. Argument Structure and Morphology. Linguistic Review 1. 81–114.

—. 1984. Against Small Clauses. Linguistic Inquiry 14. 278–308.

—. 1987. Implicit arguments, the binding theory, and control. Natural Language and Linguistic Theory 5, 151–80.

—. 1991. Reciprocal Scope. Linguistic Inquiry 22. 159–173.

Wurzel, Wolfgang Ullrich. 1981. Phonologie: Segmentale Struktur. Grundzüge einer deutschen Grammatik, hrsg. v. einem Autorenkollektiv unter der Leitung von Karl Erich Heidolph, Walter Flämig & Wolfgang Motsch. Kapitel 7.

Zimmermann, Thomas E. 1992. On the proper treatment of opacity in certain verbs. Erscheint in: Natural Language Semantics 1.

Arnim von Stechow, Tübingen (Deutschland)

2. Central Concepts of Syntax

1. Preliminaries
2. Sentences
3. Syntactic Units
4. Syntactic Relations
5. Functions and Categories
6. Forms of Realisation
7. References

1. Preliminaries

The central concepts of syntax are those that are common to all or almost all treatments of the subject. Let us take, for illustration, the example *I enjoy red wine*. All treatments will agree that this is a sentence; and, in the prevailing view at least, sentences must be treated differently from any larger unit, such as a paragraph or a conversation, of which they may be part. All will agree that, within it, *red* bears a close relationship to *wine*: in English terminology, they form a phrase. They will agree that this is an asymmetrical relation, in which *wine* is the dominant element. In English terms once more, *wine* is the head. In any treatment, *wine* or *red wine* will in turn be related to *enjoy*; moreover, *enjoy* will be said to require this relationship. By implication, there is no sentence *I enjoy*. In any treatment, *he* or *she* are words that can bear the same relationships as *I*; but, in the context of this sentence, either would be incompatible with *enjoy*. Conversely, *I* is incompatible with *enjoys*; by implication, *I enjoys red wine* is incorrect. Many of these points have been familiar to grammarians since antiquity. We will refer to a definition of the sentence which is probably that of Apollonius Dyscolus (second century A.D.). Apollonius also dealt clearly with the relationship between, for example, adjectives and head nouns (Schneider 1878, 120). The notion that forms may be incorrect has its roots in the Stoic theory of language or earlier.

But although many individual concepts have long been familiar, different schools and theorists have handled them in many different ways. Firstly, there are simple differences in terminology. For some scholars, *red* in *red wine* is an 'attribute'; for others, it is a 'modifier'. For some it 'depends on' while for others it is 'subordinate to' *wine*. The scope of terms will also vary. In some traditions, only clauses or sentences are 'subordinate': thus *red* would not be subordinate to *wine* but, in *I said I enjoy red wine*, the entire clause *I enjoy red wine* would be a subordinate form within a larger sentence. According to others, the term can be used of any unit, but only if it is not essential to the construction. Thus *red* would be subordinate to *wine* because the latter can stand alone in *I enjoy wine*. But there is no sentence *I said*; therefore, in *I said I enjoy red wine*, the clause which follows is essential and would not be subordinate. Other traditions will talk of subordination whenever another unit is in some sense dominant. Thus, in *I enjoy red wine*, the verb determines the type of unit that may follow; in that sense it is dominant and *wine* or *red wine* would be subordinate. Sometimes it is hard to be certain that there is no substantive disagreement. In *It arrived on Saturday*, some grammarians will say that *on* is the head of the phrase *on Saturday*. Others will not, but for at least two different reasons. One reason is that they do not see *on* as a dominant element; instead it is itself dependent on, or subordinate to, *Saturday*. In that case, they disagree about the nature of the construction, and not merely about terms. Another reason is that they reserve the term 'head' for an element that can stand alone. Hence *wine* is again the head of *red wine*; but *on* is not a head because there is no sentence *It arrived on*. In that case, there is perhaps no more than a discrepancy in terminology. However, by restricting their definition of a head, they may mean that in this construction they see neither *on* nor *Saturday* as dominant. If so, there is again a disagreement of substance. In the sections which follow we will have to choose between alternative terms and different uses of the same term. But where analyses or explanations differ it will be very hard to do this in a way which does not seem to favour one view or the other.

A second problem is that different accounts of syntax will explain concepts in quite different ways. Most grammarians will agree that, in *I enjoy wine*, *I* is the subject. They will further agree that 'subject' is one of a set of syntactic functions, either in this type of language or in all languages. But for some scholars a function is a primitive concept, whereas for others, notably Chomsky (1965), it is derived. If it is primitive, functions will be the basic elements of constructions: accordingly, *I enjoy wine* will have a construction in which the three words are successively the subject, the predicator or predicate, and an object. The classification of the units fulfilling each function — of *I* as a pronoun, *enjoy* as a verb and *wine* as a noun — will be secondary. But if functions are derivative, it is the classes that will be primary. Thus, in the same example, a unit classed as a verb will be said to be preceded and followed by units classed as one-word noun phrases. The subject will then be defined as a noun phrase occupying one position in this structure, and the object will be defined as one which occupies another. Similarly, subordination was a defined concept in Bloomfield's theory (1933). For others, it is one of two main primitive relations.

In a broader perspective, it will be helpful to bear in mind two major differences between syntactic models. One is between a syntax based on structural patterns and one based on the combinatory properties of words. In the first model, a description starts by setting out the general forms of structure that are possible. Thus, in one structure, a verb can be followed by an object noun phrase. This can be represented by a phrase structure rule, or by any other type of rule that represents constructions in schematic terms. A noun phrase, for example, may in turn consist of, say, a modifying adjective and a head noun. Since these patterns are purely schematic we must then envisage a dictionary which will show which places individual words can occupy. Thus it will have to indicate that *red* may serve as a modifying adjective, *enjoy* as a verb with an object noun phrase, and so on. In this way, we first specify constructions in the abstract, and lexical insertion, as it is commonly called, is separate. But in a model of word-combination the constructions are implicit in the words themselves. *I*, for example, has a certain set of properties (pronoun, first person, singular, nominative); *enjoy* has another, and these are such that the two words can combine to form a sequence *I enjoy*. The properties of *enjoy* will also require that it should form a further link with some word such as *wine*, and that word in turn has properties that allow it to combine with a preceding adjective such as *red*. In this way, the overall structure of a sentence is built up from the descriptions of its individual members. No prior abstract structures, of the sort that are basic in the opposite model, are required. In many accounts, procedures characteristic of both models are to some degree mixed. This is true, for example, of the approach most recently espoused by Chomsky (1986). But the earliest treatments of syntax imply a model of word-combination in a pure or almost pure form (Matthews 1990). By contrast, Chomsky's previous theory of phrase structure and transformational grammar (1965) is a classic account of structural patterns.

The other opposition is between a model of semantic relations and a model of distributions. In the first, relations will be identified regardless of their varying realisations. In English an object, for example, is marked by word order; in another language it may be realised solely by case. Nevertheless it is the same relation, established by meaning and not simply by form. Within English, *Peter* has at least in part the same semantic function in *I gave Peter the wine* and *I gave the wine to Peter*. But in one it is realised wholly by position, while in the other it is also marked by *to*. Treatments of this kind will tend to draw a clear distinction between an underlying construction and what Paul (1880) called 'syntactic means', or formal realisational devices. In contrast, a distributional treatment will identify relations and constructions by their formal characteristics alone. *Peter* has one distribution, which does not include the frame *I gave the wine —*. The larger form *to Peter* has another which does not include, or only awkwardly includes, *I gave — the wine*. *Gave Peter the wine* has, as a whole, a distribution similar to that of *gave the wine to Peter*; but so do other forms, such as *enjoyed wine* or *sang*. Only if we transcend this mode of description can we identify what, in the opposite model, is identified at the outset. A pure distributional model had its heyday in the American structuralist school (Matthews 1986). But a mixed analysis in which distributional definitions play a crucial role is much more widespread.

Since there are such various approaches, it is impossible to present the central concepts of syntax in an entirely neutral way. In this presentation it will be assumed, in particular, that syntactic relations are one topic (4) and realisational devices another (6); also that constructions cannot wholly be defined by individual words. But, provided it is clear how models differ, it will often be easier to translate one formulation of a concept or a set of concepts into another.

2. Sentences

The domain of syntax is the sentence. For Bloomfield (1933), a sentence was a linguistic form that is not involved in any larger regularity of form and meaning. In, for example, *I walked twenty miles* the subject (*I*) regularly precedes the verb (*walked*); likewise *walked* must precede *twenty miles*. Similar regularities unite, say, *It was marvellous weather*. But there is no further regularity that embraces both. If they form a single utterance they can appear in either order (*I walked twenty miles. It was marvellous weather.*/*It was marvellous weather. I walked twenty miles.*), and neither need be changed if the other is changed. Therefore they are two sentences, and a grammar, of which syntax is part, will describe their structures separately. For some theorists, the scope of grammar itself is wider: since the 1960s, it has not been uncommon to talk of a 'text grammar', which will explore the factors that determine whether a sequence of sentences is coherent. But different scholars, using different methods, have tended to specialise in it. Syntax is concerned particularly with 'sentence grammar'.

The definition of a sentence has at times excited intense discussion (Ries 1931). Traditionally, however, there are two main criteria. The first is that the unit should be complete. Thus, according to Priscian, who in general follows Apollonius Dyscolus, a sentence is "an arrangement of words ... expounding a complete thought" (Keil 1855, 53). The second criterion is that the words should fit together correctly. Thus, according to the same definition, the arrangement of words must be 'congruent'. Neither criterion is unproblematic and each has important implications that we may in part at least consider separately.

2.1. A traditional test of completeness is that a sentence should contain a predication. In the simplest case of predication, one part of a sentence refers to a definite individual or set of individuals. Thus, in an example used by Plato when the relationship was first explained, *Theaetetus* in *Theaetetus is flying* referred to a definite person Theaetetus. Another part ascribes some action, state or property to the referent. Thus *is flying* said of Theaetetus (falsely) that he was flying. As Plato pointed out, the form as a whole accomplishes something that cannot be accomplished by either of its separate parts. The same can then be said of other, less simple cases: of one-word predications such as (in Greek) *gráphō* 'I am writing', forms which have the same grammatical structure as the simplest case (*Chaos had resulted, It was snowing*), and so on.

A second test of completeness is that a sentence should be able to stand as an independent utterance. Take, for instance, the form *Blonde*. It could certainly form an utterance: for example, in answer to a previous speaker's question 'What colour was her hair?'. But it would not be understood, except as a mere word, without such a context. Moreover, there are systematic limits to the range of questions that it can appropriately answer. Suppose, for example, that the first speaker had asked 'What colour was her dress?'. In that case, he might expect an answer such as 'Pale yellow'. But he would not expect the answer 'Blonde', because the word *blonde* is not normally used of dresses. So tight is the lexical restriction on this adjective that, if the second speaker had said 'Blonde', the first might well reply: 'Sorry, I said her dress not her hair'. It would be still more difficult to understand the utterance 'Blonde' — again not just the word *blonde* — if it could not be connected with any previous utterance. In brief, it is context-bound, and cannot stand independently. But now compare *My wife's hair is blonde*. This can be uttered intelligibly with no linking context, and the only limit for the speaker is that there must be some point in saying it. Therefore it is complete.

Most scholars, at least implicitly, use both tests. From some older definitions, one might form the impression that the criterion of predication is both sufficient and necessary. But consider a form such as *I know* or *I did*. Both contain a predication: it is said of the speaker (*I*) that he or she respectively knows or has done whatever is in question. But what that is must again be supplied by a previous utterance ('It is time to get up.' 'I know.'; 'Who ironed this shirt?' 'I did.'). Accordingly, these forms are incomplete — alternatively, what is predicated is incomplete — by the criterion of independence. Another possibility is that this second criterion might alone be sufficient. But consider such forms as *Good-bye*, or *Bad luck!*, or *Best wishes from all of us in Birmingham*. By the criterion of independence they are complete: one does not need a specific context to understand them. But they do not show the structure of a predication, and many students of syntax do in practice ignore them. Others, such as Quirk et al. (1985), explicitly treat them as 'nonsentences'. There is, moreover, a tendency throughout the history of grammar to assimilate forms to predications wherever possible. Classic examples are the explanation of *Thank you* as an incomplete form of *I thank you*, or of *Come in!* as an abbreviation of *You may come in*. But consider an exclamation such as *Got it!* or *Done it at last!* By the criterion of independence these are complete; at least one needs no previous utterance to supply a subject. But structurally they resemble forms like, for example, *Visiting his mother*, whose interpretation normally does depend on a previous utterance. ('Where is Peter?' 'Visiting his mother.') It would therefore be quite common to see *Got it!* as an abbreviation of *I have got it*, even though the words *I have* are reconstructed independently of any context. In that way its structure is brought into line with that of a predication such as *Bill has got it*.

A closely related concept is that of ellipsis. In general, an utterance is said to be elliptical if, to form a complete sentence, one must add at least one element to it. For example, the utterance 'Blonde' is elliptical because one would have to add at least a subject and a copular verb (*Her hair is blonde*, or *It looked blonde*). In cases like this, different words may be said to be understood in different contexts. Thus, if a speaker asks 'What colour does she dye her hair?', one might interpret the reply 'Blonde.' as an utterance which, if it were complete, would be 'She dyes her hair blonde'; while, if the question was 'What colour do you like best?', one might interpret the reply as '[I like] blonde [best].'. In that sense, we are concerned with the elliptical utterance of different sentences (*She dyes her hair blonde, I like blonde best*), each of which is in itself complete. But if completeness is defined more narrowly, the concept of ellipsis will be correspondingly broadened. An exclamation 'Got it!' is not variably '[I have] got it', '[Bill has] got it', and so on. If incomplete, it is incomplete in the same way on whatever occasion. It would accordingly make sense to say that it is not the utterance, but the sentence itself that is elliptical.

There is no consensus as to what precisely is a sentence, or complete, or elliptical. But any formulation must, in one way or another, draw the same essential distinctions. In particular, a form which is elliptical should be distinguished both from one that is complete and one that cannot form an utterance at all. Compare, for example, *I know* and *I am eating*. Both verbs can be followed by an object (*I know that it is time to get up*, *I am eating an apple*); but an utterance 'I know' is context-bound ('I know [it is time to get up]', or 'I know [her aunt died]'), whereas 'I am eating' is intelligible on its own. Therefore one form is elliptical while the other is complete. Then compare *I know* with, for example, *I gather*. In contexts where 'I know' could readily be uttered 'I gather' cannot. Instead one might use a construction with *so* ('It is time to get up.' 'So I gather.'). Similarly, one would not use a form *Has broken his arm* in contexts where *Broken his arm* would be normal ('What has happened to Bill?' 'Broken his arm.'). In principle, the missing words could be supplied ('I gather [it is time to get up].', '[Bill] has broken his arm.'). But whereas *I know* or *Broken his arm* are used elliptically, *I gather* and *Has broken his arm* are simply not used.

2.2. A traditional test of correctness is precisely that a form should not be corrigible. Take, for example, *He enjoy red wine*. If this was uttered, it would be quite clear what it meant, and it is hardly likely that in normal discourse it would lead to any break in communication. Nevertheless *enjoy* can be corrected to *enjoys*; and, if a native speaker is asked to repeat the form, say in an experiment in which attention is directed elsewhere, the change might be made unconsciously. Accordingly, the form is intelligible but incorrect. Now compare, say, *He walks silly wine*. It might be hard to find a context in which this would have a meaning; however, it cannot be corrected, since there is no way of saying what form might be used instead. Therefore we have no reason to say that it is incorrect, even though it is unlikely to be uttered. If these notions are accepted, we may make a four-fold division between forms that are correct and readily intelligible (*He enjoys red wine*), those that are readily intelligible but incorrect (*He enjoy red wine*), those that are correct but not readily intelligible (*He walks silly wine*), and those that are neither correct nor readily intelligible. An example of the last would be *He walk silly wine*, where again *walk* may be corrected to *walks*.

The notion of correctness has its origin in normative grammar, and this test is particularly effective where there might in practice be an error in speech or writing. But its ap-

2. Central Concepts of Syntax

plication is not entirely straightforward. It might be claimed, for instance, that *Her hair was pale yellow* should be corrected to *Her hair was blonde*. But a speaker might reply that this would not be exact ('No, I do mean that it was yellowish and not a true blonde'). In that light the error, if there is one, would be lexical and not syntactic. One might also correct, say, 'Would you drink a glass of beer?', if meant as an offer and not as an instruction, to 'Would you like a glass of beer?'. But the sentence *Would you drink a glass of beer?* is unexceptionable in another use; accordingly, the fault is not syntactic but pragmatic. In addition, the test cannot establish positively that a form is correct. Take, for example, a simple jumble such as *Walk wine Bill silly*. This is not evidently corrigible, since, unless one can see some meaning in it, there is again no way of saying what it might be corrected to. In that respect, it is like *He walks silly wine*. Nevertheless most grammarians will assume, with no hesitation, that it is not a correct form. We must therefore ask by what alternative means the decision might be justified. One very common answer is to claim that native speakers can make judgments which will decide such issues. That is, they can judge not only that a form is odd, or that there are no obvious natural circumstances in which they would say it, but specifically that its syntax is wrong. If this claim is accepted, it might reasonably be argued that, in appealing to corrigibility, we are merely using a more complex judgment, that form A can be corrected to form B, as a check on the more essential judgment that form A is itself wrong. But if the claim is not accepted, we might instead propose a procedure of extrapolation. Given that certain forms are corrigible, and that others, which have been observed, are not corrigible, we may formulate the rules that (hypothetically) are either broken or obeyed. These will allow a sentence to have one of a permitted set of structures (for example, that of *He enjoys red wine*). Others will be either explicitly or implicitly disallowed. We may then ask of any other form whether it can be said to have a permitted structure. Some can (for example, *She hates black coffee*) and, failing evidence that they are corrigible, we assume that they are correct. Others, such as *Walk wine Bill silly*, cannot and, unless and until we have observational evidence to the contrary, we will assume that they are not correct.

If forms can be correct or incorrect, a grammar of a language is, in part, an account of this distinction. It will accordingly incorporate at least some rules for sentences or parts of sentences; and, if a form obeys these rules, it is hypothetically grammatical. By the same hypothesis, a form that breaks the rules is ungrammatical. To the extent that the rules are made explicit, different types of grammar may be distinguished by the different ways in which they separate what is grammatical from what is ungrammatical. Take, for instance, a model of word-combination. This prescribes the links that a word may form and those that it must form; accordingly, a sequence of words is grammatical if each can be correctly linked to at least one other and none lacks a link that is obligatory. It is thus one type of grammar in which a form is grammatical if it can be construed or parsed. The opposite is a generative grammar. In mathematics, the rule n × 2, where n is a whole number, 'generates' the set of even numbers; similarly, in linguistics, a generative grammar was defined by Chomsky (1957) as a set of rules that generates all and only the grammatical sentences of a language. In that sense, a grammar is a calculus, analogous to a calculus in symbolic logic, which indicates precisely which sequences of words are well-formed and which are ill-formed. Now grammaticality is not the only thing that grammars are concerned with. But it must be one thing, unless all concepts of correctness are invalid.

Different scholars will, however, differ markedly in the importance that they attach to it and in the confidence with which they label forms as incorrect. Some will base their study primarily on observational evidence, either because they mistrust judgments or because (as in the philological investigations of a dead form of speech) they are forced to. They may accordingly be cautious in proposing rules, and may concentrate on the analysis of examples. For many others, speakers' judgments (either their own or those of a trained informant) will be the only data. They will include judgments of correctness, and explaining these will then be central. In addition, some accounts of syntax will distinguish exhaustively between what is grammatical and what is ungrammatical. In others there will be a grey area, in which it may be claimed that any decision is unjustified. In the present state of our discipline, grammarians tend to differ more about correctness than, in practice at least, about completeness.

2.3. A sentence that is both complete and correct is an idealised object. We have implied, firstly, that there is a distinction between a sentence and the utterance of a sentence. For example, if I say to someone in a restaurant one evening 'I would prefer white wine' that will be an utterance of a sentence *I would prefer white wine*, which may also be uttered, by me or by other speakers, at other times. In this example, a single stretch of speech involves the utterance of a single sentence that is both complete and correct. Other such stretches involve the utterance of two or more ('It was marvellous weather. I walked twenty miles.'). But actual speech cannot be analysed exhaustively in this way. It will often contain ellipses and deliberate or accidental hesitations ('I think - er - well, I think I would prefer - I mean, would you really mind if we had white?'). One might reasonably ask exactly how such utterances are to be described; but, clearly, if syntax is limited to the analysis of complete sentences (*I think I would prefer white wine, Would you really mind if we had white wine?*) it accounts for speech at best partially and indirectly. Actual speech may also contain grammatical errors; these are again things that the idealisation will ignore. In short, a complete and correct sentence is not simply a type of which identical utterances are the exclusive tokens. Furthermore, it must be stressed that, just as certain forms may pass as utterances but may be described as ungrammatical, so other forms may be treated as grammatical although as utterances they would not pass at all. Chomsky (1965) drew attention, in particular, to forms that involve what was called 'centre-embedding'. Let us start, for instance, with the form *The man the workmen saw is outside*. No one will doubt that this is grammatical; nor that, in its structure, a simple form *The man is outside* is extended by the addition to *the man* of a subordinate or 'embedded' form the *workmen saw*. But now let us add a similar form to *the workmen*: say, *The man the workmen the woman spoke to saw is outside*. If this were uttered by way of experiment it would be received with a blank stare. But all we have done is to repeat an operation that, in the first form, caused no trouble whatever. Now this result must have some explanation. But if we accept that syntax is an idealisation, it does not have to be explained at that level. In principle, we might propose no rule of grammar that forbids this form. Therefore, by our hypothesis, it is grammatical. We must then seek an explanation elsewhere, say in perceptual difficulties.

Idealisations have their price and it will naturally be questioned whether this view of the sentence can be justified. We have referred, in particular, to 'complete and correct sentences'. But if completeness and correctness are defining criteria, a sentence-like form which is either incomplete or incorrect is not a sentence at all. Thus, by Priscian's definition, the elliptical *I know* and the non-congruent *He enjoy red wine* must both be non-sentences. A similar usage is current among generative grammarians. By definition, the grammatical forms are (hypothetically) the sentences of the language. All others are non-sentences, however much they may resemble forms that are grammatical or however few or minor the rules that they may break. *Walk wine Bill silly*, for example, is merely a far worse nonsentence than *He enjoy red wine*. But although this usage is firmly established in the technical literature, it fails to match that of an educated layman. Suppose that in an exercise at school a child who is learning English writes, say, 'I catched a cold on holiday'. The teacher will correct *catched* to *caught*, but in doing so would comment merely that the verb is wrong and not that this concatenation of words, taken as a whole, is not a sentence. On the contrary, it is precisely because the words do form what is ordinarily called a sentence that the teacher can correct it confidently. In the same way, one might say to someone who has drafted a letter that they must correct their grammar in the third sentence. One would not say that they must write a sentence in place of their original nonsentence. In ordinary terms, a sentence which is incomplete or incorrect is still a sentence, just as one which is a lie or badly worded is a sentence.

It is tempting to reply that popular and paedagogic usage are one thing while scientific usage is another; or that, in any case, the difference is merely one of terminology. But in fact it reflects a different scholarly conception, in which the sentence is not idealised. Instead it is a unit which is meaningful, or which has the potential to be meaningful in a particular context. In Saussure's terms (1916), it is a unit of 'parole', not of 'langue'. The same view underlies the psychological definitions of the sentence that were widely debated in Saussure's time. Thus for Wundt (1912), as for the youthful Bloomfield (1914), a sentence is an utterance which analyses a unitary idea into separate elements: that is, in particular, it is an utterance. Now any honest account of language will have to deal with the problems posed by, for example, ellipsis. An account based on utterances will have to recognise that elements can be understood, and one based on abstractions will have to recognise that what can be understood is itself partly subject to rules. But the difference in perspective is real. Take once more our simple example of incorrectness (*He enjoy red wine*). In the idealised view of syntax, which is at present especially that of the generative grammarians, the first thing to be said about this form is that it is a nonsentence. Derivatively, one may say that the degree of ungrammaticality is slight and not such that the form cannot make sense. But what use it might have as an utterance is irrelevant. In the opposite view, which is now more widespread in grammatical practice than in theoretical linguistics, the first thing to be said is that as an utterance the form would be meaningful. But, secondarily, it does break what appears to be a rule of grammar.

3. Syntactic Units

If the sentence is the largest syntactic unit, the smallest is traditionally the word. But a word may be grammatically complex: for example, *horses* consists of a root followed by a suffix which marks plurality. There is therefore a natural tendency in both American and European structural linguistics to insist that the word should be syntactically decomposed. For writers such as Hockett (1958), or for that matter the early Chomsky (1957), the indivisible unit of grammar was the morpheme, and the relationship of morpheme to morpheme within the word (of the 'horse' morpheme, for example, to the plural morpheme) was to be handled no differently from that of word to word in any larger structure. For partly similar reasons, Martinet (1961) established a minimal unit that he called the 'moneme'. It can then be argued that there are indivisible units whose realisation cuts across word boundaries. Consider, for example, the larger form *those horses*. In a traditional analysis, *those* is plural just as *horses* is plural; therefore, in terms of morphemes, we might divide it too into a root morpheme ('that') and a plural morpheme. But the plural morpheme in *those* is not independent of the one in *horses*, since, in such a construction, we do not find either *that horses* (plural in *horses* but not in *that*) or *those horse* (plural in *those* but not in *horse*). We can therefore eliminate a redundancy by saying that the form contains not four but three syntactic units: not 'that' + plural and 'horse' + plural, but simply 'that' and 'horse' plus plural, with the single unit 'plural' realised discontinuously by part of one word (*-ose*) and part of another (*-s*). This analysis is not widespread, and indeed most scholars will continue to distinguish syntax, as a branch of grammar dealing with relations between words, from morphology, which deals with their internal structure. But the alternative view will always have adherents, so long as it is considered an overriding aim to represent forms with minimal redundancy.

In a strict model of word-combination, the word and the sentence are the only units. We would accordingly falsify this model — again in its strict form — if it could be shown that there are constructions which cannot be distinguished unless units of intermediate size are recognised. In other models, it is assumed that such units do exist, and it is these that we must now examine.

3.1. The simplest model of intermediate units is that of a constituency hierarchy. A stock example, which was originally Hockett's (1954), is the phrase *old men and women*. This can be used to refer either to men who are old and women of whatever age or to both men and women who are old. One way to render this distinction is to say that the adjective *old* can be related as a modifier either to *men* alone or to both *men* and *women*. But a second way of putting it (arguably derivative from the first) is to say that *old* forms an intermediate unit either with *men* or with the whole of *men and women*. Such units are conventionally bracketted. Thus in one sense *old* and *men* are bracketted together and related as a whole to *and* and *women*:

[[old men] and women].

In the other sense, *men, and* and *women* are bracketted, and are related as a whole to *old*:

[old [men and women]].

The notion of constituency may then be explained as follows. In the first bracketting, *old* and *men* are the constituents of an intermediate unit *old men*, and in the second *men, and* and *women* are similarly the constituents of *men and women*. The units are made up directly of these words; therefore these are, more precisely, their immediate constituents. In the first bracketting, the three forms *old men*, *and* and *women* are then the immediate constituents of the phrase as a whole; in the second, its immediate constituents are the two forms *old* and *men and women*. The bracketing accordingly represents a hierarchy of constituents, in which the minimal or ultimate constituents (words or morphemes) are subsumed into successively larger groupings. For example, the larger form *young children and old men and women* would have one bracketing:

[[young children] and [old [men and women]]]

in which, at the highest level, the immediate constituents of the whole are *young children*, *and* and *old men and women*; at a lower level in the hierarchy, the first constituent has in turn the smaller constituents *young* and *children*, and so on.

This form of analysis was developed, in particular, by the American structuralist school, whose criteria were either largely or completely distributional. Their grounds for establishing intermediate units were, accordingly, that they can occupy the same positions in a sentence — they thus have the same distributions — as single words or morphemes. For example, both the words *men* and *women* and the larger units *old men*, *men and women*, *old men and women*, *young children* and so on have distributions which include frames such as *They like* — or — *were very kind to us*. The strictest statement of this is in the work of Harris (1951), and it was naturally taken over, as the foundation of syntax, by his pupil Chomsky (1957). According to Chomsky — or to Chomsky's view at that time — the alternative bracketing of a phrase like *old men and women* could again be arrived at by purely formal criteria: the rules of grammar will be simpler if, on the one hand, *old men* and, on the other hand, *men and women* are both treated as distributional units. This purely formal grammar could then be taken as the basis for a subsequent explanation of the meanings of sentences. Thus, having found that *old men and women* must be split up into constituents in two different ways, we can understand why it is ambiguous. Now, in establishing these or any other units, we do not have to agree that form should be studied first and meaning afterwards. Instead we may establish alternative bracketings precisely because they can be correlated with an ambiguity. Nor do we have to assume that constituency is in general primitive: that A and B form a unit might instead to be shown to follow from more elementary relations, such as modification, in which they are involved. But for many scholars, particularly in English-speaking countries, a constituency analysis, as represented by a bracketing or by a tree diagram, is fundamental to the syntactic description of a sentence. The simplest generative formulation is the phrase structure model originally proposed by Chomsky, in which a grammar is a series of rules each of which allows a unit of class X to have as its constituents one or more units of classes A, B and so on (in notation, $X \rightarrow A$, $X \rightarrow A + B$, …). For example, a noun phrase, such as *men*, or *old men*, or *men and women*, may have as its constituents a single noun (in notation, $NP \rightarrow N$); or an adjective followed by a noun ($NP \rightarrow A + N$); or two smaller noun phrases joined by a conjunction ($NP \rightarrow NP + Conj + NP$), and so on. This particular formulation is no longer canonic and need not detain us. But both the 'X-bar' model of Jackendoff (1977), which has largely superseded it in Chomsky's own work, and the much more radical reformulation known as 'generalised phrase structure grammar' (Gazdar et al. 1985) start from the same basic assumption about the nature of syntax.

We will return briefly to constituency in the context of syntactic relations (4). But for the moment we need a general term for any group of two or more words which is intermediate between the word and the sentence. In English, there is no single usage. It could be called a 'construction', but the term is also used of an abstract relationship or structure (in phrase structure terms, *old men* has the construction 'adjective + noun'). It has also been called a 'phrase', but we will reserve this for a more restricted sense (3.2.2). It could again be called a 'constituent', but that is less appropriate if we are talking of its own internal structure. We will therefore avoid all these terms and refer to such an intermediate grouping as a syntagm. The usage may be awkward in English; but its equivalents are normal in several other European languages.

3.2. In many accounts of syntax, two particular sorts of intermediate unit are emphasised. They are often said to form a more specific hierarchy, in which all syntagms are assigned to one type or the other.

3.2.1. The first is the clause, which is basically a sentence-like unit that is part of a larger sentence. Take, for example, *He said he enjoyed wine*. This contains a smaller unit *he enjoyed wine*:

[he said [he enjoyed wine]]

which in this construction is syntactically related to *he said*. But such a unit could form a sentence on its own; accordingly, it is a clause or, in alternative terms, an 'embedded sentence'. On that much, all grammatical usage will agree. It is then common to extend the term to sentences as wholes. Accordingly, the sentence *He enjoyed wine* is also one clause, and the entire *He said he enjoyed wine* is a larger clause in which the smaller clause is included. This last usage is not universal: an alternative, in older grammars, is to say that *he enjoyed wine* is a clause preceded by another clause consisting of the residue of the sentence. This would imply that the constituency structure is as follows:

[He said] [he enjoyed wine]

and, in English at least, the usage is now largely obsolete.

In this example the embedded clause is, in terms of words, exactly like a sentence. But the resemblance is in general a gradation, and different grammarians will take different degrees as criterial. For a second undisputed example, consider *what I enjoyed* in *They asked what I enjoyed*. Unlike *he enjoyed wine*, this cannot be a sentence on its own; however, just as 'He said he enjoyed wine' would report a statement such as 'I enjoy wine' (in traditional terms it turns such an utterance into indirect speech), so 'He asked what I enjoyed' would report a question such as 'What do you enjoy?'. *What I enjoyed* is thus an indirect question or question turned into indirect speech; and, analogously, it too is a clause. For a third example, consider *which you enjoy* in *Is this the wine which you enjoy?* Again there is no complete sentence *Which you enjoy*. However, forms such as this are systematically relatable to sentences: *which you enjoy* to sentences like *You enjoy the wine* or *You enjoy raw steak*, *who I will see* to sentences like *I will see Peter* or *I will see your father*, and so on. In more technical terms, they can be derived from sentences by a transformation. Moreover, they retain the essential structure of a predication: in English and similar languages, this is a verb (*enjoy*) with its subject (*you*). By both criteria they too are sentence-like and are accordingly clauses. But now take, for instance, *He came wearing an overcoat*. Forms like *wearing an overcoat* or *carrying an umbrella* may also be derived sytematically from sentences (*He was wearing an overcoat* or *He was carrying an umbrella*). However, they have no subject and the verb (*wearing, carrying*) is a participle and not finite. For some grammarians, the first criterion is sufficient; therefore these too are clauses or embedded sentences, though (it might be said) they are specifically 'reduced clauses' or 'nonfinite clauses'. Similarly, *while wearing an overcoat* would be a reduced clause in *He did it while wearing an overcoat*, just as the finite *while he was wearing an overcoat* would, in the same context, be a 'full clause'. But, in an older view and one which is generally reflected in dictionary definitions, it is also necessary that a clause should have a subject and a predicate. Therefore *wearing an overcoat* is not a clause, but merely a participle with an object. A possible reply to this is that it has a subject but it is understood: thus

[He came [⟨ ⟩ wearing an overcoat]]

(angle brackets enclosing a zero element to be understood) and similarly:

[He did it [while ⟨ ⟩ wearing an overcoat]].

If we follow this through then, in the most liberal usage, forms are clauses provided only that they and similar forms which play the same roles can be derived by regular transformations from full clauses. But although there are variations in the detailed definition of a clause, it is obvious that the uncontroversial cases form an important and varied unit. For example, in [*while I was there*] *the people* [*who were with me*] *had no idea* [*that he had come*], the brackets enclose three different embedded clauses, which play three distinct roles. The first has a role like that of, for example, *yesterday*; and it could not be played by either of the others. Equally, for example, the first clause could not play the role of the last.

3.2.2. The second major type of unit is the phrase, which (as the term is used here) is a form whose functions are determined by a particular word within it. For example, the syntagm *red wine* plays various roles in *He enjoys red wine, Red wine is bad for you* or *It was cooked in red wine*, all of which reflect the syntax of its second member *wine*. It is accordingly a phrase and, since *wine* is a noun, it is specifically a noun phrase. By extension, a word is also called a phrase when it plays the same roles on its own. Thus *wine* would itself be a phrase in *He enjoys wine, Wine is bad for you*, and so on. The precise scope of this unit will depend in part on our constituency analysis. But we might also add the rider that a phrase cannot be a clause. Consider again *He did it while he was wearing an overcoat*. Traditionally the whole of *while he was wearing an overcoat* is a clause; therefore most grammarians would say that it is not a phrase, even though its function is clearly determined by *while*. An alternative is to argue that its constituents are as follows:

[while [he was wearing an overcoat]]

and that the clause is just the second unit. We are then free to describe the whole form as a phrase in which the clause is included. If we are to understand every usage, a definition must again be fairly flexible.

In some recent studies, the word which determines the functions of the whole is by that criterion the h e a d (thus Matthews 1981). (For a more restricted, though related, definition of this term see 4.2.1.) Thus *wine* is the head of *red wine* and of larger phrases such as *the wine on the table* or *that beautiful wine we had yesterday*. Similarly, *on the table* is a form whose functions (in *the wine on the table*, or in *Put it on the table*) reflect the syntax of *on* as a locative preposition. Therefore it too is a phrase, with *on* as its head. Phrases as wholes may then be named after their heads. *Red wine* or *wine* are, as we said, noun phrases or phrases whose head is a noun. Likewise *on the table* is a prepositional phrase; *very nice*, in [[*very nice*] *wine*] or *This wine is* [*very nice*], is an adjective phrase; *pretty badly* (in, for instance, *He did it pretty badly*) is an adverb phrase, and so on. What exactly is a verb phrase will depend on the grammarian. But, in the traditional account, *Red wine flowed everywhere* has a subject followed by a predicate *flowed everywhere*; the latter functions as such by virtue of the verb; therefore, in an analysis developed in particular by Harris and adopted in these terms by Chomsky (1957), a predicate is a verb phrase. Like the clause, the phrase is a varied and pervasive unit. In *Next Saturday my wife is visiting her aunt in the country*, all grammarians will agree on five phrases: *next Saturday, my wife* and *her aunt in the country* are all noun phrases; the last has within it a prepositional phrase *in the country*; that in turn includes a fourth noun phrase *the country*. Furthermore, in one account, the whole of *is visiting her aunt in the country* is a verb phrase.

3.2.3. If the clause is essentially a sentence-like unit which is less than a sentence, a phrase is a word-like unit which is more than a word. It is therefore natural to see them as the intermediate units in a hierarchy with four ranks: at the lowest rank the word, if it is the minimal unit; then the phrase as an extended word; then the clause; then the sentence as a maximal clause. Alternatively, with the morpheme as the minimal unit, scholars such as Halliday (1961) and Longacre (1964) have established a hierarchy with five ranks: morpheme, word, phrase, clause and sentence. But it is a hierarchy in which both the clause and the phrase are subject to what Halliday called 'rank-shifting'. A clause may simply consist of units of a lower rank; typically of two or more phrases. However, it may also include another unit of its own rank; thus *he said he enjoyed red wine* has within it a second clause *he enjoyed red wine*. In this case it is usual to say that both the clause and the sentence are c o m p l e x. Likewise a phrase may simply consist of one or more words. However, it too may include a smaller unit of its own rank: thus in [[*very nice*]*wine*], the adjective phrase is a phrase within the noun phrase. It may also include a clause: thus *the wine* [*we had last night*] includes a clause *we had last night*, and would thus again be part of a complex sentence (for example), *I enjoyed the wine we had last night*). In all these cases, a unit of rank i in the hierarchy is 'shifted' into the structure of a unit either of the same rank (clauses as elements of clauses, phrases as elements of phrases) or of the next lower rank $i - 1$ (clauses as elements of phrases). Moreover the shifting is r e c u r s i v e. We have seen, for example, that a noun phrase may contain a prepositional phrase:

[her aunt [in the country]].

But a prepositional phrase includes a noun phrase which might in turn include a smaller prepositional phrase.:

[her aunt [in [the country [near London]]]]

and that includes a noun phrase which may include yet another prepositional phrase. Both noun phrase and prepositional phrase are thus r e c u r s i v e c a t e g o r i e s, or categories that recur within themselves. Similarly, a clause may include another clause that in turn includes a third:

[I think [he said [he enjoyed wine]]].

Not every category of syntagm is recursive. The basic patterns are either clausal (including every type of full clause) or nominal (including prepositional phrases, since they include noun phrases). But the number of times each pattern is repeated can be seen as theoretically unlimited. Accordingly, a grammar places no restriction on the length either of clauses or of noun phrases; nor, in consequence, on that of sentences. Now this is an idealisation: we have already cited an example of centre-embedding (2.3) in which a recursive construction is in practice incomprehensible; and, even when it is the end of a sentence that is extended, there are practical limits to the time that utterances can continue. But most grammarians accept the idealisation, if only implicitly.

The more this hierarchy is emphasised, the more there is a tendency to minimize the levels of constituency structure. Take, for example, *I pick flowers outside*. In the traditional analysis, *pick flowers outside* is the predicate; moreover, it would often be said to have a constituent *pick flowers*, consisting simply of the verb and the object which is required by it. This predicate would then be related as a whole to the subject. The sentence might accordingly have three levels of constituency:

[I [[pick flowers] outside]].

But if we are looking above all for an analysis which establishes unified structures for a noun phrase, verb phrase, prepositional phrase, and so on, we may prefer to say that the form has as its immediate constituents four one-word phrases:

[I] [pick] [flowers] [outside].

In the first analysis, the hierarchy of ranks is seen as secondary. In the second, it is primary and other criteria for constituency are ignored or overridden. In some applications of the model, there is also a tendency to insist that every unit of rank i must belong to a unit of the next higher rank $i + 1$; in Halliday's terms (1961), a unit may shift downwards in the hierarchy (thus clauses into the structure of phrases), but not upwards (words, for example, directly into the structure of clauses or sentences). Others will say that that is exactly the case with, for example, *therefore*. This introduces whole sentences: in, say, *Therefore I shout when I am hungry*, it is accordingly one of two immediate constituents:

[[Therefore] [I shout when I am hungry]].

Accordingly, it is a word or phrase whose role is directly in sentence structure and not in clause structure. But these are differences that are partly at least of detail, and have more to do with theoretical preoccupations than with facts. However they are resolved, the basic hierarchy is central in the descriptions of many languages.

4. Syntactic Relations

One of the simpler forms of syntactic relation is the relation between constituents. In *red wine*, the two words are related as constituents of the same syntagm: in a metaphor which compares syntactic hierarchies with family tree diagrams, adjective and noun are 'sisters' related as 'daughters' of the same 'mother' noun phrase. But the case is not quite as simple as it may at first seem. For the phrase structure rule 'NP → A + N' says at least two different things: (a) that an adjective and a noun form the constituents of a syntagm; (b) that they are adjacent and in that order. The origins of this model lie in distributionalism (cf. 3.1.), and in that context it was natural that these two things should have been conflated. But there is no need to conflate them if our criteria are different. For example, in *He drank it all up*, we can say that *drank* and *up* form a syntagm (the type that in English is usually called a phrasal verb) even though they are not adjacent. We can say that it is the same syntagm when they do appear adjacently (for instance, in *He drank up all of it*). In a language where the order of words is less fixed, we might in general say that A and B can have an identical constituency relationship, and can accordingly be related by the same rule, whether their order is A + B, or B + A, or A + X + B (where X is some other sequence of words intervening), or B + X + A. The semantic link is constant; all that varies is its linear realisation.

In short, we may distinguish between structural relations or 'structural order' and linear relations or linear order. In American structuralist linguistics this distinction was suppressed, and it has returned only gradually in the generativist tradition. But in European studies of the same period it was fundamental (De Groot 1949, Tesnière 1959). We will also assume it here, and in this section it is the structural relations that primarily concern us. In summary, they may be divided into two main types: coordination (4.1.) and dependency (4.2.). The latter may be further divided into two types, which we will call modification (4.2.1.) and complementation (4.2.2.); there is, however, a special problem with the role of subjects (4.2.3.). Finally, the division between coordination and dependency is arguably not exhaustive, so that there are intermediate types (4.3.).

4.1. Coordination is a symmetrical relation between two or more forms that have equivalent roles. Take, for example, *I like wine and beer*. The forms *wine* and *beer* are equally the direct object of *like*, and themselves stand in a coordinative relation which is marked by, or in which they are linked by, the conjunction *and*. In some patterns of coordination, only two forms may be linked: for example, the pattern with *but* in (*He was*) *tired but happy*. But in coordination with *and*, in particular, most accounts imply that the number is unlimited. This is a simplifying idealisation, like that which allows unlimited recursion of embedded clauses and phrases (cf. 3.2.3.). But there are three parallel forms in *wine, beer and whisky*, four in *wine, beer, whisky and tea*, and so on; and there is no clear bound beyond which we can say that further linking is ruled out. There is also no simple limit either to the types of form that can be linked, or to their functions. In *I love wine but I hate beer*, the conjunction links two clauses:

[[I love wine] but [I hate beer]];

in *I came in and sat down*, two predicates:

I [[came in] and [sat down]]

or, alternatively, two clauses the second of which is elliptical:

[[I came in] and [⟨ ⟩ sat down]].

In our first example, *I like wine and beer*, it links two noun phrases in the role of direct object; in, for example, *Wine and beer are expensive* they are the subject, in *Wine and beer parties are not allowed* they modify *parties*, and so on. One is therefore tempted to propose two rules. The first (a) is that any pair of similar constituents can be coordinated. The second (b) is that any other pair of forms cannot be coordinated.

But there are difficulties in validating both rules. In the case of (b), the problem is that a coordinating conjunction often links forms that in any other context would not be described as syntagms. Take, for example, the phrase *my older and my younger sisters*. The coordination imposes the constituency analysis

[[[my older] and [my younger]] sisters];

but in the uncoordinated form *my older sister* there is not evidently a constituent *my older* ([[*my older*] *sister*]). One might try to argue that the coordination is a distributional proof that this constituent exists; but then, on the evidence of such further structures as

[my [[older sister] and [younger brother]]],

there is a contrary argument for treating *older sister* as a constituent ([*my* [*older sister*]]).

Both analyses cannot be right. An alternative is to argue that the first of the linked forms is elliptical:

[[my older ⟨ ⟩] and [my younger sisters]]

with *sisters* to be understood from the second. But the non-elliptical *my older sisters and my younger sisters* must refer to at least four sisters, whereas our original phrase could refer to just two, one older and one younger. We would therefore be forced to say that, in this sense, the coordination is basically

[[my older sister] and [my younger sister]]

with the second noun plural — to be exact, optionally plural — only when the first is understood. Despite such complications, most scholars seem to assume that coordination is accompanied by more or less extensive ellipses. However, there are limits to the ellipses that are possible. To give a simple example, one can say *My sister was playing and my brother ⟨ ⟩ reading* (understand *was*), but not *My sister was playing and ⟨ ⟩ brother was reading* (understand *my*). In more complicated cases, it has proved frustratingly hard to say exactly what these limits are. If we then turn to rule (a), there is a quite different problem, which is better known to the grammatical tradition, and which concerns the degree of functional similarity that coordinated forms must have. In the examples we gave earlier, the similarity is complete: thus in *I like wine and beer*, both *wine* and *beer* are objects and objects of an identical kind. However, it is easy to find examples of zeugma, like *He opened the door with a key and enthusiasm*, where a coordination is at best far less acceptable. Nor is it obvious that what is and what is not a zeugma can be reduced to rules. At this point it is tempting to argue that syntax is concerned with syntactic functions, and zeugma, as a purely semantic nonequivalence, lies outside it. But then it is difficult to decide what differences are purely semantic. For example, it might be argued that *with a key* and *with enthusiasm* have in fact two different syntactic functions. There is a general indeterminacy in what exactly is syntactic and what is purely semantic, and coordination tends to pinpoint it. For these reasons, it is doubtful whether either rule (a) or rule (b) can be made to stick in a precise form.

Finally, there is a problem in relating coordinations to their parts. In a sentence such as *I like wine and beer*, we could say that *like* has two direct objects *wine* and *beer*. But potentially there is a difference. The usual sense of *I like fish and chips* is that the speaker likes fish and chips together, a single dish including both. But *I love hot curries and chocolate mousse* is more likely to mean that the speaker loves each of them separately. There are also sentences in which coordinated noun phrases cannot be construed separately. Take, for instance, *My car and her van collided.* Neither *My car collided* nor *Her van collided* makes sense: as an intransitive, 'collide' requires a subject which refers to more than one individual, either a plural pronoun or noun (*We collided, Our vehicles collided*) or a coordination. By contrast, the sense of *She and I were driving* can be separated into those of *She was driving* and *I was driving*. These differences are not marked systematically in English, and the constructions are generally treated as the same. But one way to distinguish them would be to say precisely that in *My car and her van collided*, or in the normal sense of *I like fish and chips*, the verb has as its subject or object the entire coordinative phrase; whereas in the normal sense of *She and I were driving* or *I love hot curries and chocolate mousse* it is related separately to each part. Such a distinction was proposed, in particular, by Dik (1968). If it is accepted, this is one case where a word would be construed not with another word but with a group of words, and a model of word-combination must be qualified. It must also be qualified whenever coordinations form a recursive hierarchy. The natural sense of *fish and chips or curries* would suggest the bracketing

[[fish and chips] or curries]

while, for another sense, its structure would be

[fish and [chips or curries]].

In either case, the pattern is recursive (and, under idealisation, indefinitely recursive). In neither could it be represented solely by the construal of *fish, chips* and *curries* with a verb or some other word outside the construction.

4.2. Where coordination is a symmetrical relation, dependency is essentially one that is asymmetrical. The simplest case is where A requires or presupposes B, but B does not require or presuppose A. Take, for example, the relation of an adverb (A) to an adjective (B). In *The wine is very good* we cannot delete *good*: the adverb *very* presupposes such a word and cannot appear without it, even elliptically. By contrast, *good* does not presuppose a word such as *very*, and we can delete the latter easily (*This wine is good*). The relationship is thus asymmetrical, with *very* depending on *good*. A more complicated case is where A always presupposes B while B may variously presuppose, permit or exclude A. Take, for example, the relation of an object (A) to a verb (B). Some verbs require objects: for example, we cannot delete *flowers* from *I am picking flowers*, again not even in ellipsis. Others permit objects, but do not require them: for example, *the garden* is a deletable object in *I am digging the garden*. Others exclude objects: we cannot add one to, for example, *I am slithering*. In contrast, any direct object presupposes a verb, just as the role of *very* in *very good* presupposes that of *good*. The relation is asymmetrical and in, for example, *I am picking flowers*, the object *flowers* depends on *picking*. The asymmetry of the relation distinguishes dependency in general from coordination. The distinction between the simpler and more complex patterns of asymmetry is the basis for distinguishing two main subtypes of dependency. The simpler case is modification (4.2.1.): thus *very* modifies *good*. The more complex case will be called 'complementation' (4.2.2.): in *I am digging the garden* or *I am picking flowers*, the objects are complements of the verbs.

A generalised concept of dependency is due, in particular, to Tesnière (1959). But it unites insights that are much older. For clauses, there is a widespread distinction between 'parataxis' or parallel arrangement and 'hypotaxis' or subordinate arrangement: for example, in both *the flowers* [*which I picked*] and *He said* [*he enjoyed wine*] the bracketted clauses are in subordinate position and, in our terms, would be dependent. That an adverb presupposes a verb (in, for example, *He sings badly*) is implicit in the term 'adverb' and was the basis for its ancient definition. Again, *badly* depends on *sings*. That it is the verb which determines whether there can or cannot be an object also dates back to Apollonius Dyscolus (Uhlig 1910, 402). In the traditional accounts of these and similar relations, there is a tendency to assume that dependency holds between individual words. For example, in *very strong wine*, the word *very* depends on the word *strong* and that in turn depends on the word *wine*. One way to show these relations is with an arrow pointing to the dependent term:

very ← strong ← wine

Similarly, in *I like very strong wine*, the dependent of *like* is in turn the word *wine*: so, ignoring the linear order,

very ← strong ← wine ← like.
More precisely, the relation holds between the heads of phrases (cf. 3.2.2.). Thus, in the same example, the constituency structure — again ignoring linear order — is as follows:
[[[very strong] wine] like].
At the lowest level, *very strong* is an adjective phrase, with the adjective *strong* as head and a dependent adverb. This adjectival head depends on *wine*, which is in turn the head of a noun phrase *very strong wine*. That in turn depends on *like*, which in this analysis is the head of a verb phrase. In many cases, though not all, such a hierarchy of constituents may be derived from the hierarchy of dependents (Matthews 1981). Thus in this example the lowest level of dependency (*very* ← *strong*) may be said to establish the innermost bracketting: [*very strong*]. The next higher level of dependency (*strong* ← *wine*) establishes a wider bracketting which includes the first: [[*very strong*] *wine*], and so on. But if constituency is treated as a more primitive concept (cf. 3.1.), we may equally say that dependency holds between constituents and not simply between words. Accordingly, *very* would again depend on *strong*, but the dependent of *wine* would be the entire constituent *very strong*:
[[very ← strong] ← wine]
and, similarly, the whole of *very strong wine* would be said to depend on *like*. In this and many other cases, the choice is purely a matter of formulation. In either way we are in substance saying the same thing. But the choice is less trivial when, in particular, we are concerned with clauses instead of phrases. Let us return once more to *He said he enjoyed wine*. In the account of 3.2., clauses do not have heads, and the natural implication is that *he enjoyed wine* would depend as a whole on *said*:
[said → [he enjoyed wine]]
whatever the relationships within it. That is again the account which we will assume here. But in the traditional model of word-combination, in which dependency like other relations holds between words individually, we would be forced to say that clauses do have heads. According to one analysis (cf. 4.2.3.), both *he* and *wine* would depend on *enjoyed*; therefore it would be *enjoyed* that in turn depended on *said*. In saying that clauses enter into relationships as wholes, we imply that constituency and dependency are both primitive.

Where A depends on B, we need a term for the relationship of B to A. One usage is to say that B 'governs' A; however, this term has traditionally been restricted to relations of complementation, and in particular to the case marking by which they are realised in some languages. For example, in *He kissed me*, the verb governs its complement *me*, or the accusative or objective case distinguishing it from *I*. It is therefore better to reserve the term for these contexts (4.2.2., 6.3.). For the more general relationship we will say instead that B c o n t r o l s A, or that B is the c o n t r o l l e r. Thus in *I like very strong wine*, the verb *like* controls *wine*, or alternatively controls the syntagm *very strong wine*; *wine* in turn controls its modifier *strong* or *very strong*, and so on.

4.2.1. M o d i f i c a t i o n has also been called 'attribution', and the semantic relation is typically one in which the dependent modifies, or qualifies, or intensifies, or adds some attribute to, the sense of the controller. In *very strong*, the dependent *very* intensifies *strong*. In *strong wine*, the role of *strong* is as a qualifier of *wine*: if one says 'I like strong wine', one is talking not of wine in general but specifically of strong wine. In *my stupid sister*, a first dependent *my* qualifies *sister*; the second, *stupid*, either qualifies it and in that sense is a r e s t r i c t i v e modifier, or, if the speaker only has one sister or which sister is referred to is already clear, it would simply add the attribute that she is stupid. In the latter case, *stupid* would be a n o n r e s t r i c t i v e modifier. Relations of this sort are pervasive and can involve clauses as well as words and phrases. In *the wine we had last night*, the clause *we had last night* qualifies its controller *wine*:
[the wine → [we had last night]],
a clause in such a relation being then defined as a 'relative clause'. Note that we again assume that the dependent is the whole constituent and not an individual word. In addition, there are cases of modification where it is natural to say that a syntagm is the controller. Compare, for instance, *He drank champagne yesterday* with *He drank champagne greedily*. In the latter, the adverb of manner *greedily* is traditionally seen as modifying *drank*; it was the way he drank that was greedy. Hence both *greedily* and *champagne* are controlled by *drank*. But in the first example it is far less clear that *drank* controls *yesterday*. The constructions differ in at least one way: whereas

yesterday can move readily to the beginning of the sentence, moving *greedily* is more awkward (*Greedily he drank champagne*). A sentence can also contain both and, if both are at the end, the adverb of manner will normally come first: *Yesterday he drank champagne greedily,* or *He drank champagne greedily yesterday*, but not *He drank champagne yesterday greedily*, unless the intonation shows that the last word is an afterthought (*He drank champagne yesterday, greedily*). On that basis it is usual to say that they form different layers of constituency: if *greedily* is a constituent within a syntagm *drank champagne greedily*, the temporal adverb is part of a larger unit:

[[drank champagne greedily] yesterday].

In our original example, we might then say that it is controlled by *drank champagne* as a unit:

[[drank champagne] → yesterday],

or, in a different analysis, by the whole of *he drank champagne*:

[[he drank champagne] → yesterday],

and not, as the definition of adverbs in a model of word-combination would imply, by *drank* specifically.

In some schemes, such as that of Bloomfield (1933), modification is the only strictly subordinative relation, since modifiers are the only forms that can in general be deleted. For the same reason, the term 'head' is restricted to forms that control modifiers: thus it is common to say that *wine* is a head in *strong wine* or *badly* a head in *pretty badly*, but that *likes* and *on* are not heads in the verb phrase *likes wine* or the prepositional phrase *on the table*. However, it is unwise to put too much weight on the criterion of deletion. Take, for example, *my* in *my sister*. With this noun a possessive pronoun cannot usually be deleted; *I am meeting my sister*, not *I am meeting sister*. With other nouns it can: *He was drinking my wine*, or *He was drinking wine*. Similarly, one class of nouns readily allows a definite article to be deleted (*the wine*, or *wine*); while with others it is usually undeletable (*We bought the table*, not *We bought table*). There are also nouns which exclude the article unless they also have an adjectival or some other qualifier: *I saw Peter* or *I saw the real Peter*, but not *I saw the Peter*. This is like the pattern we described with *digging, picking* and *slithering*: in the terms which we will use in 5.2.2., different nouns have different valencies. If we insist that the test for modification is deletability, it follows that a word like *my* or *the* is not a modifier; therefore, in the restricted sense of 'head', *wine* is a head in *red wine* but not in *my wine* or *the wine*. But few grammarians would carry this argument through. A possible reason is that determiners such as articles and possessive pronouns form a closed and tightly structured class. In that respect, they resemble inflections, and their syntactic functions (like that of the plural inflection in *my sister* or, for that matter, a definite inflection in some other European languages) must be described separately. Alternatively, one may say that they are modifiers because, within the general structure of the noun phrase, they are part of a pattern in which other elements, such as adjectives, are modifiers. But then deletability cannot be a necessary criterion.

4.2.2. Complementation, as the term is used here, is again a relation involving various types of unit. Thus the word or phrase *flowers* is a complement in *I am picking flowers*, while the clause *He enjoyed wine* is a complement in *He said he enjoyed wine*. The reasoning is the same in both cases. 'Say', for example, is a verb that requires either a clause or an object noun phrase: *He said he enjoyed wine* or *He said his prayers*; but not, as a complete utterance, *He said*. In contrast, 'slither' ordinarily excludes both: compare *I slithered down the hill* with *I slithered my bicycle down the hill* (which is odd though comprehensible) or *I slithered that I enjoyed wine*. Other verbs, like 'pick', take noun phrases but exclude clauses: *I picked flowers* but not, for example, *I picked that he had come*. Still others, such as 'shout', allow a clause but do not require it: *He was shouting that he could not come* or, simply, *He was shouting*. The difference in one construction between 'shout' and 'say' (clause respectively deletable and undeletable) is like the difference, in the other, between 'dig' and 'pick' (noun phrase similarly deletable or undeletable). It is within the verbal predicate that relations of complementation are most diversified. For example, in the single sentence *I bet you five dollars that he will come*, the verb *bet* is followed by three separate complements *you, five dollars* and *that he will come*. It is also within the predicate that one finds the greatest practical difficulty in distinguishing marginal cases of complementation and modification. However, other elements can also have complements. For example, in *I got the message that he was coming*, the dependent clause is a complement of the noun *message*: again there are nouns that require such a clause (compare *I heard the fact, I heard the fact that he was coming*), and many that exclude one (*the garden that he was coming*, and so on). The criteria can also be applied to prepositional phrases. *At*, for example, requires what for this reason is again called an object: *He is at school*, with the dependency relation [*at* → *school*], but not *He is at*. There are other English prepositions which allow the object to be deleted, especially in ellipsis: *It fell underneath the table*, or (where underneath what can be understood) *It fell underneath*. Traditionally, there are no prepositions which exclude objects. But a word like *away*, in *He went away*, again stands to *at* as 'slither', in *I am slithering*, stands to 'pick'. In all these cases, it is the individual controller that determines whether the dependent element is possible and, if so, whether it is necessary. In the strictest sense, it governs or controls the subordinate construction.

Most of this would be accepted in substance by most scholars. But substantive agreement can often be obfuscated by varying terminology. In some usage, which derives especially from transformational accounts of English, the term 'complementation' is limited to relations in which the complement is a clause. Hence *that he enjoys wine* is called a complement, but a direct object such as *flowers* is not called a complement. A quite different usage which is also widespread in English grammars, is to say that in, for example, *It made me sick*, the last word is an 'object complement' or complement of the object (*me*). However, Quirk et al., who follow this usage (1985), also say that both the object and its complement fall within the 'complementation' of the verb. In yet another usage, which is unusual in English but is standard in French and other languages, a predicate such as *drank champagne greedily* would have two successive complements *champagne* and *greedily*. In the terminology adopted here the first is a complement but the second is a modifier. Traditionally, what we are calling complementation is in many cases called 'government'. Thus both object clauses such as *he enjoyed wine* and object phrases such as *flowers* are said to be 'governed' by the verb. But however confusing many usages may seem to scholars who find their own terminology entirely rational, it can be argued that the discrepancies do not run any deeper.

4.2.3. The two types of dependency cover all or almost all the relationships within the phrase, and most at least of those within the clause. But there are problems with the role of the subject as we find it in the familiar European languages. Does the subject control the verb:

He → enjoyed → wine

or the verb control the subject:

He ← enjoyed → wine?

Or is it a construction in which neither element is dependent, and therefore a special case that falls outside our typology? All three views have had adherents, and for respectable, though unfortunately conflicting, reasons. A further complication is that languages are themselves of different types, and differ far more in the basic structure of the sentence than in respect of other more peripheral semantic relations, such as modification or coordination. There is no real agreement as to how these different types should be characterised. According to some theorists, the category of subject, in particular, is not universal. According to others it is, either because the term is being used differently, or because they see more similarity between the various types than is at first apparent. This is an area of syntax in which it would be vain to hope for any imminent consensus. But in a language like English it is at least clear what the issues are, and it is from these that, in part, our difficulties with the description of other types may spring.

One basic problem is that subjects are related (a) to predicates and (b) to verbs. If we start from relation (a), the subject will tend to be described as primarily a topic. Thus, in the traditional account, an utterance such as 'He enjoys wine' is likely to be a statement about an identified individual ('he'), in which it is said of this individual, by way of relevant information, that he enjoys wine. If it has that meaning, the subject *he* is the topic; the remainder is often, though less generally, called a comment. In an alternative formulation that became current in the late nineteenth century, *he* is both the 'grammatical subject' (the element with which the verb agrees, or which occupies a certain position in the linear structure of the sentence) and the 'psychological subject'. But if we start instead from relation (b), the subject will tend to be described as basically an agent. For example, in the utterance 'He kissed me', the subject (*he*) refers to the individual who performs the act of kissing. Now it is well known that a subject does not always have these roles. In *He enjoys wine* neither it nor the object is an agent; *he* has instead the semantic role of an 'experiencer'. In *Next Saturday my aunt is coming*, the topic is likely to be not *my aunt* but the temporal expression *next Saturday*: the speaker will be saying, by way of relevant information about next Saturday, that on that day his aunt is coming. The subject is then merely part of the comment. Nevertheless, the subject is the only element with which either role is strongly associated. When verbs do denote an action that is performed by A on B, the agent A will typically be the subject and the patient B will be the object: *He kissed me, My brother mended the chair, Bill brought it*, and so on. The subject can then be the patient only if the more complex passive construction is used instead: *I was kissed by a stranger, The chair was mended by my brother, It had been brought by Bill*. If the topic can be the subject there is a tendency for it to be so: thus a typical function of the passive construction, in a sentence like *It had been brought by Bill*, is to allow a patient, which as such would otherwise be the object, to be the subject instead. On the one hand, this choice of the passive shows that there is a genuine tendency for topics to be subjects. On the other hand, the fact that it is a derived or more complex construction confirms that subjects also have a basic role as agents. In other cases, a subject which is not a topic may be marked intonationally: thus, as to kissing such and such a person, *I* (with emphasis) *kissed him*. Here a passive would not be normal (*He was kissed by me*), arguably because the pronoun *I*, though nontopical so far as this particular context goes, refers to an individual who is always 'topical' in a more general sense. The tension between topics and agents will be resolved in various ways. But since the two roles do not logically coincide, and both are basically associated with the same syntactic element, the tension as such is a central feature of this structural type.

Since the two roles do not logically coincide, it is natural that in some languages they should be formally distinguished. In such a system, one phrase is the topic and is marked purely as such. For example, it may be marked (as in the Philippine languages) by a specific form of determiner. This phrase may then be an agent, or a patient, or may in general have whatever other role (experiencer, locative and so on) is permitted. But there is no tension, since these roles are marked separately. For example, in the Philippine languages the specific semantic role of the topic is marked by the morphology of the verb. In this type of language, relation (a), between the topic and the predicate or comment, and relation (b), between the topic and the verb, may likewise be considered separately. The second, relation (b), is simply one part of the general pattern of relationships between the verb and its complements. As in English or any other language, the particular verb determines what particular semantic roles can accompany it: some allow an agent and a patient, some an experiencer and another element that is 'experienced', and so on. But in this type, unlike English, phrases with whatever role can serve indifferently either as topics or as nontopics. Therefore, from this viewpoint, every phrase is equally dependent:

agent ← verb → patient,
experiencer ← verb → experienced,

and so on. But relation (a), between the topic and the comment, is quite different. To complete the sentence, both elements are obligatory. There cannot be a topic unless something is said of it; equally, there cannot be a comment which is not about some topic, either overt or understood. The relationship is therefore between terms that are interdependent and, on the face of it, it is unique.

But the problem with the subject in the usual European type is that it is neither simply a topic nor simply an agent. We are therefore dealing with a single complex relation; and, by seizing on different aspects of it, different analyses have tried to simplify it in quite contrary ways. A first analysis, which was traditional earlier in this century, is one in which the verb depends on the subject. For example, in Jespersen's account of 'nexus' (Jespersen 1924) a verb such as *barks* would be subordinate to a subject such as *the dog*, while an adverb such as *loudly* is in turn subordinate to *barks*:

The dog → barks → loudly.

The formal justification is that verbs agree with their subjects. In *The dog is barking*, the singular subject requires a singular verb; in *The dogs are barking* or *The Alsatian and the terrier are barking*, both the plural *the dogs* and the double subject *the Alsatian and the terrier* determine that it will be plural. Since it is the verb that agrees with the subject and not the subject with the verb, the relation is asymmetrical and the subject dominant. But this formal argument also patterns neatly with the semantic relation that is traditionally called transitivity. In a sentence like *He kissed me*, the verb refers to an action which is said to originate in the person who performs it (referred to by the subject) and 'pass across' to the person who undergoes it (referred to by the object). The direction of transitivity:

agent → (action) → patient

will accordingly match that of the dependencies:

subject → verb → object.

This argument is concerned primarily with the nature of relation (b), between the subject and the verb. But if we add to this schema the constituency relationship between the subject and the predicate:

[subject → [verb → object]]

it can be said that both the verb, as head of the predicate, and the predicate as a whole (relation (a)) are dependents. This is in the same formal sense that, in phrases such as *very strong wine*:

[[very ← strong] ← wine]

both the head *strong* and the whole phrase *very strong* are interpreted as depending on *wine*.

A second analysis ignores relation (a) and treats the subject as dependent on the verb. Once more, it is the verb that determines what semantic roles can accompany it. 'Bark', for instance, requires an agent: *The dog* (agent) *is barking*. 'Murder' requires both an agent and a patient: *Mary* (agent) *murdered her husband* (patient). 'Construct' requires both an agent and a 'result' and may, in addition, take a benefactive: *Peter* (agent) *constructed a table* (result) *for Mary* (benefactive). These roles involve both subjects and objects and, even if we leave aside passive constructions, the same role may involve both. For example, *the door* as subject in *The door opened* has at least in part the same role that it has as object in *I opened the door*. In treatments such as that of Fillmore (1968), these relations are fundamental, while the role of subject, as marked by agreement and so on, is seen as superficial. It can further be argued that the verb determines whether any such element at all can accompany it. In a sentence such as *It is snowing*, there is no agent and no reference to anything other than the event itself. There is a subject *it*; but in an analysis that has long been current this is a simple dummy which supplies the element when nothing else can do so. In an account due especially to Tesnière (1959), verbs are then divided not into those that can and cannot take objects (traditionally transitive and intransitive), but more generally into those that require neither a subject nor an object ('snow'), those that require a subject but not an object ('bark' or 'slither'), those that require both a subject and a direct object ('murder' or 'kiss'), and so on. In this schema, the status of the subject is identical to that of an object. They are both complements:

subject ← verb → object.

Moreover, it is then natural to suggest that subject, verb and object form a single constituent. Hence, in a sentence like *He drank champagne yesterday*, we would prefer to say that the immediate division is not into *he* and *drank champagne yesterday*, but into *he drank champagne* and *yesterday*:

[[he ← drank → champagne] → yesterday].

He drank champagne is the nucleus of the clause, and *yesterday* (cf. 4.2.1.) is seen as modifying all of it.

There are probably languages for which this second analysis is correct. Logically, there is no reason why the discourse role of topic should be linked to a particular syntactic element. It may instead be marked by intonation or by effects of word order, perhaps by various means and not at all consistently. We may therefore envisage a system which is apparently that of some of the languages conventionally described as 'ergative'. In this, clauses do not regularly have a designated noun phrase and a predicate. If a verb has a single complement, that is all: if it has two then the one which is typically an agent will be marked, but for that role only. Since sentences are not syntactically oriented either to agents or to patients, oppositions such as that of active and passive are also unnecessary. However, we have only to sketch such a system to appreciate that it is not the one we are concerned with. In the familiar European languages, the subject is not simply a complement like any other. Moreover, the division between it and the predicate is particularly clear, whereas divisions within the predicate — including the division between what is hypothetically nuclear and what is non-nuclear or peripheral — are often drawn with difficulty. A third alternative, therefore, is to retain Tesnière's analysis of what we have called relation (b); but, instead of ignoring relation (a), to attempt to reconcile them. The scheme of dependencies, if cast in terms of semantic roles like agent and patient, can be made universal. So, if that were all, the constituency would follow as in the last paragraph. But a particular aspect of many languages is that they have a basic construction in which, firstly, one dependent has to fill a topic-like role; and, secondly, the choice of which dependent is to fill this role is not in general free. In a few cases the choice will fall, with verbs like *murder*, *kiss* and so on, on the patient. This is certainly the case with some Australian languages, which are also described as 'ergative', and which, alongside what is essentially a basic passive construction, may have a derived active or 'antipassive'. In the majority the choice falls, in the basic construction, on the agent. But in either case the result is a complex relation which is *sui generis* and cannot be reduced to a model in which dependency alone is primitive.

The problem of the subject can be related to another that has been widely discussed in European languages, concerning the status of the copula. In *Champagne is wonderful*, a traditional analysis would treat *is* as subordinate to *champagne*, and *wonderful* as subordinate, within the predicate, to *is*:

Champagne → [is → wonderful].

This would again be justified by the agreement of the copula (*Champagne is*, not *Champagne are*). But let us now assume that subjects are themselves dependents. At first sight, we might argue that *champagne* must also be controlled by *is*:

Champagne ← is → wonderful

just as, in *He kissed me*, *kissed* controls both *he* and *me*. But the cases are not truly parallel. With *kiss* the subject and the object have specific semantic roles, and if they are both to be treated as dependent it is because such roles are different from one verb to another. But neither *champagne* nor *wonderful* bears any specific relation to the copula: all we can say is that they are, in general, a subject and a predicative adjective. We may then argue in two ways. Firstly, we may claim that the analysis is correct, because *is* is morphologically a verb and verbs are generally the controlling elements. Or, secondly, we may claim that the analysis is wrong, since the real semantic relation is between *champagne* and *wonderful*, not between *champagne* and *is*. The copula, though a verb, is then another dummy. Here too there is no consensus; but it is not surprising that this last solution has particularly appealed to scholars such as Lyons (1968), whose account of other forms of predication treats semantic roles as crucial.

4.3. Coordination, as we said, is a symmetrical relation whereas dependency is asymmetrical. But there are degrees of asymmetry. Take, for example, the apposition in *my brother, the dentist*. In a weak sense there is asymmetry, in that *the dentist* is apposed to *my brother* and not vice versa. But both phrases have a similar range of functions; and, if either is substituted for the whole, a sentence will remain grammatical. Thus *I met my brother*, or *I met the dentist*. Moreover, it is not clear that the two together form a larger phrase. If there was coordination they would: compare

[[my brother] and [the dentist]].

Likewise if there was dependency: compare

[the dentist → [who is my brother]].

But in the appositional construction we might argue that only the first phrase is related syntactically to the remainder of the sentence:

I met → [my brother] [the dentist].

The dentist is simply a parallel phrase whose relation is to *my brother* alone. Despite the comma in writing, the two are often integrated intonationally. It would therefore be wrong to think of apposition as a mere parenthesis or afterthought, although it may be on occasion. Therefore it would be hard to argue that syntax should ignore it. But it is a looser relation which does not quite fit any over-precisely differentiated schema.

Apposition is one of a group of constructions which I have elsewhere grouped together under the rubric of juxtaposition (Matthews 1981). In some, the relation may again be marginally syntactic; in others, it is not marginal, but it might still be argued that it is not clearly coordinative or dependent. Among the latter, a good example is a correlative construction: for example, in

[The hotter it gets], [the worse I feel],

there is no coordination and neither clause can form a sentence on its own. But equally there is no decisive argument for saying either that the first depends on the second or the second on the first. A more debatable example in English might be a conditional sentence. In *If she comes, I leave immediately*, one could argue that the protasis, *if she comes*, is a clause within a larger clause:

[[If she comes], I leave immediately].

This fits a widely accepted model of recursion (cf. 3.2.3.) in which a main clause, here consisting of the sentence as a whole, can be defined as one which has a subordinate clause as one of its elements. But unlike the clausal complement in *He said he enjoyed wine*, which has a role like the nominal object in *He said nothing*, or the modifying clause in *I drank wine when I was young*, which has a role like the adverbial in *I drank wine last week*, a protasis does not correspond to any word or phrase that is itself a closely integrated element in clause structure. An alternative is to say that, although the construction is weakly asymmetrical, it is between two clauses which are juxtaposed without inclusion:

[If she comes], [I leave immediately]

the main clause, if the term is applicable, being just the apodosis *I leave immediately*. In both correlative and conditional constructions there is no doubt that we are dealing with a syntactic relation. But we can compare them with the case in which two sentence-like forms are linked only by intonation. It is for this case, following Bloomfield (1933), that we may reserve the term 'parataxis'. For example, the sequence of words *She comes I leave* can easily have the intonation of a single unit ('She comes; I leave. It is as simple as that'); but nothing else marks their relation. Parataxis is a normal and regular feature of many languages, and whatever semantic asymmetry there may be, its syntax is again no more than juxtaposition.

5. Functions and Categories

The distinction between functions and categories is easily illustrated. In, for example, *The wine is nice* the subject is *wine* or *the wine*. 'Being a subject' is a function, and describes a relationship either to the construction as a whole or to another of its parts. Thus some grammarians would usually talk of (*the*) *wine* as 'the subject of' the clause or sentence (relation of part to whole). Others would usually describe it as the subject of the verb *is* or of the predicate *is nice* (relation of part to part). This function is filled either by a unit which is classed as a noun phrase or by the head of this unit, which is classed as a noun. 'Noun' and 'noun phrase' are both categories, one of words and the other of potentially larger units. In such an example it is easy to see why functions and categories are distinguished. On the one hand, a noun or noun phrase may have functions other than that of subject: for example, as object in *I enjoyed the wine*. On the other hand, the subject may be a unit of another category: for example, in *That he came at all was very nice* the subject is a clause *that he came at all*. The class of the unit and the relationship that it contracts are thus partly independent.

In some models of syntax, the distinction of functions and categories is primitive and is applied to every unit throughout a hierarchy of ranks. In *My brother said that he enjoyed the wine*, the first phrase *my brother* is again a noun phrase functioning as subject; *said* is a verb or verb phrase functioning as predicator; *that he enjoyed the wine* is a clause, or more precisely a '*that*-clause', functioning as object. Within *my brother*, the first word is a possessive pronoun functioning as determiner and the second a noun functioning as head. Within the subordinate clause, the units *he, enjoyed* and *the wine* are respectively a pronoun functioning as subject, a verb or verb phrase again functioning as predicator, and a noun phrase functioning as object. Within the last, *wine* is again a noun functioning as head and *the* an article functioning as determiner. Finally, within the sentence, the entire form *my brother said that he enjoyed the wine* might be said to be a declarative clause functioning as its only element. However, in many treatments there is a tendency either to reduce functions to categories or to take categories alone as primitive. Consider, first, a category such as 'noun phrase'. One way to define this is by reference to the internal make-up of the unit: thus a noun phrase is a phrase which has a noun as its head. That was the form of definition assumed in 3.2.2. But another way to define it is by reference to external distribution. Hence a noun phrase is a unit whose distribution is in general like that of a single noun. Under the first definition, a pronoun such as *I* is not a noun phrase, unless (contrary to tradition) nouns include pronouns as a subclass. Under the second it would be, since the distribution of *I*, which includes frames such as — *enjoy wine, Bill and* — *left* or *Where was* — ?, is similar in general to part of the distribution of nouns such as *friends* or *Peter*. Under the first definition, as again in 3.2.2., a noun phrase cannot be a clause, since clauses have a different internal make-up. But under the second, a clause like *that he enjoyed wine* is also a noun phrase, since its distribution, in frames such as *He said* — or — *was forgiveable*, is again broadly similar to that of nouns such as *nothing* or *drunkenness*. In a purely distributional account, a concept such as 'subject', if relevant at all, is simply that of a noun phrase, in this broad sense, occupying one of a particular set of frames. For example, the noun phrase *that he came at all* can be called a subject when it occupies a frame like — *was very nice*;

that is, more generally, a frame in which it is followed by a verb phrase. Since Chomsky's syntax had distributional beginnings, a derived notion of subject and object (originally in Chomsky 1965) has spread fairly widely.

Now consider the article in *the wine*. This has a distribution like that of *my* in *my brother*; therefore we must establish a larger distributional category of which both 'article' and 'possessive pronoun' are subcategories. We might for the moment call this 'X'. But this category corresponds exactly to the function of determiner. On the one hand, X's have no other function; on the other hand, determiners will belong to no other category. Therefore there is no reason for a distributional grammar to make any distinction between them. For 'X' we will simply say 'determiner'; and it would then be redundant to say that in *the wine* and *my brother*, the article and *my* are 'determiners functioning as determiners'. Similarly, it would be redundant to describe *and* in *wine and beer* as a 'conjunction functioning as a conjunction', or *into* in *into town* as a 'preposition functioning as a preposition'. Now in another type of grammar one might insist that a distributional class is one thing and a semantic relation is another. For example, one might say that the adjective in *the blue coat* and the relative clause in *the coat you bought me* have the same semantic function as a restrictive modifier, although their distributions are almost wholly different. Therefore, one might argue, the distinction has to be maintained throughout. But in practice many scholars will tend to reduce functions to categories wherever possible, and the more they are influenced by distributionalism, or by formulations that were originally distributionalist, the more they will do so.

In these examples we are concerned with units within the sentence. But sentences can also be assigned to categories, and it is with these that we will begin (5.1.). We will then turn to the smallest unit, on which the main burden of description has traditionally fallen (5.2.). In the light of these two sections we can consider intermediate units (5.3.).

5.1. A sentence is by definition the maximal syntactic unit, and therefore it cannot have a syntactic function within any larger whole. But sentences do, in a more general sense, have functions. For example, *Where is Bill?* is most likely to be uttered as a question, and *Please fetch Bill from next door* as a request or command. We may therefore classify sentences by establishing a correlation between constructions and what we may call their characteristic functions. For example, the construction of *Where is Bill?* differs systematically from that of *Bill is next door*; and, correspondingly, the former will characteristically be uttered as a question and the latter as a statement. We therefore assign *Where is Bill?* to a category of interrogative sentences, and *Bill is next door* to that of declaratives. By a similar argument we establish that *Fetch Bill from next door* is an imperative: its construction differs systematically from both declaratives and interrogatives and its characteristic function, as a command, is also different. To say that the differences are systematic is to say, in particular, that the constructions can be related by transformations. Thus there is a regular relation in which the imperative *Fetch Bill from next door* stands to a declarative like *We fetched Bill from next door* as, for example, *Sit down* stands to *We sat down*, *Finish the soup* to declaratives like *We finished the soup*, and so on. Similarly, there are regular relations in which the interrogative *Where is Bill?* stands to *Bill is next door* as *Where did you throw my hat?* to *You threw my hat next door*; *Who is Bill?* to *Bill is my brother* as *Who is Peter?* to *Peter is my brother*; *Can you swim?* to *You can swim* as *Would Bill like it?* to *Bill would like it*, and so on. In such relationships the declarative is generally the fuller construction. It has a subject where the imperative does not, and in many interrogatives (those that in English grammar are parochially called '*wh*-interrogatives') one element is a constant such as *where* or *who* or *what*. Accordingly, the declarative is taken as the basic category. Then, following Chomsky's earliest formulation (1957), imperatives can be derived by a rule called the imperative transformation, and interrogatives, whether '*wh*-interrogatives' like *Where is Bill?* or 'polar interrogatives' like *Can you swim?*, by one of at least two interrogative transformations.

A classification such as this is either established or assumed by most grammarians. But it calls for two comments or qualifications. Firstly, in saying that a type of sentence has a characteristic function, we do not imply that, when a sentence of this type is uttered, it will always have this function. *Where is Bill?*, for example, might be uttered not as a genuine question but as a simple expression of irritation ('Where is Bill? He is never here when I need him'). We do not even imply that each particular sentence has this as its normal function. Thus many interrogatives are typically requests ('Could you pass the pepper?') and others, for example, offers ('Would you like some more tea?'). This does not matter so long as the syntactic construction is securely identified, since we are talking of a function that is characteristic of the type in general. But there is perhaps a problem when grammarians say that, for example, an interrogative in such and such a language is marked only by intonation. In general, intonation does not identify constructions securely, and we must therefore ask precisely what this means. One possibility is that 'interrogative' refers simply to a category of utterances. Therefore, interrogative and declarative would be a single category in syntax, and the only distinction would be between a form used on particular occasions as a question and one used as a statement. In that case, it might be clearer to say that questions are marked intonationally, and reserve the term 'interrogative' for languages in which the distinction is between constructions and not simply pragmatic. Alternatively, the formulation may assume a universal theory in which 'declarative' and 'interrogative' are two broad types of speech act, over and above specific acts such as requests, questions, offers, statements and so on. They are therefore present in every language, though in the case of polar interrogatives they are more clearly marked in one like English than, say, in Italian. This is a more interesting answer, and it may be the one that is usually implied.

The second comment is that there are many sentences which lie outside this pattern of transformation. Take, for example, the exclamation *Bad luck!* We will assume (as in 2.1.) that this is a sentence. But it is not related by a regular transformation to declaratives such as *You had bad luck*. Thus, in the same context, one would not exclaim 'Abysmal luck!' or 'Bad fortune!', although these collocations are acceptable in *He had abysmal luck* or *They just had bad fortune*. Similarly, the formulaic wish *Long live the Queen!* is not related systematically to *The Queen will live long*. For example, there is a sentence *This plant will grow slowly*, but not *Slowly grow this plant!* On this kind of basis we can distinguish a central system of major sentence types or major sentence constructions from an unsystematic set of minor types or minor constructions. The major class will naturally include some idioms; however, the majority of its members are related regularly, and it is with these alone that many accounts of syntax will in practice deal. The minor types will often have to be described by detailed listing, not just of their forms but also of their exact functions as utterances. For example, *Bad luck!* is specifically a (sincere or insincere) expression of commiseration over what has happened; *Good luck!* is specifically a wish for what will happen in the future, and so on.

5.2. In the classical model of word-combination, words were classed as 'elements of the sentence' or, in the unfortunate modern continuation of the Latin term *partes orationis*, into parts of speech. Despite many attempts to reform the ancient classification, or to put it on what is felt to be a more consistent footing, it is still, with some adjustments, the foundation of grammatical work in many languages, as a system either of word classes or (for some structuralists) of morpheme classes. Certainly no alternative scheme is uncontroversial; and, where changes have been successful or relatively successful, they have tended to develop traditional insights, or to shift the balance of traditional criteria, not to overturn them. This continuity must be borne in mind in any attempt to consider the problem from a logical viewpoint.

But, from this viewpoint, an initial division is often made between form words and full words (or between 'grammatical' words or morphemes and 'lexical' words or morphemes). For example, in *the last day of March or April* the form words would be *the*, *of* and *or*, and the remainder (*last*, *day*, *March* and *April*) would all be full words. Form words are the equivalent in analytical constructions of inflections in synthetic constructions, and tend in practice to be identified in three ways. The first criterion is that they must be members of closed classes: just as particular languages have fixed systems of inflectional cases or genders, so they have fixed oppositions between, for example, a definite and an idefinite article or within a closed set, say, of nominal classifiers. We have already alluded to this criterion (cf. 4.2.1.), and it is often stressed in accounts of English and other relatively isolating languages. The second criterion is that a word is semantically 'empty' — or, more precisely, that it has no role except as part of the realisation of a construction. This is not true of every form word: thus, within the construction 'article + noun', *the* contrasts semantically with *a* (*the girl/a girl*) or with unstressed *some* (*the girls/ some girls*). But in *the last day of March* or *the back of my house*, it may be claimed that *of* is simply a grammatical link between two nouns; likewise, in *I gave it to Bill*, it can be argued that the only meaning of *to* is as a marker of an indirect object. By this light, *of* would always be a form word and *to* is a form word in this construction. A third criterion, which is at best implicit, is that only full words can be the heads of phrases. If we say that *on* and *to* are controlling elements in (*The wine is*) *on the table* or (*I walked*) *to town* then, in these constructions, they are full words, even though the class of prepositions may be closed. It is hard to make these tests exact, and it may be that there is in reality a gradation between, at one extreme, a lexically empty word like 'of' and, at the other extreme, words such as 'wine' or 'walk', whose meaning is wholly lexical.

The classification of form words belongs primarily to the study of forms of realisation (cf. 6.3.), where it can be related to that of inflections. But in the case of full words we can distinguish two levels of classification. The first concerns their roles as parts of speech in construction with other parts of speech. In *strong wine*, for example, *strong* is an adjective in construction with a noun. The second concerns their subclassification with regard, in particular, to patterns of complementation. Thus *enjoy* and *slither* are both verbs, but one must take an object and the other cannot. Let us take the main classification first (5.2.1.) and the subcategorisation afterwards (5.2.2.).

5.2.1. Most accounts from antiquity onwards agree that nouns and verbs are two main parts of speech. In the simplest case of predication (cf. 2.1.), a noun or noun phrase identifies a definite individual or set of individuals while the verb identifies the action, process or state which is predicated. Now these are not sufficient and necessary criteria for assigning words to either class. When it is said traditionally that a noun 'denotes a person or thing', this cannot mean that every noun must do so. For example, a phrase like *his faith* cannot readily be used to refer to individuals, and if we say that *faith* is in general a word denoting a thing we are talking of 'things' in so empty a sense that verbs would also denote things. Such definitions must instead refer to the characteristic meaning of a category which is in any event distinct from other categories and whose detailed membership may then be established by subsidiary means. Thus in English *man, wine* and *faith* belong to a syntactic class which, in the crudest distributional account, is not the same as that of *enjoy, slither* or *kiss*. If this point is taken, the main problem is whether categories with the characteristic meanings of nouns and verbs are distinguished syntactically in all languages. Some scholars assume that they are. Others, including Lyons (1977), at least leave open the possibility that they may not be.

Starting from the primary division between nouns and verbs, a logical step and one which is often taken is to make a parallel division between adjectives, as dependents of nouns, and adverbs, as dependents of verbs. Thus, schematically:

noun : adjective
verb : adverb.

But one obvious difficulty is that adjectives are used predicatively (in *Champagne is marvellous*) as well as attributively (in *marvellous champagne*), and it is not certain that the attributive role is primary. If it was, we might claim that a predicative adjective is a case of transference, or what Tesnière (1959) called 'transposition'. A participle, in for example *a man walking* or *a sleeping child*, is often treated as a verb transferred or transposed into the role of an adjective. Thus, schematically:

verb > participle,

with the transposition marked morphologically by *-ing*. If the basic role of adjectives is to depend on nouns, a predicative adjective would be the opposite case, in which an adjective is transposed into the role of a verb:

attributive > predicative.

The transference would in this case be marked syntactically by the copula. But in many languages a class of adjectives, if it exists at all, is treated as a subclass of verbs; and, even for languages like English, it is often claimed that, on the contrary, the basic role of adjectives is in a predication. A related problem is that adverbs can modify adjectives as well as verbs: thus *He was badly drunk* or *a highly intense discussion*. If the predicative role of adjectives is primary, we can say that adverbs modify them as predicators just as they modify verbs as predicators. Thus, schematically:

verb : adverb
predicative : adverb

(*He sleeps heavily, It was highly intense*). Then, just as an adverb also modifies a participle or transposed verb:

verb (→ adverb) > participle (→ adverb) (*a child sleeping heavily*), so it can modify a transposed or attributive adjective:

predicative (→ adverb) > attributive (→ adverb)

(*a highly intense discussion*). This achieves a new symmetry, but only by weakening yet further our original parallel between adjectives and adverbs. Yet that too has its attractions, particularly since adverbs of manner, as the classic modifiers of verbs, are often derived morphologically from adjectives (*a heavy book, He sleeps heavily; a loud book, He spoke loudly*).

There are other ways to look for symmetries in English. For example, prepositions are similar to verbs (Jackendoff 1977) in that both control objects or complements (*drank → champagne, to → town*). Adjectives and nouns do not take complements; and, on another dimension, it can again be argued that both verbs and adjectives are basically predicative. We can thus establish another set of proportions:

verb : preposition
adjective : noun

with the further assumption that both prepositions and nouns are basically non-predicative. An obvious objection is that adverbs are left out, although they are a major class and are related to adjectives by productive morphological processes; at the same time, prepositions, which are a small class and which enter into few morphological relations, are put on a par with the largest. Another comment is that this role of prepositions, or more generally adpositions, is not universal. Nevertheless this symmetry, like others, brings out parallels that are genuine. If we can find any consensus here, it is perhaps implicit in the flexible and heterogeneous character of the traditional system. The reason why scholars continue to use it is not that we have so far failed to find one that is more logical; but rather that it allows or embodies all the relevant parallels, some of which are more important in one language than in another, without imposing any one selective pattern.

5.2.2. The ability of a lexical item to require, allow or exclude constructions is its **valency**. Thus, to give some examples which do not involve verbs, the adjective *delighted* has a valency which includes an infinitive (*I would be delighted to help*); *angry*, however, does not (*I would be angry to help*). *Easy* also has an infinitive as a valent (*It would be easy to move*). But whereas, in the construction with *delighted*, the subject (*I*) is also implicitly the subject of the infinitive ('My helping would delight me'), in the construction with *easy* it is implicitly its object ('Moving it would be easy'). The valency of an adjective such as *nice* is again different. If it has a personal subject, an infinitive is excluded (*I will be nice*, but not *I will be nice to help*). However, it is possible in an impersonal construction (*It would be nice to help*). The metaphor of valency was introduced by Tesnière (1959), in a model in which valents are dependents. Thus, in the construction with *delighted*, the adjective is in one account the controller (cf. 4.2.3.), with the verb *be* as a dummy. Accordingly, the valents of *delighted* are the two dependents

I ← delighted → to help.

In the impersonal construction with *nice*, the adjective would again be the controller, but the subject *it* is often seen as another dummy which marks that an infinitive has been extraposed. (Compare *To help would be nice*). Accordingly, *nice* would have a dependent infinitive as its only valent:

nice → to help

However, not every scholar will accept such analyses. In an alternative view, as we have seen, the adjective depends on (*would*) *be* and that in turn on the subject. Nor would every scholar see a lexical item as an atom which contracts relations individually with each valent; in that respect the model is very much within the tradition of word-combination. Instead, many grammarians (especially in English-speaking countries) would prefer to talk more neutrally of sentence frames or other similar structures into which a lexical item can be inserted. *Delighted*, for example, can be inserted into a predicative structure which includes a personal subject and an infinitive. So can *easy*, but the relations of 'control', in Chomsky's terms, are different (Chomsky 1986). *Nice*, again, can be inserted into a structure with impersonal *it* and an infinitive. Nevertheless the model of valency has been very fruitful, particularly in German work in the 1970's (survey in Korhonen 1977) and particularly in studies of the verb (for English, Allerton 1982).

The main problems that have emerged concern the general relationship between syntax and the lexicon. One question, which arises naturally in the context of a model of word-combination, is how far the valents of an item can be seen as simply a reflex of its meaning in general. Take, for instance, 'kiss'. The nature of kissing is such that two participants must be involved; moreover the action may be mutual or one-sided. It follows that this lexical item may have a contruction with a subject and an object (*He kissed me*), or with a plural or a coordinative subject (*We kissed, Bill and Mary were kissing*), but not with just a singular subject (*Bill kissed*). The syntax of the verb is a direct reflection of its sense. But matters are not always so simple. Many verbs, like 'move' or 'open', have both a transitive and an intransitive valency: *I moved the box, The box moved; I opened the door, The door opened*. We might say that the sense of such verbs, which itself is constant in both pairs of examples, allows either. But there are other verbs for which the transitive alone is usual: *I was throwing stones* or *I was hurling insults*, but not *Stones were throwing everywhere* or *Insults were hurling*. Others are usually restricted to the intransitive: *The stones were falling* or *The water was rising*, but not *I was falling the stones* or *They were rising the water*. Traditionally this too is part of their meaning: 'throw' and 'hurl' do not have intransitive senses, and 'fall' and 'rise' do not have transitive senses. But it specifically concerns their syntax, and is not a secondary consequence of other features that can be described independently. It is not surprising that many scholars have tended to stress the dependence of valency on meaning. Thus, for example the 'generative semantic' school in America in the early 1970's, though, unlike their contemporaries in Europe, they did not use this term. Others, by contrast, tend to stress the separation of syntax from meaning.

Another central problem concern the relation of valency to, in particular, voice. In the intransitive use of 'open', the valency of this verb is reduced: where it has two valents when it is transitive, here it has only one. But the same may also be said of, for example, *Insults were being hurled*. The construction is an agentless passive, and one of its roles is precisely to reduce the valency of the verb from an agent with an 'object' to the latter alone. The relation of active and passive may then be seen as either essentially syntactic or essentially lexical. If we treat it syntactically we will say that valency or subcategorisation is a property of lexical items. Thus 'hurl' has a valency which allows it to be inserted in a frame containing both a subject and an object: *They* (subject) *were — ing insults* (object).

It then has an additional syntactic feature ('passivisable'), by which the clause or sentence can be turned into the passive, with or without the agent: *Insults were being hurled (by them)*. Thus, in particular, the passive transformation as originally set out by Chomsky (1957). But if we treat the relation lexically we will say that the active and the passive are two forms of the lexical item which have different valencies. An active form (say, *hurl*) can be inserted in frames of the type: agent — object. A passive form (say, *hurled*) can be inserted in frames of another type: object — (agent). The relation between *hurl* and *hurled* can then be described within a lexicon, in the same way as the relation between transitive 'open' and intransitive 'open' or, for that matter, between senses where the meaning is more distinct ('slip' in *I slipped it into the box* and 'slip' in *I was slipping in the snow*). This treatment was at least implicit in many objections to the passive transformation, and has also been formulated in more recent generative theories.

5.3. When words or morphemes have been classified, the classification of phrases partly follows. Thus, if *in* is a preposition and the head of *in town*, this is, by the same token, a prepositional phrase. But units can also be classified according to their external function: thus, in *their flat in town*, it is a modifying phrase while, in *They live in town*, it is an adverbial phrase. More generally, both *in town* in *They live in town* and the clause *where they please* in *They live where they please* are adverbial units or 'adverbials'. More precisely, they are both locative adverbials, whereas, for example, *on Saturday* and *when they like* (*They leave on Saturday, They leave when they like*) are both temporal adverbials. It is helpful to distinguish consistently, or at least as far as possible, between categories established by the internal composition of a unit (for example, *very badly* is internally an 'adverb phrase') and those established by external distribution (for example, *very badly* in *He did it very badly* is an 'adverbial phrase'). Thus, if we wish to avoid an ambiguity, we might say that *the wine* is internally a noun phrase and, in *The wine was very nice*, it has an external role which is 'nominal'. In *That he came was very nice* or *They said that he came*, the clause *that he came* would not be a noun phrase; but again it has a nominal role as subject or as object or complement. In the same spirit, an older tradition describes it not as noun phrase but as a 'noun clause'.

There is little more to say about the classification of clauses. From the viewpoint of external function they are partly labelled in parallel with sentences. Thus, in *I asked where Bill was*, the complement of *asked* is a subordinate interrogative clause (or indirect question), whereas, in *They said that he came*, that of *said* is a subordinate declarative clause (or indirect statement). Otherwise, they are often divided into purely semantic categories (concessive clause, purposive or final clause, and so on). The problem of deciding what is and what is not a distinct syntactic function is only partly solvable for adverbials, as indeed for adverbs. From the viewpoint of internal composition, clauses can be classified in many languages into those which are finite — in traditional usage these are ones whose verb is marked for person and number — and those which are nonfinite. For example, the subject clause is nonfinite in [*For Bill to come at all*] *would be an honour*, while *that he came*, with the verb *came* in a position in which the element potentially agrees with a subject, is finite. At a more detailed level, they may also be classified by specific conjunctions or other markers. For example, one may talk of a *that*-clause or, in certain languages, of a subjunctive clause.

6. Forms of Realisation

To describe the syntax of a sentence is to describe its construction. For example, *Would you like white wine?* has an interrogative construction, or more precisely that of a polar interrogative, as opposed to the declarative construction of *You would like white wine*. Internally, it has a subject-predicate construction: at a more detailed level of analysis, one which unites a subject, a predicator and a direct object. Of these elements, the object is a noun phrase in whose construction an adjective modifies a head noun, and in *would like* an auxiliary verb is constructionally related to a lexical verb. The term 'construction' can be defined precisely only in a given syntactic theory. However, in distinguishing one construction from another, the general assumption is that, potentially at least, they must be formally different and not simply different in meaning. For example, the interrogatives in English are distinguished from the declaratives by, among other things, a regular difference of word order; the construction of *drank champagne greedily* could be distinguished from that of *drank champagne yesterday* by the tendency of the adverbs to occupy a different range of positions (cf. 4.2.1.); that of *Bill's house* is marked by both the order of words (one would not say *house Bill's* or *the house Bill's*) and the inflection or enclitic *'s*. On the other hand, most grammarians will not see a difference in construction between, for example, *He enjoys wine* and *He makes wine*. Although the semantic relations are different (*he* is an experiencer in the first, while in the second it is an agent and *wine* an 'effected' object or object of result), no formal difference can be correlated with them. Therefore the constructions are the same.

A distributional theory of language is concerned with form alone. Therefore a distributional account of constructions will deal solely with formal features such as ordering or the choice of grammatical words or inflections. But in a more traditional account of syntax, we may distinguish between the basic semantic functions and relations (subject or 'subject of', modifier or modification, and so on) and the formal means or devices by which they are manifested or realised. The former represent distinctions of meaning that are drawn within a particular language. For example, English and other languages have a function 'subject' which in the simplest case is associated with the dual semantic roles of topic and agent (cf. 4.2.3.). It is therefore with these that the description of constructions will begin. The latter are the various ways in which constructions and their elements are distinguished, both from others within the same sentence and from alternative constructions that might be substituted for them. For example, the subject in English is distinguished from the object and other elements with a similar internal composition by its position in relation to the predicator (*Bill dances* not *dances Bill*); in certain cases by its inflection (*He dances* not *Him dances* or *His dances*); also, in part, by the agreement of the verbs (*Bill dances* not *Bill dance*). These devices or means may be divided into three main types. First, constructions may be marked by stress, pause and intonation — in general, by what the American structuralist school described as 'suprasegmentals' (6.1.). Secondly, they may be marked by word order, or more generally by the order of constituents of any kind (6.2.). Thirdly, they may be marked by form words or inflections (6.3.). Languages differ significantly in the relative use made of, in particular, inflections and order. In some, the former have a dominant role. These are often described as languages with 'free word order' — 'free' in the sense that there are few or no syntactic rules that determine it. In others, order is dominant: English is, in this sense, a language with 'fixed word order'. Another traditional distinction, which is also relevant here, is between the synthetic marking of a category by an inflection (for example, that of a noun which functions as a modifier by the genitive case) and its analytic marking by a form word (for example, that of the same role by a preposition). Again there are languages which — independently, in principle, of word order — are predominantly synthetic and others, like English once more, which are predominantly analytic. But it will be obvious that these are differences of degree. Moreover, only two dimensions are involved, and the attention given to them may simply reflect the historical development of the modern from the ancient Indo-European languages. A full typology, which so far has barely been adumbrated, would be more complex.

In surveying the three types, we must bear in mind that the first two, in particular, have other uses that are broadly pragmatic. If a language has relatively free word order, it does not follow that, in an individual context, any order is as natural or appropriate as any other. We merely claim that the different orders do not reflect a difference in syntax. In English a man may say 'Yes, dear' to his wife with an intonation that is instantly intelligible; but we will not argue that the construction of this sentence differs from that of *No, Sir* or *Certainly, Mrs Jones*. Such claims may, of course, be challenged and in marginal cases it can be very hard to say when a difference is merely pragmatic and when it should be brought under a syntactic rule.

6.1. The role of intonation in demarcating units is, in theory, obvious. *He likes champagne* can be uttered with a single intonational contour, say with the nucleus on *champagne*. The sentence could, in principle, be followed by a pause ('He likes champágne (...) I don't, unfortunately'). The second sentence could in turn have two nuclei ('I dón't, unfórtunately'). In this idealised case, the pause sets off one sentence from another, and the last two intonation contours mark the relation, within a sentence, of a sentential adverb to the remainder: [[*I don't*], *unfortunately*]. But any serious study of ordinary speech, or for that matter a moment of competent reflection, will show that the case is idealised indeed. Speakers often pause in the middle of sentences and do not pause at the end. Intonational contours do not always coincide with any sequence that, on other grounds, we would identify as a syntactic unit. Sometimes we can argue that the explanation lies outside our field. For example, a speaker may hesitate while searching for the right word, or simply pause while swallowing. Therefore we are entitled to idealise and deal solely with what the speaker would have uttered if extraneous factors had not intervened. But in other cases it is not so easy. Parataxis (as this term was used in 4.3.) is a relation in which, by any other criterion, there would be no constructional link between two units. But there is an intonational link, and no clearly extrasyntactic explanation for it.

The differentiating role of intonation is also problematic. One can distinguish between, for example, a restrictive relative in *my brother who lives in London* and a nonrestrictive relative in *my brother, who lives in London*. But the distinction is not always made. Thus in a sentence like *My brother* (,) *who lives in London* (,) *hates the countryside* the relative, whether restrictive or not, has an explanatory sense which readily allows a neutralisation. The role of intonation is most clearly syntactic when the constructions are also distinguished by other means. Take, for example, the emphatic stress in *I woúld like white wine*. Each of the other words could also carry an emphasis (*I would like white wine*, and so on). But stress on *would* is parallel to the stress in *I dó like white wine*, where the emphasis also entails the introduction of the grammatical word *do*. Therefore there is a case for establishing an emphatic construction, whose marking is in that respect parallel to the negative construction (*I don't like white wine*).

6.2. One important relation of order is simple adjacency. In *Nice girls like white wine*, *nice* and *white* respectively modify and, at the level of realisation, are adjacent to *girls* and *wine*. Another relation is sequence. Thus in the same construction *nice* obligatorily precedes *girls* (one cannot say *Girls nice like white wine*) and *white* similarly precedes *wine*. By the same token, the construction of *Nice girls like wine white* is different, with *white* an object complement and thus a separate element in the clause. The more a language has fixed order, the greater the tendency for semantically related elements to be adjacent and for their sequence to be determined by rule. The more it has free order the more the sequence of elements is not fixed by rule and the more it is possible for related words to be separated if the sense is clear. But this is obviously a matter of degree. A language may, in particular, have fixed or nearly fixed order within phrases — in that respect the phrase is again a word-like unit — but free or nearly free order within clauses. Such languages may be said to have 'free phrase order'. Even in English, for example, an object phrase can shift to the front of a sentence (*White wine I dó like*), but not simply its modifier (*White I do like wine*). In that sense the rules of adjacency (*white* must be next to *wine*) are more binding than those of sequence. Even in languages where the phrase is not obligatorily cohesive — languages, that is, with strictly free 'word order' — elements may tend to be adjacent unless some other factor intervenes. Adjacency is thus the unmarked case, and non-adjacency is marked. In languages with free phrase order, one sequence may likewise be unmarked — as, very clearly, that of *I like white wine*, with the object following the verb, is unmarked in English. But it is not necessarily so: in some instances, the sequence of phrases may be entirely referred to extrasyntactic factors. These other factors are most commonly pragmatic. For example, there is a natural tendency, all else being equal, for relatively topical elements, or elements that are given by the context, to come earlier in the sentence, and relatively new elements, or elements belonging to a comment, to come later. But the fewer the syntactic rules, the more the arrangement of words may also be exploited, especially in literature or formal speech, for rhythmical or other purely rhetorical ends.

One of the major topics in syntactic typology (see Comrie 1981) is that of universal tendencies in word order. Essentially two claims are involved. The first and the more plausible is that in an individual language constructions which are semantically similar will also tend to be realised similarly. For example, in English *London* is semantically a complement in both *in London* (preposition + noun) and (*I*) *like London* (verb + noun), and in both it follows its controller and could not precede it (*London in, I London like*). In some theories, such observations give rise to a comprehensive series of implications (if construction A is marked this way, construction B will be marked that way), none of which, however, hold absolutely. The second claim is that certain orders of elements such as subject, predicator and object are more likely than others. But the obvious difficulty here is that of identifying a notion such as 'subject' (cf. 4.2.3.) across languages.

6.3. In the extreme case, a form word or inflection may have no role except as a construction marker: thus, arguably, the *to* and *of* in *I gave it to Bill* or *a bottle of wine*, or the equivalent dative and genitive in some other languages. In such uses, we may say that the element is a pure construction marker. But form words, in particular, will often have a marking function and some other semantic role. In *the wine which you drank*, the relative pronoun *which* marks the clause as a nominal modifier, but it is also the object, within the relative clause, of *drank*. In *I drink it because I like it*, the conjunction *because* marks the second clause as subordinate, but it has its own causative meaning which contrasts with that of *when* (in *I drink it when I like it*), *until*, *although*, and so on. In that sense, these are impure construction markers. Form words, in particular, may then be classified according to the constructions that they realise or help to realise. For example, in *Bill and Mary*, the conjunction is a coordinator, whereas *because, when* and the like are subordinators. In some languages, one role of the subjunctive (though it will typically have others) is as a subordinating inflection. Many such roles are widely filled either by inflections or by form words. Thus a preposition or postposition in a relatively isolating language or a case in a relatively inflected language; it simply depends on the type. But coordination, for example, is more characteristically marked by an independent word or an enclitic, even in languages that are richly inflected. It may therefore be possible to suggest a scale of implication. For example, if a language has inflectional marking of such functions as subject and direct object, it may also tend to have inflectional marking, as by the genitive, of nouns functioning as modifiers.

So far we are concerned with markers in isolation. But a common relation is one in which an inflection, in particular, covaries with some other word in the construction. In such cases, grammarians traditionally distinguish agreement and government. In the classic case of agreement (or concord), the inflection of word A covaries with a corresponding inflection of word B: for example, if a noun is accusative a modifying adjective must also be accusative. The term can then be extended to other relation affecting the same elements. Thus the inflectional gender of the adjective may also agree with that of the noun, although in the noun itself it is not inflectional. Again, a plural verb may agree either with a subject that is inflectionally plural or with one that is coordinative. In the classic case of government (or rection), the inflection of a complement, or governed element, covaries with a noninflectional property of its controller. For example, preposition A has the property of governing a noun in the accusative, preposition B in the dative. But this typology reflects the syntax of the older Indo-European languages and is certainly not exhaustive. The device in general is simply one in which related words have related properties. Their construction may be marked by this alone: agreement, in particular, will often connect words that are not adjacent or whose sequence is quite free. Alternatively, constructions are often marked redundantly, by both order and covariation.

7. References

Allerton, David. 1982. Valency and the English verb. London.

Bloomfield, Leonard. 1914. An introduction to the study of language, New York.

—. 1933. Language. New York.

Chomsky, Noam. 1957. Syntactic structures. The Hague.

—. 1965. Aspects of the theory of syntax. Cambridge. MA.

—. 1986. Knowledge of language. New York.

Comrie, Bernard. 1981. Language universals and language typology. Oxford.

De Groot, A. W. 1949. Structurele syntaxis. The Hague.

Dik, Simon. 1968. Coordination. Amsterdam.

Fillmore, Charles 1968. The case for case. Universals in linguistic theory, ed. by Emmon Bach & Robert Harms, 1−88. New York.

Gazdar, Gerald, Ewan Klein, Geoffrey Pullum, and Ivan Sag. 1985. Generalised Phrase Structure Grammar. Oxford.

Halliday, Michael. 1961. Categories of the theory of grammar. Word 17. 241−92.

Harris, Zellig. 1951. Methods in structural linguistics. Chicago.

Hockett, Charles. 1954. Two models of grammatical description. Word 10. 210−31.

—. 1958. A course in modern linguistics. New York.

Jackendoff, Ray. 1977. $\bar{X}$ Syntax: a study of phrase structure. Cambridge, MA.

Jespersen, Otto. 1924. The philosophy of grammar. London.

Korhonen, Jarmo. 1977. Studien zu Dependenz, Valenz und Satzmodell, Vol 1, Theorie und Praxis der Beschreibung der deutschen Gegenwartssprache: Dokumentation, kritische Besprechung, Vorschläge. Bern.

Longacre, Robert. 1964. Grammar discovery procedures. The Hague.

Lyons, John. 1968. Introduction to theoretical linguistics. Cambridge.

—. 1977. Semantics, 2 Vols. Cambridge.

Keil, Heinrich (ed.) 1855. Prisciani Caesariensis Institutiones Grammaticae, Vol. 1. (Grammatici Latini, 2). Leipzig.

Martinet, André. 1961. Éléments de linguistique générale. Paris.

Matthews, Peter. 1981. Syntax. Cambridge.

—. 1986. Distributional syntax. Studies in the history of western linguistics, ed. by Theodora Bynon & Frank Palmer, 245−77. Cambridge.

—. 1990. La linguistica greco-latina. Storia della linguistica, ed. by Giulio Lepschy, Vol. 1, 187−310. Bologna.

Paul, Hermann. 1880. Prinzipien der Sprachgeschichte. Halle.

Quirk, Randolph, Sidney Greenbaum, Geoffrey Leech, and Jan Svartvik. 1985. A comprehensive grammar of the English language. London.

Ries, John. 1931. Was ist ein Satz? Prague.

Saussure, Ferdinand de. 1916. Cours de linguistique générale. Paris.

Schneider, Richard (ed.) 1878. Apollonii Dyscoli…Scripta Minora (Grammatici Graeci, 2.1). Leipzig.

Tesnière, Lucien. 1959. Éléments de syntaxe structurale. Paris.

Uhlig, Gustav (ed.) 1910. Apollonii Dyscoli De Constructione Libri Quattuor (Grammatici Graeci, 2.2). Leipzig.

Wundt, Wilhelm. 1912. Völkerpsychologie, Vol. 2, Die Sprache, Part 2, 3rd Edn. Leipzig.

Peter Matthews, Cambridge (Great Britain)

3. Syntax and Linguistic Variation: Orientation

1. Linguistic Variables
2. Major Approaches to Linguistic Variation
3. An Overview of Syntactic Variation Studies
4. References

1. Linguistic Variables

1.1. An Elementary Question

A first general step in dealing with linguistic variation should consist in giving a clear answer to the following question: what exactly is it that varies? Put differently:

(1) What is a linguistic variable?

An inadequate answer may seriously hamper both theoretical understanding and practical progress; cf. Cheshire's (1987a) critical discussion of Labov's (since 1963) conception of a linguistic variable, who made the term popular in linguistics — "It is sad that after 25 years or so of analyzing language in its social context, we have achieved so little in the analysis of specific varieties", Cheshire 1987a, 278). I will propose an answer that was chosen after much experimentation.

For initial orientation consider the notion of allophone as a traditional variation concept, used in statements of the form:

(2) A is an allophone of B.

(It is here immaterial whether or not the notion of allophone should be allowed in one's theory of language.) Formulation (2) would suggest that it is entities B — 'phonemes' — that vary; linguistic variables, then, would be units of linguistic systems, as in Labov's original conception.

Such a view is problematic, though. In particular, it makes nothing of the fact that the notion of allophone is relative to 'language-like entities' L such as idiolects, language varieties, languages, or systems of such; strictly speaking, formulation (2) is incomplete and should be replaced by:

(3) A is an allophone of B in L.

Not only may B vary — by having different allophones — but so may L, by including different pairs (A, B). Taking these pairs as 'L-values' of the relation Allophone — a three-place relation (see (3)) whose third-place members are language-like entities — the relation itself rather than B or L may be said to vary: the relation Allophone would be a linguistic variable. Obviously, this also covers variation of B, and variation of L with respect to the relation Allophone. In addition, the relation Allophone provides a 'point of reference' for comparing variation in different language-like entities; all we have to do in the case of different L_1 and L_2 is compare the L_1-values of Allophone with its L_2-values. This suggests:

(4) The relation Allophone is a linguistic variable.

A conception — somewhat expanded — by which the concept of linguistic variable applies to relations like Allophone does prove adequate for characterizing the field of variation studies. It gives one possible answer to the question, much discussed in connection with comparative work of any type (see for example Heger 1990/91; Seiler 1990, Sec. 7; Krzeszowski 1990, Ch. 2), what exactly should be allowed as a *tertium comparationis* when two language-like entities are compared. (Differently from other authors I am not tying myself down to *tertia comparationis* that are semantic in one sense or other.)

1.2. A Concept of Linguistic Variable

For a more precise account of linguistic variables, the following symbols are introduced as variables in the *logical* sense (i. e. as symbols used to refer to arbitrary entities of a certain kind):

(5) "L", "L_1", ... stand for any language-like entity, i. e.
  (a) any idiolect, language variety, language or larger language-like entity (in a sense where these are not identified with systems);
  (b) any system of any entity (a);
  (c) any grammar (understood as a description or a theory) of any entity (a) or entity (b).

Thus, there are *three types* of language-like entities. Grammars are allowed as a separate type because they figure prominently in at least one type of variation studies, so-called 'evaluation grammars'.

Generalizing the Allophone example we might now identify linguistic variables with relations whose last-place members are language-like entities of a single type. (In the case of Allophone the relation is three-place, but two-place — or higher-place — relations may also occur, such as Phoneme: x is a phoneme in L.)

There is, however, a complication. To account for the entire field of variation studies, it is not only relations like Allophone but certain *functions* (in the set-theoretical sense) that must be allowed as linguistic variables; such a function is either 'one-place' (assigns objects to *individual* objects), and its arguments (the objects to which others are assigned) are language-like entities of a single type; or the function is more than one-place (assigns objects to *tuples* of objects), and its arguments (the tuples) have language-like entities of a single type as their last components. Such functions will be taken into account right from the start; for examples, see the 'rule-weight' functions characterized in Sec. 2.3.

No further requirements will be imposed on the relations and functions. This leads to a very general concept of linguistic variable; it is indeed adequate for discussing all major conceptions of linguistic variation.

Assuming naive set theory and using "M" for any set (relations and functions are understood as sets of a specific kind), we define:

(6) *Definition.* M is a *linguistic variable* iff [if and only if] M is non-empty and either (a) or (b):
  (a) M is a relation, and the last-place members of M are language-like entities of a single type;
  (b) M is an n-place function ($n > 0$), and either (i) or (ii):
    (i) $n = 1$, and the arguments of M are language-like entities of a single type;
    (ii) $n > 1$, and the last components of the arguments of M are language-like entities of a single type.

For example, the relation Allophone in Sec. 1.1. is a linguistic variable by (a).

It should be emphasized that the term "Allophone" — a name of the *relation* Allophone that is a linguistic variable — is a *constant* of a theory of language, in the logical sense of "constant"; generally, linguistic *variables* as defined in (6) are, or may be, denoted by *constants* of linguistic theories.

If x_1 is an allophone of x_2 in L, we may also say that the pair (x_1, x_2) is an L-value of Allophone; generally ("x", "x_1", ... stand for any set-theoretical entities):

(7) *Definition.* Let M be a linguistic variable and an n-place relation, $n > 1$.
$(x_1, ..., x_{n-1})$ is an $(n - 1)$-*place* L-*value of* M iff $(x_1, ..., x_{n-1}, L) \in M$ (i.e. M holds among $x_1, ..., x_{n-1}$, and L).

This definition could be extended to cover linguistic variables that are functions (6 b).

The only linguistic entities referred to in the definition of a linguistic variable are language-like entities L. Different *types* of linguistic variables may now be distinguished — beyond the formal opposition of relational vs. functional in the sense of (6) — by (a) the *type* of language-like entities (see (5)) that are last-place members, or last components of arguments, of a linguistic variable; and (b) the kinds of linguistic entities involved elsewhere in the variable. Criterion (a) would lead to a distinction between 'language variables', 'system variables', and 'grammar variables', see (5). Only criterion (b) is applied in distinguishing 'component variables' from 'holistic variables'.

1.3. Component Variables

Consider, once again, the relation Allophone. If x_1 is an allophone of x_2 in L, then x_2 is a phonological unit (a phoneme), and x_1 a phonetic unit (a phonetic sound), of L. Generally, both x_1 and x_2 are 'components' of L. *Components* of L may be defined, informally and somewhat vaguely, as units, categories, structures, and relations of L and as parts of L *that are not themselves language-like entities.* (Note that L may be a grammar; among its components, we have its symbols, its rules etc. Also note that the [linguistic] concept of component of L and the [set-theoretical] concept of component of an n-tuple are entirely unrelated.)

The relation Allophone is a *component variable* because of the way in which components of language-like entities figure among the relation's members. More precisely, component variables are relations or functions of the following kind:

(8) *Definition.* M is a *component variable* iff
  (a) M is a linguistic variable;
  (b) either (i) or (ii):
    (i) M is an n-place relation ($n > 1$), and there is an $i = 1, ..., n - 1$ such that for any $(x_1, ... x_i, ..., x_{n-1}, L) \in M$, x_i is a component of L.
    (ii) M is an n-place function ($n > 0$), and (α) or (β):

(α) $n = 1$, and for any argument L of M, M(L) [i. e. the entity assigned to L by M] is a component of L;

(β) $n > 1$, and (β_1) or (β_2):

(β_1) there is an $i = 1, ..., n - 1$ such that for any argument $(x_1, ..., x_i, ..., x_{n-1})$ of M, x_i is a component of L;

(β_2) $M(x_1, ..., x_{n-1}, L)$ is a component of L.

Allophone is a component variable by (bi) because for any $(x_1, x_2, L) \in$ Allophone, *both* x_1 and x_2 are components of L. This is stronger than required by (bi); either x_1 or x_2 would have sufficed. (bii) may for now be disregarded.

Components of L may be classified by the 'linguistic level' to which they belong: they may be phonetic, phonological, etc. We may accordingly distinguish *phonetic variables*, *phonological variables*, etc.:

(9) *Definition schema.* Let "+" stand for any of the following expressions: "phonetic", "phonological", "morphological", "syntactic", "semantic", "pragmatic". M is a + *variable* iff [same as (a) and (b) in (8), adding the expression + in front of each occurrence of "component"].

(If no pragmatic components of language-like entities are allowed, then of course there are no pragmatic variables.) By (9) the relation Allophone is both a phonetic and a phonological variable. Concepts of *purely* phonetic etc. variables are also easily defined.

1.4. Holistic Variables

Component variables are a first basic type of linguistic variable. A second type is exemplified by statements such as

(10) Bavarian is a variety of German.

Variety is a two-place relation whose last-place members are language-like entities L, more specifically, 'languages', in some sense of the term. The relation Variety is therefore a linguistic variable, by (6a). It is not, however, a component variable; differently from variables like Allophone, it is not only the last-place members but *all* members of Variety that are language-like entities. Variety is, so to speak, 'holistic' (takes as its members complete language-like entities rather than their components):

(11) *Definition.* M is a *holistic variable* iff

(a) M is a linguistic variable;
(b) for any x, if x is a member of M, then x is a language-like entity.

The term "member" in (b) also applies if M is a function: any n-place function can be construed as an $(n + 1)$-place relation.

No holistic variable is a component variable, and conversely; this follows from (11 b), (8 b), and the assumption that no component of L is itself a language-like entity.

Holistic variables other than Variety are Dialect (cf. "Bavarian is a dialect of German"), Sociolect etc.; or Parent Language etc. Variety is the most general holistic variable used in discussions of language internal variation (for the term itself, see Berruto 1987, whose explanations are, however, coloured by meanings specific to the Italian expression).

The opposition between two types of variables — holistic and component — underlies a distinction between two major approaches to linguistic variation.

2. Major Approaches to Linguistic Variation

2.1. Component Approach and Holistic Approach (Variety Approach)

We may informally distinguish *the component approach* — emphasizing component variables — from *the holistic approach*, which emphasizes holistic variables and has *the variety approach* as a subcase:

(12) (*Definitions*)

(a) By *the component approach to linguistic variation* I understand the position that component variables are basic to, if not sufficient for, dealing with variation both within and among 'natural languages' in a traditional sense.

(b) By *the holistic approach to linguistic variation* I understand the position that holistic variables are basic to, if not sufficient for, dealing with variation both within and among 'natural languages' in a traditional sense.

(c) *The variety approach* = the holistic approach to linguistic variation restricted to language internal variation.

In these informal definitions reference is made to 'natural languages' in a traditional sense.

This is not to say that advocates of the approaches must adopt them in their theories, or, if they are adopted, all conceive them in the same way.

The holistic approach has so far been applied largely to language internal variation, i.e. has taken the form of the variety approach. In particular, nothing larger than a historical language is traditionally allowed as a last-place member — or a last argument-component — of a holistic variable. Such restrictions are, however, not inherent to the holistic approach.

Given the informal definitions in (12) we may distinguish a *stronger* and a *weaker version* of both the component approach and the holistic approach (hence, the variety approach), depending on whether the variables in question are or are not considered to be *sufficient for* dealing with variation.

Obviously, the two approaches are not logically exhaustive; we did not demonstrate that any linguistic variable is either a component variable or a holistic one. This would indeed be a doubtful proposition. The following informal claim is therefore empirical:

(13) *Claim on variation studies.* All major work in the study of language internal variation exemplifies either the component approach or the variety approach.

The claim is substantiated by Lieb (in prep.); see also Secs 2.3.f, below.

Two additional approaches may be distinguished independently by a different criterion.

2.2. Grammar Approach and Language Approach

(14) (*Definitions*)
  (a) By *the grammar approach to linguistic variation* I understand the position that the study of linguistic variation is primarily concerned with (the linguist's) grammars and the 'languages' they generate.
  (b) By *the language approach to linguistic variation* I understand the position that the study of linguistic variation is primarily concerned with languages in a sense where they may be *referred to* by (the linguist's) grammars and the 'languages' they generate.

On the language approach, variation occurs at the object-language level with respect to grammars and generated 'languages' (obviously, the grammar approach emphasizes 'grammar variables' and the language approach 'language' or 'system variables', see above, end of Sec. 1.2.). The grammar approach, strongly advocated in the seventies, is once more being superseded by the language approach, due to recent changes in linguistics.

The major versions of the grammar approach were developed within Generative Grammar in the seventies as modifications of an essentially Chomskyan framework, inheriting both Chomsky's original emphasis on the format of (the linguist's) grammars and Chomsky's indirect way of dealing with a grammar's object (mental mechanisms, in the case of Chomsky) through a specification of properties of grammars. Since Chomsky (1981), there have been three relevant changes in the Chomskyan framework:

(i) the format of (the linguist's) grammars is left largely unspecified;
(ii) 'mental mechanisms' are to be approached directly, not indirectly through a study of the linguist's grammars;
(iii) for the first time in Chomskyan grammar, the Chomskyan framework includes a systematic means ('parameters') intended to deal with interlanguage variation and, by extension, with variation within languages.

Because of (ii) and (iii), Chomsky now adopts the language approach, in theory if not in practice, and makes independent proposals for dealing with linguistic variation. Thus, the grammar approach of the seventies is now out of touch with Chomskyan grammar: while it may still be possible to adapt the approach to changes of detail in Chomsky's framework (as attempted by Bierwisch in (1988)), changes (i) to (iii) effectively cut the ties of the earlier work to Chomsky's framework (nor does this work easily relate to any other contemporary version of Generative Grammar).

In addition there has been a movement away from grammars in the 'variable rule approach', originally also tied to Chomskyan Generative Grammar (for a forceful criticism of the claim that Labov's 1969 conception of variable rules is compatible with Generative Grammar, see Romaine 1981, for a state-of-the-art report, Sankoff 1988).

The grammar approach should still be considered carefully both because of its recent importance and its intrinsic interest: there is no *necessary* connection of the approach to Chomskyan grammar (or any other version of Generative Grammar), and the approach has produced some of the most carefully formulated proposals to deal with linguistic variation.

The language approach, only recently embraced by Chomsky, has been the dominant approach outside the generative camp but the history of variation conceptions, where post-Saussurean European structuralism would figure large (for the Prague School, see, e. g., Vachek 1972, Spillner 1987, Sec. 3.3.), will not here be discussed (for the history of variation conceptions, see the relevant parts of Besch et al. 1982/1983, Besch et al. 1984/1985, Ammon et al. 1987/1988).

The two following subsections contain examples for all four major approaches, emphasizing language internal variation. The examples are restricted to recent theoretical work, in an informal sense of "theoretical". The distinction between grammar approach vs. language approach will be used as a major classification criterion. The two subsections provide evidence for the Claim on Variation Studies (2.2.).

2.3. Examples: Grammar Approach

Up to Chomsky (1981), the study of language internal variation was programmatically excluded from Chomskyan generative grammar. This position did not go unchallenged even in Generative Grammar. In historical linguistics, King (1969) enjoyed some prominence for a while, subsequently, Lightfoot (1979); for a critical account, see Mayerthaler (1984). A few applications to dialectology were attempted (for discussion, see Francis 1983, 171−192; Petyt 1980, 171−184; also Veith 1982). More importantly, an approach that may be called *Evaluation Grammar* (an approximate translation of German *ableitungsbewertende Grammatik*) was developed in the seventies mainly by German linguists (Kanngießer 1972; 1978; Klein 1974; Bierwisch 1976), working in parallel and partly proceeding from work done by Suppes (1970) and Salomaa (since 1969, see Salomaa 1973); for recent summaries of the various subapproaches, see Kanngießer (1987; unduly condensed); Klein (1988; 'variety grammars'); Bierwisch (1988; 'connotation analysis'). A culmination of this work is Habel (1979), a careful formal study that unifies the various subapproaches under the general notion of *ableitungsbewertende Grammatik*.

Bailey's (1973) informal proposals for a 'polylectal grammar' — see also Bailey (forthc.) — should again be for evaluation grammars if made precise (this is obscured by Bailey's rejection of 'sociolinguistic grammars' in Bailey 1987; the general format of evaluation grammars as characterized by Habel appears to be compatible with Bailey's intentions).

The work done by Krzeszowski on 'contrastive generative grammars' (1974/1979), summarized in Krzeszowski (1990, Ch. VIII), is concerned with interlanguage rather than language internal variation; it seems fairly obvious, though, that his 'contrastive generative grammars' can be subsumed under the general notion of evaluation grammar. This should also be true of the proposals made by Sankoff/Poplack (1981) for 'grammars for code-switching' (change from one language to another in the middle of speech).

Finally, the 'variable rule' approach (cf. Sankoff 1988) in its original, grammar-dependent form appears to be covered by the concept of evaluation grammar (for details, see Lieb in prep.).

I will informally argue that Evaluation Grammar exemplifies the component approach to linguistic variation.

Very roughly, an evaluation grammar is a formal grammar that uses 'evaluated rules' to generate 'evaluated sentences' by 'evaluated derivations'. An evaluated rule etc. is a pair whose first component is a 'proper' rule etc. and whose second component is an 'evaluation' of the first component.

The proper part of the evaluation grammar (consisting of its proper rules) can be subdivided into a sequence of subgrammars; for each subgrammar, there is a function that assigns numbers to 'proper' rules of the evaluation grammar. This function may be called, for the i-th subgrammar, *the i-th rule-weight in the evaluation grammar*.

The expression "rule-weight" itself is a name of a function, the function rule-weight. This function takes pairs (i, Γ) — where Γ is an evaluation grammar — as arguments and assigns to each pair a function that in turn assigns to each proper rule of Γ a number; the function assigned to (i, Γ) by rule-weight is a *component* of Γ.

It now follows that the function rule-weight itself is a *component variable* by (8), where (biiβ) applies. The language-like entity (5) involved in rule-weight is grammar Γ. (Starting from rule-weight, we may actually arrive at component variables that no longer involve grammars but 'systems' in the sense of (5b).)

Rule-weight is obviously *basic to* dealing with linguistic variation through Γ; it also underlies the evaluations of proper sentences, which represent their 'variation properties'. It now follows from (12a) that Evaluation Grammar exemplifies the component approach to linguistic variation.

Evaluation Grammar does, however, demand that rule-weight can be justified, at least in principle, by criteria external to the grammar. The role assigned to such criteria differs with different authors. Thus, component variables are not *sufficient for* dealing with variation, it is only *the weaker version of the component approach* that is exemplified by Evaluation Grammar.

By this argument the grammar approach has been adopted only by adherents of the component approach but not of the holistic approach. The situation differs for the language approach.

2.4. Examples: Language Approach

Component approach: Chomsky, Seiler

Chomsky's current *Principles and Parameters* framework (since Chomsky 1981; summarized in Chomsky 1986, see also Chomsky 1988) is, in theory if not in practice, a case of the language approach and exemplifies *the stronger version of the component approach*. Notions like 'natural language' or 'variety' are simply not allowed. Variation, especially syntactic variation, is dealt with through component variables. The language-like entities involved in the variables are 'I-languages', i.e. certain mental mechanisms. More specifically, Chomsky's 'parameters' can be construed as linguistic variables; a 'parameter value' in the sense of Chomsky is not a value in the sense of (7) but turns out to be another, more restricted linguistic variable 'contained' in the parameter. (For details, see Lieb in prep.)

Hansjakob Seiler's UNITYP framework for typological and universality research, e.g., (1986), (1990), under development since 1972, exemplifies the language approach and *the weaker version of the component approach* (as shown again in Lieb in prep.).

Holistic approach: Lieb, Heger, Coseriu

The framework for linguistic variation that is part of Integrational Linguistics (Lieb 1970; 1982; 1983, Part A), and related proposals (Heger 1982) using Klaus Heger's 'noematic linguistics' (Heger 1976), are clear examples of the language approach and *the holistic approach in its weaker version*; somewhat less clearly, Coseriu (1988/1981) may also be assigned to this approach. To the extent that language internal variation is covered, the three proposals exemplify *the weaker version of the variety approach*.

Frameworks not mentioned explicitly (e.g., 'implicational scale analysis', cf. Dittmar/Schlobinski 1988) also appear to be assignable to one of the major approaches; generally, it has turned out possible to reduce a bewildering array of different orientations to a few basic categories. I will argue that further unification can be achieved but will first deal with an obvious objection: that I have failed to distinguish theory from method and description.

2.5. Remarks on Theory vs. Method and Description

Linguistic variation, either within or among languages, raises problems of different types:

(i) *theoretical*: in particular, how to develop an adequate conceptual framework for dealing with linguistic variation;
(ii) *methodological* in a strict sense: develop adequate methods of research;
(iii) *descriptive*: develop an adequate descriptive format for variation studies;
(iv) *factual*: establish the actual facts of linguistic variation.

My main concern is with problems of theory (i), and this has guided my selection of authors. At the same time, work on method (ii) and description (iii) was not entirely disregarded.

The most important recent publications on *method and description in variation research* may well be

— Parts VII to IX of Ammon et al. (1987/ 1988, Vol. II), a collection of 27 survey articles concentrating on *sociolinguistic* method and description;
— Parts IV to VII (28 articles) in Besch et al. (1982/1983, Vol. I), surveying method and description in *dialectology*;
— Parts V and VI (26 articles) of Besch et al. (1984/1985, Vol. I), dealing with method, description, and theory in *historical linguistics*.

The three Handbooks differ in the extent to which problems of description are separated from questions of method in a narrow sense, and problems of theory distinguished from either.

Moreover, problems of method and description usually have *theoretical implications*. It is for this reason that I have been considering under the heading of theory any relevant proposal regardless of its nature as primarily theoretical, descriptive, or methodological. Thus, authors adopting the grammar approach may differ in how they understand their proposals: as primarily descriptive (Klein 1974: "a method of how to describe variation in language") or as essentially theoretical (Bierwisch); they may still conceive linguistic variation in a largely similar way (as Klein and Bierwisch do). Conversely, it may also be possible to draw methodological or descriptive consequences from a theoretical approach to linguistic variation (cf. in this respect the descriptive proposals in Lieb 1980; 1983, Part G; 1989, which are quite different from an Evaluation Grammar format; for a brief outline, see the article on Integrational Linguistics in this Handbook, Sec. 1.4.).

No attempt is made in the present article to review factual problems (iv) of linguistic variation. For syntactic variation facts the reader is referred to the more specialized articles in this Handbook.

Is it possible, then, to unify further the various approaches in variation research?

2.6. Prospects for a Unified Theory of Linguistic Variation

In Lieb (in prep.) a theory of language internal variation is outlined that may be extended to cover variation among languages and that integrates the component approach into the variety approach; it may thus claim to transcend the opposition between approaches with which we were left above.

More specifically, the theory assumes the *language approach and the variety approach in its weaker version* (i. e. a subcase of the holistic approach, see Sec. 2.1.).

As a first step, a *theory of language varieties* is outlined that does not refer to (the linguist's) grammars and ties in with a more comprehensive theory dealing with variation both within and among languages; more specifically, the theory of varieties ties in with the framework for language internal and interlanguage variation developed in Integrational Linguistics (Lieb 1970; 1982; 1983, Part A).

As a second step, the versions of the *component approach* considered in Secs 2.3.f are reconstructed in a form that allows them to be integrated into the previously developed theory of language varieties. Integration is achieved also for the versions of the component approach that exemplify the grammar approach. We thus obtain a unified theory of language internal variation, in particular, syntactic variation, that ties in with a more general theory of linguistic variation.

From a metatheoretical point of view the expanded theory of language varieties may be objectionable: the theory makes reference to language-like entities of all types (5), in particular, refers to both languages and to grammars that are descriptions of languages. This makes the theory part of a theory of *linguistics* rather than of a theory of *language*, a dubious consequence arising from the fact that the grammar versions of the component approach are directly reconstructed within the theory of varieties. The grammar approach appears to be losing in importance, though; if it is retained, it should eventually be modified to allow for a theory of linguistic variation that is part of a theory of language.

The theory of varieties covers component variables of arbitrary type: phonetic, phonological, syntactic etc. (9), and corresponding aspects of language varieties. Actual examples are, however, taken from syntax. Similarly I conclude this article by characterizing the more recent literature on syntactic variation.

3. An Overview of Syntactic Variation Studies

3.1. A Classification of Current Research

Linguistic variation — and syntactic variation in particular — is studied in a number of different areas in linguistics, notably, in historical linguistics, dialectology, sociolinguistics, psycholinguistics, contrastive linguistics, and language typology and universality research. It is mainly because of this wide distribution that the actual size and other quantitative aspects of syntactic variation studies are hard to judge. I therefore initiated a bibliographical study (carried through by Annette Bruhns of the Freie Universität Berlin) on syntactic variation studies published during the ten-year period from 1980 to 1989 and dealing with either language internal or interlanguage variation. The source material used consisted of the standard bibliographies; more specialized bibliographies or reports on variation studies; the tables of contents of nearly all linguistic journals as covered by the

German bibliographical service *Current Contents Linguistics*; and the Lists of References in a number of the most recent relevant papers and monographs. Coverage was to be comprehensive although it was clear from the beginning that complete coverage could not be achieved.

740 titles were collected and classified; when no classification was possible by title alone, studies were inspected whenever possible. Unavoidably, a fairly large number of unclear cases remained. The results are summarized in Fig. 3.1.

The diagram reads as follows. An expression immediately above a horizontal line, say, "area of linguistics", names a classification that subdivides a set of variation studies into classes; the classes may overlap. The basic set is named by the expression — say, "Syntactic variation studies 1980−1989" — that is connected with the classification name by a slanted line. The elements of the classification — the classes into which the basic set is subdivided — are named below the horizontal line; e.g. "typology" names the set of those of the 740 studies which can be assigned to typology. Generally, any expression immediately below a horizontal line names a set of syntactic variation studies; the name hints at the defining feature of the set. Numbers in brackets or angles refer to number of studies, other numbers indicate percentages.

There are three independent classifications (cross-classifications) on the set of all studies, one using theoretical vs. language orientation as a criterion; the other, the 'area of syntax' that a variation study is concerned with; the third, the 'area of linguistics' that a variation study may be assigned to. In addition there are two cross-classifications on the set of language-oriented studies, one using as a criterion: language family to which the language or languages investigated belong (only Indo-European and Non-Indo-European are considered); the other classification is by rough geographical area relative to which the languages are investigated (thus, a study on English in the US is assigned to the 'North America' class).

3.2. Conclusions

The bibliographical study summarized in the diagram has its obvious limitations which must be respected in interpreting its results. In particular, the classes labelled "unclear" are rather large; their ultimate dissolution might affect classes in the same classification that have relatively few elements. Even so, we should be justified in drawing the following conclusions:

(15) *Conclusions*
  (a) The sheer number of syntactic variation studies published in such a short period is stunning.
  (b) Work with a theoretical emphasis — in a broad sense of "theoretical" — is strongly represented.
  (c) Work of a more 'empirical' type is in its entirety lop-sided in two respects:
      (i) Indo-European languages strongly dominate among the languages investigated;
      (ii) two thirds of all languages investigated appear to be spoken in Europe, and studied as they are spoken in Europe.
  (d) Studies appear to be distributed fairly evenly over major areas of syntax.
  (e) Roughly fifty percent of all studies are either from typology or from historical linguistics (one third).
  (f) Sociolinguistics and psycholinguistics (including the study of ontogenetic language development) jointly appear to contribute a mere twenty percent of syntactic variation studies.
  (g) Contrastive linguistics (mostly of a comparative type rather than programmatic 'contrastive grammar') appears to be the third-largest contributor.
  (h) Syntactic studies in dialectology (including 'dialect geography') are negligible percentage-wise.

These conclusions exhibit both perseverance and change in the study of syntactic variation, in mostly unexpected ways.

3.3. Old Biasses. Syntax in Dialectology

Old biasses

Conclusions (ci), (f), and (h) testify to the perseverance of structures in variation research that might have been expected to change: just as the rest of linguistics, syntactic variation research is overwhelmingly 'Indo-European' (Conclusion (ci)), for all the emphasis on non-IE languages in typological work; sociolinguistics continues to have a hard time with syntactic variation (Conclusion (f) — "the most controversial area of

126   I Grundlagen/Foundations

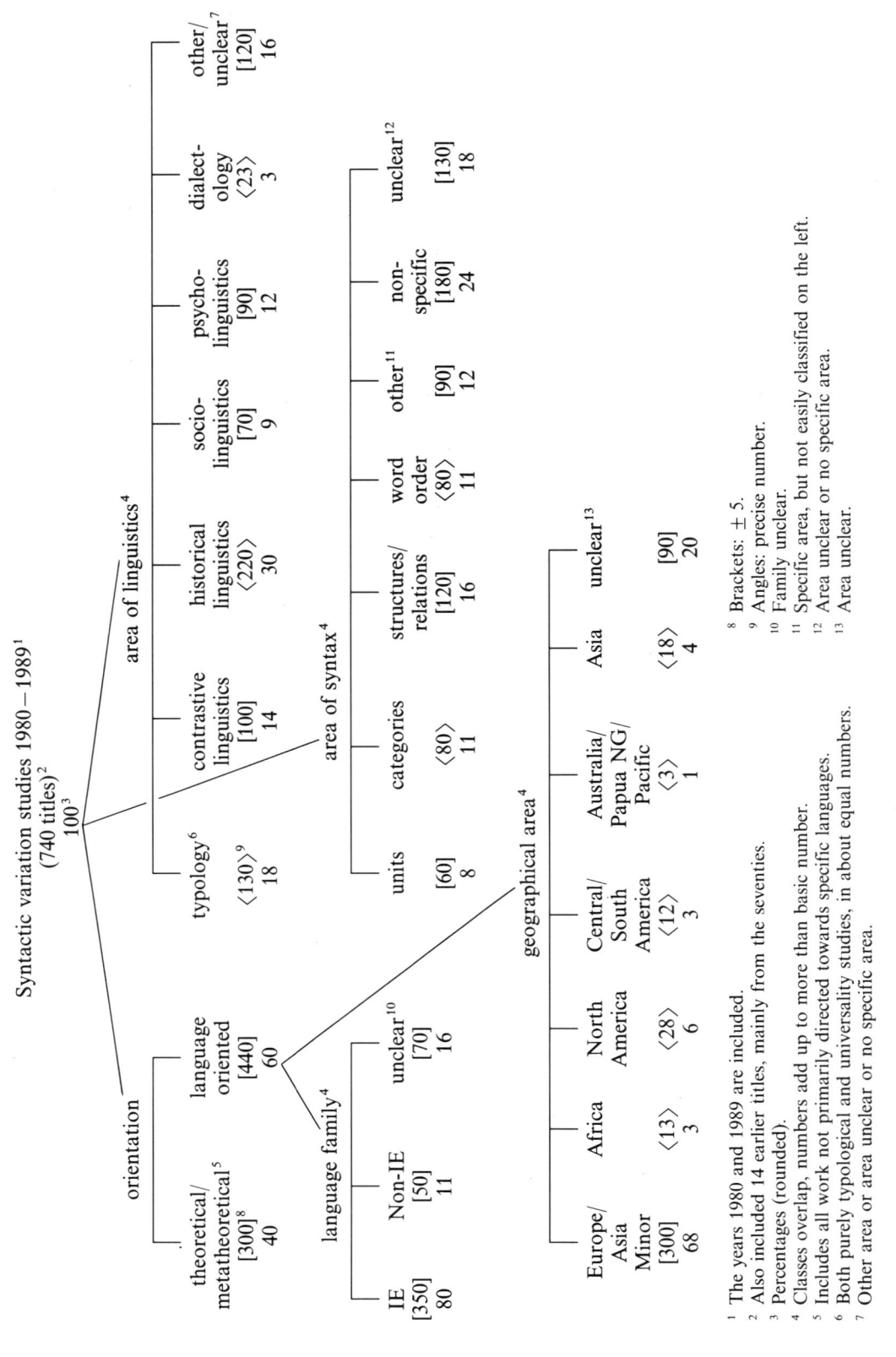

```
                          Syntactic variation studies 1980–1989¹
                                      (740 titles)²
                                         100³
        ┌────────────────────┼────────────────────────────┐
   orientation                                    area of linguistics⁴
   ┌────┴─────┐         ┌────────┬────────┬──────────┬──────────┬─────────┬─────────┐
theoretical/  language  typology⁶  contrastive  historical  socio-    psycho-   dialect-   other/
metatheoretical⁵ oriented          linguistics  linguistics linguistics linguistics ology  unclear⁷
  [300]⁸      [440]    ⟨130⟩⁹      [100]        ⟨220⟩        [70]       [90]      ⟨23⟩    [120]
    40          60       18          14           30           9          12        3       16

                  language family⁴                                area of syntax⁴
         ┌────────┬────────┬────────┐                   ┌────────┬──────────┬──────────┬──────────┬──────────┐
        IE      Non-IE   unclear¹⁰                    units   categories  structures/  word     other¹¹   non-      unclear¹²
       [350]    [50]      [70]                        [60]     ⟨80⟩       relations    order     [90]    specific    [130]
        80       11        16                          8        11        [120]       ⟨80⟩       12      [180]        18
                                                                            16          11                 24

                        geographical area⁴
    ┌──────────┬────────┬──────────┬──────────────┬──────────────┬────────┬──────────┐
  Europe/    Africa   North    Central/      Australia/        Asia    unclear¹³
  Asia Minor         America  South America  Papua NG/Pacific
   [300]     ⟨13⟩    ⟨28⟩      ⟨12⟩           ⟨3⟩              ⟨18⟩     [90]
    68        3        6         3             1                4        20
```

¹ The years 1980 and 1989 are included.
² Also included 14 earlier titles, mainly from the seventies.
³ Percentages (rounded).
⁴ Classes overlap, numbers add up to more than basic number.
⁵ Includes all work not primarily directed towards specific languages.
⁶ Both purely typological and universality studies, in about equal numbers.
⁷ Other area or area unclear or no specific area.

⁸ Brackets: ± 5.
⁹ Angles: precise number.
¹⁰ Family unclear.
¹¹ Specific area, but not easily classified on the left.
¹² Area unclear or no specific area.
¹³ Area unclear.

Fig. 3.1: Syntactic Variation Studies 1980–1989.

research in sociolinguistics", Wald 1988, 1164), despite a lot of theoretical efforts spent in the seventies to remedy the situation; and dialectology (Conclusion (h)) has yet to modify its traditional emphasis on phonetics, phonology, morphology, and the lexicon. Since geographical dialects are generally considered a prototype case of language varieties, dialectology merits a closer look.

Syntax in dialectology

None of the syntactic dialect studies covered by Fig. 3.1 is restricted to single dialects. Still, the following Fig. 3.2, based on Wiesinger et al. (1982) and Wiesinger (1987), suggests that their absolute number as given in Fig. 3.1. may be too small while the percentage should be roughly correct.

Fig. 3.2 testifies both to the virtual exclusion of syntax from dialectology and to what may be the beginnings of a change. The two Wiesinger studies jointly offer a complete bibliography of studies on the 'grammar' (i.e. aspects of form, from phonetics to syntax) of German dialects, covering the period from 1800 to 1985/1986 (coverage of 1986 is incomplete). The following numbers can be established from Wiesinger (i.e. computed on the basis of the two bibliographies):

	Absolute number	Percentage
All studies	5179	100
Syntactic studies	132	2,55
Syntactic studies 1980 – 1986	26	16,4
Number of years	7	3,7

Fig. 3.2: Grammatical Studies on German Dialects 1800 – 1985/1986

These numbers for the first time substantiate a frequent claim, also made by Wiesinger et al. (1982, XXIX), that syntax has received little attention in dialectology — how little could hardly have been suspected: over nearly two centuries of studies on the grammar of German dialects, a puny two and a half percent were devoted to syntax (see also Henn 1983). The precise reasons remain to be established. In particular, we shouldn't jump to the conclusion that there is little syntactic variation among dialects of a single language: 16% of the syntactic studies on German dialects were published during the last seven years (3,7%) of the entire period, and the discrepancy would be even greater if we had started from 1979 rather than 1980.

This recent increase in syntactic dialect studies may or may not represent an incipient change. There are two more drastic changes in the field of syntactic variation studies — not only dialect studies — that appear from Fig. 3.1: sheer size and the prominence of theory.

3.4. Size of Research. The Role of Theory

Size of research

Conclusion (a) contradicts a fairly widespread impression among linguists that syntactic variation studies have by and large remained a border-line interest also in current linguistics. Some reasons for this impression appear from Conclusions (c) and (g).

While the increase in typological work is generally recognized (Conclusion (e)), the vast increase in work on 'diachronic syntax' (concentrating on actual change rather than on syntactic systems of older stages of languages) has gone largely unnoticed. (It is part of a general revival of historical linguistics over the past twenty years as documented in the Proceedings of the various Conferences on Historical Linguistics, from 1973 — Anderson/Jones (1974) — to 1987 — Anderson/Koerner (1990).)

Moreover, the centre in syntactic variation research is very clearly Europe (Conclusion (cii)), which contradicts a general presupposition — not restricted to North America — that it is the United States of America that are the centre of linguistics. (In 1989, the European Science Foundation, an organization of the European Community, created, for the five-year period of 1990 to 1994, a Programme in Language Typology devoted to the languages of Europe; seven out of its nine Thematic Working Groups study syntactic variation.)

Finally, the area of 'contrastive linguistics' is much more alive (Conclusion (g)) than the apparent decline of 'contrastive grammar' in a narrow sense would suggest.

A second unexpected feature is brought out by Conclusion (b).

The role of theory

Theory consciousness is a hall-mark of current research on syntactic variation. Of course, forty percent of 'theoretical' work does not mean that forty percent of all studies are devoted to developing a theory of syntactic variation, or presenting a format of description, or clarifying method — actually, all major theoretical and metatheoretical proposals go back to the seventies; what forty percent means is a predominantly theoretical orientation even where individual languages are investigated.

The bibliographical study on recent variation research was evaluated mainly from a quantitative point of view. For purposes of orientation, this should be sufficient. The various approaches to linguistic variation naturally apply to syntactic variation, in particular, syntactic variation within languages, and were partly characterized in view of such variation; more detail will be filled in by subsequent articles in the present Handbook.

4. References

Albrecht, Jörn, Lüdtke, Jens, and Harald Thun (eds.). 1988. Energeia und Ergon. Sprachliche Variation — Sprachgeschichte — Sprachtypologie. Studia in honorem Eugenio Coseriu. Vol. 1, Schriften von Eugenio Coseriu (1965–1987), ed. with an introduct. by Jörn Albrecht. Vol. 2, Das sprachtheoretische Denken Eugenio Coserius in der Diskussion (1), ed. with an introduct. by Harald Thun. Vol. 3, Das sprachtheoretische Denken Eugenio Coserius in der Diskussion (2), ed. with an introduct. by Jens Lüdtke. (Tübinger Beiträge zur Linguistik, 300). Tübingen.

Ammon, Ulrich, Dittmar, Norbert, and Klaus J. Mattheier (eds.). 1987/1988. Sociolinguistics. Soziolinguistik. An International Handbook of the Science of Language and Society. Ein internationales Handbuch zur Wissenschaft von Sprache und Gesellschaft. Vol. 1, 1987. Vol. 2, 1988 (Handbücher zur Sprach- und Kommunikationswissenschaft, 3.1, 3.2). Berlin, New York.

Andersen, Henning, Koerner, Konrad (eds.). 1990. Historical Linguistics 1987. Papers from the 8th International Conference on Historical Linguistics (8. ICHL), Lille, 31 August–4 September 1987, (CILT, 66.) Amsterdam, Philadelphia.

Anderson, J. M., Jones, C. (eds.). 1974. Historical Linguistics. Proceedings of the First International Conference on Historical Linguistics, Edinburgh 2nd – 7th September 1973. Vol. 1, Syntax, morphology, internal and comparative reconstruction. Vol. 2, Theory and description in phonology. (North-Holland Linguistic Series, 12 a, 12 b), Amsterdam, New York.

Bailey, Charles-James N. 1973. Variation and linguistic theory. Arlington, Virg.: Center for Applied Linguistics.

—.1987. Variation theory and so-called 'sociolinguistic grammars'. Language and Communication 7. 269–91.

—. forthc. Essays in time-based linguistic analysis. Oxford.

Berruto, Gaetano. 1987. Varietät. In Ammon et. al. (eds.). 1987/1988, 263–67.

Besch, Werner, Knoop, Ulrich, and Wolfgang Putschke (eds.). 1982/1983. Dialektologie. Ein Handbuch zur deutschen und allgemeinen Dialektforschung. Vol. 1, 1982. Vol. 2, 1983 (Handbücher zur Sprach- und Kommunikationswissenschaft, No. 1). Berlin, New York.

—; *Reichmann, Oskar, Sonderegger, Stefan.* 1984/1985. Sprachgeschichte. Ein Handbuch zur Geschichte der deutschen Sprache und ihrer Erforschung. Vol. 1, 1984. Vol. 2, 1985 (Handbücher zur Sprach- und Kommunikationswissenschaft, No. 2). Berlin, New York.

Bierwisch, Manfred. 1976. Social differentiation of language structure. In Kasher (ed.). 1976, 407–56.

—. 1988. Language varieties and connotation. In Ammon et al. (eds.). 1987/1988, 1108–18.

Cheshire, Jenny. 1987. Syntactic variation, the linguistic variable, and sociolinguistic theory. Linguistics 25.2. 257–82.

Chomsky, Noam. 1981. Lectures on government and binding (Studies in Generative Grammar, 9). Dordrecht etc.

—. 1986. Knowledge of language: its nature, origin and use. New York etc.

—. 1988. Language and problems of knowledge. The Managua lectures. Cambridge, MA.

Coseriu, Eugenio. 1981. Los conceptos de 'dialecto', 'nivel' y 'estilo de lengua' y el sentido proprio de la dialectología. Lingüística española actual III/1. 1–32.

—. 1988/1981. Die Begriffe "Dialekt", "Niveau" und Sprachstil und der eigentliche Sinn der Dialektologie. In Albrecht et al. (eds.). 1988/I, 15–43. [Translation of Coseriu 1981.]

Dittmar, Norbert, Schlobinski, Peter. 1988. Implikationsanalyse. In Ammon et al. (eds.) 1987/1988, 1014–26.

Francis, W. N. 1983. Dialectology. An introduction. (Longman Linguistic Library, 29). London, New York.

Fried, V. (ed.). 1972. The Prague School of linguistics and language teaching (Language and language learning, 27). London.

Graustein, Gottfried, Leitner, Gerhard (eds.). 1989. Reference grammars and modern linguistic theory (Linguistische Arbeiten, 226). Tübingen.

Habel, Christopher. 1979. Aspekte bewertender Grammatiken. Berlin.

—; *and Siegfried Kanngießer* (eds.). 1978. Sprachdynamik und Sprachstruktur. Ansätze zur Sprachtheorie (Konzepte der Sprach- und Literaturwissenschaft, 25). Tübingen.

Heger, Klaus. 1976. Monem, Wort, Satz und Text. Tübingen. [2nd, enl. edn.]

—. 1982. Verhältnis von Theorie und Empirie in der Dialektologie. In Besch et al. (eds.). 1982/1983, 424—40.

—. 1990/1991. Noemes as tertia comparationis in language comparison. ALFA 3/4. 37—61. [Actes de langue française et de linguistique, Universitas Dalhousiana, Halifax, Nova Scotia, Canada]. Russian version: Noêma kak tertium comparationis pri sravnenii jazykov. Vaprozy Jazykoznanija 1990. 5—25.

Henn, Beate. 1983. Syntaktische Eigenschaften deutscher Dialekte. Überblick und Forschungsbericht. In Besch et al. (eds.). 1982/1983, 1255—82.

Kanngießer, Siegfried. 1972. Aspekte der synchronen und diachronen Linguistik. Tübingen.

—. 1978. Modalitäten des Sprachprozesses I. In Habel & Kanngießer (eds.). 1987, 81—139.

—. 1987. Formalismus. In Ammon et al. (eds.). 1987/1988, 39—45.

Kasher, Asa (ed.). 1976. Language in focus: foundations, methods and systems. Essays in memory of Yehoshua Bar-Hillel (Boston Studies in the Philosophy of Science, XLIII). Dordrecht, Boston.

King, Robert D. 1969. Historical linguistics and generative grammar. Englewood Cliffs.

Klein, Wolfgang. 1974. Variation in der Sprache. Ein Verfahren zu ihrer Beschreibung. Kronberg/Ts.

—. 1988. Varietätengrammatik. In Ammon et al. (eds.). 1987/1988, 997—1006.

Krzeszowski, Tomasz P. 1974/1979. Contrastive generative grammar: theoretical foundations. Łódź: Uniwersytet Łódźki. [Reprinted Tübingen: 1979.]

—. 1990. Contrasting languages. The scope of contrastive linguistics (Trends in Linguistics. Studies and Monographs, 51). Berlin, New York.

Labov, William. 1963. The social motivation of a sound change. Word 19. 273—309. [Reprinted in Labov 1972, 1—42.]

—. 1969. Contraction, deletion and inherent variability of the English copula. Language 45. 715—62.

—. 1972. Sociolinguistic patterns. Philadelphia.

Lieb, Hans-Heinrich. 1970. Sprachstadium und Sprachsystem. Umrisse einer Sprachtheorie. Stuttgart etc.

—. 1980. Wortbedeutung: Argumente für eine psychologische Konzeption. Lingua 52. 151—82.

—. 1982. Language systems and the problem of abstraction. Zeitschrift für Sprachwissenschaft 1. 242—50.

—. 1983. Integrational linguistics. Vol. 1, general outline. (CILT, 17). Amsterdam etc.

—. 1989. Integrational grammars: an integrative view of grammar writing. In Graustein/Leitner (eds.). 1989, 205—28.

—. (in prep.). Linguistic variables: towards a unified theory of linguistic variation, with special reference to syntax.

Lightfoot, David W. 1979. Principles of diachronic syntax (Cambridge Studies in Linguistics, 23). Cambridge etc.

Mayerthaler, Willi. 1984. Sprachgeschichte in der Sicht der Generativen Transformationsgrammatik. In Besch et al. (eds.) 1984/1985, 792—802.

Petyt, K. M. 1980. The study of dialect. An introduction to dialectology (The Language Library). London.

Romaine, Suzanne. 1981. The status of variable rule in sociolinguistic theory. Journal of Linguistics 17. 1, 93—119.

Salomaa, A. 1973. Formal languages. New York.

Sankoff, David. 1988. Variable rules. In Ammon et al. (eds.). 1987/1988, 984—97.

—; *and Shana Poplack.* 1981. A formal grammar for code-switching. Papers in Linguistics 14. 3—45.

Seiler, Hansjakob. 1986. Apprehension. Language, object, and order. Part III: the universal dimension of apprehension (Language Universals Series, 1/III). Tübingen.

—. 1990. Language universals and typology in the UNITYP framework (akup [Arbeiten des Kölner Universalien-Projekts], 82). [To appear in Shibatani & Bynon (eds.) forthc.].

Shibatani, Masayoshi, Bynon, Thea (eds.) forthc. Approaches to language typology, past and present. Oxford.

Spillner, Bernd. 1987. Style and Register. In Ammon et al. (eds.). 1987/1988, 273—85.

Suppes, Patrick. 1970. Probabilistic grammars for natural languages. Synthese 22. 95—116.

Vachek, Josef. 1972. The linguistic theory of the Prague School. In Fried (ed.). 1972, 11—28.

Veith, Werner Heinrich. 1982. Theorieansätze einer generativen Dialektologie. In Besch et al. (eds.). 1982/1983, 277—95.

Wald, Benji. 1988. Syntax / Discourse Semantics (Syntax/Diskurssemantik). In Ammon et al. (eds.). 1987/1988, 1164—73.

Wiesinger, Peter. 1987. Bibliographie zur Grammatik der deutschen Dialekte: Laut-, Formen-, Wortbildungs- und Satzlehre 1981 bis 1985 und Nachträge aus früheren Jahren. Bern.

—; *Raffin, Elisabeth, Voigt, Gertrude* (coll.). 1982. Bibliographie zur Grammatik der deutschen Dialekte: Laut-, Formen-, Worbildungs- und Satzlehre 1800 bis 1980. (Europäische Hochschulschriften, 1. Reihe, 509). Bern.

Hans-Heinrich Lieb, Berlin (Germany)

II. Geschichte der Syntaxforschung
The History of Syntactic Research

4. Westliche Entwicklungen

1. Geschichte oder Tradition der Syntaxforschung
2. Sýntaxis und sýnthesis, Syntax und Artikulation
3. Minimaleinheiten, komplexe Einheiten und Beziehungen zwischen ihnen
4. Mehrfachverknüpfung von Minimaleinheiten und Komplexen
5. Redeteile oder Wortarten; syntaktische Kategorien oder Klassen; Kasus oder Funktionen
6. Koordination vs. Subordination
7. Die doppelte Dualität des sprachlichen Zeichens
8. Reihenfolgebeziehungen oder Topik
9. Negative Syntax oder Syntax ohne sýntaxis
10. Methoden der Rechtfertigung syntaktischer Beschreibungen
11. Literatur

1. Geschichte oder Tradition der Syntaxforschung

Die folgende Darstellung bietet keine Geschichte der Sprachwissenschaft im Abendland und auch keine solche der Syntaxforschung. Eine übergreifende Geschichte der Syntaxforschung zu schreiben ist müßig aus mindestens zwei Gründen: (1) einem externen und (2) einem internen. Zu (1): Syntaxforschung entwickelt sich nicht losgelöst vom sonstigen sprachwissenschaftlichen, allgemeiner: vom sonstigen intellektuellen, noch allgemeiner: vom sonstigen gesellschaftlichen und politischen Treiben. Wollte man die Geschichte der Syntaxforschung isoliert beschreiben, so kämen wichtige Fragen gar nicht ins Blickfeld, die zum Verständnis der *Geschichte* notwendig wären. Derartige Fragen sind – bunt gemischt – etwa: Welche politischen und ideologischen Konstellationen haben an deutschsprachigen Hochschulen im 19. Jh. zu einer weitgehenden Entsyntaktisierung der Syntax geführt (s. 9.)? Welche Rolle haben dabei Hegel, Fichte, Preußen, die Juden in Preußen und anderen deutschen Staaten gespielt? Welches waren die Umstände, unter denen ein vorrevolutionärer Kommunist in Dorpat (Jur'ev, dem heutigen Tartu), nämlich Kudrjavskij, sprachwissenschaftlich lehren und forschen konnte? Wie kam es, daß Syntaxforschung im russischen Zarenreich akademisch kultiviert wurde? Wie kam es dazu, daß die Überlieferung der stoischen Lehren – auch über die Syntax – so spärlich ist? Etc. etc. In einer Geschichte der Syntaxforschung und -lehre wäre auch zu erörtern, wie und warum die Obrigkeit zu wiederholten Malen in beides eingegriffen hat oder zumindest hat eingreifen lassen. Nur einige wenige Beispiele:

(a) Nach humanistischer Kritik am Ende des 15. und zu Anfang des 16. Jh.s wurde 1537 durch eine neue Kirchenordnung unter Christian III. an die Stelle des „Doctrinale" des Alexander de Villa-Dei von 1199 (Alexander de Villa-Dei/Reichling 1893) offiziell die lateinische Grammatik von Melanchthon (1527) gesetzt.

(b) 1882 wird in Frankreich durch ministeriellen Erlaß eines neuen Programms für Lyzeen und Kollegs die bis dahin in Frankreich nicht geläufige Unterscheidung zwischen Subordination und Koordination eingeführt (s. z. B. Larive/Fleury 1884, 215).

(c) 1950 verurteilt der Moskauer Akademik Vinogradov posthum die Lehren des 1933 gestorbenen Universitätsprofessors Peškovskij: „A. M. Peškovskij war in seinen syntaktischen Lehrmeinungen sehr weit entfernt vom marxistischen Verständnis der Sprache" (Vinogradov 1950/75, 487). Ein liberaler Umgang mit anderen Auffassungen über Syntax, als jene, die sich in der unter der Redaktion Vinogradovs 1952–54 erschienenen Akademie-Grammatik (auf der Grundlage von N-Determinationsstrukturen; 1960 in 2. Aufl.) dokumentiert, kommt erst allmählich nach dem 20. Parteitag der KPdSU im Februar 1956 auf. Am 29. 2. und danach gehen die

Arbeiten von Peškovskij (1959) wieder in Druck.
(d) 1981 und erneut 1988 wird ein später Enkel des Melanchthon vom Niedersächsischen Minister für Wissenschaft und Kunst (Hannover) dafür gerügt, daß er als Sprachwissenschaftler über Grammatiktheorie und Syntax lehrt.

Zu (2): Syntaxforschung und Syntax betrafen keineswegs immer Einheitliches. Daher läßt sich sinnvollerweise auch in rein systematischer Hinsicht nicht wirklich eine globale Geschichte dafür darstellen. Demgegenüber kann man kürzere Entwicklungsphasen historiographisch fassen, wenn sie sich durch spezifische Bündel von Hypothesen charakterisieren lassen, die in ihnen über Syntaktisches aufgestellt worden sind. Und erst recht läßt sich das Lehrgebäude eines oder mehrerer Syntaktiker darstellen. Für beide Fälle gibt es etliche, zum Teil vorzügliche Arbeiten. Um nur einige zu nennen: (a) Donnet (1967): die griechischen Grammatiker; Egli (1970; 1986; 1987): Stoa; Collart (1959−60): die lateinischen Grammatiker; Pinborg (1967): Sprachtheorie im Mittelalter; Bursill-Hall (1971): die Modisten; Kukenheim (1951): griechische, latein. und hebräische Grammatik in der Renaissance; Chevalier (1968): die französ. Grammatiker zwischen 1530 und 1730; Monreal-Wickert (1977) und Ricken (1978): Grammatik im Zeitalter der Aufklärung; Michael (1970): Entwicklung der Kategorien in England bis 1800; Scaglione (1981) über die deutsche Wortstellung von der Renaissance bis heute; (b) Egger (1854): Apollonios Dyskolos; Donnet (1967): Gregor von Korinth; Grunskij (1911 a; b; c): Miklosich, Jagić u. a. − In jeder für die Entwicklung der Syntaxforschung einschlägigen Epoche, bei jedem dafür einschlägigen Autor gibt es wenigstens − ausgesprochen oder verdeckt − eine Anzahl von Hypothesen, die sich auch bei anderen − früheren oder späteren − Autoren wiederfinden. Ja, es scheint so, als gebe es einen elementaren Bestand syntaktischer Lehrmeinungen, der sich trotz aller Unterschiede in der verbalen Verkleidung, trotz aller Unterschiede in der philosophischen, psychologischen, physikalischen, theologischen oder anderweitiger Verbrämung und trotz aller Unterschiede in der Ausgestaltung der mit den einzelnen Lehrmeinungen verbundenen möglichen Konsequenzen, wenn auch nicht bei jedem, so doch bei mehr als einem Syntaktiker aufweisen läßt. − Es soll daher in diesem Artikel nicht darum gehen, in Konkurrenz zu den bereits genannten oder einschlägigen anderen Arbeiten zu treten und erst recht nicht zu den globaleren historiographischen Darstellungen, die weit über Syntaktisches hinausgehen (Arens 1969/74; Berezin 1975; 1976; 1979; Helbig 1973; Ivić 1971; Mounin 1970; Steinthal 1890; 1891; Trabalza 1908; u. a.). Vielmehr soll der Versuch unternommen werden, gerade jenen tradierten kollektiven Bestand an Hypothesen, von dem die Rede war, mitsamt ihren verschiedenartigen Ausprägungen aufzuspüren: Es soll die Tradition der Syntaxforschung in Europa skizziert werden. Der Versuch kann schon dann als geglückt gelten, wenn der Leser auch nur ein einziges Mal unter folgenden Aspekten des Staunens innehält: (a) Ist diese oder jene Lehre schon so alt?! (b) Ist diese oder jene Lehre immer noch aktuell?! (c) Warum eigentlich hat man diese oder jene Lehre nicht schon früher entwickelt?! − Während man die einzelnen Hypothesen je für sich im Auf und Ab der Jahrhunderte verfolgen kann, liegt die Gesamtheit der Hypothesen erst in moderner Zeit vor. Man kann ohne Übertreibung sagen, daß um die letzte Jahrhundertwende ziemlich alle Hypothesen genannt und weithin bekannt waren, die zum Aufbau einer seriös zu nennenden Theorie erforderlich sind, innerhalb derer etwa den heutigen syntaktischen Systemen ihr Platz zugewiesen werden kann. Es gab die Bausteine, allein es fehlte das Haus; denn eine derartige Theorie ist erst etliche Jahrzehnte später entwickelt worden. An dieser Theorie orientiert sich in großen Zügen die Organisation dieses Artikels: an der Theorie des Artikulators von Blanche Noëlle Grunig (1981). Es sei vermerkt, daß ich hier von dem inflationären Gebrauch, der auch in der Syntaxforschung von dem Ausdruck *Theorie* gemacht wird, absehe, weil er das Vorhandensein einer Theorie nicht garantiert. − Außer den englischen werden in diesem Artikel alle Zitate übersetzt. Den fremdsprachigen Beispielsätzen − außer den englischen − werden Übersetzungen beigegeben, in denen die Indizes die ungefähre Zuordnung der Einzelstücke zueinander andeuten. In den Legenden zu den Figuren bedeutet „bei", daß die Figur vom jeweiligen Autor übernommen wurde; „nach" bedeutet hingegen, daß sie nach den hier vorgenommenen Deutungen der Ausgangstexte konstruiert wurde.

2. Sýntaxis und sýnthesis, Syntax und Artikulation

Der Ausdruck 'Syntax' ist griechischer Herkunft: *sýntaxis* konkurrierte im Altertum mit *sýnthesis*. Die Stoiker hätten — so notiert der Grammatiker Michael der Sýnkellos — *sýnthesis* statt *sýntaxis* gesagt (Donnet 1967, 25). Und so findet sich *sýnthesis* auch in der „Téchnē grammatikḗ". Dieses Werk wird Dionysios dem Thraker zugeschrieben (Ende des 2., Anfang des 1. Jh. v. Chr.). Di Benedetto (1958, 170 ff) hält die Schrift allerdings für nicht-authentisch und für wesentlich jünger. In ihr wird *sýnthesis* u. a. in einem Sinne verwendet, der den heutigen Vorstellungen bei der Verwendung des Ausdrucks 'Syntax' nahekommt: Der Satz (lógos, die Rede) ist ein Gefüge (sýnthesis) von Wörtern, das eine in sich abgeschlossene Bedeutung zu erkennen gibt (Dionysios Thrax/Uhlig 1883, 22, LXXIII; so auch Uhlig 1882, 74; zur Pluralform *léxeōn* s. einerseits auch Di Benedetto 1959, 97; andererseits Dionysios Thrax/Pecorella 1962, 103 ff). Daneben heißt es in der „Téchnē" auch: Das Wort ist der kleinste Teil des in (richtiger) Zusammenordnung stehenden Satzes. — Mit *sýntaxis* bezeichnete man (so z. B. Apollonios Dyskolos A, 2) aber auch die Zusammenordnung von Buchstaben und die von Silben zu Wörtern. Außerdem war *sýntaxis* auch die Anordnung, in der die zum Gefüge zusammengeordneten Wörter stehen. So weist Apollonios (A, 9) darauf hin, daß die Präposition (próthesis) den Namen ihrer „Syntax" verdanke und daß griech. *egṓ* im Unterschied zu *égōge* ('ich wenigstens') wegen seiner „Syntax" nicht am Satzanfang steht. — Eine terminologische Klärung findet sich bei einem Scholiasten der „Téchnē" (s. Hilgard 1901, 212): Syntax (sýntaxis) ist die Zusammenordnung von Wörtern, die zwar nicht gleichzeitig geschrieben, wohl aber gleichzeitig gedacht werden; Synthese (sýnthesis) hingegen ist die Einheit zweier oder auch dreier Wörter unter genau einer Tonkurve und genau einem Atemzug (in diesem Sinne auch Dionysios Thrax/Pecorella 1962, 105; s. auch Donnet 1967, 24, der diese Stelle anders deutet). Ein anderer „Téchnē"-Scholiast sagt (wie bisweilen auch Apollonios Dyskolos, z. B. Γ, 79 oder Γ, 155) *paráthesis* statt *sýntaxis* und unterscheidet wie der erste zwischen paráthesis als der Kollektion (syllogḗ) einzeln gesprochener und einzeln wahrgenommener Wörter (also des Komplexes voneinander wohl unterscheidbarer Wörter) einerseits und der sýnthesis als der Verschmelzung der Wörter zu genau einem Laut- und Atemgebilde (Hilgard 1901, 355). „Syntax" ist nach dem ersterwähnten „Téchnē"-Scholiasten etwas Abstraktes, etwas Gedachtes, „Synthese" hingegen das dem abstrakten entsprechende konkrete Gebilde. Es handelt sich demnach beim Satz (lógos) um eine Sache, die von zwei unterschiedlichen Gesichtspunkten betrachtet wird. Diese Unterscheidung findet später ihr Pendant etwa in der Unterscheidung zwischen Manifestiertem und Manifestierendem (Hjelmslev 1943, 94). — Nach Aristoteles („Perì hermēneías", 16 b/17 a) ist der Satz (lógos) ein bedeutungstragender Laut (phonḗ), von dem jeder Teil als ein reines Sprechen, nicht aber als Affirmation oder Negation bedeutungstragend ist. Diese bedeutungstragenden Teile sind die Wörter, die ihrerseits als aus kleineren Teilen bestehend gedacht werden, nämlich aus Silben und die Silben aus Buchstaben (so bei Platon, „Krátylos", 424 e/ 425 a). Silben, Buchstaben und Laute unterscheiden sich jedoch von Wörtern und Silben dadurch grundsätzlich, daß sie keine Bedeutung tragen (Aristoteles, „Perì hermēneías", (16 b). Diese Unterscheidung findet ihre Entsprechung in der „zweifachen Gliederung der menschlichen Rede", nämlich der „vom anthropophonischen Gesichtspunkt" und der vom „phonetisch-morphologischen (semasiologischen und syntaktischen?)" bei Baudouin de Courtenay (1881, 333). Und später in jener zwischen erster Artikulation (Gliederung bedeutungstragender Elemente) und zweiter (Gliederung nicht-bedeutungstragender Elemente) bei Martinet (1949). — Eine systematische Beschreibung syntaktischer Beziehungen bei den griechischen Grammatikern ist nicht überliefert. In den überlieferten Texten werden vorrangig Beziehungen zwischen Elementen der Wortarten (der mérē toū lógou, der partēs ōrātiōnis, der Redeteile) betrachtet. Beispiele: $\bar{a}$ sei als Name eines Buchstabens Element der Wortart 'Nomen' und *tò* Element der Wortart 'Artikel'. Apollonios Dyskolos (A, 46) beobachtet, daß in griech. *toūto$_1$ $\bar{a}_2$ esti$_3$* ('dies$_1$ ist$_3$ ein$_2$ $\bar{a}_2$') (also beim Prädikativ) $\bar{a}$ ohne, in *tò$_1$ $\bar{a}_2$ dichronón$_3$ esti$_4$* ('das$_1$ $\bar{a}_2$ ist$_4$ lang$_3$') mit Artikel steht. Oder: Nomina, die eine Relation bezeichnen, z. B. *phílos* ('Freund'), verbinden sich mit einem Genitiv (Michael der Sýnkellos, 9. Jh. nach Chr.; s. Donnet 1967, 41 f). Man kann sich an Hand dieses Beispiels und an Hand der Praxis des Apollonios den Unterschied zwi-

4. Westliche Entwicklungen

schen sýntaxis und sýnthesis in der von dem zitierten „Téchnē"-Scholiasten vorgenommenen Festlegung veranschaulichen, und zwar an Hand von Ausdrücken wie griech. *hēméteros*₁ *hypárcheis*₂ *phílos*₃ ('Du₂ bist₂ unser₁ Freund₃ [einer unserer Freunde]') (Γ, 43) oder *emós*₁ *dialégetai*₂ *phílos*₃ ('Ein₃ Freund₃ von₁ mir₁ spricht₂') (B, 104). Der Zusammenhang zwischen Possessivpronomina und dem Genitiv von Nomina wird bei Apollonios (B, 117) hergestellt, so daß die angeführten Beispiele auf die bereits erwähnte Genitivregel von Michael dem Sýnkellos bezogen werden dürfen: *phílos* verlangt nach der sýntaxis des „Téchnē"-Scholiasten den Genitiv wie in *ho*₁ *phílos*₂ *ho*₃ *toũ*₄ *'anthrṓpou*₅ ('Der₁ Freund₂ des₃,₄ Menschen₅') (Apollonios A, 134) oder als Pendant für den Genitiv ein Possessivpronomen, also z. B. *hēméteros* bzw. *emós*, obwohl diese beiden Wörter in beiden Fällen nicht unmittelbar neben (vor oder nach) *phílos* stehen. Der Platz, an dem sie relativ zu *phílos* stehen, wird nicht durch die sýntaxis, sondern durch die sýnthesis des „Téchnē"-Scholiasten geregelt. Es ist ganz offensichtlich auch Sache der sýnthesis, daß der Genitiv von *ho ánthrōpos* die Gestalt *toũ anthrṓpou* hat. — Bedeutsam war der Einfluß der Philosophen auf die Vorstellungen, die sich die Grammatiker von Syntax machten. Wenn es bei Apollonios (B, 56) heißt, daß Pronomina und Nomina bei allen drei Personen nicht dazu dienen, den Kasus oder die grammatische Person anzuzeigen, sondern die Unbestimmtheit zu beseitigen, die dem Verb in allen drei Personen anhaftet, dann dürfte hier die stoische Unterscheidung zwischen vollständigen und unvollständigen „lektá" ('Zeichen') Pate gestanden haben: *gráphei* 'schreibt, 3. Person Sing.' ist ein unvollständiges, *gráphei Dionýsios* (Apollonios B, 13) ein vollständiges lektón, und zwar obwohl *gráphei* als Bezeichnendes, als sēmaĩnon, als vollständig zu betrachten ist. Wenn das Nomen, das notwendige und erstrangige Element, fehlt, so ist der Satz unvollständig, heißt es im 11./12. Jh. bei Gregor von Korinth(/Donnet 1967, 169). — Im Unterschied zum heutigen Sprachgebrauch beziehen sich *sýntaxis* und *sýnthesis* nicht auf ein System von Sätzen (lógoi), sondern auf genau einen je gegebenen Satz. Das Nebeneinander von Unterscheidung und Nicht-Unterscheidung zwischen sýntaxis und sýnthesis im Sinne des zitierten „Téchnē"-Scholiasten, das sich bei den griechischen Grammatikern findet, hat sich — zumindest was die Reihenfolgebeziehungen zwischen Stücken syntaktisch beschriebener natürlichsprachlicher Ausdrücke, d. h. was die sog. Wortstellung betrifft — bis heute erhalten: Unterscheidung z. B. bei Hjelmslev, Šaumjan, Grunig, Nicht-Unterscheidung z. B. bei Chomsky, Bresnan, Keenan, Gazdar. — Sýntaxis im Sinne des Scholiasten der „Téchnē" ist eine Eigenschaft des Satzes, der Rede (des lógos). Der Terminus bezeichnet die Gliederung des Satzes. Spätestens seit Becker (1842, 56) ist „Syntax [...] die Lehre von der Gliederung des Satzes". Bereits Girard (1747, 98) spricht von den — sieben — Gliedern (membres), die den Leib des Satzes formen, und auch bei Adelung (1782, 39) gibt es Glieder von Sätzen; doch fehlt in beiden Fällen der bei Becker gegebene metaphorische Zusammenhang, der mit der Vorstellung einer Artikulation des Satzes gestiftet wird. Von der Gabelentz (1878 a, 634 f) vergleicht die Sprache global mit einem gegliederten Körper, dessen Teile erkennbar verschieden sind. „Menschliche Sprache ist der gegliederte Ausdruck des Gedankens durch Laute" (von der Gabelentz 1891, 3). Und bezogen auf Sprache als „Ausdruck des Gedankens": „Der Geist zerlegt die Gesammtvorstellung in ihre Theile und baut sie daraus wieder auf" (1891, 431). Eine psychologische Rechtfertigung der Annahme, der Satz sei als ein in erster Linie sprachliches Gebilde Ausdruck der Gliederung einer Gesamtvorstellung, gibt Wundt (1900, 237). Er wendet sich entschieden gegen Pauls — gleichfalls psychologisch gemeinte — Auffassung, nach der der Satz der sprachliche Ausdruck dafür sei, „dass sich die verbindung mehrerer vorstellungen oder vorstellungsgruppen in der seele des sprechenden vollzogen hat, und das mittel dazu, die nämliche verbindung der nämlichen vorstellungen in der seele des hörenden zu erzeugen" (Paul 1886, 99). Wundt versteht die Gliederung des Satzes als einen Prozeß bei der Satzbildung, bei dem, ausgehend von der Gesamtvorstellung, schrittweise jede Vorstellung, die einem sprachlichen Ausdrucksstück zugeordnet ist, binär in Teile, in Glieder zerlegt wird. Diese Art, den Satz schrittweise in Teile, in Teile von Teilen, in Teile von Teilen von Teilen usw. zu zergliedern, führt automatisch zu einer speziellen Art der Satzstrukturierung, die in 3.4. erörtert wird. — Die Rede von der Gliederung des Satzes sowie die von Satzgliedern bezieht sich bei Becker und bei Wundt ohne Zweifel auf die sýntaxis des „Téchnē"-Scholiasten. Demgegenüber gibt es — besonders in Anwendung auf das Deutsche und auf das Dänische — eine Verwendung des Ausdrucks '(Satz-)Glied', die, wenn nicht ausschließlich auf die sýnthesis des genannten Scholiasten, so doch auf die Beziehung bezogen ist, die man zwischen sýnthesis und sýntaxis annehmen kann. Bei Diderichsen (1946/68, 140) ist ein Satzglied einerseits ein Gegenstand der sýntaxis: In dem dän. Satz Vi_1 $mødte_2$ den_3 $gamle_4$ $Mand_5$ og_6 den_7 $lille_8$ $Pige_9$ ('Wir_1 $trafen_2$ den_3 $alten_4$ $Mann_5$ und_6 das_7 $kleine_8$ $Mädchen_9$.') stehen die beiden „Glieder" *den gamle Mand* und *den lille Pige* zu einem dritten 'Glied' in der gleichen Beziehung: „Sie sind beide (wie die Gesamtheit, die sie bilden) Objekte des Verbs *mødte*." Andererseits betrachtet Diderichsen als Satzglieder auch Gegenstände der sýnthesis: Vom Verb abgesehen, könne man ein Satzglied daran erkennen, daß es durch kein anderes Ausdrucksstück zerteilt an den ersten Platz des Satzes gestellt werden kann: In den von Diderichsen (1946/68, 163) angeführten dän. Sätzen 1 a Han_1 | $rejste_2$ $ikke_3$ $hjem_4$ til_5 $Ribe_6$ ('Er_1 $reiste_2$ $nicht_3$ $heim_4$ $nach_5$ $Ribe_6$.') 1 b *Hjem til Ribe* | *rejste han ikke*, 2 a Han_1 | $rejste_2$ $ikke_3$ $hjem_4$ i_5 $Gaar_6$ ('Er_1 $reiste_2$ $gestern_{5,6}$ $nicht_3$ $heim_4$.'), 2 b *Hjem* | *rejste han ikke i Gaar*, 2 c *I Gaar* | *rejste han ikke hjem* seien die vor den senkrechten Strichen stehenden Ausdrucksstücke Satzglieder. — Unmißverständlich sind Gegenstände der sýnthesis gemeint, wenn Glinz (1952/65, 85 ff, 114 ff und passim) von Satzgliedern spricht: Es sind „Stellungsglieder". Und so lernt man es in einer „Grammatik für Deutsche und für Ausländer": Der deutsche „Mitteilungssatz" werde „durch ein Satzglied eingeleitet [...], das das Vorfeld, den Platz vor dem ersten Prädikatsteil" besetzt (Schulz/Griesbach 1970, 393). Kritik an dieser Auffassung übt Engel (1970, 365 f), weil es nicht statthaft sei, „allgemein von einem Bereich in den anderen zu schließen", mit den hier verwendeten Worten: von der sýnthesis auf die sýntaxis.

3. Minimaleinheiten, komplexe Einheiten und Beziehungen zwischen ihnen

3.1. Minimaleinheiten

Wie in 1. vermerkt, ist es seit frühester Zeit üblich, sich die Ausdrücke einer Sprache (Sätze, lógoi oder vollständige lektá) als aus Minimaleinheiten bestehend vorzustellen, zwischen denen ein spezifischer Zusammenhang besteht (aus Wörtern, léxeis bzw. unvollständigen lektá). Dem römischen Grammatiker Varro (De Lingua Latina X, 4; Varro/ Goetz & Schoell 1910, 190) gilt das Wort als ungeteilter und kleinster Teil der Rede (oratio vocalis). Für Priscian (II, 14) ist das Wort (dictio) der kleinste Teil der konstruierten Rede, den man verstehen kann. Und so bleibt es bis in die Neuzeit. Mit Dobiaš (1897, 73) kann man das Wort unter zwei Gesichtspunkten betrachten: Entweder ist es die größere Einheit, die aus Teilen besteht, oder es ist selbst Teil eines größeren Ganzen, des Satzes (lógos). Nur als Teil des Satzes ist es elementarer Gegenstand dessen, was Dobiaš „Semasiologie" nennt. Spätestens seit Humboldt (1836, 182) finden sich jedoch schon kleinere bedeutungstragende Einheiten als das Wort, z. B. in *o-ni-c-te-maca-c* die durch Striche voneinander getrennten Teile, denen je einzeln eine Bedeutung zugeordnet wird: Anzeiger der Vergangenheit + ich + dies + jemandem + geben + Bezeichnung für die Vergangenheit. Bei dem in der Humboldt-Tradition stehenden Finck (1910, 43) finden sich entsprechende Analysen, bei denen die Bedeutungen allerdings in einer der analysierten Sprache nachempfundenen abenteuerlichen pseudodeutschen Sprache angegeben werden: grönländ. *Oκα-lug-tuaκ κuja-na-κi-ssoκ imá-ipoκ* mit der Bedeutung 'Zunge-Mißbesitz-Einzigartiges ergötz-lich-sehr-was so-geworden'. Es handle sich dabei — so Finck — um drei aneinander gereihte Wörter, von denen jedes einen echt grönländ. Satz darstelle: Es gibt eine Geschichte. Es ist etwas sehr Ergötzliches. Es ist so. Und das soll heißen: 'Eine ergötzliche Geschichte ist folgende'. — Systematisch werden kleinere Segmente eines sēmaínons einem (unvollständigen) lektón spätestens seit Noreen (1904, 47 f; 1906, 16) zugeordnet. So besteht beispielsweise das schwed. „Morphem" *odlingsbarhetens* aus sieben kleinsten Morphemen: odl_1-ing_2-s_3-bar_4-het_5-en_6-s_7 ('$der_{6,7}$ $Anbau_{1,2,3}$,$fähig_4$$keit_5$'). Dabei verwendet Noreen den Terminus „Morphem" sowohl — wie später etwa Harris oder Hockett — für das einfache als auch — anders als Harris und Hockett — für das komplexe sprachliche Zeichen (zur Terminologie s. auch 7.5., insbes. Fig. 4.65.). Bei Bloomfield (1933/35, 161) heißen diese Segmente und die ihnen entsprechenden lektá unterschiedslos Morpheme. Bei Hjelmslev (1943, 72) sind die atomaren Ausdrücke als lektá aufzufassen — es sind Formen —, und sie heißen Glosseme. Martinet (1960/63, 17 f) nennt die kleinsten Zeichen Moneme, wobei unklar bleibt, ob Moneme aus signifiant und signifié bestehende lektá sind oder sēmaínonta (Hjelmslevsch gesprochen: Formen oder Substanzen).

3.2. Beziehungen

Seit alters nimmt man an, daß der Zusammenhang, das Gefüge, die Konstruktion des Satzes (der Rede, des lógos) durch die Beziehungen gestiftet wird, die unmittelbar oder mittelbar zwischen den Wörtern bestehen. Wenn solche Beziehungen fehlen (oder zu fehlen scheinen), so ist von Syntax nicht die Rede. James Burnet (1773, 364 ff) hat dem Huronischen kurz jegliche Syntax abgesprochen, weil in dieser Sprache Präpositionen, Konjunktionen, Genus, Numerus, Kasus, Modus fehlen, Mittel, die der Lord zum Ausdruck von Beziehungen für unentbehrlich hielt. Deshalb könnten die Huronen die Teile ihrer Rede nicht miteinander verbinden außer — so räumt er ein — durch die Stellung der Wörter; jedenfalls ist für den Lord der Ausdruck der Beziehungen zwischen den Dingen sowie der Ausdruck der Wörter, die für die Dinge stehen, Gegenstand der Syntax, „the principal part of the grammatical art [...]" (Burnet 1773, 362). — In der „Téchnē" werden die Beziehungen nicht systematisch behandelt. Apollonios gründet seine Syntax auf die Beziehungen, die im Satz paarweise zwischen Wörtern bestehen. Entsprechendes gilt auch für den in der Tradition von Apollonios stehenden Priscian. — In jedem Satz — so Buslaev (1881/1959, 269) — „müssen wir unterscheiden: 1) die Materie oder den Inhalt des Satzes, d. h. die Benennungen der Begriffe und Vorstellungen, die in den Bestand des Satzes eingehen, und 2) die Art ihrer Verknüpfung innerhalb des Satzes". Der Inhalt des Satzes werde dabei durch einzelne Wörter ausgedrückt, und die Art der Verknüpfung durch Endungen oder „spezielle Wörter, die für sich selbst genommen den Inhalt der Rede nicht ausdrücken, wohl aber zusammen mit anderen Wörtern im Satze, oder die die Beziehungen zwischen ihnen angeben" (s. 7.3.). — Für die spezifisch syntaktischen Beziehungen (also jene innerhalb der lektá) wurden verschiedene allgemeine und von weiteren Deutungen freie Termini vorgeschlagen, z. B. 'Konnexion' (Sweet 1892, 32; der Terminus findet sich schon bei Lily 1567, s. Michael 1970, 131; später bei Burnet 1773, 362). Ich werde im folgenden für die allgemeinste syntaktische Relation, die man innerhalb sprachlicher Ausdrücke, etwa innerhalb von Sätzen, annehmen kann, — mich an Noreen (1904, 137) anlehnend, der *nexus* einführt — den Terminus 'Nexion' verwenden. Als Argumente einer Nexion sollen nicht nur Minimaleinheiten, sondern auch Folgen von Minimaleinheiten (Komplexe, s. 3.4., bes. Abb. 4.27. ff) zugelassen sein. Im weiteren Verlauf des Kapitels 3 soll nur der spezielle Fall berücksichtigt werden, daß jede Nexion eine konstante Zahl von Argumenten hat. (Über andere formale Eigenschaften wie Symmetrie, Transitivität, Reflexivität etc. wird hier allgemein für sie nichts entschieden.) Solche Nexionen sollen im Anschluß an Noreen (1904, 136 ff.) „Konnexionen" heißen. In 5. werden Nexionen vorgestellt, die keine Konnexionen sind.

3.3. Dyadische Beziehungen zwischen Minimaleinheiten

Die in der Überlieferung gängigste Art, eine Konnexion K über der Menge der in einem komplexen sprachlichen Zeichen (etwa in einem Satz) vorkommenden Minimaleinheiten zu erklären, ist die, daß man für diese Menge geordnete Paare (x, y) betrachtet, auf die K zutrifft, und zwar unter folgenden Bedingungen (mit Alternative): (1) Es gibt höchstens eine ausgezeichnete Minimaleinheit, die in K(x, y) nur als erstes (alternativ: zweites) Argument auftritt; (2) jede andere kommt höchstens einmal als zweites (alternativ: erstes) Argument vor, sofern es eine nach (1) ausgezeichnete Minimaleinheit gibt. Die beiden Alternativen sowie die beiden Bedingungen (1) und (2) seien an einem abstrakten Beispiel mit Hilfe gerichteter Graphen verdeutlicht. Dafür seien a, b, c, d, e die in einem komplexen sprachlichen Zeichen (hier je einmal) vorkommenden Minimaleinheiten, und die Relation K sei durch einen Pfeil dargestellt. Abb. 4.1. zeigt die Alternativen für den

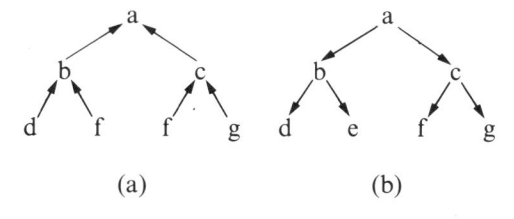

```
        a                    a
       ↙ ↘                  ↙ ↘
      b   c                b   c
     ↙ ↘ ↙ ↘              ↙ ↘ ↙ ↘
    d   f   g            d   e f   g
        f

      (a)                  (b)
```

Abb. 4.1: Dyadische Konnexionen zwischen Minimaleinheiten; mit Auszeichnung von a nach Bedingung (1):
(a) d → b: d determiniert b
(b) d ← b: d hängt von b ab

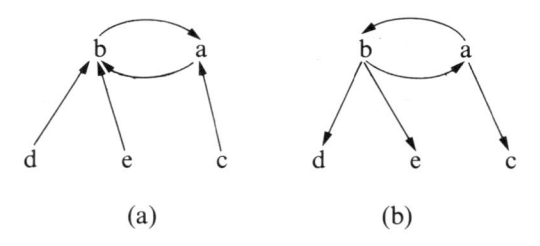

Abb. 4.2: Dyadische Konnexionen zwischen
Minimaleinheiten; mit a-b-Ring:
(a) d → b: d determiniert b
(b) d ← b: d hängt von b ab

Fall, daß es eine nach (1) ausgezeichnete Minimaleinheit gibt. Offensichtlich gibt es für den Fall, daß keine Minimaleinheit nach (1) ausgezeichnet ist, mindestens eine Folge von Minimaleinheiten $\mu_1, \mu_2, ..., \mu_n$ (mit $\mu_1 = \mu_n$) derart, daß für jedes Paar unmittelbar aufeinanderfolgender Minimaleinheiten gilt: $K(\mu_i, \mu_{i+1})$ (alternativ: $K(\mu_{i-1}, \mu_i)$). Bedingung (2) kann durch (2') ersetzt werden: (2') Jede Minimaleinheit, die nicht nach (1) ausgezeichnet ist und nicht in einem Ring auftritt, kommt höchstens einmal als zweites (alternativ: erstes) Argument einer Konnexion K vor. In dem Beispiel von Abb. 4.2. ist $n = 3$. Es bildet sich ein Ring: In Abb. 4.2. ist a ⇄ b bzw. a ⇆ b der Ring. a und b sind hier also dadurch ausgezeichnet, daß sie in einem solchen Ring vorkommen (Beispiele in 3.3.3.). Die spezifischen Relationen des mit Abb. 4.2. gegebenen Beispiels lassen sich auch notieren als

(a') K(a, b)   (b') K(b, a)
    K(b, a)   K(a, b)
    K(b, d)   K(d, b)
    K(b, e)   K(e, b)
    K(a, c)   K(c, a)

— Im allgemeinen wird ursprünglich Transitivität nicht angenommen. Die einzige mir bekannte systematische Ausnahme machen Martinus de Dacia (/Ross 1270/1961, 91 f; s. auch Covington 1984, 53) und seine Nachfolger. In latein. $Homo_1$ $currit_2$ $bene_3$ ('Der$_1$ Mensch$_1$ läuft$_2$ gut$_3$.') hängt *bene* — indirekt — von *homo* ab, weil es direkt von *currit* abhängt und *currit* primum zu *bene* ist, so wie *currit* als secundum von *homo* als dessen primum abhängt. Diese Transitivität ist für *Platonem* in latein. $Socrates_1$ $videt_2$ $Platonem_3$ ('Sokrates$_1$ sieht$_2$ Platon$_3$.') nicht gegeben, denn in dem Paar (*videt, Platonem*) ist *videt* nicht primum zu *Platonem*, sondern secun-

dum. Erst bei den Formalisierungsversuchen zu Anfang der 60er Jahre des 20. Jh.s findet sich bei einigen Autoren Transitivität oder Transitivierung (Hays 1960; Ihm/Lecerf 1960/63; Gaifman 1961; Beleckij/Grigorjan/Zaslavskij 1963; demgegenüber wird bei Nebeský 1962 und Marcus 1965 b keine Transitivität generell vorausgesetzt). In der älteren Literatur stößt man hingegen auf den ausdrücklichen Ausschluß von Transitivität bei Beckman (1904, 193 f), der in bezug auf den schwed. Ausdruck Min_1 $äldsta_2$ $brors_3$ $hund_4$ $satt_5$ $på_6$ $bakben_7$ en_8 ('Der$_{1,2,3}$ Hund$_4$ meines$_1$ ältesten$_2$ Bruders$_3$ saß$_5$ auf$_6$ den$_8$ Hinterbeinen$_7$.') sagt: „Hier ist *satt* Prädikat und *hund* Subjekt. *Min* gehört nicht zu *hund*, denn es ist nicht mein Hund, ebenso gehört *äldsta* nicht zu *hund*; es geht nicht um den ältesten Hund. *Min* und *äldsta* gehören zu *brors*; beide geben an, um was für einen Bruder es sich handelt, dem der Hund gehört. Demgegenüber ist *brors* Bestimmung zu *hund*". — Diese Art, Konnexionen zwischen Minimaleinheiten anzunehmen, hat offensichtlich eine lange Tradition. Wenn man — unter Ausschluß einiger (wohl nicht aller) Stoiker (s. 3.4.) — für die griechischen Grammatiker und deren Nachfolger davon ausgeht, daß es außer den Redeteilen im Satz keine anderen Einheiten gibt als Wörter, von denen jedes genau einer Wortart angehört (s. 6.), so lassen sich Konnexionen (abgesehen von Bedingungen, die das denkbare allgemeine Verfahren verschärfen) nur auf die angegebene Weise beschreiben. Eine solche verschärfende Bedingung ist (1'): Es gibt genau eine ausgezeichnete Minimaleinheit, die in K(x, y) nur als erstes (alternativ: zweites) Argument vorkommt (so z. B. Fig. 4.3. und 4.7.). — In der „Téchnē" wird die Methode nicht dargestellt, angedeutet wird sie aber bei Apollonios Dyskolos. So nimmt er (Γ, 164) für den griech. Ausdruck $thélō_1$ se_2 $charízesthai_3$ $Dionysíōi_4$ ('Ich$_1$ will$_2$, daß$_3$ du$_2$ dich$_3$ dem$_4$ Dionysios$_4$ hingibst$_3$.') an, daß *thélō* den Akkusativ *se* regiert (phéretai) und *charízesthai* den Dativ *Dionýsiōi*. Und *thélō* regiert (paralambánetai meta; s. Γ, 65) den abhängigen Infinitiv *charízesthai*. Da dem so ist, muß man es nicht nur Apollonios gegenüber, sondern gegenüber den griechischen Grammatikern insgesamt als ungerecht bezeichnen, wenn Donnet (1967, 40 f) ihnen nachsagt, sie hätten die Problematik der Syntax nicht gekannt und lediglich Wortgrammatik betrieben. Tatsächlich haben sie — läßt man einige Stoiker beiseite (s. 3.4.) — nichts anderes im Sinne

4. Westliche Entwicklungen

gehabt als eine Syntax, in der es syntaktische Beziehungen einzig zwischen Wörtern gibt, und zwar eine Syntax, wie sie Bańczerowski (1980) als Determinationssyntax mathematisiert hat. Ungerecht ist auch das Urteil, das Pinborg (1975, 120) fällt: „Though some vague notion of dependency is probably at work here, the confusion introduced through the failing distinction of constituent relations and questions of word order make any consistent syntactic theory impossible." Abgesehen von einigen Stoikern (s. 3.4.) gab es nach heutigem Wissensstand in der Tat keine Unterscheidung von Konstituentenrelationen. Aber Syntax haben die griechischen Grammatiker dennoch getrieben, so wie Mikkelsen, Jespersen, Billroth, Tesnière und viele andere auch (s. 3.3.). Sowohl ohne die Vorstellung von Konstituentenrelationen als auch ohne Berücksichtigung von Fragen der Wortstellung ist eine syntaktische Theorie möglich, wie Grunig (1981) in axiomatisierter Form gezeigt hat.

3.3.1. Auszeichnung des Nomens: das nominativische Nomen als nicht-determinierende Minimaleinheit. N-Determinationsstrukturen

Unter dem Einfluß von Aristoteles nannten die griechischen Grammatiker das ausgezeichnete Wort Nomen (ónoma) und meinten damit das Nomen im Nominativ. Während man den Vorrang des Nomens gegenüber dem Verb in der „Téchnē" lediglich wegen der Erstplazierung in der Liste der Redeteile unterstellen kann, wird die bedeutende Rolle des nominativischen Nomens oder Pronomens von Apollonios (A, 16) ausdrücklich hervorgehoben: notwendigerweise stehe das Nomen höher als das Verb. *prókeitai* muß nicht — wie bei Householder (1981, 25) bzw. bei Buttmann (1877, 9) — mit *precede* ('[in der linearen Aufeinanderfolge] vorangehen') oder *geht voran* übersetzt werden: Hier heißt es offensichtlich 'steht höher als', 'geht dem Range nach voran' o. ä.; für diese Übersetzung spricht auch der Vergleich der Anordnung der Redeteile mit jener der Buchstaben im Alphabet (A, 13): Wie der Buchstabe A im Alphabet die erste Stelle einnimmt, so steht das Nomen als erste in der Hierarchie der Wortarten, und wie B der zweite Buchstabe im Alphabet ist, so ist das Verb nach dem Nomen die zweite Wortart. Auch verschiedene „Téchnē"-Scholiasten (Hilgard 1901, 516, 521) dokumentieren diese Auffassung. Bei Gregor von Korinth (Donnet 1967, 171) ist das (nominativische) Nomen wichtigstes und notwendiges Element, und wie bei Michael dem Sýnkellos (Donnet 1967, 37) ist der Bezug zu Aristoteles terminologisch hergestellt: das Nomen ist die Substanz (ousía). Das Nomen ist erster und wichtigster Redeteil bei Priscian (XVII, 12) im 5. Jh. Die Auffassung vom nominativischen Nomen als einziger nicht-determinierender oder einziger nicht-regierender Minimaleinheit ist im Frankreich des 18. Jh.s offenbar die gängige; und offenbar ist sie auch unabhängig von allen sonstigen Verschiedenheiten der Lehrmeinungen. Der latein. Ausdruck *Alexander$_1$ vicit$_2$ Darium$_3$* ('Alexander$_1$ hat$_2$ Darius$_3$ besiegt$_2$.') wird in gleicher Weise von d'Alembert (1967, Bd I, 247 ff) und von Batteux (1774, 9 f) analysiert: *Alexander* determiniert bzw. regiert *vicit*, und *vicit* determiniert bzw. regiert *Darium*. Harris (1751/1968, 194) formuliert: „So great is this dependence in grammatical Syntax, that an Adverb can no more subsist without its Verb, than a Verb can subsist without its Substantive." Und im deutschen Sprachbereich findet sich die Vorstellung bei Bernhardi (1805, 133), bei dem es heißt: „Jedes Abhängige setzt ein Unabhängiges voraus, welches wieder von einem andern abhängig seyn kann, bis man zuletzt auf ein absolut Unabhängiges stößt. [...] Dieses absolut Unabhängige in der Sprache heißt Nominativ und gegen diesen gerechnet, müssen die andern Casus auch in der Form, die Abhängigkeit ausdrücken." Bei Heyse (1844 b, 85) heißt es: „Jeder Satz enthält demnach: 1) einen selbständigen Gegenstand (eine Substanz) und 2) eine unselbständige Bestimmung (ein Accidens), welche demselben beigelegt oder von ihm ausgesagt wird [...]". Psychologisierend gewendet lautet dies dann bei Rozwadowski (1904, 65): „Das sogenannte Subjekt [dem ein Wort entspricht] ist das Identifizierte und das sogenannte Prädikat das unterscheidende Glied der Vorstellung und demnach ist grundsätzlich das Subjekt dominierend als das unerlässliche Prius und Bedingung der Gliederung [des Satzes]." Jespersen veranschaulicht die Idee an dem dän. Ausdruck *Hunden gøede ualmindelig voldsomt: Hunden* ('der Hund') sei spezieller als *gøede* ('bellte'), *gøede* spezieller als *voldsomt* ('heftig'), *voldsomt* spezieller als *ualmindelig* ('ungewöhnlich'). „Das wort [...], das mit hilfe eines anderen spezifiziert werden soll, ist selbst spezieller als das spezifizierende wort" (Jespersen 1913, 31). Jespersen deutet die Konnexionen

folglich als bedeutungsmäßige Spezifizierungen. Bally (1932/65, 102) spricht von einer Beziehung zwischen Determiniertem und Determinierendem. In jedem Satz gebe es mindestens zwei Terme: Das «thème» oder Subjekt und das «propos» oder Prädikat. Das «thème» sei dabei das Determinierte und das «propos» das Determinierende (Bally 1932/65, 101 f). Mit der in Abb. 4.3. wiedergegebenen Figur für den poln. Ausdruck $Stado_1$ $srebrzystych_2$ $płotek_3$ i_4 $zielonawych_5$ $kiełbi_6$ $tańczyło_7$ $swawolnie_8$ na_9 $złotych_{10}$ $piaskach_{11}$ $mielizny_{12}$ ('Ein_1 $Schwarm_1$ silberglänzender$_2$ Plötze$_3$ und$_4$ grünlicher$_5$ Gründlinge$_6$ tanzte$_7$ munter$_8$ über$_9$ dem$_{11}$ goldnen$_{10}$ Sand$_{11}$ des$_{12}$ seichten$_{12}$ Gewässers$_{12}$.') verschaubildlicht Klemensiewicz (1937, 39 f) die Priorität des Subjekt-Nomens:
Unter Nicht-Beachtung von 4 und 9 ist Abb. 4.3. wie folgt zu lesen: 1 ist ausschließlich Superordinatum, nirgends Subordinatum; es ist Subjekt ($\equiv$). 7 ist Subordinatum zu 1, in seinen anderen Verbindungen Superordinatum; es ist Prädikat (=). 2, 5, 8, 10 und 12 sind ausschließlich Subordinata. Die übrigen syntaktischen Bestandteile (3, 6, 11) sind nach einer Seite Subordinata, nach der anderen Superordinata. Einen andersartigen Graphen, der die Auszeichnung des Nomens zeigt, geben Setälä/Nieminen (1946, 68) für finn. $Mattilan_1$ $pienet_2$ $pojat_3$ $lukevat_4$ $hyvin_5$ $ahkerasti_6$ $vaikeita_7$ $läksyjänsä_8$ ('Mattilas$_1$ kleine$_2$ Jungen$_3$ lesen$_4$ recht$_5$ fleißig$_6$ ihre$_8$ schwierigen$_7$ Schulaufgaben$_8$.'). In der russ. Akademiegrammatik (Grammatika russkogo jazyka 1952−64/1960, 368, 384) findet sich zwar kein entsprechender Graph, wohl aber die entsprechende Idee: „Das Subjekt ist das Hauptglied des zweiteiligen Satzes, das grammatisch unabhängig ist von anderen Satzgliedern, und wird gewöhnlich durch ein Substantiv, durch ein Pronomen oder durch ein anderes dekliniertes Wort in der Form des Nominativs ausgedrückt [...]. Das Prädikat ist das Hauptglied des zweiteiligen Satzes, das grammatisch vom Subjekt abhängig ist [...]." Bis in die jüngste Zeit stößt man — vornehmlich in der polnischen Literatur — auf Strukturen dieses Typs. — In dieser Tradition steht auch das axiomatisierte Determinationssystem von Bańczerowski (1976, 41; 1980).

3.3.2. Auszeichnung des Verbs: das Verb als nicht-abhängige Minimaleinheit. V-Dependenzstrukturen

Von stattlichem Alter, aber wohl doch wesentlich jünger ist eine andere Auffassung, die sich von der in 3.3.1. behandelten einzig darin unterscheidet, daß nicht das nominativische Nomen, sondern das Verb ausgezeichnetes Element ist. Wenn Dobiaš (1882, 60 f; 1897, 88 ff) recht hat, so findet sich diese Auffassung bereits bei Apollonios. Daran kann aber gezweifelt werden (s. 3.3.1.). Ausdrücklich räumt Apollonios (A, 13, 18, 19) dem (nominativischen) Nomen den ersten Rang unter den Redeteilen ein. Das Verb steht zwar — dem Range nach — vor dem Pronomen, aber nach dem Nomen (s. auch 3.3.1.). Man hat die Annahme, das Verb sei gegenüber dem Nomen vorrangig, bereits bei den römischen

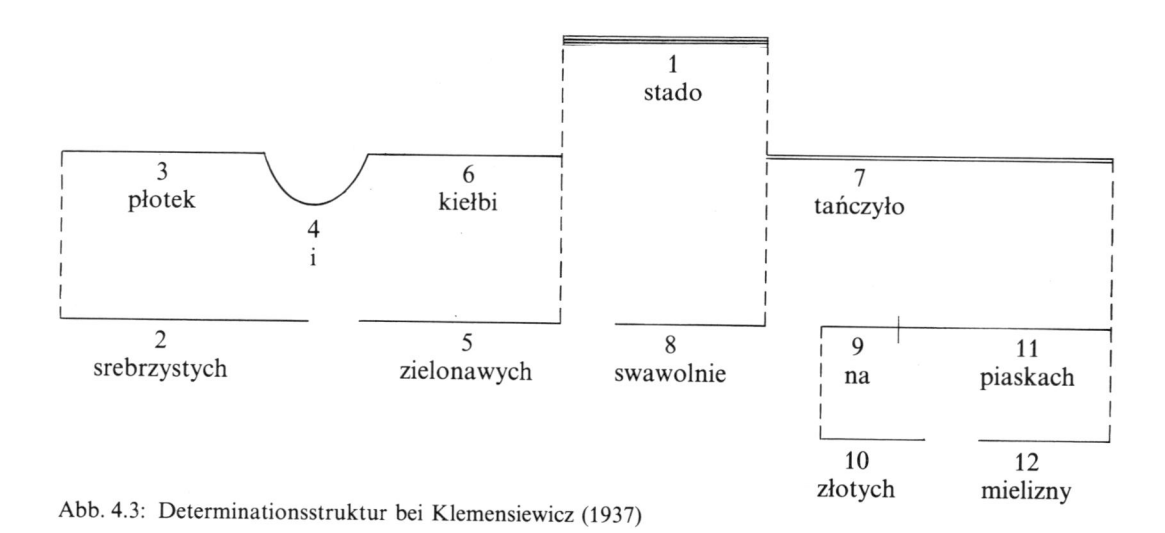

Abb. 4.3: Determinationsstruktur bei Klemensiewicz (1937)

4. Westliche Entwicklungen   139

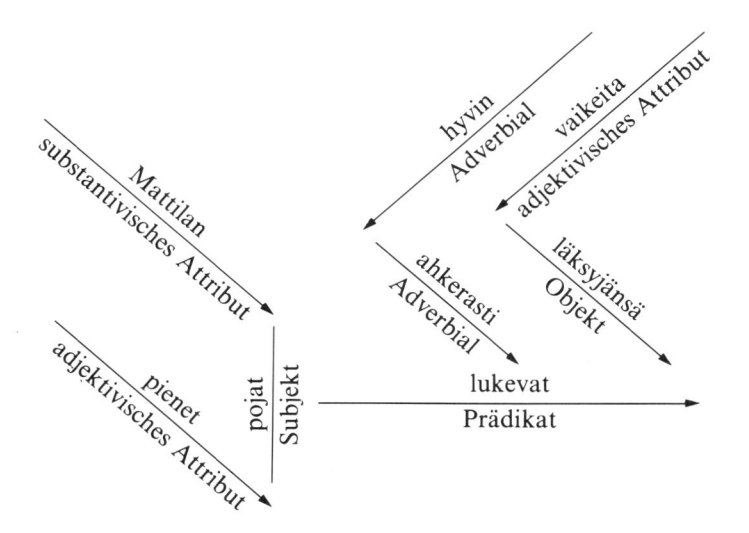

Abb. 4.4: Determinationsgraph bei Setälä/Nieminen (1946)

Grammatikern vermutet (so Høysgaard 1752 [360 f, Bogenzählung: Z 5] und nach ihm Wiwel 1901, 25). Die Vermutung stützt sich allerdings lediglich auf den Umstand, daß latein. *verbum* sowohl das bezeichnet, was deutsch *Wort*, als auch das, was deutsch *Verb* heißt. Jedenfalls kommt die Vorstellung, daß das Verb das Nomen (also auch das nominativische) regiert, zusammen mit der Entwicklung des Begriffs Rektion auf. Diese Vorstellung ist belegt seit dem 8. Jh.: sie findet sich in zwei Manuskripten des 8. und des 9. Jh.s: Verben regieren Kasus (Thurot 1869, 82). Bei Petrus Helias (12. Jh.) heißt es: „Wie nämlich der Feldherr das Heer regiert, so regiert das Verb den nach der Konstruktion [nach der Syntax] gesetzten Nominativ" (Thurot 1869, 240). Systematisch findet sich die Auszeichnung des Verbs gegenüber allen anderen „Wortarten" (s. 6.) bei dem Dänen Høysgaard, der das Verb folgerichtig auch „Hauptwort" nennt (Høysgaard 1747, 19; 1752 [361, Bogenzählung: Z 5]): „Den Grund dafür habe ich nicht in den Dingen gesucht, auf die derartige Wörter wesentlich bezogen sind, denn in der Sprachlehre betrachtet man nicht die Dinge, sondern die Wörter selber [...]." Die Benennung der Wörter müsse zu dem passen, was diese im Satze verrichten. „Es gibt nun freilich keine Art von Wörtern, die in der Sprache eine so wichtige Stellung hat wie das Verb. Jedes Verb ist für seinen Satz das, was der Hauptmann für seine Kompanie ist, und es ist nicht ungleich einem Haupte, das alle Gliedmaßen am Leben hält und nach dessen Wink sie sich alle richten müssen." Alle Glieder eines Satzes hängen ab (*dependere*) vom Verb und seien von ihm regiert. — Ausdrücklich und systematisch formuliert die Privilegierung des Verbs gegenüber dem nominativischen Nomen dann Meiner (1781, 312 f.): „Ueberhaupt muß man wissen, daß, wenn man dem Schüler von einem Satze Deutlichkeit verschaffen will, man ihn zuvörderst das Prädikat des Satzes, welches allezeit ein Verbum oder ein mit dem Verbo substantiuo *sum* verbundenes Adjectiuum oder Participium ist, muß übersetzen lassen [...]. Ist dieses geschehen, so wird ihm gleich das innere Gefühl von dem Mangel der nöthigen Bestimmungen die dazu dienlichen Fragen eingeben und er wird hieraus einsehen, wie viel Bestimmungen er in dem Satze zu erwarten habe. [...] Auf solche Weise übersieht der Schüler die Anzahl der Substantiven, von denen das Prädikat begleitet seyn will, wenn es vollkommen deutlich werden soll. Nun führe der Lehrer seinen Schüler zu den nöthigen Bestimmungen dieser Substantive [...]. Solcher Gestalt erwächset nach und nach aus dem bloßen Prädikate und Subjekte, durch Beyfügung aller nöthigen Bestimmungen, ein völlig ausgearbeiteter Satz, der einem vollem und ausgebildetem Gliede des menschlichen Körpers gleichet, und auf seinem Prädikate und Subjekte eben so, wie dasselbe

Glied auf seinem Skelete, ruhet." „Das Prädikat ist der vornehmste Theil des Satzes; denn aus ihm entwickelt sich der ganze Satz" (Meiner 1781, 127). Und bei Meiner findet sich an gleicher Stelle auch die erste mir bekannte Baummetaphorik, wenn auch nur auf den Teil eines Baumes beschränkt: Das Prädikat „gleichet einer vollen Frühlingsknospe. Wie diese bey ihrer Entwickelung aus sich einen ganzen Zweig sammt Nebenzweigen und Blättern hervor treibet; also liegen auch in dem einzigen Prädikat nicht nur alle Hauptheile, sondern auch Nebentheile des Satzes verschlossen, die sich daraus herleiten lassen." „Das Hauptglied des Satzes ist die Satzaussage. Die eigentliche und ursprüngliche [...] Form der Satzaussage ist das Verb", heißt es bei Buslaev (1881/1959, 271). Freilich scheint Buslaev zwischen Subjekt (nominativischem Nomen) und Prädikat (entweder einfachem finitem Verb wie in russ. *Véter₁ véet₂* ('Der₁ Wind₁ weht₂.') oder zusammengesetztem Prädikat wie in *Zemljá₁ est'₂ planéta₃* ('Die₁ Erde₁ ist₂ ein₃ Planet₃.')) eine andere Art von Konnexion anzunehmen als zwischen allen übrigen „Gliedern" des Satzes, in bezug auf die er von Abhängigkeit spricht (Buslaev 1881/1959, 273) (s. hierzu 3.3.3.). 1882 heißt es bei Broberg (1882, 93): „Das Verb ist das *mot maître*, es ist die Angel, um die sich der Satz dreht." Die verschiedenen „Ebenen", die Broberg für den dän. Ausdruck *Generalens₁ ældste₂ Datter₃ viste₄, for₅ at₅ give₅ Samtalen₆ en₇ anden₇ Retning₇ en₈ af₈ Gjæsterne₈ et₉ fra₁₀ Kjøbenhavn₁₀ ankommet₁₁ en₁₂ læsende₁₃ Hyrde₁₂ forestillende₁₄ Maleri₁₅* ('Die₃ älteste₂ Tochter₃ des₁ Generals₁ zeigte₄, um₅ der₆ Unterhaltung₆ eine₇ andere₇ Richtung₇ zu₅ geben₅, einem₈ der₈ Gäste₈ ein₉ von₁₀ Kopenhagen₁₀ angekommenes₁₁, einen₁₂ lesenden₁₃ Hirten₁₂ darstellendes₁₄ Gemälde₁₅.') annimmt, ordnet er zu einer Hierarchie, wie sie in Abb. 4.5. wiedergegeben wird. Die darin fett — hier durch Sperrung — ausgezeichneten Ausdrucksstücke bilden nach Bro-

3 D a t t e r (e n)
  2 ældste
    1 Generalens
4 v i s t e
  5 for at give
    7 en anden Retning
    6 Samtalen
      8 en af Gjæsterne
9 et 14 M a l e r i
  11 ankommet
    10 fra Kjøbenhavn
  13 forestillende
    12 en læsende Hyrde

Abb. 4.5: Hierarchie von Abhängigkeits-„Ebenen" bei Broberg (1882)

berg (1882, 94) die erste Ebene des Satzes, das Skelett des Satzes. Der älteste mir bekannte Baumgraph, der die Priorität des Verbs veranschaulicht, stammt von Kern (1883, 17). Abb. 4.6. gibt Kerns Graphen für den (dt.) Lessing-Satz *Als sie nun in ihrem neuen Glanze da stand, kamen die Sperlinge wieder, ihre alten Wohnungen zu suchen.* Er (1883, 10) nennt die Konnexionen zwischen den Minimaleinheiten Abhängigkeiten, und bezogen auf Graphen wie Abb. 4.6. heißt es: „Die Abhängigkeit eines Wortes von einem andern bezeichnet man (graphisch, durch ein Schema) durch einen von dem regierenden Wort nach unten gezogenen Strich, an dessen Ende das regierte (oder abhängige) Wort steht." In diesem Sinne spricht man später von Abhängigkeits- oder Dependenzsyntax (oder -grammatik), um das System zu bezeichnen, durch das die einschlägigen Strukturen festgelegt werden. 1895 veröffentlicht Tiktin eine Grammatik des Rumänischen, deren Syntax auf der Priorität des finiten Verbs und zum Teil (s. 3.4.) auf der Annahme von Konnexionen zwischen Minimaleinheiten beruht. Für die rumän. Sätze *Din₁ coadă₂ de₃ cîine₄ sită₅ de₆ mătase₇ nu₈ se₉ face₁₀* ('Aus₁

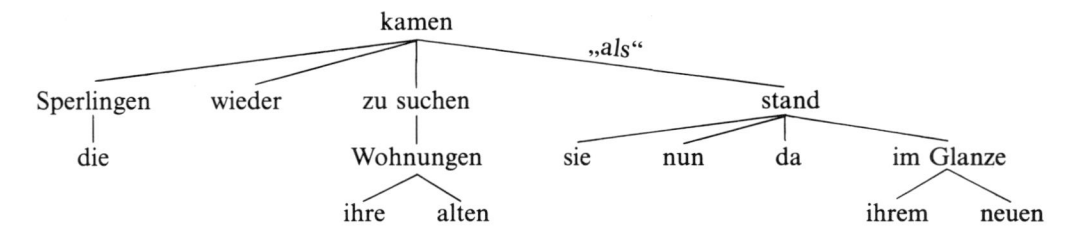

Abb. 4.6: Kern-Struktur (1883)

4. Westliche Entwicklungen

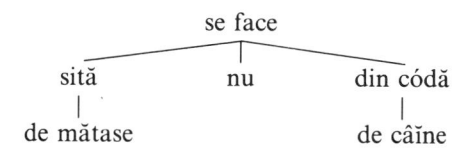

```
              se face
    ┌───────────┼───────────┐
   sită         nu      din códă
    │                       │
de mătase              de câine
```

Abb. 4.7: Dependenzstruktur bei Tiktin (1895)

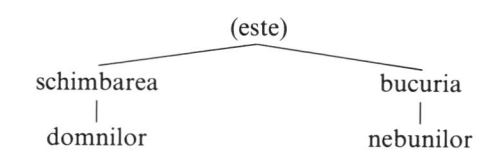

```
              (este)
        ┌───────┴───────┐
   schimbarea         bucuria
        │               │
    domnilor         nebunilor
```

Abb. 4.8: Tiktins Dependenzstruktur mit nichtvorhandenem Verb (1895)

einem$_2$ Hunde$_{3,4}$schwanz$_2$ macht$_{10}$ man$_9$ kein$_{5,8}$ Haarsieb$_{5,6,7}$.') und *Schimbarea$_1$ domnilor$_{2,3}$ bucuria$_4$ nebunilor$_5$* ('Der$_1$ Wechsel$_1$ der$_2$ Fürsten$_2$ ist$_3$ die$_4$ Freude$_4$ der$_5$ Dummen$_5$.') gibt Tiktin (1895, 107 ff) die Graphen in Abb. 4.7. und 4.8. an. Anders als später in der u. a. von Vinogradov redigierten russ. Akademiegrammatik (Grammatika russkogo jazyka 1952—54/1960; s. 3.3.1.) gibt es in der Syntax des von Vinogradov (1950/75, 441—487) geschmähten Peškovskij (1920, 131) Auszeichnung des Verbs: das prädikative Verb sei das wichtigste Glied des Satzes und das wichtigste Glied unserer Rede überhaupt. In dieser Tradition steht z. B. auch die slowen. Grammatik für die Mittelschule von Breznik (1924, 200 f): „Das vornehmste Wort im Satz ist das Verb, und zwar das finite Verb [...], auf das alle anderen Wörter im Satz bezogen sind". Das Attribut ergänze das Substantiv, das Objekt Verb und Adjektiv (z. B. in *Snága$_1$ je$_2$ Bôgu$_3$ drága$_4$*. 'Reinheit$_1$ ist$_2$ Gott$_3$ [Dativ] lieb$_4$'); und das Adverbiale determiniere das Verb, das Adjektiv und das Adverbiale (z. B. in *Stréla$_1$ ráda$_2$ udári$_3$ dvákrat$_4$ v$_5$ éno$_6$ mésto$_7$*. 'Der$_1$ Blitz$_1$ schlägt$_3$ gern$_2$ zweimal$_4$ an$_5$ einer$_6$ Stelle$_7$ ein$_3$'). — Seit 1959 verbindet man diese Idee mit dem Namen Tesnière (Tesnière 1959/65).

3.3.3. Nomen und Verb in einem Ring:
Nomen und Verb
als einander determinierend
oder als voneinander abhängig

Schon bei den griech. Grammatikern scheint es ein gewisses Schwanken zwischen N-Determinationsstrukturen und V-Dependenzstrukturen gegeben zu haben. Einerseits ist das ónoma (das nominativische Nomen) Name der Substanz und insofern primär, andererseits „verlangt" das rhēma (als „Prädikat" oder als „Verb" zu übersetzen) die ihm zukommenden ptōseis und ist insofern primär. Und es heißt bei Apollonios auch (A, 14), daß jeder Satz, in dem das nominativische Nomen und das Verb fehlt, unvollständig sei. Läßt man die verwendeten Symbole außer Betracht, so sind beide Arten von Konnexionsstrukturen allemal gleich. Sie erfüllen beide die in der Einleitung zu 3.3. formulierten Bedingungen (1) und (2). So ist zu begreifen, daß es Meiner neben Bernhardi gibt, Dobiaš neben Aksakov (1860/1973, 178; im Nomen erscheint die erste Stufe des Bewußtseins), Tesnière neben Jespersen. Außer bei Høysgaard (1752, [361] Bogenzählung: Z 5) und Wiwel (1901, 25 f) ist mir in der Literatur keine Stelle bekannt, in der ein Vertreter von N-Determinationsstrukturen über den Vertreter von V-Dependenzstrukturen richtet oder umgekehrt. Wohl gibt es (teilweise harte) Attacken der Vertreter dieser Strukturen gegenüber Vertretern jener Strukturen, die in 3.4. dargestellt werden. So wendet sich Jespersen (1913, 30) gegen Wundts „begriffliche zerlegung einer gesamtvorstellung" und verteidigt seine eigene Auffassung der „Zusammenstükkelung", die „so vonstatten gehe, daß ein Wort bestimmt (modifiziert, qualifiziert) wird mit Hilfe eines anderen Wortes, das seinerseits von einem dritten bestimmt (modifiziert, qualifiziert) sein kann, usw.". — Das Schwanken zwischen N-Determinationsstrukturen und V-Dependenzstrukturen läßt sich kompensieren durch die Annahme eines Nomen-Verb-Rings (eines N-V-Rings; s. am Anfang von 3.3.), wie man ihn für Lewis und Lane annehmen kann: „Every Sentence consists of a Substantive, called the Nominative Case and a Verb, with their dependents. These are the two Legs upon which a Sentence doth stand", liest man bei Lewis (1674, 11; zitiert nach Michael 1970, 479). Und bei Lane (1700, 75): „The essential parts of a Sentence, without which it cannot be, are a Verb and the Nominative of the Subject; all other words in a Sentence depend upon one of these two mediately or immediately." — Den ältesten mir bekannten Graphen, der eine Struktur mit N-V-Ring zeigt, gibt Billroth (1832, 102) für den latein. Ausdruck *Miltiades$_1$, dux$_2$ Atheniensium$_3$, toti$_4$ Graeciae$_5$ libertatem$_6$ paene$_7$ oppressam$_8$ in$_9$ pugna$_{10}$ apud$_{11}$ Marathonem$_{12}$ reddidit$_{13}$* ('Miltiades$_1$, Feldherr$_2$ der$_3$ Athener$_4$, gab$_{13}$ in$_9$ der$_{10}$ Schlacht$_{10}$ bei$_{11}$

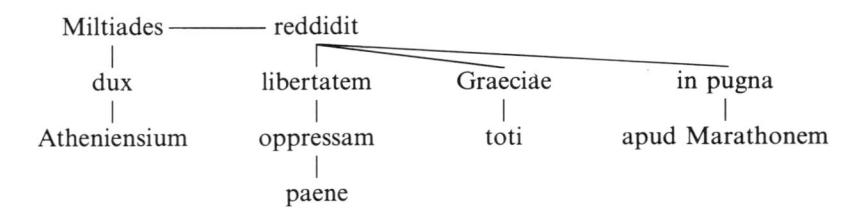

```
        Miltiades ────── reddidit
           │               │  ╲    ╲
          dux          libertatem  Graeciae    in pugna
           │               │          │            │
      Atheniensium     oppressam     toti     apud Marathonem
                          │
                         paene
```

Abb. 4.9: Wechselseitige Dependenz oder Determination bei Billroth (1832)

Marathon₁₂ ganz₄ Griechenland₅ die₆ fast₇ erstickte₈ Freiheit₆ wieder₁₃.'): Abb. 4.9. Ich setze hier voraus, daß die waagerechte Kante so zu lesen ist, daß *Miltiades* von *reddidit* und *reddidit* von *Miltiades* „abhängt". Daß diese Deutung für die 30er Jahre des letzten Jh.s nicht abwegig ist, läßt sich durch die Tatsache stützen, daß Kühner (1836, 219 f) zwar das finite Verb als eigentlichen Kern des Satzes ansieht (s. 3.3.2.), dennoch ausdrücklich sagt, die beiden Begriffe, deren „Zusammenfassung" durch den Satz ausgedrückt werde, nämlich der Verbalbegriff und der Substantivbegriff, seien „unter einander in eine gegenseitige Beziehung gestellt". Eine ausgeprägte Unsicherheit, ob dem Verb oder dem Nomen der Vorrang gegeben werden soll, beobachtet man bei Etzler (1826, 68): Einerseits ist es das Verb, „dem alles Uebrige zur Erweiterung dient. [...] ja selbst das Subject ist als dem Verb gegeben anzusehn", andererseits liest man in der Fußnote: „Richtiger und natürlicher ist freilich die Vorstellung, daß das Subject durch das Verb bestimmt wird [...]. Indessen ist das Gegenseitige der Beziehung nicht zu verkennen." Fearn (1824, 100 f) geht davon aus, daß das Schwanken zwischen beiden Auffassungen geradezu die überlieferte Standardauffassung ist: "For although it is known to every person, who has any acquaintance at all with the subject, that Every Verb in language is supposed by Grammarians to signify some Property or Attribute of its NOMINATIVE ONLY; and also known to those who have a more extensive knowledge of it, that this assumption has always obtained without any dissentient voice; still, there are, in the case of some writers certain expressions made use of, which, if not duly examined, and their real import ascertained, might, I have no doubt, be made the foundation of a cavil, or pretence, that Verbs have been *tacitly and virtually understood* as connecting Nominatives with Accusative Nouns; although the EXPRESS tenor of Grammar Doctrine has always run manifestly to the contrary." Fearn richtet sich ausdrücklich gegen die von Harris (1751) vorgetragene Lehrmeinung. — Und Kleinschmidt (1851, 65 f) sieht dies — trotz seiner andersartigen Begrifflichkeit — in seiner Grammatik des Grönländ. ganz ähnlich wie Fearn oder Kühner. Das „redewort" (Verb) als wesentlichster „bestandtheil" des Prädikats zwar ist es — so heißt es bei Kleinschmidt — „eigentlich, was den satz bildet, indem es allen sonstigen bestandtheilen desselben zum letzten stützpunkt dient". Aber die „beiden nothwendigen bestandtheile" — „redewort" und „project" — stehen zueinander im casus rectus, im Verhältnis der „selbständigkeit". Es sind die „nicht untergeordneten" Satzteile. Wirklich fehlen könne auch das „project" nicht. Entsprechendes findet sich bei Ohijenko (1935, 150). Er gibt für den ukrain. Ausdruck *stárs̆yj₁ brat₂ vc̆óra₃ c̆ytáv₄ v₅ sadkú₆ pýl'no₇ dlja₈ rozváhy₉ nóvu₁₀ knýz̆ku₁₁* ('Mein₁ älterer₁ Bruder₂ las₄ gestern₃ im₅ Garten₆ zur₈ Erholung₉ aufmerksam₇ ein₁₁ neues₁₀ Büchlein₁₁.') eine Struktur an, die ich — Jodłowski (1976, 54) folgend und die „adverbialen Ergänzungen" entzerrend, d. h. einzeln auf *c̆ytav* beziehend — als Abb. 4.10. anführe. Derartige Graphen — „Satzbilder" genannt — bringt auch Mensing (1932, 87) für deutsche Sätze wie *Das gute Kind gehorcht den Eltern; Das gute Kind gehorcht gern; Das gute Kind gehorcht den Eltern gern.* S. Abb. 4.11. Einer anderen graphischen Darstellung dessen, was ich hier N-V-Ringstruktur genannt habe, begegnet man in amerikanischen Grammatiken des 19. Jh.s. Die wechselseitige Abhängigkeit oder Determination zwischen Subjekts-Nomen und Prädikats-Verb ist in Abb. 4.12. durch eine Senkrechte der sie verbindenden Kanten angezeigt (Reed/Kellogg 1893, 58; mit Koordinationsstrukturen), in Abb. 4.13. durch Nebeneinanderstellung der Kästchen (March 1869/97, 26). In neuerer Zeit heißt es: Das „syntaktische Verhältnis zwi-

4. Westliche Entwicklungen

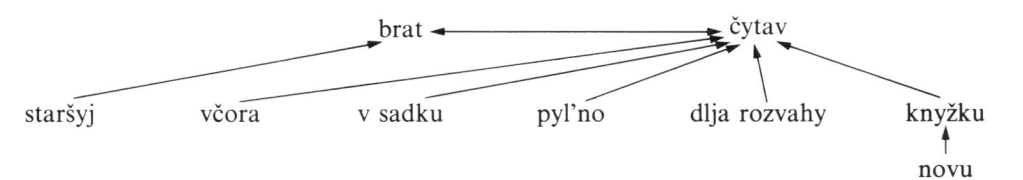

```
      staršyj   včora   v sadku   pyl'no   dlja rozvahy   knyžku
           ↘      ↓        ↓    brat ←── čytav ↑    ↑
                                              ↑
                                            novu
```

Abb. 4.10: Wechselseitige Dependenz oder Determination bei Ohijenko (1935), ergänzt nach Jodłowski (1976)

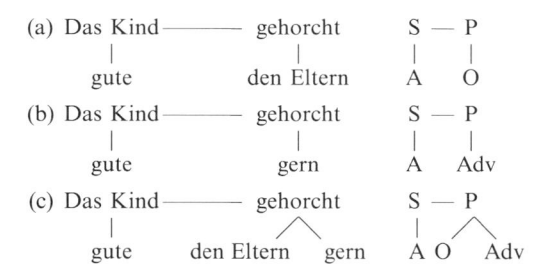

```
(a) Das Kind ──── gehorcht        S — P
     |              |              |    |
    gute        den Eltern         A    O

(b) Das Kind ──── gehorcht        S — P
     |              |              |    |
    gute           gern            A   Adv

(c) Das Kind ──── gehorcht        S — P
     |           ╱    ╲            |   ╱ ╲
    gute   den Eltern  gern        A  O  Adv
```

Abb. 4.11: N-V-Ringe bei Mensing (1932)

schen Subjektsnominativ und Prädikatsverb [ist] nicht einseitig, sondern gegenseitig und wechselseitig. Nicht nur das Prädikatsverb wird dem Subjektsnominativ zugeordnet, sondern auch der Subjektsnominativ dem Prädikatsverb" (Admoni 1966, 216). — Einem Ring mit drei daran beteiligten Minimaleinheiten (mit $n = 4$, s. am Anfang von 3.3.) begegnet man in der Figur von Abb. 4.14., die nach Šmilauer (1947, 425) die Struktur des tschech. Satzes Jda_1 $mimo_2$ $nizko_3$ $umístěná_4$ $okna_5$, $prohlédl_6$ si_7 $Prokop_8$ $velmi_9$ $dobře_{10}$ $celé_{11}$ $zařízení_{12}$ $pokoje_{13}$ ('Indem$_1$ er$_1$ an$_2$ den$_5$ niedrig$_3$ angebrachten$_4$ Fenstern$_5$ vorbei$_2$ging$_1$, schaute$_6$ Prokop$_8$ sich$_7$ sehr$_9$ gut$_{10}$ die$_{12}$ ganze$_{11}$ Einrichtung$_{12}$ des$_{13}$ Zimmers$_{13}$ an$_6$.') darstellt. Da Šmilauer in dem als Abb. 4.14. wiedergegebenen Graphen keine Pfeile eingetragen hat, der Graph also nicht ausdrücklich gerichtet ist, bleibt unklar, ob z. B. jda von $Prokop$ abhängt oder umgekehrt. Wenn man die Waagerechte so deutet, wie sie hier bei Billroth in Abb. 4.9. gedeutet wurde und wie sie bei Ohijenko in Abb. 4.10. ausdrücklich gekennzeichnet ist, wenn man also $Prokop$ als von $prohlédl$ si und umgekehrt

$prohlédl$ si als von $Prokop$ abhängig ansieht, so liegt ein Fall vor, in dem eine Minimaleinheit gleichzeitig von zwei Minimaleinheiten abhängt oder gleichzeitig von zwei Minimaleinheiten bestimmt oder determiniert wird. Ein solcher Fall stimmt nicht zur Baummetaphorik, die für N-Determinations- und V-Dependenzstrukturen geprägt wurde und allenfalls noch auf N-V-Ringe paßt. Immerhin lassen sich solche Fälle tatsächlich in der Literatur nachweisen, und zwar nicht nur im Rahmen theoretischer Erwägungen wie bei Marcus (1965 a, 532) an Hand der rumän. Sätze $Zgomotoşi_1$ $copiii_{2i_3}$ vin_4 ('Laut$_1$ kommen$_4$ die$_3$ Kinder$_2$') und O_1 $pisică_2$ $trecu_3$ $albă_4$ [pe_5 $linia_6$ $gardului_7$] ('Die$_1$ Katze$_2$ huschte$_3$ weiß$_4$ [an$_5$ der$_7$ Hecke$_7$ entlang$_6$]'), sondern der Beschreibungspraxis von Schulgrammatiken (s. 4.). — Die Auszeichnung zweier Wörter — nämlich die von nominativischem Nomen und Verb — in einer Struktur, in der es nur dyadische Beziehungen zwischen Wörtern gibt, ist offenbar als ein Kompromiß zu verstehen zwischen einer Struktur mit dem nominativischen Nomen und einer solchen mit finitem Verb als ausgezeichneter Minimaleinheit. Da dieser Kompromiß nur mit Mühe zur Baummetaphorik paßt, könnte man bei den nicht mit Pfeilen versehenen waagerechten Kanten, die in den Abb. 4.9., 4.11. und 4.15. nominativisches Nomen (bzw. Subjekt) und Verb (bzw. Prädikat) verbinden, auch vermuten, daß hier eine Beziehung sui generis angezeigt werden soll (und so vielleicht auch bei der $Prokop$ und jda verbindenden Kante in Abb. 4.14.). Und in der Tat gibt es dafür Hinweise. Bei Vernaleken, in dessen Syntax zwar eindeutig das Verb im Zentrum steht („Der leben erhaltende und leben verbreitende mittelpunkt

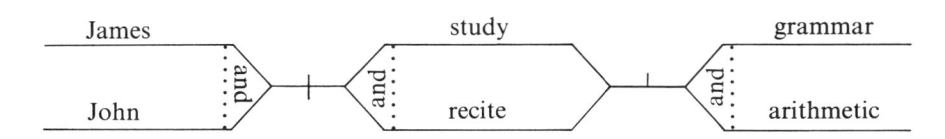

```
James                study               grammar
     ╲  and  ╱  ╲  and  ╱  │  ╲  and  ╱
      ╳────╳    ╳────┼───╳    ╳────╳
     ╱      ╲  ╱      ╲      ╱      ╲
John                 recite            arithmetic
```

Abb. 4.12: N-V-Ring bei Reed/Kellogg (1893)

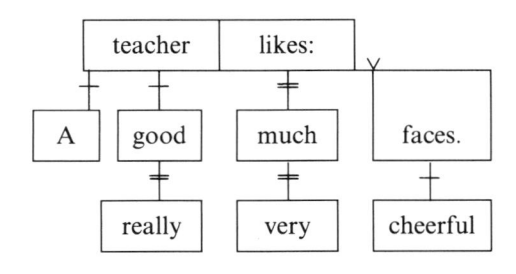

Abb. 4.13: N-V-Ring bei March (1869/97)

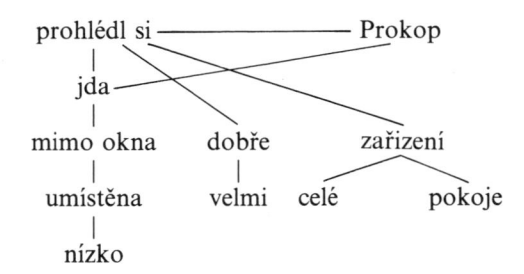

Abb. 4.14: Struktur mit dreigliedrigem Dependenzring bei Šmilauer (1947)

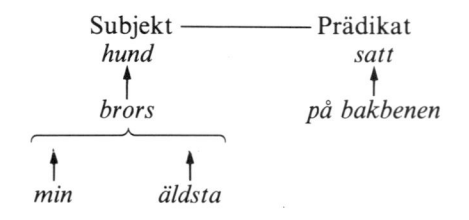

Abb. 4.15: Wechselseitige Nichtdetermination von Subjekt und Prädikat bei Beckman (1904)

des satzes ist das verbum" und „Das verbum beherrscht die glieder des satzes"; Vernaleken 1861, 2 bzw. 1863, 261), heißt es jedoch auch: „Der nominativ ist unabhängig vom verb" (Vernaleken 1861, 171). Aber schon bei Billroth (1832, 97 ff) selbst findet man eine Auszeichnung der Beziehung zwischen Subjekt und Prädikat. Subjekt und Prädikat, d. h. also das nominativische Nomen und das finite Verb, stellen den „nackten" Satz dar. Alle anderen in einem „bekleideten Satz" vorkommenden Beziehungen sind Beziehungen des „Bekleidens". Subjekt und Prädikat bekleiden einander nicht. Nackte Sätze — allerdings noch nicht bekleidete, sondern statt dessen ausgebildete — gibt es schon bei Adelung (1782, 573). Freilich ist die Bekleidungsmetaphorik nicht ausschließlich mit der Annahme von N-V-Ringen verbunden. An Stelle von Kleidungsstücken sind es Fingernägel und Haare, die dem Satzkörper bei Gregor von Korinth (/Donnet 1967, 167) hinzugefügt werden können, z. B. Partizipien und Adverbien. Dennoch ist bei Gregor das Nomen vom höchsten Rang. — Mit Hilfe eines Graphen wird die Idee ausgedrückt von Beckman (1904, 194) für den schon in 3.3. angeführten schwed. Ausdruck *Min äldsta brors hund satt på bakbenen* ('Der Hund meines ältesten Bruders saß auf den Hinterbeinen.') Abb. 4.15.

reproduziert diesen Graphen. Während alle anderen Wortpaare in Abb. 4.15. durch Pfeile verbunden sind, gibt es keinen Pfeil, der vom Subjekt *hund* auf das Prädikat *satt*, und keinen, der in umgekehrte Richtung wiese. Das Subjekt ist keine Bestimmung des Prädikats, und das Prädikat ist keine Bestimmung des Subjekts. Abwesenheit also von wechselseitiger Bestimmung. Abwesenheit wechselseitiger Rektion zwischen Nomen und Verb wird schon früher angenommen. Will man die Baummetaphorik retten, so ist es von hier aus nur ein kleiner Schritt, und man gelangt zu einer Auffassung, nach der die Unabhängigkeit des nominativischen Nomens (des Subjekts) vom Verb (vom Prädikat) graphisch durch die Abwesenheit einer Kante symbolisiert wird, so daß der Satz dargestellt wird als ein Paar voneinander unabhängiger Baumgraphen. So gibt Beckman (1904, 194 f) für den schwed. Ausdruck *Vår$_1$ store$_2$ och$_3$ ädle$_4$ konung$_5$ Gustaf$_6$ Vasa$_7$ har$_8$ befriat$_9$ vårt$_{10}$ gamla$_{11}$ fädernesland$_{12}$ från$_{13}$ danskar$_{14}$nas$_{15}$ tryckande$_{16}$ välde$_{17}$* ('Unser$_1$ großer$_2$ und$_3$ edler$_4$ König$_5$ Gustaf$_6$ Vasa$_7$ hat$_8$ unser$_{10}$ altes$_{11}$ Vaterland$_{12}$ von$_{13}$ der$_{14,15}$ drückenden$_{16}$ Herrschaft$_{17}$ der$_{15}$ Dänen$_{14}$ befreit$_9$.') zwei Bäume an, wie sie in Abb. 4.16. gezeigt werden. (In späteren Auflagen (1935, 226) sind die beiden Bäume durch eine waagerechte Kante zwischen dem Subjekt *Gustaf Vasa* und *har befriat* verbunden.) — Es gebe keine oratio ohne ein nominativisches Nomen und ohne ein Verb, und keines von beiden regiere das andere, heißt es schon bei Sanctius (1587, 84). Diese Idee läßt sich auch durch den Doppelgraphen in Abb. 4.17. dokumentieren, den Petrov (1906, 127) für den russ. Ausdruck *Zari$_1$ bagrjánoj$_2$ polosá$_3$ ob"emlet$_4$ járko$_5$ nebesá$_6$* ('Der$_3$ Streifen$_3$ der$_1$ purpurnen$_2$ Morgenröte$_1$ breitet$_4$ sich$_4$ hell$_5$ über$_4$ den$_6$ Himmel$_6$.') vorgeschlagen hat.

4. Westliche Entwicklungen

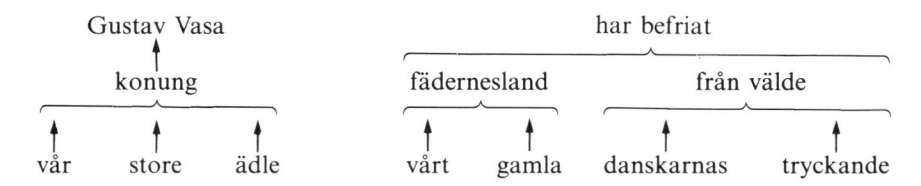

```
       Gustav Vasa                    har befriat
           |               ┌─────────────┴─────────────┐
        konung          fädernesland           från välde
     ↑    ↑    ↑         ↑      ↑              ↑         ↑
    vår store ädle      vårt  gamla        danskarnas  tryckande
```

Abb. 4.16: Subjekt und Prädikat in wechselseitiger Unabhängigkeit bei Beckman (1904)

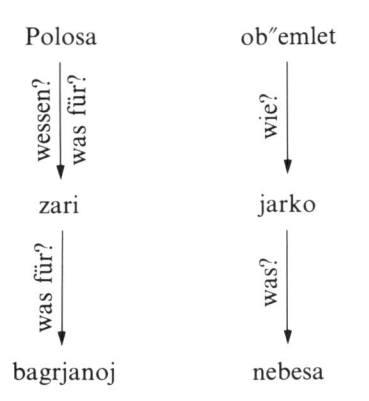

```
   Polosa              ob″emlet
   wessen?│was für?    wie?│
          ↓                ↓
    zari               jarko
   was für?│           was?│
           ↓                ↓
  bagrjanoj            nebesa
```

Abb. 4.17: Doppelbaum für einen Satz bei Petrov (1906)

3.4. Komplexe Einheiten

Die in 3.3. erörterten Konnexionen bestehen ausschließlich zwischen Minimaleinheiten, die durch sie so zu Paaren geordnet werden. Ein derartiges Paar und verallgemeinert: Jedes n-Tupel einer n-stelligen Nexion will ich für das folgende mit dem neutralen Terminus 'komplexe Einheit' oder einfach 'Komplex' belegen. — Spätestens bei den Stoikern findet sich die Annahme von Konnexionen, deren Argumente nicht nur Minimaleinheiten, sondern auch Komplexe sein können. Nach Diogenes Laertios (VII, 64; Hülser 1987, Fr. 696, s. auch Fr. 791) gab es bei den Stoikern die Vorstellung, ein einstelliges, aber komplexes (vollständiges) Prädikat setze sich aus einem (eigentlich zweistelligen und daher unvollständigen) Nebenprädikat und einem „Subjekt" zusammen, das in einem obliquen Kasus steht. Dieses (zusammengesetzte) einstellige Prädikat — so Diokles — ergibt zusammen mit einem nominativischen Nomen ein vollständiges lektón: einen Satz (eine Aussage, axíōma). Die Idee läßt sich durch Abb. 4.18. veranschaulichen. Es ist unmittelbar ersichtlich, daß die Konnexion K_2 einen Komplex als Argument hat. — Zwar kommen in den unter 3.3. vorgestellten Strukturen — Determinations-, Dependenzstrukturen mit Ringen oder ohne solche — Komplexe vor. Aber erstens gibt es in diesen Komplexen genau zwei Minimaleinheiten, und zweitens werden zwischen diesen dyadischen Komplexen keinerlei Konnexionen (Determinationen bzw. Abhängigkeiten) angenommen. Zwischen den dya-

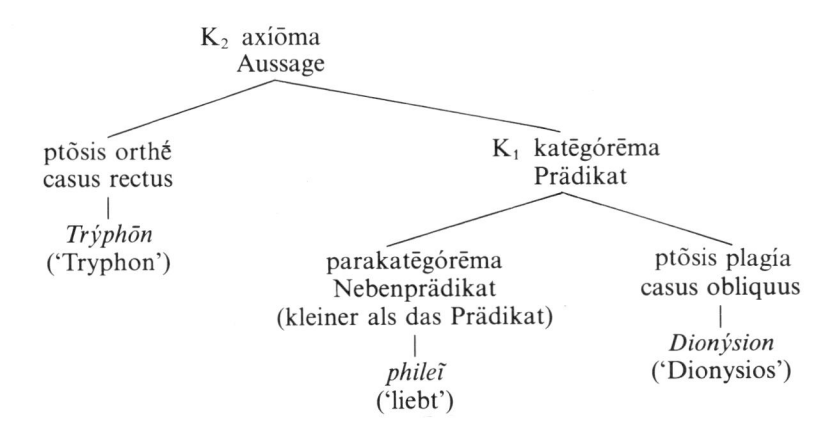

```
                    K₂ axíōma
                       Aussage
           ┌──────────────┴──────────────┐
      ptōsis orthḗ              K₁ katēgórēma
      casus rectus                 Prädikat
           |                ┌──────────┴──────────┐
       Trýphōn         parakatēgórēma        ptōsis plagía
      ('Tryphon')       Nebenprädikat        casus obliquus
                      (kleiner als das           |
                         Prädikat)           Dionýsion
                            |                ('Dionysios')
                         phileĩ
                         ('liebt')
```

Abb. 4.18: Komplexe in einem Graphen nach Diokles

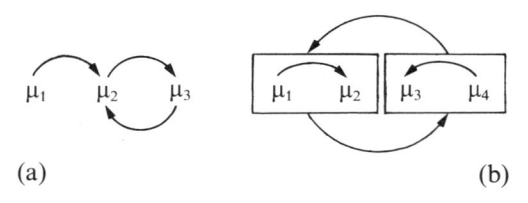

Abb. 4.19: Konnexionen zwischen
 (a) Minimaleinheiten
 (b) Komplexen

dischen Komplexen bestehen zwar Beziehungen, aber es sind Beziehungen anderer Art als Determinationen bzw. Abhängigkeiten. Es sind Beziehungen, die den strukturellen Zusammenhang zwischen den Komplexen garantieren. Dies sei exemplifiziert an einem Beispiel, das Łoś (1923, 376) in der „Grammatik der fünf Autoren" („Gramatyka pięciu autorów") für den poln. Ausdruck von Mickiewicz vorführt: We_1 $dworze_2$ $żadna_3$ $izba_4$ nie_5 ma_6 $obszerności_7$ $dostatecznej_8$ dla_9 $tylu_{10}$ tak_{11} $szanownych_{12}$ $gości_{13}$. ('Auf$_1$ dem$_2$ Hof$_2$ hat$_6$ kein$_{3,5}$ Zimmer$_4$ genügend$_8$ Raum$_7$ für$_9$ so viele$_{10}$ so$_{11}$ erlauchte$_{12}$ Gäste$_{13}$.') „Die unmittelbaren Beziehungen sind hier die folgenden": $izba$ – nie ma; $izba$ – $żadna$; nie ma – $obszerności$; nie ma – we $dworze$; $obszerności$ – $dostatecznej$; $dostatecznej$ – dla $gości$; dla $gości$ – $tylu$; dla $gości$ [–] tak $szanownych$ (s. Abb. 4.32.). Die Konnexionen – hier Determinationen – werden durch die Gedankenstriche symbolisiert: jede vor dem Strich stehende Minimaleinheit wird determiniert durch die nach dem Strich stehende (nie ma wird dabei als Minimaleinheit angenommen wie dla $gości$ oder tak $szanownych$). Das sind die „unmittelbaren Beziehungen"; die mittelbaren, welche den strukturellen Zusammenhang der zu Paaren konnektierten Minimaleinheiten garantieren, werden einzig dadurch repräsentiert, daß es für jeden Komplex mindestens eine Minimaleinheit gibt, die auch in einem anderen Komplex vorkommt. Demgegenüber soll es hier um solche Strukturen gehen, in denen zwischen Komplexen Konnexionen bestehen, und zwar in gleicher Weise, wie sie auch zwischen Minimaleinheiten untereinander oder zwischen Minimaleinheiten und Komplexen bestehen. Abb. 4.19. soll dies verschaubildlichen. Mehr als zweifelhaft ist die Annahme, Apollonios Dyskolos habe mit Beziehungen zwischen Komplexen gerechnet, so wie Householder (1981, 3, 104, 183) dies – bei aller Vorsicht, die er walten läßt –, anzunehmen suggeriert und wie es vor ihm schon Lugebil (1883, 115 ff) – sich gegen Dobiaš (1882) und Egger (1854) wendend – behauptet hat. Bestenfalls lassen sich bei Apollonios Spuren der entsprechenden stoischen Auffassung entdecken, etwa in dem Hinweis, daß ein nominativisches Nomen mit transitivem Verb wie griech. $Trýphōn_1$ $phileĩ_2$ ('Tryphon$_1$ liebt$_2$') im Unterschied zu einem intransitiven Verb ungesättigt ist. Ein Verb wie $phileĩ$ verlange nach einem obliquen Kasus und sei daher kleiner als ein Prädikat (élatton ē katēgorḗmata) (Apollonios Γ, 155), also wie in: $Trýphōn_1$ $phileĩ_2$ $Dionýsion_3$ ('Tryphon$_1$ liebt$_2$ Dionysios$_3$'; Γ, 84). Apollonios spricht jedoch vorrangig vom Verb, das einen obliquen Kasus verlangt oder nicht verlangt, so daß trotz stoischer Spur mehr dafür spricht, daß die Beziehungen, die Apollonios im Satz annimmt, von der Art sind, wie sie in 3.3.1. dargestellt ist. Es handelt sich bei ihm um N-Determinationsstrukturen. – Ebensowenig überzeugt die Auffassung von Bursill-Hall (1971, 289, bes. 298: Thomas von Erfurt/Bursill-Hall 1325/1972, 97, bes. 110), bei Thomas von Erfurt habe es komplexe Argumente von Konnexionen gegeben. Da – wie Bursill-Hall selbst vermerkt – die Analyse stets auf Nominalkonstruktionen vom Typ latein. $homo_1$ $albus_2$ ('der$_1$ weiße$_2$ Mensch,'), „exocentric constructions" vom Typ $Socrates_1$ $currit_2$ ('Sokrates$_1$ läuft$_2$'), Kopulakonstruktionen vom Typ vir_1 est_2 $albus_3$ ('Der$_1$ Mann$_1$ ist$_2$ weiß$_3$') (sowie die aristotelischen Syllogismen) beschränkt bleibt, ist ein Indiz zugunsten der Bursill-Hallschen Annahme aus den Texten von Thomas nicht zu gewinnen. „Modistic theory presupposes that the last-mentioned of these linkages [d. h. Konnexionen mit komplexen Argumenten] is impossible; $constructio$ always connects a single word to another single word, never a group to a group", heißt es völlig zurecht bei Covington (1984, 36). Für Thomas (von Erfurt/Bursill-Hall 1325/1972, 144 f) ist außer der Abhängigkeit (dependentia) die Beziehung zwischen „primum" und „secundum" die zentrale Relation der Syntax. Dabei entspricht die secundum-primum-Relation jener, die man heutzutage Abhängigkeit nennen würde. So gibt es in dem latein. Satz $Socrates_1$ $videt_2$ $Platonem_3$ ('Sokrates$_1$ sieht$_2$ Platon$_3$.') folgende Abhängigkeiten (im modernen Sinne): $videt$ hängt ab von $Socrates$, $Platonem$ hängt ab von $videt$. In der von Thomas geprägten Terminologie müßte es heißen: In dem Paar ($Socrates$, $videt$) ist $Socrates$ pri-

4. Westliche Entwicklungen

mum und *videt* secundum; in dem Paar (*videt, Platonem*) ist *videt* primum, *Platonem* secundum (hierzu ausführlich: Covington 1984, 37 ff). Ob Platon oder Aristoteles tatsächlich — wie Robins (1966, 7, 9) vermutet — bereits etwas im Sinne hatte, was der Annahme von Konnexionen zwischen komplexen Argumenten oder der Annahme von Konstituenten entspricht, darf bezweifelt werden. Jedenfalls findet sich die Idee, Komplexe als Teile des Satzes zu betrachten, nach den Stoikern systematisch erst wieder in der „Logik" von Arnauld/Nicole (1683/1970, 163). Die Logiker von Port Royal rechnen mit dem Fall, daß „das Subjekt oder das Prädikat [Attribut genannt] ein komplexer Term ist, der andere Sätze in sich einschließt, die man eingeschobene nennen kann und nur Teil des Subjekts bzw. des Prädikats sind". Mit bezug auf den franzö́s. Beispielsatz *Celui$_1$ qui$_2$ fera$_3$ la$_4$ volonté$_5$ de$_6$ mon$_7$ Père$_8$ qui$_9$ est$_{10}$ dans$_{11}$ le$_{12}$ ciel$_{13}$, entrera$_{14}$ dans$_{15}$ le$_{16}$ royaume$_{17}$ des$_{18}$ cieux$_{19}$* ('Wer$_{1,2}$ den$_4$ Willen$_5$ meines$_{6,7}$ Vaters$_8$ im$_{15,9,10,12}$ Himmel$_{13,9,10}$ tut$_3$, der$_{1,2}$ wird$_{14}$ in$_{15}$ das$_{16}$ Himmel$_{19,18}$reich$_{17}$ kommen$_{14}$') sagen die Autoren, das Subjekt enthalte hier zwei Sätze, weil es in ihm zwei Verben gibt. „Aber da sie je durch *qui* verbunden sind, sind es nur Teile des Subjekts" (Arnauld/Nicole 1683/1970, 163). Freilich handelt es sich hierbei mehr um logische Analysen denn um syntaktische. Ob man bei Girard schon die Anwendung dieses Verfahrens als eines syntaktischen Verfahrens annehmen darf, wie Glinz (1947, 29) erwägt, mag zweifelhaft bleiben. Nach Girard (1747, 89) gründet „die Struktur des Satzes" nicht allein auf Beziehungen zwischen den einzelnen Wörtern, aus denen der Satz besteht, sondern auf Beziehungen zwischen den „sieben konstruktiven Teilen oder sieben unterschiedlichen Funktionen, die die Wörter in der Harmonie des Satzes erfüllen müssen". — M. W. ist die Idee, Komplexe als Argumente von Konnexionen zuzulassen, erst wieder durch Becker systematisch entwickelt worden. Jeder Satz besteht nach ihm aus einem Prädikat und einem Subjekt. „Das Subjekt eines Satzes erweitert sich, indem es mit einem Thätigkeitsbegriffe in eine attributive Beziehung tritt [...], zu einem attributiven Verhältnisse z. B. 'der bunte Vogel'; und wir nennen alsdann den auf das Sein bezogenen Thätigkeitsbegriff (bunt) und den Ausdruck desselben das Attribut. Eben so erweitert sich das Prädikat, indem es mit dem Begriffe des Seins in eine objektive Beziehung tritt [...], zu einem objektiven Verhältnisse z. B. 'fliegt auf den Baum', und wir nennen dann den bezogenen Begriff des Seins (Baum) das Objekt" (Becker 1842, 55). Mögliche Reflexe der Beckerschen Lehre kann man bei Greč (1827) darin erkennen, daß nach ihm sowohl das Subjekt als auch das Prädikat nicht je durch ein einziges Wort, sondern durch mehrere ausgedrückt werden kann. Er (Greč 1827, 227 ff, 280) — der ausdrücklich, wenn auch pauschal, darauf hinweist, daß er in seiner Darstellung deutschen und französischen Vorbildern folgt — bietet für den ersten Fall das Beispiel russ. *Preléstnaja$_1$ bélaja$_2$ róza$_3$ (cvětët$_4$)* ('Die$_3$ wunderschöne$_1$, weiße$_2$ Rose$_3$ blüht$_4$') und für den zweiten (*On$_1$ píšet$_2$) Istóriju$_3$ o$_4$ bédstvijax$_5$ Ríma$_6$* ('Er$_1$ schreibt$_2$ eine$_3$ Geschichte$_3$ vom$_4$ Verfall$_5$ Roms$_6$') sowie für beide Fälle ⌜*Étogo$_1$ sukná$_2$*⌝ ⌜*na$_3$ kaftán$_4$ ne$_5$ stánet$_6$*⌝ ('Dieser$_1$ Stoff$_2$ reicht$_6$ nicht$_5$ für$_3$ einen$_4$ Kaftan$_4$'). — An den (deutschsprachigen) Universitäten haben die Beckerschen Strukturierungen von Sätzen kaum Anklang gefunden. Einige wenige Ausnahmen sind zu nennen: (α) als Philosoph hat Trendelenburg die Beckersche Lehre begrüßt; (β) als Linguist hat H. C. von der Gabelentz (1861, 460 ff) sie in seiner typologischen Studie über das Passivum vorausgesetzt; (γ) der Psychologe Wundt (1900, 234 ff) beschreibt die Gliederung der dem Satz zugrundeliegenden „Gesammtvorstellung" im Beckerschen Sinne (s. Thümmel 1985), läßt dabei allerdings die philosophische („logische") Begründung fallen, die Becker mit den Begriffen 'Thätigkeit' und 'Sein' gibt. Ohne Becker zu nennen, verfährt G. von der Gabelentz (1884, 275) in seiner Arbeit über die Frage, ob das Chines. „den Unterschied zwischen Satz und Satzteil" kenne, ganz auf Beckersche Weise. Ein chines. Ausdruck wie *Wáng$_1$ bǎo$_2$ mín$_3$* ('Der$_1$ König$_1$ beschützt$_2$ das$_3$ Volk$_3$.') sei weder prädikativ als Folge von Sätzen ('Der König ist beschützend, das ist das Volk.') noch als attributive Folge ('Das vom Könige beschützte Volk.') zu analysieren, und *Wáng$_1$ zhì$_2$ dà$_3$ guó$_4$* ('Der$_1$ König$_1$ regiert$_2$ den$_4$ großen$_3$ Staat$_4$.') nicht als: Der König ist regierend, das ist groß, das ist der Staat (s. 10.). Für *Wáng bǎo mín* führt er (von der Gabelentz 1891, 124) folgende Formel an: $A^{subj.}$ $B^{v.act.}$ $C^{obj.}$ = Φ (Satz), BC = P (Prädicat). Ein Satzteil — etwa das Prädikat — ist also nicht ein Wort (also z. B. nicht *bǎo* bzw. *mín* wie in der prädikativen Analyse von *Wáng bǎo mín* und auch nicht *zhì, dà* oder *guó* wie in der prädikativen Analyse von *Wáng zhì dà guó*, sondern ein Komplex: *bǎo mín* in dem einen, *zhì dà guó* in dem anderen

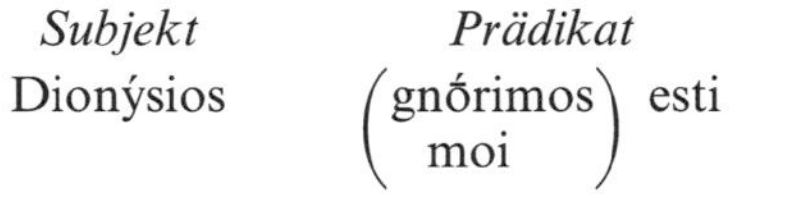

Subjekt   *Prädikat*
Dionýsios $\begin{pmatrix} gn\acute{o}rimos \\ moi \end{pmatrix}$ esti

(Dionýsios$_1$ ((gnórimos$_2$ moi$_3$) esti$_4$))
'Dionysios$_1$ ist$_4$ mir$_3$ ein Freund$_2$'

Abb. 4.20: Lugebils Konstituentenstruktur von 1883 für seinen Freund Dionysios

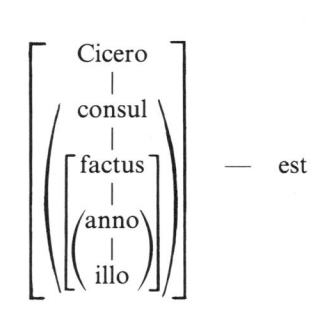

Subjekt   *Prädikat*

$$\begin{bmatrix} \text{Cicero} \\ | \\ \begin{pmatrix} \text{consul} \\ | \\ \begin{bmatrix} \text{factus} \\ | \\ \begin{pmatrix} \text{anno} \\ | \\ \text{illo} \end{pmatrix} \end{bmatrix} \end{pmatrix} \end{bmatrix} — \text{est}$$

((Cicero$_1$ (consul$_2$ (factus$_3$ (anno$_4$ illo$_5$)))) est$_6$)
('In$_4$ jenem$_5$ Jahr$_4$ ist$_6$ Cicero$_1$ zum$_3$ Konsul$_2$ gemacht$_{3,6}$ worden$_{3,6}$')

Abb. 4.21: Eine Konstituentenstruktur ohne Bezug zur Wortstellung bei Lugebil (1883)

Subjekt   *Prädikat*

Cicero $\begin{bmatrix} \begin{pmatrix} \text{Consul} \\ | \\ \text{factus} \end{pmatrix} \\ \begin{pmatrix} \text{anno} \\ | \\ \text{illo} \end{pmatrix} \end{bmatrix}$ est

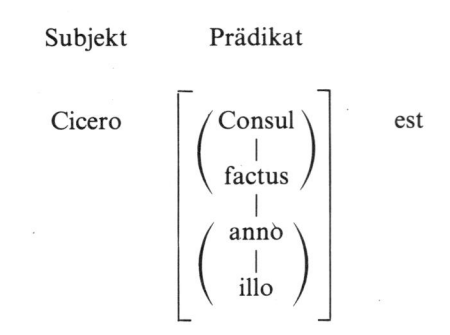

Cicero (((consul factus) (anno illo)) est)

Abb. 4.22: Eine alternative Konstituentenstruktur bei Lugebil (1883)

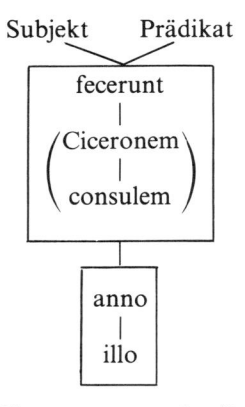

Subjekt   *Prädikat*

$$\boxed{\begin{array}{c} \text{fecerunt} \\ | \\ \begin{pmatrix} \text{Ciceronem} \\ | \\ \text{consulem} \end{pmatrix} \end{array}}$$

$$\boxed{\begin{array}{c} \text{anno} \\ | \\ \text{illo} \end{array}}$$

((fecerunt (Ciceronem consulem)) (anno illo))

Abb. 4.23: Konnexionen zwischen Komplexen bei Lugebil (1883)

Fall. — Die z. T. heftige universitäre Ablehnung der Beckerschen Lehre (z. B. durch Steinthal 1855 und Haase 1874, 36 f) hatte ihre Ursache nicht nur in deren philosophischer Verbrämung, Anstoß erregte auch die Beckersche Organismus-Konzeption. Klar zwischen jenen kritisierbaren philosophischen Überlegungen, mit denen Becker seine Strukturierungen zu motivieren suchte einerseits, und den so motivierten Strukturierungen andererseits hat Lugebil (1883, bes. 122) in seiner Rezension des (in Deutschland nicht zugänglichen, eine energische Kritik an Becker enthaltenden) Dobiaš-Buchs über Apollonios Dyskolos unterschieden; die Erstgenannten könne man getrost verwerfen, die „Beckersche Theorie über den Satz" sei dennoch richtig. Meines Wissens ist Lugebil der einzige Grammatiker seiner Zeit, der dem Beckerschen System in dieser Weise verbale Gerechtigkeit hat widerfahren lassen. Lugebil (1883, 127 f) ist außerdem der erste mir bekannte Autor, der für Beziehungen zwischen Komplexen graphische Darstellungen bietet wie z. B. in den Abb. 4.20., 4.21., 4.22. und 4.23. Zur Verdeutlichung setze ich unter die Lugebilschen Graphen entsprechende Klammerausdrücke mit den deutschen Übersetzungen für die griech. bzw. latein. Ausdrücke. Wenn die senkrechten Kanten in den Figuren auch gewisse Reminiszenzen an N-Determinations- oder V-Dependenzstrukturen suggerieren mögen, in Abb. 4.22. wird jedenfalls eine Beziehung zwischen Komplexen — nämlich zwischen ‹consul, factus› und ‹anno, illo› — angenommen, die nicht aufzulösen ist in Beziehungen zwischen den beteiligten Minimaleinheiten *consul, factus, anno, illo.* Wie Lugebil Becker verteidigt, so nimmt von der Gabelentz (1891, 11) ganz generell die „allgemeinen oder philosophischen Grammatiken" — somit wohl auch die Beckersche — als „schöne Kinder zum Theil, aber nicht lebensfähige" in Schutz: „ihre Mittel und Wege waren verfehlt, aber ihre Ziele waren und bleiben berechtigt und verdienen gerade in unserer Zeit vertheidigt zu werden." Die Verbreitung der Beckerschen Werke hatte offenbar als Ergebnis, daß es um 1900 manchen Gebildeten gab, dem es nicht abwegig erschien, einen Satz als Hierarchie von Komplexen, im Beckerschen Stile also, aufzufassen. So etwa Wundt, den freilich auch seine Annahme, die Satzbildung beruhe auf der binären Gliederung einer Gesamtvorstellung (s. 2.), zu dieser Auffassung gebracht haben mag. Jedenfalls hat offenbar Wundt als Vermittler gewirkt, wenn Delbrück (1901, 138, 150; 1920, 10), einer der vier Junggrammatiker, der noch kurz zuvor einer ganz anderen Konzeption von Syntax huldigte (s. 9.), sich nunmehr die Beziehungen innerhalb des Satzes geradeso wie Wundt vorstellt: „ein Satz wird nicht so gebildet, daß erst einzelne Worte aus dem Gedächtnis hervorgeholt und dann die verbindenden Gedanken hinzugefügt werden, sondern es ist zuerst ein ungefähres Bild dessen, was man sagen will, vorhanden, die Gesamtvorstellung, wie wir jetzt mit WUNDT zu sagen pflegen, die allmählich deutlicher wird und sich gliedert." (Allerdings übt er am „Princip der fortgesetzten binären Zerlegung" Kritik; Delbrück 1901, 153.) Solche Hierarchien von Komplexen nennt man später Phrasenstrukturen. Jeder Komplex heißt dabei Phrase. Bei Becker ist es eine Hierarchie von „Satzverhältnissen", die er tabellarisch, wie in Abb. 4.24. reproduziert, angibt (Becker 1848). Offenkundig setzt Becker den Terminus 'Satzverhältnis' gegen den von Heyse (1844 b, 83 ff) verwendeten Terminus 'Wortverhältnis': Heyse betrachtet Beziehungen zwischen Einzelwörtern (s. 3.3.1.), Becker Beziehungen zwischen Komplexen des Satzes, d. h. von Wortgruppen. Beckers vielleicht nicht ganz glückliche Wahl bei diesem Terminus hat schon bei Zeitgenossen zu Mißverständnissen geführt, weil man bei aller einleuchtenden Kritik das Originelle an Beckers System gründlich verkannte (so z. B. Hoffmeister 1830, 26 ff). Ja selbst ein Grammatiker wie Kühner, der sich ansonsten stark an Becker orientiert und sogar von Satzverhältnissen (Kühner 1836, 220, 251, 261), ja gar vom attributiven und vom objektiven Satzverhältnisse spricht, betrachtet nicht Verhältnisse zwischen Wortgruppen, sondern solche zwischen Wörtern. Entsprechendes gilt für Wurst (1842), der sich nicht nur selbst als Becker-Anhänger zu verstehen gibt, sondern auch von Glinz (1947) als solcher angesehen wird,

Satzverhältnisse.
Satz.
I. Prädikatives Satzverhältniß.

Subjekt.	Prädikat.
(Sein.)	(Thätigkeit.)
Substantiv.	Verb 1, prädikatives Adjektiv 2.

II. Attributives Satzverhältniß.   *III. Objektives Satzverhältniß.*

Substantiv der Beziehung.	Attribut		Verb., prädik. Adjektiv.	Objekt
(Sein.)	(Thätigkeit.)		(Thätigkeit.)	(Sein.)
	A. attributives Adjektiv 3.		A. ergänzende Beziehung. {a. Genitiv, b. Akkusativ, c. Faktitiv, d. Dativ}	Kasus 6.
	B. Substantiv im Genitiv 4.			
	C. Substantiv in Apposition 5.		B. adverbale Beziehung. {a. Ortsbez., b. Zeitbez., c. kausale Bez.}	Präposition 7.
			{d. Weise}	Adverb der Weise 8.

Abb. 4.24: Die Gliederung des Satzes nach seinen Verhältnissen bei Becker (1848) [/1876] ohne Berücksichtigung der „Wortfolge"

Beispiele für Abb. 4.24: (1) *Das Ruder* schallt, das Segel *schwillt.* (2) Die Tat *ist stumm.* (3) *Ein* kurzer *Arm, ein* langes *Schwert.* (4) *Der Gesang* der Vögel. (5) *Wilhelm* der Eroberer. (6) *Das Weib bedarf* des Beschützers. *Die gute Sache kann nicht* schlimme Mittel *adeln. Werden Sie von Millionen Königen ein König. Gar leicht gehorcht man einem edlen Herrn.* (7) *Die Vögelein schweigen* im Walde. *Sie haben* in schwachen Stunden *mich gesehen. Sie hat* aus falscher Großmut *gefehlt.* (8) *In der Tiefe brauset es* hohl.

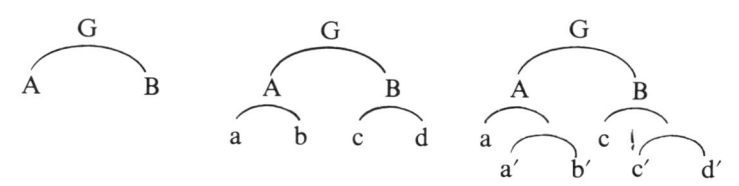

150   II Geschichte der Syntaxforschung/The History of Syntactic Research

```
      G              G                  G
    ⌢              ⌢                  ⌢
   A   B          A    B             A      B
                 ⌢   ⌢             ⌢    ⌢
                 a b  c d           a  c   │
                                   ⌢      
                                  a' b' c' d'
```

Abb. 4.25: Komplexe als Argumente von Konnexionen bei Wundt (1900)

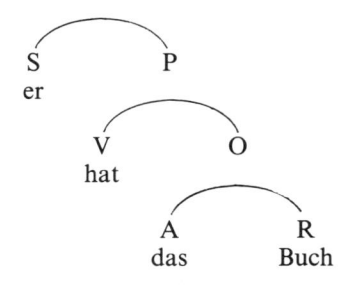

```
      S⌢P
      er
         V⌢O
         hat
             A⌢R
            das  Buch
```

Abb. 4.26 Konstituentenstruktur bei Dittrich (1902)

nur daß er nicht wie Kühner Verbpriorität annimmt (s. 3.3.2.), sondern N-V-Ringe: „Bei jedem Satze kann man unterscheiden 1) das Subjekt und 2) das Prädikat. Subjekt und Prädikat sind daher die **Hauptglieder** des Satzes" (Wurst 1842, 46). Und bei dem Becker-Anhänger Stern wird nicht einmal klar, nach welchem der drei in 3.3. vorgestellten Verfahren er seine Satzstrukturen konstruiert wissen will; da er das Substantiv „Hauptwort" nennt (Stern 1840, 174), hat er wohl N-Determinationsstrukturen im Sinne. — Die frühesten mir bekannten graphischen Darstellungen von Strukturen mit Beziehungen zwischen Komplexen (von Phrasenstrukturen) in Baumform finden sich bei Wundt (1900, 322) — Abb. 4.25. — und bei Dittrich (1902, 117) — Abb. 4.26. Bei Wundt ist G das Symbol für die bei der Satzbildung zu gliedernde Gesamtvorstellung, A und B sind Symbole für Subjekt bzw. Prädikat, und a, b, c, d Symbole für die „Untergliederungen dieser Hauptbestandtheile" (Wundt 1900, 321). Bei Dittrich habe ich im Unterschied zur Quelle die Teilausdrücke des Gesamtausdrucks *er hat das Buch* den einzelnen Majuskeln, die für sie stehen, zugeordnet (wobei S: Subjekt, P: Prädikat, V: Verbum, O: Objekt, A: Attribut, R: Regens). — Syntaktische Beschreibungen, in denen Phrasenstrukturen in diesem Sinne vorkommen, finden sich zu Anfang des Jh.s für das Tschech. bei Gebauer (1900, 237). Jeder Satz besteht nach Gebauer aus Gliedern, und diese Glieder können ihrerseits wieder zusammengesetzte Ausdrücke sein. So habe der tschech. Ausdruck *Země$_1$ otáčí$_2$ se$_3$ každých$_4$ čtyřiadvacet$_5$ hodin$_6$ okolo$_7$ své$_8$ osy$_9$* ('Die$_1$ Erde$_1$ dreht$_2$ sich$_3$ alle$_4$ vierundzwanzig$_5$ Stunden$_6$ um$_7$ ihre$_8$ Achse$_9$.') eine Struktur, wie sie Abb. 4.27. in Klammerform wiedergibt. Zwar hat Noreen keine Syntax des Schwed. veröffentlicht, doch ist es plausibel vorauszusetzen, daß Noreen (1906, 33) Beziehungen zwischen Komplexen annimmt. Die Syntax — oder wie er zu sagen vorzieht: „die Konstruktionslehre" „beschreibt die verschiedenen Arten von Wortfügungen im Hinblick auf deren Bestandteile, d. h., sie beschreibt, welche Wörter sich mit welchen anderen zu einer Wortfügung und welche Wortfügungen sich mit welchen anderen zu komplexeren Wortfügungen verbinden" (Noreen 1906, 98). Ein Gebilde wie schwed. *sprit$_1$-handels$_2$- - - aktie$_3$-bo$_4$-lags$_5$- - - -ord$_6$-förande$_7$* ('Alkohol$_1$handels$_2$aktien$_3$gesellschafts$_{4,5}$vorsitzender$_{6,7}$.') läßt sich — wie Abb. 4.28. zeigt — mühelos in einen Baumgraphen überführen, der die verschiedenen Komplexe, die miteinander verbunden werden, deutlich werden läßt. Mit geschweiften Klammern werden die Komplexe in dem Graphen von Abb. 4.29. umfaßt, mit dem Hansen (1933, 105) den dän. Ausdruck *Han$_1$ ud$_2$mærkede$_3$ sig$_4$ ganske$_5$ særligt$_6$ ved$_7$ en$_8$ naiv$_9$ Mangel$_{10}$ paa$_{11}$ Kendskab$_{12}$ til$_{13}$ alle$_{14}$ praktiske$_{15}$ Ting$_{16}$* ('Er$_1$ zeichnete$_3$ sich$_4$ ganz$_5$ besonders$_6$ aus$_2$ durch$_7$ einen$_8$ naiven$_9$

země | otáči se | každých čtyřiadvacet hodin | okolo své osy.

Abb. 4.27: Komplexe bei Gebauer (1900)

4. Westliche Entwicklungen

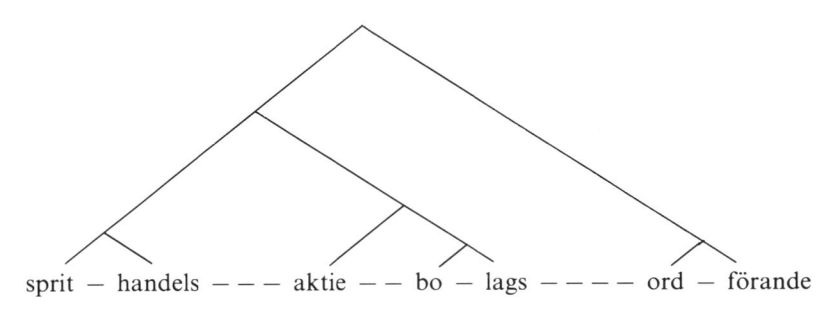

sprit — handels — — — aktie — — bo — lags — — — — ord — förande

Abb. 4.28: Konstituentenstruktur für ein schwed. Wort nach Noreen (1906)

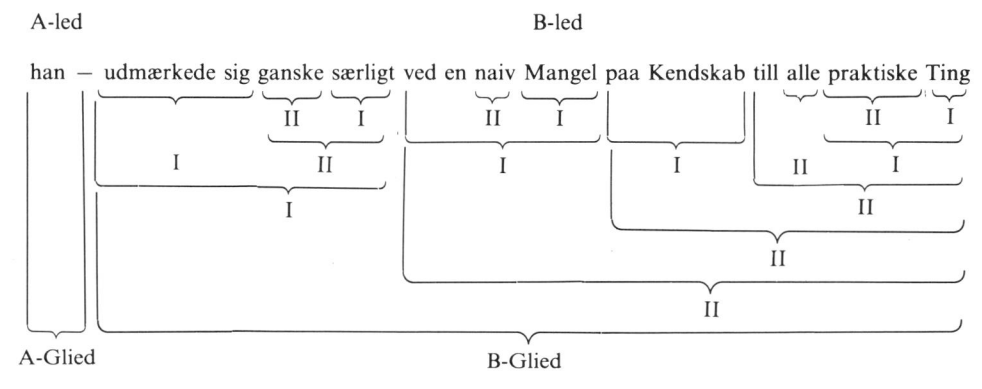

A-led   B-led

han — udmærkede sig ganske særligt ved en naiv Mangel paa Kendskab till alle praktiske Ting

A-Glied   B-Glied

Abb. 4.29: Gliederung eines dän. Satzes bei Hansen (1933)

Mangel₁₀ an₁₁ Kenntnis₁₂ in₁₃ allen₁₄ praktischen₁₅ Dingen₁₆.') beschreibt. Der Ausdruck bestehe aus einem sog. A-Glied (hier: aus der Minimaleinheit *han*) und einem B-Glied (hier: dem ganzen Restausdruck). Hansen beruft sich bei seiner Strukturierung auf Jespersen (vgl. 3.3.1.), obwohl sie deutlich von der Jespersenschen abweicht. Das Verbindende ist einzig die Unterscheidung zwischen Determinatum (in Abb. 4.29. jeder I-Teil) und Determinans (in Abb. 4.29. jeder II-Teil) bei Hansen und zwischen Spezifiziertem und Spezifizierendem bei Jespersen. Klemensiewicz, der in den 30er Jahren noch N-Determinationsstrukturen annahm (s. Abb. 4.3.), rechnet seit den 40er Jahren mit Konnexionen zwischen Komplexen. So gibt er für das zweite Teilstück des poln. Ausdrucks *Pierwszy₁ raz₂ w₃ życiu₄ szliśmy₅ drogą₆ piaszczystą₇, idącą₈ ode₉ wsi₁₀ wśród₁₁ łanów₁₂ żółtego₁₃ łubinu₁₄* ('Das₂ erste₁ Mal₂ im₃ Leben₄ gingen₅ wir₅ den₆ sandigen₇ Weg₆, indem₈ wir₈ vom₉ Dorfe₁₀ fortgingen₈ inmitten₁₁ von₁₂ Feldern₁₂ der₁₄ gelben₁₃ Lupine₁₄.') den folgenden linearen Klammerausdruck:

$(a^1 : a^2) : \{b^1 : b^2 : [b^3 : (b^{3a} : b^{3b})]\}.$

Dabei haben die Buchstaben die folgenden Bedeutungen: A (*drogą piaszczystą*): B (*idącą ode wsi wśród łanów żółtego łubinu*), a^1 : a^2 (*drogą: piaszczystą*), b^1 (*idącą*) : b^2 (*ode wsi*) : b^3 (*wśród łanów żółtego łubinu*), b^{3a} (*wśród łanów*) : b^{3b} (*żółtego łubinu*), b^{3b^1} (*łubinu*) : b^{3b^2} (*żółtego*) (Klemensiewicz 1948, 9; vgl. auch Klemensiewicz 1967, 87 ff).

3.5. Hybride Strukturen

Abb. 4.7. und 4.8. geben Baumgraphen für V-Dependenzstrukturen an. In der gleichen Syntax, in der Tiktin diese Graphen vorführt, finden sich allerdings auch solche, bei denen nicht nur Beziehungen zwischen Minimaleinheiten angenommen werden, sondern offenbar auch solche zwischen Minimaleinheiten und Komplexen. „Wenn ein Element sich auf die Vereinigung zweier oder mehrerer Elemente bezieht, so werden diese von geschweiften Klammern umschlossen", heißt es bei Tiktin (1895, 109), und er demonstriert das Verfahren an dem rumän. Ausdruck *Aceşti₁ boerĭ₂ eraŭ₃ bine₄ vĕḑuţĭ₅ la₆ curtea₇ luĭ₈ Vodă₉* ('Diese₁ Bojaren₂ waren₃ am₆ Hofe₇ des₈ Fürsten₉ gern₄ gesehen₅.') mit dem Graphen

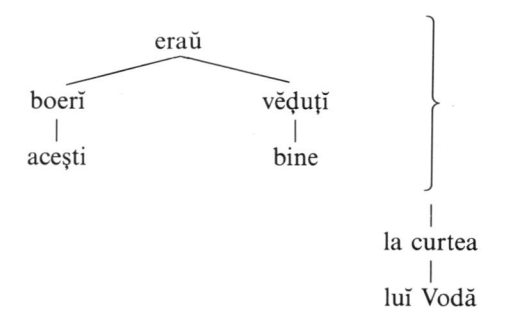

```
         eraŭ
      ╱      ╲
   boerĭ    věduţĭ
     │         │
   aceşti    bine
                    la curtea
                        │
                     luĭ Vodă
```

Abb. 4.30: Hybride Struktur bei Tiktin (1895)

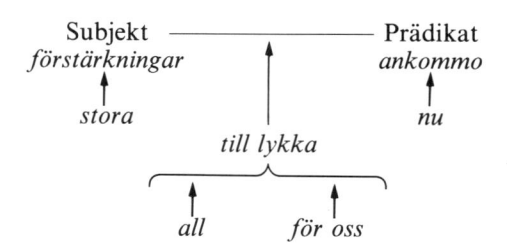

```
   Subjekt ─────────── Prädikat
  förstärkningar        ankommo
     ↑                    ↑
   stora                  nu
           till lykka
           ╲────╱
          ↑      ↑
         all   för oss
```

Abb. 4.31: Hybride Struktur bei Beckman (1904)

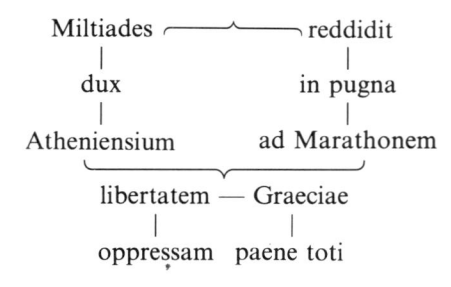

```
   Miltiades ⌒─── reddidit
      │              │
     dux         in pugna
      │              │
  Atheniensium   ad Marathonem
      libertatem ── Graeciae
          │            │
       oppressam    paene toti
```

Abb. 4.32: Stark hybridisierte Version der Struktur in Abb. 4.9 bei Billroth/Ellendt (1848)

in Abb. 4.30. — Strukturen, in denen es außer komplexen Argumenten mindestens drei Minimaleinheiten μ_1, μ_2, μ_3 und zwei Konnexionen K_1, K_2 gibt derart, daß entweder (K_1 μ_1 μ_2) und (K_2 μ_2 μ_3) oder (K_1 μ_2 μ_1) und (K_2 μ_3 μ_2), sollen hier hybride Strukturen heißen. Der Gedanke, der sich mit solchen Strukturen verbindet, ist offenbar der, daß eine Struktur, bei der einzig dyadische Beziehungen zwischen Minimaleinheiten — zwischen „Wörtern" — angenommen werden, also N-Determinationsstrukturen, V-Dependenzstrukturen oder Ringstrukturen (s. 3.3.), als zu ausdrucksschwach empfunden werden. Manche Bestimmungen — sagt z. B. Beckman (1904, 198) — gehören nicht zu einem bestimmten Wort, sondern zum ganzen Satz. Und in diesem Sinne konstruiert er für den schwed. Ausdruck $Till_1$ all_2 $lycka_3$ $för_4$ oss_5 $ankommo_6$ nu_7 $stora_8$ $förstärkningar_9$ ('Zu_1 $allem_2$ $Glück_3$ $für_4$ uns_5 $kamen_6$ $jetzt_7$ $große_8$ $Verstärkungen_9$ an_6.') die hybride Struktur in Abb. 4.31. Daß die hybriden Strukturen tatsächlich einen Versuch darstellen, die engen Grenzen von syntaktischen Strukturen zu überwinden, in denen die Wörter nur paarweise syntaktisch verknüpft werden können, zeigt die Metamorphose des Graphen in Abb. 4.9. in den von Ellendt bearbeiteten Ausgaben, beim Übergang von der 2. zur 3. Ausgabe der latein. Schulgrammatik (Billroth 1838, 329; 1848,

358). Bei Ellendt (1864) fehlt der Graph ganz. Abb. 4.32. zeigt die stark hybridisierte Version des Graphen in Abb. 4.9. Es fällt in die Augen, daß mit der Figur in Abb. 4.32. ein Versuch unternommen wird, Beziehungen zwischen Komplexen herzustellen. Die nach den Stoikern m. W. ersten Andeutungen dafür, daß es Ausdrücke gibt, für deren Beschreibung man den engen Rahmen von Strukturen mit dyadischen Konnexionen einzig zwischen Minimaleinheiten zu sprengen wünscht, zeigen sich bei Condillac (1970, 587): „Aber ein Nebensatz [proposition incidente] modifiziert oft ein Nomen, das mit irgendwelchen Modifikationen bekleidet ist. Z. B. weist [französ.] $l'_1 homme_2$ de_3 $courage_4$ que_5 $vous_6$ $connaissez_7$ ['Der_1 $tapfere_{3,4}$ $Mann_2$, den_5 Sie_6 $kennen_7$.'] das Substantiv $homme$ auf, das durch die Wörter de $courage$ modifiziert wird. Aber nicht auf das Wort $courage$, dessen Idee unbestimmt ist, bezieht sich der Konjunktiv que; auch nicht auf das Wort $homme$ für sich betrachtet; vielmehr auf die Gesamtidee, die aus den Wörtern $l'homme$ de $courage$ resultiert und die eine Einheit ist, so als ob sie durch ein einziges nomen substantivum ausgedrückt wäre." Herling (1830, 59), bei dem das Verb als einzige nicht-untergeordnete Minimaleinheit ausgezeichnet ist, unterscheidet „drei wesentlich verschiedene Verhältnisse: 1) das der Unterordnung mit den Abstufungen derselben, 2) das der Einordnung, und 3) was in Einem Satze mehrere Sätze darstellt, das der Beiordnung". Abgesehen von der Beiordnung (s. 6.) gibt es die Unterordnung, die der Baummetaphorik entspricht, und die Einordnung — auch „Einschließung" genannt (Herling 1828, 174f.; 1830, 63) —, die dieser Metaphorik zuwiderläuft. Den Unterschied versucht Herling folgendermaßen zu erläutern: „Der untergeordnete Begriff individualisirt einen andern, ihm deshalb übergeordnetem, in ausschließlicher Beziehung auf ihn: dehnt er aber seine Beziehung auf zwei andere dergestalt aus, daß er diese, von denen der eine den andern gleichfalls individualisirt, als eine Einheit, als Einen einzigen Begriff, umfaßt; so schließt die eine Individualisation die andere ein, und das Verhältnis ist das der Einordnung oder Einschließung. [...]. In 'Er hat gestern seinem Bruder den Brief mitgetheilt' individualisirt 'Brief' das 'Mittheilen', der Dativ 'Bruder' beide, gleichsam das 'Briefmittheilen' und 'gestern' das 'dem Bruder den Brief mittheilen', das 'seinem' ist aber nur dem Bruder allein untergeordnet" (Herling 1830, 63). Einem Schwanken zwischen Strukturen mit Konnexionen zwischen Komplexen und solchen ohne derartige Konnexionen begegnet man auch bei Paul (1886, 113) bei der Erörterung des Objekts: „Das obj[ect] kann neben dem subj[ect] als ein diesem gleichwertiges drittes satzglied aufgefasst werden, es kann aber auch zu dem prädicat in ein näheres verhältniss treten als das subj[ect], so dass aus dem dreigliedrigen satz ein zweigliedriger wird, in dem das obj[ect] mit dem präd[icat] zusammen ein glied bildet, und zwar so, dass ersteres dem letzteren untergeordnet wird, ihm als bestimmung dient. Eine scharfe grenzlinie zwischen diesen beiden verhältnissen gibt es nicht." In allen Auflagen der „principien" vor und nach der zweiten (Paul 1886) fehlt dieser Passus, einer der wenigen, der bei aller Unentschiedenheit Auskunft geben könnte, wie Paul sich die „verbindung", welche durch den Satz ausgedrückt sein soll, vorgestellt haben mag. Immerhin könnte die hier sichtbar werdende Unentschiedenheit Pauls in Zusammenhang gebracht werden mit der Instabilität von Strukturen, in denen keine komplexen Argumente vorkommen (s. 3.3.). Daß eine solche Instabilität tatsächlich gegeben ist, hat Grunig (1981, 439 ff) aufgezeigt. Die Instabilität besteht darin, daß die betroffenen Strukturen umschlagen können in solche, in denen Konnexionen auch zwischen Komplexen bestehen. In Pauls Diktion ließe sich die Idee wie folgt ausdrücken: Strukturen der Form (1) (subject ← prädicat), (prädicat ← object) oder a + (b) + c (so Paul 1886, 111 f) gehen über in solche der Form (2) (subject ← (prädicat ← object)) oder: a + (b + c). Daß Paul sich bis zur 3. Auflage nicht für die eine (ohne Beziehungen zwischen Komplexen) oder die andere Art von Strukturen (mit Beziehungen zwischen Komplexen) entschieden hat und den hier zitierten Passus in den späteren Auflagen gar hat entfallen lassen, kann

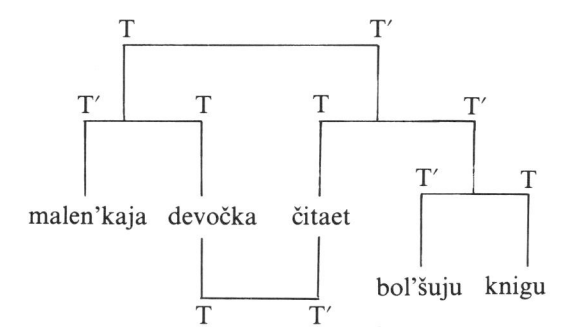

Abb. 4.33: Hybride Struktur bei Karcevskij (1925)

man als ein Argument dafür nehmen, ihn letztlich als Vertreter der „negativen Syntax" zu sehen (s. 9.). — Bei Karcevskij (1925, 28 f, 40) begegnet man hybriden Strukturen auf der Grundlage von N-Determinationsstrukturen, wie sie die folgende Menge von „Syntagmen", d. h. Menge von Paaren bedeutungstragender Wörter, bietet: ⟨T' málen'kaja T dévočka [kleines Mädchen]⟩, ⟨T devočka T' čitáet [Mädchen liest]⟩, ⟨T čitáet T' knígu [liest Buch]⟩, ⟨T knigu T'-bol'šuju [Buch großes]⟩, wobei N für ein nominativisches Nomen oder einen Infinitiv steht, T' für das Determinans und T für das Determinatum. „Die oben angeführte Phrase [Malen'kaja$_1$ devočka$_2$ čitaet$_3$ bol'šuju$_4$ knigu$_5$ ('Das$_5$ kleine$_1$ Mädchen$_2$ liest$_3$ das$_5$ große$_4$ Buch$_5$.')] zerfällt in vier Syntagmen, die wiederum untereinander syntagmatisch verbunden sind, und stellt auf diese Weise ein zusammengesetztes Syntagma dar." Entsprechend gibt er die Figur in Abb. 4.33. als Graphen, mit dem besagten Umschlagen einer N-Struktur in eine Struktur mit komplexen Argumenten auf intuitive Weise, wenn auch nicht ganz konsequent, angedeutet wird. Der Terminus „Syntagma", der mit dem Terminus „Satzglied" konkurriert, wird auf diese Weise mehrdeutig.

3.6. „Satzglieder"

Wie in 2. vermerkt, ist, spätestens seit man von der Gliederung des Satzes spricht, auch die Rede von Satzgliedern. Läßt man das in 2. Gesagte außer Betracht und bezieht den Terminus „Satzglied" lediglich auf die sýntaxis des „Téchnē"-Scholiasten, so kann man ihn in mindestens drei Bedeutungen beobachten, und zwar je nach Art der Strukturen, die man für die syntaktische Beschreibung natürlichsprachlicher Ausdrücke annimmt. — Einzelwörter werden als Satzglieder betrachtet von etlichen Autoren, die Strukturen ohne komplexe Argumente annehmen: „[...] die wichtigsten Satzglieder sind S u b j e k t und P r ä d i k a t. Das Prädikat eines Satzes ist das Verbum; das Subjekt ist das Wort, welches Person und Numerus des Verbums bestimmt", heißt es bei Wilmans (1881, 8). In dem dt. Satz *Nur die fleißigen Schüler liebt die Lehrerin* sei *liebt* Prädikat, *Lehrerin*, Subjekt; in *Nur die fleißigen Schüler lieben die Lehrerin* ist *lieben* Prädikat, *Schüler* Subjekt. — Für Mikkelsen (1894, 246; 1911, 9, 38 f), Rozwadowski (1904, 65) und Jespersen (1913, 31), Autoren, die N-Determinationsstrukturen (s. 3.3.3.) annehmen, sind Satzglieder in gleicher Weise Wörter wie für Autoren, die dem Verb als nichtabhängiger Minimaleinheit den Vorzug geben, z. B. Vernaleken (1861, 3), Buslaev (1881/1959, 271, 273), Wiwel (1901, 23 ff) oder Breznik (1924, 201). Ebenso begegnet man auch bei Autoren, die mit N-V-Ringen (s. 3.3.3.) rechnen, etwa bei Ohijenko (1935, 145 ff) der Bezeichnung „Satzglied". — Eine andere Bedeutung erhält die Bezeichnung „Satzglied" bei einigen Autoren, auch wenn sie ihren syntaktischen Beschreibungen keine anderen als die hier bereits betrachteten Strukturen zugrunde legen. *Łoś* (1923, 376) arbeitet unmißverständlich mit N-Determinationsstrukturen (s. 3.3.1.), wie die Analyse zeigt, die Łoś für poln. *We dworze żadna izba nie ma obszerności dostatecznej dla tylu tak szanownych gości* bietet. Außer den bereits in 3.4. zitierten dyadischen Gruppen führt Łoś innerhalb dieses Satzes als Gruppen an: *żadna$_1$ izba$_2$* ('kein$_1$ Zimmer$_2$') als Subjektgruppe und *nie$_1$ ma$_2$ obszerności$_3$ dostatecznej$_4$ dla$_5$ tylu$_6$ tak$_7$ szanownych$_8$ gości$_9$* ('hat$_2$ nicht$_1$ genügend$_4$ Raum$_3$ für$_5$ so viele$_6$ so$_7$ erlauchte$_8$ Gäste$_9$') als Prädikatgruppe. Und diese Glieder sind nach Łoś (1910, 196 f) ebenfalls Glieder des Satzes. Eine solche Betrachtungsweise läßt sich nur so begreifen, daß Łoś unter syntaktischen Gruppen nicht nur Paare von determiniertem und determinierendem Wort versteht wie *izba — nie ma, izba — żadna* usw., sondern Folgen solcher Paare, also z. B. *izba — nie ma; nie ma — obszerności; obszerności — dostatecznej; dostatecznej — dla gości* mit der „Verzweigung" in die paarigen Gruppen *dla gości — tylu* und *dla gości — tak szanownych*. Mit solcher Betrachtungsweise überschreitet Łoś freilich die Grenzen der mit seiner eigenen Analyse festgelegten Möglichkeiten in zweifacher Hinsicht: (1) Łoś bildet zwar ein Glied *izba — żadna*, aber kein *izba — nie ma; nie ma — obszerności; obszerności — dostatecznej* usw. und nähert sich so jedenfalls der Idee nach der Annahme eines N-V-Rings (s. 3.3.3.). (2) Er bildet informelle Komplexe; informelle deshalb, weil sie mit den gewählten formalen Mitteln nicht beschrieben sind. Deutlich wird hier der Versuch, Strukturen mit komplexen Argumenten zu konstruieren, wozu Łoś vielleicht durch den von ihm zitierten Wundt angeregt worden sein mag. Mit Abb. 4.34. läßt sich — mit zwei Ergänzungen — das von Łoś Intendierte veranschaulichen. — Ausgehend von einer Struktur mit N-V-Ring für den poln. Ausdruck *Dziś$_1$ rano$_2$ przez$_3$ dwie$_4$ godziny$_5$ padał$_6$ bezustannie$_7$ bardzo$_8$ gęsty$_9$ śnieg$_{10}$* ('Heute$_1$ morgen$_2$ fiel$_6$ zwei$_4$ Stunden$_5$ lang$_3$ unaufhörlich$_7$ sehr$_8$ dichter$_9$ Schnee$_{10}$.') gehen auch Lehr-Spławiński/Kubiński (1957, 172 f) über zu einer Betrachtung von „Gliedern", die Komplexen entsprechen. Den von ihnen konstruierten Graphen gibt Abb. 4.35. wieder.

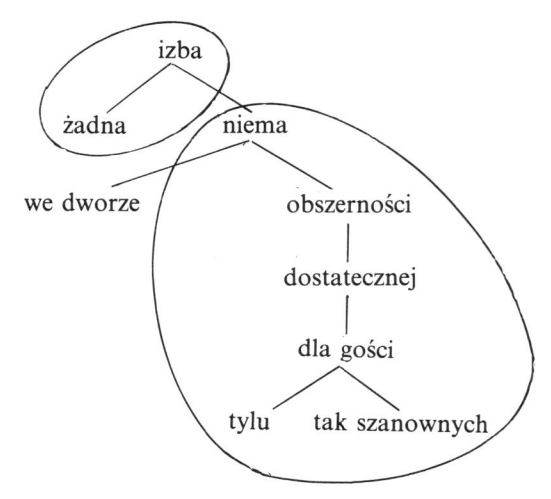

Abb. 4.34: Hybride Satzglieder auf der Grundlage einer Determinationsstruktur nach Łoś (1923)

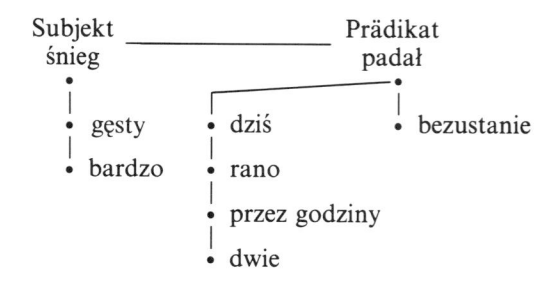

Abb. 4.35: Satzglieder als Teilbäume in einem Dependenz-/Determinations-Graphen bei Lehr-Spławiński/Kubiński (1957)

4. Westliche Entwicklungen

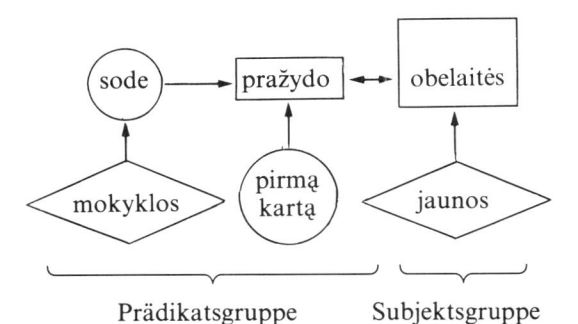

Abb. 4.36: Gruppen (oder Glieder) als Teilbäume bei Žiugžda (1955)

— Immerhin lassen sich derartige Sehweisen schon für eine frühere Zeit dokumentieren, allerdings nicht im Zusammenhang mit der Rede von Satzgliedern: „All that comes before the principal Verb, in sense and Construction, that is, the Substantive in the N[ominative] Case with all its appendants, is called Subject; all that follows it is called the Predicate; the Verb is the Copula [...]" (Anonymus 1696, 57; zitiert nach Michael 1970, 480). Lediglich beschränkt auf Fälle wie dän. $små_1$ $børn_2$ ('kleines$_1$ Kind$_2$'), ret_1 $forstandig_2$ ('recht verständig') spricht Rehling (1965, 105) von Gliedern sowohl in bezug auf die einzelnen Wörter, also $små$, $børn$ einerseits, ret, $forstandig$ anderseits als auch in bezug auf die Komplexe $små$ $børn$ bzw. ret $forstandig$. Im Unterschied zu diesen Fällen der sog. Beifügung (vedføjelse) bilden die Wörter bei einer „Mitfügung" (medføjelse) nur je für sich, nicht aber als Komplex ein Glied: So sind nach Rehling die „Verbalganzheiten" Han_1 $hader_2$ $vrøvl_3$ ('Er$_1$ haßt$_2$ Gequatsche$_3$.') und Vi_1 $spiser_2$ $snart_3$ ('Wir$_1$ essen$_2$ bald$_3$.') keine Glieder. Eine ähnliche Handhabung kann man bei Girard (1747, 96[recte 99]f) vermuten, der den Komplex un $avantage$ $solide$ bei der Analyse des französ. Ausdrucks $Monsieur_1$, $quoique_2$ le_3 $mérite_4$ ait_5 $ordinairement_6$ un_7 $avantage_8$ $solide_9$ sur_{10} la_{11} $fortune_{12}$ [...] ('Mein$_1$ Herr$_1$, obwohl$_2$ das$_3$ Verdienst$_4$ im$_6$ allgemeinen$_6$ einen$_7$ größeren$_{9,10}$ Wert$_8$ hat$_5$ als$_{10}$ das$_{11}$ Glück$_{12}$ ...') als Glied betrachtet, nämlich als „Objektiv". — Grundsätzlich ist festzustellen, daß die Rede von Satzgliedern, Wortgruppen, Wortverbindungen (russ. slovosočetanija) oder sog. Syntagmen noch kein zuverlässiges Zeichen dafür ist, daß der so sprechende Autor syntaktische Beziehungen zwischen Komplexen im Sinne hat. Das zeigt sich z. B. bei Høysgaard (1752 [361, Bogenzählung Z 5]), wenn es bei ihm heißt: „Ein Satz, als ein Körper betrachtet, hat seine bestimmten Glieder und Teile: Subjekt, Prädikat, verschiedene Objekte und Umstandsbestimmungen, die entweder einfach sind und aus einem einzigen Wort bestehen oder auch zusammengesetzt, sofern die Glieder ihre bestimmenden Beifügungen haben." Keinerlei Mißverständnis kann in dieser Hinsicht bei dem Graphen in Abb. 4.36. aufkommen, den Žiugžda (1955, 46) dem litauischen Ausdruck $Mokyklõs_1$ $sodè_2$ $pirmą_3$ $kartą_4$ $pražýdo_5$ $jáunos_6$ $obeláitės_7$ ('Im$_2$ Garten$_2$ der$_1$ Schule$_1$ blühten$_5$ zum$_{3,4}$ ersten$_3$ Mal$_4$ junge$_6$ Apfelbäumchen$_7$.') zuordnet. Es handelt sich hier klarerweise um eine N-V-Ringstruktur. — Einen Überblick über die vorgefundenen Gebrauchsweisen von 'Satzglied', 'Wortgruppe' u. ä. zeigt Abb. 4.37. — Mit unverhohlenem Bezug auf Komplexe ist bei Becker (1841, 159) die Rede von Gliedern des Satzes, indem er festsetzt, „daß jeder Satz ein **prädikatives Verhältniß** darstellt, dessen Glieder das **Subjekt** (das Sein) und das **Prädikat** (die prädizirte **Thätigkeit**) sind" (so auch Becker 1842, 54). Die Glieder des Satzes sind insofern unmittelbar auf die sog. „Satzverhältnisse" (auf das prädikative, das attributive oder das objektive) bezogen, als man in den Gliedern die Argumente der Verhältnisse sehen kann (Becker 1843, 7). Und innerhalb eines jeden Gliedes kann es wiederum ein Satzverhältnis — zusammen mit dessen Gliedern — geben: Der Satz *Der kranke Sohn schreibt einen Brief* bestehe aus zwei Gliedern, die im prädikativen Verhältnis stehen; jedes dieser Glieder bestehe wiederum aus zwei Gliedern: dem attributiven Satzverhältnis *der kranke Sohn* und dem objektiven *schreibt einen Brief*. Unklar und mithin mißverständlich ist hingegen die Formulierung in der elften, von Beckers Sohn Theodor bearbeiteten Auflage des „Handbuchs der deutschen Sprache" (Becker/Becker 1876, 382): „Jedes Glied des Satzes [d. h. Subjekt und Prädikat] kann sich zu einem **Satzverhältnisse** erweitern [...]. Diese Erweiterung eines Gliedes zu einem neuen Satzverhältnisse kann sich in demselben Satze auf mannigfaltige Weise wiederholen". Unmißverständlich ist Lugebil (1883, 121). Er kritisiert die von Dobiaš (1882) vorgetragene Lehre, nach welcher ein Subjekt und ein Prädikat entweder erweitert oder nicht erweitert ist: „So ist die Beziehung zwischen den [russ.] Sätzen $Brat_1$ $poédet_2$ ('Der$_1$ Bruder$_1$ wird$_2$ reisen$_2$) und Moj_1 $stáršij_2$ $brat_3$ $závtra_4$ $poédet_5$ v_6 $Moskvú_7$ ('Mein$_1$

		Art der Beziehungen	Satzglied wird betrachtet als:			
			(1) Minimaleinheit bei:	(2) Paar von Minimaleinheiten bei:	(3) Folge von Minimaleinheiten bei:	(4) Komplex oder Minimaleinheit bei:
A	3.3.	3.3.1. N-Determination	Jespersen, Mikkelsen, Rozwadowski	Bally, Łoś	Karcevskij	
B		3.3.2. V-Dependenz	Breznik, Buslaev, Vernaleken, Wiwel		Høysgaard	
C		3.3.3. N-V-Ring	Ohijenko		Balkevičius, Lehr-Spławiński/ Kubiński, Žiugžda	
D	3.4.					Becker, Lugebil, Wundt

Abb. 4.37: Diverse Satzglieder in der Sýntaxis

älterer₂ Bruder₃ wird₅ morgen₄ nach₆ Moskau₇ reisen₅') keineswegs derart, daß der erste Satz nur aus den Hauptteilen (-gliedern) des Satzes bestünde, der zweite aber genau denselben darstellte zuzüglich der Erweiterung des Subjekts und des Prädikats. Im letzten der beiden angeführten Sätze **besteht das Subjekt nicht aus einem Wort**, nämlich aus *brat*, und das Prädikat nicht aus dem Wort *poedet*, und folglich sind die Einzelwörter *brat* und *poedet* hier **nicht die Hauptglieder des Satzes**, und als deren Bestimmungen oder Ergänzungen oder sog. Erweiterungen sind die übrigen Wörter **keine Nebenglieder des Satzes**. Nein, das Subjekt in diesem Satz muß sein: *moj staršij brat* als Gesamtheit, und das Prädikat: *poedet zavtra v Moskvu*, wiederum als Gesamtheit genommen." — Die verschiedenen Verwendungen des Terminus '(Satz-)Glied' werden in Abb. 4.37. schematisch dargestellt, soweit Belege für sie bekannt sind. Zu allem Überfluß gibt es darüber hinaus Verwendungen, für die in Abb. 4.37. kein Platz vorgesehen ist, so etwa bei Sütterlin (1907, 299), wo es heißt: „Jede zweiteilige Äußerung, den eigentlichen Satz, zerlegt man von vornherein restlos in seine zwei Hauptteile, auch wenn sie aus den verwickeltsten Gebilden bestehen. Wir erhalten so ein **Gesamtsubjekt** und ein **Gesamtprädikat** (oder **Subjekt** und **Prädikat** schlechtweg); [...]. Besteht ein solcher Hauptteil nun aber nicht nur aus einem Wort, sondern aus einer Wortgruppe, so nennt man das leitende oder Hauptglied der Subjektsgruppe (des Gesamtsubjekts) das **Subjektswort** (den **Subjektskern**) und das Hauptglied der Prädikatsgruppe (des Gesamtprädikats) das **Prädikatswort** (den **Prädikatskern**): **Neue Besen: kehren gut.**" Diese Unbestimmtheit der angeführten und gleichbedeutender Termini bringt es mit sich, daß es in vielen Fällen offenbleibt, welche Art von syntaktischen Beziehungen bei dem einen oder anderen Autor zugrunde gelegt wird. Gleiches gilt für den wohl zuerst von Meletij Gerasimovič Smotrickij (1618) in seiner „Grammatiki slovenskija pravil'noe sintagma [...]" [Der [kirchen-]slawischen Grammatik korrektes Syntagma] für grammatische Phänomene geprägten Terminus 'Syntagma'. Klarheit herrscht bei Baudouin de Courtenay (1909/17, 52 f; 198): es ist ein Wort mit Bedeutung, das in morphologischer Hinsicht teilbar, in syntaktischer Hinsicht jedoch nicht teilbar ist, „ein morphologisches Element eines größeren zusammengesetzten morphologischen Ganzen, d. h. eine Phrase oder ein Satz". Demgegenüber heißt es bei de Saussure (1916/22, 170 ff): „Das Syntagma setzt sich [...] immer aus zwei oder mehr aufeinanderfolgenden Einheiten zusammen (z. B. [französ.] *re-lire* ('wieder-lesen'); *contre tous* ['gegen alle']; *la vie humaine* ['das menschliche Leben']; *Dieu est bon* ['Gott ist gut']; *s'il fait beau temps, nous sortirons* ['wenn es schön ist, gehen wir aus']; etc.). In ein Syntagma plaziert erhält ein Term seinen Wert nur, weil er dem vorausgehenden oder dem nachfolgenden oder beiden zugleich gegenübersteht." Zwar spricht de Saussure (1916/22, 172 f) auch von „Wortgruppen" und „Satzgliedern", unentscheidbar bleibt aber, wie sich de Saussure den internen Aufbau des Syntagmas vorgestellt hat: Ist nach ihm das Syntagma ein Paar von Minimaleinheiten oder auch eine Folge von paarweise miteinander verknüpften Minimaleinheiten (s. Abb. 4.37. unter A, B, C/ 2, 3) oder ist es ein Komplex, der selbst aus Komplexen und Minimaleinheiten besteht, die untereinander verknüpft sind (s. in Abb. 4.37. unter D 4)? Die erste Teilfrage hat z. B. Bally bejaht. Die zweite Teilfrage hat hingegen Mikuš (1947, 37) positiv beantwortet. Für französ. *Paul$_1$ est$_2$ battu$_3$ par$_4$ Pierre$_5$* ('Paul$_1$ wird$_2$ von$_4$ Peter$_5$ geschlagen$_3$.') konstruiert er — sich auf Wundt stützend — eine Kastenstruktur, siehe Abb. 4.38.

| Paul | est – battu | par – Pierre |

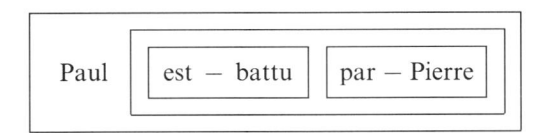

Abb. 4.38: Kastenstruktur bei Mikuš (1947)

4. Mehrfachverknüpfung von Minimaleinheiten und Komplexen

Mehrfachverknüpfung von Minimaleinheiten liegt grundsätzlich vor, wenn die syntaktischen Beziehungen ausschließlich über Minimaleinheiten erklärt sind. Die Gesamtstruktur S baut sich dann auf aus Paaren von Minimaleinheiten, auf die jeweils eine bestimmte Konnexion zutrifft. Und zwar so, daß es in S für jede Minimaleinheit μ, die erstes (alternativ: zweites) Argument einer Konnexion K_1 ist, eine Konnexion K_2 gibt, die μ als zweites (alternativ: erstes) Argument hat, sofern μ nicht die nach Bedingung (1) ausgezeichnete Minimaleinheit ist (s. 3.3.). Dies ist jedenfalls die schwächste Formulierung der Grundidee aller Varianten von Determinations- und Dependenzstrukturen mit Ringen oder ohne solche, die man in der älteren Literatur findet. Diese — triviale — Mehrfachverknüpfung soll im folgenden nicht betrachtet werden. Vielmehr soll es hier (α) darum gehen, daß weitere Mehrfachverknüpfungen durch Wegfall der verschärfenden Bedingung (2') möglich werden (s. 3.3.), und (β) um entsprechende Mehrfachverknüpfung bei Strukturen mit komplexen Argumenten. Durch diese Abschwächung der Bedingungen wird es möglich, daß — unabhängig vom Vorliegen eines Ringes — ein und dieselbe Minimaleinheit von zwei anderen abhängt oder ein und dieselbe Minimaleinheit zwei verschiedene Minimaleinheiten determiniert. Ein Fall, bei dem die Verschärfung (2') der Bedingung (2) nicht vorausgesetzt zu sein scheint, findet sich bei Høysgaard (1752, 232), der von einem Subjekt oder Objekt spricht, „das in einer doppelten Relation steht". Die doppelte Relation bestehe darin, daß das Wort als Subjekt und als Objekt zum regierenden finiten Verb steht, zugleich aber „heimlich" als patiens aufgefaßt wird, also als in einer zweiten Relation stehend, nämlich in einer Relation zum infinitum. Als Beispiele führt Høysgaard u. a. an: dän. *Denne$_1$ Mands$_2$ Skrifter$_3$ ere$_4$ meget$_5$ nyttige$_6$ at$_7$ læse$_8$* ('Die$_{1,2}$ Schriften$_3$ dieses$_4$ Mannes$_2$ sind$_4$ sehr$_5$ nützlich$_6$ zu$_7$ lesen$_8$.'); hier sei *Skrifter* bezogen auf *er nyttige* Subjekt und bezogen auf *at læse* patiens; in *Eders$_1$ Øyne$_2$ ere$_3$ herlige$_4$ at$_5$ see$_6$* ('Euere$_1$ Augen$_2$ sind$_3$ prächtig$_4$ anzuschauen$_{5,6}$.') wird *Øyne* als Subjekt von *ere herlige* regiert, in bezug auf *see* ist *Øyne* aber patiens; in *at$_1$ faa$_2$ noget$_3$ at$_4$ skrive$_5$* ('etwas$_3$ zu$_4$ schreiben$_5$ bekommen$_{1,2}$') ist *noget* Objekt bezüglich *faa*, aber patiens in bezug auf *skrive*. Ein anderes derartiges Beispiel gibt Meiner (1781, 143 f). Es handelt sich um „die Adjectiua relatiua, wenn sie zugleich comparativisch prädicirt werden": „Z. E. *appetens* ist ein Adjectiuum relatiuum, weil es sich ohne zwey selbständigere Dinge nicht vollkommen denken läßt. Man stelle sich dieses also vor: A — *appetens* — B. *Cajus appetens Cibi*. Vergleiche ich nun gegen diese Eigenschaft den Cajus mit dem Titius, so bekomme ich wegen dieses comparativischen Verhältnisses wieder zwey selbständigere Dinge; weil aber *Cajus* beyden Verhältnissen gemeinschaftlich

ist, so wird Cajus nur einmal gesetzt und
bleiben also nur drey Termini übrig:"

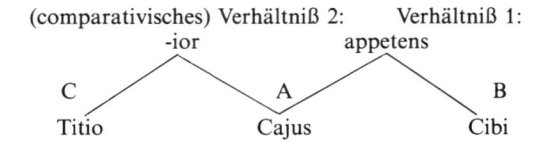

(comparativisches) Verhältniß 2:   Verhältniß 1:
             -ior   appetens
         C   A   B
       Titio   Cajus   Cibi

Abb. 4.39: Doppeldependenz nach Meiner aus dem Jahre 1781

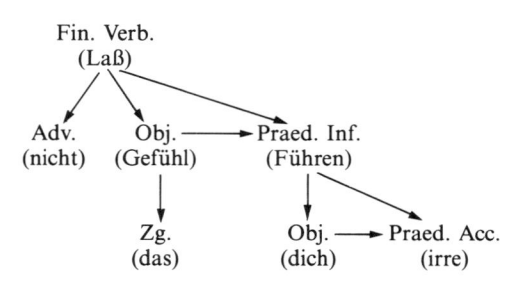

```
         Fin. Verb.
           (Laß)
      ↙      ↓      ↘
   Adv.   Obj. → Praed. Inf.
  (nicht) (Gefühl)  (Führen)
            ↓         ↓
           Zg.      Obj. → Praed. Acc.
           (das)   (dich)    (irre)
```

Abb. 4.40: Kern-Struktur mit doppelter Doppeldependenz (1883)

Subjekt ——————— Prädikat
Bordet   *är*
    ↑_____ *brunt*

Abb. 4.41: Ein Wort als „Bestimmung" zweier Wörter bei Beckman (1904)

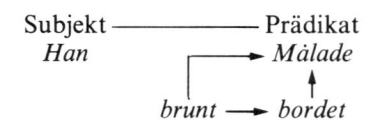

Subjekt ——————— Prädikat
Han   → *Målade*
                         ↑
      brunt → *bordet*

Abb. 4.42: Beschreibung der „Prädikatergänzung" bei Beckman (1904)

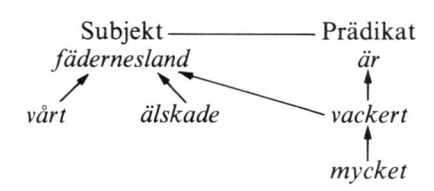

Subjekt ——————— Prädikat
fädernesland   *är*
  ↑   ↖
vårt   *älskade*   *vackert*
                         ↑
                      mycket

Abb. 4.43: Ein Wort als „Bestimmung" zweier Wörter bei Beckman (1904)

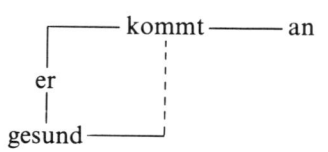

```
       ┌─── kommt ─── an
       │
   er  │
       │
    gesund ──────────┘
```

Abb. 4.44: Zögerliche Annahme von Doppeldependenz bei Helbig/Buscha (1974)

Das Gemeinte läßt sich durch Abb. 4.39. verschaubildlichen. Der früheste mir bekannte Graph für eine solche Struktur stammt von Kern (1883, 27). Er gibt für den dt. Satz *Laßt nicht das Gefühl irre führen* einen Graphen, in dem ich — gemäß den Angaben bei Kern (1883, 26 in Verbindung mit der allgemeinen Konstruktionsanweisung für seine Schemata, S. 10) — auf die abhängigen Wörter gerichtete Pfeile nachgetragen habe, weil Kern hier auch waagerechte Kanten hat drucken lassen. Den Graph mit zwei derartigen Doppeldependenzen gebe ich als Abb. 4.40. Derartige Doppeldependenzen zerstören jedenfalls die mit der Baummetaphorik verbundenen Vorstellungen. Beckman (1904, 197 f) nimmt an, daß es „Bestimmungen" gibt, die zu zwei Wörtern gehören. Die Abb. 4.41., 4.42. und 4.43. reproduzieren die Graphen, die Beckman für die schwed. Ausdrücke *Bord₁et₂ är₃ brunt₄* ('Der₁ Tisch₂ ist₃ braun₄'), *Han₁ målade₂ bord₃et₄ brunt₅* ('Er₁ malte₂ den₄ Tisch₃ braun₅ an₂') bzw. *Vårt₁ älskade₂ fädernesland₃ är₄ mycket₅ vackert₆* ('Unser₁ geliebtes₂ Vaterland₃ ist₄ sehr₅ schön₆'). Zögerlicher verfahren Helbig/Buscha bei der Zerstörung der Baummetaphorik, indem sie — graphisch jedenfalls — zwei Sorten von Abhängigkeit unterscheiden. Als Beispiel für den dt. Ausdruck *Er kommt gesund an* sei der Graph in Abb. 4.44. zitiert (Helbig/Buscha 1974, 494). — Im Unterschied zu Meiner weist Høysgaard ausdrücklich darauf hin, daß die „doppelte Relation" aus zwei voneinander verschiedenen Relationen zusammengesetzt ist, nämlich aus der Subjekt-Relation und der Objekt-Relation. Eine entsprechende Verschiedenheit läßt sich aber auch in bezug auf das Meinersche Beispiel behaupten. Hier gibt es zwei Komplexe, in denen jeweils *Cajus* zweites Argument ist: (a) (V *ior Cajus*) und (b) (S *appetens Cajus*). Die Konnexionsnamen V und S sind von mir willkürlich gewählt; es geht hier lediglich darum zu betonen, daß es sich um zwei verschiedene Konnexionen handelt: In (a) kann V gelesen werden als „ist Grundlage

4. Westliche Entwicklungen

von", so daß man sagen kann: Cajus ist in dem comparativischen Verhältnis der zu Vergleichende. In (b) kann S als „Subjekt von" betrachtet werden. — Bei Kern und Beckman geht die Verschiedenheit der an den Doppeldependenzen beteiligten Dependenzen unmittelbar aus den Graphen hervor. Mehrfachverknüpfung der bisher betrachteten Art — so scheint es jedenfalls — nimmt Klemm (1935, 477) bei seinen Überlegungen zur genetischen Ausbildung von Objekt und adverbialer Bestimmung an: „Wenn man den Begriff des Prädikats weitergliederte, der ursprünglich immer ein Gegenstandsbegriff war und der ihm entsprechende sprachliche Ausdruck ein Hauptwort, und abstrahierte man so von ihm ein neues Prädikat und bezog es darauf [...], dann nahm das erste Prädikat dem andern gegenüber die Rolle eines Subjekts an. Im weiteren Verlauf der Entwicklung wurde aus dem so als Subjekt dienenden Gegenstandsbegriff (aus dem Hauptwort) in vielen Fällen ein Handlungsbegriff (Verb) und dieser schmolz unter einem Druck in die prädikative Rolle des zweiten (nominalen) Prädikats hinein, z. B. [ungar.] *Egy$_1$ sas$_2$ ül$_3$ a$_4$ fá$_5$n$_6$* ['Ein$_1$ Adler$_2$ sitzt$_3$ auf$_6$ dem$_4$ Baum$_5$.'] → *Egy sas ül a fán* = Ein Adler sitzt auf dem Baum = Ein Adler ist ein Etwas sich im sitzenden Zustand befindliches, dieses im sitzenden Zustand befindliche Etwas ist auf dem Baum. [Ungar.] *Atyá$_1$m$_2$ vadász$_3$ az$_4$ erdő$_5$ben$_6$* ['Mein$_2$ Vater$_1$ (ist) Jäger$_3$ in$_6$ dem$_4$ Wald$_5$.'] = *atyám vadász, ez a vadász az erdoben van.* = Mein Vater jagt im Walde. = Mein Vater ist ein Jäger, der Jäger ist im Walde. [...] Das zweite Prädikat wurde einerseits zum Bestandteil des ersten Prädikats, andererseits bestimmte es irgendeinen Umstand des ersten Prädikats und zwar näher: das Ziel der Handlung oder ihren Ort, ihre Zeit usw. So wurde das zweite Prädikat zum **Objekt** oder zur **adverbialen Bestimmung** des ersten Prädikats." Es ist deutlich, daß diese Analyse der des Diokles entgegensteht. — Einer durchgängigen systematischen Mehrfachverknüpfung begegnet man bereits in der Tradition von Martin von Dakien: jede Minimaleinheit — hier: jedes Wort — ist mit mindestens einer anderen in zweifacher Weise verknüpft: (a) durch die (im mathematischen Sinne: transitive) Konnexion der Abhängigkeit (dependentia) und (b) durch die Konnexion „primum-secundum" (hierzu Covington 1984, 37 ff, bes. 55 f). Covington (1984, 61) gibt für latein. *Socrates$_1$ senex$_2$ videt$_3$ Platonem$_4$ iuvenem$_5$* ('Der$_2$ greise$_2$ Sokrates$_1$ sieht$_3$ den$_5$ jugend-

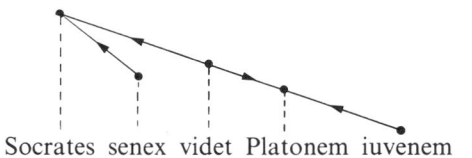

Socrates senex videt Platonem iuvenem

Abb. 4.45: „Primus-secundum"-Verknüpfung nach Thomas von Erfurt

primum ← secundum

Socrates senex videt Platonem iuvenem

terminans ← dependens

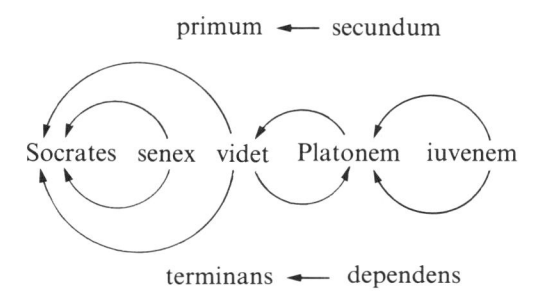

Abb. 4.46: „Primus-secundum" und „terminans-dependens" nach Thomas von Erfurt

lichen$_5$ Platon$_4$.') den Graphen in Abb. 4.45., mit dem er die Analyse von Thomas von Erfurt rekonstruiert. In Abb. 4.45. etikettiert jedes primum einen um die Kantenlänge 1 höheren Knoten als das zugehörige secundum. Die Pfeile weisen vom dependens zum terminans. Wenn man die beiden Verknüpfungsarten im Graphen auseinanderzieht, erhält man etwa den Graphen in Abb. 4.46. Gewisse Ideenverwandtschaften zwischen derartige Analysen und jenen hybriden Analysen, die Herling durch die Unterscheidung zwischen Unterordnung und Einordnung gewinnt (s. in 3.5.) drängen sich trotz aller Unterschiede auf. — Eine besondere Sorte der Mehrfachverknüpfung von Minimaleinheiten, die mit Doppeldependenz nicht zu verwechseln ist, hat schon Apollonius Dyskolos (B, 62 f) erörtert: die Mehrfachverknüpfung von Minimaleinheiten bei Koordination. Während in griech. *Kaí$_1$ Trýphōn$_2$ dieléxato$_3$ kaí$_4$ Apollṓnios$_5$* ('Sowohl$_1$ Tryphon$_2$ unterhielt$_3$ sich$_3$ als$_4$ auch$_4$ Apollonios$_5$.') und *Kaí$_1$ dieléxato$_2$ Trýphōn$_3$ kaí$_4$ anégnō$_5$* ('Tryphon$_3$ unterhielt$_2$ sich$_2$ und$_{14}$ las$_5$.') klar sei, welches Wort den beiden Konjunkten gemeinsam sei — nämlich *dieléxato* im ersten, *Trýphōn* im zweiten —, so sei bei fehlendem ersten *kaí*, also z. B. bei *Trýphōn$_1$ peripateĩ$_2$* ('Tryphon$_1$ geht$_2$ spazieren$_2$.') nicht vorherzusehen, ob *Trýphōn* oder *peripateĩ* das mit einem folgenden Konjunkt gemeinsame Element ist: es kann heißen: *Trýphōn$_1$ peripateĩ$_2$ kaí$_3$ Apollṓnios$_4$* ('Tryphon$_1$ geht$_2$ spazieren$_2$ und$_3$ Apollonios$_4$ auch$_3$.') oder *Trýphōn$_1$ peripateĩ$_2$ kaí$_3$ dialégetai$_4$* ('Tryphon$_1$ geht$_2$ spazieren$_2$ und$_3$ unterhält$_4$ sich$_4$.'). Es handelt sich hierbei nicht um voneinander verschiedene, sondern um gleiche Konnexionen, die an der Mehrfachverknüpfung beteiligt sind: sowohl *Trýphōn* als auch *Apollṓnios* ist *ónoma* (Subjekt) zu dem *rhēma* (Prädikat) *peripateĩ* in *Trýphōn peripateĩ kaí Apollṓnios*. Und in *Kaí dieléxato Trýphōn kaí anégnō* ist sowohl *diéléxato* als auch *anégnō rhēma* zu dem *ónoma Trýphōn*. Wo immer Koordination auf der Grundlage der in 3.3. vorgestellten Strukturen beschrieben wird, so wird in aller Regel die Auffassung sichtbar, daß miteinander koordinierte Wörter gemeinsam ein und dasselbe Wort bestimmen oder — je nach bevorzugter Sprechweise — von ein und demselben Wort abhängig sind, sich untereinander jedoch nicht bestimmen bzw. nicht voneinander abhängig sind. Ähnliche Überlegungen verbergen sich wohl hinter den Worten, mit denen Paul (1886, 264) Ausdrücke wie dt. *die deutsche sprache und die französische* oder gar italien. *le$_1$ lingue$_2$ greca$_3$ e$_4$ latina$_5$* ('Die$_1$ griechische$_3$ Sprache$_2$ und$_4$ die$_{1,2}$ lateinische$_5$.') kommentiert: „Dass wir [...] hier nichts anderes haben, als zwei glieder, die in dem nämlichen verhältniss zu einem dritten stehen, zeigt der umstand, dass wir zwar nicht im deutschen, wol aber in anderen sprachen dergleichen sprechformen mit anderen vertauschen können, wobei die beiden glieder zu einer einheit zusammengefasst zu einem dritten (oder richtiger jetzt zweiten) gliede gestellt werden. Dies bekundet sich durch die anwendung des plurals." — Eine wiederum andere Art der Mehrfachverknüpfung bringt Buslaev (1881/1959, 269 ff, 276 f). Er unterscheidet zwischen „logischem Aufbau" des Satzes und „grammatischem". Wie Buslaev sich den grammatischen vorstellt, ist bereits in 3.3.2. vermerkt worden: Es handelt sich um Strukturen, in denen es keine Komplexe als Argumente gibt; ausgezeichnetes „Glied" ist das Verb. „In logischer Hinsicht werden die sekundären Glieder [Attribute und Objekte] nicht abgetrennt von den Hauptgliedern; vielmehr bilden sie zusammen mit ihnen das logische Subjekt bzw. das logische Prädikat. Z. B. ist in dem [russ.] Satz *Cerkovnoslavjánskaja$_1$ literatúra$_2$ s$_3$ drevnéjšix$_4$ vremën$_5$ stála$_6$ okázyvat'$_7$ vlijánie$_8$ na$_9$ rússkij$_{10}$ jazýk$_{11}$* ['Seit$_3$ den$_5$ ältesten$_4$ Zeiten$_5$ begann$_6$ die$_2$ kirchenslawische$_1$ Literatur$_2$ einen$_8$ Einfluß$_8$ auf$_9$ die$_{11}$ russische$_{10}$ Sprache$_{11}$ auszuüben$_7$.'] *Cerkovnoslavjanskaja literatura* das logische Subjekt, und die übrigen Wörter sind, zusammengenommen, das logische Prädikat. Was die grammatische Analyse betrifft, so werden die sekundären Glieder von den Hauptgliedern getrennt. Z. B. ist in dem angeführten Beispiel *literatura* Subjekt, *stala okazyvat'* Prädikat, *Cerkovnoslavjanskaja* Attribut zum Subjekt *literatura*; *s drevnejšix vremën* Umstandsbestimmung der Zeit zum Prädikat und überdies *drevnejšix* Attribut zum Wort *vremën*; *vlijanie* ist Objekt zum Prädikat und *na russkij jazyk* Attribut zum Objekt *vlijanie*." Ganz offenkundig stellt sich Buslaev die Sache so vor, daß die grammatische Struktur des Satzes eine V-Dependenzstruktur ist, die logische aber eine Struktur mit komplexen Argumenten. Die Minimaleinheiten — *stala okazyvat'* wird wohl als eine solche genommen — werden von beiden Strukturen erfaßt. — Von den bisher besprochenen Mehrfachverknüpfungen strikt zu unterscheiden sind jene Verknüpfungen, die keine Nexionen (also weder Konnexionen noch Adnexionen; über Adnexionen s. in 6.) sind. Ein trivialer Fall nichtnexioneller Beziehungen ist in 3.3. stillschweigend ins Spiel gebracht worden und in 3.4. an Hand eines von Łoś übernommenen poln. Ausdrucks charakterisiert worden. Auf den Kommentar zu *We dworze żadna izba nie ma obszerności dostatecznej dla tylu tak szanownych gości* in 3.4. sei verwiesen (am Anfang dieses Abschnitts). Auch in einer Struktur mit komplexen Argumenten ist es denkbar, Beziehungen anzunehmen, die keine Nexionen sind. So ist die Beckersche Unterscheidung zwischen Hauptwort und Beziehungswort zu verstehen. Jedes Hauptwort sei „bezogen auf" ein Beziehungswort, das Prädikat als Hauptwort auf das zugehörige Subjekt, das Attribut als Hauptwort auf das zugehörige Substantiv und das Objekt als Hauptwort auf das zugehörige Verb (Becker 1842, 54 f).

5. Redeteile oder Wortarten; syntaktische Kategorien oder Klassen; Kasus oder Funktionen

5.1. Beschränkungen der „Zusammenordnung"

Seit sprachliche Ausdrücke syntaktisch beschrieben werden, geht man nicht nur von der elementaren Voraussetzung solchen Tuns aus, nämlich — wie auch immer — einerseits Minimaleinheiten (Wörter, léxeis etwa) anzunehmen (s. 3.1.), anderseits mittelbare oder unmittelbare Beziehungen zwischen ihnen (s. 3.3. und 3.4.). Darüber hinaus ist seit Apollonios Dyskolos — und besonders bei ihm selbst im Überflusse — auch die Vorstellung dokumentiert, daß nicht alle derartigen Beziehungen, die man sich erdenken kann, tatsächlich in den Ausdrücken aufgezeigt werden können. Die Annahme, daß bestimmte denkbare Beziehungen nicht bestehen, besagt, daß es „Zusammenordnungen" (s. 1.) von Minimaleinheiten (Wörtern) — und gegebenenfalls Komplexen (s. 3.4.) — gibt, die keinem zu beschreibenden Ausdruck entsprechen. So scheidet Apollonios Dyskolos (A, 107) die griech. Wortfolge *philósophos₁ estí₂ Díōn₃ dialégetai₄* ('Ein₁ Philosoph₁ ist₂ Dion₃ unterhält₄ sich₄.') gegenüber der Folge *philósophos₁ estí₂ Díōn₃ kaí₄ dialégetai₅* ('Ein₁ Philosoph₁ ist₂ Dion₃, und₄ er₅ unterhält₅ sich₅.') als nicht-mögliche Konstruktion des Griech. aus. Erst die Konjunktion (sýndesmos) *kaí* macht — an den rechten Platz gesetzt — aus dem Unsatz einen mit der korrekten Syntax in Einklang stehenden Satz. — Kaum eine Stelle ist mir aus der älteren Literatur bekannt, an der ausdrücklich Sinn und Zweck der Etablierung von Redeteilen (oder Wortarten) motiviert worden wäre. Roth (1815, 17), der davon ausgeht, daß Sprache „symbolische Darstellung des Verstandes in seinem Produkte, dem Urtheile" und daß „jede gegebene Sprache [...] aus Wörtern, welche zur Darstellung von Urtheilen verknüpft sind", besteht, argumentiert: „Im Urtheile selbst [...] sind Bestandtheile verschiedener Art. Es muß also auch in der symbolisch darstellenden Sprache Arten von Wörtern geben, ohne daß jedoch die einzelne Sprache hier durch die Freyheit verlöre, in geeigneten Fällen mehrere oder auch alle Bestandtheile irgendeines Urtheils durch Ein Wort sogar darzustellen." Es ist offensichtlich, daß es in erster Linie die Einsicht in Beschränkungen der „Zusammenordnung" war, die zur Annahme von Redeteilen (oder Wortarten) führte. Soviel jedenfalls wird bezeugt durch den Platon-Dialog („Sophistḗs", 261 d – 262 d) zwischen dem Athener Theaitetos und dem Eleaten. — Dazu stimmt, was Bühler (1934/65, 170 ff) den „Worthaufen in sinnloser Reihe" entgegensetzt: „Das andere sind die *Wortklassen*. [... sie] bieten [...] dem Textaufbau fundamentale Anweisungen. [...] Es bestehen in jeder Sprache Wahlverwandtschaften; das Adverb sucht sein Verbum und ähnlich die anderen. Das läßt sich auch so ausdrücken, daß die Wörter einer bestimmten Wortklasse eine oder mehrere *Leerstellen* um sich eröffnen, die durch Wörter bestimmter anderer Wortklassen ausgefüllt werden müssen."

5.2. Der logos und seine Teile; Satz und Wortarten

Nach Ausweis von Platon („Sophistḗs", 262 c – d) hat man spätestens in der Unteritalischen Schule der Eleaten die Verknüpfung zweier Minimaleinheiten „kleinsten und einfachsten Satz" genannt (hierzu vgl. auch „Theaítetos", 206 d). Und die beiden Minimaleinheiten des kleinsten und einfachsten Satzes (des kleinsten und einfachsten logos) nannte man *ónoma* und *rhēma*, was spätestens seit Priscian lat. als nomen bzw. verbum wiedergegeben wird. Bei der von Platon überlieferten Lehre muß man nicht daran zweifeln, daß die Termini *ónoma* und *rhēma* die beiden Wörter bezeichnen, aus denen der „kürzeste und einfachste Satz" besteht. Und zwar handelt es sich dabei jedenfalls um den affirmierenden (apophantischen) Satz, sei es um den definitorischen — als solchen kann man griech. *ho₁ ánthrōpos₂ paideúetai₃* ('Der₁ Mensch₂ lernt₃.') betrachten —, sei es um den nicht-definitorischen vom Typ *Theaítetos₁ káthetai₂* ('Theaitetos₁ sitzt₂.') (beide griech. Sätze führt Platon, „Sophistḗs", 262 c bzw. 263 a an). Demgegenüber ist es nicht abwegig, *ónoma* und *rhēma* bei Aristoteles eingeschränkt nur als Teile der Definition zu betrachten (s. Koller 1958, 28). Die auf den Aussagesatz bezogene Unterscheidung zwischen *ónoma* und *rhēma* ist auf zweierlei Weise zu verstehen: (a) Es werden damit die Teile des Satzes benannt (der erste Teil heißt *ónoma* und der zweite *rhēma*); oder: (b) Es sind die Namen der Minimaleinheiten (oder später auch Komplexe), die als Teile des Satzes verwendet werden. Der Unterschied wird deutlich bei der Betrachtung komplexerer Ausdrücke, etwa griech. *Trýphōn phileĩ Dionýsion* (s. Abb. 4.18.). *Trýphōn* ist wie *Dionýsios* ónoma (nomen); *Trýphōn* ist Subjekt (ptōsis oder Kasus) des großen (einstelligen) Prädikats, *Dionýsios* hingegen Subjekt (ptōsis oder Kasus) des kleinen (zweistelligen) Prädikats (so Diokles nach Diogenes Laertios VII, 64; Hülser 1987, Fr. 696; s. auch Egli 1970, 30 f). Dabei ist das Subjekt des einstelligen Prädikats der aufrechte Kasus (casus rectus), das Subjekt des zweistelligen der angelehnte Kasus (casus obliquus), später Objekt geheißen. Eine solche Betrachtungsweise ist augenscheinlich nur sinnvoll in bezug auf eine Struktur, in der es Konnexionen gibt, die Komplexe als Argumente haben (s. 3.4.): Das einstellige Prädikat ist hier ein Komplex. Legt man eine Struktur zugrunde, in der es lediglich dyadische Komplexe gibt, und nimmt man Priorität des Nomens an (s. 3.3.1.), so ist ónoma ein Name und kein Kasus (so auch später bei Arnauld/Lancelot 1660/1969, 33), z. B. griech. *Phílōn* ('Philon'). Hingegen sind *Phílōnos* ('Philons, des Philon') und *Phílōni* ('dem Philon') keine Namen, sondern Kasus (s. Aristoteles, „Perí hērmēneíās", 2). Einen Reflex dieser Auffassung kann man in der Terminologie des Stoikers Porphyrios (SVF II, fr. 184; Hülser 1987, Fr. 791) erblicken, der *ónoma* an Stelle von *ptôsis orthḗ* und *ptôsis* an Stelle von *ptôsis plagía* verwendet. In den übrigen überlieferten grammatischen Arbeiten der Stoiker bezeichnet ónoma dann nicht einen Teil des Satzes, sondern eine Minimaleinheit, die als Teil des Satzes — nämlich als ein Kasus — verwendet wird. Entsprechend ist rhēma eine Minimaleinheit, die als jener Teil des Satzes verwendet wird, der katēgórēma (Prädikat) heißt. Ónoma und rhēma sind dann das, was man heute Wortarten nennt. Trotzdem hat sich bis heute die irreführende Bezeichnung 'Redeteile' (griech. *tà mérē toũ lógou*, latein. *partes orationis*, französ. *parties du discours*, russ. *části réči*, engl. *parts of speech*) gehalten (s. jedoch unten). Neben den Hauptredeteilen gab es spätestens seit Isokrates noch das „Bindeglied" der Rede, den sýndesmos und — wahrscheinlich — seit Zenon den Artikel — das árthron. Durch Aufspaltung der Nomina (onómata) in Appellativa — prosēgoríai — und Individualeigennamen — onómata im engeren Sinne — wächst die Zahl der Redeteile bei Chrysippos (Diogenes Laertius VII, 57 f; SVF II, fr. 147; Hülser 1987, Fr. 536) auf fünf. Der sechste Redeteil ist seit Antipater von Tarsos bekundet (Diogenes Laertios VII, 57): mesótēs, im wesentlichen wohl Adverb (hierfür später epírrhēma). Was die Unterscheidung von Wortarten (Redeteilen) angeht, so besteht von Anbeginn eine systematische Mehrdeutigkeit, auf die nur selten aufmerksam gemacht worden ist: Sind Wortarten Gegenstände der sýntaxis oder solche der sýnthesis (s. 1.)? Antworten auf diese Frage scheinen in der Literatur rar zu sein. Aber daß die erwähnte Gleichsetzung der Redeteile mit den Wortarten gerade in dieser Hinsicht fragwürdig ist (und daß somit der in anderer Hinsicht irreführende Terminus 'Redeteil' doch nützlich ist), zeigt ein Zitat von Burnet (1773, 362): „This connection of the parts of speech in languages of art is either by separate words, such as prepositions and conjunctions; or by cases, genders, and numbers, in nouns; and in verbs, by numbers and persons, and also by voices and moods, such as the infinitive and subjunctive, which, in the more perfect languages, are all expressed by inflection or variation of the principal word." Danach gibt es auf der einen Seite Redeteile oder „principal words" als Gegenstände der sýntaxis, auf der anderen Seite Wörter als Gegenstände der sýnthesis, die — u. a. — dem Ausdruck der Beziehungen, der Konnexionen, zwischen den „principal words" dienen. Terminologisch unterscheidet von der Gabelentz (1878 a, 627). Es ist bei ihm „die Rede von Wörtern, welche ihrer Grundbedeutung nach Adjektiva sind, diese Grundbedeutungen sind vielfach für die Funktionen der Wörter bestimmend […]. Ich theile die Wörter ihren wesentlichen Bedeutungen nach in Wortkategorien, und unterscheide Letztere von den jeweiligen Funktionen als dieser oder jener Redetheil, indem ich dort deutsche, hier lateinische Bezeichnungen vorschlage: Hauptwort, Eigenschaftswort u.s.w., — Substantivum, Adjektivum u.s.w.". Damit will von der Gabelentz Formulierungen vermeiden wie „Ein Adjektivum ist Adverb … Ist Substantivum … Ist Verbum transitivum, wenn u.s.w.", Formulierungen, wie man sie ähnlich z. B. im DUDEN (1980, 30) findet: „Substantive, die als Adverbien gebraucht werden, schreibt man klein", „Substantive, die als Präpositionen (Verhältniswörter) gebraucht werden, schreibt man klein". Allgemein gesehen herrscht bis zum heutigen Tage Unklarheit vor. Und das hat zur Folge, daß Wortarten bald nach Kriterien der sýntaxis, bald nach solchen der sýnthesis aufgestellt werden. In der Alltagspraxis wirkt sich dies so aus, daß man das dän. Pseudo-Substantiv *Gaar* in *i går* ('gestern') mit Anfangsmajuskel schrieb und heute noch getrennt schreibt oder daß man die dt. Pseudo-Substantive *Braus, Fug, Saus, Verlaub* mit einer Majuskel ziert. — Hinzu kommen Kriterien, die außerhalb des Zeichens liegen, nämlich solche der Bedeutung, solche des tynchánon (des Bezeichneten; s. 7.2.). In der „Téchnē" wird das Nomen u. a. wie folgt charakterisiert: „Das Nomen ist ein Redeteil mit Kasusflexion, der eine Person oder ein Ding — allgemein oder spezifisch — bezeichnet, z. B. Stein, Erziehung, Mensch, Pferd, Sokrates. Es hat fünf begleitende Merkmale: Genus,

4. Westliche Entwicklungen

Art, Form, Numerus, Kasus" (Dionysios Thrax/Pecorella 1962, 36; ιβ'). Hier dienen sýnthesis und Bedeutung als Kriterien. Ein syntaktisch zu verstehendes Kriterium verwendet Meiner (1781, 87 f), nämlich die Sättigung „unselbständiger" Wörter, die der Verben: „Ferner brauchen wir zur richtigen Bildung eines Satzes [...] solche Wörter, die die Dinge, so sie bezeichnen, in Absicht auf etwas unselbständigeres als selbständig vorstellen, sie mögen nun an und vor sich betrachtet selbständig oder unselbständig seyn. Und eben hiervon heißen sie Nomina substantiua." Doch auch die Bedeutung spielt eine Rolle, wenn Meiner fortfährt: „Es sind demnach Nomina substantiua solche Wörter, die die Sache, so sie bezeichnen, als selbständig vorstellen." Rein nach der Bedeutung festgelegt wird das Nomen von Priscian. Einen — nicht immer zuverlässigen — historischen Überblick über die älteren Versuche, Wortarten zu bestimmen, gibt Brøndal (1928, 3—62). Die Zahl der angenommenen Wortarten schwankt im Laufe der Entwicklung beträchtlich. Einen Überblick über die englische Tradition bietet Michael (1970). Hier lernt man, daß ein heute beliebtes System mit Nomen, Adjektiv, Verb und Partikel (u. a. Präposition) im Kern seit spätestens 1695 belegt ist, nämlich bei Lane (Michael 1970, 254). Eine Reduktion der Anzahl der Wortarten auf genau eine nimmt Dalgarno (1661, 65) vor: „There is only one principal part of speech; there can be said to be as many minor parts as there are grammatical flexions and variations, of which the number can be greater or less according as one decides to use many or few auxiliary particles in the structure of speech" (Zitiert nach Michael 1970, 241). Zur gleichen Zeit reduziert man auch in Frankreich die Zahl der Wortarten. Zwar kennen Arnauld/Lancelot (1660) diverse Wortarten, aber für die Organisation des Satzes als des Ausdrucks der Prädikation gibt es einzig das Nomen und die Kopula être, das sog. verbum substantivum. Alle Verben — außer être — werden analysiert als aus Nomen und Kopula bestehend. Französ. $Pierre_1$ vit_2 ('$Peter_1$ $lebt_2$.') heiße soviel wie $Pierre_1$ est_2 $vivant_3$ ('$Peter_1$ ist_2 $lebend_3$.') (Arnauld/Lancelot 1660/1969, 67). vivant ist dabei ein Nomen wie ronde in französ. La_1 $terre_2$ est_3 $ronde_4$ ('Die_1 $Erde_2$ ist_3 $rund_4$.'). Die Grammatiker von Port Royal sagen, daß „das Verb für sich genommen keine andere Verwendung haben darf als die Verbindung anzuzeigen, die wir in unserem Geiste zwischen den zwei Termen eines Satzes herstellen; aber lediglich das Verb sein, das man verbum substantivum nennt, hat diese elementare Aufgabe bewahrt, ja man kann sagen, daß es diese genaugenommen nur in der 3. Person Präsens und in einigen anderen Fällen bewahrt hat" (hierzu vgl. man Arnauld/Nicole 1683/1970, 157). Immerhin kann man sich hier den Unterschied zwischen sýnthesis und sýntaxis des „Téchnē"-Scholiasten klarmachen. Oder anders gewendet: die Unterscheidung des „Téchnē"-Scholiasten bewährt sich an den Hypothesen der Gelehrten von Port Royal. vit ist ein Verb in der sýnthesis, est ist ein Verb (das einzig denkbare) der sýntaxis. Bei Dalgarno hieße dies entsprechend, daß in der sýntaxis nur Elemente einer einzigen Wortart auftreten können, nämlich Elemente der Wortart Nomen. In der sýnthesis hingegen dürfte es nach ihm von verschiedenen Wortarten, von „many minor parts", nur so wimmeln können. Der Behandlung, die die Gelehrten von Port Royal der Kopula angedeihen lassen, entspricht jene bei Sanctius (1587, 129): „Die Grundlage oder die Wurzel aller Verben ist das verbum substantivum, das auf griech. phýō und auf latein. fuō oder fiō heißt. Es ist gewiß, daß phýō von phýsis, d. h. Natur, kommt, wenigstens wenn man nicht zu sagen vorzieht, daß phýsis von phýō kommt. [Die etymologischen Zusammenhänge werden auch heute so gesehen]. Das Verb [griech.] estí ('ist'), latein. est, und [griech.] eimí ('bin'), latein. sum, das ist wahrhaftig und in angemessener Weise das verbum substantivum." Sanctius (1587, 10 f) nimmt drei Wortarten an: Nomen, Verb und Kopula; und er beruft sich dabei auf hebräische Grammatiktradition, die ihrerseits auf der arabischen gründen dürfte. Außer Samuel ben Jakob (15. Jh.), der das Hebräische nach dem Muster der lateinischen Tradition beschreibt, unterscheidet man seit Juda ben David Hayyoudj (10. Jh.) in der hebräischen Tradition: Nomen, Verb (genauer: Infinitiv) und Partikel: Abraham ibn Esra (12. Jh.), Joseph ben Abba Mari ibn Kaspi (um 1300), Duran (um 1400). — Wie die extreme Reduktion der Zahl der Wortarten und die extreme Privilegierung des Nomens gleichzeitig in Frankreich und in England zu beobachten ist, so gibt es im 18. Jh. in beiden Ländern, in Dänemark und in Deutschland eine Koinzidenz in der Rehabilitation des Verbs: bei Dumarsais, bei Harris, bei Høysgaard und bei Meiner (s. 3.3.2.). Daß auch die Verb-Kultur exzessive Ausmaße annehmen kann, zeigt Fearn (1824, 273 f) in der Art und Weise, wie er die sog. Präpositionen behandelt. „1. PREPOSITIONS and CONJUNCTIONS form Two Most Different Classes of Signs, or Parts of Speech; insomuch that it is, of itself alone, a proof of a very profound degree of general darkness in the Philosophy of Language, that these Two Classes have been confounded into one [hier richtet sich Fearn gegen Tooke, der dies tut]. 2. ALL SO-CALLED PREPOSITIONS are VERBS, and DEPENDENT Verbs, in *Relatively Present Time.*" Als Beispiele gibt er *to* und *in* in engl. *He comes to London* bzw. *He resides in England. comes* und *resides* sind die Hauptverben, die der Bezeichnung der Haupthandlung der beiden Sätze dienen. *to* und *in* sind hingegen „Minor Verbs", welche die „*dependent and defining Actions* of FINISHING London and INNING England" bezeichnen. Wie aus dem in 3.3.1., 3.3.2. und 3.3.3. Dargelegten ersichtlich, hat sich der von Andrea Guarna von Cremona (1536; nach Trabalza 1908, 246 f) in Szene gesetzte grammatikalische Krieg („Bellum grammaticale") zwischen Nomen und Verb bis in die jüngste Zeit hingezogen.

5.3. Funktionen

Es ist in 5.2. bereits unterschieden worden zwischen (a) Teilen des Satzes und (b) Namen der syntaktischen Gebilde (Minimaleinheiten oder Komplexe), die als Teile des Satzes verwendet werden oder — wie man auch sagt — fungieren können. In diesem letztgenannten Sinne unterscheidet man zwischen (α) den Funktionen der Wörter und Wortgruppen einerseits und (β) den Wörtern und Wortgruppen selbst andererseits. Madvig (1842/1971, 107 f) spricht von „Funktionen der Wörter nach der Form der Auffassung der Vorstellungen im Satze". Es handelt sich hier freilich nicht um die gleiche Art, in der der Ausdruck „Funktion" in dem unter 5.2. zitierten Gabelentz-Zitat verwendet wird, wo es etwa — wie u. a. auch bei Schmidt (1865) und Bréal (1877) — 'Bedeutung' heißt. Hier geht es um die „function im satzgefüge" (Paul 1886, 299). Die zwei „elemente", aus denen nach Paul (1886, 100) der Satz besteht, „verhalten sich zu einander nicht gleich, sondern sind ihrer function nach differenziert. Man bezeichnet sie als s u b j e c t und p r ä d i c a t". Es sind wohl die „elemente", die als Subjekt oder Prädikat bezeichnet werden, nicht die Funktionen. Demgegenüber sind es bei von der Gabelentz (1884, 274) ganz offensichtlich die „Funktionen im Satzganzen", die so oder anders bezeichnet werden: Was den „Satzbau" des Chines. betrifft, so rechtfertigt von der Gabelentz (1884, 278) für dessen Beschreibung die folgenden Unterscheidungen: (a) „zwischen Attribut und Prädikat", (b) „zwischen adnominalem und adverbialem Attribute", (c) „zwischen adverbialem Attribut und Objekt". Einen Zusammenhang mit dem mathematischen Funktionsbegriff stellt von der Gabelentz (1886, 100) zwei Jahre später her: „Bezeichne ich die Stammwörter durch A, B u.s.w., ihre Funktionen als Redeteile [es handelt sich hier nicht um die partes orationis] durch Potenzzeichen, und ihre zweifelhaften grammatischen Beziehungen durch ..., so faßt sich die gewöhnliche Aufgabe der Analyse in folgende Formel: $A^x .. B^y = z$ — scheinbar eine unauflösbare Gleichung. Nun ist aber A .. B entweder Satz oder Satzteil, so tritt an Stelle von z schon eine bestimmtere Größe. Und ferner sind von A und B die Grundbedeutungen bekannt, die ihrerseits wieder durch ihr logisches Verhalten gegeneinander und nach den Stellungsgesetzen Schlüsse auf die Redeteile der Wörter und ihre grammatische Beziehung gestatten. So wird des Bekannten immer mehr, und in den meisten Fällen gestaltet sich für den halbwegs geübten die Aufgabe etwa so einfach, als wenn man einem Mathematiker aufgäbe, in die Gleichungen 4 .. 2 = 6 [/] 4 .. 2 = 8 [/] 4 .. 2 = 16 die Funktionszeichen nachzutragen. Fälle wie 4 .. 2 = 2 wo man die Wahl hat zwischen Subtrahend, Divisor und Wurzel, gehören zu den seltenen Ausnahmen, schon bei unserm jetzigen Wissen." — Älter als die Rede von den grammatischen oder syntaktischen Funktionen ist jene von den „Satzverhältnissen". Becker (z. B. 1842, 56) unterscheidet davon drei Arten: das prädikative, das objekive und das attributive Satzverhältnis (Becker 1843, 7; s. auch Abb. 4.24.). Herling (1830, 251, 311, 385; 1832, 104) kennt das prädikative, das adverbiale und das adnominale Verhältnis. Das adverbiale Verhältnis entspricht dem Beckerschen objektiven Verhältnis. Kühner (1835, 3) schließt sich Becker an: Jenes „Verhältniß des Satzes, in dem Prädikat und Subjekt zu einander stehen, [heißt] das p r ä d i k a t i v e", „So wie das attributive Satzverhältniß zur nähern Bestimmung des Subjekts (eines Substantivbegriffes) dient, so dient das o b j e k t i v e Satzverhältniß zur nähern Bestimmung des Prädikats (eines Verbalbegriffes)" (Kühner 1837, 163 f). Erheblich umfangreicher ist der Katalog von Satzverhältnissen bei Schmitthenner (1826, 259), der außer dem adverbialen und dem adnominalen Verhältnis sieben universell gemeinte Urverhältnisse annimmt: (a) das Verhältnis des Subjekts, (b) das Verhältnis des Beteiligten, „sofern es eine Person ist, oder der **Bestimmung**, sofern es eine Sache ist" (Schmitthenner 1828, 93), (c) das Verhältnis des Objekts, (d) das Verhältnis des Ausgangspunkts in Raum und Zeit oder als Ursache und Urheber, (e) das Verhältnis des Ruhepunktes (in Zeit und Raum), (f) das Verhältnis des Zielpunktes (in Zeit und Raum), (g) das Verhältnis des Modus (Maß oder Art und Weise). Das Gemeinsame dieser Betrachtungs- und Redeweisen liegt darin, daß sich die verschiedenen Verhältnisse oder Funktionen — um die für diesen Artikel vereinbarte Terminologie zu benützen (s. 3.2.) — als inhaltliche Deutungen von Konnexionen verstehen lassen. Daß diese Deutungen unabhängig sind von der Art der angenommenen Strukturierung (s. 3.3. und 3.4.), erhellt aus dem Umstand, daß Becker (s. 3.4.) und Kühner (s. 3.3.2.) die gleichen Verhältnisse annehmen. Allerdings bringen es die unterschiedlichen Strukturierungsarten mit sich, daß die Namen der Verhältnisse oder Funktionen auf Verschiedenes angewandt werden. Bei Kühner ist das objektive Verhältnis eine Konnexion mit zwei Argumenten, die beide Minimaleinheiten sind: das eine Argument ist ein Substantiv, das andere ein Verb. Das objektive Verhältnis bei Becker hingegen ist eine Konnexion mit zwei Argumenten, die Minimaleinheiten oder Komplexe sind. Ein Objekt im Sinne von Becker ist grundsätzlich ein Komplex, lediglich im Spezialfall eine Minimaleinheit, ein Wort. Im Sinne von Kühner ist ein Objekt immer eine Minimaleinheit. M. W. ist Becker der erste, der den — schon vor ihm nicht unbekannten — Terminus „Objekt" in dieser Weise verwendet. — Inhaltliche Deutungen erfahren aber auch die Argumente der „Verhältnisse". So steht die Unterscheidung zwischen Subjekt und Prädikat in engstem Zusammenhang mit der Lehre vom Urteil. Das Subjekt wird dann als „Gegenstand, von welchem etwas ausgesagt wird" (Heyse 1844 a, 1), betrachtet. Danach ist Cäsar dieser Gegenstand in dt. *Cäsar überschritt den Rubico*. *Cäsar* ist hier Subjekt. In *Der Rubico wurde von Cäsar überschritten* hingegen ist *der Rubico* das Subjekt. Dadurch aber, daß der Subjektsbegriff mit einer weiteren Deutung versehen wurde, entfalteten sich im Laufe des 19. Jh.s begriffliche und terminologische Komplikationen. Bei Becker (1843, 6) heißt es: „Das **Subjekt** — der Begriff eines Seins, von dem gesprochen wird — und das **Prädikat** — der Begriff einer Tätigkeit, die von dem Subjekte ausgesagt wird — sind die Faktoren eines jeden Satzes." Durch die Vorstellung, daß das Subjekt etwas Tätiges ist, muß sich zwar nicht notwendigerweise etwas an der Beurteilung der zitierten Sätze ändern, es hat sich aber gezeigt, daß sich mit dieser Vorstellung auch die Bestimmung der Subjekte verändert hat. Folgt man Stern (1840, 170), so kann, ja muß man bei den gegebenen Bestimmungen der Subjekte bleiben: „Wir nennen bei allen diesen einfachen Satzarten die gegenständliche Anschauung das **Subjekt** und die zeitliche das **Prädikat** des Satzes. [...] Wir müssen auch bemerken, daß das Subjekt keineswegs immer den thätigen Gegenstand bezeichne; denn im Passiv-Satze kommt gar kein thätiger Gegenstand vor, da die gegenständliche Anschauung im Beziehungsverhältniß des durch die Thätigkeit Gewirkten zur Zeitanschauung steht." Und ganz in diesem Sinne heißt es bei von der Gabelentz (1861, 458): es „muss angenommen werden, dass auch beim Passivum das Subject als wirkliches Subject, nicht als Object der Handlung gelten soll, denn sonst würde man keinen Grund einsehen, warum die active Redeweise mit der passiven vertauscht ist. Eine blosse Willkühr, wie sie sich sonst hier kund geben würde, bleibt von der Sprachbildung ausgeschlossen [...]; es muss also unzweifelhaft die Anschauungsweise des Sprechenden den Grund abgegeben haben, dass das eigentliche Object der Handlung doch als Subject dargestellt worden ist. **Dies ist aber nur dann möglich, wenn auch beim Passivum das Subject als in gewisser Beziehung activ gedacht worden ist.**" Eine Veränderung der Betrachtungsweise ergibt sich, wenn man einerseits vom Subjekt Tätigkeit behauptet, für das Subjekt im Passivsatz solche aber bestreitet: dann unterscheidet man beim Passivsatz grammatisches Subjekt (*der Rubico*) und logisches Subjekt (*Cäsar*). Hierzu liest man bei Wundt (1900, 260f): „Wenn man behauptet, in den zwei Sätzen *Cäsar überschritt den Rubico* und *der Rubico wurde von Cäsar überschritten* sei das logische Subject dasselbe, während das grammatische wechsle, so hat man dabei ganz gewiss das Subject im Aristotelischen Sinne, als das der Aussage zu Grunde liegende, schon aus dem Auge verloren und ihm einen psychologischen Gesichtspunkt, nämlich den, dass das Subject ein handelndes sein müsse, untergeschoben. Handelnde Persönlichkeit ist natürlich in beiden Fällen Cäsar. Aber die **Grundlage** der

Aussage ist er nur im ersten und nicht im zweiten Satze. Jener enthält eine Aussage über Cäsar, dieser eine solche über den Rubico. Dies ist ein wesentlicher logischer Unterschied, der in dem Gedankenzusammenhang der Rede seinen guten Grund hat, falls die abweichenden Satzformen überhaupt nach zureichenden logischen Motiven gewählt sind; und dies muss natürlich stets angenommen werden, wenn man ihre formale Bedeutung bestimmen will. Dann fallen aber auch im Aussagesatz logisches und grammatisches Subject, logisches und grammatisches Prädicat immer zusammen.

5.4. Kategorien und Regeln

Für Strukturen der in 3.3. vorgestellten Form genügt es, zur Beschreibung einer Sprache, also zur Beschreibung einer Vielzahl von Sätzen, als Kategorien außer der Kategorie „Satz" (lógos) lediglich die Wortarten (tà mérē tēs léxeōs) zu betrachten. Weitere haben keinen Platz. Sobald aber Konnexionen angenommen werden, die Komplexe als Argumente nehmen, ergeben sich — bezogen auf das System, mit dem eine bestimmte Sprache beschrieben wird — zusätzliche Kategorien. In Abb. 4.18. z. B. ist das plágion katēgórēma als Exemplar einer derartigen Kategorie aufzufassen: es ist die Kategorie der einstelligen Prädikate, in die nicht nur das zusammengesetzte Prädikat „... phileĩ$_1$ Dionýsion$_2$" ('... liebt$_1$ Dionysios$_2$'), sondern auch das einfache „... dialégetai" ('... spricht') fällt. Während Becker (s. 3.4.) die von ihm etablierten Komplexe nur im Hinblick auf die „Verhältnisse" betrachtet, in denen sie vorkommen, spricht Ries (1928, 16 ff) von (engen) Gruppen, die nicht nach ihrer „syntaktischen Funktion", sondern kategorial nach dem Hauptglied oder dem Kern bestimmt und benannt werden: „Die häufigste und wichtigste Art der Gruppenbildung ist die der E n g e n G r u p p e n: die A n g l i e d e r u n g. Die Unterteilung der äußerst vielgestaltigen A n g l i e d e r g r u p p e n [...] erfolgt zunächst nach dem wesentlichen Merkmal, durch das sie sich formal unterscheiden: die verschiedene Wortart ihres Grundbestandteils. Danach gibt es v i e r U n t e r a r t e n d e r E n g e n G r u p p e n: 1. A d v e r b i a l g r u p p e n [...], 2. A d j e k t i v g r u p p e n, 3. S u b s t a n t i v g r u p p e n, 4. V e r b a l g r u p p e n. Die weitere Gliederung geschieht dann teils nach den Verschiedenheiten der angegliederten Gruppenteile in Wortart und Wortform, teils nach dem Beziehungsverhältnis und der Bedeutung der Glieder." „Als Adverbiale (im weiteren Sinne) werden hier auch Interjektionen, Präpositionen und Konjunktionen mitverstanden, so daß der Name alle nicht flektierbaren Wörter umfaßt." Derartige Kategorien werden später auch als Distributionsklassen gerechtfertigt. Wenn es auf den Unterschied zwischen ihnen und den Wortarten nicht ankommt, wird in diesem Artikel einfach „Kategorie" verwendet. — Erst das Zusammenspiel von syntaktischen Funktionen und syntaktischen Kategorien ermöglicht die systematische Beschreibung einer Vielzahl von Sätzen einer Sprache. Es erlaubt die Formulierung von Regeln, nach denen Sätze zu analysieren sind, oder von solchen, nach denen sie zu bilden sind. Wenn es bei Apollonios (Γ, 155) heißt, ein nominativisches Nomen mit transitivem Verb (z. B. griech. *Trýphōn phileĩ*, s. 3.4.) verlange einen obliquen Kasus, so wird dabei offenkundig das Wissen vorausgesetzt, daß die „Funktion" des obliquen Kasus — wenn man von abhängigen Sätzen (hier: von Objektsätzen) absieht — nur Nomina und Pronomina einnehmen können. Andererseits hat Julien (1841, 416) an Hand eines chines. Beispiels dargelegt, daß es zum Übersetzen eines bestimmten Ausdrucks (s. 8.2.) nicht ausreicht zu wissen, daß *jing* ('Grenzlinie') ein Nomen ist. Man muß etwa auch wissen, ob dieses Nomen im gegebenen Fall in der „Funktion" des Nominativs oder des Akkusativs (régime direct) steht. Wie dürftig vom heutigen Standard aus betrachtet syntaktische Regeln auch formuliert waren — sofern es solche überhaupt gab (s. 9.) —, es spielten dabei, wenn man die terminologischen Differenzen beiseite läßt, diese beiden Dinge eine Rolle: die „Funktionen" und die „Kategorien". Oft muß man freilich den Zusammenhang durch Blättern selbst herstellen, wie bei Heyse (1834, 94, 112): „Ein H a u p t w o r t oder S u b s t a n t i v ist der Namen für etwas entweder w i r k l i c h S e l b s t ä n d i g e s, oder nur als s e l b s t ä n d i g G e d a c h t e s." „Das Hauptwort kann eben sowohl r e g i e r e n d, als r e g i e r t erscheinen. Als S u b j e c t ist es immer regierend und beherrscht den ganzen Redesatz. Es steht als solches nothwendig im Nominativ [hier als Gegenstand der sýnthesis, als morphologischer Ausdruck des Subjekts]; denn dieser Casus ist der Unabhängigkeitsfall; die drei andern Fälle bezeichnen Verhältnisse der Abhängigkeit." Einen recht eigenständigen Weg ist Tendeloo (1901 I, 250 ff) bei der syntaktischen Beschreibung des Malaiischen gegangen. Wegen der Klarheit des Vorgehens sei dieser Weg hier skizziert. Tendeloo unterscheidet sechs Wortarten: (a.a) Pronomina, (a.b) Nomina, (b.a) Adjektiva, (b.b) Numeralia, (b.c) Verba, (b.d) Adverbia und bezieht sie auf die Begriffe „Subjekt" und „Prädikat", um die Regeln für den einfachen — d. h. einzig aus Subjekts- und Prädikatswort bestehenden — Satz und danach (Tendeloo 1901 I, 268 ff) die für die übrigen Bestimmungen zu formulieren. Die beiden ersten Wortarten seien Subjektswörter, die übrigen Prädikatswörter. Die allgemeine Regel für den Satz in seiner elementarsten Form lautet: „Das Subjekt besteht notwendigerweise aus einem Subjektswort, und das Prädikat entweder aus einem Subjektswort oder aus einem Prädikatswort." — Ausgehend von zwei Basiskategorien, nämlich n[omen] und v[erb], bildet Schultz-Lorentzen (1926/67, [V]. 329 ff) — Boas folgend — für die Klassifikation der grönländ. Suffixe abgeleitete Kategorien, und zwar nn für Suffixe, die aus einem n ein n machen, nv für solche, die aus einem n ein v machen, vn für solche, die aus einem v ein n machen, und vv für solche, die aus einem v ein v machen; Beispiele: -'nguaк (nn) macht aus igdlo ('Haus', n) igdlúnguaк ('Häuschen', n), -liorpoк (nv) macht aus kavfe ('Kaffee', n) kavfiliorpoк ('bereitet Kaffee zu', v), -ssoк (vn) macht aus toкuvoк ('ist tot', v) toкussoк ('der Tote', n) und -ssarpoк (vv) macht aus nerivoк ('ißt', v) nerissarpoк ('pflegt zu essen', v).

5.5. Der Satz

Faßt man den Satz als eine Kategorie auf, so ergibt sich ein fundamentaler Unterschied, je nachdem, auf welche Art von Strukturierung diese Kategorie bezogen wird. Wird so strukturiert, daß Komplexe als Argumente ausgeschlossen sind (s. 3.3.), dann ist der Satz nicht Bestandteil der Struktur, vielmehr ist er der Struktur global zugeordnet, die ihn beschreibt. Wenn die Wortarten Kategorien sind und der Satz ebenfalls eine Kategorie sein soll, so ergibt sich für eine solche Struktur, daß es sich um zwei völlig verschiedene Kategorienarten handelt. Die Kategorie$_1$ „Satz" ist mit keiner Kategorie$_2$, d. h. mit keiner Wortart derart verbunden, daß man sagen könnte, der Satz hänge von einer bestimmten Minimaleinheit ab, etwa — bezogen auf Abb. 4.7. — von dem Wort kamen, oder ein bestimmtes Wort wie kamen hänge vom Satz ab. Entsprechendes gilt für die übrigen Deutungen der Konnexionen als Determinations-, Individualisierungs-, Modifizierungsrelationen etc. Demgegenüber kann die Kategorie „Satz" in einer Struktur, in der es komplexe Argumente gibt, als eine Kategorie unter anderen dargestellt werden, in der Regel wird sie als die größte betrachtet. Sie ist mit allen anderen Kategorien systematisch verbunden, wobei die verbindenden Konnexionen durchgängig als „ist ein Glied von" oder umgekehrt als „gliedert sich in", „verbindet sich zu" gedeutet werden. In diesem Sinne sind bei Wundt (1900, 258) „Subjekt und Prädikat" „die Hauptglieder" des Satzes, und bei Becker (1842, 54) heißt es entsprechend: „Jeder Satz z. B. 'Der Vogel fliegt' besteht aus dem Prädikate und dem Subjekte." Allerdings sind die Formulierungen in der Regel unzuverlässig, weil von Gliedern, Bestandteilen, Teilen, ja von „besteht aus" auch dann die Rede ist, wenn Satzstrukturen gemeint sind, in denen es keine komplexen Argumente gibt (s. 3.6.). Schließlich sind seit alters her die einzelnen in einem Satz vorkommenden Wörter die Teile eben dieses Satzes: tà mérē tēs léxeōs, partes orationis. Bei Lane (1700, 75) heißt es: „The essential parts of a Sentence [...] are a Verb and the Nominative of the Subject". Bei Heyse (1834, 264; 1838, 132) sind Subjekt und Prädikat die wesentlichen Stücke bzw. die Bestandteile des Satzes. Bei Mikkelsen (1894, 246) heißen das „Namenwort" und das „Aussagewort" die Hauptglieder des Satzes. Und nach Buslaev (1881/1959, 269) „besteht" der Satz „aus" Subjekt und Prädikat (ähnlich Ohijenko 1935, 145). Greč und Buslaev verwenden „besteht aus": „Der einfache Satz besteht aus einer Vereinigung eines Prädikats mit einem Subjekt" (Greč 1827, 247). In beiden Fällen kann diese Redeweise mit dem Umstand zusammenhängen, daß — bei beiden Autoren verschieden — Strukturen mit komplexen Argumenten eine Rolle spielen (zu Greč s. 3.4.; zu Buslaev s. 4.). Ungeachtet der nicht immer unmißverständlichen Redeweisen ist der erwähnte Unterschied in der Handhabung des Begriffes „Satz" evident. Bemerkenswert ist, daß er weder von Ries (1931) noch von Seidel (1935) erwähnt wird. Selbst bei Matthews (1981) fehlt ein Hinweis.

5.6. Die Kopula
oder das verbum substantivum

Rhēma hyparktikón ('Existenzverb') nennt Apollonios (B, 140) das griech. Verb eimí, estí ('bin, ist'). Priscians latein. Übersetzung — verbum substantivum — hat im 12. Jh. Petrus Helias zu Spekulationen über die Bedeutung dieses Verbs, das auch Kopula genannt wird, geführt: es bedeute Substanz im Modus der Tätigkeit (nach Hunt 1941, 231). Thomas von Erfurt (1325/1972, 91) stellt die Hypothese auf, daß jedes Verb aufzulösen sei in einen nominalen Bestandteil (ein Partizip) und eine Kopula. Diese Auflösung — compositio genannt — war als logische Operation gedacht. Bei Sanctius (s. 5.2.) wird sie spätestens grammatikalisiert. Diese Behandlung des Verbs habe ich — mit einer Ausnahme — systematisch nur in Werken gefunden, in denen ausdrücklich oder unausgesprochen N-Determinationsstrukturen angenommen werden. (Die Ausnahme bildet Herling, z. B. 1832, 27; s. 3.3.4.). Während diese Verbanalyse in Frankreich und in Rußland noch weit bis ins 19. Jh. hinein belegt werden kann (Destutt de Tracy 1817, 89; Greč 1827, 251), verliert sie im deutschsprachigen Bereich um 1800 an Bedeutung. So heißt es zwar noch bei Billroth (1832, 202): „Zu jedem Satze ist also nöthig 1) ein Subject [...], 2) ein Prädicat [...], 3) eine Copula [...]", in Abb. 4.9. kann man aber Billroths tatsächliche Behandlung des Verbs betrachten. Die Analyse des Verbs als Nomen + Kopula paßt nicht in eine Struktur mit Nomen-Verb-Ring. Aber auch in Rußland kommt diese Analyse bald außer Gebrauch. Für Biljarskij (1857, 266) ist die Lehre von der Dreiteiligkeit des Satzes (Subjekt — Prädikat — Kopula) „nichts anderes als ein spitzfindiger Sophismus". Vostokov (1844) sei der erste, der — wohl einschränkend: in Rußland — die Zweiteiligkeit des Satzes vertreten hat. Im französischsprachigen Europa führt die Tradition bis in dieses Jahrhundert (Bally 1932/65, 102); freilich kann man hier ähnliche Probleme wie bei Billroth vermuten (s. 3.3.3.). Läßt man die Annahme beiseite, jedes Verb sei in nominalen Teil und Kopula zu zerlegen, so bleibt noch die Betrachtung jener Fälle, in denen tatsächlich eine Kopula auftritt. Hier kann man zwei Vorgehensweisen beobachten: entweder (a) die Kopula wird wie jedes andere Verb behandelt oder (b) nominaler Teil samt Kopula wird wie ein Verb aufgefaßt. Das Verfahren (a) ist dokumentiert in den Abb. 4.9. (este), 4.21. (erau̇), 4.41. und 4.43. (är). Nach dem Verfahren (b) geht Jespersen (1913, 31 ff, 56; 1921, 4ff) vor. In dän. En_1 $björn_2$ er_3 en_4 $rovdyr_5$ ('Ein$_1$ Bär$_2$ ist$_3$ ein$_4$ Raubtier$_5$.') entspricht *er en rovdyr* genau einer Minimaleinheit; *er* ist keine Einheit der sýntaxis, sondern der sýnthesis. In dän. $Hund_1en_2$ er_3 $stor_4$ ('Der$_2$ Hund$_1$ ist$_3$ groß$_4$.') und $Hund_1en_2$ $gøede_3$ ('Der$_2$ Hund$_1$ bellte$_3$.') sind *er stor* und *gøede* je das „sekundäre Wort", das das primäre spezifiziert. Wie *er* ist die finite Form *gøede* Gegenstand der sýnthesis. In der sýntaxis unterscheiden sich die zitierten Beispiele prinzipiell nicht von dem Fall russ. Dom_1 nov_2 ('Das$_1$ Haus$_1$ ist$_2$ neu$_2$.'), in dem es weder in der sýntaxis noch in der sýnthesis eine Kopula gibt. Ein ähnliches Vorgehen findet man schon bei Meiner (1781, 80 f), bei dem allerdings die Lehre von der Dreiteiligkeit des Satzes noch durchschimmert. Er unterscheidet zwei Arten von Wörtern, die „zu Prädikaten gebraucht werden können": „A. Verba, die etwas unselbständiges bezeichnen und zugleich die Copulam propositionis mit in sich schließen. Daher sie zu weiter nichts, als nur alleine zu Prädikaten gebraucht werden können. [...] B. Adjectiua, die zwar wie die Verba, etwas unselbständiges bezeichnen, aber nicht so, wie die Verba, eine copulam propositionis mit in sich schließen. Daher sie zwar eben so, wie die Verba, zu Prädikaten gebraucht werden können, wenn die copula propositionis ausdrücklich beygefügt wird; demnach ist rubrum esse eben so viel, als das einzige Verbum: rubere ['roth seyn'], nigrum esse so viel, als nigrere ['schwarz seyn'] [...]." Es liegt hier gewissermaßen die Umkehrung der alten Kopula-Lehre vor.

6. Koordination vs. Subordination

Wie in 4. erwähnt, werden Phänomene, die heute unter den Terminus 'Koordination' fallen, bereits von Apollonios erörtert. Allerdings fehlt bei ihm und offenkundig bei allen Syntaktikern bis zum Anfang des 19. Jh.s eine Unterscheidung zwischen Doppeldependenzen des Høysgaardschen Typs, bei denen voneinander verschiedene Konnexionen beteiligt sind, und solchen Mehrfachverknüpfungen, wie man sie in *Kaì Trýphōn diéléxato kaì Apollṓnios* (s. 4.) annehmen kann. In bezug auf Verknüpfungen des letztgenannten Typs heißt es bei Lane (1700, 102): „No Conjunction joins any Case, but always Sentences, tho very often by reason of the suppression of other words in the Sentence it falls out that the like Case is before and after the Conjunction, on which the Grammarians falsly grounded a Rule, That Conjunctions couple like Cases." Der von Lane kritisierten Annahme begegnet man z. B. bei Greč (1827, 237). Er unterscheidet für das Russ. zwischen (1) einfachem, (2) komplexem, (3) nicht-zusammengesetztem und (4) zusammengesetztem Subjekt (und wohl auch zwischen entsprechenden Objekten etc.). Als (russ.) Beispiele für die vier Arten

4. Westliche Entwicklungen

von Subjekten — „nominatives of the subject" müßte es nach Lane (1700, 75) heißen — führt Greč an: (1)(a) *Róza$_1$ cvĕtĕt$_2$* ('Die$_1$ Rose$_1$ blüht$_2$'), (b) *preléstnaja$_1$ ⌒ bélaja$_2$ róza$_3$* ('die$_3$ entzückende$_2$, weiße$_2$ Rose$_3$'); (2) *Róza$_1$ i$_2$ lílija$_3$ cvĕtút$_4$* ('die$_1$ Rose$_1$ und$_2$ die$_3$ Lilie$_3$ blühen$_4$'); (3)(a) *Roza cvĕtĕt*; (b) *Lílija$_1$ i$_2$ fijálka$_3$ cvĕtút$_4$* ('die$_1$ Lilie$_1$ und$_2$ die$_3$ Phiole$_3$ blühen$_4$'); (4) *preléstnaja$_1$ ⌒ álaja$_2$ róza$_3$* ('die$_3$ entzückende$_2$ hellrote$_2$ Rose$_3$'). Darüber hinaus behandelt Greč aber auch das Prädikat entsprechend: (1)(a) *Roza cvějet*; (b) *Roza i lilija cvĕtut*; (2)(a) *Róza$_1$ bĕlá$_2$ i$_3$ nĕžná$_4$* ('Die$_1$ Rose$_1$ ist$_{2,4}$ weiß$_2$ und$_3$ zart$_4$'); (b) *Róza$_1$ cvĕtĕt$_2$ i$_3$ blagouxáet$_4$* ('Die$_1$ Rose$_1$ blüht$_2$ und$_3$ duftet$_4$'); (3)(a) *Roza cvĕtĕt*; (b) *Lilija bĕla i nĕžna*; (4) *Róza$_1$ cvĕtĕt$_2$ óčen'$_3$ pýšno$_4$* ('Die$_1$ Rose$_1$ blüht$_2$ sehr$_3$ üppig$_4$'). Zu beachten ist der Unterschied in der Kommasetzung bei (1)(b) gegenüber (4). Entsprechend unterscheidet Herling (1828, 174) „zwei wesentlich verschiedene Verhältnisse" für den Fall, daß ein Substantiv mehrere Attribute hat: „1) Die Attribute gehen einzeln, als Theile einer Gesammteigenschaft auf das Substantiv", sofern „beiordnendes Verhältniß" vorliegt; „2) das erste Attribut geht auf die Vereinigung der andern Attribute mit ihrem Substantiv, als auf Einen Begriff; es umfaßt also das Substantiv einschließlich seiner andern Attribute. Wir nennen dieses Verhältniß daher das einschließende Verhältniß." „Die braven, deutschen Krieger sind andere, als die braven deutschen Krieger." Auch hier wird der Unterschied orthographisch durch Setzen bzw. Nicht-Setzen des Kommas gekennzeichnet. — Bei Herling (1830, 68 ff) begegnet man auch der Zusammenziehung zweier Sätze — bei Lane (1700, 103): 'Contraction by suppressing' —, wie er sie in den dt. Ausdrücken *Er springt und singt* und *Wo Blitz und Donner schreckt* sieht. In der zweiten Hälfte des 20. Jh.s stößt man auf die Idee z. B. bei Gleitman (1965), freilich ohne daß hier ein Hauch der Tradition spürbar wäre. — Was Lane (1700, 75) betrifft, so scheint er zu jenen Grammatikern zu gehören, die N-V-Ringe annehmen: „The essential parts of a Sentence, without which it cannot be, are a Verb and the Nominative of the Subject; all other words in a Sentence depend upon one of these two mediately or immediately." Andererseits hat er — wie aus dem angeführten Zitat ersichtlich — im Sinne, die Verknüpfung von Sätzen zu beschreiben, und zwar nicht nur solche mit *and* oder *or, either, neither*, sondern ganz generell die Verknüpfung zur „Periode": „What

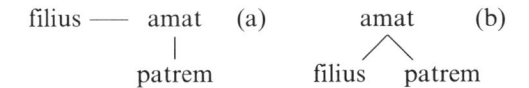

```
filius ——— amat    (a)        amat        (b)
  |                           /    \
patrem                   filius   patrem
```

Abb. 4.47: Tesnière lehnt Nomen-Verb-Ring (a) ab, befürwortet die Auszeichnung des Verbs (b)

Hauptsatz:
    Subjekt ——————— Prädikat
    rektorn   *lofvade*
                              ↑
                           Nebensatz

Nebensatz:
    Subjekt ——————— Prädikat
    vi   *skulle få*
                              ↑
                         skridskolof

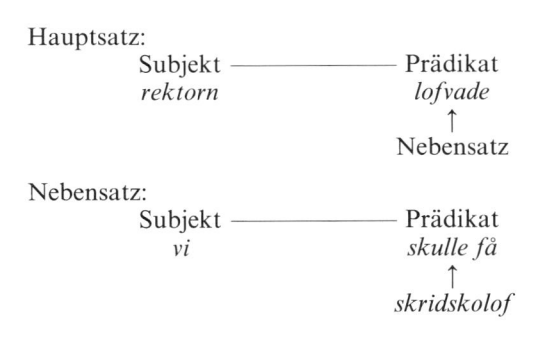

Abb. 4.48: Nicht-Verbundenheit von Haupt- und Nebensatz bei Beckman (1904)

are the Members of a Period? [...] The Members of a Period are two compound Sentences, and sometimes three, rarely four" (Lane 1700, 103 f). Für die Beschreibung von Satzverknüpfungen, und zwar sowohl von „subordinativen" als auch von „koordinativen", ergeben sich spezielle Probleme, wenn zwischen nominativischem Nomen und finitem Verb wechselseitige Abhängigkeit, wechselseitige Dominanz o. ä. angenommen wird (s. 3.3.3.). In der einschlägigen grammatischen Literatur ist mir keine Stelle bekannt, in der auf diese Schwierigkeiten hingewiesen worden wäre. Auch Tesnière (1959/65, 103 ff), der D-Dependenzstrukturen annimmt, nennt solche anläßlich seiner Kritik an der Ranggleichsetzung des nominativischen Nomens mit dem finiten Verb, d. h. an der Etablierung dessen, was hier N-V-Ring (s. 3.3.4.) genannt wird, nicht. (Als Ahnherren dieser Gleichsetzung nennt er Aristoteles und die Gelehrten von Port Royal.) Einzig die „formale apriorische Logik", auf denen die „traditionelle Grammatik" beruhe, lehnt er ab und folglich auch eine Struktur wie in Abb. 4.47.(a) für latein. *Filius$_1$ amat$_2$ patrem$_3$* ('Der$_1$ Sohn$_1$ liebt$_2$ den$_3$ Vater$_3$.'); er schlägt dafür Abb. 4.47.(b) vor. Augenfällig werden die mit einem N-V-Ring verbundenen Schwierigkeiten bei der Betrachtung der Abb. 4.48. und 4.49. Abb. 4.48. zeigt die Figur, die Beckman (1904, 202) dem schwed. Ausdruck *Rektor$_1$n$_2$ lofvade$_3$, att$_4$ vi$_5$ skulle$_6$ få$_7$ skridskolof$_8$* ('Der$_2$ Rektor$_1$

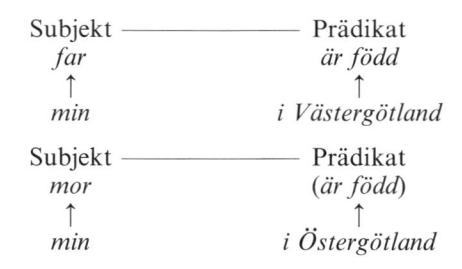

```
Subjekt ─────────── Prädikat
  far                är född
   ↑                    ↑
  min              i Västergötland
Subjekt ─────────── Prädikat
  mor                (är född)
   ↑                    ↑
  min              i Östergötland
```

Abb. 4.49: Koordinierte Sätze ohne Zusammenhang bei Beckman (1904)

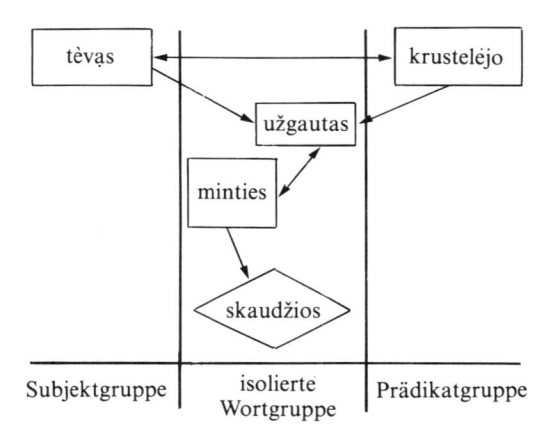

```
┌──────┐              ┌──────────┐
│ tėvas│◄────────────►│ krustelėjo│
└──────┘              └──────────┘
            ╲  ╱
          ┌────────┐
          │užgautas│
          └────────┘
              ▲
          ┌───────┐
          │minties│
          └───────┘
              ▲
           ◇skaudžios◇
```

| Subjektgruppe | isolierte Wortgruppe | Prädikatgruppe |

Abb. 4.50: Nebensatzstruktur (Partizipialkonstruktion) bei Balkevičius (1963)

versprach$_3$, daß$_4$ wir$_5$ Schlittschuhferien$_8$ erhalten$_7$ werden$_6$.'), Abb. 4.49. jene, die er dem schwed. Ausdruck Min$_1$ far$_2$ är$_3$ född$_4$ i$_5$ Västergötland$_6$ och$_7$ min$_8$ mor$_9$ i$_{10}$ Östergötland$_{11}$ ('Mein$_1$ Vater$_2$ ist$_3$ in$_5$ Västergötland$_6$ geboren$_4$ und$_7$ meine$_8$ Mutter$_9$ in$_{10}$ Östergötland$_{11}$.') zuordnet. In Abb. 4.48. ist die Struktur für den Nebensatz mit der des Hauptsatzes nicht verbunden, so daß im Graphen gar nicht ausgedrückt werden kann, was ausgedrückt werden soll, nämlich: „Hier ist der Nebensatz also Bestimmung des Subjektes." Und entsprechend sind in Abb. 4.49. die Strukturen für die zwei koordinierten Sätze nicht miteinander verbunden. Einen anderen Lösungsweg weist eine Struktur, die Balkevičius (1963, 242) für den litauischen Ausdruck Skaudžiõs$_1$ mintiẽs$_2$ užgáutas$_3$, krùstelėjo$_4$ tėvas$_5$ ('Geschlagen$_3$ von einem$_1$ qualvollen$_1$ Gedanken$_2$ bewegte$_4$ sich$_4$ der$_5$ Vater$_5$.') — einen Ausdruck mit Partizipialkonstruktion — bietet: Abb. 4.50. Allerdings mutet diese Lösung willkürlich an. Die durch liegende Rechtecke symbolisierten Prädikatsverben werden gegenüber den durch Qua-

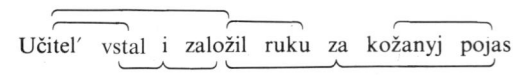

```
  ⌢         ⌢    ⌢
Učitel' vstal i založil ruku za kožanyj pojas
```

Abb. 4.51: Hybride Koordinationsstruktur bei Peterson (1923)

drate symbolisierten Subjekten ausgezeichnet, freilich — und das macht die Willkür aus — nur bei den Nebensätzen. (Der genitivische Teilausdruck skaudžios minties wird als Subjekt betrachtet.) Will man unter Beibehaltung der übrigen Hypothesen derartige Fehler heilen, so führt der einzig naheliegende Weg zu der Annahme von Konnexionen zwischen Komplexen und somit im ersten Schritt zu hybriden Strukturen. Eine solche hybride Struktur mit einem Fall von Koordination liegt offenkundig in der Figur von Abb. 4.51. vor, die Peterson (1923, 35) für russ. Učitel'$_1$ vstal$_2$ i$_3$ založil$_4$ rúku$_5$ za$_6$ kóžanyj$_7$ pójas$_8$ ('Der$_1$ Lehrer$_1$ stand$_2$ auf$_2$ und$_3$ legte$_4$ die$_5$ Hand$_5$ an$_6$ den$_8$ Ledergürtel$_8$.') gibt (s. 3.3.4.). Letztlich führt der Weg freilich zu Strukturen mit komplexen Argumenten (s. 3.4.). — Während auf diese Weise das bestimmende, das determinierende oder abhängige Argument der Konnexion als Komplex auftritt, ist es bei Herlings „Einordnung" (s. 3.3.4.) das bestimmte, das determinierte oder das dominierende. — Während bei Lane als Charakteristikum einiger Konjunktionen (and, or, either, neither) lediglich die „suppression" genannt wird, kommt zu Anfang des 19. Jh.s eine Unterscheidung auf, die bis heute unter den Bezeichnungen „Subordination" und „Koordination" bekannt ist (hierzu s. Sandmann 1970). Von einem „subordinierten Satz, der von einem anderen Satz abhängt", liest man bereits bei Condillac (1770), «coordination» ist hingegen noch bei Destutt de Tracy (1817, 174, 243) synonym zu „Syntax". Die Unterscheidung ist — wenn auch nicht mit besagter Terminologie — belegt bei Murray (1796, 92; nach Michael 1970, 474): „'Thou seest a man, and he is called Peter' is a sentence consisting of two distinct clauses, united by the copulative and: but 'the man whom thou seest is called Peter' is a sentence of one clause, and not less comprehensive than the other." Mit deutscher Terminologie — Unterordnung bzw. Beiordnung — findet sich die Unterscheidung bei Herling (1830, 63), wobei hier die dritte Verknüpfungsart, die erwähnte „Einordnung" außer Betracht bleiben soll. „Wir nennen einen Nebensatz einem andern Haupt- oder Nebensatze untergeordnet, in-

4. Westliche Entwicklungen

sofern er einem Worte desselben, welches seine Flexion bedingt, untergeordnet ist [...]. Selbst wo ein Nebensatz prädikativ steht, wird er [...] als der Copula, dem eigentlichen Verb, untergeordnet betrachtet", heißt es bei Herling (1832, 27). Und: „Nebensätze sind solche Sätze, welche, ihrem grammatischen und syntactischen Verhältnisse nach, als Umschreibungen eines, einem andern Satze angehörigen, Sprachtheils anzusehen sind; [...]. Ein Hauptsatz aber ist ein solcher Satz, der für sich in grammatischer Hinsicht selbständig ist und nicht als Umschreibung eines Sprachtheils, welcher einem andern Satze zugehört, betrachtet werden muß" (Herling 1832, 13). Wie er sich genauer die Struktur dieser „Umschreibungen" vorstellt, führt Herling nicht aus. Wenn man annimmt, daß er auch in „Nebensätzen" das Verb, wie in 3.3.2. dargelegt, auszeichnet, ergeben sich jedenfalls nicht Probleme derart, wie sie bei N-V-Ringen notwendigerweise auftreten. Der Nebensatz ist dann mit dem Satz, in welchem er einen „Sprachtheil" — ein Wort also — umschreibt, im Prinzip strukturgleich und mit ihm unmittelbar oder vermittelt über eine Konjunktion oder ein Relativpronomen verbunden. Die unmittelbare Verbindung zeigt Abb. 4.7. von Kern. Die Konjunktion *als* ist hier Ausdruck für diese Verbindung, also Gegenstand der sýnthesis (s. 9.2.). Bei Petrov (1906, 127), der für russ. *Ostavjá$_1$ nášu$_2$ nóru$_3$ i$_4$ perebrávšis'$_5$ góru$_6$, granicu$_7$ nášix$_8$ stran$_9$ pustilsja$_{10}$ ja$_{11}$ běžat'$_{12}$, kak$_{13}$ molodój$_{14}$ myšénok$_{15}$ kotoryj$_{16}$ xóčet$_{17}$ pokazát'$_{18}$, čto$_{19}$ on$_{20}$ už$_{21}$ ne$_{22}$ rebénok$_{23}$* ('Indem$_1$ ich$_1$ unsere$_2$ Höhle$_3$ verließ$_1$ und$_4$ nachdem$_5$ ich$_5$ den$_6$ Berg$_6$, die$_7$ Grenze$_7$ unserer$_8$ Lande$_9$, überschritten$_5$ hatte$_5$, begab$_{10,12}$ ich$_{11}$ mich$_{10}$ auf$_{10,12}$ den$_{10,12}$ Weg$_{10,12}$, wie$_{13}$ ein$_{15}$ junges$_{14}$ Mäuschen$_{15}$, das$_{16}$ zeigen$_{18}$ will$_{17}$, daß$_{19}$ es$_{20}$ kein$_{22}$ kleines$_{23}$ Kind$_{23}$ mehr$_{21}$ ist$_{20,23}$.') eine Art Graphen gibt, bleiben die genaueren Beziehungen zwischen den zwei Nebensätzen und den zwei Partizipialkonstruktionen einerseits und dem Hauptsatz andererseits unbezeichnet: Abb. 4.52. — Die Beschreibung von Subordination bereitet keinerlei grundsätzliche Probleme, wenn Strukturen mit komplexen Argumenten angenommen werden. Die ältesten mir bekannten Graphen, die diesem Verfahren entsprechen, stammen von Wundt (1900, 327). Es handelt sich in Abb. 4.53. um den Fall, daß der Nebensatz ein Relativsatz ist, und in Abb. 4.54. um den Fall des konjunktional eingeleiteten Nebensatzes. Dabei symbolisiert G „die Gesammtvorstellung, aus

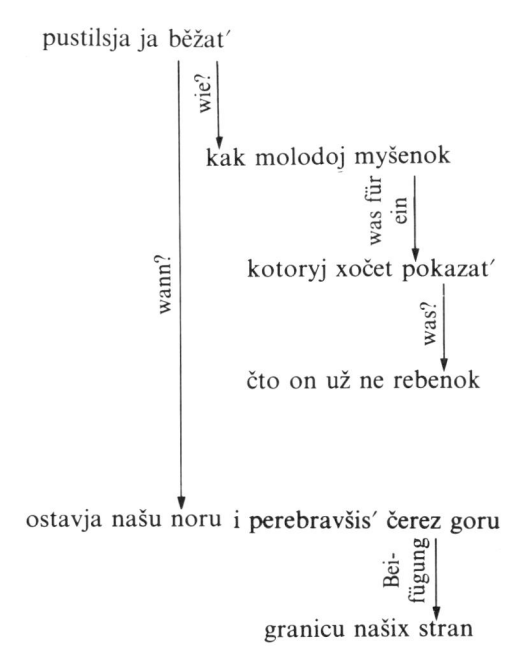

Abb. 4.52: Nicht-charakterisierte Beziehungen zwischen Haupt- und Nebensatz bei Petrov (1906)

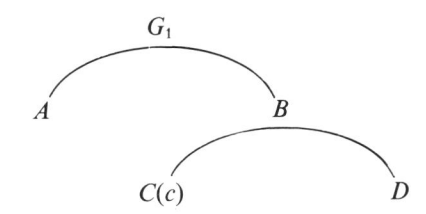

Abb. 4.53: Struktur des Relativsatzes bei Wundt (1900)

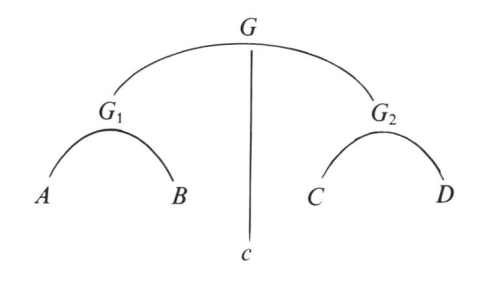

Abb. 4.54: Struktur des konjunktional eingeleiteten Nebensatzes bei Wundt (1900)

welcher die Satzbildung hervorgeht" (1900, 321), A und B, C und D Subjekt bzw. Prädikat mit deren „etwaigen Untergliederungen dieser

```
G₁ ———— G₂
 ⌒    |   ⌒
A  B  |  C  D
      c
```

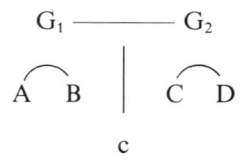

Abb. 4.55: Parataxe bei Wundt (1900)

Hauptbestandteile"; *c* deutet „das Beziehungselement des Satzes (Demonstrativ-, Relativpronomen oder Konjunktion)" an (Wundt 1900, 327). Abb. 4.55. zeigt Wundts Graphen für die Parataxe. — Was die Koordination von Minimaleinheiten (Wörtern) betrifft, so ergeben sich Schwierigkeiten bei allen Beschreibungen, die von der in 3.3. dargestellten Art sind, also nicht nur bei solchen mit Ringen. Wie die Abb. 4.16. zeigt, werden koordinierte und nicht-koordinierte Wörter im Graphen gleichbehandelt: *vår* determiniert (bestimmt) *konung* wie *store* und *ädle*. Das Entscheidende bleibt außerhalb der graphischen Darstellung: „Das übrigbleibende *och* ist keine Bestimmung: es ist bloß ein Bindewort, das *store* und *ädle* zusammenbindet" (Beckman 1904, 194). In den Graphen kommt der Unterschied, der bei Herling und Greč durch Setzen bzw. Nicht-Setzen des Kommas signalisiert wird, nicht zum Ausdruck. Ähnlich wie Beckman verfährt Žiugžda (1955, 51) in seiner litauischen Schulgrammatik. Die Abb. 4.56., 4.57. und 4.58. geben seine Graphen für die litauischen Ausdrücke (a) *Knygà$_1$, sąsiuvinis$_2$ iř$_3$ pieštùkas$_4$ gùli$_5$ añt$_6$ stãlo$_7$* ('Das$_1$ Buch$_1$, das$_2$ Heft$_2$ und$_3$ der$_4$ Bleistift$_4$ liegen$_5$ auf$_6$ dem$_7$ Tisch$_7$.'); (b) *Vaĩkas$_1$ skaĩtė$_2$, rãšė$_3$ iř$_4$ skaičiãvo$_5$* ('Das$_1$ Kind$_1$ las$_2$, schrieb$_3$ und$_4$ zählte$_5$.'); (c) *Mamà$_1$ nùpirko$_2$ obuoliũ$_3$, kriáušių$_4$ iř$_5$ slỹvų$_6$* ('Die$_1$ Mutter$_1$ kaufte$_2$ Äpfel$_3$, Birnen$_4$ und$_5$ Pflaumen$_6$.') wieder. Bei den Graphen von Beckman und Žiugžda wird der Eindruck erweckt, als seien koordinierte und nicht-koordinierte Minimaleinheiten gleichbehandelt. Beide werden einheitlich durch Pfeile dargestellt. Daß sie sich aber voneinander unterscheiden, ist auf mancherlei Art graphisch deutlich zu machen versucht worden. In Abb. 4.3. symbolisieren die gestrichelten senkrechten Kanten die Determinationsbeziehungen, also Konnexionen, der Bogen symbolisiert die einzige hier vorkommende Adnexion, nämlich die Koordination; *płotek* und *kiełbi* determinieren gemeinsam *stado*, haben aber je getrennte eigene Determinatoren: *srebrzystych* bzw. *zielonawych*. Eine andere graphische Repräsentation liegt in Abb. 4.59. vor. Mit der Figur in Abb. 4.59. gibt Bąk (1984, 376) die Struktur des poln. Ausdrucks *Konie$_1$, ludzie$_2$, armaty$_3$, orły$_4$ płyną$_5$ dniem$_6$ i$_7$ nocą$_8$* ('Pferde$_1$, Menschen$_2$, Kanonen$_3$, [polnische] Adler$_4$ strömen$_5$ Tag$_6$ und$_7$ Nacht$_8$.'). Diese Figur übersetzt Bąk in das lineare Pfeildiagramm: (*Konie, ludzie, armaty, orły*) ← *płyną* ← (*dniem i nocą*). — Ganz schwierig wird die graphische Wiedergabe der Koordinationsbeziehung (oder der ihr ähnlichen Juxtapositionsbeziehung), wenn sie zusammentrifft mit der Annahme von Doppeldependenzen. Bei Kern (1883, 24) stößt man auf einen Versuch, solch einen Fall zu lösen, und zwar für den dt. Satz *So ohne Leidenschaft, so unparteiisch glaub' ich dich nicht*. Abb. 4.60. gibt den Graphen (ergänzt durch Pfeile) wieder. — Zwei Vorstellungen werden mit dem Begriff der Koordination in Verbindung gebracht, einzeln oder gleichzeitig: (1) Die Zahl der zu koordinierenden Gebilde — je nach Konzeption: Wörter oder komplexere Gebilde — ist nicht fixiert; (2) die zu koordinierenden Gebilde sind von gleicher Art, stehen zum Ganzen in gleicher Beziehung. Nach Vorstellung (1) stellt die Koordination, die „Beiordnung", „zwei oder mehrere Sätze als unabhängige

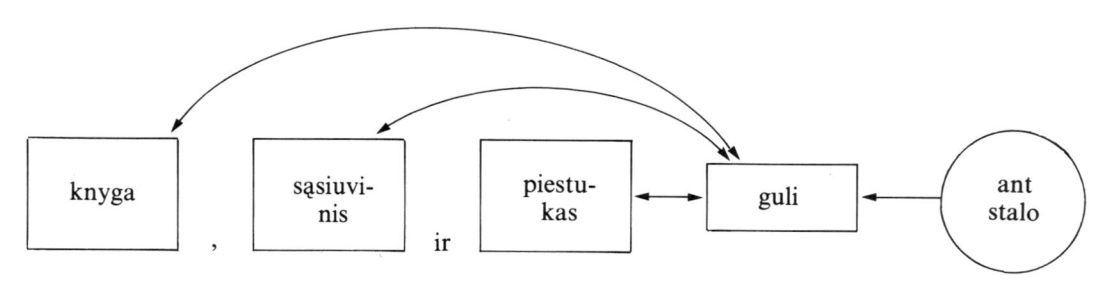

Abb. 4.56: Koordinierte Subjekte bei Žiugžda (1955)

4. Westliche Entwicklungen

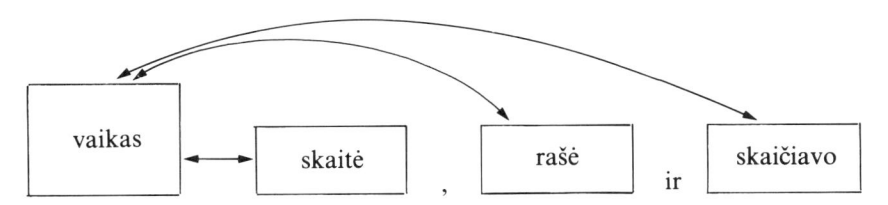

Abb. 4.57: Koordinierte Verben bei Žiugžda (1955)

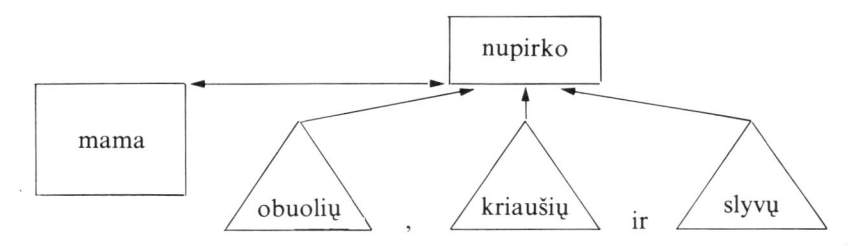

Abb. 4.58: Koordinierte Objekte bei Žiugžda (1955)

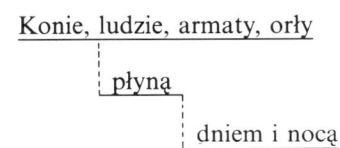

Abb. 4.59: Koordination von Wörtern bei Bąk (1984)

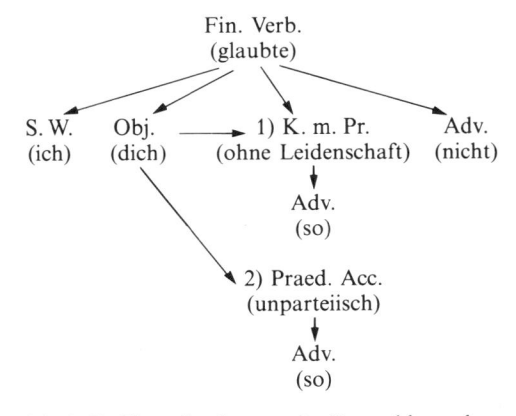

Abb. 4.60: Kern-Struktur mit Doppeldependenz und Juxtaposition (1883)

Theile eines sie umfassenden Ganzen dar" (Herling 1832, 30). Vorstellung (2) drückt Etzler (1826, 61) wie folgt aus: „Die coordinirten stehen in gleichem Verhältnisse gegen einander; es ist keiner der Hauptsatz". Und Herling (1832, 30): „Die gleiche Beziehung der Theile zu dem umfassenden Ganzen ist das Wesen der Beiordnung [...]." Den ältesten bekannten Versuch, Koordinationsstrukturen graphisch zu erfassen, begegnet man bei Clark (1866, 39 ff), und zwar auf der Grundlage von N-V-Ringen (genauer wohl: N-V-N-Ringen). Schwartz/Noreen (1881, 38) unterscheiden zwischen „Zusammenfügung" und „Beiordnung". Die Beiordnung zeichne sich dadurch aus, daß die Teile oft gleich betont werden, daß zwischen ihnen größere Pausen auftreten und daß sie häufig durch eine bestimmte Konjunktion verbunden werden. — Nexionen, für die angenommen wird, daß sie den Vorstellungen (1) und/oder (2) entsprechen, sollen hier im Anschluß an Noreen (1904, 139 ff) Adnexionen genannt werden. Adnexionen sind solche Nexionen, bei denen „die Glieder einander gegenüber relativ selbständig sind, jedoch in einer gemeinsamen und gleichartigen Abhängigkeitsbeziehung zu einem Dritten stehen" (Noreen 1904, 139). Als (schwed.) Beispiele führt er an: (a) *Kung$_1$ Ring$_2$ och$_3$ hans$_4$ drottning$_5$* ('König$_1$ Ring$_2$ und$_3$ seine$_4$ königliche$_5$ Gemahlin$_5$.'); (b) *Han$_1$ (både$_2$) skriver$_3$ och$_4$ läser$_5$* ('Er$_1$ schreibt$_3$ und$_4$ liest$_5$ (zugleich$_2$).'); (c) *Fågeln$_1$ kvittrar$_2$, skogen$_3$ lövas$_4$, solen$_5$ ler$_6$, och$_7$ de$_8$ lösta$_9$ floder$_{10}$ dansa$_{11}$* ('Die$_1$ Vögel$_1$ zwitschern$_2$, der$_3$ Wald$_3$ belaubt$_4$ sich$_4$, die$_5$ Sonne$_5$ lacht$_6$, und$_7$ die$_8$ entfesselten$_9$ Fluten$_{10}$ tanzen$_{11}$.'); (d) *Han$_1$ gråter$_2$, men$_3$ hon$_4$ skrattar$_5$* ('Er$_1$ weint$_2$, aber$_3$ sie$_4$ lacht$_5$.'). Adnexionen bilden nach Klemensiewicz (1937, 78 f) eine Reihe, Konnexionen hingegen eine Verbindung. (Poln.) Beispiel für eine Reihe: *ojciec$_1$ i$_2$ matka$_3$* ('Vater$_1$

und$_2$ Mutter$_3$'); Beispiele für eine Verbindung: *dom$_1$ ojca$_2$* ('das$_1$ Haus$_1$ des$_2$ Vaters$_2$'), *czytać$_1$ skiążkę$_2$* ('das$_2$ Buch$_2$ lesen$_1$'), *dach$_1$ z$_2$ blachy$_3$* ('ein$_1$ Dach$_1$ aus$_2$ Blech$_3$').

7. Die doppelte Dualität des sprachlichen Zeichens

7.1. Die Dualität des sprachlichen Zeichens

Die Tradition, das (zusammengesetzte, gegliederte) sprachliche Zeichen als etwas Janusartiges zu betrachten, reicht bis zu den griechischen Philosophen und Grammatikern. Nach der einen Seite ist der *lógos* eine *phōnḗ* (ein Laut), nach der anderen eine Bedeutung (Aristoteles, s. 1.). Auch die Satzdefinition der „Téchnē" geht davon aus: Die eine Seite ist eine Synthese von Wörtern (*léxeōn sýnthesis*), die andere ein Gedanke (*diánoia autotelḗs*). Die Dualität findet sich im 13. Jh. — allerdings auf das Wort bezogen — bei Robert Kilwardby: „Man muß sagen, daß es im Wort [*dictio*] zweierlei gibt, nämlich das Lautgebilde [*vox*] und den Sinn [*intellectus*]. Denn das Lautgebilde ist die materielle Grundlage des Wortes, die Bezeichnung [*significatio*] aber (oder der Sinn [*intellectus*]) die formale Grundlage des Wortes" (übersetzt nach dem Zitat bei Pinborg 1967, 42). Ausdrücklich wird die Dualität sowohl für zusammengesetzte, gegliederte Ausdrücke als auch für Minimaleinheiten von Harris angenommen. Was die Bedeutungsseite betrifft, so heißt es: „If therefore ALL SPEECH whether in prose or verse, every Whole, every Section, every Paragraph, every Sentence, imply a certain *Meaning, divisible into other Meanings*, but WORDS imply a *Meaning, which is not so divisible*; it follows that WORDS *will be the smallest parts of speech*, in as much as nothing less has any Meaning at all." (Harris 1751, 21). — Im Rahmen der Urteilslehre findet sich die Dualität bei Condillac (1767/1970, 426): eine Proposition («proposition») ist nach der einen Seite hin ein Urteil («jugement»), nach der anderen der Ausdruck eines Urteils («expression du jugement»); entsprechend bei Heyse (1834, 266; Heyse 1838, 132) oder bei Becker (1827, 123, 131; 1842, 54; 1843, 1), nach dem der Satz ein in Worten ausgedrückter Gedanke ist (so wörtlich auch bei Buslaev (1881/1959, 269)). In diesem Sinne formuliert Schötensack (1856, 525): „Die Syntax ist der Theil der Sprachlehre, in welchem Anweisung ertheilt wird, wie die [...] Redetheile richtig angewendet und mit einander zu einer klaren [...] Mittheilung unserer Gedanken und vorgestellten Empfindungen verbunden werden, mithin, da diese nur in einem Satze ihren Ausdruck finden, welcher demnach als der *sprachliche Ausdruck des Gedankens* gefasst werden muss, *die Lehre vom Satz und dessen Bau*." — Das Beispiel Becker einerseits und die Beispiele Heyse und Buslaev andererseits zeigen, daß die Idee von der Dualität des sprachlichen Zeichens (des einfachen sowie des zusammengesetzten, gegliederten) unabhängig ist davon, ob die syntaktischen Strukturen des in 3.4. dargestellten Typs (Bekker) oder des in 3.3. dargestellten sind (Heyse mit Auszeichnung des Nomens, s. 3.3.1., und Buslaev mit Auszeichnung des Verbs, s. 3.3.2.). Es erweist sich damit auch, daß die Idee der Dualität des sprachlichen Zeichens, die häufig mit dem Namen de Saussure assoziiert wird, im Hinblick darauf neutral ist, ob die syntaktische Beschreibung mit genau einer (Becker) oder mit mehreren simultan zugeordneten (Heyse, Buslaev) Strukturen erfolgt. Wie zumindest das Schötensack-Zitat belegt, ist dabei auch die Anbindung an die Lehre vom Urteil nicht gefordert.

7.2. Die Abstraktheit des sprachlichen Zeichens: Das *lektón* für zwei „Welten"

Daß die Stoiker sich das *lektón* (das *sēmainómenon*) als Abstraktum vorstellten, berichtet Sextus Empiricus(/Mutschmann 1914, 11 f). Im Unterschied dazu betrachten die Stoiker das mit dem *lektón* bezeichnete Ereignis (das *tynchánon*) einerseits und das Bezeichnende (das *sēmaînon*, die *phōnḗ*) andererseits als etwas Materielles (als *sōmata*). Eine offenkundige Parallele zu dieser stoischen Auffassung findet sich, zumindest auf das Wort bezogen, bei dem Dorpater Linguisten Kudrjavskij (1913, 38 f), der am Wort dreierlei unterscheidet: (α) die Lautform, (β) das Symbol, den Wegbereiter der Bedeutung, die vorbereitende Bedeutung, die als Zeichen für eine andere Bedeutung dient, und (γ) die eigentliche Bedeutung. Z. B. gebe es bei dem Symbol russ. *byk* 'Brückenpfeiler' (α) eine lautliche Konfiguration und (γ) die Bedeutung dieses Wortes. Aber Laut und Bedeutung seien in diesem Wort nicht beliebig vereinigt, sondern durch Vermittlung einer Vorstellung von dem Brückenpfeiler, durch Vermittlung der „inneren Form des Wortes". Das mag recht psychologisierend klingen. Die Formulierung macht jedoch klar, daß (β) nach der einen Seite von (α) und nach der anderen Seite von (γ) verschieden ist und jedenfalls keinen physikalischen Gegenstand bildet. Die Dreiheit, die Kudrjavskij für das Wort annimmt, hat — nunmehr auch bezogen auf komplexe Ausdrücke, etwa Sätze — ein Pendant in der Dreiheit von (α) Lautform, (β) geistiger Zwischenwelt der „Sprachinhalte" und (γ) Außenwelt der „Sachen" bei Weisgerber (1953, 112) oder in der Dreiheit von (α) Signum (dem Zeichen), (β) Designatum (dem Bezeichneten) und (γ) Intentum (dem Gemeinten) bei Koschmieder (1957, 8 ff). Gerade das Beispiel der letzten beiden Autoren macht deutlich, daß mit der Annahme einer solchen Dreiheit recht unterschiedliche Annahmen über die Beziehung zwischen den Komponenten der Dreiheit verbunden werden können. In terminologischer Hinsicht ist zu beachten, daß 'Zeichen' bei Koschmieder grosso modo das meint, was Kudrjavskij als die Lautform ansieht. Allerdings nur insoweit, als es sich um „bedeutungstragende Elemente" (Koschmieder 1957, 8) handelt. Das „Designatum" entspricht recht gut dem Symbol als dem Wegbereiter der Bedeutung, als der das Intentum vorbereitenden Bedeutung. „Das D[esignatum]-System ist ganz eindeutig und unüberschreitbar bestimmt durch das S[ignum]-System. Es enthält lauter Kategorien des I[ntentum] — aber nur solche, für die im S-System eine Kategorie vorliegt, deren Hauptfunktion es ist, sie auszudrücken. [...] Es ist also 'das und nur das' I für ein D-System relevant, das im S-System eine Kategorie besitzt. Ob es da eine Kategorie besitzt, ist wie in der Phonologie durch das Vertauschbarkeitsexperiment feststellbar. Dieser Satz ist von fundamentaler Bedeutung für Semasiologie und Syntax" (Koschmieder 1957, 16 f).

7.3. Leere Wörter

Bei Harris (1751, 26 f) ist eine Zweiteilung der Wortarten belegt, die sich auch als Unterscheidung zwischen vollen und leeren Wörtern (oder in anderen Terminologien, aber der Sache nach ähnlich) findet. Indem er sich auf den engl. Satz *The man, that hath no music in himself And is not mov'd with concord of sweet sounds Is fit for treasons* bezieht, sagt er: „SUPPOSE then we should dissolve the Sentence above cited, and view several *Parts* as they stand *separate* and detached. Some 'tis plain *still preserve a Meaning* (such as Man, Music, Sweet, &c.) others on the contrary *immediately lose it* (such as, *and, The, With,* &c.) Not that these last have no meaning at all, but in fact they never have it, but when *in company,* or *associated*. [...] The first are like those Stones in the basis of an Arch, which are able to support themselves, even when the Arch is destroyed; the latter are like those stones in its Summit or Curve, which can no longer stand, than while the whole subsists." Harris beruft sich dabei ausdrücklich auf Apollonios und Priscian. Befürworter der Lehre in der einen oder anderen Version hat es bis heute gegeben. Bei Destutt de Tracy (1817. 38 f) liest man mit Bezug auf die französ. Ausdrücke *le* ('der'), *de* ('von'), *courageux* ('tapfer'), *vivement* ('heftig'): „Dies sind [...] nicht wahre Zeichen, sondern eigentlich Fragmente von Zeichen. [...]" Für Fortunatov (1901/56, 169) besteht der Unterschied zwischen Partikelwörtern und vollen Wörtern darin, „daß die Bedeutung der Partikelwörter nicht getrennt von den Bedeutungen der vollen Wörter bestehen kann, da Partikelwörter entweder 1) etwas in den Bedeutungen voller Wörter ändern oder 2) etwas bezeichnen, das in den Bedeutungen der aus vollen Wörtern aufgebauten Sätzen liegt". Und drei Jahre später greift Brailovskij (1904, 539) die Lehre an, nach der es im Satz auch Wörter gibt, die nichts zur Bedeutung des Satzes beitragen. Er polemisiert dabei gegen die Auffassungen von Trostnikov (1903). — In vielen indoeuropäischen Sprachen „fügt man, um das Subjekt und das Prädikat eines Nominalsatzes zu verbinden, ein Verb «être» hinzu, das für sich genommen keinerlei Bedeutung hat und lediglich der Konstruktion des Satzes dient, wie im Typ latein. *Petrus$_1$ bonus$_2$ est$_3$,* französ. *Pierre$_3$ est$_3$ bon$_2$* ('Peter$_1$ ist$_3$ gut$_2$.')", heißt es bei Meillet (1921, 613). Im französischen Sprachbereich erhält die Lehre ihre Ausprägung dann in der Unterscheidung zwischen «sémantème» und «morphème» bei Vendryes (1921, 86). Semanteme drücken nach ihm die Ideen der Vorstellungen aus, Morpheme die Beziehungen zwischen den Ideen. Die Lehre findet sich nicht ganz unähnlich auch bei Belić in der Unterscheidung zwischen selbständigen und unselbständigen Wörtern (Belić 1941, 20 f). Im deutschen Sprachbereich findet sich die Lehre z. B. bei Otto (1943, 5 ff) in der Annahme eines Gegenübers von „Begriffsworten" und „Beziehungsmitteln". — Wenn man das sprachliche Zeichen als einen abstrakten Gegenstand ansieht, muß man nicht leere Wörter annehmen, und wenn man keine leeren Wörter annimmt, so heißt dies nicht notgedrungen, daß man das Zeichen nicht als einen abstrakten Gegenstand betrachtet. Wenn man aber leere Wörter annimmt, so ergibt das unter Voraussetzung der Zweiseitigkeit des sprachlichen Zeichens nur einen Sinn, wenn man die Abstraktheit des Zeichens akzeptiert. Um es mit den Worten auszudrücken, die Sextus Empiricus von den Stoikern überliefert: entweder ist ein leeres Wort ein lektón (i) oder es ist kein lektón (ii). Bei (i) ist die Abstraktheit des lektóns evident: es fehlt ein tynchánon, das dem lektón zugeordnet wäre — eine Annahme freilich, die nicht stoisch anmutet. Bei (ii) muß das leere Wort — eine andere Möglichkeit steht nicht offen — im sēmaînon zu suchen sein. Es ist dann ein Stück des sēmaînons, ein Stück, dem kein lektón entspricht, dem also selbst und allein kein tynchánon zugeordnet ist. In diesem Sinne läßt sich die Annahme von leeren Wörtern anschaulich studieren an einigen bisher angeführten Abbildungen, z. B. 4.3., 4.7., 4.8., 4.9., 4.11., 4.14., 4.15., 4.47. In Abb. 4.3. entspricht *i* keiner Minimaleinheit im lektón, vielmehr ist es das Stück eines sēmaînons, nämlich ein Stück von *płotek i kiełbi*, ein Stück, das erst zusammen mit den lektá, die *płotka* und *kiełb* entsprechen, sowie der zwischen den beiden lektá bestehenden Nexion (hier: der Adnexion 4) eine Entsprechung im lektón des ganzen Satzes findet. In Abb. 4.7. etikettiert „als" eine Kante, kann also als Name der Nexion betrachtet werden, die Kern zwischen *kamen* und *stand* (beides lektá) annimmt. Nur zusammen mit diesen ist „als" dem sēmaînon *Als ... stand, kamen ... zugeordnet*. — In beiden Fällen ist das leere Wort ein lektón oder zumindest der Teil eines lektóns; es ist im sprachlichen Zeichen, im lektón, präsent, und zwar als Nexion. Es handelt sich um den Fall (i). Demgegenüber sind die Stücke *de* ('von') und *din* ('aus') (wohl auch *se* 'sich') in Abb. 4.8. im lektón weder als selbständige Minimaleinheiten noch als Nexionen präsent. Gleiches gilt für *in* ('in') und *apud* ('bei') bei Billroth in Abb. 4.9. oder für *mimo* ('vorbei') (wohl auch für *si* 'sich') bei Šmilauer in Abb. 4.14. Daß die Unterscheidung zwischen leeren und vollen Wörtern nicht an die in 3.3. vorgestellten Typen von Strukturen gebunden ist, zeigt Abb. 4.8.: *på* ('an'), *ved* ('durch'), *til* ('in, zu') und wohl auch *sig* ('sich') haben nach Hansen (1933, 137) „in diesen Verbindungen keine selbständige Bedeutung, ihre Bedeutung ist ein integrierender Teil des ganzen von ihm eingeleiteten Gliedes [...], oder sie sind absolut frei von Bedeutung [...] — in beiden Fällen sieht man, daß diese Wörter den Flexionsendungen gleichkommen". In der Tat sieht man in den hier erwähnten Abbildungen, daß Präpositionen, Konjunktionen und Reflexivpronomina einerseits und Flexionsendungen und — so kann man hinzufügen — ihnen verwandte morphologische Erscheinungen (wie sie etwa bei *a* in *kamen*, bei *and* in *stand* — beide Abb. 4.7. —, bei *i* in *reddidit* — Abb. 4.9. — und bei *ř* in *dobře* — Abb. 4.14. — zu beobachten sind) andererseits insofern gleichbehandelt werden, als sie im abstrakten Zeichen, im lektón, keine eigenständige Repräsentation haben: sie sind Phänomene des sēmaînons. Ihnen entsprechen im lektón nicht Minimaleinheiten, sondern Beziehungen, Nexionen. Im (möglicherweise zufälligen) Unterschied zu den Abb. 4.21., 4.26., 4.27., 4.28., 4.29., 4.37., 4.46., 4.56. und 4.57. ist auch die Anordnung, in der die Stücke innerhalb des sēmaînons aufeinander folgen (die Wortstellung), im abstrakten Zeichen nicht dargestellt. Mit dem gezeichneten Bilde deckt sich gut, was Apollonios (A, 9. 26; Δ, 5) sagt: die Präposition (próthesis) habe ihren Namen auf Grund ihrer sýntaxis erhalten. Es deckt sich unter der Voraussetzung, daß man sýntaxis an dieser Stelle im Sinne von sýnthesis des „Téchnē"-Scholiasten (s. 1.) versteht.

7.4. Unvollständige Ausdrücke

Offenbar geleitet von der Lehre des Satzes, die besagt, der Satz bestehe notwendigerweise aus einem ónoma (Subjekt) und einem rhēma (Prädikat), beschreibt Apollonios (B, 16) den griech. Ausdruck *astráptei* ('es blitzt'), indem er das fehlende Subjekt ergänzt, als *Zeùs astráptei* ('Zeus blitzt'). Folgt man der Sprachregelung des „Téchnē"-Scholiasten, so ist *astráptei* das sēmaînon; das tynchánon ist der vermeintliche Umstand, daß Zeus donnert. Der Gegenstand, mit dem Apollonios argumentiert, ist das abstrakte Zeichen *Zeùs astráptei*, das lektón. Der Minimaleinheit *Zeùs* als Teil des vollständigen lektóns *Zeùs astráptei* entspricht kein sēmaînon und auch kein Stück davon. Dem ganzen lektón ist das sēmaînon *astráptei* zugeordnet. — Für Becker (1843, 3) steht fest, daß es in Ausdrücken wie *es regnet* zwar ein grammatisches, jedoch kein logisches Subjekt gibt. Er betrachtet sie also offensichtlich wie die in 7.3. behandelten Fälle: *es* wäre danach als leeres Wort aufzufassen. Im Laufe des 19. Jh.s hat sich in den deutschsprachigen Ländern dann freilich eine Debatte gerade zu diesem Thema entfaltet, an der sich Philosophen (z. B. Marty 1884, Sigwart 1888), Philologen (z. B. Miklosich 1883, Paul 1886, Lugebil 1884) und mindestens ein Psychologe (Wundt 1880) beteiligt haben und in der von einigen Diskussionspartnern unter anderen auch der (nicht-Beckersche) Standpunkt des Apollonios vertreten wurde. Für de Sacy (1831, 245) handelt es sich bei solchen Ausdrücken um Ellipsen, weil das Subjekt, das in den von de Sacy angeführten Beispielen allerdings gar nicht ausgedrückt wird, „in einer unbestimmten Weise ausgedrückt sei". Noch klarer drückt sich im nicht-Beckerschen Stil Paul (1886, 105) aus: bei den Impersonalia sei das logische (von der 3. Auflage 1898 an heißt es: das psychologische) Subjekt nicht ausgedrückt, es sei aber gegeben. — Die Annahme solcher nicht-ausgedrückten Entitäten wie die eines logischen oder psychologischen Subjekts oder eines Donnergottes, die Annahme eines tynchánon also ohne dazu passendes sēmaînon, ist das Gegenstück zu der in 7.3. erörterten Annahme eines leeren Wortes — eines sēmaînons also — ohne dazu passenden tynchánon. Abb. 4.9. gibt ein Beispiel: Das eingeklammerte *este* entspricht keinem sēmaînon, dient aber der vollständigen Beschreibung des Satzes. Offenbar folgt Tiktin bei dieser Vorgehensweise einer Tradition, die mindestens bis auf Wilhelm von Ockham(/Boehner 1957, 86) zurückgeht, nach dem die Kopula neben Subjekt und Prädikat zum Urteil gehört. Das bisher exemplifizierte Verfahren, das ich mit dem Etikett „unvollständige Ausdrücke" charakterisiert habe, zeigt sich überall da, wo mit Ellipsen gerechnet wird. Und es gibt wohl kaum eine Epoche, in der die Ellipse keine Rolle spielt; sei es, daß man die Annahme von Ellipsen ausdrücklich gänzlich oder teilweise ablehnt, sei es, daß man sie in der einen oder anderen Weise zuläßt. So sagt Priscian (XVII, 84) zwar, daß man bei dem griech. Vatersnamen *Anchisiades* (Gen. von *Anchises*) stets auch den Nom. Sg. *filius* ('Sohn') mitverstehe, er hält die Hinzufügung von *filius* aber für unzulässig. Mit Ellipsen arbeitet Scaliger (1540, 208), und *Sanctius* (1587, 164) entwickelt eine ganze «théorie de la supplétion», eine „Theorie der Ergänzung", der Ellipse. Zurückhaltung gegenüber der Annahme von Ellipsen findet sich dann bei Arnauld/Lancelot (1660/1969, 85f, Chap. XVIII), auch wenn Ellipsen von den Port-Royal-Grammatikern nicht völlig verbannt werden: Der französ. Ausdruck *Dieu invisible a créé le monde visible* umfaßt nach ihnen drei Urteile, die durch folgende drei Sätze wiedergegeben werden können: 1. *Dieu est invisible*, 2. *Dieu a créé le monde*, 3. *Le monde est visible*. Diese „eingeschobenen Sätze sind oft in unserem Geiste, ohne durch Wörter ausgedrückt zu sein" (Arnauld/Lancelot 1660/1969, 50; vgl. auch Arnauld/Nicole 1683/1970, 164, Seconde Partie, Chap. V). Manchmal aber drücke man sie aus und bediene sich der Relativpartikel *qui: Dieu, qui est invisible, a créé le monde, qui est visible.* — Zusammen mit der Methode der Transposition (d. h. der Abänderung der „natürlichen Anordnung" — „natural order" — der Wörter in einem Satz mit ästhetischer Absicht) gewinnt die Ellipse erneut an Bedeutung: „To regulate the Transpositions, supply the Ellipses, and remark the Tropes and Figures", heißt es bei Turner (1739, sig. A3ᵛ). Die beiden Verfahren werden auch empfohlen für die Bedeutungsanalyse von Sätzen (Lane 1700, 104 ff): „What is Suppression? [...] Suppression is the omission or leaving out of words in a Sentence that are necessary to a full Construction; as, I came from my Father's, where House is supprest. [...] Suppression is the most elegant and useful of all the figures of Construction, to avoid the tedious and nauseous repetition of many words that yet are necessarily understood to make up a full Construction [...]." Um den adverbialen Gebrauch von Präpositionen zu erfassen, betrachtet Haywood (1800, 29) engl. *Soon after he broke his arm* als Ellipse für *Soon after (this) he broke his arm.* Anders verfährt Fearn (1827, 222 f) mit dem, was normalerweise Präposition genannt wird. Präpositionen sind für ihn Verben (s. 5.); sie sind Abbreviaturen für Verben. Außerdem betrachtet er Verbformen auf *ing* nicht als Verben, sondern als Adverbien. Der engl. Ausdruck *He is fighting* bedeute: *He is inning a fighting state*; und *He is by* bedeute *He is inning a touching or nearing place.* — Becker (1842, 71) versteht unter einer Ellipse „die Zurückführung eines ganzen Satzverhältnisses [z. B. eines ganzen Prädikats] auf Einen Faktor, nämlich auf den Ausdruck des Hauptbegriffes, mit Auslassung des untergeordneten Begriffes", z. B. *ich muß fort* mit Ausdruck des Hauptbegriffs durch *muß fort* und Auslassung des untergeordneten Begriffes, der etwa durch *gehen* ausgedrückt werden könnte. Wurst (1842, 50, 102), der irrtümlich signalisiert, in seinen Syntax-Vorstellungen Becker zu folgen, unterscheidet zwischen „zusammengezogene[n]" Sätzen und „verkürzten" Nebensätzen. Schötensack (1856, 545 ff) weist sogar darauf hin, daß das Unterbleiben der Weglassung dem Sprachgebrauche widerstreben würde. Als Beispiel gibt er *Habt gu-*

ten Tag, mein Herr Gevatter! Schötensack unterscheidet zwei Arten unvollständiger Ausdrücke; neben der Ellipse gibt es für ihn die Zusammenziehung wie in *Ich sehe Leben, wo sie nur Tod*. Simultanes Auftreten von Ellipse und Zusammenziehung belegt er mit *Der Eine zeigte mir, dass nicht schuldig er, der Andere gar mir, dass der Schuld'ge ich*. Während Paul (1886, 105) auf der Suche nach nichtausgedrückten psychologischen Subjekten für Impersonalia wie *es brennt* (im Unterschied zu anderen zeitgenössischen Autoren ist es für ihn weder durch *es* noch durch *t* ausgedrückt) oder für Einwortsätze wie *Feuer!* nicht zögerlich ist, hält er sich bei der Verwendung des Terminus Ellipse zurück, selbst in Fällen wie *die deutsche und die französische Sprache* (Paul 1886, 263 f), also sogar bei den Schötensackschen Zusammenziehungen. Wegen der unausgedrückten Subjekte, mit denen Paul rechnet, nimmt er jedenfalls das an, was ich unter unvollständigen Ausdrücken verstanden wissen will. Nach Paul muß *es regnet* unvollständig sein, denn das psychologische Subjekt, das es nach Paul hier auf jeden Fall gibt, bleibt unausgedrückt. Wundt (1900, 232) erkennt einen unvollständigen Satz ausschließlich da an, „wo die Bedeutung fehlender Wörter unzweideutig aus dem Inhalt des Gesprochenen ersehen wird, nicht da, wo ich die allerverschiedensten Gedanken zu dem Gesprochenen hinzudenken könnte". In Fällen wie *ja, nein, Feuer!* spricht er von Satzäquivalenten. Für Noreen (1904, 77 f) sind *ja, nein, Feuer!* morphologisch vollständig. Die Bedeutung sei unbestimmt, d. h. variabel wie bei Pronomina. Die zwei Terme des psychologischen Urteils seien hier durch ein einziges Wort ausgedrückt. Von Ellipsen spricht er in Fällen, wo Teile des psychologischen Urteils nicht ausgedrückt, wohl aber mitgedacht werden wie in schwed. *din ... (kanalje)!* 'Kanaille!', *(Vem kommer?) Anna* '(Wer kommt?) Anna.', *Zorn (har målat detta)* '(Das hat) Zorn (gemalt)'.

7.5. Zweiseitigkeit und Zweiteiligkeit des sprachlichen Zeichens

Wenn man das (einfache wie das komplexe) sprachliche Zeichen so auffaßt, wie es von Sextus Empiricus oder von Kudrjavskij überliefert wird, wenn man also annimmt, daß es nach zwei Seiten auf zwei von ihm und voneinander verschiedene „Welten" gerichtet ist, und wenn man außerdem einerseits in irgendeiner der Darstellung in 7.3. entsprechenden Weise die Existenz leerer Wörter und ande-

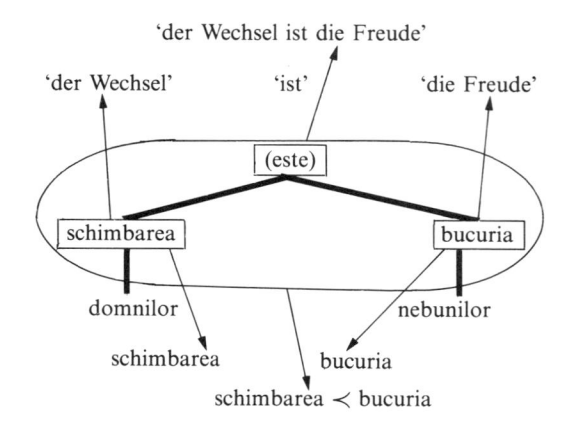

Abb. 4.61: Ein Wort das nicht zu hören ist; nach Tiktin

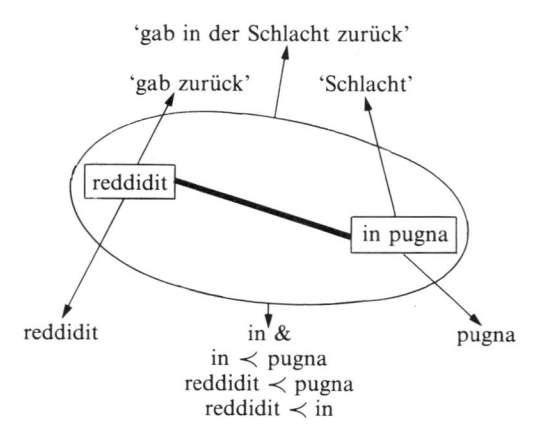

Abb. 4.62: Das leere Wort nach Billroth

rerseits in irgendeiner Weise die Existenz unvollständiger Ausdrücke (z. B. Ellipsen) vorsieht, so ergibt sich, daß das sprachliche Zeichen als Abstraktum nicht nur zweiseitig, sondern zweiteilig ist. Die Abb. 4.61. und 4.62. mögen dazu dienen, dies plausibel zu machen. Um die Redeweise Kudrjavskijs zu verwenden, kann man sagen, daß *este* (wie etwa in der Abb. 4.9. von Tiktin) als Symbol (und zwar in diesem Falle als abstrakte Minimaleinheit) nur eine Entsprechung in der „Welt" der eigentlichen Bedeutung hat, nicht aber in der „Welt" der Lautform (s. 7.2.). In der gleichen Diktion kann man sagen, daß das Symbol *in pugna* (als abstrakte Minimaleinheit, als Wegbereiter der Bedeutung) in der „Welt" der eigentlichen Bedeutung zwar eine Entsprechung hat (zumindest wohl haben soll), daß der Symbolbestandteil *in* aber nur eine Existenz in dem hat, was Kudrjavskij „Laut-

4. Westliche Entwicklungen 179

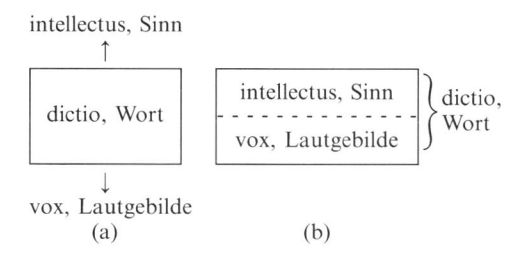

```
intellectus, Sinn
      ↑
┌──────────┐       ┌──────────────────┐ }
│dictio, Wort│     │ intellectus, Sinn │  } dictio,
└──────────┘       │------------------│  } Wort
      ↓            │ vox, Lautgebilde │  }
vox, Lautgebilde   └──────────────────┘
    (a)                    (b)
```

Abb. 4.63: Die Doppeldeutigkeit der Dualität des sprachlichen Zeichens in der Diktion von Robert Killwardby (13. Jh.)

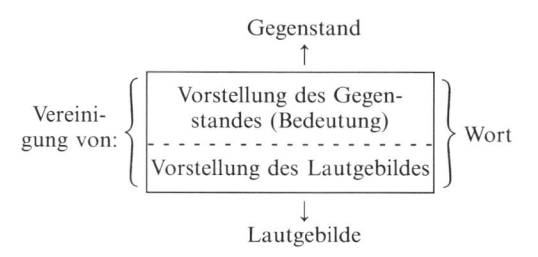

```
                        Gegenstand
                            ↑
              ┌──────────────────────────┐ }
Vereini-   }  │ Vorstellung des Gegen-   │ }
gung von:  }  │ standes (Bedeutung)      │ } Wort
              │--------------------------│ }
              │ Vorstellung des Lautgebildes │ }
              └──────────────────────────┘ }
                            ↓
                       Lautgebilde
```

Abb. 4.64: Die doppelte Dualität des einfachen sprachlichen Zeichens (des Wortes) nach Baudouin (1871)

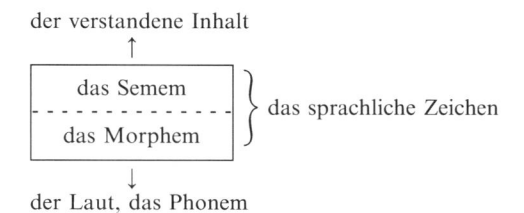

```
der verstandene Inhalt
         ↑
┌──────────────────┐ }
│   das Semem      │ }
│------------------│ } das sprachliche Zeichen
│   das Morphem    │ }
└──────────────────┘ }
         ↓
der Laut, das Phonem
```

Abb. 4.65: Die doppelte Dualität des einfachen und des komplexen sprachlichen Zeichens nach Noreen (1904)

form" nennt. Somit gibt es im „Symbol", dem Wegbereiter der Bedeutung, erstens Gegenstände, die nur in der „Welt" der eigentlichen Bedeutung eine Entsprechung haben, und zweitens solche (oder wenigstens Bestandteile von solchen), die nur in der „Lautform" ein Pendant finden. — Während die Dualität des sprachlichen Zeichens (des lektóns) bei den Stoikern eindeutig auf die Zweiseitigkeit bezogen ist, d. h. auf die Eigentümlichkeit, nach zwei Seiten auf zwei außerhalb des Zeichens liegende „Welten" orientiert zu sein, ist in der späteren Literatur bis in die 70er Jahre des 19. Jh.s zweifelhaft, ob Zweiseitigkeit oder Zweiteilung gemeint ist, wenn die Idee der Dualität des sprachlichen Zeichens formuliert wird. So kann man z. B. bei dem schon in 7.1. zitierten Robert Kilwardby nicht sicher sein, welche der in Abb. 4.63. gegebenen Konfigurationen gemeint ist. — Das Postulat der Zweiteilung des sprachlichen Zeichens läßt sich (nach meiner Kenntnis frühestens) 1871 belegen. Es sei bemerkt, daß das Postulat dabei nicht so dargestellt wird, als sei es die Konsequenz anderer Annahmen. Überdies wird es einzig für das Wort ausdrücklich formuliert. Baudouin de Courtenay (1871/1973, 374, Anmerkung) unterscheidet, indem er die undifferenzierte Auffassung bei Schmidt (1865, 2) kritisiert, in einer Begrifflichkeit, die ich schematisch in Abb. 4.64. wiedergebe. — Nicht nur die Zweiteilung des einfachen wie des komplexen Zeichens, sondern generell die des ganzen Systems, mit dem man die Zeichen einer Sprache beschreibt (hier Grammatik geheißen), nimmt von der Gabelentz (1874, 130 f) an. Nach ihm „muss eine Grammatik zweierlei beantworten: 1) was bedeutet eine jede sprachliche Erscheinung? und 2) welche Ausdrucksformen besitzt die Sprache für die Gedanken? [...] Und hieraus ergeben sich zwei nothwendige Theile oder Systeme einer jeden Grammatik, die mit der uns geläufigen Eintheilung in Formenlehre und Syntax nichts zu schaffen hat". Von der Gabelentz (1901, 85) sagt: „das eine nenne ich das analytische, weil in ihm die Spracherscheinungen durch Zerlegung erklärt werden; das andere nenne ich das synthetische, weil es lehrt die grammatischen Mittel zum Aufbaue der Rede zu verwerthen." Die doppelte Dualität des sprachlichen Zeichens — des einfachen oder des komplexen — unterscheidet Noreen (1904, 6) wie in Abb. 4.65 schematisch angegeben.

7.6. Die innere Verbundenheit der zwei Teile des sprachlichen Zeichens

Bei von der Gabelentz (1874, 130 f) handelt es sich um das Zusammenspiel der analytischen und der synthetischen Grammatik. Er merkt an, „dass streng genommen der zweite Theil einer solchen Sprachlehre genau dieselben Thatsachen, nur in anderer Ordnung, unter anderen Gesichtspunkten lehrt, die schon die erste enthält, dass er sich zu diesem etwa so verhält, wie ein deutsch-lateinisches Wörterbuch zu einem lateinisch-deutschen". Am besten wäre es, so denkt er, die „wahrhaft wissenschaftliche Vereinigung beider Systeme ohne Wiederholungen" in tabellarischer Form anzugeben. Die beste Verwirklichung einer solchen Vereinigung sieht Jespersen

(1908, 215) bereits in der chines. Grammatik von G. von der Gabelentz (1881): Der eine Hauptteil der Grammatik führe von der „Laut-" zur „Formenlehre" und der andere behandle „dasselbe, nur von der anderen, der inneren Seite; man könnte diesen Teil Bedeutungs-/Laut-Lehre [...] oder Funktionslehre nennen". Dittrich (1902, 119) spricht geradezu von zwei Syntaxen, einer Syntax der Lautung und einer Syntax der Bedeutung. Dabei ist zu beachten, daß die Lehre von der „Lautbildung" nicht zur Syntax der Lautung gezählt wird (1902, 125). In anderer Terminologie und Diktion verweist Vinogradov (1901, 118 f) darauf, daß die Wörter im Satz nicht einfach nebeneinander gestellt werden, sondern in zweifacher Weise miteinander verbunden werden, nämlich teils „etymologisch (nach der Form)", teils „lexikalisch (nach der Bedeutung)". Durch „teils"-„teils" schließt Vinogradov nicht aus, daß nicht alle Wörter des Satzes sowohl „etymologisch" als auch „lexikalisch" verbunden werden. Die Annahme, daß die beiden Teile des (einfachen wie des komplexen) Zeichens zwar aufs engste miteinander verbunden, nicht aber identisch sind, hat Noreen (1904, 6) einprägsam illustriert: „Jedes Morphem ist ein Semen [soll heißen: ist mit einem Semem verbunden], wenn auch vielfach in unterschiedlichen Fällen ein anderes [soll heißen: mit einem anderen], und jedes Semen ist ein Morphem [soll heißen: ist mit einem Morphem verbunden], wenn auch vielfach in unterschiedlichen Fällen ein anderes [soll heißen: mit einem anderen]. Es liegen hier ganz und gar dieselben Beziehungen vor wie bei der Erfahrung, daß jede bestimmte physische Form stets einen — wenn auch oft verschiedenen — Inhalt hat und jeder materielle Inhalt stets eine — wenn auch oft verschiedene — Form hat, derart, daß z. B. eine Literflasche immer etwas enthält (Alkohol, Milch, Luft, und sei es auch nur verdünnte) und ein Liter Milch immer von irgendeinem Litermaß umfaßt wird (von einem konischen, zylindrischen, flaschenförmigen, von einer Reihe Trinkgläsern bestimmter Größe usw.)." Während in diesem Noreenschen Bild zwar die Verbundenheit der beiden Teile des sprachlichen Zeichens klar zum Vorschein kommt, ist sie doch so locker, daß sie in nichts anderem als in einer Zuordnung besteht. Die Abb. 4.66. und 4.67. zeigen die Zuordnung vom Typ der „Homosemie" bzw. der „Homomorphie" (hier im Noreenschen Sinne: mit dem gleichen Morphem verbunden) am Beispiel von (vergleichsweise) einfachen Morphemen. Die einzige einschränkende, aber nicht formulierte Bedingung ist bei von der Gabelentz, Jespersen, Dittrich, Vinogradov und Noreen offenbar erfüllt: Keiner der Autoren nimmt an, daß es im komplexen Zeichen (etwa im Satz) Wörter gibt, die weder in der „Welt" der tynchánonta, in der „Welt" der Bedeutungen, noch in der „Welt" der sēmaínonta, der der „Phoneme" ein Pendant haben. — Demgegenüber ist die stärkste Annahme hier die, daß die beiden Teile des einfachen und des komplexen sprachlichen Zeichens in jeder Hinsicht übereinstimmen. Diese stärkste Annahme (Isomorphie im mengentheoretischen Sinne) — so muß vermutet werden — lag der Konzeption des stoischen lektón zugrunde, wie sie uns von Sextus Empiricus(/Mutschmann 1914, 11 f) überliefert ist.

SEMEM 1: 'dreiseitige geradlinige Figur'	SEMEM 2: 'dreiseitige geradlinige Figur'
MORPHEM 1: triangel	MORPHEM 2: tresidig rättlinjig figur
Zeichen 1	Zeichen 2

Abb. 4.66: Homoseme Zeichen nach Noreen (1903)

SEMEM 3: 'Unruhe, Lärm	SEMEM 4: 'Wesen, Sein
MORPHEM 3: väsen	MORPHEM 4: väsen
Zeichen 1	Zeichen 2

Abb. 4.67: Homomorphe Zeichen nach Noreen (1903)

8. Reihenfolgebeziehungen oder Topik

8.1. Reihenfolgebeziehungen und die syntaktischen Beziehungen

In 1. ist vermerkt worden, daß im Altertum unterschieden wurde zwischen den zum abstrakten Gefüge unter Außerachtlassung ihrer „realen" Reihenfolgebeziehungen zusammengeordneten Wörtern und den „realen" Reihenfolgebeziehungen zwischen den so zusammengeordneten Wörtern. Es ist auch vermerkt worden, daß diese Unterscheidung, die mit dem „Téchnē"-Scholiasten auch terminologisch fixiert werden kann, nicht durchgängig getroffen wurde (und bis heute nicht durchgängig getroffen wird). — Für die in 3. betrachteten Arten syntaktischer Beziehungen wird bei keinem der dort erwähnten Autoren erkennbar, daß durch die Strukturen außer dem abstrakten Gefüge auch die Stellung der Wörter innerhalb ihrer linearen Abfolge erfaßt werden soll. Zwar könnten die als Baumgraphen zitierten Strukturen in Abb. 4.3., 4.47., 4.8. und 4.9. nach dem Ihm-Lecerf-Verfahren (Ihm-Lecerf 1963, 7 ff; s. Art. 14.) unter besonderen Vorkehrungen als projektiv betrachtet werden (für Abb. 4.3. müßte die Position von *na* als Teil der Manifestation von ⌜na piaskach⌝ sowie die Koordination mit *i* geklärt werden; für Abb. 4.7. die Position von *in* als Teil der Manifestation ⌜im Glanze⌝ sowie der Status von „als"; für Abb. 4.8. der Status des manifestationslosen *este*). Auf Abb. 4.9. ist das Ihm-Lecerf-Projektionsverfahren jedoch nur anwendbar, wenn man die „Gleichrangigkeit" von *Miltiades* und *reddidit*, die anzunehmen Billroth nahelegt, beseitigt, und auf den Šmilauerschen Dependenz-Ring kann es überhaupt nicht angewendet werden. Freilich überzeugt ein Blick auf die Anordnung der Graphen von der Annahme, daß mit ihnen die Reihenfolgebeziehungen zwischen den einzelnen Wörtern nicht dargestellt werden sollen. — Auch eine Beschreibung der „Satzverhältnisse" im Stile Beckers (s. 3.4.) zielt nicht auf die Erfassung der „Wortfolge", sie zielt einzig auf die Darstellung der „grammatischen Form des Satzes" (Becker 1843, 423). Das geht z. B. aus dem Schema der Satzverhältnisse in Abb. 4.24. hervor. Das attributive Satzverhältnis besteht zwischen einem „Substantiv der Beziehung" und einem „Attribut". Es handelt sich bei dem Schema in Abb. 4.24. um ein Schema für das Deutsche. Und als mögliche Attribute führt Becker an: attributives Adjektiv, Substantiv im Genitiv, „Substantiv in Apposition". Ganz offensichtlich nimmt Becker in seinem Schema keinerlei Bezug auf die Reihenfolgebeziehungen zwischen den Ausdrucksstücken, die mit dem Schema beschrieben werden sollen. Das sei am Beispiel des attributiven Satzverhältnisses verdeutlicht: in *ein kurzer Arm* steht das Attributiv (das attributive Adjektiv) vor dem Substantiv der Beziehung, in *der Gesang der Vögel* steht das Attribut (das Substantiv im Genitiv) danach. — Gänzlich klar ist der fehlende Bezug zu den Reihenfolgebeziehungen in den Graphen,

die Lugebil bietet (Abb. 4.20. bis 4.23.). In Abb. 4.26. beruht die Übereinstimmung der Links-Rechts-Folge der abstrakten Wörter mit der Links-Rechts-Folge der sie manifestierenden Wörter auf einem Zufall. Hingegen ist die Übereinstimmung in Abb. 4.29. — zumindest teilweise — beabsichtigt (s. 8.4.). Reihenfolgebeziehungen sind meines Wissens erstmals systematisch ins Blickfeld gesetzt und auf syntaktisch einschlägige Strukturen bezogen worden im Rahmen solcher syntaktischer Beschreibungen, in denen ausschließlich dyadische Konnexionen zwischen Minimaleinheiten angenommen werden (s. 3.3.). Betrachtet man „Wörter" als Minimaleinheiten — eine gängige, wenn auch bisweilen wegen der Unterscheidung zwischen vollen und leeren Wörtern irreführende Ausdrucksweise —, so erklären sich die üblichen Bezeichnungen für Reihenfolgebeziehungen: Wortstellung, Wortfolge, ordre des mots, word order, ordstilling, porjadok slov, pořádek slov, slovosled etc. Bezeichnungen wie 'Wortstellung' oder 'Wortfolge' sind dann nicht mehr ganz angemessen, sobald auf Strukturen Bezug genommen wird, in denen es Konnexionen mit mindestens einem Komplex als Argument gibt (s. 3.4.). Es läge in solchen Fällen nahe, auch von „Wortgruppenstellung" zu sprechen. Ein in dieser Hinsicht neutraler Terminus ist 'Topik', den Roth (1799, 271) folgendermaßen charakterisiert: „Die Topik zerfällt in die Topik der Wörter und in die Topik der Sätze. In beyden Fällen ist sie die Lehre vom Orte, welchen Wörter und Sätze einnehmen, mag man sich denselben im Raume vermittelst der schriftlichen —, oder in der Zeit vermittelst der mündlichen Darstellung denken."

8.2. Syntaktische Beziehungen und Reihenfolgebeziehungen in zwei verschiedenen Welten

„Ich glaube, daß man *Konstruktion* nicht mit Syntax vermengen darf. *Konstruktion* verkörpert lediglich die Idee von Kombination und Arrangement. Cicero hat entsprechend drei verschiedene Kombinationen formuliert: *accepi$_1$ litteras$_2$ tuas$_3$* ('Ich$_1$ habe$_1$ deinen$_3$ Brief$_2$ erhalten$_1$'], *tuas accepi litteras, & litteras accepi tuas*: Es handelt sich hier um drei Konstruktionen, da es hier drei verschiedene Arrangements von Wörtern gibt; demgegenüber gibt es hier nur eine Syntax, denn in jeder dieser *Konstruktionen* gibt es die gleichen Zeichen für die Beziehungen, die die Wörter untereinander haben, so daß diese Beziehungen in jedem dieser Sätze dieselben sind," heißt es bei Dumarsais (1754, 73) in der „Encyclopédie". Dem Sinne, nicht der Terminologie nach, begegnet man dieser Unterscheidung bei Roth (1815, 91); nach ihm „muß der Syntax zunächst in zwey Abtheilungen zerfallen, nämlich in die Lehre von der Zusammenfügung von Wörtern als einer Verknüpfung, und die von der Zusammenfügung derselben als einer Verbindung. Die erstere heißt Konstruktionslehre, die letztere Topik". „Die innere Beziehung der Satzglieder und der Sätze auf einander und die Verknüpfung derselben zu einer Einheit des Gedankens oder Begriffes wird theils [...] durch die Flexion oder die Flexion vertretende Formwörter, theils durch die Betonung und die Stellung der Satzglieder und der Sätze ausgedrückt" (Kühner 1835, 619 f; 1836, 402). Kühner behandelt Reihenfolgebeziehungen also in derselben „Welt" wie Morphologie — hier allerdings in der üblichen Bedeutung, nicht in der Noreenschen (s. 7.4.) —, leere Wörter (Formwörter, s. 7.2.) und „Betonung". Diese „Welt" ist nicht Teil des Zeichens (des lektóns), sie ist ihm vielmehr zugeordnet; es ist die „Welt", in der Noreens Phoneme vorkommen. — Auch für Becker ist die „Wortfolge" nicht in der gleichen „Welt" wie die der „Satzverhältnisse". Der Satz mit seinen Satzverhältnissen bestimmt nach Becker (1843, 423) die grammatische Form des Satzes. Von der grammatischen Form des Satzes unterscheidet er die logische Form. „Wie die Flexion und die Präpositionen der organische Ausdruck für [!] die grammatische Form, so ist die Wortfolge nebst der Betonung der organische Ausdruck für die logische Form des Satzes und der Satzverhältnisse." (Zu der Vorstellung, daß die Wortstellung Ausdruck der logischen Form ist, s. 7.5.) Den Kühnerschen Vorstellungen näher als den Beckerschen steht offenbar Julien (1841, 415 f), der bei der Behandlung des Chines. davon ausgeht, daß die Wortstellungsregeln in dieser Sprache „dieselbe Rolle spielen wie in anderen Sprachen die Flexion". So kritisiert er einen stümperhaften englischen Übersetzer chines. Texte (nämlich P. Pauthier), weil dieser bei der Analyse des Ausdrucks $Ruò_1$ $qí_2$ $fēngjiāng_3$ $zhī_4$ $yù_5$ $kěde_6$ $ér_7$ $yán_8$ $wŭ_9$ $yìndù_{10}$ $zhī_{11}$ $jìng_{12}$ $zhōu_{13}$ $jiūwàn_{14}$ $yú_{15}$ $lĭ_{16}$ ('Was$_1$ die Grenzen dieses$_{2,4}$ Landes$_{3,4}$ betrifft$_1$, so kann$_6$ ich$_6$ sie$_7$ nennen$_8$: die Grenzlinie$_{12}$ der fünf$_9$ Indien$_{10}$ umschließt$_{13}$ diese$_{10}$ mit etwas$_{15}$ mehr$_{15}$ als$_{15}$ 90 000$_{14}$ Li$_{16}$ [45 000 km]') die Wortstellungsregeln nicht beachtet und somit den Text falsch übersetzt habe: „Monsieur Pauthier hat dieses Satzglied [$kě$ de $ér$ $yán$] mit dem Folgenden vermischt. Er hat dessen letztes Wort $yán$ — das aktive Verb sagen — mit den fünf [folgenden] syntaktisch verknüpft und ihm als direktes Regimen den Nominativ $jìng$ — 'die Grenzlinie' (der fünf Indien) — gegeben; er übersetzt: 'Die [d. h. „die Gegenden" (für $fēngjiāng$)] man die Grenzen der fünf Indien nennen kann'" (Julien 1841, 515). Vor Julien hat schon Marshman (1814, viii) für das Chines. Wortstellungsregeln formuliert: „On examining the various parts of speech, the reader will perceive, that the whole of Chinese Grammar turns on *Position*." Es gibt für Marshman als Gegenstände der sýntaxis neben „parts of speech" u. a. „the various cases" (Marshman 1814, 218) und als Ausdrucksmittel für beides außer „Prepositive characters" (also Partikeln) vorrangig das Arrangement, die Stellung, die im Chines. jene Aufgaben übernimmt, die in europäischen Sprachen von Kongruenz u. ä. erfüllt werden. Für Marshman sind sýntaxis und sýnthesis unterschieden; Reihenfolgebeziehungen werden als Erscheinungen der sýnthesis gefaßt. Als „Ausdrucksformen" für „grammatische Kategorien" betrachtet auch von der Gabelentz (1884, 274) für das Chines. „Stellungserscheinungen und Formwörter". Stellungserscheinungen und Formwörter sind somit Phänomene in einer „Welt", „grammatische Kategorien" in einer anderen. Ohne Bezug auf das Chines. zu nehmen, ist auch für Destutt de Tracy (1817, 243) die „Konstruktion", d. h. die Anordnung der Wörter, neben „Deklinationen und Gebrauch gewisser Zeichen oder Kennmarken, die einzig dazu bestimmt sind, die Beziehungen zwischen den anderen Zeichen zu markieren" ein „Mittel der Syntax", somit nicht Syntax selber. Wiwel (1901, 30 ff) fragt sich, „durch welche grammatischen Mittel sich das Subjekt zu erkennen gibt": A) Es gebe im Dän. einige Wortformen, die ausschließlich als Subjekt auftreten können: jeg ('ich'), du ('du'), han ('er'), hun ('sie'), vi ('wir'), I ('ihr'); B) in vielen Fällen zeige die Wortstellung das Subjekt an. So seien in den folgenden Ausdrücken die hervorgehobenen Teile auf Grund der Wortstellung Subjekte: Den_1 **$mand_2$** har_3 $givet_4$ min_5 $broder_6$ $penge_7ne_8$ ('Dieser$_1$ Mann$_2$ hat$_3$ meinem$_5$ Bruder$_6$ das$_8$ Geld$_7$ gegeben$_4$.'), Den_1 $mand_2$ har_3 min_4 **$broder_5$** $givet_6$ $penge_7ne_8$ ('Diesem$_1$ Mann$_2$ hat$_3$ mein$_4$ Bruder$_5$ das$_8$ Geld$_7$ gegeben$_6$.') — Wundt (1900, 347 ff) unterscheidet zwischen den auf der Gliederung einer Gesamtvorstellung beruhenden Satzgliedern einerseits und

4. Westliche Entwicklungen

deren „Ordnung" andererseits. Was die Gliederung betrifft, so seien der dt. Ausdruck $eine_1$ $sehr_2$ $liebenswürdige_3$ $Frau_4$ und der französ. une_1 $femme_4$ $très_2$ $aimable_3$ „einander ihrer inneren Gedankenform nach" nicht weniger verwandt als die Ausdrücke ein_1 $armer_2$ $Mensch_3$ und un_1 $pauvre_2$ $homme_3$. Unterschiedliche „Ordnung" besagt nicht unterschiedliche „Gliederung". Beckman (1904, 211) unterscheidet in seiner schwed. Grammatik zwischen Konnexionen — bei ihm als Determinationen, d. h. als Beziehungen zwischen Bestimmendem und Bestimmtem gedeutet — und dem Mittel, solche Konnexionen anzuzeigen. Er tut dies am Beispiel der „Umklammerung", die in verschiedenen Fällen als Ausdrucksmittel für Konnexionsfolgen benützt werde, z. B. in schwed. $\boxed{en_1}$ $under_2$ $alla_3$ $förhållanden_4$ $pålitlig_5$ $\boxed{man_6}$ ('ein_1 $unter_2$ $allen_3$ $Umständen_4$ $zuverlässiger_5$ $Mann_6$'), wo die von $\boxed{en}$ und $\boxed{man}$ umklammerte Folge von Wörtern einer Stufenfolge von Bestimmungen (Determinationen) mit dem zu höchst determinierten man entspricht, einer Stufenfolge, die man im Sinne Beckmans wohl wiedergeben kann als: *all* bestimmt *förhållanden*, *under förhållanden* bestimmt *pålitlig* und *pålitlig* bestimmt *man*. Diese Umklammerung sei ein besonderes Mittel, die Zugehörigkeit einer Bestimmung anzuzeigen. Die „allgemeine Regel" sei jedoch, daß die Bestimmung so nahe wie möglich vor oder nach dem Kopfwort steht. Wird die „Ordnung" als syntaktisches Ausdrucksmittel in einer Sprache, in der derartige „Regeln" zu beachten sind, allzu frei gehandhabt, so ist die Herstellung der sýntaxis gefährdet. Die alten Skalden seien hierin sehr weit gegangen, sie „haben oft übertrieben, was das Gedicht schwer verständlich machte" (Smári 1920, 247). Und Burnet (1774, 344 f) kolportiert eine Auffassung, nach der gewisse Wortstellungen zur Unverständlichkeit führen: „And I remember I heard one of those gentlemen go so far as to say, that it was impossible that Demosthenes's orations could have been understood, if the words had been spoken in the unnatural order in which we read them" (zu 'natural order' s. 8.4.).

8.3. Syntaktische Beziehungen und Reihenfolgebeziehungen in einer „Welt"

Bauer (1832, 1) zählt zu den Fragen, die mit einer Syntax geklärt werden sollen, nicht nur die, „wie die Wörter miteinander verbunden werden", „wie dieselben zu Sätzen verknüpft werden" und „wie die Sätze untereinander zu Perioden verbunden werden", sondern auch die, „in welcher Ordnung bei diesen Verbindungen die Wörter auf einander folgen müssen" und „in welcher Ordnung [...] die Sätze auf einander folgen müssen". Es hat den Anschein, als gäbe es danach für Bauer Wortstellungsbeziehungen und grammatische Beziehungen („grammatische Verbindungen") in ein und derselben „Welt", in der „Welt" der Syntax. Zwar unterscheidet Bauer zwischen den (syntaktischen) „Verbindungen" „einzelner Wörter mit einander" (Bauer 1832, 2 ff) und „der Sätze mit einander und zu Perioden" (Bauer 1833, 59 ff) einerseits und „der Topik oder Wortstellung und Wortfolge der Satztheile" (Bauer 1833, 1 ff) sowie der „Topik der Sätze in Perioden und der Perioden" (Bauer 1833, 254 ff) andererseits. Aber es ist nicht mit Sicherheit auszumachen, ob diese Unterscheidung auch die Unterscheidung zweier „Welten" bedeutet, wie Scaglione (1981, 28) dies unterstellt. Einiges spricht dafür, daß es für Bauer nur eine einzige „Welt" der Syntax gibt: „Welche Stellung Wörter, die mit einander ihren Begriffen nach verbunden werden, im Deutschen neben einander annehmen, welche Folge, Wortfolge, Topik dann bei ihnen statt findet, statt finden muß oder kann, darüber haben wir das Meiste und Wichtigste bereits in den vorhergehenden Abschnitten [also außerhalb der Topik] besprochen, in welchen eben über die Verbindung der Wörter mit einander geredet ist." (Bauer 1833, 1) Ungewißheit herrscht auch bei Noreen (1898, 10 f). Er unterscheidet zwar zwischen „Konstruktionslehre" (diese entspricht in etwa der sýntaxis) und „Wortfolgelehre", rechnet beide aber als Teile der „Wortfügungslehre oder Syntax". „Wortfügungslehre" und „Wort(bildungs)lehre" faßt Noreen zusammen zur „Formations- oder Bildungslehre", die der „Flexions- oder Beugungslehre" gegenübersteht. Vergleichbare Ungewißheit beobachtet man vorher auch schon bei Høysgaard (1752, 355, Bogenzählung: Z 2, 380, Bogenzählung: Aa 6), der zwar unterscheidet zwischen der „Konstruktion", „mit der der Sprache eine Form oder Gestalt derart aufgeprägt wird, daß sie [...] den Zusammenhang zu erkennen gibt", einerseits und der „rechten Anordnung", in der die Wörter stehen, andererseits. Aber beide gehören bei Høysgaard — nebst der Zeichensetzung — zur Syntax: „Unter Konstruktion verstehen wir nicht allein (1) die *Rektion* [... der Wörter] untereinander, sondern (2) auch deren *Anordnung* im Satz gemäß der Natur der Sprache" (Høysgaard

1747, 153). — In der Zeit vor dem Wirken der Modisten kann ich eine Unterscheidung, die der Unterscheidung des „Téchnē"-Scholiasten zwischen sýntaxis und sýnthesis gleichkommt, nicht belegen. Vielmehr scheint es für beide nur eine „Welt" zu geben. So betrachtet Priscian (XVII, 12 f) bei der Analyse des latein. Satzes *Idem homo lapsus heu hodie cecidit* (s. 3.2.) außer den syntaktischen Beziehungen auch die Stellung der Wörter, in der sie zueinander stehen. In dem versifizierten „Doctrinale" des Alexander de Villa-Dei aus dem Jahre 1199 (s. Alexander de Villa-Dei/Reichling 1893, XXXVII) wird zwar dem „vocum regimen" (der Rektion) und der „constructio" (der Wortfolge, der Kongruenz und den nichtflektierten Wörtern) je ein Kapitel gewidmet, nämlich Kap. VIII. bzw. IX. (Alexander de Villa-Dei/Reichling 1893, 70 ff bzw. 87 ff), dennoch kommt in beiden Kapiteln beides vor. Rektion und Wortfolge werden systematisch miteinander verquickt. Es heißt etwa, das rectum (das regierte Substantiv) werde in der transitiven Konstruktion dem Verb vorangestellt (Vers 1075). Oft stehe das regierte Substantiv nach dem Verb, etwa beim verbum substantivum (*sum, fio* 'ich bin, ich werde') oder bei solchen Verben wie *vocor* ('ich heiße') (Verse 1077 f). Und als Konstruktionsanweisung gibt Alexander: „Sofern es einen Vokativ gibt, so setzt du ihn voran, dann das rectum [das Substantiv im Nominativ]; hiernach plazierst du das finite verbum, das du als erstes setzt, wenn die anderen [Glieder] fehlen; darauf folgen oft der dritte und der vierte Kasus, oder du unterstellst dem Verb auch noch Adverbien (Alexander de Villa-Dei/Reichling 1893, 88 f, Verse 1390 ff).

8.4. Reihenfolgebeziehungen und Ideologie: Ikonizität der Wortstellung

Schon vor dem Wirken der Gelehrten von Port-Royal ist die Auffassung formuliert worden, daß die Reihenfolgebeziehungen zwischen den Wörtern Ausdruck der logischen Ordnung des Urteils sei, und zwar je nach Sprache mehr oder weniger geglückter Ausdruck. Die natürliche Ordnung ist dabei: voran das Subjekt, dann das Attribut (d. h. das Prädikat) und — wenn es ein Objekt gibt — dann das Objekt. Diese Ordnung ist die des Französ. Das Gebäude der französ. Sprache nämlich folge der Ordnung, die von der Natur vorgegeben ist (Meigret 1550/1970, 195). Für Vaugelas (1647/1911, 215 ff) führt die natürliche Ordnung zur «clarté» der französ. Sprache, zur „clarté der Sprache, derer sich die Französische Sprache mehr als alle Sprachen der Welt befleißigt". Alle Erscheinungen die nicht der natürlichen Ordnung gehorchen, sind grammatische Unregelmäßigkeiten, sog. Figuren, so vor allem das Hyperbaton (Umstellung, Inversion), „das die natürliche Ordnung der Rede umstellt. [...]. Es gibt kaum eine Sprache, die weniger Figuren benützt als die unsere, denn diese liebt ganz besonders die Genauigkeit" (Arnauld/Lancelot 1660/1969, 108). Sprachen wie Latein oder Hebräisch sind — so die selbstverständliche Überzeugung der Gelehrten — unvollkommen: sie entsprechen nicht dem „natürlichen Ausdruck unserer Gedanken" (Arnauld/Lancelot 1660/1969, 106). Daß Dumarsais, der zwischen Syntax und Konstruktion unterschieden wissen will (s. 8.2.), die natürliche Ordnung verteidigt (Dumarsais 1754, 73 f; 1769/1971, 197), zeigt deren Verträglichkeit mit der Unterscheidung zwischen sýntaxis und sýnthesis. Der rationale Kern, der wohl der Annahme einer natürlichen Ordnung bei Dumarsais zugrunde liegt, läßt sich wie folgt fassen: im Falle der natürlichen Ordnung handelt es sich um reguläre Reihenfolgebeziehungen, die in einer bestimmten Sprache, z. B. im Französ., als syntaktische Ausdrucksmittel (oder in umgekehrter Perspektive: als syntaktische Dekodierungsmittel) verwendet werden, denen in anderen Sprachen, z. B. im Latein., andere Mittel entsprechen, z. B. Flexionsendungen (Dumarsais 1729/1971, 203). Nur ist er nicht der rationale Kern, der Dumarsais zu der Unterscheidung zwischen Konstruktion und Syntax geführt hat, sondern die rationalistische Lehre, nach der die Wörter so aufeinander folgen, wie die damit ausgedrückten Gedanken aufeinander folgen; und das heißt, die natürliche Wortfolge ist die des Französ. Die sog. „analogen Sprachen", so heißt es bei Beauzée (1767/1974, 420), folgten der unveränderlichen Natur, „die überall eine genaue Übereinstimmung zwischen dem Fortschreiten der Ideen und dem der sie repräsentierenden Wörter etabliert". — Ein bescheidener Reflex der Doktrin, nach der die Reihenfolge der Wörter die „logischen" Beziehungen ausdrückt, läßt sich auch in der deutschsprachigen Literatur nachweisen: „Man nennt die besondere Art der grammatischen Beziehung, in welcher die Glieder des Satzes und der Satzverhältnisse mit einander stehen [...], die grammatische Form des Satzes und der Satzverhältnisse, und unterscheidet von der grammatischen Form des Satzes und der

4. Westliche Entwicklungen

Satzverhältnisse die logische Form des Gedankens und der Begriffe d. h. das besondere Verhältniß des logischen Werthes [...], in welchem der Eine Begriff dem andern Begriffe als dem Hauptbegriffe untergeordnet ist [...]. Die logische Form des Gedankens und der Begriffe wird durch die Betonung und durch die Wortfolge bezeichnet", heißt es bei Becker/Becker (1876, 385). Weil verwirft zwar den «ordre naturel» (dieser spielt auch bei Becker keine Rolle), unterscheidet aber die grammatischen Beziehungen von der Ordnung der Gedanken. Der Sprecher müsse, um verstanden zu werden, „sich auf eine präsente und bekannte Sache stützen, um dann zu einer weniger präsenten Sache zu gelangen, die neuer ist oder gar unbekannt [...]. Es gibt folglich einen Anfangsbegriff, der sowohl dem Sprecher als auch dem Hörer präsent ist [...], und einen anderen Redeteil, der die eigentliche Aussage darstellt" (Weil 1844, 23). Ohne Nennung Weils drückt von der Gabelentz (1869, 378) einen ähnlichen Gedanken aus: wenn man mit einem anderen spricht, müsse man ein Doppeltes tun: „erstens, daß man des Andern Aufmerksamkeit (sein Denken) auf etwas hinleite, zweitens, daß man ihn über dieses Etwas das und das denken lasse; und ich nenne das, woran, worüber ich den Angeredeten denken lassen will, das psychologische Subject, das, was er darüber denken soll, das psychologische Prädicat". Später nennt von der Gabelentz das psychologische Subjekt (1875, 137, 151) auch „Thema". Was bei von der Gabelentz „psychologisches Subjekt" heißt, wird von Wundt (1900, 259 ff) „dominierende Vorstellung" genannt. — Obwohl sich seit Weil eine Entideologisierung (oder: Umideologisierung) der Vorstellungen über die Wortfolge anbahnt, findet man noch im ausgehenden 19. Jh. den «ordre naturel», und zwar nicht nur zur Charakterisierung von Sprachen, sondern auch zur Charakterisierung der diese Sprachen sprechenden Völkerschaften. „The nominative tends to follow the verb, if the race has little habit of deliberation and choice", lautet ein Dogma bei Byrne (1885-II, 281). „In the natural order of thought the subject precedes the verb [...]. But in the Polynesian and Tagala [...] languages, the nominative as a rule follows the verb more or less closely. [...] In Fijian the ordinary arrangement is verb, object, subject [...]. But in the other Melanesian Languages [als dem Annatom] it is different." Mit diesen Worten notiert Byrne den linguistischen Befund für diese drei Sprachen (Sprachgruppen). Seine Deutung: „The Melanesian islanders are perhaps as well supplied by nature as the Polynesians. But they are akin to the dark races of Borneo, New Guinea, and Australia, who amid the difficulties of the interior of those countries had to exercise more care to gain their subsistence. The Fijian is intermediate between the Polynesian and the Melanesian" (Byrne 1885-II, 281, 283).

9. Negative Syntax
   oder Syntax ohne sýntaxis

Die in 8.3. erörterte Nicht-Unterscheidung zweier „Welten", nämlich der „Welt" der sýntaxis und jener der sýnthesis (s. 1.) läuft nicht notwendigerweise darauf hinaus, daß keinerlei Minimaleinheiten des komplexen sprachlichen Zeichens — des Satzes etwa — auf ihre Beziehungen untereinander, insbesondere auf ihre wechselseitige Verknüpfbarkeit hin untersucht würden. Die Nicht-Unterscheidung hat auch nicht notwendigerweise zur Folge, daß man sich das komplexe sprachliche Zeichen nicht mehr als gegliedert vorstellt oder daß man die Gliederung des Zeichens nicht mehr untersuchte. Als Beleg hierfür kann Bauers Grammatik stehen (Bauer 1832; 1833). — Demgegenüber beobachtet man im Laufe des 19. Jh.s vornehmlich an deutschsprachigen Universitäten eine Abwendung von dem, was man in den zwei Jahrtausenden zuvor unter „Syntax" verstanden hatte. So entscheidet sich — nach den Worten von Ries (1894, 18 F) — Miklosich dafür, die Syntax als „Satzlehre [...] ganz über Bord zu werfen". Bei Miklosich (1868, 1) heißt es: „Jener theil der grammatik nun, welcher die bedeutung der wortclassen und der wortformen darzulegen hat, heisst syntax. Die syntax zerfällt demnach in zwei theile, von denen der erstere die bedeutung der wortclassen, der andere die bedeutung der wortformen zum gegenstande hat." „Einfach, klar und — sicherlich unrichtig", kommentiert Ries (1894, 19). Für von der Gabelentz (1884, 273) hören „viele der modernen indogermanischen Grammatiken da auf, wo die Syntax anfangen sollte. Aber damit hört die Syntax nicht auf, ein wesentlicher Teil der Grammatik zu sein, sondern jene Bücher hören auf, vollständige Grammatiken zu sein. Wundt (1900, 215 ff) hat für diese Art syntaxfreier „Syntax" die Sprachmarke „negative Syntax" geprägt. In der propagierten Vertreibung der Syntax aus der Syntax hat Miklosich nicht wenige erklärte Anhänger und stillschweigende Nachfolger gefunden. Scherer (1878, 118 ff) hat das Programm empfohlen, Erdmann (1886), Wunderlich (1887), Jagić (1900) u. a. sind ihm erklärtermaßen gefolgt. In 3.3. ist bereits angemerkt worden, daß man Paul als einen Vertreter der „negativen Syntax" sehen kann. In der Tat heißt es in seiner „Syntax" des Deutschen (Paul 1919, 7) mit sinnfälligem Anklang an Miklosich (1868, 1): „Der Numerus des Subst[antivs] ist zwar an sich nichts Syntaktisches, aber die Lehre von der Kongruenz im Numerus gehört zweifellos in die Syntax; und die Bildung der Pluralformen von Adjektiven hat nur einen syntaktischen Zweck." Die (weitgehende) Entsyntaktisierung der sýntaxis des „Téchnē"-Scholiasten dokumentiert sich bei Paul nicht nur in der Tatsache, daß in seiner „Syntax" völlig offen bleibt, nach welchem der in 3. (sowie 4.) dargestellten Verfahren man sich den Satz (oder jeden anderen komplexen Ausdruck) strukturiert vorstellen soll, sondern auch darin, daß — wie das Zitat schon andeutet — die sýntaxis durch die sýnthesis verdrängt wird, nämlich durch das, was Paul (1919, 4) die „Mittel, deren sich die Sprache bedient, um die Verknüpfung der Wörter und der an sie angeschlossenen Vorstellungsmassen zum Ausdruck zu bringen", nennt oder die Mittel zum „sprachlichen ausdruck der verbindung von vorstellungen" (Paul 1886, 99). Als markantes Beispiel für das, was Wundt „negative Syntax" nennt, kann man Wunderlichs Werk „Der deutsche Satzbau" (Wunderlich 1892) nehmen. Obwohl laut Vorwort (Wunderlich 1892, III) und Titel „Satzbau" abgehandelt werden soll, findet sich in dem Buch kein Kapitel über „Satzbau". Vielmehr handelt Wunderlich im wesentlichen das Verbum ab, und zwar 1. Abgrenzung von anderen Wortarten, 2. die Formen des „Verbum", 3. die Stellung des „Verbum". Auch in den „Vorlesungen über Syntax" von Wackernagel (1928) findet sýntaxis im Sinne des „Téchnē"-Scholiasten nicht statt; es handelt sich allenfalls um Vorlesungen über sýnthesis. Und das Wackernagelsche „Gesetz" ist eine Aussage über die sýnthesis (Wakkernagel 1892). — Ein Maximum an negativer Syntax erreicht Havers (1931) in seinem „Handbuch der erklärenden Syntax", ohne sich auf Miklosich zu berufen. Mit deutlichem Anklang an Miklosich heißt es dagegen bei Sommer (1931/59, 1) in der vergleichenden Syntax der Schulsprachen: „Eine streng wissenschaftliche Darstellung der Satzlehre würde vom Satzganzen auszugehen und aus ihm erst die einzelnen Glieder herauszuschälen haben, die nur hier ihre syntaktische Bedeutung erhalten. Praktische Gründe haben aber von jeher dazu geführt, die Analyse des Satzes in Wörter oder Wortgruppen als gegeben hinzunehmen und die syntaktische Funktion der verschiedenen Wortarten und, soweit diese flektierbar sind, der Wortformen für sich zu betrachten." Ein einziger Satz in dem Buch deutet darauf hin, daß Sommer offensichtlich N-V-Ringstrukturen im Sinne hat: „Von den Teilen des Satzes kann man Subjekt und Prädikat, die jeder grammatisch vollständige Satz enthält, als Grundteile, alle übrigen als erweiternde Teile bezeichnen [...]."

10. Methoden der Rechtfertigung syntaktischer Beschreibungen

Wenn mit „Syntax", wie in 1. dargelegt, seit alters — sieht man von der „negativen Syntax" (s. 9.) ab — die Zusammenordnung der Wörter bezeichnet wird, so kann man fragen, wie diese Zusammenordnung im einzelnen ausfindig gemacht wird, auf Grund welcher Kriterien und Motive sie behauptet wird. In 3. und 4. ist gezeigt worden, daß sich im Laufe der Geschichte des Syntaxstudiums recht verschiedene Weisen entwickelt haben, die sýntaxis eines natürlichsprachlichen Ausdrucks zu beschreiben. Es soll hier knapp skizziert werden, welche Methoden entwickelt und angewandt wurden, um eine bestimmte Strukturbeschreibung zu rechtfertigen oder gar die eine gegenüber der anderen zu bevorzugen. — Egger (1854, 230) liest Apollonios — sicherlich zu Recht — so, daß man sagen darf, daß es „die Distribution der Wörter" ist, die für den griech. Syntaktiker das Analysekriterium war: „Das Wort emoí ['meine', Pl. mask.] kann nicht in die 3. Pers. gesetzt werden, das Wort hoĩ ['seine', Pl. mask.] schließt es förmlich von dieser Rolle aus. Und hoĩ seinerseits kann aus demselben Grunde nicht in der 1. Pers. verwendet werden; so wie auch gráphō ['ich schreibe'] und gráphei ['(er/sie) schreibt'] nicht füreinander gebraucht werden." In bezug auf derartige Beobachtungen spricht man später zum Teil von „Ersatzproben" (Glinz 1965, 89). Gegeben eine bestimmte sprachliche Umgebung, so ist gráphō nicht durch gráphei substituierbar und umgekehrt. Es ergibt sich durch Substitution je ein ungriech. Ausdruck. Der Fall emoí/hoĩ ist

4. Westliche Entwicklungen

insofern verschieden von *gráphō/gráphei*, als die Substitution nicht je zu einem ungriech. Ausdruck führt, sondern zu einem griech. Ausdruck mit veränderter Bedeutung. Apollonios (A, 14) führt die Distribution der Wörter auch vor, indem er ein Verfahren anwendet, das man in späteren Zeiten „Weglaßprobe" genannt hat (Glinz 1965, 93, 233). Als Ausgangsausdruck nimmt er den schon in 8.3. zitierten: *ho autós ánthrōpos olisthḗsās sḗmeron katépesen*. Wenn man das nominativische Nomen oder das Verb wegläßt, werde der Satz unvollständig, er verlange nach einem nominativischen Nomen bzw. einem finiten Verb: **ho autós olisthḗsās sḗmeron katépesen* (nur wenn man weiß, worauf sich *ho autós* bezieht, ist der Satz ein ordentlicher griech. Satz); **ho autós ánthrōpos olisthḗsās sḗmeron katá*. Wenn man aber das Adverb *sḗmeron* wegläßt, so bleibt der Satz vollständig: *ho autós ánthrōpos olisthḗsās katépesen* ('Derselbe Mensch, der ausgerutscht war, ist hingefallen.'). Auch die folgende Weglassung des Partizips *olisthḗsās* führt zu einem vollständigen griech. Satz: *ho autós ánthrōpos katépesen* ('Derselbe Mensch ist hingefallen.'). Die Weglassung des Präfixes beim finiten Verb — Apollonios behandelt es als Präposition *katá* — führt zu dem vollständigen Satz *ho autós ánthrōpos épesen* ('Derselbe Mensch ist gefallen.'). Entsprechendes gilt für die zusätzliche Weglassung des Pronomens *autós* sowie die Weglassung des Artikels *ho*: *ho ánthrōpos épesen* ('Der Mann ist gefallen.'), *ánthrōpos épesen* ('Ein Mann ist gefallen.'). — Ein Verfahren, das — mit veränderter Zielsetzung — später (bei Glinz 1965, 85 ff) „Verschiebeprobe" genannt wird, wendet Bauer (1833, 3) an. Er vergleicht *der schöne 1. Mai* mit *der 1. schöne Mai*, *Plato vorzüglich hat dies gelehrt* mit *Plato hat dies vorzüglich gelehrt*, und *der Mann, den ich liebe, küßte den Fremden* mit *der Mann küßte den Fremden, den ich liebe*. Während Apollonios mit seinem Test zeigt, daß sich bei Auslassung von nominativischem Nomen und finitem Verb im Unterschied zu den übrigen angeführten Fällen von Auslassung ein unvollständiger Ausdruck ergibt, geht es Bauer (anders allerdings als Glinz) darum, durch die Permutation die strukturellen und bedeutungsmäßigen Beziehungen zu bestimmen. Die Permutationen, die Bauer vorführt, haben Bedeutungs- und Strukturveränderung zur Folge, die bei Glinz sollen — im Prinzip — bedeutungserhaltend sein. Es sind Strukturintuitionen, an die Bauer mit seinen Beispielen beim Leser appelliert. An solche Intuitionen appelliert auch Mikkelsen (1911, 4 f), nur mit dem Unterschied, daß der Vergleich zwischen Ausdrücken mit partiell unterschiedlichem Wortmaterial angestellt wird. Dän. *Jeg$_1$ læste$_2$ bog$_3$en$_4$* ('Ich$_1$ las$_2$ das$_4$ Buch$_3$.') und *Jeg$_1$ læste$_2$ nytårsdag$_3$* ('Ich$_1$ las$_2$ am$_3$ Neujahrstag$_3$.') ähneln sich in ihrer Erscheinungsform, obwohl der dän. Leser intuitiv einen strukturellen Unterschied macht. Entsprechend bei *Jeg$_1$ betalte$_2$ penge$_3$ne$_4$* ('Ich$_1$ bezahlte$_2$ das$_4$ Geld$_3$.') gegenüber *Jeg$_1$ betalte$_2$ varer$_3$ne$_4$* ('Ich$_1$ bezahlte$_2$ die$_4$ Waren$_3$.'). Wiwel (1901, 23) appelliert an das Sprachgefühl, um die Auszeichnung des finiten Verbs im Satz (s. 3.3.2.) plausibel zu machen: „Vergleichen wir folgende zwei Paare von Wortverbindungen: [dän.] 1) *arvinger$_1$n$_2$es$_3$ overtagelse$_4$ af$_5$ gård$_6$en$_7$* — oder: *gård$_8$en$_9$s$_{10}$ overtagelse$_{11}$ af$_{12}$ arvinger$_{13}$-ne$_{14}$* ['Die Übernahme$_{4,11}$ des$_{5,7,9,10}$ Hofs$_{3,6,8,10}$ durch$_{3,12}$ die$_{2,14}$ Erben$_{1,13}$'], — und: 2) *arvinger$_1$ne$_2$ overtog$_3$ [...] gård$_4$en$_5$* ('Die$_2$ Erben$_1$ übernahmen$_3$ den$_5$ Hof$_4$.'], — oder: *gård$_1$en$_2$ overtog$_3$es$_4$ [...] af$_5$ arvinger$_6$ne$_7$* ['Der$_2$ Hof$_1$ wurde$_4$ von$_5$ den$_7$ Erben$_6$ übernommen$_{3,4}$.']. Obwohl hier die Einzelvorstellungen, die in die Verbindung eingehen, in allen vier Fällen dieselben sind und das Gesamtbild, das sich für den Gedanken formt, auch dasselbe ist, fühlt ein Däne doch eine eigentümliche Satisfaktion bei den zwei letzten, während er bei den zwei ersten einen Mangel an Vollendung fühlt, so daß man unwillkürlich fragen möchte 'Was ist damit?'. Dieser Unterschied ist rein sprachlicher Art, betrifft nur die Sprache, nicht den Gedanken." Demgegenüber sind die Kriterien, die Høysgaard (1747, 22 f) zur Bestimmung des Verbs (das er „Hauptwort" nennt, s. 3.3.2.) benützt, rein distributioneller Art. „Das Hauptwort erkennt man daran, daß es keines der drei vorgenannten Redeteile [Artikel, Nomen, Pronomen (Hilfsnomen)] ist und außerdem keine der folgenden Partikeln vor sich haben kann: *jèg, dù, hàn, vì, I, dè, dèr, màn, àt, saasom* ['ich, du, er, wir, ihr, sie, da, man, daß, weil (da)'].'" Zu diesem Vorgehen stimmt auch seine Charakterisierung der Konstruktionslehre. Sie lehrt als Teil der Syntax, „die Wörter in einer Sprache paßgerecht zueinanderzufügen [im Original: passe], vornehmlich im Hinblick auf deren wechselseitige Rektion oder Anordnung oder beides, um damit den Zusammenhang zu erkennen zu geben, den die Gedanken, die mit den Wörtern bezeichnet werden, untereinander haben" (Høysgaard 1752, 354, Bogenzählung: Z 2). — Ein „Probestück grammatischer Methode" nach distributionellen Kriterien hat von der Gabelentz (1884, 272) vorgelegt. Es ist ein Paradestück. Von der Gabelentz geht es darum, zu zeigen, daß das Chines. nicht eine Sprache ist, für die es ausreicht, lediglich dyadische Beziehungen zwischen den einzelnen Wörtern (s. 3.3.) anzunehmen, eine Sprache, in der es nur attributive oder nur prädikative „niedere, bandwurmartige Gebilde, aus lauter eigenlebigen Gliedern bestehend", gibt, sondern eine Sprache, für die auch mit Beziehungen zwischen Minimaleinheiten und Komplexen (sowie zwischen Komplexen untereinander) zu rechnen ist. Er geht aus von den chines. Ausdrücken *Wáng bǎo mín* ('Der König beschützt das Volk.') und *Wáng zhì dà guó* ('Der König regiert den großen Staat.') (s. schon 3.4., wo die ersten Schritte der Argumentation angedeutet werden). Man könnte *Wáng bǎo mín* als 'das vom König beschützte Volk' und *Wáng zhì dà guó* als 'der vom König regierte große Staat' analysieren. „Nur freilich sind Fälle dieser Art sehr selten, und schon das sollte uns stutzig machen. Zu entscheiden ist aber die Sache erst, wenn wir nicht nach den passenden Übersetzungen, sondern nach der chinesischen Ausdrucksweise sehen und uns fragen: welche andern Ausdrucksmöglichkeiten sind gegeben, und wie unterscheiden sie sich voneinander? An dieser Stelle gewinnen gewisse Hilfswörter ausschlaggebende Bedeutung. [...] Entscheidend ist die Frage: erkennt der Chinese den Unterschied zwischen Satz und Satzteil an oder nicht? Erkennt er ihn nicht an, so haben jene gewonnen, die alles auf das Attributsverhältnis zurückführen wollen. Erkennt er ihn an, so muß er sowohl die Möglichkeit als auch das Bedürfnis haben, ihn zum Ausdrucke zu bringen. Zwei Hilfswörter werden uns hier den Weg weisen" (von der Gabelentz 1884, 275 f). Von der Gabelentz betrachtet zunächst das kombinatorische Verhalten der Teile, aus denen die angeführten Ausdrücke bestehen, gegenüber der Partikel *zhī*, die u. a. (a) zwischen „substantivum im Genitivverhältnisse" und dem zugehörigen substantivum stehen kann. Und (b): „Auch zwischen das attributive adjectivum und das substantivum kann *čī* [*zhī*] treten." Beispiele: (a) *mín₁ lì₃* neben *mín₁ zhī₂ lì₃* ('des₂ Volkes₁,₂ Kraft₃'), (b) *bù₁ xián₂ zhī₃ jūn₄* ('nicht₁ weiser₂er₃ Fürst₄') oder *tián₁ kǔ₂ zhī₃ cǎo₄* ('süße₁,₃ und bittere₂,₃ Kräuter₄'). „In den Fällen unter [(a)] und [(b)] ist *čī* [*zhī*] Zeichen des **adnominalen Attributes**, es steht also innerhalb eines Satzteiles. Wähle ich für diesen Satzteil die Formel A *čī* B, so zeigt *čī* an: a) daß A Attribut zu B, b) daß B ein substantivischer Satzteil, c) daß mithin auch der ganze Satzteil, A *čī* B ein substantivischer ist, daß er aber auch nur ein Satzteil, nie ein Satz sein kann. Dies hatte man bisher meistens übersehen und somit eines der wirksamsten syntaktischen Mittel der Sprache verkannt. In der That beruht die überraschende Fähigkeit des Chinesischen zum Periodenbaue, zum Verwandeln ganzer Sätze in substantivische Satzteile, wesentlich mit in dieser Wirkung von *čī*" (von der Gabelentz 1884, 276 f). Als Beispiele gibt er: (a) *Wáng₁ zhī₂ bǎo₃ mín₄ yóu₅ fù₆ zhī₇ bǎo₈ zǐ₉* ('Die₃ Beschützung₃ des₄ Volkes₄ durch₂ den₁ König₁ ist₅ wie₅ die₈ Beschützung₈ des₉ Kindes₉ durch₆ den₆ Vater₆.'); (b) *Wáng₁ bǎo₂ mín₃ zhī₄ dào₅ kě₆ jiàn₇* ('Dies Art₅, wie₄,₅ der₁ König₁ das₃ Volk₃ beschützt₂, kann₆ man₆ sehen₇.'); (c) *bǎo₁ mín₂ zhī₃ dào₄* ('die₄ Art₄, das₂ Volk₂ zu₃ schützen₁'); (d) *bǎo₁ zhī₂ zhī₃ dào₄* ('die₄ Art₄, es₂ zu₃ schützen₁,'); (e) *Wáng₁ bǎo₂ zhī₃ mín₄* ('das₄ vom₃,₁ König₁ beschützte₂,₃ Volk₄'); (f) *bǎo₁ mín₂ zhī₃ wáng₄* ('der₄ das₂ Volk₂ beschützende₁,₃ König₄'). Zu (f) heißt es bei von der Gabelentz (1884, 277): „Subjekt und Prädikat wechseln die Plätze und zwischen beide tritt *čī*. Das Prädikat verwandelt sich dann in ein Attribut, welches unsern Relativsatz ersetzen kann [...]". Anschließend bietet von der Gabelentz noch Beispiele mit *rě*. Als Gesamtfazit seiner Analyse vermerkt von der Gabelentz, „daß die chinesische Sprache folgende Unterschiede anerkenne: Zwischen Attribut und Prädikat — folglich zwischen Satz und Satzteil; zwischen adnominalem und adverbialem Attribute — folglich auch zwischen Nomen und Verbum. Und noch eine Unterscheidung hat sich nebenbei herausgestellt: die zwischen adverbialem Attribut und Objekt. Diese Unterscheidung haben wir um so höher zu veranschlagen, als sie in unsern indoeuropäischen Sprachen mehr oder minder mangelt" (von der Gabelentz 1884, 278 f). — Insbesondere bei syntaktischen Beschreibungen mit Auszeichnungen des Verbs (s. 3.3.2.) hat sich eine besondere Analyse- und Rechtfertigungsstrategie entwickelt: die Fragemethode. In 3.3.2. ist Meiner bereits zitiert worden, der es für angebracht hält, daß der Schüler, nachdem er das prädikative Verb des Satzes erkannt hat, auf der Suche nach dessen „Bestimmungen" „die dazu dienlichen Fragen" stellt (Meiner 1781, 127). Ganz in diesem Sinne heißt es schon bei Høysgaard (1752, [360, Bogenzählung: Z 5]): „[...] ein Satz, als ein Körper betrachtet, hat seine ganz bestimmten Glieder und Teile: Subjekt, Prädikat, verschiedene Objekte und Umstandsbestimmungen, die entweder einfach sind und aus einem einzigen Wort bestehen oder auch zusammengesetzt, sofern sie die sie bestimmenden Beifügungen haben. Wenn man die Glieder mit Hilfe von Fragen auslöst, so erhält man einen Teil nach dem anderen als Antwort auf die Frage mit dem Verbum; daraus ersieht man, daß sie alle vom Verbum abhängen und von ihm regiert werden; denn die bestimmenden Beifügungen, die von anderen Wörtern regiert werden, sind nicht die direkten Teile des Satzes, sondern nur die Klein-Teile desselben." Die Fragemethode ist offenbar sehr leicht eingängig und hat sich bis heute im Grammatikunterricht gehalten. Broberg (1882, 93 f) erfragt die vom Verb — le mot maître — abhängigen Satzteile. — Im deutschen Sprachbereich hat Kern (1883) die Fragemethode in extenso praktiziert. Während bei Kern der Ursprung aus der Unterrichtssituation mit dem Fragen als katechetischer Methode noch klar erkennbar ist, entwickelt sich die Fragemethode zu einer Art Sprachritual, das dem Erkenntnisziele kaum dienlich ist. So heißt es etwa in der „Deutsche[n] Sprachlehre" von Hippel/Tieffenbach/Neumann (1928, 127): „Das S u b j e k t antwortet auf die Frage: Von wem wird etwas ausgesagt?" So soll der Schüler fragen, obwohl man doch in normalem Deutsch fragen würde: „wovon?", wenn es sich nicht um eine Person handelt, die durch das Subjekt bezeichnet wird; so etwa in den angeführten Beispielen *Der Mai ist gekommen, die Bäume schlagen aus. Rot ist meine Lieblingsfarbe. Irren ist menschlich. Das Drüben kann mich wenig kümmern. Au ist ein Ausdruck des Schmerzes.* — Daß die Methode nicht auf Beschreibungen mit Verb-Priorität (s. 3.3.2.) beschränkt blieb, zeigt u. a. Abb. 4.52. mit (absentem) N-V-Ring, jedenfalls mit Ranggleichheit von nominativischem Nomen und finitem Verb. Ein anderes Beispiel, das Petrov (1906, 4) für das Russ. vorführt: (was für ein?) *Sónnyj*$_1$ (was?) *lěs*$_2$ (was tut er?) *gljadít*$_3$ (wohin?) *v*$_4$ *zérkalo*$_5$ (wessen? welchen?) *zaliva*$_6$ ('Der$_2$ verschlafene$_1$ Wald$_2$ schaut$_3$ in$_4$ den$_5$ Spiegel$_5$ der$_6$ Bucht$_6$.'). Und auch bei einer Beschreibung, in der das nominativische Nomen ausgezeichnet ist (obwohl es in der sýnthesis gar nicht vorhanden ist), wird gefragt: Apollonios (B, 1 ff) stellt bei der 3. Person des Verbs die Frage: *tís?* ('wer?'), weil in *gráphei* ('schreibt') beispielsweise etwas fehle; es gebe eine Leerstelle, die zu füllen sei. In vielen derartigen Fällen ist nicht mit Sicherheit auszumachen, ob es distributionelle Kriterien sind, auf die Bezug genommen wird, oder ob an das Sprachgefühl appelliert wird. Auch die Sprechweisen variieren und wirken dadurch verunklärend. Bei Apollonios heißt es bald 'a wird mit b konstruiert', bald 'a bezieht sich auf b', 'a verlangt b' oder 'a regiert b' u. ä. Oft spielen auch oder ausschließlich Bedeutungserwägungen eine Rolle. So spielt die Bedeutung bei der Unterscheidung zwischen einer lokalen Konjunktion griech. *hína* ('wo, wohin') mit Indikativ und einer finalen/kausalen Konjunktion *hína* ('damit, um zu, weil') mit Konjunktiv, die Apollonios (Γ, 139) trifft, sicherlich auch eine Rolle. „Lediglich dadurch können die Redeteile voneinander unterschieden werden, daß wir auf die Bedeutungseigenschaften eines jeden Redeteils achten", heißt es bei Priscian (II, 17). Jedem Redeteil — er führt dies an dem bereits in 3.2. zitierten Apollonios-Satz *Idem homo lapsus heu hodie cecidit* vor — ordnet Priscian eine Bedeutung zu: Das Pronomen (hier: *idem*) stehe für einen Eigennamen und bezeichne eine bestimmte Person; das Nomen (hier: *homo*) weise einem Ding oder einer Person eine allgemeine oder eine besondere Eigenschaft zu; das Partizip (hier: *lapsus*) teile mit dem Nomen, daß es als Kasus auftreten kann, und mit dem Verb, daß es Tempus und Genus aufweist; das Adverb (hier: *hodie*) modifiziere die Bedeutung des Verbs; das Verb (hier: *cecidit*) bezeichne eine Handlung oder die passive Beteiligung an einer Handlung. Lediglich die Interjektion (hier: *heu*) bleibt hinsichtlich ihrer Bedeutung uncharakterisiert. — Unübersehbar ist die bedeutungsbezogene Motivierung syntaktischer Strukturierungen bei Meiner (1781, 80 ff), der Wörter, „die unselbständige Dinge bezeichnen" — Verben und Adjektive —, und „solche Wörter, die die Dinge, so sie bezeichnen, in Absicht auf etwas unselbständigeres als selbständig vorstellen" — nomina substantiva — unterscheidet. — Auf das Verständnis des Sinnes stützt sich Kern (1883, 18) bei der Analyse des dt. Ausdrucks *Allein sie fanden sie alle vermauert.* „Das Objekt sie** ist noch bestimmt durch das Adjektivum alle", heißt es; und Kern fragt in einer Fußnote zu „sie**": „Warum nicht das Subjektswort sie? Die Stellung entscheidet nichts. In dem Satze 'sie lieben ihn alle' bestimmt alle in der That das Subjektswort. Nur das Verständnis des Sinnes kann in dem obigen Satz die richtige grammatische Auffassung bringen. Es kommt nicht darauf an, daß alle Sperlinge die Findenden sind, sondern darauf daß alle Nester vermauert sind. So lehrt auch das Verständnis des Sinnes die richtige grammatische Konstruktion in dem dichterisch und fast zu kühn gestellten Satze in Wallensteins Lager, wo der erste Kürassier sagt: 'verbunden können sie uns nichts schaden'. Das soll bedeuten 'uns, den Verbundenen'." — Die bisher erwähnten Kriterien, die zur Rechtfertigung von Hypothesen über die syntaktische Struktur von Ausdrücken herangezogen wurden, sind offenkundig unabhängig von der Art der jeweils gewählten Strukturierung: Høysgaard benützt distributionelle Kriterien, Meiner solche der Bedeutung; beide Autoren aber nehmen Strukturen an, in denen das Verb die einzige Minimaleinheit ist, die nicht von einer anderen Minimaleinheit abhängen muß (s. 3.3.2.). Die Kriterien sind darüber hinaus unabhängig von der Art des Gegebenseins der analysierten Ausdrücke. Bei Apollonios kommen sowohl Belege als auch konstruierte Ausdrücke vor. Die Belege stammen vornehmlich aus Odyssee und Ilias, aber auch aus den Werken von Pindar, Sappho, Alkman, Kallimachos u. a. Bei den konstruierten lassen sich zwei Sorten unterscheiden: (a) auf Belegbasis konstruierte und (b) frei erfundene. Die auf Belegbasis konstruierten sind allerdings rar. Er nimmt etwa (Γ, 106) Vers E 249 aus der Ilias: all_1 $áge_2$ $dè_3$ $chazṓmeth'_4$ eph'_5 $hippōn_6$ ('Nun_1 $macht_2$ $denn_3$ $schon_2$, $laß_4$ uns_4 auf_5 dem_6 $Wagen_6$ $entfliehen_4$.'). Eine Imperativpartikel wie griech. *áge* oder *phére* ('mach!, tu!') könne sich verbinden mit der 1. Ps. Pl. oder Sg. wie in $áge_1$ $legōmen_2$ ('$Mach_1$ $schon_1$, $laß_2$ uns_2 $lesen_2$!'), $áge_1$ $arithmḗsōmen_2$ ('$Mach_1$ $schon_1$, $laß_2$ uns_2 $rechnen_2$!'), $phére_1$ $légō_2$ ('$Komm_1$, $laß_2$ $mich_2$ $lesen_2$!'), $phére_1$ $arithmḗsō_2$ ('$Komm_1$, $laß_2$ $mich_2$ $rechnen_2$!'). Wer sage aber schon: $phére_1$ $légeis_2$ ('$Mach_1$ $schon_1$, du_2 $liest_2$.') oder $phére_1$ $arithmḗseis_2$ ('$Komm_1$ $schon_1$, du_2 $rechnest_2$.')? Frei erfundene Beispiele gibt es bei Apollonios in großer Zahl, und zwar sowohl solche, die als korrekte griech. Ausdrücke, als auch solche, die als inkorrekte griech. Ausdrücke beurteilt werden. Es kommt auch vor, daß Apollonios inkorrekte mit entsprechenden korrekten Ausdrücken kontrastiert. So könne man etwa weder $tõn_1$ $emoũ_2$ $agrõn_3$ ho_4 $karpós_5$ ('die_4 $Früchte_5$ der_1 $Felder_3$ $meiner_2$') noch $tõi_1$ $emoũ_2$ $agrõi_3$ $synébē_4$ $eskáphthai_5$ ('Es_4 $widerfuhr_4$ dem_1 $Feld_3$ $meiner_2$, $daß_5$ $es_{3,5}$ $umgegraben_5$ $wurde_5$.') sagen. Korrekt seien aber: $tõn_1$ $emõn_2$ $agrõn_3$ $karpós_4$ ('$Früchte_4$ $meiner_{1,2}$ $Felder_3$'), $tõi_1$ $emõi_2$ $agrõi_3$ $synébē_4$ $eskáphthai_5$ ('Es_4 $wiederfuhr_4$ $meinem_{1,2}$ $Feld_3$, $daß_5$ $es_{3,5}$ $umgegraben_5$ $wurde_5$.'). Korrekt seien auch: $tõn_1$ $agrõn_2$ mou_3 ho_4 $karpós_5$ ('die_1 $Früchte_5$ $meiner_{1,3}$ $Felder_2$'), $tõi_1$ $agrõi_2$ mou_3 $synébē_4$ $eskáphthai_5$ ('$Meinem_{1,3}$ $Feld_2$ $widerfuhr_4$ es_4, $daß_5$ es_5 $umgegraben_5$ $wurde_5$.'). Allen erwähnten Verfahren, nach denen Apollonios seine Daten gewonnen hat, begegnet man in den auf ihn folgenden 18 Jahrhunderten wieder, obwohl die bei Apollonios zu beobachtende Mischung der Verfahren keineswegs durchgängige Praxis ist. Vielmehr lassen sich im großen und ganzen deutliche Präferenzen feststellen: ausschließlich philosophisch orientierte Syntaktiker konstruieren die Daten (z. B. Thomas von Erfurt, die Grammatiker von Port Royal); ausschließlich philologisch orientierte — wie die Repräsentanten der sog. negativen Syntax (s. unter 11.) — sammeln Belege (z. B. Behaghel, Nygaard, Jagić). Die ersten mir bekannten experimentellen Untersuchungen in der Syntaxforschung stammen von einer Frau: von Charlotte Bühler (1919). — Konstruierte Ausdrücke, die als nicht oder als nicht mit Sicherheit zu der jeweils beschriebenen Sprache gehören sollen, werden spätestens seit Mitte des 18. Jh.s mit einem Sternchen versehen. Es handelt sich dabei um die sog. Sternchen-Beispiele. „Ein Stern — wie * — vor Wörtern, die andere [...] erläutern, bedeutet entweder, daß die Erläuterung kein gefälliges Dänisch ist oder auch daß besagtes Dänisch ungebräuchlich oder zumindest — außer zum Zwecke einer Erläuterung — nicht immer passend ist" (Høysgaard 1752, 2ʳ). So könne Han_1 $gjør_2$ mig_3 en_4 $Fornøyelse_5$, $naar_6$ — ('Er_1 $bereitet_2$ mir_3 $eine_4$ $Freude_5$, $wenn_6$ —') auch heißen: „*Han_1 $gjør_2$ mig_3 $en_4 fornøyelig_5$ $Ting_6$ —" ('Er_1 $bereitet_2$ mir_3 $eine_4$ $vergnügliche_5$ $Sache_6$ —') (Høysgaard 1752, 18). Bei den frei erfundenen Ausdrücken, mit denen man eine syntaktische Beschreibung oder gar ein ganzes syntaktisches Beschreibungssystem zu rechtfertigen gedenkt, hat sich bis heute ein spielerischer Umgang mit den Namen von Kollegen erhalten, wie er bei Apollonios dokumentiert ist: *Dieter is expected to protest, weil den Ede schließlich jeder kennt* (von Stechow/Sternefeld 1988, 451, 463).

11. Literatur

Adelung, Johann Christoph. 1781. Umständliches Lehrgebäude der Deutschen Sprache, zur Erläute-

4. Westliche Entwicklungen

rung der Deutschen Sprachlehre für Schulen. Zweyter Band. Leipzig.

Admoni, Vladimir Grigor'evič. 1966. Stroj sovremennogo nemeckogo jazyka. (Der deutsche Sprachbau.) 2-e izdanie. Leningrad.

Aksakov, Konstantin Sergeevič. 1860. Opyt russkoj grammatiki. Moskva. [Zitiert nach: Xrestomatija po istorii russkogo jazykoznanija, pod redakcii Feodota Petroviča Filina, 175—179. Moskva: 1973.

Alembert, Jean L. d'. 1759/67. Essai sur les éléments de philosophie, ou sur les principes des connaissances humaines, avec les éclaircissements. Wiederabdruck in: Œuvres complètes de d'Alembert. Tome premier, Jeon L. d'Alembert, 115—348. Genève: 1967.

Alexander de Villa-Dei. 1893. Das Doctrinale des Alexander de Villa-Dei. Kritisch-exegetische Ausgabe. Mit Einleitung, Verzeichniss der Handschriften und Drucke nebst Registern, bearb. v. Dietrich Reichling. Berlin.

Anonymus. 1696. The true method of learning the Latin tongue by the English [...]. London. [Zitiert nach Michael 1970, 583.]

Apollonios Dyskolos/Uhlig, Gustav. 1910. Apollonii Dyscoli qvae svpersvnt recensvervnt, apparatvm criticvm, commentarivm indices adiecervnt Richardvs Schneider et Gvstavvs Vhlig. Volvmen altervm: Apollonii Dyscoli: De constrvctione libri qvattvor recensvit, apparatv critico et explanationibvs instrvxit Gvstavvs Vhlig. Lipsiae.

Arens, Hans. 1969. Sprachwissenschaft. Der Gang ihrer Entwicklung von der Antike bis zur Gegenwart. Bd. 1, Von der Antike bis zum Ausgang des 19. Jahrhunderts. Bd. 2, Das 20. Jahrhundert. Frankfurt am Main.

Aristoteles. Perì hermēneías. Aristotelis opera ex recensione Immanuelis Bekkeri edidit Academia Regia Borussia. Editio altera quam curavit Olof Gigon. Vol. primum. Berlin: 1960.

Arnauld, Antoine, et *Claude Lancelot.* 1660. Grammaire générale et raisonnée [...]. Avec les remarques de Charles Pinol Duclos. Nouvelle édition. Paris 1830. Neudruck: Paris: 1969.

—, et *Pierre Nicole.* 1683. La logique ou l'art de penser contenant, outre les règles communes, plusieurs observations nouvelles, propres à former le jugement. (Sur la cinquième édition, revue & de nouveau augmentée; faite à Paris, chez Guillaume Defprez 1683.) Introduction de Louis Marin. Paris: 1970.

Bąk, Piotr. 1984. Gramatyka języka polskiego. Zarys popularny. Wydanie IV poprawione. Warszawa.

Balkevičius, Jonas. 1963. Dabartinės lietuvių kalbos sintaksė. Vilnius.

Bally, Charles. 1932/65. Linguistique générale et linguistique française. Berne.

Bańczerowski, Jerzy. 1976. Symbolika gramatyki determinacji. Sprawozdania, nr 92 za 1974 r. Wydział filologiczno-filozoficzny, 37—42.

—. 1980. Systems of semantics and syntax. A determinational theory of language. Warszawa, Poznań.

Batteux, Charles. 1774. Traité de la construction oratoire. Principes de la litterature. Cinquième édition. Tome cinquième. Paris. Neudruck: Genève: 1967.

[*Baudouin de Courtenay, Jan* =] *Boduèn de Kurtenė, Ivan Aleksandrovič.* 1871. Nekotorye obščie zamečanija o jazykovedenii i jazyke. [Auszug]. Xrestomatija po istorii russkogo jazykoznanija, pod redakcii Feodota Petroviča Filina, 363—76. Moskva: 1973.

—. 1881. Někotorye otděly „sravnitel'noj grammatiki" slovjanskix jazykov. Otryvki iz lekcij I. Boduėna-de-Kurtenė ⟨Baudouin de Courtenay⟩, čitannyx v 1880—81 ak. godu v Imperat. Kazanskom Universitetě studentam III-go i IV-go kursov oboix filologičeskix otděleni j. Russkij Filologičeskij Věstnik 5. 265—344.

—. 1908(09). Vvedenie v jazykověděnie. Izd. pjatoe 1917. Petrograd.

Bauer, Heinrich. 1832. 1833. Vollständige Grammatik der neuhochdeutschen Sprache. Bd. 4. Bd. 5. Berlin.

Beauzée, Nicolas. 1819. Grammaire générale, ou exposition raisonnée des éléments nécessaires du langage. Paris. Faksimile-Neudruck: Stuttgart—Bad Cannstatt: 1974.

Becker, Karl Ferdinand. 1827. Organism der Sprache. Als Einleitung zur deutschen Grammatik. Deutsche Sprachlehre. Bd. I. Frankfurt am Main.

—. 1831. Schulgrammatik der deutschen Sprache. Frankfurt am Main.

—. 1841. Organism der Sprache. Zweite neubearb. Ausgabe. Frankfurt am Main: Kettembeil.

—. 1842. 1843. Ausführliche deutsche Grammatik als Kommentar der Schulgrammatik. Bd. 1. Bd. 2. Zweite neubearbeitete Ausgabe. Frankfurt am Main. [Hauptteil satz(spiegel)gleich mit der „zweiten neubearbeitete[n] Ausgabe": Prag: 1870, die aber ohne Bogenzählung. Neudruck der 1870er Ausgabe: Hildesheim, New York: 1969].

—. 1876. Handbuch der deutschen Sprache. Neu bearb. von Theodor Becker. Elfte verbesserte Aufl. Prag.

Beckman, Natanael. 1904. Svensk språklära för den högre elementarundervisningen. Stockholm.

—. 1935. Svensk språklära för den högre elementarundervisningen. Åttonde upplagan. Större editionens femte upplaga. Stockholm.

Behaghel, Otto. 1923 ff. Deutsche Syntax. Eine geschichtliche Darstellung. Heidelberg.

Beleckij, M. I., Grigorjan, V. M. i *I. D. Zaslavskij.* 1963. Aksiomatičeskoe opisanie porjadka i upravlenija slov v nekotoryx tipax predloženij. Matematičeskie voprosy kibernetiki i vyčislitel'noj texniki. [Ed.:] Akademija Nauk Armjanskoj SSR, Erevanskij gosudarstvennyj universitet, Vyčislitel'nyj centr. Erevan. 71—85.

Belić, Aleksandar. 1941. O jezičkoj prirodi i jezičkom razvitku. Lingvistička ispitivanja. Beograd.

Benedetto, Vincenco Di. 1958/59. Dionisio Trace e la Techne a lui attribuita. Annali della Scuola Normale Superiore di Pisa. Lettere, Storia e Filosofia. Serie 2. Vol. 27. 168—210; vol. 28. 87—118.

Berezin, Fedor Mixajlovič. 1975. Istorija lingvističeskix učenij. Moskva.

—. 1976. Russkoe jazykoznanie konca XIX — načala XX v. Moskva.

—. 1979. Istorija russkogo jazykoznanija. Moskva.

Bernhardi, August Ferdinand. 1805. Anfangsgründe der Sprachwissenschaft. Berlin.

Biljarskij, P. 1857. Skol'ko glavnyx častej v predloženii? Opyt kritičeskoj ocěnki uspěxov russkoj grammatiki. Žurnal Ministerstva Narodnago Prosvěščenija. Čast' 94. 265—302.

Billroth, Gustav. 1832. Lateinische Syntax für die obern Klassen gelehrter Schulen. Leipzig.

Billroth, Johann Gustav Friedrich. 1848. Lateinische Schulgrammatik. Dritte Ausgabe besorgt von Friedrich Ellendt. Leipzig.

Blatz, Friedrich. 1880. Neuhochdeutsche Grammatik mit Berücksichtigung der historischen Entwickelung der Deutschen Sprache. Zweite, theilweise verbesserte und vermehrte Aufl. Tauberbischofsheim.

Bloomfield, Leonard. 1933. Language. London: 1935.

Brailovskij, S. 1904. Paralleli k „Zapiskam po grammatikě russkago jazyka" g. Trostnikova. O členax prostogo predloženija. Pedagogičeskij Sbornik [41], 6. 539—551.

Bréal, Michel. 1877. De la forme et de la fonction des mots. B., M. Mélanges de mythologie et de linguistique. Paris, 243—266.

Breznik, Anton. 1924. Slovenska slovnica za srednje šole. Tretja izdaja. Preval.

Broberg, S. 1882. Manuel de la langue danoise (dano-norvégienne). A l'usage des étrangers. Copenhague.

Brøndal, Viggo. 1928. Ordklasserne. Partes orationis. Studier over de sproglige Kategorier. Avec un résumé en français. Kjøbenhavn.

Bühler, Charlotte. 1919. Über die Prozesse der Satzbildung. Zeitschrift für Psychologie und Physiologie der Sinnesorgane, I. Abteilung: Zeitschrift für Psychologie 81. 181—206.

Bühler, Karl. 1934. Sprachtheorie. Die Darstellungsfunktion der Sprache. 2., unveränderte Aufl. Stuttgart: 1965.

Burnet, James [Lord Monboddo]. 1773, 1774. Of the origin and progress of language. Vol. I. Vol. II. Edinburgh, London.

Bursill-Hall, G. L. 1971. Speculative grammars of the Middle Ages. The doctrine of partes orationis of the modistae. The Hague.

Buslaev, Fedor Ivanovič. 1881/1959. Istoričeskaja grammatika russkogo jazyka. [Nach der 5. Aufl. 1881; 1. Aufl. 1858.] Moskva.

Buttmann, Alexander. 1877. Des Apollonios Dyskolos Vier Bücher über die Syntax. Übers. und erläutert. Berlin.

Byrne, James. 1885. General principles of the structure of language. 2 vols. London.

Chevalier, Jean C. 1968. Histoire de la syntaxe. Naissance de la notion de Complément dans la grammaire française. ⟨1530—1730⟩. Gevève.

Clark, Stephan W. 1866. A practical grammar: in which words, phrases, and sentences are classified according to their offices; and their various relations to one another, illustrated by a complete system of diagrams. New York.

Collart, Jean. 1959—60. À propos des études syntaxiques chez les grammairiens latins. Bulletin de la Faculté des Lettres de Strasbourg 38. 267—277.

Condillac, Etienne Bonnot de Mably. 1767. Grammaire. In de Condillac 1970. Oeuvres complètes. Tome V. Genève.

Covington, Michael A. 1984. Syntactic theory in the High Middle Ages. Modistic models of sentence structure. Cambridge.

Dalgarno, George. 1661. Ars signorum, vulgo character universalis et lingua philosophica. London. [Zitiert nach Michael 1970, 577].

Delbrück, Berthold. 1879. Die Grundlagen der griechischen Syntax. Halle.

—. 1901. Grundfragen der Sprachforschung mit Rücksicht auf W. Wundts Sprachpsychologie erörtert. Straßburg.

—. 1920. Grundlagen der neuhochdeutschen Satzlehre. Ein Schulbuch für Lehrer. Berlin, Leipzig.

Delesalle, Simone. 1980. L'évolution de la problématique de l'ordre des mots du 17e au 19e siècle en France. L'importance de l'enjeu. Documentation et Recherche en Linguistique Allemande contemporaine Vincennes. Paris. Revue de linguistique 22/23. 235—78.

Destutt de Tracy, Antoine. 1817. Élémens d'idéologie. Seconde partie: Grammaire. Deuxième édition. Paris. [Nachdruck: Paris: 1970].

Diderichsen, Paul. 1946/68. Elementær dansk Grammatik. 3. Udgave, 3. Oplag. København: 1968.

Diogenes Laertius. Diogenis Laertii de clarorum philosophorum vitis, dogmatibus et apophthegmatibus libri decem. Ex italicis codicibus nunc primum excussis recensuit C. Gabr. Cobet. Parisiis. 1878.

[*Dionysios Thrax/Lallot*]. 1989. La grammaire de Denys le Thrace traduite et annotée par Jean Lallot. Paris.

4. Westliche Entwicklungen

[*Dionysios Thrax/Pecorella*]. 1962. Dionisio Trace: Téhnē grammatikē. Testo critico e commento a cura di Giovan Battista Pecorella. Bologna.

[*Dionysios Thrax/Uhlig*]. 1883. Dionysii Thracis ars grammatica qualem exemplaria vetustissima exhibent subscriptis discrepantiis et testimoniis quae in codicibus recentioribus scholiis erotematis apud alios scriptores interpretem armenium reperiuntur Edidit Gustavus Uhlig. […]. Lipsiae.

Dittrich, Ottmar. 1902. Die sprachwissenschaftliche Definition der Begriffe „Satz" und „Syntax". Philosophische Studien 19. 93—127.

Dobiaš, Anton V. 1882. Sintaksis Apollonija Diskola. Kiev. Izvěstija Instituta knjazja Bezborodka v. Něžině. [Zitiert nach Vinogradov 1948/75, 329; s. auch Lugebil 1883].

—. 1897. Opyt simasiologii častej rěči i ix form. Na počvě grečeskago jazyka. Praga.

Donnet, Daniel. 1967. La place de la syntaxe dans les traités de grammaire greque, des origines au XIIe siècle. L'Antiquité Classique 36. 22—48.

DUDEN. 1980. Rechtschreibung der deutschen Sprache und der Fremdwörter. 18., neubearb. und erweiterte Aufl. Hrsg. v. der Dudenredaktion. Im Einvernehmen mit dem Institut für deutsche Sprache. DUDEN. Bd. 1. Mannheim [etc.].

Dumarsais, César Chesneau. 1754. Construction. Encyclopédie, ou Dictionnaire raisonné des sciences, des arts et des métiers. Tome quatrième, 73—92 Paris.

Egger, Emile. 1854. Apollonius Dyscole. Essai sur l'histoire des théories grammaticales dans l'Antiquité. Paris.

Egli, Urs. 1970. Zwei Aufsätze zum Vergleich der stoischen Sprachtheorie mit modernen Theorien. Bern: Universität Bern, Institut für Sprachwissenschaft. [Vervielf.].

—. 1986. Stoic syntax and semantics. Historiographia Linguistica 13. 281—306.

—. 1987. Stoic syntax and semantics. The history of linguistics in the classical period, ed. by Daniel J. Taylor, 107—32 Amsterdam, Philadelphia.

Ellendt, Friedrich. 1864. Lateinische Grammatik für die unteren und mittleren Klassen der höheren Unterrichtsanstalten. Bearb. von Moritz Seyffert. 6., vermehrte und verbesserte Aufl. Berlin.

Engel, Ulrich. 1970. Die deutschen Satzbaupläne. Wirkendes Wort 20. 361—92.

Erdmann, Otto. 1886. Grundzüge der deutschen Syntax. I. Stuttgart.

Etzler, Carl-Friedrich. 1826. Sprach-Erörterungen. Breslau.

Fearn, John. 1824. 1827. Anti-Tooke; or an analysis of the principles and structure of language, exemplified in the English tongue. Vol. 1. Vol. 2. London. [Faksimile-Neudruck: Stuttgart—Bad Cannstatt: 1972].

Finck, Franz Nikolaus. 1910. Die Haupttypen des Sprachbaus. Leipzig.

Fortunatov, Filipp Fedorovič. 1901. Sravnitel'noe jazykovedenie. In Fortunatov, F. F., Izbrannye trudy. Tom 1. Moskva: 1956.

Gabelentz, Georg von der. 1869. Ideen zu einer vergleichenden Syntax. Wort- und Satzstellung. Zeitschrift für Völkerpsychologie und Sprachwissenschaft 6. 376—84.

—. 1874—75. Weiteres zur vergleichenden Syntax. Wort- und Satzstellung. Zeitschrift für Völkerpsychologie und Sprachwissenschaft 8. 129—65.

—. 1878. Beitrag zur Geschichte der chinesischen Grammatiken und zur Lehre von der grammatischen Behandlung der chinesischen Sprache. Zeitschrift der Deutschen morgenländischen Gesellschaft 32. 601—64.

—. 1881. Die ostasiatischen Studien und die Sprachwissenschaft. Unsere Zeit. Deutsche Revue der Gegenwart 1. 279—91.

—. 1884. Zur grammatischen Beurteilung des Chinesischen. Internationale Zeitschrift für Allgemeine Sprachwissenschaft 1. 272—80.

—. 1886. Zur chinesischen Sprache und zur allgemeinen Grammatik. Internationale Zeitschrift für Allgemeine Sprachwissenschaft. Leipzig: 1887. 92—109.

—. 1891. Die Sprachwissenschaft, ihre Aufgaben, Methoden und bisherigen Ergebnisse. Leipzig.

Gabelentz, Hans Conon von der. 1861. Über das Passivum. Eine sprachvergleichende Abhandlung. Abhandlungen der Königlich-Sächsischen Gesellschaft der Wissenschaften, philologisch-historische Classe 3, 4.449—546.

Gaifman, Haim. 1961. Dependency systems and phrase-structure systems. Information and Control 8. 1965. 304—37.

Gebauer, Jan. 1900. Příruční mluvnice jazyka českého pro učitele a studium soukromé. Praha.

Girard, Gabriel. 1747. Les vrais principes de la langue françoise, ou la parole réduite en méthode, conformément aux lois de l'usage, en seize discours. Tome premier. Paris.

Gleitman, Lila R. 1965. Coordinating conjunctions in English. Language 41. 260—93.

Glinz, Hans. 1947. Geschichte und Kritik der Lehre von den Satzgliedern in der deutschen Grammatik. Diss. Zürich.

—. 1952. Die innere Form des Deutschen. Eine neue deutsche Grammatik. 4. Aufl. Bern, München: 1965.

Grammatika russkogo jazyka. 1960. Tom II. Sintaksis. Čast' pervaja. Redakcionnaja kollegija: V. V. Vinogradov; E. S. Istrina. Moskva.

Greč, Nikolaj Ivanovič. 1827. Praktičeskaja russkaja grammatika. Sanktpeterburg.

Gregor von Korinth/Donnet. 1967. Le traité peri syntaxeōs logou de Grégoire de Corinthe. Étude de la tradition manuscrite, édition, traduction et commentaire par Daniel Donnet. Bruxelles, Rome.

Grotefend, August. 1827. Grundzüge einer neuen Satztheorie in Beziehung auf die Theorie des Herrn Prof. Herling. Hannover.

Grunig, Blanche Noëlle. 1981. Structure sous-jacente: essai sur les fondements théoriques. Lille: Université de Lille III.

Grunskij, N. K. 1911 a. Očerki po istorii razrabotki sintaksisa slavjanskix jazykov. I: Sintaksis slavjanskix jazykov v trudax Mikloŝiča, Jagiča i Vondraka. Učenyja zapiski Imperatorskago Jur'evskago universiteta. God 19. No 11. Jur'ev: Jur'evskij universitet. 1 — 112.

—.1911 b. Očerki po istorii razrabotki sintaksisa slavjanskix jazykov. II: Sintaksis russkago i drevnecerkovno-slavjanskago jazykov v trudax Ḟ. I. Buslaeva, K. S. Aksakova, N. P. Nekrasova i dr. do pojavlenija trudov A. A. Potebni. Žurnal Ministerstva Narodnago Prosveščenija. Novaja serija 31, No 2, otd. 2. 229—276.

—. 1911 c. Očerki po istorii razrabotki sintaksisa slavjanskix jazykov. Učenyja zapiski Imperatorskago Jur'evskago Universiteta. God. 19, No 11. Jur'ev: Jur'evskij universitet.

Guarna, Andrea. 1538. Bellum grammaticale. Paris. [Zitiert nach Trabalza 1963, 246 f].

Haase, Friedrich. 1874. Vorlesungen über lateinische Sprachwissenschaft. Bd. 1, Einleitung. Bedeutungslehre, Hrsg. v. Friedrich August Eckstein. Leipzig.

Hansen, Aage. 1933. Sætningen og dens Led i moderne Dansk. Kjøbenhavn.

Harris, James. 1751. Hermes: or, a philosophical inquiry concerning language and Universal Grammar. London. [Faksimile-Neudruck: Menston 1968].

Havers, Wilhelm. 1931. Handbuch der erklärenden Syntax. Ein Versuch zur Erforschung der Bedingungen und Triebkräfte in Syntax und Stilistik. Heidelberg.

Hays, David G. 1960. Grouping and dependency theories. U. S. Air Force Project RAND, Research Memorandum 2646. Santa Monica.

Haywood, James. 1800. A short introduction to the English tongue. Sheffield. [Zitiert nach Michael 1970].

Helbig, Gerhard. 1973. Geschichte der neueren Sprachwissenschaft. Unter dem besonderen Aspekt der Grammatik-Theorie, 2. Aufl. München.

—, und *Joachim Buscha*. 1974. Deutsche Grammatik. Ein Handbuch für den Ausländerunterricht. Leipzig.

Herling, Simon Heinrich Adolf. 1827. Grundregeln des deutschen Styls, oder der Periodenbau der deutschen Sprache. Ein Lehrbuch für den stylistischen Unterricht. Zweite sehr vermehrte und verbesserte Ausgabe. Frankfurt am Main.

—. 1828. Erster Cursus eines wissenschaftlichen Unterrichts in der deutschen Sprache für Deutsche, nach einer neuen, auf die Bildungsgesetze der Sprachen gegründeten Methode. Frankfurt am Main.

—. 1830. Die Syntax der deutschen Sprache. Erster Theil: Syntax des einfachen Satzes. Frankfurt am Main.

—. 1832. Grundregeln des deutschen Styls oder der Periodenbau der deutschen Sprache. Die Syntax der deutschen Sprache. Zweiter Theil: Der Periodenbau der deutschen Sprache. 3., wesentlich sehr verbesserte und vermehrte Ausg. Frankfurt am Main.

Heyse, Johann Christian August. 1834. 1844 b. Theoretisch-praktische deutsche Schulgrammatik oder kurzgefaßtes Lehrbuch der deutschen Sprache, mit Beispielen und Aufgaben zur Anwendung der Regeln. 11. verbesserte Ausgabe. Hannover. 14. Aufl. Hannover.

—. 1838. 1844 a. Ausführliches Lehrbuch der deutschen Sprache. Neu bearb. von Karl Wilhelm Ludwig Heyse. Erster Bd. [5. Aufl.]. Hannover. Zweiten Bandes erste Abtheilung. [5. Aufl.]. Hannover.

Hilgard, Alfredvs. 1901. Scholia in Dionysii Thracis Artem Grammaticam recensvit et apparatvm criticvm indicesque adiecit Alfredvs Hilgard. (Grammatici Graeci. [I.] 3.) Lipsiae.

Hippel, Erik, Regina Tieffenbach und *Emanuel Neumann.* 1928. Deutsche Sprachlehre mit einem Abriß der Metrik und Poetik. Berlin.

Hjelmslev, Louis. 1943. Omkring sprogteoriens grundlæggelse. Festskrift udgivet af Københavns Universitet i Anledning af Universitetets Aarsfest November 1943. København.

Høysgaard, Jens Pedersen. 1747. Accentuered og Rationnered Grammatica, Som viser Det Danske Sprog i sin naturlige Skikkelse, saa velsom dets Rime-konst og Vers-regler; Samled med Patriotens Tvende Orthographiske Prøver, og udgiven De Fremmede til Villie, som allerede veed noget af Sproget, og i sær for de Unges skyld, som opdrages enten til Bogen eller Pennen. Kiøbenhavn. [Enthält die §§ 1—531].

—. 1752. Methodisk Forsøg til en Fuldstændig Dansk Syntax. Hvoraf kan tages Anledning, ey alene til en ræt og tydelig Construction i vort Sprog, men og til des nøyere indsigt i alle andre. Kiøbenhavn. [Enthält die §§ 532—1926].

Hoffmeister, Karl. 1830. Erörterung der Grundsätze der Sprachlehre mit Berücksichtigung der Theorien Becker's, Herling's, Schmitthenner's [statt Schmitthenner's im zweiten Bd.: Thiersch's] und anderer Sprachforscher; als Prolegomena zu jeder künftigen allgemeinen Grammatik, welche als Wissenschaft wird erscheinen können. [2 Bde.]. Essen.

Householder, Fred W. 1981. The syntax of Apollonius Dyscolus. Translated, and with commentary by Fred W. Householder.

4. Westliche Entwicklungen

Hülser, Karlheinz. 1987. 1988. Die Fragmente zur Dialektik der Stoiker. Neue Sammlung der Texte mit deutscher Übersetzung und Kommentaren. [4 Bände]. Stuttgart – Bad Cannstatt.

Humboldt, Wilhelm von. 1836. Über die Verschiedenheit des menschlichen Sprachbaues und ihren Einfluss auf die geistige Entwickelung des Menschengeschlechts. Berlin.

Hunt, Richard W. 1941/43. Studies on Priscian in the eleventh and twelfth centuries. I. Mediaeval and Renaissance Studies 1. 194 – 231.

Ihm, P., Lecerf Yves. 1960. Éléments pour une grammaire générale des langues projectives. Bruxelles: Communauté Européenne de l'Énergie Atomique. EURATOM. Centre Commun de Recherche Nucléaire. Etablissement d'Ispra, Italie. Centre de Traitement de l'Information Scientifique, CETIS 1963. = EUR 210 f.

Ivić, Milka. 1971. Wege der Sprachwissenschaft. Übers. von Matthias Rammelmeyer. München.

Jagić, Vatroslav. 1900. Beiträge zur slavischen Syntax. Zur Analyse des einfachen Satzes: I. Hälfte. Denkschriften der Kaiserlichen Akademie der Wissenschaften. Philosophisch-historische Classe. Bd. 46. 5. Abh. Wien.

Jespersen, Otto. 1908. Sproglære. I anledning af Noreen: Vårt språk. Danske Studier 5. 208 – 218.

—. 1913. Sprogets logik. København.

—. 1921. De to hovedarter av grammattiske forbindelser. København. = Det Kgl. Danske Videnskabernes Selskab. Historisk-filologiske Meddelelser 4, 3.

Jodłowski, Stanisław. 1976. Podstawy polskiej składni. Warszawa.

Julien, Stanislas. 1841. Examen critique. De quelques pages de chinois relative à l'Inde, traduites par M. G. Pauthier, accompagné de discussions grammaticales sur certaines règles de position, qui, en chinois, jouent le même rôle que les inflexions dans les autres langues. Journal Asiatique. Troisième série 11. 401 – 556.

Karcevskij, Sergej I. 1925. Russkij jazyk. Čast' pervaja. Grammatika. Posobie dlja staršix klassov srednej školy. Praga.

Kern, Franz. 1883. Zur Methodik des deutschen Unterrichts. Berlin.

Kleinschmidt, Samuel. 1851. Grammatik der grönländischen sprache mit theilweisem einschluss des Labradordialects. Berlin.

Klemensiewicz, Zenon. 1937. Składnia opisowa współczesnej polszczyzny kulturalnej. Kraków.

—. 1948. Skupienia czyli syntaktyczne grupy wyrazowe. Kraków.

[— =] *Klemensevič, Z.* 1967. Stroenie podležaščego i skazuemogo v pol'skom prostom predloženii. Voprosy jazykoznanija 16, 5. 87 – 92.

Klemm, Antal. 1935. Der Satz und seine Teile. Ungarische Jahrbücher 15. 472 – 80.

Koller, Hermann. 1958. Die Anfänge der griechischen Grammatik. Glotta 37. 5 – 40.

Koschmieder, Erwin. 1957. Die strukturbildenden Eigenschaften sprachlicher Systeme. Die Welt der Slaven 2. 1 – 29.

Kudrjavskij, D. N. 1913. Vvedenie v jazykoznanie. Jur'ev.

Kühner, Raphael. 1835. Ausführliche Grammatik der griechischen Sprache. Wissenschaftlich und mit Rücksicht auf den Schulgebrauch ausgearbeitet. Zweiter Theil: (Syntaxe). Hannover.

—. 1836. Schulgrammatik der griechischen Sprache. Hannover.

—. 1837. Elementargrammatik der griechischen Sprache nebst eingereihten Übungsaufgaben zum Übersetzen aus dem Griechischen ins Deutsche und aus dem Deutschen ins Griechische.

—. 1842. Schulgrammatik der lateinischen Sprache nebst eingereihten deutschen Übersetzungsaufgaben und dem dazugehörigen deutsch-lateinischen Wörterverzeichnisse. Hannover.

Kukenheim, Louis. 1951. Contributions à l'histoire de la grammaire grecque, latine et hébraïque à l'époque de la Renaissance. Leiden.

Lane, A. 1700. A key to the art of letters: or, English a Learned Language [...]. London.

Lavrive, Fleury. 1884. La deuxième année de grammaire. Revision — Syntaxe — Style — Littérature — Histoire littéraire — 380 Exercises d'Orthographe et de Rédaction — Lexique. A l'usage des lycées, des collèges et de candidats au Certificat d'Études primaires. Quarante-quatrième édition entièrement conforme au Programme de 1882. Paris.

Laskowski, Roman. 1972. Polnische Grammatik. Deutsche Übersetzung von Werner Paschek. Warszawa: 1979.

Lehr-Spławiński, Tadeusz i Roman Kubiński. 1957. Gramatyka języka polskiego. Podręcznik dla wszystkich. Wydanie siódme. Wrocław, Kraków. Wydawnictwo Zakładu Narodowego im. Ossolińskich.

Lewis, Mark. 1674. An essay to facilitate the education of youth, by bringing down the rudiments of grammar to the sense of seein, which ought to be improv'd by Syncrisis. [...] London. [Zitiert nach Michael 1970, 571].

Lily, William. 1567. A Shorte Introduction of Grammar. Reproduced in facsimile by V. J. Flynn. New York 1945. [Zitiert nach Michael 1970, 542].

Łoś, Jan. 1910. Stosunek zdania do innych typów morfologicznych. Rozprawy Akademii Umiejętności, Wydział filologiczny, serya III, tom 1. Ogólnego zbioru tom czterdziesty szósty [= 46]. 195 – 243.

—. 1923. Składnia. In Benni, Tytus, Jan Łoś, Kazimierz Nitsch, Jan Rozwadowski, & Henryk

Ułaszyn. 1923. Gramatyka języka polskiego. Kraków.

[*Lugebil, K.* =] Ljugebil', K. 1883. [Rez. von:] Dobiaš, Anton V. 1882. Sintaksis Apollonija Diskola. Kiev. Žurnal Ministerstva Narodnago Prosveščenija, čast' 229, sentjabr'. 113—38.

—. 1884. Zur Frage über zweitheilige und einheitliche Sätze. Auf Veranlassung von Miklosich's Schrift „Die subjectlosen Sätze" 1883. Archiv für slavische Philologie 8. 36—68.

Madvig, Johann Nikolai. 1842. Ueber Wesen, Entwicklung und Leben der Sprache. J. N. Madvig. 1971. Sprachtheoretische Abhandlungen. Im Auftrage der Gesellschaft für Dänische Sprache und Literatur, hrsg. v. Karsten Friis Johansen, 107 f. Copenhagen.

March, Francis A. 1869/97. A parser and analyzer for beginners with diagrams and suggestive pictures. New York [etc.].

Marcus, Salomon. 1965 a. Dependență și subordonare. Omagiu lui Alexandru Rosetti la 70 de ani, 529—33. București.

—. 1965 b. Sur la notion de projectivité. Zeitschrift für mathematische Logik und Grundlagen der Mathematik 11. 181—92.

Marshman, J. D. D. 1814. Zhōngguó yǔfǎ. Elements of Chinese grammar with a preliminary dissertation on the characters, and the colloquial medium of the Chinese, and an Appendix containing the Ta-hyoh [Dàxué] of Confucius with a translation. (Clavis Sinica.) Serampore.

Martinet, André. 1949. La double articulation linguistique. Travaux du Cercle linguistique de Copenhague 5. 30—7.

—. 1960/63. Éléments de linguistique générale. Paris: 1963.

Martinus de Dacia/Roos. 1961. Martini de Dacia opera nunc primum edidit Henricus Roos. Hauniae.

Marty, Anton. 1884/1918. Über subjektlose Sätze und das Verhältnis der Grammatik zu Logik und Psychologie. Erster Artikel. (S. 3—35). Zweiter Artikel. (S. 36—62). Dritter Artikel. (S. 62—101). In A. Marty 1918. Gesammelte Schriften. 2. Bd., 1. Abt., Schriften zur deskriptiven Psychologie und Sprachphilosophie, hrsg. v. Josef Eisenmeier & Alfred Kastil & Oskar Kraus. Halle a. S.

Matthews, P. H. 1981. Syntax. Cambridge.

Meigret, Louis. 1550. Le Tretté de la Grammere françoeze. Paris: 1888. [Réimpression Génève: 1970].

Meillet, Antoine. 1921. Remarques sur la théorie de la phrase. Journal de psychologie normale et pathologique 18. 609—16.

Meiner, Johann Werner. 1781. Versuch einer an der menschlichen Sprache abgebildeten Vernunftlehre oder Philosophische und allgemeine Sprachlehre. Leipzig. [Faksimile-Neudruck mit einer Einleitung von Herbert Ernst Brekle. Stuttgart—Bad Cannstatt: 1971].

Melanchthon, Philippus. 1527. Grammatica latina Philippi Melanchthonis. Paris.

Mensing, Otto. 1932. Deutsche Sprachlehre für höhere Schulen. Ausgabe C. 30. Aufl. Neubearbeitung nach den Richtlinien für die Lehrpläne der höheren Schulen Preußens von 1925. Dresden. = Mensing, Otto. Hilfsbuch für den deutschen Unterricht auf höheren Schulen. 2. Teil, Sprachlehre.

Michael, Ian. 1970. English grammatical categories and the tradition to 1800. Cambridge.

Mikkelsen, Kistian Mathias. 1894. Dansk Sproglære med sproghistoriske Tillæg. Haandbog for Lærere og Viderekomne. København.

—. 1911. Dansk ordföjningslære med sproghistoriske tillæg. Håndbog for viderekomne og lærere. København.

Miklosich, Franz von. 1868—1874. Vergleichende syntax der slavischen sprachen. Wien.

—. 1883. Subjektlose Sätze. 2. Aufl. Wien.

Mikuš, Radivoj Francis. 1947. Le syntagme est-il binaire? Word 3. 32—8.

Monreal-Wickert, Irene. 1977. Die Sprachforschung der Aufklärung im Spiegel der großen französischen Enzyklopädie. Tübingen.

Mounin, Georges. 1970. Histoire de la linguistique des origines au XXe siècle. Paris.

Murray, Lindley. 1796. English grammar. 2nd ed. York. [Zitiert nach Michael 1970, 474].

Nebeský, Ladislav. 1962. O jedné formalizaci větného rozboru. Slovo a slovesnost 23. 104—7.

Noreen, Adolf. 1898. Vårt modersmåls grammatik och dess indelning. Visby.

—. 1903. 1904. 1906. Vårt språk. Nysvensk grammatik i utförlig framställning. Första bandet. Fämte bandet. Sjunde bandet. Lund.

Nygaard, M. 1906. Norrøn syntax. Oslo: 1966.

Ohijenko, Ivan. 1935. Skladnja ukraïns'koï movy. Častyna perša: Vstup do vyvčennja skladni. Žovkva.

Otto, Ernst. 1919. Zur Grundlegung der Sprachwissenschaft. Bielefeld, Leipzig.

—. 1943. Sprache und Sprachbetrachtung. Eine Satzlehre unter Berücksichtigung der Wortart. Prag.

Paul, Hermann. 1880. Principien der sprachgeschichte. Halle.

—. 1886. Principien der sprachgeschichte. Zweite auflage. Halle.

—. 1898. Prinzipien der Sprachgeschichte. Dritte Aufl. Halle a. S.

—. 1919. Deutsche Grammatik. Bd. III. Teil IV, Syntax ⟨erste Hälfte⟩. Halle a. S.

Peškovskij, Aleksandr Matveevič. 1920 (1956). Russkij sintaksis v naučnom osveščenii. Populjarnyj očerk. Posobie dlja samoobrazovanija i školy. Izdanie 2-e. Moskva.

—. 1959. Izbrannye trudy. Moskva.

Peterson, Mixail Nikolaevič. 1923. Očerk sintaksisa russkogo jazyka. Moskva, Petrograd.

Petrov, Konstantin Fedorovič. 1906. Russkij jazyk. Opyt praktičeskago učebnika russkoj grammatiki. Sintaksis v obrazcax. (S priloženiem stat'i o periodax). Trinadcatoe izdanie. S.-Peterburg.

Pinborg, Jan. 1967. Die Entwicklung der Sprachtheorie im Mittelalter. Münster, Kopenhagen.

—. 1975. Classical Antiquity: Greece. Current Trends in Linguistics. Vol. 13, Historiography of Linguistics, ed. by Thomas A. Sebeok, 69—126. The Hague.

Platon. Krátylos. In Platon 1970, 3. Bd, 395—375.

—. Sophistés. In Platon 1970, 6. Bd, 219—401.

—. Theaítetos. In Platon 1970, 6. Bd, 1—217.

—. 1970. Werke in acht Bänden. Griechisch und deutsch, hrsg. v. Gunther Eigler. Darmstadt.

Priscian. Prisciani grammatici caesariensis institvtionvm grammaticarvm libri XVIII. Ex recensione Martini Hertzii. Vol. I, Libros I—XII continens. Vol. II, Libros XIII—XVIII continens. Lipsiae: 1855. 1859.

Rehling, Erik. 1965. Det danske sprog. Tredie, helt omarbejdede udgave. 2. Oplag. København.

Ricken, Ulrich. 1978. Grammaire et philosophie au Siècle des Lumières. Controverses sur l'ordre naturel et la clarté du français. Lille.

Ries, John. 1894. Was ist Syntax? Ein kritischer Versuch. Marburg.

—. 1928. Zur Wortgruppenlehre. Mit Proben aus einer ausführlichen Wortgruppenlehre der deutschen Sprache der Gegenwart. Prag.

—. 1931. Was ist ein Satz? Prag.

Robins, R. H. 1966. The development of the word class system of the European grammatical tradition. Foundations of Language 2. 3—19.

Roth, Georg Michael. 1799. Systematische deutsche Sprachlehre für Schulen, Giessen.

—. 1815. Grundriß der reinen allgemeinen Sprachlehre zum Gebrauche für Akademien und obere Gymnasialklassen. Frankfurt a. M.

Rozwadowski, Jan von. 1904. Wortbildung und Wortbedeutung. Eine Untersuchung ihrer Grundgesetze. Heidelberg.

Sacy, Sylvestre de. 1803. Principes de grammaire générale mis à la portée des enfans et propre à servir d'introduction à l'étude de toutes les langues. Paris 1803. [Faksimile-Nachdruck] Stuttgart—Bad Cannstatt: 1975.

Sanctius, Franciscus. 1587. Minerva seu de causis linguae Latinae. Salamanca: 1587. [Faksimile-Neudruck] Stuttgart—Bad Cannstatt: 1986.

Sandmann, Manfred. 1970. Zur Frühgeschichte des Terminus der syntaktischen Beiordnung. Archiv für das Studium der neueren Sprachen und Literaturen 206. 161—88.

Šaumjan, Sebastian Konstantinovič. 1962. Teoretičeskie osnovy transformacionnoj grammatiki. Novoe v lingvistike. 2. Moskva.

Saussure, Ferdinand de. 1916/1967. Cours de linguistique générale, publié par Charles Bally & Albert Sechehaye avec la collaboration de Albert Riedlinger. Paris.

Scaglione, Aldo. 1981. The theory of German word order from the Renaissance to the present. Minneapolis.

Scaliger, Julius Caesar. 1540. De causis linguae Latinae libri tredecim. Lyon.

Scherer, Wilhlem. 1878. Schriften zur deutschen Grammatik III — Zur Syntax. Zeitschrift für österreichische Gymnasien 29. 109—25.

Schmidt, Johannes. 1864—65. Die wurzel AK im indogermanischen. Mit einer vorrede von August Schleicher. Diss. Jena 1864. Weimar 1865.

Schmitthenner, Friedrich. 1826. Ursprachlehre. Entwurf zu einem System der Grammatik. Frankfurt a. M.: 1826. [Faksimile-Neudruck Stuttgart—Bad Cannstatt].

—. 1828. Methodik des Sprachunterrichtes nebst Vorschlägen zur Verbesserung der teutschen und lateinischen Grammatik und Stilistik. Frankfurt.

Schötensack, Heinrich August. 1856. Grammatik der neuhochdeutschen Sprache mit besonderer Berücksichtigung ihrer historischen Entwickelung. Erlangen.

Schultz-Lorentzen, C. W. 1926/67. Den grønlandske Ordbog. Grønlandsk-dansk. Ny Udgave. København: 1967.

Schulz, Dora und *Heinz Griesbach.* 1970. Grammatik der deutschen Sprache. Neubearbeitung von Heinz Griesbach, 8., neubearb. Aufl. München.

Schwartz, Eugène och *Adolf Noreen.* 1881. Svensk språklära för högre undervisning och till självstudium. Första häftet. Stockholm.

Seidel, Eugen. 1935. Geschichte und Kritik der wichtigsten Satzdefinitionen. Jena.

Setälä, Eemil Nestor ja *Kaarlo Nieminen.* 1946. Suomen kielen oppikirja. Helsinki.

Sextus Empiricus. Adversus mathematicos. Recenuit H. Mutschmann. Leipzig: 1914.

Sigwart, Christoph. 1888. Die Impersonalien. Eine logische Untersuchung. Freiburg i. B.

Smári, Jakob Jóh. 1920. Íslenzk setningafræði. Reykjavík.

Šmilauer, Vladimír. 1947. Novočeská skladba. Praha.

Sommer, Ferdinand. 1931. Vergleichende Syntax der Schulsprachen. (Deutsch, Englisch, Französisch, Griechisch, Lateinisch.) Mit besonderer Berücksichtigung des Deutschen. 4. Aufl. Unveränderter Nachdruck der 3. Aufl. 1931. Darmstadt: 1959.

Stechow, Arnim v. und *Wolfgang Sternefeld.* 1988. Bausteine syntaktischen Wissens. Ein Lehrbuch der Generativen Grammatik. Opladen.

Steinthal, Haim. 1855. Grammatik, Logik und Psychologie, ihre Prinzipien und ihr Verhältnis zueinander. Berlin.

—. 1890, 1891. Geschichte der Sprachwissenschaft bei den Griechen und Römern mit besonderer Rücksicht auf die Logik. Erster Teil. Zweiter Teil. (Zweiter unveränderter photomechanischer Nachdruck der zweiten vermehrten und verbesserten Aufl. Berlin 1890, 1891). Hildesheim, New York: 1971.

Stern, S. 1840. Lehrbuch der allgemeinen Grammatik. Berlin.

Sütterlin, Ludwig. 1907. Die Deutsche Sprache der Gegenwart. (Ihre Laute, Wörter, Wortformen und Sätze.) Ein Handbuch für Lehrer und Studierende. Auf sprachwissenschaftlicher Grundlage zusammengestellt. 2., stark veränderte Aufl. Leipzig.

[*SVF I, SVF II*] Stoicorum veterum fragmenta collegit Ioannes ab Arnim. Volumen I, Zeno et Zenonis discipuli. Volumen II, Chrysippi fragmenta logica et physica. Lipsiae: 1905. 1903.

Sweet, Henry. 1892. A new English Grammar. Logical and historical. Oxford.

Tendeloo, Henricus Johannes Emile. 1901. Maleische grammatica. 1. deel, Klankleer — schrift — etymologie — syntaxis. 2. deel, Aanteekeningen en toelichtingen. Leiden. [Beide Bände mit separater Zählung.]

Tesnière, Lucien. 1959/65. Éléments de syntaxe structurale. Deuxième édition revue et corrigée. Paris 1965.

Thomas von Erfurt/Bursill-Hall, G. L. 1325. Thomas of Erfurt: Grammatica speculativa. An edition with translation and commentary by G. L. Bursill-Hall. London: 1972.

Thümmel, Wolf. 1985. Linguistique et psychologie vers 1900: le concept de 'phrase' chez Wilhelm Wundt et Hermann Paul. Documentation et Recherche en Linguistique Allemande contemporaine Vincennes. Paris. Revue de linguistique 33. 133—49.

Thurot, Ch. 1869. Extraits de divers manuscrits pour servir à l'histoire des doctrines grammaticales au Moyen Age. Paris. [Unveränderter Nachdruck Frankfurt a. M.: 1964].

Tiktin, Hariton. 1895. Gramatica română. Pentru învețământul secundar. Teorie și practică. Partea II: Sintaxa. Ediția II, prelucrata. Bucuresci.

Trabalza, Ciro. 1908. Storia della grammatica italiana. Milano.

Trostnikov, M. A. 1903. Ponjatie o členax predloženija. Pedagogičeskij sbornik III, kn. 12. 449—510. [Zitiert nach Brailovskij 1904].

Turner, Daniel. 1739. An abstract of English grammar and rhetoric. London. [Zitiert nach Michael 1970].

Uhlig, Gustav. 1882. Zur Wiederherstellung des ältesten occidentalischen Compendiums der Grammatik. Festschrift zur Begrüssung der in Karlsruhe vom 27.—30. September 1882 tagenden XXXVI. Philologen-Versammlung […], 59—81. Freiburg i. B., Tübingen.

Varro, M. Terenti Varronis De Lingva Latina qvae svpersvnt recensvervnt Georgivs Goetz et Fridericvs Schoell. Accedvnt grammaticorvm Varronis librorvm fragmenta. Lipsiae: 1910.

Vaugelas, Claude Favre de. 1647. Remarques sur la langue françoise, ed. par A. Chassang. Paris: 1911.

Vendryes, Joseph. 1921. Le langage. Introduction linguistique à l'histoire. Paris.

Vernaleken, Theodor. 1861. 1863. Deutsche syntax. Erster theil. Zweiter theil. Wien.

Vinogradov, P. A. 1901. Sintaksis russkago jazyka. Izdanie 20e. Kurs'k. [Zitiert nach Ohijenko 1935, 179].

Vinogradov, Viktor Vladimirovič. 1948. Sintaksičeskie vzgljady professora A. V. Dobiaša. In Vinogradov 1975, 328—56.

—. 1950. Idealističeskie osnovy sintaksičeskoj sistemy prof. A. M. Peškovskogo, ee ėklektizm i vnutrennie protivorečije. In Vinogradov 1975, 441—87.

—. 1975. Izbrannye trudy. Issledovanija po russkoj grammatike. Moskva.

Wackernagel, Jakob. 1927. 1928. Vorlesungen über Syntax mit besonderer Berücksichtigung von Griechisch, Lateinisch und Deutsch. Erste Reihe. 2. Aufl. Zweite Reihe. 2. Aufl. Basel.

Weil, Henri. 1844. De l'ordre des mots dans les langues anciennes comparées aux langues modernes. Questions de grammaire générale. Paris.

Weisgerber, Leo. 1953. Vom Weltbild der deutschen Sprache. 1. Halbband: Die inhaltbezogene Grammatik. Düsseldorf.

Wilhelm von Ockham. Summa logica, hrsg. von Ph. Boehner. 1957.

Wilmans, W. 1881. Deutsche Grammatik für die Unter- und Mittelklassen höherer Lehranstalten […]. 4., durchgesehene Aufl. Berlin.

Wiwel, H. G. 1901. Synspunkter for dansk sproglære. København.

Wunderlich, Hermann. 1887. Untersuchungen über den Satzbau Luthers. I. München.

—. 1892. Der deutsche Satzbau. Stuttgart.

Wundt, Wilhelm. 1880. Logik. Eine Untersuchung der Principien der Erkenntniss und Methoden wissenschaftlicher Forschung. Zwei Bände. 1. Bd., Erkenntnisslehre. Stuttgart.

—. 1900. Völkerpsychologie. Eine Untersuchung der Entwicklungsgesetze der Sprache, Mythus und

Sitte. 1. Bd., Die Sprache. Erster Theil. Zweiter Theil. Leipzig.

Wurst, Raimund Jakob. 1842. Praktische Sprachdenklehre für Volksschulen und die Elementarklassen der Gymnasial- und Real-Anstalten. […]. Reutlingen.

Žiugžda, Juozas. 1955. Lietuvių kalbos gramatika. II dalis: Sintaksė. Vidurinėms mokykloms. Devintasis leidimas [= 9. Ausgabe]. Kaunas.

Wolf Thümmel, Osnabrück (Deutschland)

5. Die indische Grammatiktradition

1. Die indische Sprachwissenschaft
2. Satzdefinitionen und Prinzipien syntaktischer Kohärenz
3. Verschiedene Theorien über das Verhältnis von Satz und Wort
4. Die Wortarten- und Verbklassifikation
5. Die sechs Handlungsfaktoren (Kārakas)
6. Die Abbildung der Kārakas auf die Kasusmorpheme des Sanskrit
7. Die phonologische Struktur des Satzes
8. Bibliographische Hinweise zum Studium der indischen Grammatiktradition
9. Literatur

1. Die indische Sprachwissenschaft

Vyākaraṇa — die Wissenschaft der Grammatik — ist ihrem Ursprung nach eines der sechs Vedāṅgas („Glieder des Veda"), die in ihrer Gesamtheit der Bewahrung, dem richtigen Verständnis und Gebrauch der vedischen Texte dienen. Das grundlegende Werk der indischen Grammatiktradition ist die Grammatik Pāṇinis (ca. 500 v. Chr.), die Aṣṭādhyāyī — ein System von ca. 4000 in einer besonderen Formelsprache abgefaßten Regeln (Sūtras) zur Erzeugung der Wörter und Wortformen des Sanskrit in Abhängigkeit von ihren syntaktischen Funktionen. Der erste überlieferte Kommentar zu Pāṇinis Grammatik sind die Vārttikas (Erläuterungen) von Kātyāyana (ca. 250 v. Chr.). Kātyāyanas Erläuterungen werden ihrerseits zusammen mit Pāṇinis Regeln kommentiert im Mahābhāṣya von Patañjali (2. Jh. v. Chr.); dabei werden neben Fragen der grammatischen Technik auch sprachphilosophische Fragen erörtert. In Weiterführung der von Pāṇini begründeten Tradition hat Bhartṛhari (5. Jh. n. Chr.) in seinem Vākyapadīya ein System der grammatischen Philosophie hervorgebracht, in dem aus der Sicht eines sprachlichen Monismus (Śabdādvaita) Phänomene der allgemeinen Syntax und Semantik behandelt werden. — Für die Syntax relevante Theoriebildungen finden sich nicht nur innerhalb des Systems der Grammatik, sondern auch in anderen Systemen der indischen Wissenschaftstradition. Die phonetischen Veränderungen, die die Wörter im Satz erfahren, sind Gegenstand der Phonetik (Śikṣā), die ebenfalls eines der sechs Vedāṅgas ist, und der Prātiśākhyas, der zu den verschiedenen vedischen Schulen gehörenden phonetischen Lehrwerke. In einem weiteren Vedāṅga, dem Nirukta (Etymologie), finden sich die Anfänge der Wortarten- und Verbklassifikation. Von den sechs Systemen der indischen Philosophie haben zwei Systeme, Nyāya (Logik) und Karmamīmāṃsā (Ritualwissenschaft), eine enge Beziehung zu syntaktischen Fragestellungen (Cardona 1976, 230–232).

2. Satzdefinitionen und Prinzipien syntaktischer Kohärenz

Die Karmamīmāṃsā hat bei der Exegese von vedischen Ritualtexten Kriterien für die syntaktische Zusammengehörigkeit von Wörtern aufgestellt, deren wichtigstes der Begriff der Ākāṅkṣā, „die Erwartung", ist — das Streben der Satzteile nach Ergänzung. Auf diesem Begriff beruht die Satzdefinition, die Jaimini (1929, 2. 1. 46), der Begründer des Systems der Karmamīmāṃsā, gibt: „Wegen der Einheit des Zweckes, dem der Satz dient, ist eine Gruppe von Wörtern dann als ein Satz anzusehen, wenn bei der Zerlegung des Satzes in Teile die einzelnen Teile ein Streben nach Ergänzung aufweisen". Außer dem Begriff der Ākāṅkṣā werden zwei weitere Begriffe als Kriterien für die syntaktische Zusammengehörigkeit der Wörter genannt — Yogyatā, „die Verträglichkeit", und Saṃnidhi, „die Nähe" (Kunjunni Raja 1963, 151ff). Yogyatā ist die semantische Verträglichkeit syntaktisch verbundener Wörter. Aufgrund dieses Kriteriums werden semantisch korrekte Sätze von nur grammatisch korrekten Sätzen unterschieden (Matilal 1985, 405f), z. B. Satz (1) von Satz (2):

(1) payasā siñcati
„Er befeuchtet (etwas) mit Wasser"
(2) agninā siñcati
„Er befeuchtet (etwas) mit Feuer"

Durch das dritte Prinzip, Saṃnidhi „die Nähe", wird gefordert, daß die Wörter eines Satzes in einer zusammenhängenden Äußerung vorkommen müssen, so daß sie als eine Einheit wahrgenommen werden können. — Die ersten Satzdefinitionen der pāṇineischen Schule stammen von Kātyāyana (Patañjali 1968, 105ff). Nach der ersten Definition Kātyāyanas besteht ein Satz aus einem Verb zusammen mit einem unflektierbaren Wort (avyaya) oder einem kasusbestimmten Nomen (kāraka) oder einer qualifizierenden Bestimmung (viśeṣaṇa) des Nomens, bzw. des Verbs. In seiner zweiten Definition bestimmt Kātyāyana den Satz auf einfache Weise als das, „was ein einzelnes finites Verb enthält". — Eine Zusammenfassung verschiedener Satzdefinitionen gibt Bhartṛhari (1977a, 1). Bhartṛhari zählt acht Satzdefinitionen auf, in denen der Satz bestimmt wird als (1) das Verb, (2) eine Verbindung von Wörtern, (3) der Universalbegriff, der in einer Verbindung von Wörtern enthalten ist, (4) eine einheitliche sprachliche Äußerung, die keine Teile hat, (5) eine Folge von Wörtern, (6) eine Synthese des Intellekts, (7) das erste Wort, (8) jedes Wort des Satzes für sich zusammen mit seinem Streben nach syntaktischer Ergänzung.

3. Verschiedene Theorien über das Verhältnis von Satz und Wort

Die acht von Bhartṛhari angeführten Satzdefinitionen lassen sich auf verschiedene Theorien über das Verhältnis von Wort und Satz zurückführen. Dies sind zunächst die als Vākya-vāda („die Lehre vom Satz") und Pada-vāda („die Lehre vom Wort") bekannten Theorien. Nach der Lehre des Vākya-vāda ist der Satz allein real; die Wörter sind Fiktionen, die durch künstliche Teilung der an sich unteilbaren Einheit des Satzes entstehen. Nach der Lehre des Padavāda hingegen wird der Satz aus Wörtern gebildet, die auch außerhalb des Satzes eine Existenz haben (Bhartṛhari 1977 b, 2.57). Innerhalb der Lehre des Pada-vāda bestehen wiederum zwei entgegengesetzte Auffassungen über das Verhältnis von Wortbedeutung und Satzbedeutung: die Anvitābhidhāna-Theorie und die Abhihitānvaya-Theorie. Mit dem Begriff Abhihita-anvaya („die Verbindung der Bedeutungen") wird ausgedrückt, daß die Satzbedeutung aus der Verbindung der Wortbedeutungen entsteht; der in Umkehrung dazu gebildete Begriff Anvita-abhidhāna („die Bedeutung der Verbundenen") beinhaltet dagegen, daß die Bedeutung der Wörter durch ihre Verbindung im Satz bestimmt wird (Subba Rao 1969, 92ff). Die beiden Theorien werden von verschiedenen Schulen der Karmamīmāṃsā vertreten: die Anvitābhidhāna-Theorie von der Prabhākara-Schule und die Abhihitānvaya-Theorie von der Schule Kumārilas (Kunjunni Raja 1963, 193—213). — Nach der Abhihitānvaya-Theorie hat ein Wort im Zusammenhang eines Satzes zunächst die gleiche Bedeutung wie außerhalb des Satzzusammenhangs. Wenn die Zusammengehörigkeit der Wörter des Satzes erkannt worden ist, dann geben die einzelnen Wörter ihre Bedeutung auf und es entsteht die Satzbedeutung als eine neue Bedeutung über den einzelnen Wortbedeutungen (Bhartṛhari 1977 b, 2.41—42). Von Bhartṛharis acht Satzdefinitionen gehören zur Abhihitānvaya-Theorie die Definitionen des Satzes als einer Verbindung (2), bzw. einer Folge von Wörtern (5). — Im Gegensatz zur Abhihitānvaya-Theorie, die von der Kontextunabhängigkeit der Wortbedeutung ausgeht, ist nach der Anvitābhidhāna-Theorie die Wortbedeutung ein Allgemeinbegriff, der erst durch die Verbindung mit den Bedeutungen anderer Wörter seine Bestimmung erfährt (Bhartṛhari 1977 b, 2.44—45). Der darin enthaltene Widerspruch, daß sich die Bedeutungen der Wörter eines Satzes auf diese Weise wechselseitig bestimmen, wird aufgelöst durch die Annahme, daß die Satzbedeutung, auch wenn sie auf der Verbindung mehrerer Wörter beruht, in jedem Wort enthalten ist, so wie das Ganze bereits in seinen Teilen vorhanden ist (Bhartṛhari 1977 b, 2.43). Diese Annahme liegt den Definitionen (1), (7) und (8) in Bhartṛharis Liste von Satzdefinitionen zugrunde, nach denen der Satz als das Verb (1), als das erste Wort (7) oder als jedes Wort für sich zusammen mit seinem Streben nach syntaktischer Ergänzung (8) bestimmt wird. Ein einzelnes Wort, z. B. das erste Wort des Satzes drückt für sich allein die Satzbedeutung jedoch nur unvollkommen aus; die anderen Wörter des Satzes sind notwendig, um die in jedem Wort enthaltene Satzbedeutung deutlich hervortreten zu lassen (Bhartṛhari 1977 a, 9; 51; 176f). — Die restlichen Satzdefinitionen Bhartṛharis, in denen der Satz als der in einer Verbindung von Wörtern enthaltene Universalbegriff (3), als eine einheitliche sprachliche Äußerung, die keine Teile hat (4) und als eine Synthese des Intellekts (6) bestimmt wird, sind der von Bhartṛhari selbst vertretenen Theorie des Vākya-vāda zuzuordnen. Die Wörter, denen nach den Theorien des Pada-vāda eine vom Satz unabhängige Existenz zukommt, haben nach der Theorie des Vākyavāda keine Bedeutung außerhalb des Satzzusammenhangs, so wie die Teile eines Organismus ohne den Organismus nicht funktionsfähig sind (Bhartṛhari 1977b, 2.423–424). Aus der getrennten Wahrnehmung einzelner Wortbedeutungen entsteht im Bewußtsein die Satzbedeutung als eine Intuition (pratibhā), in der die einzelnen Wortbedeutungen zu einer Einheit verschmolzen sind (Bhartṛhari 1977b, 2.143–145). Die Satzbedeutung hat die gleiche Natur wie die zwischen den Wörtern bestehende syntaktische Verbindung, die nicht wie die Wörter selbst wahrgenommen, sondern nur an ihren Wirkungen erkannt werden kann. Sie ist ein ganzheitliches Phänomen, das sich weder in einzelnen Wortbedeutungen noch in der Summe der Worbedeutungen vollständig ausdrückt (Bhartṛhari 1977b, 2. 46; 441–442). Wenn die einheitliche Satzbedeutung zum Zweck der Erklärung oder grammatischen Analyse in Teile zerlegt wird, dann geht darüber die Wahrnehmung der Ganzheit verloren, und wenn die Ganzheit des Satzes im Bewußtsein ist, dann haben die Teile keine Existenz (Brough 1972, 417).

4. Die Wortarten- und Verbklassifikation

Wenn der Satz allein Gegenstand der Wahrnehmung ist, wie einer der frühesten Vertreter des Vākya-vāda, der in Yāskas Nirukta zitierte Audumbarāyaṇa, lehrt, dann haben nicht nur die Wörter, sondern auch die Wortklassen und die auf der Unterscheidung von Wortklassen beruhenden syntaktischen Beziehungen keine Realität (Sarup 1967, 1.1; Brough 1952). Demgegenüber rechtfertigt Yāska seine Lehre von den vier Wortarten mit dem Hinweis auf die universelle Anwendbarkeit und den elementaren Charakter der Wörter. Die vier Wortarten, die Yāska unterscheidet, sind: Nomen (nāma) und Verb (ākhyāta), die verbalen Präfixe (upasarga) und die Partikel (nipāta). Nomen und Verb sind durch semantische Merkmale definiert: das Verb hat ein Werden (bhāva) als Grundlage, das Nomen ein Sein (sattva). Die dem Verb zugrundeliegende Kategorie des Werdens (bhāva) wird nach der Lehre von den „sechs Modifikationen des Werdens" (Sarup 1967, 1.2) weiter in sechs Arten unterteilt: Entstehen, Sein (asti), Veränderung, Wachsen, Abnehmen, Vergehen. Die mit dem Verb *asti* bezeichnete Kategorie des Seins wird von Bhartṛhari (1977b, 3.8.26–27) als eine Form des Entstehens erklärt: das Sein oder das Beharren in einem Zustand ist nichts anderes als das Entstehen einer Folge von gleichartigen Momenten. Allgemein führt Bhartṛhari die sechs Modifikationen des Werdens auf zwei Formen zurück — Entstehen und Vergehen. Auch diese beiden Kategorien sind keine letzten Kategorien, die für sich selbst stehen können, denn „das Entstehen ist nicht verschieden von dem, was entsteht, und ebenso ist das Vergehen keine eigene Kategorie" (Bhartṛhari 1977b, 3.8.28). Die Annahme, daß das Entstehen als ein Prozeß und das Entstehende als ein Sein verschiedene Kategorien seien, führt zu einem Widerspruch: „Wenn etwas (bereits) existiert, weshalb muß es dann noch entstehen, und wenn es nicht existiert, wie kann es dann überhaupt entstehen" (Bhartṛhari 1977b, 3.3.43). Das Entstehen und das Entstehende sind nur verschiedene Erscheinungsformen des mit dem Wort *sattā* bezeichneten allgemeinen Begriffs des Seins. Dieses allgemeine Sein erscheint als Handlung (kriyā) und wird durch das Verb bezeichnet, wenn es sich in einer zeitlichen Folge manifestiert. Wenn die zeitliche Folge aufgehoben ist, dann wird es einfach „Sein" (sattva) genannt und durch das Nomen ausgedrückt (Bhartṛhari 1977b, 3.1.35; 3.8.30). — Daß das Verb über den Begriff des Werdens (bhāva) hinaus eine Handlung ausdrückt, ist die von Patañjali begründete Lehre der Grammatiker (Rocher 1969, 79 f). Patañjali definiert die Handlung als „eine besondere Entfaltung von Handlungsfaktoren" (kārakāṇām pravṛtti-viśeṣaḥ). Diese Definition der Handlung trifft auch auf Zustandsverben wie *sein* oder *wissen* zu. Auch ein Verb, das einen reinen Zustand bezeichnet, verbindet sich mit Handlungsfaktoren, die auf verschiedene Weise dazu beitragen, den Zustand zu verwirklichen — sei es, daß sie den Zustand hervorrufen, aufrechterhalten oder sich seiner Auflösung widersetzen —, so daß von einer Handlung gesprochen werden kann. So zeigt sich nach Bhartṛhari (1977b, 3.3.47) der

Handlungscharakter des Verbs *sein* darin, daß von einem Ding gesagt werden kann, es ist, „wenn es sich selbst durch sich selbst erhält".

5. Die sechs Handlungsfaktoren (Kārakas)

Nach Bhartṛhari (1977a, 24f; 182f) kann die Bedeutung eines Nomens erst verstanden werden, wenn es als Handlungsfaktor auf eine Handlung bezogen werden kann. Ebenso wird auch die Bedeutung eines Verbs erst vollständig erfaßt, wenn die Handlungsfaktoren, die zur Verwirklichung der verbalen Handlung führen, ausgedrückt sind. Von den beiden Kategorien der Handlung und der Handlungsfaktoren ist die Handlung die grundlegende Kategorie, die bei der Analyse der Bedeutung eines Satzes zuerst ausgegliedert wird. Die Handlungsfaktoren verhalten sich zur Handlung wie die Eigenschaften zu einer Substanz. Nach der Lehre der Grammatiker ist deshalb das Nomen, das in der Funktion des Subjekts auftritt, als eine Qualifikation des Verbs aufzufassen im Gegensatz zu der von dem philosophischen System des Nyāya (Logik) vertretenen Auffassung, nach der das Subjekt durch das Verb qualifiziert wird (Matilal 1985, 411; Cardona 1976, 230). — Pāṇini (1977, 1.4) unterscheidet sechs Kārakas: den Ausgangspunkt (apādānam), den Empfänger (sampradānam), das Instrument (karaṇam), den Ort (adhikaraṇam), das Objekt (karma) und den Agens (kartā). Die sechs Kārakas werden durch semantische Merkmale definiert (s. 5.1. – 5.6.) und durch weitere Regeln auf die Kasusmorpheme des Sanskrit abgebildet (s. 6.). — Das Wort *Kāraka* bedeutet „derjenige, der handelt" (Patañjali 1975, 25). Entsprechend dieser Bedeutung sind auch die Handlungsfaktoren des Objekts, des Instruments usw. wie der Agens als Handelnde aufzufassen. Sie sind Handelnde von Teilhandlungen, in die sich die Gesamthandlung zerlegen läßt entsprechend dem Anteil, den die jeweiligen Handlungsfaktoren am Gelingen der Handlung haben (Patañjali 1975, 26f). So ist nach Bhartṛhari (1971, 179ff) das Objekt ursprünglich ein selbständig Handelnder, der unter den Einfluß eines anderen Handelnden geraten ist. Auch wenn das Objekt in Abhängigkeit von einem anderen handelt, verliert es deswegen nicht seine Eigenschaft, Handelnder in seinem eigenen Bereich zu sein. Die Eigenschaft des Objekts, Handelnder zu sein, wird nur verdeckt von der Handlung des Agens,

unter dessen Einfluß das Objekt geraten ist. Wenn von der Handlung dieses Agens abgesehen wird, dann kann in bestimmten Fällen (s. Das 1990, 187) die eigene Aktivität des Objekts auch sprachlich ausgedrückt werden und das Objekt selbst als ein Agens erscheinen wie z. B. in dem Satz

(1) odanaḥ svayam eva pacyate
„Der Reis kocht von selbst"

Entsprechend weist Kātyāyana (Patañjali 1975, 29f) die Agenseigenschaft der Handlungsfaktoren des Ortes und des Instruments nach. So kann von dem Topf als dem Ort der Handlung des Kochens gesagt werden:

(2) droṇam pacati
„(Der Topf) kocht (= faßt) ein Droṇa (Reis)"

Ebenso kann von dem Brennholz als dem Instrument der Handlung des Kochens gesagt werden:

(3) kāṣṭhāni pacanti
„Das Brennholz kocht (den Reis)"

Für die Handlungsfaktoren des Ausgangspunktes und des Empfängers läßt sich die Agenseigenschaft im allgemeinen jedoch nicht auf diese Weise zeigen (Patañjali 1975, 32ff). So können die beiden Sätze

(4a) grāmād āgacchati
„Er kommt vom Dorf"
(5a) brāhmaṇāya dadāti
„Er gibt (etwas) dem Brahmanen"

nicht ersetzt werden durch die entsprechenden Sätze

(4b) grāma āgacchati: „Das Dorf kommt"
(5b) brāhmaṇo dadāti: „Der Brahmane gibt"

5.1. Der Agens wird von Pāṇini als der „unabhängige" (svatantra) Handlungsfaktor definiert. Er ist der hauptsächlich Handelnde (pradhāna-kartā), der die anderen Handlungsfaktoren zum Handeln veranlaßt (Patañjali 1975, 41). Gegenüber dem Agens sind die anderen Handlungsfaktoren auf zweifache Weise sowohl durch das Merkmal der Abhängigkeit als auch durch das Merkmal der Selbständigkeit charakterisiert: in bezug auf den Agens handeln sie in Abhängigkeit und in bezug auf ihren eigenen Handlungsbereich in Selbständigkeit; der Agens allein ist der Handlungsfaktor, der nur in Selbständigkeit handelt (Patañjali 1975, 33; Bhartṛhari 1971, 160f). — Das, was als Agens in einem Satz erscheint, wird vom Sprecher bestimmt; es ist nicht in der objektiven Natur der Dinge begründet. Auf diese Weise können unbelebte Gegenstände in der Rolle des Agens erscheinen, wenn der Sprecher sie so darstellen will. Ebenso können nicht existierende Dinge als Handelnde auftreten oder Dinge, die erst entstehen, als Agens ihres eigenen Entstehens verstanden werden. Auch die Abgrenzung des Agens von den anderen Handlungsfaktoren beruht auf der Sehweise des Sprechers; es liegt im Ermessen des Sprechers, ob ein Handlungsfaktor in der Funktion des Agens, Objekts oder Instruments erscheint (Bhartṛhari 1971, 210f). So können wie in den Beispielen (1)–(3) die Handlungsfaktoren des Objekts, des Ortes und des Instruments die Rolle des Agens übernehmen, wenn eine Abhängigkeit von einem anderen Agens nicht ausgedrückt werden soll. — Der auf diese Weise aus dem Objekt entstandene Agens in Beispiel (1), der durch die Verbindung mit der passiven Form des Verbs in besonderer Weise markiert ist, wird als Karmakartā, „Objekt-Agens", bezeichnet (Bhartṛhari 1971, 180f). Neben dem Objekt-Agens wird noch eine weitere Funktion des Agens besonders hervorgehoben: der Hetu („Grund") genannte Kausativ-Agens als Subjekt kausativer Verbformen (Pāṇini 1977; 1.4.55; Bhartṛhari 1971, 221f).

5.2. Der Handlungsfaktor des Objekts wird von Pāṇini bestimmt als das, „was vom Handelnden am meisten zu erreichen gewünscht wird". Es werden drei Hauptarten des Objekts unterschieden: das hervorzubringende (nirvartya), das zu verändernde (vikārya) und das zu erreichende (prāpya) Objekt. Die beiden ersten Arten des Objekts kommen zusammen vor in dem von Patañjali (1975, 157) analysierten Satz

(6) taṇḍulān odanam pacati
    „Er kocht Reiskörner zu (gekochtem) Reis"

odanaḥ, der gekochte Reis, ist in diesem Satz das hervorzubringende Objekt, *taṇḍulāḥ*, die nicht gekochten Reiskörner, sind das zu verändernde Objekt. In bezug auf das hervorzubringende Objekt stellt sich die Frage, inwieweit ein Objekt, das erst im Verlauf der Handlung entsteht, gleichzeitig ein Handlungsfaktor sein kann, der das Gelingen der Handlung möglich macht. Diese Frage wird in Bhartṛharis Lehre von den Allgemeinbegriffen (1971, 23) durch die Annahme einer ideellen Existenz des hervorzubringenden Objekts vor Beginn der Handlung beantwortet. Wenn ein Objekt hervorgebracht wird, dann ist der in dem Objekt enthaltene Allgemeinbegriff eine Bedingung für das Entstehen des Objekts deswegen, weil er die Handlung zu seiner eigenen Verwirklichung führt, z. B. als die Vorstellung, die der Handelnde von dem Objekt hat, das er hervorbringen will. — Die dritte Art des Objekts, das zu erreichende Objekt, kommt vor bei Verben, die eine Aneignung, eine Wahrnehmung, eine Erkenntnis oder eine Fortbewegung bezeichnen. Kātyāyana bestreitet zunächst, daß ein Objekt dieser Art, das durch die Handlung nicht hervorgebracht wird, ein Objekt im Sinne der Definition Pāṇinis ist, da in diesen Fällen die Handlung selbst der Objektdefinition Pāṇinis entsprechend das ist, was der Handelnde erreichen möchte (Patañjali 1975, 161ff). So ist in

(7) guḍam bhakṣayati: „Er ißt Zucker"

das, was der Handelnde erreichen will, nicht die Existenz des Zuckers an sich, sondern das Essen des Zuckers, denn der Handelnde wird nicht durch das Sehen oder Berühren des Zuckers befriedigt, sondern durch das Essen des Zuckers. Andererseits ist, wie Patañjali ausführt, derjenige, der Zucker essen will, auch nicht zufrieden, wenn er statt dessen Lehm ißt. Kātyāyana räumt dementsprechend ein, daß in diesen Fällen sowohl die Handlung als auch der Gegenstand, auf den die Handlung sich richtet, der Objektdefinition Pāṇinis entsprechend das sein kann, was der Handelnde erreichen will. — Bhartṛhari (1971, 177) definiert das zu erreichende Objekt als ein Objekt, bei dem keine Wirkungen der Handlung festgestellt oder erschlossen werden können. Die Handlung, mit der der Agens ein derartiges Objekt zu erreichen sucht, hat jedoch eine Wirkung auf den Agens selbst. Je nachdem, ob die Auswirkungen der Handlung im Bereich des Agens oder im Bereich des Objekts liegen, lassen sich zwei Arten von Handlungen unterscheiden — agensbezogene (kartṛstha) und objektbezogene (karmastha) Handlungen (Bhartṛhari 1971, 187f). So ist die Handlung in

(8) ghaṭam paśyati: „Er sieht einen Topf"

agensbezogen, da sie keine Wirkung auf das Objekt erkennen läßt, während hingegen die Handlung in

(9) kāṣṭham bhinatti: „Er spaltet Holz"

eine objektbezogene Handlung ist, da ihre Wirkung sich im Bereich des Objekts zeigt. — Agens und Objekt unterscheiden sich von den anderen Handlungsfaktoren dadurch, daß nur sie allein einen unmittelbaren Handlungsbezug haben können. Die Handlungsfaktoren des Instruments, Orts, Empfängers und Ausgangspunktes können selbst nicht unmittelbare Träger der Handlung sein; sie werden erst durch die Vermittlung des Agens oder des Objekts auf die Handlung bezogen (Bhartṛhari 1971, 148).

5.3. Für den Handlungsfaktor des Ortes bedeutet die Vermittlungsfunktion des Agens, bzw. des Objekts, daß nicht die Handlung selbst lokalisiert wird, sondern entweder der Agens oder das Objekt der Handlung. So wird in dem Satz

(10) kaṭe āste: „Er sitzt auf der Matte"

die Handlung durch Vermittlung des Agens lokalisiert und in

(11) sthālyām odanam pacati
„Er kocht Reis in einem Topf"

durch Vermittlung des Objekts. — Pāṇini bestimmt den Handlungsfaktor des Ortes als „die Grundlage" (ādhāra). Die Funktion dieses Handlungsfaktors besteht demnach darin, der Handlung eine durch den Agens oder das Objekt vermittelte Grundlage zu geben, auf der sie sich entfalten kann. Aus dieser Funktion leitet sich die Eigenschaft des Handlungsfaktors des Ortes ab, Dinge zu lokalisieren. Dinge können lokalisiert werden, weil der Raum die letzte Grundlage aller Dinge ist (Bhartṛhari 1971, 234).

5.4. Der Handlungsfaktor des Instruments ist nach Pāṇinis Definition das, „was am meisten zum Gelingen der Handlung beiträgt". Da alle Handlungsfaktoren zum Gelingen der Handlung beitragen, ist das Instrument unter den Handlungfaktoren dadurch ausgezeichnet, daß es die allgemeine Funktion eines Handlungsfaktors in höchstem Maße ausübt (Matilal 1985, 373). Dies äußert sich darin, daß die Aktivität des Instruments unmittelbar der Vollendung der Handlung vorausgeht, bzw. daß die Aktivität der anderen Handlungsfaktoren durch die Aktivität des Instruments zum Abschluß gebracht wird (Bhartṛhari 1971, 203; 205). Die Definition des Instruments als das, was am meisten zum Gelingen der Handlung beiträgt, grenzt das Instrument von den anderen Handlungsfakto-

ren ab; sie läßt jedoch zu, daß in einem Satz mehrere Substantive, die diese Bedingung erfüllen, in der gleichen Funktion auftreten können (Bhartṛhari 1971, 205) wie z. B. in dem Satz

(12) aśvena pathā dīpikayā yāti
„Er reitet auf einem Pferd auf einer Straße mit einer Lampe"

5.5. Der Handlungsfaktor „der Empfänger" wird von Pāṇini definiert als derjenige, „dem sich der Handelnde mit dem Objekt der Handlung zuwendet". Nach Bhartṛhari (1971, 223) ist der Empfänger der Handlungsfaktor, der die Handlung des (Auf-) Gebens (tyāga) möglich macht, dadurch daß ihm etwas übergeben werden kann. — Das Vorhandensein eines Objekts, mit dem sich der Handelnde dem Empfänger zuwendet, ist nach Pāṇinis Definition Voraussetzung dafür, daß der Empfänger seine Funktion ausüben kann. Nach Patañjali (1975, 119ff) gilt Pāṇinis Definition des Empfängers jedoch auch in Sätzen, in denen kein Objekt ausgedrückt ist, wie z. B. in

(13) yuddhāya saṃnahyate
„Er bewaffnet sich für den Kampf"

da in diesen Fällen die Handlung selbst als ein Objekt angesehen werden kann.

5.6. Der Handlungsfaktor des Ausgangspunktes ist nach Pāṇinis Definition „das, was fest bleibt beim Weggehen". Die Funktion des Ausgangspunktes als eines Handlungsfaktors besteht darin, die Handlung des Weggehens zu ermöglichen, denn erst durch die Angabe eines Ausgangspunktes wird die einfache Handlung des Gehens zum Weggehen (Bhartṛhari 1971, 227). Das in der Definition des Ausgangspunktes enthaltene Merkmal des „Festen beim Weggehen" ist keine absolute Eigenschaft eines Ortes, sondern wird relativ zu einem sich entfernenden Objekt bestimmt, d. h. das, was als fest in bezug auf ein sich entfernendes Objekt angesehen wird, kann sich durchaus selbst bewegen wie z. B. das Pferd in dem Satz

(16) dhāvato 'śvāt patati
„Er fällt von dem laufenden Pferd"
(Bhartṛhari 1971, 228)

6. Die Abbildung der Kārakas auf die Kasusmorpheme des Sanskrit

Den Kārakas als Einheiten der syntaktischen Tiefenstruktur (Kiparsky/Staal 1969, 83) stehen im Sanskrit sieben Kasusmorpheme gegenüber — der Nominativ, Akkusativ, Instrumental, Dativ, Ablativ, Genitiv und Lokativ (in der Terminologie der westlichen Sanskrit-Grammatik). Die Ersetzung der Kārakas durch Kasus wird in Abschnitt 2.3. von Pāṇinis Grammatik geregelt. Danach wird im Normalfall das Objekt durch den Akkusativ wiedergegeben, der Empfänger durch den Dativ, der Agens und das Instrument durch den Instrumental, der Ausgangspunkt durch den Ablativ und der Ort durch den Lokativ. Ein Handlungsfaktor kann nach diesen Regeln jedoch nur dann durch ein Kasusmorphem ersetzt werden, wenn er nicht bereits auf andere Weise ausgedrückt (anabhihite) ist. Diese in dem Leitsūtra 2.3.1. angegebene Einschränkung bezieht sich darauf, daß die Kārakas auf der morphologischen Ebene nicht nur durch Kasusmorpheme, sondern auch durch die Endungen des Verbs, durch Wortbildungssuffixe und durch Komposita ausgedrückt sein können (Patañjali 1976, 34). So bezeichnen z. B. nach der Lehre Pāṇinis (1977, 3.4.69) die Endungen aktiver Verben den Agens, die Endungen des Passivs transitiver Verben das Objekt. Wenn nun im Aktivsatz der Agens in der Verbendung ausgedrückt ist und im Passivsatz das Objekt, dann kann im Aktivsatz der Agens nicht durch den Instrumental ausgedrückt werden und im Passivsatz das Objekt nicht durch den Akkusativ, da die Anwendung der entsprechenden Regeln durch das Leitsūtra verhindert wird. In diesen Fällen erscheint der Agens, bzw. das Objekt im Nominativ als dem Kasus des reinen Nennens (Pāṇini 1977, 2.3.46). Die Verwendung des Nominativs zur Wiedergabe eines bereits in der Verbendung ausgedrückten Handlungsfaktors ist gerade deshalb möglich, weil Pāṇinis Definition keinen Hinweis darauf enthält, daß der Nominativ als Ausdruck eines Handlungsfaktors gebraucht werden kann; seine Verwendung in dieser Funktion kann daher nicht durch das Leitsūtra verhindert werden. — Auch der Kasus des Genitivs ist nicht einem bestimmten Handlungsfaktor zugeordnet. Nach Pāṇini (1977, 2.3.50) wird der Genitiv „in den übrigen Fällen" (śeṣe) gebraucht. In Patañjalis Interpretation (1981, 53ff) bedeutet dies, daß der Genitiv dann verwandt wird, wenn ein Handlungsfaktor nicht als solcher bezeichnet werden soll. Durch den Genitiv können Nomina zueinander in Beziehung gesetzt werden, ohne daß ihre konkrete Handlungsrolle und die verbale Handlung, die zum Bestehen dieser Relation geführt hat, genannt werden müssen. Jede durch den Genitiv bezeichnete Relation zwischen Nomina läßt sich auf ein Verhältnis zwischen Handlungsfaktoren und damit auf eine verbale Handlung zurückführen, da es nach Patañjali nicht möglich ist, daß ein Nomen nicht Ausdruck eines Handlungsfaktors ist.

7. Die phonologische Struktur des Satzes

Der Gegensatz der beiden Theorien des Pada-vāda und des Vākya-vāda (s. 3.) bezieht sich nicht nur auf die semantische Struktur des Satzes, sondern auch auf seine äußere Form. Die Lautgestalt des Satzes unterscheidet sich von der Lautgestalt der einzelnen Wörter, in die er zerlegt werden kann, durch die Wirkung des Satzsandhi, der phonetischen Veränderung von Wörtern im Satzzusammenhang, die von den Grammatikern der vedischen Tradition mit großer Genauigkeit untersucht worden ist. Dies hat dazu geführt, daß der Text des Rigveda in zwei parallelen Fassungen vorliegt: als der Saṃhitā-pāṭha, der Text, in dem die Wörter durch die Erscheinung des Sandhi phonetisch verbunden sind, und als der Pada-pāṭha, der Text, in dem die Wörter in ihrer Grundform aufgeführt werden. Das Verhältnis zwischen dem Saṃhitā-pāṭha und dem Pada-pāṭha wird im Ṛgveda-prātiśākhya (Mangal Deva Shastri 1959, 2.1) durch die doppeldeutige Aussage *saṃhitā padaprakṛtiḥ* beschrieben, die sowohl bedeuten kann „die Saṃhitā ist der Ursprung der Wörter" als auch „die Saṃhitā hat die Wörter als Ursprung". Die erste Auffassung entspricht der Theorie des Vākya-vāda, die letzte Auffassung der Theorie des Pada-vāda (Bhartṛhari 1977a, 28). — Von den Vertretern des Vākya-vāda wird angenommen, daß der linearen Ausdrucksform des Satzes eine Organisation zugrundeliegt, die ebenso wie die Satzbedeutung ganzheitlichen Charakter hat (Bhartṛhari 1977a, 5). Diese ganzheitliche Existenzweise der phonologischen Struktur des Satzes wird mit dem Begriff des Sphoṭa („das Hervorbrechen, Enthüllen") bezeichnet. Der Sphoṭa, der selbst keine zeitliche Ausdehnung und keine Teile hat, entfaltet sich in einem zeitlichen Verlauf; dadurch entsteht der Eindruck, daß die Rede in aufeinanderfolgende Phasen gegliedert ist. Als die Samenform einer Redeeinheit enthält der Sphoṭa alle Informationen, die zur Erzeugung der Lautgestalt des Satzes notwendig sind (Bhartṛhari

1977 b, 1.49, 52). — Der Sphoṭa ist ebenso wie die in der Form einer Intuition (pratibhā) wahrnehmbare Satzbedeutung ein Phänomen, das nicht der Ebene der gesprochenen oder gedachten Sprache angehört; er geht hervor aus tieferen Bereichen der Sprache, die Paśyantī („die Sehende") und Parā („die Transzendente") genannt werden (Gaurinath Sastri 1980, 79—85). Voraussetzung für die Erfahrung dieser Bereiche der Sprache ist es, daß sich das Bewußtsein in einem Zustand befindet, in dem es nicht von den Inhalten der sinnlichen Wahrnehmung und des Denkens überlagert wird, sondern nur auf sich selbst bezogen ist. Wenn das Bewußtsein dabei vollständig von den durch die Sprache vermittelten Sehweisen frei geworden ist, dann ist es gleichsam transparent und in der Lage, das, worauf es sich richtet, in seiner reinen Form wahrzunehmen (Patanjali 1952, 1.2—3; 41—43). In bezug auf die Sprache als Objekt der Erkenntnis bedeutet dies, daß die reine Form der Sprache gerade dann erkannt werden kann, wenn das Bewußtsein von seiner Bindung an die Kategorien der Sprache und der Grammatik frei ist. Diese Paradoxie der sprachwissenschaftlichen Erkenntnis hat Bhartṛhari (1977 b, 2.233) in folgender Weise ausgedrückt: „In den Lehrbüchern der Grammatik wird durch die verschiedenen Ableitungsprozesse nur die Unwissenheit [über die eigentliche Natur des Satzes] beschrieben. Das Wissen jedoch entsteht aus sich selbst heraus frei von den Fiktionen der Tradition." Trotzdem ist die Wissenschaft der Grammatik nicht nutzlos; sie ist vielmehr ein Mittel, um durch die Beschreibung des Nichtwissens das an sich unbeschreibbare Wissen entstehen zu lassen. In diesem Sinn nennt Bhartṛhari (1977 b, 1.14; 22) die Grammatik „das Tor zum Heil" (dvāram apavargasya), denn „wer die Grammatik verstanden hat, deren Wesen darin besteht, daß das Eine durch die verschiedenen Ableitungsprozesse auf vielfache Weise zerteilt wird, der erreicht das höchste Brahman."

8. Bibliographische Hinweise zum Studium der indischen Grammatiktradition

Das grundlegende Werk der indischen Grammatiktradition, die Grammatik Pāṇinis, ist mehrfach herausgegeben und in europäische Sprachen übersetzt worden — ins Deutsche von Böhtlingk (Pāṇini 1977), ins Englische von Vasu (Pāṇini 1962) und ins Französische von Renou (Pāṇini 1966). Die neueste Ausgabe der Grammatik mit einer Übersetzung ins Englische und ausführlichem Kommentar ist die Ausgabe von Katre (Pāṇini 1989), die auch von Linguisten ohne Vorkenntnisse im Sanskrit benutzt werden kann. — Einen Bericht über die Forschung zu Pāṇini und der an Pāṇini anschließenden grammatischen Tradition gibt Cardona (1976). Vom gleichen Autor ist eine umfangreiche Darstellung der Grammatik Pāṇinis und der pāṇineischen Grammatiktradition geplant, von der der erste Band erschienen ist (Cardona 1988). Eine neuere Darstellung der Grammatik Pāṇinis mit besonderer Berücksichtigung der Syntax ist Singh (1991).

Der bedeutendste Kommentar zu Pāṇinis Grammatik, das *Mahābhāṣya* von Patañjali, ist bisher nur teilweise in europäische Sprachen übersetzt worden — ins Englische von Joshi/Roodbergen (1968—86) und Abhyankar/Shukla (1975), ins Französische von Filliozat (1975—86). Die 1968 begonnene englische Übersetzung von Joshi/Roodbergen umfaßt bisher 11 Bände, in denen die philosophischen Grundfragen der Grammatik, die Theorie der Kārakas, die Abbildung der Kārakas auf die Kasusmorpheme des Sanskrit und die Nominalkomposition behandelt werden. Der Übersetzung sind ausführliche Kommentare und zusammenfassende Darstellungen beigefügt, so daß das Werk auch für Nichtspezialisten verständlich ist.

Das große sprachphilosophische Werk der indischen Grammatiktradition, das *Vākyapadīya* von Bhartṛhari, ist vollständig ins Englische übersetzt worden von K. A. Subramania Iyer (Bhartṛhari 1965; 1977 a; 1971; 1974). Ein Literaturverzeichnis zu Bhartṛhari ist enthalten in der kritischen Ausgabe von W. Rau (Bhartṛhari 1977 b). Eine Gesamtdarstellung der Sprachphilosophie Bhartṛharis ist Subramania Iyer (1969).

Die Kāraka-Theorie Pāṇinis, die das Zentrum der indischen Syntax bildet, ist in der Literatur oft behandelt worden (Cardona 1967, D. M. Joshi 1971, Singh/Doraswamy 1972, Singh 1974, S. D. Joshi 1974, Cardona 1974, Kiparsky 1982) und dabei mehrfach mit Theoriebildungen der heutigen Linguistik verglichen worden — mit der generativen Transformationsgrammatik (Kiparsky/Staal 1969), der generativen Semantik (Sinha 1973) und der Kasusgrammatik Fillmores (Ananthanarayana 1970). Einen Überblick über die Diskussion der Kārakas in der Linguistik gibt

Rauh (1988, 139—150; dort weitere Literaturangaben). Zwei Kārakas — der Agens und das Objekt — sind im Vergleich zu Konzepten der europäischen Grammatiktradition dargestellt in Rocher (1964). Kasustheorie und Nominalkomposition sind zusammen behandelt in der Arbeit von Charudeva Shastri (1990).

Eine umfassende Darstellung der indischen grammatischen Philosophie ist Coward/Kunjunni Raja (1990). Theorien der indischen Semantik, insbesondere der Satzsemantik, werden behandelt in Kunjunni Raja (1963). Die Theorie des Sphoṭa ist dargestellt in Gaurinath Sastri (1980) und Coward (1980). Eine Gesamtdarstellung der Literatur zur indischen Grammatik gibt Scharfe (1977). Vom Standpunkt der Universalgeschichte der Linguistik ist die indische Grammatiktheorie ausführlich behandelt in Itkonen (1991).

9. Literatur

Abhyankar, K. V., and J. M. Shukla (eds.). 1975. Patañjali's Vyākaraṇa-Mahābhāṣya. Āhnikas 1—3 with English Translation and Notes. Poona.

Ananthanarayana, H. S. 1970. The kāraka theory and case grammar. Indian Linguistics 31. 14—27.

Bhartṛhari. 1965. The Vākyapadīya of Bhartṛhari with the Vṛtti. Chapter I. English Translation by K. A. Subramania Iyer. Poona.

—. 1971. The Vākyapadīya of Bhartṛhari. Chapter III, pt. i. English Translation by K. A. Subramania Iyer. Poona.

—. 1974. The Vākyapadīya of Bhartṛhari. Chapter III, pt. ii. English Translation with Exegetical Notes by K. A. Subramania Iyer. Delhi.

—. 1977a. The Vākyapadīya of Bhartṛhari. Kāṇḍa II. English Translation with Exegetical Notes by K. A. Subramania Iyer. Delhi.

—. 1977b. Bhartṛharis Vākyapadīya. Die Mūlakārikās nach den Handschriften herausgegeben und mit einem Pāda-Index versehen von Wilhelm Rau. Wiesbaden.

Brough, John. 1952. Audumbarāyaṇa's Theory of Language. Transactions of the Philological Society, 73—77. London.

—. 1972. Some Indian Theories of Meaning. A Reader on the Sanskrit Grammarians, ed. by. J. F. Staal, 414—423. Cambridge, MA.

Cardona, George. 1967. Pāṇini's syntactic categories. Journal of the Oriental Institute, Baroda 16. 201—215.

—. 1974. Pāṇini's kārakas: agency, animation and identity. Journal of Indian Philosophy 2. 231—306.

—. 1976. Pāṇini. A survey of research. The Hague-Paris.

—. 1988. Pāṇini. His Work and its Traditions. Volume I, Background and Introduction. Delhi.

Charudeva Shastri. 1990. Pāṇini: Re-interpreted. Delhi.

Coward, Harold G. 1980. The Sphoṭa Theory of Language. Delhi.

Coward, Harold G., and K. Kunjunni Raja. 1990. Encyclopedia of Indian Philosophies Vol. 5, The Philosophy of the Grammarians. Delhi.

Das, Karunasindhu. 1990. A Pāṇinian Approach to the Philosophy of Language (Kauṇḍabhaṭṭa's Vaiyākaraṇabhūṣaṇasāra critically edited and translated into English). Calcutta.

Filliozat, Pierre. 1975—1986. Le Mahābhāṣya de Patañjali avec le Pradīpa de Kaiyaṭa et l'Uddyota de Nāgeśa. Traduction par Pierre Filliozat. Bde. 1—5. Pondichéry.

Gaurinath Sastri. 1980. A Study in the Dialectics of Sphoṭa. Delhi.

Itkonen, Esa. 1991. Universal history of linguistics: India, China, Arabia, Europe. Amsterdam, Philadelphia.

Jaimini. 1929. The Mīmāṃsā Sūtras ... Vol. I, ed. by Subha Sastri. Ānandāśrama Sanskrit Series 97. Poona.

Joshi, D. M. 1971. On expressing kārakas, a propos of Pāṇini 2.3.1. Indian Linguistics 32. 107—12.

Joshi, S. D. 1974. Pāṇini's treatment of kāraka-relations. Festschrift Charudeva Shastri, ed. by S. K. Chatterji et al., 258—70. Delhi.

—, and J. A. F. Roodbergen (Hrsg.). 1968—1990. Patañjali's Vyākaraṇa-Mahābhāṣya. 11 Bde. Poona [die im Text zitierten Bände sind aufgeführt unter Patañjali].

Kiparsky, Paul. 1982. Case, control, and ellipsis. Some theoretical problems in Pāṇini's grammar, 1—54. Poona.

—, and J. F. Staal. 1969. Syntactic and semantic relations in Pāṇini. Foundations of Language 5. 83—117.

Kunjunni Raja, K. 1963. Indian Theories of Meaning. Madras.

Mangal Deva Shastri. 1959. The Ṛgveda-Prātiśākhya ... Vol. I. Varanasi.

Matilal, Bimal Krishna. 1985. Logic, Language and Reality: An Introduction to Indian Philosophical Studies. Delhi.

Pāṇini. 1962. The Aṣṭādhyāyī of Pāṇini. Edited and translated into English by Śrīsa Chandra Vasu. 2 vols. Delhi. [Nachdruck der Ausgabe Allahabad 1891].

—. 1966. La Grammaire de Pāṇini. Texte sanskrit, traduction française avec extraits des commentaires par Louis Renou. 2 Bde. Paris.

—. 1977. Pāṇini's Grammatik. Herausgegeben, übersetzt, erläutert und mit verschiedenen Indices versehen von Otto Böhtlingk. Hildesheim, New York. [Nachdruck der Ausgabe Leipzig 1887].

—. 1989. Aṣṭādhyāyī of Pāṇini. Roman Transliteration and English Translation by Sumitra M. Katre. Delhi.

Patañjali. 1952. Yoga Sūtras ..., ed. by Rama Sastri & S. R. Krishnamurti Sastri. Madras Government Oriental Series 94. Madras.

—. 1968. Patañjali's Vyākaraṇa-Mahābhāṣya, Samarthāhnika, ed. with Translation and Explanatory Notes by S. D. Joshi. Poona.

—. 1975. Patañjali's Vyākaraṇa-Mahābhāṣya, Kārakāhnika. Introduction, Translation and Notes by S. D. Joshi & J. A. F. Roodbergen. Poona.

—. 1976. Patañjali's Vyākaraṇa-Mahābhāṣya, Anabhihitāhnika. Introduction, Text, Translation and Notes by S. D. Joshi & J. A. F. Roodbergen. Poona.

—. 1981. Patañjali's Vyākaraṇa-Mahābhāṣya, Prātipadikārthaśesāhnika. Introduction, Text, Translation and Notes by S. D. Joshi & J. A. F. Roodbergen. Poona.

Rauh, Gisa. 1988. Tiefenkasus, thematische Relationen und Thetarollen. Die Entwicklung einer Theorie von semantischen Relationen. Tübingen.

Rocher, Rosane. 1964. „Agent" et „object" chez Pāṇini. Journal of the American Oriental Society 84. 44—54.

—. 1969. The concept of verbal root in Indian grammar (a propos of Pāṇini 1.3.1.). Foundations of Language 5. 73—82.

Sarup, Lakshman. 1967. The Nighaṇṭu and the Nirukta ..., edited ... and translated into English ... Delhi. [Reprint].

Scharfe, Hartmut. 1977. Grammatical Literature. Wiesbaden. [A History of Indian Literature, ed. by Jan Gonda, Vol. V, Fasc. 2].

Singh, Jag Dev. 1974. Pāṇini's theory of kārakas. International Journal of Dravidian Linguistics 3 (Trivandrum). 287—320.

—. 1991. Pāṇini: His description of Sanskrit. An analytical study of the Aṣṭādhyāyī. New Delhi.

—, and K. Doraswamy. 1972. The case: Tolkāppiyam and Pāṇini. A comparative study. Kurukshetra University Research Journal 4. 119—129.

Sinha, Anil C. 1973. Generative semantics and Pāṇini's kārakas. Journal of the Oriental Institute, Baroda 23. 27—39.

Subba Rao, Veluri. 1969. The Philosophy of a Sentence and its Parts. New Delhi.

Subramania Iyer, K. A. 1969. Bhartṛhari. A study of the Vākyapadīya in the light of the ancient commentaries. Poona.

Peter Raster, Essen (Deutschland)

6. Arabic Syntactic Theory

1. Introduction
2. Major Periods
3. Theory and Methodology
4. Wider Influences
5. References

1. Introduction

The Arab-Islamic world in the period between c. 750—1500 witnessed a level of grammatical discussion and thought whose sophistication and descriptive detail in the realm of synchronic linguistics has rarely been equalled. Its relation qua theory to modern western linguistics, both historical and comparative/typological, remains largely undefined however. The necessarily provisional nature of the present summary must therefore be emphasized. This contribution is divided into three parts, the first a periodization of Arabic theory, the second an outline of the theory and methodology employed, and the third its relations to other traditions. I concentrate of course on syntax, a field of study (= *naḥw*) that in the 4th/10th century Ibn Jinni (Munṣif I, 4) explicitly opposed to morphology (*ṣarf* or *taṣriyf*). There are close relations between the two levels, though the distinction in Arabic theory is defined relative to its own principles (Bohas/Guillaume 1984, Owens 1988, § 3). In contradistinction to the modern structuralist tradition (Newmeyer 1986, 3), Arabic syntactic theory always played a central role in Arabic grammatical thinking, occupying as a very rough average slightly over 50% of all space in the reference grammars.

2. Major Periods

Traditionally the first grammarian is held to have been Abu Aswad al-Du'ali (68/688, cf. Talmon 1985); however, the earliest important grammarian, indeed the most important Arabic grammarian of all, was Sibawayh (for Islamic/Christian dates of arabic grammarians cf. bibliography). His book *al-Kitaab*

("The Book"), is the oldest surviving grammar, and in over 900 pages it defined both the basic theoretical framework and the data it was applied to. The next 140 years were a period of consolidation. Initially the data base was expanded, albeit relatively slightly, most notably in Farra's *Ma'aani l-Qur'aan*, a three volume work of Quranic exegesis. By the end of the 3rd/9th century grammarians, however, began increasingly to concentrate on reorganizing the data set out in the earlier works. Mubarrad's influential *Muqtaḍab* for example makes heavy use of Sibawayh. At first there existed genuine points of theoretical difference between the grammarians, most notably between Sibawayh and Farra', though differences are discernible in other writers as well (e.g. the *Muqaddima fiy l-Naḥw*, anonymous/(?) Xalaf al-'Aḥmar). As the data base became restricted to the Arabic attested between c. 500–830 — Arabic as the language of the Qur'aan, God's revealed word, could not be seen to undergo any fundamental changes — grammarians increasingly contented themselves with refining the form and organization of their descriptive grammars, a process that reached a climax of sorts in Sarraj's *al-'Uṣuwl fiy l-Naḥw*. Allowing for a myriad of local variations, this three-volume work sets the standard for all later grammatical descriptions and my expression 'standard grammar' relates to a form derived to a greater or lesser degree from Sarraj. Even before Sarraj, however, linguists were giving increasing attention to another aspect of linguistic analysis, the *'uṣuwl* ("roots, origins"). This sub-discipline, which has parallels in the legal scholarship of the day (Carter 1972, Haarman 1974, Versteegh 1978), attempted to build an explanatory meta-theory that accounted in particular for deviations from a hypothetical norm. It was a favorite topic of 4th/10th century grammarians and reached its apogee in Ibn Jinni's *Xaṣaa'iṣ*, though later grammarians (Anbari's *Luma'*, Suyuṭi's *Iqtiraaḥ*) occasionally gave it their attention. — The next three centuries saw an increasing emphasis on pragmatics, high points being Jurjani's *Dalaa'il al-'I'jaaz* (DI), in which a theory of word-order variation relative to new/old information is worked out, and later the work of Sakkaki (*Miftaaḥ al-'Uluwm*) and Astarabadhi (*Sharḥ Kitaab al-Kaafiya*) on speech act theory. One further post-eleventh century development was to observe the standard grammatical theory (as embodied in reference grammars) from a different organizational perspective. Anbari's classic work on the Basran and Kufan linguistic schools is one such book. In his *Inṣaaf* 121 linguistic disputes attributed to the early Basran and Kufan grammarians, each dealing with a simple topic, are summarized and judged. Other books include Ibn Hisham's *Mughni-l-Labiyb*, in which standard grammatical categories are re-evaluated and sometimes re-classified, Suyuṭi's *Al-'Ashbaah wa l-Naḍhaa'ir*, a 4-volume work in which general linguistic principles are summarized and criticized in various forms, such as an alphabetically-arranged lexicon (not based on the root consonants), and Ibn Maḍa's critique of the whole *'uṣuwl* tradition, *al-Radd 'alaa l-Nuḥaah*. Finally mention should be made of a genre utilized throughout the era in which short books are written about single topics, masculine and feminine nouns for instance, or the grammatical particles. — To summarize, the development of Arabic theory can be viewed as one of gradual accretion upon a base built of syntactic and morpho-phonological theory. In the earliest phase the emphasis was on the description of phonology, morphology and syntax, though already in Sibawayh are found bases for later pragmatic (Baalbaki 1983) and *'uṣuwl* theory. The next step saw the *'uṣuwl* developed as a linguistic sub-discipline, though presupposing a concisely formulated set of morphological and syntactic rules. Thereafter was added a pragmatic theory which likewise operated with the set of grammatical categories established within the standard grammatical tradition. The later additions in no way superseded the standard tradition, and indeed some of the most comprehensive grammars written, for example the *Sharḥ al-Mufaṣṣal* by Ibn Ya'ish and Ibn Ḥajib's *Iḍaaḥ fiy Sharḥ al-Mufaṣṣal*, are relatively late.

3. Theory and Methodology

It should be borne in mind in any discussion of Arabic grammatical theory that no general works devoted to linguistic theory as such were ever written. Arab linguists were concerned only to exhaustively describe and explain the Arabic language. Whatever general principles they used generally are implied in the individual descriptions. Furthermore, many important grammatical discussions are embedded in works devoted to topics ostensibly quite unrelated to grammar. Farra's important grammatical ideas are exposed for instance in a three-volume exegesis of the *Qur'aan* and similarly Jurjani's work on pragmatics is contained in a work on the inimitability of the *Qur'aan*. Moreover, Astarabadhi's highly original work on pragmatics is to be found in his commentary on a rather orthodox grammatical treatise. The fact that much of our knowledge of Arabic theory thus comes through 'indirect' channels should not mislead one into thinking that Arabic thinking was therefore not rigorous. Such a conclusion would be tantamount to denigrating it simply because it does not use modern linguistic organizational principles. A more reasoned attitude is to accept that certain goals in Arabic theory were sui generis, while keeping in mind that many of the means used to achieve them are essentially those familiar to modern western linguistics.

From its inception Arabic grammar has been a dependency one, the changing case and mode forms on nouns and verbs being explained by reference to changing governors. As Sarraj so succinctly put it "... case inflections are the 3 vowel endings (*-u*, *-a-*, *-i*) that alternate at the end of a word [...] according to a change in governing word" (*Muwjaz*, 28). In

ra'aytu zayd-an "I saw Zayd-acc"

li zayd-in "for Zayd-gen"

the accusative inflection is effected by the verb *ra'aa*, while the genitive *– in* by the preposition *li*. The inspiration for the dependency principles was formal, and on this basis a very consistent dependency grammar was developed (Owens 1984a, 1988, § 2). Sibawayh for instance notes that in

ḍarab-tu wa ḍaraba-niy zayd-un
hit-I and hit-me zayd-nom
"I hit (Zayd) and Zayd hit me"

zaydun is implied object of *ḍarabtu* and overt agent of *ḍarabaniy*. He emphasizes that *zayd* is to be understood pragmatically as object of *ḍarabtu*, but that it cannot take the usual *-a* inflection of an object, and hence is not a syntactic object, "because a noun cannot be governed in both nominative and accusative case" (28.19). Sibawayh's constraint is based on formal considerations – a noun cannot simultaneously have both *-u* and *-a* inflections, **zayd-u-a* – though the constraint is reproduced precisely by Robinson (1970, 260), who allows a governed word to have one and only one governor. – While the governance relation was prototypically expressed in the changing vowel suffixes, the notion of governance effectively described a more abstract relation, for even words of invariable form, like suffix pronouns occurred as governed items.

A second prominent principle of Arabic theory was the recognition of a finite number of syntactic positions, what Carter (1973) identifies as functions (cf. Versteegh 1978). Sentence parts were classified as agent, object, place and time object, adjectival modifier, and so on. A sentence like

ra'aa zayd-un bayt-an kabiyr-an al-yawm-a
saw zayd-nom house-acc big-acc today-acc
V agent object time object
 modified adjective
"Zayd saw a big house today".
(Cf. Owens 1984b for adj. dependency relation)

thus has a two-fold structure, one dependency (indicated by arrows), one in terms of the syntactic positions the items fill (indicated below).

Allowing for different degrees of emphasis from different linguists, both the dependency and syntactic position constructs are discernible throughout the history of Arabic grammar. There was, however, an important methodological practice separating especially Sibawayh from later grammarians. As Carter (also Baalbaki 1979) has pointed out, Sibawayh was seeking to define the total range of syntactic constructions on essentially descriptivist principles, and his favorite analytical tool was the use of substitution techniques, whereby the structure of a more complicated construction was ascertained relative to a more basic one. For instance, Sibawayh wants to show that the underlined prepositional phrase

hal min rajul-in xayrun minka Sibawayh
 I (301.4 ff)
Q from man-gen better than you
"Is there a man better than you?"

is in the position of topic (= subject of a nominal S.) Topics usually have nominative, not genitive form, however, and Sibawayh justifies his analysis by citing the hypothetical

hal rajul-un xayrun minka
"Is there a man better than you?"

where the topic noun appears in the expected nominative case. Much of Sibawayh's grammar is a cross-reference of constructions of the type: structure x has a certain analysis because it substitutes with y, which has already been shown or will be shown to have the analysis given. While later grammarians did not completely abandon the substitution methodology, by Sarraj's day, or even as early as Mubarrad's, it had become at most a more or less pedagogical device used to exemplify the nature of known constructions (e. g. Mubarrad I, 4, III, 172, IV, 248), for by Sarraj's day the corpus of the classical Arabic language had been all but fixed. Sarraj's contribution was in organizing the grammar very neatly and succinctly around the notion of syntactic position. His syntactic description consists largely in running through the set of positions, as exhaustively as possible listing all the properties associated with them. The comment (predicate of a nominal sentence), for example, can be a noun, adverb, or embedded S (Mubarrad I, 62−72), it is the unit which combines with the topic to form a S (Mubarrad I, 62), it can be verified as true or false, etc. While the notion of substitution is implied in that of position, for Sarraj it is superfluous to 'prove' with substitution techniques that a given item does indeed occur at the comment position. − There are in places hints of other formal organizational principles. Jurjani (471/1078, q) for instance sketches a distinction between certain NP and S-level constituents, and Sakkaki's (209, 244) notion of *taqyiyd* is applied to elements which effectively constitute a VP. Such concepts, however, had only a comparatively marginal function when compared to the central role of dependency and syntactic positions; the possible role of transformations in Arabic theory (Gruntfest 1984) I think needs greater clarification (Larcher 1987, Owens 1988, 245).

The reason for the flowering of the *'uṣuwl* in the 4th/10th century are undoubtedly complex and as yet little investigated (cf. Haarman 1974 for introduction). From a formal linguistic perspective I think the significant point is that having developed a compact linguistic apparatus, the creative impulses of the grammarians turned in another direction, and this was the *'uṣuwl*. This is essentially a metatheory which attempts to explain why the Arabic language has the form that it does. Implicit here is the assumption of an ideal form, which is described in standard grammatical terms as outlined above. Many items and constructions correspond to this ideal, but others do not, wherein lies one of the keys to the *'uṣuwl*: items that correspond to the ideal form are treated as "basic" or "unmarked", *'aṣl* forms, those that deviate from it "secondary, marked", *far'*, where this deviation is to be explained on some rational ground (Versteegh 1978). Anbari's (Luma', 93) formulation summarizes the methodology very nicely.

'aṣl − − *'illa* (reason) ⟶ *far'*
unmarked − − departs from basic form for reason ⟶ marked

In a great many cases the *'aṣl-far'* distinction corresponds very well to the idea of unmarked/marked. For instance, in the course of explaining why nouns like (inter alia) *'akbara* ("bigger") have a single accusative/genitive form, rather than the usual distinct forms (= diptotes), linguists (e. g. Sibawayh, Zajjaji) invoke a series of markedness oppositions including (unmarked/marked) sg/pl, indef/def, m/f, N/verb, etc. in which it is argued that nouns which have 2 or more marked properties (= the reason for the deviation) are the ones which lack distinct genitive/accusative forms (*'akbara* = adj and resembles a verb form). Disregarding problems in the precise application of the method (Owens 1988, 210), what is striking is that the *far'* (marked) categories, pl, f, loan word, def(?) are precisely those which have been independently identified as marked in modern studies (Greenberg 1963, 1966). Admittedly many applications of this principle, for example Anbari's (Asraar, 49) attempts to explain why the nominative dual has the form -*aa* while the nominative plural is -*uw* are either arbitrary, circular or both. With this caveat, however, the method can be seen as allowing grammarians to correlate and offer explanations for phenomena which in the standard grammar appear simply as unrelated facts. Rather than a list of diptotes, for instance, this class of irregular nouns is explained relative to independently motivated criteria. The supreme example of the *'uṣuwl*, Ibn Jinni's *Xaṣaa'iṣ* ranks as perhaps the most brilliant of all 4th/10th century grammatical works.

Shortly after Ibn Jinni's death attention was turned towards the relationship between the sequence of items and meaning. The *naḍhm* ("arrangement") of items, whether phonological, as in Xafaji's *Sirr al-Faṣaaḥa*, or syntactic, as in Jurjani's DI, was recognized as an independent variable in the explanation of meaning. Jurjani for example was concerned to define the difference between

(a) *qaama zaydun* "Zayd got up"
    V   agent
    (verbal S, begins with V)

(b) *zaydun qaama* "Zayd got up"
    topic   comment
    (nominal S, begins with N)

In the standard tradition these two sentences, despite having basically the same meaning (cf. gloss), were given two completely different grammatical analyses, as indicated. While accepting (Muqtaṣid, 93ff) the well-grounded distinction between nominal and verbal sentence types (cf. Asraar, 83), Jurjani observed that the conditions governing the use of (a) or (b) were essentially pragmatic ones. (a) would be used if the actor *zaydun* was already known and the emphasis was on the act of standing up, while (b) would be appropriate if *zaydun* was the topic of discussion ("Zayd is the one standing") (DI, 84ff). Jurjani applied this mode of analysis using the notions new vs. old, thematic vs. non-thematic to a whole range of structures (e. g. transitive S, negative S, the exception) thereby laying the groundwork for the sub-discipline that became known as ʿilm al-maʿaaniy. This sub-discipline finds one of its more explicit expositions in the work of Sakkaki (626/1228, esp. 161−331). Under this rubric he orders and systematizes rules relating to deletion of items, pronominalization, definiteness, word order, and the correspondence or lack of it between a formal sentence type (indicative, question, negative) and the use to which it is put (as statement, question, command, or wish). Determining the choice of any given structure is the intention of the speaker, and this is directly related to the context in which the speech act takes place. Sakkaki thus describes a linguistic theory which not only exhaustively accounts for linguistic structures in formal terms, but also takes into account the appropriate conditions under which these structures are used.

Sakkaki's work is also notable for its explicitly modular approach to linguistic theory. For Sakkaki (cf. 626/1228, esp. 417ff) a given text must be analysed along a number of semi-independent parameters, its morphological (*ṣarf*) and syntactic (*naḥw*) structures, its rhetorical structure by which Sakkaki understands word order relations, use of pronominal forms, deletion etc. (ʿilm al-maʿaaniy) and use of simile, metaphor and word choice (ʿilm al-bayaan, into which also tends to shade ʿilm al-badiyʿ, (Sakkaki 628/1228, 423ff), cf. Heinrichs 1984). Additionally sentences have a logical structure (including analysis of entailment, tautology, contradiction, ʿilm al-ʾistidlaal, (Sakkaki 628/1228, 435ff).

The analysis of pragmatic structure was pushed to even more brilliant limits in the work of Astarabadhi, who redefined grammatical categories in terms of speech acts. Past tense (*maaḍi*), for example, was defined in terms of time anterior to the time in which one is speaking, while a past verb like *biʿtu* "I sold" was further observed on the one hand to assert a state of affairs (that I sold something), but to also be susceptible to a performative usage "I have hereby sold this to you", where in enunciating *biʿtu* the sale is effected. In its performative sense Astarabadhi recognized that the expression was without an objective referent, the utterance announcing the reality of the situation (Larcher 1987).

The correspondences, or lack thereof, between Arabic and modern western syntactic thinking have been discussed in varying degrees of detail by a number of writers. Carter (1973) has the seminal work of the type, in which he draws attention to parallels between syntactic substitution techniques in Sibawayh and in the modern structuralist (e. g. Harris) tradition, in the same work suggesting parallels to immediate constituency analysis. Moutaouakil (1987) points to parallels between Sakkaki's analysis of propositional types and Gricean implicatures, Larcher (1987) to the relevance of Austinian speech act and illocutionary theory to Astarabadhi's work, and the present author (1984 a, b, 1988) explores the dependency (Tesnière 1959) nature of Arabic theory (as opposed to constituency), parallels between markedness theory and the *ʾuṣuwl* and the relevance of a Hallidayean multisystemic sentence analysis to an understanding of Jurjani's work. It is striking that the 're-discovery' of Arabic grammatical theory, despite over 100 years of close attention to the Arabic language by western orientalists, has occurred only during the past 15 years, as if basic linguistic concepts had to be re-invented before the western linguistic tradition could discern them mirrored in the Arabic. The interest in such parallels resides in the need to explain why they should exist at all.

4. Wider Influences

If Arabic theory has had little direct influence on modern thinking, it was firmly embedded in an eastern mediterranean classical tradition. Nonetheless, the degree to which it was influenced in particular by the Greek tradition remains a controversial point. There are two main viewpoints. On the one hand Carter (1972), following in the tradition of Weiß (1910), sees Arabic grammatical thinking as developing primarily under internal impetus, the influence of Islamic legal thinking and terminology playing a major role. On the other hand, Versteegh (1977) accords the hellenistic tradition a greater role, though also emphasizes (1977, 7, 1980 a, b) that especially the early influences came indirectly through a living hellenistic pedagogical tradition, rather than directly through the erudite writings of Greek philosophers, which became available in Arabic translations only in the course of the ninth century, well after Sibawayh had established the basis of Arabic grammatical theory. Versteegh (1977, 39) for instance, notes that the stock examples in Arabic grammars of nouns and verbs, "man", "horse" and "hit", are the same as those found in the earlier Greek pedagogical literature. As Versteegh (1980a) suggests, however, such influence as there was may often have been of a piecemeal nature; no evidence indicates that the Arabic system as a whole can be explained as arising through outside influence, nor indeed can any significant isolatable sub-part. The syntactic theory sketched above must, qua theory, be regarded largely as an independent development within an Islamic-Arabic tradition.

Looking at influences from the opposite direction, the picture is in part much clearer. The model for the establishment of Hebrew grammar, qua theoretical discipline, was clearly Arabic grammar (Bacher 1895 (1974, 166, Hirschfeld 1926, 7, Kukenheim 1951, 92). Not only did the Hebrew grammarians, beginning with Saadya (d. 942) base their organization and terminology on the Arabic, but also until ben Ezra (1167) they often wrote their grammatical works in Arabic, the main language of culture from Baghdad to Spain, where the earliest Hebrew grammarians were active. If the original inspiration was Arabic, however, the Hebrew grammatical theory developed in its own way, the most original achievement (from the modern linguistic perspective) being their works on comparative semitic, Hirschfeld (1926, 18) calling Ibn Qureish (c. 1000) the "father of comparative semitic philology" (cf. Téné 1980, Rodríguez 1983) for his comparisons of Hebrew, Aramaic, and Arabic. A high point in this genre, nearly totally neglected in the Arabic tradition, is Ibn Barun's (c. 1100) comparative grammar of Hebrew and Arabic, where, significantly, the comparative categories are largely taken from Arabic syntactic theory (e. g. *na't* "qualification", *badal* "substitution", Wechter 1964). The Arabic tradition further had a strong influence on the Coptic, a high point in which was reached during the 13th and 14th centuries. Here again the Arabic language was the medium of description, and Arabic theory provided the basis of the terminological categories used (Sidarus 1978 a, 1978 b, 125).

Much less clear are the relations between the Arabic and medieval and Renaissance European traditions, neither direct, nor indirect influences (e. g. via the Hebrew tradition) having been looked at with any systematicity (cf. Breva-Claramonte 1983, 83 – 96). Recalling Versteegh's work on the early influence of the Greek pedagogical tradition on the Arabic, research in this area might concentrate not only on the availability of the Arabic works to the Europeans via grammars of Arabic (Cowan 1983) and translations, but also on the structural parallels found in the two systems, parallels that might reflect a direct influence rather than mere coincidence. One thinks, for instance, of the Modistae interest in syntax in general, and in particular in its dependency-based syntax (Covington 1984, 13; 42ff). — Despite its relative antiquity, our attempts to understand the medieval Arabic tradition are still in their incipient stages.

5. References

5.1. Primary References

MN = (attr. to) *al-'Aḥmar, Xalaf.* (180/796. Muqaddima fi l-Naḥw. Ed. by ʿAzz al-Din al-Tanuxi. Damascus. 1961.

al-'Astarabadhi, Raḍi al-Din. 686/1286. Sharḥ Kitaab al-Kaafiya. Beirut. (no date, no editor).

Farra', Abu Zakariyya. 204/822. Maʿaani al-Qurʾaan. Ed. by M. ʿAli l-Najjar & A. Yusuf Najati. Beirut 1983.

Ibn Barun, Abu Ibrahim. c. 1100. The Book of Comparison. Trans. by Pinchas Wechter. Philadelphia 1964.

Asraar = Ibn al-Anbari, Abu Barakat 557/1187 a. Asraar al- ʿArabiyya. Ed. by M. al-Bitar. Damascus 1957.

Inṣaaf = —. 577/1187 b. Kitaab al-ʾInṣaaf fi Masaaʾil al-Xilaaf bayna l-Naḥwiyyiyna l-Baṣriyyiyna wa l-Kufiyyiyna. Ed. by M. ʿAbd al-Ḥamid. Beirut (no date).

Lumaʿ = —. 577/1187 c. Al-ʾIghraab fi Jadal al-ʾIʿraab wa Lumaʿ l-Adilla fiy ʾUṣuwl al-Naḥw. Ed. by Saʿid al- Afghani. Beirut 1971.

Ibn Ḥajib, Jamal al-Din. 646/1248. Al-Iḍaaḥ fiy Sharḥ al-Mufaṣṣal. Ed. by M. El-Aleeli. Baghdad 1982.

Ibn Hisham, Abu Muhammad. 761/1360. Mughni l-Labiyb ʿan Kutub al-ʾAʿaariyb. Ed. by Mazin Mubarak. Beirut 1969.

Xaṣaaʾis = Ibn Jinni, Abu l-Fatḥ. 392/1002 a. Al-Xaṣaaʾiṣ. Ed. by Muḥammad ʿAli l-Najjar. Cairo, 1952—56. (Reproduced, Beirut no date).

Munṣif = —. 392/1002 b. Al-Munṣif. Ed. by Ibrahim Muṣṭafa and Aḥmad Amin. Cairo 1954.

Ibn Maḍa, Abu ʿAbbas. 592/1195 Kitaab al-Radd ʿalaa l-Nuḥaah. Ed. by Shawqi Dayf. Cairo 1982.

Uṣuwl = Ibn al-Sarraj, Abu Bakr Muḥammad. 316/928 a. Al-ʾUṣuwl fiy l-Naḥw. Ed. by ʿAbd al-Ḥusayn al-Fatli. Beirut.

Muwjaz = —. 316/928 b. Al-Muwjaz fiy l-Naḥw. Ed. by Muṣṭafa el-Chouémi and Salim Damerdji. Beirut 1965.

Ibn Yaʿish, Ibn ʿAli. 643/1245. Sharḥ al-Mufaṣṣal. Cairo & Beirut (no date, no editor).

DI = Jurjani, ʿAbd al-Qahir. 471/1078 a. Dalaaʾil al-ʾIʿjaaz. Ed. by Muhammad Rida. Beirut 1978.

Muqtaṣid = —. 471/1078 b. Al-Muqtaṣid fi Sharḥ al-ʾIdaaḥ. Ed. by K. B. al-Murjan. Baghdad 1982.

Muqtaḍab = Mubarrad, Ibn Yazid. 285/898. al-Muqtaḍab. Ed. by ʿAbd al-Khaliq ʿUḍayma. (no date).

Sakkaki, Muḥammad. 626/1228. Miftaaḥ al-ʿUluwm. Ed. by Naʿim Zarzur. Beirut 1984.

Sibawayh, Ibn ʿUthman. 177/793. Al-Kitaab. Ed. by H. Derenbourg. Hildesheim & New York 1970.

AN = Suyuṭi, Jamal al-Din 911/1505 a. Al-ʾAshbaah wa l-Naḍhaaʾir. Ed. by Z. Tarhini. Beirut 1984.

Iqtiraḥ = —. 911/1505 b. Kitaab al-ʾIqtiraaḥ fi ʿIlm ʾUṣuwl al-Naḥw. Ed. by Aḥmad Qasim. Cairo 1976.

Xafaji, Abu Muḥammad. 466/1073. Sirr al-Faṣaaḥa. Beirut: 1982. (no editor).

Zajjaji, Abu l-Qasim. 337/949. Al-Iḍaaḥ fiy ʿIlal al-Naḥw. Ed. by M. al-Mubarak. Beirut 1979.

5.2. Secondary Sources

Baalbaki, R. 1979. Some aspects of harmony and hierarchy in Sibawayhi's grammatical analysis. Zeitschrift für arabische Linguistik 2. 7—22.

—. 1983. The relation between *Naḥw* and *Balagha*: a comparative study of the methods of Sibawayh and Jurjani. Zeitschrift für arabische Linguistik 11. 7—23.

Bacher, W. 1892, 1895 (repr. 1974). Die Anfänge der hebräischen Grammatik and Die hebräische Sprachwissenschaft vom 10 bis zum 16 Jahrhundert. Amsterdam.

Bohas, G., and J-P Guillaume. 1984. Etudes des theories des grammariens Arabes. Damascus.

Carter, M. 1972. Les origines de la grammaire Arabe. Revue des Etudes Islamiques 40. 69—97.

—. 1973. An Arabic grammarian of the eighth century A. D. Journal of the American Oriental Study 93. 146—157.

—. 1981. Arabic linguistics. Amsterdam.

Covington, M. 1984. Syntactic theory in the High Middle Ages. London.

Cowan, W. 1983. Arabic grammatical terminology in Pedro de Alcalá. The History of linguistics in the Middle East, 121—128, ed. by K. Versteegh, K. Koerner & H.-J. Niederehe. Amsterdam.

Greenberg, J. 1963. Some universals of grammar with particular reference to Meaningful Elements. Universals of language, ed. by. J. Greenberg, 73—113. Cambridge.

—. 1966. Universals of language with special reference to feature hierarchies. The Hague.

Gruntfest, Y. 1984. Medieval grammarians — First Transformationalists? Zeitschrift der deutschen morgenländischen Gesellschaft 134. 226—236.

Haarman, U. 1974. Religiöses Recht und Grammatik im klassischen Islam. Zeitschrift der deutschen morgenländischen Gesellschaft 12, supplement II. 149—69.

Heinrichs, W. 1984. Istiʿarah and badiʿ and their terminological relationship in early Arabic literary criticism. Zeitschrift für die Geschichte der Arabisch-Islamischen Wissenschaften I. 180—211.

Hirschfeld, H. 1926. Literary history of Hebrew grammarians and lexicographers. London.

Koerner, K. (ed.) 1980. Progress in linguistic historiography. Amsterdam.

Kukenheim, L. 1951. Contribution à l'histoire de la grammaire Grecque, Latine et Hébraique à l'époque de la renaissance. Leiden.

Larcher, P. 1987. Elements pragmatiques dans la théorie grammaticale Arabe post-classique. Paper presented at the second colloquium for the history of Arabic grammar, Nijmegen.

Moutaouakil, 1987. La notion d'actes de langage dans la pensée linguistique arabe ancienne. Paper presented at the second colloquium for the history of Arabic grammar, Nijmegen.

Newmeyer, F. 1986. Has there been a 'Chomskyan revolution' in linguistics? Language 62. 1—18.

Owens, J. 1984a. Structure, class and dependency: Modern linguistics and the Arabic grammatical tradition. Lingua 64. 25—62.

—. 1984b. The noun phrase in Arabic grammatical theory. Al-ʿArabiyya 17. 47—86.

—. 1988. The foundations of grammar: an introduction to medieval Arabic grammatical theory. Amsterdam.

Robinson, J. 1970. Dependency structure and transformational rules. Language 46. 259—85.

Rodríguez, C. 1983. Die Anfänge der Hebräischen Grammatik in Spanien. The history of linguistics in the Middle East, 153—166, ed. by K. Versteegh, K. Koerner & H.-J. Niederehe. Amsterdam.

Sidarus, A. 1978a. La philologie Copte Arabe au moyen âge. Actes du 8me Congres de L'Union Européene des Arabisants et Islamisants. Aix en Provence.

—. 1978b. Coptic lexicography in the middle ages. The future of Coptic studies, 125—142, ed. by R. Wilson. Leiden.

Talmon, R. 1985. Who was the first grammarian: a new approach to an old Problem. Zeitschrift für arabische Linguistik 15. 128—45.

Téné, D. The earliest comparisons of Hebrew with Arabic. Progress in Linguistic Historiography, 355—377, ed. by K. Koerner. Amsterdam.

Tesnière, L. 1959. Eléments de syntax structurale. Paris.

Versteegh, K. 1977. Greek elements in Arabic linguistic thinking. Leiden.

—.1978. The Arabic terminology of syntactic position. Arabica 25. 261—280.

—. 1980a. Hellenistic education and the origin of Arabic grammar. Progress in Linguistic Historiography, 333—344, ed. by K. Koerner. Amsterdam.

—. 1980b. The origins of the term *Qiyas* in Arabic grammar. Zeitschrift für arabische Linguistik 1. 7—30.

Versteegh, K., K. Koerner, and H.-J. Niederehe (eds.) 1983. The history of linguistics in the middle east. Amsterdam.

Weiß, J. 1910. Die arabische Nationalgrammatik und die Lateiner. Zeitschrift der deutschen morgenländischen Gesellschaft 64. 349—396.

Jonathan Owens, Bayreuth (Germany)

III. Ansätze syntaktischer Theoriebildung I: Traditionelle Syntax
Approaches to a Theory of Syntax I: Traditional Syntax

7. Grundideen

1. Einleitung
2. Allgemeine Tendenzen bei der Ausbildung nationalsprachlicher Traditionen in der Grammatikschreibung
3. Die englischsprachige Tradition
4. Die deutschsprachige Tradition
5. Zusammenfassende Schlußbemerkungen
6. Literatur

1. Einleitung

1.1. Bei der „Traditionellen Syntax" handelt es sich um eine Teildisziplin der „Traditionellen Grammatik". „Traditionell" ist zunächst ein relativer Begriff in wissenschaftshistorischer Perspektive; er dient in lockerer Diktion der Abgrenzung neuerer Konzepte gegenüber vorangehenden, die eine gewisse Geltung erlangt haben. Der ähnlich relative komplementäre Gegenbegriff ist „modern" (cf. Moderne Syntax, Moderne Linguistik). Eine Diskussion dieser Unterscheidung bezogen auf die Grammatik allgemein, ohne spezielle Berücksichtigung der Syntax, findet sich bei D. Cherubim (1975).

Da die jeweils neueren Konzepte in der Regel über ein schärferes methodologisches Profil verfügen als ihre Vorgänger, schwingen in der Bezeichnung „traditionell" gewöhnlich auch abwertend-polemische Untertöne mit.

1.2. Besonders ausgiebigen Gebrauch macht N. Chomsky von der Vokabel „traditionell". Vor allem in Chomsky (1964), Chomsky (1965) und Chomsky (1969) setzt er seine „transformational grammar" in eine Beziehung zur „traditional grammar", zu „traditional (bzw. „classical") linguistic theory" einerseits und zu „modern taxonomic linguistics" andererseits. Als Zusammenhang wird festgestellt: „It would not be inaccurate to regard the transformational model as a formalization of features implicit in traditional grammars, and to regard these grammars as inexplicit transformational generative grammars." (1964, 16)

Zur Charakterisierung „traditioneller Grammatiken" hebt Chomsky an ihnen die folgenden Punkte besonders hervor:

(i) ihre praktisch-didaktische Ausrichtung: „The goal of a traditional grammar is to provide its user with the ability to understand an arbitrary sentence of the language, and to form and employ it properly on the appropriate occasion" (1964, 16);

(ii) ihre Beschreibungsqualitäten: „... the rich descriptive apparatus of traditional grammar far exceeds the limits of the taxonomic model" (1964, 16);

(iii) gewisse Defizite hinsichtlich Explizitheit und Erklärungsstärke: „... even the most careful and complete traditional grammar relies in an essential way on the intuition and intelligence of the user, who is expected to draw the correct inferences from the many examples and hints, (and explicit lists of irregularities) presented by the grammar" (1964, 16).

Welche grammatischen Darstellungen des Englischen er dabei im einzelnen im Auge hatte, geht aus Chomskys Angaben nur mittelbar hervor; er nennt in diesem Zusammenhang Sapir, Whitney und Jespersen, doch sind dies eher Beispiele für programmatisch-philosophische Äußerungen zu sprachwissenschaftlichen Grundsatzfragen.

1.3. Die Rückgriffe auf die Grammatik von Port Royal von 1660, auf W. v. Humboldts Sprachphilosophie, auf W. D. Whitneys Vorlesungen über die Prinzipien der Sprachwissenschaft und auf H. Pauls Prinzipien der Sprachgeschichte werden von Chomsky als ein Aufgreifen von Fragen der „traditionellen Sprach-Theorie" (1969, 16) verstanden. Nach Chomsky scheiterten die „traditionellen"

Grammatiken trotz prinzipieller Einsichten in den kreativen Charakter von Sprache und in das Ineinandergreifen von einzelsprachlichen und universellen Regularitäten letztlich an ihrer methodologischen Unterentwicklung, die es ihnen nicht gestattete, diese Einsichten auf ein kohärentes und explizites Format zu bringen. Immerhin wird der „Traditionellen Grammatik" bescheinigt, daß ihr, gegenüber einer verengten Sicht auf sprachwissenschaftliche Zusammenhänge, wie sie etwa im Gefolge von F. de Saussures und L. Hjelmslevs Auffassung von Langue als Inventar von Einheiten in bestimmter Anordnung und im Anschluß an L. Bloomfields mechanistisches Modell und entsprechende „Entdeckungsprozeduren" Geltung erlangte, in theoretischer und deskriptiver Hinsicht der Vorzug zu geben sei. Chomsky spricht von einer „fundamental descriptive inadequacy of structuralist grammars" (1965, 6) und hält dem gegenüber: „Traditional grammar [...] was explicitly concerned with the level of descriptive adequacy." (1964, 29)

1.4. Es ist also festzustellen, daß vor allem im Zusammenhang mit der theoretischen Begründung der GTG in den Schriften Chomskys und seiner Nachfolger der Begriff der „Traditionellen Grammatik" einen nicht nur relativen wissenschaftshistorischen Bezug hat, sondern vorzugsweise auch in konzeptuellausgrenzender Funktion gebraucht wird. Dieser Profilierungsansatz dient als Ausgangsbasis und, zusammen mit den „structuralist grammars", als Negativfolie auf dem Gebiet der generativ-transformationellen Grammatiktheorie. Wissenschaftsgeschichtlich und konzeptionell ist die Bezeichnung „Traditionelle Grammatik" − folgt man den Anregungen Chomskys − auf die außerhalb des Einflusses des Strukturalismus de Saussurescher Prägung und des amerikanischen Deskriptionismus von Bloomfield bis Harris stehenden Grammatikkonzepte zu Anfang des 20. Jhs. anzuwenden, die mit ihren Wurzeln in das 19. Jh. und weiter zurückreichen. Die „Funktionale Grammatik" (Art. 8) und die „Inhaltbezogene Grammatik" (Art. 9) sind in diesem Rahmen Entwicklungen mit eigenem konzeptuellen Kern und stehen trotz einer gewissen Abwehrhaltung bereits unter dem Einfluß strukturalistischer Grundgedanken.

1.5. In diesem Artikel sind also die vorstrukturalistischen und vortransformationalistischen Ansätze auf dem Gebiet der Syntax dargestellt. Neben der kritischen und notwendig pauschalisierenden Sicht auf die „Traditionelle Syntax" aus der Perspektive einer theoretisch und methodologisch weit überlegenen GTG soll hier eine stärker referierende und differenzierende Sicht auf die Diskussionslage in der Syntax zu Ende des 19. Jhs. und zu Anfang des 20. Jhs. geboten werden.

2. Allgemeine Tendenzen bei der Ausbildung nationalsprachlicher Traditionen in der Grammatikschreibung

Am Beginn der Grammatikschreibung in den lebenden europäischen Sprachen stehen zunächst Grammatiken, die sich am lateinischen Modell orientieren (Latinate Grammars). Sie werden allmählich abgelöst von Grammatiken, die sich zunehmend an den Erscheinungsformen der Einzelsprachen selbst orientieren und dafür eigene Beschreibungskategorien entwickeln (Nativist Grammars; vergl. dazu bes. Algeo 1986, 307−333).

Die alte Einteilung der Grammatik in Orthographie, Prosodie, Morphologie und Syntax wurde in der Regel nach dem Muster der Grammatikschreibung in den klassischen Sprachen beibehalten; in deutschen Grammatiken erhält daneben die Wortbildung einen eigenen Stellenwert. Ausgangspunkt der Sprachbetrachtung waren die Wörter; auch der Syntax näherte man sich vorzugsweise von der Wortseite her.

3. Die englischsprachige Tradition

3.1. Wortbezogene Grammatiken (Word-focused Grammars)

Als repräsentativ für den nativistischen Grammatiktyp können G. Browns „Grammar of English Grammars" (1851) und „Institutes of English Grammar" (1867) gelten. Eine programmatische Formulierung des wortbezogenen Ansatzes findet sich noch am Ende des 19. Jhs. bei W. M. Baskervill und J. W. Sewell, „An English Grammar for the Use of High School, Academy, and College Classes" (1895, 12): „English grammar is the science which treats of the nature of words, their forms, and their uses and relations in the sentence".

Zwei in erster Linie didaktisch motivierte Verfahren wurden auf diesem Hintergrund bereits im 19. Jh. entwickelt: Parsing und Fehlerkorrektur. Parsing diente der Feststellung der partes orationis eines Satzes (d. h. des Wortinventars und seiner Wortcharakteristik) und der grammatischen Bestimmung. Fehlerkorrektur diente der Feststellung von Fehlern (in vorwiegend konstruierten Beispielsätzen), der Angabe der Regel, gegen die ein Verstoß vorlag, und der korrekten Umformulierung.

3.2. Satzbezogene Grammatiken (Clause-focused Grammars)

In der zweiten Hälfte des 19. Jhs. traten neben die wortbezogenen Grammatiken zusehends satzbezogene Grammatiken. Das Interesse verlagerte sich von einer Untersuchung der Redeteile (Nomen, Verb usw.) und ihrer Flexionskategorien unter der Fragestellung 'Zu welcher Wortart gehört dieses Wort und in welcher Beziehung steht es zu den anderen Wörtern im Satz?' hin zu einer Untersuchung der Satztypen und ihrer Bestandteile, der Satzglieder (Subjekt, Objekt, Ergänzungen (complements), Angaben (modifiers) usw.), unter der Fragestellung 'Welche grammatischen Einheiten enthält ein Satz und mit welchen Formen können sie ausgedrückt werden?'. An die Stelle von Parsing als Wiedergabe der Satzstruktur traten Strukturdiagramme von Sätzen (vergl. dazu auch H. A. Gleason 1965, 73).

Zu den einflußreichsten Grammatikdarstellungen, die von diesem Darstellungsmittel auch ausgiebigen Gebrauch machten, gehörten z. B. die „Graded Lessons in English" (1899) und die „Higher Lessons in English" (1891) von A. Reed und B. Kellogg; in der „Descriptive English Grammar" von H. C. House und S. E. Harman (^{2}1950) wird diese Tradition bis zur Gegenwart weitergeführt; dieses Werk ist (ähnlich wie im Deutschen die Duden-Grammatik) ein Sammelbecken verschiedener älterer Grammatiktraditionen: es ersetzt zwar das lineare Parsing weitgehend durch eine satzbezogene Diagrammanalyse, aber es enthält auch Deklinationstabellen nach dem lateinischen Modell und Fehlerkorrekturübungen des wortbezogenen Typs; daneben finden sich Anleihen bei den historisch orientierten Grammatiken. Die satzbezogenen Grammatiken berücksichtigen neben dem Aspekt der Satzanalyse in zunehmendem Maße den Aspekt der Satzproduktion, sei es zur Illustration grammatischer oder stilistischer Regularitäten, sei es zur Demonstration der Möglichkeiten von Formulierungsvarianten in quasi-transformationeller Manier.

3.3. Historische Grammatiken

3.3.1. Im Zuge der Untersuchung der Verwandtschaftsverhältnisse zwischen den indogermanischen Sprachen wurde die Methode der Sprachvergleichung entwickelt, um den historischen Zusammenhang der Sprachen untereinander rekonstruieren zu können. In historischer Sicht befinden sich die Sprachen in einem fortgesetzten Wandel; um diesen Wandel zu beschreiben, auch im Bereich der Syntax, ist ein feingerastertes System von Beschreibungskategorien erforderlich, das jede dem Wandel unterworfene Erscheinung faßbar und darstellbar macht.

3.3.2. Eine umfängliche Darstellung, die zur Charakterisierung und Erklärung der grammatischen Erscheinungsformen des Englischen auf die historischen Sprachstufen (Alt- und Mittelenglisch, Altfranzösisch) zurückgreift, ist die „Englische Grammatik" von E. Mätzner (1860—1865); sie bekennt sich zu dem wortbezogenen Ansatz (1. Theil, 1860, 12: „Die Grammatik oder Sprachlehre handelt von den Gesetzen der Rede, und zunächst von dem Worte, als Grundbestandtheil derselben, in Beziehung auf seinen Stoff und seine Form, in der Laut- und Formenlehre, alsdann von der Verbindung der Wörter in der Rede, in der Lehre von der Wort- und Satzfügung.") und verbindet ihn mit dem satzbezogenen (2. Theil, 1864, 1: „Die Grundform der Rede, der sprachliche Ausdruck eines Gedankens, ist der Satz, worin zu einem Gegenstande, dem Subjekte, eine Aussage, das Prädikat, gesetzt wird. Dem ersteren dient im Wesentlichen das Nennwort, dem zweiten das Zeitwort zum Ausdrucke.").

Die eindrucksvollen und weitreichenden Entdeckungen der historischen Sprachwissenschaft führten dazu, daß historische Betrachtungs- und Argumentationsweisen auch Eingang in die großen gegenwartsbezogenen Darstellungen des Englischen fanden, z. B. bei Jespersen.

3.3.3. Als Hauptvertreter der historischen Richtung für das Englische kann „A Grammar of the English Language", 3 vols., gelten, von denen G. O. Curme Bd. 2 (Parts of Speech and Accidence, 1935) und Bd. 3 (Syntax, 1931) verfaßt hat. Auch er vertraut auf eine Kombination des wortbezogenen und des satzbezogenen Ansatzes als Darstellungsprinzip der Grammatik („Syntax treats of the relations of words or groups of words to one another in sentences." — „A sentence is an expression of a thought or feeling by means of a word or words used in such form and manner as to convey the meaning intended." (1931, 1)). Die Sätze werden eingeteilt in drei Klassen (simple, compound, complex (1931, 161)); sie nehmen drei Formen an (exclamatory, declarative, interrogative) und haben zwei Funktionen (expression of will or emotion and making or calling for a statement (1931, 1)). Als älteste Satzform gilt der Einwortsatz vom Typ *Ouch!* oder *Go!*, der zur Entstehung von Wörtern führte, die ihrerseits wieder zu Sätzen verbunden wurden (*See! Fire! Yonder!* becoming *See the fire yonder!* (1931, 2)). In diesem konzeptuellen Rahmen werden die einzelnen sprachlichen Erscheinungen des Gegenwartsenglischen zu ihren germanischen Vorformen in Beziehung gesetzt.

3.4. Der Höhepunkt der traditionellen englischen Grammatikschreibung

3.4.1. Die eigentliche Blütezeit der traditionellen Grammatik beginnt mit H. Sweet, „A New English Grammar" (1892/1898); sie markiert die Herausbildung einer wissenschaftlichen Grammatik des Englischen, indem sie zwischen Grammatik als sprachwissenschaftlicher Untersuchung („scholary grammar") und Grammatik als praktischer Sprachkunst („school grammar") unterscheidet. Die Aufgabe einer wissenschaftlichen Grammatik sieht Sweet darin: „to observe the facts and phenomena with which it has to deal, and to classify and state them methodically" (1892, 1); „[...] all study of grammar must begin with being purely descriptive" (1892, 204). Während es der Hauptzweck der praktischen (Schul-)Grammatiken ist, in die Beherrschung einer Sprache einzuführen, sind wissenschaftliche Grammatiken beschreibend und erklärend; dazu gehört auch, daß sie allgemeine sprachliche Zusammenhänge feststellen und eine verbindliche Terminologie entwickeln, um diese Zusammenhänge als grammatische Regeln formulieren zu können. Eine weitere wichtige Unterscheidung Sweets ist die zwischen formaler und logischer Syntax (1892, 205). Die formale Syntax geht von den grammatischen Formen aus und erklärt ihren Gebrauch, die logische Syntax geht von den grammatischen Kategorien aus und erläutert ihre unterschiedlichen sprachlichen Ausdrucksformen. Die Redeteile werden unter den Aspekten von Form, Bedeutung und Funktion behandelt. Ein präskriptives oder historisches Vorgehen wird explizit abgelehnt:

„The first object in studying grammar is to learn to observe linguistic facts as they are, not as they ought to be, or as they were in an earlier stage of the language." (1892, 207)

3.4.2. Auch O. Jespersen geht vom Primat gesprochener Sprache aus und sieht die Aufgabe des Grammatikers darin, sprachliche Zusammenhänge zu beschreiben und zu erklären. Sein Ruf als Sprachtheoretiker beruht auf seiner „Philosophy of Grammar" (1924) und auf Veröffentlichungen wie „Analytic Syntax" (1937) und „Essentials of English Grammar" (1933). Zukunftsweisend sind seine Bemühungen, die zugrundeliegenden Zusammenhänge herauszuarbeiten und dafür auch formale Darstellungsmittel zu entwickeln. Sein Hauptwerk „A Modern English Grammar on Historical Principles" (1909—1949) umfaßt 7 Bände, von denen fünf der Syntax gewidmet sind. Sein Syntaxmodell beruht auf einer Theorie von drei Rängen und den Konzepten Junktion und Nexus. In der Darstellung selbst versucht er synchrone und diachrone Aspekte miteinander zu verbinden, d. h. er ist ebensosehr an einer Klärung sprachlicher Zusammenhänge unter dem Gesichtspunkt von Herkunft und historischer Veränderung der Erscheinungen — dem Beschreibungs- und Erklärungsbegriff der historischen Sprachwissenschaft folgend — interessiert wie an einer Klärung sprachlicher Zusammenhänge unter dem Gesichtspunkt ihrer synchronen Regelhaftigkeit. Es ist im Grunde die Kombination beider Erklärungsstrategien, von der Jespersen sich optimalen Aufschluß erhofft, eben als Antwort auf die Frage, wie „grammatical habits" als Grundlage von „grammatical patterns" sich herausgebildet haben: „[...] language is [...] but a set of habits, of habitual actions, and that each word and each sentence spoken is a complex action on the part of the speaker" (1924, 29). Diese Formulierung theoretischer Hintergrundsannahmen bereitet schon eine pragmatisch-handlungstheoretische Sprachkonzeption vor, geht also weit über eine rein deskriptive syntaktische Ebene hinaus.

3.4.3. 1904 erschien Teil 1 von H. Poutsmas „A Grammar of Late Modern English", ganz auf die Satzlehre bezogen (überarbeitet 1928/29 in zwei Bänden); es handelt sich um eine teilweise kontrastiv Englisch/Holländisch angelegte Arbeit für das 18. und 19. Jh. mit einzelnen historischen Ausgriffen in die voraufgehenden Jahrhunderte. Er selbst charakterisiert seinen Ansatz als „mainly descriptive, that is to say its chief purpose is to register actual usages of speech" (²1928, IX), und schreibt an anderer Stelle: „It has been my constant endeavour to arrive at facts from the materials at my disposal. I have, indeed, made occasional attempts to account for these facts on psychological, logical or historical grounds, but in the majority of cases I have contented myself with ascertaining the actual forms of speech, and marshalling them in an orderly and methodical way. There is, in my opinion, little use in enquiring into the 'why' until the 'how' has been firmly established" (1926, III). Zandvoort (1937, 121) nennt sie „the most detailed and comprehensive grammatical inventory of modern English ever drawn up"; auf ihn trifft Kruisingas Charakterisierung einer Grammatik als „a storehouse of grammatical facts" am ehesten zu. Er wird in der neueren Forschung zur Geschichte der Grammatikschreibung auch zusammen mit Jespersen als „Proto-Transformationalist" eingestuft, weil viele seiner Beobachtungen Gedanken der generativen Transformationsgrammatik vorwegnehmen. (Aarts 1986, 371)

3.4.4. E. Kruisinga, „A Handbook of Present-Day English" (1911; ²1915; ⁵1931f), verzichtet im Gegensatz zu den übrigen erwähnten Grammatiken explizit auf historische Parallelen und Erklärungsansätze und stützt sich ausschließlich auf gegenwartssprachliche Fakten („the cause of historical as well as practical study is best served by supplying a foundation of real knowledge of the best known period, i. e. of the living language of the present day" (²1915, V−VI)). Ohne es im einzelnen einlösen zu können, zielt Kruisinga auf eine Darstellung des Gesamtzusammenhangs von Grammatik unter Einschluß der Lautseite und versucht über eine vollständige Faktenpräsentation hinaus auch eine Deutung der Fakten zu geben. Ähnlich wie bei Poutsma ist zu beobachten, daß bei jeder Überarbeitung die Syntax an Gewicht zunimmt und eine zentrale Stellung beansprucht. Er äußert die Ansicht, „that progress is more likely to be made, first by the most systematic attempt that is possible to find all the threads that connect the various constructions of any given system, and secondly to compare such systems as wholes with each other" (⁵1932, 543 f).

3.4.5. Den vorläufigen Abschluß der großen „traditionellen" Grammatiken des Englischen bildet R. W. Zandvoort, „A Handbook of English Grammar" (1957); sie faßt die Tradition der „gelehrten Grammatiken" des 20. Jhs. zusammen, an deren Anfang die Ablösung von den Schulgrammatiken des 19. Jhs. mit ihrer schwerpunktmäßigen Ausrichtung auf den Sprachunterricht steht. Zandvoorts Grammatik ist vor allem als Textbuch für Anglistikstudenten konzipiert; sie war die verbreitetste Grammatik des Englischen um die Mitte des 20. Jhs. Als Grammatik mittlerer Größe folgt sie dem Redeteil-(Wortart-)Konzept mit Überleitung zu syntaktischen Problemen im engeren Sinne.

3.4.6. Auch deutsche Anglisten sind mit ähnlichen Darstellungen des Englischen wie die eben behandelten hervorgetreten: G. Krüger, „Syntax der englischen Sprache", Bde. 1−4, 1914−1917 („[...] mit den Fassungen der Regeln habe ich oft jahrelang gerungen"; Bd. 3, 1917, XXXI) und G. Wendt, „Syntax des heutigen Englisch", 2. Teil, Die Satzlehre, 1914.

3.4.7. Der Aspekt der expliziten Regelbeschreibung als Voraussetzung einer korrekten Satzproduktion ist in den Arbeiten der dänischen, holländischen und deutschen Gelehrten besonders deutlich ausgeprägt; ausschlaggebend ist, wie Curme bemerkt, „the keen observations of these foreign scholars, who have sharp eyes for the peculiarities of our language" (1931, V).

4. Die deutschsprachige Tradition

4.1. Die Grammatikschreibung zum Deutschen ist im Vergleich zu der des Englischen durch drei Züge gekennzeichnet:

(i) Sie ist das ganze 19. Jh., bis an die Gegenwart heran, von der historischen Sprachbetrachtung beherrscht; diese allein gilt als die wissenschaftliche Grammatik.
(ii) Die Vermittlung des Deutschen als Fremdsprache und damit das Interesse nichtdeutscher Germanisten an einer umfassenden grammatischen Darstellung spielte im Vergleich zum Englischen eine untergeordnete Rolle. Die deutsche Schulgrammatik bildet eher eine Unterströmung als die Hauptströmung deutscher Grammatikschreibung.
(iii) Bis 1950 ist das Feld der Grammatikschreibung vorwiegend besetzt durch mittelgroße bis kleine und kleinste Grammatikdar-

stellungen; Ausnahmen bilden die historischen Darstellungen von Wilmanns (ohne Syntax), Paul und Curme.

4.2. Der historisch-deskriptive Ansatz

4.2.1. Als Hauptvertreter dieses Ansatzes sind J. Grimm und, speziell auf die Syntax des Deutschen bezogen, O. Behaghel anzusehen.

1837 erschien der rudimentäre Teil 4 der „Deutschen Grammatik" als Versuch einer historischen Syntax des einfachen Satzes, im wesentlichen beschränkt auf eine Behandlung von Verbum, Nomen und Pronomen im einfachen Satz. Dabei gelangte J. Grimm schon zu der Überzeugung, daß es notwendig sei, über die auf die Wörter und ihre Elemente beschränkte Betrachtungsweise hinauszugehen, zu der Einsicht, daß Sinn und Bedeutung der Bestandteile „erst durch das geschäft des denkens lebendig werden. reden heißt gedachtes [...] aussprechen. jeder gedanke verbindet einen gegenstand mit einer vorstellung, jeder satz der rede fordert daher ein subject und ein prädicat" (1837; ^{2}1898, 1), d. h. eine Annäherung an eine satzbezogene Betrachtungsweise, nach der erst der Satz die eigentliche Organisationsform der Rede bildet, liegt durchaus im Reflexionshorizont Grimms. R. Lühr (1989) weist einen starken Einfluß der syntaxtheoretischen Ideen K. F. Beckers auf Grimms Satzauffassung nach; in seinem methodischen Vorgehen folgt Grimm einem induktiven Ansatz, der im Gegensatz zur deduktiven Arbeitsweise Beckers steht.

4.2.2. O. Behaghel sieht sich mit seiner „Deutschen Syntax", Bde. 1–4, Heidelberg (1923–1932), als Fortsetzer und Vollender des Grimmschen Programms. Sein Vorgehen macht er nur an wenigen Stellen mit kargen Worten explizit, so daß seine theoretischen und methodischen Prinzipien im wesentlichen der Darstellung selbst zu entnehmen sind. In dem Vorwort zum 1. Band stellt er vor allem drei Punkte heraus:

(i) Um möglichst objektiv zu verfahren, sei er „überall von der Beschreibung des äußeren Tatbestandes, nicht vom Inhalt ausgegangen" (1923, IX), d. h. er will einen rein deskriptiven Befund liefern und enthält sich weitgehend einer inhaltlichen Interpretation.

(ii) „Der Wert einer syntaktischen Verbindung aus zwei oder mehr Gliedern ist bestimmt durch die Beschaffenheit jedes einzelnen dieser Glieder. Es müssen daher die verschiedenen Fälle einer Erscheinung nach der Art des einen und des anderen Gliedes in Gruppen und Untergruppen zusammengefaßt werden." (1923, IX) Dies bringt eine durch äußerste Aufsplitterung in Detailkategorien und durch komplementäre Doppelbeschreibung charakterisierte Darstellungsform mit sich.

(iii) Als „einen der wichtigsten Grundsätze aller syntaktischen Entwicklung" hebt Behaghel hervor: „wo sich eine syntaktische Erscheinung im Laufe der Zeit in verschiedene Erscheinungen spaltet, haben schon vor der Spaltung irgend welche Ungleichheiten bestanden in den Gliedern, aus denen sich die Erscheinung zusammensetzte" (1923, IX). Dies entspricht der neuerdings bei Coseriu wieder festgehaltenen Einsicht, daß sprachlicher Wandel von Performanzschwankungen im Rahmen des Systems seinen Ausgang nimmt (Coseriu 1974).

Auch 1927 beim Abschluß des 3. Bandes, im Bewußtsein der Vollendung des Werks und des Gesamtüberblicks, sieht Behaghel seine Hauptaufgabe und -leistung darin, die Tatsachen festzustellen und das Verstreute zusammenzustellen. Es handelt sich bei Behaghels Darstellung um eine detaillierte Beschreibung der grammatischen Besonderheiten jeder sprachlichen Erscheinung und ihrer belegbaren Verknüpfungsmöglichkeiten in Texten. Syntax ist im wesentlichen ein Teil der Wortklassenlehre. Daß die Frage der „Verknüpfung der Tatsachen" offengeblieben ist, ist ihm schmerzlich bewußt: „Aber es mangelt nicht bloß an der Feststellung der Tatsachen; es gebricht vor allem an ihrer Verknüpfung." (1928, V) „Und damit fehlt es auch fast überall an wirklichen Erklärungen der Tatsachen." (1928, VI)

In seiner „Deutschen Satzlehre" von 1926 legt er seinen Erklärungsbegriff offen: „Unter der Erklärung verstehen wir die Zurückführung der späteren Erscheinungen auf frühere Zustände und die Darlegung der Gründe, die den Wandel des Älteren zum Jüngeren bewirkt haben." (1926, 5) Diese Gründe sind, das zeigt die vierbändige Gesamtdarstellung zur Genüge, nur im Hinblick auf die einzelne Erscheinung und nur für diese angebbar. (Vgl. zu Behaghels Konzept auch Lyle Campbells Artikel im zweiten Halbband.)

Behaghel tendiert zu der etwas vagen Auffassung, „daß sprachliche Tatsachen in erster Linie als allgemein seelisch bedingte aufzufassen sind" (1932, VIII), und verwendet dies als globalen Erklärungshintergrund: „Bei der Erklärung der Tatsachen kam es mir vor allen

Dingen darauf an, sie aus der seelischen Verfassung der Sprechenden zu begreifen." (1932, VII) Da aber keine rechte Klarheit über die seelischen Vorgänge im einzelnen bestehe, die das Aussprechen von Sätzen begleiten, könne letztlich auch keine Klarheit darüber gewonnen werden, was ein Satz sei. Alles, was dazu gesagt werden könne, sei: „ein Satz ist ein sprachliches Gebilde, das einen seelischen Vorgang verkörpert" (1926, 6) und „Der Satz besteht aus einzelnen Wörtern [...] oder aus Wortgruppen." (1928, 432) Dies ist in der Tat, abgesehen von der extensiven Faktenpräsentation, fast die gesamte theoretische Ausbeute des historisch-deskriptiven Ansatzes im Bereich der deutschen Syntax. (Vgl. auch Vesper (1980, 152): „Eine für die schulischen Bedürfnisse praktikable Satzlehre des Neuhochdeutschen hat die historisch-vergleichende Sprachforschung bis ans Ende des 19. Jahrhunderts nicht entwickeln können.") Selbst eine so allgemeine Bestimmung wie die von B. Delbrück (1893, 75), daß ein Satz eine Äußerung sei, die dem Sprechenden und Hörenden als ein zusammenhängendes und abgeschlossenes Ganzes erscheine, wird von Behaghel zurückgewiesen, weil bei Satzverbindungen die Teilsätze, die ja immerhin auch Sätze seien, für sich keine abgeschlossenen Ganzheiten bildeten (z. B. *Ich weiß* und *daß er kommt*). Erst müßte explizit gemacht werden, was denn diese Ganzheit ausmache; greife man dabei auf Formkriterien zurück, so verfalle man leicht in den Fehler, die zweigliedrige Form aus Subjekt und Prädikat als *die* Standardform des Satzes aufzufassen, nur weil sie die häufigste und für die Schriftsprache normativ geltende sei. Aber gerade damit ist die Vielgestaltigkeit der Äußerungsformen in den historischen Texten und in der gesprochenen Sprache nicht einzufangen, vor allem wird dabei die sprachhistorische Wichtigkeit des eingliedrigen Satzes übersehen (z. B. adh. *snivit* 'es schneit'). So ist eine Satzlehre nur als Wortklassen-Verbindungs-Lehre vorstellbar, unter Einschluß der Verknüpfungsmöglichkeiten zu komplexeren Wortgruppengebilden zum Ausdruck von Erweiterungs- und Bestimmungsrelationen. Auch die Unterscheidung der Satzarten beruht auf inhaltlichen Kriterien, die häufig im Widerstreit mit formalen liegen (z. B. Aufforderungen in Aussage- oder Fragesatzform); dasselbe gilt für die Unterscheidung von Haupt- und Nebensätzen, wo Überordnungs- und Unterordnungsverhältnisse nicht mit formalen Unterscheidungen wie Verbstellung oder Bindewortgebrauch konform gehen.

Im Rahmen des historisch-deskriptiven Ansatzes wurde weder ein selbständiger Satzbegriff entwickelt, noch trat die Syntax als eigener klar konturierter Reflexionsgegenstand in das Bewußtsein; sie bildet nur den immer komplexer werdenden Ausläufer einer wortbezogenen Grammatik. Die Unterscheidung und Verknüpfung sprachlicher Erscheinungen in historischer Perspektive trug indes viel zur Ausbildung eines umfassenden und präzisen Apparats von morphologisch-syntaktischen Beschreibungskategorien bei.

4.3. Der psychologisch-erklärende Ansatz

4.3.1. Sein Hauptvertreter am Ende des 19. Jhs. ist H. Paul, vor allem mit seinen „Prinzipien der Sprachgeschichte" (1886; ^{5}1920). Der Syntax kommt danach ein herausgehobener Status zu: „Alle Sprechtätigkeit besteht in der Bildung von Sätzen." (^{5}1920, 121) Der Satzbildung liegen seelische Prozesse im Individuum zugrunde; diese können sich nur auf physischem Wege auf andere Individuen auswirken, d. h. lautliche Gebilde müssen als Symbole der mit ihnen assoziierten Vorstellungen geäußert werden; „der Satz", so definiert H. Paul, „ist der sprachliche Ausdruck, das Symbol dafür, dass sich die Verbindung mehrerer Vorstellungen oder Vorstellungsgruppen in der Seele des Sprechenden vollzogen hat, und das Mittel dazu, die nämliche Verbindung der nämlichen Vorstellungen in der Seele des Hörenden zu erzeugen." (^{5}1920, 121) Satzerzeugung und Seelentätigkeit werden nicht als simultane oder gar identische Prozesse aufgefaßt, sondern der Satzerzeugung geht eine Umwandlung der Sinneswahrnehmungen oder aktivierten Vorstellungen in dem „inneren Wort" voraus, wodurch im Bewußtsein vorgängig eine Gesamtvorstellung entsteht, die dann in dem „äußeren Wort", in dem gesprochenen Satz, als eine Verbindung von Vorstellungen erneut aufgebaut wird. Die Wörter entsprechen dabei im allgemeinen den Einzelvorstellungen, die Sätze den daraus aufgebauten Gesamtvorstellungen. Paul polemisiert gegen Wundt (1900, 2. Theil, 241), für den der Satz „auf der Zerlegung eines im Bewusstsein vorhandenen Ganzen in seine Teile" beruht (Paul ^{5}1920, 121f).

Auf dem Hintergrund der Paulschen Auffassung, daß Wortbedeutungen Vorstellungsinhalte abstrakter Art (usuelle Bedeutung) oder konkreter Art (okkasionelle Bedeutung) sind, ist sein Syntaxbegriff zu verstehen: „Die Syntax ist ein Teil der Bedeutungslehre, und zwar derjenige, [...], dessen Aufgabe es ist, darzulegen, wie die einzelnen Wörter zum Zwecke der Mitteilung zusammengeordnet werden. Durch solche Zusammenordnung wird erst der Zweck der Sprache erfüllt." (1919, 3) Wo immer Wörter in der Rede aufeinander bezogen werden, haben wir es also mit Syntaktischem zu tun; so plädiert Paul etwa dafür, die Bedeutung der Kasus und der Flexionsformen im allgemeinen der Syntax zuzuschlagen.

Jeder Satz besteht aus mindestens zwei Elementen unterschiedlicher Funktion: aus einer Vorstellungsmasse, auf die der Sprechende die Aufmerksamkeit des Hörenden lenken will, und aus einer sich daran anschließenden Vorstellungsmasse, die besagt, was er darüber denken soll. Beim Satz handelt es sich also um die Verknüpfung zweier Vorstellungen im Bewußtsein, die aber nicht voreilig mit Subjekt und Prädikat im logischen oder grammatischen Sinne gleichzusetzen sind, sondern psychologischen Status haben („psychologisches Subjekt" und „psychologisches Prädikat").

Die so geartete Verbindung von zwei oder mehr Vorstellungen konstituiert den Satz; sprachlich kann diese Vorstellungsverbindung durch verschiedene Mittel zum Ausdruck kommen:

(i) durch einfache Nebeneinanderstellung von Wörtern,
(ii) durch eine bestimmte Reihenfolge der Wörter,
(iii) durch Betonungsunterschiede,
(iv) durch Tonhöhenmodulation,
(v) durch das Sprechtempo,
(vi) durch bestimmte Verbindungswörter,
(vii) durch bestimmte Flexionsformen,
(viii) durch formelle Übereinstimmung (Kongruenz).

Die Vielfalt der Verbindungsindikatoren unterstreicht die Offenheit des psychologischen Satzbegriffs; H. Paul legt größten Wert auf die Feststellung, daß Äußerungsformen wie *Ehestand, Wehestand, Viel Feind, viel Ehr* und dergl. nicht etwa wegen des Fehlens einer finiten Verbform der Satzstatus abgesprochen werden könne; die Auffassung, daß ein Verbum notwendiger Bestandteil des Satzes sei, bezeichnet Paul als Vorurteil (1919, 11).

Bei Sätzen, die nur aus einem Wort bestehen, handelt es sich um eine scheinbare Eingliedrigkeit: eine der verknüpften Vorstellungen wird, da als selbstverständlich aufgefaßt, lediglich sprachlich nicht ausgedrückt (z. B. *Ja, Geschwätz, Zu Befehl*); im Falle von *Feuer!* etwa ist die Situation das psychologische Subjekt, dem aber sprachlich kein Ausdruck verliehen wurde.

Zusammenfassend kann gesagt werden, daß bei H. Paul der Satzbegriff in jeder Hinsicht mit dem Äußerungsbegriff zusammenfällt. (Es fehlt also eine Unterscheidung, wie sie bei F. de Saussure mit langue/parole, bei N. Chomsky mit competence/performance geleistet wird.) Damit beliebig geäußerte Wörter als Satz anerkannt werden können, muß es sich um „etwas Abgeschlossenes, um seiner selbst willen Ausgesprochenes" (1919, 10) handeln. Die sich daraus ergebende formale Unbestimmtheit wird im Einzelfall durch Verweis auf eine je dahinterstehende psychologische Konstituierung einer vollständigen Vorstellungsverknüpfung aufgefangen und erklärt. Die Vielgestaltigkeit der anzutreffenden Äußerungsformen ist rückführbar auf die Verschiedenartigkeit der Verknüpfungsverhältnisse, die von 'unbestimmt und undifferenziert' bis 'bestimmt und inhaltlich reich ausdifferenziert' reichen können.

Satzerweiterungen sind entweder kopulativer Art, d. h. mehrere Elemente verbinden sich zu einem Satzglied, oder iterativer Art, d. h. Subjekt-Prädikat-Verknüpfungen werden mehrmals vorgenommen.

Eine andere Grundform des erweiterten Satzes entsteht, wenn zum Prädikat eines einfachen Satzes ein weiteres Glied im Prädikationsverhältnis hinzutritt — daraus entspringen die adverbialen Bestimmungen und analog dazu die adnominalen Bestimmungen und Objekte. Durch die Übertragung eines Objektverhältnisses auf einen Satz entstehen weitere komplexe Gebilde. Der Übergang von der Satzstruktur zur Textstruktur ist fließend.

Auch bei der Betrachtung der komplexeren Satzformen bewährt sich das Absehen von einer Festlegung auf einen formalen Satzbegriff, denn die Vielgestaltigkeit der Erscheinungsformen und Kombinationsmöglichkeiten von Äußerungsformen, wie sie in historischen Texten und in mündlicher Rede vorfindlich sind, kann unter Rückgriff auf ein psychologisch begründetes Subjekt-Prädikat-Verhältnis und durch die Anwendung einer einfachen Kombinatorik beliebig ausgedeutet werden. Gerade weil jede Formvariante Anlaß zu Rückschlüssen auf verschiedenartige zugrundeliegende Vorstellungskonstellationen erlaubt, eröffnet sich ein äußerst flexibler

Interpretationsrahmen für deskriptive Befunde.

H. Paul faßt Sprache, entsprechend seiner berühmten methodologischen Kernaussage, daß es nämlich keine andere wissenschaftliche Betrachtung der Sprache als die geschichtliche gebe (^{5}1920, 20), als einen durch und durch historischen Gegenstand auf. Dies stellt ihn vor die Notwendigkeit, das globale psychologische Erklärungsmodell mit der historischen Betrachtung in Einklang zu bringen und es auch zur Beschreibung und Erklärung historischer Zusammenhänge im Bereich der Syntax heranzuziehen. Für ihn sind Aussagen, die sich auf die psychologische Begründung von Satzbildung und Deutung der Äußerungsformen beziehen, gleichzeitig als genetische Erklärungen zu verstehen, und zwar eben in dem Sinne, daß das, was in der Gegenwartssprache an Erscheinungen und sprachlichen Verfahrensweisen feststellbar ist, auch für die Zeit der Sprachentstehung und Sprachentwicklung Geltung hatte.

4.3.2. Ähnlich wie im Bereich der Semantik für das 19. Jh. und die ersten Jahrzehnte des 20. Jhs. in Deutschland eine Theorie der Bedeutung weitgehend identisch war mit einer Theorie des Bedeutungswandels, war auch im Bereich der Syntax das Interesse an einer Theorie des syntaktischen Wandels vorherrschend. Ein interessanter Exponent dieser Richtung ist W. Havers mit seinem „Handbuch der erklärenden Syntax" von 1931. Unter Berufung auf E. Otto (1919) und in direkter Übernahme von dessen Systematik des Sprachwandels unternimmt es Havers, eine „Erklärung der historisch gewordenen synt. Ausdrucksformen vorzubereiten" (1931, 1). Die Erklärung besteht in dem Nachweis grundlegender Bedingungen für die Herausbildung einer Ausdrucksform und in dem Aufweis der zur Umgestaltung treibenden Kräfte. Er unterscheidet folgende Bedingungsfelder:

(i) Bedingungen der äußeren Sprachform (lautlich, emphatisch, schriftlich);
(ii) Bedingungen der psycho-physischen Beschaffenheit des Menschen (vor allem durch die Volkssprache geprägt);
(iii) Bedingungen der Umwelt (natural, kulturell, sozial).

Hinzu kommen sechs Triebkreise; sie sind charakterisiert durch ein Streben nach: (a) Anschaulichkeit, (b) emotionaler Entladung, (c) Kraftersparnis, (d) Ordnung, (f) Schönheit des Ausdrucks; daneben nennt Havers (g) den sozialen Triebkreis („alle Motive des Sprechens mit anderen, ja auch [...] die Motive des Schweigens, der Sprache des Nichtssagens" (1931, 184)).

Mit seinem Unternehmen versucht Havers ganz offensichtlich über die Befunde der historisch-vergleichenden und der historisch-deskriptiven Untersuchungen und Darstellungen hinauszugreifen und zu einer zusammenhängenden Deutung und Erklärung der Fakten zu gelangen. Er trägt damit einem am Beginn des 20. Jhs. um sich greifenden Gefühl Rechnung, daß die „nur-formale Sprachbetrachtung eine schlimme Einseitigkeit darstellt" (Güntert 1929 a, 405) und daß sich die Sprachwissenschaft in eine „bedenkliche Isolierung" gegenüber den anderen Geisteswissenschaften begebe (Güntert 1929 b, 387).

So wie der Satz als Äußerungsform der Rede, ganz im Rahmen des psychologischen Ansatzes, ein Reflex der jeweils hinter ihm stehenden unterschiedlichen Vorstellungsmassen bzw. Vorstellungsverknüpfungen ist, werden von Havers auch sämtliche inner- und außersprachlichen Faktoren, die sich in irgendeiner Weise auf die Sprache auswirken können, herangezogen und mit konkreten einzelsprachlichen Erscheinungsformen und Entwicklungen in Zusammenhang gebracht. Für die Erklärung der Gemeinsamkeiten und Parallelen des syntaktischen Formenwandels stehen die der menschlichen Natur allzeit gemeinsamen Züge zur Verfügung; für die Erklärung der Unterschiede ist die Verschiedenheit der jeweiligen Volksseele bis hin zur psychophysischen Konstitution des einzelnen Individuums unter bestimmten situativen Bedingungen zu berücksichtigen.

Im übrigen hebt Havers immer wieder hervor, daß in den meisten Fällen eine Kombination von Bedingungen und Triebkräften für einzelne Erscheinungen syntaktischen Wandels verantwortlich ist. Mit einem derart weitgespannten Erklärungsrahmen, der die fallweise Heranziehung von z. T. wenig gesicherten Betrachtungsweisen und Ergebnissen von geisteswissenschaftlichen Nachbardisziplinen wie Volkskunde, Völkerkunde, Rassenlehre, Soziologie, Philosophie usw. vorsieht, ist die „erklärende" Syntaxforschung in Deutschland an ein gewisses Ende gekommen und hat den Vorwurf des wissenschaftlichen Rückschritts auf sich gezogen. So urteilt etwa L. Bloomfield anläßlich seiner Rezension von Havers: „In the study of man, pre-scientific modes of explanation hold sway; only small bits of territory have been gained by science, and the most promising of these is linguistics. Much of the publications of the last decades threatens us with the loss of this ground." (1932, 33) Die Ausbildung und Entwicklung der syntaktischen Erscheinungen auf „Triebkräfte" und „Bestrebungen" verschiedener Art zurückzuführen, stellt für Bloomfield einen Rückfall in ein animistisches, teleologisches Denken wie bei den Wilden dar; er empfiehlt eine Unterscheidung verschiedener Erklärungsebenen und eine strikte Orientierung am kausalistischen stimulus-response-Schema der Behaviouristischen Psychologie, statt an spekulativer „Populärpsychologie". Mit diesem harten Urteil der Unwissenschaftlichkeit und Verfrühtheit solcher Bemühungen bricht Bloomfield — mehr zu Recht als zu Unrecht — den Stab über eine sprachwissenschaftliche Tradition und über einen Zustand von Sprach- und Syntaxreflexion im Deutschland der 30er Jahre, bei dem die Lösung linguistischer und damit auch grammatisch-syntaktischer Grundfragen pauschal der „Psychologie" zugeschoben wurde.

4.4. Der satzbezogen-logische Ansatz

4.4.1. Als Begründer und Hauptvertreter dieses Ansatzes im Hinblick auf die Syntaxdiskussion in Deutschland im 19. und 20. Jh. gilt K. F. Becker (1775—1848) mit seinem Hauptwerk „Organism der Sprache" (1827; ²1841). Seinen schärfsten Kritiker fand Becker in H. Steinthal (1823—1899), der den Ansatz in seinem Buch „Grammatik, Logik und Psychologie" (1855) einer vernichtenden Kritik unterzog; auch H. Paul stützt sich in vielen Punkten auf Steinthal. Vom historischen und psychologischen Ansatz her stieß Becker nur auf Ablehnung. Als Grundfehler wurde „die Vergewaltigung der wirklichen Sprache durch den logischen Schematismus einer unbegrenzten Zweiteilungssucht" (Glinz 1947, 53) angeprangert. Trotz solcher Gegner fand Bekkers Satzgliederlehre in den Schulen begeisterte Aufnahme und allgemeine Verbreitung. „Beckers System hat sich in allen wesentlichen Punkten erhalten, obwohl es aus einer Sprachauffassung stammt, welche die Wissenschaft seit 100 Jahren ablehnt", urteilt H. Glinz (1947, 74 f). Wir haben es hier mit einer Art Unterströmung der traditionellen Syntax in Deutschland zu tun, die wegen der Dominanz der historischen Betrachtungsweise nie zu voller wissenschaftlicher Geltung gelangte.

Folgt man der Darstellung von H. Glinz (1947), so hat die Lehre von den Satzgliedern ihre entscheidende Ausprägung bei K. F. Becker gefunden (Subjekt, Prädikat, ergänzendes Objekt, bestimmendes Objekt (= Adverbiale, Attribut)); seine Schulgrammatik von 1831 wurde u. a. auch für das Englische bearbeitet (nach Glinz 1947, 55).

Becker ist in seinen Anfängen J. Grimm und W. v. Humboldt eng verbunden, folgt dann einem eigenen, in vieler Hinsicht stark an Humboldt orientierten Weg; gerade über die schulgrammatische Tradition ist Becker der eigentliche Vermittler und Verbreiter Humboldtscher Gedanken.

Für Becker geht „(d)ie Verrichtung des Sprechens […] mit einer inneren Notwendigkeit aus dem organischen Leben des Menschen hervor: denn der Mensch spricht, weil er denkt." (²1841, 1f) In unmittelbarem Rückgriff auf W. v. Humboldt („Über die Kawi-Sprache", Einleitung, 1836, 68) stellt Becker einen Zusammenhang von Begriff und gesprochenem Wort her: „... denn die Objekte der sinnlichen Anschauung, welche die Verrichtung des Denkens in dem menschlichen Geiste zuerst hervorrufen, werden gerade dadurch zu Begriffen, daß sie durch die Rückwirkung des Geistes in Objekte einer geistigen Anschauung verwandelt, und als solche in dem gesprochenen Worte dem Geiste gegenübergestellt werden." (²1841, 2) Die Sprache ist für Becker, der nach einem theologischen Studium noch Medizin und Naturwissenschaften studierte, ein natürliches Organ wie das Auge, und zwar das Organ für die dem Menschen ebenso natürliche Funktion der Gedankendarstellung und Gedankenmitteilung.

Ganz ausgebreitet hat K. F. Becker seine Auffassungen von Grammatik und Syntax in seinem zweibändigen Werk „Ausführliche deutsche Grammatik als Kommentar der Schulgrammatik" (1837, ²1870); die Grundlagen werden darin in knapper und klarer Form dargelegt: „Man nennt den in Worten ausgedrückten Gedanken einen Satz. Jeder Gedanke ist ein Akt des menschlichen Geistes, durch welchen der Begriff einer Thätigkeit (das Prädikat) mit dem Begriffe eines Seins (dem Subjekte) zu einer Einheit verbunden, und die Thätigkeit als eine Thätigkeit des Seins angeschauet wird z. B. „Der Baum blühet" (²1870, Bd. 2, 1). Den verschiedenen Satzarten liegen verschiedene geistige Akte zugrunde: „In dem menschlichen Geiste wird ein Thätigkeitsbegriff mit dem Begriffe eines Seins zu der Einheit eines Gedankens verbunden entweder durch einen Akt des Erkenntnißvermögens [...] oder durch einen Akt des Begehrungsvermögens" (²1870, Bd. 2, 2); so entstehen die Satzarten der Urteilsätze, Fragesätze, Wünschesätze, Heischesätze. Fragen sind unvollständige Urteile; Imperativsätze werden als Ellipsen erklärt.

Zwischen den Bestandteilen des Satzes bestehen besondere Satzverhältnisse: das prädikative, das attributive und das objektive; danach gliedert sich die gesamte Syntax. Der Satz ist also ein ganzheitliches Beziehungsgeflecht: „Die Bildung des Satzes darf nicht so aufgefaßt werden, als werde er auf äußerliche Weise aus Wörtern zusammengesetzt. Wie das Wort nicht aus Lauten [...], der Begriff nicht aus sogenannten Merkmalen, und der Gedanke nicht aus Begriffen; so wird auch der Satz nicht aus Wörtern eigentlich zusammengesetzt, sondern bildet sich durch eine organische Entwickelung einer Einheit zu einem mannigfaltig gegliederten Ganzen." (²1870, Bd. 2, 8)

Hauptsätze entsprechen anschauenden Gedanken, Nebensätze angeschauten Gedanken des Sprechenden, d. h. letztere drücken gewissermaßen einen Begriff in der Form eines Gedankens aus. Sie können zum Hauptsatze in der grammatischen Beziehung eines Subjekts, Attributes oder Objektes stehen, und von daher leiten sich auch die Bezeichnungen der Nebensatzarten ab. Der Gedanke, daß Gliedsätze wie Satzglieder zu betrachten seien, geht ursprünglich auf S. H. A. Herling zurück (Glinz 1947, 41), aber erst Becker bringt dies auf den Punkt: „Jeder Satz hat, weil er nur Einen Gedanken ausdrückt, nur Ein Subjekt und Ein Prädikat: auch besteht der ganze Satz, zu welchem Umfange er sich immer entwickeln mag, nur aus dem Subjekte und Prädikate." (²1870, Bd. 2, 6).

4.4.2. Bei der Verbreitung und Durchsetzung der Beckerschen Gedanken an den Schulen spielten (nach Glinz 1947, 67) die „Sprachdenklehre" von R. J. Wurst (1836), die die Gedanken Beckers in eine leicht faßliche Form brachte, und die Grammatik von F. Bauer (1850) eine entscheidende Rolle, indem sie den historischen Ansatz von Grimm und dessen Ergebnisse mit dem logisch-analytischen System von Becker verknüpfte. Gegen eine starke Konkurrenz, besonders der Grammatiken von J. Ch. A. Heyse (²1838/1849) und dessen Sohn K. W. L. Heyse (1856), setzte sich dieser „kombinierte" Ansatz in der deutschen Schulgrammatik durch. Ab 1881 lag die Bearbeitung der Bauerschen Grammatik in den Händen von K. Duden (1829—1911); 1935 wurde die Bauer-Dudensche Grammatik Teil des „Großen Duden" (bearb. von O. Basler) und damit fester Bestandteil der maßgeblichen deutschen Standardgrammatik. Viel von Beckers Ansatz ist aber in der Version von 1935 nicht übriggeblieben; die wortbezogene Sichtweise dominiert: „Das Wort wird aus seiner Vereinzelung, in der es nur beschränkte Bedeutung und Geltung haben kann, durch den Zusammenschluß mit anderen Wörtern befreit und zur Wirkung in die Weite und Tiefe befähigt. Aber der Tatbestand dieses Zusammenschlusses, der immerhin lose und locker ist und nur von Fall zu Fall eintritt, bedingt Führung und Unterordnung. Damit ist eine bestimmte Ordnung und Folge der Glieder gegeben, deren äußere Einheit wir Satz nennen." (1935, 193) Gerade der Satzgliedgedanke ist als eines der grundlegenden syntaxtheoretischen Konzepte konstitutiv für die im einzelnen differenten Versionen der „traditionellen" Grammatik geworden, die Mitte des 19. Jhs. allmählich an Profil gewinnt. (Vgl. Forsgren (1985); Forsgren (1992); Gallmann/Sitta (1992).)

Beckers Auffassung vom Satz als einer gegliederten Ganzheit mit spezifischen Verhältnissen der Teile zueinander ist weitgehend verblaßt, die gedankliche Strukturiertheit ist nur noch formales Bekenntnis ohne analytische Konsequenzen.

In der Reduktion syntaktischer Kategorien auf Wortartkategorien wird der Abstand zu Becker besonders deutlich: „Jeder Satz besteht wesentlich aus zwei Stücken, aus einem hauptwörtlichen Nennwort und aus einem Zeitwort. Zwei Begriffe sind in der Anschauung des Sprechenden ursprünglich eins, werden gedanklich zunächst einander gegenübergestellt und dann vom Sprechenden selbst ausdrücklich wieder verknüpft, indem er den Begriff der Tätigkeit (Zeitwort) von dem Begriff des Seins (hauptwörtliches Nennwort) aussagt. Beide können aber auch gelegentlich in einem Worte enthalten sein." (1935, 194)

Weit entfernt davon, die Syntax als die organisatorische Mitte der Sprache zu begreifen, zeigen die Schulgrammatiken der Zeit schon in ihrem Aufbau und in ihrer Beschränkung auf die elementaren grammatischen Bedürfnisse muttersprachlicher Unterweisung wenig weiterführende Perspektiven.

4.5. Der disziplinbezogen-definitorische Ansatz

4.5.1. Die ganze Rat- und Orientierungslosigkeit im Bereich der Syntax zu Anfang des 20. Jhs. in Deutschland spiegelt sich besonders deutlich in der Darstellung von H. Wunderlich und H. Reis, „Der deutsche Satzbau" (³1924), die von O. Behaghel (1917, 85) als „die erste und bis jetzt einzige wissenschaftliche Gesamtdarstellung der deutschen Syntax" bezeichnet wurde. Beckers Bestimmung des Wesens des Satzes als Urteil, Kerns (1883) Festlegung des Zeitworts als des kennzeichnenden Merkmals des Satzes werden darin gleichermaßen verworfen, weil nur wenige Sätze der „lebenden Sprache" Urteile seien und es viele „des Zeitworts entbehrende Sätze" gebe. Pauls psychologischer Ansatz findet noch am ehesten Anerkennung, doch bereitet die Abgrenzung gegenüber mehrgliedrigen Wortverbindungen, die keinen Satz bilden, offenbar Schwierigkeiten. Es müsse zu Pauls Satzbestandteilen (psychologisches Subjekt und Prädikat) noch ein „abschließende(s) Dritte(s)" hinzukommen, das „an und für sich keines besonderen sprachlichen Ausdrucks" bedarf (³1924, 5); dasselbe Wort, dieselbe Wortgruppe könne nämlich bald als Satz, bald als Satzteil verwendet werden. „Es ist daher unmöglich, Lebendiges, also auch die Sprache und die Urform der Sprache, den Satz, durch irgend eine Begriffsbestimmung im Wesen streng erfassen zu können. Insbesondere gilt dies für jenes dritte abschließende Band, dessen Ursprung vielfach im Willen und Gefühl liegt, und das ebensowenig wie die letzten und tiefsten Gründe des Seins und Lebens rein verstandesmäßig erfaßt werden kann." (Wunderlich/Reis ³1924, 6) Wunderlich/Reis sehen in den Interjektionen die „einfachste und ursprünglichste Form des Satzes" (³1924, 13) und glauben von diesem Ausgangspunkt her den Gegensatz Wort/Einzelvorstellung und Satz/Gesamtvorstellung neutralisieren zu können; auf die Behandlung der Wortstellung folgt die Satzstellung, die ebenfalls nach psychologischen Gesichtspunkten geregelt erscheint. Der Hauptteil der Wunderlich/Reisschen Syntaxdarstellung ist der „Bedeutung der Zeitwortformen" gewidmet, und zwar bezogen auf die Bezeichnung der Personen (Personalformen), Gattung und Art der Handlung (Aktiv-/Passiv-Formen) und die Art der Aussage (Modi). „Daß die Bedeutung, welche diese Formen im Satzzusammenhang haben, in der Satzlehre zu behandeln ist, darüber dürfte kein Zweifel möglich sein." (³1924, 142)

4.5.2. Abgelöst von der Verpflichtung zur zusammenhängenden Darstellung der syntaktischen Fakten des Deutschen ergab sich im Gefolge des Buches von J. Ries, „Was ist Syntax?" (1894; ²1927) eine allgemeine Diskussion über den Gegenstandsbereich von Syntax und ihren systematischen Ort in einer wissenschaftlichen Gesamtbeschreibung von Sprache; die Diskussionslage erscheint Ries wenig ermutigend: „Der gegenwärtige Zustand der syntaktischen Litteratur kann ohne Übertreibung als ein Durcheinander von widerstreitenden Systemen und systemloser Eklektik bezeichnet werden." (²1927, 9)

Ries unterscheidet (dabei weitgehend H. Paul folgend) drei Richtungen zeitgenössischer Syntaxauffassung:

(i) Ausgehend von der Bedeutung nach deren Ausdrucksform zu fragen: dies käme einer Ausgestaltung zu einem Gesamtsystem im Sinne Beckers gleich, könne aber „heute wol für überwunden gelten" (Ries ²1927, 9).
(ii) Ausgehend von den beobachtbaren Ausdrucksformen nach deren Bedeutung zu fragen und zwar:
(a) indem man das „wichtigste syntaktische Gebilde", (Ries ²1927, 10) den Satz, zum eigentlichen Gegenstand der Forschung und Darstellung macht — „Syntax" ist hier mit „Satzlehre" gleichzusetzen;
(b) indem man die einzelnen Bestandteile, aus denen sich syntaktische Gebilde zusammensetzen, besonders die Arten und Formen der Wörter, hinsichtlich Bedeutung und Verwendung im Satz untersucht — „Syntax" umfaßt hier alles, was nicht unter Flexion und Wortbildung abgehandelt wird.
(iii) Die „Mischsyntax" — eine prinzipienlose Nebeneinanderstellung verschiedenartigster Stoffe. Nach Ries hat hier die Beckersche Richtung zum Teil „Unterschlupf gefunden" mit ihrem Versuch, die Satzlehre in die „Zwangsjacke der Logik" (²1927, 12) zu stecken. Als Hauptvertreter der Darstellungsform der „Mischsyntax" gilt Miklosich mit seinem Grundsatz „Jener theil der grammatik nun, welcher die bedeutung der wortclassen und der wortformen darzulegen hat, heisst syntax." (1868/1874, 2)

Ein Ausweg aus dieser verwirrenden Situation besteht nach Ries in einer klaren Aufgabenzuweisung der einzelnen Bereiche in einer Gesamtgrammatik; er schlägt dafür ein kreuzklassifikatorisches System vor:

Objekt {	Einzelwort	Wortgefüge
Betrachtet in Bezug auf die		
Form / Formenlehre	I. Lehre von den Formen der Worte (Wortarten nach formalen Gesichtspunkten und Flexionslehre).	III. Lehre von den Formen der syntaktischen Gebilde.
Bedeutung / Bedeutungslehre	II. Lehre von der Bedeutung der Worte, ihrer Arten und Formen.	IV. Lehre von der Bedeutung der syntaktischen Gebilde.

Abb. 7.1: Aufgaben der Bereiche einer Gesamtgrammatik nach Ries (^{2}1927, 79)

Die hier von Ries durchgeführte Aspektunterscheidung hält ausdrücklich an dem Zusammenhang von Form und Bedeutung auch im Bereich der Syntax fest: ein Teil der Syntax ist Teil der Bedeutungslehre. Damit umgeht er die übliche Gegenüberstellung von Formenlehre — Syntax in den Grammatikdarstellungen; Ries stellt der Syntax eine „Wortlehre" gegenüber und besteht auch auf einer terminologischen Unterscheidung von Syntax und Satzlehre: Syntax ist die Lehre von den „syntaktischen Gebilden"; ihr Objektbereich sind die „Wortgefüge", und es geht um die Berücksichtigung aller syntaktischen Beziehungen im Zusammenhang von Wortgefügen (vergl. ^{2}1927, 47). Die „Satzlehre" ist ein besonderer Teil der Syntax, der die Struktur des ganzheitlichen Satzes, seiner Arten und Ausbauformen untersucht; Sätze sind nur bestimmte Arten von Wortgefügen. Der Frage „Was ist ein Satz?" geht J. Ries in einer ähnlichen, die Forschungslage kritisch sichtenden Veröffentlichung von 1931 nach. Auf der Grundlage einer Sammlung von 140 Satzdefinitionen seit Adelung erläutert er seine eigene Definition: „Ein Satz ist eine grammatisch geformte kleinste Redeeinheit, die ihren Inhalt im Hinblick auf sein Verhältnis zur Wirklichkeit zum Ausdruck bringt." (1931, 99)

Der erste Teil der Definition bringt gegenüber den sonst noch in Umlauf befindlichen Satzkonzepten die Klarstellung, daß der Satz eine Einheit auf der Ebene des Sprachgebrauchs, nicht auf der Ebene der Grammatik sei. („Worte und Wortgruppen haben auch eignen Sinn und Bedeutung; sie sind sprachliche Symbole für Vorstellungen und deren Verbindungen. Aber Vorstellungssymbole sind weder für sich allein noch miteinander verbunden selbst schon wirkliche Sprache, sondern nur Bausteine derselben. Zur wirklich gebrauchten Sprache werden sie erst im Satz." (1931, 60)) Ries bezeichnet diese Auffassung ausdrücklich als „Gemeingut". So erklärt sich auch seine Unterscheidung von Syntax und Satzlehre; es gehörte zur festen Überzeugung der Grammatiker des frühen 20. Jhs., daß man mit dem Satz die Gliederungseinheit der konkret gesprochenen Sprache vor sich habe: „Ein Satz ist eine nicht weiter gleichartig zerlegbare Einheit der lebendigen Rede." (1931, 62) Der zweite Teil der Riesschen Definition besagt, daß Sätze in diesem Sinne „Setzungen" (Ankerungen, Festlegungen, Zweifel usw.) oder „Strebungen" (Wünsche, Forderungen, Verbote usw.) nach dem subjektiven Urteil und Willen des Sprechers sind (1931, 100 f), d. h. als Ausdruck intentionaler Einstellungen zu verstehen sind. Damit ist für Ries die „Inhaltsfrage" endgültig gelöst; die entsprechende Lösung der „Umfangsfrage" besteht in der Prüfung des Satzcharakters „umstrittene(r) Gebilde" (1931, 107). Imperative sind Sätze, Interjektionen und vokative Einfügungen sind keine Sätze, weil sie nicht die Merkmale der grammatischen Form (finites Verb) und der Bedeutung haben; ihre Leistung besteht zwar „in der Bekundung eines seelischen Zustands", aber das Verhältnis zur Wirklichkeit bleibt unbestimmt; es sind „wortartige Gebilde", sie „deuten an", aber „bedeuten nicht" (1931, 115 ff). Auch Bejahungen und Verneinungen sind keine Sätze, sondern „Satzvertreter". Vor besondere Probleme sieht man sich in der Bestimmung „unvollständiger Sätze" gestellt, weil hier Unvollständigkeit der Form und der Bedeutung auf dem Hintergrund verschiedener Bedingungen des Gebrauchs in Frage kommen (Satzstücke oder Kurzsätze). Freistehende Nominative (z. B. *Zähringer Berg* auf einem Wegweiser) sind Mitteilungen, aufgrund der Ersparungen als „Satzersatz" anzusehen; ähnlich sind Nominalsätze vom Typ *Ehestand*

— *Wehestand* als Kunstprodukte zu verstehen.

4.5.3. Ähnlich wie Ries sucht auch E. Seidel (1935) der Syntaxfrage über eine kritische Revision von Satzdefinitionen näherzukommen. Ein Ausweg wird hier in einer Zuweisung an verschiedene Wissenschaftsdisziplinen gesehen; die Menge der bisher vorgelegten Definitionen läßt sich nach Seidel einteilen nach drei Orientierungen:

(i) philosophisch-normativ-abstrahierend,
(ii) psychologisch-erklärend-analysierend,
(iii) sprachwissenschaftlich-grammatisch-historisch.

Die Auswertung bringt indes kein schlüssiges Ergebnis: „Der Einwand, daß die Satzgeltung sprachlicher Gebilde in das subjektive Ermessen des Forschers gestellt werde, ist nicht ganz unberechtigt. [...] An dieser Stelle wird eine neue Definition des Satzes einzusetzen haben." (Seidel 1935, 85)

5. Zusammenfassende Schlußbemerkungen

Syntaxreflexion und Syntaxdarstellung im Rahmen der „Traditionellen Grammatik" sind im Bereich des Englischen und des Deutschen deutlich verschieden ausgeprägt. In der englischen Tradition ist die Vollständigkeit und Explizitheit der Beschreibung syntaktischer Erscheinungen sehr viel weiter vorangetrieben, der Aspekt der grammatisch korrekten Produktion auf dem Hintergrund expliziter Regelformulierung durch den engen Bezug zum Studium des Englischen als Fremdsprache bei weitem stärker ausgeprägt als in den grammatischen Beschreibungen des Deutschen. Für nachfolgende Grammatikkonzepte konnte so leicht der Eindruck entstehen, man bräuchte sich nur der dort aufbereiteten Fakten und Ideen zu bedienen, um sie im Rahmen eines modernen methodologischen Ansatzes der englischen Syntax in eine endgültige integrierte Regeldarstellung zu überführen. Es muß indes offen bleiben, ob eine natürliche lebende Einzelsprache jemals ganz in einem festen Regelkonzept erfaßt werden kann und ob ein solches Regelkonzept den sprachlichen Zusammenhängen überhaupt angemessen ist, denn die Herausbildung der verschiedenen einzelsprachlichen Äußerungsformen ist unter historischen Bedingungen erfolgt und unterliegt in gleicher Weise wie die situationsbezogene Anpassung der Äußerungsformen an individuelle Kommunikationsbedürfnisse undeterminierten Faktorenkonstellationen.

In der deutschen Sprachwissenschaft dominierte die historische Sicht mit einer solchen Ausschließlichkeit und war mit einem so hohen wissenschaftlichen Prestige umgeben, daß sich daneben andere Ansätze kaum entfalten und zur Geltung gelangen konnten. Die Schritte von der „school grammar" zur „scholary grammar" mit deskriptiver und kontrastiver Ausrichtung, die für das Englische einen beachtlichen Gipfel traditioneller Grammatikschreibung erreichbar machten, wurden für das Deutsche nicht in nennenswertem Umfange vollzogen; für die Bedürfnisse der Schule wurden elementare Beispielgrammatiken mittlerer Größe als ausreichend erachtet. Der historisch orientierte Beschreibungs- und Erklärungsansatz förderte zwar die Entwicklung eines umfassenden detaillierten Apparats an Beschreibungskategorien, lenkte aber andererseits den Blick einseitig auf die quellengebundene Einzelerscheinung, der gegenüber generalisierende Aussagen als Verfälschungen erscheinen mußten; die starke Betonung der Überlieferungsbedingtheit und Textgebundenheit der Äußerungsformen relativierte auch den Stellenwert von Grammatikalität und Systematizität sehr stark, so daß von Versuchen einer Regelformulierung weitgehend Abstand genommen wurde. Auch der psychologische Erklärungsansatz trug dazu bei, daß eher die Variabilität und Fluktuation der syntaktischen Erscheinungen betont wurde als ihre Beziehung zu zugrundeliegenden Mustern. Als grundlegende Annahmen der deutschen Tradition sind festzuhalten, daß der Satz eine Einheit der Rede und Ausdruck der Vorstellungstätigkeit des Menschen ist; beides bedingt, daß formale Bestimmungskriterien nur bedingte Geltung haben. Auf der anderen Seite haben die Anschauung der Überlieferungswirklichkeit und der stets gegenwärtige Zusammenhang von Sprache und Denken das sprachwissenschaftliche Problembewußtsein nachhaltig bestimmt, wenn auch die theoretischen und methodischen Lösungsmöglichkeiten noch weit außerhalb jeder Reichweite lagen.

6. Literatur

Aarts, F. 1986. English grammars and the dutch contribution. The English reference grammar.

Language and linguistics, writers and readers, ed. by G. Leitner, 363—386. Tübingen.

Algeo, J. 1986. A grammatical dialectic. The English reference grammar. language and linguistics, writers and readers, ed. by G. Leitner, 307—333. Tübingen.

Baskervill, W. M., and J. W. Sewell 1895. An English grammar for the use of high school, academy, and college classes. New York.

Bauer, F. 1850. Grundzüge der neuhochdeutschen Grammatik für die untern und mittleren Klassen höherer Bildungsanstalten. Nördlingen.

Becker, K. F. 1827; ²1841. Organism der Sprache. Frankfurt a. M. [Nachdruck der 2., neubearbeiteten Ausgabe. Hildesheim, New York 1970].

—. 1837; ²1870. Ausführliche deutsche Grammatik als Kommentar der Schulgrammatik. 2 Bde. Prag. [Nachdruck der 2., neubearbeiteten Ausgabe. Hildesheim, New York 1969].

Behaghel, O. 1917. Hermann Wunderlich. Zeitschrift des Allgemeinen Deutschen Sprachvereins 32. 84f.

—. 1923—32. Deutsche Syntax. Eine geschichtliche Darstellung. Bd. 1, Die Wortklassen und Wortformen. A. Nomen, Pronomen, 1923. Bd. 2, Die Wortklassen und Wortformen. B. Adverbium C. Verbum, 1924. Bd. 3, Die Satzgebilde, 1928. Bd. 4, Wortstellung, Periodenbau. Heidelberg. (= Germanische Bibliothek I: Sammlung germanischer Elementar- und Handbücher 10).

—. 1926. Deutsche Satzlehre. L. (Deutschkundliche Bücherei 18).

Bloomfield, L. 1934. Review „Havers, W. (1931): Handbuch der erklärenden Syntax. Ein Versuch zur Erforschung der Bedingungen und Triebkräfte in Syntax und Stilistik. Heidelberg: Winter." Language X. 32—40.

Brown, G. 1851. The grammar of English grammars with an introduction historical and critical; the whole methodically arranged and amply illustrated. New York.

—. 1867. The institutes of English grammar: methodically arranged. New York.

Cherubim, D. 1975. Grammatische Kategorien. Das Verhältnis von „traditioneller" und „moderner" Sprachwissenschaft. Reihe Germanistische Linguistik I, Tübingen.

Chomsky, N. 1964. Current issues in linguistic theory. The Hague, Paris.

—. 1965. Aspects of the theory of syntax. Cambridge, MA.

—. 1969. Aspekte der Syntax-Theorie. Frankfurt a. M.

Coseriu, E. 1974. Synchronie, Diachronie und Geschichte. Das Problem des Sprachwandels. München.

Curme, G. O. 1931/1935. A grammar of the English language. Vol. 2 (1935): Syntax. Vol. 3 (1931): Parts of Speech and Accidence. Boston, New York, Chicago, Atlanta, San Francisco, Dallas, London.

Delbrück, B. 1893. Vergleichende Syntax der indogermanischen Sprachen. 1. Theil. Straßburg. (= Grundriß der vergleichenden Grammatik der indogermanischen Sprachen 3).

Der Große Duden 1935. Grammatik der deutschen Sprache. Eine Anleitung zum Verständnis des Aufbaus unserer Muttersprache. Bearb. v. O. Basler unter Mitwirkung der Fachschriftleitung des Bibliographischen Instituts. Leipzig.

Forsgren, K.-A. 1985, Die deutsche Satzgliedlehre. 1780—1830. Zur Entwicklung der traditionellen Syntax im Spiegel einiger allgemeiner und deutscher Grammatiken, Göteborger Germanistische Forschungen 29, Göteborg.

—. 1992. Satz, Satzarten, Satzglieder. Zur Gestaltung der deutschen traditionellen Grammatik von Karl Ferdinand Becker bis Konrad Duden 1830—1880. Münster.

Gleason, H. A. 1965. Linguistics and English grammar. New York, Chicago, San Francisco, Toronto, London.

Glinz, H. 1947. Geschichte und Kritik der Lehre von den Satzgliedern in der deutschen Grammatik. Bern.

Grimm, J. 1837; ²1898. Deutsche Grammatik. 4. Theil. Gütersloh.

Güntert, H. 1929 a. Rezension „Weisgerber, L. (1929): Muttersprache und Geistesbildung. Göttingen: Vandenhoeck und Ruprecht." Wörter und Sachen 12. 405f.

—. 1929 b. Zum heutigen Stand der Sprachforschung. Wörter und Sachen 12. 386—397.

Havers, W. 1931. Handbuch der erklärenden Syntax. Ein Versuch zur Erforschung der Bedingungen und Triebkräfte in Syntax und Stilistik. Heidelberg. (= Indogermanische Bibliothek, Reihe 1, Bd. 20).

Heyse, J. Ch. A. 1838/1849. Ausführliches Lehrbuch der deutschen Sprache. Neu bearb. v. K. W. L. Heyse. 2 Bde. Hannover.

Heyse, K. W. L. 1856. System der Sprachwissenschaft, hrsg. von H. Steinthal. Berlin. [Nachdruck Hildesheim, New York 1973].

House, H. C., and S. E. Harman, 1931; ²1950. Descriptive English grammar. Englewood Cliffs.

Humboldt, W. v. 1836. Über die Kawi-Sprache auf der Insel Java nebst einer Einleitung über die Verschiedenheit des menschlichen Sprachbaues und ihren Einfluß auf die geistige Entwicklung des Menschengeschlechts. Bd. 1. Berlin: Königliche Akademie der Wissenschaften. (= Abhandlungen der Königlichen Akademie der Wissenschaften zu Berlin 1832, Teile 2, 3, 4).

Hundsnurscher, F. 1984. Prinzipien und Methoden historischer Syntax. In: Sprachgeschichte. Ein Handbuch zur Geschichte der deutschen Sprache und ihrer Erforschung. Hrsg. von W. Besch,

O. Reichmann und St. Sonderegger. 1. Halbband. Berlin etc. S. 642−653.

Jespersen, O. 1924. The philosophy of grammar. London.

−. 1933; ³1935. Essentials of English grammar. London.

−. 1937. Analytic syntax. Copenhagen.

−. 1909−1949. A modern English grammar on historical principles. Part 1, Sounds and Spellings. 1909; ⁴1928. Part 2, Syntax. Vol. 1. 1914; ⁴1936. Part 3, Syntax. Vol. 2. 1927. Part 4, Syntax. Vol. 3. 1931. Part 5, Syntax. Vol. 4 1940. Part 6. Morphology 1942. Part 7, Syntax. 1949. Copenhagen, Heidelberg, London.

Kern, F. 1883. Die deutsche Satzlehre. B.

Krüger, G. 1914−1917. Syntax der englischen Sprache vom englischen und deutschen Standpunkte nebst Beiträgen zu Wortbildung, Wortkunde und Wortgebrauch. 2., neu bearbeitete und stark vermehrte Auflage. 4 Bde. Dresden, Leipzig.

Kruisinga, E. 1911; ²1915; ⁵1931f. A handbook of present-day English. Part 2: English accidence and syntax. 3 Bde. Groningen.

Lühr, R. 1989. Bemerkungen zur Grammatiktheorie Jakob Grimms und Karl Ferdinand Beckers. Sprachwissenschaft Bd. 14, S. 126−160.

Mätzner, E. 1860−1865. Englische Grammatik. Theil 1, Die Lehre der Worte. 1860 Theil 2, Die Lehre von der Wort- und Satzfügung. Zwei Hälften. 1894/1965. Berlin.

Miklosich, F. 1868/1874. Vergleichende Grammatik der slavischen Sprachen. Bd. 4. Wien.

Naumann, B. 1986. Grammatik der dt. Sprache zwischen 1781 und 1856. Die Kategorien der deutschen Grammatik in der Tradition von Johann Werner Meiner und Johann Christoph Adelung. Philologische Studien und Quellen 114, Berlin.

Otto, E. 1919. Zur Grundlegung der Sprachwissenschaft. Bielefeld, Leipzig.

Paul, H. 1919/1920. Deutsche Grammatik. Bde. 3, 4. Teil 4: Syntax. Halle a. d. S. [Nachdruck Tübingen 1968].

−. 1850, ⁵1920 Principien der Sprachgeschichte. 5. Auflage. Halle a. d. S.: Niemeyer. [Nachdruck der 5. Auflage. Darmstadt 1960].

Poutsma, H. 1904−1926. A grammar of late modern English. For the use of continental, especially Dutch, students. Part 1, The sentence. First half, The Elements of the Sentence. 1904; ²1928. Second half, The composite sentence. ²1929. Part 2, The parts of speech. Section 1 A, Nouns, adjectives and articles, 1914. Section 1 B, Pronouns and numerals.

1916. Section 2, The verb and the particles, 1926. Groningen.

Reed, A., and B. Kellogg. 1891. Higher lessons in English. New York.

−. 1899. Graded lessons in English: An elementary grammar. New York.

Ries, J. 1894; ²1927. Was ist Syntax? Ein kritischer Versuch. Prag. [Nachdruck der 2., um einen Anhang vermehrten Auflage. Darmstadt 1967].

−. 1931. Was ist ein Satz? Prag. (= Beiträge zur Grundlegung der Syntax 3).

Seidel, E. 1935. Geschichte und Kritik der wichtigsten Satzdefinitionen. Jena. (= Jenaer Germanistische Forschungen 27).

Steinthal, H. 1855. Grammatik, Logik und Psychologie. Ihre Prinzipien und ihr Verhältnis zueinander. Berlin. [Nachdruck Hildesheim 1968].

Sweet, H. 1892/1898. A new English grammar. Logical and historical. 2 Bde. Oxford.

Vesper, W. 1980. Deutsche Schulgrammatik im 19. Jahrhundert. Zur Begründung einer historisch-kritischen Sprachdidaktik. Tübingen (= Reihe Germanistische Linguistik 25).

Wendt, G. 1914. Syntax des heutigen Englisch. 2. Teil, Die Satzlehre. Heidelberg.

Whitney, W. D. 1867. Language and the study of language. 12 lectures on the principles of linguistic science. London. [Nachdruck Hildesheim, New York 1973].

Wilmanns, W. 1893/1896. Deutsche Grammatik. Gotisch-, Alt-, Mittel- und Neuhochdeutsch. 1. Abteilung, Lautlehre. 2. Abteilung, Wortbildung. Straßburg.

Wunderlich, H., und H. Reis. 1892, ³1924. Der deutsche Satzbau. 3., vollständig umgearbeitete Auflage. 1. Band. Stuttgart, Berlin.

Wundt, W. 1900. Völkerpsychologie. Eine Untersuchung der Entwicklungsgesetze von Sprache, Mythus und Sitte. 1. Band, Die Sprache. 2 Theile. Leipzig.

Wurst, R. J. 1836. Theoretisch-praktische Anleitung zum Gebrauche der Sprachdenklehre. Ein Handbuch für Elementarlehrer, welche vorwärts schreiten und sich vorbereitend mit dem neuesten Standpunkte der deutschen Sprachwissenschaft bekannt machen wollen. Reutlingen.

Zandvoort, R. W. 1937. In Memoriam H. Poutsma. English Studies 19. 120−122.

−. 1957. A handbook of English grammar. London, New York, Toronto.

Franz Hundsnurscher, Münster (Deutschland)

8. Funktionale Grammatik

1. Syntaktische Funktion als notwendige Komponente des grammatischen Systems
2. Analyse der syntaktischen Funktion als notwendiger Bestandteil der Beschreibung des grammatischen Baus der Sprache
3. Die Behandlung des Funktionsbegriffs in der Grammatik der ersten Hälfte des 20. Jh.
4. Die funktionale Betrachtungsweise der Grammatik in der Mitte und in der zweiten Hälfte des 20. Jh. Gestalt- und gehaltbasierte funktionale Grammatiken
5. Das System der grammatischen Formen und Kategorien und ihre syntaktische Ausrichtung in der gestaltbasierten funktionalen Grammatik
6. Der Aspektreichtum der grammatischen Erscheinungen. Ihre Hauptdimensionen und ihre Aspekte in der Sicht der gestaltbasierten funktionalen Grammatik
7. Der Feldbegriff in der gestaltbasierten funktionalen Grammatik
8. Syntaktische Paradigmatik
9. Schlußbemerkungen
10. Literatur

1. Syntaktische Funktion als notwendige Komponente des grammatischen Systems

Da die Sprache funktional ausgerichtet ist (kommunikativ, kognitiv, emotiv), ist auch der grammatische Bau der Sprache, die grammatischen Formen und die Beziehungen zwischen ihnen, funktional ausgerichtet. Die Mannigfaltigkeit der Funktionen liegt dem multidimensionalen Wesen des grammatischen Systems zugrunde (Admoni 1971, 54—68). Von den zwei sich formal unterscheidenden Bereichen der Grammatik (Morphologie und Syntax), die in sehr vielen Sprachen (Morphologie zum Teil nur in Andeutungen) vorhanden sind, ist die Syntax vor allem und auf verschiedene Weise funktionell eingestellt.

2. Analyse der syntaktischen Funktion als notwendiger Bestandteil der Beschreibung des grammatischen Baus der Sprache

Von der Antike an ist in den europäischen praktischen und theoretischen Versuchen, den grammatischen Bau zu beschreiben, immer die funktionale Komponente vorhanden, obgleich es längere Zeit nur implizite geschehen ist.

2.1. Die morphologischen Formen, deren Beschreibung lange den Grundstock der Schilderung des grammatischen Baus bildete, wurden vor allem unter dem Gesichtspunkt der Funktion aufgefaßt, gewisse allgemeine Bedeutungsgehalte auszudrücken (z. B. die Redeteile). Allerdings wurden diese Bedeutungsgehalte selbst zum Teil sehr undifferenziert behandelt. Die Auffassung der Funktion als Ausdruck des verallgemeinerten Gehalts von grammatischen Formen verursachte die Nähe der Begriffe Funktion und Bedeutung. Es wurde auch sehr früh auf die Funktion der Wortform hingewiesen, sich an der Gestaltung des Satzes zu beteiligen, und auf die Fügungspotenzen (Valenz) der Wortarten. Es wurden auch die Funktionen der in der syntaktischen Hierarchie niedriger stehenden Formen in den höher stehenden Gebilden unter verschiedener Benennung erörtert, z. B. der Zusammenschluß von Hauptsatz und Nebensatz zum komplexen Satz.

2.2. In der neueren Zeit wurde infolge der Beschäftigung mit den neuen europäischen Sprachen und später dank der Bekanntschaft mit den Sprachen ganz anderen Sprachbaus betont, daß sich dieselben grammatischen Funktionen mit Hilfe von ganz verschiedenen sprachlichen, darunter auch von verschiedenen grammatischen Mitteln realisieren lassen. Von den Romantikern (Fr. Schlegel, A. W. Schlegel u. a.) wurde dieser Gedanke präzisiert und dann von W. Humboldt als Grundlage für die typologische Erforschung des Sprachbaus von ganz verschiedenen Sprachen erweitert. Etwas früher, in ihren Anfängen bereits in der französischen Grammatik des 18. Jh., aber in entwickelter Form am Beginn des 19. Jh. bei K. F. Becker, wurde die Satzgliedfunktion der Wortarten erörtert.

3. Die Behandlung des Funktionsbegriffs in der Grammatik der ersten Hälfte des 20. Jh.

Als Übergang zu der für das 20. Jh. charakteristischen Hervorhebung der Rolle der Funktion in dem Sprachbau ist das Schaffen einiger Sprachforscher zu werten, die in den letzten Jahrzehnten des 19. Jh. eben auf der Grundlage der Funktion eine radikale Umdeutung der traditionellen Begriffe der Sprachwissenschaft unternahmen. Allerdings stand dabei die lautliche Seite der Sprache im Vordergrund. So bildete J. A. Baudouin de Courtenay den Begriff des Phonems, der den Sprachlaut unter dem Gesichtspunkt seiner Funktion im lexikalen und grammatischen System der Sprache erfaßt. Andererseits wurde zu Beginn des 20. Jhs. kolossales Material, besonders in historischer Sicht, über die Funktionen von ganzen Wortarten und Lexemen von den Junggrammatikern zusammengetragen. Für die deutsche Sprache sind in erster Linie die mehrbändigen Werke von H. Paul und O. Behaghel zu nennen.

3.1. Es waren drei Richtungen in den ersten Jahrzehnten des 20. Jh., die für die weitere Entwicklung der funktionalorientierten Grammatik maßgebend waren:

(a) Die Sprachlehre von F. de Saussure, die behauptet, daß in der Sprache die materiellen Einheiten nur dank ihrer Ausstattung mit Bedeutungen, dank der Funktion, die ihnen eigen ist, existieren. Die Weiterführung dieser These findet sich in konkretisierter Form bei der Prager Schule. (Vgl. Art. 16.)
(b) Die Theorie von L. Bloomfield, die in der grammatischen Funktion die Bezeichnung für die Beziehungen zwischen den grammatischen Formen sieht, was für den amerikanischen Deskriptivismus entscheidend wurde.
(c) Die von manchen Forschern aufgestellte Forderung, die Grammatik nicht nur von der Form, sondern auch von der Semantik ausgehend aufzubauen (z. B. F. Brunot, O. Jespersen, Ch. Bally, L. W. Ščerba u. a.).

4. Die funktionale Betrachtungsweise der Grammatik in der Mitte und in der zweiten Hälfte des 20. Jhs. Gestalt- und gehaltbasierte funktionale Grammatiken

In der Mitte und in der zweiten Hälfte des 20. Jh. wurde die funktionale Betrachtungsweise der Sprache und insbesondere der Grammatik immer weiter und expliziter ausgebaut. In dieser Zeit entsteht auch der Fachausdruck *funktionale Grammatik*, allerdings neben mehreren Grammatikarten (generative Grammatik, Dependenzgrammatik usw.). Aber die funktionale Grammatik scheint unter ihnen eine besondere Stellung einzunehmen, da sie offen ist (s. Admoni 1973a, 9—11). Es scheint, daß sich die funktionale Grammatik als solche zuerst am Ende der 50er und im Laufe der 60er Jahre in den Arbeiten über die französische und über die deutsche Sprache herausgebildet hat. Es kommen hier in erster Linie die Schriften von A. Martinet und die Grammatiken der deutschen Sprache von J. Erben, W. Admoni und H. Brinkmann in Betracht. Am Ende der 60er Jahre wird der Begriff der funktionalen Grammatik von W. Schmidt expliziert. Sehr oft wird der Fachausdruck *funktionale Grammatik* in den 70er Jahren gebraucht. Es hat sich sogar eine Internationale Gesellschaft für funktionale Linguistik gebildet. In der Masse der funktional-grammatischen Arbeiten gibt es zwei scharf voneinander getrennte Linien: Eine Richtung der funktionalen Grammatik geht von der grammatischen Form aus, was sie mehr mit der grammatischen Tradition verbindet. In den Punkten 5.—8. wird eben auf diese Richtung Rücksicht genommen, wie sie in der Konzeption des Verfassers dieser Zeilen vertreten ist. Man kann sie als *gestaltbasierte funktionale Grammatik* bezeichnen oder genauer, speziell in diesem Fall, als *multidimensionale funktionale Grammatik*, was ihrem theoretischen Wesen entspricht. Aber aus Raummangel wird weiter unten der Zusatz „multidimensional" weggelassen. Die andere Richtung der funktionalen Grammatik geht von der Funktion aus, die in den meisten Fällen als Bedeutung auftritt. Diese Art der funktionalen Grammatik läßt sich somit als *gehaltbasierte* bezeichnen. Auch sie hat wichtige Vorläufer (vgl. 3.1.). Aber als zusammenhängendes System, eben als eine Grammatik irgendeiner konkreten Sprache, kommt die gehaltbasierte funktionale Grammatik erst jetzt zum Vorschein.

4.1. Eine Vorstufe zur Schaffung der gehaltbasierten funktionalen Grammatik ist die Aufstellung von grammatischen Feldern. Der Begriff des Modalfeldes kommt z. B. bei H. Brinkmann vor (1962, 345; 359—376.) Aber erst am Ende der 60er Jahre wird dieses Problem auf der Grundlage der deutschen Sprache von J. Gulyga und J. Šendels und der russischen Sprache von A. Bondarke systematisch erörtert. Bei Gulyga/Šendels heißen die Felder grammatikal-lexikale, bei Bondarko funktional-semantische, aber sie stellen in beiden Fällen solche Gebilde dar, die durch das Zusammenwirken von verschiedenen grammatischen und lexikalen Mitteln einen grammatisch relevanten Bedeutungsgehalt in seinen verschiedenen Aspekten und Schattierungen als eine Ganzheit wiedergeben. Es wird auch die Strukturierung der Felder untersucht.

4.1.1. Nach Gulyga/Šendels bilden die in einem grammatisch-lexikalen Feld vereinigten Mittel ein System, zu dem mindestens zwei entgegengesetzte Bedeutungen gehören. Jede von solchen Bedeutungen bildet ein Mikrofeld. Das Feld hat eine ungleichartige komplizierte Struktur. Die Mehrheit der Felder kennt eine Dominante, die zur Wiedergabe des betreffenden Bedeutungsgehalts besonders geeignet ist, ihn besonders eindeutig wiedergibt und systematisch gebraucht wird. Je nach der Beschaffenheit des Feldes gehört die Dominante entweder zur Morphologie oder zur Syntax oder zur Lexik. Um die Dominante lagern sich die Konstituenten des Feldes, die mit ihr besonders eng verbunden sind. Dies ist der Kern des Feldes. Die übrigen Konstituenten bilden die Peripherie des Feldes. Aber das Feld kann auch der Dominante entbehren. Die Mehrdeutigkeit der Konstituenten erlaubt, daß sie sich gleichzeitig noch an andere Felder anschließen. (Gulyga/Šendels 1969, 9—10, 70—74) Das Buch von Gulyga/Šendels ist das erste, wenn auch unvollständige, gehaltbasierte funktionale Grammatik des Deutschen. Übrigens sind an gehaltbasierten funktionalen Exkursen auch einige andere neuere Grammatiken der deutschen Sprache reich, besonders die von H. Brinkmann (1962), deren Untertitel die Formel „Gestalt und Leistung" aufweist. In dem Vorwort zur ersten Auflage seiner Grammatik sagt auch J. Erben (1958, V—VI), daß es sich empfiehlt, „von der Funktion auszugehen und dann nach den Formen zu fragen, in denen das Wort (bzw. der Satz) bei seiner Leistung erscheinen kann". Aber in ihrem Grundwesen bleiben doch die Grammatiken von Brinkmann und Erben gestaltbasiert. (Über die inhaltbezogene Grammatik von L. Weisgerber s. Art. 9.)

4.1.2. In dem vom Bondarko ausgearbeiteten und viel entwickelteren System der funktionalen Grammatik wird u. a. die Funktion der sprachlichen Einheiten in ihrer Beziehung zur Sprache und zur Rede differenziert: a) Die Funktion als Potenz, b) die durch diese Potenz bestimmten Gesetzmäßigkeiten des Funktionierens, c) die Ergebnisse des Funktionierens. Die Funktion wird von der Bedeutung unterschieden, da die letztere in der Sprache wurzelt, wogegen die Funktion auch auf außersprachliche Ziele gerichtet sein kann. Die grammatischen Kategorien bilden funktional-semantische Felder, die ihre Struktur bestimmen. Solche Felder nehmen verschiedene Konfiguration an und befinden sich in Wechselwirkung miteinander. In der Rede stützen sich die funktional-semantischen Felder auf kategoriale Situationen, gehaltmäßige Strukturen, die gewisse semantische Komponenten und die Beziehungen zwischen ihnen enthalten (Bondarko 1984, 29; 32; 38; 42 ff; 98 ff). Jetzt wird unter Bondarkos Leitung eine groß angelegte gehaltbasierte funktionale Grammatik verfaßt, die sich vor allem auf das Material der russischen Sprache stützt, aber auch sprachvergleichend ausgerichtet ist.

4.1.3. Auch die vielen grammatischen Ansätze der letzten Zeit, die den Kommunikationsprozeß selbst und den Sprechakt, überhaupt die Pragmatik, heranziehen, lassen sich als Abarten der funktionalen Grammatik bezeichnen. Man könnte sie als pragmatischbasierte funktionale Grammatik bezeichnen. Es gibt auch Arbeiten solcher Art, die sich eben funktionale Grammatiken nennen. (Vgl. Art. 17.)

5. Das System der grammatischen Formen und Kategorien und ihre syntaktische Ausrichtung in der gestaltbasierten funktionalen Grammatik

Der Begriff der grammatischen Form wird hier sehr weit gezogen, verschiedene syntaktische Mittel einschließend. Es werden außer morphologischen und rhythmisch-melodischen Formen auch Valenz, topologische Formen, Ersatz und Ersparung berücksichtigt. (Admoni 1982, 215—218.) Auch die Klassifikation der grammatischen Kategorien ist hier syntaktisch ausgerichtet. Es werden *logisch-grammatische*, *kommunikativ-grammatische* und *strukturelle Kategorien* ausgesondert. Die kommunikativ-grammatischen sind eine Modifizierung der von A. M. Peškovskij ausgesonderten subjektiv-objektiven Kategorien, die die Einstellung des Sprechenden zu den Beziehungen zwischen Wörtern usw. bezeichnen, z. B. die Kategorien der Zeit, des Modus usw. (Peškovskij 1956, 89.) Diese Kategorien sind aber auch mit den konkreten Formen verbunden, in denen die sprachliche Kommunikation verläuft (die Kategorie der Person wird z. B. durch die Partnerrolle in dem Redeakt bestimmt), was die Bezeichnung *kommunikativ-grammatisch* rechtfertigt. Dagegen bezeichnen die logisch-grammatischen Kategorien (z. B. die grammatischen Wortarten) die besonderen Arten von Dingen oder von Sachverhalten, wie sie von der natürlichen Logik des Menschenverstandes, allerdings unter verschiedenen Gesichtswinkeln, aufgefaßt werden. Übrigens sind die logisch-grammatischen und die kommunikativ-grammatischen Kategorien auf mannigfache Weise miteinander verbunden. (Admoni 1982, 4—6). Die strukturellen Kategorien umfassen die regelhaft (wenn auch nicht ausnahmslos) auftretenden Arten der Strukturierung von Wortformen und von syntaktischen Gebilden (Admoni 1982, 6). Solche Strukturierungsarten können mehr oder weniger den gesamten Bereich einer Sprache erfassen. So betrachtet Ch. Bally die französische Sprache als solche, in der die progressive Abfolge der zusammenhängenden Komponenten in allen Bereichen des Sprachsystems herrscht, so daß in der Syntax das herrschende und zu bestimmende Glied dem abhängigen, bestimmenden vorangeht. Dagegen bezeichnet Bally die deutsche Sprache als eine antizipierende, die durch die Voranstellung des Gliedes, das ein anderes Glied erklärt, gekennzeichnet ist. In Wirklichkeit gibt es hier sehr viele Ausnahmen und Widersprüche, was allerdings auch bei den strukturellen Kategorien geringeren Umfangs mehr oder weniger der Fall ist. Aber es kommen auch solche Sprachen vor, die ihre strukturellen Kategorien im großen ganzen folgerichtig durchführen. So ist in den meisten türkischen Sprachen die die Kategorie der strukturellen Geschlossenheit des Satzes realisierende Endstellung des Prädikats ziemlich streng durchgeführt. Komplizierter verhält es sich mit dem analogen Gebrauch der finiten Verbalform im deutschen Nebensatz, auch mit der die strukturelle Geschlossenheit herstellenden Rahmenkonstruktion im deutschen unabhängigen Elementarsatz. (Vgl. 8.2.1.) Es gibt hier viele Abweichungen, aber die geschlossenen Gebilde bilden doch die Grundlage des deutschen Wortstellungssystems (Admoni 1985 a, 1552) und sind für die von O. Behaghel postulierte syntaktische Ruhelage des Satzes kennzeichnend. Bei der Analyse der Kategorie des strukturellen Satzkerns ist die obligatorische Fügungspotenz der diesen Kern bildenden Wortformen entscheidend. Es ist zum Beispiel dem kopulativen Verb im Deutschen die obligatorische Verbindung mit dem Prädikativ eigen. Dies hat zur Folge, daß in den Fällen, wenn der Kontext oder die Situation die Erwähnung des Prädikativs eigentlich überflüssig machen, dessen Platz doch durch das pronominale *es* besetzt wird, das oft in abgeschwächter Form *'s* auftritt. Im Englischen dagegen ist solche Füllung dieser Leerstelle überflüssig: *Bist du krank? — Ich bin's; Are you ill? I am.* (Admoni 1966, 172—173).

5.1. Von den allgemeineren strukturellen syntaktischen Kategorien ist vor allem die Komposition der syntaktischen Einheiten zu nennen (Admoni 1982, 291—296). Es unterscheiden sich dabei einerseits die geradlinigen und verzweigten Konstruktionen, andererseits die gespannten und die spannungslosen (abperlenden) Konstruktionen. Innerhalb der verzweigten Konstruktionen unterscheiden sich die zentrierten, deren Abzweigungen (Nebensätze, Infinitiv- und Partizipialkonstruktionen, Verselbständigungen) vor und nach dem Kern der Konstruktionen stehen, und die gestreckten Konstruktionen, deren grammatische Grundlinie einmal oder mehrmals von Abweichungen unterbrochen ist. Die geradlinigen Konstruktionen werden auch Reihungen genannt. Auf die Rolle der gespannten Satzstrukturen (Satzrahmen) für die deutsche Sprache wurde bereits in den 30er Jahren von W. Admoni, E. Drach u. a. nachdrücklich hingewiesen.

5.2. Eine andere allgemeine strukturelle syntaktische Kategorie ist der Umfang von syntaktischen Einheiten. Die Kategorie des Umfangs ist auch auf anderen Ebenen der Sprache wesentlich (z. B. der Umfang des Wortes, der Silbe), aber in der Syntax ist sie besonders wichtig, da man es hier oft mit außerordentlich bedeutenden Schwankungen zu tun hat, besonders im Bereich des Satzes. Und der Umfang des Satzes ist ja von großem Belang für das ganze grammatische System, da eben der Satz den Raum bietet, in dem alle grammatischen Formen ihre Funktionen ausüben.

5.3. Um den Umfang der syntaktischen Einheiten und manche andere ihrer quantitativen Züge in ihren Schwankungen zu erfassen, wurde in der gestaltbasierten funktionalen Grammatik im wesentlichen nicht die mathematische Statistik verwendet. Die statistische Gesamtmenge besteht ja in der Sprache, besonders in den modernen nationalen Sprachen, aus sehr vielen und sehr verschiedenen Komponenten, deren Quoten nicht zu ermitteln sind. Es wurde deswegen das Schwergewicht in den meisten quantitativen Analysen auf die Feststellung von funktional motivierter Überschneidung gewisser qualitativer Züge der syntaktischen Erscheinungen mit gewissen quantitativen Zügen gelegt. Dies wurde an solchen Texten praktiziert, die unzweideutig für bestimmte Funktionalstile und Textsorten, in der Schönen Literatur auch für bestimmte künstlerische Stile, repräsentativ waren. Wenn eine Reihe solcher Textproben ungefähr gleiche quantitative Merkmale ergab, so wurde eine Tendenz in dem Gebrauch der quantitativen Züge in diesem qualitativen Bereich als vorhanden betrachtet, aber eben als eine Tendenz, die für manche Variierungen Spielraum schafft, nicht als eine Gesetzmäßigkeit. Solches Verfahren wurde als symptomatische Statistik oder einfach als Symptomatik bezeichnet. Sie stellt keineswegs den Gebrauch der mathematischen Statistik in Frage in den Fällen, wenn es zweckmäßig ist, z. B. wenn es sich um Probleme handelt, die mit komputermäßiger Verarbeitung der grammatischen Daten verbunden sind (Admoni 1970, 89—102).

5.4. Die strukturellen Kategorien entwickeln sich historisch, wie es auch allen anderen sprachlichen Kategorien eigen ist. Die Veränderungen der Formen, die zu diesen Kategorien gehören, vollziehen sich unter der Einwirkung von verschiedenen Faktoren und verlaufen in verschiedenen Funktionalstilen und Textsorten ungleichmäßig, aber es ist in der Regel möglich, allgemeine Tendenzen in solchen Entwicklungen festzustellen und gewisse innere Tendenzen aufzudecken, die der Entfaltung bestimmter Arten von strukturellen Formen besonders günstig sind. Auch solche Tendenzen sind Ergebnisse gewisser historischer Entwicklungen, die sich aber gewöhnlich nicht explizieren lassen. In vielen Fällen ist aber dabei die Rolle der kommunikativen und kognitiven Triebkräfte sehr groß. Dies gilt z. B. für die Entwicklung des Umfangs des Ganzsatzes und des Elementarsatzes (vgl. 8.2.1), die in den modernen nationalen Sprachen keine Isoquantie aufweisen. Der Ganzsatz zeigt im allgemeinen im 17. und 18. Jh. in der Schriftsprache die Tendenz zur bedeutenden Vergrößerung seines Umfangs, der sich aber im 19. und besonders im 20. Jh. verringert, was mit dem Rückgang des Satzgefüges in Verbindung steht. Dagegen bleibt der Umfang des Elementarsatzes, der im 17. und 18. Jh. auch anwächst, in den folgenden Jahrhunderten mehr oder weniger stabil. Dies wurde sowohl für die deutsche Sprache (Admoni 1973 b, 14—29), als auch für die englische Sprache (Malachowskij 1981, 199—248) ermittelt. Viel komplizierter ist die Lage in der Schönen Literatur, in der der Individualstil einiger hervorragender Schriftsteller oft den allgemeinen Entwicklungstendenzen widerspricht (Admoni 1973 b, 16—23).

5.5 Die gestaltbasierte funktionale Grammatik vertritt überhaupt die These, daß der grammatische Bau nicht nur ein Beziehungssystem ist, wie es Saussure behauptet, sondern auch ein Gestaltungssystem, das die Organisierung, d. h. Einheitlichkeit und Gliederung der grammatischen (darunter auch syntaktischen) Formen sichert, was eine notwendige Voraussetzung für das Funktionieren und somit überhaupt für die Existenz der Sprache ist (Admoni 1971, 42—52).

6. Der Aspektreichtum der grammatischen Erscheinungen. Ihre Hauptdimensionen und ihre Aspekte in der Sicht der gestaltbasierten funktionalen Grammatik

Die Fülle der Funktionen, die Sprache und ihre grammatischen Formen zu realisieren haben, und das komplizierte, hierarchische, sich mannigfaltig kreuzende System dieser Formen selbst machen es zu einem sehr komplizierten Gebiet der Sprache, das einige Hauptdimensionen aufweist und mehrere Nebendimensionen, die sich zum Teil in verschiedenen Bereichen und in verschiedenen Sprachen verschiedenartig gestalten. Solche Nebendimensionen bezeichnet man in der gestaltbasierten funktionalen Grammatik als Aspekte.

6.1. Zwei von den Hauptdimensionen des grammatischen und überhaupt des sprachlichen Systems sind längst in der Sprachwissenschaft wenigstens implizite behandelt worden, aber im 20. Jh., vor allem unter der Einwirkung von Saussure, wurde auch ihre explizite Betrachtung ganz allgemein. Es sind die *Paradigmatik* und die *Syntagmatik*. Es sei betont, daß in der Grammatik die Rolle der Syntax in der Gestaltung dieser Dimensionen sehr bedeutend ist. Denn nicht nur Syntagmatik ist syntaktisch ausgerichtet, was sogar ihrer Benennung entnommen werden kann, sondern auch die Paradigmatik verfügt über ein kompliziertes System von syntaktischen Paradigmen (s. 8.).

6.2. Vom Standpunkt der gestaltbasierten funktionalen Grammatik aus gibt es aber noch eine sprachliche Hauptdimension, namentlich die Überlagerung einiger sprachlicher Komponenten durch andere. Dies findet auf verschiedenen Gebieten der Sprache statt. Auf dem lautlichen Gebiet werden die Phoneme durch rhythmisch-melodische (supersegmentale) Mittel überlagert. Auf dem Gebiete der Lexik die unmittelbare, denotative Bedeutung des Wortes durch verschiedene konnotative Bedeutungen. Auf dem Gebiete der Grammatik die Wortform durch eine von Sprache zu Sprache stark variierende Menge von grammatischen Bedeutungen (s. Potebnja 1958, 91 f, 107 ff). Auf diese Weise erscheinen die einfachsten, die Redekette unmittelbar bildenden, d. h. aufeinander folgenden sprachlichen Komponenten als Grundlage für verschiedenartige Kolonnen von Bedeutungen und Funktionen. Eine solche Dimension der Sprache, die die reale Tiefe der Redekette, auch ihrer einzelnen Komponenten, ausmacht, wird in der gestaltbasierten funktionalen Grammatik als die *bathysmatische* (vom griech. *batys* 'tief') oder einfach als Bathysmatik bezeichnet.

6.3. Die Bathysmatik kann sich auch in der Lexik als eine sehr komplizierte gestalten, da die Zahl der Konnotationen und metaphorischen Bedeutungen im sprachlichen Gebrauch eines Lexems bedeutend sein kann. In der Schönen Literatur treten noch manche spezifische Überlagerungsformen hinzu, wie z. B. der Subtext (Silman 1970, 351 ff), die sich besonders stark im 20. Jh. entwickeln.

6.4. Die Hauptdomäne der Bathysmatik ist jedoch die Grammatik, wie sie sich in der Redekette gestaltet. Allerdings sind auch der Wortform oft mehrere sich überlagernde grammatische Bedeutungsgehalte eigen, ja zum Teil sogar einem einzelnen Hilfsmorphem. Solche Bedeutungen werden als Konstante bezeichnet. Aber eine viel größere Anzahl von Bedeutungen und/oder Funktionen überlagert die morphologischen Formen eben in der Redekette, im Satz, überhaupt in ihrem syntaktischen Gebrauch. Es sind z. B. die Bedeutungen der Satzglieder, der Satzarten, des Lokal- und Temporalbereichs, der funktionalen Satzperspektive usw. Solche Bedeutungen werden als variable bezeichnet. Es ließen sich noch manche Unterscheidungen in der Art der die morphologischen Formen überlagernden Bedeutungen und/oder Funktionen anführen. In ihrem Zusammenwirken bilden diese Überlagerungen ein aus mehreren semantisch-funktionalen Linien bestehendes partiturartiges Gebilde. Im Deutschen scheint die Anzahl solcher Linien, wenn man nur die allgemeineren berücksichtigt, ungefähr dreißig zu erreichen. Es wurde auch ein Schema eines solchen Gebildes umrissen (Admoni 1982, 311—317). Die gestaltbasierte funktionale Grammatik ist der Ansicht, daß erst die explizite Behandlung der bathysmatischen Dimension im Zusammenhang mit der paradigmatischen und der syntagmatischen Dimension das sprachliche System in seinem konkreten Funktionieren wirklich erfassen läßt.

7. Der Feldbegriff in der gestaltbasierten funktionalen Grammatik

In der Geschichte der Grammatik scheint der Feldbegriff eingehend und explizite zuerst eben in der gestaltbasierten Grammatik behandelt zu werden (Admoni 1971, 68—73), obgleich dieser Begriff als solcher bereits früher in der gehaltbasierten funktionalen Grammatik verwendet wurde (s. 4.1.). Für die gestaltbasierte funktionale Grammatik ist in der Unterscheidung des Kerns (des Zentrums) des grammatischen Feldes und seiner Peripherie besonders wichtig, daß die Peripherie sehr mannigfaltig gestaltet werden kann und sich in den lebenden Sprachen in vielen Fällen, wenn nicht immer, beständig verschiebt. Es verändert sich z. B. die lexikale Füllung des Feldes, was gewisse Verlagerungen im semantischen Gehalt der betreffenden Form zur Folge haben kann. Das entspricht dem offenen Status des grammatischen Systems und seiner beständigen Berührung mit dem Kommunikationsprozeß. Auch die Möglichkeit, daß gewisse Segmente eines grammatischen Feldes zugleich zu einem anderen Feld gehören, wird hier unterstrichen und mit dem multidimensionalen Charakter des sprachlichen Systems in Verbindung gebracht. Als ein krasses Beispiel solcher gemeinsamen Segmente wird die Kurzform des deutschen Adjektivs angeführt, die zugleich zu dem Feld des Adjektivs und zu dem des Adverbs gehört (Admoni 1982, 14).

7.1. Der Ausgangspunkt bei der Aufstellung der gestaltbasierten grammatischen Felder ist die Tatsache, daß die grammatischen Formen in der Regel mehrere Merkmale aufweisen, die aber unter den zu dieser Form gehörenden Lexemen nicht gleichmäßig verteilt sind. In sehr vielen Fällen besitzt nur ein Teil der konkreten Realisierungen der Form alle solche Merkmale, wogegen manche andere Realisierungen sie nur teilweise aufweisen, aber irgendwelche Merkmale besitzen, die anderen grammatischen Feldern eigen sind. (Vgl. 7.).

Nicht nur die Kurzform des deutschen Adjektivs, sondern auch das deutsche Adjektiv selber läßt sich als ein kompliziertes grammatisches Feld vom Standpunkt seiner lexikalen Realisierungen aus betrachten.

Es sind ihm einige paradigmatische und syntagmatische Formen eigen: die Deklination, die Komparation, die Verwendung als Attribut, Prädikativ und prädikatives Attribut. Aber nicht alle semantisch-grammatischen Klassen des deutschen Adjektivs nehmen an diesen Formen auf gleiche Weise teil.

In vollem Umfang sind sie, nicht ausnahmslos, bei den qualitativen Adjektiven vorhanden. Aber sie alle oder einige von ihnen fehlen bei den semantisch-relativen und Stoffadjektiven, auch bei einigen qualitativen Adjektiven mit absoluter Semantik — z. B. *tot* (Admoni 1982, 141—143).

7.2. Die feldmäßige Struktur des Bedeutungsgehalts ist auch den syntaktischen Gebilden des grammatischen Systems eigen. So weisen z. B. auch viele logisch-grammatische Satztypen (Admoni 1982, 235—249), in Abhängigkeit von ihrer lexikalen Füllung, semantische Abweichungen von dem verallgemeinerten Bedeutungsgehalt der betreffenden Typen auf. Im Deutschen und in manchen anderen Sprachen ist es besonders der Typ, der durch Zusammenfügung von Nominativsubjekt, transitivem Verb und direktem Objekt (im Akkusativ) gebildet wird und die Einwirkung eines Agens auf ein Objekt ausdrückt. Viele Grammatiker weisen darauf hin, daß diese Form auch Zustand (oder potentiellen Zustand) bezeichnen kann (z. B. *Dieses Buch kostet zehn Mark*; *Der Saal faßt 600 Zuschauer*), daß dieselbe Semantik zuweilen auch mit Hilfe des Satztyps mit dem indirekten Dativobjekt ausgedrückt werden kann (z. B. *Er traf ihn — Er begegnete ihm* usw.). Deshalb leugnet man oft, daß der Satztyp mit dem Akkusativobjekt eine bestimmte Semantik hat (z. B. Regula 1968, 75). Das alles zeugt aber gar nicht von der semantischen Leere, Undifferenziertheit der betreffenden Satzform, sondern eben von ihrer Feldstruktur. Den Kern ihres Feldes bilden die Sätze, die zugleich zwei Objekte haben — ein direktes (im Akkusativ) und ein indirektes (im Dativ). In solchen Konstruktionen, die besonders regelmäßig mit den Verben des Gebens und Sagens oder Meinens ausgestattet sind, tritt ihr verallgemeinerter Bedeutungsgehalt ganz klar auf. Vgl. *Er gibt ihm ein Buch*, *Er sagte ihr ein Wort*. Die übrigen Realisierungen des hier behandelten Satztyps gruppieren sich um diesen Feldkern als seine Peripherie, die sich semantisch mehr oder weniger von ihm entfernen kann (Admoni 1982, 239—241).

7.3. Die feldmäßige Struktur der grammatischen Formen, die durchaus dem offenen Wesen des grammatischen Systems entspricht, bringt es mit sich, daß sie auch als Gebilde aufgefaßt werden können, aus deren Kernen gewisse Perspektiven, wie sie H. Brinkmann bezeichnet, sich eröffnen oder gewisse Projektionen ausgestrahlt werden, die sich nicht nur in der Peripherie der betreffenden Felder auswirken, sondern immer weiter und weiter in die Sprachwirklichkeit eindringen und zur mehr oder weniger ständigen Änderung in dem Umfang, in dem Geltungsbereich der grammatischen Felder führen, was auch zuweilen zu Verschiebungen in dem System der grammatischen Formen führen kann. Solche Perspektiven und Projektionen verbinden eben die grammatischen Formen auf unmittelbarste Weise mit der lebendigen Wirklichkeit der sprachlichen Kommunikation, des Redeakts (Admoni 1982, 8—9).

8. Syntaktische Paradigmatik

Für die gestaltbasierte funktionale Grammatik ist die leider wenig untersuchte syntaktische Paradigmatik von besonderem Interesse. Denn erst sie ermöglicht eine systematische, zusammenhängende Übersicht der mannigfaltigen syntaktischen Formen in ihren komplizierten Beziehungen zueinander. Die syntaktische Paradigmatik läßt sich sowohl für den Satz als auch für die Wortgruppe aufstellen. Übrigens wurden einige paradigmatische Formenreihen (Aussage-, Frage- und Aufforderungssätze, neben- und unterordnende Wortgruppen usw.) in der Syntax längst fixiert, aber in der Regel ohne auf den paradigmatischen Status der betreffenden Reihen hinzuweisen, also nur implizite und oft in beschränktem Umfang.

8.1. Die Notwendigkeit einer explizite und sorgfältig ausgearbeiteten syntaktischen Pa-

8. Funktionale Grammatik

radigmatik ist besonders im Bereich des Satzes evident, da die Buntheit der Satztypen recht verwirrend ist. Der erste Schritt in der Richtung zur Schaffung solcher Paradigmatik ist die Aufstellung von Aspekten, nach denen sich die Satztypen gruppieren. Als solche Aspekte können aber weder die Hauptfunktionen (kommunikative, kognitive, emotionale) noch die Hauptdimensionen der Sprache (s. 6.) gelten. Diese Funktionen und Dimensionen treten ja im konkreten Sprachsystem nicht in reiner Form auf, sondern im Zusammenhang mit verschiedenen spezielleren Funktionen, die historisch veränderlich sind und von Sprache zu Sprache wechseln, wenn hier auch tiefgehende Ähnlichkeiten zwischen mehreren, zum Teil vielleicht sogar zwischen allen Sprachen zu verzeichnen sind.

8.2. Die konkreten, funktional bestimmten Satzaspekte für die deutsche Sprache wurden in der gestaltbasierten funktionalen Grammatik bereits 1935 umrissen (Admoni 1935, 20—25). Es gehören zu ihnen: (a) Der Aspekt der logisch-grammatischen Satztypen, d. h. solcher Typen, die sich durch die Form der notwendigen Satzglieder und den Bedeutungsgehalt unterscheiden, (b) die Modalität und die Affirmativität des Satzes, (c) der Erweiterungsgrad des Satzes, (d) die Rolle des Satzes im Redestrom, (e) die Erkenntniseinstellung des Sprechenden oder die funktionale Perspektive des Satzes, (f) die Einteilung der Sätze nach ihrer kommunikativen Aufgabe, (g) der emotionale Gehalt des Satzes (Admoni 1982, 235—263).

8.2.1. Jeder von diesen Aspekten hat ein zuweilen sehr kompliziertes Paradigma der Satzformen, die zu diesem Aspekt gehören und die Wendungen eines Bedeutungsgehalts und/oder seiner Funktion zum Ausdruck bringen. Innerhalb eines Aspekts können auch zwei oder sogar mehrere Paradigmen vorkommen, die sich kreuzen und einander ergänzen. So steht im Aspekt (d) dem Paradigma der Elementarsätze, d. h. solcher Sätze, die entscheidende strukturelle Gemeinsamkeiten mit dem Einfachsatz haben (Einfachsatz — Hauptsatz — Nebensatz — Einschubsatz), das Paradigma der Ganzsätze gegenüber, d. h. solcher Sätze, die eine relativ geschlossene kognitiv-kommunikative Einheit darstellen, was graphisch durch einen Punkt oder entsprechendes Zeichen zum Ausdruck gebracht wird (Einfachsatz — Satzreihe — Satzgefüge — Satzperiode). Jeder Satz gehört notwendigerweise zu einem Paradigma (oder einigen Paradigmen) nach allen Satzaspekten, was seine Multidimensionalität klar zum Ausdruck bringt.

8.2.2. Es gibt noch zwei semantische Bereiche, die in jedem Satz irgendwie mitenthalten sind, sich aber schwer als klare und strenge syntaktische Paradigmen darstellen lassen. Es sind der Temporal- und der Lokalbereich. Sie bezeichnen ja nicht die Beschaffenheit der im Satz ausgedrückten Sachverhalte als solche, sondern geben den zeitlichen und räumlichen Rahmen an, in dem sich die Sachverhalte befinden (Admoni 1982, 287—288).

8.3. Die Paradigmen der Wortgruppen lassen sich leichter beschreiben. Als Grundlage dient hier die Unterscheidung der beiordnenden und der unterordnenden Wortgruppen. Dann kommen die Paradigmen, die nach der Art des herrschenden Wortes bestimmt sind. Die Paradigmen der herrschenden Glieder dürften allerdings noch auf mannigfache Weise gegliedert werden nach der Form der abhängigen Glieder und nach ihrer Stellung (in bezug auf das herrschende Glied und zueinander).

8.4. Es gibt aber auch syntaktische Paradigmen, die den Satz und die Wortgruppe vereinigen. Von dem Standpunkt der gestaltbasierten funktionalen Grammatik aus ist es wesentlich, daß gewisse Fügungen von Vollwörtern existieren, die, ihre Semantik behaltend, in verschiedenen Kombinationen auftreten können, verschiedene syntaktische Konstruktionen bildend, wobei sie oft von Hilfswörtern und gewissen syntaktischen Kontexten unterstützt werden. Der Bereich solcher Fügungen ist keineswegs ein chaotischer, sondern er bildet ein System von Paradigmen, die durch die Modifizierungen der Wortart und der syntaktischen Funktion der zur Fügung gehörenden Komponenten konstituiert und einander gegenübergestellt werden. Ein solches System fällt nicht mit einem System von Synonymen zusammen, da die Semantik der Fügung hier unter verschiedenen Gesichtswinkeln betrachtet werden kann. So dient die Fügung *erhalten + Denkmal* als Grundlage sowohl für eine Konstruktion wie *die Erhaltung des Denkmals*, als auch für eine Konstruktion wie *das zu erhaltende Denkmal* usw. Ein solches System der in mannigfacher Form auftretenden Fügungen von Lexemen, die ihre Semantik nicht einbüßen, aber auf verschiedene Weise, vom verschiedenen semantischen Standpunkt aus, verbunden werden, wird als ein syntaktisches Paradigma von lexikal-semantischen Entsprechungen (Korrespondenzen) der syntaktischen Fügungen bezeichnet (Admoni 1985 b, 13—21).

Von den Gliedern des Entsprechungsparadigmas sind einige besonders geeignet, die Grundsemantik der Fügung als solche wiederzugeben, unter weitgehender, wenn auch nicht absoluter Ausschaltung anderer grammatischer Bedeutungen. Solche Formen treten als Repräsentanten des Paradigmas auf. Die Einführung des Begriffs der Entsprechungsparadigmen bedeutet einerseits die Explizierung des in der Grammatik längst üblichen Verfahrens, bei dem einige an sich nicht eindeutige Fügungen durch Vergleich mit anderen, aber aus denselben Vollwörtern bestehenden Konstruktionen gedeutet werden: z. B. die substantivischen Komposita durch Substantivgruppen (*der Rockwert — der Wert des Rockes*), die Substantivgruppen ihrerseits durch Elementarsätze (*Die Erwähnung des Vaters —* (a) *Der Vater wird erwähnt*, (b) *Der Vater erwähnt*). Somit lassen sich die nicht eindeutigen Formen des grammatischen Systems durch eindeutigere desselben grammatischen Systems explizieren, ohne die grammatischen Formen in Tiefen- und Oberflächenstrukturen einzuteilen. Und da hier die Explizierung direkt (vgl. Admoni 1973 a, 11—17) und auf eine sehr einfache Weise geschieht und auch sehr einfach graphisch dargestellt werden kann, entsteht hier die Möglichkeit, ohne die komplizierten Zugriffe der Generativistik auszukommen, aber zu denselben Zielen zu gelangen, die von der Generativistik angestrebt werden.

8.5. Die Vereinigung in einem Paradigma der Satz- und Wortgruppenformen, übrigens auch mit den lexikalen Formen, geschieht auch im Bereich der Synonymik. So findet die kausale Semantik z. B. sowohl in den kausalen Nebensätzen als auch in den Präpositionalgruppen mit kausalen Präpositionen ihren Ausdruck usw. Diese Art der syntaktischen Paradigmatik gehört aber der gehaltbasierten funktionalen Grammatik an.

9. Schlußbemerkungen

Die funktionale Grammatik, so wie sie hier umrissen ist, versucht das grammatische System in allen seinen Dimensionen und Aspekten eingehend zu analysieren, sowohl seinen Formenbestand als auch die Funktionen dieser Formen. Dabei geht die funktionale Grammatik bei solcher Analyse auf zweifache Weise vor: einmal von grammatischen Formen aus (die gestaltbasierte funktionale Grammatik), ein anderes Mal von ihren Bedeutungen und Funktionen aus (die gehaltbasierte funktionale Grammatik). Als Grundlage ist dabei die gestaltbasierte zu betrachten, da eben sie das System der Formen aufdeckt, die den grammatischen Bau einer Sprache ausmachen. Erst wenn dieses System festgelegt ist, kann man es auch vom Standpunkt seiner Gehalte aus, ihrem Zusammenwirken mit den lexikalen und außersprachlichen Erscheinungen, erschließen. Deswegen bildet die gestaltbasierte funktionale Grammatik die Basis für die gehaltbasierte funktionale Grammatik. Sie verhalten sich wie der Grund- und Ergänzungsband eines zweibändigen Werkes.

Auf diese Weise darf die funktionale Grammatik einen Anspruch auf den Status einer adäquaten Beschreibung des grammatischen Systems in seiner realen Existenz erheben. Sie ist keine Teilgrammatik, wie es z. B. die Dependenzgrammatik, die generativen Grammatiken usw. sind, sondern eben die Grammatik der betreffenden Sprache als solche, die Grammatik schlechthin, die sich durch ihre Projektionen ihre beständige Weiterentwicklung vorbehält. Deswegen verzichten einige Vertreter der gestaltbasierten funktionalen Grammatik darauf, ihre Grammatiken als funktionale zu bezeichnen. Indem sie ihre Grammatiken schreiben, meinen sie, Grammatiken der betreffenden Sprachen als solche zu schreiben. Dies gilt z. B. auch für den Verfasser dieser Zeilen.

10. Literatur

Admoni, Wladimir. 1984. Über die Wortstellung im Deutschen. Zwei Welten 6, 78—79. (Gekürzt in: Das Ringen um eine neue deutsche Grammatik. Wege der Forschung XXV, 376—380, Darmstadt 1962.)

—. 1935. Struktura predloženija. Voprosy nemeckoj grammatiki v istoričeskom osveščenii, 3—27. Leningrad. (Gekürzt in: Das Ringen um eine neue deutsche Grammatik. Wege der Forschung XXV, *381—398*. Darmstadt 1962.)

—. 1960. Der deutsche Sprachbau. Leningrad.

—. 1966. Strukturnyj karkas elementarnogo predloženija v sovremennych germanskich jazykach. Strukturno-tipologičeskoje opisanije sovremennych germanskich jazykov. *165—197*. Moskva.

—. 1970. Ješčo raz ob izučenii količestvennoj storony grammatičeskich javlenij. Voprosy jazykoznanija I. 89—101.

—. 1971. Grundlagen der Grammatiktheorie. Übersetzt und mit einem Vorwort versehen von Th. Lewandowski. Heidelberg.

—. 1973a. An Attempt at Classifying the Grammatical Theories in Contemporary Linguistics. Linguistics 116. 5—20.

—. 1973b. Die Entwicklungstendenzen des deutschen Satzbaus von heute. München.

—. 1976. Es handelt sich um *es*. Wirkendes Wort 26. 4. 219—234.

—. 1979. Grammatik bleibt Grammatik. Wort, Satz und Text. Linguistische Studien 63. 2—16. Berlin.

—. 1982. Der deutsche Sprachbau. 4. Aufl. München.

—. 1985a. Syntax des Neuhochdeutschen seit dem 17. Jahrhundert. Sprachgeschichte. Ein Handbuch zur Geschichte der deutschen Sprache und ihrer Erforschung. 2. Halbband, 1538—1556. Berlin, New York.

—. 1985b. Variationsmöglichkeiten des grammatischen Systems. Studien zur deutschen Grammatik. 13—21. Innsbruck.

Bally, Charles. 1921. Traite de Stilistique francaise. Vol. 1—2, 2-e ed. Heidelberg.

—. 1932. Linguistique generale et linguistique francaise. Paris.

Becker, Karl Ferdinand. 1841. Organism der Sprache. 2. Aufl. Frankfurt a. M.

Behaghel, Otto. 1903. Die Herstellung der syntaktischen Ruhelage im Deutschen. Indogermanische Forschungen I 4. 438—459.

—. 1923—1932. Deutsche Syntax. Bd. 1—4. Heidelberg.

Bloomfield, Leonard. 1933. Language. New York.

Bondarko, Aleksandr. 1984. Funkcionalnaja grammatika. Leningrad.

Brinkmann, Hennig. 1959. Die „haben"-Perspektive im Deutschen. Sprache — Schlüssel der Welt. Düsseldorf.

—. 1962. Die deutsche Sprache. Gestalt und Leistung. Düsseldorf.

Brunot, Ferdinand. 1936. La pensée et la langue. 3-e ed. Paris.

Drach, Erich. 1940. Grundgedanken der deutschen Satzlehre. 3. Aufl. Frankfurt a. M.

Eggers, Hans. 1973. Deutsche Sprache im 20. Jahrhundert. München.

Erben, Johannes. 1964. Abriß der deutschen Grammatik. 7. Aufl. Berlin.

—. 1972. Deutsche Grammatik. Ein Abriß. II. Aufl. München.

—. 1985. Syntax des Frühneuhochdeutschen. Sprachgeschichte. Ein Handbuch zur Geschichte der deutschen Sprache und ihrer Erforschung. 2. Halbband, 1341—1348. Berlin, New York.

Gulyga, Jelena, und *Jevgenija Šendel's*. 1969. Grammatico-leksičeskije pol'a v sovremennom nemeckom jazyke. Moskva.

Humboldt, Wilhelm. 1836. Über die Verschiedenheit des menschlichen Sprachbaus und ihren Einfluß auf die geistige Entwicklung des Menschengeschlechts. Berlin.

Jespersen, Otto. 1924. The Philosophy of Grammar. London.

Malachovskij, Lew. 1981. Evolucia razmerov slova i predloženija v anglijskoj naučnoj proze XVII—XX vv. Struktura i objem predloženija i slovosočetanija v indojevropejskich jazykach. 199—248. Leningrad.

Martinet, Andre. 1949. Phonology as Functional Phonetics. London.

—. 1960. Éléments de linguistique générale. Paris.

Meillet, Antoine. 1934. Introduction à l'étude comparative des langues indoeuropéennes. 7-e ed. Paris.

Paul, Hermann. Deutsche Grammatik. 1955. Bd. I—V. 2. Aufl. Halle/Saale.

Peškovskij, Aleksandr. 1956. Russkij sintaksis v naučnom osveščenii. 7. izd. Moskva.

Potebnja, Aleksandr. 1958. Iz zapisok po russkoj grammatike. T. I—II. 3. izd. Moskva.

Regula, Moritz. 1968. Kurzgefaßte erklärende Satzkunde des Neuhochdeutschen. Bern, München.

Saussure, Ferdinand de. 1916. Cours de linguistique générale. ed. by Ch. Bally & A. Sechehaye. Lausanne.

Ščerba, Lev. 1957. I. A. Baudouin de Courtenay i jego značenije v nauke o jazyke. Izbrannyje raboty po russkomu jazyku. ed. by L. V. Ščerba. 85—96. Moskva.

—. 1945. Osnovnyje problemy jazykoznanja. Izvestija Akademii Nauk SSSR. Otdelenje jazyka i literatury. IV, 5.

Schlegel, August-Guillaume de. 1846. Considerations sur la civilisation en général et sur origine et la décadance des religions. Œuvres écrites en francaise. 277—316. Leipzig. T. I.

Schlegel, Friedrich. 1808. Über die Sprache und Weisheit der Indier. Heidelberg.

Schmidt, Wilhelm. 1969. Zum gegenwärtigen Stand der funktionalen Grammatik. Deutschunterricht 4. 227—238. Berlin.

Silman, Tamara. 1970. Die Unterbedeutung (Subtext) als sprachliche Erscheinung. Actes du Xe Congrès international des linguistes. Vol. III. 351—355. Bucarest.

Weisgerber, Leo. 1962. Grundzüge der inhaltbezogenen Grammatik. Düsseldorf.

Wladimir Admoni, St. Petersburg (Rußland)

9. Inhaltbezogene Grammatik

1. Einleitung
2. Die sprachphilosophische Einordnung und der sprachtheoretische Standort der inhaltbezogenen Grammatik
3. Grammatiktheoretische Kategorien der inhaltbezogenen Grammatik
4. Ausgewählte morphosyntaktische Analysen
5. Satzmodelle als (auch) inhaltlich definierte Satztypen
6. Der Text als Gegenstand inhaltbezogener Sprachforschung
7. Abschließende Würdigung
8. Literatur

1. Einleitung

Die Beschäftigung mit der inhaltbezogenen Grammatik ist nicht nur von wissenschaftsgeschichtlichem Interesse. Vielmehr liegen ihrer Programmatik Fragestellungen zugrunde, die auch heute noch in Sprach- und Grammatiktheorie diskutiert werden. Vor allem geht es um das Problem der Beziehung zwischen Grammatik (Morphosyntax), Wortsemantik, Satzsemantik und Pragmatik natürlicher Sprachen. In jüngster Zeit sind dazu interessante Vorschläge von Vertretern der generativen Grammatik gemacht worden. So verficht Chomsky (1980, 59 ff) die Hypothese von der 'Modularität' des Sprachvermögens, womit er meint, man könne sinnvoll zwischen einer 'grammatischen Kompetenz' und anderen mentalen Fähigkeiten unterscheiden. Unter 'grammatischer Kompetenz' versteht er die Kenntnis von Form und Bedeutung natürlicher Sprachen (Morphosyntax, Lexik, Semantik) im Unterschied zur 'pragmatischen Kompetenz', die zusammen mit anderen konzeptuellen Systemen der Fähigkeit zugrundeliegt, die grammatische Kompetenz kommunikativ anzuwenden. Innerhalb des Grammatik-Moduls ist wiederum zwischen syntaktischen Regeln und der semantischen Interpretation syntaktischer Repräsentationen kategorial zu unterscheiden (vgl. u. a. Chomsky 1977, 36ff; für eine revidierte Theorie der grammatischen Submodule vgl. Chomsky 1981, 135ff). Auf Einzelheiten dieser Konzeption, z. B. die Rolle der Phonologie, und auch auf die mit der Hypothese von einer autonomen Syntax verbundenen Schwierigkeiten braucht hier nicht eingegangen zu werden, vielmehr ist für unseren Zusammenhang nur von Bedeutung, daß die inhaltbezogene Grammatik in beiden genannten zentralen Annahmen von diametral entgegengesetzten Auffassungen ausgeht: Die Sprachfähigkeit wird nicht als modular, sondern als mit anderen kognitiven Systemen interagierend angesehen, und zwischen Morphosyntax und Semantik wird nicht kategorial unterschieden. Die erste Grundannahme, die der modularen Konzeption der Sprachfähigkeit diametral entgegengesetzt ist, muß vor ihrem sprachphilosophischen Hintergrund gesehen werden: Es geht um die Frage nach dem Verhältnis von Sprache und Denken bzw. Sprache und Erkennen. Die sprachphilosophische und wissenschaftsgeschichtliche Einordnung der inhaltbezogenen Grammatik sowie ihre sprachtheoretischen Grundlagen werden im zweiten Abschnitt, die sprach- und grammatiktheoretischen Kategorien im dritten Abschnitt behandelt. Die zweite Basisannahme, derzufolge zwischen Morphosyntax und Semantik nicht kategorial zu unterscheiden ist, erfordert in erster Linie die Definition von morphosyntaktischen Beschreibungskategorien in semantischen Termini, mithin gerade das, was durch die These von der Autonomie der Syntax ausgeschlossen wird (vgl. Leuninger 1979, 26 f). Im vierten und fünften Abschnitt werden ausgewählte Beispiele morphosyntaktischer Analysen der inhaltbezogenen Grammatik diskutiert, in denen entsprechende Kategorien verwendet werden. Der sechste Abschnitt schließlich ist den einflußreichen Arbeiten von H. Glinz gewidmet, deren Zuordnung zur inhaltbezogenen Grammatik allerdings nicht unstrittig ist.

2. Die sprachphilosophische Einordnung und der sprachtheoretische Standort der inhaltbezogenen Grammatik

Leo Weisgerber (1899 – 1985), der die Konzeption seiner inhaltbezogenen Grammatik aus der 'neuromantischen' Strömung der zwanziger Jahre heraus entwickelt (vgl. Gipper/Schmitter 1975, 546 ff), beruft sich für die Bestimmung des Verhältnisses von Sprache und Denken/Erkennen auf W. v. Humboldt (vgl. Weisgerber 1962 a, 11 ff u. ö.). Humboldt gebraucht mehrfach den Begriff einer sprachlich konstituierten 'Weltansicht': „Jede Sprache in jedem ihrer Zustände bildet das Ganze einer Weltansicht, indem sie Ausdruck für alle

Vorstellungen enthält, welche die Nation sich von der Welt macht, und für alle Empfindungen, welche die Welt in ihr hervorbringt" (Humboldt 1906 ff, Bd. V, 433). Weisgerber interpretiert diese Auffassung im Sinne des sprachlichen Relativitätsprinzips, was zunächst plausibel erscheint. Allerdings sagt er nicht, daß sich nach Humboldt Weltansicht über die Lexik einer Sprache konstituiert (vgl. Heeschen 1977, 169), also nicht umstandslos auch mit der Grammatik der Einzelsprachen in Beziehung gebracht werden kann. Außerdem unterschlägt die einseitige Vereinnahmung Humboldts für das sprachliche Relativitätsprinzip seine rationalistische Grundposition, die ihn zum Postulat universaler Formprinzipien der Sprache führte (vgl. Humboldt 1906 ff, Bd. VII, 252; vgl. Dittmann 1980, 54). Während Humboldt also das Spannungsverhältnis von universellen und idiosynkratischen Zügen der Einzelsprachen erkennt, allerdings ohne es kategorial stringent zu erfassen, hebt Weisgerber einseitig auf letztere ab. Er bringt darüber hinaus den Begriff 'Weltansicht' in Beziehung zu Humboldts Definition von Sprache als 'Energia', als einer wirkenden Kraft, „die gemäß den Bedingungen und Möglichkeiten menschlichen Geistes dem Sein [...] in einer jeden Sprache zu einem Bewußt-Sein verhilft" (Weisgerber 1962a, 33). Mit dieser Umdeutung von Weltansicht in 'WeltBILD' als „Zugriff" der 'Muttersprache' auf Wirklichkeit kommt Weisgerber einer deterministischen Verschärfung des Relativitätsprinzips sehr nah, die keinesfalls von Humboldt her zu rechtfertigen ist (vgl. Heeschen 1977, 170 ff). In seinem bekanntesten Werk, den „Grundzügen der inhaltbezogenen Grammatik", formuliert Weisgerber (1962a, 33) programmatisch, es gehe ihm „letztlich um das Weltbild der deutschen Sprache". Damit ist gemeint, daß „Grammatik im weitesten Sinne" als „Verfahren des Bewußtwerdens der ganzen Sprache, mit Einschluß des Wortschatzes" zu verstehen sei (ebd., 28). Der traditionellen Sprachwissenschaft wirft er vor, den Inhalt der Sprache als Anhängsel der sprachlichen Lautmittel aufgefaßt und außerhalb der Sprache (im Denken oder in der Außenwelt) angesiedelt zu haben (vgl. ebd., 29 f). Für ihn rücken dagegen in der „grammatischen Beschreibung einer sprachlichen Weltansicht" die sprachlichen Inhalte ins Zentrum des Interesses, die als „geistige Zwischenwelt" zwischen der sog. Außenwelt und dem menschlichen Bewußtsein vermitteln (vgl. ebd., 38 ff).

Im Bereich der Lexik läßt sich, was Weisgerber damit meint, mit einem Wort wie *Unkraut* illustrieren: In gewisser Weise gibt es in der Natur kein Unkraut, sondern der Mensch stempelt bestimmte Pflanzen als *Unkräuter* ab, sie „[werden] erst in einer geistigen Zwischenwelt möglich" (ebd., 57). Befangen in seinem rigorosen Sprachidealismus, geht Weisgerber mit keinem Wort darauf ein, daß sich eine Kategorisierung in *Kräuter* und *Unkräuter* letztlich der Praxis des menschlichen Umgangs mit der Natur verdankt. — Anspruch der inhaltbezogenen Grammatik ist es aber darüber hinaus, die grundlegende sprachtheoretische Perspektive auch in der Morphosyntax, bei der Beschreibung der „Mittel der Redefügung" (vgl. ebd. 1962a, 83) durchzuhalten. Allerdings sieht Weisgerber selbst hier ein grundsätzliches Problem: Seine Zeichentheorie (vgl. ebd., 78 ff) geht von der These aus, 'Sprachmittel' seien als Ganzheiten aus Lautform und Inhalt anzusehen, eine These, als deren Vertreter Weisgerber auch Saussure anführt. Angewendet auf die Morphosyntax, müßte diese These eine „möglichst enge Beziehung zwischen Einheiten formaler Art und syntaktischen Inhalten" (ebd., 83) erwarten lassen, die jedoch, wie Weisgerber sehr wohl sieht, so nicht existiert. Als Beispiel führt er die Kategorie 'Genitiv' an, der formal eine „Mannigfaltigkeit" entspreche (*des Mannes, der Frau* usw.). Daraus folgt die Notwendigkeit, grammatische Inhalte losgelöst von Beschränkungen durch formale Gliederungen zu beschreiben.

3. Grammatiktheoretische Kategorien der inhaltbezogenen Grammatik

Weisgerber fordert als Konsequenz seiner Sprachtheorie eine „ganzheitliche Sprachforschung" (1962a, 22) in der jedes Phänomen (z. B. der Kasus Akkusativ oder das Passiv) — modern gesprochen — einer morphologischen, syntaktischen, semantischen, pragmatischen und (de facto, wenngleich programmatisch weniger deutlich) einer sprachhistorischen Betrachtung unterzogen wird. Hierzu unterscheidet Weisgerber „vier Stufen in der Erforschung der Sprachen": Die erste Stufe ist die zunächst „lautbezogen" (vgl. Weisgerber 1953, 23 f), später (vgl. Weisgerber 1963c, 15 f) zutreffender „gestaltbezogen" genannte Betrachtung, die der traditionellen Grammatik entsprechen soll. Sie erhebt mit ausdrucksseitig orientierten Verfahren den sprachlichen

Bestand. Im Bereich der Morphosyntax gehört dazu das Aufstellen von Flexionsparadigmen und die Definition von morphosyntaktischen Kategorien, wie 'Nomen', 'Verb', 'Kasus', 'Tempus' usw. (vgl. Weisgerber 1962a, 297ff). Die zweite Stufe ist die „inhaltbezogene Betrachtung" (daß 'inhaltbezogen' zugleich als Oberbegriff für alle vier Stufen fungiert, ist ein terminologischer Mißgriff). Sie wird in die „Lehre von den Wortinhalten" (Wortsemantik/Lexikographie) und die „Lehre vom inhaltlichen Aufbau der Mittel der Redefügung" (semantisch orientierte Morphosyntax) unterteilt (vgl. ebd., 138). Da im vorliegenden Zusammenhang die wortsemantische Anwendung (in deren Zentrum die Wortfeld-Theorie steht; vgl. Geckeler 1971, 84ff) nicht weiter interessiert, sei ein Beispiel für ein inhaltbezogenes Raisonnement aus dem Bereich der Morphologie angeführt: Weisgerber (vgl. 1962a, 324ff) kritisiert die Gleichsetzung von Tempuskategorien (wie 'Präsens' oder 'Futur') mit Zeitbezügen (wie 'Gegenwart' oder 'Zukunft') und hält dem u. a. die wahrscheinliche Interpretation von *Ich gehe nach Hause.* i. S. des Zukunftsbezuges, die eindeutig zukunftsbezogene Interpretation von *Ich gehe morgen in die Stadt.* und die wahrscheinlich vergangenheitsbezogene von *Ich finde da gerade eine wichtige Nachricht.* entgegen: Dem einen formalen Paradigma entspricht eine inhaltliche Mannigfaltigkeit. — Die dritte Stufe heißt „leistungbezogene" Betrachtung, und sie, nicht etwa die inhaltbezogene Betrachtung, stellt das Kernstück der Sprachbetrachtung dar (vgl. Weisgerber 1963c, 111). Von den sprachtheoretischen Prämissen her gedacht ist das plausibel, denn die leistungbezogene Betrachtung zielt auf das spezifisch energetische (von 'Energeia') Moment im Sprachlichen, auf die Analyse des Prozesses der „sprachlichen Anverwandlung", des „Wortens der Welt" in der Muttersprache (vgl. ebd., 94; 96). Energetisches Pendant zum statischen sprachlichen Inhalt ist auf dieser Stufe der „sprachliche Zugriff" (vgl. ebd., 96). Es geht, mit Gipper (1974, 144) formuliert, „um das Bewußtmachen der spezifischen geistigen Verfahrensweisen, mit denen eine Sprache ihren Sprechern einen unverwechselbaren Zugang zur Welt eröffnet". (Man beachte hier die Verwendung von *Sprache* als Nomen actionis, eine Redeweise, auf die zurückzukommen sein wird!) In der Anwendung ist die Abgrenzung zur inhaltbezogenen Betrachtung nicht immer deutlich. So führt Weisgerber (1964, 39) am

Beispiel der Diminutivbildungen aus, Suffixe wie *-lein* und *-chen* würden substantivische Begriffe in die „Sehweise des Verkleinerten" bringen, eine Sehweise, die Bestandstück des muttersprachlichen Weltbildes sei. Man könne sich fragen, ob es in der 'Wirklichkeit' überhaupt Häuschen und Kindlein gebe, oder ob darin nicht ein gut Stück menschlichen Urteils stecke. Letztere Frage ist freilich allenfalls als rhetorische zulässig: Selbstverständlich ist es menschlicher Maßstab, der hinter der Unterscheidung von *Haus* und *Häuschen* steht. Nicht klar wird aber auch, was denn, wenn nicht die „Sehweise des Verkleinerten", den 'Inhalt' der Diminutiv-Suffixe ausmachen soll. Eine nicht-triviale Feststellung liegt hingegen vor, wenn Weisgerber in bezug auf die Diminutiv-Bildung von einer „dauernden Bereitstellung dieser Möglichkeit als Leistung der Muttersprache" in dem Sinne spricht, daß die deutsche Sprache keine entsprechenden Vergrößerungsformen bereitstellt. Der rationale Kern der mehr metaphorischen als präzisen Ausführungen zur leistungbezogenen Betrachtung liegt deshalb zum einen im Hinweis auf die Relevanz einzelsprachlicher Unterschiede in der Gliederung von Bedeutungsfeldern (Wortsemantik) und morphosyntaktischer Ausdrucksmittel, zum anderen im Insistieren auf der Relevanz des Spracherwerbs für die kognitive Entwicklung des Kindes. Letzteren Komplex hat Gipper mehrfach behandelt, wobei seine Basishypothese in Aussagen wie der folgenden deutlich wird: „Das Kind erobert seine Welt am Leitfaden sprachlicher Gliederungen, die es in unzähligen Kommunikationsakten mit den Erwachsenen erprobt und aneignet" (Gipper 1974, 139). — Die vierte und letzte Stufe ist die der „wirkungbezogenen" Betrachtung, auf der, laut Gipper (ebd., 144), die pragmatische Seite der Sprachverwendung mit einbezogen wird. Weisgerber (1962a, 24) begründet die Notwendigkeit einer wirkungbezogenen Sprachbetrachtung mit dem Hinweis darauf, Sprache sei nicht Selbstzweck, sondern gehe als mitgestaltende Kraft in die Handlungen der Menschen ein. Deshalb gehörten auch die sprachlichen Wirkungen, die sich dabei ergäben, zu den notwendigen Gegenständen der Sprachwissenschaft. — Wissenschaftsgeschichtlich gesehen ist die wirkungbezogene Sprachbetrachtung der umstrittenste Teil der inhaltbezogenen Grammatik. Das liegt weniger daran, daß die inhaltbezogene Grammatik sich, so Helbig (1974, 138) durch die Thematisierung von

9. Inhaltbezogene Grammatik

Sprache als „Teilkraft im Aufbau der Gesamtkultur" (ebd., 24), also durch einen „geistesgeschichtlichen Ausbau" vom „sprachlichen Objekt" entfernt hat. Diese Entwicklung hat sich ja in anderen Richtungen der Sprachwissenschaft spätestens durch die 'pragmatische Wende' Anfang der siebziger Jahre ebenfalls vollzogen, wenngleich mit anderen theoretischen Bezügen (vgl. Dittmann 1980, 66). Problematisch ist vielmehr die einseitige Perspektivierung dieser 'pragmatischen' Analysen: Nach weithin akzeptiertem Verständnis hat es die Pragmatik als semiotische Teildisziplin, grob gesprochen, mit dem Verhältnis von Zeichen, Referenzbereichen, Zeichenbenutzern und Gebrauchskontexten zu tun, wobei ein Schwerpunkt auf der Frage liegt, wie — mit welcher Absicht und welcher Wirkung (!) — Zeichen gebraucht werden. In linguistischer Sicht ist also die Ebene der Sprachverwendung betroffen. Weisgerber hingegen interessiert sich letztlich für die Frage nach Wirkungen sprachlicher Ausdrucksmittel (Ebene des Sprachsystems) in der bzw. auf die Sprachgemeinschaft. Handlungsträger in diesem Wirkungszusammenhang sind nicht die sprechenden Individuen, sondern, metaphorisch, die sprachlichen Ausdrucksmittel. Deshalb ist für Weisgerber (1963c, 172) das „Handeln der Sprachgemeinschaft" eine Form der Aktivität, die „durch die Richtung der geltenden Sprachzugriffe gelenkt wird" und deshalb nicht als Summe von Einzelaktivitäten begriffen werden kann. Wohlgemerkt: auch Weisgerber wählt in seinen sprachtheoretischen Exkursen Ausdrucksweisen wie die, der Mensch „verfüge" über Sprache, und er spricht explizit von den „Wechselbeziehungen zwischen Sprache und Leben" (Weisgerber 1957/58, 199, 202). Aber sowohl programmatisch als auch in der Anwendung betont die energetische Sprachbetrachtung die aktive Rolle der Sprache, den Aspekt, daß Sprache (im Sinne der Beherrschung der Muttersprache, nicht im Sinne von 'Rede' bzw. 'sprachliche Kommunikation' aufgefaßt) „an der Bewältigung der Aufgaben des Lebens mitbeteiligt ist" (ebd., 202), eine Auffassung, die sich grammatisch in einer Redeweise niederschlägt, in der *Sprache* als Nomen actionis auftritt (vgl. oben in diesem Abschnitt zu Gipper 1974, 144). — Problematisch an dieser Hypostasierung von Sprache als wirkende Kraft ist die Verwischung der Trennlinie zwischen Sprache und ihrem Gebrauch in Äußerungen bzw. Texten. Das wird anhand der wirkungbezogenen Betrachtung des Adj. *deutsch* besonders anschaulich (vgl. Weisgerber 1963c, 173 ff): Gegen Weisgerbers Darstellung muß vehement eingewendet werden, daß nicht die Existenz des ahd. *diutisk* als solche Richtung des politischen Wollens und Handelns der Menschen in der östlichen Reichshälfte im 9. Jahrhundert „entscheidend mitbestimmt", sondern der Gebrauch, den Politiker von diesem Wort gemacht haben. In diesem konstituiert und perpetuiert sich erst die spezifische Bedeutung von *diutisk* als politischem Begriff. Die Umkehrung dieser Perspektive führt zum Teil, so bei Tschirch (vgl. 1954, 86), zu absurden Konsequenzen (vgl. die Kritik bei Helbig 1974, 142 ff; Dittmann 1980, 72 ff). — Die Anwendung der wirkungbezogenen Betrachtung auf die Morphosyntax erläutert Weisgerber (1963a, 272 f) unter anderem am „Wortstand" (Wortstände sind inhaltlich definierte Gruppen von Ableitungen in der Wortbildungslehre) der „Zugänglichkeitsadjektive". Formal unterscheidet er hier drei Ableitungstypen: den auf -*bar* (*hörbar*), den auf -*lich* (*löslich*) und den auf -*sam* (*biegsam*). Gemeinsam ist ihnen nach Weisgerber inhaltlich, daß sie Größen kennzeichnen, die der Aktion des Verbs unterstellt werden, jedoch unterscheidet sich der Inhalt in Nuancen: Beim dritten Typ wird diese Größe „als einer solchen Behandlung entgegenkommend", beim zweiten als „mit Erfolg zugänglich", beim ersten als „unterschiedslos unterstellbar" gekennzeichnet. Die leistungbezogene Perspektive drückt sich in der Feststellung aus, daß „dieser Wortstand eine Beurteilung der Objekte auf ihre Zugänglichkeit für Handlungen nicht nur erlaubt, sondern daß er diese veranlaßt, herbeiführt" — der Sprachgemeinschaft wird „diese Richtung des Beurteilens [...] aufgedrängt". Die wirkungbezogene Betrachtung arbeitet zusätzlich heraus, daß das sprachhistorisch zu konstatierende Zunehmen der Bildungen auf -*bar* in der Sprachgemeinschaft der Anstoß ist, den „Gesichtspunkt der unterschiedslosen Zugänglichkeit allen möglichen Objekten gegenüber anzuwenden und diese in der Weiterwirkung auf ihre Zugänglichkeit und Verwendbarkeit zu prüfen" (ebd., 273). Dieser Wortstand drängt also, so Weisgerber, den Menschen eine Perspektive im Denken auf und leitet sie an, diese Perspektive auszuweiten, wobei diese Einwirkung gerade dadurch besonders wirksam ist, daß sie normalerweise unbewußt bleibt. — Anhand des Beispiels der Zugänglichkeitsadjektive läßt sich ein typisches Problem der inhaltbezogenen grammatischen Beschreibungsbegriffe gut verdeutlichen: Die Kategorie 'mit Erfolg zugänglich' (*-lich*) ist offenbar aus Beispielen wie *erklärlich* gewonnen, die sozusagen einen positiven Bedeutungsaspekt haben. Wie diese Beschreibung z. B. auf *unerklärlich* zutreffen soll, ist nicht nachvollziehbar. Tatsächlich müßte man sich für diese Ableitungen wohl auf einen neutralen Terminus wie 'Dispositionsbegriffe' einigen.

4. Ausgewählte morphosyntaktische Analysen

4.1. Über den Akkusativ

Exemplarisch sei zunächst die bekannteste Studie zur inhaltbezogenen Morphosyntax aus dem Kreis der inhaltbezogenen Grammatik vorgestellt, Weisgerbers „Der Mensch im Akkusativ". Die zugrundeliegende Hypothese lautet: „Es scheint, daß in der heutigen deutschen Sprache einer Verfahrensweise verstärkt Gewicht zukommt, die Personen, die in ein Geschehen einbezogen sind, in die sprachliche Rolle des Akkusativs bringt" (Weisgerber 1957/58, 193). Hinter dieser unmittelbaren Verkoppelung einer morphosyntaktischen Form und einer bestimmten Sehweise der Mitglieder der Sprachgemeinschaft steht, sprachtheoretisch, letztlich die Determinismusthese, und programmatisch zielt die Hypothese auf die leistung- und wirkungbezogene Betrachtung. — Entsprechend den vier Stufen der ganzheitlichen Sprachbetrachtung setzt auch diese Untersuchung mit der lautbezogenen Betrachtung ein, nämlich mit dem Aufzeigen der Wortbildungsmöglichkeiten transitiver Verben mit „personalen Akkusativobjekten". Als Hauptquelle für Neubildungen macht Weisgerber die *be*-Ableitungen (*frei/befreien, ruhig/beruhigen* usw.) aus. Den Übergang zur inhaltbezogenen Betrachtung bildet erstens die Definition einer inhaltlichen Kennzeichnung für solche Wortbildungstypen. Im Fall der *be*-Ableitungen handelt es sich nach Weisgerber um Verben, bei denen „Ableitungen aus Substantiven auf das Ausstatten mit dem im Substantiv Gemeinten hinweisen" (1957/58, 197). Zweitens versucht er den Nachweis zu führen, daß auch andere formale Bildungsmöglichkeiten von Verben diesen bzw. zumindest einen ähnlichen inhaltlichen Effekt haben, so die Suffigierung mit *-igen* (*benachrichtigen* = mit Nachricht versehen). Zusammengefaßt machen diese Verben den Wortstand der 'Ornative' (von lat. *ornare* = *versehen, ausstatten*) aus (vgl. ebd., 198). Am Ende der inhaltbezogenen Betrachtung zeichnen sich bereits „die geistigen Zusammenhänge ab, in denen der Anlaß zur 'Akkusativierung' gegeben ist; es sind bestimmte Sehweisen, die in der Sprache ausgebildet sind und die als Möglichkeiten oder noch besser als Anleitung für den Sprachgebrauch bereitstehen" (ebd., 199). — Damit ist die erste Stufe der energetischen, die leistungbezogene Betrachtung erreicht. Was zunächst als Inhalt aufzuzeigen war, wird nun als „Akt der sprachlichen Anverwandlung der Welt" in der Muttersprache beschrieben, hier genauer: als „geistiger Zugriff" in Gestalt des Wortstandes der Ornative. Die Ausgangsfrage ist deshalb: Was geschieht, wenn im sprachlichen Zugriff der Mensch in die Rolle des Akkusativobjektes gebracht wird?" (ebd., 200). Und sie wird mittels eines interpretativen Verfahrens beantwortet, das von einem Vergleich zwischen dem „Menschen als Dativobjekt" und dem „Menschen als Akkusativobjekt" ausgeht. Das nach Weisgerber im 19. Jahrhundert vorherrschende *einem rufen* unterscheide sich vom heute geläufigeren *einen rufen* dadurch, daß im ersten Fall der Ruf sich an den in seiner Entscheidung frei gesehenen Menschen richte, während im anderen Fall in dem Anruf bereits der Anspruch auf das Willfahren des Angerufenen gedanklich vorweggenommen werde. Der Mensch im Dativobjekt erscheine als die Stelle, von der her das ganze Geschehen seinen Sinn gewinne, im Akkusativobjekt dagegen sei der Mensch Schauplatz eines gedanklichen Eingriffs, also Objekt im vollen Sinne (ebd., 200). Zu *einem telefonieren* vs. *einen anrufen* schreibt Weisgerber gar: „Die Belästigung des Angerufenen wird mir durch den Akkusativ viel leichter gemacht" (ebd., 201). Spätestens hier wird ein gravierendes methodisches Manko der inhaltbezogenen Grammatik deutlich: Da es sich bei *einem* vs. *einen anrufen* nicht nur um eine sprachhistorische Erscheinung, sondern auch um dialektale Varianten handelt (alemannisch z. B. steht ausschließlich der Dativ), müßte Weisgerber zunächst klarstellen, für welche Varietät(en) er seine Befunde erhebt (vgl. Steger 1964, 126 f). In den am konkreten Beispiel, der Akkusativierung, aufgezeigten „geistigen Bahnen" verläuft mithin für Weisgerber das Denken der Sprachgemeinschaft, die „übliche Art, mit den Erscheinungen geistig umzugehen", hier: daß „die Menschen immer und immer wieder in die Rolle des Akkusativobjektes" gebracht werden (Weisgerber 1957/58, 201 f). — Mit dieser leistungbezogenen Betrachtung ist die Analyse weitgehend abgeschlossen. Was die wirkungbezogene Betrachtung noch beiträgt, ist ein Versuch der geistesgeschichtlich-ideologiekritischen Einordnung der 'Akkusativierung'. Weisgerber sieht sie im Kontext bestimmter „Lebensverhältnisse", wie „Betreuungswesen" (wegen *betreuen, berenten* usw.), „statistisches Erfassen" und „Mißbrauch der Macht" (*Menschen verplanen* usw.; ebd., 202 f). Dabei thematisiert er zwar das Problem der Wirkungsrichtung: „Wie weit sind die sprachlichen Akkusativierungen Parallelen, Folgen [!], Ursachen dieser Erscheinungen des Lebens?" Aber von seiner sprachtheoretischen Ausgangsposition her ist es selbstverständlich, daß er letztlich auf die deterministische Perspektive abhebt: Die Sprache habe nicht lediglich die Rolle eines Spiegels gehabt, sondern sie habe „auch aus sich aus akkusativierende Anstöße hinzugebracht, die sich dann entsprechend in der Gestaltung dieser Lebensgebiete auswirkten". Da er immerhin konzediert, daß das Leben auch „von sich aus" die Bewältigung solcher Aufgaben herbeigeführt und insofern kausal an der sprachlichen Erfassung beteiligt gewesen sein könnte, kann man Weisgerbers These wohl dahingehend zusammenfassen, die modernen Lebensverhältnisse in der Massengesellschaft begünstigten einerseits die Bildung personaler Akkusativobjekte, andererseits wirke die sprachliche Möglichkeit ihrer Bildung in die Gesellschaft hinein, zumindest in die „Ausgestaltung" solcher Lebensgebiete wie Verwaltung, Militär und Wirtschaft (vgl. ebd., 204). — Bei genauerem Hinsehen wird zunächst klar, daß Weisgerber die gestaltbezogene Betrachtung nicht sorgfältig genug durchgeführt hat. Dadurch sind ihm innersprachliche Gründe, die die Bildung von Akkusativierungen begünstigen, entgangen (vgl. Kolb 1960, 170 ff): U. a. liegt ein Vorzug der *be*-Verben darin, daß sie die Nennung der „akkusativierten") Person verlangen, die der präpositional damit verknüpften Sache aber freistellen (*er beschenkt seine Kinder*, fakultativ: *mit Spielzeug*), während bei den Grundverben die Angabe des Sachobjekts obligatorisch ist (*er schenkt seinen Kindern Spielzeug*). Anderseits ist bei diesen die Angabe des personalen Objekts fakultativ (*ich schenke Spielzeug*). Diese und weitere immanent sprachliche Erscheinungen beeinflussen die 'Wahl' zwischen Grundverb und *be*-Erweiterung, ohne daß sich für die Sprecher/innen damit „'Verschiebungen in der sprachlichen Einschätzung von Menschen und Sachen' (Weisgerber) verbinden" (ebd., 172). Darüber hinaus zeigt sich, daß die Akkusativierung mittels *be*- in der deutschen Sprachgeschichte seit Jahrhunderten eine große Rolle spielt. So findet sich nach Kolb im Wortschatz der Rechtssprache vor 1700 eine erstaunlich hohe Zahl dieser Verben, die heute zum Teil gar nicht mehr existieren. Damit ist folgendes gezeigt: Erstens begünstigen innersprachliche Faktoren die Produktivität dieser Ableitungen und können sie somit zumindest ein Stück weit erklären; zweitens kann die 'Akkusativierung' zumindest nicht allein auf das Konto der modernen gesellschaftlichen Verhältnisse gebucht werden (vgl. auch Henzen 1959, 207 f, zu *helfen*); drittens spielt sie in fachsprachlichen Bereichen eine besondere Rolle, die ohnehin durch Ökonomie- und Präsisionsstreben gekennzeichnet sind (vgl. Kolb 1960, 176 f). Kolb kommt deshalb zu dem Schluß, die Akkusativierungen seien nur insoweit bezeichnend für die geistige Haltung des modernen Massenzeitalters, wie diese Bereiche in der modernen Gesellschaft wirksam seien, als solche seien sie jedoch „kein Zeichen der Zeit. Kulturpessimismus und Zeitkritik finden an ihnen einen untauglichen Gegenstand. Der Akkusativ ist weder inhuman noch human, sondern eine grammatische Form, die von human und inhuman Gesinnten gebraucht werden kann" (ebd., 177; vgl. Henzen 1959, 207). — Dieser Kritik ist, was das Aufweisen innersprachlicher Faktoren angeht, hinzuzufügen, daß in inhaltbezogener Sicht vielfach das, was einfach Reaktion ist, als bedeutungsvoll überinterpretiert wird. So ist in *Ich helfe DIR.* vs. *Ich unterstütze DICH.* ein unterschiedlicher Inhaltswert qua Dativ- vs. Akkusativobjekt (also von der Verbsemantik abgesehen) zweifellos nicht nachweisbar (vgl. Helbig 1974, 159). Allerdings wird gelegentlich auf einen inhaltlichen Unterschied zwischen Dativ- und Akkusativobjekt bei Oppositionspaaren wie *Er trat ihm auf den Fuß.* / *Er trat ihn auf den Fuß.* hingewiesen (vgl. Wegener 1985, 166 ff). Er betrifft jedoch nicht das Abstempeln einer Person zum Gegenstand der Handlung vs. das Erfassen einer Person als gedanklich unangetastete Größe, sondern den Grad der Intentionalität der prädizierten Handlung: Die Akkusativkonstruktion wird eher als Ausdruck einer intentionalen Handlung interpretiert (*Er hat mir unabsichtlich ins Gesicht geschlagen.* wirkt akzeptabler als ?*Er hat mich unabsichtlich ins*

Gesicht geschlagen.). Methodisch ist allerdings entscheidend, daß eine Formulierungsalternative zumindest vorstellbar ist. Unsinnig ist deshalb ein Befund wie der (vgl. ebd.), Akkusativkonstruktionen würden eher für den Ausdruck intensiverer Einwirkungen verwendet, Dativkonstruktionen für den weniger intensiver, wie in **Er streicht sie übers Haar. / Er streicht ihr übers Haar*. Das ist ein satzsemantisches Problem — der Rest ist Rektion.

4.2. Über das Passiv

Der Anstoß zu Beschäftigung mit dem Genus verbi ging nach Weisgerbers eigener Aussage von M. Wandruszka (1961, 46) aus, der in seiner kontrastiven Behandlung des Passivs schreibt: „Nicht nur 'der Mensch im Akkusativ' (Weisgerber) ist ein Kennzeichen der Sprache unserer Zeit, auch, 'der Mensch im Passiv', der Mensch, an dem sich ein Geschehen vollzieht." Die inhaltbezogene Betrachtung beginnt Weisgerber (vgl. 1963 b, 35 ff) mit einer kritischen Diskussion vorliegender inhaltlicher Kennzeichnungen der Diathesen, in der er sich gegen die nicht gerechtfertigte Definition von Passiv als 'Leideform' — und damit gegen die in dem Wandruszka-Zitat ausgedrückte Auffassung! — wendet. An Erbens (vgl. 1961, 30 ff) Analyse der Diathesen bezweifelt Weisgerber (1963 b, 43) deshalb mit plausiblen Argumenten, „daß sich das Passivproblem inhaltlich von der geistigen Stellung des Objekts aus lösen läßt": Da Passivkonstruktionen auch bei objektlosen Verben möglich sind und in anderen Fällen von Passivierung das Objekt bestehen bleibt (*Er bekommt die Zeitung gebracht.*), ist es nach Weisgerber nicht gerechtfertigt, Intransivierung und Konversion der ursprünglichen Subjekte in Objekte zum zentralen Definitionspunkt des Passivs zu erheben. Weisgerbers eigener Versuch einer inhaltlichen Erfassung der Diathesen setzt deshalb bei der Rolle des Subjekts an. Zunächst wendet er sich gegen die Redeweise, das Passiv sei im Grunde eine Umkehrung des Aktivs (vgl. so noch Duden-Grammatik 1984, 117), denn *ich werde gelobt* sei nicht die Umkehrung von *ich lobe*, sondern allenfalls *von du/er lobt mich/sie loben mich* usw. Tatsächlich verallgemeinern die Vertreter der Auffassung vom Passiv als 'Konverse' in unzulässiger Weise Fälle wie *A sieht B. — B wird von A gesehen.*, also Sätze mit transitivem Verb und explizitem Agens in beiden Versionen (vgl. Brinkmann 1962, 517 f). In „echter Opposition" zum Aktiv ist nach Weisgerber allen Passivvarianten nur eines gemeinsam:

die „Ausschaltung des agierenden 'Täter'-Subjekts", „die sprachliche Fassung von Geschehnissen ohne herausgehobenen Urheber". Deshalb hält er die Kennzeichnung von Passiv als 'Leideform' für nicht angemessen: „Die nicht-aktivischen Sprachmöglichkeiten [...] setzen nicht an der Lage des 'Behandelten' an, sondern an der Stellung des 'Handelnden' " (Weisgerber 1963 b, 45 f). Die Opposition Aktiv — Passiv ist demnach für Weisgerber durch die Opposition „verbale Forderung nach einem aufweisbaren 'Täter' " vs. „Belassen (oder Zurückversetzen) des Agens, des 'tatsächlichen' Trägers, unter den anders geordneten Komponenten eines Geschehens" zu charakterisieren (ebd., 46), die Agens-Aussparung ist die zentrale „inhaltliche Eigenart" des Passivs. — In der leistungbezogenen Betrachtung (vgl. ebd., 48 ff) kommt einer sprachgeschichtlichen Argumentation besondere Bedeutung zu: Für Weisgerber impliziert die im idg. Verb „so stark ausgebaute Täter-Diathese" den Zwang, „das Geschehen immer auf einen identifizierbaren Urheber zurückzuführen" und „den bekannten oder vermuteten Urheber immer zu nennen". Diese Form sprachlicher Weltgestaltung werde dort zu einer Überforderung, wo das Anheften des Verbalgeschehens an eine bestimmte Größe keinen rechten Sinn mehr mache (vgl. *der Wind weht*). Die Sprachgemeinschaft spüre solche Zwangslagen, was zu neuen Verfahrensweisen führe — wie für das Deutsche in ahd. Zeit geschehen (vgl. ebd., 50 f). Die „Kernleistung" des Passivs definiert Weisgerber (ebd., 52) deshalb abschließend so: „In einem durch das idg. persönliche Aktiv beherrschten verbalen Denkkreis werden Verfahrensweisen geschaffen, die ein Begreifen von Geschehnissen gestatten, das nicht täterbezogen abläuft." — Grundsätzlich stimmen die Grammatiken in dieser Charakterisierung der besonderen Leistung des Passivs als Möglichkeit, ein Geschehen ohne herausgehobenen Verursacher zu fassen, überein (vgl. u. a. Heidolph et al. 1981, 540 f, die die Diathesen mittels der Kategorien 'täterbezogen' und 'nicht täterbezogen' beschreiben). Und tatsächlich macht die Sprachgemeinschaft von der Agens-Aussparung beim Passiv auch regen Gebrauch (vgl. Schoenthal 1976, 124). Dennoch erfassen Kategorien wie 'nicht täterbezogen' bestenfalls die halbe Wahrheit, denn der 'Täter', das Agens, k a n n ja in der Passivergänzung oder an anderer Stelle im Satz, z. B. als Genitivattribut (vgl. *Der Angriff der Hamburger wird nun aus der eigenen Dek-*

kung aufgebaut.; Schoenthal 1976, 130) genannt werden. Unter diesem Aspekt stellt sich die Frage nach Inhalt und 'Leistung' des Passivs erneut, wobei sich ein Ausgehen vom dreigliedrigen *werden*-Passivsatz empfiehlt (vgl. Schoenthal 1987, 161 ff): Für diesen gilt lediglich, daß das Agens nicht als grammatisches Subjekt auftritt. 'Nicht täterbezogen' muß deshalb, enger als bei Weisgerber, im Sinne von 'das Agens steht nicht in der Rolle des grammatischen Subjekts' definiert werden, womit über das Vorkommen des Agens in anderen Positionen des Satzes noch nichts gesagt ist. Betrachtet man die Verhältnisse auf Text-Ebene, so stellt man fest, daß die das Agens ausdrückende Passivergänzung häufig gerade Rhema des Passivsatzes ist, also einen „höheren Mitteilungswert" besitzt als das Subjekt (ebd., 168), wie im Beispiel (1) *Der Präsident schlägt den Kanzler vor. Der Kanzler wird vom Parlament gewählt.* (vgl. Eisenberg 1986, 142 f). Für die Verwendung von *werden*-Passivsätzen gilt somit: Sie ermöglichen bzw. bewirken (a) Agenslosigkeit, (b) Thematisierung des Objekts/Patiens, (c) Rhematisierung des Prädikats, (d) Rhematisierung der Passivergänzung/des Agens, (e) Rhematisierung von Prädikat und Passivergänzung/Agens. Da, wie die Satzfolge (2) *Der Präsident schlägt den Kanzler vor. Den Kanzler wählt das Parlament.* zeigt, auch Aktivsätze zur Rhematisierung des Agens geeignet sind (wenngleich (2) weniger 'natürlich' klingt als (1), weil die Satzgliedfolge markiert ist, vgl. Eisenberg, ebd.), reduziert sich der Kontrast Aktiv-Passiv in kommunikativ-pragmatischer Hinsicht auf die Verwendung (e): „Das Passiv ist nicht besser als das Aktiv zur Rhematisierung des Agens geeignet, sondern der dreigliedrige *werden*-Passivsatz ermöglicht [...] vor allem die Rhematisierung von Prädikat und Agens, wie sie im Aktiv unmöglich ist" (Schoenthal 1987, 175; Hervorhebg. von mir; J. D.). — Die wirkungbezogene Betrachtung der Diathesen ist bei Weisgerber (vgl. 1963 b, 53 ff) Programm geblieben. Welche „Folgen für die Gestaltung des menschlichen Lebens" er ihnen zusprechen würde, wird in Andeutungen dort sichtbar, wo Weisgerber sich auf H. Hartmann bezieht, der die „Ausprägung eines spezifischen starken 'Passivs' " im Irischen mit einer Denkform des „Glaubens an eine Allkraft" in Verbindung bringt. Derartige Spekulationen mögen attraktiv sein, empirisch nachprüfbar sind sie jedenfalls nicht.

4.3. Über Satzbaupläne

Eine syntaktische Analyse, die für alle Stufen der inhaltbezogenen Grammatik durchgeführt ist, liegt mit Weisgerbers (vgl. 1962 b) „ganzheitlicher Behandlung eines Satzbauplanes" anhand von *Er klopfte seinem Freunde auf die Schulter.* vor. Der Begriff 'Satzbauplan' soll, im Unterschied zu Begriffen wie 'Satztyp' oder 'Satzmodell', die energetische Perspektive ausdrücken: nach einem Satz-Bauplan wird in einer Sprache gearbeitet, und Weisgerber insistiert (in schöner Nähe zum ungeliebten Chomsky) auf den „Möglichkeiten zu Satzformulierungen" als Gegenstand der Sprachbetrachtung — es geht nicht um die bereits formulierten Sätze. Der eigentlich energetische Zug kommt allerdings erst durch die syntaxtheoretische Grundthese zum Ausdruck: Jeder auftretende individuelle Satz ist nicht einfache 'Wiedergabe' von 'objektiven Geschehnissen', sondern Prägung von Geschehen zu sprachlicher Bewußtheit" (ebd., 7). Die methodische Schwierigkeit dieses Ansatzes liegt zum einen in den „scheinbar [?]" unbegrenzten Realisierungen von Sätzen. Zum anderen sieht Weisgerber selbst aber auch das Problem, an dem letztlich das Programm der inhaltbezogenen Syntax scheitert: was nämlich bleibt an Inhaltlichem, wenn man von der „einmaligen Wortfüllung" des Satzes abstrahieren muß — also von der Satzbedeutung, sowie von der „einmaligen Situation" der Satzrealisierung — und damit auch von der Äußerungsbedeutung? (ebd., 5) Es spricht für Weisgerbers wissenschaftlichen Scharfblick, die Probleme gesehen zu haben. Aber er hat sich das Aporetische seiner inhaltbezogenen Syntax nicht eingestehen wollen. — Die lautbezogene Betrachtung arbeitet vor allem die „rhythmisch-melodische Gliederung" des Satzbauplanes und die Abfolge der Satzglieder heraus. Die inhaltbezogene Betrachtung versucht, Gruppen von inhaltlich zusammengehörenden Phänomenen aufzustellen. Für die Syntax liegt nach Weisgerber ein Ansetzen bei solchen „Aufgabenbereichen" wie Befehl, Frage, Wunsch oder Aussage nahe — modern gesprochen also: bei den Sprechakttypen —, und diese sind nach seiner Auffassung im Satz durch die finiten Verben realisiert. Im vorliegenden Fall haben wir es nach Weisgerber so gesehen mit einem „Aussagesatz" zu tun — einer, wie er meint, allerdings noch zu groben Kategorie, die er mit Brinkmann in „Vorgangssatz, Handlungssatz, Urteilssatz" usw. ausdifferenzieren möchte (vgl. unten, Abschnitt 5.). Genauer ist nach Weisgerber *Er klopfte seinem Freunde auf die Schulter.* als „zugewandter Bestätigungssatz" zu klassifizieren, dessen „geistige Struktur" sich als Grundsituation beschreiben läßt, „in der ein Geschehen durchaus erscheint, als Tätigkeit eines Agenten, jedoch so, daß es weder als zielgerichtete Handlung noch als in sich gekehrte Beschäftigung noch als isolierte Aktivität erscheint"; wobei die Aktivität sich vielmehr „gemäß ihrem Schauplatz bezogen [zeigt] auf einen Teilnehmer, dessen Interessen durch diese Betätigung mitbetroffen sind und auf dessen absichtliches oder tatsächliches Einbeziehen sie hinausläuft" (ebd., 17). 'Zugewandt' steht dabei, nach Weisgerber, für die Beobachtung, daß bei diesem Satzbauplan die Betätigung „einem Wesen zugewandt" ist (vgl. (a) **Die Sonne schien den Bergen auf die Spitze.*). Die Rede von der nicht zielgerichteten Handlung leitet sich von Beobachtungen her wie dem Unterschied zwischen *Er trat mich auf den Fuß.* = zielgerichtet vs. *Er trat mir auf den Fuß.* = nicht zielgerichtet (vgl. dazu oben, Abschnitt 4.1.). — Bei genauerem Hinsehen zeigt sich, daß Weisgerbers inhaltbezogene Analyse weder völlig zutreffend noch vollständig ist. Die Begriffe 'zugewandt' und 'Tätigkeit' decken einen Fall wie (b) *Der Regen tropft mir auf den Hut.* nicht ab. Daß sich das in einem Satzbauplan mit Pertinenzdativ auftretende präpositionale Objekt nur auf Körperteile (*Fuß*) und Accessoires (vgl. *Hut* in (b)) beziehen kann (so die Duden-Grammatik 1973, 486f), ist im übrigen auch nicht richtig, wie (c) *Die Katze läuft mir über den Weg.* zeigt. Die detaillierte Analyse ergibt hingegen folgende satzsemantische Bedingungen (vgl. v. Polenz 1969, 151 ff): Das Dativobjekt bezeichnet ein Lebewesen (auch metaphorisch: (d) *Die Lokomotive fuhr dem Schnellzug in die Flanke.*). Das präpositionale Objekt muß in Relation zum Dativobjekt gesehen werden und ist nicht auf Körperteile (vgl. (b)), nicht einmal auf eine Teil-von-Relation eingeschränkt (vgl. (c)), sondern steht für ein allgemein gefaßtes 'Teilhaben' (in dem Sinne, wie man auch in (c) von *meinem Weg* sprechen kann). Schließlich ist für das Dativobjekt die semantische Bedingung „Partizipieren des Lebewesens am Vorgang", den das Prädikat ausdrückt, anzusetzen, um einen Satz wie (a) auszuschließen (vgl. ebd., 166; vgl. auch Wegener 1985, 88ff für eine Ausgrenzung der Pertinenzrelationen). — Die leistungbezogene Betrachtung fragt nach dem sprachlichen Zugriff durch diesen Satzbauplan, jedoch zeigt sich, daß diese Analyse gegenüber der inhaltbezogenen nicht recht weiterführt — eine methodische Schwäche, die mehrfach bei Weisgerber sichtbar wird (vgl. Dittmann 1980, 55). — Für die wirkungbezogene Betrachtung greift Weisgerber (vgl. 1962 b, 30 ff) letztlich auf Überlegungen aus der inhaltbezogenen und leistungbezogenen Betrachtung zurück, denen zufolge ein Plan wie in *Er trat ihm auf den Fuß.* die betroffene Person als „beteiligte, aber gedanklich unangetastete Größe", ein Plan wie in *Er trat ihn auf den Fuß.* die betroffene Person dagegen als „Gegenstand einer Handlung" abstempelt. Wir haben oben, vgl. Abschnitt 4.1., bereits gesehen, daß diese Opposition so nicht haltbar ist. Nach Weisgerber aber gilt: „Die deutsche Sprache hält Satzbaupläne bereit, die geistige Situationen schaffen, in denen ein in eine Tätigkeit einbezogenes Wesen entweder als eigenständig beteiligtes oder als einer Absicht unterworfenes geistig gefaßt wird." (ebd., 33). Die Sprecher müssen folglich zwischen diesen beiden Sichtweisen wählen, sie müssen „entscheiden, in welcher Weise sie mit diesem Wesen gedanklich (und in der Folge auch praktisch) verfahren". Weisgerber stellt also hier ganz im Sinne seiner sprachtheoretischen Vorgaben die starke Hypothese auf, daß ein Satzbauplan qua impliziertem Denkmuster Folgen für die gesellschaftliche Praxis haben kann. — Die ganzheitliche Betrachtung des Satzbauplanes zeigt nicht etwa nur die Grenzen (die werden auch auf dem Gebiet der Morphologie und Wortbildung schon deutlich), sondern die prinzipielle Problematik der inhaltbezogenen Grammatik überhaupt: Aussagen über den Inhalt sprachlicher Ausdrucksmittel, verstanden als je einzelsprachlich festgelegte Bedeutung auf der Ebene der Langue, setzen die Abstraktion von Verwendungskontexten voraus, denn sie sollen ja für alle Verwendungskontexte gelten. Nun ist es wohl möglich und sinnvoll, die Frage nach der 'wörtlichen Bedeutung' von Sätzen zu stellen. Jedoch nimmt diese Beschreibung zwangsläufig Bezug auf die konkrete inhaltliche Füllung der Sätze (zumindest in Form des Bezuges auf die Proposition). Die inhaltliche Beschreibung von Satztypen dagegen ist prinzipiell nicht möglich, denn die Abstraktion vom konkreten Satz kann immer nur hinsichtlich einzelner Aspekte erfolgen, nicht jedoch so, daß sie zu einem 'Inhaltschema' der von Weisgerber angestrebten Art führt: Erhalten bleibt de facto die Verallgemeinerung nicht nur auf einen Kreis von bestimmten Verben hin, die in diesen Sätzen im Prädikat auftreten, sondern auch auf bestimmte Typen von Subjekten und Objekten hin: was vielleicht bei einer bestimmten Interpretation der Äußerung einer Instanz des Satzes *Er klopfte seinem Freunde auf die Schulter.* zutrifft (der Freund als vollwertige Person betrachtet usw.), wird in bezug auf andere Aktanten schlicht falsch. Die vorgebliche Beschreibung eines Satztyps entpuppt sich als Resultat der Verallgemeinerung von Befunden, die für Vorkommen einzelner Sätze dieses Typs in bestimmten Kontexten gelten mögen — die Beschreibung ist einerseits verallgemeinernd, andererseits zugleich tautologisch (vgl. Heeschen 1972, 67). Deshalb müssen auch Gippers (vgl. 1970, 37 f) erneute Bemühungen um diesen Satzbauplan scheitern, auf die hier nicht näher eingegangen werden kann.

5. Satzmodelle als (auch) inhaltlich definierte Satztypen

Weisgerber (vgl. u. a. 1962 b, 19 f) verweist in seinen Arbeiten zum Thema 'Satzbaupläne' mehrfach auf H. Brinkmanns Theorie der „Satzmodelle" und konstatiert, Brinkmanns „Grundmodelle" warteten darauf, „in ausdrücklich energetischen Überlegungen fortgeführt zu werden". Nach seiner Auffassung gehören sie auf eine höhere Abstraktionsstufe als die Satzbaupläne; daß dies nur bedingt zutrifft, macht ein Blick auf Brinkmanns Theorie deutlich. — Brinkmann (1962, 455 ff) faßt den Satz als „geistige Einheit" auf, wobei er sich neben der Intonation auch auf die Möglichkeit der Pronominalisierung bezieht (*Willst du im Sommer mit uns verreisen? — DAS weiß ich noch nicht.*). Dem Satz eignet eine „Satzintention", die durch das finite Verb definiert ist (Aussage über die Person, die Diathesen, die „Zeitauffassung" = Tempus, Einstellung des Subjekts zum „dargestellten Prozeß" = Modus). Ein erster Ansatz zur Typisierung von Sätzen ergibt sich aufgrund der unterschiedlichen Stellungsmöglichkeiten des finiten Verbs: Sätze mit „Zweitstellung", der Normalstellung, „dienen dem Austausch von Mitteilungen. Sie erlauben situationsfreies Reden, d. h. einen Gedankenaustausch, der unabhängig von der jeweiligen Situation ist". Sie heißen deshalb „Mitteilungssätze" (ebd., 473). Sätze mit „Spitzenstellung" dagegen sind „an eine Situation gebunden und auf den Partner gerichtet", sie heißen deshalb „Partnersätze". Prototypisch gehören die Aufforderung und die Satzfrage hierher (vgl. ebd., 473 ff). D. h. Brinkmann unterscheidet in diesem Kontext nicht durchgängig zwischen formal definierten Satztypen und Sprechakttypen: Aufforderungen als Sprechakte können selbstverständlich mit ganz unterschiedlichen sprachlichen Mitteln realisiert werden (vgl. Dittmann 1981, 137 ff). Es ist heute klar, daß Brinkmanns Auffassung vom Verhältnis zwischen Grammatik und 'Pragmatik' zu eng ist, wenn er schreibt: „Die Stellung der Personalform, bei der die Satzintention liegt, unterscheidet Arten des Satzes nach ihrer Aufgabe für die Kommunikation" (Brinkmann 1962, 508). Bemerkenswert bleibt aber, daß er jedenfalls die Fragestellung, Jahre vor der sog. pragmatischen Wende in der Linguistik, stets im Blick hat. Sätze mit „Endstellung" (bzw. „Spätstellung") des finiten Verbs schließlich haben den Status von Satzgliedern, weshalb sie auch keine eigene Satzintention aufweisen (vgl. ebd., 478 ff). — Die Analyse der „Satzmodelle" beruht zunächst wieder auf einer grammatisch-formalen Einteilung, nämlich nach der Art des Prädikates (verbales, adjektivisches, substantivisches). Es ergeben sich vier „Grundmodelle": Verbalsatz, Adjektivsatz, Substantivsatz, wobei derselbe Sachverhalt auf verschiedene Weisen dargestellt werden kann (*Sein Kommen hat mich überrascht.* / *Sein Kommen war für mich überraschend.* / *Sein Kommen war für mich eine Überraschung.*). Die Ausdifferenzierung des Grundmodells 'Verbalsatz' geht von der Unterscheidung zwischen transitivem und intransitivem Verb als Prädikat aus, wobei Brinkmann (ebd., 517) 'transitiv' eng definiert, i. S. einer zweiseitig-umkehrbaren Beziehung, die inhaltlich einen „übergreifenden Prozeß" erfaßt. Das entsprechende Satzmodell heißt „Handlungssatz". Ist das Prädikat ein intransitives Verb (so daß keine „zweiseitige Beziehung" aufgebaut wird), werden „immanente Prozesse" bezeichnet — Brinkmann spricht von „Vorgangssatz". Interessant ist, daß diese Unterscheidung in der Tat zunächst einem recht abstrakten Kriterium folgt, nämlich einer Differenzierung zwischen transitivem und intransitivem Verb, relational definiert. Insoweit ist Weisgerbers Einschätzung des unterschiedlichen Status' seiner Satzbaupläne und der Brinkmannschen Satzmodelle korrekt. Allerdings wagt sich Brinkmann bei der Diskussion der Begriffe 'Vorgangs-' und 'Handlungssatz' denn doch an eine inhaltliche Definition, die nah an eine inhaltbezogene

Betrachtung im Weisgerberschen Format heranführt. Zunächst sagt er, diese Bezeichnungen seien ein Behelf, weil sie nur je einen exemplarischen Fall des jeweiligen Satzmodells darstellten (vgl. ebd., 520). Dann aber führt er näher aus, bei einem Vorgang werde das Subjekt als Ort, bei einer Handlung als verantwortlicher Urheber des verbalen Prozesses aufgefaßt: „Als Vorgangssatz fassen wir alle Fälle, in denen sich im verbalen Prozeß das Dasein oder das Sosein des Subjekts bekundet; als Handlungssatz alle Fälle, in denen das Subjekt über Dasein oder Sosein des Objekts bestimmt" (ebd., 520). In dem Satz *Man brachte Licht und das Gepäck kam.* (Th. Mann) ist beides realisiert: die Handlungsperspektive in bezug auf das Licht und die Vorgangsperspektive in bezug auf das Gepäck. Daß tatsächlich beides gebracht werden muß — Koffer bewegen sich nicht von selbst —, zeigt, „daß es nicht auf die tatsächliche Sachlage ankommt", denn auch, was „sein Sosein erst durch den Menschen empfängt, kann vorgestellt werden, als ob es von sich aus sein Sosein zu verändern vermöge", was „eigentlich Handlung ist, wird als Vorgang dargestellt". Der Primat der Sehweise gegenüber der Sachlage kennzeichnet Brinkmanns inhaltliche Analysen also genau so wie die Weisgerbers. Nur führt, so Helbig (1974, 160 f), bei Brinkmann die Mischung aus struktureller (transitives vs. intransitives Verb) und semantischer Kategorisierung zu einem gelegentlich kontraintuitiven Gebrauch der Begriffe „Handlungs-" und „Vorgangssatz" (vgl. Helbig 1974, 160 f): Handlungssätze drücken nicht immer eine Handlung im realen Sinne aus (z. B.: *Er erleidet eine Krankheit.*), ebensowenig wie Vorgangssätze immer Vorgänge im realen Sinne ausdrücken (z. B. *Er liegt im Bett.*). Durch diese Spannung zwischen struktureller und semantischer Ebene werden Brinkmanns Kategorien schwer handhabbar, zumal es ihm selbst offenbar mehr auf die inhaltliche als auf die formale Betrachtungsweise in der Syntax ankommt (vgl. die zusammenfassende Beschreibung von Handlungs- und Vorgangssatz bei Brinkmann 1962, 522, und die jeweiligen Subkategorisierungen ebd., 522 f). — Diese Spannung kommt in der Behandlung von Adjektiv- und Substantivsatz (vgl. ebd., 559 ff) besonders deutlich zum Ausdruck: Nach Brinkmann kann „derselbe Sachverhalt" einstellig, mittels Adjektiv, und zweistellig, mittels Substantiv dargestellt werden: (a) *Diese Tat ist verbrecherisch.* / (b) *Diese Tat ist ein Verbrechen.* In (a) werde die Ablehnung einer Tat zum Ausdruck gebracht, in (b) die Tat klassifiziert. Selbstverständlich ist diese Unterscheidung von „qualifizierendem" Adjektivsatz und „klassifizierendem" Substantivsatz überhaupt kein morphosyntaktisches, sondern ein rein lexikalisch-semantisches Problem (vgl. den 'qualifizierenden' Substantivsatz *Dieser Brief ist eine Unverschämtheit.*). Auch hier, wie schon bei Weisgerber, steht die semantische Analyse morphosyntaktischer Strukturen vor der Schwierigkeit, von der konkreten Satzbedeutung in Richtung auf 'Konstruktionsbedeutungen' abstrahieren zu müssen: ein Unterfangen, das scheitert, weil ein Rest an konkreter Satzbedeutung zwangsläufig in jeder noch so weit getriebenen Abstraktion erhalten bleibt, soll diese nicht leer sein. Dieser Rest aber verhindert, was eigentlich anzustreben wäre: Er reduziert die Anwendbarkeit der Analyse auf semantisch bestimmte Teilklassen der morphosyntaktischen formalen Klassen, um die es eigentlich geht.

6. Der Text als Gegenstand inhaltbezogener Sprachforschung

Ob H. Glinz der Richtung 'inhaltbezogene Grammatik' zuzuordnen ist, ist umstritten (vgl. Szemerényi 1982, 275 f; Dittmann 1980, 157 f). In seiner „Inneren Form des Deutschen" sieht Glinz (1952, 13 f) jedenfalls ausdrücklich keinen Versuch, aufzuzeigen, wie die Sprache „zur Erforschung und Darstellung der menschlichen Lage und des menschlichen Daseins dienen kann und welche Ergebnisse damit gewonnen werden" — das sind für ihn philosophische Fragen. Sein Anliegen ist vielmehr, „die Struktur der deutschen Sprache in höherem Grade durchsichtig zu machen, als es in der bisherigen Grammatik geschah". Zu diesem Zwecke entwickelt er „Proben", die, auf Texte (!) angewendet, Satzglieder als je notwendige Bestandteile deutscher Sätze sowie syntaktisch-funktionell identische Einheiten liefern. So findet er durch Ersatz- und Verschiebeprobe ein Satzglied heraus, das immer 'einwortig' ist, nur durch seinesgleichen ersetzt werden kann und einen festen Pol im Satzbau bildet, indem es stets an zweiter, letzter oder erster Stelle auftritt. Deshalb nennt er es „Leitglied" (gemeint ist also das finite Verb). Die drei „Stellungstypen" nennt er zunächst „Kernform, Spannform und Stirnform", um nicht schon Inhaltliches bzw. Funktionales zu präjudizieren.

Doch auch die Bestimmung der „Inhaltswerte" dieser Satztypen reicht nicht im entferntesten an die hermeneutischen Eskapaden Weisgerbers heran. Glinz (1952, 422 ff) begnügt sich mit dem Befund, der Wert des Spannsatzes sei mit „anzuschließen an einen anderen Ausdruck" anzugeben (vgl. *Warum kamest du nicht? Weil es mich gereut hat!*). Die häufigste Verwendung sei deshalb die als Nebensatz. Der Stirnsatz habe den Wert „besondere Ladung, besondere Spannung", wie sie im Ausruf (*Hat er endlich Schluß gemacht!*) und der Frage zum Ausdruck komme. Demgegenüber sei der Kernsatztyp (*Er hat endlich Schluß gemacht.*) als Normalform, sein Wert als „gewöhnlich" zu bestimmen. Wichtig ist im übrigen, daß Glinz wie kaum ein Grammatiker vor ihm, von der gesprochenen Sprache ausgeht, die Stimmführung also stets als einen Faktor der Satzanalyse mit einbezieht (vgl. ebd., 425). Glinz sieht das Erfassen von sprachlichen Inhalten als Prozeß der Interpretation, die die ‹conscience individuelle› zum Ausgangspunkt hat. Das entscheidende methodische Problem ist nun, daß es ja formal gewonnene Einheiten sind, die durch Interpretation mit Inhalt gefüllt werden sollen (vgl. ebd., 57 f); damit präjudiziert die ausdrucksseitig ansetzende Probe jeweils eine Gliederung in sprachliche Einheiten, die in der Interpretation als zugleich inhaltliche Einheiten aufgefaßt werden (vgl. die Kritik bei Helbig 1974, 223; vgl. schon Weisgerber 1953/54, 117). Dieses Problem hat Glinz gesehen und thematisiert, und dieses Problem hat ganz offensichtlich sein Interesse an der „inhaltbezogenen Sprachforschung" (er spricht nicht von 'inhaltbezogener Grammatik') geweckt: „Inhaltbezogene Sprachforschung setzt sich zum Ziel, die Sprachinhalte [...] zu erforschen, auch dort, wo diese rein geistige Sprachstruktur nicht parallel ist zur formalen, an den Lautungen erkennbaren Struktur und man daher nicht mehr, wie man es sonst als Wissenschaftler immer tun muß [!], von dieser formalen Struktur ausgehen und dadurch die nötige Objektivität erreichen kann." (Glinz 1965, 7; vgl. 1962a, 18). Als neuen Weg schlägt er deshalb eine „'Verstehens-Analyse' ausgewählter Texte" vor, die erarbeitet, was „Sprache und sprachliches Handeln" für die Menschen leisten (1962b, 11). Ein Ziel dieser Analysen ist der Versuch, eine Typologie elementarer sprachlicher Handlungen zu entwickeln (vgl. ebd., Kap. 1.), Ansätze, die Glinz (vgl. 1973; 1978) auch in expliziter Auseinandersetzung mit Theorien sprachlichen Handelns fortführt. Der Unterschied zu Weisgerbers ganzheitlicher Analyse eines Satzbauplanes läßt sich an folgendem Beispiel demonstrieren (vgl. Glinz 1965, 42 ff): Die „strukturalistische Analyse" des Satzes *Es tut nichts.* ergibt als „Gliederungsplan" die Folge „Grundgröße, Personalform, Zielgröße". Die Inhaltsanalyse zielt auf das „Gemeinte" des Satzes, d. h. auf die Satzbedeutung dieses Satzes, nicht etwa des Gliederungsplanes als Typ. Das Gemeinte erschließt sich durch Vergleich mit quasi gleichbedeutenden Sätzen (wie *Es schadet nichts.*) als „tröstendes Zureden", jedoch ist es aus der „Morpho-Kette nicht bindend herauszulesen": Wenn *es* als auf ein „personales Wesen" referierend (z. B. *das Kind*) und *tut* im Sinne von *arbeiten* verstanden wird, ergibt sich ein entsprechend anderes Gemeintes. — Auch Glinz' spätere Arbeiten zur deutschen Grammatik bleiben in der Tradition der „Inneren Form" an Tests orientiert und korpusbezogen (vgl. etwa die Satzgliedbestimmungen in Glinz 1971, 33 ff), wobei er zunehmend die Terminologie der traditionellen (und zugleich der modernen) Grammatik übernimmt ('Objekt' statt 'Zielgröße' usw.).

7. Abschließende Würdigung

Die zusammenfassende Würdigung der inhaltbezogenen Grammatik unter dem Aspekt der morphosyntaktischen Fragestellungen soll nicht die in den einzelnen Abschnitten geäußerte Kritik wiederholen. Es sei lediglich noch einmal in aller Kürze auf die grundlegende Problematik und den prinzipiellen methodischen Irrtum eingegangen, die die inhaltbezogene Grammatik scheitern ließen. — Die grundlegende Problematik besteht in dem bereits von Weisgerber selbst erkannten komplexen Verhältnis von Struktur morphosyntaktischer Ausdrucksmittel einerseits und deren Bedeutung bzw. der Satzbedeutung andererseits. Glinz (vgl. 1978, 112 ff) hat das mit aller wünschenswerten Klarheit anhand des Satzes (a) *Jetzt reicht es dann.* dargestellt. Zu diesem Satz gibt es eine Fülle „phonomorphischer Varianten" (wie *Jetzt reicht's dann.*, dialektale Varianten usw.), bei identischer „grammatischer Struktur". Umgekehrt kann aber die Bedeutung, mit der (a) in einem bestimmten Kontext geäußert werden kann, auch mit ganz anderen „morphostrukturellen" Mitteln ausgedrückt werden: (b) *Jetzt ist es dann soweit.*, (c) *Ich bin gleich soweit.* usw. (vgl. Glinz 1978, 114 f). Daraus zieht Glinz den Schluß: „Die Morphostruktur [...] kann einen bloßen grammatischen Mechanismus darstellen, der für die Korrektheit der betreffenden Äußerung einzuhalten ist, der aber für die Gesamtbedeutung [...] und damit für das Verstehen und den sachlichen Kommunikationserfolg keine Rolle spielt." Mancher Linguistin und manchem Linguisten wird diese Formulierung zu radikal sein, denn die Suche nach Relationen zwischen der morphosyntaktischen Form von Sätzen, Satzbedeutungen und, z. B. Sprechakttypen, die mit der Äußerung von Instanzen von Sätzen vollzogen werden können, scheint so völlig aussichtslos nicht zu sein (vgl. u. a. Motsch/Viehweger 1981, 128 ff). Jedenfalls lehrt die Einsicht in die Komplexität dieser Relationen (vgl. u. a. Bierwisch 1979, 65 ff) aber eindeutig, daß zwischen Morphosyntax, Semantik und, z. B., der Beschreibung von Sprechakttypen kategorial zu unterscheiden ist. Deshalb ist die zweite Basisannahme der inhaltbezogenen Grammatik, mit der gerade die kategoriale Ununterscheidbarkeit von Morphosyntax und Semantik unterstellt wird, nicht haltbar, und das ist ausschlaggebend für das Scheitern der inhaltbezogenen Grammatik. Damit ist bereits impliziert, daß auch die zentrale methodologische Vorgabe prinzipiell irrig ist: die ganzheitliche Sprachbetrachtung führt die Analyse von Inhalt, Leistung und Wirkung morphosyntaktischer Ausdrucksmittel immer wieder auf die aus einer gestaltbezogenen Betrachtung gewonnenen Größen zurück, dergestalt daß, etwa bei Brinkmanns 'Satzmodellen', die quasi formal gewonnenen Strukturen letztlich doch mit einem, wie immer abstrakten, Inhalt in Beziehung gebracht werden (vgl. oben, Abschnitt 5.). Das ist methodisch genauso verwerflich wie Weisgerbers Kurzschluß von den 'Aufgabenbereichen' (sprich: Sprechakttypen) über die Stellung des finiten Verbs auf inhaltlich bestimmte Satzbaupläne (vgl. oben, Abschnitt 4.3.). — Was von der inhaltbezogenen Grammatik bleibt, ist nach meiner Einschätzung zweierlei: Erstens haben die Vertreter der inhaltbezogenen Grammatik mit dem Versuch einer 'ganzheitlichen' Sprachbetrachtung ein Werk begonnen, das auf gesicherter sprach- und grammatiktheoretischer Basis und mit überdachter Methode fortgeführt werden sollte. Ansätze, die morphosyntaktische, semantische und sprechakttheoretische (oder andere 'pragmatische') Kategorien auf je identische Gegenstandsbereiche anwenden, gehen da vermutlich in die richtige Richtung (vgl., neben Bierwisch 1979, u. a. Růžička 1983). Zweitens bleibt die in der ersten Basisannahme der inhaltbezogenen Grammatik formulierte sprachtheoretische Position, die auf eine — zunächst härter, später weniger hart (vgl. Weisgerber 1973, 19 f) — formulierte Determinismushypothese hinausläuft, eine Herausforderung für alle, die anderer Auffassung sind, ebenso wie Weisgerbers Bestimmung des Verhältnisses von Sprache, Sprachgemeinschaft und Individuum (vgl. Dittmann 1980, 50 f; 59) — ein Thema von bleibender Aktualität.

8. Literatur

Bierwisch, Manfred. 1979. Wörtliche Bedeutung — eine pragmatische Gretchenfrage. Sprache und Pragmatik, Lunder Symposium 1978, hrsg. von Inger Rosengren, 63—85. (Lunder germanist. Forschungen 48). Lund.

Brinkmann, Hennig. 1962. Die deutsche Sprache. Gestalt und Leistung. (Sprache und Gesellschaft, Grundlegung 1). Düsseldorf.

Chomsky, Noam. 1977. Essays on form and interpretation. (Studies in Linguistic Analysis). Amsterdam.

—. 1980. Rules and representations. Oxford.

—. 1981. Lectures on government and binding. The Pisa Lectures. (Studies in Generative Grammar 9). 4th edn. 1986. Dordrecht, Riverton.

Dittmann, Jürgen. 1980. Sprachtheorie der inhaltbezogenen Sprachwissenschaft. Teil 1/Teil 2. Deutsche Sprache 8. 40—74, 157—76.

—. 1981. Konstitutionsprobleme und Prinzipien einer kommunikationsorientierten Grammatik. Dialogforschung. Jahrbuch 1981 des Instituts für deutsche Sprache, hrsg. v. Peter Schröder & Hugo Steger, 135—77. (Sprache der Gegenwart 54). Düsseldorf.

Duden-Grammatik. 1973. Duden-Grammatik der deutschen Gegenwartssprache. (Der Große Duden, 4) 3. Aufl. Mannheim.

—. 1984. Duden-Grammatik der deutschen Gegenwartssprache. (Der Große Duden, 4). 4. Aufl. Mannheim.

Eisenberg, Peter. 1986. Grundriß der deutschen Grammatik. Stuttgart.

Erben, Johannes. 1961. Abriß der deutschen Grammatik. 4., neubearb. Aufl. Berlin, DDR.

Geckeler, Horst. 1971. Strukturelle Semantik und Wortfeldtheorie. München.

Gipper, Helmut. 1970. Der Satz als Steuerungs- und Regelsystem und die Bedingungen der Möglichkeit seines Verstehens. Studien zur Syntax des heutigen Deutsch, Festschrift für Paul Grebe, 26—44. (Sprache der Gegenwart 6). Düsseldorf.

—. 1974. Inhaltbezogene Grammatik. Grundzüge der Literatur- und Sprachwissenschaft. Bd. 2: Sprachwissenschaft, hrsg. v. H. L. Arnold & V. Sinemus, 133—50. München.

—, und Peter Schmitter. 1975. Sprachwissenschaft und Sprachphilosophie im Zeitalter der Romantik. Current Trends in Linguistics. Vol. 13, Historiography of Linguistics, hrsg. v. Thomas A. Sebeok, 481—606. The Hague, Paris.

—, und Hans Schwarz (Hg.). 1962 ff. Bibliographisches Handbuch zur Sprachinhaltsforschung. Teil I, Schrifttum zur Sprachinhaltsforschung in alphabetischer Folge nach Verfassern mit Besprechungen und Inhaltshinweisen. Bde. 1—4. (Wissenschaftliche Abhandlungen der Arbeitsgemeinschaft für Forschung des Landes Nordrhein-Westfalen, 16 a; ab Bd. 2: Abhandlungen der rheinisch-westfälischen Akademie der Wissenschaften, 16 a). Opladen.

Glinz, Hans. 1952. Die innere Form des Deutschen. Eine neue deutsche Grammatik. Bern, München.

—. 1962 a. Sprache und Welt. (Duden-Beiträge 6). Mannheim.

—. 1962 b. Ansätze zu einer Sprachtheorie. (Beihefte zu Wirkendes Wort 2). Düsseldorf.

—. 1965. Grundbegriffe und Methoden der inhaltbezogenen Text- und Sprachanalyse. (Sprache und Gemeinschaft, Grundlegung 3). Düsseldorf.

—. 1971. Deutsche Grammatik II. (Studienbücher zur Linguistik und Literaturwissenschaft 3). Frankfurt/M.

—. 1973. Textanalyse und Verstehenstheorie I. (Studienbücher zur Linguistik und Literaturwissenschaft 5). Frankfurt/M.

—. 1978. Textanalyse und Verstehenstheorie II. (Studienbücher zur Linguistik und Literaturwissenschaft 6). Frankfurt/M.

Heeschen, Volker. L. Weisgerber. Grundfragen der Linguistik. Mit einem Beitrag von V. Heeschen, v. Claus Heeschen, 54—69. (Urban-Tb., 156). Stuttgart.

—. 1977. Weltansicht — Reflexionen über einen Begriff W. v. Humboldts. Historiographica Linguistica VI, 2. 159—90.

Heidolph, Karl Erich [et al.]. 1981. Grundzüge einer deutschen Grammatik. Berlin.

Helbig, Gerhard. 1974. Geschichte der neueren Sprachwissenschaft. Reinbek.

Henzen, W. 1959. Rez. v. L. Weisgerber, Verschiebungen in den sprachlichen Einschätzungen von Menschen und Sachen. 1958. Beiträge zur Geschichte der deutschen Sprache und Literatur (PBB, Tübingen) 81. 203—17.

Humboldt, Wilhelm von. 1906 ff. Gesammelte Schriften, hrsg. v. A. Leitzmann. Berlin Reproduktion 1968. Berlin.

Kolb, Herbert. 1960. Der inhumane Akkusativ. Zeitschrift für deutsche Wortforschung 3. 168—77.

Leuninger, Helen. 1979. Reflexionen über die Universalgrammatik. Frankfurt/M.

Motsch, Wolfgang, und Dieter Viehweger. 1981. Sprachhandlung, Satz und Text. Sprache und Pragmatik. Lunder Symposium 1980, hrsg. v. Inger Rosengren, 125—53. (Lunder germanistische Forschungen 50). Lund.

Polenz, Peter von. 1969. Der Pertinenzdativ und seine Satzbaupläne. Festschrift für Hugo Moser zum 60. Geburtstag, hrsg. v. Ulrich Engel et al., 146—71. Düsseldorf.

Růžička, Rudolf. Autonomie und Interaktion von Syntax und Semantik. Untersuchungen zur Semantik, hrsg. v. Rudolf Růžička & Wolfgang Motsch, 15—59. (Studia Grammatica 22). Berlin, DDR.

Schoenthal, Gisela. 1976. Das Passiv in der gesprochenen deutschen Standardsprache. (Heutiges Deutsch I/7). München.

—. 1987. Kontextsemantische Analysen zum Passivgebrauch im heutigen Deutsch. Zur Mitteilungsperspektive im Passivsatz. Das Passiv im Deutschen, Nizza 1986, hrsg v. Centre de Recherche en Linguistique Germanique (Nice). (Linguistische Arbeiten 183), 161—79. Tübingen.

Steger, Hugo. 1964. Gruppensprachen. Ein methodisches Problem der inhaltsbezogenen Sprachbetrachtung. Zeitschrift für Mundartforschung 31. 125—38.

Szemerényi, Oswald. 1982. Richtungen der modernen Sprachwissenschaft II. Die fünfziger Jahre. Heidelberg.

Tschirch, Fritz. 1954. Weltbild, Denkform und Sprachgestalt. Grundauffassungen und Fragestellungen in der heutigen Sprachwissenschaft. (Erkenntnis und Glaube 13). Berlin.

Wandruszka, Mario. 1961. Das Passivum in den romanischen Sprachen, im Englischen und Deutschen. Der Deutschunterricht 13, 5. 40—6.

Wegener, Heide. 1985. Der Dativ im heutigen Deutsch. (Studien zur deutschen Grammatik 28). Tübingen.

Weisgerber, Leo. 1953. Vom Weltbild der deutschen Sprache. 1. Halbband, Die inhaltbezogene Grammatik. (Von den Kräften der deutschen Sprache 1). 2., erw. Aufl. Düsseldorf.

—. 1953/54. Rez. von H. Glinz, Die innere Form des Deutschen. 1952. Wirkendes Wort 4. 116—17.

—. 1957/58. Der Mensch im Akkusativ. Wirkendes Wort 8. 193—205.

—. 1962 a. Grundzüge der inhaltbezogenen Grammatik. (Von den Kräften der deutschen Sprache 1). 3., neubearb. Aufl. Düsseldorf.

—. 1962 b. Die ganzheitliche Betrachtung eines Satzbauplanes. 'Er klopfte seinem Freunde auf die Schulter'. Wirkendes Wort, Beihefte 1. Düsseldorf.

—. 1963 a. Die wirkungbezogene Sprachbetrachtung. Wirkendes Wort 13. 264—76.

—. 1963 b. Die Welt im 'Passiv'. Die Wissenschaft von deutscher Sprache und Dichtung. Methoden, Probleme, Aufgaben. Festschrift für Friedr. Maurer, hrsg. v. S. Gutenbrunner et al., 25—59. Stuttgart.

—. 1963 c. Die vier Stufen in der Erforschung der Sprachen. (Sprache und Gemeinschaft, Grundlegung 2). Düsseldorf.

—. 1964. Vierstufige Wortbildungslehre. Muttersprache 1964, 33—43, 96.

—. 1973. Gefärbte Brillen. Linguistische Studien III. Festschrift für Paul Grebe, Teil 1. (Sprache d. Gegenwart 23), 9—23. Düsseldorf.

Jürgen Dittmann, Freiburg/Br. (Deutschland)

IV. Ansätze syntaktischer Theoriebildung II: Strukturalistische Syntax
Approaches to a Theory of Syntax II: Syntax in Structuralism

10. Der europäische Strukturalismus

1. Die personelle und zeitliche Abgrenzung des europäischen Strukturalismus
2. Strukturtypen im europäischen Strukturalismus
3. Die doppelte Dualität des sprachlichen Zeichens
4. Reihenfolgebeziehungen: „Wortstellung"
5. Determinatum und Determinans; «déterminé» und «déterminant»
6. Methodologisches
7. Literatur

1. Die personelle und zeitliche Abgrenzung des europäischen Strukturalismus

Das programmatische Reden von Strukturalismus, Strukturalem, Strukturellem oder Strukturalistischem hat offenbar Roman Jakobson seit 1928 in Gang gebracht (s. Jakobson 1932/71, 541, 543; 1936/71, 548), um damit im wesentlichen das keineswegs ausschließlich linguistische Tun des 1926 gegründeten und in den ersten Jahren von Mathesius geleiteten Cercle Linguistique de Prague, sein eigenes und das des Fürsten Trubetzkoy zu charakterisieren. Trubetzkoy scheint 1929 das Wort *strukturell* (*strukturál'nyj*) noch zögerlich zu gebrauchen und setzt — ausgerechnet in einem Brief an Jakobson — das in Frage stehende Etikett in Anführungszeichen: „Unsere "strukturelle" Linguistik ist durchaus nicht die herrschende" (Trubetzkoy 1975, 131). — Es handelt sich um recht vage Vorstellungen, die mit den Namen 'Strukturalismus' und 'Struktur' bezeichnet werden. Im „Ottův slovník" liest man unter dem Stichwort „Strukturalismus": „Strukturalismus ist eine neue wissenschaftliche Betrachtungsweise auf verschiedenen Gebieten, nach der man sich das Gesamt der Phänomene in den jeweiligen Gebieten als Struktur (als eine Ganzheit, eine Konstruktion oder ein Gefüge) vorstellt. Eine Struktur in diesem Sinne baut sich aus den Einzelphänomenen als eine höhere Einheit (eine Ganzheit) auf, und zwar so, daß diese Einheit ganzheitsstiftende Eigenschaften annimmt, die ihren Teilen nicht zukommen; sie ist nicht einfach ein Konglomerat, eine Summe der Einzelteile. Die Einzelphänomene sind nicht die separaten Bestandteile eines analysierbaren Ganzen, sondern, verbunden durch wechselseitige Beziehungen, sind sie, was sie sind, immer nur in bezug auf das hierarchisch geordnete Ganze" (Havránek 1943, 452). — Von Strukturen sowohl in bezug auf die Sprache im allgemeinen als auch in bezug auf natürlichsprachliche Ausdrücke war längst vor Jakobson die Rede (hierzu s. auch Körner 1975, 722 f), und zwar bei Verwendung des Wortes *Struktur* selbst oder von Synonymen wie *Bau* oder *Konstruktion*. 1524 erscheint in London „De emendata structura Latini sermonis libri sex" („Sechs Bücher über die vervollkommnete Struktur der latein. Rede") von Thomas Linacre. Girard (1747, 89) spricht von der „Struktur des Satzes". Die Gestalt, die einem sprachlichen Ausdruck durch die „constructio" aufgeprägt wird, „wird Struktur" genannt, heißt es bei Høysgaard (1752, [354, Bogenzählung: Z 2]), Meiner (1781, 438) spricht von der „Struktur der Periode" und Byrne (1892) nennt ein Werk „General principles of the structure of language". Bei Noreen (1903, 22) ist von dem „Bau [byggnad] der Sprache oder ihrer Struktur [struktur]" die Rede, und Wundt (1900, 316; und ähnlich passim) spricht von „Verhältnissen der Satzstructur". — Es ist nicht die Metapher der „structura", die spezifisches Charakteristikum des europäischen Strukturalismus ist; und es ist nicht der mengentheoretische Begriff der Struktur, der das einigende Band aller unter dem Etikett „europäischer Strukturalismus" subsumierten Aktivitäten hergäbe. Für das Folgende soll vereinbart sein, daß alle jene europäischen Verfasser Repräsentanten des europäischen Strukturalismus sind, die in ihren in Europa veröffentlichten Schriften (und sonstigen Verlautbarungen) die Vokabeln *Struktur, struktural, strukturell, strukturalistisch, Strukturalismus* in programmatischer, nicht-polemischer Weise auf linguistische Gegenstände, sprachliche Phänomene oder linguistikspezifische Verfahren anwenden. Titel und Plan dieses Handbuchs erzwingt die Beschränkung auf Syntaktisches, Syntaktisierbares und auf Syntax Bezogenes. Die Schriften von Trubetzkoy scheiden daher — bis auf eine Ausnahme — aus; er gestand: „Ich hatte immer eine heilige Furcht vor allem Syntaktischen" (Trubetzkoy 1975, 297). — Als frühestmöglicher Zeitpunkt für einschlägige Literatur hat nach dem Vereinbarten das Jahr 1928 zu gelten. Zur Gegenwart hin sei der europäische Strukturalismus dadurch abgegrenzt, daß alle Schriften, bei denen ein effektiver Einfluß der Generativen Transformationsgrammatik deutlich wird, nicht zum europäischen Strukturalismus gezählt werden. Ein ergänzendes (für sich genommen wiederum nicht spezifisches, weil auch für andere Strömungen (s. Art. 9) zutreffendes) Charakteristikum des europäischen Strukturalismus ist, daß sich seine Repräsentanten, so verschieden ihre linguistischen Ansichten auch sein mögen, in der Tradition de Saussures sehen, und zwar in der Tradition de Saussures als Urhebers des «Cours de linguistique générale» (de Saussure 1916/67). Demgegenüber kann man den „amerikanischen Strukturalismus" als in der Tradition Wundts stehend betrachten (s. Art. 4.). Wenn es hier darum gehen soll, den europäischen gegenüber dem amerikanischen knapp zu charakterisieren, so kann man — bei aller Vorsicht — dreierlei sagen: (1) In Europa werden auch Vorstellungen über die Struktur des Satzes tradiert, die in Amerika entweder gar keine oder eine sehr eingeschränkte Rolle spielen, Vorstellungen, wie sie in Art. 4. in 3.3. skizziert sind. Der Grundgedanke dabei ist der, daß man annimmt, daß es im Satz nur dyadische Beziehungen zwischen Wörtern, nicht aber solche zwischen derartigen Paaren, d. h. zwischen Komplexen gibt (s. Art. 4. in 3.4.). (2) In Europa werden bei der syntaktischen Beschreibung von Sätzen Gesichtspunkte der Bedeutung herangezogen, freilich — anders als in Amerika (s. Art. 11.) — ohne tiefergehende Reflexion. (3) In Europa wird nicht nur die Annahme der Zweiseitigkeit, sondern auch die der Zweiteiligkeit des sprachlichen Zeichens explizit formuliert. — Diese drei Charakteristika gelten pauschal. Weder treffen sie die Aktivitäten jedes einzelnen europäischen „Strukturalisten", noch kann das eine oder andere nicht auch bei einem amerikanischen „Strukturalisten" angetroffen werden. — Es sollen hier nur jene Strömungen Erwähnung finden, die für die Syntax in Theorie und Anwendung wenigstens halbwegs einschlägig sind. Da die Idee, vom „Strukturalismus" zu reden, offenbar in Prag ihre Wiege hat, sei zuerst der «Cercle Linguistique de Prague» genannt. Spätestens 1931 wird es — wohl nach dem Genfer Beispiel (Sechehaye 1928) — Brauch, von der „Prager Schule" zu sprechen (hierzu Jakobson 1932/71, 541). Neben den Prager Kreis tritt seit 1931 der «Cercle Linguistique de Copenhague» mit Hjelmslev als einem der Gründer. Auch in diesem Falle spricht man bald von einer Schule, und zwar spätestens seit 1948 (Skalička 1948, 135, 139). 1939 gründet Hjelmslev zusammen mit Bröndal die Zeitschrift „Acta Linguistica [Havniensia]", deren Untertitel lautet «Revue Internationale de Linguistique structurale». Ein Mitglied des Beirats, nämlich Lindroth (1939, 78 ff), dokumentiert, daß es auch bei der Gründung der „Acta Linguistica" ein partielles Unbehagen an den Jakobsonschen Wortmünzen 'strukturell' und 'strukturalistisch' gab, Wortmünzen, die Bröndal (1939, 2, 9.) und Hjelmslev (1939, 10, 11.) im ersten Heft dieser Zeitschrift benützen. Nach den genannten Kriterien gehören zum europäischen Strukturalismus jedenfalls auch de Groot und Tesnière, die beide eine „strukturelle Syntax" geschrieben haben (de Groot 1949 b; Tesnière 1959/65). Allerdings läßt auch de Groot (1949 b, 9 f) erkennen, daß das Etikett 'strukturell' überflüssig ist, wenn man von der Hypothese ausgeht, „daß eine Sprache ein System von einer bestimmten Struktur ist, mit Elementen und somit auch Sätzen von bestimmter Struktur". Diderichsen (1935/37) berichtet über seine Untersuchungen zur „Struktur des dän. Satzes", Glinz (1965, 12, 7) beschreibt die „Struktur der deutschen Sprache"; für ihn ist ein „offener Strukturalismus [...] als inhalts- und wirkungsbezogene Sprachwissenschaft" fruchtbar. Und Fourquet (1959) schreibt über „strukturelle Syntax" und nimmt 1965 eine „strukturelle Analyse des deutschen Satzes" (Fourquet 1965) vor. Togeby (1951) erforscht die „immanente Struktur" des französischen Satzes. Alle vier Autoren sollen daher zu den europäischen Strukturalisten gezählt werden. Unzweifelhaft ist die Zuordnung zum europäischen Strukturalismus wegen des von ihm so genannten und vertretenen syntagmatischen Strukturalismus bei Mikuš (1955—56; 1962), klar auch bei Alarcos Llorach (1951/72), der als Anhänger der Hjelmslevschen Glossematik gelten kann. Bazell (1953, 5, 102 f, 116) gibt sich als Strukturalismus-Anhänger zu erkennen. Er hat die Arbeiten der amerikanischen Zeitgenossen systematisch zur Kenntnis genommen. Deutlich wird bei ihm aber auch die europäische Tradition sowie eine partielle Übereinstimmung mit Hjelmslev (z. B. Bazell 1949, 9 f). Ohne Bezug auf den amerikanischen Strukturalismus, wohl aber mit Bezug auf Hjelmslev, legt Bech (1951, 16) seiner Untersuchung des tschech. (und — kurz — des russ.) Konjunktivs „eine kombinatorische auffassung der grammatischen erscheinungen zugrunde". Auch er soll deshalb in diesem Artikel berücksichtigt werden. Erst nach dem 20. Parteitag der KPdSU 1956 gibt es in der UdSSR Publikationen, die man als strukturalistische bezeichnen kann. Zum nicht geringen Teil stehen sie im Zusammenhang mit Arbeiten zur maschinellen Sprachübersetzung. 1957 äußert sich der Slovene Mikuš in „Voprosy jazykoznanija" (Mikuš 1957) zum Strukturalismus und der von ihm entwickelten „syntagmatischen Theorie". 1960 stellt er die „strukturelle Syntax" von Tesnière (1959/65) vor (Mikuš 1960). 1958 bestimmt Kulagina (1958, 203 ff) grammatische Begriffe auf der Grundlage der Mengenlehre. 1962 erscheint der erste Sammelband über „Probleme der strukturellen Linguistik" (Problemy 1962) sowie Revzins Arbeit über „Modelle der Sprache" (Revzin 1962). Im gleichen Jahr stellt Šaumjan (1962) seine Konzeption zu Transformationsgrammatiken vor (s. auch Šaumjan/Soboleva 1963), und Apresjan (1962) erörtert die Methode der IC-Analyse sowie die transformationelle. — Wegen seines deutlichen Bezugs zu Hjelmslev zähle ich auch Collis zu den europäischen Strukturalisten. — Weil es weniger objektive denn subjektive Kriterien sind, die hier herangezogen werden, bleiben Syntaktiker vom Kreis der „europäischen Strukturalisten" ausgeschlossen, die sich als einer Schule angehörig sehen, die „nicht ganz strukturalistisch in dem Sinne [ist], wie es die Kopenhagener Schule versteht, wobei sie [d. h. die Belgrader linguistische „Schule"] sich sehr viel mit der Struktur und den Systemen der Sprache befaßt" (Belić 1955, 5). Auch Martinet schließe ich aus, der zwei Bücher über „Syntax" veröffentlicht hat (Martinet 1975; 1985). Er setzt — zögerlich wie Trubetzkoy, Lindroth und de Groot — die Bezeichnung „Strukturalisten" (Martinet 1960, 1; 1962/67, 3) in Anführungszeichen und kritisiert entschieden den „Strukturalismus": „The most deeply rooted objection to 'structuralism' is, indeed, that concentration on 'structure', whatever that may be, will necessarily lead scholars away from a close scrutiny of observable facts and make them disregard whatever stands in the way of their attempts to set up theoretical constructions. [...] The most fundamental objection to [the structuralists'] practice of identifying the patterns on two different planes derives from the obvious fact that, in language, something which is not manifest, variously called meaning or experience, is manifested by means of something else" (Martinet 1962/67, 3, 38). Martinet (1962/67, 39) hat eine „functional syntax" im Sinne. — Sowohl in der Präsentationsart als auch in der Systematik orientiert sich dieser Artikel hier weitgehend an Art. 4. Es sei vor allem auf das dort am Ende von 1. Gesagte hingewiesen.

2. Strukturtypen im europäischen Strukturalismus

Unter den Mitgliedern des Cercle Linguistique de Prague sowie bei den ihm nahestehenden Linguisten (nach der Definition von Vachek 1966, 5 ff) gibt es keine einheitliche Syntaxpraxis. Es bestehen mehrere Systeme nebeneinander: Man findet Strukturen, bei denen ausschließlich dyadische Beziehungen zwischen Wörtern betrachtet werden, und zwar sowohl (a) N-Determinations- als auch (b) V-Dependenzstrukturen (s. Art. 4., 3.3.1. bzw. 3.3.2.); außerdem findet man (c) Strukturen mit komplexen Argumenten (s. Art. 4., 3.4.). Es werden folglich in bezug auf die formalisierbaren Eigenschaften der avisierten Syntaxen die drei Haupttraditionen, die sich bis zum Ende des 19. Jh.s in Europa entwickelt hatten, weitergeführt. Als Beispiel für (a) stehe die Analyse bei Havránek/Jedlička (1951, 166). Nach ihnen werden die syntaktischen Beziehungen im Satz hergestellt durch „syntaktische Wortpaare". In einem Wortpaar sei je ein Wort a (d. h. nach den Autoren: je ein Satzglied) vom andern — von b — abhängig; b dominiere a. Für den tschech. Ausdruck *Naši$_1$ horníci$_2$ konají$_3$ obětavě$_4$ práci$_5$ blahodárnou$_6$ pro$_7$ pracující$_8$ lid$_9$*

```
        hladina ← klesá → k normálu
             ↓
         přitoku → některých
             ↓
  této ← řeky → velké
```

Abb. 10.1: V-Dependenz bei Nebeský (1962)

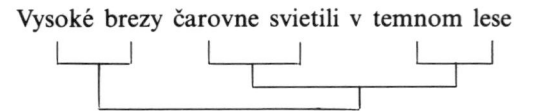

```
Vysoké brezy čarovne svietili v temnom lese
└────┘ └────┘           └────┘   └────┘
       └──────────────────┘
                └────────────────────┘
```

Abb. 10.2: Binär-verzweigende Baumstruktur bei Pauliny (1963)

('Unsere₁ Bergleute₂ leisten₃ — sich₄ aufopfernd₄ — segensreiche₆ Arbeit₅ für₇ das₉ werktätige₈ Volk₉') geben die Autoren als Folge von syntaktischen Wortpaaren an: (1) *naši* abhängig von *horníci*, (2) *konají* abhängig von *horníci*, (3) *práci* abhängig von *konají*, (4) *blahodárnou* abhängig von *práci*, (5) *pro lid* abhängig von *blahodárnou*, (6) *pracující* abhängig von *lid*, (7) *obětavě* abhängig von *konají*. In dem Paar *horníci konají* werde die Abhängigkeit durch die Kongruenz ausgedrückt: Das abhängige Glied (*konají*) kongruiere mit dem dominierenden Glied (*horníci*) in Person und Numerus. In den Paaren *naši horníci, práci blahodárnou, pracující lid* werde die Abhängigkeit durch Kongruenz ausgedrückt; die abhängigen Glieder (*naši, blahodárnou, pracující*) kongruierten mit den dominierenden Gliedern (*horníci, práci, lid*) in Numerus, Kasus und Genus. In den Paaren *konají práci, blahodárnou pro lid* werde die Abhängigkeit ausgedrückt durch Unterordnung: Der einfache bzw. der präpositionale Kasus der abhängigen Glieder (*práci, pro lid*) werde von dem dominierenden Glied (*konají, blahodárnou*) regiert. In dem Paar *konají obětavě* werde die Abhängigkeit des Gliedes *obětavě* von dem dominierenden Glied *konají* nicht ausgedrückt. Das „nackte Subjekt" (*horníci*) und das „nackte Prädikat" (*konají*) seien die „grundlegenden Satzglieder" (Havránek/Jedlička 1951, 167). — (b) sei dokumentiert durch eine V-Dependenzstruktur, der man bei Nebeský (1962, 106) für tschech. *Hladina₁ některých₂ přítoků₃ této₄ velké₅ řeky₆ klesá₇ k₈ normálu₉* ('Der₁ Wasserstand₁ einiger₂ Nebenflüsse₃ dieses₄ großen₅ Stromes₆ fiel₇ auf₈ normal₉.') begegnet. — Pauliny, Mitverfasser einer Grammatik, in der es lediglich dyadische Konnexionen zwischen Minimaleinheiten (Wörtern) gibt (Pauliny/Ružička/Štolc 1963, 340), bietet in der von ihm allein verfaßten Grammatik (Pauliny 1963, 137) ein Beispiel für (c). Es gibt für den slowak. Ausdruck *Vysoké₁ brezy₂ čarovne₃ svietili₄ v₅ temnom₆ lese₇* ('Die₂ hohen₁ Ufer₂ leuchteten₄ zauberhaft₃ im₅ dunklen₆ Wald₇.') eine Struktur an, in der es Komplexe als Argumente

(a) applikativ: D ← A ← N → V → D
(b) konstitutiv: D ← A ← N ← V → D

Abb. 10.3: Die applikative Dominanz und die konstitutive Dominanz bei Šaumjan/Soboleva (1963)

von Konnexionen gibt (Pauliny weist ausdrücklich darauf hin) (s. Abb. 10.2.). In einer frühen Version des „Applikativen Generativen Modells" unterscheiden Šaumjan/Soboleva (1963, 11 ff) zwischen zwei Arten von Konnexionen, die beide über der Menge der „elementaren Wortklassen" erklärt sind, nämlich über N (Substantiv), V (Verb), A (Adjektiv) und D (Adverb). „Der Begriff der applikativen Dominanz entspricht dem Prozeß der Synthese des Satzes, insofern nämlich das Substantiv der Gipfel des Satzes im Hinblick auf die Bestimmung der formalen Eigenschaften der übrigen Wortklassen darstellt, aus denen sich der Satz zusammenfügt. Der Begriff der konstitutiven Dominanz ist verbunden mit der Aufstellung der realen Äquivalenzbeziehungen zwischen Wortkomplexen" (Šaumjan/Soboleva 1963, 17). Es gibt vier Regeln für derartige Äquivalenzbeziehungen: „1) $NV \leftrightarrow V$, 2) $AN \leftrightarrow N$, 3) $DA \leftrightarrow A$, 4) $VD \leftrightarrow V$" (Šaumjan/Soboleva 1963, 13). In Abb. 10.3. werden die beiden Konnexionsarten graphisch an Hand abstrakter Beispiele dargestellt. Die applikative Dominanz legt Strukturen fest, die in der Tradition der N-Determinationsstrukturen liegen, die konstitutive hingegen solche, die V-Dependenzstrukturen gleichkommen. (Von der Aktualität dieser Traditionen im Europa von 1963 ist bei Barbara Hall (1964, 397 ff), die Šaumjan/Soboleva (1963) vernichtend rezensiert hat, nichts zu bemerken.) Zur Motivierung der Unterscheidung führen Šaumjan/Soboleva (1963, 17 f) an: „Während das Substantiv auf der formalen Ebene der Gipfel der applikativen Dominanz ist, dient es auf der semantischen Ebene als Gipfel der kommunikativen Dominanz. Während das Verb auf der formalen Ebene der Gipfel der konstitutiven Dominanz ist, dient es auf der semantischen Ebene als Gipfel der kommunikativen Dominanz." Da sich die beiden Strukturarten lediglich durch die unterschiedliche Behandlung von N und V unterscheiden, kann man mit dieser — später aufgegebenen — Konzeption auch die Annahme von N-V-Ringstrukturen in Parallele setzen (s. Art. 4., in 3.3.3.). Gleiches gilt auch für die syntaktischen Strukturen, die Uspenskij (1965, 71 ff) seiner Typologie zugrunde legt: Die Konnexion zwischen N und V ist als „prädikative" von allen anderen unterschieden (d. h. von „koordinativen, attributiven, kompletiven [...], appositiven", Uspenskij 1965, 91). Gewisse Parallelen finden sich in der Arbeit von Šaumjan/Soboleva einerseits und jener von Uspenskij andererseits. Während Šaumjan (1965, 191 ff), orientiert an kategorialen Syntaxen, zu Strukturen übergegangen ist, in denen es komplexe Argumente gibt (Šaumjan zitiert z. B. Bar-Hillel 1953, Lambek 1961), hält Uspenskij (1965) an N-V-Ringen fest, obwohl auch er die genannten Autoren nennt. Eine V-Dependenzstruktur läßt sich bei Tesnière belegen. Tesnière (1934, 225) ordnet dem latein. Satz *Ergo$_1$ apud$_2$ maiores$_3$ nostros$_4$ iuuenis$_5$ ille$_6$ qui$_7$ foro$_8$ et$_9$ eloquentiae$_{10}$ paratur$_{11}$, imbutus$_{12}$ iam$_{13}$ domestica$_{14}$ disciplina$_{15}$ refertus$_{16}$ honestis$_{17}$ studiis$_{18}$ deducebatur$_{19}$ a$_{20}$ patre$_{21}$ uel$_{22}$ a$_{23}$ propinquis$_{24}$ ad$_{25}$ eum$_{26}$ oratorem$_{27}$, qui$_{28}$ principem$_{29}$ in$_{30}$ ciuitate$_{31}$ locum$_{32}$ obtinebat$_{33}$* ('Bei$_2$ unseren$_4$ Altvordern$_3$ wurde$_{12}$ also$_1$ jener$_6$ Jüngling$_5$, der$_7$ — ausgestattet$_{12}$ bereits$_{13}$ durch$_{15}$ häusliche$_{14}$ Unterweisung$_{15}$ [und] erfüllt$_{16}$ von$_{18}$ den$_{18}$ edlen$_{17}$ Künsten$_{18}$ — auf$_{11}$ das$_8$ öffentliche$_8$ Leben$_8$ und$_9$ die$_{10}$ Beredsamkeit$_{10}$ vorbereitet$_{11}$ war$_{11}$, vom$_{20}$ Vater$_{21}$ oder$_{22}$ von$_{23}$ den$_{24}$ nächsten$_{24}$ Verwandten$_{24}$ zu$_{25}$ jenem$_{26}$ Lehrer$_{27}$ der$_{27}$ Beredsamkeit$_{27}$ geführt$_{19}$, der$_{28}$ den$_{32}$ ersten$_{29}$ Platz$_{32}$ im$_{30}$ Staate$_{31}$ einnahm$_{33}$.') eine solche Struktur zu, die allerdings für Koordinationen durch Doppelpfeile angereichert ist. Abb. 10.4. gibt diese Struktur wieder. — Collis, der sich in seiner Analyse des Grönländ. zwar weitgehend auf Hjelmslevs Glossematik stützt, lehnt sich, was die Art der syntaktischen Struktur betrifft, an Tesnière an. In Abb. 10.5. wird der Graph wiedergegeben, den Collis (1971, 33) dem grönländ. Ausdruck *Hansip$_1$ Inôramut$_2$ κajamik$_3$ pikarniarpâ$_4$* ('Hans$_1$ will$_4$ Inoraq$_2$ ein$_3$ Kajak$_3$ geben$_4$.') zuordnet. Der Graph in Abb. 10.6. deutet freilich eine Neigung zur Annahme von syntaktischen Beziehungen zwischen Komple-

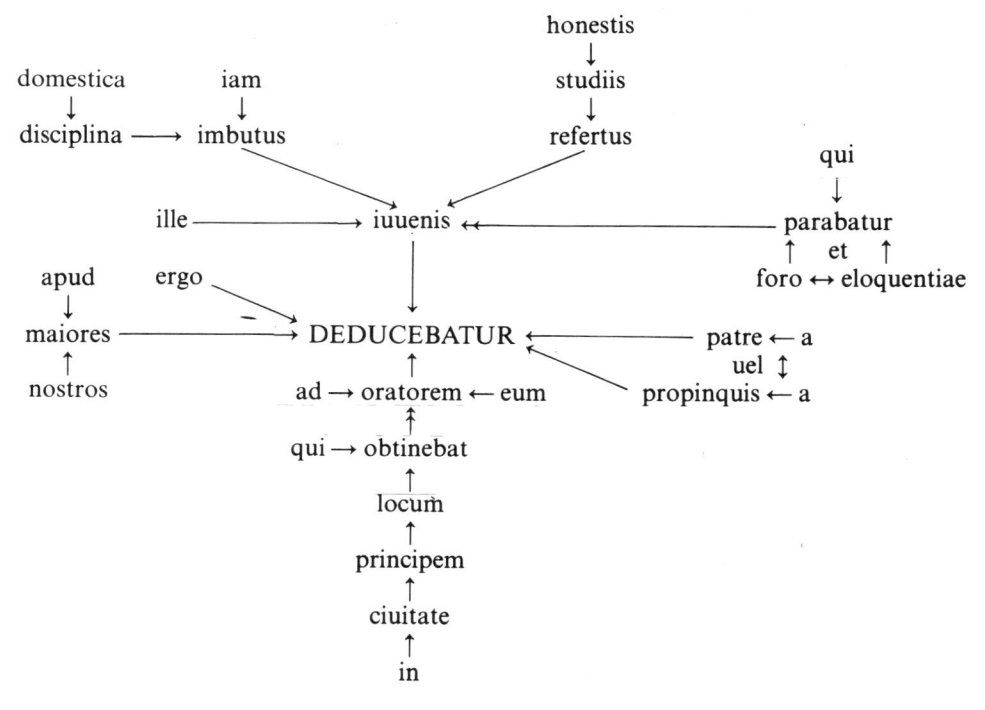

Abb. 10.4: V-Dependenz bei Tesnière (1934)

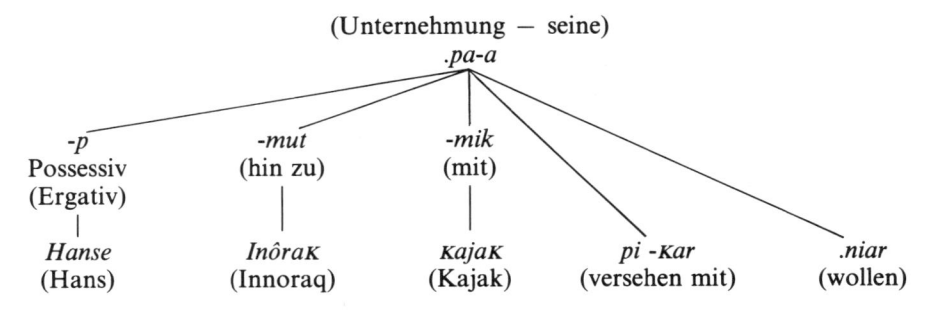

```
                    (Unternehmung — seine)
                            .pa-a
        ┌──────┬──────┼──────┬──────┐
       -p     -mut   -mik
     Possessiv (hin zu) (mit)
     (Ergativ)
        │       │       │       │       │
      Hanse  Inôraᴋ  ᴋajaᴋ   pi-ᴋar    .niar
      (Hans) (Innoraq) (Kajak) (versehen mit) (wollen)
```

Abb. 10.5: Ein Dependenzgraph für einen grönländ. Ausdruck bei Collis (1971)

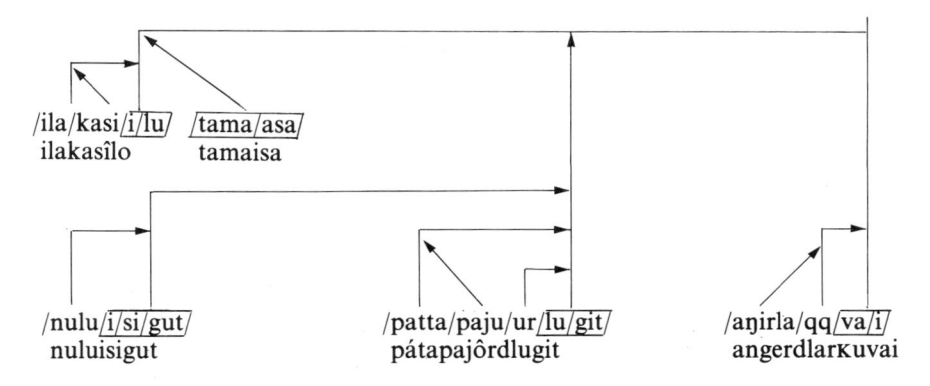

```
  ┌─────────────────────────────────────────────────────┐
  │   ┌──────┐                                          │
  │   │      ↑                                          │
 /ila/kasi/i/lu/  /tama/asa/                            │
   ilakasîlo       tamaisa                              │
                                                        │
        ┌──────────────────┐         ┌──────────────────┘
        │                  ↑         │                  ↑
 /nulu/i/si/gut/    /patta/paju/ur/lu/git/    /aŋirla/qq/va/i/
   nuluisigut         pátapajôrdlugit          angerdlarᴋuvai
```

Abb. 10.6: Verborgene Komplexe in einer Dependenzstruktur bei Collis (1971)

xen an: Die Pfeile weisen nicht auf (syntaktische) Minimaleinheiten, sondern auf Kanten zwischen solchen. Mit diesem Graph gibt Collis (1971, 90bis) die Struktur des grönländ. Ausdrucks *ilakasîlo₁ tamaisa₂ nuluisigut₃ pátapajôrdlugit₄ angerdlarᴋuvai₅* ('Er₄,₅ gab₄ auch₁ allen₂ seinen₁ bösen₁ Kameraden₁ Schläge₄ [und] schickte₅ sie₅ nach₅ Hause₅.') an. — N-V-Ringstrukturen lassen sich bei Diderichsen nachweisen. Diderichsen (1952/76, 132) unterscheidet „drei Hauptarten grammatischer Verbindung": Zuordnung („Prototyp": Subjekt-Prädikat; auch Nexus genannt), Unterordnung („Spezialfall": Verbum-Objekt), Nebenordnung (Beispiel: „Zwei Subjekte oder zwei Objekte zum gleichen Verbum"). Allerdings gerät er in Schwierigkeiten, auf die in Art. 4 (in 6.) hingewiesen wird: Bei der Beschreibung von Nebensätzen oder Infinitivkonstruktionen gelangt er zu hybriden Strukturen (s. Art. 4., 3.5.), wie (b) gegenüber (a) in Abb. 10.7. zeigt (Diderichsen 1946/68, 142). — Offenkundig ausgehend von N-Determinationsstrukturen schlägt Skalička (1960, 38) Ringe noch anderer Art vor (s. Art.

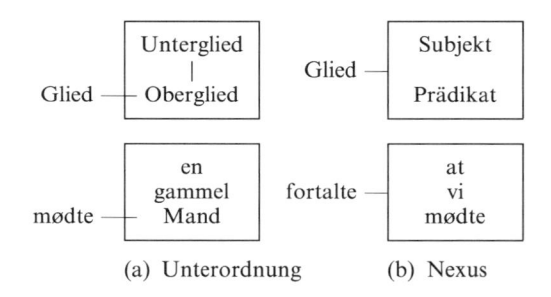

```
              ┌─Unterglied         ┌─Subjekt
        Glied─┤              Glied─┤
              └─Oberglied          └─Prädikat

              ┌─en                 ┌─at
       mødte──┤ gammel     fortalte┤ vi
              └─Mand                └─mødte

        (a) Unterordnung      (b) Nexus
```

Abb. 10.7: Diderichsens Strukturen
(a) für dän. *mødte en gammel Mand*
(b) für dän. *fortalte at vi mødte*

4., 4.): „Die ganze Syntax wird auf Grundlage der Binarität der untergeordneten Verhältnisse aufgebaut. Der Satz ist durch die Verhältnisse A—B, B—C, B—D, C—E usw. bedingt. Nur ausnahmsweise entsteht hier ein Dreiecksverhältnis, z. B. beim Nomen praedicativum, etwa in Sätzen wie *Plato scribens mortuus est, Est mihi nomen Gaio*, die [wie in den Abb. 10.8.] dargestellt werden können." — Einer Struktur mit komplexen Argumen-

10. Der europäische Strukturalismus

```
        Plato              Gaio
       ╱     ╲             ╱    ╲
mortuus  est — scribens  est — mihi — nomen
```

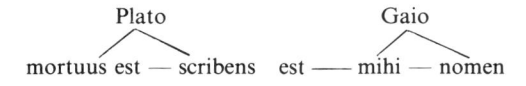

Abb. 10.8: Dreiecksverhältnisse bei Skalička (1960)

ten begegnet man bei de Groot (1938, 148): „Die Struktur eines Satzes ist immer hierarchisch, wie z. B. in *Ich wünsche ihnen viel Glück*. Wenn wir immer das dm [das determinatum] dem ds [dem determinans] voranstellen, ergibt sich folgende Struktur[:] *(Ich)* [{(*wünsche*) (*Glück, viel*)} (*Stamm „Sie", Dativ*)]". Während de Groot hier die Struktur linear als Klammerausdruck notiert, wählt Mikuš (1952, 452 f) für die Darstellung zweier Analysen des französ. Ausdrucks *maître₁ d'₂école₃ de₄ village₅* ('der Lehrer der Dorfschule' oder 'der Schullehrer des Dorfes') ineinander geschachtelte Kästchen wie in Abb. 10.9. „Die syntagmatische Beziehung, die immer spezifisch für das jeweilige Syntagma bleibt, erneuert sich [...] für jede Struktur gesondert, indem sie die komplexen Terme miteinander verbindet, als wären es einfache. In unserem Beispiel erneuert sich diese Beziehung viermal, was wir durch vier ineinander geschachtelte Einrahmungen verschaubildlicht haben", heißt es bei Mikuš (1952, 453). Freilich benützt Mikuš (1962, 43) auch die Klammernotation. Für (a) in Abb. 10.9. notiert er: [a(bc)] · (bd), was aufzulösen ist als [*maître* (*d'école*)] · (*de village*). Überdies begegnet man bei Mikuš (1955/56, 27) auch einer baumartigen Darstellung wie in Abb. 10.10. Die in Abb. 10.10. verwendeten Symbole bedeuten (vgl. hierzu Mikuš 1962, 42 f): S_1 = *Federmesser/mit Korkzieher*; F_1 = *Feder-/-messer*; CF_2 = *Feder*. F_3; CF_1 = *mit/Korkzieher*; CF_4 = *Kork-/-zieher*; CF_5 = *Kork*. F_6; CF_7 = *zieh-/-er*; F_2 = *-messer*; F_4 = *mit*; F_7 = *-er*. Die Bedeutung der speziellen Argumente F_3 und F_6 bleibt hier vernachlässigt. Mit F wird jeweils das determinierte, mit CF das determinierende Argument bezeichnet (s. 5.). — Strukturen mit komplexen Argumenten sind auch bei Bazell (1953, 65) anzunehmen. Zwar bietet er keine Strukturbeschreibung, er führt aber eine entsprechende Analyse an Hand von engl. *(John) opened the front door* vor: (a) /«open the front door»/«-ed»/, (b) /«open»/«the front door»/, (c) /«the»/«front door»/, (d) /«front»/«door»/. Eine Struktur, der eine ganz ähnliche Analyse zugrunde liegt, hat Fourquet (1965/70, 109) für engl. *She likes fresh milk* in Auseinandersetzung mit Hockett (1958, 160) angegeben (s. Abb. 10.11.). Eine Struktur, die auf einer kategorial aufgebauten Syntax beruht, ordnet Šaumjan (1973, 12) dem engl. Satz *Boys walked* zu (s. Abb. 10.12.).

3. Die doppelte Dualität des sprachlichen Zeichens

Es gibt für de Groot (1949 b, 53) zweierlei bei der „Kombination von zwei oder mehr Wörtern" zu unterscheiden: eine wahrnehmbare Struktur, die „Wortreihenfolge" (s. 4.), und eine nicht-wahrnehmbare: „die syntaktische Struktur". In welcher Weise de Groot in der Analysepraxis mit der doppelten Dualität des sprachlichen Zeichens rechnet, sei an zwei Beispielen vorgeführt: an der Behandlung von *Ihnen* in dt. *Ich wünsche Ihnen viel Glück* (de Groot 1938, 148) und von *ben gekomen* in niederländ. *Ik₁ ben₂ gekomen₃* ('Ich₁ bin₂ gekommen₃.') (de Groot 1949 b, 29 f). *Ihnen* repräsentiert er in der syntaktischen Struktur als «*Stamm „Sie", Dativ*» wobei «*Stamm „Sie"*» von «*Dativ*» determiniert werde. «*Stamm „Sie"*» und «*Dativ*» gehören zu den „kleinsten Struktureinheiten", zu denen nicht nur Wörter, sondern auch „Teile oder Elemente von Wörtern" gerechnet werden. «*Stamm „Sie"*» hat als „semantisches Zeichen" eine Bedeutung, «*Dativ*» als „syntaktisches Zeichen" dient dazu, „ein Zeichen (oder eine Gruppe von Zeichen) mit einem anderen Zeichen (oder mit einer Gruppe von Zeichen)" zu verbinden (de Groot 1938, 147 f). Es ist wie «*Stamm „Sie"*» „Bedeutungsträger" (de Groot 1949 b, 48). Und auch

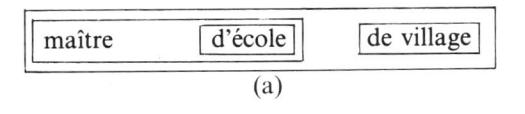

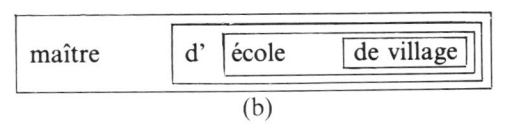

```
┌─────────────────────────────────────┐     ┌─────────────────────────────────────┐
│ maître │ ┌─────────┐ ┌────────────┐ │     │ maître │ d' │ ┌───────┐ ┌──────────┐│
│        │ │ d'école │ │ de village │ │     │        │    │ │ école │ │de village││
│        │ └─────────┘ └────────────┘ │     │        │    │ └───────┘ └──────────┘│
└─────────────────────────────────────┘     └─────────────────────────────────────┘
                (a)                                           (b)
```

Abb. 10.9: Komplexe Argumente in Kästchen bei Mikuš (1952)

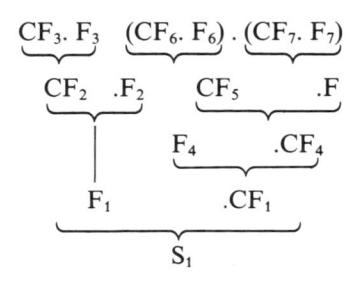

$$\underbrace{\underbrace{\underbrace{CF_3.\ F_3}_{CF_2}\ \underbrace{(CF_6.\ F_6)\ .\ (CF_7.\ F_7)}_{CF_5\quad .F}}_{F_1\qquad\qquad\qquad .CF_1}}_{S_1}$$

Abb. 10.10: Komplexe Argumente in einer Klammer-Baum-Struktur bei Mikuš (1955/56)

VP. (-ed, Prät.)

(she)   -ed   like-   fresh   milk

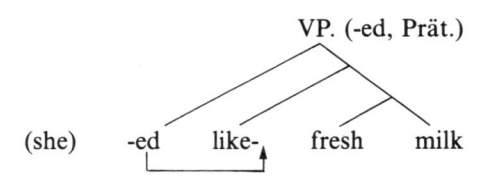

Abb. 10.11: Baumgraph mit komplexen Argumenten bei Fourquet (1965/70)

$\Delta\Delta\alpha\beta\Delta\alpha\beta$ Past $\Delta\alpha\beta$ 'walk' $\Delta\alpha\alpha$ Pl α 'boy'
$\Delta\alpha\beta$ Past 'walk' α Pl 'boy'
β Past 'walk' Pl 'boy'

Abb. 10.12: Baumstruktur bei Šaumjan (1973)

beide zusammen haben als Gruppe eine Bedeutung. In der „wahrnehmbaren Struktur" hingegen haben die beiden Bedeutungsträger einzeln keine Entsprechung, sie sind hier nur als Gruppe dem wahrnehmbaren Stück *Ihnen* zugeordnet. Umgekehrt liegt der Fall bei *ben gekomen*. Hier sind die beiden „Struktureinheiten" auch in der wahrnehmbaren Struktur als zwei Gebilde vertreten; aber nur als Gesamtheit kommt ihnen — wie auch *kwam* ('kam') — eine Bedeutung zu. Das de Grootsche Vorgehen kann mit Abb. 10.13. veranschaulicht werden (man vgl. hierzu das in Art. 4., 8. Gesagte). Auch de Groots Handhabung mehrdeutiger Strukturen deckt sich mit dieser Praxis. Niederländ. *Hij$_1$ verlangde$_2$ weer$_3$ het$_4$ kind$_5$ te$_6$ zien$_7$* ('Er$_1$ verlangte$_2$ wieder$_3$, das$_4$ Kind$_5$ zu$_6$ sehen$_7$.' oder 'Er$_1$ verlangte$_2$, das$_4$ Kind$_5$ wieder$_3$ zu$_6$ sehen$_7$.') ist — wenn die Kommasetzung fehlt oder wenn es beim Sprechen des Satzes keine intonatorischen oder sonstigen gruppenanzeigenden Signale gibt — mehrdeutig und erhält zwei verschiedene syntaktische Strukturen sowie zwei verschiedene Bedeutungen zugewiesen. In jeder Sprache gebe es — so de Groot (1949 b, 57) — Sprachmittel, „die der Sprecher gebrauchen *kann*, um die Struktur anzugeben, d. h. um zwei Gruppen voneinander zu unterscheiden, die verschiedene Strukturen haben, ansonsten aber vollkommen gleich sind, d. h. aus genau denselben Wörtern bestehen." — Bei Tesnière läßt sich die doppelte Dualität des sprachlichen Zeichens veranschaulichen, indem man Beispiele mit leerem Wort oder solche mit „virtuellem Knoten" betrachten. Für den chines. Satz *Nǐ$_1$ fùqīn$_2$ zhù$_3$ zài$_4$ nǐmen$_5$ de$_6$ fángzi$_7$ li$_8$ ma$_9$* ('Wohnt$_{3,9}$ dein$_1$ Vater$_2$ in$_{4,8}$ eurem$_{5,6}$ Haus$_7$?$_9$') nimmt Tesnière (1959/65, 54) folgende leere Wörter an: *de* (Anzeiger der näheren Bestimmung), *zài* (Anzeiger für Ortsangabe), *li* ('in') und *ma* (Anzeiger für eine Frage). Abb. 10.14 a. gibt das Tesnièresche Stemma. Diese leeren Wörter haben zwar morphologische Gegenstücke, sie sind aber nicht Argumente von Konnexionen und haben somit — für sich genommen — keine Entsprechung auf dem „semantischen Plan". In dem Stemma für den französ. Satz *Pour$_1$ vivre$_2$ heureux$_3$ vivons$_4$ cachés$_5$* ('Um$_1$ glücklich$_3$ zu$_2$ leben$_2$, leben$_4$ wir$_4$ im$_5$ Verborgenen$_5$.') nimmt Tesnière (1959/65, 160) nicht nur einen mit „(nous)" etikettierten Knoten — einen „virtuellen" — an, sondern zwei durch gestrichelte Kanten angezeigte „semantische Konnexionen" (s. Abb. 10.14 b.). Weder diese Konnexionen noch *nous* haben eine morphologische Entsprechung. Aus den Beispielen folgt die Zweiteiligkeit des Zeichens: *nous* gehört nur einem der Teile an, und zwar dem nach der semantischen Seite hingewendeten; *vivons* dagegen beiden Teilen. — Glinz und Mikuš berufen sich, was ihre Konzeption des sprachlichen Zeichens betrifft, ausdrücklich auf de Saussure. Dies tut auch Hjelmslev (1943, 44 ff), führt jedoch eine einheitliche Begrifflichkeit und eine einheitliche Terminologie ein. Danach setzt sich das Zeichen aus zwei Teilen zusammen: der Ausdrucksform und der Inhaltsform. Jede dieser Formen ist nach außen auf zwei (voneinander verschiedene) nicht zum Zeichen gehörende „Welten" gerichtet: auf die „Welt" der Ausdruckssubstanz bzw. auf die „Welt" der Inhaltssubstanz. Der Terminus 'Substanz' ist insofern irreführend, als damit bestimmte, vor allem mittelalterliche philosophische Annahmen assoziiert werden können. Solche Assoziationen dienen freilich nicht dem Verständnis der ohnehin einer Exegese nicht leicht

10. Der europäische Strukturalismus   265

Bedeutung von (Stamm „Sie", Dativ)

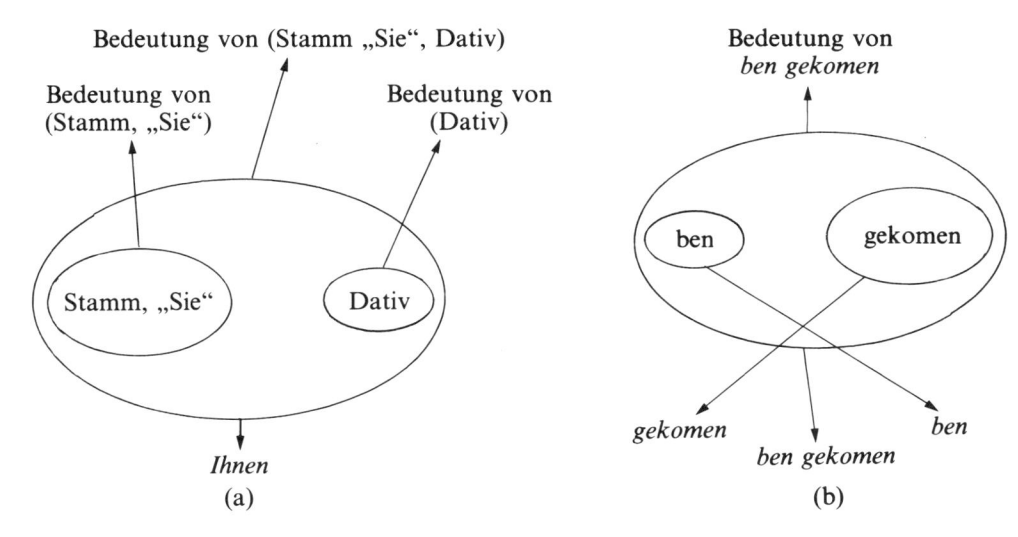

Bedeutung von   Bedeutung von   Bedeutung von
(Stamm, „Sie")   (Dativ)   *ben gekomen*

      Stamm, „Sie"   Dativ   ben   gekomen

              Ihnen   gekomen   ben
               (a)   ben gekomen
                                                        (b)

Abb. 10.13: Die doppelte Dualität des sprachlichen Zeichens nach de Groot (1938; 1949)

```
              zhù
        ┌──────┼──────┐
      fùqin  zài ... fángzi li    ma
        │         │
        nǐ       nǐmen de
```

Abb. 10.14 a: Struktur mit leeren Wörtern bei Tesnière (1959/65)

```
pour vivre              vivons
    │              ╱     │    ╲
  heureux     (nous)    cachés
```

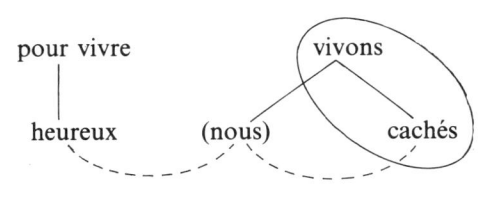

Abb. 10.14 b: Struktur mit „virtuellem Knoten" bei Tesnière (1959/65)

zugänglichen Schriften Hjelmslevs. Bedeutsam für den hier aktuellen Zusammenhang ist, daß die doppelte Dualität für das komplexe wie für das elementare Zeichen gelten soll, sowohl für das größte innerhalb eines komplexen als auch für alle Teilzeichen dieses komplexen Zeichens. Somit für einen Text, für die Perioden in diesem Text, die Sätze, die Satzteile und die Wörter in diesem Text. — Was das Zusammenspiel zwischen den beiden Formen — innerhalb des Zeichens — betrifft, ist Hjelmslev in seinen Postulaten liberaler als Tesnière. Bei Tesnière (1959/65, 44) heißt es: „Es existiert niemals eine strukturelle Kon-

nexion ohne eine semantische [...], während [...] es semantische Konnexionen ohne strukturelle geben kann" (s. Abb. 10.14 b.). Bei Hjelmslev herrscht zwischen den beiden Formen hingegen Solidarität, eine Relation (Hjelmslev verwendet den Terminus 'Funktion' dafür) zwischen zwei sog. Konstanten. Aus dem Gesagten folgt unmittelbar, daß Solidarität nur dann zwischen den beiden Formen eines komplexen Zeichens Z herrscht, wenn zwischen den Formen aller Teilzeichen von Z, also wenn auch zwischen den Formen aller Wörter von Z Solidarität herrscht. Die Formen aller Teilzeichen von Z müssen daher Konstanten im Hjelmslevschen Sinne sein. Für das Hjelmslevsche Verständnis des Begriffs 'Konstante' kann man die folgende Analyse plausibel finden, wenn man unter 'Komponente' eine der beiden maximalen Formen eines (in der Regel komplexen) Zeichens versteht: Jede Form x in einer Komponente ist eine Konstante genau dann, wenn jedes Element von x sich eine Teilmenge der anderen Komponente als „Spiegel" nimmt und sich in diesem — entweder allein oder zusammen mit anderen Formen derselben Komponente — „sieht". In Abb. 10.15. wird die Doppelspiegelung bei Solidarität und das partielle oder totale Fehlen derselben bei Selektion bzw. Kombination verschaubildlicht. Abb. 10.16. bietet ein Beispiel für die Solidarität innerhalb eines komplexen Zeichens auf der Grundlage der hier vorgenommenen Exegese Hjelmslevscher Texte. Es ist in bezug auf die Hjelmslevsche Zeichenkonzeption in

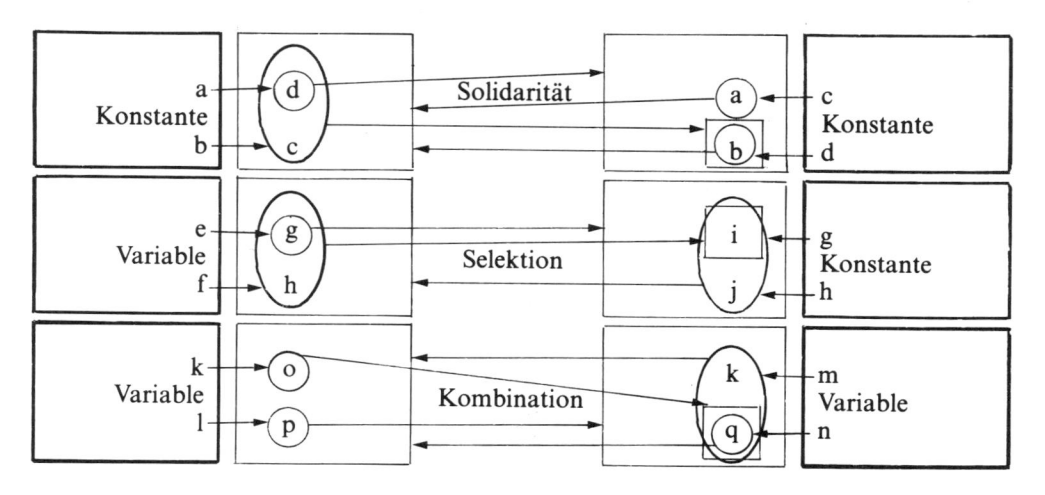

Abb. 10.15: Die Beziehungen zwischen „Variablen" und „Konstanten" nach Hjelmslev (1943)

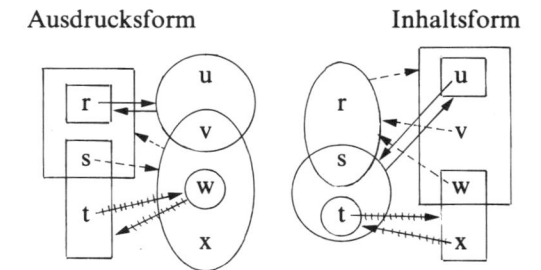

Abb. 10.16: Solidarität zwischen den beiden Teilen des sprachlichen Zeichens nach Hjelmslev (1943)

der Literatur die Rede von Isomorphie zwischen den beiden Formen gewesen (Kuryłowicz 1949/60, 16 f; Arrivé 1982, 93). Die Annahme, Hjelmslev habe Isomorphie im Sinne gehabt, ist mit Sicherheit nicht haltbar. Stimmt die hier vorgenommene Exegese, so kann allerdings für die elementaren Teilzeichen eines komplexen Zeichens gezeigt werden, daß die Inhaltsformen und die Ausdrucksformen in einer 1:1-Beziehung (Bijektion) stehen. In systematischer Verbindung mit anderen — äußerst schwachen — Grundannahmen läßt sich darüber hinaus beweisen, daß für die elementaren Teilzeichen eines komplexen Zeichens die solidarischen Formen gleich sind (Theorem der Erhaltung der Minimaleinheiten in der Theorie des Artikulators von Grunig (1981, 184 ff)). Im Sinne dieses Theorems kann man den von Hjelmslev (1943, 41) nicht bewiesenen, sondern apriorisch aufgestellten Satz verstehen, nach dem es sinnlos sei, „zwischen ‚leeren' und ‚vollen' Wörtern" — man muß hinzufügen: als Bestandteile des sprachlichen Zeichens — zu unterscheiden. — Schlichter als Hjelmslev formuliert Diderichsen (1953/76, 160 f) die Idee der doppelten Dualität des sprachlichen Zeichens an Hand eines Beispiels und mit ausdrücklichem Bezug auf Hjelmslev: „Es ist bekannt, daß man ein Wort in Präfixe, Wurzeln und Endungen einteilen kann, z. B. *un-be-schreib-bar-es*. Jeder dieser Wortteile hat einen ‚Inhalt', der ausgewechselt wird, wenn der Ausdruck ausgewechselt wird, und der ‚mitfolgt', wenn der Ausdruck in ein anderes Wort eingesetzt wird (vgl. z. B. *un-ab-weis-bar-es*). Teilen wir diese Teile aber weiter, ist das Verhältnis ein anderes: *a* und *b* oder *ar* haben nicht jedes seinen Inhalt, der ‚mit dem Ausdruck folgt'. [...] Daß der Inhalt in genau der gleichen Weise in Inhaltselemente, die keinen Ausdruck besitzen, auflösbar ist, ist eine von Louis Hjelmslevs kühnsten und umstrittensten Ideen." Es gibt folglich sowohl auf der Inhalts- als auch auf der Ausdrucksseite Gegenstände ohne Pendant auf der je anderen: Gegenstände nicht der „Form", sondern der „Substanz", der „Manifestation" (Diderichsen 1953/76, 162 ff). — Der doppelten Dualität begegnet man auch in Arbeiten, die nicht ausdrücklich in die Tradition des europäischen Strukturalismus gestellt sind. In ihrem Buch „Analytische Linguistik" unterscheidet Sova (1970, 177 f) das Zeichen O mit

10. Der europäische Strukturalismus

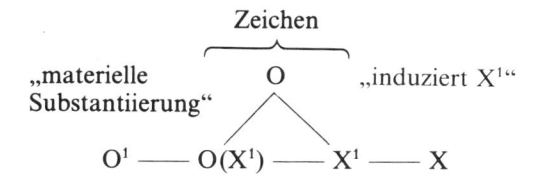

```
              Zeichen
         ⌒⎯⎯⎯⎯⎯⌒
„materielle      O       „induziert X¹"
Substantiierung"  ╱╲
          O¹ ── O(X¹) ── X¹ ── X
```

Abb. 10.17: Doppelte Dualität des sprachlichen Zeichens bei Sova (1970)

den beiden Teilen X^1 und $O(X^1)$ von zwei Gegenständen außerhalb des Zeichens, nämlich X, das im Zeichen selbst X^1 „induziert", und O^1 als „materielle Substanziierung" von $O(X^1)$. Abb. 10.17. gibt den (korrigierten) Graphen der Autorin wieder. — Vergleichbar ist auch Cresswells (1973, 127 ff, 209 ff) Unterscheidung zwischen der Seichtstruktur ⟨Arabella, sleep, ed⟩ mit der „Oberflächenstruktur" *Arabella, slept* und der λ-Tiefenstruktur ⟨⟨Arabella, sleep⟩, ed⟩, die mit einer Bedeutung verbunden wird. Nach Konstruktion der Seichtstruktur (Cresswell 1973, 113) ist jedes echte Symbol der λ-Tiefenstruktur auch in der Seichtstruktur enthalten. Insoweit ist Verträglichkeit mit dem erwähnten Theorem der Erhaltung der Minimaleinheiten gegeben. Zwischen der λ-Tiefenstruktur und der Bedeutung waltet nach Cresswell das Frege-Prinzip. Den Übergang von der Seichtstruktur zur Oberflächenstruktur betrachtet Cresswell (1973, 210) als eine Funktion. — Die Annahme der doppelten Dualität des sprachlichen Zeichens ist schwächer als die der Nicht-Unterscheidung, d. h. der Gleichheit von Ausdrucksform und Inhaltsform, von Ausdrucksform und Ausdruckssubstanz — um es mit der Hjelmslevschen Terminologie zu formulieren. Sie erlaubt Fourquet (1970, 59) z. B. zu sagen: „Kurz, wir müssen uns gewöhnen, die Klassen spezifischer Einheiten als das Primäre, die Wortarten als einen indirekten Bezug auf diese einzig relevanten Einheiten der Struktur (Tiefenstruktur) zu betrachten. Die Erzeugung der 'Wortformen' erscheint dann als ein Problem der Kettenbildung (Oberflächenstruktur)." Daraus folgt, daß Wortarten im Sinne von Fourquet nicht nach rein morphologischen Kriterien, sondern nach den in der Syntax zu erfassenden kombinatorischen Eigenschaften (der Verträglichkeit oder der Unverträglichkeit) zu bestimmen sind. Andererseits folgt daraus auch, daß „Wortarten", die ohne Rücksicht auf diese kombinatorischen Eigenschaften und lediglich auf Grund morphologischer Charakteristika aufgestellt sind, mit den Wortarten im Fourquetschen Sinne nicht identisch sind (s. auch Art. 4., 5.2.). — Erst die Annahme der doppelten Dualität eröffnet einen Weg, verschiedene Probleme zu formulieren, die sonst gar nicht thematisiert werden, vielleicht nicht einmal sinnvoll thematisiert werden können. Z. B. Probleme, die mit dem Lexikalisierungsprozeß, mit stehenden Wendungen, mit Sprichwörtern u. ä. zu tun haben. Hierzu liest man bei Mikuš (1952, 465): „Die horizontale [d. h. synchronische] Syntagmatik vereint zwei Ausgangsterme in einem funktionalen Block, der gänzlich frei ist, auseinanderzubrechen und seine Terme auszuwechseln. Die Beziehung der wechselseitigen Voraussetzung, die die Terme vereint, kann freilich — auf die Dauer — erst die Freiheit und dann die anfängliche Binarität des [...] Syntagmas untergraben." „Vom horizontalen Syntagma, das aus zwei freien Termen besteht, gelangen wir so", sofern diese Terme Minimaleinheiten sind, „als Resultat zu einem einfachen und arbiträren Zeichen, wenn die wechselseitige Voraussetzung bis zum Kollaps getrieben wird. [...] Das gleiche Prinzip, das die Diskursstrukturen beherrscht, bewegt alles Sprachliche auch durch die Jahrhunderte hindurch auf dessen vertikaler [d. h. diachronischer] Achse in einem ewigen Wechselspiel vom Diskurs zur Wortspeicherung [mémoriel], vom Motivierten zum Arbiträren, von der Analyse zur Synthese und umgekehrt. [...] Zwischen dem freien Syntagma und der Minimaleinheit, die aus der Zusammenziehung zweier Terme resultiert, gibt es eine ganze Skala von mehr oder weniger blockierten, geronnenen, agglutinierten u. ä. Gruppierungen, es gibt solche, bei denen der Binarismus nur noch für die Form gilt (ne .. pas ..; falsche Syntagmen u. ä.). [...] Die strukturelle und funktionale Linguistik muß alle blockierten Gruppierungen, selbst wenn es sich um ganze Sätze handelt (Sprichwörter u. ä.) in den lexikalischen Teil der Sprache verbannen." Dieses Diktum macht nur Sinn, wenn man es auf die Unterscheidung des „Téchnē"-Scholiasten zwischen sýntaxis und sýnthesis bezieht. Das Wechselspiel, von dem Mikuš spricht, ist ein doppeltes: (a) eines zwischen Inventar der Minimaleinheiten (Lexikon) und Komplexen (Grammatik) und (b) eines zwischen sýntaxis und sýnthesis. Das läßt sich an Hand von *ne .. pas* ('nicht') verdeutlichen. *ne .. pas* ist als Gegenstand der sýntaxis eine Minimaleinheit (bei Mikuš: ein Monem). In der sýnthesis sind dieser Minimaleinheit zwei voneinander unterscheidbare Gegenstände zugeordnet, nämlich *ne* und *pas*. Diese Gegenstände der sýnthesis weisen ihre besonderen Reihenfolgeeigenschaften auf, die dem entsprechenden Gegenstand der sýntaxis, nämlich *ne .. pas*, nicht zukommen. Zwischen *ne* und *pas* können nicht beliebige Gegenstände der sýnthesis stehen. Z. B. ist *dort* in *Pierre$_1$ ne$_2$ dort$_3$ pas$_4$* ('Peter$_1$ schläft$_3$ nicht$_{2,4}$.') oder *dort toujours* in *Pierre$_1$ ne$_2$ dort$_3$ toujours$_4$ pas$_5$* ('Peter$_1$ schläft$_3$ immer$_4$ noch$_4$ nicht$_{2,5}$.') zugelassen, *toujours* allein ist ausgeschlossen: **ne toujours pas* (s. 4.). Das Sprichwort *Pierre qui roule n'amasse pas mousse* ('Bleibe im Lande und nähre dich redlich.') betrachtet Mikuš als eine einzige Minimaleinheit der sýntaxis, obwohl ihm in der sýnthesis etwas entspricht, das aus Stücken besteht, die auch in „freien Syntagmen" vorkommen, nämlich *Pierre* (Stein), *qui* ('der'), *roule* ('rollt'), *n'*, zusammen mit *pas* ('nicht'), *amasse* ('sammelt, nimmt an'), *pas* (zusammen mit *n'* 'nicht') und *mousse* ('Moos'). Es handelt sich hier, wie auch bei dem Pseudorelativsatz *qui roule*, um „falsche Syntagmen".

4. Reihenfolgebeziehungen: „Wortstellung"

Zwei Jahre vor Erscheinen von „Omkring sprogteoriens grundlæggelse" (bekannt unter der Bezeichnung „Prolegomena einer Sprachtheorie") spricht Hjelmslev vor dem Kopenhagener Linguistenkreis in einer — ernstgemeinten — „sprachwissenschaftlichen Plauderei" (Hjelmslev 1941/85, 79) u. a. über Reihenfolgebeziehungen, über zeitliches Vor und Nach. Er sagt, indem er sich auf das „zweite Prinzip" de Saussures (1916/67, 103) bezieht, auf die Linearität des Signifikanten: „Eine der zwei Eigenschaften des Zeichens, die de Saussure behauptet hat, ist sein linearer Charakter; die Tatsache, daß jede sprachliche Kette sich in einem Vor und einem Nach abspielt, erweist sich als eine Eigenschaft der phonischen, graphischen, psychologischen und phänomenologischen Manifestation des Zeichens und nicht als Eigenschaft des Zeichens selber. [...] Wenn die Definitionen der Wissenschaft selber — einschließlich der Sprachtheorie — in ihren materiellen Manifestationen in einer bestimmten Reihenfolge auftreten, so ist dies nicht die Reihenfolge, die sie definieren." Daß Hjelmslev hier auch von psychologischen Manifestationen spricht, läßt sich als eine Reminiszenz an die Vorstellung verstehen, daß die Wortstellung etwas mit Psychologie, ja schlichtweg mit dem Denken, zu tun hat (s. Art. 4., 8.4.). Hjelmslev (1950, 54ff) widmet diesem psychologischen Aspekt der Wortstellung einen Aufsatz, der sich, wie es scheint, weder mit dem soeben zitierten noch mit den sonstigen Auffassungen Hjelmslevs verträgt. Hjelmslev beruft sich in diesem Artikel ausdrücklich auf die einschlägige Tradition (vor allem auf Weil 1844). De Groot (1949 a, 10) unterscheidet „word order" von „structural order". Die „Wortstellung [d. h. die Reihenfolge der Wörter] sei die „äußere Formstruktur" einer Wortgruppe, aber in der Syntax gehe es nicht um diese Struktur: „Es gibt nämlich eine andere Struktur, die die Bedeutung der Gruppe als solcher betrifft, die der Syntax" (de Groot 1949 b, 54). Über die Beziehungen zwischen beiden Strukturarten heißt es: „Die Wortstellung ist eines der Mittel, die syntaktische Struktur anzugeben" (de Groot 1949 b, 56), eines unter anderen. — „The morpheme has no «situation» within the overt sequence", heißt es bei Bazell (1953, 13). „In the case of the morpheme the relations are purely functional, since a morpheme as such has no sequence. It is important to stress this, since morphemedistribution is usually illustrated by examples in which the correlation between morph and morpheme is very close, so that it is tempting to identify the distribution of the morph, which occurs in sequences, with the distribution of the morpheme, to which the notion of sequences is inapplicable." Ein Morph ist hier offensichtlich als Gegenstand der Hjelmslevschen Ausdruckssubstanz oder der sýnthesis des „Téchnē"-Scholiasten (s. Art. 4., 1.) anzusehen, ein Morphem als Gegenstand innerhalb des sprachlichen Zeichens. Reihenfolgebeziehungen spielen folglich innerhalb des Zeichens keine Rolle. Daß diese Auffassung unabhängig ist von dem Strukturtyp, den man für die syntaktische Beschreibung sprachlicher Ausdrücke wählt, zeigt Tesnières Unterscheidung zwischen struktureller und linearer Ordnung (Tesnière 1959/65, 19); für Tesnière „beruht die gesamte strukturelle Syntax auf den Beziehungen, die es zwischen der strukturellen und der linearen Ordnung gibt. [...] Das Stemma eines Satzes zu etablieren heißt, die lineare Ordnung in eine strukturelle zu transformieren. Wenn ich z. B. die lineare Struktur von [französ.] *Les$_1$ petits$_2$ ruisseaux$_3$ font$_4$ les$_5$ grandes$_6$ rivières$_7$* ['Kleine$_2$ Bäche$_{1,3}$

10. Der europäische Strukturalismus 269

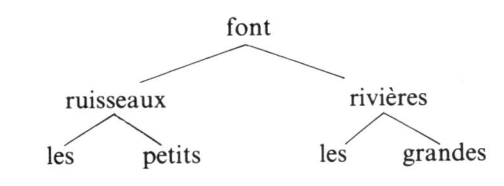

```
           font
        /       \
   ruisseaux    rivières
    /    \      /    \
  les  petits les  grandes
```

Abb. 10.18: Strukturelle Ordnung bei Tesnière (1959/65)

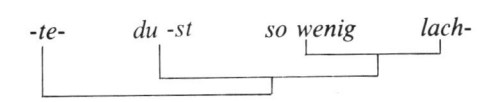

```
-te-   du -st   so wenig   lach-
```

Abb. 10.19: Strukturelle Ordnung bei Fourquet (1970)

werden₄ zu₄ großen₆ Strömen₅,₇.'] in die strukturelle Ordnung transformiere, so erhalte ich das Stemma" in Abb. 10.18. Bei Fourquet (1970, 18) heißt es: „Das Deutsche ist besonders geeignet, auf eine bisher zu wenig beachtete Erscheinung hinzuweisen: nämlich darauf, daß einer sprachlichen Einheit (Syntagma) nicht notwendig ein kontinuierliches Segment der ‚gesprochenen Kette' entspricht." In dt. *Die Sonne geht im Westen unter* /di: zɔnə ge:t ɪm vɛstən ʊntər/ entspreche /ge:t ... ʊntər/ „eine sprachliche Einheit in einem doppelten Sinne: erstens bildet diese Einheit das eine Glied einer syntaktischen Konnexion, nämlich der Konnexion zwischen einer Umstandsbestimmung [*im Westen*] und einem verbalen Komplex (*untergehen*): zweitens deutet die diskontinuierliche Folge /ge:t ʊntər/ auf eine einheitliche Vorstellung, die des (Sonnen)untergangs. [...] In der phonischen Kette entspricht also einer Bedeutungseinheit ein diskontinuierlicher Bedeutungsträger, der aus zwei getrennten Segmenten besteht; und diese Segmente sind durch die Umstandsbestimmung getrennt, die das andere Glied der syntaktischen Konnexion mit *un-*

tergehen bildet." Wie wenig von Isomorphie zwischen den beiden Tesniéreschen Ordnungen die Rede sein kann, macht Fourquet (1970, 24) an Hand des dt. Ausdrucks *Du lachtest so wenig* deutlich, für den er eine „strukturelle Ordnung" annimmt, die in Abb. 10.19. wiedergegeben ist. Der Unterscheidung zwischen dem „logischen Verhältnis" zwischen den „Gliedern" (den Wörtern) und der „Stellung der Glieder" begegnet man auch bei Diderichsen (1946/68, 139 f); allerdings teilt Diderichsen die „traditionelle" Auffassung nicht, nach der die „logische Definition der Glieder und deren Platz [...] in ganz verschiedenen Kapiteln behandelt wurde". Im Mittelpunkt seiner Untersuchungen steht — ähnlich wie es in dem angeführten Tesnière-Zitat zum Ausdruck kommt — das Zusammenspiel zwischen „logischer und topischer Gliederung des [...] Satzes" (Diderichsen 1943/76, 44—58). Für dieses Zusammenspiel formuliert er als grundlegendes Prinzip das „Kontakt- und Klammerprinzip" (Diderichsen 1946/68, 146), nach dem „Wörter, die zusammengehören, unmittelbar aufeinander folgen und nicht durch unbeteiligte Glieder getrennt werden können". In der Regel könne man folglich Klammern setzen um „jene Wörter, die zusammengehören und relativ selbständige Einheiten bilden". „Wenn mehr als zwei Glieder zu einer größeren Ganzheit zusammengehören, so werden die Glieder normalerweise nach dem System der chinesischen Schachteln geordnet." Dieses Ordnungsprinzip führt Diderichsen vor an Hand des dän. Beispiels (*Præst₁en₂ gik₃ hen₄) til₅ en₆ meget₇ fattigt₈ klædt₉ lille₁₀ Pige₁₁ med₁₂ store₁₃ forgrædte₁₄ Øjne₁₅* ('Der₂ Pfarrer₁ ging₃ hin₄ zu₅ einem₆ sehr₇ ärmlich₈ gekleideten₉ kleinen₁₀ Mädchen₁₁ mit₁₂ großen₁₃ verweinten₁₄ Augen₁₅.'). Abb. 10.20. zeigt das entsprechende „Schachtelsystem". „Glieder, die für eine ganze Wortgruppe gelten, stehen vor dieser (‚außerhalb der Klammern') oder bisweilen nach der Wortgruppe." Das Diderichsensche „Kontakt- und Klammerprinzip" führt

Præsten gik hen

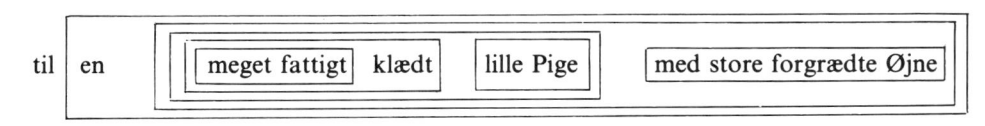

| til | en | [[meget fattigt] klædt] lille Pige | [med store forgrædte Øjne] |

Abb. 10.20: Chinesische Schachteln bei Diderichsen (1946/68)

vor Augen, wie auf Grund einer bestimmten Kodierung der sýntaxis in der sýnthesis — nämlich der durch Klammerung — N-V-Ringstrukturen (solche nimmt Diderichsen an; s. 2.) übergehen können in Strukturen mit komplexen Argumenten (zum theoretischen Aspekt s. Grunig 1981, 493 ff). Das Bild der chines. Schachteln hat seine Entsprechung im Bild des „nestedoosje" bei Paardekooper (1960, 16) und dem der russ. Matrëška (jener Puppe, die eine Puppe, die eine Puppe, die eine Puppe ... enthält, enthält, enthält) bei Fourquet (1970, 41). — Nichtikonizität herrscht auch bei Šaumjan zwischen sýntaxis (der „internen Struktur") und sýnthesis (der „Wortreihenfolge"): „Für die Erkenntnis der internen Struktur des Satzes ist es unwesentlich, welche Wortreihenfolge normal ist und welche von der Norm abweicht. Deshalb muß die interne Struktur des Satzes auf der Schicht der globalen Symbole als Invariante für eine beliebige Wortreihenfolge aufgefaßt werden, sei es eine normale oder eine von der Norm abweichende Wortfolge" (Šaumjan 1965, 93 f). Dies gelte z. B. für russ. *Mál'čik$_1$ čitáet$_2$ knígu$_3$* ('Der$_1$ Bube$_1$ liest$_2$ ein$_3$ Buch$_3$.') und *Čitaet$_2$ mal'čik$_1$ knigu$_3$*, wo die Änderung in der Reihenfolge keine Änderung in der internen Struktur des Satzes mit sich bringe. Aber auch in Fällen wie engl. *The boy reads the book* gegenüber *The book reads the boy* sei die abstrakte „Ebene der globalen Symbole" verschieden von der internen Struktur: „Ungeachtet der Tatsache, daß im englischen Satz die Reihenfolge der Wörter der Unterscheidung grammatischer Beziehungen dient, kann man auch im Englischen die grammatischen Zusammenhänge im Satz auf der Ebene der globalen Symbole als abstrakte, von der Reihenfolge der Wörter unabhängige Zusammenhänge behandeln" (Šaumjan 1965, 93). Die abstrakte Struktur des Satzes und die Reihenfolge der sie manifestierenden Wörter werden durch die sog. Zweistufentheorie auf zwei „Welten" verteilt, auf den „genotypischen und den phänotypischen" Teil des Applikativen Generativen Modells: „Diese Unterscheidung erlaubt es, sich auf die inneren Zusammenhänge der Sprache zu konzentrieren, und zwar unabhängig von ihrer Manifestation im linearen Fluß der Rede", heißt es bei Šaumjan/Soboleva (1963, 7). Auch in dieser Hinsicht ist die Arbeit von Barbara Hall (1964) mißverstanden worden. Eine N-V-Ringstruktur, die Šaumjan/Soboleva als Struktur des Satzes letztlich annehmen (s. hierzu 2.), kann ohne besondere Zusatzannahmen gar nicht die „linear order" reflektieren (Projektionsverfahren sind meines Wissens nicht für Ringstrukturen vorgeschlagen worden, s. Art. 4.). Daher ist Chomskys (1965, 124) Vergleich von N-V-Ringstrukturen mit Strukturen, in denen es komplexe Argumente gibt — „phrase structures" —, in diesem Zusammenhang gar nicht statthaft. Völlig irreführend ist auch der Bezug auf Šaumjan/Soboleva, den Gazdar/Klein/Pullum/Sag (1985, 47, 55) bei ihrer formalen Trennung von „dominance" und „precedence" herstellen, obwohl sie die beiden Beziehungsarten überdies nicht einmal in zwei verschiedenen „Welten" etablieren. Reihenfolgebeziehungen — word order — in der syntaktischen Struktur? „A priori, there is no way of determining which theory is correct; it is an entirely empirical question", sagt Chomsky (1965, 125). — Unter dem erkennbaren Einfluß von Weil (1844) entwickelt Mathesius seine Lehre von der „Satzperspektive" (Mathesius 1929, 202 ff), von der „aktuellen Gliederung des Satzes" (Mathesius 1939, 171 ff; 1941, 169 ff), die später als Lehre von der „funktionalen Satzperspektive" (Firbas 1958, 254; 1962, 162 ff) bekannt wurde. Kern dieser Lehre ist die Annahme, daß es zwei „Grundelemente der aktuellen Gliederung des Satzes" gibt: „Die Ausgangsvorstellung der Aussage, d. h. das, was in einer gegebenen Situation bekannt oder wenigstens naheliegend ist und von dem der Sprecher ausgeht, sowie den Kern der Aussage, d. h. das, was der Sprecher über oder in bezug auf die Ausgangsvorstellung der Aussage aussagt." Die aktuelle Gliederung ist von der „formalen" klar unterschieden: „Die Grundelemente der formalen Gliederung des Satzes sind das grammatische Subjekt und das grammatische Prädikat" (Mathesius 1939, 171). Ausdrucksmittel für beide Gliederungen ist danach — so kann angenommen werden — (u. a.) die Wortstellung. Die Ausgangsvorstellung (východiště) wird später in nicht erklärter — evtl. zufälliger — Übereinstimmung mit von der Gabelentz (1874, 137) und Ammann (1928, 3) „Thema" genannt, der Kern „Rhema" (Firbas 1958, 251). — Einer Renaissance des « ordre naturel » (s. Art. 4., 8.) begegnet man bei Mikuš. Mikuš übernimmt das zweite Prinzip von de Saussure (1916/67, 103). Nach diesem Prinzip ist der Signifikant linear. „Aber", so fragt Mikuš (1952, 28), „wozu ein Signifikant ohne Signifikat?" Seine Konsequenz: „Wenn das Gedachte sich schon in einen linearen Signifikanten einprägen muß,

10. Der europäische Strukturalismus 271

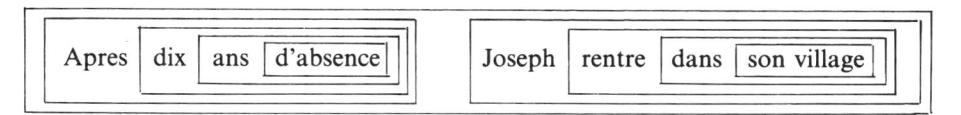

Abb. 10.21: Einrahmungsschema bei Mikuš (1952)

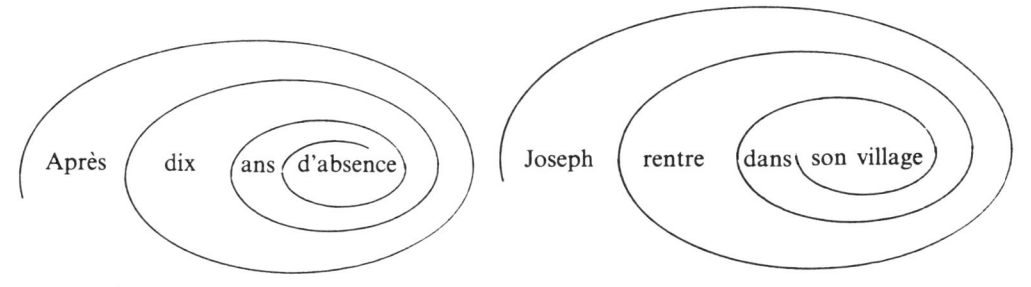

Abb. 10.22: Syntagmatische Verkettung als Spirale bei Mikuš (1952)

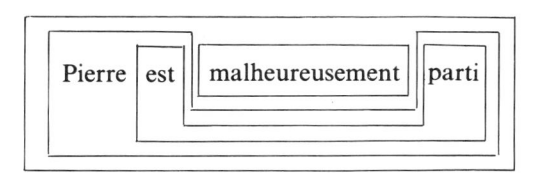

Abb. 10.23: Pseudolinearität bei Mikuš (1952)

dann wird es dadurch ebenfalls linear." „Die Linearität ist nicht nur die Hygiene der Sprache (und des Denkens), sondern — und dies ist wichtig — das einzig mögliche Mittel, über das die Sprache verfügt, um ihre konstitutiven Elemente zu entfalten (in der Kette des Signifikanten: die Laute, die Silben, die rhythmischen Gruppen; und in der Kette des Signifikats: die Moneme [Minimaleinheiten] sowie die freien Monemgruppen, die geronnenen Blöcke [s. in 3.]). Alle Strukturen der Sprache sind folglich linear [...]." An Hand von Abb. 10.21. kann man sich das von Mikuš Gesagte klarmachen. Die Abbildung gibt in einem Einrahmungsschema die Struktur von französ. *Après₁ dix₂ ans₃ d₄'absence₅, Joseph₆ rentre₇ dans₈ son₉ village₁₀* ('Nach₁ zehn₂ Jahren₃ Abwesenheit₄,₅ kehrt₇ Joseph₆ in₈ sein₉ Dorf₁₀ zurück₇.'). Jede der beiden Gruppen in Abb. 10.21. ist in der Weise aufgebaut, daß jedes Determinans seinem Determinatum (Mikuš 1952, 451 bezieht sich hier auf Bally; s. in 5.) vorausgeht. „Aber weder die Klam-

mern noch zu Einrahmungsschemata [s. die beiden Darstellungsarten in 2.] können diese progressive syntagmatische Verkettung so gut zeigen wie eine ganz besondere geometrische Linie: die *Spirale*." In Abb. 10.22. gebe ich die Spirale wieder, die der Abb. 10.21. entspricht. Auf Grund der bisher gebrachten Zitate muß es den Anschein haben, als sei nach der Auffassung von Mikuš jeder Ausdruck einer jeden natürlichen Sprache nach diesem Spiralenprinzip aufgebaut. Dem soll aber nicht so sein: „Die Tatsache, daß der Lauf der Spirale nicht immer regulär ist, kompromittiert die allgemeine Tendenz, ‚in Spiralen' zu reden, überhaupt nicht, denn je mehr sich eine linguistische Struktur dem regulären Gang der Spirale nähert, um so mehr ist sie *analytisch* und logisch (und umgekehrt: je mehr sie sich entfernt, um so mehr ist sie synthetisch). Wir merken hier nur die Tatsache an, daß das Französ. dahin tendiert, jedes Mikrosyntagma zu eliminieren, das den regulären Gang der Spirale stört [...]" (Mikuš 1952, 461). Mikuš führt in diesem Zusammenhang Beispiele an, bei denen die Annahme, die abstrakten Einheiten der Einrahmungs- oder Klammerungsstruktur — Einheiten der sýntaxis also — folgten derselben Linearität wie die damit beschriebenen Stücke der „Lautkette" (der sýnthesis also), nur scheinbar durch die Konstruktion ganz besonderer Ein- und Ausrahmungsschemata aufrecht erhalten wird. Als Beispiel diene Abb. 10.23. für den franz. Ausdruck *Pierre₁* *est$_2$ malheureusement$_3$ parti$_4$* ('Peter$_1$ ist$_2$ leider$_3$ weggegangen$_4$.'). Es ist deutlich, daß hier nicht von Linearität in dem von Mikuš intendierten Sinne gesprochen werden kann. Das käme bei einer Klammernotation noch deutlicher zum Vorschein. Die Argumentation von Mikuš macht nur Sinn, wenn das Prinzip der Linearität — wie bei de Groot etwa — auf eine „Welt" außerhalb der hier mit Einrahmungsschemata angegebenen Strukturen angewandt wird. — Unter der an Hjelmslevs Anschauungen orientierten Voraussetzung, daß zwischen zwei „Ebenen" zu unterscheiden ist, nämlich einer für „unilateral" oder „mutual dependence" und einer zweiten für „the relation of order", die nicht zur „Form" gehört, entwickelt Diderichsen seit den 30er Jahren ein Konzept der Felder. Diese Felder dienen der „topischen Gliederung" (Diderichsen 1943/76, 44 ff) des Satzes und sind linear geordnet. Grundsätzlich kann ein Feld leer sein; ist es nicht leer, so steht in ihm ein Glied, das selbst wieder aus Gliedern bestehen kann, die innerhalb des Glieds, dem sie angehören, auf „Positionen" (oder: „Plätze") verteilt werden. Diese Felder, Positionen und Glieder hat Diderichsen (1957/76, 207) unmißverständlich als Gegenstände außerhalb der Form gefaßt, als solche, die nach der Diktion des „Téchnē"-Scholiasten in der sýnthesis existieren. Sie beruhen auf Reihenfolgebeziehungen und sind nur vermittelt auf syntaktischen Strukturen (zur Form dieser Strukturen bei Diderichsen s. 2.), wie aus seiner Kritik am Harrisschen Distributionsbegriff deutlich wird: „The fundamental difference between these two types of distributional relations is nowhere accounted for in the so-called distributional theories" (Diderichsen 1957/76, 207). Felder und Positionen arrangiert Diderichsen zu Formeln (oder: Satzschemata): „Inspiriert von Brøndals Forderung, vom Ganzen auszugehen und jedes Glied durch seinen Platz in diesem zu definieren, versuchte ich eine Formel für einen maximal ausgebauten Satz aufzubauen und alle kürzeren Sätze als Varianten dieser Formel mit ‚leeren Plätzen' aufzufassen" (Diderichsen 1965, 195). In Abb. 10.24. gebe ich solche Satzschemata wieder, die Diderichsen (1943/76, 55 f) für deutsche, nordische und englische Hauptsätze konstruiert hat. Dazu erläutert er: „Wir bezeichnen die Glieder als nominale (N), verbale (V), adverbiale (A) und konjunktionale (K). Den Gliedern, welche Inhaltsbestimmungen des Verbums sind, geben wir den Index ^{i} (das Objekt also z. B.: N^i), diejenigen, die Glieder der Prädikation (Nexus) sind oder den ganzen Satz charakterisieren, bezeichnen wir mit ^{s}. Glieder, die in dieser Hinsicht neutral sind, werden durch ^{n} gekennzeichnet. K^b heißt beiordnende Konj., K^u unterordnende Konj." Für die Benennung der Felder hat Diderichsen unterschiedliche Terminologien benützt oder befürwortet. Für die drei Hauptfelder: Anfangs-/Aktual-/Inhaltsfeld (Diderichsen 1943/76, 56 f), Fundament-/Nexus-/Inhaltsfeld (Diderichsen 1946/68, 186), Vor-/Zentral-/Schlußfeld (Diderichsen 1964/76, 328). Abb. 10.25. zeigt, wie das Schema für das Dän. mit Sätzen belegt werden kann (nach Diderichsen 1946/68, 162). (Übersetzung der Sätze: (1) 'Dann$_1$ hat$_2$ er$_3$ hier$_8$ sicher$_4$ die$_7$ Galoschen$_6$ vergessen$_5$.', (2) 'Vermutlich$_9$ hatte$_{10}$ er$_3$ die$_7$ Galoschen$_6$ vergessen$_5$, als$_{11}$ er$_3$ im$_{14}$ Theater$_{15}$ war$_{12}$.', (3)

	Konj.feld	Anfangsfeld	Aktualfeld	Inhaltsfeld
Deutsch:	K^b	N^s	V^{s}N^{s}K^{b}A^{s}A^n	N^{i}N^{i}A^{n}A^{s}A^{i}V^{i}V^i
		A^n		
		(N^i)		
		(A^i)		
		(A^s)		
		(V^i)		
Nordisch:	K^b	(wie im Dt.)	V^{s}N^{s}A^{s}A^s	V^{i}V^{i}N^{i}N^{i}A^{i}A^n
Englisch:	K^b	A^{n}A^n	N^{s}A^{s}A^{n}V^s	V^{i}V^{i}N^{i}N^{i}A^{i}A^n
		(N^i)	N^{s}V^{s}A^{s}A^n	
		(A^i)		
		(V^i)		
		(A^s)		

Abb. 10.24: Deutsche, nordische und englische Satzschemata bei Diderichsen (1943/76)

10. Der europäische Strukturalismus

S } A }	v	s	$a^{1,2}$...	$V^{1,2}$	$S^{1,2}$	$A^{1,2}$...
1. Saa	har	han	vist	glemt	Galocherne	her
2. Formodentlig	havde	han	÷	glemt	Galocherne	i Teatret
3. ÷	Har	Peter	÷	glemt og tabt	Galocherne Paraplyen	uden at sige det?
4. Ellers	maa	han	pudsigt nog alligevel	have lovet	intet at sige	naar han kommer
5. ÷	Kom	÷	÷	÷	÷	naar du kan
6. Da Uvejret kom	ramte	Lynet	saa vidt jeg ved	÷	Huset	÷
7. Hvorfor	hedder	din Hund	÷	÷	„Snap"?	÷
8. Saa	maa	du	gerne	kalde	mig Mads	÷

Abb. 10.25: Ein Satzschema für dän. Sätze bei Diderichsen (1946/68)

'Hat$_2$ Peter$_{16}$ die$_7$ Galoschen$_6$ vergessen$_5$ und$_{17}$ den$_{20}$ Regenschirm$_{19}$ verloren$_{18}$ ohne$_{21}$ dies$_{24}$ zu$_{22}$ sagen$_{23}$?', (4) 'Außerdem$_{25}$ muß$_{26}$ er$_3$, merkwürdig$_{27}$ genug$_{28}$, dennoch$_{29}$ versprochen$_{23}$ haben$_{30}$, nichts$_{32}$ zu$_{22}$ sagen$_{23}$, wenn$_{33}$ er$_3$ kommt$_{34}$.', (5) 'Komm$_{35}$, wenn$_{33}$ du$_{36}$ kannst$_{37}$.', (6) 'Als$_{11}$ das$_{39}$ Unwetter$_{38}$ kam$_{40}$, traf$_{41}$ der$_{43}$ Blitz$_{42}$, so$_{44}$ weit$_{45}$ ich$_{46}$ weiß$_{47}$, das$_{39}$ Haus$_{48}$.', (7) 'Warum$_{49}$ heißt$_{50}$ dein$_{51}$ Hund$_{52}$ „Schnapp$_{53}$"?', (8) 'Dann$_1$ kannst$_{54}$ du$_{36}$ mich$_{57}$ gerne$_{55}$ Tölpel$_{58}$ nennen$_{56}$.'). In einem derartigen Satzschema bringt Koefoed (1967, 50) zwölf Permutationsvarianten für den von Ulvestad (1961, 24 f) untersuchten dt. Ausdruck *Das Mädchen geht heute morgen mit dem Eimer in den Keller zu den Mäusen* unter (s. Abb. 10.26.).

5. Determinatum und Determinans; «déterminé» und «déterminant»

In seinem „Wiederholungskurs der russischen Sprache" unterscheidet Karcevskij (1928, 25) innerhalb des („äußeren") Syntagmas zwischen Determiniertem und Determinierendem: „Die bedeutungtragenden Wörter im Satz sind nicht einfach aneinandergereiht, sie sind vielmehr untereinander syntagmatisch verbunden, d. h. als determinierte und determinierende" (nach Vinogradov 1950/75, 92). Die Strukturen, die er in dieser Hinsicht im Auge hat, sind N-Determinationsstrukturen (s. Art. 4., 3.3.1.): „Das absolute Determinatum beim Prädikat nennen wir Satzgegenstand (oder Subjekt)". Die Beziehung zwischen Determinatum und Determinans (zwischen t und t') ist nach Karcevskij die einzige „syntagmatische" Beziehung, von der die nicht-syntagmatischen Beziehungen zu unterscheiden sind: (a) Gleichwertigkeit, z. B. in russ. *Kólja$_1$ igráet$_2$ a$_3$ Šúra$_4$ účitsja$_5$* ('Kolja$_1$ spielt$_2$, und$_3$ Šura$_4$ lernt$_5$.'); (b) Ungleichwertigkeit, wie in russ.: *Bud'$_1$ ja$_2$ dáže$_3$ zánjat$_4$, ja$_5$ najdú$_6$ vrémja$_7$ navestít'$_8$ vas$_9$* ('Wenn$_1$ ich$_2$ auch$_3$ beschäftigt$_4$ bin$_{2,4}$, so$_{1,2}$ werde$_6$ ich$_5$ Zeit$_7$ finden$_6$, euch$_9$ zu$_8$ besuchen$_8$.'); (c) Ungleichartigkeit, wie in russ.: *Priéxavši$_1$ domój$_2$, Beret'ev$_3$ ne$_4$ razdeválsja$_5$, i$_6$ časá$_7$ dva$_8$ spustja$_9$, zarjá$_{10}$ tól'ko$_{11}$ čto$_{12}$ načinála$_{13}$ zanimát'sja$_{14}$ na$_{15}$ sebé$_{16}$, egó$_{17}$ užé$_{18}$ né$_{19}$ bylo$_{20}$ dóma$_{21}$* ('Als$_1$ er$_2$ zu$_2$ Hause$_2$ ankam$_1$, zog$_5$ sich$_5$ Beret'ev$_3$ nicht$_4$ aus$_5$, und$_6$ nach$_9$ ungefähr$_{7,8}$ zwei$_8$ Stunden$_7$ — die$_{10}$ Morgendämmerung$_{10}$ begann$_{13}$ gerade$_{11,12}$ anzubrechen$_{14,15,16}$ — war er schon nicht mehr zu Hause.'). — Einer ähnlichen Unterscheidung zwischen déterminé (t; spezieller Fall: «thème») und déterminant (t'; spezieller Fall: «propos») begegnet man bei Bally (1932/65, 102), der wie Karcevskij offenkundig mit N-Determinationsstrukturen rechnet. Die Unterscheidung bleibt jedoch nicht auf solche Strukturen beschränkt, wie in 3. an Hand der Analyse angedeutet wird, die de Groot (1938, 148 f) für den dt. Satz *Ich wünsche Ihnen viel Glück* vorgenommen hat. Wenn es auch keinen Zweifel daran geben kann, daß de Groot syntaktische Strukturen mit komplexen Argumenten (s. Art. 4., 3.4.) annimmt, so formuliert er doch die Unterscheidung zwischen déterminé (determinatum, dm) und determinans (ds) unabhängig von dieser Annahme: „Die syntaktische Struktur eines Satzes be-

Fundamentfeld	Zentralfeld			Schlußfeld	
	v	n	$a^{1,2}$	N	$A^{1,2,3}$
1. Das Mädchen	geht	∅	heute morgen	∅	mit dem Eimer – in den Keller – zu den Mäusen
2. Das Mädchen	geht	∅	heute morgen	∅	mit dem Eimer – zu den Mäusen – in den Keller
3. Das Mädchen	geht	∅	heute morgen	∅	in den Keller – zu den Mäusen – mit dem Eimer
4. Das Mädchen	geht	∅	mit dem Eimer – heute morgen	∅	(heute morgen) – zu den Mäusen – in den Keller
5. Das Mädchen	geht	das Mädchen	mit dem Eimer – heute morgen	∅	(heute morgen) – in den Keller – zu den Mäusen
6. Heute morgen	geht	das Mädchen	(mit dem Eimer)	∅	mit dem Eimer – zu den Mäusen – in den Keller
7. Heute morgen	geht	das Mädchen	(mit dem Eimer)	∅	mit dem Eimer – in den Keller – zu den Mäusen
8. Mit dem Eimer	geht	das Mädchen	heute morgen	∅	zu den Mäusen – in den Keller
9. Mit dem Eimer	geht	∅	heute morgen	∅	in den Keller – zu den Mäusen
10. Mit dem Eimer	geht	∅	heute morgen	das Mädchen	zu den Mäusen – in den Keller
11. Mit dem Eimer	geht	∅	heute morgen	das Mädchen	mit dem Eimer – in den Keller
12. Zu den Mäusen	geht	∅	heute morgen	das Mädchen	in den Keller – zu den Mäusen

Abb. 10.26: Ulvestads Variationen über einen deutschen Satz im Satzschema bei Koefoed (1967)

ruht, wenn ich recht sehe, in allen Sprachen immer auf den vier folgenden Oppositionen: 1. Kombination – Fehlen der Kombination von Semantemen [d. h. zweiseitiger Zeichenstücke, s. 2.]; im ersten Fall haben wir es mit einem Satz zu tun, im zweiten Fall liegt entweder kein Satz vor, oder es gibt deren zwei; 2. direkte Kombination – indirekte Kombination. In: il_1 $marchait_2$ $vite_3$ ['er_1 $lief_2$ $schnell_3$.'] sind il und $marchait$ direkt kombiniert, il und $vite$ indirekt; 3. die direkte Kombination kann durch Subordination oder durch Koordination bewerkstelligt werden. 4. Bei Subordination können wir unterscheiden zwischen einem déterminé («determinatum» = dm) und einem déterminant (= ds)" (de Groot 1939, 110). De Groot weist an gleicher Stelle freilich auf die Schwierigkeiten hin, die sich bei der Entscheidung darüber ergeben, was im konkreten Fall ds und was dm sein soll. Er gibt als Faustregel an: „Von zwei gegebenen Semantemen, die in direkter Beziehung zueinander stehen und die durch Subordination miteinander verbunden sind, d. h. daß das eine in der syntaktischen Struktur des Satzes zentraler ist als das andere, nenne ich das weniger zentrale das ds des anderen; das zentralere Semantem nenne ich das dm des anderen" (de Groot 1939, 110). Bei aller Unsicherheit im Umgang mit den Begriffen dm und ds entscheidet sich de Groot (1939, 117) dafür, das (grammatische) Subjekt, das bei ihm ein Komplex sein darf, als dm des zugehörigen (grammatischen) Prädikats zu betrachten. Entsprechend sehen auch die Strukturen aus, die de Groot den zu beschreibenden Ausdrücken zuweist: in der von ihm verwendeten linearen Klammernotation steht jedes dm vor dem zugehörigen ds. Für niederländ. De_1 $kleine_2$ $kleuters_3$ $konden_4$ $naar_5$ $huis_6$ $gaan_7$ ('Die_1 $kleinen_2$ $Kinder_3$ $konnten_4$ $nach_5$ $Hause_6$ $gehen_7$.') gibt er als Klammerstruktur: ({(kinderen kleine) de} [konden {gaan (naar huis)}]); kinderen steht hier versehentlich an Stelle von kleuters (de Groot 1949 b, 54 ff). Das Semantem kinderen ist dm oder „Kern" von (kinderen kleine), (kinderen kleine) Kern von {(kinderen kleine) de} und {(kinderen kleine) de} Kern des Gesamtausdrucks. Das Semantem kinderen ist somit der einzige Kern des Gesamtausdrucks, der weder für sich allein noch zusammen mit anderen Semantemen das ds eines anderen Semantems ist. Wie bei den N-Determinationsstrukturen das Nomen – anders als bei den V-Dependenzstrukturen – gegenüber dem Verb ausgezeichnet ist (s. Art. 4., 3.3.), so ist eine vergleichbare Auszeichnung, wie das Beispiel lehrt, auch bei Strukturen denkbar, in denen komplexe Argumente vorkommen. Eine derartige Privilegierung des nominativischen Nomens als ausgezeichneten Kerns für den gesamten Satz hat ihr Pendant in den gängigen Versionen kategorialsyntaktischer Strukturen. — Auch die Privilegierung des Verbs, wie sie für V-Dependenzstrukturen charakteristisch ist, kann für Strukturen mit komplexen Argumenten belegt werden. Bei Fourquet (1970, 36 f) heißt es: „Die Bestandteile einer spezifischen Einheit [eine spezifische Einheit entspricht einem komplexen Argument] sind nach unserer Ansicht: a) ein, und nur ein lexikalisches Element, einfach oder zusammengesetzt, z. B. *geh-, unter-geh-*. […] Wir nennen diesen Bestandteil Kernteil (K). b) Glieder, oder Expansionen, die selbst den Status einer syntaktisch selbständigen Einheit einer spezifischen Einheit haben […]. Jede spezifische Einheit ist durch ein besonderes System von Konnexionen zwischen den Gliedern und dem Kern, beziehungsweise dem den Kern enthaltenden Komplex charakterisiert. Z. B. ist die Konnexion Subjekt-Prädikat für die verbale Einheit, das Attributsverhältnis für die nominale Einheit charakteristisch." Eine ähnliche Privilegierung des Verbs begegnet man später in gewissen $\bar{\text{X}}$-Systemen. — Wie es bei der Etablierung von Strukturen ohne komplexe Argumente (Strukturen also mit ausschließlich dyadischen Konnexionen zwischen Minimaleinheiten) ein Schwanken zwischen der Privilegierung des nominativischen Nomens und der des finiten Verbs gegeben hat oder auch noch gibt (s. Art. 4., 3.3.3.), so ist ein entsprechendes Schwanken auch bei der Annahme von komplexen Argumenten zu beobachten: über die wechselseitige Beziehung zwischen nominalen und verbalen Satzteilmodellen [Konstituenten] wage ich kein Extensions-Urteil zu fällen" (Paardekooper 1955, 64). Mit dem „Extensions-Urteil" unterscheidet Paardekooper in Anlehnung an Togeby (1951/65) ansonsten das „extensive" vom „intensiven" Stück eines Satzteils oder eines Satzes in ähnlicher Weise wie de Groot zwischen dm und ds unterscheidet. — Zwar kann nicht ausgemacht werden, welcher Art die syntaktischen Strukturen sind, die Trubetzkoy (1939, 75) im Sinne hatte (Strukturen mit komplexen Argumenten oder ohne solche), als er schrieb: „Die Beziehung zwischen Determinatum und Determinans ist sicher die bekannteste unter allen syntagmatischen Beziehungen, aber wir sind weit davon entfernt, sie als die einzig mögliche syntagmatische Beziehung zu betrachten. Insbesondere bezweifeln wir stark, daß Subjekt und Prädikat als Determinatum und Determinans aufgefaßt werden können." Deutlich geht aus diesem Zitat aber hervor, daß Trubetzkoy im Satz weder dem Nomen noch dem Verb den Vorrang vor dem je anderen geben will. Einen Ausweg aus dem Entscheidungsdilemma entwirft Bazell (1945/49, 140 ff; 1949 a, 10 ff; 1949 b, 5 ff), indem er zwei „functional relations" unterscheidet: Subordination und Determination. „A subordinative construction is a binary syntagm consisting of central and subordinate members. The centre is that member whose functions are the functions of the whole group" (Bazell 1949 b, 6) oder: „One member of a syntagma is said to be subordinate to the other when the latter is characterised by such features as are also characteristic of the whole syntagm" (Bazell 1949 a, 11). Man könne nun auch die Subjekt-Prädikat-Konstruktion als subordinativ betrachten, und zwar „through the fact that such features as tense, mood and negation which apply to the whole phrase apply *par excellence* to the predicate." Freilich: „As a rule their combination with the whole phrase is clearer on the side of expression" (Bazell 1949 a, 11). Was die Determination betrifft, so heißt es bei Bazell (1949a, 10): „We shall say then that one member of a syntagm determines another when its unmarked and characteristic function is to stand in a given relation to a member of the class to which the other member of the syntagm belongs. The relations of elements used in marked functions are to be judged after the relations holding in the same pattern between elements with unmarked function." Dabei sei „determination not any presupposition by *a* of *b* (or of a member of class *B*) whatsoever, but only the presupposition of an element at a *given* point in the system or chain. Thus by syntactical determination we shall understand the presupposition, by *a*, of *b* at a specified point in the chain relative to *a*" (Bazell 1945/49, 140 f). Wie das Objekt das Determinatum des Verbs sei, so sei das Subjekt das Determinatum des Prädikats. Verb im ersten Fall und Prädikat im zweiten Fall seien die Determinanten. Dagegen sei das Prädikat gegenüber dem Subjekt das superordinatum. „The frequent impossibility, in this type of phrase [Subject-Prädikat-Konstruktion], of omitting the subordinate member, is a consequence of the fact that this member is determined by the superordinate. Once we distinguish between groups with subordinate determinant, such as that of attributive adjective and noun, and groups with superordinate determinant, such as that of subject and predicate, the distinction of exo- and endocentric becomes superfluous" (Bazell 1949a, 11).

6. Methodologisches

Eine „kombinatorische auffassung der grammatischen erscheinungen" legt Bech (1951, 16) seiner „darstellung der syntax des tschechischen konjunktivs" zugrunde. Dabei spielt der Begriff „feld" eine zentrale Rolle. Ein Feld ist eine „kategorie von grammatischen einheiten", die in gewissen kombinatorischen Eigenschaften übereinstimmen. Der konjunktivische Satz im Tschech. ist der Sonderfall eines solchen Feldes — Bech (1951, 15f) nennt dieses Feld „z-feld". Ein Sonderfall ist er deshalb, „weil es in diesem falle möglich ist, an dem betreffenden felde selber — ohne berücksichtigung anderer felder — zu erkennen, dass es eben ein z-feld [...] ist. Das sieht man am konjunktiv." Nicht jeder Textteil jedoch, der ein z-Feld ist, kann derart unmittelbar erkannt werden. Es gibt — so Bech — auch z-Felder ohne Konjunktiv, die folglich „ohne berücksichtigung anderer felder" nicht als z-Felder zu erkennen sind, weil in ihnen die „modalität [...] synkretisiert" ist (Bech 1951, 17). (In der Terminologie des Prager Kreises würde man sagen, daß die Modalität neutralisiert oder daß die Opposition zwischen Indikativ und Konjunktiv im vorliegenden Falle aufgehoben sei.) Beispiele, die Bech (1951, 16) anführt: (1) In $Chci_1$, aby_2 $mančelstvi_3$ $bylo_4$ $láska_5$ ('Ich_1 $will_1$, $daß_2$ die_3 Ehe_3 $Liebe_5$ sei_4.') ist $aby \ldots láska$ das z-Feld; Ausdruck des Konjunktivs ist $by \ldots l$ (im Beispiel durch Fettdruck hervorgehoben); es handelt sich mithin um ein konjunktivisches z-Feld. Nicht-konjunktivisch ist das Feld $přijíti$ in $Chci_1$ $přijíti_2$ ('Ich_1 $will_1$ $kommen_2$.'). Aber ein z-Feld sei es dennoch, was sich durch eine „substitutionsprobe" erweise: „Das betreffende feld wird durch einen finiten nexus (einen ganzen satz) ersetzt, ohne dass ausserhalb des betreffenden feldes (im kontext) irgend welche anderen änderungen vorgenommen werden. Steht dieser finite nexus notwendigerweise im konjunktiv, so ist das ersetzte feld ein z-feld" (Bech 1951, 17). Bech formuliert für diese Prozedur eine sog. Relationsregel, die verallgemeinert lauten könnte: stehen zwei Felder a und b „in derselben stellung" zu einem Feld c, so sind a und b Felder gleicher Art (z. B. z-Felder), wenn sie sich lediglich dadurch unterscheiden, daß a ein Merkmal aufweist, das b fehlt. — (2) Außer der Relationsregel benutzt Bech bei der Substitutionsprobe eine Regel, die er „äquivalenzregel" nennt. „Dass zwei felder äquivalent sind, besagt, dass sie denselben inhalt haben"; bezogen auf die Modalität lautet die Regel dann: „Zwei äquivalente felder haben dieselbe modalität." In Ted'_1 je_2 na_3 $čase_4$ $zmizet_5$ ('$Jetzt_1$ ist_2 es_2 an_3 der_4 $Zeit_4$ zu_5 $verschwinden_5$.') kann der „infinitivische nexus", der „aus dem infinitiv $zmizet$ (verschwinden) + dessen latentem subjekt besteht, durch einen nebensatz desselben inhalts ersetzt werden, und dieser nebensatz steht dann notwendigerweise im konjunktiv:" Ted'_1 je_2 na_3 $čase_4$, $abych_5$ $zmizel_6$ ('$Jetzt_1$ ist_2 es_2 an_3 der_4 $Zeit_4$, $daß_{5,6}$ ich_5 $verschwinde_6$.') (Bech 1951, 17). — Komplexer gestalten sich die Verhältnisse, wenn es innerhalb eines z-Feldes ein weiteres z-Feld gibt, also ein größeres „äusseres" und ein kleineres „inneres z-feld". Dieser Fall liegt vor in $Nesmála_1$ $bych_2$ se_3, $kdyby_4$ tos_5 k_6 $smíchu_7$ $nebylo_8$ ('$Ich_{1,2}$ $würde_{1,2}$ $nicht_1$ $lachen_{1,3}$, $wenn_4$ es_5 $nicht_8$ zum_6 $Lachen_7$ $wäre_8$.'). Der gesamte Ausdruck stellt das äußere z-Feld dar, $kdyby \ldots nebylo$ das innere. Neben inneren z-Feldern, die „dem äusseren syntaktisch untergeordnet" sind, kennt Bech auch solche, bei denen dies nicht der Fall ist (Bech 1951, 16 bzw. 38). So in tschech. $Marně_1$ $abys_2$ $rozpřáhl_3$ $obě_4$ $ruce_5$ v_6 $honičce_7$ $lásky_8$ ('$Vergeblich_1$ $hättest_{2,3}$ du_2 $beide_4$ $Arme_5$ in_6 der_7 $Jagd_7$ $nach_8$ $Liebe_8$ $ausgestreckt_3$.'). Zwischen $marně$ und dem restlichen Ausdruck bestehe „ein prädikationelles verhältnis, so dass das adverbium ‚logisches' prädikat, und der übrige satz ‚logisches' subjekt ist. Ein solcher satz enthält also in der tat zwei prädikationen: die soeben erwähnte und die ‚normale', die durch das finite verbum zustande kommt. Wenn ein derartiger satz im unabhängigen konjunktiv steht, kann der finite nexus mitunter als inneres z-feld, die andere im satze implizite enthaltene prädikation als äusseres z-feld aufgefasst werden" (Bech 1951, 38). Um dies an dem angeführten Ausdruck zu zeigen, analysiert er ihn wie den folgenden mit ihm äquivalenten: $Bylo_1$ by_2 $marno_3$, $abys_4$ $rozpřáhl_5$ $obě_6$ $ruce_7$ v_8 $honičce_9$ $lásky_{10}$ ('Es_1 $wäre_{1,2}$ $vergebens_3$ $gewesen_1$, $wenn_4$ du_4 $beide_6$ $Arme_7$ in_8 der_9 $Jagd_9$ $nach_{10}$ $Liebe_{10}$ $ausgestreckt_5$ $hättest_{4,5}$.'). Da die beiden Ausdrücke äquivalent sein sollen, kann Bech (1951, 38) sagen, „dass das verhältnis zwischen *marně* und dem übrigen satze (dem finiten nexus) ein prädikat-subjekt-verhältnis ist, und dass sowohl diese prädikation als der finite nexus z-felder sein müssen." — Es fällt ins Auge, daß Bech hier ein Verfahren entwirft und anwendet, das gewisse Ähnlichkeiten mit dem Verfahren der Distributionsanalyse aufweist, wie sie von amerikanischen Linguisten entwickelt worden ist (s. Art. 11.). Allerdings gibt es fundamentale Unterschiede: (i) Bei der Bestimmung der Felder spielen Reihenfolgebeziehungen keine entscheidende Rolle. Neben dem bereits angeführten tschech. Ausdruck *Nesmála bych se, kdyby to k smíchu nebylo* steht $Kdyby_1$ $totiž_2$ $této_3$ $jasnosti_4$ $nebylo_5$ $včas_6$ $docíleno_7$, $začal_8$ by_9 $nový_{10}$ $život_{11}$ $střední_{12}$ $Evropy_{13}$ po_{14} $pádu_{15}$ $dnešního_{16}$ $Německa_{17}$ $novými_{18}$ $válkami_{19}$ a_{20} $rozvratem_{21}$ ('$Wenn_1$ $nämlich_2$ $diese_3$ $Klarheit_4$ $nicht_5$ $rechtzeitig_6$ $erzielt_7$ $würde_{15}$, $würde_{8,9}$ $das_{10,11}$ $neue_{10}$ $Leben_{11}$ $Mittel_{12}europas_{13}$ $nach_{14}$ dem_{15} $Falle_{15}$ $des_{16,17}$ $heutigen_{16}$ $Deutschland_{10}$ $mit_{18,19,21}$ $neuen_{18}$ $Kriegen_{19}$ und_{20} $Wirrnis_{21}$ $beginnen_{8}$.'). Im ersten Falle steht das innere z-Feld am Ende (*kdyby ... nebylo*), im zweiten am Anfang (*kdyby ... rozvratem*) (Bech 1951, 24). Einzig wichtig für Bech, daß es in beiden Fällen ein inneres und ein äußeres z-Feld gibt und daß somit die Bedingungen für das Vorliegen der zu untersuchenden Struktur gegeben sind. (ii) Bei Harris (1951/60, 15 f) heißt es: „The DISTRIBUTION of an element is the total of all environments in which it occurs, i. e. the sum of all the (different) positions (or occurrences) of an element relative to the occurrence of other elements." Diese Konzeption von 'Distribution' nimmt nicht nur Bezug auf „neighbourhood", auf „the position of elements before, after, and simultaneous with the element in question", sie setzt — genau genommen — die Kenntnis aller beteiligten Elemente voraus. Nicht so bei Bech, denn ein Feld ist lediglich durch Merkmale festgelegt, die die Identifikation ermöglichen. Darüber, welche sonstigen Einheiten mit welchen Merkmalen in einem einmal bestimmten Feld vorkommen, steht der Untersuchung offen. — Wie bei Bech so gibt es auch bei Bazell (1953, 12) keinen unmittelbaren Bezug zwischen Morphemdistribution und Reihenfolgebeziehung (s. 4.). Und auch für ihn werden die „distributional relations, relations of accompaniment" liberaler gefaßt als bei Harris: unter Voraussetzung beliebiger, aber bestimmter Segmente S betrachtet Bazell Einheiten A und B (in der Regel wohl Morpheme oder Morphemkomplexe) mit Blick auf ihre Vorkommensbeschränkungen in S. In terminologischer Anlehnung an Hjelmslev (1943, 33 ff) unterscheidet er für „accompaniment" vier Fälle: „A selects B and B selects A", (b) „A selects B but B does not select A", (c) „A selects non-B (incompatibility)", (d) „No selective relation" (Bazell 1953, 13 f). S gibt den Rahmen für die Feststellung der Relation zwischen A und B. Die übrigen in S vorkommenden Ausdrucksstücke werden von dieser Feststellung nicht betroffen und bleiben folglich unbeachtet. Bazell schließt freilich sinnvollerweise nicht aus, daß sie paarweise der gleichen Prozedur unterzogen werden können. — Auf die mit dem Distributionsbegriff Harrisscher Prägung verbundene starke — und nicht erfüllbare — Voraussetzung, „the total of all environments" zu bestimmen, hat Diderichsen (1957/76, 199) kritisch hingewiesen: „The definition [...] says nothing about how to determine the relevant neighbourhood, and does not distinguish between the relation between two elements within the same unit [...], and the relation between an element and the unit in which is occurs [...]."

7. Literatur

Alarcos Llorach, Emilio. 1951/72. Gramática estructural. (Según la Escuela de Copenhague y con especial atención a la lengua española.) (Reimpresión.) Madrid: 1972.

Ammann, Hermann. 1928. Die menschliche Rede. Sprachphilosophische Untersuchungen. 2. Teil, Der Satz. Lebensformen und Lebensfunktionen der Rede — Das Wesen der Satzform — Satz und Urteil. Lahr i. B.

Apresjan, Jurij Derenikovič. 1962. Metod neposredstvenno sostavljajuščix i transformacionnyj metod v sovremennoj strukturnoj lingvistike. Russkij jazyk v nacional'noj škole Jg. 1962, 4. 77—86.

Arrivé, Michel. 1982. Hjelmslev lecteur de Martinet lecteur de Hjelmslev. LINX. Bulletin du Centre de linguistiques de Paris X Nanterre 6. 77—93.

Bally, Charles. 1932/65. Linguistique générale et linguistique française. Quatrième édition revue et corrigée. Berne: 1965.

Bar-Hillel, Jehoshua. 1953. A quasi-arithmetical notation for syntactic description. Language 29. 47—58.

Bazell, Charles E. 1945—49. On some asymmetries of the linguistic system. Acta Linguistica [Havniensia] 5. 139—145.

—. 1949 a. The fundamental syntactic relation. Časopis pro moderní filologii 33. 9—15.

—. 1949 b. Syntactic relations and linguistic typology. Cahiers Ferdinand de Saussure 8. 5—20.

—. 1953. Linguistic form. Istanbul.

Bech, Gunnar. 1951. Zur syntax des tschechischen konjunktivs. Mit einem anhang über den russischen konjunktiv. Copenhague.

Belić, Alexandar. 1955. Der Satz und das Syntagma im Lichte der Belgrader linguistischen Schule. Wiener slavistisches Jahrbuch 4. 5—14.

Bröndal, Viggo. 1939. Linguistique structurale. Acta Linguistica [Hafniensia] 1. 2—10.

Byrne, James. 1885. General principles of the structure of language. In two volumes. London.

Chomsky, Noam. 1965. Aspects of the theory of syntax. Cambridge, MA.

Collis, Dermot Ronán F. 1971. Pour une sémiologie de l'esquimau. Paris.

Cresswell, Max J. 1973. Logics and languages. London.

Diderichsen, Paul. 1935/37. Om den danske Sætnings Struktur. Aarsberetning Selskab for nordisk Filologi. Aarg. 1935. København 1937. 5—6.

—. 1943/76. Logische und topische Gliederung des germanischen Satzes. P. Diderichsen. Ganzheit und Struktur. Ausgewählte sprachwissenschaftliche Abhandlungen, 1976. 44—58. München.

—. 1946/68. Elementær dansk Grammatik. 3. Udgave. 3. Oplag. København: 1968.

—. 1952/76. Die drei Hauptarten grammatischer Verbindung. Beitrag zu einer Analyse der linguistischen Metasprache. P. Diderichsen. Ganzheit und Struktur. Ausgewählte sprachwissenschaftliche Abhandlungen, 1976. 115—141.

—. 1953/76. Semantische Probleme in Logik und Linguistik. P. Diderichsen. Ganzheit und Struktur. Ausgewählte sprachwissenschaftliche Abhandlungen, 1976. 142—186.

—. 1957/76. The importance of distribution versus other criteria in linguistic analysis. 1976. P. Diderichsen. Ganzheit und Struktur. Ausgewählte sprachwissenschaftliche Abhandlungen, 1976. 187—216.

—. 1964/76. Die Satzglieder und ihre Stellung — nach dreißig Jahren. P. Diderichsen. Ganzheit und Struktur. Ausgewählte sprachwissenschaftliche Abhandlungen, 1976. 320—344.

—. 1965. Synspunkter for dansk sproglære i det 20. århundrede. Det danske sprogs udforskning i det 20. århundrede. Udgivet af Selskab for nordisk Filologi Københavnen. 142—211. København.

—. 1976. Ganzheit und Struktur. Ausgewählte sprachwissenschaftliche Abhandlungen. München.

Firbas, Jan. 1958. K. vyjadřování aktuálního členění v angličtině. O vědeckém poznání soudobých jazyků. 250—252. Praha.

—. 1962. Ze srovnávacích studií slovosledných. (K. Mathesiovu pojetí slovosledné soustavy.) Slovo a slovesnost 23. 161—174.

Fourquet, Jean. 1959. Strukturelle Syntax und inhaltbezogene Grammatik. Sprache — Schlüssel zur Welt. Festschrift für Leo Weisgerber, hrsg. v. Helmut Gipper, 134—145.

—. 1965/70. Aufbau der Mitteilung und Gliederung der gesprochenen Kette. Zeitschrift für Phonetik, Sprachwissenschaft und Kommunikationsforschung 18. 173—179.

—. 1970. Prolegomena zu einer deutschen Grammatik. Düsseldorf.

Gabelentz, Georg von der. 1874. Weiteres zur vergleichenden Syntax. Wort- und Satzstellung. Zeitschrift für Völkerpsychologie und Sprachwissenschaft 8. 129—165.

Gazdar, Gerald, Ewan Klein, Geoffrey Pullum, and Ivan Sag. 1985. Generalized Phrase Structure Grammar. Oxford.

Girard, Gabriel. 1747. Les vrais principes de la langue françoise, ou la parole réduite en méthode, conformément aux lois de l'usage, en seize discours. Tome premier. Paris.

Glinz, Hans. 1965. Die innere Form des Deutschen. Eine neue deutsche Grammatik. Vierte Aufl. Bern, München.

Groot, Albertus Willem de. 1938—39. Zur Grundlegung der Morphologie und der Syntax. Algemeen Nederlands Tijdschrift voor Wijsbegeerte en Psychologie 32. 145—174.

—. 1939. De structuur van het Nederlands. De Nieuwe Taalgids 33. 212—225.

—. 1949 a. Structural linguistics and syntactic laws. Word 5. 1—12.

—. 1949 b. Structurele syntaxis. Den Haag.

Grunig, Blanche Noëlle. 1981. Structure sous-jacente: essai sur les fondements théoriques. Lille: Université de Lille III.

Hall, Barbara. 1964. Rez. von: Šaumjan, S. K., und P. A. Soboleva. 1963. Applikativnaja poroždajuščaja model' i isčislenie transformacij v russkom jazyke. Moskva. Language 40. 397—410.

Harris, Zellig S. 1951/61. Structural linguistics. (Formerly entitled: Methods in structural linguistics.) Chicago, 1961.

Havránek, Bohuslav. 1943. Strukturalismus. Ottův slovník naučný nové doby. T. 6. Praha. 452.

—, a *Alois Jedlička.* 1951. Česká mluvnice. Základní jazyková příručka. Praha.

Hjelmslev, Louis. 1941/85. Entretien sur la théorie du langage. Nouveaux essais. Recueillis et présentés par François Rastier, 69—86. Paris: 1985.

—. 1943. Omkring sprogteoriens grundlæggelse. Festskrift udgivet af Københavns Universitetet i Anledning af Universitetets Aarsfest, 1—113, November 1943.

—. 1950. Rôle structural de l'ordre des mots. Journal de psychologie normale et pathologique 43. 54—58.

Hockett, Charles F. 1958. A course in modern linguistics. New York.

Høysgaard, Jens Pedersen. 1752. Methodisk Forsøg til en Fuldstændig Dansk Syntax. Hvoraf kan tages Anledning, ey al-ene til en ræt og tydelig Construction i vort Sprog, men og til des nøyere indsigt i alle andre. Kiøbenhavn.

Jakobson, Roman. 1932/71. La scuola linguistica di Praga. Selected writings II, Word and Language, 539—546.

—. 1936/71. Die Arbeit der sogenannten „Prager Schule". Selected writings II, Word and Language, 547—550.

—. 1971. Selected writings II, Word and Language. The Hague.

Karcevskij, Sergej I. 1928. Povtoritel'nyj kurs russkogo jazyka. Moskva, Leningrad. [Zitiert nach:] Vinogradov, Viktor Vladimirovič. 1975. Izbrannye trudy. Issledovanija po russkoj grammatike. Moskva: Nauka. 95.

Koefoed, Hans Anton. 1967. Structure and usage as applied to word-order. Bergen, Oslo.

Körner, E. F. K. 1975. European structuralism: Early beginnings. Current trends in linguistics. Vol. 13, Historiography of linguistics, ed. by Thomas A. Sebeok, 717—827. ** [Zweiter Halbband] […] The Hague.

Kulagina, O. S. 1958. Ob odnom sposobe opredelenija grammatičeskix ponjatij na baze teorii množestv. Problemy kibernetiki 1. 203—214.

Kuryłowicz, Jerzy. 1949/60. La notion de l'isomorphisme. Esquisses linguistiques, ed. by J. Kuryłowicz, 1—26. Wrocław, Kraków, 1960.

Lambek, Joachim. 1961. On the calculus of syntactic types. Structure of language and its mathematical aspects. Proceedings of Symposia in Applied Mathematics. Vol. XII. Providence, Rhode Island. 166—178.

Linacre, Thomas. 1524. De emendata structura Latini sermonis. Paris.

Lindroth, Hjalmar. 1939. Wie soll unsere Wissenschaft heißen? Acta Linguistica [Hafniensia] 1. 78—80.

Martinet André. 1960. Elements of a functional syntax. Word 16. 1—10.

—. 1962/67. A functional view of language. Oxford.

—. 1975. Studies in functional syntax. Études de syntaxe fonctionnelle. München.

—. 1985. Syntaxe générale. Paris.

Mathesius, Vilém. 1929. Zur Satzperspektive im modernen Englisch. Archiv für das Studium der neueren Sprachen und Literaturen 155 (neue Folge: 55). 202—210.

—. 1939. O tak zvaném aktuálním členění věty. Slovo a slovesnost 5. 171—174.

—. 1941. Základní funkce pořádku slov v češtině. Slovo a slovesnost 7. 169—180.

Meiner, Johann Werner. 1781/1971. Versuch einer an der menschlichen Sprache abgebildeten Vernunftlehre oder Philosophische und allgemeine Sprachlehre. Leipzig. [Faksimile-Neudruck mit einer Einleitung von Herbert Ernst Brekle.] Stuttgart—Bad Cannstatt: 1971.

Mikuš, Radivoj Francis. 1952. Quelle est en fin de compte la structure-type du language? Lingua 3. 430—470.

—. 1955—56. Jan v. Rozwadowski et le structuralisme syntagmatique. Essai de syntagmatique diachronique, avec considérations de linguistique générale. Lingua 5. 1—44. 145—204.

—. 1957. Osuždenie voprosov strukturalizma i sintagmatičeskaja teorija. Voprosy jazykoznanija 6,1. 27—34.

—. 1960. Structural'nyj sintaksis L. Ten'era i sintagmatičeskij strukturalizm. Voprosy jazykoznanija 9,5. 125—140.

—. 1962. Sintagmatski kompleksi i sintagmatska aksiomatika. Radovi Filozofskog fakulteta u Zadru 3. Zadar. 27—47.

Nebeský, Ladislav. 1962. O jedné formalizaci větného rozboru. Slovo a slovesnost 23. 104—107.

Noreen, Adolf. 1903. Vårt språk. Nysvensk grammatik i utförlig framställning. Första bandet. Lund.

Paardekooper, P. C. 1955. Syntaxis, spraakkunst en taalkunde. Den Bosch.

—. 1960. Inleiding tot de ABN-syntaxis. Den Bosch.

Pauliny, Eugen. 1963. Krátka gramatika slovenská. Bratislava.

—, Jozef Ružička a Jozef Štolc. 1963. Slovenská gramatika. Štvrté, prepracovane a doplnené vydanie. Bratislava.

Problemy strukturnoj Lingvistiki 1962. Moskva 1962.

Revzin, Isaak Iosifovič. 1962. Modeli jazyka. Moskva.

Šaumjan, Sebastian Konstantinovič. 1962. Preobrazovanie informacii v processe poznanija i dvuxstupenčataja teorija strukturnoj lingvistiki. Problemy strukturnoj lingvistiki 1962, 5—12. Moskva.

—. 1965. Strukturnaja lingvistika. Moskva. 1973.

—. 1973. Applikativnaja grammatika i poroždajuščaja fonologija Problemy strukturnoj lingvistiki 1972, 5—25. Moskova.

—, i P. A. Soboleva. 1963. Applikativnaja poroždajuščaja model' i isčislenie transformacij v russkom jazyke. Moskva.

Saussure, Ferdinand de. 1916/67. Cours de linguistique générale. Publié par Charles Bally et Albert

Sechehaye. Avec la collaboration de Albert Riedlinger. Paris: 1967.

Sechehaye, Albert. 1928. L'école genevoise de linguistique générale. Indogermanische Forschungen 46. 260.

Skalička, Vladimír. 1948. Kodaňský strukturalismus a „Pražska škola". Slovo a slovesnost 10. 135—142.

—. 1960. Über die besonderen Formen der Syntax. Rusko-české studie. Sborník Vysoké školy pedagogické v Praze, Jazyk a literatura. 2. 37—42.

Sova, Ljubov' Zinov'evna. 1970. Analitičeskaja lingvistika. Moskva.

Tesnière, Lucien. 1934. Comment construire une syntaxe. Bulletin de la Faculté des Lettres de Strasbourg 12. 219—229.

Tesnière, Lucien. 1959/65. Éléments de syntaxe structurale. Préface de Jean Fourquet. Deuxième édition revue et corrigée. Paris: 1965.

Togeby, Knud. 1951. Structure immanente de la langue française. Copenhague.

Trubetzkoy, Nikolaj Sergeevič. 1939. Le rapport entre le déterminé, le déterminant et le défini. Mélanges de linguistique offerts à Charles Bally, 75—82. Génève.

—. 1975. N. S. Trubetzkoy's letters and notes. Prepared for publication by Roman Jakobson with the assistance of H. Baran, O. Ronen, and Martha Taylor. The Hague.

Ulvestad, Bjarne. 1960. A structural approach to the description of German word-order. Bergen, Oslo.

Uspenskij, Boris Andreevič. 1965. Strukturnaja tipologija jazykov. Moskva.

Vachek, Josef. 1966. Dictionnaire de linguistique de l'école de Prague. Avec collaboration de Josef Dubský. Utrecht, Anvers.

Vinogradov, Viktor Vladimirovič. 1950/75. Ponjatie sintagmy v sintaksise russkogo jazyka. (Kritičeskij obzor teorij i zadači sintagmatičeskogo izučenija russkogo jazyka.) V., V. V. 1975. Izbrannye trudy. Issledovanija po russkoj grammatike. Moskva.

Weil, Henri. 1844. De l'ordre des mots dans les langues anciennes comparées aux langues modernes. Questions de grammaire générale. Paris.

Wundt, Wilhelm. 1900. Völkerpsychologie. Eine Untersuchung der Entwicklungsgesetze von Sprache, Mythus und Sitte. 1. Bd., Die Sprache. Leipzig.

Wolf Thümmel, Osnabrück (Deutschland)

11. Der amerikanische Strukturalismus

1. Zeitliche, personelle und syntax-systematische Abgrenzung
2. Strukturtypen
3. Quasi-Physikalisierung der Syntax
4. Syntax und Bedeutung
5. Der Weg zur doppelten Dualität des sprachlichen Zeichens
6. Literatur

1. Zeitliche, personelle und syntax-systematische Abgrenzung

Die besondere Crux bei dem Versuch, das einzugrenzen, was man gemeinhin „amerikanischen Strukturalismus" nennt, liegt im Unterschied zu dem, was man den europäischen nennt, darin, daß es in den frühen Jahren — den 20er, 30er und 40er Jahren — in Amerika keinen Propagandisten eines „strukturalistischen" Programms gab, wie Europa ihn in Jakobson hatte (s. Art. 4.; zur Verwendung des Ausdrucks „struktural" s. Hymes/Fought 1975, 911). Immerhin unternimmt Harris (1941, 143) den Versuch, „to state the structure of Hebrew [...] in terms of a formal method, which asks only what forms exist and in what combinations." Und Hockett (1947, 270 f) äußert sich zu dem Terminus 'Struktur': des Linguisten „purpose in analyzing a language is not to create structure, but to determine the structure actually created by the speakers of the language. For the scientist, then, 'linguistic structure' refers to something existing quite independently of the activities of the analyst: a language is what it is, it has the structure it has, whether studied and analyzed by a linguist or not." Wie Hymes/Fought (1975, 908 f) werde ich die Bezeichnung „amerikanischer Strukturalismus" als gleichbedeutend betrachten mit „Strukturalismus in den USA" oder „Deskriptivismus in den USA". Die beiden Autoren haben die Schwierigkeiten genannt, die mit der gängigen, aber vagen Bezeichnung verknüpft sind, und zwar sowohl in bezug auf den ersten — „American" — als auch auf den zweiten Teil — „structuralism". Da es in diesem Artikel um Syntax geht, scheint mir die Abgrenzung in zweierlei Hinsicht etwas einfacher zu sein als bei der globalen Würdigung des „amerikanischen Strukturalismus": Einerseits ist es die Biographie Bloomfields, die wohl in keiner Charakterisierung des amerikanischen Strukturalismus außer acht gelassen werden kann, andererseits die Grundidee, in syntaktischen Strukturen nicht nur Beziehungen zwischen Minimaleinheiten, sondern zwischen Komplexen (s. in Art. 4, unter 3.3.) zuzulassen, d. h. die Grundidee der unmittelbaren und mittelbaren Konstituenten. — Was die Grundvorstellungen von Syntax betrifft, so kann man für den amerikanischen Strukturalismus jene Bestimmung des Satzes als Quelle vermuten, die Wundt (1900, 240 ff) gibt. Wundt definiert den Satz als „den sprachlichen Ausdruck für die willkürliche Gliederung einer Gesammtvorstellung in ihre in logische Beziehungen zu einander gesetzten Bestandtheile". „Bei dem vollständigen Satze vollzieht sich die Gliederung der Gesammtvorstellung im allgemeinen in der Weise, dass jede aus dieser sich ablösende Einzelvorstellung wieder mindestens aus den zwei Bestandtheilen einer regelmässigen Wortkomplikation besteht, nämlich aus der Realvorstellung und der Wortvorstellung selbst [...]. Indem nun jedes Urtheil ein Aussagesatz ist, ebenso aber auch jeder eigentliche Aussagesatz logisch als ein Urtheil betrachtet werden kann, lassen sich die Begriffe Subjekt und Prädikat zweifellos auch auf den Aussagesatz übertragen. Man kann sie dann in ihrer Korrelation zueinander als den Ausdruck für das fundamentale Prinzip der Gliederung der dem Satz zugrunde liegenden Gesammtvorstellung ansehen, da diese Gliederung eben stets eine Zweigliederung ist, Subjekt und Prädikat also die Hauptglieder bezeichnen, in die jede Aussage sich sondert, diejenigen zugleich, die bei einem einfachen Satze die einzigen bleiben." Solche Auffassungen hat Bloomfield nicht nur bei seinem Aufenthalt 1912 in Leipzig hören und lesen können, er war bestens vertraut mit den sprachwissenschaftlichen Lehren Wundts. 1913 rezensiert er eines seiner Werke (Bloomfield 1913). Und in seiner „Einführung" von 1914 finden sich Sätze, die als Paraphrasen Wundtscher Gedanken aufgefaßt werden können (Bloomfield 1914, 110): „When the analysis of experience arrives at independently recurring and therefore separately imaginable elements, words, the interrelations of these in the sentence appear in varied and interesting linguistic phenomena. Psychologically the basis of these interrelations is the passing of the unitary apperception from one to the other of the elements of an experience [...]. The leading binary division so made is into two parts, subject and predicate, each of which may be further analyzed into successive binary groups of attribute and subject, the attribute being felt as a property of its subject." Und es ist dieser psychologische Aspekt, den Bloomfield (1926, 153 f) zu vermeiden sucht, indem er sich bemüht, das Argumentieren in der Linguistik und somit auch in der Syntaxforschung auf Postulate (oder: auf Axiome) zu gründen: „[...] the postulational method, [...] in particular, [...] cuts off from psychological dispute". Bloomfield verweist in diesem Zusammenhang u. a. auf Paul, Wundt und Delbrück. Zwar lehnt er Psychologie nicht grundsätzlich ab, wie manchmal behauptet wird, aber er sieht sie für den Linguisten als unerheblich an: „The findings of the linguist, who studies the speech-signal, will be all the more valuable for the psychologist if they are not distorted by any prepossessions about psychology" (Bloomfield 1933/35, 32). Bloomfield (1933/35, 18) stimmt in diesem Punkte Delbrück (1901, 44), einem der vier Junggrammatiker, zu, der es aus der Sicht des Syntaktikers als völlig gleichgültig erachtet, welcher Psychologie, falls überhaupt einer, dieser sich verpflichtet fühlt. — Es ist nicht auszuschließen, daß hier sowohl Delbrück als auch Bloomfield irrt. Die Vorstellung, daß der Satz (binär) in Teile (bei Bloomfield: in unmittelbare Konstituenten) zerlegt wird, diese wiederum in (zwei) Teile (bzw.: unmittelbare Konstituenten) usw. bis zur erschöpfenden Analyse des Satzes, ist eine Vorstellung, die verständlich ist, wenn man von der Annahme ausgeht, daß bei der Satzbildung eine Gesamtvorstellung gegliedert wird. Fehlt eine derartige Annahme — wie z. B. bei Paul oder Herbart —, so gelangt man nur zufällig oder gar nicht zu so etwas wie Konstituenten. Es soll damit nicht behauptet werden, daß es dazu notwendigerweise der Wundtschen Gesamtvorstellung bedarf, aber wenn man von ihr und ihrer schrittweisen Teilung ausgeht, wie Delbrück dies halbherzig und inkonsequent, Bloomfield aber ausdrücklich tut, so ist die Gleichgültigkeit der Ausgangspsychologie nicht einleuchtend. — Was seit spätestens 1926 Bloomfields Hauptanstrengung ist, ist die die Entpsychologisierung der *Linguistik*, also auch der Syntax. Und bei dieser Entpsychologisierung bleibt von der Wundtschen „Gliederung einer Gesamtvorstellung" das linguistisch Entscheidende übrig; und dies Entscheidende lautet im Bloomfieldschen Gewande wie folgt: „The form *Poor John ran away* contains five morphemes: *poor*, *John*, *ran*, *a-* (a bound form recurring, for instance, in *aground*, *ashore*, *aloft*, *around*), and *way*. However, the structure of complex forms is by no means as simple as this; we could not understand the forms of a language if we merely reduced all the complex forms to their ultimate constituents. Any English-speaking person who concerns himself with this matter, is sure to tell us that the *immediate constituents* of *Poor John ran away* are the two forms *poor John* and *ran away*; that each of these is, in turn, a complex form; that the immediate constituents of *ran away* are *ran*, a morpheme, and *away*, a complex form, whose constituents are the morphemes *a-* and *way*; and that the constituents of *poor John* are the morphemes *poor* and *John*. Only in this way will a proper analysis (that is, one which takes account of the meanings) lead to the ultimately constituent morphemes" (Bloomfield 1933/35, 161).

2. Strukturtypen

Householder (1972, 12; s. Abb. 4.13. in Art. 4.) hat auf syntaktische Strukturen hingewiesen, denen man in amerikanischen Grammatiken des letzten Jh.s begegnet: Strukturen mit N-V-Ringen (s. 3.3.3. in Art. 4.). Offenbar sind es solche Strukturen, mit denen auch Sapir (1921/49, 36) rechnet. In bezug auf den engl. Ausdruck *The mayor of New York is going to deliver a speech of welcome in French* heißt es bei ihm: „It is customary to say that the true subject of such sentences is *mayor*, the true predicate *is going* or even *is*, the other elements being strictly subordinate." — Die ältere, auf die nicht-stoische griechische Grammatikschreibung zurückführende Tradition zeigt ihre deutlichen Spuren in der Harrisschen Analyse der „linguistischen Struktur des Hebräischen". Harris (1941, 165) unterscheidet zwei Typen von „clauses", für deren Beschreibung er (hier vereinfacht wiedergegeben) voraussetzt: V_0 für eine Verbalphrase, die sich in ihrer einfachen Form aus einer Wurzel, einem Verbalmuster und einem Verbalaffix zusammensetzt; S_0 für eine Substantivphrase, die aus einer oder mehreren Konfigurationen von Wurzel und Nominalmuster besteht (wobei der Artikel *ha-* ausgeschlossen ist); S_1 ebenfalls entweder für eine Substantivphrase (einziges dann zugelassenes Präfix: *ha-*) oder eine Partikel wie *ze* ('dies'), *ʔani* ('ich'); S_2 für eine Substantivphrase oder eine Partikel wie *pó* ('hier'), *héna* ('hier'). Standardfall von Typ 1: V_0, fakultativ S_1, fakultativ ein oder mehrere S_2; Beispiel: V_0 S_2: *Halák$_1$ la$_2$mqom$_3$ó$_4$* ('Er$_1$ lief$_1$ zu$_2$ seinem$_4$ Platz$_3$.'). Standardfall von Typ 2: S_0, ein S_1 und fakultativ ein oder mehrere S_2; Beispiel: S_0 S_1: *Gaḏól$_1$ ʕawon$_2$í$_3$* ('Groß$_1$ ist$_1$ meine$_3$ Sünde$_2$.'). Zu den beiden Typen sagt Harris (1941, 165): "The two types of clauses differ in that the first always has V_0, and sometimes S_1, S_2, while the second always has S_0, S_1, and sometimes S_2. Since every V_0 contains a morpheme referring to the person involved (if only the zero morpheme *), it is possible to consider this morpheme as equivalent to S_1. It is thus seen that both types of clause always contain two elements, one of which, S_1 or its equivalent, names the subject of discourse: *wa$_1$ ʔaḇí$_2$ ʔiṯkím$_3$, ʔil$_4$ ʔarṣ$_5$ hakarmíl$_6$* ['und$_1$ ich$_2$ brachte$_2$ euch$_3$ ins$_4$ Land$_5$ von$_6$ Karmel$_6$'] has V_0 (containing the morpheme for person), 2 S_2; *wə$_1$ g̃ám$_2$ yašáḇ*$_3$ šəlomó$_4$* ['und$_1$ auch$_2$ Salomon$_4$ saß$_3$'] has V_0 (containing the zero morpheme for person), S_1 (referring to the same person as the preceding *); *ʔíle$_1$, ha$_2$dəbarím$_3$* ['dies$_1$ sind die$_2$ Worte$_3$'] has S_0, S_1." N-Determinationsstrukturen können auch bei Hill vermutet werden: „The second main sentence element is the verb, or verbal construction, which we can call the predicator" (Hill 1958, 272). Wenn hier von „construction" die Rede ist, so handelt es sich ganz offensichtlich nicht um ein komplexes Argument, sondern um eine Folge von Paaren von Wörtern wie etwa in engl. *I don't have to be forced to begin to try to make money* (Hill 1958, 218). Dem „second main sentence element" setzt Hill (1958, 259) „the first main sentence element" entgegen: „the subject". Das Subjekt ist ein Nomen samt möglicher Folge hierarchisch gestaffelter Modifikatoren wie in *all the ten fine old stone houses* (Hill 1958, 176). In dieser „model phrase" sind „the various words" numeriert „according to their closeness to N, the noun which is the head of the phrase":

VI	V	IV	III	II	I	N
all	the	ten	fine	old	stone	houses.

Die Tradition der Annahme von V-Dependenzstrukturen (s. Art. 4., 3.3.2.) wird erkennbar, wenn Greenberg (1963, 60; 1966, 76) „the relative order of subject, verb, and object in declarative sentences with nominal subject and object" untersucht und darauf seine sprachtypologischen Aussagen gründet. Diese Tradition wurde offenbar bis in die 50er Jahre an amerikanischen high schools unterrichtet (Hays 1960, 1). Sie führt zu den Versuchen von Hays (1960) und Gaifman (1961), Dependenz- und Konstituentenstrukturen aufeinander zu beziehen. Diese Versuche bringen in die Tradition der Dependenzstrukturen durch den Begriff der Projektion einen ihr fremden Aspekt, der als charakteristisch für den amerikanischen Strukturalismus gelten kann: die Quasi-Physikalisierung der Syntax (s. 3). — Syntax im amerikanischen Strukturalismus ist aber nicht durch diese Traditionen geprägt, sondern — wie unter 1. gesagt — durch die Wundt-Bloomfieldsche Tradition, nach der in einer syntaktischen Struktur komplexe Argumente zugelassen werden. Mustergültiges Beispiel für eine umfassende syntaktische Darstellung in dieser Tradition ist die Synopse der englischen Syntax von Nida (1943; veröffentlicht 1960), die im Aufbau ganz dem Gedanken der binären Gliederung des Satzes im Sinne von Wundt folgt: „In contrast to the conventional procedure which tends to analyse forms on a morphological basis and then notes all the positions and types of occurrence for such elements, this description analyzes the frames and patterns of English expressions and notes those forms and function classes which may occur in the various sections of such patterns" (Nida 1960, 1). Zwar hat schon Bloomfield psychologische Aspekte aus der Syntax verbannt, aber er bedient sich (1933/35, 172 ff) — wie auch noch Nida — solcher Termini wie actor, action, goal, um „sentence-types" festzulegen. Harrison (1946, 161 ff) ist es, der systematisch ein Analyseverfahren zur syntaktischen Beschreibung entwirft, das gänzlich ohne derartige Termini sowie ohne die an diese geknüpften Vorstellungen auskommt. Das entscheidende Kriterium ist — wie schon bei Harris (1941, 143) — die Distribution: „Two elements have the same distribution if they occur in the same position (e. g., two morphemes which occur at the beginnings of words) and are accompanied by the same elements [e. g., both [hebräisch] *na-* und *ya-* occur with verb-stems)" (Harris 1941, 143). Dies gilt für Minimaleinheiten ebenso wie für Komplexe. Für Minimaleinheiten: „[…] we take a form A in an environment $C-D$ and then substitute another form B in the place of A. If, after such substitution, we still have an expression which occurs in the language concerned, i. e. if not only CAD but also CBD occurs, we say that A and B are members of the same substitution-class, or that both A and B fill the position $C-D$, or the like" (Harris 1946, 163). Für Komplexe: „We now ask not only if A and B each occur in the environment $C-D$ but also if AE together, or FGH, also occur in that environment. If they do, then A, B, AE, FGH are all substitable for each other" (Harris 1946, 165). Gezeigt wird dies am Beispiel des Engl.: „$AN = N$ means that *good boy*, for example, can be substituted for *man* anywhere. […] If we write $DA = A$ (*quite old* for *old*), then DA can be substituted for A wherever A appears, e. g. in $AN = N$ (*old fellow* for *man*, where we can substitute *quite old* for *old*, and obtain *quite old fellow DAN = AN = N*). […] There is nothing to prevent us from substituting DA for A even in the equation $DA = A$. We would then obtain $DAA = A$: *really quite old for old*" (Harris 1946, 170). Komplexe Argumente nimmt auch Bloch (1946, 244 f) in seiner syntaktischen Beschreibung des gesprochenen Japan. an: „In analyzing a given sentence, we first isolate the immediate constituents of the sentence as a whole, then the constituents of each constituent, and so on to the ultimate constituents […]" (Bloch 1946, 204 f). Allerdings ist dabei die Gliederung — im Unterschied zu der bei Wundt und Bloomfield — nicht binär, wie an Hand der Analyse des japan. Ausdrucks $Sékkati_1$ no_2, $obáasañ_3$ wa_4; $así_5$ o_6, $aratte_7$; uti_8 ni_9, $agatta_{10}$, $bákari_{11}$, no_{12}, $oziizañ_{13}$ no_{14}, $máe_{15}$ ni_{16}; $sákki_{17}$ no_{18}, $óoki_{19}$ na_{20}, $momo_{21}$ o_{22}; $kakaete_{23}$ $kimásita_{24}$ ('Die$_{3,4}$ ungestüme$_{1,2}$ alte$_3$ Frau$_3$ kam$_{24}$, den$_{21,22}$ großen$_{19,20}$ Pfirsich$_{21,22}$ von$_{18}$ vorhin$_{17}$ in$_{23}$ den$_{23}$ Armen$_{23}$ haltend$_{23}$, vor$_{15,16}$ den$_{13,14}$ alten$_{13,14}$ Mann$_{13}$, der$_7$ sich$_7$ soeben$_{11}$ die$_{5,6}$ Füße$_{5,6}$ gewaschen$_7$ hatte$_7$ [und] ins$_9$ Haus$_8$ eingetreten$_{10}$ war$_{10}$.') erkannt werden kann. In Abb. 11.1. wird sie im Blochschen Wortlaut wiedergegeben, in Abb. 11.2. als Baumgraph. (Der Baumgraph, den Chomsky (1961, 10) dafür gibt, entspricht nicht ganz der Blochschen Analyse: 1. Die ternären Verzweigungen sind durch binäre Teilstrukturen beseitigt; 2. er entspricht lediglich der Teilstruktur 'relational phrase'). Bloch (1947, 8) bietet für denselben Ausdruck eine weitere Art der graphischen Darstellung, s. Abb. 11.3. Die beschriebenen japan. Ausdrucksstücke (Wörter) sowie die sie mit der übrigen Figur verbindenden punktierten Kanten sind nach Bloch (1947, 10) ergänzt worden: „If we read only the symbols which are not followed in the line below by one or more other symbols representing constituent parts, we arrive immediately at the individual words of the sentence

R₁: *noun expression* + *referent particle wa* 'topic'
   noun expression: clausal modifier + noun *obáasañ* 'old woman'
      clausl modifier: predicate only: indicative copula phrase: noun *sékkati*
         'impetuous' + copula *no* 'is', alternant of *dá* in clausal modifiers
R₂: noun expression + referent particle *ni* 'in'
   noun expression: phrasal modifier + noun *máe* 'front'
      phrasal modifier: noun expression + referent particle *no* 'of'
         noun expression: clausal modifier + noun *oziisañ* 'old man'
            clausal modifier: predicate only: indicative copula phrase
               copula phrase: noun expression + copula *no* 'is'
                  noun expression: clausal modifier + noun *bákari* 'just'
                     clausal modifier: two clause attributes + predicate
                        adverbial phrase: pseudo-clause: relational phrase + pseudo-predicate
                           relational phrase: noun *así* 'feet' + referent particle *o* 'object'
                           pseudo-predicate: gerund verb *aratte* 'washing'
                        relational phrase: nun *uti* 'house' + referent particle *ni* 'into'
                        predicate: indicative verb *agatta* 'ascended'
R₃: noun expression + referent particle *o* 'object'
   noun expression: two modifiers + noun *momo* 'peach'
      phrasal modifier: noun *sákki* 'a little while ago' + referent particle *no* 'of'
      clausal modifier: *óoki na* 'large'
P′: indicative verb phrase: gerund verb *kakaete* 'holding in the arms' + indicative verb *kimásita*
   'came' (polite state)

Abb. 11.1: Konstituentenstruktur bei Bloch (1946)

in their proper sequence." Bloch (1947, 1) rechtfertigt seinen Versuch, die Struktur des japan. Satzes mit Hilfe von Symbolen wiederzugeben, ausdrücklich mit dem Hinweis auf die Gepflogenheiten in der historisch-vergleichenden Sprachwissenschaft: „Is is perhaps not too much to expect that when similar analyses have been worked out for other languages, symbols of this kind may give to the science of comparative syntax the same power and elegance that is now taken for granted in comparative phonology." Darüber hinaus bietet Bloch (1947, 11) für den angeführten japan. Ausdruck auch eine Darstellung mit Klammerpaaren:

„R1 [ne ₁(cm ₂(P ₃(cp ₄(n c)₄)₃)₂ n)₁ p] R2 [ne ₁(pm ₂(ne ₃(cm ₄(P ₅(cp ₆(ne ₇(cm ₈(A ₉(sc ₁₀R ₁₁(n p)₁₁ sp ₁₁(v5)₁₁)₁₀)₉ R ₉(n p)₉ P ₉(v)₉)₈ n)₇ c)₆)₅)₄ n)₃ p)₂ n)₁ p] R3 [ne ₁(pm ₂(n p)₂ cm ₂(P ₃(cp ₄(n c)₄)₃)₂ n)₁ p] P′ [vp (v5 v)]". Die verwendeten Symbole bedeuten: A = adverbial phrase, c = copula, cm = clausal modifier, cp = copula phrase, n = noun, ne = noun expression, P = predicate, P′ = final predicate, p = particle, pm = phrasal modifier, R = relational phrase, sc = pseudo-clause, sp = pseudo-predicate, v = verb, vp = verb phrase. Bloch gibt unmißverständlich Strukturen an, in der komplexe Argumente vorkommen, sog. Konstituentenstrukturen (s. Art. 4., 3.4.): „In the samples to be given, square brackets enclose symbols representing the constituents or the only constituent of a major element (A, R, [...] P′ [...]); round parentheses enclose symbols representing the constituent parts of each constituent, and the parts of each part, continuing in this manner until the analysis has arrived at the ultimate syntactic constituents. Wherever a pair of parentheses includes one or more other pairs, the scope of each pair is indicated by matching subscript numerals before the first and after the second member of each pair" (Bloch 1947, 10). Merkwürdigerweise hat sich Bloch (1947, 12) zu seiner Klammernotation von Jespersen (1937) anregen lassen, der N-Determinationsstrukturen annimmt (s. Art. 4., 3.3.1.). Mit Bezug auf Harris (1946) versucht Wells (1947, 81 ff) „to replace by a unified, systematic theory the heterogeneous and incomplete methods hitherto offered for determining IMMEDIATE CONSTITUENTS", verwendet dabei — anders als Harris (1946) — die Termini 'actor', 'action' u. ä. Er formuliert mehrere Analyseprinzipien, nach denen unmittelbare Konstituenten ermittelt werden können: (a) das Expansions-Prinzip: „The leading idea of the theory of ICs here developed is to analyze each sequence, so far as possible, into parts which are expansions;

11. Der amerikanische Strukturalismus 285

```
                                              ┌────────────┬──────────────┬──────────────┐
                                    relational phrase 1  relational phrase 2  relational phrase 3   final predicate
                                    ┌─────┴──────┐      ┌─────┴──────┐      ┌─────┴──────┬──────┐      ┌─────┴──────┐
                          noun expression  particle  noun expression  particle  noun expression  particle  participial  verb
                                              wa                       ni                          o      kakaete    kimásita
                          ┌─────┴──────┐              ┌─────┴──────┐              ┌─────┴──────┐  clausal modifier    noun
                       clausal modifier  noun      phrasal modifier  noun       phrasal modifier                      momo
                          ┌─────┴──────┐    obáasañ   ┌─────┴──────┐    máe       ┌─────┴──────┐    ┌─────┴──────┐
                         noun       copula         noun expression  particle    noun      particle  noun      copula
                        sékkati       no                             no         sákki       no      óoki        na
                                              ┌─────┴──────┐
                                        clausal modifier  noun
                                              ┌─────┴──────┐  ozlizañ
                                          noun expr.    copula
                                              ┌─────┴──────┐  no
                                         clausal mod.   noun
                                              ┌─────┴──────┐  bákari
                                   adverbial phrase  relational phrase  predicate
                                              ┌─────┴──────┐     ┌─────┴──────┐
                                     relational phrase  pseudo predicate  noun  particle  verb
                                              ┌─────┴──────┐     \                  uti      ni   agatta
                                          noun    particle   participial
                                           asi       o         aratte
```

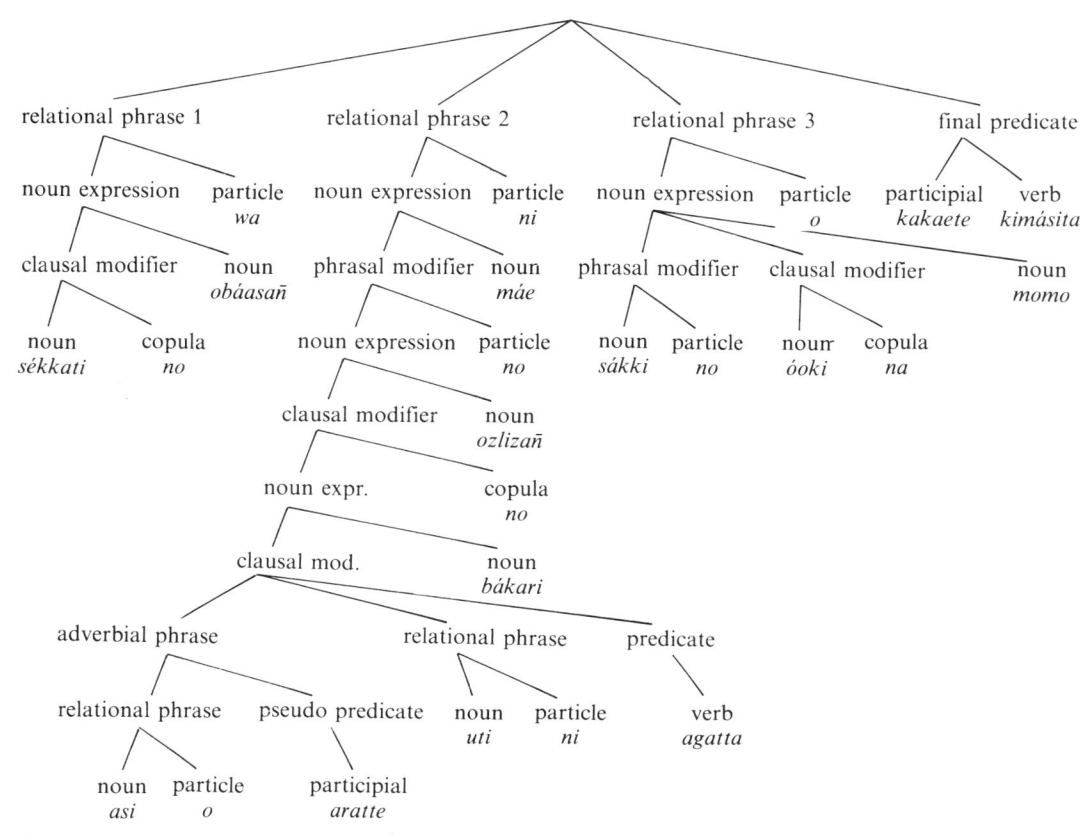

Abb. 11.2: Konstituenten-Baumgraph nach Bloch (1946)

these parts will be the constituents of the sequence"; (b) „the principle of choosing ICs that will be as independent of each other in their distribution as possible"; (c) „the principle that word divisions should be respected" (Wells 1947, 83 f); (d) erstes Bedeutungs-Prinzip, nach dem in der Folge *to go is easy* die zwei unmittelbaren Konstituenten *to go* und *is easy* angenommen werden, und zwar auf Grund der „considerations that establish the actor-action construction in general. Since *to go* is a constituent in this environment, it is desirable that it be treated as a constituent wherever it occurs with the same meaning". Aus diesem Grunde wird auch *want | to go* gegliedert, und nicht *want to | go*; (e) zweites Bedeutungs-Prinzip, nach dem „if a given sequence occurring with the same meaning in two environments is treated in both environments as a constitute (therefore also as a constituent, unless it is a complete utterance), it must in both occurrences receive the same analysis into ICs" (Wells 1947, 91 f). Das Konzept der unmittelbaren Konstituenten, wie es Wells (1947) entwickelt, läßt sich durch zwei Aspekte kennzeichnen: (1) „One of the prime functions of analysis into ICs is to reveal a formal difference correlated with the semantic one"; (2) „[…] the grammarian must include among his data something more than morphemes and their sequences." (Wells 1947, 93; s. auch unter 5.). In zwei Punkten unterscheidet sich die von Wells vorgeschlagene Methode von der Blochschen: (α) Sie verbietet unäre Gliederung (z. B. die bei Bloch zugelassene Annahme, daß ein Satz aus genau einer „clause", also aus genau einer unmittelbaren Konstituente besteht. (β) Sie erlaubt mehr als zwei unmittelbare Konstituenten ein und desselben Konstituts nur unter einer einzigen festgelegten Bedingung. Diese Bedingung lautet: „GIVEN A CONSTITUTE CONSISTING OF THREE CONTINUOUS SEQUENCES A, B, AND C, THEN, IF NO REASON CAN BE FOUND FOR ANALYZING IT AS AB|C RATHER THAN A|BC, OR AS A|BC RATHER THAN AB|C, IT IS TO BE ANALYZED INTO THREE CORRELATIVE ICS, A|B|C. Similarly, your ICs may be recognized when no analysis into

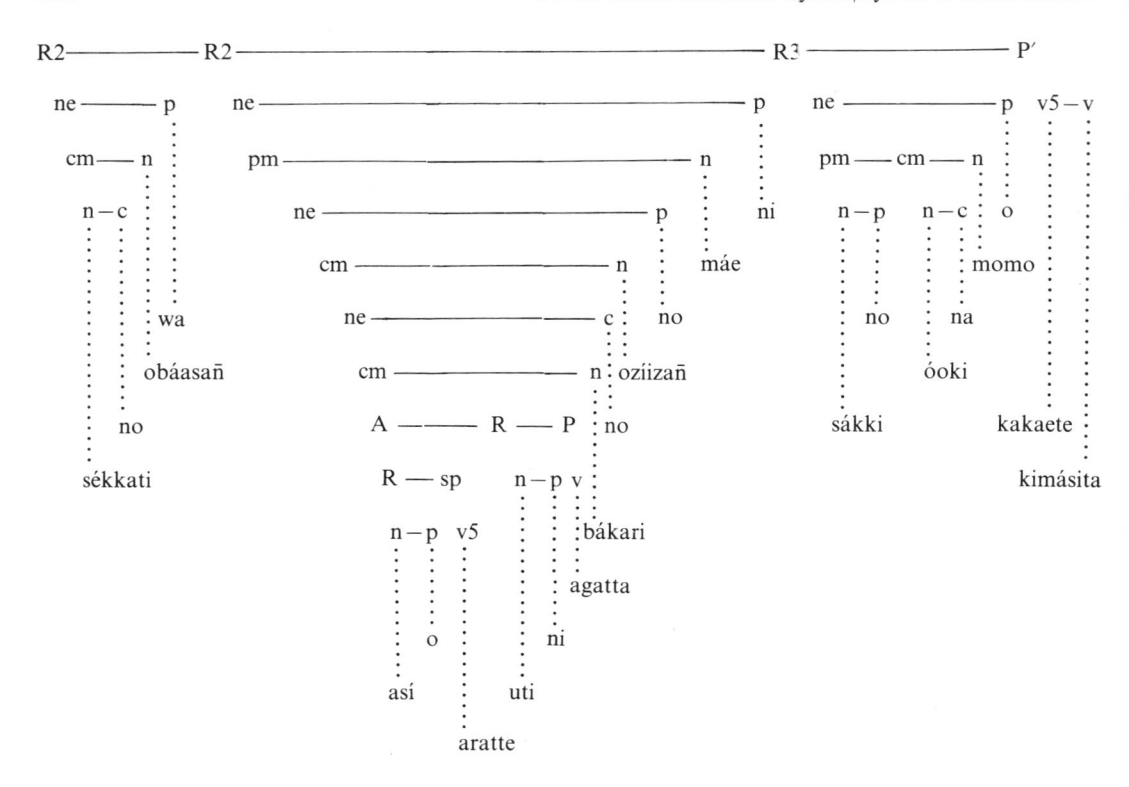

Abb. 11.3: Konstituentengraph bei Bloch (1947)

two and no analysis into three ICs is recommended, and so on" (Wells 1947, 102 f). Wenn Wells damit auch binär sich gliedernde Konstituentenstrukturen bevorzugt, so werden ternär, quaternär, quinär usw. sich gliedernde Strukturen nicht grundsätzlich ausgeschlossen. In dieser Hinsicht ist — so läßt sich allgemein über den amerikanischen Strukturalismus sagen — das Wundtsche Binaritätsdogma (s. Art. 4, Abschn. 3.4.) nicht zum methodologischen Allgemeingut geworden. Eine potentiell oktonäre Struktur läßt sich bei Hart (1957, 143 ff) belegen, der für einen bestimmten Ausdruckstyp des Amuzgo im Rahmen der „United Theory of the Structure of Human Behavior" von Pike (1967) die folgende Strukturformel angibt: „Uttereme I: [...] Potential expansion: +[+Action (Verb x) + Actor (Noun x)] ±Goal (Noun x) ±Manner (Attributive x) ±Location-Direction x (Location-Direction x) ±Time (Time x) ±Vocative (Noun Bx) ± Attention (Verb A)." Wenn man jedes der (durch davorgesetztes +- oder ±-Zeichen markierten obligatorischen [+] bzw. fakultativen [±]) „grammeme" belegt, erhält man offensichtlich eine oktonär sich gliedernde Struktur. Pickett (1960, 92) bietet einen weniger „flachen" Baumgraphen für den Zapotec-Satz $'či_1$ $'gwéní_2$ $á_3$ $'li^{\gamma}i_4$ ti_5 $is\,'tória_6$ ni_7 $'bywi^{\gamma}n\check{e}_8$ $bi\,'\check{s}oz_9$ $é_{10}$ $'na^{\gamma}a_{11}$ ('Ich$_3$ werde$_1$ dir$_4$ eine$_5$ Geschichte$_6$ erzählen$_2$, die$_7$ mir$_{11}$ mein$_{10}$ Vater$_9$ erzählt$_8$ hat$_8$.'). Seine Tiefe ist 4 (s. Abb. 11.4.).

3. Quasi-Physikalisierung der Syntax

Wenn man die Situation charakterisieren will, von der der amerikanische „Strukturalismus" in der Syntaxforschung seinen Ausgang nahm, so ist es ohne Belang, daß sich Bloomfield (1914, 110) bei der Unterscheidung zwischen Subjekt einerseits und Prädikat und Attribut andererseits (s. das Zitat unter 1.) auf eine europäische philosophie-orientierte Tradition stützt. Bedeutsam ist vielmehr, daß die drei Begriffe nicht unmittelbar physikalisch faßbare Gegenstände beschreiben, also nicht unmittelbar sprachliche Ausdrücke.

'čí 'gwéní á 'li?i ti is'tória ni 'byqi?ně bi'šoz é 'na?a

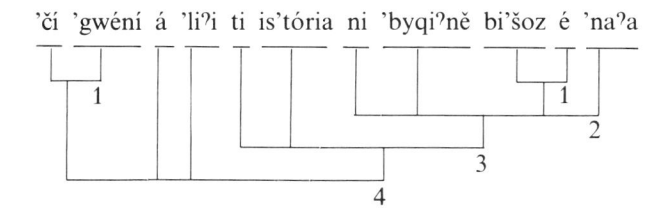

Abb. 11.4: Strukturbaum bei Pickett (1960)

Denn nicht immer sei z. B. die „explicit predication of quality or action" möglich, etwa weil „the sentence consists of one or more object-words. Each of these, since it can occur alone as a sentence, is capable of expressing what we look upon as a predication; any series of them, consequently, contains no expression as to where the predication lies. These words, then, are sentence-words" (Bloomfield 1914, 110 f). Als Beispiele führt er aus dem Grönländ. an: (a) κingmeκ [qimːeq], wofür er sowohl 'dog' als auch 'It is a dog' als Bedeutung angibt, und (b) sagdlutôκaoκ [saɬːutoːqaoq], wofür er angibt: 'big liar' und 'He is a big liar' und 'He lies very much'. Bloomfield (1914) unterscheidet somit — um es in der Sprechweise des „Téchnē"-Scholiasten (s. Art. 4., 2.) zu sagen — deutlich zwischen sýntaxis und sýnthesis: Prädikation und Attribution sind „discoursive relations" in der sýntaxis, die in der sýnthesis ihre Entsprechung haben oder nicht, also ausgedrückt werden oder nicht: „these relations are not always expressed" (Bloomfield 1914, 168), wie z. B. in latein. Māgna culpa, wo (a) Prädikation ('Great is the fault') oder (b) Attribution ('Great fault') vorliegen kann. Auch die Reihenfolgebeziehungen werden als Phänomene der sýnthesis gesehen; sie können wie andere Mittel — Kasus z. B. — dem Ausdruck von sog. „material" oder „concrete relations" (Bloomfield 1914, 114 ff) dienen, etwa dem Ausdruck der Relation „of goal or object affected of an action". So unterscheidet man im Chines. $Wǒ_1$ $pà_2$ $tā_3$ ('ich$_1$ fürchte$_2$ ihn$_3$.') und $Tā_1$ $pà_2$ $wǒ_3$ ('Er$_1$ fürchtet$_2$ mich$_3$.'). „Wortstellung" ist nicht selbst eine Sache der Syntax, sie dient als „syntactic method" vielmehr der „expression of relations" (Bloomfield 1914, 187): „Where a Latin, for example, could pronounce in any one of the six mathematically possible orders the words Jūlius (nominative), Jūliam (accusative), and amat ('he, she loves', verb), expressing by cross-reference and government that Jūlius is the actor, by government that Jūlia is the object affected, there we can say only Julius loves Julia. The noun preceding the verb is in English the actor, that following it, the object affected." — Ein entscheidender Wandel in der Syntaxkonzeption wird erkennbar im „Set of postulates for the science of language" (Bloomfield 1926, 154 ff), wo es heißt: „Different non-minimum forms may be alike or partly alike as to the order of the constituent forms and as to stimulus-reaction features corresponding to this order." Sind nicht-minimale Formen in dieser Weise gleich, so handelt es sich — nach Bloomfieldscher Definition — um eine Konstruktion. Die diesen (zu einer Konstruktion gehörenden) Formen zugeordneten Stimulus-Reaktions-Merkmale sind die „constructional meanings". Zweierlei bleibt im Spiel: (a) die Formen, (b) die den Formen entsprechenden Bedeutungen. Zu (a): Nicht-minimale Formen sind Phrasen, sofern sie frei sind, d. h. eine Äußerung (utterance) sein können. „Every utterance is made up wholly of forms" („Assumption 2"). Und per definitionem legt Bloomfield fest: „An act of speech is an utterance". Damit sind Formen quasi-physikalische Gebilde: „speech" als „vocal features or sounds". Zu (b): Auch die Bedeutungen der Phrasen sind — als psychologische Gebilde — quasi-physikalisch: Es sind „stimulus-reaction features of speech". — Im Falle der „minimum forms", der Morpheme, und der ihnen zugeordneten Bedeutungen, der Sememe, bestehe „one-to-one-correspondence". Wahrscheinlich muß „one-to-one-correspondence" aber auch für nicht-minimale Formen angenommen werden: So sei book on in Lay the book on the table keine Phrase und folglich keine Form, „for this is meaningless". Zwar sei „the physiologic and accoustic description of acts of speech" und die „existence and interaction of social groups held together by language" nicht Angelegenheit der Linguistik, die Linguisten seien aber „free [...], without further discussion, to speak of *vocal features* or *sounds* [...] and of *stimulus-reaction features* [...] of speech". — Ganz allgemein geht es Bloomfield darum, finalistische mentalistische Sprech- und Betrachtungsweisen abzulegen: „You may strip the teleologic and animistic verbiage from any linguistic treatise, and the effect is only an improvement in style, with all the technical procedures and all the results unchanged" (Bloomfield 1930, 556). — Noch deutlicher vertritt Bloomfield (1936, 89 ff) die Physikalisierung der Linguistik (und somit der Syntax): „Linguistics as actually practised employs only such terms as are translatable into the language of physical and biological science [...]". Und Bloomfield verweist in diesem Zusammenhang auf R. Carnap und O. Neurath, die „have found that all scientifically meaningful statements are translatable into physical terms — that is, into statements about movements which can be observed and described in coordinates of space and time". Und in dieser Zielsetzung stimmt er überein mit Weiss (1925, 56), für den die Annahme von „non-physical, non-biological forces" unnötig ist. Allerdings handelt es sich bei Bloomfield um eine Hypothese: „The testing of this hypothesis of *physicalism* will be a task of the next generations, and linguists will have to perform an important part of the work". Daß Bloomfields Prognose zumindest für den sog. amerikanischen Strukturalismus nicht abwegig war, läßt sich an Hand etlicher Zitate belegen. Z. B.: „The procedures for syntactic analysis do not differ essentially from those already used". „Morphemic phrases and clauses are on the level of syntax. [Absatz]. In the analytical procedures of syntax, the syntactic clause, coterminous with the phonemic clause [...] and descriptively equivalent to the morphemic clause, is designated by braces and an intonation-pattern symbol: {..}^{i}. When the intonation symbol is removed we are left {..}" (Trager/Smith (1951, 68 ff)). — Vergleicht man die so motivierte Konzeption des (einfachen oder komplexen) sprachlichen Zeichens mit den Annahmen, die sich zu Ende des 19. Jh.s als linguistisches Allgemeingut herausgebildet hatten (s. Art. 4., unter 7.), so zeichnet sie sich dadurch aus, daß die doppelte Dualität des sprachlichen Zeichens auf eine einfache Dualität reduziert ist: die Dualität von Form und Bedeutung. Es fehlt die Differenzierung beider nach der Zugehörigkeit zu zwei voneinander verschiedenen „Welten": der „Welt" des sprachlichen Zeichens (des „lektón") und der außerhalb des Zeichens liegenden „Welt" des sēmaînon auf Seiten der Bloomfieldschen Form bzw. der „Welt" der sómata auf Seiten der Bloomfieldschen Bedeutung — um es in den Worten der Stoiker zu formulieren (s. Art. 4., unter 7.2.). Diese Nicht-Differenzierung ist für die weitere Entwicklung des amerikanischen Strukturalismus von nicht unerheblicher Bedeutung, und zwar insbesondere im Hinblick auf den sog. „word order". Was bei Bloomfield 1914 noch als Ausdrucksmittel (abstrakter) Relationen betrachtet wird, ist 1926 unmittelbar Bedeutungsträger: „Each of the ordered units in a construction is a *position*." Positionen als Bedeutungsträger: „Thus the English construction of formative plus formative meaning 'object in number' has two positions; and that of free form plus free form plus free form meaning 'actor acting on goal' has three positions" (Bloomfield 1926, 158). Einen nur scheinbaren Rückgriff auf die sýntaxis-sýnthesis-Unterscheidung begegnet man bei Bloomfield (1933/35, 210): „The principle of immediate constituents leads us to observe the *structural order* of the constituents, which may differ from their actual sequence; thus *ungentlemanly* consists of *un-* and *gentlemanly*, with the bound form added at the beginning, but *gentlemanly* consists of *gentleman* and *-ly* with the bound form added at the end". Es handelt sich hier lediglich darum, daß die Aufeinanderfolge von gebundenen und ungebundenen Formen als Konstituenten ein und derselben Form nicht generell festgelegt ist. — Aber selbst die Annahme einfacher Dualität des sprachlichen Zeichens wird von Vertretern des „amerikanischen Strukturalismus" bisweilen nur zögerlich formuliert. Es heißt bei Harris (1954, 152): „The correlation between language and meaning is much greater when we consider connected discourse. To the extent that formal (distributional) structure can be discovered in discourse, it correlates in some way with the substance of what is being said [...] However, this is not the same thing as saying that the distributional structure of language (phonology, morphology, and at most a small amount of discourse structure) conforms in some one-to-one way with some independently discoverable structure of meaning". Die Bedeutung liegt danach außerhalb der Sprache und somit — obschon Harris nicht vom sprachlichen Zeichen spricht — außerhalb des sprachlichen Zeichens. Im selben Band von „Word", in dem das Harrissche Zitat steht, hat Hjelmslev über die doppelte Dualität gehandelt, über die doppelte Unterscheidung zwischen *Form* und *Substanz* und zwischen *Inhalt* und *Ausdruck*. „Diese doppelte Unterscheidung stellt denn auch den Kern dar, um den herum notgedrungen − in unterschiedlicher Entfernung − alle Methoden- und Prinzipienfragen kreisen [...]. Jede linguistische Methode kann und muß sich − explizit oder nicht − definieren in bezug auf die zwei fundamentalen Unterscheidungen" (Hjelmslev 1954, 163). Es ist nicht auszuschließen, daß sich Harris hierauf bezieht, wenn er im Anschluß an das angeführte Zitat schreibt: „If one wishes to speak of language as existing in some sense on two planes − of form and of meaning [entspricht bei Hjelmslev: Ausdruck und Inhalt] − we can at least say that the structures of the two are not identical, though they will be found similar in various respects." Anschaulicher als durch Gegenüberstellung dieser Hjelmslev- und Harris-Zitate kann man wohl kaum den Unterschied charakterisieren, der − zumindest in der Tendenz − zwischen „europäischem" und „amerikanischem Strukturalismus" besteht. Vor allem die Nichtunterscheidung dessen, was Hjelmslev Ausdrucksform und Ausdruckssubstanz nennt, ist die bedeutsamste Erbschaft, die der „amerikanische Strukturalismus" etlichen poststrukturalistischen Syntaktikern hinterlassen hat. So finden sich Wortstellungsphänomene und morphologische Entitäten nicht als Ausdrucksmittel syntaktischer Strukturen, sondern als Gegenstände innerhalb dieser Strukturen − etwa in der „Rektion-und-Bindung-Lehre" (GB) als auch im Rahmen der Lexikalisch-Funktionalen Grammatik (LFG) oder der Generalisierten Phrasenstrukturgrammatik (GPSG). − Lediglich bei einem Vertreter des „amerikanischen Strukturalismus" begegnet man einer davon abweichenden Auffassung; Wells (1947, 93) schreibt: „Grammatical 'order' is something more than mere sequence. To this 'something more' we propose to give the name CONSTRUCTION". Wells weist ausdrücklich darauf hin, daß der Terminus *construction* hier nicht mit dem gleichlautenden Begriff bei Bloomfield übereinstimmt; 'construction' ist bei Bloomfield (1933/35, 184) an Reihenfolgenbeziehungen gebunden. Die Überwindung der − sieht man von Wells ab − für den „amerikanischen Strukturalismus" charakteristischen theoretischen Behandlung der Reihenfolgebeziehungen zwischen den Stücken der zu beschreibenden natürlichsprachlichen Ausdrücke zeichnet sich erst in jüngster Zeit ab: „In every human language, there are language-specific constraints upon the linear order of sister constituents which apply to all the signs of the language, and hence are to be factored out of grammar rules" (Pollard/Sag 1987, 169). Es wäre daher sachlich nicht abwegig, das Ende des „amerikanischen Strukturalismus" − zumindest in dieser Hinsicht − auf das Jahr 1987 zu datieren. Im gleichen Buch (Pollard/Sag 1987, 5) findet sich auch an zentraler Stelle eine Erörterung des sprachlichen Zeichens, eine Erörterung, die nach weit verbreiteter Ansicht obsolet geworden ist. Mit Verweis auf die Saussure geben sie eine Veranschaulichung, die in Abb. 11.5. reproduziert wird.

4. Syntax und Bedeutung

Wie in 3. bereits erwähnt, gibt es im „amerikanischen Strukturalismus" Linguisten − z. B. Harris, Smith, Trager −, für die die Bedeutung außerhalb der Sprache liegt und somit nicht genuiner Gegenstand der Linguistik ist. Es kann aber gezeigt werden, daß die Bedeutung natürlichsprachlicher Ausdrücke für andere zum „amerikanischen Struktura-

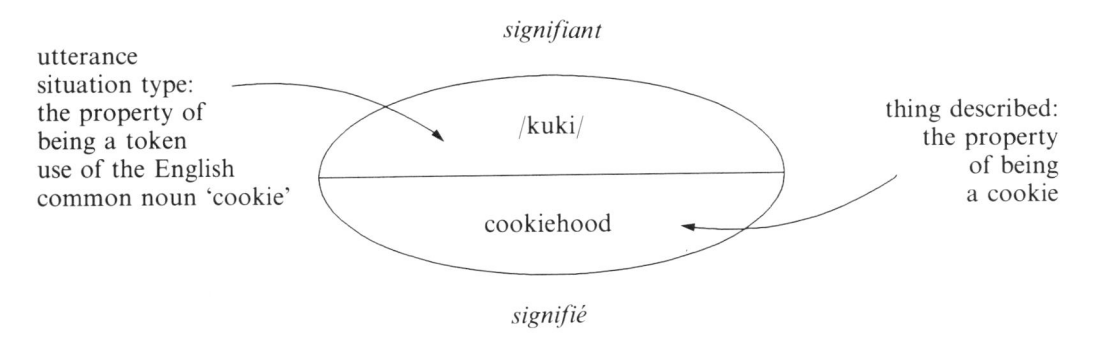

Abb. 11.5: Das sprachliche Zeichen bei Pollard/Sag 1987

lismus" gezählte Linguisten keineswegs ein linguistisches Unthema war. Bei dieser unterschiedlichen Beurteilung hat offenkundig eine systematische Mehrdeutigkeit des Ausdrucks 'meaning' eine Rolle gespielt. Und zu dieser Mehrdeutigkeit hat wohl die unter 3. behandelte Quasi-Physikalisierung beigetragen. Bei Bloomfield (1933/35, 139) heißt es: „We have defined the *meaning* of a linguistic form as the situation in which the speaker utters it and the response which it calls forth in the hearer. […] In order to give a scientifically accurate definition of meaning for every form of a language, we should have to have a scientifically accurate knowledge of everything in the speakers' world." Hiermit ist unmißverständlich und unbestreitbar die Bedeutung als nicht-sprachlicher und nicht-linguistischer Gegenstand charakterisiert. „Nevertheless, it is clear that we must discriminate between *non-distinctive* features of the situation, such as the size, shape, color, and so on of any one particular apple, and the *distinctive*, or *linguistic meaning* (the *semantic* features) which are common to all the situations that call forth the utternace of the linguistic form, such as the features which are common to all the objects of which English-speaking people use the word *apple*" (Bloomfield 1933/35, 141). Systematisch unterscheidet Bloomfield zwischen linguistischer Bedeutung und „non-distinctive", also nicht-linguistischer Bedeutung, aber auch zwischen linguistischer „form" und „non-distinctive", also nicht-linguistischer Form. Er spricht „simply of *forms* and *meanings*, ignoring the existence of nondistinctive features. A form is often said to *express* its meaning." Ganz in diesem Sinne liest man bei Weinreich (1952, 101): „Wie sehr man auch über einer Form grübelt, man wird die sprachlich distinktive Bedeutung nicht ergrübeln, wenn man die Form nicht mit den ihr benachbarten Formen konfrontiert". Und so deutlich Harris kundgibt, daß er sich nicht dem Studium der Bedeutung sprachlicher Ausdrücke widmet und widmen will, so wenig kann man sagen, daß Harris eine (außersprachliche) Bedeutung grundsätzlich nicht voraussetzt: „Information concerning the meanings is not derivable from the distributional statements, and is clearly necessary for any utilization of the language" (Harris 1947, 47). Mehr als zwei Jahrzehnte später liest man dann bei ihm über eine besondere „Äquivalenzrelation (oder einen Formenaustausch)": „Es gibt eine Teilmenge von Diskursen (mithin eine Teilsprache), deren Elemente aus-

schließlich durch die Verkettung der Operatoren […] konstruiert sind und die mit der Diskurs-Restmenge der Sprache durch eine Äquivalenzrelation verbunden ist, die gegenüber der Bedeutung invariant ist, d. h. [durch] eine semantische Paraphrase […]" (Harris 1976, 28). Auch bei der Konzeption des diskontinuierlichen Morphems läßt Harris (1945) die Bedeutung eine nicht-geringe Rolle spielen. Wie schon unter 4. erwähnt, entscheidet das Zusammenspiel von „form" und „meaning" (samt „syntactic function" und „morphologic structure") bei Bloch (1946, 205 f) darüber, „whether words are the same or different". Ausgehend von Harris (1946) und Bloch (1946) entwickelt Wells (1947) eine Methode zur Bestimmung der unmittelbaren Konstituenten, bei der u. a. die beiden bereits unter 2. erwähnten Bedeutungs-Prinzipien herangezogen werden. Diese Prinzipien besagen nicht, daß die Bedeutungen selbst untersucht und bestimmt werden. Es geht vielmehr lediglich darum, daß Bedeutungsgleichheiten und -verschiedenheiten von Ausdrucksformen als Entscheidungskriterien dienen. Es geht bei Wells (1947, 93) hier um die Beziehungen zwischen formalen und semantischen Verschiedenheiten: „One of the prime functions of analysis into ICs [immediate constituents] is to reveal a formal difference correlated with the semantic one. […] *the king of England's people* has two meanings, and correspondingly two IC-analyses: (1) *the* | *king* | | *of England's people* means 'the king of a certain people, viz. the English'; (2) *the king of England* || *'s* | *people* means 'the people of a certain king, viz. the king of England'." Der Vorstellung, daß die (sprachlichen) Bedeutungen wie die (sprachlichen) Ausdrücke in einem System geordnet sind, begegnet man bei Gleason (1955/70, 54 f). Zwar seien Bedeutungen nicht direkt beobachtbar, die Annahme (sprachlicher) Bedeutungen sei dennoch sehr sinnvoll. Denn der Zugang zu den (sprachlichen) Bedeutungen mit dem Mittel der Übersetzung sei gänzlich unzuverlässig. „If the structure of content imposes a filter between the expression system and human experience, translation must impose two such" (Gleason 1955/70, 55). Wie Wells so orientiert sich auch Gleason (1955/70, 77) bei der morphologischen Segmentierung an der Bedeutung: „Morphemic analysis is hardly practical without close attention to the meanings of forms." Er führt hierfür zwei hebr. Beispiele an. Auf Grund einer Übersetzung ins Engl. könnte man für /zəkartíihuu/ zwei Bedeutungen angeben: (1) 'I remember him' and (2) 'I will remember him'. Allerdings: „A contrast in meaning is not relevant unless there is also a contrast in form" (Gleason 1955/70, 77). In entsprechender Weise spricht Fries (1952, 55 f) ganz systematisch von Bedeutungen. Bezogen auf den engl. Ausdruck *the man gave the boy the money* heißt es: „We are told, for example, that the 'man' performed the action, not the 'boy' [...]. Such meanings constitute what we shall call the *structural meanings* of the sentence. The total linguistic meaning of any utterance consists of the lexical meanings of the separate words plus such structural meanings." Offensichtlich geht Fries davon aus, daß es zwischen der Menge der Konstituenten eines Satzes und den in ihm vorkommenden Strukturbedeutungen eine Bijektion gibt. Anders liest man bei Chao (1968, 142 f): „We are taking the morpheme as the smallest unit that has a meaning. As to units larger than a morpheme forming morpheme complexes of various levels, they also have meanings which may or may not be predictable from the meanings of the parts. Even when the meaning of the whole can be gotten from the meanings of the parts, it is by no means certain that in actual use the speaker or hearer is thinking of (read 'reacting to', in behavioristic terms) the meaning of the parts even if he can tell what the parts mean if asked." — Es ist kein Syntaktiker des europäischen Strukturalismus bekannt, der den Versuch unternommen hätte, die Arbeiten zu rezipieren, die die Philosophie zur Semantik beigesteuert hat. Es ist ein Vertreter des amerikanischen Strukturalismus, der dies getan hat: Wells. Wells (1954) erörtert nicht nur die Arbeiten von Russell, Ryle, Mill, Wittgenstein u. a., er konfrontiert einige in diesen Arbeiten enthaltenen Bedeutungskonzeptionen mit solchen, die in der Linguistik entwickelt worden sind. Vor allem betrachtet er „Bloomfield's view of meaning, which is superficially similar to Wittgenstein's but significantly different" (Wells 1954, 236).

5. Der Weg zur doppelten Dualität des sprachlichen Zeichens

Der intendierte Physikalismus, der etwa aus den unter 3. zitierten Passagen von Trager/Smith (1951, 68 ff) spricht, wird an mancher Stelle auch bei Hockett deutlich. Z. B.: „Take the short English sentence *Jim loves Jane*. Apart from the intonation, which we shall set

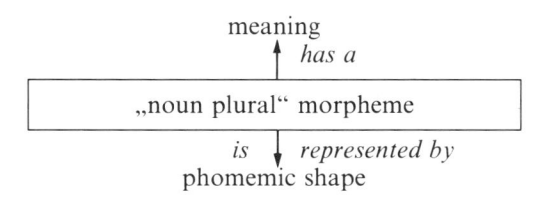

```
          meaning
             ↑ has a
   ┌─────────────────────┐
   │ „noun plural" morpheme │
   └─────────────────────┘
         is ↓ represented by
      phomemic shape
```

Abb. 11.6: Das einfache sprachliche Zeichen — das Morphem — nach Hockett (1958)

aside here, the sentence contains four morphemes: *Jim, love, -s,* and *Jane*. Since two such morphemes cannot be pronounced at the same time, the only physically [sic!] possible arrangements of these four morphemes is in a linear sequence. This yields a total of twenty-four theoretically possible arrangements. Of these, two are fully current as ordinary English sentences" (Hockett 1958, 128). Die tatsächliche Praxis, die Hockett übt, zeigt allerdings, daß sie durch solche Textpassagen nicht oder nur schlecht beschrieben ist. Morpheme sind für Hockett (1958, 123) „the smallest individually meaningful elements in the utterances of a language". Hockett unterscheidet somit mindestens zweierlei, mit den Worten von Harris (1954, 152) ausgedrückt: „form" und „meaning". Als Beispiel für ein Morphem führt er das engl. „"noun plural" morpheme" an (Hockett 1958, 134 f). Dieses Morphem „is represented by" — so Hockett — /z/ wie in *dogs*, /s/ wie in *cats* oder /əz/ wie in *faces*. Ein Morphem hat folglich einerseits eine Bedeutung, andererseits ein „phonemic shape": es wird phonemisch repräsentiert. Diese Zweiseitigkeit des sprachlichen Zeichens — hier des Morphems — wird in Abb. 11.6. veranschaulicht. An Hand der Analyse, die Hockett (1958, 148 ff) für den chines. Ausdruck *Zhèige$_1$ yóutŏng$_2$ dàgài$_3$ zài$_4$ wǔ$_5$ fēn$_6$ zhōng$_7$ yǐnèi$_8$ néng$_9$ liújìngle$_{10}$* ('Dieser$_1$ Ölkanister$_2$ kann$_9$ wohl$_3$ innerhalb$_{4,8}$ von$_{4,8}$ fünf$_5$ Minuten$_{6,7}$ geleert$_{10}$ werden$_{10}$.') gibt, kann man aber zeigen, daß Hockett außer mit der Zweiseitigkeit auch mit der Zweiteiligkeit des sprachlichen Zeichens rechnet, folglich mit der für den „europäischen Strukturalismus" charakteristischen doppelten Dualität des sprachlichen Zeichens. Abb. 11.7 zeigt die Analyse.

Dabei entspricht der fettumrahmte Teil bis auf die Pfeile und die gestrichelte Waagrechte der Kastenstruktur bei Hockett. Für die Schreibung der Morpheme ist hier Hocketts Transkription beibehalten worden. Die phonemische Repräsentation wird hingegen in

292   IV. II. Strukturalistische Syntax/Syntax in Structuralism

| | jèige yóutŏng dàgài dzài wŭfēnjūng yĭnèi néng lyóujingle |

colspan="5"	jèige yóutŏng	colspan="11"	dàgài dzài wŭfēnjūng yĭnèi néng lyóujingle
colspan="3"	jèige		yóutŏng		dàgài	colspan="9"	dzài wŭfēnjūng yĭnèi néng lyóujingle
	jèi						colspan="7"	dzài wŭfēnjūng yĭnèi	colspan="3"	néng lyóujingle

(Struktur/Konstituentenkasten nach Hockett)

j	èi	ge	yóu	tŭng	dà	gài	dzài	wŭ	fēn	jūng	yĭ	nèi	néng	lyóu	jing	le
↑	↑	↑	↑	↑	↑	↑	↑	↑	↑	↑	↑	↑	↑	↑	↑	↑
zh	èi	ge	yóu	tŏng	dà	gài	zài	wŭ	fēn	zhōng	yĭ	nèi	néng	liú	jìng	le
这		个	油	桶	大	概	在	五	分	钟	以	内	能	流	净	了
↓	↓	↓	↓	↓	↓	↓	↓	↓	↓	↓	↓	↓	↓	↓	↓	↓

proximal	thing or situation	discrete concrete object, animate or inanimate	oil, grease	cylindrical container	large, great, greatly	generality, majority	(be) in, at, on	five	division, section	clock, hour	(marker of attribution)	interior	can, physical ability	flow	clean, empty	(completive)
									five divisions							have become clean, empty
									five minutes							
									the confines of five minutes					have become		
this (thing, situation)								within five minutes						can be emptied by flowing		
this (thing)			oil drum		probably			can be emptied by flowing within five minutes								
this oil drum								can be emptied in about ... five minutes								
	This oil drum can be emptied in about five ... minutes

Abb. 11.7: Strukturkasten bei Hockett (1958), nach Hockett erweitert

der heute üblichen Pīnyīn-Transkription und die der Bedeutungsatome in Han-Zeichen wiedergegeben. Die Pfeile deuten jeweils auf die Seite, auf der das betroffene Morphem ein Pendant hat. Von *yĭ* ist kein Pfeil auf die Bedeutungsseite gerichtet; es gehört zu jenen Morphemen, die „serve not directly as carriers of meaning, but only as markers of the structural relationships between other forms" (Hockett 1958, 153). Betrachtet man die Menge der Morpheme in dem hier analysierten komplexen sprachlichen Zeichen, so fällt ins Auge, daß diese Menge in zwei Teilmengen zerfällt: (a) die Menge, deren Elemente durch ein „phonemic shape" repräsentiert werden (hierzu gehört offensichtlich das Morphem *yĭ*) und (b) die Menge, deren Elemente eine Bedeutung haben (hierzu gehört das Morphem *yĭ* offensichtlich nicht). Solche Morpheme wie das erwähnte *yĭ* nennt Hockett (1954, 214; 1958, 153 f) *marker* oder *structural marker* (Strukturanzeiger). Zu diesen Morphemen zählt Hockett sogar solche, die keine eigene phonemische Realisierung erfahren: „Occasionally it is convenient to regard a morpheme not as participating in any construction, but rather as a MARKER of the construction in which nearby forms stand" (Hockett 1954, 214). Als Beispiel führt er an Peking-chines. /,/ in *Wŏ$_1$ lái$_2$,$_3$ nĭ$_4$ zŏu$_5$ qù$_6$.*

11. Der amerikanische Strukturalismus

('Wenn₃ ich₁ komme₂ ,₃ dann₃ gehst₄ du₄ weg₆.'), wobei „the /,/ tells us that the segmental sequence before it and that after it are partners in a construction — that is, that this division of the whole sequence, rather than any other, is the correct one — but it does not tell us what construction is involved" (Hockett 1954, 214 f). Allerdings macht Hockett — implizit — deutlich, daß die Entscheidung darüber, ob ein vorliegendes Morphem als Strukturanzeiger anzusehen ist oder nicht, nicht von vorherein festliegt. So spricht er engl. *and* die Eigenschaft des Strukturanzeigers ab, „since *and* quite obviously gives us more information than the maximum amount specified" (Hockett 1954, 215), führt aber Gesichtspunkte an, unter denen *and* als Strukturanzeiger aufgefaßt werden kann. In seinem „Course" verfährt er dann nach solchen Gesichtspunkten (Hockett 1958, 153 f). Morpheme können nach Hockett nicht nur durch Segmente repräsentiert werden, sondern auch durch suprasegmentale Eigenschaften. Allerdings zeigen die Strukturkästen, daß Hockett versucht, gewisse quasi-physikalische Eigenschaften, die lediglich dem realisierenden Material zukommen, in der repräsentierten Struktur unterzubringen und auf diesem Wege sich drängen läßt, die Idee der Strukturkästen zu zerstören. In Abb. 11.8. ist das — suprasegmentale — Intonationsmuster nicht nur als Kokonstituente von *John is here* in Form eines nach unten und nach den Seiten hin abgeschlossenen Kastens, sondern auch durch eine Verlängerung dieses Kastens dargestellt, die sich waagerecht über sämtliche andere Kästen legt. Zusätzlich zu dieser Deformierung des im Prinzip hierarchisch konzipierten Kastenschemas kommt in Abb. 11.9. eine weitere Deformierung hinzu: Der Kasten mit *John* soll nicht — wie es seiner Plazierung

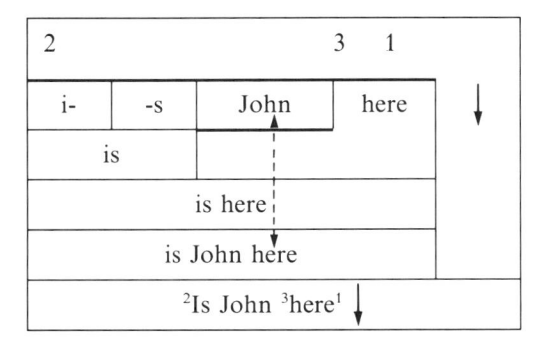

Abb. 11.9: Fortgeschrittene Strukturkastenzerstörung bei Hockett (1958)

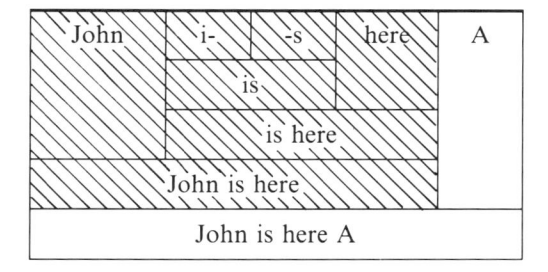

Abb. 11.10: Struktur eines Aussagesatzes, wie sie nach Hockett aussehen könnte

entsprechen müßte — die Kokonstituente von *here* darstellen, er soll vielmehr — das wird durch den Doppelpfeil angedeutet — wie in Abb. 11.8. die unmittelbare Konstituente von *John is here* wiedergegeben: „two sentences may have the same constituents at all hierarchical levels, and yet differ in meaning because of different patterns. [Die Abb. 11.8. und 11.9. geben ein Beispiel]. The difference lies not in constituents, but in their arrangement: *John* respectively before or within *is here*" (Hockett 1958, 158 f). Es handelt sich bei *is here* in Abb. 11.9. um das Beispiel für eine sog. diskontinuierliche Konstituente. Um die Idee der Strukturkästen zu retten, könnte man aber auch sagen, daß der gemeinsame Kern der Strukturkästen für *John is here* und *Is John here* der markierte Kasten in den Abb. 11.10. und 11.11. ist, daß der Unterschied zwischen den Strukturkästen lediglich in einer Konstituente A zur Kennzeichnung des Aussagesatzes bzw. EF zur Kennzeichnung des Entscheidungsfragesatzes liegt und daß der Unterschied in den Reihenfolgebeziehungen zwischen den Teilen, aus denen *John is here* bzw. *Is John here* bestehen, lediglich eine An-

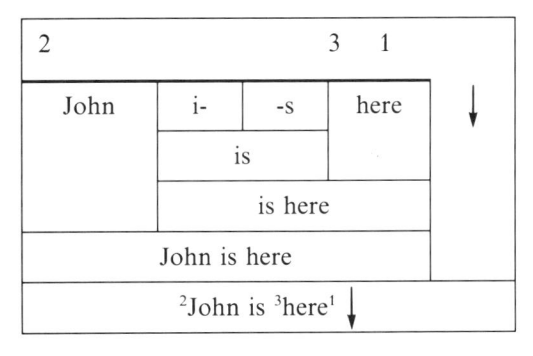

Abb. 11.8: Strukturkastenzerstörung bei Hockett (1958)

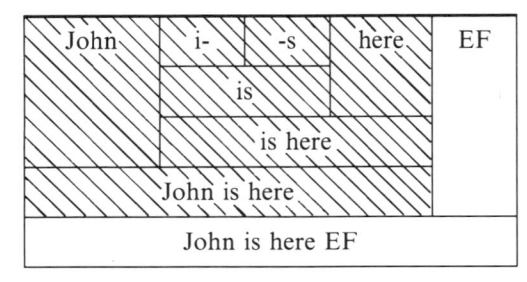

Abb. 11.11: Struktur eines Entscheidungsfragesatzes, wie sie nach Hockett aussehen könnte

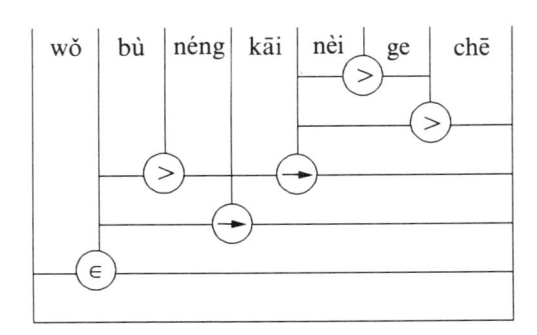

Abb. 11.13: Eine Konstituentenstruktur nach Hockett (1958)

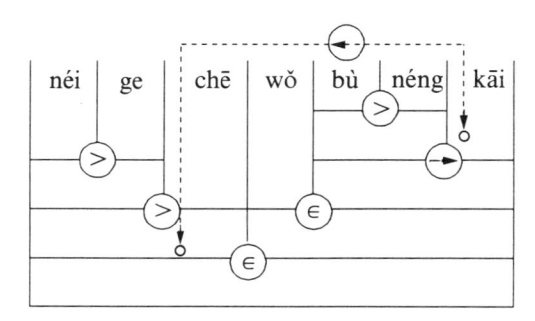

Abb. 11.12: Konstituentenstruktur unter dem Diktat der Wortstellung bei Hockett (1958)

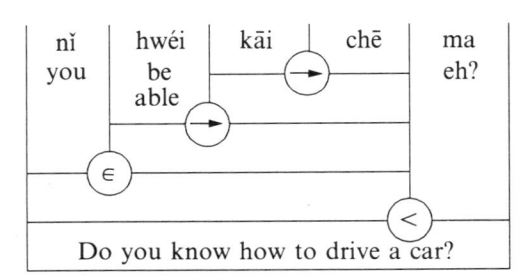

Abb. 11.14: „Grammatical tie", ausgedrückt in einer Konstituentenstruktur bei Hockett (1958)

gelegenheit der Realisierung der Gesamtstrukturen in Abhängigkeit von diesen — im übrigen auch bedeutungsmäßig motivierbaren — Konstituenten ist (vgl. Abb. 11.10. mit Abb. 11.11.). Hockett betrachtet die Dinge so nicht. Die Reihenfolgebeziehungen der Realisationen der Strukturkästen projiziert er in die Strukturkästen selbst. An einem weiteren Beispiel läßt sich zeigen, daß Hockett auch bereit ist, zugunsten der Etablierung der Reihenfolgebeziehungen im Strukturkasten ein Prinzip aufzugeben, das man gemeinhin als Charakteristikum des „amerikanischen Strukturalismus" betrachtet, ein Prinzip, nach dem man die Anzahl der Elemente in der linguistischen Beschreibung reduziert. Es ist das Harrissche Prinzip, das „groups sets of complementary morphemic segments into morphemes" (Harris 1951/61, 197). Hockett (1958, 247f) führt das chines. Beispiel $Nèige_1$ $chē_2$ $wǒ_3$ $bù_4$ $néng_5$ $kāi_6$ ('Diesen$_1$ Wagen$_2$ kann$_5$ ich$_3$ nicht$_4$ fahren$_6$.') an (s. Abb. 11.12.) „$Kāi$ und $chē$ are not here in construction with each other, but neither stands in any overriding construction with anything else, and the special meaning ['to drive a car'] still emerges. [...] The tie between $kāi$ and $chē$ in the second sentence is not a matter of constructions, but we cannot say that it is „merely" semantic. It is a grammatical tie: otherwise the speakers of the language could not understand each other. In some sense, though not at the most superficial grammatical level, $chē$ is the *object* of $kāi$ in the second sentence as in the first" (Hockett 1958, 247f). Es handelt sich um denselben „grammatical tie" wie in dem von Hockett nicht angeführten chines. Ausdruck $Wǒ_1$ $bù_2$ $néng_3$ $kāi_4$ $nèige_5$ $chē_6$ ('Ich$_1$ kann$_3$ diesen$_5$ Wagen$_6$ nicht$_2$ fahren$_4$.'). — s. Abb. 11.13. — oder in dem von Hockett (1958, 246) angeführten $Nǐ_1$ $huì_2$ $kāi_3$ $chē_4$ ma_5? ('Kannst$_{2,1}$ du$_1$ Auto$_4$ fahren$_3$?$_5$.') — s. Abb. 11.14. In Abb. 11.12. wird der „grammatical tie" zwischen $kāi$ und $nèige$ $chē$ durch einen über den Strukturkasten greifenden gestrichelten Pfeil angezeigt. — In diesen beiden Beispielen von 1958 ist die Handhabung des „linear order", wie man sie bei etlichen poststrukturalistischen Syntaktikern findet, deutlich vorgezeichnet: viele Transformationen und viele angenommene Konstituenten sowie eine dadurch verursachte Vermehrung des Kategorieninventars sind bei ihnen lediglich durch Reihenfolgebeziehungen (durch Phänomene der sog. Wortstellung) motiviert. Eines jedoch steht für Hockett — anders offensichtlich als für die Post-Strukturalisten — fest, daß die „construction [...] cannot be derived from the forms and the order. The reverse is possible: given forms and construction, the order can be regarded as determined — it just so happens that either of two constructions, with the same two constituents, results in the same order" (Hockett 1954, 222). Chines. $chăo_{1/3}\ fàn_2$ dient Hockett als Beispiel, dies zu zeigen. Der Ausdruck entspricht zwei Konstruktionen: (a) Der „verb-object"-Konstruktion ('Reis$_2$ braten$_1$') wie das nicht-mehrdeutig konstruierte $chī_4\ fàn_2$ ('Reis$_2$ essen$_6$') und (b) der „attribute-head"-Konstruktion ('gebratener$_3$ Reis$_2$') wie das nicht-mehrdeutig konstruierte $hăo_5\ fàn_2$ ('guter$_5$ Reis$_2$'). — Der „DUALITY HYPOTHESIS", d. h. der Hypothese, daß (1) „it is not possible to say that morphemes are composed of phonemes" und (2) „at least two strata of linguistic patterning, grammatical and phonological, must be recognized" (Hockett 1961, 45), spricht Hockett das Wort, und zwar nicht nur in bezug auf philologische Probleme wie die Entzifferung bislang nicht entzifferter Inschriften: „a language has a phonological system and also a grammatical system" (Hockett 1958, 574 f). Und Hockett bedient sich sogar — wie Greenberg (1961, 1145) in seiner Rezension von Hocketts „Course" konstatiert hat — Hjelmslevscher Terminologie: „The cenematic structure of language is phonology; the plerematic structure of language is grammar. Phonemes are linguistic *cenemes*; morphemes are linguistic *pleremes*." — Die Dualitäts-Hypothese entspricht der Unterscheidung zwischen sýnthesis und sýntaxis beim „Téchnē"-Scholiasten oder auch der Martinetschen Unterscheidung zweier Artikulationen (s. Art. 4., 2.). Zu Morphemen — also zu syntaktischen Minimaleinheiten — gelange man nicht auf der Basis rein phonologischer Kriterien, „as long as we start with phonemes and introduce NO NEW CRITERION, we accumulate nothing but more [...] information about the phonological stratum. To get from the phonological stratum to the grammatical, some kind of additional criterion of segregation and identification must be evoked. [...] In fact, the additional criterion, that must be added to phonological information in order to get to the grammatical stratum, is always at bottom semantic, no matter how disguised" (Hockett 1961, 46). Während man bei Hockett einerseits beobachten kann, daß er sýntaxis-Strukturen so einzurichten sucht, daß sie in bestimmten Eigenschaften (Reihenfolgebeziehungen in erster Linie, s. das zu den Abb. 11.8., 11.9. und 11.12. Gesagte) der sýnthesis gehorchen, andererseits aber einer klaren Entscheidung zugunsten der „Dualitäts-Hypothese" begegnet, finden sich bei anderen Autoren lediglich Hinweise auf Phänomene, die für die Annahme der doppelten Dualität des sprachlichen Zeichens sprechen: „Problems of order and hierarchy" konstatiert Chao (1968, 276 f) in Fällen wie chines. $dà_1\ tóng_2\ xiāng_3$ ('einer$_0$, der$_0$ aus$_0$ dem$_0$ gleichen$_2$ größeren$_1$ Heimatgebiet$_3$ kommt$_0$'), $xiăo_1\ tóng_2\ xiāng_3$ ('einer$_0$, der$_0$ aus$_0$ dem$_0$ gleichen$_2$ kleineren$_1$ Heimatort$_3$ kommt$_0$'). $dà$ ('groß') bzw. $xiăo$ ('klein'), die jeweils $xiāng$ ('Heimat') modifizieren, kommen an einer Position vor, „which is not what seems to be the logical one". Es liegt auf der Hand, daß die Probleme nur dadurch auftreten, daß Chao keinen Unterschied macht, der dem Unterschied zwischen sýntaxis und sýnthesis entspricht. — Auf die doppelte Dualität führt auch die Annahme von leeren Wörtern hinaus (s. Art. 4, Abschn. 7.3.). Diese Annahme findet sich z. B. bei Fries (1952, 70), der für *Twas brillig, and the slithy toves / Did gyre and gimble in the wabe; / All mimsy were the borogoves, / And the mome raths outgrabe* folgendes lediglich aus leeren Wörtern („signals of structural meaning", „function words") bestehendes Gerüst angibt: *Twas —, and the -y -s / Did — and — in the —; / All -y were the -s, / And the — -s —*. Chao (1968, 501) übersetzt das Friessche Jabberwocky-Beispiel ins Chines. — Selbst bei Harris stößt man auf Darstellungspraktiken, die nur Sinn ergeben bei einer Unterscheidung, die der DUALITY HYPOTHESIS entspricht. So gibt er für den „minimal utterance" einen Klammerausdruck an (eine Konstituentenstruktur) und kommentiert: „The order is generally as indicated, except that the separation of [Personalreferenz-, Dual/Plural-Morphem- und Kasusendungs-] components is not always subject to a clear ordering [...]" (Harris 1947, 226). Und die Annahme von diskontinuierlichen Morphemen setzt diese Hypothese ebenfalls voraus. Mit Bezug auf die hebräischen Ausdrücke $Iš_1\ diber_2$ ('A$_1$ man$_1$ spoke$_2$.'); $Iša_1\ dibra_2$ ('A$_1$ woman$_1$ spoke$_2$.'), $Iš_1\ cair_2\ diber_3$ ('A$_1$ young$_2$ man$_1$ spoke$_3$.'), $Iša_1\ cəira_2\ dibra_3$ ('A$_1$ young$_2$ woman$_2$ spoke$_3$.'), $Iš_1\ cair_2\ mədaber_3$ ('A$_1$ young$_2$ man$_1$ is$_3$ speaking$_3$.'), $Iša_1\ cəira_2\ mədaberet_3$ ('A$_1$ young$_2$ woman$_1$ is$_3$ speaking$_3$.'), $Iša_1\ cəira_2\ dibra_3\ lə_4iš_5$

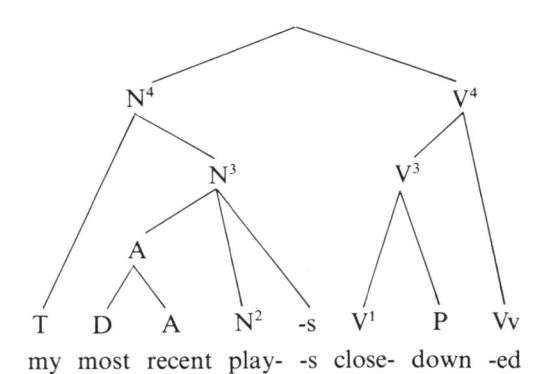

```
              N⁴              V⁴
           /     \          /    \
          /       N³       V³     \
         /      / | \    / | \     \
        /  A  /   |   \ /  |   \    \
       /  / \ /   |    X   |    \    \
      T  D   A   N²  -s   V¹    P    Vv
      my most recent play- -s close- down -ed
```

Abb. 11.15: Ergebnis einer Harrisschen Konstituentenanalyse

*cair*₆ ('A₁ young₂ woman₁ was₃ talking₃ to₄ a₅ young₆ man₅.') heißt es bei Harris (1945, 94): „The morphemic unit {a} 'feminine' consists of an /a/ [„Or /et/ after the present tense morpheme."] repeated after each noun (including adjective) in a noun phrase and after the following verb". Chatman (1955, 378 ff) hat auf solche Besonderheit kritisch aufmerksam gemacht und Harris aus der Reihe jener amerikanischer Strukturalisten ausgeschlossen, die mit Bloomfield beginnt und durch Pike (1943) und Wells (1947) fortgeführt wird. Der Ausdruck *The King of England opened Parliament* wird im Geiste von Bloomfield von Pike, Wells und Chatman als *The|| King ||| of ||||England| open|||| ed|| Parliament*, nach Harris (1946, 173) aber als *The|| King|||| of |||| England | open ||| Parliament || ed* analysiert. Die partielle Übereinstimmung mit einer Analyse bei Fourquet ist auffallend (s. Abb. 19. in Art. 10). Auch das Beispiel, an dem Harris (1951/60, 278 f) den Begriff der unmittelbaren Konstituenten demonstriert, zeigt, daß nach ihm die syntaktische Struktur nicht notwendig die durch die Analyse gewonnenen unmittelbaren Konstituenten in der Reihenfolge aufweist, in der die ihnen entsprechenden Segmente des beschriebenen Ausdrucks vorkommen. Abb. 11.15. veranschaulicht das Resultat, das Harris für die Analyse von engl. *My most recent plays closed down* angibt. De facto wird doppelte Dualität auch zur Bedingung gemacht, wenn man eine Situation zuläßt, in der Wörter so behandelt werden wie bei Bloch (1946, 206): „Zwei Wörter werden als gleich erachtet, wenn sie in der Form, nicht aber in der Bedeutung voneinander verschieden sind und nach „phonetischer" oder „syntaktischer" Umgebung komplementär verteilt sind;" „thus *náñ* ('what?') (before a dental consonant) is the same word as *náni* (before a non-dental consonant, a vowel, or a pause); the forms of the copula *dá, na,* and *no* ('is'), which are distributed according to the syntax of the surrounding words, are all the same word". Bloch beruft sich hierbei ausdrücklich auf Harris (1942, 169 ff), bei dem es heißt: „From the list of morpheme alternants [...], we take any two or more alternants which have what we consider the same meaning (but different phonemes) and no one of which ever occurs in the same environment as the others." — Entschieden wird die doppelte Dualität des sprachlichen Zeichens — eingebettet in eine Hierarchie von Strata — von Lamb (1966, 1) in seiner Stratifikationsgrammatik vertreten: „A six-stratum structure may be regarded as made up of three major components, SEMOLOGY, GRAMMAR, and PHONOLOGY, each of which comprises two stratal systems. [...] Of the three major components, semology is related to meaning and phonology to speech, while grammar is intermediate between the two." Lamb knüpft nicht nur ausdrücklich an die Arbeiten von Hockett an, sondern stellt sich auch in die Tradition von Noreen und Hjelmslev (Lamb 1966, 2.7; s. Art. 4., Absch. 7.5. f und Art.11., Absch. 3). Das sememische Stratum ist zu parallelisieren mit dem Semem bei Noreen und der Inhaltsform bei Hjelmslev. Das lexemische Stratum hingegen kann man dem Noreenschen Morphem oder der Hjelmslevschen Ausdrucksform in Parallele setzen (anders ordnet Lamb selbst seine Begriffe den Hjelmslevschen zu; Lamb 1966, 34).

6. Literatur

Bloch, Bernard. 1946. Studies in colloquial Japanese. II. Language 20. 200—48.

—. 1947. Syntactic formulas for Japanese. Studies in linguistics 5,1.1—12.

Bloomfield, Leonard. 1913. Rez. von: Wundt, Wilhelm. 1913. Elemente der Völkerpsychologie: Grundlinien der psychologischen Entwicklungsgeschichte der Menschheit. 2. Aufl. Leipzig. American Journal of Psychology 24. 449—53.

—. 1914. An introduction to the study of language. London.

—. 1926. A set of postulates for the science of language. Language 2. 153—64.

—. 1930. Linguistics as a science. Studies in Philology 27. 553—7.

—. 1933/35. Language. London: 1935.

—. 1936. Language or ideas? Language 12. 89—95.

Chao, Yuen Ren [= Zhào, Yuánrén]. 1968. A grammar of spoken Chinese. Zhōngguó huà de wénfǎ. Berkeley, Los Angeles, London.

Chatman, Seymour. 1955. Immediate constituents and expansion analysis. Word 11. 377—87.

Chomsky, Noam. 1961. On the notion „rule of grammar". Structure of Language and its Mathematical Aspects. Providence, Rhode Island. 6—24.

Delbrück, Berthold. 1901. Grundfragen der Sprachforschung mit Rücksicht auf W. Wundts Sprachpsychologie erörtert. Straßburg.

Fries, Charles Carpenter. 1952/63. The structure of English. An introduction to the construction of English sentences. London.

Gaifman, Haim. 1961. Dependency systems and phrase structure systems. Santa Monica, CA.

Gleason, Henry A., Jr. 1961. An introduction to descriptive linguistics. New York [etc.], 1967.

Greenberg, Joseph H. 1961. Rez. von: Hockett, Charles F. 1958. A course in modern linguistics. New York. American Anthropologist 63, 1140—5.

—. 1963. Some universals of grammar with particular reference to the order of meaningful elements. Universals of language, ed. by Joseph H. Greenberg, 58—90. MA. [2nd edn. 1966. 73—113.]

Harris, Zellig S. 1941. Linguistic structure of Hebrew. Journal of the American Oriental Society 61. 143—67.

—. 1942. Morpheme alternants in linguistic analysis. Language 18. 169—80.

—. 1945. Discontinuous morphemes. Language 21. 121—7.

—. 1946. From morpheme to utterance. Language 22. 161—83.

—. 1947. Structural restatements: I. International Journal of American Linguistics 13, 1. 47—58.

—. 1951. Methods in structural linguistics. Chicago. [Reprinted as Structural linguistics, 1961.]

—. 1954. Distributional structure. Word 10. 146—62.

—. 1976. Notes du cours de syntaxe. Traduit de l'anglais par Maurice Gross. Paris.

Hart, Helen Long. 1957. Hierarchical structuring of Amuzgo grammar. International Journal of American Linguistics 23. 141—64.

Hays, David G. 1960. Grouping and dependency theories. Santa Monica: The Rand Corporation. U.S. Air Force, Project Rand, Research Memorandum 2646.

Hill, Archibald Anderson. 1958. Introduction to linguistic structures. From sound to sentence in English. New York.

Hjelmslev, Louis. 1954. La stratification du langage. Word 10. 163—88.

Hockett, Charles F. 1947. A note on 'structure'. International Journal of American Linguistics 13. 269—71.

—. 1954. Two models of grammatical description. Word 10. 210—33.

—. 1958. A course in modern linguistics. New York.

—. 1961. Linguistic elements and their relations. Language 37. 29—53.

Householder, Fred W. 1972. Introduction. Syntactic theory 1. Structuralist, ed. by F. W. H. Harmondsworth, 7—19.

Hymes, Dell, and John Fought. 1975. American structuralism. Current trends in linguistics. Vol. 13,2. The Hague.

Jespersen, Otto. 1937. Analytic syntax. Copenhagen.

Lamb, Sydney M. 1966. Outline of stratificational grammar. With an appendix by Leonard E. Newell. Washington.

Nida, Eugene A. 1960. A synopsis of English syntax, ed. by Benjamin Elson. Norman, Oklahoma.

Pickett, Velma Bernice. 1960. The grammatical hierarchy of Isthmus Zapotec. Baltimore: Linguistic Society of America. Language 36, 1, Part 2. Supplement: Language Dissertation No. 56.

Pike, Kenneth L. 1943. Taxemes and Immediate Constituents. Language 19. 65—82.

—. 1963. A syntactic paradigm. Language 39. 216—30.

—. 1967. Language in relation to a unified theory of human behavior. The Hague, 1971.

Pollard, Carl, and Ivan A. Sag. 1987. Information-based syntax and semantics. Vol. 1: Fundamentals. Stanford.

Sapir, Edward. 1921. Language. An introduction to the study of speech. New York.

Trager, George Leonard, and Henry Lee Smith. 1951. An outline of English structure. Norman, Oklahoma.

[*Weinreich, Uriel* =] *Vaynraykh, Arial.* 1952. Tsurik tsu aspektn. Yidishe shprakh 19. 97—103.

Weiss, Albert P. 1925. Linguistics and psychology. Language 1. 52—7.

Wells, Rulon. 1947. Immediate constituents. Language 25. 99—116.

—. 1954. Meaning and use. Word 10. 235—50.

Wundt, Wilhelm. 1913. Elemente der Völkerpsychologie: Grundlinien der psychologischen Entwicklungsgeschichte der Menschheit. 2. Aufl. Leipzig.

Wolf Thümmel, Osnabrück (Deutschland)

V. Ansätze syntaktischer Theoriebildung III: Dependenzsyntax
Approaches to a Theory of Syntax III: Dependency Syntax

12. Basic Ideas and the Classical Model

1. Constituency vs Dependency: Two Principles of Traditional Grammar
2. The Dependential Structure of Sentences
3. The Categorial Level
4. Valency
5. Attachments
6. Applications
7. References

1. Constituency vs Dependency: Two Principles of Traditional Grammar

The European syntax tradition is characterised by two methods: categorization and relationization. Categorization brings together elements with analogous syntactic behaviour, relationization establishes relations between the elements. Describing the structure of a sentence corresponds to determining the parts and their categories and then to present the relational network of its parts. Network may mean different things here. Two parts may belong together because they are both part of a larger whole; but two parts may also belong together because one part is dependent on the other. Two principles follow from this:

— The representation of the constitution of sentences and their parts on the basis of a part-to-whole-relation.
— The identification of relations of dependencies or subordinations between the parts of the sentence.

Traditional syntactic descriptions have rarely restricted themselves to one of the principles and have taken them as complementary. Only recently have attempts been made to build whole grammars upon one of the relations. (Their success is still at issue, Hudson 1980; Dahl 1980; the original purism seems even to weaken.) Thus, both principles were generalized to grammatical models.

Constitutive grammars (like IC-analysis or PSG) are based on part-to-whole-relations. Examples of corresponding rules would read like "A sentence is composed of subject and predicate" or "An NP consists of determiner, adjective and noun".
Schematically:

(1) Sentence [subject + predicate]
(2) NP [DET + ADJ + N]

These grammars represent sentences as complex in depth, as embedded boxes:

| S | NP | DET | ADJ | N | | VP | V | NP |

Dependential grammars (henceforth DS for "dependency syntax") are based on dependency relationships. Examples of corresponding rules are e.g. "A modifying adverb is dependent on the modified adjective" or "Determiner and adjective are subordinated to the noun".
Schematically:

(3)   ADV ⌒→ ADJ

```
       _____
      /          ___   \
     /          /   \   \
   DET        ADJ    N
```

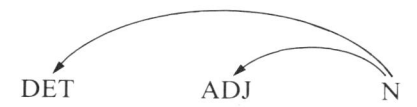

A DS builds its whole grammatical description on dependency relations. It refers to actual words or their categories and represents sentences relatively close to the surface structure:

(4) | DET | | ADJ | | N |

The DS is inextricably connected with the name of the French linguist Lucien Tesnière; its basic ideas can be shown in a sketch of his theory (Tesnière 1953; Tesnière 1959; Baum 1976). His main œuvre "Eléments de syntaxe structurale" was published posthumously in 1959, and presented in one go a comprehensive DS with universal claims. Tesnière was a structuralist. His idea was that a sentence is composed of elements which are structurally ordered. "La phrase est un ensemble organisé dont les éléments constituants sont les mots" (Tesnière 1959, chap. 1(2)). The order relation is dependency structuring the sentence beyond the linear order of concatenation.

2. The Dependential Structure of Sentences

2.1. Connexion and Dependency

The basic ideas of Tesnière's DS can be represented in only a few theorems.

Theorem 1: A sentence is an organized unit of which the elements are words. The elements in the sentence are not isolated as in the dictionary, they are connected by manifold ties. Thus every sentence has a structure *sui generis*.

Theorem 2: Every sentence has a coherent syntactic structure. In the unit of a sentence every element enters into relations, none remains isolated.

Theorem 3: The organization of the sentence is not linear, it goes beyond the unidimensional structure of the spoken string. The linear string only provides the immediate data of the surface, behind it there is a two dimensional hidden structure which is inferred by the recipient. The string is only a reduced projection of the structural sentence.

Theorem 4: The elements of the sentence are more or less closely tied together. Just as the elements of the spoken string are direct or indirect neighbours, so they are structurally connected, more or less closely. There are direct and indirect dependencies.

Theorem 5: The sentence structure is determined by the *connexion*. There are connections between the words of a sentence, of which the speakers are conscious. In their totality these connections make up the syntactic framework of the sentence. The connections are not marked by external features unless congruencies or rections display them. The *connexion* is the mental tie, the syntactic link. It is *connexion* which makes it possible that a coherent thought can be expressed through a sentence.

Theorem 6: *Connexion* causes the dependencies of the elements of the sentence. Thus, there is only *connexion* between elements where one is dependent on the other. The dependent element is called *subordonné*, the governing one is called *régissant*. The dependency is represented by *connexion* edges:

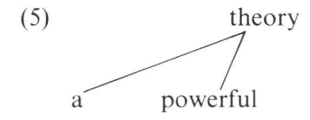

(5)
```
                theory
               /     \
              /       \
             a      powerful
```

Theorem 7: The syntactic structure of the sentence is hierarchic. Dependency is an asymmetrical relation and gives rise to hierarchies. As one element may govern and be governed at the same time and as the whole sentence is coherent, each sentence has a hierarchy of *connexions*. This is the sentence structure:

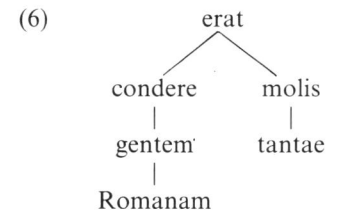

(6)
```
              erat
             /    \
        condere   molis
           |        |
        gentem    tantae
           |
        Romanam
```

The centre of the sentence is the central node, by which all other elements are directly or indirectly governed.

Theorem 8: Syntax is autonomous. Every sentence has a syntactic and a semantic structure which are logically independent of each other. This is why syntax has to differentiate distinctly between the two levels.

Theorem 9: Syntactic structure is a reflex of semantic structure. Understanding a sentence means to grasp the sum of *connexions* of which its structure is composed. The syntactic structure and the semantic structure are parallel because the syntactic structure has to reflect the semantic structure. There is, however, some counterevidence in so far as a *régissant* is semantically determined by its *subordonné*. The semantic structure is two dimensional as is the syntactic structure.

2.2. The Stemma

The most important means of representing in DS is the stemma. A stemma represents the structure of a sentence. Its nodes represent words, its edges connexions or dependencies, respectively. Special conditions have to be defined for the stemma, which present a closer characterization of the DS but which also establish a connection with graph theory. In terms of graph theory the stemma is conceptualized as a tree with one and only one root.

Condition 1: Every stemma is a directed graph, because the dependencies are asymmetric and so are the edges. Its hierarchy runs through from top to bottom such that the node of a higher level governs that node of a lower one which is directly connected to it by an edge.

Condition 2: Every stemma is branching, because a node may only be governed by one node, whereas it may govern several nodes itself. Consequently, from every node only one edge may go upwards, however several may go downwards. Thus, the following type of stemma is admitted:

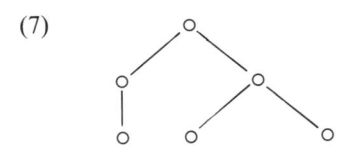

(7)

The following type of stemma is not admitted, because the right lower node is governed by two nodes:

(8)

Condition 3: No stemma has loops or multiple edges or circuits. This is partly due to the irreflexivity of the dependency relation and of condition 2. As according to this condition it is not possible to move any other way from a node x_2 to a higher initial node x_1 than moving from x_1 to x_2, stemmas or graphs of the following form are not admitted:

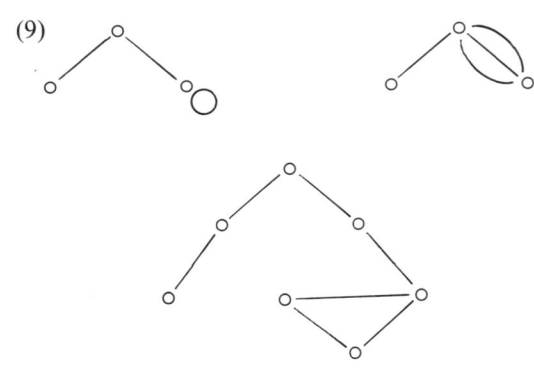

(9)

Condition 4: Every stemma has only one root. That is, there is exactly one node from which all lower nodes can be reached. This node is the central node.

Condition 5: Every stemma is connected. It does not contain isolated nodes without connections or edges. In terms of graph theory this means that for any node x_1 and x_2 of a stemma with $x_1 \neq x_2$ there is a path, that is a sequence of edges which connects x_1 and x_2. According to this, graphs of the following form are not admitted:

(10)

This is the graphic correspondence of the fact that a sentence has a coherent structure in which each of its parts has its place.

Condition 6: As concerns branching we have to differentiate between right branching and left branching. The sequence of elements in the sentence string is decisive in indicating the difference. Let x_i and x_{i+1} be two neighbours with a common *régissant*, such that x_{i+1} follows x_i in the string. If x_{i+1} governs at least two other nodes, then the corresponding stemma is called right branching. If under the same condition x_i governs two more nodes, then the corresponding stemma is called left branching. Right branching is the following stemma:

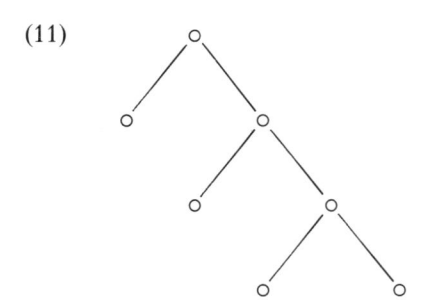

(11)

Left branching is the following stemma:

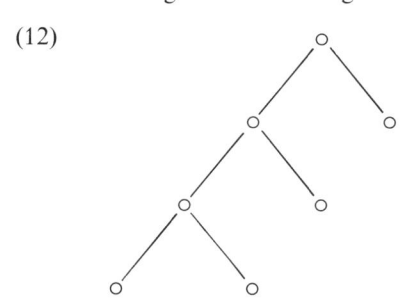

(12)

Left-right branching is the following stemma:

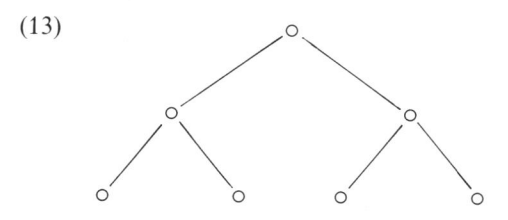

(13)

The two kinds of branching are based on the relationship of linear and structural order. Suppose x_1 governs x_2. If the sequence in the string is x_1 x_2, we have a centrifugal order:

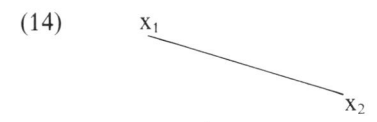

(14) x_1
         x_2

If the sequence in the string is x_2 x_1, we have a centripetal order:

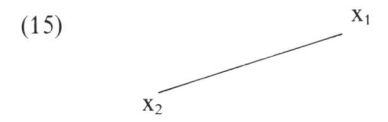

(15) x_1
     x_2

The differentiation between centrifugal and centripetal may gain importance for the classification of languages as, according to Tesnière, some languages tend to more centripetal constructions, others to centrifugal ones. Furthermore, there seem to be certain universal regularities of such a kind that the direction in certain constructions implies the direction of other constructions. The relationship between linear and structural order will be further elaborated in the so-called projectivity (cf. article 14).

3. The Categorial Level

3.1. Lexical Categories

The representation of the structure of single sentences is only a first step of abstraction within DS. Every sentence, every stemma is just an instance of general structures. The second step of abstraction is performed by combining the lexemes at the nodes to lexical categories. Tesnière's DS proceeds from the difference between static categories and dynamic functions (and thus paralleling it to static syntax and functional or structural syntax). These functions are the *nexus*, which connects the categorial elements, and brings the sentence to life. The categories are a network produced by the mind, which it imposes on reality to perceive it discretely. They are bound to language and differ from language to language. However, the functions are of a universal kind.

Categories constitute a static order which exists in the mind of the speaker before it is actualized and dynamized in performance. The categorization is a potential which has to be activated in speaking. Categorization must not make use of functional criteria; it also has to free itself from the blending power of the latin tradition.

Tesnière proceeds from the basic distinction of full and empty words. Full words have a lexical content, empty words have a grammatical function. Full words are semantically constitutive, empty words are subsidiary. The empty words indicate the categories of full words, alter their grammatical category and regulate their function in the sentence in this way. This is also why sentences with artificial words are partially intelligible:

(16) 'Twas brillig, and the slithy toves
     Did gyre and gimble in the wabe:
     All mimsy were the borogoves,
     and the mome raths outgrabe.
                              Lewis Carroll

In real words the categorial and the functional are very often fused. Full and empty words will then constitute functional units such that we have to imagine *nexus* at the nodes of a stemma, these are its functional units.

The full words are classified according to their semantic content. According to Tesnière (1959, chap. 32) there are four categorial-semantic classes:
— substance,
— events,
— abstract properties of substances,
— abstract properties of events.

Ergo, we find four grammatical categories:
— substantives denote substances,
— verbs denote events,

— adjectives denote properties of substances,
— adverbs denote properties of events.

The four parts of speech are furthermore divided into subcategories according to content.

Tesnière's semantically oriented categorization seems crude at first sight, but is refined and modified in his DS by the following means of description:
— Functional words constitute the mortar between the gross categories in the sentence.
— Functional words can change the categorial value of words (cf. 5.2. Transference).

The empty words are divided according to their grammatical function into
— junctives, which connect nuclei of the same kind with one another (*and, or, nor*; *und, oder*, etc.),
— translatives, which transform nuclei into ones of a different kind (*with, of, whether*; *à, de* etc.).

This arrangement does not coincide with the superficial appearance of the words. This is another reason why a more sophisticated syntactically oriented DS had to introduce further differentiations. And indeed, other dependency grammarians have subsequently developed further categorizations. The Tesnièrian approach has to be regarded as the basic idea which was decisive for expounding the semantic essentials.

3.2. The Virtual Stemma and Sentence Patterns

If the words in a stemma are substituted by their lexical category, the so-called virtual stemma is obtained:

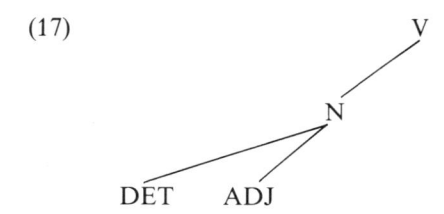

(17)
```
        V
       /
      N
     / \
   DET  ADJ
```

A virtual stemma is a generalization representing the structure of sets of sentences. The virtual stemma characterizes the type of sentence. Concrete sentences are therefore only instances of more general syntactic structures which represent the stemma. According to the category of the central node, there are four main types of sentences to be distinguished:

The verbal sentence with a verb as the central node:

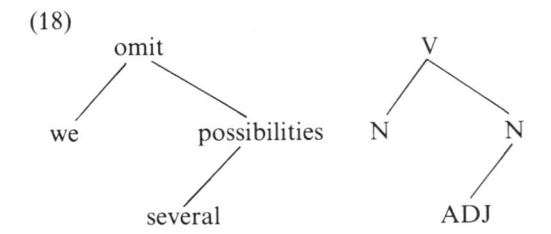

(18)
```
      omit                       V
     /    \                     / \
    we   possibilities         N   N
              |                    |
           several                ADJ
```

The nominal sentence with a noun as central node:

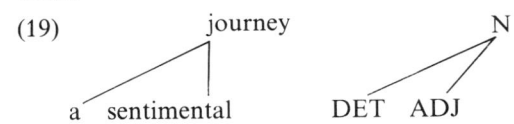

(19)
```
        journey                    N
       /   |                      / \
      a  sentimental            DET ADJ
```

The adjectival sentence with an adjective as central node:

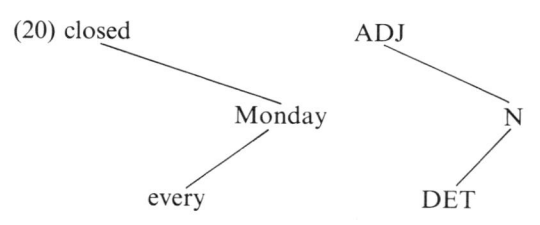

(20)
```
   closed                      ADJ
       \                         \
       Monday                     N
        /                        /
     every                      DET
```

The adverbial sentence with an adverb as the central node:

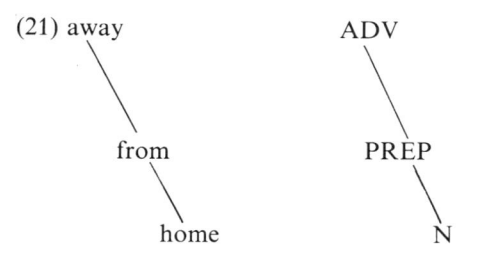

(21)
```
   away                        ADV
      \                          \
      from                       PREP
         \                          \
         home                        N
```

The virtual stemma represents the generalized dependential structure. Characteristic special cases of this structure follow for the verbal sentence, corresponding to the number of N on the second level. These special cases are the so-called sentence patterns which are conditioned by various kinds of governing verbs. The property of verbs which defines these sentence patterns is their valency.

4. Valency

4.1. The Power of the Verb

Tesnière compared the verbal sentence to a minor drama (Tesnière 1959, chap. 48 (1)). In its centre is the verb which denotes an event. The actors involved are added to this and they are marked with complements (Tesnière calls them *actants*). The further details, in particular, place and time of action can be realized by adverbials (Tesnière calls them *circonstants*). This content-oriented metaphorical sketch corresponds to a firmer syntactic reality where the verb as the structural centre defines the sentence structure. The verb governs the other parts of the sentence, structuring the sentence by its valency. Valency denotes the property of the verb to claim or to admit, respectively, particular kinds and forms of complements. The verb opens up slots, in which the complements enter as arguments:

(22) ① says ②.

This force of the verb encompasses, however, only particular parts of the sentence, namely complements (C), which are confronted to supplements or adverbials (A) as freer parts of the sentence. While in this sense the complements are verb specific, adverbials are not.

The valency thus comprises
— quantitative valency (by the number of complements),
— qualitative valency (by the form of the complements),
— selectional valency (by the meaning of the complements).

For quantitative valency the following verb categories may be distinguished in English:

(i) zero-valent:
[It] is raining.
 0   V

Here we find especially meteorological verbs which have no genuine subject but an empty (a dummy) *it*.
Examples: *rain, dizzle, snow, hail, pour*.

(ii) monovalent:
[The young man] coughed.
     N   V

These verbs demand an obligatory subject complement.
Examples: *cough, blink, howl, bark, sweat, vanish*.

(iii) bivalent:
[They] saw [the butler].
  N   V   N

Here a second complement adds to the obligatory subject which may be morphologically different in character, such as casually or prepositionally connected.
Examples: *believe, seek, break, call, open; seem, sound; agree, differ, decide; stay, live*.

(iv) trivalent:
[He] gave [the bone] [to the cat].
 N V   N   N

Here two further complements are added to the subject, and these may be connected in different ways, so an even larger multitude of single types is possible.
Examples: *give, offer, lend; cause, teach; order*.

(v) tetravalent:
[We] moved [the car] [from here] [to the street].
 N   V   N   N   N

These are quite unusual and extreme cases often causing theoretical doubt whether the PP is a complement or not.
Examples: *move, shift*.

As for qualitative valency, everything depends on the formal possibilities by which the slots can be distinguished through their fillers. Typical complements are NPs, which are connected by case or preposition. The possible forms of the complements, however, vary greatly from language to language, such that different sets of complements have to be found for the different languages. (Unless we move away from the surface structure in favour of categories like direct complement, indirect complement etc., for which a universal definition may be found.) Here, in particular the typology makes use of the following criteria:

— Case. This criterion is of course only effective with case languages and gives rise to different taxonomies. In German e. g., we have to distinguish between four casual complements, whereas in Latin there are five. In English case difference does not lead us so far, we find, however, vestiges with the pronouns (*they* vs. *them* etc.). In French the rudiments of four cases can still be distinguished. These rudiments do not suffice for a practical differentiation.

— Prepositions. Here we find the largest variety. They may either function as a case substitute as in French (*la tête, de la tête, à la tête*), or they may be claimed as connectors by the verb. There are largely fixed and grammaticalized connections (as in German e. g. *sich wundern über, hoffen auf*) and free relations, where prepositions can vary and keep their meaning even in contrast (*gehen nach/auf/hinter* etc.).

— Position. Languages with a fixed word order may use the position of an NP as a definiens for the C-type. Thus in English the first NP is the subject, the second object, and never vice versa. In German the position is freer and thus less exploitable for differentiation. If however certain cases are not differentiated (as often happens with nominative and accusative), then the first NP is usually taken as the subject and the second one as the object. Obviously, the different ways of marking complement and support each other, so Latin, as a morphologically highly differentiated language, allows a rather free word order.

Applying all criteria together yield, in different languages, a different number and different forms of Cs. In German there are five types: C1 = nominative, C2 = genitive, C3 = dative, C4 = accusative, C5 = prepositional; in English likewise, five types of C's were postulated but differently defined (Emons 1974, 144 ff). They are characterized by typical elements C1 (*he/she*), C2 (*him/her*), C3 (prepositional: *for it*), C4 (*to him/him*), C5 (predicative); in Latin seven types have been assigned (Happ 1976, 236).

Selectional valency deals with the fact that a verb may not allow every possible filling of its slots. There are semantic restrictions of slots that will lead to deviation in case of transgression:

(23) A behindert mich [person/course of events].
(24) A hindert mich [person], dies zu tun [proposition].
(25) A verhindert etwas [proposition/event].

Hence:

(23a) *A behindert zu bleiben.
(24a) *A hindert, dies zu tun.
(25a) *A verhindert mich.

Selectional valency is marked by restrictive selection features. Here features like HUMAN, ABSTRACT, ANIMATE, PROPOSITION etc. are usual (Helbig/Schenkel 1971). They only allow rough approaches, as each verb has basically an individual selection according to its meaning. Semantical roles have also to be regarded as selectional features which follow as implications of the verb meaning (Tesnière 1959, chap. 51(6)). Thus, from a sentence of the form

(26) X   V

and the fact that V is an action verb, we get:

(27) X is AGENT.

As semantic roles we find the usual functions AGENT, PATIENT, BENEFICIARY, RECIPIENT, THEME etc. Such readings of the D-relation became the foundation of Case Grammar (Fillmore 1968; Starosta 1988), but they were also integrated into the dependency model by labelling the D-edges correspondingly (Anderson 1971; Mel'çuk 1988, 16).

The distinction of semantic roles can be used for the differentiation of multiple valency as illustrated in the following examples:

(28) John married Helen.
(28a) The vicar married the young couple.
  [AGENT]
(29) The nut fitted the bolt.
  [THEME]
(29a) The tailor fitted the elegant suit.
  [AGENT]

Schematically the complements can be regarded as an n-dimensional space of nouns acting as the head of NPs: $N_1 \times N_2 \times ... \times N_n$, from which the verb in question selects according to its valency. In fact, however, restrictions are necessary since n has to be limited to 3 or 4; and further restrictions are normal if N is enriched by selectional or functional features.

For English the possible valencies have been systematized in the following way (Allerton 1982, 120): [(30) see next page]
With a different categorization one achieves different possibilities, of course.

Valency theory is an extension of the traditional theory of subject and predicate which had already been extended to objects for transitive verbs (Meiner 1781). Just like the arguments in relational logic all complements in valency theory are regarded as posseding equal rights, the subject has no special status. That does not mean, of course, that the subject cannot have special properties. So, for example, it may be in syntactical congruence with the predicate, semantically it may predominantly designate the agent and pragmatically it may be the topic most of the time. All this, however, does not claim a special status as concerns dependency and syntactics.

The division into C and V is based on an analysis of the proposition. It is the basic idea of dividing referential and predicative role. The complements constitute the referential potential of the sentence, whilst the verb has the predicative force. A propositional base structure is designed by the slots of a verb into which complements fit.

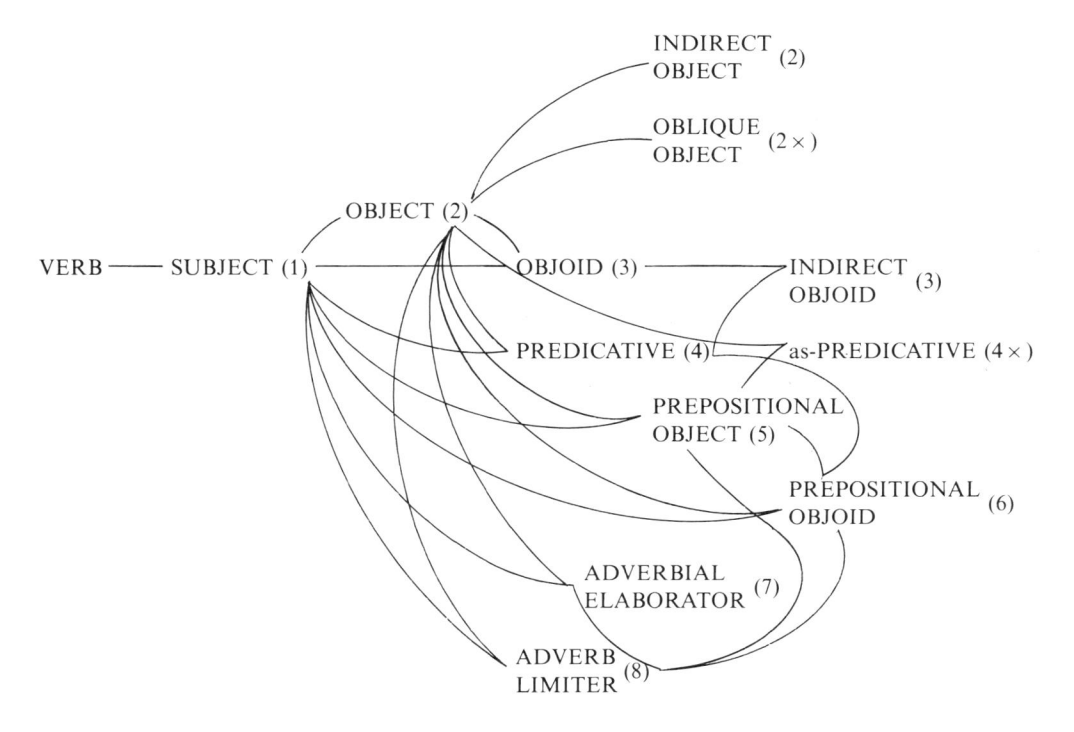

```
                                    INDIRECT
                                    OBJECT    (2)
                                    OBLIQUE
                                    OBJECT    (2×)
                    OBJECT (2)
VERB ——— SUBJECT (1) ——————— OBJOID (3) ——————→ INDIRECT
                                                OBJOID    (3)
                    PREDICATIVE (4)ㄴ——→ as-PREDICATIVE (4×)
                    PREPOSITIONAL
                    OBJECT (5)
                                        PREPOSITIONAL
                                        OBJOID       (6)
                    ADVERBIAL
                    ELABORATOR (7)
          ADVERB
          LIMITER (8)
```

4.2. Complements and Adverbials

The theory of valency is based on the different status of the nominal parts of the sentence. There are complements (C) and adverbials (A) and the complements stand in a particular relationship to the central verb. What is special about this relationship? How are complements recognized? In which way are they different from adverbials? These are questions that have occupied valency theory from its very beginning because it stands and falls by its answers (cf. Rosengren 1970; Biere 1976; Heuer 1977; Vater 1978; Matthews 1981, chap. 6; Helbig 1982, chap. 2.3; Koller 1984; Askedal 1984; Somers 1984).

The basic problem is that a categorial or formal difference between C and A does not exist. So — it is said — that an accusative NP or PP could be C as well as A.

Complement:
  They enjoyed [this year].
  Wir verzichten [auf Verdacht].
Adverbial:
  They married [this year].
  Sie verhafteten ihn [auf Verdacht].

There are cases where categorial and formal differences can be grasped, but in an area of overlap it becomes apparent that C and A are no formal or categorial phenomena but functional and relational ones. In the history of valency theory new attempts have been made again and again to explain this intuitively plausible distinction. Here different relational features were introduced, and were based on their operational role.

Tesnière has introduced a semantic criterion of distinction: C's denote living beings and things participating in events; A's denote the closer circumstances. This criterion shifts the decision beyond a question of language to one of propositions, and produces severe problems of method. In particular does the criterion not enable us to form a boundary because there are degrees of involvement. Look for example at the decreasing degrees of involvement of X in the following sequence of examples:

(31) X lacht.
(32) X sieht etwas.
(33) Dies gefällt X.
(34) Sie kauft ein Taschentuch für X.
(35) Wir stehen vor X.
(36) Wir kommen vor X an die Reihe.
(37) Sie tun es wegen X.

Beyond this, such a definition based on semantical categories in many cases seems to run counter to intuition. Thus the PPs in the following examples play quite different roles even though they denote local circumstances.

(38) Sie entschied sich [in X].
(39) Es regnet [in X].
(40) Wer wohnt [in X]?

Subsequently, efforts were made to substantiate the distinction more syntactically. Here two criteria were of importance:
— Necessity. The hypothesis was this: Complements are obligatory, adverbials are optional. Thus, C could be defined by a deletion or an elimination test (Helbig/Schenkel 1971). This criterion obviously does not provide the intuitive distinction of C and A. Many complements are easily deletable:

(41) Wir essen Obst.
(42) Wir essen.

Furthermore it was claimed that obligatory supplements existed.
— Distribution. The hypothesis was: C's are verb specific in the sense that in each case they are only tolerable with specific subcategories of V, which furthermore require very particular constellations of such Cs. A's, on the other hand, are free, that is in all cases (nearly) admissable with all V and furthermore cumulative, so several of the same category can be added together. Accordingly, a V requires a particular constellation of C's because of its valency, it allows however, an open sequence of A's (Heringer 1973, 244).

By elaborating semantics, new semantic criteria were introduced for the distinction into C and A: Not simply categorial anymore, however, such as A's being temporal or local, but with a background of a more abstract sentence semantics.
— Logical function. The hypothesis was: C's are arguments of the verb, adverbials however predications about the kernel sentence (Heringer 1970, 35). Thus the sentence *Ken is laughing* has the structure "is laughing (K)", whereas *Ken laughs on Monday* has the structure "is laughing (K), and this happened on Monday", formally "happen (Monday, (laughs (K)))". The verb with its C's constitutes the propositional kernel, and the adverbials at the periphery enhance this (Matthews 1981, 123). The corresponding test is based in particular on possible paraphrases (Heringer 1970, 116; Eroms 1981, 33—50), in which the adverbials can be extracted from the sentence, and can be put into an additional sentence:

(43a) Fritz lachte, und zwar am Montag.
 (Brinker 1972; critically Schönfeldt/Zander-Lüllwitz 1976, 314)
(43b) Fritz lachte, und das geschah am Montag.
 (Eroms 1981, 33—50)
(43c) Fritz lachte, und das tat er am Montag.
 (Somers 1984; Happ 1976)

This hypothesis has not been pursued consequently, nor has it been tested in a logical sufficient way with respect to all the possibilities of paraphrasing. The form of possible paraphrases was not spelled out exactly, let alone being substantiated. It seems that the possibility of paraphrase only arises because the phrase in question is optional, such that the test would comprise more than mere adverbials (namely, all optional C's). As regards the method, and underlying principle, it must be noted that, in the first case a translation into a logical language is implied and that the criterion applies only to the form of this translation and not to the content of the sentence proper. Analogously, in the second case the paraphrase is a prerequisite, and the criterion applies only to the form of the paraphrase.
— Semantic closeness. The hypothesis was: C's are closer to the verb, are closer to it in terms of semantic knowledge. A's, on the other hand, are further removed from V. This thesis can be tested empirically (Heringer 1985). It provides no dichotomy, however, but gradual transitions (similar Somers 1984, who answers however with a new attempt at categorization; and Somers 1987, 27, where a scale of six degrees of valency bindings is proposed).

The state of distinction into C and A and the position of valency theory suggests that an intuitively substantiated basis ("enlighted intuition", Emons 1978, 21) has not yet been sufficiently justified by theory. The different relational criteria — as far as they are methodically applicable in a controlled way — yield similar results in the majority of cases but also opposite ones. There are no satisfactory criteria to evaluate the quality of the results. This will only become possible if their explanatory power is shown within the frame of a general theory. It seems likely, however, that valency is a semantic phenomenon of which we have not yet found a clear view or which we perhaps have not even understood properly. All the relations and tests are perhaps only reflexes of the uniform phenomenon, reflexes which interact with other semantic phenomena and hence yield variant results. It is also possible, though, that valency (like the distinction of C and A) is nothing but a theoretical artefact, trying to grasp complex semantic phenomena grammatically and thus forcing them into the categorial corset of grammar. Valency theory might however survive even without the C- and A-dichotomy if it manages to grasp the force of the verb at different levels, especially on a semantic level.

4.3. Diatheses

The assumption of C's having equal rights proves itself test in the presentation of diatheses. Roughly outlined, diatheses are changes of the C-configuration (of a verb). This presupposes, of course, that we possess a basic constellation which serves as a reference when defining the change. Frequently used diatheses (the so-called converses) are pairs of verbs which are semantically closely related, exhibiting the same number of slots and same selectional features, with the exception that the C's are differently coded, having exchanged roles, so-to-say. This is why there are converses only in the case of polyvalent verbs. We find grammatical converses, where the converse verbs stand in a grammatical relation of derivation, and we find lexical converses, where we deal with two lexically different verbs. The most current grammatical converse is the passive voice. Here we differentiate:

(i) action passive:

(43) [Hacker] entdecken [alles].
(43a) [Alles] wird entdeckt [von Hackern].

Characteristic:

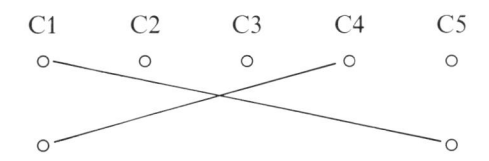

C1   C2   C3   C4   C5

(ii) state passive:

(44) [Ein Zaun] umgibt [den Garten].
(44a) [Der Garten] ist umgeben [von einem Zaun].

Characteristic:

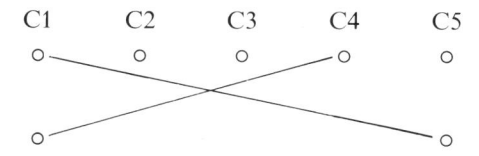

C1   C2   C3   C4   C5

(iii) dative passive:

(45) [She] gave [him] [a book].
(45a) [He] was given [a book] [by her].

Characteristic:

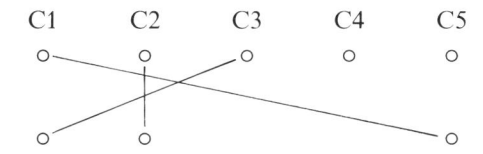

C1   C2   C3   C4   C5

Grammatical converses are usually marked at the verb. There are synthetic forms as in Latin (*datur* etc.) or analytical forms as in German and in English (with the auxiliary verbs *werden*, *to be* etc.). There are furthermore converses by word formation and lexical converses:

(46) [Sie] verkaufen [unseren Kindern] [Bücher].
(46a) [Unsere Kinder] kaufen [Bücher] [von ihnen].

Characteristic:

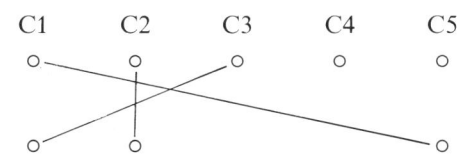

C1   C2   C3   C4   C5

Lexically:

(47) I like potatoes.
(47a) Potatoes please me.

Characteristic:

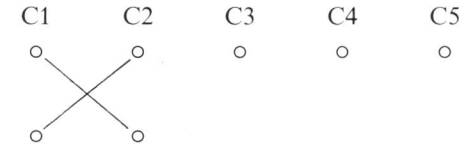

C1   C2   C3   C4   C5

(48) [Die Leute] gaben [den Reichen] [Brot].
(48a) [Die Reichen] bekamen [Brot] [von den Leuten].

Characteristic:

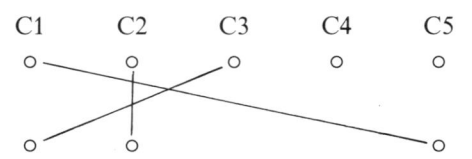

```
C1    C2    C3    C4    C5
o     o     o     o     o
 \   / \   /
  \ /   \ /
   X     |
  / \    |
 o   o   o
```

In the case of the passive the semantic relationship is close, the corresponding sentences are equivalent, i.e. they have the same truth value. The difference seems to be due to C2 becoming more prominent thus yielding a foregrounding. It is however doubtful whether it will ever be possible to give pairs of converse verbs just one lexical entry, which was the original hope. For sentence pairs with converses are hardly synonymous. Most of the time it is a matter of partial converses (Koch 1981, 352). Differences in usage are in particular due to
— the C-conditions changing with respect to optionality,
— only certain aspects of verb meaning being covered by the converse,
— the changing of the speech constellation.
So, for *verkaufen* the C1 is obligatory, but for *kaufen* in the form of C5 optional. Furthermore the C1 for *kaufen* is certainly AGENT, the C3 for *verkaufen*, rather RECIPIENT.

A second form of diathesis is valency raising. The most current cases are the so-called causatives where the valency is raised by the addition of an agent subject. Its characteristic form looks like this:

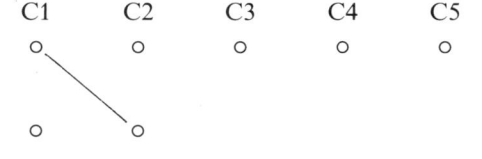

```
C1    C2    C3    C4    C5
o     o     o     o     o
 \
  \
   o     o
```

The causativisation can be differently effected:

grammatically:
   I cry vs. You make me cry.
   fr: voir vs. faire voir
   g: gehen vs. gehen lassen

word formation:
   Die Temperatur sinkt. vs.
   Er senkt die Temperatur.
   fallen vs. fällen, sinken vs. senken

without marking:
   The vessel sinks. vs.
   We sink the vessel.

g: rollen, umkehren
fr: tomber, fondre

lexically:
   He died. vs.
   Someone killed him.
   fr: voir vs. montrer,
   avoir vs. donner
   g: wissen vs. sagen,
   gehen vs. schicken

The valency of a verb can, however, not only be raised causatively. It is possible to extend the valency of a verb by complementing certain C's which seem plausible within the semantic field of the verb and which are only expected in the context of these field properties. Such a valency extension is to be found in the following examples:

(49) Wir leihen uns etwas [von dir].
(50) Wir verkaufen etwas [an dich].
(51) Sie weint [über den Tod ihres Kindes].
(52) Er pfeift [seinem Hund].

In these cases we deal with C's because we are concerned with a transfer of typical C's from a schema-context. Thus in the case of *pfeift ihm* mentioning the adressee emphasises that *pfeift* is a verb of communication. Such verbs usually involve the following roles: SPEAKER, HEARER, THEME. In certain special cases we find hypertrophic C's as an extension, which are extracted from the verb lexemes: [*einen tiefen Schlaf*] *schlafen*, [*einen schönen Traum*] *träumen*, [*tutiorem vitam*] *vivere*.

A third form of diathesis is the valency reduction where one C is omitted:

(53)   We sell sex.
(53a) Sex sells.

(54)   We apply the lotion.
(54a) The rule applies.

Here it has to be presupposed that one pair member is marked. Only this way it can be decided, whether we deal with reduction or with raising. Usually this can be decided
— by intuitions of the speakers,
— by the frequency of the pair members,
— by the complexity (the simpler forms are the basis).

We differentiate three cases: the above-mentioned *recessivum*, and deletion and closure of C's. The *recessivum* is inverse to the *causativum* and has the following characteristic:

```
C1      C2      C3      C4      C5
o      ,o       o       o       o
      /
o
```

(55) Man hat ihn promoviert.
(55a) Er hat promoviert.

C-deletion simply consists of a non-realization of C's:

(56) Sie nannten ihn einen Affen.
(56a) Sie nannten ihn.

The deletion does in fact reduce valency. It changes the meaning and has to be differentiated from ellipsis which may be interpreted as zero anapher since contextually the underlying complement can be reconstructed and well understood.

The third form of reduction is the suspension of C's, which may still be marked in the form of expression but do not vary. Sometimes they are cancelled and are understood and reconstructed in a stereotypic way. Suspension can be achieved in particular by three different ways:

— reflexive:
   X shaves everybody. vs.
   X shaves (himself).
   Das wundert mich. vs.
   Ich wundere mich.
   Die Tür öffnet sich.
   Er kauft (sich) ein Auto.

While the reflexive pronoun is not referential, here the verb will stay bivalent in true reflexivization. In a logical notation the difference would look like this: V(X1) vs. V(X1,X1) for true reflexivization.

— impersonal:
   Jemand raschelt im Gebüsch. vs.
   Es raschelt im Gebüsch.
   Es wurde getanzt.
   Es wurde gelesen.

The impersonal *es* is not referential.

— stereotypical:
   Das Huhn legt (Eier).
   Du gibst (Karten).

Finally we find the C absorbed in the verbal lexeme:
   schaufeln (mit der Schaufel).

Different diatheses can be linked, such as conversion with reflexivization:

(57) Häute verkaufen sich schlecht.
(58) Se vende casa.
(59) Si parla italiano.

With these means also the passive can be recognized as a special repetitive diathesis. First of all, it is a converse of course, and secondly it is a reduction because in nearly all cases we find the actor subject deleted; thirdly it has extensions in which the actor subject reappears as a PP.

5. Attachments

5.1. Junction

The stemma structures discussed so far are all based on *connexion*. In addition, Tesnière developed a component, the so-called junction, which is based on coordination. With the junction, nodes can be multiplied without questioning the basic structure of the sentence. It allows the number of describable sentences to be enlarged by a considerable extent. The junction links two nodes which are elements of the same category and which have the same function within the sentence. This is the reason why the following sentence is said to contain two subjects or a double subject, expanded through junction:

(60) Syntax und Semantik bilden die Grundlage.

The connection of juncted nodes is expressed by special words like *und, oder*; *and, or*; *et, ou*; *y*; or discontinuous ones like *sowohl ... als auch, ni ... ni*. Traditionally, they are called coordinating conjunctions, Tesnière calls them junctives (j). We may also encounter zero-junctives as in the following example between *Paul* and *Emil*:

(61) Paul, Emil und Otto haben das erfunden.

For Tesnière junctives are empty, so-called *mots vides* (Tesnière 1959, chap. 38), which means that they have no semantic function. The general form of a simple junction would be $X_1 \, j \, X_2$, multiple junctions would have the form $X_1 \, j \, X_2 \, j \, ... \, j \, X_n$. They are means to increase the recursive capacity of the DS because they potentially allow strings of infinite length. In the stemma the juncted nodes are connected to the junctive by horizontal edges and are represented in the following way:

(60a)
```
            bilden
      ┌───────┼───────┐
   Syntax—und—Semantik  Grundlage
                           │
                          die
```

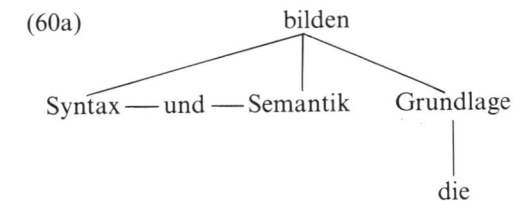

The corresponding virtual stemma would be:

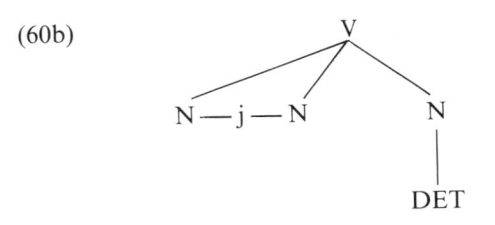

(60b)
```
            V
       ┌────┼────┐
    N—j—N       N
                 │
                DET
```

In the light of the traditional mode of speaking of co-ordination this representation appears quite illustrative and plausible. It clearly shows that edges of junctions are of a different kind compared to dependency edges. It also shows clearly, however, that the junction acts upon the form of the stemma. For partial stemmas for junctions may have the following form:

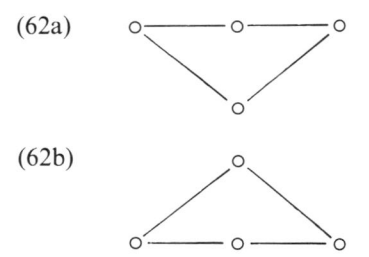

(62a)
```
o────o────o
 \       /
   \   /
     o
```

(62b)
```
        o
       / \
      /   \
    o──o──o
```

These forms are violations of condition 2, according to which stemmas have to be branching, and violations of condition 3, according to which stemmas must not comprise circles or circuits. The junction may be applied recursively and then cause severe complications of the stemma. A plain case is the trinomial junction cited below:

(63) Ich kam, sah und siegte.

It would have to be presented like this:

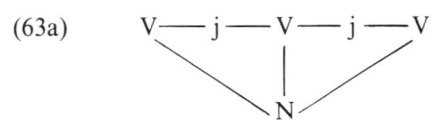

(63a)
```
V—j—V—j—V
 \  │  /
    N
```

If, however, several nodes in the sentence are juncted, the stemmas become even more complicated:

(64) Karl und Emil singen und lachen.

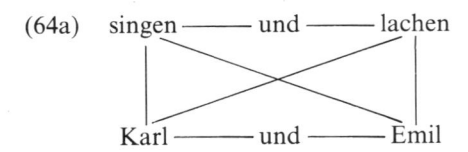

(64a)
```
singen ─── und ─── lachen
   │  \   ╱  │
   │   ╳    │
   │  ╱   \  │
  Karl ── und ── Emil
```

Even though this appears attractive as a graphic representation it additionally encumbers us with intersecting edges and does anything but present the plain subject-predicate-structure. This becomes even more evident in the so-called plexus where the representation is completely unclear. One only has to look at the following example and its corresponding stemma:

(65) Die Kinder lieben und verehren ihren Vater und ihre Mutter.

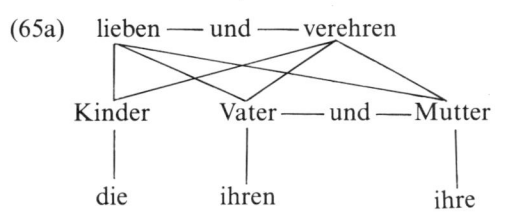

(65a)
```
    lieben ── und ── verehren
       ╲╲    ╱╳╲    ╱╱
   Kinder   Vater ── und ── Mutter
     │        │              │
    die     ihren           ihre
```

The representation is of course an attempt to reflect the fact that such a sentence goes back to several sentences; it is a telescopic stemma, so-to-say. The representations of detailed junction become so complex, however, that it is doubtful whether we need so much structure for an adequate representation. Perhaps we are facing theoretical artefacts: this suggestion is reinforced by the observation that junctions often do not operate over nodes or partial stemmas, but rather on linear sections of strings. This problem has not been solved by DS. On the other hand the question of ellipses and of gapping has been explored in more recent research (Kunze 1972).

5.2. Transference

Transference is a further means of description of the DS in the Tesnière-format. Transference is appropriate to enlarge the number of describable sentences, on the other hand its domain is the integration of functional data. Transference can change the category of a word and transfer it thus into another function. Thus the attributive function is — according to Tesnière — normally accomplished by adjectives. If an N is to serve this function it has to be transferred to an adjective. Thus in *le livre de Charles* the N *Charles* remains morphologically a substantive, syntactically however it accomplishes the function of an adjective. The stemma presents this transference by a large T at the node:

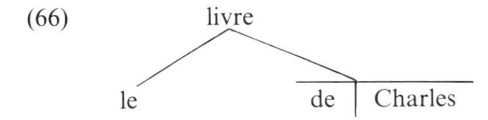

(66)
```
        livre
       /    \
      le    de | Charles
```

Transference is made possible by certain words the function of which is to change the syntactic category of full words. They are called translatives (t). Illustrations of translatives are e. g. *de, of, von*. A further property of translatives is that they do not connect but are part of a nucleus. Within the stemma the translative comes mostly left of the transferred word thus representing the linear order. The virtual stemma — and sometimes also the real — indicates furthermore the target category of the transference:

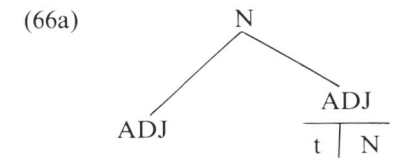

(66a)
```
         N
        / \
      ADJ  ADJ
           t | N
```

We have to distinguish between first order and second order transference. The latter exists if a verb which governs the other parts of the sentence does not represent the central node of the stemma. This is the case in all subordinate clauses. An example would be:

(67) Ich glaube nicht, daß es so geht.

According to Tesnière, in this example the verb *geht* (or the dependent partial stemma respectively) is transferred into a noun by means of a subordinated conjunction, here serving mainly as a translative. In terms of stemma the double rafter of the 'T' symbolizes the second order transference:

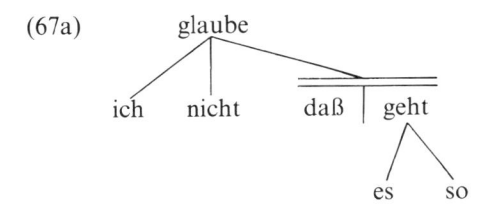

(67a)
```
        glaube
       / |    \
     ich nicht daß | geht
                   /   \
                  es    so
```

Second order transferences also exist on a lower level such as the so-called attributive sentences which according to Tesnière take the function of an adjective:

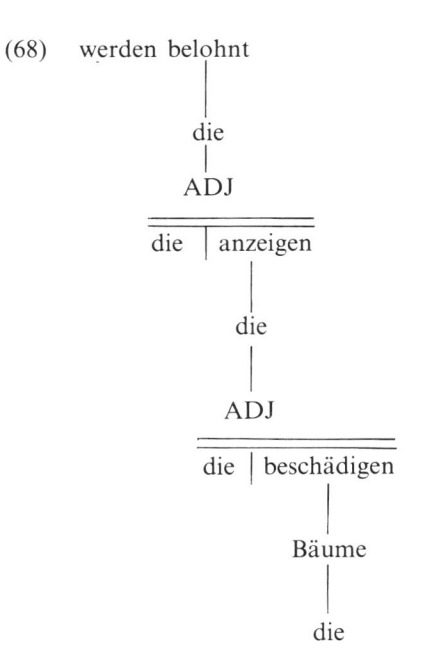

(68)
```
    werden belohnt
          |
         die
          |
         ADJ
        =====
        die | anzeigen
              |
             die
              |
             ADJ
            =====
            die | beschädigen
                  |
                Bäume
                  |
                 die
```

6. Applications

The intensity of research into DS, and its dissemination cannot be compared with that of the constitutive model. In particular, the development and elaboration of PSG within the framework of generative theory is much more current, although dependential elements frequently occur in these models. Yet there is no doubt that the DS has proven itself in syntactic representation and has developed into a well-accepted model of grammar. The marks of appreciation give evidence for this: We find introductions to DS (Tarvainen 1981; Nikula 1986), and we find survey representation of its history and problems (Emons 1974; Korhonen 1977; Herbst/Heath/Dederding 1979, 32—46; Eroms 1981; Matthews 1981; Helbig 1982; Latour 1985) as well as bibliographies (Perl/Wotjak 1974; 1975; Schumacher/Trautz 1976; Schumacher 1988). Furthermore there is a whole range of competing variants of the dependency model which have been continuously discussed and criticized (Engel 1972; Hudson 1976; Heringer/Strecker/Wimmer 1980; Eroms 1985, Mel'çuk 1988). And last but not least: there are widespread applications of the model to natural languages although the majority refer to German. Exhaustive grammatical descriptions presenting a reasonable degree of subtlety are Heringer (1970), Engel (1977), partially Duden (1984) for German; Emons (1974),

Emons (1978), Allerton (1982) for English; Happ (1978) for French; Happ (1976) for Latin; Busse/Vilela (1986), Heringer/Lima (1987) for Portuguese; Perl (1976) gives a survey for the Romance languages; Happ (1977) presents a sketch for Greek; Vater (1973) for Danish. Furthermore, we find contrastive applications: German/Serbo-Croatic in Engel/Mrazowicz (1986); German/Polish in Sadzinski (1989); German/Swedish in Nikula (1976); German/Finnish in Tarvainen (1985); Hyvärinen (1989). Finally there are first applications of the dependential model in historical syntaxes: Korhonen (1977); Greule (1982).

Applications within the field of lexicography have became central to the application of the D-model. The first valency dictionary was published as early as 1969; it also contains a theoretical sketch (Helbig/Schenkel 1971). In this dictionary current verbs of German were depicted for didactic reasons. Their valency was described on three levels:

beklagen

  I. beklagen2 (V1 = betrauern)
 II. beklagen ⌐ Sn, Sa/NS daß/Inf
III. Sn   ⌐   1. Hum (Die Frau beklagt den Tod des Mannes.)
              2. Abstr (als Hum) (Das Institut beklagt den Tod des Mitarbeiters.)
      Sa ⌐   Abstr (Sie beklagt den Verlust.)
      NS ⌐   Act (Sie beklagt, daß sie ihn verloren hat.)
      Inf. ⌐ Act (Sie beklagt, ihn verloren zu haben.)

On level I quantitative valency is indicated; facultative complements are marked by parentheses. On level II the syntactic form of the complements is represented, in particular the NP's case, as is the possibility of embedded sentences or infinitival structures. On level III the semantic selection is described. Here a set of the current markers is used. However, these have been subject to permanent criticism. After the verb dictionary a valency dictionary on adjectives (Sommerfeldt/Schreiber 1974) followed, then one on nouns (Sommerfeldt/Schreiber 1977; for representations of noun valency cf. Teubert 1979, von Randow 1986, Herbst 1988). Soon there were competing valency dictionaries (Engel/Schumacher 1976), and in particular the monumental Mannheim valency-dictionary "Verben in Feldern" (Schumacher 1986).

Furthermore valency dictionaries were achieved for other languages: Busse/Dubost (1977) for French; Rickmeyer (1977) for Japanese; Rall/Rall/Zorilla (1980) for Spanish; László/Szanyi (1984) for Hungarian; Engel/Savin/Mihaila-Cova/Lazarescu/Popa/Roth (1989) for Rumanian. Going beyond special dictionaries for valency, the integration of valency into general dictionaries was considered upon (Herbst 1984).

The valency dictionaries were mostly conceptualized as a means of teaching foreign languages. More general didactical applications of dependency syntax exist as well. Many attempts were made to use DS for primary language instruction in the Federal Republic of Germany during the reform era of the seventies. They largely failed — not, however, due to specific properties of the model itself. The situation is better for foreign languages. The application of DS was already implied by Tesnière who had developed his grammar in foreign language teaching. We find applications for German in Götze (1979) and Rall/Engel/Rall (1977). Further applications can be found in Dönnges/Happ (1977); Pape/Zifonun (1971) for Latin and generally within teaching materials. The following advantages of DS are repeatedly mentioned:

— Making traditional grammars more precise,
— simplicity compared to other models,
— relative closeness to the surface structure,
— detailed sentence patterns focussing on the verb.

In psycholinguistics the D-model plays a role, too. In the early phase the point was to prove the psychological reality of grammar. Levelt has shown in this context that the syntactic intuition of the speaker is adequately represented by D-graphs (Levelt 1974, 51—65). Thus the common intuitions of the relationships of the words of a sentence can directly be transformed into D-graphs. It is also possible to see this as an indication for the matching of the D-structure with the semantic structure. The research of Teigeler (1972) can furthermore be taken as confirming the psychological reality of valency. In this work, experiments with test persons showed that their recollections of sentences correlated quite significantly with the syntactic positions of the elements: The higher the elements, the better the success of their recollection. It was found in these studies that the predicate was the best remembered part of the sentence (Teigeler 1972, 93; whereas in isolated lists substantives are better remembered than verbs, Engelkamp 1988). These results appear to be plausible if one proceeds from the assumption that the psychological reality of phrases has already been proven and that the structure of each phrase is determined by its governor. The highest phrase and thus, the highest governor is the verb, however.

This research can be regarded as prerequisite for a second aspect of psycholinguistic studies: the question of how speakers process, i. e. analyse and understand sentences. Here, too, valency theory has found applications which were confirmed in many ways. For understanding the sentence, verbs are central as they include built-in instructions for their context. Cognitively the verb is an incomplete entity requiring complements. The valential incompleteness is relevant for the recipient as a schema for understanding the sentence. According to this schematic expectation the hearer will include the NPs into his top down strategy of understanding (Hörmann 1976, 436). Of course, the verb in German e. g. is not so easily recognized (Hörmann/Lazarus 1975); however once it is identified the threads of the whole sentence structure have been gathered. The verb directs comprehension (Raue/Engelkamp 1977); the better the complements fit with the verb, the easier it is to understand the sentence. This is also why a grammatical strategy of understanding says: "After encountering a verb, look for the number and kind of arguments appropriate to that verb." (Clark/Clark 1977, 64; Heringer 1989). Problems of projection and comprehension are also explored (Bach/Brown/Marslen-Wilson 1986).

Subsequent to gaining this basic understanding, the propositional model played the most important role within pertinent research. This model is suitable for reducing complex sentences to simple propositions (Kintsch 1974). These propositions are defined by the valency of predicates established; each nuclear predication is defined by a verb with its arguments. The propositional structure corresponds to the semantically close dependential structure, even though a direct historical influence of DS is not evident.

The propositional model has been adopted by so-called cognitive science. Proposals to integrate case and valency theory had already been launched by Fillmore (1977), and later dependentially elaborated (Heringer 1973; Leech 1981, 288; Hudson 1984). This research was controlled by various schema theories where verbs are also considered as schemata. Schemata are not only effective in reception they also organize the semantic memory, always ready
— to be activated and realized for the production of a sentence,
— to be used for the interpretation of a sentence that has been heard or read.

Schemata can be integrated in a net of relations, as the whole of our grammatical knowledge can be represented in networks. The networks may be more or less local or may represent whole processes. In both cases verbs play a great role in the representation.

And finally, it is not a great leap from cognitive science to linguistic data processing. Here, dependential ideas have played a role for quite a while. Thus, Hays (1964) has developed his formal DS (cf. article 14) within the context of automatic sentence analysis. Sketches of dependential algorithms (production, parsing, searching) can be found in Hays (1977).

As a bridge to semantics, case relations were introduced here. The classical dependential representation is suggested by Rothkegel (1978, 88—89) in her valence frame, which also has been utilized in machine translation.

Her standard form of a valence frame contains:
- Vp: a valence governor marked as unambiguous. It should be a standard paraphrase and serve as reference for assigning corresponding lexemes,
- K: abstract complements with enumerating indices; there is no restriction to nominal complements.
- m: semantic characteristics which remain constant independently of the respective surface realization and labelled markers governing the selection.

The surface frames of the individual languages are constructed in a similar way.
They contain:

- Vg: valence governors (lexemes of a natural language),
- Og: surface realization of the complement,
- n: semantic characteristics of the complement, they are relevant with respect to the compatibility of particular lexemes.
- r: syntactic characteristics of the complement such as reflexive, reciprocal, possessive, etc.

The connection of the standard frame to the frames of the individual languages is achieved by way of a projection.

In automatic translation, the valency frames of different languages are to be mapped onto each other (Somers 1987). In some projects the interface is conceived as a dependential structure (Schmidt 1987).

7. References

Allerton, D. J. 1982. Valency and the English Verb. London.

Anderson, J. M. 1971. Dependency and Grammatical Functions. Foundations of Language 7. 30—7.

Askedal, J. O. 1984. Über die Unterscheidung von Ergänzungen und Angaben in der Valenzgrammatik. Eine Ideenskizze. Arbeitsberichte des Germanistischen Instituts der Universität Oslo. 43—78.

Bach, E., C. Brown and W. Marslen-Wilson. 1986. Crossed and nested dependencies in German and Dutch: A psycholinguistic study. Language and Cognitive Processes 1. 249—62.

Baum, R. 1976. Dependenzgrammatik. Tübingen.

Biere, B. U. 1976. Ergänzungen und Angaben. Untersuchungen zur Verbvalenz, hrsg. v. H. Schuhmacher, 129—173. Tübingen.

Brinker, K. 1972. Konstituentenstrukturgrammatik und operationale Satzgliedanalyse. Methodenkritische Untersuchungen zur Syntax des einfachen Satzes im Deutschen. Frankfurt.

Busse, W., und J.-P. Dubost. 1977. Französisches Verblexikon. Die Konstruktion der Verben im Französischen. Stuttgart.

Busse, W., und M. Vilela. 1986. Gramática de Valências. Coimbra.

Clark, H. H., and E. V. Clark. 1977. Psychology and Language. New York.

Dahl, Ö. 1980. Some Arguments for Higher Nodes in Syntax. Linguistics 18, 5/6. 485—8.

Dönnges, U., und H. Happ. 1977. Dependenz-Grammatik und Lateinunterricht. Göttingen.

Duden, Grammatik Bd. 4 hrsg. v. G. Drosdowski. Mannheim, Zürich.

Emons, R. 1974. Valenzen englischer Prädikatsverben. Tübingen.

—. 1978. Valenzgrammatik für das Englische. Eine Einführung. Tübingen.

Engel, U. 1972. Gegenwartssprache und Gesellschaft, hrsg. v. U. Engel und O. Schwencke. Düsseldorf.

—. 1977. Syntax der deutschen Gegenwartssprache. Berlin.

—, und H. Schumacher. 1976. Kleines Valenzlexikon deutscher Verben. Tübingen.

—, E. Savin, R. Mihaila-Cova, I. Lazarescu, L. Popa, und N. Roth. 1989. Valenzlexikon deutschrumänisch. Heidelberg.

—, und P. Mrazowic (Hg.). 1986. Kontrastive Grammatik Deutsch-Serbokroatisch, Bd. 2. München.

Eroms, H.-W. 1981. Valenz, Kasus und Präpositionen. Heidelberg.

—. 1985. Eine reine Dependenzgrammatik für das Deutsche. Deutsche Sprache 13. 306—26.

Fillmore, Ch. J. 1968. The Case for Case. Universals in Linguistic Theory, ed. by E. Bach & R. T. Harms, 1—88. New York.

—. 1977. Scenes-and-frames semantics. Linguistic Structures Processing, ed. by A. Zampolli, 55—81. Amsterdam, New York, Oxford.

Götze, L. 1979. Valenzstrukturen deutscher Verben und Adjektive. Eine didaktische Darstellung für das Fach Deutsch als Fremdsprache. München.

Greule, A. (Hg.). 1982. Valenztheorie und historische Sprachwissenschaft. Tübingen.

Happ, H. 1976. Grundfragen einer Dependenz-Grammatik des Lateinischen. Göttingen.

—. 1977. Vorschläge für eine Dependenz-Grammatik des Griechischen. Gymnasium Beiheft 8. 125—49.

—. 1978. La grammaire de dépendance dans l'enseignement: résultats et perspectives. Etudes de Linguistique Appliquée 31. 110—49.

Hays, D. G. 1964. Dependency Theory: A Formalism and Some Observations. Language 40. 511—25.

—. 1977. Dependency Grammar. Encyclopedia of Computer Science and Technology, ed. by J. Belzer & A. G. Holzmann & A. Kent. New York.

Helbig, G. 1982. Valenz — Satzglieder — Semantische Kasus — Satzmodelle. Leipzig.

—, und W. Schenkel. 1969. ²1971. Wörterbuch zur Valenz und Distribution deutscher Verben. Tübingen.

Herbst, Th. 1988. A valency model for nouns in English. Linguistics 24. 265—301.

—. 1984. Adjective complementation: a valency approach to making EFL dictionaries. Applied Linguistics 5. 1—11.

Herbst, Th., D. Heath and H.-M. Dederding. 1979. Grimm's grandchildren. London, New York.

Heringer, H. J. 1970. Deutsche Syntax. Berlin.

—. ²1973. Theorie der deutschen Syntax. München.

—. 1984. Neues von der Verbszene. Pragmatik in der Grammatik. Jahrbuch 1983 des Instituts für deutsche Sprache, hrsg. v. G. Stickel, 34—64. Düsseldorf.

—. 1985. The verb and its semantic power: Association as a basis for valence theory. Journal of Semantics 4. 79—99.

Heringer, H. J., B. Strecker und R. Wimmer. 1980. Syntax. München.

—. 1988. Lesen lehren lernen. Tübingen.

—, *und J. Pinto de Lima.* 1987. Palavra Puxa Palavra. Lisboa.

Heuer, K. 1977. Untersuchung zur Abgrenzung der obligatorischen und fakultativen Valenz des Verbs. Bern, Frankfurt.

Hörmann, H. 1976. Meinen und Verstehen. Frankfurt/Main.

—, *G. Lazarus and H. Lazarus.* 1975. The role of the predicate in sentence perception. Bochum.

Hudson, R. A. 1976. Arguments for a Non-transformational Grammar. Chicago, London.

—. 1980. Constituency and dependency. Linguistics 18. 179—98.

—. 1984. Word Grammar. Oxford.

Hyvärinen, I. 1989. Zu finnischen und deutschen verbalabhängigen Infinitiven: Eine valenztheoretische kontrastive Analyse. Teil 1, Theoretische Fundierung und Abgrenzung des Prädikats. Werkstattreihe Deutsch als Fremdsprache 25.

Kintsch, W. 1974. The Representation of Meaning in Memory. Hillsdale.

Koch, P. 1981. Verb, Valenz, Verfügung. Zur Satzsemantik und Valenz französischer Verben am Beispiel der Verfügungs-Verben. Heidelberg.

Koller, E. 1984. Lokale Angaben und Ergänzungen — Ein deutsch-japanischer Vergleich. Grammatik, Semantik, Textlinguistik. Akten des 19. Linguistischen Kolloquiums, Vechta 1984, Bd. 1, hrsg. v. W. Kürschner & R. Vogt, 161—72. Tübingen.

Korhonen, J. 1977. Studien zur Dependenz, Valenz und Satzmodell. Bern.

Kunze, J. 1972. Die Auslaßbarkeit von Satzteilen bei koordinativen Verbindungen im Deutschen. Berlin.

László, S., und G. Szanyi. 1984. Ungarisch-deutsches Verbvalenz-Wörterbuch. Budapest.

Latour, B. 1985. Verbvalenz. Eine Einführung in die dependentielle Analyse des Deutschen. München.

Leech, G. 1981. Semantics: The Study of Meaning. Harmondsworth.

Levelt, W. J. M. 1974. Formal Grammars In Linguistics and Psycholinguistics. The Hague, Paris.

Matthews, P. H. 1981. Syntax. Cambridge.

Meiner, J. W. 1981. Versuch einer an der menschlichen Sprache abgebildeten Vernunftslehre oder Philosophische und allgemeine Sprachlehre. Leipzig.

Mel'çuk, I. A. 1988. Dependency Syntax: Theory and Practice. New York.

Nikula, H. 1976. Untersuchungen am Beispiel des deutschen Verbs mit einer kontrastiven Analyse Deutsch-Schwedisch. Uppsala.

—. 1986. Dependensgrammatik. Malmö.

Pape, S., und G. Zifonun. 1971. Grammatik und Lateinunterricht. Linguistik und Didaktik 8. 262—78.

Perl, M. 1976. Die moderne Valenztheorie und ihre Anwendung in den romanischen Sprachen. Beiträge zur romanischen Philologie 15. 91—8.

—, *und G. Wotjak.* 1974/75. Bibliographie zur modernen Valenzforschung, Deutsch als Fremdsprache 11. 243—6.

Rall, D., M. Rall y O. Zorrilla. 1980. Diccionario de valencias verbales. Alemán-Español. Tübingen.

Rall, M., U. Engel und D. Rall. 1977. DVG für DAF. Heidelberg.

von Randow, E. 1986. Valente Substantive des Englischen. Tübingen.

Raue, B., und J. Engelkamp. 1977. Gedächtnispsychologische Aspekte der Verbvalenz. Archiv für Psychologie 129. 157—74.

Rickmeyer, J. 1977. Kleines Japanisches Valenzlexikon. Hamburg.

Rosengren, I. 1970. Zur Valenz des deutschen Verbs. Moderna Språk 64. 45—58.

Rothkegel, A. 1978. Valence Frames in Standard Form and Corresponding Frames of Individual Languages. Valence, Semantic Case, and Grammatical Relations, ed. by W. Abraham, 85—98. Amsterdam.

Sadzinski, R. 1989. Statische und dynamische Valenz: Probleme einer kontrastiven Valenzgrammatik Deutsch-Polnisch. Hamburg.

Schmidt, P. 1987. Valenztheorie im MÜ-System Eurotra. Computerlinguistik und philologische Datenverarbeitung, hrsg. v. U. Klenk & P. Scherber & M. Thaller, 153—60. Hildesheim, Zürich, New York.

Schönfeldt, A., und B. Zander-Lüllwitz. 1976. Überlegungen zur "fakultativen Ergänzung". Festschrift für Gerhard Cordes zum 65. Geburtstag, hrsg. v. F. Debus & J. Hartig, 308—21. Neumünster.

Schumacher, H. (Hrsg.). 1986. Verben in Feldern. Valenzwörterbuch zur Syntax und Semantik deutscher Verben. Berlin, New York.

—. 1988. Valenzbibliographie. Mannheim.

—, *und N. Trautz.* 1976. Bibliographie zu Valenz und Dependenz. Untersuchungen zur Verbvalenz, hrsg. v. H. Schuhmacher, 314—43. Tübingen.

Somers, H. L. 1984. On the Validity of the Complement-Adjunct Distinction in Valency Grammar. Linguistics 22. 507—30.

—. 1987. Valency and case in computational linguistics. Edinburgh.

Sommerfeldt, K.-E., und H. Schreiber. 1974. Wörterbuch zur Valenz und Distribution deutscher Adjektive. Leipzig.

—, *und* —. 1977. Wörterbuch zur Valenz und Distribution der Substantive. Leipzig.

Starosta, St. 1988. The case for Lexicase. London.

Tarvainen, K. 1981. Einführung in die Dependenzgrammatik. Tübingen.

—. 1985. Kontrastive Syntax Deutsch-Finnisch. Heidelberg.

Teigeler, P. 1972. Satzstruktur und Lernverhalten. Bern, Stuttgart, Wien.

Tesnière, L. 1953. Esquisse d'une syntaxe structurale. Paris.

—. 1959. Eléments de syntaxe structurale. Paris.

Teubert, W. 1979. Valenz des Substantivs. Attributive Ergänzungen und Angaben. Düsseldorf.

Vater, H. 1973. Dänische Subjekt- und Objektsätze. Ein Beitrag zur generativen Dependenzgrammatik. Tübingen.

—. 1978. On The Possibility of Distinguishing between Complements and Adjuncts. Valence, Semantic Case, and Grammatical Relations, ed. by W. Abraham, 21–46. Amsterdam.

Hans Jürgen Heringer, Augsburg (Deutschland)

13. Formalized Models

1. Preliminaries
2. Configurations
3. Rules
4. Projectivity
5. Different Models
6. References

1. Preliminaries

Formal dependency syntax (DS) is substantially based on the structural syntax devised by Lucien Tesnière. His grammar contained formal features from the beginning (cf. article 12).

Formal DS goes beyond it in two ways:

— It differentiates between the formal representations of sentences and the underlying rules, which enable sentence structures to be generated. In particular, it reflects on the form of the syntactic rules, thus making it possible to formalize them.
— It places DS in the larger context of formal grammars, thus making it possible to recognize and to explain its qualities and its limitations, especially in comparison to other theories. In addition, it points to a new and higher standard of explicitness.

The formalization of the classical D-model (cf. article 12) had several starting points, both from the theoretical and practical points of view. An important starting point was the recognition of insufficiencies at the basis of every DS: the absence of any definition of dependency that could be operationalized; this lack led to the theory of configurations. A second starting point was the fact that the initial DS did not really offer any coherent rules of grammar, but rather a procedure of analysis and a means of presentation.

The standard of formal grammars had, however, become so high in the meantime that the deficits hurt. Above all, there was a practical interest in connection with automatical language processing, a field in which all possible models were tested and their utility verified. Here, the following problems were prominent:

— automatic parsing (Klein 1971),
— automatic perception of syntactic structures (Hays 1964),
— the descriptive power of DS, especially in comparison with PSG (Gaifman 1965; Fitialov 1973; Hays 1977, 217).

2. Configurations

2.1. Definitions

The basis of DS is the establishment of dependencies between the elements of a sentence. Since dependency is a semantic phenomenon, scientists were mainly relying on intuition in this field. In order to gain the aspired exactness. The dominating operationalism, however, demanded a schematic discovery for dependencies, a sort of operational discovery procedure like IC-analysis for PSG. This was accomplished by the concept of configuration.

Let L be the vocabulary of a language with x_i as elements. Dependency can now be determined distributionally:

Let $\alpha = x_1 \, x_2 \ldots x_{i-1} \, x_i \ldots x_n$ be a well-formed string of the language. If the reduction $\beta = x_1 \, x_2 \ldots x_i \ldots x_n$ is not well-formed, we say: x_i is subordinated to x_{i-1}. Formally: $x_i \leftarrow x_{i-1}$.

For example: α = j'ai une fleur blanche.
β = *j'ai une blanche.

blanche ← fleur

On the basis of this reduction procedure, several configurational concepts were defined (particularly in the USSR: Revzin 1960; Kulagina 1962; Marcus 1967; Nebesky 1978). A simplified definition of a configuration is (Gladki 1966):

Let $\alpha = \alpha_1 \Phi \alpha_2$ be a string of length n > 1. α is a configuration, iff there is an x_i, such that $\alpha_1 \Phi \alpha_2$ can be reduced to $\alpha_1 x_i \alpha_2$. From this we get partial dependency trees in which x_i is the governor in α:

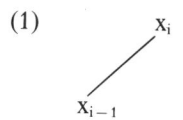

(1) x_i
    x_{i-1}

However, this procedure is still problematical (Kunze 1975, 58) and insufficient. You can neither get to the dependency by a simple substitution, nor can the configurations be reduced in one step. So, too, in *la fleur très blanche*, the word *blanche* should be subordinated to the word *fleur*. Still, *la fleur très* is not a well-formed string.

To solve the problem, the criterion for a configuration must be employed repeatedly. The possible resulting trees are for $x_1 x_2$, hence n = 2:

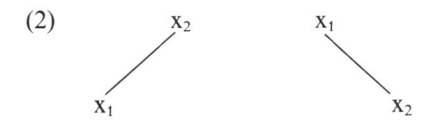

(2) x_2 x_1
      x_1 x_2

For n = 3 there are as many as six possibilities:

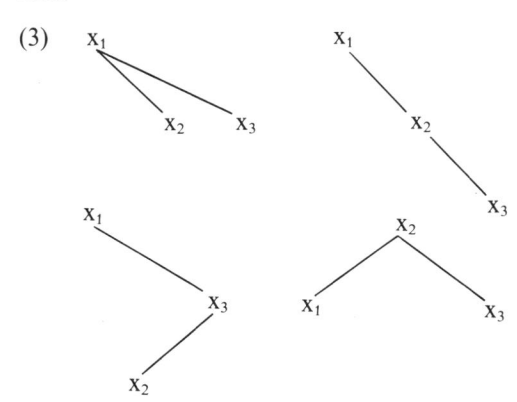

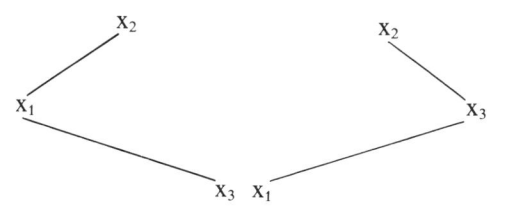

(3) x_1 x_1
      x_2 x_3 x_2
                            x_3
     x_1 x_2
        x_3 x_1 x_3
     x_2

x_2 x_2
  x_1 x_3
    x_3 x_1

The longer the strings, the more distinctive and numerous the possible dependential structures.

2.2. Example

The procedure can be illustrated by an example (Kunze 1975, 65):

(4) Ein völlig erschöpfter Mann berichtet uns.

One configuration is *völlig erschöpfter*, it has the resultant *erschöpfter*. Therefore it holds:

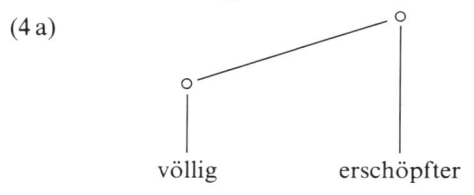

(4 a)

völlig   erschöpfter

The next configuration is *ein erschöpfter Mann* with one resultant *Mann*. Besides, *erschöpfter* can be deleted. Therefore:

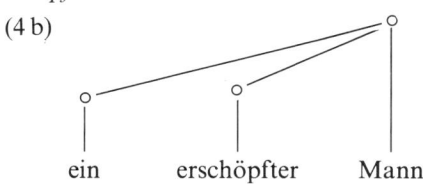

(4 b)

ein   erschöpfter   Mann

Finally, *uns* can be deleted, being a final node. Further reduction, e.g., an imperative (*berichte*) proves *berichtet* as top. Therefore, resulting from this we have the following dependency structure:

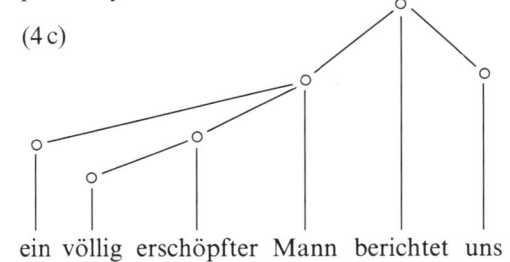

(4 c)

ein völlig erschöpfter Mann berichtet uns

Like other parsing strategies, this procedure does not work without problems. If employed empirically, precautions have to be taken, more linguistic knowledge must be consulted; the operations must be employed with intelligence (Kunze 1975, 86).

Subordinations become problematic, if they lead to counterintuitive results. Then the question is what is the last instance of judgement.

2.3. Axioms of Subordination and Dependency

The detection of configurations and their representation in D-graphs has already suggested the need to discriminate between subordination and dependency. Subordination is weaker than dependency:

x_j is dependent on x_i
 iff x_j is subordinate to x_i
 and there is no x_k which itself is subordinate to x_i
 and, on the other hand, dominates x_j.

This means that dependency is direct subordination, so to speak.

The relation of subordination $\leftarrow$ and its converse $\rightarrow$ have the following qualities:

For all X_i: $X_i \rightarrow X_i$ (reflexive)
For all X_i, X_j:
 From $X_i \rightarrow X_j$ and $X_j \rightarrow X_i$
 it follows $X_i = X_j$ (antisymmetrical)
For all X_i, X_j, X_k:
 From $X_i \rightarrow X_j$ and $X_j \rightarrow X_k$
 it follows $X_i \rightarrow X_k$ (transitive)
For all X_i, X_j there is an X_k, such that
 $X_k \rightarrow X_i$ and $X_k \rightarrow X_j$ where
 possibly $X_k = X_i$; or $X_k = X_j$ (connective)

Here, postulating reflexivity has only formal reasons: Subordination could also be constructed irreflexively.

Our formulations refer to lexical categories, they have their analoga for $x_i \in L$.

Besides, according to the exposition in the 12th article, there is one and one only node *X, such that there is no $X_i \neq $ *X for which the expression $X_i \rightarrow $ *X holds. This *X is the central node. In addition, there must be at least one node X_j, such that there is no $X_i \neq X_j$ for which $X_j \rightarrow X_i$ holds. This class of nodes X_j forms the low ends of a stemma. In the case of *X $= X_j$, we would have a degenerated stemma of one single node.

The relation of dependency $\sqsubseteq$ and its converse, government $\rightrightarrows$, we can define by the subordination $\leftarrow$ and $\rightarrow$ respectively:

For all X_i, X_j with $X_i \neq X_j$:
 $X_i \sqsubseteq X_j$ iff $X_i \leftarrow X_j$ and
 there is no X_k such that $X_i \leftarrow X_k$ and $X_k \leftarrow X_j$

The ideal mathematical and formal definition of the dependency relation should ascribe the following attributes to it (cf. the 12th article):

(i) Not: From $X_i \rightrightarrows X_j$ and $X_j \rightrightarrows X_k$ it follows $X_i \rightrightarrows X_k$
(ii) $X_i \sqsubseteq X_j$ if there is an $X_i \leftarrow X_j$ or there is a sequence $X_i \leftarrow X_1 \leftarrow X_2 \leftarrow \ldots \leftarrow X_j$

3. Rules

3.1. Rule-Types

The format of a formal DS was studied by Hays (1964) and Gaifman (1965). According to them, dependency is ambiguous, it is a relation between occurrences of lexemes x_1, x_2, etc., or between occurrences of symbols for lexical categories X_1, X_2, etc. An occurrence of X in the position i is a pair (X, i), for which we can also write X_i. Iff $Y \rightrightarrows X_1$, $Y \rightrightarrows X_2, Y \rightrightarrows X_3, \ldots, Y \rightrightarrows X_n$ and Y is the most influential element, we say that Y governs all X_i. In this case a formal DS contains a rule of the form (5) which gives the dependencies of one layer:

(5) $Y(X_1, X_2, \ldots, -, \ldots, X_n)$

The hyphen reserves the position for Y, which may stand in the string between the categories governed by it. We can then mark the relative position of the occurrences of the category in the string by superscripts:

(6) $Y(X_1^1, X_2^2, \ldots, -, \ldots, X_n^m)$

This is not redundant in the sense that the position is given twice. It is possible, for example, that $X_j = X_i$, that is, that the same category occurs on two places, and then only the index of occurrence would give the position. Of course, caused by deeper dependencies, it is possible to insert categories between the X_i. This, however, does not influence the order of the X_i on this level.

The application of rule (6) would produce the following graph:

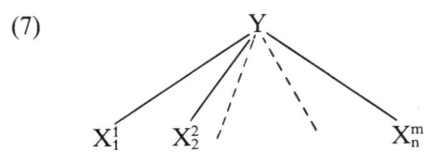

(7)
```
           Y
       / / | \ \
      /  /  |  \  \
   X₁¹ X₂²    Xₙᵐ
```

Special cases of dependency rules are:

(8) $Y(*)$ with $n = 0$

This says that Y does not govern any further element, and therefore indicates one low end of a syntactic structure.

(9) $*(Y)$

This marks a central element which is not dependent on any other element, forming the root of a syntactic structure tree.

3.2. Derivations

A rudimentary DS of the Hays format would be (a slightly different format is presented in Hays 1977):

*(V)   (i)
V(PR, −, N, ADV)   (ii)
N(DET, −)   (iii)

For the lexicon partition, let us take the following lexical rules:

DET = {the, this, ...}
V   = {meet, see, ...}
N   = {man, house, ...}
PR = {I, you, ...}
ADV = {again, yesterday ...}

By one derivation, the grammar would generate the following dependency graph:

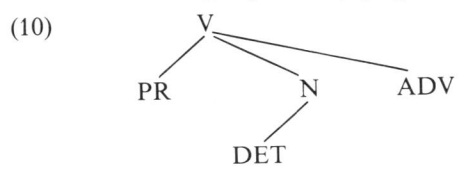

(10)
```
         V
       / | \
     PR  N  ADV
         |
        DET
```

We can see this tree as a dependency structure for several different actual sentences whose description we can get by instantiating all lexical categories with the help of the lexical rules. We could describe an actual sentence as follows:

(11) I meet the man again.

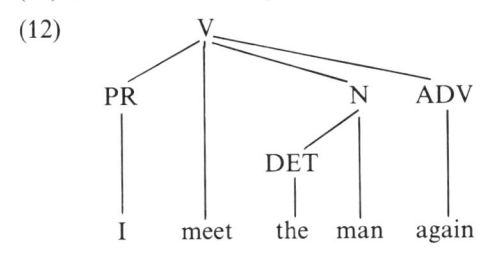

(12)
```
         V
       / | \ \
      PR N  ADV
         |
        DET
      |  |  |  |  |
      I meet the man again
```

The structure gives the usual order of the elements in the string by projecting the lexical categories.

The structure trees generated by a DS can be presented equivalently by bracketings. We can obtain such bracketings by successively applying the D-rules, as in our example, to the following derivation:

*(V)
*(V (PR, −, N, ADV))   with rule (i)
*(V (PR, −, N (DET, −), ADV))
                              with rule (ii) and (iii)
*(V (PR(*), *, N(DET(*), *), ADV(*)))

Bracket structures and dependency graphs are equivalent. Apart from that, we can expand the bracket structure by replacing all inner asterisks by lexemes in accordance with the lexicon:

(13) *V(PR(I), meet, N(DET(the), man), ADV(again))

A DS may be applied to generate or to parse strings. Algorithms for both were sketched as pushdownstores (Hays 1977, 216), where generating looks like this (j indicates the position of A):

(i) Choose a rule of the form *(X). Put X.
(ii) Pop A.
    Choose a rule of the form
    $A(Y_1, ..., Y_n; j)$ and go to (iii) or a rule
    of form A(*). Go to (iii).
(iii) For $i = n, n-1, ..., j+1$, Put Y_i.
    Put T(A).
    For $i = j, j-1, ..., 1$, Put Y_i.
    Go to (ii).
(iv) Choose an element of the class mapped onto A. Add it to the output string. Go to (ii).

3.3. The Grammar

The DS of Hays and Gaifman presented here, is the basic formalism which allows a clear setting of rules for the generation of dependential structures. It offers the groundwork for the investigation of formal qualities of DS such as projectivity and its application to natural languages, which we will discuss in the next section. Apart from this, the precise setting of the DS allows any comparison with other formal grammars. An example is the mathematical proof of weak equivalence of DS with PSG of a certain type which Gaifman has put forward (Gaifman 1965). The equivalence, however, is only related to the fact that both kinds of grammar can define the same sets of strings. Certainly, the respective structural descriptions are different, so that empirically the question which of the two grammars proves more adequate to describe natural languages remains interesting.

A DS of this form is a quadruple
$$DS = \langle R, L, H, F \rangle$$
which characterizes a subset of L* (of the free monoid over L, i.e. the set of all lexeme strings). Here,

(i) R is a set of rules, such that every lexical category X_i appears in a finite number of rules of the form
$$X_i(Y_1, Y_2, ..., Y_k, -, Y_{k+1}, ..., Y_n),$$
possibly with $k = 0$ or $n = 0$. Besides, R

must enclose the rules for the possible central elements. All the rules are formulated by means of lexical categories and by lexemes.

(ii) L is the set of lexemes of the language to describe, also called the terminal vocabulary or lexicon.

(iii) H is a set of syntactical categories; those are the subsets of a partition of L. An element l_j of L may belong to several different $X_i \in$ H, therefore it is possible that $l_j \in X_1$, $l_j \in X_2$ etc. The partition, however, can also be made disjunctive, supposing that each element of L is already a pair of the lexeme and its lexical category. In respect of the auxiliary vocabulary, a DS differs considerably from a PSG, which also contains categorial signs for strings or phrases of l_j resulting in a constitutional hierarchy.

(iv) F is a multiple assignment function, which assigns elements of L to elements of H. This function is given by lexical substitution rules which, for every X_i, name all the lexemes belonging to it. Every X_i contains at least one element. Every $l_i \in L$ belongs to at least one X_i.

The structures provided by a DS for strings of l_i are representable as so-called dependency graphs with the following characteristics:

(i) A dependency graph is a tree with exactly one root.
(ii) The root is the respective central element.
(iii) Each node of the dependency graph is labelled with the symbol of a lexical category.
(iv) The edges correspond to the D-relation, such that the lower categories are dependent on the higher ones. So, the condition for the coupling of two nodes X_1, X_2 by one edge is $X_2 \rightrightarrows X_1$, where X_2 must be the higher node. The highest category is the central element.

To complete the presentation, dotted edges for the assignment can be introduced, projecting the lexical categories on the linear chain of the l_i. An example for such a dependency graph is this, with m_i^n for occurrences of lexemes:

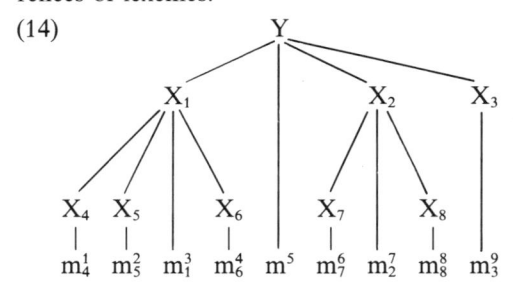

(14)

$$Y$$
$$X_1 \quad X_2 \quad X_3$$
$$X_4 \; X_5 \quad X_6 \quad X_7 \quad X_8$$
$$m_4^1 \; m_5^2 \; m_1^3 \; m_6^4 \; m^5 \; m_7^6 \; m_2^7 \; m_8^8 \; m_3^9$$

So, in contrast with the Tesnière stemma, a dependency graph represents the categorial structure plus the instantiating lexemes, at the same time representing the order of the lexemes in the chain. According to the properties of $\rightrightarrows$, a dependency graph is connective and branching. It does not contain any circular edges.

3.4. Extended D-Rules

The simple Hays formalism may be extended and elaborated for concrete grammatical descriptions. Hays (1977, 215) proposes abbreviations for rules. Alternative rules as (15) and (16) can be abbreviated with braces as in (17):

(15) $Y(X_1, -, X_2)$
(16) $Y(X_1, -, X_3)$
(17) $Y(X_1, -, \{X_2, X_3\})$

The slash notation in (18) seems even more elegant:

(18) $Y(X_1, -, X_2/X_3)$

A second abbreviation uses square brackets indicating optionality. Here (21) abbreviates the two rules (19) and (20):

(19) $Y(X_1, -, X_2, X_3)$
(20) $Y(X_1, -, X_3)$
(21) $Y(X_1, -, [X_2], X_3)$

All this is merely convention. An empirically more relevant extension is the following. It provides for subcategorization by splitting the categorial signs out of H. Each element of H may consist of a prefix designating the main category and a suffix designating the subcategorizing feature. Thus we have the main category V with a subcategorizing valency suffix val, e. g., V val1 for monovalent verbs, V val2 for bivalent verbs etc. Parts of the suffix may be variables indicating concord in rules.

As an example of the power of suffixes let us have a look at the treatment of German NPs and their internal congruencies. It should be pointed out in advance that in German we have a greater number of declension classes (type) of the Ns, let us say five. Moreover, the Ns have different gender (gen), namely masculine, feminine, and neuter, which is effected in a concord with the corresponding determiner forms (DET) or determiner morphemes (DM). The morphemes (AM) of the attributive adjectives (ADJ) also follow the gender of the noun. In addition, there is a distinction in German between two or three types of determiners, which take after them the so-called strong, weak or mixed inflexion of the adjective (flex), and so they require fixed subcategories of AM. Finally, it is useful to differentiate the complete NP according to number (num) between singular and plural, a differentiation based on a difference in the morphemes in question. We have the following suffixes with the given values:

type α where $\alpha = 1,2,3,4,5$;
gen β where $\beta = 1,2,3$;
num δ where $\delta = 1,2$;
flex σ where $\sigma = 1,2,3$;
cas τ where $\tau = 1,2,3,4$.

The general simplified D-structure of an NP is (22);

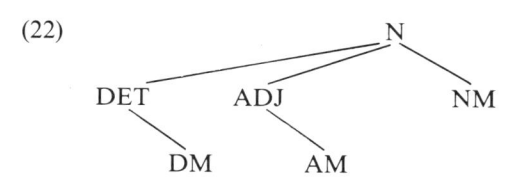

(22)

```
            N
      /   |   \
    DET  ADJ   NM
     \    \
     DM   AM
```

The rule which takes into consideration all subcategories and their congruences by identical variables, is:

(23) N type α gen β (DET flex σ (DM flex σ gen β num δ cas τ), ADJ (AM flex σ gen β num δ cas τ), − , NM type α num δ cas τ)

The power of this notation is demonstrated by the fact that (23) is an abbreviation for a total of 360 rules. The example shows that by using subcategories we have an elegant solution to the "extremely complicated" problem of cross classes.

3.5. Lexical Entries

The form of lexical entries is of paramount importance for DS since the lexicon plays an important part in this theory. However, the study of lexical entries has on the whole not advanced to a state which corresponds with its importance. Lexical entries in DS mostly remain informal. There is a certain consent that a lexical entry must contain the following parts (cf. Schumacher 1986, Mel'cuk 1988, 92):

(i) Semantic characteristics,
(ii) Valency frame or government pattern,
(iii) Semantic relations to other words,
(iv) Examples

However, different scholars realize this in different ways, and no common format for lexical entries in formal DS has been developed so far. One format is Rothkegel's valence frame (cf. article 12; also Emons 1974, 176) in the simple form for verbs:

(24) $V(C_1[...], C_2[...])$,

where the square brackets have to be filled up with selectional features. For a fully fledged lexical entry the valence frame had to be completed by the finer lexical category, a general and a special semantic representation as well as a phonetic representation. Rothkegel's elementary form is spelled out by Vater (1975, 142) (see bottom):

The first part of the entry gives features of verb meaning; *know* is not an action verb, it is a communication verb and postulates two arguments where the last may be propositional, the second part formulates conditions for the arguments filling the valency slots. The idea is that the lexical entry may only be assigned if it fullfils the conditions of the corresponding D-graph, remembering that a category may be seen as a list of features.

In general, form and formulation of lexical entries are not clear at all. Perhaps because lexical entries are part of the general network of language (Hudson 1984, 68) and the validity of an entry can only be shown in an integrated theory. Examples are worked out in Hudson (1984), van Megen (1985), Steiner (1987), and Starosta (1988), cf. 5.2.

4. Projectivity

4.1. Conditions of Projectivity

Dependency syntaxes are based on the assumption that the lexeme strings presented in linear order correspond to at least a two-dimensional structure and that the speaker must know the hidden two-dimensional structure to utter understandable lexeme strings as well as the hearer who must comprehend it.

(25) $know \left[-Act, +Com, +\_\_N, N/T +\_\_ \begin{array}{c} +Anim \\ \overline{+Exp} \end{array}, +\_\_ +Pat \right]$

What this means show the following examples:

(26) Du glaubst das nicht.
(26 a) Nicht du glaubst das.
(26 b) Du glaubst nicht das.
(27) Dann setzt man die Lexeme in die Endpositionen gemäß den Regeln ein.
(27 a) Dann setzt man die Lexeme gemäß den Regeln ein in die Endpositionen.
(28) Die Aufhebung der Bestimmung, die letztes Jahr verfügt wurde, ist erfreulich.

As in the first three examples the semantic-syntactic structure does not depend on different words, they show how it is influenced by the order of the chain. The examples (27) and (27a) rather show a stylistic variation, which nevertheless becomes relevant for the discrimination of spoken and written language. Finally, the last example offers an ambiguity which could hardly be cleared away by changing word order, which is representable, however, by the two-dimensional stemma structure. We give first information about how, in a dependency graph, the relation between the two-dimensional structure and the linear order in a string can be represented: The nodes of the graph are arranged in such a way, that a projection is possible which leads from every node to a point of the horizontal projection line under the dependency graph and which is represented by dotted lines. The projections running vertically from top to bottom are represented by graphs of the following kind:

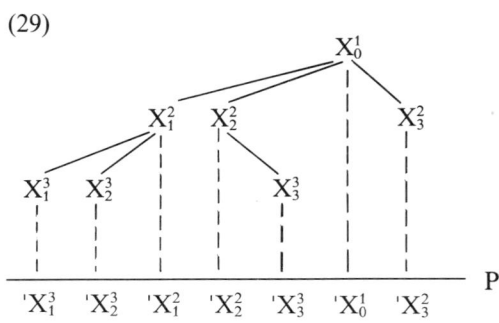

(29)

Here, the superscripts mark the level of the nodes, and the subscripts mark the position on the respective level. The signs with a stroke are the images of the nodes on the projection line P. We say a stemma is projective, iff, for every node X, the image 'X and all the images of all the nodes which are directly dependent on it are located on a continuous piece of the projection line. For a natural language, we say a string is projective, iff the corresponding dependency graph is projective and the projection yields precisely that string. According to this, a D-graph as (29) and the string $X_1^3 \, X_2^3 \, X_1^2 \, X_2^2 \, X_3^3 \, X_0^1 \, X_3^2$ with the given structure would be projective.

Several aspects must be considered when we determine projectivity. Apparently, the string $X_1 \, X_2 \, X_3 \, X_4 \, X_5$ with the following structure is not projective, because the given order cannot be gained by vertical projection:

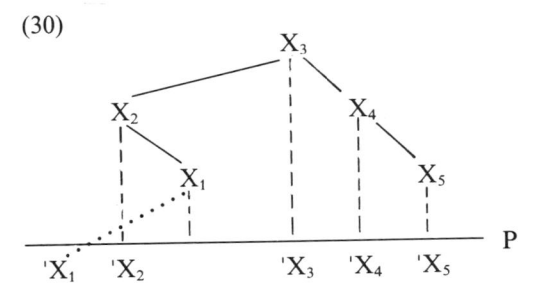

(30)

So there is a violation of the condition that projection lines must run vertically. If we keep to it, we only get the order $X_2 \, X_1$ in (30). It is quite obvious, however, that the stemma for the given string can be made projective. It is simply arranged in a bad way:

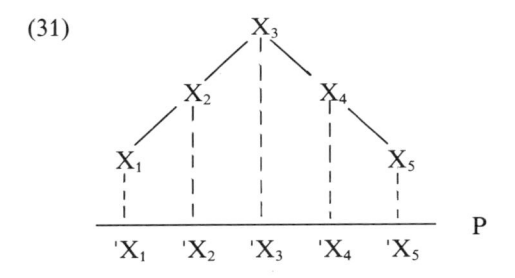

(31)

Is it possible to arrange all graphs in this way? Is therefore the projectivity condition trivial? No, there are dependency graphs which cannnot be arranged projectively. If the mentioned string had the following structure, for example, it would not be projective:

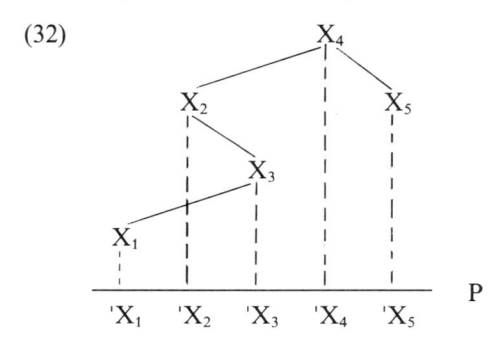

(32)

For now, we cannot permutate X_3 to the left, because then it could not be projected between X_2 and X_4. Here projection lines cannot cross as they are parallel. On the other hand, the crossing of projection lines and dependency edges is a clear indication that this is an infringement of the projection condition. If we split the projection condition, we get the following illustrative partial conditions:

> If X_3 is subordinate to X_1 and
> X_2 shall be placed between X_1 and X_3,
> then X_2 must be (directly or indirectly) subordinated to X_1, too.

Because, if X_2 were placed above X_1 or at the same level, its projection line would cross a dependency edge in any case. This applies to the case when X_1 is placed to the left of X_3 and the case when X_1 is placed to the right of X_3:

(33)

$$X_1 \dashv\!\!\!- - - X_2 \dashv\!\!\!- - - - - X_3$$

$$X_3 \dashv\!\!\!- - - X_2 \quad\quad X_1$$

Another related condition would be:

> If X_0 is a node to which X_1 and X_3 are subordinated, i.e. within reach from X_0 downwards, and
> X_2 shall be projected between X_1 and X_3, then X_2 must be subordinated to X_0, too.

During the elaboration of the formal DS, several conceptions of projectivity were defined, among them those of Harper/Hays, Ihm/Lecerf and Fitialov. The relations were examined by Marcus (Marcus 1967, 213–243). He proves that all these concepts of projectivity are equivalent. In an ordinary definition of projectivity, we start from the narrow concept of monotone projectivity. Let $x = x_1 x_2 \ldots x_n$ be a string of L. $x_i \langle x_j$ means that x_i is placed before x_j, which is equivalent to $i \langle j$; furthermore $x_i \neq x_j$ means as much as $i \neq j$; "$\leftarrow$" shall be used as before:

(i) x is regressively projective
 iff $x_i \leftarrow x_j$ is equivalent with $x_i \langle x_j$, where $i \neq j$.

Regressively projective strings are called centripetal in Tesnière (1959). It shows that, according to the definition, in a regressive structure, all nodes subordinated to one node must be placed before it in the string.

(ii) x is progressively projective
 iff $x_i \leftarrow x_j$ is equivalent to $x_j \langle x_i$, where $i \neq j$.

Progressively projective strings are called centrifugal in Tesnière (1959). If a string is either progressively projective or regressively projective, it is called monotonously projective. It then has the form of a chain of pearls. Monotonous projectivity is a special case of the projectivity defined above in words, since both regressive and progressive structures are projective, but not all projective strings are monotonous. Because of the above mentioned equivalence of the different concepts of projectivity, we only give the formal definition of projectivity of Ihm/Lecerf here, which had also been our starting point in the introduction of projectivity. We transfer it to strings of lexical categories. Let $X = X_1 X_2 \ldots X_n$:

> X is projective
> iff from $X_j \leftarrow X_i$ with $i \langle k \langle j$ or $j \langle k \langle i$ it follows that $X_j \leftarrow X_k$,

A language which only contains projective strings is called a projective language.

4.2. Empirical Problems

The task of a formal grammar is essentially to characterize a subset of L*. So, general restrictions of the formalism to determine the subset are linguistically interesting. Projectivity is one of these restrictions, which could be used to eliminate quite immense subsets of L*. So, Marcus, for instance, has calculated that in an alphabet of seven words and a restricted string of length n = 7, the free monoid would contain 117 649 elements (Marcus 1967, 230). Out of that, 133 773 would be eliminated by the projectivity condition, so only 3876 would remain. The projectivity condition would consequently eliminate 96,7% of the algebraicly permitted strings, being a very important descriptive means to characterize natural languages, because it reflects one of their principal qualities as a characteristic feature of the formalism. So, the projectivity condition would be a criterion of explanative adequacy. The main question is therefore: Are all strings of natural languages projective and, at the same time, are all natural languages projective? Or, less strongly: Are there natural languages which are projective? This question, too, has been examined: The results will show that natural languages are indeed projective, under certain conditions. Namely, the linear order of elements seems undisputable, but the postulated dependencies are not so sure. Some D-rules seem almost universal, e. g.:

(34)

P	⇾ PP	N	⇾ N
N	⇾ ADJ	N	⇾ RPR
N	⇾ DET	V	⇾ object
ADJ	⇾ ADV	V	⇾ subject

But there are more complicated examples. Let us consider the so-called sentence frame in German as it occurs with stranded prefixes, so to speak:

(35) Ich lege das ab.

We assume the following D-structure:

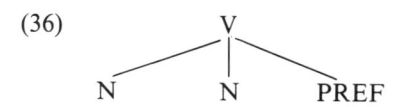

(36)
```
         V
       / | \
      N  N  PREF
```

The projectivity condition that all nodes between V and PREF must be subordinated to V is trivially fulfilled because V is the central element. That is why the permutation as well as the expansion are projective:

(37) Lege ich das ab?
(38) Ich lege das heute ab.

Both sentences remain projective when they are expanded by an auxiliary AUX:

(39) Ich habe das abgelegt.
(40) Habe ich das abgelegt?
(41) Das habe ich abgelegt.
(42) Abgelegt habe ich das.

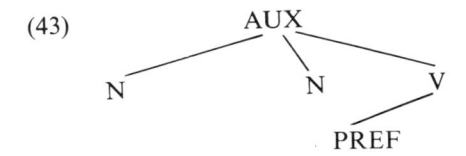

(43)
```
        AUX
       / | \
      N  N  V
            |
           PREF
```

But the problem seems to assume a D-rule as AUX ⇾ N because it cannot reflect the facts that (i) the number of subordinated N is determined by V, and that (ii) the possible Ns are selected by V and not by the governing AUX. Hence the postulate of projectivity as a universal characteristic of natural languages seems very relative. Or should we match the supposed dependencies with regard to the condition of projectivity? This will surely collide with semantic interpretation. Furthermore we have to see that not all the examples are really projective under the assumptions *gelegt* ⇾ *ich* and *gelegt* ⇾ *das*. The second condition of projectivity says that because of *habe* ⇾ *gelegt* the auxiliary *habe* can neither be projected between the nodes dependent on *gelegt* nor between *gelegt* and nodes dependent on it. Only

(44) Habe ich das abgelegt?

would be projective under this assumption. Projectivity is neither conserved under the very problematical assumption AUX ⇾ N. This shows up with relative clauses. Thus, whereas (45) is projective the following version is not:

(45) Ich habe das, was ich hatte, abgelegt.
(46) Ich habe das abgelegt, was ich hatte.

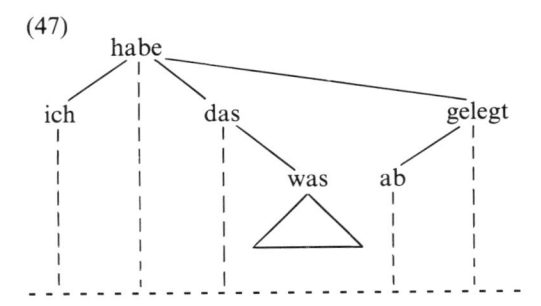

(47)
```
              habe
           /   |    \
         ich  das   gelegt
                \    |
                was  ab
                △
```

Here the relative pronoun *was* with all its governed nodes cannot be projected on the right of *gelegt* which is really necessary because of the well-formed (46).

Our reflexions suggest that the condition of projectivity is not trivially fulfilled. In the case of adjacent elements there are no problems but discontinuities as in the German sentence frame pose serious problems. This is one reason why some DS refrain from word order (as in part Tesnière 1959) and others reserve a special component for it. Here, D-graphs provide all relevant information for semantic interpretation, but are not oriented as far as linear order is concerned (Mel'cuk 1988).

5. Different Models

5.1. Pure Dependency

An empirical dependency syntax has been developed by Engel (1977), a formal sketch is given by Eroms (1985).

The only formal theory of pure dependency has been worked out by Kunze (Kunze 1975; Kunze 1982). The theory starts from a base of subordination trees which are constructed by configurations as shown above. There is one subordination tree for every grammatical structure, for every sentence and construction. Since different grammatical structures may have identical subordination trees, this is not sufficient for a syntactical theory. The nodes must be labelled with grammatical categories and homologous trees have to be condensed to so-called bunches. A bunch is the set of all homologuous trees. Bunches are so-to-speak the rules of syntax (Reimann 1982).

An elementary bunch b is an ordered bunch with labelled nodes, such that

(i) the root is interpreted by a combination of features,
(ii) to each final node k_i there is a corresponding type of substitution U_i with $1 \leq i \leq r$; where U_i is of type i if the edge between e_0 and e_i is marked with R_i. (Arold 1976, 3).

With the help of the bunches we can generate dependency graphs starting from the root of the tree. We start by the root bunch, replace its lower nodes by lower bunches etc. Thus reaching bottom or end bunches. The nodes of a tree are interpreted as combinations of features. A replacement is allowed if the head nodes of the higher bunch are compatible with the roots of the lower bunches.

In addition there are ways which usually run parallel to the dependency edges on which paradigmatic relations (e.g. concord) and selectional relations (e.g. cases) are effected; they are means of semantics. These so-called effective paths must be correctly linked just as the bunches are. The effective paths may run in the following forms:

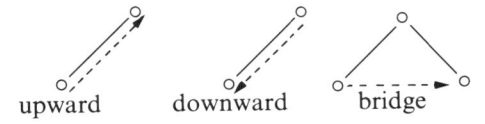

upward   downward   bridge

They are apt to transport the corresponding features. The path of concord between subject and reflexive pronoun is given by:

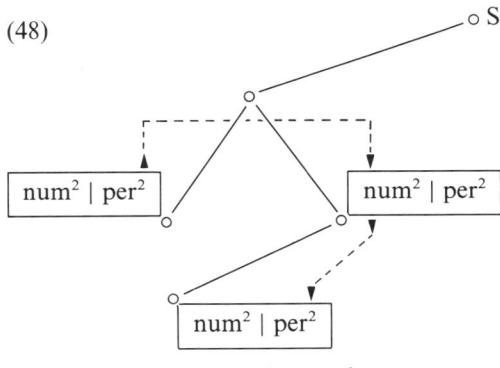

(48)

$num^2 | per^2$ $num^2 | per^2$

$num^2 | per^2$

Karl   wird sich   weigern

Kunze's model has been impressively applied to the description of coordination in German (Kunze 1972, Hesse/Küstner 1985).

5.2. Hybrid Models

With DS the question of the relations between constituency and dependency became virulent. Besides the pure dependency models there have been attempts to construct hybrid models combining dependency with constituency. An elaborated model of this type is Heringer (1973), where a constituency system for German is given as the base of an integrated model. The constituency base then is complemented by a dependency system. In order to link both an algorithm is formulated which works out the most influential node of each layer by counting the governings of the nodes and by calculating an index as a measure for their influence. The constituency rules are then transferred into dependency rules taking the most influential node as a governor. In this way dependencies are also established between higher nodes, i.e. syntactical categories.

Another hybrid model combining constituency with dependency is Hudson's daughter-dependency grammar (Hudson 1976), which focuses not only relations to daughters but also to sisters. This system formulates rules that have be taken as conditions for well-formedness admitting graphs of the following variety: [(49) see next page]

To each unambiguous sentence one graph is assigned that is characterized by the following:

— there are two types of arcs; lines for constituency (called daughter-dependency) and arcs for dependency (called sister-dependency),
— there are nodes of all syntactic layers in the graph,

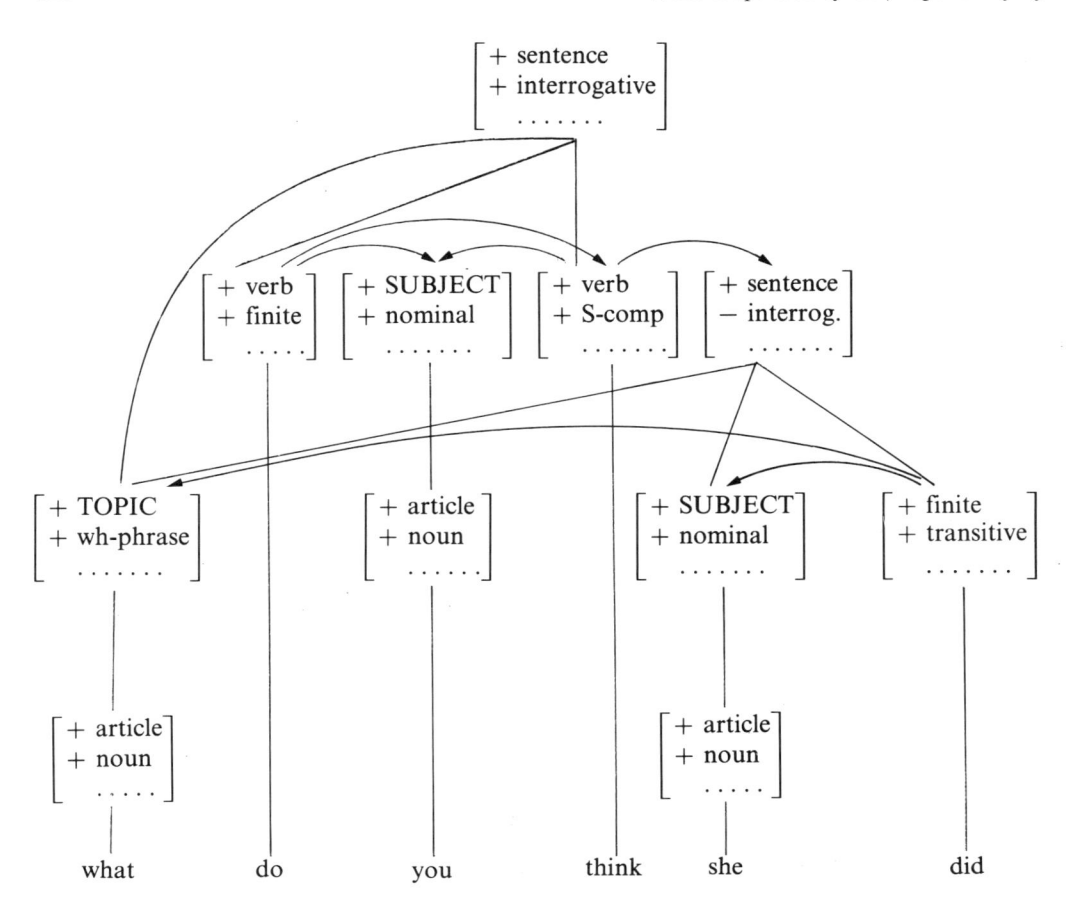

```
                    ⎡ + sentence      ⎤
                    ⎣ + interrogative ⎦
                       .......


  ⎡ + verb   ⎤  ⎡ + SUBJECT ⎤  ⎡ + verb   ⎤  ⎡ + sentence ⎤
  ⎣ + finite ⎦  ⎣ + nominal ⎦  ⎣ + S-comp ⎦  ⎣ − interrog.⎦
     .....        .......        .......       .......


⎡ + TOPIC     ⎤  ⎡ + article ⎤   ⎡ + SUBJECT ⎤  ⎡ + finite     ⎤
⎣ + wh-phrase ⎦  ⎣ + noun    ⎦   ⎣ + nominal ⎦  ⎣ + transitive ⎦
   .......        .....            .......        .......


⎡ + article ⎤                    ⎡ + article ⎤
⎣ + noun    ⎦                    ⎣ + noun    ⎦
   .....                            .....


  what      do      you        think    she        did
```

- there are bundles of features attached to nodes of all layers, features may be functional as TOPIC or SUBJECT.

Daughter-dependency grammar relies on three components:

- classification rules specify the types of node and the combination of features in a graph,
- structure building rules generate sets of features and show how nodes with different sets can combine,
- lexical insertion applies to the structures generated attaching suitable items of the lexicon, i.e. items having the syntactical features of the terminal nodes.

The structure building rules are

- two types of dependency rules: daughter-dependency and sister-dependency,
- feature addition rules, that add features to a node under certain circumstances,
- sequence rules, whose job is to bring the elements into the right order. They presuppose the characterization resulting from feature-addition rules and peripherality rules,
- peripherality-assignment rules, that lay down the binding order of sisters,
- function-assignment rules supply information about constituency which can be used by other rules (notably sequence rules).

All syntactic information is integrated in one graph that is a very rich structure and certainly convenient for practical purposes. However, there is no formal generation for those graphs, since they contain loops they are not trees any more and, it is not clear what a generating formalism would look like. One could ask what is pure syntax in this model and whether the model does not suffer from an *embarras de richesse* (cf. Hudson 1984).

Recently Hudson has worked out a radically new version as so-called word grammar (Hudson 1984). This grammar uses only poor dependency rules, it makes no radical difference between grammar and lexicon. Instead it focuses on lexical entries which are given in form of networks, an idea borrowed from cognitive science. We can see this in a tradition we may characterize by the slogan "All grammar is lexicon". Hudson speaks of panlexicalism.

Another recent hybrid grammar goes in the same direction; it is the so-called lexicase theory of Starosta 1988. It also makes use of dependency structure but enriches it with elements of case theory. In lexicase grammar, all grammatical rules are seen as generalizations about the lexicon. Central to the theory are lexical entries containing bundles of features of different varieties; there are inherent features such as contextual ones indicating what may occur to the left or the right of an element, and last but not least, case frames for verbs.

The proven weak equivalence between PSG and DS (Gaifman 1965) suggests the use of D-rules as the base of a transformational grammar. In fact, Robinson (in Robinson 1970; cf. also Dahl 1971) proposes an amalgamation of TG and DS. She argues in favour of a dependential base by pointing out
— that a dependential base is simpler and needs less transformations than a constituency base (cf. also Hays 1964, 234). So-called tree pruning (i. e. deletion of empty nodes) is superfluous with a dependential base.
— that D-rules are nearer to the semantic representation (Dahl 1971) which is apparent from their relatedness to logical semantics.
— that heads are well defined in DS whereas in PSG it is impossible to define them.

Robinson uses D-rules of the Hays format. In order to construct a weakly equivalent DS to a given PSG she first formulates an algorithm for the conversion of so-called structure free PS-rules (Robinson 1970, 261) into hybrid D-PS-rules (for a similar algorithm cf. Hays 1977, 219).
Let Y be the governor within the PS rule

(50) $X \rightarrow Z_1 Z_2 Y \ldots Z_n$

Then the corresponding D-rule will be

(51) $Y(Z_1, Z_2, -, \ldots, Z_n)$

The corresponding D-PS-rule is

(52) $Y \rightarrow Z_1 Z_2 Y^* \ldots Z_n$

where the governor is rewritten and marked by an asterisk. Here the governor is the head of the phrase and gives its name to it. By treating all PS-rules in the same way we get a whole D-PS-grammar. Now the D-PS rules are used to formulate deep structures which are the input of usual transformations.

As examples we present some types of transformation rules with a dependential base. The rule for subject-verb-inversion in German is an instance of a permutation. The hybrid formulation looks like this:

(53) SD: N V* X
     SC: 1   2   3 ⇒ 2 1 3

A pure dependency formulation looks something like this (for another elegant notation cf. Hays 1977, 222):

(54) SD: V(N, −, N)
     SC: 1   2   3 ⇒ 2 1 3

The rule permutates the corresponding nodes with all dependent nodes hence subtrees of the D-graph.

A case of deletion is ellipsis in coordination. An example for N-coordination could look like this:

(55) SD: j(V(N, −, N), −, V(N, −, N))
     SC: 1 2 3 4   5 6 7
                              ⇒ 1 2 4 6 7

These transformational rules are simpler than the corresponding PS-formulations since they do not contain higher nodes or categories. In the light of empirical questions and work to be done all types of hybrid DS and certainly of pure DS must be seen as promising proposals but not yet as well-established and empirically developed models.

6. References

Arold, D. 1976. Der logische Teil einer automatischen syntaktischen Analyse deutscher Sätze. Berlin.

Dahl, Ö. 1971. Some Inconclusive Arguments for Dependency Structures. Göteborg.

Emons, R. 1974. Valenzen englischer Prädikatsverben. Tübingen.

Engel, U. 1977. Syntax der deutschen Gegenwartssprache. Berlin.

Eroms, H.-W. 1985. Eine reine Dependenzgrammatik für das Deutsche. Deutsche Sprache 13. 306—26.

Fitialov, S. Ja. 1973. On the Equivalence of IC-Grammars and Dependency Grammars. Mathematical Models of Language, Linguistische Forschungen 18, ed. by F. Kiefer. 115–58.

Gaifman, H. 1965. Dependency Systems and Phrase Structure Systems. Information and Control 8. 304–37.

Gladki, A. W. 1966. Eine Methode zur Formalisierung des Begriffs der syntaktischen Verbindung. Probleme der Kybernetik, Bd. 7, hrsg. v. W. Kämmerer & H. Thiele. 263–81. Berlin (Ost).

Hays, D. G. 1964. Dependency Theory: A Formalism and Some Observations, Language 40. 511–25.

—. 1977. Dependency Grammar. Encyclopedia of Computer Science and Technology, Bd. 7, ed. by J. Belzer & A. G. Holzmann & A. Kent. New York.

Heringer, H. J. 1973. Theorie der deutschen Syntax. München.

Hesse, H. und *A. Küstner.* 1985. Ein Syntaxmodell für koordinative Sätze. Zeitschrift für Phonetik, Sprachwissenschaft und Kommunikationsforschung 38. 633–53.

Hudson, R. A. 1976. Arguments for a Non-transformational Grammar. Chicago, London.

—. 1984. Word Grammar. Oxford.

Klein, W. 1971. Parsing. Studien zur maschinellen Satzanalyse mit Abhängigkeitsgrammatiken und Transformationsgrammatiken. Frankfurt.

Kulagina, O. S. 1962. Eine Methode der Definition grammatischer Begriffe auf mengentheoretischer Grundlage. Probleme der Kybernetik. 239–54. Berlin.

Kunze, J. 1972. Die Auslaßbarkeit von Satzteilen bei koordinativen Verbindungen im Deutschen. Berlin.

—. 1975. Abhängigkeitsgrammatik. Berlin.

—. (ed.). 1982. Automatische Analyse des Deutschen. Berlin.

Marcus, S. 1967. Introduction mathématique à la linguistique. Paris.

van Megen, J. 1985. Dependency grammar, valence and the bilingual lexicon. Meaning and the Lexicon. ed. by G. A. J. Hoppenbrouwers & P. A. M. Seuren & A. J. M. M. Weijters. 170–78. Dordrecht.

Mel'cuk, I. A. 1988. Dependency Syntax: Theory and Practice. New York.

Nebesky, L. 1978. A projectivity theorem for weakly connected digraphs. Prague studies in mathematical linguistics 6. 209–13.

Reimann, D. 1982. Büschel als syntaktische Regeln. Automatische Analyse des Deutschen, hrsg. v. J. Kunze. 175–92. Berlin.

Revzin, I. I. 1960. Formal'nyi i semanticeskij analiz sintaksiceskich svjazej v jazyke. (Formale und semantische Analyse syntaktischer Verbindungen in der Sprache.). Primenenie logiki v nauke i technike. Moskva.

Robinson, J. J. 1970. Dependency Structures and Transformational Rules. Language 46. 259–85.

Rothkegel, A. 1978. Valence Frames in Standard Form and corresponding Frames of Individual Languages. Valence, Semantic Case and Grammatical Relations, ed. by W. Abraham. 85–98. Amsterdam.

Somers, H. L. 1983. An Investigation into the Application of the Theories of Valency and Case to the Automated Processing of Natural Language. Manchester.

Schumacher, H. 1986. Verben in Feldern. Valenzwörterbuch zur Syntax und Semantik deutscher Verben. Berlin, New York.

Starosta, St. 1988. The Case for Lexicase. An Outline of Lexicase Grammatical Theory. London, New York.

Steiner, E. 1987. Zur Zuweisung satzsemantischer Rollen im Rahmen des MÜ-Projekts Eurotra. Computerlinguistik und philologische Datenverarbeitung, hrsg. v. U. Klenk & P. Scherber & M. Thaller. 161–71. Hildesheim, Zürich, New York.

Tesnière, L. 1959. Éléments de syntaxe structurale. Paris.

Vater, H. 1975. Toward a Generative Dependency Grammar. Lingua 36. 121–45.

—. 1978. On the Possibility of Distinguishing between Complements and Adjuncts. Valence, Semantic Case and Grammatical Relations, ed. by W. Abraham. 21–45. Amsterdam.

Hans Jürgen Heringer, Augsburg (Germany)

14. Recent Developments in Dependency Theory

1. Some Widespread Trends towards Dependency in Syntax
2. Some Theories which are based on Dependency
3. Some Issues in Current Dependency Theory
4. Conclusions
5. References

1. Some Widespread Trends Towards Dependency in Syntax

One of the most interesting developments of the 1970s and 1980s has been the tendency for non-dependency theories to adopt ideas which are familiar in dependency theory. Constituent structure is still fundamental to the theories which dominate linguistic theorising (at least in the Anglo-Saxon world) — Government-Binding theory (Chomsky 1981, 1982, 1986, article 24 in this volume), Generalised Phrase-Structure Grammar (Gazdar et al. 1985, Borsley this volume) and Lexical-Functional Grammar (Bresnan 1982, article 26 in this volume). And yet each of these theories, in its own way, is nearer to dependency theory than any of the dominant theories of the 1960s. Furthermore, Relational Grammar (Perlmutter 1983, article 27 in this volume), a very influential theory of the late 70s, was even closer to dependency theory.

Government-Binding theory and Generalised Phrase-Structure Grammar are firmly based on the 'X-Bar' theory of constituent structure (Jackendoff 1977), central to which is the idea that each construction has a head, namely the daughter which has the same feature-analysis as the mother. This requirement is intended to reflect the close connection between the classification of the whole phrase and that of one of its constituent words — thus, a noun phrase is so called because it is built around a noun, a prepositional phrase around a preposition, and so on. The X-bar principle guarantees that the features of one constituent word will be projected up onto the complete mother phrase (its 'maximal projection').

This step has the interesting consequence of greatly reducing the contribution made by the mother nodes, because these must, by definition, bear the same features as one of the constituent words, so their feature structure adds nothing to the syntactic analysis. The only difference between the labels of the mother and those of its head daughter lies in the number of 'bars' they carry — a notational device for indicating relative 'size' or completeness, whereby a complete noun phrase may be assigned, say, two bars, one which lacks just a determiner gets a single bar, and a single-word noun has no bars at all. Indeed, it has been found in Generalised Phrase-Structure Grammar work that mothers and head daughters tend not to differ even in this respect, so their default assignment of bars is the same (Gazdar et al. 1985, 52). Thus whatever role the feature-analysis of the phrase may play could be played equally well by the head word, as in a dependency grammar.

Although X-bar theory is nearer to dependency theory than are other versions of constituent structure, it is important to point out that the notion 'head' still plays no part at all in X-bar sentence structure (Zwicky 1988). Heads are represented directly in Generalised Phrase-Structure Grammar, but only in rules, where the symbol "H" is used on the right-hand side of a rule to stand for an element with the same features as the left-hand side. Once it is instantiated correctly, the element concerned has just the same status in the sentence structure as other, non-head, elements, and cannot be identified by means of its label alone.

Another important trend in the dominant theories has been towards the explicit recognition of relational categories. This is most clearly seen in Lexical-Functional Grammar, where categories like 'subject' are recognised explicitly in the 'functional structure', one of a sentence's two syntactic structures. Such categories are all subdivisions of the notion 'dependent', and are of course part of the same grammatical tradition from which dependency theory springs. Thus any theory, such as Lexical-Functional Grammar, in which relational categories are taken as basic is closer to dependency theory than is standard constituent-structure theory, where they are not indicated directly in the labelling. The same is true of Relational Grammar, a theory of grammatical structure whose basic categories are relational ones. Both Lexical-Functional Grammar and Relational Grammar, then, are similar to dependency theory in their recognition of relational categories as basic.

It is of course true that many theories which were being explored in the 1960's also took relational categories as basic — one thinks of Tagmemics (Pike 1982) and Systemic Grammar (Halliday 1985) in particular — but these theories were rather peripheral to the mainstream of theoretical linguistics by the early 1970's. It is also true that Government-Binding theory and Generalised Phrase-Structure Grammar follow the phrase-structure tradition in explicitly denying that relational categories have more than a derivate status in grammar, but it is noticeable that apparently relational categories are coming to play an increasingly important role in both theories. In Government-Binding theory, the notion 'Case' is fundamental, and the abstract cases which are recognised are clearly relational, since they vary according to the phrase's external relations rather than according to its internal structure (e. g. an English NP, whose form is invariant, is 'nominative' or 'accusative' according to whether it is subject or object). Similar distinctions are made in Generalised Phrase-Structure Grammar, again without recognition of their relational nature, and categories such as 'predicate' are also recognised. Thus it seems fair to say that relational categories, which are fundamental to dependency theory, are coming to play an increasingly important, albeit unacknowledged, role in all the mainstream theories.

The last trend to be mentioned is the explicit recognition of dependency-like relations in Government-Binding theory, under the name 'government'. This term is of course used in something like its traditional sense, as the name for the dependency relation between a head and a dependent whose morphosyntactic features it restricts (Matthews 1981, 246). However it is generalised in Chomsky (1981, 162) to cover a wider range of head-dependent relations, regardless of whether there are morpho-syntactic restrictions or not. Like the traditional grammatical relations, government is not indicated directly in sentence structures, but must be derived from phrase-structure configurations. However, unlike grammatical relations, government relations are referred to in a large number of Government-Binding theory rules, just as they would be in a dependency grammar.

It seems, then, that all theoreticians are becoming increasingly aware of the importance of dependency relations in syntax. Meanwhile of course a similar trend can be discerned in semantics, where 'theta roles' (semantic relational categories) are widely recognised as a necessary part of semantic structure. The close connection between syntactic and semantic dependencies is not always recognised (e. g. in Government-Binding theory theta roles are accepted as basic, but grammatical dependency relations are not), but it is not unreasonable to see both trends as part of a larger tendency to take relations and relational categories more seriously in grammatical analysis.

2. Some Theories which are based on Dependency

We turn now to the theories in which dependency relations are recognised as basic. The one which is most influential in terms of research effort is Categorial Grammar, which is covered by a separate article in this volume (article 18). There are two reasons for considering Categorial Grammar as a version of dependency grammar. One is that all syntactic constructions are defined in terms of asymmetrical binary relations between a 'functor' and its 'argument', which translate roughly speaking into 'head' and 'dependent' respectively (though in some versions of Categorial Grammar the dependency relation is distinguished from the functor-argument relation, which allows them on occasion to be out of step — see e. g. Vennemann 1977). The other reason is that all the information needed for determining the structure of a sentence is located in the classification of the individual words (in their 'categories' — hence the name of the theory), rather than in the classification of phrases (as in phrase-structure grammar). Because of this Categorial Grammar is often said to be 'lexicalist', a feature which it shares with all dependency theories (see 3.3).

Other dependency-based theories are less well known and less widely used, though in general they are probably better known in Europe than in America, where constituent structure has dominated syntax since the days of Bloomfield (Percival 1976). These theories are described by Heringer in this volume, but it may be helpful to list those which currently appear to be the most influential, or at least the most accessible.

(a) A group in East Germany headed by Kunze (1975, 1982) has been developing a highly formalised version of dependency theory for use in computational linguistics. It is worth mentioning in this connection that dependency analyses are produced as one stage in the automatic translation process of the European machine-translation system 'Eurotra', and that a sophisticated dependency-based parsing system has been developed by Hellwig 1980, 1986 b) in Heidelberg. Other dependency-based parsing systems have been developed, e. g. in Finland (Valkonen et al. 1987) and at the NEC laboratories in Japan. Dependency analysis seems very promising as an alternative to constituency parsing in computational linguistics; some of its attractions are presented in Nelimarkka/Jäppinen/Lehtola (1984).

(b) A group in Prague under the direction of Sgall (Sgall/Hajicová/Panevová 1986) has developed a general theory of language structure in which dependency is basic and (at least in principle) constituent structure plays no part. The theory is distinctive in a number of other respects which seem unrelated to the assumption of dependency structure — for instance, it assumes a two-level syntactic structure rather similar to that of Lexical-Functional Grammar, and a particular vocabulary of analytical categories. This theory has also been applied in computational work.

(c) The University of Hawaii is the centre for work in a theory called 'Lexicase' which has been being developed since the early 1970's by Starosta (Starosta 1988), and which has been applied in a large number of descriptive studies of non-Indo-European languages. Here too syntactic structures are based on dependency relations, though constituent-structure apparently plays a vestigial role, in the form of an extremely restricted version of X-bar syntax in which every construction has a word as head, and no mother can bear more than one bar. Like the previous theory Lexicase also offers a vocabulary of analytical categories, but it is different in allowing only a single, surface, level of syntactic structure. Another of its distinctive characteristics is that it is 'panlexicalist' — all the grammar is in the lexicon, either in the lexical entries themselves, or in lexical rules.

(d) During the same period, Anderson has been developing a dependency-based theory of syntax in Edinburgh (Anderson 1971, 1977, 1979). As in the previous two theories, his theory includes a vocabulary of analytical categories, and it is probably this part of the theory which has attracted most attention, since it claims that an extremely restricted set of feature-categories is sufficient for defining grammatical relations. Another noteworthy characteristic of Anderson's work is that it is closely linked to a dependency-based theory of phonology, Dependency Phonology (Durand 1986; Anderson/Durand 1986).

(e) A much more recent addition to the collection of dependency-based theories is the theory of the present writer, Word Grammar (Hudson 1980a; b; 1983; 1984; 1985a; b; 1986a; b; 1987; 1988a; 1990; Hudson/Van Langendonck 1991). This theory allows constituent structure only in coordinate structures; otherwise all structural relations are defined in terms of word-word dependencies. It was developed out of Daughter-Dependency Grammar (Hudson 1976), in which both dependency and constituency were recognised, and this in turn developed out of Systemic Grammar (Hudson 1971). It is characteristic of all these theories that they only recognise a single level of syntactic structure. Word Grammar, like some of the theories listed above, has been used as the basis for a number of computer parsing systems (Fraser 1985; 1987; Hudson 1986a; Gorayska 1987).

The research surveyed above all starts from the 'classical' version of dependency theory, as defined by Gaifman (1965) and Robinson (1970). In this version no word has more than one head, and category-labels on the individual word-nodes are atomic. Furthermore, word-order is limited by an Adjacency Principle which allows a word to be separated from its head only by other words which are also subordinate to this head (i. e. by other dependents of the head or by dependents of the dependent word itself; or by dependents of these dependents, and so on). The classical version is so similar to phrase-structure grammar that Robinson claimed they were equivalent (ibid). However, all the arguments which show that simple context-free phrase-structure grammar is inadequate apply, mutatis mutandis, to this kind of dependency grammar, so the theories mentioned have each enriched or weakened the classical version in some respects. Some theories allow more than one syntactic level (Sgall, Anderson), some include a very rich feature-system by which information can be passed among the nodes (Hudson 1976, Hellwig, Starosta), some have no Adjacency Principle (Kunze), and some allow words, under certain circumstances, to have more than one head (Anderson, Hudson). Furthermore, the theories mentioned focus on different issues and rest on a variety of metatheoretical assumptions. The state of the art in dependency theory, then, is clearly as fragmented as in constituency theory.

3. Some Issues in Current Dependency Theory

The aim of the remainder of this article is to expand the brief remarks above by indicating some of the areas in which one or more of the dependency theories has introduced innovations, and where there is consequently disagreement among theories,

3.1. The Role of Constituent Structure

In any version of dependency theory it is easy to derive constituent structures from dependency structures. This can be done by taking any word as a 'root', and finding all the words which are 'subordinate' to it; the root plus all its subordinates must by definition constitute a phrase. To make this definition more precise we need to define 'subordinate'. Following Anderson/Durand (1986) we use this term in contrast with 'dependent', so that every dependent of W is also a subordinate of W, but not vice versa. If X is a subordinate of W, then it may be a dependent of W — i.e. W may be its head, with no intervening dependency links between them — or it may be a dependent of a dependent of W, or a dependent of a dependent of a dependent of W, and so on. It is convenient to use the term 'root' as the converse of 'subordinate' (paralleling the relation between the more specific terms 'head' and 'dependent'). Thus X is a subordinate of W if it is below W on the same dependency chain, and X is a root of W if it is higher on the same dependency chain. It is also convenient to define these terms even more inclusively, so that X is a subordinate (or root) of W if X is at least as low (or high) on the same dependency chain as W. By this definition, W is a subordinate (and also, incidentally, a root) of itself. (More formally, X is a subordinate of W either if X is a dependent of W, or if X is a dependent of a subordinate of W.) We can now define the notion 'phrase': for any word W, there is a phrase consisting of all the subordinates of W. (We return in section 3.7. to the definition of 'subordinate' given here.)

The possibility of deriving phrases from dependency structures is uncontroversial (and well known). This close link between dependency and constituency led to ambiguities in the early literature (e. g. Jespersen 1924, 96, 102, Tesnière 1959), and to some disagreements among current theories. Before we review these differences, however, it is important to point to an area of general agreement, namely that coordinate structures need a quite different treatment from those involving subordination. The following remarks apply only to the latter, and we shall return to coordinate structures in 3.9. The disagreements concern the status of phrases in the grammar: are they merely derivative notions (comparable with the status of dependency structures in phrase-structure grammars) or are they basic? In a nutshell, do any rules of grammar ever need to refer to phrases as such? Some linguists have argued that there are indeed generalisations which can only be expressed satisfactorily if we can refer to phrases in the grammar — such as the rules which assign mood categories to clauses, or which distinguish the noun-like properties of gerunds from their clause-like properties (Hudson 1976, 197 ff; Matthews 1981, 84 ff). Others have argued that although the phrases are strictly redundant, it is still useful to have a (very sparse) constituent structure (Starosta 1988). However a theory in which both dependency and constituency are basic is much more complicated (and therefore harder to articulate in detail) than one in which only dependency is basic, so the arguments in favour of the former position must be very strong indeed. Those who find the evidence unimpressive maintain the simpler position (Sgall/Hajicová/Panevová 1986, 148, Hudson 1980; 1984). Indeed it is possible to argue that constituent structure is a positive hindrance in grammatical analysis. Take for example the relations between a verb and a collocating preposition (e. g. between *depend* and *on*); according to pure dependency theory, the relation between them is direct, but if we add constituent structure, the dependent of *depend* is a prepositional phrase, so the relation between the verb and the preposition is indirect.

3.2. The Role of Features

Dependency theory has been influenced by the general move towards generativity and explicitness, and current theories take account of the need for a great deal of information about each node — far more than is conveyed simply by defining its part of speech, for example. The information needed involves (i) subclassification of the parts of speech — e. g.

auxiliary verbs must be distinguished from other verbs, (ii) valency — a term which is now widely used, thanks to the work of dependency theorists (e.g. Matthews 1981, 100 f; for references see ibid, 117 f) and (iii) inflectional morphology — all the traditional morphosyntactic distinctions must be made. Following the lead of Chomsky (1965), some dependency theorists have used syntactic features to express some or all of this information. This is particularly true of Hudson (1976, 23), Hellwig, and Starosta (forthcoming), for whom all three types of information are given in terms of features, this rich system of features being manipulated by a number of special rule types similar to those of Generalised Phrase Structure Grammar. However at the other extreme Hudson (1984) suggests that features should be banned altogether from grammars because of the excessive power they confer on the grammar; all generalisations should be stated in terms of a hierarchy of atomic wordtypes (thus 'auxiliary verb' is a 'verb' which is a 'word'), and the same system should be used for expressing generalisations about valency (thus 'finite verb' takes a subject, just as the verb *hit* takes an object). It seems likely that the truth lies in between these positions, and in particular that morphosyntactic features should be allowed, since one cannot otherwise refer to such notions as 'number' in order to say that two words must agree with respect to number.

3.3 Lexicalism

A question which has preoccupied many linguists (outside dependency theory) concerns the relations between the lexicon and the grammar (in the restricted sense where the grammar comprises the rules for combining fully specified lexical items). An influential current of opinion is that most of the information in a 'lexico-grammar' (i.e. a combination of a grammar and a lexicon) is contained in the lexicon, and the grammar does much less work than was once thought. Some dependency theoreticians invoke rules such as transformations (Anderson 1979), and all allow general word-order rules (to exploit generalisations about dependency-head relations which cut acrosas constructions), but there is general agreement that no rules are needed for the defining of constructions. One of the most general characteristics of dependency grammars, which in this case include categorial grammars, is that constructions are defined by very general principles on the basis of the valency information about individual words — e.g. if a word which is known to take a noun as dependent occurs with a noun, then a general principle allows the two to be linked into a construction (unless of course this linkage conflicts with some other linkage or rule). Thus dependency theories naturally fit into the 'lexicalist' trend of recent linguistic theorizing. However there are different ways in which these ideas can be made more precise. One is to maintain the distinction between 'grammar' and 'lexicon', and to say that virtually all the information is in the lexicon; this raises the problem of how to generalise across lexical items, which is solved by invoking 'lexical rules' — which in turn creates the problem of showing why these are not part of the grammar. Such a position is adopted by Starosta (op cit). Another view of 'lexicalism' denies the lexicon/grammar distinction and asserts that both parts of a lexico-grammar have similar formal properties, differing only in generality — a difference of degree rather than of kind. This view is taken by Hudson (1984, 12f) and Hudson/Van Langendonck (1991), and is implemented in a theory which exploits the notion of 'inheritance' to generalise from general wordtypes onto more specific wordtypes, then from these to particular lexical items, and finally to particular uttered words. Both views are presumably in the spirit of the lexicalist movement. It is perhaps also worth drawing attention to the natural connection between dependency theory and lexicalism which comes from the unique status of the word in both: for dependency theory, the word is the only unit of a grammatical analysis (unless other units are also recognised, as mentioned in 3.1), and for lexicalism the word is the normal unit for lexical items, and the smallest unit for grammatical analysis.

3.4. Heads, Dependents and Grammatical Relations

The most basic tenet of dependency theory is that syntactic structures can be defined in terms of the dependency relations between words, so it is important to be able to decide on the correct dependency analysis of particular constructions. This presupposes a definition of the notion 'head' against which one can test any given analysis, but unfortunately it is hard to arrive at an agreed definition. This is a familiar situation in linguistics — for example, there is no agreed definition of 'constituent' either — but it raises some problems because different definitions lead to different analyses. It is possible that a 'definition' is in fact a chimera; that the notion 'head' is a prototype defined by a variety of properties, and that something could be called a head even if it lacked some of these properties. Zwicky (1985) gives an insightful discussion of the various criteria that have been proposed, but according to Hudson (1987) these criteria all converge in a significant number of constructions. However some dependency linguists have tried to use a single criterion, though without being able to claim special merit for it; for example, Starosta (op cit) defines the head as any obligatory element in a construction, which means that prepositional phrases have two heads.

Another question on which there has been discussion is how the notion 'dependent' should be subdivided. It is normal in dependency theory to recognise at least two kinds of dependent, namely 'complement' and 'adjunct' (Matthews op cit, 123 ff), but this distinction is in fact rather hard to draw in practice, and may be a continuum rather than a binary contrast (Somers 1984). However, one of the attractions of dependency theory is that it provides a good framework within which to develop a theory of grammatical relations, since all the traditional relational categories (subject, object, complement,...) are the names of particular types of dependent. It is quite natural that subdivisions are needed in the notion 'dependent', because it is normal for one word to have more than one dependent and these sometimes need to be distinguished from one another; and conversely there is no need for subtypes of 'head' if each word normally has just one head. (Indeed, it has even been argued that there is no need for a cover category 'dependent' if various subtypes are recognised — Allerton 1982). It also follows that if the notion 'dependent' is basic, as it is in dependency theory, then the names of its subtypes should be basic as well (in contrast with those theories in which relational categories are derivative, not basic). Moreover dependency theory defines precisely what is related to what; for instance, the relational category 'subject' must be taken as defining the relation of a dependent word to another word — typically a verb — and cannot be taken, as it often is, in relation to the 'mother' constituent, a clause. This framework provides the basis, then, for an analysis of grammatical relations in which each relational category is part of a hierarchy dominated by 'dependent', and general categories such as 'complement' dominate more particular ones like 'object' (and, more delicately still, 'direct object'). The precise nature of this hierarchy is of course an important matter for research. According to Hudson (1976; 1984) it is very restricted, and not all dependents are subclassified, but more recently reasons have emerged for developing it into an all-inclusive and richer system (Hudson/Van Langendonck 1991).

3.5. How many Syntactic Levels?

One of the main differences among dependency theories is between those which espouse a transformational distinction between a 'deep' and a 'surface' level of syntax, and those which insist that there should be just a single, non-contradictory and completely surface level of syntax. Starosta (op cit) and Hudson (1976, 177; passim) take the latter view, while recognising that some constructions may be problematic (e. g. gapping; though even here a non-transformational treatment may be possible — Hudson 1988). In contrast, Sgall/Hajicová/Panevová (1986, 4) recognise at least two levels of syntactic structure, namely a surface level and a deeper one which they call the 'tectogrammatical structure'; and they allude to a distinction between the surface syntactic level and what they call the 'morphemic' level, which seems to carry a considerable amount of syntactic information (ibid, 238). A number of transformationally related syntactic structures are also assumed by Anderson (1979), and may be needed according to Kunze (1975, 8). One thing seems fairly clear from the proposals that have been made: standard dependency theory faces just the same problems as simple context-free phrase structure grammar, and one way of solving these problems is by admitting transformations. Another way is by allowing a rich apparatus for exploiting and manipulating features, as in Lexicase. Another way again is by abandoning some of the standard assumptions of dependency theory, as we shall see in the next subsections.

3.6. Overlapping Constructions

One of the main preoccupations of all linguists over the past decades has been with the analysis of sentences like *Fred wants to work* or, more simply, *Fred keeps working*. Assuming that *Fred* is the subject (and therefore a dependent) of *keeps*, what is to be said about its relation to *working*? It clearly has a relation at the semantic level (namely, precisely the same relation as in *Fred works*), so how is the semantic relation to be 'read off' the syntactic structure? Sgall/Hajicová/Panevová (op cit, 275 f) seem to favour an analysis at the tectogrammatical level (see 3.5) in which *working* has as subject an empty category which requires coreference with a preceding noun, and which is also found in the surface structure. However other dependency theories solve the problem by relaxing one of the basic requirements of standard dependency theory, namely the principle that no word should have more than one head. In these theories, *Fred* is shared as subject by both *keeps* and *working*. Thus in Anderson's transformational theory (1979) each verb has a separate subject in deep structure but a transformation merges these two in surface structure; in Starosta's theory the two subjects are identified in the (only) syntactic structure; and similarly in Hudson (1976, 115 ff; 1984, 82 f). What these analyses all have in common is that one word (*Fred*) is assigned two heads (the two verbs). Such analyses have numerous attractions (e. g. that they show the connection between the subject and the second verb in the most direct way possible, thereby immediately making all the right predictions concerning reflexivization, semantic relations, etc.), but the price to be paid is the weakening of one of the claims of dependency theory. However this claim seems to be tantamount to denying the existence of overlapping constructions; and it seems very clear indeed that language is in fact full of precisely such constructions, so there seems little merit in clinging to the claim in the face of the evidence. It should be stressed that in all these theories it is still assumed that the normal arrangement is for each word to have just one head, and that sharing of heads requires explicit authorisation in the grammar (making it costly, and therefore marked). We shall consider some other constructions below which seem to involve shared dependents.

3.7. Adjacency

The standard version of the Adjacency Principle does not allow structures like the one just suggested for *John keeps working*, in which *John* depends on both of the following words. This is because *John* is separated from its second head by its first head, which is not subordinate to either of them. Nor does the principle allow sentences like *Beans I know that you like* (which we shall discuss in subsection 3.8), in which *beans* is separated from its head *like* by a number of words including *know*, which again is not subordinate to either of them. In view of these conflicts there are two possible decisions. One is to abandon the Adjacency Principle, which seems to be the step taken by Kunze and his colleagues, to judge by some of the analyses given by Kunze (1975, 160; 169). The problem with this course is that it seems to leave one without an explanation for the ungrammaticality of sentences like **John sour likes apples*, where a dependent (*sour*) is separated from its head (*apples*) by a word which is not a dependent of either. The other possibility is to revise the Adjacency Principle. One such revision is given in Hudson/Van Langendonck (1991); another is as follows. We now assume that one word may have more than one head, so the Adjacency Principle must allow for this. It also has to refer to the notion of subordination, but we have already defined this (3.1.), so we can exploit the definition given there. The revised Adjacency Principle now runs as follows: A word must not be separated from one of its heads by anything other than a subordinate of one of its heads. This leaves open the possibility that the two heads concerned might be either the same or different, and also that the separating word might itself be one of the word's heads. Thus structures like *Fred kept working* are now legitimized.

3.8. Unbounded Dependencies

One of the applications of the new Adjacency Principle is to the analysis of constructions from which an item has been 'extracted' by so-called 'long extraction', leading to an 'unbounded' dependency — a dependency which may stretch across an unbounded amount of structure (Hudson/Van Langendonck 1991, Hudson 1990). Typical examples of such structures are those which are handled in transformational grammar by wh-movement — topicalisation, wh-movement (in wh-questions and relative clauses), etc. Take the example *Beans I know that you like*, in which *beans* is 'extracted' from its normal place after *like*, which in dependency terms is its head. In a theory which eschews transformations it is necessary to find a surface analysis which shows this dependency while at the same time providing a link between *beans* and the word from which it takes its position, namely *know*. The easiest way to do this is to let *beans* have two heads, both *like* and *know*. Under the new rules for dependency analysis this is permitted, and the revised Adjacency Principle accepts a structure in which *beans* is separated from its second head by its first head and by subordinates of one or the other head. Moreover an analysis is possible in which further dependencies are established between the displaced word and words in the dependency chain which links its two 'extreme' heads; in our example the only such word is *that*. Thus in *Beans I know that you like*, the word *beans* has three heads: *know, that, like*. One requirement of the analysis is that every intervening link must also be a head of the displaced word, otherwise the structure is ungrammatical. An analysis along these lines has a variety of attractions, one of which is that it explains the so-called Complex NP Constraint (which inter alia bans extraction out of relative clauses). This is because an adjunct cannot act as an intermediate head of the displaced word; so **Who do you know people who like*? is bad for precisely the same reason as **What kind of hair do you have students with*?, namely that the chain of dependencies between the two extreme heads would have to include an adjunct (*who* and *with*, respectively). Another of the attractions of the analysis is that it establishes an 'ordinary' dependency link between the displaced word and its 'ordinary' head, so all the usual rules apply to it quite automatically. For example, the displaced word may be the subject of the clause out of which it is displaced, as in *Which students do you think are enjoying themselves most?* The ordinary rules for subject-verb agreement, reflexivisation, assignment of semantic relations and so on all apply to *which* (*students*) in relation to *are* — which is of course correct.

3.9. Coordinate Structures

As mentioned earlier, dependency theorists (except Starosta) are agreed in making a distinction between constructions which involve subordination and those that involve coordination, and in limiting the domain of dependency to the former. In a coordinate structure like *John and Bill* it is clear that there is no one word to which the others could be subordinate — both the nouns are ruled out because either is an equally good candidate, and the conjunction cannot be the root because it cannot take on one of the main roles of the root, namely that of providing the syntactic link between its subordinates and the rest of the sentence (e. g. it could not allow *John and Bill* to occur in positions where only a noun is allowed, because it is not itself a noun). Thus some other relationship is needed for defining the relations among the conjuncts and the conjunctions of a coordinate structure, and the natural candidate is constituent structure. This should not be taken as an admission of weakness in dependency theory, but as a specific claim about the nature of grammatical structure — there are two kinds of structure, best described in terms of dependency and constituent structure respectively. Moreover, this partitioning of structures has considerable adavantages over an analysis conducted entirely in terms of constituent structure, precisely because constituent structure is used exclusively in coordination (Hudson 1984, 211 ff; 1988). This releases it from any other duties, and avoids any potential conflict between the demands of coordinate structures and those of other constructions. In particular, it opens the way for a satisfactory analysis of 'incomplete conjuncts', as found in *He drinks {[coffee at the office] and [tea at home]}*. The brackets show the boundaries of the coordinate structure and of its constituent conjuncts, and it can be seen that neither conjunct corresponds to a 'standard' constituent. If constituent structure is not used outside coordinate structures, this is no problem. In the analysis assumed here, words can be bracketed in a coordinate structure in any way, provided only that the bracketing satisfies two conditions, to which we now turn.

As is well known, there is a very general constraint on coordinate structures which requires the conjuncts to be similar to one another. The question is, in what respect must they be similar? The traditional answer which is standardly given in analyses based on constituent structures is that the various conjuncts must all be phrases belonging to the same category (for a recent example of this see Sag et al. 1985). We have already seen one problem for this analysis, namely the existence of conjuncts which are not phrases of any kind, such as *coffee in the office*. Another, equally well-known, problem is that phrases of quite different categories can in fact be coordinated (e. g. *He was tired and in a bad mood*, where an adjective (phrase) is coordinated with a prepositional phrase). If, however, an analysis of coordinate structures is part of a grammar in which grammatical relations are basic, another answer is possible. This is the rather traditional answer given by, for example, Dik (1968), namely that the similarity between the conjuncts lies in their grammatical relations, rather than in their class-membership. Thus *tired* and *in a bad mood* are compatible if they can both have the same grammatical relation to the same word; and in precisely those contexts where only one of them is permitted, they cannot be coordinated (e. g. compare *He grew tired/ *in a bad mood* with **He grew tired and in a bad mood*). Now it is possible to use this as one of just two constraints that are specific to coordinate structures. The first special constraint is that every word in a given conjunct must be a subordinate of one 'conjunct root' (using 'root' and 'subordinate' in the senses defined in 3.1.). The second is the one that requires the conjuncts to be similar to one another: if any conjunct root has a grammatical relation to some word outside the coordinate structure, then some conjunct root in every other conjunct must have the same grammatical relation to the same word. These two constraints are both satisfied in our earlier example: *He drinks {[coffee at the office] and [tea at home]}*. The conjunct roots of the first conjunct are *coffee* and *at*, and similarly for the second conjunct; and the external grammatical relations of the various conjunct roots are shared 'across the board' as required. Finally coordinate structures are subject to all the normal constraints on dependency structures; so a word which is a conjunct root must have all its normal valency requirements satisfied (as they are for all the conjunct roots in this example).

4. Conclusions

Dependency theory has received very little attention in Anglo-Saxon theoretical linguists. However, the facts of language seem to be gradually pushing all linguists to rediscover the basic truths which dependency theory has traditionally tried to capture. It would be naive to expect the world soon to embrace dependency theory in place of constituent structure; there is surely no doubt that far more progress has been made over the past few decades within the framework of constituent structure than among the various strands of dependency theory — far more sophisticated theories of constituent structure have been developed and tested against far more data. Advocates of dependency theory must address the same range of problems and accept the same standards of success as these other theories; and in the process they must expect the bases of their theory to change radically. Once properly developed, dependency theory should compare very well indeed with any of the currently available theories based on constituent structure.

5. References

Allerton, David. 1982. Valency and the English verb. London.

Anderson, John. 1971. The grammar of Case: Towards a localistic theory. Cambridge.

—. 1977. On case grammar: Prolegomen to a theory of grammatical relations. London.

—. 1979. Syntax and the single mother. Journal of Linguistics 15. 267—87.

—, and Jacques Durand. 1986. Dependency phonology. Dependency and non-linear phonology, ed. by J. Durand, 1—54.

Bresnan, Joan (ed.). 1982. The mental representation of grammatical relations. Cambridge, MA.

Chomsky, Noam. 1965. Aspects of the theory of syntax. Cambridge, MA.

—. 1981. Lectures on government and binding. Dordrecht.

—. 1982. Some concepts and consequences of the theory of government and binding. Cambridge, MA.

—. 1986. Barriers. Cambridge, MA.

Dik, Simon. 1968. Coordination: Its implications for the theory of general linguistics. Amsterdam.

Durand, Jaques (ed.) 1986. Dependency and non-linear phonology. London.

Gaifman, H. 1965. Dependency systems and phrase structure systems. Information and Control 8. 304—37.

Gazdar, Gerald, Ewan Klein, Geoffrey Pullum, and Ivan Sag. 1985. Generalised phrase structure grammar. Oxford.

Halliday, Michael. 1985. An introduction to functional grammar. London.

Hellwig, Peter. 1977. Dependenzanalyse und Bedeutungspostulate — eine Alternative zur generativen Transformationsgrammatik. Linguistische Berichte 52. 32—51.

—. 1978. Formal-desambiguierte Repräsentationen. Vorüberlegungen zur maschinellen Bedeutungsanalyse auf der Grundlage der Valenzidee. Stuttgart.

—. 1980. PLAIN A program system for dependency analyisis and for simulating natural language inference. Representation and Processing of Natural Language, ed. by Leonard Bolc, 272—376. München.

—. 1986a. Dependency unification grammar (DUG). Proceedings of the lith Conference on

Computational Linguistics (COLING 86). 195–98.

—. 1986b. The Plain approach to natural language processing. Proceedings of Spring Meeting 1986, SHARE European Association (SEAS). 51–66.

—. forthcoming. PLAIN — Ein Programmsystem zur dependentiellen Syntaxanalyse und zur Simulation von Folgerungen in natürlicher Sprache. Tübingen.

Hudson, Richard. 1971. English Complex Sentences: An introduction to Systemic Grammar. Amsterdam: North Holland.

—. 1976. Arguments for a Nontransformational Grammar. Chicago.

—. 1980a. Constituency and dependency. Linguistics 18. 179–98.

—. 1980b. A second attack on constituency: a reply to Dahl. Linguistics 18. 489–504.

—. 1983. Word grammar. Proceedings of the 13th International Congress of Linguists. The Hague. 89–101.

—. 1984. Word Grammar. Oxford.

—. 1985a. A psychologically and socially plausible theory of language structure. Meaning, form and use in context: Linguistic applications, ed. by Deborah Schiffrin, 150–59. Washington DC.

—. 1985b. The limits of subcategorisation. Linguistic Analysis 15. 233–55.

—. 1986a. A Prolog implementation of Word Grammar. Speech, Hearing and Language: Work in Progress 2. London: UCL Dept of Phonetics and Linguistics. 133–50.

—. 1986b. Sociolinguistics and the theory of grammar. Linguistics 24. 1053–78.

—. 1987. Zwicky on heads. Journal of Linguistics 23. 109–32.

—. 1988. Coordination and grammatical relations. Journal of Linguistics 24. 303–342.

—. 1990. English Word Grammar. Oxford.

—, and Willy Van Langendonck. 1991. Linguistic Theory and Grammatical Dscription. ed. by Flip Droste. Amsterdam: Benjamins, 307–336.

Jackendoff, Ray. 1977. X-bar syntax: A study of phrase structure. Cambridge, MA.

Jespersen, Otto. 1924. The philosophy of grammar. London.

Kunze, Jürgen. 1975. Abhängigkeitsgrammatik (Studia Grammatika 12). Berlin.

—. 1982. Automatische Analyse des Deutschen. Berlin.

Matthews, Peter. 1981. Syntax. Cambridge.

Nelimarkka, Essa; Harri Jäppinen, and Aarno Lehtola. 1984. Parsing an inflectional free word order language with two-way finite automata. Advances in artificial intelligence, ed. by T. O'Shea, 167–76. Amsterdam.

Percival, W. Keith. 1976. On the historical source of immediate constituent analysis. Notes from the Linguistic Underground (Syntax and Semantics 7), ed. by James McCawley, 229–42. New York.

Perlmutter, David (ed.) 1983. Studies in relational grammar 1. Chicago.

Pike, Kenneth. 1982. Linguistic concepts: An introduction to tagmemics. Lincoln.

Robinson, Jane. 1970. Dependency structures and transformational rules. Language 46. 259–85.

Sag, Ivan, Gerald Gazdar, Thomas Wasow, and Steven Weisler. 1985. Coordination and how to distinguish categories. Natural Language and Linguistic Theory 3. 117–71.

Sgall, Petr, Eva Hajicová, and Jarmila Panevová. 1986. The meaning of the sentence in its semantic and pragmatic aspects. Prague.

Somers, Harold. 1984. On the validity of the complement-adjunct distinction in valency grammar. Linguistics 22. 507–31.

Starosta, Stanley. 1988. The Case for lexicase. London.

Tesnière, Lucien. 1959. Eléments de syntaxe structurale. Paris.

Valkonen, K., H. Jäppinen, A. Lehtola, and M. Ylilammi. 1987. Declarative model for dependency parsing — a view into blackboard methodology. Paper presented to Association of Computation Linguistics, Copenhagen.

Vennemann, Theo. 1977. Konstituenz und Dependenz in einigen neuren Grammatiktheorien. Sprachwissenschaft 2. 259–301.

Zwicky, Arnold. 1985. Heads. Journal of Linguistics 21. 1–30.

—. 1988. Direct reference to heads. Folia Linguistica. 22, 397–404.

Richard Hudson, London (Great Britain)

VI. Ansätze syntaktischer Theoriebildung IV: Funktionale Syntax
Approaches to a Theory of Syntax IV: Functional Syntax

15. General Ideas of Functionalism in Syntax

1. Introduction
2. Functionalism: Shared Assumptions
3. Information Structure and Formal Properties
4. Concluding Remarks
5. References

1. Introduction

In many recent publications in linguistics, both from a European and from an American background, it is felt necessary to explicitly stress the distinction between functionally oriented approaches to linguistic research and formally oriented ones, and to express adherence to the one or the other research paradigm. In this chapter I will discuss some essential properties commonly taken to characterize functionally oriented schools of thought.

Although the opposition between two essentially different approaches suggests that the two ways of describing and theorizing about language are basically incompatible, there is no a priori incompatibility between adopting a functional point of view on the one hand, and trying to apply a consistent system of formalization on the other. In fact, functionally oriented publications on linguistic phenomena widely differ among each other not just in the degree to which a formal representation of results is judged desirable or rejected on principle, but, more essentially, also in the degree to which some coherent theory concerning the properties of the language system underlies the questions asked and the descriptions proposed. In spite of such differences, however, many approaches which call themselves functionalist (although carrying the label in itself does not necessarily guarantee that a functional view point is indeed adopted), share certain basic ideas concerning the language system, and certain goals of linguistics as a discipline, as opposed to those advocated by formalist schools. I will not concern myself in this paper with the history of functionalist linguistic schools of thought: for an overview of the historical ties and mutual influences between them, I refer to the survey given in Dirven/Fried (1987, xif).

Risking the danger of merely reduplicating the surveys and sometimes passionate defenses of functionalist principles to be found elsewhere (see e.g. the various introductions or first chapters in e.g. Sgall 1984; Sanders/Wirth 1985; Halliday 1985; Mey 1986a; b; Dirven/Fried 1987; Hickmann 1987; Tobin 1988; Dik 1989; Siewierska 1991), I will first devote some attention to such common points of departure, rather than insisting on the distinction between on the one hand 'theory-driven' functionalism, such as that exemplified by the theories discussed in section 3. of this paper, i.e. Dik's Functional Grammar (FG), Prague school Functional Sentence Perspective (FSP), and Hallidayan Systemic Functional Grammar (SFG), and less theory oriented, more descriptively oriented functionalist approaches, such as that exemplified by many contributions in various recent collections of papers of largely American origin (exemplified by Wirth 1985; Givón 1983; Tomlin 1987; Haiman/Thompson 1989) on the other. Subsequently I will go into a more detailed comparison of the three theories mentioned, especially with respect to one of the particular points which they seem to share, namely the insistence upon the importance of information structure for a formulation of the rules and regularities underlying language use, and the consequences thereof for the lay out of the grammar, namely the requirement for a pragmatic component or module. Since in Role and Reference Grammar (Foley/Van Valin 1984; Van Valin 1990), which proclaims itself as a functionalist approach, and which does aim at a developing a consistent full-fledged theory, such a pragmatic component has received relatively little attention, I will not include this theoretical framework in the present discussion. Explicit confrontations between different functionalist approaches with respect to their pragmatic modules are rare in spite of the obvious partial similarities (for exceptions see Davidse 1985; Geluykens 1987; Butler 1988; 1990, and, most recently, Siewierska 1991, 146 f).

2. Functionalism: Shared Assumptions

As pointed out frequently, the basic property characterizing functional linguistic research in which it differs from more formal approaches as represented by for example government and binding theory is the way in which it views the nature of its object of research, the language system, and the consequences drawn from this view for the choice of data to be considered and the format of the grammar.

In functionalist theories it is assumed that the organization and structure of the language system cannot but be codetermined to a large extent by the fact that its primary function is that of being an instrument in communication, that is, in verbal interaction between human beings, themselves by nature part of a social setting and consequently subject to socio-cultural, cognitive and other psychological and physical constraints (see Dik 1989, 4 f; Halliday 1985, xiif; a recent contribution stressing the need to distinguish clearly between different types of constraints, and their consequences for grammatical phenomena is Prideaux 1991). Functionalist linguistics here opens the possibility to rebridge the gap which has widened between formalist branches of linguistics on the one hand, and for example Speech Act theory, Discourse Analysis and Text Grammar on the other (or, for that matter, any of the other disciplines which could be considered to contribute to pragmatics in a wide sense, such as cognitive psychology, sociology, and action theory). In actual practice, however, there are as yet few links between functionalist linguistic theories and some of these disciplines (see for example Butler 1988, 83 on the lack of interaction between pragmatics and SFG; Prideaux 1991, on the other hand, exemplifies an attempt to cross the gap between grammar and pragmatics from the other side, so to speak, without, however, explicitly opting for any specific theory), although the different frameworks mutually differ in this respect.

In accordance with this basic assumption it is expected that not only the rules and regularities underlying the production and processing of language by speakers and hearers, but also those characterizing the linguistic product itself (utterances, whether or not for the purpose of analysis idealized as sentences, and larger stretches of discourse) cannot be formulated in abstraction of the fact that they serve as carriers of meaning in a certain communicative situation and context. In fact, such an assumption is radically opposed to one of the basic tenets of formally oriented theories such as for example government and binding and its predecessors, namely the famous principle of the autonomy of syntax. This axioma makes it actually senseless for the theory to investigate possible discourse conditions for the use of some variant in cases of syntactic variation (such as, e. g. the question what determines the selection of voice, or why speakers may choose to express some propositional content in the form of a subordinate clause rather than as a main clause, or as a nominalization etc.). In functionalist approaches, on the other hand, such questions are completely legitimous and even basic. While it is not denied that linguistic entities have a formal structure, this structure is viewed as a vessel, so to speak, for conveying a semantic structure which for some reason is selected as appropriate by the speaker in a certain pragmatic situation, on the basis of his assumptions about the information available to his interlocutor at that point in the interaction, and in view of his own communicative goal. Thus, the aim of functionally oriented linguistic research is not just to analyse the array of formal structures available in any specific language (its 'grammar' or 'syntax' in a narrow sense), but, emphatically, especially to investigate the relation between these formal structures and the various semantic and pragmatic functions or structures which they may serve to fulfil. This essential difference between formally and functionally oriented models of grammar with respect to what is considered to constitute the proper domain of linguistics has, of course, its consequences for what counts as a satisfactory linguistic explanation in these two approaches (see Siewierska 1991, 4 f).

According to many functionalists, the interaction between phenomena of a different nature and the degree to which phenomena of one type (for example, the informational status of linguistic entities — I will return to this in section 3.) influence phenomena of another type (for example, the choice of lexical items or voice, or constituent order, or other formal phenomena) can only be determined when the distinct types of phenomena are each clearly identified on the basis of independent criteria. In this view, therefore, functionally oriented theoretical models of grammar should contain several distinct components or modules, or levels of structure, at which the relevant notions are defined. Specific multi-level theoretical models differ as to how they regard the relation between these modules: in SFG for example these components are described as ever present, separate but coexistent and interacting functions, whereas in FG they are currently viewed as parts of a layered structure within which the various layers are hierarchically related to each other, the interpersonal or pragmatic level being more basic and having scope over the representational one, with the final linguistic expression being co-determined by the joint constellation of properties from each level. FG uses the input-output metaphor to describe the relation between various 'deep' phenomena on the one hand, and the expression level on the other, while in a comparable manner SFG speaks of grammar being the central processing unit between meaning (in a wide sense) and 'wording'. In both models syntax is sensitive and subservient to data from other domains, and might therefore, in a sense, be called non-autonomous.

However, not all approaches which might justifiably be characterized as functionalist in orientation on the basis of their attention for the communicative function of language share the methodological viewpoint that within the language system such distinct components must be distinguished: an example is the approach known as form content analysis, which adheres to what could be termed a wholistic view and objects on principle against separating a pragmatic from a semantic component or level of structure within the grammar. The non-autonomy of syntax as alluded to above, is here non-autonomy of semantics and pragmatics as well, to the extent that they are deemed indistinguishable. Connected with this, with respect to the issue of function/form relations there are differences as well: while the former theories accept both multifunctionality (many to one) and redundancy (one to many) relations as natural to the language system (cf. Siewierska 1991, 4), the latter tends to search for a one-to-one link, thereby risking a loss of notional specificity on the functional side.

In accordance with the ultimate aim of functionalist research, it is in some functionalist theories explicitly claimed that the model of the grammar should be formulated in such a way that, in the end, it can be integrated into a psychological model of linguistic behaviour: an example is the requirement of pragmatic and psychological adequacy in FG, see Dik (1989, 4; 13; and this volume), while in SFG we find a continuous insistance, in words and practice, upon both the sociological dimension of language use, and upon applied linguistics: in other words, a conscious attempt to make linguistic theory potentially useful with respect to the study of first and second language acquisition, sociolinguistic variation, the study of written texts or patholinguistics. In FSP as well, applications in text studies and literary stylistics have been stimulated by the aims and shape of the theory, witness many of the contributions in Tobin (1988).

The functionalist program of linguistic research is, as we see, an ambitious program. Currently, however, much functionalist research is (still?) product and even primarily sentence oriented, that is, static rather than dynamic, process oriented (for an attempt at the latter in accounting for word order in English see Hannay 1991). This holds for the majority of publications in FG and FSP frameworks, relatively less so for SFG inspired investigations, witness e. g. the contributions in the second volume of Benson/Greaves (1985); and also for a large part of the many functionalist publications which do not work with some coherent theoretical model of grammar in view. This choice is, however, not a matter of principle, and, moreover, indicative of the enormous difficulties posed by the alternative. As a compensation perhaps, in FG and FSP computer implementations are developed as a possible means to simulate production and interpretation processes and test hypothesis about the human language user (cf. Connolly/Dik 1989). At the same time a steady interaction between functionalist linguistic research with insights from cognitive psychology is apparent (as in Chafe 1987; Hickmann 1987; Tomlin 1987; Prideaux 1991). Furthermore, a growing number of functionalist investigations take stretches of discourse, or at least samples of sentences in context rather than isolated sentences, as the data base of research, (cf. for example Matthiessen/Thompson 1988; Lambrecht 1988; Tomlin 1987; Fox/Thompson 1990; Mackenzie/Keizer 1990; this tendency is less evident in theory driven functional research than in functionalist investigations outside specific models of grammar). Connected with this, in recent years attention for the communicative purpose of syntactic variation has been growing, and become a central concern in linguistic investigations. Abundant evidence has been found for the functional motivation of many types of formal phenomena from many languages: thus the formalist claim that syntax is autonomous holds true only if interpreted in an extremely restricted sense.

In the next section I will look at some characteristics of the three theoretical frameworks which not only proclaim a functionalist orientation but also strive after presenting a coherent theory of the language system, in order to see how these models realize the basic goal of functionalism. For reasons of space I will draw on recent work of their main exponents rather than try to do justice to the on-going discussion within each particular framework. I will limit my attention to one of the components of these theories of grammar, again thereby neglecting a score of other interesting points which might also offer interesting parallels, namely to the component which aims at explicitating the relation between the information structure of the message, and the surface or expression level which concerns among other constituent order, voice variation, and the choice between nominal or pronominal expression of constituents. By information structure I allude to differences among parts of the message in degree of topicality, thematicity or shared knowledge (the same phenomena may be also alluded to in terms of difficulty of participant tracking or of degrees or types of identifiability, recoverability or accessibility for a hearer) versus the degree of focality and/or newness and/or emphasis provided by parts of the message in a certain context or situation. Since especially in this area the non-autonomous nature of syntax has been revealed, it seems worthwhile to consider the degree of sophistication of this aspect of the three functionalist theories mentioned. Depending on the theory the terminology varies: in FG the relevant component is termed the pragmatic level, and the notions defined on that level are labelled pragmatic functions, in SFG the notions mentioned are said to be associated with the textual and interpersonal functions of language, whereas in FSP the notions involved are discussed in terms of a deep semantic level.

3. Information Structure and Formal Properties

An important factor which in functionally oriented linguistic research has been recognized as relevant when one investigates the functional motivation of certain kinds of variation in form such as word order is the existence of differences in the informational status of constituents. This especially, but by no means exclusively, holds for those languages where the order of constituents cannot be accounted for as determined mainly by syntactic functions such as Subject or Object, or by semantic functions such as Agent or Patient, that is, for languages such as Hungarian, Polish or classical Latin (see Siewierska 1988, 5f; 64f; 118f; 1991, 146f). Depending on the language under consideration, recognizing the relevance of differences in informational status may also be necessary in order to account for variation in intonation or tone, in morphological marking of constituents, or in voice.

In most functional theories some distinction between topical or thematic information in the message conveyed and focal or rhematic information is explicitly made, next to other necessary distinctions, such as syntactic and semantic ones. Historically, it is the merit of the Prague functionalist school to have demonstrated and insisted upon the relevance of such distinctions in informational status, alternatively alluded to as Topic/comment structure, Topic Focus Articulation or Theme/Rheme distribution.

The notions of Theme and Rheme in FSP are defined as carrying different types of information, the criteria being contextual boundness (in a wide sense) or recoverability of the information vs. non-boundness or newness respectively: the division of an utterance into a Thematic and a Rhematic part is essentially based on an assessment of the discourse context and of the stock of knowledge shared by speaker and hearer (see e.g. Hajičová 1984, 189 f; Mey 1986 a, 175 f). Within the Thematic part some constituent will be identifiable as the Theme proper, and within the Rhematic part or comment some constituent will be identifiable as the Rheme proper: this is the part that represents the most important or salient information, called Focus in SFG and FG. Note that this account suggests that the two central notions are mutually exclusive. However, in cases of contrast, givenness and highest saliency may well coincide, as is explicitly recognized in for example recent FG (as opposed to earlier versions, cf. Dik 1989, 266), but not as clearly in the other frameworks. In Czech (and in many other languages) the Thematic part will precede the Rhematic part of the sentence in the unmarked case (see however Mithun (1987, 352) for evidence that the presumed universality of this tendency must be treated with care, especially in the case of languages in which constituent order is pragmatically based). This is perhaps the reason why some proponents of FSP the notion of Theme is in addition defined in a different sense, namely as the 'point of departure' for the speaker. The point of departure is equated to the constituent being in first position (as in SFG, see below). For discussion concerning this 'combining' approach to the notion of Theme, as opposed to a 'separatist' approach which considers the notion of point of departure to be a separate type of concept, not necessarily connected to givenness see Davidse (1985). However, as opposed to the criterion of degree of contextual boundness or givenness, which to a certain extent is still quantifiable on the basis of a close examination of context and situation, the notion of point of departure seems to be an intuitive one, and its independent status doubtful. The same problem holds for another definition frequently given to the notion of Topic, which is somewhat less explicitly (though perhaps still implicitly) related to the position in the linear order of the element in question, namely that of 'aboutness', a notion which is equally intuitive and difficult to operationalize. The accepted criterial test for identifying the Focus of the message is more straightforward, namely the so-called question test: to what conceivable question would the sentence under consideration form a wellformed answer, given the context and situation in which it occurs? This test, though not totally without problems (see Daneš 1986; Hajičová 1986; 1991, 159) has been taken over from FSP by FG. In FSP the notion of Focus has especially been utilized for the description of the behaviour and scope of various types of modal particles and adverbs and polarity items (for example Koktová 1986).

Individual scholars working within the FSP tradition differ among themselves with respect to the degree to which the notion of communicative dynamism plays a role in the grammar. Communicative Dynamism (CD) has been defined as the relative degree to which a constituent contributes to the development of the communication, or pushes the communication forward (Firbas 1964, 270 f; Hajičová 1991), a scale of several degrees being distinguished. The notion of communicative dynamism is related to the Theme/Rheme distinction, because in FSP the Theme is said to be the element having the relatively lowest degree of dynamism (thus even if we are dealing with an all new sentence a Theme will be identifiable). Thus, in the unmarked linear ordering of sentences in Czech, elements with a low degree of dynamism will precede elements with higher degrees of dynamism. While thus formulated the notion of CD seems to be a pragmatic one, in being determined by discourse factors, it is confusing that at the same time communicative dynamism is also taken to be inherently connected to the grammatical semantic/syntactic status of the constituents involved (Daneš 1986; Hajičová 1991, 160): thus constituents which do not belong to the valency pattern of the verb but are syntactically optional, such as adverbials of manner or instrumentals, are taken to be inherently 'higher' in degree of CD than are valency bound constituents such as Agents and Patients. All semantic roles distinguished in the semantic component of the theory are assumed to be ordered hierarchically with respect to their intrinsic or natural degree of dynamism or communicative relevance. This hierarchy determines an underlying deep semantic (also called systemic) word order of sentences, which is not necessarily reflected by their surface word order. Languages may, apparently, differ as to this deep semantic order (Hajičová 1984, 199; 1986, 315 f). To my opinion a convincing argumentation in favour of assuming such an intrinsic hierarchy is not given in the FSP literature, and its relevance for an explanation of linguistic phenomena has not been convincingly demonstrated; it is not surprising, therefore, that, while the notions of Theme or Topic and Rheme or Focus and a scale of communicative dynamism have been taken over and exploited in different ways by many other linguists, the proposal to assume such a close relation between these notions and the semantic/syntactic status of constituents seems to have gone almost unnoticed, and does not play a role even in many FSP inspired studies. Nor is a trace of it recognizable in the two other functional theories which have a component in which pragmatic phenomena can be handled.

In Halliday's work in SFG, which has certainly been inspired and influenced by FSP, the use of the terms Theme and Rheme is actually quite misleading to a superficial reader, and quite different from the notions as they are used in the Prague tradition: the difference has not received much attention, something which may be due to a lack of clarity in SFG. Halliday associates the Theme/Rheme structure of sentences with their textual function, i.e. with the fact that they not only represent some state of affairs, but also form a message which is part of a larger stretch of discourse and cannot be analysed as devoid of context. Theme is defined broadly as 'that which is the concern of the message', its starting point or psychological subject (1985, 33). However, in spite of this paraphrase, which suggests some sort of cognitive prominence of such constituents, and in spite of the discourse terminology used, the actual operational definition of the notion Theme is not formulated in terms of a particular informational status determined by the preceding discourse or by the speaker's estimate of the knowledge available to the hearer at that particular stage in the communication. In fact the operational criterion is a purely formal property: in English (no other languages are taken into consideration, nor does SFG strive after anything like typological adequacy or a higher degree of generalization (Butler 1988, 84f; 1990, 15f)) that constituent can be identified as Theme which fills the first position in the clause (Halliday 1985, 39). This approach, as we have seen, has also been taken by some proponents of FSP. At the same time, however, Halliday explicitly insists upon the necessity of not equating Themes with what the speaker presents as given or old information or Topic (1985, 39; 277), nor of Rheme with what the speaker presents as new information or focus. The latter distinction, the one defined in terms of old or shared information and new or most salient and important information respectively, is also considered a relevant distinction, and in principle independent from the notions Theme and Rheme (Halliday points out, however, that in English Theme and Topic will frequently coincide). The Theme/Rheme distinction is qualified by Halliday as speaker oriented and the given/new distinction as listener oriented (1985, 279). The latter is associated not with the textual dimension of language, but with its interpersonal function. The formal correlate of the given/new distinction in English is taken to be intonation and tonic prominence: it is in this area that the notions of Topic (that which the speaker treats as accessible to the hearer) and Focus (the main point of the information unit, that which the speaker presents as new) play a role. To my mind this role can not quite be characterized as explanatory, due to the fact that it is not stated in terms of any explicit rules or falsifiable predictions. Furthermore, somewhat confusingly, the distinction just outlined between Theme/Rheme structure on the one hand, and the Topic Focus distinction on the other, is not maintained consistently in SFG: in a discussion concerning cohesion and discourse in Halliday (1985, 314f), for example, the notion Theme is discussed in connection with Focus, as if the two notions belong to the same opposition. However, if we take the definition of Theme given earlier seriously, as opposed to the given/new distinction, Theme and Rheme are not pragmatic notions in SFG, but formal ones, in spite of the seemingly pragmatic terminology. Whether being in first position is in fact motivated by some consistent cognitive or psychological status in the speakers mind remains an open question.

A different problem with the notion of Theme as used in SFG is moreover the fact that, as for example pointed out in FG (cf. Hannay 1991, 142; Siewierska 1991, 150f), not all first positions in utterances structurally have the same status, and, more seriously for a functionalist theory, that constituents occupying these structurally different sentence initial positions may not serve the same function in discourse at all. In FG the English sentences (1 a) and (1 b) are analysed differently (see Dik 1989, 264f):

(1 a) My brother I hate.
(1 b) As for my brother, I hate him.
(1 c) As for my brother, I hate my whole family.

In (1 a) the first position filled by *my brother* is clause internal, whereas in (1 b) the constituent *as for my brother* is considered to be outside the clause, the first position of which is itself filled by *I*. In the case of languages like English, this analysis is supported by the absence (1 a) vs. obligatory presence (1 b) of the anaphoric pronoun and the presence of comma intonation in (1 b), and by the fact that there need not even be strict coreference between such an extra-clausal constituent and some clause internal one (1 c). Admittedly, the distinction between extra-clausal and intra-clausal constituents may in some languages be hard to make, especially in the ones which 'drop' their pronouns easily. However, calling both constituents a priori 'the point of departure' obscures the possibility that the two structurally different variants may be chosen in very different discourse conditions, and may not both be always equally appropriate in a particular context, or, in other words that the function of occupying the first position as in (1 a) may systematically differ from that in (1 b) (see for example Givón 1990, 932 f on the different conditions for the two types of ordering). In this respect the treatment of Theme in SFG is actually quite similar to that of left dislocated constituents in GB. With respect to Theme, the possibility that one and (superficially) the same formal property (in this case: occupying first position) may result from a number of different functional ones is not explored in SFG. On the other hand, if we turn to the notions of Topic and Focus in this framework, which are indeed defined in pragmatic terms, these notions are actually more or less taken for granted. The fact that they do not play a significant role in the formulation of grammatical rules is perhaps the reason why no need has arisen in SFG for a more detailed refinement of these notions, e. g. in terms of a further subdivision into subtypes of Topic and Focus.

The precise relation between the textual and the interpersonal function of language and the notions associated with these two functions, and the nature or relative order of the rules which govern the realization of utterances is not specified in detail in SFG. Although the distinction between old and new information is used for an account of English sentence intonation, the approach is descriptive and interpretive rather than rule oriented and generative. In the SFG view of language speakers are viewed as having available a (presumably simultaneous) range of networks of options which each lead to further, more delicate options within the same network. Specific networks appear to be associated with specific functions, but the way in which these subsystems are separate but interrelated remains rather vague, and no clear hierarchy among them can be discerned.

In recent developments in Functional Grammar (Hengeveld 1989; 1990; Dik 1989; Siewierska 1991) the underlying structure ascribed to utterances is viewed as a hierarchically ordered layered structure, with the higher layers having scope over the lower ones. A connection is assumed between the various functions of language and the various structural layers distinguished. Thus the uppermost, all encompassing layer is that of the sentence as product of a speech act, that is, of the utterance as part of a context in a particular communicative situation (in Hengeveld 1989, this layer is actually described as representing the speech event rather than the speech product). This layer, consequently, is the layer intended to capture a number of the phenomena associated with the textual and interpersonal functions of SFG, whereas the lower layers are intended to capture those associated with the representational function of sentences. In this account, pragmatics has in a sense priority over semantics 'proper' and syntax, and it is explicitly claimed that specific properties present in the highest layer, such as illocutionary force, may influence and constrain possibilities at the lower level. In FG differences in informational status between constituents are accounted for in a separate pragmatic component, which has no direct relation to this layered structure. The degrees of topicality and focality of parts of the message are taken to be determined by the speaker's assessment of the hearer's state of knowledge in view of the specific context and speech situation, topicality characterizing accessible and focality characterizing important, new, salient information. Topicality and focality may lead to so-called 'pragmatic function assignment': a process by which certain constituents of the clause are systematically singled out for special treatment by the speaker (e. g. by positioning, or morphological marking, or stress etc.). Such constituents will then be labelled Topic or Focus by the analyst (Dik 1989, 60 f; see the discussion on this point in Mackenzie/Keizer 1990; Hannay 1991). As noted with respect to (1 a−c) above, the clause external constituent which may precede the clause is in FG terminologically and notionally distinguished from the notion Topic: it is called Theme, and defined not in terms of information structure, but in terms of relevance: as having the function of announcing some entity or state of affairs with respect to which the following predication is relevant. Detailed investigation of textual material concerning this type of extra-clausal constituent will still have to show the value of this description. As far as information structure is concerned, linearization is only one of the possible processes which may be sensitive to it. It is assumed in FG that the first position of the clause is used for special purposes in most, if not all, languages, but it is also recognized that languages may have other special positions (e. g. the last position in the clause, or the position immediately in front of or following the finite verb, etc.) which are exploited for the purpose of highlighting information structure. Whether the notions of Topic and Focus are relevant in the grammar of any given language depends on the language involved. In other words, the relevance of the pragmatic functions Topic and Focus and their potential subcategories is language specific, whereas the notion of carrying a relative degree of topicality and focality is not. In Dik (1989, 281 f) it is demonstrated that for some languages it will indeed make sense to distinguish various subtypes of Focus. Thus the notions of 'completive' or 'neutral' Focus and various types of contrastive Focus, namely 'replacing', 'expanding', 'restricting' and 'selecting' Focus are argued to be required for an adequate description of the way in which some languages treat focal constituents (Dik 1989, 285 f offers illustrative discussion of the Focus strategies in the languages Wambon and Aghem). For other languages a distinction between neutral and contrastive Focus seems sufficient to capture differences in behaviour (as for example in classical Latin, cf. Pinkster 1990, 163 f). The more typological orientation of FG as compared to the two theoretical frameworks discussed above has also recently led to a more detailed elaboration of the notion of Topic than in earlier FG publications (Dik 1989, 265 f): entities which are introduced for the first time (for example by a presentative construction) with the particular purpose to have them figure as Topic in the following discourse are labelled 'New Topic' (a better label would perhaps be 'pre-Topic', since it actually is not yet a Topic at the point of introduction, but has a high degree of focality), as opposed to 'Given Topics' which are already playing a role in the preceding discourse, and to 'Resumed Topics', which are reintroduced after having been absent from it for some time.

Languages differ in 'topic management', or how they treat these various subtypes of Topic, as for example the discussion of syntactic paralellism in Dyirbal, of switch reference phenomena in Wambon and of obviation in Cree show. The notion of New Topic has proved relevant for a description of the selection of anaphorical device in classical Latin (Bolkestein 1991) and seems to be relevant for the selection of indefinite article in a number of languages, e. g. in Modern Hebrew and Turkish (cf. Swiewierska 1991, 172). A further useful concept which has proved to be relevant is that of Sub-Topic (see Hannay 1985, 53 f; Bolkestein/Risselada 1987): this label is assigned to constituents which are treated as Topics on the basis of the fact that they are inferrable in a wide sense from the preceding context or from the situation, even if they have not been actually already mentioned. Thus there is nothing strange about the following sequence, in which the Subject of the second clause is a definite noun phrase on the basis of its Sub-Topic status, in spite of not having been introduced:

(2) John gave a party but the music was awful.

The relevance of these different subtypes of pragmatic functions for the coding and behaviour of constituents across languages offers evidence against the autonomy of syntax alluded to in section 2.

As opposed to what seems to be suggested by the layered structure account, in the outline of the FG model and the ordering of its components (see Dik 1989, 53 f), the process of pragmatic function assignment has a rather late position in the whole lay out of the grammar, which is organized as a bottom up process: it starts with the building of predications (the representational layer) out of semantic elements, which are first organized syntactically by means of Subject and Object assignment, and which are subsequently expanded with properties located on the interpersonal and illocutionary layers. The joint combination of properties from these different levels of structure is then input for expression rules which specify form, order and intonational contour. (It has been noted that Topic Focus distribution applies to constituents belonging to the representational level: elements belonging to the interpersonal level such as attitudinal and speech act motivating adverbials cannot easily carry main Focus, cf. Dik/Hengeveld/Vester/Vet 1990).

If this account of utterance building were to be interpreted as an account of the actual production process by speakers, there would be a certain contradiction between the view underlying the hierarchical structure account and the general organization of the grammar: the topicality and focality of parts of the message are surely already 'in the air' before a speaker produces an utterance at all and are a pre-condition rather than a secondary addition to the state of affairs designated by the predication in the message. The same holds for the speaker's intentions and goals, that is for the speech act aspect of language use, which I am leaving out of account in this paper. Indeed, others working within the FG paradigm have argued that in some languages Syntactic Function assignment and possibly even lexical choice, such as the selection of a particular predicate from the lexicon, may be sensitive to differences in pragmatic status of the entities involved (Bolkestein/Risselada 1987), and that, consequently, presenting pragmatic function assignment as either a late process in sentence production or a relative surface phenomenon in the grammar is implausible. Evidence for this is also offered by a language like Dyirbal: this (ergative) language is given in Dik (1989, 272) as an example of a language in which so-called syntactic parallelism is used as a means of maintaining the Given Topic in a syntactic position in which it will be marked by the absolutive caseform. Apparently in Dyirbal certain predicate formation processes apply (or, in other words, in certain cases detransitive predicates will be selected by the speaker) in order to have the possibility to express a recognizable Given Topic in the right case form.

With respect to the relation between language production and the grammar, Dik (1989, 52) points out explicitly that the organization of the grammar is not intended as mirroring the production process step by step, although it should, ultimately, be compatible with what we know or will discover about the latter. Also, if we regard pragmatic function assignment as alluding to the singling out (by the speaker) for special treatment — which itself is based on the degree of topicality and focality determined by his assessment of context, situation and his speech partner's knowledge — rather than as alluding to the process of assessing the knowledge of his interlocutor itself, the contradiction becomes less serious. Still, the speaker's act of selecting some part of the message for special treatment as Topic or as Focus is indeed sensitive to context and an interactive act in the speech situation, and as such should in some way be accounted for on the highest level of the hierarchical structure underlying utterances, if the latter is adopted. Furthermore, data like the above strongly suggest a more basic status of the component dealing with pragmatic functions. The requirement for explicitness in the FG model, and its relative rule orientedness should not allow vagueness on this point.

4. Concluding Remarks

The three functional approaches here briefly discussed may, of course, be compared on many other points than their treatment of information structure and the role it plays in the grammar as a whole (a treatment of how these models handle illocutionary force phenomena would certainly lead to a different assessment). However, it is in particular this area which can be used as an illustrative test case for the extent to which they realize their functionalist ideal. While SFG claims to be a functional theory, in the area of information structure and its potential consequences for other parts of the grammar its contribution is slight, partly due to the actual vagueness about the relations between the various notions involved and between the networks and functions. Another cause is, perhaps, that its activities, have been almost exclusively directed towards English. Thus the need for further differentiation of the theoretical notions has not arisen. In the case of FSP, its historical preoccupation with Czech and other Slavic languages, and with contrastive studies of the grammars of these languages and English has given rise to the insight that the relation between underlying deep semantic structure (including information structure and a basic underlying ordering of sentence elements in accordance with their presumed 'natural' communicative dynamism) and surface semantic/syntactic structure not only may differ from language to language, but also that there is a direction to the relation: the levels of description are ordered from deep meaning to surface syntax and sound, the former seen as essentially determining the latter. Findings from many other languages, within an FSP approach and outside of it, have proved the value of stressing the causal nature of the Theme/Rheme distinction with respect to many grammatical phenomena. Within an FSP framework text oriented studies in a number of languages have led to fruitful insights in the structure of literary and non-literary texts. However, as in SFG, typological research has not been central within the framework of FSP, and, consequently, the general validity and typological adequacy of the problematic notion of an underlying deep word order has not been ascertained. In the case of FG, the status of the pragmatic component within the model is subject to discussion, as is the exact content of the pragmatic notions involved, and the degree to which they may be universally relevant. However, the requirement of typological adequacy leads to constant confrontation of the theoretical notions with new empirical data, which in turn gives rise to more detailed definitions and distinctions. Curiously, in contrast with Systemic Functional Grammar and with Functional Sentence Perspective, the theory of Functional Grammar up till now has scarcely been applied to the analysis of larger stretches of texts, whether oral or written, literary or non-literary, or proved its potential value in applied research. Thus, perhaps regrettably but understandably, the theories under consideration seem to show an inverse relation between the degree of explicit formalization aimed at and their positive repercussions in related disciplines.

5. References

Benson, J. D., and W. S. Greaves. 1985. Systemic Perspectives on Discourse. 2 vols. Norwood, NJ.

Bolkestein, A. Machtelt. 1991. Participant tracking in Latin discourse. In Amsterdam in Budapest (=working papers in Latin Linguistics, University of Amsterdam, Dept. of Latin).

—, *and Rodie Risselada.* 1987. The pragmatic motivation for semantic and syntactic perspective. The Pragmatic Perspective ed. by Jef Verschueren & Marcella Bertucelli-Papi, 497—512. Amsterdam.

Butler, Chris S. 1988. Pragmatics and Systemic Linguistics. Journal of Pragmatics 12. 83—102.

—. 1990. Functional Grammar and Systemic Functional Grammar: a preliminary comparison. Working Papers in Functional grammar 39. University of Amsterdam.

Chafe, Wallace L. 1987. Cognitive constraints on information flow. In Tomlin (ed.), 21—51.

Connolly, John H., and Simon C. Dik (eds.) 1989. Functional Grammar and the Computer. Dordrecht.

Daneš, Frantisek. 1986. The "Question Test" Reexamined. In Mey (ed.) 1986b, 261—86.

Davidse, Kristin. 1985. M.A.K. Halliday's Functional Grammar and the Prague School. Linguistics Agency University of Trier (L.A.U.T.) 141.

Dik, Simon C. 1978. Functional Grammar. Amsterdam North Holland. [3d printing Dordrecht, 1981].

—. 1989. The Theory of Functional Grammar. Dordrecht.

—, *Kees Hengeveld, Elseline Vester, and Co Vet.* 1990. The hierarchical structure of the clause and the typology of adverbial satelites. In Nuyts, Bolkestein & Vet (eds.) 1990, 25—70.

Dirven, René, and V. Fried. (eds.) Functionalism in Linguistics. Amsterdam, Philadelphia.

Firbas, J. 1964. On defending the theme in functional sentence analysis. Travaux Linguistiques de Prague 1. 267—80.

Foley, W. A., and R. D. van Valin. 1984. Functional Syntax and universal grammar. Cambridge.

Fox, Barbara A., and Sandra A. Thompson. 1990. A discourse explanation of the grammar of relative clauses in English conversation. Language 66. 51—64.

Givón, Talmy. 1983. Topic-continuity in Discourse: an introduction. In Givón (ed.) 1983, 1—41.

—. 1990. Syntax: A Functional-Typological Introduction. Volume 2. Amsterdam, Philadelphia.

—. (ed.) 1983. Topic Continuity in Discourse. Amsterdam, Philadelphia.

Haiman, John, and Sandra A. Thompson. (eds.) 1988. Clause Combining in Grammar and Discourse. Amsterdam, Philadelphia.

Hajičová, Eva. 1984. Topic and Focus. In Sgall (ed.) 1984, 189—202.

—. 1986. A note on the order of constituents in relation to the principles of GB Theory. In Mey (ed.) 1986 b, 313—26.

—. 1991. Topic-focus articulation and coreference in models of discourse production. Journal of Pragmatics 16. 157—66.

Halliday, M.A.K. 1985. An Introduction to Functional Grammar. London.

Hannay, Mike. 1985. English Existentials in Functional Grammar. Dordrecht.

—. 1991. Pragmatic function assignment and word order variation in a functional grammar of English. Journal of Pragmatics 16. 131—55.

Hengeveld, Kees. 1989. Layers and Operators in Functional Grammar. Journal of Linguistics 25. 127—57.

—. 1990. The hierarchical structure of utterances. In Nuyts, Bolkestein & Vet (eds.) 1990, 1—24.

Hickmann, Maya. 1987. Social and Functional Approaches to Language and Thought. London.

Koktová, Eva. 1986. Sentence Adverbials. Amsterdam, Philadelphia.

Lambrecht, Knud. 1988. Presentational cleft constructions in spoken French. In Haiman & Thompson (eds.) 1988, 135–79.

Mackenzie, J. Lachlan, and Evelien Keizer. 1990. On assigning pragmatic functions in English. Pragmatics 1. 169–215. Also in Working Papers in Functional Grammar 38. University of Amsterdam.

Matthiessen, Christian, and Sandra A. Thompson. 1988. The Structure of Discourse and 'Subordination'. In Haiman & Thompson (eds.) 1988, 275–329.

Mithun, Marianne. 1987. Is Basic Word Order Universal? In Tomlin (ed.) 1987, 281–328.

Mey, Jacob. (ed.) 1986 a. Petr Sgall, Eva Hajičová, and Jarmilla Panenová. The Meaning of the Sentence in Its Semantic and Pragmatic Aspects. Dordrecht, Boston, Lancaster, Tokyo.

—. (ed.) 1986 b. Language and Discourse: Test and Protest. Amsterdam, Philadelphia.

Nuyts, Jan, A. Machtelt Bolkestein, and Co Vet. (eds.) 1990. Layers and Levels of Representation in Language Theory: a Functional View. Amsterdam, Philadelphia.

Pinkster, Harm. 1990. Latin Syntax and Semantics. London, New York.

Prideaux, Gary D. 1991. Syntactic form and textual rhetoric: the cognitive basis for certain pragmatic principles. Journal of Pragmatics 16. 113–29.

Sanders, Gerald, and Jessica R. Wirth. 1985. Discourse, Pragmatics and linguistic form. In Wirth (ed.) 1985, 1–19.

Sgall, Petr. 1984. Contributions to Functional Syntax, Semantics and Language Comprehension. Amsterdam, Philadelphia.

Siewierska, Anna. 1988. Word Order Rules. London, New York, Sydney.

—. 1991. Functional Grammar. London, New York.

Tobin, Yishai. (ed.) 1988. The Prague School and its Legacy. Amsterdam, Philadelphia.

Tomlin, Russell S. 1987. Linguistic Reflections of Cognitive Events. In Tomlin (ed.) 1987, 455–79.

—. (ed.) 1987. Coherence and Grounding in Discourse. Amsterdam, Philadelphia.

Van Valin, R. D. 1990. Layered syntax in role and reference grammar. In Nuyts, Bolkestein & Vet (eds.) 1990, 193–232.

Wirth, Jessica R. 1985. Beyond the sentence: discourse and sentential form. Ann Arbor.

A. Machtelt Bolkestein, Amsterdam (The Netherlands)

16. The Czech Tradition

1.1. The *Prague School* of functional and structural linguistics, founded in the 1920's by Prof. V. Mathesius together with a group of young Czech and Russian linguists, was among the first centers that devoted serious and systematic efforts to find theoretical foundations for a synchronic description of the system of natural language, as well as of its use (functioning). F. de Saussure's principles were applied and further developed here, first of all, in the domains of phonology (by Trubetzkoy and others), morphology (Jakobson, Trnka and others), style and language culture (esp. by Havránek), and also with respect to poetics in the broadest sense (Jakobson, Mukařovský, later Vodička, Červenka and others). The typological studies by Skalička, investigations of written language by Vachek, of word formation by Dokulil, and other writings on crucial issues represent the second generation of the School, many different offsprings of which can be traced down to the present time and cannot by far be exhaustively characterized in the present chapter. The main results of the classical period have been succintly formulated by Vachek (1964); a collection of (translations of) the basic writings from the first period can be found in Vachek (1966).

Although the School had good contacts with the contemporary centers interested in philosophical questions concerning language, including the Vienna Circle, methods of formal description were not used in Czech linguistics before the 1960's; thus, from a viewpoint of present-day theoretical linguistics, it is possible to say that in the classical period of the Prague School questions concerning the basic properties of language system were just formulated, asked, rather than solved on a level corresponding to the more recent methodological requirements. Nevertheless, as we want to point out in our brief survey of the main issues handled by Czech and

Slovak linguistics during the last six decades, the presystemic formulations of many fundamental points have been a source of inspiration for most different later trends, and even now their potential by far has not been exhausted. The recent broad discussions concerning a new paradigm of linguistics, which would cover communication processes and the stratification of a natural language, rather than accounting only for the competence of an individual ideal speaker, still can find extremely useful insights in the classical writings and later developments of Czech linguistics.

Syntax did not belong to the core domains of the Prague School in the narrow sense; however, the general principles of the school, so successfully applied in phonology, inspired also syntactic research. It should be stated that most of the main representatives of Praguian syntax did not live in Prague, although Tesnière, whose not yet fully appreciated approach to dependency syntax belongs to the main objectives of Chapter V of this volume, did consider himself to be a member of the *Cercle linguistique de Prague*, and Kuryłowicz and others who, in various parts of Europe, substantially contributed to the characterization of the sentence structure and of syntactic relations, used and developed several basic aspects of the Praguian approach. On the other hand, Šmilauer (1947), formulating a description of Czech syntax that follows the structuralist principles, did not belong to the Circle, being divided from its leading members by various external reasons (he represented the opposite trend especially in the questions of language culture, characterized by puristic tendencies going back to the times when Czech had to be protected against an overwhelming danger of German expansion).

The general principles of Praguian functional and structural approach, which will be briefly characterized in the following parts of this section, can be subsumed under the headings of *functionalism* (1.2.) and of *dependency* syntax (1.3.), leaving aside some generally known theses of structural linguistics. In section 2. we want to characterize briefly some of the more recent developments in the description of the language system, and especially of the sentence structure. Section 3. contains the main point of our account, namely the way in which the description of the sentence and of its meaning has been so shaped as to constitute a suitable basis for a description of the general properties of the process of communication; this specific feature of the Praguian trend consists in describing the (meaning of the) sentence as including the dichotomy of *topic* (theme) and *focus* (rheme, comment) and the hierarchy of communicative dynamism (or deep word order), proceeding from topic proper (the 'given' information, spoken of in an utterance) to focus proper (where focus is predicated about topic, referring to 'new' information in the prototypical case).

1.2. It can be stated that in the classical Prague School approach the following three points belonged to the basic features of *functionalism*:

(i) The core of the system of language was conceived of as consisting of levels the units of which have their functions in that they represent units of the adjacent higher levels, up to the non-linguistic layer of cognitive content.

(ii) The units of the system of language were understood as constituting hierarchies in which some of them function as certain parts of others, e. g. semes (feminine, genitive, plural, preterite, ..., see Skalička, 1935) are combined to constitute morphemes, which are expressed by strings of phonemes, while the roles of the semes belong to the structure of the sentence, etc.

(iii) Language was regarded as a functioning system, adapted to its communicative role, diversified in more or less different social and local varieties, open to "potential" variation and thus also to change and development, which is reflected within the system itself (differentiating its relatively stable core from obsolete, recent and other peripheral phenomena). The goal-directed (teleonomic) character of language (cf. Daneš 1987; Sgall 1987) was recognized, although its mechanisms were not revealed.

One of the main tasks consists in identifying the empirically established units and oppositions present in language as a system on the basis of operational (testable) criteria.

As for points (i) and (ii), it was realized already in the classical period of the Prague School that the linguistic signs are complex, differing at least in two aspects from the simple instances of de Saussure's pairs of *signifiant* and *signifié*:

First, several steps of such a binary relationship have been distinguished; thus morpheme is the *signifié* or function of a string of phonemes, and it has its own syntactic or semantic functions. While Jakobson (1936),

Schooneveld (1978; 1986) and Běličová (1984; 1985) work with invariant meanings, de Groot (1939), Kuryłowicz (1949), Skalička (1950) and Dokulil (1958) stress syntactic functions and also admit secondary (contextually restricted) ones.

The syntactic functions have signifiés of their own in the level of meaning (see esp. Mathesius 1929 on Actor and Topic as functions of Subject, which can be characterized as the primary function of the Nominative case).

The second aspect concerns the fact that many language units are complex: a morph consists of phonemes, a morpheme is similarly related to semes, a word form to morphemes, a sentence to word forms and a discourse or text to occurrences of sentences (in the domain of language use).

How can we account for the interplay of these two hierarchies, that of representation or *realization* (R) and that of *composition* (C), as they were called later by Hockett (1961)? Three different approaches to this question can be traced in the writings of different generations of Praguian linguistics:

(a) The hierarchies R and C are combined, so that levels of phonemes, morphemes, words, sentences and the discourse are distinguished (see esp. Trnka 1964, and Hořejší 1961).

(b) The elementary units are understood first of all as having their functions in the patterning that constitutes more complex units; this relationship (that of C) is viewed as being repeated in several steps, representing the basis of the stratification of the system of language; see esp. Daneš (1987). However, as Dokulil/Daneš (1958) and Daneš (1964) have convincingly pointed out, the structure of sentence is best described in two levels (each of which has its own syntax), i.e. by two patternings; thus, instead of a single level of the sentence there is a level of its (surface) grammatical form and a level of its meaning.

(c) Bearing in mind the difficulties met by the approaches (a) and (b) (see in more detail Sgall 1987), and benefiting from the criticisms and insights presented by Lamb (1964; 1965; 1966) and Mel'čuk (1967), we have preferred (Sgall 1964; et al. 1969) to characterize the stratification by means of levels based on R: phonetics, phonemics, morphemics, surface syntax and tectogrammatics or language (literal) meaning; the syntax of each of the levels reflects an aspect of the hierarchy C. As for other issues, see Sgall et al. (1969, 26f) on different morphemic complex units; also suprasegmental units and the syllable have to be accounted for; word formation should be handled within the three "upper" (deeper) levels. The relations between levels might be handled within a single, complex representation.

The two hierarchies embody different asymmetries, such as synonymy and ambiguity, and also the cases in which an elementary unit is realized by a complex unit of the next lower level. In more marginal cases units display functions that primarily belong to units of another class (cf. complex prepositions, auxiliary verbs, and so on).

The units of the level of meaning can be identified and classified on the basis of operational criteria (now see Sgall et al. 1986, Ch. 2), one of which concerns the identification of meaning itself: two units of surface a and b are understood to have a meaning in common, i.e. to realize the same tectogrammatical unit, or to be synonymous, if every (non-quotational) sentence A that includes a and can be changed into another sentence B by substituting b for a denotes a proposition P that is also denoted by B (for a discussion, see Sgall et al. 1986, Ch.1). This criterion is complicated by the presence of ambiguity, as well as by the existence of quotational contexts, such as (1) or (2), which are not reliable for the test; however, such complications do not make it impossible to use the test.

(1) The words 'stay' and 'sojourn' are synonyms.
(2) 'Brother' means 'male sibling'.

Passing over to point (iii), we may recall that not only the system of language (*langue*, linguistic competence) has been described by Praguian linguistics, but also the regularities of its use, of its functioning. It has been always accepted that the system of language should not be studied only in isolation, but also with due regard to the role it plays in society. The Chomskyan, Montaguian and other trends describing the structure of an idealized idiolect — if viewed from a Praguian perspective under which the whole 'building' of communication within a linguistic community rests on its 'basement' consisting in the common language — construct this basement without realizing that it is a basement rather than a whole house. These approaches do not allow for an account of those features of the sentence which are derived from the functioning of language; this concerns e.g.

the anthropocentric features of the overall shape of the valency or case frames, and also the topic-focus articulation (Sgall 1980).

On the other hand, certain pragmatically oriented trends would like to erect the building without any basement, arguing that those concentrating on the basement can never build the house. For those who are willing to divide the labour, since they realize that language is a complex instrument of human communication and that a systematic description of the instrument should be integrated into that of the activity, the Praguian approach offers useful starting points.

Thus we can see that the three aspects presented above as characteristic of Praguian functionalism are not so disparate as it might appear; in fact, their interplay makes it impossible to separate any of them in a linguistic description.

Linguistic meaning has to be specified, if the functions of the linguistic units (in the sense of hierarchy R) are to be described; and to be able to specify linguistic meaning, it is necessary to take the "external", truth conditional, semantics as a starting point. Even the pragmatically based assignment of reference, determined by the situation of the discourse, is one of the relevant factors for the identification of meaning. And, as we have already seen, the structure of the sentence itself (a hierarchy of the type C) differs from the structure of the formulas of formal languages of logic in that it bears marks of the impact of the functioning of language in acts of communication during its whole development. Thus an adequate description of the functions of the units of language requires consideration of language use. A description of the regularities of communication, on the other hand, requires not only a notion of language system, but also a characterization of the functions of the units within this system, and especially an account of linguistic or literal meaning. It is true, and it has been known in Prague and in the related trends since the first steps of structural linguistics, that vagueness of meaning is the price we pay for the semantic openness of natural language (see Karcevskij 1929). If something in natural language is vague, than it is meaning. It exists not only as a matter of individual subjectivity, but it exists intersubjectively, objectively, enabling those speaking the same language to understand each other. Denkel (1983) presents strong arguments corroborating a view according to which Grice's analysis of 'meaning' should be completed in this sense. Moreover, Lieb's (1983) integrational linguistics has made it clear that natural language is an extramental, abstract object, the internalization of which (closely connected with physiological and, possibly, psychological mechanisms) can hardly be understood just on the basis of a Chomskyan or other view on an ideal speaker; much depends here on further progress of Schnelle's (1981) neurolinguistics and on its combination with an approach allowing for a description of linguistic competence to use a more economical framework than the usual generative description based on constituent structures and working with complicated P-markers.

1.3. *Dependency syntax*, the classical model of which was elaborated by Tesnière (1959), is discussed in Chapter V of this volume. In the Czechoslovak tradition, the central position of the verb in the sentence has been systematically discussed by Pauliny (1943) and further developed (besides the work we quoted in section 1.1.) esp. by Daneš (1968; 1986a). With this approach the difference between autosemantic lexical units and grammatical function morphemes is duly acknowledged, i.e. the latter morphemes are treated similarly as inflectional endings, since their impact on the structure of the sentence is of the same kind. The trees (stemmas) used within this approach are much simpler than those based on constituency. Furthermore, questions of the so-called free *word order* are solved more easily, since nothing similar to the Chomskyan adjacency principle is needed.

The difference between (3) (a) and (b) appears to be crucial for the evaluation of the ability of a syntactic theory to handle word-order differences expressing (together with the intonation patterns) oppositions within *topic-focus* articulation:

(3) (a) John moved from Berkeley to Los Angeles.
 (b) John moved to Los Angeles from Berkeley.

It can be checked with tens of native speakers that (b) is marked in that it can be used (with normal intonation) only in such a time point of a discourse when *Los Angeles* (or Southern California) has been spoken about before or has been activated by the situation of the discourse (which e.g. takes place in Los Angeles, or involves a participant who just has come from there, etc.); technically speaking,

Los Angeles is contextually bound in (b) and thus belongs to the topic of this sentence, whereas it is non-bound and belongs to the focus in (a). On the other hand, *from Berkeley* belongs to the focus in (b), whereas in (a) *from Berkeley* has an ambiguous position, belonging to the topic in some of the meanings of this sentence and to the focus in others. Similar differences concern also other pairs of adverbial complementations and of theta-roles, i. e. all valency positions; a tentative (and partial) formulation of the 'systemic ordering' of complementations underlying such differences was presented in Sgall et al. (1986, section 3.13.) for English: Temporal — Actor — Addressee — Objective — Origin — Effect — Manner — Norm — Accompaniment — Benefit — Directional; now see also Hajičová/Sgall (in press).

It has also been found possible, with this approach to linguistic description, to define dependency (and the 'direction' of the relationship between head and modifier) in an operational way on the basis of endocentricity, if an independently defined concept of word class (part of speech) is used: in *John met Paul* the Objective depends on the verb similarly as in *John was reading a book* (where *a book* can be left out and the sentence remains well formed); for a detailed discussion, see Sgall et al. (1986, Chapter 2).

2.1. During the more recent development, the rigorous methodological requirements of Chomskyan syntax (and later also of Montaguian semantics) have been taken into account without abandoning the main results of the structural research; the *functional generative description* (FGD) was formulated as a framework presenting economical means for a treatment of the structure of the sentence (now see Sgall et al. 1986). The inclusion of topic-focus articulation as one of the hierarchies in the level of meaning ensures that the structure of the sentence (and thus the language system) is described in a shape appropriate for its characterization as an integral part of the regularities of discourse patterning (communicative competence). The level of meaning involves only the semantically relevant items, cf. Montague's 'disambiguated language'.

Dependency syntax, as understood in FGS, differs from Gaifman's (1965) system in that the number of sister nodes in the dependency tree is not restricted. Thus, more than one complementation of the same kind can depend on a single head token, which concerns cause in (4), condition in (5), and location in (6):

(4) Because of their poverty, many people died of tuberculosis, since the treatment was expensive.
(5) When the weather is hot, the number of patients rises quickly, if infection diseases are around.
(6) In Vienna, Jim had a house in the center of the city.

As is documented by the formalism presented in section 3.4. below, it is possible for the core of the system to be stated just in the form of a few restrictions (or rule schemata), while a great part of the relevant information is projected from the valency (case) frames belonging to the lexical entries of the heads. To achieve this, we do not understand valency slots just in the sense of obligatory or regular kinds of complementation, but rather we classify the kinds of modifications (a) into inner participants (deep cases, each of which can be present at most once with a single head token) and free modifications, and (b) according to the specific heads, the modifications of both kinds are divided into obligatory and optional ones.

As for (a), Panevová (1974; 1977) and Hajičová (1979) presented arguments for characterizing the deep subject (Actor/Bearer), deep object (Patient, Objective), Addressee, Source (Origin) and Effect as inner participants, while Instrument, Locative, Directional, Manner, several temporal adverbials, as well as those of cause, condition, regard, etc., etc., are understood as free modifications. If (a) and (b) both are reflected in the valency frames, then e. g. the valency frame of the verb *have* (in its primary meaning) can be viewed upon as consisting of two parts: (i) the inner participants Actor and Objective, both of which are obligatory, and (ii) a list of free modifications, which can be stated once for all the verbs. If one of the free modifications is obligatory with a certain head (e. g. Directional with *arrive*, Material with *full*), this has to be indicated in the valency frame of the relevant head.

It is then possible to work with a restriction stating that every obligatory complementation has to be present among the daughter nodes of the given head, any of the optional complementations can be present there, and no inner participant can be present more than once. This restriction is sufficient for the specification of acceptable syntactic structures. Subcategorization restrictions can be stated within this framework in a similar way, e.g. by means of indices on the individual kinds of complementations (theta-roles and adverbial modifications).

An underlying representation of (6), with several simplifications, can have the shape of the dependency tree from Fig. 16.1.

By means of dependency trees, the basic syntactic hierarchy can be described without any non-terminal nodes occurring in the representations of sentences, although non-terminals may be used in the rewriting rules; a set of such rules can then constitute a generative grammar defining a set of (linearized) trees as its terminal language, with all the semantically relevant information encoded in the terminal symbols. The familiar problems of tree pruning and other necessary adjustments of P-markers, which may lower down their qualities with respect to psychological realism, are absent in this approach.

Also *surface* syntax can be described by this dependency framework. The structure of the sentence here again has the shape of a dependency tree with complex labels (if we don't take coordination and apposition into account, for which another dimension is necessary, i.e. a more complex framework, see Plátek et al. 1984). The surface subject corresponds primarily to Actor, the surface object to Objective, etc., with such secondary (marked) cases as those concerning passivization, other 'inversion forms' of verbs (such as *make into* vs. *make out of*), and various kinds of grammatical nominalization (cf. Sgall et al. 1986, Ch. 4, and Hajičová et al. 1985—87, where also the questions of control are discussed). However, the status of surface syntax is uncertain, since to a great extent it may be identified with the level of meaning (e.g. in what concerns most of the adverbial complementations and lexical units) and even such basic notions as that of (surface) subject perhaps should be relativized with respect to the stages after the application of individual rules of transduction (as some questions connected with reflexive pronouns and with the 'control' of the deleted subject of an infinitive seem to suggest). Using the basic insights presented by Schnelle (1981), we may assume that an appropriate description of the language system can work with a set of (partially ordered) rules transducing the representations of meaning to those belonging to the level of phonetics (and vice versa), without defining complete representations of sentences at the intermediate levels (the justification of the intermediate levels would then be temporary, consisting in their value for the transparency of the description).

2.2. It should be recalled that in dependency-based approach it is still possible to characterize *phrases* of different kinds; e.g. an NP may be defined as a complete subtree whose head is labelled by a complex symbol corresponding to a noun (i.e. *that*-clauses, *ing*-constructions, etc., are classified according to their inner structure; their syntactic function is accounted for by the syntactic label of the phrase head). The only difference not present here is that between a sentence (clause) and

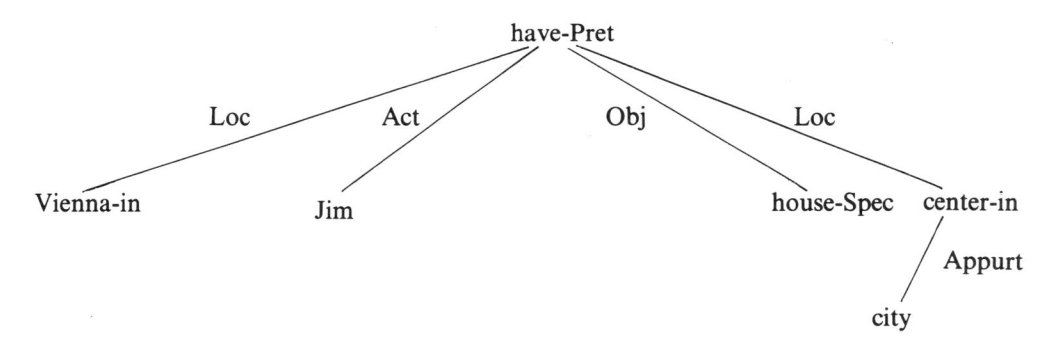

Fig. 16.1: A simplified underlying structure of *In Vienna, Jim had a house in the center of the city*; 'Pret' denotes here the grammateme (morphological meaning) of *preterite*, 'in' denotes that corresponding to the primary function of this preposition, and 'Spec' stands for that of *specifying*; 'Appurt' denotes the complementation of appurtenance; the symbols for other complementations should be self-explaining.

a verb phrase; however, the notion of VP does not seem to be indispensable provided theta-roles (or certain dependency relations) are assigned to the (major) constituents of the underlying structure. As the discussions on VP-anaphora have shown, what is referred to by (*so*) *do* (or deleted), is often just (the referent of) a part of a VP (e.g. the verb itself with an adverbial, but without the object; sometimes, this is more than a VP; cf. Sgall et al. (1986, section 2.12.).

As for the different degrees of *equivalence* between dependency and context-free grammars, let us just note that with an approach allowing for an unlimited number of sister nodes it is possible to overcome the restriction known from Gaifman (1965), according to which every terminal symbol of a CF grammar having a strong equivalent counterpart among dependency grammars is derived from a non-terminal from which no other non-terminal can be derived.

3.1. As we have seen in section 1., one of the main ingredients of the functional orientation of the Praguian approaches is the inclusion of the *topic-focus* (theme-rheme) articulation (TFA), or functional sentence perspective, into the description of language. The importance of this dichotomy for the system of language and for the process of communication has been known since Weil (1844). After Gabelentz (1868; 1891) included 'psychological subject and predicate' into the investigations of general properties of language systems, these notions were studied especially by Wegener (1885, esp. 29,31), who stated that stress is the main means of expression of the dichotomy, further by Marty (1897), who first wrote about these questions in Prague, by Jespersen (1924, 145ff), and by Ammann (1928, esp. 141), who introduced the German terms *Thema* and *Rhema*. In the Prague School, Mathesius (1929; 1939; 1942) formulated a linguistic account of the dichotomy from the viewpoint of structural comparison of Czech and English, pointing out that functions of subject and of other sentence parts are concerned. Among his followers Firbas (1957; 1971; 1975) analyzed the interplay of this 'functional sentence perspective', the syntactic structure of the sentence and word order, showing that not only a dichotomy, but a whole scale or hierarchy of 'communicative dynamism' (CD) is concerned. This scale is characterized as follows: "By CD I understand a property of communication, displayed in the course of the development of the information to be conveyed and consisting in advancing this development" (Firbas 1971, 136). Every meaningful morpheme in the sentence carries a degree of CD, and the temporal and modal exponents of the verb are understood as a transition between theme and rheme (if they are not contextually bound). Within the non-thematic part of the sentence the degrees of CD are distributed (at least partly) in accordance with their positions in the valency pattern of the semantic structure. Theme proper and temporal or local setting are distinguished; see also Svoboda's (1981) 'diatheme'. These presystemic formulations have been used for a detailed comparison of TFA in Czech and in English.

The notion of CD (where 'context' includes the situation) helps to distinguish between the TFA of two sentences having an identical topic-focus boundary, i.e. to avoid the danger alleged by Jacobs (1982, 30). Also cases where focus is not a constituent, which present difficulties for recent approaches working with 'focus inheritance', are captured; contrary to Jacobs' (1984, 116; 125) assumption, in our representations (s. § 3.4.) the difference between e.g. $träumt^t$ $(Peter^f)_{Ag}$ $(Louise^f)_{Pat}$ and $(Auto^f$ $(grün^f)_{Gener})$ is obvious.

Svoboda (1968) analyzed the TFA of complex sentences, describing adjectival adjuncts (primarily more dynamic than their heads) as belonging to secondary communication fields, similarly as embedded clauses. A statistical analysis of TFA was presented by Uhlířová (1972a). TFA of interrogative sentences was studied by Firbas (1972), Křížková (1972), Hajičová (1976; 1983) and Koenitz (1978).

Daneš (1957; 1967) found that the intonation center of a sentence, carried by the rheme proper, assumes an unmarked position at the end of the sentence or a marked position elsewhere; this accounts for the interplay of sentence intonation (including stress) and of word order as the two basic means of expression of TFA.

The relationships between TFA and discourse structure have also been analyzed by Daneš (1970; 1974); his thematic progressions are classified from three viewpoints:

(i) the theme corresponds either to a preceding rheme, to a theme, or to a whole utterance (or to a sequence of utterances);

(ii) the correspondence consists in coreference or in an associative relationship;

(iii) the correspondence concerns either the immediately preceding utterance(s) or a larger distance.

Daneš's approach was applied to artistic texts by Červenka (1969; 1974) and Filipec (1974), to dialogue by Müllerová (1976), and has found adherents also in other European countries, see e. g. Gerzymisch-Arbogast (1987).

Analyzing the TFA of the German sentence, Beneš (1959; 1968; 1973) distinguishes between theme and 'basis', the latter being understood (similarly as Halliday's 1967—8, 'theme') as the first (leftmost) element of the sentence. Hořejší (1974) applies the Praguian methods to the TFA of French. Mistrík (1966) studies TFA in Slovak sentences, and Adamec (1966; 1974) characterizes the manifold combinations of sentence stress patterns and word order variants in Russian, pointing out how they express the different instances of TFA, which he describes from a viewpoint continuing also the approaches of Bally (1932) and of the tradition of Russian linguistics.

If a procedure is to be formulated that assigns a sentence a set of representations indicating the possible repartitions of topic, focus and CD, then it has to make precise, first, what testable (operational) definitions of the basic units of TFA should be used, what is the position of these units in the language system, and how they can be described in the representations of sentences on the individual levels. One of the first attempts at such a formulation (Sgall 1967) was connected with dependency syntax as characterizing the main structuring of the tectogrammatical representations, in which the hierarchy of CD could be rendered by the left-to-right ordering of the nodes of the dependency tree.

Other investigations of TFA have been based on transformational grammar (Chomsky 1971; Jackendoff 1972) and, more recently, on intensional semantics (Stechow 1980; Klein/Stechow 1982; Jacobs 1983). Some empirical questions have not yet been fully explored; it seems first of all that a more thorough study of intonation patterns is necessary; in many approaches the importance of these patterns is either underestimated, or viewed too straightfordwardly. It is important to notice that (a) and (b) are two different sentences in (7) as well as in (8) or (3), though the semantic difference is much more important in (9) than in (7); with (7) the two sets of propositions to which the two sentences correspond assign the value 'true' to the same subset of possible worlds, which is not the case with (9). (Capitals denote the intonation center.)

(7) (a) Mother is COMING.
 (b) MOTHER is coming.
(8) (a) Napoleon ruled on ELBA.
 (b) NAPOLEON ruled on Elba.
(9) (a) Many men read few BOOKS.
 (b) Few books are read by many MEN.

However, it also should be taken into account that in many cases a specific intonation pattern is not connected with a single underlying structure; ambiguity is broadly spread in TFA.

If the sentence is viewed as an instruction by the speaker to the hearer (i. e. as an elementary structure adapted to functioning in communication), then not only the speaker's intention "to tell someone something" by certain means (cf. Searle 1969, 42 ff) should be taken into account, but also the fact that the speaker mostly uses means helping the hearer to find the interpretation rather easily, avoiding much of the effort that would be necessary if the hearer had to find the referents in the vast domain of her/his memory without any help. Usually a sentence distinguishes the topic, i. e. certain items of the information stored in the accessible parts of the hearer's memory from their modifications which the hearer should carry out according to the intention of the speaker, i. e. from the focus (see already Gabelentz 1868, 378).

In sentences with such a simple structure as (7) (a) the two main articulations of the sentence (the valency-based syntactic relations and the topic-focus dichotomy) coincide with each other; the topic is identical here with the subject, and the focus with the predicate, i. e. the terms subject and predicate may be used here both in their grammatical as well as in their philosophical (Aristotelian) sense. In other cases this is not so simple; either the relationship of the two elements is inverted, as in (7) (b), or the sentence includes more than two elements, cf. (8), (9), or deeper embeddings, cf. (10):

(10) Jim came to the house that he wanted to BUY.

In (10) there are unstressed pronominal elements within the focus, which denote items readily accessible in the hearer's memory (coreferential with nouns occurring in the preceding part of the sentence). This points to the necessity to distinguish between the dichotomy of the topic and the focus of the sentence and the contextually bound (CB) and non-bound (NB) character of the individual nodes (occurrences of lexical units).

TFA is still often analyzed by methods of 'soft' syntax and semantics, without using an explicit framework. Kuno's (1972) analysis of Japanese, as well as Brömser's (1982) empirical inquiry into TFA in English and Lutz's (1981) survey are highly useful. Important insights are presented by Koenitz (1987); Esser's (1984) conclusion that TFA cannot be handled by a generative description appears to be exaggerated, although perhaps not all cases of his 'hervorhebenswerte' information are delimited by the system of language; to draw the boundary between referential-semantically relevant and irrelevant oppositions of linguistic meaning still remains an open task; however, the prototypical case is their relevance (in this we differ from Esser 1984, 136). The main challenge consists in formulating an adequate theoretical approach.

In a theoretical description of language several layers of phenomena have to be accounted for jointly:

(i) the individual lexical items occurring in the sentence as CB ('given', chosen by the speaker among the items s/he assumes to be easily accessible in the hearer's memory, i. e. salient, activated over an upper threshold in the stock of shared knowledge, see Hajičová/Vrbová 1982) or NB ('new', or at least not 'recoverable' in the sense of Halliday 1967 − 8; cf. also Chafe's (1976) term 'identifiable');

(ii) the division of a sentence (more exactly, of one of its meanings) into its topic and its focus;

(iii) the hierarchy of CD ("deep word order").

Attempting to describe these items in a uniform manner, we assume that a meaning of a sentence (its tectogrammatical representation, TR), described by a dependency tree (with complex symbols occurring as labels of the nodes, the main verb constituting the root of the tree, and the left-to-right order of the nodes representing the hierarchy of CD), comprises the dichotomy of topic and focus, and we work with two rather strong hypotheses:

(a) The boundary between topic and focus is always placed so that there is such an item A in the TR that every item of the TR that is less (more) dynamic than A belongs to the topic (focus). In the primary case the verb meets the condition on A and it is itself included in the focus. There are at least two secondary cases, in the first of which the verb meets the condition on A and is included in the topic, while in the latter the verb together with all its modifications (its daughter nodes) belongs to the topic, the focus consisting only in one or more nodes subordinated to the most dynamic of these modifications (see Sgall et al. 1986, 217 f).

(b) Within focus, CD is determined by an ordering of the types of dependency (deep cases and adverbials), which is given by the grammar (see 1.3.). This 'systemic ordering' (SO) is not based on statistics and corresponds directly to word order only if the intonation center has the unmarked position. Lenerz's (1977) 'focus-neutral' order partly comes close to SO. In individual sentences, this scale is "changed" into their CD by the CB elements being removed to the left; the CD hierarchy of CB elements is not determined by the grammar (permutations of parts of the topic are possible).

We assume that every sentence has a focus (since otherwise it would convey no information relevant for communication), but that there are sentences without a topic (corresponding to the thetic judgments of classical logic).

3.2.1. In several questions there always have been differences between the approaches of Czech linguistis. This concerns, first of all, the relationship between TFA and the opposition between the system of language (*langue*, linguistic competence, or Chomsky's language$_1$) and use or functioning of language (*parole*, communicative competence). While in some Praguian formulations (including FGD) TFA is considered one of the hierarchies of the level of linguistic *meaning*, in other views topic and focus belong to the layer of *utterance* or discourse (Trnka 1964; Hořejší 1961); Daneš (1964) postulates a separate level for TFA. Although in FGD there is no such specific level, the difference seems not to be crucial, since the phenomena of TFA are rendered here by specific means (the left-to-right ordering of nodes and/or the superscripts); their semantic relevance makes it necessary to describe them within a level that should serve as the starting point for semantic interpretation. A more substantial difference concerns the fact that FGD handles TFA as one of the aspects of sentence structure: similarly as in the earlier periods of the development of linguistics systematic means were found in which the language system expresses the cognitive oppositions of time (by tense), of participant roles (by cases, prepositions, etc.), of number, and so on, now it is possible to identify also those items in the patterning of language which express the scopes of operators (negation, quantifiers, such "rhematiziers" as *only, also*, etc.) and the difference between information presented as 'given' and as 'newly identified'. The pragmatic background of TFA certainly belongs to the domain of communication (understood as a kind of conscious human activity); this is by far not denied by the fact that the linguistic structuring corresponding to this background in the layer of linguistic (literal) meaning is being described within the "linguistics of the sentence". On the contrary, only when the TFA of a sentence is described, then it is possible to include a description of linguistic competence into an account of the regularities of the process of communication.

3.2.2. Another question that is still discussed (not only in Czech linguistics) concerns the often assumed appropriateness of more than one informational structurings in the description of the sentence; similarly as with Halliday (1967−8; 1985), the difference between *'theme'* (the first element of the sentence, anchoring the utterance in the context) and *topic* or 'given' (about which the sentence asserts something) is postulated. Such a 'separating' approach can be seen in Daneš (1974; 1984; cf. Davidse 1985, Note 6) and is clearly present in Beneš's (1968; 1973) distinction between 'basis' and 'theme', whereas most other Czech linguists adhere to the 'combining' approach, arguing that, although the first position in the sentence is thematic in the prototypical case, it has a rhematic or focal character wherever bearing the intonation center of the sentence.

3.2.3. Also the problems of Firbas' (1957; 1975) *communicative dynamism* (CD) are still often discussed. In any case, the dichotomy of e. g. *Father CAME* (subject = topic, verb = focus) is present to a certain degree also in *I am not sure whether Father CAME, We were still there when Father CAME, Though Father came we did not realize that he was ILL*, etc. In *Father came HOME* or *Father wrote a LETTER* similar grades are present. The recursive properties of sentence structure, which make it possible that the structure of a sentence can be indefinitely complex, require to work with a whole hierarchy or scale of the units of TFA, i. e. with what Firbas calls CD; though his formulations are not always fully explicit, it should be clear that he does not identify CD with the surface word order. Pasch (1983, esp. 298) does not interpret Firbas' approach quite correctly, in this point. If CD is understood as belonging to the level of the meaning of the sentence, while the surface word order and the position of the intonation center belong to the surface means conveying CD, then it is possible to interpret appropriately such sentences where CD constitutes the linguistic structuring corresponding to what in logic is described as scope relations.

The *semantic relevance* of CD in what regards scope relations can be illustrated by the following examples, based on those introduced by Chomsky and others:

(11) (a) It is JIM who assumes that everyone in this room speaks at least two languages.
(b) It is JIM who assumes that at least two languages are spoken by everyone in this room.
(12) (a) It is the PUBLISHER who believes that many people read few books.
(b) It is the PUBLISHER who believes that few books are read by many people.
(13) (a) It was JOHN who talked to many girls about few problems.
(b) It was JOHN who talked about few problems to many girls.

The relationship between the scopes of the two quantifiers in the semantic interpretations of the clefted versions clearly is identical to that of the original examples having no cleft constructions: e. g. on the primary (preferred) reading of (13) (a), a single set of girls is present and for each of its elements there is a set of problems, whereas in (b), we have a single set of problems and several sets of girls. Since the surface structure of the two cleft sentences is identical on all points except for word order and placement of the intonation center − these two being the primary means of conveying the scale of CD −, a relatively economical description can account for this relationship between the scopes by extending the scale of CD to the elements which (in all meanings of the sentence) belong to the topic, and by interpreting CD as a (partial) counterpart of the relationships between the scopes of quantifiers. The latter cannot be identified only on the basis of the dichotomy of topic and focus, since in (11)–(13) both quantifiers are in the topic, so that the relationships between quantifiers can only be identified by the semantic interpretation of CD.

Chomsky (1981, 140, fn. 27) remarks that the sentence can be derived as divided first into *Topic* and *S* (whereupon only the latter gives rise to the pair *NP* and *VP*). However, since topic is not always a single constituent, also an ordering of the parts of the topic is relevant. We have just seen that it can be semantically interpreted (in a similar way as the ordering of the parts of the focus) as related to the scopes of quantifiers. As far as we were able to check, topic proper, i.e. the least dynamic element, can then be identified with that major constituent which is more capable of bearing a contrast than the other parts of the topic; thus, in (14), we consider the Actor to be less dynamic than the Addressee (the latter, in some of the meanings, belonging to the focus), and than the temporal setting:

(14) John gave Mary a VASE today.

With sentences displaying two intonation centers (cf. Jackendoff 1972, 258–265), one (primarily the rightmost) marks the focus proper, and the other marks a contrastive (part of the) topic.

The complementations following the intonation center with a marked placement in the surface word order belong to the topic. Thus, the scales of CD corresponding to the ambiguous sentence (14) include the two following sequences:

(15) (a) John – Mary – today – gave – a vase.
(b) John – today – gave – Mary – a vase.

The boundary between topic and focus under CD lies just before or just after the verb in either example (and in the prototypical case; negation and other 'focalizers' are exceptions, handled by Koktová 1986, and, in other frameworks, by Jacobs 1983, and Walker et al. 1986).

In a language with a larger extent of "free word order" (rendering the scale of CD in the same direct way as is the case in English for certain types of adverbials, see e.g. *from* and *to* in (3) above), the two orders illustrated by (15) are present also in the surface (e.g., in Czech, where surface orders with the verb in the second position and/or with the temporal adverbial coming first are possible, too).

We have seen that the semantic relevance of CD consists first of all in how it affects the relationships between quantifiers. In cases such as (14), one observes a redundant difference in meaning between sentences differing in word order – cf. e.g. (14) and (16); this difference is redundant, since the relative width of the scopes of the quantifiers in such cases (where the usual approaches to semantic interpretation involve iota operators) need not be relevant for the output of the interpretation (e.g. in the corresponding formulas of a system of intensional logic):

(16) Today Mary was given a VASE by John.

Thus, in sentences with a specific lexical (and morphological) cast, i.e. with specific kinds of quantification, the differences in CD are not relevant for the truth conditions of sentences (more precisely, of their meanings); however, as examples (11) to (13) show, differences in CD are relevant for truth conditions (i.e. semantically relevant), in the general case.

Similarly, it can be maintained that the placement of the boundary between *topic and focus* is semantically relevant in the general case. This is especially the case with negated sentences, as shown by Hajičová (1973; 1984); for a brief illustration cf. the following examples:

(17) (a) This time our defeat wasn't caused by Harry.
(b) This time Harry didn't cause our defeat.

In (17) (a) – pronounced with the intonation center at the end – the presupposition that the defeat did occur is present. On the other hand, in (17) (b) *our defeat* is under the scope of negation, and thus the defeat is not presupposed (the utterance can be continued, e.g., by *On the contrary, he helped us a lot to win*).

(18) (a) The king of France is bald.
(b) Yesterday, Prague was visited by the king of France.

Here again, the NP triggers a presupposition in (a), which is not the case in (b). The truth or falsity of the latter sentence can be determined by a simple inspection of the list of the visitors to Prague on that particular day; if no king of France is found, then (b) is false and its negation is true, whether or not it is the case that France has a king (cf. Cooper 1974, 37 ff, and Hajičová's 'allegation').

(19) (a) Blond Albanians don't study linguistics at Harvard.
   (b) No blond Albanians study linguistics at Harvard.

Again, in (a) the existence of blond Albanians (in the possible world referred to) is presupposed, which is not the case in (b), at least in one of its meanings.

These and similar examples can be accounted for by stating that, in the primary case, the scope of linguistic negation is identical with the focus of the (given meaning of the) sentence. The relevant NP's belong to the topic of their sentences in the (a) variants, but to their foci in the (b) variants.

3.2.4. Other cases of relevance of TFA for truth conditions can be illustrated by the following examples:

(20) (a) In Liechtenstein, GERMAN is spoken. (Or: GERMAN is spoken in Liechtenstein.)
   (b) German is spoken in LIECHTENSTEIN.
(21) (a) Children went by BUSES.
   (b) By buses went CHILDREN.

It still remains rather unclear what exactly is the domain of such differences in truth conditions which are not connected with any (overt) operators, except the assertive modality of the main verb (Zemb's 1986 *phème*, cf. also Jacobs 1983, 21); however, this operator is present also in such examples as (14) and (16) above, where the truth conditions remain untouched.

3.2.5. A further difference between the Czech approaches consists in the way how the main concepts from the domain of TFA are to be *defined*. Firbas (1964; 1975; 1982) defines 'theme' exclusively on the basis of communicative dynamism (CD), while in FGD (Sgall et al. 1973; 1986, esp. section 3.4.) 'topic' is specified first of all by means of 'contextual boundness' (CB). It would be possible to distinguish these two notions terminologically, but it seems preferable to discuss the difference and to try to find out whether both the notions are useful, or which of them should be chosen.

One of the main differences between Firbas' theme, defined as the part(s) of the sentence bearing the least degree(s) of CD, and our topic concerns the question whether every sentence contains a theme. Intuitively the existence of sentences *without a topic* seems rather plausible; however, Firbas' definition yields the result according to which every sentence (including Lat. *Pluit = It rains*) has a theme, so that Firbas (1982, 105) finds it necessary to speak about "the situation" as expressed by *it*, an exponent of person and number, which "constitutes the theme" in such sentences; however, these elements are not assigned such a role in other sentences.

Those who take into consideration the philosophical or logical opposition of thetic versus categorical judgments (cf. Kuroda 1972; Kuno's 1972 'neutral description') may find it difficult to accept Firbas' interpretation of the quoted classes of sentences. On the other hand, if such sentences are classed as topicless, then a basis for an analysis of the sentences conveying thetic judgments (lacking a logical subject) can be established.

Furthermore, if Hajičová's (1973) findings concerning the relationship between topic (as defined on the basis of contextual boundness) and the scope of negation are accepted, then it follows that in such sentences as *My brother did not come in TIME* (categorical judgments) as well as in those similar to *No dog is chasing a CAT* or *No girl broke a VASE* (thetic judgments, on some readings) it is the focus that is negated, i. e. in the first sentence *my brother* (the topic) is not affected by negation (it triggers a presupposition), while in the second and third sentences there is no such element: *dog* is 'theme' in the sense of Firbas, but it belongs to the scope of negation, it triggers no presupposition; cf. above about *no blond Albanians* in (19). In this point our 'topic' seems to be more useful than Firbas' 'theme' for an adequate treatment of the relationship between the meaning of a sentence and that of its negative counterpart.

According to Firbas (1982, 101) the verb belongs to the theme e. g. in *Rain was falling*. However, if such a sentence (more exactly, *RAIN was falling*) is understood as topicless, then it can be more directly inferred that (a) this sentence conveys a thetic judgment, and (b) in its negative counterpart, *No RAIN was falling*, it is the whole sentence that is in the scope of negation (no presupposition that something was falling is present).

In this way also the subtle difference can be treated that Koenitz (1978, Note 32) finds between *Peter hat in der SOWJETUNION studiert* and *In der SOWJETUNION hat Peter studiert*: the verb belongs to the topic in the latter sentence, whereas the former has also a reading in which the verb belongs to the focus.

Thus the notion of topic, defined first of all by means of contextual boundness, seems to be necessary (or at least important) for the description of the structure of a sentence. If 'topic' is included into the descriptive framework, then the notion of theme, defined exclusively on the basis of CD, appears as not having any immediate relevance; at least we do not see any issue in the description of the structure of the sentence for which it would be inevitable to work with this notion.

3.2.6. A similar question concerns also another important point. As Firbas (1981) notes, such a sentence as *Peter came into the room* can express (perhaps with two different intonation patterns?) either appearance on a scene, or an action (with the directional functioning as its focus); the verb *come* thus functions as a verb of appearance on the scene in the former case, while in the latter case it serves as an action verb (this possibility was discussed by Eva Benešová-Buráňová, see Sgall et al. 1973, 30 f). Such a double-faced function can be performed also by transitive verbs, and it is easy to find sentences which can play each of the two roles: *V Praze pečou housky PEKAŘI* (In Prague BAKERS bake rolls) can introduce *bakers* as appearing on the scene if *bake rolls* is understood as a typical manifestation of their existence. However, such a sentence seems to differ from e. g. *V Broumově rozbil auto TONDA* (In Broumov TONY broke the car), with which an interpretation of appearance on the scene is hardly possible, only in that the verb in the latter sentence is included in the topic on all readings.

The psychological degrees of salience (activation) should not be identified with the linguistic opposition of contextual boundness; activated (and this "known") items can be referred to by non-bound expressions (see Sgall et al. 1973, 71; 1986, 57 f). Daneš also overlooks that the salience is not fully determined just by the preceding sentence; thus, with his ex. (1), 1986, 267, a broader context is needed.

3.3.1. While in the preceding section we discussed, first of all, differences between the Czech approaches to TFA, we proceed now to remarks concerning *critical comments* from abroad, which (as we partly have already seen) not always pay due attention to the more subtle distinctions made in fact in the Czech tradition.

A remark that focus under *some conditions* contains Kuno's (1972) 'exhaustive listing' is misleadingly interpreted by Kiefer (1984, 165 f) as an over-all (defining) characterization of focus.

Ulrich (1985) points out the existence of sentences without a theme (topic), which correspond to the thetic judgments. This fact (discussed by Sgall/Hajičová 1977−8, 25−27) is of basic importance; however, if such a sentence were understood as having no TFA, then it would be necessary to repeat several assumptions as concerning not only the focus, but also the (meaning of a) sentence without the dichotomy; this holds about the scope of negation, about CD being determined by SO, etc. It seems better to use non-correlational definitions based on contextual boundness.

As Keijsper (1985) recalls, accentuation represents the basic means of expressing TFA; however, intonation center has always been taken into consideration in Czech linguistics. (Keijsper also works with a single kind of accentuation, differing e. g. from Lötscher 1983.) Moreover, the so-called free word order does partly determine TFA, making it possible to place the intonation center prototypically at the rightmost element; this can be found in English, too, cf. (3) above.

3.3.2. The often occurring opinion that TFA has not been characterized clearly enough to be included into linguistic descriptions should be reconsidered:

(a) TFA has been seriously studied and described; this research should be critically evaluated and continued (what has been achieved need not be rediscovered).

(b) If a framework does not account for the difference between (3) (a) and (b), see section 1.3. above, then it is urgent to complete the framework in this respect (or to abandon it, if this were impossible).

(c) If the difference between (3) (a) and (b) is observed, then the opposition of *contextually bound* and non-bound items can be taken for granted as perceived by native speakers, and it can be included into linguistic description as one of its basic ingredients. Examples of similar relationships between different complementations are (the switch of the intonation center may be accompanied by a word order switch and/or by a specific verb construction): *Jim dug a hole with a SPADE* vs. *Jim dug a HOLE with a spade*, or *Tom made a canoe out of a LOG* vs. *Tom made a log into a CANOE*. Topic and focus can then be defined on this basis; among the main parts of the sentence (the main verb and its complementations) the contextually bound ones belong to the topic, the non-bound ones to the focus (as for the embedded sentence elements, they usually follow their heads in this classification, see Sgall et al. 1986, Sect. 3.4.).

(d) *Operational tests*, helping to define the basic concepts, mostly involve negation (in a response), as with Chomsky (1971), Posner (1972) and Bogusławski (1977), or question, see Hatcher (1956), and in Prague esp. Daneš (1968), Sgall et al. (1986), Hajičová/Sgall (1987). Each of the tests has its weak points. This concerns also Jacobs' (1983, esp. 13 ff) tests: *Mein Bruder hat nicht viele Bücher gelesen* presupposes that the speaker has a brother, which is not the case with *Es ist nicht der Fall, dass mein Bruder viele Bücher gelesen hat*; thus the two sentences are not equivalent. However, it is important that the results coincide perhaps in all the cases where more than one test can be effectively used. It should be specified which general rules can be used with the question test to replace the individual complementations of the verb by *wh*-words in the relevant questions. It has also to be reexamined how far this test can be useful with respect to non-declarative sentences and to CD in embedded clauses; further problems concern the multiple *wh*-questions, the necessity of switching between *I* and *you* etc., the possibility that an answer gives more information than required by the question or that its topic contains an element absent there, and so on.

We will restrict ourselves here to the statement that whenever a declarative sentence S can be appropriately used to answer two interrogative sentences Q_1 and Q_2, where Q_1 contains the major constituents A and B which are also present in S, and Q_2 contains a *wh*-word instead of A (not B), while Q_1 and Q_2 contain a *wh*-word instead of C contained in S, then in the given meaning of S, A is more dynamic than B (i.e. A follows B in the scale of CD) and less dynamic than C. (The *instead* in this formulation should be made more precise, cf. Carlson 1983, 302 f; the condition that the *wh*-word is assigned the same kind of complementation as A in S is probably too strong.)

It can be checked by means of the following and other examples that CD, as identified by means of the question test, coincides in the main points with Chomsky's (1971) range of permissible focus. As Sgall et al. (1973, 162 f; 83) noted, it was imprecise to characterize focus as "the phrase containing the intonation center"; a single intonation center may belong to more than one phrase (with embedding), and often the focus is no (single) constituent, as in *A boy KISSED her*; cf. Hajičová/Sgall (1975). This view has been widely accepted, cf. e.g. Jacobs (1983, 16).

(22) (a) A boy brought one of my sisters a small gift on the day when we came to Boston.
 (b) One of my sisters was brought a small gift by a boy on the day when we came to Boston.
 (c) On the day when we came to Boston, a boy brought one of my sisters a small gift.

Here (22) (a) can answer (23); (24) (a) can only be answered by (22) (b), and (24) (b) by (22) (c).

(23) What did a boy bring to whom and when?
(24) (a) Who brought one of your sisters a small gift, and when?
 (b) What did a boy bring one of your sisters on the day when you came to Boston?

A question such as (25) can be answered either by (22) (a) or (22) (b), rather than by (22) (c):

(25) When did a boy bring one of your sisters a small gift?

It follows then that e.g. *a boy* precedes *one of my sisters* and the latter precedes *on the day* ... under CD in (22) (a), which can answer (23) and (25), but that the Actor is preceded by the Addressee and followed by the temporal complementation in (22) (b), which can answer (24) (a) and (25). The relevant means expressing this difference in CD is the difference in surface word order (with the intonation center remaining at the end), rather than passivization. In English, passivization obligatorily accompanies a surface word order corresponding to the CD scale Obj (Addr) – V – Act, which is neither the case in German, nor in Czech, cf. G.: *Einer meiner Schwestern brachte ein Freund ein kleines Geschenk*, or *Das Geschenk hat mir ein Freund gebracht*.

As Koenitz (1978, n. 20) duly recalls, semantics hardly can be viewed as "a means conveying TFA" (cf. Firbas 1974); rather, it is important for the speaker's choice of the distribution of TFA.

3.3.3. Another objection may concern the fact that the representations of meaning in FGD retain structural features typical for natural language, avoiding the use of variables and prenex quantifiers with parentheses indicating their scopes, and so on. However, the level of linguistic meaning is understood in FGD as a *disambiguated* level within the system of language, rather than the result of the semantic interpretation. An *n*-ambiguous sentence has *n* representations on this level (with vagueness, indistinctness and "systemic ambiguity" belonging to the relationships between meaning and interpretation), and synonymous sentences have a representation in common. Metaphorical meaning can be systematically studied on this basis: in "Love is a journey", etc. (Lakoff/Johnson 1980), the literal meanings of the nouns are present. This level represents an interface between linguistics as such (studying the relationships between meaning and expression, or 'disambiguation') and the interdisciplinary domain of semantic interpretation, inferencing, and other kinds of relationships between meaning and truth conditions (or states of affairs, scripts, and so on), which should be studied in cooperation of linguistics, logic, psychology, cognitive science and artificial intelligence.

3.3.4. Semantic interpretation, transducing sentence meanings into formulas (constructions) of a system of intensional logic, should take the representations of the meanings of sentences as its input rather then the surface forms. Preliminary formulations concerning a procedure transducing the oppositions concerning TFA into an explicit notation for the scopes of operators (and the obligatory and optional valency slots into arguments the number of which corresponds to the arity of the given predicate, and so on) can be found in Materna et al. (1980; 1984; 1986) and Vlk (in prep.).

3.4. A *formal* definition of the level of linguistic meaning can be found in Hajičová/Sgall (1980), its more complete formulations in Plátek et al. (1984) and Petkevič (in press); as for a definition of focus and topic, see Sgall et al. (1986, section 3.4.). Instead of a grammar, a pushdown generator is used, which specifies the linearized underlying representations (UR's) of sentences, cf. Fig. 16.1 in section 2.1. The main properties of this framework can be summarized as follows:

There are two basic *principles* or restrictions: the first of them states that every obligatory complementation has to be present among the daughter nodes of the given head, any of the optional ones can be present there, and no inner participant can be present more than once. The second principle ensures that the complementations (theta-roles and adverbial modifications) standing to the right of the verb (in the focus), are ordered by SO (see section 1.3.), which need not hold for those to the left of the verb.

A small number of general rules (metarules or rule schemes) then is sufficient:

Rule 1 derives a lexical occurrence (a lexical meaning together with its morphological indices); this is the main verb, or a dependent word standing to the left or to the right of its head (thus being specified as contextually bound or non-bound); the direction depends on whether Rule 3 was applied before; the valency frame (grid) of the derived word is stored, and so is the symbol denoting the type of complementation (valency slot) the derived word belongs to.

Rule 2 handles the cases where an optional complementation from the frame is skipped over; since the order of the complementations to the right (and not to the left) of the head is determined by their SO, this rule has two slightly different shapes.

Rule 3 concerns the transition from contextually bound to contextually non-bound complementations of a single head.

Rule 4 derives a right bracket with its subscript, marking the head as having been supplied with all its complementations.

Rule 5 through 7 concern coordination or apposition (its beginning, perhaps its continuation if more than two elements should be connected, and its end, which is indicated by a right parenthesis of a specific kind, accompanied with a subscript denoting the type of coordination).

The order of the application of the rules is limited only in that the lexically based data available at the given point of the derivation are compatible with the left side of the respective rule.

The function of the automaton can be illustrated by a sentence displaying (in its different meanings) three possible positions of negation (see Hajičová 1973; Sgall et al. 1986, Ch. 3). In the first two, the verb belongs either to the focus, or to the topic, the focus constituting the scope of negation, whereas in the third case, only the verb is in the scope of negation; in this case the verb is always contextually bound. The three UR's of the sentence *Jim doesn't sleep because of his FATIGUE* in (26) correspond to the following three contexts, respectively: (a) ...; *if he sleeps at all, this is because he took some pills*; (b) ...; *he sleeps just because he took some pills*; (c) ...; *when he is so much tired, he can never sleep*. The tree corresponding to UR (26) (a) is presented in Fig. 16.2.; the operator of negation stands here at the end of its scope, the beginning of which is at the boundary between topic and focus, or — in case (c) — at the beginning of the UR.

(26) (a) (sleep^f (Jim^t)$_{Act}$
   (fatigue^f (Jim^t)$_{Appurt}$)$_{Cause}$ NEG)$_O$
 (b) (sleep^t (Jim^t)$_{Act}$
   (fatigue^f (Jim^t)$_{Appurt}$)$_{Cause}$ NEG)$_O$
 (c) (sleep^t NEG (Jim^t)$_{Act}$
   (fatigue^f (Jim^t)$_{Appurt}$)$_{Cause}$)$_O$

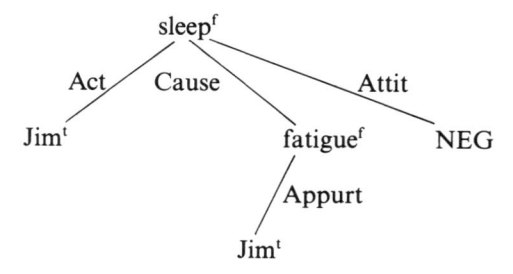

```
            sleep^f
      /       |       \
    Act     Cause     Attit
   /          |          \
 Jim^t     fatigue^f     NEG
              |
           Appurt
              |
            Jim^t
```

Fig. 16.2: A simplified underlying structure of (26) (a).

The UR's are transduced to surface syntax and to morphemics by a sequence of pushdown transducers (cf. Sgall et al. 1969).

4.1. The possibility to apply the approach to TFA as described above in other frameworks of linguistic description, esp. in GB theory with Chomskyan principles, is discussed by Hajičová/Sgall (in press), where the inclusion of the following principle is proposed:

If A and B are two major constituents and the theta-role of A precedes that of B under SO, then B can precede A under CD on a reading of a sentence only if B is included in the topic on this reading.

Differences between CD and surface word order (which concern e. g. English cleft sentences, the inner structure of NP's, or the positions of the German verb) sometimes do not meet the condition of projectivity (see Uhlířová 1972b, Sgall et al. 1986); as for possible solutions of this problem, see Panevová/Sgall (in press).

4.2. We may conclude that the views upon syntax and sentence semantics known from the classical Prague School can still be of high importance for the level of the contribution of linguistics to the interdisciplinary research on communication and cognition, since the detailed analysis and discussion of theme (topic) and rheme (focus), and the inclusion of communicative dynamism in the structure of the sentence makes this approach important for the endeavours of modern linguistics to find a way how an account of language system can be incorporated into a description of discourse patterns. Moreover, as we have seen, a formal treatment of topic and focus based on dependency syntax in Praguian tradition may help (if it is compared with other frameworks) to discover ways for a more complete description of the structure and the meaning of the sentence. Also a possibility of a reasonable division of labor between empirical linguistics and theoretical investigation, for which a cooperation with logic is necessary, can be envisaged on this basis; the interface between empirical linguistics and logical analysis of natural language semantics can be seen in the level of linguistic meaning, which comprises only intrinsically linguistic patterns and contains all the semantically relevant oppositions.

5. References

Adamec, Přemysl. 1966. Porjadok slov v sovremennom russkom jazyke. Prague.

—. 1974. Aktual'noje členenije, glubinnyje struktury i perifrazy. Papers on Functional Sentence Perspective, ed. by F. Daneš, 189—95. Prague.

Ammann, Hermann. 1928. Die menschliche Rede 2. Der Satz. Lahr in Breisgau.

Bally, Charles. 1932. Linguistique générale et linguistique française. Paris.

Běličová, Helena. 1984. K podílu předložek na konstituování sémantické struktury věty. Slavia 53. 225—43.

—. 1985. Ještě k podílu předložek na konstituování sémantiky věty. Slavia 54. 8—21.

Beneš, Eduard. 1959. Začátek německé věty z hlediska aktuálního členění větného. Časopis pro moderní filologii 41. 205—17.

—. 1968. On two aspects of functional sentence perspective. Travaux linguistiques de Prague 3. 264–74.

—. 1973. Thema-Rhema-Gliederung und Textlinguistik. Studien zur Texttheorie und zur deutschen Grammatik, hrsg. v. H. Sitta & K. Brinker, 42–62. Düsseldorf.

Bogusławski, Andrzej. 1977. Problems of the thematic-rhematic structure of sentence. Warsaw.

Brömser, Bernd. 1982. Funktionale Satzperspektive im Englischen. Tübingen.

Carlson, Lauri H. 1983. Dialogue Games: An approach to discourse analysis. Dordrecht.

Červenka, Miroslav. 1969. Tematické posloupnosti v Březinově próze. Česká literatura 17. 141–58.

—. 1974. O tematycznym następstwie. Tekst i język, ed. by M. R. Mayenowa, 85–97. Warsaw.

Chafe, Wallace L. 1976. Givenness, contrastiveness, definiteness. Subjects, topics and point of view. Subject and Topic, ed. by C. N. Li, 25–55. New York.

Chomsky, Noam. 1971. Deep structure, surface structure and semantic interpretation. Semantics: An interdisciplinary reader, ed. by D. D. Steinberg & L. A. Jakobovits, 193–216. Cambridge. (Also in: N. Chomsky, Studies on semantics in generative grammar, 120–202. The Hague.

—. 1981. Lectures on government and binding. Dordrecht.

Cooper, David E. 1974. Presupposition. The Hague.

Daneš, František. 1957. Intonace a věta ve spisovné češtině. Prague: Nakladatelství Československé akademie věd.

—. 1964. A three-level approach to syntax. Travaux linguistiques de Prague 1. 225–40.

—. 1967. Order of elements and sentence intonation. To honor Roman Jakobson, 499–512. The Hague.

—. 1968. Some thoughts on the semantic structure of the sentence. Lingua 21. 55–69.

—.1970. Zur linguistischen Analyse der Textstruktur. Folia linguistica IV. 2–78.

—. 1974. Functional sentence perspective and the organization of the text. Papers on functional sentence perspective, ed. by F. Daneš, 106–28. Prague.

—. 1986a. Věta a text. Prague.

—. 1986b. The "question test" re-examined. Language and discourse: Test and protest, ed. by J. L. Mey, 261–86. Amsterdam.

—. 1987. On Prague functionalism in linguistics. Functionalism in Linguistics, ed. by René Dirven and Vilém Fried. Amsterdam, to appear.

Davidse, K. 1985. M. A. Halliday's functional grammar and the Prague School. Linguistic Agency, University of Trier, Series A, Paper No. 141.

Dokulil, Miloš. 1958. K otázce morfologických protikladů. Slovo a slovesnost 19, 81–103; translated into English in Praguiana 1945–1990, ed. by Ph. Luelsdorff, to be published in Amsterdam.

—, and František Daneš. 1958. K tzv. mluvnické a významové stavbě věty. O vědeckém poznání soudobých jazyků, ed. by A. Dostál. Prague: Nakladatelství ČSAV; translated into English in Praguiana 1945–1990, ed. by Ph. Luelsdorff, to be published in Amsterdam.

Esser, Jürgen. 1984. Untersuchungen zum gesprochenen English. Tübingen.

Filipec, Josef. 1974. Zur Frage der funktionalen Satzperspektive im dramatischen Text. Papers on Functional Sentence Perspective, ed. by F. Daneš, 129–41. Prague.

Firbas, Jan. 1957. Some thoughts on the function of word-order in Old English and Modern English. Sborník prací filosofické fakulty brněnské university A5, 72–100.

—. 1964. On defining the theme in functional sentence analysis. Travaux linguistiques de Prague 1. 267–80.

—. 1971. On the concept of communicative dynamism in the theory of functional sentence perspective. Brno Studies in English 7. 12–47.

—. 1972. Funkcii voprosa v processe komunikacii. Voprosy jazykoznanija 2. 55–65.

—. 1975. On the thematic and the non-thematic section of the sentence. Style and Text, ed. by H. Ringbom et al., 317–34. Stockholm.

—. 1981. A note on static semantics and dynamic semantics. Linguistica 1, ed. by F. Daneš & D. Viehweger, 78–87. Prague: Ústav pro jazyk český ČSAV.

—. 1982. Has every sentence a theme and a rheme? Language Form and Linguistic Variation, ed. by John Anderson, 97–115. Amsterdam.

Gabelentz, Georg von der. 1868. Ideen zu einer vergleichenden Syntax — Wort- und Satzstellung. Zeitschrift für Völkerpsychologie und Sprachwissenschaft 6. 376–84.

—. 1891. Die Sprachwissenschaft, ihre Aufgaben, Methoden und bisherigen Ergebnissen. Leipzig.

Gaifman, Haim. 1965. Dependency systems and phrase structure systems. Information and Control 8. 304–37.

Groot, A. W. de. 1939. Les oppositions dans les systèmes de la syntaxe et des cas. In Mélanges de linguistique Offerts à Ch. Bally, 107–27. Geneva.

Hajičová, Eva. 1973. Negation and Topic vs. comment. Philologica Pragensia 16. 82–93.

—. 1976. Question and answer in linguistics and in man-machine communication. Statistical Methods in Linguistics, 30–46.

—. 1979. Agentive or Actor/Bearer? Theoretical Linguistics 6. 173–90.

—. 1983. On some aspects of presuppositions of questions. Questions and answers, ed. by Ferenc Kiefer, 85—96. Dordrecht.

—. 1984. Presupposition and allegation revisited. Journal of Pragmatics 8. 155—67; a modified version in Contributions to Functional Syntax, Semantics, and Language Comprehension, ed. by P. Sgall, 99—122. Amsterdam, Prague.

—; Panevová, Jarmila, and Petr Sgall. 1985—1987. Coreference in the grammar and in the text. Prague Bulletin of Mathematical Linguistics 44. 3—22; 46. 1—11; 48. 3—12.

—, and Petr Sgall. 1975. Topic and focus in transformational grammar. Papers in Linguistics 8. 3—58.

—, —. In press. Ordering principle; Journal of Pragmatics 11, 1987.

—, and Jarka Vrbová. 1982. On the role of the hierarchy of activation in the process of natural language understanding. COLING 82, ed. by J. Horecký, 107—13. Amsterdam.

Halliday, Michael A. K. 1967. Notes on transitivity and theme in English. Journal of Linguistics 3. 37—81, 199—244; 4 (1968). 179—215.

—. 1974. The place of "functional sentence perspective" in the system of linguistic description. Papers on Functional Sentence Perspective, ed. by František Daneš, 43—53. Prague.

—. 1985. An Introduction to Functional Grammar. London.

Hatcher, Anna G. 1956. Syntax and the Sentence. Word 12. 234—50.

Hockett, Charles F. 1961. Linguistic elements and their relations. Language 37. 29—53.

Hořejší, Vladimír. 1961. Les plans linguistiques et la structure de l'énoncé. Philologica Pragensia 4. 193—202.

—. 1974. A propos de la perspective fonctionelle de la phrase française. Acta Universitatis Palackianae Olomucensis, Philologica 38. 65—75.

Jackendoff, Ray S. 1972. Semantic Interpretation in Generative Grammar. Cambridge, MA.

Jacobs, Joachim. 1982. Syntax und Semantik der Negation im Deutschen. München.

—. 1983. Fokus and Skalen. Tübingen.

—. 1986. The syntax of focus and adverbials in German. Topic, Focus, and Configurationality, ed. by W. Abraham & S. de Meij, 103—27. Amsterdam.

Jakobson, Roman. 1936. Beitrag zur allgemeinen Kasuslehre. Travaux du Cercle linguistique de Prague 6. 240—88.

Jespersen, Otto. 1924. Philosophy of Grammar. London.

Karcevskij, Serge. 1929. Du dualisme asymétrique du signe linguistique, Travaux du Cercle linguistique de Prague 1, 88—93.

Keijsper, Cornelia E. 1985. Information Structure. Amsterdam.

Kiefer, Ferenc. 1986. Epistemic possibility and focus. Topic, Focus, and Configurationality, ed. by W. Abraham & S. de Meij, 103—27. Amsterdam.

Klein, Wolfgang, und Arnim von Stechow. 1982. Intonation und Bedeutung von Fokus. Konstanz: Universität.

Koenitz, Bernd. 1978. Die Thema-Rhema-Gliederung — Invariante bei der Translation. Linguistische Arbeitsberichte 19. 75—91. Leipzig.

—. 1987. Thema-Rhema-Gliederung. Leipzig.

Křížková, Helena. 1972. Kontextové členění a typy tázacích vět v současných slovanských jazycích. Slavia 41. 241—62.

Kuno, Susumu. 1972. Functional sentence perspective. Linguistic Inquiry 3. 269—320.

—. 1983. Principles of discourse deletion. Proceedings of the XIIIth International Congress of Linguists, ed. by Sh. Hattori & K. Inone, 30—41. Tokyo.

Kuroda, Sige-Yuki. 1972. The categorical and the thetic judgement. Foundations of Language 9. 153—85.

Kuryłowicz, Jerzy. 1949. Linguistique et théorie du signe. Journal de psychologie, 170—80; reprinted in Kuryłowicz, Jerzy. Esquisses linguistiques, 7—15. Wrocław: 1960 (2nd ed. Munich: 1973).

Lakoff, George, and Mark Johnson. 1980. Metaphors we live by. Chicago.

Lamb, Sydney M. 1964. The sememic approach to structural semantics. American Anthropologist 66. 57—78.

—. 1965. Kinship terminology and linguistic structure. American Anthropologist 67. 37—78.

—. 1966. Outline of Stratificational Grammar. Washington.

Lenerz, Jürgen. 1977. Zur Abfolge nominaler Satzglieder im Deutschen. Tübingen.

Lieb, Hans-Heinrich. 1983. Integrational Linguistics I. Amsterdam.

Lötscher, Andreas. 1983. Satzakzent und funktionale Satzperspektive im Deutschen. Tübingen.

Lutz, Luise. 1981. Zum Thema "Thema": Einführung in die Thema-Rhema-Theorie. Hamburg.

Marty, Anton. 1897. Über die Scheidung von grammatischem, logischem und psychologischem Subject, resp. Prädicat. Archiv für systematische Philosophie III, 2, 174—90; 3, 294—333.

Materna, Pavel, Hajičová, Eva, and Petr Sgall. 1986. Redundant answers and topic-focus articulation. Linguistics and Philosophy 10. 101—13.

—, and Petr Sgall. 1980. Functional sentence perspective, the question test and intensional semantics. Statistical Methods in Linguistics (Stockholm 1—2. 141—60.

—, —. 1984. Optional participants in a semantic interpretation. Contributions to functional syntax, semantics, and language comprehension, ed. by P. Sgall, 51–62. Amsterdam, Prague.

Mathesius, Vilém. 1929. Zur Satzperspektive im modernen Englisch. Archiv für das Studium der neueren Sprachen und Literaturen 155. 202–10.

—. 1939. O tak zvaném aktuálním členění větném. Slovo a slovesnost 15. 171–74; translated as On information-bearing structure of the sentence in Harvard Studies in Syntax and Semantics, ed. by S. Kuno, 467–80. 1975.

—. 1942. Řeč a sloh. Čtení o jazyce a poezii, ed. by B. Havránek & J. Mukařovský, 11–102. Prague.

Mel'čuk, Igor. 1967. Poroždajuščaja grammatika — ili model "smysl — tekst"? Tezisy dokladov mežvuzovskoj konferencii po poroždajuščim grammatikam, 67–9. Tartu: Universitet.

Mistrík, Jozef. 1966. Slovosled a vetosled v slovenčine. Bratislava.

Müllerová, Olga. 1976. K tematické výstavbě nepřipravených mluvených dialogických projevů. Slovo a slovesnost 37. 308–17.

Panevová, Jarmila. 1974. On verbal frames in functional generative description. Prague Bulletin of Mathematical Linguistics 22. 3–40; 23 (1975). 17–52; printed in a modified version as: Inner participants and free adverbials. Prague Studies in Mathematical Linguistics 6. 1978. 227–54.

—. 1977. Verbal frames revisited. Prague Bulletin of Mathematical Linguistics 28. 55–72.

—, and Petr Sgall. In press. Dependency syntax, its problems and advantages. To appear in Prague Studies in Mathematical Linguistics 10.

Pasch, Renate. 1983. Mechanismen der inhaltlichen Gliederung von Sätzen. Untersuchungen zur Semantik (Studia grammatica 22), ed. by Rudolf Růžička & Wolfgang Motsch, 261–304. Berlin.

Pauliny, Eugen. 1943. Štruktúra slovenského slovesa. Bratislava: Slovenská akadémia vied a umení.

Petkevič, Vladimír. In press. A dependency based representation. Theoretical Linguistics, to appear.

Plátek, Martin, Sgall, Jiří, and Petr Sgall. 1984. A dependency base for a linguistic description. Contributions to functional syntax, semantics and language comprehension, ed. by Petr Sgall, 63–98. Prague, Amsterdam.

Posner, Roland. 1972. Theorie des Kommentierens. Frankfurt a.M.

Schnelle, Helmut. 1981. Elements of theoretical netlinguistics. Theoretical Linguistics 8. 67–100.

Schooneveld, Cornelius H. van. 1978. Semantic Transmutations: Prolegomena to a Calculus of Meaning I. Physsard Series in Prague Linguistics I. Bloomington.

Searle, John R. 1969. Speech Acts. Cambridge.

Sgall, Petr. 1964. Generative Beschreibung und die Ebenen des Sprachsystems. Presented at the Second International Symposium on Sign and System in Magdeburg. Printed in Zeichen und System der Sprache III, 225–39. Berlin. 1966.

—. 1967. Functional sentence perspective in a generative description. Prague Studies in Mathematical Linguistics 2. 203–25.

—. 1979. Remarks on text, language, and communication. Papers in Textlinguistics, ed. by János Petöfi, 89–100; enlarged in Contributions to Functional Syntax, Semantics and Language Comprehension, ed. by Petr Sgall, 123–44, Prague.

—. 1980. Chomsky on the communicative function. Prague Bulletin of Mathematical Linguistics 33. 45–50.

—. 1987. Prague functionalism and topic vs. focus. Functionalism in Linguistics, ed. by René Dirven & Vilém Fried, Amsterdam.

—, and Eva Hajičová. 1977. Focus on Focus. Prague Bulletin of Mathematical Linguistics 28. 5–54; 29 (1978), 23–41.

—, —, and Eva Benešová. 1973. Topic, Focus, and Generative Semantics. Kronberg/Taunus.

—, —, and Jarmila Panevová. 1986. The meaning of the sentence in its semantic and pragmatic aspects. Prague, Dordrecht.

—; Nebeský, Ladislav, Goralčíková, Alla, and Eva Hajičová. 1969. A functional approach to syntax in generative description of language. New York.

Skalička, Vladimír. 1935. Zur ungarischen Grammatik. Prague: Faculty of Philosophy, Charles University.

—. 1950. K teorii pádů. Slovo a slovesnost 12. 134–52.

Svoboda, Aleš. 1968. The hierarchy of communicative fields as illustrated by English attributive constructions. Brno Studies in English 7. 49–101.

—. 1981. Diatheme. Brno.

Šmilauer, Vladimír. 1947. Novočeská skladba. Prague.

Stechow, Arnim von. 1980. Notes on Topic and Focus of Interrogatives and Indicatives. Konstanz: Universität.

Tesnière, Lucien. 1959. Elements de syntaxe structurale. Paris.

Trnka, Bohumil. 1964. On the linguistic sign and the multilevel organization of language. Travaux linguistiques de Prague 1. 33–40.

Uhlířová, Ludmila. 1972a. On the quantitative analysis of clause and utterance in Czech. Prague Studies in Mathematical Linguistics 4. 107–28.

—. 1972b. On the non-projective constructions in Czech. Prague Studies in Mathematical Linguistics 3. 171–81.

Ulrich, Miorita. 1985. Thetisch und kategorisch. Tübingen.

Vachek, Josef. 1964. A Prague School reader in Linguistics. Bloomington, Ind.

—. 1966. The Linguistic School of Prague. Bloomington.

Vlk, Tomáš. In prep. Towards a translation of underlying structures into intensional logic. Prague Bulletin of Mathematical Linguistics 50, 1988, 35–70.

Walker, Adrian, McCord, Michael, Sowa, John F., and Walter G. Wilson. 1986. Knowledge Systems and Prolog. Reading, MA.

Weil, Henri. 1844. De l'ordre des mots dans les langues anciennes comparées aux langues modernes. Paris.

Wegener, Philipp. 1885. Untersuchungen über die Grundfragen des Sprachlebens, Halle/Saale.

Zemb, Jean-Marie. 1987. Zum Begriff des 'Prädikats'. Maschinelle Übersetzung — Methoden und Werkzeuge, hrsg. v. Wolfram Wilss & Klaus-Dirk Schmitz, 101–11. Saarbrücken.

Petr Sgall, Prague (CSFR)

17. Functional Grammar

1. Summary
2. Background
3. Basic Principles of FG
4. The Organisation of a Functional Grammar
5. Some Special Topics
6. Towards a Model of the Natural Language User
7. References

1. Summary

This chapter presents a survey of the basic principles and claims of the theory of Functional Grammar (FG), as it was developed in Dik (1978) and later publications. It starts out by discussing the basic philosophical principles underlying FG, and by locating this particular type of grammatical theory within the rather varied landscape of current linguistic theory. Then, it outlines the organisation of the model of FG as understood here: (i) the predicate frames and terms which may be combined in underlying predications, (ii) the assignment of syntactic and pragmatic functions to the constituents of such underlying predications, (iii) the expression rules, which serve to map the underlying predications onto actual linguistic expressions by specifying the form and the order of the constituents, given their structural and functional status within the underlying predication. After this outline of the model of FG we go into some special topics: (i) the treatment of the illocutionary aspect of linguistic expressions, (ii) the analysis of relative clauses, (iii) the treatment of different types of embedded predications. Finally, we briefly outline some ways in which FG could be used as a sub-component of a wider model of the communicative and cognitive capacities of the natural language user, including the question to what extent it could be made fruitful in attempts to arrive at computational implementation of (parts of) these capacities.

2. Background

In my dissertation (Dik 1968) I criticised the treatment of coordination in the version of Transformational Grammar (TG) current at that time for its restriction to purely formal notions such as category, constituency, and transformation. I argued that for an adequate treatment of coordinative constructions, the grammatical apparatus should at least be extended with functional notions such as Subject, Object, Modifier, Head and that, when this is done, the power of transformations can be greatly reduced (and even cancelled altogether). At the same time I drew attention to the importance of semantic aspects of coordination, and to features of usage which we would now be inclined to class under pragmatics. I sketched an alternative approach to grammatical theory, which I termed Functional Grammar. In the years after 1968 there have been many significant developments in linguistic theory. For one thing, there was a growing awareness of the importance of semantic features as determinants of grammatical structure (for example, in Generative Semantics, Montague Grammar, and Valency Theory). For another thing, this period witnessed a revitalisation of the pragmatic view of natural language, a view in which a language is first and foremost considered as an instrument by means of which human beings interact with each other both at the cognitive and at the practical level (for example, in Speech Act Theory and Discourse Analysis). Through these developments, the purely 'formal' approach to language which had dominated linguistics especially in its American variants lost much of its monopoly position, and was complemented by more functionally, pragmatically, and discourse-oriented approaches to the analysis of natural languages. The philosophical framework for this alternative approach may be termed the 'Functional Pradigm' of linguistic research.

In the Functional Paradigm, the basic assumption is that linguistic expressions are not arbitrary objects defined by some formal calculus, but that their properties are essentially codetermined by the semantic and pragmatic factors which play a central role in human linguistic communication. The structure of the linguistic instrument is judged to be at least in part explainable in terms of the conditions in which, and the purposes for which it is put to use. From this it follows rather immediately that, in contrast to what is held to be the case in formal approaches such as TG, the Functional Paradigm has no room for some such thing as an 'autonomous syntax'. Rather, it is held that the formal syntactic expression is a means for creating meaningful expressions and that, consequently, 'form' cannot be analysed without taking 'meaning' into account. Further, it is assumed that the complex form-meaning correlates which constitute a natural language cannot be fully understood without taking into account the pragmatic features of actual linguistic usage. Languages do not exist by and for themselves. Rather, their essence is that they should function properly and effectively in human verbal interaction.

In correspondence with the growing interest in the Functional Paradigm, such collocations as 'functional grammar', 'functional syntax', or 'functional approach to language' gained an increasing popularity. It is not the aim of this chapter to try and give a survey of this 'family' of functionally oriented approaches to grammatical analysis. Rather, I will concentrate on the one member of this family that I am most familiar with, Functional Grammar in the sense of Dik (1978) and later publications in this same research program. The most important of these publications will be listed at the end of this chapter.

3. Basic Principles of FG

FG wishes to be a theory of the organisation of natural languages which is 'functional' in at least three different, though interrelated senses: (i) it takes a functional view of the nature of language, as defined by the Functional Paradigm, (ii) it attaches primary importance to functional relations at different levels of grammatical organisation, (iii) it wishes to be practically applicable to the analysis of language and language use.

3.1 The Functional View of Language

In the functional view a language is regarded as an instrument which human beings use in order to achieve certain goals and purposes. These goals and purposes are taken to lie in the first place in the establishment of complex patterns of social interaction. Speakers use linguistic expressions to communicate messages to interpreters so as to change these interpreters in certain ways. The intended changes may be purely mental or emotional (as when the knowledge, the convictions, or the feelings of interpreters are modified), or they may be directed at effecting further changes in the projected practical activity patterns of the interpreters.

As is the case with other human instruments, it is in principle possible to study a natural language while abstracting away from the communicative purposes for which it is used. But there is not much point in such an exercise, since the very essence of the instrument is lost in the abstraction process. The instrument loses its very point, its *raison d'être* under such abstraction. Therefore, a functional approach to language is not interested in *langue* when this langue cannot be used in understanding *parole*; it is not interested in *competence* when this competence tells us little or nothing about *performance*. It does not deny that a basic distinction between *langue/parole* or *competence/performance* can and must be made; surely, there is a difference between what natural language users do in specific instances of communication (*parole/performance*), and the cognitive organisation which underlies their ability to do what they do (*langue/competence*). From a functional point of view, however, competence is nothing else than competence-to-perform-in communicative-situations, in other words: competence is necessarily identified with *communicative competence* (as Dell Hymes has termed it), i. e., with the ability to perform in appropriate ways, with respect to given interpreters in given settings, and in relation to specified communicative goals and purposes.

Taking a functional view of language has a number of important consequences for the requirements to be imposed on linguistic theory:

(a) Functional explanations
From the functional view on the nature of language it follows that FG is not content with the idea that the organisation of a language is just an arbitrary given which linguistic theory is supposed to reconstruct. Wherever this is possible, one wishes to understand why languages are organised the way they are, in the light of the functional prerequisites imposed on them. By these functional prerequisites we mean: (i) the aims and purposes for which natural language expressions are used, (ii) the means by which natural language communication is implemented, (iii) the circumstances and conditions in which natural languages are used. Each of these factors imposes external constraints on how languages can be structured and organised. Together, these constraints define a complex 'problem' with a limited range of possible 'solutions'. Each natural language is a solution articulated within this limited space. Many of the recurrent features of natural languages can therefore be directly or indirectly attributed to the constraints imposed by the external functional requirements (see Dik 1986 for a further elaboration of the notion 'functional explanation').

The idea that functional explanations should be sought and provided wherever this is possible does not presuppose the claim that all structural properties of languages can and must be functionally explained. As with all human instruments, the functional requirements imposed on languages leave considerable leeway for features which have no direct functional basis; moreover, historical developments inevitably leave rudimentary features deprived of the functionality which they originally possessed; and there may be conflicts between different functional requirements which cannot be solved without creating some degree of relative dysfunctionality with respect to some of these requirements.

The functional approach to language is not committed to the view that any property of a language must be functionally explained; it is committed to the attempt at arriving at a functional understanding of linguistic structure wherever this is possible.

(b) Pragmatic adequacy
From the functional point of view it follows that FG will strive for an optimal degree of 'pragmatic adequacy' in its account of the grammatical organisation of a language. The pragmatic adequacy of a grammar is higher to the extent that it fits in more easily with a wider theory of verbal interaction. FG thus wishes to describe linguistic expressions in such a way that it becomes understandable how these expressions, when used by given speakers in given settings, can successfully communicate given messages to given interpreters. From this it follows that the notion of grammar cannot be restricted to the study of isolated sentences, since one essential feature that must be accounted for is how sentences can be integrated into coherent texts, and how linguistic expressions relate to non-linguistic settings. In the long run, a functional grammar should be capable of operating naturally as an integrated component of models of verbal communication. We return to this point in section 6. below.

(c) Psychological adequacy
From this, again, it follows that FG would like to relate as closely as possible to psychological models of linguistic competence and linguistic behaviour. Psychological models naturally split up into models of how speakers go about in constructing and formulating linguistic expressions (production or generation models), and models of how interpreters go about in processing and interpreting linguistic expressions (comprehension or parser models). Generative grammars have often been said to be completely 'neutral' with respect to this division. But a functional grammar, when it wishes to achieve pragmatic and psychological adequacy, cannot so simply dissociate itself from the procedural aspects of production and comprehension: why should a grammar be neutral as between producing and comprehending linguistic expressions, when producing and comprehending such expressions is just what the grammar is there for? In section 6. below we return to the question of what role FG could play in integrated models of linguistic behaviour. The presentation of FG in the body of this paper more closely follows a production format than a comprehension format. This is mainly because the productive mode, in which we can start with the basic building blocks and slowly

build up the full complexity of linguistic structures, provides a better didactic strategy than an analytic mode, in which one starts with the full complexity in order to dissect it into its most fundamental elements.

3.2 The Importance of Functional Relations

Early versions of TG can be seen as attempts at reconstructing the organisation of natural languages in terms of purely structural notions such as constituency, categorisation, linear order, and transformation (= mapping of sets of tree structures onto other sets of such structures). Functional and relational notions were given a subsidiary status, if they were recognised at all. For example, for a long time the notions 'Subject' and 'Object' were not admitted to the deepest underlying representations, since they were assumed to be derivatively definable in terms of relations between categories in trees.

In FG this is, in many respects, just the other way around: functional notions are taken to play an essential role at different levels of grammatical organisation; the role of constituent structure is strongly reduced; (sub)categorisation plays a subsidiary role; linear order is defined at a very late stage in the production process; and transformations (in the sense of structure-changing operations) are avoided wherever possible. Many of the rules and principles of FG, then, are formulated in terms of functional notions. Three types or layers of function are distinguished:

(a) *Semantic functions* (Agent, Patient, Recipient, Instrument, etc.), which define the roles which participants play in states of affairs, as designated by predications.

(b) *Syntactic functions* (Subject and Object), which define different perspectives through which states of affairs may be presented in predications.

(c) *Pragmatic functions* (Theme, Tail, Topic, Focus, etc.), which define the informational status of constituents in relation to the pragmatic information of communicators as built up in the ongoing interaction.

The semantic functions are coded in the predicate frames which underlie the construction of predications; syntactic and pragmatic functions are added to the constituents of predications by later assignments. Some details of these different procedures will be outlined in sections 4.5.1. and 4.5.2. below. The structure of FG is such that any term (= expression which can be used to refer to some entity in some world) has at least a semantic function, and may also receive a syntactic and/or a pragmatic function. In this way it is possible to explicitly characterise a given term as, for example, the Patient, the Subject, and the Focus of a linguistic expression. Each of these functions contributes to the final overall information content of the expression; on the other hand, each of these functions has certain effects on the way in which the expression is built up and formally expressed. Thus, a direct relation is established between the functional structure and the formal expression of predications. Rules and principles of FG can be formulated in terms of functions of each of the three levels (or combinations of these), since the functional specifications are explicitly present and retrievable in the underlying structure of predications.

3.3 Practical Applicability

FG wishes to achieve a maximum degree of practical applicability in the analysis of diverse aspects of language and language use. It is attempted to reach this goal by (i) maximising the degree of *typological adequacy* of the theory, while at the same time (ii) minimising the degree of *abstractness* of linguistic analyses. By typological adequacy is meant the degree to which the theory can be used to cope with the grammatical facts of languages of diverse types. By degree of abstractness is meant the distance (as measured in terms of rules, operations, and procedures) between the structures postulated for a given language on the basis of the theory, and the actual linguistic expressions which are reconstructed in terms of these structures. These two notions interrelate in the following way: when the theory is too concrete in the description of a given language, it cannot be typologically adequate with respect to other languages; when the theory is too abstract, on the other hand, it overshoots its mark of defining the most significant generalisations across languages, and thus loses in empirical import. In other words, the theory wishes to stick as closely as possible to the facts as they present themselves in different languages, while still being formulated in terms of principles which are applicable to any natural language without forcing, i.e. without artificially adapting the language to the theory rather than adapting the theory to the language.

Let me give some examples to illustrate these points:

(a) *constituent order*. Languages differ from each other in patterns of constituent order, both in kind (VSO, SVO, SOV languages, etc.) and in degree (languages with stricter vs. languages with more liberal ordering rules); furthermore, most languages have different constituent orderings, used in different conditions. It is thus unlikely that a theory which postulates a single underlying constituent order for a given language can do justice to the variety of patterns found in that language. And it is even more unlikely that a theory that postulates a single underlying constituent order for all languages can achieve typological adequacy. It is not that such a single underlying order could not be postulated. For example, one could claim that all languages have underlying VSO order, but that in SVO and SOV languages this underlying order is always modified by transformation. Note, however, that this adds unduly to the abstractness of the theory. For such reasons as these, FG takes a different route, rejecting the idea that constituent order is a 'deep' property of natural languages, and postulating an underlying level of predicational structure in which constituent order is irrelevant.

(b) *case distinctions*. In many languages nouns systematically take different forms, called different cases, such as nominative, accusative, genitive, instrumental case, etc. Other languages have a much reduced case system, or no case system at all. What is expressed by an instrumental case in one language may be marked by a pre- or postposition in another languages. Distinct cases and adpositions are alternative means for expressing similar distinctions. It would be wrong, then, to force case systems onto languages in which they find no formal expression. Also, it seems just as inappropriate to speak of 'deep cases' as it would be to speak of 'deep prepositions'. In both instances, we have not reached the proper level of typological adequacy. More appropriate would be the recognition of an underlying semantic function Instrument, which is formally coded through one channel in one language, through another in another language.

(c) *copula constructions*. Many languages have constructions such as *John is ill*, *John is a painter*, which seem to contain a copular verb as an essential characteristic. Other languages, however, have constructions of the form *John ill*, *John a painter*, with essentially the same properties. Suppose we have a theory which assumes the copula to be an essential 'deep' property of such constructions as these. Such a theory could be upheld by postulating the 'deep' presence of a copula, which is then deleted in languages in which it does not occur. This leads both to artificial 'forcing' and to an increase in abstractness. Also, it leads to incorrect and vacuous generalizations across languages: 'All copular constructions in all languages are verbal predications, only you don't see this in languages in which the copula is systematically deleted'. Much more adequate, then, is the view that the essentials of this construction type can be defined without mentioning the copula, which can then be introduced in those languages which actually have it. Instead of a 'deep' property of these constructions (non-verbal predications), the copula is now seen as an expression device which some languages do, and others do not use in the expression of these constructions.

4. The Organisation of a Functional Grammar

The overall organisation of FG is outlined in Figure 17.1. The arrows in this diagram symbolise the 'productive mode' in which, starting from the elements contained in the lexicon, we gradually construct underlying predications, which are then mapped onto linguistic expressions by means of the expression rules. We start by sketching the way in which simple sentences or clauses can be built up. For a first, rough analysis of the simple sentence we assume the following lay-out, which is in accordance with Searle's (1969) analysis of the speech act [(1) see page 374].

Thus, a sentence or clause, which can be used to perform some speech act, can be divided into an illocution, signifying the illocutionary force, and a predication, designating some state of affairs. A state of affairs is something which can be the case in some (real or imaginary) world. The predication, in turn, consists of a predicate, which designates some property or relation, and one or more terms, which can be used to refer to entities, 'things talked about' in the widest sense of this term. We start our description of FG with the most basic building block of the predication, the predicate.

17. Functional Grammar

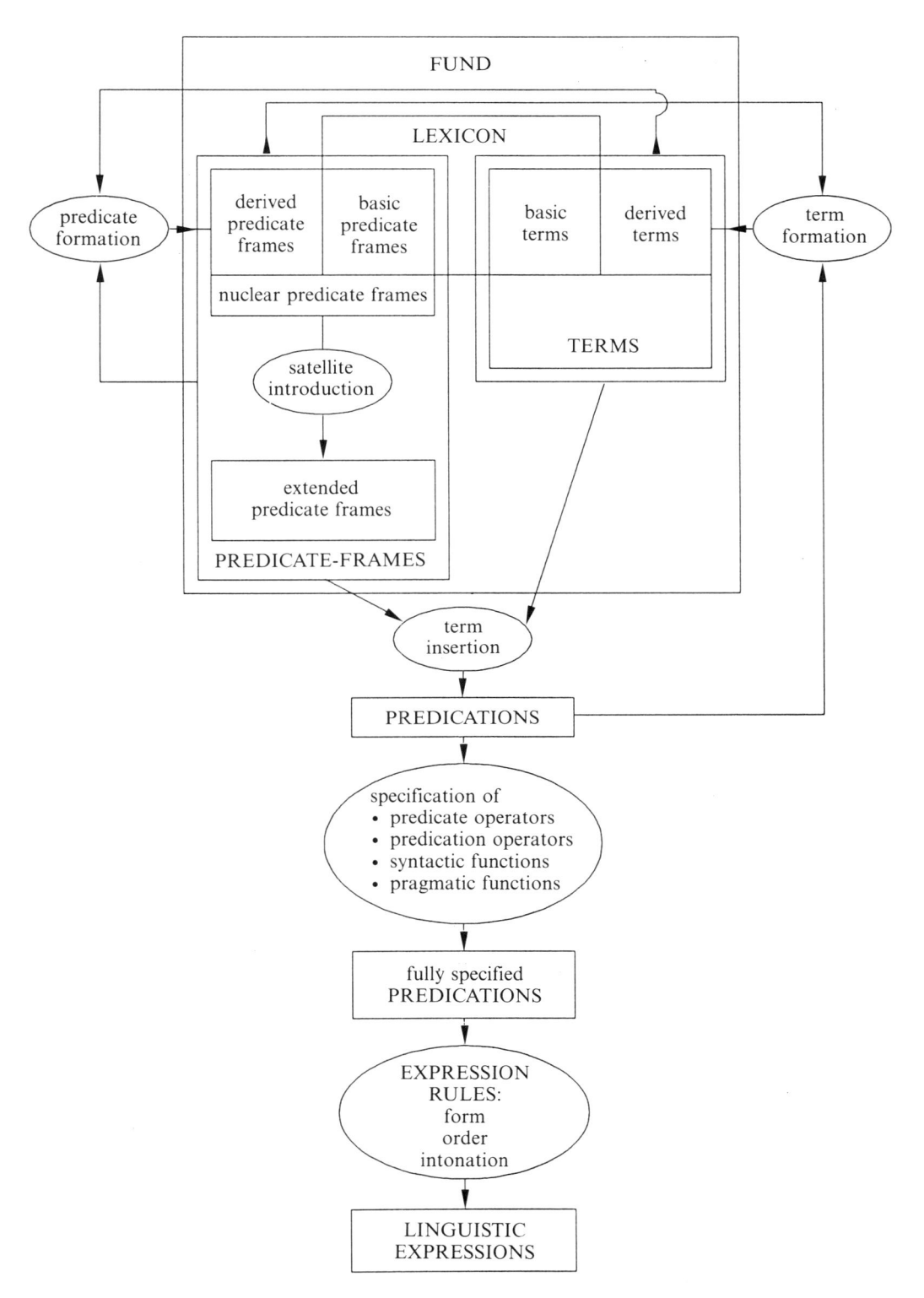

Figure 17.1: The Organisation of a Functional Grammar

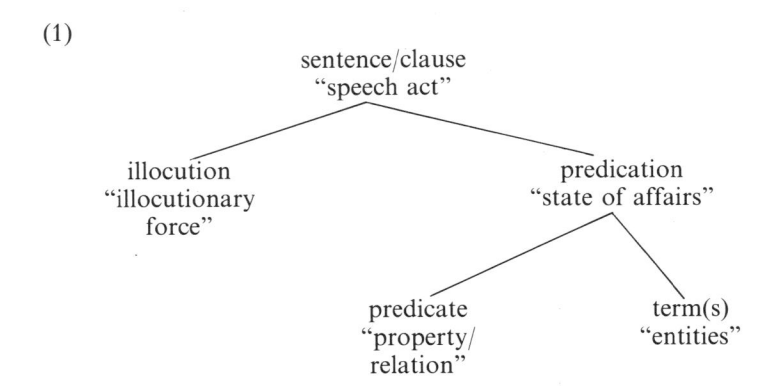

(1)
```
                    sentence/clause
                    "speech act"
                   /              \
          illocution            predication
       "illocutionary         "state of affairs"
           force"               /          \
                          predicate        term(s)
                         "property/       "entities"
                          relation"
```

4.1 Predicates and Predicate Frames

Every natural language sentence can be divided into open-class, lexical, or 'content' elements, and closed-class, grammatical, or 'form' elements. In the following example, the content elements are indicated by capitals:

(2) The BOY GIVEs the BOOKs to the MAN.

A first principle of FG is that all content elements, such as BOY, GIVE, BOOK, MAN in (2), are treated as *predicates*: expressions which designate properties of, or relations between entities. Thus, the predicates BOY, BOOK, and MAN designate properties of the entities talked about in (2), and GIVE designates a relation between the three entities to talked about. A second FG principle is that predicates are not treated as isolated elements, to be inserted into structures of some kind, but as structures in themselves, called *predicate frames*. Every predicate is from the very start part of such a predicate frame. The predicate frame defines the basic semantic and combinatorial properties of the predicate, and constitutes the basic building block from which *predications* are constructed. For sentence (2), for example, we need the following predicate frames:

(3a) $\text{boy}_N(x_1: \langle \text{hum, male} \rangle (x_1))_\emptyset$
(3b) $\text{book}_N(x_1: \langle \text{inanim} \rangle (x_1))_\emptyset$
(3c) $\text{man}_N(x_1: \langle \text{hum} \rangle (x_1))_\emptyset$
(3d) $\text{give}_V(x_1: \langle \text{anim} \rangle (x_1))_{Ag} (x_2)_{Pat}$
     $(x_3: \langle \text{anim} \rangle (x_3))_{Rec}$

Predicate frames specify: (i) the form of the predicate, (ii) the category of the predicate (N = nominal, V = verbal, A = adjectival), (iii) the argument positions associated with the predicate ($x_1, x_2, ..., x_n$), (iv) the semantic functions attached to these argument positions (Ag = Agent, Pat = Patient, Rec = Recipient, $\emptyset$ = Zero semantic function), (v) the selection restrictions imposed on these argument positions ($\langle \text{human} \rangle$, $\langle \text{male} \rangle$, $\langle \text{animate} \rangle$, $\langle \text{inanimate} \rangle$). The structure that a predicate is associated with in its predicate frame may be called the *valency* of the predicate. We may distinguish the *quantitative valency* (= the number of arguments a predicate takes) and the *qualitative valency* (= the types of argument the predicate takes, in terms of semantic functions and selection restrictions). For example, *man* is presented in (3c) as a nominal (N) predicate with quantitative valency 1 (a 'one-place' predicate), applicable to human entities to indicate that they are male, with a semantic function $\emptyset$, which indicates that *man* signifies the 'state' of being male. *Give* is presented in (3d) as a verbal (V) three-place predicate establishing a relation between an animate Agent, an arbitrary Patient, and an animate Recipient, where this relation is of the semantic type 'action', as coded in the first argument semantic function Agent.

The argument slots in predicate frames, symbolised by $x_1, x_2, ..., x_n$, may be regarded as 'open slots' into which term structures can be inserted. This process of term insertion leads to the construction of predications.

Predicate frames are taken to designate sets of states of affairs. Thus, (3d) designates the set of all states of affairs which can be correctly characterised as involving a relation of 'giving' between three entities x_1, x_2, and x_3. In other words: predicate frames are codified means for representing states of affairs. It is important to realise that predicate frames do not simply express a one-to-one mapping with states of affairs in 'reality': in a sense, they embody an interpretation or a 'conceptualisation' of reality: languages may differ in their conceptualisation of states of affairs which, in the real world, would seem to be pretty much the same. For example, the same real-world activity may in one language be described ad 'John filled the bottle with water', in another as 'John filled water into the bottle', and sometimes we find such construction pairs side by side within the same language. Likewise, a relation of 'helping' may in one language be construed on the model of 'giving help to somebody' (where the somebody is presented as a Recipient), in another language the helping may rather be presented as a straightforward transitive Agent-Patient relationship. Identity of real-world events is thus not sufficient for establishing identiy of underlying predicate frames.

The selection restrictions imposed on argument positions are taken to define the unmarked, non-metaphorical usage of the predicate in question. They should not, however, be considered as prohibitions on term insertion. But when some term is inserted which does not fit in with a given selection restriction, this is a sign that special interpretation strategies must be called upon in order to arrive at some sort of metaphorical interpretation of the resulting predication. Thus, when some such expression is formed as *The book gave the boy to the man*, the clash between the first term *the book* and the selection restriction ⟨animate⟩ signals that some kind of special metaphorical effect is intended by the speaker.

States of affairs, defined as 'things that can be the case in some world', can be divided into different semantic types, in partial correspondence to the semantic functions that characterise their first argument position. The most important parameters for the semantic typology of states of affairs are the following:

(4a) ±DYNAMIC:
whether or not the state of affairs involves any change from one situation to another.

(4b) ±CONTROL:
whether or not it is in the power of the first argument entity to determine whether or not the state of affairs will obtain.

(4c) ±TELIC:
whether or not the state of affairs has a natural end point.

In terms of these parameter values (some of which exclude each other), the following basic state of affairs types can be distinguished:

(5)

State of Affairs	DYNAMIC	CONTROL	TELIC
Situation	−		
State	−	−	
Position	−	+	
Event	+		
Action	+	+	
Accomplishment	+	+	+
Activity	+	+	−
Process	+	−	
Change	+	−	+
Dynamism	+	−	−

Some examples to illustrate this typology:

(6) John kept his money in the bank.
A Situation, since no change is involved, and a Position, since John controls the Situation.

(7) John ran the marathon in three hours.
An Event, since a change is involved between start and finish, or between 'not having run the marathon' and 'having run the marathon'; an Action, since John controls the Event; and an Accomplishment, since the Action is presented as having a natural end point.

(8) The clock was ticking in the corner.
An Event, since some kind of (periodic) change is involved; a Process, since the clock cannot help ticking; and a Dynamism, since no natural end point is defined.

This semantic typology of states of affairs, which would need more detailing than can be given here, is important since it can be shown that linguistic expressions have different syntactic combinatorial properties and different semantic implications according to the type of state of affairs they designate. Furthermore, there is good evidence that this typology has a considerable measure of cross-linguistic validity. For further detail I refer to Vester (1983) and De Groot (1983).

Semantic functions play the following roles in the fabric of FG: (a) they characterise the fundamental semantic relations within the predication, (b) they partially correspond to, and thus co-define the typology of states of affairs, (c) they indirectly play a role in patterns of constituent ordering, (d) they may take part in cross-reference and agreement relations, (e) they co-determine the formal expression of terms, (f) they serve to differentiate Subjects and Objects in terms of their underlying semantic function. It is an open question, however, which and how many different semantic functions will be necessary and sufficient for a typologically adequate theory of FG.

A basic principle of FG is that everything that must be learned and memorised as such about predicates if a speaker is to use these predicates correctly is to be stored in the lexicon; on the other hand, everything that can be construed by synchronically productive processes will be described by means of rules fo the grammar. Predicates which must be learned as such are called *basic predicates*; they are contained in the lexicon in the form of basic predicate frames. All the examples in (3) are basic predicate frames. For example, no speaker of English who has not learned the predicate *give* as such will ever be able to derive this predicate in any way from antecedent linguistic knowledge. On the other hand, a competent speaker of English might well form the complex predicate *give back*, even if he had never heard this predicate before. Therefore, *give back* is not a basic, but a *derived predicate*. It will be described by means of a rule of *predicate formation*.

In accordance with the general principle formulated above, the lexicon will also contain the irregular, non-predictable forms of a given predicate. For example, the plurals of *boy* and *book* will not be contained in the lexicon, since they can be derived by productive rule; but the plural *men* will be contained in the lexical predicate frame of *man*, since it is an idiosyncratic fact about the predicate *man* that it has this particular plural form. Similarly, the forms *gave* and *given* will be specified in the predicate frame for *give*, since the relevant productive rules would otherwise produce **gived* in both cases. As a consequence of this strategy, we can define the form of a predicate as 'the set of unpredictable forms in which the predicate may be expressed'.

As can be seen in Figure 17.1., the basic predicate frames contained in the lexicon and the derived predicate frames formed through rules of predicate formation (see 4.2. below) are together called 'nuclear predicate frames'. Nuclear predicate frames consist of the predicate plus the argument positions associated with the predicate. These argument positions form an integrated part of the predicate frame in this sense, that they are required for the construction of an integral predication, specifying an integral state of affairs. For example, a relation such as *give* is not 'satisfied' unless three argument entities, the Agent, the Patient, and the Recipient of the giving, are at least conceptually present. Only under clearly defined contextual or situational circumstances can these arguments be left unexpressed. Every predicate frame, however, can be extended by further terms, which are not in the same way essential to the integrity of the predication, but rather provide additional specification or clarification to the state of affairs expressed in the nuclear predication. Such additional terms are called *satellites*. For example, in a sentence such as:

(9) John went home last week in order to visit his parents.

the terms *John* and *home* represent the Agent and Direction arguments of the predicate *go*, essential for specifying the Activity of 'going'; *last week* is a satellite of Time, presenting the additional information concerning the temporal setting of the event; and *in order to see his parents* specifies a satellite of Purpose, indicating the aim of John's going home. Note, by the way, that the latter satellite is itself filled by a predication. We return to this phenomenon in section 5.3. below.

The predicate frame for a sentence such as (9) could be roughly represented as follows:

(10) $([go_V(x_1)_{Ag}(x_2)_{Dir}](y_1)_{Time}(y_2)_{Purpose})$

where x_1 = 'John', x_2 = 'home', y_1 = 'last week', and y_2 = 'in order to visit his parents'. (10) may be called an 'extended predicate frame' (see again Figure 17.1.), resulting from the addition of two satellite positions to the nuclear predicate frame for *go*. Note that both arguments and satellites can be filled in with term structures. By implication, it is assumed that satellite terms, just like argument terms, serve to refer to entities. In this particular example, the entity designated by *last week* is the time interval in which John went home, and the entity designated by *in order to visit his parents* is the purpose of John's going home. It is the entity referred to by *this* in:

(11) John went home last week in order to visit his parents. But this turned out to be impossible, since they had gone on holiday.

We can use example (10) to illustrate one of the uses made of the typology of states of affairs presented in (5): there are restrictions on the addition of Purpose satellites to nuclear predications. The rule seems to be that a Purpose satellite requires a controlled nuclear state of affairs. From (5) we can see that Purpose satellites can thus be added to Positions and Actions (= Accomplishments and Activities), but not to other states of affairs. Compare:

(12a) John kept his money in the bank in order to protect it from burglars (Position)
(12b) John ran the marathon in three hours in order to impress his girl friend (Accomplishment)
(12c) John was running in the park in order to keep fit (Activity)
(13a) *The cup fell from the table in order to break (Change)
(13b) *Roses are red in order to be loved by us (State)
(13c) *The clock was ticking in order for everybody to know the time (Dynamism)

I am aware of the fact that some of (13) might get a reasonable interpretation. But in that case special interpretation strategies seem to be involved, comparable to what happens when selection restrictions are violated.

4.2 Predicate Formation

We saw in 4.1. that rules of predicate formation serve to describe the formation of derived predicate frames, to the extent that these are based on synchronically productive processes. By synchronically productive processes we mean processes which competent speakers can apply to construe and interpret expressions which they may never have heard before. As an example of a derived predicate we mentioned *give back*. One way of establishing the productivity of such a formation is by considering its potential application to a non-existing nonsense predicate. Suppose we introduce a new sport in which a ball is said to be 'flopped' over a net between two players. Then, if it is said that Sally flopped the ball to Peter, it would be immediately and naturally understood when someone said that after that, Peter flopped the ball back to Sally. Thus, the derived predicate *flop back* can be formed appropriately as soon as the verb *flop*, with this particular meaning, has been introduced into the language.

Predicates are necessarily part of a predicate frame; the same applies to derived predicate frames. From this it follows immediately that predicate formation rules will be rules which take predicate frames as input and deliver derived predicate frames as output.

The general format of predicate formation rules can be illustrated by the following example:

(14) INPUT:
$flop_V(x_1: \langle hum \rangle(x_1))_{Ag} (x_2: \langle ball \rangle(x_2))_{Pat} (x_3: \langle hum \rangle(x_3))_{Dir}$
OUTPUT:
$flop_V$ back $(x_1: \langle hum \rangle(x_1))_{Ag} (x_2: \langle ball \rangle(x_2))_{Pat} (x_3: \langle hum \rangle(x_3))_{Dir}$
MEANING:
'carry out the action designated by the input predicate in reverse direction'

Note that, for a predicate formation process to be productive, there must be a regular relationship of both form and meaning between input and output predicate frame. Furthermore, it must then be possible to formulate the rule in question without specifying any specific predicate. In this respect, (14) only gives a concrete instantiation, not the general form of the predicate formation rule.

Predicate formation covers the area which is usually termed 'word formation', i. e., morphological derivation and composition. But it is not restricted to word-internal, morphological processes. As is clear from the example given above, a derived predicate may well take the form of a two- or more-word combination, the parts of which need not even be contiguous in the sentence. The essential question is whether or not the derived predicate can be considered as designating a single, though perhaps complex, property or relation. Obviously, the answer to this question will not always be self-evident, so that various arguments pro and con a derived predicate analysis can and must be adduced.

The idea that predicate formation rules both operate on predicate frames and have predicate frames as output has certain obvious advantages for the description of predicate formation. In the first place, there may be restrictions on the input to some predicate formation rule which can most easily be defined in terms of properties of the input predicate frame. For example, if a certain rule only operates on two-place verbs, this can be immediately read off from the input predicate frame. Likewise, if a certain rule only operates on agentive input predicates, this can be read off from the semantic function of the first argument of the input frame. In the second place, the predicate frame offers a natural basis for defining the types of modifications which can be effected by predicate formation rules. Please reconsider the types of information coded in predicate frames, as listed in 4.1. under example (3). Each of these features coded in predicate frames may be affected by predicate formation; and often several of these features will be modified in one and the same predicate formation rule. Let us briefly consider each of these features in turn.

(i) The form of the predicate may or may not be modified in predicate formation. When the form is not modified, we have the kind of zero derivation exemplified in English pairs such as:

(15a) The soldiers marched.
(15b) The general marched the soldiers.
(16a) John smeared paint on the wall.
(16b) John smeared the wall with paint.

English happens to be rich in this kind of zero predicate formation. The same applies to Creole languages. In such languages it is often difficult to determine which predicate is basic, and which derived. Comparison with other languages is one way to settle this issue. In Dutch, for example, the verb in (15a) would be translated by *marcheren*, but that in (15b) by *laten marcheren* ['let/make march']. Likewise, *smear* in (16a) corresponds to *smeren*, but *smear* in (16b) corresponds to *besmeren* in Dutch.

When the derived predicate is in some way formally marked, this may manifest itself by morphological means (as in Dutch *be-smeren* 'be-smear'), or by separate words, which may either have the status of auxiliary verbs (as in *laten marcheren*), or of particles (as in *flop back*); in both cases, the resulting word combination should in some sense form a close-knit unit of its own.

(ii) The category of the predicate may or may not be affected under predicate formation. If it is affected, we have so-called 'class-changing' derivation; otherwise, we have 'class-maintaining' derivation. Many languages have predicate formation rules of types

V → N (as in *run* → *runner*), N → V (as in *garden*$_N$ → *garden*$_V$),
V → A (as in *run* → *running*), A → V (as in *black* → *blacken*),
N → A (as in *beauty* → *beautiful*), and
A → N (as in *green*$_A$ → *green*$_N$).

Clearly, in most of these cases the argument structure will be affected as well.

(iii) The quantitative valency (= number of arguments) of the predicate may be affected. In this respect there are two main types of predicate formation: valency extension and valency reduction. The prototype of valency extension is causative predicate formation, for which the following general schema may be given:

(17) CAUSATIVE PREDICATE FORMATION
INPUT:
pred$_V$(x_1) (x_2)...(x_n)   n ⩾ 1
OUTPUT:
C-pred$_V$ (x_0)$_{Causer}$(x_1)$_{Cause}$ (x_2)...(x_n)

Here C stands for the formal marker of causativity on the predicate, which may sometimes be zero (as in (15)), gets morphological expression in many languages, or may be expressed by an auxiliary causative verb such as English *let*, Dutch *laten*, French *faire*). Note that rule (17) extends the quantitative valency of the predicate by one argument position for the Causer x_0.

Valency reduction is involved in such pairs as:

(18a) Mary washes Peter.
(18b) Peter washes.
(19a) Mary washes her sweater.
(19b) The sweater washes easily.
(20a) La librairie vend ce livre.
(20b) Ce livre se vend à la librairie.

In such cases of detransitivization the input predicate is reduced by one argument position. The output predicate may be unmarked, as in (18)–(19), marked by morphological means, or marked by some separate particle such as *se* in (20).

(iv) Predicate formation may affect the semantic functions of the argument positions, as in example (16), where the input has the pattern (John)$_{Ag}$ (paint)$_{Pat}$ (the wall)$_{Loc}$, while the output has the pattern (John)$_{Ag}$ (the wall)$_{Pat}$ (paint)$_{Instr}$. Such modifications often go hand in hand with an overall semantic change of the predicate. In this particular case, a 'holistic' feature is added to the predicate in the output.

(v) Predicate formation may affect the selection restrictions of the argument positions. In Algonquian languages, for examples, we find regular oppositions such as those exemplified in the following examples from Cree (Wolfart/Carroll 1981):

(21a) *ohpiki-* 'grow'
(of an animate entity, e.g. a child)
(21b) *ohpikin-* 'grow'
(of an inanimate entity, e.g. tomatoes)

(22a) *wāpam-* 'see'
(an animate entity, e. g. a child)
(22b) *wāpaht-* 'see'
(an inanimate entity, e. g. a house)

To the extent that these processes are productive, they could be described by a predicate formation rule which only changes the selection restriction on the first or on the second argument position.

For further discussion of the predicate formation component of FG, see Dik (1980a), Kahrel (1985), De Groot (1987).

Note that predicate formation rules are mappings of predicate frames onto predicate frames, and have certain 'transformational' properties. The predicate formation component is in fact the only place where such rules are allowed in FG. They serve the special function of extending the set of basic predicates of a language by a set of derived predicates, which can be used to designate properties and relations which can both formally and semantically be construed in regular ways on the basis of the input predicate frames.

Please reconsider Figure 17.1. We have now described the internal structure of the set of predicate frames, which plays a central role in the fabric of FG.

4.3 Terms and Term Formation

Predicate frames are open structures in the sense that their term (= argument and satellite) positions are indicated by variables. In order to arrive at closed predications, these variables must be filled in with *terms*. Terms are those expressions which can be used to refer to entities in some (real or imagined) world. Terms display a great variety of structures, ranging from simple personal pronouns to phrases of great complexity, containing various types of embedded predications:

(23a) He stole it.
(23b) The man who arrived last night and pretended he was my sister's friend stole the necklace that my father gave to my mother when they were honeymooning in Paris.

Terms such as *he* and *it*, which have no internal complexity and can only be used as terms, may be called *basic terms*. We assume that they will be stored as 'ready-mades' in the lexicon (see Fig. 17.1.). Most terms, however, are productively formed through rules of *term formation*.

Notwithstanding the enormous variety of term structures, as exemplified in (23b), it is nevertheless assumed that all term structures in all languages are formed according to one rather simple format, which can be represented as follows:

(24) $(\omega x_i: \varphi_1(x_i): \varphi_2(x_i): \ldots : \varphi_n(x_i))$

In this schema x_i is the term variable symbolising the intended referent of the term; ω indicates one or more *term operators* (operators for Definiteness, Number, Demonstrative categories such as Proximity, etc.); the colon ':' can be read as 'such that'; and each $\varphi(x_i)$ represents some 'open predication in x_i', i. e. some predicate frame of which all the term positions except that occupied by x_i have been filled in with terms. Each of these open predications in x_i can be regarded as defining a property which x_i must have in order to qualify as a proper referent for the term. Therefore, each of these open predications restricts the domain of possible referents, narrowing it down to that subcategory of entities that corresponds to the intended referent. For this reason, these open predications are called *restrictors*. The restrictors are 'stacked' onto each other through the relation symbolised by ':'. Let us first give some very simple examples of possible term structures:

(25) the big blue ball
$(d1x_i: ball_N(x_i): blue_A(x_i): big_A(x_i))$

Here, the term operators are 'd' (definite) and '1' (singular). Term operators differ from restrictors in that they specify properties of the whole referent set rather than of the individual entities in that set; they typically pertain more to the grammatical than to the lexical domain. The intended referent x_i is thus presented as a single entity which the addressee is supposed to be able to identify. The restrictors *ball*, *blue*, and *big* then successively narrow down the potential referents that the addressee can choose from, until hopefully unique identification of the intended referent is possible.

(26) the three big blue balls
$(d3x_i: ball_N(x_i): blue_A(x_i): big_A(x_i))$

Here, the only difference is that the cardinal number of the intended referent set is now specified by the term operator '3'.

(27) the blue ball that John gave to Mary
$(d1x_i: ball_N(x_i): blue_A(x_i): give_V(d1x_j: John_N(x_j))_{Ag} (x_i)_{Pat} (d1x_k: Mary_N(x_k))_{Rec})$

Here, the third restrictor is more complicated. It is an open predication in x_i which could be represented as:

(28) John gave (x_i) to Mary

In this open predication it is said that it is a property of the intended referent that John gave it to Mary. Note that this restrictor can be formed from the predicate frame of *give*, as presented in (3d) above, by inserting the terms *John* and *Mary* into the Agent and Recipient slots, and inserting the term variable x_i into the Patient slot. In (27) the resulting restrictor is expressed in a relative clause. It could also be expressed in the form of a participal modifier as in:

(29) the blue ball given to Mary by John

We return to this treatment of relative and participial constructions in 5.2. below.

Since predications can in this way be embedded as restrictors into terms, it follows that the construction of terms is in this respect a recursive process. This means that term structures of unlimited complexity can be construed on the basis of the rather simple term schema (24). This term schema has a certain ordering, in that restrictors are successively stacked onto each other, and this ordering is non-arbitrary, as is clear from the difference between:

(30a) the three Buddhist Japanese
    (d3x_i: Japanese(x_i): Buddhist(x_i))
(30b) the three Japanese Buddhists
    (d3x_i: Buddhist(x_i): Japanese(x_i))

In (30a) we first restrict the set of potential referents to Buddhists, then to Japanese Buddhists; in (30b) we do this the other way around. Although we may finally end up with the same referent, the way of construing or reaching it is different. Therefore, (30a) and (30b), although extensionally equivalent, are intensionally different and therefore non-synonymous.

The order in the term structure, however, should not be confused with the actual surface order in which the constituents of the term appear. Two languages may have the same term structure, for example as in (25), although in actual surface order they have quite different realisations of this structure, as in:

(31a) the big blue ball
(31b) ball blue big the

This means that, once the underlying term structure has been construed, there must be linearisation rules which carry the constituents to their correct positions, given the ordering principles of the language involved. These rules will be discussed in 4.7.2. below.

In general, then, terms can be seen as instructions from the speaker to the addressee, intended to help the latter in identifying a certain entity about which certain further things will be predicated. In general, the speaker will not need to give more information than is required for the intended identification. For example, when speaker and addressee are both staring at the same big blue ball, the speaker can simply say: 'I got *it* from Mary'. But if there are several balls on a table, and the speaker wishes to draw the addressee's attention to one of them, he will have to provide more descriptive information in the form of restrictors in order to allow the addressee to correctly identify the intended ball.

4.4 Term Insertion

We have now described how, from the basic predicate frames and basic terms contained in the lexicon, a language can construe an in principle unlimited resource of predicate frames and term structures through predicate and term formation. The full set of predicate frames and term structures may together be called the *Fund* of the language (see Fig. 17.1.), since it is from these units that predications can be formed. And predications, as we saw· above, constitute the recurrent core of sentences and clauses.

Predications are formed through the insertion of appropriate terms into the argument and satellite slots of predicate frames. It should by now be clear how, for a sentence such as:

(32) The boy gave the books to the old man in the library

this will lead to an underlying predication of the following form:

(33) give$_V$
    (d1x_i: boy$_N$(x_i))$_{Ag}$ (dmx_j: book$_N$(x_j))$_{Pat}$
    (d1x_K: man$_N$(x_k): old$_A$(x_k))$_{Rec}$
    (d1y_i: library$_N$(y_i))$_{Loc}$

Note the following features of this underlying predication:
— the order of constituents is purely conventional, and does not correspond to surface order. Later ordering rules will place the constituents in the correct order(s), de-

pending on the rules of the language involved. See 4.7.2. below.
— there are just as many predicates as there are contentives in sentence (32). This sentence is thus built up from the predicates GIVE, BOY, BOOK, MAN, OLD, and LIBRARY; the various grammatical elements in the sentence will be specified by later procedures.
— a language with quite different grammatical organisation will nevertheless have underlying predications which are identical, or at least quite similar to (33). The notion of 'underlying predication' thus contributes significantly to the typological adequacy of the theory.

4.5 Further Specification of the Predication

Predications such as (33) are insufficiently specified to uniquely define a corresponding linguistic expression: (i) this same predication could just as well be expressed in a passive as in an active construction; (ii) it could be produced with different intonation patterns with corresponding differences in communicative value; (iii) the Tense of the predication has not been specified; (iv) the illocutionary force of the predication has not been defined. The predication will therefore have to be further developed through the assignment of a number of items which can be taken to be responsible for these various properties of linguistic expressions. In the next four sections we briefly discuss the nature of these further specifications.

4.5.1 Subject and Object Assignment

Many languages have the possibility of presenting the state of affairs designated by a given predication from different perspectives. Compare an active-passive pair such as:

(34a) The girl kissed the boy.
(34b) The boy was kissed by the girl.

These two linguistic expressions can be used to describe the same state of affairs. The difference seems to lie in the 'perspective' from which that state of affairs is presented. In (34a) the act of kissing is presented from the point of view of the girl, in (34b) it is presented from the point of view of the boy. If this is correct, then an active and a corresponding passive can be described in terms of the same underlying predication, plus an indication of the differential perspective. We do this by differentially assigning the functions Subject ('primary vantage point') and Object ('secondary vantage point') to the terms of the underlying predication. In the case of (34a–b), this will be done in the following way:

(35a) $\text{kiss}_V \ (d1x_i: \text{girl}_N(x_i))_{\text{AgSubj}}$
       $(d1x_j: \text{boy}_N(x_j))_{\text{Pat}}$
(35b) $\text{kiss}_V \ (d1x_i: \text{girl}_N(x_i))_{\text{Ag}}$
       $(d1x_j: \text{boy}_N(x_j))_{\text{PatSubj}}$

Note that these two underlying predications are exactly alike except for the Subject function, which acts as a kind of 'pointer', something like a little arrow symbolising 'this is the primary vantage point from which the state of affairs is to be presented'.

The following points are worth mentioning:
— Although we use the term 'syntactic' functions for Subject and Object, these functions are given a clear communicative interpretation. 'Perspectivising' functions might be a better label.
— The differences in surface structure between (34a) and (34b) will be brought about by the expression rules, triggered by the differential assignment of Subject function. Thus, the assignment of Subject to Patient in (35b) will trigger rules which bring the verb into passive form; and the Agent term which has not been assigned Subject will be realised as *by the girl*: the preposition *by* signals the Agent function when Subject has not been assigned to it.
— This method can only be applied in cases where the Agent phrase can be overtly expressed as in (35b); it can then also be used to capture the case in which the Agent term is left unspecified, as in:

(36) The boy was kissed.

This construction will get the following underlying predication:

(37) $\text{kiss}_V \ (\emptyset)_{\text{Ag}} \ (dix_j: \text{boy}_N(x_j))_{\text{PatSubj}}$

in which the Agent term has been left unspecified. If this is the case, Subject must be assigned to the Patient, and a passive realisation is (in English) the only possibility. (37) correctly indicates that (36) presupposes some Agent, which, however, is not specified. Now consider the difference between:

(38) The door was opened (by John).
(39a) The door opened.
(39b) *The door opened by John.

(38) will be described in the manner outlined here. But (39a) cannot be so described, since

no Agent phrase can be added to it, and since no Agent-involvement is signalled in it. (39a) will therefore be rather described by means of a valency reduction predicate formation rule (see 4.2. above), through which the Agent position is removed from the predicate frame of *open*. Many language only have constructions of type (39a), lacking any kind of construction corresponding to (38). Our assumption is that only constructions of type (38) exemplify the true 'passive', in the sense of an alternative realisation of the same underlying predication.

The function Object is used to differentiate in a similar way between pairs such as:

(40a) The girl gave the book to the boy.
(40b) The girl gave the boy the book.

The idea is that, although in both cases the state of affairs is presented from the point of view of the girl, there is a secondary differentiation in that in (40a) the book, in (40b) the boy is taken as a secondary vantage point. The underlying predications will thus be differentiated as follows:

(41a) give$_V$ (the girl)$_{AgSubj}$ (the book)$_{PatObj}$ (the boy)$_{Rec}$
(41b) give$_V$ (the girl)$_{AgSubj}$ (the book)$_{Pat}$ (the boy)$_{RecObj}$

Just as in the case of Subject assignment, the differences between (41a) and (41b) will trigger expression rules which will have effects on the form and the unmarked relative order of the Patient and Recipient terms.

Languages differ considerably from each other in their Subject and Object assignment strategies. First of all, many languages have no oppositions of type (40); in such languages, there is no place for Object assignment as a distinctive device. Many languages, as noted above, have no true 'passive' either. Thus, there are quite a few languages in which the whole component of Subject/Object assignment is irrelevant. It appears to be a general rule, however, that if a language has distinctive Object assignment, it also has distinctive Subject assignment. This strengthens the interpretation of Subject/Object assignment in terms of primary/secondary vantage point. For it would obviously be impossible to define a 'secondary' vantage point when no primary vantage point has been designated.

Although Subject/Object assignment is not a universal phenomenon, we can nevertheless formulate a wuite general typology of Subject and Object assignment possibilities for those languages that make use of these strategies. This typology can be presented in terms of the following hierarchy of semantic functions:

(42) Arg^1 Pat Rec Ben Instr Loc Time
Subj + > + > + > + > + > + > +
Obj   + > + > + > + > + > +

This hierarchy expresses that first arguments (Arg^1) are the first candidates for Subj assignment, then terms with Patient, Recipient, Beneficiary, etc. function. Similarly for Object assignment with respect to Patient, Recipient, etc. Languages in which Subject/Object assignment is distinctively relevant can be hypothesised to have an initial subsegment of (42). Thus, if a language has the possibility of assigning Subject to Instrument, as in (43a), then it may be expected to also allow all the assignments preceding in the hierarchy, as exemplified in (43b) etc.:

(43a) This knife was cut the bread by John (InstrSubj)
(43b) Mary was bought a dress by John (BenSubj)
(43c) Mary was given a book by John (RecSubj)
(43d) Mary was kissed by John (PatSubj)
(43e) John kissed Mary (AgSubj)

The assignment of Subject/Object has rather similar effects across languages. The following expression devices are found in different combinations: (a) different 'voices' for the predicate, (b) neutralisation of the expression differences associated with the underlying semantic functions, for terms which have received Subject/Object function, (c) agreement relations between predicate and terms, sensitive to Subject, or to Subject and Object function, (d) special positions for Subject and Object terms in the linear order of constituents.

4.5.2 Pragmatic Function Assignment

Even when the constituents of some predication are equivalent in semantic and syntactic functions, their actual realisation may differ in order, intonation, and even in form. Thus, we find such differences as between:

(44a) JOHN doesn't like that book.
(44b) John doesn't like THAT BOOK.
(45a) John doesn't like THAT BOOK.
(45b) THAT BOOK John doesn't like.

Such differences as these pertain to the particular informational status of the different constituents of the predication, within the particular setting in which they are used. The setting (the context and the situation) is obviously mediated through the mental representations which speakers and interpreters have built up both before and during the current communicative interaction. The full body of these mental representations may be called the *pragmatic information* of the communicators. (44a) would be appropriate, for instance, in a situation in which the speaker assumes that the interpreter's pragmatic information contains something like 'Somebody doesn't like that book', but not that this somebody is John, whereas (44b) would be appropriate when the interpreter's pragmatic information contains 'John doesn't like something', but not that the something is that book.

In order to capture such differences, FG assigns different *pragmatic functions* to the relevant constituents of the predication. For example, in (44a) the pragmatic function Focus will be assigned to the term *John*, in (44b) Focus will be assigned to *that book*.

Pragmatic functions have much to do with the informational coherence and relevance of the whole discourse. They should first and foremost be discussed at the discourse level. But they can also have a variety of effects on the form of individual sentences in the discourse, as illustrated in (44) and (45). Therefore, pragmatic functions will play a role, not only at the macro-level of the discourse, but also on the micro-level of the individual predication.

In this section we discuss some distinctions in the area of pragmatic functions as made in FG, and illustrate some of the corollaries of these distinctions.

First of all, we distinguish pragmatic functions external to the clause from those relevant to the internal structure of the clause. For the external pragmatic functions, consider an example such as:

(46) That photo, she is rather irritated (in fact, rather angry) about it, my sister is.

In this construction the actual clause has the form: *she is rather irritated by it*. This clause is preceded, interrupted, and followed by material which is not integrated into the clause proper, and which is connected with it through pragmatic rather than strictly syntactic relations. We can assign special pragmatic functions to these 'extra-clausal' constituents, as follows:

(47a) *That photo* has the function Theme: it announces, opens up a thematic domain which can then be further commented on in the ensuing clause.
(47b) *in fact, rather angry* functions as a Parenthesis of sub-type Repair, Correction: it restructures part of the predication which has already been produced.
(47c) *my sister is* has Tail or Coda function: it provides additional information on (some part of) the clause, in this case the identity of *she*.

Theme, Parenthesis, and Tail are part of a family of extra-clausal pragmatic functions which have been insufficiently studied in traditional grammatical theory, but which gain in importance when we take a functional, communicative approach to language, especially when we try to understand the use of language in normal everyday conversation.

As for pragmatic functions inside the clause, the most important notions here are Topic and Focus. Topic relates to 'what we are talking about', and Focus to 'what we wish to emphasize' for one reason or another. In the area of topicality, languages may have special devices for introducing, maintaining, and resuming a topic. These devices require us to distinguish at least the following pragmatic functions: NewTopic, GivenTopic, SubTopic, ResumedTopic. The function NewTopic can be assigned to constituents which serve to introduce some entity into the discourse, which can then be treated as a GivenTopic after having been introduced. Many languages have special construction types for introducing NewTopics. Consider:

(48) Suddenly, there appeared *a huge dog* in the garden.

Typical features of such 'presentative' constructions are: (i) the NewTopic is indefinite, signalling that the interpreter is not supposed to be able to identify it on the basis of his antecedent pragmatic information, (ii) it will be a focal element in the clause, marked by accentual prominence, to signal its importance for the further development of the discourse, (iii) it will usually follow the verb, even in languages which otherwise have Subject-Verb order, (iv) it will often lack certain criterial Subject properties (if it can be regarded as a Subject at all).

From property (ii) it follows that NewTopic is a function in which topicality and focality overlap.

Once a topic has been introduced into the discourse, it can from there on be treated as a GivenTopic. GivenTopics typically have the following features: (i) they are referred to by anaphoric means, (ii) they will have no accentual prominence unless contrasted to other GivenTopics, (iii) they will typically occupy positions closer to the beginning of the clause than would follow from their semantic and syntactic functions.

A SubTopic is an entity which has not as such been introduced into the discourse but is nevertheless treated as a GivenTopic, since it may be assumed that the interpreter can reconstruct its identity on the basis of entities already present in his pragmatic information. Compare such examples such as:

(49a) My car broke down in the middle of the road. There was a leak in *the carburator*.
(49b) My car broke down in the middle of the road. It had *a carburator*. There was a leak in it.

Since all cars have a carburator, the carburator need not be separately introduced once the car has been mentioned. Therefore, (49b) makes a redundant and rather naive impression. The point is that once an entity has been introduced, the normal bits and pieces of that entity may be treated as SubTopics (cf. Hannay 1985).

ResumedTopic is relevant if a language has special linguistic devices for 'revitalising' GivenTopics which have not been mentioned for some time in the current discourse. These devices will then serve to remind the interpreter of some entity which had already been introduced some time before.

From these few examples it will be clear that 'topic management' is an important coherence feature of the discourse on the one hand, and on the other hand may have a variety of effects on the formal realisation of individual linguistic expressions within the discourse.

Focus function will be assigned to those constituents which have special communicative importance or salience in the given setting. There may be different reasons for giving special emphasis to certain bits of information in the predication. Correspondingly, different types of Focus may be distinguished, which may get different kinds of expression in different languages. The following expression devices recur in different combinations across languages: (i) intonational prominence: extra stress, higher tone; (ii) special constituent order: special positions for Focus constituents in the linear order of the clause; (iii) special Focus markers: particles marking off the Focus constituent from the rest of the clause; (iv) special Focus constructions: constructions (such as cleft- and pseudocleft-constructions) which intrinsically define a certain distribution of Topic and Focus over the structure of the clause.

The two main sources of focality are: (a) the information is judged to be new for the interpreter, i. e. considered as not yet present in the interpreter's pragmatic information, (b) the information is explicitly or implicitly contrasted with some other piece of information. Correspondingly, we can make a first division between New Focus and Contrastive Focus (cf. Moutaouakil 1984). New Focus can be assigned to material introduced into the discourse for the first time (e. g. NewTopic constituents), as well as to the crucial constituents in question-answer sequences, such as:

(50) Q: Where did Peter go?
     A: He went to LONDON.

There is good reason to assume that the question word in questions such as (50Q) have intrinsic Focus, just as the corresponding constituents in the answer (such as *London* in (50A)). In most languages which have a special position for Focus constituents, both the question word and the constituent answering it are placed in that position. And in many languages which have special Focus markers, these are also used to mark question words. Questions such as (50Q) can be divided into a presuppositional part ('Peter went to X'), treated as information already available to the interpreter, and a questioned part ('What is the identity of X') which explicitly signals a gap in the pragmatic information of the speaker, as well as a request to the addressee to fill in that gap. The question word thus represents the communicatively most important part of the question. The same applies, *mutatis mutandis*, to answers of type (50A).

Contrastive Focus is involved in such cases as:

(51) PETER went to LONDON and JOHN went to PARIS.
(52a) Peter didn't go to LONDON, he went to PARIS.
(52b) Peter not only went to LONDON, he also went to PARIS.

(52c) Peter didn't go to LONDON, he only went to PARIS.

In (51) the focality is due to the parallelism between the pairs (PETER, LONDON) and (JOHN, PARIS). In (52) it is due to the fact that the speaker in some way corrects the pragmatic information of the addressee, by replacing (52a), expanding (52b), or restricting (52c) previously established bits of information.

Languages may have complicated devices for monitoring topicality and focality relations. For detailed studies on typologically diverse languages, see Moutaouakil (1984), De Vries (1985), and Watters (1979).

4.5.3 Predicate Operators

So far we have taken no measures to account for the temporal features of the predication. We can approach this problem from the following point of view. All languages have a variety of means for defining how states of affairs are located on the time axis. The general semantic field involved here may be called the field of *temporality*. An important universal property of temporality is that it is primarily anchored in the moment of speaking which is itself, of course, a shifting interval defined by the actual circumstances of the communicative situation. States of affairs can thus be defined as preceding, coinciding with, or following the moment of speaking, or as preceding or following a reference point which itself is defined in relation to the moment of speaking.

Temporality relations can be specified by lexical means (e.g. in temporal adverbials such as *last year*, *tomorrow*); sometimes they can be expressed through predicate formation (as in *ex-wife*, *wife-to-be*); but in many languages, they can or must be coded in terms of a limited number of grammaticalised distinctions (such as Past vs. Non-Past, Past vs. Present vs. Future), which typically have their influence on the formal structure in which the predicate is expressed. For this latter reason, these distinctions are captured by predicate operators in FG. These are abstract markers such as Present, Past, which operate on the predicate, but, since the predicate necessarily heads a predicate frame, automatically take the whole predicate frame (and thus, ultimately, the whole predication) in their scope. We thus get representations such as:

(53a) Pres $kiss_V$ $(John)_{Ag}$ $(Mary)_{Pat}$
 'John kisses Mary'

(53b) Past $kiss_V$ $(John)_{Ag}$ $(Mary)_{Pat}$
 'John kissed Mary'

The predicate operators trigger the expression rules which will map the predicate onto the correct surface form.

Predicate operators can also be used to capture distinctions of polarity (positive-negative), aspectuality (e. g. progressive-non-progressive), and modality (e. g. factual-possible-desirable). We can thus get complex combinations of predicate operators, as in:

(54) John had been kissing Mary
 Past Perf Progr $kiss_V$ $(John)_{Ag}$ $(Mary)_{Pat}$

For discussion of the treatment of modality in FG, see Goossens (1985, 1987) and Hengeveld (1987a), 1987b).

4.5.4 Predication Operators

Finally, there is the question of how to capture the 'illocutionary force' of clauses (see diagram (1) above). We return to the theoretical problems involved in this question in section 5.1. below. Here, we simply claim that illocutionary force distinctions can be coded by means of *predication operators*, operators such as Declarative, Interrogative, Imperative, which take the whole predication in their scope and serve to define the illocutionary potential of the resulting sentence or clause. Thus, we get representations of the following form:

(55a) Decl(Past $kiss_V$ $(John)_{Ag}$ $(Mary)_{Pat}$)
 'John kissed Mary'
(55b) Int(Past $kiss_V$ $(John)_{Ag}$ $(Mary)_{Pat}$)
 'Did John kiss Mary?'

4.6 Fully Specified Predications

The assignment of syntactic and pragmatic functions and the specification of predicate and predication operators brings us to the level of the fully specified predication (see Figure 17.1.). The fully specified predication should contain all those elements which are essential for determining the meaning of the linguistic expression on the one hand, and the form in which it is to be expressed on the other. In other words: the fully specified predication must allow for both a semantic and a formal interpretation, thus establishing a systematic relationship between the form and the content of the linguistic expression.

4.7 Expression Rules

The formal interpretation of the fully specified predication is provided by the expression rules, which determine how the predication is to be realised, given the structural and functional information encoded in it. The expression rules are responsible for determining the form in which constituents of the predication are to be expressed, the order in which they are to be arranged, and the intonational pattern by which they are to be pronounced.

4.7.1 The Form of Constituents

There is no room here for a full discussion of the expression rules which determine the form of constituents. For more information on this topic, see Dik (1980b). I will therefore restrict myself to one concrete example of a fully specified underlying predication, and then generalise a little bit about the type of rules needed here.

Consider the following question-answer pair:

(56) Q: Who captured the thief?
     A: The thief was captured by TWO BRAVE PASSERS-BY.

In the context of (56Q), the answer (56A) will have the following fully specified underlying predication:

(57) Decl(Past capture$_V$ (i2x_i: passer$_N$-by(x_i): brave$_A$(x_i))$_{AgNewTopFoc}$ (d1x_j: thief$_N$ (x_j))$_{PatSubjGivTop}$)

The forms that the constituents take will now be determined as follows:
— *the thief*: the definiteness operator 'd' is expressed in the definite article *the*; the singular operator '1' has zero expression.
— *was captured*: since Subject has been assigned to Patient, an operator Pass will be added to the predicate, leading to 'Past Pass capture$_V$'; the Pass operator leads to the introduction of the auxiliary *be*, and to the specification of the main predicate as a past participle PaP; the result is 'Past be$_V$ PaP capture$_V$'; the PaP of capture will be specified as *captured*, and the Past of *be* as *was*, where the relevant rule takes into account that the Subject is singular and third person.
— *by two brave passers-by*: the Agent function is mapped onto the preposition *by*, since it has not received Subject function; the term operator '2' is expressed by the numeral *two* and interpreted as a representative of 'plural', which triggers the *-s* on *passers-by*; the operator 'i' for indefinite is left unexpressed in the condition 'plural'; no special expression rule operates on the adjective. Note by the way that *passer-by* has been derived from the verb *pass by* through term formation. Note

further that the order of elements still has to be determined.

Decl will lead to declarative order and intonation for the whole resulting clause. *The thief* is a GivenTopic and will thus lack intonational prominence. *Two brave passers-by* not only provides the requested information and thus carries Focus function, but can also be considered as introducing a New Topic, which might be referred to again in the further discourse. This constituent will therefore have intonational prominence (Focus) and a rather late position in the clause (NewTopic).

A general feature of the formal expression rules as illustrated above is that they can all be represented in a format in which a grammatical operator works on some operandum, to yield the 'value' that the operandum takes under the operation in question. For example, consider:

(58a) PaP *capture$_V$* → *capture-d*
(58b) pl *passer$_N$*-by → *passers-by*

If we add to this that the output of one such rule may be input to another, we get a fruitful general framework for studying the properties of, and the interaction between, these formal expression rules.

4.7.2 The Order of Constituents

It is assumed in FG that the constituents of the underlying predication are not linearly ordered. The underlying predication is thus an order-free construct to which a linear order must be assigned. This is done by the expression rules, in particular the *placement rules*, which carry the constituents of the predication to designated positions in the relevant ordering pattern or 'template' of the language involved. For our rather simple example sentence (57A) the following templates would suffice:

(59a) term level:
      Art   Adj   Noun
(59b) predication level:
      Subj   Verb   Obj   Other

Please verify that if every constituent of the predication is placed in its designated position, the correct order will be achieved.

Note that in this placement procedure no 'movements' are allowed: once a constituent has been assigned a position in the linear sequence, that constituent can no longer move to any other position.

Obviously, the actual ordering templates of a language will be more complex than suggested by (59); nor is it assumed that there is necessarily only one ordering template relevant to a given level of structure. For example, we need a different pattern at the predication level for English interrogatives and for constructions with postverbal Subjects, as in *Up jumped the rabbit*. A rather full treatment of the ordering patterns and placement rules for English is presented in Connolly (1986).

This account of constituent ordering, which for each language postulates a number of ordering patterns (consisting of series of designated positions) and a number of placement rules (specifying which constituent of the predication may or must go to a certain position under given conditions), would be of little theoretical interest if the ordering patterns and the placement rules would have to be more or less arbitrarily fixed for each language separately. In fact, however, both the patterns and the rules display recurrent features across languages, which may be captured in a number of general principles, which together add up to a general theory of constituent ordering in natural languages. The general idea here is that constituent order is determined by a number of functionally motivated principles which, however, cannot all be satisfied at the same time, and are therefore in competition with each other. From this 'multi-functional' view it follows that the actual constituent ordering arrays of a language necessarily contain an element of compromise, a certain amount of built-in tension, and consequently a degree of instability which may easily lead to changes over time.

Let us briefly mention some of the main principles underlying constituent order across languages. In these principles we regard the V, the N, and the A as the 'centers' of the predication, the term phrase, and the adjectival phrase, respectively; the area in front of the center is called the Prefield, the area after the center the Postfield. In terms of these notions we can formulate the following general principles (see Dik (1983) for a fuller account, and compare Rijkhoff (1986) for some alternatives):

(i) A language makes a basic choice between Prefield and Postfield ordering.
(ii) The Subject position precedes the Object position.
(iii) There is a universally relevant clause-initial position P1, which is used for special purposes, including the placement of Topic and Focus constituents.

At the level of the predication these three principles give us the basic patterns P1 S O V (Prefield), and P1 V S O (Postfield); principle (i) further predicts that Prefield languages will tend to have ---N and ---A orders at the term and adjectival phrase level, where Postfield languages will tend to have N--- and A--- orders.

(iv) Since the Subject is the prime Topic candidate, it will often be placed in P1; this may lead to a reinterpretation of P1 as the unmarked Subject position.

If this process of 'markedness shift' applies to Postfield language this may involve the following stages: P1 V S O (basic pattern), S V O (P1 becomes the unmarked Subject position), P1 S V O (creation of a new P1 position). One type of SVO languages is thus considered as a historical development of P1 V S O.

(v) The Prefield is less hospitable to complex material than the Postfield; we may thus expect Prefield languages to take measures to relieve the Prefield of excessive complexity.

This tendency to shift material to the Postfield might change an original Prefield P1 S O V pattern into a derived P1 S V O pattern through 'leaking' of the Object to postverbal position. This creates a second type of SVO language, this time based on earlier SOV-ordering.

(vi) Relators (= coordinators, subordinators, adpositions, case markers) prefer to be placed in between their relata.

This predicts that constituents in the Postfield will tend to be initially marked by relators, while elements in the Prefield will tend to be finally marked.

(vii) Other things being equal, constituents prefer to be placed in an order of increasing complexity.

This principle may lead to deviations from expected orderings such that constituents of low complexity occur earlier than expected, whereas constituents of great complexity occur later than expected.

A number of further principles is required in order to account for the full array of constituent order patterns found in different languages. But the above principles may give some impression of the overall approach to constituent order in FG.

5. Some Special Topics

This concludes our survey of the various components of the theory of FG, as displayed in Figure 17.1. We now proceed to consider some special topics in a little bit more detail.

5.1 Illocutionary Operators

Austin (1962) and Searle (1969) have done pioneering work in the analysis of utterances as *speech acts*, and have in this context developed the notion of *illocutionary force*, representing the speech act potential of linguistic expressions. In doing so, they have contributed greatly to the functionally oriented, pragmatic approach to natural languages. In several respects, however, their analysis pays insufficient heed to the actual organisation of natural languages, and therefore lacks in linguistic adequacy:

(i) In their analysis of speech acts, they took the so-called explicit performative sentence (as in (60a)) as their model for analysing the implicit performative (as in (60b)):

(60a) I promise that I will marry you.
(60b) I will marry you.

In actual linguistic usage, however, explicit performatives are very rare; in fact, they are only used under very specific pragmatic conditions. This means that (60a) should be regarded as an expansion of (60b), rather than that (60b) be regarded as a reduction of (60a).
(ii) Correspondingly, in analysing 'indirect speech acts' such as (60b), they took the final communicative interpretation (e.g. as a 'promise') as the primary illocution of the utterance, and the declarative nature of the utterance as such only as a derivative, secondary illocution. If we look at the linguistic facts, however, we should rather want to take 'declarative' as the basic, linguistically coded datum, from which the final interpretation has to be derived by means of contextual strategies.
(iii) In their classification of speech act types, they took little notice of the actual occurrence of distinct, grammatically differentiated sentence types across natural languages. Thus, these classifications are based more on general logico-semantic criteria than on facts concerning the typological organisation of natural languages in the domain of illocutionary force distinctions.

For these various reasons we take a somewhat different approach to the analysis of the illocutionary component of linguistic expressions. First of all, we take note of the fact that three distinct sentence types are universally distinguished in natural languages: Declarative, Interrogative, and Imperative. Assuming that the distinctions universally found in a certain area of linguistic organisation correspond to the most fundamental features of that area, we accept Decl, Int, and Imp as the three basic illocutions. And for the reasons mentioned under (i) above, our point of departure is the so-called implicit performative, as in (60b). Thus, our analysis of (60b) will take the following form:

(61) Decl(Fut marry$_V$ (I)$_{Ag}$ (you)$_{Pat}$)

The communicative values of the basic illocutionary operators Decl, Int, and Imp can be specified by rules of pragmatic interpretation:

(62a) Decl:
'the speaker wishes the addressee to add the content of the predication to his pragmatic information'
(62b) Int:
'the speaker wishes the addressee to provide him with the information as requested in the predication'
(62c) Imp:
'the speaker wishes the addressee to perform the action as specified in the predication'.

From this initial perspective, founded in the typology of natural languages, we now consider the fact that linguistic expressions will often be interpreted in terms of an illocutionary force different from the basic illocution as coded in the expression. For this phenomenon we introduce the notion of *illocutionary conversion*: the basic illocution of the expression may be converted into some derived illocution. This conversion may be purely a matter of pragmatic interpretation, as is the case when (60b) is finally interpreted as a promise: for in that case, there is no linguistic indication whatsoever in the expression as such that it should (or could) be taken as a promise. Purely pragmatic conversion of this kind cannot be accounted for by a theory of grammar; it will have to be studied in the context of a wider theory of what different communicative effects can be achieved by expressions which are otherwise linguistically and grammatically identical.

It may also be the case, however, that the illocutionary conversion is signalled in the expression as such. This may be done by lexical means (lexical conversion), or by grammatical means (grammatical conversion). Lexical conversion is found in explicit performatives such as (60a). We can say that the prefix *I promise you* lexically converts the basic declarative illocution into a promise. Grammatical conversion can be achieved by a variety of means, some of which are illustrated in the following examples:

(63) You don't like the soup?

Here, a basic declarative is converted into an interrogative through the interrogative intonation. This results in a confirmation question rather than an information question.

(64) Can you pass me the salt, please?

A basic interrogative is converted into a Request by the addition of *please*. Note that *Can you pass me the salt?* will usually also be interpreted as a Request. But that is a matter of pragmatic conversion.

(65) Kannst du das Fenster (mal) öffnen?
 can you the window ('mal') open?

A basic interrogative is converted into a Request by the addition of the so-called 'modal particle' *mal*. Without *mal*, (65) could be a simple information question; with *mal* it can only be interpreted as a request.

(66) It's hot in here, isn't it?

A basic declarative is converted into an interrogative through the addition of an interrogative tag.

In each of these cases, the linguistic device by means of which the conversion is brought about could be regarded as a kind of operator which operates on a basic illocution and yields a derived illocution. thus, the effect of *mal* in (65) could be represented as:

(67) mal (Int) → Request

For this reason, the various devices illustrated in (63)−(66) may be called 'illocutionary force converting operators', or more briefly 'illocutionary converters'.

I hope this brief sketch gives an impression of how we might arrive at a theory of illocutionary force that is both pragmatically and typologically adequate.

5.2 Relative Constructions

We saw in section 4.3. above that term structures can be construed by stacking open-predications-in-x_i onto each other, and that under certain conditions these restrictors can be realised as (restrictive) relative clauses. In some languages, such restrictors take the form of non-finite participial modifiers. And sometimes various realisations of what is basically the same underlying restrictor exist side by side.

Consider the following alternative constructions in English:

(68) the ball which John gave to Mary
(69a) the ball that John gave to Mary
(69b) the ball John gave to Mary
(70) the ball given to Mary by John

(68) and (69a−b) represent relative clause constructions, but there are some differences: in (68) the relativised constituent is represented in the relative clause by a relative pronoun, which in some respects is sensitive to properties of the antecedent. In (69a) the relative clause is marked by the general subordinator *that*, which is invariant in all its occurrences; in (69b) there is no sign of subordination at all; such zero marking of the relative clause is rather rare across languages. The difference between relative pronouns and invariant relative clause markers (a difference which recurs across languages) could be marked in the underlying predication by postulating a relativisation operator R, which is either applied to the relativised variable, or to the restrictor predication as a whole. This would lead to the following underlying structures for (68) and (69):

(68)' (d1x_i: ball$_N$(x_i): Past give$_V$ (John)$_{AgSubj}$ (Rx_i)$_{PatObj}$ (Mary)$_{Rec}$)
(69)' (d1x_i: ball$_N$(x_i): R Past give$_V$ (John)$_{AgSubj}$ (x_i)$_{PatObj}$ (Mary)$_{Rec}$)

(Rx_i) in (68)' will then be expressed by *which* through the expression rules, which take into account the fact that the antecedent 'ball' is non-human. In the case of (69)', R will be expressed by the general subordinator *that* or by ∅. The latter construction can also be used in languages in which there is 'pronoun retention' in the relative clause, resulting in the following rather commonly occurring relative clause form:

(71) the ball that John gave it to Mary

Obviously, the relative clause, in the various forms discussed so far, can also be expressed in passive form, as in:

(72) the ball that was given to Mary by John
 (d1x_i: ball$_N$(x_i): R Past give$_V$ (John)$_{Ag}$ (x_i)$_{PatSubj}$ (Mary)$_{Rec}$)

Certain languages prefer or even require constructions of this form, probably because it is most natural to present the state of affairs designated by the restrictor from the point of view of the entity of which it defines a property.

Now consider the participial construction (70). We may assume that this expression form comes out when R is not applied to the restrictor. The possibilities for participal expression, however, are rather restricted: transitive restrictor predicates can only be expressed in the passive participle, which means that non-application of R and Subject assignment to (x_i) must be coordinated with each other. Furthermore, Tense specification is impossible in the participial construction. Therefore, the underlying structure for (70) will take the following form:

(70)' $(d1x_i: ball_N(x_i): give_V (John)_{Ag} (x_i)_{PatSubj} (Mary)_{Rec})$

The expression rules will now be formulated in such a way that the predicate *give* selects the form of the past participle *given*.

The relative constructions discussed so far are typical for Postfield languages. Prefield languages, by virtue of principle (i) of section 4.7.2., may be expected to have pre-nominal relative constructions, although even in such languages a shift of the relative construction to the Postfield might be expected on account of principle (v). It is a fact, however, that many Prefield languages do have prenominal relative constructions. For some reason which remains to be explained, these are typically expressed in non-finite, participial form. This leads to constructions of the following form:

(73) John-by Mary-to given ball the

Obviously, such constructions can be described in terms of an underlying structure corresponding to (70)', if only the placement rules of the language concerned take care of the correct linearisation of the constituents.

5.3 Embedded Predications

The possibility of inserting (open) predications as restrictors into term structures creates one form of recursiveness in natural language grammar. Another source of recursiveness lies in the possibility for (closed) predications to be used as terms by themselves, inserted into argument or satellite positions of a higher predication. Consider the following example:

(74) The man saw that John kissed Mary.

Here the second argument of *see*, 'that what the man saw', is specified by the whole predication *that John kissed Mary*. That predication thus acts as a term filling the second argument slot of *see*. Accordingly, we can give the following underlying predication for (74):

(75) $Decl(Past see_V (d1x_i: man_N(x_i))_{ProcSubj} (x_j: [Past kiss_V (d1x_k: John_N(x_k))_{AgSubj} (d1x_l: Mary_N(x_l))_{PatObj}] (x_j))_{PatObj})$

Here, the Patient argument of *see* is filled with a full predication which specifies the argument variable x_j. That we need such a variable for this kind of 'embedded predication' is clear from such constructions as:

(76) The man saw that John kissed Mary, and he didn't like it.

In this construction, *he* can be interpreted as anaphorically referring back to x_i; likewise, *it* can be interpreted as referring back to x_j in (75).

Embedded predications may also occur in satellite positions, as in:

(77a) The man was sad, because John kissed Mary.
(77b) If John kisses Mary, the man will be sad.

These satellites will be treated in the same way as argument embedded predications. For example, the subordinate conditional in (77b) can be represented as:

(78) $(x_i: [Pres kiss_V (John)_{AgSubj} (Mary)_{PatObj}] (x_i))_{Cond}$

where x_i represents the condition under which the man will be sad.

Embedded predications can be expressed in a variety of forms, both within and across languages. The following schema covers most of these expression forms [(79) see next page].

The examples discussed so far were finite subordinate clauses. For some examples of the other types, consider:

(80) Infinitival
(80a) John wanted <u>the man to catch the dog</u>.
(80b) John wanted <u>the dog to be caught by the man</u>.
(81) Participial
(81a) <u>Laughing</u>, John left the room.
(81b) <u>No further discussion arising</u>, the meeting was closed.
(82) Nominalisation
(82a) John witnessed <u>the man's catching of the dog</u>.

(79)
```
                    embedded
                    predication
                   /            \
              finite            non-finite
                |              /          \
           subordinate    without          with
            clause        nominal         nominal
                         properties      properties
                        /         \          |
                  infinitive    participle  nominalisation
                   as head      as head
                      |            |
                  infinitival   participial
                  construction  construciton
```

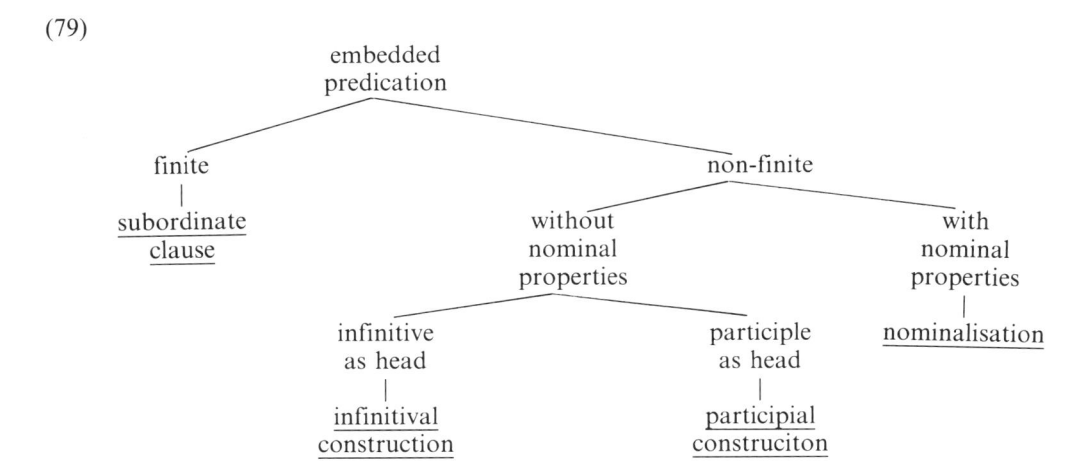

(82b) John witnessed <u>the catching of the dog by the man</u>.

In all these cases, the construction in question expresses a fully specified, embedded predication taking some argument or satellite position in some higher predication. The different forms distinguished in (79) obviously differ in formal respects, but they may also differ in their privileges of occurrence and in certain semantic and pragmatic properties. Just as in the case of relative constructions, measures will have to be taken both in the underlying predication and in the expression rules, to arrive at the correct formal expression of the embedded predication. For some discussion of these measures, see Dik (1988a).

6. Towards a Model of the Natural Language User

In section 3.1. above we saw that one way of explaining the methodological goals of pragmatic and psychological adequacy is to say that a functional grammar should, in the long run, be capable of operating naturally as an integrated component of models of verbal communication. In this final section we consider some aspects of this question in a wider perspective.

When we take a functional view of the nature of language, the ultimate question that we are interested in is: How does the natural language user work? How is it possible for speakers and interpreters to make themselves understood, influence each other's pragmatic information (knowledge, beliefs, prejudices, feelings) and ultimately each other's practical behaviour, through the use of linguistic expressions? We now know enough of the linguistic, psycholinguistic, and cognitive aspects of this question to realise that the working of the natural language user is an inordinately complex process, of which we understand only very little. Nevertheless, it is a useful exercise to try and envisage the functioning of language within the context of this wider psychological framework.

The question: How does the natural language user work? can be rephrased in constructivist terms as: How could we build a natural language user? And that question can be reformulated in computational terms as: How could we implement a model of the natural language user by computational means? Again, it should be emphasised that this question is a theoretical one, which will not be fully answered for a very long time (if it is answerable at all). However, the computational simulation of capacities of natural language users is one very practical way of testing ideas about how natural language users are cognitively organized, and by what processes they operate in actual linguistic communication.

Let us consider what sorts of main capacities a model of the natural language user (MNLU) would have to possess:

(i) *linguistic capacity*: MNLU must be able to correctly produce and interpret linguistic expressions in communicative situations.

(ii) *cognitive capacity*: MNLU must possess an organised knowledge base, and it must be able to derive knowledge from linguistic expressions and add this to the knowledge base, as well as to use its knowledge in the interpretation and production of linguistic expressions.

(iii) *logical capacity*: given certain pieces of knowledge, MNLU must be able to derive further pieces of knowledge by both deductive and probabilistic reasoning.

(iv) *perceptual capacity*: MNLU must be able to perceive its environment in the way in which human beings perceive this environment; and it must be able to derive knowledge from perception, and use this knowledge in producing and interpreting linguistic expressions.

(v) *social capacity*: MNLU must be able to establish and maintain communicative relationships with other MNLUs; as part of this capacity it must not only know what to say, but also how to say it, given the nature and the state of pragmatic information of its addressee; in order to be able to do so it must be able to build up a model of the addressee: a representation of the properties of the addressee relevant for communicative purposes, in particular a model of what the addressee may be presumed to possess by way of pragmatic information at the moment of communication.

Concentrating on the first three capacities we can say that MNLU must be able to acquire and manipulate several abstract 'languages'. For the production and interpretation of linguistic expressions it needs some device for representing the essential structure of such expressions at a more abstract and semantically insightful level than the level of linguistic surface structure. The representation language needed for this purpose may be called the language of underlying representations L_{ur}. For building up, maintaining, and utilising a knowledge base MNLU needs some kind of knowledge representation language L_{kr}. And in order to be able to apply rules of logical reasoning MNLU needs some kind of logical representation language L_{lo}.

It is clear that these three representation languages will have to cooperate intensively: it must be possible to derive pieces of knowledge from underlying linguistic representations; it must be possible to derive further pieces of knowledge through logical reasoning; and it must be possible to use pieces of knowledge in producing linguistic expressions. Optimal communication would obviously be achieved if the three representation language would in fact coincide in one and the same cognitive language L_{co}; in other words, if the structures underlying linguistic expressions could at the same time be used as vehicles for storing and retrieving pieces of knowledge, and as structures which could serve as both input and output of rules of logical reasoning. Therefore, it is interesting to explore the consequences of adopting the following working hypothesis in developing MNLU:

(83) Hypothesis 1: $L_{co} = L_{ur} = L_{kr} = L_{lo}$

The next question is, of course: what are the properties of the unified cognitive language L_{co}? Here, we tend to take a rather strongly linguistic point of view. After all, it is a universal property of human beings that they acquire a natural language, a symbolic system of great complexity and finesse, in which they can communicate about any subject they wish to communicate about, in which they can inform each other of pieces of knowledge they possess, and in which they can express the product of their logical reasoning. If we are able to arrive at an analysis of natural languages which is sufficiently abstract to be typologically adequate, and sufficiently sophisticated to serve as a basis for both formal and semantic interpretation, then the representation language used for that purpose would seem to be a good candidate for L_{co}. But the theory of FG tries to reach precisely that level of representation in its underlying predications. Therefore, to the extent that the FG language of underlying predications L_{fg} satisfies the goals which it is supposed to meet, this language should be a good candidate for L_{co}. For this reason, we have explored, in recent studies, the various implications of the second working hypothesis:

(84) Hypothesis 2: $L_{co} = L_{fg}$

This assumption implies that FG underlying predications not only play a role in the analysis and production of linguistic expressions, but can also be used for representing pieces of knowledge, and serve as a 'logical syntax' on which rules of logical reasoning can operate. Let us finally illustrate these various points by one concrete example. Consider the following question-answer pair:

(85) A: Where does the writer of *Syntactic Structures* teach?
B: At MIT.

In order to be able to give this (correct) answer, B must possess certain pieces of knowledge, and go through a little bit of logical reasoning. The whole process could be sketched as follows:

(86) — I am supposed to specify the location where a person described as 'the writer of *Syntactic Structures*' teaches.
— I know that the writer of *Syntactic Structures* is Noam Chomsky.
— I know that Noam Chomsky teaches at MIT.
— I know that if x teaches at MIT and x = y, then y teaches at MIT.
— Therefore, I can derive that the writer of *Syntactic Structures* teaches at MIT.
— Therefore, the correct answer to A's question is *at MIT*.

From this example we see that between two speech acts coherently and correctly related to each other, quite a bit of 'underground' reasoning may be required. Note, however, that each of the steps in (86) can either be represented in the form of an FG predication, or can be captured in terms of some operation applied to a predication (for example, substituting a term y for a term x, where x and y are known to identify the same entity). Therefore, much of the cognitive and logical part of the communicative interaction can be modelled in terms of the language of predications, and of operations applied to expressions of this language.

There is no room here for discussing these various ideas in more detail. For further elaboration I refer to Dik (1987a, 1987b, 1988b); for computational implementation of various bits and pieces of MNLU I refer to Connolly/Dik (1988). (For other aspects of FG see articles 15 and 38 in this volume.)

7. References

The titles listed below contain, apart from the literature referred to in the text of this chapter, also a number of key-references to further work in FG. "WPFG" = *Working Papers in Functional Grammar*, available from the Institute of General Linguistics, University of Amsterdam, Spuistraat 210, 1012 VT Amsterdam, The Netherlands. A periodically updated bibliography of titles in FG is available from the same address.

Austin, J. L. 1962. How to do things with words. Cambridge, MA.

Auwera, J. van der, and *L. Goossens* (eds.). 1987. Ins and outs of the predication. Dordrecht.

Bolkestein, A. M. et al. 1981. Predication and expression in Functional Grammar. London, New York.

— (eds.). 1985a. Syntax and pragmatics in Functional Grammar. Dordrecht.

— (eds.). 1985b. Predicates and terms in Functional Grammar. Dordrecht.

Bossuyt, A. 1983. Historical Functional Grammar: an outline of an integrated theory of language change. Advances in Functional Grammar, ed. by S. C. Dik, 301−25.

Brown, D. R. 1985. Term operators. Predicates and terms in Functional Grammar, ed. by A. M. Bolkestein et al., 127−45.

Connolly, J. H. 1986. Testing Functional Grammar placement rules using PROLOG. International Journal of Man-Machine Studies 24. 623−32.

—, and *S. C. Dik* (eds.) 1988. Functional Grammar and the computer. Dordrecht, to appear.

Dik, S. C. 1968. Coordination; its implications for the theory of general linguistics. Amsterdam.

—. 1978. Functional Grammar. Amsterdam (3d printing 1981, Dordrecht: Foris).

—. 1980a. Studies in Functional Grammar. London, New York.

—. 1980b. Seventeen sentences: basic principles and application of Functional Grammar. Current approaches to syntax (= Syntax and Semantics 13), ed. by E. Moravcsik and J. Wirth. New York.

—. 1983. Two constraints on relators and what they can do for us. Advances in Functional Grammar, ed. by S. C. Dik, 267−98.

—. 1986. On the notion "functional explanation". Belgian Journal of Linguistics 1. 11−52 (= WPFG 11).

—. 1987a. Linguistically motivated knowledge representation. Language and artificial intelligence, ed. by M. Nagao, 145−70.

—. 1987b. Generating answers from a linguistically coded knowledge base. Natural language generation; new results in artificial intelligence, psychology and linguistics, ed. by G. Kempen, 301−14. Dordrecht.

—. 1988a. Embedded predications from a typological point of view. Institute for General Linguistics, University of Amsterdam, MS.

—. 1988b. Towards a unified cognitive language. Institute for General Linguistics, University of Amsterdam, MS.

—. 1983. Advances in Functional Grammar. Dordrecht.

Goossens, L. 1985. Modality and the modals: a problem for Functional Grammar, 203−17.

—. 1987. The auxiliarization of the English modals: a Functional Grammar view. Historical development of auxiliaries, ed. by M. Harris & P. Ramat, 111−43. Berlin.

Groot, C. de. 1983. Typology of states of affairs. Linguistics in The Netherlands, ed. by H. Bennis & W. V. S. van Lessen Kloeke, 73—81. Dordrecht.

—. 1987. Predicate formation in Functional Grammar. WPFG 20.

Hannay, M. 1985. English existentials in Functional Grammar. Dordrecht.

Hengeveld, P. C. 1987a. The Spanish mood system. WPFG 22.

—. 1987b. Clause structure and modality in Functional Grammar. Ins and outs of the predication, ed. by J. van der Auwera & L. Goossens. Dordrecht.

Hoekstra, T. et al. (eds.). 1981. Perspectives on Functional Grammar. Dordrecht.

Junger, J. 1987. Predicate formation in the verbal system of Modern Hebrew. Dordrecht.

Kahrel, P. 1985. Some aspects of derived intransitivity. WPFG 4.

Mackenzie, J. L. 1985. Nominalization and valency reduction. Predicates and terms in Functional Grammar, ed. by A. M. Bolkestein et al., 29—47.

Moutaouakil, A. 1984. Le Focus en Arabe; vers une analyse fonctionnelle. Lingua 64. 115—76.

Nuyts, J. 1987. Negatives are not fond of travelling; a cognitive-pragmatic reconsideration of negative raising. WPFG 21.

—, and *G. de Schutter* (eds.). 1987. Principles of word ordering. Dordrecht.

Reesink, G. 1987. Structures and their functions in Usan, a Papuan language of Papua New Guinea. Amsterdam.

Rijkhoff, J. 1986. Word order universals revisited: the principle of Head Proximity. Belgian Journal of Linguistics 1. 95—125 (= WPFG 14).

Searle, J. 1960. Speech acts. Cambridge.

Vester, E. 1983. Instrument and manner expressions in Latin. Assen.

Vet, J. P. 1986. A pragmatic approach to tense in Functional Grammar. WPFG 16.

Vries, L. de. 1985. Topic and focus in Wambon discourse. Syntax and pragmatics in Functional grammar, ed. by A. M. Bolkestein et al., 155—80.

Watters, J. R. 1979. Focus in Aghem; a study of its formal correlates and typology. Aghem grammatical structure, ed. by L. M. Hyman. SCOPIL 7, 137—97.

Weigand, H. 1987. Functional Grammar as a formal language. Ins and outs of the predication, ed. by J. van der Auwera & L. Goossens. Dordrecht

Wolfart, H. C., and J. F. Carroll. 1981. Meet Cree; a guide to the Cree language. Edmonton.

Since the writing of this article FG has seen a number of rather dynamix developments. These concern both the theoretical structure of the model, and the computational implementation of FG rules and principles. The theoretical developments can be traced through the following publications: Hengeveld (1989), Dik (1989), Nuyts et al. (1990), Fortescue et al. (1992), Rijkhoff (1992) and Hengeveld (1992). A critical assessment of the theory is presented in Siewierska (1991). The computational developments can most easily be studied through Connolly and Dik (1989) and Dik (1992).

Supplementary bibliography

Dik, S. C. 1989. The Theory of Functional Grammar. Part I: The Structure of the Clause. Dordrecht.

—. 1992. Functional Grammar in Prolog: an integrated implementation for English, French and Dutch. Berlin, New York.

Fortescue, M. et al. 1992. Layered structure and reference in a functional perspective. Amsterdam.

Hengeveld, K. 1989. Layers and operators in Functional Grammar. Linguistics 25. 127—157.

—. 1992. Non-verbal Predication. Theory, Typology, Diachrony. Berlin, New York.

Nuyts, J. et al. 1990. Layers and levels of representation in language theory: a functional view. Amsterdam.

Rijkhoff, J. 1992. The Noun Phrase. A typological study of its form and structure. Amsterdam.

Siewierska, A. 1991. Functional Grammar. London.

Simon C. Dik, Amsterdam (Netherlands)

VII. Ansätze syntaktischer Theoriebildung V: Semantisch motivierte formale Syntax
Approaches to a Theory of Syntax V: Semantically Motivated Formal Syntax

18. Categorial Grammar

1. Pure Categorial Grammar
2. Early Generalisations of Categorial Grammar
3. Modern Categorial Theories of Grammar
4. Categorial Grammars and Linguistic Semantics
5. Conclusions
6. Further Reading
7. References (Selected)

Categorial Grammar (CG) is a term which covers a number of related formalisms that have been proposed for the syntax and semantics of natural languages and logical and mathematical languages. All are generalisations of a core context-free grammar formalism first explicitly defined by Ajdukiewicz (1935), but with earlier antecedents in the work of Husserl, Leśnewski, Frege, Carnap and Tarski on semantic and syntactic categories, ultimately stemming from work in the theory of types (a tradition to which some recent work in CG shows signs of returning). The distinguishing characteristics of these theories are: an extreme form of *lexicalism* where the main and even entire burden of syntax is borne by the lexicon; the characterisation of constituents, both syntactically and semantically, as *functions* and/or *arguments*; the characterisation of the relation between syntax and semantics as *compositional*, with syntactic and semantic types standing in the closest possible relation, the former merely encoding the latter; a tendency to *freer surface constituency* than traditional grammar, the previously mentioned characteristic guaranteeing that all the non-standard constituents that CG sanctions are fully interpreted semantically.

Such grammars have been implicated in much work at the foundation of modern theories of natural language semantics. Like their theoretical cousins Tree Adjunction Grammars (TAG, Joshi et al. 1987), Lexical Functional Grammar (LFG, Bresnan 1982), and Generalised Phrase Structure Grammar (GPSG, Gazdar et al. 1985), they have also recently provided an important source of constrained alternatives to transformational rules and their modern derivatives for formal theories of natural language syntax. In the syntactic arena, categorial grammars have been claimed to have significant advantages as explanatory and unifying theories of unbounded constructions, including coordination and relative clause formation, of constructions that have been held to involve "reanalysis", of phonological phrasing associated with intonation, of numerous clause-bounded phenomena including reflexive binding, raising, and control, and also of analogous discontinuous phenomena in morphology.

1. Pure Categorial Grammar

In a categorial grammar, all grammatical constituents, and in particular all lexical items, are associated with a type or "category" which defines their potential for combination with other constituents to yield compound constituents. The category is either one of a small number of "basic" categories, such as *NP*, or a "functor" category. The latter have a type which identifies them as functions mapping arguments of some type onto results of some (possibly different) type. For example, English intransitive verbs like *walks* are most naturally defined as functions from nounphrases *NP* on their left to sentences *S*. English transitive verbs like *sees* are similarly defined as functions from nounphrases *NP* on their right to the aforementioned intransitive verb category. Apart from a language-particular specification of directionality, such categories merely reflect the types of the semantic interpretations of these words.

There are several different notations for directional categories. The most widely used are the "slash" notations variously pioneered by Bar-Hillel (1953), Lambek (1958), and subsequently modified within the group of theories that are distinguished below as "combinatory" categorial grammars. These two systems differ slightly in the way they denote directionality, as illustrated in the following categories for the transitive verb *sees*:

(1 a) Lambek: $\qquad sees := (np \backslash s)/np$
(1 b) Combinatory CG: $sees := (S \backslash NP)/NP$

(Both notations reflect the assumption that multi-argument functions like transitive verbs are "curried". Other notations allow "flat" multi-argument functions. Under an equivalence noted by Schönfinkel 1924, the assumption is merely one of notational convenience. The categories as shown are simplified by the omission of number and person agreement specifications. In common with most theories, we assume that the categories here represented as atomic NPs are in fact feature bundles including agreement features which must unify with corresponding features of their arguments.) Lambek's notation encodes directionality in the slash itself, forward slash, /, indicating a rightward argument and backward slash \ indicating a leftward argument. However, for reasons which will become apparent when we turn to examine the Lambek calculus in detail, Lambek chose to make leftward arguments appear to the left of their (backward) slash, while rightward arguments appeared to the right of their (forward) slash. (I have used *np* as the type of NPs in Lambek's notation, rather than *n*, as in the original.) This notation has the disadvantage of not having a consistent left to right order of domain and range. It is therefore rather hard for a reader to comprehend categories in this notation. The readers may judge this difficulty for themselves by noting how long it takes them to decide whether the two functions written $(a/b) \backslash (c/d)$ and $(d \backslash c)/(b \backslash a)$ do or do not have the same semantic type. (They do: the semantic type is $(b \rightarrow a) \rightarrow (d \rightarrow c)$.) This property makes life difficult, for example, for linguists whose concern is to compare the syntactic behaviour of semantically related verbs across languages with different base constituent orders.

It was for this last reason that Dowty and the present author proposed an alternative notation with a consistent left-to-right order of range and domain of the function. In this notation, arguments always appear to the right of the slash, and results to the left. (In this respect it harks back to Bar-Hillel's original 1953 notation. Bar-Hillel's own version was particularly cumbersome, and in 1960a he abandoned it in favour of the Lambek notation. However, Lyons 1968 offers an extremely elegant version, in which directionality is marked by superior arrows, as in $\overleftarrow{np}, \overrightarrow{np}$, so that the English transitive verb can be written $(s/\overleftarrow{np})/\overrightarrow{np}$. A related notation is used by Huck 1988. Unfortunately, until all linguists are equipped with advanced computer typesetting facilities, this does not seem to be a practicable alternative.) A rightward-leaning slash means that the argument in question is to the right, a leftward-leaning slash, that it is to the left. The first argument of a complex function category is always the rightmost category, the second argument the next rightmost, and so on, and the leftmost basic category is always the result. It is therefore obvious in this notation that the two categories instanced in the last paragraph, which are now written $(C/D) \backslash (A/B)$ and $(C \backslash D)/(A \backslash B)$, have the same semantic type, since the categories are identical apart from the slashes.

All the notations illustrated in (1) capture the same basic syntactic facts concerning English transitive sentences as the familiar production rules in (2):

(2) $\quad S \quad \rightarrow NP\ VP$
$\quad\quad VP \rightarrow TV\ NP$
$\quad\quad TV \rightarrow sees$

That is to say that in order to permit parallel context-free derivations we need only include the following pair of rules of functional application, allowing functor categories to combine with arguments (the rules are given in both notations):

(3) Functional Application:
(i) $\quad x/y \quad\quad y \quad \Rightarrow x$
(ii) $\quad y \quad\quad y \backslash x \Rightarrow x$
(a) Lambek

Functional Application:
(i) $\quad X/Y \quad Y \quad \Rightarrow X$
(ii) $\quad Y \quad\quad X \backslash Y \Rightarrow X$
(b) Combinatory

These rules have the form of very general binary PS rule schemata. Clearly what we have here is a context free grammar which happens to be written in the accepting, rather than the producing, direction, and in which there has been a transfer of the major burden of specifying particular grammars from the PS rules to the lexicon. (CG and CFPSG were shown by Bar-Hillel et al. 1960 b to be weakly equivalent.) While it is now convenient to write derivations in both notations as follows, they are clearly just familiar phrase-structure "trees" (except that they have the leaves at the top, as is only fitting).

(4)
$$\frac{\text{Gilbert} \quad \text{sees} \quad \text{George}}{\underline{np \quad (np\backslash s)/np \quad np}_{\rightarrow}}$$
$$\frac{np\backslash s}{s}_{\leftarrow}$$

(a) Lambek

$$\frac{\text{Gilbert} \quad \text{sees} \quad \text{George}}{\underline{NP \quad (S\backslash NP)/NP \quad NP}_{\rightarrow}}$$
$$\frac{S\backslash NP}{S}_{\leftarrow}$$

(b) Combinatory

(The operation of combination by the application rules is indicated by an underline annotated with a rightward or leftward arrow.) It will be clear at this point that Lambek's notation has the very attractive property of allowing all "cancellations" under the rules of functional application to be with adjacent symbols. This elegant property is preserved under the generalisation to other combinatory operations permitted by the generalisation to the Lambek calculus. (However, we shall see that it cannot be preserved under the full range of combinatory operations that have been claimed by other categorial grammarians to be required for natural languages.)

Grammars of this kind have a number of features that make them attractive as an alternative to the more familiar phrase structure grammars. The first is that they avoid the duplication in syntax of the subcategorisation information that must be explicit in the lexicon anyway. The second is that the lexical syntactic categories are clearly very directly related to their semantics. This last property has always made categorial grammars particularly attractive to formal semanticists, who have naturally been reluctant to give up the belief that natural language syntax must be as directly related to its semantics as that of arithmetic, algebra, or the predicate calculus, despite frequent warnings about such optimism from linguistic syntacticians.

At the very time Bar-Hillel and Lambek were developing the earliest categorial grammars, Chomsky was developing an argument that many phenomena in natural languages could not be naturally expressed using context free grammars of any kind, if indeed they could be captured at all. It is therefore important to ask how this pure context-free core can be generalised to cope with the full range of constructions found in natural language.

2. Early Generalisations of Categorial Grammar

We should distinguish three types of proposal that came from categorial grammarians in response to this challenge. The first was simply to take over the Chomskean apparatus of transformations, replacing his CFPS base grammar with a pure CF categorial grammar. This proposal was influentially advanced by Lyons (1968, 227 ff, 327 ff), and endorsed by Lewis (1972, 22). Lyons' arguments were based on the advantages of a categorial base for capturing the word-order generalisations associated with the then nascent $\bar{X}$-theory (which were explored in categorial terms by Flynn 1983), and were prescient of the subsequent tendency of Chomsky's theory towards lexicalism and a diminished role for PS rules. However, there was increasing awareness at this time that transformational rules themselves needed replacing by some more constrained formal mechanism, and this awareness gave rise to several more radical categorially-based alternative proposals.

The paper in which Lewis endorses Lyons' proposal for a categorially based transformational grammar is in fact only peripherally concerned with syntax. Its more central concern is quantifier scope, which motivates Lewis to introduce a transformational rule which we would nowadays recognise as "Quantifier Raising", complete with the suggestion that this rule should operate "*beneath* ... the most ordinary level of deep structure" — that is at what we would now call the level of logical form (Lewis 1972, 198). However, Lewis' account also involves an abstraction operator equivalent to Church's λ, in the form of Ajdukiewicz' operator ̂. Implicit in the general approach of Montague (1970, 223, n. 2) (though not in the practice of Montague

1973), and explicit in the approach of Keenan (1971), Venneman (cf. Bartsch/Venneman 1972), and the "λ-categorial" grammars of Cresswell (1973, 7) and von Stechow (1974), is the proposal that with the abstraction operator there is no need for independent movement transformations at all. Compositional interpretations can be assembled on the basis of surface grammar augmented by the completely general variable-binding operation of λ-abstraction, a proposal that was implicit in Ajdukiewicz.

This bold approach was also prescient of coming moves within the transformational mainstream, anticipating (and possibly, via work in Montague Grammar helping to precipitate) the move in Chomsky's theory to small numbers of general purpose movement transformations, perhaps confined to a single most general rule "*move α*", and the realisation that all such "movements", even those involving *Wh*-elements and their traces, could be regarded as base-generated. (O'Grady 1991, who combines a categorial base with rules for combining non-adjacent elements, can be seen as continuing this tradition within CG.) However, by the same token, the essential equivalence between λ-abstraction ("bind a variable anywhere in the domain") and *move*-α ("co-index any items in the domain") means that the abstraction device is potentially very unconstrained, as Cresswell recognised (1973, 224—27). The approach remains immensely productive in the semantic domain. It remains less clear whether there is a distinct advantage inherent in the syntactic aspects of λ-categorial grammar. Nevertheless, it has made the important contributions of providing a clear and simple interpretation for the notion of movement itself, which might otherwise have appeared semantically unmotivated, and of having directly led, via the work of Emmon Bach, to the third, most recent, and most radical group of proposals for generalising pure categorial grammar.

As a part of a wider tendency at the time to seek low-power alternatives to transformations, there emerged during the '70s a number of proposals for augmenting categorial grammar with additional operations for combining categories, over and above the original rules of functional application. In contrast to the λ-categorial approach, these operations were less general than the abstraction operator of λ-categorial grammar, the chief restriction being that, like the application rules themselves, these operations were confined to the combination of non-empty string-adjacent entities, and were dependent on the directionality of those entities. These proposals had an important historical precedent in work by Lambek (1958).

Lambek's short paper can be seen as making two quite separate points. The first was that a number of simple functional operations, importantly including functional composition and type-raising, looked as though they were directly reflected in natural syntax. His second point was that these very operations, together with an infinite set of related ones, could be generated as theorems of a quite small set of axioms and inference rules. In this he drew on even earlier traditions of natural deduction in the work of Gentzen (1934), cf. Kleene (1952, Ch. 15), and the analogy drawn between logical implication and functional types by Curry (e.g. Curry/Feys 1958), which he deployed in an important proof of decidability for his syntactic calculus. The effect was to define this version of categorial grammar as a restricted logic.

These two proposals can be seen as reflected in two distinct styles of modern categorial grammar. On the one hand, there is a group of linguists who argue that the addition of a few semantically simple primitive combinatory operations like functional composition yields grammars that capture linguistic generalisations. Sometimes these operations are individual theorems of the Lambek calculus, and sometimes they are not. These theorists are typically not concerned with the question of whether their operations can be further reduced to an axiomatic calculus or not (although they are of course deeply concerned, as any linguist must be, with the degrees of freedom that their rules exhibit, and the automata-theoretic power implicit in their theory). In this respect they are close in spirit to the *semantic* tradition in formal logic.

The other modern school of categorial grammarians are more concerned to identify additional sets of axiom-schemata and inference rules that define other syntactic calculi, primarily as a way of looking at relations among logics, particularly intuitionistic or constructive ones, including modal logics, linear logic, and type-theory. The relation of such logics to natural grammars is often not the central issue. These authors are closer to the *proof-theoretic* tradition in formal logic.

It will be easiest to discuss Lambek's original proposal in the light of these more recent developments. In adopting this narrative tactic, we recapitulate the history of the subject, for the significance of Lambek's proposals was not appreciated at the time, and his paper was largely forgotten until rediscovery of many of its principles in the '70s and early '80s by Geach, Bach, Buszkowski, and others.

3. Modern Categorial Theories

This section begins by examining the "Combinatory" style of categorial grammar, before returning to the "Lambek" style including Lambek's original proposal. Each of these subsections ends with a brief discussion of the automata-theoretic power inherent in each system. It is convenient to further distinguish certain theories within both frameworks that are mainly concerned with the semantics of quantifier scope, rather than with purely syntactic phenomena. This work is discussed in a separate section.

3.1. "Combinatory" Categorial Grammars

A major impulse behind the development of generalised categorial grammars in this period was an attempt to account for the apparent vagaries of coordinate constructions, and to bring them under the same principles as other unbounded phenomena, such as relativisation.

To begin to extend categorial grammar to cope with coordination we need a rule, or rather a family of rules, of something like the following form:

(5) Coordination Rule ($\langle \& \rangle$):
   X' conj $X''' \Rightarrow X''''$

This rule captures the ancient intuition that *coordination is an operation which maps two constituents of like type onto a constituent of the same type.* (The rule as given is a simplification, in that it does not represent the "prepositional" or "proclitic" character of the English conjunctions, which associate to the right as the above category does.) That is, X', X'' and X''' are categories of the same type X but different interpretations, and the rule is a schema over a finite set of rules whose semantics we shall ignore here. (There is a temptation to handle coordination by assigning categories like the following to conjunctions like *and*: $(S\backslash S)/S$. We shall see later why this will not work, for reasons first noted by Lambek 1961, 167.) Given such a rule or rule schema, derivations like the following are permitted:

(6)

Harry	cooked	and	ate	apples
NP	$(S\backslash NP)/NP$	conj	$(S\backslash NP)/NP$	NP

$(S\backslash NP)/NP$ ⟨&⟩
$S\backslash NP$ ⟨
S

The driving force behind much of the early development of the theory was the assumption that *all* coordination should be this simple — that is, combinations of *constituents* without the intervention of deletion, movement, or equivalent unbounded coindexing rules (cf. Partee/Rooth 1983, Keenan/Faltz 1985, Zwarts 1986, among others.) Sentences like the following are among the very simplest to challenge this assumption, since they involve the coordination of substrings that are *not* normally regarded as constituents:

(7 a) Harry cooked, and *might eat*, some apples
(7 b) Harry cooked, and *Mary ate*, some apples
(7 c) Harry will copy, and *file without reading*, some articles concerning Swahili.

The problem can be solved by adding a small number of operations that combine functions in advance of their arguments. Curry and Feys (1958) offer a mathematics for capturing applicative systems equivalent to the λ-calculi entirely in terms of such operators, for which they coined the term *Combinator* — hence the term "Combinatory" categorial grammars. (Curry himself discussed the relation of applicative systems to grammars in 1961, proposing, albeit in programmatic terms, a monostratal alternative to transformational grammar, see Curry 1961, 65–66. One categorial theory acknowledging direct descent from this paper is that of Dahl 1977.)

AN ASIDE ON COMBINATORS: A combinator is an operation upon sequences of functions and/or arguments. Thus, any (prefixed) term of the λ-calculus is a combinator. We shall be interesting in combinators that correspond to some particularly simple λ-terms. For example:

(8 a) **I** $\equiv \lambda x[x]$
(8 b) **K**y $\equiv \lambda x[y]$
(8 c) **T**x $\equiv \lambda F[Fx]$
(8 d) **B**FG $\equiv \lambda x[F(Gx)]$
(8 e) **C**Fy $\equiv \lambda x[Fxy]$
(8 f) **W**F $\equiv \lambda x[Fxx]$
(8 g) **S**FG $\equiv \lambda x[Fx(Gx)]$

(8 h) $\Phi HFG \equiv \lambda x[H(Fx)(Gx)]$
where x is not free in F, G, H, y.

(A convention of "left-associativity" is assumed here, according to which expressions like **B**FG are implicitly bracketed as (**B**F)G. Concatenation as in **T**x denotes functional application of **T** to x.)

The above are equivalences, not definitions of the combinators. The combinators themselves can be taken as primitives, and used to define a range of *applicative systems*, that is systems which express the two notions of *application* of functions to arguments, and *abstraction* or definitions of functions in terms of other functions. In particular, surprisingly small collections of combinators can be used as primitives to define systems equivalent to various forms of the λ-calculus, entirely without the use of bound variables and the binding operator λ. (Curry/Feys 1958, Ch. 5, — partly written by W. Craig — remains the most accessible introduction to Combinatory Logic. A very attractive alternative is provided by Smullyan's 1985 *To Mock a Mockingbird*. Smullyan's system of combinators, which are named after birds, resembles the combinatory system described in the next section in the central role it accords to Bluebirds and Thrushes. However, the reader should be aware that Curry and Smullyan are concerned with *untyped* combinators. While many of their results transfer to the typed combinators implicit in the linguistic proposal, "paradoxical" combinators like Curry's **Y** and Smullyan's Mockingbird are not valid in typed systems.)

It is usual to show constructively that a given system of combinators is equivalent in expressive power to one of the λ-calculi, by providing an algorithm that will map any expression of the latter into an equivalent combinatory expression. One of the smallest and most elegant sets that is complete in this way consists of three combinators, **I**, **K** and the familiar **S** combinator. The algorithm can be represented as three cases, as follows

(9) $\lambda x[x] = \mathbf{I}$
    $\lambda x[y] = \mathbf{K}y$
    $\lambda x[AB] = \mathbf{S}\lambda x[A]\lambda x[B]$

The first two steps represent the two ground conditions of abstracting over the variable itself and abstracting over any other atom. The third step says that abstracting over a compound term consisting of the application of a function term *A* to an argument term *B* is equivalent to applying the combinator **S** to the result of abstracting over the function and over the argument. (Given the earlier definition of **S**, it is easy to verify that this equivalence holds.) Since the combinator **I** can in turn be defined in terms of the other two combinators (as **SKK**), the algorithm is often referred to as the **SK** algorithm. It is attributed by Curry and Feys to Rosser. It is obvious that the algorithm is complete, in the sense that it will deliver a combinatory equivalent of any λ term. (Curry and Feys give the formal proof.) Other algorithms can be devised using others of the combinators identified earlier (fortunately, some yield less cumbersome combinatory expressions than the **SK** algorithm).

BTS Combinatory Categorial Grammar: (*CCG*): One combinatory generalisation of categorial grammar adds exactly three classes of combinatory rule to the context-free core. Since two of these types of rule — namely composition and type-raising — have been at least implicit in the majority of combinatory generalisations of categorial grammars, and since a third operation is provably necessary, we will take this system as the canonical exemplar, comparing it later to a number of variants and alternatives. (This variety, with whose development the present author has been associated is sometimes referred to as CCG, for Combinatory Categorial Grammar, although it is only one of the possible combinatory versions of CG.) The combinatory rules have the effect of making such substrings into grammatical constituents in the fullest sense of the term, complete with an appropriate and fully compositional semantics. All of them adhere to the following restrictive assumption:

(10) The Principle of Adjacency:
    Combinatory rules may only apply to entities which are linguistically realised and adjacent.

The first such rule-type is motivated by examples like (7 a), above. Rules of functional composition allow functional categories like *might* to combine with functions into their argument categories, such as *eat* to produce non-standard constituents corresponding to such strings as *might eat*. The rule required here (and the most commonly used functional composition rule in English) is written as follows:

(11) Forward Composition ($> B$)
    $X/Y \ Y/Z \Rightarrow_B X/Z$

The rule permits the derivation in (12) below for example (7a).

It is important to observe that, because of the isomorphism that CG embodies between categories and semantic types, this rule is also *semantic* functional composition. That is, if the interpretations of the two categories on the left of the arrow in (11) are respectively F and G, than the interpretation of the category on the right must be the composition of F and G. Composition corresponds to Curry's composition combinator, which he called **B**, defined earlier as (8d). (Curry 1958, 184, fn., notes that he called the operation **B** because it occurs prominently in the word "substitution", and because the names **S** and **C** were already spoken for. The operation is Smullyan's Bluebird.) Hence, the combinatory rule and its application in the derivation are indexed as $> B$ because it is a rule in which the main functor is rightward-looking, and has composition as its semantics. Hence also, the formalism guarantees without further stipulation that this operation will compose the interpretations, as well as the syntactic functional types. We will defer formal discussion of this point, but it should be obvious that if we know the mapping from VP interpretations to predicate interpretations that constitutes the interpretation of *might*, and we know the mapping from NP interpretations to VP interpretations corresponding to the interpretation of *eat*, then we know everything necessary to define their composition, the interpretation of the non-standard constituent *might eat*.

The result of the composition has the same syntactic and semantic type as a transitive verb, so when it is applied to an object and a subject, it is guaranteed to yield exactly the same interpretation for the sentence *Harry might eat some beans* as we would have obtained without the introduction of this rule. This non-standard verb *might eat* is now a constituent in every sense of the word. It can therefore coordinate with other transitive verbs like *cooked* and take part in derivations like (12). Since this derivation is in every other respect just like the derivation in (6), it too is guaranteed to give a semantically correct result.

Examples like the following, in which a similar substring is coordinated with a ditransitive verb, require a generalisation of composition proposed by Ades and the present author 1982:

(13) I *will offer*,
   and [*may*]$_{(S\backslash NP)/VP}$ [*sell*]$_{(VP/PP)/NP}$,
   my 1959 pink cadillac to my favourite brother-in-law

(These sentences are better when one of the extractions is a relativisation (see below), as in *the man to whom I will offer, and may sell, my 1959 pink cadillac*.) To compose the modals with the multiple-argument verbs, we need the following relative of rule (11):

(14) Forward Composition ($> B2$):
    $X/Y \ (Y/Z)/W \Rightarrow_B (X/Z)/W$

This corresponds in combinatory terms to an instance B^2 of the generalisation from **B** to B^n (cf. Curry/Feys 1958, 165, 185). We can assume, at least for English, that n is bounded by the highest valency in the lexicon, which is about 4.

The second novel kind of rule that is imported under the combinatory generalisation is motivated by examples like (7b) above, repeated here:

(15) Harry cooked, and Mary ate, some apples

If the assumption is to be maintained that everything that can coordinate is a constituent formed without deletion or movement, then *Harry* and *cooked* must also be able to combine to yield a constituent of type S/NP, which can combine with objects to its right. The way this is brought about is by adding

(12) Harry   cooked   and   might   eat   the beans
     NP $(S\backslash NP)/NP$ $conj$ $(S\backslash NP)/VP$ VP/NP NP
                                  $\underline{\qquad (S\backslash NP)/NP \qquad}_{>B}$
                        $\underline{\qquad\qquad (S\backslash NP)/NP \qquad\qquad}_{\langle \& \rangle}$
                                           $\underline{\qquad S\backslash NP \qquad}_{>}$
     $\underline{\qquad\qquad\qquad S \qquad\qquad\qquad}_{<}$

rules of type-raising like the following to the system:

(16) Forward Type-raising (> T):
$Y \Rightarrow_T X/(X \backslash Y)$

This rule makes the subject NP into a function over predicates. Subjects can therefore compose with functions *into* predicates — that is, with transitive verbs, as in the derivation (17), see below. (Agreement is ignored as usual.)

Type-raising corresponds semantically to the combinator **T**, defined at (8c). (The rule was called **C**∗ by Curry, and is Smullyan's Thrush. Type-raising is of course widely used in Montagovian semantics.) We shall see later that type-raising is quite general in its application to NPs, and that it should be regarded as an operation of the lexicon, rather than syntax, under which all types corresponding to functions into *NP* (etc.) are replaced by functions into the raised categor(ies). However, for expository simplicity we shall continue to show it in derivations, indexing the rule as >T. When the raised category composes with the transitive verb, the result is guaranteed to be a function which, when it reduces with an object *some apples*, will yield the same interpretation that we would have obtained from the traditional derivation. This interpretation might be written as follows:

(18) *cook' apples' harry'*

(Here again we use a convention of "left associativity", so that the above applicative expression is equivalent to (*cook' apples'*) *harry'*.) It is important to notice that it is at the level of the interpretation that traditional constituents like the VP, and relations such as c-command, continue to be embodied. This is an important observation, to which we return below, since as far as surface structure goes, both have now been compromised.

Of course, the same facts guarantee that the coordinate example above will deliver an appropriate interpretation.

The third and final variety of combinatory rule is motivated by examples like (7c), repeated here:

(19) Harry will copy, and file without reading, some articles concerning Swahili

Under the simple assumption with which we began, that only like *constituents* can conjoin, the substring *file without reading* must be a constituent formed without movement or deletion. What is more, it must be a constituent of the same type as a transitive verb, *VP/NP*, since that is what it coordinates with. It follows that the grammar of English must include the following operation, first proposed by Szabolsci (1983; 1987b):

(20) Backward Crossed Substitution (< Sx)
$Y/Z \quad (X \backslash Y)/Z \Rightarrow_S X/Z$

(The name "substitution" was proposed for the combinator **S** in homage to Curry's explanation, referred to in an earlier footnote, of his choice of the name **B** as deriving from this word, and because **S** is the general form of the operation of which **B** is a special case. Schönfinkel 1924 called it *Verschmelzung*, or "fusion". Kaplan 1975 called it "composition"(!), and Szabolcsi 1983 called it "connection". It is Smullyan's Starling. The family of combinators associated with the coordination rule (5), whose semantics has so far been ignored, was called Φ by Curry, and is closely related to **S**.) This rule permits the derivation (21) (next page) for the sentence. (Infinitival and gerundival predicate categories are abbreviated as *VP* and *VP*$_{ing}$, and NPs are shown as ground types.)

It is important to notice that the crucial rule resembles a generalised form of functional composition, but that it *mixes* the directionality of the functors, combining a leftward functor over *VP* with a rightward function into *VP*. We must therefore predict that other combinatory rules, such as composition, must also have such "crossed" instances.

(17)
```
  Harry      cooked      and   Mary       ate       some apples
  ─────    ──────────   ────  ─────    ──────────   ───────────
   NP      (S\NP)/NP    conj   NP      (S\NP)/NP        NP
  ─────→T                     ─────→T
  S/(S\NP)                    S/(S\NP)
  ──────────────────→B        ───────────────────────→B
         S/NP                             S/NP
                                                    ─────→⟨&⟩
                   ─────────────────────────────────
                                  S/NP
                   ──────────────────────────────────→
                                   S
```

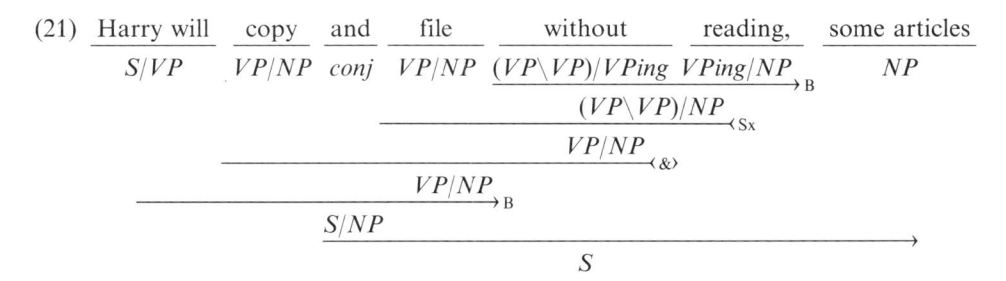

(21)
$$\frac{\underline{\text{Harry will}}\ \ \underline{\text{copy}}\ \ \underline{\text{and}}\ \ \underline{\text{file}}\ \ \underline{\text{without}}\ \ \underline{\text{reading,}}\ \ \underline{\text{some articles}}}{S/VP\quad VP/NP\quad conj\quad VP/NP\quad (VP\backslash VP)/VPing\ \ VPing/NP\quad NP}$$

with derivation yielding VP/NP via $>B$, then $(VP\backslash VP)/NP$ via $<Sx$, combining to VP/NP via $<\&>$, then VP/NP via $>B$ with *copy*, S/NP with *Harry will*, and finally S.

Such rules are not valid in the Lambek calculus.

Like the other combinatory rules, the substitution rule combines the interpretations of categories as well as their syntactic categories. Its semantics is given by the combinator **S**, defined at (8 g). It follows that if the constituent *file without reading* is combined with an object *some articles* on the right, and then combined with *Harry will*$_{S/VP}$, it will yield a correct interpretation. It also follows that a similarly correct interpretation will be produced for the coordinate sentence (19).

These three classes of rule — composition, type-raising, and substitution — constitute the entire inventory of combinatory rule-types that this version of combinatory CG adds to pure categorial grammar. They are limited by two general principles, in addition to the Principle of Adjacency (10). They are the following:

(22) THE PRINCIPLE OF DIRECTIONAL CONSISTENCY: All syntactic combinatory rules must be consistent with the directionality of the principal function.

(23) THE PRINCIPLE OF DIRECTIONAL INHERITANCE: If the category that results from the application of a combinatory rule is a function category, then the slash defining directionality for a given argument in that category will be the same as the one defining directionality for the corresponding argument(s) in the input function(s).

Together they amount to a simple statement that *combinatory rules may not contradict the directionality specified in the lexicon*. They drastically limit the possible composition and substitution rules to exactly four instances each. It seems likely that these principles follow from the fact that directionality is as much a property of *arguments* as is their syntactic type. This position is closely related to Kayne's (1984) notion of *directionality of government*.

The inclusion of this particular set of operations makes a large number of correct predictions. For example, once we have seen fit to introduce the forward rule of composition and the forward rule of type raising into the grammar of English, we do not increase the degrees of freedom in the theory any further by introducing the corresponding *backward* rules. Thus the existence of the coordinate construction (24) below is predicted without further stipulation, as noted by Dowty (1988). (The two rules that are involved are the following (Lambek-provable) rules:

(i) Backward Type-Raising ($<$T):
$Y \Rightarrow_T X\backslash(X/Y)$
(ii) Backward Composition ($<$B):
$Y\backslash Z\quad X\backslash Y \Rightarrow_B X\backslash Z$

The inclusion of (i) suggests that type raising is a general process that should apply to all categories whose range is NP in the lexicon. We pass over the question of how this can be done without enlarging the lexicon unduly.)

This and other related examples, which notoriously present considerable problems for

(24)
$$\frac{\underline{\text{give}}\ \ \underline{\text{a dog}}\ \ \underline{\text{a bone}}\ \ \underline{\text{and}}\ \ \underline{\text{a policeman}}\ \ \underline{\text{a flower}}}{(VP/NP)/NP\ \ (VP/NP)\backslash((VP/NP)/NP)\ \ VP\backslash(VP/NP)\ \ conj\ \ (VP/NP)\backslash((VP/NP)/NP)\ \ VP\backslash(VP/NP)}$$

yielding $VP\backslash((VP/NP)/NP)$ via $<B$, coordinated via $<\&>$ with $VP\backslash((VP/NP)/NP)$, giving $VP\backslash((VP/NP)/NP)$, then VP via $<$.

other grammatical frameworks (cf. Hudson 1982), are extensively discussed by Dowty and others, and constitute strong evidence in support of the decision to take type raising and composition as primitives of grammar. (However, Oehrle 1987, 1988a and Wood 1988 offer important alternative analyses for examples like (24) in terms of operations related to Lambek's 1958 product operator.)

The analysis also immediately entails that the dependencies engendered by coordination will be unbounded, and free in general to apply across clause boundaries. For example, all of the following examples parallel to the triple (7) with which we began the section are immediately accepted, without any further addition to the grammar whatsoever:

(25a) Harry cooked, and *expects that Mary will eat*, some apples
(25b) Harry cooked, and *Fred expects that Mary will eat*, some apples
(25c) Harry cooked, and *Fred expects that Mary will eat without enjoying*, some apples that they found lying around in the kitchen.

Moreover, if we assume that nominative and accusative relative pronouns have the following categories, (which simply follow from the fact that they are functions from properties to noun modifiers), then we also accept the relative clauses in (27):

(26a) *who/that/which* := $(N\backslash N)/(S\backslash NP)$
(26b) *who(m)/that/which* := $(N\backslash N)/(S/NP)$
(27a) a man who (*expects that Mary*) will *eat some apples*
(27b) some apples that (*Fred expects that*) *Mary will eat*
(27c) some apples that (*Fred expects that*) *Mary will eat without enjoying*

The generalisation that *Wh*-movement and Right Node Raising are essentially the same and in general unbounded is thereby immediately captured without further stipulation. (See Oehrle 1990 for discussion of certain well-known limitations to this freedom.)

Rules like the "direction mixing" substitution rule (20) are permitted by these principles, and so are composition rules like the following:

(28) $Y/Z \quad X\backslash Y \Rightarrow X/Z$

Such a rule has been argued to be necessary for, among other things, extractions of "non-peripheral" arguments, as in the derivation (29) below. (See Bouma 1987 and Hepple 1990 for alternative categorial accounts of non-peripheral extraction.)

Such rules allow constituent orders that are not otherwise permitted, as the example shows, and are usually termed "non-order-preserving". We shall see later that such rules are not theorems of the Lambek calculus. Friedman et al. (1986) showed that it is the inclusion of these rules, together with the generalisation to instances of rules corresponding to $\mathbf{B}^2$ (cf. (14)) that engenders greater than context free power in this generalisation of CG. A language which allowed non-order-preserving rules to apply freely would have very free word order, including the possibility of "scrambling" arguments across clause boundaries. It is therefore assumed in this version of combinatory categorial grammar that languages are free to restrict such rules to certain categories, or even to exclude them entirely.

One of the most interesting observations to arise from the movement analysis of relatives is the observation that there are a number of striking limitations on relativisation. The exceptions fall into two broad classes. The first is a class of constraints relating to asymmetries with respect to extraction between subjects and objects. This class of exceptions have been related to the "empty category principle" (ECP) of GB. In the terms of the combinatory theory, this constraint arises as a special case of a more general corollary of the theory, namely that arguments of different directionality require different combinatory rules to apply if they are to extract, as inspection of the following ex-

(29) (a cake) which I will buy on Saturday and eat on Sunday
$(N\backslash N)/(S/NP)$ S/VP VP/NP $VP\backslash VP$ *conj* VP/NP $VP\backslash VP$

amples will reveal. The possibility for such assymetries to exist in SVO languages because of the exclusion of the latter non-direction preserving rule is therefore open.

(30 a) (a man whom) [I think that]$_{S/S}$ [Mary likes]$_{S/NP}$
(30 b) *(a man who) [I think that]$_{S/S}$ [likes Mary]$_{S \backslash NP}$

Indeed, a language like English *must* limit or exclude this rule if it is to remain configurational. (The question of whether the grammar of *non*-configurational languages can be correctly ascribed to the free play of such rules is an open research question.)

The second class is that of so-called "island constraints", which have been related to the principle of "subjacency". The fact that adjuncts and NPs are in general islands follows from the assumption that the former are backward modifiers, and that type-raising is lexical and restricted to categories which are arguments of verbs, such as NPs. This can be seen from the categories in the following unacceptable examples:

(31 a) *a book [which]$_{(N \backslash N)/(S/NP)}$ [I will]$_{S/VP}$ [*walk*]$_{VP}$ [without reading]$_{(VP \backslash VP)NP}$
(31 b) *a book [which]$_{(N \backslash N)/(S/NP)}$ [I met]$_{S/NP}$ [a man who wrote]$_{(S \backslash (S/NP))/NP}$

The possibility of exceptions to the island status of NPs and adjuncts, and their equally notorious dependence on lexical content and such semantically related properties as definiteness and quantification, can be explained on the assumption that verbs can be selectively type-raised over such adjuncts, and lexicalised. Thus the possibility of exceptions like the following (and the generally uncertain judgements that are associated with sentences involving subjacency violations) are also explained:

(32 a) ?a man who I painted a picture of
(32 b) ?an article which I wrote my thesis without being aware of.

(The suggestion that subjacency and its exceptions are lexical and therefore ultimately semantic in origin is closely related to the unification of notions of subjacency and government via the notion of "barrier" in Chomsky 1986, 10–16.) The subjacency constraints are treated at length by Szabolcsi/Zwarts (1990) and Hepple (1990).

Other theories on this branch of the categorial family have proposed the inclusion of further combinators, and/or the exclusion of one or more of the above. Perhaps the first of the modern combinatory theories, that of Bach (1979; 1980), proposed an account of certain bounded constructions, including passive and control, by a "wrapping" operation which combined functions with their second argument in advance of their first, an analysis which is extended by Dowty (1982), Jacobson (1987; 1990), Huck (1988), Steele (1990), and Hoeksema (1991). Such operations are related to (but not identical to) the "associativity" family of theorems of the Lambek calculus (Lambek 1958, and below). They are also closely related to the **C** or "commuting" family of combinators. They can also be simulated by, or defined in terms of, the composition and type lifting combinators, as we saw in the last example. Shaumyan (1977), Desclés et al. (1986), and Szabolcsi (1987a) also implicate Curry's combinator **W** in their analyses of reflexives. Cormack's (1986) and Jacobson's (1990) theory of related constructions exploits functional composition in accounting for raising, equi and the like, with important implications for the treatment of VP anaphora.

Since all of the above constructions are bounded, the theories in question can be viewed as combinatory theories of the lexicon and of lexical morphology (cf. Hoeksema 1985, although see Bach 1979, 1980 and Jacobson 1990 for arguments against too simplistic an interpretation of this view). To that extent, the above theories are close relatives of the theories of Keenan/Faltz (1985), and to the theory of Shaumyan (1977). All of these theories embody related sets of operations in lexical semantics. Shaumyan in particular explicitly identifies these operations with a very full range of Curry's combinators.

POWER OF COMBINATORY GRAMMARS: One may ask at this point what the power of such grammars is. We have already seen that collections of combinators as small as the pair **SK** may have the full expressive power of the lambda calculus. **BCWI** and **BCSI** are also implicitly shown by Curry and Feys to be equivalent to the λ_I-calculus — that is, the lambda calculus without vacuous abstraction. The present system of (typed) **BST** is also essentially equivalent to the (simply typed) λ_I-calculus, although technically we may need to include the ground case of **I** where its argument is a single variable as a special case. (No expression of the general type $a \to a$ can be formulated in terms of **BST**. However, an expression of type $(a \to b) \to (a \to b)$ is typeable.) This equivalence means that any restrictiveness that inheres to the theory in automata-theoretic terms stems from the directional sensitivity inherent in the lexicon and in the Principles of Consistency (22) and Inheritance (23) alone.

Joshi, Vijay-Shankar and Weir 1987 have recently shown that a number of "mildly non-context-free" grammar formalisms including Joshi's Tree-Adjunction Grammars (TAG), Pollard's Head Grammars (HG), and the version of combinatory categorial grammar sketched here can be mapped onto Linear Indexed Grammars. (There is considerable recent convergence between these theories. "Lexicalised" TAGs (LTAG, Schabes, Abeillé/Joshi 1988) and "Head-driven" Phrase-structure Grammars (HPSG, Pollard/Sag 1987) are regarded by their proponents as closely related to Categorial Grammar. The version of categorial grammar known as CCG has in turn been considerably influenced recently by work in TAG and HPSG.) Indexed grammars are grammars which, when represented as phrase structure rewriting systems, allow symbols on both sides of a production to be associated with features whose values are *stacks*, or unbounded push-down stores. We can represent such rules as follows, where the notation [...] represents a stack-valued feature under a convention that the top of the stack is to the left:

(33) $\alpha_{[...]} \to W_1 \beta_{[...]} W_2$

Such rules have the effect of passing a feature from a parent α to one or more daughters β which may encode long range dependencies. The rules are allowed to make two kinds of modifications to the stack value: an extra item may be "pushed" onto the top of the stack, or the topmost item that is already on the stack may be removed. These two types of rule can be represented as similar schemata, as follows:

(34) "pushing": $\alpha_{[...]} \to W_1 \beta_{[i, ...]} W_2$
     "popping": $\alpha_{[i, ...]} \to W_1 \beta_{[...]} W_2$

In general, indexed grammars may include rules which pass stack-valued features to more than one daughter. The most restrictive class of indexed grammars, Linear Indexed Grammars, allows the stack valued feature to pass to only one daughter.

It is easy to show that linear indexed grammars can very directly capture such non-context-free grammars as $a^n b^n c^n$.

There is an obvious mapping between functions of n arguments a_1 to a_n into a category α and indexed grammar categories $\alpha_{[a_n, ..., a_1]}$ bearing an n-deep stack-valued feature. It follows that Combinatory rules can be equally directly represented as indexed productions. For example, the following equivalence holds for the forward composition rule:

(35) $X/Y \quad Y/Z \Rightarrow X/Z$
     $\equiv X'_{[Z, ...]} \to X'_{[Y, ...]} Y_{[Z]}$

The variable X in the combinatory rule can match any category. It therefore corresponds to an indexed category $X'_{[...]}$. Crucially, the stack, represented as [...], is only passed to one daughter. The same is true for the substitution rule.

(36) $Y/Z \quad (X \backslash Y)/Z \Rightarrow X/Z$
     $\equiv X_{[Z, ...]} \to Y_{[Z]} X_{[Z, Y, ...]}$

It is also trivially true for type-raising, although we have seen that this should really be regarded as a lexical rule. It also applies to the rules corresponding to $\mathbf{B}^2$, $\mathbf{B}^3$ etc, because we claimed that there was a finite limit on the arity of the verbs concerned. However, Joshi et al. point out that a non-finite rule schema corresponding fully generally to $\mathbf{B}^n$, where n is unbounded, so that Y corresponds to $Y_{[...]}$ would *not* be a linear rule, because it would require more than one stack valued feature. Such grammars are of greater expressive power than linear indexed grammars.

The consequences of equivalence to linear indexed grammars are significant, as Joshi et al. show. In particular, linear indexed grammars, by passing the stack to only one branch, allow divide-and-conquer parsing algorithms. As a result, these authors have been able to demonstrate polynomial worst-case limits on the complexity of parsing the version of combinatory CG described above.

3.2. Lambek-Style Categorial Grammars

Lambek's original proposal began by offering intuitive motivations for including operations of composition, type-raising, and certain kinds of rebracketing in grammars. All of the operations concerned are, in terms of an earlier definition, *order preserving*. The first two operations are familiar but the last needs some explanation. Lambek notes that a possible "grouping" of the sentence (*John likes*) (*Jane*) is as shown by the brackets. (He might have used a coordinate sentence as proof, although he did not in fact do so.) He then notes that the following operation would transform a standard transitive verb into a category that could combine with the subject first to yield the desired constituency (the rule is given in Lambek's own notation, as defined earlier):

(37) $(np \backslash s)/np \rightarrow np \backslash (s/np)$

There are two things to note about this operation. One is that it is redundant: that is, its effect of permitting a subject to combine before an object can be achieved by a combination of type-raising and composition, as in example (17). The second is that, while this particular operation is order preserving and stringset-preserving, many superficially similar operations are not. For example, the following rule would not have this property:

(38) *$(s/np)/np \rightarrow s/(np/np)$

That is, rebracketing of this kind can only apply across opposite slashes, not across same slashes.

However, Lambek was not proposing to introduce these operations as independent rules. He went on to show in his paper that an infinite set of such-order preserving operations emerged as theorems from a logic defined in terms of a small number of axiom schemata and inference rules. These rules included an identity axiom, associativity axiom schemata, and inference rules of application, abstraction, and transitivity (see Lambek 1958, 166). The theorems included functional application, the infinite set of order-preserving instances of operations corresponding to the combinators $\mathbf{B}, \mathbf{B}^2, \ldots \mathbf{B}^n$, and the order-preserving instances of type-raising, $\mathbf{T}$. They also included the rule shown in (37) and a number of operations of mathematical interest, including the Schönfinkel (1924) equivalence between "flat" and "curried" function-types, and a family of "division rules" including the following:

(39) $z/y \rightarrow (z/x)/(y/z)$

The latter is of interest because it was the most important rule in Geach's proposal (1972, 485 and see below), for which reason it is often referred to as the "Geach Rule". (Strictly, it is merely entailed by Geach's rule as stated, together with a rule of abstraction.)

This last result is also of interest because an elegant alternative axiomatisation of the Lambek calculus in terms of the Geach rule was provided by Zielonka (1981), who dropped Lambek's associativity axioms, substituting two Geach Rules and two Lifting rules, and dropping the abstraction and transitivity inference rules in favour of two derived inference rules inducing recursion of the domain and range categories of functors. Zielonka's paper also proved the important result that no finite axiomatisation of the Lambek calculus is possible without the inclusion of some such recursive reduction law. Zielonka's calculus differs from the original in that the product rule is no longer valid, for which reason it is sometimes identified as the "product-free" Lambek calculus.

The Lambek calculus has the following properties. If a string is accepted on some given lexical assignment, the calculus will allow further derivations corresponding to all possible bracketings of the string. That is, the calculus is "Structurally Complete". Curiously, while Buszkowski (1982) showed that a version of the calculus restricted to one of the two slash-directions was weakly equivalent to context-free grammar, the non-finite-axiomatisation property of the calculus has meant that no proof of the same weak equivalence for the full bi-directional calculus has at the time of writing been found. Nevertheless, everyone since Bar-Hillel et al. (1960b) and Chomsky (1963) has been convinced that the equivalence holds, and Buszkowski (1988a) presents a number of partial results which strengthen this conviction.

If we compare the Lambek calculus with the combinatory alternative discussed earlier, then we see the following similarities. Both composition and type-raising are permitted rules in both systems, and both are generalised in ways which can be seen as involving recursive schemata and polymorphism. (But note that we have assumed a bound on $\mathbf{B}^n$ in the combinatory case.) However, there are important divergences between these two branches of the categorial family. The most important is that many of the particular combinatory rules that have been proposed by linguists, while they are *semantically* identical to theorems of the Lambek calculus, are not actually theorems thereof. For example, Bach's (1979; 1980) rule of "right-wrap", which shares with Lambek's rebracketing rule (37) a semantics corresponding to the commuting combinator $\mathbf{C}$, is not Lambek-provable. Similarly, examples like (29) have been used to argue for "non-order-preserving" composition rules, which correspond to instances of the combinator **B** that are also unlicensed by the Lambek calculus. It is hard to do without such rules, because their absence prevents all non-peripheral extraction and all non-context-free constructions (see below). Finally, none of the rules that combine arguments of more than one functor, including Geach's semantic coordination rule, the coordination schema (5), and Szabolcsi's substitution rule (20) are Lambek theorems.

The response of categorial grammarians has been of two kinds. Many linguists have simply continued to take non-Lambek combinatory rules as primitive, the approach discussed in the previous sections. Such authors have placed more importance on the semantic interpretability of the combinatory rules than on further reducibility to axiom systems. In this respect they may be seen as representing a turning away from the proof-theoretic orientation of the Lambek calculus to the alternative, semantic, logical tradition. Others have maintained the proof-theoretic tradition and attempted to identify alternative calculi that have more attractive linguistic properties.

Lambek himself was the first to express scepticism concerning the linguistic potential of his calculus, a position that he has maintained to the present day. He noted in Lambek (1961, 167) that, because of the use of a category $(s\backslash s)/s$ for conjunctions, the calculus not only permitted strings like (40 a), below, but also ones like (40 b):

(40 a) Who walks and talks?
(40 b) *Who walks and he talks?

The overgeneralisation arises because the conjunction category, having applied to the sentence *He talks* to yield $s\backslash s$, can *compose* with *walks* to yield the predicate category $np\backslash s$. It is exactly this possibility that forces the use of a syncategorematic coordination schema such as (5) in the combinatory approach. However, we have seen that such rules are not Lambek calculus theorems. Lambek's initial reaction was to restrict his original calculus by omitting the associativity axiom, yielding the "non-associative" Lambek calculus. This version, which has not been much used, is unique among extensions of categorial grammar in disallowing composition, which is no longer a theorem.

Other work on the proof-theoretic wing, notably by van Benthem (1986; 1991), Moortgat (whose 1988 b book is the most accessible introduction to the area), and Morrill (1988) has attempted to generalise, rather than to restrict, the original calculus. Much of this work has been directed at the possibility of restoring to the calculus one or more of Gentzen's "structural rules", which Lambek's original calculus entirely eschews, and whose omission renders it less powerful than full intuitionistic logic. In CG terms, these three rules correspond to *permutation of adjacent categories*, or "interchange", *reduction of two instances of a category to one*, or "contraction", and *vacuous abstraction*, or "thinning" or "weakening". In combinatory terms, they correspond to the combinator-families **C, W,** and **K**. As Lambek points out (1990 a; 1990 b) a system which allows only the first of these rules corresponds to the linear logic of Girard, while a system which allows only the first two corresponds to the relevance logic $\mathbf{R}_\rightarrow$, and the "weak positive implicational calculus" of Church, otherwise known as the λ_I-calculus.

POWER OF LAMBEK-STYLE GRAMMARS: Van Benthem (1986; 1988; 1991) examined the consequences of adding the interchange rule, and showed that such a calculus is not only structurally complete but "permutation-complete". That is, if a string is recognised, so are all possible permutations of the string. He shows (1991, 97) that this calculus is (in contrast to the original calculus) of greater than context-free power. For example, a lexicon can readily be chosen which accepts the language whose strings contain equal numbers of a's, b's, and c's, which is non-context free. However, Moortgat (1988 b, 118) shows that the theorems of this calculus do not obey the principles of directional consistency (22) and directional inheritance (23) — for example, they include all sixteen possible forms of first-order composition, rather than just four. Moortgat also shows (1988 b, 92—93) that the mere inclusion in a Lambek-style axiomatisation of slash-crossing composition rules like (28) (which of course are permitted by these principles) is enough to ensure collapse into van Bethem's permuting calculus. There does not seem to be a natural Lambek-style system in between. (Van Benthem has also investigated higher generalisations, such as the calculus including contraction, with and without permutation. While the interest of these systems as logics has been noted already, as far as linguistics goes, the latter system inherits the weakness of the Lambek calculus with respect to non-peripheral extraction, while the former inherits the overgeneralisations of the permuting calculus. Moreover, he shows that all calculi arising from the inclusion of contraction accept only regular languages. This result applies to the calculus that includes both interchange and contraction, which it will be recalled is semantically equivalent to the λ_I-calculus. Not surprisingly, rules that increase the expressive power of a system in semantic terms may catastrophically diminish its weak generative capacity.)

However, Moortgat does offer a way to generalise the Lambek calculus without engendering collapse into permutation-completeness. He proposes the introduction of new equivalents of Slash, including "infixing" slashes, together with axioms and inference rules that discriminate between the slash-types (cf. 1988 b, 111; 120), giving the system the character of a "partial" logic. While he shows that one such axiomatisation can be made to entail the generalisations inherent in the principles of consistency and inheritance, it seems likely that many equally simple formulations within the same degrees of freedom would produce much less desirable consequences. Moreover, unless the recursive aspects of this axiom-schematisation can be further constrained limits the such theorems as the composition family $\mathbf{B}^n$ in a similar way to the combinatory alternative, it appears to follow that this calculus is still of greater power than linear indexed grammar.

In the work of Moortgat, the semantic (combinatory) and proof-theoretic (Lambek-style) traditions of CG come close to convergence. Without the restrictions inherent in the principles of Consistency and Inheritance, both frameworks would collapse. The main difference between the theories is that on the combinatory view the restrictions are built into the axioms and are claimed to follow from first principles, whereas on the Lambek view, the restrictions are imposed as filters.

4. Categorial Grammars and Linguistic Semantics

There are two commonly used notations that make explicit the close relation between syntax and semantics that both combinatory and Lambek-style categorial grammars embody. The first associates with each category a term of the lambda calculus naming its interpretation. The second associates an interpretation with each basic category in a functor, a representation which has the advantage of being directly interpretable via standard term-unification procedures of the kind used in logic programming languages such as Prolog. The same verb *sees* might appear as follows in these notations, which are here shown for the combinatory categories, but which can equally be applied to Lambek categories. In either version it is standard to use a colon to associate syntactic and semantic entities, to use a convention that semantic constants have mnemonic identifiers like *see'* distinguished from variables by primes. For purposes of exposition we will here assume that translations exactly mirror the syntactic category in terms of dominance relations. Thus we adopt a convention of "left associativity" in translations, so that expressions like *see' y x* are equivalent to (*see' y*) *x*:

(41 a) λ-term-based:
  $sees := (S \backslash NP)/NP : \lambda y \lambda x [see'\ y\ x]$
(41 b) Unification-based:
  $sees := (S : see'\ y\ x \backslash NP : x)/NP : y$

(It is of course possible to have a variant of notation (a) in which the variables are eliminated, the same category being written as follows: $(S \backslash NP)/NP : see'$.) The advantage of the former notation is that the λ-calculus is a highly readable notation for functional entities. Its disadvantage is that we now have to complicate the notation of the combinatory rules to allow the combination of both parts of the category, as in (42 a), below. This has the effect of weakening the direct relation between syntactic and semantic types, since it suggests we might allow rules in which the syntactic and semantic combinatory operations were *not* identical. In the unification notation (42 b), by contrast, the combinatory rules apply unchanged, and necessarily preserve identity between syntactic and semantic operations, a property which was one of the original attractions of CG.

(42) Forward Composition:
  $X/Y : f\ Y/Z : g \Rightarrow X/Z : \lambda x[f(g\ x)]$
   (a) λ-term-based

  Forward Composition:
  $X/Y\ Y/Z \Rightarrow X/Z$
   (b) Unification-based

(Again there is a variable-free version of notation (a), using combinators in the semantics in place of λ, as in the following: $X/Y : f\ Y/Z : g \Rightarrow X/Z : \mathbf{B}fg$. However the same objection applies.) Because of their direct expressibility in unification-based programming languages like Prolog, and related special-purpose linguistic programming languages like PATR-II (cf. Shieber 1986), the latter formalism or notational variants thereof are widespread in the computational linguistics literature (cf. Wittenburg 1986; Uszkoreit 1986; Karttunen 1989; Bouma 1987; Zeevat et al. 1987). Derivations appear as in (43), below. (For simplicity, we ignore type-raising here. Where possible of course we suppress such semantic details.)

All the alternative derivations that the combinatory grammar permits yield equivalent semantic interpretations, representing the canonical function-argument relations that result from a purely applicative derivation. In contrast to combinatory derivations, such semantic representations therefore preserve the relations of dominance and command defined in the lexicon, a point that has desirable consequences for capturing the generalisations that have been described in the GB framework in terms of relations of c-command and the notion of "thematic hierarchy". This point is important to the analysis of parasitic gaps sketched earlier, since parasitic gaps are known to obey an "anti-c-command" restriction.

The fact that such constraints can be regarded as holding over interpretations, as in the work of Bach (1979; 1980), Dowty (1982) and Chierchia (1988), as opposed to over surface structures, as in GB, is frequently unappreciated (see section 5. below), so it is worth dwelling on for a moment.

The interpretation of *Gilbert sees George* in the above derivation happens to directly reflect the dominance relations exhibited in a traditional surface structure for that sentence. This structure is stipulated in the lexical entry for the verb *sees*, (41). One might make all such interpretations, including those of control verbs, correspond to traditional surface structures in a similar way. But other arrangements could have been stipulated. For example, one might choose to have unordered "flat" argument structures, rather than the "curried" structures assumed here. A more attractive possibility, in view of the Montague work on binding and control mentioned above, and more recent work by Jacobson (1987; 1990; 1991), Pollard/Sag (1987), Hepple (1990), Szabolcsi (1992), and Dowty (1992), is to make dominance in such structures reflect the NP "obliqueness" hierarchy on grammatical relations, thus resembling the "argument structures" of Grimshaw (1990), and allowing the notion of F-command (Bach/Partee 1980) to be used in place of c-command. It follows that many of the classic theoretical issues of GB theory also find a very direct parallel in categorial terms in questions concerning the details of this representation. For example, if one is drawn to a PRO analysis of control, or wishes to distinguish the subject as an "external" argument, in contrast to other "internal" arguments of the verb, it is here that the distinctions will appear. It is likely that many generalisations from GB and elsewhere concerning bounded constructions will transfer in this way, although it is to be hoped that other degrees of freedom exploited in GB will not be required, given the very different treatments of long range dependencies that are available within CG.

By the very token that combinatory derivations *preserve* canonical relations of dominance and command, we must distinguish this level of semantic interpretation from the one implicated in the proposals of Geach (1972), Hausser (1984), Levin (1982), and Potts (1988). These authors use a very similar range of combinatory operations, notably including or entailing as theorems (generalised) functional composition, (lexical, polymorphic) type-lifting, and (in the case of Geach 1972, 485) a coordination schema of the kind introduced in the previous section, in order to free the scope of quantifiers from traditional surface syntax, in order to capture the well-known ambiguity of sentences like the following:

(44) Every woman loves some man

On the simplest assumption that the verb is of type $e \rightarrow (e \rightarrow t)$, and the subject and object are corresponding (polymorphic) type-raised categories, the reading where the subject has wide scope is obtained by a purely

(43) $\underline{\quad\text{Gilbert}\quad\quad\quad\quad\text{sees}\quad\quad\quad\quad\text{George}\quad}$
$\underline{NP:gilbert' \quad\underline{(S:see'\ y\ x\backslash NP:x)/NP:y\ \ NP:george'}\vphantom{\Big|}}_{>}$
$\underline{S:see'\ george'\ x\backslash NP:x}_{<}$
$S:see'\ george'\ gilbert'$

applicative reading. The reading where the object has wide scope is obtained by composing subject and verb before applying the object to the result of the composition. In this their motivation for introducing composition is the combinatory relative of the λ-categorial grammars of Lewis, Montague, and Cresswell (see above). Indeed, we must sharply distinguish the *level* of semantic representation that is assumed in these two kinds of theory, as Lewis in fact suggested (1972, 48), ascribing all these authors' operations to the level of logical form. Otherwise we must predict that those sentences which under the assumptions of the combinatory approach *require* function composition to yield an analysis (as opposed to merely allowing that alternative), such as right node raising, must yield only one of the two readings. (Which reading we get will depend upon the original assignment of categories.) However, this prediction would be incorrect: both scopings are allowed for sentences like the following, adapted from Geach:

(45) Every girl likes, and every boy detests, some saxophonist.

That is not to say that the categorial analysis is without advantages. As Geach points out, we do *not* appear to obtain a third reading in which two instances of the existential each have wide scope over one of the universals, so that all the girls like one particular saxophonist, and all the boys detest one particular saxophonist, but the two saxophonists are not the same. This result is to be expected if the entire substring *Every girl likes and every boy detests* is the syntactic and semantic constituent with respect to which the scope of the existential is defined. However, it remains the case that there is a many-to-one relation between semantic categories at this level and categories and/or rules at the level we have been considering up to now. The semantics itself and the nature of this relationship are a subject in their own right which it is not possible to do justice to here, but the reader is referred to important work by Partee/ Rooth (1983) and Hendriks (1987) on the question. Much of this work has recently harkened back to axiomatic frameworks related to the Lambek calculus.

5. Conclusions

Theories of the kind surveyed here have been applied with some success to a wide range of syntactic phenomena of the kinds touched on above in a number of languages, the latter including Dutch (Moortgat, Hoeksema, Hepple, and others cited above), Finnish (Karttunen, Jokinen 1989), French (Desclés), Luiseño (Steele), Korean (Kang 1988), Spanish (Nishida 1990), and Warlbiri (Bouma 1986).

Much criticism of theories in this area has been confounded with misconceptions, three of which are sufficiently widespread to require comment here. First, it is sometimes argued on the basis of the permutation-completeness of van Benthem's calculus that categorial grammars overgeneralise. Of course, this is as absurd as claiming that *move-α* overgenerates. It is simply to mistake the true locus of the theoretical content. A more sophisticated version of this criticism claims that the restrictions on CG (for example, those in the Principles of Consistency and Inheritance) merely "simulate" constraints on movement (cf. von Stechow 1990, 473). I have pointed above to a certain broad resemblance of combinatory projection of directionality of government to the proposal of Kayne. It may of course be true that this resemblance amounts to nothing short of simulation of the empty category principle, projection principle, and the like. However, to prove that claim would require a careful comparison of the degrees of freedom exploited in this and the alternative theories, and of the generalisations that are captured, such as those concerning subject-object asymmetries, universal constraints on coordination, and others outlined above. Such careful comparison has not been forthcoming.

A second criticism has arisen from the mistaken belief that phenomena that depend upon *c*-command, such as binding and control, cannot be captured in grammars with such flexible surface structures. While it is true that generalised categorial grammars tend towards structural completeness, and therefore allow objects, for example, to structurally command subjects at surface structure, we have seen that such non-standard structures are guaranteed to deliver interpretations that preserve traditional notions of dominance and command. It follows that all such regularities can be captured at the level of interpretation, as should be obvious from widespread similar proposals within Montague Grammar and Lexical-Functional Grammar. Of course, it can again be alleged (cf. von Stechow 1990, 475) that such accounts merely simulate an S-structure-based account. However, the different treatment of long-distance dependency, and in particular the absence of *Wh*-trace from the relevant structures in the categorial account, means that a burden of proof still lies with the critics. Again, such proof has not been forthcoming.

A third vulgar error concerning these grammars is that they are disproportionately difficult to parse. It is certainly true that the inclusion of associative operations like composition means that for every analysis that is recognised by a traditional surface grammar, there are in general several semantically equivalent but derivationally distinct categorial analyses, a phenomenon which is misleadingly referred to as "spurious" ambiguity. The "forest" of alternatives that must be searched to ensure that all possible readings of a sentence are derived is potentially very large, because the grammar is highly non-deterministic. Serious though this problem is for practical computational applications, it is a mistake to think that it is peculiar to categorial grammar. *Any* theory that captures a comparable range of constructions must necessarily encounter exactly the same degree of structural ambiguity. Far from being "spurious", it is a fact of competence grammar.

Finally, it might be suggested that combinators are notationally cumbersome by comparison with the λ-calculus, and hence intrinsically unlikely to be primitive operations of cognition. However, from a psychological and evolutionary point of view, they seem very good candidates, for they can plausibly be argued to be individually useful for cognition in general. For example, since actions can be regarded as functions from states to states, then the achievement of a compound action, even one as simple as reaching one's arm around an obstacle, can be regarded as requiring the composition of more primitive actions. One might expect it to be simpler for evolution to give rise to the specific capability of composing functions than to a completely general-purpose abstraction operator like λ. One may therefore speculate that the concept-formation mechanism has taken a combinatory form because it has evolved in a piecemeal fashion, out of elements that were selected for more restricted functions, and that this property is inherited by the linguistic system. If so, the combinators may prove to be not only the "building blocks" of mathematical logic as Schönfinkel (1924) claimed, and of natural language as is claimed here, but of even more fundamental cognitive faculties.

6. Further Reading

Two indispensible collections of readings in Categorial Grammar between them contain many important papers in the area, including many of those cited above. Buszkowski (et al. 1988) includes a number of historically significant older papers, including those by Lambek (1958) and Geach (1972). (The most important omissions in the otherwise excellent historical coverage afforded by the Buszkowski volume are the original paper by Ajdukiewicz, which is translated together with other historically relevant material in McCall 1967, and the work of Bar-Hillel 1964. Certain papers crucial to the prehistory of CG, including Schönfinkel 1924, are collected in translation in van Heijnoort 1967.) The review articles by the editors contain valuable survey material in many of the areas touched on here, and the collection is particularly valuable as a source of mathematical results concerning the Lambek calculus and its extensions. The collection edited by Oehrle et al. (1988) also contains important survey articles, largely non-overlapping with those in the previous collection. The overall slant is more linguistic, and the collection includes a large number of important papers which continue to influence current work in natural language syntax and semantics. To some extent, these largely complementary collections epitomise the two approaches distinguished at the start of section 3.

Besides the valuable introductory essays to these two collections, the relevant section of Lyons (1968), which heralded the revival of categorial grammar as a linguistic theory, remains one of the most accessible and inspiring introductions to categorial grammar for the general linguist.

As far as the mathematical foundations of CG go, the most intuitive introduction to the relation between combinators and the λ-calculus remains Curry/Feys (1958, Ch. 5, much of it written by Craig; Ch. 6). Hindley/Seldin (1986) provide an excellent modern introduction. Smullyan (1985), in which the combinators take the form of birds, is undoubtedly the most entertaining among recent presentations of the subject, and is a goldmine of useful results. The papers of Richard Montague were collected in Thomason (1974). The related λ-categorial approach of Cresswell is presented in a series of books of which the first appeared in (1973). Important recent work in Lambek-style Categorial Grammars is to be found in Moortgat (1989) and van Benthem (1991), the former being aimed at the linguist, the latter at the mathematical logician.

A number of collections bringing together papers on recent linguistic theories include papers on CG, and relate it to other contemporary approaches. The collections by Jacobson/Pullum (1982), Huck/Ojeda (1987), Baltin/Kroch (1989), and Sag/Szabolcsi (1992) are useful in this respect. These and the two collections mentioned earlier provide references to a large and diverse literature constituting the foundations of the categorial approach. However, for current linguistic work in this rapidly evolving area one must turn to the journals and conference proceedings. Among the former, *Linguistics & Philosophy* has been a pioneer in presenting recent categorial work. Among the latter, the annual proceedings of the West Coast Conference on Formal Linguistics is one important source. Much computational linguistic work in CG also remains uncollected, and here again one must turn to journals and conference proceedings, among which *Computational Linguistics* and the annual proceedings of the meetings of the Association for Computational Linguistics (and of its European Chapter) are important. A complete bibliography for the present paper can be found in Steedman (1993).

7. References (Selected)

Baltin, Mark, and *Anthony S. Kroch* (eds.). 1989. Alternative Conceptions of Phrase Structure. Chicago.

Bar-Hillel, Yehoshua. 1964. Language and Information. Reading, MA.

van Benthem, Johan. 1991. Language in Action. Amsterdam.

Buszkowski, Wojciech, Witold Marciszewski, and *Johan van Benthem* (eds). 1988. Categorial Grammar. Amsterdam.

Cresswell, Max. 1973. Logics and Languages. Methuen.

Curry, Haskell, and *Robert Feys*. 1958. Combinatory Logic. Vol. I. Amsterdam.

van Heijenoort, Jean (ed.). 1967. From Frege to Gödel. Cambridge, MA.

Hindley, Roger, and *Jonathan Seldin*. 1986. Introduction to Combinators and λ-calculus. Cambridge.

Huck, Geoffrey, and *Almerido Ojeda* (eds.). 1987. Discontinuous Constituency (Syntax and Semantics, 20). New York.

Jacobson, Pauline, and *Geoffrey K. Pullum* (eds.). 1982. The Nature of Syntactic Representation. Dordrecht.

Lyons, John. 1968. Theoretical Linguistics. Cambridge.

McCall, Storrs (ed.). 1967. Polish Logic 1920–1939. Oxford.

Moortgat, Michael. 1988 b. Categorial Investigations. University of Amsterdam Ph.D. dissertation [publ. Dordrecht, 1989].

Oehrle, Richard T., Emmon Bach, and *Deirdre Wheeler* (eds.). Categorial Grammars and Natural Language Structures. Papers from the Conference on Categorial Grammar, May 1985, Tucson, Dordrecht.

Sag, Ivan, and *Anna Szabolcsi* (eds.). 1992. Lexical Matters. Chicago.

Smullyan, Raymond. 1985. To Mock a Mockingbird. New York.

Steedman, Mark. 1993. Categorial Grammar, Lingua 90. 221–258.

Thomason, Richmond (ed.). 1974. Formal Philosophy: the Papers of Richard Montague. Yale, New Haven.

Mark Steedman, Philadelphia (USA)

19. Montague-Grammatik

1. Die Rolle der Syntax in der Montague-Grammatik
2. Algebraische Syntax
3. Sprachen und disambiguierte Sprachen
4. Natürliche Sprache
5. Die Sprache EF' im PTQ-Format
6. Literatur

1. Die Rolle der Syntax in der Montague-Grammatik

In den letzten Jahrzehnten entstand ein völlig neues Konzept linguistischer Theoriebildung, nämlich Modelle für die Beschreibung natürlicher Sprachen zu entwickeln, die in einem vorher nicht gekanntem Ausmaß explizit waren, so daß es gelang, die Eigenschaften dieser Modelle selbst wieder zum Gegenstand der Theoriebildung zu machen. Das heißt konkret, daß ein solches Modell, etwa der Phonologie oder der Syntax einer natürlichen Sprache, soweit formalisiert wird, daß es möglich ist, einerseits dieses Modell als Element einer ganzen Klasse von formal gleichen Modellen anzusehen, und andererseits diese Klasse von Modellen zum Gegenstand mathematischer Untersuchungen zu machen.

Beispielsweise kann ein solches Modell eine bestimmte kontextfreie Grammatik G sein. Stellt sich nun heraus, daß die gegebene Grammatik nicht alle intuitiv wohlgeformten Sätze der zu beschreibenden Sprache erzeugt, können zwei prinzipiell verschiedene Fälle vorliegen: Entweder ist es möglich, eine ebenfalls kontextfreie Grammatik G′ anzugeben, die alle gewünschten Sätze erzeugt, oder die zu beschreibende Sprache enthält derart strukturierte Sätze, daß diese durch keine wie immer geartete kontextfreie Grammatik erzeugt werden können. Dieser zweite Fall wäre dann eine beweisbare Aussage über die Klasse der kontextfreien Grammatiken.

Ein bekanntes Resultat ist z. B. das Theorem, daß es keine kontextfreie Grammatik gibt, mit der Sprachen der Form $\{a^n b^n c^n / n \geq 1\}$ erzeugt werden können, wobei hier 'x^n' für eine Kette steht, die das Symbol 'x' n-mal enthält. Mit anderen Worten: Es ist beweisbar, daß beliebige Sprachen, deren Sätze auf irgendeine Weise eine bestimmte Anzahl von Symbolen 'a', danach dieselbe Anzahl von Symbolen 'b', danach dieselbe Anzahl von Symbolen 'c' enthalten, durch keine kontextfreie Grammatik beschrieben werden können; umgekehrt kann gezeigt werden, daß dies z. B. mit kontextsensitiven Grammatiken möglich ist. Selbstverständlich gilt dieses Theorem − und vergleichbare andere − unabhängig davon, ob die von einer Grammatik erzeugte Sprache ein Fragment einer natürlichen Sprache ist oder eine künstliche, etwa eine Programmiersprache. Damit ergibt sich, daß der Unterschied zwischen natürlichen und künstlichen Sprachen kein absoluter ist, wie die unterschiedlichen Entstehungsweisen, Anwendungsbereiche, Variabilitäten etc. der beiden Gruppen nahelegen, sondern im Rahmen einer formalen Analyse durchaus vergleichbar sind. In diesem Sinn schreibt der Logiker Richard Montague: „There is in my opinion no important difference between natural languages and the artificial languages of logicians; indeed, I consider it possible to comprehend the syntax and semantics of both kinds of languages within a single natural and mathematically precise theory. On this point I differ from a number of philosophers, but agree, I believe, with Chomsky and his associates." (Montague 1970 b, 222)

Insoweit knüpft also Montague an die Tradition der generativen Grammatik bzw. mathematischen Linguistik an, geht aber über diese Ansätze hinaus, indem er auch die Semantik natürlicher Sprachen rigoros formalisiert. Er bedient sich dabei der auf Tarski zurückgehenden Techniken der Modelltheorie, die bis dahin ausschließlich auf Logiksprachen angewendet wurden. Danach besteht die Aufgabe der Syntax und Semantik in folgendem: „The basic aim of semantics is to characterize the notions of a true sentence (under a given interpretation) and of entailment, while that of syntax is to characterize the various syntactical categories, especially the set of declarative sentences." (Montague 1970 b, 223) Der entscheidende Punkt ist nun, daß diese beiden Aufgaben nicht unabhängig voneinander realisiert werden können, weil nicht jede syntaktisch mögliche Analyse als Basis einer erfolgreichen semantischen Analyse dienen kann. Montague erkennt Syntax konsequenterweise nicht als autonomes Forschungsgebiet an, sondern immer nur als (notwendige) Vorstufe zur Lösung semantischer Fragen, die für ihn als Philosophen selbstverständlich im Zentrum des Interesses stehen.

Diese Zielsetzungen mögen in gewisser Weise unbefriedigend sein, weil sie gerade die von linguistischer Seite immer wieder diskutierte Frage der formalen Beschränkung von Syntaxtheorien (im Hinblick auf Sprachuniversalien, kognitive Strukturen etc.) ausläßt. Es wäre allerdings ein Mißverständnis, daraus zu schließen, daß dies im Rahmen von Montagues universeller Grammatiktheorie nicht möglich wäre. Eine fundierte Beantwortung solcher Fragen setzt − wie das eingangs erwähnte Resultat über kontextfreie Grammatiken zeigt − ja gerade voraus, daß dieser Rahmen formal präzise definiert ist.

Als Vorbemerkung zur folgenden Darstellung ist noch anzufügen, daß kein systematischer Überblick über einzelne Resultate angestrebt wird, da dies beim gegenwärtigen Forschungsstand ausgeschlossen scheint. Ebensowenig kann aus räumlichen Gründen eine an sich wünschenswerte semantische Interpretation der angeführten Sprachfragmente gegeben werden. Der Leser sei hier auf

2. Algebraische Syntax

2.1. Die Sprache AL_1

2.1.1. Induktive Definition von AL_1

Wir betrachten eine einfache aussagenlogische Sprache AL_1, deren Ausdrücke Aussagen und wahrheitsfunktionale Verknüpfungen von Aussagen wiedergeben. Diese werden repräsentiert durch 'p_0', 'p_1', 'p_2', ..., die für „einfache" Aussagen wie *Es regnet, Zwei mal zwei ist vier* stehen können, und '$\neg\, p_1$', '$[p_1 \wedge p_2]$', '$\neg\, [p_1 \wedge p_0]$', ... für „zusammengesetzte" Aussagen wie *Zwei mal zwei ist nicht vier. Zwei mal zwei ist vier, und Hans schläft. Es ist nicht der Fall, daß zwei mal zwei vier ist und es regnet.*

Üblicherweise werden die wohlgeformten Ausdrücke (Formeln) einer Logiksprache, wie AL_1, über eine induktive Definition festgelegt. Dabei wird zunächst bestimmt, welche einfachen Ausdrücke zur Sprache gehören sollen. Im sogenannten Induktionsschritt wird dann angegeben, wie aus einfachen oder zusammengesetzten Ausdrücken weitere zusammengesetzte gebildet werden können.

Zum Vokabular von AL_1 gehören die Symbole '$\neg$', '$\wedge$' für *nicht* und *und*, sowie die Klammern '[' und ']', die wir autonym, d. h. als Namen ihrer selbst, verwenden. Außerdem sei für jede natürliche Zahl n die n-te Satzkonstante gegeben, die wir durch 'p_n' mitteilen. (Welche Gestalt die Symbole p_n tatsächlich haben, ist in diesem Zusammenhang gleichgültig, es muß lediglich sichergestellt sein, daß sie voneinander verschieden sind. Beispielsweise kann p_n für die Zeichenkette stehen, die aus dem Buchstben 'p' und n Strichen besteht.)

Die Formeln (wohlgeformte Ausdrücke) von AL_1 sind folgendermaßen definiert:

(1) Jede Satzkonstante p_n ist eine Formel von AL_1.
(2) Wenn ζ und η Formeln von AL_1 sind, dann auch $\neg\, \zeta$ und $[\zeta \wedge \eta]$.
(3) Nichts sonst ist eine Formel von AL_1.

Als sogenannte syntaktische Variablen (Mitteilungszeichen) für Formeln verwenden wir hier die griechischen Buchstaben 'ζ', 'η', 'ϑ', ..., 'φ', 'ψ', ... Diese sind nicht Formeln von AL_1 selbst, aber mit ihrer Hilfe kann der strukturelle Aufbau von Formeln charakterisiert werden. So steht z. B. '$[\zeta \wedge \eta]$' für beliebige Formeln, die mit einer sich öffnenden Klammer beginnen, danach eine beliebige Formel ζ, das Zeichen '$\wedge$' und eine beliebige Formel η enthalten, und die mit einer sich schließenden Klammer enden, z. B.: $[p_0 \wedge p_1]$, $[\neg\, p_1 \wedge \neg\, p_2]$, $[[p_1 \wedge p_0] \wedge p_3]$, ...

Obwohl eine solche Definition der wohlgeformten Ausdrücke einer Sprache z. B. bei Logiksprachen durchaus üblich und auch hinreichend präzise ist, bleibt sie für eine allgemeine und universelle Sprachtheorie, wie sie Montague ins Auge faßte, in verschiedener Hinsicht unzureichend. Beispielsweise bleiben in der oben gegebenen Charakterisierung einer Formel der Gestalt $[\zeta \wedge \eta]$ solche vagen Formulierungen wie *eine Formel beginnt mit ...* oder *eine Formel enthält ...* Solche Formulierungen bedürfen einer formalen Präzisierung, wenn es nicht mehr nur um anschaulich gegebene Formeln der Aussagenlogik oder einer ähnlich einfach gebauten Sprache geht. Wir können ja nicht ohne weiteres voraussetzen, daß jede Sprache nur endlich lange, eindimensionale Ausdrücke enthält. Nur unter dieser Voraussetzung ist aber beispielsweise klar, wo eine Formel beginnt.

Tatsächlich läßt Montague in seiner universellen Theorie völlig offen, welche konkrete Gestalt Ausdrücke einer bestimmten Sprache haben sollen. Er fordert aber, daß sie in gewisser (noch zu erläuternder) Weise eindeutig bestimmt sind. Um nun unsere Sprache AL_1 im Rahmen der in Universal Grammar (im folgenden: 'UG') niedergelegten Theorie beschreiben zu können, müssen wir den Begriff eines wohlgeformten Ausdrucks von AL_1 präziser als oben fassen. Dies geschieht in zwei Schritten: Wir bestimmen zunächst allgemein, was ein AL_1-Ausdruck sein soll, d. h. welche Art von Objekten überhaupt dafür in Frage kommt. Aus dieser Menge der AL_1-Ausdrücke wird in einem zweiten Schritt die (echte) Teilmenge der wohlgeformten AL_1-Ausdrücke (Formeln) ausgesondert.

Wie schon angedeutet, sollen AL_1-Ausdrücke endliche eindimensionale Gebilde sein, die gerade aus dem Vokabular von AL_1 bestehen. Formal können diese als endliche Folgen von Symbolen (gewöhnlich 'Ketten' genannt) aufgefaßt werden. Wenn noch festgelegt wird, daß auch die Symbole als (eingliedrige) Ketten anzusehen sind, kann die Menge aller AL_1-Ausdrücke als die Menge aller endlichen Verkettungen von AL_1-Symbolen definiert werden.

Es sei angemerkt, daß in der Theorie der generativen Grammatik auf ähnliche Weise zunächst das Vokabular einer Sprache als eine (in diesem Fall endliche) Menge von Symbolen V festgelegt wird. Darauf aufbauend wird die Menge aller endlichen Ketten, die sich aus V bilden lassen, bestimmt. Diese heißt *Menge der Ketten über V* und wird mit 'V*' bezeichnet. Unter der (unwesentlichen) Einschränkung, daß wir mit einer endlichen Menge von AL_1-Symbolen beginnen (indem die Satzkonstanten nicht als Symbole, sondern als zusammengesetzte Ausdrücke aufgefaßt werden) kann auch die Menge der AL_1-Ausdrücke als eine solche Sternmenge definiert werden.

Da nun jede aus dem Vokabular von AL_1 bildbare endliche Kette als AL_1-Ausdruck definiert ist, sind dies z. B. alle folgenden: p_3, $\neg\, p_4$, $[p_0 \wedge p_1]$, $[\,[\,$, $p_1[\wedge\neg\,$, $\neg$ Tatsächlich möchten wir aber nur die ersten drei als wohlgeformte Ausdrücke der Sprache AL_1 betrachten. Wir müssen also die Menge der wohlgeformten Ausdrücke von AL_1 als (echte) Teilmenge aller AL_1-Ausdrücke charakterisieren.

2.1.2. Eine kontextfreie Grammatik für AL_1

Eine Möglichkeit, dies zu erreichen, ist, eine generative Grammatik anzugeben, deren Regeln so formuliert sind, daß genau die wohlgeformten Ausdrücke als terminale Ketten bezüglich dieser Grammatik erzeugbar sind:

Die Grammatik $G-AL_1$ ist das Quadrupel $\langle V_N, V_T, S, R \rangle$, wobei gilt:

(1) $V_N = \{S, P\}$ ist das nichtterminale Vokabular,
(2) $V_T = \{\neg, \wedge, [,], p, |\}$ ist das terminale Vokabular,
(3) S ist das Startsymbol,
(4) $R = \{S \to \neg\, S, S \to [S \wedge S], S \to P, P \to P|, P \to p\}$ ist die Menge der (kontextfreien) Regeln.

Mit $G-AL_1$ sind genau die wohlgeformten AL_1-Ausdrücke ableitbar. Wir erhalten z. B. die folgenden Ableitungen ('$\varphi \Rightarrow \psi$' symbolisiert die Ableitungsbeziehung zwischen den Ketten φ und ψ, d. h. ψ entsteht aus φ durch einmalige Anwendung einer der Regeln aus R):

$S \Rightarrow P \Rightarrow P| \Rightarrow P|| \Rightarrow P||| \Rightarrow p|||$
$S \Rightarrow \neg\, S \Rightarrow \neg\, P \Rightarrow \neg\, P| \Rightarrow \neg\, P|| \Rightarrow$
$\neg\, P||| \Rightarrow \neg\, P|||| \Rightarrow \neg\, p||||$
$S \Rightarrow [S \wedge S] \Rightarrow [P \wedge S] \Rightarrow [P \wedge P] \Rightarrow$
$[P \wedge P|] \Rightarrow [p \wedge P|] \Rightarrow [p \wedge p|]$

Wenn wir 'p' durch 'p_0', 'p|' durch 'p_1', 'p||' durch 'p_2' usw. mitteilen, wird deutlich, daß dies Ableitungen für die AL_1-Ausdrücke p_3, $\neg\, p_4$ und $[p_0 \wedge p_1]$ sind.

Montague verwendet allerdings die eben skizzierte Möglichkeit nicht, eine Sprache über eine generative Grammatik (oder allgemeiner ein Produktionssystem) zu definieren, sondern er charakterisiert sie algebraisch. Das heißt vor allem, daß die „Bildungsregeln" für wohlgeformte Ausdrücke nicht in Form von Ableitungsregeln, sondern in Form von algebraischen Operationen angegeben werden. Dies sei wieder am Beispiel von AL_1 gezeigt.

2.1.3.
Wir führen zunächst den grundlegenden Begriff einer Algebra (Montague 1970 b, 224) ein:

Eine Algebra ist ein System $\langle A, F_\gamma \rangle_{\gamma \in \Gamma}$. Dabei sei A eine nichtleere Menge, Γ eine beliebige Menge und für jedes $\gamma \in \Gamma$ sei F_γ eine β-stellige Operation auf der Menge A.

Eine Algebra ist demnach eine Menge A, der Bereich der Algebra, zusammen mit bestimmten Operationen, die auf A definiert sind. Eine β-stellige Operation (kurz: Operation) ist hier nichts anderes als eine Funktion im üblichen mathematischen Sinn, deren Argument- und Wertebereich in derselben Menge liegen. Wenn die Elemente der Menge A speziell Ausdrücke einer Sprache sind, sind die Operationen F_γ solche, die jeweils einer β-stelligen Folge von Ausdrücken wieder einen Ausdruck zuordnen. Damit können die zusammengesetzten Ausdrücke der Sprache durch solche „strukturellen" Operationen charakterisiert werden.

Es sei beispielsweise A die Menge der AL_1-Ausdrücke, $\zeta, \eta \in A$, außerdem sei J_0 und J_1 die jeweils ein- bzw. zweistellige Operation auf A, für die gilt:

$J_0(\zeta) = \neg\, \zeta$
$J_1(\zeta, \eta) = [\zeta \wedge \eta]$

Gemäß obiger Definition ist damit $\langle A, J_\gamma \rangle_{\gamma \in \Gamma}$ eine Algebra mit dem Bereich A und der Familie von Operationen $\langle J_\gamma \rangle_{\gamma \in \Gamma}$, wobei $\Gamma = \{0, 1\}$.

Wir merken an dieser Stelle an, daß wir als den Bereich A der Algebra $\langle A, J_\gamma \rangle_{\gamma \in \Gamma}$ die Menge der AL_1-Ausdrücke festgelegt haben. Diese enthält aber alle endlichen Verkettungen von AL_1-Symbolen, also wesentlich mehr als nur wohlgeformte Ausdrücke von AL_1.

Entsprechend sind die Operationen J_0 und J_1 für alle AL_1-Ausdrücke, z. B. die folgenden Fälle definiert:

$J_0(p_1) = \neg\, p_1,\ J_0(\wedge) = \neg\, \wedge, \ldots$
$J_1(p_0, p_1) = [p_0 \wedge p_1],\ J_1(\neg, [) =$
$[\neg \wedge [\,], \ldots$

Wie man sich leicht klarmacht, sind allerdings die Werte von J_0 und J_1 immer dann wohlgeformte Ausdrücke von AL_1, wenn auch die Argumente solche sind. Außerdem sind die Satzkonstanten p_n für alle $n \in \mathbb{N}$ wohlgeformte Ausdrücke, ohne als Werte der Operationen aufzutreten. Damit ergibt sich die Möglichkeit, die Menge A_1 der wohlgeformten Ausdrücke (proper expressions) von AL_1 folgendermaßen zu bestimmen: Sie ist diejenige Teilmenge von A, die alle p_n (für $n \in \mathbb{N}$) enthält, sowie diejenigen AL_1-Ausdrücke, die durch eine strukturelle Operation wohlgeformten Ausdrücken zugeordnet werden.

2.1.4. Diese Überlegung führt zu einer zweiten Algebra $\langle A_1, F_\gamma\rangle_{\gamma \in \Gamma}$ mit $\Gamma = \{0, 1\}$, deren Bereich gerade die Menge der wohlgeformten AL_1-Ausdrücke sein soll, und deren Operationen F_0 und F_1 wie J_0 und J_1 bestimmt sind, mit dem Unterschied, daß sie auf A_1, nicht auf A definiert sind. Die Operationen F_γ sind also Einschränkungen der Operationen J_γ auf A_1. Wir bestimmen jetzt $\langle A_1, F_\gamma\rangle_{\gamma \in \Gamma}$ genauer durch:

$\Gamma = \{0, 1\}$; A_1 ist die kleinste Menge, die für jedes $n \in \mathbb{N}$ die Satzkonstante p_n enthält und unter den Operationen J_γ abgeschlossen ist. Für alle $\gamma \in \Gamma$ ist F_γ eine Einschränkung von J_γ auf A_1.

Die Algebra $\langle A_1, F_\gamma\rangle_{\gamma \in \Gamma}$, die eine Teilalgebra der Algebra $\langle A, J_\gamma\rangle_{\gamma \in \Gamma}$ ist, charakterisiert genau die wohlgeformten AL_1-Ausdrücke. Wir können hier fragen, wieso diese Algebra nicht sofort, also ohne vorher die umfassendere Algebra $\langle A, J_\gamma\rangle_{\gamma \in \Gamma}$ zu bestimmen, angegeben wurde. Das liegt daran, daß zuerst die Operationen J_γ bekannt sein müssen, wenn die Menge A_1 (unter anderem) als kleinste Menge definiert wird, die unter den J_γ abgeschlossen ist. Diese Operationen müssen aber ihrerseits auf einer vorher gegebenen Menge (der aller Symbolketten) definiert sein. Erst wenn auf diese Weise die J_γ und A_1 definiert sind, können wiederum die schließlich „interessanten" Operationen F_γ angegeben werden. Im Unterschied zu der eingangs gegebenen induktiven Definition der wohlgeformten AL_1-Ausdrücke werden durch Strukturoperationen, die ja als spezielle Mengen von Folgen definiert sind, keine neuen Objekte aufgebaut, sondern Zuordnungen zwischen verschiedenen, vorgegebenen Objekten hergestellt.

Die Sprache AL_1 ist nun so gewählt, daß sie als disambiguierte Sprache (disambiguated language) im Sinne von Montague (1970 b, 225 f) aufgefaßt werden kann. Zur Definition einer disambiguierten Sprache gehören, neben der Charakterisierung ihrer wohlgeformten Ausdrücke über algebraische Strukturoperationen, zwei weitere Bestimmungen: Erstens wird gefordert, daß jeder wohlgeformte Ausdruck nur auf eine Weise erzeugt werden kann, und zweitens, daß unter den wohlgeformten Ausdrücken bestimmte als bedeutungsvolle Ausdrücke (meaningful expressions) ausgezeichnet sind.

Die Unterscheidung zwischen wohlgeformten und bedeutungsvollen Ausdrücken einer disambiguierten Sprache, die sich darauf bezieht, daß bedeutungsvolle Ausdrücke bestimmten syntaktischen Kategorien zugeordnet sind, soll vorläufig noch außer Betracht bleiben. Wir merken nur an, daß wir alle wohlgeformten Ausdrücke von AL_1 als Sätze betrachten. Sie sind somit kategoriell bestimmt, und daher sind im Fall von AL_1 alle wohlgeformten Ausdrücke auch bedeutungsvoll.

Die andere Forderung, daß jeder wohlgeformte Ausdruck nur auf eine Weise erzeugt werden kann, läßt sich gemäß folgender Überlegung präzisieren (vgl. Montague 1970 b, 225): Ist ein solcher Ausdruck ζ Grundausdruck, dann ist er als solcher vorgegeben, er darf nicht über eine strukturelle Operation erzeugbar sein. Denn angenommen, es wäre $F_\gamma(a) = p_n$ (für irgendein γ, eine Folge von Ausdrücken a und ein $n \in \mathbb{N}$), dann wäre p_n mindestens doppelt als Grundausdruck und als Wert von F_γ charakterisiert. Ist ζ zusammengesetzt, dann darf er nur als Wert einer einzigen Strukturoperation für genau eine Folge von Ausdrücken als Argument dieser Operation auftreten. Wir nennen diese Bedingung *strukturelle Eindeutigkeit* der Operationen F_γ. Unter diesen Voraussetzungen gibt es für jeden wohlgeformten Ausdruck genau eine „Erzeugungsgeschichte".

Es ist leicht zu zeigen, daß diese Bedingungen für AL_1 erfüllt sind: Sei ζ ein wohlgeformter AL_1-Ausdruck, dann ist ζ entweder ein Grundausdruck p_n für ein beliebiges $n \in \mathbb{N}$ und tritt nicht als Wert einer Operation F_γ ($\gamma \in \{0, 1\}$) auf, oder ζ hat die Gestalt $\neg\, \eta$

bzw. [η ∧ ϑ]. Dann gilt eindeutig ζ = F₀(η) bzw. ζ = F₁(η, ϑ). Unter der Voraussetzung, daß die Behauptung für die kürzeren Ausdrücke η und ϑ schon bewiesen ist, gilt sie für alle wohlgeformten AL_1-Ausdrücke.

2.2. Übersetzung als Homomorphismus zwischen Algebren

2.2.1. Die Sprache AL_2

Die von Montague gewählte Methode, Sprachen algebraisch zu charakterisieren, bietet gegenüber generativen Grammatiken den Vorteil, daß sie auf sehr elegante Weise erlaubt, Beziehungen zwischen verschiedenen Sprachen, insbesondere die Übersetzung von einer Sprache in eine andere, darzustellen. Um dies zu zeigen, geben wir eine weitere aussagenlogische Sprache AL_2 an, die neben den Junktoren '¬' und '∧' von AL_1 auch '→' (für *wenn ..., dann*) und '∨' (für *oder*) enthält.

Zum Vokabular von AL_2 gehören die Symbole '¬', '∧', '→', '∨', die Klammern '[' und ']', sowie für jedes $n \in \mathbb{N}$ die Satzkonstante p'_n. Ein AL_2-Ausdruck ist eine endliche Verkettung dieser Symbole. Die einstellige strukturelle Operation K_0 und die zweistelligen K_1, K_2, K_3 seien auf der Menge der AL_2-Ausdrücke wie folgt definiert, wobei ζ, η AL_2-Ausdrücke sind:

$$K_0(\zeta) = \neg \zeta$$
$$K_1(\zeta, \eta) = [\zeta \wedge \eta]$$
$$K_2(\zeta, \eta) = [\zeta \to \eta]$$
$$K_3(\zeta, \eta) = [\zeta \vee \eta]$$

Wir erhalten die Algebra $\langle A_2, G_\delta \rangle_{\delta \in \Delta}$, für die gilt: $\Delta = \{0, 1, 2, 3\}$; A_2 ist die kleinste Menge, die für jedes $n \in \mathbb{N}$ die Satzkonstante p'_n enthält und unter den Operationen K_δ (für $\delta \in \Delta$) abgeschlossen ist. Für jedes $\delta \in \Delta$ ist G_δ die Operation K_δ beschränkt auf A_2.

Die Menge A_2 ist die Menge der wohlgeformten AL_2-Ausdrücke (AL_2-Formeln), und es gelten z. B. die folgenden Gleichungen:

$$G_2(p'_0, p'_1) = [p'_0 \to p'_1]$$
$$G_3(p'_0, G_0(p'_1)) = G_3(p'_0, \neg p'_1) =$$
$$[p'_0 \vee \neg p'_1]$$
$$G_2(G_1(p'_1, p'_2), G_0(p'_4)) =$$
$$G_2([p'_1 \wedge p'_2], \neg p'_4) =$$
$$[[p'_1 \wedge p'_2] \to \neg p'_4]$$

2.2.2. Übersetzungshomomorphismus

Wir möchten nun jede AL_2-Formel in eine AL_1-Formel übersetzen, wobei gewährleistet sein soll, daß diese Übersetzung „bedeutungserhaltend" ist. Obwohl wir hier Montagues Bedeutungstheorie nicht zur Verfügung haben, die es erlauben würde, diesen Begriff präzise zu fassen, können wir doch informell fordern, daß jede AL_2-Formel in eine „aussagenlogisch äquivalente" AL_1-Formel übersetzt werden soll. Wir gehen so vor, daß jeder Satzbuchstabe p'_n von AL_2 in den Satzbuchstaben p_n von AL_1 übersetzt wird und jede Formel der Gestalt ¬ ζ' oder [ζ' ∧ η'] von AL_2 in eine Formel der Gestalt ¬ ζ bzw. [ζ ∧ η] von AL_1. (Strenggenommen sind diese Übersetzungen nicht äquivalent, da es sich um Formeln verschiedener Sprachen handelt. Es gilt aber folgender Zusammenhang: Eine AL_2-Formel ζ' hat genau dann denselben Wahrheitswert wie ihre AL_1-Übersetzung ζ, wenn jede in ζ' vorkommende Satzkonstante p'_n denselben Wahrheitswert hat wie p_n in ζ.)

Bis hierher besteht unsere Übersetzung eigentlich nur in einer Umbenennung der Satzkonstanten von AL_2. Dieses Verfahren funktioniert nicht mehr für AL_2-Formeln der Gestalt [ζ' → η'] und [ζ' ∨ η'], da entsprechende AL_1-Formeln nicht zur Verfügung stehen. Nun gilt aber in der klassischen Aussagenlogik, daß jede Formel der Gestalt [ζ → η] äquivalent ist mit ¬ [ζ ∧ ¬ η], also einer Formel, die nur die Junktoren ¬ und ∧ enthält. Ebenso gilt die Äquivalenz zwischen [ζ ∨ η] und [¬ ζ → η]. Mit der Äquivalenz oben gilt also auch die Äquivalenz zwischen [ζ ∨ η] und ¬ [¬ ζ ∧ ¬ η]. Damit kann aber auch jede AL_2-Formel, die keine AL_1-Entsprechung hat, in eine „äquivalente" AL_1-Formel übersetzt werden.

Formal ist eine Übersetzung in (Montague 1970 b, 232) eine Funktion k von der Menge der wohlgeformten Ausdrücke (proper expressions) einer Sprache in die Menge der wohlgeformten Ausdrücke einer zweiten Sprache. Diese Übersetzungsfunktion k wird in zwei Schritten definiert: Zuerst wird eine Funktion j angegeben, die die Grundausdrücke (basic expressions) übersetzt, dann wird j zur vollen Übersetzungsfunktion k für alle wohlgeformten Ausdrücke fortgesetzt, d. h. $j \subseteq k$. Die Übersetzung von AL_2 in AL_1 sei nun die Funktion k von A_2 in A_1, für die gelten soll:

Für die Grundausdrücke ist k durch j definiert, also:

$$k(p'_n) = j(p'_n) = p_n \text{ für alle } n \in \mathbb{N}.$$

Ist der zu übersetzende Ausdruck $\zeta' \in A_2$ zusammengesetzt, dann hängt das Übersetzungsresultat k(ζ') einmal davon ab, welche Form ζ' hat, und zweitens von den Übersetzungen der in ζ' vorkommenden Teilausdrücke. Wenn z. B. $\zeta' = [\eta' \wedge \vartheta']$, dann soll nach unserer obigen Überlegung $k([\eta' \wedge \vartheta']) = [k(\eta') \wedge k(\vartheta')]$ gelten, d. h. die Übersetzung einer Konjunktion $[\eta' \wedge \vartheta']$ soll die Konjunktion der Übersetzungen von η' und ϑ' sein. Daß aber ζ' die Form $[\eta' \wedge \vartheta']$ hat, heißt wegen der strukturellen Eindeutigkeit der Operationen G_δ, daß $\zeta' = G_1(\eta', \vartheta')$, also auch $k(G_1(\eta', \vartheta')) = [k(\eta') \wedge k(\vartheta')]$. Wenn ζ' die Form $\neg \eta'$ hat, verfahren wir ganz entsprechend: $k(\neg \eta') = \neg k(\eta')$, also $k(G_0(\eta')) = \neg k(\eta')$.

Die Übersetzungsresultate sind ihrerseits komplexe Ausdrücke von AL_1, deren Form von den Operationen G_δ, die für AL_2 definiert sind, abhängen. Das heißt aber, daß wir für jedes $\delta \in \Delta$ eine Operation H_δ für AL_1 anzugeben haben, die den syntaktischen Aufbau der jeweiligen Übersetzung regelt. Es soll demnach gelten:

$k(G_0(\zeta')) = H_0(k(\zeta')) = \neg k(\zeta')$
$k(G_1(\zeta', \eta')) = H_1(k(\zeta'), k(\eta')) = [k(\zeta') \wedge k(\eta')]$

Offensichtlich sind die beiden Operationen H_0 und H_1 identisch mit den beiden AL_1-Strukturoperationen F_0 und F_1. Wir benötigen aber auch Gegenstücke zu G_2 und G_3, die nicht in der Familie der Operationen $\langle F_\gamma \rangle_{\gamma \in \Gamma}$ vorhanden sind:

$k(G_2(\zeta', \eta')) = H_2(k(\zeta'), k(\eta')) = \neg [k(\zeta') \wedge \neg k(\eta')]$
$k(G_3(\zeta', \eta')) = H_3(k(\zeta'), k(\eta')) = \neg [\neg k(\zeta') \wedge \neg k(\eta')]$

Damit ist die Übersetzungsfunktion k vollständig charakterisiert, wir führen ihre Wirkungsweise an einem Beispiel vor:

$k([p'_0 \vee \neg p'_0]) =$
  $k(G_3(p'_0, \neg p'_0)) =$
  $k(G_3(p'_0, G_0(p'_0))) =$
  $H_3(k(p'_0), k(G_0(p'_0))) =$
  $H_3(k(p'_0), H_0(k(p'_0))) =$
  $H_3(j(p'_0), H_0(j(p'_0))) =$
  $H_3(p_0, H_0(p_0)) =$
  $H_3(p_0, \neg p_0) =$
  $\neg [\neg p_0 \wedge \neg \neg p_0]$

Hier wird die „AL_2-Tautologie" $[p'_0 \vee \neg p'_0]$ in die „AL_1-Tautologie" $\neg [\neg p_0 \wedge \neg \neg p_0]$ übersetzt. Diese Übersetzung ist somit in dem oben geforderten, intuitiven Sinn bedeutungserhaltend.

Die Übersetzungsfunktion k ist, wie wir sehen, so angelegt, daß in ihre Definition sowohl die Operationen G_δ, als auch die Operationen H_δ (für $\delta \in \Delta$) eingehen. Wenn nämlich G_δ und H_δ jeweils β-stellige Operationen sind, und $\langle a_\xi \rangle_{\xi < \beta}$ eine β-stellige Folge von Elementen von A_2 ist, dann gilt:

$k(G_\delta(\langle a \rangle_{\xi < \beta})) = H_\delta(\langle k(a_\xi) \rangle_{\xi < \beta})$

Eine auf solche Weise „strukturverträgliche" Funktion von A_2 in A_1 wird *Homomorphismus von der Algebra* $\langle A_2, G_\delta \rangle_{\delta \in \Delta}$ *in die Algebra* $\langle A_1, H_\delta \rangle_{\delta \in \Delta}$ genannt (vgl. Montague 1970 b, 225).

2.2.3. Polynomische Operationen über einer Algebra

Wir benötigen hier für die Angabe des Übersetzungshomomorphismus k die Algebra $\langle A_1, H_\delta \rangle_{\delta \in \Delta}$, haben aber ursprünglich nur die Algebra $\langle A_1, F_\gamma \rangle_{\gamma \in \Gamma}$ zur Verfügung, die zur Definition der Sprache AL_1 diente. Man kann aber $\langle A_1, H_\delta \rangle_{\delta \in \Delta}$ in gewissem Sinn als „Erweiterung" von $\langle A_1, F_\gamma \rangle_{\gamma \in \Gamma}$ ansehen, wenn man sich klarmacht, daß alle Operationen H_δ mit Hilfe der Operationen F_γ definiert werden können. Zunächst ist festzustellen, daß alle Operationen F_γ (für $\gamma \in \Gamma$) schon zur Familie der Operationen $\langle H_\delta \rangle_{\delta \in \Delta}$ gehören, in unserem Fall ist $F_0 = H_0$ und $F_1 = H_1$. Wir benennen diese also einfach um.

Für die Operation H_2 gilt: $H_2(\zeta, \eta) = \neg [\zeta \wedge \neg \eta]$, daher (mit den Umbenennungen oben) auch $H_2(\zeta, \eta) = H_0(H_1(\zeta, H_0(\eta)))$. Da diese Gleichung für alle $\zeta, \eta \in A_1$ gilt, ist über H_0 und H_1 zwar der Wert der Operation H_2 für jedes Argument bestimmt, wir können aber nicht die rechte Seite der Gleichung als definierenden Ausdruck für H_2 selbst benützen. Wir benötigen vielmehr eine Gleichung der Form $H_2 = ...$, bei der auf der rechten Seite wieder ein Ausdruck für eine zweistellige Operation steht. Eine analoge Überlegung gilt auch für H_3.

Montague (1970 b, 224) führt zu diesem Zweck die Klasse der polynomischen Operationen über einer gegebenen Algebra $\langle A, F_\gamma \rangle_{\gamma \in \Gamma}$ ein. Sie ist als die kleinste Klasse K definiert, für die für alle natürlichen Zahlen α, β und ξ die Bedingungen (1)–(4) unten gelten. (In Montague 1970 b, 224 sind diese Definitionen allgemeiner für beliebige Ordinalzahlen angegeben!)

(1) Für jedes $\gamma \in \Gamma$ ist $F_\gamma \in K$.
(2) Wenn $\alpha < \beta$, dann ist $I_{\alpha, \beta, A} \in K$. Die Operation $I_{\alpha, \beta, A}$ (die α-te β-stellige Identitätsoperation auf A) ist dabei diejenige β-stellige Operation auf A, die jeder β-

stelligen Folge a von Elementen aus A ihr α-tes Glied zuordnet: $I_{\alpha,\beta,A}(a) = a_\alpha$.

(3) $C_{x,\beta,A} \in K$. Die Operation $C_{x,\beta,A}$ (die β-stellige konstante Operation auf A mit Wert x) ist dabei diejenige β-stellige Operation auf A, die jeder β-stelligen Folge a von Elementen aus A das Objekt x zuordnet: $C_{x,\beta,A}(a) = x$.

(4) Wenn die α-stellige Operation $G \in K$, und für $\zeta < \alpha$ alle Glieder der α-stelligen Folge $\langle H_\xi \rangle_{\xi < \alpha}$ von β-stelligen Operationen Elemente von K sind, dann auch $G^A \langle H_\xi \rangle_{\xi < \alpha} \in K$. Die Operation $G^A \langle H_\xi \rangle_{\xi < \alpha}$ (die Komposition der Operation G mit der Folge von Operationen $\langle H_\xi \rangle_{\xi < \alpha}$ relativ zu A) ist dabei diejenige β-stellige Operation auf A, für die für jede β-stellige Folge a von Elementen von A gilt: $G^A \langle H_\xi \rangle_{\xi < \alpha}(a) = G(\langle H_\xi(a) \rangle_{\xi < \alpha})$.

Aus (1) folgt unmittelbar, daß die Operationen H_0 und H_1 polynomische Operationen über der Algebra $\langle A_1, F_\gamma \rangle$ sind. Wir zeigen, daß dies auch für H_2 und H_3 gilt: Wir überlegen zunächst, daß die Identitätsoperationen $I_{0,2,A_1}$ und $I_{1,2,A_1}$ jeder zweistelligen Folge von AL_1-Ausdrücken das 0-te bzw. 1-te Glied der Folge zuordnen: $I_{0,2,A_1}(\zeta, \eta) = \zeta$ und $I_{1,2,A_1}(\zeta, \eta) = \eta$. Die Komposition der einstelligen Operation H_0 mit der (einstelligen) Folge $\langle I_{1,2,A_1} \rangle$ kann dann als „zweistellige Negationsoperation" verwendet werden:

$$H_0^{A_1} \langle I_{1,2,A_1} \rangle (\zeta, \eta) = \neg \eta$$

Wir bilden nun die Komposition von H_1 mit der Folge von Operationen $\langle I_{0,2,A_1}, H_0^{A_1} \langle I_{1,2,A_1} \rangle \rangle$, für die gilt:

$$H_1^{A_1} \langle I_{0,2,A_1}, H_0^{A_1} \langle I_{1,2,A_1} \rangle \rangle (\zeta, \eta) = [\zeta \wedge \neg \eta]$$

Die Komposition von H_0 mit der Einerfolge, bestehend aus dieser letzten Operation, ergibt schließlich:

$$H_0^{A_1} \langle H_1^{A_1} \langle I_{0,2,A_1}, H_0^{A_1} \langle I_{1,2,A_1} \rangle \rangle \rangle (\zeta, \eta) = \neg [\zeta \wedge \neg \eta]$$

Diese Operation leistet aber dasselbe wie H_2, die folglich als polynomische Operation definiert werden kann:

$$H_2 := H_0^{A_1} \langle H_1^{A_1} \langle I_{0,2,A_1}, H_0^{A_1} \langle I_{1,2,A_1} \rangle \rangle \rangle$$

Wir verwenden nun H_2, um auch H_3 als polynomische Operation anzugeben, es gilt nämlich:

$$H_2^{A_1} \langle H_0^{A_1} \langle I_{0,2,A_1} \rangle, I_{1,2,A_1} \rangle (\zeta, \eta) = \neg [\neg \zeta \wedge \neg \eta]$$

Daher definieren wir:

$$H_3 := H_2^{A_1} \langle H_0^{A_1} \langle I_{0,2,A_1} \rangle, I_{1,2,A_1} \rangle$$

Mit der Angabe der polynomischen Operationen über einer Algebra und der Übersetzungsfunktion j für Grundausdrücke der zu übersetzenden Sprache haben wir den algebraischen (also „strukturellen") Teil dessen, was Montague (1970b, 232) eine *Übersetzungsbasis* (translation base) nennt, beisammen. Denn die volle Übersetzung k ist damit folgendermaßen bestimmt:

Sei $\langle A, F_\gamma \rangle_{\gamma \in \Gamma}$ eine Algebra, die eine (disambiguierte) Sprache $\mathfrak{A}$ bestimmt, $X \subseteq A$ die Menge der Grundausdrücke von $\mathfrak{A}$, sowie $\langle A', F'_\gamma \rangle_{\gamma \in \Gamma}$ eine Algebra, die die (disambiguierte) Sprache $\mathfrak{A}'$ bestimmt. Außerdem sei eine Funktion j von X in A' gegeben, die die Grundausdrücke von $\mathfrak{A}$ übersetzt. Für jedes $\gamma \in \Gamma$ sei nun H_γ eine polynomische Operation über der Algebra $\langle A', F'_\gamma \rangle_{\gamma \in \Gamma}$ mit derselben Stellenzahl wie F_γ. Dann ist die Übersetzungsfunktion von $\mathfrak{A}$ in $\mathfrak{A}'$ als der eindeutige Homomorphismus k von $\langle A, F_\gamma \rangle_{\gamma \in \Gamma}$ in $\langle A', H_\gamma \rangle_{\gamma \in \Gamma}$ bestimmt, der j fortsetzt, d. h. $j \subseteq k$.

3. Sprachen und disambiguierte Sprachen

3.1. Disambiguierung und Kategorien

Bei ausdrucksreicheren Sprachen als den oben betrachteten aussagenlogischen reichen die bis jetzt aufgeführten Methoden nicht aus, diese Sprachen syntaktisch zu beschreiben. AL_1 und AL_2 haben ja die Besonderheit, daß jeder wohlgeformte Ausdruck eine Formel ist, und daher syntaktisch (und semantisch) dieselbe „Rolle" spielt. Außerdem ist jede Formel in dem Sinn syntaktisch disambiguiert, daß sie auf genau eine Weise entweder als Grundausdruck oder als Wert genau einer Strukturoperation für genau eine Folge von Formeln als Argument charakterisiert ist.

Beides gilt nicht für natürliche Sprachen, bei denen eine Vielzahl von unterschiedlichen syntaktischen Kategorien in Rechnung zu stellen sind, und die im obigen Sinn nicht ohne weiteres als disambiguierte Sprachen beschrieben werden können. Beispielsweise besteht der englische Satz *John dates Mary* aus der Nominalphrase (oder dem Term, wie wir im Anschluß an Montague sagen) *John*, der transitiven Verbphrase *dates* und dem Term *Mary*. Wenn wir nun den Aufbau dieses Satzes über Strukturoperationen beschreiben wollen, stellen sich folgende Probleme:

Angenommen, die Operation F_γ dient zur Verkettung von zwei wohlgeformten Englischausdrücken, dann gilt z. B. F_γ(*dates, Mary*) = *dates Mary* und F_γ(*John, dates Mary*) = *John dates Mary*. Wir könnten diesen Satz aber auch über F_γ(*John, dates*) = *John dates* und F_γ(*John dates, Mary*) = *John dates Mary* erhalten. Um Englisch, oder einen bestimmten Englischausschnitt, als disambiguierte Sprache beschreiben zu können, müssen wir die Gestalt der natürlichsprachlichen Ausdrücke „anreichern", um die strukturelle Eindeutigkeit der Operationen zu garantieren. Wir können z. B. Klammern um verkettete Ausdrücke setzen.

Dann erhielten wir etwa F'_γ(*dates, Mary*) = +*dates Mary*+ und F'_γ(*John,* +*dates Mary* +) = +*John* +*dates Mary* + +, und im Unterschied dazu F'_γ(*John, dates*) = +*John dates*+ und F'_γ(+*John dates*+, *Mary*) = + +*John dates*+ *Mary*+. Auf diese Weise ist die Forderung nach struktureller Eindeutigkeit erfüllt, daß für jeden Wert der Operation F'_γ genau eine Folge von Ausdrücken als Argument existiert.

Nun gilt aber auch F'_γ (*John, Mary*) = +*John Mary*+, da F'_γ als Operation für jede zweistellige Folge von wohlgeformten Ausdrücken definiert ist, und *John* und *Mary* (als Grundausdrücke) zu diesen gehören sollen. Dieser Ausdruck ist zwar eindeutig aufgebaut (und wohlgeformt!), aber keiner, der „sinnvolles Englisch" repräsentiert. Hier führt nun Montague eine weitere Differenzierung ein: +*John Mary*+ ist wohlgeformt, aber nicht bedeutungsvoll (meaningful). Diese Unterscheidung wird erreicht, indem bestimmte wohlgeformte Ausdrücke syntaktischen Kategorien zugeordnet werden, und nur bestimmte Kombinationen von kategoriell bestimmten Ausdrücken wieder als kategoriell bestimmt (bedeutungsvoll) gelten. Im Beispiel ist *John* und *Mary* jeweils kategoriell als Term bestimmt, aber die Strukturoperation F'_γ ist zu ergänzen durch eine, in Montague (1970 b, 225) *syntaktische Regel* (syntactic rule) genannte Vorschrift, die angibt, daß z. B. der Wert von F'_γ dann ein Satz ist, wenn das 0-te Glied im Argument ein Term ist, und das 1-te Glied eine intransitive Verbphrase. Durch solche syntaktischen Regeln werden nicht-bedeutungsvolle Ausdrücke unter den wohlgeformten, wie +*John Mary*+, sozusagen „ausgefiltert".

3.2. Disambiguierte Sprachen

Wir können nun die volle Definition einer disambiguierten Sprache (disambiguated language) aus Montague (1970 b, 225) angeben: Eine disambiguierte Sprache ist ein System $\langle A, F_\gamma, X_\delta, S, \delta_0 \rangle_{\gamma \in \Gamma, \delta \in \Delta}$, für das gilt:

(1) $\langle A, F_\gamma \rangle_{\gamma \in \Gamma}$ ist eine Algebra.
(2) Für alle $\delta \in \Delta$ ist X_δ eine Teilmenge von A.
(3) A ist die kleinste Menge, die für alle $\delta \in \Delta$ die Mengen X_δ als Teilmengen enthält, und die für alle $\gamma \in \Gamma$ unter den Operationen F_γ abgeschlossen ist.
(4) Für alle $\delta \in \Delta$ und $\gamma \in \Gamma$ ist X_δ und der Wertebereich von F_γ disjunkt.
(5) Für alle $\gamma, \gamma' \in \Gamma$, alle Folgen a im Definitionsbereich von F_γ und alle Folgen a' im Definitionsbereich von $F_{\gamma'}$ gilt: Wenn $F_\gamma(a) = F_{\gamma'}(a')$, dann $\gamma = \gamma'$ und $a = a'$.
(6) S ist eine Menge von Folgen der Form $\langle F_\gamma, \langle \delta_\xi \rangle_{\xi < \beta}, \varepsilon \rangle$, wobei F_γ eine β-stellige Strukturoperation ist, $\langle \delta_\xi \rangle_{\xi < \beta}$ eine β-stellige Folge mit $\delta_\xi \in \Delta$, und $\varepsilon \in \Delta$.
(7) $\delta_0 \in \Delta$.

Die Bestimmungen (1)—(5) sind die schon erläuterten algebraischen Charakteristika einer disambiguierten Sprache, mit einem Unterschied: anstelle einer einzigen Menge X von Grundausdrücken wird in (2) für jeden Index $\delta \in \Delta$ eine Menge X_δ von Grundausdrücken gefordert. Δ ist dabei eine Menge von Kategorienindizes, X_δ die Menge der Grundausdrücke zum Index δ. Das heißt, daß jeder Grundausdruck kategoriell — als Element einer Menge X_δ — bestimmt ist. Entsprechend sind auch die Bestimmungen (3) und (4) nicht für nur eine Menge von Grundausdrücken, sondern für alle X_δ gefaßt.

Durch (2), (6) und (7) wird der „kategorielle Teil" einer disambiguierten Sprache festgelegt, d. h. die Unterscheidung zwischen wohlgeformten und bedeutungsvollen Ausdrücken. Dabei wird zunächst (in (2)) zwischen Grundausdrücken verschiedener Kategorien unterschieden, und (in (7)) ein spezieller Kategorienindex δ_0 ausgezeichnet. δ_0 ist der Index der Kategorie der Deklarativsätze. Die kategorielle Bestimmung komplexer Ausdrücke geschieht dann über die syntaktischen Regeln, deren Form in (6) angegeben ist, und deren Rolle in der folgenden Definition festgelegt wird.

3.3. Die Familie der syntaktischen Kategorien

Es sei $\mathfrak{A}$ eine disambiguierte Sprache, wobei $\mathfrak{A} = \langle A, F_\gamma, X_\delta, S, \delta_0 \rangle_{\gamma \in \Gamma, \delta \in \Delta}$. $\mathfrak{A}$ erzeugt die Familie C der syntaktischen Kategorien genau dann, wenn gilt:

(1) C ist eine Familie von Teilmengen von A mit der Indexmenge Δ.
(2) Für alle $\delta \in \Delta$ gilt: $X_\delta \subseteq C_\delta$
(3) Wenn $\langle F_\gamma, \langle \delta_\xi \rangle_{\xi < \beta}, \varepsilon \rangle \in S$, sowie $\langle a_\xi \rangle_{\xi < \beta}$ eine β-stellige Folge, deren ξ-tes Glied Element der Kategorie C_{δ_ξ} (für alle $\xi < \beta$) ist, dann ist $F_\gamma(\langle a_\xi \rangle_{\xi < \beta})$ Element der Kategorie C_ε.
(4) Für alle $\delta \in \Delta$ ist C_δ die kleinste Menge, die (1)–(3) erfüllt.

Eine Kategorie C_δ enthält somit einmal alle Grundausdrücke zum Kategorienindex δ, sowie gemäß (3) bestimmte komplexe Ausdrücke ζ. ζ ist aber immer Wert einer Strukturoperation F_γ für eine bestimmte β-stellige Folge von Ausdrücken $\langle a_\xi \rangle_{\xi < \beta}$ als Argument. Wenn es nun eine syntaktische Regel mit F_γ als 0-tem Glied gibt, deren weitere Glieder mit der Folge der Kategorienindizes übereinstimmen, die der Reihenfolge nach $\langle a_\xi \rangle_{\xi < \beta}$ indizieren, und deren letztes Glied δ ist, dann ist der Ausdruck ζ Element von C_δ.

Es seien z. B. F'_γ (wie oben die Verkettung mit Klammerung) und die Syntaxregeln $\langle F'_\gamma, TV, T, IV \rangle$ und $\langle F'_\gamma, T, IV, t \rangle$ gegeben, wobei T, TV, IV und t jeweils die Indizes der Kategorien der Terme, der transitiven Verbphrasen, der intransitiven Verbphrasen und der Deklarativsätze sind, dann wäre $F'_\gamma(dates, Mary) = \dashv dates\ Mary \vdash$ als Element von C_{IV} und $F'_\gamma(John, \dashv dates\ Mary \vdash) = \dashv John \dashv dates\ Mary \vdash \vdash$ als Element von C_t bestimmt. Im Unterschied dazu wären $F'_\gamma(John, dates) = \dashv John\ dates \vdash$ und $F'_\gamma(\dashv John\ dates \vdash, Mary) = \dashv \dashv John\ dates \vdash Mary \vdash$, sowie $F'_\gamma(John, Mary) = \dashv John\ Mary \vdash$ nicht als Element einer Kategorie, und somit als nicht-bedeutungsvoll, bestimmt.

Wir überlegen an dieser Stelle, warum Montague für die Bestimmung der bedeutungsvollen Ausdrücke einer disambiguierten Sprache nicht dasselbe Verfahren wie zur Unterscheidung zwischen den Ausdrücken und den wohlgeformten Ausdrücken wählt, nämlich eine Einschränkung der strukturellen Operationen auf die bedeutungsvollen Ausdrücke. Dies wäre deshalb nicht sinnvoll, weil dann diese Operationen nicht mehr für alle Ausdrücke definiert wären, und somit eine disambiguierte Sprache nicht mehr als Algebra charakterisiert werden könnte. Speziell ließe sich dann eine Übersetzung in eine andere Sprache nicht mehr auf einfache Weise als Homomorphismus zwischen Algebren konstruieren.

Die bedeutungsvollen Ausdrücke disambiguierter Sprachen sind sowohl strukturell eindeutig als auch kategoriell wohlbestimmt. Das unterscheidet sie erheblich von den Ausdrücken natürlicher Sprachen. Wir mußten z. B. oben Klammern in das „normale Englisch" einfügen, um zu Ausdrücken einer disambiguierten Sprache zu kommen. Umgekehrt kann man aber auch von diesem disambiguierten Englisch zu Ausdrücken der natürlichen Sprache kommen, wenn man diese Klammern tilgt. Montague (1970b, 226) definiert eine Sprache L auf ähnliche Weise, indem er zunächst von einer disambiguierten Sprache $\mathfrak{A}$ ausgeht, um dann den wohlgeformten (bzw. bedeutungsvollen) Ausdrücken ζ' von $\mathfrak{A}$ über eine Relation R die entsprechenden wohlgeformten (bzw. bedeutungsvollen) Ausdrücke ζ von L zuzuordnen:

3.4. Sprachen

Eine Sprache ist ein Paar $\langle \langle A, F_\gamma, X_\delta, S, \delta_0 \rangle_{\gamma \in \Gamma, \delta \in \Delta}, R \rangle$, wobei $\langle A, F_\gamma, X_\delta, S, \delta_0 \rangle_{\gamma \in \Gamma, \delta \in \Delta}$ eine disambiguierte Sprache ist, und R eine zweistellige Relation, deren Vorbereich in A enthalten ist.

Wir nennen diese Relation R im Anschluß an (Link 1979, 35) *Ambiguierungsrelation*. Wie diese Ambiguierungsrelation im konkreten Fall beschaffen sein soll, läßt Montague völlig offen, in unserem Beispiel tilgt sie einfach die Klammern:

$\dashv John\ \dashv dates\ Mary \vdash \vdash$ R John dates Mary

Nun definiert Montague bestimmte Begriffe, wie *proper expression* (wohlgeformter Ausdruck) oder *meaningful expression* (bedeutungsvoller Ausdruck), die wir hier in bezug auf disambiguierte Sprachen verwenden, für entsprechende Ausdrücke im Nachbereich von R, so daß unser Sprachgebrauch in diesem Punkt von UG abweicht. Wir merken noch an, daß wir auf einige weitere Begriffe, die in UG in diesem Zusammenhang eingeführt werden, hier nicht eingehen. Es sei lediglich erwähnt, daß ein Ausdruck ζ einer Sprache $L = \langle \mathfrak{A}, R \rangle$ genau dann als *syntaktisch ambig* bezeichnet wird, wenn es mindestens zwei (in unserem Sinn) bedeutungsvolle Ausdrücke ζ' der disambiguierten Sprache $\mathfrak{A}$ gibt, für die ζ' R ζ gilt.

4. Natürliche Sprache

4.1. Der Englischausschnitt EF

Als Beispiel für eine natürliche Sprache geben wir einen kleinen Englischausschnitt EF. Es handelt sich dabei im wesentlichen um einen

Teil des in Montague (1973, 249 ff) — im folgenden 'PTQ' — angegebenen Englischfragments. Wir verkürzen hier dieses Fragment, vor allem um alle Teile, die mit intensionalen Phänomenen der natürlichen Sprache zu tun haben, um anschließend eine Übersetzung von EF in eine verhältnismäßig einfache, extensionale Typenlogik angeben zu können. Andererseits verwenden wir hierfür den oben vorgestellten Formalismus einer disambiguierten Sprache aus UG, der allgemeiner als das PTQ-Verfahren ist. EF enthält aber auch die Möglichkeit des „Hineinquantifizierens", die in PTQ, dagegen nicht in UG ausgeführt wird.

4.1.1. Kategorienindizes von EF

Die Menge {t, IV, T, TV, CN} sei die Menge der Kategorienindizes. Im Unterschied zu PTQ machen wir keinerlei Voraussetzungen über diese Kategorienindizes, außer daß sie paarweise verschieden sein sollen. Die Symbole stehen mnemotechnisch für 'truth value expression' ('Deklarativsatz'), 'intransitive Verbphrase', 'Term', 'transitive Verbphrase' und 'common noun' ('Appellativum').

4.1.2. Ausdrucksvorrat von EF

Zu jedem Kategorienindex δ aus dieser Menge ist die Menge B_δ der Grundausdrücke zum Kategorienindex δ folgendermaßen bestimmt:

B_{IV} = {*run, walk, talk*}
B_T = {*John, Mary, Bill, he$_0$, he$_1$, he$_2$, he$_3$, ...*}
B_{TV} = {*find, lose, eat, love, date*}
B_{CN} = {*man, woman, park, fish, pen*}
B_t = Λ

B_t ist die leere Menge, d. h. Deklarativsätze kommen nicht als Grundausdrücke vor. Neben den Grundausdrücken verwenden wir noch die Symbole *every, the, a, and, or, does not, he, she, it, him, her*, das Leerzeichen, den Bindestrich —, die Klammern ⊢, ⊣, ⊫, ⊨, ⊩, ⊬, ⊭, ⊮, für jedes $n \in \mathbb{N}$ die Symbole *him$_n$* und v_n, sowie die dritte Person Singular der Verben, d. h. der Elemente von $B_{IV} \cup B_{TV}$. Alle Symbole werden autonym verwendet. Ein Ausdruck ist eine endliche Verkettung dieser Symbole, wobei diese durch Nebeneinanderschreiben mitgeteilt wird.

4.1.3. Strukturelle Operationen von EF

Auf der Menge der Ausdrücke seien die einstelligen Operationen K_0, K_1, K_2, die zweistelligen Operationen K_3, ..., K_7, und für jedes $n \in \mathbb{N}$ die zweistellige Operation $K_{\langle 8,n \rangle}$ gegeben, für die für alle Ausdrücke α, β, δ, ζ, φ, ψ gelten:

$K_0(\zeta)$ = *every* ζ
$K_1(\zeta)$ = *the* ζ
$K_2(\zeta)$ = *a* ζ
$K_3(\alpha, \delta)$ = ⊢ α δ' ⊣

δ' geht dabei aus δ hervor, indem jedes Verb (d. h. Element aus B_{IV} oder B_{TV}) in δ durch seine dritte Person Singular ersetzt wird.

$K_4(\delta, \beta)$ = ⊫ δ β' ⊨

β' geht aus β hervor, wobei:
(i) wenn $\beta \neq he_n$, dann ist $\beta' = \beta$;
(ii) wenn $\beta = he_n$, dann ist $\beta' = him_n$.

$K_5(\varphi, \psi)$ = ⊫ φ *and* ψ ⊨
$K_6(\varphi, \psi)$ = ⊫ φ *or* ψ ⊨
$K_7(\alpha, \delta)$ = ⊫ α *does not* δ ⊨
$K_{\langle 8,n \rangle}(\alpha, \varphi)$ = ⊫ $\alpha - v_n$ φ' ⊨

φ' geht aus φ hervor, wobei:
(i) wenn $\alpha \neq he_k$, dann wird das erste selbständige (d. h. von Leerzeichen oder Klammern begrenzte) Vorkommen von he_n oder him_n in φ durch α v_n ersetzt, alle weiteren selbständigen Vorkommen von he_n oder him_n durch *he v_n/she v_n/it v_n* bzw. *him v_n/her v_n/it v_n*, je nachdem, ob das Genus des ersten Elements von B_T oder B_{CN} in α Maskulinum/Femininum/Neutrum ist;
(ii) wenn $\alpha = he_k$, dann werden alle selbständigen Vorkommen von he_n oder him_n durch he_k bzw. him_k ersetzt.

4.1.4. Das System EF

Die Sprache EF ist das System $\langle \langle E, F_\gamma, X_\delta, S, t \rangle_{\gamma \in \Gamma, \delta \in \Delta}, R \rangle$, für das gilt:

(1) $\Delta = \{t, IV, T, TV, CN\}$;
(2) $X_\delta = B_\delta$ für alle $\delta \in \Delta$;
(3) E ist die kleinste Menge, die die Mengen X_δ (für jedes $\delta \in \Delta$) enthält und unter den Operationen K_0, ..., K_7, $K_{\langle 8,n \rangle}$ abgeschlossen ist;
(4) $\Gamma = \{0, ..., 7\} \cup \{\langle 8, n \rangle / n \in \mathbb{N}\}$;
(5) für jedes $\gamma \in \Gamma$ ist F_γ die Operation K_γ eingeschränkt auf E;
(6) S ist die Menge der Folgen
   $\langle F_0, CN, T \rangle$
   $\langle F_1, CN, T \rangle$
   $\langle F_2, CN, T \rangle$
   $\langle F_3, T, IV, t \rangle$
   $\langle F_4, TV, T, IV \rangle$
   $\langle F_5, t, t, t \rangle$
   $\langle F_5, IV, IV, IV \rangle$
   $\langle F_6, t, t, t \rangle$
   $\langle F_6, IV, IV, IV \rangle$
   $\langle F_6, T, T, T \rangle$

$\langle F_7, T, IV, t\rangle$
$\langle F_{\langle 8,n\rangle}, T, t, t\rangle$

(7) R ist diejenige Funktion mit Argumentbereich E, für die für alle $\zeta \in E$ gilt: $R(\zeta)$ wird aus ζ erhalten, indem alle Ausdrücke der Form $\alpha - v_n$, alle Klammern, alle Symbole v_n, sowie alle Indizes aus ζ gestrichen werden.

4.2. Beispiele

Wir geben einige Beispiele für die Erzeugung von EF-Sätzen. Zuerst seien Subjekt- und Objektanbindung erläutert:

(1) $F_4(date, Bill) = \mathord{\Leftarrow} date\ Bill \mathord{\Rightarrow}$
$F_3(Mary, \mathord{\Leftarrow} date\ Bill\mathord{\Rightarrow}) = \mathord{\leftarrow} Mary\ \mathord{\Leftarrow} dates\ Bill \mathord{\Rightarrow} \mathord{\rightarrow}$

Die unterschiedlichen Klammerpaare $\mathord{\leftarrow}, \mathord{\rightarrow}$ und $\mathord{\Leftarrow}, \mathord{\Rightarrow}$ sind hier nötig, um die strukturelle Eindeutigkeit der Operationen F_3 und F_4 zu garantieren. Man beachte, daß die dritte Person Singular des Verbs hierfür nicht hinreicht, da die Operationen auf allen Elementen von E definiert sind, also auch für Ausdrücke, die solche morphologischen Varianten nicht besitzen. Mit den beiden syntaktischen Regeln $\langle F_3, T, IV, t\rangle$ und $\langle F_4, TV, T, IV\rangle$ ergibt sich, daß der resultierende Ausdruck ein Element von C_t, also ein Deklarativsatz ist. Mit der Ambiguierungsrelation R, die hier sogar eine Funktion ist, ergibt sich der englische Satz:

(1a) $R(\mathord{\leftarrow} Mary\ \mathord{\Leftarrow} dates\ Bill\mathord{\Rightarrow}\mathord{\rightarrow}) =$
 Mary dates Bill

Das nächste Beispiel zeigt die Termbildung sowie „aussagenlogische" Verknüpfungen:

(2) $F_0(man) = every\ man$
$F_1(woman) = the\ woman$
$F_6(every\ man, the\ woman) =$
 $\mathord{\Leftarrow} every\ man\ or\ the\ woman \mathord{\Rightarrow}$
$F_7(\mathord{\Leftarrow} every\ man\ or\ the\ woman \mathord{\Rightarrow}, talk)$
$= \mathord{\Leftarrow}\mathord{\Leftarrow} every\ man\ or\ the\ woman \mathord{\Rightarrow}$
 does not talk $\mathord{\Rightarrow}$

(2a) $R(\mathord{\Leftarrow}\mathord{\Leftarrow} every\ man\ or\ the\ woman \mathord{\Rightarrow} does$
 not talk $\mathord{\Rightarrow}) = $ every man or the woman does not talk

Anhand der syntaktischen Regeln läßt sich leicht nachprüfen, daß auch dies ein Deklarativsatz ist, ebenso wie die folgenden Beispiele, die illustrieren, wie durch „Hineinquantifizieren" in „offene Sätze" Skopusambiguitäten von Quantoren analysiert werden können:

(3) $F_0(man) = every\ man$
$F_2(woman) = a\ woman$
$F_4(love, a\ woman) = \mathord{\Leftarrow} love\ a\ woman \mathord{\Rightarrow}$
$F_3(every\ man, \mathord{\Leftarrow} love\ a\ woman \mathord{\Rightarrow}) =$
 $\mathord{\leftarrow} every\ man\ \mathord{\Leftarrow} loves\ a\ woman \mathord{\Rightarrow} \mathord{\rightarrow}$

(3a) $R(\mathord{\leftarrow} every\ man\ \mathord{\Leftarrow} loves\ a\ woman \mathord{\Rightarrow} \mathord{\rightarrow}) =$
 every man loves a woman

(4) $F_0(man) = every\ man$
$F_2(woman) = a\ woman$
$F_4(love, he_0) = \mathord{\Leftarrow} love\ him_0 \mathord{\Rightarrow}$
$F_3(every\ man, \mathord{\Leftarrow} love\ him_0 \mathord{\Rightarrow}) = \mathord{\leftarrow} every$
 $man\ \mathord{\Leftarrow} loves\ him_0 \mathord{\Rightarrow} \mathord{\rightarrow}$
$F_{\langle 8,0\rangle}(a\ woman, \mathord{\leftarrow} every\ man\ \mathord{\Leftarrow} loves$
 $him_0 \mathord{\Rightarrow} \mathord{\rightarrow}) = \mathord{\Lleftarrow} a\ woman\text{-}v_0\ \mathord{\leftarrow} every$
 $man\ \mathord{\Leftarrow} loves\ a\ woman\ v_0 \mathord{\Rightarrow} \mathord{\rightarrow} \mathord{\Rrightarrow}$

(4a) $R(\mathord{\Lleftarrow} a\ woman\text{-}v_0\ \mathord{\leftarrow} every\ man\ \mathord{\Leftarrow} loves\ a$
 $woman\ v_0 \mathord{\Rightarrow} \mathord{\rightarrow} \mathord{\Rrightarrow}) = $ every man loves
 a woman

Im Beispiel (3) werden die Terme direkt als Objekt bzw. Subjekt angebunden. Wie in 5.4.3. gezeigt wird, erhält der in *every man* „versteckte" Allquantor weiteren Skopus bei der Übersetzung in eine geeignete logische Sprache als der Existenzquantor von *a woman*. Diese Lesart wäre etwa durch *Für jeden Mann gibt es eine Frau, die er liebt* zu paraphrasieren. In Beispiel (4) wird dagegen zuerst das pronominale Objekt him_0 direkt angebunden, das dann in einem zweiten Schritt durch *a woman* v_0 substituiert wird. Für die semantische Interpretation (bzw. die Übersetzung) ist hier nur die formale Variable v_0 bedeutsam, die durch den „quantifizierenden Term" *a woman*-v_0 von außen gebunden wird. Daher hat bei der Übersetzung der Existenzquantor weiteren Skopus. Eine Paraphrase wäre etwa *Es gibt eine Frau, die jeder Mann liebt*. Der Satz ist somit semantisch ambig. Dies ist in der UG-Theorie nur möglich, wenn er auch syntaktisch ambig ist. Es gibt jedoch auch syntaktische Ambiguität, die keine semantische nach sich zieht. Der folgende Satz wird im Gegensatz zu (1) über Quantifizierung hergeleitet, hat aber dieselbe Bedeutung wie (1):

(5) $F_4(date, Bill) = \mathord{\Leftarrow} date\ Bill \mathord{\Rightarrow}$
$F_3(he_3, \mathord{\Leftarrow} date\ Bill \mathord{\Rightarrow}) =$
 $\mathord{\leftarrow} he_3\ \mathord{\Leftarrow} dates\ Bill \mathord{\Rightarrow} \mathord{\rightarrow}$
$F_{\langle 8,3\rangle}(Mary, \mathord{\leftarrow} he_3\ \mathord{\Leftarrow} dates\ Bill \mathord{\Rightarrow} \mathord{\rightarrow}) =$
 $\mathord{\Lleftarrow} Mary\text{-}v_3\ \mathord{\leftarrow} Mary\ v_3\ \mathord{\Leftarrow} dates$
 $Bill \mathord{\Rightarrow} \mathord{\rightarrow} \mathord{\Rrightarrow}$

(5a) $R(\mathord{\Lleftarrow} Mary\text{-}v_3\ \mathord{\leftarrow} Mary\ v_3\ \mathord{\Leftarrow} dates$
 $Bill \mathord{\Rightarrow} \mathord{\rightarrow} \mathord{\Rrightarrow}) = $ Mary dates Bill

Es ist angebracht, an dieser Stelle kurz auf die Rolle der Pronomen he_n und der formalen Variablen v_n einzugehen. Montague interpretiert in UG freie Pronomen (d. h. solche, die nicht über eine „Quantifizierungsoperation" wie $F_{\langle 8,n \rangle}$ gebunden sind) als indexikalische Ausdrücke, denen im jeweiligen Äußerungskontext ein Denotat zugewiesen wird. Im Unterschied dazu dienen gebundene Pronomen lediglich als formale Variablen, die den Skopus entsprechender Quantoren angeben. In unserer Beispielsprache EF unterscheiden wir auch formal streng zwischen beiden Verwendungsweisen der Pronomen. Dies geschieht insbesondere deswegen, weil EF als disambiguierte Sprache konzipiert ist, und daher die Herkunft quantifizierter Ausdrücke formal festgehalten sein muß.

5. Die Sprache EF′ im PTQ-Format

5.1. Die universelle Syntaxtheorie, wie sie in UG entwickelt wurde und hier in den Grundzügen referiert ist, liegt auch der bekanntesten Arbeit Montagues, PTQ, zugrunde. Montague verzichtet allerdings darauf, die dort eingeführten Sprachen (Englischfragment und intensionale Logik) explizit als disambiguierte Sprachen zu definieren. Daraus ergibt sich auf der einen Seite eine gewisse Vereinfachung in der Darstellung, andererseits hat dies unglücklicherweise dazu geführt, daß diese reduzierte Darstellung in der Forschung mehr oder weniger als kanonische Form rezipiert wurde, und somit „Erweiterungen von PTQ" als Hauptanliegen der Forschung im Bereich Montague-Grammatik galten. Tatsächlich verstellt eine solche Auffassung aber den Blick dafür, daß Montagues semiotisches Programm universell angelegt ist. Es erlaubt insbesondere, die verschiedenartigsten Syntaxformalismen zu integrieren, wobei die von ihm selbst angegebenen Beispiele eben nur als solche angesehen werden sollten.

Um diese Zusammenhänge etwas genauer zu erläutern, zeigen wir im folgenden, wie unser Englischfragment EF als die (leicht veränderte) Sprache EF′ im PTQ-Rahmen dargestellt werden kann. Die in (Montague 1973, 249 ff) angegebene Syntax besteht im wesentlichen aus einer simultanen induktiven Definition der verschiedenen Kategorien, wobei die strukturellen Operationen einfach als Teil in die jeweiligen Induktionsschritte integriert sind.

5.2. Induktive Definition der Kategorien von EF′

Wir übernehmen aus 4.1.2. die Kategorienindizes Δ, sowie für jedes $\delta \in \Delta$ die Menge B_δ von Grundausdrücken. Für alle $\delta \in \Delta$ sei nun die Kategorie P_δ als die kleinste Menge definiert, die (1)—(8) erfüllt:

(1) $B_\delta \subseteq P_\delta$ für alle $\delta \in \Delta$.
(2) Wenn $\zeta \in P_{CN}$, dann ist $G_0(\zeta)$, $G_1(\zeta)$, $G_2(\zeta) \in P_T$, wobei:
   $G_0(\zeta) =$ *every ζ*,
   $G_1(\zeta) =$ *the ζ*,
   $G_2(\zeta) =$ *a ζ*.
(3) Wenn $\alpha \in P_T$ und $\delta \in P_{IV}$, dann ist $G_3(\alpha, \delta) \in P_t$, wobei:
   (i) $G_3(\alpha, \delta) = \alpha \, \delta'$; δ' geht dabei aus δ hervor, indem jedes Verb (d. h. Element aus B_{IV} oder B_{TV}) in δ durch seine dritte Person Singular ersetzt wird;
   (ii) $G_7(\alpha, \delta) = \alpha$ *does not* δ.
(4) Wenn $\delta \in P_{TV}$ und $\beta \in P_T$, dann ist $G_4(\delta, \beta) \in P_{IV}$, wobei:
   $G_4(\delta, \beta) = \delta \, \beta'$ mit $\beta' = \beta$, wenn $\beta \neq he_n$, oder $\beta' = him_n$, wenn $\beta = he_n$.
(5) Wenn $\varphi \in P_t$ und $\psi \in P_t$, dann ist $G_5(\varphi, \psi)$, $G_6(\varphi, \psi) \in P_t$, wobei:
   $G_5(\varphi, \psi) = \varphi$ *and* ψ,
   $G_6(\varphi, \psi) = \varphi$ *or* ψ.
(6) Wenn $\gamma, \delta \in P_{IV}$, dann ist $G_5(\gamma, \delta)$, $G_6(\gamma, \delta) \in P_{IV}$.
(7) Wenn $\alpha, \beta \in P_T$, dann ist $G_6(\alpha, \beta) \in P_T$.
(8) Wenn $\alpha \in P_T$ und $\varphi \in P_t$, dann ist $G_{\langle 8,n \rangle}(\alpha, \varphi) \in P_t$ wobei $G_{\langle 8,n \rangle}(\alpha, \varphi) = \varphi'$; φ' geht aus φ hervor, wobei:
   (i) wenn $\alpha \neq he_k$, dann wird das erste Vorkommen von he_n oder him_n in φ durch α ersetzt, alle weiteren Vorkommen von he_n oder him_n durch *he / she / it* bzw. *him / her / it*, je nachdem, ob das Genus des ersten Elements von B_T oder B_{CN} in α Maskulinum / Femininum / Neutrum ist;
   (ii) wenn $\alpha = he_k$, dann werden alle Vorkommen von he_n oder him_n durch he_k bzw. him_k ersetzt.

Die Operationen G_γ entsprechen den Operationen F_γ aus Abschnitt 4. Sie sind allerdings — strenggenommen — hier nur partiell für Elemente der Kategorien P_δ definiert.

5.3. Disambiguierter Ausdruck vs. Analysebaum

Wir erhalten nun Beispiel (1) aus Abschnitt 4.2. folgendermaßen:

(1b) *date* $\in P_{TV}$, *Bill* $\in P_T$
   (nach (1), Abschn. 5.2.)
   $G_4(\textit{date, Bill}) = \textit{date Bill} \in P_{IV}$
   (nach (4), Abschn. 5.2.)
   $G_3(\textit{Mary, date Bill}) = \textit{Mary dates Bill}$
   $\in P_t$ (nach (3), Abschn. 5.2.)

Hier ist keine Ambiguierungsrelation nötig, um die „Oberflächenform" des Englischausdrucks herzustellen, da die „disambiguierenden" Hilfszeichen in den Ausdrücken fehlen. Es gilt aber auch:

(5b) $date \in P_{TV}$, $Bill \in P_T$
  (nach (1), Abschn. 5.2.)
  $G_4(date, Bill) = date\ Bill \in P_{IV}$
  (nach (4), Abschn. 5.2.)
  $G_3(he_3, date\ Bill) = he_3\ dates\ Bill \in P_t$
  (nach (3), Abschn. 5.2.)
  $G_{\langle 8,3 \rangle}(Mary, he_3\ dates\ Bill) =$
  $Mary\ dates\ Bill \in P_t$
  (nach (8), Abschn. 5.2.)

Wir überlegen nun, daß die Bedingung für disambiguierte Sprachen, daß jeder Ausdruck genau auf eine Weise erzeugt sein muß, darauf hinausläuft, daß die Erzeugungsgeschichte im jeweiligen Ausdruck selbst kodiert ist. Das heißt aber umgekehrt, daß ambige Ausdrücke, wie *Mary dates Bill*, zusammen mit ihrer Erzeugungsgeschichte wieder als disambiguierte Ausdrücke aufgefaßt werden können. Genau dies kann mit der Konstruktion eines Analysebaums (analysis tree) zu jedem Ausdruck erreicht werden (Montague 1973, 254 f). Jeder Knoten eines solchen Analysebaums ist mit einem Ausdruck etikettiert, wobei die unmittelbar dominierten Knoten jeweils mit den Ausdrücken besetzt sind, aus denen der Ausdruck am unmittelbar dominierenden Knoten entstanden ist. Falls ein Knoten nicht durch einen Grundausdruck etikettiert ist, enthält das Etikett außerdem den Index der Strukturoperation, die diesen Ausdruck als Wert hat. Wir erhalten so für (1 b) und (5 b) die folgenden Analysebäume:

(1 c) *Mary dates Bill*, 3
  Mary   *date Bill*, 4
       date   *Bill*

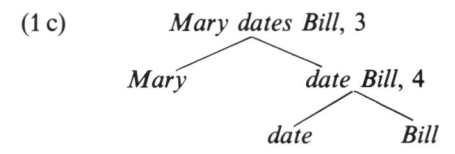

(5 c) *Mary dates Bill*, ⟨8, 3⟩
  Mary   *he₃ dates Bill*, 3
       he₃   *date Bill*, 4
            date   *Bill*

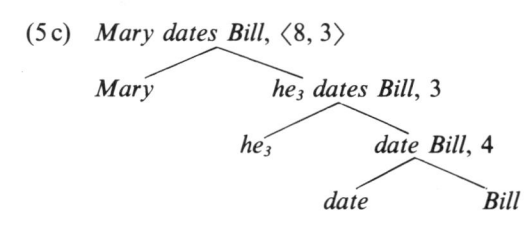

Es kann nun skizziert werden, auf welche Weise der PTQ-Formalismus als Spezialfall in die in UG entwickelte Theorie eingebunden werden kann, vgl. (Montague 1973, 255).

Denn jeder Analysebaum kann insgesamt als Ausdruck einer disambiguierten Sprache aufgefaßt werden: Zu jedem bedeutungsvollen Ausdruck (an einem Knoten) enthält der Baum ja sowohl die strukturelle Operation als auch die Argumentfolge (an den zugehörigen Tochterknoten), die zu diesem Ausdruck geführt haben. Wenn man nun die Strukturoperationen so umformuliert, daß sie nicht Ausdrücke, sondern Analysebäume als Argumente und Werte haben (wobei jede Operation den Baum sozusagen „nach oben verlängert"), dann können diese und die Analysebäume direkt als Bestandteile einer disambiguierten Sprache genommen werden. Außerdem ist eine Ambiguierungsrelation R anzugeben, die jedem Baum das erste Glied des Etiketts seiner Wurzel (also den „obersten" Englischausdruck im Baum) zuordnet.

5.4. Übersetzung von EF′ in TL

5.4.1. Übersetzung und indirekte Interpretation

In Abschnitt 2.2. wurde gezeigt, wie Montagues algebraische Syntax benutzt werden kann, um die Übersetzung von einer Sprache in eine andere als Homomorphismus zwischen Algebren zu konstruieren. Wir haben als Beispiel eine Übersetzungsfunktion von AL_2 nach AL_1 angegeben, die in gewissem Sinn bedeutungserhaltend ist. Nun ist eine solche bedeutungserhaltende Übersetzung speziell dann von Interesse, wenn die semantische Interpretation der Zielsprache bekannt (bzw. einfach zu formulieren) ist, weil diese auch als „induzierte Interpretation" der Quellensprache angesehen werden kann (vgl. Montague 1970 b, 231 ff).

Die Englischfragmente in UG und PTQ sind auf diese Weise indirekt (über eine intensionale Typenlogik) semantisch interpretiert. Es sei angemerkt, daß die Methode der indirekten semantischen Interpretation in der allgemeinen Theorie Montagues zwar eingeführt wird, aber kein notwendiger Bestandteil ist, vgl. etwa die direkte Interpretation der natürlichen Sprache (in Montague 1970 a, 201 ff).

Wir verzichten hier auf eine — über das in Abschnitt 2.2. Gesagte hinausgehende — formale Charakterisierung einer Übersetzung (vgl. Montague 1970 b, 231 ff) wie auch einer induzierten Interpretation. Im folgenden sei lediglich ein im Stil von PTQ vereinfachtes Beispiel für eine Übersetzung von EF′ in die extensionale Typenlogik TL gegeben, das es erlaubt, Quantorenambiguitäten darzustellen.

5.4.2. Die Sprache TL

Die Sprache TL entspricht der in Montague (1973, 256f) angegebenen Sprache mit der Ausnahme, daß sie extensional ist und keine Tempus- und Modaloperatoren enthält. Wir führen hier lediglich die Definition der Syntax an:

Ebenso wie EF und EF′ enthält die Sprache TL Ausdrücke verschiedener syntaktischer Kategorien. Wie bei Logiksprachen üblich, nennen wir die Kategorienindizes von TL 'Typen'. Die Menge T der Typen von TL sei die kleinste Menge Y, für die gilt:

(1) $e, t \in Y$.
(2) Wenn $\sigma, \tau \in Y$, dann ist $\langle \sigma, \tau \rangle \in Y$.

Zu jedem $\tau \in T$ verwenden wir als Grundausdrücke unendlich viele Variable und Konstanten, wobei Con_τ die Menge der Konstanten vom Typ τ ist. Für jedes $n \in \mathbb{N}$ sei $v_{n,\tau}$ die n-te Variable vom Typ τ.

Für jeden Typ $\tau \in T$ sei nun die Menge ME_τ der bedeutungsvollen Ausdrücke vom Typ τ (in der UG-Terminologie 'Kategorien zum Kategorienindex τ') folgendermaßen definiert:

(1) Jede Variable und Konstante vom Typ τ ist Element von ME_τ.
(2) Wenn $\alpha \in ME_\sigma$ und u eine Variable vom Typ τ ist, dann ist $\lambda u[\alpha] \in ME_{\langle \tau, \sigma \rangle}$.
(3) Wenn $\alpha \in ME_{\langle \sigma, \tau \rangle}$ und $\beta \in ME_\sigma$, dann ist $\alpha(\beta) \in ME_\tau$.
(4) Wenn $\alpha, \beta \in ME_\tau$, dann ist $\alpha \equiv \beta \in ME_t$.
(5) Wenn $\varphi, \psi \in ME_t$ und u eine Variable beliebigen Typs ist, dann sind $\neg \varphi$, $[\varphi \wedge \psi]$, $[\varphi \vee \psi]$, $[\varphi \rightarrow \psi]$, $[\varphi \leftrightarrow \psi]$, $\vee u \varphi$, $\wedge u \varphi \in ME_t$.
(6) Nichts sonst ist Element von ME_τ.

Die Sprache TL enthält neben den bekannten Junktoren die Quantoren $\vee$ (für *es gibt*) und $\wedge$ (für *für alle*), das Identitätszeichen $\equiv$, die Funktionalapplikation $\alpha(\beta)$ (denotiert den Wert der von α denotierten Funktion für das von β denotierte Argument), die Lambda-Abstraktion $\lambda u[\alpha]$ (für *ein u sein, so daß α*). Die Mengen ME_τ von bedeutungsvollen Ausdrücken vom Typ τ entsprechen hier den Kategorien zum Kategorienindex τ von disambiguierten Sprachen, wobei allerdings TL nicht als disambiguierte Sprache eingeführt wurde! Für eine weitergehende Erklärung und die Semantik von TL sei z. B. auf das ähnliche System in (Dowty/Wall/Peters 1981, 83ff) verwiesen.

5.4.3. Induktive Definition der Übersetzung

Die in 2.2. angegebene Übersetzung von AL_2 in AL_1 wurde als Homomorphismus zwischen den jeweiligen Syntaxalgebren definiert. Da jeder wohlgeformte Ausdruck dieser aussagenlogischen Sprachen ein Satz ist, war es nicht notwendig, dabei auf unterschiedliche Kategorien von Ausdrücken Bezug zu nehmen. Wenn dagegen EF′ in TL übersetzt werden soll, muß für jeden Ausdruck $\alpha \in P_\delta$ angegeben werden, zu welcher Menge ME_τ das Übersetzungsresultat α' gehören soll. Wir definieren eine Funktion f von der Menge Δ der Kategorienindizes von EF′ in die Menge T der Typen von TL:

$f(t) = t$
$f(IV) = \langle e, t \rangle$
$f(T) = \langle \langle e, t \rangle, t \rangle$
$f(TV) = \langle e, \langle e, t \rangle \rangle$
$f(CN) = \langle e, t \rangle$

f dient dazu festzulegen, daß ein Ausdruck, der Element von P_δ ist, in einen Ausdruck übersetzt wird, der Element von $ME_{f(\delta)}$ ist.

Für das Folgende vereinbaren wir, daß j, m, b verschiedene ausgezeichnete Elemente von Con_e sind; außerdem seien x, y, z, x_n die Variablen $v_{1,e}, v_{3,e}, v_{5,e}, v_{2n,e}$; P sei die Variable $v_{0,\langle e,t \rangle}$. Die Übersetzung von EF′ in TL definieren wir nun induktiv entsprechend zu den Definitionsstücken (1)–(8) in Abschnitt 5.2., genauer gesagt, die Relation 'φ wird in φ' übersetzt' ist die kleinste Relation, für die (1)–(8) unten gelten:

(1) (a) Wenn $\alpha \in B_\delta$ für $\delta \in \{IV, TV, CN\}$, dann wird α in $j(\alpha)$ übersetzt, wobei j eine Funktion von $B_{IV} \cup B_{TV} \cup B_{CN}$ in $\bigcup_{\tau \in T} Con_\tau$ ist, für die gilt: Wenn $\alpha \in B_\delta$ (für $\delta \in \{IV, TV, CN\}$), dann ist $j(\alpha) \in Con_{f(\delta)}$.
 (b) *John, Mary, Bill* werden jeweils in $\lambda P[P(j)]$, $\lambda P[P(m)]$, $\lambda P[P(b)]$ übersetzt.
 (c) he_n wird in $\lambda P[P(x_n)]$ übersetzt.
(2) Wenn $\zeta \in P_{CN}$ und in ζ' übersetzt wird, dann wird
every ζ in $\lambda P[\wedge x[\zeta'(x) \rightarrow P(x)]]$,
the ζ in $\lambda P[\vee y[\wedge x[\zeta'(x) \leftrightarrow x \equiv y] \wedge P(y)]]$,
a ζ in $\lambda P[\vee x[\zeta'(x) \wedge P(x)]]$ übersetzt.
(3) Wenn $\alpha \in P_T$, $\delta \in P_{IV}$, und α, δ in α' bzw. δ' übersetzt werden, dann wird
$G_3(\alpha, \delta)$ in $\alpha'(\delta')$,
$G_7(\alpha, \delta)$ in $\neg \alpha'(\delta')$ übersetzt.
(4) Wenn $\delta \in P_{TV}$, $\beta \in P_T$, und δ, β in δ' bzw. β' übersetzt werden, dann wird $G_4(\delta, \beta)$ in $\lambda z[\beta'(\lambda x[\delta'(x)(z)])]$ übersetzt.

(5) Wenn φ, ψ ∈ P_t, und φ, ψ in φ' bzw. ψ' übersetzt werden, dann wird φ *and* ψ in [φ' ∧ ψ'], φ *or* ψ in [φ' ∨ ψ'] übersetzt.

(6) Wenn γ, δ ∈ P_IV, und γ, δ in γ' bzw. δ' übersetzt werden, dann wird γ *and* δ in λx[γ'(x) ∧ δ'(x)], γ *or* δ in λx[γ'(x) ∨ δ'(x)] übersetzt.

(7) Wenn α, β ∈ P_T, und α, β in α' bzw. β' übersetzt werden, dann wird α *or* β in λP[α'(P) ∨ β'(P)] übersetzt.

(8) Wenn α ∈ P_T und φ ∈ P_t, und α, φ in α' bzw. φ' übersetzt werden, dann wird $G_{\langle 8,n \rangle}(\alpha, \varphi)$ in α'(λx_n[φ']) übersetzt.

Die so definierte Übersetzung von EF' in TL ist keine Funktion, sondern eine Relation, weil ein — möglicherweise ambiger — bedeutungsvoller Ausdruck von EF' mehrere Übersetzungen haben kann. Wir zeigen dies an den in 5.3. diskutierten Beispielen:

(1d) *Mary dates Bill*:
Nach (1)(b) werden *Mary, Bill* in λP[P(m)] bzw. λP[P(b)] übersetzt, nach (1)(a) *date* in die Konstante j(*date*), die wir durch *date'* mitteilen. Nun gilt $G_4(date, Bill) = date\ Bill$, das nach (4) in λz[λP[P(b)](λu[*date'*(u)(z)])] übersetzt wird; schließlich ist $G_3(Mary, date\ Bill) = Mary\ dates\ Bill$, das nach (3) in λP[P(m)](λz[λP[P(b)](λu[*date'*(u)(z)])]) übersetzt wird.

Diese TL-Formel kann nun durch eine geeignete Semantik für TL interpretiert werden und so indirekt zur semantischen Interpretation des englischen *Mary dates Bill* dienen. Darüber hinaus können gewisse logische Umformungen für TL-Ausdrücke, insbesondere die sogenannte Lambda-Konversion, semantisch begründet werden. Diese erlaubt es, unter bestimmten Bedingungen TL-Ausdrücke in äquivalente, aber einfacher gebaute Ausdrücke umzuformen. Ohne dies hier im einzelnen ausführen zu können, geben wir entsprechende Umformungen für die Beispiele an. So kann die TL-Formel λP[P(m)](λz[λP[P(b)](λu[*date'*(u)(z)])]) zu *date'*(b)(m) vereinfacht werden. Wenn wir schließlich noch die Darstellungskonvention vereinbaren, daß Ausdrücke der Form δ(α)(β) als δ(β, α) geschrieben werden dürfen, dann entspricht *date'*(m, b) genau der üblichen Formalisierung unseres Satzes in der Prädikatenlogik erster Stufe.

(5d) *Mary dates Bill*:
date Bill erhält wie in (1d) die Übersetzung λz[λP[P(b)](λx[*date'*(x)(z)])]. *he_3* wird nach (1c) in λP[P(x_3)] übersetzt, *he_3 dates Bill* nach (3) in λP[P(x_3)] (λz[λP[P(b)] (λx[*date'*(x)(z)])]). Nach (8) wird *Mary dates Bill* schließlich in λP[P(m)] (λx_3[λP[P(x_3)] (λz[λP[P(b)] (λx[*date'*(x) (z)])])]) übersetzt, das durch Lambda-Konversion zu *date'*(b)(m) bzw. *date'*(m, b) vereinfacht werden kann.

Hier führen also die unterschiedlichen Analysen (1c) und (5c) zunächst zu unterschiedlichen Übersetzungen, die sich aber als logisch äquivalent erweisen. Dies gilt nicht für die beiden Lesarten von *every man loves a woman* aus Abschnitt 4.2., die wir hier noch einmal durch Analysebäume im Sinn von PTQ angegeben:

(3c) *every man loves a woman*, 3

```
           every man loves a woman, 3
                  /              \
          every man, 0      love a woman, 4
              |                /         \
             man            love      a woman, 2
                                          |
                                        woman
```

(4c) *every man loves a woman*, ⟨8, 0⟩

```
           every man loves a woman, ⟨8, 0⟩
                /                    \
          a woman, 2          every man loves him_0, 3
              |                  /              \
           woman          every man, 0      love him_0, 4
                              |              /       \
                             man           love     he_0
```

Die Übersetzung von (3c) ist:

(3d) λP[∧x[*man'*(x) → P(x)]](λz[λP[∨x [*woman'*(x) ∧ P(x)]] (λx[*love'*(x)(z)])])

Durch Lambda-Konversion (einschließlich notwendiger Variablenumbenennungen) kann (3d) in die logisch äquivalente Formel ∧x[*man'*(x) → ∨y[*woman'*(y) ∧ *love'*(x, y)]] überführt werden. Die Übersetzung von (4c) ist dagegen:

(4d) λP[∨x[*woman'*(x) ∧ P(x)]](λx_0[λP[∧x [*man'*(x) → P(x)]] (λz[λP[P(x_0)](λx [*love'*(x)(z)])])])

Diese Formel kann reduziert werden zu ∨y[*woman'*(y) ∧ ∧x[*man'*(x) → *love'*(x, y)]]. Die unterschiedlichen Analysen (3c) und (4c) führen hier zu nicht äquivalenten Übersetzungen für die beiden Lesarten.

6. Literatur

Bar-Hillel, Yehoshua, C. Gaifman, and E. Shamir. 1960. On categorial and phrase-structure grammars. Bulletin of the Research Council of Israel 9F.

1—16. [Wieder in: Language and Information, hrsg. von Yehoshua Bar-Hillel, 99—115. Reading, MA. 1964.]

Bennett, Michael. 1974. Some Extensions of a Montague Fragment. UCLA Ph.D. Dissertation.

Cooper, Robin. 1975. Montague's Semantic Theory and Transformational Syntax. University of Massachusetts (Amherst) Ph.D. Dissertation.

Dowty, David R. 1982. Grammatical Relations and Montague Grammar. The Nature of Syntactic Representation, hrsg. von Pauline Jacobson & Geoffrey K. Pullum, 79—130. (Synthese Language Library 15.) Dordrecht.

—; *Robert E. Wall, and Stanley Peters*. 1981. Introduction to Montague Semantics. (Synthese Language Library 11.) Dordrecht.

Frosch, Helmut. 1978. Allgemeine Syntaxtheorie und deutsche Wortstellung. Germanistische Linguistik. 2—5. 105—22.

Gazdar, Gerald, Ewan Klein, Geoffrey K. Pullum, and Ivan Sag. 1985. Generalized Phrase Structure Grammar. Oxford.

Grätzer, George. 1979. Universal Algebra: Second Edition. New York.

Link, Godehard. 1979. Montague-Grammatik: Die logischen Grundlagen. (Kritische Information 71.) München.

Löbner, Sebastian. 1976. Einführung in die Montague-Grammatik. (Monographien Linguistik und Kommunikationswissenschaft 27.) Kronberg/Ts.

Montague, Richard. 1970 a. English as a Formal Language. Linguaggi nella Società e nella Tecnica, hrsg. von Bruno Visentini et al., 189—224. Milano [Wieder in Thomason. 1974. 188—221.]

—. 1970 b. Universal Grammar. Theoria 36. 373—98. [Wieder in Thomason. 1974. 222—46.]

—. 1973. The Proper Treatment of Quantification in Ordinary English. Approaches to Natural Language: Proceedings of the 1970 Stanford Workshop on Grammar and Semantics, ed. by J. Hintikka & J. Moravcsik & P. Suppes, 221—42. Dordrecht. [Wieder in Thomason. 1974. 247—70.]

Partee, Barbara H. 1975. Montague Grammar and Transformational Grammar. Linguistic Inquiry 6. 203—300.

—. (ed.) 1976. Montague Grammar. New York.

Thomason, Richmond H. (Hrsg.) 1974. Formal Philosophy: Selected Papers of Richard Montague. New Haven.

Helmut Frosch, Mannheim (Deutschland)

VIII. Ansätze syntaktischer Theoriebildung VI: Syntax in der Integrativen Sprachwissenschaft
Approaches to a Theory of Syntax VI: Syntax in Integrational Linguistics

20. Integrational Linguistics

1. Introductory Remarks
2. Integrational Linguistics (IL)
3. Integrational Syntax (IS): Basic Approach
4. Formal Preliminaries
5. Base Forms, Units, Paradigms, Words, and Categories
6. Syntactic Structures
7. Syntactic Functions
8. References

1. Introductory Remarks

A clear distinction must be drawn between Integrational Linguistics (IL) and Integrational Syntax (IS): IL is a conception of linguistics in general; IS is the syntactic part of the theory of language proposed in IL. IS is a general syntactic theory, or general syntax, a theory that specifies syntactic properties possessed by all languages. The present essay is devoted to IS. Still, IS is partly determined by background assumptions in IL. Presentation of IS in Secs 3. to 7. is therefore preceded by a characterization of the IL framework that concentrates on points essential to IS (Sec. 2.).

Emphasis in this essay is on the presentation of IL and IS, at an intermediate level of technicality. The IL and IS frameworks will be informally related to other approaches as the occasion arises. Only as an exception will non-IL literature be actually quoted; since rival approaches are documented in this Handbook, the reader is referred to the relevant articles.

It is a characteristic feature of IL that it takes the variability of languages — their changeability in space and in time — as basic rather than peripheral to any account of their systematic aspects. A framework for language variability is characterized in Article 3 of this Handbook and is therefore presupposed in the present essay on Integrational Syntax.

2. Integrational Linguistics (IL)

2.1 The Integrative Nature of IL

Integrational Linguistics is an approach to linguistics that is integrative, non-reductionist in at least the following respects:

(1) Linguistics is construed as a well-defined discipline in its own right but is also placed within a system of interrelated disciplines that include biology, psychology, and sociology.
(2) A broad view of linguistic subject matter is taken: linguistics deals with all aspects of natural languages that are directly or indirectly relevant to their use. This includes but goes beyond the 'systematic aspects' of languages (i. e. aspects related to structural properties of 'linguistic systems' in a traditional sense).
(3) It is assumed that each major aspect of natural languages must be characterized in its own right, which includes showing its interrelations with other aspects.

The name of "Integrational Linguistics" (*Integrative Sprachwissenschaft*) is partly motivated by the integrative nature of the approach, partly by the role assigned to 'theory integration' as explained in Sec. 2.4., below.

The following comments (i) to (iii) serve to clarify what is implied by (1) to (3).

(i) *Linguistics and other disciplines*. IL does not reduce linguistics to either biology, psychology, or sociology; linguistics is taken not as a branch of any of these but as an independent discipline that *shares* a branch with each: biolinguistics (including 'neurolinguistics') is a shared branch of linguistics and biology; psycholinguistics of linguistics and psychology; and sociolinguistics of linguistics and sociology. Contrary to the position taken in Chomskyan Generative Grammar, psychology and biology are construed as neighbouring fields not as basic disciplines of linguistics. In IL, semiotics is the only field allowed as an *ultimate basic discipline* of linguistics, i.e. the only discipline of which linguistics is a branch and that is not itself a branch of some other discipline.

The study of formal languages may be construed as a branch of semiotics, too. Following Montague, linguistics would either be a branch of the study of formal languages, as indicated by a title such as "English as a formal language", if taken literally; or linguistics would be a branch of some branch of semiotics whose domain consists of both formal and natural languages. Either construal would be alien to IL, which insists on the irreducibility of natural to formal languages and rejects any conception by which natural and formal languages form the domain of a single discipline. (This does not yet exclude the 'reconstructive' method from linguistics, i.e. using specific formal languages — Montague's 'language fragments' — to study properties of natural languages. The reconstructive method is, however, not germane to IL, due to the IL conception of linguistic theories.)

(ii) *The role of language variability*. On the integrational view, language variability — both in space and in time and both within and among languages — is a fundamental, 'non-systematic' aspect of natural languages that takes precedence over their 'systematic aspects' in the following sense: systematic aspects can be dealt with in a non-reductionist way — avoiding idealizations such as Chomsky's 'ideal speaker-hearer in a completely homogeneous speech community' — only if a clear conception of language variability is available. Consequently, a framework for language variability was developed in IL even before the study of the systematic aspects of languages was taken up. This again opposes IL to traditional versions of Generative Grammar, which are notoriously ill-equipped to deal with language variability and do not recognize its fundamental nature.

(iii) *Form vs. meaning*. In IL each major systematic aspect of languages — the phonetic-phonological, morphological, syntactic, and semantic — is characterized within a single integrative framework; still, each retains its identity. This means, in particular, that semantic properties are dealt with directly and not, as in Chomskyan Generative Grammar to this day, indirectly by their reflections in syntactic or morphological form. If IL is, in this way, opposed to the typical generative treatment of linguistic meaning, it is also opposed to a Montaguean view of linguistic form: syntactic and morphological form is given its proper due and is not treated as merely subservient to linguistic meaning. By way of exaggeration, any linguistic form was right for Montague that made the meaning come out right. This is unacceptable in IL, which proposes a 'syntax as a basis for semantics' but still requires non-semantic justification of linguistic form. In the area of syntax and semantics, Chomskyan Generative Grammar fails to be integrative because it does not provide a semantics; Montague Grammar fails to be integrative because it does not account for the relative independence of syntactic form in natural languages.

Generally, IL is meant to be integrative in a sense where different, but interrelated entities must be both kept apart and shown to be interrelated, a delicate balance that traditional 'mentalism' and recent 'cognitivism' are, in my view, unable to strike.

2.2 IL and Cognitivism

For some time now there has been growing dissatisfaction with the prevailing fragmentation in the study of language (see Bugarski 1990).

It has recently become popular to offer the 'cognitive science' program as a remedy: linguistics, it is claimed, should be construed as one field among others — such as psychology, neurophysiology, and computer sciences, esp. artificial intelligence — that jointly constitute 'cognitive science'. This is proposed as a group of interrelated disciplines that jointly study perception and cognition in man, animal and machine from a unified point of view. Such a position, which also absorbs 'mentalism' as traditionally advocated in Generative Grammar, has recently been opposed to IL as a superior integrative conception (Schnelle 1986). I have argued elsewhere (Lieb 1986; 1987; 1992c) that a cognitivist conception misconstrues linguistics: It is essential that linguistics should do justice to the 'intentional' aspects of language use and knowledge, in Searle's (1983) sense of "intentional". This requires a conception of linguistic objects not as mental or neurophysiological mechanisms — a position adopted in most of Generative Grammar — but as abstract, extra-mental entities. It follows that an algorithmic format cannot be justified for linguistic grammars by referring to the nature of linguistic objects, a traditional move in Generative Grammar (see also Schnelle 1986), where it is claimed that linguistic objects, being primarily mental mechanisms, should be 'described' by means of algorithms, Proponents of the algorithmic view currently disagree on the nature of the algorithms (whether or not they should be 'cellular automata' as required for 'parallel distributed processing'; advocated, for example, in Rumelhart/McClelland 1986) but this is immaterial to the basic problem: an algorithmic format for 'linguistic descriptions' is unmotivated if linguistic objects are not of the mechanism type.

From its inception, IL has rejected the algorithmic format for grammars, be it in a narrow, syntactic sense or in a broader sense that includes all aspects of linguistic form and the systematic aspects of linguistic meaning. IL has thus been opposed to traditional Generative Grammar as much as it is opposed to more recent cognitivist interpretations of linguistics, for essentially the same reasons: according to IL it is not mental or neurophysiological mechanisms that are the objects of linguistics but natural languages conceived as abstract, extra-mental entities for whose description algorithms are ill-suited.

IL assigns psychological and biological studies of linguistic objects their proper place while keeping such objects ontologically distinct from mental or neurophysiological entities. The underlying assumptions of the cognitivist research program are rejected.

Instead, natural languages are seen to arise from abstract, extra-mental objects that are involved in the *content* of mental states and events associated with language use and knowledge. IL is thus compatible with a non-cognitivist, 'intentionalist mentalism'. There appears to be a growing movement of a 'New Structuralism' in linguistics that embodies such a position (see Lieb 1990; Lieb 1992 (ed.)), a movement in which IL may be included.

The non-cognitivist stance of IL influences both its theory of language and its theory of linguistic grammars.

2.3 The Integrational Theory of Language

Several important general properties of the integrational theory of language are discussed in (i) to (v).

(i) *Theory of language and theory of grammars*. It is a characteristic feature of IL that theories of language are sharply distinguished from theories of grammars. The domain of a theory of language consists of arbitrary *natural languages*, the domain of a theory of grammars consists of *linguistic grammars*, i. e. of certain theories formulated by linguists: theories of specific languages, theories of language varieties etc. The distinction was typically blurred in classical Generative Grammar; general properties of languages were to be characterized indirectly, by specifying general properties of grammars of languages. The current state of affairs in Chomskyan Generative Grammar is unclear (but see Art. 3) since it no longer includes a recognizable theory of grammars understood as linguistic theories, a situation that has partly motivated the development of rival approaches in Generative Grammar such as Generalized Phrase Structure Grammar and Arc Pair Grammar, a version of Relational Grammar.

IL has developed both a general theory of language — the integrational theory of language — and a general theory of grammars (of linguistic theories of languages, language varieties etc.), the theory of integrational grammars.

(ii) *Theory of language and ontology*. It is a basic feature of the theory of language proposed in IL that it is *ontologically explicit* and *constructive*: the ontological status of every linguistic entity postulated by the theory is clearly determined (explicitness), and every entity is a logical or set-theoretical construct ultimately related to a small number of sets of basic or 'concrete' entities (constructiveness). Objects and events in space-time are among the basic entities (or else, are low-level abstract entities), and so are mental states and events. (See below, Secs 4.4. and 4.5., for syntax.)

(iii) *Theory of language and language variability*. The objects of linguistics, *natural languages*, are construed as sets of individual 'means of communication' or 'idiolects' (in a *defensible* sense of this term), which in turn are sets of pairs consisting of a 'phonetic sentence' and a 'state of affairs' that is a meaning of the sentence. For each idiolect in a language there is a system that determines the idiolect, and a *system for* the language is a construct of properties shared by every *system of* every idiolect in the language. *Varieties* of a language are subsets of the language, and a system for a variety is related to idiolect systems in the same way as a language is. Idiolects, varieties, languages, and their systems are all construed as extra-mental and abstract (at a fairly high level of abstraction from basic entities).

The integrational theory of language includes a *theory of language variability* in which this general conception is made more precise. (For a detailed proposal to deal with language variability, see my book Lieb forthc.)

(iv) *Theory of language and theory of language systems.* The integrational theory of language contains a subpart that deals with the systematic aspects of languages, *the theory of language systems* (for an overview of the IL theory of language systems, see Lieb 1992 d). Since language systems are constructs from shared properties of idiolect systems, it is a major concern of this theory to specify properties shared by the systems of arbitrary idiolects in arbitrary languages. Such properties may be either *conceptual*, i.e. implied by the proposed conception of idiolect systems, or *factual*, i.e. general but not conceptual.

It is a conceptual property of idiolect systems that each has three major subsystems, the sound system (phonetic-phonemic subsystem), the morpho-syntactic, and the semantic subsystems. Each subsystem has two parts; the morpho-syntactic subsystem consists of a morphogical and a syntactic part, the semantic subsystem of a morpho-semantic and a syntactic-semantic part. The lexicon, which is of key importance, is included partly in the morphological and partly in the syntactic part of the morpho-syntactic subsystem. No pragmatic subsystem is assumed.

Following this subdivision of idiolect systems, the theory of language systems has several parts: *Integrational Phonology*, dealing with general properties of the sound system and further subdivided into Integrational Phonetics and Integrational Phonemics; *Integrational Morpho-Syntax*, divided into Integrational Morphology and *Integrational Syntax* (IS); and *Integrational Semantics* (Morpho-Semantics and Syntactic or Sentential Semantics; for an overview, see Lieb 1992 a).

(v) *Theory of language, theory of grammars, and Integrational Syntax*. IS is a theory that specifies the general syntactic properties of languages by determining the general properties of the syntactic part of any idiolect system. Naturally, this theory is not, and may never be, complete. In the present essay emphasis will be on the conceptual rather than the merely factual properties of the syntactic part of any idiolect system (see (iv)).

IS is part of a theory of language. It is not part of a theory of linguistic grammars. Nothing can be said, therefore, in a presentation of IS, on the nature of 'rules of a grammar', on the syntactic terminology used in writing grammars, etc. Such questions are dealt with in the syntactic part of a theory of grammars, the part that studies linguistic theories of the syntactic properties of languages.

It is impossible in this essay to characterize the syntactic part of the integrational theory of *grammars* in any detail. By presenting the corresponding part of the theory of *language* I do, however, provide the basis on which the syntactic part of the theory of grammars rests: grammars must be such that they can serve their purpose, i.e. specify the syntactic properties of individual languages, and it is the theory of language that tells us what kind of properties to expect.

Generally, the integrational theory of language is presupposed by the integrational theory of grammars. The following remarks will have to do for a brief characterization.

2.4 Integrational Grammars

A *grammar* of an *idiolect* is construed as a theory of the idiolect and a system of the idiolect, which jointly are the object of the grammar; correspondingly, a grammar of a *set of idiolects*, such as a language or language variety, is a theory of both the set and a system for the set. A grammar may be *partial* or *complete*: it may be restricted to a subsystem or part of a subsystem, or it may cover the entire system. Again, it may be *exhaustive* — specify all relevant properties of its object — or *non-exhaustive*.

Ideally, a grammar is an axiomatic theory of its object, in one of several well-defined senses of "axiomatic theory" that all require sets of statements among a theory's components. (In this, the explication of "axiomatic theory" resembles a classical, Carnapian view rather than the 'structuralist' conception that has been advocated by Sneed/Stegmüller since the early seventies; see, e.g., Carnap 1958, Part II; Sneed 1971; Stegmüller 1973.) Actual scientific grammars may deviate from this ideal to various degrees but may still be understood in their essential properties by taking an axiomatic version as an ideal reference-point.

Any grammar is closely linked to a theory of language: it depends on such a theory both for most of its technical terms and for essential background assumptions. Ideally, a theory of language is again an axiomatic theory. If both the grammar and the correlated theory of language are given in axiomatic form, the grammar may be said to *presuppose*, and actually *be formulated in terms of*, the theory of language, in a technical sense of these terms (only part of the theory of language need be involved in the grammar). If the two theories are not given in axiomatic form, their relationship may still be understood by reference to the formal case.

The relationship between an axiomatic grammar and a corresponding theory of language is an example of *theory integration*. There are various forms of theory integration. In addition to a theory of language, non-linguistic theories such as biological, psychological, or sociological ones may also be integrated with a grammar. (Again, it may be only parts of such theories that are used.)

The name of "Integrational Linguistics" is motivated not only by the integrative nature of the overall approach but also by the essential role assigned to theory integration in the proposed theory of grammars.

Integrational grammars are not 'systems of rules' for recursively enumerating 'sentences' or similar objects; they are not algorithms, for reasons that were discussed in the previous subsection. An algorithmic conception of grammars, which is definitional for Generative Grammar, has recently been given up also in the Chomskyan School; no new format has been specified.

Integrational grammars are empirical theories (in a defensible sense of "empirical") that do not contain 'rules' in an algorithmic sense but statements on their objects. In the case of a *syntactic grammar*, i.e. a partial grammar restricted to the syntactic part of a linguistic system, these statements are claims on properties of the syntactic part. Indeally, many of these statements are identity claims (or equivalences) identifying — correctly or incorrectly — a certain category, relation etc. in a specific idiolect system, or in the systems of all idiolects of a language or language variety.

As an example, we might have a sentence of the following form in a grammar of Modern English:

(4) For all [idiolects] C and all [idiolect systems] S, if C is an element of Modern English and S is a system of C, then the set of all [syntactic units] f such that f is a Noun Group of S [such that $f \varepsilon \text{NGr}(-,S)$] = the set of all f such that ...fS...,

where ...fS... is an open sentential formula of arbitrary logical form whose only free variables are "f" and "S".

The set $\text{NGr}(-,S)$ is a syntactic category of S. This category is *identified* in (4), correctly or incorrectly: (4) is a statement on systems S; it may be true or false. (4) is *not* a definition of the grammatical term "(is a) Noun Group (of)" (traditionally, "Noun Phrase"), which denotes not a *category* of a specific idiolect system but a *relation* between syntactic units and arbitrary idiolect systems. (There is a formal requirement sufficient to rule out (4) as a definition: the definiendum must be logically simple while "$\text{NGr}(-,S)$" is not.) The term "Noun Group" is taken over into the grammar of English from a presupposed theory of language, where it may or may not be a defined term. The expression "$\text{NGr}(-,S)$", formed from "NGr" by purely logical (set-theoretical) means, is used to refer to categories of arbitrary Modern English idiolect systems.

The relation between the complex term "$\text{NGr}(-,S)$" and the constant "NGr" may give a first impression of what is meant by saying that a grammar 'is formulated in terms of' a presupposed theory of language.

Sentences like (4) may group together into sets that are analogous to systems of 'simultaneous recursive definitions'; even then their status as empirical identity claims is not affected.

For a more detailed account, the reader is referred to work on integrational grammars listed, among other IL research, in the following subsection.

2.5 Development of IL.
Research in the IL Framework

Integrational Linguistics has arisen mainly through work done by Lieb. Major steps were as follows.

A framework for language variability, emphasizing variability in time, was developed as an incomplete axiomatic theory of language in Lieb (1970), of which Lieb (1968) is an incomplete and preliminary English version.

Next, a theory of grammars as axiomatic theories that each presuppose a theory of language was presented in Lieb (1974); (1976a); (1977, Part II); and finally (1983, Part G); for an introduction, see Lieb (1989). The theory of grammars was applied to theoretical problems of research on language universals in Lieb (1975a; 1978). At roughly the same time, linguistics was conceived as a branch of semiotics, having psychology, biology, and sociology as neighbouring disciplines (Lieb 1971; 1976b).

The 1970 theory of language did not yet include a theory of language systems. Work on such a theory was taken up in 1972, starting with work on a general syntactic theory. Basic ideas of what was to develop into Integrational Syntax were contained in a 1972 working paper by Lieb, published as Lieb (1975b). From 1972 to 1982, a Berlin research group founded and directed by Lieb worked on problems of a general syntactic theory, with applications to German.

The integrational theory of language systems, comprising a theory of sound systems, a morpho-syntax, and a semantics, was first outlined in Lieb (1976a), in connection with a theory of grammars. The general syntactic theory was characterized in greater detail in Lieb (1977, Part I), a book-size essay written in preparation of, and presented at, a workshop on Alternatives to Transformational Grammar at the XIIth International Congress of Linguistics in Vienna (1977). The name "Integrational Linguistics" was first introduced in this essay.

Part of the material of Lieb (1977) was included in Lieb (1983), the most comprehensive presentation of IL to date. Parts A to F of this book give a detailed account of the integrational theory of language, including a general morphology, morpho-semantics, and syntactic semantics; Integrational Syntax is presented in the form it eventually acquired in Lieb's own post-1977 research. The most conspicuous gap in Lieb (1983) is lack of a general theory of the sound system (but see Lieb 1979; also, intonation at the syntactic level is included). This gap is now beginning to be filled (Lieb 1988; generally, Lieb (ed.) 1988).

The most detailed presentation of both the IL theory of language (excluding phonology) and the theory of integrational grammars is going to be contained in Lieb (in prep.), of which Lieb (1983) is the first volume.

Recent IL work rejecting 'cognitivism' in favour of a 'New Structuralism' was characterized above, in Sec. 2.2. IL has also produced some work of a strictly methodological type (development of specific linguistic methods): for syntax and semantics, see Lieb (1980c) and (1984); for phonetics and phonology, Lieb/Haberbeck (1988) and B. Richter (1988).

A comprehensive bibliography of IL up to 1983 may be found in Lieb (1983).

In addition to a large number of papers and articles by Lieb and others, there have been the following book-size studies in an IL framework by authors other than Lieb (the earlier studies do not use Integrational Semantics as presented in Lieb (1983)): Eisenberg (1976), on the syntax and semantics of the German adjective; Fischer (1981), a monograph on the syntax and semantics of German conditionals; Lutzeier (1981), on the notion of lexical field; Eisenberg (1986/1989), a reference grammar of Modern German (largely based on a 1977 version of IS rather than Lieb's 1983 version); H. Richter (1988), an attempt to solve most problems of linguistic indexicality within the framework of Integrational Semantics (Lieb 1983); see also Wiese 1983.

This concludes the account of Integrational Linguistics (IL) that will be presupposed in the following presentation of Integrational Syntax (IS). The presentation in Secs 3 to 7 is essentially based on Lieb (1983, Part B), with some updating. IS is closely interrelated with its companion theory of Integrational Semantics; this theory can only be touched upon in the present essay.

3. Integrational Syntax (IS): Basic Approach

3.1 Surface Syntax as a Basis for Semantics

Integrational Syntax is a general syntactic theory (a general syntax) in which the following assumptions are made or presupposed for the syntactic part of any 'spoken' idiolect system (assumptions for systems of 'written' idiolects are analogous):

(5a) The components — base forms, units, categories, structures, and functions — of the syntactic part are constructs based on phonological entities and, possibly, word meanings: syntactic base forms are complex phonological units (mostly, phonological words); syntactic units (such as 'sentences') are non-empty constructs from base forms; and syntactic categories, structures, and functions are non-empty constructs from syntactic units and their parts (including the empty part) and, possibly, word meanings.

(5b) Each component other than a base form can be determined either exclusively by the *syntactic means* of the idiolect system (by sequential order of syntactic base forms, morphological marking of base forms, or syntactic intonation), or by syntactic means together with word meaning properties that by themselves are not sufficient to determine the component.

(5c) For each syntactic unit there is a corresponding unit in the phonetic part of the idiolect system.

(5d) For each phonetic unit that corresponds to a syntactic unit, sequential order in the phonetic unit is preserved in the syntactic unit.

(5e) The meanings that can be assigned to a complex syntactic unit (such as a 'sentence') on the basis of a syntactic structure of the unit are a function of the meanings of the 'elementary meaningful parts' of the complex unit.

(5f) The meanings of a complex syntactic unit are the meanings that can be assigned to it on the basis of its syntactic structures.

Integrational Syntax is a *surface syntax* because it satisfies conditions (5a) to (5d); it is a *syntax as a basis for semantics* because it satisfies (5e) and (5f). Being both, IS is a *surface syntax as a basis for semantics*.

The conditions imposed on IS are largely motivated by general properties of the IL approach. (For choosing idiolect systems as a starting-point, see Sec. 2.1., Point (ii), and Sec. 2.3., Point (iii). — For (5a), (5c), and (5d), see Sec. 2.2., and Sec. 2.3., Point (ii). — For (5b), (5e), and (5f), see Sec. 2.1., Point (iii).)

Condition (5a) allows word meanings as basic building blocks of syntactic entities. This step was taken in IS at a fairly late stage, in Lieb (1983); it is not yet taken in Eisenberg (1986/1989). A major reason was the following consideration: Any syntax should assign a key role to *lexical words* in a sense in which a meaning is an actual component of a word. Word meanings must therefore be available as separate entities. Their status is defined in Integrational Semantics; word meanings are construed as psychological concepts in a specific sense (see Lieb 1983, Ch. 13, and the relevant literature; also Sec. 5.4., below), in a sense that makes them extra-mental from an ontological point of view (assuming the definition of "extra-mental" given in Lieb 1992c).

There has been a growing 'surface orientation' in the field of syntax over the past ten years in linguistics generally. Even so, IS is the only general syntax to date that is a surface syntax in the strict sense of (5a) to (5d). This sense excludes, in particular, 'deep structures' of any kind, 'disambiguated' structures (Montague), 'empty categories' (Chomsky), and 'movement' (Chomsky).

Conditions (5e) and (5f) formulate the well-known compositionality principle for syntactic meanings. I consider this principle, properly interpreted, as a prerequisite for any adequate theory of sentence meaning; semantic theories that do not include it cannot be taken seriously in linguistics.

In its interpretation of the principle IL differs from all other approaches: it applies the compositionality principle to meanings construed in the meaning-as-use tradition (meanings of 'sentences' are to represent necessary conditions for 'normal utterances'). This requires meaning composition in an entirely novel sense (see Lieb 1983, Part F). While IS is not the only syntax as a basis for semantics, it is unique in both its interpretation of the compositionality principle and in combining it with strict surface requirements.

The properties specified by (5) for the syntactic part of any idiolect system are conceptual properties (in the sense of Sec. 2.3., Point (iv)). This is also true of porperties discussed in the following Subsection.

3.2 Syntactic Structures

Any *syntactic structure* of a syntactic unit (or concatenation of units), e.g. of a 'sentence', is to be a triple consisting of a *constituent structure*, a *marking structure*, and an *into-*

nation structure of the unit (or concatenation). The three components of a syntactic structure loosely correspond to the three types of syntactic means (5b): sequential order of base forms, morphological marking of base forms, and intonation.

Any syntactic structure is *surface* in the sense of (5a) to (5d). Furthermore, it is *extramental*, and is an *object-language* entity, it is not a construct from symbols used by the linguist. A single syntactic unit may be *syntactically ambiguous* in the sense of having more than one syntactic structure (more than one triple). In actual fact, 'sentences' will have a large number of different syntactic structures most of which agree in their constituent and marking structure components but differ in regard of intonation structures. No syntactic structure is more basic than another; there is nothing to correspond to a 'sequence of trees'.

In any syntactic structure the *constituent structure* explicitly represents places of syntactic base forms by means of integers; this allows, among other things, a natural treatment of discontinuous constituents. The *marking structure*, which is relativized to the constituent structure, takes care of agreement among parts of a syntactic unit and of government properties of *lexical words* that are used in the unit. Lexical words are construed as pairs consisting of a word paradigm and a meaning; reliance on words and word paradigms is an essential feature of IS. The *intonation structure*, which cannot be determined from the constituent structure, is a sequence of 'modified word intonation structures'.

It is assumed that *any* triple consisting of a constituent structure of a syntactic unit or concatenation of units, of a marking structure relative to the constituent structure, and of an intonation structure is a *syntactic structure* of the unit or concatenation. The three structures may well be partly incompatible. This results in a breakdown of 'grammatical relations' (see following Subsections): Some part or constituent of the unit or concatenation is left unrelated to any other part. In the case of a unit (but not necessarily of an arbitrary concatenation of units), the unit-structure pair is then *ungrammatical*; grammaticality of unit-structure pairs is explicated as coherence with respect to 'grammatical relations' (a similar step has recently been taken also in Chomsky's Government-and-Binding framework).

3.3 Syntactic Functions: Overview

Three major types of *syntactic functions* have been recognized in IS: constituent functions, category functions, and syntactic accents. 'Marking functions' are here added as a fourth type.

Constituent functions serve, in particular, to reconstruct traditional '*grammatical relations*' like nucleus (head), complement and modifier (adjunct) or, more specifically, predicate, subject, object etc. The relevant constituent functions are called *grammatical functions* (a reminder of "grammatical relations"); the nucleus, complement, and modifier functions are *basic* grammatical functions, all others — definable in terms of basic functions — are *derived*.

Constituent functions also take care of some or all syntactic aspects of negation and similar phenomena. In English and German, such functions belong to a type called *scope functions*.

To the extent that anaphoric or cataphoric relations associated with pronoun occurrences, such as 'is an antecedent of', are syntactic and not semantic or pragmatic, these relations, too, are reconstructed as constituent functions, to be called *phoric functions*.

Finally, 'topic-comment' distinctions in some languages may require constituent functions — here called *view functions* — to account for their syntactic aspects (the need for a separate syntactic representation of topic-comment distinctions is less clear than is sometimes assumed).

Marking functions are used to reconstruct notions like 'is a Noun Phrase in the Singular'. Such concepts, usually understood as category concepts, are obviously relational: in saying that something is a Noun Phrase in the Singular, we relate a constituent simultaneously to two different syntactic categories, Noun Phrase and Singular.

Category functions account for the syntactic side of traditional 'sentence type' distinctions (declarative vs. interrogative etc.).

Syntactic accents are functions that represent, at the syntactic level, phenomena of stress that affect sentence meaning, frequently treated as mainly phonological. (There is also asemantic sentence stress, whose status as a syntactic function remains to be established.)

In summary, the following types of syntactic functions are recognized in IS (for the possibility of 'agreement functions', see below, end of Sec. 6.4.):

(6)
```
                    syntactic functions
                          │
                      major type
         ┌──────────┬──────────┬──────────┐
    constituent  marking   category   syntactic
     functions  functions  functions   accents
                    │
            constituent function type
         ┌──────────┬──────────┬──────────┐
    grammatical  scope      phoric    view
     functions  functions  functions functions
                    │
            grammatical function type
         ┌──────────────────────┐
      basic                  derived
    grammatical            grammatical
     functions              functions
```

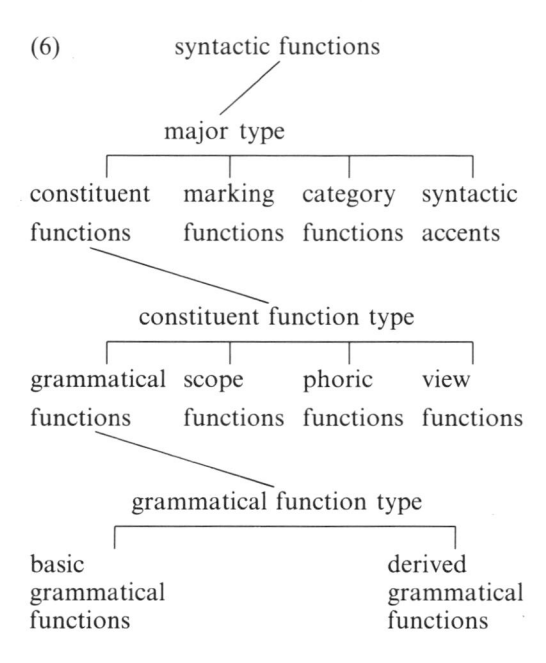

In the present essay I will have to restrict myself to a more detailed discussion of just one type of syntactic function: basic grammatical functions (below, Sec. 7.). Discussion in the following Subsection does, however, include functions of all types (see also Sec. 7.2. for non-grammatical functions).

3.4 Formal Status of Syntactic Functions

All syntactic functions are functions in a logical or set-theoretical sense. On a traditional account we might say that in

(7) *ann was having an apple and an orange*,

'the object relation holds between *an apple* and *was having* and between *an orange* and *was having*', i.e. we have a set of two pairs such that the first component of each 'is an object of' the second. On a more careful analysis it would turn out that such relations can be determined only relative to a *syntactic quadruple* (f,s,e,S), where S is an idiolect system; f is a syntactic unit (or concatenation of units) of S; s is a syntactic structure of f in S; and e is a 'lexical interpretation' of f relative to s and S. (A *lexical interpretation* is a function that assigns an appropriate word meaning to each primitive constituent of the unit or concatenation of units.)

Correspondingly, an expression like "object" is construed as a name of a *function* that takes syntactic quadruples (f,s,e,S) and assigns to each a set — possibly empty or one-element — of pairs of parts of f; put differently, assigns to each a two-place *relation* between parts of f.

Generally, *constituent functions* take syntactic quadruples — possibly, *any* syntactic quadruples — as arguments. What is assigned to a given (f,s,e,S) is an n-place relation (a set of ordered n-tuples) among parts of f that are, as a rule, *constituents* of f; hence the name *constituent function*. More specifically, functions of the various constituent function types take values of the following kinds.

Values of *grammatical functions* are sets of (n+1)-tuples $(f_1,...,f_n,f_{n+1})$, $n \geq 1$, such that f_1 [for n = 1] or $(f_1,...,f_n)$ [for n > 1] is 'in a given relation' to f_{n+1}, e.g. 'is a predicate of' f_{n+1}. (The case of n > 1 is relevant only to the $comp^n$ functions, to be characterized in Sec. 7.) The same holds of the values of *phoric* and *view functions*, for n = 1.

The values of *scope functions* like neg ("negates") are sets of triples (f_1,f_2,f_3) such that f_2 is a 'domain' of f_1 and f_3 a 'scope' of f_1: "f_1 negates f_2 [domain] with respect to f_3 [scope]".

The arguments of *marking functions* are again syntactic quadruples (f,s,e,S). An expression such as "*the sick boy* is a Nominal [Nl] marked as Singular [a Nominal in the Singular, a Singular Nominal] relative to f, s, e, and S" is understood as "(*the sick boy*, Nl, {Sg}) ε mark(f,s,e,S)". Thus, the *values* of marking functions are three-place relations between (i) a constituent, (ii) a set of syntactic units that is the union of a set of 'constituent categories' (Nl = the union of {Noun Group, Noun}), and (iii) a set of 'minor' categories ({Sg}; there may be more than one category in the set). Involvement of such 'minor' categories is a kind of 'marking' of the constituent, hence, the name 'marking function'. (See also below, end of Sec. 6.4.)

Just like constituent and marking functions, *category functions* such as 'declarative' or 'interrogative' take syntactic quadruples (f,s,e,S) as arguments; to each argument, they assign a two-place relation between parts of f and parts of the constituent structure contained in s. The constituent structure includes constituent *categories*, hence the name "*category function*". By means of such categories we explicate traditional statements on 'interrogative sentences', etc. The relevant part of f need not be a 'sentence', though; we may just as well speak of 'interrogative nouns', 'interrogative noun groups' etc.; thus, the traditional problem of 'incomplete sentences' does not arise.

Syntactic accents are of a different type. Their arguments are *syntactic triples* (f,s,S) (quadruples without a lexical interpretation); their values are sets of quadruples (f_1,i,j,f_2), where f_1 — the 'accent bearer' — is a primitive constituent of f; (i,j) — the 'accent place' — is a pair of positive integers (i represents the place of a phonological word in f, and j the place of a syllable in the word's syllable sequence); f_2 — the 'semantic domain' — is also a part of f.

Two general points should be made.

(i) *Function occurrences.* Let g be any syntactic function, say object. A clear distinction should be drawn between g-*constituents* and g-*occurrences* (object constituents and object occurrences).

The values of g are n-place relations. If (f,s,e,S) or (f,s,S) is an argument of g, then g(f,s,e,S) or g(f,s,S) — the value of g for the argument — may also be called *the* g-*relation on* f, s and e in S, or *on* f and s in S. For each function g there is an indefinite number of relations that are values of g.

A g-*occurrence* relative to f, s, [e] and S is an element of the g-relation on f, s, [e] and S; a g-*constituent* is the first component of a g-occurrence if the g-occurrence is a pair or g is a scope function. Thus, the pair (*an apple, was having*) is an object occurrence and *an apple* an object constituent, relative to some f, s, e, and S where f = (7).

(ii) *Identification of function values vs. definition of function names.* Syntactic functions are subject to the surface syntax requirements in (5). This means, in particular, that for any argument (f,s,e,S) or (f,s,S) of function g, the g-relation can be identified in agreement with (5b). The g-relation depends only on f, on a syntactic structure s of f, and, possibly, on a lexical interpretation e.

Identification of g-relations on the basis of syntactic structures is analogous to Chomsky's reliance on syntactic structures ('deep structures' in his case, or, more recently, 'D-structures') for determining 'grammatical relations'.

However, identifying g-relations in a grammar must by no means be confused with defining a name, say "object", for function g; see in this respect the discussion of (4) in Sec. 2.4. In talking about idiolect system S we take the function name from somewhere, usually from a presupposed theory of language, where it may or may not be defined (see Sec. 2.4.). This position is analogous to claims — made, for example, in Relational Grammar — that 'relations' take precedence over 'structures'.

From an IS point of view, the 'relation vs. structure' debate obviously suffers from underdifferentiation.

3.5 Syntactic Functions and Sentence Meaning

On an IS conception all syntactic functions are *syntactic* entities. Most syntactic functions are, however, *significant*: they are assigned a major role in sentence meaning composition. The only non-significant functions are: derived grammatical functions (this may come as a surprise), marking (and agreement) functions, and asemantic sentence stress if allowed as a syntactic function.

Let g be a significant function. Consider the *restriction* of g to idiolect system S, i.e. that subfunction of g whose arguments are (f,s,e,S), for some f, s and e. Assume that the restriction of g to S is not empty. In this case, the restriction of g to S *has a semantic content*. If g is a grammatical function, the content is a set of *semantic functions* that are directly used in sentence meaning composition, in building sentence meanings from word meanings.

More specifically, there is a component of the semantic part of any idiolect system S, called *the syntactic function interpretation of* S, that is a set of triples (a three-place relation). The first component of each triple is a restriction to S of a syntactic function g. The second component is a semantic function in case g is a grammatical function (if not, the second component is of a partly or completely different type). The third component is an 'application condition' for the second component, specified in syntactic or semantic (word-semantic) terms. The *semantic content* of g in S is the set of second components of triples whose first component is the restriction to S of g. The content may have several elements; their functioning in meaning composition processes is either triggered or blocked by the associated application conditions.

On an IL view, sentence meanings have different components, in particular, a referential part, a proposition or rhema, an 'illocutionary' component, and a 'rhematic background' consisting of what is co-expressed with the rhema. Restrictions of *basic grammatical functions* contribute, via their semantic content, to the determination of propositions and referential parts of sentence meanings. *Derived* grammatical functions, such as subject or object, are non-significant. It follows that semantic functions associated with grammatical functions have nothing to do with Fillmore's cases or Chomsky's θ-roles; generally, with relations such as 'actor of', 'experiencer of' etc. (For the place assigned to such relations in IL, see Secs 7.6. f, below.) In English as well as in German idiolect systems, restrictions of *scope functions* contribute to the proposition, to the rhematic background, or to both, while the restrictions of *syntactic accents* contribute primarily to rhematic background. The 'illocutionary' component is determined by the restrictions of *category functions*.

In summary, sentence meaning composition in an arbitrary idiolect system S is entirely achieved by (i) the semantic content of the restrictions of syntactic functions to S, and (ii) semantic functions directly associated with certain syntactic categories such as tenses (for an example of this, see Sec. 7.5. (i), below). In case (i), semantic functions are provided by *the syntactic function interpretation of* S; in case (ii), by *the syntactic category interpretation of* S. This, too, is a component of the semantic part of S and is a three-place relation between syntactic categories of S, semantic functions, and 'application conditions'.

Sentence meaning composition, it should be emphasized, is neither directly nor indirectly treated in syntax. Differently from Chomskyan generative grammar, from 'Generative Semantics' (now defunct), and from Lexical Functional Grammar, but similarly to Montague's Universal Grammar and its semantic derivatives (e. g. Generalized Phrase Structure Grammar), meanings of syntactic entities are independently-specified, non-syntactic entities.

More specifically, *word* meanings are construed in Integrational Semantics as concepts in a psychological sense (see Sec. 5.4., below). Differently from any other framework in linguistic semantics, Integrational Semantics construes non-lexical meanings of *syntactic* entities as relations between utterances, speakers, and, possibly, reference objects, relations that represent necessary conditions for the normal use of syntactic units. The problem of meaning composition presents itself for such meanings in a novel form and is solved by taking syntactic functions and categories as the formal basis for the composition process.

In the remaining part of this essay I must restrict myself to Integrational Syntax (IS), barely touching upon Integrational Semantics in its non-lexical aspects. My account of IS in Secs 5. to 7. will concentrate on syntactic structures (Sec. 6.) and grammatical functions (Sec. 7.). Once again, only 'spoken' idiolect systems are considered but 'non-spoken' ones are easily included.

My account of the properly syntactic notions is preceded by an overview of the formal concepts and the notational devices and conventions that will be presupposed.

4. Formal Preliminaries

4.1 Introduction

For understanding the formal properties of syntactic entities postulated in IS, little more is needed than knowledge of naive set theory, which is presupposed in this essay. It should be remembered that an n-place *relation* (n > 1) in the set-theoretical sense is simply a set of ordered n-tuples of set-theoretical objects; an (n−1)-place *function* is an n-place relation that is many-one with respect to the first n−1 places; i. e. for any two elements $(z_1,...,z_{n-1},z_n)$ and $(z_1,...,z_{n-1},z_n')$ of the relation, $z_n = z_n'$. An *argument* of the function is any $(z_1,...,z_{n-1})$ such that, for some z_n, $(z_1,...,z_{n-1},z_n)$ is an *element* of the function.

For sets that are relations, we may use relation terminology; in particular, the *domain* of a two-place relation (of a set of pairs) is the set of *first-place members* of the relation, i. e. the set of first components of pairs that are elements of the relation.

There are two groups of more specialized set-theoretical notions that should be explained: concepts relating to sequences (Sec. 4.2.) and concepts connected with classifications (Sec. 4.3.), both of special significance to syntax. (The notion *union* of a set of sets, used, for example, in defining "classification", is understood in the usual way: the union of a set M of sets is the set of all z such that z is an element of at least one element of M.)

Other formal concepts and various *notational conventions* will be explained as the need arises:

— (9), (10), (12), (14): conventions for referring to sequences
— (18): orthographic names of syntactic base forms
— (24), (30): conventions for naming type 1 categories, hyphen notation (−,)

- (26): raised-P notation ("the paradigm of .. in ..")
- Sec. 5.4.: b^0 (the empty concept), ^eb ("the extension of b")
- Sec. 5.4.: raised dots $\cdot\cdot$ for concept names
- (30): capitals for names of type 2 categories
- (32): raised-W notation ("the word .. in ..")
- (35), (41), (44), Sec. 6.4.: conventions for describing structures by diagrams
- (55): abbreviations for naming minor type 1 and type 2 categories
- Sec. 6.5.: names of pitches, $^-$S etc.

It will also be helpful to provide a list of variables for later reference and interpret them to clarify the ontological commitments of IS (Secs 4.4. and 4.5.).

4.2 Sequences

"Sequence" is understood as follows:

(8) A (non-empty, finite) *sequence* is a function whose arguments are the integers 1 to n, for some n > 0.

Consider, for example, two 'phonemes' /p/ and /i:/. They may form sequences; for example,

(9) /pi:p/ = /p//i://p/ = {(1, /p/), (2, /i:/), (3, /p/)}

is a sequence. The *members* of /pi:p/ are the 'phonemes' /p/ and /i:/. The *length* (lg) of /pi:p/ (the greatest number that is a first component of an element of /pi:p/) = 3. The *j-th member* of /pi:p/ — for j ≤ lg(/pi:p/) — is /pi:p/(j), i.e. the 'phoneme' x such that (j,x) ε /pi:p/. These examples may suffice to explain the three concepts (member, length, j-th member). Formulation (9) also exemplifies two standard ways of naming sequences of linguistic entities in an abbreviated way. Neither applies in the case of one-member sequences, for which a superscript notation may be used (z is any set-theoretic object):

(10) z^1 (*the unit sequence of z*) = {(1,z)}.

Thus, $/p/^1$ = {(1, /p/)}. Three examples for non-sequences are given in

(11a) {(1, /p/), (3, /p/)}
(11b) {(2, /i:/), (3, /p/)}
(11c) {(2, /p/), (4, /i:/), (7, /p/)}

Non-sequence (11c) stands in a special relationship to sequence (9): it is a *positional variant* of (9) (obtained by adding integers to the numbers that are first components of elements of (9); such integers need not be positive, which makes any sequence a positional variant of itself). One sequence may *occur* in another in the sense that a positional variant of the first is a subset (or *part*: parts of sequences are subsets) of the second; this subset is an *occurrence* of the first sequence in the second. Thus, /i:p/ = {(1, /i:/), 2, /p/)} occurs in /pi:p/ = {(1, /p/), (2, /i:/), (3, /p/)}, and {(2, /i:/), (3, /p/)} is an occurrence of /i:p/ in /pi:p/. In case there is just one such occurrence, we introduce an abbreviation:

(12) Let F and F_1 be any sequences such that there is exactly one occurrence of F_1 in F. Then F_1 *in* F (F_{1F}) = the occurrence of F_1 in F.

For example, if F = /pi:p/, then $/i:p/_F$ = {(2, /i:/), (3, /p/)}.

A sequence F may also be the *concatenation* of two sequences F_1 and F_2, in an obvious sense; thus

(13) the concatenation of {(1, /p/)} and {(1, /i:/)} = {(1, /p/), (2, /i:/)}.

Finally, arbitrary finite sets of pairs whose first components are integers — such sets may or may not be sequences — may be denoted as in the following example:

(14) $/i:/_2$ $/p/_{10}$ = {(2, /i:/), (10, /p/)}.

By (10) and (14), $/i:/^1$ = $/i:/_1$ = {(1, /i:/)}. Notations as in (14) must not be confused with subscripts as parts of variables or constants; e. g., "F_1" in (12) is an indivisible expression.

The notion of sequence is basic to the concept of syntactic unit. Concepts of classification are essential to both syntactic categories and syntactic structures. (The following Subsection need be consulted only before reading Sec. 5.2.)

4.3 Classifications and Classification Systems

A *classification on* a set M is a finite set M_1 of subsets of M such that (i) M_1 has at least two elements; (ii) neither of two different elements is a subset of the other; (iii) the union of M_1 = M. (The union of M_1 = the set of all x such that x is an element of at least one element of M_1.)

By this definition the empty set cannot be an element of M_1, and different elements of M_1 may overlap (their intersection may be non-empty). If there is no overlapping, M_1 is a *partitioning of* M.

Set M is called *the basis* of classification M_1.

Two classifications may have a shared basis; in this case, they are *cross-classifications* on their basis.

A *classification system on* M is a non-empty finite set of classifications such that each classification is a classification either on M or on a subset of M that is an element of some classification in the set.

M is called *the source* of the classification system; and any set M_2 that is an element of some classification in the system and is not the basis of some classification in the system, is called an *endpoint* of the system. Two endpoints M_2 and M_3 of the system are called *compatible with respect to z and* the system if (i) z is an element of both M_2 and M_3, and (ii) either $M_2 = M_3$, or $M_2 \neq M_3$ and there is no classification in the system with different elements M_4 and M_5 such that M_2 is a subset of M_4, and M_3 of M_5.

Two classifications in a classification system may be related in such a way that the basis of the first is a proper subset of the basis of the second. In this case the first is a *subclassification* on the basis of the second in this system.

4.4 Variables

The variables to be used in the main part of this essay are here listed for later reference (not, of course, for immediate memorizing):

(15) *List of variables*

(a) "i", "j", "n" each stand for any positive integer
(b) "α": for any set of n's
(c) "S": for any entity of the type of an idiolect system
(d) "f^p": for any set of pairs (n,E), where E is a non-empty set of properties of sound-events
(e) "I^p": for any set of pairs (n,A), where A is a set of 'auditory values' such as pitches, lengths, etc.
(f) "I": for any set of pairs (n,I^p)
(g) "k^p": for any entity of the type of a phonological constituent structure
(h) "s^p": for any pair (k^p,I^p)
(i) "f": for any set of pairs (n,w^p) where w^p is a pair (f^p,s^p)
(j) "K": for any set of f's
(k) "J": for any set of K's
(l) "k": for any set of pairs (α,K)
(m) "P": for any set of pairs (f,J)
(n) "b": for any potential concept
(o) "x": for any entity other than an n-tuple that may be an element, or a component of an element, of the extension of a potential concept
(p) "h^n": for any set of pairs (b,b_1) such that b is (n+1)-place and b_1 is n-place
(q) "e": for any set of pairs (f,b)
(r) "L": for any set of pairs (P,b)
(s) "O": for any set of L's
(t) "m": for any set of triples (α,J,O)
(u) "s": for any triple (k,m,I)
(v) "g^n": for any set of pairs ((f,s,e,S), M) where M is a set of (n+1)-tuples (f_1,...,f_n,f_{n+1})
(w) "M": for any set
(x) If β is any one of the preceding expressions, then $β_γ$ and $β'$ are variables of the same type as β, where γ is the name of a non-negative integer and ' is one or more copies of "'".

These variables cover, among other entities, the following linguistic objects (also listed for later reference):

(16) *Linguistic entities covered*

(a) "S" applies, in particular, to any idiolect system. (Choice of "S" is to recall "system".)
(b) "f^p": any sequence, and part of a sequence, of phonemes of any idiolect system S. (The lower-case superscripted "p" is to recall "phonological"; "f": "form". Reference to idiolect systems S is omitted in the rest of (16).)
(c) "I^p": any (part of a) phonological intonation structure of any f^p in (b). ("I": "intonation")
(d) "I": any (part of a) syntactic intonation structure. (Lack of p-superscript indicates *syntactic* status.)
(e) "k^p": any phonological constituent structure of any f^p in (b). ("k": "constituent")
(f) "s^p": any phonological structure of any f^p in (b). ("s": "structure")

(g) "f": any (part of a) syntactic unit or concatenation of units. ("f": "form")
(h) "K": any type 1 syntactic category. ("K": "category")
(i) "J": any set of type 1 syntactic categories
(j) "k": any (part of a) syntactic constituent analysis or constituent structure of any f in (g). ("k": "constituent")
(k) "P": any word paradigm. ("P": "paradigm")
(l) "b": any lexical meaning. ("b": German "Begriff")
(m) "x": any basic entity that exists from the speaker's point of view. ("x": "exist")
(n) "h^n": certain semantic functions correlated with the category Passive in English (see Sec. 7.5., (i))
(o) "e": any lexical interpretation of any f in (g). ("e": "evaluation")
(p) "L": any set of lexical words, in particular, any type 2 syntactic category. ("L": "lexical")
(q) "O": any set of type 2 categories
(r) "m": any marking structure of any f in (g). ("m": "marking")
(s) "s": any syntactic structure of any f in (g). ("s": "structure")
(t) "g^n": any constituent function, in particular, any grammatical function. ("g": "grammatical")

4.5 On the Ontological Commitments of IS

The first list in Sec. 4.4. specifies most of the entities to whose existence Integrational Syntax is committed (functions h^n in (15p) are from Integrational Semantics). The second list provides the linguistic motivation for making these ontological commitments. Both lists jointly exemplify for syntax the general claim that the integrational theory of language is 'ontologically explicit' and 'constructive' (see Sec. 2.3., (ii)).

In particular, all syntactic entities can be reduced to four domains of individuals (basic or concrete entities): the set of positive integers, see (15a,b); the set of spatio-temporal objects and events, which includes sound-events, see (15d) ('auditory values' in (15e) are also based on this set); the set of human perceptions and conceptions — potential concepts in (15n) are construed as properties of such entities (see Lieb 1983, Ch. 13); finally, the set of all basic entities that exist from the speaker's point of view, see (16m). (Entities k^p in (15g) are constructed from the first two domains.)

The most complex constructs based on these domains are idiolect systems S. The most complex syntactic entities are syntactic functions, of which constituent functions (see (15v) and (16t)) are not yet the most complex type (see Sec. 3.4.).

I begin the following, more detailed presentation of IS by characterizing syntactic base forms and units, the entities that are ontologically simplest.

5. Base Forms, Units, Paradigms, Words, and Categories

5.1 Syntactic Base Forms and Units

In any idiolect system S there are just two basic building blocks for syntactic entities, syntactic base forms and word meanings.

Syntactic base forms (SBFs) are, as a rule, phonological words. In some languages phonological words largely coincide with morphs. Even where this does not hold, some morphs that are not also phonological words may have to be included among the SBFs (cf. *ver* in German *ver und zerstören*, for *verstören und zerstören*, 'derange and destroy').

SBFs, be they phonological words or morphs, are all of a single type: each consists of (i) a sequence of phonological sounds, or 'phonemes', the *sound sequence* of the SBF (ontologically, a 'phoneme' — in a sense that would have to be made more precise — is a set of properties of sound events; see Lieb 1988, Sec. 1.); (ii) a *constituent structure* of the sound sequence that imposes on it a syllable division (in case the SBF is syllabic): a division that defines the *syllable sequence* of the base form (see Lieb 1980b; 1983, 157, for phonological constituent structures); and (iii) an *intonation structure* of the sound sequence that, in particular, determines a *pitch contour*. The constituent and intonation structures of the sound sequence jointly form the *phonological structure* of the SBF. Thus,

(17) Any syntactic base form of any idiolect system S is a pair (f^p, s^p), where f^p — the *sound sequence* of the base form — is a sequence of 'phonemes' of S and s^p — the *phonological structure* of the base form — is a pair consisting of a constit-

uent structure and an intonation structure of f^p.

The pitch contour determined by the intonation structure is a sequence of unit sets of 'pitches' that is correlated with the syllable sequence defined by the constituent structure. (Pitch, and intonation in general, is thus treated in a way analogous to 'autosegmental phonology'. For the IL conception of pitches, see Lieb 1988, Sec. 2.) If S is a system of a tone-language idiolect, the unit sets of pitches in the pitch contour are tones; in the case of an accent language, pitches manifest morphological accent ('word accent': see Lieb 1983, Sec. 12.5.; 1985) when the base form is analysed morphologically, and may change into manifestations of syntactic accents when the base form occurs within a syntactic unit. Thus, while pitch is integrated into a SBF, accent is defined *on* it on the basis of its phonological structure.

In talking about a base form I will, as a rule, use a customary *orthographic* name of the base-form sound sequence to name the complete base form, thus leaving its phonological structure undetermined:

(18) $last =_{df} (/lɑːst/, s^p)$

where s^p is the pair consisting of the constituent and intonation structures of /lɑːst/ (such structures may not always be unique).

The status of syntactic units is determined by

(19) Every syntactic unit of any idiolect system S is a sequence of SBFs of S.

Consider, for example,

(20a) $last^1 = last_1 = \{(1, last)\}$
(20b) $last\ night = last_1\ night_2$
  $= \{(1, last), (2, night)\}$
(20c) $night\ last = night_1\ last_2$
  $= \{(1, night), (2, last)\}$
(20d) $last_6\ night_7 = \{(6, last), (7, night)\}$

Here, (a) and (b) are syntactic units of appropriate English idiolect systems S, while (c) and (d) are not ((c) is a sequence but has the wrong order of base forms; (d) is no sequence; (c) and (d) are positional variants of (b)).

There are no syntactic units 'beyond the sentence level', in a traditional sense of 'sentence', but every concatenation of syntactic units, even if it is not itself a unit, may be assigned a syntactic structure. This does not mean that IS allows for 'text grammars'; on an IL view, 'texts' and syntactic units, be they 'sentences' or 'non-sentences' in some traditional sense, are entities of different types (for details, see Lieb 1982; "text" in Lieb 1983 is used in a different sense).

Just as concepts relating to sequences (Sec. 4.2.) must be remembered in dealing with syntactic units, the concepts of classification and classification system (Sec. 3.3.) must be recalled in discussing syntactic categories.

5.2. Type 1 Categories

In any idiolect system S there are exactly two kinds of syntactic categories ("syntactic marking categories" in Lieb 1983; "marking" may be omitted): *unit* or *type 1* (syntactic) categories and *word* or *type 2* (syntactic) categories.

Any type 1 category is simply a set of syntactic units that results from 'the syntactic unit ordering':

(21a) *Assumption.* The syntactic part of any idiolect system S has exactly one component that is a classification system on the set of all syntactic units of S.

(21b) *Definition.* For any idiolect system S, the *syntactic unit ordering (SUO)* of S = the component of the syntactic part of S specified in (a).

By (21) the source of the SUO is the set of syntactic units of S. The classifications in the SUO are as follows.

The *basic syntactic unit classification* subdivides the source into two sets, the set of syntactic word forms of S and the set of non-word units. (Syntactic word forms are those units which are forms of lexical words, see Sec. 5.4., below.)

The set of syntactic word forms is the basis of the *basic constituent category classification*, whose elements are the *basic constituent categories* of S. If S is an English idiolect system, this classification has just three elements, the sets of noun forms, verb forms, and particle forms of S.

The set of non-word units is the basis of the *derived constituent category classification*, whose elements are the *derived constituent categories* of S. Normally, for each basic constituent category there is exactly one derived category that 'corresponds' to it, in a definable sense, and for each derived category there is exactly one corresponding basic category. If S is an English idiolect system, the sets of noun groups, verb groups, and particle groups are the only derived constituent categories. Constituent categories in arbitrary languages may not correspond to the six English ones but their number should be equally small.

Note that there is no constituent category 'sentence'. Rather, *sentences* are defined as any pairs consisting of a syntactic unit and an appropriate 'sentence meaning' (in a sense that is clarified in Integrational Semantics).

Assuming that any constituent category is either basic or derived, it follows that

(22) For any idiolect system S, the set of syntactic units of S = the union of the set of constituent categories of S.

Because of (22), constituent categories are also called *major type 1 categories*.

The derived constituent categories such as NGr($-$,S) — the set of noun groups of S — are endpoints of the SUO of any idiolect system S. Thus, there is no such category as 'singular noun group'. Simple classifications are quite inadequate for reconstructing such traditional 'categories'; what is required is the much more powerful notion of marking function (see Secs. 3.4. and 6.4. of this essay).

Basic constituent categories may but need not be endpoints of the SUO of S. If S is an English idiolect system, the set of particle forms is indeed an endpoint of the unit ordering whereas the sets of verb forms and noun forms are sources of two separate classification systems, each a subset of the unit ordering.

For example, the *tense classification* on the set of verb forms yields the sets of present-tense forms, of preterite forms etc. Or again, the *marking classification* on the set of noun forms results in the set of forms marked for noun form distinctions such as number and the set of unmarked forms, such as all adjective forms. Generally, traditional classifications — person distinctions (1P, 2P, 3P), number distinctions etc. — must usually be supplemented by adding to each a set of 'unmarked' forms as a separate category.

Any set that is an element of a classification in the SUO and is a proper subset of a basic constituent category is a *minor type 1 category*. (These may have to be further classified into 'form categories', based on form properties of their elements, and 'functional properties', based on an element's 'function'; only the latter may figure directly in word paradigms; see Lieb in press.)

It is minor categories that are of key importance for setting up word paradigms: proper word paradigms depend for their existence on the existence of minor type 1 categories. While the idiolect systems of many languages may agree in their major type 1 categories, there are vast differences between idiolect systems of different languages in both the number and type of minor categories, and thus in the extent to which proper word paradigms exist in such systems.

In summary, type 1 categories, be they major or minor, are given by the SUO:

(23) *Definition*. For any idiolect system S, K is a *type 1 [syntactic] category* or *[syntactic] unit category* of S if and only if K is an element of some classification in the syntactic unit ordering of S.

The following notational conventions are introduced for referring to specific type 1 categories of S, in particular, major categories:

(24a) "N", "V", "Pt" for "is a noun form / verb form / particle form of"
(24b) "NGr", "VGr", "PtGr" for "is a noun group (etc.) of"
(24c) "N($-$,S)" for "the set of all f such that f is a noun form of S" ("the set of noun forms of S", for short).

Expressions like "Verb *Phrase*" etc. — "VP" etc. — are avoided in IS for being too closely associated with specific analyses in Generative Grammar.

In expressions of form (c), we may also drop the hyphenated part "($-$,S)", using expressions like "N" ambiguously in the sense of either (a) or (c) if the ambiguity is resolved by context.

Type 1 categories are sets of syntactic units. In contradistinction, type 2 categories are sets of *lexical words* in a sense that requires a *word paradigm* as one component of any word.

5.3 Paradigms

Intuitively, a 'word paradigm' in the sense of traditional grammar (not in the structuralist sense of "paradigm") is obtained by relating forms that have the same lexical meaning and are, as a rule, formally similar, to categories such as 'numbers' or 'cases'. In IS this traditional idea is made more precise (using "syntactic paradigm" for any paradigm of syntactic units):

(25) For any idiolect system S, every syntactic paradigm of S is a two-place relation P between syntactic units f and sets J of type 1 categories K of S (put differently,

is a set of pairs (f,J)) such that for some [potential concept] b and for every (f,J) ε P:
(a) b is a meaning of f in S;
(b) J is a non-empty set of endpoints of the syntactic unit ordering of S that are compatible with respect to f and the syntactic unit ordering.
(c) Each element of J is a subset of Syntactic-Word-Form($-$,S).

For (a), see Sec. 5.4.; for "syntactic unit ordering" in (b), see (21); for "endpoint" and "compatible", Sec. 4.3.; for "Syntactic-Word-Form($-$,S)", Sec. 5.2. It follows from (b) and (c) that (i) for every K ε J, K is either a basic constituent category or a minor type 1 category; and (ii) f is a syntactic word form, i. e. syntactic paradigms and word paradigms are equated in IS. (This is possible because traditional pseudo-categories like 'Singular Noun Phrase' are treated in a non-categorial way by marking functions, see Secs 3.4. and 6.4.)

For example, non-adjectival noun forms of Modern English idiolect system S are classified by *number* into Sg($-$,S), Pl($-$,S), and Unm$_n$($-$,S) (unmarked for number): *boy*^{1} – *boys*^{1} – *sheep*^{1}. Suppose that substantival forms may be further classified by *definiteness* into Def($-$,S), Indef($-$,S), and Unm$_d$($-$,S) (unmarked for definiteness): *the boy / a boy, boys / boy*. (The second classification is not traditional and was rejected in Lieb 1983 but will here be assumed. There is a classification by *case* for pronominal forms only; the so-called Saxon genetive of substantives is not a case but a construction with an enclitic particle, and so-called prepositional cases should not be allowed for Modern English idiolect systems.) The following paradigm is defensible for Modern English idiolect systems S:

(26) *boy*^{P}(S) ["the paradigm of *boy* in S"] =
{(*the boy*, {Sg($-$,S), Def($-$,S)}),
(*a boy*,   {Sg($-$,S), Indef($-$,S)}),
(*boy*^{1}, {Sg($-$,S), Unm$_d$($-$,S)}),
(*the boys*, {Pl($-$,S), Def($-$,S)}),
(*boys*^{1}, {Pl($-$,S), Indef($-$,S)})}.

The first-place members of any paradigm P are the *forms* of P. A form is a syntactic unit that may but need not be a one-member sequence, see *boy*^{1} vs. *the boy* in (26). If f is a form of P, a *categorization* of f in P is any J such that (f,J) ε P. A form may have several categorizations (*syncretism*); different forms may share a categorization (*equivalent forms*); and some forms of a paradigm may be unrelated morphologically (*suppletion*). A paradigm may lack some categorizations that are normal for the paradigms of a given class; in this case it is *defective* with respect to that class. (None of the four special cases is represented in or by (26).)

The general characterization of paradigms in (25) provides only a necessary, not a necessary and sufficient condition for any P to be a syntactic paradigm of S. We must further require that J be a *greatest* set of an appropriate kind. In addition, there is the problem of closing set P itself in view of suppletion and defective paradigms, a problem that may be solved by postulating a division of the set of syntactic word forms that yields the domains of all syntactic paradigms (*syntactic domain division*). (As a matter of fact, the notion of paradigm must be strenghtened beyond what is foreseen in (25); cf. Lieb in press.)

Paradigms may differ vastly with respect to number of elements, number of forms, and number of elements of categorizations. As a limiting case, we obtain *improper paradigms*, which have a single, one-element categorization (they may still have different forms). For example, for any Modern English idiolect system S,

(27) *by*^{P}(S) = {(*by*^{1}, {Pt($-$,S)})}

is an improper paradigm of S.

In (27), Pt($-$,S) is a basic constituent category of S. Generally, it is only in improper paradigms that constituent categories — only basic constituent categories are allowed — may appear in categorizations.

Any paradigm that is not improper is a *proper* paradigm.

The distribution of improper vs. proper paradigms in the idiolect systems of a language is a major criterion both for historical linguistics and for language typology.

If a paradigm has only forms that are several-member sequences (of phonological words), it is an *idiom paradigm*; otherwise, it is a *simple paradigm*. Inclusion of idiom paradigms — which may be proper or improper — means an extension of the traditional notion of word paradigm, and thus, of the notion of lexical word itself.

5.4 Lexical Words

For every paradigm there is at least one concept b (there may be several) that is a meaning of each form of the paradigm, see (25a).

IL has developed a conception of lexical meanings as 'potential concepts' in a psychological sense that can here only by hinted at (for details, see Lieb 1983, Ch. 13). A difference is made between concepts and potential concepts: a concept is, very roughly, a potential concept that somebody 'has'. However, I will here refer to potential concepts simply as 'concepts'.

A concept is a certain property of (human) perceptions or conceptions. Traditional distinctions between a (non-mental) intension and a (non-mental) extension of a psychological concept apply to concepts as conceived in IL. A concept is 1-place if its intension consists of properties (and its extension is a set of 'simple' entities); it is n-place, n > 1, or relational, if its intension consists of n-place 'intensional relations' (and its extension is a set of n-tuples). "the extension of b" is abbreviated as "^{e}b". Differently from customary notions of word meanings, a key role is assigned to relational concepts as meanings of syntactic word forms and lexical words.

As a limiting case there is a specific concept b^0, *the empty concept*, to which the notions of intension and extension do not apply. The empty concept is zero-place.

Individual concepts are *denoted* by placing an expression that is suggestive of concept intension between *raised dots*: ·by·, ·kill·, etc.

The meanings of paradigm forms are given either through morphology (morpho-semantics) or, in the case of idiom paradigms, directly by a component of the syntactic-semantic part of the idiolect system. Any concept that is a meaning of each form of a paradigm is a *meaning* of the paradigm itself. Lexical words may now be construed as follows:

(28) *Definition.* (P,b) is a *lexical word* of S if and only if P is a syntactic paradigm of S and b is a meaning of P in S.

The *forms* of (P,b) are, of course, the forms of P.

(P,b) is a *properly* or *improperly paradigmatic word*, a *simple word*, or an *idiom* of S if P is a proper, improper, simple, or idiom paradigm of S. (P,b) is an *empty word* or a *content word* depending on whether b is or is not the empty concept.

The set of lexical words of S is called *the word lexicon* of S (there is also a morphological lexicon, consisting mainly of 'morphemes').

5.5 Type 2 Categories. Government

It is the word lexicon that underlies type 2 categories:

(29a) *Assumption.* The syntactic part of any idiolect system S has exactly one component that is a classification system on the word lexicon of S.

(29b) *Defintion.* For any idiolect system S, *the lexical word ordering (LWO) of* S = the component of the syntactic part of S specified in (a).

(29c) *Definition.* L is a *type 2 category (word category)* of S if and only if L is an element of a classification in the word ordering of S.

(At a pre-1983 stage of IS, to which Eisenberg (1986/1989) continues to adhere, type 2 categories are construed as sets of word *paradigms* not words.)

There is an analogy between type 1 categories and type 2 categories brought out by comparing (21) and (23) on the one hand and (29) on the other: units, the syntactic unit ordering, and type 1 categories correspond to words, the lexical word ordering and type 2 categories.

The following *notational convention* is adopted in IS:

(30) Type 1 categories are denoted by means of capitalized abbreviations that are either single capitals ("V", "N") or contain lower-case letters ("VGr", "NGr"); type 2 categories are denoted by many-letter abbreviations using only capitals ("VERB", "ADJ").

All abbreviations may be used ambiguously either as in (24a) or as short forms of hyphenated expressions as in (24c). (Type 2 categories are sets of words, i. e. of ordered pairs for which the pair notation "(P,b)" is used. Hyphenated expressions for type 2 categories should therefore contain two hyphens not one: "VERB(−,−,S)" not "VERB(−,S)". For simplicity's sake only one hyphen will be written.)

The LWO of any S contains *the word class system*, a classification on the word lexicon whose elements are the *word classes* such as, in English idiolect systems S, SUBST(−,S) (the set of all (P,b) such that (P,b) is a substantive of S), VERB(−,S), ADJ(−,S), PREP(−,S) etc. The word classes of S are the *major type 2 categories* of S, the elements of any other classification in the LWO are *minor type 2 categories*.

In any idiolect system S, at least some word classes are again sources of classification systems (subsets of the LWO); hence, minor categories do exist. Among the classifications introduced by these systems, *government classifications* are assigned a fundamental place by IS. In any idiolect system S, all words of some if not all word classes have *government* properties in the following sense: each word has a specific *valency* (it may be zero-valued, one-valued etc. — may have to be used with zero complements, one complement etc.), and it has specific *selection properties*: it 'selects' certain syntactic and, possibly, semantic properties for the various complements. (There are traditional problems with keeping valency apart from selection properties; for IS solutions to such problems, see below, Sec. 7.3.). Both valency and selection properties determine the *government categories* — elements of government classifications — to which a word may belong.

Using a similar idea proposed by Joachim Jacobs, government categories may be based on a *relation of governing*, "(P,b) governs F in S", where (P,b) is a lexical word of S and "F" stands for any sequence of *categorial sets*, or *categorial sequence*. Each member of F, unless empty, is a set of sets of syntactic units or lexical words and is defined exclusively by reference to syntactic categories or word meaning properties; reference only to word meaning properties is permitted for some but not all elements of a categorial set. The n-th categorial set in F characterizes the n-th complement (or nucleus of the n-th complement) that may cooccur with an occurrence of a form of (P,b) (for the problem of complement order, see Sec. 7.6., below). This covers the *selection* properties of (P,b) except for 'optionality' of complements. In agreement with our solution to the optionality problem (see Sec. 7.4., (iii), below), selection of 'optional complements' may be accounted for through *reductions* of F, i.e. sequences obtained from F by substituting the empty set for some member or members of F. The *valency* of (P,b) may be identified with the length of F; words that do not govern any F have valency zero.

A *government category* of S may now be understood as any non-empty set L of lexical words of S that has one of two properties: (a) L is a greatest set of words from the same word class of S that all have valency zero. (b) For some F, L = the greatest set of words from the same word class of S that govern F in S and govern exactly the same (if any) reductions of F.

In this way government categories could be obtained from the relation of governing, which would underlie part of the Lexical Word Ordering. I leave it undecided whether such a construal should actually be adopted; it is not only problems of detail that would have to be solved.

Government categories are most important among minor type 2 categories. They are fundamental to syntactic functions (a topic to be discussed in greater detail in Sec. 7.), which they affect through syntactic structures: they figure directly in marking structures and indirectly influence the general shape of constituent structures.

It is generally recognized that in many respects government categories reflect word meaning properties. At least some selection properties are syntactic, though; this guarantees the syntactic status of government categories. Valency, on the other hand, appears to be entirely meaning-determined; valency categories are thus excluded as syntactic categories by the principles of IS, see (5b). The relationship between valency and word meaning requires some discussion.

5.6 Valency:
The General Valency Hypothesis

Valency, in *one* of its traditional senses, is the number of complements required by some or all forms of a word when used in a syntactic unit (*some* forms in the case of, for instance, English verbs, where passive forms require one complement less than active forms). By the following hypothesis, foreshadowed in Lieb (1983) but not yet stated explicitly, word valency in arbitrary idiolect systems is completely determined by word meaning: The meaning of any word is an n-place concept b, $n \geq 0$. If $n = 0$ (i.e., $b = b^0$), then the valency of the word $= 0$. If $n \neq 0$, special allowance must be made for deictic concepts such as the meanings of first or second person pronouns. If b is 'purely deictic', word valency is n minus d(b), where d(b) = the number of 'deictic' places of b; for purely deictic concepts, d(b) = n, hence word valency is again zero. If b is not purely deictic, valency is n minus d(b) minus 1. This may be stated more formally:

(31) *General Valency Hypothesis (GVH)*. For any lexical word (P,b) of any idiolect

system S, val(P,b) = the number i such that, for all n, if b is n-place, then either (a) or (b):
(a) n = 0, and i = 0;
(b) n ≠ 0, and either (i) or (ii):
  (i) b is purely deictic, and i = n − d(b);
  (ii) b is not purely deictic, and i = n − (d(b) + 1),

where "val(P,b)" is short for "the valency of (P,b)", and "d(b)" for "the number of deictic places of b". Some explanation is needed for the second concept.

There are words in any idiolect system such as $(I^P(S), \cdot I\cdot)$, the first person singular pronoun, in English systems S. The intension of concept $\cdot I\cdot$ may be identified with {SPEAKER}, where SPEAKER is, roughly, the intensional relation between any person x_1 and speech sound event or mental state or event x_2 such that x_1 produces x_2.

Suppose that b is any concept that is not 0-place (i. e. $b \neq b^0$). Then d(b), *the number of deictic places of b* = the number i (i ≥ 0) such that, for all n and $x_1, ..., x_n$, if b is n-place, then "$(x_1, ... ,x_n)$ is in the extension of b" implies "i = the maximal number of components of $(x_1, ... ,x_n)$ that are members of SPEAKER or are related to such members 'in an admissible way'." b is called *purely deictic* if, for all n such that b is n-place, d(b) = n; thus concept $\cdot I\cdot$ is purely deictic. b is *partly deictic* if 0 < d(b) < n, and *non-deictic* if d(b) = 0. Correspondingly, any lexical word (P,b) is *purely indexical, partly indexical*, or *non-indexical* if (i) $b \neq b^0$ and (ii) b is, respectively, purely deictic, partly deictic, and non-deictic. For example, the first person singular pronoun in English is purely indexical; demonstrative pronouns and certain modal verbs are partly indexical; and nouns like (eye^P, ·organ for seeing·) are non-indexical. (For the meanings of indexicals of various types, see H. Richter 1988.)

If the meaning of a word is n-place, then, following GVH, the word's valency is a function of n subtracting d(b), the number of deictic places of the meaning. This correctly gives us valency zero for all pure indexicals. The majority of lexical words are not pure indexicals but are partly indexical (a much larger part of the lexicon than might be suspected) or non-indexical. For these words it is not only d(b) that must be subtracted but, in addition, 1: this is the major claim of the Hypothesis. Subtracting 1 suggests the following relationship: if b is n-place (n ≠ 0) and is not purely deictic, and a form of word (P,b) is used as a constituent with meaning b in a syntactic unit, then for any 'relevant' element $(x_1,...,x_n)$ of the extension of b, exactly one component of the element can be related — by relations such as M_i in (76) below — just to the constituent and not to any complement it may have. This component may well be the first, as is also suggested by the following two examples that further clarify the Valency Hypothesis.

First example. Consider the causal preposition

(32) $by^W(S)$ ["the lexical word *by* in S"] = $(by^P(S), \cdot by\cdot)$,

where S is any Modern English idiolect system, and $by^P(S)$ is as in (27). It is a property of this word that its only form by^1 'requires one complement', normally, a noun or noun group; thus, the valency of $by^W(S)$ in a traditional sense of "valency" is 1.

This is also the valency predicted by GVH: the meaning ·by· of the preposition is a two-place, non-deictic concept $(d(\cdot by\cdot) = 0)$; its extension is a set of ordered pairs (x_1,x_2) such that x_2 is an actor or agent of x_1, which implies that x_1 is an event or a process. (See also Lieb 1992b, for German.) Therefore the valency of $by^W(S)$ by GVH is 2 − (0 + 1) = 1, see (31).

Second example. Consider the verb

(33) $kill^W(S) = (kill^P(S), \cdot kill\cdot)$,

which applies to killings by an agent (like a drug) not by an actor (like the person who administered the drug). The active forms of this word 'require two complements', hence, their valency should be 2; and indeed, this is predicted by GVH.

The word meaning ·kill· is a three-place, non-deictic concept $(d(\cdot kill\cdot) = 0)$: its extension is a set of triples (x,x_1,x_2) such that x is a process of killing, x_1 is an agent of x, and x_2 is the experiencer of x.

IL adopts a Davidsonian (1967) conception of verb meanings, with separate representation of states, processes, or events. Note that ·kill· is a simple process concept different from though related to the action concept $\cdot kill_1\cdot$. The extension of $\cdot kill_1\cdot$ consists of triples (x,x_1,x_2) where x_1 is an actor not an agent of the killing and x involves at least one instrument. (It might be suggested that the set of instruments of any killing action x should be represented by a separate component x_3 in quadruples (x,x_1,x_2,x_3); but instruments may also be taken care of by a general condition that requires their existence for any action x that affects some x_2.) I will use "activity" as a cover term for processes that involve either an agent or an actor; all actions are activities but not conversely. Correspondingly, both ·kill· and ·kill$_1$· are activity concepts but only ·kill$_1$· is an action concept.

Assuming ·kill· as the meaning of $kill^W(S)$, we have it by GVH in (31) that val($kill^W(S)$) = 3 − (0 + 1) = 2, as required by traditional valency notions.

The two examples contrast 'traditional notions of valency' with 'valency (val) according to GVH'. And indeed, for GVH to make empirical sense an interpretation of "val" in (31) must be found that is both acceptable and sufficiently close to at least some traditional valency concepts — no mean task given the notorious muddle in the area of valency notions. GVH involves the metatheoretical claim that there is such an interpretation that is compatible with the truth of the Hypothesis.

Among the various challenges that any proponent of GVH must be prepared to meet, the two toughest should here be discussed. (Consideration of purely syntactic matters will be resumed in Sec. 6.)

5.7 Two problems for the Hypothesis

(i) Meteorological verbs

Most linguists would agree that *it* in *it is raining* is a complement (subject) of the verb form: the meteorological verb $rain^W = (rain^P, \cdot rain\cdot)$ — where $rain^P$ is a defective paradigm whose finite forms are all 3rd Pers Sg — should have a valency of 1. At the same time, *it* in *it is raining* is semantically empty (has the empty concept as a lexical meaning) and is not a referential expression. This would suggest that ·rain·, the meaning of $rain^W$, is a *one*-place concept, applicable to events pure and simple. Valency by GVH then comes out as *zero* not 1 as would be required for the Hypothesis.

Closer analysis does reveal that the meanings of meteorological verbs in English should be construed as *two*-place not one-place concepts: the extension of ·rain· consists of pairs (x,x_1) such that x is an event of falling and x_1 is what is falling and x_1 *is rain*. The complement *it* in *it is raining* has the empty lexical meaning and is non-referential precisely because the type of entity involved in the event is already identified by the meaning of $rain^W$ which is associated with the predicate constituent *is raining*. The example of $rain^W$ can obviously be generalized. Therefore, the valency assigned by GVH to meteorological verbs in English is 1 as required.

The same is true in German, where the semantic analysis is also supported by the fact that most meteorological verbs are clearly denominal, with underlying nouns that apply to whatever is involved in the vents.

In languages like Latin, meteorological verbs have the same kind of two-place meanings, and their valency is 1. They select, however, not a *non-empty* complement (subject constituent) with an *empty* meaning but an *empty* complement which, being empty, has *no* lexical meaning (cf. below, Sec. 7.4., (iii)). In these languages, any verb *may* select an empty subject constituent while meteorological verbs *must* select one.

(ii) Coordinating conjunctions

These present a major problem: their valency should clearly be 2 (disregarding the question of multiple conjuncts in the cases of *and* and *or*). Hence, they should have concepts for lexical meanings that are at least three-place. But coordinating conjunctions are topmost candidates for words whose meaning is the empty concept. A solution is suggested by the following example. (Semantic claims are tentative, and some deliberate simplifications are made. A more accurate and complete account would require extensive use of Integrational Semantics.)

Suppose that ·but· is the concept whose intension is {BUT}, and BUT = the intensional relation among any x, x_1, x_2, x_3, and x_4 such that: x is a relation of contrast between states of affairs that relates x_2 to x_1, and x_3 is a person who produces (speech event) x_4 and admits relation x of x_2 and x_1.

It is a defensible hypothesis that $but^W = (but^P, \cdot but \cdot)$ is a lexical word of English idiolect systems, and is a coordinating conjunction. Its meaning ·but· is a partly deictic concept. (This may or may not be a general feature of coordinating conjunctions in English.) It is therefore condition (bii) of (31) that must be considered in applying GVH: i = n − (d(b) + 1). Concept ·but· is 5-place, and d(·but·) = 2. Therefore, val(but^W) = 5 − (2 + 1) = 2. This is as it should be; when but^W is used, it requires two 'sentences' as complements (conjuncts).

Remark 1. Our account adequately captures the semantic role of but^W in sentences, as may be argued by the following example: *He was my friend, faithful and just to me; But Brutus says he was ambitious* [...]
Suppose that

[1] = the state of affairs that given an utterance of line 1, Caesar was a friend, faithful and just, of the speaker; and

[2] = the state of affairs that whomever the speaker refers to by *Brutus* in an utterance of line 2, says that Caesar was ambitious.

Assuming Integrational Semantics, the meaning of the two sentences is construed in a way that allows to draw the following consequence for any normal utterance B of the two sentences by any speaker A. (i) Both [1] and [2] hold of A and B; i.e. Caesar was a friend, faithful and just, of A, and whomever A refers to by *Brutus* in B says that Caesar was ambitious; (ii) for some x, (x, [1], [2], A, B) is in the extension of ·but·, i.e. x is a relation of contrast that relates [2] to [1] and A admits x of [2] and [1].

Remark 2. but^W has $although^W$ as a semantic counterpart among the socalled subordinating conjunctions. These are really prepositions selecting verb forms or verb groups as complements; like most prepositions in a traditional sense, they have valency 1 not 2. Our account of but^W brings out both the similarities and differences between the two words.

It is a defensible hypothesis that $although^W$ = $(although^P,$ ·although·) where ·although· = the concept whose intension is {ALTHOUGH} and ALTHOUGH = the intensional relation among any $x_1, x_2, x_3,$ and x_4 such that *for some x,* (x, x_1, x_2, x_3, x_4) is in the extension of ·but·, i.e. x is a relation of contrast between states of affairs that relates x_2 to x_1, and x_3 is a person who produces (speech event) x_4 and admits relation x of x_2 and x_1.

This makes ·although· a 4-place concept properly related to ·but·, with d(·although·) = 2; the valency of $although^W$, by GVH, is then 4 − (2 + 1) = 1, as required for 'subordinating conjunctions'. The role of *although*-clauses in sentence meaning composition is also accounted for, as is intuitively obvious from substituting „Although" for „But" in the Shakespeare quote.

Concept ·although· could be defined independently of ·but·, substituting „BUT holds among x, $x_1, x_2, x_3,$ and x_4" for "(x, x_1,x_2,x_3,x_4) is in the extension of ·but·". Thus the meanings of subordinating conjunctions need not be derived from the meanings of correlated coordinating conjunctions, which may not exist. Also, meanings of subordinating conjunctions may be non-deictic, differently from both ·but· and ·although·.

(Among the subordinating conjunctions, most bothersome for GVH is $that^W$, another top candidate for a word with an empty meaning. We may, however, associate with $that^P$ the concept ·that· whose intension is {THAT}, THAT being defined as the relation between any x and x_1 such that: x = the property of being a state of affairs, and x_1 has x. This would make $that^W$ a one-valued word, and would also account for the role of *that*-clauses in sentence meaning composition.)

The results obtained for but^W, and for but^W in relation to $although^W$, generalize to arbitrary coordinating conjunctions, allowing for some peculiarities in the cases of *and* and *or*. Generally, the problems for GVH posed by meteorological verbs and coordinating and subordinating conjunctions can be solved. In summary, I do not know of any convincing counterexample to GVH.

We next turn to the IS conception of syntactic structures as outlined in Sec. 3.2. It will be characterized in some detail, beginning with the IS view of constituent structures.

6. Syntactic Structures

6.1 Constituent Analyses: Examples

Any syntactic unit and any concatenation of syntactic units has at least one syntactic constituent structure, and all such structures are *syntactic constituent analyses*. Syntactic units have 'strong' analyses whereas the analyses of non-unit concatenations are 'weak'.

For example, if

(34) f_1 = *by the sick boy* = {(1, *by*), (2, *the*), (3, *sick*), (4, *boy*)},

then f_1 is a syntactic unit of appropriate English idiolect systems S. Assume that

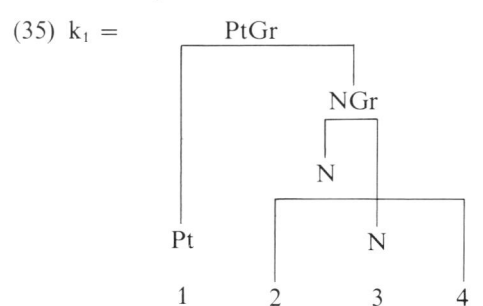

(35) k_1 =

```
        PtGr
    ┌─────────┐
    │        NGr
    │         │
    │         N
    │      ┌─────┐
    Pt     │     N
    │      │     │
    1      2  3  4
```

This is equivalent to

(36) $k_1 = \{(\{1\}, Pt), (\{2,4\}, N), (\{3\}, N), (\{2,3,4\}, NGr), (\{1,...,4\}, PtGr)\}$

or, restoring reference to S (see (24)), to

(37) $k_1 = \{(\{1\}, Pt(-,S)), (\{2,4\}, N(-,S)), (\{3\}, N(-,S)), (\{2,3,4\}, NGr(-,S)), (\{1,...,4\}, PtGr(-,S))\}$

— by an obvious interpretation of the diagram that allows conversion of diagrams into set-theoretical formulae and conversely. k_1 is a constituent analysis of f_1 in S, and is *strong*: intuitively, the diagrammatic name of k_1 in (35) is a tree that has a 'root'.

Again, if

(38) $f_2 = $ *by sick the boy* $= \{(1, by), (2, sick), (3, the), (4, boy)\}$

and

(39) $k_2 =$

$$\begin{array}{ccccc} & & & N & \\ Pt & N & & | & | \\ 1 & 2 & & 3 & 4 \end{array}$$

$= \{(\{1\}, Pt), (\{2\}, N), (\{3,4\}, N)\}$,

then f_2 is no syntactic unit of S, though a concatenation of units, and k_2 is a constituent analysis of f_2 in S, and is *weak*: intuitively, the diagrammatic name of k_2 in (39) is a tree that has no 'root'.

Both k_1 and k_2 are relations between sets of positive integers and type 1 categories of S, i.e. sets of pairs (α, K) whose first components are sets of integers and whose second components are type 1 categories of S.

Since k_1, k_2, f_1, f_2 and all their subsets are relations, relation terminology such as "domain" applies to them (see Sec. 4.1.). For example, the domain of k_1 — the set of its first-place members — is a set of sets of numbers: $\{\{1\}, \{2,4\}, ...\}$, see (36). The domain of f_1 is a set of numbers, $\{1,...,4\}$, and so is the domain of, say, *the$_2$ boy$_4$*, viz. $\{2,4\}$.

The following conditions, satisfied by k_1 and f_1 and analogously, by k_2 and f_2, exemplify conditions that are jointly necessary and sufficient for k to be a constituent analysis of f, for arbitrary k and f where the domain of k is not simply the unit set of the domain of f.

(i) There is a non-repetitive, *properly connected* sequence (possibly, with a single member) of classifications (see Sec. 4.3.) on the domain of f_1 that are subsets of the domain of k_1, a sequence that *exhausts* the domain of k_1. This is to be understood as follows.

Consider the domain of k_1, i.e. $\{\{1\}, \{2,4\}, \{3\}, \{2,3,4\}, \{1,...,4\}\}$. Subset $\{\{1\}, \{2,4\}, \{3\}\}$ of the domain of k_1 is a classification on $\{1,...,4\}$, i.e. on the domain of f_1, and so is $\{\{1\}, \{2,3,4\}\}$.

The *sequence* consisting of the first and second classifications is non-repetitive and is *properly connected* in the following sense: every set of numbers that is an element of a non-first classification in the sequence (i.e. of the second classification) is the union of a set of elements of the immediately preceding classification (i.e. of the first — remember that $\{1\}$ = the union of $\{\{1\}\}$).

The sequence of the two classifications *exhausts* the domain of k_1 in the following sense: every element of the domain of k_1 that is different from the domain of f_1, i.e. from $\{1,...,4\}$, is an element of a classification in the sequence. (Note that existence of an exhaustive sequence implies that the domain of f_1 = the union of the domain of k_1.)

Obviously, the sequence of classifications on the *domain* of f_1 induces an analogous sequence of classifications on f_1 itself: We simply replace each element α of the classifications on the domain by *the α-part of* f_1 (i.e. by that subset of f_1 whose domain is α); the α-parts are the elements of the classifications on f_1. k_1 thus induces a 'hierarchy' of classifications on f_1's domain.

In our example all classifications are also partitionings, see Sec. 4.3. We may not, however, require partitionings as a general case, which would exclude 'overlapping constituents', see below, following (41).

(ii) Consider any element (α, K) of k_1, say, $(\{2,4\}, N(-,S))$. *First*, $N(-,S)$ is a constituent category of S. *Second*, there is an element of $N(-,S)$, viz. *the boy* $= \{(1, the), (2, boy)\}$, such that the $\{2,4\}$-part of f_1, viz. *the$_2$ boy$_4$* $= \{(2, the), (4, boy)\}$, is a positional variant of that element (see Sec. 4.2. for "positional variant").

In this way k_1 relates parts of f_1 to appropriate constituent categories of S.

(iii) k_1 is a *many-one* relation, i.e. there are no elements (α, K), (α, K_1) of k_1 such that $K \neq K_1$. In conjunction with (ii) this means that k_1 relates any part of f_1 to *at most one* constituent category; for example, *the$_2$ boy$_4$* is related only to N not to both N and NGr.

6.2 Constituent Analyses and Constituent Structures

The concept of constituent analysis may now be defined as follows:

(40) *Definition.* For any idiolect system S and sequence f of syntactic base forms of S, k is a *syntactic constituent analysis* of f in S if and only if
  (a) either the domain of k = the unit set of the domain of f, or there is a non-repetitive, properly connected sequence of classifications on the domain of f that are subsets of the domain of k, a sequence that exhausts the domain of k;
  (b) for every $(\alpha, K) \varepsilon k$, K is a syntactic constituent category of S and there is an element f_1 of K such that the α-part of f (the subset of f whose domain is α) is a positional variant of f_1;
  (c) k is many-one.

k is a *strong syntactic constituent analysis* of f in S provided that (i) k is a constituent analysis of f in S and (ii) the domain of f is an element of the domain of k. If (i) but not (ii), k is *weak*. Intuitively, strong analyses can be denoted by tree diagrams like (35) that have a root (the expression "PtGr" in (35)), weak ones can be denoted by 'rootless' diagrams only (cf. (39)).

If k is a constituent analysis of f, the *pair* (f,k) may be denoted diagrammatically as exemplified for (f_1, k_1) — f_1 as in (34) and k_1 as in (35) — in

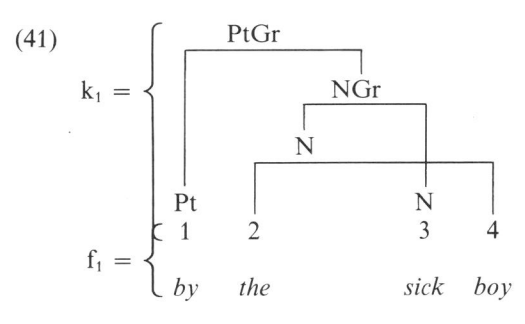

(41)

$k_1 = $ [tree diagram: PtGr dominating NGr; NGr dominating N; Pt at position 1, N at positions 2, 3, 4]

$f_1 = $ by / the / sick / boy (positions 1, 2, 3, 4)

(Everything left of "by" is *not* part of the diagram that names (f_1, k_1).)

Traditional constituent structure terminology is now introduced for constituent analyses k of f, in particular: f_1 *is associated with* K *in* f *and* k (*is a* K *in* f *and* k) if (i) f_1 is a subset of f and (ii) (the domain of f_1, K) ε k. ("is a .. in .." is *not* the element relation; f_1 is a positional variant of an element of K but not necessarily an element.) For example, $the_2\ boy_4$ is associated with N (is an N) in f_1 and k_1.

f_1 is a *constituent* of f in k if f_1 is associated with some K in f and k; a *primitive constituent* of f in k if it is a constituent of f in k and does not contain a different constituent of f in k; a *discontinuous constituent* of f in k if it is a constituent of f in k and there are $n_1 < n_2 < n_3$ such that n_1 and n_3 are, and n_2 is not in the domain of f_1 (cf. $the_2\ boy_4$ in (41)). The traditional notion of *immediate constituent* — f_1 is an immediate constituent of f_2 in f and k — is also easily defined; in (41) $the_2\ boy_4$ is an immediate constituent of $the_2\ sick_3\ boy_4$. f_1 and f_2 are *coconstituents* in f and k if both are immediate constituents of some f_3 in f and k; in (41), $the_2\ boy_4$ and $sick_3$ are coconstituents.

Finally, f_1 and f_2 are *overlapping constituents* in f and k if f_1 and f_2 are different constituents of f in k and have a non-empty intersection. Overlapping constituents are traditionally excluded in syntax, and there are no such constituents in (41). However, on our analysis of English noun paradigms (see (26)) they do occur in the case of units like *the boys and girls*, which allow different constituent analyses:

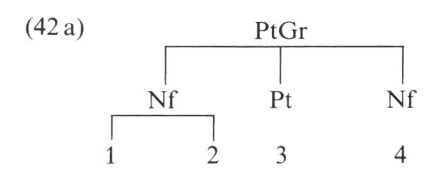

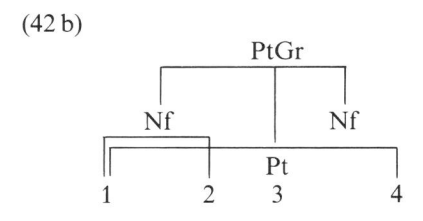

(42 a) [tree diagram: PtGr dominating Nf, Pt, Nf; Nf over positions 1, 2; Pt over 3; Nf over 4]

(42 b) [tree diagram: PtGr dominating Nf, Nf; first Nf over positions 1, 2; Pt over 3; second Nf over 4]

As overlapping constituents in *the boys and girls* and the second constituent analysis, we have {(1, *the*), (2, *boys*)} and {(1, *the*), (4, *girls*)}, whereas there are no overlapping constituents with respect to the first analysis. (Semantically, the two analyses correspond to "the boys and certain girls" vs. "the boys and the girls".)

It is now required that

(43) For any idiolect system S, every syntactic constituent structure of f in S is a syntactic constituent analysis of f in S.

The converse does not hold. Intuitively, constituent structures are 'complete' constituent analyses that involve an appropriate number of basic and, possibly, derived constituent categories. (Some base form in f may be a morph rather than a phonological word, see above, Sec. 5.1. This is covered by (43) only if (40) is appropriately generalized, allowing morphological constituent categories in addition to syntactic ones.)

As a non-trivial example of a constituent analysis that may be realistically identified with a constituent structure, consider

(44a) f = *the sick boy was killed last night by this potent drug*
(44b) k = the relation specified in the upper part of diagram (45) [see next page].

For f in (44a), diagram (45) specifies a set of syntactic structures of f in any Modern English idiolect system S to which f belongs: the set of all (k_1, m_1, I_1) such that

— k_1 = k = the relation specified for S in the upper part of (45);
— m_1 = m = the relation specified for S in the lower part of (45), as explained below, in Sec. 6.4.;
— I_1: any intonation structure of f in S whose pitch contour = I as specified in the middle part of (45); see below, Sec. 6.5.

In these formulations direct reference is made to idiolect systems S. Such reference is omitted in diagram (45), where it may be restored in conformity with convention (24c).

Diagram (45) further identifies a lexical interpretation e of f, see (57), below. It also identifies, by a self-explanatory arrow notation, the values of all relevant basic grammatical functions (mod, comp¹ and nuc) for any (f, s_1, e, S) such that: f is as in (44a); S is a Modern English idiolect system to which f belongs; e is as in (45) or (57); and for some k_1, m_1, and I_1 as previously specified, $s_1 = (k_1, m_1, I_1)$.

k in (45) is typical of the low degree of hierarchical ordering exhibited by IS constituent structures. This is a result of adopting

(46) *Principle for Syntactic Constituent Structures.* For any idiolect system S and syntactic structure k of f in S, f_0 is a constituent of f in k only if there is a grammatical or scope function g^n and an m, I, e, $f_1, \ldots, f_n$, f_{n+1} such that, for all s = (k, m, I),
(a) $(f_1, \ldots, f_n, f_{n+1}) \, \varepsilon \, g^n(f, s, e, S)$;
(b) $f_0 = f_i$, for some $i \leq n+1$.

More informally, every constituent must be a member of a relation that some constituent function of a special type (grammatical or scope function, see Secs 3.3f) assigns to an appropriate syntactic quadruple.

Any proposal to increase the degree of hierarchical ordering in a constituent structure is equivalent to proposing an additional constituent. This constituent must then be justified by means of a constituent function. Given the IS view of grammatical and scope functions as presented in Secs 3. and 7. (including their relativization to word meanings, see Sec. 7.1.), justification becomes impossible after a few steps. (In particular, traditional 'Verb Phrase'-constituents cannot be justified for any language where they have been assumed, and may have to be ruled out as a matter of principle.)

I continue to use (45) as my major example, to be explained as I go along. I next turn to syntactic marking structures.

6.3 Marking Structures of Primitive Constituents

The second component of a syntactic structure is a marking structure. All categorial information not contained in the constituent structure is supplied by the marking structure. The concept of marking structure is relativized to *constituents* of a given syntactic unit, or concatenation of units. We first consider primitive constituents and then generalize to arbitrary constituents, which covers the entire unit or concatenation.

Consider, once again, (f, k) in (44) and $f_1 = the_1 \, boy_3$, a primitive constituent of f in k that is associated with N(−, S) in f and k. f_1 is an occurrence in f of $f_2 = the_1 \, boy_2$, and f_2 is a form of the lexical word

(47) $boy^W(S) = (boy^P(S), \cdot boy \cdot)$.

This word belongs to NOUN(−, S) and is therefore compatible with f_1, which is associated with N(−, S). f_2 is categorized in $boy^P(S)$ as

(48) $\{Sg(−, S), Def(−, S)\}$

i.e. $(f_2, \{Sg(−, S), Def(−, S)\}) \, \varepsilon \, boy^P(S)$, see (26). This happens to be the only categorization of f_2 in $boy^P(S)$. The categorization is an 'appropriate' maximal set of endpoints of

20. Integrational Linguistics 455

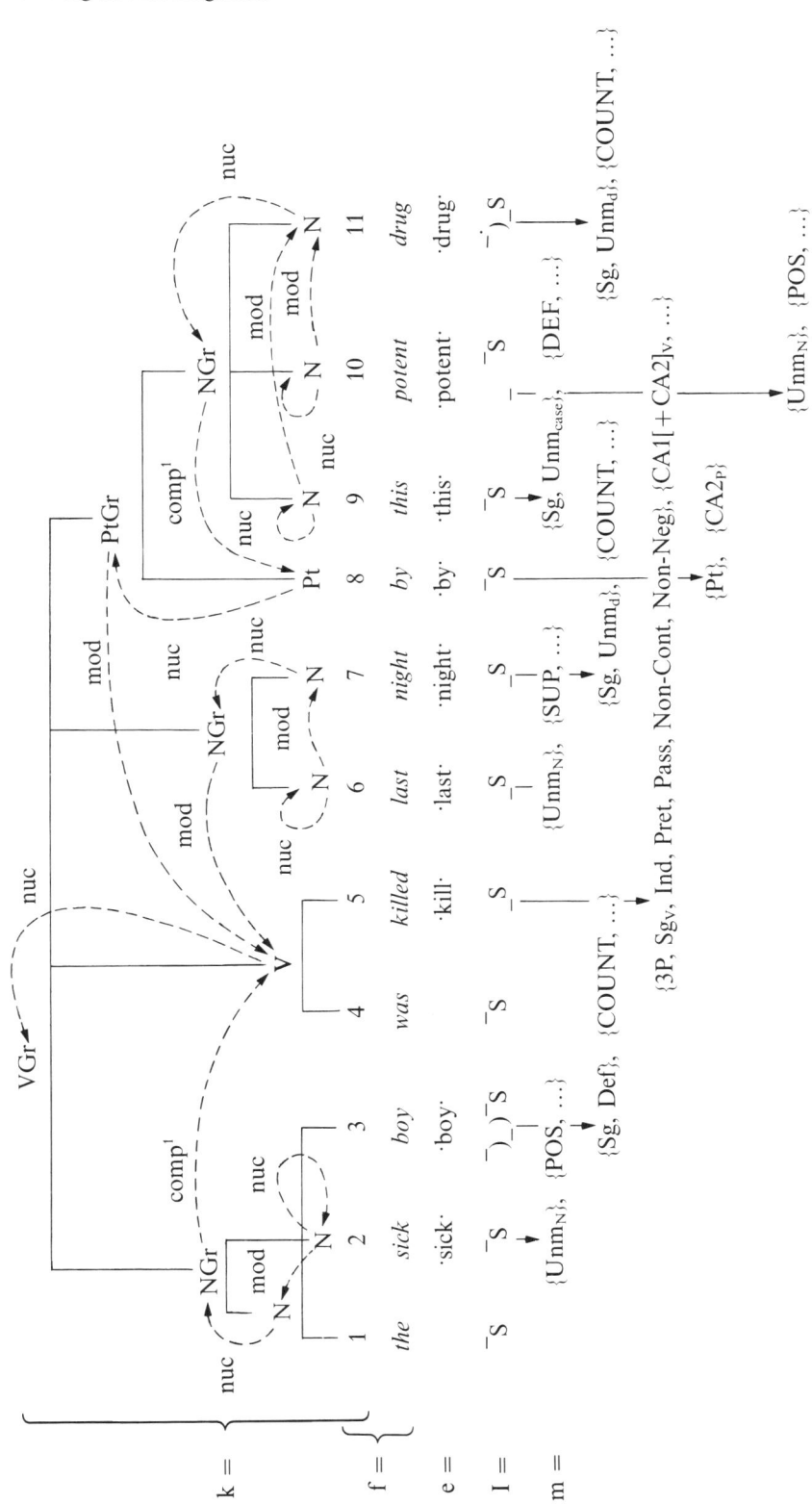

(45) *Sample analysis*

the syntactic unit ordering of S that are compatible with respect to f_2, see Sec. 5.3.

The lexical word $boy^W(S)$ itself belongs to various type 2 categories, i.e. to classes that belong to classifications in the lexical word ordering of S. Once again, we look for a 'maximal' set of endpoints of the LWO that are compatible with respect to $boy^W(S)$ (see Sec. 4.3. for "compatible"). This set is a *categorization* not of the word form $the_1\ boy_2$ but of the word $boy^W(S)$.

I have not worked out the word ordering for Modern English idiolect systems S but let us assume, for the sake of concreteness, that $COUNT(-,S)$ — the set of count nouns of S — is one endpoint of the word ordering to which $boy^W(S)$ belongs. We may then indicate a categorization of $boy^W(S)$ as

(49) $\{COUNT(-,S), ...\}$.

We next consider any pair that consists of a categorization of $f_2 = the_1\ boy_2$ and of (49). Since (48) is the only categorization of f_2, see (26), the set of these pairs is

(50) $\{((48), (49))\}$.

This set of pairs is a *marking* of the primitive constituent $f_1 = the_1\ boy_3$. We finally take the domain of f_1, i.e. $\{1,3\}$, and combine it with each element of marking (50), which gives us a set of triples:

(51) $\{(\{1,3\}, (48), (49))\}$.

This set of triples is a *marking structure* of f_1, more precisely:

(52) m_1 is a syntactic marking structure of f_1 relative to f, k and S if
$m_1 = \{(\{1,3\}, \{Sg(-,S), Def(-,S)\},$
$\{COUNT(-,S), ...\})\}$,
$f_1 = the_1\ boy_3$,
and f and k are as in (44).

Generally, *marking structures of primitive constituents* are all obtained in this way: we look for a lexical word such that the constituent is an occurrence of a form of the word, and form a greatest set of triples (α, J, O) such that: α = the domain of the constituent; J is a categorization of the form of the word, and O a categorization of the word; and for any (α, J_1, O_1) and (α, J_2, O_2) in the set, $O_1 = O_2$.

In this way, we may have

(53) $m_2 = \{(\{2\}, \{Unm_N(-,S)\},$
$\{POS(-,S), ...\})\}$

as a marking structure of the primitive constituent $sick_2$ relative to f, k, and S, where $Unm_N(-,S)$ = the set of noun forms of S that are unmarked for all noun form distinctions, and $POS(-,S)$ = the set of adjectives of S that are positives.

6.4 Marking Structures of Arbitrary Constituents

Take any non-primitive constituent, such as $f_3 = the_1\ sick_2\ boy_3$. A marking structure of the constituent is obtained by uniting a set that contains exactly one marking structure of every primitive constituent contained in the non-primitive constituent:

(54) m_3 is a syntactic marking structure of f_3 relative to f, k, and S if
$m_3 = \bigcup\{m_1, m_2\}$
$= \{(\{1,3\}, \{Sg, Def\}, \{COUNT, ...\}),$
$(\{2\}, \{Unm_N\}, \{POS, ...\})\}$,
$f_3 = the_1\ sick_2\ boy_3$,
and f and k are as in (44).

Generally,

(55) For any idiolect system S and sequence f of syntactic base forms of S, if k is a constituent analysis of f in S and f_1 is the union of a set of constituents of f in k, then m is a marking structure of f_1 relative to f, k, and S if and only if m is the union of a set $\{m_1,...,m_n\}$ such that:
(a) For each m' in the set, there is an f_2 such that
(i) f_2 is a primitive constituent of f in k,
(ii) f_2 is a subset of f_1,
(iii) m' is a marking structure of f_2 relative to f, k, and S.
(b) For each f_2 that satisfies (ai) and (aii), there is exactly one m' in the set that satisfies (aiii).

Since m is the union of $\{m\}$, for any m, (55) also covers primitive constituents, whose marking structures are, of course, obtained independently, as described in Sec. 6.3.

Finally, since f is the union of the set of its primitive constituents, marking structures of f itself are also covered by (55).

As a non-trivial example, the lower part of diagram (45) identifies a complete marking structure m of f relative to f, k, and S, where f and k are as in (44) and a simplified notation is used for m in (45). The notational conventions are obvious from a comparison of m_1 in (52) and m_2 in (53) with the corresponding entries in (45); a vertical arrow in (45) indicates the primitive constituent to which an entry is to be related; dots allow for additional categories.

The abbreviations in (45) read as follows:

(56) (a) "Unm_N" as "unmarked for noun form distinctions"
(b) "POS": "positive adjective"
(c) "Sg": "singular noun form"
(d) "Def": "definite substantive form"
(e) "COUNT": "count substantive"
(f) "3P": "third person verb form"
(g) "Sg_V": "singular verb form"
(h) "Ind": "indicative verb form"
(i) "Pret": "preterite verb form"
(j) "Pass": "passive verb form"
(k) "Non-Cont": "non-continuous verb form"
(l) "Non-Neg": "non-negative verb form"
(m) "$CA1[+CA2]_V$": "verb whose finite active forms, when occurring in a syntactic unit, require two other parts of the unit, the second of which may be empty; if the first part is an occurrence of a form of a personal pronoun, this form is in Case 1 (= nominative), and if the second is an occurrence of a form of a personal pronoun, it is in Case 2 (= dative/accusative)". (Even for pronouns, no genitive is assumed: *whose = who's*. Conditions for occurrences of non-pronoun forms are implied.)
(n) "SUP": "superlative adjective"
(o) "Unm_d": "substantive form that is unmarked for definiteness"
(p) "$CA2_P$": "preposition whose form requires one coconstituent, which must be in case 2 if it is an occurrence of a form of a personal pronoun"
(q) "Unm_{case}": "pronoun form that is unmarked for case"
(r) "DEF": "definite pronoun"

In (45) these expressions are all used in the sense of (24c), i. e. they must be supplemented by "$(-,S)$": "$Unm_N(-,S)$" etc. (cf. (48) to (54)).

As appears from (45) and (56), marking structures are essential to an account of (i) *government* (cf. (56m) and (56p), and Secs 7.4. to 7.6. for further discussion) and (ii) *agreement*. The IS treatment of agreement requires some comment.

The shared feature of *traditional notions of agreement* appears to be this: different constituents associated with (a) the same or (b) different *constituent* categories are (c) directly or (d) indirectly 'marked' by (e) the same or (f) different but related type 1 or type 2 categories which are, typically, *minor* categories (for "minor", see Secs 5.2. and 5.5.).

The traditional notions ask for explication not by one but by several concepts of agreement. In the present version of IS, only primitive constituents are directly marked by categories, cf. Sec. 6.3. Such direct marking may be called *categorial marking*. *Agreement by categorial marking* (case (c)) is restricted to primitive constituents.

For example, there is (a−c−e)-agreement in (45) between *this*$_f$ and *drug*$_f$ (number agreement, because of Sg), or (a−c−f)-agreement between *potent*$_f$ and *drug*$_f$ (number agreement, because of Unm_N and Sg − assuming a certain treatment of the category 'unmarked for noun form distinctions').

Non-primitive constituents such as *the sick boy*$_f$ in (45) are not directly marked by categories. Instead, we use *marking functions* (see Secs 3.4.f above) to relate a non-primitive constituent to non-constituent categories; indirect marking is thus explicated as *functional marking*. For example, (*the sick boy*$_f$, $Nl(-,S)$, $\{Sg(-,S)\}) \varepsilon$ mark(f,s,e,S) ("*the sick boy*$_f$ is a Nominal marked as Sg relative to f, s, e, and S") where $Nl(-,S) = NGr(-,S) \cup N(-,S)$. The basis for a functional marking of constituent f_1 is agreement by categorial marking among the *nuclei* of those f_2 which are immediate constituents of f_1.

Given the marking relations of f, s, e, S *agreement by functional marking* (case (d)) may now be treated, e. g., number and person agreement between *the sick boy*$_f$ and *was killed*$_f$ in (45).

The two notions of agreement (by categorial and functional marking) may have to be formally reconstructed. This would require an additional 'major' type of (non-basic) syntactic functions, cf. (6).

I next turn to the third and last component of syntactic structures, which can here be characterized by a few remarks only.

6.5 Intonation Structures

Consider any sequence f of syntactic base forms. Each base form is a pair (f^p, s^p), where s^p consists of (i) a constituent structure k^p that determines a syllable sequence for the phoneme sequence f^p and (ii) a phonological intonation structure I^p of f^p. If the base form is syllabic, I^p is a function that takes the numbers in the syllable sequence (its first-place members identifying syllable places) and assigns to each a set of 'auditory values' that contains at most exactly one pitch, one intensity, one length, one colour and one 'register': creaky, smooth etc. (If the base form is non-syllabic, the empty set is assigned to f^p.) For English idiolect systems S I assume that these sets each contain exactly one of the pitches $^-$S ("High-in-S") and $_-$S ("Low-in-S"), and nothing else.

Consider any sequence f of syntactic base forms of any idiolect system S. Associated with f we have the sequence $I_0 = I_1^p \ldots I_n^p$ where I_i^p is the phonological intonation structure of the i-th base form of f. Sequence I_0 is called *the intonation base* of f in S.

Any *syntactic intonation structure* I of f in S is a sequence obtained from the intonation base by modifying its members $I_1^p \ldots I_n^p$. Essentially two kinds of modification are allowed: (i) replacing auditory values in the sets that are values of $I_1^p \ldots I_n^p$, by auditory values of the same type, e. g. pitches are replaced by pitches; (ii) adding, in these sets, auditory values of a type that is not yet represented, e. g. a colour is added if the values of $I_1^p \ldots I_n^p$ do not yet contain colours. The resulting sets of auditory values each contain exactly one pitch, one intensity, one length, one colour, and one register. *Intonation structure* I of f is a sequence whose members $I_1^{p'} \ldots I_n^{p'}$ are obtained in this way from the members $I_1^p \ldots I_n^p$ of the intonation base I_0. (This does not yet account for pauses, to the extent that pauses belong to idiolect systems rather than to speech.)

The pitch contour of intonation structure I of f is a sequence I_1 whose members are obtained from the members $I_1^{p'} \ldots I_n^{p'}$ of I by retaining only pitches in the various sets of auditory values.

In diagram (45), an indefinite number of intonation structures of f = *the sick boy was killed last night by this potent drug* is characterized by giving their shared pitch contour I, using obvious abbreviations and assuming that only two pitch levels are involved. (The pitches other than High in S and Low in S are: $^-)_-)^-$S = High-Low-High in S and $^-)_-$S = High-rising-to-Low in S.)

In English idiolect systems — possibly, in the idiolect systems of arbitrary languages — pitch contours of syntactic intonation structures are essential to the manifestations of syntactic accents, which are syntactic functions (the manifestations are not).

7. Syntactic Functions

7.1 Introduction

The IS conception of syntactic functions, and of constituent functions in particular, is characterized in general terms in Sec. 3., where types of functions — constituent functions, category functions, syntactic accents, etc. — are also distinguished, see (6). The content of Sec. 3. is here presupposed.

The arguments of all syntactic functions other than syntactic accents are syntactic quadruples (f,s,e,S). The nature of f — a syntactic unit or concatenation of units — was specified in Sec. 5., the nature of s — a syntactic structure of f in S — in Sec. 6. e is a *lexical interpretation* of f relative to s and S. This is a function whose arguments are the primitive constituents of f relative to s (i. e. the primitive constituents of f in the constituent structure k contained in s) and whose values are concepts b such that, for any primitive constituent f_1, $e(f_1)$ is the meaning b of some lexical word (P,b) of S that is 'compatible' with f_1 and s, i. e. that is related to f_1, k, and m in the way that was explained for $boy^w(S)$ in Sec. 6.3., where k and m are the first and second components of s. For example, if e and f are as in diagram (45), e is the following function:

(57) e = {(*the boy*$_f$, ·boy·), (*sick*$_f$, ·sick·), (*was killed*$_f$, ·kill·), (*last*$_f$, ·last·), (*night*$_f$, ·night·), (*by*$_f$, ·by·), (*this*$_f$, ·this·), (*potent*$_f$, ·potent·), (*drug*$_f$, ·drug·)}.

Convention (12) is used in (57) for naming the primitive constituents of f (e. g. *the boy*$_f$ = *the*$_1$ *boy*$_3$ = {(1, *the*), (3, *boy*)}). The raised dot notation is used for naming concepts, with expressions indicative of concept intensions included between the dots; for ·by· and ·kill·, see the text following (32) and (33), respectively.

Generally, it must be emphasized that all syntactic functions other than syntactic accents (whose arguments are syntactic triples (f,s,S)) have values only relative to lexical interpretations: the values depend not only on the unit or concatenation of units and its structure but also on an assignment of word meanings. IS thus makes available an entire new domain of information for determining the values of syntactic functions, a domain recognized in traditional grammar but purposefully excluded by 'modern' approaches (including the pre-1983 version of IS). Such approaches are typically forced to mirror semantic properties of lexical words in syntactic structures in one of two ways: either 'deep structures' of one sort or another are postulated whose main motivation is not syntactic but semantic, or else, semantic properties of lexical words are reflected by hierarchical properties of 'surface structures', which increases their degree of hierarchical ordering for no syntactic reason. By relativizing syntactic functions to lexical interpretations, IS avoids not only the first but also the second mistake.

Discussion in the remaining part of this essay will have to be restricted to syntactic functions of a single type: to grammatical functions, traditionally at the centre of the syntactician's attention. Functions of other types are briefly characterized by examples in the following Subsection.

7.2 Non-grammatical Functions

I assume the following function occurrences (some of them, tentatively):

(58) Suppose that

  (a) (f,s,e,S) is as in (45),
  (b) f′ = *only they who hate their dogs beat them*,
  (c) s′ is an appropriate syntactic structure of f′ in S,
  (d) e′ is a lexical interpretation of f′ relative to s′ and S.

Then:

  (e) *Scope functions*
  For
  f_1 = *they who hate their dogs beat them$_{f'}$*,
  f_2 = *they who hate their dogs$_{f'}$*:
  $(only_{f'}, f_1, f_2)$ ε qual(f′,s′,e′,S),
  "$only_{f'}$ qualifies f_1 with respect to f_2 relative to f′, s′, e′, and S"

  (f) *Phoric functions*
  (*their dogs$_{f'}$*, *them$_{f'}$*) ε ant(f′,s′,e′,S),
  "*their dogs$_{f'}$* is an antecedent of *them$_{f'}$* relative to f′, s′, e′, and S"

  (g) *View functions*
  For
  f_1 = *was killed by this potent drug$_f$*,
  f_2 = *the sick boy last night$_f$*:
  (f_1, f_2) ε comm(f,s,e,S),
  "f_1 is a comment on f_2 relative to f, s, e, and S"

  (h) *Marking functions*
  (*the sick boy$_f$*, Nl(−,S), {Sg(−,S)}) ε mark(f,s,e,S),
  "*the sick boy$_f$* is a nominal in the singular relative to f, s, e, and S"

  (i) *Syntactic accents*
  For
  f_1 = *the sick boy was killed last night$_f$*:
  (*was killed$_f$*, 5,1,f_1) ε lca(f,s,S),
  "*was killed$_f$* has low contrastive accent at place (5,1) in f_1 relative to f, s, and S"

  (j) *Category functions*
  For
  k_1 = {(\{1,...,11\}, VGr(−,S))}:
  (f,k_1) ε decl(f,s,e,S),
  "f is a declarative k_1 ('declarative verb group') relative to f, s, e, and S"

Once again, convention (12) is used in (58) for identifying parts of f and f′, which need not be constituents.

f′ in (58b) is a so-called 'donkey sentence'. These sentences, notorious in the study of pronominal reference, are among the few cases where phoric functions — rather than purely semantic or pragmatic relationships — have to be seriously considered.

Assuming an occurrence of comment as in (58g) is justified mainly by the pitch contour of the intonation structure contained in s; see (45). Because of this contour, an utterance of (f,s,e) would be a possible answer to a question such as, "What is it that happened to the sick boy last night?"

(58g) represents just one way of explicating traditional notions like 'comment'. (Topic could be the function that assigns the converse of the relations assigned by comment.) More detailed discussion would be required to establish view functions as syntactic functions; therefore, alternative explications are not considered.

In (58i), 5 is the place of the phonological word *killed* in f and 1 the place of the one and only syllable of this word in the word's syllable sequence. f_1 is the part of f that is 'semantically affected' by the accent occurrence. The accent is *low* contrastive accent because it is manifested, in the pitch contour of (45), by low pitch following high pitch. "Contrastive" does not mean that there *has* to be semantic contrastiveness (as just noted, an utterance of (f,s,e) is a possible answer to,

"What is it that happened to the sick boy last night?", with no contrast involved).

(58j) demonstrates how traditional 'sentence types' are reconstructed without introducing a constituent category Sentence($-$,S): syntactic units may be 'declarative' regardless of the constituent categories (VGr($-$,S) etc.) to which they belong. Moreover, referring to subsets k_1 of constituent structures rather than to individual constituent categories, we may assign 'declarative' status even to non-units like *not him* (cf. "Who did it? $-$ Not him.").

Grammatical functions will now be considered in greater detail.

7.3 Grammatical Function Hypothesis

Diagram (45) characterizes a set of syntactic quadruples (f,s,e,S) (defined in Sec. 6.2., following (44)), and indicates by arrows non-empty values of grammatical functions as follows:

(59) Let (f,s,e,S) be any quadruple characterized by (45). Then
 (a) mod(f,s,e,S) =
 {($sick_f$, *the boy$_f$*), ($last_f$, $night_f$), ($this_f$, $drug_f$,), ($potent_f$, $drug_f$), (*last night$_f$*, *was killed$_f$*), (*by this potent drug$_f$*, *was killed$_f$*)}
 (b) $comp^1$(f,s,e,S) =
 {(*the sick boy$_f$*, *was killed$_f$*), (*this potent drug$_f$*, by_f)}
 (c) nuc(f,s,e,S) =
 {(*the boy$_f$*, *the sick boy$_f$*), ($sick_f$, $sick_f$), ($last_f$, $last_f$), ($night_f$, *last night$_f$*), ($drug_f$, *this potent drug$_f$*), (by_f, *by this potent drug$_f$*), ($this_f$, $this_f$), ($potent_f$, $potent_f$), (*was killed$_f$*, f)}.

The function names "mod", "$comp^1$", and "nuc" may be read as "..modifies / is a simple complement of / is a nucleus (head) of ... relative to ...", as in "($sick_f$, *the boy$_f$*) ε mod(f,s,e,S)": "$sick_f$ modifies *the boy$_f$* relative to f, s, e, and S". The left-hand sides of the identities in (59) read "modification / simple complementation / nucleus on f, s, e, and S" or "the modification (etc.) relation on f, s, e, and S".

Only three syntactic functions are involved in (59), mod, $comp^1$, and nuc. These are *grammatical functions* in the sense that they reconstruct traditional 'grammatical relations'. Inspection of (45) and (59) shows that 'modifier' or 'adjunct relations' of any type are collapsed into the single function mod, and the 'predicate relation' is construed as a function whose values are subsets of values of nuc; this function may be called "pred".

Function pred can be defined in terms of nuc; differently from nuc, which is a *basic grammatical function*, pred is *derived*.

In a similar way, traditional 'subject' and 'object relations' $-$ generally, 'complement relations' of any type $-$ are construed as derived grammatical functions subj, dir-obj, indir-obj, etc., defined by reference to a family of basic complement functions $comp^1$, $comp^2$, ..., $comp^n$.

Of these only $comp^1$ is represented in (59). For $n > 1$, expressions of the forms

(60a) $(f_1,...,f_n,f_{n+1})$ ε $comp^n$(f,s,e,S)
(60b) $comp^n$(f,s,e,S) = M

may be read as, respectively: "$(f_1,...,f_n)$ is a complement n-tuple ["complement pair", "triple" etc., for n = 2, n = 3, etc.] for f_{n+1} relative to f, s, e, and S"; and: "n-place complementation on f, s, e, and S = M". Intuitively, a complement n-tuple collects all constituents that are 'complements' of f_{n+1} in a traditional sense (including 'subject' constituents) but contains at most one 'complement' constituent of a given type ('subject', 'direct object', 'indirect object', etc.).

As a first step towards defining functions like subj that reconstruct traditional 'complement relations', the basic $comp^n$ functions are used to define derived $comp_i$ functions, as follows.

Consider the relation that holds between any f' and f" if f' is the i-th component in a $comp^n$-occurrence $(f_1,...,f_n,f_{n+1})$, for some n, and f" = f_{n+1}. This relation may be taken as the value of a derived function $comp_i$:

(61) *Definition.* (f',f") ε $comp_i$(f,s,e,S) (i.e., f' is the i-th complement of f" relative to f, s, e, and S) if and only if there is an n such that i ≤ n and there are $f_1,...,f_n,f_{n+1}$ such that
 (a) $(f_1,...,f_n,f_{n+1})$ ε $comp^n$(f,s,e,S),
 (b) f' = f_i,
 (c) f" = f_{n+1}.

We now go on to define functions like subj by means of one or more of the $comp_i$ functions. In particular, the following definition might be proposed for subj:

(62) *Definition.* (f_1,f_2) ε subj(f,s,e,S) if and only if (f_1,f_2) ε $comp_1$(f,s,e,S) and f_2 is marked in s by a type 2 category of S that is a subset of VERB($-$,S).

For such a definition to be adequate, the explicatum (subj) should be roughly coextensive with the concepts it is meant to explicate (traditional subject notions — as a matter of fact, (62) falls short of this requirement). This obviously requires that in occurrences $(f_1,...,f_n,f_{n+1})$ of the underlying $comp^n$ functions, the order of components in the complement n-tuple $(f_1,...,f_n)$ has been fixed in an appropriate way, a point to be resumed in Sec. 7.6, below.

Traditional complement relations are demoted to secondary status in IS; they are defined in terms of basic $comp^n$ functions whose occurrences provide all 'complements', including a 'subject' constituent, simultaneously and in a fixed order. This is justified both by syntactic and by semantic considerations: there are well-known syntactic relations that may hold between, say, a subject constituent and a direct object constituent, and it is the basic $comp^n$ functions, not derived functions like subj or dir-obj, that have a semantic content (see above, Sec. 3.5.).

Traditional 'grammatical relations' — 'predicate', 'subject', the various object and adjunct relations — have all been taken care of. This suggests

(63) *Grammatical Function Hypothesis.* All traditional relations can be reconstructed by means of the following basic grammatical functions:
(a) mod
(b) $comp^n$
(c) nuc

Functions to account for relations of 'determination' between, say, a definite article occurrence and a noun form occurrence (det in Lieb 1983), or of 'specification' between occurrences of forms of an auxiliary and a 'main verb' (spec in Lieb 1980a) are not needed given rich enough word form categorizations (cf. Def($-$,S) etc. in boy^p(S), (26), and the categorization of *was killed* presupposed for the marking of *was killed*$_f$ in (45)) and making appropriate use of mod: cf. *this*$_f$ as a modifier not a 'determiner' of *drug*$_f$ in (59a). (Our account offers a surprising solution to the problem, much discussed in recent literature, whether the 'noun' or the 'determiner' should be taken as the nucleus in a Det + N construction: if Det is an article, the nucleus is Det + N itself, i.e. a complex noun form occurrence marked by a type 1 category like Def; otherwise, the nucleus is N because the 'determiner' turns out to be just a modifier, marked by a type 2 category like DEF.)

Hypothesis (63) also covers *coordination* in a natural way: Coordination may be construed either as two-place complementation ($comp_2$) or as n-place complementation ($comp^n$), for arbitrary n > 1. In the second case, there may be no greatest n. Also, certain cases of so-called 'adverbial modifiers' may have to be reconstructed by scope functions (see Secs 3.3. and 3.4.). Allowing for these modifications, the Grammatical Function Hypothesis is adopted.

There are a number of traditional difficulties with grammatical functions that should be considered in connection with the Grammatical Function Hypothesis.

7.4 Remarks

(i) *nuc vs. mod and $comp^n$*. Suppose that

(64) (f_1,f_2) ε nuc(f,s,e,S).

f_1 is a part of f_2. Assume that (a) there are no occurrences of coordination in (f,s,e,S), and (b) there are no occurrences of scope functions in (f,s,e,S).

f_2 is then obtained by uniting f_1 with all parts of f that are either complements or modifiers of f_1 relative to f, s, e, and S. This has two important consequences.

First, there may be *no* modifier or complement of f_1, and $f_1 = f_2$, i.e. f_1 is a nucleus of itself (for examples, cf. *sick*$_f$, *last*$_f$, *this*$_f$, and *potent*$_f$ in (45) and (59)). Differently from the values of mod and $comp^n$, the values of nuc are relations that may not be irreflexive.

Second, there may be a way around restrictions (a) and (b). In this case, nuc is no *basic* function, and (63) could be strengthened by dropping (c).

(ii) *$comp^n$ vs. mod.* Suppose that

(65) $(f,...,f_n, f_{n+1})$ ε $comp^n$(f,s,e,S).

f_{n+1} is a primitive constituent of f, and the complement n-tuple $(f_1,...,f_n)$ is determined by a government category by which f_{n+1} is 'marked' in s. In particular, n = the valency of the words that belong to the government category, except for cases of 'complement supplanting' and 'complement suppression', see below, Sec. 7.5.

For example, if (f,s,e,S) is a quadruple characterized by (45), then *was killed*$_f$ is a primitive constituent of f that is 'marked' in s by the government category Ca1[+CA2]$_V$($-$,S) as defined in (56m). Words of this category have valency 2. However, due to complement supplanting, the n of comp^n is not 2 but 1 in this example: (*the sick boy*$_f$, *was killed*$_f$) ε comp^1(f,s,e,S), see (59b).

f_{n+1} in (65) must be a *primitive* constituent. Any non-primitive constituent of f can only have modifiers.

Any part of f that could be either a complement or a modifier of f_{n+1} is a modifier if it is not required by the government category associated with f_{n+1}. This identifies the two modifiers of *was killed*$_f$ in (45) and (59a).

(iii) *Empty complements*. It is a notorious problem in 'valency grammar' how to deal with 'optional complements'. For example, *kill*^{w}(S) may but need not be used with a 'direct object'. How can this be if *kill*^{w}(S) has valency 2?

IS treats 'optionality' of complements as a *selection* property of words that leaves their *valency* unaffected (see Sec. 5.5. for the difference). There are no 'optional' complements. Instead, the empty set may occur in a complement n-tuple:

(66) If $(f_1,...,f_n,f_{n+1})$ ε comp^n(f,s,e,S), then any f_i (i ≤ n) may be empty (the empty set f^0), depending on the government category associated with f_{n+1}.

Assume an appropriate (f,s,e,S) such that f = *he has killed*. Then comp^2(f,s,e,S) = {(*he*$_f$, f^0, *has killed*$_f$)}. (Since the empty set is a subset of any set, it is a subset — part — of f; it is *not*, however, a constituent of f: there is no constituent category with which it could be associated.)

(iv) *Empty core constituents*. Following (66), any complement in a comp^n-occurrence $(f_1,...,f_n,f_{n+1})$ may be empty. This is also true of the 'core constituent' f_{n+1}, as in *she's nobody's fool but he's everybody's*, or in cases of *asyndetic coordination*. Empty core constituents are also possible for mod-occurrences (f_1,f_2), as in *red wine or white it's all poison*. (Actually, there are alternative analyses in all these cases, avoiding empty core constituents.)

Introduction of empty components in a function occurrence leaves the number of components unchanged. There are, however, two further problems whose solution may require a reduction in component number.

7.5. Complement Supplanting and Complement Suppression

(i) *Complement supplanting: the case of the English passive*. (For the situation in German, largely if not completely analogous, see Lieb 1992 b.) There is overwhelming evidence that *by*-phrases cooccurring with passive forms are modifiers not complements of the passive form occurrences while a corresponding constituent cooccurring with an active form is a complement; cf. *by this potent drug* in *the sick boy was killed last night by this potent drug* vs. *this potent drug* in *this potent drug killed the sick boy last night*.

Viewing the passive construction from the point of view of the active, we find a modifier where a complement would be expected; the complement has been, so to speak, *supplanted* by a modifier. (Differently from the followers of Relational Grammar, I see no reason why the *by*-phrase should be anything *but* a normal modifier.)

Complement supplanting is again a *selection* property of lexical words that leaves their valency unaffected (in the case of verbs with passive forms, valency is based on the *active* forms, see (56 m)).

This syntactic analysis of *by*-phrases and passives is supported by their role in sentence meaning composition, as may be shown for example (45).

In Modern English idiolect systems S, the syntactic category interpretation of S (see Sec. 3.5.) associates with the minor type 1 category Pass(−,S) semantic functions h^n whose arguments and values are concepts. Intuitively, h^n takes an (n+1)-place activity concept b. If $(x,x_1,...,x_n)$ is an element of the extension of b, x is an activity, x_1 is an agent or actor of x, and $x_2,...,x_n$ are other entities involved in x. Consider some n-tuple $(x',x_1',...,x_{n-1}')$ such that x' = x, x_1' = x_n, and x_2' etc. = x_2 etc. This is obtained from $(x,x_1,...,x_n)$ by putting x_n instead of x_1 and leaving everything else unchanged. Consider the concept whose intension consists of the attribute (an 'intensional relation') of being an n-tuple that can be obtained in this way. It is this concept that is assigned by h^n to b, a 'reduced' activity concept in the sense that the tuples in its extension do not contain an agent or actor.

More precisely, h^n(b) = the concept whose intension consists of the attribute of being an $(x',x_1',...,x_{n-1}')$ such that, for some $(x,x_1,...,x_n)$ ε the extension of b, x' = x, x_1' = x_n, and x_i' = x_i for any i = 2,...,n−1.

For example, $h^2(\cdot kill\cdot) = \cdot be\ killed\cdot =$ the concept whose intension consists of the attribute of being an (x',x_1') such that, for some (x,x_1,x_2) ε the extension of ·kill·, $x' = x$ (the activity) and $x_1' = x_2$ (an experiencer of x).

It is only in the process of sentence meaning composition that $h^n(b)$, e. g. ·be killed·, is associated with the passive form occurrence, e. g. *was killed*$_f$.

By a later step in the composition process, activity x' in an appropriate element of the extension of $h^n(b)$, i. e., x' in an appropriate (x',x_1') ε ^{e}·be killed·, may be characterized as being a process whose agent is a certain reference object, e. g. in (45), as belonging to the set of all processes x such that, for all entities x'', if the speaker refers to x'' by *this potent drug*$_f$ in an utterance, then x'' is an agent of x. (The set of entities x is associated with *by this potent drug*$_f$ by the meaning composition process, using the concept ·by· as characterized above, following (32).)

Semantically, *by*-phrases behave like any modifier of the passive form occurrence.

(ii) *Complement suppression.* Occurrences of non-finite verb forms normally cooccur with their complements in a single constituent that does not, however, include a 'subject' constituent.

Assume, for example, an (f,s,e,S) such that f = *he intends to walk home*. For s to be acceptable, *to walk home*$_f$ must be a single constituent, and *home*$_f$ must be a complement of *to walk*$_f$ relative to f, s, e, and S. But is this the only complement of *to walk*$_f$?

There are two defensible answers, (67a) and (67b):

(67a) comp^2(f,s,e,S) = {(*he*$_f$, *to walk home*$_f$, *intends*$_f$), (*he*$_f$, *home*$_f$, *to walk*$_f$)}
(67b) (i) comp^2(f,s,e,S) = {(*he*$_f$, *to walk home*$_f$, *intends*$_f$)}
   (ii) comp^1(f,s,e,S) = {(*home*$_f$, *to walk*$_f$)}

That is, we either take *he*$_f$ as a first complement ('subject') of both *intends*$_f$ and *to walk*$_f$ (case (67a)), or we allow *he*$_f$ as a first complement only of *intends*$_f$ but not of *to walk*$_f$, which leaves *to walk*$_f$ with just one complement, viz. *home*$_f$ (case (67b)).

Solution (67a) assumes a complement constituent outside the constituent to which the verb form occurrence belongs; it may therefore be called *the external complement solution*. Solution (67b) simply does away with one complement; this is the *no-complement solution*, or *complement suppression*.

The external complement solution has so far been adopted in IS (e. g., Lieb 1983, Ch. 9), and similarly in Lexical Functional Grammar. I now believe that this solution wrongly reconstructs as syntactic a purely semantic (word semantic) property of the predicate constituent (*intends*$_f$, in (67)): In sentence meaning composition, the infinitival verb group (*to walk home*$_f$), which is a complement of the predicate constituent, is associated with a meaning; this meaning is a 'state of affairs' that is non-committal as to whom it applies to (in our example, the state of affairs is simply, 'walking home'). It is a consequence of the lexical meaning assigned to the predicate constituent that a certain other complement of the predicate constituent (*he*$_f$) 'identifies' the entity to which the 'state of affairs' applies. In (67b), there is only one other complement (*he*$_f$), therefore, only one complement that could be considered as 'identifying' the entity; but this is not so in other cases, like the famous *he promised me to come* vs. *he persuaded me to come*. (For details, cf. the word-semantic and syntactic-semantic analyses of modal verbs in H. Richter 1988, Secs 4.2.4. and 5.2.3.).

Both complement supplanting and complement suppression involve a transition from comp^n to comp^{n-1}, where n = the valency of the 'governing word'. This is allowed by the IS conception of government that bases the valency of a word on the number of complements required by some but not necessarily all of its forms (in the case of English verbs, only the finite active forms are considered). For dealing with complement suppression (though not supplanting) it may be advisable to specify a subfunction comp^{n,m} of comp^{n-1} where m indicates the place of the 'suppressed' complement (in English, m = 1). It would then be easier both to define functions like subject in an appropriate way (62) and to generalize the Complement Order Requirement that will now be discussed.

7.6 The Complement Order Requirement

The values of nuc and mod are sets of pairs (f_1,f_2), i. e. two-place relations, such that f_1 'is a nucleus / modifier' of f_2. This justifies the order of components in each pair.

The values of comp^n (n ≥ 1) are sets of (n+1)-tuples $(f_1,\ldots,f_n,f_{n+1})$, i. e. (n+1)-place relations, such that f_n is a simple complement of f_{n+1} if n = 1, or $(f_1,\ldots,f_n)$ is a complement n-tuple for f_{n+1} if n > 1. This justifies taking f_{n+1} last in each (n+1)-tuple, and thus yields the order of components in each pair (f_n, f_{n+1}) if $n = 1$.

For $n > 1$, order in the component n-tuple $(f_1,...,f_n)$ is determined by the government category associated with f_{n+1}: complement order is a *selection* property of the underlying lexical word.

It is a major problem how selection of complement order may be justified: why should a given complement precede or follow another in a complement n-tuple? This is the 'complement order problem', which must be solved if the Grammatical Function Hypothesis (63) is to be accepted.

Left-to-right order of complements in the syntactic unit may not be sufficient as demonstrated by the following example. Consider

(68) f = *it killed john*,

where

(69) $(it_f, john_f, killed_f)$ ε $comp^2(f,s,e,S)$,

for appropriate f, s, e, and S, assuming that $e(killed_f)$ = ·kill·, in agreement with (33) (·kill· is the meaning of $kill^{IV}(S)$). As previously stated, ·kill· is a 3-place concept; its extension (^{e}·kill·) is a set of triples (x,x_1,x_2) where x is an activity of killing, x_1 an agent of x, and x_2 an experiencer of x.

Instead of (68), we may also have

(70) f = *john it killed*,

where $john_f$ precedes it_f in f. If complement order is simply left-to-right order in a unit, then

(71) $(john_f, it_f, killed_f)$ ε $comp^2(f,s',e,S)$,

and, assuming the definition of subject by $comp_1$ in (62):

(72a) $(it_f, killed_f)$ ε $subj(f,s,e,S)$, for f = (68),
(72b) $(john_f, killed_f)$ ε $subj(f,s',e,S)$, for f = (70),

where (72b) is clearly unacceptable on a traditional understanding of "subject", which would require

(73) $(it_f, john_f, killed_f)$ ε $comp^2(f,s',e,S)$, for f = (70).

There appears to be only one way of reconciling definitions like (62) with traditional conceptions of subject etc.: order in a complement n-tuple for a verbal constituent f_{n+1} is based not on sequential order but on a semantic relation between (i) complements f_i and (ii) components x_i of tuples $(x,x_1,...,x_n)$ that are elements of the concept associated with f_{n+1}, as in the following continuation of our example.

The *propositions* expressed by (f,s,e) in (69) and by (f,s',e) in (71) and (72) should be such that they imply:

(74) For all x_1 and x_2, if a speaker refers in an utterance to x_1 by it_f and to x_2 by $john_f$, then there is an x such that (x,x_1,x_2) ε ^{e}·kill·.

In (74) there is a correlation between (i) complement places in (69) and (73) but not (71), and (ii) component places in triples that belong to the extension of ·kill·:

(75) If a speaker refers to x′ by f_i (i = 1,2), then there is a triple in the extension of the concept assigned by e to f_3 such that x′ = x_i in the triple,

where f_i = the i-th complement of the complement pair in (69) and (73) but not (71), i.e. of $(it_f, john_f)$, and f_3 = the last component ($killed_f$) of the $comp^2$-occurrences (69) and (73).

In triples (x,x_1,x_2) that are elements of ^{e}·kill·, the order of components is fixed independently of any idiolect system on ontological grounds, cognitive grounds, or both. Given correlation (75) between (i) complement places in (69) and (73) and (ii) component places in triples (x,x_1,x_2), we may take this correlation as *justifying* the order of complements in both (69) and (73). And indeed, this order implies that

(76) $(it_f, killed_f)$ ε $subj(f,s,e,S)$, for both (68) and (70),

and rules out (72b), which is unacceptable on a traditional understanding of "subject".

As a solution to the problem of complement order I adopt the following general requirement, which is not restricted to verb form complementation:

(77) *Complement Order Requirement.* Suppose that
(a) S is any idiolect system;
(b) $(f_1,...,f_n,f_{n+1})$ ε $comp^n(f,s,e,S)$;
(c) b = $e(f_{n+1})$ (i.e. b is the concept assigned to f_{n+1} by the lexical interpretation e);
(d) m = d(b) (the number of deictic places of b, m ≥ 0);
(e) b is (n+1+m)-place;

(f) $(x,x_1,...,x_n,x'_1,...,x'_m)$ is an element of $^e b$ (the extension of b) that is 'relevant with respect to $f_1,..., f_n$, f_{n+1}, f, s, e, and S'.

Then

(g) for every f_i ($i \leq n$) there is a semantic relation M_i that relates f_i to x_i.

(Note that condition (e) rules out complement supplanting and complement suppression but not empty complements; condition (c) prohibits empty core constituents.) For non-empty f_i, M_i is the relation of *speaker reference* if f_i is a referential expression, such as it_f or $john_f$ in (69). Otherwise M_i is a *denotation relation*, i.e. a relation that relates f_i to x_i where x_i is determined by the extension of a concept associated with f_i. This would be true, for instance, of $f_i = in\ london_f$, for $f = he\ lives\ in\ london$. ($x_i$ = the set of entities x' such that for all x'', if the speaker in his utterance refers to x'' by $london_f$, then $(x',x'') \varepsilon\ ^e\cdot in\cdot$, i.e. x' is in x'').

It is impossible to make (77) more precise without going deeply into the problems of sentence meaning, as would be required for interpreting the key expression in (77), "relevant with respect to".

Complement order is a *selection property* of lexical words *determined by word meaning* on the basis of the Complement Order Requirement. This requirement determines complement order by specifying certain semantic effects of the word meaning assigned to the last component of the $comp^n$-occurrence.

There are three points that require further comment in connection with the Complement Order Requirement.

7.7 'Roles', Role Relations, and Word Order Patterns

(i) *Rejection of 'roles'*. In Fillmore's Case Grammar and its derivatives, including the θ-theory of Chomsky's Government-and-Binding framework, 'roles' such as 'actor', 'experiencer', etc. are assigned a key position in syntax. In IS, 'roles' are rejected as syntactic or syntactic-semantic entities; briefly, they serve no legitimate purpose, see Lieb (1983, Ch. 22); in particular, it is not by 'roles' that complement order is determined in (77). (I consider as misguided Lutzeier's recent (1988) attempt, inspired by 'Cognitive Grammar', to reintroduce a relational version of 'roles' in a framework that owes a lot to IL; actually, he proposes to use them *instead of* grammatical functions in the IS sense. But IS functions are part of the syntactic basis for sentence meaning composition, a task for which 'roles' are quite unfit.)

(ii) *Treatment of role relations*. A clear distinction should be drawn between 'roles' — certain syntactic or syntactic-semantic constructs — and *role relations*: These are non-linguistic, real-world relations that may hold between components of tuples $(x,x_1,...,x_n)$ in concept extensions. For example, if (x,x_1,x_2) $\varepsilon\ ^e\cdot kill\cdot$, then x_1 is an agent of x, and x_2 is an experiencer of x: is-an-actor-of, is-an-agent-of, is-an-experiencer-of are role relations.

It is in connection with concept intensions and extensions, rather than with 'grammatical relations', that cognitive considerations are directly relevant: the order of components in an element $(x,x_1,...,x_n)$ of a concept extension must be justified by ontological reasons, cognitive reasons, or both.

Concepts may be meanings of lexical words. If they are, and if complement order obeys the Complement Order Requirement, then statements on how the i-th complements in given complement n-tuples are related to role relations are obtained as *derived theorems* of the grammar or the theory of language.

For example, suppose that the propositions expressed by (f,s,e) in (69) or (f,s',e) in (73) do imply (74), as previously assumed. In this case, they also imply

(78) For all x_1 and x_2, if a speaker refers by it_f to x_1 and by $john_f$ to x_2 in an utterance, then there is an x such that
(a) $(x,x_1,x_2)\ \varepsilon\ ^e\cdot kill\cdot$,
(b) x is an activity, x_1 is an agent of x, and x_2 an experiencer of x.

All we have to add to (74) to obtain (78) is two non-linguistic assumptions: (i) If b is an activity concept of a certain type and (x,x_1,x_2) $\varepsilon\ ^e b$, then (78b) holds, and (ii) $\cdot kill\cdot$ is an activity concept of that type.

Theorems like (78) may of course have any degree of generality. (See also Lieb 1983: Ch. 22.)

On a proper conception of sentence-meaning and sentence meaning composition, correlations between complements and role relations are by-products. They are neither the aim of an appropriate account of sentence meaning, nor are they a precondition; in particular, role relations must be sharply distinguished from the semantic functions that constitute the semantic machinery of the meaning composition process.

In IS, roles and role relations are not used in defining terms like "subject". Therefore, they are not needed for defining word order patterns even on a traditional account where such patterns are defined by means of derived grammatical functions like subject or object.

(iii) *Word order patterns.* The important area of word order regularities, in particular, word order patterns (WOP), has so far received little attention in IS (but cf. Eisenberg 1986/1989, Ch. 12). It is clear from traditional formulae like "SVO" ("Subject-Verb-Object") that each WOP may be construed as a sequence $g_1...g_n$ of derived grammatical functions (and, possibly, scope functions) of the following kind (the superscripts required by (15 v) for "g_1" etc. are omitted): for each syntactic unit that 'satisfies' the pattern, there is a left-to-right sequence $f_1...f_n$ of immediate constituents of the unit such that f_j is a g_j-constituent, for $j \leq n$.

Complementation is usually accounted for in WOPs by functions of the subject/object type. It is preferable, though, to choose the derived $comp_i$ functions instead. We may then exploit the independently determined order in complement n-tuples for describing the sequential order of constituents in a syntactic unit. True, subj etc. are definable in terms of $comp_i$ functions (see Sec. 7.3.) but there need not be a one-to-one relationship between functions of the two types.

Word order patterns are now construed as sequences of grammatical functions — typically, derived functions — such as

(79) $comp_1$ pred $comp_2$,

a WOP satisfied by f = *it killed john* (68) (pred = the predicate function, a function whose values are subsets of values of nuc), or

(80) $comp_2$ $comp_1$ pred,

a WOP satisfied by f = *john it killed* (70). The second pattern is a 'marked' WOP in the following general sense: in any syntactic unit that satisfies this pattern, the sequential order of complements deviates from their order in the complement pair.

The proposed conception of WOPs explicates traditional notions that are widely accepted. There is, however, a well-known problem with these notions: the immediate constituents of a syntactic unit may interlink, giving rise to discontinuous constituents, as in German *er hat ihn gesehen*, "he has seen him", where the predicate constituent *hat gesehen* is separated by *ihn*; or as in *the sick boy* in (45), where the nucleus constituent *the boy* is separated by *sick*. This is hard to capture by WOPs conceived as simple sequences of functions. The following modification may be considered.

With each function g_j in a WOP we associate a positive integer n_j. The pair (g_j, n_j) requires not a complete g_j-constituent but the n_j-th part (subset) of such a constituent, presupposing a sequence of parts — possibly, a unit sequence — that is uniquely specified by word order considerations. WOPs are then construed as sequences not of grammatical functions but of function-number pairs.

These are a few hints at a proper treatment of word order in IS; the details, which are anything but trivial, remain to be worked out.

8. References

Except in the case of Lieb, the bibliography is as a rule restricted to book-size studies. Non-syntactic work in Integrational Linguistics is not separately specified. Titles outside the IL framework are marked by an asterisk.

*Bugarski, Ranko. 1990. Towards integration in linguistics. Proceedings of the Fourteenth International Congress of Linguists, Berlin/GDR, August 1987, ed. by Werner Bahner et al., Vol. III, 2612—2614. Berlin.

*Carnap, Rudolf. 1958. Introduction to symbolic logic and its applications. New York.

*Davidson, Donald. 1967. The logical form of action sentences. The logic of decision and action, ed. by R. Rescher, 81—95. Pittsburgh, Pa.

Eisenberg, Peter. 1976. Oberflächenstruktur und logische Struktur. Untersuchungen zur Syntax und Semantik des deutschen Prädikatsadjektivs. (Linguistische Arbeiten 36.) Tübingen.

—. 1986/89. Grundriß der deutschen Grammatik. Stuttgart. [1. Aufl. 1986, 2. rev. und erweiterte Aufl. 1989.]

Fischer, Bernd-Jürgen. 1981. Satzstruktur und Satzbedeutung. Plädoyer für eine semantikfundierende Oberflächengrammatik; am Beispiel der Bedingungssätze des Deutschen. (Ergebnisse und Methoden moderner Sprachwissenschaft 12.) Tübingen.

Lieb, Hans-Heinrich. 1968. Communication complexes and their stages. A contribution to a theory of the language stage. (Janua Linguarum, series minor, 71.) The Hague.

—. 1970. Sprachstadium und Sprachsystem. Umrisse einer Sprachtheorie. Stuttgart.

—. 1971. On subdividing semiotic. Pragmatics of natural languages, ed. by Yehoshua Bar-Hillel, 94—119. Dordrecht.

—. 1974. Grammars as theories: The case for axiomatic grammar. Part I, Theoretical Linguistics 1. 39—115.

—. 1975a. Universals of language: Quandaries and prospects. Foundations of Language 12. 471—511.

—. 1975b. Oberflächensyntax. Linguistische Arbeiten und Berichte Berlin (West) 4. 1—51. Berlin (West): Freie Universität Berlin, Fachbereich Germanistik. [Mimeo 1972.]

—. 1976a. Grammars as theories: The case for axiomatic grammar. Part II, Theoretical Linguistics 3. 1—98.

—. 1976b. On relating pragmatics, linguistics, and non-semiotic disciplines. Language in focus: Foundations, methods, and systems. Essays in memory of Yehoshua Bar-Hillel, ed. by Asa Kasher, 217—49. (Boston Studies in the Philosophy of Science XLIII.) Dordrecht.

—. 1977. Outline of integrational linguistics: Preliminary version. (Linguistische Arbeiten und Berichte Berlin (West) 9.) Berlin (West): Freie Universität Berlin, Fachbereich Germanistik.

—. 1978. Universals and linguistic explanation. Universals of language, 4 vols. Vol. 1, Method and theory, ed. by J. R. Greenberg, C. A. Ferguson & Edith A. Moravcsik. Stanford.

—. 1979. Some basic concepts of Trubetzkoy's phonology. Forum Linguisticum IV. 1—25.

—. 1980a. Integrative Semantik. In Lieb (Hrsg.) 1980, 86—105.

—. 1980b. Segment und Intonation: Zur phonologischen Basis von Syntax und Morphologie. In Lieb (Hrsg.) 1980, 134—150.

—. 1980c. Zur semantischen Rechtfertigung syntaktischer Beschreibungen. Empirische rechtfertigung von syntaxen, Beiträge zum Wuppertaler Colloquium vom 25.—29. September 1978, ed. by Danièle Clément, 193—211. (Gesamthochschule Wuppertal Schriftenreihe Linguistik 3.) Bonn.

—. 1982. A text: what is it? A neglected question in text linguistics. Text vs. sentence continued, ed. by János S. Petöfi, 134—58. Hamburg.

—. 1983. Integrational Linguistics. Vol. I, General outline (CILT 17), Amsterdam.

—. 1984. A method for the semantic study of syntactic accents. Intonation, accent and rhythm, Studies in discourse phonology, ed. by Dafydd Gibbon & Helmut Richter, 267—82. Berlin etc.

—. 1985. Zum Begriff des Wortakzents. Nach-Chomskysche Linguistik, Neuere Arbeiten von Berliner Linguisten, hrsg. v. Thomas T. Ballmer & Roland Posner, 275—83. Berlin etc.

—. 1986. Language is external — a reply to Helmut Schnelle. Theoretical Linguistics 13. 239—55.

—. 1987. Sprache und Intentionalität: der Zusammenbruch des Kognitivismus. Sprachtheorie, Jahrbuch 1986 des Instituts für deutsche Sprache (Sprache der Gegenwart LXXI), Rainer Wimmer, 11—76. Düsseldorf.

—. 1988. Auditives Segmentieren: eine sprachtheoretische Grundlegung. In Lieb (Hrsg.): 1988, 147—94.

—. 1989. Integrational Grammars: An integrative view of grammar writing. Reference grammars and modern linguistic theory (Linguistische Arbeiten 226), ed. by Gottfried Graustein & Gerhard Leitner, 205—28. Tübingen.

—. 1990. Rundtisch/Round Table 12: Prospects for a New Structuralism. Proceedings of the Fourteenth International Congress of Linguists, Berlin/GDR), August 1987, ed. by Werner Bahner et al., Vol. I, 325—28. Berlin.

—. 1992a. Integrational Semantics: an integrative view of linguistic meaning. Current advances in semantic theory, ed. by Maxim Stamenov, 239—68. (Current Issues in Linguistic Theory 73.) Amsterdam/Philadelphia.

—. 1992b. Die Polyfunktionalität des deutschen Vorgangspassivs. Zeitschrift für Phonetik, Sprachwissenschaft und Kommunikationsforschung 45. 178—88.

—. 1992c. The case for a New Structuralism. In Lieb (ed.) 1992, 33—72.

—. 1992d. Integrational Linguistics: outline of a theory of language. In Lieb (ed.) 1992, 127—82.

—. in press. Paradigma und Klassifikation: Explikation des Paradigmenbegriffs. Zeitschrift für Sprachwissenschaft 11.1 (1992), 3—46.

—. forthc. Linguistic variables: towards a unified theory of linguistic variation.

—. In prep. Integrational Linguistics. 6 Vols., [Vol. I = Lieb 1983], Amsterdam.

—. 1980 (Hrsg.) Oberflächensyntax und Semantik, Symposium anläßlich der ersten Jahrestagung der Deutschen Gesellschaft für Sprachwissenschaft (Tübingen 1979), (Linguistische Arbeiten 93), hrsg. v. Hans-Heinrich Lieb. Tübingen.

—. 1988 (Hrsg.) BEVATON — Berliner Verfahren zur auditiven Tonhöhenanalyse (Linguistische Arbeiten 205), hrsg. v. Hans-Heinrich Lieb. Tübingen.

—. 1992 (ed.) Prospects for a New Structuralism. (Current Issues in Linguistic Theory 96.) Amsterdam/Philadelphia.

—, and Rolf Haberbeck. 1988. Das Berliner Verfahren zur auditiven Tonhöhenanalyse (BEVATON). In Lieb (Hrsg.) 1988, 1—116.

Lutzeier, Peter Rolf. 1981. Wort und Feld. Wortsemantische Fragestellungen unter besonderer Berücksichtigung des Wortfeldbegriffes. (Linguistische Arbeiten 103). Tübingen.

*—. 1988. Syntaktisch-semantische Relationen: ein Versuch fürs Deutsche. Deutsche Sprache 16. 131—43.

Richter, Brigitte. 1988. Die Zuverlässigkeit von BEVATON. In Lieb (Hrsg.) 1988, 117—46.

Richter, Heide. 1988. Indexikalität. Ihre Behandlung in Philosophie und Sprachwissenschaft. (Linguistische Arbeiten 217.) Tübingen.

**Rumelhart, David E., McClelland, James L., and the PDP Research Group*. 1986. Parallel distributed processing. Explorations in the microstructure of cognition. 2 vols. (Computational Models of Cognition and Perception.) A Bradford Book. Cambridge, MA., etc.

**Schnelle, Helmut*. 1986. Different approaches to integrational linguistics — some reflections on H. H. Lieb's Integrational Linguistics. Theoretical Linguistics 13. 225—38.

**Searle, John R.*. 1983. Intentionality. An essay in the philosophy of mind. Cambridge.

**Sneed, John D*. 1971. The logical structure of mathematical physics (Synthese Library). Dordrecht.

**Stegmüller, Wolfgang*. 1973. Probleme und Resultate der Wissenschaftstheorie und Analytischen Philosophie. Bd. II. Theorie und Erfahrung. Zweiter Halbband: Theorienstrukturen und Theoriendynamik. Berlin etc.

Wiese, Bernd. 1983. Anaphora by pronouns. Linguistics 21. 273—417.

Hans-Heinrich Lieb, Berlin (Germany)

IX. Ansätze syntaktischer Theoriebildung VII: Syntax in der Generativen Grammatik
Approaches to a Theory of Syntax VII: Syntax in Generative Grammar

21. Die frühe Entwicklung bis zu den „Aspekten"

1. Die Chomskyanische Revolution
2. Transformationsgrammatik
3. Syntactic Structures
4. Die Standardtheorie
5. Die psychologische Deutung der Grammatik
6. Literatur

1. Die Chomskyanische Revolution

1.1. Vorklärungen

Bei der Diskussion über die Frage, ob die Entwicklung der generativen Grammatik durch Noam Chomsky eine 'wissenschaftliche Revolution' der Sprachwissenschaft im Sinne von Kuhn (1962) darstellt, wird häufig auf zwei Fakten verwiesen. Einerseits besitzt der in Chomsky (1957) zur grammatischen Beschreibung verwendete Transformationsbegriff (siehe 2.1. u. 2.3.) durchaus seine historischen Vorläufer, etwa in den Arbeiten des Lehrers von Chomsky, Zelig Harris. Andererseits spielen seit Mitte der siebziger Jahre Transformationen in den verschiedenen generativen Modellen bei der syntaktischen Analyse eine immer geringere Rolle (siehe die nachfolgenden Artikel), weswegen die Wirkung der 'Revolution' nur von kurzer Dauer gewesen zu sein scheint.

Dieser historischen Interpretation und Wertung der Rolle der frühen generativen Grammatik, insbesondere der Bedeutung von Chomsky (1957), unterliegen jedoch zwei fundamentale Mißverständnisse: eine Konfusion der Begriffe 'generative Grammatik' und 'Transformationsgrammatik' (Chomsky 1961, 229) und eine Verwechslung der grundlegenden Einsichten in den Grammatikbau natürlicher Sprachen mit Spezifika des Formalismus, in dem in den fünfziger und sechziger Jahren diese Einsichten ausgedrückt wurden.

Während sich der Transformationsbegriff durchaus direkt aus verschiedenen Vorschlägen von Harris entwickelte (vgl. etwa die Bemerkung in Chomsky 1958/64, 211), stand ein ganz anderer Gesichtspunkt von Anfang an im Zentrum generativen Bemühens: die Explikation der Grundlagen jeglicher syntaktischen Theoriebildung und die Entwicklung eines expliziten Modells einer Theorie der Grammatik, der Prinzipien des Grammatikbaus.

Die generative Grammatik stellt nach Lees (1957) den ersten (und einzigen) Versuch in der Geschichte der Linguistik dar, weder sprachliche Daten in einer neuen Art und Weise zu katalogisieren, noch spekulativ über die Beziehung zwischen Menschen und Sprache zu philosophieren. Genauso wie die Physik sich nicht darum bemüht, Naturphänomene nur in bestimmte Kategorien einzuordnen, sondern die den Naturphänomenen zugrundeliegenden Gesetzmäßigkeiten zu entdecken, so steckt sich auch die generative Grammatik das Ziel, die den syntaktischen Strukturen einer Sprache zugrundeliegenden Prinzipien zu identifizieren. Damit versteht sie sich als Hypothese über die der Bildung von Sätzen zugrundeliegenden Gesetzmäßigkeiten, die als faktischer Anspruch über die Regeln zu verstehen sind, die den zu analysierenden Daten zugrundeliegen (Chomsky 1961, 219). Diese Umdefinition der Linguistik von einer ausschließlich klassifizierenden zu einer erklärenden empirischen Wissenschaft und die Entwicklung eines konkreten Modells, das prinzipiell erkennen läßt, wie dieser Anspruch eingelöst werden kann, stellt den revolutionären Aspekt der frühen Arbeiten Chomskys dar. Jegliche sprachwissenschaftliche Theoriebildung, die solch einen Erklärungsanspruch einlösen will, steht daher in diesem Sinne in der Tradition Chomskys, wie sehr sie sich auch in Spezifika von der generativen Syntax unterscheiden mag.

In diesem Sinne also ist eine generative Grammatik zunächst nicht viel mehr als eine explizite Theorie, die es gestattet, die unendliche Menge wohlgeformter Sätze einer Sprache zu spezifizieren und diese mit strukturellen Beschreibungen zu verbinden (Chomsky 1964, 9; 1988, 24). Transformationen sah man dagegen stets nur als prinzipiell widerlegbaren, aber empirischen Anspruch über die Natur der sprachlichen Strukturen zugrundeliegenden Regeln an (so explizit etwa Chomsky 1961, 220). 'Generative Grammatik' und 'Transformationsgrammatik' sind also fern davon, Synonyma voneinander zu sein. *Jeder* grammatische Ansatz, der sich den hier angesprochenen Zielen verschreibt, ist generativ orientiert, also stehen auch die Montague-Grammatik oder andere kategorialgrammatische Ansätze durchaus in der generativen Tradition.

1.2. Wissenschaftstheoretische Aspekte

Der Wandel im Selbstverständnis der Sprachwissenschaft vollzog sich vor dem Hintergrund einer theoriefeindlichen Haltung im amerikanischen Strukturalismus. Diese war bedingt durch die frühe positivistische Philosophie (Newmeyer 1980). Die Frage der Rechtfertigung wissenschaftlicher Aussagen wurde im Sinne des Schlick'schen Verifikationismus zu beantworten gesucht. Daraus entwickelte sich die Forderung, daß für jede Aussage ein Verfahren zu ihrer Verifikation angegeben werden mußte. Der amerikanische Strukturalismus verschärfte dies im Postulat, daß für jede grammatische Aussage im phonologischen oder syntaktischen Bereich eine sogenannte 'discovery procedure' anzugeben wäre, also eine Menge von Anweisungen, die vorschreiben, mit welchen Analyseverfahren (etwa: Segmentation, Substitution, etc.) aus linguistischen 'Rohdaten' automatisch grammatische Beschreibungen abgeleitet werden können. In diesem Sinne wurden auch für die zu verwendenden Begriffe operationale Definitionen verlangt (siehe Newmeyer 1980 für eine ausführlichere Diskussion).

Andererseits impliziert diese Position, daß ein 'Wahrheitsanspruch' für grammatische Beschreibungssysteme nicht erhoben werden kann. Es läßt sich nachweisen (siehe etwa Kutschera 1982), daß für jeden empirischen Datenbereich aus logischen Gründen eine Vielzahl von Theorien formuliert werden kann, die sich in nicht-trivialer Weise in der Natur der verwendeten Grundbegriffe und der generalisierenden Regelaussagen voneinander unterscheiden, die jedoch alle mit den empirischen Daten gleich gut verträglich sind. Man kann zwischen diesen Theorien nicht mit Bezug auf empirische Daten, also z. B. durch eine 'discovery procedure' entscheiden. In diesem Sinne sind die unterschiedlichen Generalisierungssysteme also in gleichem Maße motiviert, keines von ihnen kann einen Wahrheitsanspruch reklamieren.

Generell war die verifikationistische Position in der Wissenschaftstheorie durch Hempel (1950) in Frage gestellt worden. Er betonte, daß sich das Rechtfertigungsproblem nicht isoliert für einzelne Sätze und Termini einer Theorie stellt, sondern nur Gesamttheorien bezüglich ihrer Adäquatheit beurteilt werden können. Allgemein dürfte die Beurteilung eines Satzes X der Theorie Y außerhalb der Theorie selbst sinnlos sein. Auch in fortgeschrittenen Wissenschaften wie der Physik existieren keine Entdeckungsverfahren, die automatisch aus den Daten die korrekte Theorie abzuleiten gestatten. Es kommt nicht darauf an, *wie* man zu einer bestimmten Theorie gelangt (durch Entdeckungsprozeduren oder göttliche Eingebung), sondern ob die vorgeschlagene Theorie geeignet ist, die Daten in korrekter Weise vorherzusagen, und wie sie im Vergleich mit alternativen Theoriebildungen bezüglich allgemeiner und domänenspezifischer Bewertungsstandards abschneidet.

In diesem Sinne betont Chomsky (1955/75, 1957), daß der wissenschaftstheoretische Anspruch des amerikanischen Strukturalismus unhaltbar ist. Es kann kaum gerechtfertigt sein, von der Linguistik mehr zu verlangen, als sich weitentwickelte Disziplinen wie die Physik an Forderungen auferlegen, nämlich die Angabe von Entdeckungsprozeduren für einzelne Beschreibungen. Wie in der Physik kann man von linguistischen Theoriebildungen allenfalls erwarten, daß sie 'evaluation procedures' (Bewertungsprozeduren) bereitstellen, mit Hilfe derer zwischen alternativen grammatischen Systemen entschieden werden kann. Die Gültigkeit einer grammatischen Hypothese kann also allein nach etwa den folgenden Kriterien beurteilt werden: "how well the grammar succeeds in organizing the data, how satisfying an explanation it provides for a wealth of empirical observations, how far-reaching are its generalizations, how successfully it accomodates new data"

(Chomsky 1961, 219). Diese Forderungen bilden die Grundlage für Bewertungsprozeduren, sie erlauben auch Entscheidungen zwischen Theorien, die etwa dieselbe Satzmenge als zu einer Sprache gehörend auszeichnen. Für die im Sinne der Bewertungsverfahren optimale Theorie kann dann — wie in den Naturwissenschaften auch — ein Wahrheitsanspruch erhoben werden. Stets ist jedoch irrelevant, auf welche Weise man zu einer Theorie gekommen ist.

1.3. Datenbasis und Objekt
  der grammatischen Theoriebildung

Chomsky (1955/75, 1957) beschränkt sich jedoch nicht auf eine allgemeine wissenschaftstheoretische Kritik an Entdeckungsprozeduren wie Segmentation und Substitution. Er zeigt, daß die konkrete Methodik des (amerikanischen) Strukturalismus in zweifacher Weise inadäquat zur Erstellung einer befriedigenden grammatischen Theorie ist, nämlich in der Beschränkung der Datenbasis und der Natur der aus diesen Analyseverfahren gewinnbaren grammatischen Regeln.

Bei der Bewertung verschiedener Theoriebildungen kann es keine 'privilegierten' Daten geben, sondern alle verfügbaren Datentypen müssen herangezogen werden. Für die grammatische Analyse sind daher u. a. auch Urteile von Sprechern über Sätze ihrer Sprache relevant. Dies können z. B. Urteile über Synonymie verschiedener Sätze oder die Ambiguität eines Satzes sein, aber Sprecher können auch verschiedene Grade von Abweichung bei Sätzen feststellen, etwa zwischen *sincerity may John frighten* und *John may frighten sincerity*. Die grammatische Theorie muß einerseits in der Lage sein, solche Urteile zu erfassen, sie kann sie aber auch zur Evaluation eines spezifischen Theorievorschlags verwenden. Aus unmittelbar einsichtigen Gründen können Korpora, wie sie allein strukturalistischen Analyseverfahren zugrundeliegen, keine Informationen über solche Daten vermitteln.

In Zusammenhang dazu steht ein weiterer Schwerpunkt der Argumentation in Chomsky (1955/75, 1957), nämlich der Nachweis, daß 'Grammatikalität' nicht auf statistische Auftretenswahrscheinlichkeit von Sätzen, oder deren semantische Wohlgeformtheit reduziert werden kann. Dies geschieht etwa durch den Verweis auf die unterschiedliche Qualität der Sätze in dem klassischen Paar (1):

(1 a) colorless green ideas sleep furiously
(1 b) furiously sleep ideas green colorless

Sowohl (1 a) als auch (1 b) sind gleichermaßen sinnlos, jedoch wird jeder Sprecher des Englischen erkennen, daß nur der erste der beiden grammatisch ist (Chomsky 1957, 15). Beide Sätze werden jedoch in Korpora nicht vorkommen, die wichtige Distinktion kann mit den strukturalistischen Entdeckungsprozeduren nicht erkannt werden. Die grammatische Theorie beschäftigt sich also nicht mit dem Auftreten von Sätzen in Korpora, sondern mit der *Grammatikalität* von Sätzen. Von der Grammatikalität ist insbesondere die *Akzeptabilität* zu unterscheiden. Grammatikalität bezieht sich auf die 'Kompetenz' ("the speaker-hearer's knowledge of his language"), Akzeptabilität auf die Performanz ("the actual use of language in concrete situations", Chomsky 1965, 4). In diesem Sinne ist die generative Theoriebildung von Anfang an mentalistisch angelegt, da sie sich auf eine tatsächlichem Verhalten zugrundeliegende Wissensstruktur bezieht. Nicht alle grammatischen Strukturen müssen auch akzeptabel sein; neben pragmatischen Faktoren spielen auch Eigenschaften des Sprachverarbeitungssystems eine Rolle, die etwa Chomsky & Miller (1963) und Chomsky (1965, 12—14) diskutieren.

Die Ausführungen Chomskys zu (1) beziehen sich jedoch auch auf das zentrale Grundprinzip der generativ-syntaktischen Theoriebildung, die "independence of grammar" (Chomsky 1957, Kapitel 2), oder, wie man sich heute ausdrücken würde, die 'Autonomie der Syntax': Grammatische Regeln sind nicht durch Bezug auf semantische, pragmatische o. ä. Faktoren erklärbar. Postuliert man etwa, daß ein Passivsatz und der korrespondierende Aktivsatz eine gemeinsame oder ähnliche Grundstruktur besitzen, so wird dies in der generativen Tradition — mit Ausnahme der "Generativen Semantik" (cf. nachfolgender Artikel) — stets *formal* begründet und nicht inhaltlich durch Rekurs auf Bedeutungsgleichheiten. In der generativen Grammatik (mit Ausnahme der Generativen Semantik) ist daher nur die Syntax generativ angelegt; Semantik und Phonologie interpretieren ausschließlich die syntaktisch erzeugten Strukturen (Chomsky 1964, 1965). Eine gewisse Komplikation ergibt sich aus der in Chomsky (1965) vertretenen Integration der Selektionsbeschränkungen in die Grammatik (Sektion 4). Grammatik untersucht also formale, strukturelle Beziehungen zwischen Elementen eines Satzes. In dieser Hinsicht ist, wie Newmeyer (1986) betont, auch die generative Grammatik im weiteren Sinne strukturalistisch orientiert.

1.4. Prinzipien des Grammatikbaus

Diese grundsätzlichen Klärungen sind eng verknüpft mit der Entwicklung einer allgemeinen Theorie über den Grammatikbau. In Chomsky (1955/1975, 1957) wird der Nachweis geführt, daß die aus den strukturalistischen Analyseverfahren gewinnbaren grammatischen Systeme aus prinzipiellen Gründen nicht in der Lage sind, wesentliche Generalisierungen über die Syntaxen natürlicher Sprachen auszudrücken. Als konkretes Modell zur Erfassung solcher Generalisierungen wird die generative Transformationsgrammatik entwickelt.

2. Transformationsgrammatik

2.1. Abgrenzung zum strukturalistischen Transformationsbegriff

Wie schon erwähnt, hat sich der Transformationsbegriff der generativen Grammatik direkt aus den Arbeiten von Harris (1952, 1957) zur Diskursstruktur entwickelt. Harris (1952) schlug vor, die distributionellen Methoden, die man in der strukturalistischen Phonologie und Syntax zur Bestimmung von Phonemen, Wort- und Phrasenklassen verwendet hatte, auch bei der Analyse von Texten zu verwenden. Genauso wie man z. B. feststellen kann, daß die gelösten und nichtgelösten Allophone stimmloser Verschlüsse im Englischen am Wortende frei füreinander substituiert werden können, sind in Texten z. B. Aktivsätze und die dazugehörenden Passivvarianten (in gewissem Sinne) füreinander substituierbar, oder eine NP wie *the men behind you* und das entsprechende Personalpronomen *they*. Daraus läßt sich ein Begriff der Äquivalenz von Strukturtypen ableiten, die sich etwa in bezug auf das Passiv als N_1 v V $N_2 \leftrightarrow N_2$ v *be* V *en by* N_1 ausdrücken läßt (v steht dabei etwa für Auxiliarelemente wie *can*). Solche Äquivalenzrelationen bezeichnete Harris als *Transformationen*. Durch eine Untersuchung solcher transformationeller Beziehungen versprach sich Harris Einsichten in die diskursive Struktur von Texten, ohne daß man dabei auf Begriffe wie 'Bedeutung' Bezug nehmen müßte, die unter der Perspektive des amerikanischen Strukturalismus insofern problematisch schienen, als man sie kaum durch Entdeckungsprozeduren fixieren konnte.

In diesem Sinne verstanden sind Transformationen allein deskriptive Aussagen über Substitutionsbeziehungen zwischen Sätzen. Der generative Transformationsbegriff, den Chomsky (1955/75, 1957) entwickelt, ist jedoch der einer Erzeugungsregel und daher vom strukturalistischen zu unterscheiden. Postuliert man wie in Chomsky (1957) eine Passivtransformationsregel, so wird damit der Anspruch vertreten, daß in der optimalen Theorie der englischen Syntax ein Passivsatz über diese Transformation aus einer Struktur abzuleiten ist, die auch dem korrespondierenden Aktivsatz zugrunde liegt. Dieser begriffliche Unterschied zwischen einer rein deskriptiven Aussage über Substitutionsbeziehungen einerseits und einer Regel im Rahmen einer Gesamttheorie andererseits impliziert jedoch auch potentielle Beschreibungsdifferenzen. Selbst wenn zwischen Strukturtypen wie *give NP_1 to NP_2* und *give NP_2 NP_1* eine Substitutionsbeziehung feststellbar ist, also im strukturalistischen Sinne eine Transformationsrelation vorliegt, impliziert dies nicht, daß in der generativen Grammatik eine Transformation angesetzt werden müßte, die die beiden Strukturen aufeinander abbildet. Dies wird nur dann geschehen, wenn im Sinne der Evaluationsprozedur in der optimalen Grammatik des Englischen eine solche Regel angesetzt werden muß oder kann. Andererseits kann die optimale Grammatik des Englischen auch Transformationsregeln enthalten, denen in direkter Weise keine Substitutionsbeziehung zwischen Sätzen entspricht. Dies gilt etwa für die Transformation des *affix hopping* (siehe 2.3.) und charakterisiert die generative Entwicklung seit der sog. 'Standardtheorie' (siehe 4.). Daher haben der strukturalistische und der generative Transformationsbegriff außer dem Bezug auf eine teilweise identische Datenmenge und einiger (im Anfangsstadium der generativen Grammatik bestehender) Ähnlichkeiten im Formalismus nicht viel miteinander gemein. Rückschauend stellt daher Chomsky fest: "it probably would have been preferable to select a different terminology" (Chomsky 1955/1975, 43).

2.2. Die allgemeine Struktur von Grammatiken

Die Motivierung der Einführung transformationeller Regeln in Chomsky (1957) ist vor dem Hintergrund einer allgemeinen Theorie des Baus von Grammatiken zu sehen, die

Chomsky (1955/75, 1957) entwirft. Sie bezieht sich auf die Ausdruckskraft verschiedener Grammatikmodelle und ist insofern *verwandt*, jedoch *nicht identisch* mit der von Chomsky und Kollegen begründeten mathematisch ausgerichteten 'formalen Grammatiktheorie' oder Automatentheorie; siehe zur eingeschränkten Rolle mathematischer Begriffsbildung bei der Entstehung der Transformationsgrammatik insbesondere die Selbsteinschätzung in Chomsky (1982, 62–67). Dieser Gesichtspunkt wird auch bei der Bewertung der Rolle der Transformationen sehr deutlich (siehe insbesondere 2.5.). Chomsky (1957) konzentriert sich auf die Widerlegung konkreter, in den fünfziger Jahren diskutierter Grammatikmodelle. Im Rahmen der allgemeinen Theorie des Grammatikbaus kann deren Ausdrucksstärke prinzipiell untersucht werden und so eingeschätzt werden, ob sie für die Beschreibung natürlicher Sprachen adäquat sind oder nicht. Die mathematische Perspektive, ob natürliche Sprachen in einen bestimmten, formal definierbaren Sprachtyp fallen, spielte für Chomsky stets eine untergeordnete Rolle. Dennoch ist es sinnvoll, kurz verschiedene Grammatikmodelle angelehnt an die formale Grammatiktheorie (siehe dazu den Artikel 99 dieses Handbuchs) darzustellen, da dies das Verständnis der folgenden Bemerkungen erleichtert.

Eine Grammatik G enthält erstens eine endliche Menge von Terminalsymbolen (die grob den Wörtern oder Morphemen in natürlichen Sprachen entsprechen) und eine endliche Menge von Hilfssymbolen wie S, NP oder V. Hinzu kommt eine endliche Menge von Regeln wie, z. B. NP → DET N, die es erlaubt, eine Symbolkette X NP Y in die Kette X DET N Y zu überführen. Eines der Hilfssymbole, S, ist ausgezeichnet. Eine Kette von Terminalsymbolen Σ gehört nun zu der von G erzeugten ('generierten') Sprache L (G) genau dann, wenn es möglich ist, das ausgezeichnete Symbol S mit Hilfe der Regeln in die Kette Σ zu überführen. Im gegenwärtigen Kontext sind nun drei Typen von Grammatiken zu unterscheiden. In einer *Finite State Grammar* (FSG), auch Markov-Ketten-Grammatik oder einseitig lineare Grammatik, haben alle Regeln die Form A → aB (bzw. A → Ba), wobei A und B Hilfssymbole sind, B evtl. leer und a ein Terminalsymbol. Mit den FSG-Regeln S → *the* N, N → *old* N, N → *man* V, V → *slept* können (unendlich) viele Sätze der Art *the old man slept, the old old man slept, the old old old man slept* usw. erzeugt werden.

In einer *Phrasenstrukturgrammatik* (PSG) haben alle Regeln die Form A → Σ/Φ, 'ersetze A durch Σ im Kontext Φ', wobei A ein Hilfssymbol, Σ und Φ Sequenzen von Hilfs- und Terminalsymbolen sind. Ist Φ stets leer, so spricht man von einer *kontextfreien* PSG, ansonsten von einer *kontextsensitiven*. Kontextfreie PS-Regeln sind also etwa die Regeln S → NP VP, NP → DET N, VP → V NP, DET → *the*, N → *woman*, N → *man*, V → *kissed*, die es gestatten, einen Satz wie *the woman kissed the man* abzuleiten. Die Sequenz der zur Erzeugung eines Satzes verwendeten PS-Regeln impliziert eine strukturelle Beschreibung des Satzes, seinen *phrase marker* oder Strukturbaum. Die generative Grammatik versteht auch — anders als die formale Grammatiktheorie — in diesem Sinne PS-Regeln weniger als Mechanismus der Erzeugung von Ketten, sondern zur Erzeugung von *phrase markers*. Unser Regelfragment generiert den *phrase marker* (2):

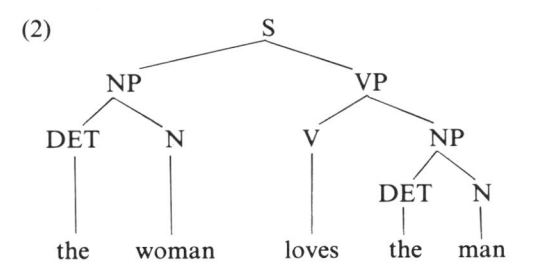

(2)
```
              S
          /       \
        NP         VP
       /  \       /   \
     DET   N     V     NP
                      /  \
                    DET   N
      |    |      |   |    |
     the woman loves the  man
```

Während mit einer PSG Phrasenstrukturen erzeugt werden, bilden *Transformationen* P-Markers auf andere P-Markers ab. Neben solchen strukturaufbauenden Regeln enthält also eine *Transformationsgrammatik* (TG) zusätzlich noch Regeln, die bereits erzeugte Strukturen verändern. Wir haben als Beispiel schon kurz die Passivtransformation erwähnt, die man im Sinne der frühen generativen Ansätze etwa als NP_1 AUX V NP_2 → NP_2 AUX *be* V *en* formulieren kann. Wenn eine vorgegebene Terminalkette bezüglich ihres *phrase markers* so segmentiert ist, daß auf NP_1 AUX, V und NP_2 folgen, dann substituiert die Regel in dieser Struktur NP_1 durch NP_2 und setzt *be* und *en* vor bzw. nach V in den Strukturbaum ein: *One may hide the treasure* ⇒ *the treasure may be hidden*. Wichtig ist der in der formalen Grammatiktheorie erbrachte Nachweis, daß die Menge der mit einer TG erzeugbaren Sprachen eine echte Obermenge der Sprachen ist, die von einer PSG erzeugt werden können. Letztere sind wiederum eine Obermenge der einer FSG zugänglichen Sprachen. Beschränkt man den Formalismus einer TG nicht weiter, so gilt, daß TGs dieselbe generative Kapazität wie Turing-Maschinen haben. Als Konsequenz der sog. Turing-These folgt dann: ist für eine Sprache L überhaupt eine Grammatik denkbar, so hat L eine TG.

2.3. Die Inadäquatheit der Finite State Grammatik

Im Sinne der allgemeinen wissenschaftstheoretischen Klärungen, die wir in 1. referiert haben, kann sich ein gewisser Typ von syntaktischen Regeln in zwei Hinsichten für die Analyse natürlicher Sprachen als nicht geeignet erweisen: Einerseits mag er prinzipiell nicht in der Lage sein, genau die in Frage stehende Satzmenge erzeugen zu können, andererseits mag der Ansatz im Sinne der Evaluationsprozedur nicht optimal sein, d. h. nicht erlauben, die einfachste und generellste Beschreibung der Grammatik einer Sprache zu formulieren. In seiner Diskussion der syntaktischen Eigenschaften natürlicher Sprachen bezieht sich Chomsky (1955, 1955/75, 1957) auf beide Überlegungen. Chomsky (1955, 1957) weist nach, daß entgegen den Vorschlägen von z. B. Hockett (1955) natürliche Sprachen prinzipiell nicht mit FSGn erzeugbar sind. Es kann nämlich nachgewiesen werden, daß Strukturen der Art $a^n b^n$, also mit n-fachen (rekursiven) Abhängigkeiten zwischen zwei Positionen, in keinem Fall von einer FSG generiert werden können. Dies kann man etwa wie folgt leicht einsehen: In der FSG wird jeweils nur ein einziges Terminalsymbol, also a oder b, und ein Hilfssymbol erzeugt, ohne Beschränkung der Allgemeinheit können wir annehmen, daß unsere einseitig lineare Grammatik links-linear ist. Dann können alle nicht die Ableitung beendenden Regeln nur die Form $X \rightarrow aY$ oder $X \rightarrow bY$ haben. Um eine Kette der Form $a^n b^n$ abzuleiten, müssen zunächst die n a's erzeugt werden. Bei dieser Derivation muß kodiert werden, wie viele a's erzeugt worden sind, da die Kette ja nur dann wohlgeformt ist, wenn auf n a's genauso viele b's folgen. D. h. beim Übergang von der Erzeugung der n a's zur Erzeugung der n b's muß spezifiziert sein, wie viele a's erzeugt worden sind. Dieses 'Gedächtnis' in der Ableitung können aber nur die Hilfssymbole darstellen. Wenn wir also das letzte der n a's erzeugen, so muß dies mit Hilfe der Regel $X \rightarrow a\ Y$ geschehen, wobei Y eindeutig kodiert, daß genau n a's erzeugt worden sind. Da wir aber keine obere Schranke für die Zahl n der a's und b's in $a^n b^n$ annehmen, d. h. eine Sprache erzeugen wollen, in der für jedes n aus der Menge der natürlichen Zahlen nur der Ausdruck $a^n b^n$ grammatisch ist, müßten wir also unendlich viele Hilfssymbole Y ansetzen, die jeweils kodieren, wie viele a's erzeugt worden sind. Grammatiken enthalten jedoch nur endlich viele Hilfssymbole. Daher kann eine FSG Strukturen, die dieselbe formale Komplexität wie $a^n b^n$ aufweisen, aus prinzipiellen Gründen niemals erzeugen.

Solche rekursiven zweifachen Abhängigkeiten finden sich aber in natürlichen Sprachen häufig. Chomsky (1957) verweist etwa auf Beispiele wie (3), einschlägig ist auch (4):

(3 a) if$_1$ S, then$_1$ S
(3 b) if$_1$ [if$_2$ S then$_2$ S] then$_1$ S
(3 c) if$_1$ [if$_2$ [if$_3$ S then$_3$ S] then$_2$ S] then$_1$ S
(3 d) if$_1$ [if$_2$ [..... [if$_n$ S then$_n$ S] then$_{n-1}$ S] .....] then$_1$ S
(4 a) der Mann$_1$ kommt$_1$
(4 b) der Mann$_1$ den die Frauen$_2$ lieben$_2$ kommt$_1$
(4 c) der Mann$_1$ den die Frauen$_2$ die wir$_3$ kennen$_3$ lieben$_2$ kommt$_1$

Strukturen wie (3) sind nur dann wohlgeformt, wenn zu n *if* höchstens n *then* existieren. Prinzipiell können in einem englischen Satz beliebig viele *if-then* Strukturen eingebettet sein (wenngleich ab einer bestimmten Einbettungstiefe die Sätze schwer verstehbar werden), weswegen (3) zeigt, daß Englisch Abhängigkeiten des Typs $a^n b^n$ enthält und daher aus zwingenden Gründen niemals vollständig und korrekt von einer FSG erzeugt werden kann.

Analog hängt in Deutsch (4) die Form des mit i indizierten Verbs von der grammatischen Spezifikation des i-ten Subjekts ab. Da auch hier der Einbettungstiefe keine grammatischen Schranken gesetzt sind, liegt wiederum der Strukturtyp $a^n b^n$ vor. Eine FSG ist also in logisch beweisbarer Weise prinzipiell kein adäquates Beschreibungsinstrument für natürlichsprachliche Syntaxen.

2.4. Die Inadäquatheit der kontextfreien Phrasenstrukturgrammatik

Über die traditionellen strukturalistischen Analyseverfahren der Segmentation und Substitution können nur grammatische Aussagesysteme entwickelt werden, deren Erzeugungskraft einer PSG im oben dargestellten Sinne entspricht. Während Chomskys Nachweis, daß natürliche Sprachen keine FSG besitzen können, auf deren erzeugende Kraft Bezug nimmt, behauptete er — entgegen einer weitverbreiteten Meinung — nirgendwo, daß auch PSGn aus den nämlichen Gründen inadäquat sind. Sicherlich haben schon früh verschiedene Autoren wie z. B. Postal (1964) anhand des Mohawk oder Bar-Hillel & Shamir (1960) anhand der englischen *respectively*-Konstruktion zu zeigen versucht, daß in natürlichen Sprachen Strukturtypen auftreten, die prinzipiell nicht mit einer PSG erfaßt werden können, doch ist solchen Versuchen erst in jüngster Zeit Erfolg beschieden gewesen (siehe etwa Pullum & Gazdar (1982) für eine Kritik der frühen Ansätze, und Culy (1985) und Shieber (1985) für korrekte Beweise dafür, daß nicht alle natürlichsprachlichen Konstruktionen sich im Rahmen der Ausdruckskraft einer kontextfreien PSG bewegen). Chomsky äußerte sich hingegen stets sehr zurückhaltend über mathematische Aspekte der Adäquatheit von PSGn, er schreibt etwa: "I do not know whether or not English is itself literally outside the range of such analysis" (Chomsky 1957, 37), und an anderer Stelle: "Since a grammar is a theory of language and simplicity and generality are primary goals of any theory construction, we shall naturally try to formulate the theory of linguistic structure to accomodate rules that permit the formulation of deeper generalizations. Nevertheless, the question whether it is possible in principle to generate natural languages with rules of a restricted form [..., i. e. kontextfreie PSGn, GF] retains a certain interest" (Chomsky & Miller 1963, 287f).

Das letzte Zitat macht auch deutlich, daß Überlegungen zur Komplexität und Allgemeinheit der Grammatik Chomskys zentrales Argument für Transformationen sind. Das klassische Beispiel hierfür ist die Analyse des englischen Auxiliarkomplexes, die Chomsky (1957, 38ff) entwickelte und deren Eleganz und Einfachheit noch heute beeindruckt.

Eine Analyse des englischen Verbalkomplexes muß u. a. folgende Aspekte zum Ausdruck bringen können:
a) die Hilfsverben müssen in einer vorgeschriebenen Reihenfolge erscheinen, sind aber allesamt optional:

(5 a)   he may have been seeing her
(5 b)   *he was may have seen by her
(5 c)   he may have been being seen by her
(5 d)   he may be seen by her
(5 e)   he sees her

b) Das erste Element des Auxiliar/Verbalkomplexes muß mit dem Subjekt kongruieren, es sei denn, es handle sich um ein Modal:

(6 a)   he has kissed her
(6 b)   *he have kissed her
(6 c)   he may like her
(6 d)   *he mays like her

c) am wichtigsten ist jedoch folgende Beobachtung: das Auxiliarelement X bestimmt die Form des darauffolgenden Auxiliars/Verbs:

(7 a)   he may have been kissing her
(7 b)   *he may had being kiss her

Die Grammatik des Englischen muß also zum Ausdruck bringen, daß auf ein Modalverb nur eine Infinitivform, auf *have* und das Passiv-*be* nur ein Partizip II, auf das progressive *be* nur ein Gerund folgen kann.

Prinzipiell läßt sich der erwähnte Faktenkomplex auch durch eine kontextfreie Phrasenstrukturgrammatik beschreiben, schon allein auf Grund der Tatsache, daß nur endlich viele Strukturmuster auftreten können. Bei dieser Beschreibung ist jedoch eine erhebliche Menge von Regeln erforderlich, die letztlich nicht in der Lage sind, die vorliegenden Generalisierungen, insbesondere c), zum Ausdruck zu bringen.

Das Kongruenzfaktum b) läßt sich etwa erfassen, wenn wir Kategorien NPSG und NPPL (singularische NP, pluralische NP) und analog VPSG, VPPL und VPINF (VP im Infinitiv) einführen und statt S → NP VP die vier Regeln (8) annehmen, wobei M die Kategorie der Modale wie *can, might* etc. ist.

(8 a)   S → NPSG VPSG
(8 b)   S → NPPL VPPL
(8 c)   S → NPSG M VPINF
(8 d)   S → NPPL M VPINF

Schon hierbei wird die grundsätzliche Problematik einer reinen kontextfreien PSG deutlich. Die Tatsache, daß Subjekt und finites Prädikat miteinander kongruieren, es sei denn, es handle sich um ein Modal, kann nur ausgedrückt werden, wenn wir drei voneinander unabhängige Kategorien VPSG, VPPL und VPINF einführen und zwei Kategorien NPSG und NPPL, die nur mnemotechnisch, aber nicht grammatisch zueinander in Beziehung stehen: es handelt sich um jeweils selbstständige, elementare Hilfssymbole, die voneinander unabhängig weiter expandiert werden müssen. Wie wir gleich sehen, hat dies gravierende Konsequenzen. Die infinite VP kann, entsprechend den Daten (9), durch die Regeln (8 e – 8 h) expandiert werden:

(9 a) he may have kissed her
(9 b) he may be kissing her
(9 c) he may be kissed
(9 d) he may kiss her
(8 e) VPINF → have VPPART
(8 f) VPINF → be VPPROG
(8 g) VPINF → be VPPART2
(8 h) VPINF → V + NP

Die grundsätzliche Schwierigkeit ergibt sich nun bei der Integration von Daten wie (10):

(10 a) he has kissed her
(10 b) he is kissing her
(10 c) he is kissed
(10 d) he kisses her
(10 e) they have kissed her
(10 f) they are kissing her
(10 g) they are kissed
(10 h) they kiss her

Die Expansionsoptionen von (8 e – 8 h) ergeben sich in gewisser Hinsicht also nicht nur für VPINF, sondern auch für VPSG und VPPL. Es sind damit die folgenden Regeln zusätzlich anzunehmen:

(8 i)   VPSG → has VPPART
(8 j)   VPSG → is VPPROG
(8 k)   VPSG → is VPPART2
(8 l)   VPSG → V s NP
(8 m) VPPL → have VPPART
(8 n)   VPPL → are VPPROG
(8 o)   VPPL → are VPPART2
(8 p)   VPPL → V NP

Diese Regelmenge läßt sich nicht weiter vereinfachen, da, wie erwähnt, VPINF, VPSG und VPPL voneinander verschiedene Symbole sind. Für die Kategorien VPPART, VPPROG und VPPART2 müssen wir analog noch sechs weitere Expansionsregeln annehmen, d. h. wir benötigen insgesamt 22 Regeln, um den englischen Auxiliarkomplex zu beschreiben. Dies heißt einerseits, daß PS-Regeln in der Lage sind, den englischen Auxiliarkomplex deskriptiv zu erfassen. Dafür ist jedoch eine recht große Regelmenge erforderlich, die obendrein die entscheidende Generalisierung nicht zum Ausdruck bringt: daß nach *have* etwa stets eine Partizipialform auftreten muß, stellt sich in (8) als reiner Zufall dar: zufällig expandieren sowohl (8 e) als auch (8 i) und (8 m) die Symbole VPSG, VPPL und VPINF auf dieselbe Weise. Die Grammatik (8) wäre genauso komplex, wenn VPSG in *has* VPPART, VPPL dagegen in *have* VPPROG expandiert würde. Wir kehren zur Frage der phrasenstrukturellen Beschreibung der Auxiliardaten noch einmal zurück und wenden uns nun der Analyse Chomskys zu.

Chomsky (1957) zeigt, daß sich mit Hilfe von Transformationen eine einfache und ansprechende Analyse des Auxiliarkomplexes formulieren läßt. Zunächst kann der Gesamtverbalkomplex durch (11 a) erzeugt werden:

(11 a) Verb → Aux V

V expandiert in eine Reihe von Hauptverben wie etwa in (11 b) angedeutet. Aux hingegen expandiert nach (11 c) in eine Folge, die aus dem Flexionselement C, und optional Modalverben, dem Perfektauxiliar *have*, dem *be* der Verlaufsform und dem Passiv-*be*, in dieser Reihenfolge, besteht.

(11 b) V → hit, take, like, kiss, etc.
(11 c) Aux → C (M) (have + en) (be + ing) (be + en)
(11 d) C → s im Kontext NPsg__
         ø sonst

Wie (11 d) zeigt, wird das Flexionselement C je nach Kontext als *s* oder leer expandiert. Der entscheidende Grundgedanke der Analyse Chomskys liegt in (11 c). Wie in c) beobachtet, regiert ein Auxiliarelement jeweils die Endungsform des nachfolgenden Auxiliars oder Verbs. Die Grundschwierigkeit für eine PS-Analyse besteht darin, daß diese Flexionsendung hinter dem Auxiliar/Verb, also vom regierenden Element getrennt, erscheint. (11 c) führt nun zusammen mit dem regierenden Element das Flexionselement *vor* dem nachfolgenden Element ein. Dies kann dann mit der Transformation *affix hopping* (11 e) in die richtige lineare Abfolge gebracht werden.

(11 e) Af + v → v + Af #
        wobei v = V oder Aux und Af = C, *en, ing, en* und # ein Wortgrenzsymbol.

Einen Satz wie (12) erzeugt man also mit (11) zunächst in der Form (12 a). (12 a) entspricht, wie (12 b) verdeutlicht, der strukturellen Inputforderung für die Transformation (11 e). Sie wird obligatorisch, von hinten nach vorne, auf (12 a – b) angewendet. Über die Zwischenstufen (12 c) und (12 d) entsteht dann (12 e), das über morphophonologische Regeln als (12) ausbuchstabiert wird.

(12)   he has been beating him
(12 a) he + s + (have + en) (be + ing) beat him

(12 b) he Af v Af v AF v
(12 c) he + s + have + en be beat + ing # him
(12 d) he + s + have + be + en # beat + ing # him
(12 e) he + have + s # be + en # beat + ing # him

Ein Vergleich von (8) mit (11) zeigt ziemlich deutlich, daß die transformationelle Analyse der ausschließlich phrasenstrukturellen an Einfachheit und Generalität wesentlich überlegen ist. Es ist also nicht die Vermutung, daß phrasenstrukturelle Beschreibungen für gewisse Phänomenbereiche *unmöglich* wären, die Chomsky zur Verwendung von Transformationen veranlaßt, sondern die Tatsache, daß häufig transformationelle Beschreibungen im Sinne der Bewertungsprozeduren der Linguistik und von Wissenschaften allgemein einer phrasenstrukturellen Analyse überlegen sind.

Einen zweiten Bereich der Inadäquatheit strukturalistischer Syntaxen hatte bereits Harris erkannt: "[Harris] brought to light a serious inadequacy of modern linguistic theory, namely, its inability to account for such systematic relations between sentences as the active-passive relation" (Chomsky 1958/64, 211). Man gelangt zu einer beträchtlichen Vereinfachung der Grammatik (Chomsky 1957, 38), wenn man die in (13) feststellbaren Selektionsbeziehungen zwischen Verb und Objekt bzw. Verb und Subjekt nicht gesondert für Aktiva und Passiva vermerkt, sondern dies nur für den Aktivfall vornimmt und das Passiv dann transformationell durch die Regel (14) aus einer Struktur ableitet, die auch dem Aktiv selbst zugrundeliegt.

(13 a) John is eating dinner
(13 b) *dinner is eating John
(13 c) dinner is eaten by John
(13 d) *John is eaten by dinner
(14) NP_1 Aux V NP_2 ⇒ NP_2 Aux be + en V by NP_1

Ein weiteres, in der frühen generativen Grammatik häufig verwendetes Argument besagt, daß nur transformationell bestimmte Typen von Ambiguitäten darstellbar seien. Beispielsweise ist ein Ausdruck wie *the shooting of the hunters* ambig. Da keines der Wörter mehrdeutig ist, muß die Ambiguität syntaktisch bedingt sein. Aber für die fragliche NP kann kaum eine andere Phrasenstruktur als Det + N + PP motiviert werden. Hier scheint wiederum die transformationelle Herleitung dieses NP-Typs hilfreich zu sein. Deverbale Nomina wie *shooting* können aus zugrundeliegenden Satzstrukturen durch eine Nominalisierungstransformation abgeleitet werden. Der fraglichen NP kann nun entweder ein Satz wie *the hunters are shooting* oder *somebody is shooting the hunters* zugrundeliegen, woraus die Ambiguität zu resultieren scheint. Weitere Probleme einer PSG und Argumente für eine TG zählt etwa Postal (1964) auf.

2.5. Phrasenstrukturen vs. Transformationen

Es kann kein Zweifel daran bestehen, daß die oben entworfene Phrasenstrukturgrammatik für das englische Auxiliarsystem extrem umständlich ist und keine wesentlichen Generalisierungen auszudrücken erlaubt. Schon Harman (1963) kritisierte jedoch an der Argumentationsweise der TG, daß sie sich auf eine äußerst primitive Variante der Phrasenstrukturgrammatik bezieht. Er versucht durch die Entwicklung einer indizierten, mit komplexen Symbolen arbeitenden und in verschiedenen Aspekten liberalisierten PSG zu zeigen, daß die Aktiv-Passiv-Relation, Kongruenzfakten oder aber der englische Auxiliarkomplex auch mit einer PSG in einfacher Weise erzeugt werden können.

Für Chomsky (1965) beziehen sich solche Diskussionen allerdings allein auf terminologische Fragen: es bestehen alternative Möglichkeiten, das, was eine TG ausmacht, zu formalisieren. Seine Kritik an der Phrasenstrukturgrammatik ist zu verstehen als Kritik an der taxonomischen strukturalistischen Methode, die nach Postal (1964) adäquat durch eine PSG im bezüglich (8) verwendeten Sinne, also etwa ohne komplexe Symbole, charakterisiert ist. Harman wiederholt daher nach Chomskys (1965, 210f) Einschätzung allein die Standardargumente gegen das strukturalistische Syntaxmodell, wenn er einen erweiterten phrasenstrukturellen Mechanismus entwirft. "The only issue that Harman raises [...] is whether the term 'phrase structure grammar' should be restricted to taxonomic models or whether the term should be used in some far richer sense, and this terminological question is of no conceivable importance" (Chomsky 1965, 210). Im Sinne der Bemerkungen in 2.2. fällt auf, daß die Frage keine Rolle spielt, ob solche Erweiterungen, wie Harman (1963) sie vorschlägt, konservativ in dem Sinne sind, daß sie nicht über die Ausdruckskraft einer kontextfreien Phrasenstrukturgrammatik im mathematisch-formalen Sinne hinausführen. Es geht Chomsky also mehr um eine Kritik an der taxonomischen Methode als um eine Einschätzung der mathematischen Eigenschaften natürlicher Sprachen. Die Bedeutung der Transformationsgrammatik im Kontext solcher Erwägungen sieht er wie folgt: "In general, for each particular kind of difficulty that arises in constituent structure grammars, it is possible to devise some ad hoc adjustment that might circumvent it. Much to be preferred, obviously, would be a conceptual revision that would succeed in avoiding the mass of these difficulties in a uniform way [...]. As far as we know, the theory of transformational grammar is unique in holding out any hope that this end can be achieved" (Chomsky & Miller 1963, 298f).

3. Syntactic Structures

Anders als in nachfolgenden Epochen war die frühe generative Grammatik dadurch gekennzeichnet, daß jeweils nur ein einziger geschlossener Theorieansatz die Diskussion bestimmte: zunächst das Modell der *Syntactic Structures* (= Chomsky 1957), dann die sogenannte *Standardtheorie* (= Chomsky 1965).

Das Syntaxmodell der *Structures* entspricht der in Chomsky (1955, 1955/75) entworfenen Theorie, cf. Newmeyer (1980) für die aufschlußreiche Publikationsgeschichte von Chomsky (1957), ein Buch, das aus zwei modifizierten Kapiteln von Chomsky (1955/75) besteht. In verschiedener Hinsicht orientiert der Ansatz sich noch trotz der oben dargestellten erheblichen theoretischen Unterschiede in der konkreten Ausformulierung am Transformationsbegriff von Harris.

Die Phrasenstrukturregeln der *Structures* unterscheiden sich nur in wenigen Aspekten von den PS-Regeln, die bis in die siebziger Jahre in der generativen Grammatik allgemein üblich waren. Regeln wie (15) (Chomsky 1957, 26, 111) erzeugen zunächst eine 'präterminale' Kette mit dem dazugehörenden *phrase marker*:

(15 a) Sentence → NP + VP
(15 b) VP → Verb + NP

Das erste unterscheidende Charakteristikum besteht darin, daß die PS-Regeln der *Structures* insbesondere bezüglich des Knotens S nicht rekursiv sind. Satzeinbettungen müssen also transformationell vorgenommen werden.

Nach Chomskys eigenem Urteil war dies erforderlich, weil das Konzept des transformationellen Zyklus (siehe 4.) noch nicht zur Verfügung stand (siehe Chomsky 1955/1975, 16). Dies wird weiter unten in dieser Sektion näher erläutert.

Zweitens wird die lexikalische Einsetzung in die präterminalen Ketten mit Hilfe von z. T. kontextsensitiven PS-Regeln vorgenommen, wir finden also etwa Regeln wie V → *kiss* / __ NP. Subkategorisierung, und auch Kongruenz (wie die Regel (11 d) belegt) wird also in den *Structures* durch Kontexte für die Anwendung von PS-Regeln ausgedrückt (cf. Chomsky 1957, 28f). Durch lexikalische Einsetzung entstehen die terminalen Ketten mit dem jeweils dazugehörenden *phrase marker*, dem Strukturbaum.

Auf die Terminalketten bzw. genauer auf die dazugehörenden *phrase markers* werden Transformationen, Abbildungen von *phrase markers* in *phrase markers* angewendet. Zu jeder Transformation gehört die Angabe einer *structural analysis*, also die Spezifikation der Bedingungen, unter denen eine Transformation auf einen *phrase marker* angewendet werden kann. Im Falle des *affix hopping* wäre also (16) die *structural analysis*:

(16) X Af v Y, wobei Af = C oder *en*, *ing* und v = M, V oder *have* oder *be*

Im *structural change* wird angegeben, wie die Transformationsregel den z. B. nach (16) aufgegliederten Baum zu verändern hat. Konkret wäre dies bei *affix hopping* wie in (17) spezifiziert:

(17) $X_1 - X_2 - X_3 - X_4 \Rightarrow$
$X_1 - X_3 - X_2 \# - X_4$

Wenn sich also eine Struktur in vier Teile aufgliedern läßt, das zweite und dritte Element Af bzw. v ist, wobei Anfangs- und Schlußglied beliebig sein können, dann bewirkt (17) eine Umstellung des zweiten und dritten Elements, wobei nach $X_3 - X_2$ eine Wortgrenze (für die morphologische Interpretation) einzufügen ist (vgl. Chomsky 1957, 113). Mit jedem Satz ist ein *T-Marker* verbunden, d. h. die Sequenz aller P-Marker, die in der Ableitung des Satzes entweder durch die PS-Regeln oder durch die danach angewendeten Transformationen entstanden sind.

Die Transformationen sind in einer bestimmten Reihenfolge anzuwenden. Beispielsweise muß die Passivtransformation (18) vor (16-17) angewendet werden, da ansonsten die vom Passiv eingeführten Elemente *be* und *en* nicht mehr mit den jeweils korrekten Verben bzw. Endungen kombiniert werden könnten:

(18) Passiv:
SA: NP Aux V NP
SC: $X_1 - X_2 - X_3 - X_4 \Rightarrow X_4 - X_2 - be + en - X_3 - by\ X_1$

Transformationen können als obligatorisch ausgezeichnet werden, wie (16—17), oder als optional, wie (18). Eine obligatorische Transformation muß so oft auf einen Strukturbaum angewendet werden, bis ihre strukturelle Beschreibung nicht mehr erfüllt ist. Beim *affix hopping* ist dies nur dann der Fall, wenn alle Affixe umgestellt worden sind: die dabei jeweils erfolgende Einsetzung des Wortgrenzsymbols # bewirkt jeweils, daß umgestellte Affixe die strukturelle Beschreibung von *affix hopping* nicht mehr erfüllen. Wie in späteren Modellen können also Transformationen auf einen *phrase marker* mehrfach angewendet werden, jedoch darf diese Mehrfachapplikation von T_1 nicht durch Anwendung einer anderen Transformation T_2 'unterbrochen' sein.

Sätze, die nur durch Anwendung obligatorischer Transformationen entstehen, bezeichnet Chomsky (1957, 45) als *kernel sentences* [Kernsätze], dies sind einfache deklarative, affirmative, aktivische Sätze. Bei den übrigen Satztypen enthält der T-marker mindestens eine optionale Transformation. Auf Grund dieser Konzeption der Grammatik hat es sich eingebürgert, davon zu sprechen, daß im Modell der *Structures* noch z. B. Passivsätze aus den dazugehörenden Aktivsätzen abgeleitet werden, d. h. daß generell die verschiedenen Satztypen aus ihnen zugrundeliegenden Kernsätzen abgeleitet seien. Eine einfache Überlegung zeigt, daß dies nicht richtig sein kann. Ein aktiver Kernsatz wie *John hates Bill* involviert ja *affix hopping*, i.e. die Anwendung der obligatorischen Transformation (16—17). Diese kann aber, wie gesagt, erst nach der Passivtransformation angewendet werden. Anders formuliert: die Passivtransformation muß applizieren, bevor der Kernsatz abgeleitet werden kann. In diesem Sinne ist es korrekter, davon zu sprechen, daß Nicht-Kernsätze abgeleitet sind "from the strings *underlying* one or more kernel sentences" (Chomsky 1957, 45, Hervorhebung GF). Einerseits verdeutlicht dies einen Unterschied zum Harris'schen Transformationsbegriff, der reale *Sätze* aufeinander bezieht. Andererseits ist der Bezug auf den Kern einer Sprache noch eng an entsprechende Vorstellungen in Harris (1952, 1957) angelehnt.

In seiner sehr ausführlichen Studie transformationeller Prozesse des Englischen diskutiert Chomsky (1955/75, Kapitel X) beispielsweise die transformationelle Herleitung von Strukturen wie (19) (siehe hierzu auch die knappen Bemerkungen in Chomsky 1957, 77):

(19) I expect him to come

Wenn dabei, wie Chomsky argumentiert, *him to come* einer zugrundeliegenden Satzstruktur entspricht, so ergäbe sich bei einer Rekursion über S, die bereits in den Phrasenstrukturregeln erfolgt, ein erhebliches Problem für die transformationelle Komponente der *Structures*. Wie wir eben ausgeführt haben, sind die Transformationen in einer strikten Reihenfolge auf den P-Marker anzuwenden. Wollen wir nun (20) ableiten und nähmen wir dabei an, daß *John to invite Bill* bereits durch die PS-Regeln in den Satz eingebettet wäre, so ergäbe sich ein erhebliches Ordnungsproblem. Die zugrundeliegende Struktur müßte etwa (20 a) sein. Zunächst muß dann *Bill* zum Subjekt des eingebetteten Satzes gemacht werden, also als erste Transformation Passiv angewendet werden. Dann erst kann *Bill* zum Objekt des Hauptsatzes transformiert werden. Hier blockiert aber nun die weitere Derivation von (20): da alle Transformationen in einer strikten Reihenfolge anzuwenden sind, muß wegen (20 a—b) Passiv *vor* der Transformation angewendet werden, die *Bill* in den Hauptsatz bringt, mit anderen Worten, Passiv kann *danach* nicht mehr angewendet werden. (20) erscheint unter dieser Perspektive also nicht ableitbar.

(20) Bill was expected to be invited by John
(20 a) somebody ed- expect John to invite Bill
(20 b) somebody ed- expect Bill to be-en invite by John

Die Lösung, die Chomsky (1955/1975, 1957) für solche Probleme entwickelt, ist die einer Unterscheidung zwischen *singulären* und *generalisierten* Transformationen. Singuläre Transformationen wie das Passiv oder *affix hopping* nehmen als Input einen *phrase marker* und bilden ihn auf einen anderen *phrase marker* ab. Generalisierte Transformationen nehmen als Input dagegen mehrere *phrase markers* und fügen sie zu einem *phrase marker* zusammen. Wir können also etwa (20) wie folgt ableiten. Unabhängig voneinander werden die beiden *phrase markers* für (21 a) und (21 b) erzeugt:

(21 a) somebody ed- expect it
(21 b) John to invite Bill

Die Transformationsfolge kann nun für jeden T-Marker gesondert abgearbeitet werden. Wir wenden also eine Reihe von Transformationen, darunter Passiv, auf den P-Marker von (21 b) an und erhalten so etwa den P-Marker für (21 c):

(21 c) Bill to be invite-ed by John

Den P-Marker für (21 c) können wir nun im Rahmen der transformationellen Bearbeitung von (21 a) mit einer generalisierten Transformation in den P-Marker dieses Satzes einbinden und danach Passiv beim P-Marker von (21 a) anwenden. Das Ordnungsproblem verschwindet also, weil die transformationelle Sequenz für jeden P-Marker gesondert angewendet werden kann. Dies schließt jedoch aus, daß Rekursion bereits von den PS-Regeln durchgeführt werden kann. Beispielsweise werden im System der *Structures* auch keine koordinierten Strukturen durch die PS-Regeln erzeugt, sondern über (22) transformationell hergeleitet, also etwa (23 c) aus (23 a) und (23 b):

(22) SA von S_1: Z − X − W
SA von S_2: Z − X − W
wobei X ein minimales Element ist, und Z und W Segmente von Terminalketten.
SC: $(X_1 - X_2 - X_3, X_4 - X_5 - X_6)$
$\Rightarrow$
$X_1 - X_2 + and + X_5 - X_6$

(23 a) John bought apples
(23 b) John ate apples
(23 c) John bought and ate apples

Generalisierte Transformationen in Chomsky (1957) decken etwa weiter den Bereich der *ing*-Nominalisierung, der *to*-Infinitive ab, auch Adjektiv-Nomen-Verbindungen entstehen aus einer generalisierten Transformation, die *the man is tall* und *NP walks* zu *the tall man walks* verbindet. Im Bereich der Nominalisierungen und Adjektivsyntax ist v. a. auf Lees (1960) zu verweisen. Weitere interessante singuläre Transformationen aus Chomsky (1957) sind die *do*-Einsetzung, die *not*-Einsetzung (bildet affirmative in negative Sätze ab), die Inversionstransformation für Fragesätze und ein Vorläufer der WH-Bewegungstransformation, der Fragewörter an den Satzanfang stellt. Während Chomsky (1957) nur einen sehr kurzen Abriß der englischen Syntax gibt, wird die transformationelle Komponente der englischen Syntax sehr ausführlich in Chomsky (1955/1975) analysiert: dort finden sich z. B. Transformationen wie Extraposition, Reflexivierung (siehe dazu auch Lees/Klima (1963)), Partikelbewegung (*look up the article − look the article up*) oder Equi-NP-Tilgung für das, was man heute Kontrollinfinitive nennt (*he tries he wins − he tries to win*). In Bach (1962) findet sich ein erster Nachweis, daß die Basiswortstellung des Deutschen SOV ist.

Nicht unerwähnt sollte bleiben, daß bereits der Ansatz der *Structures* strikt konfigurational orientiert ist, d. h. grammatische Prozesse sind ausschließlich strukturell bedingt. Grammatische Funktionen werden in Chomsky (1955/1975, 212) erstmals strukturell definiert (i. e. Subjekt: die unmittelbar von S dominierte NP, Objekt: die unmittelbar von VP dominierte NP etc.).

Auf Grund des Lesartenunterschieds zwischen dem aktiven *everyone speaks two languages* und dem passiven *two languages are spoken by everyone* geht Chomsky (1957) davon aus, daß die Interpretation eines Satzes durch die Bedeutung des ihm zugrundeliegenden Kernsatzes und seine transformationelle Geschichte determiniert ist.

4. Die Standardtheorie

4.1. Der Ausbau der generativen Syntax zur generativen Grammatik

Um die Mitte der sechziger Jahre wird das generative Erklärungsmodell zu einer umfassenden Theorie ausgebaut, zur generativen Syntaxkomponente gesellen sich die interpretativen Teiltheorien der Phonologie (siehe v. a. Chomsky/Halle 1968) und der Semantik (siehe etwa Katz/Fodor 1963). Auf Grund einer Vielzahl theoretischer wie empirischer Schwächen wird obendrein das Syntaxmodell der *Structures* erheblich umgebaut, eine Entwicklung, die ihren vorläufigen Schlußpunkt in der sog. *Standardtheorie* findet (Chomsky 1965). Die dabei vorherrschenden Tendenzen bestimmen in verschiedener Hinsicht − mit Ausnahme der Generativen Semantik − auch die sich anschließende Entwicklung der generativen Grammatik.

4.2. Lexikon und Basisregeln

Einer grundlegenden Revision wird die Relation zwischen Lexikon, lexikalischer Selektion und Syntax unterzogen. Im Modell der

Structures war im Sinne von Chomsky (1955/1975) die unterschiedliche Natur der Abweichung in (24) als 'degree of grammaticality' ausgedrückt worden, was über verschiedene Differenzierungsgrade in der Kategoriebildung ausgedrückt wurde. Danach wäre die Subklassifizierung der Verben nach dem kategorialen Typ zugelassener Ergänzungen (NP, PP etc.) weniger fein als die nach Merkmalsdifferenzierungen innerhalb dieser Kategorien (z. B.: 'verlangt konkrete NP').

(24 a) *Hans lacht die Theorie
(24 b) Hans aß die Theorie

Chomsky (1965) stellt jedoch fest, daß Differenzierungen des zweiten Typs, Differenzierungen nach Selektionsmerkmalen wie [± concrete], [± count], [± animate] usw., nur in sehr unnatürlicher Weise wie in den *Structures* durch PS-Regeln eingeführt werden können, da sie kreuzklassifizieren: beispielsweise sind alle vier denkbaren Kombinationen der Werte von [± human] und [± proper] sprachlich realisiert (*Bill, man, London, city*). Bei PS-Erzeugung müßte man jedoch eine nicht motivierbare hierarchische Beziehung zwischen solchen Merkmalen einführen und die Zahl der Expansionsregeln vervielfachen (also etwa sowohl NP + human → NP, + human, + proper als auch NP - human → NP - human, + proper).

Daneben läßt sich auch ein theoretischer Unterschied zwischen den Kookkurrenzbeschränkungen feststellen. Die Auswahl nach dem kategorialen Typ (NP, PP), die sog. strikte Subkategorisierung, ist stets auf Schwesterknoten, des Verbs z. B., beschränkt: die Subkategorisierung von X betrifft stets nur die Kontexte [$_\sigma$ AXB], wobei σ das Symbol ist, das X einführt. An dieser Beschränkung hat sich seit Chomsky (1965) nichts mehr geändert. Die Auswahl von Selektionsmerkmalen, die Selektionsbeschränkungen, sind dagegen nicht in dieser Form strukturell eingeschränkt, wie etwa der Vergleich zwischen *frighten* und *fear* zeigt. Nur das erste der beiden Verben toleriert an der Subjektposition abstrakte NPn, und die Subjektposition steht außerhalb der VP, d. h. nicht in der Kategorie [$_{VP}$ A V B], in der V eingeführt wird.

Auf Grund der Tatsache der Kreuzklassifikation selektionaler Merkmale und ihrer prinzipiellen syntaktischen Unbeschränktheit kann damit die lexikalische Einsetzung nicht von den PS-Regeln geleistet werden. Die Elimination dieses Typs von PS-Regeln führt einerseits zu einer Vereinfachung der PS-Komponente: auf die Verwendung kontextsensitiver PS-Regeln kann nunmehr verzichtet werden. Andererseits erwirbt erstmals das Lexikon einer Sprache eine unabhängige und wichtige Rolle in der syntaktischen Beschreibung.

Die PS-Regeln, die sog. kategoriale Basis, erzeugen kontextfrei präterminale Ketten, in die anstelle der Lexeme zunächst *dummy*-Symbole eingesetzt werden. Diese *dummies* werden mit *complex symbols*, Kombinationen der Selektionsmerkmale gefüllt: dies geschieht kontextfrei (mit der Ausnahme der Selektion nach DET) bei den NP-Positionen. Sobald diese *dummies* gefüllt sind, können transformationell die entsprechenden Selektionsmerkmale von Subjekt- und Objektposition in die *dummies* an V-Knoten kopiert werden. In einem separaten Lexikon sind Paare ‹C, D› vermerkt, wobei C eine phonetische Matrix ist und D ein komplexes Symbol aus Merkmalen. ‹C, D› kann nun durch eine Einsetzungstransformation anstelle eines *dummies* gesetzt werden, sofern das komplexe Symbol E des *dummies* nicht von den Spezifikationen in D abweicht. Durch die lexikalische Einsetzung entsteht die *deep structure* [Tiefenstruktur] eines Satzes.

Beispielsweise kann also durch die kategoriale Komponente zunächst (25 a) erzeugt werden. Durch freie Festlegung werden zunächst die komplexen Symbole an Subjekt- und Objektposition gefüllt (25 b). Die entsprechenden Spezifikationen werden transformationell auf das Verb kopiert (25 c). (25 c) kann nun durch lexikalische Einsetzung durch die Lexeme in (26) zur Tiefenstruktur (25 d) transformiert werden, aber nicht etwa durch die in (27).

(25 a) [$_S$ [$_{NP}$] [$_{VP}$ [$_V$] [$_{NP}$]]]
(25 b) [$_S$ [$_{NP}$ [+ abstract]] [$_{VP}$ [$_V$] [$_{NP}$ + concrete, + count, + animate, + human]]]
(25 c) [$_S$ [$_{NP}$ [+ abstract]] [$_{VP}$ [$_V$ [[+ abstract]__, __[+ concrete, + count, + animate, + human]]] [$_{NP}$ [+ concrete, + count, + animate, + human]]]]
(25 d) [$_S$ [$_{NP}$ *sincerity* [+ abstract]] [$_{VP}$ [$_V$ *frightens* [[+ abstract]__, __[+ concrete, + count, + animate, + human]]] [$_{NP}$ *John* [+ concrete, + count, + animate, + human]]]]
(26) ‹*sincerity*, [+ abstract]›
     ‹*frighten*, [[+ abstract]__, __[+ con-

⟨crete, + count, + animate, + human]]⟩
⟨*John*, [+ concrete, + count, + animate, + human]]⟩

(27) ⟨*fear*, [+ animate __, __ ± concrete]⟩
⟨*dog*, [+ animate, - human]⟩

Es finden sich in Chomsky (1965, 73ff; 148ff) eine Vielzahl von kritischen Erwägungen zur Frage, ob Selektionsbeschränkungen tatsächlich syntaktisch abgehandelt werden sollten. Entscheidende Gegenevidenz findet sich in Bolinger (1965), der nachweist, daß eine Scheidung zwischen syntaktisch relevanten semantischen Markern und syntaktisch irrelevanten semantischen und pragmatischen Merkmalen nicht durchführbar ist. Aus heutiger Perspektive erscheint weniger die konkrete Behandlung der Selektionsbeschränkungen als die Verlagerung eines wesentlichen Teils der Erklärung von (24) in eine eigenständige Lexikonkomponente der Grammatik als theoretischer Durchbruch.

4.3. Der transformationelle Zyklus

Auch in der transformationellen Komponente der Grammatik werden mit den *Aspects* wichtige Änderungen vorgenommen. Ihre Begründung folgt Argumentationsmustern, die für die weitere Entwicklung der generativen Syntax bestimmend geworden sind: es geht um die Erstellung einer möglichst restriktiven Theorie der Syntax natürlicher Sprachen. Durch die Einführung des Konzepts des *transformationellen Zyklus* werden gleichzeitig die Wege zu einer weiteren Restriktion der Transformationstheorie bereitet.

Wir haben oben erwähnt, daß Ordnungsprobleme für Transformationen im Modell der *Structures* zu einer Differenzierung der Transformationen in singuläre und generalisierte geführt hatten. Fillmore (1963) machte nun eine Reihe wichtiger Beobachtungen zu dieser Distinktion, die sich wie folgt zusammenfassen lassen: erstens kann für eine extrinsische Anordnung nur bezüglich der Klasse der singulären, nicht aber bezüglich der Klasse der generalisierten Transformationen argumentiert werden. Mit anderen Worten: es besteht zwischen den generalisierten Transformationen keine erkennbare Ordnungsbeziehung, sie können in beliebiger Reihenfolge in den *phrase marker* eingeführt werden. Zweitens gibt es keine einzige singuläre Transformation T, die auf einen *phrase marker* P anzuwenden wäre, bevor dort generalisierte Transformationen andere *phrase marker* einbetten.

Die Theorie der Transformationen in den *Structures* würde jedoch, wie Chomsky (1965, 132ff) argumentiert, solche Ordnungsbeziehungen zwischen generalisierten und singulären und innerhalb der Klasse der generalisierten Transformationen erlauben, die jedoch niemals in natürlichsprachlichen Grammatiken auftreten. Die Transformationstheorie der *Structures* muß also weniger permissiv, restriktiver gefaßt werden, sie ist für natürliche Sprachen zu liberal. Dies kann durch eine beträchtliche Vereinfachung der Grammatik erreicht werden: das Konzept generalisierter Transformationen wird ganz aufgegeben, d. h. Rekursion durch die PS-Regeln selbst ausgedrückt. Dies ist ein erster Aspekt der abnehmenden Bedeutung der Transformationskomponente, die mit der Standardtheorie ihren Anfang nahm. Die einfachen singulären Transformationen werden, in einer stipulierten Reihenfolge, *zyklisch* angewendet, d. h. zunächst wird die Transformationssequenz auf den tiefsteingebetteten Satz S_m angewendet, dann auf den nächsthöheren S_{m-1} usw., bis der Matrixsatz S_1 erreicht ist. Für unser Beispiel (20) bedeutet dies, daß wir den transformationellen Zyklus zunächst auf den Nebensatz anwenden und hier etwa Passivierung stattfindet. Dann wird der Zyklus auf den Gesamtsatz angewendet, in der Reihenfolge 'Anhebung des Subjekts des Nebensatzes zum Objekt des Hauptsatzes', dann Passivierung. Ein Ordnungsproblem entsteht dabei wegen der iterativen Anwendbarkeit des Zyklus nicht. Ist der transformationelle Zyklus bei einer vorgegebenen *deep structure* komplett durchlaufen, so ist sie auf die dazugehörende *surface structure* (Oberflächenstruktur, zu unterscheiden von der derzeit diskutierten S-Struktur) abgebildet.

Das Konzept der zyklischen Transformation ermöglichte in der nachfolgenden Entwicklung der Standardtheorie, Transformationen, die an sich 'ungebunden' (d. h. über beliebig lange Kontexte durchführbar) erscheinen, als lokal beschränkte Transformationen aufzufassen. Hierdurch wurde also der Weg zur Beschränkungstheorie in späteren Ansätzen möglich gemacht. Zunächst wurde nur S, später jedoch auch NP als zyklischer Knoten betrachtet.

In Bach (1974) wird ausführlich die Frage diskutiert, ob sich zu den zyklischen Transformationen auch präzyklische und postzyklische gesellen. Auf diese Weise werden Prozesse ausgesondert, die später ganz aus der transformationellen Komponente der Grammatik verlagert werden sollten. Auch die Diskussion, angelehnt an ähnliche Entwicklungen in der generativen Phonologie, ob Regelordnungen tatsächlich extrinsisch stipuliert werden müßten oder intrinsisch aus der Natur der verwendeten Transformationen folgen, trägt zur später möglichen Vereinfachung der Transformationskomponente der Grammatik bei.

4.4. Obligatorizität

Eine erweiterte Rolle der Basiskomponente in der Standardtheorie ergibt sich auch in Bezug auf die Distinktion zwischen obligatorischen und optionalen Transformationen. Chomsky (1965, 103) beobachtet etwa, daß englische *middle verbs* (in der Terminologie von Lees (1960), nicht zu verwechseln mit der *middle construction* wie *the ice melts*) wie etwa *marry* oder *resemble* weder passiviert werden können, noch modal ergänzbar sind. Er schlägt daher vor, ein Passiv-*dummy* als mögliche Expansion des Modalkomplexes in der Expansion der VP anzusetzen: Manner → *by* 'passive'. Dieses ist das auslösende Element, der *trigger*, für eine nunmehr obligatorisch verstandene Passivtransformation. So kann die Korrelation von Modalisierbarkeit und Passivierbarkeit vorhergesagt werden, siehe 4.5. für ein zweites Argument. Ähnlich werden nun auch die Fragesatztransformationen durch ein frei in der Basis erzeugtes *dummy*-Symbol ausgelöst. Klima (1964) argumentiert, daß das Element NEG als Auslöser der Einsetzungstransformation für *not* und weitere negative Morpheme bereits in der Basis erzeugt wird. Daß durch diese Entwicklung viele, in Chomsky (1957) optionale Transformationen obligatorisch werden, ist ein Nebeneffekt. Wichtiger erscheint zunächst, daß das Konzept der *kernel sentences* hinfällig wird, sich der generative Transformationsbegriff damit noch weiter vom strukturalistischen fortentwickelt. Die Basis wird komplexer und abstrakter, und enthält — in der Standardtheorie noch durch transformationelle Aspekte ergänzt — bereits die wesentlichen strukturellen Elemente der Oberflächenstruktur.

4.5. Beschränkungen

In einer weiteren Hinsicht entwickeln sich nach 1957 Grundgedanken, die für nachfolgende Modelle entscheidend waren, aber in der Standardtheorie selbst keine oder nur wenig Berücksichtigung fanden: das Konzept der Einschränkung transformationeller Regeln durch eine unabhängige Beschränkungskomponente in der Grammatik (vgl. Art. 25).

In der Standardtheorie selbst kann wie in den *Structures* eine Transformation genau dann auf eine Struktur Σ angewendet werden, wenn Σ so analysiert werden kann, daß die *structural analysis* der Transformation erfüllt ist. Die Anwendungsbeschränkungen sind also Teil der Regel selbst.

In Chomsky (1964, 38 ff) findet sich eine erste Variante der späteren WH-Bewegungsregel (Chomsky 1973). Diese Regel ist nun in Chomsky (1964, 43 f) einer generellen, übergreifenden Anwendungsbedingung unterworfen: auf die Struktur Σ, auf die sie schon angewendet wurde (und dabei in Σ einen WH-Satz kreierte), darf sie nicht noch einmal angewendet werden. Dies schließt Sätze wie (28) aus und kommt inhaltlich der späteren *WH-Insel-Beschränkung* nahe:

(28) *what did he read the book which was on

In Chomsky (1964, 46, Fn. 10) diskutiert er die *A-über-A-Bedingung*, die (29) ausschließt, d. h. verhindert, daß eine Transformation T auf eine Kette Σ bezüglich der Analyse $X_1 - A - X_2$ angewendet wird, wenn Σ auch eine Analyse $X_3 - A' - X_4$ zuläßt, A' und A gleichkategorial sind, und A' A inkludiert.

(29) *[NP who] did my [NP letter to] got lost

Tilgungen sind der Bedingung der *recoverability of deletion* [Rekonstruierbarkeit des getilgten Materials] unterworfen (Chomsky 1964, 41). In Klima (1964) wird erstmals die erhebliche Bedeutung der c-Kommandobeziehung (als *in construction with* bezeichnet) für die Satzgrammatik erkannt. Chomsky (1965, 104) sieht es als wesentlichen Vorteil der *dummy*-Analyse des Passivs (siehe 4.4.) an, daß bei Passivierung die zugrundeliegende Subjekt-NP in die durch Manner → *by* + PASS bereits erzeugte Struktur als Substitution von PASS eingesetzt werden kann. Man muß also nicht transformationell derivierte Phrasenstrukturen annehmen; dies kann als erster Vorläufer des *Strukturerhaltungsprinzips* (Emonds 1976) angesehen werden (Staudacher, pM).

Wie erwähnt, werden diese Entwicklungen in Richtung auf eine Beschränkungskomponente in der Grammatik in Chomsky (1965) selbst kaum ausgearbeitet. Beschränkungen über Transformationen werden detailliert erstmals in Ross (1967) untersucht, eine der wichtigsten Arbeiten im Rahmen der Standardtheorie und in gewisser Hinsicht Grundlage für die spätere Entwicklung der generativen Syntax.

In empirischer Hinsicht werden, in Konkurrenz zum nur wenig später entstandenen Modell der Generativen Semantik, weite Datenbereiche des Englischen und vieler anderer Sprachen analysiert. Schon sehr bald erweist sich, daß erhebliche Probleme bei der Pronominalisierungstransformation (X NP Y NP → X NP Y *pronoun* Y, unter Identität der NPn) auftreten (Bach 1970, Ross 1967a), insbesondere bezüglich der Regelordnung, d. h. es wird mit Arbeiten wie Wasow (1972) oder Jackendoff (1972) auch hier der Weg für wichtige spätere Entwicklungen gelegt.

Die Analyse des Deutschen wird zunächst v. a. von Untersuchungen der Arbeitsstelle für strukturelle Grammatik der Akademie der Wissenschaften der DDR vorangetrieben (siehe etwa Bierwisch 1963, Hartung 1964, Motsch 1964, Steinitz 1969). In der Bundesrepublik erfolgt die Rezeption der Aspekte-Theorie eher zaghaft (monographische Beispiele wären etwa Huber & Kummer (1974), Kohrt (1976)). Zur Analyse des Deutschen siehe aber auch Ebert (1976), Evers (1975) und Esau (1973). Insbesondere mit der Entstehung der Montague-Grammatik kommt die generative Syntaxforschung vorübergehend in der BRD — wie auch in der DDR aus anderen Gründen — fast ganz zum Erliegen. Bemerkenswert ist die Entwicklung eines generativen Konkurrenzmodells durch Brekle (1968/1970), das in verschiedener Hinsicht an die gleichzeitig in den USA entstehende generative Semantik erinnert (vgl. Art. 24).

4.6. Semantik

Durch die syntaktisch motivierte Aufnahme von *dummy*-Elementen in die Basis, die Transformationen obligatorisch triggern, erschien es plausibel zu postulieren, daß Transformationen keine bedeutungstragenden Elemente einführen können und nur unter *recoverability* tilgen dürfen (Chomsky 1965, 132). Dies bedeutet, daß die semantische Interpretation im Sinne von Katz/Fodor (1963) von der Tiefenstruktur her projiziert werden kann. Transformationen sind nicht bedeutungsverändernd, wie bereits Harris (1957/64) vermutete: "transformations seem to hold invariant what might be interpreted as the information content" (162). Chomsky (1965, 224) vermerkt, daß der entsprechende Anspruch auf Grund der in 3. vermerkten Interaktion von Passiv und Quantoren etwas zu stark sein dürfte, vermutet aber, daß in beiden Beispielen beide Lesarten latent vorhanden sind, wobei sich die präferierte Lesart evtl. aus Grice'schen Maximen über Konversation (vermutlich hat Chomsky die Maxime "be orderly" im Sinne) ergeben sollte. Im Rahmen der Standardtheorie läßt sich also sagen: wenn zwei Sätze aus einer (fast) identischen Tiefenstruktur abgeleitet sind, dann sind sie bedeutungsgleich. Wenn ein Satz aus zwei Tiefenstrukturen abgeleitet werden kann, dann ist er mehrdeutig. Sehr bald werden diese Implikationen von Schülern Chomskys umgedreht: wenn zwei Sätze bedeutungsgleich sind, so haben sie eine identische Tiefenstruktur, wenn ein Satz ambig ist, dann hat er mehrere Tiefenstrukturen. Diese Vermutungen begründen die Schule der Generativen Semantik (siehe nachfolgender Artikel).

5. Die psychologische Deutung der Grammatik

Nach Chomsky (1982, 63) standen von Anfang an hinter den generativen Bemühungen weniger die in 2.2. referierten mathematisch-logischen Aspekte der Grammatiktheorie, sondern ihre mentalistische Interpretation. In der Tat wurde die heutzutage immer mehr in den Vordergrund tretende kognitive, psychologische Relevanz der generativen Grammatik schon von Lees (1957, 408) angesprochen, wenn er schreibt, daß angesichts der durch generative Studien ausgewiesenen Komplexität des grammatischen Wissens gilt: "our notions of human learning are due for some considerable sophistication".

In einer kurzen ersten Periode sind jedoch auch in den Schriften von Chomsky der grammatisch-beschreibende und der psychologische Aspekt noch nicht vereint. Die erste bedeutende kognitiv orientierte Arbeit ist Chomsky (1959). Hier widerlegt Chomsky die strukturalistisch behavioristische Lerntheorie von Skinner (1957), indem er zeigt, daß, wenn man ihre Begriffe ernstnimmt, sie zu offenkundig absurden Vorhersagen über menschliches Verhalten und Lernen führen. Neben Dateneinfluß vermutet Chomsky als Grundlage des Lernprozesses auch im grammatischen Bereich ein *imprinting* im Sinne der frühen Verhaltensforschung. Spätestens seit 1959 steht also die "innate intellectual equipment that a child brings to bear in acquiring a language" (Chomsky/Miller 1963, 276) im Vordergrund; "one task of the professional linguist is, in a sense, to make explicit the process that every normal child performs implicitly" (ebenda).

Als wesentliche Argumente für die nativistische Position sieht Chomsky (1965) den Grad der Abstraktheit der erworbenen Theorie, das beschränkte Ausmaß des Input und die Zahl von Fehlern darin, die Uniformität der erworbenen Grammatiken und die Unabhängigkeit von Intelligenz und emotionalem Zustand; diese Gedanken lassen sich bis Chomsky (1960/1962) zurückverfolgen. Chomsky setzt diesen Ansatz zu den Theorien von Humboldt (Chomsky 1964, 19) und des Rationalismus (Chomsky 1965, 48 ff) in Beziehung.

Wenngleich das Ziel der Entwicklung einer *universal grammar* bereits in Chomsky/Miller (1963) gesetzt wird, beschränken sich Aussagen zu Universalien in Chomsky (1965) auf sehr wenige Aspekte. Zu den substantiellen Universalien rechnet er v. a. das Kategorieninventar; formale Universalien drücken etwa Spezifikationen der allgemeinen Form einer Grammatik aus. Das Hauptgewicht im *language aquisition device* des Kindes liegt noch in der Evaluationsprozedur (siehe 1.) für verschiedene grammatische Hypothesen.

Aus diesen Überlegungen ergibt sich eine Staffelung der Adäquatheitsgrade einer Grammatik G. G ist *beobachtungsadäquat* für die Sprache L, wenn sie alle und nur die grammatischen Sätze in L erzeugt. Sie ist beschreibungsadäquat, wenn sie obendrein die Sätze mit den korrekten Strukturen verbindet. *Erklärungsadäquat* ist sie, wenn auch die psychologischen Implikationen des Spracherwerbsproblems von ihr korrekt behandelt werden.

Der mentalistische Anspruch beinhaltet jedoch keine Aussage darüber, wie "the speaker or hearer might proceed, in some practical or efficient way, to construct […] a derivation" (Chomsky 1965, 9). Wie schon erwähnt, blühte rasch eine psycholinguistische Forschungstradition bezüglich Parsing und Sprachproduktion auf, wie sie beispielsweise durch Chomsky/Miller (1963) dokumentiert wird. Detaillierte Referate finden sich in Greene (1974) und Fodor/Bever/Garrett (1974).

Bei Peter Staudacher bedanke ich mich für ausführliche Diskussionen, die den vorliegenden Artikel wesentlich verbessern halfen.

6. Literatur

Bach, E. 1962. The order of elements in a transformational grammar of German. Language 38. 263—69.

—. 1970. Problominalization. Linguistic Inquiry 1. 121—122.

—. 1974. Syntactic theory. London.

Bar-Hillel, Y., and E. Shamir. 1960. Finite state languages: Formal representations and adequacy problems. The Bulletin of the Research Council of Israel 8F N° 3.

Bierwisch, M. 1963. Grammatik des deutschen Verbs. Berlin/DDR.

Bolinger, D. 1965. The atomization of meaning. Language 41. 555—573.

Brekle, H. E. 1968/1970. Generative Satzsemantik und transformationelle Syntax im System der englischen Nominalkomposition. Habilitationsschrift, Tübingen (1968); erschienen München, 1970.

Chomsky, N. 1955. Transformational analysis. Pennsylvania. University of Pennsylvania. PhD-dissertation.

—. 1955. The logical structure of linguistic theory, 1975. Chicago.

—. 1957. Syntactic structures. The Hague.

—. 1958/1964. A transformational approach to syntax. Proceedings of the third Texas conference on problems of linguistic analysis in English, 1958. ed. by A.A. Hill. Austin/Texas, 1962. Reprinted in The structure of language, 1964, ed. by J. A. Fodor & J. J. Katz, 211—245. Englewood Cliffs, N. J.

—. 1959. A Review of B. F. Skinner's Verbal Behavior. Language 35. 26—58.

—. 1960/62. Explanatory models in linguistics. Logic, methodology, and philosophy of science. Proceedings of the 1960 International Congress, 1962, ed. by E. Nagel, P. Suppes & A. Tarski, 528—550. Stanford, (Cal.).

—. 1961. Some methodological remarks on generative grammar. Word 17. 219—239.

—. 1964. Current issues in linguistic theory. The Hague.

—. 1965. Aspects of the theory of syntax. Cambridge, MA.

—. 1973. Conditions on transformations. A Festschrift for Morris Halle, ed. by Anderson & P. Kiparsky, 232—286. New York.

—. 1982. The generative enterprise: a discussion with Riny Huybreghts and Henk van Riemsdijk. Dordrecht.

—. 1988. Some notes on economy of derivation and representations.

Chomsky, N., and M. Halle. 1968. The sound pattern of English. New York.

Chomsky, N., and G. A. Miller. 1963. Introduction to the formal analysis of natural languages. Handbook of Mathematical Psychology, ed. by R. D. de

Luce, R. R. Bush, & E. Galanter, 269—321. New York, London.
Culy, C. 1985. The complexity of the vocabulary of Bambara. Linguistics & Philosophy 8. 345—381.
Ebert, R. P. 1976. Infinitival complement constructions in early New High German. Tübingen.
Emonds, J. E. 1976. A transformational approach to English syntax: Root, structure preserving, and local transformations. New York.
Esau, H. 1973. Nominalization and complementation in Modern German. Amsterdam.
Evers, A. 1975. The transformational cycle in Dutch and German. Bloomington, Ind.
Fillmore, C. 1963. The position of embedding transformations in a grammar. Word 19. 208—231.
Fodor, J. A., T. Bever, and M. Garrett. 1974. The psychology of language. New York.
Greene, J. 1974. Psycholinguistics. Harmondsworth.
Harman, G. 1963. Generative grammars without transformational rules: a defense of phrase structure. Language 39. 597—616.
Harris, Z. 1952. Discourse analysis. Language 28. 1—30.
—. 1957. Cooccurrence and transformation in linguistic structure. Language 33. 283—340. Reprinted in The structure of language, 1964, ed. by J. A. Fodor & J. J. Katz, 155—210. Englewood Cliffs, NJ.
Hartung, W. 1964. Die zusammengesetzten Sätze des Deutschen. Berlin/DDR.
Hempel, C. 1950. Problems and changes in the empiricist criterion of meaning. Revue Internationale de Philosophie 2. 114—125.
Hockett, C. F. 1955. A manual of phonology. Baltimore.
Huber, W., und W. Kummer. 1974. Transformationelle Syntax des Deutschen. München.
Jackendoff, R. 1972. Semantic Interpretation in Generative Grammar. Cambridge, MA.
Katz, J. J., and J. A. Fodor. 1963. The Structure of a Semantic Theory. Language 39. 170—210.

Kohrt, M. 1976. Koordinationsreduktion und Verbstellung in einer generativen Grammatik des Deutschen. Tübingen.
Klima, E. 1964. Negation in English. The structure of language. ed. by J. A. Fodor & J. J. Katz, 246—323. Englewood Cliffs, NJ, 1964.
Kuhn, T. 1962. The structure of scientific revolutions. Chicago.
Kutschera, F. v. 1982. Grundfragen der Erkenntnistheorie. Berlin.
Lees, R. 1957. Review of Chomsky (1957). Language 33. 375—407.
—. 1960. The grammar of English nominalizations. The Hague.
Lees, R., and E. Klima. 1963. Rules for English pronominalization. Language 39. 17—28.
Motsch, W. 1964. Syntax des deutschen Adjektivs. Berlin/DDR.
Newmeyer, F. 1980. Linguistic theory in America. The first quarter century of transformational generative grammar. New York.
—. 1986. The politics of linguistics. Chicago.
Postal, P. 1964. Constituent structure: A study of contemporary models of syntactic description. Bloomington, ND.
Pullum, G. K., and G. Gazdar. 1982. Natural languages and context-free languages. Linguistics & Philosophy 4. 471—504.
Ross, J. 1967. Constraints on variables in syntax. Massachusetts: PhD-dissertation.
—. 1967a. On the cyclic nature of English pronominalization. To Honor Roman Jakobson: 1669—1682. The Hague.
Shieber, S. M. 1985. Evidence against the context-freeness of natural languages. Linguistics and Philosophy 8. 333—343.
Skinner, B. F. 1957. Verbal behavior. New York.
Steinitz, R. 1969. Adverbialsyntax. Berlin/DDR.
Wasow, T. 1972. Anaphoric relations in English. Massachusetts: PhD-dissertation.

Gisbert Fanselow, Potsdam (Deutschland)

22. Diverging Tendencies

1. The Syntax Explosion
2. The Birth of Generative Semantics
3. Global Rules
4. Logic and Semantic Representation
5. Case Grammar
6. Late Generative Semantics
7. The Development of Interpretive Semantics
8. The Collapse of Generative Semantics
9. References

1. The Syntax Explosion

The years immediately following the publication of *Aspects of the Theory of Syntax* in 1965 saw the greatest outpouring of work in syntax in the history of the field. For the first time ever in theoretical linguistics, the number of journal submissions, conference papers, and dissertations devoted to syntax exceeded those devoted to phonology. A general feeling arose that not being current in syntax was not being fully a linguist.

James McCawley has attributed the creative outburst in syntax in the late 1960s in part to the fact that *Aspects* had "brought semantics out of the closet" (1976, 6). By incorporating a semantic theory, the *Aspects* model made doing syntax more than a matter of simply accounting for the distribution of morphemes — it promised insights into the nature of language as a medium of concept formation and communication. And the Katz-Postal hypothesis, which posited deep structure as the sole level relevant to semantic interpretation, had become firmly entrenched, promising that as syntactic investigation became deeper, semantics would automatically fall into place.

As McCawley also pointed out, the *Aspects* model was far more systematic and intuitively appealing than either the *Syntactic Structures* model or any existing nontransformational model. Principles such as base recursion, the separation of subcategorization from the phrase-structure rules, a distinct lexicon, the transformational cycle, and the meaning-preserving nature of transformations seemed naturally designed to extract an order and symmetry from what had always been regarded as the most chaotic aspect of language. *Aspects* made doing syntax fun, and more linguists wanted to be in on the fun. Moreover, in the late 1960s, a number of studies appeared which demonstrated that the theory could be applied insightfully to the analysis of the most complex linguistic phenomena. The most noteworthy was Peter Rosenbaum's 1965 MIT dissertation *The Grammar of English Predicate Complement Constructions* (published as Rosenbaum 1967). Rosenbaum did for *Aspects* what Robert B. Lees' *Grammar of English Nominalizations* had done for *Syntactic Structures*, showing that base recursion and cyclic transformations provided a satisfactory framework for the analysis of many fundamental syntactic processes.

The great majority of generative syntacticians in the late 1960s were MIT faculty and students or MIT graduates and their students. Indeed, virtually all knew each other personally. This meant that new ideas could be transmitted rapidly and the theory could undergo modification at a correspondingly rapid pace. But it also meant that many generativists came for a time to rely more on word of mouth or on informally circulated papers than on conventional publication as a means of disseminating their ideas. As a consequence, those who were not part of the in-group felt more and more isolated and developed a resentment toward the more strategically placed group of linguists, which in some cases led ultimately to hostility to generative grammar itself. But those who were at the center of the developments in generativist linguistic theory — and by 1970, they numbered in the dozens — this was a time of unbridled enthusiasm and unparalleled conviction that the frontiers of knowledge were being pushed back daily.

2. The Birth of Generative Semantics

2.1. Until around 1965, generative theoreticians had been united on virtually every important issue. But in that year, the first public signs of division appeared. At an MIT colloquium, Paul Postal argued that adjectives were members of the category "verb" — a conclusion quite uncongenial to Chomsky's view of English syntax. The following spring, John Robert Ross, a graduate student and instructor at MIT, and George Lakoff, a part-time instructor at Harvard and associate in its computation laboratory, organized a series of seminars devoted to challenging analyses then favored by Chomsky. In the fall of 1966, with Chomsky on leave in Berkeley, Ross and Lakoff brought their opposition into the open in their classes. Ross's class in universal grammar at MIT drew dozens of students; Lakoff's in syntactic theory at Harvard well over 100. By 1967, Postal, Ross, Lakoff, and their co-thinker James McCawley had come to refer to their new approach as "generative semantics."

The real fight began upon Chomsky's return early in 1967. For several years, however, the sides were very uneven. Chomsky and his current students at MIT held views very much at odds with those of the large majority of theoretical linguists. And throughout the late 1960s the rift grew, as measured both by the intensity of the feeling of the participants and in the number of theoretical issues at stake.

2.2. The leading idea of generative semantics was that there is no principled distinction between syntactic processes and semantic processes. This notion was accompanied by several subsidiary hypotheses: first, that the purely syntactic level of "deep structure" posited in Chomsky's *Aspects* cannot exist; second, that the initial representations of derivations are logical representations which are identical from language to language (the "universal base hypothesis"); third, that all aspects of meaning are representable in phrase-marker form. In other words, the derivation of a sentence is a direct transformational mapping from semantics to surface structure. Figure 22.1. represents the initial (1967) generative semantic model:

```
            SEMANTIC
         REPRESENTATION
              ↑
            ↗ ?
   LEXICON
            ↘ ?
              ↓
         Transformational rules
              ↓
            SURFACE
           STRUCTURE
```

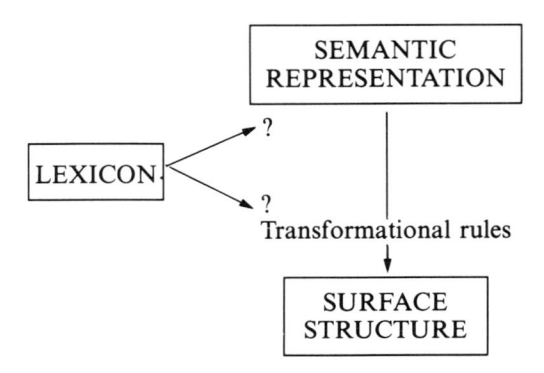

Fig. 22.1: The 1967 Generative Semantic Model

2.3 In its initial stages, generative semantics did not question the major assumptions of Chomsky's *Aspects* theory; indeed, it attempted to carry them through to their logical conclusion. For example, Chomsky had written that "the syntactic component of a grammar must specify, for each sentence, a deep structure that determines its semantic representation" (1965, 16). Since in the late 1960's little elaborative work was done to specify any interpretive mechanisms by which the deep structure might be mapped onto meaning, Lakoff et al. took the word "determines" in its most literal sense, and simply equated the two levels. Along the same lines, Chomsky's (tentative) hypothesis that selectional restrictions were to be stated at deep structure also led to that level's being conflated with semantic representation. Since sentences such as (1a) and (1b), for example, share several selectional properties (the possible subjects of *sell* are identical to the possible objects of *from* and so on), it was reasoned that the two sentences had to share deep structures. But if such were the case, generative semanticists reasoned, then that deep structure would have to be so close to the semantic representation of the two sentences it would be pointless to distinguish the two levels.

(1) (a) Mary sold the book to John.

(b) John bought the book from Mary.

As Figure 22.1 indicates, the question of how and where lexical items entered the derivation was a topic of controversy in generative semantics. McCawley (1968, 71—80) dealt with this problem by treating lexical entries themselves as structured composites of semantic material (the theory of "lexical decomposition"), and thus offered (2) as the entry for *kill*:

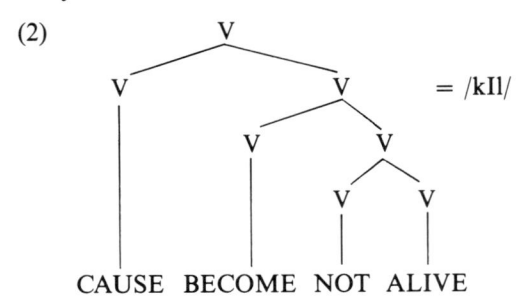

(2)
```
              V
            /   \
           V     V           = /kIl/
                / \
               V   V
                  / \
                 V   V
           |    |   |   |
         CAUSE BECOME NOT ALIVE
```

After the transformational rules had created a substructure in the derivation that matched the structure of a lexical entry, the phonological matrix of that entry would be insertable into the derivation. McCawley hesitantly suggested that lexical insertion transformations might apply in a block after the application of the cyclic rules; however, generative semanticists never did agree on the locus of lexical insertion, nor even whether it occured at some independently definable level at all.

2.4. Generative semanticists realized that their rejection of the level of deep structure would be little more than word-playing if the transformational mapping from semantic representation to surface structure turned out to be characterized by a major break before the application of the familiar cyclic rules — particularly if the natural location for the insertion of lexical items was precisely at this break. They therefore constructed a number of arguments to show that no such break existed. The most compelling were modeled after Morris Halle's classic argument against the structuralist phoneme (Halle 1959, 12 ff). Paralleling Halle's style of argumentation, generative semanticists attempted to show that the existence of a level of deep structure distinct from semantic representation would demand that the same generalization be stated twice, once in the syntax and once in the semantics (for such an example, see Postal 1970, 106—108).

3. Global Rules

3.1. Since a simple transformational mapping from semantics to the surface entails that no transformation can change meaning, any examples that tended to show that such rules were meaning changing presented a profound challenge to generative semantics. Yet such examples had long been known to exist, and in the last few years of the 1960's there was a great outpouring of examples from Chomsky and his students which illustrated superficial levels of syntactic structure playing an important role in determining semantic interpretation. Taken as a whole, they seemed to indicate that any strong form of the Katz-Postal hypothesis had to be false — everything needed for semantic interpretation was not present in the deep structure. And, while these facts might still allow one (legalistically) to maintain that transformations do not change meaning, the conclusion was inescapable that all of meaning is not determined before the application of the transformational rules. For example, Jackendoff (1969, 222 – 225) cited the contrast between (3a) and (3b) as evidence that passivization has semantic effects:

(3) (a) Many arrows did not hit the target.
(b) The target was not hit by many arrows.

The scope of *many* appears wider than that of *not* in (3a), but narrower in (3b). Jackendoff also argued that the rule proposed in Klima (1964, 246 f) to handle simple negation, which places the negative before the finite verb, is also meaning-changing. As he observed, (4a) and (4b) are not paraphrases; the negative in (4a) has wider scope than the quantifier, but the reverse is true in (4b):

(4) (a) Not much shrapnel hit the soldier.
(b) Much shrapnel did not hit the soldier.

In fact, it appeared to be generally the case that the scope of logical elements such as quantifiers and negatives is determined by their respective order in surface structure. Thus, the scope of the word *only* in (5) is precisely the material that follows it on the surface:

(5) (a) Only John reads books on politics.
(b) John only reads books on politics.
(c) John reads only books on politics.

These observations led Chomsky, Jackendoff, and others to propose rules taking surface structures as their input and deriving from those surface structures the representation of the scope of logical elements in the sentence.

3.2. Generative semanticists found a solution to this problem that allowed them to maintain the letter, if not the spirit, of the Katz-Postal hypothesis. Lakoff (1971a, 232f) proposed supplementing the strict transformational derivation with another type of rule — a "global rule" — which had the ability to state generalizations between derivationally non-adjacent phrase markers. (3a – b), for example, were handled by a global rule that said that if one logical element had wider scope than another in semantic representation, then it must precede it in surface structure. This proposal had the virtue of allowing both the hypothesis that transformations are meaning preserving and the hypothesis that the deepest syntactic level is semantic representation to be technically maintained.

3.3. Soon many examples of other types of processes were found which could not be stated in strict transformational terms, but seemed instead to involve global relations. These involved presupposition, case assignment, and contraction, among other phenomena (for a comprehensive account of global rules, see Lakoff 1970, 627 f).

4. Logic and Semantic Representation

In the late 1960s, the generative semanticists began to realize that as deep structure was pushed back, the inventory of syntactic categories became more and more reduced. And those remaining categories bore a close correspondence to the categories of symbolic logic. The three categories whose existence generative semanticists were certain of in this period — sentence, noun phrase, and verb — seemed to correspond directly to the proposition, argument, and predicate of logic (logical connectives were incorporated into the class of predicates, as were quantifiers). This was an exhilarating discovery for generative semanticists and indicated to them more than anything else that they were on the right track. For, now, the deepest level of representation had a "natural" language-independent basis, rooted in what Boole had called "The Laws of Thought." What is more, syntactic work in languages other than English was leading to the same three basis categories for all languages. The universal base hypothesis, not surprisingly, was seen as one of the most attractive features of generative semantics.

5. Case Grammar

In the late 1960s, the relatively shallow deep structures of the *Aspects* model were attacked from another quarter. In a number of important papers, Charles Fillmore (see especially Fillmore 1968, 1—90) developed an alternative model of grammar whose distinguishing feature was that at the deepest syntactic level, a sentence consists of a verb and an unordered series of semantically-characterizable thematic roles, or, as he called them, "cases", which are drawn from a universal vocabulary.

Fillmore took as his starting point the seeming inability of the *Aspects* model to represent categorial and thematic information simultaneously. It seemed evident, for example, that *Aspects* could not adequately capture the fact that expressions such as *in the room, toward the moon, on the next day, in a careless way, with a sharp knife,* and *by my brother* are simultaneously prepositional phrases and indicators of location, direction, time, manner, instrument, and agentivity respectively. His solution was to reanalyze prepositional phrases in underlying syntactic structure as a sequence of a noun phrase and an associated prepositional "case-marker", both dominated by a case symbol denoting the thematic role of that prepositional phrase. For the sake of generality, he analyzed every element in the sentence bearing a thematic role, whether PP or NP, in an analogous fashion. Thus even noun phrase subjects were to be associated with case markers and case symbols.

Fillmore's methodology, then, was analogous to that of the generative semanticists'. Both appealed to meaning to motivate syntactic structure, and, as a consequence, both were led to models of grammar in which the deepest level of syntactic structure was close to semantic structure.

6. Late Generative Semantics

6.1. The development of generative semantics in the early 1970's was marked by a continous elaboration and enrichment of the theoretical devices that it employed in grammatical description. By 1972, George Lakoff's conception of grammatical organization appeared as in Figure 22.2. (an oversimplified diagram

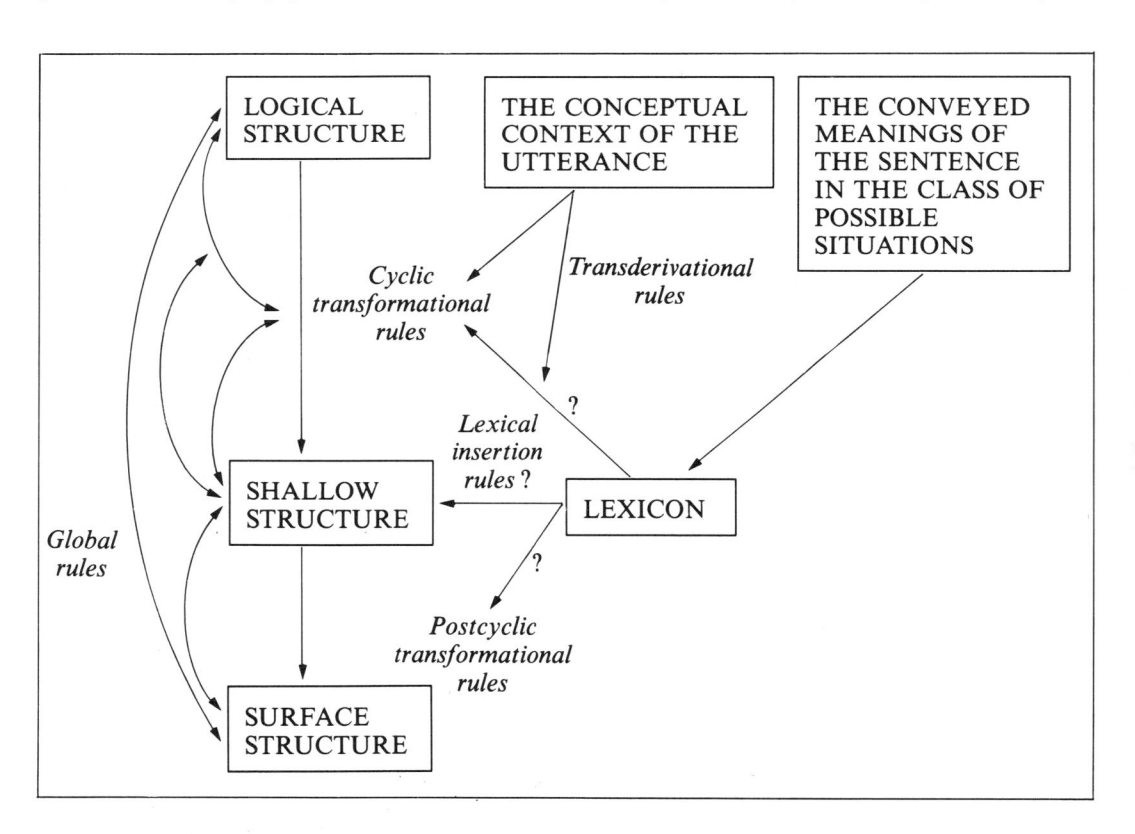

Fig. 22.2: The Late Generative Semantic Model

based on the discussion in Lakoff 1974, 151 ff).

This elaboration was necessitated by the steady expansion of the type of phenomena that generative semanticists felt required a "grammatical" treatment. As the scope of formal grammar expanded, so did the number of formal devices and their power. Arguments motivating such devices invariably took the following form:

(6) (a) Phenomenon P has in the past been considered to be simply "pragmatic", that is, part of performance and hence not requiring treatment within formal grammar.
(b) But P is reflected both in morpheme distribution and in the "grammaticality" judgments that speakers are able to provide.
(c) If anything is the task of the grammarian, it is the explanation of native-speaker judgments and the distribution of morphemes in a language. Therefore, P must be handled in the grammar.
(d) But the grammatical devices now available are insufficient for this task. Therefore, new devices of greater power must be added.

6.2. John R. Ross (1970, 222 ff) and Jerrold Sadock (1974, 27 ff) were the first to argue that what in the past had been considered to be "pragmatic" phenomena were amenable to grammatical treatment. Both linguists, for example, argued that the type of speech act which a sentence represents should be encoded directly in its semantic representation (i.e., its underlying syntactic structure). Analogously, George Lakoff (1971b, 333) arrived at the conclusion that a speaker's beliefs about the world needed to be encoded into syntactic structure, on the basis of the attempt to account syntactically for judgments such as the following, which he explicitly regarded as "grammaticality" judgments:

(7) (a) John told Mary that she was ugly and then shé insulted hím.
(b) *John told Mary that she was beautiful and then shé insulted hím.

He also argued that in order to provide a full account of the possible antecedents of anaphoric expressions, even deductive reasoning had to enter into grammatical description (1971c, 63f). As Lakoff pointed out, the antecedent of *too* in (8), "the mayor is honest", is not present in the logical structure of the sentence, but must be deduced from it and its associated presupposition "Republicans are honest":

(8) The mayor is a Republican and the used-car dealer is honest too.

The deduction, then, was to be performed in the grammar itself.

6.3. Finally, Lakoff (1973, 271f) concluded that the graded nature of speaker judgments falsifies the notion that sentences should be either generated (i.e., be considered "grammatical") or not generated (i.e., be treated as "ungrammatical"). Lakoff suggested instead that a mechanism be devised to assign grammaticality *to a certain degree*. The particulars of "fuzzy grammar" (as it was called) were explored primarily in a series of papers by John R. Ross (see especially Ross 1973, 137 ff).

6.4. Not surprisingly, as the class of "grammatical" phenomena increased, the competence-performance dichotomy became correspondingly cloudy. George Lakoff made it explicit that the domain of grammatical theory was no less than the domain of linguistics itself. Grammar, for Lakoff, was to "specify the *conditions* under which sentences can be *appropriately* used. [...] One thing that one might ask is whether there is anything that does *not* enter into rules of grammar. For example, there are certain concepts from the study of social interaction that are part of grammar, e.g. relative social status, politeness, formality, etc. Even such an abstract notion as *free goods* enters into rules of grammar. Free goods are things (including information) that everyone in a group has a right to" (emphasis in original) Lakoff (1974, 159–161).

Since it is hard to imagine what might not affect the appropriateness of an utterance in actual discourse, the generative semantic program with great rapidity moved from the task of grammar construction to that of observing language in its external setting. By the mid 1970's, most generative semanticists had ceased proposing explicit grammatical rules altogether. The idea that any conceivable phenomenon might influence such rules made doing so a thorough impracticality.

7. The Development of Interpretive Semantics

7.1. During the period that generative semantics was flourishing, Chomsky and his students developed the competing model of "interpretive semantics", also known as the "Extended Standard Theory" (EST), the followers of which were typically known as "interpretivists". In this model, interpretive rules applied to both deep and surface structures, rather than to deep structures alone. Figure 22.3. depicts the model that was posited by the great majority of interpretivists in the early 1970s.

7.2. The most comprehensive treatment of the interpretive semantic rules in the early 1970s was Ray Jackendoff's *Semantic Interpretation in Generative Grammar* (1972). For Jackendoff, as for interpretivists in general, there was no single formal object called a "semantic

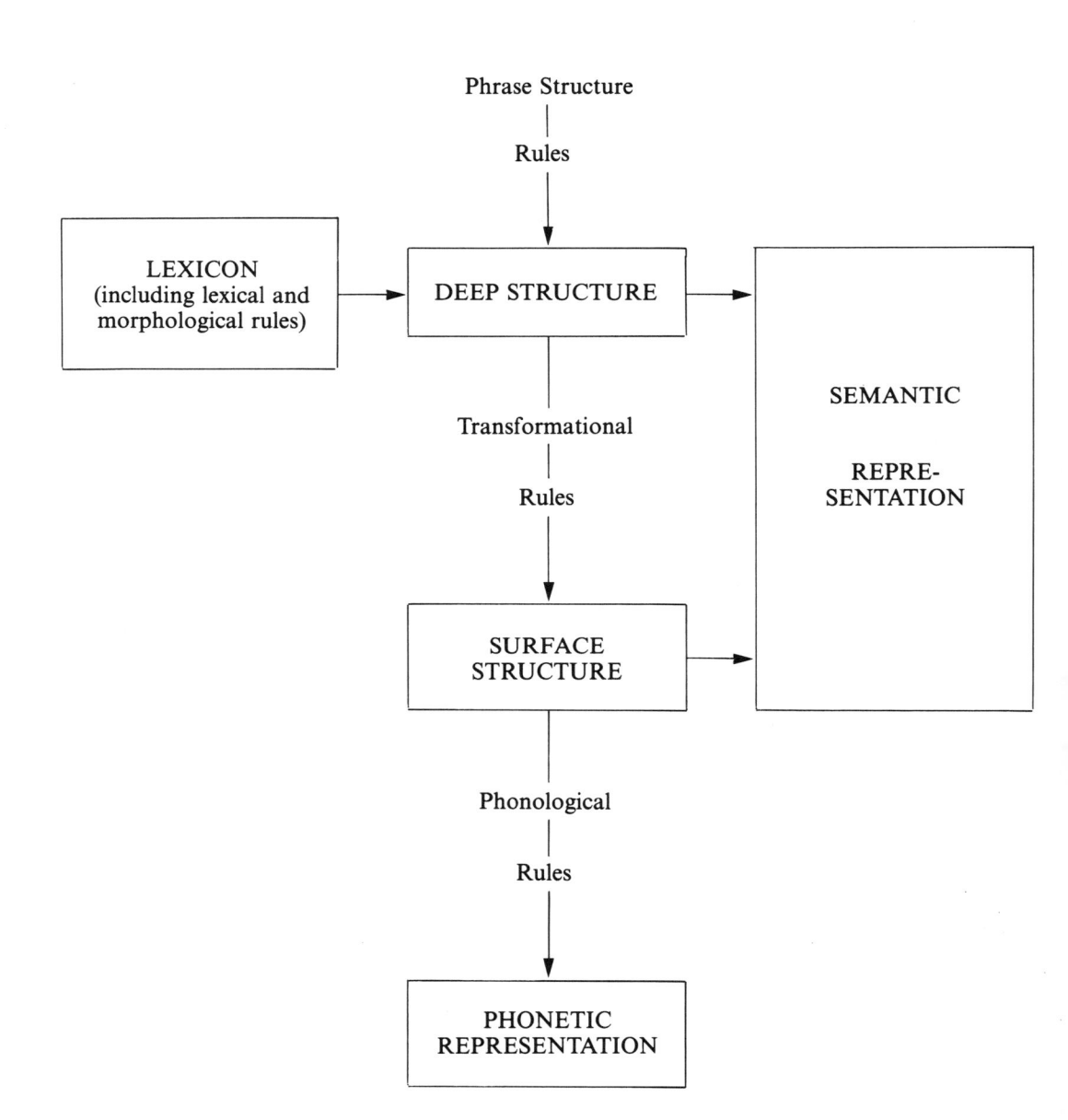

Fig. 22.3: The Extended Standard Theory

representation". Rather, different types of rules applying at different levels filled in different aspects of the meaning. Jackendoff posited four distinct components of meaning, each of which was derived by a different set of interpretive rules:

(9) (a) Functional structure: The main propositional content of the sentence.
(b) Modal structure: The specification of the scope of logical elements such as negation and quantifiers, and of the referential properties of noun phrases.
(c) The table of coreference: The specification of which noun phrases in a sentence are understood as coreferential.
(d) Focus and presupposition: The designation of what information in the sentence is understood as new and what is understood as old.

7.2.1. Functional structure was determined by projection rules applying to deep structure. For example, in sentences (3a) and (3b), the semantic relation between *arrows*, *hit*, and *target* is the same, so it was assumed that this was determined by deep structure interpretation. Indeed, it appeared to be generally the case that the main propositional content of the sentence — the semantic relationship between the verb and its associated noun phrases and prepositional phrases — does not change under transformation. Hence, it made sense to continue to interpret this relationship at the level of deep structure. Thus, deep structure rules of semantic interpretation such as (10a) and (10b) were posited, the former rule interpreting the deep structure subject of (3a) and (3b) as the semantic instrument, and the latter rule interpreting the deep structure object of both sentences as the semantic patient:

(10) (a) Interpret the inanimate deep structure subject of a sentence with an active verb as a semantic instrument.
(b) Interpret the deep structure direct object of a sentence with an active verb as a semantic patient.

7.2.2. In 'modal structure' were represented relationships such as those between *many* and *not* in (3a) and (3b). A rule such as (11) captured the generalization that the scope of the quantifier and the negative differs in these two sentences:

(11) If logical element A precedes logical element B in surface structure, then A is interpreted as having wider scope than B (where "logical elements" are quantifiers, negatives, and some modal auxiliaries).

7.2.3. Jackendoff's third semantic component was the "table of coreference". Indeed, by 1970 all interpretive semanticists agreed that interpretive rules state the conditions under which anaphoric elements such as pronouns are understood as being coreferential to their antecedents. This represented a major departure from the work of the preceding decade, in which it was assumed that pronouns replace full noun phrases under identity whith another noun phrase by means of a transformational rule.

7.2.4. Finally, surface structure was also deemed the locus of the interpretation of such discourse-based notions as "focus" and "presupposition". In support of this idea, Chomsky (1971, 199—206) noted that focusable phrases are surface structure phrases. This point can be illustrated by question (12) and its natural responses (13a—c). In each case, the focused element is in a phrase that did not even exist at the level of deep structure, but rather was formed by the application of a transformational rule. Therefore the interpretation of focus and presupposition must take place at surface structure:

(12) Is John certain to win?
(13) (a) No, he is certain to lose.
(b) No, he's likely not to be nominated.
(c) No, the election won't ever happen.

8. The Collapse of Generative Semantics

8.1. Generative semantics had collapsed well before the end of the 1970's. To a great extent, this was because its opponents were able to show that its assumptions led to an overly complicated account of the phenomenon under analysis. For example, interpretivists showed that the purported reduction by generative semantics of the inventory of syntactic categories to three was illusory. As they pointed out, there is a difference between nouns, verbs, adjectives, adverbs, quantifiers, prepositions, and so on in surface structure, regardless of what is needed at the most underlying level. Hence, generative semantics would need to posit special transformations to create derived categories (i.e. categories other than verb, sentence, and noun phrase). Along the same lines, generative semantics never really succeeded in accounting for the primary function of the renounced level of deep structure — the specification of morpheme order. As most syntacticians soon realized, the order of articles, adjectives, negatives, numerals, nouns, and noun complements within a noun phrase is not predictable (or even statable) on semantic grounds. How then could generative semantics state morpheme order? Only, it seemed, by supplementing the transformational rules with a close-to-the-surface filter that functioned to mimic the phrase structure rules of a theory with the level of deep structure. Thus, despite its rhetorical abandonment of deep structure, generative semantics ended up slipping that level in through the back door.

8.2. The interpretive account of "global" phenomena, as well, came to be preferred over the generative semantic treatment. In general, the former involved coindexing mechanisms (such as traces) that codified one stage of a derivation for reference by a later stage. In one sense, such mechanisms were simply formalizations of the global rules they were intended to replace. Nevertheless, since they involved the most minimal extensions of already existing theoretical devices, solutions involving them, it seemed, could be achieved without increasing the power of the theory. Coindexing approaches came to be more and more favored over global approaches since they enabled the phenomenon under investigation to be concretized and, in many cases, pointed the way to a principled solution.

8.3. Finally, by the end of the decade, virtually nobody accepted the generative semantic attempt to handle all pragmatic phenomena grammatically. The mid and late 1970s saw an accelerating number of papers and books which cast into doubt the possibility of one homogenous syntax-semantics-pragmatics and its consequent abandonment of the competence-performance distinction.

8.4. While the weight of the interpretivist counterattack was a major component of the demise of generative semantics, it was not the deciding factor. It is not unfair, in fact, to say that generative semantics destroyed itself. Its internal dynamic led it irrevocably to content itself with mere descriptions of grammatical phenomena, instead of attempting explanations of them.

The dynamic that led generative semantics to abandon explanation flowed from its practice of regarding any speaker judgment and any fact about morpheme distribution as a de facto matter for grammatical analysis. Attributing the same theoretical weight to each and every fact about language had disastrous consequences. Since the number of facts is, of course, absolutely overwhelming, simply *describing* the incredible complexities of language became the all-consuming task, with formal explanation postponed to some future date. To students entering theoretical linguistics in the mid 1970's, who were increasingly trained in the sciences, mathematics, and philosophy, the generative semantic position on theory construction and formalization was anathema. It is hardly surprising that they found little of interest in this model.

8.5. At the same time that interpretivists were pointing out the syntactic limitations of generative semantics, that framework was co-opted from the opposite direction by sociolinguistics. Sociolinguists questioned the generative semantic program of attempting to treat societal phenomena in a framework originally designed to handle such sentence-level properties as morpheme order and vowel alternations. They found no difficulty in convincing those generative semanticists most committed to studying language in its social context to drop whatever lingering pretense they still might have of doing a grammatical analysis, an to approach the subject matter instead from the traditional perspective of the social sciences.

8.6. While generative semantics now no longer is regarded as a viable model of grammar, there are innumerable ways in which it has left its mark on its successors. Most importantly, its view that sentences must at one level have a representation in a formalism isomorphic to that of symbolic logic is now widely accepted by interpretivists, and in particular by Chomsky. It was generative semanticists who first undertook an intensive investigation of syntactic phenomena which defied formalization by means of transformational rules as they were then understood, and led to the plethora of mechanisms such as indexing devices, traces, and filters, which are now part of the interpretivists' theoretical store.

Even the idea of lexical decomposition, for which generative semanticists were much scorned, has turned up in the semantic theories of several interpretivists. Furthermore, many proposals originally mooted by generative semanticists, such as the nonexistence of extrinsic rule ordering, post-cyclic lexical insertion, and treating anaphoric pronouns as bound variables, have since appeared in the interpretivist literature.

Finally, the important initial studies which generative semantics inspired on the logical and sub-logical properties of lexical items, on speech acts, both direct and indirect, and on the more general pragmatic aspects of language are becoming more and more appreciated as linguistic theory is finally developing means to incorporate them. The wealth of information and interesting generalizations they contain have barely begun to be tapped by current researchers.

9. References

Chomsky, Noam. 1957. Syntactic structures. The Hague.

—. 1965. Aspects of the theory of syntax. Cambridge, MA: MIT Press.

—. 1971. Deep structure, surface structure, and semantic interpretation. Semantics, ed. by Danny Steinberg & Leon Jakobovits, 183—216. Cambridge.

Fillmore, Charles. 1968. The case for case. Universals in linguistic theory, ed. by Emmon Bach & Robert Harms, 1—90. New York.

Halle, Morris. 1959. The sound pattern of Russian. The Hague.

Jackendoff, Ray. 1969. An interpretive theory of negation. Foundations of Language 5. 218—241.

—. Semantic interpretation in generative grammar. Cambridge, MA: MIT Press.

Klima, Edward. Negation in English. The structure of language, ed. by Jerry Fodor & Jerrold Katz, 246—323. Englewood Cliffs, NJ.

Lakoff, George. 1970. Global rules. Language 46. 627—639.

—. 1971a. On generative semantics. Semantics, ed. by Danny Steinberg & Leon Jakobovits, 232—296. Cambridge.

—. 1971b. Presupposition and relative well-formedness. Semantics, ed. by Danny Steinberg & Leon Jakobovits, 329—340. Cambridge.

—. 1971c. The role of deduction in grammar. Studies in linguistic semantics, ed. by Charles Fillmore & D. Terence Langendoen, 63—72. New York.

—. 1973. Fuzzy grammar and the performance/competence terminology game. Papers from the Ninth Regional Meeting of the Chicago Linguistic Society, 271—291.

—. 1974. Interview with H. Parret in Discussing language, 151—178. The Hague.

McCawley, James. 1968. Lexical insertion in a transformational grammar without deep structure. Papers from the Fifth Regional Meeting of the Chicago Linguistic Society, 71—80.

—. 1976. Madison Avenue, si, Pennsylvania Avenue, no! The second LACUS Forum, ed. by Peter Reich, 1—20. Columbia, SC.

Postal, Paul. 1970. On the surface verb 'remind'. Linguistic Inquiry 1. 37—120.

Rosenbaum, Peter. 1967. The grammar of English predicate complement constructions. Cambridge, MA: MIT Press.

Ross, John R. 1970. On declarative sentences. Readings in English transformational grammar, ed. by Roderick Jacobs & Peter Rosenbaum, 222—272. Waltham, MA.

—. 1973. Nouniness. Three dimensions of linguistic theory, ed. by Osamu Fujimura, 137—258. Tokyo.

Sadock, Jerrold. 1974. Toward a linguistic theory od speech acts. New York.

Frederick J. Newmeyer, Seattle (USA)

23. Constraints on Syntactic Processes

1. Introduction
2. Constraints on Phrase Structure
3. Constraints on Movement
4. Island Constraints
5. Subjacency
6. Opacity and Trace Theory
7. References

1. Introduction

The early period of work in generative grammar was a period of great descriptive richness. In that period (from the mid 1950's until the middle of the 1970's), a body of analysis, observation and description was built up which focussed largely on a single language (English), but was extremely impressive in its subtlety, depth and detail. Although it would be wrong to maintain that work of this period was not concerned with larger questions about the general form that grammars of human languages can take, it is true that the kind of general constraints on the form of grammars that were proposed were very different from those that figure in more recent discussion. When hypotheses were formulated in this period about what is now conventionally called Universal Grammar, they tended to be framed in terms of what notational devices were to be permitted in the formalization of particular syntactic rules. Debate centered on questions like the following — can the structural description of a given transformation be built out of primitive conditions combined using only the Boolean connectives ('and', 'or' and 'not'), or must richer and more powerful combinatorial devices be allowed in their specification? Can the structural description of a particular transformation specify a condition that must be met, not by the structure as seen when the rule applies, but at some earlier stage of the derivation?

More generally, when claims were made about what kind of system could or could not be a possible grammar for a natural language, those claims were typically expressed as restrictions on the metalanguage that could legally be used in the formulation of particular rules in particular languages. The ultimate aim of this program was to define a metalanguage for rule formulations that would allow the statement of all the possible syntactic rules of natural languages, and which would make no provision for the statement of the impossible rules. The metalanguage would in this way embody a theory of what it is to be a natural language, since the possible natural languages are, on this view, exactly the languages which can be generated by rule-systems which can be formulated within the terms of this metalanguage. These kinds of claims about Universal Grammar are sometimes known as *formal universals*.

From the body of descriptive work built up in the 1960's and early 1970's, however, there emerged certain kinds of generalizations and cross-linguistic regularities that did not obviously lend themselves to this kind of treatment. These were substantive generalizations whose applicability seemed to span whole classes of rules and rule-types and to have cross-linguistic validity. Beginning in the late 1960's, then, the search for general characteristics of human grammars took a rather different direction from that which it had taken in earlier years. Rather than seeking to discover restrictions on the form that particular rule-statements in particular languages could take, syntacticians more and more sought to formulate general *substantive* conditions on grammars — general conditions that constrained the application of broad classes of rules rather than the vocabulary that could be used in the formulation of those rules. Through the 1970's and into the 1980's the research agenda in syntax was dominated by the search for such general restrictions on syntactic processes — principles that could not and should not be stated as part of the formulation of particular rules, but which rather determined in very general terms the structural configurations in which rules could apply, or determined what kinds of structures application of a class of rules could legally give rise to.

This article will summarize some of the central strands in this research effort. We will consider these issues in two broad subcategories — proposed constraints on transformations (on movement transformations in particular), and proposed constraints on representations. As we will see, however, it is not a straightforward matter to distinguish between the two kinds of cases, given certain theoretical developments of the late 1970's. We can begin by considering the domain of phrase structure.

2. Constraints on Phrase Structure

An assumption that is common to all the versions of the Extended Standard Theory that we are considering here is that the grammar of a given language has as its base a list of phrase structure rules of the general form in (1):

(1) A → X Y Z

Such a rule defines as well-formed a local subtree like (2):

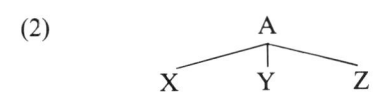

(2)
```
      A
    / | \
   X  Y  Z
```

In the earliest work, A, X, Y and Z in (2) could be essentially any category. With the development of X̄-theory in the late 1960's, substantive constraints were placed on the form that rules such as (1) could take, constraints which expressed a particular set of empirical claims about what possible phrase structural arrangements can be found across languages. This collection of statements and constraints is X̄-theory. The essential effort of X̄-theory is to factor out the common elements that occur in the attested phrase structure patterns of natural languages.

A fundamental claim of X̄-theory is that syntactic categories are not unanalyzable primitives but are rather composed of two distinct specifications — a specification of categorial identity (that is, whether the category in question is verbal, nominal, adjectival, or prepositional) and a specification of hierarchical level — most importantly, whether the category in question is a word-level item, or a phrasal projection. The phrasal (or *maximal*) projections like NP, AP, PP and VP are the basic units of syntax — those phrases which are 'large' enough and complete enough to bear grammatical relations, to bind pronouns, to be moved and so on. Each maximal projection is constructed around a word-level (or '0-level') category, like N^0, A^0, P^0 or V^0, which is its *head*.

Another basic empirical claim of X̄-theory is that every phrasal category is projected from a head, and that phrasal categories and their heads are identical as far as categorial specification is concerned. One widely accepted view is that the basic cross-categorial schema is as in (3):

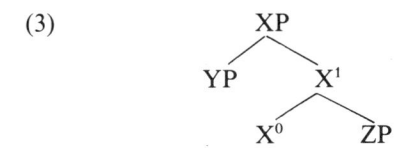

(3)
```
         XP
        /  \
       YP   X¹
           /  \
          X⁰   ZP
```

YP in (3) is kown as the *specifier* of the construction. ZP is known as the *complement* and X^0 as the (lexical) *head*. One of the great advantages of such a system is that it captures the regularities of internal organization that seem to hold across different categories. Furthermore, it permits us to capture detailed similarities in selectional properties that seem to hold for related, but categorially distinct, lexical items. The item *depend-* in English, for instance, takes a PP complement headed by *on* in its verbal, adjectival and nominal instantiations:

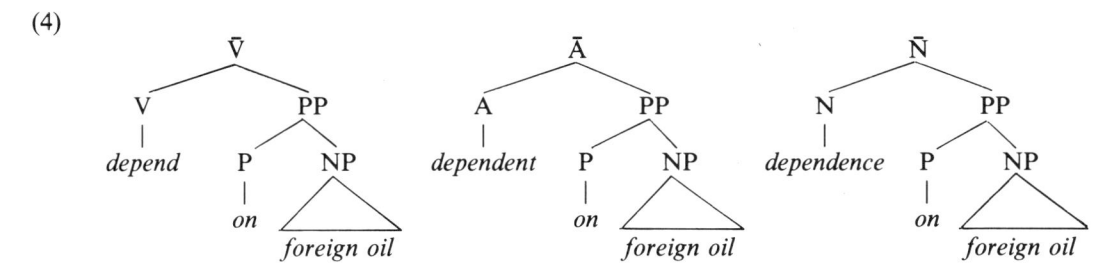

(4)
```
       V̄                    Ā                    N̄
      / \                  / \                  / \
     V   PP               A   PP               N   PP
     |   / \              |   / \              |   / \
  depend P  NP         dependent P  NP      dependence P  NP
         |  /\                   |  /\                 |  /\
         on foreign oil          on foreign oil        on foreign oil
```

If one takes the further step of analyzing the four lexical categories as being defined featurally, as in (5), then the possibility of defining natural classes of syntactic categories in terms of those features becomes available:

(5)

Featural Definition	Category
$[-N +V]$	V
$[+N +V]$	A
$[+N -V]$	N
$[-N -V]$	P

This possibility has implications not only for the theory of phrase structure but also for the theory of movement. It provides a mechanism for formalizing economical statements of those rules which apply to classes of categories. WH-Movement in relative clauses, for instance, fronts nominal and prepositional WH-phrases, and only these categories:

(6 a) The woman *whose son* I met
(6 b) The woman *to whom* I gave the paper
(6 c) *The woman *taller than whom* I am
(6 d) *The woman *speaking to whom* I was

Such an effect can be described by specifying that (maximal) [-V] elements may be fronted by this rule. Bresnan (1976) is one of the most subtle and detailed treatments of a range of phenomena in such terms. For more general discussion of $\bar{X}$-theory, see Chomsky (1970), Jackendoff (1977), Pullum (1985).

3. Constraints on Movement

Consider now movement processes — syntactic operations which displace a constituent from one position to another in a phrase structure tree in the course of a derivation. We can exemplify such processes for present purposes by considering two cases in English syntax — Topicalization, as seen in (7) and Raising, as seen in (8):

(7 a) I always throw away *this kind of stuff*.
(7 b) *This kind of stuff* I always throw away __.

Topicalization is a rule which shifts a constituent (the italicized constituent in (7)) from some clause-internal position to a left-peripheral position for purposes of focus or emphasis. We will assume (without presenting the relevant arguments here) that this is an instance of movement to a pre-sentential position — that is, a movement to a position outside the sentential category S but within the clausal category $\bar{S}$. We will, for the moment, adopt the convention of marking the position from which a phrase is moved (its origin site) by means of the symbol '__' as seen in (7 b).

Raising is illustrated in (8):

(8) *Most people* appear [__ to have left].

While there is no exact analogue of (8) which is grammatical and in which movement has not applied, we may compare it with (9), which is analogous in important respects and in which the complement subject is un-moved.

(9) It appears that [*most people* have left].

Movement operations of these general types are at the heart of syntactic theorizing in the Extended Standard Theory (EST) tradition.

In the case of Topicalization structures in English, it is reasonably transparent why one might want to analyze the relevant relation (that between (7a) and (7b)) as a movement relation. However in many other cases in which analytic appeal has been made to a movement operation, it is far from transparent why the structures in question should be so treated. In a nonfinite clause such as the one seen in (10), for example:

(10) I bought some toys *for the children to play with*.

the standard analysis holds that a covert variable-binding element has moved from the object-position of the preposition *with* to a position to the left of the complementizer *for*, as illustrated in (11) (where the symbol *Op* is used to identify the covert variable binder):

(11) I bought some toys [Op_j for [the children to play with __$_j$]]

(This analysis is justified in some detail in Chomsky 1977; see Browning 1987 for a survey and for some more recent discussion.) This kind of appeal to movement has become a central analytical tool in the EST tradition. The attempt to define general constraints on the movement process is driven, in part at least, by a desire to account for the observation that certain common properties are exhibited by a broad range of constructions and construction-types. If a certain class of constructions is analyzed as involving movement in a crucial way, then the constructions in question will all inherit the general properties of movement. By factoring out the contribution of the movement operation in this way, we have constructed an account of why the properties in question (namely, the movement properties) are shared by the class of constructions.

We first attempt here to give an overview of what the general properties of movement are, and of how these properties are observed in given constructions and construction-types. We will use English as the language of exemplification. The same general points could be made, however, with respect to a wide range of different languages and language-types. Furthermore, we will use only Topicalization for illustrative purposes. It should be borne in mind, however, that an exactly analogous demonstration could be given for many other constructions.

4. Island Constraints

By the end of the 1960's, a set of general constraints on the application of movement rules had been proposed and documented, notably in the work of Ross (1967). The constraints in question were postulated to hold of one sub-class of movement operations — those which could, in principle, move a phrase to a target position which was arbitrarily higher (less deeply embedded) in the tree than the base-position of the moved phrase. This property, for instance, is one exhibited by English Topicalization, as seen in (12):

(12 a) *This kind of stuff* I always throw away __ .
(12 b) *This kind of stuff* I think [that I will always throw away __].
(12 c) *This kind of stuff* I think [that they'll always tell us [that we should throw away __]].
(12 d) *This kind of stuff* I swear [I think [they'll always tell us [we should throw away __]]].

In (12 b), the topicalized phrase has been moved out of a single embedded clause; in (12 c), it has been moved out of two embedded clauses (the lower one of which is a complement clause within the higher); and in (12 d) it has been moved out of three embedded clauses, the third a complement within the second, the second a complement within the first. There seems to be no principled upper bound on the number of clauses out of which a topicalized phrase can move in this way. For this reason, such movement has been called *unbounded movement*. Unbounded movement is characteristic of a wide range of constructions — including relative clauses, constituent questions, clefts and many others. The first set of general constraints on movement operations which were identified (mostly, but not entirely, in the work of Ross (1967)) were thought to apply to this class of movements only. These conditions have been known as *island constraints*.

All of these constraints are stated in the same general way. They all define configurations ("islands") out of which the unbounded movement rules may not extract a phrase without inducing some degree or other of ungrammaticality. Let us consider some of these configurations. In the examples below, the island configuration in question is set off by square brackets.

4.1. The Complex Noun Phrase Constraint

This constraint (due to Ross 1967) holds that no phrase may be moved out of a clause which is a proper subpart of a larger Noun Phrase. It subsumes two major subcases. First, when a clause is a complement to a head noun like *claim, idea* or *belief*, that clause is an island, as can be seen in (13):

(13 a) ??*The drug problem*, the administration has made [many protestations that it was about to solve __ .]
(13 b) **With tougher laws*, the administration has made [many protestations that it was about to solve the drug-problem __ .]

Second, relative clauses are islands. Relative clauses are also, of course, clauses which are proper subparts of a larger Noun Phrase:

(14 a) ??*This problem*, Susan was [the only one who was able to solve __ .]
(14 b) **This way*, Susan was [the only one who was able to solve the problem __ .]

4.2. The Subject Condition

This condition holds that it is impossible for an unbounded movement rule to extract a phrase which is a proper subconstituent of a subject (whether clausal, as in (15) or nonclausal, as in (16).

(15 a) ??*This kind of problem*, [the Government's being able to tackle __] is open to serious doubt.
(15 b) **With this strategy*, [the Government's being able to tackle the drug-problem __] is open to serious doubt.
(16 a) ??*This kind of law*, [supporters of __] tend to be ultra-conservatives.
(16 b) **Awaiting demolition*, [houses __] are often occupied by squatters.

4.3. The WH-Island Condition

The WH-Island Condition holds that moving a phrase out of a clause which is itself introduced by a fronted WH-phrase, leads to (some degree of) ungrammaticality:

(17 a) ??*This kind of problem*, people never know [how they should tackle __].
(17 b) **This way*, people never know [what problems they should tackle __].

Example (17 a) involves an illegitimate attempt to move a phrase (*This kind of problem*) out of an interrogative clause introduced by a fronted WH-phrase (*how they should solve this kind of problem*). Similarly, (17 b) involves an attempt to front the adverbial phrase *this way* out of an interrogative clause (*what kind of problems they should solve this way*).

4.4. The Adjunct Island Condition

It is also impossible to move a phrase out of an adverbial (or *adjunct*) clause, as shown in (18):

(18 a) ??*These kinds of problems*, I'd go to jail [before I'd solve __ with methods like that.]
(18 b) *With methods like that*, I'd go to jail [before I'd solve that problem __.]

Put another way, adverbial clauses (adjunct clauses) are islands.

4.5. Issues

One of the questions that has guided research in this domain since the early 1970's is the following — is there a unified theory of island-constraints? That is, must the various constraints which restrict application of the unbounded movements like Topicalization simply be listed as was done here, or are there some deeper principles from which the particular effects summarized above derive? The development of the subtheory of *Subjacency* is an attempt to answer this question positively and to delineate the relevant principles.

Before going on to examine that principle and its workings, let us make one additional observation about the data just surveyed. The reader will no doubt have noticed that the examples cited above are not all equally ungrammatical. In each pair of examples illustrating an island violation, the second example (the b-example) is much more robustly ungrammatical than the first (the a-example). For every pair, the a-example illustrates what happens when a complement is extracted from an island. The degree of ungrammaticality induced under this circumstance is relatively weak and variable. The b-example in every pair exemplifies the result of trying to move an adverbial phrase (an adjunct) out of an island. This leads to a degree of ungrammaticality which is much more robust, much more striking, and much more consistent across speakers than that produced by moving a complement across an island-boundary. This contrast (which is systematic across constructions) was not one which figured in the work which originally mapped out this domain of investigation in the 1960's and 1970's. In recent years, however (since Huang 1982 in particular), the question of how to account for this contrast (the different ways in which complements and adjuncts behave under extraction) has been a major preoccupation. This matter is discussed in some detail in article 24 dealing with the later period.

5. Subjacency

The principle of *Subjacency* was developed by Chomsky and his colleagues in a series of papers in the 1970's as a way of unifying the analysis of island phenomena (Chomsky 1973; 1977; Akmajian 1975; Rizzi 1982). The basic intuition which informs this work is that certain nodes are the designated *bounding nodes*. Subjacency requires that no application of a movement rule may move a phrase across more than one such node. In earlier work on this principle, the inventory of bounding nodes was simply stipulated. For English, the bounding nodes were taken to be NP and S; Rizzi (1982), in an extremely influential paper, suggested that certain subtle differences between English and Italian could be explained if it were assumed that, for Italian, the bounding nodes were NP and S̄. We will concentrate here on illustrating briefly how the bounding nodes proposal accounts for the kind of data we saw in section 4.

The Complex Noun Phrase Constraint, for instance, (exemplified in section 4.1.) follows immediately in both of its subcases. Any attempt to topicalize a phrase out of a clause which is a proper subpart of a larger NP will always involve at least movement out of that NP, and then also a move out of a higher S. That is, at least two bounding-nodes will always be crossed, as is illustrated in (19) (in which the relevant bounding nodes are boxed).

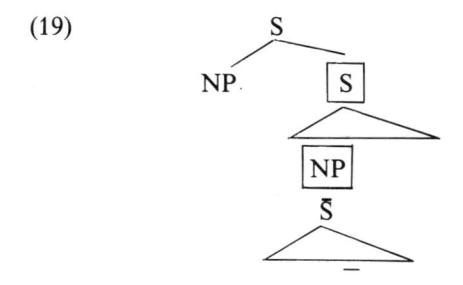

(19)

If subjects are always dominated by NP, then a similar explanation is available for the Subject Condition illustrated in section 4.2. Any attempt to extract a proper subpart of the subject NP will necessarily involve moving that subpart out of the subject NP and also out of S. Both subcases of the Subject Condition are accounted for if we can legitimately analyze clausal subjects as always being dominated by NP, as in (20):

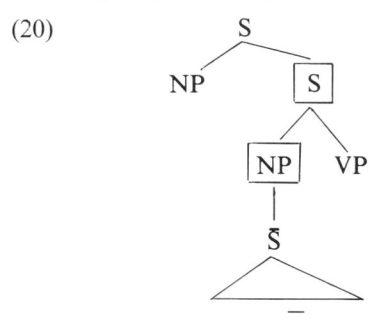

(20)
```
           S
          / \
        NP   S
            / \
          NP   VP
           |
           S̄
           △
           —
```

If Subjacency actually constrains movement operations, though, a question immediately arises — How is the long movement seen in (12) possible? The answer is that in such cases, movement is not in fact unbounded. Rather, it proceeds step-wise — the topicalized phrase moves first to the pre-sentential position in its own clause, much as happens in (21):

(21) I think [$_S$ that *this kind of stuff* [$_S$ I will always throw away __]].

The phrase then moves on to the pre-sentential position of the higher clause, yielding (22):

(22) [*This kind of stuff* [$_S$ I think [$_S$ that __ [$_S$ I will always throw away __]]]].

Notice that on this conception, only one S (that is, only one bounding-node) is ever crossed on any one application of the fronting rule that is English Topicalization. Such derivations, therefore, do not violate the Subjacency principle.

Given this analysis, the entire phenomenon of "unbounded movement" is illusory. Every movement is in fact bounded. All movement rules must obey Subjacency in never moving their target phrase across more than one bounding node (NP or S) in a given application. The appearance of "unbounded" movement is created when a number of bounded applications combine successively to define an apparently long or unbounded movement. This hypothesis — the claim that apparently unbounded movements are more accurately analyzed as compositions of bounded movements — is known as the *successive cyclicity hypothesis*.

The claim that apparently unbounded rules operate in this fashion was greeted with great scepticism when first made by Chomsky in the early 1970's (Chomsky 1973). However, detailed evidence for its correctness has since been uncovered in a wide variety of languages (Chung 1982; Georgopoulos 1985; Kayne/Pollock 1978; McCloskey 1979; 1990; Torrego 1984).

What is the analysis of the WH-island Condition in the context of this set of assumptions? Recall that this condition bans any further movement from a clause which is itself introduced by a fronted WH-phrase:

(23)   *[XP$_j$ ... [$_S$ WH[$_S$ ... __ ...]]]
(24 a) ??*This kind of problem*, people never know [$_S$ how [$_S$ they should tackle __]].
(24 b) **This way*, people never know [$_S$ what problems [$_S$ they should tackle __]].

In (24), the complement clauses are introduced by the interrogative WH-phrases *how* and *what problems* respectively. Notice that if the phrases to be topicalized were to move directly from their base-position to their pre-sentential position in the matrix clause, then Subjacency would be violated, since two S-nodes would be crossed in such an application. This derivation, therefore, is impossible. But in cases such as (24), the intermediate "stopping off point" in the pre-sentential position of the embedded clause is unavailable. It is already occupied by the fronted WH-phrase, and it is quite generally impossible for two fronted elements to occupy this position:

(25 a) *Who$_j$ beans$_k$ __$_j$ really likes __$_k$?
(25 b) *Where$_j$ this kind of stuff$_k$ do you throw __$_k$ away __$_j$
(25 c) *What kind of stuff$_j$ rich people$_k$ is it hard to persuade __$_k$ to give __$_j$ away?

By the same line of reasoning, any movement-operation which passes a phrase through the pre-sentential position will be unable to move that phrase out of a clause which is itself introduced by a fronted phrase. Thus, the empirical effects of the WH-Island Condition are derived. A similar account is available for the Adjunct Island Condition, if it is impossible for the moved phrase to stop off in the pre-sentential position of the adverbial clause.

If we grant the general correctness of the program which seeks to reduce the classical island conditions to Subjacency, then a further question arises: must the bounding nodes be simply listed, or is there a theory, a set of principles, from which it follows what the bounding nodes are? This is one of the central questions addressed in work of the late 1980's and early 1990's.

Work of the 70's and early 80's assumed for the most part that the inventory of bounding nodes relevant for the operation of Subjacency must simply be stipulated. But if one looks at the list of island conditions illustrated in section 4., a generalization emerges. Many of the categories from which extraction of a phrase is impossible share a crucial property — namely, that they are not complements to lexical categories (where the lexical categories are the "open class" categories, N, V, A and perhaps P). Thus, adverbial clauses and adverbials in general are, by definition, modifiers rather than complements (section 4.4.). Relative clauses are also modifiers rather than complements, therefore at least the second case of the Complex Noun Phrase Constraint (section 4.1.) falls under the generalization we are considering. Finally, subjects, although arguments, are not complements. The Subject Condition (section 4.2.) also falls, therefore, under our generalization.

Two of the cases we have considered seem to remain beyond the range of the proposed generalization. Clauses which are complements to N resist extraction of their subconstituents (as we saw in section 4.1.). That is, they are islands. Secondly, interrogative clauses, even when they are complements to verbs like *ask, know* or *wonder* are also extraction-islands (see the discussion in section 4.3.).

As to the first of these difficulties (that is, the status of clauses which are complement to N), the following observations are relevant. Grimshaw (1990) argues in some detail, and on grounds that are entirely independent of present concerns, that the apparent cases of clausal complements to N are illusory. The clause which follows a noun like *thought, claim, belief,* or *proposition*, for example, is not a complement in the same sense in which clauses which follow verbs like *think, claim believe,* or *propose* are complements. Note, for instance, that the clauses which follow the nouns are always optional, never obligatory. For Grimshaw, this is part of a larger set of differences which distinguishes the argument-structure of nouns from that of verbs. If Grimshaw is right about this, then the second case of the Complex Noun Phrase Constraint also falls under the proposed generalization.

This leaves the WH-Island Condition as the sole one among the classically recognized island conditions considered in section 4. which will not fall under the generalization we have been considering. If that difficulty can be overcome, and if the notion of "bounding node for Subjacency" can be formally defined in terms of the more basic notion "complement to a lexical category" (such that, for instance, every phrase which is not a complement to a lexical category will be a bounding node), then we will have a theory of what the bounding nodes are, not a listing of them. This line of inquiry has been pursued in various different ways in work by Cattell (1976), Kayne (1981; 1983), Huang (1982) and Longobardi (1983). It receives one of its canonical formulations in the system of Chomsky's *Barriers* (Chomsky 1986).

6. Opacity and Trace Theory

6.1. The Opacity Conditions

The theory of islands and of their derivation from the principle of Subjacency is mostly concerned with the apparently unbounded movements such as Topicalization. NP-Movements such as Passive and Raising (see example (8)) were known to be subject to more stringent locality conditions which render the effects of Subjacency effectively invisible. It is, for instance, impossible for a NP-Movement operation to move a NP out of a finite clause:

(26 a) *Many people appear [__ have left].
(26 b) Many people appear [__ to have left].
(26 c) *Many people are believed [__ have left].
(26 d) Many people are believed [__ to have left].

It is also true that even though Passive and Raising can apply to the subject of a nonfinite clause (as illustrated in (27)), they may not apply to nonsubject arguments in a nonfinite clause ((28)).

(27 a) *Many people* tend [__ to hurt the feelings of others]
(27 b) *Many protestors* are said [__ to have shouted insulting slogans]
(28 a) **The feelings of others* tend [many people to hurt __]

(28 b) *_Insulting slogans_ are said [many protestors to have shouted __]

Now notice that these distributional restrictions are shared by items such as reflexives and reciprocals, which have the property that they must be bound by an antecedent within some local domain. Notice how the data in (26) (which illustrate the impossibility of Passive and Raising from a finite clause) are exactly replicated for reciprocals and reflexives in (29):

(29 a) *_They both_ think [s(that) [s _each other_ should pay less tax.]
(29 b) *_They all_ think [s(that) [s _themselves_ should pay less tax.]

Similarly, the restriction that prevents Passive and Raising from applying to any constituent other than a subject in a nonfinite clause also applies, _mutatis mutandis_, to reflexives and reciprocals:

(30 a) _They_ expect [s _each other_ to win].
(30 b) *_They_ expect [s the local candidate to beat _each other_].
(31 a) _They_ expected [s _themselves_ to win].
(31 b) *_They_ expected [s the local candidate to beat _themselves_].

Notice the parallel between the pattern seen in (27)−(28) and that seen in (30)−(31).

Given this regularity across rules and rule-types, two very general conditions were formulated in Chomsky (1973) and refined in much subsequent work. We can call this pair of conditions, anachronistically, the Opacity Conditions. Two such conditions were proposed − the Tensed S Condition and the Specified Subject Condition. The first of these was formulated as in (32):

(32) Tensed S Condition
No rule may involve X and Y in the configuration:
[...X...[s...Y...]]
if S is finite.

The predicate _involve_ in (32) is deliberately broad. It is intended to include both movement from position Y to position X, and the anaphoric linking of position Y with position X. Note that this formulation prevents any movement across a tensed S-boundary and also the binding of anaphoric elements across a tensed S-boundary, accounting for the data in (29) and (26).

The second opacity condition is given in (33):

(33) Specified Subject Condition
No rule may involve X and Z in the configuration:
[...X...[YP α...Z...]]
where α is the subject of YP.

Once again, use of the predicate _involve_ means that the constraint in question will be operative across a wide range of different processes and process-types. More specifically, it will prevent a rule such as Passive or Raising from moving a constituent from position Z to position X (and vice versa); it will also prevent any anaphoric relation being established by rule across a subject. We thus have an account of (30)−(31) and (27)−(28).

Since the notion of _subject_ was also generalized to include subjects (that is, possessors) within NP, we also derive an account of the observations summarized in (34):

(34 a) _They_ summed up [NP _each other's_ arguments].
(34 b) _They_ resented [NP any criticism of _each other_].
(34 c) *_They_ resented [NP the chairman's criticism of _each other_].

Binding of the reciprocal inside NP is possible, as long as that binding need not be made across the subject (possessor) of that NP itself. The Specified Subject Condition thus permits binding of the reciprocal in (34 a) and (34 b), but not in (34 c) because of the intervention of the specified subject _the chairman_.

We may finally point out that another rule was crucially subject to the Opacity Conditions. This is the rule of Disjoint Reference, which was intended to rule out coreference between a pronoun and a potential antecedent for that pronoun in a case like (35):

(35) *_Julian_ likes _him_.

Consider what the effect is of having this rule also be subject to the Opacity Conditions. What this will mean is that in the same environments in which binding of a reflexive or reciprocal is rendered impossible, application of the rule of Disjoint Reference will also be rendered impossible. As a consequence, in the environments defined by the Opacity Conditions, it will be impossible for this rule to require that a pronoun be disjoint in reference with some NP outside the opaque domain. Coreference will therefore be possible between that pronoun and a NP outside the opaque domain. What we derive then is a pattern of complementary distribution between pronouns on the one hand, and reflexives and reciprocals on the other hand. Just where reflexives and reciprocals may not be bound, pronouns may corefer. This pattern is illustrated in (36) and (37).

(36 a) *The two candidates* thought [s that [s *they* could win]].
(36 b) *The candidates thought [s that [s *each other* could win]].

Just as the Tensed S Condition prevents the anaphoric linking of the reciprocal with its potential antecedent in (36 b), so the same condition prevents the rule of Disjoint Reference from requiring that the pronoun within the tensed complement clause be non-coreferential with its potential antecedent *the candidates* in (36 a). Since no rule requires that the two subjects be disjoint in reference, they are free to corefer (or not). For similar reasons, coreference is permitted in (37 a), although binding of a reciprocal is impossible as shown in (37 b):

(37 a) *They* expected [s the local candidate to beat *them*].
(37 b) *They expected [s the local candidate to beat *each other*].

Since the rule of Disjoint Reference is constrained by the Specified Subject Condition, it cannot apply across the subject of the complement clause (*the local candidate*) in (37 a) to require that the object pronoun be disjoint in reference with the matrix subject. Coreference is therefore permitted (although not, of course, required).

What is crucial to the operation of the Tensed S and Specified Subject conditions is that they be allowed to apply to a broad class of rules. If either condition were built in to the statement of any particular rule, then the general pattern we have just seen would not receive theoretical recognition or expression. It is therefore crucial that these general requirements be factored out of particular rule-formulations and stated independently of any particular rule.

Let us point out finally how the factoring out of these general conditions allows simplification of particular rule-statements. The effects of the Opacity Conditions were, in earlier treatments, built in directly to the statement of particular rules; the formulation of rules like Raising, Passive, the rule for reciprocals, Reflexivization, Disjoint Reference and so on would all have included conditions particular to them alone that would have had the same empirical effect as the Opacity Conditions. When what is common to these phenomena is factored out and stated as an independent condition governing the application of many rules, the individual rule-statements become correspondingly simpler and more economical. The more one can discover such generalizations, the more the apparatus needed in individual rule-statements can be restricted and limited. Thus begins the move to radically reduce the descriptive options available in the formulation of particular rules of grammar.

6.2. Trace Theory

The idea that movement rules do not completely void the position in which the moved phrase originates, appears first in work of the early seventies (cf Wasow 1972 in particular). The basic intuition underlying the idea of a *trace*, is that when a phrase moves from position Y to position X, position Y in the post-movement structure is occupied by an empty category — a node which contains all the categorial information that was there "before" the phrase moved but which has no lexical or phonological content and which is co-indexed with the moved phrase in its new position. If we consider Topicalization again, for instance, then a simple example like (38) will have the structure seen in (39).

(38) *This stuff*, I like __.

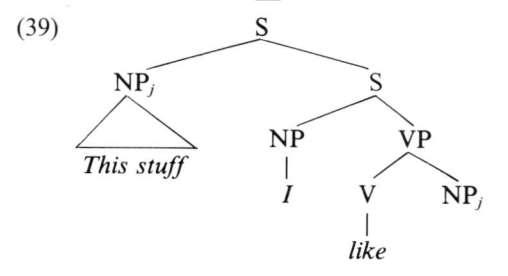

(39)
```
              S
         /         \
       NP_j          S
        /\          /  \
   This stuff    NP    VP
                  |    / \
                  I   V   NP_j
                      |
                     like
```

The empty co-indexed node (NP_j in (39)) is the *trace* of the moved phrase. We will, from now on, follow convention in indicating traces by way of the symbol t; we will further follow convention by indicating the connection between a trace and the moved phrase with which it is linked by means of co-indexing.

The introduction of traces into syntactic theory provides the theoretician with the means to make reference at surface structure to the position vacated by a movement operation. If this is a syntactic entity that exists and which can be referred to by rules and principles, then new ways of constraining movement operations open up. If traces, for instance, are entities which can be referred to in the statement of anaphoric principles, then we can constrain movement operations by requiring that the traces which are produced by that operation meet one condition or another. If the traces left by Passive and Raising, for instance, are the same kind of entities as reflexives and reciprocals (that is, if they are *anaphors* in the technical sense), then the fact that Passive and Raising are subject to the Opacity Conditions can be captured by requiring that the traces left by these movements (like reflexives and reciprocals) must meet these conditions.

In a similar vein, if the traces left by apparently unbounded movements like Topicalization can be assimilated to non-pronominal NP in general, then certain other generalizations become possible. It has been known since the mid-sixties that non-pronominal NP may not be commanded by their antecedents (Langacker 1969; Ross 1969; Lasnik 1976). That is, coreference between the italicized phrases is impossible in (40):

(40) *She* says that *the left-wing candidate* will probably win.

However, if the command relations are reversed, so that the non-pronoun commands the pronoun, it is, of course, perfectly easy to construe the italicized phrases as coreferential:

(41) *The left-wing candidate* says that *she* will probably win.

Now consider an example like (42). Notice that it is completely impossible to construe the topicalized phrase as being coreferential with the italicized pronoun:

(42) *The $left$-$wing$ $candidate_j$ I believe she_j says t_j will probably win.

If the trace left by an unbounded movement such as Topicalization is like a non-pronominal NP, then the ungrammaticality of (42) is, in essence, the same fact as the ungrammaticality of (40). In both cases, the source of the ungrammaticality is that a non-pronominal NP (the NP *the left-wing candidate* in (40), the trace of Topicalization in (42)) is commanded by its antecedent. The phenomenon of *Strong Crossover*, exemplified by (42) (see Postal 1971; Wasow 1972), thus reduces to the non-coreference condition needed anyway to explain (40). Where two independent conditions were necessary before, only one is now necessary.

Given trace-theory, the way is also opened for the exploration of the idea that traces might have to meet well-formedness conditions in their own right — an idea that will be central in work of the 80's and 90's.

7. References

Akmajian, Arian. 1975. More evidence for an NP cycle. Linguistic Inquiry 6. 114–30.

Bresnan, Joan. 1976. On the form and functioning of transformations. Linguistic Inquiry 7. 3–40.

Browning, Marguerite. 1987. Null Operator Constructions. PhD dissertation, MIT.

Cattell, Ray. 1976. Constraints on movement rules. Language 52. 18–50.

Chomsky, Noam. 1970. Remarks on nominalization. Readings on English Transformational Grammar, ed. by R. Jacobs & P. Rosenbaum. Waltham.

—. 1973. Conditions on transformations. A Festschrift for Morris Halle, ed. by S. R. Anderson & P. Kiparsky. New York.

—. 1976. Conditions on Rules of Grammar. Linguistic Analysis 2. 303–51.

—. 1977. On WH-Movement. Formal Syntax, ed. by P. Culicover, T. Wasow & A. Akmajian, 71–132. New York.

—. 1986. Barriers. Linguistic Inquiry Monograph 13. Cambridge, MA.

Chung, Sandra. 1982. Unbounded dependencies in Chamorro Grammar. Linguistic Inquiry 13. 39–77.

Cinque, Guglielmo. 1990. Types of Ā-Dependencies. Linguistic Inquiry Monograph 17. Cambridge, MA.

Georgopoulos, Carol. 1985. The Syntax of Variable-Binding in Palauan. University of California PhD thesis. San Diego.

Grimshaw, Jane. 1990. Argument Structure. Cambridge, MA.

Huang, James. 1982. Logical Relations in Chinese and the Theory of Grammar. PhD dissertation, MIT.

Jackendoff, Ray. 1977. X̄ Syntax: A Study of Phrase Structure. Linguistic Inquiry Monograph 2. Cambridge, MA.

Kayne, Richard. 1981. ECP extensions. Linguistic Inquiry 12. 93–133.

—. 1983. Connectedness. Linguistic Inquiry 14. 223–49.

—, and Jean-Yves Pollock. 1978. Stylistic inversion, successive cyclicity and Move NP in French. Linguistic Inquiry 9. 595–621.

Langacker, Ronald. 1969. Pronominalization and the Chain of Command. Modern Studies in English, ed. by Reibel & Schane. Prentice-Hall.

Lasnik, Howard. 1976. Remarks on Coreference. Linguistic Analysis 2. 1—22. (reprinted in *Essays on Anaphora*, Howard Lasnik, Kluwer Publishing Company, Dordrecht, 1989).

Longobardi, Giuseppe. 1983. Connectedness and island constraints. Levels of Linguistic Representation 2, ed. by J. Guéron, H. C. Obenauer & J.-Y. Pollock. Dordrecht.

McCloskey, James. 1979. Transformational Syntax and Model Theoretic Semantics. Dordrecht.

—. 1990. Resumptive pronouns, Ā-binding and levels of representation in Irish. The Syntax of the Modern Celtic Languages (Syntax and Semantics, 23), ed. by R. Hendrick. 199—248.

Postal, Paul. 1971. Cross-Over Phenomena. New York.

Pullum, Geoffrey. 1985. Assuming some version of X̄-theory. Chicago Linguistic Society 21, Proceedings of the Twenty-first Regional Meeting of the Chicago Linguistic Society, University of Chicago, Chicago Illinois: Part 1, ed. by W. Eilfort, P. Kroeber & K. Peterson.

Rizzi, Luigi. 1982. Violations of the *wh*-island condition in Italian and the subjacency condition. Issues in Italian Syntax, ed. by L. Rizzi. Dordrecht. [First published in Journal of Italian Linguistics 5. 157—95. 1980.]

Ross, John R.. 1967. Constraints on Variables in Syntax. PhD dissertation, MIT. [Published as Infinite Syntax, ABLEX: Norwood, New Jersey, 1986.]

—. 1969. On the Cyclic Nature of English Pronominalization. Modern Studies in English, ed. by Reibel & Schane. Prentice-Hall.

Torrego, Esther. 1984. On inversion in Spanish and some of its effects. Linguistic Inquiry 15. 103—29.

Wasow, Thomas. 1972. Anaphoric Relations in English, PhD dissertation, MIT.

James Mc Closkey, Santa Cruz, California (USA)

24. The Theory of Principles and Parameters

1. Introduction
2. The Lexicon
3. Computational System
4. Modules of Language
5. Further Topics
6. References

1. Introduction

Principles and Parameters theory is not a precisely articulated theoretical system, but rather a particular approach to classical problems of the study of language, guided by certain leading ideas that had been taking shape since the origins of modern generative grammar some 40 years ago. These ideas crystallized into a distinctive approach to the topic by about 1980. In the years since, many specific variants have been developed and explored. The empirical base of these inquiries has also greatly expanded as they have extended to languages of widely varying types and have engaged a much broader range of evidence concerning language and its use, also penetrating to far greater depth. In this survey, we will not attempt to delineate the variety of proposals that have been investigated or to assess their empirical successes and inadequacies. Rather, we will pursue a particular path through the array of ideas and principles that have been developed, sometimes noting other directions that have been pursued, but without any attempt to be comprehensive; similarly, bibliographic references are far from comprehensive, usually indicating only a few studies of particular questions. The choice of a particular path should be regarded only as an expository device, an effort to indicate the kinds of questions that are being addressed, some of the thinking that guides much research, and its empirical motivation. We do not mean to imply that these particular choices have been well-established in contrast to others, only some of which we will be able even to mention.

The study of generative grammar has been guided by several fundamental problems, each with a traditional flavor. The basic concern is to determine and characterize the linguistic capacities of particular individuals. We are concerned, then, with states of the language faculty, which we understand to be some array of cognitive traits and capacities, a particular component of the human mind/brain. The language faculty has an initial state, genetically-determined; in the normal course of development it passes through a series of states in early childhood, reaching a relatively stable steady state that undergoes little subsequent change, apart from the lexicon. To a good first approximation, the initial state appears to be uniform for the species. Adapting traditional terms to a special usage, we call the theory of the state attained its *grammar* and the theory of the initial state *universal grammar* (UG).

There is also reason to believe that the initial state is in crucial respects a special characteristic of humans, with properties that appear to be unusual in the biological world. If true, that is a matter of broader interest, but one of no direct relevance to determining the properties and nature of this faculty of the mind/brain.

Two fundamental problems, then, are to determine, for each individual (say, Jones) the properties of the steady state that Jones's language faculty attains, and the properties of the initial state that is a common human endowment. We distinguish between Jones's *competence* (knowledge and understanding) and his *performance* (what he does with that knowledge and understanding). The steady state constitutes Jones's mature linguistic competence.

A salient property of the steady state is that it permits infinite use of finite means, to borrow Wilhelm von Humboldt's aphorism. A particular choice of these finite means is a particular language, taking a language to be a way to speak and understand, in a traditional formulation. Jones's competence is constituted by the particular system of finite means he has acquired.

The notion of "infinite use" requires further analysis. In the light of insights of the formal sciences in the 20th century, we distinguish two senses of this notion, the first relating to competence, the second to performance. In the first sense, a language specifies an infinite range of symbolic objects, which we call *structural descriptions* (SDs). We may think of the language, then, as a finitely-specified generative procedure (function) that enumerates an infinite set of SDs. Each SD, in turn, specifies the full array of phonetic, semantic, and syntactic properties of a particular linguistic expression. This sense of "infinite use" relates to Jones's linguistic competence: the generative procedure with its infinite scope.

The second sense of "infinite use" has to do with Jones's performance as he makes use of his competence to express his thoughts, to refer, to produce signals, to interpret what he hears, etc. The language faculty is embedded in performance systems, which access the generative procedure. It is in this broader context that questions of realization and use of SDs arise, questions of articulation, intentionality, interpretation, and the like: How does Jones say X? What is Jones talking about? What does Jones take Smith to be saying or intending to convey? Etc. We might think of the SD as providing instructions to the performance systems that enable Jones to carry out these actions.

When we say that Jones has the language L, we now mean that Jones's language faculty is in the state L, which we identify with a generative procedure embedded in performance systems. To distinguish this concept of language from others, let us refer to it as *I-language*, where "I" is to suggest: internal, individual, and intensional. The concept of language is internal, in that it deals with an inner state of Jones's mind/brain, independent of other elements in the world. It is individual in that it deals with Jones, and with language communities only derivatively, as groups of people with similar I-languages. It is intensional in the technical sense that the I-language is a function specified in intension, not extension: its extension is the set of SDs (what we might call *the structure* of the I-language). Two distinct I-languages might, in principle, have the same structure, though as a matter of empirical fact, human language may happen not to permit this option. That is, it might turn out that the range of I-languages permitted by UG is so narrow that the theoretical option is simply not realized, that there are no distinct I-languages generating the same set of SDs. This seems, in fact, not unlikely, but it is not a logical necessity. When we use the term "language" below, we mean I-language.

In the earliest work in generative grammar, it was assumed that Jones's language generates an SD for each of the permissible phonetic forms for human language, a set to be specified by UG. Thus Jones's language assigns a particular status to such expressions as (1), where *t* (trace) indicates the position in which the question word is construed:

(1 a) John is sleeping
(1 b) John seems sleeping
(1 c) What do you think that Mary fixed *t* (answer: the car)
(1 d) What do you wonder whether Mary fixed *t* (answer: the car)

(1 e) How do you wonder whether Mary fixed the car *t* (answer: with a wrench)
(1 f) Expressions of Swahili, Hungarian, etc.

In fact, some of the most instructive recent work has been concerned with the differences illustrated by (1 d)–(1 e), both in some sense "deviant," but assigned a different status by Jones's language (sections 3.3., 4.1.); and one might well learn about the languages of Jones and Wang by studying their reactions to utterances of Swahili.

Another notion that appears commonly in the literature is "formal language" in the technical sense: set of well-formed formulas; in a familiar variety of formal arithmetic, "(2 + 2) = 5" but not "2 + = 2) 5 (". Call such a set an *E-language*, where "E" is to suggest: external and extensional. In the theory of formal languages, the E-language is defined by stipulation, hence is unproblematic. But it is a question of empirical fact whether natural language has any counterpart to this notion, that is, whether Jones's I-language generates not only a set of SDs but also a distinguished E-language: some subset of the phonetic forms of UG, including some but not all of those of (1). Apart from expository passages, the concept of E-language scarcely appears in the tradition of generative grammar that we are considering here. As distinct from the notions discussed earlier, it has no known status in the study of language. One might define E-language in one or another way, but it does not seem to matter how this is done; there is no known gap in linguistic theory, no explanatory function, that would be filled were such a concept presented. Hence, it will play no role in our discussion.

In the study of formal languages, we may distinguish *weak generation* of E-language from *strong generation* of the structure of the language (the set of SDs). The *weak generative capacity* of a theory of I-languages is the set of E-languages weakly generated, and its *strong generative capacity* is the set of structures strongly generated. In the study of natural language, the concepts of structure and strong generation are central; the concepts of E-language and weak generation at best marginal, and perhaps not empirically meaningful at all. Note that if E-languages do exist, they are at a considerably further remove from mechanisms and behavior than I-language. Thus, the child is presented with specimens of behavior in particular circumstances and acquires an I-language in some manner to be determined. The I-language is a state of the mind/brain. It has a certain structure (i. e., strongly generates a set of SDs). It may or may not also weakly generate an E-language, a highly abstract object remote from mechanisms and behavior.

In the terms just outlined, we can consider some of the classical problems of the study of language:

(2 a) What does Jones know when he has a particular language?
(2 b) How did Jones acquire this knowledge?
(2 c) How does Jones put this knowledge to use?
(2 d) How did these properties of the mind/brain evolve in the species?
(2 e) How are these properties realized in mechanisms of the brain?

Under (2 a), we want to account for a wide variety of facts, for example, that Jones knows that:

(3 a) *pin* rhymes with *bin*
(3 b) Each expression of (1) has its specific status
(3 c) If Mary is too clever to expect anyone to catch, then we don't expect anyone to catch Mary (but nothing is said about whether Mary expects anyone to catch us)
(3 d) If Mary is too angry to run the meeting, then either Mary is so angry that *she* can't run the meeting, or she is so angry that *we* can't run the meeting (compare: "the crowd is too angry to run the meeting"); in contrast, "which meeting is Mary too angry to run" has only the former interpretation
(3 e) If Mary painted the house brown, then its exterior (not necessarily its interior) is brown
(3 f) If Mary persuaded Bill to go to college, then Bill came to intend to go to college (while Mary may or may not have)

The proposed answer to problem (2 a) would be that Jones has language L generating SD's that express such facts as (3). Note that Jones has this knowledge whether or not he is aware of these facts about himself; it may take some effort to elicit such awareness, and it might even be beyond Jones's capacities. This is a question that falls within the broader context of performance systems.

The answer to problem (2b) lies in substantial part in UG. The correct theory of the initial state will be rich enough to account for the attainment of a specific language on the basis of the evidence available to the child, but not so rich as to exclude attainable languages. We may proceed to ask as well how environmental factors and maturational processes interact with the initial state described by UG.

Problem (2c) calls for the development of performance theories, among them, theories of production and interpretation. Put generally, the problems are beyond reach: it would be unreasonable to pose the problem of how Jones decides to say what he does, or how he interprets what he hears in particular circumstances. But highly idealized aspects of the problem are amenable to study. A standard empirical hypothesis is that one component of the mind/brain is a *parser*, which assigns a percept to a signal (abstracting from other circumstances relevant to interpretation). The parser presumably incorporates the language and much else, and the hypothesis is that interpretation involves such a system, embedded in others.

It has sometimes been argued that linguistic theory must meet the empirical condition that it account for the ease and rapidity of parsing. But parsing does not, in fact, have these properties. Parsing may be slow and difficult, or even impossible, and it may be "in error" in the sense that the percept assigned (if any) fails to match the SD associated with the signal; many familiar cases have been studied. In general, it is not the case that language is readily usable or "designed for use." The subparts that are used are usable, trivially; biological considerations lead us to expect no more than that. Similarly, returning to problem (2b), there is no a priori reason to expect that the languages permitted by UG be learnable — that is, attainable under normal circumstances. All that we can expect is that some of them may be; the others will not be found in human societies. If proposals within the principles and parameters approach are close to the mark, then it will follow that languages are in fact learnable, but that is an empirical discovery, and a rather surprising one.

Problems (2d, 2e) appear to be beyond serious inquiry for the time being, along with many similar questions about cognition generally. Here again one must be wary of many pitfalls (Lewontin 1990). We will put these matters aside.

A grammar for Jones is true if (or to the extent that) the language it describes is the one Jones has. In that case, the grammar will account for such facts as (3), by providing a language that generates appropriate SDs. A true grammar is said to meet the condition of *descriptive adequacy*. A theory of UG is true if (or to the extent that) it correctly describes the initial state of the language faculty. In that case, it will provide a descriptively adequate grammar for each attainable language. A true theory of UG meets the condition of *explanatory adequacy*. The terminology is intended to suggest a certain plausible pattern of explanation. Given an array of facts such as (3), we can give an account of them at one level by providing a grammar for Jones, and we can provide an explanation for them at a deeper level by answering problem (2b), that is, by showing how these facts derive from UG, given the "boundary conditions" set by experience. Note that this pattern of explanation, though standard, makes certain empirical assumptions about the actual process of acquisition that are by no means obviously true, for example, that the process is *as if* it were instantaneous. Such assumptions are indirectly supported to the extent that the explanations succeed.

Any serious approach to complex phenomena involves innumerable idealizations, and the one just sketched is no exception. We do not expect to find "pure instantiations" of the initial state of the language faculty (hence of UG). Rather, Jones will have some jumble of systems, based on the peculiar pattern of his experience. The explanatory model outlined deals specifically with language acquisition under the idealized conditions of a homogeneous speech community. We assume that the system described by UG is a real component of the mind/brain, put to use in the complex circumstances of ordinary life. The validity of this assumption is hardly in question. To reject it would be to assume either (a) that nonhomogeneous (conflicting) data are required for language acquisition, or (b) that the mind/brain does indeed have the system described by UG, but it is not used in language acquisition. Neither assumption is remotely plausible. Rejecting them, we accept the approach just outlined as a reasonable approach to the truth about humans, and a likely prerequisite to any serious inquiry into the complex and chaotic phenomenal world.

Furthermore, even if a homogeneous speech community existed, we would not expect its linguistic system to be a "pure case". Rather, all sorts of accidents of history would have contaminated the system, as in the properties of (roughly) Romance vs. Germanic origin in the lexicon of English. The proper topic of inquiry, then, should be a theory of the initial state that abstracts from such accidents, no trivial matter. For working purposes (and nothing more than that), we may make a rough and tentative distinction between the *core* of a language and its *periphery*, where the core consists of what we tentatively assume to be pure instantiations of UG and the periphery consists of marked exceptions (irregular verbs, etc.). Note that the periphery will also exhibit properties of UG (e. g., ablaut phenomena), though less transparently. A reasonable approach would be to focus attention on the core system, putting aside phenomena that result from historical accident, dialect mixture, personal idiosyncracies, etc. As in any other empirical inquiry, theory-internal considerations enter into the effort to pursue this course, and we expect further distinctions to be necessary (consider, for example, the phenomenon of *do*-insertion in English as in (1 c−e), not on a par with irregular verbs, but not of the generality of fronting of question words).

The preceding remarks are largely conceptual, though not without empirical consequences. We now proceed along a particular path, in the manner indicated earlier, assuming further empirical risk at each point.

We assume that the language (the generative procedure, the I-language) has two components: a computational system and a lexicon. The first generates the form of SDs, the second characterizes the lexical items that appear in them. Many crucial questions arise as to how these systems interact. We will assume that one aspect of an SD is a system of representation, called "D-structure," at which lexical items are inserted. D-structure expresses lexical properties in a form accessible to the computational system.

We assume further a distinction between *inflectional* and *derivational* processes of morphology, the latter internal to the lexicon, the former involving computational operations of a broader syntactic scope. These computational operations might involve *word-formation* or *checking*. Consider for example the past tense form *walked*. The lexicon contains the root [walk], with its idiosyncratic properties of sound, meaning and form specified; and the inflectional feature [tense], one value of which is [past]. One of the computational rules, call it R, associates the two by combining them (either adjoining [walk] to [tense], or conversely). We might interpret this descriptive comment in two ways. One possibility is that [walk] is drawn from the lexicon as such, then R combines it with [past]. A second possibility is that processes internal to the lexicon (*redundancy rules*) form the word *walked* with the properties [walk] and [past] already specified. The rule R then combines the amalgam with [past], checking and licensing its intrinsic feature [past]. In this case, the lexicon is more structured. It contains the element [walk], as before, along with rules indicating that any verb may also intrinsically possess such properties as [past], [plural], etc. Similar questions arise about complex words (causatives, noun-incorporation structures, compound nouns, etc.). As these topics are pursued with more precision, within more closely articulated theories, important and often subtle empirical issues arise (Marantz 1984; Fabb 1984; Baker 1988; di Sciullo/Williams 1988; Grimshaw 1990).

The SD provides information (to be interpreted by performance systems) about the properties of each linguistic expression, including its sound and its meaning. We assume that the design of language provides a variety of symbolic systems (*levels of representation*) fulfilling these tasks, including the level of phonetic form (PF) and the level of logical form (LF), specifying aspects of sound and meaning, respectively, insofar as they are linguistically-determined. Another is the level of D-structure, which relates the computational system and the lexicon.

The level PF must satisfy three basic conditions of adequacy. It must be *universal*, in the sense that an expression of any actual or potential human language is representable within it. It must be an *interface*, in that its elements have an interpretation in terms of the motor-perceptual system. And it must be *uniform*, in that this interpretation is uniform for all languages, so as to capture all and only the properties of the system of language as such.

The same three conditions hold for LF. To capture what the language faculty determines about the meaning of an expression, it must be universal, in that any thought expressible in a human language is representable in it; an interface, in that these representations have an interpretation in terms of other systems of the mind/brain involved in thought, referring, planning, and so on; and uniform, in just the sense that the phonetic system is. We will put aside important questions concerning the nature of the LF interface: does it involve a conceptual system (Jackendoff 1983; 1990a), a use theory of meaning, a causal theory of reference, etc.? The conditions are more obscure than in the case of the phonetic analogue, because the systems at the interface are much less well understood, but there is nonetheless a wealth of evidence firm enough to allow substantive inquiry.

According to this conception, then, each SD contains 3 interface levels: the external interface levels PF and LF, and the internal interface level of D-structure. The elements at these levels are further analyzed into features: phonological, selectional, categorial, etc. In general, each symbol of the representations is a feature set, in respects to be further specified.

A further assumption, developed in the *extended standard theory* (EST), is that these levels are not related directly; rather, their relations are mediated by an intermediate level of *S-structure*. Adopting this view, each SD is a sequence (p, l, d, s), where p and l are representations at the external interface levels PF and LF, d is at the internal interface of computational system and lexicon, and s is derivative. The first three levels meet empirical conditions imposed by the performance systems and the lexicon. The level of S-structure must relate to these three levels in the manner specified in UG; we might think of it, informally, as the (presumably unique) "solution" to this set of conditions. In the subsequent discussion, we restrict ourselves largely to the levels D-structure, S-structure, and LF, and the relations among them (syntax in a narrow sense). We are thus concerned primarily with the derivation from D-structure to LF in (4):

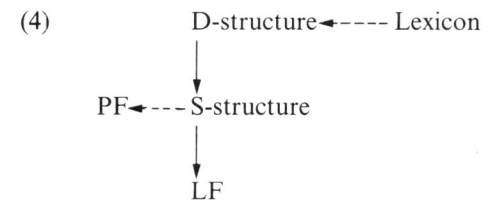

(4)   D-structure ←---- Lexicon
              ↓
       PF ←--- S-structure
              ↓
              LF

Subtle questions arise as to how the relations among these levels are to be construed: specifically, is there an inherent "directionality," so that the relations should be construed as a mapping of one level to another, or is there simply a nondirectional relation? To formulate this as a real empirical issue is not a simple matter, and empirical evidence to distinguish such possibilities is not easy to come by. But interesting (and conflicting) arguments have been presented. Discrimination among these alternatives becomes particularly difficult if we adopt (as we will) the standard EST assumption, from the early 1970s, that representations may include *empty categories* (ECs): elements (feature sets) that are perfectly substantive from the point of view of the computational system, but that do not happen to be assigned an interpretation by the mapping from S-structure to PF, though they may have indirect phonetic effects; thus, the contraction rules of English convert *want to* into the phonological word *wanna* when there is no trace intervening ("who do you wanna see" but not "who do you wanna see John" (Chomsky/Lasnik 1977).

We will tentatively proceed on the assumption that the relations are, in fact, directional: D-structure is mapped to S-structure, which is (independently) mapped to PF and LF.

The earliest modern work in generative grammar borrowed standard ideas of traditional grammar, which recognized (I) that a sentence has a hierarchy of phrases (noun phrases, clauses, etc.) and that these (or their heads) enter into certain grammatical relations; and (II) that sentences belong to various grammatical constructions with systematic relations among them, some more "basic" than others (actives more basic than passives, declaratives more basic than interrogatives, etc.). Correspondingly, the earliest versions of UG provided two kinds of rules: (I) phrase structure rules generating SDs that express the hierarchy of phrases; and (II) transformational rules that form grammatical constructions from abstract underlying forms, with more transformations involved in formation of the less basic constructions; thus only obligatory transformations apply to form active declaratives (*kernel sentences*) but some optional ones are involved in formation of passives, interrogatives, etc. The phrase structure rules provide a "geometrical" account of grammatical relations, understood relationally; that is, subject is not a syntactic category like noun phrase or verb, but is understood as the relation subject-of holding of the pair (*John, left*) in "John left," etc. (Chomsky 1951; 1955; 1965). These notions were defined in such a way that the phrase structure rules (I) generate D-structures (deep structures), each a *phrase-marker* that represents hierarchy and relations. Transformations convert these objects into new phrase-markers. In the later EST version, as noted, D-structures are mapped to S-structures by such derivations, and the latter are mapped independently to PF and LF.

The resort to phrase structure rules was also suggested by other considerations. The earliest work concentrated on what is now called generative phonology, and in this domain "rewriting rules" of the Form X → Y, where X is an expression "rewritten" as Y in the course of derivation, seems an appropriate device. If these rules are restricted to the form XAY → XZY, A a single symbol and Z non-null, then we have a system of rules that can form phrase structure representations in a natural way (*context-free* rules if X, Y are null). Further motivation derived from the theory of formal systems. Grammatical transformations as generative devices were suggested by work of Harris (1952), which used formal relations among expressions as a device to "normalize" texts for the analysis of discourse.

As for UG, the earliest versions assumed that it provided a format for rule systems and an evaluation metric that assigned a "value" to each generative procedure of the proper format. The crucial empirical condition on UG, then, is that the system provide only a few high-valued I-languages consistent with the kinds of data available to the child, perhaps only one. If UG is *feasible* in this sense, the fundamental problem (2b) can be addressed (Chomsky 1965).

This approach recorded many achievements, but faced a fundamental and recurrent problem: the tension between descriptive and explanatory adequacy. To achieve descriptive adequacy, it seemed necessary to enrich the format of permissible systems, but in doing so we lose the property of feasibility, so that problem (2b) is still unresolved. The conflict arises as soon as we move from the intuitive hints and examples of traditional grammar to explicit generative procedures. It was quickly recognized that the problem is inherent in the kinds of rule systems that were being considered. The most plausible approach to it is to try to "factor out" overarching principles that govern rule application generally, assigning them to UG; the actual rules of grammar can then be given in the simplest form, with these principles ensuring that they will operate in such a way as to yield the observed phenomena in their full complexity (Chomsky 1964; Ross 1967). The limit that might be reached is that rules are eliminated entirely, the "apparent rules" being deduced from general principles of UG, in the sense that the interaction of the principles would yield the phenomena that the rules had been constructed to describe. To the extent that this result can be achieved, the rules postulated for particular languages will be shown to be epiphenomena.

Such ideas were pursued with a good deal of success from the early 1960s, leading to the principles and parameters approach, which assumed that the limit can in fact be attained: the hypothesis is that all principles are assigned to UG and that language variation is restricted to certain options as to how the principles apply. If so, then rule systems are eliminable, at least for the core of the language.

To illustrate, consider again (1c—e), repeated here:

(1 c) what do you think that Mary fixed t
(1 d) what do you wonder whether Mary fixed t
(1 e) how do you wonder whether Mary fixed the car t

The goal is to show that the question words move from the position of t by a general principle that allows movement quite freely, with the options, interpretations, and varying status determined by the interaction of this principle with others.

What is the status of the rules (I) (phrase structure) and (II) (transformational) under this conception? The transformational rules still exist, but only as principles of UG, freely applicable to arbitrary expressions. Such devices appear to be unavoidable in one or another form, whether taken to be operations forming derivations or relations established on representations. As for phrase structure rules, it appears that they may be completely superfluous. That would not be too surprising. With the advantage of hindsight we can see that, unlike transformational rules, they were a dubious device to begin with, recapitulating information that must be presented, ineliminably, in the lexicon. For example, the fact that *persuade* takes a noun phrase (NP) and clausal phrase (CP) as complements, as a lexical property, requires that there be phrase structure rules yielding V−NP−CP as an instantiation of the phrase XP headed by the verb *persuade*; and completely general properties require further that XP must be VP (verb phrase), not, say, NP. The apparent eliminability of phrase structure rules became clear by the late 1960s, with the separation of the lexicon from the computational system and the development of *X-bar theory* (section 3.2.).

The issues can be sharpened by considering two properties that descriptive statements about language might have or lack. They may or may not be language-particular; they may or may not be construction-particular. The statements of traditional grammar are typically both language- and construction-particular, and the same is true of the rules of early generative grammar. Consider the rule analyzing VP as V−NP, or the rules fronting the question word in different ways in (1 c−e). Spelled out in full detail, these phrase structure and transformational rules are specific to English and to these constructions. There are few exceptions to this pattern.

The principles and parameters approach aims to reduce descriptive statements to two categories: language-invariant, and language-particular. The language-invariant statements are principles (including the parameters, each on a par with a principle of UG); the language-particular ones are specifications of particular values of parameters. The notion of construction, in the traditional sense, effectively disappears; it is perhaps useful for descriptive taxonomy but has no theoretical status. Thus there are no such constructions as Verb Phrase, or interrogative and relative clause, or passive and raising constructions. Rather, there are just general principles that interact to form these descriptive artifacts.

The parametric options available appear to be quite restricted. An assumption that seems not unrealistic is that there is only one computational system that forms derivations from D-structure to LF; at some point in the derivation (S-structure), the process branches to form PF by an independent phonological derivation (as in (4)). Options would then be restricted to two cases: (I) properties of the lexicon, or (II) the point in the derivation (4) from D-structure to LF at which structures are mapped to PF (S-structure) (Stowell 1986).

In the category (I), apart from Saussurean arbitrariness and some limited variety in the choice of substantive elements, we have options as to how nonsubstantive (functional) elements are realized (Borer 1984; Fukui 1986; Speas 1986); and variations in global properties of heads (e. g., do verbs precede or follow their complements?) (Travis 1984).

In the category (II), we find, for example, languages with overt movement of question-phrase (English, Italian, etc.) and languages without overt movement (Chinese, Japanese, etc.). In these *in-situ* languages, with the question-phrase in the position that would be occupied by a trace in languages with overt movement, there is good evidence that similar movement operations take place, but only in the mapping from S-structure to LF, with no indication in the physical form itself; the branch point at which PF is formed from S-structure precedes these operations in the derivation (4) from D-structure to LF (Huang 1982; Lasnik/Saito 1984; 1992). Similarly, we find languages with overt manifestation of grammatical case (Greek, German, Japanese, etc.) and others with virtually no such manifestation (English, Chinese, etc.). But again, there is good reason to believe that the case systems are basically similar cross-linguistically, and that the differences lie primarily in their phonetic realization (the mapping to PF).

The general expectation, for all constructions, is that languages will be very similar at the D-structure and LF levels, as in the examples just discussed. It is unlikely that there are parameters that affect the form of LF-representation or the computational process from S-structure to LF; little evidence is available to the language learner bearing on these matters, and there would be no way for values to be determined with any reliability. Accordingly, any variations at the LF level must be reflexes of D-structure parameter settings, or of variations in the mapping from D-structure to S-structure to the extent that its properties are determined from inspection of PF forms. D-structure, in turn, reflects lexical properties; these too appear to be limited in variety insofar as they affect the computational system. At the PF level, properties of the language can be readily observed and variation is possible within the fixed repertoire of phonetic properties and the invariant principles of universal phonetics. S-structures are not constrained by interface conditions, and can vary within the range permitted by the variation of the interface levels, the branch point to the PF mapping, and any independent conditions that may hold of S-structure.

The principles that have been investigated fall into two general categories: principles that are applied to construct derivations (transformational operations and conditions on the way they operate); and principles that apply to representations (licensing conditions). The transformational operations are movement (adjunction, substitution), deletion, and perhaps insertion; we may think of these as instances of the general operation Affect-α, α arbitrary (Lasnik/Saito 1984). Conditions of locality and others constrain the operation of these operations. Licensing conditions at the external interface levels PF and LF establish the relation of language to other faculties of the mind/brain. D-structure conditions specify the manner in which lexical properties are expressed in grammatical structures. That there should be S-structure conditions is less obvious, but it seems that they may exist; section 3.3.

The principles have further structure. There are natural groupings into *modules* of language (Binding theory, Theta theory, Case theory, etc.). Certain unifying concepts enter into many or all modules; conditions of locality, "geometrical" properties defined on phrase-markers, etc. There are also certain general ideas that appear to have wide applicability, among them, principles of economy stating that there can be no superfluous symbols in representations (the principle of Full Interpretation, FI) or superfluous steps in derivations (Chomsky 1986 a; 1991; 1992). As these principles are given an explicit formulation, they become empirical hypotheses with specific import and range.

The principle FI is assumed as a matter of course in phonology; if a symbol in a representation has no motor-perceptual interpretation, the representation does not qualify as a PF-representation. This is what we called the "interface condition." The same condition applied to LF also entails that every element of the representations have a (language-independent) interpretation. There can, for example, be no true expletives, or vacuous quantifiers, at the LF level. The principle of economy of derivation requires that computational operations must be driven by some condition on representations, as a "last resort" to overcome a failure to meet such a condition. Interacting with other principles of UG, such economy principles have wide-ranging effects, and may, when matters are properly understood, subsume much of what appears to be the specific character of particular principles.

The shifts in focus over the years alter the task of inquiry considerably, and yield different conceptions of what constitutes a "real result" in the study of language. Suppose we have some collection of phenomena in a particular language. In the early stages of generative grammar, the task was to find a rule system of the permitted form from which these phenomena (and infinitely many others) could be derived. That is a harder task than the ones posed in pre-generative grammar, but not an impossible one: there are many potential rule systems, and it is often possible to devise one that will more or less work — though the problem of explanatory adequacy at once arises, as noted.

But this achievement, however difficult, does not count as a real result if we adopt the principles and parameters approach as a goal. Rather, it merely sets the problem. The task is now to show how the phenomena derived by the rule system can be deduced from the invariant principles of UG with parameters set in one of the permissible ways. This is a far harder and more challenging task. It is an important fact that the problem can now be posed realistically, and solved in interesting ways in some range of cases, with failures that are also interesting insofar as they point the way to better solutions. The departure from the long and rich tradition of linguistic inquiry is much sharper and more radical than in early generative grammar, with problems that are quite new and prospects that appear promising.

Other traditional problems also assume a different form under a principles and parameters approach. Questions of typology and language change will be expressed in terms of parameter choice (Lightfoot 1991). The theory of language acquisition will be concerned with acquisition of lexical items, fixing of parameters, and perhaps maturation of principles (Hyams 1986; Roeper/Williams 1987; Borer/Wexler 1987; Pierce 1989; Chien/Wexler 1991; Crain 1991). It might turn out that parsers are basically uniform for all languages: the parser for English and Japanese would differ only in that parameters are set differently (Fong 1991). Other issues would also require some rethinking, if this approach turns out to be correct.

Much of the most fruitful inquiry into generative grammar in the past years has pursued the working hypothesis that UG is a simple and elegant theory, with fundamental principles that have an intuitive character and broad generality. By dissolving the notion of construction and moving towards "rule-free" systems, the principles and parameters approach carries this tendency considerably forward. A related assumption is that UG is "nonredundant," in the sense that phenomena are explained by interaction of principles in one particular way. Discovery that phenomena are "overdetermined" has commonly been taken to indicate a theoretical deficiency that should be overcome by new or refined principles. These working hypotheses have proven successful as a guide to inquiry, leading to the discovery of a vast range of empirical phenomena in widely varied languages and to forms of explanation that much exceed what could be contemplated not many years ago. These are rather surprising facts. The guiding ideas resemble those often adopted in the study of inorganic phenomena, where success has often been spectacular since the 17th century. But language is a biological system, and biological systems typically are "messy," intricate, the result of evolutionary "tinkering," and shaped by accidental circumstances and by physical conditions that hold of complex systems with varied functions and elements. Redundancy is not only a typical feature of such systems, but an expected one, in that it helps to compensate for injury and defect, and to accommodate to a diversity of ends and functions. Language use appears to have the expected properties; as noted, it is a familiar fact that large parts of language are "unusable," and the usable parts appear to form a chaotic and "unprincipled" segment of the full language. Nevertheless, it has been a fruitful working hypothesis that in its basic structure, the language faculty has properties of simplicity and elegance that are not characteristic of complex organic systems, just as its infinite digital character seems biologically rather isolated. Possibly these conclusions are artifacts reflecting a particular pattern of inquiry; the range of completely unexplained and apparently chaotic phenomena of language lends credibility to such skepticism. Still, the progress that has been made by the contrary stance cannot be overlooked.

The principles and parameters approach is sometimes termed "government-binding (GB) theory." The terminology is misleading. True, early efforts to synthesize current thinking in these terms happened to concentrate on the theories of government and of binding (Chomsky 1981), but these modules of language stand alongside many others: Case theory, Theta theory, etc. It may turn out that the concept of government has a kind of unifying role, but there is nothing inherent to the approach that requires this. Furthermore, insofar as the theories of government and binding deal with real phenomena, they will appear in some form in every approach to language; this approach has no special claim on them. Determination of the nature of these and other systems is a common project, not specific to this particular conception of the nature of language and its use.

2. The Lexicon

A person who has a language has access to detailed information about words of the language. Any theory of language must reflect this fact; thus, any theory of language must include some sort of lexicon, the repository of all (idiosyncratic) properties of particular lexical items. These properties include a representation of the phonological form of each item, a specification of its syntactic category, and its semantic characteristics. Of particular interest in this discussion are the s(-emantic) selection and thematic properties of lexical heads: verbs, nouns, adjectives, and pre-/postpositions. These specify the "argument structure" of a head, indicating how many arguments the head licenses and what semantic role each receives. For example, the verb *give* must be specified as assigning an agent role, a theme role, and a goal/recipient role. In (5), *John, a book*, and *Mary* have these respective thematic (θ-)roles:

(5) John gave a book to Mary

The association between assigned θ-roles and argument positions is to a large extent predictable. For example, "agent" is apparently never assigned to a complement. And to the extent that the association is predictable rather than idiosyncratic, it need not (hence, must not) be stated in particular lexical entries.

This conception of the lexicon is based on that developed in the 1960's (Chomsky 1965), but it departs from it in certain respects. There, subcategorization and selectional conditions played a central role. The former conditions state for a lexical head what phrasal categories it takes as complements, for example that *kick* takes an NP complement.

The latter conditions specify intrinsic semantic features of the complement(s) and subject. In this case, the NP complement of *kick* is [+ concrete]. It was noted in section 1. that phrase structure rules are (largely) redundant with subcategorization, hence are (largely) eliminable. But now note that subcategorization follows almost entirely from θ-role specification. A verb with no θ-role to assign to a complement will not be able to take a complement. A verb with (obligatory) θ-roles to assign will have to occur in a configuration with enough arguments (possibly including complements) to receive those θ-roles. Further, at least in part, selectional restrictions will also be determined by thematic properties. To receive a particular θ-role, the inherent semantic features of an argument must be compatible with that θ-role.

These tentative conclusions about the organization of the lexicon raise important questions about the acquisition of lexical knowledge. Suppose that subcategorization (c-selection) is artifactual, its effects derived from semantic properties (s-selection). It is reasonable to ask whether this is a consequence of the acquisition procedure itself (Pesetsky 1982). Pesetsky (developing ideas of Grimshaw 1979) suggests that this must be so. He compares the primitives of c-selection — syntactic categories such as NP, CP, etc. — with those of θ-theory — "agent", "patient", "goal", etc., and argues that the latter, but not the former, meet what we may call the condition of "epistemological priority". That is, they can plausibly be applied by the learner to provide a preliminary, pre-linguistic analysis of a reasonable sample of data, and thus can provide the basis for development from the initial state to the steady state. This is an attractive line of reasoning, but, given our current understanding of these issues, it is not conclusive. While it does seem correct that the primitives of c-selection do not have epistemological priority, it is not at all clear that those of s-selection do have such a status. Although the notion "agent of an action" is possibly available to the child in advance of any syntactic knowledge, it is less clear that the θ-theoretic "agent of a *sentence*" is. That is, before the child knows anything about the syntax of his or her language (beyond what is given by UG) can the child determine what portion of a sentence constitutes the agent? Further, the evidence available to the learner likely consists of sentences rather than simply individual verbs in isolation. But such sentences explicitly display c-selection properties: they exhibit verbs along with their complements. Thus, the child is simultaneously presented with evidence bearing on both s-selection (given that sentences are presented in context, and assuming that the relevant contexts can be determined) and c-selection. It is reasonable to assume that both aspects of the evidence contribute to the development of the knowledge. Alongside the state of affairs outlined by Pesetsky, the converse situation with c-selection evidence in fact providing information about the meanings of verbs (Lasnik 1990; Gleitman 1990) might also obtain. For example, exposure to a sentence containing a clausal complement to an unfamiliar verb would lead the learner to hypothesize that the verb is one of propositional attitude.

This scenario is not necessarily in conflict with Pesetsky's initial point about the organization of lexical entries. The means by which knowledge is arrived at is not invariably reflected in the form that the knowledge ultimately takes. For example Grimshaw (1981) argues that the acquisition of the syntactic category of a lexical item is based in part on the notion "Canonical Structural Realization" (CSR). The CSR of a physical object is N, that of an action is V, and so on. In the absence of evidence, the child will assume that a word belongs to its CSR, that, say, a word referring to an action is a verb. As Grimshaw indicates, while such "semantic bootstrapping" might constitute part of the acquisition procedure, the resulting steady state lexicon has no such requirement. Languages commonly have nouns, like *destruction*, referring to actions (as well as verbs, like *be*, that don't refer to actions).

Note that this consideration indicates that lexical entries contain at least some syntactic information, in addition to the phonological and semantic information that surely must be present. Grimshaw argues that further syntactic specification is needed as well, c-selection in addition to s-selection. To consider one example, Grimshaw observes that the semantic category "question" can be structurally realized as either a clause, as in (6), or as an NP, as in (7):

(6) Mary asked [what time it was]
(7) Mary asked [the time]

The verb *ask* semantically selects a question. Grimshaw argues that it is also necessary to specify that it c-selects clause or NP in order to distinguish it from *wonder*, which only takes a clause (where * indicates deviance):

(8) Mary wondered [what time it was]
(9) *Mary wondered [the time]

Since, as suggested above, it is possible to reduce most of c-selection to s-selection, the question arises whether such reduction might somehow be available in this instance as well. Pesetsky argues that it is. As we will see in section 4.3. below, NPs must receive abstract Case from a Case assigner while clauses need not. [Henceforth, we will capitalize the word *Case* in its technical usage.] Given this, Pesetsky proposes that the difference between *ask* and *wonder* need not be stated in terms of c-selection, but rather follows from a Case difference: *ask* assigns objective Case but *wonder* does not. In this regard, *wonder* patterns with adjectives, which also do not assign objective Case:

(10) Mary is uncertain [what time it is]
(11) *Mary is uncertain [the time]

Pesetsky presents further evidence for this Case-assigning distinction between verbs like *ask* and those like *wonder*. In English, generally only objective Case-assigning verbs can occur in the passive. Given this, (6) and (8) contrast in precisely the predicted fashion:

(12) It was asked what time it was
(13) *It was wondered what time it was

As Pesetsky notes, a descriptive generalization pointed out by Grimshaw now follows: Among the verbs that s-select questions, some c-select clause or NP while others c-select only clause; none c-select only NP. There are Case-assigning differences among verbs, and these are relevant to c-selection of NP (because of the Case requirement of NPs), but not to clauses.

This reduction seems quite successful for a wide range of cases, but it is important to note that formal syntactic specifications in lexical entries have not been entirely eliminated in favor of semantic ones. Whether or not a verb assigns objective Case is, as far as is known at present, a purely formal property not deducible from semantics. While much of c-selection follows from s-selection, there is a syntactic residue, statable, if Pesetsky is correct, in terms of lexically idiosyncratic Case properties.

We will introduce further properties of the lexicon as required by the exposition.

3. Computational System

3.1. General Properties of Derivations and Representations

The generative procedure that constitutes the (I-)language consists of a lexicon and a computational system. In section 2., we outlined some properties of the lexicon. We now turn to the computational system. Under the general assumptions of section 1., we consider the four levels of representation of the EST system, and the relations that hold among them, focusing attention on "narrow syntax," that is, the derivation relating D-structure, S-structure, and LF.

D-structure, LF and PF are interface levels, which satisfy the general condition FI in a manner to be made precise. Each level is a symbolic system, consisting of atomic elements (primes) and objects constructed from them by concatenation and other operations. We take these objects to be phrase-markers in the familiar sense (represented conventionally by trees or labelled bracketing). Each prime is a feature complex, though for orthographic convenience we will generally use conventional symbols. For concreteness, take categories to be as in (14), for nouns, verbs, adjectives, and pre-/post-positions, respectively.

(14) (i) N = [+ N, − V]
    (ii) V = [− N, + V]
    (iii) A = [+ N, + V]
    (iv) P = [− N, − V]

The feature [+ N] is the traditional substantive; the feature [+ V], predicate.

The primes constituting the terminal string of a phrase marker are drawn from the lexicon; others are *projected* from these *heads* by operations of the computational system. Elements that project no further are *maximal projections*. In informal notation, XP is the maximal projection from the terminal category X; thus NP is the maximal projection of its head N, etc. See section 3.2.

The two basic relations of a phrase-marker are *domination* and *linearity*. In the phrase-marker (15), we say that B dominates D and E, C dominates F and G, and A dominates all other categories (nodes). Furthermore, B precedes C, F, and G; D precedes E, C, F and G; etc.

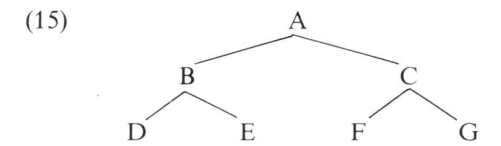

(15)
```
           A
          / \
         B   C
        / \ / \
       D  E F  G
```

If X is a head, its "sister" is its *complement*; thus if D and F are heads, then E and G are their complements in (15). We assume that ordering relations are determined by a few parameter settings. Thus in English, a *right-branching* language, all heads precede their complements, while in Japanese, a *left-branching* language, all heads follow their complements; the order is determined by one setting of the *head parameter*. Examples below that abstract from particular languages are usually to be interpreted independently of the order given. Domination relations are determined by general principles (section 3.2.).

One fundamental concept that applies throughout the modules of grammar is *command* (Klima 1964; Langacker 1969; Lasnik 1976; Reinhart 1976; Stowell 1981; Aoun/Sportiche 1981). We say that α *c-commands* β if α does not dominate β and every γ that dominates α dominates β. Thus in (15), B c-commands C, F, G; C c-commands B, D, E; D c-commands E and conversely; F c-commands G and conversely. Where γ is restricted to maximal projections, we say that α *m-commands* β.

A second fundamental concept is *government* (Chomsky 1981; 1986 b; Rizzi 1990), a more "local" variety of command to which we return in section 4.1.

Given the language L, each SD is a sequence (p, l, d, s), these being phrase-markers drawn from the levels PF, LF, D-structure, and S-structure, respectively. The element d reflects properties of the items selected from the lexicon as these are interpreted by the principles of UG, with the parameters fixed for L. The elements s and l are formed by successive application of operations of the computational system to d; they will have the properties of d, as modified by these operations. The PF-representation p is a string of phonetic primes with syllabic and intonational structure indicated, derived by a computation from s. We assume that the primes themselves are not modified in the course of the derivation from d to l.

A typical lexical entry consists of a phonological matrix and other features, among them the categorial features N, V, etc.; and in the case of Ns, Case and agreement features (person, number, gender), henceforth φ-*features*. In principle, any of these features may be lacking. In one case of particular interest, the entire phonological matrix is lacking. In this case, the element is an EC (empty category). Among these ECs we have the elements e of (16), (17); we use * to indicate severe deviance, ? a weaker variety:

(16a) John expected [e to hurt himself]
(16b) It is common [e to hurt oneself]
(17) *e arrived yesterday ("he arrived yesterday")

We refer to the EC of (16) as PRO, an element that can be *controlled* by its *antecedent* (*John*, in (16a)) or can be arbitrary in interpretation, as in (16b). Possibly the latter is also a case of control by an EC occupying the same position as *for us* in (18) (Epstein 1984):

(18) It is convenient for us [for others to do the hard work]

If so, PRO is always controlled. See section 4.2.

The EC of (17) is a pronominal element, henceforth *pro*. It is not permitted in this position in English; the counterpart would be grammatical in Italian, a *null subject language*. On factors relevant to fixing the parameters, see Rizzi (1982; 1986a); Huang (1984); Borer (1984); Jaeggli/Safir (1989). This EC acts much in the manner of an ordinary pronoun, having reference fixed by context or by some antecedent in an appropriate position. The structural relations of (antecedent, *pro*) pairs are, furthermore, generally like those of (antecedent, pronoun) and unlike those of control. For example, in a null subject language, we find the equivalents of (19a, b), analogous to the pair (19c, d) (*John* taken to be the antecedent of *pro, he*):

(19a) The people that *pro* taught admired John
(19b) *pro admired John
(19c) The people that he taught admired John
(19d) *He admired John

The behavior of *pro* and *he* is similar, while PRO can never appear in these positions.

A third type of EC, not drawn from the lexicon but created in the course of a derivation, is illustrated in (20):

(20a) I wonder [who John expected [e to hurt himself]]
(20b) John was expected [e to hurt himself]

We refer to this EC as *trace* (t), a relational notion *trace-of* X, where X is the moved element serving as the antecedent *binding* the trace. Thus *John* binds e in (20b) much as e

binds the reflexive or as *they* binds the reciprocal in (21), in turn binding the reflexive:

(21) they expected [each other to hurt themselves]

In (20a), *e* is the trace of the NP *who*. The trace functions as a variable bound by *who*, understood as a restricted quantifier: "for which *e*, *e* a person." Here, *e* in turn binds *himself*, just as *each other* binds *themselves* in (21) and *Bill* binds *himself* in (22), with *Bill* substituting for the variable of (20a):

(22) John expected [Bill to hurt himself]

In (20a), both *e* and *himself* function as variables bound by the restricted quantifier, so that the LF form would be interpreted: "I wonder [for which *e*, *e* a person, John expected *e* to hurt *e*]." Note that we are using the term "bind" here to cover the association of an antecedent with its trace quite generally, including the case of the (syntactic) binding of a variable by a quantifier-like element; and we also use the term, at LF, in the sense of quantifier-variable binding.

In (20b), the verb *was* is composed of the lexical element *be* and the inflectional elements [past, 3rd person singular]). Assume now that the process of composition adjoins the copula to the inflectional elements (raising). Recall that there are two interpretations of this process: (I) raising of *be* to the inflection position of the sentence to construct the combined form [*be* + inflections], or (II) raising of [*be* + inflections] (= *was*, drawn from the lexicon with its features already assigned) to the inflection position, where the features are checked. Either way, we have a second trace in (20b) = (23):

(23) John was e_2 expected [e_1 to hurt himself]

The EC e_2 is the trace of *be* or *was*; e_1 is the trace of *John*, binding *himself*. In each case the trace occupies the position from which its antecedent was moved. For concreteness, we adopt the checking theory (II), so that we have *was* raising in (23).

Raising of *was* to the inflectional position is necessary to check inflectional properties. The same is true of the other inflected verbs, for example, *wonder* in (20a), which is [first person, present, singular]. Thus a fuller (though still only partial) representation would be (24), where e_1 is the trace of *wonder*.

(24) I wonder e_1 [who John expected [e_2 to hurt himself]]

There is reason to believe that in English, (24) is an LF representation, while the counterpart in other similar languages (e. g., French) is an S-structure representation; (23) and its counterparts are S-structure representations in both kinds of language (Emonds 1978; Pollock 1989). Thus English auxiliaries raise at S-structure but main verbs raise only at LF, while the corresponding French elements all raise at S-structure. English and French would then be identical in relevant respects at D-structure and LF, while differing at S-structure, with English (25a) (corresponding to the basically shared D-structure) versus French (25b) (corresponding to the basically shared LF form):

(25a) John often [kisses Mary]
(25b) Jean embrasse souvent [*t* Marie]

Informally, the trace functions throughout as if the antecedent were in that position, receiving and assigning syntactic and semantic properties. Thus *e* is in the normal position of the antecedent of a reflexive in both (20a, b). And in (25b), the trace is the verbal head of VP, assigning a particular semantic role and grammatical Case to its nominal object.

Note that PRO and trace are quite different in their properties. Thus an element that controls PRO is an independent argument in the sense of section 2., assigned an independent semantic role; but an element that binds a trace is not. Compare (16a) and (20b), repeated here:

(26a) John expected [*e* to hurt himself]
(26b) John was expected [*e* to hurt himself]

In (26a), *John* is the subject argument of *expected*, exactly as in (22); the EC controlled by *John* has its independent function as subject of *hurt*. In (26b), in contrast, *John* has no semantic role other than what it "inherits" from its trace, as subject of *hurt*. Since the subject of *is expected* is assigned no independent argument role, it can be a nonargument (an *expletive*), as in (27):

(27) There is expected [to be an eclipse tomorrow]

Other differences of interpretation follow. Compare, for example, (28):

(28a) Your friends hoped [*e* to finish the meeting happy]
(28b) Your friends seemed [*e* to finish the meeting happy]

In (28a), *your friends* and *e* are independent arguments, assigned their semantic roles as subjects of *hope* and *finish*, respectively; therefore the EC must be PRO, controlled by *your friends*. But *seem* assigns no semantic role to its subject, which can again be an expletive, as in (29):

(29a) It seems [your friends finished the meeting happy]
(29b) There seems [*e* to be a mistake in your argument]

Accordingly, the EC in (28b) must be trace, with its antecedent *your friends* receiving its semantic role as an argument as if it were in that position. We know further that the adjective *happy* modifies the subject of its own clause, not that of a higher clause. Thus in (30), *happy* modifies *meeting*, not *your friends*; the sentence means that your friends hoped that the atmosphere would be happy when the meeting ends:

(30) Your friends hoped [the meeting would finish happy]

In (28), then, *happy* modifies PRO in (a) and trace in (b). Example (28a) thus means that your friends had a certain wish: that they would be happy as the meeting ends. But (28b) has roughly the meaning of (29a), with *happy* modifying *your friends*.

Other differences of meaning also appear, as in (31) and (32) (Burzio 1986):

(31a) One translator each was expected *t'* to be assigned *t* to the visiting diplomats
(31b) One translator each hoped PRO to be assigned *t* to the visiting diplomats

In (31a), neither *one translator each* nor its trace *t'* is in a position with independent argument status. Therefore, the argument phrase *one translator each* is interpreted as if it were in the position of the trace *t*, with the argument status of object of *assigned*; the meaning is that it was expected that one translator each would be assigned to the visiting diplomats, i.e., each diplomat would be assigned one translator. In (31b), in contrast, *one translator each* and PRO are independent arguments; it is PRO, not *one translator each*, that binds *t* and is interpreted as if it were in that position. The subject *one translator each* is thus left without an interpretation, very much as it is in the similar construction (32):

(32) One translator each hoped that he would be assigned to the visiting diplomats

Although the argument status of the antecedent of a trace is determined in the position of the trace, the antecedent may still have an independent semantic role in other respects. Compare the examples of (33):

(33a) *It seems to each other [that your friends are happy]
(33b) Your friends seem to each other [*t* to be happy]
(33c) It seems [that all your friends have not yet arrived]
(33d) All your friends seem [to have not yet arrived]

In (33a), *your friends* cannot bind the reciprocal *each other*, but it can in (33b), thus functioning in its overt position, not that of its trace. In (33c) and (33d), the overt positions are relevant for determining scopal properties: thus only (33c) can mean that it seems that not all your friends have arrived, with *not* taking scope over *all*. We see, then, that scopal properties and argument status are determined in different ways for antecedent-trace constructions. Such facts as these ought to fall out as consequences of the theory of ECs and semantic interpretation. See section 4.2.

PRO and trace also differ in their syntactic distribution. Thus in (34) we see the properties of control, with the antecedent and PRO functioning as independent arguments; but the properties of trace, with only one argument, cannot be exhibited in the analogous structures, as (35) illustrates:

(34a) John asked whether [PRO to leave]
(34b) John expected that it would be fun [PRO to visit London]

(35a) *John was asked whether [*t* to leave]
(35b) *John was expected that it would be fun [*t* to visit London]

In fact, trace and PRO do not overlap in their distribution; the facts should, again, fall out of the theory of ECs.

We also allow a fourth type of EC, one that has only the categorial features [± N, ± V], projecting in the usual way. They serve only as targets for movement, to be filled in the course of derivation. Since these elements have no semantic role, they will not satisfy the condition FI at D-structure (as we will sharpen this below), and we may tentatively assume that they and the structures projected from them are inserted in the course of derivation, in a manner permitted by the theory of phrase structure. See section 4.3. for further comment.

If these kinds of EC are indeed distinct, then we expect them to differ in feature composition (Chomsky 1982; Lasnik 1989). Optimally, the features should be just those that distinguish overt elements. As a first approximation, suppose that overt NPs fall into the categories *anaphor* (reflexives, reciprocals), *pronoun*, and *r-expression* (*John, the rational square root of 2*, and other expressions that are "quasi-referential" in the internalist sense of section 1.). We might assume, then, that we have two two-valued features, [anaphor] and [pronominal], with potentially four categories:

(36 a) [+ anaphor, − pronominal]
(36 b) [− anaphor, + pronominal]
(36 c) [− anaphor, − pronominal]
(36 d) [+ anaphor, + pronominal]

An expression that is [+ anaphor] functions referentially only in interaction with its antecedent; the reference of an expression that is [+ pronominal] may be determined by an antecedent (but it does refer). Reflexives and reciprocals thus fall into category (36 a) and pronouns into category (36 b). The third category contains elements that refer but are not referentially dependent: r-expressions. The four ECs discussed above would have the typology of (37):

(37 a) trace of NP is [+ anaphor, − pronominal]
(37 b) *pro* is [− anaphor, + pronominal]
(37 c) trace of operator (variable) is [− anaphor, − pronominal]
(37 d) PRO is [+ anaphor, + pronominal]

Thus, trace of NP is nonreferential, *pro* has the properties of pronouns, and variables are "referential" in that they are place-holders for r-expressions. Controlled PRO falls into category (37 d), hence all PRO if apparent uncontrolled PRO actually has a hidden controller (see (18)). We would expect, then, that trace of NP, *pro*, variable would share relevant properties of overt anaphors, pronouns, and r-expressions, respectively. Such elements as English *one*, French *on*, German *man* might be partial overt counterparts to PRO, sharing the modal interpretation of arbitrary PRO and its restriction to subject position (Chomsky 1986a).

These expectations are largely satisfied, when we abstract away from other factors. Thus the structural relation of a trace to its antecedent is basically that of an anaphor to its antecedent; in both cases, the antecedent must c-command the trace, and other structural conditions must be met, as illustrated in (38), with the examples kept slightly different to avoid factors that bar the unwanted structures:

(38) (i) (a) John hurt himself
    (i) (b) John was hurt *t*
    (ii) (a) *Himself thought [John seems to be intelligent]
    (b) **t* thought [John seems that it is raining]
    (iii) (a) *John decided [himself left early]
    (b) *John was decided [*t* to leave early]

These properties sharply restrict the options for movement of NPs: raising not lowering, object-to-subject but not conversely, etc. (Fiengo 1977).

Similar but not quite identical conditions hold of PRO. Thus the c-command condition is illustrated by (39):

(39 a) John expects [PRO to hurt himself]
(39 b) *[John's mother] expects [PRO to hurt himself]
(39 c) *John expects [PRO to tell [Mary's brother] about herself]

In (39 c), PRO is in a position to bind *herself* but the c-command condition requires that its antecedent be *John*, not *Mary*.

Similarly, variables share relevant properties of r-expressions, as expected:

(40) (i) (a) They think [John will leave tomorrow]
    (b) I wonder who they think [*t* will leave tomorrow]
    (ii) (a) *It seems [John to be intelligent]
    (b) *I wonder who it seems [*t* to be intelligent]
    (iii) (a) He thinks [John is intelligent]
    (b) I wonder who [he thinks [*t* is intelligent]]
    (c) John thinks [he is intelligent]
    (d) I wonder who [*t* thinks [he is intelligent]]

In (i), the name and the variable appear as Case-marked subjects of finite clauses, and the expressions are well-formed, satisfying the Case-marking condition on r-expressions, to which we return directly. In (ii), the name and the variable appear as subjects of infinitives lacking Case, and the expressions are severely deviant. In (iii a), *he* is not referentially bound by *John* (we cannot take *he* to refer to John, as we may in (iii c)); and in the parallel structure (iii b), *he* and the variable *t* are unrelated referentially (we cannot take *he* to be a variable bound by the operator *who*, which binds *t*, as we may in (iii d)). Again, many conditions on movement fall out as special cases.

These ECs also have other features of overt expressions, specifically, φ-features. Thus the trace in (20 a) has the features [masculine, singular]; hence the choice of overt anaphor.

An EC lacking the typological features of (37) or φ-features is uninterpretable, hence impermissible at LF by the principle FI. Such an element, identified only by its categorial features (NP, V, etc.), may appear in the course of a derivation, but only as a position to be filled or otherwise eliminated.

It is an open question whether movement always leaves a trace, and whether, when it does, there are independent reasons for this. For the purposes of exposition, we tentatively assume that movement of an element α always leaves a trace and, in the simplest case, forms a *chain* (α, *t*), where α, the *head* of the chain, is the moved element and *t* is its trace. The chain is an *X-chain* if its head has the property X; we return to relevant choices of X. The elements subject to interpretation at the interface level LF are chains (sometimes one-membered), each an abstract representation of the head of the chain.

The movement operation (henceforth Move-α) is an invariant principle of computation, stating that a category can be moved to a target position. We take the moved category and the target to be primes (lexical items, EC targets for movement, or projections from these minimal elements), with two options: either the moved category α replaces the target β (substitution), or it adjoins to it (adjunction), as in (41) (order irrelevant, *t* the trace of α, $β_1$ and $β_2$ two occurrences of β):

(41)

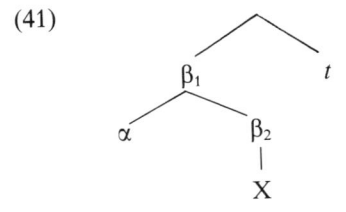

```
      β₁
     /  \
    /    t
   α    β₂
        |
        X
```

Any further constraints on movement will be derivative from other principles, including conditions on representations.

There are two natural interpretations of the elements formed by adjunction: we might assume that each occurrence of β in (41) is a category in its own right (Lasnik/Saito 1992) or that together they form a single category $[β_1, β_2]$ with the two occurrences of β as its *segments* (May 1985; Chomsky 1986 b). Empirical differences follow, as usual, as further theoretical structure is articulated.

The segment-category distinction requires a sharpening of the concepts of dominance and those derived from it (command, etc.). Let us say that the category $[β_1, β_2]$ in (41) *includes* X, *excludes t*, and *covers* α (and whatever is dominated by these elements). We restrict domination to inclusion. Thus $[β_1, β_2]$ dominates only X. We say that a segment or category α *contains* β if it covers β, includes β, or = β. Defining the command relations as before, α c-commands *t* in (41), since it is not dominated (only covered) by β; but Y included in α does not. We carry over the properties of head and command to the post-adjunction structure. Thus, if γ was the head of the preadjunction category β and c-commanded δ, then in the post-adjunction structure $[β_1, β_2]$, γ remains the head and c-commands δ. Where no confusion arises, we will refer to the post-adjunction category $[β_1, β_2]$ simply as β.

Substitution is constrained by a UG principle of *recoverability of deletion*, which requires that no information be lost by the operation; thus α may substitute for β only if there is no feature conflict between them. The target of substitution will therefore always be an EC with the same categorial features as the moved category (the structure-preserving hypothesis of Emonds 1976). A similar property holds for adjunction, it appears (see section 3.3.).

Move-α permits multiple (*successive cyclic*) movement, as in (42), derived from the D-structures (43), with the targets of movement inserted:

(42 a) John seems [*t'* to have been expected [*t* to leave]]

(42 b) I wonder [who John thought [*t'* Bill expected [*t* to leave]]

(43 a) *e* seems [*e* to have been expected [John to leave]]

(43 b) I wonder [*e* John thought [*e* Bill expected [*who* to leave]]]

In (42 a), we have the chain (*John, t', t*) with the *links* (*John, t'*) and (*t', t*); in (42 b), the chain (*who, t', t*), also with two links. The *heads* of the chains are *John, who*, respectively.

We have so far assumed that the operation Move-α forms a single link of a chain. Alternatively, we might assume that the operation is not Move-α but rather Form-chain, an operation that forms the full chains of (42) from the D-structures (43) in a single step. Within a richer theoretical context, the distinction may be more than merely notational (Chomsky 1992). We tentatively assume the more conventional Move-α interpretation. The operation Move-α satisfies narrow locality conditions. Suppose that the position of the intermediate trace t in (42) is filled, as in (44), so that the chain must be formed with a single link, skipping the blocked position (occupied by *it, whether, whether*, respectively):

(44 a) *John seems that [*it* was expected [t to leave]]
(44 b) ?What did John remember [*whether* Bill fixed *t*]]
(44 c) *How did John remember [*whether* Bill fixed the car *t*]]

The chaims (*John, t*), (*what, t*), (*how, t*) violate the locality conditions, and the expressions are deviant, though in strikingly different ways, facts that demand explanation in terms of properties of UG. Note that in case (44 c), it is the PF form with *this interpretation* — that is, with *how* construed in the position of the trace — that is deviant; if *how* is construed with *remember*, there is no deviance. The single PF form has two distinct SDs, one sharply deviant, the other not.

Recall that each element must have a uniform, language-independent interpretation at the interface level LF (the principle FI). Some elements are arguments assigned specific semantic roles (θ-roles), such as agent, goal, etc. (see section 2.); overt anaphors, PRO, and r-expressions (including variables) are all arguments. Expletives (e. g., English *there*, Italian *ci*) are assigned no θ-roles. Some elements (e. g., English *it*, French *il*, Italian *pro*) may ambiguously serve as arguments or expletives. By FI, expletives must be somehow removed at LF (section 3.3.).

An argument must receive a θ-role from a head (θ-marking). An argument may also receive a semantic role (whether to be considered a θ-role or not is a theory-internal question that we put aside) by predication by an XP (see Williams 1980), possibly an open sentence (e. g., the relative clause of (45), with a variable position *t*):

(45) The job was offered to Mary, [who everyone agreed *t* had the best qualifications]

Other XPs (*adjuncts*, such as adverbial phrases) assign a semantic role to a predicate, a head, or another adjunct. As illustrated in (44 b, c), movement of adjuncts and arguments has quite different properties (Huang 1982; Kayne 1984; Lasnik/Saito 1984, 1992; Aoun 1986; Rizzi 1990; Cinque 1990). A *θ-position* is a position to which a θ-role is assigned. The elements receiving interpretation at LF are chains. Hence each argument chain (46) must contain at least one θ-position:

(46) $(\alpha_1, \ldots \alpha_n)$

Furthermore, α_n, the position occupied by α_1 at D-structure, must be a θ-position. The reason lies in the interpretation of D-structure as a grammatical realization of lexical properties. Accordingly, θ-marking must take place at D-structure: an element, moved or not, will have at LF exactly the θ-marking properties (assigning and receiving θ-roles) that it has at D-structure. From the same consideration, it follows that nothing can move into a θ-position, gaining a θ-role that was not assigned to it at D-structure. Thus a chain can have no more than one θ-position, though any number of semantic roles may be assigned in this position. In (47), for example, *the wall* receives a semantic role from both *paint* and *red*.

(47) We painted the wall red

The theory of Case (section 4.3.) requires that every argument have abstract Case (possibly realized overtly in one or another way, depending on specific morphological properties of the language). Hence an argument chain (46) must have one and only one θ-position (namely α_n) and at least one position in which Case is assigned (a *Case-position*). Following Joseph Aoun, we might think of the function of Case as to make an argument chain *visible* for θ-marking. The "last resort" condition on movement (see section 1.) requires that movement is permitted only to satisfy some condition, in particular, to satisfy visibility (hence FI). Once an element has moved to a Case-position, it can move no further, all relevant conditions now being satisfied. It follows, then, that every argument chain must be headed by a Case position and must terminate in a θ-position (the *Chain Condition*).

Note that these conclusions hold only for arguments other than PRO, an anomaly to which we return in section 4.3. On the status of chains headed by expletives with regard to the Chain Condition, see section 3.3.

We have so far considered chains that originate from an NP argument position of D-structure. These fall into the two types illustrated in (42), repeated here:

(48 a) John seems [*t'* to have been expected [*t* to leave]]
(48 b) I wonder [who John thought [*t'* Bill expected [*t* to leave]]]

In (48 a), we have, among others, the argument chain (*John, t', t*) and in (48 b), the operator-variable chain (*who, t', t*).

Chains may also originate from non-NP positions. One case, already mentioned, is the movement of a lexical category (*head-movement*), as in (23), (24), repeated here, illustrating the raising of V to the inflectional positions:

(49 a) John was *t* expected to hurt himself
(49 b) I wonder *t* who John expected to hurt himself

Here we have the chains (*was, t*) and (*wonder, t*), the latter an LF chain for English.

Head movement is also involved in formation of compound words in many languages. Suppose we were to form a causative verb meaning "cause-to-fall" from the underlying D-structure (50) by adjoining *fall* to *cause*:

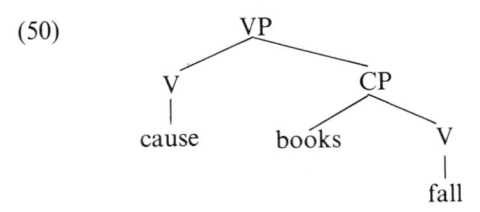

(50)
```
        VP
       /  \
      V    CP
      |   /  \
   cause books V
               |
              fall
```

This operation yields the structure (51), *t* the trace of *fall*:

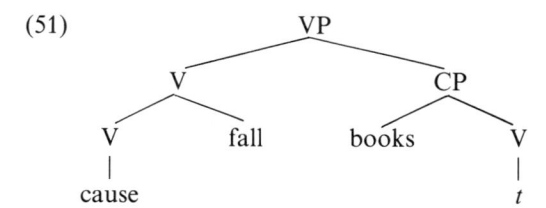

(51)
```
             VP
           /    \
          V      CP
         / \    /  \
        V  fall books V
        |              |
      cause            t
```

See Baker (1988). Here *cause* is the head of a two-segment verbal category, if we assume a segment theory of adjunction.

A second kind of chain originating from a non-NP position arises from movement of nonarguments (adjuncts, predicates), as in (52):

(52 a) [To whose benefit] would that proposal be *t*
(52 b) [How carefully] does he expect to fix the car *t*
(52 c) [Visit England], he never will *t*
(52 d) [As successful as Mary], I don't think that John will ever be *t*

In each case, the bracketed nonargument is the antecedent of the trace; the chains, then, are ([*to whose benefit*], *t*), ([*how carefully*], *t*), ([*visit England*], *t*), ([*as successful as Mary*], *t*), respectively. The questioned element in (52 a) is really *who*; the rest is "carried along" because *who* cannot be extracted from the D-structure position (53) ("pied-piping"; Ross 1967):

(53) that proposal would be [to who + POSSESSIVE benefit]

The natural interpretation reflects the D-structure form; the meaning is "for which person x, that proposal would be to x's benefit." There is evidence that the LF form should indeed be construed in something like this manner (see section 3.3.). Case (52 b) might be interpreted similarly; thus the interpretation would be "for what degree x, he expects to fix the car [x carefully]." We might, then, argue that these are not really cases of movement of adjunct phrases as such, but rather of the question elements *who, how*, with the adjunct phrase carried along. We might conclude further that operator-movement is the only kind of movement to which adjunct phrases are subject, unlike arguments which can form argument chains. The conclusion is supported by the observation that although adjuncts can typically appear in many sentence positions, they are not interpreted as if they had moved from some more deeply embedded position (Saito 1985). Thus (54 a) is not given the interpretation of (54 b), as it would be if *carefully* in (54 a) had been moved from the D-structure position of *carefully* in (54 b).

(54 a) Carefully, John told me to fix the car
(54 b) John told me to [fix the car carefully]

This suggests that (52 b) might also be regarded as a kind of pied-piping, with the moved element *how* carrying along the larger phrase *how carefully*. See Chomsky (1992).

Within the theory of empty categories and chains, we can return to the question of directionality of interlevel relations raised in section 1. As noted there, such questions are obscure at best, and become even more subtle under the assumptions of trace theory. Consider again the S-structure representations (42) derived from the D-structure representations (43) (repeated here):

(55 a) John seems [t′ to have been expected [t to leave]]

(55 b) I wonder [who John thought [t′ Bill expected [t to leave]]]

(56 a) e seems [e to have been expected [John to leave]]

(56 b) I wonder [e John thought [e Bill expected [*who* to leave]]]

We now ask whether (55 a, b) are derived from (56 a, b), respectively, by movement of *John, who*; or whether D-structure is derived from S-structure by algorithm (Sportiche 1983; Rizzi 1986 b), so that D-structure is, in effect, a derived property of S-structure; or whether there is simply a nondirectional relation between the paired expressions. These are alternative expressions of the relation between S-structure and the lexicon. All three approaches are "transformational" in the abstract sense that they consider a relation between a "displaced element" and the position in which such an element is standardly interpreted; and in the case of (55 b), the position in which it would be overt at S-structure in languages of the Chinese-Japanese variety (see section 1.). Such displacement relations are a fundamental feature of human language, which must be captured somehow. Apparent differences among alternative formulations often dissolve, on inquiry, to notational questions about how this property is expressed; similar questions arise with regard to apparent differences between "multilevel" approaches and "unilevel" alternatives that code global properties of phrase-markers in complex symbols (Chomsky 1951; Harman 1963; Gazdar 1981). In the present case, the empirical distinguishability of the approaches turns on highly theory-internal considerations. We will continue to adopt the derivational approach of section 1. We assume that this is, at root, a question of truth and falsity, though a subtle one.

To see some of the problems that arise, consider the locality conditions on Move-α. A general condition, illustrated in (44), is that the target of movement must be the closest possible position, with varying effects depending on the kind of movement involved. The condition is very strict for head movement, which cannot pass over the closest c-commanding head (the *Head Movement Constraint* (*HMC*), a special case of more general principles; see section 4.1.). Thus in (57), formation of (b) from the D-structure (a), raising *will* to the clause-initial position, satisfies HMC; but raising of *read* to this position, crossing the possible target position occupied by *will*, violates HMC, yielding the sharply deviant interrogative expression (57 c):

(57 a) John will read the book
(57 b) Will John *t* read the book?
(57 c) *Read John will *t* the book?

But the locality relations expressed in the step-by-step computation might not be directly expressed at the output levels. That is, a derivation may satisfy HMC in each step, but the output may appear to indicate that the condition is violated. Consider again the formation of a causative verb meaning "cause-fall" by adjoining *fall* to *cause*, as in (51). Recall that a verb must also be raised to the inflection position. Hence the newly-formed category *cause-fall* must now raise to this position, forming the structure (58) (where TP is tense-headed phrase, t_f is the trace of *fall*, and t_c is the trace of *cause-fall*):

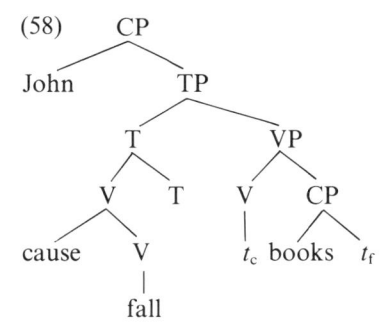

(58)
```
              CP
             /  \
         John    TP
                /  \
               T    VP
              / \   / \
             V   T V   CP
            / \    |   / \
         cause V  fall t_c books t_f
               |
              fall
```

Here we have two chains: (*cause-fall*, t_c) and (*fall*, t_f). Each step of chain formation satisfies the strict locality condition. But the resulting chain headed by *fall* does not. In the S-structure, the chain (*fall*, t_f) violates the HMC, because of the intervening head t_c, a possible target of movement that is "skipped" by the chain. The form should thus be as deviant as (57c), but it is well-formed. The locality conditions are satisfied stepwise in the derivation, but are not satisfied by the output chain. Modifications required under nonderivational approaches are not entirely straightforward.

3.2. D-structure

The computational system forms SDs that express the basic structural facts (syntactic, phonological, and semantic) of the language in the form of phrase-markers with terminal strings drawn from the lexicon. We are assuming that such properties of natural language as "displaced elements" are expressed by multiple representational levels, each simple in form and with simple operations such as Move-α relating them. Each level captures certain systematic aspects of the full complexity. The relation of the computational system to the lexicon is expressed at the internal interface level of D-structure. D-structure is mapped to LF, the interface with conceptual and performance systems; at some point (S-structure), perhaps varying somewhat from language to language, the derivation "branches" and an independent mapping (phonology) forms the PF-representation that provides the interface with the motor-perceptual system. See section 1., (4.).

The earliest attempts to develop generative grammar in the modern sense postulated a single level of syntactic representation, formed by rules of the form (59), where A is a single symbol and X, Y, Z are strings (X and Y possibly null), S is the designated initial symbol, and there is a set of designated terminal symbols that are then mapped by other rules to phonetic forms:

(59) XAY → XZY

The symbols were assumed to be *complex*, consisting of two kinds of elements: categorial and structural. Categorial elements were NP, V, etc. Structural elements were features that coded global properties of phrase-markers; e.g., NP−VP agreement in "the men are here" is coded by the [+ plural] feature assigned to S and "inherited" by NP and VP through application of the rule [S, + plural] → [NP, + plural], [VP, + plural] (Chomsky 1951). Subsequent work "factored" the complexity into two components, restricting the symbols to just their categorial part (phrase structure rules forming phrase-markers) and adding transformational rules to express global properties of expressions (Chomsky 1955; Lees 1963; Matthews 1964; Klima 1964). A later step restricted the recursive part of the generative procedure to rules of the form (59) and separated the lexicon from the computational system (Chomsky 1965). This provided a two-level system: phrase structure rules and lexical insertion form D-structure and transformations form the derived phrase-markers of *surface structure*, then subjected to phonetic interpretation. The *standard theory* assumed further that only D-structures are subjected to semantic interpretation, a position elaborated in *generative semantics* (Lakoff 1971). The *extended standard theory* (EST) proposed that surface structure determines crucial elements of semantic interpretation (Jackendoff 1972; Chomsky 1972). Later work led to the 4-level conception of EST outlined earlier, and the principles and parameters approach, which dispenses entirely with rule systems for particular languages and particular constructions.

Separation of the lexicon from the computational system permits simplification of the rules (59) to context-free, with X, Y null. Thus instead of (59), we have the context-free rules (60):

(60) (i) A → Z
     (ii) B → *l*

Here A, B are nonterminal symbols, Z is a nonnull string of nonterminal symbols or grammatical formatives, and *l* is a position of lexical insertion. B is a nonbranching *lexical* category, and Z contains at most one lexical category. Z of (60i) is therefore as in either (61i) or (61ii), where C_i is a nonlexical category, X and Y are strings of nonlexical categories, and L is a lexical category:

(61) (i) A → C_1 ... C_n
     (ii) A → XLY

These moves exposed the crucial redundancy in phrase structure rules already discussed (sections 1., 2.): the form of Z in (60i) depends on inherent properties of lexical items. Further redundancies are also immediately apparent. In (60ii), the properties of the lexical category B are completely determined by the lexical element inserted in *l*. Considering the possible forms in (61), we observe further that in (ii), the properties of A are determined by L: thus if L is N, A is NP; if L is V, A is VP, etc. The rule is *endocentric*, with the *head* L of the construction *projecting* the dominating category A. Suppose we assume that the rules

(61i) are also endocentric, taking A to be a projection of one of the C_i's (an expression of ideas developed in structural linguistics in terms of discovery procedures of constituent analysis (Harris 1951)). We now have rules of the form (62):

(62) (i) $X^n \rightarrow Z X^m W$
 (ii) $X^0 \rightarrow l$

Here n is typically $m + 1$ and X^i is some set of categorial features (section 3.1., (14)); and X^0 is a lexical category. The element inserted in position l determines the features of X^i and, to a substantial extent, the choices of Z and W. At this point, phrase structure rules are largely eliminated from particular languages; they are expressed as general properties of UG, within the framework of *X-bar theory*.

A further proposal restricts the rules (62i) to the forms (63):

(63) (i) $X^n \rightarrow Z\ X^{n-1}$
 (ii) $X^m \rightarrow X^m\ Y$
 (iii) $X^1 \rightarrow X^0\ W$

For n maximal, we use the conventional symbol XP for X^n; $n = 0$ is often dropped, where no confusion arises. To form a full phrase-marker, each X^0 is replaced by a lexical element with the categorial features of X.

Suppose that $n = 2$ and $m = 1$ or 2 in (63), so that the possible rule forms are (64):

(64) (i) $X^2 \rightarrow X^2\ Y$
 (ii) $X^2 \rightarrow Z\ X^1$
 (iii) $X^1 \rightarrow X^1\ Y$
 (iv) $X^1 \rightarrow X^0\ W$

The nonterminal elements are X^1, X^2 (conventionally, X', X", or $\bar{X}$, $\bar{\bar{X}}$), X^2 = XP. Assume further that Z, Y are single symbols. We call Z the *specifier* (SPEC) of X^2, the elements of W the *complements* of X^0, and Y in (64i) an *adjunct* of X^2. The status of Y in (64iii) is ambiguous, depending on further articulation of the theory; let us tentatively classify it as an adjunct. Note that the notions specifier, complement, and adjunct are functional (relational), not categorial; thus there is no categorial symbol SPEC, but rather a relation specifier-of, etc.

This is essentially the system of Chomsky (1981), and the basis for further concepts defined there. We continue with these assumptions, turning later to modifications required under alternatives.

Muysken (1982) proposes that the bar-levels are determined by the feature system: [projected, maximal]. Thus X^0 = [X, − projected, − maximal], X^1 = [X, + projected, − maximal]; X^2 = [X, + projected, + maximal]. Note that this approach permits a distinction between adjunction structures formed at D-structure and by adjunction operations. See also Jackendoff (1977), Stowell (1981), Speas (1986), Fukui (1986), Baltin/Kroch (1989).

With the move to X-bar theory, the phrase structure system for a particular language is largely restricted to specification of the parameters that determine the ordering of head-complement, head-adjunct, and SPEC-head. Choices above are typical for a *head-initial* language. The rules (62)−(64) themselves belong to UG (order aside), not to particular grammars. As discussed in sections 1., 2., the elimination of phrase structure rules has always been a plausible goal for linguistic theory, because of their redundancy with ineliminable lexical properties. If X-bar theory can be sustained in its most general form, choice of items from the lexicon will determine the D-structure phrase markers for a language with parameters fixed.

Items of the lexicon are of two general types: with or without substantive content. We restrict the term *lexical* to the former category; the latter are *functional*. Each item is a feature set. Lexical elements head NP, VP, AP, and PP, and their subcategories (adverbial phrases, etc.). At D-structure and LF, each such XP must play its appropriate semantic role, satisfying FI, as discussed earlier. The heads of these categories have (I) categorial features; (II) grammatical features such as ϕ-features and others checked in the course of derivations, continuing to assume one of the interpretations of morphological structure discussed in section 1.; (III) a phonological matrix, further articulated by the mapping to PF; (IV) inherent semantic and syntactic features that determine *s(emantic)-selection* and *c(ategorial) selection*, respectively. Thus *persuade* has features determining that it has an NP and a propositional complement, with their specific θ-roles. As discussed in section 2., c-selection is at least in part determined by s-selection; if the determination is complete, we can restrict attention to s-selection. We may now assume that a complement appears at D-structure only in a θ-position, θ-marked by its head. Since the computational rules can add no further complements, it follows that at every level, complements are θ-positions, in fact, θ-marked the same way at each level (the *Projection Principle*). The Projection Principle and the related conditions on θ-marking provide a particular interpretation for the general condition FI at D-structure and LF.

Functional items also have feature structure, but do not enter into θ-marking. Their presence or absence is determined by principles of UG, with some parametrization. Each functional element has certain selectional properties: it will take certain kinds of complements, and may or may not take a specifier. The specifiers typically (though perhaps not always) are targets for movement, in the sense discussed earlier. Hence they have no independent semantic role at all. As suggested in section 3.1., we may assume them to be inserted in the course of derivation, unless some general condition on D-structure requires their presence.

We assume that a full clause is headed by a complementizer C, hence is a CP, satisfying X-bar theory. C may have a specifier and must have a complement, a propositional phrase that we assume to be headed by another functional category I (inflection), which has the obligatory complement VP. Hence a clause will typically have the form (65) (Bresnan 1972; Fassi Fehri 1980; Stowell 1981; Chomsky 1987 b):

(65) [$_{CP}$SPEC [$_{C'}$ C [$_{IP}$SPEC [$_{I'}$ I VP]]]]

Specifiers are typically optional; we assume this is true of [SPEC, CP]. The *Extended Projection Principle* states that [SPEC, IP] is obligatory, perhaps as a morphological property of I or by virtue of the predicational character of VP (Williams 1980; Rothstein 1983). The specifier of IP is the *subject of* IP; the nominal complement of VP is the *object of* VP. We take these to be functional rather than categorial notions; for different views, see Bresnan (1982), Perlmutter (1983). By the Projection Principle, the object is a θ-position. The subject may or may not be; it may be filled by an expletive or an argument at D-structure. [SPEC, IP] is therefore a potential θ-position. An actual or potential θ-position is an *A-position*; others are *A'-positions* (A-bar positions). As matters stand at this point, complement and subject ([SPEC, IP]) are A-positions, and [SPEC, CP] and adjunct positions are A'-positions. A chain headed by an element in an A-position is an *A-chain*; a chain headed by an element in an A'-position is an *A'-chain*. The distinction between A- and A'-positions, and A- and A'-chains plays a central role in the theory of movement and other modules of grammar. We return to some problems concerning these notions.

Recall the two interpretations of the syntactic rule R that associates lexical items with their inflectional features: word-formation by adjunction, or checking (see section 1.). If we adopt the former approach, it follows that the operation R must apply in the D- to S-structure derivation, because it "feeds" the rules of the phonological (PF) component. The checking alternative does not strictly imply that morphological properties must be determined by S-structure, but we will assume that this is nevertheless true. It follows that the inflected head of VP must have its features assigned or checked by I at S-structure, either through lowering of I to V or raising of V to I (see sections 3.1., 3.3.). In the lowering case, the S-structure chain is deficient. There must therefore be an LF operation that raises the adjunction structure [V−I] to replace the trace of the lowered I, voiding the potential violation and providing an LF similar to what we find in a language with raising at S-structure (on some empirical consequences, see Chomsky 1991). At LF, then, V will always be at least as high as I in (65).

The [V−I] complex may also raise further to C. In *V-second* languages such as Germanic generally, V raises to C and some other phrase raises to [SPEC, CP] in the main clause (den Besten 1989; Vikner 1990). The same phenomenon appears more marginally in English questions and some other constructions. We assume these to have the form illustrated in (66), *who* being in [SPEC, CP], *has* raising to C and leaving the trace t, t_w being the trace of *who*:

(66) [$_{CP}$ who has [$_{IP}$ John t [$_{VP}$ met t_w]]]

By virtue of the general properties of X-bar theory, the only options in the pre-IP position, introducing a clause, are XP−X^0 or X^0; X^0 may be null and commonly must be in embedded clauses if [SPEC, CP] is nonnull (the *doubly-filled COMP filter*; see Keyser 1975). We assume that in general, overt movement of the question words is to the [SPEC, CP] position, and the same is true of other constructions.

Structures of the form (65) may also appear in embedded position, as in the indirect question (67 i) or the declarative clauses (67 ii):

(67) (i) (I wonder) [$_{CP}$ who C [$_{IP}$ John has met t_w]]

(ii) (a) (I believe) [$_{CP}$ that [$_{IP}$ John has met Bill]]
 (b) (I prefer) [$_{CP}$ for [$_{IP}$ John to meet Bill]]
 (c) (It was decided]) [$_{CP}$ C [$_{IP}$ PRO to meet Bill]]

In (i) and (ii c), the C head of CP is null; in (ii a) it is *that*; and in (ii b) it is *for*. The head of IP is [+ Tense] in (i), (ii a); it is [− Tense] in (ii b, c). [SPEC, CP] is unfilled in (ii), but it can be realized in other embedded constructions, e. g., (67 i), the relative clause (68 a), or the complex adjectival clause (68 b), where there is good reason to believe that OP is an empty operator in [SPEC, CP]. C is empty in both cases and *t* is the trace of OP:

(68 a) The man [$_{CP}$ OP C [$_{IP}$ John met *t*]]
(68 b) Mary is too clever [$_{CP}$ OP C [$_{IP}$ PRO to catch *t*]]

The embedded clauses of (68) are predicates, open sentences with a variable position. In (68 a), OP could be *who*, also semantically vacuous in this case. As a matter of (nontrivial) empirical fact, FI at LF includes the property of *strong binding*: every variable must have its range fixed by a restricted quantifier, or have its value determined by an antecedent. Since the operators in (68) are vacuous, the value of the variable must be fixed by the antecedents *man*, *Mary*, the choice being determined by locality conditions on predication.

These properties suffice to explain such examples as (3 iii) of section 1., repeated here as (69 a), the *if*-clause having the form (69 b):

(69 a) If Mary is too clever to expect anyone to catch, then we don't expect anyone to catch Mary
(69 b) Mary is too clever [$_{CP}$ OP C [$_{IP}$ PRO to expect [anyone to catch *t*]]]

The embedded CP is a typical case of long (successive-cyclic) movement, analogous to (70) with *who* in place of OP:

(70) (I wonder) [who he expected [them to catch *t*]]

The variable must not be bound by *anyone* or PRO in (69 b), just as it must not be bound by the elements *them* or *he* in (70); we return to the operative principle of Binding theory in sections 3.3., 4.2. By the strong binding condition, the variable must therefore have *Mary* as its antecedent. Furthermore, PRO must be arbitrary, for if it is bound by *Mary* (as in "Mary is too clever [PRO to catch Bill]"), then the variable will be bound by PRO, violating the principle just illustrated. We therefore have the interpretation (69 a). Note that the account assumes crucially that binding is based upon an equivalence relation; see section 4.2.

On the same assumptions, we can reduce the problem of explaining the deviance of (71) to that of the deviance of overt operator movement, as in the analogous examples of (72):

(71 a) *The man [you met people that caught *t*]
(71 b) *Mary is too clever [to meet [people that caught *t*]]

(72) *Who did John meet people that caught *t*

In all cases, the locality conditions on movement are violated. See section 4.1.

We have assumed so far that embedded infinitivals are CPs, as in (67 ii b, c) or (73):

(73) I wonder who he decided [$_{CP}$ C [PRO to catch *t*]]

In such cases, the embedded subject must be PRO if the C head is empty and must be an overt NP if it is the Case-assigning element *for*, with dialectal variation. But there are other propositional phrases in which neither PRO nor the Case-assigning complementizer *for* can appear, e. g., (74):

(74 a) John believes [Bill to be intelligent]
(74 b) (John considers [Bill intelligent]
(74 c) That gift made [Bill my friend for life]

Thus in (74 a), we cannot have *for Bill* or PRO instead of *Bill*. Similarly, in such constructions as these, the embedded subject can be trace, unlike the infinitival CPs. Compare.

(75 a) Bill is believed [*t* to be intelligent]
(75 b) *Bill was decided [$_{CP}$ [*t* to be intelligent]]

In general, the embedded subject of (74) behaves very much as if it were an object of the verb of the main clause (the *matrix* verb), though it is not a θ-marked complement of the verb, but rather the subject of an embedded clause. Constructions of the form (74 a) are rather idiosyncratic to English; in similar languages (e. g., German), the corresponding expressions have the properties of (67 ii b, c), (73), etc.

The embedded clause of (74 a) contains I, hence IP; there is no evidence for any further structure. To account for the differences from the embedded CP infinitivals, we must assume either that the embedded clause is just IP, or that there is an EC complementizer that assigns Case, like *for* (Kayne 1984). On the former assumption, which we will pursue here, the embedded subject is governed by the matrix verb, a relation that suffices to assign Case, license trace, and bar PRO, as in verb-object constructions. Note that the question whether (75 a) is a raising construction (like "John seems [*t* to be intelligent]") or a passive construction (like "his claims were believed *t* ") does not arise, these concepts having been discarded as taxonomic artifacts (section 1.). The construction is formed by Move-α as a "last-resort," the Case-assigning property of the verb having been "absorbed" by the passive morphology.

In the examples of (74 b, c), there is no overt functional head. Assuming the phrase boundaries indicated, either there is an EC I, or the embedded phrases are projections of their predicates, so-called *small clauses* (Stowell 1978; 1981). Either way, *Bill* is the subject of the embedded clause, behaving as in (74 a) and unlike the subject of an embedded CP.

We have so far considered two functional categories: I and C. A natural extension is that just as propositions are projections of functional categories, so are the traditional noun phrases. The functional head in this case is D, a position filled by a determiner, a possessive agreement element, or a pronoun (Postal 1966; Brame 1981, 1982; Abney 1987). The phrases "that picture of Bill" and "John's picture of Bill" would therefore have the forms (76):

(76 a) [$_{DP}$ That [$_{NP}$ picture of Bill]]
(76 b) [$_{DP}$ John POSS [$_{NP}$ picture of Bill]]

In (76 a), [SPEC, DP] is missing; in (76 b), it is filled by the "subject" of the DP, *John*, to which the affix POSS is adjoined by a phonological operation. The D head is *that* in (76 a) and POSS in (76 b) (in some languages, e. g., Turkish, manifesting visible agreement with the subject; see Kornfilt 1985). Noun phrases in the informal sense are thus similar in internal structure to clauses (possibly even containing a "complementizer" position; Szabolcsi 1987). We might expect, then, to find N-raising to D, analogous to V-raising to I; see Longobardi (1990). There are numerous other consequences, which we cannot pursue here. We will use the informal notion Noun Phrase for DP or NP, unless confusion would arise.

We might ask whether these considerations generalize to other major categories, so that AP and VP are also complements of a functional element, even in V–VP or Modal VP constructions. If so, a natural choice would be an element involved in Case assignment and agreement (call it AGR, a collection of φ-features). Such possibilities suggest a reconsideration of the functional element I, which has the strange property of being "double-headed" in the version of X-bar theory we are considering, assuming that Tense and AGR are independent heads. Following Pollock (1989), let us assume that Tense and AGR head separate maximal projections. Assuming that VP (and AP) is a complement of AGR, we now have the structure [SPEC – T – AGR – VP] for the phrase we have called IP (now a term of convenience only), with T having AGRP as its complement, and VP, AP being complements of the AGR head of AGRP. Pollock argues on different grounds for the same structure: [SPEC – T – AGR – VP]. In this structure, the specifier of IP is not commanded (c- or m-commanded) by AGR, hence not governed by it. Hence if, as we assume throughout, the operative relations among elements are based on such local relations, there would be no natural expression of subject-verb agreement. There is other evidence to suggest that the order should be AGR – T (Belletti 1990), where AGR is involved in subject-agreement and nominative Case assignment. The proper reconciliation of these conflicting proposals may be that there are two AGR elements in IP, each a collection of φ-features, one involved in subject agreement and subject Case, the other in object agreement and object Case. Thus the full structure will be (77), where AGR – S and AGR – O are informal notations to distinguish the two functional roles of AGR, SPEC indicates a functional role as before, and IP = AGRP:

(77)
```
            IP
          /    \
       SPEC   AGR-S'
              /    \
          AGR-S    TP
                  /  \
                 T   AGR-O''
                     /    \
                  SPEC   AGR-O'
                         /    \
                     AGR-O    VP
```

Here we omit a possible [SPEC, TP]. Embedded in this structure there might also be a phrase headed by the functional element *negation*, or perhaps more broadly, a category that includes an affirmation marker and others as well (Pollock 1989; Laka 1990). We might proceed to assume that Case and agreement generally are manifestations of the SPEC-head relation (Koopman 1987; Chomsky 1991, 1992; Mahajan 1990; section 4.3.).

The status of [SPEC, IP] is anomalous in several respects. One is that it may or may not be a θ-position, depending on lexical choices. Thus in (78), the subject of *hurt* is a θ-position occupied by the trace of the argument *John*, taken to be the agent of *hurt*; but the subject of *seems* is a non-θ-position, which can also be occupied by the expletive *it*:

(78 a) John seems [*t* to have hurt himself]
(78 b) It seems [that John has hurt himself]

[SPEC, IP] is also the only position in which θ-role is not assigned within the m-command domain of a lexical head.

Such idiosyncratic properties would be eliminated if we were to assume that a thematic subject originates from a position internal to VP, then raising to [SPEC, IP]. Collapsing the inflectional nodes to I for convenience, the D-structure underlying "John met Bill" would then be (79) (Kitagawa 1986; Kuroda 1988; Sportiche 1988; Koopman/Sportiche 1990):

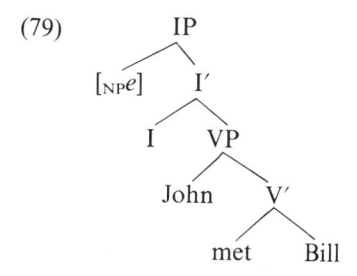

(79)
```
            IP
           /  \
       [NPe]   I'
              /  \
             I    VP
                 /  \
              John   V'
                    /  \
                  met   Bill
```

The subject and object are now θ-marked within the m-command domain of the verb *met*, within VP. On the present assumptions, *John* is [SPEC, VP], and raises to [SPEC, IP] to receive Case and produce a visible chain. By LF, *met* will have raised to I. If V raises to I at S-structure and its subject raises to [SPEC, IP] only at LF, we have a VSO language (at S-structure). If the θ-role assigned to subject (the *external* θ-role, in the sense of Williams 1980) is in part compositionally determined (Marantz 1984), then these properties might be expressed internal to VP, as properties of the paired elements (subject, V').

The assumptions sketched out here provide a certain version of a "universal base hypothesis," a notion that has been explored from various points of view. If they are on the right track, typological variation should reduce to the ordering parameters and properties of functional elements. As discussed earlier, we expect that D-structure and LF vary little in essential properties, D-structure reflecting lexical properties through the mechanisms of X-bar theory and the parametric options for functional elements, and LF being the outcome of an invariant computational process that maps D-structure to S-structure and then to LF. A further proposal is that there is a uniform structural representation of θ-roles: thus, agent is typically associated with [SPEC, VP], theme or patient with complement to V, etc. This appears more plausible as evidence mounts questioning the existence of ergative languages at the level of θ-theory (Baker 1988; Johns 1987). See section 2.

We have so far kept to the assumption of Chomsky (1981) that all internal θ-roles (all θ-roles apart from the role of subject) are assigned to sisters of the head. This assumption has repeatedly been questioned, and has largely been abandoned. To mention a few cases, Kayne (1984) proposes that all branching is binary (yielding "unambiguous paths"). If so, some internal θ-roles will be assigned to nonsisters. Kayne suggests, for example, that double-object verbs have the structure in (80), in which case *give* will θ-mark NPs properly contained within its complement:

(80) give [Mary books]

Similar ideas have been pursued in other studies as well. Belletti/Rizzi (1988) argue that the underlying structure of "psych-verb" constructions such as "the problem disturbed John" is (81), where the sister of *disturb* is assigned the θ-role theme (as usual), then raising to [SPEC, IP], while the sister of V' receives the θ-role experiencer (see also Pesetsky 1991; Bouchard 1991):

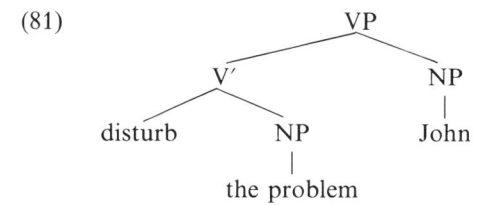

(81)
```
              VP
             /  \
            V'   NP
           /  \   |
     disturb  NP  John
              |
         the problem
```

Larson proposes that double-object verbs such as *give* enter into D-structures of the form (82) (Larson 1988, 1991; for an opposing view, see Jackendoff 1990 b):

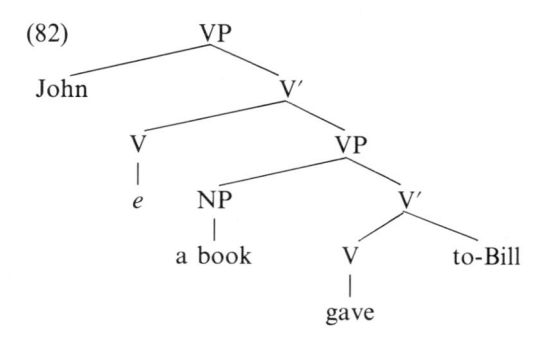

(82)
```
         VP
        /  \
     John   V'
           /  \
          V    VP
          |   /  \
          e  NP   V'
             |   /  \
          a book V  to-Bill
                 |
                gave
```

V raises to the empty main verb position of the higher *VP-shell* yielding "John gave a book to Bill." Alternatively, operations similar to those yielding the passive construction could "absorb" the Case of *Bill*, forcing it to raise to the subject-like position of *a book*, which in turn becomes an adjunct, yielding "John gave Bill a book." In (82), the direct object *a book*, though θ-marked as theme by the verb, is not its sister. Larson also indicates that adverbs are the innermost complements of V. Thus, the structure underlying "John read the book carefully" would be (83):

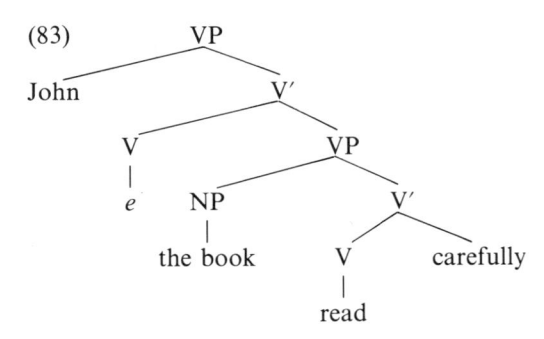

(83)
```
         VP
        /  \
     John   V'
           /  \
          V    VP
          |   /  \
          e  NP   V'
             |   /  \
          the book V  carefully
                   |
                  read
```

In this case the sister of the verb is an adverb that is not θ-marked at all, and the sole internal θ-role is assigned to a nonsister (*the book*).

With such modifications, the notion θ-position is still well-defined, but A- and A'-position are not. These notions are formally quite different in character. A particular occurrence of a category in a phrase-marker is, or is not, a θ-position, depending on whether it is θ-marked in that phrase-marker. The notion A-position, however, depends upon "potential θ-marking," which is to say that it presupposes an equivalence relation among phrase-markers: an A-position is one that is θ-marked in the equivalent position of some member of the equivalence class. This is not an entirely straightforward notion, and with modifications of the sort just outlined, it becomes unspecifiable in any way that will bear the considerable theoretical burden that has been laid on the A/A' distinction, which enters crucially into large areas of current work.

The intuitive content of the distinction to be captured is reasonably clear. θ-positions and specifiers of inflectional elements share a range of structural properties; other non θ-marked positions ([SPEC, CP], elements adjoined to XP, non-θ-marked positions governed by a head) share a different range of structural properties. These are the former A- and A'-positions respectively. There are various proposals as to how to capture this distinction in terms of natural classes, and how to extend and sharpen it (e.g., for [SPEC, DP]).

One approach (Chomsky 1992) is based on the observation that certain functional elements are, in effect, features of a head, in that they must be adjoined to this head to check its inherent features (alternatively, to assign these inherent features to it). Tense and the AGR elements are features of V in this sense, but C is not. Given a lexical head L, we say that a position is *L-related* if it is the specifier or complement of a feature of L. The L-related positions are the former A-positions, with the exception of non-θ-marked elements such as *carefully* in (83). But this exception will not be problematic if independent considerations block movement of such elements to any L-related position (raising). If economy considerations permit raising only when it is required (i.e., only "last resort" movement), then the issue will not arise; see sections 1., 3.1.

Along these lines, one might reconstruct something like the A- vs. A'-distinction. The account now relies on properties of occurrences of a category in a phrase-marker, without reference to equivalence classes of phrase-markers. Other uses of these notions, as in Binding theory, appear to fall into place without too much difficulty. We leave the matter with these informal indications of a direction to explore, merely noting here that certain concepts that serve as foundations for much current work were originally defined on the basis of assumptions that have been widely abandoned, and therefore must be reconstructed in some different way. With these qualifications, we will continue to use the notions with their intuitive content, as is standard in current technical work.

3.3. Derived Syntactic Representations

We have adopted the EST assumption that the derivations from D-structure to PF and LF have a common part: D-structure is mapped to S-structure by Affect-α, and the derivation then branches into two independent paths, one forming PF, the other forming LF (the *PF-component* and the *LF-component*, respectively). These are the two external interface levels. Since our concern here is syntax in the narrow sense, we restrict ourselves to the computation from D-structure to LF.

The part of this derivation that maps S-structure to LF is sometimes trivial, but whenever structural properties relevant to meaning are not already expressed at S-structure, this mapping is substantive. Following Chomsky (1976), May (1977), we assume that scope of operators is structurally represented at LF in terms of c-command. For interrogative operators, as will be discussed below, movement to an appropriate scope position sometimes takes place between D-structure and S-structure and sometimes between S-structure and LF. Movement of quantifiers (May's "quantifier raising," QR) is generally an S-structure to LF operation. The examples of "inversely linked" quantification discussed by May, as in (84), clearly indicate that S-structure configuration does not suffice:

(84) Everybody in some Italian city likes it

Here *some Italian city* has wide scope, even though at S-structure it is contained within the universally quantified NP. The correct interpretation is structurally represented in (85), with the entire subject NP having undergone QR, and the existential expression having raised still further:

(85) [$_{IP}$ [Some Italian city]$_i$ [$_{IP}$ [everybody in t_i] [$_{IP}$$t_j$ likes it]]]

See May (1977, 1985) for further motivation for QR.

Since it is an interface level, there are further requirements on LF. Given FI, every element of the LF representation of an expression must be subject to interpretation at the interface. As noted in section 1., this entails that there should be no true expletives in an LF representation. In such expressions as (86), then, the expletive element *there* must somehow be eliminated in the mapping from S-structure to LF.

(86) There is a man in the room

One possibility that can be readily dismissed is that the expletive is simply deleted. The Extended Projection Principle (EPP) demands that a clause have a subject at every syntactic level. Deletion of *there* would violate this requirement at LF. The expletive also appears to have φ-features that enter into agreement with the inflected verb. In (86), those features are [3rd person, singular]; in (87), they are [3rd person, plural]:

(87) There are men in the room

A strong form of recoverability of deletion would presumably prevent the deletion of an element with φ-features. Given that *there* must be eliminated and cannot be deleted, the remaining possibility is that it is the target of a movement operation, with the *associate* of the expletive (*a man* in (86) and *men* in (87)) moving to the position of the expletive. Whether it is construed as substitution or adjunction, we may assume that this operation produces a new element combining the relevant features of the expletive and its associate: [*there, a man*] in (86), [*there, men*] in (87). Let us call this an "amalgamated expletive," leaving open its exact form.

We now have an account for the apparently anomalous rightwards agreement in these cases, that is, the fact that the inflected verb agrees with the NP that follows it: *is* and *are* cannot be interchanged in (86), (87). The LF-movement analysis directly predicts this paradigm. *There* must be replaced, but the phrase amalgamating with it must be nondistinct from it in features. If the operation is substitution, this requirement will follow from the recoverability condition. If the operation is adjunction, it will follow from a feature-matching requirement. Alternatively, we might assume that *there* lacks φ-features and that the overt agreement is an S-structure reflex of agreement at the LF level between the inflected verb and the amalgamated expletive, its agreement features provided by the associate. Note further that one of the central properties of these constructions — that there *is* an argument associated with the expletive — also follows, since FI demands that the expletive be replaced.

From an S-structure corresponding to (86), then, we derive the LF representation (88), *t* the trace of *a man*:

(88) [there, a man] is *t* in the room

Since the expletive occupies an A-position at S-structure (SPEC of IP), the LF-movement forming the amalgamated expletive is A-movement. It follows that the relation between the associate and its trace meets the narrow conditions on A-movement. We now have an account for the fact that in the overt expression, the expletive and its associate conform to the locality requirements of A-chains. This follows from the fact that at LF, they are amalgamated to form an A-chain. We therefore have expletive-associate relations of the kind illustrated, but not those of (89), analogous to (90):

(89 a) *There* seems that *a man* is in the room.
(89 b) *There* seems that John saw *a man*
(89 c) *There* was thought that [pictures of *a man* were on sale]

(90 a) *A man seems that *t* is in the room
(90 b) *A man seems that John saw *t*
(90 c) *A man was thought that [pictures of *t* were on sale]

Note that the locality condition on the expletive-associate pair is that of A-movement, not binding, which is permissible in the analogue to (90 c):

(91) *We* thought that [pictures of *each other* were on sale]

We return in section 4.3. to some problematic features of this analysis.

In section 3.1., we alluded to an approach to Case in terms of visibility for θ-marking. Expletives appear to contradict the principle, since they are not θ-marked but appear only in positions to which Case is assignable — in fact, only in a subset of such positions (subjects), but this follows from the fact that D-structure complements are present only if they have a semantic role (typically, a θ-role). Thus we find (92 a) with nominative *there*, and (92 b) with accusative *there*, but (92 c) is impossible:

(92 a) I believe [there is a man here]
(92 b) I believe [there to be a man here]
(92 c) *I tried [there to be a man here]

But now these facts fall neatly under the visibility approach. At LF, we will have (93), where *t* is the trace of *a man* and EA is the amalgamated expletive:

(93 a) I believe [[$_{EA}$ *there, a man*] is *t* here]
(93 b) I believe [[$_{EA}$ *there, a man*] to be *t* here]
(93 c) *I tried [[$_{EA}$ *there, a man*] to be *t* here]

When an expletive is in a Caseless position at S-structure, its associated argument will necessarily be in that position at LF, and will, as a consequence, be invisible for θ-marking.

The analysis just sketched suggests that Case is checked at LF even though manifest at S-structure; that is, it suggests that conditions requiring checking or assignment of Case are LF conditions, not S-structure conditions, despite appearances. The same conclusion is suggested by the general approach to Case in terms of visibility, which links Case-assignment to Theta theory. As discussed earlier, there is a preference on general conceptual grounds for interface conditions rather than S-structure conditions. The various considerations so far adduced point in the same direction, but serious problems arise in trying to pursue this course. We return to the topic in section 4.3.

Turning to the S-structure representation, with parameters fixed this is determined (presumably uniquely) by the choice of D-structure and LF representations. S-structure is unlike the three basic levels (D-structure, PF, LF) in that it satisfies no constraints external to the computational system. It would therefore be reasonable to expect that conditions involving the interface (in particular, conditions bearing on the semantic interpretation of SDs) should be restricted to the interface levels themselves, not applying at S-structure. Nevertheless, there may be conditions of UG that must be satisfied at the S-structure level.

There is some cross-linguistic variation in the character of S-structure; in particular, functional elements vary in the ways they are articulated at S-structure and hence are realized overtly. Languages may also differ, as noted, with regard to the placement of S-structure in the derivation of LF from D-structure, that is, the point of branching to PF. One well-studied case concerns the application of Move-α that determines the scope of a question-phrase (commonly called the "*wh* phrase," by historical accident), moving it to the periphery of the proposition.

In English-type languages, the effects of the movement operation are visible, yielding the S-structure form (94), where *t* is the trace of *what*:

(94 a) What do you want [John to give *t* to Bill]

(94 b) What do you want [John to give *t* to whom]

In a *multiple* question such as (94 b), only one of the question-phrases moves by S-structure.

In the counterpart to (94 a) in a Chinese-type language, the analogue to *what* is "in situ" at S-structure, occupying the position of the trace in (94). We assume, following Huang (1982) and much subsequent work, that the phrase is moved to clause-peripheral position at LF, yielding an LF form resembling (94). More generally, in both types of language all question-phrases will have moved to scopal position under this operation in the course of the derivation, within the LF-component if not before (Higginbotham/May 1981; Aoun et al. 1981).

The D-structure forms are therefore alike in relevant respects in English- and Chinese-type languages, as are the LF forms, the standard expectation (see section 1.). But the S-structure forms differ, depending on whether the operation that places the question-phrase in the position that determines scope applies before or after the branching to the PF-component at S-structure. One type of language (English, French, etc.) employs *overt movement* of a question-phrase in the course of derivation of S-structure from D-structure, feeding the phonological component; another type (Chinese, Japanese, etc.) leaves all question-phrases in situ at S-structure. Both types of language employ *covert movement* within the LF-component for any in situ question-phrase. A third type of language (e. g., Polish) has overt movement of all question-phrases. D-structure and LF representations are again similar to the other two language types, but the S-structures differ (Lasnik/Saito 1984).

Given a narrow theory of parametric variation of the sort discussed, these three languages types should differ in properties of functional features. Cheng (1991) argues that mood (interrogative, declarative, etc.) must be indicated at S-structure in the pre-IP position, hence by choice of either C or [SPEC, CP]; the head of CP and its specifier thus serve as "force indicators" in something like the Fregean sense. If the lexicon contains an element Q (marking *yes — no* questions), then this element will suffice to identify an expression as an interrogative whether or not it contains an in situ question-phrase. There is no need, then, for the question-phrase to raise to [SPEC, CP] at S-structure. Lacking the element Q, a language must employ overt movement of a question-phrase to [SPEC, CP] to be identified as an interrogative at S-structure.

Suppose further that economy principles favor operations that do not feed the PF-component over others that do; hence if operations need not be overt to satisfy some condition, they will be assigned to the LF-component, applying as "late" in the derivation as possible, at the point where they are forced by LF conditions (in the case under discussion, conditions of scope). These assumptions lead us to expect two basic categories of language in the simplest case: (I) languages with a Q element and the question-phrase in situ (Chinese, Japanese); and (II) languages lacking a Q element and with a single question-word in [SPEC, CP] (English, German). At LF, all question-phrases will have moved, so that the quasi-quantifier can be interpreted with its scope determined and a bound variable heading an argument chain. Other typological differences should then be reducible to internal morphology of the question-phrase; e. g., languages of the Polish-Hungarian type with multiple fronting of question-phrases at S-structure (though perhaps not to [SPEC, CP]; see Cheng 1991). On assumptions such as these, there are conditions that must be satisfied by S-structure representations.

Overt and covert movement might have different properties. Huang proposed that the bounding conditions on overt movement are relaxed in the LF-component so that we have such pairs as (95 a) in English and (95 b) in Chinese:

(95 a) *Who do you like [books that criticize *t*]
(95 b) ni xihuan [piping shei de shu]
You like [criticize who REL book]

Both expressions have the interpretation "for which person *x*, you like books that criticize *x*," but only (95 b) is well-formed. The English example (95 a) violates a locality condition on movement (*subjacency*); its Chinese counterpart is free from this constraint (for varying approaches, see, among others, Huang 1982; Lasnik/Saito 1984; Nishigauchi 1986; Fiengo et al. 1988; Watanabe 1991).

A similar phenomenon is found in multiple questions in English-type languages. Thus English (96 a) is well-formed with the interpretation (96 b) expressed in the LF form (96 c):

(96a) Who [*t* likes books that criticize whom]
(96b) For which persons *y*, *x* [*x* likes books that criticize *y*]
(96c) [Whom$_j$, who$_i$] [t_i likes books that criticize t_j]

We have assumed that overt movement, as in (94) or (96a), places the question-phrase in the position [SPEC, CP]. Possibly covert movement, not required for mood specification, may adjoin the question-phrase to IP, treating it like a quantifier phrase assigned scope by QR. Typically, such question-phrases as *who, whom* share semantic and distributional properties of quantifier phrases, and might be composed of an indefinite quantifier, a *wh*-feature, and the restriction on the quantifier (Chomsky 1964; Kuroda 1965; Nishigauchi 1986; Kim 1990; Watanabe 1991). Accordingly, *who* would be composed of [some *x*, *wh*-, *x* a person]; etc. It would not then be surprising if such question-phrases were to share properties of the indefinite quantifier, adjoining to IP in the LF component by QR, though it remains to explain why they move so freely, unlike QR, which is typically clause-bound.

In English-type languages, relative clauses are formed in much the same manner as interrogatives: an operator phrase, which may be either an EC operator OP or morphologically identical to a question-phrase, is moved to [SPEC, CP] leaving a trace that functions as a variable, as in (97):

(97a) The people [who John expected to meet *t*]
(97b) The people [OP (that) John expected to meet *t*]

In either case, the relative clause is an open sentence functioning as a predicate (see section 3.2., (68)). In these constructions, movement is in the overt (pre-S-structure) syntax, as shown in (97a), and satisfies the bounding conditions on overt movement, as illustrated in (98):

(98a) *The man [who you like books that criticize *t*]
(98b) *The man [OP (that) you like books that criticize *t*]

While Chinese and Japanese have question words in situ, relative clauses show the properties of overt movement (Huang 1982; Watanabe 1991; Ishii 1991). These observations suggest that relative clauses require overt movement. The reason might be that predication must be established at S-structure (Williams 1980). If so, we have another example of an S-structure condition. It would remain to extend the analysis to languages that form relatives with in situ pronouns (resumptive pronouns) and full NP heads in the position of the variable above (Sells 1984; Demirdache 1991).

These considerations extend to other constructions with EC operators, such as the complex adjectivals discussed in section 3.2. ((68)−(69)), with the locality properties of overt movement (repeated here):

(99a) Mary is too clever [$_{CP}$ OP C [$_{IP}$ PRO to expect [anyone to catch *t*]]]
(99b) *Mary is too clever [$_{CP}$ OP C [$_{IP}$ PRO to meet [anyone who caught *t*]]]

Given the locality properties, the open sentences functioning as predicates must have been formed by overt movement, pre-S-structure.

Some semantic properties of linguistic expressions appear to be determined by S-structure configurations, independently of operations of the LF component. Let *P* be such a property. Then two accounts are possible:

(100a) *P* holds at S-structure
(100b) *P* holds at LF under *reconstruction*, that is, with the moved phrase treated "as if" it were in the position of its trace

If the former is correct, then the property *P* involves a condition on S-structure. There are various ways of construing the notion of reconstruction.

A good deal of insight into these questions derives from the principle of Binding theory — call it *COMMAND* — stipulating that a pronoun cannot c-command its antecedent (see sections 3.1., 4.2.). We can formulate this as a requirement that an r-expression α must be *A-free*, that is, not c-commanded by a pronoun in an A-position linked to α in the binding-theoretic sense. Thus in (101a) and (101b), *John* is A-free; the pronoun (*him, his*) does not c-command *John* and can take *John* as its antecedent. But in (101c), *he* c-commands John and must be assigned reference in some other way:

(101a) John thought Mary took a picture of him
(101b) [His mother] thought Mary took a picture of John

(101 c) He thought Mary took a picture of John

COMMAND applies to r-expressions generally, hence to variables as well as *John*, as we see in (102), analogous to (101), with the trace of *who* in the position of *John* in (101):

(102 a) The man who [*t* thought Mary took a picture of him]
(102 b) The man who [[his mother] thought Mary took a picture of *t*]
(102 c) The man who [he thought Mary took a picture of *t*)

In examples (102 a) and (102 b), the pronoun does not c-command *t*. Even if the pronoun and variable are referentially linked, the variable is A-free, though A′-bound by its operator. The variable and the pronoun can now be construed as variables bound (A′-bound) by *who*. The interpretations are "the man *x* such that *x* thought Mary took a picture of *x*," "the man *x* such that *x*'s mother thought Mary took a picture of *x*," respectively; the deviance of (102 b), if any, is slight (Chomsky 1982; Higginbotham 1983; Lasnik/Stowell 1991).

But in example (102 c), *he* c-commands *t* and therefore cannot be linked to this variable or it will not be A-free; (102 c) therefore cannot have the interpretation "the man *x* such that *x* thought Mary took a picture of *x*." There is nothing "wrong" with this interpretation; in fact, it is the interpretation of (102 a). But it cannot be assigned to (102 c), by virtue of *COMMAND* (the property of *strong crossover*; Postal 1971; Wasow 1972; Lasnik 1976).

The principle *COMMAND* also enters into the explanation of the meaning of the complex adjectivals of (99), as discussed earlier (section 3.2., (68), (69)).

We now ask at what level *COMMAND* applies. Consider the examples (103):

(103 a) You said he liked [the pictures that John took]
(103 b) [How many pictures that John took] did you say he liked *t*
(103 c) Who [*t* said he liked [how many pictures that John took]]

In (103 a), *he* c-commands *John* and cannot take *John* as antecedent; in (103 b), there is no c-command relation and *John* can be the antecedent of *he*. In the multiple question-phrase construction (103 c), *John* in fact cannot be the antecedent of *he*. It must be, then, that *he* c-commands *John* at the level of representation at which *COMMAND* applies; the binding properties of (103 c) are those of (103 a), not (103 b).

Returning to the two options of (100), we seem to be led here to adopt the first: that *COMMAND* applies at S-structure, before the bracketed question-phrase is moved to pre-clausal position at LF, at which point (103 c) would be formally similar to (103 b), not (103 a). Alternatively, we could assume, in the face of examples such as these, that the second option, reconstruction, holds for LF-raising but not overt movement. More simply, we could dispense with either option, rejecting the tacit assumption that LF-movement formed (104) from (103 c), *t′* the trace of the LF-moved phrase:

(104) [[How many pictures that John took] who] [*t* said he liked *t′*]

Recalling that LF-movement does not meet the strict locality conditions of S-structure movement, we might reject the assumption that the entire NP is pied-piped when *how many* is raised to the scopal position, assuming rather that *how many* is extracted from the NP, yielding an LF form along the lines of (105), *t′* the trace of *how many*:

(105) [[How many] who [*t* said he liked [*t′* pictures that John took]]]

The answer, then, could be the pair (*12, Bill*), meaning that Bill said he liked 12 pictures that John took. But in the LF form (105), *he* c-commands *John* so that *COMMAND* applies as in (103 a). Pursuing such lines as these, we would not be led to adopt the assumption that *COMMAND* applies at S-structure, leaving us with the preferable option that conditions involving interpretation apply only at the interface levels. A further consequence would be that (103 b, c) have somewhat different forms at LF; the empirical effect is unclear (Hornstein and Weinberg, 1990).

Other constructions illustrate the process of reconstruction, and are thus consistent with the restriction of the conditions on interpretation to the LF level. Consider (106):

(106 a) They said he admires John's father
(106 b) Who [*t* said he admires John's father]
(106 c) (Guess) whose father [they said he admires *t*]

In (106 a) and (106 b), *he* c-commands *John* and cannot take *John* as its antecedent be bound by it, given *COMMAND*. In (106 b), *he* does not c-command *t* so both can be taken as variables bound by *who*, yielding the interpretation: "for which person x, x said x admires John's father." In (106c), *he* does not c-command *who* but it cannot be taken as a variable bound by *who*, even though this interpretation would leave *t* A-free. The complement of *guess* is interpreted as (107) with *he* unbound, analogous to (106a):

(107) For which person x [they said he admires x's father]

Thus we have reconstruction: treatment of [*whose father*] as if the phrase were in the position of its trace *t* in (106c) (Chomsky 1976; Freidin/Lasnik 1981).

Questions proliferate quickly with further inquiry. Consider, for example, such constructions as (108), formed by successive cyclic movement of the question-phrase from the position of *t*, to the position of *t'*, to [SPEC, CP] of the matrix clause:

(108a) [Which picture of himself] did *John* say [*t'* that *Bill* liked *t* best]
(108b) [Which pictures of each other] did *they* say [*t'* that *we* liked *t* best]

Barss (1986) observes that the anaphor can take either of the italicized NPs as its antecedent. But an anaphor can only be bound by the closest c-commanding subject, as we see in the corresponding expressions (109), without *wh*-movement:

(109a) John said [that Bill liked [that picture of himself] best]
(109b) They said [that we liked [those pictures of each other] best]

Here the antecedents must be *Bill, we*. In (108), the same binding condition requires that each of the traces be "visible," the question-phrase being interpreted for binding as if it were in one or the other of these positions (*chain binding*).

Another problematic example is (110a), with the interpretation (110b), and on our current assumptions, the LF-representation (110c) (Higginbotham 1980, 1983):

(110a) Guess which picture of which boy [they said he admires *t*]
(110b) For which boy x, which picture y of x [they said he admires y]
(110c) [[Which boy]$_i$ [which picture of t_i]]$_j$ [they said he admires t_j]

Reconstruction in the manner of ((106c), (107)) does not yield a structure barred by COMMAND. Nevertheless, *he* cannot be construed as an occurrence of the bound variable x.

The formal property entering into reconstruction here seems to be that the pair (r-expression α, pronoun β) are referentially disconnected at LF if there is a γ such that γ contains α and β c-commands γ or its trace. But that principle, applying at S-structure, yields incorrect results for (103), barring binding of the pronoun in case (b). The discrepancy suggests that the problem with (110) might lie elsewhere.

The problems are more general. Consider (111):

(111a) the claim that John was asleep, he won't discuss *t*
(111b) the claim that John made, he won't discuss *t*

Case (111a) is analogous to (110); case (111b) to (103b). On our current assumptions, the pronoun must not take *John* as antecedent in (111a) or (111b); the conclusion is correct for (111a) but not for (111b). Still further complications arise when we consider differences between these examples of A'-movement and "scrambling" constructions in which the normal subject—object order is inverted.

We leave the topic in this unsettled state. For further discussion of these and related matters, from various points of view, see Lakoff (1968); Reinhart (1976, 1983); van Riemsdijk/Williams (1981); Higginbotham (1980, 1983); Langendoen/Batistella (1982); Barss (1986); Freidin (1986); Lebeaux (1988); Saito (1989); Chomsky (1992).

Consideration of LF A'-movement also suggests that there is an S-structure condition licensing parasitic gap (PG) constructions such as (112a), interpreted as (112b):

(112a) Which book did you file *t* [without my reading *e* first]
(112b) For which x, x a book, you filed x without my reading x first

Licensing of PGs by A'-chains is quite general, but those formed by LF-movement do not license PGs, as illustrated in (113), with the S-structure (a) and the LF form (b):

(113a) *Who [*t* filed which book [without my reading *e*]]
(113b) *[[Which book]$_j$ who$_i$] [t_i filed t_j [without my reading *e*]]

The interpretation cannot be: "for which book *x*, who filed *x* without my reading *x*. PG constructions, then, provide some evidence for the existence of S-structure conditions.

The condition that licenses parasitic gaps must also account for the fact that these constructions are licensed by A'-chains but not A-chains. Thus the A-chain (*the book, t*) of (114) does not license the parasitic gap *e*, unlike the A'-chain (*which book, t*) of (112 a), with the same *t-e* relation:

(114) *The book was filed *t* [without my reading *e* first]

For further discussion, see Taraldsen (1981); Engdahl (1983, 1985); Chomsky (1982, 1986 b); Kayne (1984); Longobardi (1985); Browning (1987); Cinque (1990).

Note that even the acceptable PGs are somewhat awkward; as in earlier cases discussed, we are interested in the relative deviance of various constructions, which is quite clear and demands explanation. The general literature on PGs regularly uses for illustration such pairs as (115), where the first is completely grammatical and the second sharply deviant, but these cases do not suffice to show that A'-chains license PGs while A-chains do not, because (115 b) is ruled out for independent reasons of Control theory, as illustrated in (116) (Lasnik/Uriagereka 1988):

(115) The book that you filed [without PRO reading *e*]
(115 b) *The book that was filed [without PRO reading *e*]
(116 a) The book that you filed [without PRO thinking]
(116 b) *The book that was filed [without PRO thinking]

The question of S-structure conditions also arises in connection with elements lexically identified as affixes (e. g., pronominal clitics, verbal inflections, case features). Since these properties are commonly overt at PF, they must be manifested at S-structure (Lasnik 1981; we omit here the possibility that rules of the PF-component might be rich enough to handle the phenomenon). As indicated earlier, the question becomes rather subtle if we assume the checking interpretation of inflectional features. Suppose again that English *walked* is inserted into D-structure with the properties [walk], [past], the latter being checked and licensed by a syntactic rule *R* that joins [past] and *walked*. Suppose further that such functional elements as [tense] lack phonological matrices and are thus invisible at PF. We need not then assume that *R* is a lowering rule adjoining [past] to *walked*, to be reversed at LF; an alternative possibility is that the D- and S-structures are alike, with *R* raising the verb to the inflectional position at LF, mirroring the process that is overt with auxiliaries and in French-type languages (for theory-internal arguments bearing on the matter, see Chomsky 1991, 1992). The same question arises with regard to Case marking. Even if it is overt, the conceptual possibility remains that elements enter the computational system with their Case features already indicated, these being checked only at the LF level. Any apparent S-structure requirement for Case would have to be satisfied in some other way. See section 4.3.; Chomsky (1992).

Other theory-internal considerations suggest that empty categories must be licensed at S-structure, in particular, traces in argument chains (Lasnik/Saito 1984, 1992; see section 4.1.). If the relation of predication holding between an XP and its (syntactic) subject must satisfy S-structure conditions, as suggested earlier, it is also natural (though not necessary) to suppose that licensing of an EC subject of predication should also take place at this level. Thus according to Rizzi's theory, the null subject parameter reduces to properties of the system of the verbal inflection: in Italian, "strong" agreement (AGR) licenses *pro* subject; in French or English, the "weaker" AGR does not. We might expect, then, that this condition must be satisfied by the S-structure configuration.

The plausibility of this assumption is enhanced by consideration of properties of expletive *pro*. Consider the D-structures (117):

(117 a) *e* was stolen a book
(117 b) *e* seems [*e'* to be a book missing]

In a null subject language, the expressions can surface in this form, with *e* being expletive *pro* and *e'* its trace; here *pro* is licensed by strong AGR. But in a non-null subject language, *e* must be replaced by S-structure, either by an overt expletive or by raising of *a book* to fill this position, as in (118):

(118) (i) (a) ?There was stolen a book
 (b) A book was stolen *t*
 (ii) (a) There seems [*t* to be a book missing]
 (b) A book seems [*t* to be *t'* missing]

Some S-structure property, it appears, must ensure that the options of (118) have been taken by the S-structure level, not in the LF-component. The problem becomes more severe if we adopt the strong version of FI that requires that expletives be replaced at LF (sections 3.1., 3.3.). Then the S-structure forms of (117) will appear at LF essentially as the (b) forms of (118). It would follow, then, that the relevant distinctions must be established at S-structure: *pro* is licensed at S-structure, permitting (117) in Italian but not English. For an alternative analysis, see Chomsky (1992).

It has also been proposed that some of the conditions that have been assumed to apply at LF actually apply within derivations from S-structure to PF (Jaeggli 1980; Aoun et al. 1987). It cannot be that the conditions apply at the level of PF-representation itself, because at the interface level PF, we have only phonetic features with no further relevant structure. The assumption would be, then, either that these conditions apply at S-structure or at some level intermediate between S-structure and PF.

We have assumed so far that X-bar theory applies at D-structure, its properties being "carried over" to S-structure and LF by the computational processes. Suppose that X-bar theory applies at S-structure as well. Van Riemsdijk (1989) argues that on this assumption, movement need not be restricted to minimal and maximal phrases (X^0 and XP), as so far tacitly assumed. Movement of X' (= X^1) could be allowed, to be followed by a process of "regeneration" that forms a proper X-bar structure at the S-structure level in a minimal way. On this analysis, (119) would be derived by movement of the N' category *Lösung*, followed by generation of *eine* to satisfy X-bar theory at S-structure, *eine* being a "spelling out" of the φ-features of *Lösung*:

(119) [Eine Lösung] hat er [eine bessere *t*] als ich

If X-bar theory applies at S-structure, Emond's structure-preserving hypothesis for substitution (section 3.1.) follows in essentials, since conflict of categorial features will violate X-bar-theoretic principles. A similar conclusion will also hold for adjunction. Suppose, for example, that an X^0 element is adjoined to the YP Z, forming (120):

(120) [$_{YP}$ X^0 XP]]

This structure violates X-bar theory, which requires that X^0 head an X' structure. Adjunction of XP to YP, however, would yield a structure consistent with X-bar theory. Adjunction of X^0 to Y^0 yields a two-segment category [X^0, Y^0], with an internal structure "invisible" to X-bar theory. Pursuing this line of thinking, it may be possible to derive a version of the structure-preserving hypothesis for adjunction: essentially, the condition that a category can be adjoined only to a category of the same bar-level.

4. Modules of Language

4.1. Government Theory

We have referred several times to the notion of *government*, a more "local" variety of command (section 3.1.). We assume tentatively that the relevant notion of command is c-command. The concept of government has entered extensively into the study of the various modules of grammar. Hence slight modifications in formulation have wide-ranging empirical consequences (see among others Aoun/Sportiche 1981; Chomsky 1981, 1986 b; Kayne 1984; Lasnik/Saito 1984, 1992; Rizzi 1990).

We say that α governs β if α c-commands β and there is no category γ that "protects" β from government by α. γ protects β in this sense if it is c-commanded by α and either (121 a) or (121 b):

(121 a) γ is a *barrier* dominating β
(121 b) γ *intervenes* between α and β

Government is *canonical* if the linear order of (α, β) accords with the value of the head parameter (Kayne 1984). We speak of "X-government" when the governor has the property X. There are two main categories of government to be considered: *antecedent-government* of α by an antecedent of α, and *head-government* of α by a head. We refer to these categories as *proper government*.

To make the concept of locality precise, we have to spell out the notions "barrier" and "intervene" in (121). Consider the two in turn.

We take a barrier to be an XP that is not a complement, putting aside now the ambiguous status of noncomplements to V under the various ramifications of Kayne's unambiguous path theory (section 3.2.). Thus in (122), the bracketed expressions are all XPs, but only those subscripted B are barriers for the elements they contain:

(122a) I wonder which book [John told the students [that [they should read t]]]
(122b) ??I wonder which book [John met [someone [$_B$ who read t]]]
(122c) *I wonder how [John met [someone [$_B$ who [fixed the car t]]]]
(122d) ??I wonder which book [John left New York [$_B$ before he read t]]
(122e) *I wonder how [John left New York [$_B$ before he fixed the car t]]

In each case, the trace indicates the position of extraction, under the intended interpretation: thus (122e) asks how John fixed the car, not how he left New York. If we extract from within a barrier, the trace left behind will not be antecedent-governed; otherwise, it will be. When extraction crosses a barrier, the expression is deviant, indicating that antecedent-government is a condition on properly formed chains. In (122a), no barriers are crossed and the sentence is fully grammatical. In the other cases, a barrier is crossed and the sentences are deviant. The violations are more severe in cases (122c) and (122e), illustrating a characteristic difference between argument and adjunct extraction.

It appears that not only a complement, but also its specifier is exempt from barrierhood. Belletti/Rizzi (1981) observe that the process of *ne*-cliticization in Italian extracts *ne* from the object of the verb but not from its subject. The object, the complement of the verb, is not a barrier to government; the clitic *ne* thus governs the trace left by *ne*-extraction from the object, as required. But the trace of *ne*-extraction from the subject will not be antecedent-governed: the subject is not a complement, hence is a barrier, whether government is based on c-command or m-command. Hence we have (123a) but not (123b):

(123a) *pro* ne-ho visto [molti t]
I of-them have seen many
(I have seen many of them)
(123b) *[Molti t] [ne-sono intelligenti]
many of them are intelligent

But now consider (124b) derived from the D-structure (124a):

(124a) *pro* ritengo [$_\alpha$ [molti ne] intelligenti]]
I believe [[many of them] intelligent]
(124b) Ne-ritengo [[molti t] intelligenti]

Here the complement α of *ritengo* is a small clause. The phrase [*molti ne*] is the specifier of the small clause, hence is not a complement. But extraction is nevertheless permitted. We return to other illustrations of the same point.

We conclude, then, that XP is not a barrier if it is the complement of a head H or the specifier of the complement of H. The configuration of properties is not surprising, given that the head typically shares the features of its maximal projection and agrees with its specifier, so there is an indirect agreement relation between a maximal projection and its specifier. The same observation suggests that we generalize the property further: if α is the complement of H, then the daughters of α (its specifier and its head) are not barriers. When the head is an X^0, the question of extraction from it does not arise, but it could arise in other configurations. Suppose that in a small clause (125), YP = XP, with XP being the head of YP and NP its specifier (the subject of the predicate XP):

(125) V [$_{YP}$NP XP]

In (124a), then, α = YP = AP, and its head is the AP *intelligenti*. We have already seen that the specifier is not a barrier. Example (126) illustrates the fact that the same is true of the head:

(126) Whom does he consider [$_{AP}$ Bill [$_{AP}$ angry at t]]

The status of (126) is no different from that of "whom is he angry at." Thus neither the complement nor the head of a complement is a barrier. Similarly, in (127), the main verb phrase of the embedded clause is not a barrier, and its VP head is also not a barrier, so that *who* extracts freely:

(127) I wonder [who [John [$_{VP}$ [$_{VP}$ met t] [last night]]]]

Note that in the case of the small clause (126) as well as (127), we might also appeal to the segment theory of adjunction (section 3.1.), requiring that a barrier be a category, not a segment, and taking the heads to be segments, hence not possible barriers.

We have dealt in a preliminary way with case (i) of (121); consider now case (ii), with the configuration (128), where γ intervenes between α and β:

(128) ... α ... γ ... β ...

Recall that α c-commands the intervening element γ, which we assume further to c-command β; thus left-to-right order in (128) expresses the c-command relation. Two cases of intervention have been explored; following

Rizzi (1990), let us call them *rigid minimality* and *relativized minimality*:

(129 a) rigid: γ is a head H (α arbitrary)
(129 b) relativized: γ is of the same "type" as α

Rigid minimality can be restated in terms of barriers, taking the category immediately dominating γ to be a barrier. To spell out the concept of relativized minimality, we must characterize the relevant types. These are given in (130):

(130 a) If α is a head, γ is a head
(130 b) If α is in an A-position, then γ is a specifier in an A-position
(130 c) If α is in an A′-position, then γ is a specifier in an A′-position

Recall that the concepts A- and A′-position are not properly defined in current theory; we suggested a way to approach the problem at the end of section 3.2., and continue to assume it here.

The three basic cases of relativized minimality are illustrated in (131) for heads, A-positions, and A′-positions, respectively, γ in capitals (see section 3.1., (44), (57)):

(131 a) *How fix [John WILL [t the car]]
(131 b) *John seems [that [$_{IP}$IT is certain [t to fix the car]]]
(131 c) *Guess [$_{CP}$ how [John wondered [WHY [we fixed the car t]]]]

In conventional terminology, case (131 a) illustrates the *Head Movement Constraint* (HMC); case (131 b) *super-raising*; and case (131 c) the *wh-island* condition. As the structure indicates, (131 c) is to be understood as expressing John's puzzlement as to how we fixed the car, not as a query about how we wondered.

In (131 a), *will* intervenes between *fix* and its trace, and both *fix* and *will* are heads. In (131 b), *it* intervenes between *John* and its trace, both *it* and *John* are in A-positions, and *it* is the specifier of IP. In (131 c), *why* intervenes between *how* and its trace, both *why* and *how* are in A′-positions, and *why* is the specifier of CP. In all three cases, the expression is severely deviant.

We noted earlier that adjuncts and arguments behave somewhat differently with regard to extraction from barriers (see (122)). The same is true in case (130 c) of intervention: compare (131 c) (adjunct extraction) with (132) (argument extraction):

(132) ??Guess [$_{CP}$ what [John wondered [*why* [we fixed t]]]]

While unacceptable, (132) is a much less serious violation than (131 c).

These observations have a wide range of descriptive adequacy, but fall short of a satisfactory explanatory principle. We return to the question at the end of this section.

We have discussed some of the properties of the first case of proper government: antecedent-government. Let us turn now to the second case: head-government. Throughout the modules of grammar, we find relations (H, XP), where H is a head and XP a phrase with some property assigned (or checked) by H. These relations meet locality conditions that are typically narrower than either variety of command, and have therefore often been considered to fall under the category of government. We noted earlier that government by a verb suffices to assign Case, bar PRO, and license trace (section 3.2.). In all cases, the relation is narrower than command.

In Case theory, we find that a verb V can assign (or check) the Case of an XP only if the XP is in a local relation to V. The verb *find* assigns accusative Case to *the book* in (133) but not in (134).

(133 a) We found the book
(133 b) We found [$_{AP}$ the book incomprehensible]

(134 a) We found [$_{CP}$ that [$_{IP}$ the book was incomprehensible]]
(134 b) We found the answer [$_α$ when the book arrived]

In (133), no barrier protects *the book* from government by *find*. The same is true of (134 a), but here the intervening head C⁰ (= *that*) bars government of *the book* by *find*. In (134 b), α is a barrier. In (134), then, *the book* must receive Case in some other way. If the construction in which it appears is infinitival, it will not receive Case at all, and the constructions are ungrammatical, as in (135):

(135 a) *We tried [$_{CP}$ e [$_{IP}$ the book to win a prize]]
(135 b) *We found John [$_α$ when the book to arrive]

In (135 a), the intermediate head C (= *e*) bars government of *the book*, as in (134 a). It is natural to suppose, then, that government enters crucially into Case theory.

The positions to which a verb can assign Case are also, typically, those in which a trace can appear, suggesting that government by a verb can license trace. Thus alongside of (133), (134), and (135), we have (136) and (137):

(136a) The book was found t
(136b) The book was found [$_{AP}$ t incomprehensible]
(136c) The book was believed [t to be incomprehensible]
(136d) The book seems [t to be incomprehensible]

(137a) *The book was found [$_{CP}$ that [$_{IP}$ t was incomprehensible]
(137b) *The book was tried [$_{CP}$ e [$_{IP}$ t to win a prize]]

Turning to PRO, we find a similar configuration. PRO cannot appear in governed positions, those in which, with the proper form of the verb, Case can be assigned or trace licensed:

(138a) *We found PRO
(138b) *We found [$_{AP}$ PRO incomprehensible]

PRO is also excluded from positions that are governed but in which Case cannot be assigned, as in (139):

(139a) *They expressed the belief [$_{IP}$ PRO to be intelligent]
(139b) *We expected [there to be found PRO]
(139c) *It was believed [PRO to be intelligent]
(139d) *It seems [PRO to be intelligent]

As discussed in section 3.2., we assume that the verb *believe* in English takes an IP, not a CP complement. Thus PRO is governed by *belief* in (139a) and *believed* in (139c), though no Case-marking is possible. The constructions are barred. Thus (139a) does not mean that they expressed the belief that someone or other is intelligent, with arbitrary PRO, or that they expressed the belief that they are intelligent, with PRO bound by *they*. Similarly (139c) does not mean that it was believed that someone or other is intelligent; the phonetic form can only be interpreted with *it* raised leaving a trace in the position of PRO. And (139b) does not mean that we expected there to be found someone or other, with arbitrary PRO.

A locality relation between a head and an XP also is found in θ-theory. Thus a verb θ-marks only XPs within the VP that it heads.

On the assumptions of section 3.2., the verb θ-marks the specifier of the VP and sisters of V', relations that do not strictly fall under government theory, along with the complement, which does.

A closer look at head-government shows that C (= C^0), whether overt or null, behaves rather differently from other heads we have considered. Thus PRO is not barred from positions governed by C, as illustrated in (140):

(140) We decided [$_{CP}$$e$ [$_{IP}$PRO to leave at noon]]

Similarly, C does not appear to license trace. Thus we find that XPs move fairly freely, including VP and CP, but IP does not:

(141a) [$_{VP}$ Admit that he was wrong], John never will t_{VP}
(141b) [The claim t_{CP}] was made [$_{CP}$ that John was wrong]
(141c) *[$_{IP}$ Bill will visit tomorrow], I think [that t_{IP}]

C also does not license trace of subject. Thus, although C governs the trace in (142), extraction is barred; as is well-known, languages have various special devices to overcome the problem (see below):

(142) *Who did you say [$_{CP}$ that [$_{IP}$$t$ left yesterday]]

Properties of C are further illustrated in (143):

(143a) *John was decided [$_{CP}$$e$ [$_{IP}$$t$ to leave at noon]]
(143b) *We decided [$_{CP}$$e$ [$_{IP}$ John to leave at noon]]
(143c) We decided [$_{CP}$$e$ [$_{IP}$PRO to leave at noon]]

If the head e of CP were to license the trace in (143a), raising of *John* to the main clause subject position would be permitted. Note that e does not intervene between *John* and its trace if we adopt the notions of relativized minimality (it does under the assumptions of rigid minimality). Examples (143b) and (143c) illustrate the fact that e does intervene between the matrix verb and the embedded subject, blocking a government relation between them. Thus in (143b), *John* cannot receive Case from a matrix verb, and in (143c), PRO is allowed, neither the matrix verb nor C properly governing it. Thus C functions as an intervening head, but not a proper governor, licensing trace.

Similarly, while other X^0s typically raise, head-governing and thus licensing the trace left behind, that is not true of C. We find V-raising to V or inflection, N-raising to V (noun incorporation), inflection raising to C (verb-second), etc., but we do not find C-raising to the matrix verb that governs it (e. g., incorporation into a higher verb of a verb that has been raised to V-second position). These facts too would follow from failure of C to properly govern.

C also differs from other heads with respect to barrierhood. Recall that a head typically frees a complement and its daughters (specifier and head) from barrierhood. But the situation is different in the case of C. Consider the following observations of Torrego (1985), who notes the contrast between (144) and (145) in Spanish:

(144 a) [$_\alpha$ De que autora] [no sabes [$_{CP}$ [$_\beta$ qué traducciones t_α] [t_β han ganado premios internacionales]]]
By what author don't you know what translations have won international awards

(144 b) *Esta es la autora [$_{CP}$ [$_\alpha$ de la que] C [$_{IP}$ [$_\beta$ varias traducciones t_α] han ganado premios internacionales]]
This is the author [[by whom] several translations have won international awards]

In (144 a), CP is the complement of *sabes* and is therefore not a barrier; its specifier β is also not a barrier, and antecedent-government is not blocked, so extraction is permitted. In (144 b), however, extraction is blocked; even though β is the specifier of the complement of C, it is a barrier blocking antecedent-government. A plausible conclusion is that C does not free its complement (or the daughters of the complement) from barrierhood, unlike other X^0s that we have considered, though pursuit of this issue takes us into complexities that we will ignore here.

C is unlike other heads that we have considered in other respects as well. Unlike inflectional elements, it is not a feature of the verb; thus its specifier is not L-related, and is therefore an A'-position, not an A-position as are other specifiers (section 3.2.). C also lacks the semantic content of some other heads.

In general, a good first approximation is that the proper governors are restricted to the lexical features (lexical categories, inflectional features of the verb, and perhaps others) and that only proper governors free their complements from barrierhood.

We have seen that C does not suffice as the required head-governor of a subject trace. In (143 a), the null complementizer *e* failed to license the trace of A-movement. The same failure is observed with an overt C in the similar configuration (145):

(145) *John is important [$_{CP}$ (for) [$_{IP}$ t to leave at noon]]

The paradigm with A'-movement (as opposed to A-movement) of the subject is less straightforward. While (142) is unacceptable, it becomes perfectly well-formed if the overt complementizer is absent:

(146) Who did you say [$_{CP}$ [$_{IP}$ t left yesterday]]

In the approach outlined above, the question is how the subject trace is head-governed. Suppose there is a null complementizer and the movement of *who* proceeded successive-cyclically via the SPEC of the lower CP. Then the representation would be as in (147):

(147) Who did you say [$_{CP}$ t' e [$_{IP}$ t left yesterday]]

SPEC-head agreement takes place between t' and e in this configuration. We tentatively suggest that this agreement provides e with features allowing it to license the trace t. The ungrammaticality of (142) (commonly called the "*that*-trace effect"), on the other hand, indicates that such feature sharing is not possible with the overt complementizer *that*. Note too that there is no derivation similar to that in (147) available for (143) since, quite generally, movement to an A-position cannot proceed through SPEC of CP. Such "improper movement" results in an illicit A-bound variable, as in constructions that fall under the principle COMMAND discussed in section 3.3. (see also section 4.2.).

One concern of some of the early literature on proper government (Huang 1982; Lasnik/Saito 1984) was the absence of *that*-trace effects with adjuncts. Thus (148) is good with or without *that*:

(148) Why do you think [(that) John left t]

Since adjuncts, like subjects, are not complements, the question arises how their traces are head-governed. When *that* is absent, the same mechanism is available as we posited for (147). But when *that* is present, no such mechanism exists, as demonstrated by (142) above (see Rizzi 1990). The framework of

Lasnik/Saito was slightly different so that the technical problem was actually apparent lack of *antecedent*-government, but their solution can carry over under present assumptions. They suggest that as a consequence of the Projection Principle, argument traces must be licensed (γ-marked, in their terminology) at S-structure, while adjunct traces are licensed only at LF. (142) will thus be ruled out at S-structure while (148) will not be. Then in the LF component, *that*, being semantically empty, can be eliminated. The resulting configuration will allow government of the adjunct trace in just the same way that it allowed government of the subject trace in (147), if the head-government requirement holds at LF.

In the examples we have been considering, an adjunct trace is possible in a situation in which a subject trace is not. We also find (nearly) the opposite state of affairs. (149), with movement of the adjunct *how*, is completely impossible, whereas (150), with movement of a subject, is much less severely deviant:

(149) *How do you wonder [whether John said [Mary solved the problem t]]

(150) ??Who do you wonder [whether John said [t solved the problem]]

In both examples, the initial trace is appropriately governed, in the manner just discussed. The difference between (149) and (150) must lie elsewhere.

Consider the structures of the examples in more detail. We assume that *whether* occupies the SPEC of the CP in which it appears.

(151) *How do you wonder [$_{CP}$ whether [$_{IP}$ John said [$_{CP}$ t' e [$_{IP}$ Mary solved the problem t]]]]

(152) ??Who do you wonder [$_{CP}$ whether [$_{IP}$ John said [$_{CP}$ t' e [$_{IP}$ t solved the problem]]]]

Lasnik/Saito argue that not just initial traces, but also intermediate traces, must be appropriately governed. But the intermediate trace t' is not antecedent-governed in either (151) or (152). In the case of (152), Lasnik/Saito argue, the intermediate trace antecedent-governs the initial trace t and then is deleted in the LF component. Such a derivation is not possible for (151) if, as they suggest, all licensing of adjunct traces is at the level of LF. Thus, if t' is present in the LF representation of (151), t will be properly governed but t' will not be. And if t' is not present at the LF level, then t will not be antecedent-governed. Either way, then, the representation contains a trace that is not properly governed.

We have just seen how (149) and (150) can be distinguished in terms of proper government. In (149), there will inevitably be an "offending trace," but there need not be one in (150). However, although (150) is much better than (149), it is not perfect, and that fact remains to be explained. Evidently, *wh*-movement is not permitted to bypass an intermediate SPEC of CP, as it did in both (151) and (152). This is one consequence of the subjacency constraint on movement proposed in Chomsky (1976) as a partial unification of several earlier constraints on movement, including those of Chomsky (1964) and Ross (1967). Subjacency violations are characteristically less severe than proper government violations, all else equal. Another property of subjacency that distinguishes it from proper government was alluded to in section 3.3. Subjacency constrains overt movement, but apparently does not constrain covert movement between S-structure and LF. This is seen in the following near minimal pair, repeated from section 3.3. ((95 a), (96 a)):

(153) *Who do you like [books that criticize t]

(154) Who [t likes books that criticize whom]

The S-structure position of *whom* in (154) is the LF position of the trace of *whom* after LF-raising, which yields a structure that is, in relevant respects, identical to the S-structure (and LF) representation of (153). Yet the two examples contrast sharply in grammaticality. Similarly, as discussed by Huang (1982), in languages with interrogative expressions in situ, such as Chinese, the LF movement of those expressions is not constrained by subjacency. (155) (= (95 b) of section 3.3.) is the Chinese analogue of (153), but it is acceptable, much like (154):

(155) ni xihuan [piping shei de shu]
You like [criticize who REL book]

While LF movement seems not to conform to subjacency, it does respect the proper government requirement. The following Chinese example allows LF movement of *sheme* ("what") into the higher clause, but does not allow such movement for *weisheme* ("why"):

(156) ni xiang-zhidao [Lisi weisheme mai-le sheme]
You wonder Lisi why bought what

(156) can mean (157) but not (158):

(157) What is the thing such that you wonder why Lisi bought that thing?

(158) What is the reason such that you wonder what Lisi bought for that reason?

The trace of the LF movement of *weisheme* to the higher clause will not be properly governed, under the operation that yields the barred interpretation (158).

Having reviewed some aspects of the theory of movement, let us return to the basic concept of government that enters crucially into this and apparently other modules of grammar. We noted that government is a "local" form of command, tentatively taking the operative notion to be c-command. Two elements of locality were introduced: government is blocked by certain barriers and by an intervening category (the minimality condition). The minimality condition has two variants: rigid and relativized minimality. We kept to the latter, following Rizzi (1990). For the theory of movement, we took the relevant forms of government, proper government, to be antecedent-government and head-government by a lexical head or its features (the verbal inflections).

As discussed earlier, these ideas have considerable descriptive adequacy but lack the generality and clarity that we would hope to find in an explanatory theory of language (see section 1.). In particular, the basic and appealing intuition that lies behind the principle of relativized minimality is not really captured by the mechanisms proposed, which list three arbitrary cases and add unexplained complexity (the role of specifier for two of the cases); see (130).

The basic intuition is that the operation Move-α should always try to construct "the shortest link." If some legitimate target of movement is already occupied, the cost is deviance (see Rizzi 1990, chap. 1, app. 1; Chomsky 1992). We may regard this as part of the general principle of economy of derivation. Conditions quite independent of relativized minimality require that only heads can move to head positions, and only elements in A-positions to A-positions. Furthermore, again for independent reasons, XPs can move only to specifier positions, and α can move only to a position that c-commands it. Hence the special properties listed in (130) can be eliminated from the formulation of the condition, which reduces to:

(159) Minimize chain links

If this approach is viable, we can eliminate the intervention condition of (121) in favor of a general condition on economy of derivations, restricting the definition of government to (160):

(160) α governs β if α c-commands β and there is no barrier for β c-commanded by α

We want government to be constrained by the same locality condition that appears in Binding theory and elsewhere. Thus, an antecedent α binds an anaphor β just in case it is the *local* binder; that is, there is no γ bound by α and binding β (see section 4.2.). Similarly, α governs β only if there is no γ governed by α and governing β. This condition is now satisfied for antecedent-government, by the economy condition (159). But an analogue still has to be stipulated for head-government. That raises the question of whether the head-government condition is, in fact, superfluous (Frampton 1991; Chomsky 1992). We will proceed on the assumption that it is required, noting the problematic aspect of this assumption.

To make this intuitive account more precise and descriptively more accurate, we have to explain in what sense a "cost" accrues to failure to make the shortest move, and why violation of the economy condition is more severe for adjuncts than arguments, as noted throughout. Adapting mechanisms just discussed, we might suppose that when a chain link is formed by Move-α, the trace created is assigned * if the economy condition (159) is violated as it is created (a version of the γ-marking operation of Lasnik/Saito 1984, 1992).

Note further that only certain entities are legitimate LF objects, just as only certain entities are legitimate PF objects (e.g., a [+ high, + low] vowel, or a stressed consonant, is not a legitimate PF object, and a derivation that yields such an output fails to form a proper structural description). We therefore need some notion of legitimate LF object. Suppose that the chain C of (161) is a legitimate LF object only if C is *uniform* (see Browning 1987):

(161) $C = (\alpha_1, ..., \alpha_n)$

The only other legitimate LF objects are operator-variable constructions (α, β), where α

is in an A′-position and β heads a legitimate (uniform) chain.

Uniformity is a relational notion: the chain C is *uniform with respect to P* (UN[P]) if each α_i has property P or each α_i has non-P. One obvious choice for the relevant property P is L-relatedness, which we have suggested to ground the distinction between A- and A′-positions; see section 3.2. A chain is UN[L] if it is uniform with respect to L-relatedness. Heads and adjuncts are non-L-related and move only to non-L-related positions; hence the chains they form are UN[L]. An argument chain consists only of L-related positions, hence is UN[L]. The basic types — heads, arguments, adjuncts — are therefore uniform chains, legitimate objects at LF.

Taking this as a first approximation, we now regard the operation of deletion, like movement, as a "last resort" principle, a special case of the principle of economy of derivation (make derivations as short as possible, with links as short as possible): operations in general are permissible only to form a legitimate LF object. Deletion is impermissible in a uniform chain, since these are already legitimate. Deletion in the chain C of (161) is, however, permissible for α_i in an A′-position, where $n > i > 1$ and α_n is in an A-position; that is, the case of successive-cyclic movement of an argument. In this case, a starred trace can be deleted at LF, voiding the violation; in other cases, it cannot.

An expression (an SD) is a subjacency violation if its derivation forms a starred trace. It is an ECP violation if, furthermore, this starred trace remains at LF; hence, as noted earlier, ECP violations are more severe than subjacency violations, which leave no residue at LF. Note that the concept ECP is now a descriptive cover term for various kinds of violations that are marked at LF, among them, violations of the economy principle (relativized minimality).

We continue to assume that traces must be properly governed: both antecedent- and head-governed by a lexical feature (i.e., not C). To unify the account, let us say that a trace is marked * if it fails either of these conditions. Thus a trace will be marked ** if it fails both, or if it fails one along with the economy condition, and it will be marked *** if it fails all three, with multiple starring indicating increased deviance. We have failure of antecedent-government in the case of movement over a barrier, or in the case of lowering in violation of the c-command condition; unless the offending trace deletes, the violation remains at LF. We speculated earlier that only proper governors free their complement from barrierhood. It will follow, then, that IP (the complement of C) will be free from barrierhood only if C has a lexical feature: that will happen if V−I raises to C.

Government now is the special case of local c-command when there is no barrier. Subjacency violations fail the economy condition that requires chain links to be minimal. There is generally further deviance if the violation leaves a residue in the LF-representation. Traces must be properly-governed (head- and antecedent-governed), requiring raising rather than lowering, with deviance if raising crosses a barrier. The special properties of C, manifest in many respects as we have seen, impose further constraints on extraction of subjects. Deletion, like movement, is driven by FI: the requirement that derivations must form legitimate LF objects. The guiding principle is economy of derivations and representations: derivations contain no superfluous steps, just as representations contain no superfluous symbols. See Chomsky (1991, 1992) for further discussion.

4.2. Binding Theory

Among the imaginable anaphoric relations among NPs, some are possible, some are necessary, and still others are proscribed, depending on the nature of the NPs involved and the syntactic configurations in which they occur. For example, in (162), *him* can be referentially dependent upon *John* (can take *John* as its antecedent), while in (163), it cannot:

(162) John said Mary criticized him

(163) John criticized him

That is, (163) has no reading in which *him* refers to John, in the way that *himself* in (164) does:

(164) John criticized himself

Apparently, a pronoun cannot have an antecedent that is "too close" to it. Note that in (162), where antecedence is possible, a clause boundary intervenes between pronoun and antecedent. There is no such boundary between pronoun and antecedent in (163).

As we have seen in section 3.3., distance in this sense does not always suffice to make antecedence possible. Consider (165), where a clause boundary intervenes between *he* and

John, yet an anaphoric connection is impossible:

(165) He said Mary criticized John

Importantly, it is not the linear relation between pronoun and name that inhibits anaphora. This is evident from consideration of (166), in which *he* once again precedes *John*, yet anaphora is possible:

(166) After he entered the room, John sat down

Similarly, in (167), *his* can take *John* as its antecedent:

(167) His boss criticized John

The generalization covering (165)–(167) is approximately as in (168):

(168) A pronoun cannot take an element of its (c-command) domain as its antecedent.

The *c-command domain* of an element is the minimal phrase containing it. Thus, in (165) the domain of the pronoun is the entire sentence. Since, trivially, the putative antecedent is included in that domain, the anaphoric interpretation is inconsistent with the generalization (168). In (166), on the other hand, the domain of the pronoun is the adverbial clause, which does not include the antecedent *John*. Similarly, in (167), the domain of the pronoun is the subject NP, *his boss*, which does not include *John*.

There are a number of ways that the generalization in (168), which relates aspects of the structure and meaning of an utterance, might be expressed in the theory. One way is in terms of a constraint (171) on *binding*, a structural relation defined in (169), and *freedom* defined in (170):

(169) α *binds* β if α c-commands β and α, β are coindexed.

(170) If β is not bound, then β is free.

(171) An *r-expression* (fully referential expression — not a pronoun or an anaphor) must be free.

The fundamental relation in this approach, coindexation, is a symmetric one. For an alternative in terms of an asymmetric relation, "linking", see Higginbotham (1983, 1985). Consider how (171), often called Condition C of the Binding theory, will treat the examples in (165)–(167) above. Representation (172), for sentence (165), will be excluded, while representations (173) and (174), for (166) and (167) respectively, will be allowed:

(172) *He_i said Mary criticized $John_i$

(173) After he_i entered the room, $John_i$ sat down

(174) His_i boss criticized $John_i$

Note that according to (171), (175) is permitted if $i \neq j$:

(175) He_i said Mary criticized $John_j$

Hence, if (171) is truly to play a role in capturing the generalization in (168), an interpretation must be provided for the indexing in (175) that explicitly precludes the impossible interpretation. (176) suffices in this case:

(176) If the index of α is distinct from the index of β, then neither α nor β is the antecedent of the other.

Shortly, we will see reason to strengthen this constraint on interpretation of contra-indexation.

Returning now to the phenomenon in (163), given that there, too, we found a constraint on antecedence, it is reasonable to suppose that (176) should again play a role in the account. Evidently, all that is necessary is that the configuration (177) be allowed and (178) prohibited:

(177) $John_i$ criticized him_j

(178) *$John_i$ criticized him_i

(171) will not be effective in excluding (178), since that constraint is limited to circumstances where the bindee is an r-expression, while in (178) the bindee is a pronoun. Further, we do not want to generalize (171) to include pronouns as bindees, since that would incorrectly preclude antecedence in (162) by disallowing representation (179):

(179) $John_i$ said Mary criticized him_i

At noted earlier, there is a locality effect involved in this paradigm. A pronoun is clearly able to be within the domain of its antecedent, hence, is allowed to have a binder, but must not be "too close" to it. (180) is a rough statement of the necessary constraint ("Condition B" of the Binding theory):

(180) A pronoun must be free in a local domain.

The precise nature of the relevant local domain remains to be specified. The examples under consideration suggest that the local domain is approximately the minimal clause containing the pronoun. We will limit our attention here to purely structural approaches. See Williams (1989) for an account in terms of θ-roles, and Reinhart/Reuland (1991) for one based on predication.

Note that, as predicted, a pronoun can have an antecedent in its clause just as long as that antecedent does not c-command it. (181) is a permissible representation:

(181) John's$_i$ boss criticized him$_i$

Anaphors, such as reciprocals and reflexives, require antecedents which bind them. In this, their behavior is quite different from pronouns, which *may* have binding antecedents, but *need* not. Additionally, at least in English and a number of other languages, the antecedent of an anaphor must be local to the anaphor. In particular, we have (182), "Condition A" of the Binding theory:

(182) An anaphor must be bound in a local domain

Under the null hypothesis that the "local domain" is the same for Condition A and Condition B, we predict complementarity between pronouns and anaphors. This prediction is confirmed to a substantial degree. The ill-formed (178) becomes grammatical, if its bound pronoun is replaced by an anaphor, as in (183):

(183) John$_i$ criticized himself$_i$

Conversely, the well-formed (179) becomes bad, if its pronoun is replaced by an anaphor:

(184) *John$_i$ said Mary criticized himself$_i$

All that remains for this rough approximation is to specify the interpretation for coindexation. That is, we must guarantee that (183) cannot mean that John criticized Harry. The necessary principle of interpretation is not entirely obvious. For the moment, let us assume (185), temporarily leaving open the precise import of the notion "antecedent":

(185) If the index of α is identical to the index of β, then α is the antecedent of β or β is the antecedent of α.

We now have three syntactic constraints, repeated as (186A–C), and the two principles of interpretation (176) and (185):

(186) A An anaphor must be bound in a local domain.

B A pronoun must be free in a local domain.

C An r-expression must be free.

Before considering further the precise nature of the local domain involved in Conditions A and B, we return briefly to the semantic import of indexing relations. Earlier, we hinted that (176) would need to be strengthened. Consider, in this regard, representation (187):

(187) After John$_i$ walked in, John$_j$ criticized him$_i$

This representation is fully consistent with the only relevant syntactic conditions, (186 C, B). Neither occurrence of *John* is bound, and *him* is free in its clause. According to (176), *John$_j$* cannot be the antecedent of *him$_i$*, but *John$_i$* is an appropriate antecedent. It is thus unclear why (187) does not have the interpretation (and status) of (188), where coreferential interpretation for the two occurrences of *John* contributes only a minor degree of deviance:

(188) After John$_j$ walked in, John$_j$ criticized himself$_j$

Given the sharp contrast between (188) and (187) on the relevant interpretation, the extreme deviance of (187) cannot be attributed to repetition of the name, but rather must stem from the relation between the second occurrence of the name and the pronoun. We must rule out (intended) coreference between these two NPs, even when the second does not take the first as its antecedent. We achieve this result by strengthening (176) to (189):

(189) If the index of α is distinct from the index of β, then α and β are non-coreferential.

(185) must now be modified, in corresponding fashion, to (190):

(190) If the index of α is identical to the index of β, then α and β are coreferential.

Consider the contrast between the mildly deviant (191) and the severely degraded (192), both on the relevant interpretation involving only one individual:

(191) ?After John walked in, John sat down

(192) *John criticized John

Condition C excludes representation (193) for (192), while permitting (194):

(193) *John$_i$ criticized John$_i$

(194) John$_i$ criticized John$_j$

(189) now correctly guarantees non-coreference for the two NPs in (194). But now consider (191). On the desired interpretation, the two occurrences of *John* cannot be contraindexed, since (189) would demand non-coreference for such a representation. Coindexation, too, would be problematic under (185), since (185) demands antecedence in one direction or the other, yet a name, being fully referential in its own right, presumably cannot have an antecedent. This problem does not arise once (190) is substituted for (185).

Thus far, we have limited our attention to anaphoric relations among singular NPs. Certain complications arise when we extend the scope of the investigation to plurals. The configurations giving rise to non-coreference effects, by the mechanisms outlined above, seem to give rise to *disjoint reference* effects as well (Postal 1966b). Just as a coreferential interpretation of the two NPs is markedly degraded in (195), so is overlap degraded in (196):

(195) He likes him

(196) They like him

Correspondingly, (197), whose NPs lexically demand coreference, is bad, and (198), whose NPs lexically demand overlap in reference, is substantially degraded also:

(197) *I like me

(198) ?*We like me

This suggests that (189) should be further strengthened:

(199) If the index of α is distinct from the index of β, then α and β are disjoint in reference.

In (195)−(198), Condition B excludes coindexing. (199) then demands disjoint reference of the necessarily contra-indexed NPs. But a problem arises for pronouns not in configurations subject to Condition B. Consider (200) and (201):

(200) They think he will be victorious

(201) We think I will be victorious

In contrast with (197) and (198), (200) and (201) allow an interpretation where the reference of the second NP is included in the reference of the first. The result is that (200) is ambiguous and (201) is grammatical. But given the two principles of interpretation (190) and (199), there is now no possible representation available for these examples. Neither (202) nor (203) will yield a consistent interpretation for (201):

(202) We$_i$ think I$_j$ will be victorious

(203) We$_i$ think I$_i$ will be victorious

By (199), in representation (202) *We* and *I* must be disjoint in reference, but this is inconsistent with the lexical meanings of the two pronouns. And by (190), in representation (203) the two pronouns must be coreferential, which is again inconsistent with their lexical meanings. Note further, that it will not do to weaken (190) so that it only demands overlap in reference, rather than coreference. This is so since in (204), for example, coreference is clearly demanded between the subject pronoun and the object reflexive, but under the hypothesized weakening, overlap should suffice:

(204) They$_i$ praised themselves$_i$

Evidently, we require a richer set of notational possibilities than we have seen so far. At least three circumstances − coreference, disjoint reference, and overlap in reference − must be accommodated. But the purely binary distinction provided by coindexing vs. contraindexing straightforwardly allows for only two. To overcome this limitation, one notational device sometimes used is an index that is not a simple integer, but rather, is a set of integers (Sportiche 1985). (It might seem tempting to take cardinality of index to correspond to cardinality of the referent of the NP. But such a move has no formal basis and faces insurmountable difficulties. See Higginbotham 1985; Lasnik 1989.) In accord with this convention, *free* is redefined as follows:

(205) β is free with respect to α if either α does not c-command β or the intersection of the indices of α and β is null.

Correspondingly, we modify interpretive rule (199):

(206) If the intersection of the index of α and the index of β is null, then α and β are disjoint in reference.

The problematic contrast between (198) and (201) is now straightforwardly handled. By Condition B, *me* in (198) must be free, as in (207a) or (207b):

(207a) We$_{\{i\}}$ like me$_{\{j\}}$
(207b) We$_{\{j,k\}}$ like me$_{\{i\}}$

(206) then demands of these representations that the subject and object be disjoint in reference. In (201), on the other hand, Condition B is irrelevant. The indices of subject and object are therefore permitted to overlap (though still not to be identical, given (190), which we maintain):

(208) We$_{\{i,j\}}$ think I$_{\{i\}}$ will be victorious

The phenomenon of split antecedence is similarly accommodated, as displayed in (209 a, b):

(209 a) John$_{\{i\}}$ told Mary$_{\{j\}}$ that they$_{\{i,j\}}$ should leave

(209 b) John$_{\{i\}}$ told Mary$_{\{j\}}$ that they$_{\{i,j,k\}}$ should leave

Several other possibilities might also be considered. Thus, in place of the resort to set indices, we might enrich the interpretation provided for simple indices of the sort considered earlier. Consider the following interpretive procedure:

(210) (a) Suppose NP and α are coindexed. Then
  (i) if α is an anaphor, it is coreferential with NP;
  (ii) if α is a pronoun, it overlaps in reference with NP.
 (b) Suppose NP and α are contra-indexed. Then they are disjoint.

The standard cases of coreference, distinct reference, and disjoint reference now fall into place. In (195)–(198), contra-indexing is required by Condition B, and the pronouns are interpreted as disjoint. In (200)–(204), coindexing is permitted, and (210 a ii) yields the intended interpretation of overlap in reference. It remains, however, to deal with the phenomenon of split antecedence, and further questions arise in the case of more complex constructions that we have not considered.

Another possibility would be to unify the indexing and interpretive procedures along with the Binding conditions themselves, dispensing with indexing and simplifying (210) to (211), where D is the relevant local domain:

(211 a) If α is an anaphor, interpret it as coreferential with a c-commanding phrase in D;

(211 b) if α is a pronoun, interpret it as disjoint from every c-commanding phrase in D.

Following Lasnik (1976), we restate the former indexing requirement for r-expressions along the same lines:

(212) If α is an r-expression, interpret it as disjoint from every c-commanding phrase.

Nothing is said about interpretation in other cases. The standard examples are interpreted straightforwardly. Split antecedence is now understood to be a special case of free reference. Thus in (209) any interpretation is permitted, including those indicated in (209), and also others, for example, an interpretation in which *they* is taken to refer to John and some third party, but not Mary.

What about more complex cases such as (213) (Wasow 1972)?

(213) The woman who loved him$_i$ told him$_j$ that John$_i$ was intelligent

Here, we have to exclude the interpretation in which the two pronouns and *John* all co-refer. The problem is that the Binding conditions permit both *John*$_i$ and *him*$_j$ to corefer with *him*$_i$. It then follows, incorrectly, that *John*$_i$ and *him*$_j$ can be coreferent. In the theory outlined earlier, this was excluded by the fact that coindexing is an equivalence relation, so that coindexing of both *John*$_i$ and *him*$_j$ with *him*$_i$ entails that *John* is coindexed with *him*$_j$, which is barred by Condition C. But we now have no coindexing, hence no equivalence relation.

However, the same result is achieved simply as a consequence of the interpretation itself (Lasnik 1976). By (212), *John*$_i$ is disjoint from *him*$_j$. Free interpretation allows the two pronouns to corefer and allows *John*$_i$ to corefer with *him*$_i$. If we adopt these options, *him*$_j$ and *John*$_i$ corefer, and we have an inconsistent interpretation, with *John*$_i$ both coreferent with and disjoint from *him*$_j$. Nothing further need be said. Many other complex cases fallow in the same way.

The theory outlined earlier, which is the standard one, involved an indexing procedure that satisfies the Binding conditions and (explicitly or implicitly) an interpretive procedure. The approach just sketched unifies all three into an interpretive procedure. Whichever approach is followed, it now remains to consider the "local domain" in which anaphors must be bound and pronouns free.

Thus far, the local domain has been the minimal clause containing the anaphor or pronoun. But this characterization is inadequate for a wider range of phenomena. In (214), the anaphor is free in its minimal clause, yet the example is well-formed:

(214) John$_i$ believes [himself$_i$ to be clever]

Similarly, (215) is deviant even though the pronoun is free in the complement clause:

(215) *John$_i$ believes [him$_i$ to be clever]

We take the relevant difference between these examples and the embedded clause cases considered earlier to be in terms of government. In (214) and (215), the main verb governs the subject of the infinitival complement, as is evident from the accusative Case that shows up on that subject. In (216), on the other hand, there is clearly no such government relation, and the grammaticality judgments are the reverse of those in (214), (215).

(216 a) *John$_i$ believes [himself$_i$ is clever]
(216 b) John$_i$ believes [he$_i$ is clever]

The local domain, or "governing category" as it is frequently called, involves reference to government, roughly as in (217), as a first approximation:

(217) The governing category (GC) of α is the minimal clause containing α and a governor of α.

In (214) and (215), the GC for the anaphor or pronoun is the entire sentence, since the governor, *believe*, is in the higher clause. Since both the anaphor and pronoun are bound in that domain, the former example is good, in obedience to Condition A, and the latter bad, in violation of Condition B. In (216), the GC is the lower clause, since the subject is assigned nominative Case by a governor internal to that clause, finite INFL (assuming that government is defined in terms of m-command). Since within the lower clause, there is no binder for the subject of that clause, (216 a) is in violation of Condition A, and (216 b) is in conformity with Condition B. Note that (217) correctly predicts that the difference between finite and infinitival complements is limited to subject position. With respect to object position, finite and non-finite clauses are parallel:

(218 a) *John$_i$ believes [Mary likes himself$_i$]
(218 b)   him$_i$

(219 a) *John believes [Mary to like himself$_i$]
(219 b)   him$_i$

In all four examples, the GC for the anaphor or pronoun is the embedded clause, since the verb of the embedded clause is a governor of its object.

The local domain for Conditions A and B can be NP as well as IP, as seen in (220):

(220) *John$_i$ likes [$_{NP}$ Bill's stories about himself$_i$]

This suggests that (217) should be extended in the obvious way to include NP. The large NP would then be the GC for *himself* since *about* governs that anaphor. However, matters are slightly more complicated than that: unexpectedly, (221) is grammatical.

(221) John$_i$ likes [stories about himself$_i$]

Under the suggested extension, (221) should also be bad.

Note that in (220), in contrast with (221), the large NP contains not just the anaphor, but also a "potential" binder, that is, another NP that c-commands the anaphor. Our final modification incorporates this observation, and also generalizes from NP and IP to "complete functional complex" (CFC), where a CFC is a projection containing all grammatical functions compatible with its head:

(222) The governing category for α is the minimal CFC which contains α and a governor of α and in which α's Binding condition could, in principle, be satisfied.

This correctly distinguishes (220) from (221). As noted above, there is a potential binder, *Bill's*, for the anaphor in the large NP in (220), but none in (221). In the latter example, the GC for the anaphor is thus the entire sentence, and Condition A is satisfied. Under the hypothesis alluded to in section 3.2. that subjects are base-generated internal to VP, the VP will be the GC, with the trace of the subject (which has itself moved to the [SPEC, IP]) serving as the binder.

Note that the presence or absence of a potential binder (as opposed to an actual one) should play no role for Condition B, since there is no requirement that a pronoun have a binder at all (Huang 1983). Hence, the minimal CFC containing α and a governor of α (where α is a pronoun) should always be the minimal such CFC in which α's Binding condition could, in principle, be satisfied. This predicts that (223) and (224) should *both* be good, if in fact, the NP object of *likes* in (224) qualifies as a CFC.

(223) John$_i$ likes [Bill's stories about him$_i$]

(224) John$_i$ likes [stories about him$_i$]

As expected, (223) is perfect. (224), while perhaps slightly worse, is still reasonably acceptable. This latter example thus provides one context where the usual distinctness in distribution between anaphors and pronouns seems to break down. (221), with *himself* in place of *him*, was also, of course, grammatical. Note that, as predicted, distinct distribution is maintained if there is an actual binder within the large NP, as in (225):

(225 a) I like [John's$_i$ stories about himself$_i$]
(225 b) *   him$_i$

The NP "John's stories about __" is the smallest potential CFC in which Condition A or B could be satisfied. While in (225 a), Condition A is satisfied in that domain, in (225 b), Condition B is not.

There is some evidence that the apparent overlap in distribution seen in (221), (224) is only illusory. In (224), where *him* is construed as *John*, the stories are not taken as John's. This becomes even clearer in (226), since in that example, the meaning of the verb virtually forces the stories to be John's:

(226) ?*John$_i$ told [stories about him$_i$]

This suggests that (224) actually can have a structure similar to (223), but with the subject of the NP phonetically null. In that case, the NP object of *likes* would clearly constitute a CFC. In (226), on the other hand, even if the NP object of *told* has a null subject, *him$_i$* will still be illicitly bound in the minimal CFC, since that subject is understood as *John*.

However, there is one other situation where the usual disjoint distribution definitely breaks down. English has, to a limited extent, configurations permitting "long distance" anaphors. (227) is a representative example:

(227) Mary$_i$ thinks [[pictures of herself$_i$] are on display]

Though *herself* is free within both an NP and a finite clause here, it is bound in its GC, the entire clause. There is no potential binder for the anaphor anywhere in the lower clause, so Condition A could not be satisfied, even in principle, within the lower clause. Thus *herself* is permitted to seek its binder in the upper clause, where, in fact, it finds it. Now note that a pronoun is possible in place of the anaphor:

(228) Mary$_i$ thinks [[pictures of her$_i$] are on display]

The NP *pictures of her* (if it has a phonetically null subject), or the embedded clause (otherwise), is the smallest CFC which contains *her* and a governor of *her* (*of* or *pictures*, depending on certain assumptions about assignment of genitive Case; see section 4.3.), and in which *her* could, in principle, be free. And *her* is, in fact, free in that domain. The limited overlap in distribution that exists is thus correctly accounted for by the "relativized" notion of governing category in (222).

There is one remaining problem to consider before we leave this topic. Recall example (216 a), repeated here as (229):

(229) *John$_i$ believes [himself$_i$ is clever]

Under the earlier absolute notion of GC, this was correctly excluded by Condition A. But under the characterization in (222), it is not. Though *himself* has a governor (finite INFL) in the lower S, there is no potential binder. The GC should therefore be the entire sentence, and *John* should be available as a legal binder. Assuming the basic correctness of the formulation of Binding theory we have been developing, something other than Condition A must be responsible for the ill-formedness of (229). We suggest that the relevant condition is one discussed in section 4.1., which excludes traces from configurations in which they are not properly governed. On the face of it, this condition might seem irrelevant, because there is no trace evident in (229). However, it is plausible to regard the relation between a reflexive and its antecedent as involving agreement. Since agreement is generally a strictly local phenomenon, the reflexive must move to a position sufficiently near its antecedent. This might happen in the syntax, as in the cliticization processes of the Romance languages. If not, then it must happen in the LF component. In (229) this movement will leave a trace that is not properly governed. This approach directly accounts for the familiar observation that binding relations and movement processes fall under abstractly very similar constraints. Further, if it is, indeed, the requirement of agreement that is forcing the (LF) movement of the reflexive, (230), which otherwise could have been problematic, is ruled out:

(230) *Himself left

Notice that there is no potential binder for the reflexive, so Condition A does not exclude the example, given the formulation of GC in (222). However, in the absence of an antecedent, the agreement requirement cannot be satisfied. These speculations suggest that for reflexives without agreement, there will be no locality requirement (Yang 1983; Pica 1987).

Given that the Condition A requirement on reflexives is thus partially subsumed under the proper government requirement on traces, the question arises of whether these two constraints fall together even more generally. Heim et al. (1991), expanding upon a proposal of Lebeaux (1983), suggest that the locality requirement between reciprocal expressions and their antecedents is attributable to conditions on movement. To the S-structure of sentence (231), an LF operation of *each*-movement, adjoining the distributor *each* to its "antecedent", will be applicable, giving (232):

(231) The men saw each other

(232) [$_{IP}$[$_{NP}$[$_{NP}$ the men]$_i$ each$_j$] [$_{VP}$ saw [$_{NP}$ t_j other]]]

In (233), this LF movement can be long distance. One reading (the noncontradictory one) of this sentence is representable as (234):

(233) They said that they are taller than each other

(234) [$_{IP}$[$_{NP}$[$_{NP}$ they]$_i$ each$_j$] [$_{VP}$ said [$_{CP}$ that they$_j$ are taller than [t_j other]]]]

When the verb of the main clause is a "nonbridge" verb, however, movement is characteristically blocked. Compare (235) with (236):

(235) Who did they say that they are taller than t

(236) ?*Who did they mutter that they are taller than t

Correspondingly, the "wide scope" reading for *each* is unavailable with the nonbridge verb, leaving only the contradictory reading:

(237) They muttered that they are taller than each other

Thus both major classes of lexical anaphors, reflexives and reciprocals, display constraints suggestive of movement.

We turn finally to the question of the level(s) of representation relevant to the Binding conditions. (238), whose derivation involves raising of the antecedent to the appropriate position to bind the reflexive, suggests that D-structure need not meet Condition A:

(238) John$_i$ seems to himself$_i$ [t_i to be clever]

The issue is not entirely clear-cut, given the considerations of the preceding discussion, but we will tentatively assume that this is correct. Now observe that (239), from a D-structure like that of (240), indicates that Condition C likewise need not be satisfied at D-structure:

(239) [Who that John$_i$ knows] does he$_i$ admire

(240) He$_i$ admires [who that John$_i$ knows]

Compare sentence (241), a standard Condition C violation.

(241) *He$_i$ admires everyone that John$_i$ knows

Further, (242) indicates that LF satisfaction of Condition C would not suffice. The LF representation of (241), following Quantifier Raising, shown in (242), is structurally very similar to the S-structure (and LF, presumably) of (239):

(242) [everyone that John$_i$ knows]$_j$ [$_{IP}$ he$_i$ admires t_j]

The relevant difference between (241) and (242) seems to show up neither at LF nor at D-structure, but rather, only at S-structure. Alternatively, as discussed in section 3.3., reconstruction could be at issue here. Under the null hypothesis that the Binding conditions apply in a block, the level of representation at which they apply is S-structure, or, assuming reconstruction, LF.

With respect to Condition A, we have considered the distribution and interpretation of reflexives. The empty category PRO, which was briefly discussed in section 3.1., is very similar in its interpretation and in some aspects of its distribution. Controlled PRO generally has just the interpretation that a reflexive would have. This, in fact, was the motivation for the *self*-deletion analysis of these constructions offered in Chomsky/Lasnik (1977). Further, the principles relevant to the control of PRO appear, on first inspection, to be similar to those involved in the assignment of antecedents to anaphors. For example, as already discussed, an anaphor as subject of an infinitival clause can successfully be bound by the next subject up, as in (243), just as a PRO can be bound in the parallel configuration in (224):

(243) John$_i$ believes [himself$_i$ to be clever]

(244) John$_i$ tries [PRO$_i$ to be clever]

And as subject of a finite clause, neither is permitted:

(245) *John$_i$ believes [himself$_i$ is clever]

(246) *John$_i$ promises [PRO$_i$ will attend class
cf. John$_i$ promises [PRO$_i$ to attend class]

Further, while both are allowed as the subject of a non-finite clause, in most circumstances the antecedent must be the next subject up for both:

(247) *John$_i$ expects [Mary to believe [himself$_i$ to be clever]]

(248) *John$_i$ expects [Mary to try [PRO$_i$ to be clever]]

However, alongside these similarities, there are striking differences in the distributions of PRO and standard anaphors. For example, the paradigmatic position for an anaphor — direct object — is unavailable to PRO:

(249) John injured himself

(250) *John injured PRO

Further, even in the kinds of structural positions allowing both PRO and anaphors, as in (243) and (244) above, the precise distribution is, in general, complementary rather than identical, as seen in the contrast between (243), (244), on one hand, and (251), (252), on the other:

(251) *John believes [PRO to be clever]

(252) *John tries [himself to be clever]

Thus, there are clear, and well-known, obstacles standing in the way of analyzing PRO simply as an anaphor, and thus determining its distribution and interpretation via Condition A. There have been a number of interesting attempts to overcome these obstacles, some of them involving appeals to the theory of Case, which we will explore in section 4.3. Suppose, for example, that *himself* requires Case, since it is lexical, while PRO does not tolerate Case, because it is not. Then (250) is immediately accounted for: PRO is Case-marked. (252) is straightforwardly explained on the standard assumption that *try* cannot "exceptionally" Case-mark, that is, it can Case-mark a complement NP but cannot Case-mark the subject of a complement clause. And (251) is ruled out since *believe* does exceptionally Case-mark, as seen in (243) above. But there are aspects of the distribution of PRO that cannot be deduced in this way. Consider

(253) *John believes sincerely [Mary to be clever]
cf. John believes sincerely that Mary is clever

In (253), *Mary* fails to receive Case, perhaps because of the adjacency requirement on Case assignment. But (254) is no better than (251):

(254) *John believes sincerely [PRO to be clever]

Thus, a filter proscribing Case for PRO is insufficient.

Further examples, of the sort that have been widely discussed, indicate additional deficiencies of a purely Case-intolerance account of the distribution of PRO. Since PRO in (255) is not in a configuration of Case assignment (a lexical NP is impossible here), that example might be expected to be grammatical, presumably with an "arbitrary" interpretation for PRO, as in (256):

(255) *It is likely [PRO to solve the problem]

(256) It is important [PRO to solve the problem]

And (257) might be expected to be grammatical with an arbitrary interpretation, or possibly with PRO controlled by *John*, given the general lack (or at least amelioration) of Condition A effects in clauses with expletive subjects, as illustrated in (258):

(257) *John believes [it to be likely [PRO to solve the problem]]

(258) John$_i$ believes [it to be likely [that pictures of himself$_i$ will be on display]]

(259)–(260), discussed in section 4.1., display one further configuration in which Case-marking is inapplicable, yet PRO is nonetheless impossible:

(259) *My belief [Harry to be intelligent]
cf. My belief that Harry is intelligent

(260) *My belief [PRO to be intelligent]

See (139).

In Chomsky (1981), it is argued that the crucial factor determining the distribution of PRO is government. In particular, (261) is offered as a descriptive generalization (see also section 4.1.).

(261) PRO must be ungoverned.

Under the standard assumption that Case-marking requires government, this will entail that PRO will not be Case-marked. But the requirement is now broader, since there is government without Case-marking. This is what we find in (254), (255), (257), (260), and (139) above. The distribution of PRO is thus correctly described.

(261) can itself be deduced from more general properties, namely, Binding conditions A and B. If we take PRO to be simultaneously both an anaphor and a pronominal, as suggested in section 3.1., it will then follow that it will never have a governing category, since if it did, contradictory requirements would be in force, given that *free* entails not bound. (261) now follows, since a governed element will always have a governing category. The relevance of this to the present discussion is that Control must now be independent of Condition A, the condition determining antecedence for (pure) anaphors, since to exist at all, PRO must trivially satisfy Condition A, by virtue of having no governing category.

This is widely viewed as an unfortunate, or even intolerable, consequence, and a substantial amount of research has focussed on redefining PRO and/or providing alternative characterizations of "governing category". For particularly interesting discussions along these lines, see, for example, Bouchard (1984) and Manzini (1983). We suggest here that Control is different enough from anaphor binding that a separate mechanism for antecedent assignment is, in fact, justified. Consider first the familiar observation that in addition to the instances of Control by a subject illustrated above, a controller can regularly be an object, as in (262):

(262) John told Mary$_i$ [PRO$_i$ to leave]

Thus far, there is no evidence for distinguishing Control from binding, since binding too can be by an object:

(263) John told Mary$_i$ about herself$_i$

But at least two differences emerge on closer inspection. First, Control is generally by a specifically designated argument. (See Nishigauchi 1984.) (264), with Control by a subject instead of an object, is ill-formed:

(264) *John$_j$ told Mary [PRO$_j$ to leave]

Binding, on the other hand, has no such constraint in English, as seen in the grammaticality of (265):

(265) John$_j$ told Mary about himself$_j$

Thus, there is an optionality concerning choice of binder that does not regularly exist for choice of Controller, a significant difference between the two phenomena.

Now, it is well known that there are languages unlike English with respect to this property of binding. In particular, there are languages where, apparently, only subjects can be binders. Polish is one such language, as illustrated in the following paradigm, from Willim (1981):

(266) Jan$_i$ opowiadał Marii$_j$ o swoim$_i$ ojcu
John telling Mary about self's father
(John was telling Mary about his father)

(267) *Jan$_i$ opowiadał Marii$_j$ o swoim$_j$ ojcu
John telling Mary about self's father
(John was telling Mary about her father)

These languages display a second difference between binding and Control. For, while anaphor binding by a non-subject is impossible, Control by a non-subject is possible (or even necessary), just as in English:

(268) Jan$_i$ kazał Marii$_j$ [PRO$_{j/*i}$ napisac' artykuł]
John told Mary write article
(John told Mary to write an article)

The precise nature of the parameter distinguishing English-type anaphor binding (any c-commander as the binder) from the Polish type (only subject as the binder) is far from clear. But what does seem clear is that this parametric difference does not carry over to Control. For this and other reasons, there is considerable evidence for the existence of a distinct Control module in the theory of grammar.

4.3. Case Theory

In some languages (Sanskrit, Latin, Russian, ...), Case is morphologically manifested, while in others, it has little (English, French, ...) or no (Chinese, ...) overt realization. In line with our general approach, we assume that Case is always present abstractly. In nominative/accusative languages, the subject of a finite clause is assigned *nominative* Case; the object of a transitive verb is assigned *accusative* Case (with some parametric and lexical variation, as discussed by Freidin/ Babby (1984); Neidle (1988), among others); and the object of a pre- or postposition is assigned *oblique* Case (again with substantial variation). The basic ideas of Case theory grew out of the investigation of the distribution of overt NPs, those with morphological content. Chomsky/Lasnik (1977) proposed a set of surface filters to capture this distribution, but Vergnaud (1982) observed that most of their effects could be unified if Case is assigned as indicated just above, and if Case is required for morphological realization, as stated in (269), the Case Filter:

(269) Every phonetically realized NP must be assigned (abstract) Case.

The Chomsky/Lasnik filters, and Vergnaud's replacement, were largely concerned with subject position of infinitival clauses. By and large, a lexical NP is prohibited in this position:

(270) *It seems [*Susan* to be here]

(271) *I am proud [*Bill* to be here]

Finite counterparts of these constructions are possible:

(272) It seems [that *Susan* is here]

(273) I am proud [that *Bill* is here]

This is as predicted, since in (272)–(273) the italicized NP is assigned nominative Case, while no Case is available for the corresponding NPs in (270)–(271).

Certain empty categories are permitted in place of the lexical NPs in (270)–(271). In (274), we have the trace of raised *Susan*, instead of the NP *Susan* itself, and in (275), we find PRO in place of *Bill*:

(274) Susan seems [*t* to be here]

(275) I am proud [PRO to be here]

Indeed, as discussed in section 3.1., it is the Case requirement that forces the movement producing (274) from an underlying structure like (270). (269) then need not be satisfied at D-structure, but rather is a condition on a derived level of representation.

(276) displays another construction permitting PRO as subject of an infinitive while disallowing lexical NP:

(276 a) Bill tried [PRO to be here]
(276 b) *Bill tried [Mary to be here]

In surprising contrast with the complement of *try*, we find just the reverse behavior with *believe*:

(277 a) *Bill believed [PRO to be here]
(277 b) Bill believed [Mary to be here]

As seen in section 4.2., (276a) vs. (277a) receives an account in terms of Binding theory. The CP complement of *try* is a barrier to government of the subject of the complement, so PRO is allowed, having no governing category in this configuration. Under the assumption that *believe*, as a lexical property, takes just an IP complement, PRO in (277a) is governed, hence has a governing category. Either Condition A or Condition B is then necessarily violated. However, (277b) is not yet explained. In that example, *Mary* is not the subject of a finite clause, the object of a transitive verb, nor the object of a preposition, so (269) should be violated. The fact that the example is acceptable indicates that *Mary* does receive Case; (278) indicates that that Case is accusative (or oblique) rather than nominative:

(278) Bill believed [her (*she) to be here]

Further, there is evidence that the Case assigner is the matrix verb *believe(d)*. Perhaps because of the meager overt Case system in English, Case assignment generally conforms to an adjacency requirement, as illustrated in (279):

(279 a) Bill sincerely believed Sam
(279 b) *Bill believed sincerely Sam

The same requirement exhibits itself with respect to the subject of the infinitival complement of *believe*:

(280 a) Bill sincerely believed [Mary to be here]
(280 b) *Bill believed sincerely [Mary to be here]

Evidently, *believe* can assign accusative Case not only to its object (the core situation) as in (279 a), but also to the subject of its infinitival complement, a phenomenon often referred to as "exceptional Case marking" (ECM). Recalling that (277a) shows that there is a government relation in this configuration, we conclude that Case is assigned under government (and, parametrically, adjacency), a slightly weaker requirement than the head-complement relation at its core. We tentatively take nominative Case also to fall under government, in this instance government of the subject by the inflectional head of IP (assuming an m-command definition of government).

In English, the lexical heads V and P appear to be Case assigners, while N and A do not. This is why NPs can occur as direct complements of the former, [− N], categories, but not of the latter, [+ N], categories, despite the fact that X-bar theory would lead us to expect the same range of complements in both situations. Thus, while *proud* can take a clausal complement, as seen in (273) and (275) above, it cannot take a bare NP:

(281) *I am proud my students

Likewise, while the verb *criticize* takes an NP complement, its nominalization *criticism* does not:

(282) John criticized the theory

(283) *John's criticism the theory

In place of the NP complements in (281) and (283), we find an apparent prepositional phrase with a semantically null preposition *of*:

(284) I am proud of my students

(285) John's criticism of the theory

It seems that *of* is inserted to provide a Case assigner for a lexical NP that would otherwise be Caseless. Insertion of a pleonastic element to fulfill a morpho-syntactic requirement is a rather common process. "*Do*-Support" salvages an inflectional affix isolated from V by movement of INFL to C, as in (286):

(286) Did John leave

But there is some reason to question such an account of (284)−(285). In particular, none of the other Case Filter violations enumerated above can be salvaged by the insertion of *of*:

(287) *It seems of *Susan* to be here (cf. (270))

(288) *I am proud of *Bill* to be here (cf. (271))

(289) *Bill tried of *Mary* to be here (cf. 276 b)

(290) *Bill believed sincerely of *Sam* (cf. (279 b))

(291) *Bill believed sincerely of *Mary* to be here (cf. (280 b))

To the (271) vs. (288) paradigm, with an adjectival head of the construction, could be added (292 a) vs. (292 b), where the head is nominal:

(292 a) *My proof *John* to be here
(292 b) *My proof of *John* to be here

That *proof* can take a clausal complement is evidenced by (293):

(293) My proof that John is here

Further, it would be expected to take an infinitival complement as an option since the verb to which it is related can:

(294 a) I proved that John is here
(294 b) I proved John to be here

It is important to note that under other circumstances "*of*-insertion" is available with *proof*, as illustrated in (295):

(295 a) *My proof the theorem
(295 b) My proof of the theorem

Two requirements emerge from the data examined so far. First, "*of*-insertion" takes place in the context of a [+ N] head (N or A) and not otherwise. And second, *of* is available only for the *complement* of an appropriate head. It is not possible in "exceptional" circumstances. This suggests a different perspective on *of*-insertion. Instead of *of* being inserted, as a sort of last resort, before the complement of an A or N, suppose A and N are, in fact, (genitive) Case assigners, as is overtly visible in German (van Riemsdijk 1981). *Of* can then be regarded as the realization of this genitive Case in this configuration in English. Following Chomsky (1986 a), we then distinguish the "structural Cases" accusative and nominative, which are assigned solely in terms of S-structure configuration, from "inherent Cases", including genitive, which are associated with θ-marking. That is, inherent Case is assigned by α to NP only if α θ-marks NP. In (292), then, *John* cannot receive inherent Case from *proof* since it receives no θ-role from it. Structural Case has no such thematic requirement, but *proof*, being a noun, has no Structural Case to assign. Thus, *John* receives no Case at all and violates the Case Filter. Note that under the inherent Case approach to *of*-insertion, the abstract Case needed for the satisfaction of the Case Filter can be either structural or inherent.

Passives are another construction in which Case is evidently not available, but where *of*-insertion, now viewed as inherent genitive assignment, still does not obtain. (296) illustrates this for "exceptional" Case:

(296) *It is believed (of) Mary to be here

Compare "Mary is believed to be here" and "It is believed that Mary is here." These examples show that a passive verb, unlike a preposition or active verb, is not a structural Case assigner. The impossibility of *of* here is not surprising, given the thematic requirement we have seen. (297) is more problematic:

(297) *It is believed (of) Mary
cf. Mary is believed

Again, structural Case is unavailable, indicating that, as suggested in Chomsky/Lasnik (1977), passive verbs are not [− N]. But since *Mary* is the θ-marked complement of *believed*, inherent genitive Case might be expected. The fact that it is not possible indicates that a passive verb, while not a verb ([+ V, − N]), is not an adjective ([+ V, + N]) either. Rather, it is a neutralized [+ V] category with no marking for the feature [N]. Alternatively, as in Baker/Johnson/Roberts (1989), the passive morpheme is actually an argument receiving the subject θ-role of the verb and the accusative Case that the verb assigns. Accusative case is then unavailable for the object of the verb, or for the subject of a clausal infinitival complement.

The Case Filter was originally proposed as a morphological requirement, and while such a requirement might well be at its core, there are relevant phenomena that do not seem amenable to an account in morphological terms. The trace of wh-movement generally must conform to the Case Filter; note that virtually all of the contexts examined thus far where a lexical NP is prohibited also disallow a wh-trace:

(298) *Who does it seem [t to be here]

(299) *Who are you proud [t to be here]

(300) *Who did Bill try [t to be here]

(301) *Who are you proud t

(302) *Which theory did you understand the proof t

(303) *Who is it believed t

Though traces have features, they have no morphological realization, so (298)−(303) are unexpected. It might be thought that it is actually the wh-phrase antecedent of the trace that must satisfy (269), with Case somehow being transmitted from the trace via the links of the movement chain in well-formed wh-questions such as (304):

(304) Who did you see t

However, the paradigm is replicated in constructions where even the moved operator need not have overt morphological realization, as in the relative clauses in (305) or the complex adjectival constructions in (306):

(305 a) The man (who) I see
(305 b) *The man (who) it seems to be here
(305 c) *The man (who) you are proud to be here
(305 d) *The man (who) Bill tried to be here
(305 e) *The man (who) I am proud
(305 f) *The theory (which) you understand the proof
(305 g) *The man (who) it is believed

(306 a) $Mary_i$ is too clever [Op_i [for us to catch t_i]]
(306 b) *$Mary_i$ is too reclusive [Op_i [for it to seem t_i to be here]]
(306 c) *$Bill_i$ is too unpopular [Op_i [for you to try t_i to be here]]

Evidently, both phonetically realized NPs and variables (traces of operator movement) must have abstract Case. Arguably, *pro*, the null pronominal subject in such languages as Italian and Spanish, must also since it typically occurs as the subject of a finite clause. In terms of phonetics and morphology, these three NP types constitute an unnatural class. It is for this reason that we instead might attribute Case Filter effects to θ-theory. As mentioned in section 3.1., we assume that an argument must be visible for θ-role assignment, and it is Case that renders it visible. This correctly distinguishes overt NPs, variables, and *pro*, on the one hand, from NP-trace on the other hand. Only the former are arguments.

We now assume, then, that the Case Filter is, in effect, part of the principle of θ-marking: a chain is visible for θ-marking only if it has a Case-position. Economy conditions ("last resort") block further movement if a Case-position has been reached in chain formation. Given the interface condition on D-structures, we derive the Chain Condition: in an argument chain ($\alpha_1, ..., \alpha_n$), α_1 is a Case-position and α_n a θ-position.

In discussing the Chain Condition in section 3.1., we noted two major problems: concerning expletives and PRO. The former were discussed in section 3.3.; it remains to deal with the fact that argument PRO appears in non-Case-positions, a fact that apparently compels us to adopt a disjunctive version of the Visibility Condition that falls short of a true generalization:

(307) A chain is visible for θ-marking if it contains a Case-position (necessarily, its head) or is headed by PRO

The problems concerning PRO are in fact more serious. Thus PRO is like other arguments in that it is forced to move from a non-Case-position, and cannot move from a Case-marked position, facts left unexplained even by the unsatisfactory disjunction (307).

The first problem is illustrated by such constructions as (308):

(308) We never expected [there to be found α]

If α is an indefinite NP, the counterpart to (308) is grammatical in many languages and marginally acceptable in English (more so, with "heavy NPs" such as "a hitherto unknown play by Shakespeare"); at LF, α raises to the position of the expletive, giving a chain that satisfies the Visibility Condition. But with α = PRO, the sentence is completely excluded, though all relevant conditions are satisfied: PRO occupies a θ-position as object of *find*, and choice of arbitrary PRO should satisfy the "definiteness condition," giving the meaning "we never expected that some arbitrary person would be found." Overt raising of PRO to the position of *there* is possible, as in (309), but with an entirely different meaning involving control by *we*:

(309) We never expected [PRO to be found *t*]

As a descriptive observation, yet to be explained, we conclude that PRO must move from a non-Case-position at S-structure, while other arguments must move from such a position either at S-structure or at LF.

To bar (308), we might appeal to the requirement that PRO be ungoverned (see section 4.2.). We must, however, now assume that this condition applies at S-structure; if the condition follows from Conditions A and B of the Binding theory, then these too apply at S-structure. To account for (309), we might modify the "last resort" condition to permit movement of PRO from a governed position.

Both the assumption that Binding theory applies at S-structure and the extension of the last resort condition are open to question. Furthermore, they are empirically inadequate, because of the second problem: like other arguments, PRO is not permitted to move from a Case-marked position, even to escape government. The problem is illustrated in such forms as (310):

(310 a) α to talk about β
(310 b) α to strike β [that the problems are insoluble]
(310 c) α to seem to β [that the problems are insoluble]

Suppose that (310 a) is a D-structure in the context "it is unfair —," with α = *e* and β = *John*. The last resort condition bars raising of β to position α, yielding (311 a), because the chain (*John*) is already visible for θ-marking without movement. Suppose β = PRO. On the assumptions now under consideration, PRO must raise to the position α to satisfy the nongovernment requirement. But that movement is impermissible, even though α is a legitimate position for PRO in other constructions, as in (311 c):

(311 a) *it is unfair [John to talk about *t*]
(311 b) *it is unfair [PRO to talk about *t*]
(311 c) it is unfair [PRO to talk about John]

One might argue in this case that there is a θ-theory violation, the subject being an obligatorily θ-marked position (a dubious move, as illustrated by nominalizations in which no external θ-role is assigned; see Chomsky (1981). But that argument will not suffice for (310 b, c) (Lasnik, 1992). Here α is in a non-θ-position, so that the sentences are well-formed with α = expletive *it* and β = *John* as in (312 a, b):

(312 a) It is rare for it to strike John that the problems are insoluble
(312 b) It is rare for it to seem to John that the problems are insoluble

Still, β = *John* cannot raise to the position α, leaving trace, as in (313):

(313 a) We want John to strike *t* that the problems are insoluble
(313 b) We want John to seem to *t* that the problems are insoluble

In the case of β = *John*, the last resort principle accounts for the phenomena, Case being assigned in the trace position and therefore barring further movement. But suppose that β = PRO in (310). The requirement of nongovernment forces movement, to yield (314):

(314 a) PRO to strike *t* [that the problems are insoluble]
(314 b) PRO to seem to *t* [that the problems are insoluble]

PRO is now in an ungoverned position, heading a θ-marked chain. Hence all conditions are satisfied. But the constructions are radically ungrammatical, whatever the context.

We conclude, then, that the proposal to impose the nongovernment requirement for PRO at S-structure and to incorporate this condition in the last resort principle did not solve the problem. Even with these questionable moves, the disjunctive formulation of the Visibility Condition remains empirically inadequate, as well as unsatisfactory. Some other principle requires that PRO behave like other arguments, moving from non-Case-positions and barred from moving from Case-positions.

Notice that these anomalies would be overcome if PRO, like other arguments, has Case, but a Case different from the familiar ones: nominative, accusative, etc. From the point of view of interpretation, we might regard PRO as a "minimal" NP argument, lacking independent phonetic, referential or other properties. Accordingly, let us say that it is the sole NP that can bear null Case (though it may have other Cases as well, in nonstandard conditions that we will not review here). It follows that the last resort principle applies to PRO exactly as it does to any argument: PRO is permitted to move from a non-Case-position to a position where its Case can be assigned or checked, and is not permitted to move from a Case-position. The Visibility Condition can now be simplified to (315):

(315) A chain is visible for θ-marking if it contains a Case-position

— necessarily, its head, by the last resort condition.

Observe further that in some languages, agreement plays the same role as Case in rendering chains visible (Baker 1988). Thus abstract Case should include agreement along with standard Case phenomena. The realization of abstract Case will depend on parametric choices for functional categories. Case is a relation of XP to H, H an X^0 head that assigns or checks the Case of XP. Where the feature appears in both XP and H, we call the relation "agreement"; where it appears only on XP, we call it "Case."

In English, Spanish, and other languages with minimal overt Case-marking, agreement is often manifest with PRO as well as overt NPs, as in (316), where the predicate necessarily agrees with the subject of the lower clause:

(316a) I want [them to be officers]
(316b) *They want [me to be officers]
(316c) They want [PRO to be officers]
(316d) Juan cree [PRO estar enfermo]
Juan believes [(himself) to be sick]

Thus PRO includes φ-features for agreement, elements of abstract Case if we construe this category in the manner just indicated. It is a small further step, then, to suppose that like other NPs, PRO contains standard Case as well as agreement features.

Where, then, is null Case assigned or checked (assume the latter, for concreteness)? Recall that nominative Case is standardly checked in [SPEC, IP], where I involves the features of tense and agreement (T, AGR). It is thus a realization of a SPEC-head relation, with the head = INFL, the head of IP. It is natural, then, to take null Case to be a realization of the same relation where INFL lacks tense and agreement features: the minimal INFL checks null Case, and the minimal NP alone can bear it. More generally, we may assume that the infinitival element (with null agreement) and the head ING of gerundive nominals check null Case, so that PRO will appear in such constructions as (317):

(317a) PRO to VP (to be sick)
(317b) PRO ING VP (being sick)

One striking anomaly still remains in Case theory. We are taking abstract Case to be an expression of an (XP, head) relation. But we still have two distinct relations of head to XP, leaving us still with an unsatisfactory disjunctive formulation: while nominative (and now null) Case is the realization of a SPEC-head relation, accusative Case is assigned by a Verb to an NP that it governs. In discussing the matter earlier, we extended government to m-command to incorporate nominative Case assignment; but apart from the Case relation, c-command appears to be the appropriate basis for government. It would be more natural to suppose that structural Case in general is the realization of a SPEC-head relation, while inherent Case, which, as we have seen, is associated with θ-marking, is assigned by lexical heads. We have already touched upon this possibility in discussing the inflectional system in section 3.2., where we took it to have the form (318) (= (77)):

(318)
```
              IP
          /      \
       SPEC     AGR-S'
              /      \
           AGR-S      TP
                    /    \
                   T    AGR-O"
                       /      \
                    SPEC     AGR-O'
                            /      \
                         AGR-O      VP
```

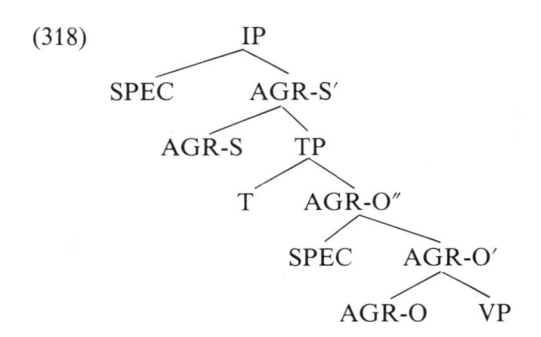

As before, the notations "AGR−S" and "AGR−O" are mnemonics: there is only one element AGR, a collection of φ-features. We continue to omit a possible [SPEC, T] and negation, and to assume that at D-structure, the subject occupies the [SPEC, VP] position.

Recall further that the V head of VP amalgamates with the heads AGR−O, T, and AGR−S; and at least by LF, V with its affixes has raised to eliminate all traces not c-commanded by their antecedents. Verbs may or may not have the ability to assign Case, which we may assume to be indicated by a two-valued feature [Case] for accusative and unaccusative verbs (Perlmutter 1978; Burzio 1986). If V has [+ Case], then the amalgam [AGR−O, V] will also have this feature and will check accusative Case in the position [SPEC, AGR−O]; if V has [− Case], an NP in [SPEC, AGR−O] will not have its Case checked, and must therefore move to [SPEC, AGR−S]. The [AGR−S, T] amalgam checks either nominative or null Case in the position [SPEC, AGR−S], depending on whether T has the value [+ tense] or [− tense]. Structural Case in general is simply a manifestation of the [SPEC, AGR] relation, with realizations as Case or agreement, depending on language-particular morphology.

As we have seen, one standard kind of parametric variation among languages has to do with the position of S-structure in the derivation of LF from D-structure. Thus certain operations that are necessary for satisfying LF conditions may apply before or after the branch point to the PF-component. The same is true of the operations that raise NP to the [SPEC, AGR] positions for Case-checking. Suppose that all the NP-raising operations are at LF and the language is left-headed, with V raising overtly to the inflectional position. Then as noted earlier (section 3.2.), we have a VSO configuration at S-structure, V and the inflectional elements having amalgamated and trace of V heading VP in (318), with subject and object remaining in their VP-interal positions. Subject will raise to [SPEC, AGR−S] and object to [SPEC, AGR−O] at LF. Suppose that subject-raising is overt and object-raising covert in the LF-component. We then have an SVO configuration at S-structure, with the VP headed by V or its trace depending on whether the language lowers inflections to V (like English) or raises V to inflection (like French, and English auxiliaries; see section 3.1.). Suppose that the language is right-headed with overt object-raising and covert subject-raising; we then have OSV order at S-structure (scrambling). If both subject and object raise overtly in a right-headed language, we will still have SOV order, but with traces in the original positions in VP. Other options are also possible.

The parameters involved are much like those that differentiate English-type languages that require overt raising of a question-phrase from Chinese-type languages that leave all such phrases in situ. As discussed in section 3.3., we take the economy principles to prefer covert operations, which do not feed the PF component, to overt operations that do. Hence unless a language requires that movement be overt, it will apply at LF, as in Chinese-type interrogatives or multiple *wh*-phrases in English-type languages. We might assume that what is involved is a condition on S-structure SPEC-head agreement, where the head is the C to which the *wh*-phrase raises; that is, a condition on Case, in the broad sense now under consideration. The conditions on AGR−S and AGR−O are similar. Only if S-structure SPEC-head agreement (Case, in the broad sense) is required is overt raising permissible: in English, for AGR−S but not AGR−O. For a formulation eliminating the S-structure condition, see Chomsky (1992).

This approach, which reduces Case-agreement to a reflection of the SPEC-head relation, requires that we modify the formulation of a number of the basic principles discussed earlier, while leaving their content essentially intact, for example, the last resort condition for movement and the associated Chain Condition. Consider the D-structures (319):

(319 a) We believe [e to have [$_{VP}$ John won the election]]

(319 b) We believe [e to have [$_{VP}$ been elected John]]

Assuming the VP-internal subject hypothesis, *John* is within VP in (319a), and must raise to the subject position *e*, as also in (319b), yielding the S-structure forms (320):

(320a) We believe [John to have [*t* won the election]]
(320b) We believe [John to have [been elected *t*]]

The standard account, reviewed earlier, explains this in terms of the Chain Condition, assuming an S-structure requirement on Case-assignment. Movement is a legitimate last resort operation.

We now cannot appeal to this argument for S-structure movement. The problem is that the S-structure forms (320) still do not satisfy the Chain Condition, because Case is checked only at the LF-representations (321):

(321a) We [John believe [*t'* to have *t* won the election]]
(321b) We [John believe [*t'* to have been elected *t*]]

This is one of a class of problems relating to the subject position [SPEC, IP], a non-θ-position that can be occupied either by an argument (raised from a θ-position) or an expletive, which may in turn be overt (*there, it*) or vacuous, that is, nothing but a target for movement. The expletive can be *pro*, if the language permits null subjects. In such a case, analogues to (319) would be acceptable in principle at S-structure with *e* being *pro*, assuming the satisfaction of other conditions (the indefiniteness condition etc.). Then LF movement would replace *pro* by its associate in the normal fashion.

Note that these problems arose in a different way in the standard account. In part the problems were conceptual: the standard account was based on the dubious assumption that Case must be checked at S-structure, though on conceptual grounds we would expect the Visibility Condition, hence the Chain Condition, to apply only at the LF interface. In part the problems were similar to the ones just raised. Thus in the construction (322), for example, the phrase *an error* is raised at S-structure even though the target position is not assigned structural Case; this is checked (or assigned) only at LF, after expletive replacement:

(322) There was an error made *t* in the calculation

The problem is similar to the one we now face in the case of (319) – (321).

The Extended Projection Principle (see section 3.2.) requires, for English, that the [SPEC, IP] position be present through the course of a derivation, hence occupied by an expletive at D-structure. Other optional positions (e.g., [SPEC, AGR – O]) may be assumed to be inserted in the course of the derivation as part of the movement operation itself, inserting a target for movement in a manner conforming to X-bar theory. Where the expletive is inserted to satisfy the Extended Projection Principle, it must either be *pro* or a vacuous target for movement. English lacks the first option and must therefore accept the second: the vacuous expletive, which is only a target for movement.

A vacuous expletive, being only a target for movement, must be eliminated "as soon as possible." Either it is eliminated by the very movement operation that inserted it as a target, or, if it was inserted at D-structure to satisfy the Extended Projection Principle, it is eliminated at the first opportunity in the course of derivation, hence surely by S-structure, in the course of cyclic application of rules from the most deeply embedded structure to the highest category. Indirectly, then, (320) is left as the only option for English. It is necessary to extend this reasoning to other constructions that exhibit a similar range of properties, a matter that requires a closer analysis of the notions of economy and the status of expletives. For some discussion within a considerably simplified framework, see Chomsky (1992).

Turning now to the new version of Case theory, we can account for the fact that raising takes place at S-structure in such constructions as (319). And since English does not require S-structure checking of accusative Case, overt operations cannot form (321). It remains to provide a new interpretation of the Chain Condition and the last resort condition, to conform to the new assumptions.

These revisions are straightforward. The Visibility Condition took Case (now including agreement) to be a condition for θ-marking. We assumed before that this was a condition on chains (the Chain Condition). We now take it to be a condition on *linked chains*, where a linked chain is formed by linking two chains C_1 and C_2 of (323), where $\alpha_n = \beta_1$:

(323a) $C_1 = (\alpha_1, ..., \alpha_n)$
(323b) $C_2 = (\beta_1, ..., \beta_m)$

The new linked chain C_3, headed by α_1 and terminating in β_m, is the LF object that must satisfy the Chain Condition. In the examples (319)–(321), we have the linked chain (*John, t', t*) at LF, in each case. The account can be simplified further in ways that we will not explore here.

Turning now to the last resort principle, its intuitive content was that operations should be permissible only if they form legitimate LF objects. We now relax that requirement, taking an operation to be permissible if it is a *prerequisite* to the formation of a legitimate LF object; had the operation not taken place, the derivation would not have been able to form such an object. S-structure raising is now a permissible last resort operation because, were it not to apply, the derivation would not yield legitimate LF objects in the case of (320), (322); the latter case indicates that this interpretation of the last resort principle was already necessary in the standard account.

In presenting the standard account, we noted that the Case Filter is not satisfied at D-structure, but rather is a condition on a derived level of representation. Apart from expletive constructions, that level was S-structure, for English. We have now moved to the conceptually preferable assumption that the Case Filter is satisfied only at the interface level. S-structure movement, where required, follows from the economy conditions, the Extended Projection Principle, and properties of expletives (including the null subject parameter).

It remains to settle many other questions (see Chomsky 1992). But the basic structure of the system is reasonably clear, and it offers some prospects for unifying the properties of Case theory and integrating it into the general framework in a natural way.

5. Further Topics

The review above is sketchy and incomplete, and leaves many important topics virtually or completely unmentioned. A number of examples have been noted, among them the status of morphology, a question with broad implications, however the problems are settled. The discussion of the computational system is also crucially too narrow in that it excluded the PF-component. This restriction of scope not only omits major topics (see Chomsky/Halle 1968; Goldsmith 1976; McCarthy 1979; Clements 1985; Dell/Elmedlaoui 1985; Halle/Vergnaud 1988, among many others), but also begs certain questions; as briefly noted earlier, there are open questions as to whether certain operations and properties we have assigned to the LF-component do not in fact belong to the PF-component (section 3.3.).

Similar questions arise about the actual "division of labor" between the PF-component and the overt syntax. Consider, for example, the "parallelism condition" — call it PARR — that holds of such expressions as (324):

(324) John said that he was looking for a cat, and so did Bill [say that he was looking for a cat]

The first conjunct is several-ways ambiguous. Suppose we resolve the ambiguities in one of the possible ways, say, by taking the pronoun to refer to Tom, and interpreting *a cat* nonspecifically, so that John said that Tom's quest would be satisfied by any cat. The constraint PARR requires that the second conjunct be interpreted in the same way as the first; in this case, with *he* referring to *Tom* and *a cat* understood nonspecifically. The same is true of the elliptical construction (325):

(325) John said that he was looking for a cat, and so did Bill

Here too, the interpretation satisfies PARR (Lasnik 1972; Sag 1976; Ristad 1990).

On our assumptions so far, PARR applies to the LF-representation. If (325) is generated at S-structure, we must assume that some LF process "regenerates" something like (324), which is then subject to PARR. A simple alternative would be to deny that (325) is generated at S-structure, taking it to be formed by a rule of the PF-component that deletes the bracketed material in (324) to form (325), as in earlier versions of generative grammar. That alternative is strengthened by observation of a distinctive phonetic property of (324): the bracketed phrase has a distinguished low-flat intonation. That property, we assume, is determined within the PF-component. The deletion rule, then, could say simply that material with this intonational property may optionally delete. Since such expressions as (324) have their particular status in the language, they must be generated quite independently of their elliptical counterparts. We are left, then, with a very simple treatment of ellipsis: it reduces to deletion of phonetically marked material by a general principle. The problems of parallelism, and so on, must still be dealt with for such examples as (324), but that is true independently of how we handle ellipsis.

If this approach is correct, then a wide class of elliptical constructions will be formed within the phonological component, not by operations of the overt syntax. Numerous problems remain, for example, the status of such expressions as (326), derived from the presumed underlying forms (327), which are, however, ill-formed in this case:

(326 a) John said that he was looking for a cat, and Bill did too
(326 b) John likes poetry, but not Bill
(327 a) John said that he was looking for a cat, and Bill did [say he was looking for a cat] too
(327 b) John likes poetry, but not Bill [likes poetry]

The solution to the problem might well involve significant changes in how inflectional processes and negation are treated in the overt syntax. We leave the question here, merely noting that an approach to ellipsis that has considerable initial plausibility involves PF-component properties in ways that may have large-scale effects when pursued. In this respect too, omission of the PF-component leaves important questions unanswered.

The discussion of modules of language is also seriously incomplete. We have, for example, said virtually nothing about Theta theory and argument structure (see, among many others, Gruber 1965; Jackendoff 1972, 1983, 1987, 1990a; Williams 1981; Bresnan 1982; Higginbotham 1985, 1988; Hale/Keyser 1986, 1991; Wilkins 1988; Grimshaw 1990; Pustejovsky 1991) and have barely mentioned the theory of control, topics that interact crucially with other aspects of syntax. Further inquiry into these topics raises the question whether the system of modules is, in fact, a real property of the architecture of language, or a descriptive convenience.

It is unnecessary to add that this sketch also omits many other major topics that have been the focus of highly productive inquiry, and provides only a scattered sample of relevant sources on the topics that have been addressed. As explained at the outset, we have attempted no more than to indicate the kinds of work being pursued within the general principles and parameters framework, and to outline some of the thinking that underlies and guides it.

6. References

Abney, Steven. 1987. The English Noun Phrase in its Sentential Aspects Cambridge, MA: Massachusetts Institute of Technology dissertation.

Aoun, Joseph. 1986. Generalized Binding. Dordrecht.

—, *Norbert Hornstein, David Lightfoot,* and *Amy Weinberg.* 1987. Two Types of Locality. Linguistic Inquiry 18. 537 – 77.

—, —, and *Dominique Sportiche.* 1981. Some Aspects of Wide Scope Quantification. Journal of Linguistic Research 1:3. 69 – 95.

—, and *Dominique Sportiche.* 1981. On the Formal Theory of Government. Linguistic Review 2. 211 – 36.

Baker, Mark. 1988. Incorporation. Chicago.

Baltin, Mark, and *Anthony Kroch* (eds.). 1989. Alternative Conceptions of Phrase Structure. Chicago.

Barss, Andrew. 1986. Chains and Anaphoric Dependence. Cambridge, MA: Massachusetts Institute of Technology dissertation.

Belletti, Adriana. 1990. Generalized Verb Movement. Turin.

—, and *Luigi Rizzi.* 1981. The Syntax of *ne.* Linguistic Review 1. 117 – 54.

—, —. 1988. Psych-Verbs and Theta Theory. Natural Language and Linguistic Theory 6. 291 – 352.

Borer, Hagit. 1984. Parametric Syntax. Dordrecht.

—, and *Kenneth Wexler.* 1987. The Maturation of Syntax. In Roeper & Williams (1987).

Bouchard, Denis. 1984. On the Content of Empty Categories. Dordrecht.

—. 1991. From Conceptual Structure to Syntactic Structure. Montreal: University of Quebec at Montreal (UQAM), manuscript.

Brame, Michael. 1981. The General Theory of Binding and Fusion. Linguistic Analysis 7. 277 – 325.

—. 1982. The Head Selector Theory of Lexical Specifications and the Nonexistence of Coarse Categories. Linguistic Analysis 10. 321 – 5.

Bresnan, Joan. 1972. Theory of Complementation in English Syntax. Cambridge, MA: Massachusetts Institute of Technology dissertation.

—. (ed.) 1982. The Mental Representation of Grammatical Relations. Cambridge.

Browning, Marguerite. 1987. Null Operator Constructions. Cambridge, MA: Massachusetts Institute of Technology dissertation. New York: 1991.

Burzio, Luigi. 1986. Italian Syntax. Dordrecht.

Cheng, Lisa Lai-Shen. 1991. On the Typology of Wh-Questions. Cambridge, MA: Massachusetts Institute of Technology dissertation.

Chien, Yu-Chin and Kenneth Wexler. 1991. Children's Knowledge of Locality Conditions in Binding as Evidence for the Modularity of Syntax and Pragmatics. Language Acquisition 1. 195—223.

Chomsky, Noam. 1951. Morphophonemics of Modern Hebrew. Philadelphia: University of Pennsylvania Masters thesis. New York: 1979.

—. 1955. The Logical Structure of Linguistic Theory. Cambridge, MA: Harvard manuscript. Revised 1956 version published in part by Plenum, 1975; University of Chicago press, 1985.

—. 1964. Current Issues in Linguistic Theory. The Hague.

—. 1965. Aspects of the Theory of Syntax. Cambridge, MA.

—. 1972. Studies on Semantics in Generative Grammar. The Hague.

—. 1976. Essays on Form and Interpretation. New York.

—. 1981. Lectures on Government and Binding. Dordrecht.

—. 1982. Some Concepts and Consequences of the Theory of Government and Binding. Cambridge, MA.

—. 1986a. Knowledge of Language. New York.

—. 1986b. Barriers. Cambridge, MA.

—. 1991. Some Notes on Economy of Derivation and Representation. Principles and Parameters in Comparative Grammar, ed. by Robert Freidin. Cambridge, MA.

—. 1992. A Minimalist Program for Linguistic Theory. MIT Occasional Papers in Linguistics, Number 1. MITWPL.

—, and Morris Halle. 1968. The Sound Pattern of English. New York. Reprinted, Cambridge MA, 1991.

—, and Howard Lasnik. 1977. Filters and Control. Linguistic Inquiry 11. 1—46. Reprinted in Lasnik 1990.

Cinque, Guglielmo. 1990. Types of A-bar Dependencies. Cambridge, MA.

Clements, G. N. 1985. The Geometry of Phonological Features. Phonology Yearbook 2. 225—52.

Crain, Stephen. 1991. Language Acquisition in the Absence of Experience. Behavioral & Brain Sciences 14:4. 597—650.

Dell, François, and M. Elmedlaoui. 1985. Syllabic Consonants and Syllabification in Imdlawn Tashlhiyt Berber. Journal of African Linguistics.

Demirdache, Hamida. 1991. Resumptive chains in restrictive relatives, appositives and dislocation structures. Cambridge, MA: Massachusetts Institute of Technology dissertation.

Den Besten, Hans. 1989. Studies in West Germanic Syntax. Amsterdam. Katholieke Universiteit Brabant dissertation.

Di Sciullo, Anna Maria, and Edwin Williams. 1988. On the Definition of Word. Cambridge, MA.

Emonds, Joseph. 1976. A Transformational Approach to Syntax. New York.

—. 1978. The Verbal Complex V'—V in French. Linguistic Inquiry 21. 49—77.

Engdahl, Elisabet. 1983. Parasitic Gaps. Linguistics and Philosophy 6. 5—34.

—. 1985. Parasitic Gaps, Resumptive Pronouns, and Subject Extractions. Linguistics 23. 3—44.

Epstein, Samuel D. 1984. Quantifier-pro and the LF Representation of PRO_{arb}. Linguistic Inquiry 15. 499—504.

Fabb, Nigel. 1984. Syntactic Affixation. Cambridge, MA: Massachusetts Institute of Technology dissertation.

Fassi Fehri, Abdelkader. 1980. Some Complement Phenomena in Arabic, the Complementizer Phrase Hypothesis and the Non-Accessibility Condition. Analyse/Theory 54—114. Université de Paris VIII, Vincennes.

Fiengo, Robert. 1977. On Trace Theory. Linguistic Inquiry 8. 35—62.

—, C.-T. James Huang, Howard Lasnik, and Tanya Reinhart. 1988. The Syntax of wh-in-situ. Proceedings of the Seventh West Coast Conference on Formal Linguistics, 81—98.

Fong, Sandiway. 1991. Computational Properties of Principle-Based Grammatical Theories. Cambridge, MA: Massachusetts Institute of Technology dissertation.

Frampton, John. 1992. Relativized Minimality, A Review. Linguistic Review 8. 1—46.

Freidin, Robert. 1986. Fundamental Issues in the Theory of Binding. Studies in the Acquisition of Anaphora, ed. by Barbara Lust. Dordrecht.

—, and Leonard Babby. 1984. On the Interaction of Lexical and Syntactic Properties: Case Structure in Russian. Cornell Working Papers in Linguistics VI, ed. by Wayne Harbert. Ithaca.

—, and Howard Lasnik. 1981. Disjoint Reference and Wh-Trace. Linguistic Inquiry 12. 39—53.

Fukui, Naoki. 1986. A Theory of Category Projection and its Applications. Cambridge, MA: Massachusetts Institute of Technology dissertation.

Gazdar, Gerald. 1981. Unbounded Dependencies and Coordinate Structure. Linguistic Inquiry 12. 155—84.

Georgopoulos, Carol, and Roberta Ishihara (eds.) 1991. Interdisciplinary Approaches to Language: Essays in Honor of S.-Y. Kuroda. Dordrecht.

Gleitman, Lila. 1990. The Structural Sources of Verb Meanings. Language Acquisition 1. 3—55.

Goldsmith, John. 1976. Autosegmental Phonology. Cambridge, MA: Massachusetts Institute of Technology dissertation.

Grimshaw, Jane. 1979. Complement Selection and the Lexicon. Linguistic Inquiry 10. 279–326.

—. 1981. Form, Function and the Language Acquisition Device. The Logical Problem of Language Acquisition, ed. by C. L. Baker & John McCarthy. Cambridge, MA.

—. 1990. Argument Structure. Cambridge, MA.

Gruber, Jeffrey. 1965. Studies in Lexical Relations. Cambridge MA: Massachusetts Institute of Technology dissertation.

Hale, Kenneth, and Samuel Jay Keyser. 1986. Some Transitivity Alternations in English. Center for Cognitive Science. Cambridge, MA.

—, —. 1991. On the Syntax of Argument Structure. Center for Cognitive Science. Cambridge, MA.

Halle, Morris, and Jean-Roger Vergnaud. 1988. An Essay on Stress. Cambridge, MA.

Harman, Gilbert. 1963. Generative Grammars without Transformational Rules. Language 39. 597–616.

Harris, Zellig S. 1951. Methods in Structural Linguistics. Chicago.

—. 1952. Discourse Analysis. Language 28. 1–30.

Heim, Irene, Howard Lasnik, and Robert May. 1991. Reciprocity and Plurality. Linguistic Inquiry 22. 63–101.

Higginbotham, James. 1980. Pronouns and Bound Variables. Linguistic Inquiry 11. 679–708.

—. 1983. Logical Form, Binding, and Nominals. Linguistic Inquiry 14. 395–420.

—. 1985. On Semantics. Linguistic Inquiry 16. 547–93.

—. 1988. Elucidations of Meaning. Linguistics and Philosophy 12. 465–517.

—, and Robert May. 1981. Questions, Quantifiers, and Crossing. Linguistic Review 1. 41–79.

Hornstein Norbert, and Amy Weinberg. 1990. The Necessity of LF. Linguistic Review 7. 129–67.

Huang, C.-T. James. 1982. Logical Relations in Chinese and the Theory of Grammar. Cambridge, MA: Massachusetts Institute of Technology dissertation.

—. 1983. A Note on the Binding Theory. Linguistic Inquiry 14. 554–61.

—. 1984. On the Distribution and Reference of Empty Pronouns. Linguistic Inquiry 15. 531–74.

Hyams, Nina. 1986. Language Acquisition and the Theory of Parameters. Dordrecht.

Ishii, Yasuo. 1991. Operators and Empty Categories in Japanese. Storrs: University of Connecticut dissertation.

Jackendoff, Ray. 1972. Semantic Interpretation in Generative Grammar. Cambridge, MA.

—. 1977. X-bar Syntax. Cambridge, MA.

—. 1983. Semantics and Cognition. Cambridge, MA.

—. 1987. The Status of Thematic Relations in Linguistic Theory. Linguistic Inquiry 18. 369–411.

—. 1990a. Semantic Structures. Cambridge, MA.

—. 1990b. On Larson's Treatment of the Double Object Construction. Linguistic Inquiry 21. 427–56.

Jaeggli, Osvaldo. 1980. On some phonologically-null elements in syntax. Cambridge, MA: Massachusetts Institute of Technology dissertation.

—, and Kenneth Safir (eds.) 1989. The Null Subject Parameter. Dordrecht.

Johns, Alana. 1987. Transitivity and Grammatical Relations in Inuktitut. Ottawa: University of Ottawa dissertation.

Kayne, Richard S. 1984. Connectedness and Binary Branching. Dordrecht.

Keyser, Samuel J. 1975. A Partial History of the Relative Clause in English. Papers in the History and Structure of English, ed. by Jane Grimshaw. Amherst: University of Massachusetts Papers in Linguistics, vol. 1.

Kim, Soo Won. 1990. Scope and Multiple Quantification. Waltham: Brandeis University dissertation.

Kitagawa, Yoshihisa. 1986. Subjects in Japanese and English. Amherst: University of Massachusetts dissertation.

Klima, Edward S. 1964. Negation in English. Readings in the Philosophy of Language, ed. by Jerry A. Fodor & Jerrold J. Katz. Englewood Cliffs, NJ.

Koopman, Hilda. 1987. On the Absence of Case Chains in Bambara. Los Angeles: UCLA manuscript.

—, and Dominique Sportiche. 1990. The Position of Subjects. Los Angeles: UCLA manuscript. To appear in Lingua.

Kornfilt, Jaklin. 1985. Case Marking, Agreement, and Empty Categories in Turkish. Cambridge, MA: Harvard dissertation.

Kuroda, S.-Y. 1965. Generative Grammatical Studies in the Japanese Language. Cambridge, MA: Massachusetts Institute of Technology dissertation.

—. 1988. Whether we Agree or not: a Comparative Syntax of English and Japanese. Papers on the Second International Workshop on Japanese Syntax, ed. by William Poser. CSLI, Stanford University.

Laka, Itziar. 1990. Negation in Syntax: On the Nature of Functional Categories and Projections. Cambridge, MA: Massachusetts Institute of Technology dissertation.

Lakoff, George. 1968. Pronouns and Reference. Indiana University Linguistics. Club. Reprinted in Papers from the Linguistic Underground, Syntax and Semantics, 1978, ed. by James D. McCawley. New York.

—. 1971. On Generative Semantics. Semantics, ed. by Danny Steinberg & Leon Jakovobits. Cambridge, UK.

Langacker, Ronald. 1969. On Pronominalization and the Chain of Command. Modern Studies in English, ed. by David Reibel & Sanford Schane. Englewood Cliffs, NJ.

Langendoen, D. Terence, and Edwin Battistella. 1982. The Interpretation of Predicate Reflexive and Reciprocal Constructions in English. NELS 12. 163—73.

Larson, Richard K. 1988. On the Double Object Construction. Linguistic Inquiry 19. 335—91.

—. 1991. Double Objects Revisited: Reply to Jackendoff. Linguistic Inquiry 21. 589—632.

Lasnik, Howard. 1972. Analyses of Negation in English. Cambridge, MA: Massachusetts Institute of Technology dissertation.

—. 1976. Remarks on Coreference. Linguistic Analysis 2. 1—22. Reprinted in Lasnik 1989.

—. 1981. Restricting the Theory of Transformations: a Case Study. Explanation in Linguistics, ed. by Norbert Hornstein and David Lightfoot. London. Reprinted in Lasnik 1990.

—. 1989. Essays on Anaphora. Dordrecht.

—. 1990. Essays on Restrictiveness and Learnability. Dordrecht.

—. 1992. Case and Expletives. Linguistic Inquiry 23. 381—405.

—, and Mamoru Saito. 1984. On the Nature of Proper Government. Linguistic Inquiry 14. 235—89. Reprinted in Lasnik 1990.

—, —. 1991. Move α. Cambridge, MA.

—, and Timothy Stowell. 1991. Weakest Crossover. Linguistic Inquiry 22. 687—720.

—, and Juan Uriagereka. 1988. A Course in GB Syntax. Cambridge, MA.

Lebeaux, David. 1983. A Distributional Difference between Reciprocals and Reflexives. Linguistic Inquiry 14. 723—30.

—. 1988. Language Acquisition and the Form of the Grammar. Amherst: University of Massachusetts dissertation.

Lees, Robert. 1963. The Grammar of English Nominalizations. The Hague.

Lewontin, Richard. 1990. The evolution of cognition. An invitation to cognitive science: thinking, vol. 3, ed. by Daniel Osherson & Edward Smith, 229—46. Cambridge, MA.

Lightfoot, David. 1991. How to Set Parameters: Arguments from Language Change. Cambridge, MA.

Longobardi, Giuseppe. 1985. Connectedness, Scope and C-Command. Linguistic Inquiry 16. 163—92.

—. 1990. N-movement in Syntax and in LF. 1990 GLOW conference. Venice: University of Venice manuscript.

Mahajan, Anoop K. 1990. The A/A-Bar Distinction and Movement Theory. Cambridge, MA: Massachusetts Institute of Technology dissertation.

Manzini, Rita. 1983. On Control and Control Theory. Linguistic Inquiry 14. 421—46.

Marantz, Alec. 1984. On the Nature of Grammatical Relations. Cambridge, MA.

Matthews, G. H. 1964. Hidatsa Syntax. The Hague.

May, Robert. 1977. The Grammar of Quantification. Cambridge, MA: Massachusetts Institute of Technology dissertation.

—. 1985. Logical Form. Cambridge, MA.

McCarthy, John. 1979. Formal Problems in Semitic Phonology and Morphology, Cambridge, MA: Massachusetts Institute of Technology dissertation.

Muysken, Pieter. 1982. Parametrizing the Notion Head. Journal of Linguistic Research 2, 3. 57—76.

Neidle, Carol. 1988. The Role of Case in Russian Syntax. Dordrecht.

Nishigauchi, Taisuke. 1984. Control and the Thematic Domain. Language 60. 215—50.

—. 1986. Quantification in Syntax. Amherst: University of Massachusetts dissertation.

Perlmutter, David. 1978. Impersonal Passives and the Unaccusative Hypothesis. Proceedings of the Fourth Annual Meeting of the Berkeley Linguistics Society, 157—189. Berkeley.

—. (ed.) 1983. Studies in Relational Grammar 1. Chicago.

Pesetsky, David. 1982. Paths and Categories. Cambridge, MA: Massachusetts Institute of Technology dissertation.

—. 1991. Zero Syntax. Cambridge, MA: Massachusetts Institute of Technology manuscript.

Pica, Pierre. 1987. On the Nature of the Reflexivization Cycle. Proceedings of the North Eastern Linguistic Society 17. Amherst: University of Massachusetts.

Pierce, Amy. 1989. On the Emergence of Syntax: a Crosslinguistic Study. Cambridge, MA: Massachusetts Institute of Technology dissertation (to be published, Dordrecht).

Pollock, Jean-Yves. 1989. Verb Movement, Universal Grammar, and the Structure of IP. Linguistic Inquiry 20. 365—424.

Postal, Paul M. 1966a. On so-called "Pronouns" in English. Report of the 17th Annual Round Table Meeting on Linguistics and Language Studies, ed. by Francis P. Dineen. Washington, DC.

—. 1966b. A Note on "Understood Transitively." International Journal of American Linguistics 32. 90—3.

—. 1971. Cross-over Phenomena. New York.

Pustejovsky, James. 1992. The Syntax of Event Structure. Cognition 41. 47—81.

Reinhart, Tanya. 1976. The Syntactic Domain of Anaphora. Cambridge, MA: Massachusetts Institute of Technology dissertation.

—. 1983. Anaphora and Semantic Interpretation. London.

—, and Eric Reuland. 1991. Reflexivity. Tel Aviv University, Rijksuniversiteit Groningen, manuscript.

Riemsdijk, Henk van. 1981. The Case of German Adjectives. Markedness and Learnability, ed. by James Pustejovsky & Victoria Burke. University of Massachusetts Occasional Papers in Linguistics 6. Amherst.

—. 1989. Movement and Regeneration. Dialect Variation and the Theory of Grammar, ed. by Paola Benincá. Dordrecht.

—, and *Edwin Williams.* 1981. NP Structure. The Linguistic Review 1. 171—217.

—, —. 1985. Introduction to the Theory of Grammar. Cambridge, MA.

Ristad, Eric. 1990. Computational Structure of Human Language. Cambridge, MA: Massachusetts Institute of Technology dissertation.

Rizzi, Luigi. 1982. Issues in Italian Syntax. Dordrecht.

—. 1986 a. Null Objects in Italian and the Theory of *pro*. Linguistic Inquiry 17. 501—57.

—. 1986 b. On Chain Formation. The Grammar of Pronominal Clitics. Syntax and Semantics. Vol. 19., ed. by Hagit Borer.

—. 1990. Relativized Minimality. Cambridge, MA.

Roeper, Thomas, and *Edwin Williams.* (eds.) 1987. Parameter Setting. Dordrecht.

Ross, John Robert. 1967. Constraints on Variables in Syntax. Cambridge, MA: Massachusetts Institute of Technology dissertation. Published 1986. Infinite Syntax! Norwood, NJ: Ablex.

Rothstein, Susan. 1983. The Syntactic Forms of Predication. Cambridge, MA: Massachusetts Institute of Technology dissertation.

Sag, Ivan. 1976. Deletion and Logical Form. Cambridge, MA: Massachusetts Institute of Technology dissertation.

Saito, Mamoru. 1985. Some Asymmetries in Japanese and their Theoretical Implications. Cambridge, MA: Massachusetts Institute of Technology dissertation.

—. 1990. Extraposition and Parasitic Gaps. In Georgopoulos & Ishihara (eds.), 1991.

Sells, Peter. 1984. Syntax and Semantics of Resumptive Pronouns. Amherst: University of Massachusetts dissertation.

Speas, Margaret. 1986. Adjunction and Projection in Syntax. Cambridge, MA: Massachusetts Institute of Technology dissertation.

Sportiche, Dominique. 1983. Structural Invariance and Symmetry. Cambridge, MA: Massachusetts Institute of Technology dissertation.

—. 1985. Remarks on Crossover. Linguistic Inquiry 16. 460—69.

—. 1988. A Theory of Floating Quantifiers and its Corollaries for Constituent Structure. Linguistic Inquiry 19. 425—49.

Stowell, Timothy. 1978. What was there before there was there. Chicago Linguistic Society 14. 458—71.

—. 1981. Origins of Phrase Structure. Cambridge, MA: Massachusetts Institute of Technology dissertation.

—. 1986. The Relation Between S-structure and the Mapping from D-structure to Logical Form. Presented at the Princeton Workshop on Comparative Grammar.

Szabolcsi, Anna. 1987. Functional Categories in the Noun Phrase. Approaches to Hungarian, vol. 2, ed. by I. Kenesí. Budapest.

Taraldsen, T. Knut. 1981. The Theoretical Interpretation of a Class of Marked Extractions. Theory of Markedness in Generative Grammar, ed. by Adriana Belletti, Luciana Brandi & Luigi Rizzi. Pisa.

Torrego, Esther. 1985. On Empty Categories in Nominals. Boston: University of Massachusetts manuscript.

Travis, Lisa. 1984. Parameters and the Effects of Word Order Variation. Cambridge, MA: Massachusetts Institute of Technology dissertation.

Vergnaud, Jean-Roger. 1982. Dépendances et niveaux de representation en syntaxe. Paris: Université de Paris VII Thèse de Doctorat d'Etat.

Vikner, Sten. 1990. Verb Movement and the Licensing of NP-positions in the Germanic Languages. Geneva: University of Geneva dissertation.

Wasow, Thomas. 1972. Anaphoric Relations in English. Cambridge, MA: Massachusetts Institute of Technology dissertation.

Watanabe, Akira. 1991. Wh-in-situ, Subjacency, and Chain Formation. Cambridge, MA: MIT manuscript.

Wilkins, Wendy (ed.) 1988. Thematic Relations. New York.

Williams, Edwin. 1980. Predication. Linguistic Inquiry. 11. 203—338.

—. 1981. Argument Structure and Morphology. Linguistic Review 1. 81—114.

—. 1989. The Anaphoric Nature of θ-roles. Linguistic Inquiry 20. 425—56.

Willim, Ewa. 1982. Anaphor Binding and Pronominal Disjoint Reference in English and Polish. Storrs: University of Connecticut M.A. dissertation.

Yang, Dong-Whee. 1983. The Extended Binding Theory of Anaphors. Language Research 19. 169—92.

Noam Chomsky, Cambridge, Mass. (USA)/
Howard Lasnik, Storrs, Conn. (USA)

25. Phrase Structure Grammar

1. Introduction
2. Classical PSG
3. The Central Features of Modern PSG
4. Some Basic Structures
5. Some More Complex Phenomena
6. Some Final Remarks
7. References

1. Introduction

The term phrase structure grammar (PSG) has two rather different senses. On the one hand, it refers to an approach to grammar generally assumed to be implicit in the syntactic work of pre-Chomskyan American linguists and generally regarded as inadequate. On the other, it refers to two approaches to syntax that emerged in the 80's: Generalized Phrase Structure Grammar (GPSG), which was developed in the early 80's by Gerald Gazdar, Ewan Klein, Geoffrey Pullum and Ivan Sag and presented in Gazdar (1981; 1982) and Gazdar/Klein/Pullum/Sag (1985), and Head-driven Phrase Structure Grammar (HPSG), which has been developed since the mid 80's by Carl Pollard and Ivan Sag and is presented in Pollard (1985; 1988) and Pollard/Sag (1987, forthcoming). I will refer to the former as Classical PSG and to the latter as Modern PSG. This article will be mainly concerned with the latter although it will be necessary to say something about the former since an obvious question about Modern PSG is: how far is it like and unlike Classical PSG? Neither GPSG nor HPSG has had the impact of Chomsky's Government and Binding (or Principles and Parameters) framework (GB), but they have attracted syntacticians who are not convinced of the need for multiple levels of representation and who believe that it is essential for syntactic theory to seek to attain the standards of precision and explicitness that are implied by the term generative. Moreover, both frameworks have been influential in computational linguistics. Thus, these approaches are of considerable importance.

It is impossible in an article of this length to provide a full introduction to both GPSG and HPSG. What I will try to do is to identify the main features that they have in common, and to give some idea of how they handle some of the central phenomena of syntax. I will also try to make it clear how Modern PSG differs from Classical PSG.

The article is organized as follows. In section 2. I will look briefly at Classical PSG. Then, in section 3, I will discuss the central features of Modern PSG. In section 4. I will discuss how Modern PSG accommodates some basic structures, and in section 5. I will consider how some more complex phenomena are accommodated. Finally, in section 6. I will conclude with a brief look at some further issues.

2. Classical PSG

As we noted, an important question about Modern PSG is: how far is it like and unlike Classical PSG? Are proponents of Modern PSG suggesting that the ideas of Chomsky's predecessors constitute a satisfactory approach to the syntax of human languages? It will become clear as the discussion proceeds that the answer is 'no'. In this section, I will introduce Classical PSG. Then, in the next section, I will discuss the central features of Modern PSG.

For Classical PSG, grammars are sets of phrase structure (PS) rules containing simple, atomic categories. In early work, e.g. Chomsky (1957), Postal (1964), PS rules are string rewriting rules of the form $XAY \rightarrow XZY$ where A is a single non-terminal symbol and X, Y and Z are strings of terminal and/or non-terminal symbols, and at least Z is non-null. Such rules are context free if X and Y are null and context sensitive if they are non-null.

As rewrite rules, PS rules generate not trees but derivations, i.e. sequences of strings of symbols. Provided the derivations meet certain conditions, a single tree can be constructed from any derivation. McCawley (1968) pointed out, however, that PS rules need not be interpreted as rewrite rules. Instead, they can be interpreted as node admissability conditions, statements that specific local trees consisting of a category and its daughters are well-formed. He also noted that if PS rules are rewrite rules, rules cannot be allowed to have the left hand side category on the right hand side since if they do a derivation with consecutive lines of the form ...AB..., ...ACB... will correspond to two different trees. There is considerable motivation for such rules. Hence, this is an important reason for viewing PS rules as node admissability conditions and not as rewrite rules.

Two obvious questions arise about Classical PSG. The first is how adequate is it as a reconstruction of the ideas of pre-Chomskyan linguistics? Manaster-Ramer/Kac (1990) argue that it is not very adequate from this point of view. It is not possible, however, to go into this matter here. The second question is: how adequate is Classical PSG as a theory of syntax? It is clear that it is far from adequate. There have been a number of arguments that it is unsatisfactory from the standpoint of observational adequacy, i.e. that grammars of this kind cannot generate certain sentence types in certain languages. It is clear, however, that many of these arguments have been flawed. See Pullum/Gazdar (1982). The main argument against Classical PSG has been that it is inadequate from the standpoint of descriptive adequacy, i.e. that it cannot capture the generalizations that are characteristic of natural language. It is clear that this is a sound argument.

3. The Central Features of Modern PSG

We can turn now to the main features that unite the various versions of Modern PSG. There are two features that standard versions of Modern PSG have in common with context-free versions of Classical PSG, but there are three features of Modern PSG that distinguish it from Classical PSG.

3.1 Monostratality and Locality

The two features that are shared by context-free versions of Classical PSG and standard versions of Modern PSG can be presented quite quickly. They are as follows:

(1) Modern PSG and context-free versions of Classical PSG are monostratal frameworks, in which the syntactic structure of a sentence is a single tree.
(2) Modern PSG and context-free versions of Classical PSG are frameworks in which grammatical statements are strictly local, never referring to anything larger than a local tree. Hence, a tree is well-formed if and only if every local tree is well-formed.

The first of these features is also shared by context-sensitive versions of Classical PSG. It is the fact that Modern PSG shares these features with context-free versions of Classical PSG that justifies calling it PSG. They distinguish context-free Classical PSG and Modern PSG from all forms of transformational grammar and especially from GB.

3.2 Complex Categories

The most important feature of Modern PSG that distinguishes it from Classical PSG is that it assumes that syntactic categories are complex entities with internal structure. The idea that syntactic categories are complex can be traced back to Harman (1963) and it has been generally accepted since Chomsky (1965), but it has been exploited much more fully in Modern PSG than elsewhere.

Complex categories make it possible to have a single statement in Modern PSG where Classical PSG with its simple, atomic categories would require a number of separate statements. We can provide a simple illustration of this point with the following examples:

(3 a) He was a spy.
(3 b) He was in London.
(3 c) He was asleep.
(3 d) He was snoring.
(3 e) He was discovered.

These examples show that *be* can take as its complement an NP, a PP, an AP, a progressive VP and a passive VP. Within Classical PSG, one would need five separate statements here. Within Modern PSG, one can distinguish these five constituents from all others with a feature specification, e.g. [+ PRED]. Then one needs just a single statement — that *be* takes as its complement a [+ PRED] phrase.

A more complex situation in which complex categories permit a single statement is where a language shows covariation, i.e. where one constituent varies as another varies. An obvious example is subject-verb agreement. We can illustrate with the present tense tense of the Polish verb *być* 'be'.

(4) ja jestem   my jesteśmy
    I am   we are
    ty   jesteś   wy   jesteście
    you (SG) are   you (PL) are
    on/ona/ono jest   oni są
    he she it is   they are

Here, we have six different forms combining with six different subjects or classes of subject. Within Classical PSG, one would need six separate statements here. Within Modern PSG, one can require categories in the same local tree to have the same value for certain features, and a single statement is possible.

We will return to subject-verb agreement in 4.2.

The fact that complex categories allow a single statement where simple, atomic categories necessitate a number of separate statements means that Modern PSG can capture generalizations that are quite beyond the scope of Classical PSG. Thus, complex categories allow Modern PSG to avoid most of the objections that can be levelled against Classical PSG.

As noted above, Modern PSG has exploited complex categories much more fully than other approaches to syntax. The central point here is that whereas features have simple, atomic values in most theories of syntax, in Modern PSG they can have various kinds of complex values. GPSG makes crucial use of features taking a category as their value, and HPSG employs features with lists and sets of feature structures as their value. These features will be illustrated in later discussion.

One further point to note here is that there has been considerable mathematical work on complex categories. See, for example, Gazdar et al. (1988) and Kaspar/Rounds (1990). Thus, the fact that GPSG and HPSG employ complex categories does not mean that they are not well understood theories.

3.3 Rules and Principles

A further feature of Modern PSG which distinguishes it from Classical PSG is that it does not assume PS rules. Instead it assumes a number of different rules and principles, which jointly determine whether or not a local tree is well-formed.

A major objection to PS rules is that they miss various generalizations about the order of sister constituents. In English, the most obvious generalization is the following:

(5) A lexical head precedes its sisters.

Thus, a verb precedes its object and any other complements, a preposition precedes its object, nouns precede their complements, as shown by examples like *pictures of Mary*, and adjectives precede their complements, as shown by examples like *afraid of spiders*. Two further important generalizations are the following:

(6) An NP precedes any other phrasal category that is its sister.
(7) An S follows all its sisters.

(6) is exemplified by SVO clauses, which for PSG consist of an NP and a VP, and VP's like *put the book on the shelf* and *tell Mary to go home*. (7) is exemplified by *say to Mary that S*, and *obvious to Mary that S*. PS rules completely miss such generalizations. For this reason, they are replaced in both GPSG and HPSG by separate immediate dominance (ID) and linear precedence (LP) rules. The former specify that specific categories can immediately dominate specific collections of categories but say nothing about the order of the daughter categories. The latter require specific pairs of sister categories to be ordered in specific ways.

The separation of ID and LP rules allows generalizations about constituent order to be captured, but there are generalizations that a set of ID and LP rules cannot capture. For example, a variety of different structures licensed by different rules have a head which is largely identical in feature-makeup to the mother. This is true both for a structure consisting of a head and its complement(s) and for a structure consisting of a specifier and a head. One could stipulate this identity in the various rules that license headed structures. This, however, would miss a generalization. Therefore, both GPSG and HPSG have formulated a general principle to require the identity. In GPSG this is the Head Feature Convention, and in HPSG it is the Head Feature Principle. The two frameworks have a number of other general principles that impose additional constraints on local trees. This means that for both a local tree is well-formed just in case it matches an ID rule, and conforms to all relevant LP rules and general principles. This feature of Modern PSG means that it a modular approach to syntax in much the same way as GB.

3.4 Semantics

A final feature of Modern PSG that distinguishes it from Classical PSG is that its syntactic analyses are associated with explicit semantic analyses. Thus, for Modern PSG, local trees take the following form, where each C^i is a syntactic category and each S^i an associated semantic representation:

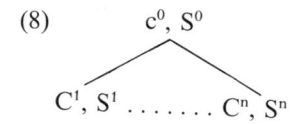

(8) $\quad\quad c^0, S^0$
$\quad\quad\quad\diagup\quad\diagdown$
$C^1, S^1 \ldots\ldots C^n, S^n$

In GPSG, the semantic representations are formulae of Intensional Logic. In HPSG, they are feature structures embodying situation semantic analyses. One important feature of the

HPSG approach to semantics is that the semantic analysis of an NP is a parameter, a feature structure consisting of a feature INDEX whose value is a number of agreement features. We will refer to such parameters again in 5.1.

4. Some Basic Structures

We can now look at how some of the most basic syntactic structures are accommodated within Modern PSG. We will look first at head-complement structures, and then consider clausal structures of various kinds.

4.1 Head-complement Structures

Head-complement structures, traditionally discussed under the heading of 'subcategorization', are a major concern for any theory of syntax. A central theme in GB theorising is that a serious redundancy arises in any framework which employs category-specific rules for such structures and associates lexical heads with specifications of the complements that they take. This has also been recognized in Modern PSG. There are two possible responses: either one eliminates the specifications of the complements that lexical items take or one eliminates category-specific rules. GPSG takes the first option. HPSG, like GB, takes the second.

GPSG assumes a feature SUBCAT, which takes as its value an arbitrary number. Within GPSG, then, we might have ID rules like the following for a range of VP's:

(9a) V′ → H⁰ [SUBCAT, 1]
(9b) V′ → H⁰ [SUBCAT, 2], NP
(9c) V′ → H⁰ [SUBCAT, 3], S′
(9d) V′ → H⁰ [SUBCAT, 4], NP, S′

H⁰ stands for a lexical head. To ensure that the correct structures are generated, simple intransitive verbs like *pause* must be assigned to the category V [SUBCAT, 1], simple transitive verbs like *hit* to the category V [SUBCAT, 2], verbs which take an S′ complement such as *think* to the category V [SUBCAT, 3], and verbs which take an NP and an S′ complement such as *tell* to the category V [SUBCAT, 4]. This approach accommodates head-complement structures without associating lexical heads with a specification of the complements that they take. It does, however, require a large number of ID rules, as many rules as there are different head-complement combinations. It seems reasonable to regard this as a defect.

HPSG also assumes a feature SUBCAT, but one which takes as its value not an arbitrary number but a list of feature structures embodying both syntactic and semantic information. We can refer to this as a SUBCAT list. In one version of the framework, this list indicates not only what complements a head takes but also what type of subject it requires (Pollard/Sag 1987). In another, it only indicates what complements it takes (Borsley 1987, forthcoming). If dependents are listed in the order least oblique to most oblique as in Pollard and Sag (forthcoming), we will have the categories in (10) for *pause, hit, think* and *tell* on the first approach and the categories in (11) on the second.

(10a) V [SUBCAT ⟨NP⟩]
(10b) V [SUBCAT ⟨NP,NP⟩]
(10c) V [SUBCAT ⟨NP,S′⟩]
(10d) V [SUBCAT ⟨NP,NP,S′⟩]
(11a) V [SUBCAT ⟨⟩]
(11b) V [SUBCAT ⟨NP⟩]
(11c) V [SUBCAT ⟨S′⟩]
(11d) V [SUBCAT ⟨NP,S′⟩]

On the second approach, categories must include a separate indication of what type of subject they require but we can ignore this for the moment. I will concentrate in subsequent discussion on the second approach.

Given categories like those in (11), there is no need for category specific rules. All that is needed for head-complement structures is one ID rule and two general principles. We can formulate the rule as follows:

(12) [SUBCAT,⟨⟩] → H [SUBCAT,⟨...⟩], C*

'⟨...⟩' here stands for any list, and H stands for a head and C for a complement. We can paraphrase the rule as follows:

(13) A category with an empty SUBCAT list can immediately dominate a head with any SUBCAT list and any number of complements.

Nothing in this rule ensures that we have the right kind of mother or the correct number and kind of complements. The former is ensured by the Head Feature Principle, which we referred to in 3.3. The latter is ensured by the Subcategorization Principle, which is rather like the Projection Principle of GB. It can be formulated informally as follows:

(14) The value of SUBCAT in a head is the value of SUBCAT in its mother together with the sisters of the head.

This ensures that a lexical head has just the complements that it requires and no others. The category in (11 b) will interact with the rule and the Principle to allow the tree in (15).

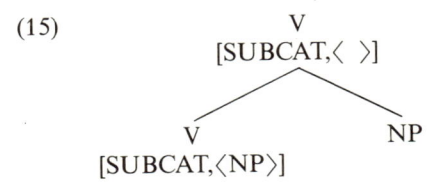

(15)
```
           V
        [SUBCAT,⟨ ⟩]
         /      \
        V        NP
   [SUBCAT,⟨NP⟩]
```

Similarly, the category in (11 d) will interact with the rule and the Principle to allow the tree in (16).

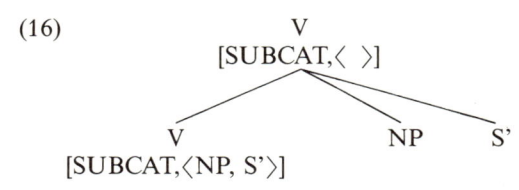

(16)
```
              V
           [SUBCAT,⟨ ⟩]
          /     |     \
         V      NP     S'
   [SUBCAT,⟨NP, S'⟩]
```

Here, then, we have a very different approach to head-complement structures from that assumed in GPSG. This is arguably the most important difference between the two frameworks.

4.2 Clauses

We can turn now to clauses. The first point to note here is that for Modern PSG, they have considerably less structure than for GB. Both GPSG and HPSG analyze English SVO clauses as a simple combination of a subject (normally an NP) and a VP. In both theories, the main task is to ensure that a VP combines with the right kind of subject.

In GPSG, what kind of a subject a VP requires is encoded in a category-valued AGR feature. In one version of HPSG, it is encoded in the SUBCAT feature. In another version, proposed in Borsley (1987, forthcoming) and Pollard/Sag (forthcoming, ch. 9), it is encoded in a SUBJ feature, whose value is a single member list of feature structures. Within this framework, a simple transitive verb such as *likes*, will have the category in (17).

(17) V [SUBCAT ⟨NP⟩; SUBJ ⟨NP [3 SG]⟩]

This will combine with an NP to form a VP. To combine the VP with its subject we need a subject-predicate rule of the following form:

(18) [SUBJ⟨⟩] → H[SUBCAT ⟨⟩; SUBJ⟨[ ]⟩], C

This can be paraphrased as follows:

(19) A category with an empty SUBJ list can immediately dominate a head with an empty SUBCAT list and a non-empty SUBJ list and a single non-head.

We also need to extend the Subcategorization Principle to subject predicate structures. Given the rule in (18) and an extended Subcategorization Principle, we will generate structures like the following:

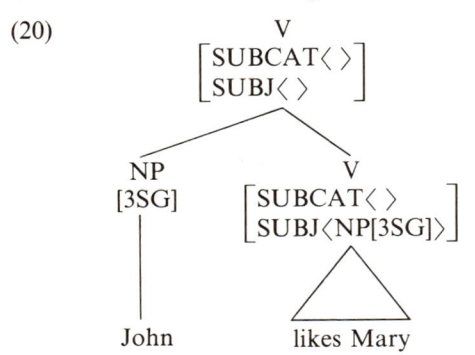

(20)
```
            ⎡SUBCAT⟨ ⟩⎤
            ⎣SUBJ⟨ ⟩  ⎦
           /          \
         NP            V
        [3SG]    ⎡SUBCAT⟨ ⟩      ⎤
          |      ⎣SUBJ⟨NP[3SG]⟩ ⎦
        John         /\
                    likes Mary
```

This approach can accommodate subject-verb agreement of any degree of complexity, including the Polish data cited earlier.

The rule in (18) will also provide for so-called small clauses, clauses with a non-verbal predicate. A point to emphasize here is that the italicized strings in the following, which are analyzed as small clauses in GB, are not analyzed as small clauses in GPSG or HPSG (see Pollard/Sag forthcoming, ch. 3).

(21 a) I found *John too drunk to stand up.*
(21 b) I want *John out of town.*
(21 c) I consider *John the leading candidate for the post.*

At least within HPSG, however, the italicized strings in the following are analyzed as small clauses:

(22 a) With *John too drunk to stand up*, the party came to an end.
(22 b) With *John out of town*, we can do what we like.
(22 c) With *John the leading candidate for the post*, we're all worried.

Verb-subject clauses have also had considerable attention within Modern PSG, and a number of different approaches have been proposed. The most obvious approach is one in which a verb combines simultaneously with its subject and its complement. Within GPSG, this approach requires a number of additional rules, one for each different complement or set of complements that appears in verb-subject sentences. Within HPSG, a single additional rules is necessary, which we might formulate as follows:

(23) [SUBCAT⟨⟩; SUBJ⟨⟩] →
H [SUBCAT ⟨...⟩: SUBJ⟨[ ]⟩, C*

We can paraphrase this as follows:

(24) A category with empty SUBCAT and SUBJ lists can immediately dominate a head with any SUBCAT list and a non-empty SUBJ list and any number of non-heads.

Interacting with the Subcategorization Principle, this will give structures like the following:

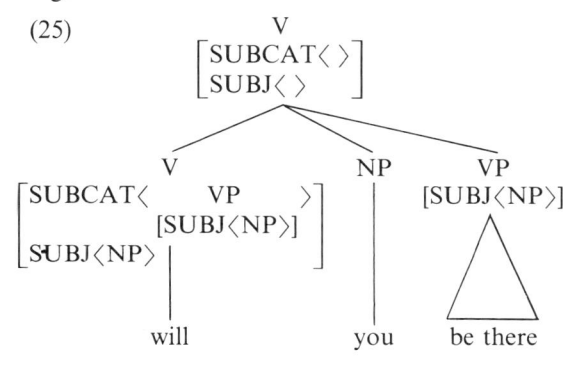

(25)
```
              V
         ⎡SUBCAT⟨ ⟩⎤
         ⎣SUBJ⟨ ⟩  ⎦
        /     |     \
       V      NP     VP
  ⎡SUBCAT⟨ VP      ⟩⎤  |   [SUBJ⟨NP⟩]
  ⎢       [SUBJ⟨NP⟩] ⎥  |      △
  ⎣SUBJ⟨NP⟩          ⎦  |
       |            |
      will         you   be there
```

Various other approaches to verb-subject clauses have been advanced within Modern PSG. Borsley (1989a) argues that the subjects of Welsh verb-subject clauses should be analyzed as a realization not of the SUBJ feature but of an extra member of the SUBCAT list. Borsley (1989b), building on Jacobson (1988), shows that it is possible within HPSG to adopt what is essentially the GB analysis of such sentences, in which pre-subject verbs are sisters of a clause containing an associated empty V. A rather different approach is proposed within a version of GPSG in Ojeda (1988). This involves discontinuous VP's. In other words, it involves structures like the following:

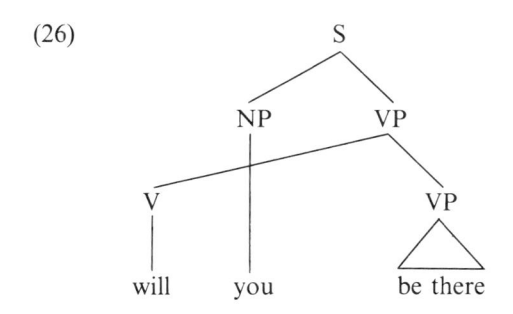

(26)
```
         S
        / \
      NP   VP
     /  \    \
    V    you   VP
    |          △
   will       be there
```

Ojeda's main concern is with cross-serial dependencies in Dutch, which he argues can be accommodated quite straightforwardly given discontinuous constituents.

Complementizer + clause structures, traditionally labelled S′, have had quite limited attention in Modern PSG. Unlike in GB, complementizers have generally been analyzed as non-heads. This is the view both of Gazdar/Klein/Pullum/Sag (1985) and Pollard/Sag (forthcoming), where complementizers are seen as an instance of a type of non-head that they call a MARKER. There is, however, nothing in Modern PSG that precludes a head analysis of complementizers. This point is stressed in Borsley (1989b), where it is shown that the main ideas about clause structure that are advanced in Chomsky (1986) can be incorporated quite easily into a version of HPSG.

5. Some more Complex Phenomena

We can turn now to some complex phenomena. Firstly, we will consider raising and control sentences. Then, we will look at valency alternations. Finally, we will consider unbounded dependencies.

5.1 Raising and Control Sentences

A typical raising sentence is (27) and a typical control sentence is (28).
(27) John tended to annoy Mary.
(28) John tried to annoy Mary.

Both types of sentence contain a complement with no overt subject and some other constituent functioning as subject of the complement. In raising sentences, the constituent that functions as subject of the complement can be any category at all as long as it is compatible with the requirements of the complement and it is in a position with which no semantic role is associated. In control sentences, on the other hand, the constituent that functions as subject of the complement can only be a normal, i.e. non-expletive, NP and it is in a position with which a semantic role is associated.

Within all versions of transformational grammar, both raising and control complements are clauses. For Modern PSG, following Brame (1975; 1976), they are VP's. Thus, (27) has something like the following structure.

(29)

```
           S
          / \
         NP  VP
         |   / \
         |  V   VP
         |  |   /\
       John tended to annoy Mary
```

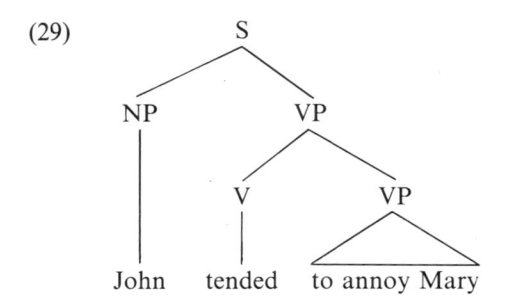

A satisfactory analysis of raising and control sentences must ensure that the constituent that functions as subject of the complement conforms to the subject requirements of the complement and that the constituent that functions as subject in the control sentence is a normal NP. I will concentrate here on the HPSG approach developed in Pollard/Sag (forthcoming, ch. 3) and Sag/Pollard (1991). For HPSG, what is crucial is the syntactic and semantic makeup of raising and control predicates. For *tend* and *try*, they are as follows:

(30) $\begin{bmatrix} \text{SUBJ}\langle[1]\rangle \\ \text{SUBCAT}\langle\text{VP[INF; SUBJ}\langle[1]\rangle]:[2]\rangle \\ \text{CONTENT} \begin{bmatrix} \text{RELATION tend} \\ \text{STAKE [2]} \end{bmatrix} \end{bmatrix}$

(31) $\begin{bmatrix} \text{SUBJ}\langle\text{NP}_{[1]}\rangle \\ \text{SUBCAT}\langle\text{VP[INF; SUBJ}\langle\text{NP}_{[1]}\rangle]:[2]\rangle \\ \text{CONTENT} \begin{bmatrix} \text{RELATION try} \\ \text{TRYER [1]} \\ \text{STAKE [2]} \end{bmatrix} \end{bmatrix}$

'A:B' stands here for a category A whose semantic content is B. In (30), the subject is not associated with a semantic role and shares the full range of syntactic and semantic properties with the unexpressed subject of the complement. Since it has no semantic role, it can be an expletive if that is what the complement requires. In (31), the subject is assigned a semantic role. Hence, it cannot be an expletive. It shares just an index with the unexpressed subject of the complement. The makeup of (30) and (31) may be partly predictable. It seems clear in fact that controller choice is predictable (see Sag/Pollard (1991) for discussion).

There are, of course, more complex examples than (27) and (28). Consider, for example, the following:

(32) John is likely to impress Mary.
(33) John is eager to impress Mary.

(32) contains a raising adjective, and (33) a control adjective. To accommodate such examples we need to analyze *likely* and *eager* along the same lines as *tend* and *try*, and we need to analyze *be* as a raising predicate, i. e. to assign it something like the following syntactic and semantic analysis:

(34) $\begin{bmatrix} \text{SUBJ}\langle[1]\rangle \\ \text{SUBCAT}\langle\text{XP[+PRED; SUBJ}\langle[1]\rangle]:[2]\rangle \\ \text{CONTENT} \begin{bmatrix} \text{RELATION be} \\ \text{STAKE [2]} \end{bmatrix} \end{bmatrix}$

Similar analyses are appropriate for modals, infinitival *to*, and aspectual *have*.

There are also cases where the constituent functioning as a subject of the complement is not itself a subject. Consider the following:

(35) We persuaded John to go home.
(36) We found John too ambitious.
(37) We wanted John off the boat.
(38) We expected John to go home.

(35) is a control sentence. (36) — (38) are raising sentences. As noted in 4.2., the post-verbal strings in examples like (36) and (37) are not analyzed as small clauses in PSG. Similarly, the post-verbal string in examples like (38) is not analyzed as an exceptional clause in PSG. It is fairly simple matter to extend the basic HPSG approach to these examples.

5.2 Valency Alternations

Any theory of syntax needs to deal with valency alternations, where members of some class of lexical heads systematically appear with more than one set of dependents. Both GPSG and HPSG have given considerable attention to such alternations.

The most widely studied valency alternation is the passive alternation, which we can illustrate by comparing the active sentences in (39) with their passive counterparts in (40).

(39a) Mary annoyed John.
(39b) The government sent John to China.
(39c) Mary told John the truth.
(40a) John was annoyed (by Mary).
(40b) John was sent to China (by the government).

(40 c) John was told the truth (by Mary).

These examples suggest that passives lack an object and have a subject interpreted in the same way as the object of their active counterparts and optionally a PP containing an NP interpreted in the same way as the subject of their active counterparts. The passives in (40) are in fact not the simplest passives because they contain *be*, which is essentially a raising verb. Rather simpler are the bracketed passive small clause examples in the following:

(41 a) With [John annoyed (by Mary)] ...
(41 b) With [John sent to China (by the government)] ...
(41 c) With [John told the truth (by Mary)] ...

Both GPSG and HPSG assume a lexical rule deriving passive verbs from the related active verbs. This is all HPSG needs. GPSG also needs a metarule deriving additional ID rules. In GPSG, the active VP's in (39) require the rules in (42) and the passive VP's in (40) and (41) require the rules in (43).

(42 a) V′ → H⁰, NP
(42 b) V′ → H⁰, NP, PP[to]
(42 c) V′ → H⁰, NP, NP
(43 a) V′[+PASS] → H⁰, (PP[by])
(43 b) V′[+PASS] → H⁰, PP[to], (PP[by])
(43 c) V′[+PASS] → H⁰, NP, (PP[by])

The latter can be derived from the former by a metarule of the following form:

(44) V′ → W, NP
      ⇩
      V′[+PASS] → W, (PP[by])

This adds [+PASS] to the left hand side of an appropriate rule and replaces NP on the right hand side by a PP[by] in brackets.

Turning to HPSG, the active verbs in (39) will have the categories in (45) and the passive verbs in (40) and (41) will have those in (46).

(45 a) V[SUBCAT⟨NP⟩; SUBJ⟨NP⟩]
(45 b) V[SUBCAT⟨NP; PP[to]⟩; SUBJ⟨NP⟩]
(45 c) V[SUBCAT⟨NP,NP⟩; SUBJ⟨NP⟩]
(46 a) V[SUBCAT⟨(PP[by])⟩; SUBJ⟨NP⟩]
(46 b) V[SUBCAT⟨PP[to],(PP[by])⟩; SUBJ⟨NP⟩]
(46 c) V[SUBCAT⟨NP,(PP[by])⟩ SUBJ⟨NP⟩]

Lexical entries for passive verbs can be derived from lexical entries for active verbs with a lexical rule. This will change the syntactic category of verbs while leaving their semantic content unchanged. Ignoring phonology and semantics, we might formulate the rule as follows:

(47)
V[SUBCAT⟨[ ] ...⟩; SUBJ⟨[ ]⟩] ⇒
      [1]   [2]
V[+PASS; SUBCAT⟨...(PP[by])⟩; SUBJ⟨[ ]⟩]
              [2]   [1]

The indices here ensure that the passive subject is interpreted in the same way as the active object and the passive *by*-phrase in the same way as the active subject.

These analyses of passives embody the assumption that passive subjects correspond to active objects. Thus, they require the post-verbal NP in the examples in (48) to be an object and not, as in GB, a subject given that they have the passive counterparts in (49).

(48 a) We considered John irritating.
(48 b) We expected Mary to make a good impression.
(49 a) John was considered irritating.
(49 b) Mary was expected to make a good impression.

It is worth noting, however, that a rather different approach to passives is developed within a version of GPSG in Zwicky (1987). This does not involve the assumption that passive subjects always correspond to active objects. Hence, it would be compatible with an analysis of examples like those in (48) in which the post-verbal NP is a subject.

Broadly similar to the passive alternation is the extraposition alternation, which we can illustrate by comparing the examples in (50) with those in (51).

(50 a) That John was late annoyed everyone.
(50 b) That John is a fool is obvious to everyone.
(51 a) It annoyed everyone that John was late.
(51 b) It is obvious to everyone that John is a fool.

In the examples in (50), we have a clausal subject, and in those in (51), we have an expletive *it* subject and an extra clausal complement. Again the GPSG analysis involves both a lexical rule and a metarule deriving additional ID rules, and the HPSG analysis involves just a lexical rule.

Thus, both GPSG and HPSG can accommodate typical valency alternations. However, the GPSG approach generally requires both a lexical rule and a metarule whereas the HPSG approach requires just a lexical rule. This would seem to be a reason for preferring HPSG.

5.3 Unbounded Dependencies

Mindful of the fact that unbounded dependencies of the kind that are found in English *wh*-questions, relative clauses and topicalization sentences have been seen as providing important evidence for a transformational approach to syntax, proponents of both GPSG and HPSG have been concerned to show that they can provide an elegant account of such dependencies.

GPSG and HPSG take essentially the same approach to unbounded dependencies, an approach first presented in Gazdar (1981). Both employ a feature called SLASH to encode the fact that a constituent contains an unbounded dependency gap of some kind. For GPSG, this is a category-valued feature. For HPSG, its value is a set of feature structures embodying syntactic and semantic information. I will concentrate on the GPSG account. For GPSG, the bracketed subordinate clause in (52) will have something like the structure in (53).

(52) I wonder [who John talked to]

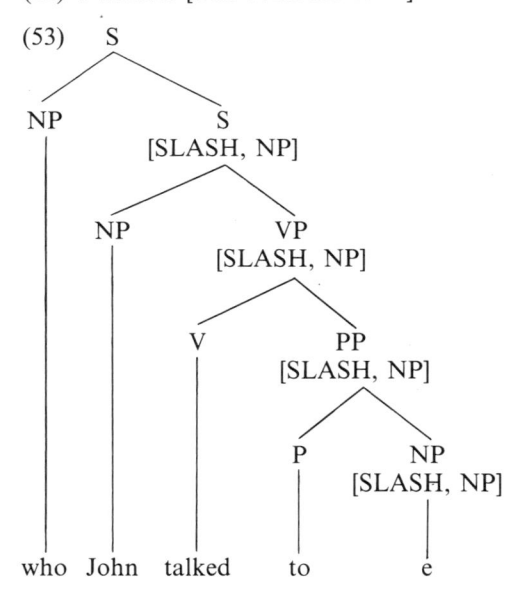

(53)
```
              S
             / \
           NP   S
           |   [SLASH, NP]
          who  / \
             NP   VP
             |  [SLASH, NP]
            John / \
               V   PP
               |  [SLASH, NP]
            talked / \
                  P   NP
                  |  [SLASH, NP]
                  to  |
                      e
```

Structures like these have three distinct parts: the bottom consisting of an empty category of the form X[SLASH, X], the top in which a SLASH feature appears on a daughter but not on its mother, and the middle consisting of local trees with a SLASH feature on a daughter and on its mother.

To provide for the bottom of an unbounded dependency, we simply need to allow empty categories of the form X[SLASH, X] to appear in trees. To provide for the top of the dependency all that is needed is an ID rule combining an S[SLASH, X] with an X to form an S. We might formulate this as follows:

(54) S → S[SLASH, X], X

A rather different account is necessary for the top of the dependency in constructions which do not contain a 'filler' like *who* in (52), e.g. *that* and zero relative clauses, but these constructions pose no real problems.

The middle of the dependency is rather more complex. What is needed is a principle entailing the following propositions:

(55 a) If a SLASH feature specification appears within a category, it also appears within a daughter category.
(55 b) If a SLASH feature specification appears within a category, it also appears within its mother *except at the top of a dependency*.

The main complication here is the italicized qualification in (55 b). These propositions are entailed by the Foot Feature Principle in GPSG, and the Binding Inheritance Principle or as it is known in more recent work the Non-local Feature Principle in HPSG.

As noted earlier, HPSG assumes a set-valued SLASH feature. Apart from this, the HPSG analysis is very similar to the GPSG analysis. In particular, the Binding Inheritance Principle/Non-Local Feature Principle is very similar to the Foot Feature Principle. The motivation for a set-valued feature comes from unbounded dependencies in the Scandinavian languages. Consider, for example, the following Norwegian example from Maling/Zaenen (1981):

(56) Dette er de diktene som
These are the poems COMP
laererin spurte oss [hvem vi trodde
teacher asked us who we thought
hadde skrevet]
had written
'These are the poems that the teacher asked us who we thought had written.'

Here, the bracketed subordinate clause involves two unbounded dependencies. Rather similar on the face of it are examples like the following:

(57) Which violin would this sonata be easy [to play on]

Here, the bracketed infinitive appears to involve two unbounded dependencies. It should be noted, however, that Hukari and Levine (1991) argue within a version of GPSG that the dependency associated with *tough* adjectives is not an ordinary unbounded dependency and hence that it should be analyzed in terms of a separate feature GAP. If this is right, there is no motivation in English for a set-valued SLASH feature.

An important point to note here is that SLASH is not the only feature that obeys the Foot Feature Principle in GPSG or the Binding Inheritance Principle/Non-local Feature Principle in HPSG. The features that identify constituents as interrogative or relative *wh*-phrases also obey these features. This means that the distribution of SLASH is in part attributable to constraints which are independently motivated. This adds significantly to attractiveness of the SLASH approach.

We must now look briefly at island phenomena. These can largely be accommodated within Modern PSG by imposing constraints on the distribution of SLASH. We can illustrate with the following data:

(58) Which book did he criticize without reading the introduction?
(59) * Which book did he criticize the introduction without reading?
(60) Which book did he criticize without reading?

In (58), we have an unbounded dependency gap as object of *criticize*. In (59), we have a gap as object of *reading*, within an adjunct PP. This illustrates the so-called Adjunct Island Condition. Finally, in (60), we have gaps in both positions, the second being a parasitic gap. All three examples involve something like the following local tree:

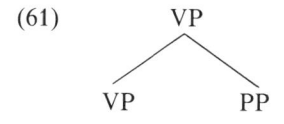

(61)
```
      VP
     /  \
    VP   PP
```

To accommodate the data, we simply need to ensure that the SLASH feature appears on the PP daughter only if it also appears on the VP daughter. We have similar data in the following:

(62) Which man did stories about John really annoy?
(63) *Which man did stories about really annoy John?
(64) Which man did stories about really annoy?

In (62), we have a gap as object of *annoy*. In (63), we have a gap as object of *about* within the subject NP. This illustrates the Subject Condition. Finally, in (64), we have gaps in both positions, the first being a parasitic gap. These examples involve the following local tree:

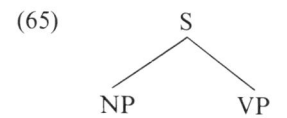

(65)
```
      S
     / \
    NP  VP
```

To handle the data, we just need to ensure that the SLASH feature appears on the NP daughter only if it appears on the VP daughter.

It seems, then, that we need to ensure that a SLASH feature does not appear in certain categories unless it appears within a sister. In GPSG, SLASH is analyzed as both a HEAD feature and a FOOT feature and its distribution follows from the interaction of the Head Feature Convention and the Foot Feature Principle. This approach is criticized in HPSG, and a separate principle is introduced (see Pollard/Sag forthcoming, ch. 4).

Not all island phenomena are like the Adjunct island Condition and the Subject Condition. Rather different are the so-called *that*-trace facts, illustrated by the following:

(66) * Who do you think that did this?
(67) * Who did you ask whether did this?

Such examples show that unbounded dependency gaps cannot appear in subject position in a clause introduced by a complementizer. Both GPSG and HPSG have proposed that they are ungrammatical because a gap never appears in subject position. What then of examples like the following, which have traditionally been seen as involving a gap in subject position?

(68) Who [did this]
(69) Who do you think [did this]

Both frameworks claim that the bracketed strings in such examples are VP's and not S's with a subject gap. To allow such examples, GPSG needs a metarule and HPSG a lexical rule.

6. Some Final Remarks

I have now highlighted the central features that GPSG and HPSG have in common, and given some idea of how they handle some of the central phenomena of syntax. In this final section, I want to refer briefly to some further matters to give a slightly broader picture of Modern PSG.

One point that should be stressed is that the phenomena discussed in the preceding sections do not exhaust the phenomena that have been investigated within PSG. There have been detailed analyses of a variety of other aspects of syntax. Particularly notable is the work on coordination of Sag/Gazdar/Wasow/Weisler (1985) and the work on bound anaphora of Hukari (1989) and Pollard/Sag (1992).

It is also important to note that there has been a considerable amount of work on languages other than English. Gazdar/Klein/Pullum/Sag (1985) cite GPSG work on about 20 languages. There has been further GPSG work since and there is a growing body of HPSG work on languages other than English.

Modern PSG has also had an impact outside pure theoretical linguistics. Proponents of Modern PSG have generally been reluctant to advance claims about psychological reality. There has, however, been some important psycholinguistic work that has been influenced by the ideas of Modern PSG. Particularly notable here are Fodor (1983, 1989) and Crain/Fodor (1985). Also important is Fodor/Crain's (1990) discussion of PSG and parameters, which in effect applies the ideas of Modern PSG to the question of language acquisition.

As noted at the outset, Modern PSG has also been influential in computational linguistics. The precision and concreteness of GPSG and HPSG mean that it is much easier to use them as a guide in the development of computational grammars than it is to use GB. Important references here are Proudian/Pollard (1985), Shieber (1986) and Phillips (1992).

Thus, although Modern PSG has not had the impact of GB, it has been influential in a variety of ways. It is likely that it will continue to be an influential approach to syntax.

7. References

Borsley, Robert D. 1987. Subjects and complements in HPSG. Center for the study of language and information. Report 107. Stanford.

—. 1989 a. An HPSG approach to Welsh. Journal of Linguistics 25. 333—54.

—. 1989 b. Phrase structure grammar and the *Barriers* conception of clause structure. Linguistics 27. 843—63.

—. forthcoming. Subjects, complements and specifiers in HPSG. Readings in head-driven phrase structure grammar, ed. by C. Pollard & I. A. Sag. Stanford.

Brame, Michael K. 1975. On the abstractness of syntactic structure: the VP controversy. Linguistic Analysis 1. 191—203.

—. 1976. Conjectures and Refutations in Syntax. New York.

Chomsky, Noam. 1957. Syntactic Structures. The Hague.

—. 1965. Aspects of the theory of syntax. Cambridge. MA.

—. 1986. Barriers. Cambridge, MA.

Crain, Stephen, and Janet D. Fodor 1985. How can grammars help parsers. Natural language parsing: psychological, computational and theoretical perspectives, ed. by D. Dowty, L. Karttunen & A. Zwicky. Cambridge.

Fodor, Janet D. 1983. Phrase structure parsing and the island constraints. Linguistics and Philosophy 6. 163—223.

—. 1989. Empty categories in sentence processing. Language and Cognitive Processes 4. 155—209.

—, *and Stephen Crain*. 1990. Phrase structure parameters. Linguistics and Philosophy 13. 619—59.

Gazdar, Gerald. 1981. Unbounded dependencies and coordinate structure. Linguistic Inquiry 12. 155—84.

—. 1982. Phrase structure grammar. The nature of syntactic representations, ed. by P. Jacobson & G. K. Pullum. Dordrecht.

—; *Ewan Klein, Geoffrey Pullum, and Ivan Sag*. 1985. Generalized phrase structure grammar. Oxford.

—; *Geoffrey Pullum, Robert Carpenter, Ewan Klein, Thomas Hukari, and Robert Levine*, 1988. Category structures. Computational Linguistics 14. 1—19.

Harman, Gilbert. 1963. Generative grammars without transformational rules: a defense of phrase structure. Language 39. 597—616.

Hukari, Thomas. 1989. The domain of reflexivization. Linguistics 27. 07—244.

—, *and Robert Levine*. 1991. On the disunity of unbounded dependency constructions. Natural language and Linguistic Theory 9. 97—144.

Jacobson, Pauline. 1987. Phrase structure, grammatical relations, and discontinuous constituents. Syntax and Semantics, Vol. 20, Discontinuous constituency, ed. by Geoffrey J. Huck & Almerindo E. Ojeda. New York.

Kasper, Robert T., and William C. Rounds. 1990. The logic of unification in grammar. Linguistics and Philosophy 13. 35—59.

McCawley, James. 1968. Concerning the base component of a transformational grammar. Foundations of Language 4. 243—69.

Manaster-Ramer, Alexis, and Michael Kac. 1990. The concept of phrase structure. Linguistics and Philosophy 13. 325—62.

Ojeda, Almerindo E. 1988. A linear precedence account of cross-serial dependencies. Linguistics and Philosophy 11. 457—92.

Phillips, John D. 1992. A computational representation for generalized phrase structure grammars. Linguistics and Philosophy 15. 255—87.

Pollard, Carl. 1985. Phrase structure grammar without metarules. Proceedings of the West Coast Conference on Formal Linguistics 4, Stanford Linguistics Association, Standford.

—. 1988. Categorial grammar and phrase structure grammar: an excursion on the syntax-semantics frontier. Categorial grammars and natural language structures, ed. by R. Oehrle, E. Bach & D. Wheeler. Dordrecht.

—, *and Ivan Sag.* 1988. Information-based syntax and semantics, Vol. 1. Fundamentals. Stanford.

—, *and* —. 1992. Anaphors in English and the scope of binding theory. Linguistic Inquiry 23. 261—303.

—, *and* —. forthcoming. Head-driven phrase structure grammar. Vol. 2 Topics in control and binding. Stanford.

Postal, Paul M. 1964. Constituent structure: a study of contemporary models of syntactic description. Mouton.

Proudian, Derek, and Carl Pollard. 1985. Parsing head-driven phrase structure grammar. Proceedings of the 23 rd Annual Meeting of the Association for Computational Linguistics.

Pullum, Geoffrey, and Gerald Gazdar. 1982. Natural languages and context-free languages. Linguistics and Philosophy 4. 471—504.

Sag, Ivan, Gerald Gazdar, Thomas Wasow, and Steven Weisler. 1985. Coordination and how to distinguish categories. Natural language and Linguistic Theory 3. 117—71.

—, *and Carl Pollard.* 1991. An integrated theory of complement control. Language 67. 63—113.

Shieber, Stuart. 1986. A simple reconstruction of GPSG. Proceedings of the 24 th Annual Meeting of Association for Computational Linguistics.

Zwicky, Arnold. 1987. Slashes in the passive. Linguistics 25. 639—69.

*Robert D. Borsley, Bangor/Wales
(Great Britain)*

26. Lexical-Functional Grammar

1. Introduction
2. The Architecture of Lexical-Functional Grammar
3. Topics in Lexical-Functional Theory
4. Recent Developments
5. Summary
6. References

1. Introduction

In classical transformational grammar neither the lexicon nor grammatical functions are considered vital parts of grammatical theory. Grammatical functions, such as subject and object, are derived from phrase structure configurations and hence treated as mere descriptive terms. Although Chomsky (1970) marks the beginning of the so-called lexicalist approach to transformational grammar, the structure of the lexicon, as well as the structure of lexical entries is not considered as fundamental to the understanding of Universal Grammar.

Lexical-Functional Grammar (LFG) (the collection of papers presented in Bresnan (1982) is a representative overview of LFG) explicitly argues against these two assumptions. To the contrary, LFG takes the viewpoint that the internal structure of lexical items is as important for the understanding of syntactic phenomena as syntactic phrase structures. Moreover, it treats grammatical functions as primitives which constitute their own level of representation, namely *functional (f-)structure*. The name of the theory thus reflects its basic tenets.

LFG, conceived as an alternative to transformational grammar, has found applications in the fields of theoretical, comparative, and computational linguistics as well as in psycholinguistics. In particular, LFG has shown that several phenomena which were thought to pose serious problems for theories which do not employ transformational devices and configurational phrase structures can properly be described in terms of lexical rules and relationships between grammatical functions.

2. The Architecture of Lexical-Functional Grammar

2.1. Levels of Representation

LFG employs two different levels of syntactic representation, termed constituent (c-) and functional (f-) structure. Both c- and f-structure representations are projected from the lexicon in parallel fashion. This is indicated in the representation of LFG's architecture in (1), where c- and f-structures are connected with the lexicon. The lexicon stores categorial as well as functional information pertaining to a particular lexical form and relates the lexeme's functional structure to its predicate-argument structure (see below). Productive relationships between lexical forms — e. g. Passivization or Causativization — are handled by lexical rules. These rules may alter the f-structure representations or categorial information of lexical items.

C-Structures and f-structures are not completely independent from each other, since f-structures are projections of c-structure representations. C- and f-structures, however, employ radically different data structures for the representation of linguistic knowledge: Whereas c-structures are conceived of traditional phrase structure trees, f-structure representations make use of attribute-value matrices.

Finally, c-structures give rise to phonetic interpretation, whereas f-structures are semantically interpreted, as can be seen from the picture in (1).

(1) The Architecture of LFG:

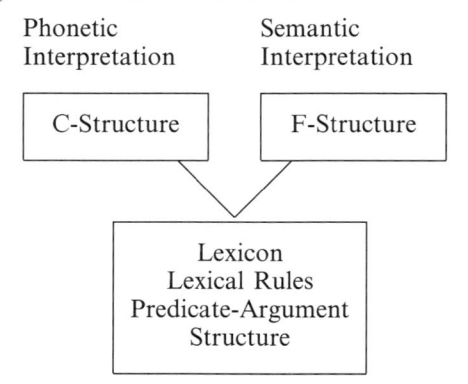

```
Phonetic              Semantic
Interpretation        Interpretation

  ┌─────────────┐     ┌─────────────┐
  │ C-Structure │     │ F-Structure │
  └─────────────┘     └─────────────┘
           ┌─────────────────────┐
           │      Lexicon        │
           │   Lexical Rules     │
           │ Predicate-Argument  │
           │     Structure       │
           └─────────────────────┘
```

C-structure configurations, which reflect the surface constituency of a sentence, are determined by phrase structure rules. Both c-structure configurations and phrase structure rules are considered to be language particular and hence may vary from language to language. For English, e. g. the set of rules given in (2) allows for the derivation of a c-structure like (4), which is assigned to the English sentences given in (3). In case of Japanese, however, the translation of (3), i. e. (5 a), would be analyzed as (5 b). The relevant rule is given in (5 c).

(2) Some English PS-Rules:
S → NP VP
VP → V NP

(3) The man reads the book.

(4) C-Structure of (3):

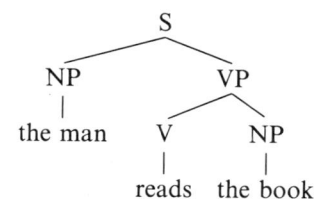

```
            S
          /   \
        NP     VP
        |    /    \
     the man  V    NP
              |    |
            reads the book
```

(5 a) sono otoko-ga hon-o   yonda
      the   man   the book reads

(5 b) C-Structure of (5 a):

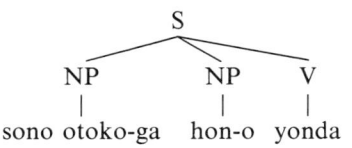

```
            S
         /  |  \
        NP  NP  V
        |   |   |
   sono otoko-ga hon-o yonda
```

(5 c) S → NP NP V

The main difference between Japanese and English is that in Japanese grammatical functions are encoded by case-markers, whereas English employs an encoding through phrase structure positions. The representation of grammatical functions, however, is neither directly influenced by c-structure positions, nor by case-markers. Consequently, the f-structure assigned to sentences (3) and (5 a) is identical in its relevant parts.

(6) F-Structure of (3) and (5 a):

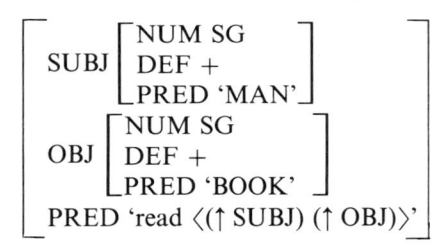

$$\begin{bmatrix} \text{SUBJ} \begin{bmatrix} \text{NUM SG} \\ \text{DEF +} \\ \text{PRED 'MAN'} \end{bmatrix} \\ \text{OBJ} \begin{bmatrix} \text{NUM SG} \\ \text{DEF +} \\ \text{PRED 'BOOK'} \end{bmatrix} \\ \text{PRED 'read} \langle (\uparrow \text{SUBJ}) (\uparrow \text{OBJ}) \rangle \text{'} \end{bmatrix}$$

That f-structure elements are treated as universal elements of the theory of LFG, whereas c-structures are considered language-particular, further illustrates the emphasis on linguistic explanations in terms of functional representations in LFG. The construction of functional structures is accomplished by a complex process which works in parallel with the construction of c-structures.

2.2. The Lexicon: Relations between Arguments and Grammatical Functions

To gain a full understanding of the representation of functional information in syntax, the structure of the lexemes should be considered first. In (7) the lexical forms of a verb and a pronoun are given.

(7 a) *reads*:
$$\begin{bmatrix} \text{PRED 'read} \langle (\uparrow \text{SUBJ}) (\uparrow \text{OBJ}) \rangle \text{'} \\ \text{FIN +} \end{bmatrix}$$

(7 b) *he*:
$$\begin{bmatrix} \text{NUM SG} \\ \text{CASE NOM} \\ \text{PRED 'PRO'} \end{bmatrix}$$

We will start with an investigation of the functional representation for the pronoun given in (7 b). It introduces two syntactic attributes, NUM (for number) and CASE, which receive SG and NOM as their respective values. The attribute PRED is the most important attribute of any lexeme, since PRED takes a semantic form as its value and thus determines which grammatical functions are governed by a particular lexeme.

Moreover, the semantic form reflects the predicate-argument structure of a lexeme and gives rise to the mapping between thematic roles and grammatical functions. In case of the pronoun *he*, however, the semantic form only contains the value PRO, thus indicating that the pronoun does not govern any grammatical function and eventually may pick up its reference by an inter- or intrasentential antecedent.

A quite different picture arises with the semantic form of the verb *read* in (7 a). Here we find a predicate name (read) and — enclosed in angle brackets — a set of grammatical functions. The grammatical functions (in this case SUBJ and OBJ for subject and object, resp.) are said to be governed by a predicate if they occur in the semantic form of that predicate. The relation between the lexical predicate-argument structure (also termed 'a-structure', see Section 4.) and the PRED attribute of the lexeme *read* is represented in (8).

(8) The Mapping between Predicate-Argument Structure and Semantic Form:
'read⟨(↑SUBJ)   (↑OBJ)⟩'
         | |
read (experiencer theme)

The relationship between the predicate-argument structure of a lexeme and its semantic form is not arbitrary. Instead, this relationship is subject to one of the well-formedness conditions of LFG, the principle of Function-Argument Biuniqueness (Bresnan 1982a). This principle is stated in (9).

(9) Function-Argument Biuniqueness
The same grammatical function cannot be assigned to different predicate arguments and different grammatical functions cannot be assigned to the same predicate argument.

The condition in (9) rules out the structures given in (10), where P stands for a predicate, and 1, 2 for the arguments of that predicate at a-structure.

(10 a)   GF1   (10 b)   P(1)
            / \   / \
          P(1, 2)   GF1   GF2

(11 a) *She was admired by him by the president.
(11 b) *She ate supper every pizza.

In (10a) a unique grammatical function is assigned to two predicate arguments, thus violating the first clause of (9). This condition correctly rules out examples like (11a), where the grammatical function of OBL$_{exp}$ is assigned to both prepositional phrases. In (10b) a unique predicate argument is assigned to more than one grammatical function, thus violating the second clause of (9). In (11b), the primary (supper) and the secondary object (every pizza) are related to a unique argument (theme) in the predicate-argument structure of 'eat'. Consequently, the resulting structure is rendered ungrammatical.

Moreover, the principle of Function-Argument Biuniqueness makes an interesting prediction pertaining to the distinction between arguments and adjuncts. This principle predicts that elements must count as adjuncts if they are related to a grammatical function which already has been assigned to a different element. This follows from the fact that (9) prohibits the multiple assignment of grammatical functions to *arguments* and vice versa but makes no prediction pertaining to the realization of adjuncts in a clause. Hence, several adjuncts may occur in a sentence which bear the same relationship to a given predicate. This claim is fostered by data like the following sentence in which several locative, temporal and manner adjuncts do occur without violating any grammatical law (example taken from Bresnan 1982 a).

(12 a) Fred *deftly* [Manner] handed a toy to the baby *by reaching behind his back* [Manner] *over lunch* [Temp] *at noon* [Temp] *in a restaurant* [Loc] *last Sunday* [Temp] *in Back Bay* [Loc] *without interrupting the discussion* [Manner].

(12 b) *John escaped from prison *with dynamite with a machine gun.*

By the same reasoning, instrumental phrases like the one given in (12 b) must be treated as arguments, since multiple realization is blocked here. To cover cases like (12 b), a lexical rule of *Instrumentalization* is postulated. This lexical rule is able to access the relationship between the predicate-argument structure of a lexeme and its semantic form, and may alter it accordingly. Lexical rules will be treated in more detail below.

The condition on Function-Argument Biuniqueness illustrates that LFG seeks to exclude illicit constructions through conditions which either constrain the level of f-structure directly, or, alternatively, constrain the relationship between f-structure and argument-structure or c-structure. The formal well-formedness conditions on f-structures introduced in the next section will further illustrate this theoretical consideration. For the moment, it should be stressed that the principle of Function-Argument Biuniqueness is not a mere variant of the Theta-Criterion (cf. Chomsky 1981). Note first that the Function-Argument Biuniqueness Condition does not constrain cases in which a given argument is not assigned to any grammatical function as in (13 a) and (13 b).

(13 a) John wrote to Mary.
(13 b) John wrote a letter.
(13 c) write (agent, goal, theme)

The predicate-argument structure of *write* presumably includes an agent, a theme and a goal. As (13 a, b) show, an assignment in which either the theme or the goal is not related to any grammatical function (and hence is not realized in syntax) is compatible with the condition on Function-Argument Biuniqueness. Furthermore, it is possible that a given grammatical function is not related to any of the predicate's arguments. This is typically the case with raising structures as given in (14).

(14 a) John seems to be happy.
(14 b) Fred believes hot dogs to taste bad.

In (14 a) the subject, and in (14 b) the object of the respective predicate is not related to the argument structure of the predicate. Again, Function-Argument Biuniqueness has nothing to say about that and consequently, both structures are correctly considered grammatical.

2.3. The Construction of F-Structures

In order to make the information given in the lexical structure available, the set of PS-rules given in (2) and (5) above is annotated by functional information, so-called functional schemata (or 'annotations'). These annotations serve to project the functional information from the lexical entries to the f-structure of a sentence. But functional schemata are also able to add particular functional features as long as these features are compatible with the constraints on well-formedness. Examples of these annotations are given in (15 a) and (15 b) which are annotated representations of the phrase structure rules given in (2).

(15) Functional Schemata in C-Structure Rules:
(a) $S \rightarrow \begin{matrix} NP & VP \\ (\uparrow SUBJ) = \downarrow & \uparrow = \downarrow \end{matrix}$
(b) $VP \rightarrow \begin{matrix} V & NP \\ \uparrow = \downarrow & (\uparrow OBJ) = \downarrow \end{matrix}$

In both rules, two different schemata are employed. The first schema takes the form $\uparrow = \downarrow$ and should be read as: My mother's f-structure is identical to my own f-structure. In the rule (15 a) the attachment of the functional schema $\uparrow = \downarrow$ to the VP-node conveys the information that the f-structure of the VP equals, or unifies with, the f-structure of S.

The second type of annotation takes the form ($\uparrow$ **feature**) = $\downarrow$. This functional schema indicates that the value for the feature **feature** in the mother's functional structure equals or unifies with the functional structure of the given node. In (15 a) ($\uparrow$ SUBJ) = $\downarrow$ thus conveys the information that the value for the SUBJ-attribute of the f-structure of S is identical to the functional structure of the NP daughter of S. In (15 b) the same applies to the NP daughter of VP. Here ($\uparrow$ OBJ) = $\downarrow$ indicates that this NP conveys the functional information of the OBJ attribute of the VP.

A third type of annotation covers the assignment of values and was not mentioned in (15). Schemata of the form ($\downarrow$ **feature**) = **value** or ($\uparrow$ **feature**) = **value** assign particular values to the f-structures corresponding to c-structure nodes. The former schema is being utilized in the phrase structure rule given in (16a), where subject-verb-agreement is confined to 3rd person singular. The assignments given in (16a) should not be confused with the schema ($\uparrow$ SUBJ) = $\downarrow$. Whereas this equation forms a kind of identity condition between the f-structure of the NP and the SUBJ attribute of the f-structure of S, assignments of the form ($\downarrow$ **feature**) = **value** describe the f-structure of the NP. An example for the latter type of assignment is given in (16b), where several features are assigned to the lexeme 'she' and hence will be projected to any N-node under which this particular lexeme is inserted.

(16a) Feature Assignment in a Phrase Structure Rule:

$$S \rightarrow \begin{array}{cc} NP & VP \\ (\uparrow SUBJ) = \downarrow & \uparrow = \downarrow \\ (\uparrow SUBJ\ NUM) = SG \\ (\uparrow SUBJ\ PERS) = 3 \end{array}$$

(16b) Feature Assignment in C-Structure:

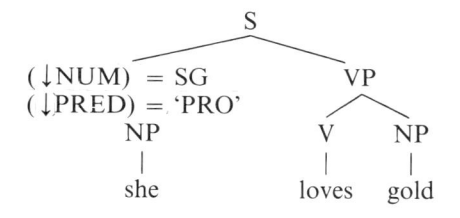

$$\begin{array}{c} S \\ \begin{array}{cc} NP & VP \\ (\downarrow NUM) = SG & \\ (\downarrow PRED) = \text{'PRO'} & \\ | & V \quad NP \\ \text{she} & | \quad | \\ & \text{loves} \quad \text{gold} \end{array} \end{array}$$

Functional schemata relate c- and f-structures and hence create a correspondence relation between these two levels of representation. This correspondence can be described as follows: Whereas c-structures are built by the application of the phrase structure rules, the corresponding functional structures are constructed by the application of functional schemata. The construction of both c-structures and f-structures is triggered by the lexicon, since categorial information needed for lexical insertion and functional information, which originates with the semantic form of a lexeme, is used to relate predicates and grammatical functions of a sentence. The construction process is thus based on the assumption that every node in a c-structure has a corresponding f-structure, but not vice versa. F-structures, in turn, are described by functional schemata and must satisfy the description given by the schemata. To illustrate the process of unifying functional structures of given c-structure nodes, we have assigned consecutive indices to the nodes in the c-structure in (4). F_1 is assigned to S, F_2 to [NP, S], F_3 to VP, F_4 to [NP, VP], F_5 to V and so on.

The functional schemata given so far can be interpreted as formulae of a constraint language, i.e. a language which determines the set of possible functional structures. The functional structure of a particular sentence, on the other hand, can then be viewed as a model which satisfies all constraints imposed by the functional schemata. Thus, any schema of the form $\uparrow = \downarrow$ can be substituted by a constraint of the form $F_n = F_m$. This equation is interpreted as imposing the condition that all attributes (with their respective values) of F_m can be unified with all attributes of F_n. The unification of two structures $F_a = F_n \cap F_m$) is the least complex structure which can be described by both F_n and F_m such that every attribute of F_a is either found in F_m or in F_n.

The incremental construction of the f-structure of sentence (3) can now be given as follows, starting with the rule VP $\rightarrow$ V NP, as given in (15b).

Since the verb *reads* is inserted as V in (15b), the VP inherits the functional structure of this item according to the functional annotation $\uparrow = \downarrow$, i.e. $F_5 = F_3$. Further information comes from the NP sister in (15b). Hence, the functional structure of the object-NP is projected as the value of the OBJ attribute of the VP's functional structure (F_3 OBJ) = F_4. The resulting mapping from c- to f-structure is represented in (17a), the complete set of functional equations stemming from the rule and the lexical forms is summarized in (17b).

(17a) Mapping from C- to F-Structure [see next page].

(17b) Functional Equations given in (17a):
$(F_5$ PRED) =
'read $\langle (\uparrow$ SUBJ) $(\uparrow$ OBJ)$\rangle$',
$(F_5$ SUBJ NUM) = SG,
$(F_5$ SUBJ PERS) = 3,
$(F_4$ PRED) = 'book', $(F_4$ DEF) = +,
$(F_4$ NUM) = SG, $F_3 = F_5$,
$(F_3$ OBJ) = F_4.

According to the S-rule given in (15a), the functional structures of S and VP are unified (again, due to the condition $\uparrow = \downarrow$), and

(17a)

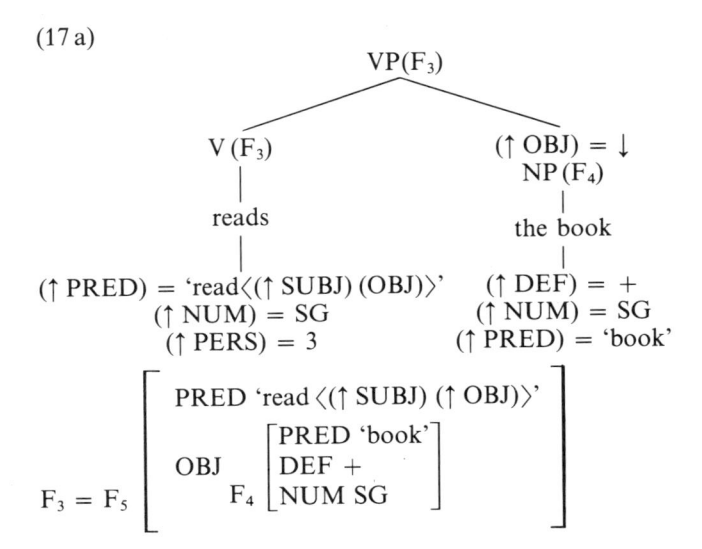

```
                          VP(F₃)
                    ╱             ╲
              V(F₃)                 (↑OBJ) = ↓
                │                    NP(F₄)
              reads                    │
                │                   the book
                                       │
(↑PRED) = 'read⟨(↑SUBJ)(OBJ)⟩'     (↑DEF) = +
(↑NUM) = SG                         (↑NUM) = SG
(↑PERS) = 3                         (↑PRED) = 'book'
```

$$F_3 = F_5 \begin{bmatrix} \text{PRED 'read} \langle(\uparrow\text{SUBJ})(\uparrow\text{OBJ})\rangle\text{'} \\ \text{OBJ} \quad F_4 \begin{bmatrix} \text{PRED 'book'} \\ \text{DEF +} \\ \text{NUM SG} \end{bmatrix} \end{bmatrix}$$

moreover, the functional structure of the NP (F_2) is unified with the SUBJ attribute of S, which has the index F_1 and is hence identical to F_3 and F_5. Again, the mapping between c- and f-structure is represented by arrows in (18), ultimately yielding the functional structure of (3).

(18) Mapping from C- to F-Structure:

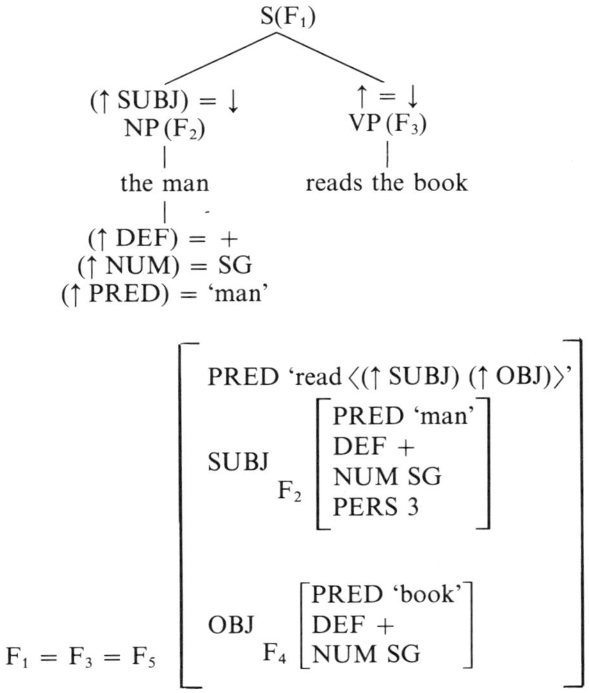

```
                    S(F₁)
              ╱             ╲
     (↑SUBJ) = ↓              ↑ = ↓
       NP(F₂)                 VP(F₃)
         │                       │
      the man               reads the book
         │
     (↑DEF) = +
     (↑NUM) = SG
     (↑PRED) = 'man'
```

$$F_1 = F_3 = F_5 \begin{bmatrix} \text{PRED 'read} \langle(\uparrow\text{SUBJ})(\uparrow\text{OBJ})\rangle\text{'} \\ \text{SUBJ} \quad F_2 \begin{bmatrix} \text{PRED 'man'} \\ \text{DEF +} \\ \text{NUM SG} \\ \text{PERS 3} \end{bmatrix} \\ \text{OBJ} \quad F_4 \begin{bmatrix} \text{PRED 'book'} \\ \text{DEF +} \\ \text{NUM SG} \end{bmatrix} \end{bmatrix}$$

Grammatical and functional features play a major rule in LFG, as could be seen from the analysis presented in (17) and (18). Hence the question arises which types of features (or attributes) are admissible for f-structures.

LFG employs three types of features, which have been introduced implicitly above: An f-structure attribute may either take an atom, or a complex f-structure, or a semantic form as its value. Atomic features differ from complex ones in that the values of the former must be taken from a restricted set of atomic values, whereas complex features may take f-structures as their values. Thus, the values for the attribute CASE are atomic, drawn from the set of cases in a particular language. The value of the attribute SUBJ, on the other hand is complex, as illustrated in (18), since it takes attributes in itself. A semantic form is considered as neither belonging to the atomic, nor to the complex attributes since it introduces a kind of formula. These three types of admitted attributes and their respective values are summarized in (19).

(19) Possible Attributes and their values:
 (a) Atomic Feature: CASE
   possible values: NOM, ACC, GEN, ...
 (b) Complex Features: SUBJ, OBJ, XCOMP, ...
   possible values: any f-structure
 (c) The PRED-feature
   possible values: a semantic form

From the brief discussion of adjuncts in Section 2.2., example (12), the conclusion can be drawn that a fourth type of attribute may be needed in functional structures, since several adjuncts may co-occur in a given clause, even if two or more adjuncts bear the same relation to the predicate of the clause. Hence, set-valued attributes are the fourth subsort of features employed in functional structures. A set-valued feature is a feature which takes a set of complex (or atomic) features as its value. Set-valued features are given in (20a). A set-valued functional schema is given in the phrase structure rule (20b), which is an extension of the phrase structure rule (15b) covering prepositional adjuncts. PP* is a regular expression, representing 0 to n occurrences of PP (see Section 4.1. for a discussion of regular expressions). The relevant part of the schema in (20b) receives the following interpretation: The functional structure of any PP bearing the grammatical function of ADJUNCT belongs to the set of adjuncts of the f-structure of the dominating VP.

(20a) Set-Valued Attributes: ADJUNCT, XADJUNCT
(20b) Functional Schema with set-valued attribute:

$$VP \rightarrow \begin{array}{ccc} V & NP & PP^* \\ \uparrow = \downarrow & (\uparrow OBJ) = \downarrow & \downarrow \in (\uparrow ADJUNCTS) \end{array}$$

We will close this section with a very important property of attributes, the notion of functionality. By using the term *functional*, we mean that any given attribute assumes at most one value. Hence we use *functional* in its mathematical, and not in its linguistic sense. This property of functionality is captured in the Uniqueness Condition given in (21).

(21) **Uniqueness Condition:**
Any attribute may take at most one value.

The Uniqueness Condition rules out cases in which conflicting constraints would yield inconsistent functional structures. Such a situation would arise in the rule given in (22). Here, the value of the S node's SUBJ attribute should be [NUM PL], but the SUBJ actually takes [NUM SG] as its value.

(22) Illicit Functional Annotation:

$$S \rightarrow \begin{array}{cc} NP & VP \\ (\uparrow SUBJ) = \downarrow & \uparrow = \downarrow \\ (\downarrow NUM) = SG & (\uparrow SUBJ\ NUM) = PL \end{array}$$

It should further be noticed that although the rule in (22) gives rise to a well-formed c-structure, nevertheless no well-formed f-structure can arise from the functional annotations presented in (22). Since the f-structure of a sentence is a projection of the sentence's c-structure, a well-formed f-structure generally implies the existence of a well-formed c-structure whereas the converse is not true.

3. Topics in Lexical-Functional Theory

The investigation of Lexical-Functional Theory will start with a survey of the different types of grammatical functions employed in functional structures. In Section 3.2., the theory of control will be discussed and Section 3.3. focuses on LFG's treatment of Passive.

3.1. Grammatical Functions

It should be clear from the discussion in Section 2.2. that the most important attributes of f-structures are grammatical functions such as SUBJ, OBJ, or COMP (the latter standing for saturated sentential complements). Grammatical functions (GFs) can be segregated into two universal classes. These classes capture the distinction between subcategorizable and non-subcategorizable grammatical functions.

A GF is considered to be subcategorizable if the respective attribute may be present in the PRED attribute of a governor, i.e. a subcategorizable grammatical function is a grammatical function which may be assigned under government. Hence, SUBJ and OBJ (as well as OBL, COMP and XCOMP — see below for an explanation) are subcategorizable grammatical functions. Adjuncts, on the other hand, do not appear in the PRED attribute of a governor. Hence, grammatical functions such as ADJUNCT and XADJUNCT (for saturated and unsaturated adjunct, respectively) count as non-subcategorizable GFs.

Subcategorizable grammatical functions are further subdivided into restricted and unrestricted grammatical functions. Unrestricted grammatical functions can be related to any argument of the predicate-argument structure of a lexeme. It is even possible to link an unrestricted grammatical function to an element which does not bear a role at all, such as the SUBJ of a raising verb. This holds for SUBJ, OBJ, and OBJ2 (the second object of ditransitive verbs), but it neither holds for oblique objects (OBL) nor for saturated and unsaturated verbal complements (COMP, XCOMP). Moreover, semantically restricted grammatical functions can only be related to the corresponding arguments in the predicate-argument structure, i. e. an OBL$_{goal}$ can only be related to the goal-argument of a predicate. The chart in (23) summarizes the different types of grammatical functions. The functions TOPIC and FOCUS are somewhat peculiar in that their status as subcategorized or non-subcategorized GFs is language-dependent, i. e. they may be governed in one, but not in every language (cf. Bresnan/Mchombo 1987).

(23) The Structure of GFs
(cf. Bresnan 1982c, Sells 1985):

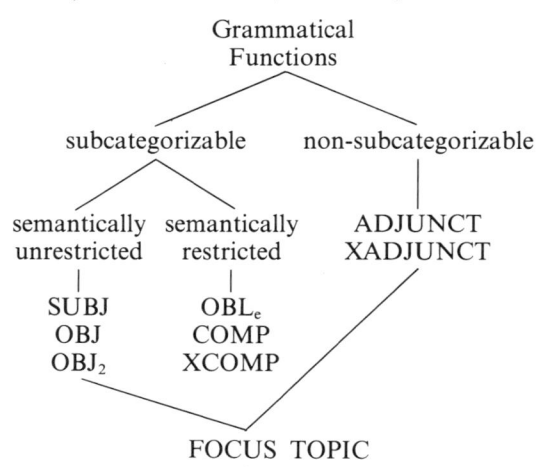

```
                    Grammatical
                     Functions
                   /           \
         subcategorizable    non-subcategorizable
          /          \                |
  semantically   semantically      ADJUNCT
  unrestricted   restricted        XADJUNCT
      |              |
     SUBJ          OBL_e
     OBJ           COMP
     OBJ_2         XCOMP

              FOCUS  TOPIC
```

Contrary to many other theories, LFG treats subcategorization basically as a functional phenomenon, i. e. functors do not subcategorize for categories but for grammatical functions. As an immediate consequence of this, it is possible to constrain the appearance of grammatical functions in terms of well-formedness conditions which establish a relation between the PRED attribute of a clause and the realized grammatical functions. LFG employs two conditions on the realization of grammatical functions, the Completeness Condition and the Coherence Condition, given in (24).

(24a) **Completeness:**
An f-structure is locally complete if and only if it contains all the governable grammatical functions that its predicate governs. An f-structure is complete if and only if all its subsidiary f-structures are locally complete.

(24b) **Coherence:**
An f-structure is locally coherent if and only if all the governable grammatical functions that it contains are governed by a local predicate. An f-structure is coherent if and only if it and all its subsidiary f-structures are locally coherent.

Having introduced these two conditions, the notion of grammaticality in LFG can be defined. As mentioned at the end of Section 2., a sentence is considered to be grammatical, if it is assigned a well-formed c-structure as well as a well-formed f-structure. A well-formed f-structure is an f-structure which obeys every condition imposed on f-structures (cf. Kaplan/Bresnan 1982). This can be further illustrated with the ungrammatical sentences given in (25).

(25a) *The boys loves the girl.
(25b) *The boy loves.

$$\begin{bmatrix} \text{PRED 'love} \langle (\uparrow \text{SUBJ}) (\uparrow \text{OBJ}) \rangle \text{'} \\ \text{SUBJ} \begin{bmatrix} \text{PRED 'boy'} \\ \text{NUM SG} \end{bmatrix} \end{bmatrix}$$

(25c) *The boy loves the girl the cookie.

$$\begin{bmatrix} \text{PRED 'love} \langle (\uparrow \text{SUBJ}) (\uparrow \text{OBJ}) \rangle \text{'} \\ \text{SUBJ} \begin{bmatrix} \text{PRED 'boy'} \\ \text{NUM SG} \end{bmatrix} \\ \text{OBJ} \begin{bmatrix} \text{PRED 'girl'} \\ \text{NUM SG} \end{bmatrix} \\ \text{OBJ2} \begin{bmatrix} \text{PRED 'cookie'} \\ \text{NUM SG} \end{bmatrix} \end{bmatrix}$$

(25a) is excluded due to the Uniqueness Condition introduced in Section 2., since the annotated phrase structure rule for S given in (16a) requires the NUM and PERS features of the SUBJ to agree with the NUM and PERS features of the verb. By Uniqueness, no attribute may take more than one value and hence (25a), where the SUBJ attribute takes two different values, is ungrammatical.

(25b) is excluded by the Completeness Condition which requires that every grammatical function which is governed by a predicate be realized in the f-structure in which the predicate is realized. Since *loves* governs an OBJ and this OBJ is not present in the f-structure of (25b), this sentence is correctly rendered ungrammatical. The Coherence Condition excludes (25c). This condition requires that any realized grammatical function be governed by a local predicate. The second object in (25c) is not governed by the predicate *loves* and hence the sentence is ungrammatical.

3.2. Control

In this section, we will focus on LFG's treatment of raising and equi predicates, i.e. predicates which either employ non-thematic functions or unrealized arguments, as given in (26).

(26a) John believed Howard to love Sue.
(26b) John seems to be unhappy.
(26c) John promised to go to the party.
(26d) John persuaded Mary to go for lunch.

Contrary to Government-Binding Theory LFG does not segregate equi from raising predicates syntactically, but instead distinguishes between *functional* and *anaphoric control* (cf. Mohanan 1983). Roughly, anaphoric control involves semantic coreference whereas functional control requires the identity of grammatical functions. Functional control both subsumes equi and raising predicates. It is established by the Lexical Rule of Functional Control (LRFC). This rule states that the unexpressed SUBJ of a VP' (see below) must be identical to a grammatical function which is governed by the governor of VP'. Consider the tree representation of (26a) given in (27). This c-structure is due to the phrase structure rules given in (28). Note particularly that LFG does not assume the existence of a c-structure subject of VP'.

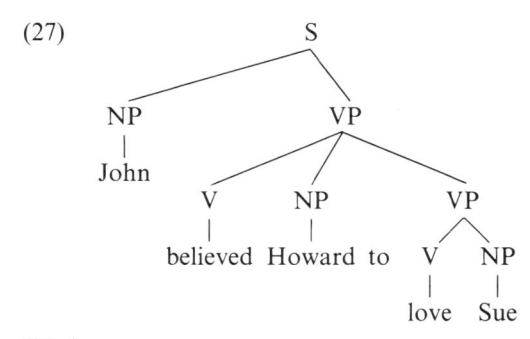

(27)
```
                    S
                   / \
                  NP   VP
                  |   /|\
                John V NP  VP
                     |  |  /\
               believed Howard to V  NP
                                  |   |
                                love Sue
```

(28a)
$$VP \rightarrow \begin{matrix} V & NP & VP' \\ \uparrow = \downarrow & (\uparrow OBJ) = \downarrow & (\uparrow XCOMP) = \downarrow \end{matrix}$$

(28b)
$$VP' \rightarrow to \begin{matrix} VP \\ \uparrow = \downarrow \end{matrix}$$

Following the distinction between saturated and unsaturated complements, VP' is functionally related to an unsaturated verbal complement (XCOMP), the subject of which is missing. Furthermore, the object of *believe* is non-thematic. This difference is captured in the semantic form introduced by *believe* in (29). Only those grammatical functions which are related to an argument in the predicate-argument structure of the lexeme are represented inside the list structure of the semantic form. Accordingly, the OBJ of *believe* is indicated as being non-thematic by not being placed into the list structure of the semantic form.

(29) F-Structure of (27) (preliminary version):

$$\begin{bmatrix} \text{Pred 'believe} \langle (\uparrow \text{SUBJ}) (\uparrow \text{XCOMP}) \rangle (\uparrow \text{OBJ})\text{'} \\ \text{SUBJ [PRED 'John']} \\ \text{OBJ [PRED 'Howard']} \\ \text{VCOMP} \begin{bmatrix} \text{PRED 'love} \langle (\uparrow \text{SUBJ}) (\uparrow \text{OBJ}) \rangle\text{'} \\ \text{OBJ [PRED 'Sue']} \end{bmatrix} \end{bmatrix}$$

This f-structure, however, violates the Completeness Condition since one of the governed grammatical functions (SUBJ) of [PRED 'love $\langle (\uparrow$ SUBJ$) (\uparrow$ OBJ$) \rangle$'] is not present here. Consequently, the value of XCOMP does not satisfy the criterion of local completeness defined in (24a). Moreover, this would lead to the incorrect conclusion that (26a) is ungrammatical. Note also that (29) satisfies the Function-Argument Biuniqueness Condition since neither an argument is related to more than one grammatical function nor is any grammatical function related to more than one argument.

The grammaticality of (26a) is explained in accordance with the Lexical Rule of Functional Control. This rule applies to those lexemes which govern as unsaturated grammatical function (i.e. an XCOMP). If this is the case, the rule adds a further condition to the lexical form of the governor. This condition requires an identity between one of the grammatical functions of that lexeme and the unexpressed SUBJ of its XCOMP. The rule is given in (30):

(30) **Lexical Rule of Functional Control:**
If a lexeme L subcategorizes for an XCOMP, then add the following information to the lexical entry of L:
$(\uparrow \text{OBJ2}) = (\uparrow \text{XCOMP SUBJ})$, if OBJ2 is an element of L; otherwise:
$(\uparrow \text{OBJ}) = (\uparrow \text{XCOMP SUBJ})$, if OBJ is an element of L; otherwise:
$(\uparrow \text{SUBJ}) = (\uparrow \text{XCOMP SUBJ})$. (Bresnan 1982c, 322)

As for (29), the second clause of (30) applies, thus yielding (31), where the tag [1] indicates that the value of the OBJ is identical to the value of the SUBJ of the XCOMP, namely

[PRED 'Howard'], thus correctly rendering the interpretation assigned to (26a).

(31) F-Structure of (27):

$$\begin{bmatrix} \text{PRED 'believe} \langle (\uparrow \text{SUBJ}) (\uparrow \text{XCOMP}) \rangle (\uparrow \text{OBJ})' \\ \text{SUBJ [PRED 'John']} \\ \text{OBJ } \boxed{1} \text{ [PRED 'Howard']} \\ \text{XCOMP} \begin{bmatrix} \text{PRED 'love} \langle (\uparrow \text{SUBJ}) (\uparrow \text{OBJ}) \rangle' \\ \text{SUBJ } \boxed{1} \\ \text{OBJ [PRED 'Sue']} \end{bmatrix} \end{bmatrix}$$

In contrast to (29), which was incomplete, (30) is functionally well-formed since the SUBJ of XCOMP is identified as being identical to the SUBJ of its governor due to the Lexical Rule of Functional Control given in (30). Cases of raising-to-subject — as in (26b) — are treated by the same mechanism. Here, the SUBJ of the XCOMP is identified as being the SUBJ of its governor, since this grammatical function is the only one available. Note also that this identification does not change if *seem* realizes its optional *experiencer* as in (32), since this argument is related to a restricted grammatical function, namely OBL_{exp}. Restricted grammatical functions, however, are not capable of identifying unexpressed grammatical functions, which is deliberately encoded in (30), where only the unrestricted grammatical functions are mentioned. Consequently, (32) exemplifies the same identity between SUBJ and (XCOMP SUBJ) as (26b).

(32) He seems sick to her.

Now consider equi-predicates as (26c) and (26d). Again, the Lexical Rule of Functional Control correctly predicts the controller choice in (26c) and (26d). In (26c), the SUBJ is the only available grammatical function, hence the SUBJ of XCOMP is identical to the matrix SUBJ function. In (26d), the SUBJ of XCOMP is identical to OBJ. It is well-known, however, that rules like (30) are not without their exceptions, one being illustrated in (33).

(33) John promised Mary not to go to the movies.

Since *promise* receives the analysis indicated in (34), the Lexical Rule of Functional Control would incorrectly predict *Mary* to be the controller of the XCOMP's subject.

(34) Lexical form of *promise*:
[PRED 'promise $\langle (\uparrow \text{SUBJ}) (\uparrow \text{OBJ}) (\uparrow \text{XCOMP}) \rangle$']

In order to cope with data like (33) Bresnan (1982c) assumes that the verb *promise* is specified lexically as being a verb of subject control. Consequently, the Lexical Rule of Functional Control must be interpreted as a default rule which cannot override lexical specifications.

A second group of problematic cases for LFG's control theory cannot be handled by lexical specifications. In (35a), the SUBJ of the XCOMP is not controlled by the SUBJ, but by the unexpressed OBJ, as can be seen in (35b).

(35a) Louise signaled to follow the teacher.
(35b) Louise signaled Tom to follow the teacher.

Obviously, functional control is not tenable for (35a). Hence, this example is treated as a case of *anaphoric control*. Contrary to functional control, anaphoric control does not refer to an identity relation between grammatical functions, but to an identity between referents.

Roughly, anaphoric control holds in cases where no functional controller is available. Typical examples of anaphoric control cases are presented in (36):

(36a) Mary was happy and excited. To have involved herself in the group was a risky action. But it was proving that she could change her life.
(36b) I am worried about Mary. I think it was fine to join the group. But getting herself photographed with those starving wolves was dangerous.

The subject of the sentential subject of the second sentence in (36a) is anaphorically linked to the subject of the first sentence in (36a). The same relation holds between the prepositional object of the first sentence in (36b) and the following gerunds. According to the theory of *anaphoric control* both relations are induced by a so-called functional anaphor (see particularly Mohanan 1983). A functional anaphor is an element which is not expressed in c-structure. Still, its presence in f-structure is induced by an optional functional schema of the form $(\uparrow \text{GF PRED}) = $ 'PRO', where G is any grammatical function.

(37) Functional Anaphor:
[PRED 'PRO']

Anaphoric control equals functional control in that the functional schema alluded to above — which actually refers to a semantic form described in (37) — must be introduced by a governor of an unsaturated complement. This follows from the further assumption that semantic forms can only be introduced by lexical items (cf. Halvorsen 1983). But since (37) has no corresponding c-structure element, it cannot have a lexical form either. Consequently, the functional schema must belong to the governor of the PRED to which (37) is related. The rule of functional anaphora is given in (38). Note that the formulation given in (38) deliberately restricts the appropriate grammatical functions to SUBJ, thus describing the occurrence of functional anaphora in Germanic languages. A more general formulation can be found in Bresnan (1982c).

(38) Rule of Functional Anaphora:
For any infinite verb form L, assign the optional equation
($\uparrow$ SUBJ PRED) = PRO to L.

According to (38), functional anaphors do only occur as the SUBJ of non-finite verbal projections. Moreover, it should be clear that (38) can only be applied to those lexical forms in which the grammatical function SUBJ is neither determined lexically nor by functional control. In both cases the optional assignment of (38) would lead to a violation of the Uniqueness Condition. In (39) an analysis of example (35a) is presented.

(39) Louise signaled to follow the teacher.

(39) Louise signaled to follow the teacher.

$$\begin{bmatrix} \text{PRED 'signal} \langle (\uparrow \text{SUBJ}) (\uparrow \text{XCOMP}) \rangle\text{'} \\ \text{SUBJ [PRED 'Louise']} \\ \text{XCOMP} \begin{bmatrix} \text{PRED 'follow} \langle (\uparrow \text{SUBJ}) (\uparrow \text{OBJ}) \rangle\text{'} \\ \text{SUBJ [PRED 'PRO']} \\ \text{OBJ} \begin{bmatrix} \text{PRED 'teacher'} \\ \text{DEF +} \end{bmatrix} \end{bmatrix} \end{bmatrix}$$

It should be stressed that anaphoric control differs from functional control in that in the former case no formal relationship in the f-structure of the sentence is established. Hence the analysis given for (35a) does not differ from an analysis in which the embedded subject is realized as a pronoun, but strictly differs from the analysis given for the raising-to-object sentence in (26a).

Several principles of interpretation (see Bresnan 1982c) which are built upon f-structure representations account for the fact that the unexpressed functional anaphor is interpreted in coreference with the subject of (40a)

whereas the realized pronoun in (40b) is disjoint in interpretation.

(40a) Mary wished to vote.
(40b) Mary wished for her to vote.

One further aspect of LFG's control theory has not been mentioned yet, viz. functional control of unsaturated adjuncts. An example is given in (41), where the subject of the predicative adjunct *drunk as usual* may be interpreted as being coreferential with the SUBJ or the OBJ of the matrix clause.

(41) Mary passed John in the hall yesterday drunk as usual.

Contrary to lexically induced functional control of unsaturated complements, functional control of adjuncts is treated syntactically, i.e. by adding a control equation to a syntactic rule. This is achieved by the Constructional Rule of Functional Control (CRFC) presented in (42).

(42) **Constructional Rule of Functional Control:**
If ($\uparrow$ XADJUNCT) = $\downarrow$ is a syntactically encoded functional annotation, conjoin it to the disjunction of the schemata {($\uparrow$ GF) = ($\downarrow$ SUBJ) | GF being any appropriate grammatical function}.

As mentioned above, the subject of the adjunct in (41) can be interpreted as being coreferential with SUBJ and OBJ. Due to the Constructional Rule of Functional Control, a disjunction consisting of the equations presented in (44) is added to the annotated phrase structure rule in (43). Either of these two further annotations may match and hence give rise to the appropriate interpretation.

(43)
$$\text{VP} \rightarrow \begin{array}{ccc} \text{V} & \text{NP} & \text{PredP} \\ \uparrow = \downarrow & (\uparrow \text{OBJ}) = \downarrow & (\uparrow \text{XADJUNCT}) = \downarrow \end{array}$$
(44a) ($\uparrow$ XADJUNCT SUBJ) = ($\uparrow$ SUBJ)
(44b) ($\uparrow$ XADJUNCT SUBJ) = ($\uparrow$ OBJ)

LFG was the first framework to develop a non-configurational control theory and hence to show that control relations should be described independently from c-structure configurations (but see Bech 1955 for a similar conception).

Although LFG's control theory offers a plausible alternative to more configuration-based approaches to control and raising, it still faces problems if control properties are not related to grammatical functions only, but to categorial information as well. This aspect can be illustrated by sketching the syntactic behavior of impersonal constructions in Germanic languages.

In German and Dutch, impersonal embeddings are possible if the governing verb is a raising verb or the governing verb selects a finite complement. Impersonal embeddings are generally impossible with control verbs. The following examples are drawn from German.

(45a) Hier scheint geschlafen zu werden.
(45b) *Peter verspricht geschlafen zu werden.
(45c) Per verspricht, daß geschlafen wird.

The *Lexical Rule of Functional Control* (LRFC) has nothing to say about (45a), since *scheinen* embeds a COMP and not an XCOMP here. The grammaticality of (45a) follows from the assumption that *scheinen* — or raising verbs in general — either subcategorize for an XCOMP and an unthematic SUBJ or solely for a COMP. In the first case, the LRFC requires the subject of the XCOMP be identical to the SUBJ of the raising verb. In the second case, the raising verb demands only the realization of the COMP since its lexical form does not contain a SUBJ. Although a disjunctive subcategorization suffices to explain the behaviour of raising verbs.

This is different with the examples (45b) and (45c). Control verbs can only embed a COMP if their complement is finite, i.e. in those cases where they do not act as control verbs proper. If subcategorization requirements were restricted to functional information here, this latter contrast would remain unexplained. Hence, it seems necessary to combine functional and categorial information to specify the subcategorization requirements. To cover both the ungrammatical (45b) and the grammatical (45c), verbs like *versprechen* would have to be described in term of a disjunction as taking either *infinite* XCOMPs or *finite* COMPs as their complements. In the first case, the LRFC would require the complement to have a SUBJ as well, whereas the existence of a SUBJ is not forced with a finite complement. Hence the grammaticality of (45c) is predicted. The ungrammaticality of (45b) then follows form a violation of the Coherence Condition given in (24b): The LRFC would stipulate a SUBJ attribute in the complement verb's f-structure which would not be governed by the complement verb (see Kiss 1992 for a different unification-based account and Sag-Pollard 1991 for further discussions of LFG's control theory).

3.3. Passive as a Lexical Rule

Raising constructions and Passivization are given a unified account in current transformational approaches to grammar. In LFG, however, neither raising nor passive are treated in terms of transformations. Whereas the former is subject to functional control, the latter is covered by a lexical rule. Lexical rules, in turn, are the only devices which alter or add information to a lexical form, and hence may modify the assignment of functions to arguments in LFG.

An example of a lexical rule which adds information to a lexical form is the Instrumentalization Rule mentioned en passant in Section 2. A description of the Instrumentalization Rule is given in (46).

(46) **Lexical Rule for Instrumentalization:**
[PRED 'relation $\langle (\uparrow SUBJ)(\uparrow OBJ) \rangle$']→
[PRED 'relation $\langle (\uparrow SUBJ) (\uparrow OBJ) (\uparrow OBL_{inst}) \rangle$']

An application of this rule is presented in (47). In (47a) and (47b), the two lexical forms of the verb *stab* are related according to the rule given in (46). The differences in grammaticality of sentences (47c) to (47e) are accounted for in accordance with the principle of Function-Argument Biuniqueness.

(47a) [PRED 'stab $\langle (\uparrow SUBJ) (\uparrow OBJ) \rangle$']
(47b) [PRED 'stab $\langle (\uparrow SUBJ) (\uparrow OBJ) (\uparrow OBL_{inst}) \rangle$']
(47c) John stabbed his wife.
(47d) John stabbed his wife with a knife.
(47e) *John stabbed his wife with a knife with a dagger.

The Lexical Rule for Instrumentalization was an example of a rule which adds information to a lexical form. As an example for a lexical rule which alters a lexical form, consider the universal characterization of Passivization given in Bresnan (1982b):

(48) Universal Characterization of Passive:
$(\uparrow SUBJ) \rightarrow \emptyset / \{(\uparrow OBL)\}$
$(\uparrow OBJ) \rightarrow (\uparrow SUBJ)$

(48) is to be interpreted as follows: Given an active lexical form L which governs a SUBJ and an OBJ, the lexical rule produces a passive lexical form in which the active SUBJ either is not present any longer in the semantic form of the predicate or is mapped to an

oblique grammatical function, which is optional as well as semantically restricted (the status of the oblique object being optional is indicated by curly brackets). The object of the active form, in turn, is mapped to the SUBJ of the passive form. Hence, the lexical rule for passive alters the relation between functions and arguments.

The effects of the lexical rule (48) in accordance with Function-Argument Biuniqueness are illustrated in (49). (49 a) is the active lexical form of the transitive verb *hit*. Its *agent* is related to the SUBJ and its *patient* to the OBJ. As an effect of (48), the *agent* is either completely suppressed in the passive form of *hit*, as in (49 b), or the agent is assigned to the restricted oblique object. The *patient*, in turn, is mapped onto to the subject (for a simplification of this lexical rule, see Section 4.2.).

(49 a) hit $\langle(\uparrow \text{SUBJ}) \quad (\uparrow \text{OBJ})\rangle$
              | |
          hit (agent,   patient)

(49 b) hit $\langle\{(\uparrow \text{OBL}_{\text{agent}})\} \quad (\uparrow \text{SUBJ})$
                      | |
               hit (agent,   patient)

This lexical approach to Passive has its natural repercussions to syntactic structure. Consider the analyses of the sentences given in (50). The analysis of the passive sentence (50 b) directly reflects the application of the lexical rule of Passivization given in (48) [(50 b) see next page].

The Lexical Rule of Passivization interacts in several interesting respects with the theory of control introduced in Section 3.2. The lexical theory of passive predicts that passivization of the XCOMP of an equi predicate

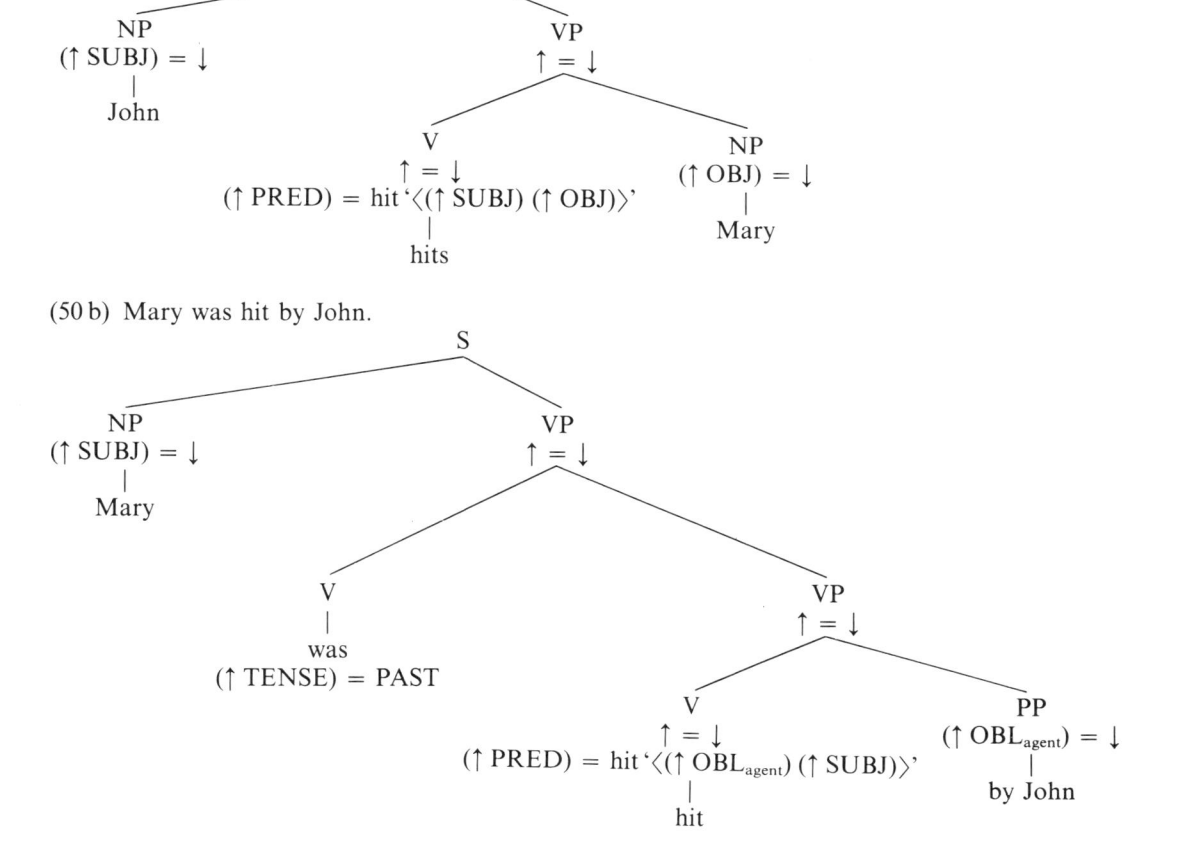

(50 a) John hits Mary.

```
                    S
                   / \
                  /   \
                NP     VP
         (↑ SUBJ)=↓   ↑=↓
                |    / \
              John  /   \
                   V     NP
                  ↑=↓  (↑ OBJ)=↓
       (↑ PRED) = hit'⟨(↑ SUBJ) (↑ OBJ)⟩'  |
                   |              Mary
                  hits
```

(50 b) Mary was hit by John.

```
                    S
                   / \
                 NP   VP
         (↑ SUBJ)=↓   ↑=↓
                |    / \
              Mary  V   VP
                    |   ↑=↓
                   was  / \
           (↑ TENSE)=PAST  \
                          V    PP
                         ↑=↓ (↑ OBL_agent)=↓
         (↑ PRED) = hit'⟨(↑ OBL_agent) (↑ SUBJ)⟩'  |
                          |          by John
                         hit
```

affects the interpretation of a sentence, whereas passivization of the XCOMP of a raising verb does not change the interpretation.

(51 a) John believed Bill to have kissed Mary.
(51 b) John believed Mary to have been kissed by Bill.

(52 a) John persuaded Bill to kiss Mary.
(52 b) John persuaded Mary to be kissed by Bill.

(51 a) and (51 b) are synonymous, whereas (52 a) and (52 b) are not. This difference is readily explained since the object of *believe* is non-thematic and hence not related to any argument of *believe*. Consequently, the thematic interpretation of OBJ does only depend on the thematic structure of the embedded predicate. Since Passive only changes the assignment of functions to arguments but crucially not the thematic relationships of the predicate, the synomy is predicted. This is quite different in (52). The verb *persuade*, being an equi predicate, assigns an argument to its OBJ. Due to functional control, this object is coreferential with the SUBJ of the embedded XCOMP, but this coreference only holds for the grammatical functions. If the SUBJ of XCOMP is assigned to a different argument, due to LRFC this argument will be related to the 'Persuadee'-role of the governing control verb. Hence, in (52 a), *Bill* is the 'Persuadee' of *persuade* and the 'Kisser' of *kiss*. In (52 b), however, with *Bill* still being the 'Kisser', *Mary* is assigned the role of 'Persuadee'. Consequently, (52 a) and (52 b) differ in interpretation.

The interaction of Passive and functional control also plays an important role in explaining a property of English subject control verbs, which is known as Visser's Generalization.

(53) Visser's Generalization:
Subject control verbs do not passivize.

Passivization of a subject control verb is even impossible if the subject control verb governs a nominal object, as shown in (54).

(54 a) John promised Mary to be on time.
(54 b) *Mary was promised by John to be on time.

Bresnan (1982 c) explains Visser's Generalization by appealing to the distinction between restricted and unrestricted grammatical functions. Only unrestricted grammatical functions, i.e. SUBJ, OBJ and OBJ2 can enter into a control relationship, whereas semantically restricted functions cannot act as functional controllers. Since the lexical rule of Passivization shifts the SUBJ into a semantically restricted OBL function, it is predicted that the active subject cannot be used as a controller in passive clauses. As a consequence of this, the (↑ XCOMP SUBJ) in (54 b) cannot be related to any of the governed functions of the control verb and hence remains unrealized at f-structure, thus violating the Completeness Condition. Moreover, this explanation predicts that passivization should be possible if the verb in question does not act as a control verb. That this is actually borne out can be seen in (55).

(55 a) John promised Mary that he would be on time.
(55 b) Mary was promised by John that he would be on time.

It should be mentioned, that although this explanation seems to present evidence for the distinction between unrestricted and restricted grammatical functions, there is still reason to believe that it cannot be correct. If the ungrammaticality of (54 b) were due to a universal restriction on possible functional controllers, one would expect that a similar constraint holds for other languages as well. This, however, is not the case, as can be shown by the following data from German.

(56 a) Peter versprach Maria rechtzeitig
Peter promised   Maria in time
zu kommen.
to come

(56 b) Maria wurde von Peter versprochen,
Maria was   by Peter promised
rechtzeitig zu kommen.
in time   to come

(57 a) Peter versprach Maria, daß er
Peter promised Maria that he
rechtzeitig kommen würde.
in time   come   would

(57 b) Maria wurde von Peter versprochen,
Maria was   by Peter promised
daß er rechtzeitig kommen würde.
that he in time   come   would

The sentences given in (56) and (57) are translations of (54) and (55). Still, all four sentences are grammatical. Since it is plausible to assume that Passivization in German coincides with the English facts with respect to the relation-changing of SUBJ to OBL, the grammaticality of (56 b) raises doubts on the assumption that semantically restricted grammatical functions cannot act as controllers. Further research on the properties of grammatical functions may illuminate this problematic topic.

4. Recent Developments

In this section, two recent developments of LFG will be discussed. The first development pertains to the treatment of unbounded dependencies in functional structures, the second one concerns the relationship between functions and arguments and introduces a theory of function-argument assignment.

4.1. Unbounded Dependency Constructions

As mentioned above, LFG seeks to explain contrasts in grammaticality by properties of f-structure and thus offers an alternative to more phrase-structure-oriented frameworks such as Government-Binding Theory. However, the treatment of unbounded dependency constructions as presented in Kaplan/Bresnan (1982) suffered from the fact that even though the relation between the filler and the gap was presented as an f-structure identity similar to control, still c-structure conditions, namely bounding nodes, were made responsible for subjacency effects. Consider the analysis of the indirect question in (58).

(58) The girl wondered who the baby saw.

In (59) the relevant annotated phrase-structure rule as well as the lexical form of *who* is given.

(59 a) Topicalization/Question-Formation Rule:
$$S' \rightarrow \begin{matrix} XP \\ (\uparrow \{TOPIC\ FOCUS\}) = \downarrow \\ \downarrow = \Downarrow \end{matrix} \begin{matrix} S \\ \uparrow = \downarrow \end{matrix}$$

(59 b) Lexical Form of *who*:
$$\begin{bmatrix} \text{PRED 'who'} \\ \text{CASE \{NOM, DAT, ACC\}} \end{bmatrix}$$

Two new features are relevant here. The first feature concerns the grammatical functions TOPIC and FOCUS, which indicate that the dislocated constituent is either the topic of an embedded sentence as else being focussed in the embedded question. In order to comply with the grammatical functions TOPIC and FOCUS, the Coherence Condition has to be generalized since these two grammatical functions do not occur in the semantic form of a lexeme. The same holds for adjuncts. Accordingly, the following generalized notion of Extended Coherence replaces the Coherence Condition given in (24):

(60) **Extended Coherence Condition:**
Any grammatical function in an f-structure must be bound.

The subcategorizable grammatical functions are bound if they occur in the semantic form of a predicate (this was the subject of the simple Coherence Condition in (24)). An adjunct is bound if it is related to a PRED, i.e. occurs in the same f-structure as the PRED. A TOPIC or FOCUS, finally, is bound, if its value unifies with the value of a bound grammatical function (cf. Bresnan/Mchombo 1987).

The second feature pertains to the introduction of the equation $(\downarrow = \Downarrow)$. Such an annotation indicates that the element to which the equation is attached controls a gap occuring somewhere in its sentential sister. The corresponding gap is introduced by the following annotated phrase-structure rule.

(61) Gap Introduction:
$$NP \rightarrow \begin{matrix} e \\ \downarrow = \Uparrow \end{matrix}$$

The relation between a filler, such as the FOCUS and its corresponding gap is very similar to the relation between a controller and a controllee in functional control equations. In particular, the relation between the filler and the gap in (62) can be expressed by the equation $(\uparrow FOCUS) = (\uparrow OBJ)$. This equation gives rise to a functional structure of the COMP of (58) as indicated in (62).

(62) F-Structure of COMP of (58):
$$\begin{bmatrix} \text{FOCUS } \boxed{1} \begin{bmatrix} \text{PRED 'who'} \\ \text{CASE ACC} \end{bmatrix} \\ \text{PRED see '}\langle(\uparrow \text{SUBJ})(\uparrow \text{OBJ})\rangle\text{'} \\ \text{SUBJ} \begin{bmatrix} \text{PRED 'baby'} \\ \text{DEF +} \end{bmatrix} \\ \text{OBJ } \boxed{1} \end{bmatrix}$$

The major difference between functional control and the relationship between fillers and gaps concerns the locality of the relation. Due to the fact that functional control schemata are attached to lexical forms, functional control is strictly local. The relation between filler and gap, on the other hand, is not lexically induced and hence non-local in nature. That the relationship between fillers and gaps is virtually unbounded, can be seen from data like (63), where the FOCUS of COMP is identical to the OBJ of (COMP XCOMP), i.e. ($\uparrow$ COMP FOCUS) = ($\uparrow$ COMP XCOMP OBJ).

(63) The girl wondered who the baby persuaded the boy to see.

It is well-known, however, that unbounded dependency constructions are subjects to island constraints (cf. Ross 1967, Chomsky 1986). LFG's theory of unbounded dependency constructions embodies these island constraints by augmenting the phrase-structure rules with so-called bounding nodes, as indicated by the frame around S in (64).

(64) Rule with Bounding Nodes:

$$S' \rightarrow \begin{array}{cc} XP & \boxed{S} \\ (\uparrow \{TOPIC\ FOCUS\}) = \downarrow & \uparrow = \downarrow \\ \downarrow = \Downarrow & \end{array}$$

Bounding nodes, in turn, are subject to the convention formulated in (65).

(65) **Bounding Convention:**
A node M belongs to a control domain with root node R iff R dominates M and there are no bounding nodes on the path from M up to, but not including R. (cf. Bresnan/Kaplan 1982)

The Bounding Convention legitimates the dependencies in (58) and (63) since the only bounding node which possibly could interfere between filler and gap is the root node R, which does not count as a bounding node in this case. The bounding convention correctly renders (66) ungrammatical since the lower gap does not belong to the control domain of the filler here, because the S of the temporal adjunct serves as a bounding node.

(66) *Which picture did they all blush when they saw?

From the preceeding discussion, it should be clear that the property of being a bounding node is ultimately tied to c-structure. Thus, illicit dependencies are not excluded by principles of f-structure but by resorting to phrase-structural constraints. Moreover, it seems to be the case that a c-structure account of the contrast between examples of the form (63) and (66) cannot be given universally. Kaplan/Zaenen (1989a) argue that a c-structure explanation cannot account for the difference exemplified in (67) in Icelandic. In both cases one finds [$_{PP}$ [$_{S'}$]]-configurations. Extraction is ungrammatical if the PP is an adjunct — as in (67a). If the PP, however, is an argument — as in (67b) — extraction is unproblematic. Since the phrase structure of both sentences are identical, a c-structure account based on bounding nodes is untenable here.

(67a) *Hvaða verki fór hann [$_{PP}$ eftir
which job went he after
[$_{S'}$ að ég lauk]]?
that I finish
'Which job did he go after I finished'

(67b) Hvaða bíl vonaðist þu [$_{PP}$ til [$_{S'}$ að
which car hoped you for that
hann fengi]]?
he will-get
'Which car did you hope that he would get'

The approach of Kaplan/Zaenen (1989a) remedies these problematic aspects of Bresnan's and Kaplan's treatment of unbounded dependencies. Instead of distributing the representation of unbounded dependencies over c- and f-structure, Kaplan/Zaenen (1989a) introduce an f-structure account based on the integration of regular expressions into path equations.

The following series of unbounded dependencies between the TOPIC and the OBJ of some saturated complement (68a–c) could not be expressed by a disjunction of simple path equations, since this disjunction is necessarily infinite. This can be seen from the infinite series of equations in (68d–f).

(68a) Mary John telephoned yesterday.
(68b) Mary John claimed that Bill telephoned yesterday.
(68c) Mary John said that Henry claimed that Bill telephoned yesterday.
(68d) ($\uparrow$ TOPIC) = ($\uparrow$ OBJ)
(68e) ($\uparrow$ TOPIC) = ($\uparrow$ COMP OBJ)

(68 f) (↑ TOPIC) = (↑ COMP COMP OBJ) ...

However, it would still be possible to give an f-structural account of the nature of the dependency in (68 a – c) if instead of describing the infinite series of disjunctions in (68 d – f), one were able to describe the family of disjunctions in terms of a single path equation. To accommodate this assumption, Kaplan/Zaenen (1989 a) introduce regular expressions into LFG. Hence, the disjunctive equations given in (68 d – f) can appropriately be described by the regular path equation given in (69), where * is the Kleene-operator, i.e. X* is the set of strings with 0 to n consecutive occurrences of X.

(69) (↑ TOPIC) = (↑ COMP* OBJ)

A formal interpretation of equations of the form in (69) — also termed 'Functional Uncertainty' — is given in (70).

(70) Functional Uncertainty:
If α is a (possibly infinite) set of strings, then the equation of the form (f α) = v holds, iff((f s) Suff(s, α)) = v for some symbol s, where Suff(s, α) is the set of suffix strings y such that sy $\in \alpha$.

In order to satisfy an equation of the form (69), it suffices for an f-structure to be compatible with one of the equations belonging to the set of equations described by (69). Hence the f-structure for (68 a) satisfies the equation (68 d), where (68 b) satisfies (68 e), both belonging to the set of equations described by (69). If path equations of this form are integrated into the theory of grammar then the theory of unbounded dependencies can be formulated as description of the acceptable regular path equations and c-structural notions such as 'bounding node' can be dispensed with. Kaplan and Zaenen assume that for English, the following regular path equation describes all instances of topicalization in English which are exempt from subjacency.

(71) TOPIC = {COMP, XCOMP}* (GF – COMP)

(71) is to be interpreted as follows: Since only saturated and unsaturated complements allow for extractions in English, the disjunctions of these two grammatical functions open the path (including the possibility that COMP or XCOMP do not occur in the path, thus accounting for simple clause-bounded dislocations). Moreover, a saturated verbal complement cannot be topicalized in English, hence the set of grammatical functions which may serve as a topic is restricted to those grammatical functions which do not serve as saturated complements. The grammaticality of the sentences in (67) is predicted by (71) since the equations in (68 d – f) are all members of the set of path equations defined by (71). Ungrammatical structures such as (65) are excluded, since the path leading from TOPIC to OBJ can be described as given in (72). It does not belong to the set of paths characterized by (71), since the right hand side of the equation consists of a string which does not belong to the regular language generated by the right hand side of the equation given in (71).

(72) (↑ TOPIC) = (↑ ADJUNCT OBJ)

The theory of unbounded dependencies developed by Kaplan/Zaenen (1989 a) thus offers an alternative to the c-structural approach by Bresnan/Kaplan (1982). Since unbounded dependencies are related solely in terms of f-structures, the categorial identity between filler and gap, which had to be stipulated in the latter approach, is predicted by the former. Functional uncertainty is not restricted to the treatment of unbounded dependency constructions. Further applications of regular path expressions in LFG can be found in Dalrymple (1991) and Kaplan/Zaenen (1989 b).

4.2. The Theory of Lexical Mapping

The relationship between grammatical functions at f-structure and arguments at a-structure developed in Bresnan (1982 a) was introduced in Section 2. Further research in this area has made it clear, however, that the mapping between functions and arguments should not be formulated as a lexeme-specific, idiosyncratic relation, but instead is governed by general principles (cf. Levin 1988, Belletti/Rizzi 1988 and others).

The development of articulated principles of such mapping mechanisms becomes relevant in several areas, a particularly interesting topic being cases of surface and deep unaccusativity, i.e. cases in which a 'surface-structure' subject behaves object-like in several respects. Deep unaccusativity differs from surface unaccusativity in that the latter has repercussions to phrase structure: The subject of an unaccusative verb occupies the position reserved for the object of an unergative verb. A prototypical example from Italian illustrating this aspect is given in (73), where the subject of *arrivare* occupies the postverbal object position. Further evidence for the surface unaccusativity exemplified in (73) comes from the fact that *arrivare* allows ne-clitization of its partitive subject like a surface object of an unergative predicate.

(73) Ne arrivano molti.
　　　of-them came many.
　　　'Many people came.'

Languages which exhibit deep unaccusativity, on the other hand, do not provide evidence of this sort, but still subjects of certain predicates behave object-like. This can be exemplified in contrasting the English verbs *bark* and *freeze* with respect to resultative predication. From their surface realization in (74) one could be tempted to conclude that both verbs behave like ordinary intransitive verbs.

(74 a) The river froze.
(74 b) The dog barked.

However, as (75 a, b) show, a resultative predicate, which is normally restricted to objects, can be applied to *freeze*, but not to *bark*. Similarly, it can be applied to the subject of a passivized verb, as indicated in (75 c, d).

(75 a) The river froze solid.
(75 b) *The dog barked hoarse.
(75 c) We pounded the metal flat.
(75 d) The metal was pounded flat.

It should be clear that the mapping theory presented in Section 2. is not able to capture the contrast in (75), since this theory would map the sole argument of the predicates *pound* and *bark* directly to the SUBJ, thus obscuring any syntactic difference between those predicates. Similar objections hold for the passivization in (75 d).

The Lexical Mapping Theory, developed in Levin (1988) and further extended and applied in Bresnan/Kanerva (1989), however, is able to account for the aforementioned contrasts. Basically, Lexical Mapping Theory is a theory of the relation between arguments at a-structure and their relation to grammatical functions. In Section 2., we have assumed that a-structures simply consist of a predicate together with an ordered set of argument roles where the order of arguments indicates the relative prominence of the roles. In addition, Bresnan/Zaenen (1991) assume that the a-structure of a lexeme includes a restricted set of syntactic features by which the relevant syntactic differences between predicates are captured. Examples for the a-structures of the verbs *pound* and *freeze* are given in (76).

(76 a) 　pound(agent , theme)
　　　　　　　　　|　　　　|
　　　　　　　　[−o]　　[−r]

(76 b) 　freeze(theme)
　　　　　　　　　|
　　　　　　　　[−r]

The syntactic features [−o] and [−r] which are assigned to the agent and theme roles, respectively, are drawn from the following matrix which in turn identifies four natural classes.

(77) Syntactic Features of A-Structure:

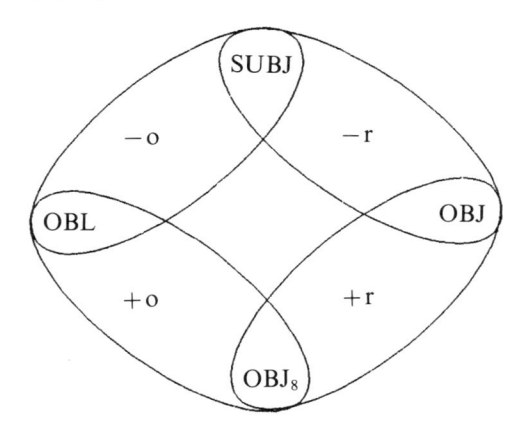

```
            SUBJ
       −o        −r
  OBL                OBJ
       +o        +r
            OBJ₈
```

The basic idea behind the syntactic classification of roles is that a role can only be assigned to a grammatical function which is correctly described by the syntactic features of a-structure. Thus the feature [−r] subsumes the unrestricted grammatical functions SUBJ and OBJ (OBJ2 now being assumed to belong to the set of restricted objects, cf. Alsina/Mchombo (1989)), the feature [+r] describes the set of restricted grammatical functions. Likewise, [−o] describes non-objective grammatical functions, whereas [+o] subsumes the object-like grammatical functions.

The values of the features [o] and [r] impose a markedness hierarchy onto the grammatical functions in the sense that minus-values are less marked than plus-values. Consequently, the SUBJ being [−o, −r] is the least marked grammatical function, whereas restricted objects are most marked.

Syntactic features of a-structure are not lexically stipulated but assigned to a-structure. This is achieved by universal and language-particular principles. Moreover, syntactic features of a-structure can be assigned due to morphological operations. The principle stated in (78 a), by which the highest role available ($\hat{\theta}$) is always mapped to the feature [−o], is assumed to be a universal principle of a-structure. The suppression principle given in (78 b), which again makes use of the notation $\hat{\theta}$ for the highest role of a predicate, supersedes the analysis of Passive given in (48).

(78 a) Assignment of (−o) to $\hat{\theta}$:
$\hat{\theta}$
|
[−o]

(78 b) Passive:
$\hat{\theta}$
|
ø

Instead of non-monotonically changing the grammatical function from OBJ to SUBJ, (78 b) suppresses the syntactic features of $\hat{\theta}$. Since the assignment of roles to grammatical functions is mediated by these features, the highest role is not available any longer for assignment and hence remains unrealized in passive contexts. Moreover, Bresnan/Zaenen (1991) assume that by default, patientlike roles are assigned the feature [−r], whereas other roles get the feature [−o].

The features [o] and [r] are subject to several Mapping Principles. The relevant principles are sketched in (79).

(79) Mapping Principles:
 (i) $\hat{\theta}$
   |
   [−o] is mapped onto SUBJ; otherwise
 (ii) $\hat{\theta}$
   |
   [−r] is mapped onto SUBJ.
 (iii) Other roles are mapped onto the lowest compatible grammatical function.

The lowest compatible grammatical function is the most marked function which is compatible with the feature specification. The application of (79) is exemplified in (80), where the mappings from a-structure to f-structure for *bark* and *freeze* as well as in (81), where the respective mappings for the active and passive forms of the transitive verb *pound* are given.

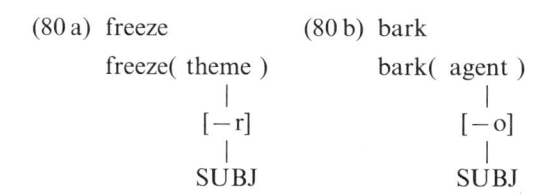

(80 a) freeze   (80 b) bark

freeze(theme)   bark(agent)
    | |
 [−r]   [−o]
    | |
SUBJ   SUBJ

(81 a) pound:

pound(agent theme)
       | |
    [−o] [−r]
       | |
   SUBJ OBJ

(81 b) pounded:

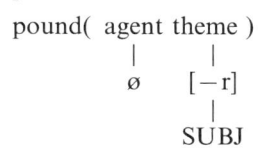

pound(agent theme)
      | |
    ø   [−r]
              |
         SUBJ

The contrast between (74 a) and (74 b) now follows from the properties of a-structure if one assumes that resultative predicates may only be applied to arguments specified as [−r]. Hence a resultative predicate may be related to the object in (75 a) as well as to the subjects in (75 b) and (74 a), but crucially not to the subject in (74 b), the latter not being specified for [r].

Besides offering solutions to problems of unaccusativity, the Mapping Theory sketched in the last section has also been proven useful in accounting for object asymmetries and locative inversion in Bantu languages (cf. Bresnan/Kanerva 1989; Bresnan/Moshi 1990). Again, it should be stressed that this part of the theory needs further elaboration. In particular, it should be pointed out which mapping principles have to be considered universal and which ones are only language particular in nature. To give an example, the Mapping Principle (79 b) cannot be considered to be universal since it does not apply to impersonal passives in German, where [−r]-arguments are mapped to SUBJ only if the predicate governs accusative case but are mapped to OBJ if the case of the argument is dative or genitive (82). An analysis which takes these properties into account is found in Frank (1991).

(82 a) Ich unterstütze ihn$_{acc}$.
(82 b) Ich helfe ihm$_{dat}$.
(82 c) Er$_{nom}$ wird unterstützt.
(82 d) Ihm$_{dat}$ wird geholfen.

Similar considerations are put forth in Bresnan/Kanerva (1989) where the so-called Subject Condition (according to which any predicate must map one argument to SUBJ) is considered language particular.

5. Summary

LFG is a non-derivational feature-based theory of grammar which expresses linguistic generalizations by means of lexical representations and grammatical functions. Hence, it contrasts with transformational grammar, where grammaticality constraints are mostly defined as applying to phrase-structure configurations. LFG does not employ transformations but lexical rules. Lexical rules are the only devices which may either alter the semantic form of a lexeme or change the assignment of syntactic features to a-structures, as shown in Section 4.3. Other relations which are treated by means of transformations or phrase-structural correspondences, such as raising or unbounded dependencies, are captured by sharing information between different grammatical functions at the level of f-structure.

6. References

Alsina, A., and S. A. Mchombo. 1989. Object Asymmetries in the Chichewa Applicative Construction. Theoretical Aspects of Bantu Grammar, ed. by S. Mchombo. Stanford, to appear.

Andrews, A. 1990. Unification and Morphological Blocking. Natural Language and Linguistic Theory 8. 507—58.

Bech, G. 1955. Studien zum deutschen Verbum Infinitum. 2nd edn. Tübingen 1983.

Belletti, A., and L. Rizzi. 1988. Psych-Verbs and θ-Theory. Natural Language and Linguistic Theory 6. 291—352.

Bresnan, J. (ed.) 1982. The Mental Representation of Grammatical Relations. Cambridge, MA.

—. 1982 a. Polyadicity. IN Bresnan (ed.), 149—72.

—. 1982 b. Passive in Lexical Theory. IN Bresnan (ed.), 3—86.

—. 1982 c. Control and Complementation. IN Bresnan (ed.), 282—390.

—, and J. Kanerva. 1989. Locative Inversion in Chichewa. Linguistic Inquiry 20/1. 1—50.

—; R. M. Kaplan; S. Peters; and A. Zaenen. 1982. Cross-serial Dependencies in Dutch. Linguistic Inquiry 13/4. 613—35.

—, and S. A. Mchombo. 1987. Topic, Pronoun, and Agreement in Chichewa. Language 63. 741—82.

—, and L. Moshi. 1990. Object Asymmetries in Comparative Bantu Syntax. Linguistic Inquiry 21/2. 147—85.

—, and A. Zaenen. 1991. Deep Unaccusativity in LFG. Grammatical Relations — A Cross-Theoretical Perspective, ed. by K. Dziwirek, E. Farell & E. Mejías-Bikandi, 45—58. Stanford.

Chomsky, N. 1970. Remarks on Nominalization. Readings in English Transformational Grammar, ed. by R. A. Jacobs & P. S. Rosenbaum, 184—211. Waltham, MA.

—. 1986. Barriers. Cambridge, MA.

Dalrymple, M. 1991. An LFG Account of Anaphoric Binding Constraints. Technical Report SSC 91—115. Xevox, Palo Alto.

Frank, A. 1991. Argumentstruktur, grammatische Relationen und lexikalische Regeln. Ein LFG-Fragment zu Partizipialkongruenz, Auxiliarselektion und Clitic-Climbing im Französischen. Romanische Computerlinguistik — Theorien und Implementationen, ed. by J. Rolshoven & D. Seelbach, 20—75. Tübingen.

Halvorsen, P. K. 1983. Semantics for Lexical-Functional Grammar. Linguistic Inquiry 14/4. 567—615.

—, and R. M. Kaplan. 1988. Projections and Semantic Description in LFG. Proceedings of the International Conference on Fifth Generation Computer Systems, Vol. 3. Institute for New Generation Systems, Tokyo, 1116—1122.

Kaplan, R. M. 1987. Three Seductions of Computational Psycholinguistics. Linguistic Theory and Computer Applications, ed. by P. Whitelock, M. Wood, H. L. Somers, R. Johnson & P. Bennett, 149—88. London.

—, and J. Bresnan. 1982. Lexical-Functional Grammar: A Formal System for Grammatical Representation. IN Bresnan (ed.), 173—281.

—; K. Netter; J. Wedekind; and A. Zaenen. 1988. Translation by Structural Correspondences. Proceedings of the ACL 1989, 272—81.

—, and A. Zaenen. 1989 a. Long-Distance Dependencies, Constituent Structure, and Functional Uncertainty. Alternative Conceptions of Phrase Structure, ed. by M. R. Baltin & A. S. Kroch. 17—42. Chicago.

—, and —. 1989 b. Functional Information and Constituent Structure in West Germanic Infinitival Constructions. Xerox Palo Alto Research Center (PARC) Technical Report.

Kiss, T. I. 1992. Variable Subkategorisierung. Eine Theorie unpersönlicher Einbettungen. Linguistische Berichte 140.

Levin, L. 1988. Operations on Lexical Forms: Unaccusative Rules in Germanic Languages. New York.

Mohanan, K. P. 1983. Functional and Anaphoric Control. Linguistic Inquiry 14/4. 641—74.

Pinker, S. 1982. A Theory of the Aquisition of Lexical Interpretive Grammars. IN Bresnan (ed.), 655—726.

Ross, J. R. 1967. Constraints on Variables in Syntax. Massachusetts Institute of Technology Ph.D. dissertation, Cambridge. [Published under the title *Infinite Syntax*, 1986.]

Sag, I. A., and C. Pollard. 1991. An Integrated Theory of Complement Control. Language 67. 63—113.

Sells, P. 1985. Lectures on Contemporary Syntactic Theories. An Introduction to Government-Binding Theory, Generalized Phrase Structure Grammar, and Lexical-Functional Grammar. Stanford.

Tibor Kiss, Heidelberg (Deutschland)

27. Relationale Grammatik

1. Motivation und Grundidee
2. Relationen und Ebenen als undefinierte Grundbegriffe der Theorie
3. Die Repräsentation syntaktischer Strukturen
4. Initiale Relationen und die 'Universal Alignment Hypothesis'
5. Konstruktionstypen
6. Gesetze
7. Ebenenabhängige Relationsbegriffe
8. Schlußbemerkung
9. Appendix: Arc Pair Grammar
10. Literatur

1. Motivation und Grundidee

Die Relationale Grammatik (Relational Grammar, RG) wurde ab Beginn der 70er Jahre vor allem von Perlmutter und Postal als alternatives Modell zur Standardtheorie der generativen Transformationsgrammatik entwickelt. Es sollte eine Theorie aufgebaut werden, die die folgenden drei Ziele der linguistischen Theorie besser zu erfassen erlaubt als die auf Dominanz- und linearen Präzedenzrelationen aufbauende Standardtheorie (vgl. Perlmutter 1980, 196):

(a) linguistische Universalien zu formulieren,
(b) die Klasse der in natürlichen Sprachen auftretenden grammatischen Konstruktionen zu charakterisieren,
(c) adäquate Grammatiken von Einzelsprachen zu konstruieren

(die Erklärung der Möglichkeit des Spracherwerbs bzw. allgemein psycholinguistische Gesichtspunkte spielen dagegen keine Rolle).

Der klassische Aufsatz in diesem Zusammenhang ist Perlmutter/Postal (1977) mit der universellen Charakterisierung der Aktiv-Passiv-Diathese. Die Autoren zeigen dort, daß in unterschiedlichen Sprachen jeweils ganz unterschiedliche grammatische Mittel eingesetzt werden, um einen Konstruktionstyp aufzubauen, der sich einheitlich als Passivkonstruktion identifizieren läßt. Rein konfigurationelle oder morphologische Bestimmungen sind demnach ungeeignet, um den universellen strukturellen Kern dieses Konstruktionstyps zu erfassen. Der Lösungsvorschlag der Autoren für die universelle Charakterisierung lautet stattdessen: In allen Fällen kommt es zu einer ganz bestimmten Veränderung der grammatischen Relationen der beteiligten nominalen Ausdrücke. Ein (rollensemantisches) Objekt wird auf einer folgenden syntaktischen Ebene (von der Markierung her) zum Subjekt und verdrängt dadurch das (rollensemantische) Subjekt aus dem Bereich der unmittelbar verbabhängigen Ausdrücke (in die sogenannte 'Chômeur-Relation'). — Einzelsprachlich geregelt sind bei diesen den Konstruktionstyp Passiv konstituierenden Relationsveränderungen lediglich die Mittel, mit denen die beteiligten nominalen Ausdrücke und/oder das passivierte Prädikat markiert werden.

2. Relationen und Ebenen als undefinierte Grundbegriffe der Theorie

Zentral für den Beschreibungsapparat der RG (und namensgebend für die Theorie) sind dementsprechend grammatische Relationen. Diese setzen als zweistellige Relationen jeweils zwei linguistische Elemente (typischerweise den (Teil-)Satz als das eine Relationsglied und einen nominalen Ausdruck oder das Prädikat dieses Satzes als das andere Relatum) miteinander in Beziehung. Grammatische Relationen bestehen jeweils relativ zu einer bestimmten syntaktischen Ebene. Eine Relationsveränderung, wie sie z. B. bei der Passivierung auftritt, zieht die Einführung einer neuen syntaktischen Ebene nach sich, auf der zum einen die neue Relation die alte ersetzt, auf der zum anderen aber auch alle unveränderten Relationen der Vorgängerebene weiter gelten. Ein zweites wesentliches Charakteristikum der RG ist also, daß es sich um einen Mehrebenenansatz handelt. (Dies unterscheidet die RG grundlegend von der Lexical Functional Grammar, die zwar auch grammatische Relationen als Grundbegriffe einführt, Relationsveränderungen aber nur als Operationen auf der lexikalischen und nicht der syntaktischen Ebene zuläßt.)

Die grammatischen Relationen werden universell bei der Charakterisierung des Aufbaus syntaktischer, d. h. relationaler Strukturen verwendet, während die grammatischen Mittel, die zur Markierung dieser relationalen Strukturen eingesetzt werden, von Sprache zu Sprache variieren: Entsprechend lassen sich weder Dominanz- und Präzedenzrelationen noch morphologische Markierungen oder andere Markierungsstrategien universell zur Kennzeichnung bestimmter grammatischer Relationen (und Konstruktionstypen) einsetzen. Ebensowenig ist eine einheitliche rollensemantische Charakterisierung grammatischer Relationen möglich. Demzufolge werden grammatische Relationen in der RG als undefinierte Grundbegriffe eingeführt.

Die Menge der grammatischen Relationen (vgl. die Klassifikation in Perlmutter/Postal 1983a, 86) umfaßt zumindest:

(a) die Prädikatsrelation, repräsentiert durch das Relations-Zeichen 'P';

(b) die Termrelationen des Subjekts und der verschiedenen Objekte, repräsentiert durch '1' für das Subjekt, '2' für das direkte Objekt und '3' für das indirekte Objekt: die Benennungen weisen zum einen darauf hin, daß es sich nicht um die inhaltlich charakterisierten Relationsbegriffe der traditionellen Grammatik handelt, zum anderen wird durch die Bezeichnung deutlich, daß die verschiedenen Relationen im Hinblick auf ihre Erreichbarkeit für bestimmte syntaktische Regeln hierarchisch geordnet werden können (vgl. Johnson 1977); dieser Aspekt der Hierarchisierung verbindet die RG mit bestimmten Ansätzen der Universalienforschung (vgl. die bekannte Arbeit Keenan/Comrie 1977);

(c) oblique Relationen, d. h. adverbielle Relationen im weitesten Sinn, die durch bestimmte semantische Rollen charakterisiert sind, wie Benefaktiv, Instrumental, Temporal, Lokal usw.; oblique Relationen stehen in der Relationenhierarchie tiefer als die Termrelationen (eine systematische Untersuchung über die universell verfügbaren obliquen Relationen sowie deren generelle Eigenschaften liegt nicht vor);

(d) eine Anzahl RG-spezifische Relationen, darunter: die Relation (bzw. Relationenfamilie) Chômeur, bezeichnet mit 'Chô' bzw. '$\hat{1}$', '$\hat{2}$' und '$\hat{3}$': derartige Relationen kommen zustande, wenn ein Ausdruck in einer Termrelation von einem Ausdruck in der gleichen Termrelation verdrängt wird, wie z. B. im Rahmen der Passivkonstruktion ein 1-Ausdruck von einem anderen 1-Ausdruck, einem emporgestuften 2-Ausdruck (der verdrängte Termausdruck verliert einen Teil seiner ursprünglichen grammatischen Eigenschaften, daher die Bezeichnung 'Chômeur', d. h. 'Arbeitsloser'); die Union-Relation, bezeichnet mit 'U', die das Prädikat des untergeordneten Satzes bei der Satzverschmelzung (Clause Union) eingeht (vgl. Aissen/Perlmutter 1983, 379 ff).

Die Arbeiten im Rahmen der RG befassen sich fast ausschließlich mit den eben aufgeführten satzbezogenen Relationsbegriffen, d. h. der interne relationale Aufbau komplexer Ausdrücke, die relativ zu einem Satz als Prädikat, 1-Term, Benefaktiv usw. fungieren, wurde bisher kaum beachtet (vgl. aber zum Prädikat Davies/Rosen 1988). Eine Ausnahme bilden lediglich Untersuchungen zu komplexen nominalen Ausdrücken, die aus den Relationen des Possessors und des Kopfes (head) aufgebaut sind, da es hier in bestimmten Sprachen zum 'Aufstieg' des Possessors in eine satzbezogene Relation kommen kann (vgl. Blake (1990, 99ff) und die darin angegebene Literatur zum Konstruktionstyp 'Possessor Ascension'); Konstruktionen mit dem Pertinenzdativ oder -akkusativ im Deutschen ähneln diesen Strukturen.

Die linguistischen Grundelemente (primitive linguistic elements) als die jeweiligen Relata der grammatischen Relationen umfassen zumindest semantische und phonologische Merkmale, grammatische Kategorien und abstrakte Konstituentenknoten (vgl. Perlmutter/Postal 1983a, 83; sowie Johnson/Postal 1980, 31 ff). Die Verfügbarkeit solcher passenden Grundelemente wird vorausgesetzt.

3. Die Repräsentation syntaktischer Strukturen

Die strukturelle Repräsentation von Sätzen erfolgt in Form von relationalen Netzwerken (Relational Networks), graphentheoretischen Objekten, die aus den folgenden drei Typen von primitiven Elementen aufgebaut sind (vgl. Perlmutter 1980, 198 ff; Perlmutter 1982, 286 ff):

(a) einer Menge von Knoten, die linguistische Elemente repräsentieren,
(b) einer Menge von Relations-Zeichen, die grammatische Relationen bezeichnen,
(c) einer Menge von Koordinaten (natürliche Zahlen von 1 bis n), die linguistische Ebenen bezeichnen.

Die Tatsache, daß zwei linguistische Elemente auf einer bestimmten linguistischen Ebene in einer bestimmten grammatischen Relation zueinander stehen, läßt sich durch einen Bogen (Arc) repräsentieren, für den zwei äquivalente Notationen zur Verfügung stehen (von denen die erste die weitaus häufigere ist):

(a) b   (b)
    GR$_x$ ↓ c$_i$ [GR$_x$(a, b) ⟨c$_i$⟩]
     a

Ein Element a steht zu einem Element b auf der c$_i$-Ebene in der GR$_x$-Relation (vgl. Perlmutter 1980, 198 f). Relationale Netzwerke bestehen aus einer Menge solcher Bögen (für die bestimmte rein formale Bedingungen gelten, vgl. die Definition des R-Graphen in Johnson/Postal (1980, 50 ff)). Ein wichtiger Hilfsbegriff ist der des Stratums als der Menge der Bögen mit einem gemeinsamen Fußpunkt und einer gemeinsamen Koordinate (Perlmutter 1982, 287).

Die in 1. genannten Ziele der linguistischen Theorie lassen sich damit präzisieren als die Charakterisierung der Mengen der möglichen linguistischen Elemente, grammatischen Relationen und linguistischen Ebenen sowie der zulässigen Kombinationen dieser Typen von Grundelementen in relationalen Netzwerken. Die Regeln der RG formulieren Wohlgeformtheitsbedingungen für relationale Netzwerke; dabei ist zwischen den universell gültigen Gesetzen und einzelsprachlichen Regeln zu unterscheiden.

Die Repräsentation eines Satzes mit persönlicher Passivkonstruktion ohne irgendwelche Erweiterungen durch oblique Relationen sieht folgendermaßen aus (als Relationsglieder werden im allgemeinen nur bestimmte 'Nennformen' von Wörtern aufgeführt):

(1) Der Postbote wird von dem Hund gebissen.

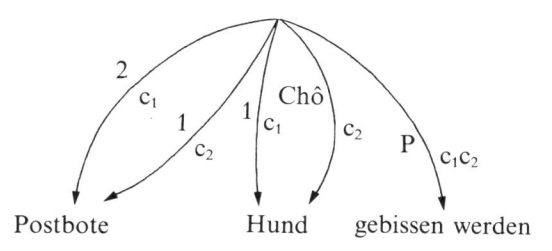

Häufig erfolgt die Repräsentation auch in Form von Schichtendiagrammen (stratal diagrams). Die Bögen werden in verschiedene Schichten zerlegt, wobei jede Schicht ein Stratum (mit einer Relationsbezeichnung) repräsentiert:

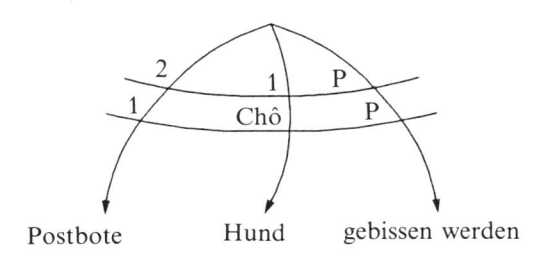

Die beiden äquivalenten Repräsentationen sind folgendermaßen zu lesen: Die dargestellte Struktur, ein persönliches Passiv mit realisierter 'Agens-Phrase', umfaßt zwei Strata (ein initiales mit den zugehörigen initialen Relationen und ein finales mit den zugehörigen finalen Relationen); ein Ausdruck (*gebissen werden*) steht in beiden Strata in der P-Relation zum Gesamtsatz, ein weiterer Ausdruck (*Postbote*) steht im c$_1$-Stratum in der 2-Relation, im c$_2$-Stratum dagegen in der 1-Relation zum Satz, ein dritter Ausdruck (*Hund*) steht im c$_1$-Stratum in der 1-Relation und im c$_2$-Stratum in der (1-)Chômeur-Relation zum Satz.

Regeln für die Abfolge der Ausdrücke mit den zugeordneten Relationen stehen nicht im Mittelpunkt des Forschungsinteresses der RG und werden normalerweise nicht formuliert. In Perlmutter/Postal (1983b, 63) wird kurz erwähnt, Linearisierungsregeln für das Englische seien unter Bezug auf grammatische Relationen des finalen Stratums etwa folgendermaßen zu formulieren: „1-P-2-3-Nonterm"; eine Sonderrolle spielen dabei die sogenannten 'Overlay-Relationen' (vgl. Perlmutter/Postal 1983a, 86f), d. h. die finalen Relationen, die erfragte, relativierte, topikalisierte oder ausgeklammerte Ausdrücke betreffen (vgl. auch die Diskussion zu Linearisierungsregeln in Johnson/Postal (1980, 547ff)).

4. Initiale Relationen und die 'Universal Alignment Hypothesis'

In einer relationsbasierten Theorie wie der RG ist die Zuweisung der grammatischen Relationen in einer Konstruktion eine zentrale Aufgabe (vgl. die Forderung nach einer Methodologie zur Identifizierung grammatischer Relationen in Vennemann (1982, 240)). Während die Festlegung eines Prädikatsausdrucks im allgemeinen keine Probleme bietet, ist die Zuweisung der restlichen Relationen keineswegs trivial. Initiale Relationen — d. h. Relationen des c_1-Stratums — stehen dabei in engem Zusammenhang mit semantischen Rollen, während finale Relationen weitgehend die Oberflächengestalt eines Satzes bestimmen.

Die Abhängigkeit der initialen Relationen von der Semantik wird in ihrer stärksten Form in der sogenannten 'Universal Alignment Hypothesis' formuliert, wonach universell gültige Prinzipien die initialen Relationen nominaler Ausdrücke aus der Bedeutung der entsprechenden Sätze vorherzusagen gestatten (Perlmutter/Postal 1984b, 97). Rosen (1984) zeigt jedoch, daß eine derartige vollständige Abhängigkeit nicht vorhanden ist. Vielmehr können selbst anscheinend äquivalente semantische Strukturen mit einer unterschiedlichen Verteilung initialer Relationen verbunden sein. Entsprechende Unterschiede zeigen sich im syntaktischen Verhalten (typischerweise finden sich derartige 'relationale Varianten' einer semantischen Struktur beim Vergleich zweier Sprachen, bisweilen treten sie auch innerhalb einer Sprache auf). Allein syntaktische Tests liefern also geeignete Hinweise auf die relationale Struktur.

Wenn die initialen Relationen nicht vollständig aus semantischen Rollen abgeleitet werden können, so liegt es nah, sie durch geeignete Lexikoneinträge für Prädikatsausdrücke zu erfassen, da der die P-Relation besetzende Ausdruck aufgrund seiner Valenz das Auftreten bestimmter anderer Relationen (sowie die zugeordneten semantischen Rollen) im selben (Teil-)Satz steuert. Neben rollengemäßen kann es dabei auch idiosynkratische Zuweisungen von initialen Relationen geben. Die Form von Lexikoneinträgen wird in der RG-Literatur allerdings kaum thematisiert (vgl. aber die Anmerkungen in Davies/Rosen (1988, 57 f) zu solchen Lexikoneinträgen für Prädikatsausdrücke, sowie Blake (1990, 14)).

5. Konstruktionstypen

Sprachliche Strukturen werden nicht allein durch solche lexikalischen Fakten charakterisiert. Vielmehr hängt die Zulässigkeit relationaler Netzwerke, die diese Strukturen repräsentieren, auch von sprachspezifischen und universellen syntaktischen Regularitäten ab. Dabei stehen insbesondere solche Konstruktionstypen und damit Regeln im Blickpunkt der bisherigen RG-Forschung, die wesentlich die drei Termrelationen einbeziehen.

Ein bedeutender Teil der Konstruktionstypen ist durch satzinterne 'Emporstufungen' (advancements) und 'Herabstufungen' (demotions), d. h. 'Umhierarchisierungen' (revaluations) gekennzeichnet: Dies gilt z. B. für das Passiv mit einer 2-zu-1-Emporstufung als dem zentralen Merkmal in der RG-Analyse oder für Inversionskonstruktionen mit ihrer 1-zu-3-Herabstufung (vgl. Blake (1990), 58 ff für eine Liste der in der RG zulässigen satzinternen Umhierarchisierungen und den Vorschlag, deren obligatorisches Auftreten im Lexikoneintrag für die entsprechenden Prädikate zu erfassen — *gefallen* z. B. geht obligatorisch in Inversionskonstruktionen ein).

Eine zweite Menge von Konstruktionstypen ist dadurch charakterisiert, daß aus einer komplexen Struktur, die in ihrer Gesamtheit eine Relation zu einem übergeordneten Satzknoten eingeht, Teilausdrücke in den übergeordneten Satz 'einwandern'. Dazu gehören Anhebungskonstruktionen, in der RG als 'Aufstiege' (ascensions) bezeichnet, wie z. B. die englische Subjektanhebungskonstruktion. Dabei drängt das aus dem abhängigen Teilsatz aufsteigende Subjekt jenen Teilsatz selbst in den Chômeur-Status zurück; vgl. den folgenden Beispielsatz (Perlmutter/Postal 1983b, 64):

(2) Melvin turns out to be incoherent.

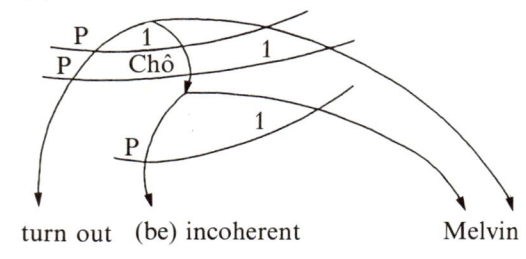

turn out   (be) incoherent   Melvin

Zu dieser Gruppe gehört auch der in 2. angesprochene Possessoraufstieg. — Während bei den Aufstiegen nur jeweils ein Teilausdruck aus der abhängigen Struktur eine Relation zum oberen Satzknoten eingeht, wandern bei den sogenannten 'Verschmelzungen' (unions) alle Teilausdrücke in den oberen Satz ein (das aufgestiegene Prädikat übernimmt dabei die Union-Relation), so daß im finalen Stratum nurmehr ein einziger Satzknoten vorhanden ist (vgl. Aissen/Perlmutter (1983); Blake (1990, 104 ff); zu einer alternativen Analyse vgl. Davies/Rosen (1988)). Eine Satzverschmelzungsanalyse ist z. B. für die deutschen Modalverbkonstruktionen möglich.

(3) Der Postbote muß die Briefe schleppen.

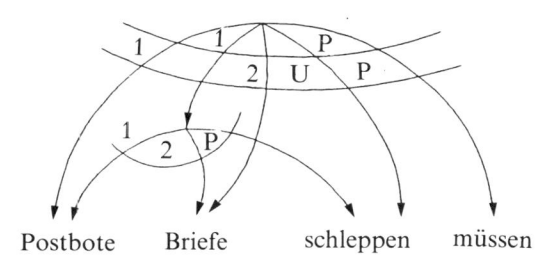

Postbote Briefe schleppen müssen

Ein weiteres Forschungsgebiet betrifft die relationale Struktur von Reflexivkonstruktionen. Im Kern sind alle derartigen Konstruktionen dadurch ausgezeichnet, daß ein nominaler Ausdruck in einem Stratum gleichzeitig zwei Relationen zum Satzknoten eingeht (vgl. Perlmutter/Postal 1984a, 135; Blake 1990, 66 ff). Eine derartige Überlappung von Bögen (multiattachment) in einem relationalen Netzwerk wird durch die Einführung eines eigenen Reflexivbogens aufgelöst (Perlmutter/Postal 1984a, 166).

(4) Der Postbote kratzt sich.

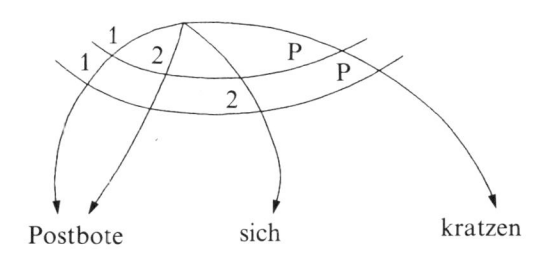

Postbote sich kratzen

6. Gesetze

Einen zentralen Bestandteil der RG-Forschung bildet die Aufstellung und Rechtfertigung von universell gültigen Gesetzen zur Charakterisierung zulässiger relationaler Netzwerke. Einige der wichtigsten Gesetze sollen im folgenden kurz vorgestellt werden.

Das sogenannte 'Stratal Uniqueness Law' (Perlmutter/Postal 1983a, 92) legt fest, daß pro Stratum und Basissatz (bestehend aus einem Satzknoten, einem Prädikat, den davon abhängigen Ausdrücken und den zugeordneten Relationen) die Termrelationen 1, 2 und 3 nur je einmal vorkommen dürfen. Dies wirkt sich vor allem bei Relationsveränderungen aus (Einführung von Chômeurrelationen), beschränkt aber natürlich auch die Verteilung der initialen Relationen. Konstruktionen mit mehr als zwei Objekten kann es demnach nicht geben und solche mit zwei Objekten müssen so analysiert werden, daß eine 2- und eine 3-Relation vorliegen, bzw. daß eine ursprüngliche 2- oder 3-Relation zum 2- oder 3-Chômeur wird (vgl. Perlmutter/Postal (1983a, 109 ff) zu einer problematischen Doppel-Objekt-Konstruktion in der Bantu-Sprache Kinyarwanda); die beiden akkusativisch markierten NPn, die im Deutschen als Ergänzungen bei *lehren, kosten, abfragen* usw. auftauchen, stehen dementsprechend auf keinem Stratum gleichzeitig in der 2-Relation zum Satzknoten (zu einer Analyse mit Hilfe der 3-zu-2-Emporstufung vgl. Wilkinson (1983)).

Für das letzte Stratum in einem Netzwerk gilt das 'Final 1 Law' (Perlmutter/Postal 1983a, 100), das festlegt, daß jeder Satz im finalen Stratum ein Subjekt besitzt (wenn dieses auch nicht immer phonetisch realisiert sein muß, etwa beim Imperativsatz). Dieses Gesetz erzwingt im Zusammenhang mit Prädikaten, die keine 1-Relation im ersten Stratum zulassen, oder im Zusammenhang mit Konstruktionen, die durch ein Zwischenstratum ohne 1-Relation gekennzeichnet sind, die Emporstufung einer hierarchisch tieferen Relation zur 1-Relation. Die häufigsten Konstruktionstypen, bei denen das Final 1 Law die Einführung der 1-Relation im letzten Stratum erzwingt, sind (initial) unakkusativische Konstruktionen und Inversionskonstruktionen. Charakteristikum der unakkusativischen Konstruktionen ist, daß sie in einem Stratum eine 2-, aber keine 1-Relation aufweisen. Dies kann dadurch bedingt sein, daß ein Prädikatsausdruck keine passende semantische Rolle vergibt, etwa bei Verben wie *fallen, sterben* usw., bei denen dem Denotat der einzigen Ergänzung etwas zustößt (vgl. Perlmutter 1978, 160 ff; Perlmutter/Postal 1984b, 94 ff; sowie die Untersuchungen im GB-Rahmen zu derartigen Phänomenen, die dort seit Burzio unter dem Namen 'Ergativität' Beachtung finden). Unakkusativische Strata sind jedoch nicht notwendigerweise lexikalisch bedingt, sondern können auch im Verlauf von Relationsveränderungen aus nicht unakkusativischen Strata entstehen; dies gilt in Inversionskonstruktionen, in denen eine initiale 1-Relation zu einer 3-Relation herabgestuft wird, so daß ein 'subjektloses' Stratum entsteht (etwa bei Prädikaten wie *gefallen, schmecken*). In beiden Fällen erfordert das Final 1 Law die Einführung der 1-Relation im letzten Stratum, typischerweise durch die Emporstufung eines Ausdrucks, der im vorletzten Stratum die 2-Relation einnimmt.

(5) Der Postbote stolpert.

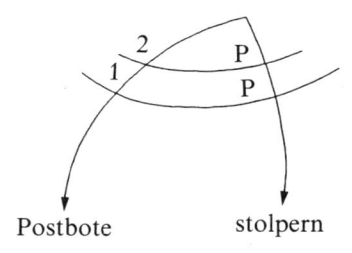

Postbote   stolpern

Die Repräsentation einer unakkusativischen Struktur gleicht zum Teil derjenigen von passivischen Konstruktionen, insofern nämlich ein 2-Term zu einem 1-Term emporgestuft wird (so daß die beiden Konstruktionstypen, sowie auch bestimmte reflexive Konstruktionen aufgrund der Überlappung von 1- und 2-Bögen, zum Teil gemeinsamen Regeln unterliegen: vgl. als ein Beispiel die Regel der Perfektauxiliarselektion für das Italienische (Rosen 1984, 46)).

(6) Dem Postboten schmeckt der Leberkäs.

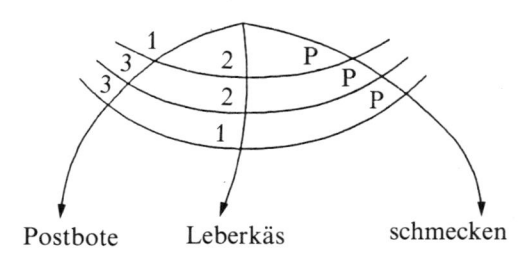

Postbote   Leberkäs   schmecken

Bei Inversionen wird eine initiale 1-Relation zunächst zu einer 3-Relation herabgestuft. Wiederum muß aufgrund des Final 1 Law im letzten Stratum ein Ausdruck zur 1-Relation emporgestuft werden. — Das Final 1 Law läßt also nur solche relationalen Netzwerke als wohlgeformt zu, in denen das letzte Stratum, d. h. dasjenige mit der höchsten im Netzwerk anzutreffenden Koordinate, eine 1-Relation enthält. Auf der anderen Seite können unterschiedliche Ausdruckstypen in der finalen 1-Relation stehen. Entsprechend werden Sätze, die keinen Subjektsausdruck zu enthalten scheinen, mit Hilfe eines phonetisch nicht realisierten Dummy-Elementes beschrieben. Einschlägig sind im Deutschen insbesondere bestimmte 'subjektlose' Passivstrukturen, d. h. die sogenannten unpersönlichen Passive (zur generellen Charakterisierung unpersönlicher Konstruktionen vgl. Perlmutter 1983b, 196); ein Dummyausdruck, der in einem nicht-letzten Stratum die 2-Relation einnimmt, verdrängt — wie beim persönlichen Passiv ein phonetisch realisierter Ausdruck mit der 2-Relation — den ursprünglichen 1-Ausdruck in den Chômeur-Status (vgl. Perlmutter 1978, 158; Perlmutter/Postal 1984a, 126).

(7) Dem Postboten wird von (niemandem) geholfen.

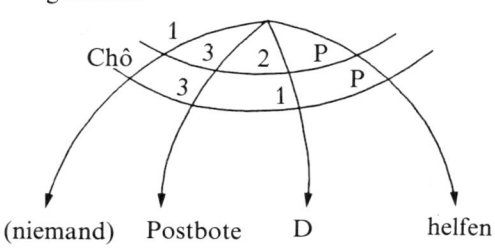

(niemand)   Postbote   D   helfen

(8) Im Hauptpostamt wird (von den Postboten) getanzt.

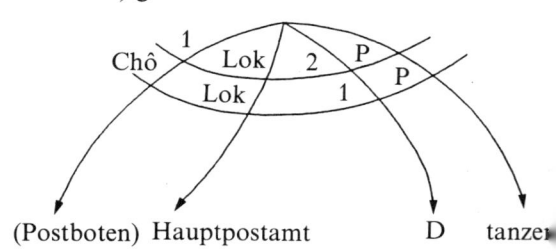

(Postboten) Hauptpostamt   D   tanzen

Auch Relationsveränderungen (die z. B. zur Einhaltung des Final 1 Law erforderlich sind) unterliegen einer Reihe von Gesetzen.

Zunächst können oblique Relationen (d. h. rollensemantisch spezifizierte Relationen) nicht durch syntaktische Relationsveränderungen zustandekommen; das 'Oblique Law' (Perlmutter/Postal 1983a, 88) fordert dementsprechend, daß oblique Relationen nur im interpretationsrelevanten initialen Stratum eingeführt werden dürfen.

Zwei RG-Gesetze legen das Verhalten der Chômeur-Relationen fest. Das 'Motivated

Chômage Law' (Perlmutter/Postal 1983a, 99) schränkt das Zustandekommen von Chômeur-Relationen auf die Situationen ein, in denen eine Termrelation aufgrund strataler Eindeutigkeit durch eine identische Termrelation verdrängt wird; die spontane Entstehung von Chômeur-Relationen ist damit ausgeschlossen (so daß die Dummy-Subjekt-Analyse 'subjektloser' Passive im Deutschen auch durch dieses Gesetz erzwungen wird). Chômeur-Relationen entstehen ausschließlich durch Relationsveränderungen. Andererseits sollen sie selbst nicht mehr veränderbar sein. Der 'Chômeur Advancement Ban' (Perlmutter/Postal 1983a, 117) verhindert die Emporstufung der hierarchisch tiefstehenden Chômeur-Relationen zu Termrelationen.

Veränderbar sind also vor allem die Termrelationen. In diesem Bereich gilt als universelle Beschränkung das '1 Advancement Exclusiveness Law' (1AEX): In einer Satzstruktur darf nur ein einziges Mal eine 1-Relation durch Emporstufung entstehen (vgl. Perlmutter/Postal 1984b, 87). Das 1AEX erklärt u. a., warum unakkusativische Strukturen und Inversionsstrukturen nicht passivierbar sind (vgl. *Vom Postboten wird gestolpert./*Dem Postboten wird vom Leberkäs geschmeckt.): Die Besonderheiten der Konstruktionen führen (aufgrund des Final 1 Law) zum Entstehen einer nicht-initialen 1-Relation. Da keine spontane Chômeur-Entstehung möglich ist, muß die beim Passiv auftretende Chômeur-Relation durch die neuerliche Einführung einer 1-Relation erklärt werden. Diese doppelte Emporstufung zur 1-Relation innerhalb eines einzigen Satzes ist durch das 1AEX ausgeschlossen (zu Problemen mit dem 1AEX vgl. Blake 1990, 81 ff).

Für Aufstiege wurde als Beschränkung das 'Relational Succession Law' formuliert (vgl. Perlmutter/Postal 1983, 53), das festlegt, daß ein aufsteigender nominaler Ausdruck im Matrixsatz dieselbe Relation eingehen muß wie die Konstituente des Matrixsatzes, aus der heraus dieser Aufstieg erfolgt (beim Aufstieg aus einem untergeordneten Satz, der als 1 des Matrixsatzes fungiert, muß der Aufsteiger im Matrixsatz die 1-Relation erhalten). Die ursprüngliche Konstituente wird aufgrund des Gesetzes der stratalen Einzigkeit zum entsprechenden Chômeur zurückgestuft.

7. Ebenenabhängige Relationsbegriffe

Das Mehrebenenkonzept der RG läßt Regeln zu, die sich auf beliebige Relationen auf beliebigen Strata beziehen können (vgl. Perlmutter 1982; Blake 1990, 131 ff). Diese Möglichkeit wird vor allem bei der Formulierung einzelsprachlicher Regularitäten ausgenützt. Perlmutter (1982) argumentiert z. B. für die Notwendigkeit der Einführung verschiedener Untertypen des Subjektbegriffs, die sich auf spezifische Strata und spezifische Nachfolgerrelationen beziehen. Nominale Ausdrücke können dementsprechend folgendermaßen klassifiziert werden:

(a) als 'final 1', ein Subtyp, der u. a. bei der Formulierung der Verbkongruenzregeln in vielen Sprachen, z. B. im Deutschen, benötigt wird (vgl. Perlmutter 1982, 290 ff);

(b) als 'initial 1', ein Subtyp, der u. a. bei der Formulierung der Verbkongruenzregel in der kaukasischen Sprache Udi (Harris 1984) mit ihren Inversionskonstruktionen (in denen ein finaler 3-Term aufgrund seiner initialen 1-Relation für die Verbkongruenz relevant ist) benötigt wird (vgl. auch Perlmutter 1982, 292 ff);

(c) als ebenen-unspezifische 1, ein Subtyp, der u. a. für die Bestimmung möglicher Reflexiva-Antezedentien im Russischen oder für die Festlegung des Perfekthilfsverbs im Italienischen benötigt wird (vgl. Perlmutter 1982, 300 ff);

(d) als 'acting 1' mit einer 1-Relation, die nicht durch eine andere Termrelation, sondern allenfalls durch eine Nicht-Termrelation (z. B. die Chômeur-Relation) als Nachfolgerrelation verdrängt werden darf, ein Subtyp, der u. a. für die Formulierung von Kasusmarkierungsregeln in der nilo-hamitischen Sprache Maasai benötigt wird (vgl. Perlmutter 1982, 307 ff);

(e) als 'working 1' mit einer 1-Relation, die im finalen Stratum höchstens durch eine andere Termrelation ersetzt sein darf, ein Subtyp, der u. a. bei der Formulierung der Kontrollregel für die 'konsekutive *da*-Infinitivkonstruktion' des Italienischen benötigt wird (vgl. Perlmutter 1982, 314 ff);

(f) schließlich als 'first 1' eines Basissatzes, wobei neben den initialen 1-Relationen auch die durch Aufstiege entstandenen 1-Relationen erfaßt werden, ein Subtyp, der für die Formulierung der 'switch-reference'-Regel in der mexikanischen Indianersprache Seri benötigt wird (vgl. Farrell/Marlett/Perlmutter 1991, 440).

Entsprechende stratabezogene Untertypen finden sich auch bei den Objektrelationen.

8. Schlußbemerkung

Gerade die zuletzt angesprochene Möglichkeit des Zugriffs auf beliebige Strata bei der

Formulierung von Regeln zeigt, wie flexibel und mächtig der RG-Formalismus ist. Er ist damit auch den merkwürdigsten Konstruktionstypen in natürlichen Sprachen gewachsen, da es z. B. prinzipiell immer möglich ist, ein zusätzliches Stratum mit einer beschreibungsrelevanten Relation einzuführen. Um das in 1. genannte Ziel zu erreichen, die Klasse der in natürlichen Sprachen auftretenden Konstruktionstypen zu charakterisieren, ist es aber notwendig, die Mächtigkeit des Formalismus durch weitere geeignete RG-Gesetze einzuschränken. Daneben muß zur Erreichung dieses Ziels die Menge der untersuchten Konstruktionstypen, die sich bisher im wesentlichen durch die satzbezogenen Hauptrelationen kennzeichnen ließen, erweitert werden.

9. Appendix: Arc Pair Grammar

Ein Ableger der RG wurde in Johnson/Postal (1980) vorgestellt: die 'Arc Pair Grammar' (vgl. auch Aissen 1987; Kubiński 1988; Postal 1982; Postal 1986; Postal 1989). Ein wesentliches Novum ist die Einführung zweier binärer Relationen zwischen Bögen (als der Repräsentation des Sachverhalts, daß zwischen zwei linguistischen Elementen auf einer Ebene eine grammatische Relation besteht), der 'Sponsor'- und der 'Erase'-Relation. Dabei gilt, daß ein 'gesponserter' Bogen sein Auftreten — teilweise oder vollständig — einem 'sponsernden' Bogen verdankt, während durch die Erase-Relation erfaßt wird, daß ein Bogen für das Verschwinden eines Bogens verantwortlich ist. Die Äquivalente zu den RG-Regeln und -Gesetzen (etwa das Chômeur Law in Johnson/Postal 1980, 305) werden wesentlich über spezifische Sponsor- und Erase-Paare formuliert. Dies erfolgt in einem formal strengeren Rahmen als in der RG. Daneben werden auch linguistische Phänomene behandelt, die in der RG vernachlässigt wurden, z. B. Kasus und Präpositionen.

10. Literatur

Aissen, Judith L. 1987. Tzotzil Clause Structure. (Studies in Natural Language and Linguistic Theory). Dordrecht etc.

—, *and David M. Perlmutter.* 1983. Clause Reduction in Spanish. In Perlmutter 1983a (ed.), 360—403.

Blake, Barry J. 1990. Relational Grammar. (Croom Helm Linguistic Theory Guides). London, New York.

Davies, William, and Carol Rosen. 1988. Unions as Multi-Predicate Clauses. Language 64. 52—88.

Dubinsky, Stanley, and Carol Rosen. 1987. A Bibliography on Relational Grammar. Bloomington.

Farrell, Patrick, Stephen A. Marlett, and David M. Perlmutter. 1991. Notions of Subjecthood and Switch Reference: Evidence from Seri. Linguistic Inquiry 22. 431—56.

Harris, Alice C. 1984. Case Marking, Verb Agreement, and Inversion in Udi. In Perlmutter & Rosen 1984 (eds.). 243—58.

Johnson, David E. 1977. On Relational Constraints on Grammars. Syntax and Semantics. Vol. 8, Grammatical Relations, ed. by Peter Cole & Jerrold M. Sadock, 151—78. New York etc.

—, *and Paul M. Postal.* 1980. Arc Pair Grammar. Princeton.

Keenan, Edward L., and Bernard Comrie. 1977. Noun Phrase Accessibility and Universal Grammar. Linguistic Inquiry 8. 63—99.

Kubiński, Wojciech. 1988. Reflexivization in English and Polish: An Arc Pair Grammar Analysis. (Linguistische Arbeiten 178). Tübingen.

Perlmutter, David M. 1978. Impersonal Passives and the Unaccusative Hypothesis. Proceedings of the Fourth Annual Meeting of the Berkeley Linguistic Society. 157—89.

—. 1980. Relational Grammar. Syntax and Semantics. Vol. 13, Current Approaches to Syntax, ed. by Edith A. Moravcsik & Jessica R. Wirth, 195—229. New York etc.

—. 1982. Syntactic Representation, Syntactic Levels, and the Notion of Subject. The Nature of Syntactic Representation, ed. by Pauline Jacobson & Geoffrey K. Pullum, 283—340. Dordrecht etc.

—. 1983a (ed.) Studies in Relational Grammar 1. Chicago.

—. 1983b. Personal vs. Impersonal Constructions. Natural Language & Linguistic Theory 1. 141—200.

—, *and Paul M. Postal.* 1977. Toward a Universal Characterization of Passivization. Proceedings of the Third Annual Meeting of the Berkeley Linguistic Society, 394—417. [Reprinted in Perlmutter 1983a (ed.), 3—29.]

—, —. 1983a. Some Proposed Laws of Basic Clause Structure. In Perlmutter 1983a (ed.), 81—128.

—, —. 1983b. The Relational Succession Law. In Perlmutter 1983a (ed.), 30—80.

—, —. 1984a. Impersonal Passives and Some Relational Laws. In Perlmutter & Rosen 1984 (eds.), 126—70.

—, —. 1984b. The 1-Advancement Exclusiveness Law. In Perlmutter & Rosen 1984 (eds.), 81—125.

—, *and Carol G. Rosen.* (eds.) 1984. Studies in Relational Grammar 2. Chicago.

Postal, Paul M. 1982. Some Arc Pair Grammar Descriptions. The Nature of Syntactic Representation, ed. by Pauline Jacobson & Geoffrey K. Pullum, 341—425. Dordrecht.

—. 1986. Studies of Passive Clauses. Albany.

—. 1989. Masked Inversion in French. Chicago.

Rosen, Carol G. 1984. The Interface between Semantic Roles and Initial Grammatical Relations. In Perlmutter & Rosen 1984 (eds.), 38—77.

Vennemann, Theo. 1982. Remarks on Grammatical Relations. Linguistics in the Morning Calm, ed. by The Linguistic Society of Korea, 233—67. Seoul.

Wilkinson, Edwin M. 1983. Indirect Object Advancement in German. Proceedings of the Ninth Annual Meeting of the Berkeley Linguistic Society, 281—91.

Wilhelm Oppenrieder, München
(Deutschland)

X. Syntaktische Präferenztheorie
Theories of Syntactic Preferences

28. Natürlichkeitstheoretische Syntax

1. Einleitung
2. INFL und die Konsequenzen
3. Der Repräsentationsrahmen der NTS
4. Lexikalische und syntaktische Natürlichkeit
5. Zusammenfassung
6. Literatur

1. Einleitung

Die Natürlichkeitstheorie (im folgenden NT) hat auf phonologischem, morphonologischem, flexions- wie derivationsmorphologischem Gebiet bereits verschiedene Beiträge geleistet; desgleichen liegen Skizzen der Applikation der NT auf die Patho- sowie Textlinguistik vor. Was bislang weitgehend fehlt, ist eine natürlichkeitstheoretische Syntax (NTS). Es ist unsere Absicht, hier eine erste, wenngleich relativ kompakte Skizze der Basissyntax im Sinne der NT vorzulegen. Bei der Darlegung der NT-Syntax verfahren wir wie folgt: steter Referenzpunkt der Diskussion wird die generative Grammatik sein, und zwar in der Ausformung, die seit „Government and Binding" (GB) als paradigmabildend gilt. Dies nicht deshalb, weil wir meinen, daß allen GB-Postulaten zuzustimmen sei (vgl. hierzu das Folgende!), sondern aus dem Grund, daß die generative Grammatik seit wenigstens zwei Jahrzehnten einen Gutteil der syntaxtheoretischen Diskussion prägt. Deshalb wählen wir sie als Referenzpunkt und skizzieren zuerst, welche GB-Annahmen wir teilen und bezüglich welcher Postulate wir glauben abweichen zu müssen.

1.1. Übereinstimmungen mit und Abweichungen von der generativen Grammatik

Übereinstimmungen:

(1) Der modulare Aspekt der Grammatiktheorie wird grundsätzlich akzeptiert. Modularisierung steht in Übereinstimmung mit dem empirischen Faktum, daß komplexe Systeme modular sind. Daneben weisen komplexe Systeme fraglos auch ganzheitliche Aspekte auf. Die Prognose von Wildgen (1985, 7), daß die „Modularisierung durch eine ganzheitlich-dynamische Perspektive" abgelöst wird, halten wir (beim Wortlaut genommen) für unbegründet. Wir interpretieren sie als Aufforderung zu einer komplementären Sicht zwischen Modularität einerseits und Ganzheitlichkeit andererseits, — womit nun klar ist, in welcher Hinsicht wir die modulare Perspektive der generativen Grammatik teilen: Modularität allein greift zu kurz, ist als Teilaspekt aber wohlbegründet.

(b) Die Unterscheidung „Basissyntax vs. sonstige Syntax" wird gleichermaßen akzeptiert.

(c) Überdies wird die Auffassung geteilt, daß die Basissyntax in Termen einer X′-Theorie zu formulieren sei.

(d) Wir teilen desgleichen die Auffassung, daß die Basissyntax im wesentlichen lexikalisch fundiert ist und sich bezüglich endozentrischer Konstruktionen auf das universelle Bildungsmuster $X^n \rightarrow \ldots X^n/X^{n-1}\ldots$, wobei X^{n-1} der Kopf (das Haupt/head) ist, reduziert.

(e) „Bewege α!/Move α!" wird im Prinzip akzeptiert, obgleich man sich im Detail natürlich über Einzelheiten der Theorie der Bewegungstransformationen streiten kann.

(f) Der Interpretation, daß die UG Teil des humanen Genotyps sei, stimmen wir zu. Z. B. mag $X^n \rightarrow \ldots X^n/X^{n-1}\ldots$ ein Aspekt der UG sein.

(g) Die Kompetenz-Performanz Dichotomie wird im Prinzip, jedoch nicht im Detail geteilt.

(h) Die Auffassung, daß Serialisierung/Wortordnung ein Epiphänomen grundlegenderer, teils syntaktischer (z. B.: Ge-

richtetheit der Rektion), teils nicht syntaktischer Prinzipien (z. B. Thema-Rhema-Gliederung) sei, wird gleichermaßen geteilt.
(i) Wir teilen auch die Auffassung, daß es explizite Grammatiken zu schreiben gelte bzw. daß der Formalisierungsgrad bisheriger generativer Syntaxskizzen nicht unterschritten werden sollte. Einen Dissens gibt es allenfalls relativ zur Art der Beschreibungsmittel und bezüglich diverser theorieimmanenter „technicalities".

Offensichtlich teilen wir viele, jedoch nicht alle (meta-)theoretischen Annahmen der generativen Grammatik.

Abweichungen:
Am wenigsten können wir uns mit der Chomsky-Idealisierung befreunden, die den idealen Sprecher/Hörer in einer vollständig homogenen Sprachgemeinschaft leben läßt und die überdies postuliert, daß er im Rahmen der Kompetenztheorie von keinerlei Gedächtnisbeschränkung affiziert sei.

(a) VARIATIO DELECTAT
Nicht der empirische Hinweis, daß alle Sprachgemeinschaften Variation aufweisen, spricht gegen die skizzierte Idealisierung, sondern die Verkennung der Rolle von Variation im Rahmen komplexer Systeme. Die Evolutionstheorie hat längst gezeigt, daß Variation Überlebensrelevanz zukommt. Gemäß der modernen Systemtheorie weisen offene Systeme notwendig Variation auf. Homogenität ist also eine system- wie evolutionstheoretisch ausgesprochen unnatürliche Eigenschaft. Die Kognitionspsychologie hat im Rahmen der Prototypentheorie den Nachweis der Funktionalität von Variation längst erbracht. Für Theoretiker, denen die Unterscheidung von Sprach- vs. Grammatiktheorie wichtig ist (so z. B. auch uns), fügen wir hinzu, daß auch Grammatiken (idealer Sprecher/Hörer) Variation aufweisen. Kurz: Eine dynamische Auffassung von Grammatik wird nicht nur Variation tolerieren, sondern Variation fordern, also polylektale Grammatiken schreiben. Die natürlichkeitstheoretische Syntax ist Teil einer dynamischen Grammatiktheorie, die sich ihre Idealisierungen nicht so einrichtet, daß sie mit anderen Wissensbereichen konfligieren.

(b) MEMENTO MEMORIAE!
Wir nehmen wie die generative Grammatik die Auffassung ernst, daß die UG ein Teil des humanen Genotyps sei. Diese Auffassung führt jedoch auch zu Konsequenzen bezüglich der Idealisierung. Wenn man vernünftigerweise nicht bestreiten kann, daß es genotypisch verankerte Kapazitätslimits des Gedächtnisses gibt, dann spielen Gedächtnisbeschränkungen auch in der Kompetenztheorie eine Rolle. Z. B. muß der humane Syntaxprozessor im Rahmen der Limits des Kurzzeitgedächtnisses zu Rande kommen. Für die Natürlichkeitstheorie gehen also Gedächtnisbeschränkungen in die Kompetenztheorie ein, soweit sie genotypisch verankert sind. Die UG einerseits als Teilsystem der Humanbiologie zu betrachten, aber andererseits Gedächtnisbeschränkungen unterschiedslos in die Performanz abzuschieben, ist nicht konsistent.

1.1.1. Natürlichkeitstheoretische Metatheorie

Hierzu zählen die folgenden Annahmen:

(a) Die Grammatik ist ein offenes, komplexes System. Dies schließt eo ipso eine Dichotomie der Sorte „Synchronie vs. Diachronie" aus. Statt dessen wird man mit einem inhärent dynamischen Systembegriff arbeiten. Technischer Ausdruck hiervon ist die Natürlichkeitstheorie. Man mag sich vorstellen, daß Markiertheitsminima stabile Attraktoren und Markiertheitsmaxima Repelloren sind. In diesem Sinne ist die Natürlichkeitstheorie eine Stabilitätstheorie sprachlicher Strukturen und Operationen.

(b) Prinzipien der Natürlichkeitstheorie:
  (i) $\overset{\frown}{m} \rightarrow \overset{\smile}{m}$ „natürlicher Wandel/lokaler Markiertheitsabbau bzw. Entwicklungsmuster"
  „Markierteres wird (lokal) zu weniger Markiertem". Die Inverse hierzu ($\overset{\smile}{m} \rightarrow \overset{\frown}{m}$) heißt „unnatürlicher Wandel".
  (ii) $\overset{\frown}{m} \supset \overset{\smile}{m}$ „typologisches Muster"
  „Die Existenz von Markierterem impliziert die Existenz von weniger Markiertem".
  (iii) Verletzung von $\overset{\frown}{m} \supset \overset{\smile}{m}$ löst die Applikation von $\overset{\frown}{m} \rightarrow \overset{\smile}{m}$ (in wenigstens einem Lekt von L) aus.
  — ($\overset{\frown}{m} \supset \overset{\smile}{m}$) $\supset$ ($\overset{\frown}{m} \rightarrow \overset{\smile}{m}$)

Die Applikation von m̂ → m̌ führt zur Nicht-Verletzung des typologischen Musters, also zu einem potentiell stabilen Zustand.

(iv) Natürlichkeitskonflikte:
Innerhalb komplexer Systeme ist es allgemein nicht möglich, mehrere vernetzte Parameter simultan zu optimieren. Also können auch nicht alle offenen Parameter der UG maximal unmarkiert fixert werden.

LINGUISTIK	BIOLOGIE		
UG	GENOTYP	t_0	„initial state" (angeboren) (durch die phylogenetische Erfahrung fixiert). Also in ontogenetischer wie erkenntnistheoretischer Hinsicht a-priori bzw. „INNATUS".
TYP	EPIGENETIK	t_{n-1}	(durch die ontogenetische Erfahrung überformt)
G(L)	PHÄNOTYP	t_n	„steady state"/Fließgleichgewicht (durch die ontogenetische Erfahrung fixiert)

(v) Natürlichkeitskompensation:
Die markierte/unmarkierte Fixierung eines Parameters P_i (relativ zu einer gegebenen Natürlichkeitsskala) impliziert die weniger markierte/unmarkierte Fixierung von P_j ($i \neq j$) relativ zu einer anderen Natürlichkeitsskala. Es gibt sozusagen kognitive Handelsbilanzen.

(vi) Allgemeine Form von Natürlichkeitsrelationen:
nåt ⟨A, B⟩
„A ist natürlicher als bzw. gleich natürlich wie B (relativ zu einer vorausgesetzten Natürlichkeitsskala)". Der Markiertheitsbegriff ist hierbei ein UG-bezogener Unterfall des weiteren Natürlichkeitsbegriffes. (Details hierzu siehe (7)). 'nåt' ist eine antisymmetrische Relation, die zu einer teiltransitiven Ordnung führt. Die Inverse 'nåt' wird präsuponiert. Falls mit der Empirie verträglich, kann 'nåt' bzw. 'm̂' zur asymmetrischen Relation („weniger markiert als" bzw. „natürlicher als") verschärft werden, hieraus resultierende Ordnungen sind (strikt) transitiv.

(vii) Die Universalgrammatik (UG) wie der (Sprach)Typ sind notwendige Stufen des sprachlichen Schichtenbaus bzw. Durchgangsstadien auf dem Weg zur einzelsprachlichen Grammatik G(L). Die UG ist keine Grammatik, sondern eine genetische Propensität für den Erwerb, die Entfaltung einer Grammatik, also ein Objekt der Biologie natürlicher Sprachen; der Typ ist eine Rahmenbedingung für eine Grammatik in statu nascendi. Hierbei nimmt die Natürlichkeitstheorie folgende (1:1-deutige) Zuordnungen zum Begriffssystem der theoretischen Biologie vor:

Die Epigenetik charakterisiert einen nachgenotypischen Zustand, in den bereits ontogenetische Erfahrung einfließt. Das Bild einer sog. epigenetischen Landschaft, das wir aus Rosen (1980) übernehmen, illustriert dies:

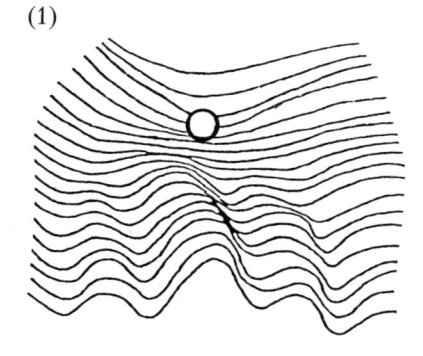

(1)

Die Menge der wahrscheinlichen/ natürlichkeitstheoretisch klassifizierten Kugeltrajektorien steht für den weiteren Gang der Parameterfixierung. Zwar sind beileibe noch nicht alle Parameter P fixert, wohl aber einige mit großer Bürde bzw. hoher funktioneller Belastung. Die bereits fixierten P bilden sich als Berge bzw. Täler ab, welche den Verlauf der Kugel zwar nicht strikt determinieren, die (gegenwärtige wie künftige) Dynamik jedoch kanalisieren bzw. bestimmte Kugelbahnen begünstigen. Die offenen P der UG waren nur markiertheitstheoretisch gewichtet und noch nicht vernetzt. In der Epigenetik kommen die P-Fixierung, die einsetzende P-Vernetzung sowie hieraus resultierende Kanalisierungseffekte hinzu. Die Menge der bereits vernetzten P mit hoher Bürde charakterisiert den Typ von L. Unter syntaxtypologischem Gesichtspunkt trägt die V-Stellung samt damit verknüpfter Rektionsrichtung die Hauptlast. In G(L) sind schließlich alle P fixiert.

(viii) Wir legen folgende niveaukorrelierte Redeweisen fest:

UG — 'm̃' „weniger markiert als oder gleich markiert wie"

TYP — 't̃yp' „typangemessener als oder gleich typangemessen wie"

G(L) — 's̃ys' „systemangemessener als oder gleich systemangemessen wie"

Der Begriff „nat" ist der generellere: er umfaßt die UG-bezogene Markiertheit, die TYP-bezogene Typangemessenheit sowie die einzelsprachliche Systemangemessenheit. Falls der Referenzpunkt klar ist, kann jedes der obigen Prädikate durch 'nat' ersetzt werden. Es ist uns laut obigen Festlegungen also verboten zu sagen, daß „Postpositionen in OV-Sprachen unmarkiert sind." Die UG kennt keine fixierte V-Position. 'OV' ist ein typfixierender Parameter. Wir sind folglich zur Aussage gezwungen, „daß in OV-Sprachen Postpositionen typangemessener sind als Präpositionen":

t̃yp ⟨POSTPOS., PREP.⟩ [OV]
t̃yp ⟨PREP., POSTPOS.⟩ [VO]

m̃ ⟨Zentraleinbettung/nesting, andere Einbettung⟩ (da UG-bezogen), aber

t̃yp ⟨LINKSEINBETTUNG, RECHTSEINBETTUNG⟩ [OV]

t̃yp ⟨RECHTSEINBETTUNG, LINKSEINBETTUNG⟩ [VO]

usw., wie aus der an Greenberg anschließenden Forschung leicht zu entnehmen ist. Vgl. hierzu auch das Prinzip der „Natürlichen Serialisierung", z. B. Bartsch/Vennemann (1982).

1.1.2. Attraktoren und Repelloren

Natürlichkeitsmaxima sind Attraktoren. Ein Attraktor ist ein strukturell stabiles Minimum, das durch die Funktion $f(x) = x^2$ charakterisiert wird. Man denke etwa an ein Tal, das Wasser oder einen Ball anzieht:

(2 a)

attrahierender Vektor

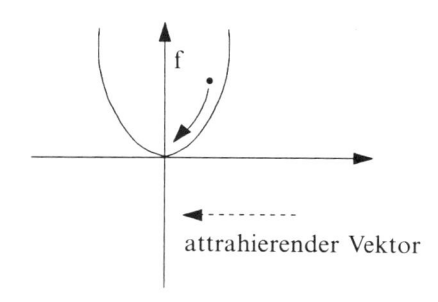

Es gibt Attraktoren der verschiedensten Sorte, z. B. die Erfüllung von 'm̃ ⊃ m̃', z. B. die unmarkierten Foci von Kategorien oder Landeplätze bezüglich „Bewege α!", das ungesättigte Verb attrahiert NPs etc.

Natürlichkeitstheoretische Minima repräsentieren mathematische Maxima bzw. Repelloren, die durch die inverse Funktion $f(x) = -x^2$ charakterisiert sind:

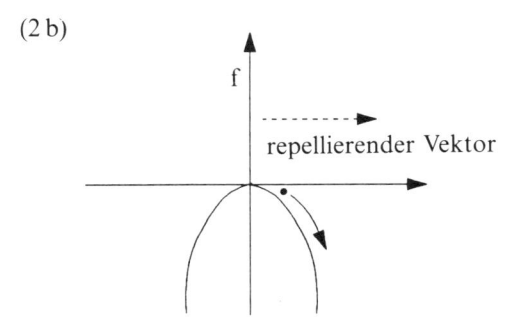

(2 b)

repellierender Vektor

Z. B. ist die Nichterfüllung des typologischen Musters ein Repellor. Genereller: alle Inversen von Attraktoren sind Repelloren. Einheiten oder Operationen mit Repellorstatus sind instabil, Einheiten/Operationen des Attraktorstatus stabil.

Die erste Ableitung einer ungeraden Funktion wie $f(x) = x^3$, also $f' = 3x^2$ erzeugt einen Sattel, die 2. Ableitung $f'' = 6x$ eine Gerade:

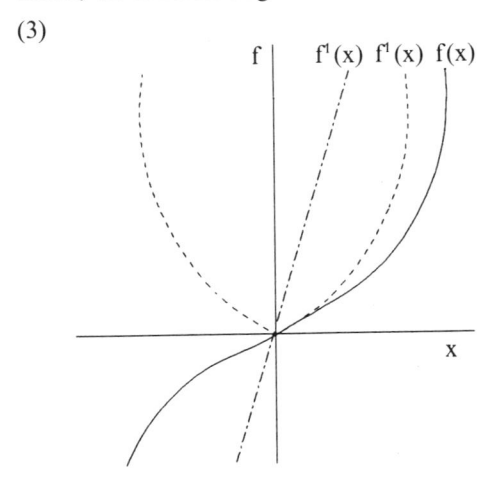

(3)

$f \mid \quad f'(x) \; f'(x) \; f(x)$

x

Mittels Zusammensetzung verschiedener Funktionen erhalten wir alle Typen dynamischer Landschaften, darunter auch epigenetische.

Mehrere Attraktoren sind entweder hierarchisch geordnet oder sie konfligieren. Hierarchische Ordnung wird durch die Tiefe der Minima gespiegelt:

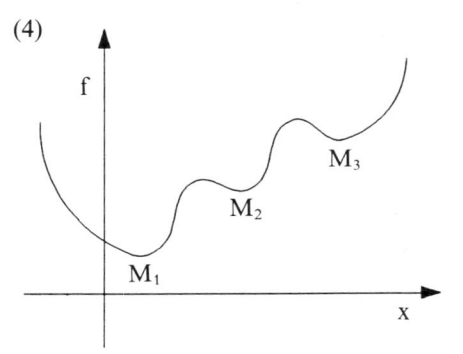

(4)

f

M_3
M_2
M_1

x

In algebraischer Hinsicht mag man sich die hierarchische Ordnung von Natürlichkeitsprinzipien durch die folgende Absorptionskonvention gespiegelt denken:

$$a \perp (a \perp b) = a$$

Natürlichkeit auf höherer Ebene setzt sich gegenüber Natürlichkeit auf weniger hoher durch. Hierarchieebenen sind die UG, der TYP sowie G(L), und zwar wie folgt geordnet:

(i)   G(L)   höhere Ebene
(ii) TYP   mittlere Ebene
(iii) UG   tiefere Ebene

Als formales Modell eines bipolaren Attraktorfeldes dient das der sog. Kuspe. Details hierzu in Wildgen (1985), wo sich auch die relativ komplexe katastrophentheoretische Behandlung konfligierender Attraktoren findet. Hier werde nur festgehalten, daß die meisten Attraktorfelder natürlicher Sprachen bipolarer Natur sind bzw. daß man im Rahmen der Natürlichkeitstheorie fast immer mit Kuspen oder kuspoiden Katastrophen auskommt.

Zurück zur linguistischen Illustration hierarchisch geordneter Attraktoren. Gegeben sei die markierte Natur von PREP-STRANDING. Zwischen dem UG-Attraktor [-PREP-STRANDING], dem markiertheitstheoretisch bevorzugten Wert der entsprechenden Parameterfixierung und der Existenz von PREP-STRANDING in Sprachen wie dem Englischen besteht ein Antagonismus. Dieser Antagonismus zwischen UG-Präferenzen und einzelsprachlicher Systemangemessenheit wurde offensichtlich so gehandhabt, daß die UG-theoretisch markierte, für G(ENGL) jedoch systemangemessene P-Fixierung [+ PREP-STRANDING] gewählt wurde. Folglich gilt trotz

m̃ ⟨− PREP-STRANDING, + PREP-STRANDING⟩ / [ŪG]
sỹs ⟨+ PREP-STRANDING, − PREP-STRANDING⟩ / [ĒNGL.]

und damit auch, daß im steady state letztendlich die einzelsprachliche Systemangemessenheit über Präferenzen der UG und des TYPS dominiert.

Phänomene wie diese sind keineswegs rar oder auf die Syntax beschränkt; z. B. dehnt sich im Rahmen der dt. Morphologie die (markierte) Umlautkodierung aus und nicht etwa die (weniger markierte) Kodierung des Plurals mittels eines Affixes (vgl. GENERALE > GENERÄLE) usw. Wenn das Kind im Rahmen der Systemangemessenheit von G(L) genügend „evidence to the contrary" erhält, bevorzugt es markiertere Parameterfixierung. Daß auch Typangemessenheit über UG-Präferenzen steht, folgt allein schon daraus, daß im Rahmen des Typs das Problem der Typabstimmung/Typkonsistenz entsteht, eine Problematik, die sich auf der UG-Ebene noch gar nicht stellt. Selbst eine annähernd typkonsistente Sprache wie z. B. das Türkische weist in gesprochenen Texten des öfteren nach rechts verschobene Partizipialkonstruktionen auf, weil die typenkonsistente Linkseinbettung in Konstruktionen, die mehr als

7 ± 2 „chunks" umfassen, dem im Rahmen des KZG arbeitenden Syntaxprozessor Schwierigkeiten machen: Rechtseinbettung erlaubt sofortige Identifizierung des Kopfes, Linkseinbettung erfordert Zwischenspeicherung. Jenseits der Schwelle 7 ± 2 ist deshalb Rechtseinbettung kognitiv leichter als typkonsistente Linkseinbettung, d. h. auch Typkonsistenz kann hintangereiht werden.

2. INFL und die Konsequenzen

2.1. INFL gemäß der generativen „Orthodoxie"

Im orthodoxen generativen Paradigma werden die Finitheitsmerkmale durch einen eigenen Knoten „INFL" repräsentiert. Der Merkmalskomplex INFL enthält neben den Flexionsmerkmalen [αTempus] auch die Kongruenzmerkmale [Person] und [Numerus], die üblicherweise unter AGR(eement) subsumiert werden.

INFL: [[αTempus], (AGR)]

Um INFL in das X'-Schema eingliedern zu können, wird INFL als X^0-Kategorie angesehen, als deren Maximalprojektion der Satz gilt (S = IP). Die $INFL^0$-Position unterliegt parametrischer Variation.

In Chomsky (1986) entsteht die Satzstruktur durch das Zusammenspiel von INFL und COMP:

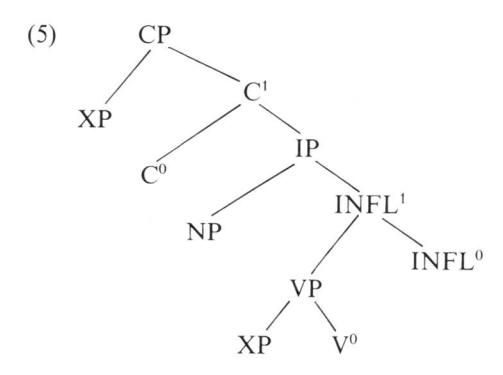

(5)
```
        CP
       /  \
      XP   C'
          /  \
         C⁰   IP
             /  \
            NP   INFL'
                /  \
               VP   INFL⁰
              /  \
             XP   V⁰
```

Das Verb erhält seine flexionsmorphologische Kennzeichnung erst dadurch, daß es durch lokale Transformation in die INFL-Position hineinbewegt wird. Chomsky (1986, 3) sagt eher beiläufig:

„Does this system extend to the nonlexical categories as well? Evidently, the optimal hypothesis is that it does. Let us assume this to be correct. Then the clausal categories conventionally labeled S and S' might be I″ and C″, respectively, where I = INFL and C = complementizer, as in (2):
(2) a. S = I″ = [NP [I' [V ...]]]
    b. S' = C″ = [... [C I']]"

In Grewendorf (1988) wird diese Annahme Chomskys ohne weitere Begründung zur Gewißheit, bzw. lt. Grewendorf weist jeder einzelne Satz einer jeden einzelnen Sprache eben diese Chomskysche Struktur auf.

Wir glauben, daß Chomskys Hypothese empirisch nicht adäquat ist und postulieren, daß IP und CP in keinem einzigen Satz einer natürlichen Sprache vorkommen.

2.2. Einige Inkonsistenzen der „INFL-THEORIE"

Die involvierte Axiomatik ist aus vielen Gründen problematisch:

(i) INFL, die Minimalprojektion des Satzes, übernimmt die Funktion einer lexikalischen Kategorie X^0, ist aber als Lexikoneinheit sehr oft nicht spezifizierbar. Die generative Orthodoxie spricht deshalb von einer „unechten lexikalischen Kategorie". Dieser Begriff ist unseres Erachtens schwammig und weit eher der Name für ein Problem denn seine Lösung.

(ii) Die Trennung von V und INFL in der Tiefenstruktur spiegelt die flexionsmorphologische Realität nicht.

(iii) INFL enthält einerseits alle Tempus-, Modus-, Aspektmerkmale des Satzes, fungiert aber andererseits als 'leerer' Landeplatz für zunächst [− finite] verbale Elemente. Dies werten wir als Widerspruch!

(iv) Weil INFL in mehrfacher Hinsicht keine echte lexikalische Kategorie ist, muß der Rektionsbegriff aufgefächert werden. Die übliche Redeweise unterscheidet deshalb zwischen Rektion und strenger Rektion. Folgende Definitionen werden von der generativen Orthodoxie akzeptiert:

(a) Ein Knoten α regiert einen Knoten β, gdw. (i) und (ii) gilt:
   (i) α = X^0 oder $INFL^0$;
   (ii) α und β werden von denselben maximalen Projektionen dominiert;
(b) Ein Knoten α regiert einen Knoten β STRENG, gdw. (i) und (ii) gilt:
   (i) α regiert β

(ii) α ist eine (echte) lexikalische Kategorie.

In Sprachen mit Subjekt-/Objekt-Asymmetrie ist dann das Objekt durch V^0 (also „streng"), das Subjekt aber durch INFL regiert.

Diese Aufspaltung „erklärt" zwar das Phänomen der Subjekt-/Objekt-Asymmetrie und die in etlichen Sprachen geforderte NOM-Kodierung leerer Subjekte, aber nicht die offensichtlich durch idiosynkratische Verbeigenschaften motivierte Subjektslosigkeit vieler Sätze; INFL als „NOM-regierendes Element" erfüllt also in vielen Fällen seine eigentliche Funktion nicht! Auch die Erklärungskraft des ‚Erweiterten Projektionsprinzips (EPP)' muß angesichts der Existenz subjektsloser Sätze in vielen Fällen angezweifelt werden.

(v) In infinitivischen Sätzen wird aus theorieimmanenten Gründen die Existenz eines tempuslosen INFL

(INFL: [− tempus] − AGR)

postuliert.

Dieses Postulat ist empirisch nicht gerechtfertigt, weil INFL in Kontexten infinitivischer Verben nicht realisiert ist. Die generative Axiomatik führt deshalb zur merkwürdigen Konsequenz, daß INFL in diesem Fall weder kodierungsseitig vorhanden, noch als k-Regent nachweisbar ist; seine Existenz muß aus theorieimmanenten Gründen aber trotzdem angenommen werden (PRO, das logische Subjekt infinitivischer Sätze, ist per Definition unregiert).

(vi) Auch im Rahmen der barrierentheoretischen Argumentation erzeugt die Existenz von INFL Inkonsistenzen. Wir beziehen uns hier vor allem auf die Überlegungen in Grewendorf (1988, 199 ff). Hier werden zunächst „blockierende Kategorien (BK)" wie folgt definiert:

γ = BK für β gdw.:
(a) γ = maximale Projektion;
(b) γ inkludiert β (d. h. jedes Segment von γ β dominiert);
(c) α L-markiert γ nicht (d. h. α weist γ keine Theta-Rolle zu); (α = X^0).

Dies führt zu theoretischen Schwierigkeiten bei der Erklärung der Wohlgeformtheit von Strukturen, wie (Grewendorf 1980, 201):

(6) „Who$_i$ did [IP John [VP see t$_i$]]?"
(Aus Grewendorf 1988, 201)

Wie die Extrahierbarkeit der WH-Phrase aus der IP in dieser Perzeptionsverbkonstruktion beweist, kann INFL^{max} (= IP) nicht als blockierende Kategorie eingestuft werden. Dies widerspricht der obigen Definition. Die V^{max} (= VP) müßte in (6) blockierende Wirkung besitzen, weil sie nicht L-markiert ist bzw. keine Thetarolle trägt. Um die Wohlgeformtheit der Struktur erklären zu können, muß die „INFL-orientierte" Barrierentheorie eine VP-erweiternde Adjunktionsposition annehmen, die als Zwischenlandeplatz für die WH-Phrase dienen soll. Wir werten dies als Versuch, eine Inkonsistenz der Theorie durch eine Ad-hoc-Annahme zu „beseitigen"! In unserem Modell ist VP keine Barriere, da keine Maximalprojektion. Der VP entspricht V^1, dem Satz V^2 und dem spezifizierten Satz V^3.

2.3. INFL und Sprachtypologie

Im „orthodoxen" generativen Paradigma von GB und dgl. wird der Nominativ von INFL regiert, und zwar in einer SVO-Sprache nach links:

(7)

+NOM   NP   INFL   VP
                   V   NP
                       Objekt
              S

In (7) regiert das V (im Gegensatz zu INFL) nach rechts. Hieraus ergibt sich die Konsequenz, daß theorieimmanent in einer VO-Sprache keine harmonische Rektionsrichtung vorliegen kann, während eine OV-Sprache harmonische Rektion erlaubt, da dort V wie INFL nach links regieren.

Die skizzierte theoretische Konsequenz wird sofort als unbefriedigend erkannt, sobald man z. B. das Deutsche betrachtet, das zugrundeliegend OV sein soll, faktisch aber Rektion nach rechts (z. B. in Präpositionalphrasen wie:

hinter mir) DAT

wie nach links (z. B. in Adjektivphrasen wie:

GEN
der seiner Sache sichere Linguist)

aufweist, also in rektionstheoretischer Hinsicht (bezüglich des Richtungsfaktors der Rektion) als disharmonisch zu klassifizieren ist. Faktisch aber ist es so, daß theorieimmanent disharmonische VO-Sprachen wie z. B. das Italienische und Spanische weitgehend harmonisch sind, während eine theorieimmanent potentiell harmonische OV-Sprache wie das Deutsche faktisch weitgehend inkonsistent/disharmonisch ist.

Es scheint uns günstig, die Theorie näher an die Empirie heranzubringen, bzw. wir verteidigen das folgende Postulat: Theorieimmanent können VO- wie OV-Sprachen harmonisch sein. Daß realiter häufig weder VO- noch OV-Sprachen vollständig harmonisch sind, stellt ein Zusatzproblem dar, dessen theoretische Lösung nicht dadurch geleistet wird, daß man eine theorieimmanente Rektionsdisharmonie für VO-Sprachen annimmt.

Wie erreicht man, daß in einer VO-Sprache INFL nicht nach links regiert? Antwort: mittels Streichung von INFL bzw. durch das folgende Postulat:

Kein wohlgeformter P-Marker enthält INFL.

Die naheliegende Frage, wovon denn der Nominativ der Subjekts-NP regiert werde, wird vorerst durch Rückgriff auf die Tradition beantwortet: Der Nominativ ist kein regierter Kasus bzw. zum NT-Postulat erhoben:

Die Subjekts-NP wird nicht k-regiert.

Man beachte, daß dieses Postulat Theta-Rektion der Subjekts-NP (durch das Verb) nicht ausschließt. Es besagt lediglich, daß die Subjekts-NP nicht in den Bereich der Kasus-Rektion fällt. Zugleich ist natürlich involviert, daß in der NT-Syntax zwischen Theta- und k-Rektion zu unterscheiden ist:

Theta-Rektion ≠ k-Rektion.

Wir halten vorerst fest, daß die Abschaffung von INFL diverse theoretische Konsequenzen zeitigt. Jede einzelne hiervon ist selektionspositiv. Im folgenden sind wir also nicht mehr zu den Annahmen gezwungen,

(a) daß eine SVO-Sprache eo ipso rektionsdisharmonisch sei;
(b) daß NOM von INFL regiert werde.

Mehr zum Thema „regierter Kasus vs. unregierter Kasus" (= NOM) im Abschnitt 3.5.

2.4. Zusammenfassung: INFL und die Folgelasten

(i) Relativ zur INFL-Projektion IP handelt es sich um eine nichtlexikalische Projektion. INFL führt also zur Aufweichung des Projektionsbegriffes. Die „Orthodoxie" hat lexikalische wie nicht-lexikalische Projektionen anzusetzen, die NTS kennt nur Projektionen lexikalischer Kategorien.

(ii) Die im Rahmen der „Orthodoxie" notwendige V-Anhebung/Hineinbewegung von V^0 in die INFL-Position verwässert Beschränkungen von „Bewege α!". Es ist wohl nicht besonders konsistent, einerseits zu postulieren, daß nur aus regierten Positionen heraus bewegt werden kann, andererseits aber in

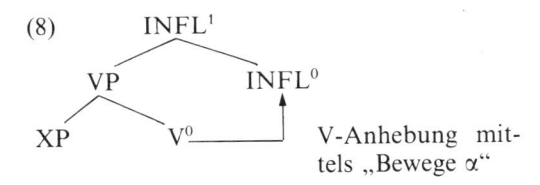

(8)
```
        INFL¹
       /    \
      VP    INFL⁰
     /  \    ↑
    XP  V⁰___|   V-Anhebung mittels „Bewege α"
```

anzunehmen, daß der Kopf V^0, der die nicht streng regierte Position einnimmt, in die INFL-Position angehoben wird. Wer also an Beschränkungen für „Bewege α!" interessiert ist, wird keine V^0-Bewegung in die INFL-Position, keinen INFL-Knoten, keine INFL-Projektion, und − last but not least − auch kein Affix Hopping postulieren. Die NTS kennt keines dieser Konstrukte. Die Affix-Hüpferei erscheint ihr als dezennienalter, theorieimmanenter Schrott. Man sieht leicht ein, weshalb die NTS die skizzierten Konstrukte nicht kennt: sie kennt INFL (samt Folgelasten) nicht.

(iii) Bei gutgläubiger Interpretation kann INFL als Merkmalsbündel des finiten Verbs verstanden werden. Man fragt sich allerdings, was die morphologische Kategorie [V + FIN] in der Basissyntax zu suchen hat bzw. weshalb das essentiell morphologische INFL eine basissyntaktische Projektionskategorie sein soll. Diese Vermengung morphologischer und syntaktischer Information kennt die NTS nicht. Der naheliegende Hinweis auf ein morphosyntaktisches Übergangsfeld zwischen Syntax und Morphologie ist laut NTS viel wichtiger als die „Orthodoxie" annimmt, allein er rechtfertigt keine basissyntaktische Größe namens INFL!

(iv) INFL führt zu einer unbegründeten Auffächerung des Rektionsbegriffs in „Rektion" und „strenge Rektion". In der NTS gibt es nur verschiedene Sorten von (strenger) Rektion und zwar:

    (i) Kasus-Rektion ⎫ $\overline{[NP]}$
    (ii) Theta-Rektion ⎬
    (iii) Status-Rektion ⎭ $\overline{[V]}$

(v) INFL führt zur merkwürdigen Auffassung, daß der NOM ein regierter Kasus sei. Für diese Auffassung gibt es keinerlei Gründe.
(vi) Die barrierentheoretischen Konsequenzen von INFL sind dubios.
(vii) Die sprachtypologischen Konsequenzen von INFL sind dubios.

Man sieht unschwer ein, daß die Gründe (i)–(vii) gegen INFL sowie damit vernetzte Postulate sprechen, sobald ein Modell zur Verfügung steht, das all dies, was die „Orthodoxie" nur mittels INFL etc. tun zu können glaubt, ohne INFL tun kann.

Daß wir nicht nur ohne INFL auskommen, sondern ein befriedigenderes, da restringierteres und auf keine Ad-hoc-Annahmen aufbauendes, ergo weniger technoides und natürlicheres Modell zu präsentieren in der Lage sind, zeigen wir im folgenden.

3. Der Repräsentationsrahmen der NTS

3.1. Wissenschaftshistorischer Anschluß

Genauso wie die valenztheoretischen Entwürfe ist die NTS verbzentriert. Die Idee, den Satz sozusagen als gesättigtes bzw. gebundenes Verb zu betrachten, ist bekanntlich alt. Sie spielt wenigstens seit Frege in der Logik, seit Tesnière in der Dependenz- und Valenzsyntax, seit Bar-Hillel, Vennemann und anderen in der kategorialen Syntax eine Rolle.

In jüngerer Zeit hat sich Wildgen im Rahmen eines linguistisch-katastrophentheoretischen Rahmens deutlich zugunsten der Auffassung ausgesprochen, daß das Verb das dynamische Zentrum eines Satzes bilde. Wir übernehmen die skizzierte Idee und integrieren sie in ein „verbzentriertes Modell der X'-Syntax". Als empirischer Grund dafür wird die Tatsache gewertet, daß die Anzahl und die semantischen Eigenschaften der Argumente vom Verb determiniert werden. Die NTS ist als generativistisch orientiertes Syntaxmodell einzustufen, weil sie Wortgruppenkonstituenten-strukturelle Repräsentationen zuordnet und außerdem eine Bewegungsregel verwendet. Das Modell ist modular ausgerichtet und bezieht seine Erklärungskapazität aus der Interaktion der folgenden Subkomponenten des Grammatiksystems:

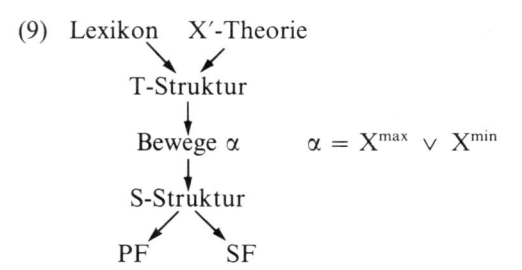

(9) Lexikon   X'-Theorie
      ↘ ↙
     T-Struktur
       ↓
  Bewege α   α = $X^{max} \vee X^{min}$
       ↓
   S-Struktur
   ↙   ↘
 PF   SF

Dieses Repräsentationsschema wird im Rahmen der NTS um die folgenden Teiltheorien angereichert:

(a) eine alternative Repräsentation der Flexionsmorphologie und der Auxiliare;
(b) eine modifizierte Version des X'-Mechanismus;
(c) eine markiertheitstheoretische Evaluation von Lexikoneintragungen;
(d) eine Theorie der Kasushierarchie;
(e) eine modifizierte Rektionstheorie;
(f) ein revidiertes PRO-Theorem;
(g) eine Theorie der lexikalischen und syntaktischen Natürlichkeit.

Eine Markiertheitstheorie von Bindungs- und Kontrollphänomenen wäre hier einzufügen; dies unterbleibt aber aus platztechnischen Gründen.

Die „semantische Form" (SF) wurde von M. Bierwisch (1982) als Repräsentationsebene vorgeschlagen. Die „semantische Form" ist jene Komponente, in der die Bedeutungsstruktur durch Prädikate, Konstanten und Variablen repräsentiert wird. Wir nehmen an, daß diese Prädikate und Konstanten im Rahmen eines kategorialgrammatischen Schemas aus den Basiskategorien S = Sachverhalte und N = Dinge ableitbar sind. Aus Platzgründen kann im Rahmen dieses Artikels darauf ebenfalls nicht eingegangen werden.

3.2. Wohin mit den Finitheitsmerkmalen?

Flexionsmorpheme figurieren in der Tiefenstruktur der NTS also nicht unter INFL, sondern sie gehen als morphosyntaktische Fertigprodukte in die T-Struktur ein. Sie werden an das Verb adjungiert und erzwingen dadurch V^0-Rekursion:

28. Natürlichkeitstheoretische Syntax 619

(10)

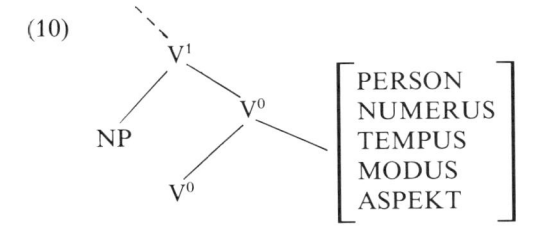

$$\begin{array}{c} V^1 \\ NP \quad V^0 \\ V^0 \end{array} \begin{bmatrix} \text{PERSON} \\ \text{NUMERUS} \\ \text{TEMPUS} \\ \text{MODUS} \\ \text{ASPEKT} \end{bmatrix}$$

Die Flexionsmerkmale werden durch die Affigierung an das Wort weitergegeben. Der Verbalstamm trägt die im Lexikon verankerten kategorialen Merkmale, also die Elemente im Subkategorisierungsrahmen und die vom Verb selegierten Theta-Rollen. Die Struktur (11) macht transparent, daß die kategorialen Merkmale von links und die morphologischen Merkmale von rechts nach oben weitervererbt werden:

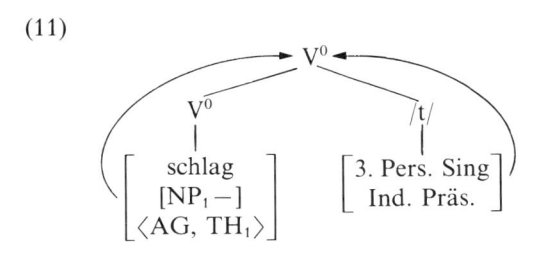

(11)

$$V^0$$
$$V^0 \quad /t/$$
$$\begin{bmatrix} \text{schlag} \\ [NP_1 -] \\ \langle AG, TH_1 \rangle \end{bmatrix} \begin{bmatrix} 3. \text{ Pers. Sing} \\ \text{Ind. Präs.} \end{bmatrix}$$

Wir unterscheiden wie die Genetik zwischen dominantem und subdominantem Erbgang. In Figur (11) ist V^0 der Kopf des Wortes und somit der dominante Vererber.

In dieser Repräsentation werden Tempus-, Modus- und Genusmorpheme als θ-vererbende Affixe behandelt. Dies scheint deshalb plausibel, weil Flexionsmorpheme, die diese Kategorien kodieren, jedes beliebige θ-Raster des Stammorphems tolerieren. Da auch Auxiliare Träger von TMA-Merkmalen sind und kein gefülltes Theta-Raster besitzen, werden sie in der NTS als Quasiaffixe behandelt. Die NTS wertet sie nicht als Köpfe von phrasalen Kategorien und reserviert für die Hilfsverben keine eigene Tiefenstrukturposition. Im Gegensatz zur kategorialen Syntax (Bartsch/Vennemann 1982, 34 f) stufen wir also $AUX_{(mod)}$ nicht als Operanden ein. Genauso wie Flexionsmorpheme werden sie durch Adjunktion an V^0 in die Tiefenstruktur eingeführt.

3.3. Die Alternative zum üblichen X′-Mechanismus

Die üblichen Modelle der Phrasenstruktur (vor allem Chomsky 1970 und Jackendoff 1977) müssen u. E. modifiziert werden, um einige empirische Aspekte adäquater erfassen zu können. Hierbei ist insbesondere die Tatsache von Gewicht, daß die verschiedenen lexikalischen Kategorien (N^0, V^0, A^0, P^0, Adv^0, $SPEZ^0$) spezifische Valenzeigenschaften aufweisen. N und V besitzen ein größeres Fügungspotential als A, P, Adv und SPEZ. So können Verben und Nomina nicht nur durch Valenzkomplemente und restriktive Modifikatoren, sondern auch durch nicht-restriktive Modifikatoren und Spezifikatoren (in unserem Modell Determinatoren und Komplementierer) zu phrasalen Kategorien erweitert werden. Adjektive können durch Adverbien und Gradpartikel modifiziert und nur in markierten Fällen durch Komplemente ergänzt werden. Präpositionen regieren im unmarkierten Fall eine nominale Konstituente. Spezifikatoren sind nicht erweiterbar. Komplementierer ('COMPs') betrachten wir als V^3 bzw. S^1-Spezifikatoren; es gilt also: $COMP^0 =_{def.} [SPEZ^0, V^3]$.

Im Syntagmenaufbau der D-Struktur lassen sich mehrere Strukturdomänen unterscheiden. Unsere Hypothese ist, daß X^1 diejenige Domäne bildet, in der die Komplemente angesiedelt sind, während restriktive Modifikatoren von X^2 dominiert werden. Appositive Modifikatoren und Referenz-Modus-Tempus-Spezifikatoren fallen hingegen in den unmittelbaren Dominanzbereich von X^3 (zur Stellung der Spezifikatoren siehe Zimmermann 1987). Die Baumstrukturen (12) und (13) zeigen, daß in nominalen und verbalen Syntagmen alle diese Strukturdomänen identifizierbar sind. Dies rechtfertigt u. E. die Annahme, daß N/V höhere Projektionsstufen erlauben als die anderen lexikalischen Kategorien [(12) siehe nächste Seite].

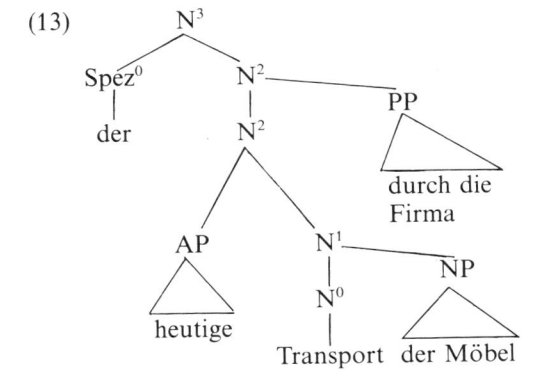

(13)

$$\begin{array}{c} N^3 \\ Spez^0 \quad N^2 \\ der \quad N^2 \quad PP \\ AP \quad N^1 \quad \text{durch die Firma} \\ heutige \quad N^0 \quad NP \\ Transport \quad der \text{ Möbel} \end{array}$$

Adjektive und Adpositionen sind nicht im selben Maße erweiterbar wie Nomina und

(12)

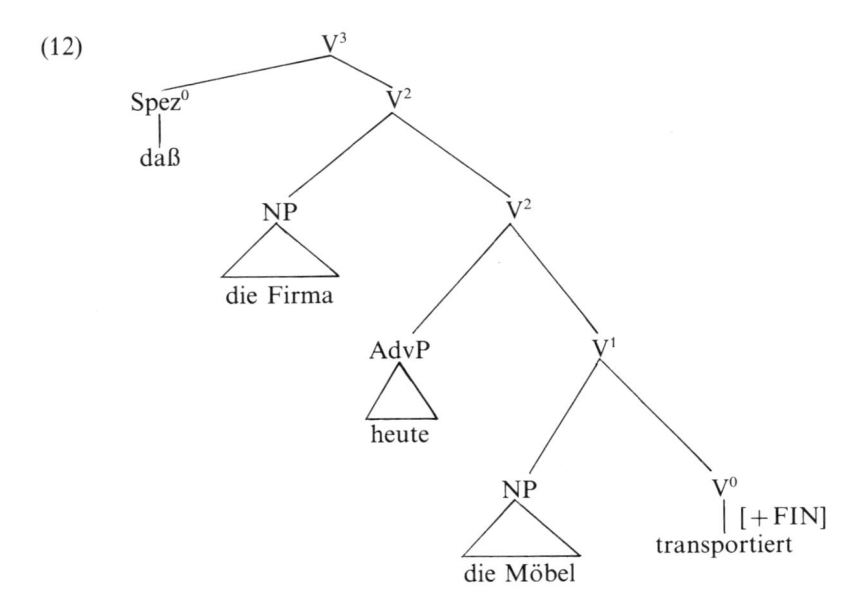

```
          V³
         /  \
      Spez⁰  V²
        |   /  \
       daß NP   V²
           |   /  \
       die Firma AdvP V¹
                 |   /  \
               heute NP  V⁰
                      |   |  [+FIN]
                  die Möbel transportiert
```

Verben. Sie lassen deshalb geringere Projektionshöhen zu. Die attributive Adjektivphrase in Struktur (14) und die Präpositionalphrase (15) sollen dies beispielhaft verdeutlichen:

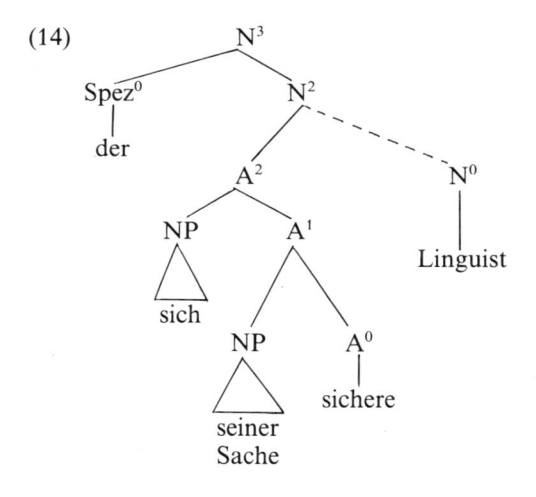

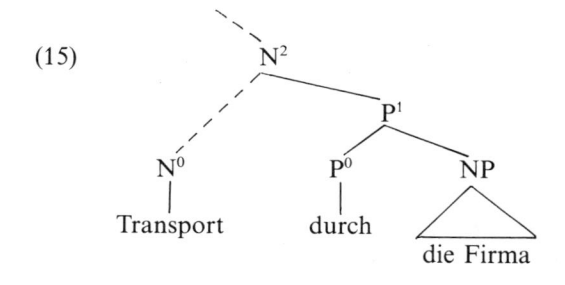

(14)

```
         N³
        /  \
     Spez⁰  N²
       |   / ⸱⸱⸱ \
      der A²     N⁰
         /  \     |
        NP   A¹  Linguist
        |   /  \
      sich NP   A⁰
           |    |
        seiner sichere
        Sache
```

(15)

```
         N²
        / ⸱⸱⸱ \
       N⁰     P¹
       |     /  \
   Transport P⁰  NP
             |    |
           durch die Firma
```

Wir postulieren also, daß der Wert der zulässigen Maximalprojektionen kategorienspezifisch zu bestimmen ist. Darüber hinaus nehmen wir an, daß Nomina und Adjektive in prädikativer Funktion ihre Projektionshöhen um eine Stufe reduzieren, weil in dieser Funktion ihr Fügungspotential projektionsintern nicht mehr vollständig aufgefüllt werden kann (zur Struktur der prädikativen Adjektivphrase siehe 4.1.).

In der Literatur differieren die Auffassungen über die zulässige Projektionshöhe beträchtlich. Manche Autoren nehmen nicht Stellung (z. B. Chomsky 1981/1986), andere plädieren zugunsten einer uniformen Projektionshöhe (z. B. Jackendoff 1981), der von der „uniform three level hypothesis" spricht. Wiederum andere nehmen eine kategorienabhängige Projektionshöhe an (so z. B. Zimmermann 1985/1987, die bis zu 6 Projektionsstufen zuläßt).

In summarischer Kürze: Soviele Autoren, soviele Vorschläge! Der unsrige ist „NATÜRLICH" der wahre und endgültige [(16) siehe nächste Seite].

Der übliche X'-Mechanismus muß u. E. nicht nur durch die Auffächerung der Projektionsebenen empirische Adäquatheit erhalten, sondern auch durch den Einbau rekursiver Mechanismen. Rekursion, die Wiederholung einer Projektionsstufe, ist notwendig, wenn kategorienidentische Konstituenten aneinandergereiht werden. Ihre Einfügung in die

(16) $V^{max} = V^3 \quad P^{max} = P^1$
$N^{max} = N^3 \quad A^{max} = A^2 \quad SPEZ^{max} = SPEZ^0$

$X^n \longrightarrow ... X^n/X^{n-1} ...$

$0 \leq n \leq 3/[N, V]$
$0 \leq n \leq 2/[A]$
$0 \leq n \leq 1/[P]$
$n = 0 \; [SPEZ]$

wobei: X^n bei Kategorienrekursion
und X^{n-1} sonst

Phrasenstruktur wird mittels Adjunktion vorgenommen. Generell findet die Adjunktionsoperation für jene Kategorien Anwendung, die entweder keine eigene TS-Position besitzen, oder deren Position bereits besetzt ist. Desgleichen ist Rekursion von Knoten identischer Projektionshöhe bei Koordination zu beobachten.

In Anlehnung an Stechow (1988), Chomsky (1981), Zimmermann (1985) u. a. schlagen wir vor, Adjunktionsregeln als rekursive Versionen von einfachen Ersetzungsregeln zu definieren. Die rekursiven Projektionsebenen tragen keine höheren Exponenten als die direkt von ihr dominierten; dies soll symbolisieren, daß eine durch Adjunktion entstandene Syntagmerweiterung nicht mit einer Erhöhung der Komplexität des Syntagmas verbunden ist. Die Anreihung von Adjektiven, wie sie in (17) abgebildet wird, ist dafür ein Beispiel:

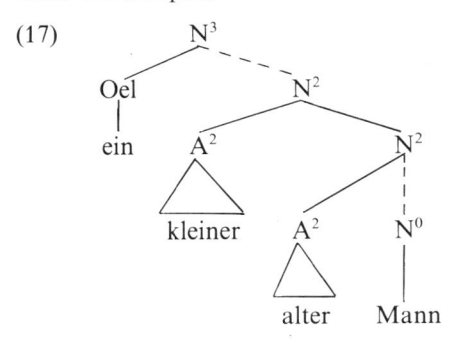

(17) [Baumdiagramm: N^3 dominiert „ein" (Oel) und N^2; N^2 dominiert A^2 („kleiner") und N^2; letzteres dominiert A^2 („alter") und N^0 („Mann")]

Ein Indiz dafür, daß die durch Rekursion angefügten Konstituenten keine strukturelle Expansion bewirken, ist ihre optionale Vertauschbarkeit innerhalb derselben Maximalprojektion:

ein kleiner, alter Mann
ein alter, kleiner Mann

Der von der Maximalprojektion dominierte Artikel darf seine Position nicht verändern, weil sonst die ungrammatische Struktur (*) entstehen würde:

*kleiner, alter ein Mann

XPs ($X \in \{V^0, N^0, A^0, P^0\}$) innerhalb derselben Projektionsebene können also in vielen Fällen „gescrambelt" werden. Eventuelle Umstellungsbeschränkungen für Konstituenten innerhalb derselben Projektionsebene sind unter der Annahme, daß die einschlägigen Knoten auf derselben Projektionshöhe stehen, nicht phrasenstrukturell bedingt, sondern wahrscheinlich allgemein kognitiver Natur. So ist z. B. die Adjektivreihenfolge durch den u. a. von Seiler (1983) formulierten Zusammenhang zwischen der Bedeutungsnähe von Adjektiven und Nomina und der Stellung der Adjektive determiniert. Nach Seiler steht ein Adjektiv umso näher am Nomen, je nomeninhärenter die Eigenschaft ist, die es ausdrückt. Es handelt sich hierbei um eine ikonische Kodierungsstrategie:

... zehn wundervolle schöne kleine runde hölzerne Kugeln

Auch die Einfügung von Adverbialbestimmungen kann zu Rekursionen führen: Temporale, kausale und instrumentale Adverbialphrasen sind u. E. in der Domäne von V^2 lokalisiert, ihre Anreihung erzeugt daher V^2-Rekursion. Lokal- und Richtungsadverbien siedeln wir vor allem aus distributionellen Gründen im Dominanzbereich von V^1 an; eine Aneinanderreihung dieser Adverbtypen erzeugt deshalb die Rekursion von V^1.

Topikalisierungsoperationen führen zur Verdoppelung von V^3, weil XP_{top} an die Maximalprojektion von V adjungiert werden. Auch die sog. „doppelten COMPs" („*wo daß't gwesen bist*" im Bairischen und Alemannischen oder in romanischen Idiomen z. B. frç. pop. *où que tu as été*) werden in der NTS als das Ergebnis von Adjunktionen aufgefaßt.

Also gilt: $*COMP_1, COMP_2 \notin NTS$

Die „doppelten COMPs" werden als Verkettungen von W-Phrasen („*wo*", „*wenn*", „*warum*" ...) mit komplementsatzeinleitenden Partikeln wie „*daß*"/„*que*" etc. gewertet. Diese Elemente besetzen die $SPEZ^0$ Position, weil sie modusneutralisierende Funktion besitzen.

Die W-Phrasen werden mittels Adjunktion an V^3 in die Tiefenstruktur eingefügt:

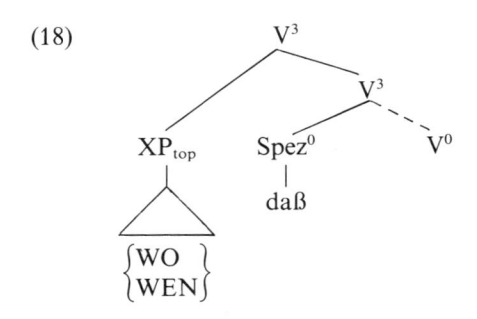

(18)

```
           V³
          /  \
         /    V³
        /    / ╲
    XP_top Spez⁰  V⁰
    / \    |
   /   \   daß
  {WO }
  {WEN}
```

3.4. Lexikalische Subkategorisierung

Das Lexikon ist eine geordnete Liste lexikalischer Eintragungen. Die LE sind intern strukturiert und geben Aufschluß über die distinktiven Eigenschaften der charakterisierten Wörter. Die verwendeten Merkmale beziehen sich auf syntaktische und semantische Informationen über die Elemente und deren satzinterne Kontexte.

Im Modell der NTS sind die Lexeme 2-stufig gegliedert:

(i) durch die „kategoriale Charakterisierung (KC)" werden die Elemente innerhalb des Subkategorisierungsrahmens erfaßt;
(ii) durch die „thematische Charakterisierung (TC)" sollen jene Theta-Rollen symbolisiert werden, die das funktionale Element selegiert.

Die LE für „schlag-" ist also im Sinne der NTS folgendermaßen strukturiert:

LE: schlag-(V^0)
KC: $[NP_1^{Akk}\_]$
TC: $\langle AG, TH_1 \rangle$

Im Rahmen der NTS werden Lexikoneintragungen markiertheitstheoretisch evaluiert. Als unmarkierter ($\tilde{m}$) werden jene Lexeme bewertet,
(a) die den universellen lexikalischen Kategorien N und V zugerechnet werden können. Es gilt also die folgende Markiertheitsrelation:

$\tilde{m}\ \langle N^0/V^0, A^0/P^0, \text{andere}\ X^0 \rangle$

(b) deren Kategorienzugehörigkeit eindeutig fixierbar ist und nicht erst durch Umkategorisierung „erzeugt" wird. Verbalnomina sind deshalb markierter als Nomina mit prototypischen Substantivmerkmalen (ein prototypisches Nomen referiert auf einen konkreten, statischen Gegenstand mit raum-zeitlicher Stabilität bezogen auf den Mesokosmos und sein Referent ist sensorisch zugänglich (siehe dazu Mayerthaler 1982). Es gilt daher

$\tilde{m}\ \langle N_{stat}, N_{dev}, \text{Verbalabstraktum} \rangle$

oder auch

$\tilde{m}\ \langle V_{dyn}, V_{erg}/V_{aux} \rangle$

Die 2. Markiertheitsskala hält fest, daß die Subjektskontrollverben (a) unmarkierter sind als ihre Homonyme mit Auxiliarstatus (b):

(a) versprech___$[V^0]\ \tilde{m}$
„*er versprach ihr, sich zu bessern*"
KC: $\left[(PP_1) \begin{Bmatrix} NP_2 \\ S^1[\alpha\ FIN]_2 \end{Bmatrix} - \right]$
TC: $\langle AG, ZIEL_1, TH_2 \rangle$

(b) versprech___$[AUX_0]\ \tilde{m}$
„*Der Film verspricht spannend zu werden*"
KC: $[(zu\ V_0)_{INF} -]$
TC: ___

Die eindeutige Zuordenbarkeit der Theta-Rollen wird im Rahmen der NTS durch die Verwendung der Symbole AG, TH, ZIEL, QU, EXP, LOK, INSTR signalisiert. Nicht eindeutig charakterisierbare Lexeme erhalten lediglich die unspezifizierten Symbole $\langle \theta_1, ..., \theta_n \rangle$. Die auf diese Weise strukturierten LE können in die verbzentrierte Satzsyntax integriert werden. Dies ermöglicht die folgende Grobklassifikation standarddeutscher Verbtypen:

ergativische Verben:
(19)

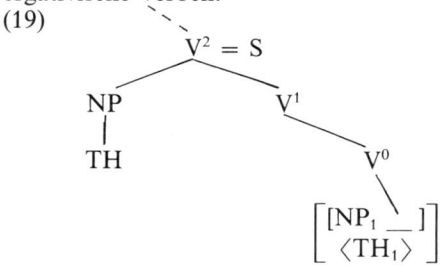

```
         V² = S
        /     \
       NP       V¹
       |       / \
       TH         V⁰
                  |
              [NP₁__]
              ⟨TH₁⟩
```

intransitive Verben:
(20)

```
         V² = S
        /     \
       NP       V¹
       |         \
     {AG }        V⁰
     {EXP}        |
                 [__]
               ⟨{AG }⟩
                {EXP}
```

transitive Verben:

(21)

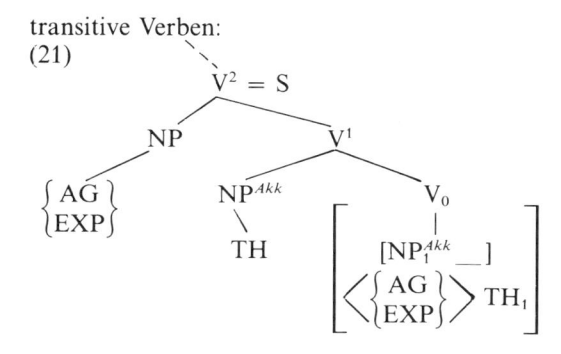

```
        V² = S
       /    \
     NP      V¹
    /       /  \
 {AG}    NP^Akk  V₀
 {EXP}    \      |
           TH   [NP₁^Akk __ ]
                ⟨{AG}⟩ TH₁
                 {EXP}
```

3.5. Nominativ und Kasushierarchie

Der Nominativ wird im Sinne Jakobsons als „Nichtkasus" verstanden (siehe Jakobson 1971, 23 ff). Er liegt also nicht im Bereich der Kasusrektion bzw. zeichnet sich gerade dadurch aus, daß er (im Gegensatz zu den anderen Kasus einer Sprache L) nicht regiert wird. Für Nominativ-Akkusativ Sprachen (Ergativsprachen bleiben hier aus Raumgründen unberücksichtigt) gilt das folgende rechtsverzweigende System:

(22)

```
              KASUS
             m̌/  \m̂
            /      \
         [-reg]   [+reg]
          /          \
        NOM          -NOM
                   m̌/   \m̂
                   /     \
                 AKK    -AKK
                        m̌/  \m̂
                        /    \
                      DAT   -DAT
                           m̌/  \m̂
                           /    \
                         GEN  andere KASUS
```

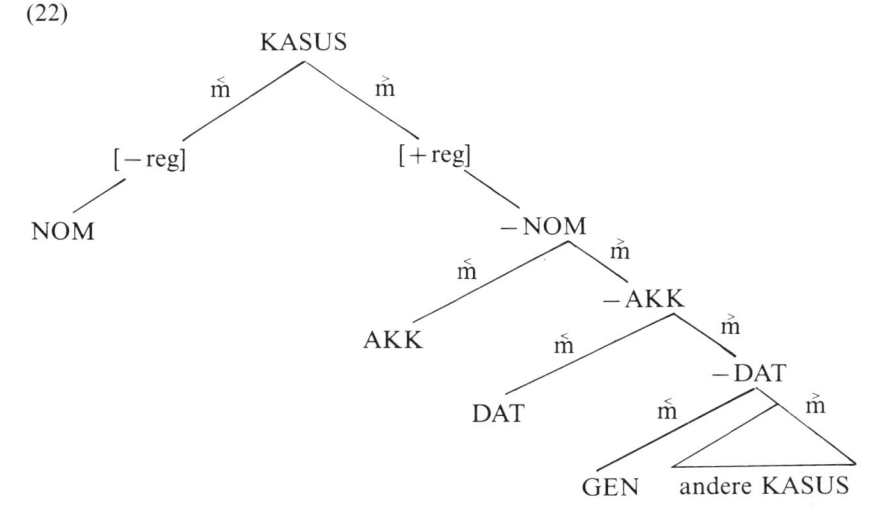

Strukturelle Kasus, i. e. Kasus, die auf die syntaktische Konfiguration ansprechen (z. B. AKK zu NOM bei Passivierung) sind gerade diejenigen, welche am wenigsten markiert sind, also der NOM und der AKK. Das minimale morphologische Kasussystem, also ein 2-Kasus-System der Sorte „Rectus vs. Obliquus" wie z. B. in der frühen Romania, bewahrt gerade die unmarkierten Kasus NOM and AKK. Je geringer die Markiertheit, desto größer die syntaktische Zugänglichkeit, und zwar auf kasustheoretischem wie anderem Gebiet.

Der Vokativ gehört nicht zu den relationalen Kasus, sondern zu den personaldeiktischen Kategorien. Innerhalb des GEN ist der genetivus possessivus unmarkiert. Innerhalb der Ortskasus ist der LOK weniger markiert als ein Direktional usw. Über den Grad der Markiertheit entscheidet die Anzahl der m-Eingänge im vorigen Baum: NOM 0 m, AKK 1 m, DAT 2 m, GEN 3 m etc. Ein regierter Kasus ist markierter als ein unregierter; der maximal unmarkierte Kasus ist der Nominativ. Merkmalhafte Nominative wie z. B. im Lateinischen sind als Relikte einer ehemaligen Ergativkonstruktion zu betrachten. Daß sich beim Abbau des frühromanischen 2-Kasus-Systems normalerweise die AKK-Form durchsetzt, ist kein Argument zugunsten der Markiertheit des NOM, sondern lediglich ein Indiz, daß merkmalhafte Nominative suboptimal sind (zu Details siehe Mayerthaler 1981, 1988).

In L mit morphologischem Kasus bildet sich die Rektion sozusagen konstruktionell-ikonisch in der Merkmalhaftigkeit ab:

[+ NOM] ↦ ∅ (NOM wird merkmallos kodiert)
[− NOM] ↦ ∅ (− NOM merkmalhaft, also z. B. mittels eines Kasussuffixes)

Je markierter, desto größer die Wahrscheinlichkeit zur noch merkmalhafteren, d. h. adpositionalen Kasuskodierung. Man wird z. B. folgende Implikation beobachten:

präpositionaler AKK (z. B. im Spanischen) impliziert einen präpositionalen DATIV, präpositionaler AKK (z. B. im Spanischen) impliziert einen präpositionalen DATIV, aber ein präpositionaler Dativ impliziert keinen präpositionalen Akkusativ.

Also gilt das typologische Muster $\overset{\smile}{m} \supset \overset{\smile}{m}$ bzw. ein präpositionaler Dativ ist unmarkierter als ein präpositionaler Akkusativ, obwohl der Akkusativ unmarkierter als der Dativ ist. Nirgendwo läßt sich hingegen ein präpositionaler NOM beobachten. Die Möglichkeit von leeren Subjekten wird gerade dadurch eröffnet, daß der maximal unmarkierte Kasus, also der NOM der Subjekts-NP, nicht nach merkmalhafter Kodierung verlangt. Wäre der Nominativ der Subjekts-NP regiert, so gäbe es keine leeren Subjekte.

3.6. Kasus- vs. Thetarektion

Als X^0-Kategorien sind nur echte lexikalische Kategorien wie N^0, V^0, A^0, P^0 zugelassen. Diese X^0 sind kasusregierend. Da Kasuszuweisung richtungsgebunden ist, sind die X^0-Kategorien obligatorisch mit einem Stellungsfaktor verknüpft. Die NTS unterscheidet zwischen Kasusrektion und Thetarektion. Die beiden Rektionstypen werden wie folgt definiert:

(i) Zwischen 2 Elementen α und β besteht die Relation der Kasusrektion, wenn die folgenden Bedingungen erfüllt sind:
  (a) $\alpha = X^0$-Kategorie;
  (b) β = maximale Projektion XP von N; d. h. eine NP, die als einzige XP kasusregiert sein kann;
  (c) β muß von X^1 dominiert sein und ist deshalb ein Element des Subkategorisierungsrahmens des X^0-Elements.
(ii) Zwischen 2 Elementen α und β besteht die Relation der Theta-Rektion, wenn gilt:
  (a) $\alpha = X^0$-Kategorie
  (b) β = XP, XP $\in$ {NP, PP, $S^{(1)}$}; es gilt: XP erfüllt Argumentfunktion relativ zu $X^0 \in$ (V, N, A, P);
  (c) {NP, PP, $S^{(1)}$} liegen innerhalb der Maximalprojektion von X^0 (= XP)

Als Rektionskategorie wird deshalb V^3/N^3 wie folgt definiert:

σ (= V^3/N^3) ist die Rektionskategorie für β gdw.

  (i) σ ein „vollständig funktionaler Komplex" ist (σ = ein „vollständig funktionaler Komplex", wenn σ ein Kopf α ist und σ alle mit α verträglichen grammatischen Funktionen enthält);
  (ii) σ enthält β (die Forderung, daß es als INFL auch V^0 enthält, ist irrelevant);
  (iii) Es gibt keine zwischen α und β intervenierende Maximalprojektion (Rektionskategorie).

3.7. Revision des PRO-Theorems

PRO, das logische Subjekt satzwertiger Infinitivgruppen, wird im Paradigma der Rektions- und Bindungstheorie als ein unregiertes Element eingestuft. Die NTS kann dies nicht annehmen, weil sie postuliert, daß referierende Subjekte generell θ-regiert sind. Da auch PRO eine durch die Existenz des Verbs motivierte θ-Rolle trägt, sieht sich die NTS in ihrer Axiomatik bestätigt. Genauso wie lexikalische Subjekte stufen wir PRO als + θ-regiert und – k-regiert ein.

Als spezifisches Merkmal von PRO wird in der NTS die Tatsache gewertet, daß PRO keinen Kongruenzindex bei sich trägt, weil das infinitivische Verb nicht in Kongruenzbeziehung zu seinem Subjekt steht. PRO kommt also im V-zentrierten Syntaxmodell die folgende Charakteristik zu:

$$\text{PRO:} \begin{bmatrix} + \theta\text{-regiert} \\ - \text{k-regiert} \\ - \text{Kongruenz} \\ \alpha \text{ anaphorisch} \\ + \text{pronominal} \end{bmatrix} \alpha = \{\pm\}.$$

3.8. Analysebeispiele

3.8.1. Prädikative Adjektivphrasen

Prädikativ verwendete Adjektive können nicht als Maximalprojektionen von A^0 (= A^2) analysiert werden, weil ihr externes Argument als Satzsubjekt realisiert wird und die dafür vorgesehene A^2-Domäne überflüssig macht. Wir repräsentieren diese reduzierte Adjektivphrase deshalb als A^1-Projektion. Außerdem nehmen wir mit Steinitz (1989) an, daß die Kopula als 'Verbmacher' fungiert, der kein eigenes θ-Raster besitzt. Die Struktur (23) bildet dies ab, wobei die θ-Rolle innerhalb der Klammern bei den einzelnen Knoten als jenes Argument zu werten ist, das in den darüberliegenden Strukturdomänen syntaktisch realisiert werden muß:

(23)

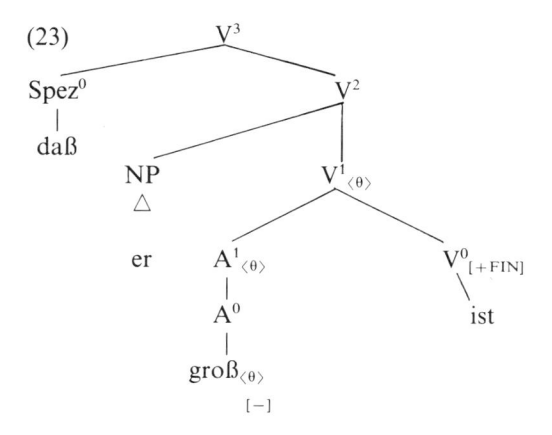

```
         V³
        /  \
     Spez⁰  V²
       |   /  \
      daß NP   V¹⟨θ⟩
           △  /    \
           er A¹⟨θ⟩  V⁰[+FIN]
               |         \
               A⁰          ist
               |
             groß⟨θ⟩
              [−]
```

3.8.2. Komparativkonstruktionen

Typisch für diese Strukturen ist u. E., daß das prädikativ verwendete Adjektiv eine zusätzliche Argumentstelle erhält, die z. B. im Deutschen durch eine PP besetzt werden muß. Die Struktur (24) hält fest, daß das Suffix 'er' diese A¹-interne Argumentstelle des Adjektivs etabliert:

(24)

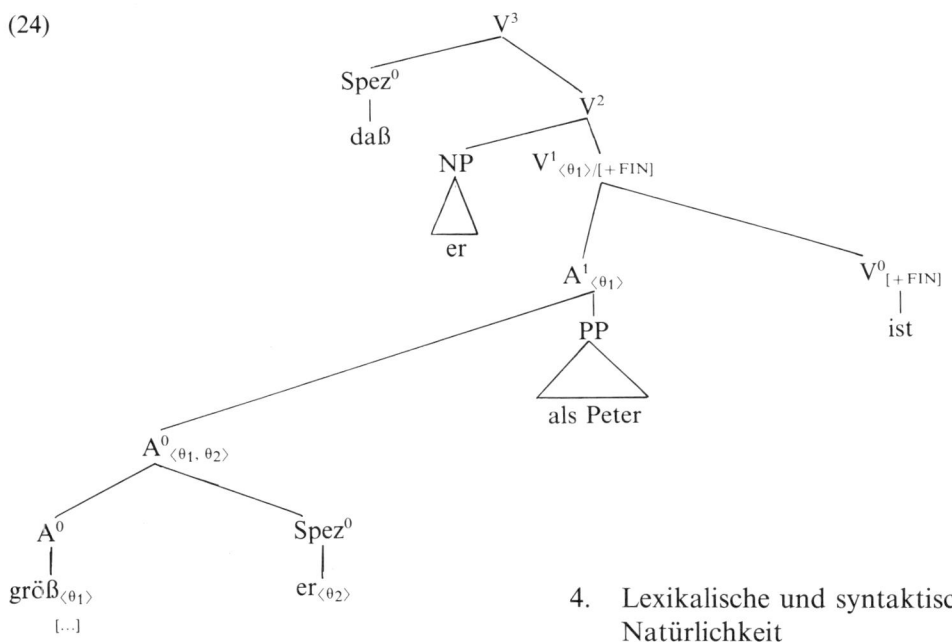

```
                        V³
                       /  \
                    Spez⁰  V²
                      |   /  \
                     daß NP   V¹⟨θ₁⟩/[+FIN]
                          △  /           \
                          er             V⁰[+FIN]
                              A¹⟨θ₁⟩         |
                             /     \         ist
                                    PP
                                    △
                                 als Peter
              A⁰⟨θ₁,θ₂⟩
             /        \
          A⁰          Spez⁰
          |             |
        größ⟨θ₁⟩       er⟨θ₂⟩
         [...]
```

3.8.3. Infinitivkonstruktionen

Die Axiomatik unseres Modells ermöglicht es, die konstruktionellen Unterschiede zwischen − satzwertigen und + satzwertigen Infinitivverbindungen abzubilden. (25) ist ein Beispiel für die Repräsentation einer − satzwertigen Infinitivgruppe. In dieser Struktur kommt zum Ausdruck, daß das infinitivische Verb hier die Funktion des Matrixverbs besitzt. Das Verbalpräfix *zu* blockiert die Realisierung der EXP.-Rolle. Das finite *sein* übernimmt die Hilfsverbfunktion und dient dazu, die Kongruenzbeziehung zwischen dem Verbalkomplex und dem Subjekt zu etablieren; dies wird durch das Kosuperskript 'K' ausgedrückt [(25) siehe nächste Seite].

In (26) bettet das Matrixverb *versprechen* eine satzwertige Infinitivgruppe ein. Das logische Subjekt ('PRO') der Infinitivgruppe ist ein leeres Element, weil das statuskennzeichnende Element *zu* hier die Realisierung der AG-Rolle blockiert und kein finites Element zur Verfügung steht, das via Kongruenz ein lexikalisches Subjekt motivieren würde [(26) siehe nächste Seite].

Das spezifische an dieser Kontrollstruktur ist die thematische Identität der beiden involvierten Subjekte.

4. Lexikalische und syntaktische Natürlichkeit

4.1. Intermediäre lexikalische Kategorien

Beispiele für Übergänge z. B. zwischen Hauptverb und Hilfsverb, zwischen PREP und Ortsadverb, zwischen V und N etc. sind zahlreich. Wir diskutieren hier nur zwei Beispiele, von denen wir annehmen, daß sie überzeugend sind, und zwar

(25)

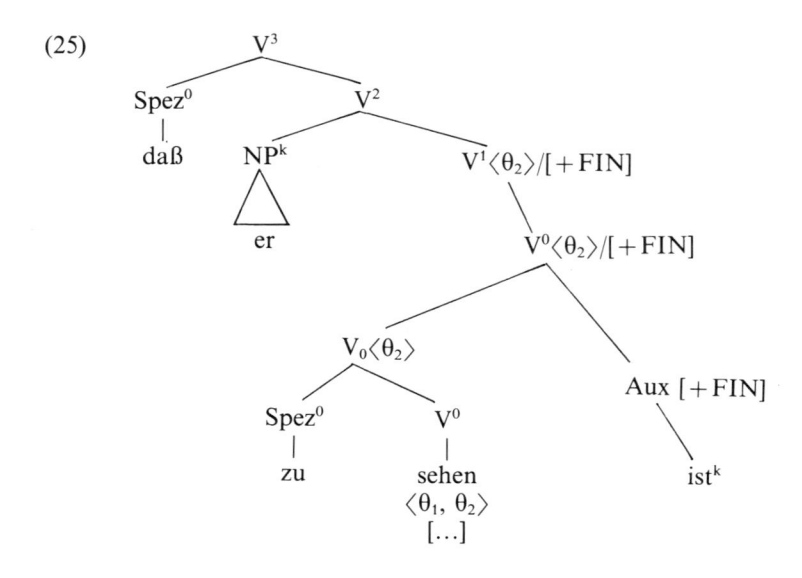

```
                    V³
                  /    \
              Spez⁰    V²
               |      /   \
              daß  NPᵏ    V¹⟨θ₂⟩/[+FIN]
                    △         |
                    er        V⁰⟨θ₂⟩/[+FIN]
                             /      \
                         V₀⟨θ₂⟩     Aux [+FIN]
                         /    \         |
                      Spez⁰   V⁰       istᵏ
                       |       |
                       zu    sehen
                            ⟨θ₁, θ₂⟩
                              [...]
```

(26)

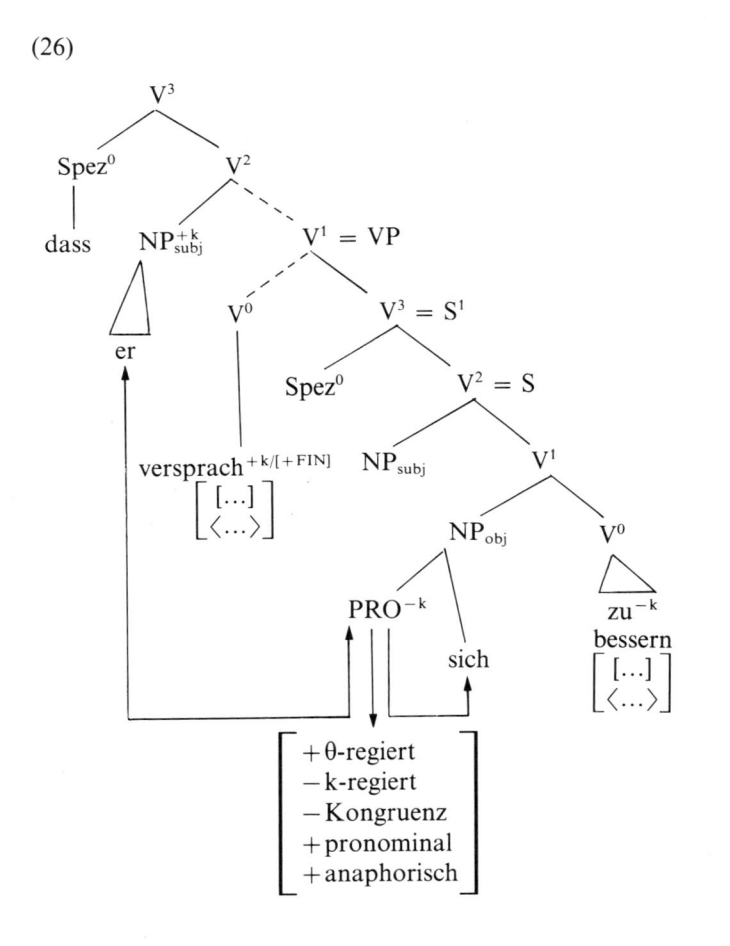

```
                         V³
                       /    \
                   Spez⁰    V²
                    |      /   \
                   dass  NP⁺ᵏ_subj   V¹ = VP
                          △         /    \
                          er       V⁰    V³ = S¹
                                   |    /    \
                              versprach⁺ᵏ/[+FIN]  Spez⁰   V² = S
                                  [...]                  /    \
                                  [⟨...⟩]            NP_subj   V¹
                                                              /    \
                                                           NP_obj   V⁰
                                                           /    \    △
                                                        PRO⁻ᵏ  sich  zu⁻ᵏ
                                                                    bessern
                                                                    [...]
                                                                    [⟨...⟩]
```

$$\begin{bmatrix} +\theta\text{-regiert} \\ -k\text{-regiert} \\ -\text{Kongruenz} \\ +\text{pronominal} \\ +\text{anaphorisch} \end{bmatrix}$$

(a) den Übergang von V zu N bei der Nominalisierung eines Infinitivs und
(b) den Übergang von V zu einem modalen Hilfsverb anhand von *scheinen*, das von der generativen Grammatik zwar traditionell, aber zu Unrecht als simples Anhebungsverb betrachtet wird — (*It seems that ...* vs. *This subcategorization seems to be an argument*).

4.2. Nominalisierte Infinitive im Altfranzösischen

Besonders deutlich läßt sich der intermediäre Charakter nominalisierter/substantivierter Infinitive anhand des Altfranzösischen beobachten. Die einschlägigen Daten sind an sich bekannt, verdienen es aber, erneut thematisiert zu werden, weil sie mit jeder Sorte statisch-binärer Kategorisierung (wie in der generativen Syntax üblich) unvereinbar sind.

Ein nominalisierter afrz. INF kann einen Artikel oder ein Demonstrativpronomen und sogar ein attributives ADJ aufweisen, verhält sich diesbezüglich also wie ein ganz normales Nomen bzw. ist ein Nomen. In rektionstheoretischer Hinsicht aber zeigt sich Unerwartetes: „... [es] kann aber im Altfranzösischen auch der mit dem Artikel präsentierte Infinitiv seine verbale Rektion beibehalten. Neben *al sachier de la lance* steht *au traire l'espee, au dire verite*" (Enf. Ogier), (vgl. Gamillscheg 1957, 448 f).

Einige Erläuterungen zur Beispielstruktur *au traire l'espee*, die mit *beim Herausziehen des Schwertes* zu übersetzen ist: die Übersetzung weist nominale Rektion auf, d. h. das N regiert den Genitiv, nicht aber im Original! Interlinear wäre der obige Ausdruck mit *beim Herausziehen das Schwert* wiederzugeben, also mit verbaler Kasusrektion, da *traire* ('herausziehen') den Akkusativ regiert.

Hieraus ist das Folgende zu entnehmen: eine Umkategorisierung der Sorte V ⇒ N involviert nicht notwendig, daß das resultierende N auch gleich nominale Rektion aufweist. Ist die Ableitungsbasis ein Infinitiv, so kann bei Nominalisierung vielmehr die verbale Rektion des Verbs beibehalten werden. Somit ist afrz. *al sachier* zu charakterisieren als:

$$al\ sachier\ \begin{bmatrix} +INF_N \\ \alpha\ N\text{-}Reaktion \end{bmatrix}$$

wobei: $\alpha = \{+, -\}$ und [− N-Rektion] = [+ V-Rektion] und die [+ V-Rektion] als markiert gilt.

Natürlich sind Situationen wie diese markiert bzw. nicht stabil, da aufgrund des Prototypencharakters von N ein Nomen auch dazu tendiert, im Laufe der Zeit nominale Rektion anzunehmen. Der Fokus der jeweiligen Kategorie funktioniert als Attraktor: die fokale Zentrierung entspricht einem lokalen Markiertheitsabbau ($\tilde{m} \to \hat{m}$).

4.3. Analyse von *scheinen*

Die NTS erfaßt in ihrer Lexikonkomponente neben prototypischen Kategorien auch intermediäre Ausprägungen. Dies wird durch Mehrfachkategorisierung der Lexikoneinheit ausgedrückt. Die Kategorienmerkmale in der LE sind markiertheitstheoretisch zu evaluieren.

Die LE von *scheinen* beinhaltet eine KC, in der die möglichen Subkategorisierungseigenschaften zueinander in Bezug gesetzt werden, und eine TC, welche die θ-Rollen der Kategorien enthält:

LE: schein- (AUX_{mod_1}, V_{mod_2})
KC: $\tilde{m}$ ⟨ [zu INF __]$_1$, [S^1 __]$_2$ ⟩
TC: ⟨ __ ⟩$_1$, ⟨TH⟩$_2$

Diese LE drückt aus, daß *scheinen* im unmarkierten Fall als modales Auxiliar kategorisierbar ist. Hauptverbfunktion übernimmt es erst dann, wenn es einen finiten Subjektsatz einbettet.

Die beiden Tiefenstrukturen (27 a/27 b) ergeben sich aus den oben spezifizierten kategorialen Merkmalen von *scheinen*. Im Sinne der NTS sind diese beiden Syntaktisierungsvarianten als Entfaltungen einer LE zu verstehen [(27) siehe nächste Seite].

Die Korrelation zwischen (a) und (b) wird also nicht — wie üblicherweise vorgeschlagen — durch SubjektsANHEBUNG und dadurch motivierte S^1-Tilgung etabliert, sondern durch eine lexikalisch verankerte Zuordnungsbeziehung. Dies scheint uns aus zwei Gründen von Vorteil zu sein:

(i) Die durch die Subjektsanhebung motivierte Restrukturierung der TS — eine Verletzung des Strukturerhaltungsgesetzes (des „Projektionsprinzips") — wird dadurch vermieden.
(ii) Wir spiegeln desgleichen die schon der traditionellen Grammatik bekannte Tat-

(27a)

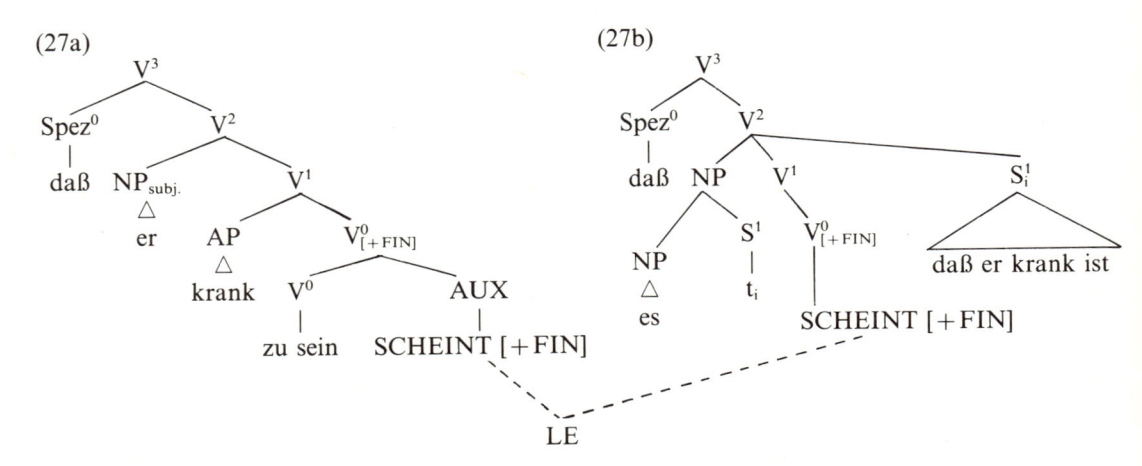

```
         V³
        /  \
     Spez⁰   V²
       |    /  \
      daß NP_subj. V¹
           △    /  \
           er  AP   V⁰_[+FIN]
               △   /    \
             krank V⁰    AUX
                   |      |
                zu sein  SCHEINT [+FIN]
                              |
                              LE
```

(27b)

```
              V³
             /  \
          Spez⁰   V²
            |   / | \
           daß NP V¹  S¹ᵢ
              /\  /\   △
             NP S¹ V⁰_[+FIN]  daß er krank ist
             △  |     |
             es tᵢ  SCHEINT [+FIN]
                         |
                         LE
```

sache, daß *scheinen* weder ein reines modales AUX noch ein reines Vollverb ist.

4.4. Grammatische Kategorien als Prototypen

Es ist ein kennzeichnender Zug der Natürlichkeitstheorie, daß sie alle grammatischen Kategorien (phonologische, morphologische, morphonologische, syntaktische, semantaktische, semantische) nicht als logische Klassenbegriffe/Mengen und auch nicht als „fuzzy sets", sondern als Prototypen betrachtet. Die Prototypentheorie wird hier als bekannt vorausgesetzt und nicht weiter diskutiert; eine gute Zusammenfassung der linguistischen Bedeutung der Prototypentheorie findet sich z. B. in Holenstein (1985).

Der Fokus einer Kategorie K gilt als strukturell stabiler Attraktor (im Sinne der Katastrophentheorie).

Eine Dynamik, die vom Fokus in die Peripherie führt ($\hat{m} \rightarrow \check{m}$) gilt hierbei als Markiertheitszunahme und die Inverse, also der Weg von der Peripherie in den Fokus von K, als Markiertheitsabnahme ($\check{m} \rightarrow \hat{m}$).

Der Durchschnitt der Foci vergleichbarer Kategorien $K_{i,j}$ ist leer, nicht jedoch der Durchschnitt der markierten Peripherie von $K_{i,j}$, d. h. es gibt keine strikten Kategoriengrenzen. Mit dieser Annahme unterscheiden wir uns sozusagen kategorial vom „orthodoxen" metatheoretischen Überbau der generativen Grammatik, der generell einer 2-wertigen Logik verpflichtet zu sein scheint.

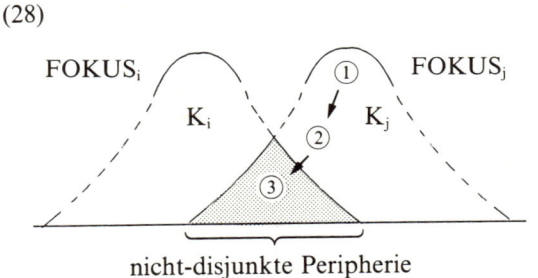

(28)

```
   FOKUSᵢ  ①  FOKUSⱼ
     /\  ↙ /\
    / Kᵢ\②/ Kⱼ\
   /    /▲\    \
  /    /③ \    \
 ‾‾‾‾‾‾‾‾‾‾‾‾‾‾‾‾
        ⏟
   nicht-disjunkte Peripherie
```

Fokus (K_i) ∩ Fokus (K_j) = ∅
Periph. (K_i) ∩ Periph. (K_j) ≠ ∅

Es ist also klar, daß es für jede Kategorie K mehr oder minder typische Repräsentanten gibt, z. B. ist [a] ein typischerer Vokal als [y] und ein belebter Agens typischer als ein unbelebter, ein expletives Subjekt ist weniger typisch als ein referierendes etc. Genereller: jede grammatische Kategorie K weist einen unmarkierten Fokus und eine mehr oder minder markierte Peripherie auf, bzw.

$\hat{m}$ (Fokus, Peripherie)/[$\overline{K}$]

Die Dynamik ① → ② → ③ führt in die markierte Peripherie von K und gegebenenfalls in den Überschneidungsbereich $K_i \cap K_j$. Der Weg ① → ② → ③ ist als $\hat{m} \rightarrow \check{m}$ zu deuten, der umgekehrte als $\check{m} \rightarrow \hat{m}$.

Ein Beispiel zur Illustration:

(1) *Mario scrive una lettera.* In (1) ist *Mario* ein typischer Agens. In (2) *Faccio scrivere Mario una lettera* wird der ursprüngliche Agens *Mario* durch den Prozeß der Kausati-

vierung degradiert, er erwirbt partiell instrumentelle Eigenschaften. In (3) *Faccio scrivere una lettera a Ugo da Mario* ist die Agens-Degradierung noch deutlicher ausgeprägt. Als Kodierungsindiz hierfür gilt, daß analog zu authentischen Passivkonstruktionen *Mario* als adverbiale Präpositionalphrase realisiert wird. Dies unterstreicht den noch deutlicheren instrumentellen Charakter. Es führt also ein Weg von der θ-Rolle Agens über die Peripherie von AGENS in die Peripherie der θ-Rolle INSTRUMENT. Diese Beobachtung ist kein Einwand gegen das θ-Kriterium, also gegen die Auffassung, daß jedes Argument genau eine θ-Rolle erhält. Es belegt lediglich, daß θ-Rollen markiertheitstheoretisch zu gewichten sind. In (3) liegt *da Mario* im gemeinsamen Durchschnitt von AGENS und INSTRUMENT, ist also z. B. als AGENS markiert. Umgekehrt ist im Satz *Die Sonne wärmt die Erde, die Sonne* ein markiertes INSTRUMENT mit partiell agentivischem Charakter.

4.5. Zur Markiertheit und Natürlichkeit von Satztypen

Die modulare Organisation der NTS ermöglicht es, die Markiertheit lexikalischer und phrasaler Kategorien komponentenbezogen zu ermitteln. Die Markiertheit eines Elementes kann deshalb, bezogen auf die involvierten Teilsysteme, unterschiedlich hoch sein. Der Markiertheitsgrad von Satztypen kann als Funktion des Zusammenspiels der folgenden Markiertheitsfaktoren verstanden werden:

(i) Argumentreduktion (z. B. Passivierung);
(ii) Argumenterweiterung (z. B. Kausativierung);
(iii) die Existenz/Anzahl leerer Kategorien (logische Subjekte/Spuren);
(iv) der Komplexitätsgrad der involvierten Argumente;
(v) die Rekursion von V^n ($n \in \{0, ..., 3\}$);

ad (v) Mit der Zahl der adjungierten V^0-Knoten steigt die kognitive Komplexität und damit der Markiertheitsgrad des Verbalkomplexes; mit der Zunahme der Zahl der an V^n adjungierten Adverbialbestimmungen zeigt der Markiertheitsgrad einer Wortgruppe; schließlich erzeugt auch die Topikalisierung von XPs relative Markiertheit einer Konstruktion, weil bei steigender Anzahl ihrer XP_{top} mit einer Verringerung der möglichen (diskurs)pragmatischen Kontexte der Konstruktion zu rechnen ist;

(vi) die Existenz nicht eindeutig bestimmbarer, nicht prototypischer Theta-Rollen.

Anhand der italienischen Kausativkonstruktion unter (29) wird die markiertheits-theoretische Rolle der Faktoren (i)—(vi) illustriert [(29) siehe nächste Seite].

'Pro' ist das nicht lexikalisierte pronominale Subjekt im Kontext finiter Verben. Der Prozeß der AGENS-Degradierung führt zur fakultativen Kodierung des AGENS, das hier als adverbiale PP in rhematischer Position steht! Zur natürlichkeitstheoretischen Evaluation dieser Rolle siehe Kap. 5.2.

Im Sinne der unter 1.1.1./1.1.2. angestellten metatheoretischen Überlegungen zur NTS ist es notwendig, neben der markiertheitstheoretischen Evaluation einer Satzstruktur wie (29) auch deren TYP- und SYStemangemessenheit zu bestimmen. Erst durch Rekurs auf alle drei Bewertungsprozeduren kann der NAT-Grad einer einzelsprachlich realisierten Konstruktion ermittelt werden.

Als typindizierende Faktoren werten wir den Flexionsgrad und — damit korreliert — den Syntaktisierungsgrad einer Sprache. Zum Verhältnis der Abstimmung zwischen Syntax- und Morphologietyp finden sich interessante Überlegungen in Sgall (1987).

Eine flexivische Morphologie in agglutinierenden Sprachen erlaubt es, die grammatischen Funktionen und Prozesse (z. B. Passivierung, Transitivierung usw.) morphologisch eindeutig abzubilden. Als Konsequenz ergibt sich, daß die Wortfolge vorwiegend nicht durch UG-Prinzipien wie den X'-Mechanismus oder die Rektionstheorie fixiert ist, sondern diskurspragmatische Erfordernisse wie die THEMA-RHEMA-Gliederung direkt abbilden kann. Der analytische Kodierungstyp ist im Gegensatz dazu direkt aus den UG-Prinzipien ableitbar. Diese Prinzipien ergeben sich aus der formalen Definition in Kap. 3. So sollten etwa k-regierte NPs dem Verb (dem Attraktor) näher stehen als nur theta-regierte NPs (Subj), diese wiederum enger an das Verb gebunden sein als freie Angaben usw. Die Wortfolge spiegelt hier nicht nur die relative Verbnähe der Argumente und Adjunkte, sondern auch universelle semantische Abfolgebeziehungen (wie z. B. BELEBTES > UNBELEBTES, AG > PATIENS, Subj. (prototyp. TH) > Präd. (prototyp. RH)). Beide Strategien sind auf ihre Art „natürlich"! Die sprachliche Realität zeigt, daß wir es vorwie-

(29)

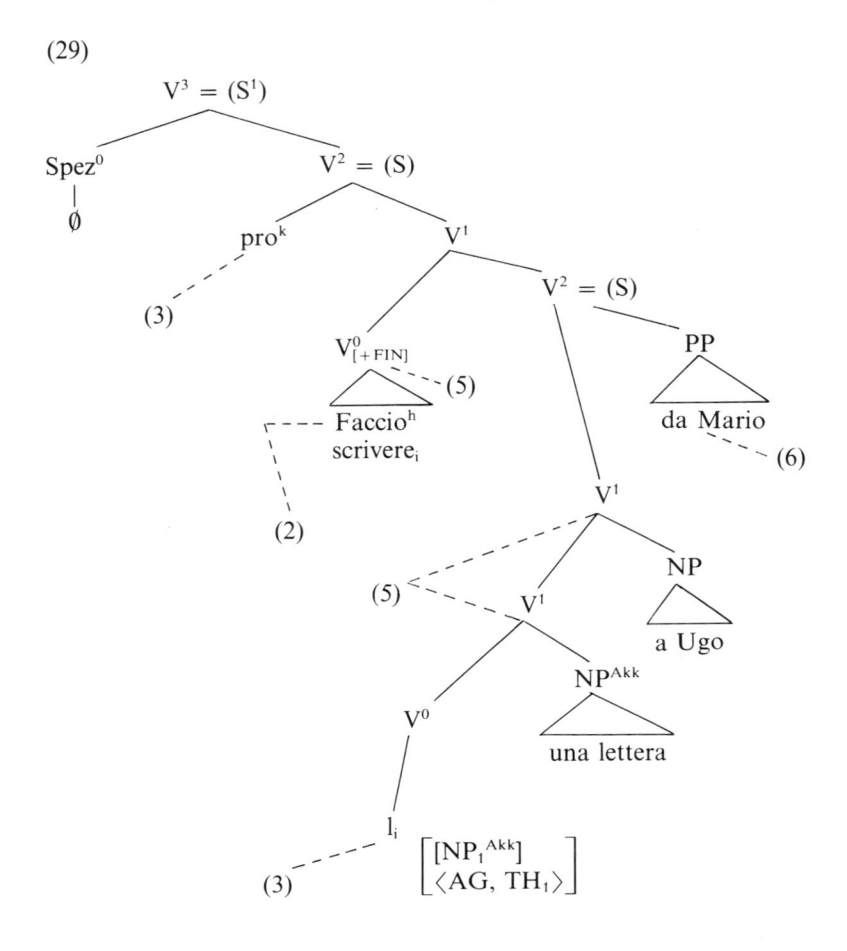

```
                    V³ = (S¹)
                   /        \
              Spez⁰          V² = (S)
               |            /        \
               ∅         proᵏ         V¹
                          |          /    \
                         (3)    V⁰[+FIN]   V² = (S)
                                /----(5)   /     \
                           Faccioʰ        V¹      PP
                           scriverᵢ      /  \     / \
                                        /    \   da Mario
                                      (5)    V¹   \--(6)
                                       \   /    \
                                        V¹      NP
                                       / \      / \
                                      /   \    a Ugo
                                    V⁰     NPᴬᵏᵏ
                                     |     / \
                                     |  una lettera
                                     lᵢ   [NP₁ᴬᵏᵏ]
                                     |   ⟨AG, TH₁⟩
                                    (3)
```

gend mit Mischtypen zu tun haben, weil nicht alle involvierten Parameter simultan optimierbar sind (siehe Kap. 1.1.1.).

Faccio scrivere una lettera a Ugo da Mario.
⌣⌣⌣⌣ ⌣⌣⌣⌣⌣⌣⌣⌣⌣⌣⌣⌣⌣⌣⌣⌣⌣⌣⌣⌣⌣⌣⌣

[+ flex.]   [+ analyt.] bzw.
bzw. morphol.   [− flex.]
Kodierung   bzw. syntakt.
                       Kodierung
⌣⌣⌣⌣⌣⌣⌣⌣⌣⌣⌣⌣⌣⌣⌣⌣⌣⌣⌣⌣⌣⌣⌣⌣⌣⌣⌣⌣⌣⌣⌣⌣⌣
also ein Mischtyp bzgl. der Kodierung

Nichtsdestoweniger ist die Konstruktion bezüglich der UG markiert, und bezüglich der Typangemessenheit gilt, daß es sich um einen Mischtyp handelt, da gleichermaßen flexivische/morphologische wie analytische/syntaktische Kodierung verwendet wird. Die Konstruktion ist also unnatürlich relativ zur UG, neutral bezüglich der Typangemessenheit und systemangemessen relativ zur G(It.).

4.6. Natürlichkeitsrelationen

Die folgenden Natürlichkeitsskalen sollen eine Orientierungshilfe bei der Bestimmung von NAT-Graden bieten. Die Beobachtung lehrt, daß es Sprachen gibt, in denen das ADJ nicht k-regiert, so z. B. in allen romanischen Sprachen und im Bairischen. Liegt in L k-Rektion durch das ADJ vor, dann auch k-Rektion durch das Verb, die Adposition und das Nomen: vgl. z. B. Dt.:

Er ist sich seiner Sache sicher. (ADJ-Rektion)

Er sieht ihn. (V-Rektion)

hinter ihm (Prep.-Rektion)

der Wiederaufbau der Stadt (N-Rektion)

Das typologische Muster $\tilde{m} \supset \tilde{m}$ ist also erfüllt bzw. k-Rektion durch das ADJ stellt sich als der markierte Fall dar:

(a) nằt (V/P/N, ADJ)/[k-Rektion]

Der prototypische Prädikator ist das Verb [− N + V], ein peripherer/markierter Prädikator das prädikative ADJ [+ N + V]. Aus diesem Grund gibt es in allen Sprachen, welche überhaupt die Wortart ADJ kennen, natürlich mehr V als prädikative ADJ. Man beachte hierbei die logische Struktur dieses Arguments: Ein k-regierendes ADJ ist nicht deshalb markiert, da selten, sondern selten, da markiert. Generell erweisen sich auf genuin syntaktischem Gebiet alle Frequenzgesichtspunkte als Epiphänomen von Natürlichkeitsargumenten. Das obige Beispiel verdeutlicht dies stellvertretend für andere.

Nun zurück zu den k-regierenden ADJ. In *Er ist sich seiner Sache sicher* handelt es sich um ein prädikatives ADJ, in *Der auf seine Tochter stolze Vater* regiert das attributive ADJ *stolz auf* den AKK. Wiederum läßt sich bei weiterer Datenberücksichtigung die Erfüllung der Implikation m̌ ⊃ m̂ beobachten, und zwar wie folgt: liegt in L k-Rektion durch das attributive ADJ vor, so auch k-Rektion durch das prädikative bzw. es gilt:

(b) nằt (präd., attr. ADJ)/[k-Rektion]

Wenn man also z. B. in lt. *pater memor filii sui* ... GEN-Rektion durch das ADJ *memor* beobachtet, dann weiß man (ohne sonstige Kenntnis des Lat., jedoch unter Rückgriff auf die Transitivität von Implikationsketten a ⊃ b ⊃ c ⊃ d etc.), daß es im Lat. auch prädikative k-regierende ADJ sowie natürlich k-Rektion durch V/P/N gibt.

In spracherwerbstheoretischer Hinsicht wird hier die natürlichkeitstheoretische Rolle der „triggering experience" deutlich, die nicht einfach „triggering", sondern zugleich auslösend wie natürlichkeitstheoretisch gewichtet ist. „In the absence of evidence to the contrary, unmarked options are selected" (Chomsky 1981, 8). Für römische Kinder war *memor* + GEN „evidence to the contrary" bzw. „highly marked" und sie wußten automatisch, daß sie auch mit weniger markierten Parameterfixierungen bezüglich der k-Rektion zu rechnen haben. Mit anderen Worten: innerhalb der auslösenden Erfahrung spielen insbesondere Markiertheitsmaxima eine Rolle.

Naturgemäß kann es keine Theorie der Parameterfixierung ohne Berücksichtigung des natürlichkeitstheoretischen Prinzips m̌ ⊃ m̂ geben.

(c) Relationen zwischen Knoten:
  nằt (direkt dominiert, indirekt dominiert, k-kommandiert)
(d) Syntaktische Funktionen:
  nằt (SUBjekt, direktes OBJekt, indirektes OBJekt)
  nằt (affiziertes OBJ, effiziertes OBJ)
  nằt (ref. SUBJ, expletives SUBJ)

In Sprachen des Ergativ-Typs entfällt der Subjektsbegriff, d. h. die syntaktische Funktion namens SUBJ liegt nur in Sprachen des NOM-AKK-Typs vor. Das maximal unmarkierte (max u) SUBJ ist zugleich TOPIC/THEMA, Agens und definit. Das max u OBJ ist [− bel, − def, − effiziert]:

maximal
unmarkiertes SUBJ

$$\begin{bmatrix} +\text{THEMA} \\ +\text{AGENS} \\ +\text{BEL} \\ +\text{DEF} \end{bmatrix}$$

maximal
unmarkiertes OBJ

$$\begin{bmatrix} -\text{THEMA} \\ -\text{AGENS} \\ -\text{BEL} \\ -\text{DEF} \\ -\text{EFF} \end{bmatrix}$$

Der (angeborene) ratiomorphe Apparat zwingt uns zur Annahme, daß es sozusagen naturgegebene Objekte gibt. Diese nur affizierten Objekte genießen gegenüber den effizierten epistemologische Priorität.

(e) Diskurspragmatische Funktionen:
  nằt (THEMA, RHEMA)

Das Thema ist meist vorerwähnt bzw. präsupponiert. Es handelt sich also um alte Information, die den Syntaxprozessor, der im Rahmen des Kapazitätslimits des KZG arbeitet, nicht belastet. Zur Begründung der Serialisierung „Thema vor Rhema" vgl. Fenk-Oczlon 1983.

In *Es klappert die Mühle am rauschenden Bach* ist das pronominale Subjekt *es* — referentiell bzw. expletiv, während das NP-Subjekt referiert bzw. als − expletiv klassifiziert wird. Man sieht sofort ein, daß in L mit der Sequenz „[− ref. SUB1] + [ref. SUB2]" auch synonyme Sätze ohne das expletive SUBJ vorliegen; also impliziert die Existenz eines [− ref] SUB die Existenz eines [+ ref] bzw. es gilt m̌ ⊃ m̂.

Entsprechend gibt es diverse Sprachen (so z. B. die rom., aber auch das Bair.), die keine Sequenz von „[− ref. SUB1 + SUB2]" erlauben, sondern, mit der Ausnahme sog. unpersönlicher Konstruktionen (*Il est possible* etc.) nur referierende Subjekte tolerieren.

Diese Sprachen weisen eine weniger markierte Parameterfixierung bezüglich Subjekte auf, sind aber diskurspragmatisch und stilistisch weniger flexibel. In *Es klappert die Mühle am rauschenden Bach* steht *die Mühle* in rhematischer Position; in Sprachen, die hier keine expletiven Subjekte erlauben, in thematischer.

(f) THETA-Rollen:
    nằt (AGENS, PATIENS, LOK./ZIEL/ QUELLE, INSTRUMENT)

Man hat Ergativsprachen unter anderem als „Patiens-zentriert" charakterisiert und aus der Existenz von Ergativsprachen den Schluß ziehen wollen, daß PATIENS nicht markierter sei als AGENS. Dieser Schluß wäre gültig, wenn es reine Ergativsprachen gäbe: faktisch aber liegt in allen Ergativsprachen sog. 'split ergativity/Spaltergativität' vor, also allenfalls eine partielle Patienszentriertheit. Daß auch L des NOM-AKK Typs einzelne sog. ergativische V aufweisen, ist kein Einwand gegen die Beobachtung, daß mehr L des nominativischen als des ergativischen Typs bekannt sind und daß auch in Ergativsprachen AGENS jeweils eine signifikante ökologische Nische einnimmt. Man bedenke im gegebenen Zusammenhang auch den nächsten Punkt:

(g) genus verbi:
    nằt (AKTIV, PASSIV, MEDIUM)/[v̄]

Es gibt Sprachen ohne Passivkonstruktionen, aber keine Sprachen ohne das Aktiv. Hat L mediale Konstruktionen, so auch passivische bzw. mittels Transitivität aktivische; das Muster m̄ ⊃ m̱ ist also erfüllt. Die in allen Sprachen mit Passiv gegebene Tilgbarkeit der AGENS-NP (z. B. *Otto wurde letztendlich (von X) ausgetrickst*) weist ebenfalls auf den weniger markierten Status von AGENS relativ zu PATIENS hin. Gegenstand parametrischer Variation ist allenfalls, daß verschiedene L im Passiv nach obligatorischer Nicht-Kodierung der AGENS-NP verlangen. In syntaktischer Hinsicht handelt es sich hierbei um eine Valenzreduktion des Verbs. Die letztere Beobachtung führt uns direkt zur nächsten Natürlichkeitsrelation:

(h) Valenz des Verbs:

Jede Veränderung der V-Valenz (z. B. Reduktion mittels Passivierung oder Erhöhung mittels Kausativierung) führt zu erhöhter syntaktischer Markiertheit, da sie den Subkategorisierungsrahmen des V „deformiert" bzw. opak macht:

nằt (konstante V-Valenz, Valenzveränderung)

Daß Valenzreduktion unter diskurspragmatischem Aspekt oft recht nützlich ist (weil man z. B. den Täter nicht nennen will oder kann, vgl. dt. *Etwa 25 Millionen ÖS wurden veruntreut*), ist zwar richtig, aber nicht Gegenstand der Syntaxtheorie. Faktisch handelt es sich bei Valenzreduktion um einen Natürlichkeitskonflikt zwischen formaler Syntax und Diskurspragmatik. Beide Subsysteme sind simultan nicht optimierbar, und zwar sowenig wie z. B. „Partnerwechsel" und „eheliche Treue". Generell ist jede Kompaktisierung einer syntaktischen Struktur diskurspragmatisch günstig/natürlich, aber in syntaktischer Hinsicht markiert. Sprachen, welche bei Passivierung eine obligatorische Nicht-Kodierung der AGENS-NP verlangen, sind offensichtlich weniger „syntaktisiert", d. h. stärker diskurspragmatisch orientiert als solche, welche sich mit optionaler Valenz-Reduktion begnügen.

(i) Infinite Formen:

Die maximal infinite Form ist der Infinitiv (INF). Die Sprachtypologie zeigt, daß eine Sprache L mit INF auch finite Formen aufweist, während das Umgekehrte, laut diversen Balkansprachen, die den INF partiell oder vollständig abgebaut haben, nicht gilt. Somit ist das typologische Muster m̄ ⊃ m̱ bzw. INF ⊃ finites V erfüllt; der INF erweist sich als markiert; so zumindest im 'Standard Average European'. Außereuropäische Befunde, welche diesen SAE-Befund falsifizieren, sind uns nicht bekannt: auch dort scheint es INF-lose Sprachen, aber keine L ohne finite V zu geben:

nằt (finite V, INF)

Zurückkehrend zum Europäischen fällt auf, daß Sprachen mit INF-Verlust Partizipien nicht abgebaut haben. Zwecks Ausblendung von Komplikationen, welche uns einen seitenlangen Exkurs abnötigten (Gerund, Gerundiv, Supinum etc.), also innerhalb der Triade „finites V, Partizipien, INF" bleibend, läßt sich die folgende Natürlichkeitsrelation erstellen:

nằt (finites V, Partizip, INF)

Innerhalb der Partizipien ist das Partizip Präsens markierter als das Partizip Perfekt. Dies resultiert aus der schlichten Beobachtung, daß verschiedene L ohne Partizip Präsens auskommen, obwohl sie Participia Perfecti aufweisen, — so z. B. das Bair. sowie verschiedene romanische Idiome. Kennt L ein Partizip Präsens, so auch ein Partizip Perfekt; man denke z. B. an das Deutsche oder das Lateinische. Exemplare des sog. „foreigner talk" oder z. B. auch das „Gastarbeiterdeutsch", etwa *Du gehen Arbeitsamt* sind natürlich ebenso finit wie engl. *you go*, sprechen also nicht zugunsten der Unmarkiertheit infiniter Formen. *Du gehen* ist finit, wenngleich nicht systemangemessen bezüglich der Morphologie des Deutschen. Auch umgangsdt. *Was tust du machen?* anstelle von *Was machst du?* ist ebenso finit wie *What do you go?*. Desgleichen wäre *Was du tun machen?* finit, da die Kategorie PERSON kodierend. Diese Natürlichkeitsrelation kann unter Berücksichtigung dessen, daß es eine Finitheitsskala des Verbs gibt, generalisiert werden zu: je finiter, desto natürlicher ist ein V:

nåt (+ finit, − finit) [V̄]

Als Finitheitskategorien gelten hierbei „Person, Numerus, Tempus, Aspekt und Modus". So gesehen sollte es keine Schwierigkeiten machen, beliebige Formen (darunter z. B. das lt. Supinum) bezüglich der obigen Natürlichkeitsrelation zu klassifizieren.

(j) Infinite Nebensätze:

Die Markiertheit von INF schlägt auf das Verhältnis von finiten vs. infiniten Nebensätzen durch:

nåt (+ finit, − finit)/[Nebensatz]

Unter sprachtypologischem Aspekt ist bekannt, daß diverse Sprachen anstelle finiter Nebensätze eine explizite Subordinationsstrategie verwenden. Hat L − finite Nebensätze, so auch + finite bzw. m̊ ⊃ m̊.

(k) Infinitivkonstruktionen:

Weist L sog. „doppelte INF-Konstruktionen" auf, so auch einfache, während es andererseits L ohne doppelte INF gibt. Es gilt also m̊ ⊃ m̊ bzw.:

nåt (einfache INF-Konstruktion, doppelte INF-Konstruktion)

Z. B. toleriert das Bair. keine doppelten INF-Konstruktionen und das Norditalienische weniger als das Toskanische.

(l) Generell gilt für Satztypen die folgende Natürlichkeitsskala:
nåt ((einfache neutrale Aussagesätze, tempusspezifizierte einfache Sätze, modusspezifizierte einfache Sätze), (komplexe neutrale Aussagesätze, komplexe tempusspezifizierte Sätze, komplexe modusspezifizierte Sätze))

Unter „neutraler Aussagesatz" verstehen wir das Folgende: Ein Satztyp, dessen [Spez. V^3]-Position nicht durch ein tempus und/oder modusspezifizierendes Element angefüllt ist.

Über verschiedene andere Natürlichkeitsrelationen hätte sich reden lassen; dies unterbleibt hier aus Raumgründen. Zu einigen Relationen wie z. B. nåt (Indikativ, andere Modi), nåt (Präsens, andere Tempora) usw. siehe Mayerthaler (1981).

5. Zusammenfassung

Die NTS ist der Versuch, die im Rahmen der „Morphologischen Natürlichkeit" (Mayerthaler, Dressler, Wurzel und andere) definierten Natürlichkeitsprinzipien auf syntaktische Zusammenhänge zu erweitern. Dies geschieht unter Zuhilfenahme eines generativistisch orientierten Analysemodells, mit dem es möglich ist, Dependenz- und Dominanzrelationen zwischen (Satz)Konstituenten abzubilden.

Das für die Repräsentation verwendete X'-Modell ist verbzentriert und sieht kategorienspezifische Maximalprojektionen vor. Diese strukturellen Repräsentationen werden (ansatzweise) natürlichkeitstheoretisch evaluiert. Der modulare Aufbau des Modells rechtfertigt eine teilsystembezogene Zuweisung von Markiertheitsrelationen. Darüber hinaus besitzt das um die Natürlichkeitstheorie erweiterte Analysemodell der NTS prognostische Kapazität, weil die prinzipielle Offenheit und Dynamik sprachlicher Systeme berücksichtigt wird. Sprachliche Variation ist deshalb u. E. als Prozeß der „Entfaltung" von Parametern der UG zu begreifen, dessen Verlaufsbedingungen strukturell zu repräsentieren und natürlichkeitstheoretisch zu evaluieren sind.

Die NTS begreift sich als eine dynamische Theorie, die auf andere Theorieansätze bezogen ist (Prototypentheorie, Katastrophentheorie usw.). Schwerpunktmäßig geht es der NTS um die Transparentmachung von Phänomenen, die im Übergangsbereich zwischen Syntax und Morphologie angesiedelt sind. Strukturell soll der reale Schichtenbau sprachlicher Zusammenhänge erfaßt werden.

Was vorgelegt wurde, ist eine erste Skizze von Aspekten der Basissyntax. Selbstredend gilt es nun, auch andere wichtige Bereiche wie z. B. die gesamte Wortstellungsproblematik, die Koordinationssyntax, die Phänomene ikonisch-syntaktischer Kodierung oder Prinzipien der Morphosyntax in die natürlichkeitstheoretischen Überlegungen miteinzubeziehen.

6. Literatur

Abraham, W. (1982. Wortstellung und das Mittelfeld im Deutschen. Ms. NIAS & Groningen.

Bailey, C.-J. 1982. On the Yin and Yang nature of language. Ann Arbor.

Bartsch, R. und T. Vennemann 1982. Grundzüge der Sprachtheorie. Eine linguistische Einführung. Tübingen.

Bech, G. 1955. Studien über das deutsche Verbum infinitum. 1. Bd. København, 2., unveränderte Auflage, Tübingen 1983.

Bierwisch, M. 1963. Some aspects of lexical knowledge. Mentales Lexikon — Zugriff, Verarbeitung, Erwerb (= Linguistische Studien, Reihe A, 153), ed. by R. Blutner & K. Goede, 142—157. Berlin.

—. 1982. Formal and lexical semantics. Linguistische Berichte 80. 3—17.

Burzio, L. 1981. Intransitive verbs and Italian auxiliaries. MIT Dissertation.

Chomsky, N. 1970. Remarks on nominalization. Readings in English transformational grammar. Waltham, MA.

—. 1981. Lectures on government and binding. Dordrecht.

—. 1982. Some concepts and consequences of the theory of government and binding. Linguistic Inquiry Monograph.

—. 1986. Barriers. Linguistic Inquiry Monograph.

Dressler, W.-U. 1985. Morphology: the dynamics of derivation. Ann Arbor.

—. *W. Mayerthaler; O. Panagl; and W.-U. Wurzel.* 1987. Leitmotifs in natural morphology.

Emonds, J. E. 1987. The invisible category principle. Linguistic Inquiry 18.4. 613—32.

Fanselow, G. 1985. On the sentential nature of prenominal adjectives in German. Folia Linguistica 20.3—4. 341—80.

—, *und S. Felix.* 1987. Sprachtheorie. Eine Einführung in die Generative Grammatik. Band 2. Die Rektions- und Bindungstheorie. Tübingen.

Fenk-Oczlon, G. 1983. Ist die SVO-Wortfolge die natürlichste! Papiere zu Linguistik 2.

Fliedl, G. 1988. Kontrollphänomene und thematische Rollen. 2. Jenaer Semantik-Syntax-Symposium (= Wissenschaftliche Beiträge der Friedrich-Schiller-Universität Jena), 135—40. Jena.

—. 1989. Verbzentrierte Syntax des Deutschen. Unveröffentlichtes Manuskript.

Gamillscheg, E. 1957. Historische französische Grammatik. Tübingen.

Grewendorf, G. 1988. Aspekte der deutschen Syntax. Eine Rektions-Bindungs-Analyse. Tübingen.

Haftka, B. 1987. Linksverschiebungen im Deutschen. Proceedings of the XIVth International Congress of Linguists, Berlin, 10.—15. August 1987, erscheint demn.

Haider, H. 1985. Who is afraid of typology? Folia Linguistica 20. 109—147.

—. 1984. Was zu haben ist und was zu sein hat: Bemerkungen zum Infinitiv. Papiere zur Linguistik (PZL 30).

—. 1985. Unified account of Case and θ-marking: the Case of German. Papiere zur Linguistic Tübingen 32.

—. 1986. Deutsche Syntax — generativ. Parameter der deutschen Syntax. Habilitationsschrift. Universität Wien.

Holenstein, E. 1985. Sprachliche Universalien. Eine Untersuchung zur Natur des menschlichen Geistes. Bochum.

Jackendoff, R. 1977. X'-Syntax: A study of phrase structure. Linguistic Inquiry Monograph Two. Cambridge, MA.

Jakobson, R. 1971. Selected writings II. Word and language. The Hague, Paris.

Mayerthaler, W. 1981. Morphologische Natürlichkeit (= Linguistische Forschungen Bd. 28). Wiesbaden.

—. 1988. Morphological naturalness (= English Translation of Mayerthaler 1981), Ann Arbor.

—. 1982. Das Hohe Lied des Ding- und Tunwortes bzw. Endstation „Aktionsding". 27/2. Papiere zur Linguistik. Tübingen.

—. 1989. Linguistik und evolutionäre Erkenntnistheorie: zu einigen biologischen Grundlagen natürlicher Sprachen. (Erscheint in: Klagenfurter Universitätsschriften.)

Motsch, W. und I. Zimmermann. 1987. Das Lexikon als autonome Komponente der Grammatik (= Linguistische Studien des Zentralinstituts für Sprachwissenschaft der Akademie der Wissenschaften der DDR, Reihe A, H. 163).

Riedl, R. 1980. Begriff und Welt — Biologische Grundlagen des Erkennens und Begreifens. Berlin.

—. 1980. Unter Mitarbeit von R. Kaspar. Biologie und Erkenntnis. Die stammesgeschichtlichen Grundlagen der Vernunft. Berlin.

Rosen, R. 1980. Dynamical system theory in biology. Vol. 1, Stability theory and its applications. New York.

Růžička, R. 1982. Kontrollprinzipien infiniter Satzformen: Infinitiv und Gerundium (deepricastie) im

Russischen und in anderen slawischen Sprachen. Zeitschrift für Slawistik 27.3 373—411.

Seiler, H. 1983. Possession: An operational dimension of language. Tübingen.

Sgall, P. 1987. Natürlichkeit, Syntax, Typologie. Referat des internationalen Linguistenkongress in Berlin.

Stechow, A. und W. Sternefeld. 1988. Bausteine syntaktischen Wissens. Ein Lehrbuch der generativen Grammatik. Opladen.

Steinitz, R. 1988. Bewegungen bei und um Subjazenz, Grenzknoten und Satzglied. Studia Grammatica XXIX. Syntax, Semantik und Lexikon, 185 ff. Berlin.

Thiersch, G. 1982. A note on „Scrambling" and the existence of VP. (= Wiener Linguistische Gazette 27—28.)

Vennemann, Th. 1974. Topics, subjects, and word order: from: SXV to SVX via TVX. Historical linguistics (North Holland Linguistic Series 12), ed. by John M. Anderson & Charles Jones, 339—76. Amsterdam.

Wildgen, W. 1985. Archetypensemantik. Grundlagen für eine dynamische Semantik auf der Basis der Katastrophentheorie. Tübingen.

Williams, E. 1981. Argument structure and morphology. The Linguistic Review 1.1. 81—114.

Wurzel, W.-U. 1984. Flexionsmorphologie und Natürlichkeit. (= Studia Grammatica XXI.) Berlin.

Zimmermann, I. 1984. Die Rolle des Lexikons in der Grammatik — Überlegungen zu grammatiktheoretischen Entwicklungen anhand des Passivs und der Subjekthebung im Deutschen. Deutsch als Fremdsprache 1 u. 2.

—. 1985. Der syntaktische Parallelismus verbaler und adjektivischer Konstruktionen (Zu einigen Grundfragen der X'-Theorie). Linguistische Studien 127.

—. 1987. Die Argumentstruktur lexikalischer Einheiten und ihre Veränderung in Wortformenbildung, Derivation und Komposition. Das Lexikon als autonome Komponente der Grammatik, ed. by W. Motsch & Zimmermann, 85—125.

Willy Mayerthaler/Günter Fliedl,
Klagenfurt (Österreich)

29. „Markiertheit" in der Generativen Grammatik

1. Einleitung
2. Devianzanalyse, die „Markiertheitstheorie" in der TG
3. Wortstellung — eine Fallstudie
4. Markierte Konstruktionstypen
5. Zusammenfassung
6. Literatur

1. Einleitung

In dem von Chomsky entworfenen System der Grammatiktheorie erscheint „Markiertheit" als metatheoretisches Konzept der Devianz. Das Referenzsystem ist das der universalen Grammatik (UG), instantiiert als Kerngrammatik (core grammar) einer Einzelsprache. UG ist ein System von Prinzipien mit zum Teil offenen Bestimmungsstücken (Parameter), die mit den einzelsprachlichen Werten fixiert die Kerngrammatik der Einzelsprache bilden. Die Kerngrammatik ist ein Modell des sprachlichen Wissenssystems, wie es durch die UG festgelegt wird. Damit ist aber der Phänomenbereich einer Einzelsprache, selbst unter der Idealisierung einer homogenen Sprachgemeinschaft, nicht völlig abgedeckt. Es gibt noch eine *Peripherie* von durch Normierung konservierten historischen Residuen, nicht systemkonformen Entlehnungen und Erfindungen, z. B. aus der poetischen Verfremdung sprachlicher Mittel, etc. (cf. Chomsky 1981, 8). Die Peripherie umfaßt somit die *markierten* Phänomene im Sinne von Devianz von der Kerngrammatik. Die Redeweise von markierten Phänomenen ist zu interpretieren als abgekürzte Bezeichnung für Phänomene, zu deren adäquater Analyse markierte Regeln und Prinzipien nötig sind. Devianz und Markiertheit ist jedoch nicht auf den Bereich der Abgrenzung von Kern und Peripherie beschränkt, man findet sie auch systemintern. Es gibt Evidenz dafür, daß die möglichen Werte für ein offenes Bestimmungsstück (Parameterwerte) in einer Hierarchie stehen und durch Implikations- und Präferenzrelationen verknüpft sind. Devianz von der Hierarchie ergibt eine markierte Parameterfixierung (cf. Chomsky 1981, 127). Des leichteren Bezugs wegen soll diese Form der Markiertheit *interne Markiertheit* heißen.

In jeder der Spielarten ist Markiertheit ein abgeleiteter, deskriptiver Begriff ohne eigene theoretische Signifikanz. Zur Klärung von Fragen im Zusammenhang mit Markiertheit bedarf es gründlicher Analysen der Einzelsprachen im Rahmen einer verbindlichen Theorie (UG), kombiniert mit theoretisch fundierten Querschnittsuntersuchungen über eine größere Zahl von Sprachen (cf. Chomsky 1981, 127).

2. Devianzanalyse, die „Markiertheitstheorie" in der TG

Die üblicherweise mit Markiertheit assoziierten heuristischen Kriterien treffen auch auf das generative Konzept zu. Dabei muß unterschieden werden zwischen der externen Markiertheit (Peripherie) und der internen. Die zur Peripherie gehörigen Elemente bedingen u. a.:

— paradigmatische Restriktionen (weniger Subtypen)
— geringe typologische Frequenz
— späten Erwerb
— frühen Verlust bei Störungen
— Verlust bei Sprachwandel

Diese Beobachtungen stehen im Einklang mit dem oben skizzierten Verhältnis zu UG. Periphere Phänomene sind isolierte Phänomene und treten daher in weniger Subtypen auf als die regulären. Dies gilt sowohl für eine Einzelsprache als auch typologisch. Der späte Erwerb und frühe Verlust ist eine direkte Folge der Rolle von UG. Die UG-Prinzipien bilden das angeborene Spracherwerbsprogramm, welches den raschen und mühelosen Erwerb gewährleistet. Abweichungen müssen mit Zusatzaufwand und nicht sprachspezifischen kognitiven Mechanismen erworben werden. Der frühe Verlust spiegelt die nicht sprachspezifische kognitive Verankerung wider. Werden die Abweichungen nicht erlernt, so empfinden wir das als Wandel in Richtung geringerer Markiertheit.

Ein Beispiel für periphere Konstruktionen im Deutschen sind Sätze mit subjektlosen Verben mit Akkusativobjekt oder Verben mit doppeltem Akkusativobjekt, wie z. B. *gelüsten, schaudern, lehren, abfragen*. Der Fall der internen Markiertheit ist komplexer. Die UG determiniert die möglichen Parameterwerte. Sind diese, wie angenommen, hierarchisiert, so gibt es einen Standardwert. Fixierung eines Parameters mit einem Nicht-Standardwert ergibt somit ein markiert fixiertes Prinzip und infolgedessen eine Kerngrammatik mit einem markierten Prinzip. Der wesentliche Unterschied zur externen Markiertheit ist aber, daß ein markiert fixiertes Prinzip ein von UG zugelassenes Prinzip ist. Die Eigenschaften der Peripherie-Phänomene hingegen stehen im Widerspruch zu den von UG bestimmten Wohlgeformtheitseigenschaften.

Da ein wesentlicher Teil des Grammatikerwerbs im Registrieren und Fixieren der Parameterwerte besteht, würde sich eine markierte Parameterwahl nur dann auf den Erwerbsverlauf auswirken können, wenn markierte Parameterwerte schwerer zu erkennen wären als unmarkierte. Dies ist aber nicht notwendigerweise der Fall. Es gibt, wie die folgende Diskussion der Wortstellungsparameter zeigen wird, markierte Parameterbelegungen, die sehr leicht zu erkennen sind. Es ist daher zu erwarten, daß die psycholinguistischen unter den oben aufgezählten heuristischen Kriterien nicht immer zutreffen. Wenn der markierte Wert in den für den Spracherwerb primären Daten klar repräsentiert ist, gibt es keine Erwerbsnachteile. Ist er erworben, das System der Kerngrammatik also fixiert, dann ist er auch bei Störungen nicht differenziell betroffen.

Die übrigen Kriterien folgen wiederum direkt. Die geringere Anzahl von Subtypen ist Folge der Interaktion der Prinzipien der Grammatik. Da manche Prinzipien Standardbelegungen voraussetzen, ergeben sich paradigmatische Restriktionen aus den eingeschränkten Wohlgeformtheitskontexten, die durch mögliche Interaktionen bestimmt sind. Da im Sprachwandel, der ja auch ein Grund für die typologische Auffächerung ist, stets zumindest zwei Werte alternativ vorliegen, nämlich der alte und der neue, ergibt sich durch die Wahlmöglichkeit eine Bevorzugung der Standardwerte im Sprachwandel und in der typologischen Verteilung. Besonderes Augenmerk verdient in diesem Zusammenhang die Kreolisierung. Beim Spracherwerb auf Grundlage eines Pidgins, der als Resultat ein Kreol produziert, müssen zahlreiche Werte fixiert werden, ohne daß es dafür Daten gibt, weil sie im Pidgin eben nicht repräsentiert sind. Es ist zu erwarten, daß in so einem Fall jeweils der Standardparameter eintreten wird. Folglich sollten in allen Kreolsprachen, in denen das zugrundeliegende Pidgin keine Daten für die Bestimmung des jeweiligen Parameterwertes bereithält, gleiche Werte auftreten. Dies steht im Einklang mit z. B. Bickerstons (1981) Analyse der bekannten Gemeinsamkeiten diverser Kreolsprachen. Seine Vorstellung eines Bioprogramms entspräche einer Kerngrammatik mit ausschließlicher Standardbelegung. Es ist aber unwahrscheinlich, daß wir annehmen dürften, in Kreolsprachen fänden sich ausschließlich Standardbelegungen. Schließlich bietet ja das Pidgin Daten für eine Partialbelegung und es ist nicht ausgemacht, daß diese Daten nur auf Standardwerte abgebildet werden müßten.

Dies führt zur Frage, ob es eine unmarkierte Kerngrammatik gibt. Die Antwort hängt davon ab, ob es überhaupt möglich ist, alle parametrisierten Prinzipien standardmäßig zu belegen. Es könnte nämlich auch der Fall eintreten, daß aufgrund der modularen Organisation der Grammatik bestimmte Belegungen in einem Modul bestimmte Belegungen in einem anderen Modul ausschließen, d. h. daß die Optimierung auf das jeweilige Modul begrenzt ist und es keine Grammatik mit vollständiger Standardbelegung gibt. Diese Überlegungen sind allerdings solange müßig, solange wir so wenig über die möglichen Parametrisierungen und Parameterwerte wissen wie jetzt. Wortstellungskorrelationen, wie sie seit Greenberg (1966) studiert werden, eignen sich gut für ein illustratives Beispiel interner Markiertheit.

3. Wortstellung — eine Fallstudie

Greenbergs (1966) Arbeit definierte ein Problem: Sie zeigte eine bisher nicht beachtete Korrelation zwischen Wortstellungsmustern auf, die eine Suche nach den Organisationsprinzipien der Zusammenhänge provozierte. Als geeignete Indikatoren erwiesen sich auf Satzebene die relative Reihenfolge von Verb und den Aktanten Subjekt (S), Objekt (O), die Reihenfolge von Nomen und Relationsmarker (Prä- oder Postposition) sowie innerhalb der Nominalphrase die Reihenfolge von attributivem Adjektiv und Nomen und die Abfolge von Nomen und possessivmarkierter Nominalphrase (Genetiv) als Komplement des Nomens. Wählt man die Stellung des Verbs als Leitindikator, erhält man das folgende Syndrom:

(1 a) SOV: Postposition — A+N —
   GEN+N   „XV"
(1 b) SVO: Präposition — N+A —
   N+GEN
(1 c) VSO: Präposition — N+A —   „VX"
   N+GEN

Diese Verteilungen decken aber weniger als die Hälfte der daraufhin untersuchten Sprachen ab (s. Hawkins 1983, 40). (1) wird als die Korrelation der reinen Typen, d. h. des unmarkierten Falls gedeutet. Es ist hier nicht der Ort, um die bisher angeboten Erklärungsvorschläge zu kiskutieren (vgl. u. a. Hawkins 1983; Keenan 1979; Vennemann 1984). Die Abweichungen von diesen Mustern, d. h. die markierten Verteilungen beschreibt Hawkins (1983, 68) durch implikative Beziehungen (Implikative Universalien), von denen die wichtigsten in (2) aufgelistet sind:

(2 a) Universale I: SOV → (AN → GN)
(2 b) Universale II: VSO → (NA → NG)
(2 c) Universale III: Prep → (NA → NG)
(2 d) Universale IV: Postp → (AN → GN)
                              (Hawkins 1983, 83)

Das Vorderglied der eingebetteten Implikation fungiert als einschränkende Bedingung. Das Universal III erlaubt z. B. neben der harmonischen Serialisierung (3 a) auch noch (3 b) und (3 c), nicht aber (3 d). (3 b) und (3 c) können auftreten, weil die einschränkende Bedingung, daß NA-Reihenfolge vorliegt, nicht zutrifft.

(3 a) Prep — NA — NG
(3 b) Prep — AN — NG
(3 c) Prep — AN — GN
(3 d) *Prep — NA — GN

Die implikativen Universalien von Hawkins unterscheiden sich qualitativ nicht von den Greenberg'schen Universalien: Sie sind der deskriptive Niederschlag einer induktiven Klassifizierung einer Stichprobe mit Angabe von Abhängigkeiten zwischen den Klassifikationsparametern. Wehalb (3 d) ausgeschlossen ist, bleibt ungeklärt. Implikative Universalien etablieren arbiträre Relationen zwischen Elementen eines Bereichs. Es ist bezeichnend, daß jenes Muster von Universale I, das nicht vorkommen soll, nämlich AN und NG, gerade von Deutsch, Niederländisch und Friesisch vertreten wird (s. Abraham/Scherpenisse 1983, 350). Implikative Universalien sind deskriptive Generalisierungen, die aus einer Grammatiktheorie abgeleitet werden müssen, wenn man die dahinterstehende grammatische Kausalität rekonstruieren will.

3.1. Serialisierung als Epiphänomen

Dieser Abschnitt dient dem Nachweis, daß zwei unabhängig motivierte Prinzipien der Grammatiktheorie ausreichen, um die erwähnten Serialisierungssyndrome zu erfassen. Die zwei Prinzipien bestimmen folgende Eigenschaften:

(4 a) Stellung des Haupts einer Phrase
(4 b) Adjazenz bei attributiver Kongruenz

Es ist ein Prinzip der X′-Theorie, d. h. des Prinzipiensystems, das die Phrasenstruktur determiniert, daß das Haupt entweder seinen Komplementen vorangeht (H-erst) oder folgt (H-letzt), nicht aber *zwischen* den Komplementen auftritt. Die Stellung des Haupts unterliegt parametrischer Variation. Der Einfachheit halber seien die zwei Werte mit *H-erst* und *H-letzt* bezeichnet.

(5) H-erst
    (a) V − NP (VX)
    (b) P − NP (Präp.)
    (c) [A − NP]$_{AP}$
    (d) N − GEN
(6) H-letzt
    (a) NP − V (XV)
    (b) NP − P (Postp.)
    (c) [NP − A]$_{AP}$
    (d) GEN − N

Als Ergebnis finden wir in (5) das VX-Syndrom, in (6) das XV-Syndrom (vgl. 1). Welches Prinzip ist mit diesen zwei Werten parametrisiert? Die Frage zielt darauf ab, ob die Festlegung der Stellung des Haupts an einer der zwei zulässigen Positionen Aufgabe eines Pinzips der X′-Theorie ist oder ein Epiphänomen eines anderen Prinzips. Häuptern kommt nämlich auch in anderen Modulen der Grammatik eine für die Frage der Serialisierung relevante Funktion zu, so etwa bei der Kasuszuweisung. Nach Kayne (1984) gibt es unabhängige Evidenz dafür, daß die Rektion einen Richtungsfaktor enthält. Je nach Sprache muß das Regens daher dem regierten Element entweder vorangehen oder nachfolgen. Die kanonischen Regenten sind lexikalische Kategorien, also Phrasenhäupter, die ihren Komplementen unter Rektion Kasus zuweisen. Die Direktionalität der Rektion hat daher einen direkten Effekt auf die Serialisierung: Kasusmarkierte Phrasen, d. h. NPs, müssen ortholateral zum kasuszuweisenden Element serialisiert sein, d. h. sie müssen je nach Parameterwert vorangehen oder nachfolgen. Da grundsätzlich alle Phrasenkategorien potentielle Regenten sind, ist der Serialisierungsfaktor in der Direktionalität der Rektion zu verorten. *Progressive* Rektion ergibt *H-erst* und *regressive* Rektion *H-letzt*. Nicht alle Stellungskontexte sind Rektionskontexte im engeren Sinn, d. h. Kasusrektion. So erhält etwa ein Präpositionalobjekt keinen *Kasus* vom Verb, obzwar es von diesem regiert ist, da eine Präpositionalphrase keinen Kasus tragen kann. Doch Rektion ist nicht nur für Kasuszuweisung Voraussetzung. Vereinfacht formuliert, müssen alle von einem Haupt abhängigen Elemente von diesem regiert werden. Daraus ergibt sich ein Serialisierungseffekt, der unabhängig von Kasuszuweisung ist.

Was in (5) und (6) fehlt, ist die Serialisierung des *attributiven* Adjektivs. Die Serialisierung in der AP ist der Schlüssel zum Verständnis der Serialisierung des AP-Attributs relativ zum Haupt. Es sei in diesem Zusammenhang an das Problem der spiegelbildlichen Anordnung erinnert, das Hawkins (1983, 37) im Zusammenhang mit der Kritik an Keenans (1979) Dissimilationsprinzip herausstrich: Das Dissimilationsprinzip postuliert, daß DNPs und CNPs nicht an derselben Seite des Funktionselements auftreten. Die Erklärung für diese Merkwürdigkeit fehlt. Diese Erklärung liefert die Adjazenzbeschränkung. Attributive APs kongruieren mit dem Haupt und müssen daher so serialisiert sein, daß die Häupter adjazent, d. h. unmittelbar benachbart, sind. Wie (7) zeigt, ist Adjazenz von der Serialisierungsrichtung abhängig:

(7 a)   [X − A] − N   pränominale AP
(7 b) *[A − X] − N   pränominale AP
(7 c)   N − [A − X]   postnominale AP
(7 d) *N − [X − A]   postnominale AP

(7 b) und (7 d) sind wegen Nicht-Adjazenz ausgeschlossen. Dies sind aber genau die Serialisierungen, die im jeweiligen Serialisierungssyndrom nicht auftreten; (7 b) im VX-Typ und (7 d) im XV-Typ. Die Serialisierung des attributiven Adjektivs, d. h. der attributiven AP ist ein Ergebnis der Serialisierung der Komplemente eines Adjektivs und der Adjazenzbeschränkung. Daraus folgt zwangsläufig der Keenan'sche Dissimilationseffekt: Das Adjektiv folgt dem Bezugsnomen, wenn es seinen Komplementen vorangeht und wenn es seinen Komplementen folgt, so geht es dem Bezugsnomen voran. Diese Überlegungen führen zum Ergebnis, daß die Serialisierungssyndrome (1) Folgephänomene des Zusammenwirkens der Stellung des Phrasenhaupts und der Adjazenzrestriktion sind. Diese Syndrome ergeben sich dann, wenn die Stellung des Haupts für *jede* Phrasenkategorie die gleiche ist.

Doch auch die durch die implikativen Generalisierungen beschriebenen nicht-uniformen Muster lassen sich aus dem Stellungsverhalten des Haupts ableiten. Vergleichen wir Deutsch mit einer harmonischen SOV-

Sprache. Diese ist H-letzt, folglich folgen die regierenden Elemente (V, A, P, N) den regierten und infolge der Adjazenzbedingungen geht die attributive AP dem Nomen voran.

(8 a) harmonische SOV-Sprache
(a) XV
(b) [NP — A]$_{AP}$
(c) NP — P
(d) GEN — N
(e) AP — N

(8 b) Deutsch
(a) XV
(b) [NP — A]$_{AP}$
(c) P — NP
(d) N — GEN
(e) AP — N

Im Deutschen, vgl. (8 b), verhalten sich V und A wie erwartet, doch P und N weisen den konträren Stellungsfaktor auf. Wie läßt sich diese Situation verstehen? Die Lösung liegt in der Merkmalsanalyse lexikalischer Kategorien. Nach Chomsky (1970) sind die lexikalischen Kategorien durch zwei binär spezifizierte Merkmale bestimmt, nämlich [±n] und [±v].

(9) N   V   A   P
    +n   −n   +n   −n
    −v   +v   +v   −v

Die Feature-Analyse ermöglicht die Definition natürlicher Teilmengen, wobei eine Menge natürlich genannt wird, wenn sie durch weniger Merkmale als jedes ihrer Elemente bestimmt ist. Da es nur zwei Merkmale mit zwei Werten gibt, kann es nur vier natürliche Mengen geben:

(10 a) [+n]   {N, A}
(10 b) [−n]   {V, P}
(10 c) [+v]   {V, A}
(10 d) [−v]   {N, P}

Die Serialisierungssyndrome in (1) ergeben sich dadurch, daß alle lexikalischen Elemente denselben Stellungsfaktor für das Haupt besitzen, d. h. der Stellungsfaktor ist über X^0 festgelegt, und zwar als Parameter mit den zwei bekannten Werten. Wie das Deutsche zeigt, ist es aber auch möglich, daß der Stellungsfaktor nur für Teilmengen fixiert ist, und zwar unterschiedlich. Die durch [+v] charakterisierte Teilmenge weist *H-letzt* auf, die durch [−v] bestimmte *H-erst*. Dies bedeutet aber, daß der Stellungsparameter relativ zum Merkmal „v" fixiert ist und zwar H-letzt für [+v] und H-erst für [−v]. Diese merkmalsspezifische Fixierung des Stellungsparameters ist es, was die implikativen Universalien „erzeugt". Betrachten wir die Hawkins'schen Universalien III und IV, die der Einfachheit halber unter (11) wiederholt werden:

(11 a) Prep → (NA → NG) III
(11 b) Postp → (AN → GN) IV

Der Fall, der durch (11 a) ausgeschlossen wird, ist (12 a), (12 b) wird durch (11 b) ausgeschlossen:

(12 a) Prep — NA — GN
(12 b) Postp — AN — NG

Unter der Annahme, daß die Serialisierung des Attributs eine Konsequenz der Stellung des Haupts in der Adjektivphrase ist, kann das [+n]-Merkmal, das A und N teilen nicht mit einem Stellungsfaktor besetzt sein, sonst müßten A und N den gleichen Stellungsfaktor aufweisen, was aber nicht der Fall ist. Folglich muß es das V-Merkmal sein. Dieses Merkmal teilen in der Minus-Spezifikation P und N. Wenn [+v] in (12 a) für H-erst spezifiziert ist, ergibt dies die Attribut-Serialisierung NA. Dann müßte [−v] mit H-letzt verknüpft sein, um G−N zu ergeben. Dies stünden aber im Widerspruch zu P, i. e. Prep, welches ja auch [−v] ist. Dieselbe Überlegung wendet man mit umgekehrten Werten auf (12 b) an.

Die Implikationen in (11) sind nichts anderes, als die aus der Merkmalsanalyse sich ergebenden Einzelbeschränkungen auf die Zuteilung von Stellungswerten an Merkmale: Wenn [−v] H-erst ist, dann kann der Genitiv dem Nomen nicht vorangehen (12 a), und wenn [−v] H-letzt ist, es also Postpositionen gibt, kann der Genetiv dem Nomen nicht folgen. Die Implikationen in (11) haben aber eine Schwachstelle: Sie sind über die Attributserialisierung definiert. Wenn in einer Sprache die Stellung des Attributs aber nicht durch die Rektion des Adjektivs bedingt ist, d. h. nicht mit dem Stellungsfaktor [+] verknüpft ist, weil das Adjektiv in der gegebenen Sprache keine NPs regiert, kann die verbotene Serialisierung vorkommen, aber nur in VX-Sprachen für (11 a) und XV-Sprachen für (11 b): Beginnen wir mit (11 a) und betrachten die möglichen Stellungsbelegungen unter Einbeziehung des Verbs.

(13 a)   VX — Prep — GN
(13 b) *XV — Prep — GN

(13 a) ergibt sich, wenn [−n] H-erst und [+n] H-letzt regiert. [+n]=H-letzt ergibt unmittelbar AN-Reihenfolge, wenn A regiert. Regiert A aber nicht, können sowohl AN als auch NA auftreten. In (13 b) müßte V mit H-letzt und Prep mit H-erst regieren. Da sie [−n] gemeinsam haben, muß das [v]-Merk-

mal kritisch sein, also [+v] H-letzt und [−v] H-erst. Doch auch N ist [−v] und somit kann N nicht H-letzt regieren, also in GN ausgeschlossen, unabhängig von der Adjektivserialisierung. Der zu (13) duale Fall ist (14), also Universale IV (11 b).

(14a)   XV − Postp − NG
(14b) *VX − Postp − NG

Hawkins (1983, 67) fand Ausnahmen zu Universale III und ersetzte es bezeichnenderweise durch III′, wiedergegeben in (15):

(15) Prep & − SVO → (NA → NG)

Dies ist aber eine Instanz von (14b), da SVO vom VX-Typ ist. Daß er Gegenbeispiele zu Universale III nur in SVO-Sprachen und nicht auch in VSO-Sprachen fand, muß als Zufall gewertet werden, da beide vom VX-Typ sind. Es ist kein Zufall, daß er keine Gegenbeispiele in SOV-Sprachen fand, denn dies folgt aus der Diskussion von (13 b).

Fest steht, daß die Serialisierung des *attributiven* Adjektivs ein fragwürdiger Indikator für Serialisierungsfaktoren ist. Dies wirkt sich auf die Gültigkeit der Universalien I und II aus, die unter (16) wiederholt werden.

(16a)   I: OV → (AN → GN)
(16b) II: VSO → (NA → NG)
(Hawkins 1983, 64−65)

Wie oben erwähnt, steht Deutsch im Widerspruch zu (16 a), weil es für den possessiven Genetiv als Komplement von N NG-Serialisierung aufweist. Noch ein Hinweis sei angebracht: Daß Hawkins den SVO-Typ nicht in sein System einbeziehen konnte, hat seine Ursache in der Attribut-Serialisierung (Hawkins 1983, 65). Dies ist nicht überraschend, denn SVO-Sprachen sind typischerweise kasusarm. Die meisten haben keinen lexikalischen Kasus. Folglich ist die Adjektivserialisierung nicht mit der Rektionsrichtung verknüpft, und die Muster divergieren.

Nach der oben diskutierten Merkmalsanalyse ist es klar, warum die Verteilung, wie sie Hawkins mit den Universalien I und II postuliert, nicht behauptet werden kann: Die zwei fälschlich ausgeschlossenen Muster (17 a) und (17 b) entsprechen den erlaubten Wertzuweisungen (18 a) und (18 b).

(17a) OV − AN − NG
(17b) VO − NA − GN
(18a) [+v] H-letzt, [−v] H-erst
(18b) [+v] H-erst, [−v] H-letzt

Wenn nun aber selbst bei Adjektivrektion diese Muster zulässig sind, dann ist zu erwarten, daß sie bei Ausfall der Adjektivrektion genauso auftreten können.

3.2. Universalien
    als Merkmalskombinatorik

Nachdem gezeigt wurde, daß die Merkmalsanalyse eine theoretische Begründung der implikativen Universalien, die Hawkins aufstellt, liefern kann, wollen wir dieses Problem systematisch analysieren. Wir fragen uns, welche Richtungsbelegungen einander ausschließen. Zwei haben wir bereits diskutiert, nämlich (13 b) und (14 b).

Die Ermittlung der unzulässigen Muster ist einfach. Wenn zwei Elemente, die eine Merkmalsspezifikation teilen, konvers regieren, muß das ungleichnamig spezifizierte Merkmal den Stellungsfaktor tragen. Dann hat aber jedes Element, das dieses Merkmal trägt, denselben Stellungsfaktor. In (19) sind die Kombinationen, die aufgrund der angegebenen Merkmalsbelegung einander ausschließen, aufgelistet (r = regressiv = H-letzt, p = progressiv = H-erst):

(19a) [+v] = r, [−v] = p XV & Prep: *GN, *[A − NP], daher *NA;
(19b) [+v] = p, [−v] = r VX & Postp: *NG, *[NP − A], daher *AN;
(19c) [+v] = p, [−v] = r [A − NP] & GN: *XV, *Prep;
(19d) [+v] = r, [−v] = p [NP − A] & NG: *VX, *Postp;
(19e) [+n] = r, [−n] = p VX & [NP − A]: *Postp, *NG;
(19f) [+n] = p, [−n] = r XV & [A − NP]: *Prep, *GN;
(19g) [+n] = r, [−n] = p Prep & GN: *XV, *[A − NP], daher *NA;
(19h) [+n] = p, [−n] = r Postp & NG: *VX, *[NP − A], daher *AN;

Die Kombinationen in (19) kann man auf zwei Muster reduzieren.

(20a) *{XV − Prep − NA − GN}
      (19 a, c, f, g)
(20b) *{VX − Postp − AN − NG}
      (19 b, d, e, h)

Jede *Kombination* von *drei Elementen* aus (20 a) oder (20 b) ist *inkonsistent*: In (20 a) müßte [+v] sowohl *H-letzt* (für XV) als auch *H-erst* (für [A−NP] und folglich NA) sein, ebenso wie in (20 b), *H-erst* für VX und *H-letzt* für [NP−A] und in der Folge AN. In (20 a) müßte [−v] H-erst sein für Prep und

NG, aber H-letzt für XV. In (20 b) ergibt sich die umgekehrte Belegung. Das Merkmal [−n] ist in (20 a) H-letzt für XV, aber H-erst für [A−NP], folglich NA, und NG. In (20 b) ist [−n] H-erst für VX, aber H-letzt für [NP−A], folglich AN, und GN. Die Hawkins'schen implikativen Universalien sind, soweit sie gültig sind, also III und IV (s. Diskussion von (13)), die trivialen logischen Konsequenzen einer konsistenten Merkmalsabstimmung. Verstößen gegen III und IV entsprechen inkonsistente Richtungszuweisungen.

3.3. Markiertheit und Standardwerte

Die Analyse der Serialisierungstypen charakterisiert den Markiertheitsfaktor über Standard- vs. Nicht-Standardverknüpfung des Richtungsmerkmals der Rektion. Der Standardfall ist die Verknüpfung eines einheitlichen Stellungsfaktors mit der Klasse aller regierenden Elemente, d. h. der lexikalischen Kategorie X^0. Restriktion auf Teilmengen ist nur dadurch möglich, daß der Stellungsfaktor an Kategorien*merkmale* geknüpft wird.

(21 a) X^0 (= Klasse der lexikalischen Kategorien)
(21 b) [±n] (= natürliche Klassen definiert über [±n])
(21 c) [±v] (= natürliche Klassen definiert über [±v])

Aus der Kombinatorik der Kategorienmerkmale ergeben sich Restriktionen für die mögliche Belegung. Diese Restriktionen determinieren die möglichen Serialisierungstypen. Diese sind Begleiterscheinungen eines grammatischen Prinzips, nämlich der Rektion. Von dieser Warte aus betrachtet, ist interne Markiertheit bloß eine deskriptive, metagrammatische Kategorie. Interne Markiertheit, d. h. Prinzipien, die nicht mit dem Standardwert belegt sind, kann Konsequenzen in anderen Modulen der Grammatik nach sich ziehen. Ein so fixiertes Prinzip interagiert mit anderen Prinzipien, sodaß sich ein Markiertheitsfaktor auch in anderen Bereichen niederschlägt. Ein einschlägiges Beispiel ist die Extraktion aus Präpositionalphrasen, wie in (22):

(22 a) Who did you laugh [at−]?
(22 b) *Wen hast du [über−] gelacht?

In einigen Sprachen, wie Englisch oder Norwegisch, ist es möglich, durch Extraktion eine Präposition von der Nominalphrase abzutrennen. Die Frage ist nun, was als der markierte Fall zu gelten habe, (22 a) oder (22 b). Die offensichtliche Antwort liegt nahe. Die Abtrennung von der Präposition gehört zur Kerngrammatik des Englischen, nicht aber zu der des Deutschen. Der Zusammenhang mit der Serialisierung ergibt sich wie folgt. Im Englischen regieren P und V einheitlich, nicht aber im Deutschen. Hier hat P einen anderen Richtungsfaktor als V. Einheitliche Rektion aber ist eine Voraussetzung für die Wohlgeformtheit der Extraktionsstruktur. Die Lücke unterliegt einer Rektionspflicht, die nicht erfüllt ist, wenn P und V divergent regieren. Details dazu finden sich z. B. bei Kayne (1984) oder Koster (1987). Das Fehlen der Abtrennung im Deutschen ist somit Folge der markierten Rektion von P in einer XV-Sprache. Daß dies aber nicht der einzige Hinderungsgrund sein kann, zeigt Französisch. Es teilt mit Englisch die einheitliche Rektion von V und P, aber Präpositionsabtrennung ist trotzdem nicht zulässig. Es scheint noch eine zusätzliche Restriktion zu geben (cf. Kayne 1984): Einheitliche Rektion ist Voraussetzung für einen Reanalyseprozeß, der die Präposition zum Bestandteil eines komplexen Verbs macht. Dies ist wiederum eine Eigenschaft, die mit dem Kasusinventar (Vorhandensein obliquer Kasus) zusammenhängt. Wenn es so ist, daß P-Abtrennung nur beim Zusammentreffen mehrerer dafür notwendiger aber voneinander unabhängiger Voraussetzungen möglich ist, so zeigt sich an diesem Beispiel auch, daß typologische Frequenz kein völlig verläßliches Kriterium für Markiertheit bildet: Eine Konstruktion kann unmarkiert d. h. völlig konform mit den Prinzipien der UG, aber nichtsdestoweniger typologisch sehr rar sein, weil sie zu ihrem Auftreten eine Konjunktur günstiger Faktoren in der jeweiligen Kerngrammatik erfordert.

4. Markierte Konstruktionstypen

Nach dem eingehend diskutierten Fallbeispiel seien hier einige der Konstruktionstypen kurz aufgelistet, die im Geruch der Markiertheit stehen. In allen Fällen ist der interne Faktor komplex oder noch so kontrovers, daß auf eine über die Präsentation des Falls hinausgehende Erörterung der Analysealternativen verzichtet wird.

— Pro-drop (4.1.)
— Subjekt im Objektskasus (4.2.)
— nicht-lokale Anaphern (4.3.)

- Extraktion aus Inseln (4.4.)
- Parasitäre Lücken (4.5.)

In 3.1. geht es um ein morphosyntaktisches Phänomen. Die Konstruktionen in 3.2.–3.3. sind Problemfälle für eine zentrale Eigenschaft der grammatischen Prinzipien, nämlich der Lokalitätseigenschaft. Das Phänomen der parasitären Lücken (3.5.) kann schon deshalb nicht übergangen werden, weil die Analyse seines Markiertheitsstatus ein bestimmendes Moment der jüngeren Theoriebildung (Chomsky 1982; 1986) war.

4.1. Pro-drop: markiert = merkmalshaltig?

Pro-drop bezeichnet das Fehlen von pronominalen Subjekten in finiten Sätzen. Es gilt als parametrische Eigenschaft (Pro-drop-Parameter, Rizzi 1982), doch ist der eigentliche Parameter noch nicht völlig geklärt. Vereinfacht besteht die parametrische Option darin, daß die Flexionskategorie das pronominale Subjekt repräsentieren kann, wenn das morphologische Flexionsparadigma die erforderlichen Merkmale (Person, Numerus) explizit kodiert.

(23 a) piove — *Es* regnet
(23 b) parla Italiano
    (*Er/Sie*) spricht Italienisch
(23 c) *pleut
(23 d) *parle l'Italien

Pro-drop ist ein Fall von interner Markiertheit, bei dem das Devianzkonzept und das Konzept der Merkmalshaltigkeit (vgl. Prager Schule) zusammentreffen: Die merkmalshaltige Kategorie bedingt distributionelle Markiertheit. Daß dies zwar eine notwendige, aber keine hinreichende Bedingung ist, zeigt sich am Vergleich von Deutsch und Italienisch. Die Flexionsparadigmen sind in beiden Fällen explizit, nichtsdestoweniger ist Deutsch keine pro-drop-Sprache. Es ist jedoch nicht auszuschließen, daß ein weiterer Parameter, in dem sich Deutsch und Italienisch unterscheiden, involviert ist, wie z. B. die Klitisierungseigenschaft. Im Italienischen, nicht aber im Deutschen, werden unbetonte Pronomina an die Flexionsposition klitisiert.

4.2. Konstruktionen mit dem Subjekt im Objektskasus

Es ist eine Merkwürdigkeit der englischen Komplementation, daß es Konstruktionen bei Infinitiv mit *to* gibt, und zwar sogar in Alternation mit Kontrollkonstruktionen (24 b), in denen das Subjekt des infiniten Verbs im Objektskasus auftritt (cf. (24 a)). Konstruktionen dieser Art fehlen im Deutschen oder Niederländischen.

(24 a) They expected [*us* to win]
(24 b) They expected [[− to win]]

Als Markiertheitsfaktor wird eine Tilgungsregel identifiziert, die das sentientiale Komplement (CP, früher S′) durch Tilgung des Wurzelknotens reduziert (auf IP, früher S). Die resultierende Konstituente ist durchlässig für Rektion. Es sei dahingestellt, ob diese Tilgungsregel als verbspezifische ideosynkratische Eigenschaft entweder ein zufälliges Peripheriephänomen ist oder ein Indikator dafür, daß die theoretische Bewältigung der englischen Komplementation noch nicht zufriedenstellend ist. Soll es nicht zur Peripherie gezählt werden, muß geklärt werden, wie dieser Wegfall einer Barriere, der dem Matrixverb die Rektion der Subjektsposition des Komplements ermöglicht, sich aus der englischen nicht aber aus der niederländischen bzw. deutschen Kerngrammatik ergibt.

4.3. Nicht-lokal gebundene Anaphern

Gemäß der Bindungstheorie, d. h. der Komponente, die u. a. die möglichen und notwendigen Bezugsverhältnisse zwischen anaphorischen Elementen und deren Antezedenten regelt, muß ein Reflexivum in seiner lokalen Domäne an ein Antezedens gebunden sein und diese Domäne ist für ein durch ein Reflexivum vertretenes Argument der finite Satz. Sprachen wie Isländisch oder Faröisch fügen sich nicht in dieses Bild, wie die folgenden Beispiele aus (Anderson 1986, 78, 79) illustrieren.

(25 a) Adeins Jòn$_j$ telur [ad María elski sig$_j$]
    Nur   Jon glaubt daß Maria liebt sich
(25 b) Gunnvør$_j$ visti [at tey hildu lítid
    Gunnvør weiß daß man hält wenig
    um seg$_j$]
    von sich

Das Reflexivum bezieht sich auf ein Antezedens, das nicht in der lokalen Domäne, in diesem Fall dem einfachen, finiten Satz, enthalten ist. Dies ist in vielen Sprachen ausgeschlossen. Aus der Tatsache, daß nicht-lokale Anaphern aber doch in zahlreichen Sprachen auftreten, darf man schließen, daß es sich hier nicht um ein Phänomen der Peripherie handelt, sondern um interne Markiertheit. Die konklusive theoretische Klärung steht noch aus.

4.4. Extraktion aus Inseln

Relativsätze und indirekte Fragesätze sind im Englischen und Deutschen für Extraktionen unzugänglich, nicht aber im Norwegischen und Schwedischen (Allwood 1982; Andersson 1982; Engdahl 1982; Taraldsen 1982).

(26 a) Ola$_j$ kan jeg ikke skønne
[hva$_j$ e$_j$ sier e$_j$]
(26 b) *Ola$_j$ I don't understand
[what$_j$ e$_j$ says e$_j$]   (Engdahl 1988, 15)
(26 c) *Ola$_j$ habe ich nicht verstanden
[was$_j$ e$_i$ e$_j$ gesagt hat]

Engdahl (1988, 17) stellt diese Eigenschaft zusammen mit anderen, wie die Schachtelung bei mehrfachen Extraktionen oder Subjektextraktionen bei vorhandener Komplementpartikel (*that-t-Effekt*), in Form implikativer Beziehungen zusammen (27 a—c). (27 a) kann noch ergänzt werden mit (27 d).

(27 a) Extraktion aus Relativsätzen →
Extraktion aus indirekten Fragesätzen
(27 b) Verschachtelte Extraktion →
genistete Extraktion (28)
(27 c) Lange Subjektsextraktion →
kein that-t-Effekt (29)
(27 d) Extraktion aus finiten Sätzen →
Extraktion aus Infinitiven (30)

Die implikative Beziehung drückt aus, daß eine Sprache, die die markierte Konstruktion zuläßt, auch die minder markierte Konstruktion zuläßt. Es ist natürlich möglich, daß in der gegebenen Sprache nur die minder markierte allein existiert. Ausgeschlossen aber wird der Fall, daß die markierte existiert, die minder markierte aber ausgeschlossen ist.

(28 a) a book, which$_j$ I don't know who$_j$ to ask e$_j$ where to publish e$_j$
(28 b) *a man, who$_j$ I don't know what$_j$ to ask e$_j$ where to publish e$_j$
(28 c) Hvilke malerier$_j$ har ikke Petter noen vegg$_j$ å henge topp e$_j$ på e$_j$
which paintings has not Peter any wall to hang up on

In (28 a) ist die Extraktion genistet, d. h. es gibt einen Pfad vom ersten Interrogativelement zu seiner Extraktionsstelle, der alle anderen Pfade einschließt. Bei einer verschachtelten Extraktion gibt es nicht vollständig überlappende Pfade. In (28 b) ist der Pfad, der zum Objektpronomen *what* führt, nur zum Teil in dem Pfad enthalten, der zum Subjektpronomen *who* führt. Norwegisch, nicht aber Englisch erlaubt verschachtelte Extraktion, vgl. (28 b) vs. (28 c). Englisch toleriert nur genistete (28 a).

(29 a) Hvem$_j$ vil du håpe [e$_j$ at [e$_j$ ikke kommer]] (Norwegisch)
(29 b) *Who$_j$ do you think [e$_j$ that [e$_j$ won't come]]

Norwegisch (26 a), nicht aber Englisch (26 b), erlaubt Subjektextraktion aus indirekten Fragesätzen. Damit korreliert das Fehlen (29 a) bzw. die Wirksamkeit (29 b) des that-t-Effekts, d. h. die Unmöglichkeit der Extraktion des Subjekts aus einem Satz, der mit einer Komplementpartikel eingeleitet wird. Fehlt diese, so ist Subjektsextraktion möglich. Der Unterschied zwischen finiten und nichtfiniten Komplementsätzen läßt sich mit dem Vergleich von (28 a) und (30) veranschaulichen.

(30) *a book which I dont know who I should ask where I could publish

Verglichen mit (28 a) ist (30) von wesentlich geringerer Akzeptabilität. Diese zwei Sätze unterscheiden sich bloß hinsichtlich des Finitheitsstatus. Die in (27) aufgelisteten Phänomenbereiche lassen sich alle unter dem Stichwort Lokalität subsumieren. Im G & B-System, das immer noch stark auf Fakten des Englischen basiert ist, werden die in (27) als markiert ausgewiesenen Phänomene prinzipiell ausgeschlossen. Das System von Barriers (Chomsky 1986) skizziert aber bereits einen Ansatz, der den absoluten Status grammatischer Prinzipien ersetzt durch Relativierung mancher Faktoren, wodurch mehr Raum für parametrische Variation entsteht. Dieser Raum aber muß erst sorgfältig sondiert und empirisch exploriert werden. Derzeit gibt es zwar viele Ansätze, aber noch keine akzeptierte Erklärung für die grammatische Kausalität der in (27) aufgelisteten Abhängigkeiten.

4.5. Parasitic gaps

Es sind dies Konstruktionen mit zwei Extraktionslücken aber nur einem einzigen extrahierten Element. Die zweite Lücke 'parasitiert' an der ersten, was sich darin äußert, daß der marginale Status dieser Konstruktion zu völliger Unakzeptabilität umschlägt, wenn die erste Lücke nicht vorhanden ist:

(31 a) ?[How many arguments]$_j$ did you approve e$_j$ without understanding e$_j$
(31 b) *[How many arguments]$_j$ did you approve *it* without understanding e$_j$

In (31 a) ist die zweite Lücke die parasitäre Lücke. Sie parasitiert an der ersten, d. h. das Bezugselement der ersten Lücke wird auch als Bezugselement für die zweite interpretiert. Parasitäre Lücken treten in Kontexten auf, die Extraktion verbieten. Daher ist (31 b) ausgeschlossen, denn hier müßte, da es keine zweite Lücke gibt, die Struktur durch Extraktion entstanden sein. Extraktion aus komplexen adverbialen Konstituenten ist aber nicht zulässig. Dieser Konstruktionstyp ist ein instruktives Beispiel für den methodischen Stellenwert markierter Konstruktionen in der Theoriebildung. Chomsky (1982) widmete dieser Konstruktion großes Augenmerk mit folgender Begründung. Ein so marginaler Satztyp wird weder gelernt noch ist anzunehmen, daß eine spezifische Komponente von UG damit befaßt wäre. Die syntaktischen Eigenschaften dieser Konstruktion müßten somit eine indirekte Konsequenz von UG-Prinzipien in ihrer sprachspezifischen Parametrisierung sein. Jede Variation der Eigenschaften dieser Konstruktion von Sprache zu Sprache müßte daher unterschiedliche Parametrisierungen wiederspiegeln. Insofern sind markierte Konstruktionen ein wichtiger Testfall für die parametrisierten Prinzipien in der G & B-Theorie. Auffallend ist darüberhinaus, daß diese Konstruktion in vielen Sprachen völlig ungrammatisch ist. Koster (1987) kontrastiert Englisch und Niederländisch und macht die unharmonische Rektion im Niederländischen — V ist regressiv, N und P progressiv — für das Fehlen der Konstruktion verantwortlich, was auch für Deutsch zuträfe. Das Auftreten dieser marginalen Konstruktion bedarf, vereinfacht formuliert, eines unmarkierten grammatischen Umfelds. Die theoretische Pointe dabei ist, daß ein unmarkiertes System eine markierte Konstruktion begünstigt.

5. Zusammenfassung

Das Konzept der Markiertheit läßt sich im Rahmen der Generativen Grammatik in zweierlei Weise rekonstruieren:

— Kern vs. Peripherie (Devianz von der Kerngrammatik)
— Instantiierung der Kerngrammatik (Parameterwahl)

Markiertheit betrifft in der TG ausschließlich *grammatische Prinzipien*. Nicht die jeweiligen Daten sind markiert, sondern die zu deren Analyse benötigten Regeln und Prinzipien. Die übliche Redeweise verbirgt diese wichtige Unterscheidung. Markiertheit ist in der TG ein metatheoretisches Konzept. In beiden Fällen ist der primäre empirische Zugang die systematische Kontrastierung der detailliert analysierten Grammatiksysteme möglichst vieler Sprachen. Externe Evidenz, wie z. B. Spracherwerb, Sprachstörungen, Sprachwandel etc. sind allein schon deswegen sekundäre Evidenzquellen, weil die Interpretation dieser Daten bereits eine Analyse des jeweiligen Grammatiksystems voraussetzt.

6. Literatur

Abraham, W., und W. Scherpenisse. 1983. Zur Brauchbarkeit von Wortstellungstypologien mit Universalanspruch. Sprachwissenschaft 8. 291—355.

Allwood, J. 1982. The complex NP-constraint in Swedish. Readings on unbounded dependencies in Scandinavian languages, ed. by E. Engdahl & E. Ejerhed, Stockholm.

Anderson, St. R. 1986. The typology of anaphoric dependencies: Icelandic (and other) reflexives. Topics in Scandinavian syntax, ed. by L. Hellan & K. Koch Christensen. Dordrecht.

Andersson, L.-G. 1982. What is Swedish an exception to? Extractions and island constraints. Readings on unbounded dependencies in Scandinavian languages, ed. by E. Engdahl & E. Ejerhed. Stockholm.

Bickerton, D. 1981. Roots of language. Ann Arbor.

Chomsky, N. 1970. Remarks on nominalization. Readings in English transformational grammar, ed. by R. Jacobs & P. Rosenbaum. Waltham, MA.

—. 1981. Lectures on Government and Binding. Dordrecht.

—. 1982. Some concepts and consequences of the theory of Government and Binding. Cambridge, MA.

—. 1986. Barriers. Cambridge, MA.

Engdahl, E. 1982. Restrictions on unbounded dependencies in Swedish. Readings on unbounded dependencies in Scandinavian languages, ed. by E. Engdahl & E. Ejerhed. Stockholm.

—. 1988. Implicational universals: Parametric variation in GB and GPSG. Working Papers in Scandinavian Syntax 40.

Greenberg, J. 1966. Some universals of grammar with particular reference to the order of meaningful elements. Universals of language, ed. by J. Greenberg. HA. Cambridge.

Hawkins, J. 1983. Word order universals. New York.

Kayne, R. 1984. Connectedness and binary branching. Dordrecht.

Keenan, E. 1979. On surface form and logical form. Studies in the Linguistic Sciences. 8. 1—41.

Koster, J. 1987. Domains and dynasties. The radical autonomy of syntax. Dordrecht.

Rizzi, L. 1982. Issues in Italian syntax. Dordrecht.

Taraldsen, K. T. 1982. Extraction from relative clauses in Norwegian. Readings on unbounded dependencies in Scandinavian languages, ed. by E. Engdahl & E. Ejerhed. Stockholm.

Vennemann, T. 1984. Typology, universals and change of language. Historical Syntax, ed. by J. Fisiak, 593—612. Berlin.

Hubert Haider, Stuttgart (Deutschland)

XI. Syntaktische Phänomene in den Sprachen der Welt I: Kategorien und Relationen
Syntactic Phenomena in the World's Languages I: Categories and Relations

30. Syntactic Categories and Subcategories

1. Introduction
2. Criteria for Establishing Word Classes
3. The Essence of Word Classes
4. The Basic Split: Full Words vs. Particles
5. Noun and Verb
6. Adjectives
7. Adverbs
8. Ideophones
9. Pro-Forms
10. Particles and Their Subclasses
11. Numerals
12. Interjections
13. References

1. Introduction

The existence of morphologically distinct classes of words whose membership is identical with that of syntactically defined word classes was first observed by the Ancient Greeks. As far as we know, Plato was the first to make a clear distinction between *onómata* and *rhḗmata*, which later came to be translated as *nomina* (nouns) and *verba* (verbs). The terminology was further developed and refined by the Stoics (cf. Lyons 1968, 11) and formalized into a system, which became standard for Western grammatical tradition, by the Alexandrian grammarians, in particular by Dionysius Thrax (late 2nd century B.C.). In its Latin form, translated by the Latin grammarians of the first century B.C., Dionysius' parts-of-speech system has survived as an integral part of the most recent formal grammatical theories.

The analysis of syntactic categories was familiar to the traditional grammarians under the title *parts of speech*. The Stoics distinguished between four parts of speech: 'nouns', 'verbs', 'conjunctions' and 'articles'. Dionysius Thrax introduced a more elaborate system by subdividing nouns into 'nouns proper' ('substantives'), 'pronouns', and 'adjectives', and by adding three further classes, those of 'prepositions', 'adverbs', and 'participles'. While the participle class was later done away with because participles were regarded as adjectival members of the verbal paradigm, medieval grammarians added two more classes and thus came up with the ten-member system familiar to Latin school grammar: nouns (substantives), adjectives, adverbs, numerals, pronouns, verbs, prepositions, conjunctions, articles, and interjections. Although this systemization may be justified on formal (morphological) grounds for the Classical Languages, on the basis of which it was developed, problems have arisen from the outset with regard to the criteria underlying the definition of class membership. Early grammarians did not always clearly define the various classes formally, but tended to characterize them in terms of a mixture of morphological, syntactic, and, especially, semantic considerations. In particular, when the classical parts-of-speech system came to be applied to languages other than Latin and Greek, it proved very hard to make the formal behavior of words agree with the definitional criteria of parts of speech worked out for the Classical languages. The reason is that classical parts-of-speech definitions were usually applied indiscriminately and without regard for the actual morphosyntactic phenomena observed in the language under analysis. "At least three different strands must be unravelled in the rather tangled skein which makes up the traditional theory of the parts-of-speech: the morphological, the syntactic, and the semantic" (Lyons 1977, 425). In order to find a way out of this dilemma, structural linguists have replaced the traditional parts-of-speech concept by the notion of *word classes* and developed the idea that "in the grammatical analysis of languages words are assigned to *word classes* on the formal basis of *syntactic behaviour*, supplemented and reinforced by differences of morphological paradigms, so that every word in a language is a member of a word class" (Robins 1965, 227). Moreover, "where there is a conflict between syntactic and morphological classification, syntax is almost always accorded precedence" (Robins 1965, 226). For example, the English adjectives *pretty* and *beautiful* differ in their morphological capacities, in that *pretty* is inflected for comparison (*prettier, prettiest*), while *beautiful* is invariable. Nevertheless, both words are treated as members of one class, because syntactically their relations with nouns and words of other classes in sentences are the same.

The primacy of the syntactic criterion is also accepted in the theoretical framework of Generative Grammar and is reflected in the widely used modern term *syntactic categories*, which replaced 'word classes' in more formally oriented theories of grammar. But whereas the concern of structuralism was the development of a method to identify word classes in the course of the analysis of a particular language, Generative Grammar takes it for granted that syntactic categories are undefined primitives without any semantic (let alone pragmatic) significance. The arbitrary category symbols N (noun), V (verb), A (adjective) and so on, taken over from traditional grammar without any closer examination, are regarded as innate 'substantive universals'. There is thus an enormous difference between structuralist 'word classes' and generative 'syntactic categories': the former are item classes established according to their distributive behavior, while the latter are formal symbols established by an axiomatic theory. Current varieties of Generative Grammar (X-bar-theory and especially GPSG) have modified the concept of syntactic category to the effect that the symbols N, V, etc. are presently treated as syntactic features. This allows for cross-classifications or generalizing subsumptions of syntactic categories to help avoid transformations; it is thus a theory-immanent modification born by the desire of generativists to dispense with transformations rather than based on an empirical hypothesis. The syntactic features N, V, etc. remain as undefined as their categorial predecessors.

A formal treatment of syntactic categories differing from that of Generative Grammar can be found in Categorial Grammar (cf. Schmerling 1983), which provides definitions of categories in terms of their 'valency'. For some criticism of this approach see Croft (1984, 56).

The major problems with which both traditional and modern approaches to syntactic categories or word classes are confronted may be summarized as follows. First of all, word class systems, though similar enough in the language of the world to justify universal treatment, nevertheless exhibit a great deal of cross-linguistic variation. As a result, neither the transfer of the situation of Latin or a handful of Standard Average European languages to language in general, nor a preconceived formal theory can lead to any significant progress in our understanding of syntactic categories. In particular, there is a notorious confusion of lexical and syntactic categories, for instance by the use of the term 'syntactic categories' for both, as in this article. This confusion ultimately results from the erroneous belief that languages universally display a perfect X:XP match (where X is a "lexical", XP a "phrasal" category). The problematic cases of word class-distinction discussed in section 5 show that this is not necessarily the case. A theory of word classes must therefore be backed up by intensive cross-linguistic research in order to obtain a picture of typological variation and its limits, of the universality of certain categories, of the cross-linguistic variability within a single category, etc. Secondly, a clear understanding of syntactic categories is severely hampered by the multiplicity of criteria, which has caused considerable confusion, especially in the application of the traditional parts-of-speech concept to so-called 'exotic' languages. The various factors involved in the formation of word class systems must be disentangled in order to obtain a methodologically and theoretically sound approach to word classes applicable to all languages of the world. In the following discussion we will keep both sets of problems in mind. We will first examine the different criteria proposed for the definition of word classes one by one. We will then propose an approach to word classes which conforms to the postulate of universal applicability; and we will finally provide evidence for this approach by examining the word class systems of a number of different languages from different parts of the world.

Before doing this, however, let us clear up a number of terminological distinctions. Lyons (1977) makes a threefold distinction between parts of speech, form classes, and expression classes. He argues that the term 'part of speech' should be restricted to lexemes and expressions. "We will assume that every word-lexeme is assigned, in the analysis of any language system, to one, and only one, such class" (1977, 423). In the following we will call such classes *word classes* or *categories*. By using the term 'category' as it is traditionally applied in linguistics, we imply that class membership is *mandatorily* assigned to any given lexical item. In this sense, word classes are *lexical categories*. *Form class*, on the other hand, is defined in terms of syntactic equivalence: "Two forms, f_i and f_j, are members of the same form class F_x if and only if they are intersubstitutable (i.e. have the same distribution) throughout the sentences of the language [...] Given that 'come' is a verb and that *come, comes, coming* and *came* are its forms, we will say that they are all verb-forms" (1977, 424). *Expression classes* are defined in the same way ("two expressions, e_i and e_j, are members of the same expression class E_x if and only if they can be substituted one for the other throughout the sentences of the language"). The difference between parts of speech or word classes and expression classes can be explained in terms of another distinction frequently found in the literature, that between *function* and *class*. An expression class comprises all expressions that share the same function, i.e. that are paradigmatically interchangeable within one functional slot. The expression class is larger than the corresponding word class and fully subsumes the latter. For instance, the expression class of nominals (it has become accepted usage to name expression classes by terms ending in -*(i)al*, e.g. *nominal, verbal, adjectival, adverbial,* etc.) in English contains every kind of noun phrase, substantivized adjectives, some types of constituent clause, etc. but it also contains pure nouns as one of its subsets. Moreover, the word class is the most basic subset of an expression class, in other words a *prototypical* member. A prototypical member is the main member of a category on which the category type's structure and behavior is modeled. In the following we will deal mainly with word classes and take expression classes into consideration only when discussing the general functional aspects of word classes.

2. Criteria for Establishing Word Classes

2.1. Semantic

In many popular text books and teaching grammars one finds reflections of the naive view that nouns (substantives) denote persons or things, verbs denote actions, adjectives denote properties, and so on. The German terms 'Dingwort', 'Tätigkeitswort' and 'Eigenschaftswort' neatly mirror such a semantically based categorization, which, as indicated above, can be traced back to the Alexandrian grammarians. It has repeatedly been pointed out in the literature (cf. among many others especially Fries 1952 and Schachter 1985) that a semantic conception of word classes, however intuitively motivated and anchored in our 'Sprachgefühl' it may be, fails to provide an adequate basis for establishing the word classes of a specific language. In particular, when it comes to nouns and verbs, there is no language where one doesn't find an enormous amount of disagreement between semantic and lexical classes. If we take nouns as an example, it begins with the difficulty of applying the criterion of 'thingness' to such immaterial entities as 'sky' and ends with total confusion with regards to abstracts and verbal nouns (How can we say that 'drunkenness' or 'swimming' are things?). Problems of this kind have been discussed as early as in Hermann (1928). Consequently, a criterion for establishing word classes on the basis of lexical semantic classification appears at the very outset to be neither necessary nor sufficient.

This should not prevent us from asking if a semantic viewpoint could not help us to *motivate* word class distinctions on a universal basis. It could be argued that the inventory of full words in the lexicon of a language, i.e. the signs that stand for the notions by which the human being classifies his impressions of the real world, is divided up into various semantic groups such as individuals, materials, qualities of different sorts, states, processes, and so on. Such a rough 'language-economic' semantic categorization could be taken to constitute the functional aim of the classification of lexical items into word classes at a universal level, while language specific inconsistencies between semantic and morphosyntactic classes could remain 'disturbing' factors yet to be worked out. Such an assumption seems to be implicit in Dixon's brilliant article (1977) on adjectives. Dixon suggests that the lexical items of a language fall into a number of 'semantic types', each of which has a basic or 'norm' connection with a single part of speech. There have been several recent approaches concerned with further refinement of a semantic theory of word classes along these lines. For instance, Wierzbicka (1986) has shown that the difference between nouns (substantives) and adjectives can be explained in terms of categorization and description: property concepts tend to be designated by nouns rather than adjectives when characterizing an individual by a permanent and/or conspicuous and/or important quality, because nominality indicates a categorization, while adjectives (or stative verbs), on the other hand, indicate a mere description and are thus suitable for the expression of temporary and/or non-conspicuous properties. This can be confirmed by evidence from languages totally lacking the category of adjectives (cf. below). Still more recently Langacker (1987) has argued that the distinction between nouns and verbs is susceptible to notional characterization within a cognitive framework. His proposal of cognitive semantic notions for "nominal" and "verbal" concepts differs considerably from the traditional narrow notions of "thing" and "activity", but is certainly related in a more abstract sense. Special attention must finally be paid to a number of recent studies that limit semantic characterizations of word classes to category protoypes. So far only the noun-verb distinction has been dealt with in this connection; a number of scholars have suggested that objects are prototypical (central members) for nouns and actions for verbs (Croft 1984, Givón 1984, Hopper/Thompson 1984; 1985; and, with regard to language acquisition, Bates/McWhinney 1982). Predecessors of the prototype approach (which has often been implicit in semantic analyses of parts-of-speech systems) are Lyons (1968, 318) and Coseriu (1987).

Though all these studies have increased our understanding of the semantics of word classes considerably, a definition of word classes in purely semantic terms continues to be problematic, if not untenable. In specific language analysis even such refined notions as Langacker's do not provide a discovery procedure for parts of speech identification, and from a universalist point of view semantics do not suffice for understanding the motivation of the existence of word classes in language, because given the immense number of possibilities for a semantic classification of words, it is not easy to demonstrate, by mere semantical arguments, why it is this rather limited special set of classes that is so universal among languages.

2.2. Syntactic

Another frequently discussed explanation for the existence of word classes in language is that they are primarily of a functional rather than of a categorial nature. It has been maintained (cf. especially Benveniste 1966; also Lyons 1977, 423 ff; Hagège 1982, 72 and others) that the formation of parts of speech systems is in some sense subsidiary and hence secondary to the basic syntactic relations. It is assumed that the lexical material of a language is *preclassified* in such a way that it is ready to serve certain important syntactic functions such as subject, predicate, attribute, etc. Benveniste has drawn special attention to the fact that the verb meaning always includes a component of existence ('being') which is responsible for its predicative force, and that this can be explained by the assumption that the prime task of verbs is predication. Lyons even goes so far as to say: "... it is generally accepted that this distinction [i.e. that between nouns and verbs, HJS] is intrinsically bound up with the difference between reference and predication" (1977, 429).

If taken as the sole criterion for establishing word classes, the syntactic argument is faced with the same problems as the semantic one. Its lack of absoluteness (nouns cannot be identified with subjects, not even with referential expressions; predicativity is not confined to verbs, etc.) prevents its application as a discovery procedure in single language analysis. As far as universal (cross-linguistic) considerations are concerned, it is in fact tempting to attribute the constitution of parts of speech systems to the syntactic organization of human language — in the sense that word classes were to be defined as those subgroups of the lexicon which are likely to occur in and hence are destined for certain syntactic functions —, were it not for the fact that syntax itself is not primary, so that the syntactic relations word classes are said to be made up for are in need of explanation themselves.

2.3. Pragmatic

Some insight into the nature of syntactic relations can be gained if one considers the fact that the structure of sentences is dependent on discourse as the larger linguistic unit they are embedded in. There have been attempts to derive the opposition of nouns and verbs from the discourse-pragmatic categories of topic and comment. This very plausible hypothesis receives support from the observation that cross-linguistically the topic function seems to be reserved to nouns and noun-like constructions, while verbs normally form the central part of the comment. This theory has recently been refined by a number of scholars, notably Hopper/Thompson (1984; 1985). They argue that the make-up of nouns, from a discourse point of view, originates in the need of a word class that functions to introduce participants and 'props' and to deploy and manoeuver them around, whereas verbs serve to report events. In their 1985 paper they introduce the so-called ICONICITY PRINCIPLE which says that "the more a form refers to a discrete discourse event, the more distinct will be its linguistic form from neighboring forms, both paradigmatically and syntagmatically" (Hopper/Thompson 1985, 151). With the help of examples from a considerable number of languages all over the world they show that the occurrence of the constitutive morphosyntactic characteristics of nouns and verbs is proportional to their denoting discourse-manipulable entities or events.

The discourse criterion can be taken to embrace the syntactic criterion if one accepts the view that syntactic relations merely express pragmatic relations. It has in common with the syntactic and semantic criteria their dependence on prototype analysis and their inability to account for parts of speech systems in individual languages. It can nevertheless help us to understand the general mechanisms which lead to the constitution of word classes (see below).

2.4. Morphosyntactic

The language-specific difficulties discussed so far and the problem of the impossibility of a single criterion to account for them are overcome once morphosyntactic criteria are taken into account. As noted above, it has been recognized by many scholars (particularly during the structuralist era) that language specific analysis of word class systems must start from the observation of formal differences in the behavior of lexical categories. It is only on the basis of phenomena such as declension, conjugation, motion of gender, comparison, etc. that we can speak of clearcut form classes in Classical Languages such as Latin or Greek. In these and similar languages, each word class is established with regard to its specific inflexional make-up. We can distinguish between *category-establishing* morphology and *category-changing* morphology. The former indicates grammemes which have to do with the main function of the categories in question (e. g. gender, number, case for nouns, comparison for adjectives and tense, aspect, mood and person for verbs) and are therefore constitutive. The latter serves to transpose lexical material from one category to another; i.e. it is a mechanism whereby lexical items dispense with the category-establishing morphology of one category and acquire that of another category. This can be done by mere "conversion" (for this term cf. Marchand 1969, Coseriu 1973, 94, Hagège 1982, 73 and Walter 1981, 84 ff); or by means of derivational morphology. In the simplest case, a noun may become predicative by taking verb morphology, or a verb may become referential by taking noun morphology. More often, however, category changes are connected with certain additional semantic features such as causativization, derivation of "nomina participantis" (noun of agent/patient/beneficiary/instrument/location etc.), and so on.

What is most important in our connection is that we can use category-establishing and category-changing morphology in the analysis of a particular language as defining characteristics for parts of speech classification. This provides us, at least, with the discovery procedure we are looking for in order to fix the word classes of a single language: we will distinguish as many word classes as different formal behavior can be observed. But note that 'formal distinction' does not necessarily mean that we have to rely exclusively on strictly morphological evidence. *Any formal* difference, from simple syntagmatic restrictions to the most complex morphological constructions, can serve as the basis of dividing lexical items into form classes. In fact, grouping expressions into expression classes almost always involves both inflexional and distributional considerations. The linguistic analysis of a parts-of-speech system will therefore proceed from a comprehensive morphosyntactic analysis, one which provides the linguist with as many details as possible of the inflexional and derivational behavior, the combinatorics, the syntagmatic restrictions, the main or exclusive occurrence in certain syntactic slots, etc. of the lexical items of the language under consideration. Once the form classes have been established on morphological and/or syntactic grounds, one can proceed to define their syntactic functions and their semantics. This sounds circular, but is not: in fact it is the only way to avoid confusion of lexical and syntactic categories.

3. The Essence of Word Classes

In the foregoing discussion we have tried to demonstrate that the raison d'être of parts-of-speech systems cannot be accounted for in terms of a single criterion. We have shown that language specific word class analysis, being semasiologic by definition, has to start from formal and distributional observations and then successively develop a hypothesis of the functions of the formal and distributional differentiations observed. The explanation of the existence of word classes at a universal level, on the other hand, must proceed from general functional considerations as an answer to the question of why it should be useful for languages to have such things as word classes. Some scholars recently set forth a rather promising approach which combines prototype theory with the insight that syntactic relations are nothing but formal manifestations of combined semantic and pragmatic 'content' (Croft 1984; Hopper/Thompson 1984; 1985; Broschart 1987; for some ideas on the interaction of syntax, semantics and pragmatics in general cf. also Foley/Van Valin 1984, and Sasse 1982). Croft, who characterizes a linguistic prototype as a 'morphosyntactically unmarked, natural correlation', proposed the following chart for prototypical combinations of semantic and discourse-pragmatic features for nouns, adjectives and verbs:

prototype; "derivational morphology and special syntactic constructions such as English *be* + N, A for predication [...] exist in order to signal the markedness of 'unnatural' correlations" (Croft 1984, 57). A very similar view has been expressed by Hopper and Thompson (cf. above). While I generally agree with this hypothesis, I think one of its major deficiencies lies in its neglect of the sentence as a valid linguistic unit. There has been a general tendency in recent years among discourse oriented linguistics to skip over syntactic considerations and to move directly from morphology/morphosyntax to discourse. However, it must be borne in mind that pragmatics and semantics *manifest themselves* in syntax. What Croft calls 'discourse functions' are primarily linguistic operations ('speech acts') whose locus is the sentence and which are expressed by syntactic means. The three linguistic operations which are of relevance here can be defined as follows. PREDICATION is that operation which allows a proposition to assume a self-contained linguistic form, a sentence. By the act of predication we posit the existence of a state of affairs. A proposition without predication is just the idea of a state of affairs; it is predication that provides the proposition with illocutive force. REFERENCE is that operation which enables us to speak about specific objects (cf. Du Bois 1980, 208). It is a deictic act, whereby one points to a particular object by means of an expression which names that object in such a way that it can be conceived of as an individual. Without reference the name of an object conveys just the idea of an object. ATTRIBUTION is that operation by which we can combine concepts into more specifically modified ones. It involves two terms, a *determinans*, which is the modifying

Syntactic Category:	noun	adjective	verb
Discourse Function:	reference	modification	predication
Semantic Class:	(physical) object	(physical) property	(physical) action

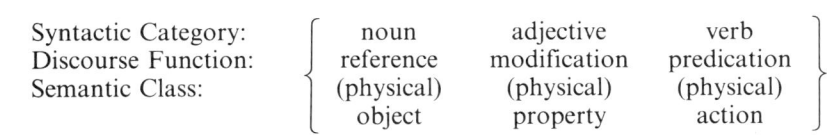

Fig. 30.1: Prototypical feature combinations for nouns, adjectives and verbs (Croft 1984, 57)

Word classes can be defined on this basis as a preclassification of the lexical items of a language with regard to their most 'normal' discourse functions. Category-changing morphology indicates the extent to which a member of a certain word class *deviates* from the

element, and a *determinatum*, which is the basic (modified) concept.

It is not difficult to see that these three operations are essential to human communication. Predication enables us to report events, reference enables us to speak about the individuals involved in these events, and attribution enables us to characterize individuals in terms of their properties thereby enlarging the inventory of concepts by the formation of combined ones. It comes as no surprise that these three operations figure prominently in the syntax of human languages. The presence of a predicative device is necessarily to be expected except when we conceive of a language that lacks sentences (which has not been attested thus far). The presence of a referential device is necessary except when we conceive of a language that lacks expressions for time-stable (Givón 1984, 51 ff) persons and things. The presence of an attributive device is necessary except when we conceive of a language being made up of a closed list of content words without the ability of forming more specific concepts by combination (which runs counter to the definition of human language, cf. Hockett 1966). Nouns, verbs and adjectives fulfill the function of categorizing the word material of a language to preselect these main pragmatic (and, in turn, syntactic) functions. The words of the language are provided with *labels* which identify them, in addition to their semantic content, as unmarked candidates for a basic syntactic operation. Note that according to this view, the prototypical correlations of semantic and pragmatic features are *explained* in terms of what are the most suitable semantic items for the pragmatic act in question: the clearest case of reference is that to physical objects, the clearest case of predication as defined above is that of events, and the clearest case of attribution is that of properties. In the following discussion of parts of speech systems in various languages we will see ample evidence of these correlations.

4. The Basic Split: Full Words vs. Particles

There is no language which does not possess at least two basic types of words (cf. Hockett 1966, 21, Gleason 1961, 156—159, and elsewhere in structuralist literature). All have a class that contains items having clear semantic content, i. e. is made up of words denoting persons, things, places, states, events, properties and so on. Examples of this class in English are *boy, toy, town, know, play, beautiful*. The other class contains items which lack such concrete meanings and merely serve to mark certain syntactic functions, acting as operators of morphosyntactic categories and relations. Examples of this class in English are *the, of, by, but, and, just, when, if*. Various terms have been proposed in the literature for this distinction. The class of words having 'meaning' is often called 'major words' or 'content words', while the other class is called 'function words'. Another pair of terms is 'autosemantica' ('words that have semantics by themselves') and 'synsemantica' ('words that acquire semantics by combination with other words'). For Nootka Swadesh simply speaks of 'words' and 'particles'; this would be adequate for a number of other languages (e. g. Iroquoian), too, whose particles are not necessarily 'function words' in the strict sense. For the present purpose I will use the neutral terminology 'full words' vs. 'particles', because it is often not easy to decide where the exact boundary between 'meaning' and 'function' is. For instance Tagalog *mga* 'plural' and Cayuga *ó:nę* 'now' are clearly particles as far as the grammatical structure of the languages is concerned, but both have relatively concrete meanings.

The two classes are sometimes clearly distinct, but often there are residual forms that do not easily lend themselves to classification. The most problematic examples are adpositions (see below), which often betray their nominal or verbal origin and therefore have to a considerable degree concrete meanings, without, however, being susceptible to free syntactic manipulation. The reason is that function words normally arise by way of grammaticalization (cf. the article on the origins of synsemantica in vol. II) from nouns or verbs, in the course of which they gradually lose their semantic content and build up pure relational functions. Full words and particles are therefore discrete only on the edges of a continuum of grammaticalization. One and the same function word class in a single language may contain different strata of grammaticalization, e. g. of the English prepositions, *of* is more grammaticalized than *under*, and this in turn is more grammaticalized than combined prepositional expressions such as *by means of*. There have been attempts to equate the distinction between full words and particles with the distinction of *open* and *closed* classes (cf. Fries 1952; Robins 1965, 230; Schachter 1985, 4—5). This is hardly tenable since it has been found that words with clear semantic content may occur in closed classes. Dixon has shown that in many languages adjectives are members of a closed class. Furthermore, there are cases of very distinct closed subclasses such as locational nouns (cf. below).

It has sometimes been claimed that there are languages which have no particles at all. Instances cited as evidence for this claim have been Eskimo and Yana (cf. Schachter 1985, 5, 23 f). In both cases the claim is unfounded; both languages do possess particles. Nevertheless it has been proposed by Schachter that the number of particles or at least the importance of the role they play in the grammatical system of a language depends on their position in the analytic/synthetic scale of that language: highly analytic languages tend to have many particles, because they need function words in order to signal the grammatical categories they are unable to express differently due to lack of morphology, while highly synthetic languages tend to have few particles. Even the validity of this claim can be questioned: Iroquoian, a group of languages of extremely synthetic character, abunds in particles. In any case it is a fact that particles often compensate for a lack of morphology in analytic languages.

5. Noun and Verb

5.1. On the Universality of the N−V Distinction

There is a vast literature on the question of whether all languages divide their inventory of full words into two clearly distinct classes comparable to the nouns and verbs of Indoeuropean. For rich bibliography on the N−V distinction see Robins (1952) — for earlier works — and Broschart (1987). Cf. also Vol. 6.1. of the journal *Modèles linguistiques*, which is devoted exclusively to this topic. The discussion arose from the observation, already made in the last century, that there are many languages in which nouns and verbs exhibit many more similarities than our Latin-based grammatical tradition would lead us to concede.

Two lines of explanation have been taken in the course of research on the N−V distinction. One, more traditional, view is that if a language does not clearly distinguish between categories X and Y, Xs are 'in reality' Ys or vice versa. Eskimo has often been cited as an example of a language whose verbs are 'in reality nouns' (for the scientific history of this hypothesis cf. Walter 1981, 5−54, who provides some evidence to demonstrate its inadequacy). Uralic and Altaic languages have also been characterized in this way, particularly from a diachronic point of view by postulating a historical derivation of verbs from nouns. In 1924 Scheerer expressed the view that the syntactic structure of Tagalog can be explained by the assumption that verbs are nouns; he was followed by Capell some decades later (1964). Most often such considerations rely on the possessive character of the personal pronoun affixes of 'verbs', or on the fact that predicate 'nouns' and 'verbs' in the language are conjugated alike by means of a set of copula-like elements. The opposite claim, that nouns are, or originate in, verbs has been made more rarely, and in particular in connection with American Indian languages (particularly Salishan, see below).

A different view of the facts was expressed as early as in Sapir (1921, 133 f) in connection with Nootka, an American Indian language of the Wakashan family. He claimed that Nootka does not distinguish between nouns and verbs until the difference is established at the syntactic level by means of definitizers or predicative markers. This idea was elaborated further by Swadesh (1939). Instead of saying that nouns are verbs or verbs are nouns, however, he argues that the terms *noun* and and *verb* are justified only if the two categories are lexically distinct from each other. He therefore posits for Nootka a general class of 'words' as opposed to 'particles'. He shows that there is no difference whatsoever in morphology between words denoting 'nominal' (thing-like) and those denoting verbal (event-like) concepts; both may occur in the argument as well as in the predicate position. One of his most famous examples is

(1) mamu·k-ma   qu·ʔas-ʔi
    working-PRES:INDIC   man- DEF
    'The man is working'
(2) qu·ʔas-ma   mamu·k- ʔi
    man- PRES:INDIC   working-DEF
    'The one working is a man'

Recently Jacobsen in a widely quoted paper (1979) has reexamined the Nootka data and attempts to show that Nootka does make a distinction between nouns and verbs, although this distinction is less obvious than that found in many other languages. Not all of his arguments are equally convincing. For instance, he points out that the functional ranges of notionally 'nominal' and notionally 'verbal' roots are not identical. One can say:

(3) mamu·k-ma qu·ʔas
    'A man is   working'

but not:

(4) *qu·ʔas-ma mamu·k
'A working one is a man'

But this is simply a matter of semanto-pragmatic cooccurrence restrictions (i. e. a matter of what suits a given subject as predicate best) and cannot be used as an argument for a difference in word class status: absence of the definite article does not change the lexical class. Jacobsen draws the conclusion that the noun-verb distinction must be accepted as universal for language. However, even if it should turn out that Nootka, despite Sapir and Swadesh, does possess this distinction, albeit in rather weak form, there is still a considerable number of other languages that are no less problematic with regard to this matter. Considerable discussion has centered around Salishan languages since Kuipers (1968) and after him Kinkade (1976; 1983), Thompson/Thompson (1980) and Demers/Jelinek (1982; 1984) have made the claim that these languages do not distinguish word classes that can be labelled 'noun', 'verb', 'adjective', or 'adverb', but rather have only two kinds of words, predicates and particles. This claim has most recently been challenged on the evidence of two Salishan languages, Lillooet and Lushootseed, by van Eijk/Hess (1986), whose main argument depends on the inability of so-called 'verbs' to take the possessive prefixes, an argument that has already been used by Jacobsen (1979, 106), but invalidated by Broschart (1987). In any case, in their syntactic behavior notional 'nouns' and notional 'verbs' show the same striking similarities of function and categorizations as in Nootka (examples from Upper Chehalis, taken from Kinkade 1983):

(5) ʔac- táw- ɬ   tit   ʔac- mə́lkʷ-   ɬ
    STAT-be big- INTR ART STAT- be wrapped up-INTR
    'The package is big'
(6) ʔac-mə́lkʷ-ɬ   tit   ʔac- táw-ɬ
    'The big one is wrapped up'

54). This similarity with participles stems from the fact that the so-called verbs of Salishan denote 'oriented' (in terms of Lehmann 1984) states of affairs, i. e. they characterize an individual in terms of a certain type of participant role it plays in a state of affairs, e. g. as actor or undergoer. It is by virtue of this property that they are able to occur both in argument and in predicate position, and it is this property which makes them resemble Indoeuropean nouns. Now it must be borne in mind that these expressions receive their predicativity from their combination with copula-like elements (which may be zero in the 3rd person) which serve as predicate markers. The main predicate position in the sentence is signaled by word order (first position in the sentence) and by the copula, while argument position is signaled by word order (noninitial position) and the combination with a number of reference markers which serve to 'depredicativize'. The formally identical expressions in (5) and (6) are in fact conceptually identical and receive their different English interpretations only through their different syntactic positions. It is perhaps not easy for a speaker of a European language to get accustomed to the fact that a 'package' in Upper Chehalis is called 'it is wrapped up' (ʔac-mə́lk'ʷ-ɬ), but it is by virtue of this fact that the language can do without lexical nouns and verbs, since this inherently predicative expression can be made referential if one provides it with an 'article' or referential marker such as tit (tit ʔac-mə́lk'ʷ-ɬ 'the one which is wrapped up'). This yields the following interpretations for (5) and (6): 'the one which is wrapped up is big', and 'the one which is big is wrapped up'. The psycholog-

Broschart (1987) has drawn attention to the fact that the basic semantics of Salishan 'verbs' is such that they do not identify an action, but rather the object performing the action. In this respect they resemble *participles* or 'nomina participantis': "... though the Salish verbs are not grammatically identical to participles, there is a certain comparability of semantics and behaviour" (Broschart 1987,

ical reality of the suppressed predications contained in the *tit* phrases receives considerable support from the observation that native speakers translate nonpronominal subjects and objects with phrases beginning 'the one who/which is a ...'. The following examples from Lawrence Nicodemus, a native speaker of Coeur d'Alène, speak for themselves (cf. Kinkade 1983, 34):

(7) J̌J̌ón', ʔac'x̣nt xʷaʔ sx̣ax̣l'il't
   'Johnny, look at it, that which is the little dog'
   (= 'Johnny, look at the puppy')
(8) stím' xʷe intgʷíčn
   'What is it, that which you see with?'
   (= 'How do you see?')

Since some of the languages in question are still rather poorly attested, and since there is considerable variation as far as the formal differentiation of reference and predication is concerned, the question of the N − V distinction in Salishan has not entirely been settled. Nevertheless, it seems to be beyond any doubt that at least in some of the better-known Salishan languages nouns and verbs cannot be distinguished on formal grounds as two different lexical categories, but can at best be taken to represent sub-varieties of a general word class of full words (cf. Broschart 1987).

Another language which is typologically very similar, though geographically and genetically very distant, is the Philippine language Tagalog. There are surprising structural and functional similarities with Salishan and the lack of a N − V distinction has in fact been claimed (most recently by Himmelmann, 1987). Like the Salishan languages discussed above Tagalog has a general class of full words which are opposed to particles. Notionally event-like expressions such as *sulat* 'write', *bili* 'buy', which we would expect to be verbs, are semantically conceptualized as participant-characterizing ('participle-like') expressions much in the same way as Broschart proposed for Salishan. Tagalog has a much more explicit system of orientation marking, however. There is, in principle, a four-way distinction among participant-characterizing expressions: they can be marked as actor, undergoer, instrument or place; some verbs even distinguish more than these. These types of 'orientation' are differentiated by various affixes (misleadingly called 'focus' affixes in Philippine linguistics), e. g. *b-um-ili* 'a buying one', *b-in-ili* 'a bought one', *b-in-il-han* 'a buying place', *ip-in-an-bili* 'a buying instrument'. The basic sentence structure contains a predicate slot (initial position) and a slot for a predication base (called 'subject' or 'topic' in the literature and marked by the referential marker *ang*), joined together by simple juxtaposition ('zero copula'). As in Salishan, reference and predication are distinguished by simply shifting items from one position to the other:

(9) nagtatrabaho ang lalaki
   working   REF man
   'The man is working'
(10) lalaki ang nagtatrabaho
    man   REF working
    'The one who is working is a man'

Again the different interpretations in terms of nouns and verbs in English are not brought about by any lexical categorizing (there is neither category-establishing nor category-changing morphology) but by their syntactic marking as predicates (unlike those of Salishan Tagalog full words are not inherently predicative) or referents; literally the examples (9) and (10) mean nothing but 'working (is) the man' and 'man (is) the working (one)'. For further details on the problem of the N − V distinction in Tagalog cf. Himmelmann (1987).

Salishan and Tagalog are examples of languages that do not preclassify lexemes for predicative and referential use, but mark the difference syntactically by establishing a predicative relation which resembles that of nominal (copula) sentences, and establishing a referential slot by using a special article-like referential marker. Both languages achieve this by conceptualizing notional event-expressions as expressions of *participants characterized in terms of their role in a certain state of affairs*. Both languages are thus able to escape the formation of lexical categories by using these neutral expressions now predicatively, now referentially, just as we use nouns now as arguments, now as predicate nouns in nominal sentences. Finally we will discuss Iroquoian, another group of languages problematic with respect to the N − V distinction, which behaves very differently. Examples are taken from Cayuga (Mithun/Henry 1982), but can easily be transferred to the other Northern Iroquoian languages (Mohawk, Seneca, Oneida, Onondaga and Tuscarora) which are nearly identical in this respect. The most striking feature of the language is the fact that almost all full words are *conjugated for person*. There are two kinds of exceptions. A handful of notionally 'noun-like' elements are uninflectable: *so:wa:s* 'dog', *ho:* 'marriage partner', *kwiskwis* 'pig', *taku:s* 'cat'. Some of them can be traced back to onomatopoeic forms, something like 'ideophones' (cf. below), but now serve as normal expressions for individuals. The other exception is a number of otherwise inflected words denoting individuals and beginning in a-, such as *anaháothra'* 'hat'. It is in fact possible that the lack of the person prefix is only superficial and that these forms contain an archaic zero allomorph of the 3rd person singular neuter prefix, so that these exceptions would in reality be no exceptions at all.

If we disregard the exceptions (both real and alleged), all full words of Cayuga contain a prefix indicating an actor-undergoer participant frame. The majority of expressions denoting the persons and objects of everyday life are bona fide verbs, often in combination with another root traditionally called an incorporated 'noun' and a number of aspectual or circumstantial suffixes. The following are some characteristic examples: *ohnekanohs* 'water' ('it LIQUID-COOLs it' = 'it is a cool liquid'), *hate:tsę's* 'doctor' ('he CUREs'), *teyakyanǫhsané:kę:* 'my neighbor' ('we two are HOUSE-SIDE-BY-SIDE'). Now there is an interesting fact which may turn out to be significant for the N−V distinction in these languages. With the exceptions noted above we can say that the vocabulary of Cayuga is made up of bound roots (with a hyphen before and after them) and particles. Characteristically, the bound roots are grouped into two subclasses with respect to their distributional capacities. The normal type of the inflected word in Cayuga shows the following structure; the two subclasses of roots are marked as R_1 and R_2:

Prefixes + Person Prefixes + Reflexive + of sorts

$R_1 + R_2$ + Suffixes of sorts

What is most striking is the semantic categorization of R_1 and R_2. R_1 solely contains roots denoting timestable, mostly tangible, concrete objects, while the majority of R_2 roots denote states and events. Members of R_1 sometimes occur in 'conjugated' form, but when occurring so, they must take one of a number of subsidiary suffixes, the most frequent of which is *-a'* (possibly *-a-* + aspect marker *-'*). Examples: *-khw-* 'food' becomes *ka-khw-a'* (3.SG:NEUTER:ACTOR-food-a'), *-hn-* 'fat' becomes *o-hn-a'* (3.SG:NEUTER:ACTOR/3.SG:NEUTER:UNDERGOER-fat-a'). This method is often the only possible way of naming an object; nevertheless it is a predicative, verb-like construction: 'it is food', or more literally 'it FOODs'; 'it is fat' or more literally 'it (subject) FATs it (object)'. Still some R_1 roots normally occur only in combination with a R_2 member, e.g. *-nǫhs-* 'house', for which there is a construction *ka-nuhs-a'* 'it HOUSEs' in Mohawk, seems to have no such counterpart in Cayuga; the closest thing to an object-naming expression like English 'house' seems to be the phrase *t-ka-nǫhs-o:t* 'there it house-stands'.

There are several possible ways of analyzing the facts illustrated above in terms of the N−V distinction. Solution 1: We could say that words of the type *ka-khw-a', o-hn-a'* are nouns, while words of the type *k-hni:nǫ-hs* (1.SG:ACTOR-buy-PRESENT) 'I am buying', *ak-at-kęh-ǫh* (3.SG:NEUTER:ACTOR/1.SG:UNDERGOER-REFLEXIVE-get up-STATIVE) 'I got up' are verbs. This would leave us with the strange and undesirable fact that the morphosyntactic criteria we normally use for distinguishing nouns from verbs are unapplicable here. We would have transitively (!) conjugated, aspect-marked predicative nouns. Solution 2: A slightly different variant of solution 1. We refrain from calling the conjugated predicative forms 'nouns' and instead interpret the distributional distinction between R_1 and R_2 as one of noun vs. verb roots. A justification for this could be found in their semantics. Solution 3: We could say that there is a continuum ranging from uninflectable 'nouns' like *so:wa:s* (which may perhaps constitute a closed class) to 'canonical' verbs like *akat-kęhǫh*. Whatever solution one finally prefers, the fact remains that *all* full words in this language are predicative and many notionally noun-like concepts are expressed by roots denoting events (e.g. 'physician' = 'he heals', cf. above).

Since there has been a tendency among linguists to take the N−V distinction for granted for all languages and to play down the language-specific problems, it may turn out upon closer inspection that there are many more languages which present problems similar to those discussed for Nootka, Tagalog, Salishan and Iroquoian (for further discussion of such languages see Broschart, 1987). The examples discussed so far teach us that such problems arise whenever the semantic and pragmatic ingredients of nouns and verbs, the participant/event distinction, and the reference/predication distinction, receive different formal treatment. In all cases discussed, the two strata are totally disconnected from each other: reference and predication have nothing to do with a difference in marking things and events. In Salishan there seems to be very little, if any, formal differentiation of 'thing'-concepts and 'event'-

concepts at all. But in Iroquoian, where there is formal differentiation to a certain degree, it does not lead to the prototypical correlations. All three solutions we proposed for Cayuga tried to establish word (or morpheme) classes on formal plus semantic criteria to the exclusion of reference and predication. The existence of such languages and the problems we have with their parts of speech systems confirm the hypothesis that nouns and verbs are language-specific expressions of a widespread though not universal tendency to grammaticalize (and therefore prototypicalize) certain combinations of semantic and pragmatic features. We can speak of 'true nouns' and 'true verbs' only insofar as we are able to define, on morphosyntactic evidence, two distinct lexical categories that identify thing-concepts and referentiality on the one hand, and event-concepts and predication on the other. Hence the main guideline to the identification of nouns and verbs in a given language (the discovery procedure) is to trace the spot where the acts of reference and predication are manifested in syntax. If they *inhere* two morphologically distinct lexical categories, we can speak of a clear noun-verb distinction. If this is not the case, the noun/verb terminology is inadequate and should be abandoned. We found that in Iroquoian there is a set of prototypical verbs which denote states and events and are, at the same time, predicates by virtue of their participant-indicating 'transitive' affixes. It has been difficult, however, to oppose these unequivocal 'verbs' with a class of nouns which are inherently referential. It seems as if the act of reference plays no significant role at all in these languages. Iroquoian languages *do* possess a referential marker comparable to those of Salishan and Tagalog (Cayuga *ne'*), but it is perhaps significant that this marker is optional. Participants can be placed side by side with the main predication (which is identified by its sentence-initial position) simply by adding another predication in *apposition* to the participant frame indicated in the main predication:

(11) a-   hó-   htǫ:'   ho-
      PAST IT-TO HIM become lost IT-HIM
      tkwę't-a' nę:kyę́ h-   ǫkweh
      wallet   be this HE-IT man
      'This man lost his wallet'

This means literally (in increasing degrees of literalness) 'it became lost to him, it is his wallet, he is this man', 'it LOSTed him, it WALLETs him, this one who MANs'. This sophisticated system of person marking on every full word guarantees the identification of the referents even in the absence of a reference marker. It is perhaps also significant that Cayuga prefers its reference marker *ne'* in those cases where reference is most marked, e.g. in participant introduction (cf. Givón 1978) and with generics:

(12) swa:-yę́'   kę   ne' katsihwa'
     2.PL have   Q-MARKER   REF hammer
     'Do you have the kind of hammers?'
(13) katsihwá' k-   ihsa:s
     hammer   1.SG   want
     'It is a hammer that I want'

5.2. Degrees of N–V Distinction

Regardless of the examples discussed so far one can say that there is a fairly general tendency among the languages of the world to combine predicativity with event expressions and referentiality with participant expressions in a way that gives rise to prototypical nouns and verbs. Nevertheless, the categorizations in these word classes exhibit a great deal of cross-linguistic variation. Walter (1981) and Broschart (1987) have shown that there is a continuum ranging from clear-cut distinction to (theoretical) non-distinction. They claim that 'noun-hood' and 'verb-hood' are converse principles ('gradients') arranged on a scale between N and V prototypes, rather than properties attached to two distinct categories. This approach borrows on an idea familiar from Ross' (1972, 1973) famous 'category squish' with the difference that Ross' 'nouniness' squish operated in one direction ('funnel direction') only (decrease of properties from verblike/gerundial expression to nouns), whereas Walter assumes that there are two funnel directions, one of decreasing 'nouniness' and increasing 'verbiness', and one of increasing 'nouniness' and decreasing 'verbiness' [Fig. 30.2 see next page].

A related, but more diversified scale which takes phenomena such as the presence of articles, incorporation etc. into account was recently proposed by Hopper/Thompson (1984; 1985). They show that the degree of nouniness is proportional to the degree of referentiality and the degree of verbiness is proportional to the degree of predicativity.

As far as the cross-linguistic continuum of noun-verb distinction is concerned, Walter has proposed a number of typological parameters, according to which the degree of dis-

N ACTIVE   PASSIVE   INTRANSITIVE   TRANSITIVE V
PARTICIPLE   PARTICIPLE   PARTICIPLE   PARTICIPLE

decreasing nouniness, increasing verbiness →

← increasing nouniness, decreasing verbiness

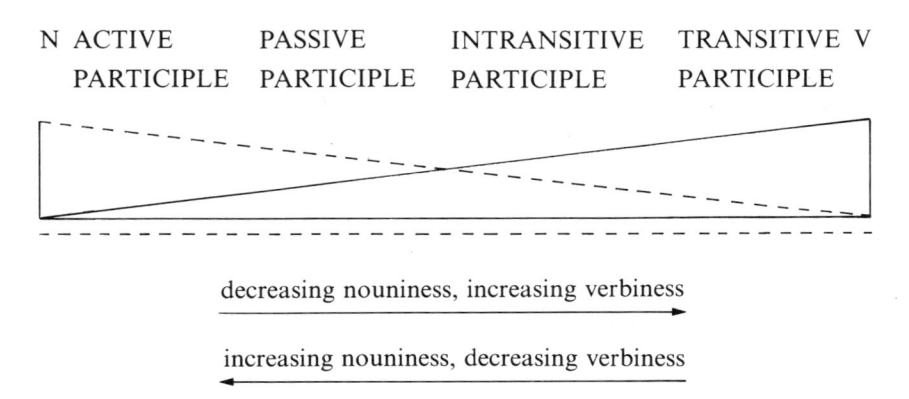

Fig. 30.2: Scale of 'noun-hood' resp. 'verb-hood' (Walter 1981; 153)

tinction can be measured: (i) the degree of overlapping of nominal and verbal inflexion potential; (ii) the frequency of categorially ambivalent stems (which become nouns or verbs only by actualizing nominal or verbal inflexion potential such as Hungarian *villám* 'lightning', 'to flash', English *to jump, a jump*; (iii) the existence of a verbal inflexion for predicate nouns; (iv) the degree of overlapping of derivation potential; (v) the number of categorially threefold ambivalent (N, A, V) participles. (vi) the number of categorially twofold ambivalent (V, A) participles. (vii) the overlapping of verbal and participial inflexion. For the three languages examined by him (Greenlandic Eskimo (G), Turkish (T), and Hungarian (H)) he proposes the following hierarchies:

role in the degree of N−V distinction. Moreover, the number of ambivalent roots does not seem to have any significant influence, since there are languages (e. g. the East Cushitic group in Eastern Africa) that have a highly developed N−V distinction and an enormous number of ambivalent roots. Broschart (1987) has shown in connection with his discussion of German, which he considers to be very close to the prototypical noun-verb distinction, that the diagnostic features of nouns and verbs must be examined in much more detail in order to determine the position of a given language on the N−V distinction continuum. In particular, it must be demonstrated that the grammatical categories specified by the characteristic morphosyntax of nouns and verbs are closely associated with

PARAMETER	AFFECTED CATEGORIES	DESCRIPTION	GRADATION
1	N, V	Overlapping of inflexion	G > H > T
2	N, V	Categorial ambivalence	G > H > T
3	N, V	Verbal inflexion of predicate noun	T > U = G
4	N, V	Overlapping of derivation	G > H = T
5	PART, V	Threefold ambivalence of participles	H > T > G
6	PART, V	Twofold ambivalence of participles	T > H > G
7	PART, V	Overlapping of verbal and participial inflexion	G > H = T

Fig. 30.3: Typological parameters applied to Eskimo, Turkish and Hungarian (Walter 1981)

Some of these parameters, however, are of doubtful significance. It has not been shown thus far that the number of similar verbal and nominal affixes (e. g. the question of whether two, four or five out of six verb forms are identical with possessive affixes) plays any

their status as participants/referentials and participata/predicates. That a German noun fundamentally designates a 'thing' concept is reflected in the categories of *number* (concrete objects are individualized and countable) and *gender* (which reflects a semantic classification of objects). Their status as participants in an event is reflected in the category of *case* and in the fact that nouns are combinable with *prepositions*. Their referential potential is reflected in their combinability with *determiners* of sorts (articles, demonstrative pronouns, etc.). Verbs, on the other hand, indicate *tense*, which is closely connected with their status as events, and *mood*, which reflects various grammaticalized aspects of their predicative force, which themselves appear in combination with further speech acts such as order, etc. Their status as terms denoting an event involving participants is reflected in their grammaticalized *relationality*, i.e. in *valency* and in *person and number agreement*, as well as in valency changing categories such as *passive, reflexive, causative* etc. and in the existence of *transitivizers* such as the prefix *be-* (e.g. *X fährt auf der Straße* 'X is driving on the road' vs. *X befährt die Straße* 'X is on-driving the road'). Morphosyntactic derivation processes are strongly marked. Category-changing morphology includes the creation of *nouns of action* (*das Geh-en* 'the going'; *die Bewegung* 'the movement'), nouns of agent (*der Arbeiter* 'the worker'), *nouns of patient* (*der Geliebte* 'the loved one' = 'lover') etc. from verbs, as well as *denominative verbs* from nouns (*töpfer-n* 'make pottery' from *Töpfer* 'potter', *rad-eln* 'ride a bike' from *Rad* = *Fahrrad* 'bicycle'). In addition to the derivational mechanisms, each verb contains in its "scatter" a number of *participles*. A function similar to participles and verbal nouns is also fulfilled by *relative* clauses (*arbeitend* 'working' = *der arbeitet* 'who works'). Finally, there is a large inventory of syntactic rules which decouple semantic and pragmatic elements when nouns are used predicatively and verbs are used referentially. For the predicative use of nouns a *copula* must be employed as a syntactic marker of predicativity, and when events occur in argument position they form *subordinate clauses* (constituent clauses) with various degrees of nominalization for which a great variety of conjunctions is available.

Gender, number and case for nouns and tense and mood for verbs are the most characteristic and widespread grammatical categories among the languages of the world. Let us briefly discuss a few more word-class-establishing categories. A nominal category familiar to many African languages, but also to the Caucasus, Australia and elsewhere, is *class*. Not unlike Indoeuropean and Hamitosemitic gender systems, a class system subcategorizes the set of nouns into subsets. The clearest evidence for the semantic basis of class systems is found in languages having so-called 'numeral classifiers' (class indicators which are used only in counting). These languages are especially numerous in South Asia. Indonesian, for instance, groups nouns into humans, animals, plants/trees, fruit, round objects and a number of further subclasses, each of which must take its specific marker when combined with a numeral. With the grammaticalization of class systems the semantic basis is often partially obscured. For example, Swahili nouns of the first ('human') class are still typically human beings (*m-tu* 'person', *m-toto* 'child', *m-geni* 'stranger'), but those of the *ki*-class are semantically quite heterogeneous (*ki-boko* 'hippopotamus', *ki-dole* 'finger', *ki-pupwe* 'cool season'). Nevertheless, class systems often reflect semantic subcategorization of 'thing'-concepts more clearly than gender systems do.

Many languages make morphosyntactic distinctions along a continuum of 'individuality' ('human-like' character) which may be roughly represented graphically like this:

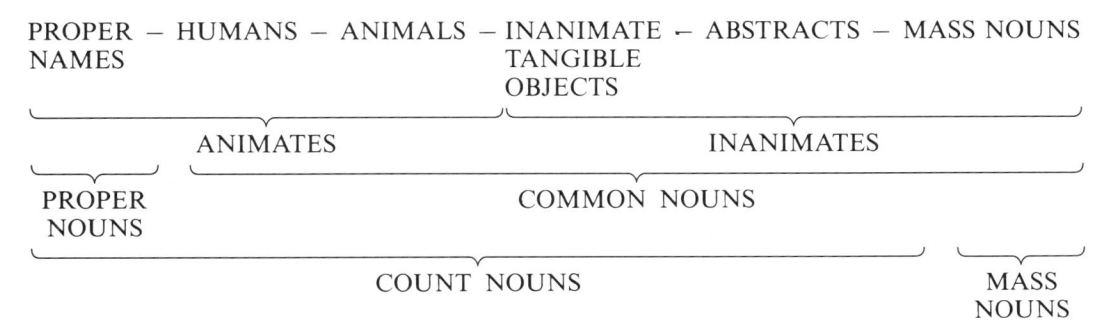

PROPER — HUMANS — ANIMALS — INANIMATE ← ABSTRACTS — MASS NOUNS
NAMES   TANGIBLE
                                       OBJECTS

```
⌣―――――――――――――――――⌣ ⌣―――――――――――――――――⌣
       ANIMATES                INANIMATES
⌣―――⌣ ⌣―――――――――――――――――――――――――――――⌣
PROPER            COMMON NOUNS
NOUNS
      ⌣―――――――――――――――――――――⌣ ⌣―――⌣
            COUNT NOUNS           MASS
                                  NOUNS
```

Fig. 30.4: Morphosyntactic distinctions along a continuum of 'individuality'

Some distinguish proper names from common nouns (e. g. Tagalog and other Austronesian languages by a special set of reference markers; Modern Greek and Albanian by specific plural forms; Dyirbal by nominative/accusative case marking as opposed to ergative case marking). Other frequent cut-off points are between *animates* and *inanimates* and between *count nouns* and *mass nouns*.

Verbs, on the other hand, very often distinguish *aspect*, which grammaticalizes the difference between *states* and *changes* of *states*, a thing of utmost importance for the communication of events. Another difference which is often formally distinguished and reflects the fact that verbs prototypically denote events having participant frames is that between *transitive* verbs (those combined with actor and undergoer phrases), and *intransitive* verbs (those denoting events involving one participant only).

To sum up, category-establishing and category-changing morphosyntax in languages with a prototypical N−V distinction is nothing but a grammaticalization of the most central linguistic aspects of their semantic and pragmatic elements.

5.3. The Historical Development of the N−V Distinction

It may be assumed that a language can acquire or lose word-class-determining categories in the course of its historical development and that such fluctuations in connection with the reorganization of reference and predication mechanisms are responsible for the difference in the degree of N−V distinction. In bringing this section to a close, I will briefly sketch the main stages of a well-attested historical change which led from a highly developed noun-verb distinction to non-distinction and back again to a very marked distinction.

Eastern Aramaic inherited from Proto-Semitic a fairly sharply marked noun-verb distinction. Semitic nouns were originally inflected for the categories of gender, number, case, and definiteness, while Semitic verbs distinguished aspect, mood and voice and had a conjugation for person with distinct (non-zero) markers for all persons in singular, plural and dual. There was a remarkably well-developed system of category-changing derivations; all kinds of verbal nouns were derived from verbs, and there existed a considerable array of denominal types of verbs thanks to the derivational capacities of the verb (factitive, causative, passive/intransitive, intensive/frequentative, and various combinations thereof). Moreover, the inflexional systems of the noun and the verb were sharply distinct due to the use of external inflexion (suffixed) in the former, and a specific combination of external and internal inflexion (prefixes, suffixes, infixes and ablaut) in the latter. While the verbal system remained rather stable, the nominal system lost the inflexion for case and definiteness prior to the formation of Eastern Aramaic as a distinct subgroup, whereby the definiteness inflexion was replaced by a new type of definiteness marking, so that the category as such remained. By the time the dialect of Edessa (what is now Urfa in Southeastern Turkey) became the basis of the written language of the Syrian Christians under the name of Syriac (2nd century A.D.), the syntax of the language had already deviated considerably from its ancient Aramaic ancestor. The strict relations-oriented syntactic organization had been infiltrated more and more by pragmatically guided structure. It still distinguished a nominal sentence (subject + predicate noun with zero copula, e. g. ḥubbā nuhrā 'love is light') from a verbal sentence (VSO order, e. g. ḥreḇ bēṯ maqdšan 'our sacred house is destroyed'), but the main characteristic of Classical Syriac is its considerable freedom in grouping nouns and nominal phrases around core predicates on the basis of pragmatic conditions. While the conservative written language remained at this stage until its final period, spoken varieties of Eastern Aramaic (which are not direct descendants of Syriac, but are reflected in the postclassical stages, due to the fact that the Syriac of the last documents, by that time a dead language, was written by speakers of much more progressive varieties) began to show an increasing tendency to use *participles* instead of person-inflected verb forms. (It was at that point in the development of Eastern Aramaic vernacular that the operation of predication was *disconnected* from the category of verbs and relegated to the nominal sentence where it is syntactically expressed by *juxtaposition* (zero copula). In a very short period of time the language abandoned its *total* inventory of finite verb forms and was left with two participles (active and passive), which took on the original aspect distinction (imperfective vs. perfective). Following an areal tendency, the language began to develop some sort of split ergativity by constructing the active participle with the actor as the subject, and the passive participle with the undergoer as the subject along with the actor as a prepositional phrase with the directional preposition *l-*. At the same time, the undergoer of an active participle was also expressed by an *l*-phrase, when animate, but by the unmarked form of the noun, when inanimate. To illustrate this system by means of imitating translation, 'Peter is kissing Mary' was expressed by 'Peter (is) a kissing (one) to Mary', while 'Peter kissed Mary' was expressed by 'Mary (is a) kissed (one) to Peter'. Although by that time no category of 'verb' existed in the language, the participles had retained their 'nouny' character (at least as much as was left of it, namely their chiefly individual-designating semantics and their overt marking of the categories of gender and number). Other things remaining the same, the system very much resembled that which we now find in Tagalog, where predicativity is not inherent in the so-called 'verbs', but established syntactically by the juxtapositive linking up with a predication base ('subject'). Soon after that period, a surprisingly dynamic and revolutionary period in the development of Eastern Aramaic began, the offshoots of which we are still witnessing in the modern Turoyo dialects of Turkey. It began with the development of an enclitic *copula*, which at first seems to have been cliticized to 'nominal' and 'participial' predicates alike. Soon the formal characteristics of the copula of canonical nominal sentences began to split off from those of participial sentences. There were two major developments: nominal sentences developed a copula form of the 3rd person, while participial sentences did not; the agglutination of the enclitic copula forms was tighter with participles than with nominal predicates. At the same time, the pronominal 'directive' forms (consisting of the preposition *l-* + possessive suffixes) began to fuse with the passive participles to form a complex system of person agreement in the perfective forms (*nšīq lī* 'a kissed one (is he) to me' became *nšə́qli*, *nšīqṓ lī* 'a kissed one (is she) to me' became *nšiqóli*, and so forth). This was the point in the development of these dialects at which the most important step towards the reintroduction of the N−V distinction was made. There was now a strong distinction between nominal and verbal predication: nominal predication was indicated by a copula, while the verbs, due to their newly acquired inflexion for person, regained their inherent predicativity. Nouns now inflected for number, gender and definiteness and were able to take prepositions and to be constructed as heads of NPs. A rudimentary case system developed from the opposition between absolute and *l*-prefixed noun forms. Verbs inflected for aspect (due to the differences between the participles), person, and marginally for mood. While this already came very close to a prototypical N−V distinction, the recent development went even further. An elaborate prefix system was introduced, thanks to which the verbs are now able to distinguish subtle time-aspect correlations, subjunctive, jussive, resultative perfect, pluperfect and the like. Today the N−V distinction is no less manifest than it was in ancient times.

The historical development of these dialects represents a complete cycle, beginning with an extremely marked N−V distinction and, via a stage of non-distinction, brought about by the abolishment of finite verb forms, moving to a new period of N−V distinction, the latter being made possible by a transfer of predicativity into originally 'nouny' types of event expressions and a gradual increase of verbal categories.

6. Adjectives

Compared to the heavily disputed universality of Ns and Vs, it is fairly widely agreed that a class of adjectives cannot be made out in all languages. The semanto-pragmatic basis of the constitution of adjectives was discussed in section 3, where it was suggested that their prototypical function is to attribute properties. This claim is supported by a number of languages whose adjectives occur only as modifiers, and do not occur as predicates at all (cf. Hua, Haiman 1978). Language-specifically a class of adjectives can be defined on this basis if there is a morphosyntactically identifiable word class which prototypically serves the attribution of properties to individuals. The presence of adjectives in a language presupposes a fairly high degree of N-V distinction because it implies the formation of noun phrases. The constitutive (category-establishing) morphology of adjectives includes *motion* (i.e. agreement with the grammatical categories of the noun expressing the individual to which the property is attributed, especially gender or class) and *comparison*. The former reflects the attributive nature of adjectives, i.e. the close connection with their head nouns within the nominal phrase, while the latter reflects their semantic character as property concepts (properties can be measured in degrees). Characteristic category-changing morphology includes the derivation of *manner adverbs* (see section 7.), *factitives* (like Engl. *shorten*), *inceptives* ('become such and such') and *abstract nouns* (e. g. *ugliness*; such nouns serve to treat properties as referentials for the purpose of being inserted in a participant slot (subject or object), e. g. *I hate ugliness*). Secondary adjectives can be derived from abstract nouns (*beauty* → *beautiful*) or from verbs (*agree* → *agreeable*). Some languages also possess mechanisms for the derivation of nouns denoting individuals characterized by the properties in question (so-called 'substantivized adjectives') but this is often unnecessary when the character of adjectives is inherently 'nouny'. E. g. English is forced to form such expressions by the addition of *one* (*the black one*), while other languages simply say *the black* (German *der Schwarze*, Italian *il nero* etc.).

Since the functional basis of adjectives is attribution, there is some interference with other attributive constructions such as compounds, participles, genitives and relative clauses/participles. Romance, Slavic, Modern Greek and other modern European languages often use adjectives where English and German would use a compound or a genitive construction, cf. Modern Greek *kerikes sinθikes* 'weather (lit. weathery) conditions' (German *Wetterbedingungen*), *thiikos xalkos* 'sulphate of copper' (lit. coppery s.) (German *Kupfersulfat*), *maθitiki omaδa* 'a group of pupils' (lit. pupily group) (German *Schülergruppe*), etc. In some Agaw languages (Ethiopia), on the other hand, there is no difference between adjectives, genitives and relative clauses; all three represent one type of general attributive construction. Consequently, these languages cannot be said to possess a class of adjectives at all. To what degree adjectives figure in the inventory of attributive constructions of a language may well constitute a typological parameter, ranging from zero (no adjectives at all, as in Agaw) to the high percentages found in some European languages. It is important to note, however, that the functional range of adjectives even in very "adjective-dominated" languages never exceeds a certain limit. Adjectives always remain within the realm of non-referentiality and are never used for the attribution of those referential expressions, which the possessive genitives are responsible for. A *Chomskyan revolution* is not the individual Chomsky's personal revolution, but rather a revolution associated with the name of Chomsky. The adjective *Chomskyan* does not *refer* to Chomsky, it just includes his name and characterizes a certain entity in terms of this name. On the other hand, an expression like *Bill's father's hat* refers to Bill and his father and can not be replaced by *Billean fatherean hat* because this expression would imply that properties associated with Bill and his father were attributed to the hat.

We will now turn our attention to the question of how languages can be arranged on a scale of adjective-dominance. Dixon (1977), in one of the most important recent studies on adjectives, points out that languages possessing adjectives fall into two groups, one which has an open class of adjectives (like English and German), and one in which adjectives constitute a closed class, often with a very small number of members. Furthermore, he sees a surprising cross-linguistic consistency in the meanings of closed-list adjectives. On the basis of a representative survey of 17 languages he observes that the semantic types most closely associated with a class of adjectives are dimension, age, value, and color. Languages whose adjective class is extremely small express only these semantic types by adjectives (cf. the 8 adjectives of Igbo: 'large', 'small', 'new', 'old', 'black', 'white', 'good', 'bad'). If the class is larger, some adjectives expressing physical properties or human propensities may be added, but in general there is a tendency to express these semantic types by either nouns or verbs. The Nilo-Saharan language Acooli has about 40 adjectives, among them such physical properties as 'hard', 'soft', 'heavy' and 'light' and such human propensity adjectives as 'wise', but as a general rule physical properties are expressed through verbs and human propensity qualities through nouns (denoting the possessor of the quality). Dixon believes that there is a universal tendency to express physical properties by verbs and human propensities by nouns, but it seems that there are more factors responsible in the choice of nouns or verbs for the expression of 'adjectival' meanings in languages having few or no adjectives. We have already referred to Wierzbicka (1986), who suggests that the noun-verb choice is dependent on the factors of categorization (noun) and description (verb). A paradigm case in support of this assumption is Dullay, an Ethiopian language of the East Cushitic family. Dullay, which lacks a class of adjectives altogether, quite regularly uses nouns to designate individuals characterized by permanent human properties, whereas temporary states of the same qualitiy are indicated by stative verbs (an English parallel is 'drunkard' vs. 'being drunk'; cf. Amborn et al. 1982, 91 ff). Givón 1984 explains these correlations in terms of time-stability. Adjectives occupy an intermediate position between nouns, which prototypically express completely time-stable 'thing' concepts, and verbs, which prototypically express rapidly changing states of affairs. Thus adjectives prototypically express something which is neither time-stable nor rapidly changing, but something in between: states that are not permanent but may last for some time. One would expect, then, that qualities of a more permanent nature are expressed by nouns and qualities of a less permanent nature by verbs. Moreover, a language may have a general (language-specific or type-specific) tendency to express 'adjectival' meanings by nouns or by verbs. Schachter (1985, 15 ff), who considers this difference an important typological parameter, distinguishes *adjectival-noun languages* and *adjectival-verb languages*. The former either use abstract nouns ('kindness', 'badness', etc.) in possessive constructions to express qualities ('a person of/having kindness' = 'a kind person'), or use nouns expressing the possessor of the quality in question (like English 'a madman') in attributive or appositive constructions: 'a person (who is a) madman'. The latter typically use relativization to express the equivalent of an attributive adjective. This construction is not unfamiliar to European languages. Many languages possessing a distinct class of adjectives are nevertheless able to construct normal nouns, expressing persons characterized by some quality, like adjectives: Albanian *punëtor* 'worker', *njeri punëtor* 'an industrious person'. It is important to note the close relationship between predication and attribution. In spite of the nominal character of adjectives in many languages, it seems that the genesis of adjectives is often accompanied by subordination of predication, schematically *a N which is A → a N which A → a N A*.

Since it has sometimes been said that adjectives may be characterized in terms of their *double* function as attributes and as predicates (e. g. Siegel 1976), a word about this problem in connection with the intermediate status between nouns and verbs may be in order before concluding this section. It is necessary to make a distinction between observing the behavior of lexical items denoting property concepts (properties/qualities/characteristics of referents) in discourse and delimiting a category of adjectives. Thompson (1985), after analyzing a considerable number of languages, found out that property concepts function in spontaneous, natural conversational discourse either to predicate a property of an established discourse referent or to introduce a new discourse referent. Since they have the predicating function of verbs, and the referent introducing function of nouns, it comes as no surprise that property concepts are sometimes categorized with morphosyntactical characteristics similar to those of verbs, and sometimes with morphosyntactical characteristics similar to those of nouns. While these findings may offer a method of explaining the different ways in which languages with no or few adjectives categorize property concepts, i. e. sometimes as nominals, sometimes as verbals, they cannot be used to explain the existence of adjectives in languages that have them. If the raison d'être of adjectives were to possess a category of items which could serve both as referentials and as predicatives, one should expect considerably more 'hermaphroditic' morphology equipping them for this double task. This is not the case because adjectives fulfill a task entirely different from both that of nouns and that of verbs, namely attribution.

7. Adverbs

In addition to Ns, Vs and As, a fourth class of full words is distinguished in many languages which is usually termed 'adverbs'. It has proven very difficult to define the functional basis of adverbs even for those languages in which they are extremely prominent (Indoeuropean, for instance). The name *adverbium* (literal translation of the Greek term *epírrhēma* which means something like 'addition to the verb') suggests that adverbs modify verbs. However, at first glance this characterization would apply only to a small portion of what we normally call adverbs. Adverbs can modify any other part of speech: nouns (German *das Buch hier*), adjectives (*a very short article*), and other adverbs (*he slept very well*). The difficulties arise from the fact that 'the label *adverb* is often applied to several different sets of words in a language, sets that do not necessarily have as much in common with one another, either notionally or grammatically, as, say, the subclasses of nouns or verbs that may occur in the language' (Schachter 1985, 20). For instance, the five italicized words in (14) would traditionally be regarded as adverbs in a grammar of English, though they cover a considerable semantic and grammatical range:

(14) (= Schachter's (47))
Unfortunately, John walked *home extremely slowly yesterday*

Given this situation, it is especially important to develop a clear idea of how we should define a *word class of adverbs* as distinguished from an *expression class of adverbials*, which would comprise, in addition to true adverbs, oblique case forms of nouns, adpositional phrases, etc. It seems that adverbs, more than any other class discussed thus far, owe their definition and their recognition as a distinct word class to syntactic considerations. The reason is that adverbs offer far fewer morphological clues to their identification than Ns, Vs, or As. It is relatively easy to identify adverbs as long as they are derived from other word classes by characteristic category-changing morphology (Turkish *türk-çe* 'in a Turkish manner' from the noun *Türk* 'Turk', or English *slow-ly* from the adjective *slow*), but adverbs like *here* or *yesterday*, which lack such clear category-indicating markers, can be identified as adverbs only through the fact that they occur in adverbial position and cannot be identified as anything else.

But what is an adverbial position? For most of the languages known to have a class of adverbs, we can follow Schachter (1985, 20) and define the syntactic function of adverbials provisionally as 'modifiers of constituents other than nouns'. The rare cases of adverbs modifying nouns are clearly peripheral. Some languages do not allow them at all; in others adverbs acting as modifiers of nouns are limited to certain types (local and temporal) and are always distinguished from adjectival modification by their distributional characteristics. For instance, in German adverbials modifying nouns occur after the head noun, as opposed to adjectives, which occur before the head noun. If we accept for the time being the syntactic definition of adverbials as modifiers of constituents other than nouns, we can define adverbs as a class of words, normally uninflected or at best inflected for comparison (where semantically possible), which occur in the syntactic position of modifiers of constituents other than nouns and which cannot be identified as belonging to any other word class.

Before we begin to discuss a more detailed semanto-pragmatic explanation for adverbs, it is necessary to take a closer look at the reasons for their formal and functional heterogeneity. There are three sources of formal and behavioral differences: (i) differences in scope, (ii) differences with regard to possible heads, (iii) differences in meaning.

Differences in scope: There is one basic difference in the scope of adverbials which has received much attention in the literature. When we compare the sentences (15) and (16),

(15) Unfortunately, John didn't receive your letter in time
(16) John wept bitterly

we observe that *unfortunately* and *bitterly* differ with regards to the stretch of utterance they modify. In (15), the whole sentence is in the scope of *unfortunately*: one can paraphrase (15) with *it is unfortunate that John* etc. The adverb *bitterly* in (16), on the other hand, modifies the predicate *wept* only, the subject being entirely outside its domain. Adverbials of the first type are usually called *sentence adverbials*. They do not seem to have much of a modifying function in the same sense as *bitterly* can be said to modify or determine the verb *wept*. What adverbs like *unfortunately* seem to do is set a frame for the following sentence: the entire proposition *John didn't receive your letter in time* is seen within the frame of unfortunateness. This pragmatic function of 'frame-setting' seems to be fairly important for human communication, since in most of the languages of the world there is a syntactic slot (normally in the initial position of the sentence) where elements setting a temporal, spatial or modal frame are inserted. How can we explain the difference between frame-setting and modifying adverbials? The solution which presents itself almost immediately, namely to distinguish between *two* expression classes 'adsententials' and 'adverbials' is inadequate because of considerable overlapping between the two classes in many languages. For instance, an adverbial of place such as *in Hatfield* freely occurs as 'adsentential' frame adverbial (marked by sentence-initial position in English) as well as in final position as a modifier of the verb:

(17) In Hatfield Peter used to work for a business corporation

(18) Peter lived in Hatfield

Moreover, there seems to be a continuum of increasing scope between the extreme positions of verb-modifying manner adverbs on the one hand and frame adverbials on the other. For instance, many time adverbials seem to occupy an intermediate position:

(19) John arrived yesterday

Here, it seems, the adverb *yesterday* has John's arrival as a whole in its scope, but lacks the frame-setting effect of an adverb such as *unfortunately*. We can evoke this effect, however, by simple 'left-dislocation' ('exbraciation'):

(20) Yesterday, the Prime Minister arrived in Hatfield

It seems that the difference between the frame character and the modifying character of adverbials is nothing but a consequence of their difference in scope: the most restricted scope is the verb alone; by incorporating more and more parts of the rest of the sentence in the scope of the adverbial, its frame-setting character increases. In both of their functions, the frame-setting as well as the modifying one, it is obvious that adverbials are subsidiary elements of predication; it is always the predicative element that is the central part of the stretch of utterance in the scope of the adverbial.

Differences in head selection: Apart from verbals, there are mainly two other expression classes which occur as heads of phrases modified by adverbs: adjectivals (21), and adverbials (22):

(21) an extremely low number
(22) he ran rather fast

Both of these uses of adverbs are extensions of their predicate-modifying function. In the above examples it is basically the number's being low and the running's being fast that are modified. Compared to the number of adverbs modifying verbs, adverbs modifying adjectives and adverbs are clearly in the minority. This is explained by the relatively wide semantic range covered by verbs in comparison with adjectival predicates. One can do actions or participate in events in an enormous variety of ways, but one can possess qualities only in a very limited number of different ways. One obvious detail in which qualities may differ is *degree*; it therefore comes as no surprise that degree adverbs such as *more, most, rather, very* are perforce bound to modify adjectivals (and, in turn, adverbials) rather than verbs, because qualities are more typically measured in degrees than events. Nevertheless, there are many verbs which denote measurable states of affairs and can be modified by the same adverbs that modify adjectives/adverbs: *more beautiful* – *I love you more*; Italian *molto bello* 'very beautiful' – *mi piace molto* 'I like it very much'.

Differences in meaning: The traditional semantic subclassification of adverbs distinguishes four groups: *local, temporal, modal,* and *causal* adverbs (cf. *Duden* 1973, 304 for German). Local adverbs indicate place: *here, there, upstairs, below*, etc. The subclass of local adverbials is often coextensive or nearly coextensive with the class of items that can occur as locative verb complements and may in fact be identical in function with this class in spite of the fact that locative complements are obligatory:

(23) He lives upstairs
(24) There was a party upstairs

The difference can be explained as a difference in scope: in (23) *upstairs* modifies the verb, while in (24) *upstairs* takes under its scope the entire sentence. – Temporal adverbs indicate time: *yesterday, always, finally, seldom*. They sometimes occur as optional complements, but normally have the entire sentence in their scope. – Modal (manner) adverbs are in turn subdivided into various subgroups: quality (*somehow, quickly*), degree (*too, much*), contrast (*however, rather*), emphasis (*exactly, even*), and others. – Causal adverbs indicate cause, instrument, condition, and a number of related circumstances. Examples of causal adverbs in this wider sense are *therefore, consequently, thereby, otherwise, nevertheless*. – Some linguists distinguish more than these groups or propose differing classifications. One subgroup which is considered to belong to manner adverbs by some scholars but taken to be a special subdivision of adverbs in its own right by others is adverbs expressing the speaker's judgment of the proposition expressed by the rest of the sentence. Such 'speaker's comment adverbs' may have the entire sentence or the predicate in their scope. Examples are *unfortunately, strangely, probably, possibly*, etc. – All these semantic types of expressions have in common that they can be subsumed under a general semantic concept of 'circumstantiality'. All adverbials, whatever semantic subclass they belong to, contribute to a closer circumstantial determination of the predication.

We can conclude that the alleged heterogeneity of adverbs is considerably reduced when we take into account the fact that most of the differences are brought about by the interaction of semantic, syntactic, and pragmatic conditions. The differences in scope depend on semantic differences, and the differences in head selection arise from the fact that some adverbial meanings are more suitable for determining stative or qualitative predicates than for determining events. All these differences lose their problematic status once the fact is taken into consideration that the scope of adverbs *always* includes some overt or covert predicative element as its central member. This conforms to the traditional view of 'epirrhēmata' as modifiers of verbs. In sum, everything points to an explanation of adverbs as a prototypical combination of the syntactic act of predicate-modification and a very loose semantic concept of 'circumstance' or 'scenery'. Adverbs typically denote (optional) properties of a state of affairs which are *outside* the participant frame.

As was the case with other word classes, we can support this claim by the observation of the formal behavior of adverbs in those languages in which this class is distinguished from other classes. For instance, there is a cross-linguistic tendency to develop special mechanisms for the derivation of manner (modal) adverbs as a distinct formal class, while local and temporal adverbs either constitute a closed set of unanalyzable words or are formed by case suffixes or similar non-derivative mechanisms. Manner adverbs are the core group of a word class of adverbs, due to the fact that they are most closely associated with the predicate. Thus, what adjectives are for nouns, manner adverbs are for verbs. It therefore comes as no surprise that there is a derivative relationship between the two. Latin regularly forms adverbs from adjectives by the endings -*e* and -*ter* (*rect-e* from *rect-us*; *liben-ter* from *liben-s*). Ancient Greek uses -*ōs* (*kalós:kalōs*), English -*ly* for the same purpose. Romance languages gave up the Latin system, but developed a new suffix with an exactly identical function by grammaticalizing the ablative of *mens* 'spirit': *lenta mente* 'in a calm spirit' became Italian *lentamente*, French *lentement* 'slowly' (derived from the adjectives *lento* and *lent*, resp.). Some languages distinguish adverbs from corresponding adjectives by using some basic or uninflected form which is sometimes identical with the predicate form, e.g. German *das schön-e Mädchen* 'the beautiful-NOM girl', *sie singt schön* 'she sings beautifully', Albanian *vajza e-bukurë* 'the beautiful girl', *këndon bukurë* 'she sings beautifully'. The secondary use of forms which otherwise have primary functions outside the domain of adverb-derivation is also observed in many languages. Swahili, for instance, puts adverbs in the 7th class; Arabic uses the accusative masculine; in Modern Greek they appear in the accusative plural neuter, etc. Iteration is also a favorite means of adverb marking, e.g. Turkish *yavaş yavaş* 'slowly', Modern Greek *siyá-siyá* 'slowly', Armenian *gamats gamats* 'id.'. Manner adverbs can also be derived from nouns. Although such forms are clearly outside the case system, they are sometimes called 'adverbial cases' in the grammars of individual languages. Examples are Turkish -*çe* (*Türk* 'Turk', *türk-çe* 'in a Turkish way'), Dullay -*u* (*ħark-o* 'hand', *ħark-u* 'by hand').

The presence of a distinct class of adverbs is even less widespread among the languages of the world than the presence of a class of adjectives. If a language does not dispose of a productive mechanism for the derivation of adverbs, it may possess a closed class of adverbs definable only in syntactic terms (e.g. Dyirbal, cf. Dixon 1972, 301). In languages with a very low degree of N−V distinction (e.g. Salishan, Iroquoian), the presence of such an elaborate class as adverbs cannot be expected, but such languages normally possess a number of particles which correspond to adverbs in other languages semantically (e.g. concepts like 'here', 'there', 'now'). As for the rest of adverbial concepts, polysynthetic languages typically express local, temporal and modal circumstances by affixes on the verb. Especially systems for the expression of direction, motion, and location are widespread among American Indian languages; the Mesoamerican language Cora, for instance, differentiates by way of inflectional affixes: 'toward' vs. 'away' (from the speaker), 'toward' vs. 'away' (from a given goal), 'circular motion', 'across a surface and toward the speaker', 'downhill', 'uphill', 'downriver', 'upstream', 'off towards an extreme point', and 'in a circuit' (Casad 1977). Many of these languages are also able to express 'adverbial' notions by noun incorporation.

Languages with more elaborate word class systems may nevertheless lack a distinct (morphologically definable) class of adverbs, though they may well possess a syntactic slot 'adverbial', filled by material from other word classes. Modern Persian, for instance, lacks a derivative mechanism for the formation of manner adverbs from adjectives, but uses the normal unchanged forms of the adjectives instead. In such cases, there may still exist some words which occur more or less exclusively in adverbial position and may therefore be regarded as a distinct subclass of adverbs 'to be'. For instance, some languages possess a closed class of locational nouns — normally fossilized parts-of-the-body terms — which serve as indicators of local and spatial position ('above', 'below', 'inside', 'outside', etc.). More on these nouns will be said below (section 10.2.). Finally, *bona fide* nouns may be used 'adverbially' by way of simple adjunction, like Modern Greek

(25) i γlosa tis ðuleve roðani
ART tongue her worked spinning-wheel
'her tongue worked like a spinning-wheel'

and *bona fide* verbs may assume 'adverbial' function through 'verb serialization' or subordination, like English *continue to be, like to do, hate to do*, etc.

8. Ideophones

Regarded as adverbs by some scholars (cf. Samarin (1965, 118) for Gbeya and Schachter (1985, 21) for ideophones in general) but as a distinct word class by others, ideophones enjoy a special status among the 'autosemantic' word classes of the languages of the world. Ideophones are clearly the least wide-spread syntactic category and, in addition, heavily restricted geographically. They have long been known as an areal characteristic of African, Australian and Amerindian languages, but occur only sporadically elsewhere: if recognized at all, they are often regarded as a special subclass of interjections. Furthermore, ideophones are the only syntactic category apart from interjections (which constitute a word class but not a syntactic category proper), which can be defined not only in morphosyntactic, but also in phonological terms (see below). Finally, in contrast to the other word classes discussed so far, ideophones must be definded in terms of a typical bundle of syntactic functions rather than in terms of a single 'expression class'.

What is an ideophone? The term was first used in African linguistics. As far as we know, it was coined by C. M. Doke in 1935, who defined it as a word, "often onomatopoeic, which describes a predicate, qualificative or adverb in respect to manner, colour, sound, smell, action, state or intensity" (1935, 119). While some disagreement can be found with regard to the semantic range covered by ideophones, all scholars agree on the phonological criterion as the basic characteristic of ideophones. Some scholars have even proposed that ideophones be defined exclusively in phonological terms. "Phonologically they may violate sequence structure conditions or exhibit unusual repetitions or combinations of phonemes as in Yoruba, or even include phonemes not present elsewhere in the language, as in Nguni" (Courtenay 1976, 13 f). A rather striking feature of ideophones is their tendency towards reduplication. Cf. the following examples from Yoruba: *kókóró* 'key', *wókowòko* 'zigzag', *pétepètę* 'muddy, soggy', *sùkusùku* 'disorderly'; and from Apalai (South America): *syryryry* 'gliding movement of canoe', *sororo* 'moving of canoe in shallow water', *soko soko* 'munching'. Since the characteristics described here are equally found in interjections (cf. section 12.), why distinguish an extra class of ideophones? The answer can be given in syntactic terms. First of all, ideophones may be subject to ordinary word class derivation, while interjections may not. Secondly, interjections are sentence-equivalents, for the most part exclamations, which do not normally occur as constituents of sentences. Ideophones, on the contrary, typically occur as sentence constituents and are hardly found in isolation. Thus Yoruba *wééwèèwéé* 'small fragments' and *péépèèpéé* 'trivial' may be phonologically deviant, but can be used as ordinary nouns or adjectives, resp. They thus resemble words like German *etepetete* 'super nice, squeamish', Engl. *la-di-da* 'id.', German *plem-plem* 'crazy', Engl. *willy-nilly*, rather than interjections such as *aha, gosh*, or *ouch*.

We will now turn to the question of why we cannot distinguish a class of ideophones in all languages. Let us first make a distinction between *ideophonic expressions* and a proper word class of ideophones. Perhaps all languages possess onomatopoeic expressions that imitate certain sounds (Engl. *tick-tock*, German *Ticktack* 'sound of the clock'), shapes (Engl. *zigzag*, German *Zickzack*), etc. Taking Doke's definition as a point of departure, we may consider words such as English *zigzag* ideophones; upon first glance they meet all conditions mentioned in the definition. They possess a distinctive phonological shape and they occur in different syntactic functions: as predicates (*to zigzag*), qualificatives (*a zigzag line*), and adverbs (*he went zigzag*). This is true of many onomatopoeic expressions in English, including those mentioned in the preceding paragraph and many more, such as *meow, woof-woof, bow-wow, moo, blah-blah, buff, bugaboo*, etc. Upon closer examination, however, it turns out to be unnecessary to distinguish an extra word class for these expressions in English. First of all, the characteristic reduplicated form of words such as *zigzag* is confined to a relatively small number of onomatopoeic lexemes whose classification into a common category is of little functional interest. Secondly, their multifunctional syntactic behavior is not category-specific; on the contrary, it is the result of the relatively free fluctuation between word classes which characterizes the word-class structure of English as a whole. In English *zigzag* is best classified as an adverb, which may be turned into a noun, an adjective or a verb by conversion (or zero-derivation), just as *back*, a lexeme of non-ideophonic character, may occur as noun, verb, adverb, or adjective. Even more clearly German *Zickzack* is not a member of a word class of its own, but a masculine noun *der Zickzack*. There is no verbal derivative *zickzacken*, so the idea of 'zigzag' cannot be expressed in predicative position by means of this root. There is no adverbial derivation either, the adverbial 'zigzag' being rendered by the prepositional phrase *im Zickzack*, lit. 'in the zigzag'. Finally, an adjective can be derived by the combination with *-förmig* 'having ... shape', *zickzack-förmig*. In sum, English and German have got expressions characterized by ideophonic phonological properties, but do not possess a distinct word class of ideophones.

Now let us consider what Koehn and Koehn say about ideophones in the Amazonian language Apalai: 'The ideophone is a noninflected onomatopoeic word that denotes an action that is normally expressed by a finite verb form. It is the only class of word that cannot be followed by a postpositional particle. It functions normally as a distinct sentence constituent, carrying the same meaning as that contained in the finite verb of that sentence (i.e. the basic part of the meaning, not including person, tense, etc., which are not part of the meaning of the ideophone)'

(Koehn/Koehn 1986, 124 ff). The following example demonstrates this 'adverbial' character of ideophones:

(26) apoi-ko   repe   kyry
grab-HIS CONTRAEXP grabbing
(IDEOPH)
'But it (the frog) grabbed him instead'

In addition, Apalai ideophones may occur combined with the verb *ka* 'say, do' (*koih* or *koe koe* 'paddling', *koih ka* 'to paddle'), in isolation, functioning as an entire sentence (27), or as a substitute for a verb, cooccurring with nominals and/or adverbs to constitute a separate sentence ((28) and (29)).

(27) kuto j-   akuoh-   no. pyhseky
frog 3S10 take across IP jumping
(IDEOPH)
' "The frog took me across," (he said). Act of jumping.'

(28) mokyro i-nio
that one 3-husband-POSSN
pekã pekã pekã pekã tiwi
flap   flap   flap   flap   catch on
'Her husband flapped (his wings, clumsily flying) then caught on (to the landing place with his beak).'

(29) mamepokõ pokõ pokõ pokõ repe
then flap   flap   flap   flap   FRUST
wewe po toto
tree   on 3PL
'Then away they flew quite high up in a tree'

Apalai ideophones may be a single morpheme (as *kyry* 'action of taking hold of' in (26) above), or a sequence of reduplicated forms (e.g. *koe koe koe koe* 'action of paddling'). The number of repetitions may range from two to ten or even more. Several different ideophones may occur in sequence, e.g. *syrỹ tope topõ* 'falling into the water'. The phonological characteristics of ideophones in Apalai include extra phonemes (a voiced implosive bilabial stop and a voiced velar fricative, for instance), and phonotactic peculiarities such as the occurrence of a glottal stop in final position where it is not permitted in non-ideophonic morphemes.

Clearly, Apalai ideophones cannot be classified as members of any other word class, be it noun, verb or adverb, though they may occur in the functional slot of all three. They thus have, in addition to their distinctive formal behavior, a characteristic syntactic distribution which is shared by no other word class. Consequently, they constitute a separate syntactic category.

Samarin has suggested that the class of ideophones should be separately defined for each language in which they occur. Yet there are some prototypical properties of ideophones, and Apalai is a good example for showing us what they look like. Apart from the phonological characteristics, what is most distinctive is their syntactic multifunctionality including predicative force and adverbiality, which is independent of derivation and category-changing mechanisms. If a language possesses a word class with these characteristics, this class may be identified as the class of ideophones.

9. Pro-Forms

The category we will be concerned with in this section is traditionally called *pronouns* (Greek *antonymia* 'which stands instead of a noun'). We use the broader term *pro-forms* here in view of the fact that an analogous relationship like that between pro-nouns and nouns also exists between 'pro-verbs' and verbs, 'pro-sentences' and sentences, and possibly between other forms and the categories they replace.

Pro-forms are functionally defined as substitutes which replace members of the corresponding full-word category. Actually, they do not form a single class, for which a formal characterization in terms of syntactic distribution and/or category-establishing morphemes can be provided, but rather a number of different classes, each of which normally exhibits the formal characteristics of the class it substitutes. Nevertheless, there may exist formal traits peculiar to pro-forms. Indoeuropean is a case in point; it possessed a particular set of pronominal case endings with little or no affinity to those of the noun, whose vestiges can still be seen in various daughter languages. In Latin, for instance, the genitive of pronouns has the ending *-īus*, not found anywhere else in the declensional system (*e-ius, cu-ius, null-ius*, etc.). German, as another example, has a unique ending *-m* 'dative singular' restricted to pronouns (*de-m, eine-m, welche-m, jene-m, diese-m*, etc.). Discrepancies between nominal and pronominal morphology can also be sporadically found outside Indoeuropean, e.g. Arabic *hāðā* m., *hāðihī* f. (demonstrative), *allaðī* m., *allatī* f. (relative pronoun), with gender affixes deviant from those of nouns.

The existence of pro-forms is probably universal, though not necessarily in the form of a distinct word class or a bundle of classes. Though all languages possess elements to express the *function* of pronouns, they do not necessarily all have a distinct word class of pronouns. Languages that only distinguish between full words and particles must rank pronominals among one of the two. In Cayuga (Iroquoian), for instance, there are two personal pronominals, *i:* '1st person' and *i:s* '2nd person' (plural not being distinguished), and a number of demonstrative and interrogative elements (such as *sǫ:* 'who', *nę:kyęh* 'this', *tho:kyęh* 'that', etc.), which all belong to the class of particles. In spite of the relative stability of pronouns (cf. below), the boundary separating personal pronouns and nouns may at times be rather weak, especially in the second person, where honorific forms may enter the pronominal system (the Ethiopian language Tigrinya, for example, replaced all non-first person pronouns by the noun *nəss-* 'soul' + possessive suffixes). Cf. also the case of Japanese referred to below. — In the following we will sketch the various types of pro-forms found in the languages of the world. We will begin with pronouns, which are by far the most common class of pro-forms.

Traditional grammar divides pronouns into *personal, reflexive, reciprocal, possessive, demonstrative, relative, interrogative* and *indefinite*. This subclassification reflects the inventory of Latin and other classical Indoeuropean languages, which is perhaps the largest existing inventory of pronominal subclasses. The overwhelming majority of languages possessing a proper category of pronouns do not distinguish as many subtypes of pronouns as Indoeuropean. It will be useful in the following to proceed from a discussion of the characteristics of the various Indoeuropean subclasses. In each case we will then discuss some of the ways in which languages that lack a particular subclass express their semantic equivalent.

9.1. Personal Pronouns

The occurrence of personal pronouns is nearly universal. If a language does have a distinct class of pronouns, a set of personal pronouns will be the basic member of this class. Most of the research devoted to pronouns has concentrated on personal pronouns, with emphasis both on typological studies (vols. 11 and 15 of the journal *Word*, Forchheimer 1953; Maytinskaya 1969; Ingram 1978; and Wiesemann 1986), and on syntactic problems of anaphora (Bolinger 1979; Borer 1986; Bosch 1983; Kreiman/ Ojeda 1980; and others).

Categories. Personal pronouns usually distinguish a number of grammatical categories, the most important of which is *person*. Three persons are found universally: that of the speaker (1st person), that of the addressee (2nd person), and one which refers to entities that are neither speaker nor addressee (3rd person). Person is a deictic category which belongs to the indexical level of language. The personal pronouns of the 1st and 2nd person point to and thereby identify the polar participants of the speech situation, while the 3rd person pronouns point to entities that do not participate in the speech situation. The 3rd person is thus a negatively defined 'non-person' (Benveniste 1956), and this fact is reflected in the absence of a 3rd person member of the personal pronoun set in many languages. For instance, the North American Indian language families Siouan and Iroquoian distinguish only 1st and 2nd person independent pronominal elements (though affixes do exist for the 3rd person). In Dasenech (Southern Ethiopia) the pronoun of the 3rd person is replaced by the word for 'person'. In general, personal pronouns of the 3rd person are often replaced by or derived from anaphoric pronouns, which in turn are very frequently derived from demonstratives of the farthest deixis (cf. Turkish *o* '3rd person, anaphoric and demonstrative', which is the most distant of the three member set *bu* 'this', *şu* 'that', *o* 'that yonder'; Albanian *aj* '3rd person, anaphoric, and demonstrative', which is the more distant of the two member set *ky* 'this': *aj* 'that' — and many other such examples from around the world). The reason for this is obvious. Demonstratives identify their referent by a local relation to a point of reference, which is normally a member of the person category (for a detailed discussion of the connection between person and demonstrative deixis see 9.5.). The reference point of the distant demonstrative is always the 3rd person.

By saying that the three persons are universal, we mean that all languages somehow express the distinction between speaker, addressee, and something which is none of these, but this does not imply that every language has three separate forms. We have already referred to a number of languages obviously lacking pronominal elements for the 3rd person. There are also reports on rare cases of neutralization of 2nd and 3rd person. Wiesemann (1986, viii) states that in Bolante (West Atlantic, Guinée Bissau) the only distinctions made are between N- (homorganic nasal) 'I', *ha-* '2nd or 3rd person singular' and *be-* 'plural persons'. On the other hand, there are many languages that distinguish more than three forms with respect to person categories. The most complex system I know of is that of Ghomala' (a Bantu language), which was published by Wiesemann and which I repeat here in full [Fig. 30.5 see next page].

This system is unique in exhausting all possible person/number combinations: *pu* 'I and thou', *pyawu* 'we and thou', *pə* 'we and you pl.', etc. The combination of 3 + 3 *pué* means 'two absent persons representing two parties'.

The most common combinations are those of 1 + 2 and 1 + 3, which give rise to the so-called 'inclusive'/'exclusive' distinction of the 1st person plural, e. g. Somali *inna-* 'we = I and thou/you', and *anna-* 'we = I and others, addressee(s) excluded'. The combinatory character of these pronouns is reflected in their etymologies; *anna* is historically *an* 'I' + *na* 'we', while *inna* is *id-* 'stem of 2nd person plural' + *na* (Forchheimer 1953, 105). The inclusive/exclusive distinction occurs in all parts of the world except Europe (especially in Africa, the Americas, and Oceania) and seems to be a feature particularly prone to areal diffusion (cf. Jacobsen 1980/Breeze 1986, 49).

Some languages possess a special pronoun for the unspecified human actor, sometimes referred to as a 'fourth person'. Engl. *one*, French *on*, German *man*, Somali *la*, Hausa *a*, Ngizim *ndá* and comparable forms in other languages. They usually agree with the 3rd person singular, but there are languages which display special verb forms for this purpose (e. g. Navaho). In Chadic the unspecified actor markers are members of the verbal subject pronoun set, so that one can perhaps speak of a 4th person *in statu nascendi*.

As for the category of *number*, a binary distinction between a singular and a plural set throughout the three persons is most common. In very few languages are personal pronouns number-indifferent (e. g. Mura Pirahã in Brazil as cited by Wiesemann (1986:viii); on Iroquoian cf. section 9.), which is surprising in view of the fact that 'we' is not exactly

30. Syntactic Categories and Subcategories

person \ number		minimum	1 pl.	2 pl.	3 pl.
mono	1	gə́	pyə		
	2	o		po	
	3	e			wap
double	1+2	pu	pyawu	pə	
	1+3	pyəé	pyayu̇		pyəapu
	2+3	poé		poayu̇	poapu
	3+3	pué			wap
triple	1+2+3	pəayu̇	pəayu̇	pəayu̇	pəapu

Fig. 30.5: Ghòmala': System of personal pronouns (Wiesemann 1986)

the plural of 'I' ('I and others' rather than 'several I-s'). We may assume that in such languages the lexeme that refers to the first person simply means 'speaker included' rather than 'I'. In the second person, number indistinction is less problematic, since 'you (pl.)' can in fact be taken to represent a combination of 'addressee' + 'plural'. This difference between 1st and 2nd person with respect to number semantics is reflected formally in quite a number of languages. For instance, Modern English has given up the number distinction in the 2nd person by generalizing the form *you* in place of *thou*, but retained number distinction in the first person (*I:we*). Semitic has two unrelated lexemes for 'I' and 'we' (**'anā* vs. *niḥnu), but derives 2nd person plural pronouns by adding plural endings to the singular forms (**'ant-a* m., *ant-ī f. 'thou'; **'ant-umu* m., **'ant-inna* f. 'you').

Dual number occurs less frequently than plural, but is not uncommon. It occurred/ occurs in Semitohamitic and Indoeuropean, as well as in Amerindian, Austronesian, and elsewhere. The hierarchy of the frequency of dual marking is $3 > 2 > 1$, i.e. a distinct dual form is found most frequently with 3rd person pronouns and least frequently with 1st person pronouns, the 2nd person occupying an intermediate position. *Trial* and *quadral* numbers have been reported for New Guinea only (cf. Hutchisson 1986 and Simons 1986, for instance). Whereas dual also occurs as a category of nouns, these numbers are confined to the pronominal system. The system of Sursurunga, which is displayed in the chart below, has one of the largest inventories of personal pronouns in the world. "The uniqueness of quadral pronouns is not simply the additional column on the pronoun chart which they cause [...], but also the fact that as a group, they have unique uses which are not shared by the other personal pronouns, notably that they cause skewing of number reference when used with relationship terms, and are a distinctive feature of hortatory discourse" (Hutchisson 1986, 2) [Fig. 30.6 see next page].

If there is a *gender* distinction in a language, it is most conspicuously indicated in 3rd singular pronouns. The best example is English, which gave up all gender distinctions in nouns but retained the difference between *he, she,* and *it*. In many Afroasiatic (Semitohamitic) languages the inherent gender of nouns is only sporadically reflected in the morphological system, but the personal pronouns of the 3rd person always exhibit a marked difference by the use of sharply distinct masculine and feminine forms. As for gender distinctions in persons other than the 3rd, the hierarchy is $3 > 2 > 1$. Gender-marked 2nd person forms are characteristic of Afroasiatic (Semitohamitic) languages, e.g. Cairo Arabic *inta* 'thou m.' and *inti* 'thou f.'; Berber *kai* 'thou m.' and *kəm* 'thou f.', but rarely occur outside this family. I know of only one instance of gender distinction in the 1st person: a small number of Modern Arabic dialects have differentiated the 1st person

	Singular			Nonsingular			
	A	B	C	D			
				Plural	Dual	Trial	Quadral
1+2	-ng	i	iau	gi-t	gi-t-ar	gi-t-tul	gi-t-at
1+1	-m	u	i'au	gi-m	gi-ur	gi-m-tul	gi-m-at
2	-n	a	*	ga-m	ga-ur	ga-m-tul	ga-m-at
3				di	di-ar	di-tul	di-at

Fig. 30.6: Sursurunga: pronominal system (Hutchisson 1986, 2)

pronoun *ana* into m. *ana* and f. *ani* in analogy to the 2nd person forms *inta* and *inti* (cf. for Yemenite Diem 1973, 68). Where the language distinguishes nominal classes instead of gender, the situation is *mutatis mutandis* the same. There are no known instances of class distinction in 1st and 2nd person pronouns, however.

Set distinctions. Most languages have two sets of personal pronouns: strong (stressed) and weak (unstressed). The former is normally made up of independent words, while the latter tends to be cliticized to verbs and may fuse with the verb stem to become conjugational morphemes (personal prefixes or suffixes on verbs). Functionally, strong pronouns are typically restricted to discourse-prominent positions in the sentence and occur chiefly as topic or focus. There is a universal tendency for strong pronouns to become weakened and cliticized in the course of the historical development of a language. A good example is French, which inherited from Latin a series of strong pronouns (which still exist in Italian and Spanish, for example), weakened them to proclitic verbal person markers, and replaced them by a new series of strong pronouns (Lat. strong *ego* → proclitic *je* (cf. *je t'aime* [ʃtɛm]) and replaced by strong *moi*). Cyclical phenomena of this type are extremely common in language history.

Apart from the strong/weak distinction, sets of pronouns can be found which are formed according to case. It is not uncommon to have a *rectus/obliquus* distinction, often with two entirely different stems. This type can be exemplified by the first person pronoun of Indoeuropean, which had a nominative form approaching *egō/*eg(h)om, the reflexes of which continue into Greek *egō*, Latin *ego*; Old Indian *aham*, English *I* (from *ik*), etc., and an oblique stem *m-* (e.g. Latin accusative *mē*, English *me*, etc.) which formed the basis of the rest of the entire paradigm. A perfect example of a twofold stem distinction according to case throughout the entire set of pronouns is Afroasiatic (Semitohamitic), cf. Somali 1st sg. rectus *ani*, obliquus *i*; 2nd sg. rectus *adi*, obliquus *ku*, etc. The rectus/obliquus set distinction is connected to different functional aspects, depending on the system of grammatical relations in the particular language. In an accusative language, for instance, rectus is normally the subject form, but in an ergative language it may be expected to express the 'absolute' relation of a pronoun (i.e. subject of intransitive and object of transitive verb). There may also be differences as to whether the possessive set is identical with or derived from the oblique set or constitutes a set of its own.

Let us finally mention the phenomenon of the combination of pronouns with tense/aspect markers, which is especially common in Africa. Hausa, for instance, has a system of seven distinct pronoun sets, which express such verbal categories as completive, progressive, habitual, subjunctive, future, relative completive, and relative progressive, in addition to the normal set of independent pronouns. Other Chadic languages behave similarly (cf. Burquest 1986).

Honorific distinctions. Personal pronouns are universally a locus of linguistic means for the expression of esteem for the addressee. Degrees of esteem may be directly reflected in the distinctive use of different addressee pronouns. In several European languages second person plural forms are employed instead of singular forms for the expression of honorific address (French, Russian, Albanian, Modern Greek, Turkish, and others). In others the 3rd person (Italian *Lui*, German pl. *Sie*), or a special honorific form (Spanish *Usted*) is used. In many languages an honorific form of address is paraphrased by a noun + possessive elements referring to the addressee (cf. the titles in English, *your Exellency, your Majesty*, etc.), e. g. Arabic *ḥaḍritak*, lit. 'your presence'.

Languages having honorific distinction in the third person are fewer than those with 2nd person honorifics. In general, it can be said that honorific distinctions in the third person follow the same basic purpose as those of addressee forms, namely to show one's esteem for the addressee (rather than for the referent of the third person whose honorific pronoun is used). This is done here in an indirect way by using an honorific pronoun for referring to an absent person who is expected to enjoy high reputation on the addressee's part. Such forms are found in Rumanian and in Amharic, for instance. Honorific distinctions can finally be made in the first person, for instance, by the use of a noun denoting a subservient concept such as 'your slave' or similar.

Sociocultural peculiarities that go far beyond simple honorific distinctions are sometimes distinguished in personal pronouns. To give just one example, there may be kinship distinctions such as those found in Australia where the generation of ego and his grandparents are referred to by one set, his parents and greatgrandparents by another set.

Historical development. Personal pronouns are among the most stable elements of basic vocabulary. The earliest attested language families such as Indoeuropean and Afroasiatic still use descendants of the pronoun forms reconstructed for their proto-languages. This means that we have evidence for a remarkable time-stability of pronouns over a period of at least 10.000 years. This does not imply, however, that the great similarities that can be observed among the pronominal elements of the languages of the world are necessarily due to genetic relationship. Most languages construct their pronominal systems around the five consonants *m, n, t, k,* and *s*, often with the same function across languages: *-n-* for the 1st person singular in Afroasiatic, Niger-Congo, Basque, Uto-Aztecan, Algonquian, and Quechua; *-m-* for the 1st person singular in Indoeuropean, Uralic, Turkic, Niger-Congo; *-k-* or *-g-* for the 1st person singular in Indoeuropean, Afroasiatic, Bantu, Iroquoian, and Austronesian; *-t-* for the 2nd person singular in Indoeuropean, Afroasiatic, Maya, and Uto-Aztecan; *-k-* for the 2nd person singular in Afroasiatic, Austronesian, Quechua, and Algonquian; *-s-* for the 2nd person singular in Uralic, Turkic, Bantu, and Iroquoian — to mention just a few examples. We cannot be sure whether such similarities result from historical continuity or from the fact that pronouns, like other basic particles of language (adpositions, conjunctions, time or place adverbs), show a permanent tendency to simplify their structure and to become restricted to the most basic phonemes and syllable types.

In spite of the relative stability of pronouns, examples of drastic innovation of pronoun systems are attested. An extreme case is Japanese. It started out with a set of normal personal pronouns such as *(w)a* 'I' and *na* 'you' in the Old Japanese period and ended up with an enormous inventory of some 40 forms in Late Middle and Early Modern Japanese (cf. Miller 1967, 342). An obvious reason for this development is to be found in the complex and rigidly graduated structure of traditional Japanese society, which led to a differentiated classification of people according to their social rank and the parallel development of equally differentiated forms of address. Marked sociocultural change may in fact be an important factor to trigger change in pronominal systems, given the close relationship between address forms and social structure.

9.2. Possessive Pronouns

Possessive pronouns are attributive forms of the personal pronoun. Their most fundamental semantic function is to express *possession*, i. e. the relation between speaker/addressee/neither-speaker-nor-addressee in the role of possessor, and an item which denotes the possessed object. Further, they often have a general attributive function including 'possession of an act' (such as English *my being kissed by Mary*).

There is a considerable variety of forms in which possessive pronouns can appear, which depend on the nature of attributive mechanisms in the language in question. In a number of European languages possessive pronouns appear as *adjectives*, e. g. Latin *me-us, -a, -um*, which has retained its adjectival character in its Romance descendants; Engl. *my*, German *mein*, Russian *moy*, etc. are also examples of possessive adjectives. Modern Greek developed *enclitic* forms of the possessive pronoun, e. g. *o patéras mu* 'my father', where *mu*, originally a genitive form of the personal pronoun, combines with its head *patéras* 'father' into a phonological word, without, however, becoming suffixed to it. Many languages use possessive prefixes or suffixes, which represent a further step in grammaticalization: e. g. Turkish *baba-m* 'my father'. Often possessive elements do not appear directly attached to the possessed noun, but are combined with or suffixed to a *linking element*. This mechanism is particularly common in gender or class languages, where the linker indicates the gender or class of the possessed noun in addition to the mere nexus of possessed and possessor. In the following examples linkers indicate m./f. gender or class: Albanian *katund-i y-t* (village-DEF:MASC:NOM LK:MASC:NOM-you) 'your village', *shtëpi-ja jo-t-e* (house-DEF:FEM:NOM LK:FEM:NOM-you:FEM) 'your house', Dullay *halhó h-áayyu* (husband MASC:LK-my) 'my husband', *nahté c-áayyu* (wife FEM:LK-my) 'my wife', Swahili *ki-tabu ch-angu* (*ki*-book *ki*-my) 'my book' (*ki*-class), *m-geni w-angu* (*m*-guest *w*-my) 'my guest' (*m*-class), Sursurunga *ka-k bor* (GENERAL CLASS-my pig) 'my pig', *a-k bor* (FOOD CLASS-my pig) 'my pork'. Finally, there is also the possibility that a language has regular genitive forms of personal pronouns which are employed as possessives.

For the categories expressed by possessive pronouns see the preceding section. Mention must be made here only of the distinction between *alienable* and *inalienable* possession, which is expressed by different forms of possessive pronouns in many languages (cf. Seiler 1983). For instance, in Sursurunga, a language of New Guinea, one says *ka-k bor* (see above) 'my pig' but *kiki-ng* (foot-POSS-1S) 'my foot' (Hutchisson 1986, 6—7). In this language, a possessive relation with a concept not closely associated with the possessor (alienable) is expressed by possessive markers suffixed to linkers, while a possessive relation with a concept that forms an integral part of the possessor (inalienable) is expressed by possessive suffixes attached to the possessed noun directly. The degree of alienability can be arranged along a scale of inherent relationality, ranging from clear cases of inherently relational nouns such as *father* (one can only be 'father-of'; it is impossible to do away with the relational character of fatherhood), to clear cases of non-inherently relational nouns such as *money* (one can have it, but one can just as well not have it). Languages having an inalienable/alienable distinction differ widely in where they put the turning point on the scale. I know of no language that does not at least classify kinship terms as inalienable. Next to these come parts-of-the-body terms. Normally there are also a handful of other relational concepts, such as 'side', which are classified as inalienable. Some languages further include other types of part-whole-relationships, e. g. characteristic parts of plants or tools. In general, what is considered an integral part of something may well be dependent on culture or tradition. There are languages in which 'hair' is an alienable concept, but there are others where 'lice' and 'fleas' are treated as inalienable.

Finally, a word should be said about the definiteness of possessive phrases. Language philosophers have often claimed that possessive phrases are inherently definite given the foolproof identifiability of their referent. It is a fact that in many languages (e. g. English) possessive pronouns are used without the article. Nevertheless, this is a language specific device; in Modern Greek, for instance, possessive phrases are not inherently definite and can be used with the definite, the indefinite, and the non-referential zero article.

9.3. Reflexive Pronouns

Reflexivization has been the subject of a number of recent studies, notably Faltz (1977), Everaert (1986) and Geniušienė (1987). Here we are concerned only with reflexive elements of a clear pronominal status and not with morphological means of reflexivization such as reflexive or reflexivoid diatheses ('middle voice', 'inactive' or 'anticausative', for the latter cf. Haspelmath 1987).

Reflexivity is a special type of coreference, which involves an antecedent and an element that refers to the same entity in a different semantic role and/or grammatical relation. The coreferential element is called the reflexive. Besides being expressed by a special verb form, reflexivity can also be expressed in the languages of the world by one of the following means:

(1) an invariable reflexive pronoun such as East Cushitic *ʔisi* (Somali *is*, Oromo *ufi*, etc.), which indicates reflexivity independently of gender, number, role or relation. Indoeuropean *se* probably had a similar function, which is still retained in Russian *-sya*, an element cliticized to verb forms and invariable as to person, gender, number, case, etc. In most of the daughter languages *se* became restricted to the 3rd person (cf. Latin *se* and its Romance recurrences, German *sich*,

etc.), while in the 1st and 2nd person the ordinary personal pronouns are used.

(2) a variable reflexive pronoun indicating a number of subcategories, such as person, number, gender, case, or others. Ancient Greek possessed such a pronoun: *emautôi* 'myself dat.', *emautón* 'myself acc.', *seautón* 'yourself acc.', etc.

(3) a nominal element 'the self' in combination or not with possessive pronouns. Clear instances of this sort are Albanian *vete*, def. *vetja* 'the self' (without possessive pronouns, e. g. *e lavdërova veten* 'I praised myself', lit. 'I praised the self'), Modern Greek *o eaftós* (*mu, su, ...*) 'my (your, etc.) self', Turkish *kendi-m, -n, ...* 'my (your, etc.) self', all of which are regular nouns. English *myself, yourself*, etc. is another example, though the element *self* is not as independent as the comparable lexemes of Albanian, Greek, and Turkish, so it might be suggested that the English construction is on its way to joining group 2).

(4) a nominal element of a more general meaning ('head', 'body', 'soul' or similar) in combination with possessive pronouns. This type can be exemplified by Arabic *nafs* 'soul': *qatala nafs-a-hu* (he-killed soul-ACC-his) 'he killed himself'.

(5) some subsidiary construction. In Sursurunga, a language of New Guinea which we had the opportunity to mention several times as a result of its peculiarities in the pronominal system, reflexivity is expressed by the verb 'return': 'I hit returned to me' = 'I hit myself' (Hutchisson 1986, 19).

In some languages the simple object and possessive forms of personal pronouns have their functions extended to mark reflexive relations. The practice of many European languages to express reflexivity in the 1st and 2nd person by the normal personal pronoun may be mentioned again in this connection, but there are languages which use personal pronouns as reflexives or even reciprocals in all persons. In the Grassfields Bantu language Mundani, a sentence like (30) has the three readings (a) 'They$_i$ are helping them$_j$', (b) 'They$_i$ are helping themselves$_i$', and (c) 'They are helping each other' (Parker 1986, 149):

follows. Many languages distinguish two or more methods of reflexivization, notably a reflexive diathesis and a reflexive pronoun proper. In such cases, there are language-specific rules governing the choice. Generally speaking, reflexive pronouns are preferred when the reflexive element is pragmatically prominent (e. g. focused or emphasized), or when its referent can be conceived of as being somewhat independent of the antecedent's referent (as in situations like 'seeing oneself in the mirror', 'killing oneself', where the same individual can be seen as 'split', as it were, in different roles). Another syntactic parameter is the number and the nature of the syntactic functions that can be fulfilled by reflexives (Can they occur as subjects? Is reflexivity confined to intraclausal relations or can it transgress sentence boundaries?, etc.). Finally, there may be some broader uses of reflexives, e. g. the difference between reflexive and anaphoric pronouns may be exploited to indicate degrees of distance and thus be employed to express certain aspects of switch reference, as in Chadic and Chechen (Caucasus), or logophoric relations (for logophoric pronouns proper, cf. 9.5.).

9.4. Reciprocal Pronouns

Reciprocity involves a double reflexive relation and therefore implies an intimate relationship to reflexivity. The majority of languages do not distinguish reflexivity and reciprocity at all, but merely use reflexive pronouns (whatever they may be) in plural contexts as reciprocals. Sometimes reciprocity is expressed by 'one ... another' or by halfgrammaticalized combinations thereof such as Engl. *one another, each other*, German *einander*. Yet there are a few languages that possess reciprocal pronouns proper, such as Ancient Greek (*allēl-ōn, -ois, -ous* 'each other' in genitive, dative, and accusative).

9.5. Demonstrative Pronouns

This subset of pronouns represents the grammaticalization of primarily spatiotemporal deixis. On deixis in relation to personal and demonstrative pronouns see among others

(30) { bɔ́ɔ́   ǹ- tiŋ- á   wɔ́b }
     { 3. PL:SUBJECT fact-help IMPF OBJECT- 3-PL:OBJECT }

The syntactic typology of reflexivity involves a number of parameters, the most fundamental of which may be summarized as

Lyons (1977, Chapter 15) and Anderson/Keenan (1985). The origin of demonstrative deixis (as well as of deixis in general) is the speech situation with its characteristic egocentric bias. "The speaker, by virtue of being the speaker, casts himself in the role of ego and relates everything to his viewpoint. He is at the zero-point of the spatiotemporal coordinates [...] Egocentricity is temporal as well as spatial, since the role of speaker is being transferred from one participant to the other as the conversation proceeds, and the participants may move around as they are conversing: the spatiotemporal zero-point (the here and now) is determined by the place of the speaker at the moment of utterance" (Lyons 1977, 638). As a result, demonstrative systems always center around an element that points to a referent in the vicinity of the speaker. Anderson/Keenan (1985, 280) point out that, in principle, a language might possess only a single item which could function as a general demonstrative pronoun and which would simply indicate something like 'present to speaker', without referring to distance from the speaker, or to other parameters. They observe that informal varieties of Czech come close to this situation, in that "the commonly used *ten* [...] may be used for items which are either close to or far from the speaker". In French, the neutralization of *ce-ci* and *ce-là* into simple *ce* also results in nondistinction with respect to distance from the speaker. A tendency towards a one-term deictic system seems to be an areal feature of Central Europe, since Colloquial German is characterized by the same development.

Irrespective of such rare cases of distance nondistinction, the canonical case is such that the egocentricity of the speech situation, resulting in a basic opposition between the speaker and everything else, leads to a deictic dichotomy of 'near-to-speaker' vs. 'far-from-speaker' categories. Nearly all languages examined so far possess at least two distinct categories along the basic spatial dimension. The most familiar example of a minimal two-term system is English (*this* vs. *that*); Standard German, Semitic languages (Hebrew, Arabic), Hausa, and Iroquoian are further examples from different parts of the world.

In many languages there are three-term demonstrative systems which identify their referent by a local relation to a point of reference which is prototypically a member of the person category. As might be expected, the reference point of the near demonstrative is always the speaker, while that of the distant demonstrative is always the 3rd person. According to Anderson/Keenan (1985, 282), the systems differ in the interpretation given to their middle terms. They distinguish two major types of systems: those in which the middle term points to objects in the vincinity of the addressee (person-oriented systems), and those in which the middle term points to objects that are simply more remote than the near-to-speaker category, but closer than the most distant category. It should be noted, however, that for most languages having three-term systems it is far from clear to which of the two types their systems belong, and that a system that looks distance-oriented at first sight, may still be person-oriented in its protoypical (central) instances. A rather undisputed case of a distance-oriented system seems to be Spanish, which exhibits a three-way contrast of relative distance from the speaker: close (*este*), farther away (*ese*), and comparatively remote (*aquel*). Most three-term systems seem to be person-oriented, with middle terms referring to objects in the environment of the addressee. "The Serbs say *ovo meni, to tebi i ono njemu* 'this for me, that for you, and that yonder for him', thus explicitly relating the three demonstratives to the three persons" (Greenberg 1986, xx). A rather impressive further example is Armenian, whose suffixal elements -*s*, -*d*, and -*n* indicate personal relations of the 1st, 2nd, and 3rd person, resp., on the one hand, and demonstrative relations of near, middle, and far deixis, resp., on the other, so that there is a total coincidence of personal and local deixis. Other person-oriented systems are those of Palauan and Japanese.

The distinction of more than three degrees of distance is not very frequent. What appears at first sight to be distance distinctions, often turns out upon closer inspection to be the addition of a further parameter, such as visibility. Asheninca, a language of Central Peru, is reported to have a four-term system distinguishing 'close to speaker', 'nearby', 'medium distance', and 'far away, out of sight' (Reed/Payne 1986, 330). Visibility also plays a significant role in the system of Kwakwa'la, with the difference that it is superimposed upon a person-oriented deictic system, yielding a six-way contrast between 'near to speaker, visible', 'near to speaker, invisible', etc. Genuine distance-oriented systems with more than three terms are Quileute (4 terms), CiBemba (5 terms), and Malagassy (7 terms), cf. Anderson/Keenan (1985, 286 ff). Other physical dimensions can be superimposed on deictic systems. In languages of Australia and

New Guinea there are contrasts of height relative to the speaker, and sometimes also contrasts based on geographical features such as 'downhill/uphill', 'downstream/upstream', etc.

Since time and space are closely associated in the egocentric cognitive system (i. e., what is remote in space is also remote in time), time is often encountered as a distinctive dimension parallel to space. In English, as well as in many other languages, we can use primarily spatial demonstratives referring to temporal notions; *this month* is unambiguously the current one, while *that period* refers to a remote epoch. A few languages have extra demonstratives for time reference. In Boni (a Cushitic language of Kenya), for instance, there is a contrast between a form indicating temporal remoteness (either past or future), and an 'extratemporal' or habitual demonstrative ('the usual x', 'the x I am habitually concerned with', or the like). From such cases of what we might call 'exophoric' time reference it is only a small step towards endophoric (text-oriented) temporal reference. Many languages use one of the distant demonstratives for 'the aforementioned', and this is the source of the extremely common anaphoric function of distant demonstratives. Phoricity categories may thus be inherently combined with spatial functions of demonstratives. A characteristic case is Quechua, where three degrees of deixis cover the following combinations of spatial reference and phoricity: *kay* 'this' = cataphoric (forward-referring), *chay* 'that' = anaphoric (referring back to something previously mentioned), *taqay* 'that yonder' = exophoric (referring to some object in the real world) (data from the Huallaga dialect, cf. Weber 1986, 336). On the other hand, there are also some languages that separate the two dimensions of distance and phoricity. In Hausa, for instance, there is a special anaphoric demonstrative 'the one previously mentioned', which contrasts with a pair of cataphoric demonstratives differentiated according to a two-term system of distance ('this new one', 'that new one'). In the Niger-Congo language Yạg Dii of Cameroun (Bohnhoff 1986, 124) there are two phoricity categories in addition to the spatial deictic system, viz. 'that previously mentioned' and 'that just mentioned'. The rare case of a language having *only* endophoric pronouns is exemplified by the Brazilian language Maxakalí, which distinguishes *'ohõm* ~ *'õm* 'this one now being introduced' vs. *nõ'õm* ~ *nõm* 'that one already introduced'.

Before leaving the subject of demonstratives, let us briefly discuss a further phoricity function which is sometimes assumed by demonstratives, the so-called *logophoric* function. "Logophoric pronouns are used to mark coreference with a participant whose speech, thoughts or feelings are being reported in a particular syntactic context" (Parker 1986, 151). Logophoric or 'reported speech' reference is an areal feature of West African languages and has been well described for several languages of this part of the world (e. g. Clements 1975 on Ewe; Hyman/Comrie 1981 on Gokana; Voorhoeve 1980 on Bantu in general; cf. also the comparative treatment by Hagège 1974). Logophoric pronouns are chiefly used in object clauses dependent on a verb of speaking, thinking, hearing or feeling. They are coreferent with the subject of the superordinate verb and distinguish its referent from other third person referents in the sentence. In addition to the logophoric demonstrative proper, similar disambiguating functions can be fulfilled by reflexives, possessives, and other types of pronouns, which usually combine to form an entire system of logophoric marking, which may even extend its function to areas such as switch reference, subordinate clause formation, hortative constructions, etc.

9.6. Relative Pronouns

Let us define a relative pronoun as a proform which replaces the empty slot of a relative clause (i. e. the so-called 'relativized element'), as in English *who* in (31), which replaces the deleted subject of *wrote that*:

(31) The man who wrote that was a genius

Very few languages possess relative pronouns in this sense; it is one of the minor relativization strategies to form relative clauses with relative markers that take over the grammatical categories of the relativized element. Other types of relative clause formation such as attributive markers, invariable relative markers or conjunctions, determiners of sorts, specific relative forms of the verb, or relative participles are by far more frequent. The particles involved are often called relative pronouns, but if we take pronouns in the narrow sense defined above as a replacer category, the term is inadequate in most cases. For relative clause formation in general and a detailed description of the relevant strategies cf. Lehmann (1984).

Most of the languages for which genuine relative pronouns have been described are members of the Indoeuropean family, in which such pronouns derive from two different sources: interrogative and demonstrative. Interrogative-based relatives may arise through the correlative 'diptychon'-construction (Lehmann 1984, 147 ff), such as (in ungrammatical English)

(32) which man wrote that, he was a genius
which man wrote that was a genius

while demonstrative-based relatives develop from relative constructions with a determining/attributivizing 'linker':

(33) the man, this (who) wrote that, was a genius

For the development of relative clauses in Indoeuropean cf. Hettrich (1988).

9.7. Interrogative Pronouns

The class of interrogative elements is almost universal, although in languages that do not distinguish an extra category of pronouns, interrogatives may exist in forms other than those of the pronominals. One of the exceptions to universality is Lyélé, a language of the Gur branch of the Niger-Congo family, which is said to use demonstratives with question intonation for interrogatives (Showalter 1986, 209 f). In Godié (Marchese 1986, 231) the interrogative pronoun is not distinct from the relative, but here I would argue that the interrogative is used for the formation of relative clauses (cf. 9.6.), rather than the other way around, though it seems that the element in question is derived from the demonstrative/anaphoric 3rd person pronoun. In any case, languages lacking a distinct set of elements with exclusively interrogative function are very few in number.

Interrogatives universally tend to distinguish an animate (*who*?) and an inanimate (*what*?) form, irrespective of any other types of gender distinction which may be present in the language, or of the lack of noun classification. Very few languages have been reported to lack this distinction; one example is Asheninca (Reed/Payne 1986, 322 ff), which has only one general interrogative pronoun $t^{sh}ika$ 'who, what, where, when, ...', the more subtle differences being either inferred by the semantics of the verb or explicitly marked by verbal affixes (e. g. $t^{sh}ika$ + instrumental affix gives 'why').

In addition to 'who' and 'what', languages quite often also distinguish an interrogative pronoun used for giving choices and comparable to English *which*.

The interrogative pronouns 'who' and 'what' usually lack distinct plural forms, because number is normally either irrelevant or not yet specifiable in the question. There are some notable exceptions, such as Ojibwe (Schwartz/Dunnigan 1986, 302).

The most striking syntactic feature of interrogatives is their universal tendency to occur in focus constructions. In Amharic, for instance, a word question is more or less obligatorily formed with the question word clefted:

(34) yet näw yämmihedut
where is they-are-going-REL
'where is it that they are going?'

This corresponds exactly to the answers to such questions, which have the same structure with the questioned constituent in focus:

(35) G^{w}ändär näw yämmihedut
'It is Gondar that they are going to'

There is another common syntactic rule involving interrogatives, which has received much attention in the literature, viz. that of question word fronting ('WH-movement'), such as in English

(36) What did you say?

It may be assumed that this syntactic operation is nothing but an historical offshoot of question word focusing (cf. Sasse 1977, where focus is misleadingly called 'topic'). In some languages interrogatives are obligatorily combined with particles such as those which characterize sentence questions. This practice can perhaps be interpreted as another manifestation of the tendency to set off the question word as a separate predicative element from the rest of the sentence in order to give it discourse-pragmatic prominence, so that the syntactic behavior of interrogatives can generally be explained in terms of their inherent focus character.

9.8. Indefinite Pronouns

Very little can be said here about indefinites except that they are not a universal subgroup of pronouns. Even in the Classical languages, on the basis of which the terminology was developed, they appear to be a wastebasket category including *bona fide* pronouns side by side with nouns, quantifiers of sorts and other elements. If we look into the equivalents of 'all', 'some', 'any', 'every', 'something', 'nothing', etc., in the languages of the world, we normally find a number of heterogeneous forms that have nothing in common to justify their classification into a distinct subgroup of pronouns. In Egyptian Arabic, for instance, all of these concepts are expressed by regular nouns. 'all' is the noun *kull* 'allness'; 'someone' and 'something' are expressed by the words for 'man' and 'thing', resp., which, combined with the verb in the negative form, yield the equivalents of 'nobody' and 'nothing'. Even in familiar languages such as English, many indefinite pronouns consist of an element indicating indefiniteness and a noun of general meaning such as 'person' or 'thing'. Yet it is not uncommon for languages to possess a 'derived' category of indefinite pronouns on the basis of interrogatives. In Quechua the interrogatives are used to form questions when combined with the question marker (-*taq*), and indefinites when suffixed with the indefinite marker- *pis*: *pi-taq* 'who?': *pi-pis* 'someone' (cf. Weber 1986, 336). In To'abaita (Oceanic), indefinites are formed by adding *bana* 'just, only' to the interrogatives (Simons 1986, 30). The traditional Indoeuropean practice is to derive indefinites from interrogatives by dropping the accent.

9.9. Other Pro-forms

In principle, all so-called 'pronouns in adjectival use' (possessive adjectives, demonstratives when used attributively, the interrogative adjective 'which', etc.) are *pro-adjectives*. All of these types have already been discussed in the relevant sections under pronouns.

Pro-adverbs are mainly found in interrogative, demonstrative, and indefinite functions, cf. English 'where', 'when', 'here', 'there', 'how', 'thus', 'somewhere', 'somehow'. Pro-adverbs are extremely common in languages all over the world, but still there are some languages that lack them and instead use noun phrases (e. g. 'this place', 'some place', 'which place' for 'here', 'somewhere', and 'where', resp.) or interrogative verbs (cf. below).

Pro-numerals are interrogative, demonstrative, and indefinite quantifiers such as Latin *quot* 'how many', *tot* 'so many', *quotus* 'the how many-eth', etc.

There may also exist *pro-verbs* of different kinds. Mandarin Chinese is known to distinguish the general form *lai* 'do it' from the demonstrative *tzemme* 'do this' and *nemme* 'do that'. There are also some languages that use interrogative pro-verbs, which may be of the 'do what?'-type (Southern Paiute *ayan·i* 'do what?, act how?' and *an·ia* 'say what?') or act as equivalents of pronominal/proadverbial question words (Yana *beema'a-* 'be where?', *beeyauma-* 'be when?').

On 'yes', 'no', and tag questions, which are sometimes called 'pro-sentences' and 'pro-clauses', cf. Schachter (1985, 32).

10. Particles and their Subclasses

10.1. Conjunctions

Particles that join clauses or parts of clauses (words or phrases) are traditionally called conjunctions. Two subclasses of conjunctions are usually distinguished, *coordinating* (e. g. *and, or, but*) and *subordinating* (e. g. *if, when, because, while*). Some scholars prefer a more detailed subclassification, e. g. *Duden* (1973, 316): (i) coordinating, (ii) 'constituent conjunctions' (*as, like*), (iii) infinitive or gerundial (*in order to ..., without ... ing*), (iv) clausal (= subordinating). We, however, will pass over a detailed classification of conjunctions, although no doubt preferable in a language-specific analysis, and regard the basic distinction between coordinating and subordinating conjunctions as adequate and sufficient for the general purpose of our discussion.

For *coordination* in general, including the discussion of conjunctions and their syntactic peculiarities, cf. Brettschneider (1978), Dik (1968), Payne (1985). Coordinating conjunctions assign equal rank to the elements they connect. The basic coordinating conjunction is *and*. I have come across no language that does not possess an equivalent of *and*, though often in the form of an affix rather than a particle. Many languages have at least two *and*-s, one of which is normally restricted to clause or sentence conjoining, while the other is predominantly used for connecting noun phrases. In Somali, for instance, *iyo* joins nouns and *oo* joins verbs and adjectives. Equivalents of *and* reserved for joining nouns are often identical with or historically derived from comitative elements (cf. Swahili *na* 'and' = 'with', as well as many other examples from all over the world), and it is by virtue of their inherent comitative semantics that they cannot be used for joining verbs. On the other hand, there is an intimate relationship between conjunctions joining verbs (clauses or sentences) and elements indicating a temporal sequence ('then' → 'and then' → 'and').

Aside from elements with pure connective functions, most if not all languages possess coordinating conjunctions carrying additional semantic shades, such as selective (*or* — inclusive or exclusive), adversative (*whereas, but*), etc. Sometimes even temporal, causal, concessive, and other relationships may be expressed by coordinating conjunctions. Since the distribution of coordination and subordination is ruled by language specific principles, conjunctions that introduce subordinate clauses in one language may have coordinative equivalents in another; even within one language the same relationship may be expressed in both ways: in German *denn* 'because' is coordinating, while its synonym *weil* is subordinating.

The structural principles of coordination differ considerably from language to language. Conjunctions are often correlative ('corresponding'), as in Kanuri *kwâ-à kámu-à* 'the man and the wife', thus giving more coherence to the coordinated phrase as a whole. There may be one coordinator for each element joined, or one coordinator less than the number of such elements. Another structural principle is that of 'gapping', i.e. the omission of elements under identity in coordination (e.g. *Peter is eating potatoes and Mary Ø rice*). Finally, there is cross-linguistic variation with regard to the conjoined element (preposed or postposed).

In now turning our attention to subordinating conjunctions, we must first state that they are not a universal class. The presence of such conjunctions in a language depends on the mechanism employed for connecting main and subordinate clauses. Conjunctions are typically found in languages which use finite verb forms (regardless of whether or not differentiation takes place between the indicative and subjunctive) in both types of clauses. Indoeuropean and Semitic languages, which express most of the connective relations between clauses by conjunctions, belong to this type of languages. On the other hand, there are languages like Agaw in Central Ethiopia (cf. Hetzron 1976, 21), that do not have any subordinating conjunctions at all, but express the subordinative relationship between a main and a dependent clause by means of a large inventory of special subordinative paradigms (a 'because'-paradigm, a 'when'-paradigm, an 'although'-paradigm, etc.), correlating with a finite main-clause paradigm. Lack of subordinators in certain languages may also be due to the fact that their basic clause-connecting strategy is not one of subordination at all, but of juxtaposition, where the semantic relationship between the clauses is left to inference as opposed to being signalled explicitly by conjunctions. This seems to be the case in Iroquoian and other American Indian languages (cf. Mithun 1984).

Because of the intimate relationship between the presence of conjunctions and the typology of complex sentences, conjunctions are often innovated or borrowed. One common source for conjunctions is nouns + relative clauses ('time that' → 'when', 'reason that' → 'because'), hence the affinity of adverbial clauses to relative or attributive constructions in many languages. Further discussion of possible sources for conjunctions can be found in Braunmüller (1978), Lord (1976), Meillet (1915), and Mitchell (1984). On borrowing of conjunctions cf. Thompson/Longacre (1985, 204 f).

From a syntactic point of view, subordinating conjunctions can be divided into three subgroups according to what type of constituent they mark: those which introduce clausal complements of 'substantive clauses' (i.e. conjunctions of the 'that' type), those which introduce attributive clauses (relative markers), and those which introduce adverbial clauses ('when', 'because', etc.). On relative markers cf. 9.6. It is not possible here to discuss the various semantic and typological problems associated with complementation and adverbial clause formation; for detailed discussions the reader is referred to Noonan (1985) and Thompson/Longacre (1985). Some general information can also be obtained from Bossong (1979) and Haiman/Thompson (1984).

10.2. Adpositions

The term adposition has been established recently in order to cover prepositions, postpositions, and circumpositions. For a general survey cf. Kahr (1975); for Indoeuropean Delbrück (1893) and Wackernagel (1924) are still useful. Adpositions are function words which enter a specific syntactic relationship with a noun or noun phrase and which at the same time indicate the functional role of the noun within the sentence. In English, for instance, a phrase like *on the wall* in *the picture is hanging on the wall* structurally displays characteristics of a specific type of endocentric construction, usually called 'prepositional phrase', while functionally it serves to express a participant role within the greater context of the state of affairs described by the verb, namely a type of location (that of contiguity).

The syntactic relationship which exists between the adposition and its noun in European languages may be described as 'government'; the noun of an adpositional phrase is *governed* by the adposition, hence the widely used term 'object of preposition' (for a detailed discussion of 'government' cf. Lehmann 1983). It is doubtful whether adpositional phrases are *always* adequately described in terms of government; they are often related instead through some form of attribution (genitive or possessive phrase), as in Turkish *Aladağın ardında* 'behind the A. mountain'. Both types of syntactic relations may combine in cases such as Engl. *by means of ...* or the formal Amharic circumposition *bä ... wəsṭ* 'in' (lit. 'in the middle of').

A formal parameter that has received much attention in the literature since Greenberg (1966) is that of the occurrence of prepositions vs. postpositions. It has been claimed that there is a functional relationship between the position of the adpositional element (either before or after the noun) and the basic word order of a language. The common denominator is the position of the object relative to the verb: languages with VO order tend to have prepositions, while languages with OV order tend to have postpositions (cf. the article on word-order typology in vol. II). The presence of circumpositions may thus indicate an intermediate position between pre-specifying OV and post-specifying VO order.

Moving now from the formal to the functional aspects of adpositions, it is important to note from the outset that a thorough-going analysis of this word class can only be undertaken in the broader context of case relations. Like case markers, preverbs, and other types of relational markers, adpositions serve to express the relationship that exists between entities and a state of affairs they are involved in. In other words, adpositional phrases, like case forms of the noun, express adverbial and/or complemental relations. As for the semantic types expressed by adpositions, we all know from the attempts of Fillmore, Starosta, Dik and others how difficult it is to establish a universal set of semantic roles in terms of which all case systems could be described. In principle, any type of relationship between a state of affairs and an entity, as long as it has any social relevance, could be posited as a semantic role. Moreover, it is hard to decide where the exact borderline is between an individual semantic role connected with an individual state of affairs and a 'type'. If we take verbs of consumption as an example, we can establish 'eater' and 'thing eaten' as an individual pair of roles, for instance. Considering the larger class of verbs of consumption in their entirety, we can establish two role types: 'consumer' and 'thing consumed', which would be comprised of subjects and objects of verbs of drinking, swallowing, and so on. What prevents us from stopping here? We could just as well go a step further, imagining an ever larger class of physical activities, until we arrive at general role types such as 'actor' and 'undergoer'. In other words, the arbitrariness of establishing role types has always been a complicating factor in the analysis of case relations. Nevertheless, a rough subclassification into three groups may prove useful: (1) roles that characterize central participants (actor, undergoer, beneficiary, recipient, ...); (2) circumstantials (instrument, quality, source, ...); (3) spatio-temporal relations (interior, exterior, anterior, posterior, ...). But the exact number of members in each group necessary for a description at the universal level still remains unclear.

It is an established fact that languages tend to express spatiotemporal and circumstantial relations by adpositions, central participants, however, by case affixes or position in the sentence (cf. the main European languages). Nevertheless, there is quite a number of languages in which adpositions express pure grammatical relations; in Japanese, for instance, the postpositions *ga* and *o* mark subjects and objects, respectively.

Let us finally touch on the functional (and historical) relationships in the broader field of case relations, the position of adpositions in this field, and some of the ways languages lacking a distinct word class of adpositions express their semantic equivalents. There is a continuum between adverbs, adpositions, and case morphemes (cf. Kahr 1976). Adverbs often become adpositions, and the latter evolve into case affixes, cf. also Lehmann (1982). Other sources for adpositions are nouns and serial verbs (on the latter especially Clark 1979 and Hagège 1975). Many languages possess a special class of *locational nouns*, which are often derived from parts-of-the-body terms ('heart' = 'interior', 'head' = 'top', etc.). These words often cause extreme difficulties in word classification because of their intermediate status between nouns and adpositions/adverbs. For instance, the Kenyan language Boni possesses a dozen or so locational elements (e. g. *dóoŋ* 'backside', *kór* 'top') which are nouns as far as their inflectional characteristics are concerned, but are heavily restricted with regards to their distribution. This closed subclass of nouns functions as an equivalent of postpositions. A postpositional phrase is formed by a special type of genitive construction normally reserved for topicalized possessors but not bearing such a connotation here; what corresponds to the object of the postposition is preposed in its unmarked form and followed by the locational noun to which the possessive suffixes are attached: *míŋi dóonŋjj* 'behind the house' (lit. 'the house its back'), *míŋi kórjj* 'on top of the house' (lit. 'the house its top').

Some languages express case relations in the predicate rather than in the participant expression whose status they are supposed to signal. Fillmore (1968) was one of the first to draw attention to the fact that this practice is common in the Philippine languages, where the case role of the predication base (the 'subject' or 'topic') is indicated by affixes attached to the predicate. Somali uses four preverbs (originally adverbs and found as postpositions in related languages) 'locative', 'benefactive', 'directive', and 'ablative', to specify the case role of the otherwise unmarked object ('absolutive') case. Iroquoian has a set of suffixes indicating details of the case role of the object prefix (locative, benefactive/recipient, instrumental, and others). In both Somali and Iroquoian absence of an affix means that the object is to be interpreted as an undergoer/patient of the action.

10.3. Other Types of Particles

Other subtypes of function words may be distinguished according to their functional and distributional peculiarities, such as *articles* and similar determiners (Engl. *the, a*), *auxiliaries* (Engl. *be, will*), and *verb particles* (Engl. *up* in *wake up*). These subcategories are too language-specific to justify cross-linguistic treatment here; for some generalizations cf. Schachter (1985, 40–46); on auxiliaries Steele (1978).

11. Numerals

Numerals are only going to be discussed here in passing, because they rarely constitute a word class distinct from those of nouns or adjectives. Those Indoeuropean languages in which numerals are a sharply distinct category, due to both their specific declensional characteristics and to their specific distributional behavior, are the exception rather than the rule. In Turkish and Classical Arabic, for instance, there is nothing to suggest that numerals must be classified in any other way than as ordinary nouns. With regard to the general word-class assignment of numerals, there seems to be a universal tendency that smaller numerals are adjectival in nature and larger nominal (Greenberg 1978, 252). What makes numerals often enjoy a special status even within the major word class they are assigned to is, first of all, their property of representing a series or progression (Hurford 1975, 1), a fact that influences both their phonological and their morphosyntactic behavior, and, secondly, the specific syntactic mechanisms of numeral combination (addition, multiplication, etc.; cf. Greenberg 1978, 257 ff, and Brandt Corstius 1968).

The notion of numeration and the individual concepts of particular numbers seem to be universal. Every known language has a way of naming at least a few numbers. The smallest inventory attested thus far seems to be that of the Port Essington language, Tasmania, with 1, 2, 2 + 1, 'many'. Languages which count to ten by the combination of four elements are found in New Guinea, e. g. Dagur and Vatai, with the following system: 1, 2, 2 + 1, 4, 4 + 1, 4 + 2, 4 + (2 + 1), 4 + (2 + 2), 4 + (2 + 1) + 2, 10. The parenthesized sums are represented by simple words. In Australia and New Guinea, sporadically also in Africa, systems are found which count to four by means of specific number words, and then go on by using the words 'hand' and 'foot' in combination with the number words for higher numbers ('hand' = 5, 'hand +1' = 6, etc., 'two hands' = 10; 'two hands + foot' = 15; 'two hands + two feet' or 'entire man' = 20).

In certain languages numerals belong to the larger word class of *quantifiers*, which is distinguished by specific syntactic characteristics and which, in addition to numerals, is made up of such elements as 'many', 'much', 'few', 'all', etc.

Further details about numeral systems may be found in the general works of Greenberg (1978), Hurford (1975), Stampe (1977), and Brandt Corstius (1968).

12. Interjections

This word class is often treated very summarily in the grammars of individual languages as well as in theoretical parts-of-speech studies. The reason is that interjections are not a uniform category and cannot be defined as representatives of a certain syntactic functional slot. In other words, they may constitute a word class, but not a syntactic category. Moreover, they enjoy a special status among the word classes in so far as they cannot be strictly classified: neither as full words, nor as function words. Interjections are uninflectable particles that function as equivalents of entire sentences. Theoretically, they may replace any type of sentence; most of the time, however, interjections function as equivalents of exclamatory sentences. English examples of interjections functioning to replace various sentence types are the following: *uh?* (interrogative); *yeah, aha* (declarative); *hey, pst, shh* (imperative); *pshaw, oh, wow, ouch* (exclamatory).

Interjections are practically universal among the world's languages; at any rate this author has not come across any language that lacks them. However, not only the presence, but also the main characteristic of interjections, their general tendency to display phonological behavior otherwise unknown in the language, is common for all languages. Phonological deviation may be of different kinds. For example, in German and in English, as well as in many other languages, interjections are the only group of morphemes in which consonantal syllable nuclei are allowed: German *brr* 'stop' (said to horses), *pst* 'be quiet!', Engl. *tsk-tsk, hm*, etc. In Dullay, interjections are the only elements of the language that violate an otherwise obligatory morpheme structure rule which inhibits final consonants. Furthermore, a number of consonant phonemes are restricted to interjections, e. g. Gollango *c* in *cé* 'giddy up!'.

Apart from their phonological peculiarities, interjections rarely exhibit any specific formal characteristics. They are seldom incorporated into the rest of the grammatical system. One notable exception is Albanian where interjections that function as imperatives may take plural forms, e. g. *hë* [hə] 'up!', 'let's go!', pl. *hë-ni*.

There is some affinity and perhaps a blurry dividing line between interjections and ideophones. In fact the class of interjections often constitutes a 'backdoor' through which onomatopoeic material enters the vocabulary. For instance, the Amharic interjection *k'ucc'* 'sit down!' yielded the ideophone *k'ucc'* in *k'ucc' alä* ('say *k'ucc'*'), which is presently the normal word for 'to sit'. In particular, interjections used to call animals often turn into names for the animals themselves. An especially striking example is the interjection commonly used to call cats, *ps ps*, which led to the nomenclature of this animal in many languages: English *pussy*, Modern Greek *psipsina* (child language), Turkish *pisi* (child language), Arabic *bass(a)*, Somali *bisad*, etc.

13. References

Amborn, H., G. Minker, und H.-J. Sasse. 1980. Das Dullay. Materialien zu einer ostkuschitischen Sprachgruppe. Berlin.

Anderson, S. R., and E. L. Keenan. 1985. Deixis. Language typology and syntactic description, vol. 3, ed. by T. Shopen, 259–308.

Bates, E., and B. MacWhinney. 1982. Functionalist approaches to grammar. Language acquisition: the state of the art, ed. by Eric Wanner & Lila Gleitmann, 173–218. Cambridge.

Benveniste, E. 1956. La nature des pronoms. For Roman Jakobson, ed. by M. Halle et al., 34–37. The Hague.

—. 1966. Problèmes de linguistique générale. Paris.

Bohnhoff, L. E. 1986. Yǎg Dii (Duru) pronouns. Pronominal systems, ed. by U. Wiesemann, 103–129.

Bolinger, D. 1979. Pronouns in discourse. Syntax and Semantics, discourse and syntax, vol. 12, 289–309. New York.

Borer, H. (ed.) 1986. Syntax and Semantics, the syntax of pronominal clitics, vol. 19. New York.

Bosch, P. 1983. Agreement and anaphora. A study of the role of pronouns in syntax and discourse. New York.

Bossong, G. 1979. Typologie der Hypotaxe. Folia linguistica 13. 33–54.

Brandt Corstius, H. 1968. Grammars for number names. Dordrecht.

Braunmüller, K. 1978. Remarks on the formation of conjunctions in Germanic languages. Norwegian Journal of Linguistics 1. 99–120.

Breeze, M. J. 1986. Personal pronouns in Gimira. Pronominal systems, ed. by U. Wiesemann, 47–69.

Brettschneider, G. 1978. Koordination und syntaktische Komplexität. Zur Explikation eines linguistischen Begriffs. München.

Broschart, J. 1987. Noun, verb, and participation. (akup 67). Köln.

Burquest, D. A. 1986. The pronoun system of some Chadic languages. Pronominal systems, ed. by U. Wiesemann, 71—101.

Capell, A. 1964. Verbal syntax in Philippine languages. Philippine Journal of Science 93. 231—249.

Casad, E. H. 1977. Location and direction in Cora discourse. Acta Linguistica Hafniensia 19. 216—241.

Clark, M. 1979. Coverbs: Evidence for the derivation of prepositions from verbs — New evidence from Hmong. Working Papers in Linguistics Hawaii 11.2. 1—12.

Clements, G. N. 1975. The logophoric pronoun in Ewe: Its role in discourse. Journal of West African Languages 10. 141—177.

Coseriu, E. 1973. Probleme der strukturellen Semantik. Tübingen.

—. 1987. Über die Wortkategorien. Formen und Funktionen. Studien zur Grammatik ed. by E. Coseriu, 24—44. Tübingen. [Span. Original 1955].

Courtenay, K. 1976. Ideophones defined as a phonological class: The case of Yoruba. Studies in African Linguistics Suppl. 6. 13—26.

Croft, W. 1984. Semantic and pragmatic correlates to syntactic categories. Papers from the Parasession on Lexical Semantics, ed. by David Testen et al., 53—70. Chicago: CLS.

Delbrück, B. 1893. Vergleichende Syntax der indogermanischen Sprachen, Teil I. Straßburg.

Demers, R. A., and E. Jelinek. 1982. The syntactic function of person marking in Lummi. Preprints to the 17th International Conference on Salish and Neighboring Languages (ICSNL), 24—47.

—. 1984. Word-building rules and grammatical categories of Lummi. Preprints to the 19th ICSNL. Working Papers of the Linguistic Circle of Victoria 4 (2). 39—49.

Diem, W. 1973. Skizzen jemenitischer Dialekte. Beirut.

Dik, S. C. 1968. Coordination. Its implications for the theory of general linguistics. Amsterdam.

Dixon, R. M. W. 1972. The Dyirbal Language of North Queensland. Cambridge.

—. 1977. Where have all the adjectives gone? Studies in Language, 1. 19—80.

Doke, C. M. 1935. Bantu linguistic terminology. London.

Du Bois, J. 1980. Beyond definiteness: The trace of identity in discourse. The pear stories, ed. by W. L. Chafe, 203—274. Norwood, NJ.

Duden. 1973. Grammatik der deutschen Gegenwartssprache, 3. bearb. und erw. Auflage, hrsg. von Paul Grebe et al. Mannheim.

Everaert, M. 1986. The syntax of reflexivization. Dordrecht.

Faltz, L. M. 1977. Reflexivization: A study in universal syntax. Berkeley, CAL: dissertation.

Fillmore, Ch. 1968. The case for case. Universals in linguistic theory, ed. by E. Bach & R. T. Harms, 1—88. New York.

Foley, W. A., and R. D. Van Valin, Jr. 1984. Functional syntax and universal grammar. Cambridge.

Forchheimer, P. 1953. The category of person in language. Berlin.

Fries, Ch. C. 1952. The structure of English. London.

Geniušienė, E. 1987. A typology of reflexives. Berlin.

Givón, T. 1978. Definiteness and referentiality. Universals of human language. Vol. 4, Syntax, ed. by J. Greenberg 291—330.

—. 1984. Syntax: A functional-typological introduction. Vol. 1. Amsterdam.

Gleason, Jr., H. A. 1961. An introduction to descriptive linguistics. Revised edition. New York.

Greenberg, J. H. 1966. Some universals of grammar with particular reference to the order of meaningful elements. Universals of Language, ed. by J. H. Greenberg, 73—113. Cambridge, MA.

—. 1978. Generalizations about numeral systems. Universals of human language, ed. by. J. H. Greenberg, 249—295.

—. 1986. Introduction. Pronominal Systems, ed. by. U. Wiesemann, XVIII-XXI.

—. (ed.) 1978. Universals of human language. Vol. 3, Word structure. Stanford.

Hagège, C. 1974. Les pronoms logophoriques. Bulletin de la Société de Linguistique de Paris 69. 287—310.

—. 1975. Le problème linguistique des prépositions et la solution chinoise. Paris.

—. 1982. La structure des langues. Paris.

Haiman, J. 1978. Conditionals are topics. Language 54. 564—589.

—. (ed.) 1985. Iconicity in syntax. Amsterdam.

Haiman, J., and S. A. Thompson. 1984. 'Subordination' in universal grammar. Berkeley Linguistics Society 10. 510—523.

Haspelmath, M. 1987. Transitivity alternations of the anticausative type. Arbeitspapier Nr. 5 (NF). Köln: Institut für Sprachwissenschaft.

Hermann, E. 1928. Die Wortarten. Berlin.

Hettrich, H. 1988. Untersuchungen zur Hypotaxe im Vedischen. Berlin.

Hetzron, R. 1976. The Agaw languages. Afroasiatic Linguistics 3/3.

Himmelmann, Jr., N. 1987. Morphosyntax und Morphologie — Die Ausrichtungsaffixe im Tagalog. München.

Hockett, Ch. F. 1966. The problem of universals in language. Universals of Language, ed. by J. H. Greenberg, 1—29. Cambridge, MA.

Hopper, P., and S. A. Thompson. 1984. The discourse basis for lexical categories in universal grammar. Language. 60. 703—752.

—. 1985. The iconicity of the universal categories 'Noun' and 'Verb'. Iconicity in syntax, ed. by J. Haiman, 151—183.

Hurford, J. R. 1975. The linguistic study of numerals. Cambridge.

Hutchisson, D. 1986. Sursurunga pronouns and the special uses of quadral number. Pronominal Systems, ed. by U. Wiesemann, 1—20.

Hyman, L., and B. Comrie. 1981. Logophoric reference in Gokana. Journal of African Languages and Linguistics 3. 19—37.

Ingram, D. 1978. Typology and universals of personal pronouns. Universals of human language, ed. by J. H. Greenberg, 213—247.

Jacobsen, W. H. 1979. Noun and verb in Nootkan. The Victoria conference on northwestern languages, ed. by B. S. Efrat, 83—155. British Columbia Provincial Museum.

—. 1980. Inclusive/exclusive: A diffused pronominal category in Native Western North America. Papers from the Parasession of Pronouns and Anaphora, ed. by Kreiman & Ojeda, 204—227.

Kahr, J. C. 1975. Adpositions and locationals: Typology and diachronic development. Working Papers in Language Universals 19. 21—54.

—. 1976. The renewal of case morphology: sources and constraints. Working Papers in Language Universals 20. 107—151.

Kinkade, M. D. 1976. The copula and negatives in Inland Olympic Salish. International Journal of American Linguistics 42. 17—23.

—. 1983. Salish evidence against the universality of 'noun' and 'verb'. Lingua 60. 25—40.

Koehn, E., and S. Koehn. 1986. Apalai. Handbook of Amazonian Languages, vol. 1, ed. by D. C. Derbyshire & G. K. Pullum, 32—127. Berlin, etc.

Kreiman, J., and A. E. Ojeda (eds.) 1980. Papers from the Parasession of Pronouns and Anaphora. Chicago: CLS.

Kuipers, A. H. 1968. The categories verb-noun and transitive-intransitive in English and Squamish. Lingua 21. 610—626.

Langacker, R. W. 1987. Nouns and Verbs. Language 63. 53—94.

Lehmann, C. 1982. Thoughts on grammaticalization. A programmatic sketch. (akup 48). Köln.

—. 1983. Rektion und syntaktische Relationen. Folia linguistica 17. 339—78.

—. 1984. Der Relativsatz. Tübingen.

Lord, C. 1976. Evidence for syntactic reanalysis: From verb to complementizer in Kwa. Papers from the Parasession on Diachronic Syntax, April, 1976, ed. by S. B. Steever, C. A. Walter & S. S. Mufwene. Chicago: CLS.

Lyons, J. 1968. Introduction to theoretical linguistics. London.

—. 1977. Semantics. Vol. 2. Cambridge etc.

Marchand, H. 1969. The categories and types of Present Day English word-formation. München.

Marchese, L. 1986. The pronominal system of Godié. Pronominal systems, ed. by U. Wiesemann, 217—255.

Maytinskaya, K. E. 1969. Mestoimeniya v yazykax raznyx sistem. Moscow.

Meillet, A. 1915 ff. Le renouvellement des conjunctions. Annaire de l'Ecole pratique des Hautes Etudes, section historique et philologique. (Reprinted in Linguistique historique et linguistique générale, 1921—36, 2 vols. ed. by A. Meillet, 159—174. Paris.

Miller, R. A. 1967. The Japanese language. Chicago, London.

Mitchell, B. 1984. The origin of Old English conjunctions. Some problems. Historical syntax, ed. by J. Fisiak, 271—299. Berlin.

Mithun, M. 1984. How to avoid subordination? Berkeley Linguistic Society 10. 493—509.

Mithun, M., and R. Henry. 1982. Watewayéstanih. A Cayuga teaching grammar. Brantford, Ontario.

Modèles Linguistiques. Tome VI, Fascicule 1 (1984). Lille.

Noonan, M. 1985. Complementation. Language typology and syntactic description, vol. 2, ed. by T. Shopen, 42—140.

Parker, E. 1986. Mundani pronouns. Pronominal Systems, ed. by U. Wiesemann, 131—165.

Payne, J. R. 1985. Complex phrases and complex sentences. Language typology and syntactic description, vol. 2, ed. by T. Shopen, 3—41.

Reed, J., and D. L. Payne. 1986. Asheninca (Compa) pronominals. Pronominal systems, ed. by U. Wiesemann, 323—331.

Robins, R. H. 1952. Noun and verb in universal grammar. Language 28. 289—298.

—. 1965. General linguistics: An introductory survey. London.

Ross, J. R. 1972. The category squish: Endstation Hauptwort. Papers from the regional meetings of the Chicago Linguistic Society 8. 316—328.

—. 1973. Nouniness. Three dimensions of linguistic theory, ed. by O. Fujimura, 137—257. Tokyo.

Samarin, W. J. 1965. Perspective on African ideophones. African Studies 24. 117—121.

Sapir, E. 1921. Language. New York.

Sasse, H. J. 1977. A note on WH-movement. Lingua 41. 343—354.

—. 1982. Subjektprominenz. Fakten und Theorien. Festschrift für H. Stimm zum 65. Geburtstag, hrsg. von S. Heinz & U. Wandruszka, 267—286. Tübingen.

Schachter, P. 1985. Parts-of-speech systems. Language typology and syntactic description, vol. 1, ed. by T. Shopen, 3–61.

Scheerer, O. 1924. On the essential difference between the verbs of the European and the Philippine languages. Philippine Journal of Education 7. 1–10.

Schmerling, S. 1983. Two theories of syntactic categories. Linguistics and Philosophy 6. 393–421.

Schwartz, L. J., and T. Dunnigan. 1986. Pronouns and pronominal categories in Southwestern Ojibwe. Pronominal systems, ed. by U. Wiesemann, 285–322.

Seiler, H. 1983. Possession as an operational dimension of language. Tübingen.

Shopen, T. (ed.) 1985. Language typology and syntactic description. Vol. 1, Clause structure. Vol. 2, Complex constructions. Vol. 3, Grammatical categories and the lexicon. Cambridge.

Showalter, C. 1986. Pronouns in Lyélé. Pronominal Systems, ed. by U. Wiesemann, 205–216.

Siegel, Muffy E. A. 1976. Capturing the adjective. Amherst: dissertation.

Simons, L. 1986. The pronouns of To'abaita. Pronominal Systems, ed. by U. Wiesemann, 21–35.

Stampe, D. 1977. Cardinal number systems. Papers from the regional meetings of the Chicago Linguistic Society 12, 594–609.

Steele, S. 1978. The category AUX as a language universal. Universals of human language, ed. by J. H. Greenberg, 7–45.

Swadesh, M. 1939. Nootka internal syntax. International Journal of American Linguistics 9. 77–102.

Thompson, S. A. 1985. A discourse approach to the linguistic categorization of property concepts: adjectives, nouns or verbs? MS.

Thompson, S. A., and R. Longacre. 1985. Adverbial clauses. Language typology and syntactic description, vol. 2, ed. by T. Shopen, 171–234.

Thompson, L. C., and M. T. Thompson. 1980. Thompson Salish // -xi //. International Journal of American Linguistics 46. 27–32.

Van Eijk, J. P., and T. Hess. 1986. Noun and verb in Salish. Lingua 69. 319–331.

Voorhoeve, J. 1980. Le pronom logophorique et son importance pour la reconstruction protobantu. Sprache und Geschichte in Afrika 2. 173–187.

Wackernagel, J. 1924. Vorlesungen über Syntax. Mit besonderer Berücksichtigung von Griechisch, Lateinisch und Deutsch. Basel.

Walter, H. 1981. Studien zur Nomen-Verb-Distinktion aus typologischer Sicht. München.

Weber, D. J. 1986. Huallaga Quechua pronouns. Pronominal systems, ed. by U. Wiesemann 1986. 333–349.

Wierzbicka, A. 1986. What's in a noun? (Or: How do nouns differ in meaning from adjectives?). Studies in Language 10.2. 353–89.

Wiesemann, U. (ed.) 1986. Pronominal systems. Tübingen.

Hans-Jürgen Sasse, Köln (Deutschland)

31. Syntactic Relations

1. Introduction
2. Motivation for Syntactic Relations
3. Correlates of Syntactic Relations
4. Parameters of the Hierarchy Relation "< h" and Hierarchy Universals without Syntactic Relations
5. References

1. Introduction

This article discusses notions like *subject*, *direct object* and *indirect object*. Syntactic relations have been used as descriptive terms for over two thousand years, the basic functional distinction between subject and predicate having been taken over from Ancient Greek and Roman philosophy and grammar. Common to all approaches to syntactic relations is that they have been considered to be relations between two constituents of a sentence, so that *subject* is only a short term for *subject of predicate* or *subject of sentence*. Traditionally, syntactic relations are primarily used for major constituents of the sentence and only marginally for parts of major constituents (e. g. attribute of a noun). How important syntactic relations have been considered to be is manifest from the fact that there are hardly any grammars for individual languages and next to no attempts at universal grammar which do not use them, either as basic or as derived concepts.

2. Motivation for Syntactic Relations

The need for incorporating syntactic relations into grammars arises when describing an individual language, a class of languages or all languages in the world. Reference to syntactic relations implies that it is impossible, or at least less simple or revealing, to formulate syntactic rules without them. I will concentrate on the motivation for syntactic relations that comes from cross-linguistic studies. Given the fact that there are rules which hold for a whole class of languages, or, at best, for all human languages, it follows that each individual language belonging to the given language class will have these rules too. If cross-linguistic generalizations can only be formulated in terms of syntactic relations, then these relational concepts are relevant for each individual language belonging to the group of languages for which the generalizations are supposed to hold. This means that for each such individual language, the relational terms have to be identifiable. — Linguistic tradition in the typological line of research has given ample support for syntactic relations. Let us first consider the basic word order typology put forward by Greenberg (1963). From the six possible permutations of subject (S), object (O), and verb (V), Greenberg was able to show that those orders where the subject precedes the object are highly preferred, yielding SOV, SVO and VSO as the universally preferred order types. This observation motivated the following universal:

(1) Universal 1. In declarative sentences with nominal subject and object, the dominant order is almost always one in which the subject precedes the object.

The formulation clearly shows the statistical nature of the universal, which can only be falsified by showing that the majority, or at least a relatively high percentage of languages, violate it. The fewer exceptions it has, however, the more revealing the universal is. Subsequent research tried to find or explain exceptional languages with respect to universal (1), (cf. Pullum 1977; Derbyshire 1981). Nevertheless, (1) has not been seriously challenged as a universal preference.

Another universal of Greenberg (op. cit.) also employs the subject relation:

(2) Universal 38. Where there is a case system, the only case which ever has zero allomorphs is the one which includes among its meanings that of the subject of the intransitive verb.

This universal was generalized by Keenan (1976) for subjects of both transitive and intransitive verbs. The case which typically shows zero allomorphs is called the nominative in nominative languages and the absolutive in ergative languages, the main difference between the two case names being that nominative noun phrases of transitive verbs typically denote an agent, while absolutive noun phrases of transitive verbs typically denote a patient (cf. examples in (17a, b) below).

In the seventies, more general universal constraints were put forward in terms of syntactic relations. They were motivated by the following observations. In the vast majority of languages, one type of major constituent is more readily involved in (i.e. more accessible to) syntactic rules than others. Furthermore, the involvement of one type of major constituent is dependent on that of others, and these dependencies are not random. Both observations can be accounted for by ranking the types of major constituents along a hierarchy. The basic assumption of Relational Grammar (cf. Johnson 1977) and other lines of research (cf. Keenan/Comrie 1977) is that the types of constituents involved are syntactic relations. The universal hierarchy of syntactic relations was assumed to be the following:

(3) subject < sr direct object < sr indirect object < sr other oblique arguments or modifiers

On the basis of this hierarchy, universal hierarchy rules for phenomena such as verb agreement, relativization and passive have been formulated. They can be subsumed under the following schema:

(4) For any syntactic relation A, B:
If in a language L, rule R applies to B, then for any position A, if A < sr B, R also applies to A.
There is at least one language L, where R applies to A, and for any B, if A < sr B, R does not apply to B.

Let us apply the above schema to the rule of verb agreement. The constraints prohibit a verb agreement rule which is exclusively confined to direct objects. If a language has object-verb agreement it also must have subject-verb agreement. Additionally, no language is supposed to have verb agreement with subjects and indirect objects to the exclusion of direct objects. Generally, rules that skip positions are blocked. The last part of the schema states that each syntactic relation on the hierarchy (3) is relevant for universal grammar. Thus, for example, if no language had a rule applying to direct objects but not to indirect objects, there would be no justification for making this ranking distinction. Both constraints lead jointly to an explanation of the universal primacy of subjects over objects, and it was this asymmetry which linguists concentrated on. An individual language rule positing agreement of subject and verb, as in German, English, Icelandic or Latin, can be explained by the universal hierarchy constraint straightforwardly. The rule can be inferred by the laws of logic from the hierarchy constraint applied to verb agreement and from the additional premise that the language in question has verb agreement. This explanation is only available, if the individual language rule is formulated in terms of subject or in terms of some other concept which is then related by way of definition to the universal concept of subject. We see more clearly now, in which sense the notion of subject or direct object is relevant for the grammar of an individual language.

Greenberg's above-mentioned universals (1) and (2) are special cases of hierarchy universals. For the basic order of major constituents the more general prediction is that a higher ranking relation preferably precedes a relation with a lower rank. This universal preference is formulated in (5):

(5) For any nominal verb argument A and B, if A < sr B, there is a strong preference that A precedes B as an unmarked order.

The case marking universal (2) can be generalized in a similar way, see (6):

(6) The higher the rank of a syntactic relation in (3) is, the less complex is, as a preference, the morphological realization of its case.

Additionally, some rule types can be defined in terms of hierarchy (3). Relational advancement or promotion rules change the syntactic relation of an argument from a lower position to a higher position. Relational demotion or reduction rules lower the rank of a constituent on the hierarchy. One example of a relation changing rule is passive, in which the promotion of an underlying non-subject to surface subject is accompanied by a demotion of the underlying subject to oblique.

The hierarchy constraints seem to make correct claims about very many languages and thus are good candidates for, possibly statistical, universals. There are nevertheless systematic counterexamples, noted among others by Keenan/Comrie (1977, 75) themselves. Problems arise whenever subject properties are systematically distributed across two or more noun phrases in a clause. The authors mention three types of languages which present problems of this kind: Tagalog and Philippine languages in general, Lisu and topic-oriented languages, as well as ergative languages like Dyirbal and Eskimo. We will see that these problems are rooted in the use of syntactic relations, and not in the use of hierarchies or in an inadequate formulation of the hierarchy constraints. This conclusion is suggested by more thorough analyses of topic-oriented and ergative languages. Schachter (1976) and Foley/Van Valin (1977), for example, concluded that Philippine languages fit into a hierarchy-based approach on syntactic universals. But they also showed that the hierarchies which are relevant for this type of language do not involve syntactic relations, but reference related and thematic role related hierarchies. Sasse (1978) validated the predictions of the hierarchy-based approach for ergative languages by showing that one type of verb argument in these languages exhibits the behaviour predicted for subjects in nominative languages. He claims that this type of argument is the absolutive argument denoting the patient in transitive sentences and dissociates this relational term from the subject relation of nominative languages.

In conclusion, syntactic universals motivate syntactic hierarchies and suggest that there is an asymmetry between the different types of major constituents with respect to their syntactic behaviour. But syntactic universals do not motivate the syntactic relations themselves, i. e. that hierarchies of syntactic relations are better options than other hierarchies. The best way to survey the other possible hierarchy options is to discuss the different approaches at defining or, in a weaker sense, identifying or explaining syntactic relations, and see what other concepts were introduced as correlates of syntactic relations. We will begin with semantic and pragmatic interpretations and then proceed towards morphological and structural conceptions.

3. Correlates of Syntactic Relations

3.1. The Parts of Logical Statement

The subject and predicate concept of the logical tradition in philosophy and grammar can be traced back to Plato's distinction between *ónoma* and *rhēma*. In this conception, the subject is that part of a logical statement which names an entity the statement is about. The predicate is that part of the statement that states something about the subject. The German terms *Satzgegenstand* for subject and *Satzaussage* for predicate mirror such logically based assumptions. Many school grammars of individual languages still use similar explications for subject and predicate. But there are also more recent, theoretically oriented, approaches which establish the distinction between statement entity and predication as basic and subject and predicate as derived from these notions. Of great impact for modern research was the interpretation of the logical distinction within discourse pragmatics as topic and predication.

3.2. Topic and Predication

One of the most radical proposals that associate the pragmatic notion of topic with subject has been put forward by Givón (1984). Givón uses a conglomerate discourse-topic notion and distinguishes various degrees of topicality of an argument noun phrase. The degree of topicality of a noun phrase referent is determined by its degree of referential continuity and interference in discourse: the more continuously a referent is used in previous and subsequent sentences of the discourse and the less interference it has with other referents, the more topical this referent is (cf. Givón 1988). Subject is defined as the primary clausal topic, whereas direct object is defined as the secondary clausal topic. Givón's research is mainly devoted to demonstrating that much of what has been described by means of the relational hierarchy (3) is explicable by a topicality hierarchy. In English, for example (cf. Reinhart 1981, 62f), there is a strong preference in discourse to interpret the grammatical subject of the sentence as its topic, see (7):

(7a) Felix goes out with Rosa.
(7b) Rosa goes out with Felix.

(7a) is a more appropriate answer to the question *What about Felix?*, a test question for topics, than (7b). Nevertheless, subjects are not necessarily topics in most languages and therefore, the subject concept cannot be defined and eliminated from universal grammar by the topic concept. Moreover, even in languages where topics show some subject properties, they cannot be equated with subjects because they do not share all the properties which have been considered to be subject specific. Rumanian (cf. Ulrich 1985), Hungarian (cf. Behrens 1982), and Finnish (cf. Vilkuna 1989) are such languages, in which topics have the subject property of necessarily occurring before the verb and before all other arguments of the verb. The following examples from Rumanian illustrate thetic, i.e. topicless, sentences, in which the nominative argument is obligatorily post-posed but does not cease to trigger verb agreement:

(8) Ce-i cu zgomotul ăsta?
     'what's this noise?'
     Vine tata.
     come (3.SG) father
     ??Tata vine.
     father come (3.SG)
     'Father is coming'

The sentences have the indicated acceptability, if used in a typical context for topicless sentences (the whole utterance must consist of new information and has to present the event as a whole). Using Greenberg's word order typology, we have to assume TOPIC-V-X as a basic word order for Rumanian. S-V-O only occurs if subjects are topics, which they are not necessarily. In Rumanian, Hungarian and Finnish, topics do not share other subject properties, especially not obligatory zero (nominative) marking, which is responsible for most of the other subject properties in these languages. This means that, in these languages, nominative case marking competes with topicality in sharing subject properties. — Rumanian, Hungarian and Finnish are also interesting from another point of view. As noted in section 2. above, the most serious problem for the subject concept crops up whenever subject properties are distributed over different noun phrases. The above mentioned languages show that this problem does not arise only in topic-prominent or in ergative languages. It also arises in subject-oriented languages, for which the universal subject concept was primarily defined (cf. Keenan 1976, 307).

We conclude that, even if subject cannot be defined in terms of topic, the latter term is relevant both for individual languages and for universal grammar, in the sense that some subject properties are best described as topic properties in some languages. The observations about Rumanian, Hungarian and Finnish can be generalized for the vast majority of languages. To our knowledge, there are languages in which some subject properties are topic based, but there is apparently no language in which all subject properties (primacy in verb agreement, nominative (zero) case marking, initial position etc.) are best captured in terms of topic. Some subject properties are explicable by thematic relations and to these we will now turn.

3.3. Thematic Relations

Thematic relations, also known as deep cases or semantic roles, are such notions as agent, patient, benefactive or experiencer. Beginning with Fillmore (1968), there have been many attempts at explaining syntactic universals by means of thematic relations (cf. Dik 1978, 1989; Jackendoff 1972, 1987; Wilkins 1988). In order to discuss such approaches, it is not necessary to go into the details of the thematic role theory. Advantages as well as weaknesses of the basic assumptions related to syntactic relations can be illustrated on clear-cut, intuitively appealing thematic roles. Such roles are illustrated in the following examples from English with an agent subject and a patient object:

(9a) Felix slapped Rosa.
(9b) Rosa slapped Felix.

English provides good evidence for positing a close relationship between syntactic relations and thematic relations. If we change the syntactic relation of *Felix* and *Rosa*, as in (9a, b), we inevitably get another interpretation of the sentence in terms of agent and patient. Reversing the linking between syntactic relations and thematic relations, as in (10a, b), has to be marked on the verb:

(10a) Rosa was slapped by Felix.
(10b) Felix was slapped by Rosa.

Even in the face of alternations such as (9a)—(10a) and (9b)—(10b), the thematic role of an argument can be inferred from its syntactic relation and the morphology of the verb. But the sentences in (9)—(10) also show that a specific syntactic relation cannot be equated with one particular thematic role. Dik (1978, 76) assumes that subjects can be assigned to any semantic function, in principle. In nominative languages, subject and object selection is restricted by the following hierarchy of thematic relations (cf. Dik op. cit.):

(11) agent $< \Theta$ patient $< \Theta$ recipient $< \Theta$ benefactive $< \Theta$ others

Dik assumes that, if subject or object can be assigned to some thematic relation Θ_j, then they can be assigned to any thematic relation Θ_i which is higher ranking than Θ_j in (11), except that objects cannot be assigned to agents. This hierarchy generalization also explains the fact that in every nominative language, in sentences in which agent and patient are both coded as syntactic arguments, the agent is invariably linked to the subject and the patient to the object. Linking generalizations of this kind may serve as an explanation for language individual linking rules such as the following by Reis (1982, 180) for German:

(12) In German, clauses without a nominative NP or with an empty *es*-subject do not have a noun phrase denoting an agent.

This rule correctly predicts that in German, the sentences in (13) cannot be interpreted as having an agent as a syntactic argument, since *mir* and *dem Mann* are in the dative, *es* is semantically empty, and the agent phrase in (13b) is not a noun phrase argument.

(13a) Mir ist kalt.
 'I am cold'
(13b) Dem Mann wird von uns geholfen.
 'The man was helped by us'
(13c) Es regnet.
 'It rains'

Although thematic role theory does not assume a one-to-one relationship between a particular syntactic relation and a particular thematic role, it, nevertheless, considers syntactic relations as secondary, derived terms (cf. Dik 1978, 87, who offers an admittedly vague definition of subject in terms of point of departure for the presentation of the state of affairs denoted by the predicate). — But more important and valuable than a successful definition of syntactic relations in terms of thematic roles are the results of this line of research in showing that there are indeed many phenomena that can be most adequately described in terms of thematic relations. One of them is the basic order of argument noun phrases. Recent research demonstrates the relevance of thematic relations as one of the factors determining the order of argument noun phrases in German (Uszkoreit 1986; Jacobs 1988). The hierarchy of the major thematic relations which would explain the facts most appropriately is the following:

(14) agent $< \Theta$ benefactive/recipient/experiencer $< \Theta$ patient/stimulus

This hierarchy was proposed in slightly differing terminology by Jackendoff (1972) and Givón (1984) as a universal. The basic word order rule of German would be a special case of universal (5), provided that syntactic relations can be defined in terms of thematic roles in this language in such a way as to map the relational hierarchy (3) into the hierarchy (14). Motivation for this interpretation of syntactic relations is supplied by sentences in which a recipient (see (15)), or an experiencer (see (16)) precedes a patient or a stimulus as an unmarked order, irrespective of morphological case (*der Junge, der/roter Wein* are nominative, *dem Jungen* is dative, *den/roten Wein* is accusative):

(15a) Heute wurde dem Jungen roter Wein verkauft
'Today, red wine was sold to the boy'
(15b) Heute hat der Junge roten Wein bekommen
'Today, the boy got red wine'
(16a) Heute hat dem Jungen der Wein geschmeckt
'Today, the boy liked the wine'
(16b) Heute hat der Junge den Wein bevorzugt
'Today, the boy preferred the wine'

The thematic hierarchy is also relevant for the basic order of argument noun phrases in ergative languages. In most of the ergative languages, agent or experiencer arguments precede arguments with other roles as a basic order. I have chosen examples from Laz (cf. Dumézil 1967, 23 f), a South-Caucasian ergative language:

(17a) avji-k ha vesiyeti oxorjă-muši-s komeč-u
hunter-ERG this (ABS) will (ABS) woman-his-DAT give (AOR)-3SG
'the hunter gave this will to his wife'
(17b) padišahi-k hanle-pe doxazir-u
sultan-ERG this-PL(ABS) prepare (AOR)-3SG
'the sultan prepared these'
(17c) mu-s dido avje-pe uyonu-t'-u
he-DAT many hunter-PL(ABS) have-PRT-3SG
'he had many hunters'
(17d) k'ap'lan-epe-s aškurn-es do imt'-es
tiger-PL-DAT frighten(AOR)-3PL and run(AOR)-3PL
'the tigers got frightened and ran away'

Further evidence for the relevance of thematic roles in grammar will be presented in section 3.7. below.

We conclude that there are rules for individual languages which can be explained by universal preference rules only if we interpret syntactic relations as thematic relations. One can argue in face of this evidence that thematic relations are the sought after definienda for syntactic relations, at least for some languages. But this first impression is false. Thematic relations explain only some of the subject properties in the illustrated languages. Most of the subject properties of German, for instance, cannot be captured by reference to the agent, as Reis (1982) has demonstrated. For these other properties, among which verb agreement is the most important one, the case marking of the argument noun phrase is crucial. This explains why traditional grammar of German has always identified subject with nominative, and not with agent. Here again, we have the problematic split of subject properties in a subject-oriented language: some properties are role related, some case related. If we define subject as the syntactic argument of a verb which denotes an agent, German systematically violates the universal verb agreement rule and the case marking universal (6). If we stick to tradition and define subject as the syntactic argument in the nominative, German presents systematic counterexamples to universal (1), since it has sentence types with OSV as a basic order, see (15a) and (16a). What is most dissatisfying is that the facts are exceptional only because we had to make a decision about which type of argument noun phrase is the subject in German. This problem is not restricted to German, of course. One group of languages, the ergative ones, exhibit this split behaviour regularly. The absolutive, the typically zero marked case, explains a lot of subject properties in these languages (cf. Sasse 1978), but basic word order is often determined by the above mentioned thematic hierarchies, as exemplified in (17) above. — Basic order in German further aggravates the problem of identifying syntactic relations. This happens because basic order is not only sensitive to thematic relations but also to case relations, as will be shown in the next section. We will therefore turn to approaches which interpret syntactic relations by their morphological marking.

3.4. Case Relations

The idea of identifying the syntactic relation of a constituent by its morphological marking is very old and popular in traditional grammar. Oriented on Latin, a language with a rich case inflection system, traditional grammars usually identify subject with nominative, direct object with accusative and, if there is a third case in the language, the indirect object with the dative (a more recent, theoretically oriented, attempt at defining and eliminating subject in this way for German is Reis 1982 and Haider 1986). Subject cannot be reasonably equated with any nominative noun phrase in the sentence, but only with that one whose case is governed by a finite verbal or auxiliary element. Predicatives, which may also have nominative case, and ungoverned noun phrases, like nominativus pendens, do not exhibit subject properties, in general. This explains why we have to stick to a relational concept involving case (e. g. nominative argument of X).

An often noted critical point against case based approaches to syntactic relations is that cases cannot be identified cross-linguistically by the form of their affixes. The problem is not so serious for the nominative in nominative languages and the absolutive in ergative languages, which can be identified by their preferred zero marking. But identifying the accusative and the dative cross-linguistically is less straightforward. This criticism is unmotivated, because the universals are sensitive to the ranking of the cases within a language system and not to the form of affixes. But even the morpho-phonological realization of a case, i. e. the form of affixes, correlates with the rank of the case within the language system. One such correlation is the absence of affixes in the nominative or absolutive and the presence of an affix in the other cases, as captured by Greenberg's universal in (2) above. The relative number of case allomorphs a case has in a given language is also a good indicator of the status of that case within the language system, as shown by Primus (1987) for German. In German, the number of allomorphs of a case C_i is smaller than the number of case allomorphs of a case C_j, if C_i outranks C_j in the following hierarchy of case relations:

(18) nominative argument < m accusative argument < m dative argument < m other oblique arguments

The above mentioned case marking preferences can be captured by universal (6), which can be directly applied to the case hierarchy (18) without reference to syntactic relations. We claim that the case hierarchy in ergative languages (see the article on relational typology in vol. II of this handbook) is a terminological variant of (18), so that, on morphosyntactic grounds, the two hierarchies may be collapsed as in (19):

(19) nominative/absolutive argument < m accusative/ergative argument < m dative argument < m other oblique arguments

(18), and its more general variant (19), can also be justified by syntactic facts. Consider for instance the subcategorization behaviour of verbs across languages. The nominative/absolutive is clearly the default case in both transitive and intransitive constructions. This is most clearly manifest in languages like English and French where each sentence has a nominative subject. In most of the other languages, there are sentences, mainly intransitive ones, without a nominative argument (cf. (13a, b) above), but their marked status can be proved statistically. The subcategorization asymmetry between the accusative and the dative can be proved with equal ease. Mater (1971), who counted the distribution of different valency types with 17,500 non-compound verbs, provides statistical evidence for this assumption in German. All the listed verbs have a nominative argument. Ca. 10,100 verbs also have a second or a third argument and among these only 40 select a genitive argument, ca. 5,450 govern a dative argument (including benefactive datives) and 9,700 govern an accusative argument. There is also an interdependence in the selection of cases. As known from markedness theory, the presence of a marked category implies the presence of an unmarked category. This statistical implication holds true for the subcategorization system of German with respect to hierarchy (19). In Mater's verb list, the selection of a non-nominative argument implies the selection of a nominative argument (i. e. all transitive valency frames involve a nominative = 100%). The selection of a dative implies the selection of an accusative: from ca. 5,450 verbs which select a dative 5,100 also select an accusative (= 95%). By contrast, of ca. 9,700 verbs which select an accusative, only 5,100 also select a dative (= 52%). The few verbs selecting a genitive have not been taken into consideration, since there are too few of them for statistical generalizations. Because it can be checked statistically, the subcategorization behaviour of cases is a reliable indicator for the case hierarchy in cross-linguistic research. Motivation for the case hierarchy supplied by syntactic rules is more subtle, and only few studies address this issue. The case hierarchy was shown to be relevant for reflexivization in Hungarian (Kiss 1987) and in German (Primus 1989), as well as for matching effects in free relative clauses in Gothic and Greek (Harbert 1983).

Morphologically based approaches to syntactic relations defined them in such a way that the hierarchy of syntactic relations (3) matches the case hierarchy (18) or (19). The success of teaching grammars in describing various phenomena in case inflecting languages seems to give ample support for morphologically based approaches to syntactic relations. One application of case determined approaches, which deserves to be mentioned because of our assumption that the correlate of the nominative in nominative languages is the absolutive in ergative languages, is Sasse's claim that in ergative languages, the absolutive displays most of the universal properties attributed to subjects in nominative languages (cf. Sasse 1978). I will report the basic order facts in this section and will mention verb agreement in section 4. Sasse (1978, 237f) mentions a number of ergative languages as having an unmarked order in which the absolutive argument precedes the ergative argument: Dyirbal (Australian), Chol, Chontal, Pocomchi, Old-Quiché, Tzeltal (Mayan languages) and Coos, Siuslaw (Penutian languages). Several Carib languages, like Hixkaryana and Makusi, have attracted attention by having object before subject as a basic order (cf. Derbyshire 1981). The languages of this family are morphologically ergative, i. e. code the patient in transitive clauses by means of the absolutive, which has no affix, and the agent in transitive clauses by means of the ergative, which has an affix. This case alignment holds for all clause types in Makusi and for subordinate clauses in Hixkaryana. In these languages, absolutive arguments precede ergative arguments as an unmarked order, a fact that was described as object before subject only because there is apparently no independent evidence that absolutives accumulate enough subject properties to call them by this name. In view of our case hierarchy (19), the fact that there are ergative languages in which absolutives precede ergatives is as natural as the fact that in nominative languages, nominatives precede accusatives as a basic order. What makes ergative languages so problematic for syntactic relational approaches is the systematic conflict between the case hierarchy (19) and the thematic hierarchy (11) or (14), since absolutives, unlike nominatives, are linked to the patient in basic transitive sentences. Consequently, subject properties are, in general, less evenly distributed in ergative languages than in nominative languages. Very many subject properties are accumulated by the agent argument in ergative languages, and Hixkaryana and Makusi are no exception in this respect. Dyirbal and Eskimo are somewhat remarkable in having an accumulation of subject properties on absolutives. The exceptional value of the Carib languages disappears, however, in view of our criticism that word order universals cannot be captured by reference to syntactic relations in any language. A cross-linguistic survey of the facts suggests that basic order is guided by the thematic hierarchy in some languages and by the case hierarchy in others. There are also languages, in which basic order is determined by both case relations and thematic relations, a situation that aggravates the difficulties of approaches in terms of subject and object. This situation is found in German with respect to the basic order of verb arguments. The facts indicating this are given in (20)–(23). The relative order of a nominative agent and an accusative patient, see (20), is much more rigid than the relative order of a dative recipient and accusative patient, see (21), or the relative order of a dative recipient and a nominative patient, see (22), or the relative order of a dative experiencer and a nominative stimulus, see (23):

(20a) weil das Mädchen den Jungen geschlagen hat
(20b) ??weil den Jungen das Mädchen geschlagen hat
'because the girl hit the boy'
(21a) weil er der Kirche das Geld vermacht hat
(21b) weil er das Geld der Kirche vermacht hat
'because he donated the money to the church'
(22a) weil dem Mädchen diese Rosen gegeben wurden
(22b) weil diese Rosen dem Mädchen gegeben wurden
'because the roses were given to the girl'
(23a) weil dem Nachbarn das Mädchen gefallen hat

(23b) weil das Mädchen dem Nachbarn gefallen hat
'because the neighbour liked the girl'

The examples are homogeneous with respect to the position of the relevant noun phrase relative to the finite element and also with respect to definiteness, animacy and length. In German, the order of nominal arguments is determined by several factors, among which thematic relations and traditional, i.e. morphologically defined, syntactic relations are claimed to play the most important part. The basic word order was supposed to be subject − indirect object − direct object. According to common opinion, other basic orders are permitted, if the subject does not denote an agent (cf. Lenerz 1977, Uszkoreit 1986). This restriction does not explain the order of objects relative to each other in (21). It also leaves unexplained why syntactic relations and/or thematic relations should be irrelevant in instances like (22)−(23). The simple explanation of the facts is that, in German, the relative order of arguments is determined jointly by the thematic hierarchy (14) and by the case hierarchy (19). When they operate in conjunction, as in (20), their effect is stronger, yielding a more rigid order. If they are in conflict with each other, the resulting order is rather free, as in (22)−(23) and in (21) with respect to the relative order of dative recipient and accusative patient. The word order principles in German, including the pragmatically determined ones, have different weight (cf. Uszkoreit 1986, Jacobs 1988). Many speakers of German slightly prefer (a) over (b) in (21)−(23), and this can be captured by giving extra weight to the thematically determined part of the rule. Note that the basic orders in German which apparently violate universal (5) are explicable by the simple rule that A precedes B if A outranks B with respect to the hierarchies (14) and (19). The crucial step towards this simple explanation was to eliminate reference to syntactic relations. This procedure is applicable to any language irrespective of how many and which hierarchies are involved in this particular language.

Let us sum up the problems of morphological approaches to syntactic relations with respect to universal preferences of basic word order. If we take morphological cases as a base for syntactic relations, we end up with a lot of exceptions to the universal that subjects preferably precede objects. The problem would not be so virulent, if this were a matter of linguistic facts. The true problem is that most of the aberrant basic orders turn out to be subject before object if we define subject differently. It is evident that we are confronted with a flaw in linguistic theory, i.e. with the problem of defining subject and object in such a way as to have less rather than more exceptions to syntactic universals. The dilemma of any definition of syntactic relations can now be stated. If we define subject in terms of X, we capture some generalizations but miss others, which we might have captured if we had defined subject in terms of Y. But if we define subject in terms of Y, then we miss the generalizations we could have captured in terms of X. The dilemma cannot be solved, of course, by adding more correlates to the list of possible definienda for syntactic relations. On the contrary, the more types of correlates we find to be relevant, the clearer the dilemma becomes.

3.5. Structural Relations

Whereas it seems natural to link syntactic relations to morphological cases in case inflected languages, this is less obvious for languages like English, French and Norwegian, which have almost completely lost their case inflection. Instead, English uses a rigid order of arguments in order to discriminate thematic roles. This was illustrated in (9a, b) above. But the order of arguments in English as well as other syntactic properties such as verb agreement cannot be explained solely on the basis of thematic roles. No matter what thematic role it has or whether it functions as topic or not, one argument always appears in sentence initial position in English, and it is precisely this noun phrase which shows verb agreement and other properties which have been claimed to be subject specific. It is therefore obvious that it is the position itself which is relevant and which should be interpreted as subject. One could try to capture the behaviour of subjects in English in terms of word order relations, specifically in terms of sentence initial position. But this would lead to completely false assumptions in view of sentences as the following:

(24a) Felix I like.
(24b) Yesterday Felix slapped Rosa.

What we need is the more elaborated relational network provided by constituent structures. Even rudimentary constituent structures for the sentences in (24), as in (25), would serve the purpose of identifying the subject noun phrase:

(25a) [s Felix [s I [vp like]]]
(25b) [s Yesterday [s Felix [vp slapped Rosa]]]

Subject is that noun phrase which is immediately dominated by the sentence node as a sister of VP. This last property is usually formalized as [NP, S]. Since subject is considered to be external to the VP, it is often called the external argument. Object is that noun phrase which is dominated by VP, i.e. [NP, VP]. The crucial structural property of objects is that they are VP internal arguments. Modifiers of different types are defined by adjunction, i.e. by the fact that they are sisters of a node XP, and also immediately dominated by XP. This kind of definition for syntactic relations has been proposed with minor variations in Generative Grammar since Chomsky (1965) and has been further developed by Williams (1984) and Marantz (1984). All structural definitions of syntactic relations (cf. Dowty 1982 within Categorial Grammar) are based on a structural hierarchy of verb arguments and the definitions guarantee a close correlation between the structural hierarchy and the relational hierarchy presented in (3).

It is not the aim of this article to show the relevance of syntactic structures and structural relations. Therefore, I will only discuss to what extent syntactic relations can be eliminated from universal syntactic rules by structural relations. The universal primacy of subjects over objects for verb agreement is captured in Generative Grammar by the structural asymmetry between the inflection node INFL and the node for the verb lexeme. Consider (26):

(26) [s Felix INFL [vp [v slapped] Rosa]]]

INFL is assumed to govern and case mark the VP external argument, *Felix*, and V is assumed to govern and case mark only the internal argument, *Rosa*. Subject-verb agreement is triggered by the agreement feature and the case governing property of INFL. Consequently, the fact that the finite verb agrees only with the subject in English results from the structural asymmetry between INFL and V. The system fails to explain verb agreement in German, however, since nominative arguments trigger agreement even if they are internal arguments, cf. examples (22a)−(23a) from above. It seems then, prima facie at least, that the primacy of subjects over objects for verb agreement is best captured in syntactic relational rather than structural terms in German.

Generative Grammar and all approaches which rely on structural relations in explaining universals also have difficulties with the basic order universal (1). Constituent structures generate ordered strings, and the definition of subject as an external argument correctly predicts SOV and SVO as preferred options in universal grammar. But it also predicts the extremely rare OVS as an alternative to SVO. Worst of all, it predicts the nearly unattested VOS option and blocks the more frequently found VSO languages. OVS and VOS can be ruled out by the following principle, which is also supposed to explain some NP internal linearization preferences (cf. Fanselow 1987, 122):

(27) Specifiers, e.g. external arguments of VP, preferably precede their sister constituents, e.g. VP.

The VSO languages still remain unexplained and are therefore treated as underlying SVO languages (cf. Fanselow loc. cit.). Note that the universal preference of subjects to precede objects formulated in terms of syntactic relations is more simple and captures all types of frequently attested languages.

Similar problems arise with pure structural descriptions of passive across languages. The rules will be stated as simply as possible, neglecting details which are not relevant to the discussion of syntactic relations. Let us consider English and German in contrast, as exhibited in (28) and (29):

(28a) Rosa gave Felix an ashtray.
(28b) Rosa gab Felix einen Aschenbecher.

(29a) An ashtray was given to Felix (by Rosa).
(29b) Felix wurde (von Rosa) ein Aschenbecher gegeben

The defining property of passives is formulated by Chomsky (1981, 124) without reference to syntactic relations as in (30):

(30a) [NP, S] does not receive a thematic role,
(30b) [NP, VP] does not receive Case within VP.

The assumed structural representation of (29a) is (31):

(31) [s e INFL [vp [v-PASS give] an ashtray to Felix]]

More general, passive independent principles guarantee that structures with the properties described in (30) cannot surface as well-formed sentences. The Thematic Criterion requires that each argument position be assigned a unique thematic role and the Case Filter requires each noun phrase to have a case. The thematic empty argument, *e*, violates the Thematic Criterion, and the caseless VP internal argument, *ashtray*, violates the Case Filter. A passive verb structure may surface only if the internal argument moves to a position where it can receive case. This is the empty external argument position, which is case governed by INFL. In the external position, the former internal argument is assigned nominative case. The agent phrase surfaces in a non-argument position and receives its thematic interpretation by the preposition English *by*, German *von*.

In order to compare syntactic relational approaches with the purely structural characterization of passive, we have to state the relational rule more explicitly. Within Relational Grammar (cf. Perlmutter/Postal 1977) and early Lexical Functional Grammar (cf. Bresnan 1982), the universal passive rule is stated in terms of syntactic relations as in (32):

(32a) SUBJ → ø
(32b) OBJECT → SUBJECT

The first rule states that the subject of the active clause is demoted and ceases to be a syntactic argument of the passive verb (becomes a chômeur in the terminology of Relational Grammar). The object of the active verb is promoted to subject by the second rule. General, rule independent, principles of Relational Grammar and Lexical Functional Grammar explain why the two rules operate in conjunction with each other. Although the passive rule of Generative Grammar does not mention syntactic relations, it is empirically equivalent to that of Relational Grammar for languages such as English. This results from the fact that movement to external argument position is the exact structural correlate of promotion to subject. The same holds for the demotional part of the rule (compare the effect of (30a) with that of (32a)). But the purely structural passive description of Generative Grammar cannot capture some basic properties of passives in German, since the nominative arguments of passives are not moved to the argument position external to VP. This is obvious from their basic order, as illustrated in (29b), and from different other properties (cf. Haider 1986). Here again, we have the problem registered with verb agreement in German. The promotion of an argument to subject in German could have been captured by a universal rule (see (32b)), if subject had been interpreted morphologically by its nominative case, instead of structurally, by its external argument position. Therefore (32) seems to be superior to (30). (32) not only describes prototypical passives, as observed by Shibatani (1985) and Keenan (1985) cross-linguistically; it can also account for the similarities between languages like English and German with respect to passive, despite the fact that syntactic relations have different surface realizations. Promotion to subject must be interpreted as promotion to nominative in German, and as promotion to VP external argument position in English. The fact that a purely structural approach cannot be generalized for all languages of the world is acknowledged in Generative Grammar. The principles and rules in Chomsky (1981) are meant to hold only for configurational languages. In this language type, syntactic processes such as passive or topicalization are reducible to a general rule of movement, i. e. changing structural position. In non-configurational languages, however, the correlate of movement is, according to Chomsky (1981, 127f), changing syntactic relation (grammatical function in his terminology). The need for such a rule seems, at first sight, evident in German, where promotion to subject cannot be interpreted configurationally. Other languages assumed to be non-configurational are Japanese (Chomsky 1981), Walbiri (Hale 1983) and Hungarian (Kiss 1987).

The interesting consequence of this discussion is that Generative Grammar apparently validates rules stated in terms of syntactic relations, such as those of Relational Grammar and Lexical Functional Grammar. They seem to be the general kind of rules needed for universal grammar. The fact that syntactic relations have different surface realizations in different languages was taken as evidence by Relational Grammar and Lexical Functional Grammar that syntactic relations cannot be defined for universal grammar, i. e. that they are primitive notions.

3.6. Primitive Relations

Taking syntactic relations as primitive notions means that they are not explicitly defined in terms of some other primitive notions, but simply posited to exist. But even primitive notions receive empirical substance by the rules they occur in. Let us try to show on oblique subject constructions what happens if one sticks to the assumption that syntactic relations are basic, primitive concepts of universal grammar. I deliberately chose examples which have been used by proponents of Lexical Functional Grammar or Relational Grammar as evidence for this kind of approach to syntactic relations:

(33) Icelandic (Andrews 1982, 462):
Barninu batnaði veikin
the-child (DAT) recovered-from the-disease (NOM)
'The child recovered from the disease'

(34) Italian (Perlmutter 1979, 279)
Ai bambini non manca energia
'The children don't lack energy'

(35) Modern Georgian (Harris 1981, 217)
Turme st'udent'eb-s gamougzavnia-t gela
evidently students-DAT sent-3PL:PERF Gela (NOM)
'Evidently, the students sent Gela'

(36) Kannada (Sridhar 1976, 131):
nana-ge nagu baratte
I-DAT laughter (NOM) comes
'I feel like laughing'

Other oblique subject constructions were illustrated in (16a) and (17c, d) from German and Laz respectively. In fact, this sentence pattern is well attested in a variety of languages of the world. A cross-linguistic constant subject property of the oblique arguments in this sentence pattern is their subject position, i. e. sentence initially or before other arguments. In the Kartvelian languages, see example (17c, d) from Laz and (35) from Modern Georgian, number agreement by means of suffixes suggests that the sentence initial noun phrases are subjects. The oblique sentence initial arguments control reflexivization the way subjects do in Icelandic, Modern Georgian and Kannada. In Italian, the oblique subjects behave like other subjects with respect to control of infinitival, participal and gerund constructions. However, the oblique subjects do not share all the properties which are subject specific in the respective languages. Some of the properties they have characterize objects. Cross-linguistically, the most constant object property is their oblique case marking. Lack of verb agreement, as in German, Icelandic, Italian and Kannada, is another conspicuous object property of these noun phrases. Within Relational Grammar (Perlmutter 1979; Harris 1981; Sridhar 1976) this construction was analysed as involving an inversion of syntactic relations. The subject properties of the sentence initial arguments are explained by introducing them as deep level, i. e. initial, subjects. An inversion operation changes their function from subject to indirect object and explains their case marking and other object properties they have.

I chose the oblique subject construction for illustration purposes because a transformational analysis is highly artificial and ad-hoc. There is no other motivation for the transformations than the fact that the oblique sentence initial arguments do not accumulate enough subject properties within the given language system. I claim, more generally, that relation changing transformations are the natural consequence of positing syntactic relations as central concepts. This connection was seen by supporters of Relational Grammar very lucidly. Consider the following quotation from Perlmutter (1982, 284): "this paper argues that once grammatical relations are taken as primitive notions and sentence structure is represented in terms of RN's [relational networks], the result is surprising: there are distinct notions of subject that play a role in the grammars of natural languages. A tentative typology of five such notions is constructed." The distinct notions arise by positing several levels of syntactic representations and transformation-like operations that link them.

The weaknesses of an approach that tries to capture the split behaviour of verb arguments with respect to subject and object properties by transformations can be seen most clearly in multi-factor phenomena. Let us consider basic order in German, again, in the light of a multi-level model such as Relational Grammar or Generative Grammar. (37a, b) repeats (16a, b) for convenience. (37a) illustrates the oblique subject construction, in which both argument noun phrases have inconsistent subject and object properties (cf. Primus 1987). I will focus here on their inconsistent linearization behaviour. Since deep structures (the initial stratum in the terminology of Relational Grammar) are supposed to mirror thematic relations more closely than surface structures, one might argue that the thematically determined order of arguments is determined at deep structure level. This rule will generate the order of arguments exemplified in (37), in which deep structure subjects, *dem Jungen* in (37a) and *der Junge* in (37b), precede deep structure objects:

(37a) Heute hat dem Jungen der Wein geschmeckt
'Today, the boy liked the wine'
(37b) Heute hat der Junge den Wein bevorzugt
'Today, the boy preferred the wine'

Case relations are assigned on surface-structure level (the final stratum in the terminology of Relational Grammar) and accordingly, case determined linearization rules operate on this level. The case-determined rule will rearrange the sentences, so that surface subjects in the nominative precede surface objects in the accusative or dative. This will leave no effects on (37b), see (38b), but will change (37a) into (38a):

(38a) Heute hat der Wein dem Jungen geschmeckt
(38b) Heute hat der Junge den Wein bevorzugt

The problem is that this treatment does not capture the fact that (37a) and (38a) are both acceptable. We might try to save the data prediction by claiming that the case determined rearrangement is optional. But since (37a) is acceptable to start with, the case determined rearrangement transformation lacks any motivation. The problems proliferate if we take pragmatic determined orders into account. We conclude that conflicting principles cannot be resolved by positing transformations. The order of verb arguments relative to each other is not the only multifactor rule with a conflicting direction of use in German. Primus (1991) argues that reflexivization poses similar problems. I generalize the observations from above as follows: whenever two subject properties, A and B, distribute over different noun phrases and there is a rule which is sensitive to both A and B, the property conflict cannot be resolved transformationally. This assumption holds for direct object and indirect object properties as well, but this cannot be proved here because of space limitation.

3.7. Decomposition

The criticism of approaches taking syntactic relations as primitives is only partially applicable to Lexical Functional Grammar. This model differs from Relational Grammar in a crucial point for our issue. It is a modular approach that is not confined to relational structure (f-structure). Besides representations in terms of syntactic relations, it provides for a constituent structure component and for representations in terms of thematic roles (argument structures). This enables the model to offer successful descriptions for a wide range of phenomena without making use of transformations and of different levels of subject and object. This is possible, since problematic subject and object properties are explained in the constituent structure component or the thematic role component, without making reference to syntactic relations at all. Thus, Lexical Functional Grammar worked towards the solution which is the only viable one: it decomposed syntactic relations.

One of the earliest proposals which used composite syntactic relations is Andrews' treatment of irregular ("quirky") case marking in Icelandic (Andrews 1982). Icelandic is a case marking language in which, unsurprisingly, the unmarked case of subjects is nominative and that of objects accusative. There are, however, a number of predicates that require irregular case marking: subjects in the accusative, dative, or genitive and objects in the dative or genitive. A dative subject is illustrated in (33) above. The subsequent examples (34)–(36) show that the phenomenon is not restricted to Icelandic. Andrews presents some persuasive syntactic arguments that the irregularly case-marked subjects in Icelandic have subject properties. Some of them were mentioned in connection with (33) above. Andrews proposes to reserve the terms *subject* and *object* for those noun phrases which take regular case marking. Those that take irregular case marking are assigned composite syntactic relations such as *subject-accusative* and *object-dative*. He makes it clear that these composite syntactic relations are distinct from the simple ones, since although there are some properties which both types of subjects and objects share, there are also properties that distinguish them. For example, verbs agree with simple, unmarked subjects only, and do not agree with composite, marked subjects. In fact, verb agreement can be dealt with in terms of case alone, to the exclusion of syntactic relations, since it is always the nominative argument that triggers it. What is worrying about Andrews' composite treatment of syntactic relations is that the case element of the compound relation is always a syntactic relation in case based theories. Taking case as a basis, the object properties of a subject-accusative would follow without stipulation. The same holds true for verb agreement with the nominative argument in Icelandic. Formulated in terms of case, the rule would follow from the hierarchy universal (4) applied to verb agreement and to the case hierarchy (19). It is clear that Andrews missed some generalizations.

Recent research within Lexical Functional Grammar pursues more consequently the method of supplementing the relational basic concepts with case features and thematic roles. These additional notions are often substituted for the syntactic relations. Thus, Bresnan/Kanerva (1989) formulate the demotion rule of passive in terms of thematic relations without reference to subject, as in (39):

(39) $\hat{\Theta} \to \varnothing$

(39) is interpreted as the syntactic supression of the highest thematic role (the logical subject) of a predicate. It is obvious that (39) is a reinterpretation of the relational demotion rule (32a) in terms of the thematic correlate of the subject relation. What proponents of Lexical Functional Grammar neglected is the structural parameter of (32a), which is captured by reference to the external argument in (30a). There is also evidence that passive demotion is sensitive to the morphological correlate of the subject relation. In German, for instance, oblique experiencers are never demoted (see (40)), but nominative experiencers of some verbs allow passivization, as shown in (41).

(40a) Dem Mädchen gefällt der Film.
'The girl likes the movie'
(40b) *Der Film wird vom Mädchen gefallen.
'The movie is liked by the girl'
(41a) Das Mädchen bevorzugt den Film.
'The girl prefers the movie'
(41b) Der Film wird vom Mädchen bevorzugt.
'The film is preferred by the girl'

Furthermore, the German data indicate that passive demotion is a multi-factor rule, which is triggered by the thematic correlate of the subject relation in conjunction with its morphological correlate.

The most elaborate decomposition of syntactic relations was achieved by Keenan (1976). Assuming that universals based on the hierarchy of syntactic relations presented in section 2. above are correct generalizations, Keenan attempts to offer a methodology by which one can identify that noun phrase which functions as a subject within the grammatical system of any language. He proposes 30-odd properties which are supposed to be characteristic for subjects across languages. Since it is not always the case that all the properties are accumulated by one noun phrase in the sentence, he has to cope with a gradable subject concept. The more designated properties a noun phrase has, the more subject-like it is in relation to another noun phrase in the sentence with fewer subject properties. We have already discussed some of the properties, like initial position, zero marking, denoting agent of action and topic of predication. Most of the others can be inferred from rule schema (4) above. Since subjects have primacy over objects, there are many languages in which only subjects are involved in rules of grammar. In such languages, only subjects agree with the verb, only subjects are allowed as antecedents for reflexives, only subject relative pronouns are allowed, noun phrases may be promoted only to subject in relation changing rules such as passive, etc. — Keenan's approach is self-defeating in two respects. First, he undertakes a definition of subject, but at the same time weakens the concept of definition. Despite previous precautions such as limiting the extension of his methodology to basic sentences, Keenan has to admit that none of the properties is necessary or sufficient for defining subjecthood, on any standard interpretation of definition. We have already shown that sentence initial position, agenthood and topicality are not defining properties of subjects. Most of the other properties are based on hierarchy universals, and we can infer from the prognoses they make that subjects are not necessarily the only arguments participating in rules of grammar. Therefore, objects having subject properties are predicted by universal rules. This is also self-defeating because the universal rules in question are the very same rules which are supposed to motivate syntactic relations in universal grammar. I conclude that Keenan's approach cannot avoid the main problem of relational approaches: universals based on the hierarchy of syntactic relations and syntactic relations undermine each other. In the previous discussion, I illustrated how syntactic relations generate exceptions to hierarchy universals. Keenan's paper uncovers this dilemma from another angle: many exceptions to the subject properties he quoted are generated by hierarchy universals.

The root of the problem for approaches such as Keenan's was soon recognized by other authors. Schachter (1976) demonstrated that Keenan's subject properties are split between two noun phrases in Tagalog, the actor and the topic. Foley/Van Valin (1977) extended the criticism with data on Navajo and Lakhota and Van Valin (1977) with data from ergative languages. Faltz (1978) tried to apply Keenan's methodology to indirect objects and arrived at a similar conclusion for a wide variety of languages. The reaction to this criticism (cf. Keenan/Comrie 1977, 75f) was to parametrize the languages of the world in subject-oriented languages, for which the universal definition of subject and the hierarchy universals are supposed to hold, and other types of languages which were assumed to lack a subject, since the designated properties systematically distribute across two or more noun phrases. But if this state of affairs led to the exclusion of these languages from the impact of hierarchy universals, it is clear that subject-oriented languages have also to be excluded for the same reason. Recall that Rumanian and German also exhibit the split subject behaviour as demonstrated in previous sections of this paper.

Despite this basically correct criticism, it is important to note, that Keenan's approach has not been challenged in an important aspect. The list of subject correlates and behaviour properties of subjects is correct even for the supposedly problematic languages. Schachter (1976), Foley/Van Valin (1977) implicitly validated the assumption that subject properties are not distributed randomly over noun phrases. The properties are distributed over topics, agents or experiencers, external arguments or nominative/absolutive noun phrases. Thus, there is some property which these entities share in all (or nearly all) languages of the world and which should be explained in universal grammar.

I conclude that approaches which take syntactic relations as primitives do not obviate the need for introducing cases, thematic roles, constituent configurations and pragmatic relations as additional terms in universal grammar. Furthermore, recent work within Lexical Functional Grammar shows that syntactic relations have to be decomposed into precisely these additional terms which are the correlates of syntactic relations discussed in the sections 3.2.—3.5. above. I have also shown that universal rules which were originally formulated in terms of syntactic relations are also multi-factor rules which are best formulated in terms of the correlates of syntactic relations. What apparently still motivates the use of syntactic relations in universal grammar is the fact that there are cross-linguistically observable affinities between the correlates of syntactic relations that would remain unexplained without positing syntactic relations.

3.8. Summary of Section 3.

Let us sum up the basic assumptions which are explicitly or implicitly acknowledged by all who are convinced of the utility of syntactic relations.

(42a) There is an asymmetry between the major constituents (i. e. verb arguments) of a clause.
(42b) There are strict or statistical universal rules which are based on the asymmetry mentioned in (42a).
(42c) The asymmetry cannot be captured cross-linguistically without reference to syntactic relations and their hierarchy.
(43a) Case relations, thematic relations, constituent structures, topic-comment structures (and possibly other systems) are also hierarchic systems.
(43b) There are cross-linguistically valid correlations between the systems mentioned in (43a).
(43c) The hierarchic organization of the systems mentioned in (43a) and the correlations between them cannot be captured without syntactic relations and their hierarchy.

We claim that (42a) and (43a) are correct assumptions for the vast majority of languages. We also claim that many rules of universal grammar are of the sort described in (42b), i. e. they can be subsumed under schema (4) in section 2. (43b) has been overestimated and this idealization is the main source of the long standing appeal of syntactic relations. The assumptions (42c) and (43c) are problematic and unnecessary.

4. Parameters of the Hierarchy Relation "< h" and Hierarchy Universals without Syntactic Relations

A viable method of eliminating syntactic relations has been proposed in Primus (1987). The first step in eliminating syntactic relations is to pursue (43a) more radically than has been done in past research. The above discussion of the attempts at defining syntactic relations clearly pointed to the types of relations which are relevant in universal grammar. We will focus here on some of the most important relation types, without claiming that these are the only relevant ones. Within the type, we will also focus on the major relations.

First, reconsider thematic relations and their hierarchy, as presented ealier in (14) with a slightly different treatment of experiencer and stimulus:

(44a) agent $< \Theta$ recipient $< \Theta$ patient
(44b) experiencer $< \Theta$ stimulus

This hierarchy is possibly not universal, since there are different opinions on the relative ranking of recipient and patient (cf. (11) above). This debate is welcome to our purpose, since our system does not lose any of its appeal in view of language dependent hierarchies. (44) accounts for the fact that agent and patient are restricted to dynamic verbs and experiencer and stimulus to stative verbs and that the two role systems are complementarily distributed. Primus (1987) argues that agent and experiencer have the same status within their respective semantic systems.

Second, reconsider the major case relations and their hierarchy (45), as presented earlier in (19):

(45) nominative/absolutive argument $< m$ accusative/ergative argument $< m$ dative argument $< m$ other oblique arguments

This hierarchy is probably valid for the vast majority of case marking languages. The hierarchy suggests that absolutive and nominative, on the one hand, and ergative and accusative, on the other hand, are terminological variants of each other.

Third, verb arguments may be ranked along a structural hierarchy. This ranking can be captured by the c-command relation of Generative Grammar:

(46) A node A c-commands a node B (A $< c$ B) if
 (a) A and B do not dominate each other, and
 (b) the first node dominating A also dominates B.

Using the standard notation for structural relations in Generative Grammar, (46) states that [NP, S] c-commands [NP, VP] and both c-command [NP, V'] in the following structural configuration:

(47) [$_S$ NP [$_{VP}$ NP [$_{V'}$ NP [V]]]

Since the structural relation of c-command is a hierarchy relation, we equate it with $< c$. In parallel, $< m$ can be equated with a case-command notion, and $< \Theta$ with a theta-command notion (cf. Primus 1991).

Our basic assumption is that once the concepts correlating with syntactic relations are hierarchized themselves we simply do not need syntactic relations in order to explain (42a), (42b) and (43b) — to the extent that (43b) is correct. Let us begin by discussing (42a,b) and the schema for universal hierarchy rules, presented earlier in (4), in the light of our basic assumption. Facts presented in earlier sections, as well as very many attempts at describing such facts, clearly showed that the hierarchy schema (4) can be applied without further modification to any of the hierarchies defined in (44)–(46). We go one step further and claim that the schema has to be given the flexibility of applying to whichever hierarchy is considered to be relevant in a language and also to as many hierarchies are considered relevant for the phenomenon in question. As noted before, we restrict ourselves, only for illustrative purposes, to the hierarchy relations given in (44)–(46). We reinterpret (4) as in (48):

(48) For any relational term A, B:
 If in a language L, rule R applies to B, then for any position A, if A $< h$ B, R also applies to A.
 There is at least one language L, where R applies to A, and for any B, if A $< h$ B, R does not apply to B.
 Parameters: h = Θ, m and/or c as stated in (44)–(46).

Multi-factor rules are captured by positing the connective *and* for the selection of the parameters for *h*. (48) does not predict which hierarchies are operative in a given language. The selection of hierarchies can be predicted by parameters like the configurationality parameter of Generative Grammar. If a language is classified as non-configurational, then it will lack a configurational hierarchy of verb arguments.

It is easy to show that our hierarchy universal (48) is empirically superior to the syntactic relational schema (4). Compare for instance the constraints on verb agreement. Instead of blocking languages which agree only with objects, we make slightly different predictions. For case determined verb agreement, we predict that there is no language in which the verb agrees only with accusative or ergative arguments to the exclusion of nominative or absolutive arguments. Our prediction seems to be correct. There is no such nominative language, and among the ergative languages Iacaltec was cited by Givón (1984, 369) as having the unpredicted agreement rule by which only ergatives agree with the verb. But Givón concedes that absolutives most commonly have zero markers on the verb and that there are absolutive-referring markers on the pre-verbal auxiliary. Presumably for this reason, his glosses assume a zero agreement marker for absolutives on main verbs. Thus, Iacaltec is by no means exceptional.

For the structurally determined agreement rule, we predict that if the verb agrees with only one argument and the rule is evidently not case-determined, then this argument will not be VP internal in the unmarked order of the language. English is a good example of a nominative language having structurally determined agreement with external arguments only (cf. section 3.5. above). Many ergative languages have structurally (and/or possibly thematically) restricted verb agreement, such as Warlbiri and Udi as well as the Kartvelian languages with respect to suffixal number agreement (see examples from Laz in (17) and from Georgian in (35)). Since the external argument in these languages is ergative agent or dative experiencer of transitive verbs and the only argument of intransitive verbs, it is evident that the rule is not case-governed. Explicit analyses of verb agreement in terms of structural relations have been proposed for Georgian (cf. Anderson 1984), and for Warlbiri (cf. Hale 1983 and Williams 1984). Data supporting a structural agreement rule by which verbs agree only with internal arguments to the exclusion of external arguments have not been reported, so that our prediction seems to be correct.

The superiority of our approach can be demonstrated even more clearly with multi-factor rules. There are some ergative languages having multi-factor agreement rules, but the data are too complex to be presented within the limits of this paper (cf. Anderson 1984). The treatment of a multi-factor rule within our model can be illustrated on basic word order in German. Our interpretation of the basic order universal (5) in terms of a selective choice of hierarchies is formulated in (49):

(49) For any nominal term A, B, if A $<$ h B, there is a strong preference that A precedes B in the unmarked order.
Parameters: h $= \Theta$, m and/or c as stated in (44)−(46).

We presented evidence for the relevance of $< \Theta$ and $<$ m for the linearization of nominal verb arguments in German and also showed that the rule has to be formulated as a multi-factor rule. Our rule is very simple and captures the German data by assuming that h ranges over m and Θ. Thus, we are able to explain all the data as conforming to the basic order universal. Recall the difficulties which crop up for approaches which formulate a multi-factor rule as a multi-level rule in the sense of trying to resolve the hierarchy conflict by using transformations (cf. section 3.6. above).

The discussion of passive in previous sections suggested that the universal demotion property of passive also involves a conglomerate of terms correlating with the subject relation. I chose a formulation for the demotion rule that is as close as possible to the relational counterpart (32a), in order to facilitate comparison. Consider (50):

(50) A $\rightarrow \emptyset$,
if A $>$ h B for every B (in the language system or in the argument structure in which A occurs) and if the verb has passive morphology.
Parameters: h $= \Theta$ and m or c as stated in (44)−(46).

The notation in (50) indicates, as in alternative approaches, that A cannot be a syntactic argument of a passive clause, if it has the properties stated, i.e. if it is an external or a nominative argument denoting an agent or an experiencer. Within brackets, I introduced another parameter. Recall that the demotion rule in terms of thematic roles, presented earlier in (39), introduces $\hat{\Theta}$ as the highest ranking thematic role the respective verb subcategorizes for and this is captured by the second parameter within the brackets. In this interpretation, recipients or patients are demoted in passives, if they are in the nominative or external to the VP and if the verb does not subcategorize for a higher ranking thematic role. But this restriction is too weak for some languages. Sentences like *Mary received a book*, *the boat sank* in English, and *Maria bekam ein Buch*, *das Boot versank* in German cannot be passivized. We claim that this is due to the fact that the external or nominative arguments of these verbs do not denote a thematic role which has the highest rank within the language system (i.e. agent or experiencer). This additional parameter in (50) is meant to illustrate how flexible our approach is in using hierarchies. There are, of course, additional properties of passives. Some of them may turn out to be sensitive to the above mentioned hierarchies, but since the method of eliminating syntactic relations from universal grammar should be clear by now, I omit further details.

Let us turn now to cross-hierarchy correlations, which were also a very strong motivation for syntactic relations (cf. (43b,c) above). The hierarchy relations given in (44)–(46) explain, in conjunction with the rule schema (48), why nominatives/absolutives, agents or experiencers and external arguments compete in sharing subject properties. They are the highest relations of their hierarchies. The intuitive appeal of the traditional notion of subject lies in the fact that it is interpretable in terms of these hierarchies as the highest ranking relation. This interpretation of subject is too far away from tradition to call it by the same name. It is not a relation between two constituents of a sentence, i.e. a sentence relational concept. It is a relation between a sentence relational concept such as agent argument or nominative argument and a hierarchy of sentence relational concepts of its kind which holds for the whole language system. The short term for it would be *X is the highest ranking relation of hierarchy Y of language L*, which is not the same as *X is the nominative/external/agentive argument of predicate Y*.

Unlike past research, which overestimated cross-hierarchy correlations, we do not claim that the property of sharing the same hierarchy rank has been grammaticalized uniformly across languages. In other words, not all languages have argument structures in which the agent is linked to the nominative/absolutive and both to the external argument by lexical or syntactic rules of grammar. Some correlations have been grammaticalized, however, as suggested by the restriction (12) for German and by the observation in Dik (1978) that accusative noun phrases are never linked to agents in nominative languages (cf. section 3.3. above). But there is a whole language class with correlations other than those predicted by the hierarchy rank of the entities involved. In the ergative language type, the nominative/absolutive is linked by rules of grammar or by preference rules to the patient. Van Valin (1977) and Sasse (1978) try to explain this linking by positing a thematic hierarchy for ergative languages in which the patient outranks the agent. This would be a simple and welcome solution in our model, since we have no problems with language dependent hierarchies. The reason why it cannot be adopted is that Van Valin's and Sasse's ranking proposal for ergative languages would not capture the facts appropriately. If a rule in an ergative language is sensitive to thematic roles, then it treats the agent as higher ranking over the patient. There is strong evidence based on word order, agreement, imperatives and control phenomena, which clearly shows that the ergative languages are agent-oriented (cf. Dixon 1979). To the extent that a rule is morphologically determined, however, it treats the absolutive as the highest ranking argument and there are indeed, as expected, enough morphologically determined rules in this type of languages, cf. the survey in Sasse (op. cit.). The fact that the thematic hierarchy is in systematic conflict with the case hierarchy in ergative languages also explains why the potentially conflicting factors in a multi-factor rule show up so regularly, i.e. why ergative languages pose so many problems for the subject-based approach to universal syntax. If we eliminate the hierarchy conflict in the ergative languages by switching the hierarchy positions of agent and patient, we would miss an explanation for this split behaviour. – It is easy to show that even nominative languages have regular sentence patterns in which the highest ranking thematic role of a predicate is not linked to the nominative. This type of construction was illustrated in (13a), (16a), (33), (34) and (36) above, where it was shown that the oblique experiencers exhibited the split behaviour predicted by a hierarchy conflict in our model. They are expected to have both subject and object properties precisely because they do not have consistent hierarchy properties. This behaviour conforms with the hierarchy rules and is not a violation that has to be explained away by transformations.

In conclusion, our system is restrictive enough, but has the advantage of coping with multi-factor phenomena without further stipulations. It also explains languages in which subject properties are distributed over two or more noun phrases with equal ease. This approach is more adequate, both on a descriptive and an explanatory level, than any other approach based on syntactic relations. We showed that, in one-factor approaches to syntactic relations, universal rules applying to them have more exceptions than necessary. Multi-factor, decompositional approaches to syntactic relations fare much better but, as shown, their advantages are explicable by the reference to other relational concepts besides syntactic relations. We concluded our discussion by showing that in multi-factor approaches, syntactic relations can be eliminated if the factorization and the hierarchy method is pursued more radically than in past research.

5. References

Anderson, Steven. 1984. On representation in morphology: case marking, agreement and inversion in Georgian. Natural Language and Linguistic Theory 2. 157–218.

Andrews, Avery D. 1982. The representation of case in Modern Icelandic. In Bresnan (ed.), 427–503.

Behrens, Leila. 1982. Zur funktionalen Motivation der Wortstellung. Untersuchungen anhand des Ungarischen. München: Veröffentlichungen des Finnisch-Ugrischen Seminars.

Bresnan, Joan. 1982. The passive in Lexical Theory. In Bresnan (ed.), 3–86.

—. 1982 (ed.). The mental representation of grammatical relations. Cambridge, MA.

—, and Jonni M. Kanerva. 1989. Locative inversion in Chicheŵa: A case study of factorization in grammar. Linguistic Inquiry 20. 1–50.

Chomsky, Noam. 1965. Aspects of the theory of syntax. Cambridge, MA.

—. 1981. Lectures on government and binding. Dordrecht.

Cole, Peter, and Jerrold M. Sadock. 1977 (eds.). Grammatical relations (Syntax and Semantics 8). New York.

Derbyshire, Desmond C. 1981. A diachronic explanation for the origin of OVS in some Carib languages. Linguistics 17. 179–392.

Dik, Simon C. 1978. Functional Grammar. Amsterdam.

—. 1989. The theory of Functional Grammar. Dordrecht.

Dixon, Robert M. W. 1979. Ergativity. Language 55. 59–138.

Dowty, David R. 1982. Grammatical relations and Montague Grammar. In Jacobson & Pullum (eds.), 79–130.

Dumézil, Georges. 1967. Documents anatoliens. IV: Récits lazes en dialecte d'Arhavi. Paris.

Faltz, Leonard M. 1978. On indirect objects in universal syntax. Papers from the 14th Regional Meeting of the Chicago Linguistic Society, 76–87.

Fanselow, Gisbert. 1987. Über Wortstellungstypologie anläßlich eines Buches von J. Hawkins. Zeitschrift für Sprachwissenschaft 6. 114–33.

Fillmore, Charles J. 1968. The case for case. Universals in linguistic theory, ed. by Emmon Bach & R. Harms, 1–90. New York.

Foley, William A., and Robert D. Van Valin. 1977. On the viability of the notion of 'subject' in universal grammar. Proceedings of the 3rd Annual Meeting of the Berkley Linguistic Society, 293–320.

Givón, Talmy. 1984. Syntax: A functional typological introduction. Vol 1. Amsterdam.

—. 1988. The pragmatics of word order: predictability, importance and attention. Studies in syntactic typology, ed. by Michael Hammond, Edith A. Moravcsik, and Jessica R. Wirth, 243–84. Amsterdam.

Greenberg, Joseph H. 1963. Some universals of grammar with particular reference to the order of meaningful elements. Universals of language, ed. by Joseph H. Greenberg, 58–90. Cambridge, MA.

Haider, Hubert. 1986. Who is afraid of typology? Folia Linguistica 20. 109–45.

Hale, Kenneth. 1983. Warlbiri and the grammar of non-configurational languages. Natural Language and Linguistic Theory 1. 5–47.

Harbert, Wayne. 1983. On the nature of the matching parameter. The Linguistic Review 2. 237–84.

Harris, Alice. 1981. Georgian syntax. Cambridge.

Jackendoff, Ray. 1972. Semantic interpretation in generative grammar. Cambridge, MA.

—. 1987. The status of thematic relations in linguistic theory. Linguistic Inquiry 18. 369–411.

Jacobs, Joachim. 1988. Probleme der freien Wortstellung im Deutschen. Sprache und Pragmatik 5. 8–37.

Jacobson, Pauline T., and Geoffrey K. Pullum. 1982 (eds.). The nature of syntactic representation. Dordrecht.

Johnson, David E. 1977. On relational constraints on grammars. In Cole & Sadock (eds.), 151–78.

Keenan, Edward L. 1976. Towards a universal definition of 'subject'. In Li (ed.), 303–34.

—. 1985. Passive in the world's languages. Language typology and syntactic description. Vol 1, ed. by Timothy Shopen, 243–81. Cambridge.

—, and Bernard Comrie. 1977. Noun phrase accessibility and universal grammar. Linguistic Inquiry 8. 63—99.

Kiss, Katalin E. 1987. Configurationality in Hungarian. Dordrecht.

Lenerz, Jürgen. 1977. Zur Abfolge nominaler Satzglieder im Deutschen. Tübingen.

Li, Charles N. 1976 (ed.). Subject and topic. New York.

Marantz, Alec. 1984. On the nature of grammatical relations. Cambridge, MA.

Mater, Erich. 1971. Deutsche Verben. Vol 6. Leipzig.

Perlmutter, David M. 1979. Working 1s and inversion in Italian, Japanese and Quechua. Proceedings of the 5th Annual Meeting of the Berkeley Linguistic Society. 277—324.

—. 1982. Syntactic representation, syntactic levels, and the notion of subject. In Jacobson & Pullum (eds.), 283—340.

—, and Paul M. Postal. 1977. Toward a universal characterization of passivization. Proceedings of the 3rd Annual Meeting of the Berkeley Linguistic Society. 394—417.

Primus, Beatrice. 1987. Grammatische Hierarchien. München.

—. 1989. Parameter der Herrschaft: Reflexivpronomina im Deutschen. Zeitschrift für Sprachwissenschaft 8. 53—88.

—. 1991. Hierarchiegesetze der Universalgrammatik ohne grammatische Relationen. DET, COMP und INFL. Zur Syntax funktionaler Kategorien und grammatischer Funktionen, ed. by Susan Olsen & Gisbert Fanselow, 83—109. Tübingen.

Pullum, Geoffrey K. 1977. Word order universals and grammatical relations. In Cole and Sadock (eds.), 249—78.

Reinhart, Tanya. 1981. Pragmatics and linguistics: an analysis of sentence topics. Philosophica 27. 53—94.

Reis, Marga. 1982. Zum Subjektbegriff im Deutschen. Satzglieder im Deutschen, ed. by Werner Abraham, 171—211. Tübingen.

Sasse, Hans-Jürgen. 1978. Subjekt und Ergativ: Zur pragmatischen Grundlage primärer grammatischer Relationen. Folia Linguistica 12. 219—52.

Schachter, Paul. 1976. The subject in Philippine languages: topic, actor, actor-topic, or none of the above. In Li (ed.), 491—518.

Shibatani, Masayoshi. 1985. Passives and related constructions: a prototype analysis. Language 61. 821—48.

Sridhar, S. N. 1976. Dative subjects, rule government and Relational Grammar. Studies in the Linguistic Sciences 6.1. 130—50.

Ulrich, Miorita. 1985. Thetisch und kategorisch. Tübingen.

Uszkoreit, Hans J. 1986. Constraints on order. Linguistics 24. 883—906.

Van Valin, Robert D. 1977. Ergativity and the universality of subjects. Papers from the 13th Regional Meeting of the Chicago Linguistic Society, 689—705.

Vennemann, Theo. 1982. Remarks on grammatical relations. Linguistics in the Morning-Calm, ed. by the Linguistic Society of Korea. Seoul.

Vilkuna, Maria. 1989. Free word order in Finnish. Helsinki.

Wilkins, Wendy. 1988 (ed.). Thematic relations (Syntax and Semantics 21) San Diego.

Williams, Edwin S. 1984. Grammatical relations. Linguistic Inquiry 15. 639—73.

Beatrice Primus, Munich (Germany)

32. Government

1. The Basic Concept
2. Government Functions
3. Government Structures
4. Distributional Constraints
5. Alternative Concepts of Government
6. Conclusions
7. References

1. The Basic Concept

Sentences of human languages may be analysed into parts which exhibit dependencies among each other. What this means is that characteristics or even the very occurrence of one part is conditional on some other part of the same utterance. For example, articles can occur only in the company of noun and vowels are normally nasal only when preceding nasal consonants in English.

Of the broad and varied class of linguistic dependency relations, one that has been suggested as playing a prominent role in describing languages with morphological case is government, or rection. Consider the Hungarian data in (1) showing the government of nominal case by the verb.

(1 a) Jancsi egy jobb jövőt remél.
 "Johnny a better future-ACC hopes"
 'Johnny is hoping for a better future.'
(1 b) Jancsi egy jobb jövőben hisz.
 "Johnny a better future-INESS believes"
 'Johnny believes in a better future.'

These examples illustrate that the choice of the case form of the complement head noun is correlated with the choice of the verb: the verb *remél* 'hopes' requires the accusative case and the verb *hisz* 'believes' requires the inessive. The terms of the relation are thus the verb and its complement (or, possibly, the verb and the case marker of its complement; cf. section 3.2.1.). Since the choice of the verb restricts the range of possible case forms it can occur with to a larger extent than the choice of the case form constrains the range of possible cooccurring verbs, the verb is said to govern the case-marked nominal, rather than the other way around.

For another characteristic example of government involving the same governee but a different type of governor, see the Latin data in (2).

(2 a) Puer currit e silvā.
 "boy is:running out:of woods-ABL"
 'The boy is running out of the woods.'
(2 b) Puer currit ad silvam.
 "boy is:running to woods-ACC"
 'The boy is running to the woods.'

Here the difference in case forms cannot be due to the choice of verbs: the latter is the same in both sentences. It is, rather, due to the two different prepositions *e(x)* 'out of' and *ad* 'to' which require the ablative and the accusative, respectively.

Case marking is generally taken to be the paradigm symptom of the government relation. If, however, case marking were the only manifestation of government, the term "government" would serve merely as a synonym of the term "case marking relation". If, on the other hand, government were so broadly construed as referring to linguistic dependency relations of any kind — including those between the noun and its article, and a nasal consonant and its nasalized vocalic neighbor — it would again double an already existing concept: that of dependency. In both cases, the notion of government would be redundant and thus of no significance. In order for the concept to be justified it must be one that is different both from that of case marking and from that of dependency.

One of the ways in which government could be shown to be a motivated concept would be by demonstrating that there are properties of the case receiver other than its case marking that are determined by the case assigner (for an alternative, see section 5.). Government could then be used in referring to a cluster of phenomena which, along with case marking, are all predictable from it. As a first approximation, we will therefore start out with the following concept of government:

(3 a) definition of government:
 Constituent A governs constituent B if the morphological case marking of B depends on A.
(3 b) hypothesis:
 In addition to morphological case, at least one property P of B also depends on A.

We thus take the "government hypothesis" to be a hypothesis about the distributional correlation of case marking and other grammatical phenomena. Should there be no additional property of the case receiver which is predictable from the case assigner, the concept of government in the suggested sense would not be justified. Since there is no *a priori* reason why case marking should correlate with any other characteristic of the case receiver, the establishment of the concept of government along the lines suggested is an empirical question.

This paper will survey some of the evidence relevant to this issue. Section 2. discusses the various types of predictions that government has been proposed to facilitate, section 3. surveys the structures that the government relation holds over, and section 4. takes up the distribution of government functions over government structures, and the distribution of government structures and government functions over sentence types and language types. Section 5. will consider alternative concepts of government, with section 6. offering a summary.

2. Government Functions

2.1. Types of Functions

The government relation has been suggested in the literature to allow for the following kinds of predictions about the case receiver:

(i) morphological case
(ii) syntactic function
(iii) semantic participant role
(iv) lexical subcategory
(v) occurrence
(vi) position.

Let us now consider whether any or all of the latter five are indeed P-s in the sense of (3) — i.e., whether their distribution is correlated with the distribution of morphological case marking.

2.2. Morphological Case

As noted above, the prediction of morphological case has been seen in traditional descriptive linguistics as the core use of the government relation and, in a more abstract sense of the term case, as one of its core uses in Government and Binding Theory (cf. Chomsky 1981, 48 ff; 170 ff, and Chomsky 1986a, 186 ff). What is meant by morphological case is both adpositional and affixal case (on the distribution of these two, see Lehmann 1985a, 91 ff) as well as stem-internal modification and suprasegmental case marking.

Morphological case assignment is restricted to certain types of structures. Since morphological case is, by definition, solely a nominal property, *case receivers* must be constituents of the nominal type, such as nouns, pronouns, or noun phrases. Examples of the two most prominent types of *case assigners* — verbs and prepositions — were given in (1) and (2). Since postpositions, too, may assign case such as in Hungarian *a hídon át* "the bridge-SUPERESS across", 'across the bridge' where the postposition 'across' requires the superessive suffix (cf. Marácz 1986), the second of the two main case assigner types is more appropriately termed adposition.

In addition to verbs and adpositions, other syntactic categories that may assign case in the above sense are adjectives, numerals, and nouns (of which, however, Government and Binding theory admits only nouns to the class of (abstract) case assigners; cf. Riemsdijk/Williams 1986, 229; Lasnik/Uriagereka 1988, 12, 18). Adjectives that assign case in English are *worthy* (*of*), *angry* (*with*), or *available* (*to*). In some languages, such as Hungarian or Russian, all comparative adjectives may occur with case-marked complements expressing the standard of comparison; cf. Hungarian *Marinál szebb* "Mary-ADESS prettier", 'prettier than Mary'. Regarding numerals: in Russian, subject nouns after numerals 'two', 'three', and 'four' and after numerals above twenty that end in 'two', 'three', or 'four' are in the singular genitive and those after other higher numerals are in the plural genitive; e.g. *od'-in mal'čik* "one boy-SING:NOM", 'one boy', *dva mal'čika* "two boy-SING:GEN", 'two boys', *pjat' mal'čikov* "five boy-PLU:GEN", 'five boys'. Finally, when a noun functions as a possessee, its possessor must be in the genitive case; e.g. when the word *brother* functions as a possession belonging to someone, the latter must show a possessive marker such as *'s* and *of* in *the boy's brother* and *the brother of the boy* in English, and *-i* in Latin *frater pueri*.

It is to be noted that even if there does turn out to be a concept of government one of whose functions is case assignment, it can be held responsible only for a proper subset of the occurrences of morphological case. This is because morphological case is not always assigned by another constituent. Consider the following German and Latin sentences:

(4) Zu Dionys, dem Tyrannen, schlich Moros, *den Dolch* im Gewande.
"to Dionysus, the tyrant, slid Moros, the:ACC dagger in:the clothing"
'Moros slid up to Dionysus the Tyrant, with the dagger in his clothing.'
(Schiller: Jung 1973, 133)
(5) *Me* miserum!
"I:ACC unfortunate-ACC"
'O, me unfortunate creature!'

In (4), the choice of case in *den Dolch* is not attributable to any other part of the sentence: whatever other words the sentence consisted of, the subject of the appended phrase would have to be in the accusative. Similar case-marked adjuncts lacking case assigners are the dativus ethicus and ablativus absolutus of Latin, the Ancient Greek genitive absolute, and the absolute *with*-construction of English as in *With the law suit finally settled, they left the country*. The independent use of the accusative is even clearer in (5) where the sentence contains nothing other than the accusative phrase and thus there is no possible case assigner in sight. Since the presence of morphological case in these instances is not parallelled by the presence of a constituent requiring it, at least some occurrences of case will have to be said to be ungoverned.

2.3. Syntactic Function

Morphological case may also indicate the syntactic function of the case receiver — such as whether it is subject, object, topic, etc., where each of these functional labels stands for a cluster of semantic, pragmatic, lexical, and morphosyntactic properties. However, case is not necessarily linked to the concomitant assignment of syntactic function. Thus, when, in Latin, verbs assign prepositionally expressed case to their complements and prepositions in turn assign affixal case to their nominal constituents (cf. (2) above: *Puer currit ad silvam / e silvā*.) the verbs do assign syntactic function to their case receivers but prepositions only assign affixal case and not syntactic function. Similarly, when numerals in Russian assign case to their nominal complements, they do this without assigning syntactic function to them. Thus, case assignment does not necessarily entail the assignment of syntactic function:

(6) Syntactic function is not a P.

Of the two distributionally overlapping but not coinciding phenomena of morphological case assignment and syntactic function assignment, some linguists, such as Christian Lehmann, actually take the latter to be definitional of government, with case marking as a possible but not necessary corollary of syntactic function:

(7) "Constituent A governs constituent B if the following holds:
1. B is subordinate to A (i. e., B depends on A — EAM);
2. this syntagmatic relation between A and B is semanto-syntactically inherent in A so that A determines the syntactic function which B has in the construction. This entails that if this syntactic function is expressed by morphological categories appearing on (or with) B (mainly cases or adpositions), then their selection is also determined by A."

(Lehmann 1982, 206)

A similar departure from actual morphological case assignment as a necessary function of government in the direction of case as a more abstract notion has been taken in Government and Binding Theory.

The two options of taking morphological case or syntactic function as the basic function of government make distinct claims about what is and what is not an instance of the government relation. By the syntactic criterion, English verbs and both their nominal and pronominal objects would be possible parties to the government relation since syntactic function is assigned to both. By the morphological criterion, however, only pronominal objects would be governees; nominal objects, because of their lack of morphological subject-object distinction, would not be. On the other hand, Russian numerals and their noun complements, unlike their English equivalents, would be candidates for termhood in a government relation by the morphological criterion but not by the syntactic one. The way to decide between a morphologically-based and a syntactically-based notion of government is by considering which of the two is better supported by additional correlating grammatical characteristics. In what follows, we will consider correlates of both morphological case and also syntactic function assignment. In other words, we will be looking both for P-s in the sense of (3 b), the case-based government hypothesis and also for P-s in the sense of (8 b), a syntactic-function-based hypothesis.

(8 a) definition of government:
Constituent A governs constituent B if the syntactic function of B depends on A.
(8 b) hypothesis:
In addition to syntactic function, at least one property P′ of B also depends on A.

Is morphological case itself a P′? The distributional incongruity of case marking and syntactic function comes not only from the fact that, as we have just seen, case marking is not necessarily accompanied by the assignment of syntactic function: syntactic function may also be assigned without the concomitant assignment of morphological case. Although some morphological case marking may be present in all languages, there is typically no one-to-one relationship between case markers and syntactic functions. In Mandarin Chinese, for example, subjects and objects are not necessarily differentiated in terms of morphological case markers (Li/Thompson 1976) and English nominal subjects and object never are. In other words,

(9) Morphological case is not a P′.

2.4. Semantic Participant Role

In addition to syntactic function, the assignment of morphological case may also be parallelled by the assignment of semantic participant roles such as agenthood, patienthood, or sourcehood. For example, in (2a) above (*Puer currit e silvā.*) the assignment of the preposition *e(x)* 'out of' to *silva* 'woods' by the verb is parallelled by the assignment of the participant role Source to it. The claim that the government relation is instrumental in assigning participant roles, or thematic (=theta-)roles, to arguments is central to Government and Binding Theory; see, for example, Chomsky (1981, 34ff), Chomsky (1986a, 93ff; 170ff) and Aoun/Sportiche (1983, 228ff).

Precisely what is the correlation between the assignment of theta roles and either morphological case marking or syntactic function assignment? Let us begin with case marking. Although the assignment of morphological case and that of participant role may both happen together such as in Latin verb-object constructions, case marking does not necessarily entail the assignment of participant role. Prepositions and numerals once again differ from verbs: when in (2) the preposition *e(x)* assigns the ablative case to its noun complement *silva*, there is no concomitant participant role assignment taking place, just as there is no syntactic function assignment. Similarly, Russian numerals assign no participant role albeit they assign case. On the other hand, participant role may also be assigned without a parallel assignment of morphological case as it is to object nouns in English. Thus, the distribution of morphological case marking and semantic participant role assignment does not obey a mutual or even unidirectional implication:

(10) Semantic participant role is not a P.

There appears to be a better fit between semantic participant role and syntactic function: the assignment of semantic participant role applies both to nominal and pronominal arguments in English just as the assignment of syntactic function does. In other words, in the sentences *I presented John with a book.* and *I presented him with a book.*, both *John* and *him* are Recipients by semantic participant role, and direct objects by syntactic function even though only *him* is morphologically case-marked, *John* is not. Thus we may hypothesize that

(11) Semantic participant role is a P′.

This observation favors taking syntactic function, rather than morphological case, as the central phenomenon of government since, if (11) is generally valid, syntactic function will have at least one other correlate while we have not yet found any for morphological case.

2.5. Lexical Subcategory

Constituents that have case-marking, syntactic-function-assigning, and/or participant-role-assigning ability may also select their complements in terms of their specific lexical properties. A verb such as *hit* demands a Patient complement in the object function that refers to a solid object, such as *table* and unlike *sweetness*. This also holds for adpositions which, as we have seen, assign morphological case but not syntactic and participant function: they, too, raise certain demands regarding their complements' lexical choice. Thus, *inside* must take a complement whose referent is three-dimensional or three-dimensionally interpretable and *ago* must take a temporal or temporally interpretable complement. Other case assigners — adjectives, numerals, and nouns — also select their complements.

However, lexical selection is not in a one-to-one relation with either morphological case marking or syntactic function assignment — our two alternative candidates for the basic government function. First, lexical selection can occur without case marking and syntactic function assignment; e.g. German verbs select either *sein* 'be' or *haben* 'have' for forming their periphrastic past forms without, of course, assigning syntactic function or participant role to them. Second, more relevant for our present purposes is the fact that there are also instances of a constituent case-marking and assigning syntactic function but not selecting. This is the case in the English and Latin examples of (12) and (13).

(12) The boy expects her to call tonight.
(13) Credo vós fortés virós esse.
 "I:believe you:PLU:ACC strong-PLU:ACC man-PLU:ACC to:be
 'I believe you are strong men.'

In (12), *her* is case-marked by *expect* and it functions as its object but it is selected for subject by *call* rather than for object by *expect*. In (13), the same holds for *vós*: it is case-marked and syntactic-function-assigned by *credo* but selected for Theme by *esse* (on this problem of "exceptional case marking", cf. Postal 1974 and Chomsky 1986a, 190). Thus, we end up with no implicational relationship between lexical selection and either morphological case marking or syntactic function assignment.

(14) Lexical selection is neither a P nor a P'.

2.6. Occurrence

So far we have considered to what extent *characteristics* of the putative governee are determined by case assigners and syntactic function assigners. More basically, the assigner may also control whether its assignee is *present* at all.

The power to control the occurrence of complements is not universal among case assigners. Thus, while verbs and adjectives (and perhaps adpositions and nouns as well) do differ in whether they require or forbid complements, numerals, which may also assign case, do not generally fall into classes depending on whether they require the presence or absence of complements. Examples as the numeral 'two' in Hungarian which has two distinct forms for independent and associated use are untypical.

(15 a)   Két almá-t kérek.
         "two apple-ACC I:would:like"
         ?Kettő almá-t kérek
         'I would like two apples.'
(15 b)   Kettő-t kérek.
         "two-ACC I:would:like"
         *Két-(e)t kérek.
         'I would like two.'

Thus, the power of morphological case assignment does not generally entail the power of control over occurrence within the same language:

(16) Occurrence is not a P.

Control of occurrence may, however, stand in a unidirectional implication with syntactic function assignment: verbs, adjectives, and nouns can control the occurrence of complements:

(17) Occurrence is a P'.

The relation of syntactic function assignment implying the control of occurrence is not mutual. For example, the choice of common versus proper nouns controls the presence and absence of articles in English since articles do not normally occur with proper nouns in this language. Nouns, however, do not assign syntactic function to their articles. The same example shows that controlling occurrence also does not entail morphological case marking.

The partial overlap in the distribution of the five attribute types of the governee discussed so far — occurrence, lexical subcategory, semantic participant role, syntactic function, and morphological case — can be illustrated by the following Russian sentences.

(18 a)   D'irektor rukovod'it institutom.
         "director leads institute-INSTR"
         'The director leads the institute.'
(18 b)   D'irektor govorit s institutom.
         "director talks with institute-INSTR"
         'The director talks with the institute.'

In (18 a), *institutom* "institute-instrumental" is present because the verb *rukovod'it* 'leads' requires a direct object to serve as its Undergoes; it is a concrete noun because the verb requires its complement to be concrete; and it is in the instrumental case because *rukovod'it* can occur only with an instrumental object. In (18 b), although the verb *govorit* 'talks' does not require an animate complement, once it is to have one it allows only for a limited choice of semantic roles: 'with someone' or 'about someone', the former of which must be marked by the preposition *s* 'with'. The preposition *s* in turn provides the noun phrase with an instrumental case marker.

Having discussed a number of *internal properties* of the governee from the point of view for predictability by the governor, we will turn to the position of the governee with respect to the governor and other constituents and consider the extent to which that is predictable. There are three aspects to the governee's position: distance from the governor, linear order relative to it, and the very question of whether the governee constitutes a separate syntactic unit from its governor.

2.7. Position

The notion "things that belong together stand together" has been around in descriptive linguistics at least since Behaghel (1932, 4). A more precise formulation of this tendency that crucially draws upon the notion of government has recently been given by Richard Hudson. His Adjacency Principle limits the kinds of elements that can stand between a governor and a governee: they must be either other direct or indirect governees of the governor, or joint heads to the two terms (cf. Hudson 1984, 98 f; Hudson 1987, 127 f).

In a similar attempt to restrict the range of possible discontinuities among constituents, the Theory of Government and Binding claims that certain types of discontinuities are possible only between governor and governee and, in particular, only if the "stray" element is a governee. Consider, for example, the following:

(19a) Who does John think that Bill saw?
(19b) *Who does John think that saw Bill?

In both sentences, *who* is displaced in that it is not in the immediate vicinity of the verb that it expresses an argument of. This displacement is tolerated in the case of (19a) where *who* is the object of its verb *saw* but in (19b), where it is the subject, the displacement leads to ungrammaticality. The generalization adopted by Chomsky to explain these and other similar cases is the so-called Empty Category Principle (ECP; for alternative formulations of this principle in other theoretical frameworks, see Wasow 1985, 202):

(20) $[_\alpha e]$ must be properly governed.
(Chomsky 1981, 273)

"Proper government" refers to two subtypes of the government relation. The one that is relevant here is where the governor is, in effect, either a verb or a noun or an adjective or a preposition, as opposed to some other, non-lexical element type (cf. Lasnik/Saito 1984, Davis 1987). $[_\alpha e]$ stands for "empty category" — in this case, it applies to the positions of *who* from which it is assumed to have been moved away as shown in (21a) and (21b).

(21a) Who does John think that Bill saw e?
(21b) *Who does John think that e saw Bill?

Assuming, as GB theory does, that verbs govern their objects but not their subjects, ECP explains why (19a) is grammatical but (19b) is not.

Is displaceablity a P or a P'? To the extent that displacement of an object is possible vis-à-vis its verb, but similar displacement of at least some other case-receivers — such as the complement of a numeral in Russian — is not possible, displaceability correlates with syntactic function assignment rather than with the assignment of morphological case. Thus:

(22) Displaceability is not a P but it is a P'.

Besides hypotheses specifying the *distance between governor and governee*, there have also been proposals in the literature for predicting the *linear precedence* of the governee relative to its governor. For example, Vennemann (1972) notes that languages tend to order all of their "operators" and "operands" uniformly (cf. Dryer, volume II of this handbook). Vennemann's operator-operand pairs include such familiar governor-governee constructions as verb-object, nominal-adposition, and possessee-possessor, and one of the criteria he gives for differentiating operator and operand is that the operand is the distributional equivalent of the whole construct, which is one of the putative characteristics of governors (see 3.4. below). Since, however, Vennemann's natural serialization principle is a tendency, rather than an exceptionless principle, no strict correlation can be universally claimed between linear order and either morphological case marking or syntactic function assignment.

(23) Linear order is neither a P nor a P'.

The third and most basic component of the position of a constituent has to do with the very question whether it is a *separate syntactic constituent* or not. Aoun/Lightfoot (1984) have suggested that the conditions for the contractability of *want* and *to* into *wanna* are definable by reference to government: the two elements are contractable only if *want* governs *to*.

(24a) I wanna go.
(24b) *There is the man I wanna go.

In (24a), contraction is possible because it is assumed that (i) *want* governs its object phrase (*to go*, in this case); (ii) if a phrase is governed, its head is also governed by the same governor, (iii) *to* in *to go* is the realization of INFL which is the head of the S *to go* and is thus governed by *want*. In (24b), however, contraction is not possible because *to go* is an S′ here, rather than an S, and S′, unlike S, is a barrier to government.

Although government may be a necessary condition for contraction to take place, it is not a sufficient one: neither morphological case assigners nor syntactic function assigners can undergo wholesale contraction with their unstressed assignees. Thus,

(25) Contractability is neither a P nor a P'.

2.8. Summary

Our basic concern has been the possible existence of implicational relations among seven putative government characteristics. In particular, we considered whether two of these — morphological case assignment and syntactic function assignment — implied control over the other factors. Our findings are summarized as follows:

(P: property implied by morphological case marking
P': property implied by syntactic function assignment
+: is a P or P'
−: is not a P or P'
/ : the question of whether the property in question is a P or P' does not apply)

property:	P	P'
morphological case	/	− (cf. (9))
syntactic function	− (cf. (6))	/
semantic participant role	− (cf. (10))	+ (cf. (11))
lexical selection	− (cf. (14))	− (cf. (14))
occurrence	− (cf. (16))	+ (cf. (17))
displaceability	− (cf. (22))	+ (cf. (22))
linear order	− (cf. (23))	− (cf. (23))
contractability	− (cf. (25))	− (cf. (25))

Thus, of the two alternative hypotheses in (3 b) and 8 b) having to do with the correlation of putative government functions, this limited survey supports (8 b) while providing no evidence in favor of (3 b): morphological case does not systematically imply other characteristics of the governee but the assignment of syntactic function may generally entail semantic participant role assignment, control of occurrence, and displaceability. In other words, the term government, when applied to the relation of morphological case assigner and assignee, allows the prediction of nothing more than the case marking of the governee; whereas if it is used in reference to the relation of a syntactic function assigner and its assignee, it predicts a cluster of governee properties.

3. Government Structures

3.1. Parameters

Let us now turn to the question of the range of structures over which government functions are manifested. We have already seen some indication that syntactic function assignment as well as morphological case marking are cross-structural phenomena in that they obtain within more than one pair of constituents. The question is exactly what the limits are of the structural variability of government.

The possible structural parameters of government are

(i) the nature of governor and governee;
(ii) the structural configuration of the two;
(iii) the nature of the minimal syntactic unit that governor and governee are part of.

3.2. The Terms of Government

3.2.1. Governors and Governees

What is the *categorial* range of governors? As already discussed in 2.2., from the point of view of the case-based notion of government, governors may be verbs, adpositions, adjectives, nouns, and numerals. From the point of view of a syntactic-function-based government concept, governors are verbs, adjectives, and nouns. Under both views, governees must be nominal, simply because both case and syntactic function can be assigned only to noun-like elements.

Views differ on what, if any, the constraints might be on the terms of government from the point of view of *internal complexity*. Can governors and governees be lexemes as well as phrases and bound morphemes? Let us first consider the *lexeme versus phrase* issue. Hudson, in whose framework there are essentially no phrasal constituents to begin with, argues for government relations to hold between lexemes (1984). Aoun/Spor23tiche (1983, 229 ff) give some arguments for the verb phrase, rather than the verb, being the case assigner and they claim, as Lehmann does (1985 b, 78), that governees are phrasal. Chomsky (1986 a, 162) proposes that both nouns, verbs, adjectives, prepositions and their phrasal projections can serve as governors. In Government and Binding theory it has also been proposed that whenever a phrase is governed, so is its head (but not its other subparts).

Let us look at some evidence showing that, on the one hand, at least some of the determinant features of the governor are lexical; and that, on the other hand, the domain affected by the governor is the phrase of the governee rather than just the head of the governee phrase. Regarding the governor being a lexical element, note that its idiosyncratic lexical properties come into play in predicting the governee's morphological case. Lexemes of verbs as well as those of adpositions characteristically differ among themselves in what morphological case they govern and the morphological cases they select do not show much consistency across equivalent lexemes in different languages, either.

Evidence for the phrasal nature of the governee comes from a number of putative government functions. Let us begin with lexical selection. When the governor verb requires, let us say, a fluid object, such as *drink* does, this is a requirement that the nominal head of the object phrase is not solely responsible for fulfilling; if it were, a sentence like *He drank liquid bread.* were just as anomalous as the sentence *He drank bread.* is. Instead, the whole phrase has the task of being appropriate for the verb and thus its subconstituents — both the noun and the adjective in this case — figure equally. The various subconstituents of the governee phrase count equally also regarding morphological case marking. Case is not necessarily assigned to the nominal head of the noun phrase: it may be assigned both to the head and also to some of its dependents as is the case in Russian, or it may be assigned only to dependents of the noun phrase and not at all to the head noun, as is mostly the case in German. For surveys on the distribution of case marking in the noun phrase, see Lehmann (1985 a, 94 f) and Bach (1983, 71—72). Similarly, syntactic function and participant role are more naturally attributed to the whole noun phrase, rather than just to its head; and positional constraints on the governee also apply to the entire phrase.

Let us now turn to the issue of whether terms of the government relation may be *bound morphemes*. There are at least four situations where it seems they might be. First, assuming morphological case assignment is a government function, one might posit the *case affix* itself, rather than the nominal carrying it, as the governee relative to the verb or the adposition which governs it: after all, it is the case affix that co-varies with the governor. Second, verbal affixes, rather than the entire verb that they are parts of, could be construed as governors, such as in Latin *ad-esse* 'to help' or *inter-esse* 'to attend', or in the German verbs *zu-stimmen* 'to agree' or *'an-grenzen* 'to border on (something)'. These prefixes are often homonymous with adpositions although the cases required by them may not be the same as those required by the same forms when used as prepositions: in Latin, the verb *adesse* and *interesse* govern the dative while the prepositions *ad* and *inter* take the accusative: and, in German, the presence of the preposition is generally required in addition to the prefix, with the morphological case of the complement thus ascribable to the preposition (cf. Adelung 1781, 484; Molnár 1966). A third possible candidate for a word-internal governor is *tense*: in a number of languages, such as Georgian and Hindi, the case system is accussative in present tenses but ergative in past tenses. Fourth, Lehmann (1985 b, 89 ff) suggests that *pronominal affixes* on governors, such as an object agreement marker on the verb, be themselves analysed as governees, with the full noun phrase constituent they refer to considered an apposition to the pronominal affix. The issue is in each instance to be decided on grounds of independent justifiability: i.e., whether affixal governors and governees also exhibit additional government functions.

Can governors and governees be *concatenations of individual constituents*? In other words, can a constituent jointly govern more than one element and can a constituent be jointly governed by more than one element? Obligatorily multi-valent verbs such as *give* or *show* provide examples of joint governees (for German examples, see Jung 1973, 78). Examples of more than one preposition governing the same nominal, such as in German *mit oder ohne Ausweis* "with or without identification card" (cf. Jung 1973, 371; also Radford 1981, 315 f) and two verbs both governing the same subject (as in German *Niemand dient dem Herrgott und liebt das Geld.*, 'Nobody serves God and (also) likes money.') provide *prima facie* evidence for joint governors although in each case, alternative analyses (e.g. by positing ellipsis) are also possible. For other examples and discussion, see Hudson (1984, 82 ff).

3.2.2. Pairings of Governors and Governees

It holds for dependency relations in general that the two terms of the relationship are never the same token — i.e., no element depends on itself — and they are rarely, if ever, members of the same category. If these are true constraints on dependency relations, they will necessarily constrain government as well. (On whether nominals govern nominals in genitive constructions, see Chomsky 1981, 200 ff; Lehmann 1983, 359 ff; Stowell 1983, 292 f.)

3.2.3. Government Paradigms

There may be constraints of various types on sets of language-internally cooccurring government relations. A reasonable candidate for such a constraint is that just in case in a language numerals are case-assigners, so are verbs and/or adpositions.

In what follows, we will discuss a particular type of paradigmatic constraints: those on the multiple participation of an element in the government relations of a language. There are four basic logical possibilities of such participation:

(a) an element functioning as governor in more than one government relation:
A governs B and A governs C
(b) an element functioning as governee in more than one government relation:
A governs B and C governs B
(c) an element functioning as governee in one relation and as governor in another:
A governs B and B governs C
(d) the governor and governee of one relation switching roles in another:
A governs B and B governs A.

Alternative governors and governees ((a) and (b))
The simplest assumption would be that the government relation is *unique* i.e., that every element (type) can be governed by a single element (type) only and every element (type) governs a single element (type).

However, alternative governors for the same governee type occur, in fact, by necessity: since governees are, by definition, nominal, as soon as a language has more than one governor type, there will arise a situation where a single governee type may be alternatively governed by different governors. Even the same governor lexeme may have alternative sets of case and syntactic function frames associated with it; compare English *give something to someone* and *give someone something*; Latin *circumdare aliquid alicui* and *circumdare aliquem aliquo* 'to surround someone with something'.

Government chains (c)
Can a governee govern? There are constructions types which may admit of such an analysis. For example, in *John met Paul's parents.*, if the governee of the verb *met* is only the head of the object phrase *parents*, rather than the entire phrase, and if the possessee *parents* govern the possessor *Paul's* then we have here an example of a chain of government.

Provided there are motivated examples of such government chains, what is the nature of the relationship between a governor and the governees down the line? Does the governor govern the governee of its governee? In other words, is government a transitive relation? Although I know of no argument for the governor having the very same relation to its governee as to the governee of its governee, there have been arguments for the utility of recognizing a distinctive relationship between the governor and any term that is a governee anywhere down the chain. Von Stechow (1984, 237) and Hudson (1984, 79 ff; 1987, 127) assume the cover term "subordination" to refer both to this relation and to government itself.

Asymmetry (d)
Government is an asymmetric relation. What asymmetry means is that, of two terms each of which, to some extent, determines the other, one allows for a narrower range of choices for the other than vice versa. For example, just as any one verb can occur only with a limited range of complement case forms, these complement forms in turn cooccur only with a limited choice of verbs, but any given verb allows for a narrower range of case-marked complements than the range of verbs a case-marked complement allows for.

However, even if any one government relation is to be asymmetrical, it is still possible that, by virtue of the existence of two separate government relations: "A govern B" and "B governs A", two terms end up governing each other in a language. This may be the case for the subject and the predicate phrase which Chomsky proposed mutually govern each other (1986, 162). See also Hudson (1984, 84 f) on the justification of such derived mutual government relations.

3.3. The Configuration of Government

In principle, it is possible to characterise the government relation without describing the range of possible configurations of its terms. The government configuration would then remain an atomic concept taken to be a primitive of the given descriptive framework. This route is followed for example by Adelung (1781, 484), Sweet (1892, 34 f), and Shaumyan (1987, 295). As pointed out by Hjelmslev (1953, 15) and von Stechow (1984, 236), this approach was taken by traditional grammar in general. The alternative is to view government as a complex relation which can be characterized in terms of other, more basic ones.

There are two fundamental facts about the government configuration that need to be captured when we characterize this relation in terms of other, more primitive ones: that it is linear and that it is local. *Linearity* means that the terms of the relationship are identifiable as two separate units in the temporal sequence of an utterance. This attribute differentiates government from other kinds of dependencies such as those that obtain between the meaning and the form of a lexical item, or those that holds between a large unit and its parts (for comprehensive attempts at the taxonomy of linguistic relations, cf., for example, Hjelmslev 1953, 13 ff; Juilland 1961; Lehmann 1983).

Locality is an attribute of linear dependency relations in language in general: their terms tend to be close to each other, in some sense of structural proximity (cf. Rouveret/Vergnaud 1980, 108 ff). Thus, for example, the verb normally agrees with the subject of its own clause, rather than that of the neighboring clause and nasals assimilate to adjacent obstruents, rather than to distant ones. The task is thus to explicate the particular kind of proximity that is required between governor and governee. There are three such candidate relations: dependency, constituency, and linear precedence. As it turns out, all three of these have been used, singly or jointly, in defining the government relation.

Locality in general involves a stipulation against the presence of (certain kinds of) intervening elements between two terms, rather than stipulating that there be such elements, as is needed, for instance, in some cases of anaphora. In general, two types of intervening elements are banned: elements that are themselves potential terms of the relation and which thus cannot be "skipped" and boundary elements that block the relationship (cf. Chomsky 1986 b). The question is how this kind of locality can be captured in terms of dependency, constituency, and/or linear precedence.

Linguists who view government as definable in terms of *dependency relations* include Lehmann (1983), Hudson (1984), Shaumyan (1987, 295) and Mel'čuk (1988, 23). None of them differentiate government from other dependency relations on grounds of the configuration of the two terms itself. Thus, while Lehmann recognizes two types of dependency relations — government and modification — the distinction is made by reference to the nature of the terms involved and not in terms of the nature of their configuration.

In frameworks that are *constituency-based* and thus do not formally recognize dependency as a primitive relation, the proximity relation involved in government has to be explicated in terms of constituency and/or linearity. There have been three types of proposals. Some linguists, such as Freidin/Lasnik or Aoun/Sportiche (cf. Aoun/Sportiche 1983, 213; 228) define government as involving a *symmetrical* configuration of the two terms. Sells (1985, 40) in fact proposes that the government configuration is, in most cases, one of sisterhood. Those proposals that represent the government configuration as asymmetrical do this either in terms of the auxiliary concept of *c-command*, or in terms of some such constituency configuration supplemented by a *linear precedence* constraint. The notion c-command, first introduced by Reinhart (1976, 148; cf. Aoun/Sportiche 1983, 224), is generally taken to refer to a particular coconstituency relation where the first branching node dominating the c-commander also dominates the c-commandee.

There are some concepts of the government relation according to which c-command is both necessary and sufficient to define the government configuration (e.g. Chomsky 1986 a, 162). In most definitions of the government relation that are couched in terms of constituency, however, c-command is a necessary but not sufficient factor. Other conditions have to do with constraining the type of material that may intervene between governor and governee. It has been stipulated that no maximal projection (e.g. NP or VP) should be allowed to intervene (e.g. Chomsky 1981, 164); and, in one concept of the government relation, straight adjacency of governor and governee is required (that by Freidin/Lasnik; cf. Aoun/Sportiche 1983, 213). For a detailed discussion of the empirical consequences of the various alternatives, see Aoun/Sportiche 1983.

Although there have been, to my knowledge, no proposals for defining the government relation solely in terms of *linear precedence*, such relations have been claimed to be a factor in characterizing government (for references, see Chung/McCloskey 1987, 201). It is clear, however, that directionality conditions on government can be at best language(-type)-specific rather than universal. That government does not respect linear order is shown by simple facts like preverbal objects in Japanese and postverbal ones in English governing case equally; or that (some)

Hungarian postpositions govern morphological case just as German prepositions do. Such category-internal linear discrepancies may occur even within a single language: in German, adpositions that follow their complements, such as *zufolge* ('according to') govern case just as adpositions that precede them do (cf. Jung 1973, 375).

3.4. The Government Construct

Case-marked constructions come in two types. There are those instances where the occurrence of both terms is necessary: they both imply the presence of the other. Such is, for example, an adpositional phrase where neither the adposition nor the nominal complement can stand by itself in the context given (unless the adposition happens to be a (free) adverb as well). The other is the kind where one term is dispensable in the context of a sentence while the other is necessary. In such cases, there is a clear asymmetry: it is always the case or function assigner that is the necessary member of the construction and never the case receiver. Thus, in a verb-object phrase, the object may be omitted but not the verb. In other words, given the presence of a case receiver in a given context, the presence of the case assigner is always predictable (except in cases of ellipsis − cf. Zwicky 1985, 13), although, as discussed in section 2.6. above, not necessarily vice versa.

In section 2.6., syntactic function assigners were said to predict the presence of their assignees. The difference between function assigners predicting the presence of their assignees and function assignees predicting the presence of their assigners is that in the former case, assigners predict the presence of assignees by their lexical make-up, whereas in the former case, assignees predict the presence of their assigners not by their lexical nature but by virtue of the syntactic context. Thus, *hit* requires an object because of its inherent, lexical quality; *Mary*, however, does not lexically require a verb but it does so only in a context where it occurs in object position with no verb present, such as in *John...Mary*.

An implication of the claim that governors are obligatory constituents is that, in many instances, the category of the government construct (the minimal construction which includes both the governor and the governee) is of the same general type as the category of the governor (Zwicky 1985, 13). For example, the verb phrase is distributionally equivalent to the verb and the noun phrase, with its various modifiers, quantifiers, and determiners, has the same distribution as (some) nouns all by themselves. This insight is captured by the so-called Head Feature Convention in Generalized Phrase Structure Grammar which says, in effect, that heads and constructs agree in their features (Gazdar/Klein/Pullum/Sag 1985, 50, etc.), and by the Percolation proposal in morphology (cf. Zwicky 1985, 15 ff).

Note, however, that distributional equivalence between the head and the construct is, at best, close but not perfect (Lehmann 1985 b, 78). Thus, in a verb-object construction, the head is a transitive verb but the whole construct functions like an intransitive verb. Also, in some constructions that on other grounds seem to involve government the construct has no distributional equivalent within itself. This is the case for most adpositional constructions such as *about John* where neither the preposition nor the noun can be used independently in those contexts where the whole phrase can. In other words, not all government constructs are endocentric.

In addition to the immediate constituent that includes both governor and governee, there is also significance to the lowest sentence or noun phrase constituent including them − called "governing category" in Chomsky's Binding Theory. According to this theory, what distinguishes anaphors (e. g. reflexives) and pronominals (e. g. *he*) is that the former must and the latter must not have antecedents in their governing category (cf. Chomsky 1981, 183 ff; and 1986 a, 164 ff).

3.5. Summary

The following are some tentative generalizations regarding the structural parameters of government.

(i) The terms of government may be phrases and their heads, possibly including bound morphemes as well.
(ii) The governee is nominal.
(iii) Governor and governee are never the same token (i. e., government is irreflexive).
(iv) Any one government relation is biunique and asymmetric; but there may be sets of government relations in a language whose members share governors or governees or that are mirror images of each other.

(v) Government is intransitive.
(vi) The government configuration is linear and local.

4. Distributional Constraints

The two questions sections 2. and 3. were concerned with are the following:

(a) What are the functions of government?

That is, which are those characteristics of syntactic constituents that are assigned by the same constituent that morphological case or syntactic function are assigned by?

(b) What are the structures of government?

That is, under what structural conditions are these assignments allowed?

These two questions do not exhaust the total domain of the synchronic study of government structures and functions. There are at least three further questions to ask.

(c) What is the distribution of government functions over government structures?
(d) What is the distribution of government functions and structures over sentence (or discourse) types?
(e) What is the distribution of government functions and structures over language types?

While I know of no generalizations in the literature that would address (d) by suggesting correlations between sentence types and the occurrence and type of government, a sample of proposals regarding (c) and (e) will be given next.

Possible hypotheses pertinent to (c) have to do with morphological case marking.

(26) If in a language verbs assign morphological case, so do adpositions; and vice versa.
(27) If in a language adjectives assign morphological case to their complements, the range of cases assigned by them will include the genitive.

(26) says there is no language where, of the two classes of verb complements and adpositional complements, only one is morphologically case-marked. (27) draws on the traditional distinction between adnominal (genitive) and adverbal (accusative, dative, etc.) cases. Whereas we cannot say verbs take no adnominal cases since they can take the genitive (English *approve of*; Latin *memini* 'be mindful of') and that adjectives do not take adverbal ones (English *similar* occurs with the dative. German *wert* 'worth' occurs with the accusative as in *keinen Pfifferling wert* 'not worth a dime'), (27) says that the cases governed by the adjective will not all be of the adverbal type.

Two comprehensive hypotheses of typological consistency also relate to structure-function correspondence in government. These are Vennemann's consistent linearization hypothesis (1972; cf. also section 2.7. above) and Nichols' consistent marking hypothesis (1986). As noted above, Vennemann claims that the linear order within governor-governee pairs is, ideally, uniform within languages. Nichols suggest that the decision whether in governor-governee pairs the head is morphologically marked or the dependent element is so marked similarly tends to be made uniformly for all governor-governee pairs in any language (cf. on this also Lehmann 1983, 345 and Shaumyan 1987, 296).

Let us turn to (e). The distribution of government structures and functions may be *language(-type)-specific*, correlated with non-government-related structural characteristics of languages. Thus, Nichols notes some tendencies in how head-marking and dependent-marking are correlated with word order types, with head-marking favoring verb-initial order (Nichols 1986, 81). If the feature of verb-initiality is not related to government, then this hypothesis manages to link cross-language variation in government structures to variation in other parts of the grammar. Another such *inter-constructional implication* is suggested by Chung (1983) who proposes that the government relation is differently defined in configurational and non-configurational languages. For further discussion on crosslinguistic differences in government, cf. Hudson (1984, 81 f), Chung/McCloskey (1987), Van Valin (1987).

5. Alternative Concepts of Government

The concepts of government that we have explored are not the only possible ones. There is a very large number of at least partially distinct approaches to government in the literature; for some of these, compare Diderot/d'Alambert (1765, volume 14, 5 ff); Beauzée (1767, volume 2, 80 ff); Adelung (1781, 484); Sweet (1892, 34 f); Bloomfield (1930, 194);

Bally (1944, 106 ff); Hockett (1958, 216 f); Lyons (1968, 239 ff); Chomsky (1980, 25; 1982 19 f; 1986 a, 162 f); Rouveret/Vergnaud (1980, 102 ff); Matthews (1981, 246 ff); Stowell (1983, 295); Verhaar (1983, 15 f; 1985, 59); Zwicky (1985, 7); Chung/McCloskey (1987, 208); Hudson (1987); Shaumyan (1987, 295 ff); Mel'čuk (1988, 23). For a comparative evaluation of some more recent concepts, cf. Aoun/Sportiche (1983).

There are at least three basic ways in which concepts of government may differ:

(a) whether they are *function-based* or *structure-based*
(b) whether they are *cluster concepts* or *class concepts*
(c) whether they are *all-or-none* concepts or *graded* ones.

Let us consider each choice in turn.

(a) function versus structure

The definition of government in (8) that has been supported by some evidence cited in this paper characterizes this concept as a cluster of functions. Compare (8) with (28) adapted from Chomsky (1982, 19):

(28) α governs β if
    (a) $\alpha = X^0$ (in the sense of X-bar theory),
    (b) α c-commands β, and
    (c) β is not protected by a maximal projection.

In (28), the terms "X^0", "c-command", "protected" and "maximal projection" refer to bits of structure; (28) thus characterizes government as a cluster of structural, rather than functional, properties. (8) defines it in terms of what the relationship "does"; (28) defines it in terms of what it "is". The difference between the two types of definition is comparable to characterizing "subject" by structure, e.g. as the NP constituent immediately dominated by S, as opposed to doing it by specifying its function, e.g. that it is the NP which determines verb agreement.

(8) and (28) differ with respect to some of their implications. Thus, the relationship between a main verb and the auxiliary could not be an instance of government by (8) since syntactic function cannot, by definition, be involved, but it could be an example of government by (28). Consider also (29).

(29 a) It was apparent (that) Kay left.
(29 b) It was apparent yesterday
    *(that) Kay left.

In (29 a), both the presence and the absence of the conjunction *that* yield good sentences but in (29 b) its absence is not permitted. Aoun, Hornstein, Lightfoot, and Weinberg proposed an explanation based on government. Provided that we assume the conjunction is governed by the main verb in (29 a) but, because of the presence of the adverb, not in (29 b), and, furthermore, that an element may be understood but not expressed if and only if it is governed, these facts are explained (cf. Aoun/Hornstein/Lightfood/Weinberg 1987, 540). This proposed analysis is based on a notion of government which defines this relation in terms of a structural configuration. Since *be apparent* assigns syntactic function to its object in both sentences, by a function-based concept of government this relation holds equally in both sentences.

Nonetheless, such differences do not seem to be necessary results of two definitions being structure-based and function-based. The choice between the two approaches appears rather to be a heuristic one. The basic motivation for positing government is in each case the correlation of functions — i.e., the fact that from this single concept a number of predictions can be derived. Thus, the cluster of functions that the relationship is capable of performing is of interest under both approaches. Similarly, the range of structures over which the relationship holds also figures under both views, whether it is used to define government or construed as an empirical generalization arrived at on the basis of a function-based definition.

(b) cluster concept versus class concept

Compare (8) with the following definition of government.

(30) "When a word assumes a certain grammatical form through being associated with another word, the modified word is said to be *governed* by the other one and the governing word is said to govern the grammatical form in question." (Sweet 1892, 34 f)

Sweet takes government to be any relationship where some grammatical form of one word depends on another. (For a similar definition, see Adelung 1781, 401 f). This rather broad concept is, like (8), function-based. The way it nonetheless differs from it is in terms of the range of phenomena that is subsumed under it. Thus, for example, case assignment and the assignment of semantic participant role would both be covered by (3) if the two were assigned under the same structural conditions. However, of these two, only case marking would be relevant for (30): the assignment of participant role would not be since it does not in itself have to do with determining grammatical form. On the other hand, the agreement of the adjective with its head noun would be an instance of government by (30) simply because it does involve the determination of grammatical form but it would not be by (3) unless the distribution of this phenomenon matched that of syntactic function assignment.

In order for a set of grammatical phenomena to qualify for subsumption under a single concept, there has to be some coherence to the set either by the phenomena sharing some of their properties or by sharing some of their distribution, or, possibly, by both being the case. (8) is based on *similarity of distribution*, (30) is based on *similarity of properties*: in (8), government refers to a range of phenomena with *similar distribution* but possibly *dissimilar properties*; (30) lumps together phenomena with *similar properties* but possibly *dissimilar distribution*. A (8)-like concept may appropriately be labelled a *cluster concept* and a (30)-like concept a *class concept*. The two types can again be exemplified by alternative definitions of the notion "subject". "Subject" is a cluster concept if defined as a constituent exhibiting cooccurring "symptoms" such as topicality, autonomous reference, and control of reflexivization (cf. Keenan 1976). It is, however, a class concept if defined as any constituent which has primary control of agreement in person since under this view it lumps together English-type subjects, Georgian-type absolutives, and Hungarian-type possessors.

Both cluster concepts and class concepts are significant constructs not only as explanantia but also as explananda: both the phenomenon of dissimilar things having similar distribution and that of things of dissimilar distribution having shared characteristics demand explanations. Nonetheless, it is understandable why linguists have shown more interest in construing government as a cluster concept than as a class concept. Similarity among things such as case marking and agreement is not at all surprising given that they are both members of the class of grammatical phenomena. On the other hand, there is no *a priori* necessity that one grammatical phenomenon should have a congruent distribution with some other, seemingly unrelated ones. Thus, government as a cluster concept has more empirical import than government as a class concept.

As far as agreement is concerned, it is somewhat related to government both by similarity and by distributional congruency. The similarity consists in the fact that in both cases, there is a kind of conditioning which results in a morphological marker. The distributional congruency is that in some cases government and agreement involve the same terms. Thus, in some languages, the verb will be associated with an affix whose choice is dependent on the choice of the object as is shown in the Swahili examples in (31), where *ki* is the singular object agreement marker for the *ki*-class of nouns and *zi* is the plural object agreement marker for the *zi*-class (cf. Perrott 1957, 38 f). Similarly, the adposition — another case assigner — may show agreement with its complement as the Finnish examples in (32) illustrate it (Lehtinen 1962, 140, 258); and the possessed noun, which is also a case assigner in that it requires a genitive to accompany it, may agree with the possessor as is the case in Turkish (see (33); Lewis 1975, 39, 42, 69).

(31 a) Umekileta kitabu?
 "you-PAST-*ki*-brought book"
 'Have you brought the book?'
(31 b) Umezileta ndizi?
 "You-PAST-*zi*-brought banana"
 'Have you brought the bananas?'
(32 a) minun kanssani
 "me with-me"
 'with me'
(32 b) sinun kanssasi
 "you: SING with-you: SING"
 'with you(sing)'
(33 a) uzmanIn raporu
 "expert-GEN report-his"
 'the expert's report'
(33 b) bizim raporumuz
 "our report-our"
 'our report'
(33 c) sizin raporunuz
 "your: PLU report-your: PLU"
 'your(plu) report'

There are, however, also a number of distributional differences between government and agreement. First, note that the controlling term of government is in most cases the controlled term of agreement. Thus, for example, verbs govern objects but in agreement they are controlled by the object. Second, in those cases where the same terms participate in the two relations, the propensity of these constituents to participate in the two relations is different as noted and discussed in Lehmann (1983). Thus, for example, objects are more likely to be explicitly case-marked than subjects but subjects are more likely to be agreed-with by the verb than objects. Third, note also that not all pairs of terms that participate in one of the two relations also participate in the other: the nominal head and its determiner may show agreement but not government; the adjective and its complement show government but not agreement. For further discussion on the two relations, cf. Matthews (1981, 246 ff).

(c) all-or-none versus graded concepts

Whether we construe government as a cluster concept or as a class concept, an empirical investigation would not necessarily yield a binary, yes-or-no decision regarding the existence of government. It is possible that what the facts will suggest is a scalar, more-or-less notion of government similar to what has been suggested for subject by Keenan (1976) or for transitivity by Hopper/Thompson (1980). We would arrive at such a scalar notion of government on the basis of two kinds of evidence. The cluster-based concept would turn out to be scalar if the size of the cluster of predictable governee properties varied with the government structure or with the choice of language, with some structure or languages having more properties in the cluster and others less. The class concept of government would prove to be graded if the various grammatical phenomena taken to be manifestations of government were not all equally similar but, rather, some constructions were more government-like than others.

6. Conclusions

Drawing upon a limited sample of the relevant evidence, this paper has explored the motivation for the syntactic concept of government. In particular, we discussed the extent to which, based on the co-predictability of certain characteristics, government can be justified as a cluster concept. What we found was that the clustering of syntactic function assignment, control of occurrence, and displaceability provided some motivation for the notion. The range of government structures was also surveyed and some hypothesis regarding the distribution of government functions over government structures and of the government relation as a whole over languages were also noted. Government has emerged as a multifunctional and cross-structural concept with an extensive if not universal distribution among languages.

7. References

Adelung, Johann Christoph. 1781. Deutsche Sprachlehre. Berlin.

Aoun, Joseph, and David W. Lightfoot. 1984. Government and contraction. Linguistic Inquiry 15, 3. 465—73.

—, *and D. Sportiche.* 1983. On the formal theory of government. The Linguistic Review 2. 211—36.

—, *Norbert Hornstein, David Lightfoot, and Amy Weinberg.* 1987. Two types of locality. Linguistic Inquiry 18, 4. 537—77.

Bach, Emmon. 1983. On the relationship between word-grammars and phrase-grammars. Natural Language and Linguistic Theory 1. 65—89.

Bally, Charles. 1944. Linguistique générale et linguistique française, 2nd edn. Paris.

Beauzée, Nicolas. 1767. Grammaire générale, ou exposition raisonée des éléments necessaires du langage, pour servir de fondement à l'étude de toutes les langues. Paris. (Facsimile edition: Stuttgart: 1974.)

Behaghel, Otto. 1932. Deutsche Syntax. Bd. IV. Heidelberg.

Bloomfield, Leonard. 1933. Language. New York.

Chomsky, Noam. 1980. On binding. Linguistic Inquiry 11, 1. 1—46.

—. 1981. Lectures on government and binding. Dordrecht.

—. 1982. Some concepts and consequences of the theory of government and binding. Cambridge.

—. 1986 a. Knowledge of language. Its nature, origin, and use. New York.

—. 1986 b. Barriers. Cambridge.

Chung, Sandra. 1983. The ECP and government in Chamorro. Natural Language and Linguistic Theory 1/2, 207—244.

—, *and James McCloskey.* 1987. Government, barriers, and small clauses in Modern Irish. Linguistic Inquiry 18, 2. 173—237.

Davis, Lori J. 1987. Remarks on government and proper government. Linguistic Inquiry 18, 2. 311—21.

Diderot, D., and J. le Rond d'Alembert. (eds.). 1765. Encyclopédie, ou dictionnaire raisonné des sciences, des arts et des métiers. Neufchastel.

Dryer, Matthew. Vol. II of this handbook. Word order typology.

Gazdar, Gerald, Ewan Klein, Geoffrey Pullum, and Ivan Sag. 1985. Generalized Phrase Structure Grammar. Cambridge, MA.

Hjelmslev, Louis. 1953. Prolegomena to a theory of language. Translated by Francis J. Whitefield. Baltimore.

Hockett, Charles F. 1958. A course in modern linguistics. New York.

Hopper, Paul J., and Sandra A. Thompson. 1980. Transitivity in grammar and discourse. Language 56. 251–99.

Hudson, Richard. 1984. Word grammar. Oxford.

—. 1987. Zwicky on heads. Journal of Linguistics 23. 109–32.

Juilland, Alphonse. 1961. Structural relations. The Hague.

Jung, Walter. 1973. Grammatik der deutschen Sprache. Leipzig.

Keenan, Edward. 1976. Towards a universal definition of "subject", Subject and topic, ed. by Charles N. Li, 247–301. New York, San Francisco.

Lasnik, Howard, and Mamoru Saito. 1984. On the nature of proper government. Linguistic Inquiry 15, 2. 235–89.

—, and Juan Uriagereka. 1988. A course in GB syntax. Lectures on binding and empty categories. Cambridge.

Lehmann, Christian. 1982. Universal and typological aspects of agreement. Apprehension. Das sprachliche Erfassen von Gegenständen, hrsg. v. Hansjakob Seiler und Franz Josef Stachowiak. Teil II, Die Techniken und ihr Zusammenhang in Einzelsprachen, 201–67. Tübingen.

—. 1983. Rektion und syntaktische Relationen. Folia Linguistica 18, 1–4. 339–78.

—. 1985 a. Latin case relations in typological perspective. Syntaxe et Latin. Actes du IIme Congrès International de Linguistique Latine, ed. by Christian Touratier, 81–100. Aix en Provence Cedex.

—. 1985 b. On grammatical relationality. Folia Linguistica 19, 1–2. 67–109.

Lehtinen, Meri. 1962. Basic course in Finnish. Bloomington. IN.

Lewis, G. L. 1975. Turkish grammar. Oxford.

Li. Charles N. and Sandra A. Thompson. 1976. Subject and topic: a new typology of language. Subject and topic, ed. by Charles N. Li, 457–89. New York, San Francisco.

Lyons, John. 1968. Introduction to theoretical linguistics. Cambridge.

Marácz. László Károly. 1986. Dressed or naked: the case of the PP in Hungarian. Topic, focus, and configurationality, ed. by Werner Abraham Sjaak de Meij, 227–52. Amsterdam, Philadelphia.

Matthews, Peter H. 1981. Syntax. Cambridge.

Mel'čuk, Igor A. 1988. Dependency syntax: theory and practice. Albany, NY.

Molnár, Ilona. 1969. A vonzat és jelentés kérdéséhez. (= To the question of government and meaning.) Általános nyelvészeti tanulmányok, vol. 4, ed. by Zsigmond Telegdi, 157–65. Budapest.

Nichols, Johanna. 1986. Head-marking and dependent-marking grammar. Language 62, 1. 56–119.

Perrott, D. V. 1957. Teach yourself Swahili. London.

Postal, Paul M. 1974. On raising. One rule of English grammar and its theoretical implications. Cambridge, London.

Radford, Andrew. 1981. Transformational syntax. A student's guide to Chomsky's Extended Standard Theory. Cambridge, London.

Reinhart, Tanya. 1976. The syntactic domain of anaphora. Ph.D. dissertation. Cambridge, MA.

Riemsdijk, Henk van, and Edwin Williams. 1986. Introduction to the theory of grammar. Cambridge, MA.

Rouveret, Alain, and Jean-Roger Vergnaud. 1980. Specifying reference to the subject: French causatives and conditions on representations. Linguistic Inquiry 11, 1. 97–202.

Sells, Peter. 1985. Lectures on contemporary syntactic theories: an introduction to Government-Binding Theory, Generalized Phrase Structure Grammar, and Lexical-Functional Grammar. Stanford.

Shaumyan, Sebastian. 1987. A semiotic theory of language. Bloomington, IN.

Stechow, Arnim von. 1984. Gunnar Bech's government and binding theory — GB's GB theory. Linguistics 22. 225–41.

—, und Wolfgang Sternefeld. 1988. Bausteine syntaktischen Wissens. Ein Lehrbuch der generativen Grammatik. Opladen.

Stowell, Tim. 1983. Subjects across categories. The Linguistic Review 2. 285–312.

Sweet, Henry. 1892. A new English grammar. Oxford.

Van Valin, Robert D. 1987. The role of government in the grammar of head-marking languages. International Journal of American Linguistics. 53, 4. 371–97.

Vennemann, Theo. 1972. Explanation in syntax. Syntax and Semantics, vol. 2. ed. by John Kimball. New York.

Verhaar, John W. M. 1983. Ergativity, accusativity, and hierarchy. Sophia Linguistica 11. 1–23.

—. 1985. On iconicity and hierarchy. Studies in Language 9.1. 21–76.

Wasow, Thomas. 1985. Postscript. In Sells 1985, 193–205.

Zwicky, Arnold M. 1985. Heads, Journal of Linguistics 21. 1–29.

Edith A. Moravcsik, Milwaukee, Wisconsin (USA)

33. Kongruenz

1. Einleitung
2. Phänomenologie
3. Funktion von Kongruenz
4. Literatur

1. Einleitung

1.1. Terminologisches

Kongruenz ist eine bestimmte Art von Übereinstimmung zweier sprachlicher Zeichen in einer grammatischen Kategorie. Als vorläufige Beispiele können dienen: *neue Studentin*, wo das Adjektivattribut u. a. dasselbe Genus wie sein Bezugsnomen aufweist, oder *ihr spinnt*, wo das Verb in Person und Numerus mit seinem Subjekt übereinstimmt.

Kongruenz kommt von lat. *congruentia* „Übereinstimmung". Daneben findet sich auch, besonders in afrikanistischer Literatur, der synonyme Terminus *Konkordanz*. Die englischen Gegenstücke sind *agreement* und *concord* (die ebenfalls weitgehend synonym gebraucht werden); der französische Terminus ist *accord*. Im Englischen unterscheidet man *cross-reference* von *agreement*. Ein Fall wie lat. *vos deliratis* weist nach traditioneller Auffassung die gleiche Kongruenz auf wie das deutsche Gegenstück *ihr spinnt*. Allerdings hat im Lateinischen das, was traditionell als Kongruenzaffix analysiert wird, pronominale Eigenschaften, denn bereits *deliratis* allein heißt „ihr spinnt". In einem solchen Fall spricht die englische Linguistik seit Bloomfield (1933, 193f) von *cross-reference*. Bei Bloomfield ist sie ein Fall von *agreement*; später wird sie meist dem *agreement* entgegengesetzt. Hier wird statt von *cross-reference* von Kongruenzaffixen mit pronominaler Geltung gesprochen.

1.2. Begriffliches

Für eine Definition von 'Kongruenz' sind folgende Begriffe vorauszusetzen (vgl. Barlow/Ferguson (eds.) 1988 für verschiedene Auffassungen):

— Das Syntagma (s. Art. 2). Es sind nur Syntagmen im Umfang von Wort bis Wortgruppe relevant.
— Die syntaktische Relation (s. Art. 31).
— Primäre und sekundäre grammatische Kategorie (s. Art. 30). Eine *primäre grammatische Kategorie* ist eine grammatische Klasse selbständiger Zeichen. Eine *sekundäre grammatische Kategorie* ist eine grammatische Eigenschaft, die an den Zeichen einer primären grammatischen Kategorie auftritt. Ihre verschiedenen Ausprägungen heißen Merkmale.
— Die *morphologische Kategorie* (s. Art. 30). Dies ist eine auf der morphologischen Ebene, also an Wörtern auftretende sekundäre grammatische Kategorie.

Nur solche grammatischen Übereinstimmungen kommen als Kongruenzphänomene in Betracht, die von den Regeln der Syntax verlangt werden. Solche Regeln setzen voraus, daß zwischen den beiden beteiligten Syntagmen eine syntagmatische Relation besteht, und zwar entweder eine anaphorische oder eine syntaktische. Darüber hinaus muß die relevante syntaktische Beziehung eine solche sein, die in der Dependenzgrammatik als Dependenzrelation gilt. So hat man in *meine Schwester und meine Mutter* Übereinstimmung der beiden Nominalsyntagmen in Genus, Numerus und Kasus. Die Übereinstimmung in den ersten beiden Kategorien ist nicht syntaktisch notwendig und deshalb kein Fall von Kongruenz; vgl. *meine Schwester und meine Brüder*. Die Übereinstimmung im Kasus dagegen ist syntaktisch notwendig. Sie wird dennoch nicht Kongruenz genannt, weil keine Dependenzbeziehung vorliegt.

Hieraus folgt, daß die der Kongruenz zugrundeliegende Beziehung asymmetrisch ist. Von den beiden an der Kongruenz beteiligten Syntagmen ist eines der *Kontrolleur* der Kongruenz, das andere der *Kongruent*. Es ist folglich ungenau zu sagen, Bezugsnomen und Attribut kongruierten miteinander, und nicht korrekt zu sagen, das erstere kongruiere mit dem letzteren.

Eine *Kongruenzkategorie* ist eine solche sekundäre grammatische Kategorie, in welcher ein Syntagma mit einem anderen kongruiert. Eine gegebene sekundäre grammatische Kategorie kann auf semantosyntaktischer Ebene einen anderen Locus haben als auf morphologischer. Dies gilt notwendigerweise für alle nominalen morphologischen Kategorien, deren semantosyntaktischer Locus das Nominalsyntagma (NS) ist (das sind wohl alle; vgl. § 2.2.1). So sind Kasus und Definitheit, semantosyntaktisch betrachtet, Kategorien des NSs; z. B. kann ein Adjektivattribut nicht in Kasus oder Definitheit von seinem Bezugsnomen abweichen. Kasus tritt aber im Lateinischen nicht am NS, sondern u. a. am Adjektiv und Substantiv auf; und Definitheit tritt im Rumänischen am Adjektiv oder Substantiv auf.

Das Wesen der Kongruenz besteht unter diesen Voraussetzungen darin, daß die beiden aufeinander bezogenen Syntagmen in (mindestens) einer sekundären grammatischen Kategorie übereinstimmen, d. h. das gleiche Merkmal aus der von der Kategorie umfaßten Menge grammatischer Merkmale haben. Die Asymmetrie der zwischen den Syntagmen bestehenden syntagmatischen Relation wirkt sich in der Kongruenz wie folgt aus: Die Kongruenzkategorie ist eine grammatische Kategorie des Kontrolleurs, die am Kongruenten ausgedrückt wird.

Kongruenz ist folglich weder eine grammatische Kategorie noch eine grammatische Relation, sondern ein *grammatisches Verfahren* (auch „grammatischer Prozeß" genannt), das eine Relation der genannten Art voraussetzt (so schon Sapir 1921, 114—116). Als solches ist sie am ehesten vergleichbar mit der Kasusmarkierung; s. § 3.

Kongruenz kann nicht morphologisch definiert werden. Es kann zwar vorkommen, daß Kontrolleur und kongruierendes Syntagma das gleiche Morph aufweisen, wie das etwa in *grüne Zweige* der Fall ist. Dies ist aber nicht notwendig. So ist z. B. die Person des Personalpronomens morphologisch etwas anderes als die Person des (etwa mit einem pronominalen Subjekt kongruierenden) Verbs. Es ist nicht einmal notwendig, daß die Kongruenzkategorie überhaupt am Kontrolleur ausgedrückt wird. So hat im Deutschen jedes Substantiv ein Genus, das jedoch nicht an ihm, sondern nur an kongruierenden Wörtern ausgedrückt wird; vgl. *der Ornat, die Moritat, das Granulat*. Feminine Substantive (außer Eigennamen) weisen keine Kasusflexion auf; der Kasus eines um sie zentrierten NSs erscheint daher nur an kongruierenden Wörtern, wie in (1) zu sehen ist (vgl. Werner 1979 zu typologischen Folgerungen hieraus).

(1) Kasuskongruenz bei femininen Substantiven

	Sg.	Pl.
Nom.	junge Frau	junge Frauen
Gen.	jungen Frau	jungen Frauen
Dat.	jungen Frau	jungen Frauen
Akk.	junge Frau	jungen Frauen

Wesentlich für den Begriff der Kongruenz ist allerdings, daß die Kongruenzkategorie mit dem Kongruenten eine *Konstituente* bildet. Diese Bedingung ist für die Formen von *jung* in (1) erfüllt. In (2 b) scheint der Fall für *andi-ri* (groß-DAT) parallel zu liegen. Tatsächlich aber erscheint das baskische Kasussuffix grundsätzlich am Ende eines noch so komplexen NSs, wie ein Vergleich mit (a) zeigt. *-(r)i* bildet also eine Konstituente nicht mit *andi*, sondern mit *edozein gizon (andi)*. Folglich kann man hier nicht sagen, daß das Adjektivattribut im Kasus kongruiere.

Es läge nahe, die Konstituenzbedingung zu verschärfen und zu fordern, daß die Kongruenzkategorie eine morphologische Kategorie des Kongruenten sei. Typischerweise ist das zweifellos der Fall. Allerdings hätte diese Einschränkung zwei unerwünschte Folgen. Erstens müßte der Kongruent mit dem Wort identifiziert werden, an dem die Kongruenzkategorien morphologisch ausgedrückt sind. Damit schlösse man die Kongruenz umfangreicherer Syntagmen, wie etwa in (13) und (14), aus. Zweitens müßte die Kongruenzkategorie morphologisch gebunden sein; d. h. ihr analytischer Ausdruck wäre nicht möglich. Damit würde man Fälle wie altgriech. *ho ánthrōpos ho agathós* (der Mensch der gute) „der gute Mensch" ausschließen, wo sonst wenig gegen eine Kongruenz des Adjektivattributs mit dem Bezugsnomen in der Definitheit spricht (vgl. auch (11)). Klitika statt Affixen als Ausdruck von Kongruenz begegnen auch in (16), (17) und (19).

2. Phänomenologie

2.1. Kongruenzkategorien

Die folgenden sekundären grammatischen Kategorien fungieren häufig in der Kongruenz: Genus/Nominalklasse, Numerus, Kasus, Definitheit, Person. Diese werden im folgenden illustriert (vgl. Moravcsik 1978).

Beispiel (3) zeigt Genuskongruenz des Adjektivattributs mit dem Bezugsnomen, (4) solche des Prädikatsverbs mit dem Subjekt.

(2)   (a) edozein gizon-i   „irgendeinem Mann"
BASK (b) edozein gizon andi-ri   „irgendeinem großen Mann"
          irgendein Mann groß-DAT

(3) benignus   deus   benigna   dea
LAT gütig:NOM.SG.M Gott:NOM.SG.M   gütig:NOM.SG.F Gott:NOM.SG.F
     „gütiger Gott/gütige Göttin"

(4) on rabotal   ona rabotala   ono rabotalo
RUSS er arbeit:PRÄT:M.SG   sie arbeit:PRÄT:F.SG   es arbeit:PRÄT:N.SG
     „er/sie/es arbeitete"

(5) (a) yu-le   m-toto   a-me-anguka
SWAH   KL1-jener   KL1-Kind   SBJ.KL1-PERF-fall
         „jenes Kind ist gefallen"
     (b) ki-le   ki-tabu   ki-me-anguka
         KL7-jener   KL7-Buch   SBJ.KL7-PERF-fall
         „jenes Buch ist gefallen"

In (5) treten die Nominalklassen 1 für Personen und 7 für Gegenstände auf (vgl. den Artikel zum Swahili im Bd. II). Das Beispiel illustriert Kongruenz in der Nominalklasse einerseits zwischen dem Determinator -*le* und seinem Bezugsnomen, andererseits zwischen dem Prädikatsverb und seinem Subjekt.

Die Beispiele (6)–(8) sind die pluralischen Versionen von (3)–(5) und illustrieren somit die Numeruskongruenz einerseits des Adjektivattributs ((6)) bzw. des Determinators ((8)) mit dem Bezugsnomen, andererseits des Prädikatsverbs mit dem Subjekt ((7)f).

(6) benigni   dei   benignae   deae
LAT gütig:NOM.PL.M Gott:NOM.PL.M   gütig:NOM.PL.F Gott:NOM.PL.F
     „gütige Götter/gütige Göttinnen"

(7) oni rabotali
RUSS sie arbeit:PRÄT:PL
     „sie arbeiteten"

(8) (a) wa-le   wa-toto   wa-me-anguka
SWAH   KL2-jener   KL2-Kind   SBJ.KL2-PERF-fall
         „jene Kinder sind gefallen"
     (b) vi-le   vi-tabu   vi-me-anguka
         KL8-jener   KL8-Buch   SBJ.KL8-PERF-fall
         „jene Bücher sind gefallen"

Als Beispiel für Kasuskongruenz kann zunächst (9), die genitivische Wendung von (6a), dienen.

(9) benignorum   deorum   benignarum   dearum
LAT gütig:GEN.PL.M Gott:GEN.PL.M   gütig:GEN.PL.F Gott:GEN.PL.F
     „gütiger Götter/gütiger Göttinnen"

Kasuskongruenz zwischen Prädikat und Subjekt ist, da Kasus keine verbale Kategorie ist, auf nominale Prädikate beschränkt. Sie wird in (10) illustriert.

(10) (a) Roma   quieta   esse   putatur
LAT   Rom:NOM.SG.F   ruhig:NOM.SG.F sein   glaub:PRÄS.PASS.3.SG
         „Rom wird für ruhig gehalten"
     (b) Romam   quietam   esse   putat
         Rom:AKK.SG.F   ruhig:AKK.SG.F sein   glaub:(PRÄS)3.SG
         „er hält Rom für ruhig"
     (c) Romae   quietae   esse   licet
         Rom:DAT.SG.F   ruhig:DAT.SG.F sein   freisteh:(PRÄS)3.SG
         „Rom darf ruhig sein"

Kongruenz in der Definitheit zeigt (11). Arabisch hat einen suffixalen indefiniten und einen präfixalen definiten Artikel, die beide am Substantiv auftreten und am Adjektivattribut wiederholt werden.

(11) (a) kitāb-u-n ǰamīl-u-n
ARAB Buch-NOM-IND schön-NOM-IND
„ein schönes Buch"
(b) ʔal-kitāb-u l-ǰamīl-u
DEF-Buch-NOM DEF-schön-NOM
„das schöne Buch"

Personenkongruenz ist aus dem verbalen Bereich geläufig. (12) zeigt die Kongruenz des Prädikatsverbs mit dem Subjekt durch Präfixe. Diese haben im Swahili pronominale Geltung. Die zusätzlichen Personalpronomina in Subjektsposition treten daher nur bei Emphase auf.

(12) (a) mimi ni-ja „ích komme"
SWAH (b) wewe u-ja „dú kommst"
      (c) yule a-ja „ér kommt"

Die betrachteten grammatischen Kategorien können i. a. auch in einer Sprache vorkommen, ohne in Kongruenzprozesse eingebunden zu sein. So gibt es im Türkischen Kasus und (In-)Definitheit, im Mandarin Person ohne Kongruenz. Grundsätzlich gilt, daß eine Kategorie in einer Sprache desto wahrscheinlicher in der Kongruenz fungiert, je stärker sie grammatikalisiert ist (vgl. den Artikel über Synsemantika in Bd. II). Genus und Nominalklasse kommen nur im Zusammenhang mit Kongruenz vor. Aber sie sind eben die stärker grammatikalisierten Varianten anderer Verfahren der nominalen Klassifikation wie etwa der Possessiv- oder Zahlklassifikation, die ihrerseits nicht an Kongruenz gebunden sind. Seit langem haben Linguisten immer wieder Unverständnis der raison d'être einer Kategorie wie Genus geäußert. Die bloße Tatsache, daß Genus nur im Zusammenhang mit Kongruenz vorkommt, ist Indiz dafür, daß seine Funktion weniger in einer schlüssigen Einteilung der Welt als im Satzbau zu suchen ist; vgl. § 3.

2.2. Syntaktische Kategorien und Relationen

Die zwei hauptsächlichen Arten der Kongruenz sind die Kongruenz von Subkonstituenten des NSs, die traditionell als Kongruenz mit dem Bezugsnomen aufgefaßt wird, und die Kongruenz anderer Syntagmen mit einem NS. Im folgenden werden für die beiden Arten nur die weniger geläufigen Subtypen illustriert.

2.2.1. Interne Kongruenz

Der Bereich der *internen Kongruenz* ist das NS. Hier kongruieren Determinantien wie Artikel, Demonstrativ- und Possessivpronomen (vgl. (5)), Attribute wie Zahlwort, Adjektiv (vgl. u. a. (1), (3), (11)), possessive Attribute und Relativsätze. In (13) wird das possessive Attribut durch ein Assoziativmorphem angeschlossen, das in der Nominalklasse mit dem Bezugsnomen kongruiert. Im Dyirbal-Beispiel (14) kongruiert der Relativsatz im Kasus mit dem Bezugsnomen.

(13) vy-atu vy-a mw-alimu
SWAH KL8-Schuh [KL8-ASS KL1-Lehrer]
„die Schuhe des Lehrers"

Die sekundären grammatischen Kategorien, die in der internen Kongruenz fungieren können, sind Genus/Nominalklasse, Numerus, Definitheit und Kasus; Person ist ausgeschlossen. In der Kongruenz wird ihr Ausdruck auf solche Subkonstituenten des NSs verteilt, die das Bezugsnomen modifizieren. Die funktionelle Grundlage dieses Verfahrens ist die Tatsache, daß in der internen Kongruenz der Kongruent denselben Referenten wie der Kontrolleur hat. Das ist auch so im Nominalsatz (vgl. (10)), dessen Kongruenz nach den genannten Kriterien interne Kongruenz ist. Auch die Kongruenz von Prädikativa gehört hierhin.

Der semantosyntaktische Locus der internen Kongruenzkategorien ist das NS. In einigen Fällen ist die Kongruenzkategorie keine grammatische Kategorie des Bezugsnomens; vgl. (1) und Lehmann (1988, § 2). Dies führt zu einer Korrektur der traditionellen Auffassung, wonach die Kongruenz zwischen dem Modifikator und dem Bezugsnomen besteht. Der eigentliche Kontrolleur der internen Kongruenz ist das NS (vgl. Fauconnier 1974). Das bedeutet aber, daß der Kontrolleur aller Kongruenz ein NS ist.

2.2.2. Externe Kongruenz

Der Bereich der *externen Kongruenz* erstreckt sich auf einen nicht zum kontrollierenden NS gehörenden Kongruenten. Dies ist in erster

(14) yibi yaṛa-ŋgu njalŋga-ŋgu djilwa-ŋu-ru buṛa-n
DYIR Frau Mann-ERG [Kind-ERG tret-REL]-ERG seh-REAL
„der Mann, den das Kind getreten hatte, sah die Frau"

Linie das Prädikatsverb, das mit dem Subjekt kongruiert (vgl. (4), (5), (12) u. a.). Es kann aber auch mit dem direkten (vgl. (15)) und indirekten Objekt kongruieren. Außerdem kann in der possessiven Attribution das Bezugsnomen mit dem Possessor-NS (vgl. Yukatekisch, (16)), und eine Adposition kann mit ihrem Komplement (vgl. (17)) kongruieren.

(16)   a   tàatah   tèech
YUK   POSS.2 Vater   du
        „déin Vater"
(17)   a   yóok'ol   tèech
YUK   POSS.2 über   du
        „über dír"

In (15)–(17) haben die Kongruenzpräfixe bzw. -klitika pronominale Geltung, können also den betreffenden Aktanten vertreten. Ist er jedoch zusätzlich nominal bzw., bei Emphase, pronominal vertreten, so müssen sie auch stehen.

Die sekundären grammatischen Kategorien, die in der externen Kongruenz fungieren können, sind Genus/Nominalklasse, Numerus und Person; Kasus ist ausgeschlossen. Externe Kongruenz in der Definitheit gibt es auch nicht; jedoch kann externe Kongruenz durch Definitheit des Kontrollers konditioniert sein (vgl. Art. 50). Wegen des Vorherrschens der Person als Kongruenzkategorie heißt die externe Kongruenz auch Personenkongruenz. Die syntaktischen Relationen, in denen sie vorkommt, sind allesamt solche der Rektion (vgl. Art. 32); und zwar regiert der Kongruent den Kontroller.

Zur externen Kongruenz zählt auch die Kongruenz des Personalpronomens mit seinem Bezugs-NS, wie in (18).

(18) Diese Parteibonzen, ich habe *sie* nie gemocht.

In diesem Falle besteht zwischen Kontroller und Kongruent keine syntaktische, sondern eine *anaphorische Relation* (vgl. Art. 47). Personalpronomina stehen jedoch in einem Grammatikalisierungszusammenhang mit externen Kongruenzaffixen; vgl. die Artikel über die Genese von Kongruenz und von Synsemantika in Bd. II. Dies zeigt etwa ein Vergleich der Syntax der sogenannten klitischen Pronomina im Schriftfranzösischen ((19 a)) und modernen Umgangsfranzösischen ((19 b) (c); vgl. Lambrecht 1981). Im Schriftfranzösischen kann eine Form wie *je* z. B. ein Subjekt vertreten, aber nicht in einer Klause mit ihm kookkurrieren. Das Personalpronomen *moi* in (a) ist daher nur als linksversetzter Topic, nicht aber als Subjekt möglich. Hier ist *je* also ein (proklitisches) Personalpronomen. Im (diachron weiter fortgeschrittenen) Umgangsfranzösischen kann *je* dagegen mit einem (pro-)nominalen Subjekt kookkurrieren, wie (b) zeigt; und die Formen dieses Paradigmas können auch in diesem Falle nicht fehlen; vgl. (c). Hier sind die (nunmehr fast zu Präfixen gewordenen) klitischen Pronomina also Kongruenzmorpheme.

(19)   (a) (moi,) j'y vais
FRANZ   „(ich,) ich gehe dahin"
              (b) moi j'y vais
                  „ich gehe dahin"
              (c) Jean il y va.
                  „Hans geht dahin"

Je stärker also ein Personalpronomen zum Kongruenzaffix grammatikalisiert ist, desto intimer ist auch die syntaktische Relation zwischen seinem Regens und dem NS, das es repräsentiert. Wenn es ein Kongruenzaffix ist, spricht man nicht mehr von Rektion hinsichtlich der Relation zwischen ihm und seinem Träger. Statt dessen erstreckt sich die Rektion seines Trägers nun auf das NS. Was in (19 a) eine anaphorische Beziehung zwischen *moi* und *je* ist, ist in (b) die Auslösung von Kongruenz von *moi* an seinem Regens *vais* durch das Morphem *je*. Diese Gesetzmäßigkeit überbrückt die Disjunktion in der Basis der (externen) Kongruenz, die entweder eine syntaktische oder eine anaphorische Relation zwischen Kontroller und Kongruent ist.

Eine häufige Begleiterscheinung der Rektion ist die Obligatorietät des Rektums. Die Obligatorietät eines pronominalen Elements als direktes Rektum des relationalen Dependenzkontrollers in (15)–(17) ist insofern unauffällig. Viel seltener ist dessen Fungieren in der Kongruenz. Für das Auftreten von externer Kongruenz in den verschiedenen syntaktischen Relationen innerhalb einer Sprache sind implikative Beziehungen festzustellen, die man in einer *Hierarchie der syntaktischen Relationen* in bezug auf externe Kongruenz

(15)   n-jovu   i-li-mw-ona   m-toto
SWAH   KL9-Elefant   SBJ.KL9-PRÄT-OBJ.KL1-seh   KL1-Kind
        „der Elefant sah das Kind"

zusammenfassen kann (vgl. Lehmann 1982, § 7.1.). Danach setzt z. B. die Kongruenz des Verbs mit dem indirekten Objekt in einer Sprache seine Kongruenz mit dem direkten Objekt bzw. Ergativ, diese seine Kongruenz mit dem Subjekt bzw. Absolutiv und diese die Kongruenz des Personalpronomens mit seinem Antezedens voraus. Ebenso setzt die Kongruenz der Adposition mit dem Komplement entweder die des Possessums mit dem Possessor oder die des Verbs mit dem indirekten Objekt voraus. Schließlich setzt die Kongruenz des Possessums mit dem Possessor verbale Kongruenz voraus. Daraus folgt, daß wenn eine Sprache überhaupt externe Kongruenz hat, diese am Personalpronomen erscheint.

2.2.3. Interne und externe Kongruenz

Die interne Kongruenz tritt in der Modifikation, die externe in der Rektion auf (vgl. Lehmann 1982). In beiden Fällen erscheint die Kongruenz an demjenigen Glied der Relation, von dem die Relation ausgeht. Hier waltet also ein ikonisches Prinzip, wonach grammatische Relationen im einfachsten Falle dort morphologisch markiert werden, wo sie angelegt sind.

Person und Kasus als Kongruenzkategorien sind komplementär über die syntaktischen Relationen verteilt: Kasus tritt nur in der internen, Person nur in der externen Kongruenz auf. Die einzige scheinbare Ausnahme zu diesem Verhältnis ist die Kongruenz in der possessiven Attribution, wo es externe Kongruenz des Possessums und interne Kongruenz des Possessors gibt. Die Ausnahme ist insofern scheinbar, als es zwei Arten von possessiver Attribution gibt. Wenn das Bezugsnomen relational („inalienabel") ist, liegt Rektion vor. Dies ist der Locus der externen Kongruenz. Wenn das Bezugsnomen nicht relational ist, stellt das possessive Attribut die Beziehung her. Dies ist der Locus der internen Kongruenz. Freilich ist Kongruenz ein hochgradig grammatikalisiertes Verfahren und wird daher auch in solchen Kontexten eingesetzt, in denen sie nicht in dieser Weise primär motiviert ist.

Weitere Ausnahmen zu den gemachten Generalisierungen werden gelegentlich in der Literatur erwähnt. So kongruieren im Awarischen Gerundialien, Prädikativa, Adverbialien u. ä. mit dem absolutivischen Subjekt in der Nominalklasse. Dies scheint eine Ausweitung der Funktion des Prädikativums zu sein (vgl. § 2.2.1.). Im Madagassischen kongruiert ein Adverbial im Tempus mit dem Hauptverb. Dies erinnert an die consecutio temporum (grammatisch geregelte Tempusfolge) der klassischen Sprachen, die auch oft mit Kongruenz in Zusammenhang gebracht wird, ohne der Definition in § 1.2. zu genügen.

2.3. Diskordanz

Die Übereinstimmung zwischen Kongruent und Kontrolleur in der Kongruenzkategorie bedeutet nicht unbedingt, daß sie das gleiche Merkmal aus der Kongruenzkategorie haben. Abweichungen von dieser vollständigen grammatischen Übereinstimmung, also Fälle von *Diskordanz*, können vielfältige Gründe haben. Erstens kann der Kontrolleur durch Koordination in bezug auf die Kongruenzkategorie heterogen sein. Hier treten Hierarchien zwischen den Merkmalen der Kategorie in Kraft, wonach in der Kongruenz ein Merkmal ein anderes überwiegt. Z. B. steht im Spanischen der Kongruent im Maskulinum, wenn der Kontrolleur im Genus heterogen ist; vgl. (20). Im Deutschen dominiert in der Kongruenz die erste Person die zweite und diese die dritte; vgl. (21).

(21) (a) ich und du (, wir) sind uns ähnlich
     (b) du und er (, ihr) seid euch ähnlich

Eine zweite Quelle für Kategorienkonflikte ist in der Tatsache begründet, daß den Kongruenzkategorien, als grammatischen Kategorien, eine mehr oder weniger virulente semantische Motivation zugrundeliegt, daß aber die grammatische Kategorie infolge eines hohen Grammatikalisierungsgrades im Widerspruch zu der entsprechenden semantischen stehen kann. Hier kann in einigen Konstruktionen der Kongruent entweder in der grammatischen oder in der semantischen Kategorie mit dem Kontrolleur übereinstimmen. Je nachdem liegt *grammatische* (i) oder *semantische* (ii) *Kongruenz* vor. Im letzteren Fall spricht man traditionell von *constructio ad sensum*, „Konstruktion nach dem Sinn". In (22) haben männliche Kontrolleure feminines bzw. neutrales Genus und ermöglichen daher

(20)   1a   dueña   y   el   criado   son   casados
SPAN   DEF.F.SG   Herrin   und   DEF.M.SG   Diener   sind   verheiratet: M.PL
       „die Herrin und der Diener sind verheiratet"

in der Anapher Kongruenz entweder nach dem Genus (i) oder nach dem Sexus (ii). Nach herkömmlicher Auffassung sind auch Fälle wie (23) hier einschlägig, wo das Subjekt semantisch eine Mehrheit ist, grammatisch jedoch im Singular stehe. Allerdings ist hier eine alternative Analyse möglich, wonach bereits der grammatische Numerus des Subjekts-NS der Plural sein kann.

(22) Als nächstes traf ich die Wache/das Kasperle. Ich begrüßte (i) sie/es (ii) ihn freundlich.

(23) Eine Menge Menschen (i) kam (ii) kamen auf mich zu.

Alle grammatischen Verfahren werden auf höheren grammatischen Ebenen freier, d. h. weniger grammatischen Regeln unterworfen als dem Sinn entsprechend, gehandhabt als auf niedrigeren (vgl. Ross 1973). Daher findet sich semantische anstelle von grammatischer Kongruenz desto leichter, je größer die syntaktische Distanz zwischen Kontrolleur und Kongruent ist. Es lassen sich implikative Gesetze feststellen, wonach z. B. die Möglichkeit semantischer Kongruenz des Attributs die des Prädikatsnomens (wie in (20)) und diese wieder die des Personalpronomens (wie in (22)) voraussetzt; vgl. Corbett 1979.

Eine dritte Möglichkeit der Diskordanz wird durch (24) illustriert.

(24) los   mexicanos somos asi
SPAN DEF.M.PL Mexikaner sein.1.PL so
„wir, die Mexikaner, sind halt so"

Das Subjekt steht hier, wie jedes nicht-pronominale NS, in der dritten, das Prädikatsverb jedoch in der ersten Person, und dieses Merkmal überwiegt (vgl. (21)). Der „Kontrolleur" determiniert die Kongruenzkategorie am Kongruenten in keiner Weise. Dies hängt offenbar damit zusammen, daß das Kongruenzaffix pronominale Geltung hat. Die Bedingung der Asymmetrie der Kongruenz ist nicht erfüllt. Es liegt offenbar weniger Kongruenz als die Verteilung des Ausdrucks einer semantischen Kategorie auf passende Träger vor (vgl. Gazdar et al. (eds.) 1983 sowie die Bemerkungen zur Unifikation in Art. 25).

3. Funktion von Kongruenz

Syntaktische Relationen sind häufig nicht nur mit externer Kongruenz, sondern auch mit Kasusmarkierung verbunden. Wenn in einer der in § 2.2.2. aufgeführten syntaktischen Relationen x mit y kongruieren kann, dann kann y alternativ oder gleichzeitig ein Kasusaffix zum Ausdruck dieser Relation haben. Beispiele wären in der lateinischen Subjektsrelation die Personenkongruenz am Verb und der Nominativ am Subjekt, oder in der Relation des possessiven Attributs die Personenkongruenz im Yukatekischen, aber der Genitiv im Deutschen. Insoweit scheinen externe Kongruenz und Kasusmarkierung die gleiche Funktion, eben die der Signalisierung von syntaktischen Relationen, zu haben.

Nun kann man die Dependenzrelationen, in denen ein NS das abhängige Glied ist, nach ihrer Semantizität ordnen. Mit Bezug auf Kasus spricht man in diesem Zusammenhang traditionell von *grammatischen Kasus* wie Nominativ und Akkusativ und *konkreten Kasus* wie Lokativ oder Instrumental. Die grammatischen Relationen inhärieren dem Regens, gehören also z. B. zur Valenz des Verbs. Die semantisch konkreten Relationen tun dies nicht, sondern gehen vom Dependenten aus. Da dieser ein NS ist, inhärieren sie i. a. auch ihm nicht, sondern müssen dort eigens verankert werden. Gegeben nun die erwähnte Ordnung der Dependenzrelationen, so ist die Wahrscheinlichkeit, daß eine Relation mit (externer) Kongruenz am übergeordneten Glied assoziiert ist, desto größer, je reiner grammatisch sie ist; und die Wahrscheinlichkeit, daß eine Relation mit Kasusmarkierung am Dependenten assoziiert ist, ist desto größer, je mehr semantisch konkret sie ist. Dies entspricht dem in § 2.2.3. erwähnten ikonischen Prinzip. Eine typische, in zahlreichen Sprachen wiederkehrende Konstellation ist das Vorkommen von Kongruenz am Verb für die Subjektsfunktion, auch wenn die Sprache sonst keine externe Kongruenz hat, gepaart mit dem Fehlen eines Kasusaffixes am Subjekt, auch wenn die Sprache sonst (grammatische) Kasus hat. Die umgekehrte Situation kommt nie vor.

Externe Kongruenz setzt eine Dependenzrelation des Kongruenten zu einem NS voraus und gibt Information über dieses NS. Kasusmarkierung gibt Information über eine Dependenzrelation ihres Träger-NSs und setzt das Element voraus, von dem das NS abhängt. Beide Verfahren versehen also ein Relatum (jede das entgegengesetzte) mit einem Marker; aber externe Kongruenz setzt die Relation voraus und spezifiziert das andere Relatum, während Kasusmarkierung die Relation spezifiziert und das andere Relatum voraussetzt. Die beiden Verfahren erfüllen also in der Tat eine Funktion in der Herstellung grammatischer Relationen, aber eigentlich, in Abhängigkeit von unterschiedlichen konstruktionellen Voraussetzungen, komplementäre Teilfunktionen.

Kongruenzaffixe entstehen diachron letztlich aus Pronomina (vgl. die Artikel über die Entwicklung von Kongruenz und von Synsemantika in Bd. II). In der internen Kongruenz sind Demonstrativa, in der externen Personalpronomina die Basis (vgl. (19)). In diachroner Perspektive ist also Referenz die primäre Funktion von Kongruenz. Dies ist zwanglos vereinbar mit der Identifikation des bezogenen NSs als primärer synchroner Funktion der Kongruenz.

4. Literatur

Barlow, Michael, and Charles A. Ferguson (eds.). 1988. Agreement in natural language. Approaches, theories, descriptions. Stanford.

Bloomfield, Leonard. 1933. Language. New York etc.

Corbett, Greville G. 1979. The agreement hierarchy. Journal of Linguistics 15. 203—24.

Fauconnier, Gilles F. 1974. La coréférence: syntaxe ou sémantique. (Travaux Linguistiques). Paris.

Gazdar, Gerald et al. (eds.). 1983. Order, concord and constituency. Dordrecht, Cinnaminson.

Lambrecht, Knud. 1981. Topic, antitopic and verb agreement in non-standard French. (Pragmatics and Beyond, II: 6). Amsterdam.

Lehmann, Christian. 1982. Universal and typological aspects of agreement. Apprehension. Das sprachliche Erfassen von Gegenständen. Teil II, Die Techniken und ihr Zusammenhang in den Einzelsprachen, hrsg. von Hansjakob Seiler & Franz Josef Stachowiak, 201—67. (LUS, 1, II). Tübingen.

—. 1988. On the function of agreement. In Barlow & Ferguson 1988, 55—65.

Moravcsik, Edith A. 1978. Agreement. Universals of human language, 4 vols., ed. by Joseph H. Greenberg, 4. 331—347. Stanford, CA.

Ross, John R. 1973. The penthouse principle and the order of constituents. You take the high node and I'll take the low node. Papers from the comparative syntax festival. The difference between main and subordinate clauses. 12 April 1973. A paravolume to Papers from the Ninth Regional Meeting, ed. by Claudia Corum et al., 397—422. Chicago.

Sapir, Edward. 1921. Language. An introduction to the study of speech. New York.

Werner, Otmar. 1979. Kongruenz wird zu Diskontinuität im Deutschen. Festschrift für Oswald Szemerényi on the occasion of his 65th birthday, ed. by Béla Brogyanyi, 959—988. (CILT, 11.) Amsterdam.

Christian Lehmann, Bielefeld (Deutschland)

XII. Syntaktische Phänomene in den Sprachen der Welt II: Konstruktionstypen
Syntactic Phenomena in the World's Languages II: Types of Construction

34. Diathesen

1. Einführung
2. Lexikoneinträge
3. Deskriptive Typologie der Diathesen
4. Theoretische Positionen
5. Einige ausgewählte Diathesen
6. Abschließende Bemerkungen
7. Literatur

1. Einführung

Diathesen sind grammatische Zustände des Verbs (bzw. Verbkomplexes) wie z. B. Aktiv, Passiv, Antipassiv, Medium, Reflexiv, Kausativ, Applikativ u. a. mehr. In der englischsprachigen Literatur werden Ableitungen aus einem Basiszustand (Aktiv) als *valency change, relation change, argument shifting* oder *grammatical function changing* beschrieben. (1) enthält einige Beispiele.

(1) Sie schenkt ihm einen Esel.
    Ihm wird (von ihr) ein Esel geschenkt.
    Ein Esel schenkt sich leicht.
    Sie beschenkt ihn (mit einem Esel).
    Er wird (von ihr) (mit einem Esel) beschenkt.
    Er kriegt (von ihr) einen Esel geschenkt.
    Sie kocht (ihm) eine Suppe.
    Die Suppe wird (ihm) (von ihr) gekocht.
    Eine Suppe kocht sich schnell.
    Die Suppe kocht.
    Sie bekocht ihn.
    Er wird (von ihr) bekocht.
    Er kriegt (von ihr) eine Suppe gekocht.
    Er sitzt auf der Treppe.
    Sie setzt ihn auf die Treppe.
    Er setzt sich auf die Treppe.
    Er wird (von ihr) auf die Treppe gesetzt.
    Er besetzt die Treppe.
    Die Treppe wird (von ihm) besetzt.

Verben sind lexikalische Prädikate unterschiedlicher Stelligkeit. Die Argumente des Verbs werden syntaktisch als Subjekt, direktes Objekt usw. realisiert. Das Verb ist mithin für einen bestimmten phrasalen Rahmen syntaktisch subkategorisiert. Die Diathesen des Verbs unterscheiden sich darin, daß bei im wesentlichen gleicher Grundbedeutung des Verbs die Zahl der syntaktischen Argument-Positionen reduziert oder erweitert wird oder daß die Argumente auf einen verschiedenen phrasalen Rahmen abgebildet werden. Dadurch wird insbesondere ermöglicht, die verschiedenen Argumente des Verbs in der Position des Subjekts realisieren zu können. In dieser Position kann das Argument als natürlicher Fokus (bzw. als ranghöchstes Argument in einer Aussage) erscheinen, von einem übergeordneten Verb kontrolliert und unter Koordination leicht getilgt werden. Durch die verschiedenen grammatischen Zustände eines Verbs werden somit insbesondere textuelle Anknüpfungen erleichtert.

Die Diathesen des Verbs können morphologisch-synthetisch am Verb (Affixe, Ablaut) oder analytisch (syntaktische Konstruktion mit Hilfsverb, Partikel) gekennzeichnet werden; sie können aber auch unmarkiert bleiben. Da es sich um systematisch-reguläre Ausdrucksmittel einer Sprache handelt (denen auch ganz neue Verben unterliegen), muß man zu ihrer Beschreibung auf systematische Prinzipien zurückgreifen. Je nach theoretischer Position werden dazu lexikalische Regeln oder eine spezifische Wechselwirkung mehr allgemeiner (teils lexikalischer, teils syntaktischer) Prinzipien angenommen. Soweit Diathesen durch bestimmte Morpheme angezeigt werden, kann man sie als synkategorematische Eigenschaft dieser Morpheme ansehen.

Eine wichtige Frage ist, welche Diathesen bei einem gegebenen Verb überhaupt möglich sind. Ansätze, die nur die Änderungen des phrasalen Rahmens durch Zuordnungen der Art 'Objekt wird zu Subjekt' o. ä. beschreiben, geben darauf in der Regel keine befriedigende Antwort. Deshalb wird in neueren Ansätzen versucht, die beobachtbaren Änderungen als Konsequenzen zugrundeliegender Prozesse und Prinzipien zu erfassen, wie z. B. Bindung eines Arguments oder Komposition mit einem anderen Prädikat. Diese Prinzipien sollten auch grundsätzlich klären können, welche Diathesen bei einem bestimmten Sprachtyp und Verbtyp möglich sind und welche nicht möglich sind; sie sollten auch die mögliche Reihenfolge von Diathesen klären können (etwa daß Applikativ + Passiv möglich ist, Passiv + Applikativ aber nicht). Auf einige dieser Fragen hat die Relationale Grammatik Antworten gegeben (Perlmutter/Postal 1983); ein sehr grundsätzlicher Versuch im Chomsky-Rahmen liegt mit Baker (1988) vor; auch Weiterentwicklungen der Lexikalisch-Funktionalen Grammatik (z. B. Bresnan/Moshi 1990) machen prinzipielle Vorschläge. Die meisten dieser Ansätze sind an strukturellen Prinzipien interessiert, die von der semantischen Form der Verben unabhängig sind. Der Autor dieses Beitrags möchte sich einer Richtung zuordnen, die für die grammatischen Eigenschaften des Verbs (einschließlich seiner Diathese-Möglichkeiten) eine semantische Grundlage annimmt, die durch die strukturell-typologischen Parameter einer Sprache jeweils 'gefiltert' wird.

2. Lexikoneinträge

Das syntaktische Projektionspotential eines Verbs ist in seinem Lexikoneintrag erfaßt. Der primäre Eintrag für den Verbstamm enthält nur die idiosynkratische Information des betreffenden Verbs; darüber operieren Prinzipien, die die voll spezifizierte Information für die verschiedenen Diathese-Möglichkeiten des Verbs bereitstellen. Wird der Verbstamm morphologisch (durch Affixe o. ä.) modifiziert, so wird dadurch in der Regel auch das syntaktische Potential des Verbs verändert; das Ergebnis unterliegt wiederum den (Default-)Prinzipien zur Informationsergänzung.

Für die Argumente eines Verbs sind verschiedene Stufen der Klassifikation möglich. Das folgende Schema verdeutlicht dies am Beispiel eines 3stelligen Verbs wie *schenken*. — Zunächst läßt sich die durch das Verb bereitgestellte offene Aussageform durch eine Prädikatskonstante und voneinander unterschiedene Argumentvariablen kennzeichnen.

Den Argumenten lassen sich semantische Rollen innerhalb eines Sachverhalts zuordnen. Dabei kann man über die verbspezifischen Rollen wie 'Schenker', 'Geschenk', 'Beschenkter' generalisieren und zu mehr abstrakten Rollen wie 'Agens', 'Thema' und 'Ziel' gelangen. — Um das syntaktische Projektionspotential des Verbs zu erhalten, müssen die Argumente auf syntaktische Argument-Positionen abgebildet werden; diese Positionen werden durch sog. Theta-Rollen markiert. Die Argument-Positionen sind danach zu unterscheiden, ob sie vom Verb regiert werden (interne Argumente bzw. Theta-Rollen) und daher innerhalb der maximalen Projektion des Verbs (der VP) zu realisieren sind, oder ob sie nicht regiert werden (genau ein externes Argument, das nur durch ein Flexionselement, AGR bzw. INFL, oder möglicherweise durch ein übergeordnetes Verb regiert wird). — Die Rektion nominaler Argumente besteht darin, daß Kasus zugewiesen wird. Die Rektionseigenschaften lassen sich durch Kasusmerkmale spezifizieren; ich benutze hier [REG] für „Regiert" und [OBL] für „Oblique". Somit stellt Zeile (e) dieselbe Information wie Zeile (d) bereit. (Es gilt übrigens die generelle Implikation [− REG] → [− OBL].) — Schließlich lassen sich die Argumente durch grammatische Funktionen wie Subjekt, direktes Objekt, indirektes Objekt kennzeichnen. Nach dem Vorschlag von Bresnan & Moshi (1990) lassen sich auch syntaktische Funktionen durch Merkmale spezifizieren, nämlich [r] für „semantisch restringiert" und [o] für „objektartig" = „complementing transitive predicators". Dann stellt Zeile (g) dieselbe Information wie Zeile (f) bereit. Zu bemerken ist, daß die Auflösung in Merkmale eine stringentere theoretische Behandlung ermöglicht, indem die Merkmalswerte zur Klassenbildung verwendbar sind, unterschiedlichen Prinzipien zugeordnet werden können und sprachvergleichend auszuwerten sind. Auch die schrittweise Spezifikation lexikalischer Information läßt sich durch Merkmale darstellen. — Übrigens wurden auch für die semantische Klassifikation der Argumente Merkmale vorgeschlagen (z. B. Rauh 1988), von deren Darstellung hier abgesehen wurde; statt dessen wird angenommen, daß die semantischen Rollen aufgrund einer semantischen Dekomposition des Prädikats definierbar sind (s. unten).

In Untersuchungen über Diathese-Möglichkeiten des Verbs werden in der Regel einige dieser Informationen explizit voraus-

(2) (a) Argumentvariablen: SCHENK (x,   y,   z)
    (b) Semantische Rollen: Agens   Thema   Ziel
    (c) Theta-Rollen: Θ1   Θ2   Θ3
    (d) Kasuszuweisung: —   AKK   DAT
    (e) Kasusmerkmale: − REG   + REG   + REG
                                         − OBL   − OBL   + OBL
    (f) Grammatische Funktionen: Sbj   dObj   iObj
    (g) Merkmale grammatischer Funktionen: − r   − r   + r
                                         − o   + o   − o

gesetzt, andere nur implizit oder in definierter Weise. Außerdem wird manchmal Gebrauch gemacht von spezifischen Verbindungen zwischen den Informationsebenen („Linking"); dies besonders in den Untersuchungen von Ostler (1979), Carrier-Duncan (1985) und Kiparsky (1988), die eine Abhängigkeit zwischen semantischen Rollen und Kasusmarkierungen annehmen. Ebenfalls werden in der einen oder anderen Weise Hierarchien auf den verschiedenen Ebenen angenommen, beispielsweise diejenigen in (3) (wobei, aufgrund von „Linking", wieder systematische Beziehungen zwischen diesen Hierarchien bestehen).

(3) Agens > Thema > Ziel
    NOM   > AKK   > DAT
    Sbj   > dObj   > iObj

Einige Autoren (z. B. Kiparsky 1988) nehmen die umgekehrte Reihenfolge von Ziel und Thema an, eine Reihenfolge, die sich etwa in dem Beispiel *weil der Bauer dem Bischof das Schaf schenkte* in der Abfolge der Argumente niederschlägt. Im weiteren wird sich zeigen, daß die Reihenfolge Ziel > Thema den Vorstellungen über die zugrundeliegenden strukturellen Faktoren tatsächlich besser entspricht.

Diathesen werden oft unter dem Begriff der „Valenz" oder syntaktischen Stelligkeit des Verbs behandelt; der Begriff der Valenz ist jedoch selbst sehr unscharf (Jacobs 1987). Im Rahmen der hier vorgestellten Begriffe könnte „Valenz" in bezug auf Theta-Rollen, Kasuszuweisungen oder grammatische Funktionen expliziert werden.

Die Bedeutung eines Verbs soll durch semantische Dekomposition erfaßt werden. Dabei ist zwischen einem systematischen Anteil und einem idiosynkratischen Anteil zu unterscheiden. Der systematische Anteil legt die klassenbildenden Eigenschaften des Verbs wie Aspektverhalten und semantische Rollen fest; er kann durch ein generelles Bedeutungsschema repräsentiert werden. In der Diskussion über Diathesen genügt es, sich in der semantischen Repräsentation der Verben auf das Bedeutungsschema zu beschränken und den idiosynkratischen Wert des Verbs zu vernachlässigen. Für *schenken* könnte dann (4) eine vereinfachte Repräsentation darstellen.

Das Verb wird hier als vierstellige Relation dargestellt. (Ein Ausdruck wie CAUSE (x, BECOME (HABEN (z, y))) (s) ist vom Typ einer Aussage; durch Lambda-Abstraktion über die 4 Variablen entsteht daraus ein Ausdruck vom Typ der 4-stelligen Relation; die Abstraktion erfolgt schrittweise und dies führt zu einer Ordnung der Abstraktoren.) Als referentielles Argument des Verbs dient eine Situationsvariable, die mit Tempus, Aspekt und den Adverbialen interagiert; sie kann in unserem Zusammenhang manchmal vernachlässigt werden — zum Projektionsrahmen des Verbs gehört nämlich keine Argument-Position für das Situationsargument. (Hier soll nur erwähnt werden, daß sich durch Berücksichtigung der Situationsvariablen eine extensionale Semantik der Verben ergibt.)

Die semantischen Rollen des Verbs sind in einer komplexen semantischen Struktur wie (4) bereits implizit kodiert: das erste Argument von CAUSE ist als Agens, das erste Argument von HABEN als Possessor explizierbar; bei einem Besitzwechsel kann der angezielte Possessor als Ziel klassifiziert werden; usw. Eine Alternative zu (4) wäre die sich auf Davidson (1967) stützende „Faktorisierung" einer Situation in semantische Rollen (siehe auch Bäuerle 1987).

(4) λy   λz   λx   λs CAUSE (x, BECOME (HABEN (z, y))) (s)
     | | |
     + REG   + REG   − REG
     − OBL   + OBL

(5) λyλzλxλs ((SCHENK (s) & AGENS (s, x) & THEMA (s, y) & ZIEL (s, z))

Bei dieser Art der Darstellung kann aber kein systematischer Unterschied zwischen Argumenten des Verbs und Adverbialen gemacht werden; letztere können die Liste der Faktoren beliebig ergänzen.

Die Theta-Rollen sowie ihre hierarchische Anordnung im Projektionspotential des Verbs sind in (4) explizit in der Sequenz von Lambda-Abstraktoren dargestellt. Mit diesen Positionsangaben lassen sich die Rektionseigenschaften (hier die Kasusmerkmale des Verbs) assoziieren; für das Situationsargument gibt es hierbei keine Assoziation. Im allgemeinen ergeben sich die Kasuszuweisungen durch Default (sog. struktureller Kasus); im Basiseintrag des Verbs brauchen nur die idiosynkratischen Rektionseigenschaften (sog. inhärenter Kasus) verzeichnet zu werden.

In verschiedenen Untersuchungen wurde der Frage nachgegangen, wodurch die Hierarchie der Theta-Rollen bedingt ist (sprachuniversell oder auch einzelsprachlich). Einige Autoren machen dafür die semantischen Rollen verantwortlich (siehe z. B. Gruber 1976, Ostler 1979, Kiparsky 1988); im Unterschied zu solchen Ansätzen hat Bierwisch (1987) vorgeschlagen, die Hierarchie rein strukturell zu bestimmen, nämlich aus der Einbettungstiefe in der komplexen Prädikat-Argument-Konfiguration. (Dies führt dann z. B. zu der Hierarchie der Theta-Rollen in (4), die von der Hierarchie in (3) abweicht, aber mit den Vorstellungen von Kiparsky (1988) übereinstimmt.) Dieser Vorschlag (oder eine Variante davon) könnte für die Ausarbeitung der Theorie der Diathesen besonders interessant sein, da er primär strukturell orientiert ist und daher auf die (vielfach als problematisch angesehene) Festlegung von semantischen Rollen verzichten kann (siehe Wunderlich 1992). Natürlich können nicht alle Diathesen eines Verbs dieselbe Hierarchie der Theta-Rollen aufweisen; nur die unmarkierte Diathese (der Grundzustand eines Verbs in seinem Basiseintrag) kann dem Prinzip der Einbettungstiefe entsprechen. Eine Klasse von Diathesen könnte dann darin bestehen, die Hierarchie der Theta-Rollen zu modifizieren.

3. Deskriptive Typologie der Diathesen

Diathesen werden in der Literatur in Valenzreduktion, -umordnung und -erweiterung eingeteilt, jeweils bezogen auf einen Basiseintrag des Verbs (Comrie 1985, entsprechend Dowty 1982 in bezug auf grammatische Funktionen). Diese Einteilung leidet schon an dem ungeklärten Begriff der Valenz. Im folgenden wird sich zeigen, daß sie an eher oberflächlichen Merkmalen orientiert ist und im Hinblick auf mehr grundlegende Charakteristika verbessert werden müßte. Sie wird hier trotzdem herangezogen, um einen Überblick über die verschiedenartigen Phänomene zu geben, die unter 'Diathese' subsumiert werden.

Beispiele für **Valenzreduktion** sind das Weglassen interner Argumente in (6 a, b) und das agensloses Passiv in (6 b).

(6 a) Sie hat einen Pfirsich gegessen.
 → Ich habe schon gegessen.
(6 b) Man hilft den Verschütteten.
 → Es wurde schnell geholfen.

Dabei bleibt die Bedeutung des Verbs, mithin die zugrundeliegende Prädikat-Argument-Struktur, unverändert. Semantisch liegt existentielle Bindung des betreffenden Arguments vor. Reduziert wird die Zahl der Theta-Rollen des Verbs. Das Weglassen interner Argumente (insbesondere des direkten Objekts) wird in vielen Sprachen nicht eigens markiert. Comrie (1985) nennt aber einige Sprachen, wo die Intransitivierung durch ein Affix am Verb angezeigt werden kann (Russisch, Schwedisch, Ungarisch, Yidin, Nivkh), allerdings sind damit manchmal auch semantische Informationen verbunden (Habitualität, imperfektiver Aspekt). In diese Gruppe gehört auch das Medium in (7), bei dem eine generische Lesart induziert wird (im Deutschen durch ein Reflexiv angezeigt, im Englischen ohne formale Markierung).

(7) → Das Buch liest sich leicht.
 → The book reads easily.

Im Gegensatz zu den bisherigen Beispielen stehen Intransitivierungen wie in (8); Comrie (1985) spricht von „Antikausativ": zu einem kausativen Verb (wie *kochen, open*) wird eine nichtkausative Variante gebildet. Das Verb wird also nicht nur um eine Theta-Rolle, sondern um das Agens-Argument reduziert; genauer wird zusammen mit dem Agens ein übergeordnetes CAUSE-Prädikat getilgt. Aus theoretischen Gründen ist eine solche strukturtilgende Operation problematisch. Im Deutschen oder Englischen ist bei Fehlen einer Verbmarkierung auch nicht auszumachen, ob die kausative Variante des Verbs zugrundeliegt oder abgeleitet ist; so könnte man *kochen, open* in (8 a, b) als zugrundeliegend intransitiv ansehen. Wenn eine Reflexiv-Markierung wie in (8 c) vorliegt, muß allerdings ein transitives (kausatives) Verb zugrundeliegen. Hier kann man jedoch annehmen, daß das CAUSE-Prädikat nicht getilgt, sondern nur „neutralisiert" wird, indem das Reflexivmorphem das Agens-Argument in unechter Weise bindet (und da das Reflexiv immer VP-intern realisiert werden muß, wird das interne Argument externalisiert). Die sich auf das Agens auswirkenden Intransitivierungs-Affixe im Russischen oder Ungarischen könnten ähnlich operieren wie das Reflexiv in (8 c).

(8 a) Die Suppe kocht.
(8 b) The door opened.
(8 c) → Die Tür öffnete sich.

Gemeinsam ist dem (agenslosen) Passiv, dem Medium und der zuletzt erwähnten Intransitivierung, daß die Theta-Rolle für das externe Argument getilgt wird. Nimmt man das Prinzip (9) an, so ergibt sich dann als Konsequenz daraus auch eine Umordnung in der grammatischen Realisierung eines internen Arguments.

(9) In der Regel weist ein Verb in jedem seiner Zustände genau eine externe Theta-Rolle auf.

Es ist offen, ob man die Exekution des Prinzips (9) im Rahmen der Syntax oder im Rahmen des Lexikons annehmen soll. Eine interessante Position hierzu nehmen Keyser/Roeper (1984) ein; sie argumentieren dafür, das Prinzip im Falle des engl. Passivs in der Syntax, im Falle des engl. Mediums aber im Lexikon zu beachten, jeweils durch eine „Bewegung" in die Subjektposition; allerdings stellt für sie der Inhalt von (9) nur den Effekt aus anderen, mehr abstrakten Prinzipien dar.

Weitere Beispiele für Valenzreduktion stellen Reflexiv und Reziprok dar. In diesem Fall wird eines der internen Argumente an das externe Argument des Verbs gebunden und kann daher syntaktisch nicht mehr unabhängig besetzt werden.

Mit einer **Valenzerweiterung** ist notwendigerweise ein semantischer Effekt verbunden, denn eine zusätzliche Theta-Rolle ist nur möglich, wenn das abgeleitete Verb in seiner Prädikat-Argument-Struktur erweitert wird. Typische valenzerweiternde Diathesen sind Kausativ und Benefaktiv.

(10 a) Das Faß rollt ins Haus.
Sie rollt das Faß ins Haus.
Sie rollt ihm/für ihn das Faß ins Haus.

(10 b) Das Gemüse gart.
Sie gart das Gemüse.
Sie gart ihm/für ihn das Gemüse.

Beim Kausativ wird mindestens ein Agens hinzugefügt; die bisherige Aussage Φ wird unter der Relation CAUSE eingebettet. Kausative Verben lassen in der Regel auch ein Benefaktiv zu; hinzugefügt wird ein Benefizient. Die semantische Analyse der damit verbundenen Prädikationserweiterung ist sehr schwierig (vgl. z. B. Bach 1982); in einer groben Annäherung könnte man sagen, daß der jeweilige Agens eine Benefaktiv-Relation zwischen dem von ihm Verursachten und dem Benefizienten intendiert. Semantisch liegen also grob die folgenden Strukturen vor.

(11 a) CAUSE (x, Φ)
(11 b) CAUSE (x, Φ) & INTEND (x, BEN (z, Φ))
(„x verursacht Φ, und x intendiert, daß z Benefizient von Φ ist")

Im Deutschen ist die Kausativ-Diathese nur rudimentär ausgeprägt und nur in wenigen Fällen durch i/e-Wechsel am Verb markiert (*sitzen-setzen, liegen-legen*) — statt dessen stehen mehrere kausative Verben wie *lassen, verursachen, machen* etc. zur Verfügung; der Benefaktiv ist niemals am Verb markiert. Eine sehr große Zahl von Sprachen verfügt jedoch über Kausativaffixe am Verb (siehe Shibatani 1976, Comrie 1985); und auch der Benefaktiv ist gelegentlich durch ein Affix am Verb repräsentiert. Ein Beispiel für das letztere sind die Bantu-Sprachen; da hier in der Position des direkten Objekts neben dem Benefizienten manchmal auch Nominalphrasen mit direktionaler oder instrumentaler Bedeutung vorkommen, spricht man allgemein von einem Applikativ. (Diskussion über den Status dieser Diathesen in Kimenyi 1980, Gary/Keenan 1977, Dryer 1983, Baker 1988). Das Verbsuffix -e in Wolof bildet ein Instrumental auf die Position des direkten Objekts ab (siehe Comrie 1985).

Eine **Valenzumordnung** liegt z. B. beim agentiven Passiv und beim *Dative Shift* im Englischen vor. Dowty (1982 a) und Bresnan (1982) rechnen auch Verben mit Raising (und z. T. auch Equi) zu den Valenzumordnungen. Die Beziehung der Sätze in (12) wurde in der Frühzeit der Transformationsgrammatik geradezu als Paradigma für transformationelle Analysen angesehen; inzwischen werden hier aber weitgehend andere Lösungen vorgeschlagen.

(12) Mary loves John. → John is loved by Mary.
John gives a book to Mary. → John gives Mary a book.
John believes that hot dogs cause cancer. → John believes hot dogs to cause cancer.
John instructed me that I should arrive late. → John instructed me to arrive late.

In diese Gruppe von Diathesen gehören auch Fälle des Deutschen und Englischen, die meistens auf jeweils einige Verben beschränkt sind, mit Ausnahme der *be*-Präfigierung im Deutschen (siehe Beispiele unter (1)). Es genügt, hier zwei solcher Beispiele anzuführen. Gemeinsam mit dem *Dative Shift* ist ihnen, daß eine Präposition mit dem Verb (in morphologisch sichtbarer oder unsichtbarer Weise) verschmilzt und das Objekt der Präposition zum direkten Objekt wird; dies ist mit dem Applikativ vergleichbar, den Baker (1988) unter die 'Präpositions-Inkorporierungen' subsumiert.

(13) Sie bittet ihn um Hilfe. →
Sie erbittet Hilfe von ihm.
He sprayed paint on the wall. →
He sprayed the wall with paint.

Wie man leicht erkennt, sind manche sog. Valenzumordnungen nicht grundsätzlich von Valenzreduktion (z. B. agentives vs. agensloses Passiv) oder Valenzerweiterung (z. B. Applikativ in den Bantusprachen vs. Beispiele in (13)) unterschieden. Dies zeigt, daß die vorgestellte Typologie an eher oberflächlichen Merkmalen ausgerichtet ist. Wenn ein internes Argument weggelassen wird, braucht sich am übrigen phrasalen Rahmen des Verbs nichts zu ändern (reine Reduktion); wenn aber das externe Argument weggelassen wird, tritt wegen (9) auch eine Umordnung in der grammatischen Realisierung der internen Argumente ein. Wenn ein externes Argument hinzugefügt wird (Kausativ), muß ebenfalls wegen (9) eine Umordnung stattfinden. Man könnte deshalb die Auffassung vertreten, daß es Operationen zur Valenzumordnung *per se* gar nicht gibt, sondern dies immer ein sekundärer Effekt aufgrund anderer Prinzipien ist.

In den meisten der erwähnten (fast in allen Sprachen auftretenden) Valenzänderungen, die über das bloße Weglassen interner Theta-Rollen hinausgehen, ist das externe Argument beteiligt. Williams (1980) hat dies dahin gehend verallgemeinert, daß in allen grammatisch interessanten Diathesen das externe Argument betroffen ist. Ersichtliche Ausnahmen dazu stellen das Benefaktiv bzw. Applikativ dar (siehe auch Poser 1982), ebenfalls *Dative Shift*. Es ist daher nicht klar, ob Williams' These schlicht falsch ist oder einen tieferen Sinn hat, der z. B. dazu führen könnte, das Applikativ (das oft auch optionale „Argumente" in Form von Adverbialen einbezieht) ganz anders zu analysieren als die übrigen Diathesen. Die Grenzlinie dürfte jedenfalls wohl nicht darin bestehen, einige Diathesen rein syntaktisch und andere Diathesen (etwa das Applikativ) rein lexikalisch zu behandeln; dagegen sprechen sowohl empirische Gründe (z. B. Grad der Produktivität bzw. Anteil der Ausnahmen oder Randbedingungen) wie auch die vorliegenden theoretischen Ansätze.

4. Theoretische Positionen

In der klassischen Transformationsgrammatik (Chomsky) wurde die vielleicht prominenteste Diathese, das Passiv, aus der syntaktischen Konfiguration eines Aktiv-Verbs transformationell abgeleitet. Hier kann nicht der Ort sein, die diversen Modifikationen, die im Laufe der Jahrzehnte vorgeschlagen wurden, zu sichten und darzustellen. Festzuhalten ist, daß es schwierig schien, die in den Sprachen anzutreffenden Diathese-Möglichkeiten allein in Begriffen der syntaktischen Konfigurationalität zu klären. Die erste (gerade auch für die einzelsprachliche und die typologische Forschung einflußreiche) Alternative entstand mit der Relationalen Grammatik (RG) von Perlmutter und Postal (siehe Perlmutter 1983). Ihre Grundidee besteht darin, die grammatischen Funktionen nicht konfigurational zu definieren, sondern als Grundbegriffe der Theorie anzusehen. Zu jedem Verb gibt es verschiedene Strata möglicher syntaktischer Projektionen (die Diathesen) und zwischen diesen Strata erlaubte Übergänge; dies wird reguliert durch bestimmte Prinzipien („Gesetze"), die an die Stelle bisheriger Transformationen treten (siehe Perlmutter/Postal 1983). Die Frage, welche Diathesen überhaupt möglich sind, wird jedenfalls zum Teil durch diese Prinzipien beantwortet.

Für jedes Stratum sind nur die Relationen 1 (für Subjekt), 2 (für direktes Objekt), 3 (für indirektes Objekt) sowie semantisch beschränkte Obliques möglich; dabei gibt es maximal je einen Wert (nämlich ein Argument des Verbs) in den Relationen 1, 2 und 3 (also handelt es sich um Funktionen). Argumente in rangniedrigeren grammatischen Funktionen können zu ranghöheren Funktionen angehoben werden (*promotion* bzw. *advancement*). Da für jede Funktion nur ein Argument möglich ist, wird ein bereits vorhandenes Argument aus seiner Funktion verdrängt (*demotion*); es nimmt die Rolle eines Chomeurs („Arbeitslosen") ein, für den es nur Realisierungen durch freie Adverbiale geben kann. Die Möglichkeit, daß es Übergänge zu obliquen Argumenten gibt, wird explizit ausgeschlossen. Chomeurs können grundsätzlich nicht angehoben werden.

Für Sätze mit *schenken* (*ihm wird ein Esel geschenkt*; *er wird beschenkt*) lassen sich z. B. die Strata in (14a, b) annehmen. Das Passiv ist also als 2-1-Advancement, die *be*-Präfigierung als 3-2-Advancement zu beschreiben.

(14a)	V	x	y	z
	schenk-	1	2	3
	geschenkt werd-	Cho	1	3
(14b)	V	x	y	z
	schenk-	1	2	3
	beschenk-	1	Cho	2
	beschenkt werd-	Cho	Cho	1

Die Attraktivität der RG bestand darin, die verschiedenen Diathese-Möglichkeiten verhältnismäßig anschaulich und prinzipienorientiert darstellen zu können; ihr Mangel war das Fehlen einer Konzeption zur syntaktischen Konfigurationalität und zur Abgrenzung von lexikalischen und syntaktischen Eigenschaften (ganz abgesehen vom Fehlen einer semantischen Komponente). Einige der Grundideen wurden von der Lexikalisch-Funktionalen Grammatik (LFG) von Bresnan (1982) wiederaufgenommen und zu einer überzeugenderen Gesamtkonzeption ausgebaut. Allerdings stellt gerade die Formulierung der Diathesen eher einen Rückschritt dar. Ebenso wie die RG betrachtet die LFG die grammatischen Funktionen als Grundbegriffe; die Argumente eines Verbs sind hinsichtlich dieser Funktionen spezifiziert. Der Übergang zwischen einzelnen Strata in der RG wird in der LFG durch lexikalische Regeln wiedergegeben. Die Passivregel lautet dann z. B. so:

(15a) Sbj → ø/obl.Obj (z. B. *von*-Phrase)
(15b) dObj → Sbj

Inhaltlich ist die Auffassung der RG, die *von*-Phrase sei ein freies Adverbial, wahrscheinlich richtiger als die Einstufung als obliques Objekt. In der RG genügt es, das Passiv als 2-1-Advancement im Sinne der Klausel (15b) zu postulieren; der Inhalt von Klausel (15a) ergibt sich dann als Konsequenz aus anderen Prinzipien.

Eine Grammatiktheorie, die grammatische Funktionen nicht als Grundbegriffe der Theorie ansieht, muß die Passiv„regel" notwendigerweise anders als in (15) formulieren; z. B. könnte der Inhalt von (15) der Effekt mehrerer interagierender Prinzipien sein.

Wie schon in Abschnitt 2 angedeutet, werden die grammatischen Funktionen in der neuesten Version der LFG nicht mehr als Grundbegriffe, sondern als zerlegbar in Merkmalsspezifikationen von [o] und [r] verstanden (Bresnan & Moshi 1990). Im Basiseintrag werden nur einige dieser Merkmale spezifiziert, andere werden durch Defaults spezifiziert (die ranghöchste Rolle ist [−r], alle anderen Rollen sind, wenn sonst nichts festgelegt ist, [+r]). Für ein Verb wie *schenken* kann man etwa die Ableitung in (16a) annehmen. Das Thema ist dann als Subjekt oder direktes Objekt realisierbar, aufgrund der Einzigkeitsbedingung für grammatische Funktionen kommt nur letzteres infrage. Durch die Passivmorphologie wird das ranghöchste Argument „unterdrückt", so daß es syntaktisch nicht mehr realisierbar ist (außer durch ein passendes Adverbial, also im Sinne des Chomeurs der RG). Aufgrund der sonst identischen Bedingungen ergibt sich dann die Ableitung in (16b).

(16a) *schenk*-	Agens	Thema	Ziel
	[−o]	[−r]	[−o]
Default:	[−r]		[+r]
	Sbj	Sbj/dObj	iObj
	Sbj	dObj	iObj

(16b) *schenk*-	Agens	Thema	Ziel
	[−o]	[−r]	[−o]
Passiv:	ø		
Default:			[+r]
		Sbj/dObj	iObj
		Sbj	iObj

Alle Ableitungen sollen monoton sein, also nur Merkmale hinzufügen, aber keine Merkmale verändern können. Mit Hilfe einer solchen Dekomposition grammatischer Funktionen gelingt Bresnan und Moshi eine recht überzeugende Behandlung der Objektasymmetrien in Verbindung mit dem Applikativ in den Bantu-Sprachen. Es ist aber fraglich, wieweit diese Methode ohne komplexe Zusatzannahmen auf andere Fälle von Diathesen ausgedehnt werden kann. So gibt es in dem dargestellten System keine einfache Möglichkeit, die *be*-Präfigierung *schenken* → *beschenken* zu formulieren; wenn man für das Ziel-Argument von [− o] ausgeht, läßt sich das direkte Objekt nicht erreichen; wenn man aber von [− r] ausgeht, läßt sich das indirekte Objekt nicht erreichen.

In der gesamten Chomsky-Tradition (einschließlich der mittlerweile schon klassisch gewordenen Theorie von Government and Binding (GB) — siehe Chomsky (1981) — und deren Fortentwicklungen) wurden die grammatischen Funktionen konfigurational definiert. Falls also Passiv durch eine Regel wie (15) korrekt beschrieben wird, kann es sich gemäß dieser Tradition nicht um eine lexikalische Regel handeln; denn lexikalische Regeln können nicht über syntaktischen Strukturen operieren. Allerdings gibt es in vielen Sprachen eine morphologische Kennzeichnung für das Passiv und andere Diathesen; entsprechende Morpheme könnten über dem Lexikoneintrag eines Verbs operieren und dann den Inhalt einer Regel wie (15) als syntaktischen Effekt bewirken. Zu den Lexikoneinträgen gehört die Angabe von Theta-Rollen und Kasuszuweisungen; hierauf müßten sich dann die Modifikationen beziehen (siehe Abschnitt 5.1.). Für Autoren wie Di Sciullo und Williams (1987) beruhen Diathesen in ihrer Essenz auf einer lexikalischen Derivation.

Im Rahmen der neueren Chomsky-Theorie sind besonders die (an vielen empirischen Beobachtungen orientierten) Arbeiten von Marantz (1984) und Baker (1988, basierend auf einer MIT-Dissertation von 1985) hervorzuheben. Baker strebt eine prinzipielle Theorie der Diathesen an. Die Grundidee ist die der Inkorporierung. Gegeben, daß ein Verb ein Komplement XP regiert, so ist durch Kopf-zu-Kopf-Bewegung ein komplexes Verb wie in (17) möglich; eine solche Komposition unterliegt dann den Bedingungen der Morphologie. Die Spur muß echt regiert sein; sie kann aber keinen Kasus an die NP zuweisen. Der Kasus muß also vom komplexen Verb her vergeben werden; zugleich weist dessen Bestandteil X^0 der NP die Theta-Rolle zu. Die Argumentforderung des einfachen Verbs wird durch die Inkorporierung erfüllt, die Argumentforderung von X^0 geht auf das komplexe Verb V* über. Im Ergebnis ergibt sich eine Diathese des Verbs.

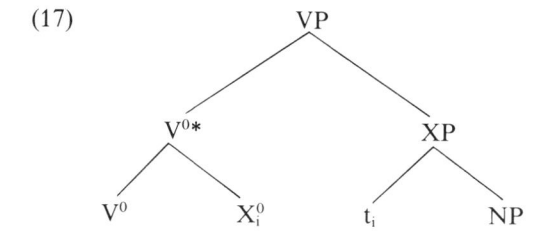

(17)

```
         VP
        /  \
      V⁰*   XP
     /  \   / \
    V⁰  X⁰ᵢ tᵢ NP
```

Es ist selbstverständlich, daß die zugrundeliegenden syntaktischen Strukturen komplexer sein können als in (17); auf die Einzelheiten soll hier nicht eingegangen werden. Baker kann zeigen, warum gewisse Diathesen prinzipiell nicht möglich sind (z. B. — in RG-Sprechweise — die Anhebung eines Chomeurs oder der Übergang Subjekt → direktes Objekt). Die Stärke der Baker'schen Theorie erweist sich in der Behandlung des Kausativs (V-Inkorporierung, wobei das Kausativmorphem mit V^0 aus (17) zu identifizieren ist) und des Applikativs (P-Inkorporierung), einschließlich der typologisch zu beobachtenden Variation (siehe zum letzteren aber kritisch Bresnan & Moshi 1990). Allerdings muß Baker voraussetzen, daß beim Applikativ ein (benefaktives, lokales oder instrumentales) Argument des Verbs inkorporiert wird, und nicht, wie oft angenommen wird, ein freies Adverbial. Baker dehnt seine Theorie auf alle anderen Diathesen aus; so betrachtet er das Passiv als Inkorporierung eines externen Arguments (identisch mit dem Passivmorphem), das entsprechende Antipassiv in den morphologischen Ergativsprachen als Inkorporierung eines internen Arguments; beides sind in Bakers Theorie Instanzen von N-Inkorporierung. Er läßt auch die Bewegung und Inkorporierung eines unsichtbaren (phonologisch leeren) Morphems zu, etwa beim *Dative Shift*. Bakers Theorie stellt die bisher ambitionierteste Behandlung der Diathesen aus einem tragenden Prinzip heraus dar; dies führt dann aber auch dazu, daß im einzelnen manchmal sehr fragwürdige Annahmen gemacht werden müssen. Möglicherweise sind die Diathesen keine so einheitliche Klasse von Phänomenen, wie Baker unterstellt (siehe Abschnitt 3.).

Der syntaktischen Kopf-zu-Kopf-Bewegung bei Baker entspricht in semantischer Hinsicht eine Funktionskomposition. In dem Diagramm (17) ist V^0 ein Funktor mit XP als Argumentausdruck, und X^0 ist ein Funktor mit NP als Argumentsausdruck. V^{0*} ist dann ein komplexer Funktor, der sich durch Funktionskomposition ergibt; dadurch wird automatisch das Argument von X^0 als Argument auf V^{0*} vererbt. Bei einer mehr lexikalischen Sicht ist es also durchaus denkbar, wesentliche Einsichten von Baker in anderer Weise zu rekonstruieren. Gesteuert wird die Funktionskomposition durch die morphologischen Affixe bei der Diathesenbildung (die möglicherweise auch phonologisch leer sein können) und nicht durch einen syntaktischen Mechanismus der Kopf-zu-Kopf-Bewegung. Die syntaktische D-Struktur bei Baker ergibt sich im wesentlichen aus der Projektion des Basiseintrags eines Verbs, die S-Struktur aus der Projektion des hinzukommenden Morphems. Entsprechende Beispiele werden in den Abschnitten 5.2. bis 5.4. diskutiert. Der semantische Effekt von Passiv, Antipassiv, Medium, Reflexiv, Reziprok (der dann syntaktische Auswirkungen hat) kann aber mit einfacheren Mitteln als denen der Funktionskomposition beschrieben werden, nämlich der Bindung; und hierbei gilt dann die Feststellung von Williams (1980), daß immer das externe Argument betroffen ist.

Eine zwar auch semantische, aber ganz andere Behandlung der Diathesen wurde von Dowty (1982a, b) im Rahmen der Montague-Grammatik vorgeschlagen. Sie beruht auf einer Definition der grammatischen Funktionen aufgrund der Applikationsreihenfolge eines verbalen Funktors auf seine nominalen Elemente: die zuletzt erfaßte NP ist das Subjekt, die vorletzt erfaßte NP das direkte Objekt, die davor erfaßte NP das indirekte Objekt; diese Rangfolge kann bei den Diathesen u. U. modifiziert werden. In der Konzeption von Abschnitt 2 wären also die grammatischen Funktionen direkt in der Sequenz der Theta-Rollen kodiert. Dies kongruiert mit der traditionellen Rangfolge im Schema (3), aber widerspricht den Vorstellungen über Einbettungstiefe von Bierwisch und der unabhängig aufgestellten Rangfolge der semantischen Rollen bei Kiparsky (1988). Es ergibt sich auch kein direkter Zugang zur Erklärung der Diathesen, weil die Applikationsreihenfolge letztlich nur einen Effekt aus anderen Prinzipien darstellt. Festzuhalten ist, daß Dowty erstmals explizite Formulierungen von Diathesen im Rahmen der Montague-Grammatik vorgelegt hat und dabei besonders auch die semantische Seite berücksichtigte. Die benutzten syntaktischen und morphologischen Regeln sind nach heutiger Einsicht allenfalls deskriptiv angemessen.

5. Einige ausgewählte Diathesen

5.1. Passiv

Passiv ist im Kern eine Detransitivierung; wenn eine Sprache (wie z. B. das Deutsche) intransitive Verben passiviert, dann passiviert sie jedenfalls auch transitive Verben.

In der Literatur besteht große Einmütigkeit darin, daß das Passiv im Englischen eine syntaktische Erscheinung darstellt, d. h. auf einer syntaktischen „Regel" beruht. Dies besagt allerdings nicht notwendigerweise, daß dies in anderen Sprachen ebenso ist; Horn (1983) argumentiert z. B. dahingehend, daß das Passiv im Englischen syntaktisch, im Polnischen aber lexikalisch sei; Dowty (1982) konzediert, daß die Verteilung der Diathesen auf syntaktische oder lexikalische Regeln sprachspezifischen Bedingungen unterliegt.

Für das Englische wurde ursprünglich angenommen, daß das Passiv als komplexe Transformation über Sätzen operiert (z. B. Chomsky 1957):

(18) $NP^x - V - NP^y \rightarrow$
$NP^y - \textit{is Ven} - \textit{by } NP^x$

In Chomsky (1970) wurde die Passivtransformation dann in mehrere Unterregeln dekomponiert: *Agent-Postposing* und *NP-Preposing*. Dies widerspricht allerdings neueren Vorstellungen: *Agent-Postposing* kann keine zulässige (nämlich strukturbewahrende) Bewegungsregel sein; die in eine PP hineinbewegte Subjekt-NP würde ihre Spur nicht c-kommandieren; außerdem kann *NP-Preposing* nicht etwas auf eine Spur bewegen. Aus diesem Grunde wurde die Vorstellung einer Passivregel wie folgt revidiert: der Passiv-Satz wird so wie in (19) basisgeneriert mit einer leeren Subjektposition und optionaler Agens-Phrase. Es bleibt nur noch *NP-Preposing* als Instanz von *move alpha*.

(19) $[e [[_{VP}\textit{is Ven } NP^y] (\textit{by } NP^x)] \rightarrow$
$[NP^y_i [[_{VP}\textit{is Ven } t_i] (\textit{by } NP^x)]$

Es ist offensichtlich die Passivmorphologie am Verb, die eine Basisstruktur wie in (19) legitimiert. Daher wird in neueren Entwicklungen innerhalb des Chomsky-Paradigmas eine lexikalische Grundlage für das Passiv angenommen. Sie besteht darin, daß die Passivmorphologie die Fähigkeit des Verbs reduziert, eine Theta-Rolle und einen Kasus zuzuweisen. Dies läßt sich in der Form von (20) notieren: $+\Theta$ drückt aus, daß der zugehörigen Argument-Position eine Theta-Rolle, und +KAS drückt aus, daß ihr ein

Kasus zugewiesen wird. In der Syntax wird dann reguliert, daß x in der von INFL regierten Argument-Position zu realisieren ist, und y ist in der von V regierten Position. Da das Passiv-Verb aber ersterer keine Theta-Rolle und letzterer keinen Kasus zuweisen kann, muß Bewegung in die Subjekt-Position stattfinden.

(20) Passiv: V (x, y)   → V (x, y)
              +Θ+Θ   +Θ
              +KAS

Keenan (1980, 1985) und Dowty (1982) argumentieren für das Englische dahingehend, daß die Passivregel auf transitiven Verbphrasen operieren müsse. In (21 a) muß *the truck* gleichzeitig als Argument von *buy* und als Argument von *in* rekonstruierbar sein, also müsse Passiv auf die transitive VP *buy (for Bill) to deliver groceries in* angewendet werden. Ähnliches gilt für (21 b), wo *cancer* zugleich als Argument von *think* und als Argument von *cause* auftritt, also müsse Passiv auf die transitive VP *thinks to be unlikely to be caused by hot dogs* angewendet werden.

(21 a) Mary bought the truck (for Bill) to deliver groceries in.
→ The truck was bought (for Bill) to deliver groceries in.

(21 b) Everybody now thinks cancer to be unlikely to be caused by hot dogs.
→ Cancer is now thought to be unlikely to be caused by hot dogs.

Abgesehen davon, daß Keenan und Dowty für agensloses und agentives Passiv zwei separate Regeln formulieren, ist das Argument für den phrasalen Charakter des Passivs natürlich von theoretischen Prämissen über die Art der syntaktischen Repräsentationen abhängig. Wenn beim *NP-Preposing* eine regierte Spur mit Theta-Rolle zurückbleibt, so kann diese zur Rekonstruktion der Argumente verwendet werden. Innerhalb einer einstufigen Syntax (ohne Bewegungsregeln) könnte man das Passiv auch rein lexikalisch über *buy* bzw. *think* operieren lassen, wenn man Funktionskomposition mit den jeweils abhängigen Phrasen zuläßt. (Diese Lösung muß allerdings mit gewissen Skopusproblemen fertig werden, die aber sowieso nicht in einer einstufigen Syntax geklärt werden können, sondern eher in einer separaten Ebene der Logischen Form, siehe May 1985). In (20) wird der Effekt der Passivmorphologie als Kombination aus zwei Operationen dargestellt. Man kann sich auch darauf beschränken, daß nur die Theta-Rollen-Zuweisung für das externe (ranghöchste) Argument getilgt wird (siehe (22)), und die Bewegung in die Subjektposition aufgrund des Prinzips (23) – eine Umformulierung von (9) – erfolgt. Dies ist im Kern auch die Auffassung von Baker (1988); er nimmt an, daß das Passivmorphem selbst schon das externe Argument ist, also eine Theta-Rolle sättigt, ohne daß es einer besonderen Regel bedarf. Auch Bresnan/Moshi (1990) nehmen an, daß Passiv allein in der 'Unterdrückung' der externen Theta-Rolle besteht.

(22) Passiv: V (x, ...) → V (x, ...)
                    +Θ

(23) Jeder Zustand eines Verbs hat ein Argument, das mit [− REG] ausgezeichnet ist.

Semantisch besteht die Wirkung des Passivs in einer Existenzbindung des externen Arguments (siehe u. a. Dowty 1982). Ausgehend von der Annahme, daß darin das eigentlich zugrundeliegende Prinzip besteht, läßt sich auch das Passiv intransitiver Verben im Deutschen zwanglos erklären (*jetzt darf wieder gelacht werden*) – während (20) ja transitive Verben voraussetzt. (Die Unterschiede zwischen Deutsch und Englisch ergeben sich dann aufgrund von (23); im Deutschen braucht (23) nicht strikt beachtet zu werden, daher sind Verbdiathesen möglich, die überhaupt kein syntaktisch zu realisierendes Argument haben. Die durch (23) ermöglichte Parametrisierung der Sprachen läßt sich wohl mit noch weiteren syntaktischen Eigenschaften in Beziehung bringen.) Es läßt sich auch einsichtig machen, warum das Passiv nur bei bestimmten semantischen Rollen des externen Arguments zulässig ist (etwa Agens) und überhaupt semantischen Beschränkungen unterliegt. Die Existenzbindung blockiert natürlich das betreffende Argument für die Abbildung auf eine syntaktische Argument-Position. Die „Hochstufung" des direkten Objekts läßt sich wieder durch (23) erklären. Für das Passivmorphem kann man dann einen Lexikoneintrag wie in (24) formulieren.

(24) Passivmorphem: λV ∃x λs V (x) (s)

Unklar ist allerdings, was das Passivmorphem jeweils genau ist; z. B. im Deutschen: ist es das Partizip 2 oder das Hilfsverb *werden* oder die Kombination beider? Im letzteren Fall ist das Passiv dann die Eigenschaft eines synthetischen Verbs (so wie das auch traditionell gesehen wurde).

Trotz sonst erheblicher Unterschiede in der theoretischen „Ausbuchstabierung" besteht eine ersichtliche Konvergenz der Theorien darin, was das Grundprinzip beim Passiv ist. Existentielle Bindung ist sozusagen nur die semantisierte Variante einer Theta-Rollentilgung bzw. -sättigung.

Bei der Analyse des Passivs im Sinne von (20), (22) oder (24) steht für das Agens-Argument keine Theta-Rolle mehr zur Verfügung; die optionale Agens-Phrase kann also nicht mehr direkt ein Argument des Verbs belegen. Wenn man sie als freies Adverbial betrachtet, ergibt sich aber die Möglichkeit, sie in eine Faktorisierung der vom Verb bezeichneten Situation einzubeziehen. Dafür muß an dieser Stelle auf das Situationsargument des Verbs zurückgegriffen werden. Wenn wir die Agensphrase so wie in (25 b) als Agens-Funktion deuten (die Konstante *a* steht für *Anna*), dann ergibt sich (25 c) aufgrund von Modifikation (nämlich Unifikation der Situations-Theta-Rollen; siehe dazu Higginbotham 1985). In einem weiteren Schritt kann dann das existenzgebundene Argument des Verbs mit dem Agens der Situation identifiziert werden; aus KÜSS (x, y) (s) folgt nämlich AGENS (s, x).

(25 a) *geküßt werd-*:
$\lambda y \lambda s \exists x$ KÜSS (x, y) (s)

(25 b) *von Anna*:
λs AGENS (s, a)

(25 c) *von Anna geküßt werd-*:
$\lambda y \lambda s$ ($\exists x$ KÜSS (x, y) (s) & AGENS (s, a))
$\rightarrow \lambda y \lambda s$ KÜSS (a, y) (s)

Mit derselben Methode erhält man für (26 a) die Repräsentation (26 b), für (27 a) die Repräsentation (27 b), vorausgesetzt, daß das Adverbial weiten Skopus erhält.

(26 a) Das wird von niemandem geglaubt.
(26 b) $\neg \exists z \exists s$ (PERSON (z) & $\exists x$ (GLAUB (x, *das*) (s) & AGENS (s, z)))

(27 a) Anna wird von jedermann geliebt.
(27 b) $\forall z \exists s$ (PERSON (z) $\rightarrow \exists x$ (LIEB (x, a) (s) & AGENS (s, z))

In finiten Sätzen muß über s geeignet existenzquantifiziert werden; dies ist wahrscheinlich ein Effekt der finiten Verbmorphologie.

Nicht jedes Passiv erlaubt eine Agens-Phrase. Es ist nicht immer klar, ob dafür formale oder semantische Gründe ausschlaggebend sind. Beim Zustandspassiv in (28 b) sind es wahrscheinlich semantische Gründe: die Agensrolle ist für Resultatzustände nicht definiert (wohl aber für mentale Zustände wie Glauben in (26)). Beim Medium in (29) müssen aber sicher auch formale Gründe herangezogen werden: die externe Theta-Rolle wird durch das Reflexivpronomen gebunden (wie auch immer das im einzelnen darzustellen ist) und steht daher der Existenzbindung nicht zur Verfügung; daraus ergibt sich eine generische Interpretation, die die Existenz eines Agens ja auch nicht voraussetzt.

(28 a) Der Rasen ist (von Anna) gemäht worden.
$\exists s \exists x$ (MÄH (x, d_Rasen) (s) & t(s) < t_0 & $\overline{\text{AGENS}}$ (s, a))

(28 b) Der Rasen ist (*von Anna) gemäht.
$\exists t \exists s \exists x$ (MÄH (x, d_Rasen) (s) & t(s) < t & t = t_0 & *$\overline{\text{AGENS}}$ (t, a))

(29) Der Rasen mäht sich (*von Anna) leicht.

5.2. Kausativ

Kausativ ist im Kern eine Transitivierung. Wenn eine Sprache transitive Verben kausativiert, dann auch intransitive; und wenn sie ditransitive Verben (mit direktem und indirektem Objekt) kausativiert, dann auch einfache-transitive Verben. Latein und Deutsch haben ein lexikalisches Kausativmorphem nur für intransitive Verben (Ablaut bzw. Vokaldehnung/-senkung). Chuckchee beispielsweise kausativiert nur intransitive oder einfach-transitive Verben; Türkisch und Japanisch kausativieren alle drei Arten von Verben (siehe z. B. Comrie 1985).

Einige Sprachen verfügen über mehrere Kausativmorpheme, die sich z. B. nach dem Grad der Einwirkung unterscheiden (direkt oder indirekt). Das hinzukommende Argument (*causer*) ist immer externes Argument des kausativen Verbs, somit muß das ursprünglich externe Argument des Verbs (*causee*) zumindest internalisiert werden. In manchen Sprachen bzw. Kausativkonstruktionen ist der *causee* optional (mit einer agentiven oder instrumentalen Präposition als freies Adverbial ausdrückbar), in anderen aber obligatorisch (dies in der Regel bei direkter Einwirkung). Ein obligatorischer *causee* kann Antezedens eines Reflexivs sein und durch Passivierung zum Subjekt werden; ein optionaler *causee* aber nicht. Dies spricht dafür, anzunehmen, daß in Konstruktionen mit optionalem *causee* eine Existenzbindung vorliegt; im Effekt entspricht dies der impliziten Passivierung des ursprünglichen Verbs (siehe

Abe 1985). Die Kasuszuweisungen des Verbs werden im Kausativ in der Regel bewahrt. Bei optionalem *causee* gilt dies automatisch; bei obligatorischem *causee* gilt folgende Rangordnung: in kausativierten intransitiven Verben wird der *causee* direktes Objekt, in kausativierten transitiven Verben indirektes Objekt, in kausativierten ditransitiven Verben obliques Objekt. In einigen Sprachen wird der *causee* obligatorisch direktes Objekt; dies scheint insbesondere in Bantusprachen der Fall zu sein, in denen zwei unmarkierte Objekte (direktes und sekundäres) möglich sind.

(30 a) $\lambda V \quad \lambda x \quad \exists y\ \text{CAUSE}(x, V(y))$
           $\quad\quad\ |$
           $\quad -\text{REG}$

(30 b) $\lambda V \quad \lambda x \quad \text{CAUSE}(x, V)$
           $\quad\quad\ |$
           $\quad -\text{REG}$

(30 c) $\lambda V \quad \lambda y \quad \lambda x\ \text{CAUSE}(x, V(y))$
           $\quad\quad\ |\quad\quad\ |$
           $\quad +\text{REG}\ -\text{REG}$
           $\quad -\text{OBL}$

Nehmen wir ein zugrundeliegendes transitives Verb wie *schreiben* an, dann würden die Kausativeinträge in (30) zu folgenden drei Möglichkeiten führen:

(31 a) $\lambda z \quad \lambda x \quad \exists y \quad \text{CAUSE}(x, \text{SCHREIB}(y, z))$
           $\ |\quad\quad\ |$
           $+\text{REG}\ -\text{REG}$
           $-\text{OBL}$

(31 b) $\lambda z \quad \lambda y \quad \lambda x \quad \text{CAUSE}(x, \text{SCHREIB}(y, z))$
           $\ |\quad\quad\ |\quad\quad\ |$
           $+\text{REG}\ +\text{REG}\ -\text{REG}$
           $-\text{OBL}\ +\text{OBL}$

(31 c) $\lambda z \quad \lambda y \quad \lambda x \quad \text{CAUSE}(x, \text{SCHREIB}(y, z))$
           $\ |\quad\quad\ |\quad\quad\ |$
           $+\text{REG}\ +\text{REG}\ -\text{REG}$
           $-\text{OBL}\ -\text{OBL}$

Im einzelnen ist die Typologie des Kausativs sehr differenziert (vgl. Comrie 1985, Marantz 1984, Baker 1988, Bresnan/Moshi 1990). Wahrscheinlich lassen sich drei verschiedene Muster unterscheiden: (a) der *causee* kann getilgt werden, (b) er nimmt die jeweils freie nächste grammatische Funktion ein, (c) er wird direktes Objekt. Bei zugrundeliegenden intransitiven Verben kann zwischen (b) und (c) natürlich nicht mehr unterschieden werden. (a) gilt in Sprachen wie Türkisch, Finnisch, Ungarisch, Malayalam, Sanskrit, Hindi, Französisch (aber nicht immer in bezug auf intransitive Verben), (b) gilt z. B. im Japanischen und in einigen Bantusprachen und (c) in weiteren Bantusprachen.

Baker (1988) nimmt an, daß das Kausativmorphem ein syntaktisch übergeordnetes Verb ist, in das das zugrundeliegende Verb inkorporiert wird. Dem entspricht semantisch eine Funktionskomposition, die zu Argumentvererbung führt. Für die drei genannten Muster lassen sich dann drei verschiedene Bedeutungseinträge angeben, aus denen die Sprachen eine Auswahl treffen können (auf die Repräsentation der Situationsvariablen am Verb wird hier verzichtet).

Ein Beispiel für (c) ist das folgende aus dem Suaheli (siehe Comrie 1985); beide Objekte können Subjekt unter Passiv werden, aber nur das erste wird durch das Objekt-Affix am Verb angesprochen.

(32 a) Msichana a-li-u-funga mlango
       girl   she-PAST-it-open door
       „Das Mädchen öffnete die Tür"

(32 b) Mwalimu a-li-m-fungu-zisha
       teacher he-PAST-her-open-KAUS
       msichana mlango
       girl   door
       „Der Lehrer ließ das Mädchen die Tür öffnen"

Im Deutschen stehen beim Verb *lassen* die Kausativ-Varianten (a) und (c) zur Verfügung; siehe dazu die folgenden Beispiele (33). Das implizite Passiv in der (a)-Variante hat Grewendorf (1983) dadurch beschrieben, daß *lassen* auch eine VP einbetten kann, im Unterschied zur Standardannahme im Chomsky-Paradigma, daß eine CP eingebettet wird, was im Fall von sog. *exceptional case marking* (ECM) zur (c)-Variante führt. Der Verbkomplex *mähen lassen* weist in (33 b) jedenfalls zwei Akkusative zu, den ersten durch *lassen* (wie in (30 c) angegeben), den zweiten durch *mähen* (parallel zu (31 c)).

(33 a) Sie läßt den Rasen (vom Gärtner) mähen.
(33 b) Sie läßt den Gärtner den Rasen mähen.

5.3. *Dative Shift* im Englischen

Der Ausdruck „Dative Shift" ist ein *misnomer*, da das Englische keinen Dativ hat. Man bezeichnet damit die Diathese (34 a/b). Für beide Varianten gibt es ein Passiv: (35 a) beruht auf (34 a), und (35 b) beruht auf (34 b). Somit ist deutlich, daß beim *Dative Shift* das präpositionale Objekt tatsächlich zum direkten Objekt wird und deshalb aufgrund von Passiv in die Subjektposition gelangen kann.

(34 a) She gave a spider to him.
(34 b) She gave him a spider.

(35 a) A spider was given to him/*him.
(35 b) He was given a spider.

Für Dowty (1982) liegt beim *Dative Shift* einfach ein Vertauschen der Applikationsreihenfolge im Theta-Muster vor. Man muß sich aber fragen, wodurch dies bewirkt wird. Dazu könnte der Vergleich mit den Applikativ-Konstruktionen in den Bantu-Sprachen nützlich sein. In (36) ist ein Beispiel aus Kinyarwanda (Kimenyi 1980) angeführt. Das präpositionale Objekt in (36 a) wird zum direkten Objekt in (36 b), das dann unter Passiv Subjekt werden kann.

(36 a) Umwaana   y-a-taa-ye
       Kind   SP-PAST-werf-ASP
       igitabo   mu maazi
       Buch   in Wasser
       „Das Kind warf das Buch ins Wasser"
(36 b) Umwaana   y-a-taa-ye-mo
       Kind   SP-PAST-werf-ASP-APPL
       amaazi   igitabo
       Wasser   Buch

In den Bantu-Sprachen wird die Diathese explizit durch das Applikativaffix (*-mo* in (36 b)) gekennzeichnet; im Englischen fehlt eine solche Kennzeichnung — sonst verhalten sich die Konstruktionen gleich. Somit gibt es Gründe, den *Dative Shift* als eine Instanz des Applikativs anzusehen.

Baker (1988) faßt das Applikativ als Präpositionsinkorporierung auf (wobei das Applikativmorphem die inkorporierte Präposition darstellt); man kann dann annehmen, daß auch *Dative Shift* auf einer Präpositionsinkorporierung beruht, nur ist in diesem Fall die inkorporierte Präposition morphologisch nicht sichtbar.

Eine derzeit weitgehend offene Frage betrifft den Status des sog. sekundären Objekts, *a spider* in (34 b) bzw. *igitabo* in (36 b): woher erhält diese NP ihren Kasus? Baker erörtert verschiedene Erklärungsalternativen, er bevorzugt schließlich die Annahme, daß das sekundäre Objekt durch Reanalyse an das Verb gebunden wird (notiert durch Koindizierung), wodurch eine lexikalische Kasuszuweisung möglich wird (Baker 1988, 286).

Die Idee der Präpositionsinkorporierung gibt die Möglichkeit, über eine semantische Grundlage des *Dative Shift* zu spekulieren. Sie ist dann gegeben, wenn man der Präposition *to* eine direktionale Bedeutung gibt und diese über Funktionskomposition an das Verb bindet (siehe auch Abschnitt 5.4.). Es sei vereinfachend angenommen, daß (37 a, b) die Lexikoneinträge für *give* bzw. das direktionale *to* repräsentieren. (Man beachte, daß die verursachte lokale Änderung — ausgedrückt durch CHANGE (AT (.,.)) — nicht direkt beim Verb, sondern bei der obligatorischen Präposition notiert wird und somit auf jeden Fall beim Einbau des Prädikats P in die semantische Konfiguration insertiert wird; zur Rechtfertigung dieser Maßnahme siehe Wunderlich & Kaufmann (1990)). Dann ergibt sich (37 c) durch funktionale Applikation des Verbs auf *to him*, und (37 d) ergibt sich durch Funktionskomposition mit *to*, wobei dessen internes Argument die erste Position im abgeleiteten Theta-Muster einnimmt und seine Kasusmarkierung bewahrt. (Die Situationsvariable des Verbs kann hier vernachlässigt werden.) Es gibt gute Gründe anzunehmen, daß in einem Theta-Muster mit zwei [−OBL]-Markierungen, abweichend von Dowty's Vorstellungen, immer die zuerst gebundene NP direktes Objekt ist [(37 a−d) siehe nächste Seite].

Im Deutschen gibt es andere Möglichkeiten, für das Argument mit der Ziel-Rolle die Position des Subjekts zu erreichen. Neben der Präfigierung (siehe Abschnitt 5.4.) gibt es das sog. *bekommen/kriegen*-Passiv. Man vergleiche hierzu (38 b) und (38 c) und die vereinfachten Repräsentationen in (39). Das *bekommen/kriegen*-Passiv scheint nun Gebrauch zu machen von dem semantischen Eintrag der betreffenden Verben — siehe (39 d); dieser ist nämlich identisch mit einem Teil des Eintrags, den die Verben in der Domäne des „Hilfsverbs" haben. Vielleicht kann deshalb das Hilfsverb in (39 e) entstehen, das den ausge-

(37a) *give*: λP λy λx CAUSE (x, P(y))
         | |
        +DIR   −OBL

(37b) *to*, +DIR: λz λv CHANGE (AT(v, z))
                   |
                  −OBL

(37c) *give to him*: $\lambda y \lambda x$ CAUSE (x, CHANGE (AT(y, a))

(37d) (*to-*) *give*: λz λy λx CAUSE (x, CHANGE (AT(y, z))
                       | |
                      −OBL   −OBL

lagerten semantischen Anteil wieder zurückgewinnt, wenn es auf ein Verb wie in (39 a) angewendet wird. Durch funktionale Komposition ist aus (39 e) und (39 a) genau (39 c) ableitbar.

(38a) Sie schenkt ihm einen Esel.
(38b) Ihm wird (von ihr) ein Esel geschenkt.
(38c) Er kriegt (von ihr) einen Esel geschenkt.

(39a) *schenk-*: $\lambda y \lambda z \lambda x$ CAUSE (x, BECOME (HABEN (z, y)))
(39b) *geschenkt werd-*: $\lambda z \lambda y \exists x$ CAUSE (x, BECOME (HABEN (z, y)))
(39c) *geschenkt krieg-*: $\lambda y \lambda z \exists x$ CAUSE (x, BECOME (HABEN (z, y)))
(39d) *krieg-*: $\lambda v \lambda u$ BECOME (HABEN (u, v))
(39e) *krieg-*: $\lambda P \exists u$ P(u)

5.4. *be*-Präfigierung im Deutschen

Es mag strittig bleiben, ob *Dative Shift* auf Präpositionsinkorporierung beruht, also ein Spezialfall des Applikativs ist. Für die *be*-Präfigierung im Deutschen dürfte eine solche Analyse die naheliegende sein (Wunderlich 1987), zumal *be* als deakzentuierte Variante der Präposition *bei* betrachtet werden kann. Man betrachte Paare wie die folgenden:

(40) Wasser auf die Blumen gießen → die Blumen (mit Wasser) begießen
    auf den Zaun steigen → den Zaun besteigen

Offensichtlich wird das direktionale (bzw. präpositionale) Objekt des Verbs zum direkten Objekt des *be*-Verbs; ein evtl. vorhandenes direktes Objekt kann nur noch oblique mit der Präposition *mit* ausgedrückt werden; das Subjekt behält seine Rolle.

In früheren Analysen (Olsen 1986, Günther 1987) wurde vorgeschlagen, das Präfix *be* als Kopf des komplexen Verbs mit den folgenden Diathese-Eigenschaften (formuliert in LFG-Version) anzusehen:

(41) Sbj → Sbj; PObj → dObj;
    (dObj → ø/oblObj/*mit*/)

Diese Analyse ist problematisch. *Be* müßte ganz andere Eigenschaften aufweisen, wenn es sich mit einem Nomen (statt Verb) verbindet wie in (42). Andererseits werden dieselben Änderungen am Verb ausgelöst, wenn statt *be* eine Präposition (aus der Klasse *durch, hinter, über, um, unter*) präfigiert wird − siehe (43); es wäre unbegründet anzunehmen, daß die Präposition arbiträr die Eigenschaften eines verbalen Kopfes annimmt.

(42) ein Dach auf das Haus tun →
    das Haus bedachen

(43) Soße über den Pudding gießen →
    den Pudding (mit Soße) übergießen
    Zucker über den Pudding tun →
    den Pudding überzuckern

Eine Analyse im Sinne von (41) geht davon aus, daß das Direktional bei einem Verb wie *gießen* ein obliques Objekt des Verbs ist; tatsächlich handelt es sich um ein Prädikativ, nämlich ein variables Lokalisierungsprädikat in bezug auf eines der Verbargumente. Das zugrundeliegende Bedeutungsschema ist in (44) wiedergegeben; es entspricht dem von *give* in (37a). Es gilt hier wie dort, daß durch das obligatorische +DIR-Prädikativ ein Prädikat CHANGE in das Bedeutungsschema eingefügt wird.

(44) *gieß-*: λP λy λx CAUSE (x, P(y))
              | |
             +DIR   −OBL

Die Präfigierung einer Präposition läßt sich nun einfach als Funktionskomposition verstehen; *gieß-* wird nicht auf eine einstellige Eigenschaft (z. B. ausgedrückt durch die PP *über den Pudding*) angewandt, sondern komponiert lexikalisch mit der Relation *über*, wobei deren Objekt bei der 'internen' Funktionsapplikation zurückgestellt wird und daher notwendigerweise als rangniedrigste Theta-Rolle des komplexen Verbs erscheint. (Alternativ kann man sagen, daß die Präposition ihr direktes Objekt auf das Verb vererbt.) Mit der Repräsentation von *über* in (45 a) ergibt sich dann (45 b).

(45 a) *über*, + DIR: $\lambda u\,[\lambda v\, \text{CHANGE (ÜBER } (u, v))]$
(45 b) *übergieß*-: $\lambda u\,[\lambda y \lambda x\, \text{CAUSE } (x, \text{CHANGE (ÜBER } (y, u)))]$

Offen ist die grammatische Realisierung des direkten Objekts von *gießen* (λy in (45 b)). Syntaktische Konstruktionen wie *mähen lassen* können im Deutschen 2 Akkusative zuweisen, lexikalisch komponierte Verben wie *übergießen* aber nicht. Also muß λy oblique realisiert werden (mit der arbiträren Präposition *mit*). (45 b) ist also eine Instanz eines ditransitiven Verbs im Deutschen, bei dem die erste Theta-Rolle als [−OBL] und die zweite Theta-Rolle als [+OBL] auszuzeichnen ist. — Es wäre auch denkbar, Existenzbindung anzunehmen und *mit NP* als freies Adverbial anzusehen (das allerdings kein Instrumental, sondern das Thema ausdrückt). Diese Lösung ist weder mit Bakers (1988) Theorie der Präpositionsinkorporierung noch mit einer Analyse durch Funktionskomposition vereinbar. Sie läßt sich nur dann vertreten, wenn der Präfix-Präposition ein eigener Lexikoneintrag mit genau dieser Eigenschaft gegeben wird.

Obwohl die Verhältnisse bei der *be*-Präfigierung nicht ganz so eindeutig sind wie bei der Präpositions-Präfigierung, liegen im Kern (bei den eindeutig produktiven Fällen) dieselben Verhältnisse vor. Also kann man zugrundeliegende Funktionskomposition mit der Präposition *bei* annehmen. Im Zuge von Reanalyse kann sich daraus *be*- als morphologische Diatheseoperation entwickelt haben. Deren Eigenschaften sind weitgehend aufgrund von lexikalischer Funktionskomposition vorhersagbar und brauchen nicht in arbiträren Diatheseregeln stipuliert zu werden (Wunderlich 1987).

5.5. Resultativ

Eine im ganzen weniger beachtete Diathese stellt das Resultativ dar. Dabei wird ein Prädikativ hinzugefügt, das das Resultat einer Verursachung beschreibt. (46), (47) stellen zwei charakteristische Beispiele vor.

(46) Sie zerbrach die Vase in 5 Stücke.

(47) Die Jogger laufen den Rasen platt.

Für (46) ist die Basis ein transitives Verb, das bereits kausative Lesart aufweist, für (47) ein intransitives Verb ohne solche Lesart.

Carrier & Randall (1988) haben überzeugend gezeigt, daß die sog. *small clause*-Analyse für solche Resultativ-Konstruktionen problematisch ist. Sie schlagen statt dessen eine Analyse vor, bei der die Valenz der Verben erweitert wird; allerdings im kognitiven Format der Vorstellungen von Jackendoff (1987), das hier nicht diskutiert werden soll. (Die Grundidee Jackendoff's ist, lexikalische Bedeutungen nicht in Ausdrücken der Prädikatenlogik, sondern in Ausdrücken einer davon verschiedenen kognitiven Repräsentationssprache zu beschreiben.) Die Grundstruktur der Resultative läßt sich auch in der bisher schon verwendeten Notation ausdrücken.

Für ein transitives Verb mit kausativer Lesart kann die vereinfachte Struktur (48 a) angenommen werden. Das Verb kodiert also bereits einen Resultatzustand, für *zerbrechen* ist z. B. Q = KAPUTT anzunehmen. Durch das Resultativ wird ein weiteres Prädikat für den Resultatzustand hinzugefügt, über das so wie in (48 b) abstrahiert werden kann. Dadurch wird einerseits die Theta-Struktur des Verbs erweitert, andererseits wird deutlich, daß das direkte Objekt des Verbs Argument zweier Prädikate ist, nämlich Q und P. (Diese Beobachtung ist Grundlage für die *small clause*-Analyse, wonach *die Vase* in (46) das Subjekt der PP *in 5 Stücke* ist.)

(48 a) $\lambda y\, \lambda x\, \text{CAUSE } (x, \text{BECOME } (Q\,(y)))$
(48 b) $\lambda P\, \lambda y\, \lambda x\, \text{CAUSE } (x, \text{BECOME } (Q\,(y)\, \&\, P\,(y)))$

Man kann sich fragen, ob in Fällen wie (46) tatsächlich Argumenterweiterung oder nicht bloß Adjunktion eines Adverbials vorliegt. Nimmt man letzteres an, so wäre aber zu klären, warum die Adjunktion nicht als Unifikation mit dem Situationsargument oder dem externen Argument des Verbs zu beschreiben ist (im Sinne von Higginbotham 1985), warum die Wortfolge in (46) von der bei anderen Adverbialen abweicht (siehe die Beispiele (49)), und schließlich, warum die

„Adjunktion" sich semantisch innerhalb des eingebetteten Prädikats BECOME abspielt.

(49 a) Sie zerbrach plötzlich die Vase.
(49 b) Sie zerbrach wütend die Vase.

Anders sind Fälle wie (47) zu behandeln. Hier tritt nicht nur ein Prädikativ, sondern auch ein direktes Objekt hinzu; die Adverbial-Analyse ist also ausgeschlossen. In (47) wird ausgedrückt, daß ein Laufen-Ereignis einen bestimmten Zustand bewirkt. Wir müssen also auf das Situationsargument des Verbs zugreifen können. Sei *laufen* vereinfacht wie in (50 a) repräsentiert. Das Resultativ besteht dann darin, daß ein kausatives Bedeutungsschema hinzugefügt wird; dies beinhaltet, daß auch ein Gegenstand des Resultatzustands hinzukommen muß. Wir können so wie in (50 b) über Prädikat und Gegenstand des Resultatzustands abstrahieren. Für die Realisierung einer zweiten Individuen-Theta-Rolle sieht der Default-Fall das direkte Objekt vor.

(50 a) $\lambda x \, \lambda s$ LAUF (x) (s)
(50 b) $\lambda P \, \lambda y \, \lambda x \, \lambda s$ (LAUF (x) (s) & CAUSE (s, BECOME (P (y))))

(50 b) könnte auch als Inkorporierung eines kausativen Bedeutungsschemas in das Verb *laufen* angesehen werden. Bei genauerer Betrachtung ist die Sachlage aber eher umgekehrt: in ein kausatives Verb mit der Bedeutung 'y zu P machen' wird LAUF(x) als mögliches Instrument inkorporiert. In der Theorie von Baker (1988) sind derartige Inkorporierungen ausgeschlossen, denn *lauf* ist in syntaktischer Hinsicht nicht Argument von 'y zu P machen', sondern umgekehrt der verbale Kopf. Argumenterweiterungen so wie in (47) können also prinzipiell von Bakers Theorie nicht erfaßt werden. Sie lassen sich nur dann erfassen, wenn man annimmt, daß (50 b) eine mögliche Form kausativer Verben darstellt und daher intransitive Verben in dieser Weise erweiterbar sind.

6. Abschließende Bemerkungen

In den Diathesen eines Verbs werden bestimmte Verbargumente auf verschiedene syntaktische Positionen bzw. grammatische Funktionen abgebildet. Mit Angaben wie „direktes Objekt wird zu Subjekt" o. ä. wird jeweils der Effekt beschrieben, der durch verschiedene morphologisch gekennzeichnete (manchmal auch nicht gekennzeichnete) Operationen entsteht. Diese Effekte sind nicht der eigentliche Inhalt der Operation, sondern ergeben sich als Konsequenz aufgrund allgemeiner Prinzipien über die Abbildung auf syntaktische Positionen bzw. die Wohlgeformtheit von Theta-Strukturen.

Bakers Theorie beansprucht einen gemeinsamen Erklärungshintergrund für alle Arten von Diathesen; die Möglichkeit von Diathesen wird also als ein einheitliches Phänomen angesehen. Die Idee ist, daß in ein zugrundeliegendes Verb die lexikalischen Köpfe von Argumenten des Verbs inkorporiert werden. Dies macht Sinn beim Kausativ, wo in ein kausatives Verb (bzw. Bedeutungsschema) das Verb inkorporiert wird, und für das Applikativ, wo in das Verb eine Präposition inkorporiert wird. In einer mehr semantischen Orientierung entspricht der Inkorporierung die Funktionskomposition; sie führt zu denselben Effekten.

In semantischer Sicht erscheint die Möglichkeit von Diathesen nicht mehr als ein so einheitliches Phänomen wie in Bakers Theorie. Interne Argumente sind oft optional und müssen, wenn sie nicht realisiert sind, als existenzgebunden (bzw. kontextuell ergänzbar) verstanden werden. Das externe Argument ist aber niemals optional; es kann jedoch durch verschiedene morphologische Operationen gebunden bzw. gesättigt werden. (Dies ist übrigens auch der Fall bei *pro-drop*, wo die Kongruenzmorphologie ein Argument sättigt.) Solche Operationen können semantisch beschrieben werden; dabei gilt die Beschränkung, daß keine Operation in die interne Argumentstruktur des Verb-Operanden 'hineinsehen' kann. (Reflexiv und Reziprok sind dafür keine Gegenbeispiele, weil hier an das externe Argument gebunden wird.) Somit ergibt sich auch der tiefere Sinn des Diktums von Williams (1980), daß bei Diathesen einer gewissen Art immer das externe Argument beteiligt ist. Beim Kausativ ist damit eigentlich nicht das hinzukommende Argument zu meinen, sondern das vorher vorhandene externe Argument, dessen Verbleib zu regeln ist (und darin unterscheiden sich die möglichen Kausativ-Varianten).

Das Applikativ (mit seinen hier diskutierten Unterfällen des *Dative Shift* und der *be*-Präfigierung) gehört zu einem anderen Typus von Diathesen; hier ist das externe Argument des Verbs niemals beteiligt. Wenn nämlich ein Verb den lexikalischen Kopf eines seiner Argumente inkorporiert, so kann dies niemals das externe Argument sein. Hier liegt semantisch nicht Bindung, sondern Funktionskomposition vor.

Schließlich ist mit dem Resultativ ein weiterer Typ von Diathesen angesprochen worden, bei dem eine rein syntaktische Erklärung zu versagen scheint. Es liegt weder Bindung noch Inkorporierung oder Funktionskomposition vor, sondern Erweiterung zu einem semantisch möglichen Bedeutungsschema. Will man diesen Typus nicht künstlich ausklammern, so muß man konstatieren, daß Diathese-Möglichkeiten prinzipiell ein heterogenes Phänomen darstellen. Dies schließt nicht aus, daß die exekutiven grammatischen Prinzipien zur Abbildung auf syntaktische Positionen in allen Fällen dieselben sind.

Dieser Artikel reflektiert den Stand des Wissens Anfang 1990. Wichtige seitdem erschienene Literatur ist: Alsina (1992), Carrier & Randall (1992), Comrie u. a. (eds, demnächst), Grimshaw (1990), Haider & Bierwisch (1991), Kiparsky (1992), Li (1990), Sag & Szabolcsi (eds, 1992), Wunderlich (1992).

7. Literatur

Abe, Yasuaki. 1985. A Theory of Categorial Morphology and Agglutination in Japanese. Ph. D. Dissertation Amherst.

Alsina, Alex. 1992, On the argument structure of causatives. Linguistic Inquiry 23. 517−555.

Bach, Emmon. 1982 a. In defense of passive. Linguistics and Philosophy 3. 297−341.

−. 1982 b. Purpose clauses and control. The Nature of Syntactic Representations, ed. by P. Jacobson & G. K. Pullum, 35−57.

Baker, Mark C. 1988. Incorporation. A Theory of Grammatical Function Changing. Chicago.

Bäuerle, Rainer. 1987. Ereignisse und Repräsentationen. Habil. Schrift Konstanz.

Bierwisch, Manfred. (1987). Die Struktur thematischer Muster. Vortrag Universität Düsseldorf, Oktober 1987.

Bresnan, Joan. 1982. The passive in lexical theory. The Mental Representation of Grammatical Relations, ed. by J. Bresnan, 3−86.

−. (ed.) 1982. The Mental Representation of Grammatical Relations. Cambridge, MA.

−, and *Lioba Moshi*. 1990. Object Asymmetries in Comparative Bantu Syntax. Linguistic Inquiry 21. 147−185.

Carrier-Duncan, Jill. 1985. Linking of thematic roles in derivational word formation. Linguistic Inquiry 16. 1−34.

Carrier, Jill, and Janet Randall. 1988. From conceptual structure to syntax: Projecting from resultatives. Ms.

−. 1992. The argument structure and syntactic structure of resultatives. Linguistic Inquiry 23. 173−234.

Chomsky, A. Noam. 1957. Syntactic Structures. The Hague.

−. 1970. Remarks on nominalization. Readings in English Transformational Grammar, ed. by R. Jacobs & P. Rosenbaum. Ginn.

−. 1981. Lectures on Government and Binding. Dordrecht.

Cole, Peter, and Jerrold Sadock (eds.) 1977. Syntax and Semantics 8. Grammatical Relations. New York.

Comrie, Bernard. 1981. Language Universals and Linguistic Typology. Oxford.

−. 1985. Causative verb formation and other verb-deriving morphology. Grammatical categories and the lexicon, vol. III, ed. by T. Shopen, 309−348.

Comrie, Bernard u. a. (eds.). Demnächst. Causatives and Transitivity. Amsterdam: Benjamins.

Davidson, Donald. 1967. The logical form of action sentences. The Logic of Decision and Action, ed. by N. Rescher, 81−95. Pittsburg.

Davies, William D. 1986. Choctaw verb agreement and universal grammar. Dordrecht.

Di Sciullo, Anna Maria, and Edwin Williams. 1987. On the Definition of Word. Cambridge, MA.

Dowty, David. 1982 a. Grammatical relations and Montague grammar. The Nature of Syntactic Representations, ed. by P. Jacobson & G. K. Pullum, 79−130.

−. 1982 b. More on the categorial analysis of grammatical relations. Subjects and other subjects, ed. by A. Zaenen, 115−153. Bloomington.

Dryer, Matthew S. 1983. Indirect objects in Kinyarwanda revisited. Studies in Relational Grammar 1, ed. by David M. Perlmutter, 129−140.

Eroms, Hans-Werner. 1980. Be-Verb und Präpositionalphrase. Heidelberg.

Foley, William D., and Robert D. van Valin. 1984. Functional Syntax and Universal Grammar. Cambridge.

−. 1985. Information packaging in the clause. Clause structure, vol. I, ed. by T. Shopen, 282−364.

Gary, Judith, and Edward Keenan. 1977. On collapsing grammatical relations in universal grammar. Syntax and Semantics 8, ed. by P. Cole & J. Sadock, 83−120.

Gruber, Jeffrey S. 1976. Lexical Structure in Syntax and Semantics. Amsterdam.

Günther, Hartmut. 1987. Wortbildung, Syntax, be-Verben und das Lexikon. Beiträge zur Geschichte der deutschen Sprache und Literatur (PBB) 109, 179−201.

Grewendorf, Guenther. 1983. Reflexivierung in deutschen A. c. I.-Konstruktionen − kein transformationsgrammatisches Dilemma mehr. Groninger Arbeiten zur Germanistischen Linguistik (GAGL) 23. 120—196.

Grimshaw, Jane. 1990. Argument Structure. Cambridge, mass.: The MIT Press.

Haider, Huber und Manfred Bierwisch. 1991. Steuerung kompositionaler Strukturen durch thematische Information. In: Arbeits- und Ergebnisbericht des Sonderforschungsbereichs 340: Sprachtheoretische Grundlagen für die Computerlinguistik, 7—42.

Harbert, Wayne. 1977. Clause union and German accusative plus infinitive constructions. Syntax and Semantics 8, ed. by P. Cole & J. M. Sadock, 121—149.

Higginbotham, James. 1985. On Semantics. Linguistic Inquiry 16. 547—593.

Horn, George. 1983. Lexical Functional Grammar. Berlin.

Jackendoff, Ray. 1987. The status of thematic relations in linguistic theory. Linguistic Inquiry 18. 369—411.

Jacobs, Joachim. 1987. Kontra Valenz? Ms. Universität München.

Jacobson, Pauline, and Geoffrey K. Pullum (eds.). The Nature of Syntactic Representations. Dordrecht.

Keenan, Edward L. 1980. Passive is phrasal (not sentential or lexical). Lexical Grammar, ed. by T. Hoekstra, H. van der Hulst & M. Moortgat, 181—213. Dordrecht.

—. 1985. Passive in the world's languages. Clause structure, vol. I, ed. by T. Shopen, 243—281.

Keyser, Samuel Jay, and Thomas Roeper. 1984. On the middle and ergative constructions in English. Linguistic Inquiry 15. 381—416.

Kimenyi, Alexandre. 1980. A Relational Grammar of Kinyarwanda. Berkeley.

Kiparsky, Paul. 1988. Agreement and Linking Theory. Ms. Stanford.

—. 1992. Structural Case. Berlin: Wissenschaftskolleg zu Berlin, Unpubl. Ms.

Li, Y. 1990. Xo-binding and verb incorporation. Linguistic Inquiry 21, 399—426.

Marantz, Alec P. 1984. On the Nature of Grammatical Relations. Cambridge, MA.

May, Robert. 1985. Logical Form. Its Structure and Derivation. Cambridge, MA.

Mohanan, K. P. 1982. Grammatical relations and clause structure in Malayalam. The Mental Representation of Grammatical Relations, ed. by J. Bresnan, 504—589.

Olsen, Susan. 1986. Wortbildung im Deutschen: Eine Einführung in die Theorie der Wortstruktur. Stuttgart.

Ostler, N. P. M. 1979. Case linking: A theory of case and verb diathesis. Massachusetts: Ph. D. Dissertation.

Perlmutter, David M. 1982. Syntactic representation, syntactic levels, and the notion of subject. The Nature of Syntactic Representations, ed. by P. Jacobson & G. K. Pullum, 283—340.

—. (ed.) 1983. Studies in Relational Grammar 1. Chicago.

—, *and Paul M. Postal.* 1983. Some proposed laws of basic clause structure. Studies in Relational Grammar 1, ed. by D. Perlmutter, 81—128.

Poser, William. 1982. Lexical rules may exchange internal arguments. The Linguistic Review 2. 97—100.

Rauh, Gisa. 1988. Tiefenkasus, thematische Relationen und Thetarollen. Die Entwicklung einer Theorie der semantischen Relationen. Tübingen.

Sag, Ivan A., and Anna Szabolcsi (eds.) 1992. Lexical Matters (= CSLI Lecture Notes No. 24). Stanford University 1992.

Shibatani, Masayoshi (ed.) 1976. Syntax and Semantics 6, The Grammar of Causative Constructions. New York.

Shopen, Timothy (ed.) 1985. Language typology and syntactic description. 3 Bände. Cambridge.

Wilkins, W. (ed.) 1988. Syntax and Semantics 21. Thematic Roles. New York.

Williams, Edwin. 1980. Argument structure and morphology. The Linguistic Review 1. 81—114.

Wunderlich, Dieter. 1985. Über die Argumente des Verbs. Linguistische Berichte 97. 183—227.

—. 1987. An investigation of lexical composition: the case of German *be*-verbs. Linguistics 25. 283—331.

—. 1992. CAUSE and the structure of verbs. Arbeiten des Sonderforschungsbereichs 282: Theorie des Lexikons. Nr. 36.

—, *und Ingrid Kaufmann.* 1990. Lokale Verben und Präpositionen — semantische und konzeptuelle Aspekte. Sprache und Wissen, ed. by S. W. Felix, S. Kanngießer & G. Rickheit. Opladen, 225—252.

—, *und Michael Herweg.* 1991. Lokale und Direktionale. Semantik. Ein internationales Handbuch der zeitgenössischen Forschung. hrsg. von A. v. Stechow & D. Wunderlich. Berlin, 758—785.

Zubizarreta, Maria-Luisa. 1987. Levels of Representation in the Lexicon and in the Syntax. Dordrecht.

Dieter Wunderlich, Düsseldorf (Deutschland)

35. Coordination

1. Introduction
2. Deletion Rules
3. PS-Rules
4. Deletion Rules Revisited
5. Deletion Target Sites
6. Predictions
7. Partial Deletions
8. Recovery of Deletions
9. References

In this article, I will outline the major issues in the discussion of coordination as they have emerged in the last 25—30 years. I will demonstrate that there are considerable advantages to adopting an extremely simple rule of coordinate deletion, and to minimising the rôle of the PS-component in coordination. The coordinate deletion rule does not rely on structural information, but employs only the left-to-right order of constituents in a sentence. In all languages, there are three sites that are potentially accessible to coordinate deletion: leftmost, leftmost but one, and rightmost. The predictions of such a theory can be illustrated with a number of examples from English and German, as well as from a number of other languages. Lastly, I will touch upon two issues which can readily be explained by invoking this deletion theory: disjoint reference in superficially identical remnants of deletion, and the linear recovery of deletions according to the theory of deletion sites.

1. Introduction

The main issues involved in coordination can be traced back to the very early days of transformational grammar. In Chomsky's *Syntactic Structures*, in the chapter entitled "Limitations of Phrase Structure Description", we find the following passage:

> "One of the most productive processes for forming new sentences is the process of conjunction. If we have two sentences Z + X + W and Z + Y + W, and if X and Y are actually constituents of these sentences, then we can generally form a new sentence Z — X + Y — W ... If X and Y are, however, not constituents, we can generally not do this ... if X and Y are constituents, but are constituents of different kinds, ... then we cannot in general form a new sentence by conjunction ... In fact, the possibility of conjunction offers one of the best criteria for the initial determination of phrase structure."
>
> Chomsky (1957, Hf)

In Chomsky (1957), coordination is always coordination of same constituents. This is achieved by a rule which collapses two or more sentences which are identical except for the like constituents to be coordinated. The collapsing procedure which such a rule appeals to was rather different from the types of operations which the Phrase Structure rules of those days performed, and this prompted Chomsky to reject PS-rules as a fruitful way of describing coordinated structures.

With hindsight, it is easy to see that this argument against PS-rules is mistaken. The early transformational approach did not envisage rules of the following type, which are now familiar from the work of e. g. Dougherty (1970) and Gazdar (1981):

(1) $X \Rightarrow X_1 \ldots$ and X_n, where $X = N, V,$ Adv, etc.

If it is true that coordinating two or more sentences will always result in coordination of same constituents, then a rule like (1) will account as effectively for the available patterns of coordination as the collapsing rule envisaged in Chomsky (1957) does. One could readily derive sentences like (2) and (3) either through a "collapsing" or "deletion" procedure, or by means of PS-rules like (1):

(2) John salted and fried the steak.
(3) Peter kissed Mary and Sue.

But coordination is not as straightforward as this. There are two major questions which arise at this point.

Chomsky's use of the word *generally* in the passage quoted above indicates that there also exist coordinations which are not coordinations of same constituents. The fullest elaboration of Chomsky's (1957) proposal, Gleitman (1965), contains a considerable number of such cases. Quite obviously, we do not have same constituent coordination in:

(4) John can come but Mary can't.
(4a) John can come but Mary can't come.
(5) I gave the girl a nickel and the boy a dime.
(5a) I gave the girl a nickel and I gave the boy a dime.
(6) The man was haggard and the girl sick with exhaustion.
(6a) The man was haggard and the girl was sick with exhaustion.

Coordinations like (4−6) cannot be accounted for by rules of type (1), and they therefore provide support for an approach to coordination which bears strong resemblances to Chomsky's (1957) proposal: if we have a coordination of two sentences and then delete the identical constituents as in (4a−6a), and we do not require that the remnants after deletion should be single same-type constituents, then the original deletion proposal can be maintained in essence. We might therefore, following Chomsky (1957), wish to suggest that all coordination, both constituent and nonconstituent coordination, is derived from coordination of full S's through deletion of identical material.

This immediately brings us to our second major question. Sentences like (7) and (8) are a problem for the deletion account:

(7) John and Mary are a nice couple.
(7a) *John is a nice couple and Mary is a nice couple.
(8) Two and two make four.
(8a) *Two makes four and two make four.

The problem here is that there is no grammatical S-coordination from which (7) and (8) could be derived, and these sentences therefore provide considerable support for the approach that crucially employs rules like (1).

The data, in other words, is split right down the middle. Sentences (2−3) can be accounted for either through a deletion account, or through a PS-account. Sentences (4−6) are a problem for the PS-account, and therefore lend support to the deletion account, while sentences (7−8) are a problem for the deletion account and therefore lend support to the PS-account. It follows that both PS-rules and deletion rules will be needed to account for coordinate deletions.

This need for two sources for coordinated structures was exploited by Lakoff/Peters (1969), who suggested that the differences in *generation* for the coordinated constituents in sentences like (2−3) are systematically associated with differences in the semantic interpretations of these constituents. Coordinations which have two possible sources are ambiguous between two readings: a [+ joint] and a [− joint] reading. Lakoff/Peters proposed that the [+ joint] reading for (2−3) and sentences like (7−8) should be generated by means of PS-rules like (1), while sentences (4−6) and the [− joint] reading for (2−3) are derived from S-coordinations to which deletion has applied. The differences in the [± joint] readings can be brought out by insertion of the adverb *both* for the [− joint] reading, and of *together* for the [+ joint] reading:

(9) John and Bill went fishing.
(9a) John and Bill both went fishing.
(9b) John and Bill went fishing together.

Support for such proposal can be gleaned from the fact that (7−8), which have the [+ joint] reading, do not co-occur with the [− joint] adverb *both*, while they do allow *together*:

(7b) *John and Mary both are a nice couple.
(7c) John and Mary are a nice couple together.
(8b) *Two and two both make four.
(8c) Two and two make four together.

There is considerable evidence to suggest that this interpretation of the facts, attractive as it may seem, is mistaken, and that there is no ambiguity here, only vagueness. (For some extremely useful criteria for distinguishing between vagueness and ambiguity, see Kempson/Cormack 1981.) One obvious fact which points in this direction is that the [+ joint] interpretation of a sentence like (9) entails the [− joint] interpretation; (9b) entails (9a). This fact is unexplained by the totally unrelated derivations, and clearly at variance with the binary feature notation. A second problem is that the [± joint] interpretations seem to be available only for some conjoined subject NP's, while a PS-rule like (1) will of course also insert a conjoined NP in the positions that allow nonconjoined NP's. This in turn means that for a sentence like (10−11), there are two possible structures, and no differences in interpretation corresponding to these: obviously an undesirable redundancy.

(10) John and Bill kissed Mary.
(11) Mary kissed John and Bill.

The problem, as was recognised in Dik (1968), is in essence quite simple: there are some predicates (e.g. those in sentences (7−8)) that subcategorise for either a plural or a conjoined subject. (Dik (op. cit.) formulates a solution for this problem in functional terms: there is a rule which conjoins *categories*, and one which conjoins *functions*. A sentence like (7) is derived by means of rule (1), while e.g.

(a) John and Mary sleep separately.

in which both NP's function as the subject of the verb, are derived by means of a rule which has the same format as (1), but which conjoins functions rather than categories. For a discussion of Dik's proposal, see van Oirsouw 1987, ch. I.) Apart from those cases, we can follow Chomsky's (1957) suggestion and account for all coordination as derived from S-coordination through coordinate deletion rules of some sort.

2. Deletion Rules

Possibly the most influential paper on coordinate deletions is Ross' (1970) *Gapping and the Order of Constituents*. The original intent of this paper was to establish a typology of deletions of identical verbs in coordinated structures across languages. The generalisation Ross proposed was that the directionality of deletion of verbs (for which Ross introduced the term *Gapping*) is the inverse of the directionality of the branch that the verb is on: if the verb is on a left branch, deletion will operate forwards (i. e. the subsequent occurrence of the identical verb is deleted), while if the verb is on a right branch, deletion will operate backwards (i. e. the antecedent occurrence of the identical verb is deleted). This constraint later became known as the Directionality Constraint. It works as follows: in Japanese, the (final) verb will be on a right branch, while in English, where it is medial, it will be on a left branch. In Japanese, we find that the verb *ate* deletes backwards, while in English, it deletes forwards.

(12) Watakusi-wa sakana-o, Biru-wa
    (I   fish,   Bill
    gohan-o tabeta.
    rice   ate)

(13) I ate fish, and Bill rice.

Ross' original hypothesis did not survive for very long, but it had a profound impact on the study of coordinate deletions. (For criticism of Ross' original proposal, see e.g. Maling 1972, Hankamer 1973, and Sanders 1977.) First of all, it singled out Gapping as a process which occurs in many languages and which has a number of very interesting properties, and secondly, it called attention to a fascinating problem, namely the directionality of deletions. The latter aspect was picked up in considerable detail by Tai (1969), who extended Ross' approach to all deletions under identity, specifically in English. It is easy to see how such an extension would work; in a simplified structure like (14) the subject is on a left branch, the verb is on a left branch, and the direct object is on a right branch.

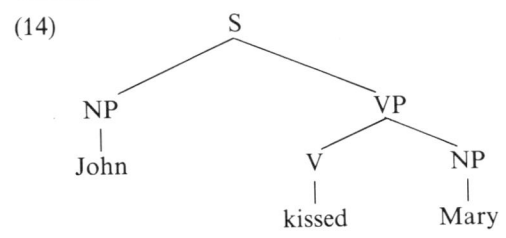

(14)
```
              S
           /     \
         NP       VP
          |      /   \
        John   V      NP
               |       |
             kissed  Mary
```

The directionality of deletion facts correspond quite well with this simple structure: subjects in English delete forwards, verbs delete forwards, and direct objects delete backwards. (Deletion of objects came to be known as Right-node Raising; see Postal 1974.)

(14a) John kissed Mary and embraced Sue.
(14b) John kissed Mary, and Peter Sue.
(14c) John kissed and Peter embraced Mary.

In spite of this initial attractiveness, there are two important questions that Tai's account leaves unanswered. Consider a paraphrase of (14):

(15) John gave Mary a kiss.

Here we first of all find a conflict in directionality of deletion. If it is the case that an identical element deletes according to its directionality of branching, then we are left with no explanation why in (15a), the identical direct object deletes forwards and cannot delete backwards, while in (15b), it deletes backwards and cannot delete forwards: it should delete in one direction only.

(15a) John gave a book to Mary, and Peter to Sue.
(15b) John gave and Peter sold a book to Mary.

Secondly, there is no explanation for why in a sentence like (16), deletion cannot apply to the direct object:

(16) *John gave to Mary, and Peter sold a book to Sue.

The latter observation is reminiscent of Jackendoff's (1972) very important observations on Gapping. He observed that under certain circumstances, Gapping is disallowed, for instance if there is an unlike adverb or auxiliary preceding the verb:

(17) *Peter has written the words and Paul will, the music.

(18) *Peter slowly dropped the gold and Harry quickly the diamonds.

We shall get back to these facts later; for the moment, suffice it to observe that although there is considerable initial attraction in following Chomsky's original (1957) suggestion, there are some problems which remain.

3. PS-Rules

At approximately the same time that Tai developed the deletion-based approach to coordinated structures, Dougherty (1970) developed an approach based on rule (1) above. But linguistic theory had advanced significantly since 1957, and for Dougherty's approach, the model of grammar advocated in Chomsky's (1965) *Aspects of the Theory of Syntax* posed a specific problem. That model ordered the PS-rules before the transformations, and coordinating PS-rules like (1) therefore had to precede transformations like Passive and Raising. This was awkward for Dougherty's theory, since e. g. base-generated VP's could readily be conjoined with derived VP's, to which transformations had applied. Obviously, a sentence like (19) could not be straightforwardly derived through rules like (1) in the Standard Theory of grammar:

(19) Mary was easy to please, fun to tease, and known to have fleas.

In order to overcome this problem, Dougherty proposed a system in which dummy VP's are generated in the base, and substitution of derived VP's for the dummy VP's then takes place in the transformational component. Dougherty's account faced a series of rather daunting problems, but the basic idea of PS-generation of coordinated structures remained attractive to a number of researchers. (I shall not discuss Dougherty's proposal in any detail; for more detailed criticism, see van Oirsouw 1987.)

A sophisticated and very elegant extension of the PS-approach to coordination was developed in Gazdar (1981). The framework in which Gazdar developed his account is Generalised Phrase Structure Grammar, a type of grammar in which there are no transformations, only context-free PS-rules (for details, see Gazdar et al. 1985). If there are no transformations, then this has two consequences: first of all, the problems Dougherty's account faced in sentences like (19) simply disappear.

But secondly, this also means that there are no deletion transformations, and given that it was already observed in Gleitman (1965) that there are a number of coordinations that cannot be seen as same category coordination and which can therefore not be accounted for by rule (1), GPSG would seem to face a problem here. But Gazdar (op. cit.) noticed that at least some apparently non-category coordinations could be seen as category coordinations if the notion of category is extended. Given a set of rules expanding basic categories like S, NP, VP etc., it is possible to define a set of rules expanding derived categories in the same way in which the corresponding basic categories would have been expanded, with the proviso that the derived categories differ from the basic categories in one or more features. The feature relevant here is the feature SLASH (.../...), to be interpreted as: a constituent with a phrase missing from it. Thus, S/NP and V/NP are interpreted respectively as an S with an NP missing from it somewhere and a VP with an NP missing from it somewhere. Given this, it is possible to represent both (20–21) and (22) as same category coordinations:

(20) John and Mary killed the rabid dog.
(21) John caught the rabid dog and Mary killed the rabid dog.
(22) John caught, and Mary killed the rabid dog.

Quite obviously, (20) can be represented as a straightforward coordination of NP's. (21) can be represented as a coordination of S's, and (22) as a coordination of S/NP's, see (21a) and (22a) next page.

There is a derivational relation between the structures in (21 a) and (22 a) in the following sense: this particular version of GPSG has a set of rules which derive categories from basic categories, and rules (called metarules) which derive (context-free) PS-rules from other CFPS rules. Such a metarule will establish the relation between (21 a) and (22 a) as follows (very informally stated): if there is a set of PS-rules generating a certain sentence structure, then there is a set of rules that will give you that same structure, but with an NP missing from S_1 which is present as an immediate rightmost daughter of S_0.

This ingenious approach allows Right-node Raised sentences like (22), which on the face of it are problematic for a rule of type (1), to be generated as straightforward same category coordinations of S/NP. This GPSG

(21a)

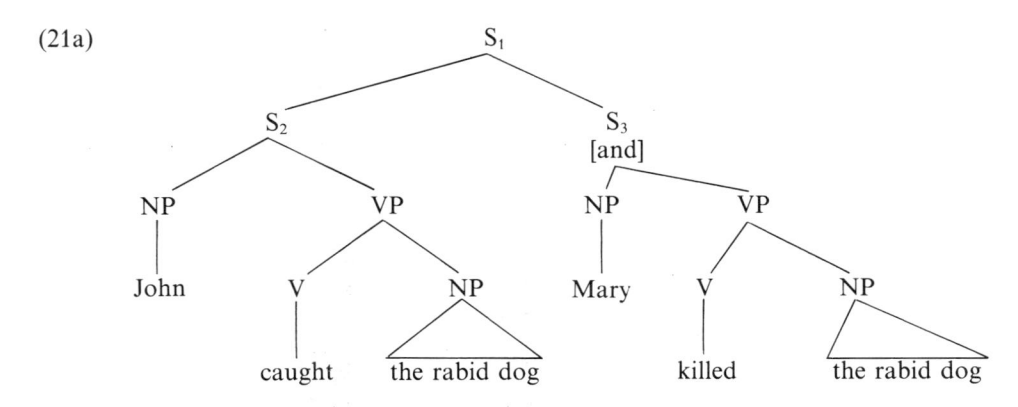

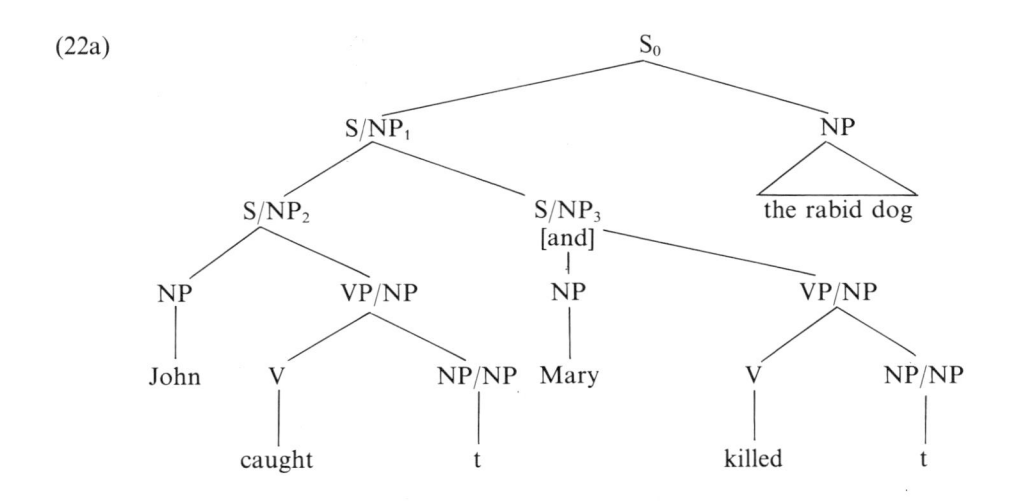

```
                    S₁
           ┌────────┴────────┐
          S₂                 S₃
                            [and]
       ┌───┴───┐          ┌───┴───┐
      NP      VP          NP      VP
       │    ┌──┴──┐        │    ┌──┴──┐
     John   V     NP      Mary  V     NP
            │     △             │     △
         caught the rabid dog  killed the rabid dog
```

(22a)

```
                              S₀
                  ┌───────────┴───────────┐
               S/NP₁                      NP
          ┌─────┴─────┐                   △
        S/NP₂        S/NP₃          the rabid dog
                     [and]
       ┌──┴──┐       ┌─┴──────┐
      NP    VP/NP   NP       VP/NP
       │   ┌──┴──┐   │      ┌──┴──┐
     John  V   NP/NP Mary   V    NP/NP
           │    │           │     │
        caught  t         killed  t
```

approach to coordination has been extended by Schachter/Mordechay (1983), who proposed that both strings and categories could be right-raised and left-raised, thus creating the possibility of accounting for sentences like (23) and (24) as straightforward same category coordinations:

(23) John gave, and Peter sold, a book to Mary.
(24) John gave Mary some money to buy new clothes, and a diamond necklace to wear to the party.

In (23), we have a right-raised sequence of NP and PP, and this makes (23) an S/NP, PP category coordination. In (24), we have a left-raised sequence of V and NP, making (24) a VP/V, NP coordination.

The GPSG extension of rule (1) has some other interesting aspects. (Especially the solution which e. g. Sag et al. 1985 propose for sentences like:

(a) His father was a devout catholic and well-known to the police.

where we have coordination of unlike categories is quite attractive; we shall, however, not discuss it here.) However, the usefulness of this approach in the description of coordination is limited. It can account for coordinations containing left-raised and right-raised categories and strings as coordinations of same categories, but only if they obey some version of Ross' Directionality Constraint. This is a consequence precisely of the fact that only same categories can be conjoined. Suppose that Right-node raising did not eliminate the antecedent occurrence of the identical rightmost node, but the subsequent occurrence. In this case, the structure could look something like (22 b), see next page.

(This is not necessarily the only representation possible for subsequent deletion of a rightmost node: it is also possible to have a

(22b)

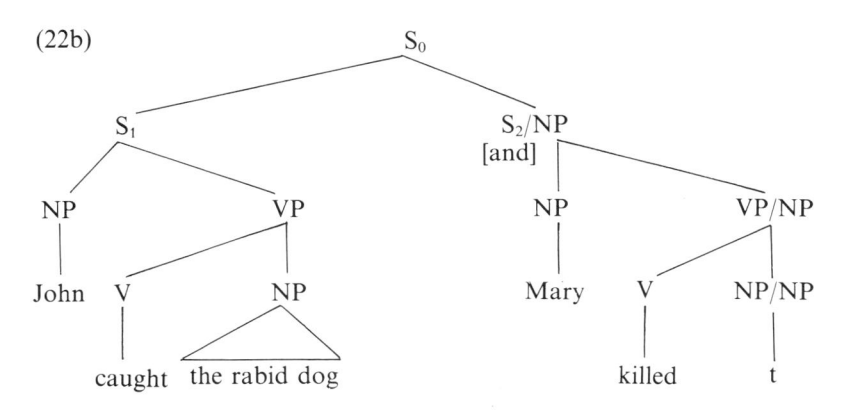

```
                    S₀
         ┌───────────┴──────────┐
        S₁                    S₂/NP
     ┌───┴───┐                [and]
    NP      VP          ┌──────┴──────┐
    │    ┌──┴──┐       NP           VP/NP
   John  V    NP        │        ┌────┴────┐
         │    △        Mary      V       NP/NP
      caught the rabid dog       │         │
                              killed       t
```

raised rightmost node under S_1, and then have a (lower) S_3/NP. In fact, the multiplicity of structures that GPSG makes available for coordinated structures is a possible drawback: see e. g. van Oirsouw ch. I.) In (22 b), we do not have coordination of same categories: here, we have coordination of S and S/NP. The same type of problem would occur with antecedent deletion (or raising, whichever term is preferable) of a leftmost node or string. The fact that leftmost nodes and strings in English are deleted forwards, and that rightmost nodes and strings are deleted backwards gives support to the GPSG proposal: (22 c) is unacceptable, and it follows from the GPSG account that it should be.

(22 c) *John caught the rabid dog and Mary killed.

But there are many languages in which rightmost nodes can be deleted forwards, or leftmost nodes backwards. Deletion of (final) verbs in German subordinate clauses represents the former case, and Dutch and Russian can also delete final verbs forwards.

(23 a) Ich glaube, daß Johann Fisch ißt, und Willi Reis.
(I believe that Johann fish eats, and Willi rice)

Tojalabal presents the case in which a leftmost verb is deleted backwards; see Losee-Furbee (1976):

(24) B'ak'et Hwan, čenek Čep, sok y-iʔ-a tek'ul Manwel.
(meat Juan, beans Joe, and took fruit Manuel)

The GPSG extension of rule (1) is also still incapable of dealing with cases in which a medial constituent has been deleted; for instance, with Gapping in English and in German main clauses:

(25) Juan takes meat and Joe beans.
(26) Juan nimmt Fleisch und Joe Bohnen.

Neither (25) nor (26) are coordinations of the same category: the antecedent clause is a full S, while the subsequent clause is an S/V.

These observations do not necessarily discredit the GPSG approach to coordination — it might be argued that sentences (23 – 25) are special in some sense, and not properly part of the grammar of coordination. Intuitively, this gives some odd results — in German subordinate clauses, the final verb may be deleted either forwards or backwards, and deletion in one direction is not less common, or more marked in any sense, than deletion in the other; compare (23 b):

(23 b) Ich glaube, daß Johann Fisch, und Willi Reis ißt.

(23 b) could readily be accounted for by the GPSG extension of rule (1), but (23 a) clearly couldn't. The fact that (23 a, b) are both equally common and acceptable reduced variants of a "full" coordination intuitively suggests that they should not be allotted to totally different parts of the grammar.

But if it is the case that rules of type (1) provide a truly significant generalisation that we wish to preserve, we might be prepared to ignore such intuitions. There is, however, ample evidence to suggest that (1) does *not* provide the type of generalisation that we should be after. What (1) says is, in effect, that it is possible to coordinate any type of constituent any number of times, using any coordinating constituent, in any syntactic environment.

But this is clearly wrong: the individual coordinating conjunctions have clearly different properties, and they should therefore not be lumped together by a rule like (1). If one takes, in English and German, the coordinating conjunctions *and, or, but* and *for* (*und, oder, aber, denn*), we find that (1) holds for *and/und*, but not for any of the others. *Or* cannot occur with a predicate requiring a plural subject; nor can *but* and *for*:

(27 a) John and Mary are alike.
(27 b) *John or Mary are alike.

But cannot coordinate more than two conjoins, and it cannot coordinate bare nouns; nor can *for*:

(28 a) John or Bill will be there.
(28 b) *John but Bill will be there.
(29 a) John is ill or in trouble or both.
(29 b) *John is ill but in trouble but both.

For can only coordinate full clauses:

(30 a) John is fond of beer, but doesn't drink it very often.
(30 b) *John is fond of beer, for drinks it very often.

These facts strongly undermine the generalisation contained in rule (1), and therefore reduce the attraction of an exclusively PS-rule account of coordination.

Although *for* and *denn* are not usually cited as coordinating conjunctions, they clearly are just that — with the special property that they can only coordinate two main clauses. If we contrast the coordinating conjunctions *for* and *denn* with the semantically equivalent subordinating conjunctions *because* and *weil*, we first of all find that in German, the S introduced by *denn* has SVO wordorder, and the S introduced by *weil* has SOV wordorder:

Johann kommt nicht, denn er ist krank.
Johann kommt nicht, weil er krank ist.

A second piece of evidence is that coordinating conjunctions occur inbetween the clauses which they link. This makes it impossible for coordinating conjunctions to be immediately adjacent, but it allows a coordinating conjunction to be immediately adjacent to a subordinating conjunction introducing a dependent clause. This again singles out *for* and *denn* as coordinating conjunctions, and *because* and *weil* as subordinating conjunctions:

John came in, and because he was ill, he went to his room.
John kam herein, und weil er krank war, ging er zu seinem Zimmer.

*John came in, and for he was ill, he went to his room.
*John kam herein, und denn er war krank, er ging zu seinem Zimmer.

4. Deletion Rules Revisited

Obviously, PS-rules cannot be dispensed with entirely in an account of coordinated structures, and one generalisation stands at least for English and German: all coordinating conjunctions can conjoin at least the category S. (There are languages which use different coordinating conjunctions for S-coordinations and for coordinations of other categories — e. g. Turkish.)

In addition to this, let us assume that a relatively limited number of coordinations are PS-derived. These are typically the subjects of symmetrical predicates, which require a plural or conjoined subject like *be alike, be a nice couple*, etc. The coordinating conjunction here has to be *and* and cannot be something else. We now have the option of accounting for all other coordinations as derived from S-coordination through some sort of coordinate deletion rule. (The individual coordinating conjunctions still have their individual characteristics, of course — *for*, for instance, will not allow deletion at all.) This is the option we shall explore further here, under the maximally simple assumption that there is only one coordinate deletion rule which is responsible for all deletions in coordinated structures. For a motivation of this assumption, see van Oirsouw (1987).

The structure that this deletion rule operates on has, tacitly or explicitly, always been assumed to have at least two properties: deletion of an element takes place under identity with an element in an immediately adjacently conjoined S, and there has to be parallelism between the S in which deletion takes place and its immediately adjacent S.

The first observation is undoubtedly correct — sentences (31—33) mean, respectively, that Harry reads French and doesn't teach it, that John buys meat and not fish, and that Bill and not John speaks French.

(31) John teaches English and Bill reads German and Harry French.
(32) John buys and Harry eats meat, and Bill likes fish.
(33) John teaches English and Bill reads German and speaks French.

The second observation also seems correct. In German main clauses, we can delete for instance identical direct objects, and it does not make any difference to the deletability of the objects whether they have been fronted or not, provided they have both been fronted, or neither has been fronted:

(34 a) Johann kauft, und Peter kocht die Kartoffeln.
(34 b) Die Kartoffeln kauft Johann und kocht Peter.

But if we front the direct object so that it becomes S-initial in the antecedent clause, but we do not perform a similar operation in the subsequent clause, deletion is no longer possible:

(34 c) *Die Kartoffeln kauft Peter und Johann kocht.

Such observations on parallelism between coordinated clauses in which deletion takes place is strongly reflected in the three-dimensional approach to coordinate deletions (see especially Williams (1978) and Goodall (1984)), in which well-formed trees are superimposed on each other, with any identical nodes merging together. In a truly three-dimensional representation of coordination, dominance relations will hold, but not precedence relations. A later "spellout" rule will then provide the necessary sequencing for the nodes that were not identical and have not been merged. (The way in which Goodall formulates the spellout rule makes it clear that the three-dimensional approach to coordinate deletions is in fact a notational variant of more traditional deletion accounts — see van Oirsouw 1987 for further discussion.)

It is easy to see how such an approach could account for the pattern observed in (34 a — c): In (34 a, b) the object NP's will occupy parallel positions in their clauses: the dominance relationships between the topmost S and the object NP will be the same in both clauses in these two sentences. The identical object nodes therefore count as parallel nodes in both cases, and merging can take place. In (34 c), the fronted object in the antecedent clause will not have the same dominance relationship to the topmost S as does the nonfronted object in the subsequent S, and merging can therefore not take place.

Yet this approach is too strict — the degree of parallelism required for coordinate deletion is much less than parallelism of dominance relationships for two nodes. If we again take German as our example, then we find that it is perfectly possible to delete an identical verb if the wordorder in the antecedent clause is OVS, while in the subsequent clause the wordorder is SVO:

(35) Den grossen nehme ich, und du den kleinen.

Similar facts obtain e. g. in Dutch (van Oirsouw 1987) and Cherokee (Sjoblom 1980). It is not possible to save a version of the three-dimensional approach for (35) if topicalisation of the direct object were ordered after merging of identical nodes and spellout of the nonidentical nodes, since this would allow us to generate (34 c). Alternatively, we might somehow ensure, through some analysis of topicalisation, that verbs in topicalised main clauses occupy the same structural position as verbs in non-topicalised clauses. But this would still not account for the fact that it is possible to delete a subject under identity with a topicalised object in German, as in:

(36) Käse mag ich nicht und ist auch nicht gut für mich.

(Some people may object to sentences of this type on stylistic grounds — these sentences may be called examples of *zeugma*, as in: *She left in a taxi and in a huff*. However, this is a stylistic consideration, and the fact that constructions of this type have incurred the persistent disapproval of stylistic purists (in Dutch, such constructions have, for decades already, been referred to as "tante Betje"; i. e. Aunt Betsy, a mythical person of low stylistic achievement) is sufficient evidence that such syntactic constructions are frequent and common products in natural language. We should therefore not rule them out as *ungrammatical*, since they are frequently produced spontaneously by native speakers, and obey the constraints for regular deletions. They are at worst something we might wish to weed out in composition classes.)

The parallelism required for deletion under identity (or merging of identical nodes, whichever term is preferable) is much simpler — as it turns out, it is not a parallelism at some level of *structure* which is required, but a parallelism in the *surface linear sequence* of constituents. Let us assume a linear surface representation for coordination as under (37), where *a* stands for the first constituent of the first coordinated clause, *b* stands for the second constituent, *e* for the first constituent of the second coordinated clause, etc.:

(37) a b c d & e f g h

Let us suppose that *a* and *e* are identical. They occupy parallel positions in the surface linear sequence of constituents, and are therefore deletable, as will be clear from:

(38 a) Johann kaufte ein neues Auto in München und fuhr am nächsten Morgen nach Amsterdam.

The identical subject *Johann* occupies initial position in both coordinated clauses. If we now front *am nächsten Morgen* to the *e* position, then *Johann* in the second clause will occupy the *g* position, so the two occurrences of the identical subject no longer occupy parallel positions in the linear sequence of constituents. Deletion will not be possible:

(38 b) *Johann kaufte ein neues Auto in München und am nächsten Morgen fuhr nach Amsterdam.

These facts, together with the observations about (34—36) illustrate sufficiently that the parallelism required for deletion under identity in coordinated structures is only a parallelism in the linear surface position of the identical constituents themselves.

Pieter Seuren (personal communication) has pointed out to me that there is at least one class of cases where it seems that deletion at a non-accessible site is allowed. Some speakers of Dutch will accept:

(a) Dan sta jij op en loopt weg.
    (then stand you up and walk away)

There are two possible sources here, namely:

(b) Dan sta jij op en je loopt weg.
(c) Dan sta jij op en dan loop je weg.

If deletion has taken place from after *loop* in (c), this would be irregular in Dutch, since Dutch otherwise only allows deletion in medial positions of *verbs*. In this case, we then furthermore need some type of late agreement rule which changes *loop* to *loopt*. If the source is (b), we violate the constraint on left-to-right parallelism for deletion target sites. It is not clear to me which is the best option in this case.

5. Deletion Target Sites

It is not yet sufficient to observe that deletion under identity in coordinated structures requires that coordinated clauses are immediately adjacent, and that the identical material has to occupy the same linear position in both the antecedent clause and the subsequent clause. If we take a sentence like (39) in Dutch, and indicate the deletion site by ∅, we find that deletion is impossible, in spite of the fact that the identical material occupies parallel positions in both coordinated clauses. This also holds for English and German:

(39) *Jan gaf   ∅ een boek, en Piet gaf
     *Jan gave ∅ a   book, and Piet gave
     *Jan gab   ∅ ein Buch und Piet gab
     Marie een plaat.
     Marie a   record.
     Marie eine Schallplatte.

The same facts obtain in Japanese:

(40) *Tokyo-de raisu-o John-ga tabeta shi,
     (Tokyo   rice   John   ate   and
     London-de biiru-o ∅ nonda.
     London   beer   drank)
     In Tokyo John ate rice, and in London, drank beer.

And in Vietnamese:

(41) *John đã   đua cho Mary cuôń sách
     (John past give to Mary a   book
     và Bill đã   báń ∅ đĩa hát.
     and Bill past sell ∅ a   record)
     John gave Mary a book and Bill sold a record.

In van Oirsouw (1987), the places in the linear sequence of constituents where deletion can take place are called *deletion target sites*. Deletion target sites can only be of three types: leftmost to its clause, rightmost to its clause, and leftmost-except-for-one-constituent to its clause. (See van Oirsouw 1987, ch. II. for motivation of the special status of the first constituent of a clause.) In other words, if we take the sequence of constituents as in (37), the positions that are potential deletion targets, that are *accessible to deletion*, are (a, b, d, e, f, h), but not (c) and (g).

English, Dutch, German, Japanese, and Vietnamese all disallow deletion of (c) and (g) sites, and I am not aware of any language that systematically allows deletion as these sites. We have already seen some instances of accessible deletions: (24) is a case of (a) deletion, (22) is a case of (d) deletion, and (25) is a case of (e) deletion. (b) deletion is found e. g. in Zapotec (Rosenbaum 1977):

(42) xwain ∅ jumE, ne makU been yuu.
     (Juan   basket, and Markos made house)
     Juan made a basket, and Markos a house.

Cases of (f) deletion are the standard cases of forward Gapping, as in for instance (35) above. Such deletions are quite common across languages, and are not necessarily restricted to verbs, as in Basque, where NP's may be deleted in the (f) position:

(43) Jonek txakurra ikusi du, eta
(John the dog saw 3sg acc, and
Peruk ∅ jo du.
Peter ∅ hit 3sg acc)
John saw and Peter hit the dog.

(h) deletion is also found in many languages: for instance, final verbs in subordinate clauses in Dutch and German may be deleted in that position:

(44) Ik geloof dat Jan kaas eet, en
Ich glaube, daß Jan Käse ißt, und
Piet vlees ∅.
Piet Fleisch ∅.
(I believe that Jan cheese eats and Piet meat ∅)

In Russian, final verbs may also delete forwards (Hermann 1985):

(45) Ja naučnuju statju čitaju, a on
(I scientific article read, and he
detektiv ∅.
detective ∅)
I read a scientific article, and he a detective novel.

In Swahili (Vitale 1981) and Turkish (Hankamer 1979), direct objects may delete in the (h) position, as they may in Bolivian Quechua (Pulte 1971):

(46) Ni-li-taki lolipopi ile lakini Halima
(I past want lollypop that but Halima
a-me-kwishe kula ∅.
she per finish eat ∅)
I wanted that lollypop, but Halima has already eaten it.

(47) Mehmet pişirdi yumurtayi, Hasan yedi ∅.
(Mehmet cooked the egg, Hasan ate ∅)
Mehmet cooked and Hasan ate the egg.

(48) Juanito rik"un alquta, Tiyucataq
(Juanito sees dog-acc, Tiyuca-and
uyarin ∅.
hears ∅)
Juanito sees and Tiyuca hears the dog.

Deletion under identity can take place, either forwards or backwards, if the deletion target site is leftmost, rightmost, or leftmost-but-one, and to my knowledge there are no languages that systematically allow deletion at sites other than the three accessible ones. Obviously, different languages will show language-specific differences in the accessible deletions they allow — Dutch, for instance, does not allow (a) deletion, (b) deletion, or (f) deletion of constituents other than verbs. I shall not attempt to find an explanation of why languages vary with respect to the accessible deletions they allow, but instead test the predictions of this extremely simple and straightforward approach to coordinate deletions in German and English, the two most prominent languages of this Handbook.

Neither language allows (a) deletion or (b) deletion. In fact, both German and English coordinate deletions can be described as follows: the rightmost sites in these languages delete backwards, the leftmost sites delete forwards, and verbs delete forwards as well. It furthermore seems that, in non-leftmost or non-rightmost position, only verbs can be deleted. (This may not be entirely accurate. For further discussion, see van Oirsouw 1987.) In a subordinate clause coordination like:

(49) *Ich glaube, daß Johann ∅ kauft, und Willi Fleisch ißt.

deletion of the identical direct object is not possible, although deletion is allowed in the equivalent coordination of main clauses:

(49a) Johann kauft ∅ und Willi ißt Reis.

A similar case can be found in English auxiliary questions. In (50), deletion of the identical subject is possible, but not in (50a), where the subject is not in leftperipheral position:

(50) I am ill and ∅ must sleep.
(50a) *Am I ill and must ∅ sleep?

6. Predictions

Observe that we could now state the constraints on accessibility of deletion target sites very straightforwardly: they must be either leftmost or rightmost in the linear surface sequence of words, and in determining whether something is leftmost or rightmost the first constituent of a coordinated clause may be ignored. In English and German, the first constituent may be "skipped" for the purposes of peripherality only if the deletion target site contains a verb. (I shall not attempt to motivate these seemingly rather ad-hoc statements here. They are discussed and motivated in considerable detail in van Oirsouw 1987.) Given this extremely simple statement of coordinate deletions, and the observation that verbs in these languages always delete forwards, we can make a number of surprising predictions. Let us run through a few of these; for a detailed discussion, see van Oirsouw (1987).

An important difference between English and German is that the latter has a rule of verb-second in main clauses, but not the former, and that any constituent may be fronted in German, while in English, this process is much more restricted and stylistically clearly marked.

Given that the finite verb in German will occupy second position no matter what precedes it, we expect deletion of identical verbs in German main clauses always to be possible, and indeed it is. In English, however, an unlike adverb may precede the like verb, and in this case deletion will be impossible: there is more than one unlike constituent preceding the like constituent, and deletion is therefore impossible, as we have found earlier for (39 – 41).

(51) *Simon quickly dropped the gold, and Peter slowly ∅ the diamonds.

The observation that Gapping is not allowed if there is an unlike adverb preceding the verb is originally due to Jackendoff (1971). He, however, attributes non-deletability *exclusively* to the fact that there is an unlike adverb preceding the verb, and this must be wrong if our theory above is correct. If the unlike adverb is the *only* constituent preceding the like verb, deletion should be possible, and indeed it is:

(52) I often drink beer and ∅ sometimes ∅ wine.

Observe that if we do not first delete the identical subject, deletion of the like verb is impossible: the deletion target site then is in third position, which is always inaccessible.

(52a) *I often drink beer and I sometimes ∅ wine.

The ambiguity of German questions gives a further illustration of accessibility of deletions. Note that sentence (53) is ambiguous between a medial deletion (*hat Helga ... gegeben* has been deleted, *Gerda* is subject) and a leftperipheral deletion (*Johann hat ... gegeben* has been deleted, *Gerda* is object). Both are regular accessible deletions:

(53) Johann hat Helga Blumen gegeben,
Johann has Helga flowers given,
und Gerda Pralinen.
and Gerda chocolates)

If we now turn this into a question, only the *object* reading for *Gerda* should be possible, since the *subject* reading for *Gerda* would require deletion of the object noun *Helga* in second position, which is inaccessible as a deletion target site for nouns. This prediction turns out to be correct: (53a) is indeed unambiguous.

(53a) Hat Johann Helga Blumen gegeben und Gerda Pralinen?

Observe that the final past participle in e.g. (53a) has been deleted forwards, in accordance with the directionality of deletion on verbs. It should also be possible to delete it backwards, since it is a rightmost site: the unambiguous question (53b) demonstrates that our predictions here are correct.

(53b) Hat Johann Helga Blumen und Gerda Pralinen gegeben?

We now obviously have an explanation for a fact which was first called to the attention of generative linguists in Ross (1970), who observed that in many languages (Dutch, German, Russian, to name but a few) final verbs can be deleted either forwards or backwards, but not e.g. medial verbs or final NP's. (For verb-final languages which do not allow bidirectional deletion of the final verb — Japanese is a case in point — we can simply assume that such languages do not have the "exceptional" property that they allow forward deletion of verbs. This ties in with the fact that in Japanese, medial deletions are not allowed: (a), where the subject is leftmost, is acceptable, but (b), where the deleted subject is in medial position, is not.

(a) John-ga raisu-o katte, sushi-o tabeta.
    (John-subj rice-obj bought, fish-obj ate)
(b) Raisu-o John-ga katte, sushi-o tabeta.
    (rice-obj John-subj bought, sushi-obj ate)

With SOV wordorder, Japanese, like German in subordinate clauses, does not allow deletion of just the identical direct object. We can therefore simply assume that Japanese has only leftperipheral and rightperipheral deletion.) Final verbs can be deleted backwards because they are rightmost sites, and they can be deleted forwards because they are verbs. (It is probably because verbs frequently allow deletion in medial position, and also frequently delete forwards, that a number of linguists have attempted to formulate a special rule of Gapping for these cases. Whether there actually is a separate rule of Gapping is highly doubtful: for discussion, see van Oirsouw 1987.)

Hypotheses like these are easy to test empirically; this is their strength. We know that in German subordinate clauses, the verb will be final unless the direct object is itself a clause, in which case the verb will be medial. We therefore expect to find bidirectional deletion of verbs in SOV subordinate clauses, and no deletion of direct objects. In SVO subordinate clauses, we expect to find exactly the same pattern as in main clauses: forwards deletion of verbs, and backwards deletion of direct objects. This prediction is again correct:

(54) Ich glaube, daß Johann Fleisch ißt, und Willi Reis ∅.
(54a) Ich glaube, daß Johann Fleisch ∅,
(I believe that Johann meat
und Willi Reis ißt.
and Willi rice eats)
(55) *Ich glaube, daß Johann ∅ kauft,
(I believe that Johann ∅ buys,
und Willi Fleisch ißt.
and Willi meat eats)
(56) Ich glaube, daß Johann meint,
(I believe that Johann thinks
daß er krank ist, und Willi ∅,
that he ill is, and Willi ∅
daß er nicht arbeiten darf.
that he not work may)
(56a) *Ich glaube, daß Johann ∅ daß er krank ist, und Willi meint, daß er nicht arbeiten darf.
(57) Ich glaube, daß Johann meint,
(I believe that Johann thinks
∅ und daß Willi weiß,
∅ and that Willi knows
daß sie nicht arbeiten sollen.
that they not work should)

Our very simple hypothesis therefore makes crucially correct predictions for English and German (and a considerable number of other languages — see van Oirsouw 1987).

One further thing which will be clear from the possible deletions in (53) is that a deletion target site may either be a *single* constituent, or a *string* of constituents. The "ignored" initial position, however, may only be a *single* constituent. As we observed earlier, any constituent may be fronted in German — as a matter of fact, fronting is one of the ways of testing whether or not something is a constit-

uent. The verb will always retain second position in main clauses, so forwards deletion of the identical verb (plus whatever immediately follows it) should still be possible, and indeed it is. Consider the following:

(58) Morgen kommt Udo, und übermorgen ∅ Heinrich.
(Tomorrow comes Udo, and the day after tomorrow Heinrich)
(59) Käse mag ich schon, aber Fleisch ∅ ∅ nicht.
(Cheese like I alright, but meat not)
(60) Dir gebe ich Blumen, und deiner Frau ∅ ∅ einen Kuß.
(You give I flowers, and your wife a kiss)

Obviously, the assumption that the first constituent in any S may be "ignored" in determining peripherality needs to be motivated.

To do so in detail would take up too much space. (For detailed discussion, see van Oirsouw 1987.) But consider the following observations, which provide strong intuitive support for the hypothesis that there is something "special" about the first constituent position of the sentence that makes it easy for this position to be dropped or ignored. Topicalisation typically involves a constituent and is generally to sentence-initial position. Topics, although they cannot be so defined, generally represent "old" information (see e.g. Reinhart 1981) and can in many cases be omitted (for an especially striking case, see Dixon 1972). Let us follow Reinhart (op. cit., 56) and say that if, in a question-answer pair, X is both in the question *and* in the answer, it is likely that X is the topic. We now find that if we single out topics in this way, and the topic is in initial position, it can readily be dropped from an answer in informal speech. Consider first of all English, where one can frequently hear question-answer pairs like the following:

(61) Q: Have you seen John?
A: Haven't seen him for days.
(62) Q: What about our prime suspect?
A: Still hasn't been located.

Observe that if we answer (61) as (62a), the subject will no longer be in initial position, and can immediately no longer be dropped:

(62a) John I haven't seen for days.
(62b) *John haven't seen for days.

In German, wordorder, and specifically the placement of a topic in initial position is much freer than in English. Here we find that, provided they are in initial position, subjects, objects, indirect objects and adverbial PP's may be dropped in informal speech:

(63) Q: Hat Johann dich gesehen?
(Has Johann you seen?)
A: Hat mich nicht gesehen.
(Has me not seen)
(64) Q: Hast du diese Rezension geschrieben?
(Have you this review written?)
A: Habe ich nicht geschrieben.
(Have I not written)
(65) Q: Hast du deiner Tochter diese Woche das Taschengeld gegeben?
(Have you your daughter this week her pocket-money given?)
A: Habe ich diese Woche kein Taschengeld gegeben.
(Have I this week no pocket-money given)
(66) Q: Bist du schon mal in Disneyland gewesen?
(Have you already once in Disneyland been?)
A: Bin ich noch nie gewesen.
(Have I never been)

Note furthermore that in an answer like (64—66), where both the discourse context (question-answer) and the syntactic context (first person finite verb form) make the first person pronoun following the verb maximally predictable and totally lacking in information content, it is again impossible to drop that pronoun: it does not occupy first position.

(64a) *Habe nicht geschrieben:
(Have not written)
(65a) *Habe diese Woche kein Taschengeld gegeben.
(Have this week no pocket-money given)
(66a) *Bin noch nie gewesen.
(Have never been)

Although illustrations like the above aren't conclusive proof that first constituents are readily ignorable for rules like coordinate deletion, they do constitute very strong intuitive evidence for the fact that there is something especially omissible about the first position in a sentence that is not found in other positions. Let us now continue with a few other consequences of the approach.

7. Partial Deletions

One thing which will be obvious from the account of coordinate deletions so far is that deletion target sites can overlap. A leftmost deletion target site may include a leftmost-but-one site, or a rightmost site may include a leftmost-but-one site, or a leftmost site may include a rightmost site. In the latter case, we have of course a coordination of identical sentences, as in:

(67) I have eaten fish and I have eaten fish.

Gleitman (1965) observes that such sentences are rather pointless; at best such reduplication is acceptable as an expression of emphasis. To this one can add that they should certainly not be subjected to deletion in either S:

(67a) ?* I have eaten fish and.
(67b) ?* And I have eaten fish.

Let us assume that if the coordinate deletion rule "sees" *ONLY* identical material, it does not apply. This assumption not only blocks (67a/b), but it also immediately makes some interesting predictions. If a rightmost site overlaps with a leftmost site, as in (67), then it will by definition also overlap with a leftmost-but-one site. Whatever target site the deletion rule looks at, it will only "see" identical material. If a rightmost site overlaps with a leftmost-but-one site, then the two coordinated S's can by definition differ only in the first constituent. If deletion applies only to identical material if it can "see" some non-identical material which will be left behind after deletion, then the rule should not apply as if to a leftmost-but-one site, since in this case it ignores the first constituent containing the only difference between the two coordinated S's, but it should only apply as if to a rightmost site — for this application, the rule does not ignore anything, it will "see" the unlike first constituents, and can therefore apply:

(68)   He likes fish and Susan likes fish.
(68a) *He likes fish and Susan ∅.
(68b) He ∅ und Susan like fish.

Observe that as soon as we add something to the right of the deletion target site, it will no longer qualify as a rightmost site, but it will qualify as a leftmost-but-one site, since there now is a difference between the two S's if everything but their first constituents are taken into account. This prediction is also correct:

(68c) He likes fish, and Susan does ∅, too.
(68d) (≠ 2c) He ∅ and Susan like fish, too.

(The difference here has been attributed to the observation that it is possible to speak of different rules: one is Coordinate Deletion, the other VPD, see e. g. Sag 1976. Observe, however, that there is nothing to *block* VPD from applying to sentences like (68) as well as to (68 c). This is a major problem for VPD; for a discussion of the relation between VPD and CR see van Oirsouw 1987.) The only case in which it is possible for deletion to apply according to one of two sites is where a leftmost site overlaps with a leftmost-but-one site, as in:

(69) John ate fish and John ate rice.

In cases like these, the leftmost site will include the leftmost-but-one site. In such cases, we find that it is possible to delete just *John*, which is a leftmost site, or *John ate*, which is also a leftmost site, but not just *ate*, which is the leftmost-but-one site: (Phenomena of this type were, to my knowledge, first observed in Tai 1969.)

(69 a) John ate fish and ∅ ate rice.
(69 b) John ate fish and ∅ rice.
(69 c) *John ate fish and John ∅ rice.

Of the various possibilities for accounting for these facts, let us assume the following: if a deletion target site A includes a deletion target site B, then B may not be deleted if any part of A remains after deletion. (For a more detailed discussion of partial deletions, see van Oirsouw 1987.)

If the only aim of this constraint (which we shall call the Partial Deletion Constraint or PDC) were to rule out sentences like (69 c), it would be suspect. However, there is one set of data which provides very interesting support for the PDC, namely those cases in which the PDC has seemingly been violated. If we take a question like:

(70) Who ordered fish and who ∅ rice?

then the apparent violation of the PDC will be evident: the leftmost site *who ordered* overlaps with the leftmost-but-one site *ordered*, nevertheless the latter has been deleted, while part of the former (*who*) still remains. Yet a sentence like (70) is perfectly acceptable. But if we contrast (70) with (70 a), then one thing which strikes us is that whereas (70) is a question which clearly assumes that two different persons have ordered two different things, no such assumption in present in (70 a):

(70 a) Who ordered fish and rice?

The PDC seems to have the effect not of a constraint on possible deletions, but on the interpretation of the remnants after deletion: the PDC specifies when remnants must necessarily be disjoint, different in interpretation. This not only holds for remnants which are identical in form, but also for e. g. epithets:

(71) My brother$_1$ stole my money and the bastard$_1$ stole my wife's money.
(71 a) *My brother$_1$ stole my money and the bastard$_1$ ∅ my wife's money.

Observe that even in seemingly totally unacceptable sentences like: *I ordered beer and I ∅ wine*. we still have an interpretation which makes the sentence correct: if the two coordinated S's are pronounced by different speakers (i. e. deletion operates in discourse as well as in sentences), then this sentence will be OK — but then the two first person pronouns will be different in reference, and again we see that the PDC is respected.

Let us examine one more case where there is site overlap, and the PDC is operative. If we take a sentence like:

(72) Harry has read that book and Peter has read that book.

then, depending on the stress pattern, *that book* may refer either to one book, or to two. The site overlap we have here is between a rightmost site and a leftmost-but-one site, both sites share all their material, and so partial deletion should be allowed only if there is a clear difference between the remnants. This means that if we delete *has read*, we should lose the interpretation in which Harry and Peter have read the same book. This prediction is again correct:

(72 a) Harry has read that book, and Peter ∅ that book.

The PDC as a constraint on nonidentity thus makes a set of interesting predictions; it singles out precisely those cases in which superficially identical remnants of deletion are obligatorily assigned different interpretations. (The discussion here is of necessity brief. For a much fuller discussion, see van Oirsouw 1987, ch. III.)

8. Recovery of Deletions

One considerable advantage of the linear approach to coordinate deletions is that recovery of the deletions which have been effected is quite straightforward. Recovery of deletions is a topic which has so far received far too little attention in the literature, yet it can pose some interesting problems. If one takes one of the best-known approaches to recovery of deletions, i. e. Williams (1978), one runs into various interesting problems. Crucial in Williams' approach is for instance that what is deleted (and therefore also what is recovered) must be a well-formed factor. A well-formed factor is a substring of a well-formed labelled bracketing; if an S does not have a well-formed labelled bracketing it will not be a well-formed S. If therefore a string does not have a well-formed labelled bracketing, it will not be possible to define "well-formed factor" for such a string. Deletion rules very often mutilate coordinate structures in such a way that a well-formed labelled bracketing (in which coordination is either coordination of constituents or of well-formed S's) is no longer available. In a sentence like:

(73) I often buy and never use such gadgets.

there is no constituent coordination, and neither *I often buy* nor *never use such gadgets* will constitute a well-formed S which can receive a well-formed labelled bracketing. Before the deletions have been recovered, therefore, there will be no well-formed labelled bracketing available for (73). This means that the notions well-formed labelled bracketing and well-formed factor cannot be used for the recovery of deletions. (Williams has other problems as well. His notion of factorisation and Across-the Board deletion make impossible for him to account for the cases cited earlier in this paper in which e. g. a topicalised object has been deleted under identity with a subject.)

It is, however, perfectly possible to use the basis of Williams' idea for recovering coordinate deletions, provided we first of all recover a deletion and only then see if there is a well-formed factorisation available for the resulting string. We know that there are just three deletion sites: leftmost, leftmost-but-one, and rightmost. Suppose we were to use that information in the following way: assume (with the usual caveats for symmetrical predicates) that what is to the left and to the right of a coordinating conjunction is a well-formed S. If it is not a well-formed S, take the leftmost constituent from an immediately adjacent coordinated string and copy it as the leftmost constituent of the string under analysis. Proceed in this way until either the string under analysis has become a well-formed S with a well-formed labelled bracketing, or until the end of the immediately adjacent string has been reached and the string under analysis is still not well-formed (i. e. has no well-formed labelled bracketing). If the latter is the case, take the leftmost-but-one constituent from the immediately adjacent string and copy it as the leftmost-but-one constituent of the string under analysis. Proceed as earlier. If this procedure also fails, take the rightmost constituent of the immediately adjacent coordinated string and copy it as the rightmost constituent of the string under analysis. Proceed as above. In this way, copying of the leftmost *I* in (73) will make the string to the right of the coordinating conjunction a well-formed S, and one can then proceed to recover the rightmost *such gadgets* from that well-formed S to the string to the right of *and* in (73). Such a very simple recovery procedure can also cope with ambiguity: left-to-right copying of leftmost constituents will recover (74) as (74a), while left-to-right copying of leftmost-but-one constituents will recover (74b):

(74) John ties up his parcels with string and Mary with ribbon.
(74a) John ties up parcels with string and John ties up Mary with ribbon.
(74b) John ties up parcels with string and Mary ties up parcels with ribbon.

Furthermore, the linear recovery procedure itself is not language-particular, but can be applied to recover all possible deletions across languages. If the notion "well-formed labelled bracketing" is specified for languages, recovery can operate without any language-specific adaptations.

9. References

Chomsky, N. A. 1957. Syntactic Structures. The Hague.

Dik, S. 1968. Coordination: Its Implications for the Theory of General Linguistics. Amsterdam.

Dixon, R. M. W. 1972. The Dyirbal Language of North Queensland. Cambridge.

Dougherty, R. C. 1970. A Grammar of Coordinate Conjoined Structures, pt. I. Language 46. 850—98.

Furbee-Losee, L. N. 1976. The Correct language: Tojalabal. New York.

Gazdar, G. 1981. Unbounded Dependencies & Coordinated Structure. Linguistic Inquiry 12. 155—82.

—; *E. Klein; G. Pullum;* and *I. Sag.* 1985. Generalised Phrase Structure Grammar. Oxford.

Gleitman, L. R. 1965. Coordinating Conjunctions in English. Language 41. 260—93.

Goodall, G. T. 1984. Parallel Structures in Syntax. University of California at San Diego doctoral dissertation.

Hankammer, J. 1973. Unacceptable Ambiguity. Linguistic Inquiry 4. 17—68.

—. 1979. Constraints on Deletion in Syntax. New York.

Hermann, E. 1985. Zur Verbal (Phrasen) Ellipse im Modernen Russischen. Ellipsen und Fragmentarische Ausdrücke, hrsg. v. Meyer-Herrmann & Rieser. Tübingen.

Jackendoff, R. S. 1972. Gapping and Related Rules. Linguistic Inquiry 2. 21—35.

Lakoff, G., and *S. Peters.* 1969. Phrasal Conjunction and Symmetric Predicates. Modern Studies in English, ed. by. D. Reibel & S. Schane. Englewood Cliffs.

Kempson, R. M., and *A. Cormack.* 1981. Ambiguity and Quantification. Linguistics and Philosophy. 259—309.

Maling, J. M. 1972. On: Gapping and the Order of Constituents. Linguistic Inquiry 3. 101—08.

Van Oirsouw, R. R. 1987. The Syntax of Coordination. Beckenham, Kent.

Postal, P. M. 1974. On Raising. Cambridge, M.

Pulte, W. 1971. Gapping and Word Order in Quechua. Papers from the Seventh Regional Meeting of the Chicago Linguistic Society. Chicago, Ill.

Reinhart, T. 1981. Pragmatics & Linguistics: An Analysis of Sentence Topics. Philosophica 27. 53—94.

Rosenbaum, H. 1977. Zapotec Gapping as Counterevidence to Some Universal Proposals. Linguistic Inquiry 8. 379—95.

Ross, J. R. 1970. Gapping and the order of constituents. Progress in Linguistics, ed. by M. Bierwisch & K. Heidolph. The Hague.

Sag, I. A. 1976. Deletion and Logical Form. MIT Ph. D. dissertation.

Sanders, G. A. 1977. A Functional Typology of Elliptical Coordinations. Current Themes in Linguistics: Bilingualism, Experimental Linguistics, and Language Typologies, ed. by F. R. Eckmann. Washington.

Schachter, P., and *S. Mordechai.* 1983. A Phrase Structure Account of "Nonconstituent" Conjunctions. Proceedings of the Second West Coast Conference on Formal Linguistics, ed. by M. Barlow, D. Flickinger & M. Wescoat. Stanford.

Sjoblom, T. 1980. Coordination. MIT doctoral dissertation.

Tai, J. H.-Y. 1969. Coordination Reduction. University of Indiana doctoral dissertation.

Vitale, A. J. 1981. Swahili Syntax. Dordrecht.

Williams, E. 1978. Across-the-Board Rule Application. Linguistic Inquiry 9. 31—43.

Robert R. van Oirsouw, Zeist
(The Netherlands)

36. Ellipse

1. Einleitung
2. Arten der Ellipse
3. Wie kann man Ellipsen analysieren?
4. Kontextkontrollierte Ellipsen: Typen und Probleme
5. Einige Lösungsvorschläge
6. Ellipse als Epiphänomen der Topik-Fokus-Gliederung
7. Schluß
8. Literatur

1. Einleitung

1.1. Regelhaft relativ zum Kontext

Wenn man die Regeln angeben will, nach denen sich in einer Sprache elementare Einheiten zu größeren verbinden, so muß man eine Vorstellung davon haben, welche zusammengesetzten Ausdrücke in dieser Sprache zulässig sind und welche nicht. Im Deutschen würde man beispielsweise Wortfolgen wie die folgenden vier nicht zu den zulässigen rechnen:

(1) Knöpfe braun
(2) Ich den Wein
(3) Maria auf und Peter unter
(4) Weich glaubt Hans

In geeigneten Kontexten sind sie es aber. So findet sich (1) leicht als Aufschrift auf einer Schublade im Kurzwarengeschäft; die beiden aufeinanderfolgenden NPs in (2) sind eine passende Antwort auf die Frage

(2′) Wer besorgte was?

Mit (3) kann man eine vorausgehende Behauptung richtigstellen:

(3′) Maria lag unter dem Sofa und Peter lag auf dem Sofa.

Und (4) schließlich ist eine durchaus angemessene Antwort auf die Frage:

(4′) Wie mag Otto seine Eier zum Frühstück?

Die meisten dieser Äußerungen verlangen eine besondere Intonation, ein Umstand, der für ihre strukturelle Analyse sehr wichtig ist und auf den wir noch zurückkommen; in der geschriebenen Sprache spiegelt sich dies gelegentlich, wenn auch sehr unvollkommen, in der Zeichensetzung wider.

Ausdrücke wie (1)−(4) werden oft als „elliptisch" bezeichnet und in einen Gegensatz zu „vollständigen", mit denen sich der Linguist normalerweise beschäftigt, gebracht. Elliptische Ausdrücke stellen für die Syntax wie für die Semantik erhebliche Probleme dar, die wir nun kurz umreißen wollen.

Man beachte zunächst, daß Ausdrücke wie (1)−(4) nicht beliebige Wortfolgen sind. Vielmehr folgt ihre Zusammensetzung bestimmten Regeln. So kann man statt (1) schwerlich sagen *Braun Knöpfe* − höchstens *Braune Knöpfe*, aber selbst dies scheint weniger angemessen −, statt (2) nicht *Ich der Wein*, statt (3) nicht *Maria und auf Peter unter*, und statt (4) nicht *Hans weich glaubt*, wohl hingegen *Hans glaubt weich*. Mit anderen Worten: Elliptische Ausdrücke haben eine Syntax, auch wenn deren Regeln nicht sofort zu durchschauen sind. Man sieht weiterhin, daß die Wohlgeformtheit von Ausdrücken wie (1)−(4) vom jeweiligen Kontext abhängt. Dies läßt sich besonders gut an Beispiel (2) deutlich machen, das als Antwort auf die Frage (2′) angemessen ist. Unangemessen in diesem Kontext wären hingegen die folgenden ganz ähnlichen Wortfolgen.

(2 a)   Ich das Wein
(2 b)   Ich der Wein
(2 c)   Ich dem Wein

Im ersten Fall ist der Grund ganz klar: das Genus des Artikels ist falsch. Dieser Regelverstoß läßt sich innerhalb des elliptischen Ausdruckes selbst beschreiben. Das ist bei (2 b) und (2 c) nicht möglich: Die zweite NP hat den falschen Kasus, obwohl überhaupt kein sie regierendes Element in der Äußerung selbst vorhanden ist. Das Regens ist offenbar in der vorausgehenden Frage: das Verb *besorgen* verlangt den Akkusativ. Auf die Frage *Wer hat wem am meisten zugesprochen?* wäre (2 c) durchaus möglich, weil *zusprechen* den Dativ regiert. Ebenso wäre (2 b) korrekt als Fortführung eines Gesprächs, bei dem der vorige Sprecher gesagt hätte: *Ich bin das Brot*. Mit anderen Worten: Ausdrücke wie (2), (2 b), (2 c) sind nicht einfach wohlgeformt oder nicht − sie sind es, im Gegensatz zu (2 a), relativ zu einem bestimmten Kontext. Wenn man daher elliptische Ausdrücke in die syntaktische Beschreibung einer Sprache einschließen will, so reicht es nicht aus, die üblichen syntaktischen Regeln um einige weitere zu ergänzen − etwa S → NP   NP im Beispiel. (Hier und im folgenden verwende ich zur Illustration syntaktischer Regeln meist einfache Phrasenstrukturregeln. Dies geschieht lediglich der Einfachheit halber. Es sollte klar sein, daß das Argument unabhängig vom gewählten Formalismus ist.)

Ein dritter Punkt schließlich betrifft die Semantik elliptischer Ausdrücke. Auf die Frage *Wer besorgt was?* besagt (2) soviel wie *Ich besorge den Wein*. Auf *Wer hat was für die Party besorgt?* besagt es hingegen soviel wie *Ich habe den Wein für die Party besorgt*, auf *Wer hat was getrunken?* gar soviel wie *Ich habe den Wein getrunken*. Die Bedeutung (2) läßt sich daher ebenfalls nicht einfach aus den beiden NPs ableiten, aus denen (2) besteht. Vielmehr ergibt sie sich regelhaft aus diesem Ausdruck einerseits und bestimmten Elementen des Kontextes andererseits; hier also muß man aus einer vorausgehenden Frage ein Verb (samt dessen Tempusinformation) übernehmen, das offenbar auch für die Rektion der zweiten NP verantwortlich ist. Man kann daher weder die Syntax noch die Semantik elliptischer Ausdrücke adäquat beschreiben, wenn man lediglich die Form dieser Ausdrücke selbst betrachtet. Diese Form der Kontextabhängigkeit ist einschneidender als jene, mit der man es etwa bei deiktischen oder anaphorischen Ausdrücken zu tun hat. In einer „vollständigen" Äußerung wie *Ich besorge den Wein* hängt die Deutung des *Ich* zwar vom Kontext ab, und die ganze Äußerung kann wahr oder falsch sein, je nachdem, wer der Sprecher ist. Dies berührt aber nicht die Regeln des syntaktischen Aufbaus; Rektion und gesamter Bedeutungsbeitrag des Verbs liegen innerhalb der Äußerung, und man kann die Bedeutung des gesamten Ausdrucks parallel zum syntaktischen Aufbau berechnen. Bei (2), (2 b) und (2 c) ist dies offenbar nicht der Fall: bestimmte Elemente des Kontextes regieren direkt in den Aufbau der Äußerung hinein.

Wie kann man diesen Gegebenheiten in der Syntax (und entsprechend in der Semantik) angemessen Rechnung tragen? Die Antwort auf diese Frage betrifft nicht nur elliptische Ausdrücke selbst, sondern unsere Vorstellungen von Syntax überhaupt. In der langen aber etwas dünnen Geschichte der Ellipsenforschung (vgl. zur Tradition Schiefer 1974) stehen sich dabei im großen und ganzen zwei Auffassungen gegenüber. Nach der einen sind elliptische Ausdrücke in irgendeiner Weise reduzierte Varianten komplexerer, eben vollständiger Ausdrücke, nach der andern sind sie in sich abgeschlossen. Die Auseinandersetzung zwischen diesen Auffassungen ist aus zwei Gründen sehr unglücklich. Zum einen verstehen die einzelnen Autoren unter „elliptischen" Ausdrücken oft sehr verschiedene Erscheinungen; wir werden in Abschnitt 2. einen Überblick geben. Zum anderen konzentriert sich die Diskussion großenteils auf Fragen wie, was eigentlich ein Satz ist, was ein selbständiger Satz ist, was man unter „vollständig" zu verstehen hat, und dergleichen; nicht selten gar ist sie durch einen Aspekt des Wertens gekennzeichnet: sind Ellipsen wirklich „vollwertige" Äußerungen? Dies trägt jedoch wenig zur Klärung des eigentlichen linguistischen Problems bei: wie kann man die syntaktischen und semantischen Gesetzmäßigkeiten erfassen, die für diese Ausdrücke bestimmend sind? Es ist zweifelhaft, ob es auf diese Frage überhaupt eine einheitliche Antwort gibt, denn unter der Flagge „Ellipse" segeln sehr verschiedene Erscheinungen, die nur gemeinsam haben, daß sie als irgendwie „unvollständig" angesehen werden und kontextueller Ergänzung bedürfen. (Es versteht sich, daß man Ellipsen noch unter ganz anderen linguistischen Aspekten betrachten kann, z. B. unter stilistischen oder rhetorischen, ebenso unter psycholinguistischen. Diesen Problemen, so interessant sie sind, können wir im vorliegenden Zusammenhang nicht nachgehen.) Nun sind nicht nur Ellipsen kontextabhängig. Wenn jemand bei einer Gelegenheit sagt: *Es hat geregnet*, so ist diese Äußerung syntaktisch vollständig; dennoch ergänzen wir sie normalerweise um Informationen aus dem Kontext, etwa um die Angabe *vor kurzem* und *hier in der Gegend*. Was ist nun die besondere Art der Kontextabhängigkeit bei Ellipsen?

1.2. Globale und strukturelle
 Kontextabhängigkeit

Unser Verständnis einer jeden Äußerung ist stets von dem bestimmt, was sich aus dem sprachlichen Ausdruck selbst ergibt und aus dem, was wir dem jeweiligen Kontext im weitesten Sinn entnehmen. Ersteres, die Ausdrucksinformation, ergibt sich aus der lexikalischen Bedeutung der elementaren Bestandteile und aus der Art, wie sie zu größeren Einheiten zusammengefügt sind — aus der Bedeutung der Wörter und aus der Syntax. Die Kontextinformation kann sehr unterschiedlicher Art sein. Es ist vereinfachend, aber zweckmäßig, mindestens drei Formen des kontextuellen Wissens zu unterscheiden, auf das wir uns bei der Interpretation einer Äußerung stützen:

(i) Weltwissen: Dies ist unser allgemeines, im Verlaufe des bisherigen Lebens angesammeltes Wissen über soziale, physikalische und sonstige Gegebenheiten. Dazu zählen insbesondere auch Kenntnisse oder Annahmen über das übliche, erwartbare und über das sozial angemessene Verhalten von Menschen in bestimmten Situationen — beispielsweise darüber, wie man sich in einem Restaurant verhält oder wie man eine Fahrkarte erwirbt. Dieses Weltwissen verändert sich natürlich fortwährend. Aber im Vergleich mit anderen Formen kontextuellen Wissens ist es vergleichsweise stabil; es ist ingendwie im Langzeitgedächnis verankert.

(ii) Situationswissen: Damit sind all jene Informationen gemeint, die Sprecher und Hörer aufgrund ihrer Wahrnehmung der jeweiligen Situation entnehmen können. Am wichtigsten ist dabei sicher die visuelle Wahrnehmung, die beispielsweise bei der Aufschlüsselung deiktischer Ausdrücke eine entscheidende Rolle spielt. Im Gegensatz zum Weltwissen ist dieses Situationswissen nicht langfristig im Gedächtnis festgehalten, aus dem es zum Verständnis der jeweiligen Äußerung entnommen werden muß; vielmehr ist es mehr oder minder simultan zur Äußerung selbst.

(iii) Wissen aus dem sprachlichen Kontext: Dieses Wissen kann sowohl den vorausgehenden wie — seltener — den folgenden Äußerungen entnommen sein. Es verändert sich sehr schnell. Je weiter solche Informationen aus dem sprachlichen Kontext von der jeweiligen Äußerung entfernt sind, umso geringer ist im allgemeinen ihre Auswirkung auf diese Äußerung. Dies gilt insbesondere für strukturelle Auswirkungen, wie etwa die Übernahme von Rektionsbedingungen.

Die unterschiedlichen Formen des kontextuellen Wissens spielen in einer Äußerungssituation meist eng zusammen. So deuten wir das in einer Situation Wahrgenommene beständig im Lichte unseres Weltwissens, und der sprachliche Kontext ist nicht einfach der Wortlaut der vorausgehenden (oder folgenden) Äußerung, sondern dessen Interpretation mithilfe des gesamten zuvor verfügbaren und relevanten kontextuellen Wissens. Dies gilt für elliptische nicht anders als für „vollständige" Ausdrücke.

Die Kontextinformation kann sich nun in sehr globaler Weise bei der Deutung einer Äußerung geltend machen. Eine Frage wie *Hast Du meine Brille gesehen?* deuten wir sinnvollerweise so, daß damit gemeint ist *vor kurzer Zeit*, obwohl dies nicht direkt gesagt ist. Ohne eine solche „globale Kontextabhängigkeit" wäre eine Kommunikation in natürlicher Sprache unmöglich. Sie ist aber sehr schwer auf Regeln zu bringen. Anders ist dies mit der „strukturellen" Kontextabhängigkeit. Alle natürlichen Sprachen haben bestimmte Ausdrucksmittel, die explizit auf den Einbezug bestimmter Kontextinformationen angelegt sind. Dazu zählen beispielsweise alle deiktischen und anaphorischen Ausdrücke, die systematisch aus dem situativen oder dem sprachlichen Kontext ergänzt werden müssen. Dementsprechend sind sie auch systematischer Erforschung gut zugänglich: man kann klare Regeln dafür angeben, wie *ich, hier, ihn* aus dem Kontext zu ergänzen sind.

Elliptische Ausdrücke unterliegen in jedem Fall der globalen, in vielen — aber nicht allen — Fällen auch der strukturellen Kontextabhängigkeit. Für erstere reichen Weltwissen und Situationswissen, für letztere ist in der Regel Wissen aus dem sprachlichen Kontext erforderlich. Letzterer kann nun fehlen. Wir können beispielsweise eine Aufschrift wie *Knöpfe, braun* oder *Herren* verstehen, ohne daß zuvor etwas gesagt worden sein müßte. Dies gilt auch für elliptische Aufforderungen, wie etwa *Skalpell* im Operationsraum. Es ist klar, daß damit so etwas gemeint ist wie *Reichen Sie mir ein Skalpell* oder *Ich benötige nun ein Skalpell*, nicht aber *Ich spiele gern mit einem Skalpell*. Die Interpretation solcher elliptischer Äußerungen wird lediglich von Weltwissen und Situationswissen getragen. Es lassen sich jedoch sehr schwer explizite Regeln angeben, nach denen die Integration dieses kontextuellen Wissens und dessen, was im Ausdruck selbst gesagt wird, erfolgt. Möglich ist dies aber in vielen Fällen für den sprachlichen Kontext, wie wir an Fällen wie (2) — (4) gesehen haben. Solche Fälle will ich als „kontextkontrollierte Ellipsen" (im Gegensatz zu bloß global kontextabhängigen) bezeichnen. Es sind diese kontextkontrollierten Ellipsen, die für den Linguisten von besonderem Interesse sind. Das heißt nicht, daß über nicht kontextkontrollierte Fälle nichts gesagt werden könnte. Aber wenn sich über ihren Aufbau und ihre Bedeutung mehr sagen läßt als bloß, daß sie im geeigneten Zusammenhang sinnvoll angewendet sind, dann muß der Weg sicher von jenen Fällen seinen Ausgang nehmen, in denen sich klare Regeln angeben lassen. Davon ausgehend kann man sich dann überlegen, ob und in welcher Form solche Regeln auch für andere, nicht kontextkontrollierte Arten elliptischer Konstruktionen gelten.

Man kann dies an einem Beispiel von Ellipse erläutern, das auf Bühler (1934, 155 ff) zurückgeht (siehe dazu auch Klein 1984). Wenn ein Gast in einem Kaffeehaus sagt *einen schwarzen*, so macht das „sympraktische Umfeld", d. h. Weltwissen und situatives Wissen der Beteiligten, klar, daß er etwa soviel sagen möchte wie *Bringen Sie mir einen schwarzen Kaffee* oder *Ich möchte einen schwarzen Kaffee*. Diese Bestellung braucht keinen sprachlichen Kontext zu haben, etwa eine vorausgehende Frage wie *Was soll ich Ihnen bringen?* oder *Was möchten Sie?*; deshalb lassen sich auch keine GENAUEN fehlenden Bedeutungskomponenten angeben. Auf der andern Seite zeigt die Bestellung eine klare Akkusativrektion, obwohl es im Kontext überhaupt kein regierendes Verb gibt; man könnte in dieser Situation schlecht sagen: *eines schwarzen* oder *einem schwarzen*. Die elliptische Konstruktion verhält sich, ALS OB es ein regierendes Verb gäbe bzw. ALS OB eine entsprechende Frage vorausginge. Man kann daher annehmen, daß dies eine idiomatisierte Form einer kontextkontrollierten Ellipse ist. Sonst wäre die Rektion schwer zu erklären. Bühlers zunächst etwas mysteriös wirkender Kommentar zu diesem Fall ist im Grunde völlig akkurat: „Wird er (der Satzbrocken „einen schwarzen") ausgesprochen, dann bringt er für beide Gesprächspartner wie eine Aura um sich ein Satzschema mit; das ist wahr." (Bühler 1934, 157).

Bevor wir zu den syntaktischen und semantischen Problemen der kontextkontrollierten Ellipsen kommen, ist es sinnvoll, einen Überblick über die verschiedenen Konstruktionen zu geben, die in der Literatur unter dem Stichwort „Ellipse" angeführt werden und von denen die kontextkontrollierten nur einen besonderen Fall darstellen.

2. Arten der Ellipse

Der folgende Überblick ist eine Vorsortierung verschiedener Erscheinungen, die in der Literatur als „elliptisch" angeführt werden, nicht mehr.

(i) Aufschriften und ähnliches.

Beispiele für diese sehr verbreitete Form sind etwa *Privat; Stuttgart 14 km; Heiße Würstchen; Abb. 17: Kalb mit 2 Köpfen; Betreten verboten*, usw. Das Besondere an diesen Ausdrücken, die sowohl einfach wie zusammengesetzt werden können, ist − mit Bühler (1934, 156) zu reden − daß sie „dingfest angeheftet" sind, d. h. sie haben eine physische Verbindung zu einem Bezugsobjekt − einer Tür, einem Wegweiser, einem Würstchenstand, einem Bild. Bei ihrer Interpretation spielt daher vor allem das situative Wissen eine Rolle, ebenso das Weltwissen, nicht aber der sprachliche Kontext.

(ii) Textsortenellipsen

Es gibt eine Reihe von Textsorten, für die elliptische Konstruktionen als besonders typisch angesehen werden. Dazu zählen vor allem Telegramme (*Komme Freitagabend mit Verlobter*), Wetterberichte (*Temperaturen nahe dem Gefrierpunkt. Leichter Wind aus wechselnden Richtungen*), Rezepte und Gebrauchsanweisungen (*Schutzkappe abnehmen. Linke Lasche hochziehen und ...*), Schlagzeilen (*Neuer Papst berufen*), Werbetexte und ähnliche (vgl. dazu Rath/Brandstetter 1968; Sandig 1971; Betten 1976). Schlagzeilen wie auch Werbetexte müssen nicht zu einem längeren Text gereiht sein; im Gegensatz zu Aufschriften sind sie aber nicht „dingfest angeheftet".

(iii) Feste Ausdrücke

Hier gibt es wiederum eine Reihe von Unterfällen je nach Verwendungsbedingungen. Ich erwähne nur drei besonders wichtige: elliptische Aufforderungen (*Raus!*; *Links um!*; *Mir nach!*; *Tür zu!*; *Skalpell!*; *Ins Bett mit dir!*), expressive Ausrufe (*Teufel noch eins!*; *so ein Glück!*; *Feuer!*; *Toll!*), rituelle Formeln (*Aus den Augen − aus dem Sinn; Lange nicht gesehen; Gewitter im Mai − April vorbei*). Der Grad der Idiomatisierung ist unterschiedlich. Man beachte, daß sich zu vielen von ihnen keine „vollständige" Variante findet (z. B. *Ins Bett mit dir*). Dennoch folgt ihre Bildung, sofern sie zusammengesetzt sind, bestimmten Regeln. Man kann nicht sagen: *Um links* oder *Zu Tür*, und *Nach mir* oder *Mit dir ins Bett* bedeuten offenbar nicht dasselbe wie *Mir nach* bzw. *Ins Bett mit dir*.

(iv) Lexikalische Ellipsen

Auch hier gibt es mehrere Unterarten. Eine erste sind völlig lexikalisierte Argumentreduktionen wie in *Wer gibt in der nächsten Runde?* (beim Kartenspiel); *die Hühner legen immer weniger*; *Otto sitzt* (*im Gefängnis*). Solche Argumentreduktionen kommen auch nicht lexikalisiert vor, vor allem bei generischen Objekten, und der Übergang ist nicht immer leicht zu ermitteln (vgl. hierzu Nikula 1978). Zweitens gibt es lexikalisierte N-Ellipsen, etwa bei Ausdrücken wie *der Angestellte; der Angeklagte* usw. (siehe etwa Olsen 1987, mit nachfolgendem Kommentar von Wunderlich). Ein dritter Fall betrifft lexikalisierte Auslassung einer infiniten Verbform, wie in *Er ist in die Stadt* oder *Der Kleine muß schon wieder*. Solche Ausdrücke sind, wie schon viele oben erwähnte, nicht Gegenstand der synchronen Syntax. Sie sind jedoch das gefrorene Produkt solcher Prozesse.

(v) Verarbeitungsbedingte Ellipsen

Sie kommen durch einen momentanen oder einen längerwährenden Ausfall im Sprachproduktionssystem zustande. Typische Beispiele für ersteres sind bestimmte Sprechfehler, für letztere agrammatische Äußerungen von Aphatikern. Beide sind nicht regellos, und sie haben manche Gemeinsamkeiten mit kontextkontrollierten Ellipsen (vgl. zu ersteren Levelt 1982 und zu letzteren Heeschen/Kolk 1988).

(vi) Entwicklungsbedingte Ellipsen

Es ist oft gesagt worden, daß die Äußerungen von Erst- und von Zweitsprachlernern hochgradig elliptisch seien. Ein extremes Beispiel sind etwa „Einwortsätze", mit denen der Spracherwerb des Kindes beginnt. Offenkundig kommen solche elliptische Ausdrücke aber dadurch zustande, daß bestimmte Regeln nicht oder noch nicht verfügbar sind; man kann sie nicht zur regulären Syntax der betreffenden Sprache zählen, wie dies etwa für die kontextkontrollierten Ellipsen gilt. Dasselbe gilt für die willentliche Nichtanwendung von Regeln, wie man sie als Anpassung an die Sprache von Lernern findet („baby talk, foreigner talk").

Alle bisher erwähnten Formen elliptischer Konstruktionen sind nicht (oder höchstens in idiomatisierter Form) kontextkontrolliert, wenn auch in ihrem Gebrauch stark kontextabhängig. Kontextkontrollierte verlangen einen expliziten sprachlichen Kontext, d. h. eine vorausgehende oder folgende Struktur, von der jene der elliptischen Äußerung abhängt. Man kann hier die beiden folgenden Hauptfälle unterscheiden, je nachdem, ob der sprachliche Kontext im selben oder im vorausgehenden Satz steht.

(vii) Koordinationsellipsen

Hier ist der elliptische Ausdruck mit dem kontrollierenden innerhalb eines Satzes durch Koordination (im weitesten Sinne) verbunden. Je nach ihrer Reihenfolge, der Art der koordinierten Elemente und auch der Art der Koordination erhält man unterschiedliche Fälle und auch Regeln, auf die wir noch ausführlich zurückkommen. Man kann zu diesen Koordinationsellipsen auch solche in Vergleichssätzen zählen, wie in *Fritz schwimmt schneller als Otto (schwimmt)*. Die meisten Untersuchungen zur Syntax und Semantik der Ellipse beziehen sich — unter Namen wie „gapping", „right node raising", „sluicing" — auf solche Koordinationsellipsen.

(viii) Adjazenzellipsen

In diesem Fall bilden kontrollierender Ausdruck und elliptischer zwei selbstständige aber eng zusammengehörige Äußerungen. Vier solcher „adjacency pairs" sind besonders wichtig:

— Frage-Antwort-Folgen: *Wer schlug wen wo? — Alexander die Perser bei Issos*
— Teilweise Korrekturen: *Otto hat hundert Mark gewonnen. — (Nein,) Peter tausend verloren*
— Teilweise Bestätigungen: *Otto hat im Lotto gewonnen. — (Ja,) fast eine Million.*
— Parallele Fortführungen: *Ich komme heute abend. — Ich auch. — Ich nicht.*

Adjazenzellipsen sind wesentlich schlechter erforscht als Koordinationsellipsen. Der einzige etwas besser untersuchte Fall ist das „gapping", das sich auch bei Koordinationsellipsen findet (speziell zum Deutschen vgl. Isačenko 1965; Klein 1981).

Dem Linguisten, der sich für Aufbau und Bedeutung der Ellipsen und ihr Verhältnis zu „vollständigen" Äußerungen interessiert, kann es nun nicht darum gehen, all diese Fälle zu sichten und ihre Verwendungsbedingungen anzugeben. Vielmehr muß versucht werden, jene Regeln anzugeben, nach denen sich solche Äußerungen aufbauen und nach denen sich die Bedeutung des gesamten Ausdrucks

ergibt. Dies läßt sich am ehesten für die kontextkontrollierten Fälle der Koordinationsellipse und der Adjazenzellipse leisten. Grundsätzlich gibt es dazu in der Ellipsenforschung zwei Wege, die wir, bevor wir ins Einzelne gehen, im folgenden Abschnitt kurz skizzieren wollen.

3. Wie kann man Ellipsen analysieren?

Wenn man sich gedachter Aufgabe zuwendet, so liegt es nahe, sich so weit als möglich auf jene Regeln und Prinzipien zu stützen, die man ohnedies für vollständige Ausdrücke benötigt. Wenn also *Ich den Wein* auf die Frage *Wer besorgt was?* dasselbe besagt wie *Ich besorge den Wein*, und wenn ersteres überdies den Rektionsbedingungen von *besorgen* genügen muß, so wird man sinnvollerweise annehmen, daß auf IRGENDEINER Repräsentationsebene beide dieselbe Struktur haben. Aber nur bei *Ich besorge den Wein* wird diese gemeinsame Struktur an der Oberfläche völlig sichtbar gemacht, während bei *Ich den Wein* ein Teil davon nicht ausbuchstabiert wird. Am einfachsten scheint es daher, von einer gemeinsamen Struktur auszugehen und lediglich anzugeben, welche Teile davon unter welchen Bedingungen nicht ausdrücklich gemacht werden müssen. Man kommt dann mit den gleichen syntaktischen und semantischen Regeln für *Ich besorge den Wein* wie für *Ich den Wein* aus. Die Aufgabe der Beschreibung elliptischer Ausdrücke reduziert sich dann darauf, jene — universellen oder einzelsprachlichen — Bedingungen anzugeben, nach denen in einem bestimmten Kontext bestimmte Elemente einer Struktur nicht ausbuchstabiert werden. Entsprechende Regeln bezeichne ich als „Ellipseregeln"; natürlich wird man versuchen, diese Ellipseregeln möglichst in Form allgemeiner Prinzipien zu formulieren. Ich will dieses Vorgehen als „Reduktionsverfahren" bezeichnen.

Alternativ dazu kann man für elliptische Ausdrücke eigene syntaktische Regeln vorsehen, also beispielsweise eine Regel wie S → NP NP für (2) oder S → NP Präp für (3), wobei im letzteren Fall noch einmal koordiniert wird. Durch weitere, satzübergreifende syntaktische Regeln muß dann sichergestellt werden, daß den aus dem Kontext rührenden Rektionsbeschränkungen Rechnung getragen wird. Regeln dieser Art sind sicher nicht einfach zu formulieren; auch gehen sie über das hinaus, was man gewöhnlich in der Syntax macht; aber die Möglichkeit ist sicherlich nicht auszuschließen. Schließlich muß auch noch für die semantische Beschreibung sichergestellt werden, daß die passenden Elemente aus dem Kontext übernommen werden. Ich will dieses Vorgehen als „Ergänzungsverfahren" bezeichnen.

Wir können das Vorgehen bei beiden Verfahren an einer Folge von zwei Behauptungen illustrieren, von denen die zweite elliptisch ist:

(5) Deine Uhr geht nach.
(6) (Nein,) deine vor.

Um Syntax und Semantik beider Ausdrücke zu erfassen, benötigt man auf jeden Fall jene syntaktischen und semantischen Regeln, welche (5) zugrundeliegen. Soweit gibt es keinen Unterschied. Beim Ergänzungsverfahren benötigt man nun weitere syntaktische Regeln, beispielsweise S → Poss Präp oder, vielleicht plausibler, die Folge S → NP Präp und NP → Poss, sodaß man für (6) eine Struktur hat wie

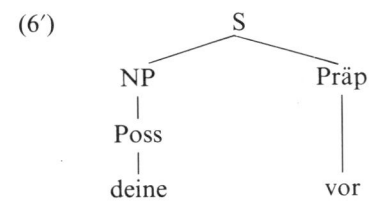

(6')
```
        S
       / \
      NP  Präp
      |    |
     Poss  vor
      |
    deine
```

Drittens muß man, um die korrekte semantische Interpretation zu erhalten, sicherstellen, daß die so strukturierte NP durch *Uhr* ergänzt wird, und ebenso, daß *vor* durch *geht* ergänzt wird. Insbesondere letzteres ist problematisch, denn es ist zu beachten, daß man es nicht mit zwei unabhängigen Komponenten *geht* und *vor* zu tun hat, die dann kompositionell zusammengefügt werden, sondern um eine Form eines einzigen Verbs, nämlich *vorgehen*.

Beim Reduktionsverfahren nimmt man an, daß es eine syntaktische Beschreibungsebene gibt, auf der (6) genau dieselbe Struktur hat wie (5), abgesehen davon, daß es *geht vor* statt *geht nach* heißt. Eigene Syntaxregeln für elliptische Ausdrücke werden nicht gebraucht. Man benötigt nun eine Regel, die festlegt, daß im gegebenen Kontext die Elemente *Uhr* und *geht* nicht ausdrücklich gemacht zu werden brauchen. Wie eine solche Ellipsenregel im einzelnen aussieht, ist dabei zunächst offen. In den älteren Spielarten der Transformationsgrammatik hatte sie die Form einer „Tilgungstransformation", durch die bestimmte Elemente bei Identität aus einer Struktur entfernt werden (Chomsky 1965), etwa wie folgt:

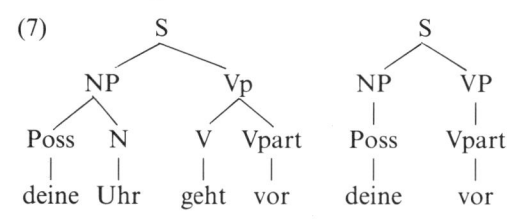

(7)
```
        S                     S
       / \                   / \
      NP  Vp                NP  VP
     /\   /\                |   |
   Poss N V  Vpart        Poss  Vpart
    |   |  |   |           |     |
  deine Uhr geht vor      deine vor
```

Alternativ kann man annehmen, daß die Struktur selbst unverändert bleibt und daß lediglich ein bestimmter Teil der lexikalischen Information, die in den einzelnen Wörtern steckt, nicht zum Tragen kommt — nämlich der phonologische; syntaktische und semantische Information hingegen sind erhalten und machen sich weiter geltend. Diese Lösung werden wir in Abschnitt 6. verfolgen.

Das Reduktionsverfahren scheint den Fakten leichter und besser Rechnung zu tragen, weil man keine eigenen syntaktischen Regeln benötigt. Es stößt allerdings dort an seine Grenzen, wo es keine klaren strukturellen Auswirkungen des Kontexts gibt. Dies ist beispielsweise bei (1) der Fall. Die Aufschrift *Knöpfe, braun* wird weder in ihrem Aufbau noch in ihrer Bedeutung durch beispielsweise ein Verb aus dem vorhergehenden Kontext regelhaft beeinflußt. Aus dem situativen Kontext, der Aufschrift auf einer Schublade, verstehen wir (1) zwar ungefähr im Sinne von *Diese Schublade ist für Knöpfe bestimmt, und zwar für braune*. Aber dies ist eine globale kontextuelle Inferenz, ähnlich wie wir in einer alltäglichen Redesituation eine Äußerung wie *Es hat geregnet* gewöhnlich um einen relevanten Zeitraum (*kürzlich*) und um einen relevanten Ort (*in unserer Gegend*) ergänzen. Wie wir oben gesehen haben, sind auch Ausdrücke wie *Knöpfe, braun* nicht regellos aufgebaut. Aber man kann sie nur gewaltsam als partielle Ausbuchstabierungen komplexer Strukturen auffassen. Sie sind nicht kontextkontrolliert, und es lassen sich schwer systematische Regeln angeben, denen gemäß sie um kontextuelle Informationen angereichert werden. Für den Syntaktiker wie für den Semantiker sind sie daher von nachgeordneter Bedeutung. Im folgenden wenden wir uns nun eingehender jenen Fällen zu, über die sich in dieser Hinsicht etwas Systematisches sagen läßt. Bei weitem nicht alle kontextkontrollierten Ellipsen sind bislang im Detail untersucht worden. Im folgenden Abschnitt geben wir einen Überblick über die wichtigsten Formen und die wichtigsten Probleme.

4. Kontextkontrollierte Ellipsen: Typen und Probleme

4.1. Vorbemerkungen

Ernsthafte Versuche, klare Regeln für Aufbau und Bedeutung elliptischer Ausdrücke aufzustellen, gibt es erst seit etwa zwei Jahrzehnten. Die meisten davon stehen in der Tradition der generativen Grammatik, und sie spiegeln deren Entwicklung von Chomsky (1957), wo sich bereits „Tilgungstransformationen" finden (wie übrigens auch bei Harris 1952), bis zum gegenwärtigen Stand wider (etwa in Chao 1988). Von besonderer Bedeutung waren die Arbeiten von Ross (1967; 1969; 1970), der eine Reihe von Fallunterscheidungen einführte und für zwei Haupttypen, nämlich „coordination reduction" und „gapping" verschiedene Beschränkungen angab; fast alle späteren Untersuchungen gehen direkt oder indirekt auf ihn zurück. Dies gilt auch für die nicht allzuvielen Arbeiten außerhalb der generativen Grammatik, etwa Kuno (1976; 1982), Klein (1981), Oirsouw (1987) oder Kindt (1985). Eine klare Darstellung der einzelnen Probleme und Lösungsvorschläge ist nicht leicht zu geben, zum einen, weil viele dieser Arbeiten stark theoriegebunden sind und einen nunmehr überholten Stand der generativen Grammatik reflektieren, zum andern, weil die verschiedenen Termini, mit denen man die einzelnen elliptischen Erscheinungen belegt hat, nicht einheitlich gebraucht werden. Im folgenden werden die wichtigsten Typen der (kontextkontrollierten) Ellipse mit ihren spezifischen Problemen umrissen; technische Aspekte werden dabei weitestmöglich vermieden. Da sich viele Probleme bei unterschiedlichen Ellipsetypen wiederfinden, ist die Darstellung beim ersten Fall, der Koordinationsreduktion, eingehender als bei den später besprochenen. Ich werde auch wiederholt auf Probleme und Besonderheiten hinweisen, die von der Forschung bislang überhaupt nicht behandelt, oft nicht einmal gesehen wurden.

4.2. Koordinationsreduktion

Koordinieren kann man ganze Sätze, aber auch kleinere Einheiten, beispielsweise NPs oder gar Präpositionen. Man kann sich nun fragen, ob man letzteren Fall nicht auf ersteren zurückführen kann, ob also beispielsweise in den folgenden vier Fällen die (b)-Sätze durch eine syntaktische Reduktion aus den (a)-Sätzen herzuleiten sind:

(8 a) Die Eltern schlafen und die Kinder schlafen.
(8 b) Die Eltern und die Kinder schlafen.
(9 a) In Stuttgart hat es geregnet und in München hat es geregnet.
(9 b) In Stuttgart und in München hat es geregnet.
(10 a) Es regnete in Stuttgart und es regnete in München.
(10 b) Es regnete in Stuttgart und in München.
(11 a) Otto hat vier Bier getrunken und Otto hat drei Wein getrunken.
(11 b) Otto hat vier Bier und drei Wein getrunken.

Ein entsprechender Vorschlag findet sich erstmals in Chomsky (1957). Seine Regel — die erste Transformationsregel überhaupt — war:

(12) „If S 1 and S 2 are grammatical sentences, and S 1 differs from S 2 only in that X appears in S 1 where Y appears in S 2 (i. e., S 1 → ... X ... and S 2 → ... Y ...), and X and Y are constituents of the same type in S 1 and S 2, respectively, then S 3 is a sentence, where S 3 is the result of replacing X by X *and* Y in S 1 (i. e., S 3 → ... X + *and* + Y).″ (Chomsky 1957, 36)

Streng genommen ist dies keine Tilgungsregel, noch eine Reduktion irgendwelcher Art; es wird lediglich angegeben, unter welchen Bedingungen ein Satz mit einer Konstituentenkoordination zulässig ist; die beiden „Ausgangssätze" S 1 und S 2 müssen nicht einmal koordiniert sein; es muß lediglich entsprechende Sätze geben. Dies entspricht dem Ansatz der „Syntactic Structures". Es ist aber leicht zu sehen, wie sich (12) zu einer Tilgungstransformation, wie sie sich dann in Chomsky (1965) findet, umformen läßt; dazu müssen zwei bis auf eine Konstituente gleichen Typs identische Sätze koordiniert sein; die identischen Teile werden bei einem der beiden Vorkommen weggelassen. Dies kann das erste Vorkommen sein, wie in (8) oder in (9); man spricht hier von „Rückwärtsellipse". Es kann auch das zweite Vorkommen sein, wie (10); dann spricht man von „Vorwärtsellipse". Beispiel (11) schließlich zeigt, daß Rückwärtsellipse und Vorwärtsellipse gemeinsam vorkommen können. Diese Reduktion läßt sich auf Koordinationen mit mehr als zwei Konjunkten ausdehnen, falls die Art der Koordination dies erlaubt (bei *und* können es beliebig viele sein, nicht aber bei *aber*. In diesem Fall verhalten sich — je nach Sprache — alle bis auf das erste oder alle bis auf das letzte Konjunkt gleich. Wir betrachten im folgenden der Einfachheit halber nur zweistellige Koordinationen.

Die Koordinationsreduktion ist die meistuntersuchte Form der Ellipse. Dabei geht es im wesentlichen um vier Fragen:

(1) Soll man überhaupt eine „Koordinationsreduktion" gleich welcher Form annehmen und vielmehr nicht gleich „phrasale Koordination" zulassen? Diese Frage ist natürlich nur dann sinnvoll, wenn der gewählte Formalismus überhaupt irgendwelche „Tilgungen" oder „Reduktionen" zuläßt. Bei der „Standard theory" der generativen Grammatik ist dies ebenso der Fall wie bei der Montague-Grammatik, nicht aber bei kontextfreien Grammatiken oder bei der „Government-and-Binding"-Theory.

(2) Handelt es sich bei „Vorwärtsellipse" und „Rückwärtsellipse" um die gleiche Erscheinung, nur eben in umgekehrter Richtung?

(3) Welchen spezifischen Bedingungen unterliegen die ausgelassenen Elemente (müssen sie in der Form oder in der Bedeutung identisch sein?) und die verbleibenden Elemente (muß es immer, wie bei Chomskys oben angeführter Regel, eine gleichartige Konstituente sein?)?

(4) Falls man eine Tilgungstransformation annimmt — wie steht diese zu anderen Transformationen, insbesondere Bewegungstransformationen? Diese Frage stellt sich in etwas anderer Form auch, wenn man keine „Tilgung" annimmt: Wie spielen „elliptische Struktur" und Wortstellungsregeln gleich welcher Art zusammen?

Wir gehen auf diese vier Fragen nun etwas ausführlicher ein. Sie stellen sich im übrigen ganz ähnlich für andere Formen der Ellipse.

4.2.1. Tilgung — ja oder nein?

In dieser Frage wurden die unterschiedlichsten Positionen vertreten, von der Ableitung sämtlicher Koordinationen durch Tilgung (Tai 1969) bis zu Versuchen, sie alle ohne Reduktionen zu bilden. Letztere Auffassung findet sich vor allem außerhalb der engeren Tradition der TG (Dik 1968; Stump 1978; Gazdar 1981; Wunderlich 1987). Aber auch innerhalb der TG finden sich früh Vertreter einer weitgehend phrasalen Lösung (Dougherty 1970/1971), bei der in der Basiskomponente Koordinationen unterschiedlicher Konstituenten direkt erzeugt werden; inzwischen ist, dem gewandelten Bild entsprechend, die Tilgung aus der generativen Grammatik verschwunden, ebenso wie die kontextfreien Regeln, und es werden allgemeine Beschränkungen für Phrasen, die auch Koordinationen zulassen, formuliert (vgl. Zribi-Hertz 1986; Chao 1988). Wir werden hier nicht die einzelnen Ansätze betrachten (siehe dazu Abschnitt 5.), sondern die Probleme, die gelöst werden müssen.

Ein erstes Faktum ist, daß es eindeutig nicht durch Tilgung herleitbare phrasale Koordinationen gibt:

(13) Peter und Maria sind ein merkwürdiges Paar.
(14) Männer und Frauen füllten die Kirche zur Hälfte.
(15) Zwischen Kirche und Rathaus stand die alte Pfarrei.

Ganz allgemein gilt, daß Koordinationsreduktion allenfalls bei „distributiven" Prädikaten möglich ist, d. h. dann, wenn das im Prädikat Ausgedrückte für jedes einzelne Element der koordinierten NP gilt, nicht nur für das von der NP insgesamt Bezeichnete.

Im Deutschen kann man mit *je* markieren, daß ein Prädikat auf die einzelnen Elemente einer Menge zu „distribuieren" ist. In diesem Fall ist ebenfalls keine Tilgung möglich, sofern dadurch die Menge in die einzelnen Elemente aufgelöst wird:

(16) Karl und Werner trank(en) je sieben Bier.

Nun gibt es auch den umgekehrten Fall, daß nämlich das Subjekt sich auf ein „gemeinsames" Prädikat beziehen muß, etwa in (vgl. Gazdar et al. 1985):

(17) Dasselbe Ereignis machte Franz zum Millionär und kostet Otto all sein Vermögen.

Hier wäre es merkwürdig, *dasselbe Ereignis* zu wiederholen.

Fälle wie die genannten belegen, daß nicht alle Koordinationen durch Koordinationsreduktion herzuleiten sind. Sie müssen direkt durch Regeln der Form „A → *und* A", wobei A eine Phrase ist, erzeugt werden.

Umgekehrt gibt es nun Koordinationen, bei denen eine phrasale Lösung schwer möglich ist (im folgenden sind auslaßbare Elemente mit Großbuchstaben geschrieben):

(18) Peter will HEIRATEN und Otto muß heiraten.
(19) Peter stand vor DEM SOFA und Maria lag unter dem Sofa.

Das letzte nicht ausgelassene Element muß hervorgehoben sein.

Hier sind die beiden koordinierten Elemente offenkundig keine Konstituenten, d. h. man kann nicht mit einer Phrasenstrukturregel wie „A → A *und* A" arbeiten. Bei beiden Beispielen handelt es sich um Rückwärtsellipsen, die deshalb von manchen Autoren anders behandelt werden als Vorwärtsellipsen (vgl. 4.2.2.). Entsprechende Beispiele gibt es aber auch für den Vorwärtsfall:

(20) Diesen Raum betrat Otto um sechs und DIESEN RAUM verließ Peter um acht.
(21) Einem solchen Vorschlag könnte Otto zustimmen und EINEM SOLCHEN VORSCHLAG müßte Peter widersprechen.

Problematischer noch für eine rein phrasale Lösung sind Koordinationen, bei denen in einem Konjunkt ein „Loch" entsteht:

(22) Peter schenkte Maria eine Blume und Otto SCHENKTE Irmi einen Wagen.

Man bezeichnet solche Fälle als „Gapping" und unterscheidet sie oft von sonstigen Koordinationsreduktionen; sie werden im nächsten Abschnitt besonders diskutiert. Man benötigt also sowohl phrasale Koordination wie Reduktion. Dies ist vom Ökonomischen her ein Ärgernis; aber es scheint unvermeidlich.

Abschließend sei noch vermerkt, daß es Koordinationen gibt, die für beide Auffassungen problematisch sind, wie etwa

(23) Lendl und wahrscheinlich Becker spielen im Finale gegeneinander.

Es ist klar, daß (23) nicht aus *Lendl spielt im Finale gegeneinander und wahrscheinlich Becker spielt im Finale gegeneinander* herzuleiten ist. Umgekehrt ist es aber auch problematisch, eine NP *wahrscheinlich Becker* anzusetzen, und zwar syntaktisch wie semantisch. Man kann zwar auf die Frage *Wer wird gewinnen?* sowohl *Becker* wie *wahrscheinlich Becker* sagen; aber es ist klar, daß *wahrscheinlich* hier nicht *Becker* modifiziert, sondern das Gewinnen durch Becker. Ähnlich geht es in

(23) nicht um die Wahrscheinlichkeit Beckers, sondern um die, daß er das Finale spielt. (Vgl. hierzu ausführlicher Klein 1979, Kap. 3).

4.2.2. Vorwärtsellipse vs. Rückwärtsellipse

Zwischen Vorwärtsellipse und Rückwärtsellipse gibt es viele Parallelitäten:

(24) Peter liebt Spinat und PETER haßt Wirsing.
(25) Spinat liebt PETER und Wirsing haßt Peter.
(26) Peter liebt SPINAT und Otto haßt Spinat.
(27) Spinat liebt Otto und SPINAT haßt Peter.

(Man beachte, daß manche dieser Konstruktionen nur bei geeigneter Intonation möglich sind).

Manche Autoren, beispielsweise Ross (1967), formulieren daher die Koordinationsreduktion als spiegelbildliche Regel. Es gibt jedoch eine Reihe wesentlicher Unterschiede.

Wie schon Satz (18) zeigt, frißt sich die Rückwärtsellipse gleichsam von hinten ins erste Konjunkt und kann dabei auch die Konstituentenstruktur „annagen". Wir können dies an folgender Serie verdeutlichen (wir lassen hier das Problem der Pluralkongruenz außer Acht.):

(28 a) Karl soll vier Brote KAUFEN und Maria will drei Kuchen kaufen.
(28 b) Karl soll vier BROTE KAUFEN und Maria will drei Brote kaufen.
(28 c) Karl soll VIER BROTE KAUFEN und Maria will vier Brote kaufen.
(28 d) Karl SOLL VIER BROTE KAUFEN und Maria sollen vier Brote kaufen.

Bei Vorwärtsellipse ist es hingegen nicht möglich, Konstituenten gleichsam anzunagen:

(29) In Stuttgart regnete es und IN München schneite es.

Der Anfang der zweiten PP ist nicht weglaßbar. Die Rückwärtsellipse scheint also, jedenfalls im Deutschen, nicht strukturabhängig zu sein: sie folgt im wesentlichen der Regel:

(30) Identisches Endstück kann beim ersten Vorkommen wegfallen.

Dies ist jedoch nicht in allen Sprachen so. So sind die meisten Autoren der Auffassung, daß sie im Englischen nur eine Hauptkonstituente erfassen kann, wie in (25) oder (26).

36. Ellipse

Es wurde daher vorgeschlagen, sie nicht durch eine Tilgungsregel, sondern durch eine Anhebungsregel „Right node raising" (RNR) zu beschreiben (vgl. etwa Postal 1974), die etwa (31 a) in (31 b) umwandelt:

(31a)
```
                        S
           ┌────────────┼────────────┐
           S           KONJ          S
       ┌───┴───┐        │        ┌───┴───┐
      NP      VP        │       NP      VP
       │    ┌──┴──┐     │        │    ┌──┴──┐
       │    V    NP     │        │    V    NP
       │    │     │     │        │    │     │
     Peter liebt Spinat und    Otto  haßt Spinat
```

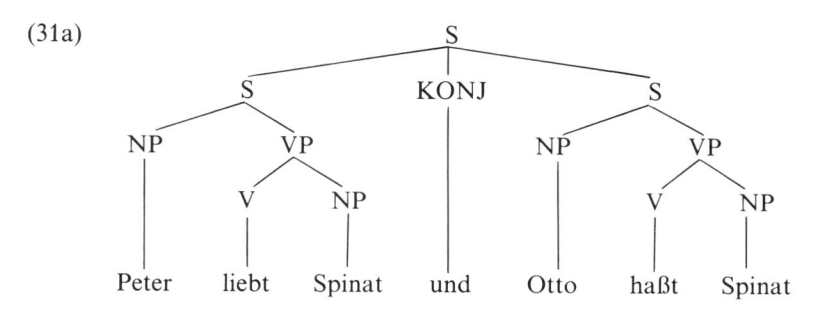

(31b)
```
                          S
           ┌──────────┬───┴───┬──────────┐
           S         KONJ     S          NP
       ┌───┴───┐      │    ┌──┴──┐        │
      NP      VP      │   NP    VP        │
       │      │       │    │     │        │
       │      V       │    │     V        │
       │      │       │    │     │        │
     Peter  liebt    und  Otto  haßt    Spinat
```

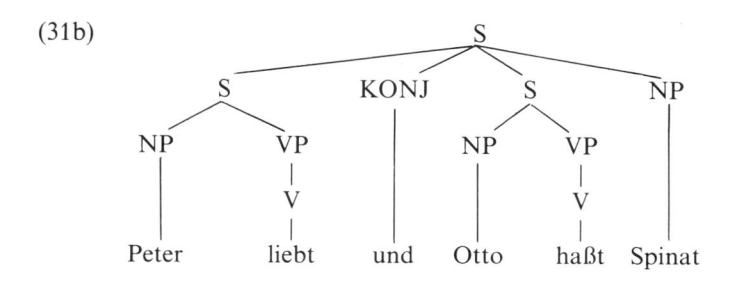

Die Vorstellung des „right node raising" wurde von den meisten Autoren, die sich überhaupt mit Rückwärtsellipse befaßt haben, übernommen. Sie kann allerdings offensichtlich den in (33) ausgedrückten und in (28) fürs Deutsche illustrierten Möglichkeiten der Rückwärtsellipse nicht gerecht werden, sondern erfaßt allenfalls einen Spezialfall.

Ein zweiter wesentlicher Unterschied hängt damit zusammen, daß bei Vorwärtsellipse die ausgelassene Information bei der „Lücke" bereits kontextuell verfügbar ist, bei Rückwärtsellipse aber nicht: im ersten Fall ist sie beibehalten und kann demnach auch durch andere anaphorische Elemente, sofern diese zur Verfügung stehen, ersetzt werden; im letzteren Fall ist die in die Lücke einzufüllende Information allenfalls erwartbar (ausgenommen natürlich, sie ist ihrerseits aus einem vorausgehenden Satz beibehalten):

(32) *Peter liebt IHN und Otto haßt Spinat.
(33) Peter liebt Spinat und ER haßt Wirsing.

In (32) ist *ihn* nur möglich, wenn Spinat zuvor bereits eingeführt war. Im allgemeinen ist die Vorwärtsellipse anaphorisch, die Rückwärtsellipse hingegen nicht.

Eine wichtige Konsequenz dieses Unterschiedes kann man anhand indefiniter Ausdrücke deutlich machen:

(34a) Um vier Uhr kam jemand und um fünf Uhr ging jemand.
(34b) Um vier Uhr kam   und um fünf Uhr ging jemand.
(34c) Jemand kam um vier Uhr und jemand ging um fünf Uhr.
(34d) Jemand kam um vier Uhr und   ging um fünf Uhr.

Bei der Vorwärtsellipse (34d) ist es offenbar dieselbe Person, die kam und ging; bei der vollen Form (34c) ist dies nicht unbedingt der Fall. Diesen Unterschied beobachten wir bei Rückwärtsellipsen nicht: bei (34b) ist, wie bei (34a), durchaus offen, ob es sich um dieselbe Person handelt. Vorwärtsellipse verlangt also offenbar Referenzidentität, Rückwärtsellipse nicht.

Genau umgekehrt ist es nun offenbar mit formaler Identität. Dies ist ein dritter wesentlicher Unterschied, den wir an folgendem Beispiel erläutern können. Im folgenden haben die beiden Wörter *trinke* und *trinkst* einen Teil ihrer Bedeutung gemeinsam, einen andern nicht. Dies wirkt sich bei Vorwärts- und bei Rückwärtsellipse unterschiedlich aus:

(35a) weil ich Bier trinke und du Wein TRINKST
(35b) weil ich Bier *TRINKE und du Wein trinkst

Bei (35a) ist Weglassung möglich, bei (35b) aber nicht. Für die Rückwärtsellipse genügt es also nicht, daß der „lexikalische Gehalt" — die Idee des Trinkens — gleichbleibt, sondern auch die morphologische Markierung (1. oder 2. Person) muß die nämliche sein. Mit anderen Worten: Bei Rückwärtsellipse ist keine Referenzidentität erforderlich, wohl aber solche der Form, bei Vorwärtsellipse ist es genau umgekehrt (vgl. Klein 1981). Wir werden dies in Abschnitt 6 näher erörtern.

Es gibt also bei allen Ähnlichkeiten tiefgreifende Unterschiede zwischen Vorwärtsellipse und Rückwärtsellipse, die es schwer möglich machen, beide durch dieselbe Regel zu beschreiben.

4.2.3. Welchen Beschränkungen unterliegt die Koordinationsreduktion?

In Chomskys erster Formulierung der Koordinationsreduktion wird lediglich verlangt, daß die beiden Sätze bis auf je eine Konstituente gleichen Typs übereinstimmen. Dies ist, wie ein Blick auf die bisherigen Beispiele sofort zeigt, sicher unzureichend, und das zentrale Ziel der bisherigen Forschung war es, geeignete Einschränkungen zu finden und im Rahmen der jeweiligen theoretischen Annahmen der Forscher zu formulieren. In Abschnitt 5 werden wir einige dieser Vorschläge im einzelnen betrachten; hier gehen wir nur darauf ein, welcher Art diese Beschränkungen sein können.

Beschränkungen der Koordinationsreduktion — wie jeder Form der Ellipse — können formaler (syntaktischer oder intonatorischer) oder aber semantischer Natur sein; sie können sich auf die auslaßbaren (und gegebenenfalls ausgelassenen) wie auf die verbleibenden Teile beziehen. Ferner gibt es auch funktionale Einschränkungen, auf die ich hier nur kurz eingehe. (Nicht behandelt werden hier rhetorische oder stilistische Faktoren).

Die wichtigsten syntaktischen Beschränkungen, wie sie in unterschiedlicher Form immer wieder formuliert wurden, sind die folgenden:

(a) der ausgelassene Teil ist auf eine Hauptkonstituente beschränkt; dies gilt etwa für die klassische Form des RNR (siehe oben (31));

(b) die verbleibenden Teile können aus maximal zwei Hauptkonstituenten bestehen; dies wird von den meisten Autoren fürs Englische angenommen (vgl. etwa Hankamer 1971 und Abschnitt 5.2.);

(c) die Tilgung erfaßt nur ganze Satzglieder (Hankamers „major constituent constraint", gleichfalls von vielen Autoren übernommen, vgl. Abschnitt 5.2.);

(d) wenn eine Konstituente a von einer Konstituente b regiert wird, so kann a nur ausgelassen werden, wenn auch b ausgelassen wird („head constraint", erstmals in dieser Form von Fiengo 1974 formuliert);

(e) die Konjunkte, deren eines reduziert wird, müssen eine „parallele" syntaktische Struktur aufweisen, wobei diese Parallelität von Autor zu Autor unterschiedlich gefaßt wird (vgl. Goodall 1987);

(f) die Tilgungstransformation unterliegt den üblichen globalen Beschränkungen für Transformationen, etwa den Rossschen „island constraints" (Ross 1967a. Ross selbst hat übrigens bereits bemerkt, daß die Rückwärtsellipse manche dieser Beschränkungen aufweist; sie kann z. B. einen Teil einer komplexen NP allein betreffen.) Bedingungen dieser Form entfallen dem Buchstaben, nicht aber dem Sinn nach, wenn man keine „Tilgungstransformation" vorsieht.

Semantische Bedingungen beziehen sich durchweg auf die Art der Identität zwischen den beiden „gleichen" Teilen, deren einer dann ausgelassen wird. Es ist leicht zu sehen, daß diese Identität nicht bloß eine der Form sein kann (vgl. etwa Eisenberg 1973); vielmehr müssen beide Teile in zu bestimmender Weise dasselbe bedeuten. Dabei geht es um Probleme der folgenden Art:

(g) Wird bei referierenden Ausdrücken „Referenzidentität" verlangt oder genügt der gleiche lexikalische Gehalt? Wie wir oben bei den Beispielen (34) und (35) gesehen haben, ist dies möglicherweise bei verschiedenen Formen der Koordinationsreduktion (und der Ellipse überhaupt) ganz verschieden. Der bekannteste und von den meisten Autoren akzeptierte Vorschlag, die Art der geforderten semantischen Identität zu erfassen, ist Sags Konzept der „alphabetischen Variante" (Sag 1976); s. u. Abschnitt 5.3.

(h) Welche Identität wird bei nichtreferierenden Ausdrücken, z. B. Satzadverbien oder generischen Ausdrücken verlangt?

(36) Vielleicht war Otto schon hier und VIELLEICHT kommt Peter erst.
(37) Otto kommt VIELLEICHT und Peter geht vielleicht.

Offenbar ist in beiden Fällen Auslassung möglich, allerdings ist die resultierende Struktur im zweiten Fall mehrdeutig, weil offen ist, ob sich das Satzadverb auch auf das erste Konjunkt erstreckt.

(i) Wie verhält es sich mit deiktischen Ausdrücken, bei denen der lexikalische Gehalt noch durch eine bestimmte kontextuelle Bedeutungskomponente ergänzt wird? Muß diese auch identisch sein?

In

(38) Dort stand Otto und DORT lag Peter.

könnte der Sprecher bei der vollständigen Variante bei jedem der beiden *dort* auf eine andere Stelle zeigen. Dann ist offenkundig keine Weglassung möglich. Dasselbe gilt bei Rückwärtsellipse:

(39) Otto stand DORT und Peter lag dort.

Der bei (34) beobachtete Unterschied erstreckt sich also nicht auf jenen Teil der Bedeutung, der dem situativen Kontext entnommen wird — auf die deiktische Information. Bemerkenswert sind hier auch Koordinationen mit Sprecherwechsel, wie sie in der alltäglichen Kommunikation durchaus üblich sind (viele Beispiele dieser Art finden sich in Hankamer/Sag 1976):

(40) Hans: Ich habe das Bier besorgt
   Otto: und ICH werde den Wein bezahlen.

Hier ist offensichtlich keine Ellipse des *ich* beim zweiten Vorkommen möglich — allenfalls mit der Lesart, daß Hans auch den Wein bezahlt. Dies liegt nicht daran, daß bei Sprecherwechsel keine Ellipse möglich wäre; man sieht dies sofort, wenn man in (40) das deiktische Subjekt durch einen Eigennamen ersetzt.

Neben syntaktischen und semantischen Bedingungen wie den genannten gibt es nun auch solche, die eher mit der Funktionalität der Sprache zu tun haben. Zumindest zwei davon sollen hier erwähnt werden. Die erste davon ist Hankamers „no-ambiguity constraint" (Näheres dazu in Abschnitt 5.2.), die im wesentlichen besagt, daß das Ergebnis einer Tilgung nicht zu struktureller Mehrdeutigkeit führen darf. Dies ist nicht als eine pragmatische Maxime zu verstehen (etwa daß man zur erfolgreichen Kommunikation Mehrdeutigkeiten vermeiden soll), sondern als strukturelle Beschränkung. Wie Kuno (1976) gezeigt hat, gibt es dafür zahlreiche Gegenbeispiele; auch die mögliche Weglassung des *vielleicht* in (26) verstößt gegen diese Beschränkung. In Kuno (1982) findet sich umgekehrt ein ganz anderes allgemeines Prinzip, die „Hackordnung" der Weglaßbarkeit:

„Pecking Order of Deletion: Delete less important information first, and more important information last."

Dieses Prinzip ist sehr einleuchtend; es läßt allerdings offen, wie man unabhängig von dem, was getilgt ist, bestimmt, welche Information besonders wichtig und welche weniger wichtig ist. Auch darauf kommen wir in Abschnitt 6. zurück.

Alle bislang genannten Beschränkungen sind im Grunde nicht spezifisch für die Koordinationsreduktion, sondern sie gelten auch für andere Formen der Ellipse. Für erstere spezifisch ist aber die Frage, ob die Beschränkungen bei unterschiedlichen Koordinationen gleich sind. Diese Frage ist bislang kaum untersucht worden (vgl. allerdings Neijt 1979, die auch „zweiteilige" Koordinationen wie *sowohl — als auch* betrachtet). Es ist leicht zu sehen, daß die Bedingungen nicht immer dieselben sind. So ist Reduktion bei (41 a) möglich, wenn das Subjekt betont ist, nicht aber bei (41 b):

(41 a) Die Eltern schliefen und die Kinder SCHLIEFEN.
(41 b) Die Eltern schliefen, aber die Kinder.

Dies hängt offenbar mit der unterschiedlichen Bedeutung der Koordination zusammen. Bemerkenswerterweise ist (41 b) möglich, wenn man ein *auch* hinzufügt.

Besonders untersuchenswert ist hier die Konjunktion (*nicht*) — *sondern*, die regelmäßig mit Ellipse einhergeht.

4.2.4. Wie steht die Reduktion zum Rest der Grammatik?

Die Koordinationsreduktion ist innerhalb des „klassischen" Konzepts der Transformationsgrammatik nur eine der vielen seinerzeit angenommenen Transformationen, mit denen sie in irgendeiner Weise bei der Ableitung eines Satzes interagiert. Ein großer Teil der

Diskussion dieser Frage ist inzwischen überholt, weil sich die Annahmen über den Aufbau der Grammatik geändert haben; inhaltlich sind jedoch viele der in diesem Zusammenhang erörterten Probleme nach wie vor wichtig. Drei davon sollen hier kurz erwähnt werden.

Die Koordinationstransformation wurde zu den Tilgungstransformationen, etwa „Equi-NP" u. a., gezählt. Mit diesen hat sie gemeinsam, daß lexikalisches Material aus der Struktur „gelöscht" wird, das in irgendeiner Weise „wiederauffindbar" sein muß. Chomsky formulierte 1965 die folgende Bedingung für solche Transformationen:

„A deletion operation can eliminate only a dummy element, or its formative explicity mentioned in the structure index (for example YOU in imperatives), or the designated representative of a category (for example, the wh-question transformations that delete Noun Phrase are in fact limited to indefinite Pronouns), or an element that is otherwise represented in the sentence in a fixed position." (Chomsky 1965, 144 f).

Wie die bisherigen Beispiele deutlich gemacht haben, gilt diese Bedingung für Ellipsen und Koordinationsreduktionen im besonderen nicht; es kann „lexikalisches Material" der unterschiedlichsten Art weggelassen werden, wenn es in geeigneter Weise im Kontext verfügbar ist. Die Ellipse ist „lexikalisch frei". Die Koordinationsreduktion ist also keine Tilgungsregel wie etwa Equi-NP. Nun sind solche Tilgungstransformationen ohnehin aus der Grammatiktheorie verschwunden, und Phänomene wie Equi-NP werden innerhalb der „Kontrolltheorie" behandelt. Das Problem — wie verhalten sich Tilgungen zu „Nullformen" bei Subjekt- oder Objektkontrolle? — ist jedoch dasselbe, und es gilt weiter, daß die zugrundeliegenden Regularitäten offenbar ganz anderer Natur sind.

Das zweite Problem betrifft den Zusammenhang zwischen Koordinationsreduktion und anderen Regeln, insbesondere jenen, die die Wortstellung betreffen; in der älteren Theorie waren dies Regeln wie Topikalisierung, Extraposition, Heavy NP Shift, Scrambling u. a., und ein wesentlicher Teil der älteren Ellipsediskussion gilt dem Zusammenhang zwischen diesen Regeln und Tilgungsregeln. Wir können die Probleme, unabhängig von ihrer technischen Behandlung, an einem einfachen Beispiel erläutern (vgl. oben (25) ff). In

(42) Otto liebt Spinat und Peter haßt Spinat.

kann das identische Objekt beim ersten Vorkommen weggelassen werden. Wird das Objekt vorangestellt, dann ist dies nicht mehr möglich:

(43) Spinat liebt Otto und Spinat haßt Peter.

Stattdessen kann es beim zweiten Vorkommen wegfallen (wobei, wie wir gesehen haben, diese beiden Formen der Koordinationsreduktion klare Unterschiede aufweisen). Dies zeigt, daß sich die Ellipseregeln nicht unabhängig von der Wortstellung beschreiben lassen, gleich welche syntaktische oder pragmatische Funktion man letzterer zuweist oder in welchem Formalismus man sie beschreibt.

Wie alle Transformationsregeln sollte die Koordinationsreduktion bestimmten allgemeinen Beschränkungen auf Transformationen, etwa den Ross'schen „island constraints", unterliegen. Ob dies tatsächlich der Fall ist, läßt sich nicht einfach entscheiden, weil die Auffassungen über die genaue Form dieser Beschränkungen schwanken. Unter den ursprünglichen Ross'schen Beschränkungen verletzt RNR zumindest den „coordinate structure constraint" d. h. jenen, der es verbietet, eine einzelne Konstituente aus einem Konjunkt herauszuziehen.

Viel schwerwiegender ist nun doch, daß bei Rückwärtsellipse ein Teil aus einem untergeordneten Satz — nämlich ein beliebig langes Endstück — entfernt werden kann:

(44) Peter behauptete, daß Hans zwei und Otto drei Bier getrunken hatte.

(Man beachte, daß es sich hier nicht um eine reine N-Ellipse, d. h. um eine auch sonst übliche Auslassung des Nomens handelt; dann müßte die starke Form des unbestimmten Artikels stehen, wie in *Peter trank drei Bier und Otto trank eines*, nicht aber *Peter trank drei Bier und Otto trank ein*; vgl. hierzu Abschnitt 4.2.5.; dies gilt übrigens auch für Verschiebungen eines N aus einer NP, vgl. *Bier hat Otto eines getrunken*.)

Eine entsprechende Transformation läßt sich überhaupt nicht formulieren, weil es keinen passenden Strukturindex gibt. Es liegt nun sicher nahe, in Analogie zum Vorgehen bei Bewegungstransformationen alle Tilgungen durch eine globale Regel „Tilge x", wobei x eine beliebige Konstituente oder Konstituentenfolge ist, zu ersetzen und diese globale Regel lediglich allgemeinen Beschränkungen wie „subjacency" u. a. zu unterwerfen. Dies ist in der Tat das Vorgehen von Neijt (1979), s. u. Abschnitt 5.4.; es versagt, wie wir eben gesehen haben, allerdings bei Rückwärtsellipse, und nicht nur dort. So kann man in Beispiel (42) die identische NP nur beim ersten, nicht aber beim zweiten Vorkommen weglassen, obwohl auch in diesem Falle gegen keine bekannte globale Beschränkung verstoßen wird. Offensichtlich hängt dies einfach mit der Oberflächenposition zusammen, gleich wie man diese beschreibt oder welche Funktion sie haben mag.

Viele der hier am Beispiel der Koordinationsreduktion erörterten Probleme finden sich auch bei anderen Formen der Ellipse, denen wir uns nun zuwenden. Die Darstellung kann daher in der Folge etwas kürzer sein.

4.3. Gapping („Lochen")

Wenn in einer Struktur wie „NP V NP und NP V NP" das Verb identisch ist, so kann man es im Deutschen (wie auch im Englischen oder Französischen) beim zweiten Vorkommen weglassen: es entsteht dann, im Gegensatz zu den „linksperipheren" oder „rechtsperipheren" Weglassungen einer identischen NP, gleichsam ein „Loch"; man spricht daher von Gapping:

(45) Karl besorgte das Bier und Otto BESORGTE den Wein.

Solche Ellipsen lassen sich, wie erstmals Gleitman (1965) bemerkt hat, nicht durch eine einfache Koordinationsreduktion beschreiben, weil nicht zwei gleichartige Konstituenten verbunden werden. Es ist überhaupt fraglich, welche Konstituente eine Folge wie *Otto den Wein* ist. Der Ausdruck „Gapping" wird in der Literatur nicht ganz einheitlich verwandt. Er schließt im ursprünglichen Gebrauch immer ein Verb ein, ist allerdings nicht unbedingt darauf beschränkt. Manche Autoren sprechen von „Stripping", wenn mehr als das Verb fällt — insbesondere dann, wenn nur eine einzige Konstituente übrigbleibt. Unklar ist die Terminologie auch, wenn das Verb nicht in Mittelstellung steht, sondern rechtsperipher oder linksperipher: handelt es sich dann um Gapping oder um Koordinationsreduktion? Dies führt zu der allgemeineren Frage, ob es sich nicht doch um dasselbe Phänomen handelt; man könnte Gapping als jene Form einer allgemeineren Koordinationsreduktion ansehen, bei der das Verb wegfällt, oder die Koordinationsreduktion (im ursprünglichen Sinn) als jenen Sonderfall des Gapping, bei dem beide Konjunkte bis auf zwei gleichartige Konstituenten identisch sind. In der Tat haben viele Autoren (Hankamer 1971; Neijt 1979; Chao 1988) diese Konsequenz gezogen, allerdings unter Beschränkung auf die Vorwärtsreduktion. Dies ist sicher ein ökonomisches Vorgehen, aber es ist nicht unproblematisch, wie zwei Überlegungen zeigen. Zum ersten sind bei (linksperipherer) Koordinationsreduktion bestimmte Auslassungen zugelassen, die bei Gapping nicht möglich sind; das folgende Beispiel findet sich in Neijt (1979, 74), die übrigens selbst nur eine Regel („Delete") vorsieht:

(46 a) John took Bill's red shoes and Max TOOK Bill's blue socks
(46 b) John took Bill's shoes and JOHN TOOK BILL'S red socks

Im ersten Fall, bei Gapping also, kann *Bill's* nicht weggelassen werden, wohl aber im zweiten, d. h. wenn im zweiten Konjunkt der ganze linke Rand, soweit er identisch ist, fällt. Reines Gapping genügt nicht, erforderlich ist linksperiphere Koordinationsreduktion. Hier könnte man allenfalls argumentieren, daß es sich bei (46 b) nicht um eine Ellipse, sondern um eine phrasale Konjunktion handelt (weitere Beispiele finden sich in Sag 1976, Kap. 3; und in Klein 1979, Kap. 3).

Schwerer wiegt das zweite Problem. Praktisch alle Gapping-Reduktionen sind auch für Adjazenzpaare möglich (vgl. Abschnitt 2.), also beispielsweise Frage-Antwort-Folgen, während linksperiphere und rechtsperiphere Weglassungen bei Adjazenzpaaren meist ausgeschlossen sind:

(47 a) Fritz kaufte ein Auto und Hans KAUFTE ein Haus.
(47 b) Kaufte Fritz ein Auto. — Nein, Hans KAUFTE ein Haus.
(48 a) Fritz verkaufte sein Auto und FRITZ kaufte ein Haus.
(48 b) Verkaufte Fritz sein Auto. — Nein, FRITZ kaufte ein Haus.

Im letzten Fall wird normalerweise ein explizites Subjekt verlangt, also *Fritz* oder *er*.

Ungeachtet dieser (und einiger verwandter) Probleme weisen Koordinationsreduktion und Gapping sehr viele Ähnlichkeiten auf, und man muß es als offen betrachten, ob sie nicht doch als Spezialfälle einer einzigen Regel beschrieben werden können. Wir kommen darauf in Abschnitt 6. zurück.

Die im folgenden beschriebenen Ellipsentypen sind hingegen nach Ansicht der meisten Autoren ganz anderen Typs.

4.4. Die Ellipse höherer Konstituenten
4.4.1. VP-Ellipse, Null-Complement Anaphor und Sluicing

In manchen Sprachen kann man eine ganze VP, einen Komplementsatz und auch einen indirekten Fragesatz ohne das einleitende Fragewort weglassen, und zwar ohne daß die betreffenden Konstituenten ein koordiniertes Gegenstück haben. Die VP-Ellipse (VPE) ist im Englischen leichter möglich als im Deutschen:

(49) John didn't want to marry Sue, but eventually, he did MARRY SUE.
(50) John did not plan to buy a new car, but he thought Sue might want to BUY A NEW CAR.

Im Deutschen sind solche Ellipsen allenfalls möglich, wenn das Finitum ein Hilfs- oder Modalverb ist, und selbst dann sind sie etwas zweifelhaft:

(51) Peter hat seine Frau nicht angerufen, aber Hans hat SEINE FRAU ANGERUFEN.
(52) Peter möchte Maria bestimmt nicht heiraten, aber er wird MARIA HEIRATEN.

Beide Beispiele zeigen im übrigen, daß im Deutschen nicht einfach eine gleiche Folge von Konstituenten weggelassen wird, denn die Negation wird ebensowenig übernommen wie das Wort *bestimmt*.

Wie die Beispiele zeigen, verlangt VPE nicht Koordination durch *und*, ja nicht einmal unmittelbare Koordination (vgl. (50)). Bei *und*-Koordination muß in der Regel ein stützendes Element stehen, meist *too* oder *either*:

(53) John bought a new car, and Mary did BUY A NEW CAR, too.
(54) John has not gone to the party, and Mary has not GONE TO THE PARTY, either.
(55) John will buy a new car, and Mary will BUY A NEW CAR, too.

Bemerkenswert ist hier, daß bestimmte Elemente, wiewohl identisch, wiederholt werden; bei (54) muß *has not* sogar erhalten bleiben. Bei (53) und bei (55) könnte das finite Verb zur Not wegfallen. Das setzt aber eine besondere Intonation voraus. Falls bei (53) der Ton auf dem Prädikat liegt, ist wohl VPE möglich, nicht aber Wegfall des *did* im zweiten Konjunkt. Entsprechendes gilt für (55). Diese unterschiedliche Intonation deutet darauf, daß die Topik-Fokus-Struktur hier eine wesentliche Rolle spielt. Eine Äußerung wie *John bought a new car, and Mary did, too* kann eine Frage beantworten wie *What happened?* oder *What's new with your family?*, d. h. *buy a new car* kann durchaus zum Fokus gehören. Eine Äußerung wie „*John bought a new car, and Mary, too*" kann hingegen nur eine Frage beantworten wie *Who bought a new car*: der Inhalt der VP muß zuvor eingeführt sein, und gefragt ist lediglich nach dem Subjekt. Wir kommen darauf in Abschnitt 6. zurück.

Im Deutschen gibt es kein Gegenstück zu (53); bei (54) und (55) kann man das Hilfsverb in der deutschen Entsprechung eventuell wiederholen, besser freilich läßt man es. Möglicherweise hängt die größere Freiheit zu VPE im Englischen mit dem unterschiedlichen Status von VP im Englischen, verglichen mit dem Deutschen, zusammen — insbesondere mit den unterschiedlichen Möglichkeiten, die finite Komponente aus einer VP zu isolieren; im Englischen ist dies durch den „do-support" relativ leicht möglich, nicht so im Deutschen.

Die „Null-Complement Anaphora" (NCA) betrifft Komplementsätze, und zwar Infinitivsätze ebenso wie daß-Sätze:

(56) Du kannst gern an der Sitzung teilnehmen, aber ich würde sagen, du brauchst nicht AN DER SITZUNG TEILZUNEHMEN.
(57) Hans beantragte, daß der Punkt gleich behandelt würde/den Punkt gleich zu behandeln, und nach meiner Erinnerung stimmten alle zu, DASS DER PUNKT GLEICH BEHANDELT WÜRDE/DEN PUNKT GLEICH ZU BEHANDELN.

Ist das Komplement ein Infinitivsatz, dann ist der Unterschied zu VPE oft gering, wie man sieht, wenn man in (56) *brauchen* durch *müssen* ersetzt.

Ein allgemeines Problem bei NCA ist, inwieweit das regierende Verb in der Tat ein Komplement verlangt; so kann man argumentieren, daß *zustimmen* wie in (57) überhaupt kein Komplement regiert, im Gegensatz etwa zu Verben wie *verlangen*. So ist keine Auslassung möglich in:

(58) Einige schlugen vor, den Punkt gleich zu behandeln, und Peter verlangte sogar, DEN PUNKT GLEICH ZU BEHANDELN.

Hier ist anaphorisches *es* unerläßlich.

Der dritte Fall ist das Kappen eines untergeordneten Fragesatzes unmittelbar nach dem einleitenden Fragewort, das dabei betont sein muß. Ross (1969) führte dafür den Ausdruck „Sluicing" ein:

(59) Es findet eine Feier statt, aber ich weiß nicht wann/wo/zu wessen Ehren EINE FEIER STATTFINDET.

Sluicing ist auch möglich, wenn das Subjekt erfragt wird; um den Fall parallel zu sehen, muß man ein leeres Subjekt im Fragesatz annehmen:

(60) Jemand hat angerufen, aber ich weiß nicht, wer ANGERUFEN HAT.

Im Deutschen ist ein solches Kappen des Nebensatzes oft auch möglich, wenn das einleitende Element eine Konjunktion ist. Diese Konjunktion muß in diesem Fall gleichfalls betont sein; besonders gut möglich ist dies nach (*nicht*) — *sondern*:

(61) Er kann kein Englisch, obwohl er in die Schule gegangen ist, sondern weil ER IN DIE SCHULE GEGANGEN IST.
(62) Er weiß nicht nur nicht, wann er kommen wird, sondern nicht einmal, ob ER KOMMEN WIRD.
(63) Du mußt nicht kommen, aber wenn DU KOMMST, laß es mich rechtzeitig wissen.

Besser sind solche Fälle, wenn noch ein weiteres, stützendes Wort vorhanden ist, etwa eine Negation:

(64) Er kommt wahrscheinlich, und wenn ER nicht KOMMT, macht es auch nichts.

Das Besondere bei VPE, NCA und Sluicing ist nach Auffassung vieler Gelehrter, daß jeweils eine ganze Konstituente weggelassen wird — VP, S′ bzw. S, während sowohl Koordinationsreduktion wie Gapping gleichsam Stücke aus diesen Konstituenten herausnagen — entweder am Rand oder in der Mitte. Die Diskussion kreist daher um die Frage, ob es sich bei VPE, NCA und Sluicing um eine einheitliche Klasse handelt, die den beiden andern Fällen gegenübergestellt werden kann. In dieser Diskussion waren zwei Aspekte von besonderer Bedeutung, nämlich zum einen die Unterscheidung in „Tiefenanaphern" und „Oberflächenanaphern" (Hankamer/Sag 1976; Williams 1977) und, damit verbunden, das Phänomen der „missing antecedents" (Grinder/Postal 1971). Darauf gehe ich in einem eigenen Abschnitt (4.4.2.) ein.

Der zweite mögliche Unterschied zwischen VPE, NCA und Sluicing einerseits, Koordinationsreduktion und Gapping andererseits bezieht sich darauf, daß letztere auf unmittelbar parallele Strukturen beschränkt sind:

(65) Peter heiratete Maria, und Otto teilte Hans mit, daß Werner Ulrike *HEIRATETE.
(66) Peter heiratete Maria, und Otto teilte Hans mit, daß *PETER mit ihr nach Stuttgart ziehen will.

Dies könnte an der unterschiedlichen Stellung des Verbs liegen; aber auch bei den entsprechenden englischen Sätzen ist keine Ellipse möglich. Wie die Beispiele weiter oben gezeigt haben, unterliegen VPE, NCA und Sluicing keiner solchen Beschränkung. Sie treten im übrigen auch in Adjazenzpaaren auf:

(67) Ich komme nicht zur Vorlesung. — Du mußt aber ZUR VORLESUNG KOMMEN.
(68) Es findet eine Feier statt — Wo/wann/weswegen FINDET EINE FEIER STATT?

Dies allerdings gilt auch, wie in Abschnitt 4.3. bemerkt wurde, für Gapping und ist insofern kein wesentlicher Unterschied.

4.4.2. Tiefenanapher
und Oberflächenanapher

Koordinationsreduktion und Gapping verlangen im allgemeinen einen sprachlichen Kontext. Selbst wenn aus der Situation klar ist, um welche Tätigkeit es sich handelt, etwa Geschirrspülen, kann man im allgemeinen nicht sagen *Hans die Tassen*. Gefordert wird eine vorausgehende Frage, Behauptung oder ein Konjunkt. Anaphern dieser Art bezeichnen Hankamer/Sag (1976) als „surface anaphora" und stellen sie den „deep anaphora" gegenüber, die — wie z. B. anaphorische Pronomina — auch eine globale Kontrolle durch den situativen Kontext erlauben; letztere werden daher auch als „discourse anaphora" bezeichnet.

Die Frage ist nun, wie sich VPE, NCA und Sluicing in dieser Hinsicht verhalten; hierzu sind die verschiedensten Auffassungen vertreten worden. Die Frage läßt sich im Grunde nicht eindeutig beantworten. Um dies zu sehen, genügt ein Blick auf die beiden typischen VPE-Fälle (49) und (50) oben. Im ersten Fall läßt sich die Ellipse *buy a new car* durch anaphorisches *it* ersetzen, im zweiten hingegen nicht; in diesem zweiten Fall ließe sich die VP anaphorisch allenfalls durch *do it* ersetzen. Dies zeigt, daß VPE sich in anaphorischer Hinsicht nicht einheitlich verhält.

Eine wichtige Rolle in der Diskussion über den anaphorischen Charakter von VPE, NCA und Sluicing spielt das Verhalten der betreffenden Ellipsen bei der Einführung definiter Referenten:

(69) John did not marry a Japanese woman, but Peter did, and she is very nice.

Es ist klar, daß sich das Pronomen *she* auf die von Peter geheiratete Japanerin bezieht. Die erste Frage ist nun, wo dieser fehlende Vorgänger herkommt, wenn man nicht auf irgendeiner linguistischen Ebene eine vollständige Repräsentation von *Peter married a Japanese woman* annimmt; der Vorgänger kann nicht dem allgemeinen situativen Kontext entstammen. Dies ist für Ansätze, die nicht mit der Idee einer „Tilgung" arbeiten, eine harte Nuß. Nun zeigt allerdings das deutsche Gegenstück zu (54), daß die Möglichkeit, solche Vorgänger implizit einzuführen, keineswegs auf VPE beschränkt ist, sondern auch für Gapping gilt:

(70) Hans hat keineswegs eine Japanerin geheiratet, wohl aber Otto HAT EINE JAPANERIN GEHEIRATET, und sie ist lieb.

Dieses Phänomen kann nicht zur Trennung zwischen VPE (im Sinne von Tiefenanaphern) und Gapping (als Oberflächenanapher) herangezogen werden.

Eine wesentliche Eigenschaft des Sluicing, die bereits von Ross (1969) angegeben wurde, aber in der neueren Literatur nicht mehr beachtet wird, betrifft die Rektion des verbleibenden Fragewortes. Im Deutschen muß in (71) das Fragewort im Dativ stehen:

(71) Ich hätte ja gern jemandem geholfen, wußte aber nicht, wem.

Der Dativ rührt offenbar von dem Verb *helfen* her, wie sofort deutlich wird, wenn man stattdessen *unterstützen* setzt. Für eine Tilgungsanalyse ist dies kein Problem, wohl aber für jede, die Sluicing als Diskursanapher betrachtet, die keine Kontrolle durch den linguistischen Kontext verlangt.

Auf der andern Seite stößt aber auch eine Tilgungsanalyse hier auf Schwierigkeiten. Die Ergänzung von (71), die wir hier mit Absicht weggelassen haben, ist offenbar nicht *ich ja gern geholfen hätte*, sondern so etwas wie *ich hätte helfen können* oder *ich hätte helfen sollen*.

Ein weiteres Problem dieser Art wird deutlich, wenn man statt des definiten *ich* eine indefinite NP nimmt, z. B. *mancher*. Dann besagt die reduzierte Form offenbar nicht dasselbe wie die nichtreduzierte:

(72) Mancher hätte ja gern jemandem geholfen, wußte aber nicht, wem MANCHER JA GERNE GEHOLFEN HÄTTE.

Was dies zeigt, ist dreierlei. Zum einen läßt sich die einfache Unterscheidung „Tiefenanapher" — „Oberflächenanapher" nicht halten. Zum andern stößt eine nicht mit Tilgungen arbeitende Analyse auf eminente Schwierigkeiten. Zum dritten ist die zur Tilgung geforderte semantische Identität offenbar auf einen Teil der Bedeutung beschränkt. Dieser Teil mag von Fall zu Fall unterschiedlich sein.

4.5. Null-Subjekt, Topik-Wegfall und ähnliches

Verben haben eine lexikalisch mehr oder minder festgelegte syntaktische und semantische Valenz. Unter bestimmten Umständen können Art und Zahl der Argumente reduziert werden. Dabei kann es sich bereits um lexikalische Varianten handeln (vgl. Abschnitt 2.; mit Beispielen wie *Otto sitzt*), ein Fall, den wir hier nicht weiter betrachten. Es kann aber auch ein syntaktischer Prozeß dafür verantwortlich sein. Der bekannteste dieser Fälle ist der „absolute" Gebrauch zweistelliger Verben, d. h. der Wegfall von Akkusativ-, Dativ- oder präpositionalem Objekt, wenn dieses „unbestimmt" ist:

(73) Nach seiner Operation sieht Otto wieder.
(74) Jesus hilft!
(75) Ja, ich erinnere mich jetzt wieder.

Der absolute Gebrauch ist nicht kontextkontrolliert: es wird nicht ein bestimmter, linguistisch zuvor spezifizierter Inhalt weggelassen (bzw. ergänzt), noch gibt es syntaktische Rückwirkungen etwa im Sinne einer bestimmten Kasusmarkierung: das Ausgelassene ist mehr oder minder unbestimmt.

Interessanter ist die Weglassung von Argumenten, die einen spezifischen kontextuell gegebenen Inhalt haben. Dies kann sowohl das Subjekt wie ein Objekt betreffen. Hierbei muß man grundsätzlich vier Fälle auseinanderhalten:

(76a) Verbkontrolle, die ein Argument in einem abhängigen Satz betrifft, wie in *Hans versprach Maria, ihr zu helfen*, usw. Kontrollphänomene dieser Art sind in der neueren Linguistik ausführlich behandelt worden, vgl. etwa zum Deutschen Bech (1955) und ansonsten fast jede Einführung in die generative Grammatik.

(76 b) Reguläre Weglassungen des Subjekts, seltener auch des Objekts, in manchen meist stark flektierenden Sprachen (seit Perlmutter 1971 oft als „pro-drop-Sprachen" bezeichnet). Auch dieses Phänomen ist ausführlich behandelt.

(76 c) Topik-Wegfall, wie wir ihn im Deutschen sehr häufig finden, vgl. etwa *DA kannst du nichts machen, ER/SIE war ganz schön schlapp, ICH bin gestern angekommen, DAS kann ich leider nicht sagen*, u. v. a. (Ross 1982; Huang 1984); diesen Topik-Wegfall gibt es auch im Englischen, wenngleich seltener: *(I) don't know this man, HE was a nice chap*, u. a.

(76 d) Koordinationsreduktionen, wie sie bereits behandelt wurden.

Bei der Verbkontrolle handelt es sich offensichtlich um ein ganz anderes Phänomen, es gibt keine „nichtleere" Variante, und die zugrundeliegenden Regularitäten sind andrer Art. Pro-drop und Topik-Wegfall sehen zunächst sehr ähnlich aus und sind daher auch oft verwechselt worden. Es ist aber leicht zu sehen, daß es sich um ganz verschiedene Erscheinungen handelt. Pro-drop ist in aller Regel an bestimmte weitere strukturelle Eigenschaften der jeweiligen Sprache gebunden, z. B. starke Morphologie — nicht so Topik-Wegfall. Letzterer ist nur in bestimmten Positionen möglich, im Deutschen und Englischen der ersten:

(77 a) ICH bin gestern hier angekommen.
(77 b) Gestern bin *ICH hier angekommen
(78 a) (I) met him last year in Dublin.
(78 b) Last year *(I) met him in Dublin.

Man beachte, daß der Topik-Wegfall im Deutschen nicht aufs Subjekt beschränkt ist: wenn ein Objekt in Topikposition steht, wie in *DAS kann ich dir nicht sagen* ist es unter bestimmten Umständen gleichfalls weglaßbar. Im Englischen ist dies wegen der unterschiedlichen Wortstellungsbedingungen (und ganz allgemein der unterschiedlichen Topikmarkierung) nicht so einfach möglich.

Viel schwieriger zu beantworten ist die Frage, ob Topik-Wegfall dasselbe ist wie Koordinationsreduktion (der linksperipheren Konstituente). Dies wäre sicher eine elegante Annahme, aber dagegen spricht, daß der Topikwegfall nur eine ausgezeichnete Klasse von Elementen betrifft: im Deutschen sind dies im wesentlichen die deiktischen Pronomina, *es* sowie eine Reihe von „d-Wörtern" wie *den, das, da*. Im Englischen ist diese Klasse noch beschränkter. Bei Koordinationsreduktion können auch Eigennamen, beschreibende Ausdrücke ebenso wie Adverbien wegfallen: die Koordinationsreduktion ist „lexikalisch frei". Dies schließt allerdings nicht zwingend aus, daß es sich bei beiden Fällen doch um den Wegfall einer Topik handelt, wobei lediglich die Bedingungen verschieden sind.

Ein schwieriger Sonderfall der Auslassung eines Arguments ist die „Subjekt-Lücke" im Deutschen (Hankamer 1973; Wunderlich 1988):

(79) Dann kam der Jäger und schoß den Hasen.

Das fehlende Subjekt im zweiten Konjunkt ist lexikalisch frei: es nimmt sinngemäß das zuvor explizit eingeführte Subjekt wieder auf. Eine befriedigende Analyse steht aus.

4.6. N-Ellipse

Manche der bislang genannten Ellipsen sind etwas ungewöhnlich. Dies gilt sicher nicht für jene, bei denen der lexikalische Kopf einer NP, eben das Nomen, weggelassen wird. Solche Fälle sind gelegentlich lexikalisiert, wie z. B. *der Angestellte, der Angeklagte*. Daß es sich hier ursprünglich um Adjektive handelt, bei denen das zugehörige Nomen fehlt, kann man, wenn überhaupt (es sei dem Leser überlassen, die Ellipse von Ausdrücken „wenn überhaupt" auf den Begriff zu bringen), an der Adjektivflektion erkennen (vgl. dazu Olsen 1987). In vielen Fällen ist es überhaupt nicht mehr zu erkennen, z. B. bei den französischen Wörtern *foie* oder *fromage* oder dem scheinfranzösischen Wort *Trikolore*. Aber das Nomen kann auch infolge eines regulären syntaktischen Prozesses weggelassen werden. Drei Punkte sind bei dieser schlecht erforschten Form der Ellipse besonders bemerkenswert. Zum ersten ist sie nicht in allen Sprachen so frei durchführbar wie im Deutschen. Das Englische verlangt in vielen Fällen eine Pronominalisierung — hier ist der Ausdruck „pro nomen" einmal am Platze — durch *one*:

(80 a) Otto hat ein blaues Auto und Maria HAT ein rotes AUTO.

(80 b) John has a blue car and Priscilla HAS a red car/one.

Zweitens wird keinerlei syntaktische Parallelität gefordert:

(81) Anton kaufte sich ein rotes Auto. Dazu hat ihn Maria überredet. Ihm hätte ein blaues AUTO besser gefallen.

Man beachte jedoch, daß dies keine diffuse Kontextergänzung ist; einzufügen ist der Begriff *Auto*, und zwar unabhängig von dem Kasus oder Numerus, in dem es zuvor verwendet wurde. Auch das Genus entspricht dem des ausgelassenen Nomens; hieße es im ersten Satz *Wagen*, so müßte es im letzten *ein blauer* heißen. Dies ist freilich auch bei anaphorischen Pronomina, selbst bei rein deiktisch verwendeten so, sofern sie eine Genusmarkierung haben. Deshalb kann es nicht als Argument für „syntaktisch kontrollierte" Ellipse beigezogen werden.

Drittens kann man nun doch nicht einfach von Tilgung des Nomens reden, denn die Flektion wechselt gegebenenfalls zur starken:

(82) Otto kaufte ein Auto, und Maria wollte auch *ein/eines haben.

Dies hat die N-Ellipse mit der Topikalisierung eines Nomens aus einer NP gemeinsam, wo diese überhaupt möglich ist:

(83) Brot kaufte er keines.

Die N-Ellipse ist zwar sehr gängig, aber wenig analysiert, und eine befriedigende Lösung steht aus.

4.7. Komparativellipse

In Vergleichskonstruktionen wie

(84 a) Maria läuft schneller als Fritz.
(84 b) Maria läuft ebensoschnell wie Fritz.

wird nicht Marias Laufen mit Fritz verglichen, sondern Marias Laufen mit Fritzens Laufen. Letzteres wird im Vergleichsglied aber meist nicht explizit gemacht. Etwas allgemeiner gesagt: wenn die beiden Vergleichsglieder in einem Teil übereinstimmen, so kann in der Regel der übereinstimmende Teil beim zweiten weggelassen werden. Man beachte, daß es nicht unbedingt einen übereinstimmenden Teil geben muß:

(85) Maria läuft schneller als Fritz schwimmt.

In diesem Fall wird Marias Laufen mit Fritzens Schwimmen im Hinblick auf die Schnelligkeit verglichen, es gibt keinen übereinstimmenden Teil, demnach kann nichts weggelassen werden. Das folgende Beispiel macht deutlich, daß das Kriterium der Übereinstimmung nicht genügt:

(86) Maria läuft schneller als *SIE schwimmt

Hier ist ein explizites Pronomen erforderlich. Diese syntaktischen Bedingungen sind einzelsprachlich verschieden. So ist das englische Gegenstück zu (86) durchaus möglich:

(87) Mary runs faster than SHE swims.

Auch erlaubt das Englische Wiederholung eines Hilfsverbs, Modalverbs oder Stützung durch *do* bei Vergleichen:

(88) Mary runs faster than John does.

Manche Autoren (so Bresnan 1973) unterscheiden verschiedene Unterformen der Komparativellipse, je nachdem welche Teile des Vergleichsglieds fallen, während die meisten neueren Arbeiten zu Vergleichskonstruktionen überhaupt ohne Tilgung auszukommen versuchen (Napoli 1983; Bierwisch/Lang 1987). Dies entspricht einfach dem Zug der Zeit. Doch gibt es auch zumindest ein ernsthaftes Problem für Ellipselösungen (Hinweis von Manfred Bierwisch). Man kann zwar vielleicht annehmen, daß *Hans ist größer als Maria* durch Tilgung aus *Hans ist größer als Maria groß ist* hergeleitet werden kann, nicht aber *Hans ist kleiner als Maria* aus *Hans ist kleiner als Maria klein ist*. Dies ist allerdings ein Problem für jeden Ansatz: verglichen wird ja nicht Hansens Kleinsein mit Marias Kleinsein, sondern Hansens Gestalt mit Marias Gestalt im Hinblick auf die Körpergröße; ebenso wird ja in (85) nicht Marias Schnelllaufen mit Fritzens Schnellaufen verglichen, sondern Marias Laufen mit Fritzens Schwimmen im Hinblick auf die Schnelligkeit. Das Adverb *schneller* zählt daher nicht zum „weggelassenen" Teil, d. h. der vollständige Satz ist (85) und nicht (89):

(89) Maria läuft schneller als Hans SCHNELL läuft.

Deutlicher sieht man dies noch an einem Satz wie *Hans kam früher als Maria*, der sicher nicht aus *Hans kam früher als Maria früh kam* herzuleiten ist, sondern aus *Hans kam früher als Maria kam*. Daß man nicht sagen kann *Hans ist größer als Maria ist*, liegt einfach daran, daß — jedenfalls im Deutschen — ein alleiniges Hilfsverb gewöhnlich nicht erhalten bleiben kann. Unabhängig davon, ob man eine Tilgungslösung vorzieht oder eine interpretative, bei der die syntaktischen Strukturen direkt erzeugt werden, es muß jedenfalls sichergestellt sein, daß die Bedeutung des Vergleichsgliedes in Sätzen wie (83) aus dem ersten Teilsatz entsprechend angereichert wird. (Ganz am Rande sei noch darauf hingewiesen, daß sich dieses Problem auch für Fälle ergibt, die man sicherlich nicht als elliptisch ansehen würde, etwa für *Hans kam vor Otto*. Gemeint ist offenbar, daß Hansens Kommen vor Ottos Kommen liegt, nicht vor Otto: das temporale *vor* bezieht sich nicht auf die Person Otto, die von dem Ausdruck *Otto* bezeichnet wird, sondern auf Ottos Kommen, also ein Ereignis; dies ist kompositionell sehr schwer herleitbar, wenn überhaupt; man beachte, daß es sich nicht um eine globale Ergänzung aus dem Kontext handelt, sondern um eine sinngemäße Übernahme des Verbs, was deutlich wird, wenn man *kam* durch *starb* ersetzt.)

4.8. Einige weitere Fälle

Im Vorstehenden wurde eine Reihe von Ellipsen erörtert, die in der Literatur mehr oder minder ausführlich behandelt worden sind. Es gibt darüberhinaus eine Anzahl von elliptischen Konstruktionen, die — wiewohl zumindest in manchen Fällen kontextkontrolliert — bislang kaum die Aufmerksamkeit der Gelehrten auf sich gezogen haben. Geben wir zum Schluß einige Beispiele:

4.8.1. Verkürzte Adverbialsätze

(90) Er soll, falls ER nicht schon abgereist IST, hier vorbeikommen.
(91) Obwohl ER blind WAR, spielte der Bettler erbärmlich schlecht.

Hier sind die auslaßbaren Elemente auf einige Funktionswörter beschränkt. Dies trifft aber nicht in allen Fällen zu:

(92) Ich trinke, wenn ICH überhaupt ETWAS TRINKE, höchstens mal ein Bier.

4.8.2. Verkürzte Konditionale

(93) Wenn ich etwas nicht lese, dann LESE ICH Thomas Mann NICHT.

Das Bemerkenswerte an dieser Konstruktion ist das übertragene „nicht", das, wiewohl nicht obligatorisch (!), mitverstanden wird.

4.8.3. Fortführungen mit Satzellipse

(94) Kommst du? — Ja, ICH KOMME, wenn ich Zeit habe.
(95) Warst du schon mal betrunken? — Ja, ICH WAR SCHON MAL BETRUNKEN, als ich zwanzig war.

Im letzteren könnte man „ja" als eine Anapher für den ganzen ausgelassenen Satz ansehen. Dies ist aber nicht plausibel, weil der Satz selbst ja durchaus wiederholt werden kann.

Es ist nicht schwer, weitere Beispiele zu finden. Sie werfen aber keine grundsätzlich neuen Probleme auf. Wir wenden uns nun den verschiedenen Lösungsvorschlägen zu.

5. Einige Lösungsvorschläge

Es gibt bislang keinen Versuch, sämtliche Formen der Ellipse, die in Abschnitt 4. diskutiert wurden, auf Regeln zu bringen. Einige davon sind überhaupt noch nie untersucht worden. Die meisten konkreten Vorschläge beziehen sich auf Koordinationsreduktion und Gapping. Im folgenden skizzieren wir exemplarisch fünf, von denen die ersten vier — Ross, Hankamer, Sag, Neijt — inzwischen Geschichte sind; sie haben aber entscheidend zum Forschungsstand beigetragen; der letzte (Chao) ist repräsentativ für die gegenwärtige Tendenz, ohne Tilgungen auszukommen.

5.1. Ross (1967, 1970)

Ross sah zwei Regeln für die Ellipse innerhalb von Koordinationen vor, nämlich CR (Koordinationsreduktion) und Gapping. Beide können nach beiden Seiten wirken. Leider hat er nirgends eine explizite Formulierung gegeben (er verweist hierzu mehrfach auf eine gemeinsame Arbeit mit Lakoff, die jedoch nie erschienen ist), aber die Grundidee ist vollkommen klar. Demnach ist CR zunächst eine Bewegungstransformation: sie zieht eine identische erste (letzte) Konstituente heraus und hebt sie links (rechts) an, d.h. sie ist eine beidseitige Version des RNR (vgl. oben Abschnitt 4.2.1., (31)). Die in Abschnitt 4.2.1. genannten Probleme der Koordinationsreduktion machen deutlich, daß diese Regel unzulänglich ist. Sie wurde auch in der Literatur lediglich eine Weile für Rückwärtsellipse (RNR) beibehalten. Die Ross'sche Gappingregel löscht das Verb bei Identität; sie wird nach „Scrambling" (freier Wortumstellung) angewandt; das Besondere an dieser Regel ist, daß sie gleichfalls vorwärts wie rückwärts wirken kann; dies hängt von der Verbstellung ab:

„(8) The order in which GAPPING applies depends on the order of elements at the time that the rule applies; if the identical elements are on left branches, GAPPING operates forward; if they are on right branches, it operates backward." (Ross 1970, 251).

Im Englischen steht das Verb (innerhalb der VP) links, deshalb wird es beim zweiten (und eventuell weiteren) Vorkommen weggelassen; im Japanischen steht das Verb rechts, deshalb wird es beim ersten (und eventuell weiteren bis zum letzten) Vorkommen weggelassen. Manche Sprachen, wie Deutsch oder Russisch, erlauben beide Verbstellungen; je nach Stellung des Verbs bei Anwendung der Regel wird es dann vorwärts oder rückwärts getilgt. Es ist inzwischen gezeigt worden, daß sich diese universelle Regel, wie auch einige Verfeinerungen, nicht halten läßt (Rosenbaum 1977; Sanders 1977; Klein 1981 b). Die Ross'sche Regel ist dennoch einer der bemerkenswertesten Versuche, Ellipseregeln mit anderen allgemeinen Eigenschaften der Grammatik in Zusammenhang zu bringen.

5.2. Hankamer (1971, 1973)

Hankamers Dissertation von 1971 ist erst 1979 — mit einigen Auslassungen und ergänzenden Kommentaren — veröffentlicht worden; Hankamer 1973 entspricht im wesentlichen der Dissertation, fügt jedoch eine wichtige Beschränkung („major constituent constraint"), s. u., hinzu. Hankamer unterscheidet gleichfalls zwei Regeln, nämlich RCR („right coordination reduction") und Deletion. (Gelegentlich auch „Deletion and Reduction" (DR) genannt; letzteres bezieht sich auf eine besondere „Reduktionskonvention", die bei manchen Sprachen nach Tilgung noch eine obligatorische Umordnung verlangt, die wir hier nicht weiter betrachten; vgl. Hankamer (1971, 59)).

Ein wesentlicher Teil von Hankamers Arbeit bezieht sich auf die Stellung der beiden Ellipseregeln zu anderen Regeln, etwa Extraposition, Topikalisierung, Scrambling u. a.; darauf gehen wir hier nicht weiter ein.

Mit RCR ist rechtsperiphere Koordinationsreduktion im ersten Konjunkt gemeint: sie entspricht RNR, d. h. ist keine Tilgungs-, sondern eine Bewegungsregel. Die andere Regel, Deletion, erfaßt sowohl Gapping wie Koordinationsreduktion nach vorn, ist also zunächst weder auf spezifische Positionen noch auf besondere Konstituenten, etwa V, beschränkt. Vielmehr unterliegt sie drei allgemeinen Beschränkungen, die in der weiteren Diskussion eine wesentliche Rolle gespielt haben:

(1) „Deletion constraint"

„There is an output constraint on each rule that no application of it results in a sentence containing a verb but lacking a complement for which the verb is strictly subcategorized." (Hankamer 1971, 245).

Diese — nach Hankamer möglicherweise sprachspezifische — Beschränkung wurde von Fiengo (1974) als „head constraint" aufgegriffen: kein regiertes Element kann leer sein, wenn nicht auch das regierende Element leer ist; sie findet sich in vielen späteren Arbeiten wieder. Ob sie zutrifft, läßt sich nicht immer leicht beurteilen, weil die Auffassungen der Gelehrten, was der Kopf einzelner Phrasen ist, etwas schwanken. Ein klarer Fall ist jedoch, daß ein direktes Objekt vom Verb regiert wird (bzw. das Verb strikt dafür subkategorisiert ist). Im Deutschen ist es aber leicht möglich zu sagen:

(96) Hans hat Maria gestern kennengelernt und heute geheiratet.
(97) Hans hat das Auto gekauft. — Nein, gestohlen.
(98) Gekauft hat Hans das Auto und nicht gestohlen.

(Bei (98) muß der Akzent auf *gekauft* liegen). Die Kopfbeschränkung gilt daher sicher nicht allgemein.

(2) „No-ambiguity constraint"
„Any derivation resulting in a gapped structure which is identical in surface form to a structure derivable by some other derivation is blocked." (Hankamer 1971, 276).

Wir haben diese Beschränkung bereits in 4.2.4. erwähnt und auch darauf hingewiesen, daß sie sich als grammatische Beschränkung auf Tilgungen nicht halten läßt. Es ist aber sicher richtig, daß es eine Tendenz gibt, strukturelle Mehrdeutigkeiten zu vermeiden, die sich auch in diesem besonderen Fall geltend macht.

(3) „Major constituent constraint"
„The remnants of coordination deletion are major constituents." (Hankamer 1973, 18). Dabei gilt: „A „major constituent" of a given sentence So is a constituent either immediately dominated by S or immediately domi-

nated by VP, which is immediately dominated by S." (a. a. O.)

Ob man diese Beschränkung als richtig ansieht oder nicht, hängt natürlich davon ab, welche Phrasenstruktur man annimmt. Man ist jedenfalls gezwungen, in Sätzen wie

(99) Meine Uhr geht nach und deine vor.

die Partikel *vor* als Hauptkonstituente anzusehen. Dasselbe gilt für die verschiedenen Adverbien in:

(100) Hans kam gern, Otto eher ungern.
(101) Hans spielt rechts, Otto meistens links.

In all diesen Fällen ist nicht auszuschließen, daß es sich um Hauptkonstituenten im Sinne der Definition handelt; aber das ist zumindest nicht umstritten. Hankamer postuliert weiterhin zwei generelle Beschränkungen, die bereits von Ross (1967) und Jackendoff (1971) beobachtet wurden. Der ersten zufolge können im Englischen maximal zwei Konstituenten übrigbleiben. Gapping ist demnach nicht möglich:

(102) John gave a rose to Mary, and Peter GAVE a tulip to Ida.

Im Deutschen sind solche Ellipsen durchaus unproblematisch, und Sag (1976, Abschnitt 3.2.) führte eine Reihe englischer Beispiele mit mehr als zwei Überbleibseln an. Merkwürdig ist dennoch, daß nahezu alle Sprecher Fälle wie (102) ausschließen. Die zweite Beschränkung bezieht sich auf Adverbien, die dem Verb vorangehen. Ein Satz wie

(103) John slowly closed the window and Mary the door.

wird stets so verstanden, als sei *slowly closed* ausgelassen, nicht bloß *closed*; das Adverb wird also übertragen. Entsprechend ist kein Gapping möglich, wenn im zweiten Satz ein verschiedenes Adverb steht:

(104) John slowly closed the window and Mary rapidly the door.

Das zweite Konjunkt würde als *Mary rapidly slowly closed the door* verstanden. Auch hier verhält sich das Deutsche anders:

(105) Hans schloß langsam die Tür und Maria schnell das Fenster.

ist durchaus möglich. Es ist unklar, ob dies mit der anderen Stellung zusammenhängt, mit einer anderen Phrasenstruktur oder ob es einfach eine Idiosynkrasie dieser beiden Sprachen ist. Jedenfalls handelt es sich nicht um universelle Beschränkungen.

5.3. Sag (1976)

Sag befaßt sich mit VP-Ellipse (bei ihm „verb phrase deletion", VPD genannt) und mit Gapping. Letztere wird wieder von linksperipherer Koordinationsreduktion im zweiten Konjunkt getrennt; die Gründe entsprechen weithin den in Abschnitt 4.3. angeführten. Gapping selbst ist eine Tilgungsregel, die das Verb und bestimmte davon abhängige Konstituenten beim zweiten Vorkommen wegläßt; wir geben die Regel selbst, die sehr kompliziert ist, hier nicht an (Sag 1976, Abschnitt 3.4.). Sie läßt bei weitem zu viele Tilgungen zu und wird nun in drei Weisen weiter beschränkt:

(1) Sie unterliegt dem „Intermediate dominance principle", einer dem „A-over-A principle" nahestehenden allgemeinen Beschränkung auf Transformationen.
(2) Es gibt eine Anzahl sprachspezifischer, z. T. dialektspezifischer „surface constraints", die bestimmte Oberflächenstrukturen herausfiltern; ein Beispiel ist etwa die Bedingung, daß in Fällen wie (102) maximal zwei Konstituenten übrigbleiben dürfen.
(3) Schließlich wird die Akzeptabilität des Ergebnisses stark von „perzeptuellen Bedingungen" unterschiedlicher Art bestimmt, wie sie etwa von Kuno (1976) formuliert wurden — etwa daß die beiden verbleibenden Konstituenten tendentiell als Subjekt und Prädikat interpretiert werden.

Die letzteren beiden Beschränkungen tragen der starken Variabilität in den Akzeptabilitätsurteilen elliptischer Strukturen Rechnung.

Sags Analyse erfaßt mehr Fälle von Gapping als alle andern bis dahin bekannten Regeln; aber sie versagt in einer Reihe anderer, insbesondere in anderen Sprachen als Englisch, und das „Immediate dominance principle" hat keine weitere Resonanz gefunden.

Wesentlich folgenreicher sind seine Überlegungen zu den Identitätsbedingungen für die Auslaßbarkeit, die er am Beispiel der VPE entwickelt hat. Ganz allgemein kann nach Sag in der Konstellation X — Aux — VP — Y, wobei X und Y Variablen für Konstituenten sind, VP weggelassen werden, sofern zwei Bedingungen erfüllt sind: zum ersten darf eine allgemeine Beschränkung auf Transformationen (auch hier ein etwas modifiziertes A-over-A-Prinzip) nicht verletzt sein; zum zweiten muß eine „identische" VP im Kontext vorkommen. Welcher Art ist nun diese Identität? Es ist zunächst klar, daß es sich nicht um formale Identität handeln kann. In

(106) Peter does not love his parents, but Mary does LOVE HER PARENTS.

kann die VP im zweiten Konjunkt ohne weiteres weggelassen werden. Dasselbe Beispiel macht klar, daß nicht unbedingt referentielle Identität verlangt wird: es genügt, wie bereits Ross (1967) bemerkt hat, eine „sloppy identity". Ebenso ist VPE möglich, wenn eine indefinite NP in einem Konjunkt generische, im andern spezifische Lesart hat, wie das folgende Beispiel (das auf Kuno zurückgeht) zeigt:

(107) Mary didn't want to marry a doctor, but to her own great surprise, she did MARRY A DOCTOR.

Es wird zwar Bedeutungsgleichheit verlangt, aber sie kann nicht auf jener Ebene der Bedeutung liegen, auf der man Folgerungsbeziehungen beschreibt, denn auf dieser Ebene müssen referentielle Identität bzw. generische vs. spezifische Lesart festliegen.

Die rechte Ebene ist nach Sag jene der Logischen Form, auf der die Bedeutung einer VP als λ-Abstract beschrieben werden kann, beispielsweise:

(108) liebt Maria als λx (x liebt Maria)
(109) liebt jemanden als $\exists x \, \lambda y$ (y liebt x)

Dies ist eine verbreitete Vorstellung, die wir hier nicht weiter auszuführen brauchen.

Sags Gedanke ist nun, daß eine VP genau dann ausgelassen werden kann, wenn ihre Bedeutung auf der Ebene der Logischen Form eine „alphabetische Variante" zu einer kontextuell vorkommenden VP-Bedeutung ist. Diesen Begriff genau zu definieren ist nicht schwierig, aber etwas umständlich; einfach gesprochen ist ein Ausdruck A eine alphabetische Variante eines Ausdruckes B, wenn er aus B dadurch hervorgeht, daß alle Vorkommen einer Variablen x durch Vorkommen einer Variablen y ersetzt werden; dabei muß gegebenenfalls darauf geachtet werden, daß durch die Umbenennung nicht neue Bindungsverhältnisse entstehen. So ist $\exists x \, \lambda y$ (y liebt x) eine alphabetische Variante zu $\exists v \, \lambda w$ (w liebt v), nicht aber zu $\exists v \, \lambda w$ (v liebt w) noch zu $\exists x \, \lambda w$ (w liebt v).

Auf diese Weise wird also aus der gesamten Bedeutung der VP gleichsam jener Teil herausgezogen, der mit quantifizierenden oder referierenden Ausdrücken zu tun hat, und nur für den Rest wird Identität verlangt. Man kann die Wirkung besonders gut an Sätzen mit Reflexivpronomina sehen, etwa der VPE in

(110) John accused himself, and Mary did ACCUSE HERSELF.

Das zweite Reflexivpronomen ist weder in der Form noch in der Referenz mit dem ersten identisch; dennoch ist VPE möglich. Die „logischen Formen" der beiden Konjunkte sind (Sag schreibt das Argument nicht hinter, sondern vor das λ-Abstract):

(111) (John) λx (x accuse x) and (Mary) λy (y accuse y)

Hieße in (110) das erste Konjunkt *John accused him*, wobei *him* auf irgendeine andere Person verweist, so wäre durchaus auch VPE möglich — aber nur, wenn der ausgelassenen VP ein paralleles λ-Abstrakt entspricht.

Bei der Durchführung dieses Gedankens im einzelnen stößt man auf eine Reihe von Problemen, von denen die meisten nicht spezifisch für VPE sind. Dies betrifft vor allem die Wahl geeigneter λ-Abstrakte mit quantifizierten NPs in Objektposition. Sag selbst nutzt dabei die Möglichkeiten der λ-Abstraktion nur zum geringen Teil aus und postuliert eine etwas künstliche Substitutionsregel für Pronomina in der Logischen Form. Dies soll hier nicht näher verfolgt werden. Die Idee jedoch, die im übrigen in ähnlicher Weise in Williams (1977) entwickelt wird, ist zweifellos ein erheblicher Schritt vorwärts bei der Suche nach den Kriterien der Identität.

5.4. Neijt (1979)

Eine wesentliche Entwicklung der generativen Grammatik war die Aufgabe vieler einzelner Transformationen zugunsten eines allgemeinen Schemas für Bewegungstransformationen („Move α"), das dann durch allgemeine Beschränkungen (Subjazenz u. ä.) eingeschränkt wird. Der Grundgedanke von Neijt (1979) ist es, dies auch für Ellipsephänomene zu leisten, genauer gesagt, für Tilgungen im zweiten Konjunkt einer Koordination (Rückwärtstilgungen werden davon nicht erfaßt). Sie sieht daher nur eine allgemeine Regel vor, die da heißt: „Delete". Diese Regel wird nun in dreifacher Weise beschränkt:

(a) Durch den „major constituent constraint" im Sinne Hankamers (s. o. 5.2.)
(b) Durch Identität auf der Ebene der Logischen Form im Sinne Sags (s. o. 5.3.);

dies wird allerdings nicht im einzelnen ausgeführt und wäre wohl auch nicht ganz einfach auszuführen.
(c) Durch globale Beschränkungen, insbesondere durch eine als „Strict Subjacency" bezeichnete Bedingung.

Der Fortschritt gegenüber Hankamer und Sag liegt eigentlich nicht im Bereich der Ellipse selbst, sondern in der besonderen Formulierung der globalen Beschränkung, von der Neijt annimmt, daß sie auch für „Move α" gilt; diese Beschränkung ist allerdings von der späteren Forschung nicht aufgenommen worden.

5.5. Chao (1988)

Alle bisher besprochenen Ansätze arbeiten in der einen oder andern Weise mit „Tilgungen", d. h. es werden unter bestimmten Bedingungen Konstituenten oder Konstituentenfolgen weggelassen. (Nicht besprochen haben wir hier Ansätze wie etwa Wasow (1972), bei denen die Basis leere Elemente gleich erzeugt, die dann in geeigneter Weise kontextuell interpretiert werden. Die Bedingungen, unter denen diese Interpretation erfolgt, sind im großen und ganzen dieselben, unter denen ein zuvor vorhandenes Element weggelassen wird, sodaß die faktischen Unterschiede zwischen diesen anscheinend entgegengesetzten Betrachtungsweisen im Grunde gering sind.) In der GB-Phase der generativen Grammatik sind Tilgungstransformationen nicht mehr vorgesehen, und Probleme wie die hier diskutierten haben kaum Aufmerksamkeit gefunden. Eine der wenigen Ausnahmen ist Chao (1988), die eine Reihe elliptischer Erscheinungen im GB-Rahmen zu behandeln versucht. Chao unterscheidet zunächst zwei Hauptklassen von Ellipsen, nämlich solche mit und solche ohne Kopf; zu ersterer, als H+ bezeichnet, zählen in erster Linie VPE, NCA und Sluicing (vgl. 4.2.3.). Bei ihnen verhalten sich die „fehlenden Elemente", nämlich VP, S″ und S, wie Pronomina, und wie alle Pronomina können sie entweder auf syntaktischer Ebene (etwa als gebundene Variable) oder als Diskurspronomina interpretiert werden. Zur zweiten Klasse, als H- bezeichnet, zählen insbesondere Gapping und Koordinationsreduktion im zweiten Konjunkt. Sie sind strikt syntaktisch kontrolliert und werden in zwei Schritten beschrieben. (Rückwärtsellipse wie auch einige weitere Arten elliptischer Erscheinungen werden nicht betrachtet.)

Zum ersten wird dem normalen X-bar Schema, das normalen, nichtelliptischen Phrasen zugrundeliegt, ein zweites beigesellt, das die elliptischen Strukturen erzeugt:

„Defective X"-schema: H-series
X″→ (SPEC) (X′−) Y*
X′→ Y*″ (Chao 1988, 23)

Y* ist dabei eine (möglicherweise leere) Kette maximaler Projektionen, die als Komplement oder Adjunkt (zum — hier fehlenden — Kopf) interpretiert werden können. Dieses Schema läßt also Projektionen zu, die gleichsam nur die Komplement-Linie (bzw. Adjunkt-Linie) hinunterlaufen, eventuell noch ergänzt durch einen Specifier; der jeweilige Kopf ist leer. Es ist klar, daß dieses Schema viel zu viele Strukturen zuläßt; deshalb wird dieser Projektionslinie noch eine „licensing condition" auferlegt. Diese besagt im wesentlichen, daß der oberste Knoten „clausal" sein muß und jeder weitere entweder eine gewöhnliche Projektion oder aber, falls bei einer Phrase zwischen funktionalem und semantischem Kopf unterschieden wird, eine Projektion des letzteren (so ist der funktionale Kopf von IP, d. h. S, zwar INFL, der semantische Kopf jedoch V); die Einzelheiten spielen hier keine Rolle, zumal die Bedingung ohnehin nicht korrekt ist. Die Idee ist jedenfalls, daß dieses Schema samt „licensing condition" genau jene elliptischen Strukturen zuläßt, die im zweiten Konjunkt einer Koordination auftreten können.

Im zweiten Schritt müssen diese Strukturen nun durch eine geeignete Regel aus dem Kontext aufgefüllt werden. Diese Regel, E-Rekonstruktion genannt, operiert auf der Ebene der Logischen Form. Sie heißt:

„E-reconstruction
E-reconstruct major constituents of an H+ projection under the corresponding nodes in the H-projection of a corresponding e-clause." (Chao 1988, 48)

Mit „e-clause" ist die elliptische Struktur, in der Regel das zweite Konjunkt einer Koordination, gemeint. Dieser muß eine syntaktisch vollständige und im naheliegenden Sinn parallele Struktur vorausgehen, in der Regel eben das erste Konjunkt. Es ist allerdings nicht ausgeschlossen, daß die e-clause auch eine Antwort auf eine Frage oder eine Korrektur (im Sinne einer Adjazenzellipse, siehe Abschnitt 2.) ist; Chao läßt dies offen. Aus dieser vorausgehenden Struktur werden dann die fehlenden Konstituenten „eingefüllt"; das

Ergebnis der Rekonstruktion ist eine vollständige logische Form.

An Chaos Beschreibung ist, von verschiedenen empirischen Unzulänglichkeiten abgesehen, zumindest dreierlei unbefriedigend.

Erstens ist die Zulässigkeit elliptischer Konjunkte offenkundig nicht bloß von der phrasalen Struktur, insbesondere dem Vorhandensein oder Nichtvorhandensein von Köpfen abhängig. Man vergleiche:

(112) Dieses Haus verkaufte Otto für 200 000 Mark und DIESES HAUS kaufte Werner für 300 000 Mark.
(113) Otto verkaufte dieses Haus für 200 000 Mark und Werner kaufte *DIESES HAUS für 300 000 Mark.

Die phrasale Struktur beider Sätze ist völlig gleich; im ersten kann aber das direkte Objekt fehlen, und im zweiten nicht; offenbar liegt dies lediglich an der unterschiedlichen Wortstellung. Satz (112) widerlegt gleichzeitig die Vorstellung, die dem „H−-Schema" zugrundeliegt, daß nämlich kein Argument wegfallen kann, ohne daß auch der dazugehörige Kopf wegfällt (vgl. oben 5.2.). Weitere Beispiele dafür finden sich leicht.

Zweitens operiert die „E-Rekonstruktion" offenbar nicht auf der Ebene der Logischen Form, es sei denn, man nimmt an, sowohl die gewöhnliche Projektion (hier H+-Projektion) wie die H−-Projektion seien bereits logische Formen. Nun ist innerhalb des GB-Ansatzes vielleicht nicht völlig klar, was Logische Formen von Repräsentationen auf der D-Ebene oder der S-Ebene unterscheidet; aber daß sie völlig gleich seien, kann man sicher nicht annehmen. Im Grunde ist die „E-Rekonstruktion" eine extrem allgemeine, nicht sehr technisch formulierte Transformation zwischen D-Strukturen, die nicht bestimmte Elemente unter Identität löscht, sondern einfüllt.

Drittens werden viele wesentliche Probleme überhaupt nicht gesehen. So ist etwa für das Sluicing wesentlich, wie Ross (1969) bereits bei der Einführung dieses Begriffs bemerkt hat, daß das verbleibende Fragewort kasusmarkiert ist:

(114) Ich werde jemandem helfen, weiß aber noch nicht, wem.

Offenbar rührt der Kasus von dem Verb im Hauptsatz (vgl. hierzu auch Abschnitt 4.3.2.). Für eine Tilgungsanalyse ist dies kein Problem, wohl aber für einen Ansatz, bei dem der fehlende Satz wie ein Pronomen betrachtet wird, von dem natürlich keine Rektion ausgehen kann.

5.6. Schlußbemerkung

Wir haben uns bei der Diskussion der verschiedenen Ansätze auf die generative Tradition konzentriert, ganz einfach deshalb, weil die meisten systematischen Behandlungen in dieser Tradition stehen. Dies heißt jedoch nicht, daß es nicht auch anders ausgerichtete Untersuchungen gibt. So gibt Gazdar (1981) eine sehr präzise und detaillierte Beschreibung vieler „Lücken" im Rahmen der GPSG. Allerdings können die typischen Gapping-Fälle erklärtermaßen nicht behandelt werden. Klein (1981) ist eine detaillierte Beschreibung der Fakten, die auf fünf relativ theorieneutrale allgemeine Regeln gebracht werden; sie weisen viele Unzulänglichkeiten im einzelnen auf. Kuno (1976) und (1982) gibt eine Reihe von pragmatischen Prinzipien an, die offenkundig bei der Bildung von elliptischen Konstruktionen eine wichtige Rolle spielen; sie sind allerdings, wie die in Abschnitt 4.2.3. diskutierte Hackordnung der Tilgung, nicht hinlänglich präzise und können die spezifischen grammatischen Eigenheiten der verschiedenen Ellipsen, etwa die mehrfach erwähnte Kasusmarkierung, nicht erklären. Zahlreiche weitere Arbeiten (vgl. hierzu das Literaturverzeichnis) tragen Einzelbeobachtungen bei.

Nahezu alle Untersuchungen zur Ellipse kranken aber daran, daß sie das Zusammenspiel der Ellipse mit anderen Erscheinungen, insbesondere der Intonation und der Wortstellung, nicht oder nur marginal betrachten. Darauf und auf die daraus zu ziehenden Konsequenzen wird im folgenden Abschnitt eingegangen.

6. Ellipse als Epiphänomen der Topik-Fokus-Gliederung

6.1. Reduktionsverfahren und Ergänzungsverfahren

In Abschnitt 3. wurde ausgeführt, daß es zwei prinzipiell verschiedene Verfahren zur Beschreibung elliptischer Ausdrücke gibt — das „Reduktionsverfahren" und das „Ergänzungsverfahren". Beim Reduktionsverfahren liegt elliptischem (*Deine vor*) und vollständigem Ausdruck (*Deine Uhr geht vor*) dieselbe syntaktische Struktur zugrunde, und letztere wird durch spezielle Regeln (oder nach bestimmten Bedingungen) zu ersterer reduziert; solche Reduktionsregeln sind beispielsweise die klassischen Tilgungstransformationen. Beim „Ergänzungsverfahren" werden die elliptischen Ausdrücke durch eigene Regeln erzeugt, und sie müssen dann in geeigneter Weise kontextuell angereichert werden; man muß also die unabhängig erzeugte Form *Deine vor* so ergänzen, daß sie im Kontext die Bedingung von *Deine Uhr geht vor* hat. Ein typisches Ergänzungsverfahren ist etwa das in 5.4. beschriebene von Chao, ebenso wie die (hier nicht dargestellten) Analysen von Gazdar u. a. (1985) oder Wunderlich (1988).

Beim Reduktionsverfahren benötigt man also zwei Gruppen von Regeln, nämlich die Regeln für vollständige Ausdrücke sowie die Regeln der Reduktion. Beim Ergänzungsverfahren sind drei Gruppen von Regeln erforderlich: jene für vollständige Ausdrücke, jene für elliptische Ausdrücke, und „Kontextergänzungsregeln"; letztere sind das Gegenstück zu den Reduktionsregeln, insofern sie korrespondierende vollständige und elliptische Ausdrücke zueinander in Bezug setzen. Es ist klar, daß das Reduktionsverfahren ökonomischer ist, weil man keine eigenen syntaktischen Regeln für unvollständige Ausdrücke benötigt. Aus der Diskussion von Abschnitt 4. ist weithin deutlich geworden, daß es eine Reihe von Problemen gibt, die bei einem Ergänzungsverfahren schwer lösbar erscheinen. Ich nenne noch einmal vier:

(1) Ellipse zusammengesetzter lexikalischer Einheiten: nach welchen eigenständigen syntaktischen Regeln ist *Deine vor* gebildet?
(2) Rektion bei „Gapping": Woher kommt der Kasus von *Ich den Wein*?
(3) Rektion bei „Sluicing": Woher kommt der Kasus in *Ich würde gern jemandem helfen, weiß aber nicht, wem*?
(4) Fehlende Vorgänger bei VP-Ellipse wie in *John didn't marry a Japanese girl, but Peter did, and she is nice.* (vgl. Abschnitt 4.3.2.)

Für ein Reduktionsverfahren sind all diese Erscheinungen kein besonderes Problem. Man muß daher diesem Weg den Vorzug geben.

Man darf nun allerdings den Unterschied zwischen „Reduktionsverfahren" und „Ergänzungsverfahren" nicht gleichsetzen mit „Beschreibung aus der Sprecherperspektive" und „Beschreibung aus der Hörerperspektive". Ein Hörer (oder Leser) ist wohl konfrontiert mit Äußerungen wie *Deine vor* und muß diese Äußerung sinngemäß aufgrund gespeicherter Kontextinformation „ergänzen". Nicht dies ist jedoch maßgeblich für das „Ergänzungsverfahren", sondern der Umstand, daß *eigene* syntaktische Regeln angenommen werden, wie dies etwa bei Chao (1988) der Fall ist. Es ist durchaus auch möglich, das Reduktionsverfahren gleichsam aus der Hörerperspektive zu variieren: es wird wohl eine gemeinsame Syntax für vollständige und elliptische Ausdrücke angenommen, aber es werden nicht erstere zu letzteren reduziert, sondern letztere zu ersteren ergänzt. Dies ist beispielsweise die Vorstellung von Wunderlich (1989). Die Bedingungen für die Reduktion und Ergänzung müssen sich naturgemäß entsprechen. Ich werde im folgenden dem üblicheren Weg, dem der Reduktion, folgen.

6.2. P-Reduktion

Nach herkömmlicher Vorstellung werden bei Reduktion bestimmte Konstituenten aus der syntaktischen Struktur entfernt — durch Tilgungstransformationen oder aber durch ein Transformationsschema, wie bei Neijt (1979). Dies ist jedoch nicht die einzige Möglichkeit. Einfacher ist es anzunehmen, daß lediglich ein Teil der lexikalischen Information, nämlich die phonologische, unter bestimmten Umständen nicht explizit gemacht zu werden braucht. Dieser Gedanke soll nun erläutert werden.

Es wird allgemein angenommen, daß zu einem lexikalischen Eintrag, etwa dem Eintrag *Uhr*, drei Arten von Information gehören — semantische, syntaktische und phonologische (bzw. graphematische, ein Fall, der hier nicht weiter betrachtet wird.) Zu ersterer zählt etwa, daß es sich um ein Gerät zur Zeitmessung handelt, ähnlich wie *Chronometer*, *Wekker* usw. Zur syntaktischen zählt, daß es sich um ein Nomen handelt, dessen Genus Femininum ist; ebenso können bestimmte Rektionsforderungen zur syntaktischen Information eines Lexikoneintrags zählen. Zur phonologischen zählt, daß es aus einem langen Vokal und einem Konsonanten besteht. All dies ist hinlänglich bekannt, und es sei nur daran erinnert.

Betrachten wir nun noch einmal die beiden folgenden Äußerungen (vgl. Abschnitt 3., (5) — (6)):

(115) Deine Uhr geht vor.
(116) Deine vor.

Sie können in Kontexten wie *Meine Uhr geht nach und __*, *Deine Uhr geht nach. — Nein, __ oder auch Geht meine Uhr nach oder deine vor? — __* gleichbedeutend verwendet werden. Was von der in (115) enthaltenen syntaktischen und semantischen Information muß nun auch in einer vollständigen Repräsentation von (116) enthalten sein?

Erstens muß die gesamte semantische Information des Lexikoneintrags *Uhr* vorhanden sein, ebenso die gesamte semantische Information des Lexikoneintrags *vorgeh-*, desgleichen der semantische Gehalt, der sich ergibt, wenn man *vorgeh-* auf *Uhr* anwendet. Es wäre offensichtlich nicht sinnvoll, den Inhalt von *vor* auf den Inhalt von *deine* anzuwenden und das Ergebnis dann irgendwie aus dem Kontext zu ergänzen. Mit andern Worten: man benötigt die gesamte semantische Information der in (115) explizit gemachten Lexikoneinträge auch in (116).

Zweitens benötigt man auch die syntaktische Information dieser Lexikoneinträge. Es muß klar sein, daß es sich um ein Nomen im Femininum handelt, das sich mit dem als Femininum markierten Possessivpronomen zu einer NP verbindet. Man kann nicht sagen: *Deiner vor* oder *deines vor*, wie es angemessen wäre, wenn der Lexikoneintrag *Wecker* oder *Chronometer* hieße. Auf diese NP wird ein einstelliges Verb, das den Nominativ fordert, nämlich *vorgeh-* angewandt. Deutlicher wird dies noch bei nichtkompositionellen mehrteiligen Verben, wie in *Sie setzten den alten Statthalter ab und einen neuen ein*. Es ist klar, daß nicht ein Lexikoneintrag *ein* das Akkusativobjekt regiert, sondern *einsetz-*.

Man benötigt also alles, was in (115) aus dem Lexikon kommt, auch in (116) — abgesehen von einem Teil der phonologischen Information. Folgende Annahme scheint daher sinnvoll. Die Ellipse ist eine Regel, die unter bestimmten Bedingungen einen Teil der dem Lexikon entstammten phonologischen Information wegläßt, während der übrige Teil der lexikalischen Information unberührt bleibt. Es handelt sich daher überhaupt nicht um eine syntaktische Regel: es werden nicht bestimmte Konstituenten weggelassen oder hinzugefügt; die syntaktische Struktur, soweit sie sich aus den lexikalischen Eigenschaften ergibt, bleibt von der Ellipse gänzlich unberührt. Ich werde, um dies deutlich zu machen, im folgenden nicht von „tilgen" oder „weglassen" reden, sondern sagen, daß eine bestimmte Struktur „p-reduziert" ist.

Demnach haben (115) und (116) etwa die folgende gemeinsame Struktur, wobei bei (116) lediglich die eingeklammerten Teile der phonologischen Repräsentation wegfallen:

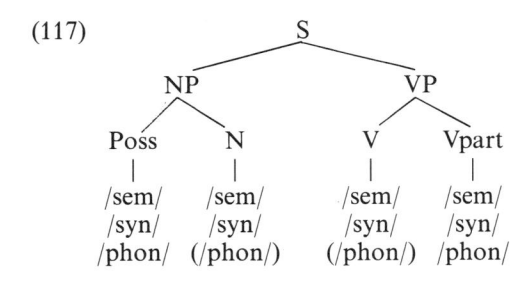

(117)
```
                    S
              /          \
            NP            VP
          /    \        /    \
        Poss    N      V     Vpart
         |      |      |       |
        /sem/ /sem/  /sem/  /sem/
        /syn/ /syn/  /syn/  /syn/
        /phon/(/phon/)(/phon/)/phon/
```

Nach dieser Vorstellung ist die Ellipse also ein relativ oberflächlicher Prozeß, bei dem die Syntax und Semantik im Grunde gar nicht berührt werden: es wird lediglich ein Teil der gesamten lexikalischen Information — die phonologische — unter bestimmten Umständen nicht explizit gemacht. Es werden weder eigene syntaktische Regeln für elliptische Ausdrücke noch spezielle Tilgungstransformationen benötigt. Die vier oben erwähnten Probleme bereiten keinerlei Schwierigkeiten. Die richtige Rektion beispielsweise ist unproblematisch, weil die gesamte syntaktische Information vorhanden ist. Ebenso wirkt die Bindung ja nicht auf der Ebene der Phonologie, d. h. der fehlende Vorgänger von *she* in Fällen wie *John didn't marry a Japanese girl, but Peter did, and she is nice* wird korrekt eingeführt. Die einzige Aufgabe ist es anzugeben, unter welchen Bedingungen eine P-Reduktion möglich ist.

6.2.1. Die Bedingungen der P-Reduktion

Wie in Abschnitt 4. gezeigt wurde, können die Bedingungen sehr unterschiedlich sein. Wir wollen nun diese einzelnen Fälle nicht erneut durchgehen, sondern betrachten, wann in einer einfachen Äußerung wie

(118) Mein Bruder hat gestern einen Steinadler gekauft.

p-reduziert werden kann. Ohne sprachlichen Kontext offenbar überhaupt nicht. Dieser sprachliche Kontext kann vorausgehen oder folgen; wir betrachten zunächst nur Vorwärtsellipse. Ein besonders reiches Spektrum vorausgehender Kontexte liefern Adjazenzpaare, etwa Frage-Antwort-Paare; sie erlauben sehr unterschiedliche P-Reduktionen, falls (118) die volle Antwort ist; ich markiere den p-reduzierbaren Teil wieder durch Majuskeln:

(119 a) Was ist passiert?
Mein Bruder hat gestern einen Steinadler gekauft.
(119 b) Wer hat gestern einen Steinadler gekauft?
Mein Bruder HAT GESTERN EINEN STEINADLER GEKAUFT.
(119 c) Was hat dein Bruder gestern gemacht?
MEIN BRUDER HAT GESTERN einen Steinadler gekauft.
(119 d) Was hat dein Bruder gestern gekauft?
MEIN BRUDER HAT GESTERN einen Steinadler GEKAUFT.
(119 e) Wer hat wann was gekauft?
Mein Bruder HAT gestern einen Steinadler GEKAUFT.
(119 f) Hat dein Bruder gestern einen Steinadler gekauft
(ja) MEIN BRUDER HAT GESTERN EINEN STEINADLER GEKAUFT.

Diese Beispiele genügen, um den relevanten Punkt zu illustrieren: nicht p-reduzierbar sind in der Antwort offenbar jene Teile, die von der Frage als zur Entscheidung anstehend markiert sind; p-reduzierbar sind die übrigen. Allgemein führt eine Frage eine bestimmte Menge von Alternativen ein, von denen in der Antwort eine zu spezifizieren ist. So führt (119 b) als Menge der Alternativen all jene Personen ein, die möglicherweise gestern einen Steinadler gekauft haben. In der Antwort wird diese Menge wiederaufgenommen (durch *hat einen Steinadler gekauft*) und es wird eine daraus spezifiziert, nämlich durch *mein Bruder*. Ich bezeichne die Menge von Alternativen, die zur Entscheidung ansteht, als Topik und jene, die davon spezifiziert wird, als Fokus einer Äußerung. Bei (119 a) ist die durch die Frage festgelegte und in der Antwort wiederaufgenommene Topik die Menge der Geschehnisse, die zu einem bestimmten Zeitpunkt in der Vergangenheit hätten passiert sein können, und der Fokus ist jenes, das tatsächlich passiert ist. Bei (119 e) ist die Topikkomponente in der Antwort dreigeteilt, wie durch die drei-W-Wörter in der Frage schon markiert wird: Zur Entscheidung steht das Wer, das Wann und das Was des gestrigen Kaufens, und der entsprechende dreigeteilte Fokus ist eben spezifiziert durch *mein Bruder*, *gestern* und *einen Steinadler*. Man muß hier unterscheiden zwischen der Topik selbst und den sprachlichen Mitteln, die diese Topik angeben; ebenso zwischen Fokus und den sprachlichen Mitteln, die den Fokus angeben. Die sprachlichen Mittel können jeweils eine einzelne Konstituente sein; aber das braucht nicht unbedingt der Fall zu sein, wie die obigen Beispiele zeigen. Ich werde deshalb allgemein von Topikausdruck und von Fokusausdruck reden.

Das Besondere an Frage-Antwort-Folgen ist nun, daß in der Frage die Topik-Fokus-Gliederung der Antwort festgelegt wird: Fokusausdruck der Antwort ist jener Teil, der der W-Phrase (oder den W-Phrasen) entspricht, Topikausdruck ist der Rest; die Topik (und oft, aber nicht immer auch der Topikausdruck) wird aus der Frage beibehalten. Bei Entscheidungsfragen wie (119 f) wird lediglich der „Geltungsanspruch" als Fokus markiert: gilt der Satzinhalt oder gilt er nicht? Um dies zu spezifizieren, gibt es in der Antwort keine eigene Konstituente: der Fokusausdruck ist in diesem Fall im finiten Verb verborgen, kann aber nicht isoliert werden. Wenn man in der Antwort nur den Fokus allein ausdrücken will, muß man ein eigenes Wort (*ja* oder *nein*) verwenden.

Wir können nun die folgende einfache Hypothese formulieren:

(120) Regel E
Genau jene lexikalischen Einheiten, die eine beibehaltene Topik ausdrücken, können p-reduziert werden.

Dies trifft, wie man leicht sieht, auf alle obigen Beispiele zu. Es ist bei (120) zu beachten, daß es nicht darauf ankommt, daß derselbe Topikausdruck in Frage und Antwort vorkommt. Entscheidend ist vielmehr, daß der Topikausdruck der Antwort die mit der Frage gegebene Topik beibehält. Die wird beispielsweise bei deiktischen Ausdrücken deutlich: Falls der Sprecher wechselt, muß — wie bei den Beispielen (119) ersichtlich — gegebenenfalls dieselbe Topik durch einen anderen Ausdruck (*dein*) vs. (*mein*) ausgedrückt werden. Ein identischer Topikausdruck wäre hier nicht geeignet, die Topik selbst beizubehalten.

Fragen sind nur eine Möglichkeit, die Topik-Fokus-Gliederung der folgenden Äußerung und damit deren Ellipsemöglichkeiten festzulegen. Sie können außerdem nur solche Elemente in der Antwort als Fokus markieren, für die es ein passendes W-Wort gibt. So kann man bei Beispiel (119) wohl nach dem Objekt fragen oder der VP als ganzer, nicht aber nach dem infiniten Verb allein: es gibt, jedenfalls im Deutschen, kein Fragewort, auf das hin allein *gekauft* als Fokus von *Mein Bruder hat gestern einen Steinadler gekauft* ausgezeichnet wäre. Das heißt aber nicht, daß nicht *gekauft* allein Fokus in dieser Äußerung sein könnte. Andere Adjazenzpaare machen dies deutlich, insbesondere Korrekturen und Fortführungen:

(121) Dein Bruder hat gestern einen Steinadler gestohlen.
Nein, MEIN BRUDER HAT GESTERN EINEN STEINADLER gekauft.

(122) Dein Bruder hat gestern einen Steinadler gekauft.
Ja, MEIN BRUDER HAT GESTERN dummerweise EINEN STEINADLER GEKAUFT.

Adjazenzpaare sind die mit Abstand variabelste Möglichkeit, die Voraussetzungen für eine P-Reduktion zu schaffen. Sie sind aber nicht die einzige. Die zweitwichtigste sind Koordinationen. Zwei Konjunkte stimmen in der Regel teilweise in ihrer Topik-Fokus-Gliederung überein. Daher sind Betonung und Wortstellung in der Regel parallel. Man kann sich dies so vorstellen, daß die Koordination in ihrer Gesamtheit dazu dient, eine (möglicherweise implizite) Frage zu beantworten. Bloße Parallelität der Topik-Fokus-Gliederung besagt noch nicht, daß eine gemeinsame Topik vorliegt. Nur wenn dies der Fall ist, kann der Ausdruck, der diese Topik im zweiten Konjunkt wiedergibt, p-reduziert werden.

Die syntaktische Parallelität, die oft als Bedingung für Ellipse angeführt wird, rührt also einfach daraus, daß nur so etwas als Topik beibehalten sein kann. Sie ist aber nicht zwingend, wie die vielen andern in Abschnitt 4. diskutierten Fälle von Ellipse, etwa Sluicing oder VP-Ellipse deutlich machen. In all diesen Fällen werden bestimmte Vorgaben gemacht, die dann als Topik beibehalten werden und entsprechend p-reduziert werden können.

6.3. Konsequenzen und Probleme

Die Ellipse ist lexikalisch frei: es können beliebige Ausdruckseinheiten p-reduziert werden, sofern es sich um den Topikausdruck des betreffenden Satzes handelt und sofern die davon ausgedrückte Information beibehalten und nicht neueingeführt ist. Die Gliederung eines Satzes nach Topikausdruck und Fokusausdruck einerseits, nach Einheiten, die Neues und solchen, die Beibehaltenes ausdrücken, ist im Grunde unabhängig von der Ellipse. Für letztere gibt es in allen Sprachen spezifische Elemente, etwa anaphorische Wörter wie *er*, *danach*, *so*, die (ganz oder teilweise) beibehaltene Information ausdrücken, ebenso wie Ausdrücke, die neue Information einführen, wie etwa die Indefinita. Ebenso gibt es bestimmte Möglichkeiten, die Topik-Fokus-Gliederung zu markieren, etwa Wortstellung, Intonation oder bestimmte Partikel. Beide Gliederungen variieren von Sprache zu Sprache in gewissen Grenzen. Da die P-Reduktion ein Epiphänomen dieser doppelten Gliederung ist, variiert auch sie entsprechend. Zwar kann man grundsätzlich die Möglichkeit nicht ausschließen, daß es auch einzelsprachlich spezifische Bedingungen für die P-Reduktion gibt. Aber bis zum Beweis des Gegenteils sollte man davon ausgehen, daß sich die Variabilität in den Ellipsemöglichkeiten einfach aus der Variabilität von Topik-Fokus-Gliederung einerseits, Neu-Beibehalten-Gliederung andererseits ergibt.

Es ist hier möglich, die Mechanismen dieser doppelten Gliederung auch nur für eine Sprache im Detail zu entwickeln; es sollen aber einige Punkte erwähnt werden, die in der Diskussion von Abschnitt 4. eine wichtige Rolle gespielt haben (zum generellen Rahmen vgl. Klein/von Stutterheim 1987).

6.3.1. Beibehaltene Bedeutung

Beibehalten wird die Bedeutung, nicht unbedingt die Form des p-reduzierbaren Ausdrucks. Was nun ein Ausdruck im Satz bedeutet, hängt oft nicht allein von dem ab, was er an lexikalischer Information enthält. Besonders offensichtlich ist dies bei Nominalphrasen, deren Bedeutung im Satz über ihren lexikalischen Gehalt hinaus durch deiktische Information, Bindung u. a. bestimmt wird. Dies hat Konsequenzen für die P-Reduktion, wie wir an drei Punkten erläutern wollen.

(A) Deiktische und anaphorische Komponenten

Die Bedeutung eines deiktischen Wortes wie *dort* ergibt sich einerseits aus seinem lexikalischen Gehalt (etwa: Ort, der die Position des Sprechers nicht enthält) sowie aus einer kontextuellen Komponente, die deiktisch oder anaphorisch sein kann. Im ersten Fall kann sie etwa durch eine Zeigegeste geliefert werden, im letzteren durch eine vorausgehende Ortsangabe. Für die P-Reduktion kommt es nun darauf an, ob auch diese Komponente konstant gehalten wird (vgl. hierzu die Beispiele (38/9)):

(123) Dort stand Otto und dort lag Peter.

Der Ausdruck *dort* kann beim zweiten Vorkommen p-reduziert werden, sofern die gesamte Information, die er ausdrückt, beibehalten wird. Enthält er hingegen neue Information relativ zum ersten *dort* — wie sie etwa durch eine zweite Zeigegeste geliefert werden könnte —, dann ist keine P-Reduktion möglich, weil eben nur ein Teil der Bedeutung beibehalten ist. Wenn die über den lexikalischen Gehalt hinausgehende Information nicht durch eine Zeigegeste, sondern anaphorisch durch einen vorher erwähnten Ort geliefert wird, dann muß sie auf jeden Fall beibehalten sein, und dann ist immer R-Reduktion möglich.

(B) Indefinitheit

Beispiele wie (35) haben gezeigt, daß sich definite und indefinite NPs im allgemeinen bei Rückwärtsellipse und bei Vorwärtsellipse unterschiedlich verhalten: bei letzteren kann die NP beim zweiten Vorkommen nicht weggelassen werden. Dies hat im Grunde nichts mit der Ellipse zu tun, sondern mit der Art und Weise, wie im Deutschen (und manchen anderen Sprachen) durch eine NP die Bedeutung einer früheren NP beibehalten werden kann. Wenn jemand gesagt hat *Ein Mann kam um fünf*, dann kann die gesamte damit ausgedrückte NP-Bedeutung durch *er* oder *dieser Mann* beibehalten werden. Ein Ausdruck wie *ein Mann* würde hingegen nur sagen, daß es sich wiederum um einen Mann handelt, d. h. beibehalten ist nur das, was durch das Wort *Mann* zur gesamten NP beigetragen wird. Deshalb kann die NP *er* in (124 a) p-reduziert werden, nicht aber die NP *ein Mann* in (124 b):

(124 a) Ein Mann kam um fünf und er ging um sechs.
(124 b) Ein Mann kam um fünf und ein Mann ging um sechs.

P-Reduktion im letzteren Fall würde besagen, daß die gesamte Bedeutung der NP beibehalten ist. Möglich ist allerdings, jedenfalls im Deutschen, P-Reduktion von *Mann* allein, also des beibehaltenen Teils des NP. Falls die gesamte indefinite NP aus einem Wort besteht (wie *jemand*), so ist auf keinen Fall P-Reduktion möglich, weil dies besagen würde, daß die gesamte Bedeutung des vorausgehenden *jemand* beibehalten würde.

Wir haben in Abschnitt 4.2.2. auch bemerkt, daß sich Vorwärts- und Rückwärtsellipse hier unterschiedlich verhalten. Dies findet seine natürliche Erklärung in dem Umstand, daß es nur bei der Vorwärtsellipse um die P-Reduktion von Ausdrücken geht, die beibehaltene Information ausdrücken. In

(125) Um fünf Uhr kam jemand und um sechs Uhr ging jemand.

kann *jemand* daher ohne weiteres beim ersten Vorkommen p-reduziert werden. Die Rückwärtsellipse behält keine zuvor ausgedrückte Bedeutung bei; sie hat daher auch keine anaphorischen Ausdrücke als Alternative (Beispiele (32) und (33)).

(C) Bindung

Auch hier betrachten wir nur einige der Fälle, die im vorliegenden Zusammenhang besonders wichtig sind. In

(126) Hans besuchte seine Mutter in München und Otto BESUCHTE seine Tante in Stuttgart.

bezieht sich das Possessivpronomen entweder auf eine hier nicht genannte dritte Person (etwa Peter), ein Fall, den wir hier nicht betrachten wollen (siehe dazu oben (A)) oder es wird durch das jeweilige Subjekt gebunden. P-reduzierbar ist bei (126) nur das Verb. In

(127) Hans besuchte seine Mutter in München und HANS BESUCHTE seine Tante in Stuttgart.

kann auch das Subjekt p-reduziert werden. Dies ändert an der Bindung nichts: *seine* wird nach wie vor durch das Subjekt desselben Satzes gebunden, wobei dessen Bedeutung nun eben beibehalten ist.

Ist nun auch die gebundene NP p-reduzierbar? Dafür gibt es im Deutschen nur wenige Beispiele, die mit der Topik-Fokus-Gliederung zu tun haben. Es ist aber möglich, wenn das finite Verb fällt, wie in

(128) Hans verdient sein Geld ehrlich und Peter VERDIENT SEIN GELD unehrlich.

Beibehalten ist jener Teil der Gesamtbedeutung von *sein Geld*, der nicht aus der Bindung durch das Subjekt herrührt, also etwas wie „das Geld jener Person, die vom Subjekt desselben Satzes bezeichnet wird". Dies ist eben das, was auch durch *sein Geld* beim ersten Vorkommen ausgedrückt wird. Anders wäre es, wenn bei diesem ersten *sein Geld* externe Bindung (= Peters Geld) vorläge; in diesem etwas unplausiblen Fall wäre keine P-Reduktion im zweiten Konjunkt möglich. Bei (127) kommt es nicht auf die formale Identität an. Die beibehaltene Bedeutung ist auch dieselbe in

(129) Hans verdient sein Geld ehrlich und Maria VERDIENT IHR GELD unehrlich.

Daß es im einen Fall *sein* und im andern *ihr* heißt, rührt lediglich aus der formalen Kongruenz mit dem bindenden Subjekt. Die beibehaltene, nicht auf die Bindung zurückgehende Bedeutung ist nach wie vor „Geld jener Person, die durch das Subjekt bezeichnet wird."

Besser sehen kann man dies noch bei englischen Reflexiva wie in

(130) John did not accuse himself, but Mary did ACCUSE HERSELF.

Beibehalten wird „accuse that person which is denoted by the subject", und welche Person dies ist, wird im Satz selbst eben durch dessen Subjekt eingeführt. Was dieser „Bindungsbeitrag zur Bedeutung" ist, variiert naturgemäß, sofern verschiedene Subjekte vorliegen (einschließlich indefiniter Subjekte, wie in *but everybody else did* oder *but many others did*).

Damit haben wir zwar nicht alle Komplikationen der Beibehaltung von Bedeutung umrissen, wohl aber die wichtigsten. Nichts davon ist in irgendeiner Weise spezifisch für die P-Reduktion.

Wie man überhaupt eine eingeführte Bedeutung beibehalten kann, ist ein weites Feld. Der einfachste Weg scheint es, jenen Ausdruck zu wiederholen, mit dem sie eingeführt wurde. Wie wir gesehen haben, geht dies nicht bei Indefinita, weil sie neue Bedeutungen einführen; bei deiktischen, anaphorischen und gebundenen Ausdrücken geht es nur, wenn eben die Art der Kontextergänzung bzw. die Art der Bindung ebenfalls gewahrt bleiben. Faktoren, die nichts mit der Beibehaltung der Bedeutung zu tun haben, etwa Numerus- oder Genuskongruenz, spielen keine Rolle. Umgekehrt gibt es in allen Sprachen viele andere Möglichkeiten, beibehaltene Information durch spezielle Ausdrucksmittel zu bezeichnen, insbesondere anaphorische Elemente. Diese sind allerdings auf spezielle Konstituenten beschränkt; so gibt es im Deutschen ein anaphorisches Element für die Bedeutung von *der Mann*, nicht aber für die Bedeutung von *gegangen* oder *traurig*. Im Englischen kann man für letztere *so* verwenden, wie in *John had left, and so had Peter* oder *John was sad,* *and so was Mary*. Aber auch im Englischen gibt es keine Anapher für *perhaps* oder *very*.

Man kann sich nun fragen, ob es Fälle gibt, in denen man eine eingeführte Bedeutung beibehalten möchte, es aber nicht nur kein geeignetes anaphorisches Wort, sondern nicht einmal eine volle lexikalische Konstruktion (die dann eventuell p-reduzierbar wäre) dafür gibt. Dies scheint zunächst sehr unplausibel; aber dies wäre nur so, wenn die gesamte Bedeutung aus dem Lexikon käme und wenn sich ein Ausdruck mit bestimmter Bedeutung nach Belieben in eine Konstruktion integrieren ließe. Es kann durchaus sein, daß sich eine Bedeutung lexikalisch ausdrücken, aber nicht oder nicht leicht so in den Satz integrieren läßt, daß bestimmte unerwünschte Interaktionen mit dem Restsatz vermieden werden. Dies ist möglicherweise bei Komparativsätzen der Fall (vgl. Abschnitt 4.5.) In einem Vergleich wie

(131) Hans ist größer als Maria.

wird nicht die Größe von Hans mit Maria, sondern mit der Größe von Maria verglichen, d. h. die Eigenschaft der Größe wird auch auf Maria angewandt. Dies kann man aber nicht durch

(132) Hans ist größer als Maria groß ist.

ausdrücken, weil dies implizieren würde, daß Maria groß ist. Für jene Bedeutung, die wirklich beibehalten wird, gibt es zumindest im Deutschen keine gute lexikalisierte Ausdrucksweise; es ist genau jene Bedeutung, die auch in

(133) Hans ist kleiner als Maria.

beibehalten ist. (Am ehesten könnte man noch sagen *als Maria größenmäßig ist.*) Ob man daher Komparativkonstruktionen wie diese als Fälle von P-Reduktion und damit als Ellipse beschreibt, hängt davon ab, ob man diesen Begriff auf die phonologische Reduktion tatsächlich lexikalisierter Ausdrücke bezieht, wie wir dies hier getan haben, oder ob man auch von P-Reduktion reden möchte, wenn lediglich eine Bedeutungskomponente beibehalten und an der betreffenden Stelle mitverstanden ist.

6.3.2. Topik und Topikausdruck

Während es über die erste für die P-Reduktion wichtige Bedingung, daß nämlich die Bedeutung des betreffenden Ausdrucks beibehalten sein muß, eine ausgedehnte Literatur gibt und demnach auch viele wesentliche Fragen geklärt sind, ist dies für die zweite Bedingung — der p-reduzierbare Ausdruck muß ein Topikausdruck sein — weit weniger der Fall. Im Grunde geht es dabei um zwei Probleme, die beide nicht ellipsenspezifisch sind: (a) Wie ist die interne Topik-Fokus-Gliederung der (eventuell reduzierbaren) Äußerung, und (b) Welcher Art sind die Vorgaben, die der vorausgehende Kontext für die betreffende Äußerung schafft?

Letzteres Problem wurde in Abschnitt 6.2. kurz behandelt. Der vorausgehende Kontext schafft einen gewissen „Diskussionsstand" (Klein/von Stechow 1982), zu dem die folgende Äußerung passen muß. Offenbar sind die Vorgaben unterschiedlich, je nachdem, ob eine Frage, eine Behauptung, der erste Teil einer Konjunktion oder sonst etwas vorausgehen. Fragen legen sehr klar fest, was in der Antwort Topik und was Fokus ist; sie sind allerdings an bestimmte Mittel, etwa das Vorhandensein geeigneter W-Wörter, gebunden. So kann man etwa durch *warum* einen Kausalsatz (... *weil* ...) als Teil der Antwort fokussieren. Für einen Adversativsatz (... *obwohl* ...) ist dies nicht möglich, weil es kein entsprechendes W-Wort gibt. Behauptungen mit nachfolgender Korrektur oder Fortführung sind hier flexibler (vgl. die Beispiele (122/3)). Besonders eng sind die Vorgaben naturgemäß bei Satzkoordinationen; es muß zwischen den beiden Konjunkten ein gewisses verbindendes Moment geben, das im einzelnen aber sehr unterschiedlich ausfallen kann; ausführlich studiert wurde dies in Lang (1982). Wir können dies hier nicht weiter verfolgen.

Wie man die Vorgaben in diesen verschiedenen Fällen präzise mit den Mitteln der formalen Semantik rekonstruieren kann, ist nicht einfach zu sagen. Man denkt natürlich an die altbekannten Präsuppositionen. Es ist aber nicht zu sehen, wie dies bei simplen Fällen wie *Kommt jemand?* — *Ja, es kommt jemand.* gehen soll. Was die Frage hier leistet, ist die Alternative „Es kommt jemand — wahr oder falsch" zur Entscheidung zu stellen; Topik der Antwort ist diese Alternative, und Fokus der Antwort ist die Entscheidung für eine dieser beiden Möglichkeiten. Ausgedrückt wird dieser Fokus durch *ja* sowie — in Verbindung mit der Topik — durch den vollen Satz *es kommt jemand*. Welche Präsupposition wird nun durch die Frage eingeführt? Es kann offenbar nicht sein *Jemand kommt*, denn dann würde sich die Antwort erübrigen. Ebenfalls kann nicht der Satz *Es trifft zu, daß jemand kommt, oder es trifft nicht zu, daß jemand kommt* Präsupposition sein, denn dies ist tautologisch. Die „Vorgabe" durch die Frage kann also nicht als ein „Präsuppositionsgerüst" beschrieben werden. Betrachten wir noch einen zweiten Fall, die Frage-Antwort-Folge *Wer war wo?* — *Karl WAR im Bad, Hans WAR in der Küche?* Es ist klar, was in der Antwort Topik und Fokus ist; die Topik kann p-reduziert werden. Was aber ist die Präsupposition, die durch die Frage eingeführt wird? Sicher nicht *Jemand war irgendwo*, denn dies ist trivialerweise wahr. Jeder gelesene Satz hat diese Präsupposition, weil zumindest der Leser irgendwo sein muß. Das Wesen der Topik besteht darin, bestimmte alternative Möglichkeiten zur Entscheidung zu stellen, nicht aber darin, bestimmte Sachverhalte als wahr zu kennzeichnen, und das Wesen des Fokus besteht darin, eben diese anstehende Alternative zu spezifizieren.

Wie geschieht dies nun in der Antwort, d. h. wie ist die Topik-Fokus-Gliederung in der Äußerung selbst? Sowohl Topik wie Fokus sind die Bedeutung bestimmter Ausdrücke, die insgesamt die Äußerung bilden. Dabei muß man unterscheiden, ob ein bestimmter Ausdruck Topikausdruck (Fokusausdruck) ist oder nur zum Topikausdruck (Fokusausdruck) beiträgt. Wird auf die Frage *Was hat Peter gekauft?* mit *Peter hat einen Steinadler gekauft* geantwortet, so ist die NP *einen Steinadler* Fokusausdruck; auf die Frage *Was hat Peter getan* trägt dieselbe NP *einen Steinadler* in der Antwort *Peter hat einen Steinadler gekauft* nur zum Ausdruck des Fokus bei; Fokusausdruck selbst ist *einen Steinadler gekauft*. Man muß nun, wenn man die Prinzipien der Topik-Fokus-Gliederung in einer bestimmten Sprache beschreiben will, zwei eng zusammenhängende Probleme unterscheiden, nämlich (a) Wie setzt sich der Topikausdruck (Fokusausdruck) aus kleineren Einheiten zusammen?, und (b) Wie wird markiert, daß etwas Topikausdruck (Fokusausdruck) ist? Sowohl für die „TF-Kompositionalität" wie für die „TF-Markierung" spielt die syntaktische Struktur eine wesentliche Rolle; die Art, wie sich der Topikausdruck (Fokusausdruck) aus kleineren Elementen zusammensetzt, kann nicht von der syntaktischen Struktur unabhängig sein; ebenso spielen die wichtigsten Ausdrucksmittel der Topik- und Fokusmarkierung, nämlich Wortstellung und Intonation, eine wesentliche Rolle in der Syntax. Aber die Syntax determiniert nicht die Topik-Fokus-Gliederung; die Beispiele (121 a – f) machen dies schlagend deutlich. Deshalb kann man die Bedingungen der P-Reduktion auch nicht auf syntaktische Faktoren zurückführen; aber sie ist auch nicht von der Syntax unabhängig, insofern letztere bei der Topik-Fokus-Gliederung eine Rolle spielt.

Sowohl TF-Kompositionalität wie TF-Markierung unterliegen einzelsprachlicher Parametrisierung. Sie auch nur für eine Sprache darzustellen, ist hier nicht der Ort. Auch gibt es erst wenige Untersuchungen dazu (vgl. insbesondere Klein/von Stechow 1982; Jacobs 1983; Abraham/de Meij 1986; von Stechow 1988). Deshalb soll hier nur ein Punkt angedeutet werden, der für die Ellipse von besonderer Bedeutung ist. Er betrifft die Rolle der finiten Komponente des Verbs (Finitum), im Gegensatz zur lexikalischen Komponente des Verbs. Das Finitum drückt im Deutschen und verwandten Sprachen nicht nur Tempus, Modus, Kongruenz und ähnliches aus, sondern insbesondere den „Geltungsanspruch". Man kann sich dies gut durch die Fokussierung von *war* in *Hans war hier* verdeutlichen. Damit wird entweder ein Gegensatz zu *Hans ist hier* bzw. *Hans wird hier sein* markiert (Tempus fokussiert) oder aber zu *Hans war nicht hier* (Geltungsanspruch fokussiert). Im Deutschen scheint nun folgende Bedingung für die Topik-Fokus-Gliederung zu gelten:

(134) Fin-Beschränkung
Elemente, die nach dem Träger des Geltungsanspruchs, also dem Finitum, stehen, können nicht Topikausdruck sein.

Das heißt umgekehrt nicht, daß solche Elemente schon deshalb Fokusausdruck sein müssen; auch schließt es nicht aus, daß solche Elemente zum Topikausdruck *beitragen*. Die Fin-Beschränkung hat nun unmittelbar Konsequenzen für eine mögliche P-Reduktion. Elemente *vor* dem Finitum können p-reduziert werden, Elemente danach — bei im übrigen gleicher syntaktischer Struktur — aber nicht. Dies würde den merkwürdigen Gegensatz von Fällen wie (112) und (113) in Abschnitt 5.4. erklären. Es erklärt weiterhin, daß man bei Endstellung des Finitums durchaus mehrere Argumente, die davor stehen, p-reduzieren kann:

(135) weil Hans seine Schwester zuhause abgeholt und ER SEINE SCHWESTER ins Krankenhaus gebracht hat.

Wenn nun das Finitum selbst fällt, ist die Fin-Beschränkung aufgehoben (man beachte, daß ein solcher Wegfall nicht die syntaktische Information des Finitums betrifft: (134) ist keine syntaktische Regel, sondern eine Bedingung für die Topik-Fokus-Gliederung). Deshalb sollten bei Wegfall des Finitums eine Reihe weiterer P-Reduktionen möglich sein. Dies ist im Deutschen in der Tat so, wenn das Finitum p-reduziert ist, können alle anderen Konstituenten — falls Topikausdruck — p-reduziert werden, wie in Klein (1981, 71, „Rule 4") gezeigt wurde. Das in Abschnitt 4.3. diskutierte Gapping ist nur ein Sonderfall davon. Maßgeblich dafür ist nämlich nicht, daß das lexikalische Verb fällt, sondern das Finitum:

(136 a) Karl will Maria heiraten und Werner soll Irmi *HEIRATEN.
(136 b) Karl will Maria heiraten und Werner WILL Irmi verlassen.

Bei (136 a) kann das lexikalische Verb nicht fallen, wohl aber das Finitum bei (136 b), obwohl das Verb selbst erhalten bleibt. Falls natürlich Finitum und lexikalisches Verb, wie oft im Deutschen, zu einer morphologischen Form verschmolzen sind, kann das eine nicht ohne das andere p-reduziert werden; daher rührt die traditionell falsche Analyse des Gapping.

Worauf es bei (131) ankommt, ist nicht die syntaktische Funktion des Finitums, sondern seine Rolle als Träger des Geltungsanspruchs. Dies würde auch ein weites Spektrum von sonst rätselhaften Ellipsen in Äußerungen erklären, bei denen zwar ein finites Verb vorkommt, dieses aber keinen solchen Geltungsanspruch ausdrückt. Dies sind Echo-Wiederholungen. Wenn etwa jemand sagt

(137) Hans hat in der Küche eine Banane gegessen.

so kann der ganze Satz als Echo-Frage wiederholt werden — aber auch praktisch jedes beliebige Element allein, sofern man eben dies bezweifeln will. Wenn man also sagt *in?* (mit steigender Intonation), so ist damit in Zweifel gezogen, daß es *in* der Küche war; alle andern Elemente sind beibehalten, aber p-reduziert.

Ob sich die Fin-Beschränkung in dieser Form halten läßt und wie sich dies in andern, verwandten Sprachen verhält, kann hier nicht verfolgt werden. Es sei nur darauf hingewiesen, daß das Englische eine „Extraktion" der Finitheit durch ein eigenes Wort, eben *to do*, erlaubt. Dies schafft damit ganz andere Möglichkeiten der Topik-Fokus-Markierung und somit auch der Ellipse. Es sollte auch erwähnt werden, daß die Fin-Beschränkung nicht die einzige derartige Bedingung ist. Im deutschen Nebensatz ist die Fin-Beschränkung praktisch wirkungslos, weil das Finitum normalerweise am Ende steht. Man kann aber annehmen, daß die Konjunktion (oder allgemein das Element COMP) im Nebensatz diese Funktion hat, d. h. kein einzelnes Element rechts von COMP kann Topikausdruck des ganzen Satzes sein („COMP-Beschränkung"). Daher ist innerhalb des Nebensatzes keine p-Reduktion eines Topikausdrucks möglich.

Ob sich diese Prinzipien der Topik-Fokus-Gliederung halten lassen und welche weiteren es in den einzelnen Sprachen gibt, muß weiter erforscht werden. Deutlich sein sollte jedoch, daß die Ellipse bloß ein Epiphänomen dieser Strukturierung ist.

6.4. Rückwärtsellipse

Regel E erfaßt nur jene Fälle von Ellipse, bei denen eine Topik beibehalten ist. Sie gilt daher nicht für „Rückwärtsellipse", wie wir sie im allgemeinen Kontext der Koordinationsreduktion diskutiert haben (Abschnitt 4.2.2.). Diese folgt in einer Reihe von Punkten anderen Gesetzlichkeiten. Sie ist, wie schon in 4.2.2. bemerkt, nicht unbedingt an Konstituenten gebunden. Sie ist auf unmittelbar parallele Konjunkte beschränkt, d. h. sie ist nicht bei Adjazenzpaaren möglich. Diese Konjunkte müssen nicht nur syntaktisch parallel sein, sondern auch dieselbe Topik-Fokus-Gliederung aufweisen. Weiterhin braucht der ausgelassene Teil nicht zur Topik zu gehören; normalerweise ist er ein Teil des Fokus, wie es auch seiner Endstellung entspricht; daher kann er auch beim zweiten Vorkommen betont sein. Eine geeignete Regel kann demnach lauten:

(138) Regel R
Identisches Endstück in parallelen Konjunkten kann beim ersten Vorkommen p-reduziert werden.

Diese Regel nimmt also weder auf die syntaktische Struktur der p-reduzierten Einheiten noch auf neue bzw. beibehaltene Information Bezug; maßgeblich ist allein formale Identität der beiden Endstücke. Es kann sein, daß diese Formulierung zu allgemein ist. So berücksichtigt sie nicht, daß das letzte nicht p-reduzierte Wort betont sein muß, weil es in einem gewissen Kontrast zu seinem Gegenstück im zweiten Konjunkt steht.

7. Schluß

Aufbau und Bedeutung elliptischer Ausdrücke zu beschreiben, ist ein schwieriges Unterfangen. Wir haben in Abschnitt 6. skizziert, wie man sich eine allgemeine Lösung dieses Problems vorstellen kann, die nahezu keine Annahmen über das hinaus macht, was ohnehin für die Syntax und Semantik benötigt wird. Sie betrachtet die Ellipse als einen Prozeß der phonologischen Reduktion: die phonologische Komponente lexikalischer Einheiten kann unter bestimmten Bedingungen weggelassen werden. Bei Rückwärtsellipse ist die Bedingung formale Identität eines Endstücks (Regel R). Bei den verschiedenen Fällen der Vorwärtsellipse handelt es sich bei den p-reduzierten Einheiten um jene, die in der gegebenen Äußerung die eine beibehaltene Topik ausdrücken (Regel E). Was beibehalten wird und was als Topikausdruck zählt, hängt von verschiedenen Faktoren ab; auch ist es in gewissen Grenzen einzelsprachlich verschieden.

Diese Bedingungen gelten für kontextkontrollierte im Gegensatz zu nur kontextabhängigen Ellipsen (vgl. Abschnitt 2.). Man kann nun annehmen, daß unter bestimmten Bedingungen die Topik überhaupt nicht aus dem sprachlichen Kontext beibehalten zu sein braucht, sondern sich aus dem situativen Kontext ergibt. Dabei ist wesentlich, daß dem situativen Kontext nie ein bestimmter lexikalischer Gehalt zu entnehmen ist, sondern ein bestimmtes Referenzobjekt, das man in der einen oder andern Weise durch einen bestimmten lexikalischen Gehalt beschreiben könnte. Wie dies im einzelnen geschieht, ist diffus und bislang wenig erforscht. Aber wenn es überhaupt Regeln für die in Abschnitt 3. aufgelisteten Fälle nicht kontextkontrollierter Ellipsen gibt, so lassen sie sich am ehesten angeben, wenn man die Bedingung „beibehalten" von Regel E lockert und durch andere, schwächere Beschränkungen ersetzt. Solche Abschwächungen können unterschiedlicher Art sein. So ist denkbar, daß die Frage, von der die Topik „beibehalten" wird, nicht explizit gestellt wird. Dies ist der Fall bei Bestellungen wie *einen schwarzen*, die auf eine imaginäre Frage wie *Was möchten Sie? Was darf ich Ihnen bringen?* o. a. antworten. In andern Fällen ist der situative Kontext so beschränkt, daß keine Alternative, aus der zu wählen ist — also keine Topik — explizit gemacht zu werden braucht, wie bei Handlungsellipsen der Art *Rechts um*. Ob sich alle in Abschnitt 2. erwähnten Fälle von Ellipsen als mehr oder minder plausible Abschwächungen deuten lassen oder ob manche von ihnen einfach Idiosynkrasien sind, muß offen bleiben.

8. Literatur

Abraham, Werner, and Sjaak de Meij (eds.) 1986. Topic, focus, and configurationality. Amsterdam.

Bech, Gunnar. 1955. Das deutsche Verbum infinitum. Kopenhagen. (Bd. 2, 1957; Neudruck Tübingen 1983).

Betten, Anne. 1976. Ellipsen, Anakoluthe und Parenthesen. Deutsche Sprache 4. 207—230.

Bresnan, Joan. 1973. Syntax of the comparative clause construction in English. Linguistic Inquiry 4. 275—343.

Bierwisch, Manfred, und Ewald Lang. (Hrsg.) 1987. Grammatische und konzeptuelle Aspekte von Dimensionsadjektiven. Berlin.

Bühler, Karl. 1934. Sprachtheorie. Jena.

Chao, Wynn. 1988. On ellipsis. New York. Amherst: dissertation, 1987.

Chomsky, Noam. 1957. Syntactic structures. Den Haag.

—. 1965. Aspects of the theory of syntax. Cambridge, MA.

Dik, Simon. 1968. Coordination: Its implications for the theory of general linguistics. Amsterdam.

Dougherty, Ray. 1970. A grammar of coordinate conjoined structures I'. Language 46. 850—898.

—. 1971. A grammar of coordinate conjoined structures II'. Language 47. 298—339.

Eisenberg, Peter. 1973. A note of identity of constituents. Linguistic Inquiry 4. 417—420.

Fiengo, Robert. 1974. Semantic conditions on surface structure, Massachussetts: PhD dissertation, unpublished.

Gazdar, Gerald. 1981. Unbounded dependencies and coordinated structure. Linguistic Inquiry 12. 155—182.

—., *Klein, Gerald, Pullum, Ewan, Geoffrey and Ivan Sag.* 1985. Generalised Phrase Structure Grammar. Oxford.

Gleitman, Lila. 1965. Coordinating conjunctions in English. Language 41. 260—293.

Goodall, Grant. 1987. Parallel structures in syntax: coordination, causatives, and reconstructuring. Cambridge.

Grinder, John, and Paul Postal. 1971. Missing antecedents. Linguistic Inquiry 2. 269—312.

Hankamer, Jorge. 1971. Constraints on deletion in syntax, Yale: PhD. dissertation.

—. 1973. Unacceptable ambiguity. Linguistic Inquiry 4. 17—68.

—, *and Ivan Sag.* 1976. Deep and surface anaphora. Linguistic Inquiry 7. 391—426.

Harris, Zellig. 1951. Discourse structure. Language 28. 1—30.

Heeschen, Claus, and Herman Kolk. 1988. Agrammatism and paragrammatism. Aphasiology 2. 299—302.

Huang, Cheng-Teh James. 1984. On the distribution and reference of empty pronouns. Linguistic Inquiry 15. 531—574.

Isačenko, Alexander. 1965. Kontextbedingte Ellipse und Pronominalisierung im Deutschen. Beiträge zur Sprachwissenschaft, Volkskunde und Literaturforschung. Wolfgang Steinitz zum 60. Geburtstag. 163—174. Berlin.

Jackendoff, Ray. 1971. Gapping and related rules. Linguistic Inquiry 2. 21—35.

Jacobs, Joachim. 1983. Fokus und Skalen: zur Syntax und Semantik der Gradpartikeln im Deutschen. Tübingen.

Kindt, Walther. 1985. Grammatische Prinzipien sogenannter Ellipsen und ein neues Syntaxmodell. Ellipsen und fragmentarische Ausdrücke, Bd. 1, hrsg. von R. Meyer-Herman & H. Rieser, 161—290. Tübingen.

Klein, Wolfgang. 1979. Reguläre Ellipsen im Deutschen. Nijmegen, Ms, unveröff.

—. 1981 a. Some rules of regular ellipsis in German. Crossing the boundaries in linguistics. A Festschrift for Manfred Bierwisch, hrsg. von W. Klein & W.J.M. Levelt, 51—78. Dordrecht.

—. 1981 b. Some remarks on Sanders' typology of elliptical coordinations. Linguistics 18. 871—876.

—. 1984: Bühler Ellipse. Karl Bühlers Axiomatik, hrsg. von C. F. Graumann & Th. Herrmann. Frankfurt.

Klein, Wolfgang, und Arnim von Stechow. 1982. Intention und Bedeutung von Fokus. Arbeitspapier 77 des SFB 99, Universität Konstanz.

Klein, Wolfgang, und Christiane von Stutterheim. 1987. Quaestio und referentielle Bewegung in Erzählungen. Linguistische Berichte 109. 163—183.

Kuno, Susumu. 1976. Gapping: A functional analysis. Linguistic Inquiry 7. 300—318.

—. 1982. Principles of discourse deletion: case studies from English, Russian and Japanese. Journal of Semantics 1. 61—93.

Lang, Ewald. 1984. The Semantics of Coordination. Amsterdam.

Levelt, Willem. 1982. Linearization in describing spatial networks. Processes, Beliefs, and Questions. Essays on Formal Semantics of Natural Language and Natural Language Processing, hrsg. von S. Peter & E. Saarinen, 199—220, Dordrecht.

Lindner, Johann. 1780. Abhandlung über die Lateinischen Ellipsen. Frankfurt a.M.

Meyer-Hermann, Reinhardt, und Hannes Rieser. (Hrsg.) 1985. Ellipsen und fragmentarische Ausdrücke. 2 Bd. Tübingen.

Napoli, Donna. 1983. Comparative ellipsis. A phrase structure analysis. Linguistic Inquiry 14. 675—694.

Neijt, Anneke. 1979. Gapping: A contribution to sentence grammar. Dordrecht.

Nikula, Henk. 1978. Kontextuell und lexikalisch bedingte Ellipse. Turku.

Olsen, Susan. 1987. Zum „substantivierten" Adjektiv im Deutschen: Deutsch als eine pro-drop Sprache. Studium Linguistik 21. 1—35.

Oirsouw, Robert van. 1987. The syntax of coordination. London.

Perlmutter, David. 1971. Deep and surface structure constraints in syntax. New York.

Postal, Paul. 1974. On raising: one rule of English grammar and its theoretical implications. Cambridge.

Rath, Rainer, und Alois Brandstetter. 1968. Zur Syntax des Telegrams und des Wetterberichts. Mannheim.

Rosenbaum, Harvey. 1977. Zapotec gapping as counterevidence to some universal proposals. Linguistic Inquiry 8. 379—395.

Ross, John. 1967. Constraints on variables in syntax. Massachussetts: Ph. D. dissertation.

—. 1969. Guess who? Papers from the Fifth Regional Meeting of the Chicago Linguistic Society. 252—286.

—. 1970. Gapping and the order of constituents. Progress in linguistics, hrsg. von M. Bierwisch & K. E. Heidolph, 249—259. The Hague.

—. 1982. Pronoun deletion processes in German. Paper delivered at the LSA Annual Meeting 1982, San Diego.

Sag, Ivan. 1976. Deletion and logical form. Massachussetts: PhD dissertation.

Sanders, Gerald. 1977. A functional typology of elliptical coordinations. Current themes in linguistics, hrsg. von Fred E. Eckman, 241—270. Washington.

Sandig, Barbara. 1971. Syntaktische Typologie der Schlagzeile. München.

Schiefer, Erhard. 1974. Zur Abgrenzung von Nominalsatz und Ellipse. Zeitschrift für vergleichende Sprachforschung 88. 199—217.

Stechow, Arnim von. 1988. Focussing and background operators. Arbeitspapier 6 der Fachgruppe Sprachwissenschaft, Konstanz.

Stump, Gregory. 1978. Interpretive gapping in Montague Grammar. Papers from the Fourteenth Annual Meeting of the Chicago Linguistic Society, Chicago.

Tai, James. 1969. Coordination Reduction. Indiana: Ph. D. dissertation.

Wasow, Thomas. 1972. Anaphoric relations in English. Massachussetts: Ph. D. dissertation.

Williams, Edwin. 1977. Discourse and Logical Form. Linguistic Inquiry 8. 101—139.

Wunderlich, Dieter. 1987. Vermeide Pronomen — vermeide leere Kategorien. Studium Linguistik 21. 36—44.

—. 1988. Some Problems of Coordination in German. Natural Language Parsing and Linguistic Theories, hrsg. von U. Reyle und Ch. Rohrer, 289—316. Dordrecht.

Zribi-Hertz, Anne. 1986. Relations Anaphoriques en Français. Esquisse d'une grammaire generative raisonnée de la réflexivité et de l'ellipse structurale. Thèse d'Etat, Université de Paris VIII.

Wolfgang Klein, Nijmegen (Niederlande)

37. Serial Verb Constructions

1. Introduction
2. Bivalent VPs
3. Infl in Bivalent VPs
4. Theta-theoretic Properties of Bivalent VPs
5. Conclusion
6. References

1. Introduction

A serial verb construction is a succession of verbs and their complements (if any) in a single clause with one subject and one tense or aspect value. Some Yorùbá examples:

(1 a) Jímọ̀ ọ́ ra ẹ̀wù bùn mi.
      Agr buy garment present 1sg
    'Jímọ̀ bought me [a] garment'

(1 b) Olùkọ́ fi ẹgba nà mí.
      teacher.Agr use whip flog 1sg
    '[The] teacher whipped me'

(1 c) Ọlọ́pàá na olè náà bẹ́.
      police.Agr flog thief the cut
    '[The] police whipped the thief bloody'

(1 d) Jímọ̀ ọ́ ro'jọ́ sunkún.
      Agr state.case weep
    'Jímọ̀ stated [his] case and wept'

In (1 a), *rà ... bùn* roughly translates as 'buy for', and is often referred to as benefactive. In (1 b), *fi ... nà* translates as 'flog with', a so-called instrumental construction. In (1 c), *nà ... bẹ́* translates as the English resultative 'whip bloody'. *Ro'jọ́ ... sunkún* in (1 d) corresponds to multiple, sequential events: 'state [one's] case [and] weep'.

I argue that serialization reduces to the possibility of adjoining one VP to another. As "bivalent VPs", the surface realization of serial constructions is further constrained by the relation between V and Infl. Typologically this yields encouraging results, providing a principled account for differences between serializing languages, as well as establishing an explicit link between verb serialization and V-V compounding.

1.1. Identification

Although a serial construction involves a succession of verbs, this is not a sufficient criterion to identify one. In Yorùbá, restrictions on agreement, aspect and NP-extraction distinguish serial constructions from bi-clausal structures and from VP coordination.

In serial constructions, the subject high tone agreement element appears only once, before the first verb, as in (1). In contrast, control constructions (Bámgbóṣé 1967; 1971; Awóyalé 1983; 1987) require repetition of subject agreement before each verb, as in (2).

(2 a) Jímọ̀ ọ́ pẹ́ ẹ́ dé.
     Agr take.time Agr arrive
     'Jímọ̀ arrived late'
(2 b) Jímọ̀ ọ́ fẹ́ ẹ́ bẹ̀rẹ̀ sí
     Agr like Agr begin towards
     í kọ́ ọkọ̀ ọ́ wà.
     Agr learn vehicle Agr drive
     'Jímọ̀ wants to start
     to learn to drive a car'

Modal auxiliaries are in complementary distribution with agreement: they come before the first verb, and only the first verb, of a serial construction.

(3) Jímọ̀ yóò ra ẹ̀wù
     Pros buy garment
     (*yóò) bùn mi.
     Pros present 1sg.
     'My father will buy me [a] garment'

It is possible to extract the complement of any verb in a serial construction, so that an example like (3) displays no coordinate structure effect:

(4 a) Ẹ̀wù$_i$ ni Jímọ̀ ọ́ rà t$_i$ bùn mi.
     garment Foc Agr buy present 1sg
     'It's a garment that Jímọ̀ bought me'
(4 b) Èmi$_i$ ni Jímọ̀ ọ́ ra ẹ̀wù bùn t$_i$.
     1sg Foc Agr buy garment present
     'It's me that Jímọ̀ bought a garment for'

1.2. Distribution and Representation

Serial constructions occur in every known language of the Kwa family (Niger-Congo), and in many 'creole' languages with Kwa substrates (Jansen/Koopman/Muysken 1978). Depending on the definition adopted, Schiller (1991) finds serial constructions in some or all of the following language families: Hmong-Mien (Court 1985), Mon-Khmer (Phillips 1973; Clark 1977), Oceanic (Crowley 1987; Durie 1988), Sino-Tibetan (Li/Thompson 1973; Matisoff 1973; Li 1988; Solnit 1990), Tai-Kadai (Sereecharoensatit 1984; Thepkanjana 1986), Papuan (Pawley 1980), Semitic (Hussein 1990). In the indigenous Americas, Craig/Hale (1988) describe "verb sequencing" in the Misumalpan languages of Atlantic Nicaragua.

Any classificatory attempt faces two immediate problems. First, "serializing" languages differ in the range of examples they allow. For example, while Yorùbá has all four types illustrated in (1), fewer options are available in Haitian and Ìgbo. Haitian has just the dative type, (5 a). On the surface at least, Ìgbo is limited to the instrumental and multi-event types, (6 b) and (6 d) respectively.

(5 a) Pè m achte ròb bay m.
     father 1sg buy garment give 1sg.
     'My father gave me [a] garment'
(5 b) *Emil pran kouto koupe fri yo.
     take knife cut fruit Def
     [Emil cut the fruit with a knife]
(5 c) *Jandam kale vòlè a senyen.
     police whip thief Def bleed
     [Police whipped the thief bloody]
(5 d) *Emil babye rele.
     complain cry
     [Emil complained and cried]
(6 a) *Ó bì-ri ákwà nyé Ádha.
     3sg lend-ØAsp cloth give
     [S/he lent Adha [some] cloth]
(6 b) Ó jì m̀mà bhá-a jí.
     3sg hold knife peel-Asp yam.Gen
     'S/he peeled yam[s] with [a] knife'
(6 c) *Ó rí-ri afọ ju-o.
     3sg eat-ØAsp stomach be.full-Asp
     [S/he ate her/his stomach full

(6 d) Ó kwù-ru ókwu kḫwa-a
   3sg speak-ØAsp word cry-Asp
   akḫwá.
   tears.Gen
   'S/he spoke and cried'

Schiller (1991, 40) makes a similar point for Southeast Asian languages: Mon-Khmer and Austronesian have limited serialization compared to Hmong-Mien and Tai-Kadai.

A second problem for classificatory schemes is that "non-serializing" languages can have sentences with all the properties of serial verb constructions. In some Germanic languages there are superficially coordinate VPs with no overt subject before the second verb, and where both verbs have the same tense. This is attested for English (Ross 1967; Hutchinson 1975; Carden/Pesetsky 1977; Goldsmith 1985; Lakoff 1986; E. Williams 1989), for Swedish (Anward 1988) and for Norwegian (Creider 1986; Åfarli/Creider 1987; Johnsen 1988; Den Dikken 1991).

(7 a) English:
   Ann went to the store and bought some whisky.
   John should move to Boston and live with that woman.

(7 b) Swedish:
   Hon gick och gifte sig med
   She go.past and marry.past self with
   en norrman.
   a Norwegian
   'She went and married a Norwegian'

(7 c) Norwegian:
   Han tok en bok fra hylla
   he take.Past a book from shelf-the
   og la på bordet.
   and put.Past on table-the
   'He took a book from the shelf and put [it] on the table'

Despite the conjunction (*and, och, og*), extraction from the second conjunct is allowed:

(8 a) English:
   What_i did Ann go to the store and [buy t_i]?
   Which woman_i should John move to Boston and [live with t_i]?

(8 b) Swedish:
   En norrman_i gick hon och
   a Norwegian go-Past she and
   [gifte sig med t_i].
   marry.Past self with
   'A Norwegian, she went and married'

(8 c) Norwegian:
   Bordet_i tok han en bok fra
   table-the take.Past he a book from
   hylla og [la på t_i].
   shelf-the and put.Past on
   'The table, he took a book from the shelf and put [it] on'

Behind the problem of definition and distribution is the question of underlying and surface representation. To combine two or more predicates with a single subject without overt coordination or subordination, generative grammar has resorted to a wide range of devices, including special transformations (Stewart 1963; Stahlke 1970; Bámgbóṣé 1974; van Leynseele 1979), special phrase structure rules (W. Williams 1971; Lord 1973; Schachter 1974), control of null subject arguments (Byrne 1985; Bickerton/Iatridou 1987), and special phrase structure parameters (Muysken 1988; Baker 1989 a).

In view of examples (5)—(8), it is unlikely that serialization is a unitary phenomenon licensed by a single rule or parameter. Rather, I suggest that the distribution across languages reflects the interaction of independent factors such as the morphological content of Infl and its relation to V. This approach recalls the modular analysis of passive (Jaeggli 1986; Baker et al. 1989), whereby differences across languages reduce to language-particular differences in certain morphemes. I discuss three languages in detail: Haitian, Ìgbo and Yorùbá. Typologically and historically close, they are a good test for the modular hypothesis. Ìgbo and Yorùbá, spoken primarily in Nigeria, belong to Kwa; Haitian has a Kwa substrate (Koopman 1986).

1.3. Sources and Orthographic Conventions

Haitian data are from Damoiseau (1982), DeGraff (1991), Fauchois (1982), Sylvain (1936), Valdman (1981), Wingerd (1983) and my notes.

Ìgbo data are from Éménanjọ (1978; 1981); Green/Ígwè (1963); Íhìọ́nụ́ (1988); Nwáchukwu (1982); Ụwaláàka (1982) and Winston (1973). I employ Nwáchukwu's tone-marking convention: both high and low are marked, but a tone mark is restricted to the first of the maximal sequence of syllables on the same pitch level. Thus, a sequence of two high tone marks indicates a downstep beginning at the second mark.

Yorùbá data are from Abraham (1958); Awóbùlúyì (1969); Awóyalé (1987; 1988); Lord (1974); Manfredi/Lániran (1988); Oyèlárăn (1982a; 1982b; 1989a; 1989b). High and low tones are marked on each syllable; mid is unmarked. A low tone verb becomes mid before a low tone-initial object, e.g. the citation form *rà* 'buy' corresponds to the phrase *ra ìwé* 'buy books'. By using subject NPs which end in a high tone (e.g. *Adé, Olú*), the literature has usually avoided writing the obligatory high tone Infl morpheme (here labelled Agr). After the name *Jímọ̀*, the high tone is written on a copy of the final vowel: *Jímọ̀ ọ́*. Nouns like *olópàá, olùkọ́* which inherently end in high tone are glossed *police.Agr, teacher.Agr* in subject position, indicating the latent high tone morpheme.

2. Bivalent VPs

Implicitly or explicitly, structures proposed for serial constructions have paralleled three different analyses of verb-preposition sequences.

If ternary branching is allowed, V can have PP as a sister (Baker 1988). Similarly, V can have VP (Jansen et al. 1978; Sebba 1987) or V′ (Baker 1989a) as a sister.

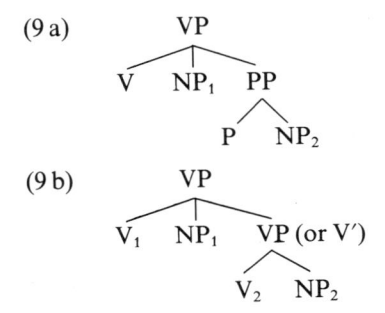

(9a) [tree: VP → V, NP$_1$, PP; PP → P, NP$_2$]

(9b) [tree: VP → V$_1$, NP$_1$, VP (or V′); lower VP → V$_2$, NP$_2$]

Assuming binary branching, PP can be sister to V′ (Chomsky 1981); similarly, serial verb constructions can be represented as a succession of V′ projections (Schiller 1991).

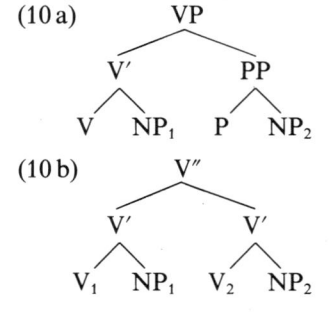

(10a) [tree: VP → V′, PP; V′ → V, NP$_1$; PP → P, NP$_2$]

(10b) [tree: V″ → V′, V′; first V′ → V$_1$, NP$_1$; second V′ → V$_2$, NP$_2$]

Also assuming binary branching, PP may be a "small clause" headed by P (thus, in essence: Hoekstra/Mulder 1990; den Dikken 1990). The corresponding structure for serial constructions has been proposed by Lefebvre (1991), adapting Larson (1988):

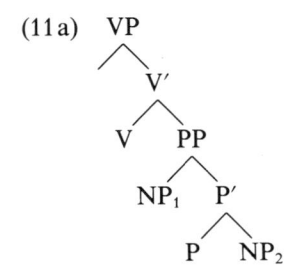

(11a) [tree: VP → V′; V′ → V, PP; PP → NP$_1$, P′; P′ → P, NP$_2$]

(11b) [tree: VP → V′; V′ → V$_1$, VP; VP → NP$_1$, V′; V′ → V$_2$, NP$_2$]

The three structures make different predictions. (9) and (10) predict that some processes will treat [V$_1$ NP$_1$] as a constituent. This indeed occurs in Yorùbá, posing problems for a small clause analysis like (11b). In all three structures, NP$_1$ c-commands NP$_2$ by the "first maximal projection" definition of c-command (Aoun/Sportiche 1981); (9) and (11) satisfy, and (10) fails, the "first branching node" definition (Reinhart 1983). Consistent with c-command, NP$_1$ can bind NP$_2$ in all three languages.

Serial constructions are problematic for theories which posit a universal set of semantic roles, whose realization is determined by a hierarchy (e.g. Jackendoff 1972, Bresnan/Kanerva 1989, Grimshaw 1990). Thematic mapping is not uniform in Yorùbá. In (12), V$_1$ assigns the Theme role, and V$_2$ assigns Beneficiary, Goal or Location. In (13), V$_2$ assigns Theme or Goal, while V$_1$ assigns Beneficiary, Instrument or Manner. To solve this mapping problem, Baker (1989a) posits "secondary" θ-roles.

(12a) Jímọ̀ ọ́ ra èwù bùn mi.
   Agr buy garment present 1sg
   'Jímọ̀ bought me [a] garment'
(12b) Jímọ̀ ọ́ rán mi ní obì.
   Agr send 1sg have kola
   'Jímọ̀ sent me for kolanuts'
(12c) Jímọ̀ ọ́ mú àpótí fún mi.
   Agr take box give 1sg
   'Jímọ̀ gave me [a] box'

(12 d) Jímọ̀ ọ́ mú àpótí dé ilé.
        Agr take box arrive home
        'Jímọ̀ brought home [a] box'

(13 a) Jímọ̀ ọ́ bá mi ra mọ́tò.
        Agr help 1sg buy vehicle
        'Jímọ̀ helped me buy a car'

(13 b) Jímọ̀ ọ́ fi ọmọ rẹ̀ rán iṣẹ́.
        Agr use son 3sg.Gen send job
        'Jímọ̀ sent a message via his son'

(13 c) Wọn fi sùúrú yanjú ọ̀rọ̀ náà.
        3pl use patience sort word Def
        'They patiently sorted out the affair'

(13 d) Jímọ̀ ọ́ bá mi dé ilé.
        Agr accompany 1sg arrive house
        'Jímọ̀ came home along with me'

Haitian only has examples like (12), and Ìgbo only has those like (13). This suggests that the thematic difference between (12) and (13) reflects a structural difference.

Analyses of serial constructions are driven by two conflicting intuitions. Some examples are viewed as subordinating, with one verb denoting the main event and the other acting as a modifier (Campbell 1989); other examples are treated as coordinating even if distinct, temporally ordered events are not expressed (e. g. Hyman 1971; Sebba 1987). But the subordinating/coordinating distinction is not a sharp one: Báṁgbóṣé (1974; 1986) posits a broad continuum "ranging from the most closely-knit to the least closely-knit" constructions, from idiomatic complex verbs to separate events.

For Awóyalé (1987; 1988), the difference between single and multi-event constructions is the compositional product of lexical and pragmatic factors. He views all serial constructions as adjoined verb-projections, differing in whether the first or the second verb is the "core" (or head) verb of the whole. Awóyalé's analysis lends itself to the "bivalent" phrase proposed (with prepositions in mind) by E. Williams (1989). Notating Awóyalé's V' as VP, the examples in (12) have the structure in (14), and those in (13) have the structure in (15).

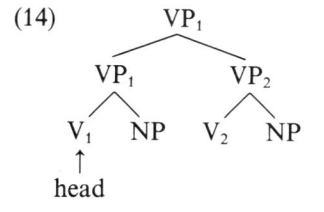

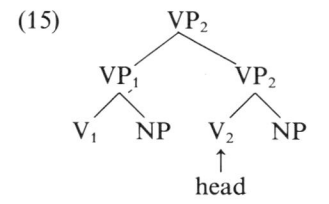

(14)
           VP$_1$
         /   \\
     VP$_1$ VP$_2$
    / \\   / \\
  V$_1$ NP V$_2$ NP
  ↑
  head

(15)
           VP$_2$
         /   \\
     VP$_1$ VP$_2$
    / \\   / \\
  V$_1$ NP V$_2$ NP
            ↑
          head

Each verb bears a lexical index, but only one index percolates to the whole. In (14), V$_1$ is the head, the whole projection (VP$_1$) bears the index of V$_1$, and VP$_2$ is adjoined. In (15), V$_2$ is the head, the whole projection (VP$_2$) bears the index of V$_2$, and VP$_1$ is adjoined. Evidence in the three example languages supports the asymmetry of heads.

Finney (1991) and den Dikken (1991) distinguish serial constructions from each other structurally. Loosely speaking, in such analyses constructions headed by V$_1$ take VP$_2$ as a complement, while constructions headed by V$_2$ have an adjunction structure like (15). In some sense, it is a restatement at the VP level of Li/Thompson (1973), who distinguish serial constructions that involve clausal complementation from those that involve clausal coordination. Because it does not extend in an obvious way to head-final languages (cf. §§ 3.2. and 5.), I do not pursue this type of analysis here.

2.1. Asymmetric Headedness in Yorùbá

The bivalent VP structure allows a given serial string to be structurally ambiguous: headed by either V$_1$ or V$_2$. Awóyalé (1987; 1988) cites examples where the same surface string is associated with two distinct interpretations. In (16), V$_1$ is the 'core' predicate, and V$_2$ is the adjunct. In (17), V$_2$ is the 'core' predicate and V$_1$ is the adjunct.

(16 a) Jímọ̀ ọ́ jẹ iṣu tán.
        Agr eat yam be.finished
        'Jímọ̀ ate up all the yam'

(16 b) Jímọ̀ ọ́ sáré lọ.
        Agr run go
        'Jímọ̀ ran away'

(16 c) Jímọ̀ ọ́ wẹ̀ lọ.
        Agr bathe/swim go
        'Jímọ̀ swam away'

(17 a) Jímọ̀ ọ́ jẹ iṣu tán.
        Agr eat yam be.finished
        'Jímọ̀ finished eating the yam'

(17 b) Jímọ̀ ọ́ sáré lọ.
        Agr run go
        'Jímọ̀ went in a hurry'

(17c) Jímọ̀ ọ́ wẹ̀ lọ.
　　　Agr bathe/swim go
　　　'Jímọ̀ bathed before going'

In (16a) *tán* 'be.finished' is construed with *iṣu* 'yam'; in (17a) it is construed with *Jímọ̀*. These two interpretations reflect different structures headed by V_1 and V_2:

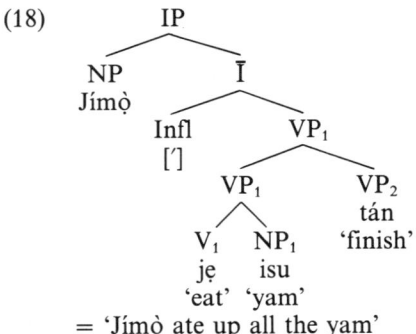

(18)　　　　　IP
　　　　　／＼
　　　　NP　　Ī
　　　Jímọ̀　／＼
　　　　　Infl　VP$_1$
　　　　　[′]　／＼
　　　　　　VP$_1$　VP$_2$
　　　　　／＼　　tán
　　　　V$_1$　NP$_1$　'finish'
　　　　jẹ　isu
　　　　'eat'　'yam'
= 'Jímọ̀ ate up all the yam'

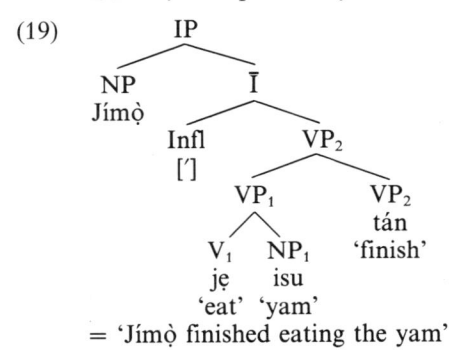

(19)　　　　　IP
　　　　　／＼
　　　　NP　　Ī
　　　Jímọ̀　／＼
　　　　　Infl　VP$_2$
　　　　　[′]　／＼
　　　　　　VP$_1$　VP$_2$
　　　　　／＼　　tán
　　　　V$_1$　NP$_1$　'finish'
　　　　jẹ　isu
　　　　'eat'　'yam'
= 'Jímọ̀ finished eating the yam'

There are two syntactico-semantic tests that identify the head of a serial construction. One, the adjunct VP falls within the scope of the negative and of the yes/no question morpheme (§ 2.1.1.). Two, predicate nominalizations are sensitive to the headedness of the verbal projection (§ 2.1.2.).

2.1.1. Constituent Negation and Yes/no Questions

The negative auxiliary *kò* (phonetically *ò* after an overt subject) induces two readings: constituent negation (CN) and sentence negation (Bámgbóṣé 1986; Lánírán/Ṣónaiya 1987). Awóyalé (1987) invokes CN scope as a test of constituent structure, observing that while the adjunct verb is always within the scope of CN, the head verb never is.

In (20a), the main event is denoted by V_1 *sùn* 'sleep'. Accordingly, the verb within the CN scope of *kò* in (20b) is V_2 *gbàgbé oúnjẹ* 'forget [one's] food'.

(20a) Jímọ̀ ọ́ sùn gbàgbé oúnjẹ.
　　　Agr sleep forget food
　　　'Jímọ̀ slept without eating'
(20b) Jímọ̀ kò [[sùn] gbàgbé oúnjẹ].
　　　Neg sleep forget food
　　　'Jímọ̀ didn't sleep without eating'
　　　CN: He slept, but not without eating.

The reverse situation obtains in (21). Here the main event is denoted by V_2 *jẹun* 'eat.thing', the CN scope of *kò* includes V_1 *jókòó* 'sit.down'.

(21a) Jímọ̀ ọ́ jókòó jẹun.
　　　Agr sit.down eat.thing
　　　'Jímọ̀ ate sitting down'
(21b) Jímọ̀ kò [jókòó [jẹun]].
　　　Neg sit.down eat.thing
　　　'Jímọ̀ didn't eat sitting down'
　　　CN: He ate, but not while sitting.

The CN test depends on a prior determination of which verb denotes the core event. Other data convincingly establish that differences in CN interpretation correlate with structural asymmetry. In (22) and (23), the verb *wẹ̀* by itself can mean either 'swim' or 'bathe'. If, as in (22), the core event is denoted by V_1 (*wẹ̀*), then CN picks out V_2 (*lọ*).

(22a) Jímọ̀ ọ́ wẹ̀ lọ.
　　　Agr bathe/swim go
　　　'Jímọ̀ swam away'
(22b) Jímọ̀ kò [[wẹ̀] lọ].
　　　Neg bathe/swim go
　　　'Jímọ̀ didn't swim away'
　　　CN: He swam, but didn't move away.

If, as in (23), the core event is denoted by V_2 (*lọ*), then CN picks out V_1 (*wẹ̀*).

(23a) Jímọ̀ ọ́ wẹ̀ lọ.
　　　Agr bathe/swim go
　　　'Jímọ̀ bathed before going'
(23b) Jímọ̀ kò [wẹ̀ [lọ]].
　　　Neg bathe/swim go
　　　'Jímọ̀ didn't bathe before going'
　　　CN: He went, but not after bathing.

Awóyalé (1987) reports parallel scope judgements for *yes/no* questions formed with sentence-initial *Ṣé*. In Mandarin Chinese, negation and adverbial durational phrases display the same sensitivity to adjunct VPs (cf. Li/Thompson 1973).

The observation that the head verb is outside the CN scope of polarity items follows, if the head verb denotes the presupposition or background of the sentence, against which the other, foregrounded verb is interpreted. A similar account of negative scope in English is given by Jackendoff (1972, 352—62).

2.1.2. Clefted Verb-focus Nominals

A structural asymmetry between the verbs of a serial construction is further supported by data from clefted verb-focus (Bámgbóṣé ed. 1972; Awóbùlúyì 1978; Awóyalé 1985; 1987; Manfredi/Lánírán 1988).

With the transitive verb *rà* 'buy', a focused object NP is fronted to the left of the focus copula *ni* (24 b). If a subject NP is focused, a resumptive pronoun (3sg *ó*) appears (24 c).

(24 a) Jímọ̀ ọ́ ra ìwé.
             Agr buy paper
     'Jímọ̀ {is buying, bought} a book'
(24 b) [Ìwé]$_i$ ni Jímọ̀ ọ́ rà [t$_i$].
      paper Foc   Agr buy
     'It is a book that Jímọ̀ {is buying, bought}'   [i.e., not yams]
(24 c) [Jímọ̀]$_i$ ni ó$_i$ ra ìwé.
            Foc 3sg buy paper
     'It is Jímọ̀ that {is buying, bought} a book'   [i.e., not Olú]

Rí-rà 'buying', a gerundive nominalization of the verb, may appear in focus position (25 a), or else the whole nominalized VP *rí-rà-ìwé* 'book-buying' may be focused (25 b).

(25 a) [Rí-rà] ni Jímọ̀ ọ́ ra ìwé.
      Nom-buy Foc   Agr buy paper
     'It is buying that Jímọ̀ {is buying, bought} a book'   [i.e., not stealing]
(25 b) [Rí-rà-ìwé] ni Jímọ̀ ọ́ ra ìwé.
      Nom-buy-paper Foc   Agr buy paper
     'It is book-buying that Jímọ̀ {is buying, bought} a book'
                   [i.e., not yam-selling]

Aspectual auxiliaries may be included in the clefted gerund:

(26 a) [Mí-máa-ra-] ni Jímọ̀ ọ́ máa ra
      Nom-Hab-buy Foc   Agr Hab buy
      ìwé.
      paper
     'It is continuous buying that Jímọ̀ is doing to books'
(26 b) [Mí-máa-ra-ìwé] ni Jímọ̀ ọ́ máa
      Nom-Hab-buy paper Foc   Agr Hab
      ra ìwé.
      buy paper
     'It is continuous book-buying that Jímọ̀ is doing'

Verb focus reveals that serial constructions share the same verbal projection, and that they are asymmetrically headed. First, it is possible to cleft a nominalization of both verbs together in a complex gerund. With the serial construction *mú ... fún* 'take ... give', the gerund *mí-mú-fún* 'taking-giving' may appear in focus position:

(27 a) Jímọ̀ ọ́ mú àpótí fún mi.
            Agr take box   give 1sg
     'Jímọ̀ gave me a box'
(27 b) [Mí-mú-fún] ni Jímọ̀ ọ́ mú
      Nom-take-give Foc   Agr take
      àpótí fún mi.
      box   give 1sg
      [translation difficult]

With *fi ... gé* 'use ... cut', *fí-fi-gé* 'using-cutting' can be focused:

(28 a) Jímọ̀ ọ́ fi ọ̀bẹ gé iṣu.
            Agr use knife cut yam.
     'Jímọ̀ cut [the] yam with [a] knife'
(28 b) [Fí-fi-gé] ni Jímọ̀ ọ́ fi ọ̀bẹ
      Nom-use-cut Foc   Agr use knife
      gé iṣu.
      cut yam
      [translation difficult]

The discontinuous nominalizations in (27 b) and (28 b) suggest that a serial construction is a "double-headed VP" (Baker 1989a) — a single projection containing two verbs.

Second, verb focus provides evidence for a structural difference between *mú ... fún* and *fi ... gé*. With the former, it is possible to focus V$_1$ by itself, but not V$_2$ by itself:

(29 a) [Mí-mú] ni Jímọ̀ ọ́ mú àpótí
      Nom-take Foc   Agr take box
      fún mi.
      give 1sg
      [translation difficult]
(29 b) *[Fí-fún] ni Jímọ̀ ọ́ mú àpótí
      Nom-give Foc   Agr take box
      fún mi.
      give 1sg

To account for the ungrammaticality of (29 b), it is sometimes suggested that *fún* is not a verb but a preposition, translating English *to* or *for*. However, *fún* also occurs as a main verb, and as such its nominalization is cleftable:

(30 a) Ó fún mi ní owó.
      3sg give 1sg have money
     'S/he gave me some money'
(30 b) [Fí-fún] ni ó fún mi ní owó.
      Nom-give Foc 3sg give 1sg have money
      [translation difficult]

Bámgbóṣé (1967, 21) cites the minimal pair in (31), noting "there is always a contrast between a combination involving the [High tone] junction and one that does not".

(31 a) Ó   ṣòro   ó   fún wọn.
       3sg be.difficult Agr give 3pl
       'It is difficult to give them'
(31 b) Ó   ṣòro   fún wọn.
       3sg be.difficult give 3pl
       'It is difficult for them'

If *fún* is a preposition in (29 b) and (31 b), then it is homophonous with the verb *fún* in (30 a, b) and (31 a). Duplicate lexical entries would proliferate for many other examples.

Focusing a verb with its NP complement yields a somewhat weaker accessibility difference. Focus of V_1 with its complement *mí-mú-àpótí* 'taking-box' (32 a) is possible for some speakers (Manfredi/Lániran 1988), but not for others ('Sopé Oyèláràn p.c.). No speakers accept focus of V_2 with its complement *fí-fún-mi* 'giving-1sg', (32 b).

(32 a) %[Mí-mú-àpótí]   ni Jímọ̀   ọ́
       Nom-take-box   Foc   Agr
       [mú àpótí] fún mi.
       take box   give 1sg
       [translation difficult]
(32 b) *[Fí-fún-mi]   ni Jímọ̀   ọ́
       Nom-give-1sg   Foc   Agr
       mú àpótí   [fún mi].
       take box   give 1sg

In instrumental serial constructions like *fi ... gé*, one can cleft either V_1 or V_2:

(33 a) [Fí-fi]   ni Jímọ̀   ọ́   fi   ọbẹ
       Nom-use   Foc   Agr use knife
       gé   iṣu.
       cut yam
       [translation difficult]

(33 b) [Gí-gé]   ni Jímọ̀   ọ́   fi   ọbẹ
       Nom-cut   Foc   Agr use knife
       gé   iṣu.
       cut yam
       [translation difficult]

Either VP can be focused: *fi* plus its complement, or *gé* plus its complement:

(34 a) [Fí-fi-ọbẹ]   ni Jímọ̀   ọ́   [fi   ọbẹ]
       Nom-use-knife   Foc   Agr use knife
       gé   iṣu.
       cut yam
       [translation difficult]
(34 b) [Gí-gé-iṣu]   ni Jímọ̀   ọ́   fi   ọbẹ
       Nom-cut-yam   Foc   Agr use knife
       [gé   iṣu].
       cut   yam
       [translation difficult]

To summarize. In dative serial constructions, V_1 may be focused, as well as (for some speakers) VP_1, but neither V_2, nor VP_2. In instrumental serial constructions, focus of V_1, V_2, VP_1 or VP_2 is equally possible. This difference challenges any analysis which assigns the same structure to both types. Rather, the facts are consistent with dative and instrumental serial constructions having respectively V_1 and V_2 as primary head.

The focus copula *ni* takes a focused NP to its left (Abraham 1958, 435, 608). If, at a deeper level, *ni* is a complementizer, then the focused argument occupies [Spec, CP]. If *mú ... fún* 'take ... give' is a dative serial construction headed by *mú*, nominalized verb and VP focus are licensed as in (35). Crucially, VP_1 is governed by Infl, but VP_2 isn't.

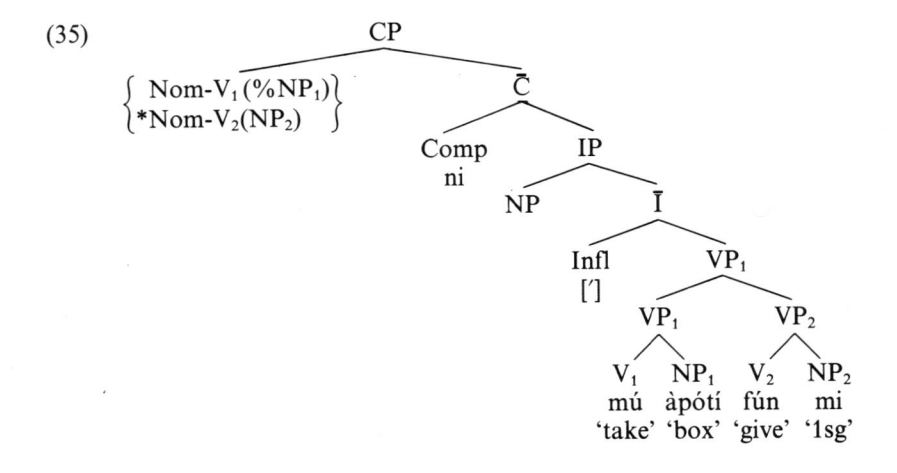

(35)

```
    { Nom-V₁(%NP₁) }              CP
    { *Nom-V₂(NP₂) }            /    \
                                     C̄
                                   /    \
                                Comp    IP
                                 ni    /  \
                                      NP   Ī
                                          /  \
                                       Infl   VP₁
                                        [']   /  \
                                            VP₁   VP₂
                                            / \   / \
                                           V₁ NP₁ V₂ NP₂
                                           mú àpótí fún mi
                                         'take' 'box' 'give' '1sg'
```

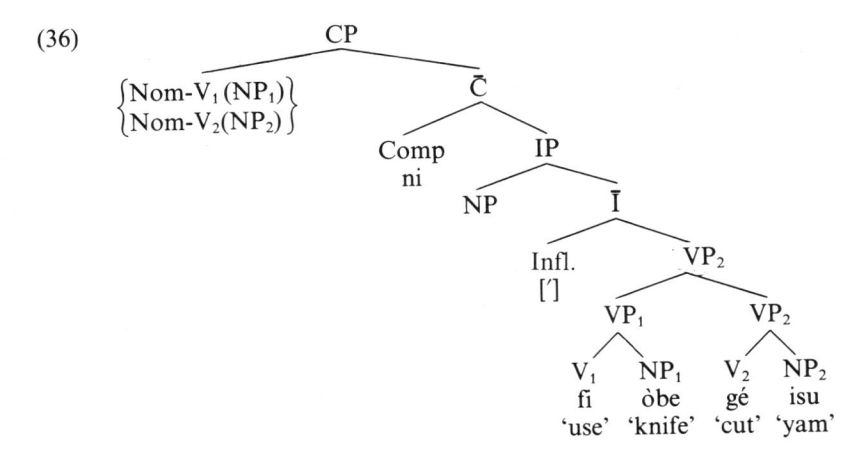

(36)
```
                    CP
          ┌─────────┴─────────┐
  {Nom-V₁(NP₁)}              C̄
  {Nom-V₂(NP₂)}      ┌───────┴───────┐
                    Comp             IP
                     ni      ┌───────┴───────┐
                            NP               Ī
                                    ┌────────┴────────┐
                                  Infl.              VP₂
                                   [']       ┌───────┴───────┐
                                             VP₁             VP₂
                                         ┌───┴───┐       ┌───┴───┐
                                         V₁     NP₁     V₂     NP₂
                                         fi    òbe      gé     isu
                                        'use' 'knife'  'cut'  'yam'
```

In (36), VP₂ is governed by Infl; VP₁ isn't, but it is c-commanded by and adjacent to Infl.

2.1.3. Resultatives Headed by V₁

On the surface, Yorùbá has both serial (37) and compound (38) resultatives. Many such compounds have transitive versions (39), dubbed "splitting" verbs by Awóbùlúyi (1969).

(37 a) Ọlópàá   na   olè   náà bẹ́.
       police.Agr whip thief Def cut
       '[The] police whipped the thief bloody'

(37 b) Ó   mu   omi   yó.
       3sg drink water fill up/become.satiated
       'S/he drank until full/satisfied'

(38 a) Ìlẹ̀kùn yìí   pa   dé.
       door   Def.Agr strike close
       'This door is shut'

(38 b) Àwọn túlẹ̀ ẹ́   pa   pọ̀.
       3pl   pupil Agr strike be.many
       'The students assembled'

(39 a) Ó   pa   Ìlẹ̀kùn yìí dé.
       3sg strike door   this close
       'S/he shut this door'

(39 b) Jímọ̀ ọ́   pa   àwọn túlẹ̀ pọ̀.
            Agr strike 3pl   pupil be.many
       'Jímọ̀ brought the students together'

Assuming that V₁ is the head, serial resultatives have the structure in (40):

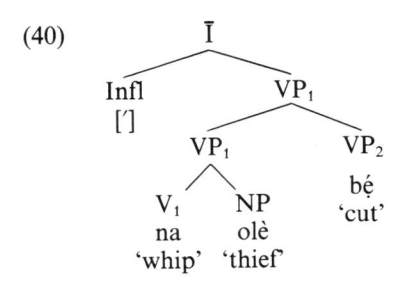

(40)
```
              Ī
       ┌──────┴──────┐
      Infl          VP₁
       [']    ┌──────┴──────┐
             VP₁           VP₂
          ┌───┴───┐         bẹ́
          V₁     NP        'cut'
          na     olè
         'whip' 'thief'
```

Láníran/Ṣónaiya (1987) propose that the resultative compounds in (38) arise via NP-movement (cf. Burzio 1986), when the external argument of V₁ is suppressed and Case is not assigned to the complement position. Suppose further that V-V compounds have the same D-structure as their transitive counterparts (Láníran/Ṣónaiya do not assume this). If Case is assigned to the complement position, this derives (41). If Case is retracted, this gives the surface structure in (42).

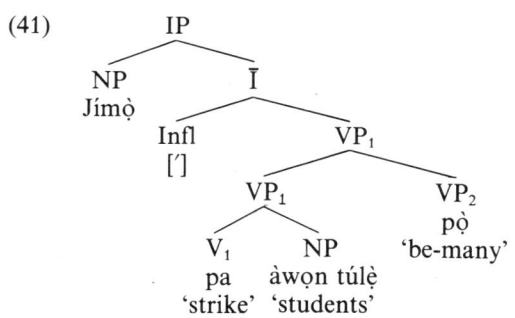

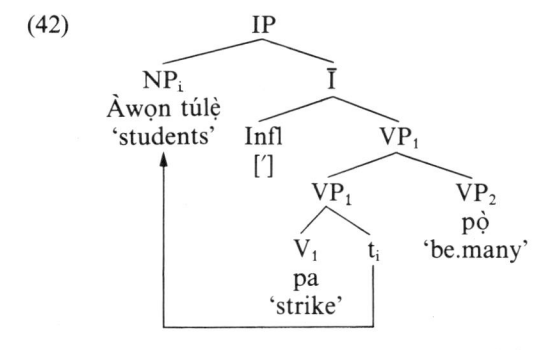

(41)
```
              IP
       ┌──────┴──────┐
       NP            Ī
      Jímọ̀    ┌──────┴──────┐
             Infl          VP₁
              [']    ┌──────┴──────┐
                    VP₁           VP₂
                 ┌───┴───┐         pọ̀
                 V₁     NP      'be-many'
                 pa    àwọn túlẹ̀
               'strike' 'students'
```

(42)
```
              IP
       ┌──────┴──────┐
      NPᵢ            Ī
   Àwọn túlẹ̀  ┌──────┴──────┐
   'students' Infl          VP₁
              [']    ┌──────┴──────┐
                    VP₁           VP₂
                 ┌───┴───┐         pọ̀
                 V₁     tᵢ       'be-many'
                 pa
              'strike'
```

On this view, all Yorùbá resultatives are serial constructions with V₁ as head, and NP-movement creates a configuration with two verbs adjacent at S-structure.

2.1.4. Multi-events Headed by V_2

Multi-event serial constructions are freely formed in Yorùbá, e.g. (43).

(43a) Jímọ̀ ọ́ sè ẹran tà.
      Agr cook meat sell
      'Jímọ̀ cooked some meat and sold [it]'

(43b) Ìkookò ọ́ pa ẹran mi jẹ.
      hyena Agr kill animal 1sg eat
      '[The] hyena killed my animal, and ate [it]'

(43c) Ó kọ́ ilé kọn tà.
      3sg build house one sell
      'S/he built a house, and sold [it]'

(43d) Jímọ̀ ọ́ wá aṣọ rí jí gbé wọ̀.
      Agr seek cloth see steal lift wear
      'Jímọ̀ looked for clothes, found [them], stole [them] and put [them] on'

Yorùbá totally lacks V or VP coordination, aside from certain recent literary examples such as (44), cited from Ọlátúnjí (1978, 96) by G. Fágbọ̀run (p.c.)

(44) Bí kò bá gbọ́ tàbí rí
     if Neg.3sg happen hear or see
     nǹkan, kò ní í sọ.
     thing, Neg.3sg have Agr say
     'If she doesn't hear or see something she wouldn't say it'

Multiple-event serial constructions are often excluded a priori from the set of serial constructions, on the assumption that a coordinate *interpretation* must reflect a coordinate *structure* (e.g. Sebba 1987, Schiller 1991). However, coordinate construal is not limited to pure coordinate structures (cf. E. Williams 1990). Syntactic restrictions on multi-event serial constructions show that they are asymmetrically headed by V_2.

With one exception, the second (or successive) verb of a multi-event construction cannot be followed by an overt argument, whether a pronoun or a full NP. This has been taken to show there is no syntactic position after V_2 (Stewart 1963, Baker 1989a).

(45a) *Jímọ̀ ọ́ sè ẹran$_i$ tà á$_{i/j}$.
      Agr cook meat sell 3sg

(45b) *Jímọ̀ ọ́ sè ẹran tà bàtà.
      Agr cook meat sell shoes

The one exception is multi-event constructions with a sequence of identical verbs:

(46) Jímọ̀ ọ́ tà ẹran tà bàtà.
     Agr sell meat sell shoes
     'Jímọ̀ sells both meat and shoes'

In (43), the complements of all verbs are construed as identical; in (46) the verbs are identical. The generalization is that coordinate interpretation is forced by repetition of thematic material, whether NP (in the form of a phonetically null *pro*) or V:

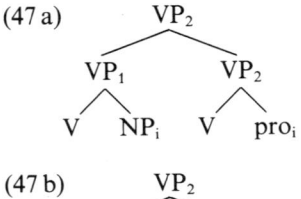

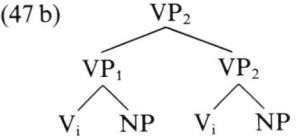

(47a)
```
        VP₂
       /   \
     VP₁    VP₂
    /  \   /   \
   V   NPᵢ V   proᵢ
```

(47b)
```
        VP₂
       /   \
     VP₁    VP₂
    /  \   /   \
   Vᵢ  NP Vᵢ   NP
```

Consistent with the claim that there is a null argument after V_2, extraction of the NP complement in (43a) is possible:

(48) Ẹran$_i$ ni Jímọ̀ ọ́ sè [t$_i$] tà [t$_i$].
     meat Foc Agr cook sell
     'It's meat that Bọ́lá cooked and sold'

(48) can be analyzed as an instance of across-the-board extraction (E. Williams 1978).

Multi-event serial constructions differ from overtly coordinate clauses, signaled by the preverb *sì* before the second verb. Coordinate clauses require an overt argument — either pronominal (49a) or a full NP (49b) — after the second verb. Under a transitive reading, an object gap in the second conjunct is ungrammatical (49c).

(49a) Jímọ̀ ọ́ sè ẹran, ó sì tà á.
      Agr cook meat 3sg also sell 3sg
      'Jímọ̀ cooked some meat and he sold it'

(49b) Jímọ̀ ọ́ sè ẹran, ó sì tà bàtà.
      Agr cook meat 3sg also sell shoes
      'Jímọ̀ cooked some meat and he sold some shoes'

(49c) *Jímọ̀ ọ́ sè ẹran, ó sì tà Ø.
      Agr cook meat 3sg also sell

With coordinate clauses, across-the-board extraction of the complement is impossible:

(50) *Ẹran$_i$ ni Jímọ̀ ọ́ sè [t$_i$], ó sì
    meat Foc Agr cook 3sg also
    tà [t$_i$].
    sell

ATB extraction displays a similar pattern in English: complement extraction is possible from coordinate VPs (*What$_i$ did Sally cook t$_i$ and eat t$_i$*), but not from coordinate clauses (**What$_i$ did Sally eat t$_i$ and she cook(ed) t$_i$*).

Object extraction is possible from the first conjunct only if V$_2$ is intransitive, e.g. if *tà* 'sell' has the idiomatic meaning 'do well in the market' (G. Fágbọ̀run, p.c.):

(51 a) Jímọ̀ ọ́ sè ẹran, ó sì tà.
      Agr cook meat 3sg also sell
      'Jímọ̀ cooked some meat and he sold well'
(51 b) Ẹran$_i$ ni Jímọ̀ ọ́ sè [t$_i$], ó sì tà.
      meat Foc Agr cook 3sg also sell
      'It's meat that Jímọ̀ cooked and he sold well'

The contrast between (51) and (50) is consistent with the claim that there is an empty object position after V$_2$ (and any successive verbs) in multiple event constructions.

Finally, only with a full pause between the two clauses is object extraction from the first clause possible while preserving a transitive interpretation for V$_2$:

(52 a) Jímọ̀ ọ̀ sè ẹran. Ó sì tà á.
      Agr cook meat 3sg also sell 3sg
      'Jímọ̀ cooked some meat. He then sold it'
(52 b) Ẹran$_i$ ni Jímọ̀ ọ́ sè [t$_i$]. Ó sì
      meat Foc Agr cook 3sg also
      tà á$_i$.
      sell 3sg.
      'It's meat that Jímọ̀ cooked. He also sold it'

2.2. Asymmetric Headedness in Ìgbo

In Ìgbo, serialization and V-V compounding are intimately connected. Surface serial constructions in Ìgbo are of the instrumental/manner/comitative/multi-event type:

(53 a) Ó wè-re ụ́kwụ gà-á
      3sg take-ØAsp leg go-Asp
      ahyá.
      market.Gen
      'S/he went to [the] market on foot'
(53 b) Ó ji-ri ọhụhụ rí-e
      3sg use-ØAsp hurry eat-Asp
      ihé.
      thing.Gen
      'S/he hurriedly ate'
(53 c) Ó wè-re ite byá.
      3sg take-ØAsp pot come.Asp
      'S/he came with [a] pot'
(53 d) Ógù go-ro ọ́kụ́kọ̀ gbú-o
      buy-ØAsp chicken kill-Asp
      si-e ri-e.
      cook-Asp eat-Asp
      'Ógù bought [a] chicken, killed [it], cooked [it] and ate [it]'

There are no dative/benefactive/resultative serial constructions in Ìgbo. Instead these semantic types can only surface as V-V compounds:

(54 a) Ó bì-nye-re Adhá akwà.
      3sg borrow-give-ØAsp cloth
      'S/he lent Adha [some] cloth'
(54 b) Ó kèle-re-re m Adhá.
      3sg greet-Applic-ØAsp 1sg
      'S/he greeted Adha on my behalf'
(54 c) Há kwá-ju-ru olù (na) jí.
      3pl pack-be.full-ØAsp pit Prep yam
      'They packed the pit full of yams'

A parallel split occurs between serial constructions and V-V compounds in Mandarin Chinese (J. Fu, p.c.). In § 2.2.3., these compounds are analyzed as covert serial constructions, whose surface realization is derived via the application of V-movement.

2.2.1. The Inflection of Overt Serial Constructions

In overt serial constructions, both verbs are inflected. V$_1$ bears the *-rV* suffix. The label *-rV* indicates an affix which reduplicates the final vowel of the verb stem and inserts *r* as the syllable onset. (In some northern dialects, the copied vowel is [+ high] and the epenthetic consonant is *l*.) V$_2$ bears the 'open vowel suffix' (OVS). Corresponding to this difference, the object of V$_1$ bears structural (Accusative) Case, while the object of V$_2$ has the tone pattern of a Genitive construction:

(55 a) áhya   [‾ ‾]
      market   H H
      'market'
(55 b) ónye ahyá [‾ ‾ ‾ ‾]
      person market.Gen H H H ⁺H
      'customer'

There is extensive debate on the category and content of -rV (Welmers 1973; Winston 1973; Éménanjọ 1975; Nwáchukwu 1976b; Ézikèójìakụ 1979). Manfredi (1991), analyzes -rV as a dummy Infl, with no inherent meaning, which is inserted in the absence of any overt aspect morpheme (hence the gloss 'ØAspect'); cf. § 3.2.

As a lexically predictable matter, a handful of verbs fail to take -rV including the copulas (wụ́ 'be', dị 'be (at)', nọ̀ 'be at'), the stative verbs jì 'hold' and vú 'carry', and, in some dialects, the stative auxiliaries. All of these verbs can appear without -rV with a nonpast meaning (56). With -rV, the same verbs have a past meaning (57).

(56a) Ó   jì   mmà.
      3sg hold knife
      'S/he is holding [a] knife'
(56b) Ó   bù   ṅkụ.
      3sg carry firewood
      'S/he is carrying firewood'
(56c) Ó   nà   e-bú   nkụ́.
      3sg Hab   Nom-carry firewood.Gen
      'S/he habitually carries firewood'
(57a) Ó   jì-ri   mmà.
      3sg hold-ØAsp   knife
      'S/he held [a] knife'
(57b) Ó   bù-ru   ṅkụ.
      3sg carry-ØAsp   firewood
      'S/he carried firewood'
(57c) Ó   nà-ra   e-bú   nkụ́.
      3sg Hab-ØAsp   Nom-carry firewood.Gen
      'S/he was habitually carrying firewood'

In a serial construction, these same verbs take -rV optionally; despite this optionality, the sentence *obligatorily* receives a past interpretation (Ụ̀waláàka 1982):

(58) Ó   jì(-ri)   mmà   bhá-a
     3sg hold-ØAsp   knife peel-Asp
     jí.
     yam.Gen
     'S/he peeled yam[s] with [a] knife'

The OVS fails to appear with a long list of eventive verbs, including zá 'answer', byá 'come' and nyé 'give' (Nwáchukwu 1976a; Ọ́gwùéléka 1978). But if it is compatible with a given verb, the OVS obligatorily occurs when the verb is non-initial in a serial construction, cf. (53) and (58). The OVS also occurs on the imperative (59a), as well as the southern-dialect version of the perfective (59b).

(59a) Gà-á!
      go-Asp
      'Go!'
(59b) Ó   gá-a-la   ahyá.
      3sg go-Asp-Perf   market.Gen
      'S/he has been to market'
(59c) Ó   gá-la   ahyá.
      3sg go-Perf   market.Gen
      'S/he has gone to market'

Winston (1973) observed that the OVS in combination with the perfective suffix -la signals a completed event as in (59b), while the perfective by itself does not, cf. (59c). This may explain the obligatory past tense effect observed in (58), even though the -rV (on the first verb) is optional, OVS is nonetheless present. As the delimitor, the OVS morphologically marks V_2 as the event, i. e. the head, of the construction, cf. (60).

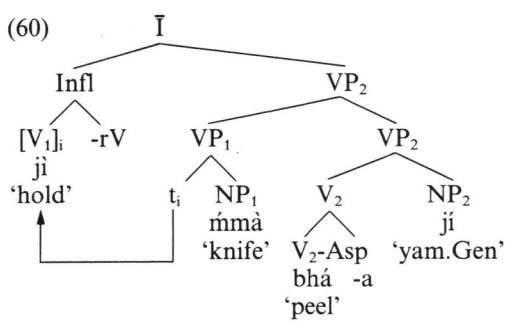

(60)
```
                    I
                   / \
              Infl   VP₂
              / \   /   \
          [V₁]ᵢ -rV VP₁   VP₂
           jì      / \    / \
          'hold' tᵢ  NP₁ V₂  NP₂
                     mmà  |   jí
                   'knife' V₂-Asp 'yam.Gen'
                          bhá -a
                          'peel'
```

Manfredi (1991) argues that the combination of V + OVS (whether imperative, perfective or serial V_2) blocks structural Case assignment, so that in (58) and (59) the complement of the verb inflected with OVS surfaces with inherent Genitive Case.

2.2.2. The Inflection of Multi-event Serial Constructions

As shown in (61) and (62), Ìgbo has multi-event serial constructions (Nwáchukwu 1987) as well as verb-doubling (Ụ̀waláàka 1982, 65).

(61) Ó   kwù-ru   ókwu   khwa-a
     3sg speak-ØAsp   word   cry-Asp
     akhwá.
     crying.Gen
     'S/he spoke and cried'

(62) Àdhá shì-ri   jí,   shì-ri
          boil-ØAsp   yam   boil-ØAsp
     édè.
     cocoyam
     'Àdhá cooked both yams and cocoyams [in water]'

Multi-event constructions are inflected like other serial constructions headed by V_2: V_1 bears -rV, V_2 (and any following verb) bears the OVS.

The verb-doubling in (62) has a different inflectional pattern: -rV on both verbs. The repetition of -rV, and the pause between the conjuncts, suggest that Ìgbo verb-doubling is clausal coordination. Extraction from the second conjunct is ungrammatical:

(63) *Édé   Ádha shì-ri   jí,
     cocoyam-Rel boil-Ø-Asp   yam
     shì-ri   (yá) ...
     boil-ØAsp   (it)
     ['the cocoyam which Àdhá cooked both yams and (it) ...']

2.2.3. V-V Compounds as Covert Serial Constructions

Dative/benefactive/resultative serial constructions surface in Ìgbo as V-V compounds. In dative constructions, for example, the verbs form a V-V complex to which the -rV suffix attaches (64 a). It is impossible for the verbs to be non-adjacent (64 b).

(64 a) Ó   bì-nye-re   Àdhá (akwà).
       3sg borrow-give-ØAsp   cloth
       'S/he lent Àdhá [some] cloth'
(64 b) *Ó bì-ri   ákwà nyé Àdhá.
       3sg borrow-ØAsp cloth give

Note that both *nyé* 'give' and *bì* 'lend' occur independently as main verbs:

(65 a) Ó   nyè-re   Àdhá (òkúkò).
       3sg give-ØAsp hen
       'S/he gave Àdhá a hen'
(65 b) Ó   bì-ri   Àdhá (egho).
       3sg borrow-ØAsp   money
       'S/he borrowed money from Àdhá'

As an affix, -rV governs only the head it affixes to. The only way for -rV to govern V_2 is for V_2 to incorporate into V_1 (66 a); the word $[_{V_1} V_1\text{-}V_2]$ then raises to Infl.

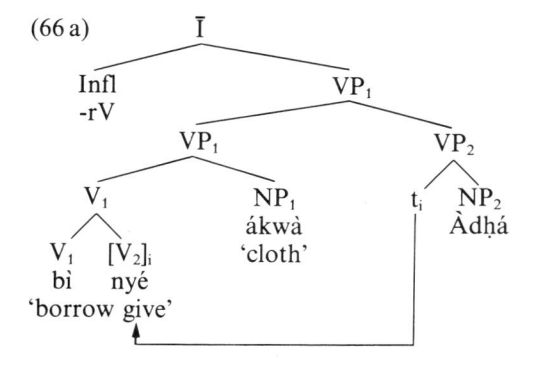

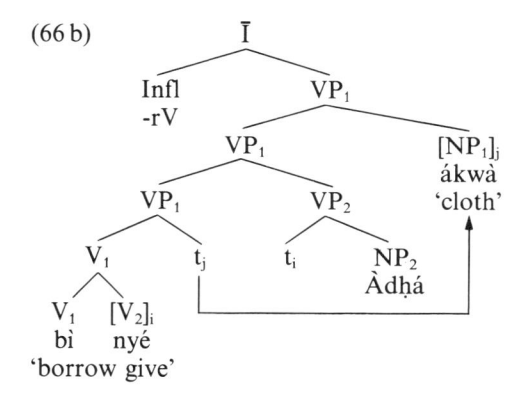

(66 a)
```
             Ī
          /     \
        Infl     VP₁
        -rV    /     \
             VP₁       VP₂
            /   \     /   \
           V₁    NP₁  tᵢ   NP₂
                 ákwà      Àdhá
          /  \   'cloth'
         V₁  [V₂]ᵢ
         bì  nyé
     'borrow give'
```

(66 b)
```
             Ī
          /     \
        Infl     VP₁
        -rV    /     \
             VP₁       [NP₁]ⱼ
            /   \      ákwà
           VP₁   VP₂   'cloth'
          /  \   /  \
         V₁  tⱼ tᵢ  NP₂
                    Àdhá
         /  \
        V₁  [V₂]ᵢ
        bì  nyé
    'borrow give'
```

The output of (66 a) is $[V_1 - V_2\ NP_1\ NP_2]$. The observed order is $[V_1 - V_2\ NP_2\ NP_1]$, recalling Marantz' (1984, 235) observation on applicatives: the argument θ-marked by the incorporated head is adjacent to the verbal complex. Exactly the same surface order obtains with the double-object verb *nyé* 'give' in isolation, cf. (65 a), suggesting that Ìgbo V-V compounds and double object verbs are homologous (Nwáchukwu 1987).

There are two possible ways to derive the surface order: extrapose NP_1, or raise the $[V_2\ NP_2]$ constituent. I propose that NP_1 is extraposed and adjoined to VP_1, where it receives Inherent Case, cf. (66 b). The phrase structure which I adopt is incompatible with VP raising, but cf. Roberts (1986) and den Dikken (1991).

The interaction of V-V compounds with 'inherent complements' suggests that the surface order of the arguments is determined by the aspectual property of affectedness. In isolation, verbs such as 'hit' and 'shoot' take an obligatory NP complement (Lord 1973; 1975): *tì* 'hit' must co-occur with *òkpó* 'blow', likewise *gbà* 'shoot' with *égbè* 'gun', cf. (67). As illustrated in (68), the inherent complement is not possible with V-V compounds (subject to dialectal and idiolectal variation, cf. Lord 1975, 33).

(67 a) Ó   tì-ri   nwóke ahù *(òkpó).
       3sg hit-ØAsp   man   that blow
       'S/he hit that man'
(67 b) Ó   gbà-ra   ényì   yá *(égbè).
       3sg shoot-ØAsp   friend his gun
       'S/he shot at his/her friend'

(68 a) Ó   tì-gbu-ru   Ézè (*òkpó).
       3sg hit-kill-ØAsp   blow
       'S/he struck Eze dead'

(68 b) Ó   gbà-gbu-ru   Ézè (*égbè).
     3sg shoot-kill-ØAsp   gun
     'S/he shot Eze dead'

The suppression of the inherent complement in (68) is not attributable to a failure of Case assignment, given the well-formedness of (66 b). Rather, Manfredi (1991) argues that the problem is aspectual. After head-movement, the resulting complex verb can have only one affected argument. The affectum of V_2 (*gbú* 'kill') surfaces; the affectum of V_1 (*tí* 'hit', *gbá* 'shoot') is suppressed because it is recoverable as a lexical constant. On this analysis, Ìgbo V-V compounds have the same D-structure as their serial counterparts in Yorùbá, with V_1 the head of the verbal projection. The two languages differ on the surface: V-incorporation occurs in Ìgbo but not in Yorùbá.

Ùwaláàka (1982) provides further evidence that overt serial constructions in Ìgbo are headed by V_2, and that Ìgbo V-V compounds are covert serial constructions headed by V_1. As V_1, *wè* 'take' introduces a comitative argument, (69 a). Ùwaláàka's translation indicates that the main verb of the construction is V_2, *bịá* 'come'. In a V-V compound (69 b), *wè* is the main verb, and co-occurs with the bound form *-te* 'towards'.

(69 a) Ó   wè-re   ite bịá.
     3sg take-ØAsp   pot come
     'S/he came with [a] pot'
(69 b) Ó   wè-te-re   ite.
     3sg take-towards-ØAsp   pot
     'S/he brought [a] pot'

Head-movement also explains why Ìgbo resultatives surface as V-V compounds:

(70 a) Há kwá-ju-ru   olù (na) jí.
     3pl pack-be.full-ØAsp   pit Prep yam
     'They packed the pit full of yams'
(70 b) Ó   rí-ju-ru   afọ.
     3sg eat-be.full-ØAsp   stomach
     'S/he ate her/his stomach full' [i. e. S/he ate until satiated]
(70 c) Ógù kụ-wa-ra   éfere ḿ.
     knock-break-ØAsp   plate 1sg.Gen
     'Ógù smashed my plate'
(70 d) Ó   kụ́-gbu-ru   Ezè.
     3sg beat-kill-ØAsp
     'S/he beat Eze mercilessly/to death'

As before, V_2 adjoins to V_1, and the $[V_1-V_2]$ complex raises to Infl.

(71) (pre-S-Structure)

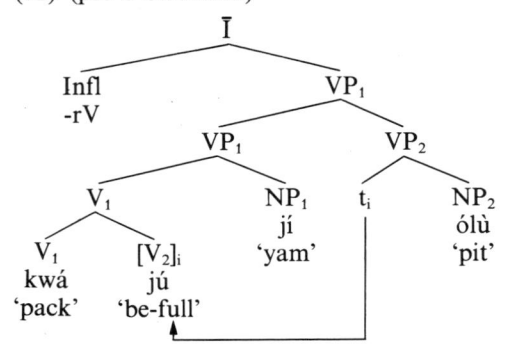

```
                    I
                   / \
               Infl   VP₁
               -rV   /   \
                   VP₁    VP₂
                  /  \   /  \
                V₁   NP₁ tᵢ  NP₂
               /  \  jí      ólù
              V₁ [V₂]ᵢ 'yam'  'pit'
             kwá  jú
            'pack' 'be-full'
```

In (64 a), the totally affected argument is NP_1 'cloth'; in (70 a), NP_1 'yam' is totally affected, and hence licensed by Inherent Case. (70 a) differs from (64 a) in that Inherent Case may be spelled out with a preposition (*nà*).

The present analysis does not derive all V-V compounds via syntactic head-movement: idiomatic examples like *rí-gbú* 'cheat', lit. 'eat-kill' (cf. Lord 1975, Éménanjọ 1978, Nwáchukwu 1987) are presumably listed in the lexicon.

2.3. Serial Constructions Headed by V_1 in Haitian

Haitian has serial constructions of the dative/benefactive/locative type:

(72 a) Emil pran liv   la   bay Mariz.
          take book Def give
     'Emil gave the book to Mariz'
(72 b) Emil achte liv   la   bay Mariz.
          buy book Def give
     'Emil bought the book for Mariz'
(72 c) Li mennen bourik la ale patiray la.
     3sg bring mule   Def go pasture Def
     'S/he brought the mule to the pasture'

By hypothesis, all the examples in (72) have V_1 as the head of the verbal projection. Evidence in § 2.3.1. supports the headedness claim. The relation of Infl to the verbal projection is discussed in § 3.3.

2.3.1. Clefted Verb-focus Nominals

Fauchois (1982), Piou (1982 a, b), Hutchison (1989) and Lumsden/Lefebvre (1990) describe a Haitian construction akin to Yorùbá nominalized verb-focus. In Haitian, the relevant nominalization is not overt, but occurs by V → N conversion (Filipovich 1987).

A nominalization of V_1 may be focused (73 a), but that of V_2 cannot (73 b), nor can the two verbs be focused together (73 c).

(73a) Se   pran   Jak pran liv la
      Foc Nom.take   take book Def
      ale lekòl.
      go school
      [translation difficult]
(73b) *Se ale   Jak pran liv la
      Foc Nom.go   take book Def
      ale lekòl.
      go school.
(73c) *Se pran-ale   Jak pran liv la
      Foc Nom.take-go   take book Def
      ale lekòl.
      go school

(74) represents Haitian predicate cleft constructions as licensed by a succession of heads: [$_{IP}$ se_i [$_{VP}$ V_i [$_{CP}$ C [$_{IP}$ I [$_{VP}$ V_1]]]]]. The copula verb *se*, which subcategorizes for NP or CP, raises to Infl. The focused element is in the specifier of Comp and is licensed by Specifier-Head agreement with the operator in C (Koopman 1984, 183). V_2, not being contained in a chain of government with *se*, cannot be clefted.

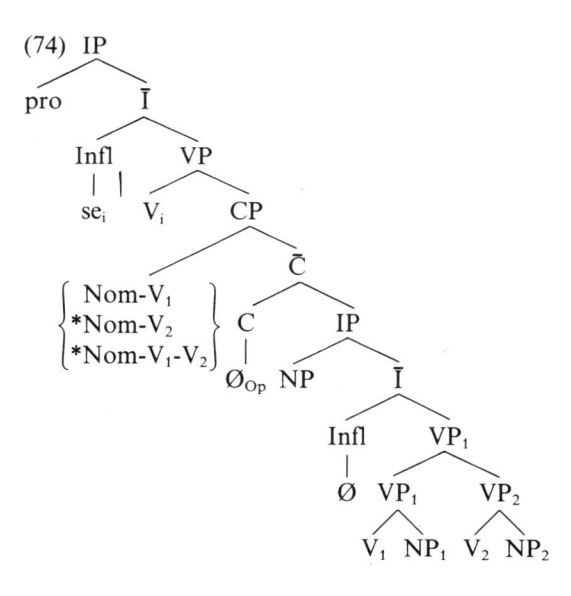

(74)
```
        IP
       /  \
     pro    Ī
           / \
        Infl  VP
         |    |
        se_i  V_i  CP
                   / \
                  /   C̄
    {Nom-V_1}    /   / \
    {*Nom-V_2}  C   IP
    {*Nom-V_1-V_2} |
                  Ø_Op  NP   Ī
                           / \
                        Infl  VP_1
                         |   /    \
                         Ø  VP_1   VP_2
                            / \    / \
                          V_1 NP_1 V_2 NP_2
```

2.3.2. Why Not V_2?

There are no Haitian serial constructions of the instrumental/manner/comitative type:

(75a) *Emil pran kouto koupe fri   yo.
            take knife cut   fruit Def
(75b) *L itilize tout fòs   li rale
      3sg use   all strength 3sg pull
      kòd la.
      rope Def
(75c) *Li akonpagne mwen ale lekòl.
      3sg accompany 1sg go school

Instead, such adjunct arguments are introduced by a preposition, most often by *ak* 'with':

(76a) Emil koupe fri   yo ak   kouto.
           cut   fruit Def with knife
      'Emil cut the fruit with a knife'
(76b) Li rale kòd la ak   tout fòs   li.
      3sg pull rope Def with all strength 3sg
      'S/he pulled the rope with all her/his strength'
(76c) Li ale lekòl ak   mwen.
      3sg go school with 1sg
      'S/he went [to] school with me'

If V_2 is the head of instrumental/manner/comitative serial constructions, the ill-formedness of (75) indicates that Haitian serial constructions cannot have V_2 as head.

2.3.3. Resultatives: An Unexpected Gap

Like dative/benefactive/locatives, resultatives are headed by V_1. Serial resultatives are therefore expected in Haitian, but they are not found [(77) see next page].

The equivalent of a serial resultative is ungrammatical in Haitian:

(78) *Chyen bwa   dlo   mouri.
      dog   drink water die
      [The dog drowned]

In a Haitian resultative, the complement must be fully clausal:

(79a) Jandam kale vòlè a   jouk li
      police whip thief Def until 3sg
      senyen.
      bled
      '[The] police whipped [the] thief until s/he bled'
(79b) Li bwa   dlo   jouk li ranpli
      3sg drink water until 3sg be.full
      'S/he drank water until s/he was full'

There are some compound resultatives in Haitian, cf. (80). However, these are so few in number that they are probably listed in the lexicon.

(80a) Li bouy-vide   manje a.
      3sg boil-empty food Def
      'S/he overcooked the food'
(80b) Timoun nan mòde-blese Pyè.
      child Def bite-hurt Pyè
      'The child bit Pyè to the quick'

Baker (1989b) has proposed that the absence of serial resultatives in Haitian is Case-

(77)

	head = V_1		head = V_2
	dative benefactive locative	resultative	instrumental manner comitative
Haitian	serial construction	—	—
Ìgbo	V-V compound	V-V compound	serial construction
Yorùbá	serial construction	serial construction	serial construction

driven: in Haitian, "verbs with a Case to assign must assign it". Thus, the ill-formedness of (78) would follow from the fact that *mouri* 'dead' has no NP to Case-mark. However, such an account is undercut by the productive transitivity alternations found in Haitian (Massam 1987), cf. (81). If intransitive *mouri* is derived from transitive *mouri* by Case retraction and NP-movement, this is incompatible with Baker's idea that *mouri* must discharge Case features in all circumstances.

(81 a) Nou mouri kò nou.
 1/2pl deaden body 1/2pl
 'You/we kept your/our-selves quiet'
(81 b) Pòl mouri.
 dead
 'Pòl is dead'

Massam's observation suggests another account. If derived statives like (81 b) must be adjacent to Infl (akin to the locality of passive), then they could not appear in a serial construction except as the initial verb, so serial resultatives are ruled out.

3. Infl in Bivalent VPs

We have seen that Yorùbá has serial constructions headed by V_1 or V_2; Ìgbo has serial constructions headed by V_2 at S-structure, while those headed by V_1 surface as V-V compounds; and Haitian only has serial constructions headed by V_1. I propose that these differences derive from the properties of Infl in each language.

Following Fabb (1984), a verb can assign θ-roles only if it is governed — this is called *V-visibility*. Government may be satisfied in one of two ways (Roberts 1985, Nichols 1986, E. Williams 1989). V can be syntactically governed — if Infl is a word, cf. (82 a); or V can be morphologically governed — if Infl is an affix, cf. (82 b).

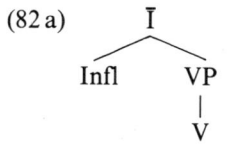

(82 a)   Ī
        / \
     Infl VP
           |
           V

(82 b)   Infl
           /   \
         Infl   V

In Yorùbá, V-visibility is by syntactic government, with agreement and modal auxiliaries in complementary distribution — i. e. Infl is a word, cf. (83 a). In Ìgbo, V-visibility is by morphological government — i. e. Infl is an affix, cf. (83 b). Haitian instantiates another possibility: Infl is morphologically null, cf. (83 c).

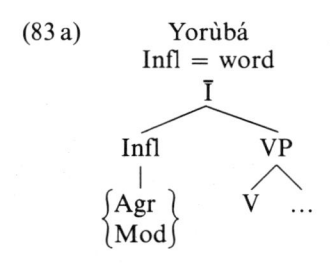

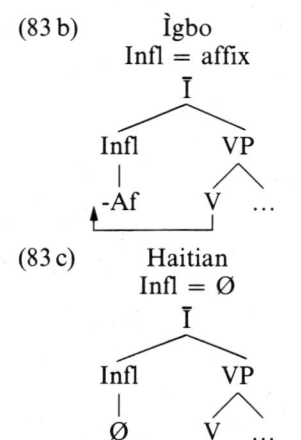

(83 a)   Yorùbá
        Infl = word
             Ī
           /   \
        Infl   VP
         | /\
       {Agr } V ...
       {Mod }

(83 b)   Ìgbo
        Infl = affix
             Ī
           /   \
        Infl   VP
         | /\
        -Af   V ...

(83 c)   Haitian
        Infl = Ø
             Ī
           /   \
        Infl   VP
         | /\
         Ø   V ...

Null Infl aside, V-visibility (via syntactic or morphological government) is satisfied in a straightforward manner for verbal projections with a single head.

Depending on whether Infl is a word or an affix, serial constructions display two inflectional patterns. Either Infl occurs only once, with scope over the full sequence of verbs; (84a); or each verb is individually marked, (84b).

(84a) Infl V_1 ... V_2 ...
(84b) V_1-Infl ... V_2-Infl ...

In a bivalent VP (whether headed by V_1 or V_2), both verbs must be governed by Infl. Because of this requirement, the status of Infl as a word in Yorùbá (85a), and as an affix in Ìgbo (85b), determines an S-structure difference between the two languages. In Haitian only a bivalent VP headed by V_1 satisfies V-visibility; this is argued to follow from the fact that Infl is morphologically null, (85c).

(85a) $\bar{\text{I}}$
           Infl $VP_{1/2}$
            | /\
        {Agr = [']} VP_1 VP_2
        {Mod   }

(85b) $\bar{\text{I}}$
           Infl $VP_{1/2}$
            | /\
        {-rV } VP_1 VP_2
        {-Asp}

(85c) $\bar{\text{I}}$
           Infl VP_1
            Ø   /\
                       VP_1 VP_2

3.1. Syntactic Government by Yorùbá Infl

I now provide evidence for the claim that Yorùbá Infl contains either agreement or a modal auxiliary, and discuss how V-visibility is satisfied for bivalent VPs.

Analyses of Infl often assume that it minimally contains tense and agreement (Chomsky 1981). Many Kwa languages including Yorùbá lack tense morphemes, i.e. morphemes with inherent temporal reference (Oyèláràn 1982b; 1989c). In principle, a Yorùbá sentence with an eventive verb is temporally ambiguous between past and nonpast, (86a). In the same context, stative verbs have a non-past interpretation, (86b). (Bámgbóṣé 1967 and Awóbùlúyì 1978 describe stative verbs as being ambiguous between non-past and past, but this could equally well reflect a stative/eventive ambiguity.)

(86a) Ọkọ̀   ó   fò.
      vehicle Agr jump
      'The aircraft {took off/is taking off}'
(86b) Jímọ̀ ó   mọ̀ ọ́.
           Agr know 3sg
      'Jímọ̀ knows her/him/it'

Eventive verbs can be temporally disambiguated by adverbs or auxiliaries:

(87a) Jímọ̀ ó   lọ ní àná.
           Agr go at yesterday
      'Jímọ̀ went yesterday'
(87b) Jímọ̀ ó   lọ ní ìisìn yíí.
           Agr go at now this
      'Jímọ̀ is going right now'

(88a) Jímọ̀ ó   ti   lọ.
           Agr Perf go
      'Jímọ̀ has gone'
(88b) Jímọ̀ ó   ń   lọ.
           Agr Prog go
      'Jímọ̀ is going'

(89a) Jímọ̀ (*ó) yóò lọ.
           Agr Pros go
      'Jímọ̀ will go'
(89b) Jímọ̀ (*ó) kò   lọ.
           Agr Neg go
      'Jímọ̀ didn't/doesn't go'

The other potential element of Infl is Agreement. Most Kwa languages do not mark agreement in gender or number. Yorùbá has vestigial subject agreement in the form of a 'high tone syllable' between a full NP subject and the main verb or aspectual auxiliary (Awóbùlúyì 1978, 49 f), cf. (88). In Standard Yorùbá, modal verbs do not co-occur with Agr, cf. (89). In some dialects, Agr co-occurs with all auxiliaries (Oyèláràn 1989b, c).

The next question is whether Yorùbá Infl is a word or an affix. Regardless of the number of verbs, Infl occurs only once in a Yorùbá serial construction:

(90a) Jímọ̀ náà lè   bá   mi (*lè) ra
      too   can be.with 1sg can   buy
      mọ́tò   tuntun.
      vehicle new
      'Jímọ̀, too, can help me buy a new car'

(90 b) Ọkọ̀   ọ́   gbé wa ti
vehicle Agr lift 1pl start.from
Níú Yọ́ọ̀kù (*ú) gba Lọ́ńdọ̀ùn (*ún)
            Agr take   Agr
dé Amútadàùn.
arrive
'The craft {brought/is bringing} us from New York to Amsterdam via London'

(90) shows that Yorùbá Infl is a word. The written representation misleadingly makes agreement (the high tone) a suffix on the subject. However, the complementary distribution of the high tone and modals shows that its cliticization to the subject is phonetic, not syntactic. Thus, Yorùbá Infl is a word containing Agreement or a Modal.

Now consider how V-visibility is satisfied in a bivalent VP. If Infl is a word, it is a syntactic governor. For a serial construction headed by V_1, Infl is sister to VP_1, and so syntactically governs V_1, satisfying V-visibility for V_1, cf. (91).

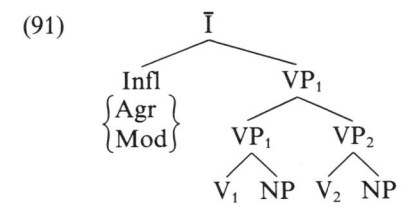

(91)
```
              Ī
           /     \
        Infl      VP₁
       {Agr }    /    \
       {Mod}  VP₁     VP₂
              / \     / \
             V₁ NP   V₂ NP
```

Since V_2 is not syntactically governed by Infl, V-visibility is not met. However, VP_2 is governed by VP_1 — assuming that VP_1 as a projection of V_1 inherits the governing properties of its head — and VP_1 is governed by Infl. If this extended government relation counts for visibility, then in (91) V_2 is syntactically governed by Infl by virtue of being contained in a projection governed by Infl: call this *extended V-visibility*.

(92) Extended V-visibility:
V assigns θ-roles if V is governed by Infl, or if V is governed by a projection which is governed by Infl.

Finally, consider the configuration where V_2 heads a bivalent VP, cf. (93). V_2 is syntactically governed by Infl, and so satisfies V-visibility. V_1, though not directly governed by Infl, is governed by VP_2, and satisfies extended V-visibility. I assume that government is not inherently directional (cf. Koster 1989).

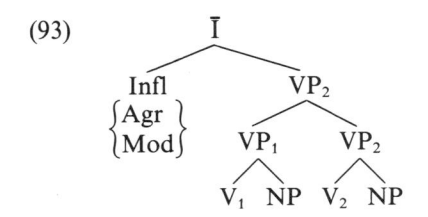

(93)
```
              Ī
           /     \
        Infl      VP₂
       {Agr }    /    \
       {Mod}  VP₁     VP₂
              / \     / \
             V₁ NP   V₂ NP
```

3.2. Morphological Government by Ìgbo Infl

Ìgbo has elaborate aspect morphology, but generally lacks verbal affixes with temporal reference. In the absence of overt aspect, the toneless -rV suffix is obligatory.

(94 a) Ézè nwe-re   égo.
            have-ØAsp money
       'Ézè has money/is rich'
(94 b) Ézè je-re   áhya.
            go-ØAsp   market
       'Ézè went to market'

These -rV verb forms, referring unambiguously to the past or nonpast, have been called "factative" (not to be confused with *factive*) by Welmers (1973); cf. also Éménanjọ (1975; 1981); Ézikèójìakụ (1979); Ụ̀waláàka (1981). The -rV form of most stative verbs is nonpast (94 a), while the -rV form of an eventive verb is past in reference (94 b). Factative tense effects bear on the question of how V-visibility is satisfied in Ìgbo.

In Ìgbo, V-movement to an inflectional projection, be it Infl, Negation or Aspect, is obligatory. This is seen in paradigms from the Òweré dialect (Èménanjọ 1981). While an affirmative verb bears -rV, the corresponding negative form requires an É-prefix:

(96 a) Íkhẹ r̃i-ri   ji.
            eat-ØAsp   yam
       'Íkhẹ ate yam'
(96 b) Íkhẹ e-r̃i-hụn   ji.
            É-eat-Neg   yam
       'Íkhẹ didn't eat yam'

The other items which appear in Infl are the habitual and prospective auxiliaries jì and gà, homophonous with the verbs 'hold' and 'go' respectively. Like some stative verbs (cf. 56), non-past auxiliaries occur without -rV, cf. (97). An auxiliary takes a nominalized verb as its complement, so the lexical object requires Genitive case.

(97 a) Íkhẹ jì   e-r̃i   ji.
            hold   Nom-eat   yam.Gen
       'Íkhẹ usually eats yam'

(97 b) Íkhẹ gà e-r̃í jí.
    go Nom-eat yam.Gen
    'Íkhẹ is going to eat yam'

Factative -rV is symptomatic of V-to-I movement, cf. (98 a). The É- prefix signals the absence of V-to-I movement, cf. (98 b), suggesting that Negation is a barrier for head movement to Infl. Auxiliaries substitute into Infl. cf. (98 c).

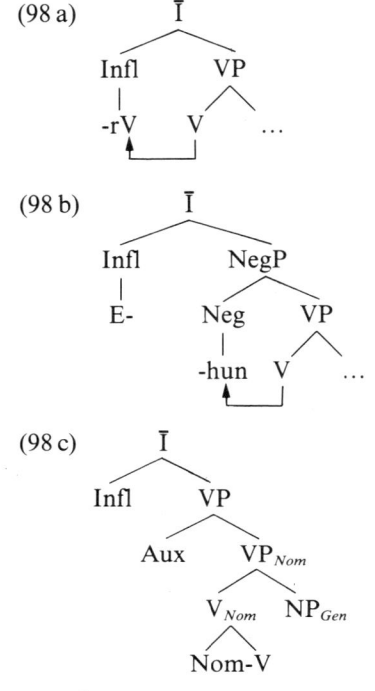

(98 a) [Tree: Ī → Infl (-rV), VP → V ...]

(98 b) [Tree: Ī → Infl (E-), NegP → Neg (-hun), VP → V ...]

(98 c) [Tree: Ī → Infl, VP → Aux, VP_Nom → V_Nom (Nom-V), NP_Gen]

In Òweré, progressive and perfective aspect are formed with suffixes which cannot co-occur with -rV, cf. (99). The progressive suffix is a toneless variant of the verb 'go'. The perfective suffix selects the OVS (for verbs which have it) which blocks structural Case-assignment, so that the NP object is marked for inherent Genitive case.

(99 a) Íkhẹ r̃í-ga-(*ra) jí.
    eat-Prog-ØAsp yam
    'Íkhẹ is eating yam'
(99 b) Íkhẹ é-r̃i-e-na-(*ra) jí.
    É-eat-OVS-Perf-ØAsp yam.Gen
    'Íkhẹ has eaten [of] yam'

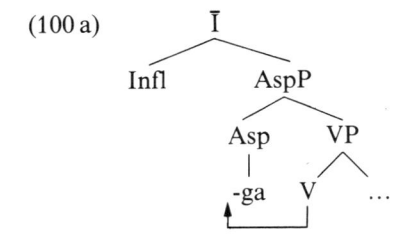

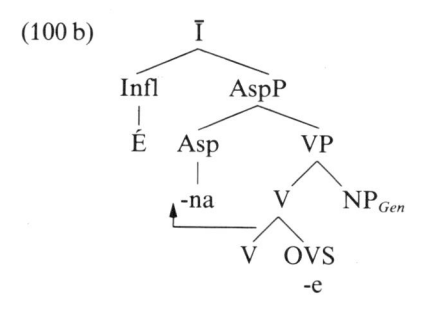

(100 a) [Tree: Ī → Infl, AspP → Asp (-ga), VP → V ...]

(100 b) [Tree: Ī → Infl (É), AspP → Asp (-na), VP → V NP_Gen, V OVS -e]

In Ìgbo, V^0 must be governed by some functional head (Infl, Negation or Aspect). In a bivalent VP, if V_1 is the head, V_2 raises to V_1, and the verb complex raises to Infl, cf. (101 a). V-visibility is then satisfied: V_1 is governed by Infl, and V_2 is governed by V_1, which is governed by Infl. Thus, constructions headed by V_1 surface as V-V compounds. If V_2 is the head, the only possibility is a serial construction; the possibility of V_1 incorporating to V_2 and then the verbal complex raising to Infl, is not instantiated, cf. (101 b). The difference is that (101 b) involves crossing paths, but (101 a) does not.

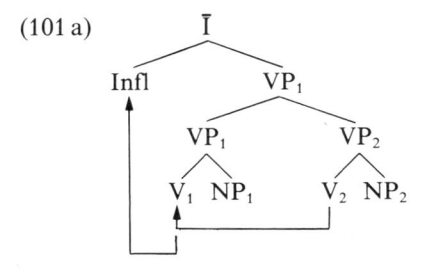

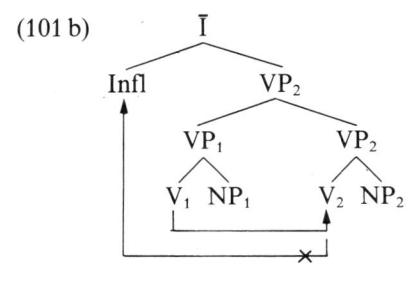

(101 a) [Tree: Ī → Infl, VP_1 → VP_1 (V_1 NP_1), VP_2 (V_2 NP_2)]

(101 b) [Tree: Ī → Infl, VP_2 → VP_1 (V_1 NP_1), VP_2 (V_2 NP_2)]

If crossing paths rule out (101 b), then incorporation of V_1 into V_2 should be licit in an Infl-final language, predicting instrumental V-V compounds headed by V_2. Such an example is cited by Schiller (1991, 103) from Barai, a Papuan SOV language:

(102) Fu burede ije sime abe ufu.
    3sg bread Def knife take cut
    'He cut the bread with a knife'

(102) is the mirror-image of Ìgbo dative compounds. V_1 *abe* 'take' incorporates to V_2 *ufu* 'cut'; the verb complex *abe-ufu* 'take cut' raises to Infl:

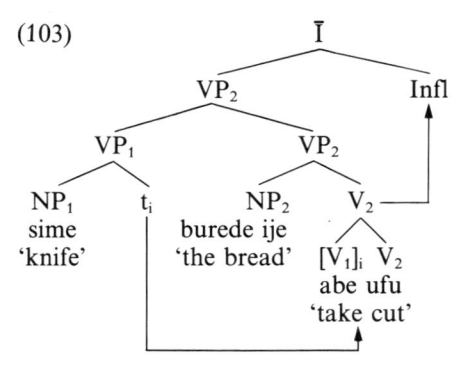

(103)

```
                    Ī
              ┌─────┴─────┐
            VP₂          Infl ↑
         ┌───┴───┐         │
       VP₁      VP₂        │
      ┌─┴─┐    ┌─┴─┐       │
    NP₁  tᵢ  NP₂   V₂──────┘
    sime     burede ije   ╱╲
   'knife'   'the bread' [V₁]ᵢ V₂
                          abe  ufu
                         'take cut'
                            ↑
```

As in Ìgbo, the complement of the incorporated verb is adjacent to the verbal complex at S-structure. The other complement is extraposed and adjoined to VP_2, where it receives inherent Case, giving the surface order $[NP_2\ NP_1\ V_1 - V_2]$.

In a bivalent VP headed by V_2 there are still two other possibilities involving head-movement of V_2. V_2 could adjoin to V_1, and then the verbal complex could raise to Infl as in (104 a), but this is ruled out because movement of V_2 into an adjunct would leave its trace not (antecedent-)governed. Another option would be for V_2 to raise directly to Infl as in (104 b), but this would result in V-visibility not being satisfied for V_1.

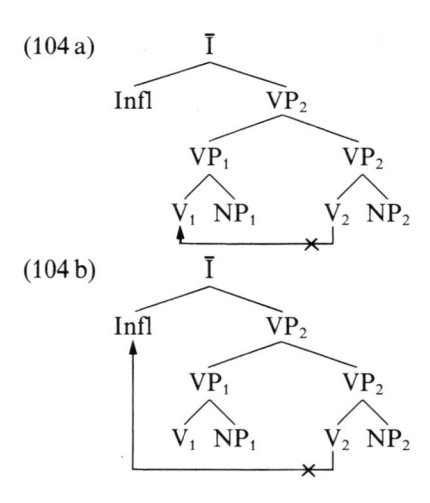

(104 a)

```
              Ī
          ┌───┴───┐
         Infl    VP₂
              ┌───┴───┐
            VP₁      VP₂
           ┌─┴─┐    ┌─┴─┐
          V₁  NP₁  V₂  NP₂
```

(104 b)

```
              Ī
          ┌───┴───┐
         Infl    VP₂
              ┌───┴───┐
            VP₁      VP₂
           ┌─┴─┐    ┌─┴─┐
          V₁  NP₁  V₂  NP₂
```

In general, V raises to a higher functional projection in Ìgbo. However, we observe that in constructions headed by V_2, all possible V-movements are illicit. This leaves the problem of how V_2 comes to be morphologically governed by Infl.

V_2 can neither adjoin to V_1, nor move to Infl. In the absence of V-movement, Ìgbo resorts to head-head agreement (Chomsky 1986, 77). Morphological government is satisfied by the attachment of overt Aspect onto V_2, in the form of the OVS. In (105 a), head-head agreement is noted by co-indexation of Infl and Aspect. As for V_1, nothing prevents it from raising to Infl, which locally c-commands it. V_1 does not adjoin to V_2, even though both verbs could be governed in that position via head-head agreement, cf. (105 b), because head-head agreement requires Infl to have lexical content.

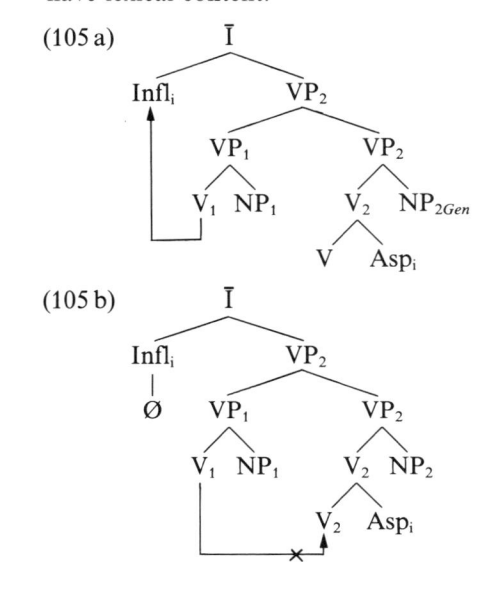

(105 a)

```
              Ī
          ┌───┴───┐
        Inflᵢ    VP₂
               ┌───┴───┐
              VP₁     VP₂
             ┌─┴─┐   ┌─┴─┐
            V₁  NP₁ V₂  NP₂_Gen
                    ╱╲
                   V  Aspᵢ
```

(105 b)

```
              Ī
          ┌───┴───┐
        Inflᵢ    VP₂
          │    ┌───┴───┐
          Ø   VP₁     VP₂
             ┌─┴─┐   ┌─┴─┐
            V₁  NP₁ V₂  NP₂
                    ╱╲
                   V₂  Aspᵢ
```

3.3. Null Infl in Haitian

Haitian has the factative effect with zero Infl (Damoiseau 1982). An eventive verb is past, and a stative verb is non-past, cf. (106). Both aspectual and temporal distinctions are marked by preverbal particles (Magloire-Holly 1982, Wingerd 1983), cf. (107).

(106 a) Ti-ga-son an   mare   bourik la.
        Dim-boy Def Ø tie.up mule Def
        'The boy tied up the mule'
(106 b) Pòl   konn leson li   nèt.
             Ø know lesson 3sg well
        'Pòl knows his lesson well'

(107 a) Pòl ap   mare bourik la.
            Prog tie mule   Def
        'Pòl is tying the mule'
(107 b) Pòl ap renmen pen   an.
            Fut like bread Def
        'Pòl will like bread'

(107 c) Pòl pa renmen pen.
Neg like bread
'Pòl does not like bread'
(107 d) Pòl te renmen pen.
Ant like bread
'Pòl liked bread'
(107 e) Pòl a renmen pen.
Mod like bread
'Pòl will like bread'
(107 f) Pòl t'a renmen pen.
Ant-Mod like bread
'Pòl would have liked bread'

In Haitian, as in Yorùbá, only the first verb can be preceded by a particle:

(108 a) Li te rale l (*te) sòt laba
3sg Ant pull 3sg Ant go.out there
(*te) vin isit.
Ant come here
'S/he pulled her/him/it from there to here'
(108 b) L ap rale l (*ap) sòt laba
3sg Prog pull 3sg Prog go.out there
(*ap) vin isit.
Prog come here
'S/he is pulling her/him/it from there to here'

Restrictions on serialization in Haitian reflect conditions on how V is governed by Infl. If, as in Yorùbá, preverbal particles in Haitian are words in Infl, then Haitian Infl, as a syntactic governor, would license serial constructions headed by V_1 or by V_2, cf. (109 a). Yet we have seen that Haitian serial constructions can only be headed by V_1. This result follows, if Haitian Infl is always null and if the preverbal particles are adjuncts (DeGraff 1991). (109 b) represents *te* as adjoined to V. Haitian Infl, being null, is a "weak" governor and only governs an adjacent V. This means that V-visibility will be satisfied only in bivalent VPs headed by V_1. In constructions headed by V_1, V_2 is contained in a projection governed by Infl, satisfying extended V-visibility.

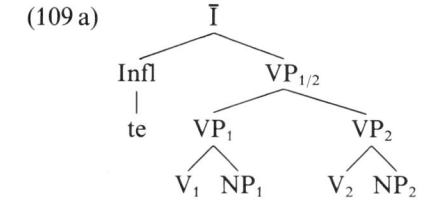

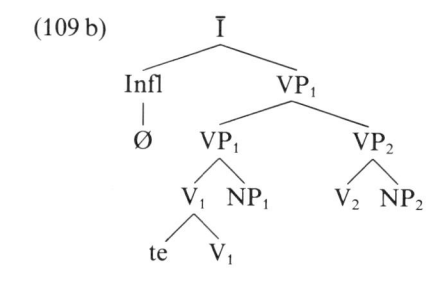

(109 a)

```
        Ī
       / \
    Infl   VP_{1/2}
     |    /    \
     te  VP_1   VP_2
         / \    / \
       V_1 NP_1 V_2 NP_2
```

(109 b)

```
        Ī
       / \
    Infl   VP_1
     |    /    \
     Ø   VP_1   VP_2
         / \    / \
       V_1 NP_1 V_2 NP_2
       / \
      te  V_1
```

Indirect evidence for a null Infl position comes from the fact that *te* occurs after, rather than before, the focus copula *se* (Fauchois 1982, Wingerd 1983, DeGraff 1991):

(110 a) Se te dlo yo ki te konn ap
Foc Past water 3pl KI Past able Prog
touye moun, dlo lanmè, laplui ...
kill person water sea, rain
'It was water that was able to be killing people, sea water, rain ...'
(110 b) ..., men se pa te nan brouklin
but Foc Nec Ant Loc Brookly
nou te voye li vin achte.
1/2pl Past send 3sg come buy
'but it wasn't in Brooklyn that we/you sent her/him to shop'
(110 c) Se te nan mwen jwen m te
Foc Ant Loc month June 1sg Past
sòti.
go.out
'It was in the month of June that I left'
(110 d) Se te yon nèg ki te konn
Foc Ant Def person KI Past know
travay latè.
work land
'S/he was someone who knew how to work the land'

Se, unlike main verbs, raises to Infl in order to identify the null topic (Manfredi 1991) via Specifier-Head Agreement, resulting in the surface order of *se te* (vs. **te se*) [(111) see next page]. In (111) *se* "excorporates" out of a complex X^0, akin to clitic climbing (Roberts 1991).

4. Theta-theoretic Properties of Bivalent VPs

Based on the intuition that verbs in a serial construction share arguments with each other (Stewart 1963, Williamson 1965), serial constructions can be divided into two groups

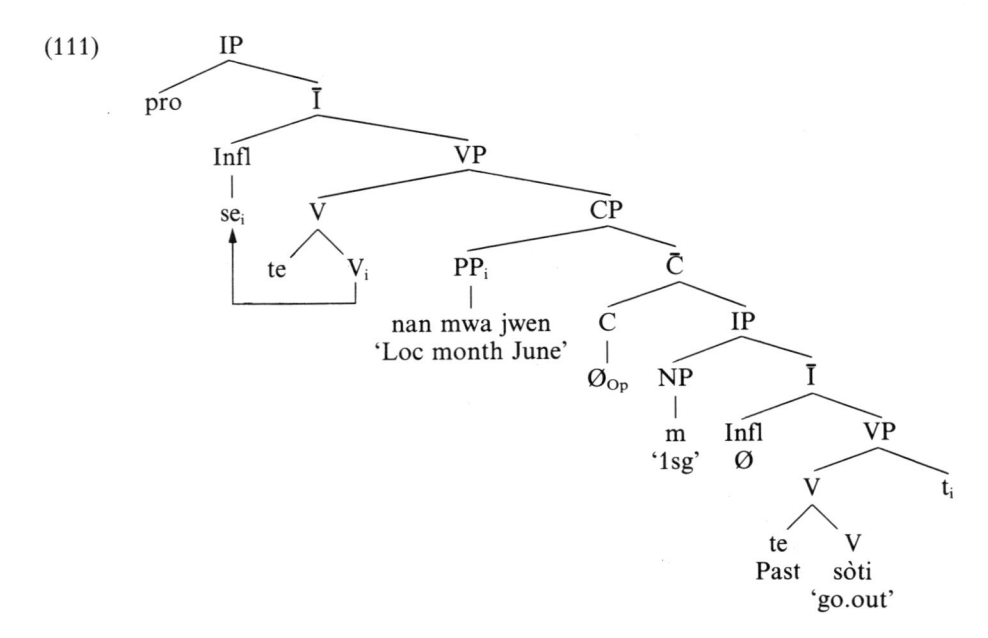

(111) [tree diagram]
```
              IP
         /         \
       pro          Ī
                /       \
             Infl        VP
              |       /      \
             se_i    V         CP
                   /   \      /    \
                  te   V_i   PP_i    C̄
                              |     /   \
                        nan mwa jwen  C    IP
                        'Loc month June' |  /  \
                                     Ø_Op NP    Ī
                                          |   /   \
                                          m  Infl   VP
                                         '1sg' Ø   /  \
                                                  V    t_i
                                                /  \
                                               te   V
                                              Past  sòti
                                                   'go.out'
```

according to whether the shared argument is the subject or the object. Several analyses attempt to derive the argument-sharing effect from operations on argument structure which coalesce the argument structures of verbs, either in the lexicon (Déchaine 1986; Lefebvre 1986; 1991) or in the syntax (Baker 1989 a).

In a bivalent phrase structure, the argument-sharing effect is determined by a combination of local θ-role assignment and pragmatics. If V_1 is the head, θ-role assignment is as in (112 a). If V_2 is the head, θ-role assignment is as in (112 b). The two structures crucially differ with respect to which argument VP_2 is predicated of: in (112 a) it is NP_1 (giving the object-sharing effect); in (112 b) it is the NP in subject position (giving the subject-sharing effect).

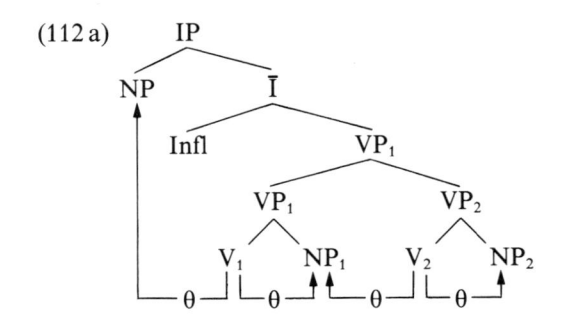

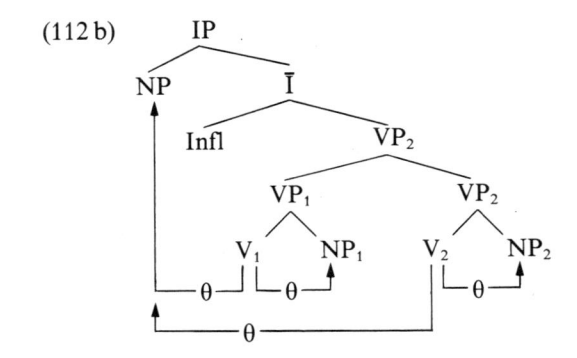

(112 a) [tree diagram]
```
          IP
        /    \
       NP     Ī
             /  \
           Infl  VP_1
                /    \
             VP_1     VP_2
            /   \    /    \
           V_1  NP_1 V_2   NP_2
```

(112 b) [tree diagram]
```
          IP
        /    \
       NP     Ī
             /  \
           Infl  VP_2
                /    \
             VP_1     VP_2
            /   \    /    \
           V_1  NP_1 V_2   NP_2
```

In (112 b) there is no direct θ-relation between NP_1 and V_2. This means that the relation between NP_1 and V_2 should be pragmatically, rather than thematically, controlled. This is confirmed by examples such as (113), where NP_1 can be construed as source or benefactive (cf. Abraham 1958, 560).

(113) Ó bá mi ra iṣu.
3sg help 1sg buy yam
'S/he bought yams from me' OR
'S/he bought yams for me'

From θ-role assignment, we know that *x helped me* and that *x bought a yam*. Perhaps it was by buying the yams from me, or perhaps it was by buying the yams for me. Both situations are consistent with the structurally determined θ-marking.

A similar interaction between structurally and pragmatically determined meaning arises with free adjuncts (Stump 1981, Partee 1984, 292) in examples such as *Being a master of disguise, Bill would fool anyone* vs. *Wearing his new outfit, Bill would fool anyone*, with the the adjunct being outside the scope of *would* in the first example (i. e. *Because Bill is a master of disguise, he would fool anyone*), but inside in the second (i. e. *If Bill wears his new outfit, he would fool anyone*).

5. Conclusion

I have discussed serial constructions which are clearly monoclausal. Whether serial comparatives and causatives have biclausal properties remains an open question.

The approach adopted here extends straightforwardly to head-final serializing languages, where we expect VP adjunction to the right or left. Ịzǒn (Williamson 1965) seems to confirm this, with the examples in (114) headed by V_1, and those in (115) headed by V_2. (See Schiller 1991 for a survey of OV serialization.)

(114a) ... egberi gbá-nì ụ-pịrị
          story say-Link him-give
       '... tell him a story'

(114b) ... dúma tun-ní   a-pírí
          song sing-Link her-give
       '... sing a song for her'

(115a) ... áràụ́ zu ye ákì buru teri-mí
          she basket take yam cover-Asp
       'She used the basket to cover a yam'

(115b) ... ayá bara-kị àkì dúma tun
          new way-?   take song sing
       '... sing a song in a new way'

A general consequence is that "serial verb constructions", as instances of adjunction of one VP to another, should be freely available in all grammars, subject to V-visibility. The question is then why some languages (e. g. English, French, etc.) don't seem to have serial constructions. Or, if they do — e. g. Germanic "fake coordination" in examples (5) – (6) — why it is so restricted. On the present approach, this must follow from the nature of Infl and its relationship to V, rather than from any fundamental difference in the internal structure of the verb phrase.

6. References

Abraham, R. C. 1958. Dictionary of Modern Yorùbá.

Åfarli, T., and C. Creider. 1987. Nonsubject pro-drop in Norwegian. Linguistic Inquiry 18. 339 – 45.

Anward, J. 1988. Verb-verb agreement in Swedish. In D. Fekete & Z. Laubitz (eds.) 1 – 34.

Aoun, J., and D. Sportiche. 1981. On the formal theory of government. The Linguistic Review 2. 211 – 36.

Awóbùlúyì, Ọ. 1969. Splitting verbs in Yorùbá, Actes du 8ᵉ Congrès de la Société Linguistique de l'Afrique Occidental 1, 151 – 64. Université d'Abidjan.

—. 1971. On the status of prepositions in Yorùbá. Journal of West African Languages 8. 101 – 11.

—. 1973. The modifying serial construction, a critique. Studies in African Linguistics 4. 87 – 111.

—. 1978. Essentials of Yorùbá Grammar. Ìbàdàn.

Awóyalé, 'Y. 1983. On the development of the verb-infinitive phrase in Yorùbá. Studies in African Linguistics 14. 71 – 102.

—. 1985. Focus as an unbounded movement rule in Yorùbá. Journal of the Linguistic Association of Nigeria 3. 75 – 84.

—. 1987. Perspectives on verb serialization. Niger-Congo Syntax and Semantics 1, ed. by V. Manfredi, 3 – 36.

—. 1988. Complex Predicates and Verb Serialization (= Lexicon Project Working Papers 28). Cambridge, MA.

Baker, M. C. 1988. Incorporation: a Theory of Grammatical Function-Changing. Chicago.

—. 1989 a. Object sharing and projection in serial verb constructions. Linguistic Inquiry 20. 513 – 53.

—. 1989 b. Remarks on the relationship between transitivity alternations and serialization, discussion note circulated at the 3rd Niger-Congo Syntax and Semantics Workshop, M. I. T, 24 January.

—, *K. Johnson, and I. Roberts.* 1989. Passive arguments raised. Linguistic Inquiry 20. 219 – 51.

Bámgbóṣé, A. 1967. A Short Yorùbá Grammar. Ìbàdàn.

—. 1971. The verb-infinitive phrase in Yorùbá. Journal of West African Languages 8. 37 – 52.

—. 1972. What is a verb in Yorùbá? In Bámgbóṣé (ed.). 17 – 59.

—. 1973. The modifying serial construction: a reply. Studies in African Linguistics 4. 207 – 17.

—. 1974. On serial verbs and verbal status. Journal of West African Languages 9. 17 – 48.

—. 1986. Negation and serial verbal construction types in Yorùbá. In Dimmendaal (ed.). 31 – 40.

—. (ed.) 1972. The Yorùbá Verb Phrase. Ìbàdàn.

Bickerton, D., and S. Iatridou. 1987. Verb serialization and empty categories, University of Amsterdam. MS.

Bok-Bennema, R., and P. Coopmans (eds.). 1990. Linguistics in the Netherlands 1990. Dordrecht.

Bresnan, J., and J. M. Kanerva. 1989. Locative inversion in Chicheŵa: a case study of factorization in grammar. Linguistic Inquiry 20. 1–50.

Burzio, L. 1986. Italian Syntax: A Government-Binding Approach. Dordrecht.

Byrne, F. 1985. pro_PROX in Saramaccan. Linguistic Inquiry 16. 313–20.

Campbell, R. G. 1989. The grammatical structure of verbal predicates. Los Angeles: University of California dissertation.

Carden, G., and D. Pesetsky. 1977. Double-verb constructions, markedness, and fake co-ordination. Papers from the regional meeting of the Chicago Linguistic Society 13. 82–92.

Chomsky, N. 1981. Lectures on Government and Binding. Dordrecht.

—. 1986. Barriers. Cambridge, MA.

—. 1989. Some notes on economy of derivation and representation. MIT Working Papers in Linguistics 10, ed. by I. Laka & A. Mahajan.

Clark, M. 1977. Ditransitive goal verbs in Vietnamese. Pacific Linguistics B. Canberra.

Corum, C.; T. C. Smith-Stark; and A. Weiser (eds.). 1973. You Take the High Node and I'll Take the Low Node. Chicago Linguistic Society.

Court, C. A. F. 1985. Fundamentals of Iu Mien (Yao) Grammar. Berkeley: University of California dissertation.

Craig, C., and K. Hale. 1988. Verb sequencing in some Chibchan languages. Paper presented at the 2nd Niger-Congo Syntax and Semantics Workshop, Lexicon Project, Center for Cognitive Science, M. I. T., 11 April.

Creider, C. 1986. Missing constituents in second conjuncts in Norwegian. University of Trondheim Working Papers in Linguistics 3. 1–14.

Crowley, T. 1987. Serial verbs in Paamese. Studies in Language 11. 35–84.

Damoiseau, R. 1982. Études de syntaxe comparée. Port-au-Prince.

Déchaine, R.-M. 1986/1987. Opérations sur les structures d'argument: le cas des constructions sérielles en haïtien. Université du Québec à Montréal M. A. thesis. [Published as Travaux de Recherche sur le créole haïtien No. 1.]

—. 1990. The syntactic and semantic headedness of serial verb constructions. University of Massachusetts, Amherst. MS.

Déchaine, R.-M., and C. Lefebvre. 1986. The grammar of serial constructions. Université du Québec à Montréal. MS.

DeGraff, M. 1991. The syntax of predication in Haitian. Paper presented at Nels 22, University of Delaware, 25 October 1991.

den Dikken, M. 1990. The structure of English complex particle constructions. In R. Bok-Bennema & P. Coopmans (eds.), 23–32.

—. 1991. Serialization in Europe. Department of English, University of Leiden. MS.

Dimmendaal, G. J. (ed.). 1986. Current Approaches to African Linguistics 3. Dordrecht.

Durie, M. 1988. Verb serialization and "verbal-prepositions" in Oceanic languages. Oceanic Linguistics 27. 1–23.

Ekúndayọ̀, S. A., and F. 'N. Akínnaso. 1983. Yorùbá serial string commutability constraints. Lingua 60. 115–33.

Éménanjọ, E. 'N. 1975. The Ìgbò verbal: a descriptive analysis. University of Ìbàdàn M. A. thesis.

—. 1978. Elements of Modern Ìgbò Grammar. Ìbàdàn.

—. 1981/1984. Auxiliaries in Ìgbò syntax. University of Ìbàdàn dissertation/Indiana University Linguistic Club. Bloomington.

Ézikèójìakụ, P. A. 1979. Tense or aspect in Ìgbò: a preliminary study. Kíabàra [Port Harcourt] 2.2: 113–26.

Fabb, N. 1984. Syntactic affixation. Massachusetts Institute of Technology dissertation.

Fauchois. 1982. Nature et fonction des monèmes se en haïtien. Port-au-Prince.

Fekete, D., and Z. Laubitz (eds.). 1988. Special Issue on Comparative Germanic Syntax, McGill Working Papers in Linguistics/Cahiers de linguistiques de McGill.

Filipovich, S. 1987. La morphologie de l'Haïtien. Unpublished M. A. thesis, Projet Fon-Haïti, Université du Québec à Montréal.

Finney, M. 1991. Verb serialization and theta-role assignment in Krio. Proceedings of the Canadian Linguistic Association Conference.

Foley, W. A., and R. D. van Valin. 1985. Information packaging in the clause. In Shopen (ed.) I. 283–364.

—, *and M. Olsen.* 1985. Clausehood and verb serialisation. In J. Nichols & A. Woodbury (eds.), 1–66.

Goldsmith, J. 1985. A principled exception to the Coordinate Structure Constraint. Papers from the regional meetings of the Chicago Linguistic Society 21. 133–143.

—. 1976. Autosegmental phonology, M. I. T. dissertation.

Green, M. M., and G. E. Ígwè. 1963. A Descriptive Grammar of Ìgbò. Berlin.

Grimshaw, J. 1990. Argument structure. Cambridge, MA.

Hoekstra, T., and R. Mulder. 1990. Unergatives as copular verbs; locational and existential predication. The Linguistic Review 7. 1–79.

Hussein, L. 1990. Serial verbs in colloquial Arabic. Paper presented at The Mini-Conference on Serial Verbs, Ohio State University, 26—27 May 1990.

Hutchison, J. P. 1989. Copy nominals and the interpretation of predicate clefts in Haitian. Paper presented at the 3nd Niger-Congo Syntax and Semantics Workshop, M. I. T., 23 January.

—, *and V. Manfredi* (eds.). 1990. Current Approaches to African Linguistics 7. Dordrecht.

Hutchinson, L. 1975. Verb conjoining in English, Salzburger Beiträge zur Linguistik 1. 335—47. Tübingen.

Hyman, Larry. M. 1971. Consecutivization in Fe?fe? Journal of African Languages 10. 29—43.

Íhìọ̀nú, P. U. 1988. Serialization and consecutivization in Ìgbo. Paper presented at the 2nd Niger-Congo Syntax and Semantics Workshop, M. I. T. Lexicon Project, 11 April.

Jackendoff, R. 1972. Semantic Interpretation in Generative Grammar. Cambridge, MA.

Jaeggli, O. 1986. Passive. Linguistic Inquiry 17. 587—622.

Jansen, B., H. Koopman, and P. Muysken. 1978. Serial verbs in the creole languages. Amsterdam Creole Studies 2. 125—59.

Johnsen, L. 1988. A note on subcoordination. University of Trondheim Working Papers in Linguistics 6. 195—201.

Kayne, R. 1984. Connectedness and Binary Branching. Dordrecht.

Koopman, H. 1984. The Syntax of Verbs: From Verb Movement Rules in the Kru Languages to Universal Grammar. Dordrecht.

—. 1986. The genesis of Haitian: implications of a comparison of some features of the syntax of Haitian, French and West African languages. In Muysken & Smith (eds.), 231—58.

Koster, J. 1989. The residual SOV structure of English. University of Groningen. MS.

Lakoff, G. 1986. Frame semantic control of the coordinate structure constraint. Berkeley Cognitive Science Report 37.

Landman, F., and F. Veltman (eds.). 1984. Varieties of Formal Semantics. Dordrecht.

Lániran, Y., and O. Ṣónaiya. 1987. The lexical nature of Yorùbá serialization. Niger-Congo Syntax and Semantics 1, ed. by V. Manfredi, 37—48.

Larson, R. K. 1988. On the double object construction. Linguistic Inquiry 19. 335—91.

—, *and C. Lefebvre.* 1990. Predicate clefting in Haitian Creole. Paper presented at NELS 21, Université du Québec à Montréal.

Lefebvre, C. 1986. Serial verbs in Fon: a lexical account. In C. Lefebvre & J. Kaye (eds.), 109—32.

—. 1991. Take serial constructions. In C. Lefebvre (ed.).

— (ed.). 1991. Serial Verbs. Amsterdam.

—, *and J. Kaye* (eds.). 1986. Rapport de recherche du projet fon-créole haïtien. Université du Québec à Montréal.

—; *H. Magloire-Holly*; *and N. Piou* (eds.). 1982. Syntaxe de l'haïtien. Ann Arbor.

van Leynseele, H. 1979. Restrictions on serial verbs in Ànyi. Journal of West African Languages 10. 188—218.

Li, C. N., and S. Thompson. 1973. Serial verb constructions in Mandarin Chinese: subordination or coordination. In C. Corum et al. (eds.), 96—103.

Li, Y.-F. 1988. V-V Compounds in Chinese. In C. Lefebvre (ed.) 1991.

Lord, C. 1973. Serial verbs in transition. Studies in African Linguistics 4. 269—95.

—. 1975. Ìgbo verb compounding and the lexicon. Studies in African Linguistics 6. 23—47.

Lumsden, J., and C. Lefebvre. 1990. On the Haitian predicate cleft construction. In Hutchison & Manfredi (eds.), 219—26.

Magloire-Holly, H. 1982. Les modaux: auxiliaires ou verbs? In C. Lefebvre et al. (eds.), 92—121.

Manfredi, V. 1988. Serialization parameters. Paper presented at the 19th Conference on African Linguistics, Boston University, 17 April.

—. 1990. Moved vs. in situ "verb focus" in Kwa. Paper presented at the Conference on Focus and Grammatical Relations in Creole Languages, University of Chicago, 10 May.

—. 1991. Ágbọ̀ and Ẹ́hụgbọ̀; Ìgbo linguistic consciousness, its origins and limits. University of Harvard dissertation.

—, *and Y. Lániran.* 1988. Extraction from Yorùbá serializations. Paper presented at the 2nd Niger-Congo Syntax and Semantics Workshop, M. I. T. Lexicon Project, April 11.

Marantz, A. 1984. On the Nature of Grammatical Relations. Cambridge, MA.

Marchese, L. 1982. Basic aspectual categories in Proto-Kru. Journal of West African Languages 12. 3—23.

Massam, D. 1987. Predicate argument structure and transitivity alternations in Haitian Creole. Projet de recherche Haïti-Fon: études syntaxique, morphologique et phonologiques, Université du Québec à Montréal, 379—409.

Matisoff, J. 1973. The Grammar of Lahu. Berkeley.

Muysken, P. 1988. Parameters for serial verbs. Niger-Congo Syntax and Semantics 1, ed. by V. Manfredi, 65—76.

—, *and N. Smith* (eds.). 1986. Substrata vs. Universals in Creole Genesis. Amsterdam.

Nichols, J. 1986. Head-marking and dependent-marking grammar. Language 62. 56—119.

—, *and A. Woodbury* (eds.). 1985. Grammar inside and outside the clause. Cambridge.

Nwáchukwu, P. A. 1976a. Noun Phrase Sentential Complementation in Ìgbo. University of London dissertation.

—. 1976b. Stativity, ergativity and the -rV suffixes in Ìgbo. African Languages/Langues africaines 2. 119—42.

—. 1982. NP sentential complements in Ìgbo. Journal of the Linguistic Association of Nigeria 1. 47—61.

—. 1987. The argument structure of Ìgbo verbs. Lexicon Project Working Papers 18. Cambridge, MA.

Ọ̀gwùéléka, O. S. 1978. Open vowel suffixes in Ìgbo. University of Nigeria, Ǹsụ́ká B. A. thesis.

Ọlátúnjí, B. 1978. Egbìnrìn Ọ̀tẹ̀ Ìbàdàn. Oxford.

Oyèláràn, Ọ. 1982a. On the scope of the serial verb construction in Yorùbá. Studies in African Linguistics 13. 109—46.

—. 1982b. The category AUX in Yorùbá phrase structure. Paper presented at the 15th West African Languages Congress. University of Port Harcourt.

—. 1989a. Transitivity and antifocus in Yorùbá. Paper presented at the 3nd Niger-Congo Syntax and Semantics Workshop, M. I. T., 24 January.

—. 1989b. Aspects of the Ọ̀wọ́rọ̀ verb system. Paper presented at the 4th Niger-Congo Syntax and Semantics Workshop, Universiteit van Tilburg, 3 June.

—. 1989c. Morphological and syntactic constraints on verbal auxiliaries in Yorùbá. Paper presented at the 4th Niger-Congo Syntax and Semantics Workshop, Universiteit van Tilburg, 2 June.

Partee, B. H. 1984. Compositionality. In F. Landman & F. Veltman (eds.), 281—311. Dordrecht.

Pawley, A. 1980. On meeting a language that defies description. Linguistic Society of Papua New Guinea, Kivung Congress.

Phillips, R. 1973. A Mnong pedagogical grammar: the verb phrase and constructions with two or more verbs. MKS IV: 129—38.

Piou, N. 1982a. Le clivage du prédicat. In C. Lefebvre et al. (eds.), 122—51.

—. 1982b. Le redoublement verbal. In C. Lefebvre et al. (eds.), 152—66.

Reinhart, T. 1983. Anaphora and semantic interpretation. Chicago.

Roberts, I. 1985. Agreement parameters and the development of English modal auxiliaries. Natural Language and Linguistic Theory 3. 21—58.

— 1986. Serial verbs and government and binding theory. Studies in African Linguistics.

—. 1991. Excorporation and minimality. Linguistic Inquiry 22. 209—18.

Ross, J. R. 1967/1986. Constraints on variables in syntax. Massachusetts Institute of Technology dissertation. [Published as Infinite Syntax. Norwood, N.J.]

Schachter, P. 1974. A non-transformational account of serial verbs. Studies in African Linguistics, Supplement 5. 253—70.

Schiller, E. 1991. An autolexical account of subordinating serial verb constructions. University of Chicago dissertation.

Sebba, M. 1987. The Syntax of Serial Verbs. Amsterdam.

Sereecharoeonsatit, T. 1984. Conjunct verbs and verbs-in-series in Thai. University of Illinois dissertation.

Shopen, T. (ed.). 1985. Language Typology and Syntactic Description. Cambridge.

Solnit, D. 1990. Argument structure, grammatical relations and causativity in Kayah compound verbs.

Speas, P. 1990. Phrase structure in natural language. Dordrecht.

Stewart, J. M. 1963. Some restrictions on objects in Twi. Journal of West African Languages 1. 145—49.

Stahlke, H. 1970. Serial verbs. Studies in African Linguistics 1. 69—99.

Stump, G. T. 1981. The formal semantics and pragmatics of free adjuncts and absolutes in English. Ohio State University dissertation.

Sylvain, S. 1936. Créole haïtien; morphologie et syntaxe. Genève.

Thepkanjana, K. 1986. Serial verb constructions in Thai. University of Michigan dissertation.

Ụ̀waláàka, M. A.-A. 1981. The Syntax and Semantics of the Ìgbo Verb: a Case Grammar Analysis. University of Ìbàdàn dissertation. [Published as Ụ̀waláàka (1988).]

—. 1982. Ìgbo "consecutivization" revisited. Journal of the Linguistic Association of Nigeria 1. 63—72.

—. 1988. The Ìgbo Verb: a Semantico-Syntactic Analysis. Beiträge zur Afrikanistik (Wien) Band 35, Nr. 48.

Valdman, A. (ed.). 1981. Haitian Creole — English — French Dictionary. Bloomington, IND.

Welmers, Wm. E. 1973. African Language Structures. Berkeley.

Williams, E. S. 1978. Across-the-board rule application. Linguistic Inquiry 9. 31—43.

—. 1989. The clause as a coordinate structure. University of Massachusetts, Amherst. MS.

—. 1990. The ATB theory of parasitic gaps. The Linguistic Review 6. 265—79.

Williams, W. R. 1971. Serial verb constructions in Krio. Studies in African Linguistics, Supplement 2. 47—65.

Williamson, K. R. M. 1965. A Grammar of the Kolokuma Dialect of Ịjọ [Izǒn]. Cambridge.

—. n.d. A tentative scheme for Ìgbo verb forms. University of Port Harcourt. MS.

Wingerd, J. 1983. A partial grammar of the Haitian Creole verb system: forms, function and syntax. State University of New York at Buffalo dissertation.

Winston, F. D. D. 1973. Polarity, mood and aspect in Ọ̀hụ́hụn ịgbo verbs. African Language Studies 14. 119—81.

Rose-Marie Déchaine, Amherst, Massachusetts (USA)

XIII. Syntaktische Phänomene in den Sprachen der Welt III: Wortstellung
Syntactic Phenomena in the World's Languages III: Word Order

38. On the Interplay of Factors in the Determination of Word Order

1. Introduction
2. The Determinants of Order
3. The Linearization Hierarchies
4. Concluding Remarks
5. References

1. Introduction

Perhaps the most striking observation emerging from the various studies of linearization conducted in the last twenty years or so is the relative cross-linguistic homogeneity of word order. As pointed out by Hawkins (1983, 3), among others, the occurring word order patterns amount to just a fraction of the mathematically possible word order combinations. Though Hawkins actually makes this comment in regard to basic orders, it holds equally well for word order per se. The vast discrepancy between the mathematically possible and actually observable word orders is attributable to the cross-linguistic commonality of the factors affecting linearization and, most importantly, to the interrelationships among these factors. It is due to the nature of the interplay of the determinants of order that different combinations of factors may produce the same or similar cumulative effects. The interdependencies obtaining among the factors effecting order give rise to divergent interpretations of the relative contribution of a particular factor or group of factors in the determination of order. Consequently the same word order facts may receive quite different analyses reflecting the type of relations recognized in a given model of grammar and the relative significance imbued to these relations. This chapter will provide an overview of the interrelationships among the determinants of order in the context of a body of largely traditional assumptions about linguistic categories and clausal structure as reflected in the host of so-called linearization hierarchies that have featured prominently in the word order literature of the last decade or so. Though references will also be made to theory specific treatments of several ordering phenomena, the discussion of the interaction among the factors influencing order will not favour any of the dominant theoretical persuasions.

2. The Determinants of Order

Broadly speaking word order is seen to be dependent on the following range of factors:

(a) grouping relations (e. g. dependency and/or constituency relations),
(b) grammatical relations (e. g. subject, object, indirect object, etc.),
(c) thematic relations (e. g. topic, focus, theme, etc.),
(d) semantic roles (e. g. agent, patient, recipient, etc.),
(e) syntactic features (e. g. categorial status, internal categorial structure, tense, aspect, modality, mood, finiteness, etc.),
(f) semantic features (e. g. animacy, humanness, definiteness, referentiality, etc.),
(g) pragmatic factors (e. g. perceptions of salience or dominance, familiarity, iconicity, relative identifiability, etc.).

Grouping relations both effect and are affected by order. Their role in determining linearization centres on the continuity condition imposed on words forming a syntactic unit. This condition is adopted as a requirement or treated as the unmarked case in all models of grammar. Due to the continuity condition, the specification of syntactic grouping relations simultaneously delimits the range of possible locations of words forming a syntactic unit; a given word must be adjacent to at least one other word belonging to the same syntactic group. Needless to say, the more grouping relations postulated, the finer the specification of order thus achieved. Therefore the elaborate constituent structures defined by a constituency based grammar recognizing levels of phrasal projection (e. g. Chomsky 1986 Barriers; Bresnan 1982, Lexical Functional Grammar (LFG) or Gazdar/Klein/Pullum/Sag 1985, Generalized Phrase Structure Grammar (GPSG)) carry considerably more information about ordering relations than the corresponding dependency representations (e. g. as in Hudson 1984, Word Grammar (WG)) in which all the modifiers of X are sisters of X. A comparison of the simplified constituency (à la Chomsky 1965) and dependency structures of the sentence *Peter found the new disk in the office* in (1a) and (1b) respectively shows this quite clearly. (In (1b) the head of a construction is shown under a vertical line and the dependents under longer oblique lines.)

(1a) [tree diagram: S → NP, PredP; NP → N (Peter); PredP → VP, AdvP; VP → V (found), NP; NP → D (the), AP, N (disk); AP → A (new); AdvP → PP; PP → P (in), NP; NP → D (the), N (office)]

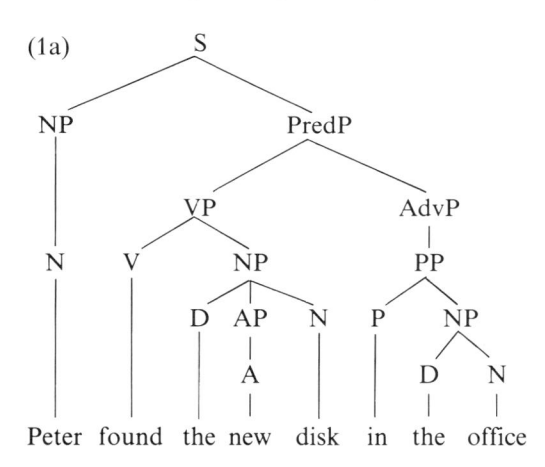

(1b) [dependency diagram: Peter found the new disk in the office]

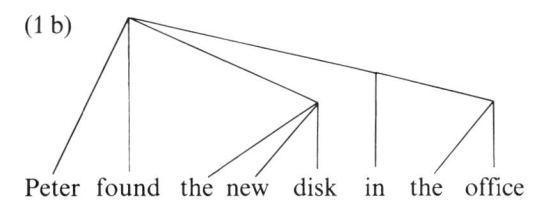

From grouping relations it is also generally possible to extrapolate some information concerning the relative order of the units comprising the given syntactic groupings. For example, in most languages the relation of dependency between modifier and head is reflected in a preference for either head > modifier (centrifugal) or modifier > head (centripetal) order across at least some of the recognized head/modifier pairs (see in particular Lehmann 1973; Vennemann 1974; Hudson 1984). The same word order facts can be deduced from constituency relations if some proviso is made for identifying the head.

The assumption underlying the effect of grammatical and thematic relations on linearization is the preference for having constituents with the same functional specification invariably in the same structural position (Dik 1978, 174). Languages differ in the extent to which they adhere to this preference and in the significance assigned to grammatical or alternatively to thematic relations. There are also considerable differences in the analyses proposed by various models of grammar in the nature of grammatical and thematic relations and in the adhered to conception of their respective influence on linearization. For example in Perlmutter and Postal's Relational Grammar (RG) as presented in Perlmutter (1983a) and Perlmutter/Rosen (1984), a grammatical framework that postulates the universal validity of at least four grammatical relations, i. e. subject, direct object, indirect object and chômeur (a relation assigned to former subjects, direct and indirect objects), more aspects of order are directly attributable to grammatical relations than in a model of grammar such as Dik's (1978, 1980, 1989) Functional Grammar (FG) that utilizes just the subject and direct object relations and rejects the assumption of the universality of these relations. This can be conveniently illustrated on the basis of the analysis of the word order variations effecting English double object constructions proposed in the two frameworks. Both RG and FG view the patient in (2a) and the prepositionless recipient in (2b) as direct objects (DOs).

(2a) I gave the etchings to Dorian.
(2b) I gave Dorian the etchings.

In RG the prepositionally marked recipient in (2a) is regarded as an indirect object (IO) while the patient in (2b) is taken to be a direct object chômeur. No grammatical relations are assigned to either of these latter two constituents in FG (cf. 3.1.3. for two other interpretations of these data). The respective analyses of the grammatical relations borne by the patient and recipient in (2) find reflection in the word order rules below.

(3) S V DO DO-chômeur IO oblique
(4) S V O X

The RG rule (3) fails to allow for the intermingling of prepositionally marked recipients with other postverbal categories, shown in (5), which despite the existence of a preference for RG IOs to precede other PPs is widely tolerated in English.

(5a) Give the keys to Jeanine at the party tonight.
(5b) Give the keys at the party to Jeanine tonight.
(5c) Give the keys tonight to Jeanine at the party.

The FG word order rule (4), on the other hand, permits (5), but also the ungrammatical (6b, c).

(6a) Give Jeanine the keys at the party tonight.
(6b) *Give Jeanine at the party the keys tonight.
(6c) *Give Jeanine tonight the keys at the party.

In RG the difference in the permutability of the recipient in (5) and patient in (6) is accountable for in terms of the chômeur relation which may be stipulated as necessarily occupying the immediately post DO position. The FG account of these word order facts must rely on the categorial differences (cf. 3.1.3.) between the recipient (PP) and patient (NP). This, however, cannot be treated as the factor determining the contrasts in (7); when a patient DO is long or complex it may be placed to the right of the recipient, as in (7a), but the converse does not hold; (7b) is ungrammatical.

(7a) Fred sent to his client several brochures with all the accommodation details.
(7b) *Fred sent the brochures his new South-East Asian clients.

That the ungrammaticality of (7b) is not a function of the NP status of the immediately postverbal constituent, i.e. of a ban on shifting over an NP as opposed to a PP or adverbial is evidenced by the grammaticality of (8) which involves a comparable shift but over a noun complement.

(8) We elected president the most outspoken girl in our class.

Since in RG the immediately postverbal constituent in (7b) but not in (7a) or (8) is a chômeur, the ungrammaticality of (7b) is an automatic consequence of the requirement that chômeurs obligatorily follow DOs. In FG the word order differences must be attributed to the difference in the semantic role of the DOs in (7a) and (8) as compared to (7b), as we have done informally above. In short, while RG is able to provide an account of the discussed word order facts solely on the basis of grammatical relations, the FG analysis involves reference to grammatical relations, semantic roles and categorial status (cf. also 3.1.1.).

The factors presented under (d) through (g) are generally seen to affect the assignment of grammatical and thematic relations and the nature of grouping relations. Therefore these factors tend not to be directly evoked in rules of order unless the sequencing facts in question cannot be handled with reference to grouping, grammatical or thematic relations. The word order phenomena that fall outside the scope of these relations are strictly speaking determined in the context of each particular theoretical persuasion. The relevant ordering facts typically concern the just discussed sequencing of verbal objects or adverbials, the linear arrangement of conjuncts in coordinations and the ordering relations among the constituent members of the noun and adjective phrases. That the specification of order below the level of the phrase is likely to require reference to the factors listed under (d) through (g) follows from the fact that the domain of application of grammatical relations and typically also of thematic relations is confined to major sentence constituents. Thematic relations may be assigned to subparts of a phrase rather than to a whole phrase, say to an adjective or a possessive pronoun within the NP, or even to individual sounds or letters (the latter only in the case of focus). However, due to the relatively stable nature of ordering relations within phrases, such an assignment of thematic relations does not tend to lead to phrase internal variations in order. There are exceptions, of course. For instance, according to de Jong (1983, 132−6), in Latin a topical or focal (as defined in 3.1.1.) nominal modifier is likely to be placed before rather than after the head noun.

This is shown in (9b) on the basis of a modifier with contrastive focus.

(9a) Germani in finis suos redierunt.
    Germans to territory their returned
    The Germans returned to their territory.

(9b) (...) Germani (...) e *suis* finibus
Germans out of their territory
in Helvetiorum fines transirent.
to Helvetian:gen territory crossed
(To prevent that) the Germans cross
(the river) from their own territory to
the Helvetian territory.

The preposing of the modifier may be accompanied by locating the whole phrase in utterance initial position which in Latin, as in many other languages (cf. 3.1.) is the favoured position for topics and marked foci. But, as (9b) shows, this need not be the case. It is not as yet clear whether languages also display phrase internal word order variations dependent on the thematic relation of the whole phrase as opposed to just of one of the constituent members of the phrase. So far we have no evidence to suggest that the thematic relation borne by a phrasal category has an effect on order within that category. A possible exception to this is to be found in Polish, in the positioning of the demonstrative pronoun *ten/ta/to* relative to the noun; when the NP is topical the demonstrative may occur either before or after the noun (depending on other discourse factors bearing on the nature of the topic, see e.g. Siewierska 1987), but with focal NPs only prenominal location of the demonstrative appears to be felicitous. Compare (10b) and (10c) in the specified context.

(10a) Mgła zakrywała zasłoną nawet tamten brzeg, tak że woda wydawała się większa i jakaś nieograniczona.
The fog covered with a thick curtain even the other bank, so that the water seemed to be more extensive, and somehow endless.

(10b) Na tę wodę/ wodę tę patrzyli z
on this water water this looked from
brzegu dwaj młodzi mężczyzni.
bank two young men
Onto this water were looking out two young men.

(10b) Młodzi mężczyzni stali nad brzegiem
young men stood on bank
patrząc na tę wodę/*wodę tę.
looking at this water water this
The young men stood on the bank looking at this water.

The effect of syntactic, semantic and pragmatic features on linearization will be exemplified in some detail in 3.

2.1. The Nature of the Text

In addition to the enumerated determinants of order linearization may be affected by the spoken vs written form of the language, the nature of the text and/or the register. There has been considerable controversy on the linguistic features characteristic of these dimensions of language use (see Beaman 1984; Biber 1986 for a convenient summary of the major areas of conflict in the context of English), and it is unlikely that any absolute differences exist between speech and writing, particular text types or registers. Nonetheless, certain tendencies within individual languages have been observed, including preferences for particular word order patterns. For instance the analyses of colloquial speech in a number of different languages carried out by Givón (1983a) and his associates are suggestive of a preference for placing new information before given rather than given before new as is assumed to be the case in writing (cf. the list of linearization hierarchies in 3.). Some support for a crucial information first strategy being favoured in spoken as compared to written forms of language on a more general basis comes from the fact that languages which are claimed to manifest a preference for new before given order (cf. 3.3.) do not tend to have a written tradition. In fact the only exception that we are aware of is Malagasy (Keenan 1976). Interestingly enough, placing the comment first appears to be the dominant strategy of the speech of young children (Bates/MacWhiney 1979, 190) who also have no familiarity with the written mode of language. However, it would be premature to posit a general preference for locating new information prior to given in speech as compared to writing, since many languages, including colloquial spoken English (see e.g. Chafe 1987), quite evidently exhibit a high instance of given before new ordering. It also needs to be remembered that the basic units of analysis in speech and writing and therefore for considerations involving ordering are not necessarily the same. Analyses of word order in the written language are based on the sentence or clause (whatever the latter may be), while for the spoken language the *tone unit* (Crystal 1975) or *intonation unit* (Chafe 1987) has been shown to be a more appropriate unit of description. Therefore stretches of discourse over which claims pertaining to word order are made in speech and writing may not be equivalent in terms of information content.

Moreover, neither speech nor writing are functionally homogeneous and as such should not be treated in isolation from considerations of text type. As regards the correlation between word order and text type, one of the most commonly cited observations is the frequent use of clause initial adverbials in operational and procedurial texts, a phenomenon which Enkvist (1981), for example, attributes to the receiver as opposed to producer oriented nature of such texts. To give another example of the potential affect of text type on linearization, Longarce (1980) suggests that expository texts in contrast to narrative ones exhibit a preference for topic > comment rather than subject > predicate structure. This, he claims, in a VSO language may give rise to apparent SVO order, as allegedly happened in Biblical Hebrew, a language that favours VSO order in narratives and SVO in expository texts. According to Schieffelin (1979), in Kaluli (a non-Austronesian language of Papua New Guinea) text type and register determine the use of SOV as opposed to OSV order; SOV is strongly preferred in narrating and reporting; OSV is favoured in making requests, teasing and tattling. In Russian, all three parameters speech vs writing, text type and register appear to bear on the choice between SVO and SOV orders. Keijsper (1985, 127) on the basis of her own investigations and the work of Soviet linguists such as Sirotinina (1961, 130; 1965, 74) suggests that SVO with the sentence focus falling on the last word is favoured in the formal written language and upper sociolects, while SOV order with the focus falling earlier in the utterance is dominant in casual, unplanned speech. One piece of evidence which may be adduced in support of this claim is Sirotinina's observation of the radical increase in the use of the OV pattern in the language of a single individual, from 10 percent in written scientific articles, to 29 percent in prepared lectures and 63 percent in spontaneous, informal speech.

Ultimately the observed correspondences between mode or genre and word order are likely to be traced to the linguistic features which define the textual dimensions (e. g. interactive vs edited, reported vs immediate style or abstract vs situated content) characteristic of particular text types. In some cases this link may be a very direct one. For instance in languages which have different positional preferences for nouns and pronouns (cf. 3.1.3.) or tend to use bound pronouns or clitics rather than free forms, a text favouring pronominal as opposed to nominal usage (e. g. face-to-face casual conversation) will display different word order characteristics than one extensively employing nouns and nominalizations (e. g. official written documents). And analogously in languages with different main and subordinate clause orders in relation to texts favouring the use of subordinating rather than coordinating constructions. On the whole, however, any connection between word order and text type is bound to be a function of a complex set of parameters associated with the text strategy (e. g. unity of participants, theme, time or place) or strategies (Enkvist 1987) favoured in a given text type in a particular language, which in turn should reflect the overall communicative function of the text. What these parameters are and to what extent they re-occur in similar text types cross-linguistically remains to be established. So far the only serious work on textual typology has been confined to individual languages (see de Beaugrande/Dressler 1981 for an account of the history of text linguistics, and Biber 1986 for a summary of the current state of the art in the context of English). Therefore before anything more definitive can be said about the word order effects of particular textual strategies, we must conduct some systematic, comparative investigations.

3. The Linearization Hierarchies

The actual effect on order of some of the factors listed in 2. has been captured in the form of so-called linearization hierarchies which specify a series of precedence preferences between pairs of items bearing particular features. The linearization hierarchies suggested by various linguists have been classified by Allan (1987, 51) into three groups: formal hierarchies, dominance hierarchies and familiarity hierarchies. The formal hierarchies encompass matters of length and internal syntactic complexity. The dominance hierarchies cover factors connected with perceptions of salience as reflected in the way humans experience the world. And the familiarity hierarchies deal with the speakers' individual interests as manifested in discourse via parameters such as topicality, givenness, definiteness etc. The major hierarchies in each of these three groups are listed below, where (other things being equal) items to the left of

\> are understood as showing a preference to precede those on the right of >.

The Formal Hierarchies:
structurally simpler > structurally complex
short > long

The Dominance Hierarchies:
The personal hierarchy:
1stp. > 2ndp. > 3rdp. human > higher animals > other organisms > inorganic matter > abstracts
The semantic role hierarchy:
agent > patient > recipient > benefactive > instrumental > spatial > temporal

The Familiarity Hierarchies:
more familiar > less familiar topic > comment
given > new
definite > indefinite
referential > nonreferential

The factors expressed in the linearization hierarchies are closely interrelated. In fact all the determinants of leftward placement may be viewed as correlates of *familiarity*, a notion suggested by Ertel (1977) reflecting "closeness to the speaker's cognitive field". The linearization hierarchies may also be regarded as reflexes of a preference for a light > heavy alternation of language material, where by relative 'heaviness' is meant not only length and complexity, but also information load and processing ease. As regards the latter, Bock (1982) argues that adult language comprehension and production involves two syntactic processing modes; one that may be termed 'automatic' affecting easily accessible language data, and the other which is more controlled, relating to less accessible language material. She cites a large body of psycholinguistic data from experiments on the nature of sentence production, sentence recall, sentence preferences and implicit picture description all of which suggest that accessibility correlates with the parameters placed towards the left end of the linearization hierarchies. Finally, since both familiarity and heaviness reflect aspects of human perception and cognition, the ultimate motivation for the word order preferences incorporated in the linearization hierarchies may be sought in the iconic nature of language (see in particular Haiman 1985).

3.1. Interaction among the Hierarchies

Owing to the fact that the determinants of leftward placement all in one way or another bear on *familiarity*, we will consider the precedence relations defined by the interaction of the hierarchies with reference to this notion. Familiarity corresponds more or less to Benveniste's (1971) concept of *subjectivity* which Lyons (1982, 101) describes as follows:

"The term *subjectivity* refers to the way in which natural languages, in their structure and normal manner of operation provide for the locutionary agent's expression of himself and of his own attitudes and beliefs."

The same basic insight lies behind Kuno's (1976, 1987) notion of *empathy*, Zubin's (1979) *focus of interest*, DeLancey's (1981) *viewpoint* and the even more widely used notions *point of view* and *perspective*. Familiarity encompasses topicality, givenness, definiteness, referentiality and perhaps temporal priority, but crucially also purely idiosyncratic factors such as personal preference, emotive involvement, expertise in a given field, etc. It is basically these speaker internal variables that distinguish familiarity from topicality 3.1.1.), though one should note that the manifestations of familiarity are generally seen to be wider in scope than that of topicality, the effect of familiarity being evidenced in various deictic, anaphoric and modal phenomena (see e. g. Lyons 1977; Kuno 1987) including those more commonly associated with the domain of literary rather than linguistic pursuits (Fillmore 1981; Powell 1987). The idiosyncratic aspects of familiarity may be exemplified by the choice of the left conjuncts in (11).

(11) What's happened to all the guests? Melvin and Yol are consoling each other in the den. Sue and Dave are helping Max wash up. And I don't know about the rest.

The choice of *Melvin and Yol* in preference to *Yol and Melvin* and *Sue and Dave* rather than *Dave and Sue* is likely to depend on the speaker's custom in referring to these couples. This in turn may be a reflection of the speaker's greater affection for say Melvin or Sue, the greater or lesser duration of the friendship with one of the pair, how the couples were originally introduced, etc. Similar factors may underlie the choice of subject with reciprocal predicates such as *meet, encounter, run into, marry, dance with*, etc. E. g.

(12) After the divorce they lost sight of each other for a couple of years.
   (a) Then Julie ran into Dik on a business trip to Amsterdam.
   (b) Then Dik ran into Julie on a business trip to Amsterdam.

The subject is generally considered to be the entity with which the speaker can most easily identify. Such an identification may lead to the use of structures like those in (13) cited by Ertel (1977) from reports of soccer matches in local newspapers;

(13a) Overrath had great difficulties with Müller.
(13b) Overrath was powerless against Müller's brilliant shooting.
(13c) Overrath lost the ball to Müller.

or determine the choice of one of a pair of symmetric predicates (e.g. *tell/hear from; receive/get from; buy/sell*, etc.) as in (14);

(14a) Simon told me that you were coming.
(14b) I heard from Simon that you were coming.

or underlie the preference for a passive rather than an active clause (cf. 24b). The idiosyncratic aspects of familiarity interact with the discourse and perception based correlates of the familiar to which we now turn.

3.1.1. Familiarity and Topicality

Familiar entities tend to correspond to the topic of discourse, be given, referential and definite. The term *topic* is used here in the 'aboutness' sense, i.e. for 'what is spoken of', or 'what the utterance or discourse is primarily about' (Brown/Yule 1983, 71). By *comment* will be meant 'what is said about the topic'. The part of the utterance that represents the most important or salient piece of information with respect to the pragmatic information between the speaker and addressee will be referred to as the *focus* (Dik 1978, 149). The interrelationship between familiarity and topicality is quite obvious; speakers in order to facilitate the understanding of their utterances by their interlocutors tend to relate an unfamiliar or less familiar topic to a familiar one; the most frequent topics of discourse are matters of immediate concern to the interlocutors; and relatively unfamiliar issues become more familiar by virtue of having been discussed. *Givenness* as used here is a cover term for anaphoric information and so-called activated information, the latter being assumed to be in the background rather than in the foreground of the addressee's consciousness, but unlike new information, nonetheless peripherally active (Prince 1981; Chafe 1987, 25). Givenness interacts with familiarity both directly and via topicality; topics tend to convey given information, and given information must be to some extent familiar as a consequence of having already been evoked or activated in discourse. A prerequisite for familiarity is identifiability, thus the correlation between familiarity and definiteness and referentiality; definite constituents are assumed to be identifiable by the hearer, referential ones, though not necessarily identifiable, are taken to exist and to have a unique identity in the universe of discourse. Linearization patterns reflecting the just outlined correspondences between familiarity and topicality and consistent with the dictates of the familiarity hierarchy have been extensively documented in the literature. Therefore, the following short passage from Bruce Chatwin's (1987, 5) *The Songlines* should suffice as an illustration.

(15) But the picture I liked best showed an Aboriginal family on the move. They were lean, angular people and they went about naked. Their skin was very black, not the glitterblack of negroes but matt black, as if the sun had sucked away all possibility of reflection. The man had a long forked beard and carried a spear or two, and a spear-thrower. The woman carried a dilly-bag and a baby at her breast. A small boy strolled beside her — I identified myself with him.

In accordance with the familiarity hierarchy, the topic of this passage — an Aboriginal family shown on a photograph or picture — is anchored in the topic *pictures of Australia*, familiar from the previous paragraph. The family or at least its two most prominent and predictable members — man and woman — are subsequently treated as identifiable and given being referred to by a pronoun or with a definite article. The second sentence introduces the notion of nakedness to which the topic of the next utterance *skin colour* is inferentially related and thus, as given and topical, it is placed predictably in initial position. The following two sentences provide typical examples of ordering in conformity with the definiteness, given > new, and topic > comment hierarchies. The ordering in the penultimate clause, on the other hand, is new >

given presumably as a function of familiarity, the speaker himself acknowledging the *little boy* as the locus of his empathy. Alternatively, since the *little boy* is semantically an agent, the new information first order could be attributed to the semantic role hierarchy to be discussed in 3.1.2.

From considerations of familiarity we pass on to the unfamiliar of which one of the most regular word order reflexes is subject-inversion with intransitive verbs. Recent investigations (e. g. Myhill 1983; Du Bois 1985; Dutra 1987) suggest that intransitive subjects are more often bearers of new information than transitive subjects. As the given > new hierarchy predicts, such subjects show a tendency to occur further to the right than their transitive counterparts. The subjects most frequently affected are those occurring with a subclass of intransitive predicates that have come to be known as unaccusative predicates (Perlmutter 1978; Perlmutter/Postal 1984) chief among which are existential and presentative predicates. Subject postposing with various subsets of unaccusative predicates is found, for instance, in all the Germanic, Romance and Slavic languages, in Albanian, Hungarian, Modern Greek and in some of the Bantu and Mayan languages. The following example is from French (Vet 1981, 151) in which, as in Dutch, German, Icelandic and English, a dummy pronoun occurs in the position vacated by the postposed subject, if this position is not otherwise filled.

(16a) Un grand nombre d'enfants meurt.
 a great number of children dies
 A great number of children die.
(16b) Il meurt un grand nombre d'enfants.
 it dies a great number of children
 A great number of children die.

Inverted subjects occurring with intransitive verbs especially unaccusative ones are not only often textually new (see particularly Wehr 1984; Ulrich 1985) but also indefinite, inanimate and non-agentive. Moreover such subjects often differ from canonical ones in regard to coding and/or behavioral properties. Therefore it comes as no surprise that the grammatical status of these inverted subjects is a matter of continuing debate. Let us digress briefly and compare two theory specific treatments of this ordering phenomenon, one based on grammatical (RG) and the other on thematic (FG) relations.

In RG clauses such as (16b) in contrast to (16a) are considered to be impersonal constructions with the apparent subject functioning as a special type of chômeur called brother-in-law. In view of the fact that RG requires all final strata to possess a subject, the subject relation in (16b) is assigned to the pronominal dummy *il*. The same impersonal analysis is carried over to the Italian (17b) from Perlmutter (1983, 142), the only difference being that the dummy subject is in this case covert.

(17a) Dei profughi ungheresi sono
 some refugees Hungarian are
 rimasti nel paese.
 remained in-the country
 Some Hungarian refugees remained in the country.
(17b) Sono rimasti dei profughi ungheresi nel paese.

Given the RG analysis of inverted intransitive subjects as final chômeurs, the differences in order shown in (16) and (17) are in this framework directly attributed to grammatical relations; final subjects are predicted as being preverbal, final chômeurs as postverbal. In FG, on the other hand, the same word order facts receive an analysis based on thematic relations. Dik (1981) treats the argument of the intransitive verb as a subject irrespective of its clausal location. The clause itself is interpreted as lacking both a topic and a focus. The lack of a topic follows from the fact that these utterances tend to represent situations and events as unstructured wholes with the subject as part of the situation or event rather than as separate from it (see in particular Sasse 1987). And given the conception of focus as an information peak, the absence of a topic entails the absence of focus, since there is no non-focal information that the would-be focus could be opposed to. For languages in which the preverbal position of the subject can be regularly attributed to matters of topicality, such as the Romance and the Germanic languages other than English, Dik offers an analysis of postverbal subjects whereby their postverbal location is a consequence of the non-application of a word order rule placing topical material preverbally. An alternative analysis proposed by Hannay (1985) specifically for English is the converse of the above. It involves the recognition of an additional thematic relation called *presentative* and a word order rule placing this thematic relation postverbally in a special pragmatically significant position.

3.1.2. Familiarity and Dominance

That perceptual salience should breed familiarity and the familiar be perceived as salient or dominant is hardly surprising. The speaker tends to relate everything to his own viewpoint; but this viewpoint is by and large consistent with publicly accepted norms, and commonly held assumptions pertaining to among other things salience and dominance. The interdependence between familiarity and dominance is manifest in the personal hierarchy which is a reflection of what is often termed the 'me-first' principle (Cooper/Ross 1975; Silverstein 1976). Kuno (1987, 212) captures this sentiment in the speech act empathy hierarchy which states that: the speaker cannot empathize with someone else more than with himself. A particularly good example of the working of this principle in English is provided by the acceptability contrasts shown in (18) and (19) with the verb *meet* in the sense of 'meet for the first time' rather than 'meet as arranged'.

(18a) I met John at the party last night.
(18b) ??John met me at the party last night.
(18c) I met you at the party last night.
(19a) ??You met me at the party last night.
(19b) You met my brother at the party last night. (Right?)
(19c) My brother met you at the party last night.

Kuno correctly observes that (18b) and (19a) are extremely odd as other than echo statements, but no comparable contrast obtains when the first person is not involved. The personal hierarchy expresses the fact that human beings show an unqualified interest in themselves, their interlocutors and other humans. Consequently events and situations tend to be interpreted from the point of view of the persons involved rather than in terms of the events themselves or nonhuman or inanimate entities participating in these events. Thus we are more likely to encounter the examples in (20) than those in (21).

(20a) People are dying of starvation.
(20b) The horse was killed by lightening.
(20c) She was overcome with love.
(21a) Starvation is killing people.
(21b) Lightening killed the horse.
(21c) Love overcame her.

The ordering of the entities towards the left end of the personal hierarchy may be further constrained by considerations of social status and relative authority, as well as matters of politeness. Witness the order of the conjuncts in (22), for instance.

(22a) the President and the Secretary of State
(22b) your royal highness, my lords, ladies and gentlemen
(22c) God the father, the son and the holy ghost
(22d) men, women and children
(22e) my brother and I
(22f) you and me

The dictates of the personal hierarchy are particularly often observed in the linear arrangement of clitics and bound pronouns. For instance in the Australian language Gunwinggu (Oates 1964) first or second person bound pronouns always precede third person irrespective of which is the subject or object. E. g.

(23a) ŋa-bre - n - bun
    I -they- acc- will:hit
    I'll hit them.
(23b) ŋa- n - di - bun
    I - acc-they -will:hit
    They'll hit me.

There are also languages in which distinctions of person interact with number (e. g. Yukulta, McConvell 1976) and/or humanness and semantic role (e. g. Shambala and Haya, Duranti 1979) in determining clitic order.

The second major dominance hierarchy is the semantic role hierarchy. Strictly speaking the only compelling evidence for a direct relationship between relative familiarity and the recognized semantic roles concerns the left end of the semantic role hierarchy, in particular the agent. Incidentally, the term *agent* is used here in the sense of principle controller more or less along the lines of Foley/van Valin's (1984, 29) *actor*. The underlying motivation for the semantic role hierarchy is sought, on the one hand, in the psychologically based prototypical directionality of predicates, i. e. in what DeLancey (1981), for example, calls natural *attention flow*, and on the other in the personal hierarchy. Natural attention flow, as conceived of by DeLancey, refers to the actual development of events in the real world, the basis for the perception of naturalness being temporal order. In the case of an action event the natural progression is from agent to patient; for motion events it is from source to goal; and for an act of 'giving' from giver to receiver. The claim embodied in the semantic role hierarchy or more precisely in the priority of the agent over all other semantic roles is that speakers exhibit a preference for presenting situations and events in line with the natural attention flow (but cf. 3.3.). In other words, the natural attention flow is the unmarked *linguistic* attention flow, the preferred starting point for the linear mapping of linguistic expressions. Natural attention flow interacts in obvious ways with the personal hierarchy whose relationship to the semantic role hierarchy, again in the case of the left end of the hierarchies, is quite transparent. Observe that since inanimates or abstract entities cannot be agentive in other than a metaphorical sense, and the potential agenthood of non-human animates affects only a limited sphere of human experience, human beings are the most frequent agents due to both the nature of agenthood and the human bias expressed in the personal hierarchy. The second most likely semantic role for humans is not, however, the patient, as the juxtaposition of the two hierarchies would lead us to expect, but rather the recipient or benefactive. In fact the location of the patient relative to the recipient/benefactive in the semantic role hierarchy is controversial owing to the existence of languages which favour ditransitive clause orders with the recipient/benefactive preceding the patient (see e.g. Blansitt 1973; Sedlak 1975; Mallinson/Blake 1981) and not vice versa, as stated in the hierarchy. The relative order of the semantic roles placed towards the right end of the hierarchy is also subject to variation. For example, while English, Swedish and Palauan display the place-before-time preference expressed in the hierarchy, the Slavic languages, Hebrew and Niuean show an evident leaning for time-before-place adverbs. Moreover, all languages appear to allow for initial placement of at least some temporal and spatial expressions.

On the whole there are relatively few instances of ordering phenomena solely attributable to the semantic role hierarchy. More often the influence of the semantic role hierarchy and to a lesser extent also of the personal hierarchy on linearization is mediated through the choice of subject and object. Linear precedence and subject and object selection are closely interconnected by virtue of the fact that the majority of languages favour placing subjects initially (cf. 3.2.), and that alternative object assignment may be accompanied by a change in order. It must be remembered though that the subject and object relations and also the number of recognized semantic roles are open to theory specific interpretations. Such differences in interpretation are particularly frequent in the case of the object relation in double object constructions. In discussing the RG and FG analyses of English double object constructions in 2., we pointed out that the two theories diverge in regard to the recognition of an indirect object (IO) which is assigned in RG to a prepositionally marked recipient, but converge in treating a prepositionless recipient as a direct object (DO). Such an analysis is at odds with the traditional one (see e.g. Jespersen 1927; Halliday 1967; Ziv/Sheintuch 1979) according to which the patient bears the DO relation in both NP PP (2a) and NP NP (2b) constructions and the IO relation is assigned to the prepositionless recipient rather than to the prepositionally marked one. This traditional analysis has been recently revived by Dryer (1986). In the context of RG Dryer argues for the basicness of the double object NP NP construction over the prepositional NP PP one, contrary to the classical RG solution and in part to the FG analysis. Moreover, in addition to the DO and IO relations, Dryer suggests recognizing the *primary object* (PO) and *secondary object* relations (SO) which he claims can be held simultaneously with the other two object relations. The primary object is taken to be the DO in transitive clauses and the IO (recipient) in double object constructions; the secondary object is equated with the DO (patient) in double object constructions. Assuming the relevance of the distinctions proposed by Dryer, for which he adduces considerable evidence particularly from Amerindian languages, the recipient falls out of the accessibility to objecthood hierarchy altogether. On the other hand, by definition it overrides the patient in relation to primary object assignment. The primary object is not, however, a universal grammatical relation and therefore the correlations defining the accessibility of particular semantic roles to direct objecthood cannot be automatically transplanted to a comparable accessibility to primary object hierarchy. In the light of the controversies surrounding the nature of objecthood and to a lesser extent subjecthood (recall the discussion of inverted subjects in 3.1.1.), the correspondences between the word order preferences captured in the semantic role hierarchy and those implicit in the following eligibility for subject and object hierarchies must be viewed with some caution.

subject: agent > patient > recipient > benefactive > instrumental
spatial > temporal
object: patient > recipient > benefactive > instrumental > spatial > temporal

The two grammatical relation hierarchies predict a decrease in the likelihood of a given semantic role functioning as the subject or object, as we proceed from left to right. The accessibility of constituents other than the agent or patient to subject and object varies from language to language. For example in Bantu (see e.g. Hyman/Duranti 1982) not only patients but also recipients, benefactives and even instrumental, locative, manner and comitative NPs can function as direct (?) or primary (?) objects, and via passivization as subjects. In Polish, by contrast, the direct object relation is reserved for the patient. The accessibility hierarchies are typically interpreted as reflecting the continuity principle, whereby only continuous segments of the hierarchy are accessible to subject and object. This means that if an oblique constituent, say a benefactive can be subjectivized or objectivized so can the recipient and patient. The strength of the association between the specified semantic roles and subjecthood and objecthood is assumed to be language dependent, though one would expect a loosening of the bond between subject and agent or object and patient upon an increase in the range of semantic roles accessible to these relations. Of relevance to these matters is undoubtedly also the nature of the predicate. For instance in English despite the wide range of semantic roles accessible to subject, with highly transitive verbs in the sense of Hopper/Thompson (1980), the agent may be chosen for subject even if it is quite evidently outranked by the patient in terms of familiarity and its discourse correlates. Consider, for instance, the following contrasts adapted from Kuno (1987, 209).

(24) Mary had quite an experience at the party she went to last night.
    (a) An eight-foot-tall rowdy harassed her.
    (b) She was harassed by an eight-foot-tall rowdy.
    (So, she complained about it to her host ...)
(25) Mary had quite an experience at the party she went to last night.
    (a) She slapped an eight-foot-tall boxer in the face.
    (b) ??An eight-foot-tall boxer was slapped in the face by her.
    (The hostess was upset and asked her to leave.)

In (24) the agent is indefinite, new and focal, whereas in (25) it is the patient that displays these characteristics. And as evidenced by (24a) the agent can be subjectivized in spite of its low degree of familiarity, whereas in analogous circumstances the patient (25b) cannot.

Concerning the personal hierarchy, the most celebrated instance of the effect of the personal hierarchy on subject selection is the Navajo *yi-/bi-* alternation the possibility of which is excluded if one of the entities involved is perceived as having potential control over the other (Witherspoon 1980). Witherspoon argues that in the Navajo universe, the effect of inanimates on animates, or of non-humans on humans is always taken to be controlled by the animate or human party. Therefore while (26b) is a viable alternative to (26a), (27b) and (28b) are unacceptable since the Navajo cannot imagine *water* or *rocks* having the control ascribed to them.

(26a) Łíį́ dzaanééz yi-ztal.
    horse mule kicked
    The horse kicked the mule.
(26b) Dzaaneez łį́į́ bi-ztal.
    mule horse kicked
    The mule was kicked by the horse.
(27a) At'ééd to yo-odlą́ą́.
    girl water drank
    The girl drank the water.
(27b) *To at'ééd bo-odlą́ą́.
    water girl drank
    The water was drunk by the girl.
(28a) T'iis tsé yi-k'iikę́ę́z.
    tree rock fell on
    The tree fell upon the rock.
(28b) *Tsé t'iis bi-k'iikę́ę́z.
    rock tree fell on
    The rock was fallen upon by the tree.

A similar phenomenon, but including distinctions of person may be observed in a number of Amerindian languages from the Southern Wakashan language group such as Makah (Jacobsen 1979) and Nitinaht (Klokeid 1977), from the Tanoan language group such as Tiwa (Allen/Frantz 1978) and Tewa (Kroskrity 1985) and from the Salishan language family such as Lummi, Clallam, Squamish and Halkomelem (Jelinek/Demers 1983). In these languages the subject must be higher on the personal hierarchy than any other nominal in the clause, irrespective of agentivity. In order to express a situation where third person acts on second or third, or an inanimate entity on an animate one, what is known as *inverse person marking* considered by some to be passive marking is used. (For a discussion of the difference between the two see Whistler 1985 and Klaiman 1991). The following example is from Makah (Jacobsen 1979, 123, 126).

(29a) da˙ sa-s'tiqʷasiq
    see -I sit:on:ground:the
    I see the one sitting on the ground.
(29b) da˙ s- ʔit -s 'tiqʷasiq
    see - inv.-I sit:on:ground:the
    The one sitting on the ground sees me.

Animacy is also claimed to have an effect on the choice of subject in the Mayan language Jacaltec (Craig 1976) in which subjects of transitive clauses, but not of intransitives must be necessarily animate. And in the Eastern Nilotic language Turkana it is the actual location of the subject which is affected by animacy; according to Dimmendaal (1986) the language displays VSO order with animate subjects but VOS with inanimate ones. As regards object selection, the preferential treatment of the recipient (or benefactive) rather than of the patient in ditransitive clauses, which provides the motivation for the recognition of the primary object relation in the sense of Dryer (1986), may be directly traced to matters of animacy and humanness since recipients and benefactives, unlike patients, tend to be human. Ransom (1979) argues that this is one of the factors that determines the preference for V NP NP structures as compared to V NP PP ones in English.

The ordering effects of perceptions of natural salience are not confined to those expressed in the personal and semantic role hierarchies. The sequencing of conjuncts and less often of strings of adjectives and homosemantic adverbs may be sensitive to perceptions of dominance along the dimensions of size, weight, height, temperature, location, direction, vividness, etc. (see Allan 1987 and Siewierska 1988).

Some illustrative examples are given in (30).

(30a) big and small; both rich and poor alike; good and bad; for and against; for better or worse; far and wide; here and there; short and fat;
(30b) a big beautiful red ball;
(30c) on a pale wooden bench in a third class compartment of an intercity train.

3.1.3. Familiarity and the formal Hierarchies

Familiarity comprehends frequency of occurrence, and frequency correlates with length and complexity. Haiman (this volume) sums up the nature of this correlation in the following universal tendency: "the length and thus to some extent the grammatical status of an element covaries inversely with its frequency in discourse". Length and complexity are also effected by what Givón (1983a, b) calls *topic continuity*, a notion related to the Prague school *communicative dynamism* (see e.g. Firbas 1981) and Halliday/Hassan's (1976) or Bolkestein/Risselada's (1987) *cohesion* specifying the relative identifiability of a discourse entity. Topic continuity encompasses the discourse correlates of familiarity as well as more detailed considerations of the former and subsequent discourse history of a particular discourse entity and its relationship to other entities in the discourse. The correlation between the syntactic coding of an entity and the degree of continuity between it and earlier topics of discourse is expressed in Givón's (1983b, 17) coding scale:

most continuous/accessible topic
    zero anaphora
    unstressed/bound pronouns or grammatical agreement
    stressed/independent pronouns
    right-dislocated definite NPs
    neutral order definite NPs
    left-dislocated definite NPs
    Y-moved NPs (contrastive topicalization)
    cleft-focus constructions
    referential indefinite NPs
most discontinuous/inaccessible topic

The amount of coding increases as ease of identifiability declines. Haiman's statement may therefore be amended to read: "the length and complexity of an element covaries inversely with the ease with which its referent can be identified". As an example of the correlation between syntactic coding and identifiability note the preference for zero anaphora rather than for an unstressed pronoun in (31a) where nothing impedes our ability to identify *John* as the subject and topic of the following two clauses, and the converse preference in (31b) where the presence of *Mary* introduces the need for additional specification of the subject of the following clauses and increases the likelihood of the occurrence of a connective such as *so*.

(31a) John went into the office, sat down and reached for the phone.
(31b) John found Mary in his office, so he/*Ø sat down and reached for the phone.

Observe also the extent of the interference from *the school detention* as a competing topic in (32) which leads to the use of a left-dislocated structure in compliance with the coding scale.

(32) Well, we only ever had school dets or home dets. Um, a school detention was you did work after school, n a home detention, you did the work at home. So the school detention you had to go n see the principal. And that was the worst thing. The home detention, the teachers set it.

The preference for linearizing shorter and less complex material before longer and more structurally elaborate language data is an automatic consequence of the overlap between topic continuity and familiarity. The formal hierarchies may be refined to stipulate more detailed word order preferences involving relative categorial complexity. For sentence level constituents Dik (1978; 1989) proposes the following Language Independent Preferred Order of Constituents (LIPOC) schema:

I clitic > pronoun > noun phrase > adpositional phrase > subordinate clause
II (i) for a category X, X > PX
    (ii) for a category X, X > X and X
    (iii) for a category X and Y, X > X (Y)

LIPOC asserts that for any pair of the above constituents the preferred location of an item to the left of > is before that of an item to the right of >. The specifications under II show the effect of adding a preposition (i), conjoining constituents of the same category (ii) and the internal complexity of constituents (iii). There is ample evidence for LIPOC. The following are just a few cases in point:

(a) the tendency for clitics to occur in second position in the utterance, known as Wackernagel's Law;
(b) the earlier placement of pronominal as compared to nominal subjects or objects in languages such as Bimoba, Cairene Arabic, German (cf. 41b), Grebo, Ila, Karen, Twi or Uzbek, as in the Uzbek (Sedlak 1975, 133) (33b) where a pronominal patient as opposed to a nominal one (33a) obligatorily precedes a recipient/benefactive;

(33a) Men uŋ-ga ŋlma-ni berman.
      I   him-dat apple-acc I'll give
      I'll give him the apple.
(33b) Men u- ni seŋ-ga yub raman.
      I   it-acc you-dat I'll send
      I'll send it to you.

(c) the preference for final placement of sentential NPs observed in, for example, Blackfoot, Tuscarora, Kinyarwanda, Malagasy, Sherpa, Persian, Latin and English (see Dryer 1980 for comprehensive discussion of the phenomena) and illustrated on the basis of Yaqui (34), a language in which nominal subjects occur clause initially, and nominal objects preverbally, but sentential ones obligatorily in final position;

(34a) Aapo hunen hia ke hu hamut
      he   thus say comp this woman
      tutu?uli
      pretty
      He says this woman is pretty.
(34b) Tuisi tu?i hu hamut
      very good this woman
      bwika-kai
      sing-sub
      It is very good that this woman sings.

(d) the phenomena of heavy NP shift (cf. (7a) and (8)) and extraposition from NP (see e. g. Mallinson/Blake 1981, 324) shown in (35).

(35a) I met a man last night who reminded me of you.
(35b) Another book has just appeared about word order.

In regard to the ordering of nominal modifiers, Hawkins (1983, 78, 86) has observed that the preposing of a modifier before the noun in prepositional languages, and to a lesser extent the postposing of a modifier after the noun in postpositional languages tends to comply with the word order preferences incorporated in the formal hierarchies. In the case of prepositional languages, the first to be preposed are the demonstrative or numeral; then both; next comes the adjective; followed by the genitive; and finally the relative clause. This is captured in the Prepositional Noun Modifier Hierarchy (PrNMH):

Prep $\supset$ ((NDem v NNum $\supset$ NA) & (NA $\supset$ NG) & (NG $\supset$ NRel))

Strictly speaking the PrNMH (as well as the PoNMH given directly below) represents a collapsing of a series of implicational universals, but the just stated pattern of modifier preposing can be easily deduced from it. In postpositional languages the first modifier to be postposed is the adjective; then the relative clause; then the demonstrative or numeral; and finally the genitive. The order of modifier postposing is represented in the Postpositional Noun Modifier Hierarchy (PoNMH):

Post ⊃ ((AN v RelN ⊃ DemN & NumN) & (DemN v NumN ⊃ GN))

Demonstratives and numerals are typically morphologically shorter than adjectives; single adjectives tend to be shorter than genitives (the latter consisting of a noun with a genitive marker or a prepositional phrase); which in turn are shorter than relative clauses. Given the progressive increase in length and complexity from the demonstrative to the relative clause, the PrNMH is fully consistent with the word order predictions of the formal hierarchies. However, contrary to expectations, the PoNMH is not the mirror image of the PrNMH. Relative clauses are the second to be postposed not the first, and the postposing of demonstratives and numerals does not come last. Nonetheless, the principle of placing shorter and less complex constituents before longer and more structurally complex ones is partially adhered to; relative clauses tend to be postposed earlier than demonstratives or numerals.

The predictions made by the two noun modifier hierarchies refer to the order of noun/modifier pairs and not to the sequencing of modifiers relative to each other. The only observation that Hawkins makes concerning the actual order of the modifiers of the noun is an elaboration of Greenberg's (1963, 87) universal 20. Hawkins (1983, 119) states:

> "When any or all of the modifiers (demonstrative, numeral and descriptive adjective) precede the noun, they (i.e. those that do precede) are always found in that order. For those that follow, no predictions are made, though the most frequent order is the mirror image of the order for preceding modifiers. In no case does the adjective precede the head when the demonstrative or numeral follow."

Accordingly, baring the relative clause which tends to be phrase final in both prepositional and postpositional languages, only the prenominal modifiers display order consonant with the formal hierarchy, i.e. either Dem Num Adj N, as in English, Polish, Mandarin, Finnish and Hindi, or Dem Adj Num N, as in Italian or French. Hawkins's comments are confined to basic orders. Therefore we do find word order variants that do not conform to the basic pattern. Polish, for instance, not only has the predicted Dem Num Adj N (36a), but also Dem Adj Num N (36b), Adj Dem N (36c) and even the categorically excluded Adj N Dem (36d), among other possible sequences.

(36a) te   dwie   wzorowe   studentki
      these   two   exemplary students
(36b) takich zabawnych   pięć   filmòw
      such   amusing   five   films
(36c) młody   ten   mężczyzna
      young   this   man
(36d) spokojne słowa   te
      calm   words   these

The last set of manifestations of the formal hierarchies that we will be considering here involve the prehead vs posthead placement of alternative forms of a modifier correlating with reduced vs increased length and complexity. Thus behave relative clauses in, for example, Finnish, German and Tagalog (see Keenan/Comrie 1977; 1979), the inflectional and prepositional genitives in several Germanic languages, as shown in (37), and simple (38a) as opposed to complement taking (38b) adjectives in English.

(37a) the boy's mother
(37b) the mother of the boy who lives next door
(38a) a stubborn man
(38b) a man unable to admit defeat

3.2. A Hierarchy of Hierarchies

Allan (1987) suggests that in English the linearization hierarchies are ranked as follows:

the familiarity hierarchy
the topic > comment; given > new hierarchies
the definiteness and referentiality hierarchies
the personal and semantic role hierarchies
the formal hierarchies.

It is doubtful, however, whether the dominance and formal hierarchies can be ranked relative to each other cross-linguistically. Evidence for the higher ranking of the dominance hierarchies over the formal hierarchies may be sought in the preference for subject before object orders. Such ordering is seen to correspond to the basic order in 95 percent of the world's languages (see e.g. Comrie 1981; Mallinson/Blake 1981; Tomlin 1986) and within these languages it tends to be the dominant word order pattern, at least in clauses with nominal as opposed to pronominal participants. The placement of the subject before the object is attributable in part to the dominance hierarchies by virtue of the correlation between subjecthood, agentivity and animacy. And the fact that the location of the subject is much less dependent on it's categorial status than that of the object may be treated as an argument for the superordinate nature of the dominance hierarchies vis a vis the formal ones. The behavioral characteristics of the verbal objects, on the other hand, are suggestive of the converse ranking of these two sets of hierarchies. For instance, though in a number of languages recipient > patient orders may be favoured, if the patient is a pronoun, it must precede the recipient. Such order, as in English, may entail adpositional marking of the recipient, but in German (cf. 41b) and Grebo, for example, neither the patient nor the recipient are adpositionally marked. It is also worth observing that the location of the object relative to adverbials, or the ordering of various oblique categories among each other may be subject to the influence of the formal hierarchy, resulting in linearization patterns at variance with the dictates of the dominance hierarchy.

What is uncontroversial is the superordinate nature of the familiarity hierarchies over both the dominance and the formal hierarchies. The fact that discourse considerations tend to outweigh purely semantic and syntactic ones as determinants of order is universally recognized. Discourse in turn is created by speakers. Therefore familiarity as the speaker oriented variable presides over the other parameters while simultaneously being affected by them. And topicality and givenness evidently override definiteness and referentiality. Assessing the exact weighting of each of the linearization hierarchies in any given instance is extremely difficult, since the features incorporated in the hierarchies tend to coincide. Therefore, on the whole, it is preferable to view the occurring precedence relations as the product of several interrelated forces rather than of just a single superordinate one. This does not mean, however, that no differences in the impact of particular linearization hierarchies on order can be discerned across languages or within languages. In fact the opposite is true. What the interrelationships among the hierarchies suggest though is that the word order patterns occurring in languages tend to define a preferential ranking rather than dichotomous grammaticality judgments. This needs to be expressed in any word order rules that aspire to provide a comprehensive statement of order. A possible way of doing so has been recently suggested by Uszkoreit (1986) within the framework of Generalized Phrase Structure Grammar (GPSG). Uszkoreit's treatment of order is worth briefly considering because it represents one of the few serious attempts to integrate the syntactic aspects of order with the semantic and pragmatic ones within a model of grammar belonging to the formal paradigm.

The word order rules, called linear precedence (LP) rules, of classical GPSG, as characterized in Gazdar et al. (1985) are required to apply conjunctively. This means that any sequence of constituents must satisfy all LP rules at once. Consequently the form of LP rules must be such that they will hold for the grammar as a whole. This approach to linearization is best suited for handling syntactically unconstrained word order variation which is characterized by the absence of LP rules, or alternatively for fixed word order, which in turn is captured by some set of LP rules, such as the one in (39) given in Gazdar et al. (1985, 110) for English.

(39) $[+N] > P'' > V''$
where $[+N]$ covers nominal and adjectival categories, and V" stands for S', S and VP.

In order to accommodate the vast majority of linearizations which fall in between these two extremes, Uszkoreit suggests introducing complex LP rules consisting of sets of LP clauses, each clause having the form of a traditional simplex LP rule. As an example of such a complex LP rule consider (40) which specifies a series of ordering preferences among German complements and adjuncts of the so-called middlefield, i.e. between the finite and non-finite verb (e.g. between *will* and *geben* in 41). All constituents of the middlefield, including the main verb are considered to be siblings, in contrast to any preverbal constituent which is a daughter of S.

(40) i agent > patient
     ii agent > recipient
     iii recipient > patient

iv non-focus > focus
v pronominal > nominal

The precedence preferences captured in (40) have been identified in several recent studies of the linear arrangement of constituents of the German middlefield (e. g. Lenerz 1977; Abraham 1986; Connolly 1987). Not surprisingly all these preferences are in compliance with our linearization hierarchies. None of the LP clauses in (40) could function as traditional LP rules since none of the ordering patterns stated in the individual rules are compulsory. Thus, for example, (41a) which appears to comply with all of the clauses in (40) is also acceptable if the recipient rather than the patient is assigned focus contravening (40v); (41b) reflects the pronominal > nominal preference (40iv) but violates the recipient < patient one (40iii); and (41c) breaks both (40iii) and (40iv) while conforming to (40v).

(41a) Dann wird der Doktor dem
then will the doctor the
Patienten die Pille geben.
patient the pill give
Then the doctor will give the patient the pill.

(41b) Dann wird der Doktor es dem
then will the doctor it the
Patienten geben.
patient give
Then the doctor will give it to the patient.

(41c) Darum hatte der Doktor die Pille
therefore had the doctor the pill
ihr gegeben (und nicht ihm).
her given and not him
Therefore the doctor had given the pill to her (and not to him).

Combined into a complex LP rule, the LP clauses predict that any ordering of the constituents of the middlefield will be tolerated (to a lesser or greater degree) provided that it satisfies at least one of the clauses. More importantly, however, the complex LP rules can be used to predict a preferential ranking among the occurring linearizations along three dimensions; the number of conflicting LP clauses required to cover the ordering possibilities among some set of categories, the relative weighting of each of these clauses and the number and type of violations in any given instance. Thus for example in view of our comments concerning the relative ranking of the formal and dominance hierarchies, in the case of the German middlefield we would expect the categorial (pronominals > nominals) preference to receive a greater weighting than the semantic ones. And indeed all the recent studies suggest that this categorial preference can be overridden only under strong pragmatic pressure, for instance emphasis or contrast, as in (41c). The complex LP rules also provide a convenient formalism for expressing inter and intra language variation. For example the rigidity of English as compared to German constituent order can be coded in complex LP rules by assigning a different weighting to LP clauses defining both categorial preferences, say the NP > PP one stated in (39), and pragmatic preferences such as the focus-to-the-right principle expressed in (40v). In the same way one can deal with the internal language differences mentioned in 2.1., such as the variable weighting of the topic-to-the-left and focus-to-the-right preferences in speech as opposed to writing or across various text types. In conclusion the complex LP rules suggested by Uszkoreit are in effect a formalization of our linearization hierarchies and as such constitute a vindication of the treatment of order in terms of the array of interconnected parameters reflected in the hierarchies.

3.3. Counter Tendencies

The only major exceptions to the word order preferences defined by the host of linearization hierarchies come from object-before-subject languages. As mentioned in 2.1., the limited information that we have about these languages is suggestive of their having instantiated a principle of communication whereby the most newsworthy or new items are delivered prior to less significant and typically more predictable data. By way of illustration consider the following examples from the Iroquoian language Cayuga discussed in Mithun (1987, 296−7).

(42) Thréhs kyę:'ǫ to::kéhs
because just:suppose really
wąhtahkwatę:s tewakę:sǫ.
thick shoes I:wear
I guess because I had really thick shoes on.

(43) O:nę kokhwáihse
now she:has:finished:the:food
sanó: há.
your mother
Your mother has already finished cooking breakfast.

In (42) though both the object and verb convey new information, the object *thick shoes* is considered to be more salient, and precedes the verb. In (43) it is the subject and verb that are equally new; the verb constitutes the information focus, and is placed prior to the subject. Ordering such as this runs counter to what is seen to be the preferred linear arrangement in subject-before-object languages captured in our linearization hierarchies. The reversal of the linearization preferences reflected in the linearization hierarchies follows in part from the characteristics of the subject which, as in subject-before-object languages, tends to be given, topical, agentive, definite, etc. But other constituents displaying features associated with high accessibility, in the sense of Bock (1982), follow suit. For instance, in the OVS languages Hixkaryana and Makushi, the OSV Apurina (Derbyshire/Pullum 1981) and the VOS Toba Batak (Keenan 1978, 272) recipients occupy the position after the subject. Good examples of ordering at odds with the formal hierarchies are provided by Hixkaryana, Makushi and Arekuna in which though both OVS and SOV orders are possible, OVS is preferred if the subject is a pronoun. The same applies to the OSV language Haida (Eastman 1986) with respect to both the subject and object which are obligatorily placed further to the right if pronominal. Turning to the familiarity hierarchies, in Ojibwa, treated by Tomlin/Rhodes (1979) as VOS, and Cayuga, Ngandi and Coos which Mithun (1987) takes to lack a basic syntactic order altogether, indefinite and nonreferential subjects and objects are positioned towards the left rather than the right. Compare the placement of *the water* in (44a) and (44b) from Ngandi (Heath 1978, 206).

(44a) Ṇačuweleñ-uŋ gu-jark̟-yuŋ
 then:ABS GU-water:ABS
 gu-ja-waḷk.
 GU-now-go through
 Then water passes through.

(44b) Ṇačuweleñ-uŋ gu-ja-geyk-ḍa-ni
 then:ABS GU-now-throw
 gu-jark̟- yuŋ ničú?.
 AUG-PR GU-water-ABS this way
 Then the water rushes through.

Not all aspects of order in these languages are the mirror image of subject-before-object languages. Initialization of marked foci, for purposes of contrast or emphasis, and the fronting of discontinuous (in the sense of Givón 1983a) topics in cases of topic shift are two ordering phenomena common to both subject-first and object-first languages. Another ordering characteristic which at least some of these languages share with the dominant subject-first ones is the positioning of 'heavy' material to the right. Optional rightward placement of 'heavy' objects is found, for example, in Hixkaryana, Malagasy and Ojibwa.

The correlations between topicality and familiarity on the one hand and dominance on the other sketched in 3.1.1. and 3.1.2. could lead us to seek the motivation for the crucial or new information first strategy favoured by speakers of object-before-subject languages in underlying differences in perceptions of salience induced by differences in world view. Yet, to my knowledge, no claims of this nature with respect to speakers of object-before-subject languages have been made. Such claims have, however, been advanced in relation to speakers of ergative languages. In fact several researchers have suggested that ergative languages exhibit a preference for considering the world in terms of a patient/goal rather than an agentive orientation. Verharr (1985, 57), for example, suggests that this preference is the product of a anthropofugal as opposed to anthropocentric view of reality which focuses not on the human being, but on the world of things surrounding him. Thus whereas in so-called nominative/accusative languages what is of prime interest is who does something to something, in absolutive/ergative languages the emphasis is on what happens to things. This difference in orientation is seen to be reflected in favouring the patient over the agent for both subject and topic, a choice at variance with the semantic role hierarchy and potentially also the personal hierarchy. However, the atypical subject and/or topic assignments do not necessarily entail word orders in conflict with the preferences expressed in the hierarchies, as the effect of the familiarity hierarchies should override that of the dominance ones. Nonetheless, it must be noted that a considerable number of object-before-subject languages are in fact morphologically ergative. The relationship between ergativity, the alleged anthropofugal conception of reality and a preference for new > given order is therefore a matter worth exploring.

4. Concluding Remarks

Ever since Greenberg's (1963) cross-linguistic investigation of word order phenomena considerable interest has been shown in the correlations existing among various determinants of order in the hope of establishing a parameter or set of parameters which would enable one to predict the word order characteristics that a language is likely to display. Neither Greenberg's nor any other subsequent investigation has succeeded in isolating such a parameter or parameters. In the light of our discussion this is hardly surprising. The correlation that we have been examining lying at the heart of the linearization hierarchies is that between the basic location of the subject and object and the positional preferences for the thematic relations of topic and focus. We have seen that despite the word order regularities following from this correlation, its predictive potential is limited. Though, as one would expect, subject-first and object-first languages tend to display mirror image word order characteristics, there are numerous exceptions to the predicted ordering in both types of languages. There are also aspects of order which are simply not covered by the linearization hierarchies, such as variations in order determined by sentence type (e. g. declarative vs interrogative, positive vs negative, main vs subordinate clause, etc.), tense and aspect or finiteness of the verb (see e. g. Siewierska 1988, 88 — 97).

The fact that cross-linguistically word order is, on the one hand, relatively homogeneous, but on the other, not fully predictable in the nature and range of variations that it displays is the source of the so far inadequate treatment of linearization within linguistic theory. Linguists have tended to either stress cross-linguistic regularities in word order and ignore or downplay obvious differences, or alternatively have elevated superficial differences to the status of typological parameters at the expense of evident similarities. The problem can be redressed only with a full appreciation of the interrelationships among the complex range of factors that effect order, which in turn requires drawing on the insights of both model specific and model independent research. The linearization hierarchies represent one of the first tentative results of such a merger.

5. References

Abraham, Werner. 1986. Word order in the middle field of the German sentence. Topic, focus and configurationality, ed. by Werner Abraham & Sjaak de Meij, 15—38. Amsterdam.

Allan, Keith. 1987. Hierarchies and the choice of left conjuncts. Journal of Linguistics 23. 51—77.

Allen, Barbara J., and D. G. Frantz. 1978. Verb agreement in Southern Tiwa. In Jaeger et. al., 11—78.

Bates, Elizabeth, and Brian Macwhiney. 1979. A functional approach to the acquisition of grammar. In Ochs & Schieffelin, 167—211.

Beaman, Karen. 1984. Coordination and subordination revisited: syntactic complexity in spoken and written narrative discourse. Coherence in spoken and written discourse, ed. by Deborah Tannen, 45—80. Norwood, NJ.

Beaugrande, Robert de, and Wolfgang Dressler. 1981. Introduction to text linguistics. London.

Benveniste, Emile. 1971. Problems in general linguistics, trans. by Mary Meek. Coral Gables.

Biber, Douglas. 1986. Spoken and written textual dimensions in English: resolving the contradictory findings. Language 62.2. 384—414.

Blansitt, Edward L. Jr. 1973. Bitransitive clauses. Working Papers in Language Universals 13, 1—26. Stanford University.

Bock, Kathryn. 1982. Toward a cognitive psychology of syntax: information processing contributions to sentence formulation. Psychological Review 89. 1—47.

Bolkestein, A. Machtelt, and Roddie Risselada. 1987. The pragmatic motivation for syntactic and semantic perspective. The pragmatic perspective, ed. by Jet Verschueren & Marcella Bertuccelli-Papi, 497—512. Amsterdam.

—, *Henk A. Combe, Simon C. Dik et. al.* (eds.) 1981. Predication and expression in Functional Grammar. London.

Bresnan, Joan. 1982. (ed.) The mental representation of grammatical relations. Cambridge, MA.

Brown, Gillian, and George Yule. 1983. Discourse analysis. Cambridge.

Chafe, Wallace. 1987. Cognitive constraints on information flow. In Tomlin, 21—51.

Chatwin, Bruce. 1987. The songlines. New York.

Cole, Peter. 1981. (ed.) Radical pragmatics. New York.

Chomsky, Noam. 1965. Aspects of the theory of syntax. Cambridge, MA.

—, 1986. Barriers. Cambridge, MA.

Clyne, Paul R., William F. Hanks, and Carol L. Hofbauer. (eds.) 1979. Papers from the fifteenth regional meeting of the Chicago Linguistic Society. Chicago.

Comrie, Bernard. 1981. Language universals and linguistic typology. Oxford.

Connolly, Leo A. 1987. Case grammar and word order in German: the case for place by case. Studies in Language 11. 129—61.

Cooper, William E., and John Robert Ross. 1975. World order. Papers from the parasession on functionalism, ed. by Robert E. Grossman, James L. San & Timothy J. Vance, 61—71. Chicago: Chicago Linguistic Society.

Craig, Collete. 1976. Properties of basic and derived subjects in Jacaltec. In Li, 99—123.

Crystal, David. 1975. The English tone of voice. London.

DeLancey, Scott. 1981. An interpretation of split ergativity and related patterns. Language 57.3. 626—59.

Derbyshire, Desmond C., and Geoffrey Pullum. 1981. Object initial languages. International Journal of American Linguistics 47. 192—214.

Dik, Simon C. 1978. Functional Grammar. London.

—. 1980. Studies in Functional Grammar. London.

—. 1981. The interaction of subject and topic in Portuguese. In A. Marchelte Bolkestein et. al., 165—84.

—. 1989. The theory of Functional Grammar. Vol. 1, Clause structure. Dordrecht.

Dimmendaal, Gerrit J. 1986. Prominence hierarchies and Turkana syntax. Current approaches to African linguistics, ed. by Gerrit J. Dimmendale, 127—45. Dordrecht.

Dixon, Richard M. W. (ed.) 1976. Grammatical categories in Australian languages. Canberra. Australian Institute of Aboriginal Studies.

Dryer, Mathew. 1980. The positional tendencies of sentential NPs in universal grammar. Journal of Canadian Linguistics 25. 123—95.

—. 1986. Primary objects, secondary objects and antidative. Language 62.4. 808—45.

Du Bois, John W. 1985. Competing motivations. Iconicity in syntax, ed. by John Haiman, 343—65. Amsterdam.

Duranti, Alessandro. 1979. Object clitic pronouns in Bantu and the topicality hierarchy. Studies in African Linguistics 10. 31—45.

Eastman, Carol M. 1986. Haida: exemplar of a pragmatic communicative mode. Language in global perspective, ed. by Benjamin F. Elson, 329—45. Dallas, Texas: The Summer Institute of Linguistics.

Enkvist, Nils Erik. 1981. Experiential iconicism. Text 1.1. 97—111.

—. 1987. A note towards the definition of text strategy. Zeitschrift für Phonetik, Sprachwissenschaft und Kommunikationsforschung 40.1. 19—27.

Ertel, Suitbert. 1977. Where do the subjects of sentences come from? Sentence production: developments in research and theory, ed. by Sheldon Rosenberg, 141—68. Hillsdale, NJ.

Fillmore, Charles J. 1981. Pragmatics and the description of discourse. In Cole, 143—66.

Firbas, Jan. 1981. Scene and perspective. Brno Studies in English 4. 37—79.

Foley, William A., and Robert D. van Valin. 1984. Functional syntax and universal grammar. Cambridge.

Gazdar, Gerald, Ewan H. Klein, Geoffrey K. Pullum, and Ivan Sag. 1985. Generalized Phrase Structure Grammar. Oxford.

Givón, Talmy. 1979. On understanding grammar. New York.

—. 1983a. (ed.) Topic continuity in discourse: quantitative cross-language studies. Amsterdam.

—. 1983b. Topic continuity in discourse: an introduction. In Talmy Givón, 1—42.

Greenberg, Joseph H. 1963. Some universals of grammar with particular reference to the order of meaningful elements. Universals of Language, ed. by Joseph H. Greenberg, 73—113. Cambridge, MA.

Haiman, John. 1985. Natural syntax: iconicity and erosion. Cambridge.

—. 1988. Iconicity and topology. (this volume).

Halliday, Michael A. K. 1967. Notes on transitivity and theme in English. Journal of Linguistics 3. 37—81, 199—244.

—, and Rugaiya Hassan. 1976. Cohesion in English. London.

Hannay, Michael. 1985. English existentials in Functional Grammar. Dordrecht.

Hawkins, John A. 1983. Word order universals. New York.

Heath, Jeffrey. 1978. Ngandi grammar, texts and dictionary. Canberra: Australian Institute of Aboriginal Studies.

Hopper, Paul. J., and Sandra A. Thompson. 1980. Transitivity in grammar and discourse. Language 56. 251—300.

Hudson, Richard A. 1984. Word Grammar. Oxford.

Hyman, Larry M., and Alessandro Duranti. 1982. On the object relation in Bantu. Syntax and semantics 15. Studies in transitivity, ed. by Paul J. Hopper & Sandra A. Thompson, 217—39. New York.

Jacobsen, William H. Jr. 1979. Wakashan comparative studies. The languages of native America: historical and comparative assessment, ed. by Lyle Campbell & Marianne Mithun, 766—81. Austin.

Jaeger, Jeri J., Anthony C. Woodbury, Orin S. Gensler et al. (eds.) 1978. Proceedings of the fourth annual meeting of the Berkeley Linguistic Society. Berkeley.

Jelinek, Eloise, and Richard A. Demers. 1983. The agent hierarchy and voice in some coast Salish languages. International Journal of American Linguistics 49.2. 167—85.

Jespersen, Otto. 1927. A modern english grammar on historical principles, vol. 3 & 4. London.

Jong, Jan R. de. 1983. Word order within Latin noun phrases. Latin linguistics and linguistic theory, ed. by Harm Pinkster, 131—41. Amsterdam.

Keenan, Edward L. 1976. Remarkable subjects in Malagasy. In Li, 249—301.

—. 1978. The syntax of subject-final languages. Syntactic typology: studies in the phenomenology of language, ed. by Wilfred P. Lehmann, 267—328. Sussex.

—, *and Bernard Comrie.* 1977. Noun phrase accessibility and universal grammar. Linguistic Inquiry 8. 63—99.

—. 1979. Data on the noun phrase accessibility hierarchy. Language 55. 333—51.

Keijsper, Cornelia E. 1985. Information structure with examples from Russian, English and Dutch. Amsterdam.

Klaiman, Mimi H. 1991. Grammatical voice. Cambridge.

Klokeid, Terry. 1977. Syntactic and conceptual relations in Nitinaht. Papers from the XIIth International Conference on Salishan languages, 1—68.

Kroskrity, Paul V. 1985. A holistic understanding of Arizona Tewa passives. Language 61. 306—28.

Kuno, Susumo. 1976. Subject, theme and the speaker's empathy — a reexamination of relativization phenomena. In Li, 417—44.

—. 1987. Functional syntax. Chicago.

Lehmann, Wilfred P. 1973. A structural principle of language and its implications. Language 49.47—66.

Lenerz, Jürgen. 1977. Zur Abfolge nominaler Satzglieder im Deutschen. Tübingen.

Li, Charles. 1976. Subject and Topic. New York.

Longarce, Robert E. 1980. Discourse typology in relation to language typology. Text processing. Text analysis and generation. Text typology and attribution, ed. by S. Allén, 457—86. Stockholm.

Lyons, John. 1977. Semantics, vols 1 & 2. Cambridge.

—. 1982. Deixis and subjectivity. Loquor, ergo sum? Speech, place and action, ed. by R. Jarvella & W. Klein, 101—24. New York.

Mallinson, Graham, and Barry J. Blake. 1981. Language typology: cross-linguistic studies in syntax. Amsterdam.

McConvell, Patrick. 1976. Nominal hierarchies in Yukulta. In Dixon, 191—200.

Mithun, Marianne. 1987. Is basic word order universal. In Tomlin, 281—328.

Oates, Lynette. 1964. A tentative description of the Gunwinggu language. Sydney.

Ochs, Elinor, and Bambi B. Schieffelin. 1979. Developmental pragmatics. New York.

Perlmutter, David M. 1978. Impersonal passives and the unaccusative hypothesis. In Jaeger, 157—89.

—. 1983a. (ed.) Studies in Relational Grammar 1. Chicago.

—. 1983b. Personal vs impersonal constructions. Natural Language and Linguistic Theory 1. 141—200.

—, *and Paul M. Postal.* 1984. Impersonal passives and some relational laws. In Perlmutter & Rosen, 126—78.

—, *and Carol G. Rosen.* 1984. (eds.) Studies in Relational Gammar 2. Chicago.

Powell, Mava Jo. 1987. Benveniste's notion of subjectivity in the active metaphors of ordinary language. Semiotica 67. 39—59.

Prince, Ellen F. 1981. Toward a taxonomy of given/new information. In Cole, 223—56.

Ransom, Evelyn N. 1979. Definiteness and animacy constraints on passive and double object constructions in English. Glossa 13, 215—40.

Sasse, Hans-Jürgen. 1987. The thetic/categorial distinction revisited. Linguistics 25.3. 511—80.

Schieffelin, Bambi B. 1979. Getting it together: an ethnographic approach to the study of the development of communicative competence. In Ochs & Schieffelin, 73—108.

Sedlak, Philip A. 1975. Direct/indirect object word order. Working Papers in Language Universals 18. 88—109. Stanford University.

Siewierska, Anna. 1987. Postverbal subject pronouns in Polish in the light of topic continuity and the topic/focus distinction. Getting one's words into line. On word order and Functional Grammar, ed. by Jan Nuyts & Georges de Schutter, 147—61.

—. 1988. Word order rules. London.

Silverstein, Michael. 1976. Hierarchies of features and ergativity. In Dixon, 113—171.

Sirotinina, O. B. 1961. O porjadke slov v russkom jazyke. Voprosy teorii i metodiki izučenijiarusskogo jazyka. Trudy vtoroj naučnoj konferencii kafedr russkogo jazyka pedagogičeskich institutov Povolž'ja. 195—212. Kujbysev.

Tomlin, Russell S. 1986. Basic word order: functional principles. London.

—. 1987. (ed.) Coherence and grounding in discourse. Amsterdam.

—, *and Richard Rhodes.* 1979. An introduction to information distribution in Ojibwa. In Clyne et. al., 307—20.

Vet, Co. 1981. Subject assignment in the impersonal constructions of French. In Bolkestein et. al., 143—64.

Ulrich, Miorita. 1985. Thetisch und Kategorisch. Tübingen.

Uszkoreit, Hans. 1986. Constraints on order. Linguistics 24.5. 883—905.

Vennemann, Theo. 1974. Topics, subjects and word order: from SXV to SVX via TVX. Historical linguistics, ed. by John M. Anderson & C. Jones, 339−76. Amsterdam.

Verharr, John V. W. 1985. On iconicity and hierarchies. Studies in Language 9. 21−76.

Wehr, Barbara. 1984. Diskursstrategien im Romanischen. Tübingen.

Whistler, Kenneth W. 1985. Focus, perspective and inverse person marking in Nootkan. Grammar inside and outside the clause. ed. by Johanna Nichols & Anthony C. Woodbury, 227−65. Cambridge.

Witherspoon, Gary. 1980. Language in culture and culture in language. International Journal of American Linguistics 46. 1−13.

Ziv, Yael, and Gloria Sheintuch. 1979. Indirect objects reconsidered. In Clyne et. al., 390−403.

Zubin, David. 1979. Discourse function of morphology. The focus system in German. Syntax and semantics 12. Discourse and syntax, ed. by Talmy Givón. 469−504. New York.

*Anna Siewierska, Amsterdam
(The Netherlands)*

39. Topologische Felder und Versetzungsphänomene

1. Die Positionen des finiten Verbs im Deutschen
2. Topologische Felder
3. Annahmen zur Satzstruktur
4. Satzmodus und Satztyp
5. Topologische Felder — Vorläufige Revision
6. SpecC-Besetzung. Einige Bemerkungen
7. S-Struktur der Verbalphrase VP_{+f}
8. Topologische Felder — Weitere Differenzierung
9. Literatur

1. Die Positionen des finiten Verbs im Deutschen

Die Beschreibung der deutschen Syntax hat der satztypunterscheidenden Position des finiten Verbs besondere Aufmerksamkeit zu schenken. Es kann normalerweise nur an drei Positionen erscheinen: entweder am Satzende (Verbendposition = V/E), an zweiter Stelle (Verbzweitposition = V/2) oder an der Satzspitze (Verberstposition = V/1). Infinite Verben, Verbzusätze usw. stehen in der Regel am Satzende, gegebenenfalls vor dem finiten Verb. Die Position des finiten Verbs ist ein wesentliches Kriterium für die Unterscheidung der Satztypen Deklarativsatz, Imperativsatz, verschiedene Formen der Interrogativsätze, abhängige Sätze usw.

1.1. V/E-Position

Für den sog. eingeleiteten abhängigen Satz ist die Endstellung des Verbkomplexes charakteristisch, wobei das finite Verb darin an letzter Stelle steht, vgl. (1) und (2):

(1) Ich fürchte, daß sicher bald viele einen Job $[_{V^0_{+f}}$ $[_{V^0_{-f}}$ suchen] $[_{V^0_{+f}}$ werden]].

(2) Sie ist besorgt, weil ältere Arbeitslose schwer Arbeit $[_{V^0_{+f}}$ $[_{V^0_{-f}}$ finden] $[_{V^0_{+f}}$ können]].

Auf scheinbare Abweichungen davon wie in (3) kommen wir noch zu sprechen (s. 7.):

(3) Ich zweifle,
 (a) ob wirklich alle $[_{V^0_{+f}}$ werden] Arbeit $[_{V^0_{-f}}$ finden] $[_{V^0_{-f}}$ können]
 (b) ob wirklich alle Arbeit $[_{V^0_{-f}}$ werden] $[_{V^0_{-f}}$ finden können].

Am Satzende steht das Verb auch in Relativsätzen, abhängigen w-Sätzen (4) sowie in selbständigen V/E-Sätzen wie (5):

(4) Die Frage,
 (a) die er gestellt hat, ...
 (b) wo man Arbeit bekommen kann, ...
(5) Wo der wohl Arbeit finden will!

1.2. V/2-Position

Wie in den meisten westgermanischen Sprachen steht auch im deutschen Deklarativsatz das finite Verb an zweiter Stelle, vgl. (6):

(6) Nach seiner Ansicht $[_{V^0_{+f}}$ werden] bald viele einen Job $[_{V^0_{-f}}$ suchen].

Die sich dabei ergebende Distanzstellung von finitem Verb V^0_{+f} und infinitem Verb bzw. Verbkomplex V^0_{-f} wird in der deutschen Syntaxdeskription als Verbklammer, Satzklammer, verbaler Rahmen, Satzrahmen, Umklammerung oder bei Boost (1957, 40) auch als Entzweiung des Prädikats bezeichnet.

Eine Anordnung des finiten Verbs an dritter, vierter ... Position ist im deutschen Deklarativsatz ungrammatisch, vgl. (7) und (8):

(7) *[Bald] [viele] $[_{V^0_{+f}}$ suchen] sicher Jobs.
(8) *[Viele] [bald] [sicher] $[_{V^0_{+f}}$ suchen] Jobs.

Die für den Deklarativsatz typische V/2-Position ist nicht auf selbständige Sätze beschränkt, vgl. abhängige V/2-Sätze wie (9):

(9) Er meinte,
    bald würden viele einen Job suchen.

Ergänzungsinterrogativsätze wie (10):

(10) Was werden sich die Leute wünschen?

Rückfragen wie (11):

(11) Einen Job brauchst du?

und manche Imperativsätze:

(12) Solch einen Job such dir mal!

1.3. V/1-Position

Die dritte mögliche Position des V^0_{+f} am Satzanfang ist z. B. typisch für Entscheidungsinterrogativsätze wie (13):

(13) [V^0_{+f} Haben] alle einen Job [V^0_{+f} gefunden]?

Imperativsätze wie (14):

(14) Such dir bald einen Job!

uneingeleitete Konditionalsätze wie (15):

(15) Verlieren viele ihren Job, (dann) sinken eure Chancen.

Aber auch narrative deklarative V/1-Sätze kommen vor, vgl. (16):

(16) Hat der alte Hexenmeister sich doch einmal wegbegeben, und nun ... (Goethe)

2. Topologische Felder

Ein entscheidender Schritt in die deutsche Satzlehre war nach Ansicht des Sprechkundlers Erich Drach (1939, 16) die in 1.2. erwähnte Erkenntnis, „daß im Aussage-Hauptsatz überall das Geschehen in Mittelstellung gesetzt wird. Das Verbum finitum ist der standfeste Angelpunkt, um den herum der Satz sich aufbaut und gliedert". Er schlug deshalb für den Aussagesatz folgenden ausnahmslos geltenden Satzplan vor:

*	Geschehen (Personalform des Verbs)	* ** *.*

Abb. 39.1: Aussagesatzplan nach Drach (1939, 18)

Er nahm an, daß dieser einfache Plan in zwei Gestalten vorkommt:

	Vorfeld	Mitte	Nachfeld
I.	Ausdrucksstelle (gefühls- oder willenswertiges Sinnwort)	Geschehen (Personalform des Verbs)	Ergänzungen und Erläuterungen
II.	Anschluß nach Vorher Gegebenes Beiläufiges	Geschehen (Personalform des Verbs)	Eindrucksstelle (Sinnwort als Denkergebnis oder Belehrungsmittel)

Abb. 39.2: Gestalten des Aussagesatzplans nach Drach (1939, 20)

Dabei erscheint im Plan II. das Sinnwort als Endglied *.*, „während weniger denkwichtige Glieder den Raum zwischen ihm und dem Geschehen ausfüllen" (Drach 1939, 20). Seine Auffassung von der Denkbedingtheit der deutschen Satzgliedstellung hat die Diskussion zur Thema-Rhema-Gliederung (funktionalen Satzperspektive, Topic-Comment-Gliederung) wesentlich mitbestimmt (Boost 1957, u. a.).

Nach Abb. 39.2 könnte den V/2-Sätzen in 1.2. nun folgender Satzplan zugeordnet werden:

	Vorfeld	Mitte	Nachfeld
(6)	Nach seiner Ansicht	werden	bald viele einen Job suchen.
(9)	bald	würden	viele einen Job suchen.
(10)	Was	werden	sich die Leute wünschen?
(11)	Einen Job	brauchst	du?
(12)	Solch einen Job	such	dir mal!

Unbrauchbar wäre diese Terminologie für die Beschreibung von V/1- und V/2-Sätzen. Drach selbst spricht in bezug auf die konjunktional eingeleiteten Gliedsätze von der Konjunktion als Ausgangspol und vom finiten Verb als Zielpol (Drach 1939, 29) und erfaßt damit weniger die topologischen als die intonatorischen Aspekte.

In der topologischen Forschung haben sich die Drachschen Begriffe „Vorfeld" und „Nachfeld" eingebürgert, wobei Nachfeld einen Bedeutungswandel erfahren hat. Es erfaßt heute nur das, was satzschließenden Elementen, z. B. dem (in)finiten Verb, in extraponierter Position folgt, also Nachträge, Ausgeklammertes:

	Nachfeld
(17) Ich will jetzt [V^0_{-f} wissen]	ob er ißt.
(18) Ob er schon gesucht [V^0_{+f} hat]	nach einem Job?
(19) Er hat endlich einen Job	der Fritz.

Das Feld, das dem finiten Verb in V/1- oder V/2-Position bzw. der Einleitung des V/E-Satzes unmittelbar folgt, wird heute in vielen Arbeiten als „Mittelfeld" (engl. middle field) bezeichnet (z. B. Clausen 1969, 122 f), Thümmel (1990), Engel (1988, 320 ff), Eisenberg (1989, 417) u. v. a.). Es umfaßt alles, was zwischen V^0_{+f}/Konjunktion und gegebenenfalls satzschließenden verbalen Elementen (VK = Verbkomplex) steht:

	Vorfeld	V^0_{+f}	Mittelfeld	VK	Nachfeld
(6)	Nach s. Ansicht	werden	bald viele einen Job	suchen	
(13)		Haben	alle einen Job	gefunden	
(20)	als		er ihn schon	hatte	den Job

Griesbach (1986, 47) benutzt statt des Terminus Mittelfeld „Satzfeld". Der von Haftka (1981, 706) verwendete Terminus „Hauptfeld" umfaßt neben dem Mittelfeld im obigen Sinne auch den Verbkomplex, schließt aber das Nachfeld aus. Engel (1988, 309) faßt Vorfeld und Nachfeld als „Außenfelder" zusammen. Bei Clausen (1969, 122 f) wird das Mittelfeld eingerahmt von einem „Anfangsfeld" (das ein Konjunktionsfeld, das traditionelle Vorfeld und das in V/2- oder V/1-Position stehende finite Verb umfaßt), und einem verbalen „Schlußfeld". Sein Mittelfeld ist in ein „Leichtgliederfeld" und ein „Normalgliederfeld" unterteilt, eine Unterscheidung, die die Tendenz berücksichtigt, schwach betonte Elemente an der Spitze des Mittelfeldes in der sog. „Wackernagel-Position" (Wackernagel (1892); Lenerz (1982, 474)) anzuordnen, vgl. dazu auch die von Haftka (1981, 732 ff) angegebene Position nicht neuer thematischer Einheiten, die allerdings bewußt nicht in die formale Feldergliederung einbezogen worden ist.

Der Vorteil einer für alle drei Verbstellungstypen V/1, V/2, V/E geltenden neutralen Feldergliederung liegt auf der Hand: Man kann auf dieser Basis Wortstellungsregeln, die feldspezifisch sind, einheitlich für alle Satztypen formulieren. Wir benutzen im folgenden die Termini: Vorfeld, V^0_{+f}, Mittelfeld, VK und Nachfeld, vgl. den Überblick in 39.3. Wie das letzte Beispiel in Tab. 39.3 zeigt, ist diese Feldergliederung bedingt auch auf V/E-Sätze anwendbar, obwohl diese kein Vorfeld haben und obwohl das finite Verb hier am Satzende steht. Das Mittelfeld befindet sich hier also nicht zwischen V^0_{+f} und VK. In welchem Sinne man trotzdem von einem Mittelfeld sprechen kann, wird noch deutlich werden (s. 4.).

3. Annahmen zur Satzstruktur

Wie muß nun die als praktikabel erkannte Feldergliederung des deutschen Satzes auf der Basis neuerer Überlegungen zur Satzstruktur revidiert werden, damit sie weiterhin als Deskriptionsrahmen für die Linearisierung dienen kann?

In der sog. Revidierten Erweiterten Standardtheorie der generativen Transformationsgrammatik (Chomsky 1981) wird die Grammatik als „ein modular funktionierendes System von spezifischen Struktureinheiten und Regelmengen verstanden, die die Kenntnis des Sprachsystems ausmachen und die mentalen Repräsentationen der Struktur sprachlicher Äußerungen determinieren" (Zimmermann 1987, 29). Wir unterscheiden hier folgende Grammatikkomponenten und dementsprechende Repräsentationsformen sprachlicher Äußerungen [Abb. 39.4 siehe übernächste Seite].

Als syntaktische Strukturebenen gelten nach Chomsky (1981, 5) die Tiefenstruktur (DS), die Oberflächenstruktur (SS) und die Logische Form (LF).

Charakteristisch für die D-Struktur deutscher Sätze ist die V/E-Position: Nur in V/E-Sätzen steht das finite Verb innerhalb seines Verbkomplexes VK. Nach lexikalistischer Auffassung (Zimmermann (1988, 165) und Bierwisch (1989, 11)) erhält jede lexikalische Einheit schon im Lexikon ihre morphologische Form: Das Verb verläßt also das Lexikon als voll spezifizierte finite [+f] oder infinite [−f] Verbform. So besteht die finite Futurform *suchen werden* aus dem Supinum 1. Sta-

39. Topologische Felder und Versetzungsphänomene

DRACH (1939)	Vorfeld			Mitte			Nachfeld		
CLAUSEN (1969)	Anfangsfeld		Vorfeld	V^0_f	Mittelfeld			Schlußfeld	
	Konjunktionsfeld				Leichtgliederfeld		Normalgliederfeld	$V^0_f V^1_i$ FG $V^3_i V^2_i V^1_i V^0_f$	
	koord.	subord.			Obj.feld	Adv.-feld			
					dir.	indir.			
HAFTKA (1981)	Konjunktion		Vorfeld	V_f	Hauptfeld				Nachfeld
					themat. Einheiten			engere Prädikatsgruppe	
GRIES-BACH (1986)			Vorfeld	P^1	Satzfeld			P^2	Nachfeld
ENGEL (1988)			Vorfeld (Außenfeld)	linker Klammerteil	Mittelfeld			rechter Klammerteil	Nachfeld (Außenfeld)
AHREN-BERG (1990)			Vorfeld	k_1	Mittelfeld			k_2	Nachfeld
hier:	Subjunktor		Vorfeld	V^0_{+f}	Mittelfeld			Verbkomplex	Nachfeld
(21)			Damals	hat	man es ihm nicht an d. Wiege			gesungen	
(22)	denn		gestern	ist	ihm wohl eine Laus über d. Leber			gelaufen	vor dem Essen
(23)		weil			man es ihm schon an d. Wiege			gesungen hat	daß ...

Abb. 39.3: Topologische Felder — ein Vergleich

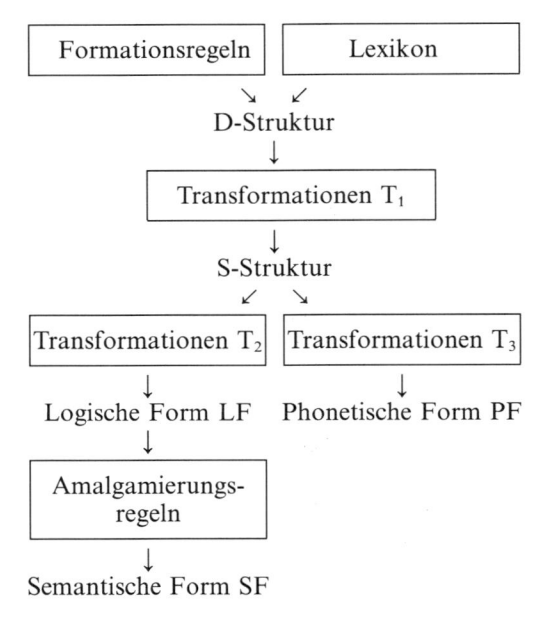

```
┌─────────────────────┐   ┌──────────┐
│ Formationsregeln    │   │ Lexikon  │
└─────────────────────┘   └──────────┘
             ↘            ↙
              D-Struktur
                  ↓
       ┌──────────────────────┐
       │ Transformationen T₁  │
       └──────────────────────┘
                  ↓
              S-Struktur
             ↙            ↘
┌──────────────────────┐  ┌──────────────────────┐
│ Transformationen T₂  │  │ Transformationen T₃  │
└──────────────────────┘  └──────────────────────┘
           ↓                         ↓
    Logische Form LF         Phonetische Form PF
           ↓
   ┌─────────────────┐
   │ Amalgamierungs- │
   │    regeln       │
   └─────────────────┘
           ↓
    Semantische Form SF
```

Abb. 39.4: Grammatikmodell nach Zimmermann (1987, 29), vereinfacht

tus (Bech 1955, 12) = Infinitiv von *suchen* und aus der 3. Ps., Plur., Präs., Ind., Aktiv des Auxiliars *werden*, vgl. (24):

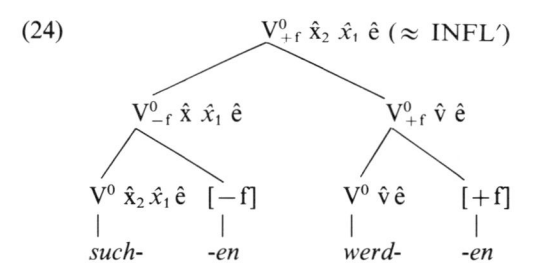

(24) $V^0_{+f}\, \hat{x}_2\, \hat{x}_1\, \hat{e}\, (\approx \text{INFL}')$

            $V^0_{-f}\, \hat{x}\, \hat{x}_1\, \hat{e}$ $V^0_{+f}\, \hat{v}\, \hat{e}$

    $V^0\, \hat{x}_2\, \hat{x}_1\, \hat{e}$ $[-f]$ $V^0\, \hat{v}\, \hat{e}$ $[+f]$
         | | | |
       such-   -en   werd-   -en

Wichtig ist, daß der gesamte Verbkomplex das Flexionsmerkmal [+f] vom Auxiliar „erbt", also eine finite Verbform ist: V^0_{+f}. Die von Bierwisch (1990, 56) angenommene verbale Komplementposition des Auxiliars $\hat{v}$ (^ = λ) wird von *suchen* ausgefüllt. Für Verben und übrigens auch für Substantive ist charakteristisch, daß sie in ihrer Argumentstruktur eine referentielle Argumentstelle haben, „die durch einen Operator zu spezifizieren ist, der den Referenztyp des betreffenden Syntagmas festlegt" (Zimmermann 1991a, 4). Dies ist die Aufgabe der funktionalen Kategorien C und D, die in referierenden Syntagmen die Projektion der lexikalischen Kategorien V und N abschließen (Zimmermann ebda.). Substantivgruppen werden deshalb als DPs, Sätze als CPs aufgefaßt, zur DP-Analyse vgl. z. B. Fu-

kui (1986), Haider (1988), Zimmermann (1991; 1991 a); zur CP-Analyse Chomsky (1986). Die referentielle Argumentstelle des Auxiliars ê wird zusammen mit den Argumentstellen des Hauptverbs *suchen* an den Verbkomplex V^0_{+f} vererbt, der als Kopf (oder Head) der vom Verbkomplex zu bildenden Verbalphrase VP fungiert. Da im Deutschen Verben und Adjektive nach links, Substantive und Präpositionen dagegen nach rechts regieren, vergibt das Verb seine Argumentstellen nach links. Dabei erhöht sich seine Projektionsstufe. Als maximale Projektionsstufe von N und V wird mit Zimmermann (1991a, 4f) die zweite angenommen, für alle anderen lexikalischen Kategorien dagegen nur eine.

V^0_{+f} vergibt also seine interne Argumentposition an eine Objekt-DP und bildet mit dieser zusammen V'_{+f}. Da hier das finite Verb seine Flexionsmerkmale schon aus dem Lexikon mitbringt, bedarf es keiner Verschiebung nach INFL wie im Englischen (Chomsky 1986). Es wird daher hier angenommen, daß V'_{+f} seine externe Argumentposition $\hat{x}_1$ an eine Subjekt-DP in der Spezifiziererposition des Verbs vergibt und damit zur maximalen Verbprojektion VP projiziert, d. h. daß im Gegensatz zum Englischen VP das Subjekt einschließt. Nähme man auch im Deutschen eine INFL-Kategorie an, etwa in einer Doppelkategorisierung, so erhielte man I'/V⁰, I'/V', I'/VP. SpecI wäre also nicht vergeben (s. (27')). Zu ähnlichen VP-Auffassungen vgl. auch Haftka (1988 a, b), Haider (1987, 64ff), Zimmermann (1985, 177), (1991a) u. a.

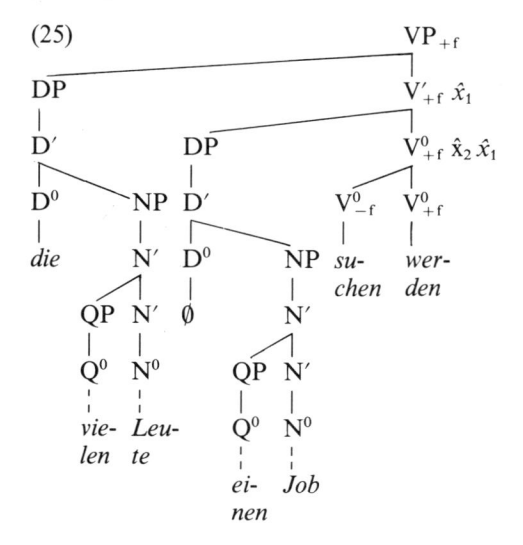

(25) VP_{+f}
     DP $V'_{+f}\, \hat{x}_1$
      |
     D'   DP $V^0_{+f}\, \hat{x}_2\, \hat{x}_1$
      |
    D⁰   NP   D' V^0_{-f} V^0_{+f}
     | | | | |
    die   N'   D⁰   NP   such-   werd-
          /   \ | | chen   den
        QP   N'   ∅   N'
         | | |
        Q⁰   N⁰   QP   N'
         | | | |
       vie- Leu-   Q⁰   N⁰
       len   te | |
                              ei-   Job
                              nen

Zur internen DP-Struktur, s. Zimmermann (1991a). Die Verbprojektionsstufen (V⁰), V',

VP können durch Adverbialia (AdvP, PP, DP) modifiziert werden, indem, wie hier angenommen wird, schon in DS links an die jeweilige V-Projektionsstufe eine oder mehrere adverbiale Phrasen adjungiert werden, wobei sich die Projektionsstufe nicht erhöht, vgl. (26). Zur Adjunktion von nichtnotwendigen Richtungsbestimmungen an V^0, das diese nicht subkategorisiert, vgl. Haftka (1989 b, 116; 1990, 140—142).

Bei der erwähnten Doppelkategorisierung müßte man dagegen annehmen, daß auch INFL zu IP projiziert, wobei die Doppelkategorie IP/VP als Nachbarkonstituente von C^0 figuriert. Die unbesetzte SpecI-Position kann, wie in Haftka (1992a) angenommen wird, im Deutschen möglicherweise als Themaposition gebraucht werden. Es wäre dann folgende Konfiguration anzusetzen:

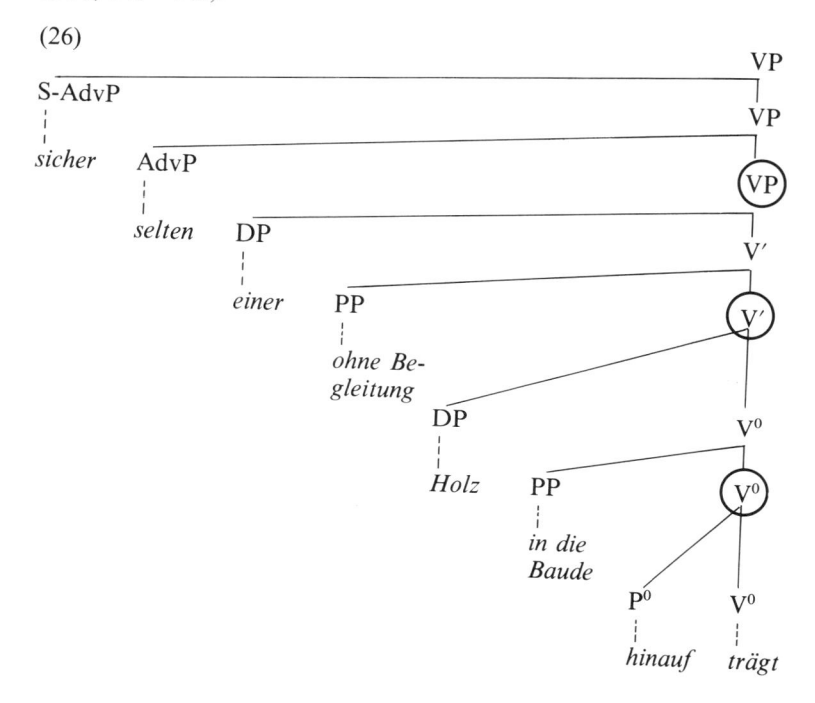

(26)

```
S-AdvP                                          VP
 |                                              
sicher  AdvP                                    VP
         |                                      
        selten  DP                             (VP)
                 |                              
                einer  PP                       V′
                        |                       
                       ohne Be-                (V′)
                       gleitung
                              DP                V⁰
                               |                
                              Holz  PP         (V⁰)
                                     |          
                                    in die     
                                    Baude     
                                          P⁰   V⁰
                                           |    |
                                         hinauf trägt
```

Strukturen wie (25) oder (26) bedürfen, wie schon erwähnt, des Abschlusses durch eine funktionale C-Projektion, d. h. durch CP. C^0 ist entweder durch einen Komplementierer (*daß, ob* oder *wie*) oder eine phonetisch stumme Repräsentation von *daß* bzw. *ob*: ∅ besetzt. C^0 hat die VP als Komplement und stellt eine Spezifiziererposition links von C′ zur Verfügung, woraus sich folgende allgemeine Satzstruktur ergibt:

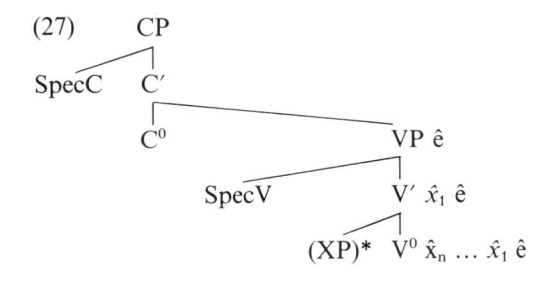

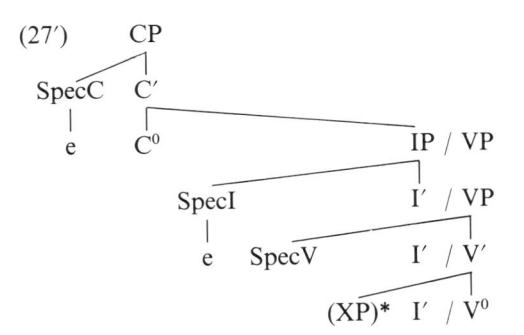

(27)   CP
          /‾‾‾‾\
       SpecC   C′
              /‾‾‾\
            C⁰   VP ê
                 /‾‾‾\
              SpecV   V′ $\hat{x}_1$ ê
                    /‾‾‾\
                 (XP)*   V⁰ $\hat{x}_n \ldots \hat{x}_1$ ê

(27′)   CP
          /‾‾‾\
       SpecC   C′
         | /‾‾‾\
         e C⁰   IP / VP
                /‾‾‾\
             SpecI   I′ / VP
               | /‾‾‾\
               e SpecV I′ / V′
                      /‾‾‾\
                   (XP)*   I′ / V⁰
```

Wir werden unten darauf zurückkommen (vgl. 6.6., 7.).

## 4. Satzmodus und Satztyp

Das funktionale Head $C^0$ bestimmt nach Zimmermann (1991 b) gegebenenfalls zusammen mit der Besetzung von SpecC den jeweiligen Satzmodus und damit den Satztyp, zu Vor-
```

stufen vgl. u. a. den Begriff der Satzintention bei Heidolph et al. (1981, 105—107) oder die COMP-Besetzung in Haftka (1988a, 120 ff) und auch Brandt/Rosengren/Zimmermann (1989), wo Näheres über das Verhältnis zwischen Satzmodus und Satztyp zu finden ist. Nach Zimmermann (1991 b) besteht der Satzmodus im unmarkierten Fall in der Bindung des referentiellen Arguments des Verbs ê durch den Existenzoperator. Als Bedeutung (SF) von C im deklarativen Satzmodus gibt sie z. B. (28) an:

(28) $\hat{Q}$ [∃ e [Q e]] mit Q ∈ S/N

Träger dieser Bedeutung ist *daß* oder ein phonetisch stummer Repräsentant von C: ∅. Zur Bedeutung des bei „Verben des Berichts oder der Wahrnehmung" (Behaghel 1928, § 1030) vorkommenden *wie*, s. Zimmermann (ebda.). Auch für *ob* und seine stumme Variante ∅ ist dort eine die Fraglichkeit enthaltende Bedeutung angegeben.

Mit den satzmoduscharakterisierenden Bedeutungsunterschieden in C und SpecC korrespondieren syntaktische Subklassifizierungen. Diese entsprechen nach Zimmermann (ebda. 2.5.) den Kasusmerkmalen von Substantivgruppen. Sie können durch ein Regens von außen regiert werden, denn nur CP, sein funktionales Head C und SpecC sind von außen regierbar. Dabei gelten für die Satztypselektion folgende Prinzipien:

(29) (i) „Markierte Merkmale in SpecC haben den Vorrang gegenüber Merkmalen in C."
(ii) „Markierte Satztypmerkmale in SpecC sind immer von unmarkierten Satztypmerkmalen in C begleitet." (Zimmermann 1991 b, 2.5.)

Die satztypdifferenzierenden Merkmale verteilen sich folgendermaßen auf C und SpecC (ebda., 2.2.):

(30) $[_{CP}$ XP $\begin{bmatrix} \pm w \\ \pm def \\ \pm rel \end{bmatrix}$ $[_{C'}$ C $\begin{bmatrix} \pm w \\ \pm def(init) \\ \pm prosp(ektiv) \\ \pm deskr(iptiv) \end{bmatrix}$ VP]]

Zu diesen Merkmalen äußert sich I. Zimmermann (1991 b, Anm. 3) folgendermaßen: „Inwieweit es angemessen ist, definites und indefinites *daß* und entsprechendes ∅ in C zu unterscheiden, lasse ich dahingestellt. Die Frage ist von Belang für die Behandlung faktiver Komplementsätze …

Die russische Konjunktion *čtoby*, prospektives *daß*, leitet Komplementsätze ein, die Sachverhalte bezeichnen, deren Existenz in der jeweiligen zeitlichen Perspektive noch nicht gegeben, aber in Aussicht genommen ist. Das trifft u. a. für Einbettungen in Matrixsätze mit Verben des Wünschens, Forderns, Bittens usw. zu."

Prospektiver Satzmodus liegt nach Zimmermann (ebda, Anm. 5) auch in Imperativsätzen vor. Es gilt also:

[+w] in C oder SpecC: Interrogativsatzmodus;
[+prosp] in C: prospektiver Satzmodus;

sonst Deklarativsatzmodus, vgl. dazu auch: Brandt/Rosengren/Zimmermann (1989, 3). Typische C-Einheiten nach Zimmermann (1991 b, 2.3):

	w	def	prosp	deskr
daß/∅	−	α	−	−
čtoby/∅	−	−	+	−
ob/∅	+	−	−	−
wie	−	+	−	+

C^0 ist danach stets durch eine Merkmalsmatrix besetzt, entweder lexikalisch durch einen Komplementierer oder phonetisch stumm durch ∅.

4.1. Komplementierereingeleitete Sätze sind in ihrem Matrixatz akzeptabel, wenn ein lexikalisches Head wie V^0, P^0, A^0 oder N^0 den jeweiligen Komplementierer subkategorisiert und damit regiert, vgl. (31) (Rektionsrichtung bleibt unberücksichtigt):

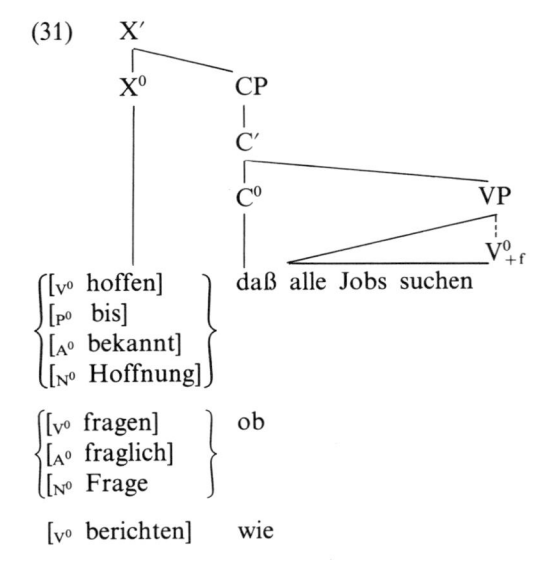

(31)
```
         X'
        /  \
       X⁰   CP
       |    |
            C'
           /  \
          C⁰   VP
          |     \
                 V⁰₊f
```

$\begin{Bmatrix} [_{V^0} \text{ hoffen}] \\ [_{P^0} \text{ bis}] \\ [_{A^0} \text{ bekannt}] \\ [_{N^0} \text{ Hoffnung}] \end{Bmatrix}$ daß alle Jobs suchen

$\begin{Bmatrix} [_{V^0} \text{ fragen}] \\ [_{A^0} \text{ fraglich}] \\ [_{N^0} \text{ Frage}] \end{Bmatrix}$ ob

$[_{V^0}$ berichten]   wie

Interessant ist, daß bestimmte komplementiereingeleitete Sätze auch als selbständige exklamative oder interrogative Sätze akzeptiert werden:

(32 a) Daß du dich nicht schämst!
(32 b) Ob denn einer kommt?

4.2. Eine phonetisch stumme C^0-Repräsentation haben im Standarddeutschen (anders als z. B. in manchen süddeutschen Dialekten oder z. T. auch im Sächsischen) abhängige Ergänzungsfragesätze, die eine w-Phrase in SpecC haben, und die Relativsätze, die eine $XP_{\begin{bmatrix}-w\\+rel\end{bmatrix}}$, also eine Phrase mit einem Relativum in SpecC haben. Auch die C^0-Repräsentation von Adverbialsätzen ist stumm. Gemeinsam ist allen dreien die V/E-Position und die Tatsache, daß sie von außen regiert werden.

4.2.1. Ergänzungsfragesätze werden von einer X^0-Einheit regiert, vgl. (33 a, b) gegenüber (33 c):

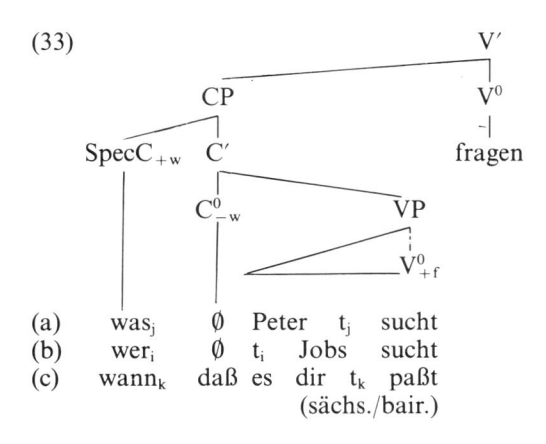

(33)

```
                    V'
         CP              V⁰
   SpecC₊w   C'           |
             C⁰₋w  VP    fragen
                    V⁰₊f
```

(a) was$_j$ ∅   Peter t$_j$ sucht
(b) wer$_i$ ∅   t$_i$ Jobs   sucht
(c) wann$_k$ daß   es dir t$_k$ paßt
                              (sächs./bair.)

Satztyprelevant ist das markierte Merkmal in SpecC [+w], nicht dagegen das C^0-Merkmal [−w].

4.2.2. In Relativsätzen ist $XP_{\begin{bmatrix}-w\\+rel\end{bmatrix}}$ mit einer DP koreferent, die die Relativphrase in SpecC zwar nicht subkategorisiert, aber antezedensregiert (zu Antezedens-Rektion s. Chomsky 1986), vgl. (34 a − d)

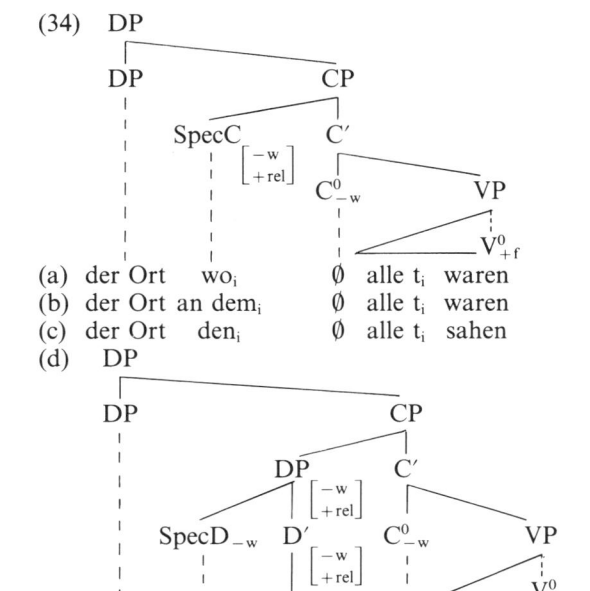

(34)

```
         DP
    DP          CP
         SpecC       C'
         [-w,+rel]
                C⁰₋w    VP
                         V⁰₊f
```

(a) der Ort   wo$_i$ ∅ alle t$_i$ waren
(b) der Ort   an dem$_i$ ∅ alle t$_i$ waren
(c) der Ort   den$_i$ ∅ alle t$_i$ sahen
(d)
```
         DP
    DP              CP
              DP         C'
         [-w,+rel]
      SpecD₋w   D'    C⁰₋w   VP
                                V⁰₊f
                D⁰
              [-w,+rel]
```

    der   der   wo$_i$ ∅ t$_i$ da drüben
    Mann$_i$ steht (bair.)

gegenüber dem nach Baumgärtner (1959, 101) ganz vereinzelt im Sächsischen vorkommenden *daß* im Relativsatz:

(34 e) 'dǟr lādn dǟr *das* de das had'

(34 e) und ähnliche Beispiele in anderen Dialekten belegen die Richtigkeit der Annahme eines stummen C^0_{-w} im Standarddeutschen. Satztypregiert wird wiederum SpecC hier mit den Merkmalen $\begin{bmatrix}-w\\+rel\end{bmatrix}$.

4.2.3. Adverbialsätze werden nach Steinitz (1969, 98 ff) und Jackendoff (1974, 43 f) als Präpositionalphrasen (PP) aufgefaßt, d. h., daß die adverbialen Konjunktionen Präpositionen sind, die statt oder neben einer DP, PP oder AdvP einen Satz (CP) subkategorisieren, vgl. (35) und (36):

(35 a) [$_{PP}$bis [$_{DP}$ diesen Samstag]]
(35 b) [$_{PP}$bis [$_{AdvP}$ morgen]]
(35 c) [$_{PP}$bis [$_{PP}$ zum Wochenende]]
(35 d) [$_{PP}$bis [$_{CP}$[$_{C'}$ daß [$_{VP}$ der Tod uns scheidet]]]]
(35 e) [$_{PP}$bis [$_{CP}$[$_{C'}$ ∅ [$_{VP}$ der Tod uns scheidet]]]]

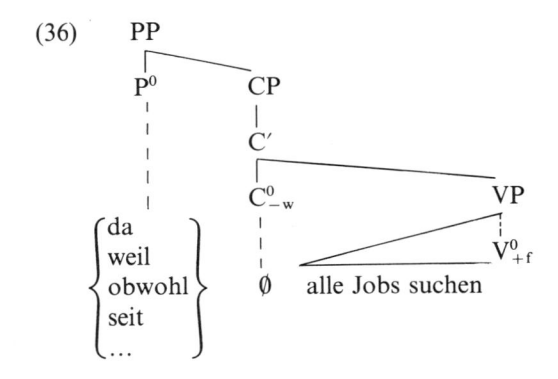

(36)
```
         PP
        /  \
       P⁰   CP
            |
            C'
           /  \
       C⁰₋w    VP
         |    / \
    {da}     ∅   V⁰₊f
    {weil}       alle Jobs suchen
    {obwohl}
    {seit}
    {...}
```

Die konjunktionale Präposition P⁰ subkategorisiert ein phonetisch stummes C⁰₋w und regiert es damit, vgl. (35e) und (36). Das finite Verb steht in V/E-Position.

4.3. Uneingeleitete Adverbial- oder Wunschsätze, die mit parallelen wenn-Sätzen bedeutungsgleich sind, vgl. die (a)- und (b)-Varianten in (37)–(40), wo *wenn* in einem Paradigma mit einem bedeutungsgleichen phonetisch stummen P⁰_wenn steht und daher nach Zimmermann (1990, 79, 85) erlaubt ist. Wir erfassen diesen Zusammenhang durch das Subskript: [P⁰_wenn ∅].

(37a) Wenn Peter einen Job hat,⎫ sind wir
(37b) Hat Peter einen Job,   ⎭ froh.
(38a) Wenn P. auch einen Job hat,⎫
(38b) Hat P. auch einen Job,   ⎭ so ...
(39) Peter benahm sich/ tat so/ Mir ist,
(39a) als wenn er einen Job hätte.
(39b) als hätte er einen Job.
(40a) Wenn Peter doch einen Job hätte!
(40b) Hätte Peter doch einen Job!

(Der Status von *als* in (39) ist noch unklar.)

Als D-Struktur von Sätzen wie (37b)–(40b) wird (41) angenommen:

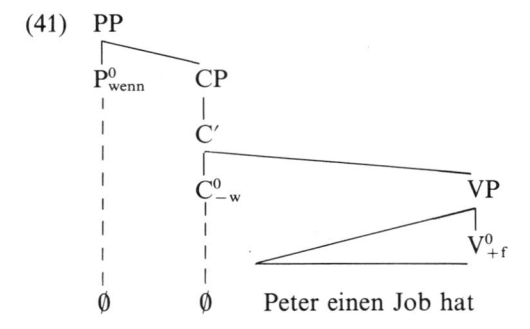

(41)
```
         PP
        /  \
    P⁰_wenn  CP
             |
             C'
            /  \
          C⁰₋w  VP
           |    \
           ∅     V⁰₊f
           ∅     Peter einen Job hat
```

Solche uneingeleiteten V/E-Sätze sind aber in der S-Struktur unakzeptabel; die in der DS subkategorisierte CP mit phonetisch stummer C⁰-Einheit kann in der S-Struktur nicht satz-typ-regiert werden, wenn V⁰₊f nicht in einer von [P⁰_wenn ∅] aus regierbaren Position steht, also muß V⁰₊f, da es wie alle X⁰-Einheiten nur in einer Headposition stehen kann, in der S-Struktur unter C⁰ repräsentiert sein. Da C⁰₋w hier aber die phonetisch stumme Repräsentation ∅ enthält, also nicht einfach leer ist, kann V⁰₊f nur an diese ∅-Merkmalsmatrix adjungiert werden, wodurch C⁰₋w zu $C^0_{\begin{bmatrix}-w\\+f\end{bmatrix}}$ wird:

(42) $[_{C^0_{\begin{bmatrix}-w\\+f\end{bmatrix}}} [_{V^0_{+f}} \text{hat}] [_{C^0_{-w}} \emptyset]]$

In VP ist das finite Verb durch seine Spur $t_{V^0_{+f}}$ repräsentiert. Diese ist erlaubt, weil sie vom V⁰₊f aus antezedens-regiert werden kann, denn VP ist nach Chomsky (1986, 92) und Baker (1988, 64) keine blockierende Kategorie für die Rektion der Spur seines Heads von C⁰ aus. Die S-Struktur von (41) könnte demnach (43) sein:

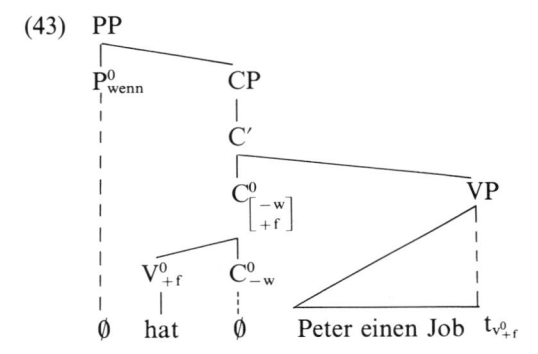

(43)
```
              PP
             /  \
         P⁰_wenn CP
                 |
                 C'
                /  \
         C⁰[-w,+f]  VP
          /  \       \
        V⁰₊f  C⁰₋w    
         |     |      
         ∅    hat ∅   Peter einen Job  t_{V⁰₊f}
```

Nach dem bisher Gesagten gibt es jedoch keinen Grund, auszuschließen, daß das V⁰₊f in der Adjunktposition von P⁰_wenn repräsentiert wird und daß dann in der C⁰-Adjunktposition eine weitere Spur $t'_{V^0_{+f}}$ angenommen wird. Diese Spur kann ebenso wie die Ausgangsspur vom P⁰_wenn-Adjunkt aus regiert werden, da auch CP keine blockierende Kategorie für sein Headadjunkt ist, vgl. (44):

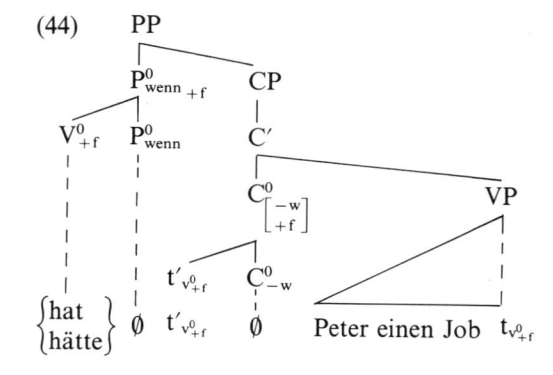

(44)
```
               PP
              /  \
         P⁰_wenn,+f  CP
          /    \       |
        V⁰₊f  P⁰_wenn   C'
                       /  \
                  C⁰[-w,+f] VP
                    /  \      \
              t'_{V⁰₊f} C⁰₋w
        {hat}                   
        {hätte} ∅  t'_{V⁰₊f}  ∅  Peter einen Job  t_{V⁰₊f}
```

Auf diese Weise gelangt das finite Verb nicht nur phonetisch, sondern auch strukturell in die V/1-Position der unter (37 b)–(40 b) angeführten adverbialen V/1-Sätze.

4.4.2. V/2-Sätze: Die wichtigsten Satztypen sind selbständige Ergänzungsfragesätze (46 a) und selbständige (46 b) bzw. abhängige (46 c) Deklarativsätze mit der Struktur (46):

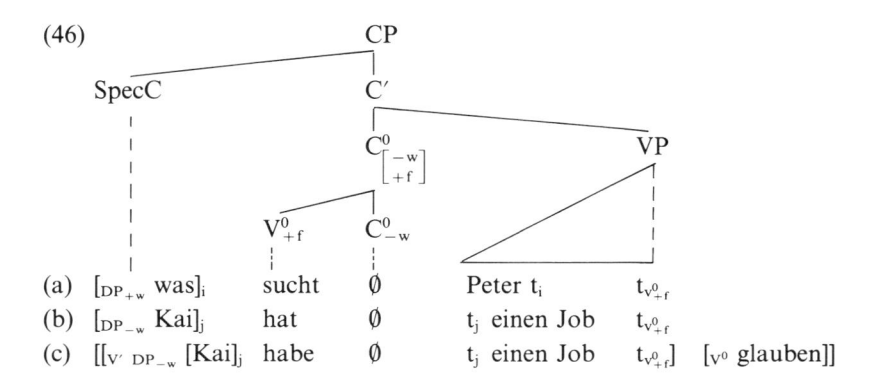

(46)

```
                        CP
              ┌─────────┴─────────┐
            SpecC                 C'
              │            ┌──────┴──────┐
              │           C⁰[-w,+f]      VP
              │         ┌──┴──┐
              │        V⁰+f   C⁰-w
(a) [DP+w was]ᵢ        sucht    ∅      Peter tᵢ    t_{V⁰+f}
(b) [DP-w Kai]ⱼ        hat      ∅      tⱼ einen Job t_{V⁰+f}
(c) [[V' DP-w [Kai]ⱼ   habe     ∅      tⱼ einen Job t_{V⁰+f}] [V⁰ glauben]]
```

4.4. Die Repräsentation des finiten Verbs in C^0 ist nicht auf diese Sätze beschränkt. Sie ist nämlich nur dann ausgeschlossen, wenn entweder eine markierte SpecC-Besetzung satztyp-regiert ist (s. (29 i, ii)), d. h. im abhängigen w-Satz (*fragen, woᵢ waren ∅ alle tᵢ $t_{V^0_{+f}}$) und im Relativsatz (*der Mann, derᵢ steht ∅ tᵢ dort $t_{V^0_{+f}}$, ist ...), oder wenn wie im Adverbialsatz eine konjunktionale Präposition eine phonetisch leere C^0_{-w}-Repräsentation subkategorisiert.

In allen anderen Satztypen mit phonetisch stummem C^0 steht V^0_{+f} im Adjunkt von [$_{C^0}$ ∅]. Davon, ob SpecC besetzt ist oder nicht, hängt dann ab, ob wir es mit V/1- oder V/2-Sätzen zu tun haben.

4.4.1. V/1-Sätze: Die wichtigsten Satztypen sind Entscheidungsfragesätze und Imperativsätze (zum Merkmal [+ prosp] vgl. oben, Einleitung zu 4.) mit der Struktur (45 a, b):

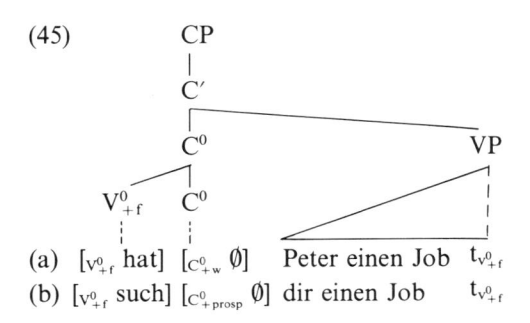

(45)

```
              CP
              │
              C'
         ┌────┴────┐
        C⁰         VP
      ┌──┴──┐
    V⁰+f   C⁰
(a) [V⁰+f hat]  [C⁰+w ∅]     Peter einen Job   t_{V⁰+f}
(b) [V⁰+f such] [C⁰+prosp ∅] dir einen Job     t_{V⁰+f}
```

Zu SpecC im Imperativsatz vgl. aber unten 6.2.

(46 a) und (46 b) sind als selbständige Sätze frei in der Wahl der SpecC-Besetzung. Steht eine w-Phrase in SpecC, so handelt es sich um einen Ergänzungsfragesatz. Steht dagegen eine durch [−w] gekennzeichnete Phrase in SpecC, so ist der Satz deklarativ (46 b). Einige Verben, wie z. B. das sog. „Brückenverb" *glauben*, regieren entweder einen *daß*-Satz oder einen deklarativen V/2-Satz wie (46 c).

5. Topologische Felder — Vorläufige Revision

Auf der Basis der vorstehenden Annahmen zur Satzstruktur und zu den Satztypen wollen wir nun zeigen, wie das Modell der topologischen Felder diesen syntaktischen Erwägungen angepaßt werden kann. Wir sehen dabei vorläufig noch von Extrapositionsmöglichkeiten (z. B. Nachfeld) ab. Auch Einzelheiten zu Mittelfeld und VK-Position sind noch ungeklärt. Klar ist aber, daß diese beiden Felder die Verbalphrase, die hier das Subjekt inkludiert, beherbergen. Wir konzentrieren uns zunächst auf Clausens (1969) Anfangsfeld, das im V/2-Satz mit den Konjunktionen beginnt und mit dem finiten Verb endet. Gehen wir vom Verbend-Satz aus, so ist, wie in 4. gezeigt, die Position des finiten Verbs oder des linken Klammerteils (Engel 1988) eigentlich in erster Linie eine Komplementierer-Position, die im Deutschen mit *daß, ob, wie* oder einer phonetisch stummen C^0-Repräsentation besetzt ist. Die lexikalischen Komplementierer sind „Einleiter" von V/E-Sätzen. Das stumme [$_{C^0}$ ∅] allein ist dazu nicht in der Lage. Es

Regens	Kon-junktur	konjunktionale Präposition	Vorfeld SpecC (= XP-Position)	fin. Verb C°-Position	Mittelfeld VP bzw. IP/VP	VK	Nachfeld	
								V/E-Sätze
[$_{V^0}$ wissen]				[c^0_{-w} daß]	Peter einen Job	sucht		eingeleitete abhängige Deklarativ-sätze
[$_{V^0}$ sehen]				[c^0_{-w} wie] $\begin{bmatrix}+\text{def}\\+\text{deskr}\end{bmatrix}$	Peter Ostereier	sucht	im Garten	
[$_{V^0}$ fragen]				[c^0_{+w} ob]	Peter einen Job	hat		abhängiger Entscheidungs-fragesatz
[$_{V^0}$ Frage]			[$_{DP_{+w}}$ was]$_i$	[c^0_{-w} ∅]	Peter t$_i$	sucht	seit gestern	abhängiger Ergänzungs-fragesatz
[$_{DP}$ Mann]$_i$			[$_{DP\begin{bmatrix}-w\\+\text{rel}\end{bmatrix}}$ der]$_i$	[c^0_{-w} ∅]	t$_i$ einen Job	sucht		Relativsatz
	und	[$_{P^0}\begin{Bmatrix}weil\\wenn\end{Bmatrix}$]		[c^0_{-w} ∅]	Peter einen Job	sucht		Adverbialsatz
		[$_{P^0_{wenn+f}}$ hat [$_{P^0_{wenn}}$ ∅]]		[$c^0_{-w} \begin{bmatrix}+f\end{bmatrix} t_{V^0_{+f}}$ [c^0_{-w} ∅]]	Peter (auch) einen Job,	$t_{V^0_{+f}}$		uneingeleiteter Adverbialsatz
				[$c^0_{+w} \begin{bmatrix}+f\end{bmatrix}$ sucht [c^0_{-w} ∅]]	Peter einen Job	$t_{V^0_{+f}}$		Entscheidungs-fragesatz
	oder			[$c^0_{+\text{prosp}} \begin{bmatrix}+f\end{bmatrix}$ such [c^0_{prosp} ∅]]	dir einen Job	$t_{V^0_{+f}}$		Imperativsatz
[$_{V^0}$ glauben]			[$_{DP_{-w}}$ Peter]$_i$	[$c^0_{-w}\begin{bmatrix}+f\end{bmatrix}$ habe [c^0_{-w} ∅]]	t$_i$ einen Job	gesucht $t_{V^0_{+f}}$		abhäng. vs. selbständ. Deklarativs.
			[$_{DP_{+w}}$ was]$_i$	[$c^0_{-w}\begin{bmatrix}+f\end{bmatrix}$ sucht [c^0_{-w} ∅]]	Peter t$_i$	$t_{V^0_{+f}}$		selbständiger Ergänzungs-fragesatz

Column groupings: V/E-Sätze (first six data rows), V/1-Sätze (next three rows), V/2-Sätze (last two rows).

Abb. 39.5: Topologische Felder. Vorläufige Revision.

bedarf vielmehr einer Besetzung der SpecC-Position, also des traditionellen Vorfeldes des Satzes durch eine w-Phrase (abhängiger Ergänzungsinterrogativsatz) oder eine Relativphrase (Relativsatz), oder der V/E-Satz mit stummer C^0-Repräsentation muß in eine adverbiale Präpositionalphrase eingebettet werden (Adverbialsatz). Die ihn einbettende konjunktionale Präposition müßte als X^0-Kategorie dem Vorfeld, das nur maximale Phrasen enthalten darf, vorangehen. Als Satzeinleiter fungieren also entweder die lexikalischen Komplementierer oder im V/E-Satz mit stummem C^0 die w- oder Relativphrasen im Vorfeld bzw. die adverbiale Präposition in einer dem Vorfeld vorangehenden Position, vgl. dazu Abb. 39.5. Satzeinleiter sind also keine einheitliche Kategorie.

V/1- und V/2-Sätze haben gemeinsam, daß an ihr phonetisch stummes $[_{C^0} \emptyset]$ das finite Verb V^0_{+f} adjungiert wird. In der dem Mittelfeld vorangehenden C-Position steht also in diesen Sätzen eine das finite Verb enthaltende komplexe C^0-Kategorie:

$$[_{C^0_{\begin{bmatrix}\pm w\\+f\end{bmatrix}}} V^0_{+f} [_{C^0_{\pm w}} \emptyset]]$$

Innerhalb des Verbkomplexes erscheint statt des Verbs seine Spur $t_{V^0_{+f}}$. Im V/2-Satz ist außerdem eine maximale Phrase $XP_{\pm w}$ in der Vorfeld- bzw. SpecC-Position angeordnet. Für uneingeleitete Adverbialsätze mit V/1-Position wird angenommen, daß V^0_{+f} in C^0 nur eine Spur hat, selbst aber in der gleichen Weise wie an C^0 an die konjunktionale Präposition P^0_{wenn} adjungiert ist:

$$[_{P^0_{wenn}{}_{+f}} V^0_{+f} [_{P^0_{wenn}} \emptyset]].$$

Eine Übersicht über die wichtigsten Möglichkeiten, die topologischen Felder Regens, SpecC und C zu besetzen, bietet Abb. 39.5.

6. SpecC-Besetzung. Einige Bemerkungen

Ob und wie die Spezifiziererposition von C SpecC besetzt werden darf, ist, wie schon gesagt, satztypabhängig. Abb. 39.5. zeigt, daß SpecC im Hochdeutschen (anders als in manchen süddeutschen Dialekten) immer unbesetzt bleibt, wenn entweder in C^0 ein lexikalischer Komplementierer *daß, ob, wie* (31) steht, oder wenn in Adverbialsätzen P^0 ein phonetisch stummes $[C^0_{-w} \emptyset]$ regiert (36). Ist ein Ergänzungsinterrogativsatz subkategorisiert, so wird die $SpecC_{+w}$-Position mit einer w-Phrase besetzt (33), und im Relativsatz ist die mit dem Antezedens koreferente Relativphrase in $SpecC_{\begin{bmatrix}-w\\+rel\end{bmatrix}}$ obligatorisch (34). Auch die $SpecC_{-w}$-Besetzung durch eine XP_{-w} ist vorgegeben (46c).

Einige Erläuterungen sind notwendig zur SpecC-Besetzung in selbständigen Sätzen. Die auch hier angenommene Satztypspezifizierung in der D-Struktur verhindert, daß die Grammatik wesentlich mehr Sätze produziert, als der Sprecher des Deutschen akzeptiert. SpecC ist in der DS also als notwendig zu besetzen oder semantisch leer und im ersten Falle als [+w] oder [−w] spezifiziert.

6.1. Leer ist SpecC in Entscheidungsinterrogativsätzen wie (47):

(47) $[_{CP} [_{C'} [_{C^0_{\begin{bmatrix}+w\\+f\end{bmatrix}}} [_{C^0_{+w}} \emptyset]]$ $[_{VP}$ etwa ein anderer den Job erhalten $t_{V^0_{+f}}]]]$

Eine dem Entscheidungsfragesatz vorangestellte XP kann demnach nicht in SpecC, sondern nur in einer Adjunktposition von CP angeordnet sein. Diese Adjunkt-XP muß charakteristischerweise im VP-Adjunkt wiederaufgenommen werden, und zwar durch ein Pronomen, das mit ersterem koindiziert ist. Dadurch wird gesichert, daß die extraponierte XP innerhalb des Skopus von [+w] repräsentiert ist, vgl. (48):

(48) $[_{CP} [_{DP_{-w}}$ den Job$]_i$
$[_{CP} [_{C'} [_{C^0_{\begin{bmatrix}+w\\+f\end{bmatrix}}}$ hat $[_{C^0_{+w}} \emptyset]]$ $[_{VP}$ den/ihn$_i$
$[_{VP}$ etwa $[_{VP}$ ein anderer t_i erhalten $]]]]]]$

6.2. Die Imperativsätze beginnen normalerweise mit der Imperativform des Verbs, die wie in 4.4.1. gezeigt, links an die $\begin{bmatrix}+prosp\\-w\end{bmatrix}$ ausgezeichnete $[_{C^0} \emptyset]$-Position adjungiert ist. Fakultativ gibt es aber die Möglichkeit, eine Phrase links vom Verb anzuordnen. Steht diese in SpecC, so darf SpecC keine satztypspezifizierenden Merkmale enthalten, weil nach (29i) diese dann den Vorrang gegenüber dem C-Merkmal [+prosp] hätten. Enthält SpecC also keine Satztyp-Merkmale, so ist seine Besetzung fakultativ. Im Gegensatz zu Deklarativsätzen (vgl. 6.5.) und Ergänzungsfragesätzen (vgl. 6.3.) ist eine in SpecC stehende Phrase weder durch [−w] noch durch [+w] ausgezeichnet. Da man annehmen kann, daß ein expletives *ES* in Deklarativsätzen vor allem der Satztypspezifizierung dient (vgl. 6.6.), würde das Fehlen satztypspezifizierender Merkmale in Imperativsätzen erklären, warum hier kein Expletivum erscheinen darf (49 a), wohl aber andere Phrasen, die in VP durch eine Spur repräsentiert sind (49 b–e):

(49 a) *ES kauf bitte Lehrbücher!
(49 b) Das Buch$_i$ kauf bald t$_i$ t$_{v^0_{+f}}$!
(49 c) Das$_i$ kauf dir bitte bald t$_i$ t$_{v^0_{+f}}$!
(49 d) Kindern$_j$ kauf lieber t$_j$ Bücher t$_{v^0_{+f}}$!
(49 e) Lehrbücher$_i$ kauf dir lieber t$_i$ t$_{v^0_{+f}}$!

Während in (49 e) der Hauptakzent auf der SpecC-Konstituente liegt — ein eher marginaler Fall —, liegt der Hauptakzent in (49 b–d) nach dem Verb. Intonatorisch entsprechen diesen Sätzen bei Spitzenstellung des Imperativs Sätze, in denen die Phrase, die hier an der Spitze steht, dem Verb (genauer C^0) folgt, allerdings nicht in der DS-Position, sondern in einer Position links von VP, im Adjunkt von VP, vgl. (49 b′–d′):

(49 b′) Kauf [$_{VP}$das Buch$_i$ [$_{VP}$bitte [$_{VP}$BALD [$_{VP}$ [$_{DP+2.PS.}$ ∅] [$_{V'}$t$_i$ t$_{v^0_{+f}}$]]]]]
(49 c′) Kauf [$_{VP}$dir$_j$ [$_{VP}$das$_i$ [$_{VP}$bitte [$_{VP}$BALD [$_{VP}$ [$_{DP+2.PS.}$ ∅] [$_{V'}$t$_j$ t$_i$ t$_{v^0_{+f}}$]]]]]]
(49 d′) Kauf [$_{VP}$Kindern$_j$ [$_{VP}$lieber [$_{VP}$ [$_{DP+2.PS.}$ ∅] [$_{V'}$t$_j$ BÜcher t$_{v^0_{+f}}$]]]]

Dementsprechend muß in (49 b–d) eine weitere Spur t′ an der jeweiligen Adjunktposition angesetzt werden, die von SpecC aus antezedens-regiert werden kann, denn VP ist für sein Adjunkt keine „blockierende Kategorie". Hier nur ein Beispiel:

(49 c″) [$_{CP}$das$_i$ [$_{C'}$ [$_{C^0_{+prosp,-w,+f}}$ kauf [$_{C^0_{+prosp,-w}}$ ∅]
[$_{VP}$dir$_j$ [$_{VP}$t′$_i$ [$_{VP}$bitte [$_{VP}$BALD [$_{VP}$ [$_{DP+2.PS.}$ ∅] [$_{V'}$ t$_j$ t$_i$ t$_{v^0_{+f}}$]]]]]]]]

Das Gesagte gilt allerdings nicht für alle Adjunkte. So ist z. B. das Personalpronomen der 2.Ps. *dir*, das in (49 c′) wie das Demonstrativpronomen *das* im Adjunkt von VP steht, nicht SpecC-fähig, obwohl auch hier die Antezedens-Rektion gewährleistet wäre, vgl. (50 a). Überhaupt können Pronomen diese Position nur einnehmen, wenn sie sekundär betonbar sind oder den Hauptakzent tragen können. Unbetonbare Pronomen sind, wie die Beispiele unter (50) zeigen, nicht SpecC-fähig:

(50 a) *[$_{CP}$dir$_i$ [$_{C'}$ [$_{C^0}$ kauf [$_{C^0}$ ∅]] [$_{VP}$ t′$_i$ [$_{VP}$ das$_j$ [$_{VP}$ bitte bald [$_{DP+2.PS.}$ ∅] t$_i$ t$_j$ t$_{v^0_{+f}}$]]]]]
(50 b) *[$_{CP}$es$_i$ [$_{C'}$ [$_{C^0}$ kauf [$_{C^0}$ ∅]] [$_{VP}$ t′$_i$ [$_{VP}$bitte bald [$_{DP+2.PS.}$ ∅] t$_i$ t$_{v^0_{+f}}$]]]]
(50 c) *[$_{CP}$euch$_i$ [$_{C'}$ [$_{C^0}$ seht [$_{C^0}$ ∅]] [$_{VP}$t′$_i$ [$_{VP}$mal [$_{DP+2.PS.}$ ∅] t$_i$ im Spiegel an t$_{v^0_{+f}}$]]]]
(50 d) *[$_{CP}$jemanden$_i$ [$_{C'}$ [$_{C^0}$ hol [$_{C^0}$ ∅]] [$_{VP}$ bitte [$_{DP+2.PS.}$ ∅] t$_i$ her t$_{v^0_{+f}}$]]]
(50 e) [$_{CP}$ ihn$_i$ [$_{C'}$ [$_{C^0}$ hol [$_{C^0}$ ∅]] [$_{VP}$ t′$_i$ [$_{VP}$bitte [$_{DP+2.PS.}$ ∅] t$_i$ her t$_{v^0_{+f}}$]]]]

Unbetonbar sind auch Indefinitpronomen (50 d), die keine Spur im Adjunkt haben. Kontrastiv betonbare Personalpronomen (50 e) sind dagegen SpecC-fähig.

Eine Anmerkung zu w-Phrasen in Imperativsätzen: Die Imperativform des Verbs schließt offenbar echte w-Phrasen als Argumente oder Adjunkte aus. Kommen w-Pronomen trotzdem vor, werden sie, sofern möglich, indefinit interpretiert und können wie die schon erwähnten Indefinita nicht in SpecC stehen, denn sie sind nicht betonbar, vgl. (51 a–h):

(51 a) ?Bring *wem* das Buch! ('irgendwem')
(51 b) ?Bring dem Onkel *was*! ('etwas')
(51 c) ?Bring das Buch *wohin*! ('irgendwohin')
(54 d) *Wem bring das Buch!
(51 e) *Was bring dem Onkel!
(51 f) *Wohin bring das Buch!
(51 g) *Lies warum die Zeitung!
(51 h) *Warum lies die Zeitung!

In sog. w-Imperativsätzen (Reis/Rosengren 1988) kann dagegen wie (51 i) zeigt, eine w-Phrase in SpecC stehen, die eine Spur in SpecC eines rechts-adjungierten von einem imperativischen Verb eingebetteten Satzes hat.

(50 i) [$_{CP_1}$Was$_i$ [$_{C'}$ [$_{C^0}$ frag [$_{C^0}$ ∅]] [$_{VP}$[$_{VP}$[$_{DP+2.PS.}$ ∅] sie t$_{cp}$ t$_{v^0_{+f}}$] [$_{CP_2}$t′$_i$ [$_{C'}$[$_{C^0}$will [$_{C^0}$ ∅]] [$_{VP}$Hans t$_i$ t$_{v^0_{+f}}$]]]]]]

Das ist möglich, wenn SpecC keine satztypspezifizierenden Merkmale enthält.

Es wurde in den obigen Imperativstrukturen eine phonetisch stumme Subjekt-DP in SpecV angegeben, die die imperativspezifischen Merkmale der 2. Person trägt. Wie (49 c′) zeigt, wo sich *dir* auf ein semantisch vorhandenes *du* bezieht, muß dieses Subjekt immer vorausgesetzt werden. Weder dieses lexikalisch leere Subjekt noch ein entsprechendes Personalpronomen der zweiten Person kommen übrigens als normale SpecC-Besetzungen im Imperativsatz in Frage: [$_{DP+2.PS.}$ ∅] kann keine Spur in VP oder im VP-Adjunkt antezedens-regieren, und das Personalpronomen *du* bzw. *ihr* wirkt vor dem Imperativ eher wie eine vorangestellte Anredeform, nicht wie das Subjekt des Imperativsatzes. Der Satz ist ohne dieses Personalpronomen abgeschlossen. Eine einem Imperativsatz vorangestellte Phrase, die in SpecC wieder aufgenommen wird oder im Satz implizit enthalten ist wie *du*, kann daher nur an CP links-adjungiert sein, wie die Beispiele unter (52) belegen:

Wenn der Satztyp durch SpecC (bzw. C) festgelegt wird, können nur die Merkmale derjenigen Phrasen, die in SpecC stehen, satztypspezifizierend wirken, nicht aber die der in der VP in situ stehenden Phrasen. Eine w-Phrase in VP beeinflußt also den syntaktischen Satztyp überhaupt nicht. Das bedeutet

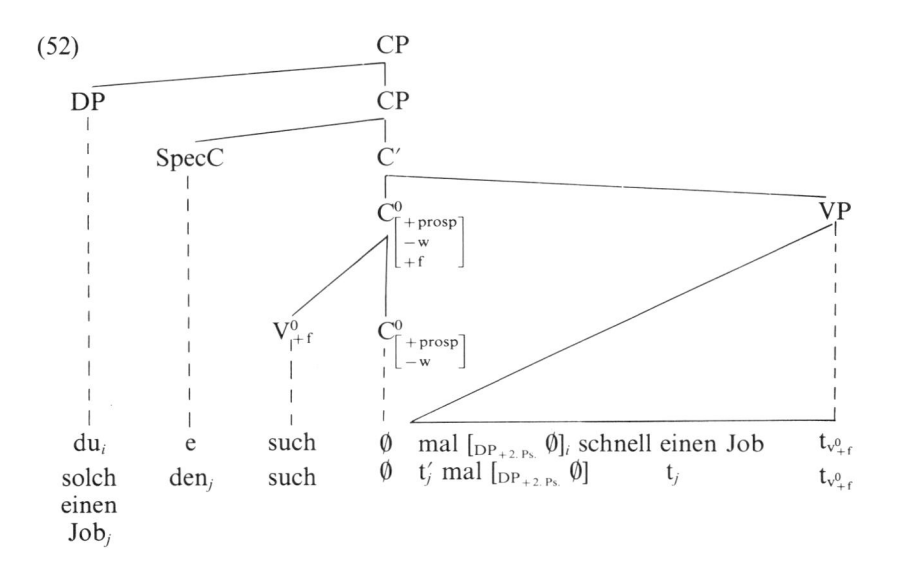

(52)

```
                        CP
          ┌─────────────┴──────────┐
          DP                       CP
          │          ┌─────────────┴─────────────┐
          │        SpecC                         C′
          │          │              ┌────────────┴────────────┐
          │          │              C⁰                        VP
          │          │           [+prosp]
          │          │           [ −w  ]
          │          │           [ +f  ]
          │          │     ┌──────────┴──────┐
          │          │     V⁰              C⁰
          │          │     │ +f           [+prosp]
          │          │     │              [ −w  ]
          │          │     │                 │
          du_i       e    such     ∅    mal [DP_{+2.Ps.} ∅]_i schnell einen Job    t_{V⁰_{+f}}
          solch      den_j such    ∅    t′_j mal [DP_{+2.Ps.} ∅]    t_j            t_{V⁰_{+f}}
          einen
          Job_j
```

6.3. Ergänzungsinterrogativsätze enthalten obligatorisch eine w-Phrase in SpecC, wobei $C^0 \begin{bmatrix} -w \\ +f \end{bmatrix}$ spezifiziert ist:

(53) $[_{CP} XP_{+w} [_{C'} [_{C^0 \begin{bmatrix} -w \\ +f \end{bmatrix}} V^0_{+f} [_{C^0_{-w}} \emptyset]] VP]]$

Die XP_{+w} in SpecC ist innerhalb der VP, jedenfalls, sofern es sich um ein Argument von V handelt, durch eine Spur repräsentiert:

(54) $[_{CP}[_{DP_{+w}} was]_i [_{C'}[_{C^0 \begin{bmatrix} -w \\ +f \end{bmatrix}} haben$
$[_{C^0_{-w}} \emptyset]] [_{VP} heute\ alle\ t_i\ gesucht\ t_{V^0_{+f}}]]]$

Sind mehrere XPs_{+w} in der DS von VP vorhanden, so kann in der S-Struktur nur eine von ihnen in der [+w]-spezifizierten SpecC-Position stehen, die übrigen bleiben normalerweise in situ, also in der D-Struktur-Position. Solche multiplen Fragen sind eine Subklasse der Ergänzungsfragen, denn C^0 und SpecC haben hier die gleichen Charakteristika wie in den normalen Ergänzungsfragesätzen, vgl. (55):

(55) $[_{CP}[_{PP_{+w}} warum]_i [_{C'}[_{C^0 \begin{bmatrix} -w \\ +f \end{bmatrix}} hat [_{C^0_{-w}} \emptyset]] [_{VP}(t_i)$
$[_{VP} gestern\ [_{VP} [_{DP_{+w}} wer]\ [_{V'} [_{DP_{+w}} wem]$
$[_{V^0} geholfen\ t_{V^0_{+f}}]]]]]]$

aber, daß die sog. Echo-w-Fragen oder Prüfungsfragen, in denen C^0 und SpecC [−w]-spezifiziert sind wie im Deklarativsatz, deren VP aber in der S-Struktur eine w-Phrase in situ enthält (vgl. (56)), vom Satztyp her eigentlich keine Ergänzungsfragesätze sind:

(56) $[_{CP} [_{DP_{-w}} Bach]_i [_{C'} [_{C^0 \begin{bmatrix} -w \\ +f \end{bmatrix}} hat [_{C^0_{-w}} \emptyset]]$
$[_{VP} nach\ deiner\ Ansicht\ [_{VP} t_i\ [_{V'} in\ Leipzig$
$[_{V'} [_{DP_{+w}} was]\ gemacht\ t_{V^0_{+f}}]]]]]$

Die w-Phrase steht in solchen Sätzen in der Hauptakzentstelle des Satzes und wird in PF mit Frageintonation versehen. Der Satz selbst muß offenbar in bezug auf den Satztyp als Deklarativsatz angesehen werden (vgl. auch Reis (1990, 1 ff) mit einer ausführlichen Diskussion kontroverser Ansätze zu Echo-w-Fragen). Ein Deklarativsatz wird hier als Frage interpretiert. Zwischen Satztyp und Satzmodus besteht also keine 1:1-Entsprechung.

6.4. Kontrovers sind auch die Auffassungen zu w-Fragen folgender Art:

(57a) Wen_i haben alle gemeint, daß (wohl) jeder heimlich t_i liebt? (süddeutsch)

(57b) Wen$_i$ meinten alle, liebt (wohl) jeder heimlich t$_i$ t$_{v^0_{+f}}$?

versus:

(57c) Was meinen alle, wen$_i$ daß jeder heimlich t$_i$ liebt? (süddeutsch)

(57d) Was meinen alle, wen$_i$ jeder heimlich t$_i$ liebt?

(57e) Was meinen alle, wen$_i$ liebt jeder heimlich t$_i$ t$_{v^0_{+f}}$?

Diese (z. T. allerdings nur regional) korrekten Sätze sind insofern ungewöhnlich, als Brückenverben wie *glauben, sagen, meinen* normalerweise keinen Interrogativsatz subkategorisieren, sondern Deklarativsätze, also *daß*-Sätze oder V/2-Sätze. Warum kann also in der SpecC-Position des Matrixsatzes die w-Phrase aus der Objektposition des eingebetteten Satzes stehen (57a, b) bzw. wieso wird eine einleitende w-Phrase im Komplementsatz von *meinen* akzeptiert (57c–e)?

Zu (57a, b): Als vereinfachte DS dieser Sätze wollen wir hier (57f) ansetzen, wo *wen* in der Objektposition des eingebetteten Satzes CP$_2$ steht.

Da der *daß*-Satz (57a) keine [+w]-spezifizierte SpecC-Position haben darf, die DP$_{+w}$ aber auch nicht ohne Zwischenspuren aus der V'-Projektion des eingebetteten Satzes in die SpecC-Position des Matrixsatzes gelangen kann, muß die Rektion der Spur in V' durch Adjunktion gesichert werden. Adjunkt-Zwischenspuren sollten plausiblerweise nur dort stehen, wo auch in anderen Fällen die w-Phrase selbst stehen dürfte, vgl. (57 g, h):

(57g) ES haben alle gemeint, daß [$_{VP}$wen$_i$ [$_{VP}$ wohl jeder heimlich t$_i$ liebt]]

(57h) [$_{VP}$er$_j$ [$_{VP}$wen$_i$ [$_{VP}$doch t$_j$ heimlich t$_i$ liebt]]]

wo wen$_i$ im Adjunkt von VP stehen darf und dort ebenso betont wird wie eine DP ohne [+w]-Merkmal, vgl. (57i):

(57i) ES haben alle gemeint, daß [$_{VP}$er$_j$ [$_{VP}$seine Lehrerin$_i$ [$_{VP}$doch t$_j$ heimlich t$_i$ liebt]]]

Das gilt auch für (57j), wo *wen* bzw. *seine Lehrerin* im V'-Adjunkt erscheinen:

(57j) Es haben alle gemeint, daß wohl jeder [$_{V'}$ {wen / seine Lehrerin}$_i$ [$_{V'}$ heimlich t$_i$ liebt]]

Wie in (57 g–i) ist auch in (57 c) der eingebettete Satz CP$_2$ rechts an VP$_1$ des Matrix-

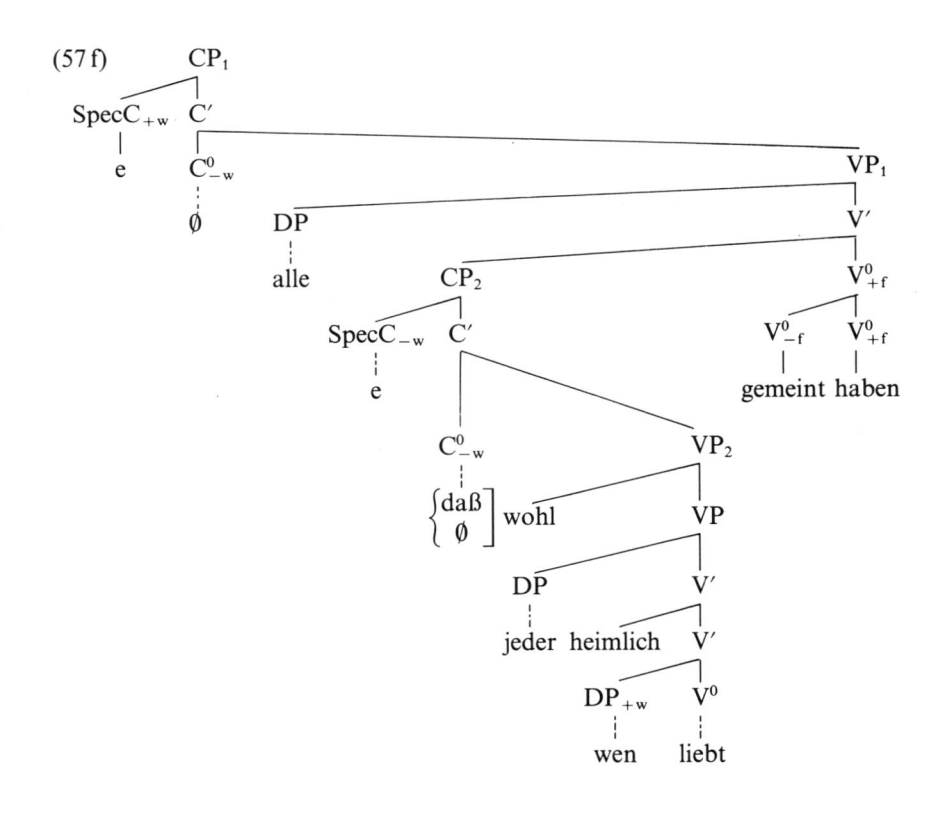

(57f)

```
                    CP₁
                   /  \
              SpecC₊w  C'
                 |    / \
                 e  C⁰₋w         VP₁
                     |          /   \
                     ∅      DP        V'
                             |       /  \
                           alle   CP₂    V⁰₊f
                                  / \    /  \
                             SpecC₋w C' V⁰₋f V⁰₊f
                                 |   |   |    |
                                 e       gemeint haben
                                    / \
                                  C⁰₋w  VP₂
                                   |    /  \
                                {daß}wohl   VP
                                { ∅ }      /  \
                                         DP    V'
                                          |   /  \
                                    jeder heimlich V'
                                                /  \
                                             DP₊w  V⁰
                                              |    |
                                             wen  liebt
```

satzes adjungiert. Hier steht die DP$_{+w}$ jedoch vor dem deklarativsatzeinbettenden *daß*. Da das regional akzeptiert wird, und SpecC nicht [+w]-spezifiziert ist, kann *wen* hier nur an CP$_2$ adjungiert sein, vgl. (57 c'):

Steht nun *wen*$_i$ in SpecC$_1$ wie in (57 a), so bilden weder CP$_2$ noch VP$_1$ Barrieren (Chomsky 1986, 91 f) für die Rektion seiner Spuren im VP$_1$-Adjunkt, vgl. (57 a'):

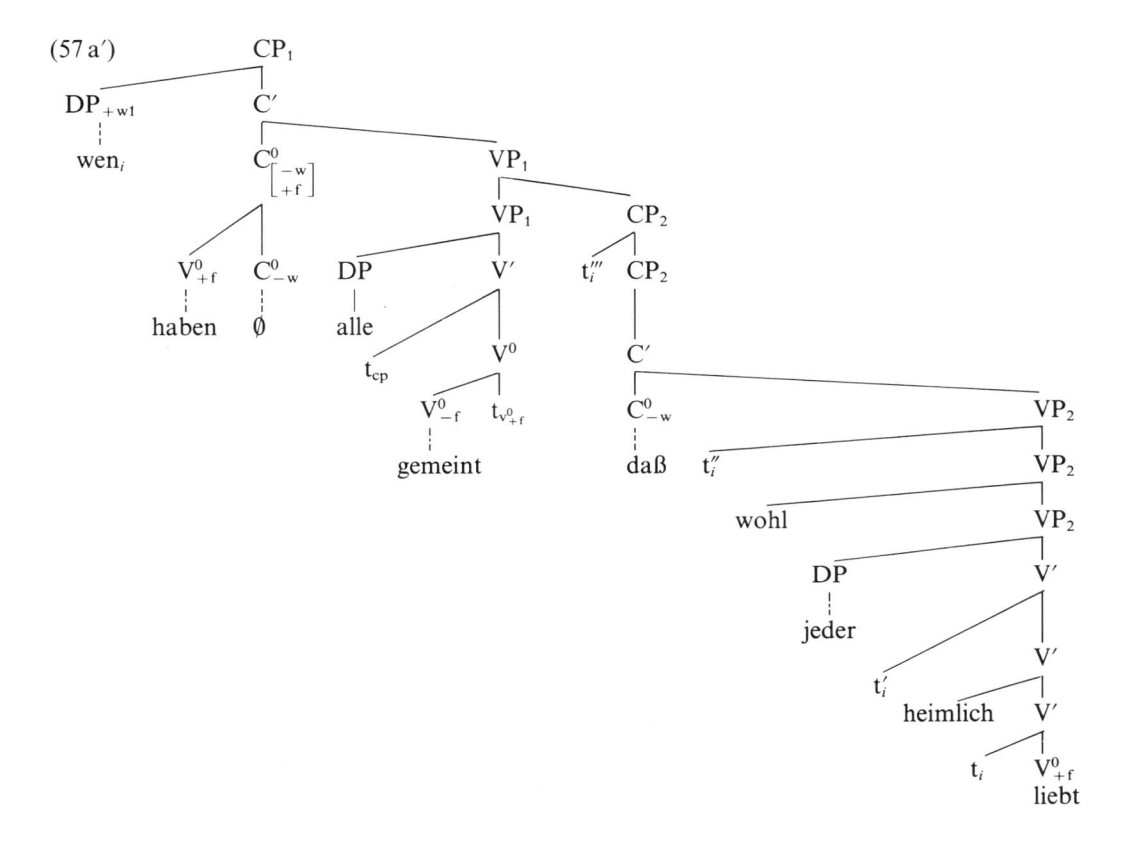

(57 a')

```
                    CP₁
              ┌──────┴──────┐
            DP₊w₁          C'
             ┆       ┌──────┴──────┐
           wenᵢ     C⁰          VP₁
                  [−w,+f]    ┌────┴────┐
                  ┌──┴──┐   VP₁       CP₂
                 V⁰₊f  C⁰₋w  │      ┌──┴──┐
                  ┆    ┆    ...   t‴ᵢ   CP₂
                haben  ∅                ┌──┴──┐
                                        C'    VP₂
                                      ┌─┴─┐  ...
```

(DP alle, tcp, V⁰₋f, tv⁰₊f, gemeint; daß t″ᵢ, wohl, DP jeder, t'ᵢ, heimlich, tᵢ, V⁰₊f liebt)

(57 c') [$_{CP_1}$WAS [$_{C'}$ [$_{C^0}$ meinen [$_{C^0}$ ∅]] [$_{VP_1}$ [$_{VP_1}$ alle t$_{cp}$ t$_{v^0_{+f}}$] [$_{CP_2}$wen$_i$ [$_{CP}$[$_{C'}$daß [$_{VP}$t″$_i$ [$_{VP}$wohl [$_{VP}$jeder [$_{V'}$ t'$_i$ [$_{V'}$ heimlich t$_i$ liebt]]]]]]]]]]]

Eine Anmerkung: Das *WAS* in SpecC$_1$ ist wohl am ehesten als ein Expletivum zu verstehen, das ähnlich wie *ES* im Deklarativsatz die SpecC$_{+w}$-Position von Ergänzungsfragesätzen (möglicherweise schon in der DS) besetzt, wodurch verhindert wird, daß die w-Phrase *wen*$_i$ aus dem CP$_2$-Adjunkt in die Matrix-SpecC gelangt, vgl. auch (57 d, e). Zurück zur Rektion der Spuren in CP$_2$: *wen*$_i$ im CP$_2$-Adjunkt antezedens-regiert die Zwischenspur t″$_i$ im VP-Adjunkt, die wiederum t'$_i$ und indirekt t$_i$ in der Objektposition regiert. Die strenge Rektion der Spuren ist damit gewährleistet.

Anders sieht die Struktur von CP$_2$ in (57 b) aus. Ich nehme an, daß CP$_2$ ebenfalls rechts an VP$_1$ adjungiert ist. Die Spur von *wen*$_i$ muß nun in einer antezedens-regierbaren Position stehen, ohne satztypspezifizierend zu sein, d. h. sie darf nicht in SpecC$_{-w}$-Position stehen, weil sie den Satz wegen (29 i) zum Fragesatz machen würde: das SpecC-Merkmal wäre dann [+w], und das wäre nicht vom Matrixverb subkategorisiert.

Die Spur von *wen*$_i$ kann folglich nur wie in (57 a') im Adjunkt von CP$_2$ stehen, denn es gibt Sätze wie (57 e), in denen die w-Phrase dem finiten Verb in C$_{\begin{bmatrix}-w\\+f\end{bmatrix}}$ vorausgeht [(57 b') siehe nächste Seite].

Ich weise darauf hin, daß dies nur eine von vielen „long distance movement"-Analysen ist, aber eine, die die hier angenommenen Beschränkungen für die SpecC-Besetzung berücksichtigt, vgl. z. B. auch Reis (1990, 11 ff).

(57 b′) [$_{CP_1}$ wen$_i$ [[meinten [∅]] [[alle t$_{cp}$ t$_{v^0_{+f}}$] CP$_2$]]]

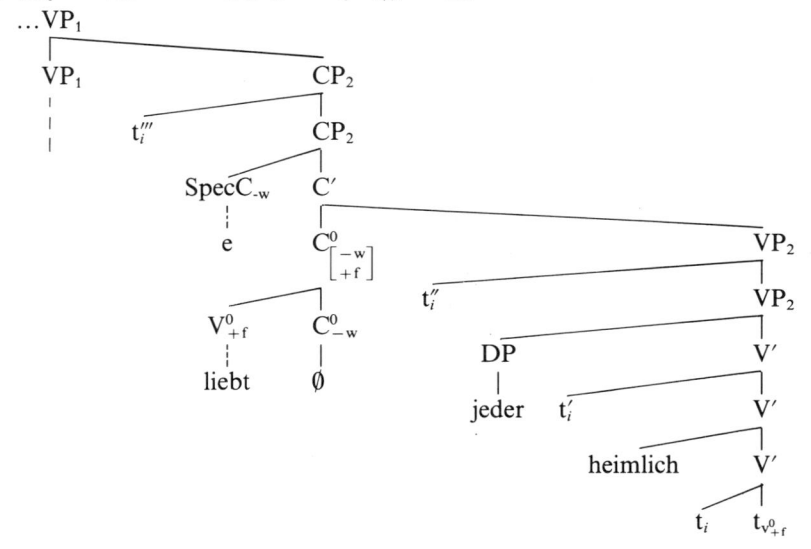

```
...VP₁
   ┌──────────┐
  VP₁         CP₂
   │         ┌──┐
   │        t‴ᵢ  CP₂
   │           ┌────────────────┐
         SpecC₋w  C′
            ⋮    ┌──────────────────────┐
            e   C⁰                      VP₂
              [−w]                   ┌─────┐
              [+f]                  t″ᵢ   VP₂
            ┌────┐                      ┌──────┐
           V⁰₊f  C⁰₋w                  DP     V′
            ⋮    │                   jeder  ┌────┐
          liebt  ∅                         t′ᵢ   V′
                                              ┌──────┐
                                          heimlich  V′
                                                  ┌──────┐
                                                 tᵢ    t_{v⁰₊f}
```

Zu Problemen, die die Analyse der durch expletives *WAS* eingeleiteten Sätze (57 c−e) bereitet, und zu den semantischen Problemen solcher Sätze s. vor allem Reis (1990, 14ff), die das *was* als Lexikalisierung des skopusmarkierenden [+w] in der Basis zu generieren vorschlägt.

6.5. Die [−w]-spezifizierte XP in SpecC von Deklarativsätzen ist normalerweise in VP durch eine streng regierte Spur repräsentiert. Die Spur ist also in Komplementposition θ-regiert; in der SpecC-Position (Subjektposition) und im Adjunkt von VP können Spuren von SpecC aus antezedens-regiert werden, wenn man voraussetzt, daß VP ebenso wie CP keine Barriere für die Rektion dieser Positionen in VP ist. Das Merkmal [−w] in SpecC erzwingt die Besetzung dieser Stelle durch eine geeignete XP$_{-w}$, die normalerweise aus VP stammt. Prinzipiell kann jede maximale Projektion XP$_{-w}$, die in DS eine Argumentposition von V bzw. auch A oder eine Adjunktposition von Verb- oder Adjektivprojektionsstufen besetzt, in der S-Struktur in SpecC stehen. Die Beschränkung auf maximale Projektionen schließt z. B. Partikeln wie *ja, nicht* u. ä. sowie X⁰-Kategorien wie V⁰, N⁰, P⁰, A⁰ Adv⁰ usw. aus.

(58) *Nicht/*Ja hat er den Job bekommen.
(59) *Fremd ist Peter offenbar seinem Freund geworden.
(60) *Bekommen haben bald alle einen Job.
(61) *Job haben bald alle einen bekommen.
(62) *Von hat Peter die Sache gewußt.
(63) *Weg hat Peter das Fahrrad vom Hof gebracht.

Gegen diese Annahme sprechen Sätze, in denen solchen X⁰-Kategorien eine kontrastive Intonation zugeordnet werden kann:

(58′) Nicht jedoch haben sie einen Job bekommen.
(59′) Fremd ist Peter nur seinem Freund geworden.

Zu Verbformen vgl. unten (70).

Auf Präferenzen bei der Besetzung der SpecC-Position soll hier nicht im einzelnen eingegangen werden. Sicher ist, daß Gesichtspunkte der Thema-Rhema-Gliederung eine wesentliche Rolle spielen bei der Beurteilung der Verwendbarkeit eines Satzes mit dieser oder jener SpecC-Besetzung im jeweiligen Kontext. Dies ist aber eine pragmatische Frage.

6.6. Nicht eindeutig klar ist bisher, wie in Deklarativsätzen ein expletives ES an die Satzspitze gelangt, das keine Spur in VP hat. Wird es erst in PF eingesetzt, wenn SpecC$_{-w}$ sonst leer bliebe? Oder wird *ES* in der Basis generiert und verhindert dann, daß eine VP-Konstituente in SpecC erscheint? Jedenfalls dient das Expletivum wie das *WAS* in (57c−e) lediglich der Satztypspezifizierung, vgl. (64):

(64) [$_{CP}$ [$_{DP-w}$ ES] [$_{C'}$ [$_{C^0}$ [$^{-w}_{+r}$] müssen [$_{C^0_{-w}}$ ∅]]
[$_{VP}$ sicher [$_{VP}$ viele Leute auf Gewohntes verzichten t$_{v^0_{+r}}$]]]]

Die Einsetzung dieses Expletivum ist offensichtlich an die Bedingung gebunden, daß es im VP-Adjunkt (oder in der oben in (27′) angedeuteten SpecI-Position) kein pronominales Subjekt gibt:

(64′) *Es müssen [$_{IP/VP}$ [$_{DP}$ {die/sie}$_i$ [$_{VP}$ sicher
[$_{VP}$ t$_i$ auf Gewohntes verzichten t$_{v^0_{+r}}$]]]]

In bestimmten narrativen Texten, z. B. am Beginn einer Erzählung kann SpecC auch im Deklarativsatz unbesetzt bleiben, vgl. (65). Auf diese Weise entstehen deklarative V/1-Sätze:

(65) Kommt ein Pferd in die Gaststätte und sagt zum Gastwirt ...

7. S-Struktur der Verbalphrase VP$_{+f}$

Wir sind bisher nicht auf die S-Struktur der Verbalphrase eingegangen, in der die Reihenfolge der XPs oft erheblich von der der D-Struktur abweicht, z. T. so, daß man zu dem Schluß kommen könnte, jede Reihenfolge von Konstituenten sei möglich, die Wortfolge im Mittelfeld, wo die VP steht, sei im Deutschen frei, vgl.:

(66) Ich glaube,
   (a) daß [$_{VP}$ gute Chefs jungen Leuten interessante Arbeit zuteilen].
   (b) daß ihnen gute Chefs interessante Arbeit zuteilen.
   (c) daß solche Arbeiten gute Chefs jungen Leuten zuteilen.
   (d) daß die Chefs solche Arbeiten jungen Leuten zuteilen.
   (e) daß ihnen diese Arbeit ein guter Chef zugeteilt hat.
   (f) daß diese Arbeit ihnen ein guter Chef zugeteilt hat.

Aber schon diese Zusammenstellung aller möglichen Reihenfolgen zeigt, daß mit Ausnahme von (66 a), das die DS-Reihenfolge widerspiegelt, alle anderen Reihenfolgen mehr oder weniger stark kontextuell gebunden sind. Betrachtet man die aus der D-Struktur hervorgegangene Variante (66 a) als Grundreihenfolge, dann sind alle anderen Reihenfolgen Abwandlungen dieser Grundreihenfolge oder Transformationen. Nach Chomsky (1986, 3) geschieht dies durch die Anwendung der Regel „Move α", d. h. entweder durch Adjunktionen oder Substitutionen, die auf die D-Struktur angewendet werden und zur S-Struktur führen (nach Zimmermann 1987, 29, vgl. Abb. 39.4, T$_1$-Transformationen). Je nachdem, ob man den Vorgang oder das Ergebnis der Anwendung von „Move α" in den Mittelpunkt der Betrachtung stellt, spricht man von Verschiebungen/Versetzungen oder von unterschiedlichen Repräsentationen auf der SS gegenüber der DS. In (66) haben wir es mit Adjunktionen zu tun, durch die eine oder mehrere DPs links an VP adjungiert sind, vgl. z. B.:

(66 b′) daß [$_{VP}$ ihnen$_i$ [$_{VP}$ gute Chefs [$_{V'}$ t$_i$ interessante Arbeit zuteilen]]]
(66 e′) daß [$_{VP}$ ihnen$_i$ [$_{VP}$ diese Arbeit$_j$ [$_{VP}$ ein guter Chef [$_{V'}$ t$_i$ t$_j$ zugeteilt hat]]]]

Deutlicher wird die Richtigkeit dieser Analyse, wenn in der DS schon ein Adverbiale links an VP adjungiert ist, vor dem die adjungierten DPs in der S-Struktur stehen:

(67 a) daß [$_{VP}$ immer [$_{VP}$ der Chef den Leuten die Arbeit zuteilt]]
(67 b) daß [$_{VP}$ ihnen$_i$ [$_{VP}$ diese Arbeit$_j$ [$_{VP}$ immer [$_{VP}$ der Chef [$_{V'}$ t$_i$ t$_j$ zuteilt]]]]]

Anders als Chomsky (1986, 6), der nur Adjunktionen an maximale Projektionen, die nicht Argumente sind, zuläßt, soll hier an jede Projektionsstufe des Verbs adjungiert werden können (vgl. in bezug auf die Adverbialia (26)). Deshalb hier noch ein Beispiel für die Adjunktion an V′:

(68) Es ist bemerkenswert,
   (a) daß hier alle Chefs [$_{V'}$ bewußt [$_{V'}$ jungen Leuten interessante Aufgaben zuteilen]]
   (b) daß hier alle Chefs [$_{V'}$ die interessanten Aufgaben [$_{V'}$ bewußt [$_{V'}$ jungen Leuten zuteilen]]]

Solche und ähnliche Abwandlungen der Grundreihenfolge nennt man in neueren Arbeiten auch „Scrambling" (vgl. dazu für das Deutsche u. a. Webelhuth 1984/85; Thiersch 1982; Grewendorf/Sternefeld 1990, Haftka 1988 a; b; 1989 a; b; 1990). Die Reihenfolge der an die VP-Projektion adjungierten

XPs ist ebenfalls nicht frei von syntaktischen Restriktionen. Bekannt ist, daß Personalpronomina vor Demonstrativpronomina und diese wiederum vor definiten linksadjungierten DPs stehen und daß diese gefolgt werden von bestimmten kontextuell gebundenen adverbialen XPs. Die erste Position unmittelbar nach dem Komplementierer bzw. dem Verbum finitum kann, sofern nicht ein pronominales Subjekt diese Stelle besetzt, relativ frei gewählt werden, sie wird deshalb auch auf der Ebene der Thema-Rhema-Gliederung als Thema-Position angesehen.

Nähme man für das Deutsche die in (27') angenommene SpecI-Position an, so wäre nach Haftka (1992 a) dies die Thema-Position, jedenfalls im V/1- oder im Verbend-Satz. Dies entspräche der bekannten Tatsache, daß das Deutsche im Gegensatz zum subjektprominenten Englisch als topik- oder themaprominent gilt. Bei der in (27') angenommenen Doppelkategorisierung stände das Thema gleichzeitig im VP-Adjunkt, also unter IP/VP.

Auf Einzelheiten der Reihenfolgebeschränkungen für linksadjungierte XPs kann hier nicht weiter eingegangen werden (vgl. z. B. Haftka 1988a; b; zu allgemeinen Prinzipien der Wortstellung vgl. auch Siewierska in diesem Band). Hier nur noch zur Demonstration des Gesagten zwei Beispiele, die die Reihenfolge von links (vor dem potentiellen Satzadverbiale bzw. vor temporalen/kausalen Adverbialen und) vor dem Subjekt angeordneten XPs zeigen:

(69) Ich denke,
  (a) daß [$_{IP/VP}$ {er/der}$_i$ [$_{VP}$denen$_j$ [$_{VP}$die Sache$_k$ [$_{VP}$deshalb$_l$ [$_{ⓥP}$sicher [$_{VP}$ (t$_l$) [$_{VP}$ t$_i$ [$_{V'}$ t$_j$ t$_k$ verschwiegen hat]]]]]]]]
  (b) daß [$_{IP/VP}$ diesen Gesichtspunkt$_k$ [$_{VP}$ihnen$_j$ [$_{VP}$der Chef$_i$ [$_{VP}$damals$_l$ [$_{ⓥP}$ sicher [$_{VP}$ (t$_l$) [t$_i$ [$_{V'}$ bewußt [$_{V'}$ t$_j$ t$_k$ verschwiegen hat]]]]]]]]

Die Beispiele (66), (67), (69) können auch als Beleg dafür herangezogen werden, daß die maximal kontextunabhängigen XPs innerhalb der D-Struktur-VP (hier eingekreist) verbleiben und damit auf der Ebene der Phonetischen Form (PF) in dem Bereich stehen, innerhalb dessen der Hauptakzent/Rhemaakzent vergeben wird. Dieser Bereich wird nun als Rhemabereich interpretiert. Die in der S-Struktur links an VP adjungierten XPs bilden dagegen zusammen mit einer nicht den Rhemaakzent tragenden SpecC-Einheit den Themabereich des Satzes (eigentlich der Äußerung) (Haftka 1981; 1988a; b; 1989). Adjunktionen an V' dienen dagegen, wie (68 b) zeigt, der intonatorischen Hervorhebung (z. B. Kontrastierung) sonst normalerweise nicht stark betonter XPs.

Bisher wurden nur Linksadjunktionen an V' bzw. VP betrachtet. Es ist jedoch auch anzunehmen, daß es Rechtsadjunktionen geben muß, die bewirken, daß eine XP rechts an V' bzw. VP angehängt wird. Voraussetzung dafür ist auch hier, daß die jeweilige XP in der D-Struktur innerhalb von V' bzw. innerhalb von VP steht. Während jedoch bei der Linksadjunktion die Kasuskomplemente keinen besonderen Beschränkungen unterliegen, ist ihre Rechtsadjunktion ungewöhnlich und oft nur als Apposition zu einem Pronomen in VP möglich. Nachgetragene adverbiale Präpositionalphrasen, und CPs finden sich dagegen häufig im rechten VP-Adjunkt in extraponierter „Nachfeld"-Position, vgl. z. B. (17)–(22).

Wir müssen hier noch eine Form der Rechtsadjunktion erwähnen, die wir in (3) schon belegt haben. Die Tatsache, daß es so scheint, als ob in diesen Sätzen das finite Verb irgendwo im Mittelfeld steht, muß auch in der syntaktischen Struktur ihren Niederschlag finden. Nimmt man nun für Sätze wie (3 a) an, daß hier das finite Verb nicht wie üblich einen Verbalkomplex mit seinem infiniten Verb gebildet hat, sondern auf eine infinite Verbalphrase angewendet wird, so erhält man in der VP-D-Struktur von (3 a) folgende Konstellation (3 a'):

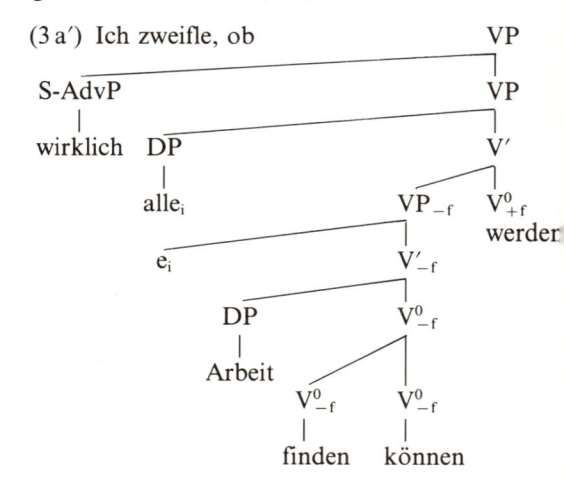

(3 a') Ich zweifle, ob

```
                                    VP
         S-AdvP                    /  \
           |                      VP
        wirklich    DP            /  \
                    |            V'
                   alle_i        /  \
                              VP_-f  V⁰_+f
                              /      |
                            e_i    werden
                              \
                              V'_-f
                              /  \
                            DP   V⁰_-f
                            |    /  \
                         Arbeit V⁰_-f V⁰_-f
                                |      |
                              finden können
```

Nimmt man (3 a') an, so ergibt die Adjunktion der infiniten VP rechts an V' die (vereinfachte) S-Struktur von (3 a):

(3 a″) Ich zweifle, ob

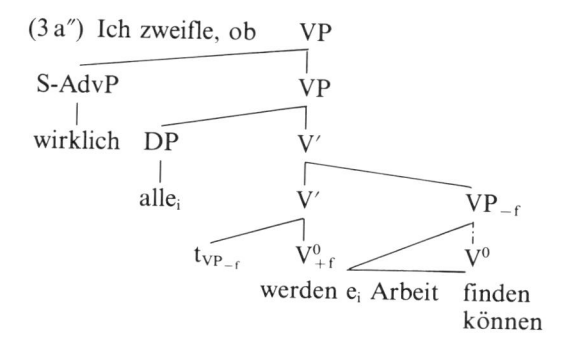

```
                        VP
         ┌──────────────┴──────────┐
      S-AdvP                       VP
         │            ┌────────────┴────┐
      wirklich       DP                 V'
                      │        ┌────────┴────────┐
                    alle_i     V'              VP_-f
                          ┌────┴────┐            │
                       t_VP_-f    V⁰_+f         V⁰
                                werden e_i   Arbeit finden
                                                    können
```

Verschoben wird also nicht das finite Verb, sondern sein infinites Komplement. Entsprechend kann die gegenüber der DS veränderte Reihenfolge der zum Verbkomplex gehörenden Verben in (3 b) als Rechtsadjunktion des infiniten Verbkomplexes V^0_{-f} an den finiten Verbkomplex V^0_{+f} beschrieben werden:

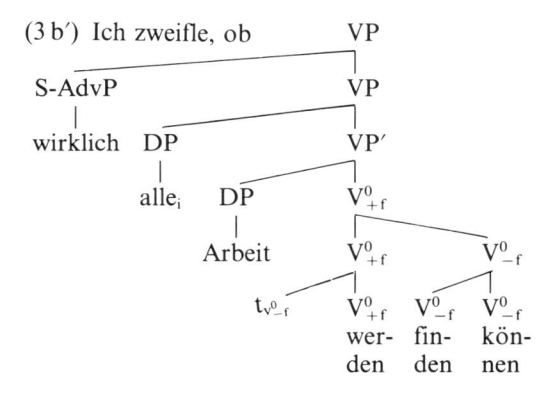

(3 b′) Ich zweifle, ob

```
                        VP
         ┌──────────────┴──────────┐
      S-AdvP                       VP
         │            ┌────────────┴────┐
      wirklich       DP                 VP'
                      │        ┌────────┴────────┐
                    alle_i     DP              V⁰_+f
                                │        ┌────────┼────────┐
                              Arbeit   V⁰_+f    V⁰_-f    V⁰_-f
                                    ┌────┴────┐
                                 t_V⁰_-f    V⁰_+f   V⁰_-f   V⁰_-f
                                           wer-    fin-    kön-
                                           den     den     nen
```

Für eine solche Analyse von (3 a) und (3 b) spricht auch, daß zwar die infinite Verbalphrase von (3 a″) in einem entsprechenden V/2-Satz in SpecC stehen kann (70 a), daß aber der infinite Verbkomplex von (3 b′) V^0_{-f} allein diese Position nicht unmarkiert einnehmen kann, vgl. (70 b):

(70 a) [$_{VP_{-f}}$ e_i Arbeit finden können] [$_{C'}$ [$_{C^0}$[$_{V^0_{+f}}$ werden] [$_{C^0}$ Ø]] [$_{VP}$ wirklich alle_i t$_{VP_{-f}}$ t$_{V^0_{+f}}$]]

(70 b) ?[$_{V^0_{-f}}$ finden können] [$_{C'}$ [$_{C^0}$[$_{V^0_{+f}}$ werden] [$_{C^0}$ Ø]] [$_{VP}$wirklich [$_{VP}$alle_i [$_{V'_{+f}}$ Arbeit t$_{V^0_{-f}}$ t$_{V^0_{+f}}$]]]]

(70 c) [$_{VP_{-f}}$ e_i t_j [$_{V^0_{-f}}$ finden können]] [$_{C'}$ [$_{C^0}$ [$_{V^0_{+f}}$ werden] [$_{C^0}$ Ø]] [$_{VP}$ solche Arbeit_j [$_{VP}$ wirklich [$_{VP}$ alle_i [$_{V'_{+f}}$ t$_{VP_{-f}}$ t$_{V^0_{+f}}$]]]]]

Steht der infinite Verbkomplex wie in (70 c) vor dem finiten Verb und der Satz wird als grammatisch akzeptiert, so ist in der Regel V'_{+f} lexikalisch leer, es enthält lediglich die Spuren von finitem Verb und seinem infiniten Komplement. Voraussetzung dafür ist, daß mögliche Komplemente des infiniten Verbkomplexes im VP-Adjunkt repräsentiert sind, vgl. *solche Arbeit_j* und t_j in VP_-f von (70 c) vs. *Arbeit* in V'_{+f} von (70 b). Näheres zu solchen Konstruktionen Haftka (1992 b).

8. Topologische Felder — Weitere Differenzierung

In den Abschnitten 6. und 7. wurden Links- und Rechtsextrapositionen erwähnt. Bei den Linksextrapositionen (6.2.) handelt es sich um Adjunktionen links an CP, die, wenn man das Vorfeld ausschließlich als SpecC-Position betrachtet, diesem vorangestellt sind. Obwohl diese Linksextraposition nicht im gleichen Sinne notwendig erscheint wie die Rechtsextraposition (z. B. von Komplementsätzen), wäre in einem ausschließlich die Linearisierung erfassenden Feldermodell auch eine fakultative Position für ein solches CP-Adjunkt vorzusehen.

Wie die Überlegungen in 7. zeigen, ist auch die Nachfeld-Position in sich zu differenzieren. Eindeutige Kandidaten für ein als Rechtsextrapositionsstelle verstandenes Nachfeld sind die VP-Adjunkte. V'- und V⁰-Adjunkte wie in (3) werden eigentlich aufgrund des ohne sie unabgeschlossenen Prädikats nicht als Nachträge empfunden und daher intonatorisch in VP integriert. Will man sie nicht als zum Nachfeld gehörig auffassen, so wäre eine Neudefinition des Kriteriums erforderlich, denn es stimmt dann nicht, daß alles, was dem finiten Verb oder seiner Spur folgt, zum Nachfeld gehört. Vielmehr steht dann nur das im Nachfeld, was an VP adjungiert ist. Hier sind offenbar weitere Klärungen erforderlich, zumal in diesem Abriß auf komplexe Sätze nur ganz am Rande eingegangen werden konnte. Jedenfalls ist die Auffassung Engels (1988) (s. 2.), daß Vor- und Nachfeld Außenfelder seien, insofern noch einmal zu überprüfen, als nicht beide im gleichen Sinne Extraponiertes beherbergen.

Will man im Mittelfeld noch differenzieren, so sollte folgendes als Kriterium gelten: Alles, was erst in der S-Struktur links von einer auch das Satzadverbiale umfassende VP steht, also sekundär an VP adjungiert ist, ist zu trennen von dem, was schon in der D-Struktur in VP steht und dort auch in der S-Struktur repräsentiert ist.

Da Überlegungen, wie man die transformationell erzeugten syntaktischen Strukturen sinnvoll auf die topologischen Felder einerseits und auf die Thema-Rhema-Gliederung andererseits beziehen kann, noch wenig ausgereift sind, vermeide ich hier weitere Festlegungen.

9. Literatur

Ahrenberg, Lars. 1990. Topological Fields and Word Order Constraints. Edinburgh Working papers in Cognitive Science 6. 1—19.

Baker, Marc. 1988. Incorporation. Chicago.

Baumgärtner, Klaus. 1959. Zur Syntax der Umgangssprache in Leipzig. Berlin.

Bech, Gunnar. 1955. Studien über das deutsche verbum infinitum. (Det Kongeliege Danske Videnskabers Selskab; Dan. Hist. Filol. Medd., 35, 2). Copenhagen.

Bierwisch, Manfred. 1990. Verb Cluster Formation as a Morphological Process. In: Geert Booij, Marie van Jaap (Hrsg.): Yearbook of morphology. 73. 173—199. Dordrecht: Foris.

Behaghel, Otto. 1928. Deutsche Syntax. Eine geschichtliche Darstellung. Bd. 3, Die Satzgebilde. Heidelberg.

Boost, Karl. 1957. Neue Untersuchungen zum Wesen und zur Struktur des deutschen Satzes. Der Satz als Spannungsfeld. Berlin.

Brandt, Margareta, Inger Rosengren, und *Ilse Zimmermann.* 1989. Satzmodus, Modalität und Performativität. Sprache und Pragmatik. Arbeitsberichte 13, 1—42. Lund. Germanistisches Institut der Universität Lund.

Chomsky, Noam. 1981. Lectures on Government and Binding. Dordrecht.

—. 1986. Barriers. (Linguistic Inquiry Monograph 13.) Cambridge, MA.

Clausen, Ove Kristian. 1969. Ein deutsches Satzschema (Kopenhagener germanistische Studien, Nr. 1), hrsg. von Hyldgaard-Jensen & Steffen Steffensen, 118—26. Kopenhagen.

Drach, Erich. 1939. Grundgedanken der deutschen Satzlehre. Frankfurt/Main.

Eisenberg, Peter. 1989. Grundriß der deutschen Grammatik, 2. Auflage, Stuttgart.

Engel, Ulrich. 1988. Deutsche Grammatik. Heidelberg.

Fukui, Naoki. 1986. A Theory of Category Projection and its Application. Cambridge, MA: Massachusetts Institute of Technology doctoral dissertation.

Grewendorf, Günter, and Wolfgang Sternefeld (eds.). 1990. Scrambling and Barriers. (Linguistik Aktuell, 5.) Amsterdam, Philadelphia.

Griesbach, Heinz. 1986. Neue deutsche Grammatik. Berlin, München, Wien, Zürich, New York.

Haider, Hubert. 1987. Deutsche Syntax — generativ. Parameter der deutschen Syntax. (Habilitationsschrift). Teil II. Universität Wien.

—. 1988. Die Struktur der deutschen NP. Zeitschrift für Sprachwissenschaft 7. 1, 32—59.

Haftka, Brigitta. 1981. Reihenfolgebeziehungen im Satz (Topologie). Grundzüge einer deutschen Grammatik, hrsg. von Karl Erich Heidolph, Walter Flämig & Wolfgang Motsch, Kap. 4, 702—64. Berlin.

—. 1988 a. Linksverschiebungen. Ein Beitrag zur Diskussion um die Konfigurationalität des Deutschen. Syntax, Semantik und Lexikon (Studia grammatica, XXIX), hrsg. von Manfred Bierwisch, Wolfgang Motsch & Ilse Zimmermann, 89—146. Berlin.

—. 1988 b. Ob *vielleicht* vielleicht tatsächlich nicht gern reist? Ein Beitrag zur Topologie (auch des Satzadverbiales). Studien zum Satzmodus I (Linguistische Studien des Zentralinstituts für Sprachwissenschaft der Akademie der Wissenschaften der DDR (= ZISW), A, 177), hrsg. v. Ewald Lang & Renate Pasch, 25—58. Berlin.

—. 1989 a. Zur Lizenzierung von Scrambling- und Vorfeldspuren in verbzentrierten Satzmodellen. Wortstruktur und Satzstruktur (Linguistische Studien des ZISW, A, 194), hrsg. von Wolfgang Motsch, 92—124. Berlin.

—. 1989 b. Ist „Scrambling" ein syntaktisches Phänomen? Wortstruktur und Satzstruktur, hrsg. von Wolfgang Motsch, 75—91.

—. 1992 a. Kontextanpassung und Scrambling im Deutschen. In: Folia Linguistica XXVI/1—2, S. 171—96. Berlin — Societas Linguistica Europaea.

—. 1992 b. Infinite Verbprojektionen im Vorfeld deutscher Sätze. P. Suchsland (Hrsg.) Biologische und soziale Grundlagen der Sprache, Interdisziplinäres Symposium des Wissenschaftsbereichs Germanistik der FSU Jena, 17.—19. Okt. 1989 (Linguistische Arbeiten 280), 321—332.

Heidolph, Karl Erich, Walter Flämig, und *Wolfgang Motsch* (Hg.) 1981. Grundzüge einer deutschen Grammatik. Berlin.

Jackendoff, Ray. 1974. Introduction to the X̄-Convention. Bloomington; Ind.

Lenerz, Jürgen. 1982. Syntaktischer Wandel und Grammatiktheorie — eine Untersuchung an Beispielen aus der Sprachgeschichte des Deutschen. Münster.

Reis, Marga. 1990. Zur Grammatik und Pragmatik von Echo-w-Fragen (Sprache und Pragmatik, Arbeitsberichte, Nr. 20). Lund: Germanistisches Institut der Universität Lund.

Reis, Marga, and Inger Rosengren. 1988. Wh-imperatives. (Sprache und Pragmatik. Arbeitsberichte, Nr. 10.) 1—49. Lund: Germanistisches Institut der Universität Lund.

Siewierska, Anna. In diesem Band. Art. 38. On the Interplay of Factors in the Determination of Word Order.

Steinitz, Renate. 1969. Adverbial-Syntax. Studia grammatica X) Berlin.

Thiersch, Craig. 1982. A Note on Scrambling and the Existence of VP. Wiener Linguistische Gazette 27/28.

Thümmel, Wolf. 1990. Konstituentenstruktur und reihenfolgebeziehungen in zwei verschiedenen „welten". (Vortrag zum Workshop der DGfS-Tagung „Brauchen wir Konstituentenstenstrukturen für die Wortstellung.)

Wackernagel, Jacob. 1892. Über ein Gesetz der indogermanischen Wortstellung. Indogermanische Forschungen 1, 333—436.

Webelhuth, Gert. 1984/1985. German is Configurational. The Linguistic Review 4. 203—46. Dordrecht/Holland, USA.

Zimmermann, Ilse. 1985. Der syntaktische Parallelismus verbaler und adjektivischer Konstruktionen (Zu einigen Grundfragen der X̄-Theorie). Forschungen zur deutschen Grammatik — Ergebnisse und Perspektiven, 5 (Linguistische Studien des ZISW, A, 127), 159—214. Berlin.

—. 1987. Zur Syntax von Komparationskonstruktionen. Grammatische und konzeptuelle Aspekte von Dimensionsadjektiven (Studia grammatica XXVI + XXVII), hrsg. von Manfred Bierwisch & Ewald Lang, 29—90. Berlin.

—. 1988. Wohin mit den Affixen? The Contribution of Word-Structure Theories to the Study of Word Formation (Linguistische Studien des ZISW, A, 163), hrsg. von Wolfgang Motsch, 157—88. Berlin.

—. (Hg.) 1991. Syntax und Semantik der Substantivgruppe. (Studia grammatica XXXIII) Berlin.

—. 1991. Die Syntax der Substantivgruppe: Weiterentwicklung der X̄-Theorie. In Zimmermann (Hg.) 1991, 1—32.

—. 1991. Die subordinierende Konjunktion *wie*. Fragesätze und Fragen. Referate anläßlich der 12. Jahrestagung der deutschen Gesellschaft für Sprachwissenschaft, Saarbrücken 1990, hrsg. von Marga Reis & Inger Rosengren. Tübingen.

Brigitta Haftka, Berlin (Deutschland)

40. Scope and Word Order

1. Introduction
2. Tests for Scope Relations
3. The Influence of Word Order on Scope
4. Scope Factors
5. A Scope Model: The Contribution of Word Order
6. Word Order and Scope of *wh*-Phrases
7. Scope and Word Order as Multi Factor Phenomena
8. References

1. Introduction

A sentence like (1) has two readings:

(1) Someone likes everyone.

It can mean: "There is someone who likes everyone." Or it can mean: "For everyone there is someone who likes him." Only with Frege's *Begriffsschrift* (1879) and the invention of the quantifier/variable-notation was it for the first time possible to give a completely general logical description of this kind of ambiguity: The readings differ in the relative scope of the quantifiers. On one reading the existential quantifier ($\vee$) has scope over the universal quantifier ($\wedge$) (see (2a)), on the other reading the universal quantifier has scope over the existential quantifier (see (2b)).

(2a) $\vee x \wedge y$ like (x, y)
(2b) $\wedge y \vee x$ like (x, y)

The scope of a quantifier is the (open) proposition which has to be satisfied by a certain number or proportion of the entities in the quantifier's range. E. g., if (1) has the reading "for everyone there is someone who likes him", the scope of the universal quantifier is the open proposition "someone likes y". (1) is true if this proposition can be satisfied by all individuals in the quantifier's range. As *everyone*'s range consists of all persons, this means that all propositions like "someone likes Mary", "someone likes John", etc. have to be true.

Relations of scope hold between items which are logically represented as operators. Besides nominal quantifiers like *someone* and *everyone*, it has been proposed that expressions of the following types be represented as operators: *wh*-phrases, sentential and predicate adverbs, negation elements, modals, particles like *even* and *only*, coordination elements, tense, attitude verbs and others (note that there is no general agreement that these expressions are all operators).

Formulas of the standard predicate calculus are unambiguous with respect to the scope of the operators. In formulas like (2) the scope of the quantifiers can be read from their linear order: a quantifier has scope over the quantifiers to its right (more generally speaking, an operator has scope over the elements it "c-commands" — see section 3. for this notion). Natural language sentences, however, are not always unambiguous with respect to scope. Linear order — or better, word order — is simply not as crucial. Word order is a prominent factor for determining scope — but it is only one of several factors whose interplay determines the scope potential of a sentence, i. e. the possible scope readings and their preferences. Presenting the role of word order in this interplay, we will exclusively be concerned with the relative scope of nominal quantifiers in simple sentences. (Full noun phrases like *some book* or *every student* are called QUANTIFIERS and *every, most, many, some*, etc. QUANTITY EXPRESSIONS.)

2. Tests for Scope Relations

The observation that a sentence has a certain scope reading is a highly theory laden judgement. In addition, observations on scope are often quite subtle. In this situation, it can be of help to have some tests to check whether a certain scope reading is possible or not — even if the tests are not always as clear-cut and unequivocal as one would like them to be. One can test (i) the acceptability of certain question-answer-pairs, (ii) the possibility of interpreting a pronoun as a "bound variable", i. e. as bound by a quantifier, (iii) the possibility of pronominal reference beyond a discourse boundary, (iv) the number of readings in coordination constructions, and (v) sequences of sentences for contradiction. All these tests, except the last, will be exemplified using the following two German sentences:

(3) Eines der Bücher hat jeder von uns gelesen.
    one the books has every of us read
    Every one of us has read one of the books.
(4) Jeder von uns hat eines der Bücher gelesen.
    Every one of us has read one of the books.

Sentence (3) is ambiguous ("Every one of us is such that he has read one of the books" *vs.* "One of the books is such that every one of us has read it"). Both readings are easily available, though the reading with wide scope of the universal quantifier is slightly more preferred. Sentence (4) has only the reading with wide scope of the universal quantifier.

QUESTION/ANSWER. The following question/answer-pairs are acceptable, even if they are not very natural sequences.

(5a) Von wievielen dieser Bücher kann man sagen, daß jeder von uns sie gelesen hat?
How many of the books are such that every one of us has read them?
Eines der Bücher hat jeder von uns gelesen. [= (3)]
(5b) Kann man von einem der Bücher sagen, daß jeder von uns es gelesen hat?
Is one of the books such that every one of us has read it?
(Ja,) eines der Bücher hat jeder von uns gelesen. [= (3)]

By contrast, the following sentences are clearly unacceptable: ("#" means sequential non-wellformedness)

(6a) # Von wievielen dieser Bücher kann man sagen, daß jeder von uns sie gelesen hat?
Jeder von uns hat eines der Bücher gelesen. [= (4)]
(6b) # Kann man von einem der Bücher sagen, daß jeder von uns es gelesen hat?
(Ja,) jeder von uns hat eines der Bücher gelesen. [= (4)]

Having a certain scope relation, the question forces the answer to have a corresponding scope relation. In case the answer can not have such a reading, it will violate the conditions for an adequate answer. The contrast between the sequences in (5) and (6) shows that (3) can, but (4) cannot have a reading with wide scope of the existential quantifier.

QUANTIFIER BINDING. If a sentence has two scope readings, it should be possible to modify the sentence in such a way that the quantifier with wide scope binds a pronoun which is part of the narrow scope quantifier. This expectation is only justified if there are no independent restrictions which, should the occasion arise, prohibit the interpretation of a pronoun as a bound variable. A sentence like (3) confirms this expectation.

(7a) Eines der Bücher, das er_1 hat lesen
    one the books that he has read
sollen, hat [jeder von uns]$_1$ gelesen.
shall has every of us   read
Every one of us has read one of the books that he should read.

(7b) [Eines der Bücher]₁ hat jeder von uns,
one the books has every of us
der es₁ hat lesen sollen, gelesen.
who it has read shall read
One of the books is such that every one
of us who should read it has (eventually)
read it.

Both sentences are grammatical. This contrasts with the corresponding modifications of (4):

(8a) [Jeder von uns]₁ hat eines der Bücher,
das er₁ hat lesen sollen, gelesen.
Every one of us has read one of the
books that he should read.

(8b)* Jeder von uns, der es₁ hat lesen sollen,
hat [eines der Bücher]₁ gelesen.
Every one of us who should read it has
(eventually) read one of the books.

Sentence (8b) can not have the same meaning as (7b). This shows, once more, that sentences like (4) do not have the reading with wide scope of the indefinite noun phrase. (The ungrammaticality of (8b) is not due to an independent restriction on variable binding — see Pafel 1991 a, 11 f.)

DISCOURSE REFERENCE. "Pronominal reference" beyond a discourse boundary is an indicator for the possibility of a wide scope interpretation of an indefinite noun phrase (cf. Kroch 1974, 87 f).

(9a) Von [einem der Bücher]₁ gilt, daß
jeder von uns es gelesen hat. Sogar
die Maria hat es₁ gelesen.
One of the books is such that every
one of us has read it. Even Mary has
read it.

(9b)?# Von jedem von uns gilt, daß er [eines
der Bücher]₁ gelesen hat. Sogar die
Maria hat es₁ gelesen.
Every one of us is such that he has
read one of the books. Even Mary
has read it.

(There is a question mark in front of the sign for sequential non-wellformedness in (9b), because the sequence might under some circumstances be acceptable with a referential interpretation of the indefinite noun phrase; but if we substitute this noun phrase with *ein Buch* ('some book') or *irgendein Buch* ('some book or other') a referential interpretation is definitely not possible.) This test confirms the existence of the reading with wide scope of the indefinite noun phrase in (3) and its non-existence in (4):

(10a) [Eines der Bücher]₁ hat jeder von
uns gelesen. Denn es₁ ist besonders
spannend.
One of the books every one of us
has read. It is very exciting.

(10b)?# Jeder von uns hat [eines der
Bücher]₁ gelesen. Denn es₁ ist besonders spannend.
Every one of us has read one of the
books. It is very exciting.

COORDINATION. A constraint that analogously interprets analogously ambiguous conjuncts is efficacious in coordination constructions (see e. g. Lang (1984, 51 ff) for this "Parallelization effect"). Such a coordination construction with, for example, two two-way ambiguous conjuncts has only two, not four, readings. This effect only shows up with ambiguity, not vagueness. Kroch (1974, 88 f) uses it to test whether a sentence with several quantifiers is ambiguous or vague. Relative to sentence (3) this means that a sentence like (11) is only two-way ambiguous if (3) is two-way ambiguous. This seems indeed to be the case. (11) has only "parallel" readings: either the universal quantifiers have wide scope in both conjuncts or the existential quantifiers do.

(11) Eines der Bücher hat jeder von uns gelesen und einen der Aufsätze hat jeder von euch gelesen.
Every one of us has read one of the books and every one of you has read one of the articles.

CONTRADICTION. The idea of this test is to form a sequence such that the sequence is a contradiction if the sentence to be tested for its scope potential does not exhibit a certain scope reading. The test shows, for instance, that a German sentence with numeral quantifiers like (12) does not have a distributive reading with wide scope of the object, i. e. does not have the reading "there are three problems each of which is solved by two students". The sequence (13) should not be an obvious contradiction if (12) had this reading.

(12) Zwei Studenten haben drei Aufgaben gelöst.
Two students have solved three problems.

(13)# Zwei Studenten haben drei Aufgaben gelöst. Aber kein Student hat mehr als eine Aufgabe gelöst.
Two students have solved three problems. But no student has solved more than one problem.

The most prominent reading of (12) is the one according to which there is a group of two students which has solved a group of three problems (the "group reading" of sentences with numeral quantifiers is universally the most prominent reading of these sentences — see Gil 1982). This reading doesn't show anything about the scope relations — as we have in effect two existential quantifiers (*a group of two students, a group of three problems*). In order to find out the scope potential of such sentences, one has to look for the existence of distributive readings. It is easy to get a distributive reading with wide scope of the subject in (12), e. g. in a context where, after an exam, one wants to know how many students have solved how many problems. (The question/answer-test confirms these results concerning the (non-)existence of these two distinct distributive readings.)

3. The Influence of Word Order on Scope

The results concerning the scope potential of sentences like (3) and (4) are not peculiar to German. Sentences with a universally quantified subject preceding an existentially quantified direct object have only the reading with wide scope of the subject in at least the following languages:

(14) *Italian*:
Ogni studente ammira un professore.
every student admires a professor
Every student admires some professor.
(Delfitto 1984/85, 220)

(15) *Mandarin, Chinese*:
Meige xuesheng dou mai-le yiben shu.
every student all buy-ASP one book
Every student bought one book.
(Huang 1982, 112)

(16) *Mandarin, Chinese*:
Meigeren dou xihuan yige nuren.
everyone all like one woman
Everyone loves a woman.
(Aoun/Li 1989, 141)

(17) *Japanese*:
Daremo-ga dareka-o aisiteiru.
everyone-NOM someone-ACC loves
Everyone loves someone.
(Hoji 1985, 65)

(18) *Korean*:
Nuku-na nuku-lul saranghanda.
everyone-NOM someone-ACC loves
Everyone loves someone.
(Joo 1989, 183)

In German, a sentence like (4) *Jeder von uns hat eines der Bücher gelesen* remains unambiguous if the quantity expression of the subject (*jeder* ('every')) is substituted by *alle* ('all'), *die meisten* ('most'), *viele* ('many'), *mehrere* ('several'), *einige* ('some' [pl.]), *zwei* ('two') (or another numeral). In contrast to *jeder*, a group reading is possible with these quantity expressions. Sentence (4) remains also unambiguous if, instead, the quantity expression of the object is substituted by one of these expressions. If the quantity expressions of subject and object are simultaneously exchanged, the sentences also remain unambiguous. Even the sentence *Einer von uns hat jedes der Bücher gelesen* ('One of us has read every one of the books') has unequivocally the reading with wide scope of the subject. The situation in Italian, Japanese, Korean and (Mandarin) Chinese is quite similar. In active sentences with the subject preceding the direct object the kind of quantity expression — or, kind of quantifier — seems to have no perceptible influence on scope (but see below *wh*-phrases in section 6.). Thus, Italian sentences like *Tre poliziotti hanno perquisito tre appartamenti* ('three policemen have searched three apartments') or *Molti studenti hanno acquisitato due libri* ('many students bought two books') (see Delfitto 1984/85, 216ff; Longobardi 1988, 675ff), Japanese sentences like (19) and (20) (see Kuroda 1970; Kuno 1973; Hoji 1985; 1986) or Chinese sentences like (21) (see Huang 1981; Huang 1982; 1990; Aoun/Li 1989) have only the reading with wide scope of the subject.

(19) (Kono ie-no) dareka-ga (kono
this house-GEN someone-NOM this
heya-no) subete-no hon-o yonda.
room-GEN all-GEN book-ACC read
Someone (in this house) read all the books (in this room).
(Hoji 1985, 236)

(20) Younin-no syoonen-ga sannin-no
four-GEN boy-NOM three-GEN
syoozyo-o syootaisita.
girl-ACC invited
Four boys invited three girls.
(Hoji 1985, 238)

(21) Yaoshi liangge ren zhaodao meige
if two men found every
xiansuo ...
clue
If two men found every clue ...
(Aoun/Li 1989, 141)

Passive sentences fit into this picture. In these languages passive sentences with the (surface) subject preceding the "*by*"-phrase generally exhibit only wide scope of the subject (depending on the choice of the quantity expressions, in Chinese passive sentences can become ambiguous — see the examples in Aoun/Li (1989, 142; 146 fn7) and Huang (1990, 25); see Ahn (1990, 2) and Kim (1991, 130 f) for ambiguous passives in Korean).

Facts like these suggest that linear order (Lakoff 1971; Jackendoff 1972) or c-command (Reinhart 1976; 1983; Huang 1982) is decisive for relative scope (Hungarian is a further language where it seems obvious that scope is determined by linear order and/or c-command — see e.g. Hunyadi 1986; Kiss 1986; 1991). This position faces (at least) the following problems. Firstly, it is assumed by many researchers that English sentences like *Everyone loves someone, Many people bought two books*, or *Three examiners marked two scripts* have ambiguous scope (see e.g. Kroch 1974, May 1977; 1985, Huang 1982, Cooper 1983, Haïk 1984, Williams 1988; but see Lakoff 1971, Kuno 1973, Reinhart 1976; 1983 and Kempson/Cormack 1981 who regard these sentences as unambiguous for quite different reasons; it might be, as Lakoff and Kuno assume, that there are dialectal variations). Huang (1982), assuming that c-command at s-structure is crucial, tries to account for the fact that English counterparts of unambiguous Chinese sentences are often ambiguous. But the English sentences just given remain a problem for his approach (see Huang 1982, 148 f; 182). Secondly, languages with unambiguous sentences also display ambiguous ones whose ambiguity seems to contradict scope determination *via* linear order or c-command. Take the contrast in German between the unambiguous (4) and the ambiguous (3) as an example. The same contrast can be observed in Japanese and Korean. Whereas sentences like (17) (Japanese) and (18) (Korean) are unambiguous, sentences with the order of subject and object reversed have ambiguous scope:

(22) Dareka-o daremo-ga aisiteiru.
(Hoji 1985, 65; but see Kuno 1973, 360 ff)
(23) Nuku-lul nuku-na saranghanda.
(Joo 1989, 183)

To be accurate, one should compare these pairs with a pair of German sentences like the unambiguous (24) and the ambiguous (25), where both quantifiers are in the "middle field" and the second sentence is the "scrambled" version of the first one (as is the case with the Japanese and Korean sentences).

(24) (Daß) jeder von uns eines der Bücher gelesen hat, ...
(That) every one of us has read one of the books ...
(25) (Daß) eines der Bücher jeder von uns gelesen hat, ...

Linear order is insufficient to explain this pattern of ambiguity/nonambiguity, otherwise the scrambled version should be as unambiguous as the unscrambled version. The pattern also cannot be explained by assuming that a quantifier α can have scope over a quantifier β only if α c-commands β (α C-COMMANDS β iff neither α nor β dominates the other and the first branching node dominating α dominates β): If one assumes a hierarchical constituent structure for these sentences, such that the preceding quantifier is in a structurally higher position (26a), both sentences should be unambiguous; if one assumes a non-hierarchical, "flat" structure (26b) both sentences should be ambiguous — the quantifiers are c-commanding each other.

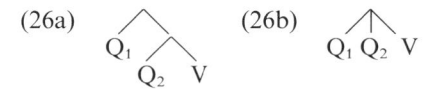

(26a) [tree: Q_1 branching to Q_2 V]   (26b) [tree: Q_1 Q_2 V]

The pattern also cannot be explained by assuming the influential theory of May (1977; 1985) according to which quantifiers are assigned scope by "quantifier raising" at the level of Logical Form. This theory is based primarily on English data and states that it is a universal property of (simple) sentences with n quantifiers to have $n!$ scope readings (e.g. $3! = 3 \cdot 2 \cdot 1$). Thus, it is wrongly predicted that the sentences of the pattern should be equally ambiguous.

It is now quite common to assume that scope is determined by word order in the following way: In order to explain the possible scope readings, not only the actual syntactic position of the quantifier has to be taken into account, but also the position of its "trace", i.e. its base position if the quantifier has been "moved" (see e.g. Haïk 1984; Hoji 1985; 1986; May 1985; Joo 1986; Longobardi 1988; Williams 1988; Aoun/Li 1989; Frey 1989; Jacobs 1989; Ahn 1990; Höhle 1991; Kim 1991). Hoji (1985; 1986) explains the pattern in (27) — the pair (17)/(22) being an instance of it — assuming a condition with the effect that a quantifier phrase α can take scope over a quantifier phrase β if α c-commands β or c-commands a trace of β at s-structure ("t_1" is the trace of "QP-o_1"):

(27a) QP -ga QP -o V (unambiguous)
      -NOM   -ACC
(27b) QP -o_1 QP -ga t_1 V (ambiguous)
      -ACC   -NOM

As Hoji assumes a hierarchical constituent structure, in (27a) the subject c-commands the object, but the object neither c-commands the subject nor its trace — hence the structure is unambiguous. And in (27b) the object c-commands the subject, and the subject c-commands the trace of the object — hence the structure is ambiguous. Joo (1989, 193 ff) explains the pattern exemplified by the Korean sentences (18)/(23) in a similar way.

Besides scrambling, topicalisation has an influence on scope. This is manifested by the German pair of sentences (3) and (24), or by the following English sentences (from Reinhart 1983, 192): Whereas the sentence *Some reporters worship Kissinger in every town he visits* is ambiguous, the sentence *In every town he visits, some reporters worship Kissinger* exhibits only wide scope of the universal quantifier. Extraposition and dislocation are further syntactic phenomena which seem to have an effect on scope relations (see Huang 1982, 146; Longobardi 1988, 682 ff).

It is obvious that word order has a certain influence on quantifier scope. But "configurational" approaches to scope which aim at determining the scope potential of a sentence exclusively from the configuration of the s-structure (or any other syntactic level) face severe problems. Other factors than word order have an influence on scope (see Kroch 1974; Ioup 1975 a; 1975 b — Ioup denies word order any influence on scope; VanLehn 1978; Pafel 1988; 1991 a). And it is the interplay of word order with the other scope factors which determines the scope potential of a sentence.

4. Scope Factors

The scope potential of a sentence seems to be determined by the interaction of a multitude of differently balanced factors. We will present some of these factors *via* an analysis of German data. The following data strongly suggest that it is necessary to assume at least four factors which are for the present allusively called syntactic constellation, grammatical function, "inherence" (= the influence of the quantity expressions), and "structure" (of indefinite noun phrases): ("X/Y: (*im*)*possible*" means that the sentence does (not) have a reading where the quantifier with the quantity expression X takes scope over the quantifier with the quantity expression Y)

(28) Jeder von uns hat eines der Bücher gelesen. [= (4)]
    jeder/eines: *possible*
    eines/jeder: *impossible*
    Every one of us has read one of the books.

(29) Einer von uns hat jedes der Bücher gelesen.
    einer/jedes: *possible*
    jedes/einer: *impossible*
    One of us has read every one of the books.

(30) Jedes der Bücher hat einer von uns gelesen.
    jedes/einer: *possible*
    einer/jedes: *impossible*   (*for some speakers this reading is not completely impossible*)
    Every one of the books one of us has read.

(31) Eines der Bücher hat jeder von uns gelesen. [= (3)]
    eines/jeder: *possible*
    jeder/eines: *possible*   (*slightly preferred*)
    Every one of us has read one of the books.

(32) Ein Mann liebt jede Frau. (with the accent on *ein* in *ein Mann*)
    ein/jede: *possible*   (*highly preferred*)
    jede/ein: *possible*   (*with certain intonation*)
    One man loves every woman.

(33) Einer aus der Gruppe der Männer liebt jede Frau.
    einer/jede: *possible*
    jede/einer: *impossible*
    One out of the group of men loves every woman.

SYNTACTIC CONSTELLATION is necessary to explain the difference between (28) and (31), and between (29) and (30). Grammatical function, inherence, and structure cannot explain why in (28) only the weak reading (i. e. wide scope of the universal quantifier) is possible, whereas in (31) both readings are possible, or why in (29) only the strong reading (i. e. wide scope of the existential quantifier) and in (30) only the weak reading is possible. With regard to these three factors, there is no difference between the quantifiers of the respective sentences. The GRAMMATICAL FUNCTION of the quantifiers seems to be responsible for the difference between (29) and (31): If one only takes into account syntactic constellation, inherence, and structure, it remains unexplained why in (29) only the strong reading is possible, whereas in (31) both are. INHERENCE, i. e. lexical properties of the quantity expressions, seems responsible for the difference between (30) and (31); and STRUCTURE seems responsible for the difference between (32) and (33). It is obvious that intonation has an influence on scope, too. It goes without saying, none of these factors alone is able to cope with the data. "Configurational" approaches seem unable to cope with the data. Sentences like (30) or the clearly unambiguous *Jedes Buch hat irgendjemand gelesen* ('Every book someone or other has read') show that an approach like Hoji's (1985) which takes into account the trace of the quantifiers (see section 3.) is inadequate for German.

4.1. Syntactic Constellation

Is scope influenced by linear precedence or by c-command? With respect to German it can be observed that it makes a difference for the scope potential of a sentence whether the linear preceding quantifier is in the initial field position ("Vorfeld") or in a position in the middle field: With a certain intonation, (32) can have the reading with wide scope of *jede Frau*; in (*Daß*) *ein Mann jede Frau liebt* ('(that) one man loves every woman'), however, this reading is not possible — even with the same intonation pattern (Jacobs 1982 was the first to point out these kinds of facts). Or: Whereas in (31) the strong reading is not the preferred reading, it is the preferred one in (25). Thus, it seems that the wide-scope reading of the linear preceding quantifier is more preferred if the quantifier is located in the middle field than when it occurs in the initial field. If it is ONE factor and a SYNTACTIC one which is responsible for this phenomenon, then it cannot be identical either with linear precedence or with c-command. These relations are not sensitive to the "initial field position" *vs.* "middle field position" distinction. What might be relevant is the kind of PATH which connects two quantifiers. The path between two quantifiers is the sequence of (one another immediately dominating) nodes which connects the quantifiers in the syntactic structure. A quantifier INITIATES a path if it is dominated by the "highest" node

of the path (in (26a) e. g. Q_1 initiates a path leading to Q_2, but not *vice versa*). Paths can be classified in several ways: e. g. with respect to the total number of nodes or the categorial features of the nodes. It is not clear which feature of a path is important for scope. What might be relevant is the number of maximal categories. The implementation of this idea depends strongly on the details of the constituent structure one assumes. Proceeding from the assumption that the German sentence is binary leftbranching and that the arguments of the verbs including the subject are base-generated inside the VP, one can say that within the middle field both quantifiers are inside one and the same maximal projection (namely the VP). If one quantifier "moves" to the sentence initial position, it is no longer inside this maximal projection; the path between the two quantifiers crosses a "maximal projection boundary".

With this in mind, the above mentioned phenomenon can be explained in the following way. A quantifier which initiates a path leading to another quantifier has a higher scope value if the path does not cross a maximal projection boundary than if the path does so. (For the concept of a "scope value" see sections 4.2. and 5.) The influence word order has on scope is partly expressed by the following scale of two syntactic constellations (α and β are quantifiers which are part of sentence σ):

(34) Scale of syntactic constellations (first version)

↑ α initiates a path which leads in σ to β and which crosses no maximal projection boundary

α initiates a path which leads in σ to β and which crosses a maximal projection boundary

Possibly, the contrast between the ambiguous *Someone solved every problem* and the unambiguous *I assigned someone every problem* (example in Aoun/Li 1989, 147) can be explained in the same way. *Prima facie*, just the opposite is true in Italian. Whereas (35a) has unequivocally wide scope of the subject, (35b) is ambiguous. But wide scope of the second quantifier in (35b) is bound to a certain intonation which indicates that the phrase is extraposed to the right (see Longobardi 1988, 682). From this position it initiates a path leading to the other quantifier.

(35a) Tre   carabinieri sono entrati in
      three policemen are   entered in
      molti negozi.
      many stores
      Three policemen entered in many stores.
(35b) Sono entrati   tre   carabinieri in
      are entered three   policemen in
      molti negozi.
      many stores
      Three policemen entered in many stores.

4.2. Grammatical Functions

In establishing a scale of grammatical functions the following assumptions are made which are explained in more detail in section 5.: (i) the scope factors are scales of properties or relations; (ii) a quantifier receives a numerical value from each scale relative to the property or relation the quantifier satisfies; (iii) these values make up the "scope value" of a quantifier; (iv) the scope potential of a sentence is computed through the pairwise comparison of the scope values of the quantifiers of the sentence.

The different scope potentials of the sentences (29) and (31) showed that grammatical function plays a role in determining relative scope. They will also show us that the subject ranges above the direct object in the function scale. From the fact that the two sentences have a different scope potential we can conclude that the values the quantifiers receive from the scope factors (save the function factor) can not be identical. Otherwise no difference in scope potential should show up, because the scope values of the quantifiers would stand in the same numerical relation when the values from the function scale are added, and the scope potentials would be the same. Further we can assume that the values of the existential quantifiers (i. e. of the indefinite noun phrases) with respect to the factors (save the function factor) are identical in both sentences. The same goes for the universal quantifiers. Light consideration shows that we make the right predictions only if we assume that (i) the subject ranges over the direct object and that (ii) the value of the existential quantifiers in both sentences is higher than the value of the universal quantifiers with respect to the scope factors save the function factor. In which case one expects the strong reading in (29) to be dominant — the numerical difference between the scope values of the existential and the universal quantifiers increases — and one expects both readings to be possible in (31) — the difference in value of the quantifiers decreases or even vanishes. By the same kind of consideration it can be shown that the subject ranges over the indirect object and the preposition object, and that these last two range over the direct object (for details see Pafel 1991 a, 56 ff). That the indirect object is "stronger" than the direct object is shown by the fact that a sentence like *Einer von uns hat jedem von euch geholfen* ('One of us helped every one of you') is ambiguous (in contrast to (29)) and by the fact that the weak reading is easy to get in (36a) with the direct object in initial position, whereas such a reading is considerably harder to get in (36b) with the indirect object in initial position.

(36a) Eines von den Märchen hat Jakob jedem Kind erzählt.
      John told every child one of the fairy-tales.
(36b) Einem der Kinder hat Jakob jedes Märchen erzählt.
      John told one of the children every fairy-tale.

Thus, the function factor has the following form:

(37) Scale of grammatical functions (first version)

    ↑ subject
      indirect object
      preposition object
      direct object

Such a scale is cross-linguistically important. It is to a considerable degree identical to the hierarchy of grammatical functions of Ioup (1975 a, 1975 b). Ioup considers the hierarchy to be a universal scope factor (she takes into account data from English and 13 other languages). Gil (1982, 458 f) shows the importance of the function hierarchy for Dutch and Hebrew. The facts Hoji (1985) reports from Japanese and Joo (1989) from Korean can easily be interpreted as supporting the ranking of grammatical functions in (37).

4.3. Thematic Properties

There is a class of verbs whose direct objects have a scopal peculiarity compared with the direct objects of other verbs. They seem to have "stronger" scope, i. e. they have a greater tendency to wide scope. These verbs are psychological verbs where the experiencer is the object, not the subject (*ärgern* ('anger'), *beeindrucken* ('impress'), *ekeln* ('disgust'), etc.). For example, sentence (38) has, in contrast to sentences like (29), a reading with wide scope of the object.

(38) Einer von den Kandidaten hat jeden Prüfer beeindruckt.
One of the candidates impressed every examiner.

There is also a class of verbs whose indirect objects have "stronger" scope than the indirect objects of other verbs. This class includes psychological verbs like *gefallen* ('please'), *schmecken* ('taste'), but also verbs like *glücken* ('succeed'), *zerbrechen* ('break'), etc. Semantically, the objects of these two classes of verbs seem to have the following in common: the person who is specified by the object bears the process or event which the verb expresses, but that person has no control over that process or event (it happens to her). In Korean and Japanese the objects of similar classes of psychological verbs show the same peculiar scope behaviour (see Kim/Larson 1989; Kim 1991). It is unsurprising that the objects of verbs in these classes behave differently. Psychological verbs with the experiencer as object have especially peculiar crosslinguistic behaviour in many respects.

4.4. Distributivity

The distinct influence of the different quantity expressions in German can be accounted for by a scale of roughly this form:

(39) ↑ *jed-* ('every'), *manch-* [sg.] ('many a')
  d- meist- ('most')
  viel- ('many'), *all-* ('all')
  mehrer- ('several'), *einig-* ('some' [pl.]), numerals

The higher on this scale, the stronger the tendency for wide scope. This scale can be interpreted as a distributivity scale on which the quantity expressions are ranked according to the strength with which they induce a distributive reading on part of their quantifier. At the top are the inherently distributive quantity expressions, which rigidly force a distributive interpretation. All non-inherently distributive quantifiers have a group reading besides a distributive reading, but they differ in the extent to which they induce a distributive reading. Judgements are quite subtle in this respect. Nevertheless it is relatively clear that in *Die meisten Kinder haben ein Floß gebaut* ('most children have built a raft') a distributive reading is strongly preferred to a non-distributive group reading, whereas the opposite is true of *Einige Kinder haben ein Floß gebaut* ('some children have built a raft') (see Pafel 1988; 1991a; Schütze 1989). The scale (39) corresponds to a certain extent with Ioup's hierarchy of English quantity expressions which she regards as the most important scope factor (the higher, the greater the tendency to wide scope): "each > every > all > most > many > several > some [pl.] > a few" (Ioup 1975b, 42). The ranking "each > every > all" conforms well with the assumption that such a hierarchy is a distributivity scale (see VanLehn 1978).

Distributivity can only be a scope factor if it is independent of scope, i.e. if it is not itself a scope phenomenon. Distributivity and scope are, indeed, conceptually independent: One can not identify the distributive reading of a sentence with a certain scope relation and the non-distributive reading with another scope relation. E.g., the sentence *Jakob hat einigen Kindern ein Märchen erzählt* ('John told some children a fairy-tale') has two readings, a dominant group reading ("John told a group of some children a fairy-tale") and a less preferred distributive reading ("each child of a group of some children was told a fairy-tale by John"). Both theoretically possible scope readings of the sentence each have a distributive and a non-distributive reading: The reading "One fairy-tale is such that John told it some children" and the reading "Some children are such that John told them a fairy-tale" can be interpreted in both ways. Thus, distributivity is independent of scope. As a matter of fact, the sentence has unambiguous scope. The readings it exhibits are the ones which are possible if the indirect object has scope over the direct object. The scale which is the basis for the scale of quantity expressions (39) is the following scale of degrees of distributivity:

(40) Scale of distributivity (first version)

  ↑ inherently distributive
  | dominantly distributive
  | strongly distributive
  | weakly distributive

4.5. Specificity

The quantity expression *ein-* ('some' [sg.]) is not covered by the distributivity scale, as it makes no sense to speak of a distributive reading of a singular indefinite noun phrase. At the beginning of section 4. we could see that something like the "structure" of an indefinite noun phrase was relevant to scope (see (32) vs. (33)). The following scale gives the tendency to wide scope according to the "structure" of the noun phrase:

(41) ↑ *ein- von den X, ein- der X* ('one of the X')
  ein- X ('one X')
  irgendein- X ('some X or other'), *irgendjemand-* ('someone or other')

This scale can be understood as giving the degree of specificity of indefinite noun phrases. The higher, the more specific. Specific does not mean referential — to distinguish degrees of referentiality seems nonsense. Specific does not mean to have someone in mind either. Firstly, it is hardly imaginable how this can be a gradual phenomenon. Secondly, with the use of *eines der Bücher* ('one of the books') I could have a certain book in mind, but I do not necessarily have to. Instead, the scale refers to how exactly the indefinite quantifier specifies the entities which are purported to satisfy the open proposition which is the scope of the quantifier. *Irgendjemand* ('someone or other') is unspecific: *irgend-* seems to indicate the impossibility of more exact specification. A partitive construction like *eines der Bücher*, however, is highly specific, as it refers to the relevant entities. In this vein, a specificity scale is the fundament of the scale (41) — the unspecific combinations with *irgend-* are left out:

(42) Scale of specificity (first version)

  ↑ strongly specific
  | weakly specific

It seems sensible to distinguish two sources of specificity: LEXICAL specificity which distinguishes between *irgend-* and *ein-*, and STRUCTURAL specificity which distinguishes between partitive and non-partitive constructions with *ein-*.

5. A Scope Model: The Contribution of Word Order

How do word order and the other scope factors interact in determining the scope potential of a sentence? The central assumption of the following model of this interaction is the assumption that a quantifier has a "scope value". A quantifier's scope value is a numerical expression of the quantifier's tendency to wide scope and is built up by the values the quantifier gets from each of the relevant scopal scales. Four scales are proposed (thematic properties and intonation are not taken into account):

(43a) Scale of syntactic constellations:
  $\{\langle \alpha$ initiates a path which leads in σ to β and which crosses not maximal projection, $6\rangle, \langle \alpha$ initiates a path which leads in σ to β and which crosses a maximal projection, $3\rangle\}$

(43b) Scale of grammatical functions:
  $\{\langle \alpha$ is subject in σ, $6\rangle, \langle \alpha$ is indirect object in σ, $4\rangle, \langle \alpha$ is preposition object in σ, $3\rangle, \langle \alpha$ is direct object in σ, $2\rangle\}$

(43c) Scale of distributivity:
  $\{\langle \alpha$ is inherently distributive, $6\rangle, \langle \alpha$ is dominantly distributive, $4\rangle, \langle \alpha$ is strongly distributive, $3\rangle, \langle \alpha$ is weakly distributive, $2\rangle\}$

(43d) Scale of specificity:
  $\{\langle \alpha$ is strongly specific, $6\rangle, \langle \alpha$ is weakly specific, $3\rangle\}$

The scope value is not the result of the mere addition of the single values a quantifier receives from the scales. The model's predictions come out quite well if one assumes (i) that syntactic constellation is the most important scope factor (double the constellation value goes into the scope value), and (ii) that the specificity of indefinite noun phrases is the least important scope factor (only a third of the specificity value goes into the scope value). Thus, the scope value is: double the constellation value, plus the function value, plus the distributivity value, plus a third of the specificity value. E.g. the scope value of *ein Mann* (relative to *jede Frau*) in (32) *Ein Mann liebt jede Frau* is 13: As its constellation value is 3 (it initiates a path which leads in (32) to *jede Frau* and which crosses a maximal projection boundary), its function value is 6 (it is the subject), its distributivity value is 0 and its specificity value is 3 (it is weakly specific), the scope value is $2 \times 3 + 6 + 0 + 3/3$. The scope value of *jede Frau* (relative to *ein Mann*) is 8 $(0 + 2 + 6 + 0)$. The scope relation between two quantifiers results from the difference between their scope values. If one of the scope values, N_1, is greater than the other, N_2, the difference between N_1 and N_2 is decisive. If it equals or is greater than 6, the sentence has only readings with wide scope of the quantifier with the scope value N_1. If the difference is smaller than 6, the sentence is ambiguous. The difference in this case shows the degree of preference for the reading with wide scope of the quantifier with the higher scope value. Thus, (32) is predicted to be ambiguous with wide scope of subject highly preferred (13−8). In (4) *Jeder von uns hat eines der Bücher gelesen* the scope value of *jeder von uns* is 18, the scope value of *eines der Bücher* is 4. The difference between the scope values is greater than 6. Thus, the sentence is correctly predicted as unambiguous. In (3) *Eines der Bücher hat jeder von uns gelesen* the scope value of *eines der Bücher* is 10, the scope value of *jeder von uns* is 12. The sentence is predicted as ambiguous, with some preference for the weak reading. In sentences with more than two quantifiers the scope potential is computed by comparing the quantifiers pairwise.

The model, crude as it may be, makes remarkably good predictions for the other sentences in section 4., too. This kind of scope determination is more complicated than scope determination of a configurational sort (see section 3.). But it enables us to cope adequately with a greater amount of data. And although the model does not regard word order as the decisive factor, it gives word order a prominent role in the determination of the scope potential of a sentence.

6. Word Order and Scope of *wh*-Phrases

A sentence like *What did everyone read?* has two readings: It can mean: "What is such that everyone has read it?" [= non-distributive reading]. Or it can mean: "Relative to everyone: what did he read?" [= distributive reading]. There is no general agreement that this is an ambiguity in the relative scope of the *wh*- and the Q-phrase (it is a scope ambiguity according to Keenan/Hull 1973, Karttunen 1977, May 1977; 1985, Karttunen/Peters 1980 and many others, whereas Groenendijk/Stokhof 1982, Engdahl 1986 and Berman 1991 especially disagree). Word order has a certain influence on the existence of these readings. In Korean, for instance, a sentence like (44a) seems to have a non-distributive and a distributive reading. But with the order of *wh*- and Q-phrase reversed the sentence becomes unambiguous, only the non-distributive reading is possible (Joo 1989, 186; 205).

(44a) Nuku-na nuku-lul chodehat-ni.
 everyone-NOM who-ACC invited-Q
 Who did everyone invite?

(44b) Nuku-lul nuku-na chodehat-ni.
 who-ACC everyone-NOM invited-Q
 Who is such that everyone invited him?

A somewhat different contrast can be observed in Japanese. Sentence (45b) has unequivocally the non-distributive reading — like its Korean counterpart. But sentence (45a) seems ungrammatical, despite the fact that the order of the arguments (nominative preceding accusative) is perfectly acceptable and despite the fact that *wh*-phrases do not have to be "moved" in Japanese.

(45a)*? Daremo-ga dare-o
 everyone-NOM who-ACC
 syootaisita no.
 invited Q
 Who did everyone invite?
  [Hoji 1986, 88]
(45b) Dare-o daremo-ga
 who-ACC everyone-NOM
 syootaisita no.
 invited Q
 Who is such that everyone invited him?
  [Hoji 1986, 88]

In German, too, reversing the linear order of *wh*- and Q-phrase affects the scope potential. It can also be observed that the exact position of the preceding quantifier affects scope (cf. above 4.1.): (46a) is ambiguous, it has a distributive reading, but (46b) can not have such a reading.

(46a) Wieviele Schüler haben jede Aufgabe gelöst?
 How many students have solved every problem?
(46b) Wann haben wieviele Schüler jede Aufgabe gelöst?
 (?)When did how many students solve every problem?

It has been claimed that the regularities of the *wh*/Q-interaction, seen as a scope phenomenon, can be explained if one takes into account the position of the traces of the quantifiers (incl. the *wh*-phrases) in addition to the position of the quantifiers themselves (see section 3. for a similar approach to Q/Q-interaction). E.g. May (1985) and Williams (1988) want to explain the difference between the unambiguous *Who did read every one of Dickens's books?* and the ambiguous *What did everyone read?* by appealing to the trace of the *wh*-phrase. They differ on the level of representation relevant for scope determination — for May it is Logical Form, for Williams it is s-structure. But, in both approaches, it is decisive that the trace of the *wh*-phrase ("t₁") is c-commanded by the Q-phrase in (47b), but not in (47a).

(47a) Who₁ did t₁ read every one of Dickens's books
(47b) What₁ did everyone read t₁

A configurational approach to the *wh*/Q-interaction faces the same kinds of problems as the configurational approach to the Q/Q-interaction. For German, it can been shown that exactly the same factors which determine the Q/Q-interaction also determine the *wh*/Q-interaction — *wh*/Q-interaction seems to be a special case of quantifier interaction, perhaps even a trivial one (Pafel 1991 b). Thus, the scope model of section 5. should be modifiable in a straightforward way to embrace *wh*/Q-interaction (for a first proposal in this direction see d'Avis/Pafel 1992). With this background, it seems that *wh*/Q-interaction is indeed a scope phenomenon on which word order has a certain influence as one of the factors which determine the scope potential of a sentence.

7. Scope and Word Order as Multi Factor Phenomena

The scope model of section 5. is not a theory of scope. Firstly, because a theory of scope must show how a multi factor approach can be embedded in a theory of grammar. The currently prominent theories of grammar do not give a hint how this could be done (but there is some similarity to connectionist models). A configurational approach to scope, for instance, can be much better integrated into existing theories of grammar. A theory of scope must, secondly, be able to explain the similarities and differences of scope between (dialects of) languages. The proposed scope model seems, at least in principle, to be able to give the foundation of such a theory. One could test the hypothesis that the scales, or the scales plus their strengths are universal in nature, and that all scope differences follow from independent differences between the languages. Intimately connected to this point is the question of learnability: Can such a scope model be learned? How much of it must be postulated as innate? Finally, can (or should) the scope model be generalized in such a way as to encompass the scope behavior of adverbials, modals, negation elements etc.

Progress towards an explanatory theory of scope can perhaps be made by investigating the consequences of surprising similarities between the determination of relative scope and the determination of word order, especially of the word order in the German middle field. Both phenomena are determined by the interaction of a multitude of differently balanced factors, whereby the factors overlap to a significant degree (concerning the factors of German word order see e. g. Lenerz 1977 and Reis 1987). To generate the succession in the middle field, models have been proposed which are similar in form to the proposed scope model (see Uszkoreit 1986 and Jacobs 1988). As both phenomena are determined by a multitude of differently balanced factors, it is of no great surprise that one can parallel degrees of acceptability or "normality" of successions with degrees of preference of scope readings. These similarities indicate that explanatory theories of word order and relative scope could have much the same format.

8. References

Ahn, Sung-Ho. 1990. The thematic hierarchy and scope interpretation in Korean. MIT Working Papers in Linguistics 12, ed. by Thomas Green & Sigal Uziel, 1—13. Massachusetts Institute of Technology.

Aoun, Joseph, and Yen-hui A. Li. 1989. Scope and constituency. Linguistic Inquiry 20. 141—72.

d'Avis, Franz-Josef, und Jürgen Pafel. 1992. Ein Skopusmodell und -algorithmus. Unter besonderer Berücksichtigung des Skopus von w-Phrasen. W-Phrasen, w-Merkmale, Skopusberechnung, by Marga Reis et al. Arbeitspapiere des SFB 340 (Stuttgart/Tübingen) Bericht Nr. 7, 35—67.

Berman, Stephen R. 1991. On the semantics and logical form of *wh*-clauses. University of Massachusetts Ph. D. dissertation.

Cooper, Robin. 1983. Quantification and syntactic theory. Dordrecht.

Delfitto, Denis. 1984/85. Per una teoria dello *scope* relativo. Rivista di Grammatica Generativa 9/10. 215—63.

Engdahl, Elisabet. 1986. Constituent questions. The syntax and semantics of questions with special reference to Swedish. Dordrecht.

Frege, Gottlob. 1879. Begriffsschrift, eine der arithmetischen nachgebildete Formelsprache des reinen Denkens. Halle.

Frey, Werner. 1989. Syntaktische Bedingungen für die Interpretation. Über Bindung, implizite Argumente und Skopus. Dissertation Universität Stuttgart.

Gil, David. 1982. Quantifier scope, linguistic variation, and natural language semantics. Linguistics & Philosophy 5. 421—72.

Groenendijk, Jeroen, and Martin Stokhof. 1982. Semantic analysis of *wh*-complements. Linguistics & Philosophy 5. 173—233.

Haïk, Isabelle. 1984. Indirect binding. Linguistic Inquiry 15. 185—223.

Höhle, Tilman N. 1991. On reconstruction and coordination. Representation and derivation in the theory of grammar, ed. by Hubert Haider & Klaus Netter, 139—97. Dordrecht.

Hoji, Hajime. 1985. Logical form constraints and configurational structures in Japanese. Seattle: University of Washington Ph. D. dissertation.

—. 1986. Scope interpretation in Japanese and its theoretical implications. Proceedings of the West Coast Conference on Formal Linguistics Vol. 5, 87—101.

Huang, Shuan-Fan. 1981. On the scope phenomena of Chinese quantifiers. Journal of Chinese Linguistics 9. 226—43.

Huang, Cheng-Teh J. 1982. Logical relations in Chinese and the theory of grammar. Massachusetts Institute of Technology Ph. D. dissertation.

—. 1990. Reconstruction and the structure of VP: some theoretical consequences. Manuscript University of California Irvine.

Hunyadi, László. 1986. The expression of logical scope in Hungarian. Topic, focus, and configurationality, ed. by Werner Abraham & Sjaak de Meij, 89—102. Amsterdam.

Ioup, Georgette. 1975 a. The treatment of quantifier scope in a transformational grammar. University of New York Ph. D. dissertation.

—. 1975 b. Some universals for quantifier scope. Syntax & Semantics 4, ed. by John P. Kimball, 37—58. New York.

Jackendoff, Ray. 1972. Semantic interpretation in generative grammar. Cambridge.

Jacobs, Joachim. 1982. Syntax und Semantik der Negation im Deutschen. München.

—. 1988. Probleme der freien Wortstellung im Deutschen. Sprache und Pragmatik 5. 8—37.

—. 1989. Skopus und Kohärenz. Manuskript (vorläufige und unvollständige Version) Universität Wuppertal.

Joo, Yanghee Shim. 1989. A cross-linguistic approach to quantification in syntax. Madison: The University of Wisconsin Ph. D. dissertation.

Karttunen, Lauri. 1977. Syntax and semantics of questions. Linguistics & Philosophy 1. 3—44.

—, and *Stanley Peters*. 1980. Interrogative quantifiers. Time, tense and quantifiers, ed. by Christian Rohrer, 181—205. Tübingen.

Keenan, Edward L., and Robert D. Hull. 1973. The logical presuppositions of questions and answers. Presuppositions in philosophy and linguistics, ed. by János S. Petöfi & Dorothea Franck, 441—66. Frankfurt.

Kempson, Ruth M., and Annabel Cormack. 1981. Ambiguity and quantification. Linguistics & Philosophy 4. 259—309.

Kim, Soowon. 1991. Chain scope and quantification structure. Brandeis University Ph. D. dissertation.

Kim, Young-joo, and Richard Larson. 1989. Scope interpretation and the syntax of psych-verbs. Linguistic Inquiry 20. 681—88.

Kiss, Katalin É. 1986. The order and scope of operators in the Hungarian sentence. Topic, focus, and configurationality, ed. by Werner Abraham & Sjaak de Meij, 181—214. Amsterdam.

—. 1991. Logical structure in syntactic structure: the case of Hungarian. Logical structure and linguistic structure. Crosslinguistic perspectives, ed. by C. T. James Huang & Robert May, 111—47. Dordrecht.

Kroch, Anthony S. 1974. The semantics of scope in English. Massachusetts Institute of Technology Ph. D. dissertation.

Kuno, Susumu. 1973. The structure of the Japanese language. Cambridge.

Kuroda, S. Y. 1970. Remarks on the notion of subject with reference to words like *also, even*, or *only*, illustrating certain manners in which formal systems are employed as auxiliary devices in linguistic descriptions. Part 2. Annual Bulletin (Research Institute of Logopedics and Phoniatrics, University of Tokyo) No. 4, 127—52.

Lakoff, George. 1971. On generative semantics. Semantics, ed. by Danny D. Steinberg & Leon A. Jakobovits, 232—96. London.

Lang, Ewald. 1984. The semantics of coordination. Amsterdam.

Longobardi, Giuseppe. 1988. I quantificatori. Grande grammatica Italiana di consultazione, a cura di Lorenzo Renzi. Vol. I., 645—96. Bologna.

Lenerz, Jürgen. 1977. Zur Abfolge der nominalen Satzglieder im Deutschen. Tübingen.

May, Robert C. 1977. The grammar of quantification. Massachusetts Institute of Technology Ph. D. dissertation.

—. 1985. Logical form: its structure and derivation. Cambridge.

Pafel, Jürgen. 1988. Die Parameter des relativen Quantorenskopus im Deutschen. LILOG-Report (IBM, Stuttgart) 48.

—. 1991 a. Zum relativen Quantorenskopus im Deutschen. Arbeitspapiere des SFB 340 (Stuttgart/Tübingen) Bericht Nr. 5.

—. 1991 b. Zum relativen Skopus von W- und Q-Phrasen (W/Q-Interaktion). Fragesätze und Fragen. Referate anläßlich der 12. Jahrestagung der Deutschen Gesellschaft für Sprachwissenschaft, Saarbrücken 1990, ed. by Marga Reis & Inger Rosengren, 145−73. Tübingen.

Reinhart, Tanya. 1976. The syntactic domain of anaphora. Massachusetts Institute of Technology Ph. D. dissertation.

—. 1983. Anaphora and semantic interpretation. London.

Reis, Marga. 1987. Die Stellung der Verbargumente im Deutschen. Stilübungen zum Grammatik: Pragmatik-Verhältnis. Sprache und Pragmatik. Lunder Symposium 1986, ed. by Inger Rosengren, 139−78. Stockholm.

Schütze, Hinrich. 1989. Pluralbehandlung in natürlichsprachlichen Wissensverarbeitungssystemen. Institut für wissensbasierte Systeme (IBM, Stuttgart) Report 73.

Uszkoreit, Hans. 1986. Constraints on order. Linguistics 24. 883−906.

VanLehn, Kurt A. 1978. Determining the scope of English quantifiers. Technical Report, Artifical Intelligence Laboratory MIT.

Williams, Edwin S. 1988. Is LF distinct from s-structure? A reply to May. Linguistic Inquiry 19. 135−46.

Jürgen Pafel, Tübingen (Deutschland)

41. Word Order and Information Structure: A Performance-Based Account of Topic Positions and Focus Positions

1. Introduction
2. Topic Position
3. Focus Position
4. References

1. Introduction

There are a number of principles that have been assumed to regulate the order of elements whose position is not fixed by their syntactic or semantic function. Pragmatic principles involving notions such as topic and predication, focus and background, givenness and newness, etc. have acquired a prominent status in explaining word order phenomena of this kind. Syntactic weight in performance has also been taken into consideration. The present article focuses on the interaction between pragmatic principles and weight-based principles of word order. It challenges the common opinion that pragmatics is the primary determinant of word order variation. It will present evidence that the preferred position of syntactic nodes marked with a pragmatic feature is not straightforwardly explicable by the intrinsic pragmatic property of these nodes. Rather, the preferred position of sentence topics and that of focused constituents is dependent upon their average weight and thus, straightforwardly explained by performance principles based on syntactic weight (most explicitly formulated in Hawkins (1990)).

Before starting our discussion, I would like to acknowledge that this article is a revised version of a working paper presented to the Constituent Order Group of the EUROTYP-Programme on Language Typology. The article has benefited from the comments and the research work of the members of the Constituent Order Group, particularly John Hawkins, Katalin Kiss, Anna Siewierska, Maggie Tallerman, Yakov Testelec and Maria Vilkuna.

2. Topic Position

2.1. On the Notion of Topic

Despite the extensive attention that linguists of various schools have paid to the notion of topic, there is no generally accepted definition of it. One of the standard interpretations of topic is that of pragmatic aboutness. In this conception, topic is what the sentence is about. That part of the sentence that says something about the topic is the predication. In non-elliptical sentences, the presence of a topic implies the presence of a predication, but not vice versa. There are sentences without a topic, and these will be called thetic sentences (as opposed to categorical sentences). The rather vague definition of topic receives more substance by characterizing some of the properties by which sentence topics can be identified in various languages. Let us mention their pragmatic properties first. Topics are one of the means available in the language to organize, or classify, the information exchanged in linguistic communication. Even if pragmatic aboutness is strictly independent of truth-conditions, it may affect the actual verification strategies applied in a given context (cf. Reinhart 1981). The assertion *all crows are black*, for example, can be interpreted as being about crows, and accordingly, it is our knowledge of crows that we will check in order to assess it. The logically equivalent assertion, *all non-black things are non-crows*, is more readily interpreted as being about non-black things, and in this interpretation, the sentence will be verified differently. Other pragmatic properties, like being background or given information, are not considered inherent for topics (see example (6) below for a topic which is focused, new information).

Topics also have characteristic formal properties which contribute to their identification. (1) presents the intonational differences between all-new sentences with a topic (cf. (1 a)) and all-new sentences without a topic (cf. (1 b)), in English and German. Capital letters mark a word carrying a primary accent.

(1 a) What do you know about pet animals?
DOGS BARK.
HUNDE BELLEN.
(1 b) What's the noise?
DOGS are barking.
HUNDE bellen.

In all-new structures with a topic, both the topic and the predicate receive a primary accent. In all-new thetic utterances on the other hand, the non-topical nominative argument behaves accentually like a verb phrase internal argument in forming a close unit with the verb. In such verb complexes, the accent always falls on the non-head if there is one, otherwise on the head (cf. Varga (1983) for Hungarian; Vilkuna (1989) for Finnish; Jacobs (1991) for German). (1 a) challenges the common belief about topics that they cannot be primary-stressed (cf. also Varga (1983) for Hungarian examples).

In some languages, topics are identified by a special marker, like Japanese *wa*, Korean *nŭn*, and Turkish *ise* or *de*, but most of the languages surveyed in this article do not mark topics this way. In this article, we will focus on the characteristic structural and word order properties of topics.

2.2. Unmarked Topic Position

Following Gundel (1988), one of the few cross-linguistic studies on the matter, we claim that there is a strong preference for the topic to occur at the periphery of the sentence. The preference holds for both types of topic attachment: adjunction within the sentence boundary or dislocation. For this reason and because structural analyses of sentences differ from language to language in details which do not concern us here, I have simplified the indication of structural information, as illustrated in (2):

(2 a) unmarked: [... X_{TOP} ... Y_{PRED} ...]
(2 b) marked: [... Y_{PRED} ... X_{TOP} ...]

X and Y are constituent nodes marked with the pragmatic features 'TOP' (for topic) and 'PRED' (for predication).

The second claim is that (2 a) is strongly preferred over (2 b). This is known from work by Halliday (1967), Gundel (1974), Sasse (1987) and others, but the evidence offered in this article and the explanation for the facts are new. The preference for (2 a) over (2 b) is manifest from several facts. First, there are apparently very few languages which have grammaticalized (2 b) as a topic position, but many languages have grammaticalized (2 a), as will be shown in section 2.3. of this article. Second, there is a left-right asymmetry in the dislocation types available across the languages, which is crucial for our line of explanation. It will be presented in section 2.4. Section 2.5. presents pragmatic or cognitive explanations for the preference for topics to occur at the left periphery of the sentence which have some appeal, but this preference can be equally well explained by the performance principles in Hawkins (1990). The explanation draws upon the fact that the topic part of an utterance is, on the average, less complex than the predication part. The main evidence that preferences of topic placement are based on performance principles rather than on the pragmatic or cognitive interpretation of topic, are the preferred focus positions, which will be dealt with in section 3. of this article. I will show that cognitive or pragmatic explanations run into difficulties when we take both topic and focus positions into consideration and fail to explain some basic facts, whereas performance principles explain all the facts by a single unifying generalization without extra stipulations.

2.3. Evidence from Sentence-Bound Topic Positions

Rumanian has a structural position restricted to topics, and as expected by our preference prediction, this position yields the topic-predication structure (2 a). Most of the observations are due to Ulrich (1985), a dissertation on thetic sentences based on a vast corpus of written and spoken texts. I checked Ulrich's assumptions on ca. 200 sentences from 2 narrative and 1 descriptive text fragment. I assume a sentence structure for Rumanian as shown in (3).

(3) [$_{CP}$ COMP [$_S$ TOP [$_{PRED}$ [$_{VC}$ OPERATOR VC] XP*]]]

(4 a) Ion   nu   a   văzut ieri
      John   neg aux see-pp yesterday
      pisica
      cat-def
(4 b) Ieri Ion nu a văzut pisica
(4 c) Ion ieri nu a văzut pisica
      'John did not see that cat yesterday'

The examples in (4) illustrate the structure schema (3) with *Ion* in topic position. XP* indicates a variable number of major constituents ocurring after the verbal complex, VC. The identification of the topic by linear order alone is not possible, since adverbials preceding or following the topic (see (4 b, c)) and some operators such as the negation or *wh-*words occur also in preverbal position. In such cases, the topic (if there is only one) is identified by its syntactic and semantic function (agent or experiencer noun phrases are preferred as topics). But since double topics are possible, in principle, an adverbial and an argument noun phrase in preverbal position may be both interpreted as topics.

Languages with a specific structural position for topics (T-position for short) will be called topic-configurational. It is immaterial to our argumentation whether the topics in topic-configurational languages are base generated in a position reserved for topics or moved there by topicalization. Despite the fact that it cannot always be identified by linear order alone, the topic node in (3) is a good candidate for a topic marking position in the strongest sense. This strong sense of topic-configurationality is made precise in (5):

(5) Topic-configurationality in the strongest sense: Any constituent in the T-position of a given sentence S is necessarily interpreted as the topic of S, and conversely, any constituent which functions as a topic of a given sentence S necessarily occurs in the T-position of S.

The exceptions to (5) are very limited in Rumanian. For instance, Ulrich (1985, 129 f) notes two or three short adverbs which are obligatorily placed in operator position and trigger topic inversion. But the facts are not so straightforward, since topic inversion is not obligatory in these cases. It is also important to keep in mind that a violation of (5) does not result in ungrammaticality, but only in inappropriateness in discourse. Accordingly, '*' will be interpreted throughout this article as indicating pragmatic inappropriateness. Correspondingly, '?' and '??' will signal different degrees of markedness.

A reliable indicator for topic-configurationality in Rumanian is the fact that topics cannot occur after the verb complex, even if they are new, focused information. Consider the discourse fragment in (6) and the focused topic, *Ion* 'John', in the last sentence:

(6) Nişte colegi   au   ieşit
    some   colleagues aux   go-out-pp
    pe stradă   ca   să   demonstreze
    on street   comp comp demonstrate
    'Some colleagues went out into the streets to demonstrate'
    Care   dintre colegi   era acolo?
    which of   colleagues was there
    'Which of the colleagues was there?'
    ION era acolo
    John was there
    *Acolo era ION
    'John was there'

A second indicator of topic-configurationality in Rumanian is that non-referential noun phrases like *nobody* or *somebody*, which do not qualify as topics on semantic grounds, are barred from topic position, see (7):

(7) Cine a   venit?
    who   aux come-pp
    'Who came?'
    N-a   venit   nimeni.
    neg=aux   come-pp nobody
    ??Nimeni n-a venit.
    'Nobody came'

It should be noted that the last sentence in (7) is only appropriate as an exclamative with *nimeni* in operator position. Another fact suggesting topic-configurationality in Rumanian is obligatory inversion of the nominative agent in thetic utterances, see (8):

(8) Ce-i   cu   zgomotul acesta?
    what=be-3s with noise   this
    'What is this noise?'
    Latră   cîinii.
    bark-3p dogs-def
    *Cîinii latră.
    'The dogs are barking'

This kind of inversion is attested and claimed to be restricted to non-topical argument noun phrases in the following languages by the authors given in brackets: Genuese (Vattuone 1975), Hungarian (Behrens 1982), Spanish (Contreras 1976). Sasse (1987) also mentions Albanian, Bulgarian, Modern Greek and Serbocroatian. A left-peripheral topic position (perhaps grammaticalized) is also claimed by the authors cited in brackets for the following languages: Basque (Saltarelli 1988), Modern Greek (Philippaki-Warburton 1985, Lascaratou 1989), Russian (Comrie 1984a), Turkish (Erguvanlı 1984). Most of the authors cited do not mention whether the language in question uses (2a) in the sense formulated in (5), or in a weaker sense.

The difference between a strong sense of topic-configurationality and a weaker sense can be shown by contrasting Rumanian with Finnish. Finnish is thoroughly analysed by Vilkuna (1989) in terms of topic-configurationality. The relevant rule for Finnish is according to her, the following optional strategy (op. cit., 81):

(9) Topic-configurationality in a weaker sense: Indicate the topic entity of a sentence by its T[-position].

The T-position in Finnish is a left-peripheral position which can be subsumed under schema (2a). The fact that Finnish is not topic-configurational in the strongest sense is obvious from the optionality of the rule. This means that in Finnish, topics are not necessarily in T-position, as illustrated in (10b), where the pronominal referring to *winter coat* is not in T-position although the sentence is supposed to be about it. It also means that the T-position is not restricted to topics only, as illustrated by *kukaan* 'anybody' in T-position in (11). The T-position is underlined for convenience.
Finnish (Vilkuna 1989, 81–82):

(10a) Mitä talvitakillesi   on
      what winter-coat-all-2s is
      tapahtunut?
      happened
      'What has happened to your winter-coat?'

(10b) Äiti   vei sen
      mother took it-acc
      Pelastusarmeijaan
      Salvation-Army-ill
      'Mother took it to the Salvation Army'

(11) Kukaan   ei välitä   minusta.
     anybody not cares-for I-ela
     'Nobody cares for me'

There are also languages which lack a specific structural topic position. This is well known for English and German. The examples in (12) show that non-topical nominative arguments occur in sentence initial position in German ((12b) is pragmatically marked for presentational contexts, i.e. the text has to continue about the bus or the sun).

(12) Warum schaust du zum Fenster hinaus?
     (a) Ein BUS kommt. Die SONNE scheint.
     (b) Es kommt ein BUS. Es scheint die SONNE.

Nevertheless, in German too, topics tend to precede non-topical constituents (cf. Heidolph et al. (1981, chap. 4)), so that there is at least a preference for the ordering presented in (2a). A difference between Rumanian and Finnish on the one hand, and German on the other hand, is the fact that in German, topics are not restricted or preferred in a specific structural position. They may occur in different structural positions (e.g. before or after the verb), but they precede, in general, non-topical constituents. Thus, (2a) is manifested in linear relations in German.

The marked topic position, (2b), is not commonly attested. Gundel's sample (1988) lacks languages with a right-flank T-position for which (5) applies. But Gundel cites some languages as having right shift as an optional topic marking device, among which Turkish is illustrated by the following example:

(13) Turkish (Gundel 1988, 226)
     (a) Ted bugün ise   gelmedi
         Ted today work-dat come-neg-past
         'Ted did not come to work today'
     (b) ne   olmuš   Tede
         what happen-past Ted-dat
         'What happened to Ted?'

Contrary to Gundel's assumptions, the postverbal position in Turkish is used neither in the strong sense of topic-configurationality, cf. (5), nor in its weaker sense, cf. (9). The true determinant of the rule is the givenness and the supplementary nature of the respective constituent, as claimed by Erguvanlı (1984, chap. 2). The most we can say for Turkish then is that it allows topics to be moved optionally to the right periphery of the sentence, if they are given and supplementary information. There are, however, a few languages such as Ojiwba (cf. Tomlin/Rhodes 1979) and Malagasy which qualify as topic-final languages (cf. also Siewierska 1988, 71 f).

Since there are so few reports on languages having right shift as an obligatory or optional movement rule restricted to topics, we conclude that the marked status of (2 b) is well supported for sentence-bound topic positions.

2.4. Evidence from Dislocations

Dislocations are also strong evidence for the assumption that (2 a) is preferred over (2 b). Dislocations are pragmatically restricted even in languages which are not topic-configurational. But it is important to keep in mind that these constructions have various pragmatic functions not only cross-linguistically, but also in one and the same language. Cleft constructions were omitted in the following survey precisely because of their broad functional variation (see Sasse (1987) for their use in thetic sentences). The examples illustrate only that the construction may be indeed used with a topic. In the weakest sense, this means that topics are not barred from left- or right-flank dislocations. In the strongest sense, it means that any constituent dislocated by a certain dislocation rule is necessarily interpreted as sentence topic.

The hanging-topic construction, which is according to Gundel (1988, 224) the topic-comment structure par excellence, is illustrated in (14). There is no pronominal copy in the matrix and the dislocated element is stressed and followed by a pause:

(14 a)   My work, I'm going crazy.
(14 b)   Apropos Pferde, Peter hat neue Stallungen bauen lassen.

In German, noun phrases dislocated this way can only function as topics (cf. Altmann 1981). A clear indicator of the function of dislocations is the selection of introductory elements. In German, only topic marking introductory elements such as *apropos, im Hinblick auf* are allowed and sometimes must appear in this type of construction (cf. (14 b) which would be awkward without some topic marking introduction). In spoken English, the hanging-topic construction is also topic marking in the strongest sense, since the obligatory pause (or terminal intonational contour) after the dislocated element as well as the absence of a contrastive focus accent clearly distinguish it from the contrastive focus pattern exhibited in (32 b) and (33 b) further below or the preposing of an adverbial as in *fortunately, he came late last night* (cf. also Reinhart (1981)). Such assumptions depend crucially on the syntactic analyses of adjunction processes to the left. Thus, for instance, the assumption that a specific structural position is reserved to topics holds only if the grammar has means to disambiguate other adjunction processes from topic adjunction (for instance by the syntactic category or by the intonational features of the respective constituents, as suggested above for English).

(15 a, b) shows left dislocations of topics in German and Rumanian. There is a pronominal copy in the matrix, which is dropped in the so called 'pro-drop' languages such as Rumanian (cf. (15 b)):

(15 a)   Die Frau da, sie kommt aus Berlin.
(15 b)   Bietul Zadoina, (el) n-a
         poor Zadoina, he neg=aux
         avut noroc(*el) cu băiatul său.
         have-pp luck he with son his
         'Poor Zadoina, he didn't have luck with his son'

Left dislocation may have other uses, for instance to mark thetic utterances. This use is illustrated in the French example (16), cf. Sasse (1987):

(16)   Que se passe-t-il?
       Le chat, qui est tombé par le fenêtre.

The difference between the examples in (15) and (16) is the position of the pronominal copy. In (15), the pronominal copy occurs in a position where it can be (cf. (15 a)) or must be (cf. (15 b)) a topic, whereas the relative pronoun in (16) cannot function as a topic. This suggests that in left dislocations, the topic marking is performed both by the dislocation and the position of the pronominal copy. The unacceptability of a pronominal copy in a position where it cannot be interpreted as a topic in Rumanian, see (15 b), suggests that a left-dislocated argument noun phrase is always interpreted as the topic of the sentence. This holds according to the authors cited in brackets also for English (cf.

Keenan/Schieffelin 1976), Italian (Duranti/Ochs 1979), and Hungarian (Behrens 1982).

Right dislocation of topics is exhibited in (17). There is a pronominal copy in the matrix, or at least some entity semantically related to the dislocated element. The dislocated element and the copy in the matrix are underlined for convenience:

(17 a) He's shrewd, that one.
(17 b) Ich habe 1972 die Lehre als Fernmeldetechniker angefangen.
Und haben sie die bestanden, die Lehre?
(17 c) Rumanian (Ulrich 1985, 227)
Au intrat la prăvăliași în
aux-3p enter-pp to shop-owners in
cîrciumă, au răsturnat
pub aux-3p spill-pp
butoaiele cu țuică, ei
barrels with liquour they
s-au ascuns, prăvăliașii.
refl=aux-3p hide-pp shop-owners
'(the peasants) went into the pub to the shop owners, spilled the barrels with liquor, they hid away, the shop owners'

Right dislocation serves various other functions, as illustrated on German data in (42) further below.

Gundel (1988) surveyed a sample of 30 languages and found some left-right asymmetries in topic marking structures. First, she observed that right dislocation without a pronominal copy (the analogue of the hanging-topic construction) never applies to topics, see (18):

(18) *I just bought one, as for dogs.

What is attested are topics dislocated to the right with a pronominal copy in the matrix, cf. (17) above.

Gundel assumes another left-right asymmetry in topic marking constructions. According to her, right dislocation (cf. (17) above) and right shift (cf. (13) above) are restricted to old topics, i.e. topics denoting background information in the sense of focus and background. In addition to that, the example (17 b) shows that right dislocation is used not only to specify the reference of an ambiguous or vague pronoun, as often assumed in the literature. Gundel's claim that right-dislocated topics are restricted to background information is clearly false in view of text beginnings such as (19). They are very common in adverts.

(19) So sehen sie aus, die neuen Jeans im alten Look. Sie sind aus Denim, klasse, weil stonewashed ...

We conclude that restrictions with respect to the information status of right-dislocated topics are not generally valid.

I summarize the left-right asymmetries with respect to topic position in (20). I remind the reader that terms like topicalization or dislocation do not imply a transformational analysis. The names of movement transformations are only used to indicate whether the T-position is on the left flank or on the right flank.

(20) Left-right asymmetries with respect to topic position
(a) Sentence-bound positions:
TOPICALIZATION: applies obligatorily, or as a preference, to all topics in very many languages; applies only to topics in some languages; applies to all and only topics in some languages;
RIGHT-SHIFT: extremely rarely attested as an obligatory rule or as a preference rule applying to all topics or/and only to topics in the surveyed languages;
(b) Dislocations:
LEFT HANGING-TOPIC: applies only to topics in some languages.
LEFT-DISLOCATION: applies only to topics in some languages.
RIGHT HANGING-TOPIC: not attested as a rule applying to topics in the surveyed languages.
RIGHT-DISLOCATION: not attested as a rule applying only to topics in the surveyed languages.

The reader should be reminded again that the above assumptions depend crucially on how fine-grained the syntactic model of the surveyed languages is. Recall that a rough formulation of the Rumanian topicalization rule as 'place X in preverbal position' will yield unnecessary exceptions to the topic-configurationality of Rumanian in the strong sense.

2.5. Explaining the Preferences

It is obvious that structural restrictions do not explain the observed preferences. One plausible structural restriction on topics is that they are barred from argument positions in the sense of Chomsky (1981). Adjunction to the right would create a legitimate nonargument position, but this option is rarely used cross-linguistically, as we have seen. Pragmatic explanations are more appealing, at least at first sight. One well known principle is given in (21) (cf. Gundel 1988, Givón 1988, 259 f):

(21) Provide the most important (or urgent) information first.

Gundel's concept of important information is very vague as her remarks about the preference for new topics to precede the comment show: "a new topic and a new comment are equally important but the new topic precedes the new comment by virtue of the fact that a topic is nevertheless always given in relation to the comment" (op. cit., 229). It is this inherent givenness of topics and the principle of the Prague School of Functional Sentence Perspective (cf. Firbas 1964, Daneš/Firbas 1974) given in (22), which explain, in Gundel's opinion, the preference for topics to precede their predications:

(22) Old, predictable [i. e. background] information preferably precedes new, unpredictable [i. e. focus] information.

As we will see in section 3. of this article, this principle clearly conflicts with the preference for focus constituents to precede background constituents under certain conditions.

Givón (1988) eliminated (22) from his theory and offered a whole battery of statistical methods for measuring the topicality of a constituent. Givón's criteria are referential distance (the number of clauses to the last occurrence in the preceding discourse), potential interference (the number of semantically compatible referents within the preceding 3 clauses), and persistence (the number of recurrences of the referent in the subsequent 10 clauses). These factors give us some clue about discourse topics but are of little help for sentence topics. By using Givón's criteria, one is forced to conclude that the sentence-initial position in Rumanian is not a grammaticalized topic position, since the selection of constituents in T-position only weakly correlates with their referential distance, potential interference and/or persistence in discourse.

Therefore, I consider Sasse's cognitive principle better (1987, 560). His argumentation is as follows: According to the logical structure of the human mind, a predicative relation is conceived in such a way that the predication base, the topic in his terminology, is stated first, because an entity must be conceived of before it can be commented on. Sasse implicitly relies on the fact that it is cognitively easier to conceive an entity first and then comment upon it. But let us look at some possible explanations for this fact. One such explanation is that topics are preferably given, in which case principle (22) cannot be eliminated. Another possible explanation is that topics are preferably agents or experiencers and it has been proved that these semantic roles are preferred in sentence-initial position. Every such explanation is weak in the logical sense because topics are not necessarily given or agentive. Therefore, I prefer the simplest explanation: topics are simpler to conceive of first because they are less complex than predications. The fact that semantically less complex constituents preferably precede semantically more complex constituents is only the semantic counterpart of the performance principles in Hawkins (1990). A topic constituent is on the average shorter than a predication constituent, since referring or naming needs fewer words than predicating. Topic before predication is then the preferred weight distribution for the sentence recognition domain.

Hawkins assumes that performance principles based on syntactic weight, and not pragmatics, are the primary determinant of word order in languages with word order freedom. His assumption is well supported for various word order phenomena (cf. Hawkins 1990) and this is reason enough to suspect that structural positions marked with a pragmatic feature are equally sensitive to performance principles as structural positions without a pragmatic feature. It is not necessary to go into the technical details of Hawkins' theory in order to show that structures in which topics precede predicates are preferred on performance grounds. We limit ourselves to the basic principle, formulated in (23):

(23) Early Immediate Constituents (EIC):
The human parser prefers to maximize the left-to-right IC-to-word ratios of the phrasal nodes that it constructs.

IC abbreviates 'immediate constituent'. (24) describes the calculation method and defines some preliminary terms:

(24) The Left-to-Right IC-to-Word Ratio:
The left-to-right IC-to-word ratio for a constituent recognition domain is meas-

ured by first counting the ICs in the domain from left to right (starting from 1), and then counting the words in the domain from left to right (again starting from 1). For each word and its dominating IC, the IC total is divided by the word total at that point, and the result is expressed as a percentage. An aggregate IC-to-word ratio for the whole constituent recognition domain is then calculated by averaging the percentages for all the words in the domain.

Constituent Recognition Domain:
The constituent recognition domain for a node X is the ordered set of words in a parse string that must be parsed in order to recognize all ICs of X, proceeding from the word that constructs the first IC on the left, to the word that constructs the last IC on the right.

The EIC predicts that the higher the aggregate IC-to-word ratio is, the more optimal is the order of words for processing. In other words, the human parser prefers orderings that present all ICs of a node in as rapid a succession as possible, thereby maximizing left-to-right IC-to-words ratios. We will check the EIC prediction on a Rumanian example:

(25a) [[TOP Cîinii mici] [PRED latră
        dogs-def small   bark
        cel mai tare]]
        dem part loud
(25b) [[PRED Latră cel mai tare] [TOP cîinii mici]]
      'The small dogs bark loudest'

The EIC predicts that the ordering in (25a) is preferred over the ordering in (25b). The reason is the higher aggregate IC-to-word ratio of (25a) compared to (25b), as demonstrated in (25'a) and (25'b) by the aggregate rations in parentheses:

(25'a) [Cîinii mici [latră cel mai tare]]
       1/1   1/2   2/3   (72%)
       100% 50%   66%
(25'b) [Latră cel mai tare] cîinii
       1/1   1/2 1/3 1/4 2/5
       100% 50% 33% 25% 20%
       mici]
       (45,60%)

The EIC is meant primarily for rearrangement rules in languages with free word order. But Hawkins (1990, 236) assumes that the EIC also predicts that orderings which provide the most optimal IC-to-word ratio will be grammaticalized, in the unmarked case. As noted in section 2.3. above, (25a) is a grammaticalized topic-predication order in Rumanian.

We summarize our main point: it is not some characteristic property of topics such as givenness or agentivity which is responsible for their preferred first position. The key factor is rather the fact that they are, on the average, shorter than predicates. The strongest argument against explanations which are guided by the characteristic properties of the pragmatic notions under discussion is that they run into problems in view of the preferences for focus placement across languages. Whereas pragmatic accounts need several conflicting principles to capture the facts of topic-predication and focus-background placement, the performance principles suffice to explain all the facts. Moreover, pragmatic accounts fail to explain some basic facts of focus placement to which we will turn now.

3. Focus Position

3.1. On the Notion of Focus

I will use the relational focus theory of Jacobs (1984), since it offers a unified account of assertion focus and of particle focus. In this conception, focus is a relation between a constituent X and a focusing operator Y. The non-focused part of an utterance is the background of Y. Y may be overt, as with scalar particles such as *only, even* and the contrastive negation (*not John but Bill*). Y may also be a dummy operator, like the assertion operator in German, English and most European languages. We are concerned here with the focus of assertion.

Semantically, focusing presupposes a set of alternatives of the same semantic type as the focused element. The semantics of focusing is, independent of the operator type, an operation on a set of alternatives. This operation may be quite specific: quantifying over the set of alternatives, negating alternatives, scaling alternatives on a scale of expectancy or likelihood, or simply specifying an alternative from a set, as in the case of the pragmatically unmarked focus of assertion. In other words: if X is the focus of assertion and X is of the semantic type T, then a set of entities of type T is presupposed and the element X of the set is specified as that one for which the background part of the utterance holds. An adequate paraphrase for focus of assertion is 'what is most affected by the assertion operator'. The focus of assertion conveys, in general, new information, but the correlation between the distinction new-given and focus-background is not perfect. In (26a), a set of noun phrase denotations is presupposed and John is specified as satisfying the predication denoted by *gave Mary some apples*. In (27a), a set of VP denotations is presupposed and the denotation of *gave Mary some apples* is picked out as being satisfied by John. One way of testing focus is to look at pairs of *wh*-questions and their answers: assuming that the respondent is a cooperative conversation partner, his answer will contain as its focus a phrase identifying the entity about whom the questioner asked. This type of context is used in the following examples to illustrate focus phenomena.

A distinction which is crucial for our purpose, yet trivial for focus theory, is that between wide and narrow focus. Narrow focus is used for focus on one constituent other than VP, S or CP. If the focus is restricted to one word, a primary accent is placed on the focus constituent, see (26a). If the constituent is complex, for instance a complex noun phrase, the focus may be indicated by several primary accents, one of which is conceived of as being mechanically more conspicuous, see (26b). The words carrying the accented syllable are marked by capital letters. The underlined word is mechanically most conspicuous within the respective focus domain. The extension of focus will be signalled by square brackets. The Hungarian examples in (26)–(28) are literal translations of the English ones.

(26) Who gave Mary the apples?
  (a) [F John] gave Mary the apples.
    [F JÁNOS] adta az almákat
    John gave the apples-acc
    Máriának.
    Mary-dat
  (b) [F JOHN's SON] gave Mary the apples.
    [F JÁNOS FIA] adta az
    John son gave the
    almákat Máriának.
    apples-acc Mary-dat

Wide focus extends over more than one major constituent, e.g. over the whole VP, S or CP. Semantically unspecified focus of assertion on the whole VP or sentence is often called unmarked or neutral focus. Wide focus is intonationally marked on each of its stressable major constituents, as in (27) and (28):

(27) What did John do?
  (a) John [F gave MARY APPLES]
  (b) Hans [F hat MARIA ÄPFEL gegeben]
  (c) János [F ALMÁT adott
    John apple-acc gave
    MÁRIÁNAK]
    Mary-dat

(28) What's new?
  (a) [F JOHN gave MARY APPLES]
  (b) [F HANS hat MARIA ÄPFEL gegeben]
  (c) [F JÁNOS ALMÁT adott MÁRIÁNAK]

Whenever a focus is marked by several primary accents, as in (26b), (27) or (28), one of them is rhythmically most conspicuous. In English and German, it is the last focus accent which is strengthened and survives in rapid speech (cf. Chomsky/Halle 1968, Uhmann 1991). In Hungarian, it is the first focus accent which is, in general, mechanically most conspicuous (cf. Varga 1983). There seems to be no relevant accentual distinction between narrow and wide focus. The extra loudness or greater pitch difference of an accent falling on a narrow-focused constituent seems to be an epiphenomenon (cf. Uhmann (1991) for phonetic details in German). This means that in rapid speech and without the given context, each utterance in (27), for example, is ambiguous between the VP-focus reading and the reading with focus on apples/Äpfel/almát (cf. for focus ambiguities Jacobs, 1991).

The distinction between wide and narrow focus refers to the syntactic weight of the focused constituent and has no semantic implications. We find wide and narrow focus, in principle, with focus particles, with contrastive negation, with contrastive assertion focus or with exhaustive listing focus. There are, however, some correlations between the semantic type of focus and its formal complexity. Semantically more specialized types of focus like particle focus, negation focus (*not Peter, but John*) or contrastive focus (*Peter, and not John*) are preferably narrow. This has a straightforward semantic explanation. Specific operations on the set of alternatives such as induced by contrastiveness, exhaustive listing or by overt focusing operators are easier to perform when the alternatives are easier to conceive of. Since alternatives to a sentence denotation or a VP denotation are more difficult to conceive of than alternatives to a NP denotation, semantically specified focusing is restricted, as a preference, to NP or some other simple semantic type. The following preferences for focus placement pertain to narrow or wide focus irrespective of their pragmatically marked or unmarked status. (For an overview of syntactic focusing devices see also Art. 51.).

3.2. Unmarked Focus Positions

Our hypothesis is that the ordering of pragmatically marked constituents (i.e. constituent nodes carrying a pragmatic feature) is sensitive to the performance principles presented in section 2.5. above. This means that the placement of a focus constituent is dependent upon its length, a narrow focus preferably preceding a longer background constituent, and conversely, a short background constituent preferably preceding a wider focus. (29) is an application of the EIC to focus-marked structures in languages where the category or the structural position of the focused constituent is recognized on the left side:

(29) For languages with free focus placement:
Short (i.e. narrow) focus is preferably placed at the left periphery in accordance with the word order rules (and the accentuation rules) of grammar.
Long (i.e. wide) focus is preferably placed at the right periphery in accordance with the word order rules (and the accentuation rules) of grammar.

For complementizer-final languages, Hawkins (1990) predicts a greater variation in the ordering properties of CPs (i.e. embedded sentences), since in these languages fronting of a CP yields good IC-to-word-ratios (cf. (45' b) below).

(29) challenges the common opinion that the main factor determining focus placement is the pragmatic property of a focus to convey unpredictable information. One fact suggesting the inappropriateness of pragmatic accounts is that focused constituents can be posited, in principle, on both sides of the sentence periphery. This contrasts with the ordering preferences for topics. Topics are systematically preferred at the left periphery because they are typically shorter than predications. Focusing, on the other hand, may affect any category, from short noun phrases to long verb phrases or clausal nodes. Accordingly, a performance-based approach correctly predicts that a left-right asymmetry of focus placement is not systematic and only arises as a function of the different weights of the focused constituents. I will present the most important asymmetries for sentence-bound positions in section 3.3. of this article. Dislocations will be discussed in section 3.4. In section 3.5., I will present pragmatic principles that have been offered for the position of focus and will show that they fail to explain the observed phenomena.

It will turn out that focus positions that are not in accordance with the preferred weight distribution do exist. These positions are not motivated by pragmatic principles but rather by other word order rules such as sentence-initial placement of nominative agents. Another factor that influences focus placement is sentence prosody. As noted above, one of the primary accents within a domain is rhythmically most conspicuous and this is preferably either the first or the last primary accent, depending on the language type. In languages with accent strengthening at the right-periphery, a narrow focus at the left periphery will yield a stress pattern with the most conspicuous accent at the left periphery. It is plausible to assume that languages tend to uniformize stress patterns and this would legitimate rightward placement of a narrow focus in languages which strengthen the rightmost primary accent. The formulation in (29) provides for this accentuation-based preference of focus placement, and since this is a tentative proposal, it is offered in brackets.

In sum, there are other factors besides length that influence the position of a pragmatically marked constituent, such as basic order of verb arguments or accentuation rules. But I hope to present enough evidence that length and the other formal factors are better candidates for explaining the observed facts than pragmatic ordering principles.

3.3. Evidence from Sentence-Bound Focus Positions

We will start our discussion by considering fronting rules for focused constituents in different languages and will begin with languages having an optional fronting rule. German and English (Quirk et al. 1974, 946), for example, are sensitive to our preference assessment (29), as illustrated in (30)−(33):

(30) Wen hast du getroffen?
  (a) Ich habe [F KARL] getroffen.
  (b) [F KARL] habe ich getroffen.

(31) Was hast du gestern gemacht?
 (a) Ich bin [_F mit Freunden in ein teueres Restaurant ESSEN gegangen].
 (b) ? [_F Mit Freunden ESSEN gegangen] bin ich.
 (c) ?? [_F Mit Freunden in ein teueres Restaurant ESSEN gegangen] bin ich.

(32 a) He'll NEVER do it [_F WILLINGLY].
(32 b) [_F WILLINGLY] he'll NEVER do it.

(33 a) I COULDN'T [_F marry his DAUGHTER for MONEY].
(33 b) ? [_F Marry his DAUGHTER] I COULDN'T.
(33 c) ?? [_F Marry his DAUGHTER for MONEY] I COULDN't.

The fact that in German, the rule applies to any type of focus, and in English only to contrastive focus is immaterial to our argumentation. What counts is the fact that fronting a predicate is more marked in both languages than fronting a less complex constituent, such as a noun or an adverbial. The length sensitivity of the rule is also established by the difference in the appropriateness of (31 b) vs. (31 c) and (33 b) vs. (33 c). (The fact that (30 b) is slightly more marked than (30 a) is due to the grammaticalization of agent-patient order in German). A similar sensitivity to the length of a focused constituent is observable in Finnish, a language with a sentence-initial position which is grammaticalized for contrastive focus (cf. Vilkuna 1989). Consider the asymmetry in (34):

(34) Finnish (Vilkuna 1989, 100)
 ? [_F naida   hänen tytärtään]   en
   marry-inf his   daughter-par not-1s
   voinut
   could
 [_F hänen tytärtään] en voinut [_F naida]
 'Marry his daughter I couldn't'.

In Finnish, it is more preferable to split a complex VP than front it. Hungarian is similar to Finnish in having an obligatory fronting rule for focused constituents. Embedded sentences or clausal modifiers of a focused NP cannot be fronted into focus position, but have to be extraposed (cf. Varga 1983; Kiss/Primus 1991). See (35):

(35) ?? János [_F azt a könyvet,
   John   this-acc the book-acc
   amit   ajánlottam   neki]
   which-acc recommended-1s he-dat
   vette meg
   bought

János [_F azt a könyvet] vette meg, [_F amit ajánlottam neki]
'John bought that book which I recommended to him'

The preference (29) is formulated for free focus placement, but word order preferences are expected to become grammaticalized in some languages. The following languages have been reported by the authors cited in brackets to have a specific position for focused constituents: Armenian (Comrie 1984 b), Basque (Saltarelli 1988), Finnish (Vilkuna 1989), Georgian (Harris 1982), Hungarian (Kiss 1987), and Turkish (Erguvanlı 1984). We will call these languages focus-configurational languages, and the respective position F-position.

Languages with a configurational narrow-focus position, have grammaticalized the focus position at the left periphery well in accordance with the performance principle of word order. This holds for Hungarian and Finnish. According to common opinion (cf. Szabolscsi 1981; Kiss 1987), the configurationally marked focus in Hungarian is restricted to one constituent and is semantically marked for exhaustive listing. In Finnish, a constituent in focus position is interpreted as contrasted. This is well in accordance with the fact that semantically specified types of focus are preferably narrow. We have already shown above that the obligatory fronting rule for focused constituents is defective for VP or CP in Hungarian and Finnish.

Turkish, Basque and Georgian are languages with a F-position before the verb, whose basic position is sentence final. We will illustrate this type of focus-configurationality on Basque and Turkish. In Basque, the unmarked order in terms of syntactic and pragmatic functions is, according to common opinion (cf. Saltarelli 1988, 66), as illustrated in (36):

(36) aitak   amari   gona gorria
   father-erg mother-dat skirt red-abs
   erosi dio
   buy aux
   'Father has bought a red skirt for mother'

The ergative agent is the unmarked topic, which precedes all other arguments of the verb. The preverbal F-position is occupied in the unmarked case by the absolutive patient.

It is important to note that Basque responds to the preferred length distribution assessed in (29) by fronting the F-position together with the verb for a narrow focus. (37) shows that a narrow-focused constituent is fronted together with the verbal complex and that non-topical background constituents are placed in postverbal position:

(37) [F nork] erosi dio amari gona
who-erg buy aux mother-dat skirt
gorria?
red-abs
'Who bought mother a red skirt?'
[F Aitak] erosi dio amari gona gorria.
'Father bought mother a red skirt'

The topic-position and the F-position in Turkish are similar to that of Basque (cf. Erguvanlı 1984; Tura 1982). Consider the examples in (38):

(38) Turkish (Tura 1982, 228)
(a) Aytül Pinara para verdi
Aytül Pinar-dat money give-past
'Aytül gave money to Pinar'
(b) Parayi Pinara Aytül verdi
money-acc Pinar-dat Aytül give-past
'AYTÜL gave the money to Pinar'

(38 a) allows different interpretations with respect to focus-background structure. They are indicated in (38′ a):

(38′ a) [F Aytül [F Pinara [F [F para] verdi]]]

This ambiguity arises whenever the order is basic with respect to the syntactic function of the constituents, as in (38 a), and whenever the F-position coincides with the rhythmically most conspicuous stress of the sentence (cf. Jacobs 1991). Only a marked F-position, for instance a nominative agent in F-position, as in (38 b), guarantees unambiguous narrow-focusing.

A conspicuous property of many languages with a right-peripheral F-position is the absence of a fronting rule for narrow-focused constituents. On the contrary, a narrow-focused constituent is placed — depending on the language and the constituent type involved either obligatorily or optionally — in F-position (cf. for Georgian Harris 1982). Since the F-position is preverbal in the illustrated verb final languages, we have cases of rightward placement of a narrow focus. If the non-focused constituents are shorter than the focused constituent or equal in length, this would not violate the performance principle of word order. But since focus placement is grammaticalized in F-configurational languages, violations of the performance principle are expected, i.e. a focused constituent will move rightwards even if it is light. The facts suggest that the grammaticalized position of focus in the surveyed F-configurational languages cannot be explained solely by the performance principle of word order.

Let us, therefore, survey other possible explanations by looking closer at the possible positions for a narrow-focused constituent in Turkish. Patient noun phrases without a determiner and case marking, such as *para* in (38 a), are bound to the F-position, whether they are narrowly focused or not. Other constituents may be narrowly focused in situ and are not obligatorily placed in F-position for focusing. For example (38 a), can have an interpretation and a stress pattern by which *Aytül*, the topic agent, is focused (cf. Erguvanlı 1984, 121). This suggests that the position of a focused constituent is also determined by its syntactic function and/or its status as a sentence topic, an option that has been taken care of in (29). The left periphery of the sentence is reserved for agents and/or topics in various languages. Accordingly, one might expect that fronting a narrow focus applies most freely to agents and/or topics, but is dispreferred for non-agents and non-topics. This assumption receives support from further data in Turkish. The only focused constituents that appear regularly sentence-initially in Turkish are contrasted topics marked with the particles *ise* and *de* (Erguvanlı 1984). Left-peripheral placement of a focused non-agent conflicts with the preference for left-peripheral placement of a topic agent in other languages too, for instance in German. As shown in (30 a, b) above, a narrow-focused noun phrase can be freely fronted, but fronting of a non-agent yields a marked order. This situation is also confirmed for Russian. Note the acceptability difference in (39):

(39) Russian (Comrie 1984 a; Yakov Testelec p.c.)
Kogo ljubit Boris?
'Who does Boris love?'
(a) Boris ljubit [F Tanju.]
(b) ? [F Tanju] ljubit Boris.
'Boris loves Tanja'
(c) [F Tanju] on ljubit.
'Tanja he loves'

Fronting a patient argument with inversion of the topical agent yields a marked sentences (cf. (39 b)). But if fronting the patient does not affect the position of the agent-topic, the resulting sentence is unmarked (cf. (39 c)).

Accentual factors also play a crucial role for focus placement, since focus is primarily marked by accentuation. The grammaticalized right-peripheral F-position coincides in the surveyed languages with the position of the rhythmically most conspicuous stress of the sentence. Under the assumption that languages tend to generalize this stress pattern, we expect a resistance towards moving the most conspicuously stressed constituent leftwards. This explanation receives support from German data. Consider (40) and (41):

(40) Wem hast du das Geld gegeben?
    (a) Ich habe [F dem KASSIERER] das Geld gegeben.
    (b) Ich habe das Geld [F dem KASSIERER] gegeben.

(41) Was hast du dem Kassierer gegeben?
    (a) Ich habe dem Kassierer [F das GELD] gegeben.
    (b) ? Ich habe [F das GELD] dem Kassierer gegeben.

The basic order of arguments is dative before accusative for verbs like *geben*, see (40 a) and (41 a). The acceptability of (40 a) is explicable by this basic order requirement, which compensates for the violation of the focus placement rule. The effects of the focus placement rule can be seen in (40 b), where it compensates for a violation of the basic order requirement, and more clearly, in (41 b), where both the focus placement rule and the basic order rule are violated. Recall that the preferred focus position in German coincides with the position of the most conspicuous primary accent of the VP or the sentence, as indicated in (27 b) above.

In this section, I have presented evidence that the ordering of focus constituents within the sentence boundary is sensitive to the performance principles presented in section 2.5. above and is independent of the pragmatic interpretation of focus. Departures from performance preferences with respect to focus placement can be explained by syntactic word order rules or by accentuation rules.

3.4. Evidence from Dislocation

Focus marking dislocations are also good evidence for the assumption (29). We expect that dislocation of a narrow focus to the right is severely restricted and rarely attested. Conversely, dislocation of a wide focus to the left should be restricted and rarely attested. Recall that this holds most clearly for head initial languages.

German confirms our expectations. German has two types of right dislocations. "Ausklammerung", see (42 a), is sentence-bound, while "Nachtrag", see (42 b), is a right dislocation proper. Both cannot be used with a light focus, except in very special contexts with special stylistic effects, like in *the winner is* ... Right dislocation of a focused constituent is possible, however, if the constituent is heavy, as in (42 c).

(42) Wann hast du den Hasen gesehen?
    (a) *Ich habe den Hasen gesehen [F GESTERN].
    (b) *Ich habe den Hasen gesehen, [F GESTERN].
    (c) Ich habe den Hasen gesehen, [F als er über den WEG lief].

By contrast, left dislocations can be used for narrow-focused constituents, especially with contrastive focus, see (43):

(43) Hast du deine Eltern am Sonntag besucht? [F Meine MUTTER], die habe ich [F NICHT] besucht, aber [F meinen VATER], den habe ich [F GERNE wiedergesehen].

Good evidence for (29) are also cleft constructions in English. *It*-clefts and *what*-clefts share the pragmatic property of triggering an exhaustive listing presupposition, but the clefted constituent is not necessarily the focus of assertion (cf. Prince 1978). The clefted material is underlined in the examples in (44) for convenience.

(44) It is <u>the colleges</u> which are the outstanding characteristics of Oxford.
What was to Henry's credit was <u>his whole state of mind, which encompassed the welfare of Ireland</u>.

Since *it*-clefts dislocate constituents to the left, they are expected to involve light constituents. The crucial property of *what*-clefts is that the *wh*-word offers a pronominal copy at the left periphery with the clefted material following at the right periphery. We expect then that *what*-clefts involve heavier constituents than *it*-clefts. This prediction was confirmed for English by Prince (1978) and Erdmann (1988). The results of Prince are given in Fig. 41.1.

wh-clefts:	*wh*-word	copula	
oral		4.6	11.4
written		5.3	19.3
it-clefts:	copula	*wh*-word	
oral		2.5	5.9
written		5.7	11.2

Fig. 41.1: Average number of words in *what-* and *it*-clefts according to Prince (1978, 886)

The figures refer to the average number of words registered in the syntactic positions indicated by the lines. Erdmann (1988) arrived at similar results, although he distinguished only roughly between light and heavy noun phrases without counting the number of words. Coordinated, appositively juxtaposed, and postmodified noun phrases are counted as heavy, the others as light. In his corpus, the tendency of *it*-clefts to contain light elements is slight. It seems that the apparently slight sensitivity of *it*-clefts to length in Erdmann's corpus is due to the fact that he did not count the number of words (cf. the figures of Prince 1978). *What*-clefts, on the other hand, strongly favour heavy constituents in Erdmann's corpus, too: light nominal groups occur in 15.14% of the counted *what*-clefts, whereas heavy nominal groups occur in 84.86% of the cases. Erdmann also examined the distribution of clefted nominal clauses. The performance-based prediction that nominal clauses should be predominantly clefted to the right, i.e. occur in *what*-clefts, is borne out by the facts. In Erdmann's corpus containing 226 tokens, 96.02% of the clefted nominal clauses occur in *what*-clefts and only 3.98% in *it*-clefts.

Turkish, a focus-configurational language, also confirms our expectation in as much as a narrow focus can never be right-dislocated. But Turkish has a construction, which is sometimes called 'clefting' (cf. Tura 1982) and in which a narrow-focused NP is transformed into a predicate and moved to the sentence final position. The rest of the sentence appears as a kind of relative construction, marked by the relative complementizer *-en*. (45 a, b) shows the difference between normal focusing and focusing by means of clefting:

(45) Turkish (Tura 1982, 232)
(a) Hasani Ali dövmüš.
Hasan-acc Ali beat-past
'ALI beat Hasan'
(b) Hasani döven Aliymiš.
Hasan-acc beat-comp Ali-past
'It was Ali who beat Hasan'

The construction shows the strong tendency in Turkish to posit short focused material within the verbal complex. In clefts, this is achieved by transforming the focused constituent into a predicate. An explanation for this tendency was offered in the previous section. The left-peripheral position of the embedded relative clause is well in accordance with the performance principle of Hawkins (1990), since the relative clause is head-final, i.e. the fact that *Hasani döven* is the first constituent of the main clause is recognized by the suffix *-en*. To prove this, the IC-word-ratios for the relative clause (RC) and the main clause (MC) are given in (45′ b):

(45′ b) Hasani döven Aliymiš
RC: 1/1 2/2 (100%)
MC: 1/1 2/2 (100%)

Basque, another focus-configurational language, offers better evidence that dislocation of a focus is determined by its length. Although the focus position in Basque is the immediately preverbal position for constituents of normal length, focused sentential constituents are extraposed to the right, according to Saltarelli (1988). This is illustrated in (46):

(46) Basque (Saltarelli 1988, 140)
amak alabari esan zion
mother-erg daughter-dat say aux
amona bisitatzera bazihoan
grandmother visit cond-go
otsoarekin kontuz ibiltzeko
wolf-com careful walk
'mother asked the daughter if she was going to visit grandmother to be careful with the wolf'.

Counterexamples to (29) are found in Welsh and other Celtic languages (Maggie Tallerman, p.c.), where fronting of a VP for what is commonly called 'focusing' is quite frequent and unmarked. Consider the Welsh example in (47):

(47) [Ceisio torri ar fonopoli'r ffyrmiau
try break on monopoly-the firms
mawrion] a wnaeth Dafydd
big comp do-past-3s Dafydd
'Dafydd tried to break the monopoly of the big firms'

In order to find the explanation for the Welsh fronting phenomena, the structure and the pragmatic function of this construction have to be investigated in the light of the performance theory of Hawkins (1990). Recall also that fronting of a heavy constituent violates the EIC performance principle only if the embedded status of the VP is recognized by its first constituent, for instance by the infinite form of the verb. But we have no violation of the EIC if the final particle glossed as complementizer by Maggie Tallerman identifies the fronted constituent.

In this section, different types of dislocations could be proved to be sensitive to the weight of the focused constituent in various languages. Furthermore, the German and English data clearly showed that there is no general, cross-linguistic preference to dislocate focused constituents in one direction. Focused constituents can be dislocated to the right or to the left with equal ease. An asymmetry arises as a function of the weight of the focused constituent.

3.5. Explaining the Preference

We will not go into the details of explaining focus placement within the performance theory proposed by Hawkins (1990), since the method presented for topic-marked structures in section 2.5. above can be applied without modification to focus-marked structures. We concentrate on showing the short-comings of pragmatic accounts.

We claim that preferences of focus placement can not be explained by the pragmatic property of focus to be the most informative and less predictable part of the utterance. One main reason for being suspicious of pragmatic principles is the fact that focused constituents can be posited, in principle, on both sides of the sentence periphery. This is precisely what is expected in a performance-based account, since focusing may affect any category, from short noun phrases to long verb phrases or clausal nodes. A left-right asymmetry arises only as a function of formal factors, such as the weight of the focused constituent, its syntactic function and the accentual properties of the language. Departures from the predicted weight distribution are explicable by a conflict between these formal factors, rather than by intervention of some pragmatic principle.

Pragmatic principles cannot account straightforwardly for the fact that any side of the sentence periphery qualifies as a preferred focus position. It comes therefore as no surprise that two competing pragmatic principles have been put forward. One of them was presented earlier in (22) in connection with topic placement. It is repeated for convenience in (48):

(48) Old, predictable [i. e. background] information preferably precedes new, unpredictable [i. e. focus] information.

The principle predicts a cross-linguistic preference for end-focused structures and was elaborated by the Prague School of Functional Sentence Perspective. A principle that makes contrary predictions for the core cases of focusing a new entity was formulated by Givón (1988, 252) as in (49):

(49) More predictable, accessible information will tend to be post-posed ('moved to the right'); less predictable, accessible information will tend to be pre-posed ('moved to the left').

Givón's measurements of the predictability of a referent are its referential distance (the number of clauses to the last occurrence of the referent in the preceding discourse) and its potential interference (the number of semantically compatible referents within the preceding 3 clauses). The greater the referential distance and interference, the less predictable and accessible the referent is. These criteria are not the best indicators of focusing in our sense, so that Givón's observations are not fully comparable with ours or with the predictions made by the proponents of (48). Nevertheless, there is an area of convergence between my predictions and Givón's, because I concentrated mainly on completely unpredictable focuses. Givón's observations pertain to unpredictable noun phrases and pronouns which function as syntactic arguments. Since these types of constituents are rather short, my observation about their preferred position under focusing is the same as Givón's. Both my findings about the position of short focused constituents and the data presented by Givón cast a doubt on the cross-linguistic validity of (48). But I have also presented evidence against the principle (49). Contrary to what (49) predicts, fronting of a completely unpredictable verb phrase or embedded clause is severely restricted, or at least very marked in many languages. We conclude therefore, that neither (48) nor (49) can account for all the facts of focus placement. Their partial success in explaining focus positions is apparently due to the fact that their proponents concentrated on constituents of different weight. (49) was checked on short constituents, noun phrases or pronominals, whereas (48) emerged from the Prague School of Functional Sentence Perspective which considered the verb and its closer arguments (e. g. VP) as being inherently the most unpredictable part of an utterance.

Another reason to doubt the viability of pragmatic accounts of focus position is that they run into difficulties if they are meant to explain the preferences of topic placement and focus placement in conjunction. Recall that Gundel and Givón attempted to explain preferences of topic placement within pragmatics by adding another principle to the theory. It was presented earlier in (21) and is repeated in (50) for convenience:

(50) Provide the most important (or urgent) information first.

I concentrate here on the approach of Givón (1988) because it is superior to Gundel's in allowing fronting of an unpredictable constituent. Givón measures the importance of a referent by its cataphoric persistance (i. e. by counting the number of recurrences of the referent in the subsequent 10 clauses). The main weakness of Givón's approach is the fact that there is no unifying pragmatic property triggering the leftward position of a pragmatically marked constituent. It can be triggered by its high referential distance or by its high interference or by its high cataphoric persistence. The same holds to some extent for Gundel's approach which distinguishes between importance and predictability. Givón (1988, 276) himself admits that preposing a constituent may occur in a wide range of discourse contexts and adds emphasis and contrast to the list of pragmatic factors involved. Givón tries to unify the factors that trigger preposing by claiming that they provide the most urgent information and by postulating a cognitive principle by which more attention is paid to the string-initial position.

The performance theory of Hawkins (1990) is also a cognitively based explanation for word order phenomena. The main difference between Givón's cognitive efficiency principle and Hawkin's performance principle is the fact that the latter is an approach based on the structural, i. e. formal, properties of language. This article attempted to give some support to the formal approach by accomodating data that, according to common opinion, were thought to be exclusively determined by pragmatics.

4. References

Altmann, Hans. 1981. Formen der 'Herausstellung' im Deutschen. Tübingen.

Behrens, Leila. 1982. Zur funktionalen Motivation der Wortstellung. Untersuchungen anhand des Ungarischen. München: Veröffentlichungen des Finnisch-Ugrischen Seminars.

Chomsky, Noam. 1981. Lectures on government and binding. Dordrecht.

—, and *Morris Halle.* 1968. The Sound Pattern of English. New York.

Comrie, Bernard. 1984a. Interrogativity in Russian. Interrogativity, ed. by William Chisholm, L. T. Milic & J. A. C. Greppin, 7—46. Amsterdam.

—. 1984b. Some formal properties of focus in Modern Eastern Armenian. Annual Armenian Linguistics 5 (Cleveland, Ohio), 1—21.

Contreras, Helen. 1976. A theory of word order with special reference to Spanish. Amsterdam.

Daneš, František, and *Jan Firbas* (eds.). 1974. Papers on Functional Sentence Perspective. The Hague.

Duranti, Alexander, and *Elinor Ochs.* 1979. Left dislocation in Italian conversation. Discourse and syntax (Syntax and Semantics 12), ed. by Talmy Givón, 378—415. New York.

Erdmann, Peter. 1988. On the principle of 'weight' in English. On Language. A Festschrift for R. P. Stockwell, ed. by Caroline Duncan-Rose & Theo Vennemann, 325—39, London.

Erguvanlı, Eser E. 1984. The function of word order in Turkish grammar. Berkley.

Firbas, Jan. 1964. From comparative word order studies. Brno Studies in English 4. 111—26.

Givón, Talmy. 1988. The pragmatics of word order: predictability, importance and attention. In Hammond, Moravcsik & Wirth, 243—85.

Gundel, Jeanette K. 1974. The role of topic and comment in linguistic theory. PhD Diss. Reproduced by IUCL, 1977.

—. 1988. Universals of topic-comment structure. In Hammond, Moravcsik & Wirth, 209—44.

Halliday, M. A. K. 1967. Notes on transitivity and theme in English. Part 2. Journal of Linguistics 3. 177—274.

Hammond, Michael, Edith A. Moravcsik, and *Jessica R. Wirth* (eds.). 1988. Studies in syntactic typology. Amsterdam.

Harris, Alice C. 1982. Towards the universals of q-word formation. In Schneider et al., 67—75.

Hawkins, John A. 1990. A parsing theory of word order universals. Linguistic Inquiry 21. 223—61.

Heidolph, Karl E., Walter Flämig, und Wolfgang Motsch. 1981. Grundzüge einer deutschen Grammatik. Berlin.

Jacobs Joachim. 1984. Funktionale Satzperspektive und Illokutionssemantik. Linguistische Berichte 91. 25—58.

—. 1991. Focus ambiguities. Journal of Semantics 8. 1—36.

Keenan-Ochs, Elinor, and Bambi Schieffelin. 1976. Foregrounding referents: a reconsideration of left-dislocation in discourse. Papers from the Annual Meetings of the Berkley Linguistic Society 2.

Kiss, Katalin É. 1987. Configurationality in Hungarian. Dordrecht.

—, and *Beatrice Primus.* 1991. A note on parsing efficiency in Hungarian and Rumanian. Working Paper, EUROTYP-Programme on Language Typology.

Lascaratou, Chryssoula. 1989. A functional approach to constituent order with particular reference to Modern Greek. Athens.

Philippaki-Warburton, I. 1985. Word order in Modern Greek. Transactions of the Philological Society 2. 113—43.

Prince, Ellen F. 1978. A comparison of *wh*-clefts and *it*-clefts. Language 54. 883—907.

Quirk, Randolph et al. 1974. A grammar of contemporary English. London.

Reinhart, Tanya. 1981. Pragmatics and linguistics: an analysis of sentence topics. Philosophica 27. 53—94.

Saltarelli, Mario. 1988. Basque. London.

Sasse, Hans-Jürgen. 1987. The thetic/categorical distinction revisited. Linguistics 25. 551—80.

Schneider, Robinson et al. (eds.). 1982. Papers from the parasession on nondeclaratives. Chicago Linguistic Society. Chicago.

Siewierska, Anna. 1988. Word order rules. London.

Szabolcsi, Anna. 1981. The semantics of topic-focus articulation. Formal methods in the study of language, ed. by J. Groenendijk et al., 513—40. Amsterdam.

Tomlin, Russ S., and R. Rhodes. 1979. An introduction to information distribution in Ojiwba. Papers from the Annual Meetings of the Chicago Linguistic Society 15. 307—20.

Tura, Sabahat. 1982. Sentential and constituent questions in Turkish. In Schneider et al., 228—36.

Uhmann, Susanne. 1991. Fokusphonologie. Tübingen.

Ulrich, Miorița. 1985. Thetisch und Kategorisch. Tübingen.

Varga, László. 1983. Hungarian sentence prosody: an outline. Folia Linguistica 17. 117—51.

Vattuone, B. 1975. Notes on Genoese syntax. Kernel 'VOS' strings and theme-rheme structures. Studii italiani di linguistica teorica ed applicata 4. 335—79.

Vilkuna, Maria. 1989. Free word order in Finnish. Its syntax and discourse functions. Helsinki.

Beatrice Primus, Munich (Germany)

42. Iconicity

1. Introduction
2. Diagrammatic Iconicity
3. Alienation
4. Symmetry
5. Icons of the Unexpected
6. Competing Motivations
7. References

1. Introduction

The idea that language is fundamentally arbitrary, and that there is no resemblance between the signs of language and the thoughts they stand for, is one of the oldest commonly held views in linguistic thought. The first significant challenge to this dogma in the respectable philological tradition is Roman Jakobson's famous article "Quest for the essence of language" (1965), which could almost be dismissed as a playful jeu d'esprit of the great thinker on vacation. Nevertheless, other stodgier figures have taken the idea and plodded on with it, reassured partly by the respectability which Jakobson could bestow on anything he took an interest in; and emboldened partly by the possibility of exploiting the identity of Saussurean "motivation" with Peirce's notion of the diagram.

2. Diagrammatic Iconicity

In his typology of signs, Charles S. Peirce (1932) distinguished not only icons, indices, and symbols, but drew attention to the existence of different kinds of icons: signs whose meaning in some crucial way resembles their form. The most common icon, for Peirce as for the rest of us, is the image (which may be auditory, visual, or even olfactory or tactile).

The image, like a photograph, attempts to resemble its referent completely. Much more important than the image, however, in all sign systems, is the diagram.

A diagram may be an attenuated icon: although its component parts may not resemble what they stand for, the relationships among those components may approximate the relationships among the ideas they represent. Onomatapoeic words like *moo* are iconic auditory images: they are of peripheral importance in languages. Word order patterns like Caesar's *Veni, vidi, vici*, on the other hand, are diagrammatic icons, wherein the order of words corresponds to the order of events: they are crucial, in language, and in our discussion of language now.

The iconicity of a diagram is heavily limited by the constraints which the medium imposes on it. For example, most terrestrial maps are two dimensional, but the spatial relationships they encode exist in three dimensions.

The medium of language is much more limited, relative to the conceptual world it represents. Aside from the independence of simultaneously uttered segmental and suprasegmental signs, spoken language is essentially a one-dimensional linear medium, in which the possible formal relationships among the parts, both syntagmatic and paradigmatic, are highly restricted. In fact, the following enumeration of those relationships may be close to exhaustive:

(1) Syntagmatic
  (a) congruity ("coincidence" or dissonance)
    (i) between segmental and suprasegmental signs
    (ii) between segmental signs
    (iii) between suprasegmental signs
  (b) order
    (i) melody (suprasegmental)
    (ii) word order (segmental)
  (c) distance
    (i) between segmental signs
    (ii) between suprasegmental signs
  (d) formal parallelism
    (i) between segmental signs
    (ii) between suprasegmental signs
  (e) grammatical incorporation
    (case marking, agreement rules)
(2) Paradigmatic
  (a) relative bulk
    (i) amplitude
    (ii) word size
  (b) relative integrity (root vs. affix status)
  (c) relative congruity
  (d) interchangeability

Nevertheless, these relationships are exploited in almost all languages for the iconic representation of both banal and highly complex concepts. The following survey of these concepts is far from exhaustive, but serves to give some idea of the range of phenomena which can be rendered with diagrammatic iconicity in language.

3. Alienation

Alienation, or conceptual distance, may be of many different kinds, and formally reflected in different ways. The most obvious, and frequently noted, formal manifestation of conceptual distance is on the segmental level, and consists of the distance between arbitrary morphemes X and Y in the speech chain. (For discussion of some of the iconic functions of silence or pause, cf. Bolinger/Gerstman 1957, Rappaport 1979; for various complement clause types, cf. Givón 1980; for causatives, possessives, and coordination, cf. Haiman 1983; for verbal affixes, and the distinction between derivational and inflectional categories in general, cf. Bybee 1985). The notion of alienation, however, is both conceptually and formally much broader than this.

3.1. Quotation

Quoted material in general is not grammatically incorporated into the linguistic matrix where it appears: sometimes, it fails even to have argument status (thus, for example, the possibility exists of introducing direct quotes with prototypically intransitive verbs like *go*); in general, it fails to cause agreement or to undergo syntactic processes relative to the material which contains it.

(1) I don't like "I" in essays.

The quoted *I* in (1) is neither in the oblique case nor in the reflexive form: that is, there is no grammatical recognition of its status as a direct object of any sort, let alone one which is coreferential with the subject of the sentence. This failure of quoted material to undergo syntactic incorporation in a way reflects its temporary divorce from its actual meaning. The speaker who utters, for example:

(2a) It's rude to say "shit".

(2 b) Anyone who says "Jehovah" will be executed.

does not feel that he has been rude, not does he expect to be executed. The reason for the peculiar status of direct quotes (they are "mentioned" rather than "used") is that in uttering them, the speaker is adopting an alien framework — literally, play-acting. The quote is valid only "on the stage", not "in real life". Spoken language, like conventional orthography, marks and enforces the distinction between the stage and the real world in suspending the usual processes whereby words are incorporated into a text, or associated with real events. As the sentiments uttered by the actors on the stage have no validity beyond the proscenium, so too, words directly quoted have no grammatical status in the surrounding text.

3.2. Titles

Similar to quotes are titles: these are labels which seem to denote referents, but actually denote situations or stories in which these referents play a starring role. As is well-known, titles, irrespective of their superficial form, are invariably singular and do not cause number agreement (at least in English).

(3 a) The Three Little Pigs is (*are) my first fairy tale.
(3 b) They have Eggs Benedict? Where do you see it (*them)?
(3 c) Star Wars is (*are) the delusion of a madman.
(3 d) Apple pie and cheese is (*are) popular.
(3 e) A million dollars is (*are) a lot of money.

Since case is all but dead as a morphological category in English, it is somewhat more difficult (but not impossible) to show that titles are also exempt from case government:

(4) In "We" (*"Us"), Zamyatin anticipates "Brave New World".

It is worth noting that European languages differ in the extent to which titles are thus "alienated" from the context in which they are quoted. In German and Russian, it seems that titles are unprotected from their environment. Thus, in German:

(5) "Die drei Kameraden" waren (?war) mein Lieblingsroman.
"The three comrades" were my favourite book.

the plural subject takes plural number agreement, although it denotes only a single book. In the same way, in Russian:

(6) V "Brat'jax Karamazovyx" (*"Brat'ja Karamazovy") Dostojevskogo Ivan Karamazov govorit "S".
In Dostojevsky's "The Brothers Karamazov", Ivan Karamazov says "S".

the title occurs in the prepositional case following the preposition *v*, rather than in the nominative which appears on the cover of the book.

More like English, on the other hand, is the Surselvan dialect of Romantsch, which has a gender system that is practically unique among Romance languages. Predicate adjectives agree with subject noun phrases, appearing in the masculine or the feminine, in the singular or the plural, as the number and gender of the subject dictate. Surselvan also has a *neuter* singular adjective form, which is morphologically unmarked, but rather infrequent, for the simple reason that there are no nouns, and only two pronouns in the language, *quei* "that" and *igl* "it" which are inherently neuter. Following nominal subject expressions which are presented as titles, however, neuter singular predicate adjectives are normal, as they are after sentential subjects:

(7 a) Mo   extrems (m.pl.) ei (sg.) buca
      only extremes   is   not
      sanadeivel (neuter sg.)
      healthy
      "It is unhealthy to always go to extremes."
(7 b) Ch'ins   se   gidi   l'in
      that PRO ref. help   one
      l'auter   ei   bien (n.sg.)
      another is   good
      "It is good to help one another."

(For many examples, cf. Stimm 1976).
It may seem that the examples of (3)—(7) could be subsumed under the heading of direct quotes, but their alienation is of a different sort. The speaker of (3) is not quoting anyone, but using the nominal expression as a label: for a story, a dish, a military program, a menu item, or a sum of money. Partial failures are also instructive:

(8 a) Too many cooks spoil (spoils) the broth.
(8 b) Too many cooks want (*wants) to be paid in advance.

In the proverb (8a), the expression *too many cooks* is the title of a situation. Plural agreement has been conventionalized in this case (as, presumably, total integration of the quote is conventionalized in the German and Russian titles of (5) and (6)), but singular "agreement" is still possible. In the sentence (8b), where *too many cooks* refers exclusively to cooks, only plural agreement is possible.

There is a sense in which the entities to which titles make reference are "contained" in something: the situation wherein they star. We may often orthographically represent this container by quotation marks, but we can do this only in a metaphorical fashion, since the conceptual boundary which the signs mark here is the boundary between the label on a package, and its contents. (What is marked in actual quotation is another kind of conceptual boundary, that between two speakers' frames of reference). Irrespective of the contents which they advertise, titles or labels are unmarked. In English, this means they are singular (for some discussion, cf. Morgan 1972); in other languages, with perhaps richer morphologies, they are neuter singular (cf. again, Stimm 1976 for Surselvan). In all cases, failure of agreement serves to distinguish a label from an object, by marking the conceptual "jar" which separates the two.

3.3. Argument Status of Protasis Clauses

Another index of incorporation besides agreement and case marking is the ability to condition word order. Not suprisingly, quoted material does not have this ability:

(9a) Not a word did she say.
(9b) "Not a word" { she said / *did she say.

Preposed "affective morphemes" (cf. Klima 1964) generally effect subject-verb inversion in English, but quoted affective morphemes do not.

Again, other kinds of alienation are possible, although not all languages mark them equally. English, for example, makes no grammatical distinction between conditionals like those of (10):

(10a) You can have a banana if you're hungry.
(10b) There's food in the fridge if you're hungry.

Although the if-then relationship is different in the two cases. In the first, the protasis and apodosis are the actual clauses uttered. In the second, however, and other "relevance conditionals" (Johnson-Laird 1986), the actual apodosis is the performative whose complement only appears. (There is no sense in which your being hungry may give rise to food in the fridge, but it clearly does give rise to my telling you about it). Schematically,

(11a) If S1, then S2.
(11b) If S1, then I say "S2".

This distinction is graphically marked in German, where subordinate clauses like the protasis either do or do not count as arguments with respect to the V/2 rule. In the German translation of (10a), the protasis counts as an argument, and the verb of S2 must follow it immediately, causing subject-verb inversion in S2. However, the translation of (10b) has no subject-verb inversion, indicating that S1 does not act as a constituent of the sentence containing S2:

(12a) Wenn du hungrig bist, kannst du eine Banane haben.
(12b) Wenn du hungrig bist, es gibt im Kühlschrank Speisen.

The failure of subject-verb inversion in (12b) indicates the relative alienation of S1 from S2 in relevance conditionals. Since S2 is not the actual apodosis of S1, S1 does not play the role of a subordinate adverbial clauses within it. The "true" (and unspoken) apodosis *I say S2* would, if uttered, undergo subject-verb inversion.

3.4. Alienation from the World: from Participant to Observer

A totally different kind of alienation is that of the self-conscious participant in any transaction, who sees (and thus steps outside of) himself. The variable which reflects different stages of alienation from the world stage is the lexeme which denotes the speaker. Total participation is the absence of self-consciousness. The grammatical correlates of such absence of awareness were first noted by Langacker (1985), who noted the significance of contrasts like

(13a) There's snow all around —.
(13b) There's snow all around me.

Representation of the speaker, even by the shifter *I*, reflects a degree of introspective self-awareness which is common to all languages. Further degrees of alienation, although well-attested in English, are by no means universal.

The existence of a reflexive word (as opposed to a bound middle affix) almost always signals the presence of two (syntactically "coreferential") entities, who may be identified as observer and participant (or, very frequently, as mind and body). This is patently obvious in minimal contrast pairs like

(14a) I got — up.
(14b) I got myself up.

but it is scarcely less obvious in unexceptionable sentences which require an explicit object with their transitive verbs, like:

(15a) Know thyself!
(15b) I couldn't control myself.
(15c) He dragged himself out of bed.

The crudest and most simple-minded iconicity imaginable: that each nominal expression corresponds to a separate entity — has here a far-from banal implication. Reference to two syntactically "coreferential" entities within the same clause reflects some acknowledgement of a split between observer and participant, or between mind and body, of the same individual. The participant is on the stage, while the observer is in the audience.

The ultimate alienation of the observer is signalled when s/he refers to himself/herself exclusively in the third person. This is common in academic English (cf. phrases like *the author*). It may be that "humiliative" first person forms in Southeast Asian languages (Vietnamese *toi*, literally "servant"; Cambodian *kñom*, literally "slave") were originally motivated by a similar striving for illusory "objectivity".

3.5. Social Distance

A pragmatic universal is that politeness mirrors social distance between equals, but is only employed by inferiors in asymmetric relationships. The greater the politeness, the longer the message. (For a particularly fine-grained example of this, cf. Geertz' classic discussion of six levels of politeness in Javanese, Geertz 1953). What is reflected in the length of the message is not simply social distance between interlocutors, which is the same in both symmetrical and asymmetrical relationships. Rather, it is respect for the interlocutor, and the speaker's need to preserve this interlocutor from the contents of the message itself. Given an arbitrary message X, plain speech consists of the sign *X*, while baroque polite speech (bafflegab or gobbledygook being extreme manifestations of this)

consists of a string of signs *pdq X aby* within which *X* is hidden. Alternatively, euphemisms are always longer than "four-letter words", in all languages. Prolixity is an icon of concealment; concealment is motivated by the need, for whatever reason, to protect a respected alter from the facts.

In European languages, where politeness is not grammaticized as extensively as in Javanese or many Australian languages, alienation of the listener is achieved by highly motivated baroque terms of address. Almost all European languages, with the recent exception of modern English, distinguish T and V forms of address (Brown/Gilman 1960). In many of these languages, the polite V form is third person: the addressee is not so much addressed (where address is a kind of verbal aggression), as referred to. As the humiliative first person removes the speaker from the world stage in Vietnamese and Cambodian, so the polite second person removes the hearer in German, Italian, and Hungarian.

3.6. Sarcasm

Sarcasm is expressed by the incongruity between a speaker's actual words and his intended meaning, which is usually conveyed by an "emotively inappropriate" intonation. The alienation may be viewed as syntagmatic (in which case, the intonation is matched with the segmental text), or as paradigmatic (in which case the intonation is contrasted with an unspoken model which would be appropriate, given the text). Two varieties out of several are:

a) inappropriate flatness (e.g. *Wow.*)
b) inappropriate exaggeration (e.g. *Poor baby!*)

Given that sarcasm by definition communicates two opposed meanings simultaneously, the fact that it is conveyed by an incongruous or inappropriate intonation overlaid over the ostensible text is again perfectly iconic. Sarcasm is a complex notion not in that it requires both segmental text and intonational melody (all spoken language does), but in that it must presuppose a model of appropriate melody or melodic coincidence, from which model it wilfully departs.

Incongruity may be represented entirely by segmental means, and characterizes not only sarcasm, but a great deal of humour in general. Incongruity in the following examples is between the listener's expectation, and what is actually said:

(16a) I fear I wrong the honourable men whose daggers have stabbed Caesar.
(16b) I would revenge myself, for my team, my God, and my coach!
(16c) Frank Osterflood had the build of a professional wrestler, and the mentality of a professional wrestler.

The first example is relatively simple, consisting in the inappropriate collocation of *honourable men* and *stabbing Caesar*. The second exploits the familiar Prague School notion of communicative dynamism: the speaker's expectation is that the interest and importance of items in a list increases. The third *build of X and mentality of X* contrasts with the unexceptional *build and mentality of X*: the listener is prepared for a contrast between *build* and *mentality* (or between *X* and *X*), given their separation.

It is worth pointing out, with a host of scholars including Leo Spitzer and Mixail Baxtin, that quotation in itself is frequently a device which strongly suggests sarcasm. Partly this is because quotation almost always is of someone else, whose opinions the speaker does not necessarily share. But sarcasm is also a feature of self-quotation. This is evidenced in the sarcastic use of self-quotation (rather than the unmarked anaphoric repetition of a phrase) in examples like:

(17a) Many people think asthma is psychosomatic, but many people are wrong.
(17b) Yossarian decided to imitate his talented roommate in all respects, but during the night his talented roommate died.

These examples show that mere repetition — hence, quotation — is enough to convey contempt — of an opinion which may once have been the speaker's own, and no one else's.

Similarly, it is striking that the only common segmental "sarcastive" morpheme in modern English is the quotative *so-called*, as in *the so-called freedom fighters*, etc.

3.7. Conclusion

Conceptual distance includes not only non-identity in place and time (cf. in particular Wierzbicka 1980 on causatives), mutual relevance (cf. Bybee 1985 on inflectional and derivational categories), the potential for separation (cf. Haiman 1983 on possessives), and the potential for individuation (cf. Wirzbicka 1972, 1980 on coordination reduction), but other kinds of disparity as well. The metaphor of the stage, it turns out, has a number of iconic reflections in language, illustrated by 3.1., 3.2., 3.4., and, in part 3.5.: the framework of the stage is separated by the linguistic equivalents of footlights from the framework of the outer world, and language provides devices for the fictive removal of either the hearer or the speaker from the stage. The relatively high culture forms of sarcasm and humour exploit a different kind of distance, between a listener's expectation of what is "appropriate" (an expectation which in part depends on iconic considerations, as in (13b) and (13c)), and what the speaker actually utters).

4. Symmetry

It might seem that spoken language is but poorly qualified to express symmetry iconically: auditory symmetry is expressed in palindromic devices which human beings either do not appreciate or have genuine difficulty in processing (cf. Chomsky 1965 on center-embedding). Musical palindromes, too, like Bach's Crab Canon, are a delight to the eye and the brain rather than to the ear. But symmetry in language, as in music, is expressed by parallelism: repetition of what is the same or similar units from left to right. Thus alliteration, antithesis, and rhyme; and thus the opening bars of Beethoven's Fifth Symphony. Thus also coordination in general (cf. Schachter 1977, Haiman 1985): coordinated elements must be formally and conceptually parallel.

As with coordination, so also with comparison: it is necessary that elements that are contrasted be both semantically and formally on a par. It is this "apples and oranges" constraint which is responsible for both the unexpected unacceptability of the perfectly logical (18a), and the no less unexpected acceptability of the illogical (18b), which has analogues in Greek and Sanskrit:

(18a) *The door is longer than wide.
(18b) Long-ior quam lat-ior acies erat
 long er than wide er line was
 "The battle-line was longer than it was wide" (Latin)

(For extensive discussion, cf. Haiman 1988). A similar constraint is probably responsible for the failure of reflexivization of the "coreferential" noun phrase in sentences like those of (19):

(19 a) I expect ME to be chosen.
(19 b) Il ne pense qu'a LUI
"He thinks only of HIM(SELF)."

Sentences like this are only acceptable if the stressed noun phrase is contrasted with others. The conceptual parity between contrasted elements which is iconically represented here is the loss of "speaker privilege" on the subject's part.

Examples like (19) make it clear that comparison and contrast, like coordination, are symmetrical notions: they do not offer a compelling argument that all symmetrical notions may be reduced to coordination.

5. Icons of the Unexpected

The fundamentally iconic nature of markedness is a virtual cliche: marked form corresponds to marked meaning. (For the best general synthesis, cf. Greenberg 1966; an important recent elaboration, with particular reference to markedness reversal is Andersen 1972; for markedness as metaphor, e.g. "more form is more content", cf. Lakoff/Johnson 1980).

In a number of recent publications, Givón (1983, 1985) has argued that the physical segmental bulk or suprasegmental amplitude of a nominal expression varies inversely with its predictability: the more predictable the referent, the less effort is expended on signalling its presence. Whether this covariation (which admittedly exists, and which admittedly relates a conceptual dimension with a linguistic one) is more than accidentally iconic is questionable: it is perfectly compatible with a purely economic motivation (cf. Zipf 1935) to expend minimal possible effort in communication, and leave out entirely what the speaker assumes the hearer can supply.

5.1. Expectations of Non-coreference

The functional motivation of the passive construction is well brought out in the following passage (Liddy 1980, 11—2):

(20) If I were to change, the changing would have to be mine alone. I could not BE changed, since there was no one to do it for me.

The usual raison d'être of the passive is the non-specification of the agent. When the passive is one which involves a promotion of the underlying patient, the normal expectation is that the superficial subject is not the agent.

This is the expectation which Liddy exploits in (20): "being changed" contrasts with "changing by oneself". It is of course possible for this (listener's) expectation to be frustrated, as in:

(21) He was changed — but by HIMSELF.

but the unexpected coreference of subject and agent is then obligatorily signalled by contrastive stress on the agent noun.

Similar expectations of non-coreference apply to patient and recipient noun phrases:

(22 a) The senator sold the slave — to the slave HIMSELF.
(22 b) The slave was sold — to HIMSELF.

In other languages, the contrast between stressed and unstressed forms of the reflexive is also marked by a change in their relative position, but the same distinction applies: unexpected coreference must be signalled by the stressed form of the reflexive.

(23 a) È stato presentato a se stesso.
        he was introduced to HIMSELF
(23 b) *S'è stato presentato
        he himself was introduced to

Exactly similar is the contrast between predictable and unpredictable objects of ordinary transitive verbs. Some transitive verbs, typically those of grooming or posture, are typically introverted: their objects are usually coreferential with their subjects. Others are typically extroverted: their objects are typically distinct from their subjects. In the formal contrast

(24 a) He shaved (himself).
(24 b) He kicked himself.

English patterns like a host of other languages. One can (and usually must) say *he shaved*, since shaving is an action one typically performs on oneself. The analogue of (24 a) in languages like Russian, Hungarian, and Turkish, is the middle voice, marked by some bound morpheme. One cannot say *he kicked*, because kicking is an action typically performed on others. The analogue of (24 b), and of other sentences like *know thyself* in those languages which allow it, must use the pronoun which marks unexpected coreference.

5.2. Unexpected Non-coreference

Most European languages mark middle voice with some bound morpheme, thus Hungarian *mos-akod* "wash (middle)" vs. *mos-* "wash (transitive)". Some languages, however, leave introverted verbs entirely unmarked: English is such a language, as is the Papuan Hua language, spoken near Lufa in New Guinea. In order to transitivize such a typically introverted verb, Hua, unlike English, must mark the marked function of the verb with a special transitivizing auxiliary *to-* "put":

(25a) ehi-e
       "S/he stood up."
(25b) ehi-na te-e
       "S/he stood him/her up."

All of the examples discussed in this section deal with familiar examples of markedness. The phenomenon of markedness reversal (Andersen 1972) indicates that markedness is context-sensitive. What is marked by a more complex form is therefore never a more complex concept but a more surprising one, given the context.

6. Competing Motivations

The iconicity of word order is one of the most widely recognized types in the literature, from Jakobson's *veni, vidi, vici* (1965), through Greenberg's (1966a) word order universals (for example, that the protasis almost always precedes the apodosis), to Tai's discussion of word order in Mandarin (1985). For both Jakobson and Greenberg, as for Tai, the order of clauses or phrases corresponds to the order of our thoughts. This simplistic view runs afoul of the incontestable fact that languages differ considerably in their preferred word order at least within the clause.

Countervailing the Praguian universal that the given comes first is Jespersen's "principle of actuality", restated by Givón as "attend first to the most urgent task". The first universal puts topics at the beginning of their sentences, while the second puts focussed elements there. Not atypically, English conforms with both conflicting universals. Protasis clauses typically precede apodoses (given precedes new), while question words typically are fronted (focus precedes everything else).

That competing motivations may exist is perhaps an inevitable consequence of the limitations of the medium of spoken language. But unless they are resolved, with a clear understanding of the domains within which they have priority, it is difficult to avoid charges of Panglossianism.

Some recent approaches to this problem which show promise are demonstrations that where no competition exists, no variation of forms exists either. Haiman (1985a, chapter 4) illustrates that languages differ in their placement of interrogative pronouns, but not in their placement of the frequently homophonous relative pronouns, arguing that there are competing motivations for the placement of focussed elements, but no competition for the placement of relative pronouns. Similar in spirit is Dubois (1985) who shows that competing motivations may account for nominative/accusative and nominative/ergative patterns in languages, but that where there is no competition, as in first and second person pronouns, nominative/accusative patterns overwhelmingly predominate.

But it is definitely in this area that the need for further research is crucial, if iconic motivation is to acquire respectability as a functional theory of linguistic form.

7. References

Andersen, H. 1972. Diphthongization. Language 48, 11–50.

Bolinger, D, and *L. Gerstman*. 1957. Disjuncture as a clue to constructs. Word 13, 246–55.

Brown, and Gilman. 1960. The pronouns of power and solidarity. Style in language, ed. by T. Sebeok. Cambridge.

Bybee, J. 1985. Morphology. Amsterdam.

Chomsky, N. 1965. Aspects of the theory of syntax. MIT Press.

DuBois, J. 1985. Competing motivations. Iconicity in Syntax, ed. by. Haiman.

Geertz, C. 1953. The religion of Java. Glencoe.

Givon, T. 1980. The binding hierarchy and the typology of complements. SL. 4.

—. 1983. Topic continuity in discourse. Amsterdam.

—. 1985. Iconicity and non-arbitrary coding. Iconicity im Syntax, ed. by J. Haiman.

Greenberg, J. 1966. Universals of language, with particular reference to feature hierarchies. The Hague.

—. 1966a. Universals of language, with particular reference to the order of meaningful constituents. 2nd edn., Universals of language, ed. by J. Greenberg.

Haiman, J. 1983. Iconic and economic motivation. Language 59.

—. 1985. Natural syntax. Cambridge.

—. (ed.). 1985. Iconicity in syntax. Amsterdam.

—. 1988. Incorporation, parallelism, and focus. Linguistic typology, ed. by Moravcsik, Wirth & Hammond. Amsterdam.

Jakobson, R. 1965. Quest for the essence of language.

Johnson-Laird, P. 1986. Conditionals and mental models. On conditionals, ed. by E. Traugott et al. Cambridge.

Klima, E. 1964. Negation in English. The structure of language: Readings in the philosophy of language, ed. by. J. Katz & J. Fodor. New York.

Lakoff, G. and *M. Johnson.* 1980. Metaphors we live by. Chicago.

Langacker, R. 1985. Observations and speculations on subjectivity. Iconicity in Syntax, ed. by J. Haiman.

Liddy, G. 1980. Will. New York.

Morgan, J. 1972. Verb agreement as a rule of English. Chicago Linguistic Society 8, 278—86.

Peirce, C. 1932. Philosophical writings. Harvard.

Rappoport, G. 1979. Detached participial clauses in Russian. PhD dissertation, UCLA.

Schachter, P. 1977. Constraints on coordination. Language 53.

Stimm, H. 1976. Über einige syntaktischen Eigenschaften des Surselvischen. Raetoromanisches Colloquium, Mainz (Romanica Aenipontana, 10), 1976, hrsg. von Elwert. Innsbruck.

Tai, J. 1985. Word order in Mandarin. Iconicity in Syntax, ed. by J. Haiman.

Wierzbicka, A. 1972. Semantic primitives. Frankfurt a. M.

—. 1980. Lingua mentalis. New York.

Zipf, G. 1935. The psychobiology of language.

John Haiman, St. Paul, MN (USA)

XIV. Syntaktische Manifestationen semantischer Bezüge
Syntactic Encoding of Semantic Aspects of Meaning

43. Argument Structure

1. The Nature of Arguments
2. Semantic Arguments
3. Syntactic Arguments
4. References

1. The Nature of Arguments

1.1. Arguments in Mathematics

The notion of argument is derived from mathematics. In mathematics, a function is said to take one or more arguments, these being necessary to specify the value that the function has in each particular case. For instance, let us suppose that f is the function that squares numbers. Then if the argument of f is 2, symbolized f(2), the value of the function is 4 (2^2). This particular function takes only one argument. A function taking two arguments is that of substraction, which we may label g, such that g(x, y) is equivalent to x − y; thus, g(5, 3) has the value 2. A function taking three arguments is that calculating the area of a triangle (in terms of units of area one unit square) in terms of the lengths of the sides of the triangle. Let us call this function h, and label the sides of the triangle x, y, and z. Then we may write the function h(x, y, z), and if the values of the arguments are respectively x = 3, y = 4, z = 5, the value of the function h(3, 4, 5) is 6.

1.2. Arguments in Linguistics

This notion of argument has proved extremely fruitful in linguistics, because just as a mathematical function can be said to take one or more arguments, so too a predicate in grammar can be said to take one or more arguments. We can thus talk of the argument structure of a predicate, often referred to as its valency (valence), or more generally of predicate-argument structure. In English, for instance, the verb *die* takes one argument (is a one-place or intransitive predicate), as in *Albert died*, which we might symbolize, paralleling the mathematical notation, as *die (Albert)*, or more abstractly *die* (x). The verb *kill*, by contrast, takes two arguments (is a two-place or (mono)transitive predicate), as in *Bertha killed Cato*, symbolized *kill (Bertha, Cato)*, or more abstractly *kill* (x, y). The verb *give* takes three arguments (is a three-place or ditransitive predicate), as in *Dora gave the book to Edwin*, symbolized *give (Dora, book, Edwin)*, or more abstractly *give* (x, y, z). In these representations we are, of course, abstracting away from a number of properties of English sentences that are irrelevant to our immediate concerns, such as the tense of the verb. The argument structure of a predicate thus expresses the relation between each argument and its predicate (i. e. argument structure is inherently a relational notion). It should be noted that in discussing argument structure in linguistics, it is nearly always necessary not only to specify the number of arguments taken by a given predicate but also to label the individual arguments. For instance, in *Bertha killed Cato* one must know not only that *Bertha* and *Cato* are arguments of *kill*, but also that *Bertha* is the agent or subject and that *Cato* is the patient or object. (In mathematics, for some functions it is necessary to distinguish the individual arguments, as with substraction, whereas with others this information is irrelevant, as in calculating the area of a triangle from the lengths of its sides). There are also some terminological points that need to be clarified before we proceed.

In grammar, the term predicate is used in two different senses. In some instances, following the kind of representation of propositions familiar from Aristotelian logic, a sentence is said to consist of a subject and a predicate. Under this terminology, the sentence *Dora gave the book to Edwin* would consist of the subject *Dora* and the predicate *gave the book to Edwin*. This broader sense of predicate is not what is intended here; note that under this broader notion, the predicate includes some arguments, such as *the book* and *to Edwin* in the example cited. The sense in which we are using the term predicate is parallel to that of function in mathematics, and assumes exclusion of all arguments and adjuncts (see section 1.2.1.).

The clearest grammatical example of an item having an argument structure is a verb, as in all the examples given so far. However, other predicates can also take arguments, so that in English the adjective *surprised* can take an argument as in *Flora was surprised at the noise*. Even some items that are not, or at least not obviously, predicates have arguments structures. For instance, attributive adjectives can have argument structures, such as the adjective *dissatisfied* in *customers dissatisfied with the service should complain*. Many nouns have argument structures, in particular those derived morphologically from verbs or adjectives, such as *Dora's gift of the book to Edwin* and *the customer's dissatisfaction with the service*. Prepositions also take arguments, so that *the table* is an argument of *on* in *George put the book on the table* (while *on the table* is in turn an argument of *put*), and *the suburbs* is an argument of *in* in *Hilda lives in the suburbs*. One area of current controversy in grammatical theory is whether, and if so to what extent, such constructions should be analyzed as if they contained predicates (e. g. as being predicate-argument structures at some level of derivation); cf. Chomsky (1970) for some discussion. In this article, we will concentrate on clear cases of predicate-argument structure. Another area of controversy is whether copular sentences, such as *Isaac is tall*, *Janet is president*, should be analyzed in terms of predicate-argument structure, whereby *be tall* would be a one-place predicate having *Isaac* as its argument, likewise *be president* with *Janet* as its argument. Within generative grammar, recent work treats such copular sentences radically differently, in terms of a notion predication (in the sense of assigning a property to an entity) that is quite distinct from predicate-argument structure, and which extends to such relations as that between *the wall* and *red* in *Keith painted the wall red* (Williams 1980).

1.2.1. Arguments and Adjuncts

A crucial distinction in studying predicate-argument structure is that between argument and adjunct. In an example like *Lola killed Mark angrily at the dance on Friday*, the arguments of *kill(ed)* are *Lola* and *Mark*, while the manner adverbial *angrily*, the locative expression *at the dance* and the temporal expression *on Friday* are adjuncts of the clause. The basic intuition behind this distinction is relatively clear, though difficulties arise as soon as one tries to make it more explicit, and there is as yet no generally accepted solution to these difficulties. The intuition is that in some sense arguments are required to complete the sense of a predicate, so that it makes little sense to talk of killing without giving some indication of who is doing the killing and who is being killed; while adjuncts provide additional, less essential information, such as providing the background to the situation (e. g. time and location), specifying the manner in which an action was carried out. In generative grammatical terminology, an item is said to be subcategorized for its arguments, while adjuncts do not form part of an item's subcategorization.

One test that might seem readily applicable is the obligatoriness of a given phrase: obligatory phrases would be arguments, optional phrases would be adjuncts. This would certainly give the correct result in our example *Lora killed Mark angrily at the dance on Friday*, since *Lora killed Mark* is a perfectly well-formed English sentence, while **killed Mark* is not, and ?**Lora killed* is at best highly marginal. The obligatoriness of an argument may also show not in terms of obligatory occurrence of that phrase but rather in terms of its obligatory indexing in the predicate. Starting from Spanish *tú vienes* 'you come', it is possible to drop the subject pronoun *tú*, but the notion of second person singular subject is still carried by the verb inflection *-es* (contrast *(él) viene* 'he comes'). Thus this particular subject position is obligatory, and by this criterion part of the valency of the predicate. (One might argue, as is done in some current versions of generative grammar, that the argument of *tú vienes* is actually the *-es*, while the noun phrase *tú* is an adjunct coindexed with this affix (Jelinek 1984); but this does not affect the general point that this verb takes one argument.) It should also be noted that there is no requirement that the argument-structure of a predicate be identical across languages, even assuming that one can solve the (not always trivial) problem of identifying cross-linguistic equivalents of predicates. For instance, the English predicate *put* requires specification of the location (indicating, incidentally, that not all expressions of location are adjuncts), as in *Nina put the book on the table* (but not ***Nina put the book*), while the Russian translation equivalent does not: *Nina položila knigu* (*na stol*), where the version without *na stol* translates into English as 'Nina put the book down'. Some languages even have more or less semantically equivalent predicates that behave differently with respect to the obligatoriness of some phrase. In Swahili, for instance, the verb 'open' does not require a beneficiary noun phrase, as in *msichana a-li-fungua mlango* (*kwa-ajili-ya mwalimu*) (girl she-PAST-open-INDICATIVE door for teacher) 'the girl opened the door for the teacher'. Addition of the so-called applicative suffix *-li* produces a verb 'open (for)' which does require a beneficiary: *msichana a-li-m-fungu-li-a mwalimu mlango* (girl she-PAST-him-open-APPLICATIVE-INDICATIVE teacher door) (same translation).

There are many instances, however, where the criterion of obligatoriness seems to give an incorrect result, in that some optional phrases seem nonetheless to be arguments. (In the absence of exceptions in the other direction, obligatoriness would thus be a sufficient, but not a necessary condition, for argument status.) In an English sentence like *Omar has eaten the pizza*, the phrase *the pizza* would normally be considered, intuitively, an argument of the predicate *has eaten*, yet *Omar has eaten* is a perfectly good English sentence. This intuition is reflected in the analysis frequently proposed for such sentences, involving object deletion, i. e. the assumption that at some level of derivation the object is obligatory (Lees 1963, 33). There are at least two ways in which one might try to extend the definition of argument to encompass such examples. One is in terms of analogy. The grammatical behavior of *the pizza* in *Omar has eaten the pizza* is exactly the same as that of, for instance, *Mark* in *Lola has killed Mark*; thus, both can become subject of the corresponding passive (*Mark has been killed by Lola, the pizza has been eaten by Omar*). Thus, one might establish the principle that any phrase that behaves like an already established argument (in terms of obligatoriness) is also to be considered an argument. The other possibility is in terms of semantics. The intuition here is that the meaning of an adjunct does not vary as a function of the meaning of the predicate, while the meaning of an argument can vary as a function of the meaning of the predicate. This can be illustrated by sentences like *Phoebe damaged the statue in the market on Friday, Phoebe sculpted the statue in the market on Friday, Phoebe admired the statue in the market on Friday*, in all of which *in the market* is to be taken as specifying the location of the situation, not as an attribute of *the statue*. The meaning of *in the market* and of *on Friday* remains constant across these examples. By contrast, that of *the statue* changes, from an entity affected by an action to an entity created by an action to an entity causing a feeling; likewise, *Phoebe* is the initiator of an event in the first two examples, but the experiencer of an emotion in the third. Thus our overall definition of argument would be: a phrase that is either obligatory given the choice of predicate, or whose meaning is a function of that of the predicate, or whose behavior is parallel to arguments so defined. (Compare the definition of valency in Kefer (1989, 33)). Since the definition is disjunctive, an argument may well be an argument through satisfying one part of the disjunction without satisfying other parts; for instance, the beneficiary in Swahili is an argument because it is obligatory, although the semantic notion of beneficiary does not vary as a function of the choice of predicate. As we will see, this characterization, while probably a good approximation to an ideal definition, is not without certain remaining problems.

The definition leads to interesting results in a number of cases. Consider, for instance, the agent of a passive sentence like English *Ruth was rescued/admired by Septimus*. This phrase is clearly optional, as in *Ruth was rescued/admired*. However, the meaning of *Septimus* in such passive sentences varies in precisely the same way as that of the obligatory subject of the active equivalent *Septimus rescued/admired Ruth*. Moreover, the passive agent phrase behaves in many (though not all) grammatical respects like an active subject, for instance in its ability to be linked to a subject-oriented adverbial (*Ruth was bravely rescued/passionately admired by Septimus*) or to the unspecified subject of a nonfinite construction (*Ruth was rescued by Septimus in order to foil the evil baron's plot*). Interestingly, these behavioral parallels carry over even to an unspecified 'passive agent' phrase, so that in *Ruth was bravely rescued/passionately admired* the manner adverbials relate to the unspecified agent, while in *Ruth was rescued in order to foil the evil baron's plot* the motive of foiling the evil baron's plot is attributed to the unspecified 'passive agent'. Thus, at least at some level of derivation (see section 3.2.), the passive agent must correspond to an argument of the predicate.

A further problem is provided by languages in which noun phrases may be freely omitted even though not indexed in the verb, subject only to retrievability in discourse, including noun phrases that would be considered arguments under the semantic part of the definition of argument given in this section. In Haruai, a Highland Papuan language of Papua New Guinea, omission of noun phrases is prevalent, with the one exception that the subject must be indexed in the verb, so that either or both of the non-subject phrases in (*an*) *km ha nöy-n-ŋ-a* (we taro boy give-FUTURE-1 PLURAL-DECLARATIVE) 'we will give the taro to the boy' may be omitted. In Haruai, moreover, there seem to be no grammatical (as opposed to semantic, interpretational) criteria to distinguish such omissible noun phrases from one another: they take no case marking, are not indexed in the verb, do not participate in any syntactic-relation changing processes like passivization, and are free in their order (i.e. one can also say (*an*) *ha km nöy-n-ŋ-a*). One possible conclusion would be that in such languages, the relevant phrases are not syntactically arguments, although they may be semantic arguments, at least at some level of semantic representation or in semantic interpretation.

1.2.2. Levels of Argument Structure

The discussion of section 1.2.1. has already introduced the notion of different levels of argument structure, in particular a distinction between syntactic argument structure and semantic argument structure, and the possibility of different levels of argument structure at least within syntax. A few simple examples from English will suffice to justify the need for different levels. In the sentences *Tanya opens the doors* and *the doors open*, the noun phrases *Tanya* and *the doors* behave alike syntactically (whence they are traditionally subsumed under the syntactic relation of subject). For instance, in each example the verb agrees with its subject. Semantically, however, there is clearly a sense in which one wants to group the occurrences of *the doors* together in the two sentences, since despite the syntactic difference this noun phrase functions as patient/undergoer in both sentences. A simi-

lar phenomenon is found in sentences that are even less obviously related formally than those just presented, as in *Ulysses liked the poem* and *the poem pleased Ulysses*, where *Ulysses* is subject and direct object respectively, but always experiencer. And to these examples we can add sentences involving a productive syntactic relation, such as active-passive pairs like *Veronica attacked the guests* and *the guests were attacked by Veronica*, where at least one analysis, with both traditional and generative variants, would analyze *Veronica* as being deep-structure subject in both sentences, but surface-structure subject only in the first sentence (in the second sentence, the deep structure direct object *the guests* would be surface structure subject). The precise analysis of all these examples depends in part on where, if at all, one draws the boundary between syntax and semantics, and lies outside the domain of the present article. If we list the predicate pairs as (a) *please/like*, (b) *open/open*, (c) *attack/be attacked*, then they do form a semantics-to-syntax hierarchy in the sense that probably no one would analyze a given pair as semantic but one further to the left as syntactic. The question of the distinction between semantic and syntactic arguments will recur in section 2.

Although one might assume that an overall analysis of a sentence would require pairing each syntactic argument with a semantic argument and vice versa, there is good evidence suggesting that syntactic and semantic valency are not always so closely linked. If it is the case, as discussed in section 1.2.1., that a Haruai sentence like *an km ha nöynŋa* 'we will give the taro to the boy' contains no syntactic arguments other than the subject, one might still want to argue that the predicate takes semantic arguments. In an agentless passive like *Ruth was rescued*, there is an understood semantic agent although this does not correspond to any surface syntactic argument. (Admittedly, in this last example there are reasons for assuming that the semantic agent corresponds to a deep syntactic subject, as noted in section 1.2.1.) Conversely, there are syntactic arguments that do not correspond to any argument in semantics, in particular in idioms like English *keep tabs on*; in *William kept tabs on Xanthe*, *tabs* must be analyzed as a noun phrase argument of the verb *keep* because of the existence of the corresponding passive *tabs were kept on Xanthe* (*by William*); the noun phrase *tabs* does not, however, correspond directly to any element of the semantic representation of these sentences. A further possibility that needs to be considered is that a given noun phrase may have more than one semantic relation to its predicate; for instance, in *Yorath ran away*, *Yorath* has characteristics of both an agent (since he initiates the action) and a patient (since he undergoes the action). Some syntactic theories, e. g. Relational Grammar (Perlmutter/Postal 1984, 135) also allow a single noun phrase to bear more than one syntactic relation, so that in *Zelda persuaded Alice to eat the apple*, *Alice* would be both direct object of *persuaded* and subject of *eat*. (Most current syntactic theories, however, assume two coreferential noun phrases, each with a distinct syntactic relation, e. g. *Zelda persuaded Alice$_i$ [$_S$PRO$_i$ to eat the apple]*.)

In addition to semantic and syntactic representations, the complete analysis of a sentence also requires a pragmatic representation, in particular a representation that specifies such items as the topic (what the sentence is about) and the focus (the essential new information provided by the sentence). Suppose speaker A says *Brendan married Connie*, followed by speaker B asking *What about Desmond?*, to which speaker A replies: *Desmond married Ethel*. In this last sentence, in this particular context, *Desmond* is the topic (since speaker B's question requires an answer that is about Desmond), while *Ethel* is the focus (the essential, indeed in this example the only new piece of information conveyed). However, unlike such semantic roles as agent or such syntactic roles as subject, these pragmatic roles do not participate in an argument-structure. A topic is topic of its sentence, the relation between topic and sentence being one of part-whole rather than one of argument-predicate (or between argument and anything else). Indeed the topic or focus of a sentence can in principle be its verb, as when *What did Fred do to Grace?* is answered with: *He punched her*, with *punched* as the focus. While such pragmatic notions are only marginally grammaticalized in English, in some other languages they are much more tightly integrated into the syntax, in particular where the pragmatic roles attach to arguments or adjuncts of the predicate rather than to the predicate itself. In Japanese, for instance, the particle *wa* identifies noun phrases (or postpositional phrases) that are topic, as in *Haruo wa Itiko ni hon o ageta* (Haruo TOPIC Ichiko to book OBJECT gave) 'as for Haruo, he gave the book to Ichiko', or *hon wa Haruo ga Itiko ni ageta* 'as for the book, Haruo gave it to Ichiko' (*ga* is the subject particle); in Japanese, there is no parallel way of topicalizing the predicate. This sometimes gives the misleading impression that these pragmatic relations parallel the relation between an argument and its predicate. Another source of confusion is the common diachronic process whereby topics are reanalyzed as subjects, often giving rise to intermediate stages where the element in question has some but not all the properties of canonical subjects (Cole et al. 1980). Over the history of the English language, for instance, an earlier construction of the type *him like the pears* 'he likes the pears', 'the pears please him', where *him* is object of the verb but preposed as topic and *the pears* is subject (as seen from the plural verb agreement) has been reanalyzed to give the modern *he likes the pears*, where *he* is syntactically indistinguishable from any other subject, via intermediate stages (for instance, where the experiencer is in the oblique case but behaves syntactically like a subject).

2. Semantic Arguments

For the reasons outlined in section 1.2.2., there is widespread acceptance of the notion of semantic arguments distinct from syntactic argument, although a plethora of names have been assigned to this notion: semantic relation, semantic role, case role (Fillmore), thematic role (especially in current generative grammar). Where there is less agreement, however, is the precise specification of what semantic arguments must be distinguished. Our aim in this article is not so much the elaboration of a definitive set of semantic relations, or even a comprehensive listing of suggestions that have been made, but rather discussion of the principles underlying controversy in this area. As illustrative material, however, it will be useful to take a middle-of-the-road list of semantic roles (in terms of the number of roles distinguished) and evaluate some of the problems that arise as this list is expanded or contracted. The semantic roles of agent, patient, and instrument are illustrated by the respective noun/prepositional phrases of *Jason opened the door with a key*. (In English, instrument is probably not an argument of the verb. Many languages, however, have special verb forms that require the presence of an instrument, as in Yao (a Bantu language) *puutil-* 'hit with', a derivative of *puut-* 'hit' (Whiteley 1066, 38 f). In current generative grammar, the term theme is used in much the same sense as patient here. The sentence *Kathryn gave the book to Larry* introduces the semantic relation of recipient, while *Martha felt unwell* introduces that of experiencer; *Norman wrote a poem for Olive* introduces that of beneficiary. This list is similar to that proposed by Fillmore (1968, 24 f), though to simplify the discussion somewhat I have omitted locative and related notions, and as a first approximation we may give definitions similar to those given by Fillmore, with some modifications to emphasize the relational nature of these notions. *Agent* refers to the volitional or potentially volitional instigator of an action. *Patient* refers to the entity that is said to be in a certain state or to undergo a change of state. *Instrument* refers to the intermediary whereby the agent brings about the action. *Recipient* refers to the entity that comes into possession of a physical object, while *experiencer* refers to the entity that comes to experience some sensation. *Beneficiary* refers to the entity for whose benefit the action is carried out.

On the one hand, there are indications that this list needs to be expanded. For instance, in addition to agents and instruments as defined above, there is also perhaps the semantic role of natural force, as in *the lightning struck the tree*, where *the lightning* is neither (potentially) volitional initiator nor the entity undergoing the change of state. One might argue that the role of patient needs to be split, given the difference between the semantic interpretation of the predicate-object relation in the sentences *Paul polished the chair* and *Paul made the chair*; in the former, an already existing chair undergoes a change of state, while in the latter the chair comes into being only as a result of the action. (Fillmore (1968, 4 f.) originally called the latter role factitive and argued that this distinction has syntactic consequences, given the possibility of the sentence *what Paul did to the chair was polish it* but the impossibility of **what Paul did to the chair was make it*; however, this seems rather to be an effect of the semantics of *do (something) to*, and not a syntactic discriminator.) The problem with following this approach to its logical conclusion is that the number of semantic relations soon proliferates beyond control, in the sense that as one considers new verbs new semantic roles arise. What, for instance, are the semantic relations of the two arguments of the verb *presuppose* in *proposition p presupposes proposition q*? One might subsume one of them under patient, but then the other must be something else, and it is hard to see the subject of this sentence as an agent or natural force, or to see the object as an experiencer.

Given this problem, a more fruitful approach, adopted in differing forms by a number of current theories, is to try rather to reduce the number of distinct semantic roles as far as possible; see, for instance, the discussion within role and reference grammar in Foley and Van Valin (1984, 28—36; 53—63). The notion of patient (or theme, or undergoer) as defined earlier in this section is probably already sufficiently broad, with no need to separate out distinct semantic relations like factitive. In the area divided between agent and natural force, one can reasonably combine these into a single semantic relation, defined as the initiator of the action (i. e. irrespective of whether or not this initiator is actually or potentially volitional), for which one might adopt the term actor (to avoid confusion with the stricter sense of agent). One problem here is that some languages do make a grammatical distinction, at least potentially, between agent and natural force, and even between different degrees of 'agentivity'. For instance, in Russian natural forces, but not agents, can appear in the instrumental case with an impersonal (morphologically, neuter third person singular) predicate, as in *molniej ubilo devušku* (lightning-INSTRUMENTAL killed-NEUTER girl-ACCUSATIVE) 'lightning killed the girl', more literally 'with lightning it killed the girl'). A possible solution to this problem is outlined in Comrie (1981, 53—56), whereby the notion of degrees of agentivity is factored out of the basic semantic relation, forming instead a distinct relation that is continous rather than discrete. Turning to experiencer, it seems reasonable to combine this with recipient, the only distinction here being whether what is received is a physical object or a physiological or psychological sensation. This still leaves the problem of predicates like *presuppose*, as in the already cited example *proposition p presupposes proposition q*. A reasonable solution to adopt here would be to assign semantic relations by analogy to other sentences of the language in question; since this sentence in English has exactly the same structure as *Queenie closed the window*, we may assimilate *proposition p* to the semantic role of actor and *proposition q* to the semantic role of patient. Extreme versions of this reductionist approach would attempt to reduce the number of semantic relations to two only, at least for those semantic relations that are regularly found as arguments (i. e. excluding instrument, beneficiary, etc.), namely actor and patient/undergoer. The problem with this approach is that some predicates in some languages do indeed seem to require three arguments, such as English *give*, so that this basic pair of semantic relations would at least have to be expanded to include recipient, and of course such relations as instrument and beneficiary for those languages in which predicates can take these semantic roles as arguments, such as Swahili and Yao.

One last question to be considered in this section is whether the semantic relations of the arguments of a given predicate will necessarily be the same cross-linguistically (always assuming, of course, that we can reliably identify 'the same predicate' cross-linguistically). This is one aspect of a more general question, which we cannot examine more deeply here, namely whether semantic representations are universal or language-specific. Suffice it to say that, although there seems to be an intuitive feeling that semantic representations should be less language-specific than syntactic representations, the most widespread current view, and the one adopted here, seems to be that semantic representations are language-specific, even where these different semantic representations might receive the same interpretation (e. g. model-theoretic or pragmatic interpretation). There is even evidence that the number of semantic arguments taken by a predicate need not be the same cross-linguistically. English *envy*, for instance, can take three arguments, as in *I envy you your car*, while its Russian translation equivalent *zavidovat'* can take only two: one can say either *ja zaviduju tebe* 'I envy you' or *ja zaviduju tvoej mašine* 'I envy your car', but there is no literal translation of *I envy you your car*; thus the translation equivalents *I envy you your car* and *ja zaviduju tvoej mašine* would have different semantic representations, in particular different semantic argument structures. More frequent are instances where two languages have the same number of semantic arguments for a given predicate, but different semantic arguments filling some particular slot. An interesting example is provided by translations of the English sentence *Rupert carried the bag on his shoulder*. In English *on his shoulder* appears as a locative, but in many other languages the translation equivalent would be as an instrument (Blake 1977, 46). Both assignments make perfect sense, since Rupert's shoulder can be conceived of either as the place where the bag is carried or the means whereby it is carried. A more difficult example is provided by verbs like *give*. To avoid prejudging the issue, let us use the provisional labels *gift* for the semantic role of *the razor* and *donee* for the semantic role of (*to*) *Tom* in *Sandra gave the razor to Tom*. In most European languages, the gift, rather than the donee, behaves like a patient, as can be seen, for instance, in the case marking of Russian *Sandra dala britvu* (ACCUSATIVE) *Tomu* (DATIVE). In many other languages, however, it is the donee that behaves more like a patient of a two-place predicate, and therefore the question arises whether the donee should not be assigned the semantic role of patient, thus giving rise to different semantic role assignments from the Russian case. In Huichol, for instance, a Uto-Aztecan language of Mexico, object agreement is triggered by patients of active two-place predicates, but by the donee of 'give': Comrie (1982) analyzes this donee as semantically a recipient, though syntactically a direct/prime object, so that the similarity of donees to canonical patients is captured in the syntax but not reflected in the semantics. Miller (1984, 173) criticizes this analysis, arguing that there is no reason for the semantics not to reflect the syntax. One piece of evidence arguing in favor of the former analysis is that Huichol verbs with suppletive stems depending on the number of one of their arguments are always sensitive to the number of the patient, whether this is the subject of a one-place verb, the object of a two-place verb, or the gift (not the donee) of a three-place verb. This goes to show that the resolution of controversies in this area often depends on the detailed analysis of the individual-language phenomena.

3. Syntactic Arguments

Since syntactic arguments (syntactic relations, grammatical relations), are treated in detail in article 31, this chapter will concentrate on general methodological issues relating to the notion of argument structure. In particular, we will approach the question of the basis for distinguishing different syntactic relations (subject, direct object, etc.), assuming that the criteria set out in section 1.2.1. have already been applied to determine whether or not a given phrase is a syntactic argument.

3.1. Criteria for Distinguishing Syntactic Relations

The use of syntactic relations, such as subject, direct object, indirect object, is a hallmark of most of grammatical theory, from traditional grammar to the latest version of generative grammar. However, it is only recently that the problem of justifying the use of particular syntactic relations in the analysis of particular languages, or even particular sentences in particular languages, has been faced seriously. In traditional grammar, it is usually taken for granted that syntactic relations can be correctly assigned on an intuitive basis, for instance in that the translation equivalent of *Ursula killed Vincent* would have *Ursula* as subject and *Vincent* as direct object. Some modern work has taken this same approach, and achieved important results while so doing, for instance Greenberg (1963)'s cross-linguistic study of constituent order correlations and Keenan and Comrie (1977)'s cross-linguistic study of accessibility to relative clause formation, although in the latter work some problems for this intuitive approach are noted. It is now widely recognized that the assignment of syntactic relations needs to be justified. This justification consists of two parts, the first language-internal, the second cross-linguistic. Language-internally, a given phrase is assigned to a certain syntactic relation because it behaves (at least in a significant number of respects) like other phrases assigned to that syntactic relation. In English, the first noun phrase of each of the following sentences is assigned to the same syntactic relation (namely, subject), despite the clear semantic differences: *Wanda has killed the rat; Xavier has fallen down; Yolanda is aggressive.* One reason for doing so is that noun phrases in this position, but in no other, can occupy the position *X* in *I believe X to Y*, where *Y* is some verb phrase: *I believe Wanda to have killed the rat; I believe Xavier to have fallen down; I believe Yolanda to be aggressive.* This criterion is language-specific: many languages have no analog of the *believe X to Y* construction, or have different constraints on such a construction. Other language-specific criteria to which appeal is often made in traditional grammars are morphological case (subjects stand in the nominative) and verb agreement (in many languages, verbs agree with their subject); while these are indeed often valid language-specific criteria, they cannot be extended to languages lacking the appropriate phenomenon or organizing this phenomenon on a different basis (e. g. having only object agreement). The more difficult problem arises of identifying subjects cross-linguistically. While this problem can hardly be considered solved, one fruitful approach is to define a notion of prototypical subject cross-linguistically, for instance in terms of the criteria set out in Keenan (1976), and to assume that the subject in a given language is the set of noun phrase positions that have the same language-specific syntactic behavior as prototypical subjects in the language (Comrie 1981, 59—64). The expression *there* in English *there is an old mill by the stream* is hardly a prototypical subject, but it can nonetheless be considered a subject because it has the same syntactic properties as prototypical subjects, e. g. one can say *I believe there to be an old mill by the stream*. One result of this methodology is that translation equivalents across languages do not necessarily have the same syntactic relations. In English, the noun phrases *the woman* of *the woman went down* and *the man* of *the man hit the doctor* are both considered subjects because of their identical syntactic behavior, which contrasts with that of *the doctor* in the second sentence. In the translation equivalents in Dyirbal, an Australian language of northern Queensland, it is rather 'the doctor' and 'the woman' that behave alike, for instance in being omissible when coreferential with the argument of a preceding intransitive verb. Thus, alongside one-clause sentences like *jugumbil bungan* (woman-ABSOLUTIVE went-down) 'the woman went down' and *gubi yara-nggu balgan* (doctor-ABSOLUTIVE man-ERGATIVE hit) 'the man hit the doctor', we have two-clause sentences like *jugumbil bungan, baninyu*, 'the woman went down and came here', and *gubi bungan, yara-nggu balgan* 'the doctor went down and the man hit [him]'; in Dyirbal, **jugumbil bungan, gubi balgan* 'the woman came down and [she] hit the doctor' is ungrammatical. Thus in Dyirbal, whatever names one uses to label the syntactic relations (an issue of current controversy), they are not in one-one correspondence with those of English; the Dyirbal pattern is, incidentally, referred to as syntactic ergativity (Dixon 1980, 461 f.).

It should be noted that nothing said so far guarantees that a given language will have any particular syntactic relation, or indeed syntactic relations at all. For instance, on the basis of the non-argument status of the translation equivalents of English objects in Haruai (section 1.2.1.), I conclude that Haruai probably lacks the syntactic relation(s) of (direct/indirect) object.

3.2. Resolution of Conflicting Criteria

In investigating language-specific criteria, it frequently comes about that different criteria, which in the clearest cases give clearcut assignments of syntactic relations, sometimes give conflicting results. This can be illustrated with a relatively straightforward example from Italian. If we examine a transitive clause like *i bambini mangiarono la mela* 'the children ate the apple', there are two simple criteria that enable us to identify *i bambini* as subject. One is subject-verb agreement: the verb *mangiarono* 'ate' is third personal plural (contrast *il bambino mangiò la mela* 'the child ate the apple'). The second is the choice of auxiliary in the compound past in the corresponding intransitive construction: corresponding to the subject of the active construction, we find *avere* 'to have', e.g. *il bambino ha mangiato* 'the child has eaten', while corresponding to the direct object we find *essere* 'to be', in which case the past participle must agree in gender and number, e.g. *la mela è mangiata* 'the apple is eaten'. With some verbs that are intransitive to start off with, however, the two criteria do not coincide, so that although the verb agrees with the subject in *i bambini vennero* 'the children came', the corresponding compound past has the auxiliary *essere: i bambini sono venuti* 'the children have (literally 'are') come'. Other intransitive verbs do not behave in this way; thus *i bambini dormirono* 'the children slept' corresponds to *i bambini hanno dormito*. Thus, in *i bambini vennero*, the single argument of *venire* 'to come' has some subject properties and some direct object properties. On a relatively intuitive level, we might talk of degrees of subjecthood, such that the single argument of *i bambini dormirono* would be more of a subject than that of *i bambini vennero*; this is the approach taken by Keenan (1976). More prevalent in current syntactic theory, however, is the solution of adopting different levels of syntactic analysis, such that the syntactic relations are different at the different levels. In the analysis of *i bambini vennero*, for instance, the argument *i bambini* would in deep structure (D-structure, initial stratum) be a direct object, while in shallow/surface structure (S-structure, final stratum) it would be a subject (given that subject-verb agreement in Italian quite generally correlates with S-structure syntactic relations) (Rosen 1984, 42—55). In addition to providing a mechanism for handling conflicting criteria for the assignment of syntactic relations, the positing of different syntactic levels (strata) provides an analysis of constructions like the passive, given the obvious intuitive relation between a passive sentence like *Zane was hit by Arnold* and its active equivalent *Arnold hit Zane*. In the former, *Zane* can be analyzed as D-structure (initial-stratum) direct object but S-structure (final-stratum) subject. Note that although D-structure (initial) syntactic relations are often closely related to semantic relations (e.g. D-structure subjects and agents/actors), the two are not necessarily identifiable: in *readers like the book* or its passive *the book is liked by readers, readers* is D-structure subject, but its semantic role is that of experiencer. Crucially, syntactic relations are required because generalizations involving them cannot be stated as generalizations concerning semantic or other nonsyntactic relations.

3.3. Representation of Syntactic Relations

Even where there is agreement on the assignment of syntactic relations among current syntactic theories, there is often disagreement on how they should be represented formally, with a major cleavage between those theories that represent syntactic relations directly and those that represent them indirectly, more specifically those that represent them configurationally. Direct representation of syntactic relations is a hallmark of Relational Grammar (cf. article 27). By contrast, mainstream generative grammar holds that syntactic relations are to be defined configurationally, for instance the subject as the argument directly dominated by S (Sentence), and the direct object as the argument directly dominated by VP (Verb phrase), assuming a structure like [$_S$*Bridget* [$_{VP}$*slapped Clement*]] (Chomsky 1965, 68—74). This depends crucially on the existence of the Verb phrase node, grouping together verb and object(s) to the exclusion of the subject, and thus conferring a particularly unique status on the syntactic relation of subject. The validity of the Verb phrase node, and therefore of this representation, remains an object of controversy, especially if it is posited as universally applicable. Even within generative grammar, it has been argued that some languages lack a Verb phrase node (so-called nonconfigurational languages) (Hale 1982). Keenan has recently suggested that in the syntactic structure of some languages, there is a constituent that groups together verb and subject to the exclusion of object(s). None of this controversy surrounding representation, of course, undermines the validity of the notion of syntactic relations.

4. References

Blake, Barry J. 1977. Case marking in Australian languages. (Linguistic Series. 23). Canberra.

Chomsky, Noam. 1965. Aspects of the theory of syntax. Cambridge, MA.

—. 1970. Remarks on nominalization. Readings in English transformational grammar, ed. by Roderick A. Jacobs & Peter S. Rosenbaum, 184—221. Waltham, MA.

Cole, Peter, Wayne Harbert, Gabriella Hermon, and S. N. Sridhar. 1980. The acquisition of subjecthood. Language 56. 719—43.

Comrie, Bernard. 1981. Language universals and linguistic typology. Oxford, Chicago.

—. 1982. Grammatical relations in Huichol. Studies in transitivity (Syntax and Semantics 15), ed. by Paul J. Hopper & Sandra A. Thompson, 95—115. New York.

Dixon, R. M. W. 1980. The languages of Australia. (Cambridge Language Surveys). Cambridge.

Fillmore, Charles J. 1968. The case for case. Universals in linguistic theory, ed. by Emmon Bach & Robert T. Harms, 1—88. New York.

Foley, William A., and Robert D. Van Valin, Jr. 1984. Functional syntax and universal grammar. (Cambridge Studies in Linguistics 38). Cambridge.

Greenberg, Joseph H. 1963. Some universals of grammar with particular reference to the order of meaningful elements. Universals of language, ed. by Joseph H. Greenberg, 73—113. Cambridge, MA.

Hale, Kenneth. 1982. Preliminary remarks on configurationality. Noth Eastern Linguistic Society 12. 86—96.

Jelinek, Eloise. 1984. Empty categories, case, and configurationality. Natural Language and Linguistic Theory 2. 39—76.

Keenan, Edward L. 1976. Towards a universal definition of "subject". Subject and topic, ed. by Charles N. Li, 303—33. New York.

—, and Bernard Comrie. 1977. Noun phrase accessibility and universal grammar. Linguistic Inquiry 8. 63—99.

Kefer, Michel. 1989. Satzgliedstellung und Satzstruktur im Deutschen. Tübingen.

Lees, Robert B. 1963. The grammar of English nominalizations. (Indiana University Research Center in Anthropology, Folklore, and Linguistics.) Bloomington, The Hague.

Miller, J. 1984. Review of Paul J. Hopper and Sandra. A. Thompson (eds.), Studies in transitivity. Journal of Linguistics 20. 170—77.

Perlmutter, David M., and Paul M. Postal. 1984. Impersonal passives and some relational laws. Studies in Relational Grammar 2, ed. by David M. Perlmutter & Carol G. Rosen, 126—70. Chicago.

Rosen, Carol G. 1984. The interface between semantic roles and initial grammatical relations. Studies in Relational Grammar 2, ed. by David M. Perlmutter and Carol G. Rosen, 38—77. Chicago.

Whiteley, W. H. 1966. A study of Yao sentences. Oxford.

Williams, Edwin. 1980. Predication. Linguistic Inquiry 11. 203—38.

Bernard Comrie, Los Angeles (USA)

44. Negation

1. Introduction
2. 'Standard' and 'Sentential' Negation
3. Types of Standard Negation
4. Negation and Quantification
5. Negation and Focus
6. Polarity-Sensitivity
7. NEG-Raising
8. The Grammaticization of Negation
9. References

1. Introduction

All human languages seem to have what will below be called 'standard negation', a standard construction used to deny the truth of a proposition. From the point of view of logical semantics, negation is unique in being the natural language counterpart of the only unary truth-functional operator of standard propositional calculus, whose truth-table involves a simple switch of truth-values. In more pragmatically oriented approaches, such a simplistic treatment of natural language negation is often objected to on the grounds that it misses the fact that negation in e.g. English is normally used to deny a claim or assumption previously made. While this is certainly true in many or perhaps most cases, which accounts for the unintended effects of e.g. Richard Nixon's famous utterance *I am not a crook*, it should be borne in mind that the strength of the 'polemic' element (Ducrot 1972) of negation varies considerably with the communicative situation and often is little more than the general conversational implicature of non-triviality that accompanies most statements, whether affirmative or negative.

In the early development of transformational grammar, discussions of negation played a not unsignificant part. Thus, in Chomsky 1957, one of the transformations that is talked about at length is the one called T_{not}, supposed to introduce negation. Later on, when the role of introducing negation was relegated to the base component, the interest in negation as a syntactic phenomenon was diminished, and Klima's classical article from 1964, written in a pre-Aspects framework, is still one of the few major syntactic treatments of negation. In more recent syntactic work, negation tends to be mentioned only in passing or not at all. There are thus no 'major syntactic theories of negation' to be accounted for here. However, there are at least two ways in which attention has been paid to negation in syntactic studies in the wide sense. One is within typology: there are a number of ways in which negations may be expressed in human languages, and it also turns out that the placement of negating morphemes has some peculiarities that are not always subsumable under general tendencies. The other is within the fuzzy borderline area between syntax, semantics, and pragmatics: negation turns to be linked up with several phenomena that have bearing on the question of the relation between these components. Below, we shall discuss these in turn. Before doing so, however, we shall turn to one question that may be asked at this point, namely, whether negation can properly be said to be a grammatical, rather than a lexical, phenomenon.

Although negating morphemes in many languages share syntactic properties with other morphemes, such as various kinds of adverbs and particles, it is striking that negation is very often expressed by morphemes or words with unique properties. Thus, *not* in English forms a closed one-member class characterized e.g. by obligatory do-support. Also, there is a strong tendency for negating morphemes to develop properties that are characteristic of grammatical rather than lexical morphemes. The large proportion of the world's languages where negation is expressed morphologically — normally as a verb affix — represent the clearest cases, but properties such as lack of prosodic autonomy (e.g. lack of independent stressability) and fixed position relative to the finite verb may be seen as manifestations of this tendency.

2. 'Standard' and 'Sentential' Negation

Payne (1985) uses the term 'standard negation', which we shall adopt here, to refer to 'that type of negation that can apply to the most minimal and basic sentences'. Basically, this is what is referred to as 'Neg' in Dahl (1979) — however, we might want to add the qualification that it should also be a negation construction that yields a syntactically simple sentence, if there is such a construction. This would exclude phrases such as 'It is not the case that ...', favored by philosophers, from the discussion.

A perhaps more traditional distinction (see e.g. Klima 1964) is that between 'sentential negation', which is an operation on whole sentences or finite clauses, and 'constituent' or perhaps better 'non-sentential negation', which would operate on parts of a sentence only. From the semantic point of view, it ought only to be possible to apply negation to elements that can carry a truth-value, i.e. to things that express propositions. Any analysis that makes negation apply to a constituent that does not normally express a proposition, e.g. a noun phrase, must therefore explain this apparent anomaly, and it is possible that some alleged cases of constituent negation will on closer scrutiny turn out to be better analyzed as 'covert' sentential negation.

Klima 1964 introduces a number of tests of sentence negation in English, viz. (i) 'either-conjoining': whether the sentence can be expanded with *either*, as in *He does not like her either* (cf. **He likes her either*); (ii) 'tag-questions': whether the sentence can be expanded with a positive or a negative tag-question: *He doesn't like her, does he?* vs. *He likes her, doesn't he?*; (iii) 'negative appositive tag *not even*': *He doesn't eat fish, not even salmon* vs. **He eats fish, not even salmon*. It is not always possible to find exact counterparts to these tests in other languages, although the third one appears to be fairly language independent. Even in English, their application is not without its problems — it appears that the concept of sentence negation is not as clear-cut as one might wish. Stockwell et all. (1973, 248) note that a sentence such as *John often has not paid taxes* "does not in fact feel comfortable with either *has he?* or *hasn't he?*" (Stockwell et al. 1973, 248). Still, these tests will be helpful in the discussion of purported cases of non-sentential negation below.

Actually, even in seemingly clear cases of sentence negation it is not wholly uncontroversial what negation should be said to apply to. Thus, Givón states: "While in logic one most often considers negation to be a sentential operation, in the syntax of natural languages it is most often a predicate-phrase operator, excluding the subject from its scope." (Givón 1978, 89) This claim rests, basically, on two arguments: (i) definite noun phrases in subject position tend to be connected with existential presuppositions, (ii) indefinite noun phrases in subject position are much more easily interpreted as being outside the scope of negation than e. g. NPs in object position. While these statements are clearly true, it is somewhat hard to see exactly what conclusions can be drawn from them: both describe tendencies rather than absolute rules, and since it is not even clear that the distinction made by philosophers between 'external' and 'internal' negation, which would differ as to their behavior with respect to existential presuppositions, corresponds to a genuine semantic difference in natural language, the extrapolation to syntax becomes rather tenuous. The problem is whether there are any very good criteria at all for distinguishing between sentential and predicate-phrase operators, given that in many languages even the distinction between sentences and predicate-phrases is questionable. The fact that infinitive phrases can be negated in English (but not e. g. in Finnish) might be taken as an argument that negation is a predicate-phrase operator, were it not the case that syntacticians cannot agree on whether infinitive phrases are derived from sentences or verb phrases.

We shall here briefly discuss some fairly clear cases of non-sentential negation. The first type is what we shall here call lexical negation, a paradigm example of which would be the use of the prefix *un-* in English *unmarried*. The term 'derivational negation' might also be used, but we shall prefer the first term, since we want to make a clear distinction between cases like the one mentioned and those where a bound morpheme in some language is used to express 'standard negation'. (The distinction is admittedly hard to draw in some languages, such as Czech, where one morpheme corresponds to both English *un-* and English *not*.) Lexical negation normally fails Klima's tests fairly unequivocally (cf. **He is unmarried either*). Sometimes, there are also noticeable semantic differences: lexical negation more easily allows 'contrary opposites' interpretations, such as when the pair *friendly: unfriendly* leaves open a third, 'neutral' possibility. It is rather hard, however, to judge what the exact nuances are in this area and how much depends on conversational implicature. Some uses of morphemes like *un-* have more complex interpretations which may not be subsumable under negation at all, such as in verbs like *unpack*.

Other cases of negation that fail Klima's tests are those where what is negated is some kind of embedded clause or clause-like structure. In most cases, it is not too difficult to see that what is negated from the semantic point of view is a proposition: sometimes it demands more advanced paraphrasing, as in *Not long ago we went to Spain* which could be re-phrased as 'We went to Spain at a time which is not distant from now'.

3. Types of Standard Negation

The grammatical status of standard negation varies quite considerably among the world's languages. The major types can be said to be the following (Dahl 1979; Payne 1985): (i) morphological negatives, (ii) negative particles, (iii) negative verbs.

In Dahl (1979), it is argued that it is possible to make a generalization about these three types: in all of them, standard negation is a modification of the 'finite element' (FE) in the sentence. The 'finite element' (typically identical to what is called the finite verb) would be that morpheme or word that among other things carries morphological categories such as tense and mood and takes emphatic stress when the 'polarity' of the sentence is focussed upon (as in English *John did arrive*). It can (at least partly) be identified with what is called AUX in Akmajian et al. (1979) and also perhaps the element INFL in government-binding theory. A morphological negative would thus be a morphological modification (normally an affix) on the FE, a negative particle a syntactic modification of it, and finally, negative verbs would themselves take over the role of FE. We shall see below that the existence of 'higher negative verbs' necessitates certain modifications of these statements.

3.1. Morphological Negation

A detailed description of the properties of morphological negation goes beyond the scope of this handbook. The following facts can be noted, however. First, there is a very fuzzy borderline between morphological negation, expressed by affixation, and syntactic negation, in particular the kind expressed by particles, as reflected e. g. in the differences in orthographical conventions in closely related languages such as Polish and Czech, where the negative morpheme *nie/ne* is written as a separate word and together with the verb, respectively, while being prosodically non-autonomous in both languages. Second, negation deviates from the general tendency for morphological categories to be expressed by suffixes in there being a 'slight preponderance for prefixal negation' (Bybee 1985, 177) — we shall return to this in the discussion of the position of negation. Third, while Payne (1985, 226) states without discussion that morphological negation is 'part of the derivational morphology of the verb', the fact that the expression of negation tends to fuse with that of verbal inflectional categories such as tense, mood and argument marking makes it hard to characterize negation universally as derivation rather than inflection. Fourth, the dominating way of expressing morphological negation is by affixation, but tone changes also enter into the picture in various languages (cited examples are from West African languages, such as Igbo and Ga), and very marginally reduplication may occur (as in Tabasaran, Khanmagomedov 1967).

3.2. Negative Particles

'Negative particles' are negative morphemes that are characterized by two features: (i) they are independent words rather than affixes — as we have seen a somewhat fuzzy condition, (ii) they are not inflected. From the syntactic point of view, the most interesting general property of negative particles is their placement in the sentence, a problem which will be discussed in detail below.

There are, however, a couple of variants of the negative particle construction that demand special treatment. The first is the double particle construction, well-known from (written) French, where the negated counterpart of *Jean chante* 'Jean is singing' is *Jean ne chante pas*. Other examples of double negative particles are found in Celtic, Mayan and West African languages of different families. Historically, such constructions in attested cases arise from the addition and subsequent weakening of a reinforcing particle — in the French case, *pas* comes from a noun meaning 'step'. A later development may, as in spoken French and some earlier stages of the Germanic languages, lead to the disappearance of the original particle (Jespersen 1917), and thus a return to the original simple particle construction. This kind of process, referred to in Dahl (1979) as 'Jespersen's cycle', might be seen as a result of a conflict between a tendency to grammaticize negation, leading to, among other things, the loss of prosodic autonomy and independent stressability, and the pragmatic need of giving emphasis to the negated character of the sentence. Both Dahl (1979) and Payne (1985) talk of double negative particles as being in general positioned on each side of the verb. There is at least one counterexample to this generalization, viz. Afrikaans, whose double particle construction is remarkable in two respects: (i) the particles both follow the verb and (ii) they are identical: *hy skryf nie 'n brief nie* 'he is not writing a letter'.

Another variant of the negative particle construction involves the addition of a 'dummy auxiliary' (Dahl 1979) or 'supportive verb' (Payne 1985) in the negated sentence, as in the well-known example of the English *do*-construction, where *John sings* corresponds to *John does not sing*. Counterparts in other languages are not too frequent, but cited examples are some Tungus languages, Chukchee and Korean. (Boisson 1985 mentions a number of similar but not wholly equivalent negation constructions from New Guinean languages.)

In Maung (Capell/Hinch 1970), a sentence in the present tense is negated by adding the particle *marig* to the so-called 'potential' form of the verb: *ngiudba* 'put' becomes *marig ngiudbaji* 'I do not put'. Similar constructions are reported from a number of languages from different groups.

3.3. Negative Verbs

Although this construction is not quite as frequent as the two first ones, it is still fairly wide-spread, with examples among others from Malayo-Polynesian, Uralic, Altaic and a variety of Noth American Indian languages. It differs from the negative particle one in that the word expressing negation has at least some verbal characteristics, the primary one being that it carries inflectional categories such as tense, mood, aspect and argument marking.

There are two varieties of this construction: higher negative verbs and auxiliary negative verbs. The first type, in which negation is expressed by a verb with a sentential complement, is attested in Malayo-Polynesian languages and at least one North American Indian language, Squamish (Kuipers 1967). An illustrative example from Payne (1985): in Tongan, the negative counterpart of *Na'e 'alu 'a Siale* 'Charlie went' is

(1) Na'e 'ikai [s ke 'alu 'a Siale]
    aspect neg aspect go case Charlie

where *ke* is an aspect marker which shows up in subordinate clauses only. Payne also provides other arguments for the claim that there is a clause boundary in (1). Higher negative verbs constitute clear counterexamples to the generalization made in Dahl (1979) that standard negation does not create syntactically complex sentences. However, it is worthwhile noting that the attested examples of higher negative verbs seem to be from languages of the type referred to in Kopchevskaya (1993) as 'complement-deranking languages', viz. languages where there is no clear borderline between finite and non-finite embedded clauses. Also, Payne notes that there is a clear tendency (manifested e. g. in Fijian) for higher negative verb constructions to gravitate towards constructions that look more like negative auxiliary constructions, something that shows up, among other things, in the migration of grammatical categories from the embedded clause to the higher verb.

The second type of negative verbs, then, is the negative auxiliary construction, which may be exemplified by the following Finnish sentence-pair:

(2a) Pekka lukee 'Pekka is reading'
(2b) Pekka ei lue 'Pekka is not reading'

where *ei* is a negative auxiliary which agrees with the subject but does not have more than one tense and *lue* is the stem form of the verb. This illustrates the tendency for negative verb paradigms to be more or less defective — there are, though, examples of full sets of forms, as in the Tungus languages. Categories that are lacking in the negative auxiliary may instead be marked on the main verb, as tense in Finnish (the past of (2b) is *Pekka ei lukenut*). Estonian, with its uninflected negative 'auxiliary' combined with various non-finite forms of the main verb, is an example of a degenerate construction which comes close to a negative particle construction, possibly representing a general tendency for negative verbs to fossilize.

3.4. Position of Negative Morphemes

With regard to word (and morpheme) order typology, negation turns out to have somewhat idiosyncratic properties, which are not easily subsumed under general principles like those formulated by Greenberg (1963), various statements to the contrary in the literature notwithstanding. Basically, the tendencies are the following (Dahl 1979, Dryer forthcoming). Negative verbs follow the general tendencies for their category: thus, negative auxiliaries usually occur in the same positions as other auxiliaries, i. e. preceding the verb in VO and following the verb in OV languages. Negative particles, on the other hand, show a fairly strong tendency (at least three to one) to be placed (most often immediately) before the finite verb in languages of all word order types. This is consonant with the somewhat weaker but equally idiosyncratic tendency (see above) for morphological negation to be realized by prefixation. Given the rather small difference between proclitic particles and prefixes, it appears that there is indeed a 'canonical' way of expressing standard negation in natural languages, viz. as a morpheme directly preceding the finite verb of the sentence. The exact causes of this universal tendency remain to be elucidated.

4. Negation and Quantification

The interaction between negation and quantification is a large and complex problem area with its focus in semantics. We shall here try to concentrate on the syntactic aspects of it.

The logical basis for the negation-quantification problem is that both negation and quantification can be seen as operations on the sentence (or propositional) level, which opens up the possibility for scope conflicts. These conflicts are made more complex by the fact that the syntactic structure of sentences only allows for a partial encoding of the scope possibilities that one can postulate a priori, mainly because natural language uses infixing (often in rigid positions) rather than prefixing, as in predicate logic, to express negation and quantification.

Consider (1) and (2), with standard formalizations in predicate logic.

(1) John arrived. F(a)
(2) Everyone arrived. ∀(x) (F(x))

Whereas F(a) can only be negated in one way — ∼F(a), the quantified expression allows for two different scopes of the negation operator:

∼∀(x) (F(x))
∀(x) ∼(F(x))

In a similar way, the English sentence (1) can basically be negated only in one way, (2) allows for two possibilities:

(1a) John did not arrive.
(1b) *Not John did arrive.
(2a) Everyone did not arrive.
(2b) Not everyone did arrive.

There seems to be a 'dialect' of English where the (2a) and (2b) sentences do correspond to the two logical formulas, but there are also many speakers for whom the (2a) sentence can also have the reading where negation has wider scope than the universal quantifier — for some speakers this is even the only possible reading. Similar facts hold about other languages (Swedish, Russian, Turkish). Many languages, in particular those with morphological negation, do not allow for 'quantifier negation', that is, for a negative morpheme to be adjoined to a quantifier rather than to a verb (Payne 1985, 234). The general tendency to tie the negative morpheme to the verb thus restricts the possibilities of letting word order reflect scope relations. At the same time, there seem to be universal preferences as to the interpretation of those relations — for instance, that negation tends to have wider scope than universal quantifiers, irrespective of the syntactic structure of the sentence.

Natural languages often use special means to express existential quantification within the scope of negation. Three types of such locutions deserve mention, all of which can be found in some variety of English:

(i) Standard negation + quantifiers marked for non-affirmativity: this is the type illustrated by an English sentence like *I did not buy anything*, where the corresponding affirmative sentence would have *something* rather than *anything*. The English morpheme *any* does not by itself carry negative meaning, as can be seen from the fact that it also occurs in a number of other constructions, such as questions and conditionals. In addition, *any* may also have a generic reading, as in *Anything goes*, which, with added emphatic stress, may also occur in the scope of negation: *I won't accept anything*. We shall return to this kind of phenomenon under the heading 'Negative polarity'.

(ii) Standard negation + inherent negative quantifiers: this is exemplified by the substandard English construction somewhat misleadingly referred to as 'double negation': *I didn't buy nothing*. The negative quantifiers appearing in this construction arguably carry negative meaning by themselves — in French, for instance, the word *personne* 'nobody', which is normally preceded by the negative particle *ne*, may occur by itself in an answer to a question. However, the situation is not always unequivocal: historically, the French system was apparently more like the type described under (i), and e.g. *jamais* 'never' still retains the positive interpretation 'ever' in some contexts.

(iii) 'Stand-alone inherently negative quantifiers': this is the type exemplified by *nobody* and *nothing* in English — that is quantifiers that make the sentence negated without any extra negative morpheme in the sentence, and of which there will normally be at most one in a sentence. In the Scandinavian languages, there is a somewhat curious restriction on this type of negative quantifiers. Compare the following Swedish sentences:

(3) Jag köpte inte någonting
    'I did not buy anything'
(4) Jag köpte ingenting
    'I bought nothing'
(5) Jag har inte köpt någonting
    'I have not bought anything'

(6) ??Jag har köpt ingenting
    'I have bought nothing'

The generalization is that *ingenting* is only possible if *inte någonting* is possible in the same position. In sentence (5), a verb intervenes between the negation and the quantifier, and so (6) is not acceptable. If the quantifier is moved before the verb however (which is normally not possible for an object) the sentence becomes acceptable:

(7) Jag har ingenting köpt
    '(lit.) I have nothing bought'

At least at the face of it, these facts suggest some kind of 'transformational' solution, in which the negative quantifier is indeed a rather superficial amalgamation of negation with an indefinite pronoun. (This would actually be a counterexample to Payne's claim that the freedom of occurrence of inherently negative quantifiers are "at least equal to, and, in many cases greater than, the freedom of occurrence of negated quantifiers." (Payne 1985, 238)).

Historically, it would appear that the normal development would be from (i) to (ii) to (iii), as has clearly happened in the development from Latin to modern spoken French. In Slavic, however, there seems to be evidence for a development in the other direction (Krizkova, 1968).

There seems to be a universal preference for existentially quantified noun phrases to be interpreted within the scope of negation rather than the other way round. Sentences such as *Somebody didn't come* or even more markedly *I did not meet someone* tend to be marginal or unacceptable.

Negated quantified sentences, where the quantifier is interpreted as within the scope of the negation, normally pass Klima's tests for sentence negation, irrespective of the form of the quantifier. When negation is within the scope of the quantifier, on the other hand, informants tend to react with consternation (cf. the example with *often* above). Also, Tottie (1977) shows that the reactions to Klima's tests applied to sentences containing quantifiers like *seldom*, *little*, and *few* may depend on factors such as the placement of the quantifier in the sentence.

5. Negation and Focus

In sentences such as

(1) Mary did not show HER THESIS to John, she showed him an old term paper of hers.

(2) MARY did not show her thesis to John, Susan did.

it could be argued that what is negated in the first clauses is only the capitalized phrases. In support of such a claim, one could adduce the fact that a negative morpheme may sometimes move from the verb to be positioned in front of such a constituent, as in the Russian sentence

(3) Maša pokazala Ivanu ne svoju dissertaciju.
    'Masha did not show Ivan her thesis'

As was mentioned above, however, it is not clear what it would mean for a single constituent such as a noun phrase to be negated. Notice that the negated sentences in (1)−(2) pass Klima's tests for sentence negation. Also, it is clear that the differences in the negated sentences in (1)−(2) correspond to focusing differences also in the affirmative counterparts, e. g.

(4) Mary showed HER THESIS to John
(5) MARY showed her thesis to John

It would therefore appear preferable to see the examples in (1)−(2) not as examples of non-sentential negation but rather as the result of applying sentential negation to sentences with varying focus. There would then be a difference among languages as to whether the position of negation is verb-determined, as in English, or focus-determined, as in Russian. However, it may also be argued that there is a sense in which the scope of negation is always restricted to the focused part of the sentence. Such an argument would be based on the observation that presuppositions of affirmative statements are more easily preserved in the negated counterparts if they occur in the non-focused part of the sentence. For a discussion, see Sgall et al. (1986, 244−252).

6. Polarity-Sensitivity

A wide-spread phenomenon in languages is what can be called 'polarity sensitive' items (the term seems to originate with Baker 1970), that is, lexical items or grammatical phenomena that occur only in affirmative sentences ('affirmative-polarity' items) or only in negative sentences ('negative-polarity' items), or perhaps more exactly, only outside and inside the scope of negation, respectively. The list of polarity-sensitive items in English includes both idioms like *would rather* (affirmative-polarity) and *lift a finger* (negative-polarity), quantifiers like *some/any*, and sentential operators such as *also/either*. From other languages one may mention examples of strengthening adverbs such as Swedish *mycket* 'very' which cannot be used in negative contexts but must be replaced with *särskilt* 'particularly' or some synonym. Other noticeable examples are found in the case systems of e. g. the Slavic and Fenno-Ugric languages where the genitive or the partitive is often used in negative sentences instead of the accusative or (less often) the nominative, or in mood systems, e. g. that of French, where the complements of negated propositional attitude verbs tend to be in the subjunctive rather than in the indicative.

The term 'polarity-sensitivity' is a bit misleading in that it suggests that the phenomenon is restricted to the distinction between affirmative and negative sentences. Many of the negative-polarity items, however, occur also in a number of other contexts, most notably questions and conditional clauses — the *some/any* alternation is a good example. Still, it appears that the negative contexts constitute the core of the distribution of negative-polarity items — the uses in the other contexts are often more varying or even marginal. Also, whereas there are quite a few phenomena that occur only or mainly in negative sentences, it is much harder to find items that are restricted to, say, questions only.

Early attempts like that of Klima (1964) to reduce polarity-sensitivity to a simple syntactic rule meet with a number of difficulties. R. Lakoff (1969) showed that the *some/any* alternation in English is governed by factors such as the speaker's expectations concerning the truth-value of a sentence or his/her positive or negative evaluation of it (cf. *If you find something, I'll kiss you* vs. *If you drop anything, I'll hit you)*. Baker (1970) discussed cases of 'polarity-reversal', where the occurrence of two negations appeared to cancel each other out with respect to their effect on polarity-sensitive items, as in *There isn't anyone here who wouldn't rather do something down town*. Klima himself noted that a number of predicates such as *stupid, ashamed, surprised, reluctant* etc. induced negative-polarity items in their sentential complements. Looking at other languages, it may be noted that the choice of e. g. direct object case in Russian negated sentences is governed by a number of factors, mainly having to do with the degreee of referentiality of the object, but also including e. g. the choice of verb. It would be a mistake, however, to relegate the whole phenomenon to semantics or pragmatics. There are clear tendencies to grammaticalize polarity-sensitivity. Thus, in Polish, choosing any other case than genitive for a negated direct object normally results in a downright ungrammatical sentence. It was noted above that even if negative-polarity items may also occur in other contexts, they are much more systematically used in negative sentences. It may be noted that the problematic examples of the use of *some/any* in English discussed by Lakoff are almost exclusively taken from questions and conditionals: in declarative negative sentences, the use of *any* is virtually obligatory. This is a not untypical case of a semantically based grammaticalized rule: its application tends to be obligatory in the prototypical or core uses, whereas it is optional and dependent on non-formal criteria in the periphery.

7. NEG-Raising

This phenomenon, which has been referred to by a number of names (e. g. Negative Transportation, *not*-hopping) is another example of something that in early transformational grammar was accounted for by a relatively simple syntactic rule but has more recently been found to be of a significantly more complex nature. (For a careful analysis, see Horn 1978.) It is exemplified by the reading of a sentence such as *I don't think John is coming* under which it is — roughly — synonymous to *I think John is not coming*. The early syntactic arguments for the existence of a transformation deriving the former sentence from a structure like that of the latter have proved to be rather weak. Thus, the fact that negative polarity items occur in NEG-raised clauses such as *I don't think anyone is coming* is made rather unconvincing by the fairly common occurrences of such items in embedded clauses of other types, e. g. *There isn't anything that could give me any help*. Proponents of a transformational account of NEG-raising also have to cope with the subtle but undeniable semantic differences between the raised and non-raised sentences (the raised ones being somehow 'softer') and the downright non-synonymity between e. g. *Not many people think that John will arrive* and *Many people think that John will not arrive*. On the other hand, a purely pragmatic explanation, e. g. in terms of Gricean implicatures, which would seem a natural alternative, will have difficulties to explain such differences between languages as the impossibility of translating literally into English a German sentence such as *Ich hoffe nicht, daß er kommt* 'I hope not that he comes'. Horn's conclusion (1978, 216) that NEG-raising would 'constitute an example of a pragmatic process which has become grammaticized or syntacticized' seems reasonable; the exact nature of the process, again, will be on the agenda for a long time yet.

8. The Grammaticization of Negation

In this chapter, we have interpreted a number of properties of negation in natural languages as effects of processes of grammaticization. Thus, we have seen that properties such as rigid position (typically immediately adjacent to the finite verb) and lack of prosodic autonomy characterize not only morphologically expressed negation but 'standard' negation of most kinds. We saw that the tendency for negation to have a rigid, verb-adjacent position in the sentence makes natural languages less flexible when it comes to rendering the scope of logical operators. In languages which have developed double markers of negation, e. g. standard French, the process of grammaticization goes still further, in that the original negative particle (*ne* in French) loses also its original semantic content and is arguably more like a purely grammatical morpheme, marking what could be called 'discordantial' mood (to use a not too happy anglicization of the term 'discordantiel' used by Damourette/Pichon 1911), somewhat comparable to the use of non-indicative moods in negative sentences mentioned above. (Notice e. g. the use of 'pleonastic' *ne* without *pas* in various contexts such as in the complement of verbs of fearing.)

The phenomena just enumerated concern the effects of grammaticization on negation morphemes as such. But negation may also act as the 'trigger' of semantically motivated processes that may become more or less grammaticized. Such processes have been discussed under the headings of 'Polarity sensitivity' and 'NEG Raising'. Horn's remark on the last-mentioned phenomenon (1978, 214) may well be extended to negation in general: it indisputably 'lies at the heart of the intersection of syntax, semantics, and communicative intent'.

9. References

Akmajian, A., S. Steele and T. Wasow. 1979. The category AUX in universal grammar. Linguistic Inquiry 10. 1—64.

Baker, C. L. 1970. Double negatives. Linguistic Inquiry 1. 168—86.

Boisson, T. 1985. Analogues de l'auxiliaire 'do' anglais en Nouvelle Guinée et ailleurs. Communication au 24ème Congrès de la Société des Anglicistes de l'Enseignement Supérieur, Caen, 1984.

Bybee, J. L. 1985. Morphology: a study of the relation between meaning and form. Amsterdam.

Capell, A, and H. E. Hinch. 1970. Maung grammar. Texts and vocabulary. The Hague.

Chomsky, N. 1957. Syntactic structures. The Hague.

Cole, P. (ed.). 1978. Syntax and Semantics 9. New York.

Dahl, Ö. 1979. Typology of sentence negation. Linguistics 17. 79—106.

Damourette, J., and E. Pichon. 1911. Des mots à la pensée. Tomes 1—6. Paris.

Dryer, M. forthcoming. Word order consistency and English. Proceedings of the Second Annual Pacific Linguistics Conference, University of Oregon at Eugene, ed. by S. Delaney & R. Tomlin.

Ducrot, O. 1972. Dire et ne pas dire. Paris.

Givón, T. 1978. Negation in language: Pragmatics, function, ontology. Syntax and Semantics 9, ed. by P. Cole, 69—112.

Greenberg, J. 1963. Some universals of grammar with particular reference to the order of meaningful elements. Universals of Language, ed. by J. Greenberg. Cambridge, MA.

Horn, L. 1978. Remarks on NEG-Raising. Syntax and Semantics 9, ed. by P. Cole, 129—220.

Jespersen, O. 1917. Negation in English and other languages.

Khanmagomedov, B. G.-K. 1967. Tabasaranskij jazyk. Jazyki narodov SSSR. Tom I—V. Moscow.

Klima, E. L. 1964. Negation in English. The structure of language: Readings in the philosophy of language, ed. by J. Fodor & J. Katz, Englewood Cliffs.

Koptjevskaja-Tamm, Maria. 1993 Nominalizations. London.

Križková, H. 1968. K voprosu o tak nazyvaemoj dvojnoj negacii v slavjanskich jazykach. Slavia 37. 21—39.

Kuipers, A. 1967. The Squamish language. Grammar, texts, dictionary. The Hague.

Lakoff, R. 1969. Some reasons why there can't be any some-any rule. Language 45. 608—15.

Payne, J. R. 1985. Negation. Language typology and syntactic description. Vol. I, Clause structure, ed. by T. Shopen 197—242. Cambridge.

Sgall, P., E. Hajičová, and J. Panevová. 1986. The meaning of the sentence in its semantic and pragmatic aspects. Prague.

Stockwell, R., P. Schachter, and B. Partee. 1973. The major syntactic structures of English. New York.

Tottie, G. 1977. Fuzzy negation in English and Swedish. Stockholm.

Östen Dahl, Stockholm (Sweden)

45. Conditionals

1. Introduction
2. The Logicians' Hook
3. Ordinary Language Conditionals
4. Conditionals as Topics
5. Clause Integration
6. References

1. Introduction

Conditional, or *if*-clauses, chiefly differ from other adverbial clauses of circumstance by virtue of having been adopted for special treatment by logicians. The logicians' hook has been associated with "and", "or", and negation as one of the handful of primitive semantic operators on sentences, and the social consequences of this prestigious status are everywhere apparent. A recent symposium on conditionals, for example (Traugott et al. 1986) drew together scholars from linguistics, psychology, and formal philosophy: it would be difficult to imagine a comparable interdisciplinary symposium on the properties of purpose or result clauses.

Nevertheless, recent linguistic studies (among them, Marchese 1977, Haiman 1978, Longacre and Thompson 1985) have shown that the conditional protasis clause has much more in common with traditional adverbial clauses of circumstance than its exalted logical status would lead one to believe. Moreover, work in the burgeoning field of discourse analysis (for example Ford/Thompson 1986) gives promise of reducing the gap between them even further.

2. The Logicians' Hook

The truth-functional definition of the hook says that a compound statement $A > B$ is true unless A is true and B is false. The yawning chasm between ordinary language conditionals and conditionals defined by "material implication" is of course wellknown (for some discussion, see Goodman 1956, Zwicky/Geis 1971), but there are two important truths about the ordinary language connective "if" that this definition correctly captures:

(1a) unlike the negative operator, but like both "and" and "or", the hook *connects two statements*. Both *"A >" and *" > B" are ill-formed.

(1b) unlike the other sentence connectors, the hook is *asymmetrical*. The statement "A > B" is not the same as the statement "B > A". In some sense, the statement which precedes the hook is assigned primacy.

Ordinary language definitions of conditional sentences reflect the logical notion of material implication in two ways. Current in much of the literature on these constructions are the two assumptions that:

(2a) the conditional protasis is a *dependent* clause: sentences like *"If S" are ill-formed. Conversely, in the minority of languages where the apodosis alone is marked, sentences like *"then S" are equally elliptical.

(2b) the relationship of protasis to apodosis is roughly analogous to the asymmetrical relationship between cause and consequence. The protasis is *a cause clause*, and the primacy of the protasis reflects the primacy of cause over effect.

To this, the ordinary language investigators, grammarians like Jespersen (1946), have added a third defining property of conditional sentences which the formal definition utterly fails to characterize, namely that

(3) the protasis is *hypothetical*.

For a neat conflation of all of these assumptions into a single (mathematician's) definition of the ordinary language conditional, cf. the claim in Ramsey (1931), that "If A, B" and "Because A, B" differ only in that the former is hypothetical.

Properties (2) and (3) do indeed hold for a large number of conditional constructions: but they certainly do not hold for all of them, and in the following sections I will argue that every single one of them is incorrect. All of them will fail to characterize, uniquely and exhaustively, constructions which share the morphological and syntactic properties of "*if*-clauses" and their equivalents in other languages.

3. Ordinary Language Conditionals

A dusty old Spanish textbook contains the following humorous anecdote. A man walks into a restaurant and orders a bottle of wine. After it is brought to his table, he changes his mind, orders a couple of fried eggs and potatoes instead, eats them with gusto, and tries to walk out without paying. The waiter stops him:

(4) — pague Usted la comida, amigo.
     ("pay for the meal, my friend.")
   — pero *si* la cambie por la botella de vino!
     ("but if I exchanged it for the bottle of wine!")
   — entonces pague la botella de vino.
     ("then pay for the bottle of wine.")
   — pero, hombre, *si* no la tome!
     ("but, man, if I didn't take it!")
   — es verdad, es verdad.
     ("true, true.")

(For the sequel, cf. Pittaro/Green 1938, 132).

The "*if*-clauses" in the dialog here are each independent, and hence can assert no cause-consequent relationship with any possible consequent. Moreover, since the fact has been established that the actions described in the two *if*-clauses both actually occurred, the protasis in each case is anything but hypothetical.

The question arises how people who do not know Spanish require no explanation for this idiomatic, but far from isolated use of the conditional (which, incidentally, is explained neither here nor anywhere else in the textbook). One could argue, of course, that the protasis clauses in the dialog (4) are elliptical, and that an understood consequent is something along the lines of "how can you ask me to pay?". But this supplied apodosis is by no means necessary for the understanding of the sentence. And no exegesis is going to make the protasis hypothetical. In fact, it is clear to all readers, whether they know Spanish or not, that what the speaker is saying is nothing like "Suppose S", but rather something like "It is obvious that S" (and saying it with some exasperation).

Example (4) offers us a perfectly unexceptionable conditional clause which violates all the properties of (2a), (2b), and (3). Our problem is to reconcile this admittedly idiomatic but transparent usage with the vast number of cases where the problematic definitional properties of conditionals seem to hold. But before we proceed to this task, perhaps some more examples are in order.

3.1. The cause-consequence Relationship

There is undoubtedly a cause-consequent relationship between protasis and apodosis in the prototypical conditional

(5) If I'm wrong, I'll eat my hat.

wherein, in Strawson's words, "the antecedent provides grounds for believing in the truth of the consequent" (Strawson 1952; recall also the definition given by Ramsey 1931).

Notably, however, this is far from being uniquely a property of conditional sentences. In most languages, the structure

(6) A (and) B

may at least stand for the conditional "If A, then B", while there are many others in which the conditional can be expressed in no other way (for discussion of English threats and promises of the form "A and/or B", cf. Fillenbaum 1986; for neutral conditionals in a variety of languages, cf. Haiman 1983). This suggests the possibility that the primacy of the protasis is no more than the primacy enjoyed by the clause uttered first, rather than being a property of the diacritic "if" or any other specifically conditional marker.

Second, it is remarkable that in many languages, conditional clauses and concessive conditionals (in English "even if ..." clauses) are morphologically alike, or nearly so. While an ordinary conditional may function like (5), precisely the opposite relationship between antecedent and consequent obtains in concessive conditionals like those of (7):

(7a) Even if you lose, you'll have a good time.

(7b) Even if the weather changes, the race will go on.

The concessive nature of the protasis clause is admittedly marked by a special diacritic "even" in (7), but this is by no means always the case in concessive conditionals. There are, for example, the concessive conditionals of (8) in which the non-causal connection between protasis and apodosis is perhaps typically, but by no means always, signalled by the inverted word order of the two clauses:

(8a) I'll get you if it's the last thing I do.
(8b) She wouldn't marry him if he were the last man on earth.
(8c) Greetings from your affectionate if absent-minded son.
(8d) If I were on the rack, I wouldn't tell you.

Then there are the relatively marked but by no means uncommon given or *resumptive* conditionals of (9) whose protasis is neither hypothetical nor causal:

(9a) If I was a bad carpenter, I was a worse mason.
(9b) If lexicostatistics can be usefully employed in Romance, I venture the prediction that its glottochronological accretion cannot.
(9c) If the content of his teaching at this time differed little from that of his own tutors, his manner certainly did.
(9d) If temporal sequencing is the most common relation associated with the use of "and", it is certainly not the only one.
(9e) But if Dallas compressed all the mysteries of the 1980 campaign into a single day, it also underscored the difficulties of analyzing what has happened to American politics in recent years.
(9f) But if Winpisinger was on the far left of the labor spectrum, his hatred of Carter was merely a particularly potent symbol of general resentment and disillusion ...

In the sentences of (9), the protasis merely recapitulates a point which has been made in some detail in the immediately prior text. In each of the sentences of (7), (8), and (9), the consequent is asserted to be true in spite of what the antecedent would lead us to normally expect.

In fact, the mutual *independence* of the conditional construction and the "cause-consequence relationship" is neatly illustrated in the verbal morphology of Hua (and perhaps many other related Papuan languages). Here, the "true conditional" construction may be, and generally is, paraphrased by the normal coordinate construction (5) — *except* where the relationship between protasis and apodosis is concessive, as it is in sentences like those of (7) and (8). Here and here alone, the "true conditional" construction is de rigueur (cf. Haiman 1978, 1983). "Given conditions" of the sort illustrated by (9) are also rendered by a special "tail-head linkage" construction which differs in irrelevant but predictable ways from the basic model.

3.2. The Hypotheticality of the Protasis

The examples from (9) already demonstrate, *pace* Jespersen, that there are conditional protases which are not necessarily hypothetical, any more than they are causal. In each of these, the word *if* could be replaced by *granted that ... nevertheless*. The examples from the Spanish dialog in (4) are similar in that the content of the *si* clause is not merely "granted", but stated as self-evidently true.

It is really not certain how general the phenomenon of "given conditionals" may be, but there is evidence, by no means confined to English, that hypotheticality is not a distinguishing feature of the protasis in general. In fact, givenness and "hypothesis" are homonymous in Spanish itself, where *supuesto* "hypothesis" forms the idiom *por supuesto* "of course".

The most pervasive evidence that conditionals are not necessarily "unreal" or hypothetical is the fact that in innumerable languages, the words for "if" and "when" are identical (cf. Traugott 1985, Comrie 1986). There are even languages like Hua, where the morphological resemblance between "if" and "when" (one of identity of the subject agreement desinence: the two are alike except in the presence or absence of a subjunctive auxiliary verb), is much closer than that between hypothetical and counterfactual "if" (the latter occurring with a characteristic verbal agreement marker which is totally different from the one encountered in given and hypothetical conditionals), cf. Haiman 1978.

Jespersen was naturally well aware of problematic sentences like (9), provided several telling examples (among them (9a)), and was forced by his definition (3) to dismiss them as "pseudo-conditionals". Had he allowed the semantic content of his grammatical categories to be determined by their common form, it is difficult to see how he could have insisted on hypotheticality, which is clearly neither a necessary nor a universal feature of the protasis clause.

3.3. The Dependence of the Protasis Clause

Excepting the examples from the Spanish dialog in (4), we have seen no evidence that the conditional protasis is ever anything but a dependent clause: the prototypical subordinate clause in many respects. This claim is the least frequently challenged: indeed, implicit in the discussion of the *nature* of the connection between protasis and apodosis in 3.1. is the assumption that a connection of some kind must exist, and that the protasis cannot possibly stand on its own.

Nevertheless, what distinguishes conditionals of the form "If A, B" from unmarked parataxis "A B" or simple coordination "A and B" is often their very *inconsequentiality*. Such conceptual independence should be reflected in at least some languages with the grammatical sign of non-dependence. That is, we predict that if the essential meaning of the protasis is to signal the absence of a causal connection with some following clause, there should be languages in which the conditional protasis is the independent clause par excellence.

This prediction is realized in a number of Papuan languages, among them Usan (Reesink 1987), Tauya (MacDonald 1988), and Hua (Haiman 1988). In each of these, there exists a clause type called the inconsequential, which is either totally homonymous with the conditional protasis or which can be substituted for it. The primary function of the inconsequential is to signal that the event described in it was performed without the expected or desired result, and it may stand alone. Typically, "S + inconsequential" can be translated as "S — in vain". Thus, in Hua,

(10a) Hako -   e.
 I = searched (final)
 "I searched for it."
(10b) Hako -   mana.
 I = searched (inconsequential)
 "I searched for it — in vain."

How general this phenomenon may be, even among Papuan languages, remains to be seen. It is interesting that this usage, from an exotic corner of the map, should reflect something of the flavour of the conditionals in the little Spanish dialog in (4):

(4) Si la cambié por la botella de vino!
 "(So what?) I exchanged it for the bottle of wine. (and nothing follows from that!)"

The failure of the standard and conventional definitions for the protasis to cover the various systematic exceptions noted here suggests the possibility that their definition in ordinary language is somewhat different from the one we are used to. In the following section we propose a superficially counterintuitive characterization of the protasis which is compatible with both the standard examples like (5), and the more problematic examples of (4), (7), (8), and (9).

4. Conditionals as Topics

Marchese (1977) and Haiman (1978) proposed that the conditional protasis, like many other subordinate clauses of circumstance, define a framework or set the scene within which the following sentence was either valid or felicitous. In this respect, the protasis functions as a topic in the sense of Chafe (1976). On the one hand, this definition claims far less for conditionals than the requirements of dependence, consequentiality, and hypotheticality, so the problematic examples discussed in section 3. are not immediate embarrassments. On the other hand, the notion that the protasis must serve as a framework for the following sentence seems to capture an idea which the purely truth-functional notion of material implication entirely misses, an idea which is crucial particularly for counterfactual conditionals, that the protasis and the apodosis must be mutually relevant in some way.

Moreover, this definition is congruent with one of the most well-established universals of the conditional, Greenberg's (1966) universal 14: the protasis almost invariably precedes the apodosis in the unmarked, or only permissible case, as the given precedes the new. It is also congruent with two widely noted, but otherwise inexplicable facts: the first is the widespread morphological and syntactic identity of the conditional and topic marker in a large number of unrelated languages; the second is the widespread interchangeability of the conditional marker and the polar interrogative marker.

The immediate relevance of the identity of topic marker and protasis is transparent. Clearly, if the protasis is typically a topic clause, then it is not suprising if there are languages like Turkish or Vietnamese, where both are indicated by the same morpheme (Turkish *-sA*, Vietnamese *thi*), or English, where both are treated as left-dislocations: for example, in both the sentences (11) below, the italicized word may be interpreted as a resumptive pronoun:

(11a) The one-l lama, *he*'s a priest.
(11b) If he's lying, *then* I'll never trust him again.

The definition also accounts directly for the resumptive function of the protasis clause in examples like those of (9).

The identity of topic markers and markers of the polar interrogative, illustrated by structures like the English

(12) Had it been otherwise, I would have told you.

also discussed by Jespersen, is only slightly less transparent. A topic is a given shared by both speaker and hearer, but it is normal for the speaker in practice to make sure of this shared given status by asking for the listener's assent. Thus, the interrogative intonation of English structures such as

(13a) Women? you can handle them. Europe? You've been there.
(13b) There's this girl in my class who flunked algebra 16 times? Well, she just proved Fermat's last theorem.

In effect, as Jespersen pointed out, interrogative intonation establishes a mini-conversation between speaker and hearer:

(14) Speaker: "X?"
     Hearer: ⟨silence⟩, ⟨murmur of assent⟩
     Speaker: "Y."

Here, "X" is established as a shared given by the hearer's silence or other signal of recognition.

Nevertheless, it would seem that to call a protasis a topic means the same as to call it the topic *of* some sentence, and deny the possibility of its acting as an independent utterance. Unless we wish to claim that the conditional protases of (4) and the inconsequential sentence of (10) are sentences which consist of topics only, it would seem that the equation of protasis and topic is refuted.

We *can* make this claim if we bear in mind that the traditional definition of topic involves not only notions like "what the sentence is *about*" but also the more modest idea that the topic constitutes "what is *given*" in any particular sentence. Under normal circumstances, no sentence consists entirely of a topic, since the purpose of communication is presumably to bring new material into the consciousness of the hearer. However, there may be circumstances where the speaker's intention is not to inform, but to remind. (For rhetorical purposes, the speaker may also smuggle new information into the discourse under the pretense that it is old.) This is exactly what the deadbeat in the Spanish dialog in (4) is doing: in uttering "si S", he is saying not only that "S" is inconsequential, but that it is a self-evident fact, a given, or, in the traditional definition, of topic status. The parallel use of the potential topic marking suffix *-mo* (itself part of the conditional suffix *-mamo*) to signal exasperated repetition of self-evident facts in Hua is discussed in Haiman 1978. Basically, the suffix *-mo* occurs on nominal constituents, and on dependent adverbial clauses: it cannot occur on verbs which constitute complete independent utterances, *unless* these utterances are being repeated as self-evident facts that the listener should already know. Thus

(15a) kmigu   - e
      I=will=give=you   (final)
      (-*mo)
      (potential topic)
      "I will give (it) to you."
(15b) kmigu   - mi'
      I=will=give=you   (purposive)
      - mo
      (potential topic)
      "I *already said* I will give it to you!"

In conclusion, a variety of morphological and syntactic facts call into question the traditional common sense definitions of the conditional clause, but support the somewhat novel and initially counterintuitive definition proposed in this section. This definition, of course, has little interest for the formal logician or mathematician, whose hook is characterized by the properties (2a) and (2b). Nevertheless, before leaving this topic, we should note how nearly the ordinary language definition of conditionals as topics coincides with another idea proposed by Ramsey (1931) in the essay already cited: to assess a conditional

"If a, b" add the antecedent "a" to your stock of beliefs — that is, treat it provisionally as a *given*. Then, assess whether or not its consequent "b" is true. Needless to say, more than a single possible world is compatible with the adoption of a hypothetical assumption "a", note the spectacular pairs of sentences from Quine (1959, 1960):

(16a) If Caesar had been in command in Korea, he would have used catapults.
(16b) If Caesar had been in command in Korea, he would have used the atom bomb.
(17a) If Verdi and Bizet had been compatriots, Bizet would have been an Italian.
(17b) If Verdi and Bizet had been compatriots, Verdi would have been a Frenchman.

Although logicians have been understandably intrigued by sentences of this sort (Quine even going so far as to wonder whether a "coherent theory of the [...] conditional [...] is possible at all", Quine 1959, 15), it does not seem that the problem is particular to conditionals, or, indeed, a very interesting one. Quine's "problem" arises from the fact that even in isolation sentences like

(18) Verdi and Bizet are compatriots.

are compatible with a host of possible worlds: they could both be Italian, French, German, Albanian etc. More than one of these possible worlds can differ minimally from what the user knows to be the actual world. Constructing such ambiguously defined worlds is easy, but ultimately a trivial and pointless exercise.

For further work within the philosophical tradition which elaborates the idea that the protasis creates a possible world, cf. Lewis (1973), Stalnaker (1968).

5. Clause Integration

Clearly, the prototypical conditional, like (5), does assert a causal connection between antecedent and consequent, but other semantic relationships are possible. The particularly intimate connection between conditional clauses and both hypothetical and factual concessive clauses has been noted by a host of traditional and modern grammarians, for example Haiman (1974), Koenig (1986), Harris (1986, 1988), Koenig and Van der Auwera (1988).

Johnson-Laird (1986) calls attention to relevance conditionals like

(18a) If you've run out of petrol, there's a garage down the road.
(18b) If you're so smart, why aren't you rich?

in which the antecedent merely provides the speaker's reason for believing that the listener needs to hear him utter the consequent. Schematically, the structure of such relevance conditionals is

(19) If A, (I say) B

and the performative verb clause is suppressed.

There is less semantic integration of the protasis in cases of this sort than there is in prototypical conditionals like (5), where there is a direct and causal connection between "A" and "B". Koenig/Van der Auwera (1988) point out that this lesser semantic integration is iconically reflected in a number of languages like German, which offer the option of embedding the protasis clause in the matrix sentence or hanging it on the margin of the matrix sentence. Since German is a verb-second language, the contrast is reflected in the operation of subject-verb inversion, which applies in the former case, but not the latter:

(19a) Wenn du mich brauchst, sollst du mich anrufen.
"If you need me, you should give me a call."
(protasis embedded: subject-verb inversion applies)
(19b) Wenn du mich brauchst, ich bin hier.
"If you need me, I'm here."
(protasis marginal: no subject-verb inversion applies)

Koenig has also pointed out another context in German where the choice of embedding or not embedding the protasis is almost free, the case of counterfactual conditionals:

(20a) Wenn ich Urlaub hätte, würde ich sofort verreisen.
"If I had a vacation, I'd leave at once."
(protasis embedded)
(20b) Wenn ich Urlaub hätte, ich würde sofort verreisen.
"If I had a vacation, I'd leave at once."
(protasis marginal)

It is likely that the possibility of (20b), the more marked alternative here, is licenced not by the need to express lesser semantic integration, but by the general tendency to make counterfactual protasis and apodosis *parallel* in both their morphology and their syntactic structure. The tendency is exemplified and discussed — but not explained — in Haiman (1985 chapter 3).

6. References

Chafe, W. 1976. Givenness, contrastiveness, definiteness, subjects, topics, and point of view. Subject and Topic, ed. by C.N.Li.

Comrie, B. 1986. Conditionals: a typology. On conditionals, ed. by E. Traugott et al.

Fillenbaum, S. 1986. The use of conditionals in inducements and deterrents. On conditionals, ed. by E. Traugott et al.

Ford, C., and S. Thompson. 1986. Conditionals in discourse: a text-based study from English. On conditionals, ed. by E. Traugott et al.

Goodman, N. 1955. Fact, fiction, and forecast. Cambridge.

Greenberg, J. 1966. On some universals of language, with particular reference to the order of meaningful constituents. Universals of Language, 2nd edn. ed. by J. Greenberg. Cambridge.

Haiman, J. 1974. Concessives, conditionals, and verbs of volition. Foundations of Language 11. 342–60.

—. 1978. Conditionals are topics. Language 54. 565–89.

—. 1983. Paratactic if-clauses. Journal of Pragmatics 7. 263–81.

—. 1985. Natural syntax. Cambridge.

—. 1986. Constraints on the form and the meaning of the protasis. On conditionals, ed. by E. Traugott et al.

—. 1988. Inconsequentials in Hua and the typology of clauses. Clause combining in discourse and grammar, ed. by J. Haiman & S. Thompson.

Haiman, J., and S. Thompson (eds.) 1986. Clause combining in discourse and grammar. Amsterdam.

Harris, M. 1986. The historical development of SI clauses in Romance. On conditionals, ed. by E. Traugott et al.

—. 1988. Concessive clauses in English and Romance. Clause combining in discourse and grammar, ed. by J. Haiman & S. Thompson.

Jespersen, O. 1946. A modern English Grammar on Historical Principles. V. London.

Koenig, E. 1986. Conditionals, concessive conditionals, and concessives: areas of contrast, overlap, and neutralization. On conditionals, ed. by E. Traugott et al.

Koenig, E. and J. van der Auwera. 1988. Clause integration in German and Dutch conditionals, concessive conditionals, and concessives. Clause combining in discourse and grammar, ed. by J. Haiman & S. Thompson.

Lewis, D. 1973. Counterfactuals. Oxford.

Longacre, R., and S. Thompson. 1985. Adverbial Clauses. Language Typology and Syntactic Fieldwork, ed. by T. Shopen. Cambridge.

MacDonald, L. 1988. Subordination in Tauya. Clause combining in discourse and grammar, ed. by J. Haiman & S. Thompson.

Marchese, L. 1977. Adverbial clauses as topics in Godie. Studies in African Linguistics.

Pittaro, J., and A. Green. 1938. Primer curso de Espanol. Boston.

Quine, W. 1959. Methods of logic. New York.

—. 1960. Word and object. Cambridge.

Ramsey, F. 1931. General propositions and causality. The Foundations of mathematics and other logical essays, ed. by F. P. Ramsey. London.

Reesink, G. 1987. Structures and their functions in Usan. Amsterdam.

Stalnaker, R. 1968. A theory of conditionals. Studies in logical theory, ed. by N. Rescher, Oxford.

Strawson, P. 1952. An introduction to logic. London.

Traugott, E. 1985. Conditional markers. Iconicity in syntax, ed. by J. Haiman. Amsterdam.

Traugott, E. et al. 1986. On Conditionals. Cambridge.

Zwicky, A., and M. Geis. 1971. On invited inferences. LI 2. 561–6.

John Haiman, St. Paul, MN (USA)

46. Causality and Finality

1. Introductory Remarks
2. Survey of Phenomena
3. Syntactic Descriptions
4. References

1. Introductory Remarks

A natural language will contain an array of expressions and constructions labeled "causal" or "purposive" owing to their semantics. "Causality" and "finality" are categories of meaning; any definition of causal or purposive parts of speech will turn on concepts of content. Constructions are characterized in terms of events, actions, or propositions, and truth conditions, and expressions are termed "causal" or "purposive" because sentences formed from them express corresponding relations. Heterogeneous as the class of relevant phenomena may be in any one language, not to mention the variety presented by language comparison, they are all supposed to reveal a common structure in semantic representation. Logicians and philosophers have played a major part in supplying translations with proper interpretations; indeed, the analysis of causation provides proof of the success of possible-world semantics. Genuinely linguistic research into the area has largely been conducted in the context of Generative Semantics, and relatively little attention has been focused on the syntactic devices transmitting the underlying relations or on reconciling a fairly uniform semantics with the diversity of surface manifestations.

2. Survey of Phenomena

Causality and finality surface structures exhibit various degrees of directness, ranging from close-to mirror images of logical forms to the remotest recompositions. Thus the two-place sentential operator of causality, often termed CAUSE, corresponds reasonably one-to-one to natural-language conjunctions like *because*, missing only the subtler refinements due to general features of natural language like topic-focus and pragmatic presupposition. There is a long way, however, from the complex yet straightforward sentence *because Jane hammered the metal the metal became flat* to the apparently simple sentences *Jane hammered the metal flat, John flattened the metal by hammering it*, or *John flattened the metal with a hammer*.

2.1. Conjunctions

Causal and purposive expressions of conjunction type can differ in distribution in a number of respects. First, there is the distinction between coordination and subordination, between a conjunction in the strict sense and a subjunction, surfacing in languages differentiating word order, like verb-second versus verb-last in German: *denn* versus *da, damit*, and *weil*. Subordinate clauses subsume under adverb clauses in traditional terms. In the Norwegian example, negation succeeds the verb in the coordinate *for* clause but precedes it in the subordinate *fordi* clause.

(1i) hun la ham i ei krybbe, for det var ikke plass til dem i herberget
('she laid him in a manger, for there-was-not-room for them in the inn')

(1ii) hun la ham i ei krybbe, fordi det ikke var plass til dem i herberget
('she laid him in a manger, because there-not-was-room for them in the inn')

Second, there is the binary topology factor, the order of conjuncts, distinguishing conjunctions introducing sentences unable to precede the other sentence, like Russian потому что, from unrestricted conjunctions like *parce que*.

(2i) rien n'est perdu pour la France, car la France n'est pas seule
(2ii) *car la France n'est pas seule, rien n'est perdu pour la France

Third, there is a widespread tendency for purposives to reduce the complementizer to a preposition and replace inflection by the infinitive preposition, and the embedded subject by PRO, vividly manifest in languages where a purposive preposition combines with 'that' to form the subjunction or with 'to', like Norwegian *for at/for å*:

(3i) han sendte sin sønn for at han skulle frelse verden
('he sent his son in-order that he should save the world')

(3ii) han sendte sin sønn for å frelse verden
('he sent his son in-order to save the world')

Fourth, the two semantic categories differ systematically in mood, the purposive clause showing a strong affinity to the subjunctive, notably in Romanic languages.

(4) legati ad Caesarem venerunt, ut auxilium rogarent

Fifth and last, causal subjunctions differ in their ability to carry focus. In fact, one subjunction seems to occupy a special position in many languages, like *because*, corresponding to French *parce que*, German *weil*, and Norwegian *fordi*, etc. Only this class of cause clauses can be modified, e. g. negated, or focused on by scalar particles, or questioned, or emphasized by means of clefting, or with a "Korrelat". Only these subjunctions permit their clauses to carry the only focus, i. e. the main clause to be topical (cp. Pasch 1982, 63).

(5i) ты зто говоришь, толко потому́ что ты меня любушь
('you are saying that only because you love me')
*ты зто говорушь, толко так как ты меня любушь
('you are saying that only since you love me')
(5ii) c'est (seulement) parce que ..., que ...
*c'est (seulement) puisque ..., que ...
(5iii) sie ist deshalb wichtiger, weil sie es ist, die ich begossen habe
*sie ist deshalb wichtiger, da sie es ist, die ich begossen habe

In languages with corelatives the same words are used to perform the more general function of representing a clause as anaphoric adverbs.

(6) sie ist es, die ich begossen habe, und deshalb ist sie wichtiger als ihr alle

Among these features, the third, fourth, and fifth have semantic explanations and implications. Thus the tendencies of purposives towards infinitive and subjunctive construction reflect their relating someone's intention to her action, favoring subject coreference and non-factual proposition. A connective's unlimited ability to carry focus is probably a condition for the conveyed relation to be asserted.

2.2. Purposive Infinitivals

Obviously, purposive infinitivals do not subcategorize the matrix verb and in particular do not have their empty subjects' reference determined by its properties. Control is not lexical. As observed by Chomsky (1981, 77), the empty subject is normally controlled by the subject of the matrix sentence, as in (7i), although reference of PRO may be arbitrary, as in (7ii). We may ask, however, whether it is really arbitrary, or if (7iii) is adequate, that is, whether PRO is not controlled by the indefinite agent of passives or bound by the same existential quantifier.

(7i) I_i sold the books [PRO_i to help the refugees]
(7ii) the books were sold [PRO to help the refugees]
(7iii) the books were sold (by someone$_i$) [PRO_i to help the refugees]
(7iv) *the price decreased [PRO to help the poor]
(7v) the price$_i$ was low [PRO_i to be affordable for the poor]
(7vi) *the price$_i$ decreased [PRO_i to become affordable for the poor]

This suspicion is supported by the observation that not any kind of matrix sentence is permitted (Chomsky 1981, 143, cp. (7iv)). Whether the purpose is finite or infinite, matrix sentences must be overt or covert passives, representing intended events or states of affairs deliberately brought about, if they are not agentive actives representing actions. The impossibility of (7iv) might be due to the failure of the matrix sentence to supply even a hidden antecedent for a PRO programmed for control by the agent of the matrix verb, whether actually assigned or not. However, (7v) shows that this view is again too simple; the subject is not an agent, yet it controls PRO. The subtle difference between (7v) and (7vi) seems to be that only the former allows us to accommodate a background agent. Whether to control PRO or not, some agent is required in semantic representation to corefer with the subject of intention; representations of (7i) and (7v) are suggested by these paraphrases:

(8i) I sold the books because I wanted to help the refugees
(8ii) the price was low because those responsible for it being low wanted it to be affordable for the poor

Apparent purposive infinitivals do not always express a purpose or even function as adverbial adjuncts in the standard sense. Bech (1957, 102 ff) drew attention to the uses of German *um* phrases which he termed 'determinative' to describe the way they appear to modify some certain part of the matrix sentence as in (9).

(9i) the government has not done enough to reduce unemployment
(9ii) the government has not accomplished enough to get reelected
(9iii) the government needs an economic boom to get reelected
(9iv) to get to Harlem, you must take the "A" train

2.3. Causal Prepositions and Verbs

The pattern of cause and effect or action and purpose each occupying a proper sentence in surface structure experiences a series of contractions in which the purposive infinitival is only the first step. Purposives only come a short way along anyway, though they share in the next step of employing prepositions proper, permitting NP complements to express the purpose (cause) proposition. As a rule, the NPs consist in nominalizations, so the relationship to the clause remains clear.

(10i) der Bernardino ist zwecks höherer Sicherheit gesperrt
(10ii) der Bernardino ist wegen starker Schneefälle gesperrt

Furthermore, the causal relation has at its disposal transitive verbs corresponding to conjunctions, relying on the subject NP to express the cause proposition and on the object NP to express the effect proposition, or vice versa. Again, the NPs often consist in nominalizations or event nouns, but they may well refer to individuals. Frequently the sentence comprises a *by* PP which invariably indicates the predicate of the semantic-representation cause sentence, yet such specification is by no means obligatory; sentences suppressing everything but one argument of the cause sentence abound and are, astonishingly, understood.

(11i) the accident caused a damage of 500 DM
(11ii) a damage of 500 DM resulted from the accident
(12i) my interrupting the current caused a disk disruption yesterday
(12ii) I caused a disk disruption yesterday (by interrupting the current)

It is appropriate at this point to consider causality from a semantic point of view. The causal operator was early recognized as a semantic primitive and as a unique item uniting all causal expressions and constructions. The need to isolate the causal component of lexical causatives, an important motivation for Generative Semantics, was met by positing the "abstract predicate" CAUSE (or BRING ABOUT) in underlying representations (Lakoff 1965 and McCawley 1968). The fact that there is one and only one causal operator implies that any differentiation of "semantic causative types" (Talmy 1976) must be in terms of the two argument sentences, according as they exhibit, for example, the agentive "higher-order predicate" DO ("agent"- vs. "author"- and "directive"- vs. "manipulative causation") or some aspectual operator, e. g. BECOME.

The fact that the first argument of the causal operator should be of the same type as the second argument, that is type S ($\langle t \rangle$), took some time to be appreciated by linguists. The early GS structures displayed *John* as the standard cause, understandably as attention had been confined to causative verbs. Evidence against this view came from consideration of instrumental *by* phrases and from observations like the one that *the window's breaking resulted from a ball* is anomalous (Talmy 1976, 53). In order to explain that *John almost killed Harry* has a reading *John almost did something that could have killed Harry* (Morgan 1969) *John killed Harry* was analyzed along the lines of *John did something such that that something killed Harry* (McCawley 1971), but *that something* still figured as an NP.

Dowty (1972) not only made CAUSE take two sentential arguments in logical structure but also proposed an interpretation of CAUSE in terms of Stalnaker's (1968) theory of conditionals, stating that "B if A", or "A > B", is true in world w iff B is true in the closest, or most similar, world to w in which A is true. Dowty's proposal was that "A CAUSE B", or "CAUSE (A, B)", is equivalent to "A $\wedge$ B $\wedge$ not-A > not-B". This idea was followed up or developed independently by Lewis (1973), who gave a sophisticated semantic analysis. The basic concept is that of counterfactual dependence of the effect proposition on the cause proposition. Lewis (1973a) had in turn refined Stalnaker's conditional semantics, solidifying the counterfactual analysis of causation.

2.4. Causative Predicates

Many a. c. i., "small clause", and object-control verbs have a causal meaning, where the embedded sentence corresponds to the effect sentence in semantic representation and is therefore entailed to be true. As observed by Kac (1976, 240), causal matrix verbs react differently to the passivization test for telling control from a. c. i.

(13i) the impact caused [the cargo to explode]
(13ii) the excessive heat made [the graphite melt],
(13iii) setting [radioactive fumes free]
(13iv) they were instructed to go forth and make [the whole world his disciples]
(14i) Harry caused [Fred to be examined by Dr. Zotch]
(14ii) Harry caused [Dr. Zotch to examine Fred]
(14iii) Harry forced Fred$_i$ [PRO$_i$ to be examined by Dr. Zotch]
(14iv) Harry forced Dr. Zotch$_i$ [PRO$_i$ to examine Fred]

It is not quite appropriate to term these verbs causatives. They subcategorize either sentences or, on a lexical view, verb phrases, whereas the term "causative" primarily applies to verbs merging together "super-" and "subordinated" predicate parts, either morphologically (explicitly, by means of affixation) or lexically (implicitly, like any primitive entry). As long as the two verbs are clearly separate, there is nothing to prevent embedded subjects from sharing the case of embedded objects ("doubling on direct object position"), while true causatives tend to "demote" "embedded" subjects to the next position still available in the object hierarchy (Comrie 1976). Romanic periphrastic causatives present an intermediate stage between Germanic a. c. i and e. g. Uralic morphological causatives in that (1) auxiliary (*faire, fare,* etc.) and main verb form a cohesive unit and (2) two direct objects are avoided in a sentence. In a language like Hungarian, the "embedded" subject is separated from the verb stem by the causative suffix and the suffix of agreement with the "matrix" subject.

(15i) *je ferai le jardinier planter les choux
(15ii) *je ferai planter les choux le jardinier
(15iii) *je ferai au jardinier planter les choux
(15iv) je ferai planter les choux au jardinier
(16) a tanulók vár -at -ják a tanárt
 the pupils wait caus agr the teacher

(Examples from Comrie 1976). The causative is among the most widespread morphological verb categories in the world's languages (Bybee 1985, 29). In Germanic languages, it is present as a relic, traceable in intransitive/transitive verb pairs like *fall/fell*, while causative verb formation through pre- and suffixation of adjectives is productive, viz. German "ver-A-ern", "er-A-en", and English "en-A".

Lexical causatives come in several syntactic and semantic variants, depending on the complexity of the effect sentence. If the verb has only one argument or is a copula, the causative has just two; if it is itself transitive, the causative will have three arguments and the effect sentence subject will appear as an indirect object. If the effect sentence predication is very general, like simply to (cease to) exist, highly discriminate selectional restrictions go into effect: Worlds are created, dams are built, ditches are dug, bread is baked, beer is brewed, and fires are extinguished and people get killed.

Movement causative verbs with dynamic space adverb phrases pose a complicated case. For one thing, the adverb phrase must be interpreted as part of the effect sentence, providing strong evidence that at some level, lexical causatives are decomposed into CAUSE and some effect sentence verb, maybe even contributing the cause sentence verb.

(17) the aircraft dropped the bomb onto the city
("because the aircraft let go of the bomb the bomb fell onto the city")

At the same time, many verbs do not permit unambiguous identification of either.

(18) the thief hurled the brick into the jeweller's window
("because the thief? the brick the brick? into the jeweller's window")

So posited cause and effect sentence verbs do not necessarily correspond to lexemes in the language; rather, they are to be regarded as prerequisites for stating truth conditions, and the frequent failure of actual-language expressions to match them exactly suggests that the level of decomposition is very deep indeed. (But for a contrasting view, see Hoekstra (1984, 242ff.).)

3. Syntactic Descriptions

Causal and, to a lesser degree, purposive expressions distribute into a variety of syntactic environments. In a categorial framework, the following three principal cases are safely reckoned with. There is the type ((S/S)/S), the paradigm of conjunctions (e. g. German *denn*) and subjunctions (e. g. German *weil*) taking sentences into sentence adverbials, subsuming logically as special cases the purposive infinitive subjunctions (e. g. German *um*) and the prepositions proper (e. g. German *wegen*), of the category ((S/S)/NP). This NP corresponds to the rightmost S above and represents a proposition, so mostly it is a nominalization or an event phrase. The same goes for the second NP of the next type ((S/NP)/NP) of transitive verbs (e. g. *cause*) taking NPs into VPs, provided the verb is not a causative (e. g. *destroy*), in which case any NP goes. This type possibly subsumes logically the a. c. i. verbs (e. g. *make*) of periphrastic causatives if they are assigned the category ((S/NP)/S). And there is the type (((S/NP)/NP)/(S/NP)), or, syncategorematically, a formation rule mapping intransitive onto transitive verbs, and so on, relevant to periphrastic causatives resisting a. c. i. and control analysis, and, above all, to morphological causatives.

After this overview in the perspective of categorial grammar, it is appropriate to review the syntactic structures in a generative framework.

3.1. Coordination and Subordination

Obviously, causal conjunctions and subjunctions are expressions of more general syntactic categories. Thus the conjunction *for* (as in *Jenny isn't here, for I don't see her* (Ross 1970)) is a conjunction in the minimal sense that it cannot precede or succeed both of its conjuncts. On the assumption (Stowell 1981) that heads of phrases must be marginal, this would follow from the principle that both conjuncts are heads of conjunctions. The corresponding German conjunction *denn* shares the property of the general conjunction *und* that it cannot occupy the COMP position.

However, the causal conjunction *denn* is much more restricted than the conjunction *und*. In fact, it can only conjoin main clauses, sentences with verb-second word order. Causal subjunctions, on the other hand, are typical expansions of COMP. These S-bar are adjoined to S. (Quite possibly, from a purely syntactic point of view, they might be adjoined to VP instead. The same would apply to the S-bar in 3.2.)

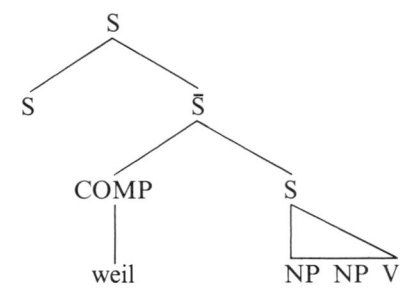

```
         S
        / \
       S   S̄
          / \
       COMP  S
         |   / \
       weil NP NP V
```

3.2. Nonlexical Control

Similarly, purposive prepositional infinitivals are typical S-bar expansions, the preposition occupying the COMP position. As these clauses are not subcategorized by the verbs of the matrix sentences, control of PRO is determined once and for all syntactically to be exercised by the surface matrix subject, though this rule of thumb may be evaded on semantic considerations.

(i) the KGB$_i$ arrests Ivan (in order) PRO$_i$ to stifle dissent

(ii) *the KGB arrests Ivan$_i$ (in order) PRO$_i$ to confess crimes

(i) is a standard case of subject control, as (ii) would be if we were not to force the object control made plausible by the semantics of the embedded VP. (iii) restores subject control and acceptability even though this subject is still a deep object. So (i)−(iii) confirm the rule of surface subject control. However, (iv) shows that when the subject does not carry the agent theta rôle, that NP within the VP which does is a possible controller too.

(iii) Ivan$_i$ is arrested t$_i$ by the KGB (in order) PRO$_i$ to confess crimes

(iv) Ivan$_i$ is arrested t$_i$ by the KGB$_j$ (in order) PRO$_j$ to stifle dissent

(v) and (vi) show that the agent theta rôle does not have to be expressed in order for the surface subject to control or not control PRO. (vii) and (viii) remain to be explained, and because of (v) and (vi), it cannot simply be that an agent theta rôle must be expressed at some position.

(v) Ivan$_i$ is arrested t$_i$ (in order) PRO$_i$ to confess crimes

(vi) Ivan$_i$ is arrested t$_i$ (in order) PRO$_j$ to stifle dissent

(vii) *Ivan$_i$ suffers (in order) PRO$_i$ to confess crimes

(viii) *Ivan$_i$ suffers (in order) PRO$_j$ to stifle dissent

Note, by the way, the acceptability of (ix) and (x), following the pattern of (v) and (vi).

(ix) Ivan is made to suffer (in order) to confess crimes

(x) Ivan is made to suffer (in order) to stifle dissent

The inacceptability of (viii) must be attributed to the failure of PRO to find any antecedent. By analogy, (vi) was acceptable because PRO was really controlled by the suppressed agent theta rôle of the matrix verb, some kind of agent being required in semantic structure anyway. But the thematic structure of *suffer* comprises no agent. In the case of (vii), control of PRO by the subject ought to be as possible as in (v) but seems to be obstructed by the nonexistence of a deep subject. Such control of the empty subject of purposive infinitivals appears to depend on the possibility of reconstructing a latent agent rôle from the matrix verb's thematic structure.

Bach (1982) investigates the control properties of a special type of purpose clauses in English, without *in order* and often with two gaps (*I bought War and Peace to read to the children*), subject to slightly different principles of "free control". For a thorough discussion of the syntax and thematics of English purpose constructions see Jones (1991).

3.3. Nominalization

In the cases considered so far, the causal or purposive meaning has hung under either CONJ or COMP, entering into the pattern S → S CONJ S or S → S S-bar. Obviously, this S-bar (→ COMP S) is not subcategorized but serves as an adjunct and as a sentence adverb in Logical Form. The same applies to the PP of the pattern S → S PP, where the causal or purposive meaning hangs under P (PP → P NP). The same general structure is maintained in "right-to-left" causal verb constructions like NP *result from* NP.

(i) [$_S$ [$_S$ Rome was destroyed] [$_{S'}$ because$_C$ [$_S$ Attila invaded Italy]]]

(ii) [$_S$ [$_S$ Rome was destroyed] [$_{PP}$ [$_P$ because of] [$_{NP}$ Attila's invasion of Italy]]]

(iii) [$_S$ [$_{NP}$ Rome's destruction] [$_{VP}$ resulted$_V$ [$_{PP}$ from$_P$ [$_{NP}$ Attila's invasion of Italy]]]]

The common denominator of these three cases is the general pattern S → X Y, Y → C Z, where C is assigned an interpretation in accordance with the logical operator CAUSE. If C is a V like *cause*, the pattern is reversed in the sense that X and Z commute. Still, a complete nominalization structure brings out the close semantic parallelism between the forms S → S S-bar, S-bar → COMP S, COMP → *because* and S → NP VP, VP → V NP, V → *cause*, except for the inverse order of the two S and the two NPs.

(iv) [$_S$ [$_{NP}$ Attila's invasion of Italy] [$_{VP}$ caused$_V$ [$_{NP}$ Rome's destruction]]]

This parallelism is apparently broken when the leftmost "VP" (the phrase constituting the predicate of the causing event, *invasion of Italy* in the example) no longer appears under the uppermost NP but occupies a PP (*by*) under the *cause* VP. However, this structure is reminiscent of the passive in that the true agent role with respect to *cause*, that is, the predicate of the causing event, is absorbed from the subject position to reappear in a *by* PP within the VP.

(v) [$_S$ Attila$_{NP}$ [$_{VP}$ [$_{VP}$ caused$_V$ [$_{NP}$ Rome's destruction]] [$_{PP}$ by invading Italy]]]

(vi) [$_S$ Attila$_{NP}$ [$_{VP}$ caused$_V$ [$_{NP}$ Rome's destruction]]]

3.4. A. c. I. and Causatives

In recent generative theory, a. c. i. and control constructions, causative or not, are thoroughly configurationally differentiated, the most intuitive, and perhaps the basic, difference consisting in the failure of the a. c. i. verb to assign a θ rôle to the referent of the embedded sentence subject, whereas the control verb does provide such a θ; indeed, that referent is separately subcategorized. The structural differentiation goes back to Rosenbaum (1967) and persists in GPSG (Klein/Sag 1985) [(i) und (ii) siehe nächste Seite].

So the two cases do not appear to share much syntactic structure, yet were one to ignore semantics and the environment of syntactic theory, a uniform structure S [→ NP VP [→ V NP VP]] would be adequate. In fact, Dowty (1985) has shown that S [→ NP VP [→ V VP NP]] is unproblematic even in consideration of interpretation. In terms of pure meaning, the sole difference between *cause* and *force* is that the latter adds a relation between the two NPs (*the band/guard* and *Max*), i. e. the second (*Max*) enters into the cause proposition as an argument of a predicate not entirely indeterminate. Dowty ar-

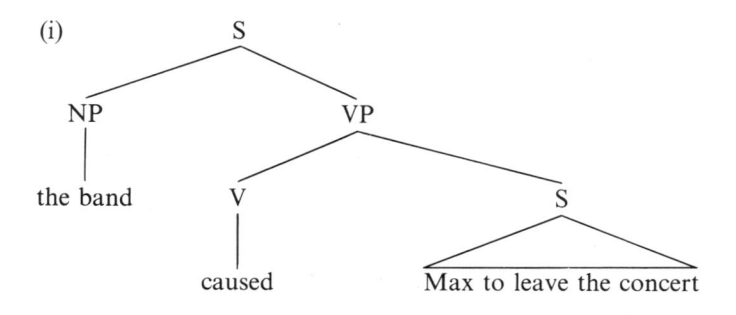

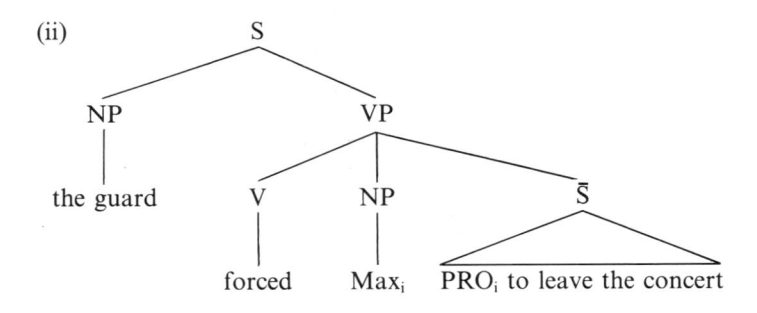

(i)
```
            S
         /     \
       NP       VP
        |      /   \
    the band  V     S
              |    / \
           caused  Max to leave the concert
```

(ii)
```
            S
         /     \
       NP       VP
        |     / |  \
    the guard V NP  S̄
              |  |   \
           forced Maxᵢ PROᵢ to leave the concert
```

gues that it is unnecessary to supply subjects for the infinitives on any structural level and proposes the category (VP, (NP, VP)) for both classes, applying the verbs on intransitive VPs to yield transitive VPs. The intuitions that the VP and the NP form a relevant proposition together and that the NP in the case of control verbs is a true argument of those verbs are satisfactorily captured in two different meaning postulates:

(iii) $\wedge x \wedge y \wedge P \Box [\delta(P)(y)(x) \leftrightarrow \alpha(P(y))(x)]$ (a.c.i)

(iv) $\wedge x \wedge y \wedge P \Box [\delta(P)(y)(x) \rightarrow \alpha(P(y))(y)(x) \wedge \beta(y)]$ (control)

Dowty asserts these to be exactly the defining properties of a.c.i. ("raising") and control ("equi") verbs and that nothing more needs to be stated once these lexical entailments are recognized. For the two verbs *cause* and *force* approximate instances of $\alpha(P(y))(x)$ and $\alpha(P(y))(y)(x)$ could be

$\vee \beta[[\beta(x)]CAUSE[P(y)]]$

("there is something x does such that as a result, P(y) comes about") and

$\vee \beta[[\beta(y)(x)]CAUSE[P(y)]]$

("there is something x does to y such that as a result, P(y) comes about").

If a description of control verbs in this spirit is adopted, it also offers a simple syntax for the "small clause" causative construction *John hammered the metal flat* compatible with the specific semantics. The metal is an argument of both *hammered* and *flat* (it receives a θ role from both, as an object and a subject of predication (Williams 1980)), and *hammer* thus functions as a control rather than a "accusativus cum adjectivo" verb. The structure (v) suggests itself. A general rule would let any "affectual" activity verb δ take a stative adjective P as an optional complement, invoking the meaning postulate (iv) or, more specifically,

$\wedge x \wedge y \wedge P \Box [\delta(P)(y)(x) \leftrightarrow [\delta(y)(x)]CAUSE[P(y)]]$

(For a more syntactic description, see Hoekstra (1988).) Such a non-configurational approach is the only sensible one to take to lexical causatives: There is no reason to posit a more complex syntactic structure than (vi).

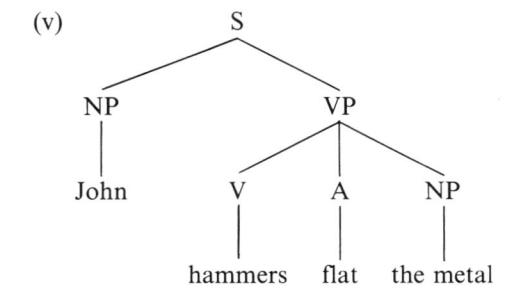

(v)
```
            S
         /     \
       NP       VP
        |     / | \
      John   V  A  NP
             |  |   |
         hammers flat the metal
```

(vi)
```
         S
        / \
       NP  VP
       |  /  \
     John V   NP
          |   |
        kills Harry
```

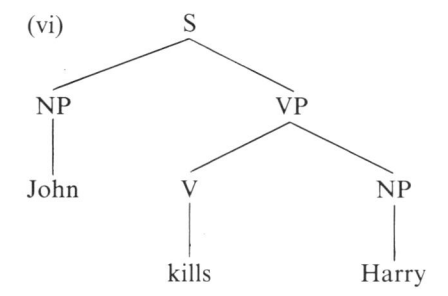

The relevant entailments must be postulated lexically without recourse to structural complexity. This means that the predicate P of the effect sentence must be introduced in each case, its number of arguments varying as it is no longer a nonterminal VP but a primitive verb. 2- and 3-place lexical causatives will adhere to these postulates:

(vii) $\wedge x \wedge y \Box[\delta(y)(x) \rightarrow$
$\vee Q[[Q(x)]CAUSE[P(y)]]]$
$\wedge x \wedge y \wedge z \Box[\delta(z)(y)(x) \rightarrow$
$\vee Q[[Q(x)]CAUSE[P(z)(y)]]]$

This pattern also provides a sound basis for a lexical description of e.g. Romanic periphrastic and e.g. Altaic morphological causatives. Here, the predicate P of the effect sentence is again given as a component of the causative sentence predicate — or, rather, the effect sentence verb P is given as the causative sentence main verb. The causative auxiliary or affix takes a 1-place verb into a 2-place one, and so on. If δ is the causative auxiliary or affix and P is the verb stem, general postulates for 1-, 2-, and 3-place P (2-, 3-, and 4-place $\delta(P)$) could look like (viii).

(viii) $\wedge x \wedge y \wedge P \Box[\delta(P)(y)(x) \leftrightarrow$
$\vee Q[[Q(x)]CAUSE[P(y)]]]$
$\wedge x \wedge y \wedge z \wedge P \Box[\delta(P)(z)(y)(x) \leftrightarrow$
$\vee Q[[Q(x)]CAUSE[P(z)(y)]]]$
$\wedge x \wedge y \wedge z \wedge u \wedge P \Box[\delta(P)(u)(z)(y)(x) \leftrightarrow$
$\vee Q[[Q(x)]CAUSE[P(u)(z)(y)]]]$

Recall two facts about the French or Italian causative auxiliary: (1) It forms a cohesive unit with the main verb and (2) the subject of the effect sentence appears in the next unoccupied object position in the hierarchy DO, IO1, IO2. The former makes a verb-on-verb analysis still more attractive than in the case of Germanic a.c.i., and the latter is automatically accommodated by a convention about the order of arguments in logical structure: The last (rightmost) is the subject (NP); the first (leftmost) is the direct object (NP), the second is the indirect object (NP/PP), and the third is the second indirect object (PP); if these three are different from the last.

(ix) Danièle a fait travailler Michèle
Danièle a fait lire le livre à Michèle
Danièle a fait écrire une lettre à Jeannette par Michèle

A lexical rule for the causative would derive it from the "active" (the verb) and establish how the thematic structure is extended: If V has n (1, 2, or 3) arguments, Vcaus has n + 1 (2, 3, or 4) arguments, and Vcaus assigns the same thematic rôles to its argument positions 1 through n as V assigns to its argument positions, in the same order; and the n + 1st argument position of Vcaus receives a causer thematic rôle.

However, one might prefer a syntactic treatment of causatives, particularly if one prefers a syntactic to a lexical treatment of passives. The causative is in a sense the reverse of the passive in that morphology (or auxiliary verb) creates a new theta rôle (an extra agent). Consider the passive in recent generative grammar (GB theory). Passive morphology has the function of absorbing the subject θ rôle, so the lexical entries for (2-place) actives and passives differ only in present or absent subject θ:

(x)   arrest __ NP   arrested __ NP
       θ1   θ2   θ2

(xi) D structure: e is arrested Max
                     -θ   θ
      S structure: Max is arrested t

This is the prerequisite for movement of the object NP to subject NP position. Indeed, the object NP must be raised because the passive lacks the feature [-N] so the object position is not a case position. Now the notation (x) is not quite correct, for the agent rôle does not disappear completely; it can still be activated by a *by* phrase, so passive morphology really relegates the subject theta rôle.

(xii) Max is arrested by Marjorie
      └────┘   └────────┘
        θ2   θ1

(xiii) Danièle fait emprisonner Max à Marjorie

Now consider the causative (xiii). It is reasonable to assume a parallel to the first stage of passivization, namely, the absorption of the subject theta rôle, as a prerequisite not for movement, but for addition of another agent (a causer) theta role, and raising is (1) blocked by the subject position being again a theta position, and (2) rendered unnecessary by the complex verb assigning case to the object position. True, the original subject θ does not go away but reappears within the VP as the next object position left unoccupied; in the example, as a prepositional object with *à*. But roughly the same is in principle true of the passive. (The object position next to the *à* object is in French the *par* object also used for agents of passives.) So the second step in passivization, move-α, is prevented by the presence of another thematic rôle to fill the subject position from outside, and the causative retaining the feature [-N] permits the object NP to stay in position. Causatives differ from passives in two more respects: The subject theta rôle is not relegated to the fixed position at the bottom of the object hierarchy (*par* phrase) but to the variable one at the relative bottom, and this position is no longer optional but obligatory.

(xiv) faire emprisonner __NP__PP
$\theta 3 \quad \theta 2 \quad \theta 1$

(xv) [$_S$ Marjorie$_{NP}$ [$_{VP}$ emprisonne$_V$ Max$_{NP}$]]
[$_S$ [$_{NP}$ Max$_i$] est [$_{VP}$ emprisonné$_V$ [$_{NP}$ t$_i$] [$_{PP}$ par Marjorie]]]
[$_S$ Danièle$_{NP}$ [$_{VP}$ [$_V$ fait emprisonner] Max$_{NP}$ [$_{PP}$ à Marjorie]]]

In order to restore the a. c. i. pattern adequate for Germanic languages, an intricate "reanalysis" would be necessary: (xvi)

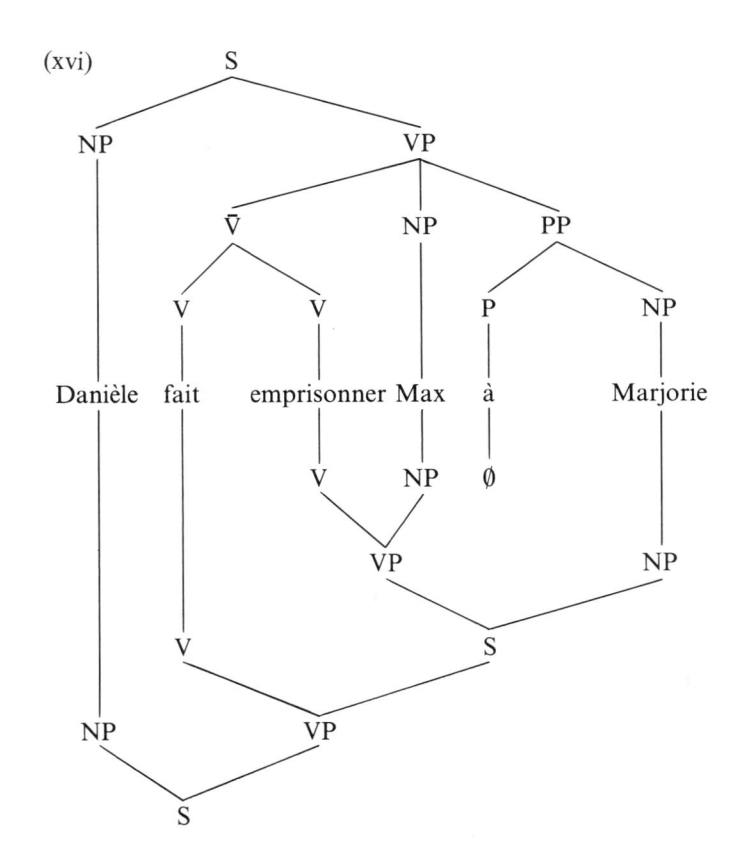

(For a detailed investigation of French, Italian, and English causative constructions based on restructuring in a GB framework, cf. Manzini (1983, 166—229). Cp. also Zubizarreta (1985).) Actually, the sketched syntactic treatment of causatives, patterned on the Chomskyan treatment of passives, is rather lexicalist. There is a separate lexical entry for the causative form of the verb, and deep and surface structures look alike. Baker (1985) opposes such an approach, citing languages with morphological causatives where the subject of the effect sentence appears in direct object position and where grammatical facts evidence a closer relation to Germanic periphrastic causatives, motivating a transformational description. DiSciullo/Williams (1987, 56—63), in turn, uphold their "Atomicity Thesis" against Baker's "Mirror Principle", maintaining that though there may be rules that alter grammatical functions, there are no syntactic rules that alter argument structure.

4. References

Bach, Emmon. 1982. Purpose clauses and control. The nature of syntactic representation, ed. by Pauline Jacobson & Geoffrey Pullum, 35—57. Dordrecht.

Baker, Mark. 1985. The mirror principle and morphosyntactic explanation. Linguistic Inquiry 16.3. 373—415.

Bech, Gunnar. 1957. Studien über das deutsche verbum infinitum 2. (Historisk-filologiske Meddelelser 36, 6). København.

Bybee, Joan. 1985. Morphology: A study of the relation between meaning and Form. Amsterdam.

Chomsky, Noam. 1981. Lectures on government and binding. (Studies in Generative Grammar 9). Dordrecht.

Comrie, Bernard. 1976. The syntax of causative constructions. The grammar of Causative Constructions (Syntax and Semantics 6), ed. by Masayoshi Shibatani, 261—312. New York.

DiSciullo, Anne, and Edwin Williams. 1987. On the definition of word. (Linguistic Inquiry Monograph 14). Cambridge.

Dowty, David. 1972. Studies in the logic of verb aspect and time reference in English. (Studies in Linguistics 1). Austin.

—. 1985. On recent analyses of the semantics of control. Linguistics and Philosophy 8. 291—331.

Hoekstra, Teun. 1984. Transitivity. Grammatical Relations in Government-Binding Theory. Dordrecht.

—. 1988. Small Clause Results. Lingua 74. 101—139.

Jones, Charles. 1991. Purpose Clauses: Syntax, Thematics, and Semantics of English Purpose Constructions. Dordrecht.

Kac, Michael. 1976. On composite predication in English. The grammar of causative constructions (Syntax and Semantics 6), ed. by Masayoshi Shibatani, 229—258. New York.

Klein, Ewan, and Ivan Sag. 1985. Type-driven translation. Linguistics and Philosophy 8. 163—202.

Lakoff, George. 1965. On the nature of syntactic irregularity. Indiana University Dissertation.

Lewis, David. 1973. Causation. Journal of Philosophy 70. 556—567.

—. 1973a. Counterfactuals. Oxford.

Manzini, Maria. 1983. Restructuring and reanalysis. MIT Dissertation.

McCawley, James. 1968. Lexical insertion in a transformational grammar without deep structure. Papers from the 4th Regional Meeting of the CLS, 71—80.

—. 1971. Prelexical syntax. 22nd Annual Round Table (Monograph Series on Languages and Linguistics), 19—33. Georgetown University.

Morgan, Jerrold. 1969. On arguing about semantics. Papers in Linguistics. 49—70.

Pasch, Renate. 1982. Untersuchungen zu den Gebrauchsbedingungen der deutschen Kausalkonjunktionen *da, denn* und *weil.* Linguistische Studien A/104. 41—243.

Rosenbaum, Peter. 1967. The grammar of English predicate complement constructions. Cambridge.

Ross, John. 1970. On declarative sentences. Readings in English transformational grammar, ed. by R. Jacobs & P. Rosenbaum, 222—272. Waltham.

Stalnaker, Robert. 1968. A theory of conditionals. Studies in logical theory, ed. by Nicholas Rescher, 98—112. Oxford.

Stowell, Timothy. 1981. Origins of phrase structure. MIT Dissertation.

Talmy, Leonard. 1976. Semantic causative types. The grammar of causative constructions (Syntax and Semantics 6), ed. by Masayoshi Shibatani, 43—116. New York.

Williams, Edwin. 1980. Predication. Linguistic Inquiry 11.1. 203—238.

Zubizarreta, Maria Luisa. 1985. The Relation between Morphophonology and Morphosyntax: The Case of Romance Causatives. Linguistic Inquiry 16. 247—289.

Kjell Johan Sæbø, Oslo (Norway)

47. Anaphoric Reference

1. Bound Variables
2. Names and Quantifiers
3. Crossover
4. Sloppy Identity and Circular Readings
5. E-Type Anaphora
6. Binding Theory
7. Movement and Scope
8. References

1. Bound Variables

Different types of anaphoric reference can be classified according to different semantic functions of pronouns. For each of these functions — to be characterized as the "bound variable" use, the "coreferential" use, the "sloppy identity" use, and the "E-type" use of pronouns — we identify various restrictions that regulate whether a pronoun falls into one of these classes; moreover, there are additional syntactic conditions that preclude the use of pronouns of a given type in certain syntactic environments. Conversely, different syntactic environments determine the morphological shape of an anaphoric pronoun, i. e. whether it takes the form of a reflexive or non-reflexive pronoun. These syntactic restrictions are among the topics of research within Generative Grammar that will be reviewed in this article.

According to the influential philosopher Peter Geach "it is all one whether we consider bound variables or pronouns of the vernacular." This dictum pointedly expresses the idea that "a variable's being bound to a quantifier is what corresponds to a pronoun's having an antecedent" (Geach 1962). Although Geach's intention was to show that more often than not pronouns can be translated as bound variables in logic, he was well aware that philosophical and linguistic tradition recognizes several of the other uses of pronouns to be illustrated in this article. Thus, the pronoun *his* in (1) can be understood either deictically, receiving its reference from extralinguistic context, or anaphorically, by "picking up its reference" from linguistic material occurring elsewhere in the (co-)text.

(1) Only John hates his brother

Among the anaphoric uses of pronouns, "bound anaphora" is distinguished from "coreference." The coreferential reading of (1) arises from identifying the meaning of the pronoun with the reference of *John*. On that construal, (1) is synonymous with *Only John hates John's brother*. In the bound anaphora reading, however, the pronoun cannot be said to (co-)refer. Rather, the quantified NP *only John* binds the pronoun *his* as a variable of semantic interpretation. This is the bound variable (BV) reading of the pronoun; the pronoun is called a bound variable pronoun (BVP). To illustrate the truth conditions of (1) in that reading, consider a model with D = {John, Paul, Mary} as its universe of discourse. The BV reading is true in D only if John hates John's brother, Mary doesn't hate Mary's brother, and Paul doesn't hate Paul's brother.

As we are going to investigate syntactic constraints on different anaphoric uses of pronouns, it will be useful to formally disambiguate the readings of (1) by assigning them different syntactic representations. This can be achieved by using co-indexation as a formal means to encode binding or coreference:

(2 a)   Only$_2$ John$_1$ hates his$_3$ brother
(2 b)   Only$_2$ John$_1$ hates his$_1$ brother
(2 c)   Only$_2$ John$_1$ hates his$_2$ brother

Indexation in (2 a) represents the deictic use of the pronoun, (2 b) expresses the coreferential construal. The bound variable reading is encoded in (2 c). Here, we coindex the quantifier *only* with the variable to be bound by the quantifier. By convention, we assign the index of the quantifier to the quantified NP, as shown in (3 a).

(3 a)   [$_{NP}$ Only John$_1$]$_2$ hates his$_2$ brother
(3 b)   [$_{NP}$ Only John$_1$]$_2$ hates [$_{NP}$ only John$_1$]$_2$'s brother

In order to get the BV reading, this indexation still has to be interpreted semantically; e. g. we would have to make sure that (3 a) is not interpreted as (3 b). For calculating the truth conditions of (3 b) will reveal that (3 b) can be falsified in a model where the only person Mary hates is John's brother. Since this state of affairs would not falsify (3 a), (3 b) differs in meaning from (3 a); hence (3 b) cannot count as a possible interpretation of the indexing in (3 a), so that co-indexation in (3 a) cannot be interpreted as identity of meaning.

In order to interpret the indexing in (3 a) properly, I assume a level of "Logical Form"

(LF) as a more explicit representation of binding and scope. LF also embodies a logically transparent representation of S-structural *argument positions*. These are the positions to which a thematic role can be assigned (the subject and object positions). In particular, argument positions (henceforth *A-positions*) are projected from S-structure into LF as elements of an appropriate semantic type. Whereas proper names and pronouns like *his* or *her* refer to entities of the type of individuals, quantified NPs are of a different logical type, being functions from properties into truth values. The logical type of an argument position is fixed by the predicate that may assign a theta role to the argument position. In particular, it does not depend on the NP that may occupy the argument position. Thus, in a structure like (4a), *John* occupies an A-position, having the semantic type of an individual.

(4a) [$_s$ John [$_{VP}$ walks]]
(4b) [$_s$ Everyone [$_{VP}$ walks]]
(4c) [$_s$ everyone$_i$ [$_s$ t$_i$ [$_{VP}$ walks]]]

In (4b), however, there is a quantifier in a position that is to be interpreted as that of an individual at LF. In order to resolve this conflict, we assume a rule of quantifier raising *QR*, which adjoins a quantified NP to S and leaves a coindexed trace of the individual type (cf. May 1977). Thus, (4a) has the LF (4c), with t$_i$, the trace of QR, to be interpreted as a logical variable bound by *everyone*. Here, t$_i$ still occupies an A-position, whereas the quantifier is in a non-A-position.

Applying QR to (3a) yields (5a) as a first step towards a correct assignment of meaning, our ultimate representation being encoded in (5g):

(5a) [$_s$ [$_{NP}$ Only John$_1$]$_2$ [$_\alpha$ t$_2$ hates his$_2$ brother]]
(5b) [$_s$ [$_{NP}$ Only John$_1$]$_2$ [$_\alpha$ t$_2$ hates x$_2$'s brother]]
(5c) [$_s$ [$_{NP}$ Only John$_1$]$_2$ [$_\alpha$ x$_2$ hates x$_2$'s brother]]
(5d) [$_s$ [$_{NP}$ Only John$_1$] [λx$_2$ [$_\alpha$ x$_2$ hates x$_2$'s brother])]
(5e) [$_s$ [$_{NP}$ λP(∀x(P(x) ↔ x = John$_1$))] (λx$_2$[$_\alpha$ x$_2$ hates x$_2$'s brother])]
(5f) [$_s$ (∀x((λx$_2$[$_\alpha$ x$_2$ hates x$_2$'s brother])(x) ↔ x = John$_1$))]
(5g) ∀x((x hates x's brother) ↔ x = John$_1$)

Regarding the further steps of this computation, (5b) translates the pronoun into a variable, while (5c) does the same with the trace of QR. (5d) reveals that the index of a quantifier is not "referential," having nothing to do with the meaning of the NP as such. Rather, the index identifies the position of a variable to be bound by lambda abstraction after QR. The meaning of the NP is spelled out in (5e) in a Montagovian style (cf. Montague 1974), ignoring presupposition. The remaining steps represent the result of lambda conversion.

Henceforth, representations like (5a–c) will be referred to as possible LFs of (3a). As their syntactic structures are identical it is not necessary to decide which one of them should be taken as "the" LF of (3a). Note furthermore that a choice can be made with respect to the category α in (5). In theories that allow for subjects to be base generated VP-internally, α can be identified as a VP, so that (5a) could also be regarded as an S-structure derived by NP-movement. In what follows, however, I will adhere to the traditional assumption that α = S (or IP). Since QR applies at LF only, this will exclude (5a) as an S-structure of English.

We are now in a position to state necessary and sufficient conditions for a pronoun to be interpreted as a BV. For this to be the case the pronoun has to be in the scope of a quantified NP. The notion of scope can be identified with "c-command" as defined in (6b) by Reinhart (1976), who reformulated Klima's (1964) notion of "in construction with." (6c) characterizes LF in terms of scope; here, the term "scope-dependence" is taken as a primitive notion that has to be made precise in semantic theory. (7a) defines the notion BVP in terms of scope; condition (7b) states necessary and sufficient syntactic conditions for a pronoun to be interpreted as a BVP.

(6a) β is in the syntactic scope of α iff (if and only if) α c-commands β.
(6b) α c-commands β iff neither α nor β dominates the other and the first branching node that dominates α also dominates β.
(6c) If α is scope-dependent on β then α is in the syntactic scope of β at LF.
(7a) A pronoun is interpreted as a bound variable pronoun (BVP) iff it is scope-dependent on a quantifier NP.
(7b) A pronoun is scope-dependent on a quantifier NP iff it is coindexed with and in the syntactic scope of that NP.

Thus, one direction of the biconditional (7b) states that a pronoun *can* be interpreted as a BVP only if it is in the syntactic scope of (i. e. c-commanded by) its binder. Whether or not this part of (7) is a principle of S-structure or of LF is a matter of debate (cf. Reinhart 1976; 1983 or May 1977). I will assume here that it holds only at LF, implying that it is possible for a BVP c-commanded at LF not to be c-commanded by its quantifier in S-structure. This difference between syntactic scope at S-structure and at LF will be illustrated in the following sections (cf. examples like (10b) or (19) below).

In the other direction, (7b) states that a pronoun *must* be interpreted as a BVP as soon as it is c-commanded by a coindexed quantifier. In general, it will be the case that a pronoun c-commanded at S-structure will still be c-commanded by its binder at LF, hence it will remain a BVP at LF. Conversely, however, a pronoun may get into the scope of a quantifier only at LF, so that taking (7) as an LF-condition will make (7b) contingent on QR; in particular, the BV interpretation partially depends on the ability of a quantifier to gain syntactic scope over a pronoun *at LF*. This process, i. e. movement by QR, is subject to various syntactic restrictions, cf. May (1977; 1985). Conditions on QR will be largely ignored, however; the only crucial restriction adopted here is Williams' (1986; 1988) assumption that QR is clause bound. Note furthermore that syntactic scope in LF does not imply scope-dependence; cf. Liu (1990) for a discussion of scope-independence and further restrictions on scope-dependence.

2. Names and Quantifiers

Although generative grammarians extensively use indexation as a means for disambiguation, the meaning of indexing is often left to mere intuition, rather than to a rigorous semantic theory that defines the interpretation of indices. Above, we interpreted coindexation within the scope of a coindexed quantifier as variable binding; we now turn to coindexation with names. Since coindexation represents identity of meaning in this case, semantic interpretation is trivial here. Unproblematic as it may be, however, there are still problems concerning how to represent this identity of meaning at LF. A case in point is provided by VP-ellipsis in examples like (8):

(8) John hates his brother, and Bill does too

In one reading of (8), the so-called "strict" reading, the pronoun is coreferential with *John*, so that the second conjunct means that Bill hates John's brother. But (8) also allows for another reading, in which Bill hates Bill's brother. This second reading, often termed the "sloppy" reading, is said to arise from interpreting the VP as the property that holds of an x if x hates x's brother. Combined with *John*, this yields the proposition that John hates John's brother, but combined with Bill this implies that Bill hates Bill's brother. Thus, in the second reading, the pronoun seems to be understood as a BVP.

An analysis of the kind sketched here makes the first conjunct in (8) ambiguous between coreference and bound anaphora. Thus, the problem is solved by denying that the second reading involves "coreference." But in order to represent the different readings in syntax, simple indexing on the surface structure is not powerful enough. Whereas coindexing straightforwardly represents the coreferential reading, the BV reading requires additional machinery. According to our assumptions about argument structure in LF, the BV construal of the first conjunct could be represented as in (9b, c):

(9a) $[_s$ John$_i$ hates his$_i$ brother$]$
(9b) $[_s$ John$_i$ $[_s$ t$_i$ hates his$_i$ brother$]]$
(9c) $[_s$ (John) $\lambda x_i [_s$ x$_i$ hates x$_i$'s brother$]]$
(9d) $[_s$ John$_j$ $\lambda x_i [_s$ x$_i$ hates his$_i$ brother$]]$ and $[_s$ Bill$_k$ $\lambda x_i [_s$ x$_i$ hates his$_i$ brother$]]$

Thus, (9c) suggests that names should be treated on a par with quantifiers, so that (9b) would derive from (9a) by a kind of QR. Indexation as in (9a) would now become ambiguous between coreference and binding, so that the so-called "sloppy" reading of (8) could now be represented at LF as in (9d), which employs different indices to spell out the ambiguity between binding and coreference. On closer reflection, however, one might wonder how names manage to behave like quantifiers. In fact, the above analysis is incompatible with the general assumption that the raising operation, which is a prerequisite for binding, is restricted to NPs with semantic scope, because names and pronouns (i. e. variables) have precisely those NP-meanings that are semantically scopeless (cf. Zimmermann 1986). A syntactic argument against QR-ing of names has been presented in Hornstein/Weinberg (1990):

(10a) [$_{NP}$ Kennedy's$_i$ aid] volunteered to support him$_i$, but D'amatos secretary has not $\emptyset$

(10 b) [$_{NP}$ Every senator's$_i$ aid] will support him$_i$, and every congressman's secretary will $\emptyset$ too

These authors observe that the pronoun in (10a) can only have the non-sloppy reading according to which D'amatos secretary has not volunteered to support Kennedy. (10b), on the other hand, is ambiguous and exhibits the BV reading with *every congressman* as a binder of *him* at LF. Hence, QR moves the quantifier to a position where it can c-command and bind the pronoun at LF. In order to explain the non-existence of that reading in (10a), Hornstein and Weinberg assume that no such operation can apply to names.

Although it is consistent with our interpretation of (7) as an LF condition that the BV reading arises because the scope of an NP is only determined after QR at LF — only here can the pronoun be c-commanded by the quantifier NP which binds it —, the syntactic argument concerning names is inconclusive. This is shown by comparing (10a) with (11) from Dalrymple/Shieber/Pereira (1990).

(11) [$_{NP}$ The policeman who arrested John$_i$] failed to read him$_i$ his rights, and so did the one who arrested Bill$_j$

Above we concluded that the sloppy reading of (10), with the missing VP being reconstructed as *volunteered to support D'amato*, cannot be derived because the names cannot c-command the VPs so as to interpret the pronouns as BVPs. In (11), however, the sloppy reading *is* available, although here again the names are too deeply embedded to c-command the VPs. Whatever distinguishes these cases, then, seems to be non-syntactic. Moreover, given our assumption that QR is clause-bound, the depth of embedding of the names in (11) also indicates that recourse to QR-ing of names will not be of any help in deriving the desired representation. In any case, assuming that names undergo QR will not suffice to obtain the appropriate meaning and should be dispensed with.

Dalrymple et al. (1990) argue that the first conjunct in (8) is in fact unambiguous. According to these authors there is an essential and non-trivial problem posed by ellipsis, concerning the semantic reconstruction of the material to be associated with the missing VP. Above, we supposed (following Williams (1977) and others) that the missing VP must be recovered by copying *identical* linguistic material from the first conjunct, the "source" of the ellipsis, into the second conjunct, the "target." Alternatively, however, the missing property of the "target" might be reconstructed by solving the equation (12a) for the variable P, which semantically represents the missing VP in (8):

(12 a) P(John$_i$) = John$_i$ hates his$_i$ brother
(12 b) P(John) = $\lambda x.x$ hates John's brother (John)
(12 c) $\lambda x.x$ hates John's brother
(12 d) $\lambda x.x$ hates x's brother

(12a) is equivalent to (12b), which makes it easier to grasp that the equation has at least two solutions, namely the properties in (12c) and (12d), where (12d) yields the sloppy reading, while (12c) yields the "coreferential" reading of (8).

Several precautions have to be taken to make the analysis work. Basically, two non-trivial tasks are involved: one of finding salient solutions of equations like (12a) ("resolution of ellipsis"), and one of finding the correct equations ("identification of parallelism"). As evidenced by examples like (13), the latter step does not always respect syntactic parallelism:

(13) Avoid getting shampoo in eyes — if it does, flush thoroughly with water

Moreover, examples like (11) require the resolution of an equation with a two place relation P on its left side, having *John* and *the policeman who arrested John* as arguments. How to arrive at these equations by identification of parallelism seems to be largely a matter of pragmatics (cf. Dalrymple et al. (1990) for some discussion).

Returning to the problems of coreference, it is clear that Dalrymple et al.'s analysis denies that the ambiguity results from a difference of coreference, a difference that presumably should be represented at LF. In fact, according to the above analysis, the ambiguity is resolved completely within semantics, though something similar to QR might be involved here in promoting deeply embedded names into the argument position of the n-place relation P.

If this analysis is correct, some anaphoric relations, including ellipsis as a special case of (null-)anaphora, might escape from a proper treatment within syntax, so that anaphora as such cannot be represented in syntax, neither at LF nor at some other syntactic level of representation. In addition, it is well-known that anaphora resolution is one of the most complex linguistic tasks, involving all sorts of non-syntactic information. In fact, the very concept of anaphora is hardly a grammatical one, nor is there any "grammatical antecedent-anaphora relation that is essential to the description of pronouns" (Wiese 1983). Accordingly, it might be reasonable to deny any interaction between anaphora and syntax.

On the other hand, it will be shown below that we do find such interactions once we proceed on the basis of the assumption that the anaphora resolution problem has already been solved in a particularly simple way — one that can be expressed by means of coindexation at a syntactic level of representation. Given a proper semantic interpretation of coindexing — a matter to which we return —, it is certainly legitimate to investigate its formal (i. e. syntactic) properties.

3. Crossover

In all the cases discussed so far, the BVP is associated with an empty category (EC) at LF, with the EC itself being interpreted as BVs. As a rule, then, BVPs are always coindexed with BV ECs that arise from the interpretation of raising of an operator, cf. QR in (14a, b) or *wh*-movement in (14c, d):

(14a)   Every man shaves himself
        (S-structure)
(14b)   Every man$_i$ [x$_i$ shaves x$_i$]
        (LF)
(14c)   Which man$_i$ [t$_i$ shaves himself$_i$]
        (S-structure)
(14d)   Which man$_i$ (x$_i$ shaves x$_i$]
        (LF)

There are, however, well defined exceptions to this rule; in special circumstances the BVP itself can take over the role of the EC. This is what happens in the so-called "resumptive pronoun" strategy; cf. Engdahl (1985) and the following Swedish example from Maling/Zaenen (1982):

(15) Det här är en sorts problem$_i$ som Kalle påstår att huruvida Pelle klarer att lösa det$_i$ eller ej kommer att visa om han är intelligent
'This is the kind of problem that Kalle says that whether Pelle succeeds in solving it will show if he is intelligent.'

Ignoring these cases in what follows, it remains true that in all other circumstances binding of a BVP is "mediated" by an EC in a particular way. In order to describe this syntactic dependency of a BVP on an EC, we adopt the following notions from Chomsky (1981):

(16a)   α binds β iff
        (i) α and β are co-indexed, and
        (ii) α c-commands β.
(16b)   α locally binds β iff
        (i) α binds β, and
        (ii) if γ binds β, then γ = α or γ binds α.

According to (16), the BVP *himself*$_i$ in (14c) is bound by the *wh*-operator and by the EC (the variable) t$_i$; but only the latter locally binds the BVP. Now, the syntactic restriction on BVPs can be formulated in terms of the hypothesis that BVPs are never *locally* bound by their operators at LF. To put it in another way, BVPs in LF are always locally bound by traces of operators. This conjecture is confirmed by the following examples (17) and their logical representations in (18):

(17a)   *Which man$_i$ did his$_i$ mother shave t$_i$
(17b)   *Who$_i$ did he$_i$ say she shaves t$_i$
(17c)   *he$_i$ loves noone$_i$
(17d)   *his$_i$ brother hates noone$_i$

(18a)   for which man x: x's mother shaves x
(18b)   for which person x: x says she shaves x
(18c)   for no person x: x loves x
(18d)   for no person x: x's brother hates x

Note that from the perspective of semantic interpretation, these representations are perfectly meaningful; yet the BV readings are unavailable. Clearly, this state of affairs calls for a syntactic explanation in terms of local binding of the BVP. Postal (1971) excludes such illegitimate binding of pronouns by a general syntactic prohibition against moving a potential binder across a coindexed pronoun. Since then, numerous reformulations of the constraint have appeared in the literature; as we will see below, versions of the crossing constraint have played a crucial role in syntactic argumentation since the beginnings of research on anaphora in the late sixties.

Although Postal's restriction gives the correct results in the above examples, his crossing constraint seems too strong for (19) from May (1977):

(19a)   Seeing his$_i$ mother pleased every boy$_i$
(19b)   [$_s$ every boy$_i$ [$_s$ seeing his$_i$ mother pleased t$_i$]]

The problem can be overcome, however, if it is assumed that the embedded subject *seeing his$_i$ mother* contains an empty subject PRO$_i$ which serves as the local binder of *his$_i$*. Since this PRO-element cannot count as a BV-*Pronoun* (although it may and sometimes must be interpreted as a BV at LF, as is the case in (19)), it remains true that a BVP must be locally bound by an EC.

Another way to formulate the constraint has been proposed in Reinhart (1983):

(20) A BVP must be locally A-bound.

The term A-binding is defined as binding from an A-position, i. e. a position of the type which has been identified in section 1. as being reserved for individuals at LF. Thus, (20) says that pronouns that are bound by an operator must be locally bound from an A-position; e. g. from the position of PRO in (19) or *every man* in (14 a). By definition, an A-position cannot be the position of the operator at LF; hence we derive the thesis that a BVP must be locally bound by (and could be said to "corefer" with) a variable at LF. This condition also explains the following variant of (19), which has been classified as ungrammatical in Higginbotham (1979):

(21) *Mary's seeing his$_i$ mother pleased every boy$_i$

In contrast to (19), there is no coindexed PRO-element through which binding of the BVP can pass as a "gate"; hence, the construction is successfully ruled out by (20). As pointed out by Stowell (to appear), however, this restriction on BVPs is still too strong as it stands, as is evidenced by the following parasitic gap configurations:

(22 a) ?What$_i$ did John file t$_i$ without reading e$_i$
(22 b) What$_i$ did John file t$_i$ without reading it$_i$

Chomsky's (1982) and Engdahl's (1983) analyses of examples like (22 a) crucially rely on the assumption that the parasitic gap e$_i$ is not c-commanded by the trace t$_i$, so that the gap must be locally bound by the *wh*-operator. This result immediately carries over to the parallel structure in (22 b), so that the pronoun *it* is locally bound by the operator. This clearly contradicts (20), showing that the phrasing of the crossover constraint given above was too simplistic.

A solution to the problem involves a shift of perspective. Many authors assume that it is insufficient to block crossover configurations by a constraint that refers to the relation between the BVP and its binder alone; rather, Chomsky (1976), Higginbotham (1979), Higginbotham/May (1980, 1980 a), Koopman/Sportiche (1983), and others have imposed various conditions on the variable left behind by operator movement. Consider for instance Chomsky's (1981) crossover condition (23), which was formulated within his Binding Theory (cf. section 6.2.) as "Principle (C)" for ECs:

(23) A variable is not A-bound (i. e. it is A-free) within the scope of its operator.

(23) presupposes the syntactic notion "variable" which is not to be confused with the logical notion. A "variable" in the sense of Chomsky (1981) is a case-marked EC. In general, then, variables are traces left behind in a case-marked argument position. To illustrate, consider (17 b). The trace left behind by *wh*-movement is in a case-marked position, hence a variable. Being coindexed with *he*, this trace is bound from an A-position that lies in the scope of *who*. Hence (17 b) violates (23).

The principle immediately rules out what have been called "strong crossover" configurations in Wasow (1972); these involve cases like (17 b, c), in which the crossed item c-commands and A-binds the trace left by movement. So-called "weak crossover" as in (17 a) also involves ungrammatical crossing, but in this case the BVP does not c-command and therefore does not A-bind the coindexed trace. Hence, weak crossover is not ruled out by (23). In order to subsume weak crossover under this condition on traces (which do not count as BVPs), Stowell (to appear) proposes that the index of a BVP is inherited by all nodes that dominate the BVP within the scope of its binder. In the following LFs for (17 a, d), this percolation index is put into brackets; it will be omitted at irrelevant nodes of the path from the BVP to its binder:

(24 a) *Which man$_i$ did [his$_i$ mother]$_{\langle i \rangle}$ shave t$_i$
(24 b) *[$_S$ noone$_i$ [$_S$ [his$_i$ brother]$_{\langle i \rangle}$ hates t$_i$]

It can easily be verified that the index of the variable (the case marked trace) is locally bound by a secondary index, which happens to be the index of an A-position. Thus, an extension of (23) to secondary indices will give us the desired explanation for the weak crossover effects. Returning to (22 b), the relevant indexing is this:

(25) What$_i$ did John [file t$_i$] [without reading it$_i$]$_{\langle i \rangle}$

Again, the index of the trace is (indirectly) bound by the secondary index on the PP, but looking at (25) more closely, a crucial difference emerges: The position of the adjunct is not an argument position, hence this type of indirect binding is not A-binding and there is no violation of (23).

This method of restricting the occurrence of BVP, by stating conditions on variables, extends to several other constructions; compare e.g. (25) with (26a, b). In contrast to (25), the variables in (26a, b) are A-bound by the secondary index of the BVP. Hence, the pronoun is ungrammatical (whereas a parasitic gap, which is assumed not to create secondary indices, is more acceptable). (26c) from Higginbotham (1983) could be explained by Stowell's assumption that LF movement of *which man* in (26d) creates a coindexed path and hence a secondary index on *which picture of*. By convention, this index has to be copied on the trace of S-structural movement, with the result that the secondary index of the trace t$_{j\langle i \rangle}$ is A-bound by *he$_i$*. Assuming further that the secondary index is subject to "principle (C)," (23) rules out the S-structural configuration (26c) as a case of "secondary crossover" derived at LF.

(26a) I know the man who$_i$ [close friends of ?e$_i$/*him$_i$]$_{\langle i \rangle}$ admire t$_i$
(26b) Who$_i$ did you give [a picture of ?e$_i$/*him$_i$]$_{\langle i \rangle}$ to t$_i$
(26c) *[Which picture of which man$_i$]$_j$ did he$_i$ buy t$_j$
(26d) *which man$_i$ [which picture of t$_i$]$_{j\langle i \rangle}$ did he$_i$ buy t$_{j\langle i \rangle}$
(26e) [That he$_i$ is supposed to work] is regretted by every student$_i$
(26f) Wen$_i$ hat [die Tatsache daß
Who has the fact that
ein Dieb sein$_i$ Fahrrad gestohlen
a thief his bike stolen
hat]$_{\langle i \rangle}$ t$_i$ trotzdem erfreut
has nevertheless pleased

As pointed out to me by Gereon Müller and Jung-Goo Kang (p.c.), (26e, f) show that the conditions on weak crossover might be too strong. Although weak crossover is sometimes more acceptable than strong crossover, it seems to me that QR in Koster's (1988) example (26e), or *wh*-movement in the German example (26f), do not lead to any ungrammaticality whatsoever. Perhaps, then, the more deeply embedded the BVP, the weaker the crossover effect. Formally, this could imply that the paths of BVPs might not be permitted to climb up the tree across any arbitrary node. On the other hand, it has been claimed that even very local weak crossover configurations are still grammatical in certain dialects of German (cf. Webelhuth 1989, chapter 6.6; Fanselow 1990). In contrast, however, "weak" LF-crossover as in (26d) always seems strongly ungrammatical in any language. At present, it is an open problem how to spell out these differences in an explanatory way.

4. Sloppy Identity and Circular Readings

Although the observation that pronouns can, and often must, be understood as BVs can be found in the writings of many linguists and philosophers (cf., e.g., Quine 1960; Geach 1962; or Partee 1970), Generative Grammar has mostly been concerned with the so-called "coreferential" use of pronouns. Following Chomsky (1955), two dogmas influenced much of the linguistic literature up to the late sixties.

(27a) D-structure is a representation of meaning.
(27b) If a full NP is the antecedent of a pronoun, then the pronoun is syntactically derived from a copy of the non-pronominal full NP in D-structure.

In the light of the insight that bound anaphora readings cannot be paraphrased without treating pronouns as BVs, it is clear that (27), which became known as the pronominalization hypothesis, cannot work in general. Nevertheless, the doctrine was so influential that it shaped most theorizing in one way or another. In particular, it provoked just the opposite thesis — ventured by Lakoff (1968), McCawley (1968), Dougherty (1968; 1969), and others — namely, that meaning is read off from surface structure and, what seems to be more important in the present context, that pronouns can *never* be generated by the copying process described in (27b).

The first straightforward refutation of the pronominalization hypothesis (27) took the form of what became known as the Bach-Peters paradox (dating back to 1967 and published as Bach (1970)) and consists of sentences like (28), which was designed to undermine (27 b):

(28) [The boy who deserves it$_j$]$_i$ got [the prize he$_i$ wanted]$_j$

If the pronouns in (28) were derived transformationally from the full NPs with which they are, by hypothesis, assumed to be coreferential, then (28) could not have a finite D-structure. Any attempt to construct a D-structure by replacing the pronouns in it with the coindexed full NPs would result in a representation that still contains pronouns:

(29) [The boy who$_i$ deserved [the prize he$_i$ wanted]$_j$]$_i$ got [the prize [the boy who deserved it$_j$]$_i$ wanted]$_j$

Repeating the substitution process yields an even bigger sentence with the same pronouns appearing again, and so on, ad infinitum. The apparent impossibility of interpreting the coindexation by (27 b) and arriving at a definite representation of the meaning of the sentence was taken as evidence that *all* pronouns must be generated in the base.

Although the conclusion that pronouns cannot *always* be derived via substitution is certainly correct, it has been shown by Jacobson (1977) that the paradox does not imply that pronouns *never* allow for a process like pronominalization (henceforth abbreviated as PR). As we will see below, such a step is in fact essential to derive the meaning of Bach-Peters sentences. Unfortunately, the attempt to find a semantic representation for (28) has provoked widespread disagreement in the literature. The problem was how to handle the "paradoxical" coindexing in a systematic way: clearly it is not sufficient to have intuitions about the interpretation of (28) without being able to state a semantic theory that systematically reconstructs the meaning of coindexation.

As one of the first to develop a proper understanding of what is at stake, Karttunen (1969) pointed out that the problem of assigning a meaning to (28) is entirely independent of the question of cross-reference, noting that an analogous difficulty arises in (30):

(30) Every man who$_j$ loves [his$_j$ wife]$_i$ kisses her$_i$

Intuitively, the pronoun *her* simply stands for the expression it is coindexed with; in particular, *her$_i$* cannot be interpreted as being in the scope of *his wife*, nor can it be represented as a free variable to be interpreted as identical in meaning with *his wife*; this is excluded because the reference of the antecedent still depends on a value assignment for a BVP contained in it. Pronouns like *her* in (30) were called "pronouns of laziness" in Geach (1962); the referential relation between the pronoun and its antecedent is one of "sloppy identity" (cf. also the "sloppy" VP-deletion in section 2.). On the basis of the observation that sloppiness results from identity of linguistic expression in the surface, an intuitively correct paraphrase of (30) is (31 a), which can be taken as an intermediate step in deriving the LF of (30). It only remains to identify the second occurrence of *his* as a BVP, cf. (31 b):

(31 a) Every man who$_j$ loves [his$_j$ wife]$_i$ kisses [his wife]$_i$
(31 b) [Every man who$_j$ loves [his$_j$ wife]]$_i$ t$_i$ kisses his$_i$ wife

(31 b) correctly represents the meaning of (30), though the derivation recalls a problem which we have already encountered in the context of VP-ellipsis: the two occurrences of *his wife* do not respect identity of indices. Although this is accidental in (31) (because we could identify i with j without any change in meaning), a similar problem arises with the following variant of an example from Geach (1962):

(32 a) John gave [his paycheck]$_j$ to his wife but Bill gave it$_j$ to his mistress
(32 b) John$_i$ gave [his$_i$ paycheck]$_j$ to his$_i$ wife but Bill$_k$ gave [his$_k$ paycheck] to his$_k$ mistress

In section 2. we decided not to treat names on a par with quantifiers, so that the index of a name cannot be used to bind a pronoun in the sense of variable binding. Given that this decision was correct, the transition from (32 a) to (32 b) shows that one cannot maintain the thesis that copying must respect indexation.

At this point in the discussion, there are a number of moves that could be made, including revising earlier assumptions. One could, for example, decide to leave the problem to semantics. As we will see below, however, this would deprive us of explanations that can be derived from the syntactic considerations in section 3. A revision of the indexing convention and/or the treatment of names would be possible; as it will turn out, however, the problem at hand is more general and does not only involve names or pronouns. It therefore seems to be more adequate to accept that BVPs can be reindexed in the process of copying. It is plausible that this additional freedom of reindexation is harmless, as long as reassignment of indices proceeds in accord with certain syntactic conditions on pronouns of laziness; as in the case of anaphora resolution with ellipsis, additional semantic or pragmatic restrictions may also play a role. We are now in a position to state at least some of the syntactic restrictions that seem to govern the more complex cases of non-BVP anaphora. First recall from the syntactic conditions on BVP that the sloppy use is ruled out in environments that define BVPs. Another restriction concerns the antecedent of a pronoun of laziness, which must be a definite term. Apart from these, another restriction to be observed in the transition from (32 a) to (32 b) concerns reindexation of pronouns. A precise formulation would require technical machinery which I do not want to introduce here, but on a more intuitive level the relevant condition can be formulated as follows:

(33) If α_i is the antecedent of a pronoun β_i, then
  (a) pronouns that are free (i.e. not bound) in α_i but bound within some larger constituent γ must be bound in the result of substituting α_i for β_i;
  (b) pronouns that are free in α_i and free in γ must remain free in the result of substituting α_i for β_i.

In other words, the substitution process may neither "create" nor "absorb" free pronouns, where "creation" amounts to substitution of a bound variable into an environment where it becomes free, while "absorption" describes the opposite result. Clearly, these restrictions have not been violated in previous examples. To illustrate a violation of (33 a), consider (34):

(34 a) *[His$_i$ wife]$_j$ loves [the man who adores her$_j$]$_i$
(34 b) *[His$_i$ wife]$_j$ saw [her$_j$ husband]$_i$

The pronoun *her* is bound by the description *his wife*; substitution of *his* by the second description yields a representation where *her* occurs without being bound. Hence, this interpretation violates the parallelism constraint expressed in (33 a). A violation of (33 b) is illustrated in (35):

(35) *I don't know [his$_j$ wife]$_i$ but everyone$_j$ loves her$_i$

Substitution would render *his$_j$* bound by *everyone$_j$* — clearly an illegal operation. The following example (36 a) from Haïk (1984) exhibits a violation of pragmatic parallelism concerning the role of the binder:

(36 a) *Everyone$_i$ else likes [his$_i$ wife]$_j$ and it's a pity I don't know her$_j$
(36 b) Everyone$_i$ else loves [his$_i$ wife]$_j$ but I hate her$_j$

As evidenced by (36 b), the first person pronoun *I* can, in principle, bind *his* at LF after substitution; nevertheless the lack of semantic parallelism in (36 a) precludes the sloppy identification. It seems, then, that (33) is only the syntactic part of a more general requirement on parallelism in sloppy anaphora — a result that might also carry over to the various analyses of VP-ellipsis sketched in section 2.; in particular, a kind of sloppy copying (which repects (33) but not a strict identity of indices) might be adequate, but for reasons of space I have to refrain from taking up the issue again.

Returning to the Bach-Peters paradox, Karttunen (1969) concluded "that, if base structures are as close to being formulas in symbolic logic as we have assumed, then there must be a PR rule, but at the same time we don't quite know how to state it ... Other than that I do not see that there is anything special involved in the Bach-Peters sentences." Though Karttunen does not give any explicit assignment of meaning to (28), he seems to imply that an adequate treatment of the paradox involves both variable binding and PR. From the present perspective, PR is a process of substitution that applies on the way from S-structure to LF rather than from D-structure to S-structure; this difference, however, does not play any role in the discussion of PR as such. Thus, a straightforward analysis of (28) can now be given by treating the occurrence of *it* as substitutional:

(37) [The boy who$_i$ deserved [the prize he$_i$ wanted]$_j$]$_i$ got [the prize he$_i$ wanted]$_j$

Subsequent applications of QR then yield an intuitively correct LF of (28).

It is essential to the solution of the paradox that *he$_i$* is a BVP, which implies that we treat descriptions in a Russellian way as quantifiers, contrary to what is assumed by May (1985). Thus, the proposed solution involves both variable binding (which cannot be expressed by PR) and a substitution process that is in accordance with PR. Hence, we can neither assume that there is no such rule as PR, nor can we assume that PR could apply to BVPs. In terms of the theory embodied in (27), BVPs must be generated in D-structure, but sloppy identity pronouns can't be.

That substitution is indeed essential in solving the paradox has been justified by Jacobson (1977), who demonstrated that the result of substitution interacts with independently motivated syntactic constraints. To illustrate, consider the following misconstrued crossing reference sentence (38 a):

(38 a) *[The woman he$_i$ wrote to]$_j$ saw [the man who loves her$_j$]$_i$
(38 b) *[The woman [λx$_j$ [the man who loves her$_j$] wrote to x$_j$]]$_j$ saw [the man who loves her$_j$]
(38 c) *[λx$_j$ [the man who loves her$_j$]$_{\langle j \rangle}$ wrote to x$_j$]

Applying PR to the pronoun *he$_i$* and spelling out the invisible relative pronoun as lambda abstraction yields (38 b). But clearly, this representation violates the crossing constraint: as shown in (38 c) the secondary index that results from binding of the BVP *her$_j$* A-binds the index of the variable within the relative clause.

Of course, the same result could be obtained already at S-structure, without recourse to something like PR at LF. Recall that *her* generates a secondary index in the S-structure (38 a); to derive a violation of crossover it suffices to require that the secondary index of *the man who loves her* is copied onto the anaphorically dependent pronoun *he* in (38 a). This index ⟨j⟩ on *he* will then play the same role as in (38 b). It is not clear, however, whether we should conclude from this that substitution is dispensable. For recall that it has provided us with an *interpretation* of coindexing by constructing a straightforward representation of meaning. Mere coindexation cannot, in itself, be of any help on the road to meaning, i.e. it does not define what it is intended to express. The history of the Bach-Peters paradox has shown that it is precisely this lack of an exact interpretation of indices that gave rise to its paradoxical flair in the first place.

By way of a historical footnote, it is worth mentioning that the majority of generative linguists defended (27 b), but were seemingly unable to identify the concept of BVPs except by obscure notation (i.e. one that uses copying as a formal equivalent to variable binding; cf. Perlmutter/Soames (1979)). Notwithstanding these deficiencies, meaning assignments to Bach-Peters sentences were described precisely enough on an intuitive level; see Jacobson (1977) for a thorough discussion. As an alternative to the kind of analysis that involves PR, Keenan (1972) proposed a semantic representation entirely without PR. To get the coreferential construal of the pronouns he defined a description operator that simultaneously represents the two quantifiers of S-structure as one wide scope operator in LF. This operator simultaneously binds the two logical variables and the two pronouns, which now reduce to BVPs. Jacobson (1977) argued, however, that Keenan's truth conditions are counter-intuitive. Higginbotham/May (1981; 1981 a), in a much more sophisticated theory, generalized Keenan's double binding theory for arbitrary two place quantifiers; thus, their account is able to define truth conditions for cross-reference sentences like (39):

(39 a) [Every boy who deserved it$_j$]$_i$ got [a prize he$_i$ wanted]$_j$
(39 b) [A boy who deserved it$_j$]$_i$ got [every prize he$_i$ wanted]$_j$

These theories presuppose a kind of quantifier "absorption" that compounds sequences of n quantifiers into one n-place operator. Besides being skeptical about the compositionality of this process, I have difficulties in getting the alleged readings (in particular, (39 b) might turn out to be a case of crossover); in addition, it seems to me that the theory is unable to generate the rather natural truth conditions predicted by the method of PR.

Summarizing so far, the investigation of the meaning of (28) did not refute PR as a reasonable strategy for analysing the sloppy use of pronouns. At the least, PR provides for a simple way to interpret coindexation; once this is granted, I can see no a priori reason why the method should not be extended to the so-called "coreferential" use of indices, i.e. to all coindexations with definite terms that do not involve variable binding. Since no sloppiness is involved in "coreference," substitution will trivially satisfy the constraints laid down in (33). Thus, we distinguish binding from substitution, so that the latter expresses (possibly sloppy) identity of meaning, rather than mere "coreference." That this difference has sometimes been confused is nicely illustrated by analyses of other kinds of "circular readings." Whereas in the above examples it was possible to find a way out of "circularity," the formal means we employed to resolve the paradox — the use of coindexation as a mechanism to express substitutional PR — in fact allows for the construction of linguistic examples that do involve real circularity. Unlike (28), however, these examples are judged ungrammatical. A case in point is the following paradoxically indexed NP from Brody (1982):

(40) *[her$_i$ childhood friend's wife]$_i$

In the "circular reading" of (40) the whole phrase is interpreted as having the same reference as *her$_i$*; in order to determine the meaning of (40) according to this construal we seem to get into the same infinite regress as in the Bach-Peters sentence. Chomsky (1981) proposed a filter *[... α_i ...]$_i$ that blocks indexation of a phrase with one of its proper parts. In terms of the way indices were understood above, the coindexed pronoun would have to be replaced by (40) itself, i.e. by an expression that contains the same occurrence of that pronoun. Clearly, such an interpretation of indexing is correctly ruled out by the so-called i-within-i filter. Thus, the filter makes perfectly good sense when added to (33) as a further restriction on substitution. Having ruled out the substitutional interpretation of the indices in (40) it remains to say that the index of the description cannot bind the index of the pronoun; hence, coindexation has no semantic effect and therefore cannot induce the circular construal, so that there is no need to exclude (40) as "ungrammatical."

It should be remarked, however, that the above reasoning does not report the common interpretation of the i-within-i condition. In the usual understanding, indices are conceived of as "referential" indices, not as substitutional ones. We have not followed this interpretation here, because we would run the risk of confusing reference and meaning. The meaning of (40) is completely fixed by its parts and is non-circular; it describes a function that picks out the individual that happens to be the one that is the wife of her$_i$ childhood friend, depending on the value of her$_i$ at a given point of reference (i.e. at a value assignment for free variables, in a model, a possible world, a context of utterance, etc.). Thus, the computation of the meaning of a complex expression depends on the meaning of its parts, not on its index. Indices cannot, over and above the indexing of their subparts, contribute to the meaning of complex expressions, nor can they *determine* their reference.

In contrast, however, if one understands the index of the whole as an additional label for the extension of the definite NP at a given point of reference, the intuition behind the common understanding can be made precise. Under this interpretation, it is supposed that (40) cannot be used to pick out the same individual as *her$_i$*. This, however, is not particularly surprising, as the same holds for much simpler phrases like *his doctor* or *his friend*, where it is, as a matter of factual interpretation, *presupposed* that in normal circumstances the relations expressed are not reflexive. Even if it turns out that someone is his own doctor, this information cannot be expressed by the phrase *his doctor*, i.e. this phrase cannot convey that *meaning* (namely, "the one who is his own doctor").

So the basic intuition behind the i-within-i filter seems to be that it is impossible to *refer* to x by using an expression $\alpha(x)$ that is not informative enough to let the hearer know (or infer) that $\alpha(x) = x$. This is to say that we usually *presuppose* that $\alpha(x) \neq x$, unless something involved in the meaning of the expressions logically forces us to do the opposite. Under this interpretation, the i-within-i filter (understood as $\alpha(x) \neq x$) makes sense, but it does not belong to the realm of syntax proper.

Evidence in favor of this conclusion can be derived from Gazdar's (1979) theory of presupposition cancellation. According to that theory, potential presuppositions (i.e. the pragmatic aspects) of an expression α are cancelled if they are inconsistent with what is expressed by the truth conditions (i.e. the semantic aspects) of an expression containing α. In the following examples, taken from Hoeksema/Napoli (1990), coindexation has to be understood as identity of extension (reference) in a particular interpretation; this is indicated below by " ˇ " in front of the label that serves to denote the extension of a description:

(41 a) *[his$_i$ country's last Shah] ˇ$_i$ died in 1980
(41 b) John$_i$ is [his$_i$ country's last Shah] ˇ$_i$
(41 c) *[the last one of his$_i$ family] ˇ$_i$ died in 1955
(41 d) John$_i$ is [the last one of his$_i$ family] ˇ$_i$
(41 e) [John's$_i$ father's only son] ˇ$_i$ isn't here

The star in the above examples expresses pragmatic deviance rather than ungrammaticality in the usual sense. No such deviance can be detected in the unstarred examples because the presupposition of disjoint reference (which is contra-indexed in the starred examples) has been cancelled; this follows because the referential identity of the terms involved logically follows from the truth conditions of the sentence (cf. also Doderer (1962) for further counterexamples). In a sense, then, the examples (41 b, c, d) falsify the i-within-i condition in its (usual) referential interpretation; indeed, it has been concluded by Hoeksema/Napoli (1990) that there is no way at all to make it a coherent condition of grammar. Of course, this only follows under an understanding of indexation which we have attempted to avoid: the index of the descriptions in (41) is completely irrelevant for us because it cannot contribute to the meaning of the description. We have seen above, however, that the i-within-i filter makes pragmatic sense and, as a constraint on the interpretation of indexation, it also makes syntactic sense, if it is meant to block "circular" substitution.

5. E-Type Anaphora

As is well known in linguistic semantics and in the tradition of logic, sentences like (42) pose a problem for the representation of anaphora:

(42) If Pedro$_j$ owns a donkey$_i$, he$_j$ beats it$_i$

Since *a donkey* is not a definite NP, a substitutional interpretation of *it* is unavailable, because it cannot guarantee that the two occurrences of *a donkey* refer to the same individual. On a BVP interpretation, the NP *a donkey* would have to gain scope over the implication. Raising of the NP by QR to a position c-commanding the pronoun is ruled out for several reasons. For one thing, it contradicts otherwise well motivated constraints on QR and crossover; for another, wide scope QR would still not yield an adequate representation of the meaning of (42). This follows from the fact that a formula like "$\exists x$, x a donkey, (Pedro owns x $\rightarrow$ Pedro beats x)" is true if there is a donkey x that renders the material implication true. This could be achieved by making the antecedent *Pedro owns x* false. Hence, it would suffice for the truth of (42) that there is a donkey Pedro does not own. Clearly, this does not correspond to the intuitive meaning of (42).

Basically, two strategies have been developed to address the problem of meaning assignment. The starting point of both is the observation that the elementary cases to be handled are those in (43):

(43 a) A man$_i$ came in. He$_i$ looked sick.
(43 b) Most men$_i$ didn't come. They$_i$ were sick.

The first strategy somehow manages to reduce the pronoun to a BVP. Lack of space prevents me from going into the details; among the many ingenious proposals along these lines I would like to mention Lewis (1975), Smaby (1981), Kamp (1981), Heim (1982), Kadmon (1987), and Groenendijk/ Stokhof (1990). The second strategy goes back to Evans (1977) and has recently been defended by Heim (1990). This is the so-called E-type analysis. The theory is based on the intuition that the meaning of *he$_i$* in (43 a) has to be analysed as a description, roughly as *the man who came in*; the meaning of *they* in (43 b) is *the men that didn't come*. Accordingly, *it* in (42) corresponds to *the donkey Pedro owns*; more complicated cases arise when the antecedent is scope-dependent on another quantifier:

(44) [Every man who owns a donkey$_i$]$_j$ beats it$_i$

Here, the E-type pronoun *it* has to be interpreted as the one-place function $f(x_j)$ which assigns *the donkey he$_j$ owns* to each donkey owner. In general, E-type pronouns are translated as n-place functions (n $\geq$ 0), whose arguments and whose meaning are to be reconstructed from the context of the antecedent in a way that is left to semantic and pragmatic considerations.

Heim (1990) gives a detailed comparison between these strategies; in particular, she manages to get around the unwarranted presuppositions that may be involved in the descriptions given above. She concludes that Evans's E-type analysis solves a number of problems the BVP-type theory is unable to cope with. However, she also points out (citing Evans (1977)) that for the E-type analysis to work properly "it seems necessary to state the wellformedness rule for E-type pronouns in terms of the occurrence of a specific kind of *syntactic* [emphasis in Evans (1977)] antecedent; a purely semantic criterion would not be able to explain the differing acceptabilities of:

(45 a) John has a wife and she hates him.
(45 b) John is married and she hates him."

This is because the content of the pronoun, namely the (zero-place) function "the wife of John," can easily be construed from the semantic context. But according to the pragmatic theory sketched above, this is all that is needed to interpret the pronoun. Heim's example (45 a) sharpens the problem by showing that even the presence of a syntactic antecedent is insufficient for an acceptable "anchoring."

(46 a) Speaking of the successor function, every number is smaller than it.
(46 b) ... for every number x: x is smaller than f(x).

The problem here is that the relevant part of (46 a) could be translated into something like (46 b) in the E-type analysis. In order to supply f with a contextually salient value, the most plausible candidate is the successor function; this choice will even make (46 b) necessarily true. Yet such an interpretation of (46 a) is intuitively unavailable. Thus, the E-type analysis suffers from severe overgeneration, the reason for this being its failure "to establish a formal link between the pronoun and antecedent" (Kadmon 1987).

In reply to this criticism, Heim (1990) argues that syntactic coindexation with an antecedent "would solve the problem only if we could spell out principles for the semantic interpretation of indexed structures in such a way that coindexing forces the intended reading." She then proposes to interpret coindexing with E-type pronouns as a copying device. To illustrate her proposal, consider (44) again. As pointed out above, the meaning of *it* roughly corresponds to "the donkey he$_j$ owns;" hence *it*$_i$ translates into f(x_j) with x_j to be bound by *every*. (To indicate that the interpretation of *it* depends on x_j it would make sense to add a secondary index ⟨j⟩, but this does not solve the problem of how to interpret the index i.) Assume now that coindexation with *a donkey* is spelled out as a copying rule, which Chomsky-adjoins the existential NP and its scope to the pronoun in LF. To determine the scope of the existential NP we first have to do some QR; after QR and copying we get something like (47):

(47) Every man who$_j$ [a donkey$_i$ [$_s$ s_j owns x_i]]$_j$ beats [$_{NP}$[$_{NP}$ it] [a donkey$_i$ [x_j owns x_i]]]

The last step in Heim's analysis is to ensure that the semantic value of [$_{NP}$[$_{NP}$ it] [a donkey$_i$ [x_j owns x_i]]] is simply "the donkey x_j owns". This is achieved by an interpretive rule for the adjunction structure.

As far as syntactic restrictions on E-type anaphora are concerned, the copying process that spells out coindexation is likely to be subject to the same restrictions that govern the substitutional interpretation of pronouns. The following example from Haïk (1984) illustrates the point:

(48) *[Shouting at some people who owned a donkey$_j$] frightened it$_j$

Calculating the scope of *a donkey* results in [$_s$ *a donkey*$_j$ [$_s$ x_i *owned* x_j]] such that x_i is bound by *some* or *who* in (48). After adjunction to *it*, however, x_i would be free in the adjoined position, because QR cannot raise the quantified NP *some people* out of a clause in order to gain scope over *it*. In this case, then, the copying process would fall foul of the principle that copying cannot create free variables.

A similar reasoning also excludes the intuitively unavailable interpretation of (46). The construal on which (46) presupposes that the function to be associated with *it* applies to an argument bound by *every number* would require that the antecedent of *it* is also in the scope of some reasonably parallel expression. But no such scope-dependence can be detected in (46), where *the successor function* is taken as antecedent. Hence the construal in (46) can be excluded on purely syntactic grounds.

Another implication arises from secondary indexing. Haïk (1984) observes a contrast between (45) and (49):

(49) *[Every man who$_j$ a donkey$_i$ kicked t_j]$_i$ beats it$_i$

By the E-type analysis *it* is interpreted as the function "the donkey that kicks x_j". Being referentially dependent on x_j (the variable bound by *every*$_j$), the pronoun may acquire a secondary index on *it* which, by assumption, has to agree with a secondary index on its antecedent. In terms of our restrictions on scope, this makes sense: the referential dependency of *it* should carry over to its antecedent. And clearly it does so, because *a donkey* is in the scope of *every*:

(50) *Every$_j$ man who a donkey$_{i⟨j⟩}$ kicked t_j beats it$_{i⟨j⟩}$

So far everything is fine. But now it follows that (50) violates the crossing constraint discussed in section 3., because the variable t_j is A-bound by the secondary index (cf. also (26 d)). Thus, a syntactically anchored E-type analysis, together with the assumptions entertained above concerning indexing, might provide us with additional explanations which do not seem to fall out equally naturally from a BVP-analysis.

A further restriction concerns scope. If the antecedent is scope-dependent, e. g. on a modal, a similar scope-dependency is required for the result of substitution (cf. Jackendoff 1972; DeCarrico 1980 and examples like *John wants to catch a fish$_i$. It$_i$ must be/*is large*). This requirement has not yet been formally captured by (33); there, we only dealt with bound pronouns, not with scope-dependence in general. Yet, it seems that (33) is only part of a very general parallelism constraint on anaphora resolution, perhaps only that part which happens to lend itself to a formulation in terms of a syntactic constraint.

6. Binding Theory

6.1. Pronominalization and Reflexivization

Chomsky's (1981) "Binding Theory" (henceforth abbreviated as BT) grew out of the description of pronouns in terms of co-occurrence restrictions to be embodied in the rule of PR, i. e. the rule that derived pronouns from full NPs in (27 b). This rule was generally considered unproblematic in the early period of generative grammar. To derive reflexive pronouns, Chomsky (1955) proposed a rule of *self*-insertion that obligatorily applied under "coreference" with an NP in the same kernel lentence. Accordingly, early studies like Lees/Klima's (1963) "Rules for English Pronominalization" were preoccupied with showing that in all problem cases the pronoun and its antecedent are not elements of the same kernel sentence in D-structure. To illustrate, consider their examples (50):

(51 a) *Mary's$_i$ father supported herself$_i$
(51 b) John$_i$ saw a snake near him$_i$

To maintain consistency with Chomsky's clause-mate hypothesis, they adopted the then respectable hypothesis that the genitives should be transformationally derived, so that the underlying simplex sentence containing the reflexive pronoun in (51 a) would not also contain its antecedent *Mary*. Hence, while application of PR would be permissible, (obligatory) *self*-insertion, which relies on clause-mateness in D-structure, is blocked. By analogous reasoning, (51 b) is fine because its structure derives from two simplex sentences: one with *John* as the subject of "seeing a snake" and one with *a snake* as the subject of "being located near John."

Whereas reflexivization often requires very local domains (perhaps being restricted to co-arguments of predicates in some languages), Chomsky's rule of PR (also adopted in Chomsky 1965) was formulated in such a way as to apply without any syntactic restrictions. This rule lost its innocence with Ross's (1966) influential paper "On the Cyclic Nature of English Pronominalization." Considering the paradigm in (52), Ross concluded that PR must be obligatory, but *restricted*, so as to permit backwards PR in (52 b) but not in (52 e):

(52 a) After John Adams$_i$ woke up, he$_i$ was hungry
(52 b) After he$_i$ woke up, John Adams$_i$ was hungry
(52 c) *John Adams$_i$ was hungry after John Adams$_i$ woke up
(52 d) John Adams$_i$ was hungry after he$_i$ woke up
(52 e) *He$_i$ was hungry after John Adams$_i$ woke up

As a first attempt to deal with these coreference restrictions he proposed the following rule, mentioning in a footnote that the condition on backwards anaphora had been arrived at independently by P. Postal, P. H. Matthews, M. Gross, G. Lakoff, and R. Langacker.

(53) PRONOMINALIZATION:

SD: X — NP$_{-\text{pro}}$ Y — NP$_{-\text{pro}}$ Z (obligatory)
      1   2   3   4   5   ⇒
SC: (a) 1   2   3   4$_{+\text{pro}}$ 5   *or*
    (b) 1   2$_{+\text{pro}}$ 3   4   5
Conditions:
(i) 2 = 4
(ii) The structural change shown on line (a) above, FORWARD PR, is subject to no conditions.
(iii) The structural change shown on line (b) above, BACKWARD PR, is only permissible if the NP in term 2 of the structural description (SD) is dominated by (i. e. contained in) a subordinate clause which does not

dominate (contain) the NP in term 4 of the SD.

For reasons to be clarified later, (53), in conjunction with (27), has become known as the "precede and command" theory of PR. It is easy to see that this theory successfully excludes the starred examples in (52), while permitting the generation of all of the grammatical sentences.

However, the rule would not allow for a coreferential reading in *His$_i$ mother loves only John$_i$*, unless, as already indicated in connection with reflexivization, the genitive were generated in a separate clause, so as to satisfy the condition on backwards PR in D-structure. Hence, Ross concluded that PR must apply in a cyclical manner. Further justification of the cyclicity of PR is found in (54a). At first sight, (54a) might create the impression that some kind of otherwise unwarranted restriction on *forward* PR is called for:

(54a) *Realizing that Oscar$_i$ was unpopular didn't disturb him$_i$
(54b) *His$_i$ realizing that Oscar$_i$ was unpopular didn't disturb him$_i$
(54c) Mary's realizing that Oscar$_i$ was unpopular didn't disturb him$_i$

This proves illusory, however, as soon as it is recognized that (54a) can be blocked by tracing it back to the ungrammaticality of (54b). In order to see that (54b) cannot be derived, observe that PR is obligatory; hence it would have to apply to *Oscar$_i$'s realizing that Oscar$_i$ was unpopular* ... in the lowest cycle. Here, PR would yield *Oscar$_i$'s realizing that he$_i$ was unpopular* ..., rather than (54b). Comparing the ungrammatical cases with (54c) shows that the deviance only arises where the subject of *realize* must be understood as coreferential with *Oscar*. Presupposing further that (54a) can only be derived from (54b) by a cyclic rule of pronoun drop that deletes the pronominal subject *his$_i$* if it is coreferential with the object of *disturb*, the ungrammaticality of (54a) now reduces to that of (54b). Hence, no restriction on forward PR seems necessary.

Ingenious though it is, this argument for cyclicity loses much of its force once the preservation of D-structure information at S-structure (characteristic of later models) is assumed: specifically, the presence of an empty pronominal element (PRO) in the subject slot of *realizing* in (54a) would clearly induce ungrammaticality in the same manner as the overt pronoun in (54b).

Ross's further examples corroborate the supposition that the cyclicity of PR is induced only by other rules that were assumed to be cyclic. But as pointed out by Lakoff (1968) in his extremely important paper "Pronouns and Reference," considerations of rule ordering might challenge all of the major assumptions of Ross (1966). Not only was Lakoff concerned with showing that Ross's assumptions are inconsistent with the facts, he also sought to demonstrate that, for this very reason, the simplest theory would be one where coreference restrictions are read off S-structure by means of surface filters. (Note, incidentally, that *His$_i$ mother hates John$_i$* was classified as ungrammatical in Lakoff (1968), so that he did not accept part of the empirical motivation for assuming cyclicity.) He first challenges the cyclicity of PR by pointing out an empirical problem with PR in (55):

(55) Which person who lives in Mary's$_i$ home town does Sam think that she$_i$ will marry

Assuming that cyclic PR (within the *that*-clause) must precede *wh*-movement, backwards PR cannot apply to generate the pronoun at that stage of the derivation. But if PR is to apply obligatorily, the possessor *Mary's* would have to pronominalize at that early stage of the cycle, so that (56a) rather than (56b), which should be the input for the derivation of (55), is generated:

(56a) ... Mary$_i$ will marry which person who lives in her$_i$ home town
(56b) (*)... she$_i$ will marry which person who lives in Mary's$_i$ home town

Hence, there is no way to generate (55) in Ross's theory. With the assumption that *wh*-movement is last-cyclic, Lakoff is able to show that PR itself cannot be cyclic but must also be last-cyclic. Although the non-cyclicity of *wh*-movement has been given up in later developments of the theory, the phenomenon itself, which came to be known as "anti-crossover effect," repeatedly served to demonstrate what Lakoff wanted to show, namely, that constraints on coreference should be stated as restrictions on surface structures rather than on derivational history.

Equally important (albeit somewhat less conclusive) was Lakoff's second argument against rule ordering. Assuming that the clauses in (52a, b) are derived from (52c) by a rule of adverb preposing, he constructs the following "ordering paradox." He first repeats the following argument of Ross's: since obligatory transformations like PR have to apply as soon as their structural description is met, they have to apply before the optional rule of adverb preposing gets a chance to apply: if no such rule ordering existed, it would be impossible to derive (52 a) from its D-structure source (52 c), which immediately converts into (52 d) under obligatory PR. Hence, (52 a) is only derivable under the additional assumption (57):

(57) Adverb preposing precedes PR.

But now consider the following paradigm:

(58 a) John$_i$ saw a snake near him$_i$
(58 b) *He$_i$ saw a snake near John$_i$
(58 c) Near him$_i$, John$_i$ saw a snake
(58 d) *Near John$_i$, he$_i$ saw a snake

The ungrammaticality of (58 d) contrasts remarkably with the grammaticality of (52 a). At this point in his discussion, Lakoff takes it for granted that forward PR is unrestricted; hence (58 d) could, in principle, be derived by forward PR. But to be able to block (58 d) on the present assumptions, Lakoff claims that one has to assume (59), which is the opposite of (57):

(59) PR precedes adverb preposing.

This contradiction led Lakoff to conclude that one of Ross's basic premises must be wrong; he attributes the difficulty to the assumption that PR is cyclic. Thus, he supposes that PR-rules, however stated, must apply to surface structure: Unfortunately, however, this assumption is of no help when it comes to explaining the contrast between (52 a) and (58 d). In order to handle these cases, Lakoff changed one of the premises that allowed him to derive that paradox: he concludes that, in order to block (58 d) from being generated, *even forward PR has to be restricted* (which he does in some ad hoc way). But once such a move is permitted, it becomes possible to avoid the "ordering paradox" even in a cycle-based theory. As will be demonstrated below, arguments against the cycle depend on particular properties of (perhaps modified) restrictions on PR rules and therefore do not always receive direct empirical justification.

Influenced by similar arguments from the works of Lakoff, Dougherty, McCawley, Jackendoff, and many others, and impressed by the Bach-Peters paradox, the linguistic community nonetheless abandoned cycle-based theories in general. The resulting "interpretive" theories of anaphora generate pronouns in D-structure and check anaphora relations (i.e. coindexation) at S-structure. Along with further general changes in linguistic theory (cf. the articles by Fanselow and Newmeyer in this volume), trace theory reinforced this tendency to reinterpret S-structure as the only relevant source of meaning assignment, cf. Fiengo (1977). Accordingly, PR-rules were no longer conceived of as deriving anaphoric relations from D-structure; rather, pronouns were generated in D-structure with PR-rules either assigning anaphoric indices to pronouns in S-structure, or checking already existing random indexations by specific filters applying only at S-structure.

Reviewing briefly the data that have become most relevant in the history of PR (cf. Kuno 1987 or Lasnik 1989 for more detailed discussions), it remains be shown how a surface-oriented theory can account for the data discussed above. An obvious problem is posed by the examples in (51), which Ross's rules, taken as surface conditions, are unable to handle. A first step towards a non-cyclic, non-transformational solution to (51 a) lay in the modification of (53 iii). As noted by Ross, this restriction is roughly equivalent to the following reformulation in terms of Langacker's (1969) notion of "command" defined in (60 b).

(60 a) Backward PR is only permissible if term 2 of the structural description (SD) in (53 iii) does not command term 4 of the SD.
(60 b) α commands β if and only if neither dominates the other and the first S-node that dominates α also dominates β.

Thus, PR is possible unless the pronoun "precedes and commands" the antecedent. Inspired by observations in Jackendoff (1972) and Wasow (1972), Lasnik (1976) replaces the notion of command in (60 a) with the notion of "kommand" (read: k-command) as defined in (61):

(61) α kommands β iff neither α nor β dominates the other and the first cyclic node (NP or S) that dominates α also dominates β.

According to (61), backward PR can apply only if term 2 does not *kommand* term 4. To illustrate the effects of this modification, consider the indexing in (62):

(62 a) [$_{NP}$ His$_i$ mother] loves John$_i$.

(62 b) *[$_{NP}$ Mary's$_i$ father] supported herself$_i$
(= 51 a)

Intuitively, (62 a) is an acceptable case of backward PR; interpreting PR as an output condition, this indexation is permitted by PR because the pronoun *his*, being dominated by an NP, does not (precede and) kommand the antecedent. Turning now to (62 b) again, note that an interpretive theory also generates reflexive pronouns already in D-structure, so it must rely on additional rules to spell out the difference between reflexive and non-reflexive pronouns. For present purposes, it is sufficient to say that a reflexive pronoun must be preceded and kommanded by its antecedent. This condition directly rules out (62 b), because *Mary's* does not kommand *herself*.

The problem posed by (51 b) (= (58 a) = *John$_i$ saw a snake near him$_i$*) is more complex. Above, we assumed that reflexivization is obligatory within a certain domain, identified by Chomsky (1955) as the kernel sentence immediately dominating the anaphor. An S-structure analogue of "kernel sentence" is S or S-bar: for the present, it is sufficient to regard either of these nodes as the *anaphoric domain* of an NP. To capture the effect of the obligatory nature of reflexivization in an interpretive theory, we have to rule out cases like **John$_i$ hates him$_i$*, where a reflexive has not been generated in D-structure. Clearly, this cannot be achieved by the rule of reflexivization itself, because no reflexive is involved in this example. Rather, a rule is called for that excludes non-reflexive NPs in the domain identified for reflexivization. Thus, the distribution of pronouns and reflexives seems to require separate conditions that have since become known as principles (A) and (B) of BT, following Chomsky (1981). A preliminary version (to be modified below) is the following:

(63 A) If α is the antecedent of a reflexive NP β, α is contained in β's anaphoric domain and must precede and kommand β.

(63 B) If α is coindexed with a non-reflexive NP β, α cannot precede and kommand β within β's anaphoric domain.

Returning to (51 b) (= (58 a)), the problem is that (63 B) would rule out a non-reflexive pronoun as ungrammatical, since the anaphoric domain of the pronoun is the whole sentence. It should be noted, however, that the analogue of (51 b) in German in fact requires a reflexive pronoun in the position of *him*. Hence, (63 B) is a correct approximation for German, but leads to difficulties in English. Kuno (1972 a) proposed that, in certain environments, pronouns like *him* can be disguished reflexives. According to this hypothesis we have to check condition (63 A) rather than (63 B). Though the assumption itself needs further justification (cf. also Kuno 1987), once it is accepted, the problem with (51 b) doesn't arise any more.

The next step is to tackle the issue of the anti-crossover effect, cf. the contrast between (64 a) and (64 b):

(64 a) Which person who lives in Mary's$_i$ home town does Sam think that she$_i$ will marry (= 55)

(64 b) *Sam thinks that she$_i$ will marry a person who lives in Mary's$_i$ home town

Basically, the solution proposed takes the form of a rule stating that a name cannot be referentially dependent on a pronoun that c-commands (or precedes and kommands) the name in S-structure. This condition and variants thereof will be referred to as principle (C) of BT. It is easily verified that the transformational source of (64 a), namely a structure like (64 b), is ruled out by principle (C), whereas the *wh*-question, in which the name is not c-commanded by the pronoun, is grammatical. It is clear, then, that condition (C) must be a principle of S-structure.

On the other hand, the conditions in (63) still do not solve Lakoff's ordering paradox. Moreover, as we will demonstrate below, both condition (B) and the reflexivization rule (A) seem to rely heavily on derivational history. Thus, it seems that the arguments against a cyclical theory were somewhat overstated. As an illustration of a half-cyclical theory that squares pretty well with the facts, consider the following, a slightly simplified and reformulated version of conditions taken from Kuno (1972; 1987):

(65) Assume that all pronouns are randomly indexed in D-structure.
(a) The following index checking rules operate in a cyclic way:
(A) The index of a reflexive (or reciprocal) pronoun α must be licensed by being coindexed with an NP β in such a way that, *at some stage of the cycle*, β kommands α within the anaphoric domain of α

(B) At any stage of the cycle, a non-reflexive NP α must be contra-indexed (i.e. marked for disjoint reference) with any NP that precedes and kommands α within the minimal anaphoric domain of α (unless coindexation has been licensed by condition (A)).

(b) The following filter applies at S-structure:

(C) A non-pronominal NP must be contra-indexed with any NP that precedes and c-commands (or, for some dialects, kommands) it (unless coindexation has been licensed by condition (A)).

Lack of space does not permit me to comment on every detail of (65), but as an illustration of how the theory works let us first turn to Kuno's solution of Lakoff's paradox. As a clue to understanding the difference between (B) and (C) as applied to names, note that (B) is domain dependent, whereas (C) is not; note also that *John* in (66a) is less deeply embedded than *John Adams* in (66b):

(66a) *Near John$_i$, he$_i$ saw a snake (= (58d))
(66b) After John Adams$_i$ woke up, he$_i$ was hungry (= (52a))
(66c) *He$_i$ saw a snake near John$_i$ (= (58b))
(66d) *He$_i$ was hungry after John Adams$_i$ woke up (= (52e))

In order to derive (66a), we have to apply condition (B) to the D-structure of (66a), i.e. (66c). Coindexation here is ruled out, because condition (B) is obligatory and therefore blocks *John* from being coindexed with *he*, which is in the anaphoric domain of *John*. Now, if we were to derive (66b) from (66d) an analogous violation would not arise, because *he* is not an element of the domain of *John Adams*. Thus, (66d) is fine as a D-structure source of (66b). Taken as an S-structure, however, (66d) is ruled out by condition (C), whereas the S-structure (66b) does not violate condition (C). Thus, the resolution of the paradox depends on splitting up PR into the two conditions (B) and (C), one of them being cyclic, the other being S-structural.

As the reader may verify, all the data considered in this section are consistent with the above conditions (B) and (C). Reviewing the anti-crossover effect in (64), the argument is analogous to that concerning the derivation of (66b) from (66d). In both cases, the antecedent is too deeply embedded to cause a principle (B) violation. If, in contrast, the antecedent is a clause-mate of the pronoun, there is a condition (B) effect that cannot be undone by long movement, as evidenced in (67):

(67) *Near John$_i$, I believe he$_i$ saw a snake

Again it turns out that the D-structure of (67) is not well-formed with respect to condition (B), because *John* is bound by *he* within the minimal S dominating *John*. However, if *John* were more deeply embedded, *John* could not be kommanded in his D-structural domain, so that no violation of (B) would arise. A case in point, successfully handled by (65), is (68):

(68) Near the woman John$_i$ loves, he$_i$ saw a snake

As concerns the anti-crossover effect in general, it has often been observed (cf. Lakoff 1968; Wasow 1971; or Reuland 1983) that the more deeply some NP$_i$ is embedded in a moved item, the more acceptable crossing over a coindexed pronoun is. The above theory draws the line in terms of anaphoric domains.

The cyclicity and optionality of (A) can only be illustrated by examining interactions between reflexivization and movement. Consider the following ambiguous constructions:

(69a) Fred$_i$ does not know which pictures of himself$_{i,j}$ [$_S$ John$_j$ sold]
(69b) Which picture of himself$_{i,j}$ did Fred$_i$ think John$_j$ sold

In (69), the lowest cycle contains *John sold which pictures of himself*. At that stage of the derivation, (A) may license the index i on *himself*. But if *himself* carries j as its index, this index can only be licensed in the second cycle after *wh*-movement. Clearly, if (A) were non-cyclic and S-structural, only the i-index would be possible; if it were cyclic but obligatory, only the j-index would be sound. This establishes that (A) must have the opposite properties. Turning next to (B), the cyclicity of (B) has to exclude the non-reflexive pronoun in (70):

(70) How proud of himself$_i$/*him$_i$ did Mary think John$_i$ was

As well as accounting for (70), cyclic rule application already proved essential in the resolution of Lakoff's paradox. Clearly, then, cyclic rules of anaphora elegantly capture some of the interaction between anaphoric constraints and movement. As already pointed out in Lakoff (1968), however, there is an asymmetry of coreference options between subjects and objects that interacts with movement in a way not predicted by (65). Consider the following examples, also discussed in Reinhart (1983):

(71 a) *You can't talk to him$_i$ about Ben's$_i$ problems
(71 b) Ben's$_i$ problems, you can't talk to him$_i$ about
(71 c) *Ben's$_i$ problems, he$_i$ won't talk about

Reinhart (1976; 1983) concludes from (71 b, c) that it is structural properties of S-structure alone that determine coreference options. She argues that precede and kommand should be dismissed in favor of c-command, and then goes on to modify this relation so as to allow the subject to c-command the pre-subject position. This extension rules out (71 c) by her modified condition (C). But this modified condition is no longer capable of blocking (71 a), so that we again need some ad hoc modifications (cf. also discussions in Reuland 1983; Solan 1983 and Kuno 1987). Although it is highly desirable to unify anaphora with scope by employing a common notion of command, this unification also creates its own problems. Moreover, it seems to me that the issue does not really bear on the cyclicity of coreference conditions, as Reinhart wants to put it; in particular, Reinhart's theory has nothing to say about the crucial data in (67) – (70). Thus, one could adopt c-command as the relevant condition while still maintaining the cyclic nature of conditions (A) and (B) of BT.

On the other hand, the above data do not prove that it would be impossible to state the correct anaphora restrictions on the surface, i. e. as purely S-structural conditions; what data like (67) – (70) do show, however, is that even a non-cyclic framework would have to mimic the effects of movement in one way or another (cf. e. g. the chain transfer principle in Koster (1982)). In particular, it is necessary to refer back to the positions of traces of movement, so that the anaphoric domain of a pronoun can also be determined via the trace of movement. One of the most successful theories along these lines is that of Barss (1986). His theory also gains support from a range of certain well-known (but, in work of the BT, largely neglected) constructions that should, according to common opinion, be analyzed in a non-transformational way, but which nevertheless exhibit some movement-like anaphoric dependencies. To illustrate this, consider the following examples already discussed by Lakoff and Postal in the late sixties:

(72 a) It was his$_i$ dog that John$_i$ bit
(72 b) *It was John's$_i$ dog that he$_i$ bit
(72 c) His$_i$ apartment, John$_i$ always talks to Mary about it
(72 d) *John's$_i$ apartment, he$_i$ always talks to Mary about it
(72 e) It is himself$_i$ who John$_i$ likes
(72 f) *It is him$_i$ who John$_i$ likes
(72 g) What John$_i$ saw was a picture of himself$_i$

If it is agreed that relative clause formation (even in clefts) does not involve so-called "Vergnaud raising," i. e. the head NP is not derived by movement out of the relative clause, the focus *his dog* cannot be transformationally derived from the object position of *bit*, so that an account of the contrast in (72 a, b) cannot involve literal reconstruction of *John's dog* into that position; instead, something more abstract, but with the same S-structural effects, is called for. Similarly, if the presence of *it* in (72 c, d) is taken to imply that these structures are not transformationally derived, the contrast has to follow from some more abstract relation, via a particular kind of chain formation as proposed in Barss (1986). The remaining examples all illustrate the same point, namely a relation between a relative pronoun and its head that transmits binding properties without movement being involved.

Although Barss accounts for a considerable number of cyclic condition (A)-effects, his discussion of condition (B)-phenomena is less developed. It is fair to conclude, then, that no single theory is at present capable of accounting for all the known facts. Besides, my own experience with German data parallels Lakoff's (1968), who reported considerable disagreement on what the English facts are; what is dubbed "dialect variation" might turn out to constitute an area of grammar that is not completely fixed by rules, cf. also Lakoff (1973). Moreover, the analysis of such a complex array of data is sensitive to many independent assumptions about phrase structure, command, cyclicity, etc., many of which have turned out to be questionable during the history of Generative Grammar. Other complicating factors include stress (cf. Lakoff 1968; Akmajian/Jackendoff 1968; Culicover 1976); empathy and focus (cf. Kuno 1987); and a proper definition of "anaphoric domains." I discuss domains in the next section but have nothing to say here about the other factors.

6.2. Anaphoric Domains

Modern studies of anaphora identify Chomsky's (1981) so-called Binding Theory (BT) as their point of departure, and here are its basic principles:

(73 A) An anaphor is A-bound within its governing category.
(73 B) A pronominal is A-free in its governing category.
(73 C) An R-expression is A-free.

By an anaphor in the technical sense of BT we mean a reflexive or reciprocal pronoun. "A-bound" is defined as "bound from an argument position" (cf. section 2.). The term governing category will be defined below; this notion corresponds to what I have called "anaphoric domain" above. A pronominal is a pronoun that is not an anaphor. "A-free" simply means "not A-bound." Thus, conditions (A) and (B) are close analogues of their counterparts in (65 a). An R-expression is a "referential" expression and includes expressions that do not fall under principles (A) or (B). Hence, (C) is a counterpart of (65 b). In contrast to (65 a), however, BT applies at S-structure and was not designed to capture the complicated interactions between movement and anaphora. Instead, the main objective of BT in Chomsky (1981) was to define the concept of "governing category," a matter that was largely ignored or trivialized in our previous exposition of BT.

Before going into these matters, a remark concerning principle (C) is in order. Above, indexation plays a twofold role: on the one hand it has a definite semantic interpretation that is determined, inter alia, by the kind of NP the index is attached to. On the other, principles (A) and (B) exclude coreference and binding regardless of the semantic nature of coindexation. Principle (C), like (A) and (B), does not distinguish different semantic types of indices; hence, it also excludes coindexation that cannot receive an interpretation in terms of binding or coreference, e. g. by excluding coindexation of NPs that are semantically unrelated. A case in point is (74), which has already been discussed in Lakoff (1968):

(74 a) *[The thief who broke into the house]$_i$ hit Max$_i$
(74 b) [The thief who broke into the house]$_i$ was Max$_i$

At first sight it seems that (74 a) is correctly excluded by (C), but what about (74 b)? In order to avoid a refutation of (C), equational sentences were treated as somehow exceptional, which, in my view, they certainly should not be. As might have become clear by now, the problem only arises from a defective interpretation of indices. One way to solve the problem might rely on the fact that the index of the description is that of an expression that can act as a quantifier, so that this index will serve to bind a variable in LF. But coindexation of a variable with a name does not necessitate a coreferential semantic interpretation; hence (74 a) need not be excluded. The deviance of (74 a) would become intelligible, however, when interpreting i as ˇi in the sense of section 4. But in that case the awkwardness of coreference again seems pragmatic in nature: Clearly the *meaning* of (74 b) does not tell anything about the identity of the thief; why should one assume that he is identical with Max? Simply coindexing the NP containing the name cannot make them identical.

Another way of handling the phenomenon results from the observation that even in simple sentences like *she$_i$ hates her$_j$* the indexing mechanism has to make sure that the interpretation of the pronouns, taken as a value assignment function that interprets pronouns in the same way as logical variables, does not pick out identical individuals by mere accident. Let us assume that this requirement is part of the theory of presupposition as developed in Gazdar (1979). It now follows that the content of (74 b) can also be represented by not coindexing both NPs. Although this would imply non-coreference as a default rule, this presupposition is cancelled because the meaning of (74 b) tells otherwise. Thus, we rely here on the same mechanism of presupposition cancellation already encountered in section 4.

A further problem for (C) is provided by epithets. Detailed discussions are scarce; cf. remarks in Lakoff (1968) and Lasnik (1989 a). In general, epithets are claimed to respect condition (C). In terms of our treatment of indices, this would come as a surprise; as descriptions, the epithets need not bear referential indices and hence need not be free. This is confirmed by (75), attributed to Ross (p.c.) in Haïk (1984):

(75) My brother$_i$ invests in [$_{NP}$ many projects that the idiot$_i$ thinks will make him rich]

Lasnik (1989a) points out that there are languages in which the analogues of *John$_i$ thinks John$_i$ is rich* and *My brother$_i$ thinks the bastard$_i$ is rich* are fully grammatical, whereas in the same languages *he$_i$/the bastard$_i$ thinks John$_i$ is rich* is not. He concludes that BT has to take into account a scale of definiteness of NPs, so that some relativized notion of anaphoric dependency is involved; cf. also Lakoff (1968) who was the first to develop such a hierarchy for the analysis of referential dependencies. In short, then, the treatment of principle (C)-effects is in need of various qualifications (including parameterization) that cannot simply be stated in terms of coindexation. As already noted at the end of section 2., these extensions of BT go beyond the present exposition. Cf. also Evans (1980) and Reinhart (1983) for further criticism of condition (C).

Let us now turn to the main objective of BT, namely, the definition of anaphoric domains. Chomsky (1973; 1976; 1981) discusses two principles, formulated as the Specified Subject Condition and the Tensed S Condition. The first states that the minimal node that contains an anaphoric pronoun α and a subject β constitutes an anaphoric domain for α. In other words, the closest subject that c-commands the pronoun defines a domain γ, such that

(76 A) α must be bound within γ if α is an anaphor, and
(76 B) α must be free within γ if α is a pronominal.

Recall that the term "anaphor" is used for reflexive and reciprocal pronouns; "pronominals" are personal pronouns. It can be easily verified that (76), alongside with the definition of γ as stated above, accounts for the data in (77); the relevant subjects are italicized:

(77 a) *John$_i$ believes [*Mary$_j$* to outwit himself$_i$]
(77 b) *[*John$_i$* believes [him$_i$ to outwit Mary]
(77 c) *[John$_i$ saw [*Mary's$_j$* picture of himself$_i$]
(77 d) *[*John$_i$* saw [a picture of him$_i$]

Note that an NP in the specifier position of NP is defined as the subject of the NP; hence the parallelism between (A) and (B) correctly predicts that (77c) and (77d) become grammatical when the anaphor is replaced a by pronominal and vice versa. These conditions, however, are insufficient to block (78a) while permitting (78b):

(78 a) *They$_i$ believe that [each other$_i$ are ill]
(78 b) John$_i$ believes that [he$_i$ is ill]

The closest subject that commands the anaphor is the matrix subject. Hence, the domain within which the anaphor must be bound is the matrix clause. In fact, the anaphor in (78a) is bound within that domain, but nevertheless the construction is ungrammatical (and conversely in (78b)). This is where the "Tensed S Condition," which simply states that finite clauses are additional anaphoric domains, comes into play. In other words, the anaphoric domain of α is defined as the minimal node γ containing α such that *either* γ is a tensed clause *or* γ contains a subject that c-commands α. It now follows that the embedded clause is the relevant anaphoric domain in (78). Chomsky (1981) eliminates the disjunction in the definition of "domain" by putting a disjunctive statement into the definition of "subject." He defines "SUBJECT" as *either* the subject in the usual sense of the term *or* as the agreement morphology AGR in INFL, which is present in precisely those cases where the verb is finite and the clause is tensed. The definition of anaphoric domain is now restated as that of a "governing category" in (79):

(79) γ is the governing category (GC) for α iff γ is the minimal category that contains α, a SUBJECT, and a governor of α.

To grasp the impact of including a governor in the calculation of the anaphoric domain, consider (77b) again. (79) no longer requires that a SUBJECT c-commands the anaphor, hence the embedded clause must be prevented from being itself a GC for the embedded subject. This is achieved by including the requirement that the GC contains a governor of the anaphor: the embedded clause cannot be the GC of *him*, because it does not contain *believes*, which is the governor of *him*.

Methodologically, this unification of the Specified Subject Condition and the Tensed S Condition would constitute a substantial advance only if it could be shown that the subject and its agreement features (or rather, as it turns out, the tense feature) in INFL form a natural class. Although Chomsky (1981) sought some justification for this by identifying INFL/AGR as a nominal element, these attempts remained unconvincing. On the empirical side of the issue, however, the inclusion of INFL in the relevant definition has some welcome advantages as it plays an additional technical role in Chomsky's treatment of examples like (80), which contradict the former Tensed S Condition:

(80 a) John$_i$ believes that pictures of himself$_i$ are on sale
(80 b) They$_i$ believe that each other's$_i$ pictures are on sale

The crucial role of SUBJECTs in accounting for (80) goes beyond that of "unifying" the TSC and the SSC. Since the relevant SUBJECT for the anaphor is the embedded AGR morphology, the coindexation in (80) would not meet the conditions laid down so far, indicating that some modification of the definition of GC is called for. Chomsky (1981) therefore adds the requirement that the SUBJECT that defines the GC must be "accessible" for α, which means that a *virtual* coindexation of the pronoun with a SUBJECT does not violate the i-within-i filter discussed in section 4. In order to see how this works, we need to add that AGR and its adjacent subject are coindexed. Now, an attempt to coindex the anaphor with the embedded AGR would, by transitivity of coindexing, lead to the indexation shown in (81):

(81) They$_i$ believe that [$_s$ [each other's$_i$ pictures]^i are^i on sale

As this virtual indexation would violate the i-within-i condition, the AGR morphology of the embedded INFL is not accessible to the reciprocal; thus the relevant binding domain must be the matrix clause, which contains a SUBJECT (and AGR node) accessible to the reciprocal anaphor and therefore qualifies as the relevant GC for the anaphor. In (78 a), however, an attempt to coindex the anaphor with the embedded AGR element of *are* does not lead to a violation of the i-within-i condition. Hence, the embedded clause is the GC of the anaphor. Given that binding by AGR is excluded as a possible way to satisfy (A), the anaphor is free within the embedded clause, so that (78 a) is still ungrammatical.

Elegant though it is, Chomsky's solution suffers a number of drawbacks. For one thing, there are methodological objections (which I do not repeat here, cf. section 4.). For another, the theory runs into empirical problems. As evidenced by the following examples from Kuno (1987), accessibility of a subject seems not to depend on purely syntactic factors:

(82 a) They$_i$ made sure that *it* was clear to each other$_i$ that this needed to be done immediately
(82 b) They$_i$ made sure that *nothing* would prevent each other's$_i$ pictures from being put on sale
(82 c) Mary$_i$ wouldn't care a bit about *anybody's* opinions about herself$_i$

The italicized subjects do not violate the i-within-i condition if coindexed with the anaphor. But despite being "accessible" to the anaphor, they do not block binding across their domain. Kuno observes that less specific NPs tend to gradually become irrelevant for fixing the domain for various kinds of objects. Some of the relevant factors involved seem entirely non-syntactic in nature, so that the concept of accessibility cannot in fact depend on the i-within-i condition.

In response to conceptual and further empirical objections to the 1981 theory, Chomsky (1986) sought to eliminate the i-within-i filter by spelling out the idea that an anaphor *must* be bound within the closest domain in which it *could* be bound. Accordingly, a pronominal must be free within the closest domain in which it can be free. A domain can be defined as containing α, a subject, and a governor of α. The GC of an anaphor is the smallest domain (including a governor and a subject) in which *virtual* binding of an anaphor is possible; the GC for a pronominal is a domain for the pronominal in which it can be free.

Looking back at (80) with this theory at hand, it should be noted that there is no need to allude to INFL/AGR as an element to which the anaphor *could* be bound in order to determine its GC; as noted above, such a virtual binding cannot count as "real" binding in any case. Hence, the anaphor in (80 a) cannot find an element to which it could be bound within the embedded clause. Consequently, it may access the next domain higher up in the tree to look for an element to make binding possible. For anaphors, then, domain extensions result from the impossibility of finding a suitable antecedent, while for a pronominal like *him* in (83) no such domain extension will occur, because for pronominals there is no need to find an antecedent. Therefore, the minimal clause is a domain (including a subject and a governor of α) in which *him* can indeed be free; this is the GC for *him* and (83) is grammatical, as predicted by the theory.

(83) John$_i$ believes that pictures of him$_i$ are on sale

By the same reasoning, the theory can also account for possessive pronouns as (B)-elements (which was impossible in previous versions of BT) and for reciprocals as (A)-elements. Consequently, the possessor in (84 a) can remain free within the *picture*-NP, its GC, while the anaphor, which cannot be bound within that domain, is free to select the whole clause as its GC.

(84 a) They$_i$ love their$_i$ pictures
(84 b) They$_i$ love each other's$_i$ pictures

Hence, the theory correctly predicts that (A)- and (B)-elements are *not* in complementary distribution. But now a severe problem emerges when we reconsider (78 a), repeated as (85 a):

(85 a) *They$_i$ believe that [each other$_i$ are ill]
(85 b) *John$_i$ believes that [he-self$_i$ is ill]

Since tense/AGR is no longer relevant, the theory is no longer able to predict ungrammaticality. Following Fiengo/Lasnik (1973), Chomsky (1973), Lebeaux (1983), and others, the solution proposed by Chomsky (1986) relies on the additional assumption that an anaphor must be *moved* to its antecedent at LF, so that movement in (85) would yield an ECP violation, rather than a violation of BT.

This theory might gain support from the observation that in languages other than English anaphors in subject position are indeed possible. Accordingly, it has to be demonstrated that the existence of nominative anaphors in these languages correlates with the absence of ECP-effects in these languages (cf. Huang 1983 a for Chinese, or Biloa 1991 for Tuki). But even if such a correlation is corroborated universally, Chomsky's proposal still leaves a number of conceptual and empirical problems. Heim/Lasnik/May (1991) have shown that the idea of "*each*-movement" can be given a concise semantic interpretation, according to which (85 a) can be paraphrased as "they each believe that the other is ill." It seems difficult, however, to make syntactic and semantic sense out of something like "*self*-movement." Unlike *each*, which operates on an NP, the reflexive would have to operate on a property encoded by the VP. The operator would then have to diagonalize on (i. e. identify) two variables, one representing the trace of the reflexive, and one representing the variable to be bound by the antecedent, such that $\| REFL_y\ \lambda xP(x) \|^g$ is true of a iff $\| \lambda xP(x) \|^{g(y/a)}$ is true of a, where y is the variable left behind by the operator. This raises a number of questions, including the issue of QR-ing of names, and the consequence that, for the operator to make sense, the index of the reflexive and that of the variable representing the antecedent cannot be identical, contrary to what one would expect from BT. Moreover, there are empirical differences in the distribution of reciprocal and reflexive anaphors which do not seem to permit an account under the movement hypothesis (cf. Lebeaux 1983).

More importantly, however, any program of reducing the properties of binding to those of government runs into a mass of problems when it comes to explaining the residual differences between these processes; e. g. the empirical difference between NP-movement (which is restricted by (antecedent-)government in Chomsky 1986 a) and long-distance binding as in (80)−(82). In contexts like these, NP-movement cannot be permitted, whereas, at least in English, there seem to be ways to circumvent the otherwise local nature of anaphoric binding. From these considerations it also follows that the reverse program of reducing the locality of NP-movement to that of anaphor binding, as proposed in Chomsky (1981), has to struggle with analogous problems; cf. the discussion of "super-raising" in Chomsky (1981; 1986 a).

The toughest problem for reductionist programs, however, is posed by inter-language variation. Cross-linguistic studies like Yang (1983) reveal that the major conceptual progress of the 1981 BT was the constitution of an autonomous system that helped to identify properties of anaphoric binding in terms of anaphoric domains, the GCs. But these domains are subject to considerable parametric variation which does not seem to be induced by independently motivated properties of the language under consideration; cf. also Koster (1987), Hellan/Koch Christensen (1986) or Manzini/Wexler (1987) for further discussion. Thus, any attempt to explain that domain extensions like those in (80)−(82), or, for that matter, most of the anaphoric construals in

(69), are ungrammatical in German, is committed to showing that these differences correlate with different parameters of government. The chances of attaining success still have to be evaluated.

Another attack against the autonomy of BT is delivered by attempts to relegate one of the principles of BT to pragmatics. For example, in current work of Burzio, Kiparski, Levinson, and others (all based on Reinhart 1983) it is argued that principle (B) is superfluous and can be derived from a pragmatic principle: Since the use of a reflexive to make coreference explicit is more informative than the use of a pronominal in the same position, it can be deduced that in all contexts where coreference can be expressed by a reflexive, a reflexive has to be chosen instead of a pronominal. Hence, disjoint reference need not be stipulated by a principle of grammar.

The argument would go through if there were complete complementary distribution of (A)-elements and (B)-elements in all languages of the world. We have seen above, however, that this characterization oversimplifies; in fact, it has often been shown that the GC for (A)-elements and (B)-elements differ (cf., e.g., Huang 1983 or Manzini/Wexler 1987) and that it is exactly this difference that determines many aspects of the pragmatic choice in the overlapping domains (cf. Kuno 1987). Hence, it is still necessary to explicitly specify the domains where some choice between (A)-elements and (B)-elements is left open to further semantic or pragmatic considerations, and the domains where this is impossible. Since this implies the fixing of at least two domains, this brings us back to the domains relevant for (the parametric versions of) principles (A) and (B). To conclude, the pragmatic argument is undermined by the problem of non-complementary distribution.

7. Movement and Scope

Examples like (86) pose a problem for the definition of scope and BVPs.

(86) Which picture of her$_i$ did Bill say every lady$_i$ would like

Standard theories of the meaning of questions proceed in terms of answers (cf. Karttunen 1977 or Engdahl 1986), such that the set of possible (or the set of true) answers to (86) represents the meaning of (86). Since something like *Bill said that every lady$_i$ likes her$_i$ wedding picture* would count as a possible answer, *her* in (86) seems to permit for a BVP construal, although the pronoun is not in the scope of the quantifier in S-structure. Thus, the problem is that standard semantics would assign a representation like

(87) λp [there is a picture x of her such that p = ˆ Bill said every lady z would like x]

The material on the right hand side of the equation is said to be the scope of the question. Syntactically, the scope of the question in LF corresponds to the material dominated by S (or IP). The problem, then, is that the quantifier is in the scope of the question but the pronoun *her* in (86) is still outside and hence cannot be bound by *every lady*.

A number of analyses have been proposed in the literature, the most problematic being May's account in terms of QR. May would have to assume that the quantifier has to raise to the matrix S in order to gain scope over *her*. There are several drawbacks to such a theory in terms of QR, however. First, this analysis violates the otherwise well-motivated assumption that QR is clause-bound. Second, an extension of c-command is required. Third, adjunction to the matrix S would not in itself solve the problem, because May does not show how it is possible to arrive at a meaning assignment for LF; in fact, since QR is an equivalent of "quantifying-in" (cf. Montague 1974), the quantifier would ultimately have to be interpreted in the same way as the *wh*-term. Unfortunately, this leads to an analogue of the problem of donkey sentences: quantifying in a universal quantifier would not result in an intuitively adequate meaning assignment in the standard semantics for questions. As May does not offer an alternative semantic theory, I must conclude that May's LFs are hardly interpretable by standard truth value semantics.

An alternative to QR has been developed by Engdahl (1986) and Stechow (1990) who systematically construct a meaning assignment that does not presuppose QR to solve the problem at hand. Instead, the trace of *wh*-movement has to be interpreted along the lines of E-type pronouns, namely, as a function of an argument to be bound by *every lady*:

(88) λp [there is a function f such that for all y, f assigns a picture of y to y and p = ˆBill said every lady x would like f(x)]

Although this meaning assignment captures the truth conditions of (86) correctly, the problem arises that the pronoun *her* is neither formally bound nor formally in the scope of the quantifier. However, the above meaning assignment manages to mimic this effect in the semantics by means of the "layered" trace f(x). If this solution is correct, we still have to spell out the semantic intuition that the pronoun is somehow "indirectly bound" by the quantifier. As pointed out in Stechow (1990), this seems to call for secondary indexing of the *wh*-trace which would serve to transmit the scope relation, this indexing being formally rather similar to the secondary indices introduced in section 3. But even if this parallelism can be exploited in syntactic theory, e. g. in crossover configurations, the conceptual problem remains that the relation between the syntactic and semantic notions of scope becomes obscured in a way that affects the very conception of LF. The least one can say here is that the simple conditions (6) and (7) would have to be given up in favor of rather more complicated definitions.

For helpful comments on style and exposition I wish to thank Kathrin Cooper, Irene Heim, Arnim von Stechow, and, above all, Chris Wilder.

8. References

Akmajian, A., and *R. Jackendoff*. 1968. Anaphora and Stress. mimeo. MIT. Published as "Coreferentiality and Stress." Linguistic Inquiry 1. 124—6.

Bach, E. 1970. Pronominalization. Linguistic Inquiry 1. 121—2.

Biloa, E. 1991. Null Subjects, Identification, and Proper Government. Linguistics 29. 33—52.

Barss, A. 1986. Chains and Anaphoric Dependencies. On Reconstruction and its Implication. Cambridge, MA: Massachusetts Institute of Technology dissertation.

Brody, M. 1982. On Circular Readings. Mutual Knowledge, ed. by N. Smith, 133—46. New York.

Chomsky, N. 1955. The Logical Structure of Linguistic Theory. [Published 1975 New York.]

—. 1965. Aspects of the Theory of Syntax. Cambridge, MA.

—. 1973. Conditions on Transformations. A Festschrift for Morris Halle, ed. by S. A. Anderson & P. Kiparsky, 232—86. New York.

—. 1976. Conditions on Rules of Grammar. Linguistic Analysis 2. 303—51.

—. 1981. Lectures on Government and Binding. Dordrecht.

—. 1982. Some Concepts and Consequences of the Theory of Government and Binding. Cambridge, MA.

—. 1986. Knowledge of Language: Its Nature, Origin, and Use. New York.

—. 1986 a. Barriers. Cambridge, MA.

Culicover, P. 1976. A Constraint on Coreferentiality. Foundations of Language 14. 109—18.

Dalrymple, M., *M. Shieber*, and *F. Pereira*. 1991. Ellipsis and Higher Order Unification. To appear in Linguistics and Philosophy.

DeCarrico, J. 1980. Anaphoric Options of Indefinite Noun Phrases in English. University of Washington dissertation.

Doderer, H. v. 1962. Die Merowinger oder die totale Familie. München.

Dougherty, R. 1968. A Comparison of Two Theories of Pronominalization and Reference, mimeo.

—. 1969. An Interpretative Theory of Pronominal Reference. Foundations of Language 5. 488—519.

Engdahl, E. 1983. Parasitic Gaps. Linguistics and Philosophy 6. 5—34.

—. 1985. Parasitic Gaps, Resumptive Pronouns, and Subject Extraction. Linguistics 23. 3—44.

—. 1986. Constituent Questions. The Syntax and Semantics of Questions with Special Reference to Swedish. Dordrecht.

Evans, G. 1977. Pronouns, Quantifiers, and Relative Clauses. Canadian Journal of Philosophy 7. 467—536. Reprinted in Collected Papers, 1985, ed. by G. Evans. Oxford.

—. 1980. Pronouns. Linguistic Inquiry 11. 337—62.

Fanselow, G. 1990. Scrambling as NP-Movement. Scrambling and Barriers, ed. by G. Grewendorf & W. Sternefeld, 133—43. Amsterdam.

Fiengo, R. 1977. On Trace Theory. Linguistic Inquiry 8. 35—61.

—, and *H. Lasnik*. 1973. The Logical Structure of Reciprocal Sentences in English. Foundations of Language 9. 447—68.

Gazdar, G. 1979. Pragmatics. New York.

Geach, P. 1962. Reference and Generality. Ithaca, NY.

Groenendijk, J., and *M. Stokhof*. 1990. Dynamic Montague Grammar. IT Linguistic Inquiry Prepublication Series LP-90-02. University of Amsterdam.

Haïk, I. 1984. Indirect Binding. Linguistic Inquiry 15. 185—223.

Heim, I. 1982. The Semantics of Definite and Indefinite Noun Phrases. University of Massachusetts at Amherst dissertation. Distributed by SFB 99, University of Konstanz; GLSA, Department of Linguistics, UMass at Amherst; 1987, New York.

—. 1990. E-Type Pronouns and Donkey Anaphora. Linguistics and Philosophy 13. 137—77.

Hellan, L., and *K. Koch Christensen*. 1986. Topics in Scandinavian Syntax. Dordrecht.

Higginbotham, J. 1979. Pronouns and Bound Variables. Proceedings of NELS IX, CUNY-Forum, ed. by E. Battistella, 304—27. New York. Revised version in Linguistic Inquiry 11. 1980. 679—708.

—. 1983. Logical Form, Binding, and Nominals. Linguistic Inquiry 14. 395—420.

—. 1985. On Semantics. Linguistic Inquiry 16. 547—94.

—, and *R. May.* 1981. Questions, Quantifiers, and Crossing. The Linguistic Review 1. 41—80.

—, —. 1981 a. Crossing, Markedness, and Pragmatics. Theory of Markedness in Generative Grammar, ed. by A. Belletti, L. Brandi & L. Rizzi, 423—44. Pisa.

Hoeksema, J., and *D. J. Napoli.* 1990. A Condition on Circular Chains: A Restatement of i-within-i. Journal of Linguistics 26. 403—24.

Hornstein, N., and *A. Weinberg.* 1990. The Necessity of LF. The Linguistic Review 7. 129—67.

Huang, J. 1982. Logical Relations in Chinese and the Theory of Grammar. Cambridge, MA. Massachusetts Institute of Technology Doctoral Dissertation.

—. 1983. A Note on Binding Theory. Linguistic Inquiry 14. 554—61.

Jackendoff, R. 1968. An Interpretative Theory of Pronouns and Reflexives. Distributed by Indiana University Linguistics Club, Bloomington.

—. 1972. Semantic Interpretation in Generative Grammar. Cambridge, MA.

Jacobson, P. 1977. The Syntax of Crossing Coreference Sentences. University of California at Berkeley dissertation. Published 1979 in the Outstanding Dissertations Series by Garland Publ. Inc., New York.

Kadmon, N. 1987. On Unique and Non-unique Reference and Asymmetric Quantification. University of Massachusetts at Amherst dissertation.

—. 1981. A Theory of Truth and Semantic Interpretation. Formal Methods in the Study of Language, ed. by J. Groenendijk, T. Janssen & M. Stokhof, 277—322. Reprinted in Truth, Interpretation, and Information, 1984, ed. by J. Groenendijk, T. Janssen & M. Stokhof, 2—41. Dordrecht.

Karttunen, L. 1969. Pronouns and Variables. Papers from the 5th Regional Meeting of the Chicago Linguistic Society. 108—16.

—. 1977. The Syntax and Semantics of Questions. Linguistics and Philosophy 1. 3—44.

Keenan, E. 1972. On Semantically Based Grammar. Linguistic Inquiry 3. 413—61.

Klima, E. 1964. Negation in English. The Structure of Language, ed. by J. Fodor & J. Katz, 246—323. Englewood Cliffs, NJ.

Koopman, H., and *D. Sportiche.* 1983. Variables and the Bijection Principle. The Linguistic Review 2. 139—60.

Koster, J. 1982. Enthalten syntaktische Repräsentationen Variablen? Linguistische Berichte 80. 70—100.

—. 1987. Domains and Dynasties. Dordrecht.

—. 1988. The Residual SOV-Structure of English. mimeo., University of Groningen.

Kuno, S. 1972. Pronominalization, Reflexivization, and Direct Discourse. Linguistic Inquiry 3. 161—95.

—. 1972 a. Functional Sentence Perspective: A Case Study from Japanese and English. Linguistic Inquiry 3. 269—320.

—. 1987. Functional Syntax. Anaphora, Discouse, and Empathy. Chicago, London.

Lakoff, G. 1968. Pronouns and Reference. Reproduced by Indiana University Linguistics Club, Bloomington. Reprinted in Syntax and Semantics 7, 1976, ed. by J. McCawley. New York.

—. 1973. Fuzzy Grammar and the Performance/Competence Terminology Game. Papers from the 9th Regional Meeting of the Chicago Linguistic Society. 271—91.

Langacker, R. 1969. On Pronominalization and the Chain of Command. Modern Studies in English: Readings in Transformational Grammar, ed. by D. Reibel & S. Shane, 160—86. Englewood Cliffs, NJ.

Lasnik, H. 1976. Remarks on Coreference. Linguistic Analysis 2. 1—22.

—. 1989. A Selective History of Modern Binding Theory. Essays on Anaphora, ed. by H. Lasnik, 1—36. Dordrecht.

—. 1989 a. On the Necessity of Binding Conditions. Essays on Anaphora, ed. by H. Lasnik, 149—67. Dordrecht.

Lebeaux, D. 1983. A Distributional Difference between Reciprocals and Reflexives. Linguistic Inquiry 14. 723—30.

Lees R., and *E. Klima.* 1963. Rules for English Pronominalization. Language 39. 17—28.

Lewis, D. 1975. Adverbs of Quantification. Formal Semantics of Natural Language, ed. by. E. Keenan, 3—15. Cambridge.

Liu, F.-H. 1990. Scope Dependencies in English and Chinese. University of California of Los Angeles dissertation. Los Angeles, CA.

Manzini, R., and *K. Wexler.* 1987. Parameters, Binding Theory, and Learnability. Linguistic Inquiry 18. 413—44.

May, R. 1977. The Grammar of Quantification. Massachusetts Institute of Technology dissertation. Cambridge, MA.

—. 1985. Logical Form: Its Structure and Derivation. Cambridge, MA.

McCawley, J. 1968. Lexical Insertion in a Transformational Grammar without Deep Structure. Papers from the 4th Regional Meeting of the Chicago Linguistic Society. 71—80.

Maling, J., and *A. Zaenen*. 1982. A Phrase Structure Account of Scandinavian Extraction Phenomena. The Nature of Syntactic Representation, ed. by P. Jacobsen & G. Pullum, 229–82. Dordrecht.

Montague, R. 1974. Formal Philosophy. Selected Papers of Richard Montague, ed. by R. Thomason, New Haven, London.

Partee, B. 1970. Opacity, Coreference, and Pronouns. Synthese 21. 359–85.

Postal, P. 1971. Cross-Over Phenomena. New York.

Quine, W. O. V. 1960. Word and Object. Cambridge, MA.

Reinhart, T. 1976. The Syntactic Domain of Anaphora. Massachusetts Institute of Technology dissertation. Cambridge, MA.

—. 1983. Anaphora and Semantic Interpretation. Cambridge.

Reuland, E. 1983. Antecedent in PP's: Structural versus Linear Conditions on Binding. Groninger Arbeiten zur Germanistischen Linguistik. 233–47.

Ross, J. 1966. On the Cyclic Nature of English Pronominalization. To Honor Roman Jacobson, 1669–82. The Hague.

Smaby, R. 1979. Ambiguous Coreference with Quantifiers. Formal Semantics and Pragmatics for Natural Language, ed. by F. Guenthner & S. Schmidt, 37–75. Dordrecht.

Solan, L. 1983. Pronominal Reference — Child Language and the Theory of Grammar. Dordrecht.

Stechow, A. v. 1990. Layered Traces. Selected Papers from the Third Symposium for Logic and Language, ed. by J. Goldberg, L. Kalman & Z. Szabo. Budapest, to appear.

Stowell, T. (to appear). Adjuncts, Arguments, and Crossover. Natural Language and Linguistic Theory.

Wasow, T. 1972. Anaphoric Relations in English. Massachusetts Institute of Technology dissertation. Cambridge, MA.

Webelhuth, G. 1989. Syntactic Saturation Phenomena and the Modern Germanic Languages. University of Massachusetts dissertation.

Wiese, B. 1983. Anaphora by Pronouns. Linguistics 21. 373–417.

Williams, E. 1977. Discourse and Logical Form. Linguistic Inquiry 8. 101–39.

—. 1986. A Reassignment of the Functions of LF. Linguistic Inquiry 17. 265–300.

—. 1988. Is LF Distinct from S-Structure? Linguistic Inquiry 19. 135–46.

Yang, D.-W. 1983. The Extended Binding Theory of Anaphors. Theoretical Linguistic Research 1. 195–218.

Zimmermann, T. 1986. Transparent Adverbs and Scopeless Quantifiers. Foundations of Pragmatics and Lexical Semantics, ed. by J. Groenendijk & M. Stokhof, 81–99. Dordrecht.

Wolfgang Sternefeld, Tübingen (Deutschland)

48. Genericity

1. Some Basic Terminology
2. Types of Genericity
3. D-Genericity
4. I-Genericity
5. Phenomena Related to Genericity
6. References

1. Some Basic Terminology

In this article, we will discuss syntactic aspects of a phenomenon of natural language which basically belongs to semantics. We begin by delimitating the phenomena which have been subsumed under the concept of genericity.

The paradigm cases of genericity are exemplified by the subject NPs in the following sentences.

(1a) *The lion* is a ferocious beast.
(*singular definite generic NP*)

(1b) *A lion* is a ferocious beast.
(*singular indefinite generic NP*)

(1c) *The lions* are ferocious beasts.
(*plural definite generic NP*)

(1d) *Lions* are ferocious beasts.
(*bare plural generic NP*)

(1e) *Gold* is precious.
(*bare singular generic NP*)

These sentences are similar, as their subject NPs do not refer to any concrete object, like Simba, the lion, or to a specific quantity of gold, at least not in the readings we are interested in. Another similarity may be seen in the fact that the sentences in (1) can be considered as a kind of universal quantification (every lion is a ferocious beast, every quantity of gold is precious). But there are important differences between sentences (1a–1e) and sentences with true universal quantifiers, insofar as generic sentences are often interpreted less strictly than sentences with universal quantifiers. Furthermore, the lack of reference to a specific object is not tied to the quasiuniversal quantification, witness the following examples:

(2a) The lion will be extinct soon.
(2b) Gold is a rare metal.

Plural definite generic NPs (1c) seem to have a rather marginal status, and we will ignore them for the rest of this article. But we should consider at least one further NP type; we will call these NPs "taxonomic", because the NPs refer to kinds viewed as elements of a taxonomy (cf. Bacon 1973).

(3) *Several cats* live in Africa, for example the lion and the leopard.
(*taxonomic NP*)

It has been noted that every generic NP discussed so far can occur in contexts where it is quite clearly to be interpreted as non-generic. Furthermore, there seems to be no clear NP marker of genericity in the paradigm cases (1) in English, and we do not know of any in other languages (see Gerstner-Link 1988). It is, however, arguable that there are expressions which only occur in generic sentences. An English example is the NP (not the noun) *man*.

(4) *Man* has lived in Africa for more than two million years.

Things are different with taxonomic NPs since fairly clear markers exist like *kind* in *several kinds of cats*, or the German suffix *art* in *eine Katzenart*.

As nearly every NP would permit a generic and a non-generic reading, it is remarkable that there are few cases of real ambiguity, as the context will normally disambiguate these readings. For example, in English the progressive is often incompatible with a generic interpretation of the NP:

(5a) *Lions* are roaring. (= some lions)
(5b) *Lions* roar. (= lions in general)

For this reason, linguists have often considered the whole clause as the locus of genericity and have introduced concepts like *generic tense* (cf. Chafe 1970, Jackendoff 1972, Lawler 1973, Dahl 1975, Carlson 1977).

Most influential has been the theory of Carlson, who assumed that bare plural and mass terms always refer to kinds, and that it depends on the verbal predicate whether the predication is reduced to a predication about specimens of the kind. This explains the lack of ambiguity in the NPs of (5a, b) and some other facts, like the narrow scope of non-generic bare plurals and mass terms, the possibility of anaphoric relations between generic and non-generic NPs (cf. section 5), and the possibility of conjoining verbal predicates which seem to enforce different readings, as in the following example (due to Schubert/Pelletier 1987):

(6) Snow is white and is falling right now throughout Alberta.

Carlson relates that verbal distinction to the distinction between *episodic* and *habitual* (and in general, *stative*) predicates (cf. also Chafe 1970, Lawler 1973), as in

(7a) John is smoking.
(7b) John smokes.

In doing so, Carlson assumes an ontology with three sorts of entities: *kinds, objects*, and *stages*, that is, spatio-temporal manifestations of objects and kinds. Objects may "realize" kinds, and stages may "realize" objects or kinds. Now, predicates like *be roaring* or *be smoking* are special insofar as they can be reduced to predicates about realizations. For example, the predicate in *Lions are roaring* is attributed to the kind *Leo leo*, the lion, but this internally reduces to the claim that there are stages of that kind which are roaring. Similarly, the predicate in *John is smoking*, although it is applied to the object John, is reduced to an attribution to a stage of John. The widely used terms *stage-level predicate* (for episodic predicates) and *individual-level predicate* (for stative/habitual predicates) originate in that theory.

2. Types of Genericity

In this section, we will have a look at the distribution of different types of generic NPs with respect to different classes of predicates. We will focus on five diagnostic contexts.

(i) There are predicates which impose the selectional restriction on one of their arguments that it must denote a kind. Let us call them *kind predicates*.

(8a) *The lion* was exterminated in Asia by 1000 A.C.
(8b) **Simba* was exterminated in Asia by 1000 A.C.

Further examples of kind predicates are *x be extinct, invent x*. The distribution of kind predicates with different kinds of supposedly generic NPs shows the following pattern:

(9a) *The lion* is extinct.
(9b) **A lion* is extinct.
(9c) ?*Lions* are extinct.
(9d) *A cat* (namely the lion) is extinct.
(9e) *Bronze* was invented in the 30th century B.C.

Kind predicates allow, as we see, for singular definite generic NPs (9a), taxonomic NPs (9d) and bare mass terms (9e). Bare plural NPs (9c) are also accepted, although e.g. (9a) seems to be preferred to (9c). Kind predicates do not, however, combine with indefinite generic NPs (cf. 9b).

(ii) *Collective predicates* like *gather* need a plural or collective NP in non-generic sentences, like *the witches* or *the committee*. In generic sentences they combine with some singular generic NPs as well, as pointed out by Gerstner (1979).

(10a) *The antelope* gathers near waterholes.
(10b) **An antelope* gathers near waterholes.
(10c) *Antelopes* gather near waterholes.
(10d) *A mammal* (namely the antelope) gathers near waterholes.

(iii) In many cases, a generic sentence does not report an event, but a characteristic property. Now, sentences which report an event are *dynamic*, and sentences which report a property are *stative*. Stative verbs accept any kind of generic NPs, but it is interesting to look at those generic NPs which are accepted by dynamic verbs as well. The evaluation of the following examples is strictly confined to the generic interpretation.

(11a) *The rat* reached Australia in 1770.
(11b) **A rat* reached Australia in 1770.
(11c) ?*Rats* reached Australia in 1770.
(11d) *A rodent* (namely the rat) reached Australia in 1770.
(11e) *Rice* was introduced in East Africa some centuries ago.

(iv) As noted by Lawler (1973), indefinite generic NPs cannot combine with predicates expressing *accidental properties*. (Since dynamic predicates always express accidental properties, this explains why indefinite generic NPs cannot combine with dynamic verbs.) Lawler considered *popular* as an accidental, and *polyphonic* as a necessary predicate for madrigals. We then have the following distribution:

(12a) *The madrigal* is popular./*The madrigal* is polyphonic.
(12b) **A madrigal* is popular./*A madrigal* is polyphonic.
(12c) ?*Madrigals* are popular./*Madrigals* are polyphonic.
(12d) *A type of music* (namely the madrigal) is popular./*A type of music* (namely the madrigal) is polyphonic.
(12e) *Music* is popular./*Music* is homophonic or polyphonic.

(v) Finally, we will discuss the generic NP itself. Vendler (1967) and Nunberg/Pan (1975) pointed out that not all nouns allow for a definite generic NP. According to Vendler, the noun must not be too general in meaning; this explains the following contrast:

(13a) The Incas did not have *the wheel*.
(13b) ?Monkeys do not use *the instrument*.

Nunberg/Pan observed that the kind to which the noun of a definite generic NP is associated must be well-established. There are no equivalent restrictions for the nouns of indefinite generic NPs (the following example is Carlson's):

(14a) The Coca Cola bottle has a narrow neck.
(14b) *The green bottle has a narrow neck.
(14c) A Coca Cola bottle has a narrow neck.
(14d) A green bottle has a narrow neck.

What do the five tests tell us? We have found rather similar distribution patterns, which show that they do not reflect the idiosyncratic behavior of nouns and verbs, but may hint at a general classification of generic NPs. It seems clear that two main classes of generic NPs exist, and we will refer to them as *D-generic* and *I-generic*, according to their most prominent representatives.

D-generics	*I-generics*
sing. def. generic NPs	indefinite singular generic NPs
taxonomic NPs	bare plural generic NPs
bare sing. generic NPs	bare singular generic NPs
bare plural generic NPs (?)	

Here, bare singulars (mass nouns) and bare plurals are assigned to both classes, reflecting their compatibility with both sets of diagnostic contexts. The question mark after bare plural generic NPs indicates that they are not the best choices in the respective context, but they clearly are acceptable.

In the following two sections, we will have a look at the semantic properties of the two classes of generic NPs in order to explain their syntactical behavior.

3. D-Genericity

Let us assume that D-generic NPs refer to *kinds*. A kind like *Leo leo*, the lion, is, in turn, an individual. There are differences, of course, between kinds and objects, which can be accounted for in at least two different ways. Either kinds are regarded as concrete individuals, which differ from individuals like a specific lion in that they can occur at the same time in different places. This view is inherent, e. g., in Quine (1960). Or kinds are regarded as abstract entities, which are linked to concrete entities (in our example, the specific lions) as their *realizations*, as in Carlson (1977).

A typical means of referring to individual entities are *proper names*. The semantic difference between common nouns and proper names is that the former may be applied to many entities, whereas the latter refer, at least in principle, only to single entities. What does this mean in the case of definite generics? Consider a common noun like *lion*. As a proper name, it refers to a kind, the lion; and as a common noun, it applies to every realization of that kind.

What about the syntactic differences? Proper names do not normally require a determiner in English. Common nouns come in two classes: mass nouns like *rice* can go without determiner, whereas count nouns like *lion* cannot, except when pluralized. The following table lists NPs which could possibly have a D-generic reading.

(15a) *lion   (15a′) rice
(15b) ?lions   (15b′) *rices
(15c) the lion   (15c′) *the rice

The acceptability of these forms can be explained as follows: Normally, a common noun in its morphologically simplest form, i. e. a singular common noun in languages like English, should be interpretable as a proper name of a kind. This is exemplified by (15a′). A singular count noun cannot have NP status because it has an obligatory argument which must be filled by a numeral or a determiner; therefore (15a) is out. There are two remedies for this situation. The first (15b) consists in pluralizing the count noun, which binds the number argument. The second (15c) is the application of the definite article, an option that is possible in English for proper names (e. g. *the Sudan*). For mass nouns, no such remedy is called for; (15b′) and (15c′) are therefore not acceptable as definite generics.

This analysis of kind-reference is supported by languages which do allow for an NP like *lion*, and languages which obligatorily use the definite article with names. An example of the first type is Chinese.

(16) Lâohû   jué   zhŏng   le.
      tiger   vanish   CLASSIFIER   ASP
      'the tiger is extinct'

An example of the second type is colloquial (southern) German. Here, the prototypical proper names, namely personal names, bear the definite article, cf. *der Karl*. Consequently, the definite article is used more often for definite generic NPs, even in the mass noun case:

(17) Der Reis ist ein Grundnahrungsmittel.
     The rice is a   basic food.

In section 1, we have remarked that definite plural NPs like *the lions* may marginally be taken as generic as well; they would simply represent both strategies, pluralization and explicit marking of definiteness.

We have analysed D-generic NPs as proper names. There is a second way to refer definitely to individuals, namely by definite descriptions, like *the lion we saw yesterday*. The basic difference between these two ways is that the referent of a proper name can typically be identified on the basis of the background knowledge; it is an entity that can be spoken about without supposing any context. On the other hand, the referent of definite descriptions must be identified in the context or in the situation of the utterance. To analyse D-generic NPs as proper names entails that their referents are parts of the background knowledge, and need not be identified in the context or situation.

We can offer two observations to substantiate this claim. First, we have seen that definite generic NPs cannot be construed from every noun, but that the nouns must be connected with a well-established kind (cf. (14)). But this means that the kinds must be part of the background knowledge. Second, many German dialects have two series of definite articles, one corresponding to the English definite article, the other being used with proper names and other entities which are known on the basis of the background knowledge of speaker and hearer (see Ebert 1970 for Frisian). As we would have expected, definite generic NPs bear this article, too. Consider, for example, Bavarian; (18a) is a case with a normal definite description, and (18b) is a generic sentence.

(18a) I håb a Bia und a Limo
I have a beer and a lemonade
bschdäid.
ordered.
Dees/?As Bia wår guad.
The beer was good.
(18b) As/*Dees Bia is daia.
The beer is expensive.

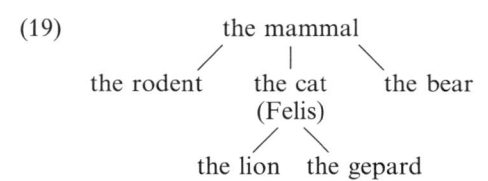

Another way to refer to kinds are taxonomic NPs, given that they show the same distribution as definite generic NPs in the tests of section 2. As taxonomic NPs may be indefinite, they cannot be taken as names of a kind. To understand their semantics, remember that kinds are often organized into taxonomical hierarchies (see Kay 1971 for natural taxonomies). Such taxonomies can be visualized as trees:

(19)
```
          the mammal
        /     |      \
 the rodent  the cat  the bear
            (Felis)
            /    \
      the lion  the gepard
```

Each node represents a kind, and the lines show the *subspecies* relation between kinds. An obvious link between the subspecies relation and the relation of realization is that the realizations of a subspecies must be realizations of the superspecies. Although such 'folk' taxonomies are less developed than scientific taxonomies in many fields, they essentially have the same structure.

Up to now, we have singled out two meanings of nouns like *cat*, one applying to realizations of the kind *Felis*, the other to the kind *Felis* itself. There is a third meaning, namely one which applies to the subspecies, e. g. the species *Leo leo*, or the species *Felis silvestris forma domestica* (which is synonymously named *cat* in English). In this reading, *cat* is a kind predicate. The kind predicate meaning is most obvious when mass nouns are construed like count nouns (e. g. *wines*), and there are some nouns which only have this meaning, like *halogen* or *alloy*. Thus, it is easy to explain why taxonomic NPs have a similar distribution as definite generic NPs: it is because they refer to the same sort of entities, namely kinds.

It is interesting to note that this ambiguity of many count nouns between an object-related and a (sub)kind-related interpretation in a language like English is resolved in classifier languages, as they typically use different classifiers for object reference and kind reference (cf. Chinese $y\breve{i}\ zh\^{o}ng\ xi\acute{o}ng$ 'a kind of bear' and $y\breve{i}\ zh\breve{i}\ xi\acute{o}ng$ 'an individual bear').

The well-known *type/token* distinction can be treated as a case of this ambiguity of count nouns. For example, *book* may refer to individual books ('tokens'), like the book with the red cover on top of my shelf, or to a subspecies of books ('type'), like Milton's *Paradise lost*. In a sentence like *This book sells well* it is obviously the latter reading which is selected.

We now turn our attention to the *semantics* of sentences with D-generic NPs. The most interesting question revolves around how properties of kinds relate to properties of their realizations and subspecies. There seems to be three basic cases:

(i) If the realizations or subspecies of a kind have a *characteristic property*, then this can be projected to the kind. To handle examples like *the lion has a mane*, one has to assume that *a mane* has narrow scope relative to the projection operator. In section 5, we will come back to this interpretation.

(ii) If some realization or subspecies of a kind has a property as the first one of its fellow-realizations or fellow-subspecies, then this too can often be projected to the kind. This explains cases like (20a); we will call it the *avantgarde* interpretation. However, this interpretation is not possible with any predicate, cf. (20b); predicates which are projected obviously must be considered as relevant for the kind.

(20a) Man set foot on the Moon in 1969.
(20b) ?Man jumped over 8.90 meters in 1968.

(iii) In other cases, we can ascribe a property to a kind because some *representative object* which realizes that kind has this property. Two examples:

(21a) In Kenya they filmed the lion.

(21b) At that night, the lion was roaming the kraal.

In (21a, b), only one or a few lions are involved in the reported events; still these properties are attributed to the whole kind. The precise conditions under which we can speak about kinds in that fashion remain unclear. One is that the identity of the object, and maybe even the number of the objects involved, are not relevant and not known in cases like (21).

(iv) Kind predicates like *be extinct* are not projected from realizations or subspecies, but the realizations or subspecies must meet certain conditions specified in the lexical semantics of kind predicates. For example, saying that the dodo is extinct is tantamount to saying that there are no living specimens of this kind anymore.

To conclude this short exposition of the semantics of D-generics, we want to remark that there has been a discussion in the philosophical literature whether kinds can be assumed at all (cf. Bacon 1973, with references). Most importantly, if all possible predicates (whose extensions are the elements of the power set of the set of individuals) had a unique correspondent in the set of individuals, this would lead to a cardinality problem. For example, if the cardinality of the set of individuals is n, then the cardinality of the power set is 2^n, and this means that the elements of the power set cannot be embedded in a bi-unique way into the set of individuals. There are different possibilities to solve this problem, for example by restricting the syntactic rules of kind name construction (cf. Chierchia 1982) or by supposing so-called Scott Domains as model structures (cf. Turner 1983; cf. also Chierchia e. a. 1989). But as we have seen, the class of common nouns which can occur in definite generic NPs is quite restricted, hence it should be possible to represent this restricted class twice, as sets and as individuals.

Kinds have been the topic of another philosophical debate, namely in the discussion of so-called *natural kinds* (cf. Schwartz (ed.) 1977). As natural kind terms, like *the lion*, are treated exactly like other kind names, like *the bachelor*, we will ignore this discussion here.

4. I-Genericity

Whereas the locus of D-genericity is essentially the NP, the locus of I-genericity is the sentence. It appears that there is a generic operator which is responsible for the non-accidental reading which we have found with our examples of indefinite generic NPs. This operator is similar to modal operators in having wide scope over the sentence.

What we have called "indefinite generic NPs" can be considered as simple indefinite NPs. As the genericity depends solely on the sentence operator and not on the NP, any indefinite NP should be possible with a generic reading, and this is what we have found (cf. example (14)).

The reason why an indefinite NP can have different semantic effects is that its interpretation crucially depends on the operators which have scope over them. According to Kamp (1981) and Heim (1982), an indefinite NP is not interpreted as a quantifier, but as a predicate applying to a variable. Definite pronouns, in turn, pick up that variable. The variables can be interpreted in two ways: First, they may be bound by an existential quantifier ranging over the whole text (*existential closure*), as in the following example, where $\exists$ represents that existential closure:

(22) A farmer bought a donkey. He beat it on the way home.
$\exists[\text{FARMER}(x) \land \text{DONKEY}(y) \land \text{BOUGHT}(x, y) \land \text{BEAT}(x, y)]$

Second, they may be bound, under certain syntactic conditions, by other operators, such as quantificational adverbs (cf. Lewis 1975):

(23) Always, if a farmer owns a donkey, he beats it.
$\forall(\text{FARMER}(x) \land \text{DONKEY}(y) \land \text{OWN}(x, y); \text{BEAT}(x, y))$

Here, the universal quantifier $\forall$ binds both variables x and y (it is an *unselective quantifier*). Its syntax is related to the framework of Generalized Quantifier Theory; it has two 'arguments', the first is called *Restrictor* and the second, *Matrix*. One gets the ordinary, first-order quantifier in this case simply by replacing ";" by "→". The generic operator can be treated in a similar way (cf. Heim 1982, Farkas/Sugioka 1983, Schubert/Pelletier 1987). As a first approximation, we may have the following representation:

(24) A lion is a ferocious beast.
$\forall(\text{LION}(x); \text{FEROCIOUS\_BEAST}(x))$

Similarly as in (23), the 'universal' interpretation of the indefinite NP *a lion* is not due to that NP itself, but to a quantificational operator. This operator is covert in (24), but it (or something similar to it) may be made overt with sentence operators such as *usually* or *typically*.

This analysis of I-genericity as induced by a dyadic operator supersedes another one, put forward by Lawler (1973), Carlson (1977), and others, where I-genericity is induced by a monadic operator that maps the verbal predicate to a 'generic' predicate. Carlson (1989) showed that this theory cannot cope with cases where we have more than one generic interpretation, as in the following:

(25) A computer computes the (daily) weather forecast.
 (a) ∀(COMPUTER(x);
     ∃y[WEATHER_FORECAST(y) ∧ COMPUTE(x, y)])
 (b) ∀(WEATHER_FORECAST(y);
     ∃x[COMPUTER(x) ∧ COMPUTE(x, y)])

Reading (a) says that computers in general compute the weather forecast; reading (b) says that the daily weather forecast is in general computed by a computer. The second reading, which is actually the one which is factually true, could not be explained with a monadic verb operator.

One aspect of this treatment of I-genericity is unsatisfactory: Generic sentences differ from universal quantifications semantically — they are both stronger and weaker than universal quantifications. On the one hand, they are stronger, as they do not capture mere accidental generalizations (cf. Dahl 1975). For example, if every member of a certain club happens to own a white VW, the generic sentence *A member of this club owns a white VW* would be inadequate, as this would specify an essential rule about club membership. On the other hand, I-generic sentences are weaker than universal quantifications, as they allow for exceptions. For example, (24) would still be true even if there are some lions which are quite friendly.

It is obviously not possible to choose just another quantifier instead of the universal quantifier. The second problem cannot be handled by that, because we can come up with counterexamples even for very weak quantifiers (cf. Carlson 1977). For example, a sentence like *A mosquito carries malaria* might be considered as true, even if very few mosquitos actually carry malaria. And the first problem is clearly out of reach for any strengthening of the quantifier, as even the universal quantifier is not strong enough. So let us assume a generic operator GEN which is similar to quantifiers insofar as it binds variables, but different from them in its essential semantic properties. A sentence like (24) would get the following interpretation:

(26) GEN(LION(x); FEROCIOUS_BEAST(x))

There are several routes which can be taken to spell out the semantics of the GEN operator. Perhaps the most promising ones are to take it as a *modal operator*, or to interpret it as a *non-monotonic inference rule*.

A modal analysis was proposed, among others, by Dahl (1975) and Heim (1982). In this approach, the GEN operator is a necessity operator. It can be analysed similar to the operator in conditional sentences, which are closely related to I-generic sentences and which are a traditional application for modal theories (cf. Lewis 1973, Kratzer 1981). The basic idea is that the necessity operator expresses a quantification over a set of possible worlds that are compatible with certain assumptions and are most similar to some world (the real world or some ideal world). The background assumptions, and the specific similarity relation, are typically given by the context. For example, (26) would be interpreted as saying: In those worlds in which animals behave according to their inherent predispositions, and which are most similar to our world, every lion is a ferocious beast. This does neither imply that in the actual world, every lion is a ferocious beast, nor would the (accidental) fact that every lion is a ferocious beast in our world imply that we have the same matter of facts in the possible worlds in which animals behave according to their predispositions.

The type of modality that we find with I-generic sentences can vary widely. It can be linguistic necessity or analyticity as in (27a) (cf. Burton-Roberts 1976, Strigin 1985) or mathematical necessity as in (27b). In these cases, the set of worlds under consideration is the set of all possible worlds; hence we do not find exceptions. The modality can be based on our factual knowledge of the world, as in the examples we have considered so far. And it may be a deontic modality, invoking certain laws or rules of behavior, as in (27c); in this case, we even should expect exceptions in the real world:

(27a) A spinster is unmarried.
(27b) Two and two equals four.
(27c) A boy doesn't cry.

(27d) Three kiwis were sold for one dollar last week.

Up to now we have not considered sentences like (27d), which could also be analysed as indefinite generics, except that they hold relative to time and place. We think that this is another, more restricted modality. One could, of course, assume different default operators for different modal dimensions. But as it is a common phenomenon of natural languages that the dimension of modality is left open (cf. the semantics of modal verbs like *must*), we think that this parameter is filled pragmatically.

Another possible interpretation of GEN is in terms of a nonmonotonic inference rule. These rules are such that they allow us to draw conclusions in absence of positive knowledge to the contrary; but in case we arrive at positive knowledge at a later point, a former conclusion may have to be retracted. For example, (26), the semantic form of *a lion is a ferocious beast*, says that whenever an object x satisfies the restrictor, here LION(x), and we have no positive information whether it satisfies the negation of the matrix, here ¬ FEROCIOUS_BEAST(x), then we can conclude FEROCIOUS_BEAST(x). However, this conclusion can be defeated if we later learn that x is not in the extension of FEROCIOUS_BEAST. There are various ways to spell out formally such non-monotonic inference rules, for example by default rules (cf. Reiter 1980); see Ginsberg (1987) for an overview.

Our analysis explains why I-generic sentences have non-accidental predicates. To say that any x which is specified by a property A has a certain property B by default is only possible when there are law-like relations between A and B. If all entities that have property A would have property B simply by accident, then every accidental change of situation can change this fact. Since nonmonotonic inference rules should be intrinsically conservative against such changes, they cannot be used to express facts which are only accidentally true.

There are examples which seem to falsify our claim that I-genericity can be captured by assuming a default operator:

(28a) A bird lays eggs.
(28b) A turtle grows very old.

One can argue that only female birds lay eggs, and that turtles only rarely live to be very old since nearly all of them are killed by predators when still young. But these putative counterexamples can be rejected if one remembers the restriction in our explication of the GEN operator that there should be *no reason why the matrix does not hold*. The fact that only female animals lay eggs and that a life can be shortened by external causes are such reasons. Of course, this shows that one has to expect a lot from pragmatics and background assumptions to arrive at a correct interpretation of generic sentences. But this is quite a common phenomenon in the semantics of natural language.

Let us leave the complex issue of the semantic interpretation of the GEN operator. We want to point out some merits of the analysis of I-genericity in terms of an operator like GEN. (i) It explains why the verbal predicate is always in a certain mood. This can be understood as a direct reflex of the GEN operator, which has scope over the verbal predicate. A theory which assumes that I-genericity is a phenomenon that is essentially restricted to the NP cannot capture this as easily. (ii) In our analysis generic propositions are reduced to propositions about concrete entities in the extension of the nominal predicate. This explains why there are no special kind predicates with indefinite generics. (iii) Our analysis explains why there can be no avantgarde interpretation in indefinite-generic sentences: if a predicate applies to only some exceptional individuals, then it cannot apply to *any* individual by default. — Our analysis can be extended to other kinds of indefinite NPs as well, e.g. to bare plurals and bare mass nouns in their I-generic interpretation (see e.g. (28), where *dogs* should be applicable to individuals consisting of one or more dogs).

There are some interesting questions that arise with the assumption of GEN from a syntactic viewpoint, for example where the GEN operator is situated in the syntactic derivation, and which principles determine the distribution of syntactic material to the restrictor or the matrix. Here, we can only offer some observations.

First of all, note the difference in the following examples when uttered with wide (not contrastive) focus:

(29a) A líon ¦ is a ferocious bèast.
(29b) A lìon was in the cage.

An I-generic sentence like (29a) typically has two parts, which may be identified as theme and rheme. There is an optional pause between them, the rheme bears the main stress, and the theme bears secondary stress. Sentences with normal indefinite subjects have no optional pause, the subject bears the main stress, and there is a tendency to use the *there*-construction (*There was a lion in the cage*). They can be considered as wholly rhematic. That I-generic NPs are thematic becomes very clear in languages like French which have special constructions for indefinite thematic constituents:

(30) Des garçons, ça ne
 Boys   PRON NEG
 pleure pas.
 cry   NEG
 'Boys do not cry'

Note that the accent pattern of (29a) is typical for sentences with operators which bind a variable.

(31a) Every líon | is a ferocious bèast.
 $\forall$(LION (x); *ferocious_beast* (x))
(31b) If a farmer has a dónkey | he bèats it.
 $\forall$(FARMER (x) $\land$ DONKEY (y) $\land$ HAVE (x, y); BEAT(x, y))

Obviously, the restrictor of a quantificational operator forms the background against which the matrix is evaluated. This fits neatly into the distinction between *theme* and *rheme* as developed in the Prague School: the theme can be identified with the restrictor, and the rheme with the matrix. As the theme has secondary stress and the rheme has main stress, and both are separated by an optional pause, the accentual patterns exemplified by (31a, b) can be predicted.

The accentual pattern of I-generic sentences can be explained in the same way, if they are analysed as consisting of an operator with a matrix (the indefinite NP) and a restrictor (the verbal predicate). Furthermore, this explanation also deals with sentences with indefinite generic NPs which are not in subject position. The generic reading of these sentences is clearly favored if not the final NP (as usual with transitive verbs), but the verb bears the main stress (cf. (32)). This can be explained if we assume that all indefinite NPs which are to be interpreted generically are assembled in the matrix of the GEN operator. We then have the following interpretations:

(32) An antelope feàrs a lion.
 GEN(ANTELOPE (x) $\land$ LION (y); FEAR (x, y))

The observation that non-focused expressions go to the restrictor also holds for atemporal *when*-clauses, which are discussed by Carlson (1979) and Farkas/Sugioka (1983). Here, the *when*-clause, which typically does not bear the main sentence accent, adds additional conditions to the restrictor of the GEN operator:

(33) Dogs are intelligent when they have blue eyes.
 GEN(DOGS (x), HAVE-BLUE-EYES (x); INTELLIGENT (x))

Without going into the construction rules for the semantic representations in these examples, it is clear that the GEN operator should be introduced at some point in the syntactic derivation, as other constituents of the sentence — NPs, *when*-clauses etc. — must be mapped to one of its two argument positions, according to their focus properties. On the other hand, there are cases where we may assume that GEN is part of the lexical entry of a verb itself. A case in point is the following:

(34) Sally loves càts.

In addition to a reading with *cats* in narrow (contrastive) focus, (34) has a reading where the whole verbal predicate *loves cats* is in focus. In this case, we may assume that *loves* has a lexical entry containing the GEN operator which maps the object to the right argument irrespective of theme/rheme-distinctions (for example, $\lambda P \lambda x$ GEN(P(y); LOVE(x, y))). Note that the object in these cases is typically a bare plural; *Sally loves a càt* strongly tends to the specific reading of *a cat*.

5. Phenomena Related to Genericity

In this section, we will treat some phenomena which are related to one or the other form of genericity — in particular, habituals, explicit quantification, generic anaphora, and cases of mixed genericity.

Let us start with *habituals*, whose relation to (I-)genericity was observed frequently (cf., among others, Chafe 1970, Lawler 1973, Carlson 1977). Habitual predicates are related to some basic verbs and express a disposition which can be spelled out by predicating the bare verb to the subject referent. In English, habituals may be marked periphrastically by *used to*, but often are not marked at all. (In other languages, e.g. in Swahili, habituals may be marked morphologically). As dispositions are properties and not events, habitual verbs are always stative; the progressive, therefore, which is restricted to dynamic verbs, excludes an habitual interpretation. This explains the following readings:

(35a) John smoked. (habitual, non-habitual)
(35b) John used to smoke. (habitual)
(35c) John was smoking. (non-habitual)

The relation between habituals and I-genericity can be formally incorporated either, as in Carlson (1977), by the notion of a stage (cf. section 1), or by the introduction of variables over 'occasions' or *situations* (cf. Lawler 1973, Schubert/Pelletier 1987). With such situation variables s, we can give an interpretation of habituals in terms of the GEN operator:

(36a) John smòkes after dinner.
       GEN(x = JOHN ∧ AFTER-DINNER(s) ∧ IN(x, s); SMOKE(x, s))
(36b) John smòkes.
       GEN(x = JOHN ∧ IN (x, s); SMOKE (x, s))

(36a) says that typically, if John (= x) is in an after-dinner-situation s, John smokes in s. Note that *after dinner* is unstressed, i.e. thematic, and therefore must belong to the restrictor of the default operator. This seems to be a fair account of the truth-conditions of (36a), and shows that we may use the GEN operator both for I-generic sentences proper and for habitual sentences. In (36b), however, the situations are not specified any further. The semantic representation amounts to: If John is in a situation, he typically smokes in that situation. This looks as a much too strong interpretation − even if John is a heavy smoker, we do not expect him to smoke when he is sleeping, or in the non-smoking section of a restaurant, or in a public place in Massachusetts. But depending on the semantic interpretation of the GEN operator, our analysis may still work. If we interpret it as a rule for nonmonotonic inference, then the knowledge that s satisfies one of these conditions would have as a consequence that John does not smoke in s, and this positive knowledge would preempt the conclusion warranted by the nonmonotonic inference rule that John does smoke in s. Given such an interpretation, (36b) may not be too strong after all.

There is a distinction in the literature on habituals which can be captured neatly in our formalization. Lawler (1973) and Dahl (1975) distinguished between *existential* and *universal* genericity (or habituativity). Sentences like the following one can have both readings:

(37) John drinks beer.

As a universal generic sentence, (37) means that John has the habit of beer drinking; as an existential generic sentence, (37) means that John does not object to drinking beer. Lawler assumes two generic quantifiers to deal with this distinction. We do not think that this is necessary. Lawler already noted that the readings of (37) are differentiated by intonation, but fails to give a detailed description. Characteristically, in the universal generic reading, the whole VP is in focus (with the accent on *beer*), whereas in the existential reading, *drinks* is in focus (it bears the sentence accent). So we should assume the following distribution of semantic material to restrictor and matrix:

(38a) GEN(x = JOHN ∧ IN(x, s); ∃y[BEER(y) ∧ DRINK(x, y, s)])
(38b) GEN(x = JOHN ∧ BEER(y) ∧ IN(x, s) ∧ IN(y, s); DRINK(x, y, s))

(38a) means that in a situation s, John typically drinks beer (the interpretation of GEN weakens that, similarly to the case 36b). (38b) means that in a situation s where beer is around, John drinks it (again, the interpretation of GEN weakens that − for example, John could have decided to drink wine, and therefore does not drink beer at that occasion). Actually, there is a third reading of (37), again with stress on *beer*, where *beer* is in narrow focus and which expresses that beer is the favourite (alcoholic) beverage of John. This can be expressed according to our rules, and quite adequately, by putting only *beer* into the matrix:

(38c) GEN(x = JOHN ∧ DRINK(x, y, s); BEER(y))

Let us now look at the relation between genericity and *explicit quantification*. As noted above, sentences with NPs containing explicit quantifiers like *every lion* have to be interpreted more strictly than generic sentences; they do not allow for exceptions. But even sentences with quantifiers like *the most* or *many* differ fundamentally from generic sentences (cf. Carlson 1977). We have seen that quantifiers of this sort cannot render the modal quality of I-genericity. Another difference is that in evaluating sentences with nominal quantifiers, one has to know the extension of the common noun on which the NP is based (this is the standard Generalized Quantifier analysis). For example, in order to evaluate the sentence *most lions have a mane*, one has to compare the extension of lions in general with the extension of lions which have manes. For an I-generic sentence, on the other hand, it is irrelevant how large the extensions are.

Related to this fact is the observation of Dahl (1975) and Croft (1986) that the extension of the common noun can be contextually restricted only in the case of nominal quantifications:

(39) There were lions and tigers in the circus ring.
 (a) (Every lion)/(each lion)/(most lions)/ roared.
 (b) *Lions roared.

In (39a), the relevant common noun extension is clearly restricted to the individuals in the circus ring. A generic sentence cannot be restricted in this way. There is, however, one determiner which behaves very similar to I-genericity, namely *any*:

(40) Any lion roars.

It is evident that (40) has the characteristic properties of I-generic sentences; for example, it needs a stative, non-accidental predicate (cf. *Any lion is roaring*), and the noun extension cannot be restricted by the context. Therefore, an NP like *any lion* should be analysed similarly to *a lion*, i.e. as an indefinite NP. The difference between normal indefinite NPs and *any*-NPs is that *any*-NPs are always non-specific, and that they explicitly convey the meaning that nothing hinges upon the particular choice of a referent (cf. Vendler 1967). This extra component should explain why (40) is interpreted more strictly than the corresponding generic sentence *a lion roars*. If nothing hinges on the choice of the referent, then there is no reason why the proposition does not hold for any particular referent.

Let us now look at *generic anaphora*, as in the following examples:

(41a) John killed *a spider* because *they* are ugly.
(41b) John didn't keep *a spider* because *they* are ugly.

The natural reading of the second clause of (41a, b) is that generally, spiders are ugly. *They* clearly should be analysed as referring to a kind. Now, if one assumes that a pronoun has to refer to an entity which was introduced in the preceding text, then it is unclear why the pronoun *they* is possible: in (41a), it can be argued that the first clause introduces only a single spider, and in (41b), no spider is introduced at all.

To treat phenomena like that, we might assume that an NP containing a common noun in any case introduces a kind (cf. also Kamp/Frey 1986). This analysis can be integrated in the one we have developed above, because we too have assumed that a common noun is related to a kind.

It is interesting that in the examples we have considered so far, the generic pronoun is plural. But it can be singular, too, as in (42a). If the antecedent is plural, however, the pronoun must be plural, too (42b):

(42a) John shot a lion, although it is protected.
(42b) John shot lions, although (they are)/ (*it is) protected.

This can be explained by three interacting principles. The first one is syntactic: if the antecedent is plural, i.e. has a marked agreement feature, then the pronoun must bear the same feature. The second one is that reference to kinds is possible with plural NPs, although this is not the preferred way. The third principle is that in cases where the pronoun could refer to both the individual entity and the kind which is introduced by a singular antecedent NP, a plural pronoun is chosen to refer to the kind. This is done in order to exclude reference to the individual, which is clearly more prominent than reference to the kind. But if it is clear for other reasons that the pronoun refers to the kind, e.g. because it is an argument of a kind predicate as in (42a), then singular pronouns are also allowed.

Another phenomenon which is related to generic anaphora are indefinite pronouns like *some* and *one* (or German *welche*), as exemplified in

(43a) John bought a spider, and Mary bought one, too.
(43b) John bought milk, and Mary bought some, too.

Indefinite pronouns can be analysed as *referring* to a kind which is introduced in the preceding context, and as *introducing* a realization of this kind. Thus, they share properties of definite and indefinite expressions.

There are cases of anaphora with indefinite generic NPs as well:

(44) A lion is a ferocious beast. It has huge claws.

It is clear how (44) can be interpreted along the lines that we argued for above: Take a lion, and it will typically be a ferocious beast. Moreover, this lion will typically have huge claws. That means that the second sentence has to be interpreted against the restrictor of the first. This poses compositionality problems because in interpreting the second sentence, one must be able to "look into" the first one.

Let us finally have a look at sentences where *both kinds of genericity* meet (which of course supports our distinction between two elementary kinds of genericity, reference to kinds and generic quantification). One example:

(45) The lion has a mane.

Clearly, *the lion* can have a D-generic interpretation, and the whole sentence is I-generic (it expresses a typical property, note also that we could have overt adverbial modifiers, like *usually*). The meaning of (45) could be rendered by an I-generic sentence like *A lion has a mane* as well.

Cases like (45) may be treated by assuming that definite NPs are related to a variable not by the identity relation, but by a relation IS. If x and y are objects or kinds, then x IS y is true just in case x = y. However, if x is an object and y is a kind, then x IS y is true in case x is a realization of y, which we write as R (x, y). This is the case of (45):

(46) GEN(x IS LEO; ∃y[MANE (y) ∧ HAVE (x, y)])
= GEN(R (x, LEO); ∃y[MANE (y) ∧ HAVE (x, y)])

We get a correct interpretation, saying that a realization of the kind *Leo*, that is, a lion, typically has a mane.

There is independent evidence for the IS relation. We may reconstruct the representative object reading of sentences such as (21) with it (that example could be rendered as: ∃x[WE_FILMED(x) ∧ x IS LEO], whose second conjunct reduces to R(x, LEO). Furthermore, we can imagine someone in a zoo, pointing to the lion Simba, saying: *This is the lion*. We can explain this by assuming that he pointed at Simba and attributing to it the property that it stands in IS-relation to the kind LEO, that is, SIMBA IS LEO, which is tantamount to R(SIMBA, LEO).

Let us conclude by stressing the main point of this article: Genericity has to be dissociated into two separate concepts, namely D-genericity (reference to kind) and I-genericity (a kind of modal quantification). One can speculate why genericity was ever identified as a single concept in the first place. The reason probably is that in some paradigm cases, we find both kinds of genericity in the same sentence. The supposed similarity of the two kinds of genericity, however, is only superficial, a kind of family resemblance at best.

This article was written in May 1987, and slightly revised in 1990. A more elaborate treatment of genericity can be found in Krifka et al. (to appear).

6. References

Bacon, John. 1973. Do generic descriptions denote? Mind 82. 331–347.

Burton-Roberts, Noel. 1977. Generic sentences and analyticity, Studies in Language 1, 155–196.

Carlson, Gregory. 1977. A unified analysis of the English bare plural. Linguistics & Philosophy 1. 413–456.

—. 1977. Reference to kinds in English. Amherst: Ph. D. dissertation. Published 1980, New York.

—. 1979. Generics and atemporal When, Linguistics and Philosophy 3. 49–98.

—. 1989. The semantic composition of English generic sentences. Property theory, type theory, and semantics, Vol. 2, Semantic issues, ed. by G. Chiercha, B. Partee & R. Turner, 167–191. Dordrecht.

Chafe, Wallace. 1970. Meaning and the structure of language. Chicago.

Chierchia, Gennaro. 1982. Nominalizations and Montague Grammar. Linguistics and Philosophy 5. 303–354.

Croft, William. 1986. Universal quantifiers and generic expressions. Stanford University, MS.

Dahl, Östen. 1975. On generics. Formal semantics of natural language, ed. by Edward Keenan, 99–111. Cambridge.

Ebert, Karen. 1971. Referenz, Sprechsituation und die bestimmten Artikel in einem nordfriesischen Dialekt (Fering). University of Kiel doct. dissertation. Nordfriisk Institut, Bredstedt.

Farkas, Donka, and Yoko Sukioka. 1983. Restrictive if/when clauses. Linguistics and Philosophy 6. 225–258.

Frey, Werner, and Hans Kamp. 1986. Plural anaphora and plural determiners. University of Stuttgart, MS.

Gerstner, Claudia. 1979. Über Generizität. Munich: M. A. thesis.

Gerstner-Link, Claudia. 1988. Über Generizität. Generische Nominalausdrücke in singulären Aussagen und generellen Aussagen. University of Munich doct. dissertation.

Heim, Irene. 1982. The semantics of definite and indefinite noun phrases. Amherst: Ph. D. dissertation. Published 1988, New York.

Jackendoff, Ray. 1972. Semantic interpretation in Generative Grammar. Cambridge, MA.

Kamp, Hans. 1981. A theory of truth and semantic representation. Formal methods in the study of language, ed. by J. Groenendijk, Th. Jannsen & M. Stokhof, 277–322. Amsterdam.

Kay, Paul. 1971. Taxonomy and semantic contrast, Language 47. 866–887.

Kratzer, Angelika. 1977. Semantik der Rede. Kronberg.

—. 1980. Die Analyse des bloßen Plurals bei Gregory Carlson. Linguistische Berichte 70. 47–50.

Krifka, Manfred et al. (to appear). Genericity. An introduction. The generic book, ed. by G. Carlson & F. J. Pelletier. Chicago.

Lawler, John. 1973. Studies in English generics. Papers in Linguistics 1. Ann Arbor.

Nunberg, Geoffrey, and Chiahua Pan. 1975. Inferring quantification in generic sentences. Papers of the 15th Meeting of the Chicago Linguistic Society. 412–422.

Quine, Willard van Orman. 1960. Word and Object. Cambridge, MA.

Schubert, Lenhart K., and Francis J. Pelletier. 1987. Problems in the representation of the logical form of generics, bare plurals, and mass terms, New directions in semantics, ed. by E. LePore London.

Schwartz, Stephan P. (ed.) 1977. Naming, necessity and natural kinds. Ithaca.

Strigin, Anatolj. 1985. Eine Semantik für generische Sätze, Linguistische Studien 125. 1–85.

Turner, Raymond. 1983. Montague Grammar, Nominalizations and Scott's Domains. Linguistics and Philosophy 6. 259–288.

Vendler, Zeno. 1967. Linguistics in Philosophy. Ithaca.

*Claudia Gerstner-Link, Munich (Germany)/
Manfred Krifka, Austin, Texas (USA)*

49. Focus Particles

1. Introduction
2. Basic Syntactic Properties
3. Parameters of Variation
4. Co-Constituents and Configurations in English and German
5. References

1. Introduction

Within the heterogeneous class of traditional adverbs, several subclasses can be distinguished on the basis of syntactic and semantic properties. One of these subclasses singled out because of the interaction of its elements with central syntactic and semantic processes and recognized as a separate lexical class in a wide variety of recent grammar handbooks, is the class of focus particles (focusing adjuncts/subjuncts, scalar particles, focus adverbs, etc.). A first identification and characterization of this class can best be based on semantic criteria. It is a striking property of the relevant expressions that the contributions they make to the meaning of a sentence varies with their position in a sentence and with the location of the sentence stress (nuclear tone). In other words, these expressions interact with the focus-background structure of a sentence. In the following examples, the focus of a sentence — often also referred to as 'the focus of the particle' — is written in capital letters, as is customary in the literature:

(1a) Even/only GEORGE writes poetry.
(1b) George even/only WRITES poetry.
(1c) George writes even/only POETRY.

The location of the nuclear tone does not clearly and unambiguously identify the focus of the particle. Prosodic prominence is neither a necessary nor a sufficient criterion for interpretation as focus (Rochemont 1986, 19 ff). But within the vast majority of cases a nuclear tone is placed within the focus domain of the particle. A clear delimitation of the focus is only possible on the basis of the context and some appropriate tests:

(2a) What did John do? — He only BOUGHT SOME APPLES.
(2b) What did John buy? — He only bought SOME APPLES.

Moreover, focus particles can be associated with more than one focus:

(3) Jones claimed that he could sell refrigerators to the Eskimos, but in fact he couldn't even sell WHISKEY to the INDIANS (cf. Anderson 1972).

The property of being sensitive to and interacting with focus is a property that focus particles share with epistemic adverbs (*possibly*, *probably*), evaluative adverbs (*surprisingly*, *oddly enough*), interrogative pronouns, corrective (metalinguistic) negation (*not... but*) and attitudinal verbs (*regret*, *doubt*). Furthermore, in languages in which polar interrogatives are distinguished from declarative sentences not through word order, but through the addition of particles these particles may also identify the focus of the question:

(4 a) (Finn.) Saksaako Kari puhuu? — 'Is it GERMAN what Kari speaks?'
(4 b) Kariko puhuu saksaa? — 'Is it KARI who speaks German?'
(4 c) Puhuuko Kari saksaa? — 'Does K. SPEAK GERMAN?'

Generalizing from such observations, Jacobs (1988, 95) has argued that every focus of a sentence should be analyzed as the focus of some operator (Relational Focus Theory) and that in addition to such overt focus inducers as listed above, we should also postulate covert focus inducers such as interrogative, declarative or other illocutionary operators. As a first approximation the focus of a particle can be defined as that string of expressions which is set off from the rest of the sentence by prosodic prominence and which is specifically affected semantically by the particle. As a result of the focusing and the interaction with the particle, the denotation of the relevant expression is related to a class of denotations of the same type, the alternatives to the focus value. It is, however, not only the focus that the contribution made by a particle to the meaning of a sentence depends on. Focus particles are also scope-bearing elements, so that their contribution to sentence meaning also depends on the scope they take within a sentence, just like that of quantifiers. Given that the particles *also* and *only* have the same focus in the following two examples, the difference in the interpretation of these two minimal pairs must be due to a difference in scope. In (3) relative scope is marked by the left-to-right sequence of the scope-bearing expressions, whereas in (4) it is the division into tone groups ('tonality') that identifies the scope:

(5 a) George also drinks WHISKEY very rarely.
(5 b) Very rarely does George also drink WHISKEY.
(6 a) /Only SPANISH is spoken throughout the city/
(6 b) /Only SPANISH is spoken/throughout the city/

In (5 a) whiskey is described as another beverage that George drinks rarely, whereas in (5 b) George could very well drink something very often in addition to a rare whiskey. In (6) the local adverbial takes wide scope over the focus particle if it occurs in a separate tone group. Thus, Spanish is the only language spoken in the relevant city in (6 a), whereas it is the only intelligible language in all districts according to (6 b).

Semantically, the scope of a particle can be represented by an open sentence whose variable is bound by a λ-operator. This double dependence of the contribution made by a particle to the meaning of a sentence can now be characterized in more detail as follows: Focus particles, and in fact all types of focusing, relate the denotation of a focus to a set of denotations of the same type. Some particles, such as E. *even*, *merely*, *let alone*, etc. also impose a structure, typically a partial order, on this set of alternative values. It is a matter of pragmatics rather than semantics that these alternatives to a focus value (i.e. people in (1 a) beverages in (5) etc.) are the ones that are relevant and under consideration in a given context. Such alternatives can be given in the preceding context or in appended clauses introduced by *let alone* or *but also*.

(7 a) He did not even SAY HELLO, let alone TALK TO ME.
(7 b) Not only did he REFUSE TO PAY HIS DEBTS, he also INSULTED ME.

In addition to establishing such a relation to alternative values, focus particles also typically either include or exclude such alternatives as possible values for the propositional schema in their scope (cf. Taglicht, this volume). On the basis of this latter property focus particles can be divided into two groups: (i) additive or inclusive particles like E. *even*, *also*, *too*, *either* and restrictive or exclusive particles like E. *only*, *merely*, *alone*, etc. In addition to these two groups, Quirk et al. (1985) list a third group of 'particularizers' with such members as *especially*, *partic-*

ularly, notably, but these particles seem to be just a special sub-group of the additive class. Depending on whether or not focus particles induce an order for the set of values under consideration, we can further distinguish scalar particles (e. g. *even, let alone, merely*) from non-scalar ones (*also, only, too*).

Focus particles are standard operators in that sense that all sentences containing them entail the corresponding sentence without particle. There is, however, an interesting asymmetry between the group of additive particles and that of restrictive ones. The former do not seem to make a contribution to the truth conditions of a sentence, whereas the latter clearly do. The contribution made by *even, also, too*, etc. to the meaning of a sentence is generally characterized as presupposition or conventional implicature à la Grice. To illustrate again with (1 a), the contribution made by *only* to the meaning of that sentence has truth-conditional import ('No one other than George writes poetry'). The contribution made by *even* ('There are other people who write poetry and George is a remarkable case'), on the other hand, is not asserted to be true by an utterance of (1 a).

On the basis of such semantic criteria, the following expressions can be assigned to the class of focus particles in English and German:

(8) (English): also, alone, as well, at least, even, especially, either, exactly, in addition, in particular, just, merely, only, let alone, likewise, so much as, solely, still/much less, purely, too ...
(9) (German): allein, auch, auch nur, ausgerechnet, ausschließlich, bereits, besonders, bloß, einzig, eben, ebenfalls, erst, gar, genau, geschweige denn, gerade, gleich, lediglich, noch, nicht einmal, schon, zumal.

These lists include not only the simple core cases, but also some complex expressions and phrases which have been rankshifted to the status of focus particle and such processes of lexicalization give some indication of the typical sources from which focus particles generally develop (cf. König 1991, 163 ff).

What makes this relatively small subclass of traditional adverbs so interesting is not only their syntactic and semantic properties, but also the fact that they play an important role in the development and formal make-up of a variety of sentence types and interact with various semantic domains. The following specific facts provide illustration for this general claim (König 1991, 1 ff):

(i) There is an interesting tie-up between additive focus particles, on the one hand, and coordination or coordinating conjunctions, on the other. Coordinating conjunctions like E. *and* and non-scalar additive focus particles like E. *also* or *too* correspond to the same lexical item or affix in many other languages. Latin *et* and Malayalam *-um* exhibit the relevant connection quite clearly. Moreover, restrictive focus particles and adversative conjunctions often have the same form. English *but* and Dutch *maar*, for example, are used both as focus particle and as adversative conjunction:

(10 a) He is but a child.
(10 b) I can certainly help, but not right now.

(ii) Additive particles frequently combine with interrogative pronouns to form 'indefinite pronouns' or 'free-choice' quantifiers analogous to E. *whoever*, Dutch *wie-ook* and Japanese *dare-mo* ('who-also') are cases in point.

(iii) Additive particles like E. *also, even* frequently show up as components of concessive connectives. *Even though, even so* in English and *quand même* in French are examples of this connection (cf. König 1988).

(iv) *Only* and *even*, as well as their counterparts in other languages, are markers of two interesting types of conditionals. When *only* is prefixed to a conditional antecedent, the result expresses a necessary condition; the prefix *even* makes the condition expressed by the antecedent irrelevant for the consequent and thus introduces concessive conditionals:

(11 a) Only if you follow my advice will you be successful.
(11 b) Even if you work night and day, you won't finish the job in time.

(v) Elliptical conditionals with restrictive focus particles are used as a type of desiderative sentences in a wide variety of languages:

(12) If only I had not told him.

(vi) There is an interesting affinity between additive scalar particles and so-called emphatic reflexives, as is shown by the following German examples (cf. Edmondson/Planck 1978; Primus 1992):

(13 a) Selbst der Fahrer blieb unverletzt.
'Even the driver was not injured.'

(13b) Der Fahrer selbst blieb unverletzt. 'The driver himself was not injured.'

In contrast to what is often assumed in the relevant literature, emphatic reflexives clearly represent a specific use of focus particles (cf. König 1991, 87ff; Primus 1992).

2. Basic Syntactic Properties

The most striking syntactic property of focus particles, which differentiates them from all other subclasses of traditional adverbs, is their positional variability:

(14a) Even JOHN sold rifles to the terrorists.
(14b) John even SOLD rifles to the terrorists.
(14c) John sold even RIFLES to the terrorists.
(14d) John sold rifles even to THE TERRORISTS.

This positional variability is, of course, intimately connected with the fact that these expressions interact with the focus-background structure of a sentence: The position of the particle varies with the location of the focus. As is generally the case with scope-bearing expressions, the position of a focus particle within a sentence also determines to a certain extent its scope within the sentence. The relevant restrictions in this area and the possible co-constituents of focus particles will be discussed below.

It is a marginal, but certainly significant property of focus particles that more than one occurrence of the same expression per sentence is possible. Examples like the following have often been discussed in the literature, but probably never been found in a corpus of texts:

(15a) Only SATANAS pities only SATANAS.
(15b) Even my SLOWEST STUDENT got even THE HARDEST PROBLEM. (cf. Kay 1990)
(15c) Ausgerechnet am MONTAG kommt mich ausgerechnet HANS besuchen.

Another marginal, though quite significant, property of focus particles is that they can be iterated to a certain extent. In the history of English *only just* is attested for Early Middle English and *even just* is marginally possible in Modern English (cf. Bennett 1982). In German the scalar particle *sogar* combines with a wide variety of other particles, which it always precedes, but many other combinations are also possible:

(16) sogar schon, sogar erst, sogar nur, sogar auch, sogar noch nicht einmal, schon allein, ausgerechnet auch, etc.

Some of these combinations are simply the result of relating more than one particle to the same focus and scope (cf. (17a)). In other cases (cf. (17b)), the two particles have the same focus, but not the same scope or are best analyzed as one complex particle (cf. (17c)):

(17a) Er hat sogar nur dreimal gefehlt.
'He was not absent more than three times.'
(17b) Schon allein die Formulierung war eine Gemeinheit.
'The formulation alone was an impertinence.'
(17c) Ich weigere mich, ihn auch nur ANZUSEHEN.
'I refuse to even LOOK AT him.'

3. Parameters of Variation

Focus particles seem to be a universal phenomenon. A minimal inventory of one additive and one restrictive particle can probably be found in all languages. There is, of course, a considerable degree of cross-linguistic variation in the inventory of focus particles as well as in their syntactic behaviour and the constraints they are subject to. Some generalizations with regard to typical parameters of variation, however, can certainly be made.

Not in all languages do focus particles have the status of free forms. In Finnish, Turkish, Bengali, Korean, Quechua, Zulu and Malayalam, to mention only a few examples, some focus particles are not separate words, but are attached to their focus as affixes or clitics:

(18a) (Turkish)
Oraya ben de gittim.
there I too went
'I went there too.'
(18b) (Finnish)
Minä-kin olen hankkinut auton.
I-too have got car-Part
'I, too, have got a car.'

These affixes are typically peripheral in word structure, i. e. they follow all inflectional endings. There is, however, an interesting asymmetry to be observed with respect to this question of lexical status: Only very few languages seem to have limiting (restrictive) affixes, whereas affixes used as additive focus particles seem to be a fairly wide-spread phenomenon. If only one of the two groups of particles (restrictive vs. additive) lacks the status of independent words it is invariably the group of additive particles.

Given that the contribution made by a focus particle to the meaning of a sentence depends both on the meaning of its focus and that of its scope, it should come as no surprise that a wide variety of languages have lexical distinctions which are sensitive to specific syntactic and/or semantic contexts (negative-polarity vs. affirmative-polarity contexts) and to the type of focus selected. Many languages have pairs or triples of semantically related focus particles such that one occurs in affirmative-polarity and the other in negative-polarity contexts. Examples of such pairs or triples can be found in Finnish (*-kin* vs. *-kaan*; *jopa* vs. *edes*), English (*too, also* vs. *either*) and German (*selbst, sogar* vs. *auch nur*). The second expression of each pair is restricted to negative-polarity contexts.

(19 a) Er hat mich sogar angeschrien.
'He was even shouting at me.'
(19 b) Ich weigere mich, ihm auch nur zuzuhören.
'If refuse to even listen to him.'

Another frequent differentiation observable across languages which partly overlaps with the one just discussed, has to do with scope preferences. The contrasts between *even* and *so much as* or between *only* and *merely* in English seem to be primarily of this kind. *Even* occurs both in negative-polarity and in affirmative-polarity contexts, whereas *so much as* is only acceptable in the former type of context:

(20 a) Even John reads poetry.
(20 b) Not even John passed the test.
(20 c) It was even the case that John did not pass the test.
(21 a) The majority had not so much as heard of that man.
(21 b) I had to make sure that there was no resemblamce to be convinced that anyone I so much as thought of was totally unlike her.

In negative-polarity contexts like (20 b), *even* can be assumed to have wide scope over the negation or any other negative-polarity context, even though this is by no means a generally accepted analysis. Paraphrases like (20 c) are one argument for this assumption (cf. Kay 1990, 97 ff). Similar contrasts with respect to scope preference can be observed in pairs like E. *only* vs. *merely* or German *nur* vs. *allein*. Related pairs of particles may further differ in their compatibility with certain types of focus. The scalar particle *selbst* does not easily accept predicates or predicatives as focus (Altmann 1976, 108 f) and a particularly interesting differentiation depending on the categorial status of the focus can be found in French:

(22 a) Seul JACQUES aime Marie.
(22 b) Jaques n'aime que MARIE.
(22 c) Jacques ne fait que SE PROMENER.

Seul is only used when the exclusive particle is associated with a focused subject. *Seulement* and *ne ... que*, by contrast, are used when the focus is anything other than the whole VP. For a focused VP, the dummy verb *faire* has to be inserted between *ne* and *que*.

In a wide variety of languages there seems to be a tendency for the particle to be shifted as closely as possible to its focus. Particles adjacent to their focus may often either precede or follow this constituent. And it is here that we find another interesting asymmetry across languages: If some particles are allowed to follow an adjacent focus it is primarily the additive particles which manifest this behaviour. The following example is from Hungarian:

(23a) PETER is jött.
'Peter also came.'
(23b) Csak PETER jött.
'Only Peter came.'

Finally, the location of the nuclear tone (sentence stress) needs to be mentioned as an interesting parameter of variation. The focus constituent is the typical locus of the sentence stress, but the stress may also be on the particle itself, if it follows its focus.

4. Co-Constituents and Configurations in English and German

The preceding survey of some general syntactic facts and some parameters of variation has now prepared the ground for the discussion of more specific syntactic questions: (i) What are the possible constituents of focus particles? (ii) What are the possible positions of a focus particle relative to that of its focus?

(iii) In how far is the scope of a focus particle determined by its position in surface structure? And since English and German are the two languages for which these two questions have been discussed in greatest detail, the following discussion will be restricted to these two languages.

4.1. Co-Constituents

A first look at the syntactic facts of English and German suggests that all types of phrases (maximal projections) and only such phrases are possible co-constituents of focus particles. The following examples are from English, but more or less parallel examples could be given for German.

(24a) Only the secretary came. I saw only John. (NP)
(24b) I only bought some food. (VP)
(24c) He is only a little nervous. (AP)
(24d) Only after some considerable delay did we ... (PP)
(24e) Only that he is so stubborn ... (CP)

Among the possible co-constituents of focus particles we also find, however, adverbs — both basic and deadjectival ones —, quantifiers and demonstrative pronouns:

(25) E. Only then did he realize ...
 D. Erst dann merkte er ...
(26) E. With only moderately gifted students ...
 D. Mit nur durchschnittlich begabten Studenten ...
(27) E. After only two hundred meters...
 D. Nach nur zweihundert Metern ...

In cases like (25) only the adverb adjacent to the particle can be selected as focus and this can be regarded as clear evidence for the assumption that the particle is in construction with that adverb, as we will see below. In contrast to English, V and V' must also be considered as possible co-constituents of focus particles in German, since they may co-occur with such constituents in the forefield:

(28) Nur geliehen habe ich ihm mein Buch.
 'I have only lent my book to him.'

On the other hand, there are constraints in German which seem to be incompatible with the view that focus particles freely combine with any kind of phrase and with at least some lexical categories: Focus particles in German do not combine with noun phrases that are part of a prepositional phrase and they cannot be extraposed together with a CP:

(29a) *Gestern sprach ich mit nur Paul.
 'Yesterday I was talking to only Paul.'
(29b) *Ich habe gesagt, nur daß ich Einwände habe.
(29c) Ich habe nur gesagt, daß ich Einwände habe.
 'I only said that I have some objections.'

Moreover, focus particles are barred from the second NP of a phrasal conjunction that constitutes the subject of a symmetric predicate:

(30) *Paul und nur Karin trafen sich.
 'Paul and only Karin met.'

One way of accounting for these and some other restrictions is to assume that focus particles are genuine adverbs rather than cross-categorial operators and thus only combine with verbs and their projections (cf. Jacobs 1983; 1988; Primus 1991):

(31a) Heute hat sogar /Paul seiner Freundin ein Buch geschenkt/.
(31b) Heute hat Paul sogar /seiner Freundin ein Buch geschenkt/.
(31c) Heute hat Paul seiner Freundin sogar /ein Buch geschenkt/.
(31d) Heute hat Paul seiner Freundin ein Buch sogar /geschenkt/;
 'Today Paul gave a book to his girlfriend as a present.'

The preceding examples show that such an analysis is quite plausible for the so-called middle field in German: focus particles can be analyzed as combining with verbs and various projections of verbs. Furthermore, this analysis gets some cross-linguistic support from the fact that focus particles often have typically adverbial endings such as -*ly* in English (*only, merely, especially*) or -*ment* in French (*seulement, également*). More specifically, there are certainly some expressions in the lexical class under discussion in both English and German which manifest the syntax behaviour of adverbs rather than the indifference to the categorial status of the co-constituents demonstrated by *only* in (24). Examples are *ebenso, gleichfalls, ebenfalls* for German and *likewise, notably* for English. But these expressions are not central members of the relevant classes. Moreover, focus particles can occur between verbs and direct objects in English, in a position that is from which adverbs are generally excluded (*I saw only/even*

GEORGE). A particularly undesirable consequence of an analysis of all focus particles as adverbs, i.e. as combining with verbs and their projections, would be that one of the most 'well-established' syntactic insights into the structure of German and many other Germanic languages would have to be given up, *viz.* the assumption that only one constituent may occur in the 'forefield', i.e. in the position preceding the finite verb in a main clause. According to this analysis *nur* in (32) would combine with a clause and there would thus be two constituents in the forefield:

(32) Nur PAUL hat mir geholfen.
'Only Paul gave me some help.'

It is true there are cases of a double filling of the forefield, the most well-known ones being certain adverbial clauses and certain parenthetical adverbs like *allerdings, dagegen, jedoch, freilich, hingegen* etc.:

(33 a) Egal ob er uns hilft oder nicht, wir schaffen es.
'No matter whether he helps us or not, we'll manage.'
(33 b) (Gestern war ein Feiertag) Heute jedoch wird gearbeitet.
'Today, however, we've got work to do.'

But whether structures like these can really be used as evidence against the V/2 constraint in German and thus support the analysis of focus particles as genuine adverbs is certainly less than clear. Concessive conditionals like (33 a) are instances of basically paratactic structures with incipient, but incomplete syntacticization, which manifests itself *inter alia* as a lack of integration of the adverbial clause into the main clause (cf. König/van der Auwera 1988). The syntactic behaviour of adverbs like *jedoch, allerdings,* etc. could well be connected with the fact that they, too, interact with the focus-background structure of a sentence. What we invariably find in sentences with such adverbs is double focusing, both on the topic and some part of the middle field.

Another reason for not making the restriction exhibited by (29 a) a crucial point in the analysis of focus particles can be seen in the fact that it is language-specific. Both the translation of (29) and the following examples show that focus particles are not excluded from a position inside a PP, even if such sentences are somewhat marginal in most varieties of English.

(34 a) I was talking to only George.
(34 b) But Vietnam, Chile, Cambodia and countless others have been aided to death without so much as a by-your-leave. (*New Statesman* 1/16/81)
(34 c) Ontological metaphors are necessary for even attempting to deal rationally with our experiences. (Lakoff/Johnson, *Metaphors We Live By*, 26)

Furthermore, in contrast to what is often assumed (cf. Jacobs 1983, 45 ff; Bayer 1990, 18 ff) there are no syntactic constraints precluding the occurrence of particles within genitive constructions or the coordination of bare NPs and NPs modified by particles. Unacceptable combinations in this area seem to be due entirely to semantic incompatibilities:

(35 a) Die Auflösung nur der Universitäten wäre nicht sinnvoll.
'The dismantling of only the universities would not make sense.'
(35 b) Paul und nur Paul ist für die Aufgabe geeignet.
'Paul and only Paul is suited for this job.'
(35 c) Paul, Peter und sogar Fritz werden kommen.
'P., P. and even F. will come.'

Whether or not sentences like (35 b – c) count as evidence against Jacobs' syntactic analysis depends of course on how they are derived. A derivation in terms of coordination reduction is not incompatible with Jacobs' theory.

For both English and German as well as for a wide variety of other languages, there is thus good evidence for an analysis of the core class of focus particles as a kind of cross-categorial operator that combines with all kinds of maximal projections and also with at least some lexical categories and thus conforms to a rule schema like the following (cf. Bayer 1991):

(36) $X^{max} \rightarrow FP\ X^{max}$

This rule schema is apparently subject to specific constraints in individual languages, depending on certain other properties of those languages. One hypothesis worth testing in this context is the assumption that focus particles inside PPs as in (29) and (34) are only possible in languages which also allow preposition stranding and that both phenomena are ultimately connected with the directionality of government in a language (cf. Bayer 1991).

In summary, even though the analysis of focus particles as cross-categorial operators is probably the more plausible one at this stage of our knowledge, the alternative view proposed by Jacobs has by no means been refuted once and for all. The debate is still open.

4.2. Position relative to Focus

The position of a focus particle in a sentence is not only a consequence of its general combinatorial potential and of lexical idiosyncrasies, but is also constrained by the position of the focus. In other words there are constraints between the position of a focus particle in a sentence and the selection of a focus. There is good evidence for both English and German that the relevant restriction can be formulated in terms of c-command (cf. Jackendoff 1972, 25; Jacobs 1988, 109 ff; Primus 1992):

(37) A focus particle must c-command its focus.

The following examples illustrate some possible and unacceptable combinations of particle position and focus selection in English:

(38 a) Even JOHN bought a bicycle for his children.
(38 b) John even bought a bicycle for HIS CHILDREN.
(38 c) John bought even A BICYCLE for his children.
(38 d) *John bought even a bicycle for HIS CHILDREN.
(38 e) JOHN will contribute to our project, even.
(38 f) George only showed MARY THE GARDEN (not John the tennis court, as well).

A focus particle preceding the subject can only focus on that subject (cf. (38 a)). In preverbal position, by contrast, a particle may select any constituent of the VP as focus (cf. (38 b)). The position of *even* in (38 d) is incompatible with the location of the focus, whereas a sentence final particle (*even, also, as well, too, either*) can have its focus in any part of the sentence it combines with. All of these facts are accounted for if we postulate a constraint like (37) and make certain assumptions about the constituent structure of sentences like (38 a—f). In (38 a) *even* must be assumed to be in construction with the subject, whereas this adverb must be adjoined to the whole sentence in (38 e). In (38 b) the VP must be assumed to be the co-constituent of *even* and in (38 c—d) it is the direct object only that is in construction with the particle. The constraint formulated in (37) also accounts for all cases where a particle immediately follows its focus as in the following examples:

(39 a) In London alone 300.000 people are out of work.
(39 b) Russel, too, used this metaphor.
(39 c) The workers, in particular, are dissatisfied with the government.

Based on such evidence the constraint formulated in (37) can also be used as argument for certain syntactic analyses. Since the focus particle can only select the adjacent adverb or numeral as focus in cases like the following, it cannot be in construction with the whole AP or NP, but only with the adjacent expression:

(40 a) I have also worked with /only MODERATELY/ gifted students.
(40 b) In /only TWO/ cases were there any problems.
(40 c) Any mother knows that it takes more than one adult to cope properly with / even A SINGLE/ child.

An argument exactly of this kind can also be used as evidence for the assumption that a sentence-initial focus particle can only be in construction with the adjacent expression in German:

(41) /Nur PAUL/$_{NP}$ hat an meinen Geburtstag gedacht.
'Only Paul thought of my birthday.'

If *nur* were really a sentential operator in sentences like (41) focus could be selected from anywhere in the sentence. In actual fact, however, only the subject is a possible focus for *nur* in the position given. Multiple focusing in a simplex sentence, on the other hand, is only possible if the particle occurs after the finite verb, i. e. at the beginning of the 'middle field':

(42) Heute hat sogar KARIN IHREM MANN Blumen geschenkt.

Many of the arguments for c-command as a relevant restriction governing the distribution of focus particles and their possible foci given above for English are also applicable to German and therefore need not be repeated here. Examples like the following, however, where a focus particle follows its topicalized focus pose special problems, since the relevant constraint does not seem to be applicable to such structures:

(43 a) HANS will auch nach Kalifornien fahren.
'Hans wants to go C., too.'
(43 b) Am FREITAG werden wir erst Genaueres wissen.
'We won't know any further details until Friday.'

Structures like these are generally assumed to involve movement of constituents into a topic position. Therefore we can assume for such cases that the relevant constraint holds for the basic position of the constituents. Whether certain topological constraints are also relevant for the position of focus particles relative to their foci in German (cf. Jacobs 1983, 113; Primus 1992) or whether certain unacceptable sequences simply violate the constraint formulated in terms of c-command is still an open question. A well-known exception to the constraint formulated in (37) from English are sentences like the following:

(44) THE POPE has even permitted this practice (cf. Hoeksema/Zwarts 1991).

4.3. Surface Position and Scope

Considered from a functional point of view, the position of a focus particle provides information both on the identity of its focus — especially in the written medium — and the delimitation of its scope. Given this double demand on its syntax, it is not surprising that both cross-linguistically and in any one particular language some of the relevant expressions clearly manifest the behaviour of cross-categorial operators, whereas others exhibit more adverb-like properties. In German, the additive particle *auch* belongs to the first, the more or less synonymous expressions *ebenso*, *ebenfalls* and *gleichfalls* belong to the second group. In Finnish, to give another example, *-kin* 'also' attaches as clitic to its focus, whereas the more or less synonymous *myös* is counted among the adverbs. It is the first of these two groups which contains the core class of focus-sensitive particles in German and which allows a clear identification of the focus. In many cases members of the second group permit more easily a clear marking of the scope.

In German the scope of focus particles relative to that of other scope-bearing expressions is nearly always indicated by the left-to-right sequence of the relevant operators. It is invariably the preceding expressions which takes wider scope:

(45 a) Nur Spanisch wird überall in der Stadt gesprochen.
'Only Spanish is spoken throughout the city.'
(45 b) Überall in der Stadt wird nur Spanisch gesprochen.

In English, by contrast, relative scope can also be marked by tonality, i.e. the division of a sentence into tone groups, and by lexical means:

(46 a) I hope they won't lay off John, either.
(46 b) I hope they won't lay off John, too.

In examples like (6) the scope of the relevant expressions is coextensive with the tone groups they occur in. The local adverbial has wide scope over *only* in (6 b), since it constitutes a tone group of its own. In (46 a – b) *too* and *either* have more or less the same meaning, but are differentiated by different scope preferences: *either* takes wide scope over a preceding negation in contrast to the preference for narrow scope manifested by *too*.

Another striking feature of English is that focus particles in construction with an object noun phrase may take wide scope over operators to their left, whereas the same expression before a VP does not interact with other scope-bearing elements in this way (cf. Rooth 1985; Hoeksema/Zwarts 1991):

(47 a) We are required to study only physics.
(47 b) We are required to only study physics.

The first example of this pair is ambiguous and can mean either that physics was the only subject we were required to study or that we were required to study nothing but physics. The second example lacks the first reading.

5. References

Altmann, Hans. 1976. Die Gradpartikeln des Deutschen. Tübingen.

Anderson, Stephen. 1972. How to get 'even'. Language 48. 893–906.

Bayer, Josef. 1990. Interpretative islands: evidence for connectedness and global harmony in Logical Form. Scrambling and barriers, ed. by Günther Grewendorf & Wolfgang Sternefeld. Amsterdam.

—. 1991. Directionality of government and logical form: a study of focusing particles and wh-scope. Unpublished ms., Max-Planck-Institut für Psycholinguistik.

Bennet, Jonathan. 1982. Even if. Linguistics and Philosophy 5. 403–18.

Edmondson, Jerry A., and Frans Plank. 1978. Great expectations: an intensive self analysis. Linguistics and Philosophy 2. 373–413.

Hoeksema, Jack, and Frans Zwarts. 1991. Some remarks on focus adverbs. Journal of Semantics. 8. 51–70.

Jackendoff, Ray. 1972. Semantic interpretation in generative grammar. Cambridge, MA.

Jacobs, Joachim. 1983. Fokus und Skalen. Zur Syntax und Semantik der Gradpartikeln im Deutschen. Tübingen.

—. 1988. Fokus-Hintergrund-Gliederung und Grammatik. Intonationsforschungen, ed. by Hans Altmann, 89–134. Tübingen.

Kay, Paul. 1990. Even. Linguistics and Philosophy 13. 59–111.

König, Ekkehard. 1988. Concessive connectives and concessive sentences: cross-linguistic regularities and pragmatic principles. Explaining language universals, ed. by John Hawkins, 145–66. Oxford.

—. 1991. The meaning of focus particles: A comparative perspective. London.

Primus, Beatrice. 1992. Selbst — Variations of a scalar adverb in German. Information structure and grammar, Linguistische Berichte, ed. by Joachim Jacobs. Opladen.

Taglicht, Josef. 1984. Message and emphasis. On focus and scope in English. London.

—. This volume. Focus and background.

Ekkehard König, Berlin (Germany)

XV. Syntaktische Manifestationen pragmatischer Bezüge
Syntactic Encoding of Pragmatic Aspects of Meaning

50. Definitheit

1. Organisation des Artikels
2. Zur Definition von Definitheit
3. Zum Ausdruck von Definitheit/Indefinitheit in den Sprachen der Welt
4. Definitheit und Syntax in Artikelsprachen am Beispiel des Deutschen und Englischen
5. Definitheit und Syntax in artikellosen Sprachen am Beispiel des Russischen
6. Konklusion: Definitheit oder ...?
7. Literatur

1. Organisation des Artikels

Dieser Beitrag zur syntaktischen Manifestation des pragmatischen Konzeptes der Definitheit ist folgendermaßen aufgebaut: Im Abschnitt 2. werden verschiedene konkurrierende Definitionen von Definitheit und Indefinitheit diskutiert, um zu begründen, warum Definitheit ein pragmatisches − und nicht ein rein semantisches − Konzept ist. Abschnitt 3. bringt eine kurze Übersicht über die Arten, wie Definitheit und/oder Indefinitheit in verschiedenen Sprachen ausgedrückt werden. Von all diesen Möglichkeiten werden gewissermaßen die beiden Extrempunkte zur genaueren Betrachtung herangezogen, nämlich einerseits Sprachen mit bestimmtem und unbestimmtem Artikel (exemplifiziert am Deutschen und Englischen, Abschnitt 4.) und Sprachen ohne Artikel oder sonstigen obligatorischen lokalen Ausdruck von Definitheit und Indefinitheit (exemplifiziert am Russischen, Abschnitt 5.). Zum Schluß wird die Frage diskutiert, ob die Unterscheidung, die den häufig diskutierten syntaktischen Manifestationen von Definitheit (wie z. B. dem Definitheitseffekt) zugrundeliegt, tatsächlich die zwischen definiten und indefiniten Nominalgruppen ist.

2. Zur Definition von Definitheit

Bei dem Versuch, Definitheit zu definieren, gehen die meisten Autoren so vor, daß sie bestimmte prototypische Fälle von Definitheit in einer bekannten Sprache zum Ausgangspunkt wählen und die daraus gewonnenen Erkenntnisse soweit wie möglich verallgemeinern. Daraus erklärt sich die starke Unterschiedlichkeit und z. T. Komplementarität der Definitionsansätze. So geht etwa Hawkins in seiner Definition (1978, 86 ff) vom direkten anaphorischen und situationellen (deiktischen) Gebrauch des bestimmten Artikels im Englischen aus und erweitert die Betrachtung dann auf den assoziativ-anaphorischen und den weiteren situationellen Gebrauch. Beispiele für die vier Gebrauchstypen nach Hawkins (in der angegebenen Reihenfolge):

(1) He gave me a book. *The book* was interesting.
(2) Give me *the book lying in front of you*.
(3) He gave me a book. *The author* was unknown to me.
(4) *The Prime Minister* has resigned.

Aus einem sehr umfangreichen Beispielmaterial zu diesen vier Grundtypen schließt Hawkins auf folgende Bedingung für einen geglückten Gebrauch des bestimmten Artikels: der Adressat kann den definiten Ausdruck so interpretieren, daß er innerhalb einer pragmatisch festgelegten Menge von relevanten Objekten auf alle Objekte zutrifft, die der Beschreibung der definiten Nominalgruppe genügen. Das ist im singularischen Fall eben genau ein Objekt, im pluralischen Fall die Totalität der unter die Beschreibung fallenden Objekte innerhalb der relevanten Objektmenge. Daraus folgert Hawkins, daß die spezifische Bedeutung des bestimmten Artikels in dieser „Inklusivität" liegt und daß der semantische Kontrast zwischen bestimmtem und unbestimmtem Artikel durch „Inklusivität" vs. „Exklusivität" beschrieben werden kann (Hawkins 1978, 172 ff), wobei „exklusive" Referenz bedeutet, daß es in der Menge von relevanten Objekten noch weitere Objekte geben muß, auf die die Beschreibung der Nominalphase zutrifft. Hawkins verallgemeinert seine Definition des semantischen Kontrastes zwischen Nominalgruppen mit bestimmtem vs. unbestimmtem Artikel im Englischen auf definite vs. indefinite Nominalgruppen allgemein, wobei Nominalgruppen mit Demonstrativpronomina aus der Definition herausfallen. Bei einer Ersetzung des bestimmten Artikels durch ein Demonstrativpronomen ergeben sich Unterschiede in den Verwendungsmöglichkeiten: in (1) und (2) ist die Verwendung von *this* oder *that* anstelle des bestimmten Artikels ohne weiteres möglich; in (3) und (4) wäre eine solche Ersetzung — wenn überhaupt zulässig — mit einer Bedeutungsverschiebung des Demonstrativpronomens verbunden, etwa in Richtung auf eine pejorative Nuance bei *that*.

Auch in dem Konzept der „File Change Semantics" von Heim (1982, 274 ff) dient der direkte anaphorische und deiktische Gebrauch des bestimmten Artikels als Ausgangspunkt der Betrachtung. Der wesentliche Unterschied zwischen definiten und indefiniten Nominalgruppen wird hier darin gesehen, daß ein Vorkommen einer indefiniten Nominalgruppe dazu führt, daß in die Kartei, die die Gesamtinformation des Textes repräsentiert, eine neue Karte eingeführt wird, auf die sowohl die Information aus der Nominalgruppe als auch die Information aus der durch den entsprechenden Satz ausgedrückten Prädikation eingetragen wird; ein Vorkommen einer definiten Nominalgruppe führt dagegen zu einer Ergänzung der Information auf einer bereits vorhandenen Karte in der Kartei. Auf diese Weise kann zunächst einmal nur der direkte anaphorische Gebrauch des bestimmten Artikels erfaßt werden (s. Beispiel (1)). Der direkte deiktische Gebrauch wird bei Heim so erklärt, daß die Kartei nicht nur Information enthält, die der Adressat eines Textes aus diesem selbst bezieht, sondern auch Information über die Kommunikationssituation, auf die sich dann eine deiktische Nominalgruppe beziehen kann. Schwieriger wird die Sache in den Fällen, in denen man trotz Definitheit nicht von der Bekanntheit des intendierten Referenten für den Adressaten ausgehen kann (wie etwa im Beispiel (3)). Für diese Fälle benutzt Heim das Konzept der „accomodation" (Heim 1982, 370 ff): die Kartei wird vor der Interpretation der entsprechenden Nominalgruppe (im Beispiel *the author*) so erweitert, daß die notwendigen Karten vorhanden sind.

Komplementär zu den Vorschlägen von Hawkins und Heim geht dagegen Löbner (1985, 279 ff) bei seiner Behandlung der definiten Nominalgruppen vor: Er wählt gerade die Fälle zum Ausgangspunkt seiner Definition, die bei Hawkins und Heim als die „indirekten" Gebrauchsweisen erscheinen (also solche Fälle wie die Beispiele (3) und (4)). Er betrachtet diese Gebrauchstypen des bestimmten Artikels als den Kern der Bedeutung von Definitheit überhaupt. Löbners Ansatz zur Erklärung des Unterschiedes zwischen definiten und indefiniten Nominalgruppen besteht darin, daß er für die definiten als Charakteristikum ihre Funktionalität annimmt: er unterteilt die Bedeutung von Nomina grundsätzlich in Sortenkonzepte (typisches Beispiel ist *Buch*) und relationale Konzepte (typisches Beispiel ist *Autor*, weil es sich immer um „Autor von etwas" handelt); funktionale Konzepte sind dann solche, die einem relationalen Konzept genau einen Wert zuweisen. Löbner betrachtet nun Definita grundsätzlich als funktionale Konzepte in diesem Sinne und unterscheidet dann zwischen „semantischen Definita" einerseits — das sind solche Konzepte, deren Funktionalität bereits durch ihre Semantik festgelegt ist (typisches Beispiel ist „Vater von X") — und pragmatischen Definita andererseits — das sind solche Konzepte, deren Funktionalität sich erst mithilfe von pragmatischen Faktoren ergibt, die mit der direkten Kommunikationssituation zusammenhängen (typisches Beispiel *das Buch, das gerade vor dir liegt*, aber auch *das Buch* bei anaphorischer Wiederaufnahme). Im Falle von pragmatischer Definitheit wird also ein Nomen (gegebenenfalls mit zusätzlichen Modifikationen), das aufgrund seiner Semantik normalerweise als Sortenkonzept fungiert, durch den expliziten Bezug auf den vorangehenden Text (bei anaphorischem Gebrauch) oder auf die spezielle Kommunikationssituation (bei deiktischem Gebrauch) zu einem (abgeleiteten) funktionalen Konzept umgedeutet. Löbner stellt fest, daß der unbestimmte Artikel nur mit Nomina verträglich ist, die Sortenkonzepte ausdrücken oder aber relationale Konzepte, die nicht funktional sind: ein typisches funktionales Konzept wie „Vater" wird in der Nominalgruppe *ein Vater* zu einem Sortenkonzept umgedeutet. Wie Hawkins und Heim bezieht sich auch Löbner auf die „familiarity" Theorie von Christophersen (Christophersen 1939); aber er deutet das Grundkonzept dieser Theorie anders als Hawkins oder Heim (Löbner 1985,

290 ff): für ihn geht es nicht um Einzigkeit, sondern um Eindeutigkeit des Wertes, der der Funktion zugewiesen wird, die dem Inhalt der definiten Nominalgruppe entspricht.

Es ist im gegebenen Zusammenhang wichtig, daß die verschiedenen hier betrachteten Definitionsvorschläge für das Konzept der Definitheit bei allen (gravierenden!) Unterschieden doch einige Gemeinsamkeiten aufweisen:

— Die Ansätze sind grundsätzlich semasiologisch, nicht onomasiologisch orientiert, d. h. sie gehen von einzelsprachlichen Verhältnissen aus und versuchen, diese zu verallgemeinern, anstatt von vornherein von einem abstrakten Begriffssystem auszugehen (wie z. B. (Heger 1983)).
— Es wird in allen drei Ansätzen eine pragmatische Dimension der Definitheit angenommen, die sich allerdings auf verschiedene Weise äußert: Lokalisierbarkeit in einer von Produzenten und Adressaten gemeinsam vorausgesetzten (oder konstruierten) Menge von relevanten Objekten (Hawkins), Auffindbarkeit innerhalb der Kartei — ggf. mit Anpassungen — (Heim) und Herstellung der Bedingungen für das Auffinden eines eindeutigen Wertes eines funktionalen Ausdrucks (Löbner).
— Es wird ein (logisch-) semantischer Kontrast zwischen Definita und Indefinita angenommen, wobei allerdings die Bedeutungsbestimmung der Indefinita eher negativ ausfällt (nicht-definit).

In diesem letzten Punkt geht Vater (1984) noch wesentlich weiter als die bisher beschriebenen Ansätze: es wird ein grundsätzlicher (syntaktischer und semantischer) Unterschied zwischen „Determinantien" und „Quantoren" (nicht im logischen Sinne) postuliert, wobei sich diese Unterscheidung an unterschiedlichen Distributionen festmachen läßt. Der entscheidende Kontrast zu Hawkins, Heim und Löbner liegt darin, daß der bestimmte Artikel bei Vater definit (im Hawkins'schen Sinne von lokalisierbar, nicht aber inklusiv) ist wie alle anderen echten Determinantien auch, daß dagegen der unbestimmte Artikel ein Quantor und damit bezüglich Definitheit (Lokalisierbarkeit) unmarkiert ist.

Die behandelten Ansätze unterscheiden sich einerseits durch die Extension der Begriffe definite/indefinite NP (bei Hawkins geht es eigentlich nur um NPs mit bestimmtem vs. unbestimmtem Artikel; bei Heim fallen auch NP$_S$ mit Demonstrativpronomina, Eigennamen und Personalpronomina darunter) und andererseits darin, inwieweit generische Gebrauchsweisen von Nominalgruppen mit bestimmtem oder unbestimmtem Artikel in die Definitionsversuche einbezogen werden; auf diesen Punkt wird hier nicht weiter eingegangen, da wir in diesem Beitrag grundsätzlich von den generischen Fällen abstrahieren wollen (vgl. Artikel 48), ohne damit zu präjudizieren, daß die generischen Verwendungen von Nominalgruppen mit der Unterscheidung zwischen Definitheit und Indefinitheit prinzipiell nichts zu tun haben (vgl. Weiss 1983, 229 ff). Insbesondere ist hier auch das überaus interessante Phänomen von zwei funktional verschiedenen bestimmten Artikeln in einigen Sprachen zu erwähnen, das ebenfalls mit Generizität in Verbindung zu bringen ist (vgl. etwa Hartmann 1982 zu dieser Erscheinung in deutschen Dialekten).

3. Zum Ausdruck von Definitheit/Indefinitheit in den Sprachen der Welt

In diesem kurzen Beitrag kann natürlich kein auch nur annähernd vollständiger Überblick über die vielfältigen Ausdrucksmöglichkeiten für Definitheit/Indefinitheit in den bekannten Sprachen gegeben werden (für eine ausführliche diesbezügliche Typologie vgl. (Krámský 1972, 73 ff)); der Zweck dieses Abschnitts besteht vielmehr darin, eine Vorstellung von der Vielfalt der Ausdrucksmittel zu vermitteln und damit anzudeuten, wie kühn im Grunde das Unterfangen ist, eine allgemeine Definition von Definitheit/Indefinitheit anzugeben, die den unterschiedlichen Verhältnissen in den einzelnen Sprachen wirklich gerecht wird. — (Krámský 1972) unterscheidet folgende Typen des Vorkommens der Kategorie der Determiniertheit vs. Indeterminiertheit (diese Begriffe benutzt Krámský offensichtlich für den Ausdruck von Definitheit vs. Indefinitheit, wenn dieser in einer Sprache grammatikalisiert ist): A. Sprachen, die die Kategorie der Determiniertheit vs. Indeterminiertheit mithilfe unabhängiger Wörter ausdrücken; Untertypen: I. Sprachen mit bestimmtem und unbestimmtem Artikel, II. Sprachen mit bestimmtem Artikel allein, III. Sprachen mit unbestimmtem Artikel allein, IV. Sprachen mit bestimmtem, unbestimmtem und partitivem Artikel; B. Ein Glied der Kategorie Determiniertheit vs. Indeterminiertheit wird durch ein unabhängiges Wort ausgedrückt, das andere Glied ist proklitisch oder enklitisch; C. Beide (oder mehr) Glieder der Kategorie Determiniertheit vs. Indeterminiertheit sind entweder enklitisch oder proklitisch; D. Sprachen, in denen die Kategorie der Determiniertheit vs. Indeterminiertheit dem Nomen selbst oder einer anderen Wortkategorie inhärent ist; E. Sprachen, in denen die Kategorie der Determiniertheit vs. Indeterminiertheit durch Flexion ausgedrückt wird; Untertypen: I. Ausdruck der Kategorie durch Flexion von Nomina, II. Ausdruck der Kategorie durch Flexion von Adjektiven, III. Ausdruck der Kategorie durch Formen des Verbs; F. Determiniertheit vs. Indeterminiertheit wird durch Akzent oder Intonation ausgedrückt; G. Sprachen ohne Artikel.

Die wesentliche Unterscheidung ist u. E. darin zu sehen, ob es in einer Sprache einen obligatorischen lokalen Ausdruck für diese Opposition gibt, die Kategorie der Definitheit/Indefinitheit also grammatikalisiert ist, oder nicht. Im zweiten Fall ist dann natürlich die grundsätzliche Frage zu stellen, ob es hier überhaupt die Kategorie der Definitheit/Indefinitheit gibt und welchen Stellenwert sie ggf. hat. Zur genaueren Darstellung der Beziehungen zwischen der Kategorie der Definitheit und der syntaktischen Struktur von Sätzen beschränken wir uns im folgenden auf die Extrempunkte der Skala von Ausdrucksmöglichkeiten, nämlich auf den Fall A.I. (Sprachen mit bestimmtem und unbestimmtem Artikel) und den Fall G. (Sprachen ohne Artikel), ohne damit den Anspruch zu erheben, daß auf diese Weise alle wesentlichen Gesichtspunkte erfaßt worden sind. Eine gewisse Breite der Phänomene soll mit diesem Verfahren allerdings doch angesprochen werden, soweit es der Platz erlaubt.

4. Definitheit und Syntax in Artikelsprachen am Beispiel des Deutschen und Englischen

4.1. Der „Definiteness Effect"

Eine der am meisten diskutierten Erscheinungen im Bereich der Beziehung zwischen Definitheit/Indefinitheit und Syntax ist der sogenannte „definiteness effect" (eingedeutscht: Definitheitseffekt). Es geht dabei um Kontraste wie die folgenden:

(5a) There is *a man* in the garden.
(5b) There is *the man* in the garden.

(6a) Es ist *ein Mann* im Garten.
(6b) Es ist *der Mann* im Garten.

Man geht i. allg. davon aus, daß bei nichtdeiktischer Interpretation von *there* bzw. *es* (d. h. wenn es sich um expletive Elemente handelt) die (a)-Sätze gut und die (b)-Sätze schlecht sind, und dieser Unterschied in ihrer Grammatikalität bzw. Akzeptabilität wird auf den Unterschied zwischen der Definitheit vs. Indefinitheit der Nominalgruppe in nachgestellter Subjektposition zurückgeführt. Ähnliche Phänomene werden auch in anderen Sprachen (z. B. dem Holländischen und Französischen) beobachtet; welche Sprachen evtl. auszunehmen sind, ist umstritten. Es gibt interessante Versuche, diese Phänomen-Gruppe rein syntaktisch zu erklären. Safir (1985, 91 ff) korreliert etwa den Definitheitseffekt mit dem Vorliegen von „unbalanced θ-chains" in der S-Struktur (im Sinne einer leicht modifizierten Version der Government-and-Binding-Theorie). Diese unausgewogenen θ-Ketten entstehen immer dann, wenn ein Subjekt in „nicht-kanonischer" Position seinen Kasus nicht direkt durch das Verb zugewiesen bekommen kann, sondern ihn von einem expletiven Element (d. h. von einem Element ohne θ-Rolle) erben muß, um den Kasus-Filter zu passieren. Das Problem bei diesen Ketten (ihre „Unausgewogenheit") entsteht dadurch, daß nun ein „Name" (in den Beispielen eine vollständige Nominalphrase) durch ein expletives Element gebunden ist, was zu einem Verstoß gegen die Bindungsbedingung C führt, die besagt, daß Namen nicht gebunden sein dürfen. Um diesem Dilemma zu entkommen, wird häufig angenommen, daß es zwei verschiedene Arten von Indizes gibt: eine Art rein syntaktischer Ko-Indizierung, die den Bindungsbedingungen genügt, und eine Art eher pragmatischer Koreferenz, die diesen Bedingungen nicht genügen muß, über die aber z. B. Kasus vererbt werden kann.

Dieser Ansicht setzt nun Safir seine „Unity of Indexing Hypothesis" (Safir 1985, 14 ff) entgegen, die besagt, daß es nur *eine* Art von Indizes gibt, was ihn nun allerdings zwingt, das Dilemma der unausgewogenen θ-Kette auf andere Weise zu lösen. Er nimmt zu diesem Zweck eine spezielle Eigenschaft von indefiniten Nominalphrasen an, die es ihnen ermöglicht, den Bindungsbedingungen auf der S-Struktur zu entgehen, so daß die fraglichen Strukturen genau dann wohlgeformt sind, wenn in der nachgestellten Subjektposition eine indefinite Nominalphrase erscheint (also z. B. in (5a) und (6a), nicht aber in (5b) und (6b)).

Dieser Lösungsansatz wird durch vielfältige Belege aus verschiedenen Sprachen gestützt; es ergeben sich aber zwei Klassen von Problemfällen: die Fälle, in denen wider Erwarten eben doch eine definite Nominalphrase an der fraglichen Stelle auftreten kann einerseits, etwa in:

(7) There is *the Prime Minister* in the garden.
(8) Es ist *der Premierminister* im Garten.

und andererseits die Fälle, in denen die fragliche Nominalgruppe nicht im Nominativ, sondern z. B. im Akkusativ steht (Akkusativ kann sie auf keinen Fall von dem expletiven Element in Subjektposition erben, so daß die bisher gegebene syntaktische Erklärung nicht ausreicht), etwa in:

(9a) Es gibt *einen Baum* im Garten.
(9b) Es gibt *den Baum* im Garten.

(hier tritt entgegen der Vorhersage wieder der Definitheitseffekt auf). Die beiden genannten Problemklassen geben zu folgenden Fragen Anlaß: erstens, ob die Unterscheidung zwischen Definitheit und Indefinitheit überhaupt die Grundlage für die Beschreibung der Akzeptabilitätsunterschiede zwischen den fraglichen Sätzen bilden kann, und zweitens, ob die syntaktische Charakterisierung der Distribution des Effektes adäquat ist bzw. ob eine syntaktische Beschreibung überhaupt möglich ist. Auf diese beiden Fragen werden wir in Abschnitt 6. noch einmal zurückkommen.

4.2. Definitheit und Wortstellung im Deutschen

Ein wichtiges Ergebnis von Safirs Untersuchung besteht — trotz aller offenen Fragen — darin, daß der Definitheitseffekt (oder was es immer für ein Effekt sein mag) nicht nur in Sätzen mit expletivem Element auftritt, sondern auch in anderen Fällen, in denen das Subjekt nicht seine „kanonische" Position (die Position als Schwester von VP und INFL) einnimmt, also z. B. in deutschen Nebensätzen wie:

(10a) ..., daß im Zimmer *ein Mann* wartet.
(10b) ..., daß im Zimmer *der Mann* wartet.

Auch hier ist der (b)-Satz angeblich ungrammatisch oder weniger akzeptabel (Safir 1985, 113; (10b) ist als Beispiel nicht optimal, vgl. aber unten (13)). Safir führt diese und ähnliche Fälle im Prinzip auf dieselbe syntaktische Struktur, nämlich auf das Auftreten von unausgewogenen θ-Ketten zurück. Durch entsprechende Abwandlung der Beispiele kann man sich leicht klarmachen, daß auch hier wieder die gleichen beiden Problemtypen wie bei den „klassischen" Fällen des Definitheitseffekts auftreten.

Bemerkenswert ist nun, daß der Einfluß der Definitheit/Indefinitheit auf die Wortstellung im Deutschen auch in ganz anderem Zusammenhang untersucht worden ist, und zwar in Beschreibungen der „normalen" oder „unmarkierten" Abfolge der Argumente im Mittelfeld deutscher Sätze (unter „Verbargumenten" werden hier die valenzgebundenen Nominalgruppen in Subjekt- oder Objektfunktion verstanden; das „Mittelfeld" ist der Bereich zwischen dem finiten Verb und ggf. dem Rest des Verbalkomplexes in Verbzweit- und Verberstsätzen bzw. zwischen einer subordinierenden Konjunktion und dem gesamten Verbalkomplex in Verbendsätzen). Mit „unmarkierter" Wortstellung ist z. B. in (Lenerz 1977, 27) gemeint, daß für ihre Zulässigkeit keine weiteren Bedingungen erforderlich sind, während eine „markierte" Wortstellung nur unter bestimmten Zusatzbedingungen auftreten kann. Lenerz hat die Frage nach der (bis heute umstrittenen) Normalfolge zwischen direktem und indirektem Objekt u. a. mithilfe seiner „Definitheitsbedingung" (Lenerz 1977, 50ff) dahingehend beantwortet, daß im unmarkierten Fall das indirekte Objekt vor dem direkten steht. Die relevanten Beispiele:

(11) Wem gibst du ein Buch?
(11a) Ich gebe dem SCHÜler ein Buch.
(11b) Ich gebe ein Buch dem SCHÜler.
(11c) Ich gebe einem SCHÜler ein Buch.
(11d) Ich gebe ein Buch einem SCHÜler.
(12) Wem gibst du das Buch?
(12a) Ich gebe dem SCHÜler das Buch.
(12b) Ich gebe das Buch dem SCHÜler.
(12c) Ich gebe einem SCHÜler das Buch.
(12d) Ich gebe das Buch einem SCHÜler.

(Die Silbe, die den Hauptakzent trägt, ist jeweils groß geschrieben.)

Die ursprünglichen Beispiele von Lenerz (1977, 54) enthalten eine Satzklammer; sie sind vom Typ *Wem hast du ein/das Buch geschenkt?*. Es wird behauptet, daß (11b) und (11d) — jeweils erweitert — als Antworten auf (11) nicht (bzw. nur in speziellen Fällen) akzeptabel sind. Daraus folgert Lenerz die allgemeine Bedingung für unmarkierte Wortfolgen: die Abfolge BA zweier Nominalgruppen kann dadurch gegenüber der Abfolge AB eingeschränkt sein, daß in ihr das erste Element (also B) definit sein muß. — Lenerz zieht noch andere Evidenzen zur Stützung seiner Definitheitsbedingung heran. Er schränkt sie nicht auf Fälle mit Satzklammern ein, so daß die Abwandlung seiner Beispiele, wie wir sie in (11) und (12) vorgenommen haben, gerechtfertigt sein müßte. In dieser abgewandelten Form zeigt sich allerdings deutlicher die Problematik der Akzeptabilitätsurteile: (Reis 1986, 29 ff) stellt in ihrer Diskussion des Lenerzschen Modells fest, daß Antworten vom Typ (11d) wesentlich besser sind als solche vom Typ (11b) und daß außerdem Antworten vom Typ (12c) nicht besonders gut sind. Das alles führt sie zu der Annahme der folgenden abgewandelten Definitheitsbedingung (Reis 1986, 31): definite Nominalgruppen stehen normalerweise vor indefiniten; indefinite Nominalgruppen können nur unter bestimmten eingeschränkten Bedingungen vor definiten stehen (z. B. wenn die definite Nominalgruppe sehr „schwer" ist, d. h. viel phonetisches Material enthält). Im Gegensatz zu Lenerz schätzt Reis die Definitheitsbedingung als verhältnismäßig schwach ein: sie kann durch andere Faktoren, die die unmarkierte Wortfolge im Mittelfeld bestimmen (thematisch vs. rhematisch, phonetisch leicht vs. schwer u. a.), relativ leicht kompensiert werden.

Die beiden hier erwähnten Beschreibungen des Einflusses der Definitheit auf die Abfolge der Verbargumente im Mittelfeld deutscher Sätze sind keiner speziellen syntaktischen Theorie verpflichtet. Sie können also wohl nicht ohne weiteres mit den Untersuchungen im Kontext des Definitheitseffektes in Verbindung gebracht werden, obwohl sich die Beobachtungen z. T. überlappen, etwa in Fällen wie dem folgenden:

(13) ..., daß an *einen Baum der Mann* denkt.

4.3. Distributionsbeschränkungen für bestimmten und unbestimmten Artikel

Neben den bisher behandelten (relativen oder absoluten?) Distributionsbeschränkungen für definite oder indefinite Nominalgruppen insgesamt gibt es auch einige interessante Beschränkungen des Vorkommens von bestimmtem und unbestimmtem Artikel, die offensichtlich mit dem Vorhandensein gewisser Modifikatoren in der betreffenden Nominalgruppe zusammenhängen. Die folgenden Beispiele sind aus (Hawkins 1978, 228 ff) entnommen. Hawkins benutzt diese englischen Beispiele, um einerseits zu zeigen, wie sich semantische Inkompatibilitäten auf die Grammatikalität von Sätzen allgemein auswirken können, und andererseits, um seine Definition von Definitheit und Indefinitheit weiter zu erhärten, indem er zeigt, daß die Konzepte der inklusiven vs. exklusiven Referenz (vgl. Abschnitt 2.) eine Erklärung der Inkompatibilitäten gestatten. Viele der englischen Beispiele lassen sich sinngemäß auf das Deutsche übertragen, was für eine gewisse Allgemeinheit der Definitionen von Hawkins spricht (es sei daran erinnert, daß er den Anspruch erhebt, Definitheit und Indefinitheit allgemein zu erklären, obwohl er tatsächlich nur die Verhältnisse im Englischen betrachtet). Es folgen einige seiner Beispiele für unzulässige Kombinationen von Artikeln und Modifikatoren:

(14) *An only girl at the party* was drunk.
(15) *A prettiest girl at the party* was Sarah.
(16) John bought *a bigger dog of the two.*
(17) He climbed *a summit of the mountain.*
(18) *A father of the twins* came to see me.
(19) I remembered *a pretty girl that Mary used to be.*
(20) The two Indians spoke *a same language.*

In (14) bis (20) müßte (laut Hawkins) der bestimmte Artikel anstelle des unbestimmten eingesetzt werden, um sie akzeptabel zu machen. Hawkins erklärt das mit der Semantik der Nomina einschließlich ihrer Modifikatoren, die inklusive Referenz erzwingt und sich deshalb mit der exklusiven Referenz des unbestimmten Artikels nicht verträgt. Mit Löbner (1985) könnte man auch sagen, daß die betreffenden Modifikatoren dazu führen, daß die gesamte Nominalgruppe als funktionales Konzept interpretiert werden muß, was die Verwendung des unbestimmten Artikels ausschließt. Das läßt sich besonders gut am Beispiel (18) zeigen: dadurch, daß das Argument von *father* explizit genannt wird, ist die sonst grundsätzlich mögliche Umdeutung des funktionalen Konzepts „father" in ein Sortenkonzept (wie in *a father came to see me*) blockiert. Schwieriger ist die Erklärung der Unzulässigkeit des *bestimmten* Artikels in den folgenden Beispielen, die analog zu (20) aufgebaut sind:

(21) The two Indians spoke
     the similar language.
(22) The two Indians spoke
     the identical language.

Hawkins (1978, 247 ff) hat einige Mühe mit der Begründung, warum in diesen Fällen exklusive Referenz erzwungen sein soll. Vermutlich sind die Beispiele überdies zumindest marginal akzeptabel, wenn die inkriminierten Nominalgruppen anaphorisch gebraucht werden. Das würde ja auch mit Löbners Beobachtung übereinstimmen, daß Sortenkonzepte oder relationale Konzepte, die nicht funktional sind, (um solche muß es sich nach Löbners Theorie handeln, wenn der unbestimmte Artikel möglich ist) in anaphorischem Gebrauch i. allg. zu funktionalen Konzepten werden können. — Ein weiteres Problem besteht für Hawkins darin, zu begründen, warum die in (14)—(20) beobachtete Beschränkung in Existenzsätzen z. T. aufgehoben oder abgeschwächt wird:

(23) There was *a prettiest girl at the party.*
(24) There is *a father of the twins.*

allerdings wohl nicht in:

(25) There is *a same language.*

Hiermit wollen wir die notwendigerweise unvollständige tour d'horizon durch die syntaktischen Auswirkungen von Definitheit und Indefinitheit in Artikelsprachen beenden und zu den Verhältnissen in artikellosen Sprachen kommen.

5. Definitheit und Syntax in artikellosen Sprachen am Beispiel des Russischen

5.1. Gibt es im Russischen die Kategorie der Definitheit/Indefinitheit?

In einer Sprache, die keine Artikel und auch sonst kein obligatorisches lokales Ausdrucksmittel für die Kategorie der Definitheit vs. Indefinitheit hat, muß zunächst einmal die Frage gestellt werden, ob sie diese Kategorie überhaupt enthält und, wenn ja, welchen Stellenwert diese Kategorie in ihr hat. Wie die grundsätzliche Frage nach dem Vorhandensein der fraglichen Kategorie beantwortet wird, hängt natürlich nicht zuletzt von der zugrundegelegten Definition von Definitheit und Indefinitheit ab. Die in Abschnitt 2. vorgestellten Definitionsvorschläge laufen alle mehr oder weniger deutlich darauf hinaus, daß die Opposition zwischen Definitheit und Indefinitheit in jeder Sprache ausdrückbar sein muß und damit zumindest in diesem Sinne vorhanden ist:

— die Opposition zwischen Inklusivität und Exklusivität der Referenz müßte zumindest in den Fällen ausgedrückt werden können, in denen sie einen deutlichen Unterschied hinsichtlich der übermittelten Information macht (es gibt hierzu ein berühmtes Beispiel einer UNO-Resolution, in der es um die Frage geht, ob Israel sich aus allen oder nur aus einigen besetzten Gebieten zurückziehen soll: „withdrawal from territories occupied in the recent conflict" (vgl. Birkenmaier 1979, 35)); im übrigen sieht es bei Hawkins eher so aus, als sei durch die Opposition lediglich die Frage der Grammatikalität berührt;
— deutlicher sind die Konsequenzen im Ansatz von Heim, weil es innerhalb der „File Change Semantics" natürlich einen klaren Unterschied macht, ob man die Information einer Nominalphrase so verarbeitet, daß man eine neue Karte in die Kartei einführt, oder so, daß man eine bereits vorhandene Karte durch die neue Information ergänzt;
— nach Löbners Definitionsvorschlag müßte der Unterschied zwischen funktionalen und nicht-funktionalen Konzepten auch in einer artikellosen Sprache einen deutlich sichtbaren Stellenwert haben.

Wir werden in den beiden folgenden Abschnitten versuchen zu zeigen, welche Rolle die Kategorie der Definitheit/Indefinitheit im Russischen nicht nur unter diesen rein pragmatischen Gesichtspunkten spielt; an zwei prominenten Phänomenen soll deutlich werden, daß eine Beschreibung bestimmter syntaktischer Verhältnisse im Russischen ohne Bezug auf diese Opposition anscheinend nicht adäquat sein kann.

5.2. Definitheit/Indefinitheit und Wortstellung im Russischen

Die am häufigsten genannte Möglichkeit des Russischen, das Fehlen der Artikel zu „kompensieren", ist die Variation der Wortstellung. In einem Satz wie:

(26) *Kniga* ležit na stole.
 Buch liegt auf Tisch

ist nur eine definite Interpretation des (unbetonten!) Subjekts *kniga* möglich (wir geben zu den russischen Beispielen Interlinear-Übersetzungen an — Unterstreichung bedeutet nicht Betonung, sondern kennzeichnet nur die jeweils fragliche Nominalgruppe). Dagegen wird durch Umstellung eine indefinite Interpretation des Subjekts erreicht:

(27) Na stole ležit *kniga*.
 auf Tisch liegt Buch

Aus diesen und ähnlichen Sätzen kann nun aber nicht einfach die Regel abgeleitet werden, daß Nominalgruppen links vom finiten Verb definit und solche rechts davon indefinit sind. Vielmehr spielt hier die Thema-Rhema-Gliederung der Sätze eine wesentliche Rolle. In russischen Sätzen steht normalerweise das Thema am Anfang und das Rhema am Ende (genauere Angaben findet man z. B. in (Birkenmaier 1979, Kap. IV)). In thematischer Position ist das Subjekt normalerweise definit zu interpretieren, wenn es nicht durch ein Indefinitpronomen oder durch Attribute mit großem „Neuigkeitswert" ergänzt ist, z. B.:

(28) *Kakaja-to kniga* ležit na stole.
 irgendein Buch liegt auf Tisch
(29) *Očen' interesnaja i sovsem novaja*
 sehr interessantes und ganz neues
 kniga ležit na stole.
 Buch liegt auf Tisch

In (28) ist durch das Indefinitpronomen die indefinite Interpretation erzwungen; in (29) ist eine solche Interpretation aufgrund des hohen Informationsgehaltes der Nominalgruppe wahrscheinlich (solche umfangreichen Ergänzungen sind i. allg. typisch für die Neueinführung von Redegegenständen). Es ist hier besonders bemerkenswert, daß bei nicht ergänzten vorangestellten Subjekten eine indefinite Interpretation nur mithilfe eines indefiniten Pronomens oder ähnlicher lexikalischer Hilfsmittel erreicht werden kann, weil die erwartete Informationsstruktur dieser Interpretation eigentlich widerspricht und daher explizit außer Kraft gesetzt werden muß. Diese Regularität wird von Weiss (1983, 235) so beschrieben, daß indefinite Nominalgruppen in thematischer Position eine explizite lexikalische Kennzeichnung verlangen. — Umgekehrt wird bei nachgestellten Subjekten i. allg. indefinite Interpretation erwartet (wenn nicht ein Funktionsausdruck im Löbnerschen Sinne vorliegt, der normalerweise definit zu interpretieren ist — die Definitheit in dieser Position wäre eine interessante Evidenz für Löbners Hypothesen!). Diese Erwartung kann natürlich wiederum durch explizite lexikalische Mittel außer Kraft gesetzt werden, etwa mithilfe des Demonstrativpronomens:

(30) Na stole ležit *èta kniga*.
 auf Tisch liegt dieses Buch

Ein solcher Satz ist aber extrem ungewöhnlich, es sei denn, er würde mit expressiver Betonung auf der Präpositionalgruppe oder auf dem Verb gesprochen (durch Betonung können die genannten Positionsregeln ohnehin außer Kraft gesetzt werden — wir gehen hier immer von Normalbetonung aus). — Für die anderen Konstituenten von russischen Sätzen gelten andere Positions- und Interpretations-Regularitäten, auf deren Darstellung hier aus Platzgründen verzichtet werden muß (genauere Beschreibungen finden sich etwa bei Birkenmaier 1979, 42 ff, aus dessen Zusammenfassung auch die meisten Beispiele dieses Abschnittes stammen). Wichtig ist hier vor allem die Feststellung, daß sich die Abhängigkeit zwischen Interpretation und Position der Subjekte in russischen Sätzen ohne Bezug auf die Kategorie der Definitheit/Indefinitheit kaum adäquat beschreiben läßt (vgl. Birkenmaier 1979, 149).

5.3. Die Kasusopposition
 Nominativ/Genitiv
 bzw. Akkusativ/Genitiv
 in negierten russischen Sätzen

Wir wollen in diesem Abschnitt ein weiteres Phänomen ansprechen, in dem der Zusammenhang zwischen Definitheit/Indefinitheit und Syntax im Russischen zutage tritt, ohne die Regularitäten allerdings in der eigentlich notwendigen Präzision darlegen zu können (für eine genauere Darstellung vgl. etwa Birkenmaier 1979, 120 ff). Es geht um die Möglichkeit des Russischen, in verneinten Sätzen die Nominalgruppe, die in dem entsprechenden bejahten Satz das Subjekt ist, in den Genitiv zu setzen und eine unpersönliche Konstruktion des Prädikats zu wählen. Mit diesen unterschiedlichen Ausdrucksmöglichkeiten sind allerdings auch Interpretationsunterschiede verbunden, und zwar in folgender Weise:

(31) *Otvet* ne postupil.
 Antwort nicht kam

entspricht dem bejahten Satz:

(32) *Otvet* postupil.
 Antwort kam

Nach der im vorigen Abschnitt eingeführten Regel für die Interpretation von nichtergänzten vorangestellten Subjekten ist (32) zu übersetzen als „Die Antwort kam". Ganz entsprechend bedeutet (31): „Die Antwort kam nicht." Wenn nun im russischen Satz ausgedrückt werden soll, daß es gar keine Antwort gibt (d. h. daß der Skopus der Negation nicht nur das Verb, sondern auch das Subjekt umfaßt), dann erscheint das ursprüngliche Subjekt im Genitiv und die ganze Konstruktion wird unpersönlich:

(33) Ne postupilo *otveta.*
 Nicht kam (neutr.) Antwort (Gen.)

(das Präteritum wird im Russischen nicht nach der Person, sondern nach Numerus und Genus flektiert, so daß man die unpersönliche Konstruktion an der neutralen Form des Verbs erkennt). (33) entspricht dem bejahten Satz:

(34) Postupil *otvet.*
 kam Antwort

Gemäß der in 5.2. aufgestellten Interpretationsregel für nachgestellte Subjekte ist (34) zu übersetzen als: „Eine Antwort kam." oder besser „Es kam eine Antwort." Entsprechend hat der negierte Satz die Bedeutung „Es kam keine Antwort." Nun ist aber die unpersönliche Konstruktion des verneinten Satzes mit genitivischem „Subjekt" nicht zwingend mit der Umstellung von finitem Verb und Nomen verbunden; möglich ist auch:

(35) *Otveta* ne postupilo.
 Antwort (Gen.) nicht kam (neutr.)

Dem würde folgende deutsche Übersetzung entsprechen: „Eine Antwort kam nicht." Ähnliche Variationsmöglichkeiten mit Konsequenzen für die Interpretation gibt es auch beim direkten Objekt in negierten russischen Sätzen:

(36) On ne zametil *ošibku.*
 Er nicht bemerkte Fehler (Akk.)
(37) On ne zametil *ošibki.*
 Er nicht bemerkte Fehler (Gen.)

In (36) ist das direkte Objekt im Akkusativ eindeutig definit zu interpretieren, während in (37) sowohl eine definite als auch eine indefinite Interpretation möglich ist (vgl. Birkenmaier 1979, 139). — Jedenfalls läßt sich feststellen, daß die Verwendung des Genitivs in verneinten Sätzen eine indefinite Interpretation entweder nahelegt (im Falle des negierten Subjekts — wir betrachten auch „keine Antwort" als indefinit) oder zumindest ermöglicht (im Falle des negierten direkten Objekts). Auch hier liegt also wieder ein Phänomenbereich vor, dessen Regularitäten sich ohne Rekurs auf die Kategorie der Definitheit/Indefinitheit anscheinend nicht adäquat beschreiben lassen, obwohl diese Opposition im Russischen nicht grammatikalisiert ist.

6. Konklusion: Definitheit oder ...?

Wie bereits in Abschnitt 4.1. angekündigt, wollen wir in diesem abschließenden Kapitel noch einmal auf die Frage zurückkommen, welche Unterscheidung hinsichtlich der betroffenen Nominalgruppe eigentlich dem sogenannten „Definitheits"-Effekt zugrundeliegt. Unter diesem Gesichtspunkt wollen wir dann auch einige Fakten noch einmal betrachten, die in den weiteren Unterabschnitten von 4. und 5. angesprochen worden sind, ohne damit den Eindruck erwecken zu wollen, daß bereits eine umfassende Theorie der Definitheit vorläge. — Angesichts solcher Beispiele wie *There is the Prime Minister in the garden* waren ja bereits in 4.1. Zweifel daran aufgetreten, daß es beim „Definitheits"-Effekt tatsächlich um die Definitheit oder Indefinitheit der Nominalgruppen in nachgestellter Subjektposition geht (auch wenn man in Rechnung stellt, daß es offensichtlich um die Definitheit der *ganzen* NP — im Sinne Löbners — geht; eine $\overline{\text{NP}}$ wie *the footstep of a bear* ist in diesem Sinne indefinit, obwohl sie mit dem bestimmten Artikel beginnt). In (Holmback 1984, 200) wird eine lange Liste von Gegenbeispielen gegen das Verbot von definiten Nominalgruppen in der fraglichen Position angeführt. Holmback versucht nun, die Definitionsvorschläge von Hawkins nutzbar zu machen, um den Effekt zu erklären. Ihre Argumentation läuft darauf hinaus, daß Kontexte wie *there is* ... die Funktion haben, zu signalisieren, daß das folgende Subjekt ein neu eingeführter Redegegenstand ist. Mit dieser Funktion verträgt sich eine definite Nominalgruppe nur unter der Voraussetzung, daß die Inklusivität ihrer Referenz (im Sinne von Hawkins' Definition der Definitheit) unabhängig von der aktuellen Kommunikationssituation konstituiert werden kann. Nur unter dieser Bedingung kann eine Nominalgruppe gleichzeitig definit und ein neueingeführter Redegegenstand sein. Es handelt sich anscheinend genau um die Fälle, die für die „File Change Semantics" von Heim zu dem Problem führen, daß eine definite Nominalgruppe „neu" ist und deshalb nur nach gewissen Anpassungsoperationen in der Kartei in der üblichen Weise interpretiert werden kann. Besser wird u. E. Löbners Theorie mit diesen Fällen fertig: es handelt sich um solche Nominalgruppen, die unabhängig von der aktuellen Kommunikationssituation ein funktionales Konzept bezeichnen. Da dies aber u. U. auch von ganz speziellem Vorwissen der Kommunikationspartner abhängen kann (z. B. *There is the man in the garden* in einer Situation, in der sich zwei Freundinnen in ihren Gesprächen tagelang mit einem bestimmten Mann beschäftigt haben), handelt es sich vermutlich nicht ausschließlich um Löbners semantische Definita. Grundsätzlich geht es offensichtlich um die Frage, ob die betreffende Nominalgruppe sich als neuer Redegegenstand interpretieren läßt. Das ist bei indefiniten Nominalgruppen immer der Fall (vorausgesetzt, daß eine spezifische Interpretation möglich ist), bei definiten Nominalgruppen nur unter gewissen Zusatzbedingungen, die in einer adäquaten Theorie der Definitheit genau zu präzisieren wären (Löbners Ansatz kommt diesem Ideal u. E. schon sehr nahe).

Die zweite mit der Diskussion des „Definitheits"-Effekts verbundene Frage war die nach der adäquaten Beschreibung seiner Distribution. Aus der Feststellung, daß die für den Effekt verantwortliche Unterscheidung nicht die zwischen Definitheit und Indefinitheit ist, folgt ja noch nicht, daß eine syntaktische Beschreibung der Strukturen, in denen der Effekt auftritt, nicht möglich wäre. Ziehen wir etwa die Fakten über die Interpretation von nachgestellten Subjekten im Russischen mit heran, wo ja zu beobachten ist, daß indefinite Interpretation wahrscheinlich und definite Interpretation bei expliziter lexikalischer Kennzeichnung oder bei funktionalen Nomina im Löbnerschen Sinne möglich ist (wenn man die Nominalgruppen in dieser Position nicht in funktionale und nicht-funktionale unterscheidet, ergibt sich der Eindruck der systematischen Ambiguität (vgl. Weiss 1983, 235); wichtig ist offensichtlich auch die Unterscheidung nach syntaktischen Funktionen: Subjekte verhalten sich hier anders als z. B. Objekte), so liegt die Vermutung nahe, daß es sich auch hier um eine Position handelt, in der typischerweise neue Redegegenstände eingeführt werden (dazu ist in Hauenschild 1985, 177, aus unabhängigen Gründen das Konzept des „erwarteten Textthemas" eingeführt worden), und daß somit syntaktische Beschreibungen wie die von Safir zumindest partiell zutreffen könnten, indem sie die Position eines nachgestellten Subjekts als potentiellen Kandidaten für das Auftreten des Effektes kennzeichnen. Es müßten dann allerdings u. a. noch die Probleme gelöst werden, die sich aus der Vererbung anderer Kasus als des Nominativs ergeben (in Beispielen wie *Es gibt den Mann im Garten*, vgl. Abschnitt 4.1.).

Neuere Überlegungen zur Distribution des Definitheitseffektes und zur Definition von Definitheit/Indefinitheit finden sich bei Reuland/ter Meulen (1987). Dort wird insbesondere dafür plädiert, das Phänomen nicht in der S-Struktur, sondern in der Logischen Form anzusiedeln, weil offensichtlich Skopusverhältnisse eine wesentliche Rolle spielen. Reuland und ter Meulen geben in ihrer Einleitung zu dem Sammelband zu bedenken, daß die relevante Unterscheidung durch die Begriffe „quantificational" vs. „non-quantificational" am adäquatesten erfaßt werden könnte, wobei „quantificational use of an NP" dann vorliegt, wenn diese auf einen (oder mehrere) bereits eingeführte(n) Diskursreferenten zu beziehen ist, während „non-quantificational use" die Einführung eines neuen Redegegenstandes bewirkt (hier zeigt sich u. E. eine terminologische Schwierigkeit im Vergleich mit der Begrifflichkeit in Vater 1984: Vaters Unterscheidung zwischen „Determinantien" und „Quantoren" liegt offensichtlich quer zu der o. g. Unterscheidung zwischen „non-quantificational" vs. „quantificational use"). — Interessant ist hier vor allem die Tatsache, daß sich aus verschiedenen Richtungen Hinweise darauf ergeben, daß das Phänomen des „Definitheits"-Effekts (und vermutlich der Definitheit überhaupt) nur in einer dynamischen Theorie der Informationsstrukturierung (vgl. Reuland/ter Meulen 1987, 14) beschrieben werden kann. Viele Details der Distribution sind dabei noch zu klären, ganz abgesehen von den vielen anderen ungelösten Problemen einer vollständigen und adäquaten Theorie der Definitheit, die in diesem Überblick nur kursorisch oder gar nicht angesprochen werden konnten.

7. Literatur

Birkenmaier, Willy. 1979. Artikelfunktionen in einer artikellosen Sprache. Studien zur nominalen Determination im Russischen. München.

Christophersen, Paul. 1939. The articles. A study of their theory and use in English. Kopenhagen.

Hauenschild, Christa. 1985. Zur Interpretation russischer Nominalgruppen. Anaphorische Bezüge und thematische Strukturen im Satz und im Text. München.

Hartmann, Dietrich. 1982. Deixis and anaphora in German dialects: The semantics and pragmatics of two definite articles in dialectical varieties. Here and there. Cross-linguistic studies in deixis and demonstration, ed. by J. Weissenborn & W. Klein, 187−207. Amsterdam, Philadelphia.

Hawkins, John A. 1978. Definiteness and indefiniteness. A study in reference and grammaticality prediction. London.

Heger, Klaus. 1983. Was ist Definitheit? Allgemeine Sprachwissenschaft, Sprachtypologie und Textlinguistik. Festschrift für Peter Hartmann, hrsg. von M. Faust, R. Harweg, W. Lehfeld & G. Wienold, 99−104. Tübingen.

Heim, Irene. 1982. The semantics of definite and indefinite noun phrases. (University of Massachusetts dissertation). Konstanz: Sonderforschungsbereich 99.

Holmback, Heather. 1984. An interpretative solution to the definiteness effect problem. Linguistic Analysis 13. 195−215.

Krámský, Jiří. 1972. The article and the concept of definiteness in language. The Hague.

Lenerz, Jürgen. 1977. Zur Abfolge nominaler Satzglieder im Deutschen. Tübingen.

Löbner, Sebastian. 1985. Definites. Journal of Semantics 4. 279−326.

Reis, Marga. 1986. Die Stellung der Verbargumente im Deutschen. Stilübungen zum Grammatik:Pragmatik-Verhältnis. Vortrag beim 5. Lunder Symposium „Sprache und Pragmatik". Sprache und Pragmatik, 1987, hrsg. von J. Rosengren. Stockholm: Lunder Germanistische Forschungen.

Reuland, E. J. und Alice G. B. ter Meulen (eds.) 1987. The representation of (in)definiteness. Cambridge, MA.

Safir, Kenneth J. 1985. Syntactic chains. Cambridge.

Vater, Heinz. 1984. Determinatien und Quantoren im Deutschen. Zeitschrift für Sprachwissenschaft 3,1. 19−42.

Weiss, Daniel. 1983. Indefinite, definite und generische Referenz in artikellosen slavischen Sprachen. Slavische Linguistik 1983, hrsg. von H. R. Mehlig, 229−261. München.

Christa Hauenschild, Hildesheim (Deutschland)

51. Focus and Background

1. Introduction
2. Intonation Focus
3. Syntactic Focusing Devices
4. The Use of More than One Focusing Device
5. Focusing Devices in the Languages of the World
6. References

1. Introduction

The distinction between focus and background is essential to the analysis of the use of sentences in contexts. Focus may be marked by intonational or by syntactic means. It will be convenient to deal first with focus in English, distinguishing between intonational and syntactic devices and noting the simultaneous use of different devices, and then with some cross-linguistic comparisons.

2. Intonation Focus

Intonation focus has been related to syntactic constituents, to lexical items, and to semantic entities. The view that focal elements are syntactic constituents is held by Halliday (1967), Chomsky (1969), Jackendoff (1972), Ladd (1980), Culicover/Rochemont (1983), Erteschik-Shir and Lappin (1983) and others. Bolinger (1958) etc., O'Connor/Arnold (1961), and Taglicht (1982) take the focal elements to be individual lexical or grammatical items; while Gussenhoven (1983) and Quirk et al. (1985) regard focus as highlighting elements in semantic structure. However, most linguists recognise the need for a phonological entity (whether referred to as "sense group", "tone group", "intonation unit", "phonological phrase", or in some other way) as the linguistic unit within which a focus-marking accent is obligatory. There is no general consensus on the way in which such an intonation unit is to be delimited, but though it is quite usual for intonation units to be coextensive with syntactic constituents, it is clear that intonation structure cannot simply correspond to surface syntactic structure.

According to Halliday, there is a division of utterances, at the phonological level, into "tone groups", which mark out "information units" at the grammatical level. "The information unit is what the speaker chooses to encode as a unit of discourse", the speaker being free "to decide where each information unit begins and ends", and "this is not determined for him by the [syntactic] constituent structure". "The distribution of information specifies a distinct constituent structure on a different plane." Within each tone unit there is one and only one major tonic, marking either the sole focus or the primary focus of the information unit.

"Information focus reflects the speaker's decision as to where the main burden of the message lies. [It] is one kind of emphasis, that whereby the speaker marks out part (which may be the whole) [of an information unit] as that which he wishes to be interpreted as informative. What is focal is 'new' information; not in the sense that it cannot have been previously mentioned, although it is often the case that it has not been, but in the sense that the speaker represents it as not being recoverable from the preceding discourse. The focal information may be a feature of mood, not of cognitive content, as when the speaker confirms an asserted proposition; but the confirmation itself is still 'new' in the sense intended." (1967, 204)

The most straightforward examples are those that Halliday calls instances of 'marked' focus; e.g. (with the word that bears the tonic in capitals)

(1) JOHN painted the shed yesterday
(2) John PAINTED the shed yesterday
(3) John painted the shed YESTERDAY

These imply such questions as *Who painted the shed yesterday?* for (1), or *Did John mend the shed yesterday?* for (2), or *When did John paint the shed?* for (3). In other words, the marked focus may supply a piece of information that is required at a given point in the discourse, or substitute a correct piece of information for an incorrect one. In each of these sentences the word that bears the tonic is also the 'new' element.

Marked focus is contrasted with 'unmarked' focus, which does not explicitly identify the point at issue. For example

(4) John painted the SHED yesterday

This may imply *What did John paint yesterday?*, but the question could also be simply *What's happened?*. In the first case the new element would be *the shed*, while in the second it would be the whole sentence. Focus is unmarked, according to Halliday, if the tonic falls on the last open-class lexical item, while marked focus 'may be focus on a reference or other closed system item, whether final or not, or on a[n open-class] lexical item that is not final'. 'Reference items' includes both anaphorics (such as *it, they, there, then*) and deictics (such as *I, you, today, yesterday*). Hence (3), with the tonic on a reference item, is an instance of marked focus, while (4), with the tonic on the final 'accented lexical item', is an instance of unmarked focus.

The concept of 'unmarked focus' or 'normal stress' goes back at least to the analysis of 'suprasegmentals' by Trager/Smith (1951), according to which "the primary stress of a phonemic phrase will come as near the end as possible; here 'as possible' means that some items, such as pronoun objects, certain adverbs, prepositions, and others, do not have primary stress [...] and they get primary stress only with the shift morpheme."

A very similar notion to Halliday's is found in Chomsky/Halle (1968), Chomsky (1969), and Jackendoff (1972). Here the indicator of focus is a single major accent (which may be referred to as '1-stress' or 'sentence stress') and the focal element is a syntactic constituent; and here, too, a rightmost accent is taken to be capable of highlighting syntactic structures of different sizes up to and including a whole sentence. In Chomsky's example

(5) Was he warned to look out for an ex-convict in a red SHIRT?

a sentence stress on *shirt* is represented as making the utterance multiple ambiguous, with *shirt, a red shirt*, and so on to the whole sentence as possible focal elements.

But the equation of unmarked focus with rightmost focus gets into difficulties with sentences like

(6) MARGARET's looking for you
(7) The DOCTOR's called to see you
(8) The DOOR's locked

(from Halliday 1970). These do not necessarily imply questions like *Who's looking for me?* and the like. The implied question could be simply *What is it?* which according to the theory should make the whole sentence 'new'. There are difficulties also with

(9) I have INSTRUCTIONS to leave (I'm to leave instructions)
(10) I have instructions to LEAVE (I've been instructed to leave

(from Newman 1946). By the syntactic criterion, only (10) should be 'normal', or 'unmarked'; yet intuitively, (9) is as normal as (10). And the question implied by (9) could well be *Why are you here?*, pointing to *have ... leave* as 'new'.

An additional difficulty is caused by the need to accomodate degrees of focus. In Halliday's analysis, there is a distinction between 'primary' and 'secondary' focus. Primary focus is the 'principal new information', to which the secondary focus is in some way 'subsidiary'. Thus in

(11) A. Did you see any of the new plays while you were in London?
   B. No # We don't often \GO to the /theatre #
(12) A. Was Peter there?
   B. I don't KNOW # I don't think I've ever \MET /Peter #

with *theatre* and *Peter* as secondary focus in (11) and (12) respectively, "the implication is 'this has already been referred to, but it's a significant part of the message'" (Halliday 1970). The phenomenon of major followed by minor accents seems in fact to be more widespread than is allowed for by Halliday's analysis, and tone units with major fall followed by minor fall are probably the commonest types after those with major fall + minor rise. For example

(13) I find myself in EN\TIRE a\greement
(14) I \TOLD you it was \useless

with the major and minor falls on the stressed syllables of *entire* and *agreement* in (13) and of *told* and *useless* in (14). (This pattern is accounted for in terms of subordination relations between nuclei in Crystal/Quirk 1964.) The possibility of distinguishing degrees of focal prominence in this way constitutes a serious problem for all those analyses that define 'sentence stress' or 'nucleus' as simply the last in a series of accents (such as Vanderslice/Ladefoged 1972).

But even for those who recognize no concept of secondary focus the notion of 'normal stress' is problematic, as is evident from (6)–(10) above. In Bresnan (1971) an attempt was made to deal with the difficulty exemplified by (9)–(10). Bresnan claimed that "the apparent exceptions to the nuclear stress rule are all predictable without any special modifications in that rule, given one assumption: that the nuclear stress rule is ordered after all the syntactic transformations on each transformational cycle". Thus in

(15) George has plans to leave
(16) Helen left directions for George to follow

the versions with 'sentence stress' on *plans* and *directions* were to be explained by movement transformations, as a result of which items that were non-final in underlying structure (like *leave* and *follow* above) had come to be final at the surface. The assumption was that *leave* and *follow* were unaccented in the readings according to which George was to leave plans or follow directions, but unaccented otherwise. However, it was shown by Berman/Szamosi (1972) and Bolinger (1972) that the difficulty with the nuclear stress rule was more fundamental.

The counter-examples included sentences like

(17) Whose relatives do you expect to visit?

with nuclear stress on either *visit* or *relatives*, regardless of whether *relatives* is taken as subject or object of *visit*, and

(18) He's a man to REMEMBER

Bolinger has consistently taken the view that "what counts is RELATIVE semantic weight [...] tak[ing] account of the entire context, including the context of situation" (1972, 635). He shows that any attempt to account for 'normal stress' in syntactic terms will inevitably get into difficulties with relatively 'empty' words which are nevertheless open-class items: "Where the accentual behaviour [of] true pronouns is predictable, that of empty nouns is only highly probable. A semantic theory assumes that they are not entirely empty, and predicts that under some conditions they may therefore be accented without any special requirement such as contrast." This is illustrated by examples such as

(19) I've got to fix dinner fast;
   (a) there are PEOPLE coming
   (b) there are people COMING

According to Bolinger, the 'neutral', or 'unmarked' sentence is not adequately characterized by the placement of a 'nuclear accent' on the last content word: "the neutral sentence makes no assumptions about what can be played down because the hearer is supposed to know it already; everything it says it *tells*." (1986, 100) Thus in reply to sentence (5) above, some of the possible answers are inappropriate "unless the original question carries the full range of accents, that is, unless it takes the form

Was he wArned to lOok Out for an ExcOnvict in a rEd shIrt?
[with capitalization replacing Bolinger's acute accents on *warned, look, out, ex, convict, red,* and *shirt*.] ... For instance, if everything is deaccented except *shirt* in the question, then the ... answer [*No, he was warned to look out for an ex-convict in a red tie*] is appropriate, but ... not [*No, he was simply told to be more cautious* or *No, nothing was said to anyone*]."

The most widely current accounts of 'normal sentence stress' are inadequate because they do not give due consideration to the significance of 'pre-nuclear' accents. Erteschik/Lappin (1983) are exceptional in their attempt to represent focal elements as surface syntactic constituents without ignoring all pre-nuclear accents.

But there is another reason for rejecting the exclusively syntactic view of focal elements. This is the existence of accentable complex lexical items which are not syntactic constituents. For example, in

(20) You must hAnd these tickets In

(with accents on *hand* and *in*) the focus is on the complex item *hand in*, while *these tickets* is part of the background. There is no question here of regarding *in* as being a focus bearer on its own account. Similarly with sentences like

(21) I'm convInced Of it

(with accents on *convinced* and *of*). Here there is no question of the preposition *of* being itself the bearer of focus. What is focused is the complex lexical item *convinced of*, which is here given two accents for greater emphasis, as may happen even in a one-word utterance such as *AbsolUtely* (see Bolinger 1986 on 'accents of power').

Dissatisfaction with the vagueness of such notions as 'given' (Halliday) or 'relative semantic weight' (Bolinger) in explanations of focus phenomena has led to various attempts to set up other categories that would make possible the formulation of more satisfactory rules. It is mostly the deaccentuation of content words following the sentence stress that has been attended to. Schmerling (1976) proposes distinguishing 'news sentences' from 'topic-comment sentences'. The category of news sentences is illustrated by such examples as

(22) JOHNSON died

uttered with reference to President Johnson at a time when his health was not on people's minds. This is contrasted with

(23) Truman DIED

uttered in the context of daily coverage of his critical condition by the media. Other attempts to define semantic or pragmatic contexts for the deaccentuation of content words, especially verbs and predicative adjectives after the sentence stress, have been made by Fuchs (1976) and (1984), Allerton/Cruttenden (1979), Ladd (1979), Gussenhoven (1983), and Faber (1987). Both Fuchs and Gussenhoven suggest that in specific contexts words may be deaccented not because the speaker treats them as non-focal, but because arguments and predicates are integrated into what Gussenhoven calls 'focus domains' which are highlighted by an accent on the argument. According to Gussenhoven this integration takes place (under specified conditions) in 'eventive' sentences (cf. Schmerling's 'news sentences') and is blocked in all others. Faber distinguishes a category of 'human-agentive' sentences, in which 'integration' (i. e. deaccenting of the predicate) is barred, instancing the following contrast, among others:

(24) Oh no! Look at that! The au-PAIR's been SICK
(25) Oh no! Look at that! The CAT's been sick

Here 'human' means that the subject is treated by the speaker as human (as a person), and 'an agentive predicate' means 'a predicate whose primary purpose it is to specify an action'. As might be expected, the precise delimitation of 'agentive predicate' in this context is problematic. It has to exclude, for example (as Faber points out), the verbs in

(26) Some SOLdiers marched past
(27) Your MOTHer telephoned
(28) Careful! The ProFESSor's watching!

Another class of sentences which Faber excludes from the scope of Gussenhoven's 'sentence accent assignment rule' is the class of 'hyperbolicals', as in

(29) His EYES SHONE! (i. e. 'he was absolutely thrilled')

It remains to be seen whether the notion of the integration of semantic elements in a 'focus domain' bearing a single accent can remove more difficulties than it creates.

3. Syntactic Focusing Devices

The syntactic focusing devices include the WH-interrogatives, the cleft constructions, and the focusing adverbs. All these share with intonation focus the property of highlighting selected parts of sentences, but have other functions in addition (see Taglicht 1984). (The functions of focusing devices can of course be differently distributed in different languages; see for example Horvath 1986). The focal element can be identified with the WH-phrase in WH-interrogatives, with the complement of the matrix clause in *it*-clefts, and with the complement or the subject of pseudo-clefts. For example, with the focal elements in capitals:

(30) HOW MANY TICKETS did you get?
(31) It was JOHN who called
(32) What we need is MORE INFORMATION
(33) MORE INFORMATION is what we need

With focusing adverbs, however, the identification of the focal element is not necessarily determined by the syntactic structure alone, but may also depend on the intonational focus and on the context. For example

(34) John has also seen the play

may be read as having the focus of *also* on *the play*, on *seen*, on *seen the play*, or on *John*;

(35) John has only seen the play

can have the focus of *only* on *the play*, on *seen*, or on *seen the play*, but not (in present-day English) on *John*. And in

(36) John is particularly fond of poetry

the adverb *particularly* can focus on *John* or on *poetry*, but not on *fond of poetry* or on *fond (of)*. The degree of indeterminacy depends not only on the identity of the focusing item (*also, even, only*, etc.) but also on the place of the item in the syntactic structure, and the options for placement depend partly on the identity of the item. Thus

(37) Only John has seen the play

has *only* focusing unambiguously on the subject, while the corresponding structure with *also*

(38) *Also JOHN has seen the play

is ill-formed.

The focusing adverbs may be divided, according to their semantic type, into exclusives (*only, merely*), particularizers (*particularly, especially*, etc.) and additives (*also, even*, etc.), as in Quirk et al. (1972), or as in Taglicht (1984). Assignment to these categories does not enable us to predict the 'focusing grammar' of the individual items (witness the obvious differences between *also* and *too*, for example); but certain differences are definitely related to the semantics. This is particularly clear in the case of *only*, which may be 'exceptive' with a non-scalar item as focus, or 'limiting', with a scalar item as focus (Taglicht 1984). Only the exceptive sense is possible in

(39) Only ON MONDAY AND TUESDAY will he be able to phone

whereas

(40) Only ON MONDAY OR TUESDAY will he be able to phone

is ambiguous between the exceptive sense ('on no other day') and the limiting sense ('not earlier than'). In certain syntactic contexts, the *only* can immediately precede a scalar focal element, but not a non-scalar one. For example

(41) He stayed for only one day
(42) *He stayed for only the meeting

Less frequently dealt with under the heading of focus are the structures that depend exclusively on the use of marked word order, viz. those with 'marked theme' (topicalization) and those with what is called 'marked rheme' in Taglicht (1984) (cf. the category of 'constructional focus' in Rochemont 1986). For example

(43) THAT I don't believe
(44) He found in this article A NUMBER OF INTERESTING POINTS
(45) AT THE TOP stood THE CASTLE

with marked theme in (43), marked rheme in (44), and both marked theme and marked rheme in (45). Rochemont suggests an explanation for his constructional focus in terms of the 'landing-site' of the rightward-shifted element, regardless of its category. He assumes that all the instances of rightward shift that he lists involve focus on the shifted element, but this does not seem to hold good for relative clause extraposition, as shown by

(46) (I tried the library, but)
All the books were \OUT that I needed #

where *that I needed* is extraposed but not focal.

It is necessary to identify not only the focus of a focusing device, but also its scope. Compare

(47) It was not JOHN who answered the letters
(48) It was JOHN who did not answer the letters
(49) It was always JOHN who objected
(50) It was JOHN who always objected

Not and *always* are included in the scope of the cleft construction, and hence backgrounded by it, in (48) and (50) respectively, but in (47) and (49) they are neither focused nor backgrounded by the cleft construction, but are simply outside its scope.

4. The Use of More than One Focusing Device

Since the different focusing devices have different functions (though all share the function of highlighting something in relation to something else), they may overlap in various ways. Of these overlaps, the commonest is between a syntactic focus and intonation focus. Generally, what is focal in syntax will also bear an accent, but there are often accents on the (syntactic) background as well (see Prince 1978, for example). Sometimes the intonation picks out part of a syntactic focus and backgrounds the rest:

(51) It was JOHN's argument that convinced us

Less often, the whole scope of a syntactic device is intonationally backgrounded, as in

(52) It was ALWAYS John who objected
(53) We KNOW it was John who objected

And it is even possible for the focus of a syntactic device to be intonationally subordinated to a part of its (syntactic) background:

(54) A: Can't you give me two?
   B: (i) I've only \GOT /one # or
       (ii) I've only \GOT one /left #

Here the discourse context unambiguously points to *one* as the focus of *only* in spite of the accentual focus on *got*.

Where two syntactic devices are used, they may focus on the same item, e. g.

(55) It was only LATER that we discovered the truth

with *later* functioning simultaneously as focus of *only* and as cleft focus. But in (56), again with cleft focus and adverbial focus, the relationship is different:

(56) It was Edison, too, who invented the phonograph

The focus of *too* (*who invented the phonograph*) is backgrounded by the cleft construction, and the focus of the cleft construction (*Edison*) is backgrounded by *too*.

Example (56) raises the question of compatibility between different focusing devices. It is impossible to interpret (56) as having the focus of *too* on *Edison*, and this can plausibly be put down to semantic incompatibility: the implication of uniqueness in the cleft construction clashes with the additive meaning of *too*. But semantic compatibility is not everything, as is shown, for example, by the inability of the additives *also* and *too* to coincide with interrogative WH-focus:

(57) *WHO also spoke?
(58) *WHO spoke too?

(with the focus of *also/too* on *who*), though

(59) Who else spoke?

is unexceptionable. Since *also* is not barred from focusing on WH-items as such (*You can ask John, WHO was also there*) it seems to be incompatible specifically with WH-interrogative items. No attempts seem to have been made so far to account for phenomena of this type.

5. Focusing Devices in the Languages of the World

It is apparent from the facts of English that there can be a considerable number of focusing devices with different discourse functions and complex interrelationships within a single language. So a full cross-linguistic survey of focusing would be a gigantic task, even if all the relevant data were available. This section will therefore deal with only a few selected points.

The options for the use of accentuation (stress-and-pitch prominence) in focusing may range from something approaching total freedom, as in English, to the close linkage between accentuation and choice of syntactic form that is found in Hungarian (see Horvath

1986). In addition, there are of course languages, typically those with lexical tone, in which focusing by accentuation does not exist at all.

As regards syntactic focusing devices, these include

(i) embedding of background:
 (a) focus before background (English *it*-cleft)
 (b) focus after background (English *WH*-cleft)
(ii) focus leftmost:
 (a) left dislocation with syntactic marker (Mende — see Innes 1967)
 (b) fronting with syntactic marker (Polish — see Mieszek 1979)
 (c) fronting without syntactic marker (English)
(iii) focus rightmost:
 (a) VP-final (English)
 (b) CP-final (Tangale — see Kenstowicz 1987)
(iv) focus internal, in special position:
 (a) preceding and adjacent to V (Hungarian — see Horvath 1986)
 (b) following and adjacent to V (Aghem — see Watters 1979)
 (c) between subject and (object +) verb (Mende)
(v) focus 'in situ':
 (a) WH-interrogative as focus (Egyptian Arabic — see Farghaly 1981)
 (b) focus marked by particle (Mende)

The treatment of interrogative 'WH-focus' is of special interest. We can attest the following syntactic types:

(1) Wh-item 'in situ', i.e. in the same position as the corresponding element in declaratives (Egyptian Arabic)
(2) Wh-item in situ, with obligatory addition of focus marker (Mende)
(3) Wh-item fronted (vacuously if initial in corresponding declarative (English)
(4) WH-item obligatorily in internal focus position (Hungarian)
(5) Wh-item occupies special position between subject and (object +) verb (Mende)
(6) WH-item optionally in cleft focus (English)
(7) WH-item left-dislocated (Mende: alternative construction to (2))

Mende, Tangale, and Aghem are all African tone languages. Mende is an SOVX language, Tangale and Aghem are both SVO.

The following are examples of focusing constructions from languages other than English:

Polish:
(60) Jan uderzył Marię
 'John hit Mary'
(61) To Marię uderzył Jan
 To Marię Jan uderzył
 'It was MARY that John hit'

Egyptian Arabic:
(62) Miin shaaf Ibrahiim?
 'Who saw Ibrahim?'
(63) Ibrahiim shaaf miin?
 'Who did Ibrahim see?'

Hungarian:
(64) Mari az asztalra tette az
 Mary the table-onto put the
 edényeket
 dishes-acc.
 'Mary put the dishes on the table' (Unmarked)
(65) Mari az EDÉNYEKET tette
 Mary the dishes-acc. put
 az asztalra
 the table-onto
 'It was the DISHES that Mary put on the table'

The focused phrase in (65) (*az edényeket*) must receive the principal accent, having displaced the element that occupies the pre-verbal position in unmarked order (*az asztalra*). The latter can be correspondingly focused only by accent-shift:

(66) Mari az asztalra tette az
 Mary the table-onto put the
 EDÉNYEKET
 dishes-acc.
 'Mary put the dishes on the table' (unmarked for focus, with the principal accent in final position)
(67) Mari az ASZTALRA tette az
 Mary the table-onto put the
 edényeket
 dishes-acc.
 'It was onto the TABLE that Mary put the dishes'
(68) Mari mit tett az asztalra?
 Mary what-acc. put the table-onto
 'What did Mary put on the table?'

The WH-item is obligatorily in focus position in Hungarian.
Mende: (tone marks omitted)

(69) Nya-a   (= nya lɔ)
    I   (marker)
    li-ma   Boo
    go-ing   Bo
    'I am going to Bo' (unmarked for focus)

(70) Boo mia   ngi li-ma   na
    Bo (marker)   I   go-ing   there
    'I am going to BO (It's BO that I'm going to)'

(71) Ngi li-ma   Boo lɔ
    I   go-ing   Bo (marker)
    'I am going to BO (It's BO that I'm going to)'

(72) Ta-a (= ta lɔ)   mbɛi   mɛ -ma
    He (marker)   rice-the   eat-ing
    'He is eating the rice' (unmarked for focus)

(73) Mbɛi   mia   i   mɛ   -ma
    Rice-the   (marker)   he (it)   eat   ing
    'He is eating the RICE (It's the RICE he's eating)'

(74) I   mbɛi   lɔ   mɛ -ma
    He   rice-the   (marker)   eat- ing
    'He's eating the RICE (It's the RICE he's eating)'

(75) Gbɛ mia   i   mɛ   -ma?
    What (marker)   he (it)   eat   ing
    (or Gbɔ-ɔ ...)
    'What is he eating?'

(76) I   gbɔ-ɔ (= gbɛ lɔ)   mɛ -ma?
    He   what (marker)   eat- ing
    'What is he eating?'

(77) Gbɔ-ɔ   (= gbɛ lɔ) i   wa   -ni
    What   (marker)   he come (pret.)
    la?
    with-it
    'What did he bring?'

(78) ngi ngeyɛi   lee -i   -lɔ
    I   rope-the cut (pret.)   (marker)
    a   mbowɛi   ji
    with   knife-the   this
    'I cut the rope with this knife' (unmarked)

(79) Bi   yee ngeyɛi   na lee -ni?
    You how rope-the   that cut (pret.)
    'How did you cut that rope?'

Yee 'how' is the only item that can occupy the position between subject and (object +) verb. When it is used, *lɔ* is omitted.

There is no reason to believe that the focusing options attested so far exhaust the range of possibilities in human language, and it is not certain what analysis is most appropriate even for some of the well-known types. Hence it seems premature to attempt a general account of focus within a rigorous theoretical framework that is intended to be universally applicable.

6. References

Allerton, D. J., and Cruttenden, A. 1979. Three reasons for accenting a definite subject. Journal of Linguistics 15. 49–53.

Berman, A., and Szamosi, M. 1972. The global nature of the nuclear stress rule. Language 48. 303–25.

Bolinger, D. 1958. A theory of pitch accent in English. Word 14. 109–49.

—. 1972. Accent is predictable if you're a mindreader. Language 48. 326–42.

—. 1986. Intonation and its parts: Melody in spoken English. Stanford, CAL.

Bresnan, J. 1971. Sentence stress and syntactic transformations. Language 47. 257–81.

Chomsky, N. 1969. Deep structure, surface structure, and semantic interpretation. Semantics: an interdisciplinary reader in philosophy, linguistics and psychology, 1971, ed. by D. Steinberg/L. Jakobovits, 183–216. Cambridge.

—, and M. Halle. 1968. The sound pattern of English. New York.

Crystal, D., and R. Quirk. 1964. Systems of prosodic and paralinguistic features in English. The Hague.

Culicover, P., and M. Rochemont. 1983. Stress and focus in English. Language 59. 123–65.

Erteschik-Shir, N. 1986. Wh-questions and focus. Linguistics and Philosophy 9.2.

—, and S. Lappin. 1983. Under stress: A functional explanation of sentence stress. Journal of Linguistics 19. 419–53.

Faber, D. 1987. The accentuation of intransitive sentences in English. Journal of Linguistics 23. 341–58.

Farghaly, A. A. S. 1981. Topics in the syntax of Egyptian Arabic. PhD dissertation. University of Texas at Austin.

Fuchs, A. 1976. Normaler und kontrastiver Akzent. Lingua 38. 293–312.

—. 1984. 'Deaccenting' and 'default' accent. Intonation, accent and rhythm: studies in discourse phonology., ed. by D. Gibbon & H. Richter. 134–64. Berlin.

Gussenhoven, C. 1983. Focus, mode and the nucleus. Journal of Linguistics 19. 377–417.

Halliday, M. A. K. 1967. Notes on transitivity and theme in English. Part II. Journal of Linguistics 3. 199–244.

—. 1970. A course in spoken English: Intonation. London.

Horvath, J. 1986. Focus in the theory of grammar and the syntax of Hungarian. Dordrecht.

Innes, G. 1967. A practical introduction to Mende. London: School of African and Oriental Studies.
Jackendoff, R. 1972. Semantic interpretation in generative grammar. Cambridge, MA.
Kenstowicz, M. 1987. The phonology and syntax of *wh*-expressions in Tangale. Phonology Yearbook 4. 222−41.
Ladd, D. R. 1979. Light and shadow: a study of the syntax and semantics of sentence accent in English. Contributions to grammatical studies: semantics and syntax, ed. by L. R. Waugh & F. van Coetsem, 93−131. Leiden.
−. 1980. The structure of intonational meaning. Bloominton, Indiana.
Mieszek, A. 1979. Focus constructions: Cleft sentences in English and their counterparts in Polish. Papers and Studies in Contrastive Linguistics 9. 113−26.
Newman, S. 1946. On the stress system of English. Word 2. 171−87.
O'Connor, J. D., and G. F. Arnold. 1961. Intonation of colloquial English. London.
Prince, E. F. 1978. A comparison of *wh*-clefts and *it*-clefts in discourse. Language 54. 883−906.
Quirk, R., S. Greenbaum, G. Leech, and J. Svartvik. 1985. A comprehensive grammar of the English language. London.
Rochemont, M. S. 1986. Focus in generative grammar. Amsterdam.
Schmerling, S. F. 1976. Aspects of English sentence stress. Austin, Texas.
Taglicht, J. 1982. Intonation and the assessment of information. Journal of Linguistics 18. 213−230.
−. 1984. Message and emphasis: On focus and scope in English. London.
Trager, G. L., and H. L. Smith. 1951. An outline of English structure (Studies in Linguistics: Occasional Papers 3). Norman, Okla.
Vanderslice, R., and P. Ladefoged. 1972. Binary suprasegmental features and transformational word-accentuation rules, Language 48. 819−38.
Watters, J. R. 1979. Focus in Aghem. Aghem grammatical structure, ed. by L. M. Hyman. Southern California Papers in Linguistics No. 7.

Josef Taglicht, Jerusalem (Israel)

52. Satzmodus

1. Vorbemerkung
2. Der Begriff „Satzmodus"
3. Funktionstypen im Satzmodussystem
4. Relevante Formmerkmale der Formtypen im Satzmodussystem
5. Hierarchie der Formtypen im Satzmodussystem
6. Zusammenfassung
7. Literatur

1. Vorbemerkung

Die folgende Skizze des Satzmodussystems konzentriert sich auf die Verhältnisse in der deutschen Gegenwartssprache; zumindest für Teile dieses Beschreibungsbereichs liegen tragfähige Spezialuntersuchungen vor, die im Sinne dieser Darstellung auswertbar sind. Für andere Sprachen gibt es allenfalls punktuell verläßliche Darstellungen, obwohl Satzmodus in den achtziger Jahren international ein vieldiskutiertes Thema geworden ist, vgl. u. a. Sadock/Zwicky (1985), Wilson/Sperber (1988). Es wird daher nur von Fall zu Fall darauf verwiesen, inwiefern die Verhältnisse im Deutschen idiosynkratisch sind bzw. in welchen Sprachen vermutlich anders verfahren wird. Dieses Vorgehen wird auch durch die Natur des Beschreibungsgegenstandes, der komplexesten syntaktischen Strukturen, erzwungen; dadurch muß schon in einer einigermaßen vollständigen Beschreibung des Satzmodussystems einer Einzelsprache relativ kursorisch und vergröbernd verfahren werden. Die Darstellung ist ferner bewußt datenorientiert, geht also nicht auf die Versuche ein, den Aspekt Satzmodus in formale Syntaxmodelle zu integrieren (vgl. für Ansätze im Government & Binding-Modell u. a. Lang/Pasch 1988, 15; Wunderlich 1988, 3 ff; Lenerz 1984; Reis 1985; Brandt/Reis/Rosengren/Zimmermann 1992, Abschn. 3 u. 4). − Es versteht sich auch, daß hier fast ausschließlich die Formaspekte des Satzmodussystems behandelt werden. Für die semantischen Aspekte wird auf Grewendorf/Zaefferer (1991) verwiesen, auch wenn die beiden Ansätze nicht in allen Punkten kompatibel sind.

2. Der Begriff „Satzmodus"

Der Terminus „Modus" ist denkbar vieldeutig. In diesem Zusammenhang ist weder der Verbmodus gemeint, auch wenn er eines der den Satzmodus konstituierenden Merkmale ist, noch geht es um den Bereich der Modaladverbiale usw. Mit den Termini „Satzmodus" oder „Satzart" werden in der Grammatiktradition (vgl. hierzu Kürschner 1987; Grewendorf/Zaefferer 1991, Kap. 3) unkontrovers Kategorien wie „Aussage(satz)", „Frage(satz)" und „Imperativ(satz)" bezeichnet. Man zielt damit auf die Tatsache, daß bestimmte satzförmige oder wenigstens satzwertige Strukturen für die Realisation bestimmter sprachlicher Handlungen besonders geeignet sind, also z. B. Fragesätze zum Ausführen von Fragehandlungen. Die Benennung der Satztypen nach den Handlungsfunktionen legt die Vermutung nahe, daß einerseits ein direkter Zusammenhang zwischen bestimmten Satzstrukturen und bestimmten Sprechhandlungstypen besteht, und daß sich andererseits Satzstrukturen nach diesen Handlungsaspekten gruppieren lassen. Diese einfache Grundannahme bedarf beträchtlicher Modifizierungen. — Die folgende Darstellung versteht unter „Satzmodus" ein komplexes sprachliches Zeichen mit einer Formseite, normalerweise eine oder mehrere satzförmige Strukturen mit angebbaren formalen Eigenschaften, und einer Funktionsseite, also der Beitrag dieser Struktur(en) zum Ausdruck propositionaler Einstellungen (vgl. dazu Lang 1983) oder zur Ausführung sprachlicher Handlungen. Auf die Formseite verweisen Ausdrücke wie „Formtyp", „Satztyp" oder auch „Satzart", auf die Funktionsseite Termini wie „Funktionstyp" oder „Positionstyp" (Wunderlich 1976, 100 ff), „kognitive Einstellung" (Bierwisch 1979) oder „semantischer Modus" (Grewendorf/Zaefferer 1991). Hier kann nur darauf verwiesen werden, daß die genannten Termini auch in anderer Bedeutung verwendet werden; so etwa bezieht sich Zaefferer (1989) mit „Satztyp" auf den puren Formtyp, mit „Satzart" auf Satztypen im Hinblick auf Funktionstypen, und mit „Satzmodus" auf den Funktionstyp, also auf die reine Strukturbedeutung. — Im Kern geht es um selbständige Sätze, allerdings auch um solche, die, wie die selbständigen Verb-Letzt-Sätze, bestimmte Merkmale der Unselbständigkeit tragen. Zaefferer (1989, Kap. 1.4.) hat neben anderen darauf hingewiesen, daß unselbständige Sätze teilweise ähnliche Strukturbedeutungen aufweisen wie die entsprechenden selbständigen Sätze. So hat ein unselbständiger *ob*-Verb-Letzt-Satz ähnliche Strukturbedeutung wie ein Verb-Erst-Fragesatz (Entscheidungsfragesatz). Dieser Beschreibungsbereich wird aber hier wegen Raummangel ausgeklammert. — Bei der Satzmodusthematik sind natürlich nur diejenigen strukturellen Eigenschaften von selbständigen Sätzen zu behandeln, die im Hinblick auf die bezeichnete Funktion relevant sind. Ferner soll hervorgehoben werden, daß es um die reine Strukturbedeutung geht, der Beitrag der lexikalischen Füllung zur Fixierung des Handlungspotentials von Satzstrukturen wird also vernachlässigt. — Um einheitliche Zuordnungen zu gewährleisten, wird die folgende terminologische Regelung vorgenommen: Formtypen im Satzmodussystem erhalten eine Bezeichnung, deren Letztbestandteil „-satz" ist und deren erster Bestandteil die Bezeichnung des jeweils unterscheidenden Merkmals, z. B. der Verbstellungstyp, ist. Der Mittelteil der Bezeichnung ist, im Anschluß an die Grammatiktradition, funktional geprägt. Das ist nicht ganz konsequent, doch kann auf funktionale Begriffe nicht völlig verzichtet werden, da bei einer Charakterisierung der Formtypen ausschließlich durch ihre konstituierenden Merkmale höchst unhandliche Ausdrücke entstehen würden, die zudem den Sprachvergleich sehr erschweren würden, da die Formmerkmale meist einzelsprachspezifisch sind. Das vorgeschlagene Bezeichnungsverfahren bleibt unbedenklich, wenn peinlich genau zwischen Form- und Funktionsseite unterschieden wird. — Die Funktionstypen werden mit parallel gebildeten Ausdrücken ohne das Schlußelement „-satz" benannt. Es kann hier umgekehrt deshalb nicht ganz auf formale Merkmale zur näheren Kennzeichnung verzichtet werden, weil innerhalb eines Satzmodus wie dem Frage-Modus i. d. R. mehrere Formtypen auftreten, z. B. Verb-Erst-Fragesatz und w-Verb-Zweit-Fragesatz, deren Funktionstyp nicht völlig identisch ist, herkömmlich ausgedrückt durch ein Begriffspaar wie „Entscheidungsfrage" und „Ergänzungsfrage". — Wenn auf beide Seiten des komplexen sprachlichen Zeichens verwiesen werden soll, so wird als Letztelement der Bezeichnung „-modus" verwendet, also z. B. „Frage-(satz)modus".

3. Funktionstypen im Satzmodussystem

Grundlage dieser Darstellung ist die Annahme, daß jeder Formtyp im Satzmodussystem bei seinem Gebrauch im sprachlichen Handeln eine bestimmte Funktion erfüllt, insofern als seine Strukturbedeutung eingeht in die Festlegung des sprachlichen Handlungstyps. Das darf nicht so verstanden werden, daß etwa der Strukturtyp den Handlungstyp oder auch nur das Spektrum von möglichen Handlungstypen schon vollständig festlegen würde. Schon der relativ einfach gelagerte Fall des Verb-Erst-/Verb-Zweit-Imperativsatzes im Imperativmodus zeigt in den „normalen" Verwendungsweisen eine Variationsbreite, die nicht unter einem Handlungstyp im Sinne der Sprechakttheorie zusammengefaßt werden kann, vgl. zu diesem Problemkreis auch Wilson/Sperber (1988, 79−82):

(1) Sei kein Frosch! Geh zu Fröschl! (Ratschlag)
(2) Geh zum Teufel! (Verwünschung)
(3) Bleib gesund! (guter Wunsch)
(4) Halt's Maul! (beleidigende Zurückweisung)
(5) Ach rutsch mir doch den Buckel runter! (Beleidigung)
(6) Mach bitte die Türe zu! (Bitte)
(7) Sag mir doch mal, wie du dich fühlst! (Frage?)
(8) (zum Auto) Jetzt spring endlich an, du verdammte Karre! (?)
(9) A: Darf ich gehen?
    B: Geh nur! (Erlaubnis)
(10) Schlag mich doch, du Feigling! Trau dich! (Drohung)

Es empfiehlt sich also grundsätzlich, von einer relativ großen Distanz zwischen der Strukturbedeutung von Satztypen im Satzmodussystem und sprachlichen Handlungstypen auszugehen. Eine genauere Darstellung der Problematik, die hier nicht geleistet werden muß, findet sich in Grewendorf/Zaefferer (1991). Während die Autoren dort jedoch ein zweistufiges Modell zur Konstitution der Handlungsbedeutung von Äußerungen favorisieren, wird hier ein dreistufiges bevorzugt:

(a) Die Funktionstypen im Satzmodussystem stehen für die rein strukturelle Bedeutung der entsprechenden Satztypen, die unabhängig vom Beitrag der jeweiligen lexikalischen Füllung und vom Einfluß des sprachlichen und nichtsprachlichen Kontextes auf diese Äußerungsbedeutung gegeben ist. Für die Kennzeichnung dieser Strukturbedeutung gibt es mehrere Ansätze. Die detailliertesten Vorschläge für eine formale Beschreibung der Funktionstypen finden sich in Zaefferer (1989). Nach Vorschlägen von Lang (1983) im Gefolge von Bierwisch (1979) sind Satzmodi als Ausdrucksmittel für propositionale Einstellungen aufzufassen. Doch zeigt sich auch hier bei Berücksichtigung des breiten Verwendungsspektrums einzelner Satzmodi, daß es sich nicht um konkrete propositionale Einstellungen handeln kann, sondern allenfalls um Aspekte, wie sie bei der Kennzeichnung von propositionalen Einstellungen auftreten; diese müßten aber erst noch genauer beschrieben werden.

(b) Die reine Strukturbedeutung kann spezifiziert, modifiziert oder vollständig konvertiert werden durch zusätzliche Ausdrucksmittel für Einstellungen, etwa mit Hilfe von einstellungsbeschreibenden Verben, mit denen der Sprecher Einstellungen bezeugen oder benennen kann (= propositionale Ausdrucksmittel):

(11) Ich verspreche dir hiermit hoch und heilig, daß ich nie mehr in meinem Leben einen Tropfen Alkohol anrühren werde.

Hierbei handelt es sich um einen Aussagesatz, dem der entsprechende Funktionstyp zuzuordnen ist; durch den performativ verwendeten Matrixsatz wird eine entsprechende Äußerung Ausdruck eines Versprechens. Zum Verhältnis von Satzmodus und Performativität siehe auch Brandt/Reis/Rosengren/Zimmermann (1992) 62 f, Falkenberg (1989). Mit Hilfe von Satzadverbialen und einigen Modalverben können Einstellungen ausgedrückt und ev. bezeugt, aber nicht benannt werden:

(12) Hoffentlich gewinne ich diesmal im Lotto.

Hierbei handelt es sich um einen Aussagesatz, der durch das Satzadverbiale geeignet ist zum Ausdruck eines Wunsches.

(13) Bedauerlicherweise kann ich Ihnen keine bessere Mitteilung machen/muß ...

Auch dabei handelt es sich um einen Aussagesatz, der durch das Satzadverbiale zum Ausdruck des Bedauerns oder zur Ankündigung einer traurigen Mitteilung geeignet ist.
− Ähnliche Funktionen können Modalpartikeln übernehmen; es gibt jedoch gute Argumente dafür, sie nicht als Lexeme, sondern als Grammeme und damit als Teil der Strukturbedeutung zu werten (vgl. dazu Zaefferer (1989, 82 ff).

(c) Eine Äußerung mit einem bestimmten Strukturtyp erhält ihre Äußerungsbedeutung erst im konkreten Äußerungskontext. Passen Strukturbedeutung und propositional bezeugte oder benannte Einstellung zum Äußerungskontext, so unterbleibt eine Modifikation, die Äußerung wird "gerade" interpretiert. Passen dagegen Strukturbedeutung und propositional oder lexikalisch angezeigte Einstellung nicht zur Verwendungssituation, so wird die Äußerung „ungerade" interpretiert; in der Sprechakttheorie wird dieser Vorgang oft „indirekter Sprechakt" genannt.

(14) A zu B: Ich verspreche dir, daß ich morgen komme.

Es handelt sich um einen Aussagesatz. Dazu gibt es zwei mögliche „gerade" Verwendungen: in der neutralen Interpretation informiert A B über sein gegenwärtiges oder zukünftiges Handeln, interpretiert es. Dann ist der Matrixsatz nichtperformativ verwendet. In der bevorzugten Interpretation gibt A B ein Versprechen in Form einer Selbstverpflichtung, wenn die Bedingungen für ein Versprechen vorliegen, wenn also B das Kommen von A dem Nichtkommen von A vorzieht (und wenn A das weiß). In diesem Fall ist der Matrixsatz performativ verwendet. — Eine „ungerade" Interpretation wird notwendig, wenn die Bedingungen für ein Versprechen im Äußerungskontext nicht erfüllt sind. Dann wird eine andere Handlung angenommen, im Bsp. etwa eine Drohung. — Darüber hinaus scheint es Fälle zu geben, in denen durch eine Zusatzmarkierung die ursprüngliche Strukturbedeutung aufgehoben und eine neue eingeführt wird: eine solche Konversion liegt offensichtlich bei w-Verb-Zweit-Fragesätzen mit *schon* vor, die wohl in jedem Kontext als rhetorische Fragen zu interpretieren sind, vgl. Meibauer (1986, 113 ff).

(15) Wer kauft schon Nitrophoska im Bioladen?

Aus dem im Vorausgehenden Gesagten ergibt sich, daß Rückschlüsse von einer gegebenen Äußerungsbedeutung auf den verwendeten Formtyp der Äußerung nur mit größter Vorsicht zu ziehen sind; sogar der Satzmodus ist nicht ohne weiteres zu erschließen. Ein kritisches Beispiel für solche Fehlschlüsse in der Forschungsgeschichte scheint bei assertiven Fragen vorzuliegen. Diese zeigen als Formtypen Verb-Zweit, keine spezifische kategoriale Füllung, nichtimperativische Verbmorphologie und steigenden Tonverlauf mit hoher Tonlage am Äußerungsende. Nun werden in der Literatur mehrfach Fälle angeführt, in denen angeblich assertive Fragen Modalpartikeln (*doch*, siehe Thurmair 1989, 70), Fragetags (1989, 69) oder gar fallendes Tonmuster aufweisen (Geluykens 1987; Erwiderung Batliner/Oppenrieder 1988). In allen diesen Fällen handelt es sich jedoch, soweit nachprüfbar, schlicht um Verb-Zweit-Aussagesätze mit Fragefunktion in einem konkreten Äußerungszusammenhang; die formalen Eigenschaften der vermeintlichen assertiven Fragen sind mit denen von Aussagesätzen völlig identisch, einschließlich der Modalpartikel *doch*. Um das Problem zu verdeutlichen, seien hier einige Sätze als Vertreter von Satztypen aufgeführt, die im geeigneten sprachlichen und nichtsprachlichen Kontext als Fragen nach dem Zeitpunkt, zu dem B kommt, interpretiert werden können:

(16) A: Du kommst doch morgen (, nicht wahr?). (Aussagesatz + Frage-tag)
(17) A: Ich weiß nicht, wann du kommst. (Aussagesatz)
(18) A: Ich wüßte gar zu gerne, wann du kommst. (Aussagesatz)
(19) A: Weißt du schon, wann du kommst? (Entscheidungsfragesatz)
(20) A: Wann weißt du denn, wann du wieder kommst? (*w*-Fragesatz)
(21) A: Sag mir doch bitte, wann du wieder kommst! (Imperativsatz)
(22) A: Ach wenn ich nur wüßte, wann du wieder kommst! (*wenn*-Verb-Letzt-Wunschsatz)
(23) A: Mein Gott, wüßte ich vielleicht gern, wann du wieder kommst! (Verb-Erst-Exklamativsatz)

4. Relevante Formmerkmale der Formtypen im Satzmodussystem

Wenn man die reine Strukturbedeutung der Formtypen im Satzmodussystem erfassen will, dann dürfen zu ihrer Beschreibung nur grammatische, keine lexikalischen Merkmale herangezogen werden. Daß nicht immer klar ist, wo die Grenze zwischen grammatischen und lexematischen Eigenschaften zu ziehen ist, wurde in Kap. 2. am Beispiel der Modalpartikeln schon angedeutet. Das gleiche Problem stellt sich bei den Moduspartikeln, die in vielen Sprachen als Merkmal (neben anderen) zur Markierung der Formtypen verwendet werden (vgl. Sadock/Zwicky 1985, 161 f, 166 f, 169; Beutel 1988). Allgemein akzeptiert ist auch das Prinzip, daß nur Merkmale als formtypkonstituierend angesetzt werden dürfen, die beschreibungsnotwendig sind. Der Nachweis der Notwendigkeit soll als erbracht gelten, wenn ein angesetztes Merkmal mindestens einmal zwei Formtypen unterscheidet. Im Einzelfall ist dieses Postulat nicht immer einfach zu überprüfen, da nicht jedes angesetzte Merkmal immer eindeutig und in gleicher Weise zu identifizieren ist. So läßt sich z. B. der imperativische Verbmodus oft erst aus der vorliegenden Kombination aus Verbstellung und kategorialer Füllung (hier: dem Vorhandensein eines Subjektspronomens) bestimmen. Zudem herrscht über das Inventar der Merkmale, trotz einer langen Forschungstradition, v. a. im Bereich der intonatorischen Eigenschaften keine Einigkeit. Natürlich sind auch keineswegs alle beobachtbaren formalen Merkmale eines Satzes für das Satzmodussystem beschreibungsrelevant; so z. B. ist die Reihenfolge der Satzglieder im Mittelfeld im Satzmodussystem marginal, auch wenn möglicherweise bestimmte Restriktionen durch den Formtyp im Satzmodussystem gesteuert werden. — Als Klassen von Formmerkmalen sind hier anzusetzen: die kategoriale Füllung, insbesondere das Auftreten von Verben und von *w*-Frage- und -Exklamativausdrücken; die morphologische Markierung des Verbs in den Kategorien Finitheit sowie [±IMP], [−IND]; Reihenfolgeeigenschaften, und zwar der Stellungstyp des Verbs und der Stellungstyp des *w*-Frageausdrucks; intonatorische Merkmale, und zwar die Art des Satzakzents und dessen Position sowie bestimmte Eigenschaften des Tonhöhenverlaufs. — Es hat nicht an Versuchen gefehlt, den einzelnen Merkmalen aus diesem Inventar spezifische Bedeutungen zuzuschreiben (siehe dazu den Überblick bei Scholz 1991, 5, Anm. 12). Meist mündeten diese Versuche in die Feststellung, daß jeweils durch ein einzelnes Merkmal die Satztypzuordnung geleistet wird. So sichert z. B. das steigende Tonmuster zweifelsfrei die Zuordnung zu den Fragesätzen, wenn auch keineswegs alle Fragesätze dieses Tonmuster aufweisen. Doch zeigt der Überblick über alle Formtypen, daß diese Konstellation die Ausnahme ist, daß vielmehr eine relativ freie Kombinatorik der einzelnen Merkmale, weitgehend unabhängig von den Satzmodi, vorliegt. D. h. daß dieselbe Merkmalsausprägung in verschiedenen Satzmodi auftreten kann und daß unterschiedliche Ausprägungen desselben Merkmals bei den verschiedenen Formtypen eines einzigen Satzmodus auftreten können. So kommen im Fragemodus alle drei Verbstellungstypen vor, und umgekehrt tritt z. B. Verb-Erst-Stellung bei je einem Formtyp in allen Satzmodi auf. Daraus wird hier der Schluß gezogen, daß den einzelnen Formmerkmalen im Satzmodussystem keine spezielle Bedeutung zuzuschreiben ist.

Die syntaktischen Merkmale, die einen Formtyp kennzeichnen, sind keine ungeordnete Menge; sie lassen sich vielmehr unter verschiedenen Gesichtspunkten ordnen. Unabhängig von der Rolle der Merkmale im Satzmodussystem ist die Voraussetzungsstruktur. So setzt die Merkmalsebene „morphologische Kennzeichnung des finiten Verbs" die kategoriale Füllung Verb voraus, die Merkmalsebene „Verbstellungstyp" ein morphologisch finit markiertes Verb, und die Merkmalsebene „Intonation" alle anderen drei Merkmalsebenen. — Substantiell ist dagegen die Hierarchie der Merkmale in einem bestimmten Formtyp im Satzmodussystem. Diese inhärente Hierarchie wird bei Merkmalsneutralisierung offenkundig: so ist z. B. das Merkmal 2.Ps.Sg. des Imperativs bei den meisten Verben so klar ausgeprägt, daß das Merkmal „Verbstellung" zwischen Verb-Erst und Verb-Zweit frei variieren kann. Zusätzlich kann ohne Stellungsbeschränkung das Subjektspronomen *du* auftreten. Ist dagegen die Verbmorphologie wie bei den Imperativformen der 1.Ps.Pl. und bei den Höflichkeitsformen nicht eindeutig imperativisch, so verliert es seine Unterscheidungskraft, kompensatorisch wird die Verbstellung auf Verb-Erst beschränkt; zusätzlich muß das Subjektspronomen stellungsbeschränkt im Mittelfeld auftreten. Für die Zuordnung zu einem Formtyp hinreichende Merkmale werden als Leitmerkmale bezeichnet, kompensatorisch auftretende Merkmale als Folgemerkmale. — Eine Merkmalshierarchie anderen Typs ergibt sich bei der Berücksichtigung der sogenannten „Mischtypen": diese lassen sich als Kombination der Merkmale von zwei Formtypen verstehen. So kann bei assertiven Fragen wie

(24) Du besuchst uns morgen?

die Verb-Zweit-Stellung dem Aussagesatz, das Tonmuster dem Verb-Erst-Fragesatz zugeordnet werden (obwohl es dort nicht obligatorisch ist). Die kategoriale Füllung ist bei beiden Ausgangsformtypen negativ spezifiziert, und auch die Verbmorphologie ist nur auf [-IMP] festgelegt. Aufgrund der Rolle bei den Mischtypen werden Verb-Zweit beim Aussagesatz und steigendes Tonmuster beim Fragesatz als besonders typisch für die jeweiligen Formtypen eingestuft. — Diese wenigen Hinweise zeigen bereits, daß die Merkmalsmengen, die einen Formtyp im Satzmodussystem kennzeichnen, nicht starr sind, sondern daß sie innerhalb eines bestimmten Bereichs variieren können. Die einzelnen Variationsräume sind möglicherweise nicht völlig disjunkt. So lassen sich Sätze konstruieren, die zwei Formtypen angehören könnten:

(25) (Zwei Gruppen kommen zu einem Kino, vor dem sich eine lange Schlange gebildet hat.)
Gruppe A: Also wir stellen uns da nicht an. Stellt i h r euch (doch) an! (Imperativsatz)

(26) (A beobachtet zwei Personen, die versuchen, einen Fahrradschlauch aufzupumpen.)
A: Mein Gott! Stellt i h r euch (vielleicht) an! (Exklamativsatz)

Die beiden Formtypen können mit Hilfe einiger Modalpartikeln eindeutig identifiziert werden. Sieht man von diesen ab, so sind die beiden Sätze segmental identisch; sogar der Hauptakzent ist auf derselben Silbe plaziert. Zudem muß das Tonmuster als fallend beschrieben werden. Anhand von umfangreichen Hörtests (siehe Oppenrieder 1988, 196 ff) ergab sich allerdings, daß die beiden Formtypen offenbar aufgrund feinerer intonatorischer Merkmale von kompetenten Sprechern zuverlässig unterschieden werden können. Dies zeigt, daß die Differenzierungstiefe der Intonationsmerkmale — Lage und Art des Akzents, fallendes oder steigendes Tonmuster — ungenügend ist. Ferner zeigt dieser Befund, daß die Frage der strukturellen Homonymie bei Einbeziehung intonatorischer Merkmale nicht ohne eine geeignete Methodik zur Ermittlung der Sprachwahrnehmung zu beantworten ist.

Die angesetzten vier Merkmalsebenen sind für das Deutsche ausreichend, und sie werden offenbar in vielen Sprachen bei der Satzmodusmarkierung verwendet, wenn auch mit unterschiedlicher Gewichtung der einzelnen syntaktischen Mittel (vgl. Sadock/Zwicky 1985). Einerseits werden nicht in jeder Sprache alle genannten Merkmalsebenen für die Konstituierung der Formtypen im Satzmodussystem verwendet. So kann man annehmen, daß die Verbstellung in Sprachen mit „freier" Wortstellung, wie dem Latein, keine Rolle spielt; andererseits wird in Sprachen mit einem reichen morphologischen System die Verbmorphologie eine wesentlich wichtigere Rolle spielen als im Deutschen, vgl. etwa das Finnische (vgl. Luukko-V. 1988, 201 ff; Winkler 1989, Kap. 1.6.). Der Bereich der Intonation scheint aber überall für das Satzmodussystem genutzt zu werden. Die Informationen darüber sind jedoch sporadisch und unzuverlässig. — In relativ vielen Sprachen werden, anders als im Deutschen, Moduspartikeln verwendet. Typischerweise handelt es sich dabei um klitische Partikeln, deren Klisisbasis oft das Verb ist. Damit stellt sich das Problem der Trennung von der Modusmorphologie des Verbs einerseits, von Modalpartikeln andererseits (vgl. Beutel 1988). Die vorliegenden Informationen sprechen nicht dagegen, Moduspartikeln wie normale syntaktische Merkmale zu behandeln, die mit anderen syntaktischen Mitteln interagieren. Dafür spricht auch die Tatsache, daß in manchen Sprachen nur ein Satztyp durch eine Moduspartikel markiert wird (so im Russischen der Entscheidungsfragesatz), in anderen mehrere, aber nicht alle Satztypen usw. Zudem spricht diese Variabilität, wie auch bei den anderen syntaktischen Markierungsmitteln, dagegen, Moduspartikeln als Positionsmarkierung mit unmittelbarer Einstellungsbedeutung zu behandeln.

4.1. Kategoriale Füllung

Mit dieser etwas mißverständlichen Bezeichnung ist die Füllung einer bestimmten Strukturstelle eines Formtyps durch Ausdrücke einer bestimmten Kategorie gemeint. — Im deutschen Satzmodussystem kommen dafür folgende Einheiten in Betracht:

(a) das Verb: das Vorhandensein eines finiten Verbs unterscheidet Verb-Erst-, Verb-Zweit- und Verb-Letzt-Strukturen einerseits von den „infiniten Hauptsätzen" (Fries 1983). Das Vorhandensein eines infiniten Verbs trennt zwei Gruppen von infiniten Hauptsatzstrukturen; bei letzteren muß hier aber der bloße Hinweis genügen.

(b) die Verb-Letzt steuernden Einleitungselemente bei den selbständigen Verb-Letzt-Sätzen (vgl. Oppenrieder 1989), und zwar die Subjunktionen *daß*, *ob* und *wenn*, sowie einfache und komplexe *w*-Ausdrücke, die in fragender Funktion auch in *w*-Verb-Zweit-Fragesätzen, in skalierender Funktion auch in *w*-Verb-Zweit-Exklamativsätzen auftreten.

(c) Subjektspronomen bei Imperativsätzen, die in Abhängigkeit von der Verbmorphologie fakultativ oder obligatorisch sind: so sind die Subjektspronomina *du* und *ihr* fakultativ, Indefinitpronomina der 3.Ps.Sg. sowie *wir* und *Sie* sind obligatorisch.

(d) Modalpartikeln (s. Thurmair 1989): sie sind besonders problematisch. Im Regelfall nehmen sie nicht teil an der grammatischen Markierung der Formtypen. Da aber für die einzelnen Formtypen bestimmte, nicht disjunkte Teilmengen von Modalpartikeln charakteristisch sind, kann man sie als Hilfsmerkmale betrachten. Bei den meisten selbständigen Verb-Letzt-Sätzen wie auch bei den Verb-Erst- und Verb-Zweit-Sätzen der Randtypen Wunschsätze und Exklamativsätze haben Belege ohne Modalpartikeln Seltenheitswert. In diesen Fällen können Modalpartikeln als obligatorisch betrachtet werden, damit nähern sie sich den Moduspartikeln, zumal in diesen Fällen die Teilmengen disjunkt und damit für die jeweiligen Modi und Formtypen besonders charakteristisch sind.

(e) *w*-Ausdrücke (vgl. auch (b)!): sie treten in *w*-Verb-Zweit- und -Verb-Letzt-Fragesätzen, in *w*-Versicherungsfragesätzen, *w*-Rückfragen und schließlich in *w*-Verb-Zweit- und *w*-Verb-Letzt-Exklamativsätzen auf, teils stellungsbeschränkt auf die Vorfeldposition bei Verb-Zweit, auf die Einleitungsposition bei Verb-Letzt und nicht stellungsbeschränkt bei *w*-Versicherungsfragesätzen. Folgende Gruppen von einfachen und komplexen *w*-Ausdrücken lassen sich unterscheiden:

(i) *w*-Pronomina: *wer, wessen, wem, wen; was; welcher; welcher Mensch, welche Dinge; was für ein.*
(ii) adverbiale *w*-Ausdrücke: *wo, wohin, woher, worauf; wann, wie lange; warum, wozu, weswegen, womit; wie; in welchem Ort, aus welchem Grund; mit wem; was für ein; wie oft, wie schnell* usw.

Nachdrücklich muß auf die Polyfunktionalität dieser Ausdrücke hingewiesen werden: zumindest umgangssprachlich können viele von ihnen als Indefinitpronomina verwendet werden, so *wer* im Sinne von *irgendwer*. Diese Ambiguität ist nicht auf das Deutsche beschränkt. — Die meisten *w*-Ausdrücke können als *w*-Relativa in Relativsätzen verwendet werden, vgl.

(27) Wer rastet, rostet.

Ferner können sie als Frageausdrücke in den bereits genannten Fragesatztypen in unterschiedlichen Positionen auftreten. Dabei führt „Splitting" komplexer *w*-Ausdrücke bei Fragesätzen zu Bedeutungsänderung, bei Exklamativsätzen dagegen nicht:

(28) Wie schnell hast du (denn) die Maschine gemacht. ≠ Wie hast du (denn) die Maschine schnell gemacht?
(29) Wie schnell hast du (doch) die Maschine gemacht! ≅ Wie hast du (doch) die Maschine schnell gemacht!

Schlußendlich können zumindest die meisten *w*-Ausdrücke auch in skalierender Funktion in *w*-Exklamativsätzen auftreten. Doch sind für diese Satztypen *welch(e)* + Adj + N, *welch* + *ein* (+ Adj) + N; *was für (ein)* (+ Adj) + N; *wie* + Adj/Adv besonders typisch. Sie werden bevorzugt mit skalierbaren Adjektiva und Nomina verbunden.

(30) Was für Beine hast du doch/aber auch!
(31) Wie/Wo wohnst du aber auch!
(32) Warum joggst du aber auch (so lange)!

Die Skalierung läßt sich durch parallele *daß*-Verb-Letzt-Exklamativsätze verdeutlichen, in denen Steigerungspartikeln auftreten müssen:

(30a) Daß du aber auch solche/so schöne/so häßliche Beine hast!
(31a) Daß du aber auch in einer so schrecklichen Gegend/Wohnung wohnst!
(32a) Daß du aber auch so lange joggst!

Wie schon erwähnt ist nicht zweifelsfrei klar, welcher Markierungsebene Moduspartikeln und Modalpartikeln zuzurechnen sind, wie sie voneinander und vom Verbmodus getrennt werden können. Für Modalpartikeln kann als charakteristisch gelten, daß sie fakultativ sind, klitisch oder nichtklitisch auftreten, daß sie die spezifische Modus-Strukturbedeutung modifizieren, und daß mehrere Modalpartikeln für einen Satztyp alternativ, manchmal auch in Kombination möglich sind. Moduspartikeln hingegen sind für einzelne Formtypen obligatorisch, sie treten häufig klitisch auf, markieren den Satzmodus (können also eo ipso nicht die Modusbedeutung modifizieren), und pro Satzmodus oder Formtyp kann nur jeweils eine Moduspartikel auftreten (siehe Sadock/Zwicky 1985, 161). Diese Merkmale sprechen dafür, daß im Deutschen überwiegend Modalpartikeln auftreten. In diesem Zusammenhang ist die Frage nach ihrer lexikalischen Bedeutung (falls eine solche überhaupt vorhanden ist) ganz irrelevant. Entscheidend für ihre Rolle im System der Satzmodi ist die Tatsache, daß jeder Formtyp durch eine spezifische Gruppe mit ihm verträglicher Modalpartikeln charakterisiert ist, wenn auch die einzelnen Formtypen weder völlig disjunkte, noch auch nur annähernd gleich große Modalpartikel-Teilmengen aufweisen. Vielmehr ist es so, daß die Verb-Erst- und Verb-Zweit-Formtypen im Aussage-, Frage- und Imperativmodus vergleichsweise viele Modalpartikeln zulassen, während die entsprechenden Verb-Letzt-Formtypen meist nur mit Teilmengen dieser Partikeln kombinierbar sind. Zudem sind die Überschneidungen bei den Formtypen innerhalb eines Satzmodus relativ groß: einer der wenigen formalen Anhaltspunkte, die die Zusammenfassung von Formtypen zu Satzmodi stützen. Ein vergleichbarer Anhaltspunkt ist die Tatsache, daß in manchen Sprachen Entscheidungsfragen und Ergänzungsfragen mit dem gleichen Formtyp ausgedrückt werden. Es wäre dringend notwendig, Kriterien dieser Art systematisch zu sammeln. — Zu den Wörtern mit Modalpartikelfunktion werden hier gerechnet: *aber, auch, bloß, denn, doch, eben, eigentlich, einfach, etwa, halt, ja, mal, mir, noch, nur, ruhig, schon, sowieso/eh, vielleicht, wohl* (vgl. Thurmair 1989, 49). Hier ist warnend darauf hinzuweisen, daß alle diese Wörter auch in anderen syntaktischen Funktionen auftreten, die teilweise nur schwer von der Modalpartikel-Funktion zu trennen sind. — Die für jeden Formtyp charakteristische Menge von Modalpartikeln wird jeweils bei der Beschreibung dieser Formtypen in Kap. 5. bei den Beispielsätzen angeführt. — Für Mischtypen wie assertive Fragen (vgl. Thurmair 1989, 69 ff), *w*-Versicherungsfragen (72 f) und Rückfragen (70 ff) kann man annehmen, daß in ihnen normalerweise keine Modalpartikeln auftreten können. — Hier wird davon ausgegangen, daß die Distribution der Modalpartikeln von den Formtypen im Satzmodussystem gesteuert wird. Denkbar wäre auch die konträre Position, daß die Modalpartikeln unmittelbar über intendierte Sprechhandlungstypen gesteuert werden. Dafür spräche immerhin, neben anderen Fällen, die Modalpartikel *schon*, die *w*-Verb-Zweit-Fragesätze auf die Interpretation als rhetorische Fragesätze festlegt, oder die Modalpartikel *mal*, die geeignete Fragesätze auf die Aufforderungsinterpretation festlegt. — Erwähnt werden muß noch, daß das Auftreten von Modalpartikeln nicht auf selbständige, satzmodusfähige Sätze beschränkt ist; sie können durchaus auch in unselbständigen Sätzen auftreten, wobei eine Tendenz in Richtung auf eine reportierte propositionale Einstellung erkennbar ist (Zusammenstellung bei Thurmair 1989, 73 ff):

(33) Man redet, wie eben die Leute reden.
(34) Sie war es, die uns nicht gebührend empfangen hatte, obwohl mein Vater doch mit ihrem Mann Schulter an Schulter gegen die Franzosen gekämpft hatte.
(35) Wenn ich halt tausend Mark verdienen tät, also auf die Hand, dann tät sie nimmer arbeiten müssen.

In allen diesen Fällen treten Modalpartikeln auf, die für den Verb-Zweit-Aussagesatz typisch sind. Möglich ist aber auch das für Imperativsätze typische betonte *ja*:

(36) Ich muß also meinen Vorrat verstecken, damit ihn ja keiner sieht.

Auch für einige der infiniten Hauptsatzstrukturen (Fries 1983, 29; 34) konnte Thurmair (1989, 65 ff) nachweisen, daß in ihnen Modalpartikeln auftreten können:

(37) Alle mal herhören!
(38) Wozu denn hingehen?

4.2. Morphologische Merkmale

Im Deutschen ist der Anteil der morphologischen Merkmale an der Konstituierung der Formtypen im Satzmodussystem, entgegen einer verbreiteten Ansicht, relativ gering. In Sprachen mit einem reichen Flexionssystem wie etwa den finnougrischen Sprachen scheint die Verbflexion eine wesentlich größere Rolle zu spielen, wobei auch das Inventar der Moduskategorien variabel ist, man denke etwa an den Dubitativ. Wenn dabei feste Moduskennzeichen wie etwa beim finnischen Imperativ auftreten (Winkler 1989, 29 ff), dann könnte man auch an klitische Moduspartikeln denken. — Im Deutschen unterscheidet zunächst einmal das pure Finitheitsmerkmal die Formtypen mit Verb-Erst, Verb-Zweit und Verb-Letzt einerseits und die infiniten Hauptsatzstrukturen andererseits. Bei den Formtypen mit finitem Verb gehen nur wenige Konjugationsmerkmale in die Beschreibung ein. Sie werden zudem, dem Beschreibungsgegenstand Satzmodussystem Rechnung tragend, in sonst nicht übliche Oppositionspaare zerlegt: so trennt das Merkmal [+IMP] den Verb-Erst-/Verb-Zweit-Imperativsatz von allen anderen Formtypen mit [−IMP]. Das Merkmal [−IMP] umfaßt den Variationsbereich [+IND] und [−IND]. Dabei ist die Beschränkung auf das Merkmal [−IND] in der Ausprägung Konjunktiv II charakteristisch für alle Wunschsätze:

(39) Wäre ich doch ein Königssohn!
Ach daß ich doch ein Königssohn wäre!
Oh wenn ich doch ein Königssohn wäre!

Doch trennt dieses Merkmal die Wunschsätze nur von den Imperativsätzen, während die übrigen Formtypen Konjunktiv II aufweisen können. Auch die Exklamativsätze zeigen, anders als vielleicht erwartet, keine Beschränkung auf indikativische Verbformen, allerdings eine deutliche Tendenz zu diesen. Zudem scheinen relative Tempora bei den Exklamativsätzen inakzeptabel zu sein. — Man muß nachdrücklich darauf hinweisen, daß die theoretisch recht klar erscheinende, hier vorgeschlagene morphologische Klassifikation von der morphologischen Realität relativ weit entfernt ist. Für den Konjunktiv II kann auf Scholz (1991, Abschn. 3.1.), für die Imperativsätze auf Winkler (1989, Kap. II, Abschn. 1.) verwiesen werden. Die Problematik soll aber doch hier knapp skizziert werden, da sie von grundsätzlichem theoretischem Interesse ist. — Folgende Formen sind Ausprägungen des Merkmals [+IMP]:

(a) Die 1.Ps.Sg. weist im Deutschen keine Imperativform auf.

(b) Die Imperativform der 2.Ps.Sg. entspricht in den meisten Fällen dem Verbstamm. Nur Verben, deren Stamm auf eine Konsonantenhäufung endet, hängen obligatorisch -e an: *atme*, *finde*, *segle* etc. Diese Form entspricht der 1.Ps.Sg.Ind. sowie der 1. und 3.Ps.Sg. Konj. I. In der Umgangssprache fällt auch die Form ohne -e mit der 1.Ps.Sg. zusammen, vgl. *ich geh/geh!*, außer bei den Verben mit „Brechung": *sehen*, *(ich) seh(e)*, *sieh!* Durch die Imperativmorphologie ist also in vielen Fällen der Formtyp nicht eindeutig festgelegt, das gewährleistet erst das Auftreten des Subjektspronomens *du*, das dann stellungsfrei ist, oder das Nichtauftreten eines Subjektspronomens; allerdings könnten Kollisionen mit Fällen von *ich*-Ellipse auftreten:

(40) Ich geh (ja) schon./Geh (ja) schon. (Ellipse eines Aussagesatzes oder Imperativsatz)/Nun geh (du) schon! (nur Imperativsatz)

(c) Kandidaten für Imperativsätze der 3.Ps.Sg. sind die sogenannten Heischesätze (vgl. Winkler 1989, 19 ff; Scholz 1991, 31 ff; Oppenrieder 1987, 173 ff): sie zeigen Verb-Erst, meist indefinite Subjektspronomina und ursprünglich Konjunktiv I. Diese Verbmorphologie wird jedoch in der Umgangssprache vielfach durch die Form 2.Ps.Sg.Imp. abgelöst:

(41) Sag(e) mir keiner, er hätte nichts gewußt!

(42) Sei einer so freundlich und hole(e) mir die Kreide!
Die Zuordnung wird aber durch die Kombination von Verbform, Verbstellung und Subjektspronomen weitgehend gewährleistet.

(d) Ähnlich ist die Situation bei den sogenannten Adhortativformen der 1.Ps.Pl., (vgl. Matzel/Ulvestad 1979; Winkler 1989, 21 ff). Die Verbendung kann als Konjunktiv I klassifiziert werden, doch fallen alle Formen außer *seien* mit den Formen der 1.Ps.Pl.Ind.Präs. und der 3.Ps.Pl.Ind.Präs. zusammen. Zudem wird in der Umgangssprache häufig *seien* durch *sind* ersetzt. Diese völlig unspezifische Verbmorphologie erzwingt die Verb-Erst-Stellung und macht das Subjektspronomen *wir* obligatorisch. Aber gegenüber einem segmental identischen Verb-Erst-Fragesatz unterscheidet erst das fallende Tonmuster, gegenüber einem segmental identischen Verb-Erst-Exklamativsatz unterscheiden nur noch sehr feine intonatorische Merkmale (vgl. Oppenrieder 1988, 196 ff):

(43) Geben wir uns (doch) Illusionen hin! (Adhortativsatz)/Geben wir uns (etwa) Illusionen hin? (Fragesatz)/Geben wir uns (vielleicht) Illusionen hin! (Exklamativsatz)

(e) Auch die vermeintlich eindeutige Imperativform der 2.Ps.Pl. ist völlig identisch mit der der 2.Ps.Pl.Ind.Präs. und der 3.Ps.Sg.Ind.Präs. (außer bei Verben mit Umlaut im Ind.Präs.). Die Fakultativität des Subjektspronomens fixiert den Formtyp nicht zweifelsfrei. Tritt es auf, so unterscheiden nur intonatorische Merkmale vom Verb-Erst-Fragesatz und vom Verb-Erst-Exklamativsatz:

(44) Gebt ihr euch (doch) Illusionen hin! (Imperativsatz)/Gebt ihr euch (etwa) Illusionen hin? (Fragesatz)/Gebt ihr euch (vielleicht) Illusionen hin! (Exklamativsatz)

Aber selbst wenn das Subjektspronomen nicht auftritt, kann der Satz mit einem elliptischen Verb-Zweit-Aussagesatz intonatorisch weitgehend zusammenfallen, eine allerdings recht unwahrscheinliche Möglichkeit:

(45) Seid ihr nicht dümmer? (Ihr) Gebt euch (auch noch) Illusionen hin! / Gebt euch (doch) Illusionen hin!

(f) Eine Imperativform mit der Bedeutung 3.Ps.Pl. gibt es nicht. Die Höflichkeitsform mit *Sie* benutzt die Form 3.Ps.Pl. Konjunktiv Präsens, doch unterscheidet sich diese nur noch bei *seien* von der entsprechenden Indikativform *sind*, zudem kann in der Umgangssprache *seien* schon durch *sind* ersetzt werden. Auch hier wird die Identifizierung des Formtyps letztlich erst durch die Intonation gesichert:

(46) Geben Sie sich (doch bitte) Illusionen hin! (Imperativsatz) / Geben Sie sich (eigentlich) Illusionen hin? (Fragesatz) / Mein Gott, geben Sie sich (vielleicht) Illusionen hin! (Exklamativsatz)

Die Detailbetrachtung zeigt das enge Zusammenwirken der Verbmorphologie mit den anderen syntaktischen Markierungsebenen, wobei sich die Konstellation von Fall zu Fall grundlegend ändern kann. Dieser Sachverhalt spricht dagegen, einzelnen Merkmalen die Kraft der ausschließlichen Satzmodusmarkierung zuzuweisen, wie auch dagegen, einzelnen Merkmalen im Satzmodussystem Bedeutung direkt zuzuordnen.

4.3. Reihenfolgemerkmale

Der Anteil von Reihenfolgeeigenschaften an der Markierung der Formtypen scheint von Sprache zu Sprache stark zu variieren. Generell kann man davon ausgehen, daß in Sprachen mit reicher Morphologie und „freier" Wortstellung die Reihenfolgeeigenschaften eine eher marginale Rolle bei der Satzmodusmarkierung spielen, so etwa im Lateinischen. Andererseits gibt es bei vergleichbaren Sprachen wie dem Finnischen durchaus Präferenzen für die Verbindung bestimmter Formtypen mit einer bestimmten Verbstellung, obwohl diese nicht distinktiv zu sein scheint (vgl. dazu Winkler 1989, 81 ff). — Das Deutsche nimmt in dieser Hinsicht eine bemerkenswerte Zwischenstellung ein: obwohl es eher zu den Sprachen mit „freier" Wortstellung zählt, ist die Verbstellung im Satzmodussystem hochgradig grammatikalisiert. Daneben spielt die Position des *w*-Frageausdrucks eine wichtige Rolle im Markierungssystem. Sie korreliert, anders als die Position des Verb-Letzt steuernden Einleitungselements, nicht mit einer bestimmten Verbstellung. — Üblicherweise werden im Deutschen drei Verbstellungstypen unterschieden: verbum finitum in Erst-, Zweit- und Letzt-Position. In der Grammatiktradition hat es nicht an Versuchen gefehlt, die Verbstellung als das entscheidende Merkmal für die Satzmodusmarkierung zu beschreiben (vgl. dazu die Dokumentation bei Scholz 1991, 5, Anm. 12). Eine Übersicht über die Formtypen zeigt aber, daß innerhalb eines Satzmodus mehrere, manchmal sogar alle drei Verbstellungstypen auftreten können. — Die angesetzte Anzahl und die Bezeichnung der Verbstellungstypen sind wesentlich beeinflußt durch die Rolle dieses Merkmals im Satzmodussystem. Die Bezeichnungen sind auf den ersten Blick irreführend, da Verb-Erst natürlich nicht absolute Satzanfangsstellung heißen muß usw. Daß koordinative Konjunktionen, Herausstellungsstrukturen usw. bei der Bestimmung des Verbstellungstyps nicht berücksichtigt werden, beruht v. a. auf der Beobachtung, daß die Hinzufügung oder Wegnahme solcher Teilstrukturen nicht zu einer Änderung des Formtyps im Satzmodussystem führt:

(47) (Aber) Läßt du das Buch da? (Verb-Erst)
(48) Er aber ging hinweg und weinte bitterlich. (Verb-Zweit)
(49) Den neuen großen BMW — hast du den schon gesehen? (Verb-Erst)

Eine weitere topologische Variante, die den Verbstellungstyp verunklaren kann, ist die Ellipse stellungsrelevanter Positionen, etwa des Vorfelds:

(50) (Das) Weiß ich nicht, (das) möcht ich auch gar nicht wissen. (Verb-Zweit-Aussagesatz)

Hier läßt sich die Annahme einer Vorfeldellipse mit dem Fehlen einer Ergänzung rechtfertigen. Ist dieser Beweisweg nicht gangbar, dann ist die Unterscheidung von Verb-Erst- und Verb-Zweit-Sätzen problematisch:

(51) Kommt ein Mann in eine Kneipe. Bestellt zwanzig Bierchen ...
(52) Hängt doch sonst alles Vorausgehende in der Luft!

In Beispiel (51) fehlt im ersten Satz keine Ergänzung; zwar könnte ein schwachtoniges Vorfeld (*es*, *da*) ergänzt werden, aber dafür liegen keine zwingenden Gründe vor. Der zweite Satz dieses Beispiels dagegen weist kein Subjekt auf: es muß als Vorfeld ergänzt werden. Für Beispiel (52) gilt dasselbe wie für den ersten Satz von (51): die Ergänzung eines Vorfeldausdrucks ist weder notwendig noch plausibel: diese und weitere Überlegungen führen dazu, einen Verb-Erst-Aussagesatz anzunehmen, der besondere emphatische Qualitäten hat. — Vergleichbare Schwierigkeiten bieten auch die mehrfache Vorfeldbesetzung, z. B. bei Linksversetzung oder bei Adverbialhäufung, die Mehrfachbesetzung des Nachfelds sowie das Fehlen eines Mittelfeldes bei einwertigen Verben:

(53) Die Brigitte, die kann ich schon gar nicht leiden. (Verb-Zweit)
(54) Am Abend bei prasselndem Herdfeuer vor einer Flasche Bier war alles vergessen. (Verb-Zweit)
(55) ... weil ich schon gesehen habe heute morgen, daß ich viel zu korrigieren habe. (Verb-Letzt)
(56) Wer rastet, rostet. (rastet = Verb-Letzt)/ Wer rastet? (Verb-Zweit)

Zu berücksichtigen ist hier auch die Modalverbregel: bei Verb-Letzt bewirkt das Auftreten eines Modalverbinfinitivs die Umkehrung der Abfolge von finitem Verbteil und infiniten Verbteilen:

(57) ..., weil ich sie die Arie habe singen hören wollen. (Verb-Letzt)

Wenn man diese Abfolge dennoch als Verb-Letzt klassifiziert, dann v. a. deshalb, weil die entsprechenden Sätze unverändert eindeutig als subordiniert markiert sind bzw. weil bei selbständigen Verb-Letzt-Sätzen keine Änderung der Formtypzuordnung im Satzmodussystem erfolgt. — Die Zuweisung eines Verbstellungstyps nur aufgrund von Intuitionen über den Funktionstyp im Satzmodussystem ist natürlich ein unbefriedigendes Verfahren. Die Klassifikation ist erst dann fundiert, wenn es gelingt, unabhängige formale Merkmale der einzelnen Verbstellungstypen zu finden. Das ist relativ einfach, wenn es gilt, Verb-Erst und Verb-Zweit einerseits und Verb-Letzt andererseits zu unterscheiden. So etwa sind nur Verben in Erst- und Zweitposition als Basis für das klitische 's ('es') möglich:

(58) Karl hat's./Hat's Karl?/*: ... daß Karl hat's/... daß es Karl hat.

Ferner stehen Gradpartikeln mit dem finiten Vollverb im Fokus bei Verb-Letzt unmittelbar vor dem Verb, bei Verb-Erst und Verb-Zweit immer (ggf. in Distanz) dahinter:

(59) L a c h t e r sogar?/Er l a c h t sogar./*Er sogar l a c h t./... daß er sogar l a c h t.

Problematisch ist es dagegen, unabhängige Entscheidungskriterien für die Trennung von Verb-Erst und Verb-Zweit zu finden. — Daß die Konstanz des (Form- und) Funktionstyps kein durchgehend anwendbares Kriterium für die Zuordnung eines Verbstellungstyps ist, zeigen die Fälle, in denen die Verbstellung innerhalb eines Formtyps frei variiert:

(60) Laß das Buch da!/Das Buch laß da! (Verb-Erst-/Verb-Zweit-Imperativsatz)
(61) Hat d e r vielleicht hingelangt!/D e r hat vielleicht hingelangt! (Verb-Erst-/Verb-Zweit-Exklamativsatz)
(62) Wie schön bist du doch!/Wie bist du doch schön!/Wie schön du doch bist! (Verb-Zweit-/Verb-Letzt-Exklamativsatz)

Die Position der Verb-Letzt steuernden Einleitungselemente (vgl. 4.1.(b)) ist bei selbständigen Verb-Letzt-Sätzen bereits durch ihre Funktion gegeben und braucht hier nicht mehr weiter diskutiert zu werden. — *W*-Frageausdrücke (vgl. 4.1.(e)) wirken durch ihre spezifischen Positionseigenschaften mit bei der Unterscheidung von *w*-Verb-Zweit-Fragesätzen, wo sie auf die Vorfeldposition beschränkt sind, und *w*-Versicherungsfragesätzen, wo sie sowohl im Vor- als auch im Mittelfeld auftreten können. Die entsprechenden Exklamativausdrücke sind immer auf das Vorfeld beschränkt.

4.4. Intonatorische Merkmale

Mit dieser syntaktischen Markierungsebene betritt man noch weitgehend ungesichertes Terrain. Noch immer wird von manchen Forschern Intonation, trotz erdrückender Gegenevidenz, ausschließlich dem Sprechen zugerechnet, oder es wird für die Intonation nur eine pragmatische Funktion angenommen, so etwa von Brandt/Reis/Rosengren/Zimmermann (1992, 78), die behaupten, daß die Intonation in keinem der Fälle für die Festlegung des Formtyps ausschlaggebend sei. Es versteht sich, daß man bei Vernachlässigung der Intonation entweder zu einer deutlich geringeren Anzahl von Formtypen oder zu einer großen Zahl von Homophonien kommt. Entscheiden kann den Streit wohl nur ein externes Kriterium, nämlich das der auditiven Unterscheidbarkeit von Satzminimalpaaren durch kompetente Sprecher (zum Verfahren vergleiche Oppenrieder 1988). Aber auch bei denjenigen Forschungsrichtungen, die intonatorischen Erscheinungen eine Rolle im syntaktischen Markierungssystem der Formtypen zugestehen, ist das Beschreibungsinventar umstritten. Vgl. etwa den deskriptiven Ansatz von Oppenrieder (1988) und den Versuch von Wunderlich (1988) im Rahmen von Government & Binding. — In den gängigen Beschreibungen werden gewöhnlich nur die Tonhöhenverläufe, meist vereinfacht zu Tonmustern, berücksichtigt. Es läßt sich leicht zeigen, daß eine solche Reduktion der Daten, so bequem sie sein mag, angesichts der Relevanz feinster Differenzierungen nicht zu rechtfertigen ist. Es erscheint vielmehr notwendig, nicht nur mehrere Teile des Tonhöhenverlaufs zu berücksichtigen, sondern auch die Zeitstruktur sowie den Intensitätsverlauf, deren experimentelle Erfassung beträchtliche Schwierigkeiten bereitet. Zu betonen ist außerdem, daß diese drei Parameterebenen bereits eine Vereinfachung des komplexen akustischen und perzeptiven Geschehens darstellen, und daß die genannten drei Parameterebenen im Sinne des Konzepts der „trading relations" interagieren (vgl. dazu Batliner 1989a, 158 ff).

4.4.1. Im Satzmodussystem spielt die Position und die Art des Satzakzents eine entscheidende Rolle. Hörtests zeigen, daß kompetente Sprecher bei kurzen Sätzen sehr genau die Silbe mit dem prominentesten Akzent identifizieren können. Im Rahmen des Satzmodussystems gibt es eine Reihe von Beschränkungen bezüglich der Lage des Hauptakzents:

(a) Bei normalen *w*-Verb-Zweit- und *w*-Verb-Letzt-Fragesätzen darf der Satzakzent nicht auf dem *w*-Ausdruck plaziert werden:

(63) Wer hat das eingekauft?/*Wer hat das eingekauft?
(64) Wer das wohl eingekauft hat?/*Wer das wohl eingekauft hat?

In Reihen von *w*-Fragesätzen kann bei nichtersten Sätzen der Satzakzent auf dem *w*-Ausdruck plaziert werden:

(65) Wo findet das statt? Und wann (findet das statt)?/*Und wann findet das statt?

Bei *w*-Verb-Zweit-Versicherungsfragesätzen muß dagegen der Hauptakzent auf dem stellungsfreien *w*-Ausdruck plaziert werden:

(66) A: Die Schlacht bei Issos war drei-dreidrei.
B: Die Schlacht bei Issos war wann?/ Wann war die Schlacht bei Issos?

(b) Der nichtfokussierende Exklamativakzent wird bei Verb-Erst-/Verb-Zweit-Exklamativsätzen (und ev. auch bei Verb-Erst-Wunschsätzen) entweder auf einem unmarkierten Demonstrativum plaziert, das am Anfang des Mittelfeldes oder im Vorfeld steht, oder er wird am Ende des Mittelfeldes auf dem Verbum oder dem wertenden Ausdruck plaziert:

(67) Hat der vielleicht hingelangt!/ Der hat vielleicht hingelangt!

Bei den *w*-Exklamativsätzen, dem *daß*-Verb-Letzt-Exklamativsatz (und ev. dem entsprechenden *daß*- und *wenn*-Verb-Letzt-Wunschsatz) wird der Hauptakzent auf dem wertenden Ausdruck, oft ein relatives Adjektiv oder ein Verb, oder auf einer Steigerungspartikel plaziert:

(68) Wie hübsch tanzt sie doch!/ Wie hübsch sie doch tanzt!
(69) Daß die so hübsch ist!/ Daß die so hübsch ist!

(c) Bei den übrigen Satztypen im Satzmodussystem variiert die Position der fokussierenden und nichtfokussierenden Akzente entsprechend den Gesetzen für die Zusammenhänge zwischen der Fokus-Hintergrund-Gliederung bestimmter Satzstrukturen und ihren Akzentpositionen.

4.4.2. Neben der Position der Hauptakzente spielt die Art der Akzente eine wichtige Rolle bei der Kennzeichnung der Formtypen im Satzmodussystem. Hier hat man zunächst zu unterscheiden zwischen fokussierenden Akzenten, wie sie bei Aussage-, Frage- und Imperativsätzen auftreten, und nichtfokussierenden Akzenten, die typischerweise bei Exklamativ- und wohl auch bei Wunschsätzen auftreten. Die fokussierenden Akzente werden weiter unterteilt in einen Akzent, der Fokusprojektion zuläßt (vgl. Jacobs 1988, 125), auch Normalakzent genannt, einen Akzent, der keine oder nur minimale Fokusprojektion zuläßt, bei Höhle 1982 mißverständlich als Emphaseakzent bezeichnet, und einen Kontrastakzent, wie er prototypisch in *nicht-sondern*-Kontexten auftritt (vgl. dazu Jacobs

1988, 113; Wunderlich 1988, 25 ff). Die Unterscheidung dieser Akzenttypen erfolgt möglicherweise nur auf der Basis struktureller Eigenschaften wie Silbenstruktur oder Wortstellung, oder aber nur aufgrund des umgebenden Ko(n)textes. In beiden Fällen wären die genannten Akzentarten für die rein strukturelle Beschreibung der Formtypen im Satzmodussystem irrelevant. Wenn man dagegen nachweisen kann, daß die genannten Arten von Akzenten durch suprasegmentale Eigenschaften der Akzentsilbe akustisch und perzeptiv signifikant vermittelt werden, so müßte die Art des Akzents in die Untersuchung mit einbezogen werden. Entsprechende Tests (vgl. Batliner 1988) zeigen, daß ein deutlicher akustischer Unterschied zwischen Kontrast- und Exklamativakzenten einerseits und Normal- und Emphaseakzenten andererseits besteht, und zwar im Umfang der Tonbewegung auf der Akzentsilbe; die Grenze zwischen den beiden Gruppen von Akzenten liegt im Bereich zwischen 5 und 7 Halbtönen. Der deutlich größere Tonumfang von Kontrast- und Exklamativakzenten erweist sich jedoch als perzeptiv irrelevant: Kombinationen von kontrastivem Kontext mit nichtkontrastiven Zielsätzen und umgekehrt werden z. B. als „natürlich" beurteilt. Die Opposition von Kontrast- und sonstigen Fokusakzenten wird also offensichtlich nur ko(n)textuell vermittelt. — Dagegen zeigt sich, daß intonatorische Minimalpaare bzgl. der Opposition Kontrastakzent — Exklamativakzent, bei Zugehörigkeit zu den Verb-Erst-Imperativsätzen einerseits und den Verb-Erst-Exklamativsätzen andererseits, gut unterschieden werden können, obwohl Lage des Akzents, Richtung und Umfang der Tonhöhenänderung in der Akzentsilbe annähernd gleich waren und die entsprechenden Sätze kontextlos dargeboten wurden:

(70) Wir stellen uns nicht an. Stellt ihr euch (doch) an! (Imperativsatz mit Kontrastakzent)
(71) Mein Gott! Stellt ihr euch (vielleicht) an! (Verb-Erst-Exklamativsatz mit Exklamativakzent)

Bei der Suche nach einem akustischen Korrelat dieser Unterscheidung ergab sich als wahrscheinlichste Erklärung, daß die Lage des Intensitätsmaximums relativ zur Lage des F_0-Maximums relevant ist: beim Kontrastakzent liegt das F_0-Maximum tendenziell vor dem Intensitätsmaximum, beim Exklamativakzent liegt umgekehrt das Intensitätsmaximum tendenziell vor dem F_0-Maximum (vgl. Oppenrieder 1988, 195). Nach den Testergebnissen müssen diese beiden Akzenttypen als relevantes Merkmal für die Beschreibung der Formtypen angesetzt werden. Übrigens zeigen Silben mit einem Exklamativakzent bzw. Exklamativsätze insgesamt erhöhte Dauerwerte, ein Hinweis, daß für eine befriedigende intonatorische Beschreibung der Formtypen im Satzmodussystem neben dem F_0-Verlauf der Intensitätsverlauf und die Zeitstruktur berücksichtigt werden müssen.

4.4.3. Als gegenüber der Akzentuierung wesentlich bedeutsamer für die Markierung des Satzmodus werden üblicherweise Merkmale des Tonhöhenverlaufs eingestuft. Diese werden meist auf zwei Tonmuster, nämlich die fallende und die steigende Kontur, kondensiert. Mit dieser Vereinfachung ist meist die Annahme verbunden, daß steigender Tonverlauf typisch sei für Fragesätze, oder besser: Fragen, da meist die intendierte Funktion als bedingender Faktor angesehen wird, und daß fallender Tonverlauf typisch sei für alle übrigen Form- bzw. Funktionstypen. Die Beobachtung der Realität zeigt hingegen, daß diese Annahme zwar nicht völlig falsch ist, die enorme Variabilität des Tonverlaufs aber unzulässig vereinfacht. Auch komplexere Beschreibungsansätze wie das Ton-Sequenz-Modell von Pierrehumbert (1980) stellen in dieser Hinsicht keine befriedigende Lösung dar; zur Kritik vgl. Oppenrieder (1988, 181 ff). — Folgende Merkmale des Tonhöhenverlaufs erscheinen als beschreibungsrelevant:

(a) Die Richtung der Tonhöhenänderung in der Hauptakzentsilbe. Während die bloße Tatsache einer Tonhöhenänderung Akzente konstituiert, ist die Richtung dieser Tonhöhenänderung ausschließlich im Bereich der Satzmodi relevant. Obligatorisch steigenden F_0-Verlauf mit vorausgehendem F_0-Minimum, also konkaven Tonhöhenverlauf, haben nur die Rückfragen, assertive und Versicherungsfragen sowie das erste Konjunkt von Alternativfragen. Obligatorisch fallenden F_0-Verlauf mit vorausgehendem F_0-Maximum, also konvexen Tonverlauf in der Hauptakzentsilbe, haben alle Aussage-, Imperativ-, Wunsch- und Exklamativsätze. Weitgehende Wahlfreiheit zwischen den beiden Tonverläufen in der Hauptakzentsilbe besteht beim Verb-Erst- und beim *ob*-Verb-Letzt-Fragesatz sowie beim *w*-Verb-Zweit- und *w*-Verb-Letzt-Fragesatz; bei letzteren überwiegt sogar der fallende Tonverlauf. Die Wahl scheint aufgrund individueller oder sozialer Strategien getroffen zu werden (so wählen Frauen häufiger den steigenden, Männer eher den fallenden Tonhöhenverlauf), oder aufgrund der Absicht, den Formtyp möglichst eindeutig, prototypisch zu markieren. Möglicherweise gibt es aber auch pragmatische Sekundärfaktoren wie Dringlichkeit der Frage, Antworterwartung usw.

(b) Eine noch wichtigere Rolle spielt die Tonhöhe am Äußerungsende, in der angloamerikanischen Phonetik offset genannt. Zwei mögliche Merkmalsausprägungen sind bei diesem Parameter zu unterscheiden: einmal der hohe offset; er ist i.d.R. mit einem Tonhöhenanstieg in der Hauptakzentsilbe, also mit konkavem Tonverlauf kombiniert, tritt also fast ausschließlich bei Fragesätzen auf. Dann der tiefe offset; er ist i.d.R. mit einem Tonhöhenanstieg in der Hauptakzentsilbe kombiniert, tritt also primär bei Nicht-Fragesätzen auf. — Neben diesen prototypischen gibt es aber auch recht willkürliche Kombinationen. So realisieren manche Sprecher die assertiven Fragen mit fallendem Tonverlauf auf der Hauptakzentsilbe und kombinieren dies mit hohem offset. Die entsprechenden Äußerungen werden zwar regelmäßig als Fragen erkannt, werden aber als relativ unnatürlich bewertet (vgl. Oppenrieder 1989a, 253 ff).

(c) Die Tonhöhe am Äußerungsanfang, auch onset genannt. Bei den bisher untersuchten kurzen Sätzen läßt sich kein eindeutiger Zusammenhang zwischen Formtyp und onset ermitteln, doch scheinen erhöhte onset-Werte Verb-Erst-Wunschsätze gegenüber Verb-Erst-Frage- bzw. Verb-Erst-Exklamativ-Sätzen zu kennzeichnen, vgl. Scholz 1991, 183 ff. Ferner gibt es Anhaltspunkte, daß die Bedeutung des onset mit wachsender Satzlänge ansteigt.

4.4.4. Die gefundene Organisation der intonatorischen Merkmale bei der Markierung von Satzmodi rechtfertigt einen Ansatz, der bei den einzelnen Formtypen von variablen Merkmalsmengen mit einem prototypischen Kern von Merkmalen und Überlappungsmöglichkeiten zwischen benachbarten Formtypen ausgeht und den Merkmalen — jedenfalls in diesem Zusammenhang — keine Bedeutung zuspricht. — Selbstverständlich ist die Organisation der intonatorischen Merkmale im Deutschen nicht die einzig denkbare. So nützt das Finnische, trotz starker Beeinflussung durch die germanischen Sprachen, andere Merkmale und Merkmalskombinationen: hier ist die Tonhöhe am Äußerungsende obligatorisch tief, hat also keine unterscheidende Funktion. Wichtig ist dagegen die Tonhöhe am Äußerungsanfang (onset): nach den gängigen Beschreibungen ist sie bei den Satztypen mit Apellfunktion deutlich höher als bei den anderen Satztypen. Daneben ist das F_0-Maximum im Bereich des Satzanfangs nach Lage, Tonumfang und Form des Tonverlaufs distinktiv (vgl. dazu im einzelnen Luukko-V. 1988, 239—253; 272—279; Winkler 1989, 161—168). Das Gewicht der intonatorischen Merkmale könnte im Finnischen aufgrund der reicheren Morphologie insgesamt geringer sein als im Deutschen.

5. Die Hierarchie der Formtypen im Satzmodussystem

In der nachfolgenden Darstellung sind Klassen von Formtypen, die gleiche oder verwandte Funktionen haben, zu Satzmodi zusammengefaßt. Außer gewissen Symmetrieerwägungen gibt es jedoch kaum Argumente formaler Natur für die Subsumierung verschiedener Formtypen unter einem Satzmodus. Sprachübergreifend ist ein Beispiel für ein solches Argument der Fall, daß in einer Sprache nicht zwischen Entscheidungs- und Ergänzungsfragen formal unterschieden wird: die Entsprechung eines *w*-V-2-Fragesatzes ist hier ein Entscheidungsfragesatz, der ein Indefinitpronomen enthält. — In die Kurzbeschreibungen der einzelnen Formtypen sind Beispiele eingebaut, die jeweils die typischen Modalpartikeln in Klammern enthalten. Dabei wird hier bezüglich der Abgrenzung der Modalpartikelfunktion restriktiver verfahren als etwa bei Thurmair (1989). Wieder ist vorauszuschicken, daß die Klassifikation nur für das Deutsche gilt; sie hat sich aber in Grundzügen bereits bei anderen Sprachen wie dem Finnischen bewährt.

5.1. Aussagesätze

Aussagesätze sind nach Sadock/Zwicky (1985, 159; 165) typischerweise unmarkiert und weisen in Sprachen mit Moduspartikeln oft keine solchen Partikeln auf. Im Deutschen sind hier 2 Formtypen anzusetzen (Oppenrieder 1987):

5.1.1. Beim Verb-Zweit-Aussagesatz handelt es sich um den formal überwiegend negativ gekennzeichneten Satztyp: er weist Verb-Zweit auf, hat keine spezifische kategoriale

Füllung, das finite Verb ist [−IMP] markiert, der Tonverlauf in der Hauptakzentsilbe ist fallend, die Tonhöhe am Äußerungsende tief; es tritt kein Exklamativakzent auf.

(72) Die Bayern spielen (auch/doch/eben/einfach/halt/ja/schon/sowieso/eh) schlecht.

Nicht berücksichtigt werden sollen im weiteren die Ellipsenmöglichkeiten; insbesondere die Vorfeldellipse macht das Gesamtbild beträchtlich komplizierter. Mögliche formale Überschneidungen (strukturelle Homonymien) gibt es mit den Verb-Zweit-Imperativsätzen und den Verb-Zweit-Exklamativsätzen. Allerdings unterscheiden in diesen Fällen bei segmentaler Identität die suprasegmentalen Merkmale:

(73) Der hat (doch/eben ...//aber/vielleicht) hingelangt./! (Verb-Zweit-Aussage- und Verb-Zweit-Exklamativsatz)

Die Funktion des Verb-Zweit-Aussagesatzes gibt Zaefferer (1969, 162 ff) mit „Urteil" an. Der Satztyp ist in seinen Verwendungsmöglichkeiten wenig restringiert; das zeigt sich auch darin, daß sich explizit performative Sprechakte dieses Satztyps bedienen müssen:

(74) Ich verspreche dir hiermit, daß ich dich nie verlassen werde.

Interessant ist, daß die explizit performative Verwendung mit Modalpartikeln (und Satzadverbialen) unvereinbar ist (Brandt/Reis/Rosengren/Zimmermann 1992, Abschnitt 6 u. 7). Dadurch können propositional bezogene Einstellungen jeder Art mit diesem Satztyp ausgedrückt werden. Von seiner Variabilität im konkreten Sprechhandeln zeugt auch die große Zahl von möglichen Modalpartikeln.

5.1.2. Der Verb-Erst-Aussagesatz (vgl. Oppenrieder 1989b, 204) weist bis auf die Verbstellung formal dieselben Merkmale wie der Verb-Zweit-Aussagesatz auf; allerdings läßt er nur die Modalpartikeln *doch*, *eh*, *sowieso* zu:

(75) Wir holen dich schon ein. Gehen wir doch (eh) immer schneller.

Es handelt sich dabei um einen funktional hochgradig spezialisierten Satztyp: er wird als Schlußsatz einer Argumentationssequenz benutzt, um einen Sachverhalt mitzuteilen, der die gesamte Argumentationskette motiviert. Zusätzlich wird durch die Modalpartikel *doch*, die in allen einschlägigen Belegen auftritt und damit wohl als obligatorisch bezeichnet werden muß, der Inhalt als unkontrovers, längst akzeptiert gekennzeichnet und damit an die Einsicht des Hörers appelliert. — Es soll nicht verschwiegen werden, daß dieser Satztyp keineswegs als fest etabliert gelten kann. Er ließe sich z. B. durch die Annahme einer Vorfeldellipse dem Verb-Zweit-Aussagesatz zuschlagen oder aufgrund seines emphatischen Charakters in die Nähe der Verb-Erst-Exklamative rücken. Damit sind auch die Satztypen genannt, mit denen es formale Überschneidungen geben kann.

5.1.3. Einen selbständigen Verb-Letzt-Aussagesatz scheint es nicht zu geben (vgl. dagegen Oppenrieder 1989b, 202 ff). Damit befindet sich an dieser Stelle des Systems eine Lücke, die die Symmetrie des Gesamtsystems empfindlich stört.

5.2. Fragesätze

Diese Gruppe von Formtypen kann als am besten untersucht gelten, neuerdings durch die Untersuchungen von Luukko-Vinchenzo (1988) und Meibauer (1986a); s. a. Reis/Rosengren (Hg.) 1991. Den sprachvergleichenden Aspekt behandeln Sadock/Zwicky (1985, 178−186; 3.3.) und Wilson/Sperber (1988).

5.2.1. Der Verb-Erst-Fragesatz, auch Entscheidungsfragesatz genannt, weist folgende Merkmale auf: keine spezifische kategoriale Füllung, nichtimperativische Verbmorphologie, Verb-Erst-Stellung; die normale Variationsbreite von fokussierenden Akzenten, i.d.R. steigender Tonverlauf in der Hauptakzentsilbe und hohe Tonhöhe am Äußerungsende, doch kommt auch fallender (konvexer) Tonverlauf mit tiefem offset vor, manchmal auch konvexer Tonverlauf mit hohem offset.

(76) Spielen die Bayern (auch/denn/eigentlich/etwa/wohl) schlecht?

Zur Funktion vgl. Zaefferer (1989, 3.5.)! Die zahlreichen möglichen Modalpartikeln variieren den Funktionstyp in der Ebene der Fragevoraussetzungen, der Antwortpräferenz und -determination usw. — Beim Formtyp bestehen Abgrenzungsprobleme v.a. gegenüber dem Verb-Erst-Aussagesatz; hier differenziert jedoch in der Regel der Tonverlauf, hilfsweise auch die Modalpartikel *doch*. — Überschneidungen sind auch mit den Verb-Erst-Varianten des Imperativsatzes möglich, wenn die Verbmorphologie nicht eindeutig imperativisch ist, also v.a. bei der 1.Ps.Pl. (Adhortativ), der 2.Ps.Pl., wenn das Subjektspronomen *ihr* vorhanden ist, und bei der Höflichkeitsform (*Sie*-Imperativ). In diesen Fällen unterscheidet der Tonverlauf, soweit er beim Verb-Erst-Fragesatz prototypisch realisiert ist, also mit steigendem Tonverlauf oder wenigstens mit hohem offset. Auch die jeweils typischen Modalpartikeln können die Differenzierung stützen.

(77) Gehen wir ins Kino!/? // Gehen Sie ins Kino!/? // Geht ihr ins Kino!/?

Auch mit dem Verb-Erst-Wunschsatz gibt es Berührungspunkte. Das für diesen Satztyp zentrale Merkmal Konjunktiv II liegt voll im Variationsbereich der Verbmorphologie des Verb-Erst-Fragesatzes, unterscheidet also nicht. Differenzierend ist der Tonverlauf sowie ggf. die Akzentart (fokussierend gegen nichtfokussierend), hilfsweise auch die Modalpartikeln.

(78) Könnten wir uns (doch//denn) treffen!/?

Schließlich gibt es noch Abgrenzungsprobleme gegenüber der Verb-Erst-Variante des Exklamativsatzes. Wieder ist nur die Akzentart (fokussierend gegenüber nichtfokussierend), bei prototypischer Realisierung der Tonverlauf und hilfsweise die jeweils satzformtypische Modalpartikelmenge unterscheidend:

(79) Hat d e r (aber auch/denn) hingelangt!/?

Die Auflistung der Überschneidungsmöglichkeiten soll wenigstens punktuell zeigen, daß die einzelnen Formtypen, auch bei den zentralen Satzmodi Aussage, Frage und Imperativ, keineswegs deutlich getrennt sind; sie soll weiter verdeutlichen, wie wichtig die Unterscheidungsfunktion der Intonation ist, und zwar nicht nur gegenüber den „marginalen" Satzmodi Wunsch und Exklamativ. — Verb-Erst-Fragesätze gehören zu den Grundtypen, die funktional wenig festgelegt, d. h. in ihrer Verwendung sehr variabel sind; darauf deutet auch die große Zahl von möglichen Modalpartikeln hin, die der Ausdifferenzierung des Funktionstyps dienen. Schließlich ist noch festzustellen, daß der Verb-Erst-Fragesatz, wie alle Grundtypen, prinzipiell adressatenorientiert verwendet wird, vielleicht mit Ausnahme der Beispiele mit der Modalpartikel *wohl*, die Problemfragen oder deliberative Fragen kennzeichnet.

5.2.2. Als paralleler Satztyp zum Verb-Erst-Fragesatz ist der *ob*-Verb-Letzt-Fragesatz zu analysieren (vgl. Oppenrieder 1989b, 181 f).

Die unselbständige Variante dient als Indirektheitstyp (z. B. in Berichten über Äußerungen von Verb-Erst-Fragesätzen), die selbständige Variante tritt überwiegend mit der Modalpartikel *wohl* auf, möglicherweise auch mit den Modalpartikeln *auch* und *mal*. Die Modalpartikel *wohl* fixiert die Funktion als deliberative Frage. — Die Merkmale dieses Satztyps sind: Verb-Letzt-Stellung, *ob* als Einleitungselement, nichtimperativische Verbmorphologie, fokussierender Akzent, bei prototypischer Realisierung steigender (konkaver) Tonverlauf in der Nukleussilbe und hoher offset.

(80) Ob er wohl noch kommt?

Abgrenzungsprobleme gegenüber den anderen selbständigen Verb-Letzt-Sätzen bestehen nicht; hier unterscheidet zuverlässig das Einleitungselement *ob*. Es existiert allerdings eine Variante, die möglicherweise schon in der Funktion einer (ultimativen) Aufforderung konventionalisiert ist:

(81) Ob du wohl gleich deinen Finger aus dem Apfelkuchen nimmst?/!

Nach Oppenrieder (1989b, 190 ff) weist diese Variante steigenden Tonverlauf auf, unterscheidet sich aber durch Akzentsplitting auf *ob* und den Fokusausdruck vom Normaltyp. — Wesentlich problematischer ist die Abgrenzung gegenüber unselbständigen Varianten, soweit diese ohne Matrixsatz, also isoliert/elliptisch auftreten. Da auch indirekte Fragesätze mit *ob* die Modalpartikel *wohl* aufweisen können, ist die Unterscheidung einzig durch den Tonverlauf gewährleistet, der bei den unselbständigen Varianten wohl ausnahmslos auf der Hauptakzentsilbe fallend ist und tiefen offset aufweist.

5.2.3. Der Alternativfragesatz besteht aus koordinativen Verknüpfungen von Verb-Erst-Fragesätzen, wobei die Anzahl der Konjunkte nicht auf 2 begrenzt ist. Die einzelnen Konjunkte weisen die Merkmale des Entscheidungsfragesatzes auf, abgesehen von folgenden Eigenheiten: die nichtletzten Konjunkte weisen obligatorisch steigenden Tonverlauf und hohen offset auf, das letzte Konjunkt obligatorisch fallenden Tonverlauf und tiefen offset. Nach Thurmair (1989, 66 ff) können in diesem Formtyp im ersten Konjunkt bei langen Teilsätzen Modalpartikeln auftreten:

(82) Tropft da (eigentlich/denn/?etwa) ein Wasserhahn, oder regnet es?

Der Alternativfragesatz ist nicht leicht zu unterscheiden von Verb-Erst-Fragereihen: diese weisen im letzten Konjunkt nicht obligatorisch fallenden Tonverlauf auf und sind im Modalpartikelgebrauch keinen Beschränkungen unterworfen. Der Funktionsunterschied besteht darin, daß durch den Alternativfragesatz die Antwortmenge strikt begrenzt wird, in Verb-Erst-Fragereihen dagegen nicht.

5.2.4. Die assertive Frage stellt eine Mischung aus Verb-Zweit-Aussagesatz und Verb-Erst-Fragesatz dar: sie weist Verb-Zweit, nichtimperativische Verbmorphologie, keine spezifische kategorische Füllung, normale Fokusakzente und steigenden Tonverlauf mit hohem offset auf. Modalpartikeln sind, wie generell für Mischtypen, nicht möglich:

(83) Die Bayern spielen schlecht?

Abgrenzungsprobleme treten v. a. gegenüber dem Verb-Zweit-Aussagesatz auf (vgl. Batliner/Oppenrieder 1988), nicht zuletzt deswegen, weil auch Aussagesätze Fragefunktion haben können, z. B. bei hypothetischen Feststellungen, bei denen oft vom Hörer Bestätigung oder Widerspruch erwartet wird: die dann häufigen Merkmale *doch* als Modalpartikel, der question-tag *nicht wahr* und der fallende Tonverlauf weisen eindeutig auf den Formtyp Verb-Zweit-Aussagesatz hin:

(84) Die Bayern spielen doch schlecht, nicht wahr?

5.2.5. Der wichtigste Vertreter einer zweiten Gruppe von Fragesätzen ist der *w*-Verb-Zweit-Fragesatz, auch Ergänzungsfrage(satz) oder Konstituentenfrage(satz) genannt. Er ist bezüglich der kategorialen Füllung durch einen *w*-Ausdruck markiert, die Verbmorphologie ist nichtimperativisch, die Verbstellung ist auf Verb-Zweit und die Stellung des *w*-Ausdrucks auf die Vorfeldposition festgelegt; der Satzakzent ist fokussierend, der Tonverlauf in der Hauptakzentsilbe bei prototypischer Realisierung, entgegen einer verbreiteten Ansicht, fallend (konvex), der offset tief. Zu dieser intonatorischen Kennzeichnung gibt es eine wichtige Variante: nichterste Sätze in Reihen von *w*-Fragen können den Satzakzent auf dem *w*-Ausdruck plazieren und dazu steigenden Tonverlauf auf der Hauptakzentsilbe und hohen offset aufweisen. Die Menge der möglichen Modalpartikeln ist nicht identisch mit denen des Verb-Erst-Fragesatzes, ihr Funktionsspektrum aber vergleichbar:

(85) Warum hast du das (auch/bloß/denn/doch/eigentlich/nur/schon/wohl) eingekauft?
(86) Wann sind Sie geboren? Und wo (sind Sie geboren)?

Der *w*-Verb-Zweit-Fragesatz gehört zu den Grundtypen und ist hinsichtlich der möglichen Äußerungsfunktionen sehr flexibel. — Abgrenzungsprobleme bestehen nur gegenüber den *w*-Exklamativsätzen. Dabei kann der Tonverlauf bei nicht prototypischer Realisierung unterscheiden, ebenso wie die Art des Hauptakzents (fokussierend gegenüber exklamativ).

5.2.6. Als Spezialtyp kann der *w*-Verb-Letzt-Fragesatz eingestuft werden. Er weist, abgesehen von der Verbstellung und den möglichen Modalpartikeln (von denen wohl mindestens eine auftreten muß), dieselben Merkmale wie der *w*-Verb-Zweit-Fragesatz auf:

(87) Wer das (bloß/nur/wohl) eingekauft hat?

Abgrenzungsprobleme bestehen gegenüber dem *w*-Verb-Letzt-Exklamativsatz. Differenzierend ist dabei nur die Art des Akzents (fokussierender gegenüber Exklamativakzent). — Die Hauptfunktion dieses Formtyps ist vermutlich der Ausdruck einer Problemfrage, d. h. einer Frage, deren Beantwortung der Sprecher im Sprechzeitpunkt nicht für möglich hält und nicht erwartet. Da sie nicht notwendig an einen Hörer gerichtet ist und keine Antwortobligationen setzt, kann man sie auch als deliberativ bezeichnen. Doch kann sie unter Sonderbedingungen auch adressiert sein, wenn nämlich nach einer zukünftigen Handlung des Hörers gefragt wird. Dann weiß dieser im Regelfall durchaus eine Antwort, durch die Verwendung einer deliberativen Frage läßt der Sprecher jedoch in besonders höflicher Weise dem Hörer die Freiheit, nicht zu antworten, und bringt gleichzeitig sein lebhaftes Interesse an einer Antwort zum Ausdruck. — Wenn diese Funktionsbeschreibung annähernd zutreffend ist, dann folgt daraus, daß bei den Spezialtypen in viel höherem Maß eine Einschränkung der Verwendung im Sprechhandeln erfolgt als bei den Grundtypen, bis hin zu einer Festlegung des Handlungstyps.

5.2.7. Enge Parallelen gibt es zwischen der assertiven Frage (vgl. 5.2.4.) und der *w*-Versicherungsfrage. In letzter Zeit ist mehrfach der Versuch gemacht worden, die genannten beiden Typen auf ein gemeinsames Verfahren der „Echobildung" zurückzuführen und einen zusätzlichen Echo-Imperativsatz zu postulieren (vgl. Sadock/Zwicky 1985, 4.2.3.; Wunderlich 1986; Meibauer 1987a; Reis 1989). Beim Echo-w-Fragesatz ist das Merkmal der kategorialen Füllung mindestens ein w-Ausdruck mit fragender Funktion. Dieser w-Ausdruck ist aber in seiner Position nicht auf das Vorfeld beschränkt, sondern kann auch im Mittelfeld, jedoch nicht im Nachfeld stehen. Die Verbstellung ist Verb-Zweit, die Verbmorphologie nichtimperativisch. Der Satzakzent ist obligatorisch auf dem Frageausdruck plaziert, der Tonverlauf in der Hauptakzentsilbe ist steigend (konkav), die Tonhöhe am Äußerungsende hoch, und der Tonumfang der gesamten Äußerung beträchtlich. — Durch die Stellungsfreiheit des w-Ausdrucks, die Positionsbindung des Satzakzents und das steigende Tonmuster ist dieser Satztyp sowohl vom w-Verb-Zweit-Fragesatz als auch vom w-Verb-Zweit-Exklamativsatz gut zu unterscheiden; nur bei Fragereihen können punktuell sehr ähnliche Formen auftreten. — Modalpartikeln treten in diesem Mischtyp nicht auf.

(88) Die Schlacht bei Issos war wann?/ Wann war die Schlacht bei Issos?

Dieser Formtyp dient regelmäßig zum Ausdruck einer Frage, bei deren Äußerung der Sprecher gleichzeitig indiziert, daß er die Antwort eigentlich kennt, daß sie ihm aber im Sprechzeitpunkt entfallen ist, bzw. daß er die Antwort kennt und nur wissen möchte, ob der Angesprochene sie ebenfalls kennt. Dieser Formtyp ist also wieder ein hochgradig spezialisiertes Mittel zum Ausdruck spezifischer Sprechereinstellungen.

5.2.8. Nur erwähnt werden sollen hier die Rückfragen. Mit ihnen kann die Berechtigung des Dialogpartners zum Ausführen seines vorhergehenden Sprechakts angezweifelt werden. Dazu wird die Originaläußerung ohne eventuelle Modalpartikeln wiederholt, auf der Hauptakzentsilbe, die gegenüber der Vorgängeräußerung nicht verändert ist, wird aber obligatorisch ein steigender Tonverlauf realisiert, die Tonhöhe am Äußerungsende ist hoch, der Tonumfang meist sehr groß. Offensichtlich sind solche Rückfragen nur bei Äußerungen mit den adressatenorientierten Grundtypen möglich. Man kann in ihnen auch eine spezielle Form der Echobildung sehen.

(89) A: Verlaß sofort den Raum!
B: Verlaß den Raum? Wie kommst du dazu, mir zu befehlen?

Im Fragemodus sind also im Deutschen die meisten Formtypen zusammengefaßt, die nicht selten stark spezialisiert sind.

5.3. Imperativsätze

Auch dieser Satzmodus ist in jüngster Zeit in der Literatur eingehend behandelt worden (vgl. Haftka 1984; Donhauser 1986; Wilson/ Sperber 1988, 79 ff; Winkler 1989; Rosengren 1992 b). Für alle Formtypen des Imperativmodus gelten die folgenden Merkmale: kein w-Ausdruck mit Frage- oder Exklamativfunktion; Fokusakzent mit fallendem (konvexem) Tonverlauf und geringer Tonhöhe am Äußerungsende; insgesamt geringer Tonumfang. In Abhängigkeit von der Imperativmorphologie des Verbs und von der Realisierung eines Subjektspronomens weisen die Haupttypen, Imperativsätze mit *du* bzw. *ihr* als Subjekt, im Gegensatz zu den übrigen Formtypen eine variable Verbstellung auf. — Sadock/Zwicky (1985, 3.2.) machen darauf aufmerksam, daß in manchen Sprachen negative Imperative als „Prohibitive" selbständige Formtypen bilden.

5.3.1. Ein Imperativ der 1.Ps.Sg. existiert im Deutschen nicht. Als prototypischer Formtyp kann der Imperativsatz mit der 2.Ps.Sg. angesehen werden. Obwohl es auch hier, v. a. bei Einbeziehung der Umgangssprache, zahlreiche verbmorphologische Varianten mit Überschneidungsmöglichkeiten gibt, ist die imperativische Verbmorphologie im Regelfall so eindeutig, daß die Verbstellung frei zwischen Verb-Erst und Verb-Zweit variieren kann, und zwar auch dann, wenn das Subjektspronomen *du*, das fakultativ ist, realisiert wird:

(90) Geh (du) jetzt (doch/halt/nur/bloß/ja/ eben/einfach/mal/schon) zum Arzt!/Jetzt geh (du) ...!/?Du geh jetzt ...!

5.3.2. Der Imperativsatz der 3.Ps.Sg. wird oft als Heischesatz bezeichnet. Seine Einordnung unter die Formtypen des Imperativmodus ist nicht ganz unproblematisch, kann aber durch Parallelen mit dem Adhortativsatz und dem Höflichkeitsimperativ mit *Sie* recht gut begründet werden. Als Subjektspronomina treten vorwiegend Indefinitpronomina auf (zu weiteren Möglichkeiten siehe Winkler 1989, 49 ff). Die Verbmorphologie ist, soweit eigene

Formen vorliegen, Konjunktiv I, doch sind auch Formen der 2.Ps.Sg.Imp. und sogar Indikativformen zu beobachten.

(91) Bringe/Bring/?Bringt mir (doch/halt/nur/bloß/ja/eben/einfach/mal/schon) einer die Kreide!

Die Verbstellung ist obligatorisch Verb-Erst.

5.3.3. Imperativsätze der 1.Ps.Pl. werden auch als Adhortativsätze bezeichnet. Die Verbmorphologie ist ursprünglich Konjunktiv I, doch entsprechen dessen Formen in den meisten Fällen Indikativ Präsens. Dieser wird oft auch gewählt, wenn eine eindeutige Konjunktiv-I-Form zur Verfügung stünde:

(92) Gehen wir (*bloß/doch/eben/einfach/*ja/mal/nur/schon) ins Kino!
(93) Seien/Sind wir (doch/eben/einfach/mal/nur/schon) ehrlich!

Die Realisierung des Subjektspronomens *wir* ist wie die Verb-Erst-Stellung obligatorisch.

5.3.4. Der Imperativsatz der 2.Ps.Pl. weist eine Verbmorphologie auf, die mit der Indikativ-Präsens-Morphologie identisch ist. Das Subjektspronomen ist fakultativ. Wird es realisiert, so ist Verb-Erst obligatorisch, wenn nicht, dann kann auch Verb-Zweit gewählt werden:

(94) Geht (ihr) jetzt (bloß/doch/eben/einfach/ja/mal/nur/schon) ins Kino!/Jetzt geht (bloß/doch/...) ins Kino!

5.3.5. Der *Sie*- oder Höflichkeitsimperativ weist die Formen des Konj. I der 3.Ps.Pl. auf, hat aber natürlich die Bedeutung der 2.Ps. Sg./Pl. Wie beim Adhortativ fallen diese Formen meist mit den Indikativ-Präsens-Formen zusammen, und selbst dort, wo eindeutige Konjunktiv-I-Formen zur Verfügung stehen, wird oft die Indikativ-Form gewählt.

(95) Gehen Sie (bloß/doch/eben/einfach/ja/mal/nur/schon) ins Kino!//Seien/Sind Sie (doch...) ehrlich!

Das Subjektspronomen *Sie* ist obligatorisch, ebenso Verb-Erst. — Da die Verb-Zweit-Varianten immer entweder klare Imperativformen aufweisen oder wegen des fehlenden Subjektspronomens eindeutig den Imperativsätzen zugeordnet werden können, treten hier kaum Abgrenzungsprobleme gegenüber anderen Satztypen auf. Insofern kann die Imperativmorphologie als Kernmerkmal betrachtet werden. — Die potentiellen Ambiguitätsfälle häufen sich bei den Verb-Erst-Formen: Abgrenzungsschwierigkeiten treten z. B. gegenüber Verb-Erst-Fragesätzen mit fallendem Tonverlauf auf, aber auch gegenüber den Verb-Erst-Varianten des Exklamativsatzes. Es konnte allerdings festgestellt werden, daß Sprecher des Deutschen die beiden Satztypen auch bei gleicher Akzentposition, gleichem fallenden Tonverlauf und gleicher niedriger Tonhöhe am Äußerungsende zuverlässig als Sätze mit verschiedener Funktion unterscheiden können (vgl. 4.4.2.). Ursache scheint eine unterschiedliche Akzentart zu sein, nämlich Fokusakzent gegenüber Exklamativakzent. — Alle hier beschriebenen Formtypen sind funktional weitgehend identisch: sie sind adressatenorientiert und verwendbar für ein weites Spektrum von Aufforderungshandlungen (vgl. 3.). Gemeinsam ist ihnen auch ein propositionaler Gehalt, der einen Zustand nach dem Sprechzeitpunkt beschreibt, der entweder noch nicht der Fall ist oder dessen Anhalten über den Sprechzeitpunkt hinaus nicht gesichert ist. Übrigens geht es dabei keineswegs nur um zukünftige Handlungen des Angesprochenen, sondern auch um Ereignisse und Zustände, die, wie bei guten Wünschen und Verwünschungen, nicht dem Einfluß des Hörers unterliegen. — An der großen Zahl von möglichen Modalpartikeln ist die funktionale Variabilität dieser Formtypen abzulesen, die sie den Grundtypen zuordnet. Auffällig ist dabei, daß die Menge der möglichen Modalpartikeln nicht für alle Formvarianten gleich ist — ein Hinweis auf interne funktionale Differenzierungen.

5.3.6. Im Unterschied dazu ist der *daß*-Verb-Letzt-Imperativsatz funktional stark spezialisiert:

(96) Daß du (auch/bloß/ja/mir/nur) rechtzeitig heimkommst!

Konstitutiv ist das Verb-Letzt-Einleitungselement *daß*, das allerdings auch bei Verb-Letzt-Wunschsätzen und Verb-Letzt-Exklamativsätzen auftritt; ferner die Verb-Letzt-Position; die indikativische Verbmorphologie (!); der fallende Tonverlauf in der Satzakzentsilbe, die geringe Tonhöhe am Äußerungsende, der Fokusakzent und der geringe Tonumfang. Der Formtyp wird regelmäßig zum Ausdruck nachdrücklicher, ja drohender, ultimativer Aufforderungen verwendet. Entsprechend sind nur die wenigen Modalpartikeln möglich, deren Funktion mit dieser Grundfunktion übereinstimmt; diese sind allerdings nahezu obligatorisch.

5.4. Wunschsätze

Für diese Gruppe von Formtypen liegt mit der Dissertation von Scholz (1989) endlich eine detaillierte Untersuchung vor (s. a. Rosengren 1992 b, Anhang). Mit den Exklamativsätzen gehören die Wunschsätze zu den marginalen Typen, die offenbar keineswegs in allen Sprachen realisiert sind, bei denen die syntaktischen Mittel in anderer Gewichtung als bei den Grundtypen verwendet werden, und die funktional stark spezialisiert sind.

5.4.1. Zunächst ist der Verb-Erst-Wunschsatz zu beschreiben. Seine Merkmale sind: kein w-Ausdruck in Frage- oder Exklamativfunktion, morphologische Markierung des Verbs mit Konjunktiv II, Erst-Position des Verbs, offenbar wahlweise Exklamativ- oder Fokusakzent, fallender Tonverlauf in der Hauptakzentsilbe und geringe Tonhöhe am Äußerungsende. Am Äußerungsanfang treten oft Interjektionen wie *Ach* und *Oh* auf, die zudem die typische Intonation auf sich ziehen können.

(97) Ach, wäre ich (bloß/doch/nur) ein Königssohn!

Dieser Formtyp weist zahlreiche Überschneidungen mit anderen Satztypen auf: mit dem Verb-Erst-Aussagesatz, mit dem er u. a. die typische Modalpartikel *doch* teilt; mit dem Verb-Erst-Fragesatz, soweit dieser mit untypischem fallenden Tonverlauf realisiert wird; und schließlich mit dem Verb-Erst-Exklamativsatz. Die morphologische Markierung des Verbs mit Konjunktiv II trägt nichts zur Abgrenzung gegenüber diesen Satztypen bei, da selbst Exklamativsätze (wenn auch selten) Konjunktiv II aufweisen können. Möglicherweise ist das die Ursache dafür, daß Sätze dieses Typs sehr selten belegt sind. — Dieser Satztyp ist nicht adressatenorientiert. Eine scheinbare Ausnahme bilden Wunschsätze, deren isolierbare Sachverhaltsbeschreibung sich auf die zweite Person bezieht:

(98) Ach, könntest du doch nur einmal deinen Mund halten!

Hier wird die Adressatenorientiertheit aber nicht über den Satztyp, sondern mittels der Pronomina *du/ihr* hergestellt. — Der Satztyp dient regelmäßig bei Bezug auf die Vergangenheit zum Ausdruck eines irrealen Wunsches, bei Bezug auf die Gegenwart oder Zukunft als Ausdruck eines Wunsches, den der Sprecher für unerfüllbar hält.

5.4.2. Veraltet ist offensichtlich der *daß*-Verb-Letzt-Wunschsatz. Er entspricht in allen seinen Merkmalen, abgesehen von den Modalpartikeln, dem unselbständigen *daß*-Verb-Letzt-Satz, der zur Wiedergabe von Äußerungen mit dem Verb-Erst-Wunschsatz dient; hierin liegt die Parallelität zu den anderen selbständigen Verb-Letzt-Sätzen. Die Merkmale dieses Formtyps sind: die Subjunktion *daß* in der Funktion des Verb-Letzt steuernden Einleitungselements; Konjunktiv II als Verbmodus, Letzt-Stellung des Verbs, Exklamativakzent auf dem Einleitungselement *daß* oder auf einem möglichen Fokusexponenten, fallender Tonverlauf in der Hauptakzentsilbe und geringe Tonhöhe am Äußerungsende. Wenigstens eine der Modalpartikeln *doch/nur/bloß* scheint obligatorisch zu sein, fast immer werden zusätzlich passende Interjektionen verwendet:

(99) Oh, daß ich doch/?bloß/?nur ein Königssohn wär!

Der Konjunktiv II schließt Überschneidungen mit dem *daß*-Verb-Letzt-Imperativsatz aus, nicht aber mit dem *daß*-Verb-Letzt-Exklamativsatz. Allerdings dürfte bei letzterem der Konjunktiv II sehr selten sein, ferner weist er offenbar obligatorisch ein steigerndes Lexem auf, das die Unterscheidung erleichtert. — Die Funktion dieses Formtyps ist mit der des Verb-Erst-Wunschsatzes identisch.

5.4.3. Die Normalform des Wunschsatzes ist, zumindest nach der Anzahl der Belege, der *wenn*-Verb-Letzt-Wunschsatz. Neben dem Verb-Letzt-Einleitungselement kennzeichnen ihn die für den *daß*-Verb-Letzt-Wunschsatz angesetzten Merkmale:

(100) Oh, wenn ich (doch/nur/bloß) ein Königssohn wär!

Fälle von Ambiguität können sich nur ergeben, wenn eingeleitete Konditionalsätze isoliert, also ohne Matrixsatz auftreten. In diesem Fall kann nämlich auch die Intonation sehr ähnlich sein. Der Variationsbereich für den Konditionalsatz ist allerdings viel weiter: so kann er z. B., wenn der fehlende Matrixsatz ein Fragesatz ist, mit steigendem Tonverlauf und hohem offset gesprochen werden. Fälle echter Ambiguität sind deshalb denkbar unwahrscheinlich und würden mit hoher Sicherheit durch den Kontext disambiguiert. Vielleicht ist das die Ursache dafür, daß der *wenn*-Verb-Letzt-Wunschsatz der häufigste Wunschsatztyp ist. — Die Funktion aller drei Wunschsatztypen ist identisch, ein Fall, der bei den drei Basis-Satzmodi Aussage, Frage, Imperativ nicht auftritt. Allenfalls mit den selbständigen Verb-Letzt-Sätzen in den Basis-Satzmodi vergleichbar ist der Grad der Spezialisierung für den Ausdruck eines irrealen Wunsches, der als solcher nicht adressatenorientiert ist.

5.5. Exklamativsätze

Exklamativsätze sind ebenso wie Wunschsätze eine problematische, in der Tradition der Grammatikforschung keineswegs fest etablierte Klasse (siehe die Literaturübersichten in Näf 1987 und Fries 1988, Anm. 1). Ausgehend von der von Sadock/Zwicky (1985, 162 f; 2.3.1.) sprachübergreifend festgestellten Tendenz, daß Exklamative in der Form — bei Vernachlässigung der intonatorischen Merkmale — oft den Aussage- und Interrogativsätzen ähnlich sind, hat es nicht an Versuchen gefehlt, sie den entsprechenden Formtypen zuzuschlagen, zuletzt bei Zaefferer (1989, 64 ff), der den Verb-Zweit-Exklamativsatz als emphatischen Deklarativsatz auffaßt, den Verb-Erst-Exklamativsatz mit dem Verb-Erst-Aussagesatz parallelisiert, obwohl es klare Hinweise gibt, daß die beiden Formtypen reine Varianten voneinander sind und ihre Funktion nicht mit „Emphase" erschöpfend beschrieben werden kann. Nicht neu ist auch der Versuch von Fries (1988), Exklamative als Größe der Sprachverwendung und nicht des Sprachsystems zu beschreiben (vgl. auch Rosengren 1992 a). — Die folgende Darstellung geht davon aus, daß man zwei Gruppen von Exklamativsätzen unterscheiden kann: diejenigen, die einen *w*-Ausdruck in Exklamativfunktion aufweisen, und solche, die keinen solchen Ausdruck aufweisen. Sie zeigen darin eine gewisse Parallelität zu den Fragesätzen.

5.5.1. Der Verb-Erst-/Verb-Zweit-Exklamativsatz

Für diesen Satztyp ist charakteristisch, daß bei ihm die genannten Verbstellungstypen frei austauschbar sind:

(101) Hat der (aber/vielleicht/aber auch) hingelangt!/Der hat (aber/vielleicht/aber auch) hingelangt!

In Sätzen dieses Typs kann kein *w*-Ausdruck in fragender oder exklamativer Funktion auftreten; die Verbmorphologie scheint lediglich auf nichtimperativisch beschränkt zu sein, allenfalls sind die relativen Tempora Plusquamperfekt und Futur II ausgeschlossen, konjunktivische Formen sind selten. Der Hauptakzent kann ein nichtfokussierender Exklamativakzent sein, der auf dem unmarkierten Demonstrativum im Vorfeld oder am Anfang des Mittelfelds plaziert wird, oder ein potentiell fokussierender Akzent, der am Ende des Mittelfelds bzw. auf einem der klammerschließenden Ausdrücke liegt. Auffällig ist, daß männliche Sprecher offenbar zum Exklamativakzent tendieren, während weibliche Sprecher eher den potentiellen Fokusakzent oder die Realisierung beider Akzente wählen. Der Tonverlauf in der Hauptakzentsilbe ist fallend (konvex), die Tonhöhe am Äußerungsende niedrig, der Tonumfang groß. Damit ergeben sich mögliche Überlagerungen mit den Verb-Erst-/Verb-Zweit-Aussage- und Imperativsätzen, soweit die Verbmorphologie nicht eindeutig imperativisch ist, kaum dagegen mit dem Verb-Erst-Fragesatz, soweit dieser mit steigendem Tonverlauf realisiert wird. Tatsächlich werden aber bei intonatorischen Minimalpaaren die Exklamativexemplare von kompetenten Hörern zuverlässig identifiziert, vermutlich aufgrund von mikroprosodischen Eigenschaften (vgl. 4.4.2.) der Exklamativakzentsilbe. Die angegebenen Modalpartikeln sind vermutlich obligatorisch, nähern sich also Moduspartikeln (zur Funktion vgl. Thurmair 1989, 193). — Die Funktion dieses Formtyps ist der Ausdruck der Überraschungseinstellung bezüglich des Maßes, in dem etwas der Fall ist, wobei der bezeichnete Sachverhalt fraglos gültig ist. In der direkten Verwendung wird mit diesem Formtyp offenkundig nichts mitgeteilt, sondern nur eine Einstellung ausgedrückt. Seine Verwendung ist auch nicht adressatenorientiert, es sei denn, die Sachverhaltsbeschreibung bezieht sich auf einen Anwesenden.

5.5.2. Der *daß*-Verb-Letzt-Exklamativsatz

Dieser Typ ist parallel zu dem Indirektheitstyp konstruiert, der als abhängiger Satz zur Mitteilung über die Äußerung eines Verb-Erst-/Verb-Zweit-Exklamativsatzes dient. Die Merkmale sind: die Subjunktion *daß*; die Beschränkungen bei der Verbmorphologie entsprechen denen beim Verb-Erst-/Verb-Zweit-Exklamativsatz. Der Verbstellungstyp ist Verb-Letzt. Die Modalpartikeln *aber auch*, vielleicht auch *doch* sind obligatorisch. Sätze dieses Typs müssen ein explizit steigerndes Lexem sowie ein steigerbares Lexem aufweisen:

(102) Daß die aber/doch so hübsch ist!

Auf steigerndem Lexem oder steigerbarem Lexem muß der Hauptakzent realisiert werden, ein typischer Exklamativakzent. Überlagerungsfälle sind aufgrund der unspezifischen Konjunktion *daß* zwar denkbar, werden aber durch die charakteristischen intonatorischen Merkmale ausgeschlossen. — Die funktionalen Merkmale decken sich völlig mit denen des Verb-Erst-/Verb-Zweit-Exklamativsatzes.

5.5.3. Der *w*-Verb-Zweit-/*w*-Verb-Letzt-Exklamativsatz

Da die verschiedenen Verbstellungstypen keine funktionalen Differenzen bewirken und da die formalen Merkmale der Subtypen abgesehen von der Verbstellung völlig identisch sind, kann man sie als freie Varianten eines Formtyps betrachten. Das ist ein einmaliger Fall, da sonst nur freie Variation zwischen Verb-Erst und Verb-Zweit vorkommt. Hinzu kommt, daß die Verb-Zweit-Variante deutlich seltener belegt ist als die Verb-Letzt-Variante. — Der Formtyp weist einen *w*-Ausdruck in exklamativer Funktion im Vorfeld oder als Verb-Letzt steuerndes Einleitungselement auf. Anders als bei den parallelen *w*-Fragesätzen können Teile eines komplexen *w*-Ausdrucks ohne Bedeutungsänderung auch im Mittelfeld stehen (vgl. 4.1.). Abgesehen von diesen Stellungsrestriktionen scheinen *w*-Ausdrücke in beiden Formtypen uneingeschränkt auftreten zu können; einzig *welch* kommt möglicherweise nur in Exklamativsätzen vor, kausale *w*-Ausdrücke möglicherweise nur in Fragesätzen (vgl. Luukko-V. 1988, 19 ff). Die Verbmorphologie ist in gleicher Weise eingeschränkt wie die der Verb-Erst-/Verb-Zweit-Exklamativsätze. Ein wertender Ausdruck ist häufig enthalten, doch kann die Skalierung auch auf pragmatischem Weg erreicht werden:

(103) Was hat die aber auch für Beine!

Wenn ein skalierender Ausdruck vorhanden ist, dann kann er einen Exklamativakzent erhalten, ein zweiter, potentiell fokussierender Akzent liegt auf einem geeigneten Ausdruck am Satzende. Ist kein lexikalisch skalierender Ausdruck vorhanden, so fällt der Exklamativakzent den vorliegenden Daten nach auf das finite Verb, wenn es in Zweitposition ist.

— Überschneidungen der *w*-Exklamativsätze mit anderen Formtypen könnten sich allenfalls bei den *w*-Fragesatztypen ergeben, soweit diese mit fallendem (konvexem) Tonverlauf realisiert werden. Doch unterscheiden auch hier die mikroprosodischen Eigenschaften der Silbe mit dem Exklamativakzent zuverlässig. — Die Funktion dieses Formtyps entspricht der des V-1-/V-2-Exklamativsatzes, abgesehen von der Skalierung: die Verwunderungseinstellung bezieht sich hier also auf das Maß, in dem etwas der Fall ist. — Die geringe Zahl möglicher Modalpartikeln, die zudem fast obligatorisch sind und keine funktionale Differenzierung bedingen, also Moduspartikeln ähneln, die Überlagerungsmöglichkeiten mit anderen Formtypen aufgrund der schwachen Markierung im segmentalen Bereich, die Seltenheit des Auftretens, die hochgradige funktionale Spezialisierung sowie die Expressivität und die fehlende Adressatenorientiertheit kennzeichnen auch diese Formtypen als Randtypen.

6. Zusammenfassung

Die vorausgehende Auflistung ist für das Deutsche, wenn man von infiniten Hauptsatzstrukturen absieht, annähernd vollständig. Sadock/Zwicky (1985, 163) weisen jedoch darauf hin, daß in anderen Sprachen durchaus weitere Satzmodi, etwa „Imprecatives", und weitere Formtypen, etwa „Inferentials", „Dubitatives", „Emphatics" (im Aussagemodus) anzunehmen sind. — Aus der Untersuchung der grammatischen Merkmale der Formtypen ergibt sich eine relativ einfache und weitgehend symmetrische Architektur: etwa die Parallelität der Verb-Erst-/Verb-Zweit-Typen einerseits und der Verb-Letzt-Typen andererseits, wobei letztere den jeweiligen Indirektheitstypen entsprechen und durch funktionale Spezialisierung gekennzeichnet sind. Eine ähnliche Aufteilung ergibt sich zwischen den drei Grundmodi Aussage, Frage und Imperativ einerseits und den Randmodi Wunsch und Exklamativ andererseits. Dabei sind die Grundmodi dadurch gekennzeichnet, daß in ihnen die segmentalen Merkmale stärker ausgeprägt sind und daß sie funktional wenig spezialisiert sind, also eine breite Palette von möglichen Verwendungsweisen zulassen; die Randtypen hingegen werden eher durch intonatorische Merkmale gekennzeichnet und weisen einen wesentlich höheren Grad funktionaler Spezialisierung auf. — Weitgehend ungelöst ist nach wie vor das

Problem, die Zusammenfassung mehrerer Formtypen zu einem Satzmodus nicht nur funktional, sondern auch aufgrund von Formmerkmalen zu begründen. Am einfachsten ist das noch für die Formtypen mit einem w-Ausdruck zu bewerkstelligen, doch bleibt hier die Aufteilung in Fragesätze und Exklamativsätze problematisch. Relativ plausibel ist auch noch die Zuordnung der selbständigen Verb-Letzt-Sätze zu Verb-Erst-/Verb-Zweit-Typen durch Bezugnahme auf die Indirektheitstypen. Erst nach Lösung dieses Beschreibungsproblems hat man eine Chance, die Taxonomie als solche abzusichern und darauf eine überzeugende, unabhängig begründete funktionale Beschreibung aufzubauen.

7. Literatur

Altmann, Hans. 1987. Zur Problematik der Konstitution von Satzmodi als Formtypen. In Meibauer (Hg.) 1987b, 22–57.

—. (Hg.) 1988. Intonationsforschungen (Linguistische Arbeiten 200). Tübingen.

—, *Anton Batliner, und Wilhelm Oppenrieder* (Hg.) 1989. Zur Intonation von Modus und Fokus im Deutschen (Linguistische Arbeiten 234). Tübingen.

Batliner, Anton. 1988. Der Exklamativ: Mehr als Aussage oder doch nur mehr oder weniger Aussage? Experimente zur Rolle von Höhe und Position des F_0-Gipfels. In Altmann (Hg. 1988), 243–72.

—. 1989a. Wieviel Halbtöne braucht die Frage? Merkmale, Dimensionen, Kategorien. In Altmann, Batliner & Oppenrieder (Hg.). 1989, 111–62.

—. 1989b. Eine Frage ist eine Frage ist keine Frage. Perzeptionsexperimente zum Fragemodus im Deutschen. In Altmann, Batliner & Oppenrieder (Hg.). 1989, 87–110.

—, *und Wilhelm Oppenrieder.* 1988. – Rising Intonation: Not Passed Away But Still Alive. A Reply to R. Geluykens. Journal of Pragmatics 12. 373–79.

Beutel, Helga. 1988. Zur Spezifikation der Satzmodi durch Satzendpartikeln im modernen Chinesisch. Studien zum Satzmodus I, hrsg. von *Ewald Lang*, 134–75.

Bierwisch, Manfred. 1979. Satztyp und kognitive Einstellung. Slovo a Slovesnost 40. 118–23.

Brandt, Margret, Marga Reis, Inger Rosengren, und Ilse Zimmermann. 1992. Satztyp, Satzmodus und Illokution. In Rosengren (Hg.) 1992, 1–90.

Doherty, Monika. 1985. Epistemische Bedeutung (Studia Grammatica XXIII). Berlin. [Englisch: Epistemic Meaning. Berlin: 1987.]

Donhauser, Karin. 1986. Der Imperativ im Deutschen. Studien zur Syntax und Semantik des deutschen Modussystems (Bayreuther Beiträge zur Sprachwissenschaft). Hamburg.

Falkenberg, Gabriel. 1989. Explizite Performative sind nicht indirekt. Sprache und Pragmatik 13. 55–62.

Fries, Norbert. 1983. Syntaktische und semantische Studien zum frei verwendeten Infinitiv und verwandten Erscheinungen im Deutschen (Studien zur deutschen Grammatik 27). Tübingen.

—. 1988. *Ist Pragmatik schwer!* Über sogenannte „Exklamativsätze" im Deutschen. Sprache und Pragmatik 3. 1–18.

Geluykens, Ronald. 1987. Intonation and Speech Act Type. An Experimental Approach to Rising Intonation in Queclaratives. Journal of Pragmatics 11. 483–94.

Grewendorf, Günther, und Dietmar Zaefferer. 1991. 12. Theorien der Satzmodi. Semantik. Ein internationales Handbuch der zeitgenössischen Forschung, hrsg. v. Arnim von Stechow und Dieter Wunderlich. Berlin 1991. 271–286.

Haftka, Brigitte. 1984. Zur inhaltlichen Charakteristik von Imperativsätzen. Linguistische Studien/ZISW/A 116. 98–163. Berlin.

Höhle, Tilman N. 1982. Explikationen für 'normale Betonung' und 'normale Wortstellung'. Satzglieder im Deutschen, hrsg. v. W. Abraham, Tübingen 1982, 75–153.

Jacobs, Joachim. 1984. Funktionale Satzperspektive und Illokutionssemantik. Linguistische Berichte 91. 25–58.

—. 1986. Abtönungsmittel als Satztypmodifikatoren. Groninger Arbeiten zur Germanistischen Linguistik 27. 100–11.

—. 1988. Fokus-Hintergrund-Gliederung und Grammatik. In Altmann (Hg.) 1988, 89–134.

Kürschner, Wilfried. 1987. Modus zwischen Verb und Satz. In Meibauer (Hg.). 1987b, 114–24.

Lang, Ewald. 1983. Einstellungsausdrücke und ausgedrückte Einstellungen. Untersuchungen zur Semantik (Studia Grammatica XXII), hrsg. v. Růžička & Motsch, 105–41.

—. (Hg.) 1988a. Studien zum Satzmodus I (Linguistische Studien/ZISW/A 177). Berlin.

—. (Hg.) 1988b. Studien zum Satzmodus II. Papers from the Round Table Sentence and Modularity at the XIVth International Congress of Linguists (Linguistische Studien/ZISW/A 185). Berlin.

—. 1989. Studien zum Satzmodus III (Linguistische Studien/ZISW/A 193). Berlin.

—, *und Renate Pasch.* 1988. Grammatische und kommunikative Aspekte des Satzmodus — Ein Projektentwurf. In Lang (Hg.) 1988a, 1–24.

Lenerz, Jürgen. 1984. Diachronic syntax: verb position and COMP in German. Studies in German grammar, ed. by J. Toman. Dordrecht, 104–132.

Luukko-Vinchenzo, Leila. 1988. Formen von Fragen und Funktionen von Fragesätzen. Eine deutsch-finnische kontrastive Studie unter besonderer Berücksichtigung der Intonation (Linguistische Arbeiten 195). Tübingen.

Matzel, Klaus, und Bjarne Ulvestad. 1978. Zum Adhortativ und *Sie*-Imperativ. Sprachwissenschaft 3. 146—83.

Meibauer, Jörg. 1986. Rhetorische Fragen (Linguistische Arbeiten 167). Tübingen.

—. 1987a. Zur Form und Funktion von Echofragen. Sprache und Pragmatik (Lunder germanistische Forschungen 55), hrsg. v. Rosengren, 335—56.

—. (Hg.) 1987b. Satzmodus zwischen Grammatik und Pragmatik (Linguistische Arbeiten 180). Tübingen.

—. 1987c. Probleme einer Theorie des Satzmodus. In Meibauer (Hg.) 1987b, 1—20.

Näf, Anton. 1984. Satzarten und Äußerungsarten im Deutschen. Vorschläge zur Begriffsfassung und Terminologie. Zeitschrift für Germanistische Linguistik 12. 21—44.

—. 1987. Gibt es Exklamativsätze? In Meibauer (Hg.) 1987b, 140—60.

Oppenrieder, Wilhelm. 1987. Aussagesätze im Deutschen. In Meibauer (Hg.) 1987b, 161—89.

—. 1988. Intonatorische Kennzeichnung von Satzmodi. In Altmann (Hg.) 1988, 169—205.

—. 1989a. Deklination und Satzmodus. In Altmann, Batliner & Oppenrieder (Hg.) 1989. 246—66.

—. 1989b. Selbständige Verb-Letzt-Sätze: ihr Platz im Satzmodussystem und ihre intonatorische Kennzeichnung. In Altmann, Batliner & Oppenrieder (Hg.) 1989. 163—244.

Pasch, Renate. 1989. Überlegungen zum Begriff des „Satzmodus". Studien zum Satzmodus III. 1—88.

Pierrehumbert, Janet B. 1980. The Phonology and Phonetics of English Intonation. Ph. D. Diss. MIT.

Rehbock, Helmut. 1992. Deklarativsatzmodus, rhetische Modi und Illokutionen. In Rosengren (Hg.) 1992, 91—172.

Reis, Marga. 1985. Satzeinleitende Strukturen im Deutschen. Über COMP, Haupt- und Nebensätze, *w*-Bewegung und die Doppelkopfanalyse. Erklärende Syntax des Deutschen, hrsg. v. Werner Abraham, 271—311. Tübingen.

—. 1989. Zur Grammatik und Pragmatik von Echo-*w*-Fragen. In Rosengren (Hg.) 1992, 213—262.

Reis, Marga und Inger Rosengren (Hg.) 1991. Fragesätze und Fragen (Linguistische Arbeiten 257). Tübingen.

Rosengren, Inger (Hg.) 1992. Satz und Illokution. Bd. 1 (Linguistische Arbeiten 278). Tübingen.

—. 1992a. Zur Grammatik und Pragmatik der Exklamation. In Rosengren (Hg.) 1992, 263—306.

—. 1992b. Zur Grammatik und Pragmatik des Imperativsatzes. Mit einem Anhang: zum sogenannten Wunschsatz. Sprache und Pragmatik 28. 1—57.

Sadock, J. M., and A. M. Zwicky. 1985. Speech act distinctions in syntax. Language typology and syntactic description. Vol. 1, Clause structure, ed. by Shopen, 155—96. Cambridge.

Scholz, Ulrike. 1991. Wunschsätze im Deutschen. Formale und funktionale Beschreibung. Satztypen mit Verberst- und Verbletztstellung. (Linguistische Arbeiten 265) Tübingen.

Schwabe, Kerstin. 1989. Überlegungen zum Exklamativsatzmodus. Studien zum Satzmodus III. 89—117.

Thurmair, Maria. 1989. Modalpartikeln und ihre Kombinationen (Linguistische Arbeiten 223). Tübingen.

Wilson, Deirdre, and Dan Sperber. 1988. Mood and the Analysis of Nondeclarative Sentences. Human Agency, ed. by Dany, Moravcik & Taylor, 77—111. Stanford VP.

Winkler, Eberhard. 1989. Der Satzmodus 'Imperativsatz' im Deutschen und Finnischen (Linguistische Arbeiten 225). Tübingen.

Wunderlich, Dieter. 1976. Studien zur Sprechakttheorie (Suhrkamp Taschenbuch Wissenschaft 172). Frankfurt.

—. 1986. Echofragen. Studium Linguistik 20. 44—62.

—. 1988. Der Ton macht die Melodie — Zur Phonologie der Intonation im Deutschen. In Altmann (Hg.) 1988, 1—40.

Zaefferer, Dietmar. 1983. The Semantics of Non-Declaratives: Investigating German Exclamatories. Meaning, Use, and Interpretation of Language, ed. by Bäuerle et. al., 466—90. Berlin.

—. 1989. Untersuchungen zur strukturellen Bedeutung deutscher Sätze mit Hilfe einer fallbasierten algebraischen Sprechaktsemantik. Habilschrift. München.

Hans Altmann, München (Deutschland)